中国石油石化企业
信息技术交流大会论文集

徐凤银　康剑　张舒　等　编著

中国石化出版社

图书在版编目(CIP)数据

中国石油石化企业信息技术交流大会论文集/徐凤银等编著. —北京：中国石化出版社，2023.3
ISBN 978-7-5114-6982-3

Ⅰ.①中… Ⅱ.①徐… Ⅲ.①信息技术-应用-石油企业-工业企业管理-中国-文集②信息技术-应用-石油化工企业-工业企业管理-中国-文集 Ⅳ.①F426.22-39

中国国家版本馆CIP数据核字(2023)第042246号

中国石化出版社出版发行
地址:北京市东城区安定门外大街58号
邮编:100011 电话:(010)57512500
发行部电话:(010)57512575
http://www.sinopec-press.com
E-mail:press@sinopec.com
北京柏力行彩印有限公司印刷
全国各地新华书店经销

*

880×1230毫米 16开本 57.75印张 146千字
2023年3月第1版 2023年3月第1次印刷
定价:280.00元

《中国石油石化企业信息技术交流大会论文集》
编　委　员

序

当前，世界正经历新一轮科技革命和产业变革，其本质是在推动以数据为核心要素、以智能制造与智能服务为先导模式、以新一代互联网基础设施不断升级为主要内容的新一轮技术经济范式转变。数字经济正成为世界各国推动经济发展、构筑新型国家竞争优势的重要引擎。党的二十大报告提出："加快发展数字经济，促进数字经济和实体经济深度融合"。在能源转型与数字变革交织融合的时代背景下，牢牢把握数字经济发展趋势和规律，以高水平数字化转型支撑高质量发展，是我国能源企业认真贯彻落实党的二十大精神、加快建设网络强国、数字中国、能源强国的重要举措。

"十四五"以来，国内石油石化企业积极响应数字经济发展新要求，牢牢把握以智能化为特征的数字化转型机遇，将其作为推进公司治理体系和治理能力现代化、实现高质量发展的重大战略举措，大力推动互联网、大数据、人工智能等与油气业务融合应用，加快构筑支撑当前、引领未来的新型数字化能力，努力形成新动能，培育新的增长点，取得了一系列显著成果，主要体现在：坚持科学数字化转型策略和方法论，全局性数字化平台建设实现新突破；充分发挥数字化、智能化场景优势，系统性支撑推动主营业务转型升级见到新成效；着力高水平科技自立自强，关键核心技术和信息基础设施建设迈出新步伐。

中国石油学会认真贯彻中国科协"科创中国"行动计划，充分发挥全国一级学会的纽带桥梁和平台优势，围绕加快推进新一代信息技术与油气全产业链深度融合，助力构建石油石化企业新型创新体系，持续增强高质量发展内生动力和核心竞争力，组织召开了"中国石油石化企业信息技术交流大会暨油气产业数字化转型高峰论坛"。本次大会论文集按照生产管理、经营管理、信息基础设施以及网络安全和综合管理等主题进行了分类，所收入论文涵盖数字化转型的新理念、新方法与新经验，应用数字技术推动科技创新和绿色低碳转型的方式途径，以及在智能油气田、智能炼化、智慧管网、智慧销售、智能工程、智慧金融、网络安全等领域取得的最新成果，是近年来我国石油石化行业数字化转型从业者创新智慧和辛劳付出的结晶，值得行业内所有企业学习借鉴。

感谢中国石油学会会议组委会在认真审核筛选大会论文的基础上，优选部分论文汇编出版本论文集。该论文集内容新颖，理论联系实际，兼具实用性和学术性，对于推广学习先进企业数字化转型经验、成果具有重要价值。希望通过本书的出版与论文分享，能够激励广大信息化工作者、业务人员积极投身数字化转型浪潮之中，为新形势下企业高质量发展和现代化管理提供更多数智化支持。

郑纬民

中国工程院院士

2023 年 3 月

前　言

党和国家高度重视数字经济发展。习近平总书记强调，发展数字经济意义重大，是把握新一轮科技革命和产业变革新机遇的战略选择。数字经济具有高创新性、强渗透性、广覆盖性，不仅是新的经济增长点，而且是改造提升传统产业的支点，是推进企业治理体系和治理能力现代化的重要引擎。面对逆全球化思潮上升、新冠肺炎疫情冲击，数字经济已成为全球经济发展中创新最活跃、增长最快速、影响最广泛的产业领域。数字技术深刻影响着实体经济和传统产业发展的底层逻辑，以数字技术驱动的数字化转型与创新是企业卓越运营、改革创新、赢得未来的必由之路。

石油石化是国家的战略性支柱产业。随着油气绿色低碳生产与稳定供应保障压力的持续增大，国内石油石化企业在推进高质量发展和治理能力、治理体系现代化过程中，亟需抓住新一轮科技革命与产业变革深度融合、加速演进的发展机遇，把握数字化、网络化、智能化方向，将现代信息技术与油气全产业链深度融合，通过数字化转型构建油气产业数字经济发展的新格局，实现产业链与创新链有机融合，培育新的增长动力和竞争优势，确保“双碳”目标实现，有力保障国家能源安全。

企业数字化转型是技术创新与管理创新协调互动，生产力变革与生产关系变革相辅相成的过程。在新一代信息技术迅猛发展浪潮驱动下，油气行业数字化转型应以工业互联网体系为参考，构建“数据+平台+应用”的新型架构，以数据为核心，以平台为抓手，以应用场景化落地为着力点，全方位、全链条推进企业质量变革、效率变革和动力变革，发挥数字技术对经济发展的放大、叠加、倍增作用，打造高效益的开发模式，实现管理流程、运营模式、组织架构的重组变革，业务运行的敏捷高效、降本增效，不断拓展产业链的价值增长空间，形成全新的产业协作、资源配置和价值创造体系。在此过程中，企业会面对不断涌现的新问题、新模式、新挑战，需要技术、业务、管理等全要素统筹规划、协同推进，同时需要构建完善共享共赢的技术应用生态，共同构建与企业创新发展相适应的新型数字化转型能力，持续为业务战略实施赋能、赋智。

“中国石油石化企业信息技术交流大会暨油气产业数字化转型高峰论坛”是在能源转型与数字变革交织融合、疫情防控与经济发展并举推进的形势环境下召开的一次科技盛会，旨在加快推进新一代信息技术与油气全产业链深度融合，持续推动建立石油石化企业工业互联网体系和数智化应用生态，进一步提升全行业网络安全保障能力，助力实现油气行业高质量发展和高水平科技自立自强。来自政府机构、科研院所、能源企业的专家学者共聚一堂、相聚云端，交流探讨国内外企业数字化转型的最新理念与实践案例，全面分享数字化转型推动技术创新、管理创新、商业模式创新和绿色低碳转型的方式途径，以及智能油气田、智能炼化、智慧管网、智慧销售、智能工程、智慧金融等建设成果和经验，持续拓展行业数字化协同创新生态圈，共同开创石油石化企业高质量创新发展的新格局。

本次大会得到了国家有关部委、中国科学技术协会等上级部门以及中国石油、中国石化、中国海油、国家管网、国家能源、中国中化等能源央企的大力支持，行业内各企事业单位、科研院所等踊跃投稿。大会共征集论文470余篇，中国石油学会学术交流部组织专家经认真审核，择优收入152篇集册成集并公开出版发行。全集共分四篇，分别为生产信息化篇、管理信息化篇、基础设施篇、安全及综合管理篇，由徐凤银整体策划，康剑、张舒等负责审稿排版，徐凤银最终审定，涵盖能源行业数字化转型、智能化发展的方法、技术、案例、流程、安全等各个方面，内容新颖，主题聚焦，创新性强，较好展示了我国石油石化行业数字化转型的丰富成果和美好前景，值得学习借鉴。

道长且阻、前景光明，石油石化行业数字化转型需要凝聚各方智慧，踔厉奋发、笃行不怠，在有效应对能源绿色低碳转型和保障国家能源安全征程上做出更大的积极贡献。

本书编委会

2023年3月

目　录

第一篇　生产信息化篇

第二篇　管理信息化篇

第三篇　基础设施篇

第四篇　安全及综合管理篇

第一篇　生产信息化篇

生产运行是石油石化价值链的核心环节，石油石化生产运行数字化转型是通过建成应用支撑油气勘探、炼油化工、销售等业务领域的信息系统或数字平台，推动生产运行由劳动密集型、现场值守、分散管控、被动营销等传统模式逐步转型升级为无人值守、远程集中管控、主动营销等新模式、新业态，形成以共享、智能中心为主要特征的生产运行方式。本篇围绕智能油气田、智能炼厂、智慧销售、智能工程等主题，介绍了油气田、炼化、销售、工程建设等企业数字化平台、业务智能化应用等相关技术、方法和创新实践。

"城市大脑"对智慧油田建设路径的启示与建议

刘　合　姚尚林　苏　健

（中国石油勘探开发研究院）

摘　要　"城市大脑"作为新基建的重要内容是由王坚院士首次提出的，"城市大脑"日益成为推动城市治理体系和治理能力现代化的重要抓手。"十四五"发展纲要中"加快数字化发展，建设数字中国"独立成篇，提出要推进城市数据大脑建设，探索建设数字孪生城市。杭州"城市大脑"作为地方政府运用人工智能实现治理转型的先行案例，从构想走到成熟，是理念、基础条件、核心支撑、制度保障、特色应用的综合实践创新。本文进行了"城市大脑"和智慧油田的内涵分析，通过对杭州"城市大脑"的成功经验剖析，将智慧油田与"城市大脑"进行了对比分析，深入研究了智慧油田面临的挑战及努力方向，综上分析得到了"城市大脑"对智慧油田建设的启示，提出了智慧油田建设的基本原则和主要任务，推动油气行业的数字化转型和智能化发展，探索数字化转型敏捷之路和最佳实践。

关键词　"城市大脑"；智慧油田；人工智能；数据；通用平台；算力；算法

1　"城市大脑"的内涵

"城市大脑"最早由中国工程院院士王坚在杭州首次提出，"城市大脑"亦可称为城市数据大脑，其核心是"流动"的数据。以数据、算力、算法等为基础和支撑，运用云计算、大数据、物联网、人工智能、区块链、数字孪生等新一代信息技术构建的由中枢、系统与平台、数字驾驶舱和应用场景等要素组成的智能化平台，推动全面、全程、全域实现城市治理体系和治理能力现代化的数字系统和现代城市基础设施；"城市大脑"用算力和数据资源去优化和高效调配城市自然资源和公共资源的使用，是城市未来可持续发展的新途径；"城市大脑"建立了物理实体世界与数字世界的一一映射，将物理世界进行仿生，推动城市数据资源汇聚融合和运行态势全局全域感知、全状态实时化和可视化，驱动业务流程优化和再造，整体分析城市运行规律，制定最优决策，精准管控、节省成本；实现城市管理决策协同化和智能化，推动城市可持续发展。

2　杭州"城市大脑"的成功经验

"城市大脑"是支撑经济、社会、政府数字化转型的开放式智能运营平台，是数字浙江建设的重要基础设施和综合应用工具，推进了新一代信息技术与城市现代化深度融合。

杭州在全国率先提出建设"城市大脑"，聚焦城市治理的"痛点""堵点"和群众反映强烈的"热点""难点"问题，构建了以大脑中枢平台为核心，纵向到区县（市），横向到各部门的"城市大脑"，打通了政府部门间信息壁垒，建立了市级、部门系统、区县平台和街道平台四类数字驾驶舱，推出了11大系统和48个应用场景，实现了一网统管，形成了城市统一事件中心、统一调度中心、统一分析中心、统一资源中心，做到了动态感知、数据融通、全域智能、高效协同、精准指挥，在城市运行、公共资源配置、宏观决策指挥、事件预测预警、"城市病"治理等方面发挥了重要作用。杭州"城市大脑"成功经验主要体现在以下方面。

2.1　会思考之"五位一体"的顶层架构化"城市大脑"建设

杭州"城市大脑"建设以"五位一体"为顶层架构，即覆盖经济、政治、文化、社会、生态五大领域，成为城市数字化的核心引擎。在五大领域之下，细分为各子板块。目前11大应用系统包括警务、交通、城管、文旅、卫健、房管、应急、市场监管、农业、环保、基层治理等。各子板块以信息化系统做支撑。同时，充分发挥全市各部门信息化建设成效，并通过补齐短板、融合计算，形成一体化的"城市大脑"体系。

2019年，杭州提出了"531""城市大脑"逻辑架构体系。"5"即"五个一"：打通"一张网"，一张确保数据无障碍流动的网；做大"一朵云"，将各类云资源连接在一起的“逻辑云”；汇聚“一个库”，将各部门、外部数据的“小水库”向“大水库”汇聚，形成城市级数据仓库；建设“一个中枢”，以此作为数据、各系统互通互联的核心层，实施系统接入、数据融合、反馈执行；“中枢”是“城市大脑”赋能城市治理的核心系统，是杭州“城市大脑”建设重中之重，各系统与平台数据通过中枢协同机制互联互通，实现业务协同、数据协同、政企协同；建强“一个大脑”，在全市实施统一架构、一体化实施，实现市、区两级协同联动。“3”即“三个通”：市、区、部门间互联互通；中枢、系统、平台、场景互联互通；政府、市场互联互通。“1”即“一个新的城市基础设施”，为城市建设一个会思考、能迭代进化的数字化基础设施。

一是建设内容包括了大脑中枢平台(包括计算资源平台、数据资源平台、算法服务平台)、行业系统、超级应用、区县中枢、各平台和系统的数字驾驶舱等。二是大脑中枢平台确保数据无障碍流动，有效、准确的数据治理确保数据鲜活、在线；确保行业系统接入、数据融合、反馈执行；全市实施统一架构、一体化实施，彻底打破各自为政的传统建设模式，防止重复建设；市、区、部门间互联互通；中枢、系统、平台、场景互联互通；政府与市场的互联互通。

2.2　建立了“一把手”领导和绩效考核机制

成立了“城市大脑”建设领导小组，由市委书记担任组长，6位市领导担任副组长，副市长主抓，各区县(市)和各部门主要领导为领导小组成员。

此外，还建立了统筹考核推动机制，市考评办、市数据资源局、市委政法委联合对全市15个区县(市)和功能区，101个部门下发了任务书，并列入年底考评内容。全市“城市大脑”工作进展每周通报一次

2.3.“城市大脑”法规和规范支撑，为“城市大脑”建设运营提供制度保障

为破解运行体制机制和数据采集、共享、应用、安全等方面的问题，2018年5月，杭州市政府出台全国首个“城市大脑”规划——《杭州城市数据大脑规划》，相继出台了《杭州城市大脑数字赋能城市治理促进条例》，发布了《城市大脑建设管理规范》和《政务数据共享安全管理规范》，内容涵盖了城市大脑的要素、功能，数据的采集、共享与开发，保障了“城市大脑”建设顺利推进。

2.4.“城市大脑”是基于人工智能开发的智能治理工具

“城市大脑”是一个巨大的数据共享与处理平台，杭州“城市大脑”由数据采集系统、数据交换中心、开放算法平台、超大规模计算平台和数据应用平台这五个系统组成。利用人工智能技术，实现城市治理的数据共享；通过全局实时分析，实现城市公共资源的优化配置。杭州“城市大脑”内核依托阿里云的人工智能技术，政府将与城市治理相关的数据通过归集、分类和平台接入后，“城市大脑”平台便可通过智能建模进行快速分析，实时将结果传入城市相关基础设施促进公共资源优化配置，实现城市智能运行，最终演化为治理城市的超级人工智能。

2.5　数据多源归集与互通共融

数据的归集与融通是“城市大脑”的基础条件。大数据是“城市大脑”的立身之本，但大多数城市的“大数据”始终处于沉默状态。一方面，政府在经济、社会、文化的管理和服务中，积累了大量数据，但缺乏有效的利用路径。另一方面，部门各自为政现象的存在，使得已归集的数据互不联通，形成数据孤岛。杭州原有52个政府部门和单位共建有760个信息化系统项目，但因为数据权限没有放开，部门间数据不往来，造成了数据孤岛的现象。“城市大脑”启动建设之后，第一件事便是打破数据壁垒，联通数据孤岛，建设了大数据的平台，并配合成立了杭州市数据资源管理局，负责为城市大脑的数据融通服务，目前已累计归集837亿条数据。数据融通让城市大脑与政府各部门之间有了奇特的“化学反应”。随着城市大脑的综合运用，数据的归集和融通不仅是跨部门的，且实现了跨区域、跨层级、跨领域的多源数据汇总，为上层人工智能应用提供了全面的数据支撑。

2.6　核心支撑：强大算力系统与平台算法

强大的算法和算力构成了城市大脑的核心支撑力。在杭州“城市大脑”的五大系统中，超大规模计算平台和开放算法平台体现了对算法算力的要求。在实现数据归集和融通的基础上，“城市大脑”的算法依托参与“城市大脑”建设的诸多顶级人工智能学家，算力依托阿里云的飞天(Apsara)系统，建立了科学的算法模型，实现了

超强计算力支撑上的数据融合与创新，形成了城市运行的全局感知、分析和处置。从技术上说，“城市大脑”的算力支持全区域多源异构数据的实时连接、调度、处理，算法服务支持主流的深度学习框架和算法组件及一体化算法管理，可以智能生成城市运行中需要重视的核心指标和关键数据。以数据为核心，依托深度学习、科学算法、智能建模和快速分析，将数据分析结果实时呈现，为政府决策人员提供参考。

2.7 政企合作、社会协同，构建可持续发展能力

杭州市数据资源局牵头运营指挥中心管理，统筹协调总体规划、需求梳理、中枢运维、数据协同、规则沉淀等具体工作，同时以项目为单元，建立“城市大脑”工作专班，专班工作人员分别来自政府部门和企业，统一集中办公，负责具体领域的对接衔接工作。

2.8 目标应用：政府数字驾驶舱与民众多场景应用

应用是“城市大脑”的最终归宿。“城市大脑”应用已经构建了横纵架构，横向为政府部门，如杭州“城市大脑”的卫健、城管系统，已上线50余个；纵向为区县，如杭州“城市大脑”的上城、萧山平台，已有15个。在独具特色的数字驾驶舱应用中，已启用42个数字驾驶舱，每个驾驶舱同时具备大屏版、PAD版和手机版三种，支持移动办公，对于民众的智能服务，已先后推出48个场景应用，使得出行和生活更加便利。

3 智慧油田的内涵

所谓智慧油田，就是应用现代信息技术和智能石油工程技术以及智慧地球科学与技术，通过智慧油田方法论和智慧油田制度保障体系，形成一个全方位的立体式的信息化油田，即智能感知的油田、智能控制的油田、智能预警的油田、全面协同的油田、智能分析的油田、科学决策的油田。

智能感知的油田：通过上游资源的传感网络部署实时监测各个资源的状态，如油藏、油气水井、重点设备、集输管网的实时感知。

智能控制的油田：利用先进的自动化技术和智能石油工程技术，对油气井与管网设备进行智能控制，对油气管网进行自动平衡与智能调峰，实现对生产设施智能操控。

智能预警的油田：通过业务和技术建模能够即时预警和趋势预测，进行事前处理控制，如基于油井生产趋势预测的及时主动的生产响应、设备状态检修、QHSE预警预测及事前控制。

全面协同的油田：通过跨专业的业务流程设计与优化实现各业务环节的高效协同工作；通过集成可视技术在各个业务领域内实现跨专业远程协同，如勘探开发一体化业务协同、生产现场与一体化指挥中心协同、钻井现场与钻井中心的协同。

智能分析的油田：通过快捷的智能感知的数据获取与传输，基于整合的标准化的石油数据模型和数据中心，应用数据仓库与商业智能(BI)技术、大数据技术以及优化算法等，整合资产模型实现全资产整体优化，如通过整合油藏、井、管网、设备模型，对油田整体的生产能力和产能配置进行优化，为决策提供快捷的分析结果和依据。

科学决策的油田：以智能预警和智能分析结论为依据，通过协同的研究环境或生产指挥中心，实现油田勘探开发的科学部署以及生产运营的快捷与科学决策，真正做到智能技术与人的智慧相结合，提高油田的科学决策能力。

4 智慧油田与“城市大脑”的对比

智慧油田和“城市大脑”的建设都是复杂的系统工程，智慧油田和“城市大脑”的逻辑思维是一模一样的，不一样的只是地下数据怎么才能数准、算准。油田的业务数据主要包括经营管理数据和勘探开发主营业务数据两大类，再加上成果类的图形、图像和文档数据或视频音频数据，总体上可把油田数据分为通用数据、专业数据、成果数据三大类(见表1)；将智慧油田主营业务数据与“城市大脑”数据进行了对比(见表2)。城市大脑是以互联网为基础设施，利用丰富的城市数据资源，对城市进行全局即时分析。用城市的数据资源有效调配公共资源，不断完善社会治理，推动城市可持续发展。智慧油田是以物联网为基础，实现数据的实时采集和共享，利用丰富的地下数据资源，对油田生产进行实时全局分析。利用勘探、开发、工程等数据资源，实现地质工程一体化协同，推动油田的可持续绿色发展。

表1　油田数据基础分类

序号	分类	亚类	描述	数据类型
1	通用数据	公用标准类	区域、场所、计量、时间等公用类信息	结构化数据
2		人力资源	组织机构、人员信息、劳资福利等	
3		财务管理	会计科目	
4		客户管理	客户身份、位置、行业等信息	
5		商品物资	普通商品(如电脑等)、石油专用大宗商品(如套管、油管、抽油机等)	
6		物流管理	航运、海运、铁路、公路、管道运送等	
7		其他类		
1	专业数据	地球物理	重点是地震大数据体	结构化数据、大数据体、空间数据
2		钻井	钻井进尺等数据	结构化数据，矢量图
3		地质录井	重点随钻录井数据以及录井图	结构化数据，图形图像
4		测井	主要是测井数据体	结构化数据、测井数据体、空间数据
5		地质油藏	油藏构造、层段等数据	结构化数据、空间数据
6		样品试验	各种化验数据	结构化数据
7		生产测试	各种温度压力等数据	结构化数据
8		试井	产能试井、不稳定试井等压力产量数据	结构化数据
9		试油试采	试油试采等产量数据等	结构化数据
10		井下	主要是修井作业数据	结构化数据
11		油水井生产	主要是油水井产量数据	结构化数据
12		采油工艺	主要为工艺参数数据及生产数据	结构化数据、矢量图
13		油气储运	井站库的空间数据以及流量压力数据等	结构化数据、空间数据
1	成果数据	矢量图	主要包括基础地理图和专题成果图等	非结构化数据
2		图像类	主要包括各种遥感影像数据、岩心图像等	
3		大数据体	主要包括地震、测井等解释成果数据	
4		数据表	主要包括研究成果中的结构化的表格数据(如Excel表)	
5		文档类	主要包括各种报告，如Word文档、PPT多媒体文档等	
6		视频音频类	如现场视频监控等、会议音频数据等	

表2　智慧油田主营业务数据与“城市大脑”数据对比表

比较类别		智慧油田	城市大脑
数据来源		地下数据，无法对数据进行验证	地面数据，可以对数据进行验证
数据格式		多源异构，有结构化数据、半结构化数据、非结构化数据、时序数据、空间数据	多源异构，以非结构化数据、时空数据为主
数据使用		人工解释+软件模拟：地震解释、测井解释、地质资料解释、数值模拟、地质建模等	实时统计分析、可视化展示
分析目的		降本增效、提高采收率，有效利用资源	优化城市资源配置，有效利用资源
静态数据	数据类型	地震、物探、钻井、录井、测井、试油	城市基础空间数据、城市3D模型
	采集传输方式	专业设备探测传感器，部分互联网传输	BIM、CAD、GIS、GPS、RS、激光扫描、移动测绘，互联网传输
动态数据	数据类型	生产测试、井下作业、油气生产、增产措施、采油工艺、油气集输	城市基础设施数据、运行情况数据、道路交通数据、自然环境数据
	采集传输方式	传感器、摄像头、智能终端、语音识别、视频解析，部分物联网采集传输	传感器、摄像头、智能终端、语音识别、视频解析，互联网传输

5　智慧油田面临挑战及努力方向

5.1　业务主导、需求驱动，精准提出影响智慧油田建设全局的关键性问题

数据管理方面，公司提出"十四五"末，初步建成"数字中国石油"的数字化转型目标。目前还存在以下问题：一是数据资源家底不清、分布不明。目前公司未建立数据资产目录，未提供数据的业务、技术解释，业务人员找不到、看不懂数据；关键数据无法快速获取，致使关键数据无法在产业全生命周期精细化管理中应用。二是数据资源共享困难，当前公司"数据孤岛"问题比较严重，积累了大量经营管理数据，但未实现充分共享和流通。三是纵横向数据协同不够。管理层无法获得决策支持的丰富信息，无法追溯生产经营深层问题；基层无法利用数据提高效率，各层都为"数据所困"。

以业务为主导，精准提出影响智慧油田建设全局的关键性业务问题，信息主建，充分理解核心业务问题，制订科学合理的解决方案。

借鉴城市拥堵问题启示，勘探开发业务的核心难点在于梳理明确勘探开发业务痛点问题，需要建立适应关键业务的管理、决策、研究、生产业务流，清查出关键业务节点的痛点问题，例如重大勘探目标评价与资源评价、储量评估、产量规划等核心业务问题。

5.2　形成在线的、有效的数据资源，夯实智慧油田建设的基础

目前公司上游历经多年探索发展，建成了A1、A2、A4、A5、A6、A7、A8、A11、A12、D2、D13等统建系统，各油田建成了各自的自建系统，总体上数据体量巨大，但业务数据集中管理没有统一规划，管理程度参差不齐，业务数据之间协同性差，数据资产化完成率低，数据智能化应用水平较低。针对以上问题，应树立"在线的、有效的数据是企业的重要战略资源"的理念，以数据链贯通、共享应用为抓手，以数据治理、形成有效数据为重点，统筹规划数据资产管理工作，将数据价值与业务价值目标对齐，扭转公司数据应用零散、价值目标不清晰现状。

5.3　构建中枢大脑，实现数据资源的统筹调配和主营业务的智能管理决策，破解条块分割困境

勘探与生产分公司绝大多数业务部门都有信息系统，但部门间缺乏统一的业务流程管理体系。导致经营管理中的痛点、难点和堵点众多，诸如生产运行管理纵横向均不通畅。纵向上，集团与子集团、板块、油田公司和采油采气厂以及生产作业现场各管理层级无法联动应用；横向上，各专业间难以互联互通、共享应用；勘探、开发、工程、储运、销售等全产业链数据不联通。需要建立生产运行中枢管理平台，互联互通现有系统，在数据联通共享的基础上，实现数据资源的统筹调配和主营业务的智能管理决策。

6　"城市大脑"对智慧油田建设的启示

因为智慧油田和"城市大脑"的逻辑思维具有相似性，基于"城市大脑"与智慧油田的对比分析，总结"城市大脑"的建设经验，为我们智慧油田借鉴。经过分析总结提出智慧油田建设的基本原则和主要任务。

6.1　基本原则

（1）集约建设，深度整合。强化智慧油田与企业数字化转型、油公司模式改革、油田产能建设等工作的一体化统筹推进；建立统一、开放、可操作的建设标准体系和评价指标体系。

（2）总部引导，创新驱动。强化总部在规划引领、统筹协调、政策扶持、应用示范、数据管理等方面的主导作用；积极探索油田管理运行服务新模式。

（3）以人为本，应用主导。以提升油田职工的获得感幸福感安全感、提高企业效益、提高油气采收率为出发点，主攻业务"痛点"；深化油田数字化基础性通用应用。

（4）数字化支撑，安全可控。培育、壮大、集聚相关数字化产业，提升以企业为主体的智慧油田应用服务支撑能力；健全智慧油田网络与信息安全保障体系。

6.2　主要任务

6.2.1　推动基于企业数字化转型公共数据平台的智慧油田通用平台建设

（1）构建通用平台总体框架。

通用平台总体框架包括逻辑架构、技术支撑、数据资源、标准规范、安全保障、应用服务、运营支撑；通用平台以油田公司为主体建设部署，根据实际需求逐步向采油厂、作业区延伸推广应用。

（2）加强通用平台五大基础能力建设。

通用平台五大基础能力包括计算能力、数据资源整合能力、算法服务能力、物联感知汇聚能力、网络安全保障能力。

计算能力即提供足够的弹性计算，支持全量油田多源异构数据即时连接、调度、处理。数据资源整合能力即提供全面的数据归集治理、资源目录管理、数据交换共享、数据深度挖掘、关联关系分析、安全运营能力，将多源数据整合成标准、稳定、纯净、高效的高价值密度数据资源。算法服务能力即提供坚实的人工智能基础，支持多种主流深度学习框架和算法组件及一体化算法管理，支持人工智能语音开放算法服务以及视觉技术服务等。物联感知汇聚能力即提供集中管理、分散控制的感知终端管控服务，支撑不同感知终端间的数据汇聚、快速交换和共享应用。

网络安全保障能力即提供纵深信息安全保障，推动网络信息安全与智慧油田同步规划、同步建设、同步使用，建立涵盖采集、传输、存储、处理、交换、销毁等数据全生命周期的数据资源安全保障体系。

6.2.2　加强智慧油田三大支撑体系建设

智慧油田三大支撑体系建设包括数字化基础支撑体系、标准规范支撑体系、技术产业支撑体系。

数字化基础支撑体系包含以下三方面：

（1）推进数据资源共享交换，深化经营管理数据资源开放。

（2）优化数据中心布局建设，统筹规划建设云基础设施，搭建云计算、边缘计算等多元普惠计算设施。加快5G网络优化部署和IPv6规模部署，统筹建设5G基站，提升网络带宽和服务能力。

（3）加强北斗导航应用，提供广覆盖、低时延、高可靠、大带宽的通信服务。

标准规范支撑体系包含以下三方面：

（1）推动智慧油田在项目设计、数据资源、安全保障、基础设施、重点应用、项目管理中的标准规范建设。

（2）加强通用数据管理标准、统计标准、信息系统标准、服务规范和监管流程标准等研究、编制与应用工作。

（3）建立健全智慧油田建设、管理、评估、运维等标准规范体系。

技术产业支撑体系包含以下三方面：

（1）以智慧油田建设为契机，加强各类计算框架技术的部署应用，推动语音技术、视觉技术的研发和应用，充分发挥知识发现、知识图谱等人工智能理论与算法在油田复杂场景中的作用。

（2）依托各领域的工程、平台、项目等建设扩大智慧油田市场需求，引导ICT设备供应商、电信运营商、系统集成商、软件开发商、互联网企业等积极发展油气田数字产业，推进智慧油田产业生态圈发展，带动面向人工智能的操作系统、数据库、中间件、开发工具等基础软件，以及关键芯片、器件、模组、智能终端等硬件发展，加快培育网络安全、区块链等新业态。

（3）在云计算、大数据、物联网、人工智能、5G等领域形成一批面向油气领域的典型创新成果和行业解决方案，培育一批引领型龙头企业，鼓励企业做大做强，持续开展智慧油田技术研究与输出，提升企业技术创新和工程服务能力。

参 考 文 献

[1] 戴厚良．中国石油：以数字化转型驱动油气产业高质量发展．国务院国有资产监督管理委员会网站，2020年12月3日．

[2] 王坚．“城市大脑”大数据让城市聪明起来．[N]．光明日报，2019-12-19(16)．

[3] 王坚．城市大脑：城市数字化技术体系的创新实践．“第二届未来技术与颠覆性创新国际大会”，20209年10月25日．

[4] KAHLEN F J，FLUMERFELT S，ALVES A. Digital twin：mitigating unpredictable，undesirable emergent behavior in complex systems[M]. Berlin：Springer International Publishing，2017.

[5] GRIEVES M W. Product lifecycle management：the new paradigm for enterprises [J]. International Journal of Product Development，2005，2(1)：71-84. 47.

[6] 董小英，戴亦舒，晏梦灵，等．变数：中国数字企业模型及实践[M]．北京：北京大学出版社，2020.

[7] 董小英，胡燕妮，戴亦舒，等．基于CPS架构的数字化战略能力构建——德国工业4.0的管理体系与转型实践[J]．重庆邮电大学学报：社会科学版，2019，9，31(5)：85-98.

[8] 侯锦丽．智慧油田的现状及发展研究[J]．信息系统工程，2019(3)：42.

[9] 李斌，刘伟，毕永斌，等．智慧油田建设与发展[J]．石油科技论坛，2018(3)：47-52.

企业数字化转型的概念、分类和实施路径

李剑峰

（中国石油化工集团有限公司）

摘　要　数字化转型是历史发展给当代企业提出的新课题。本文从历史发展的角度，梳理了数字化转型在认识上、实施上的乱象；从明确概念入手，全面阐述了数字化转型的内涵、模式和实现路径，分析了企业数字化转型面临的挑战。

关键词　数字化；转型发展；实施路径

1　从历史发展的角度看转型

从历史上看，企业在激烈的市场竞争中生存发展，根据自身状况和市场趋势不断调整自己的发展方向，是企业生存发展的常态。

《哈佛商业评论》描述了三种类型的转型：运营转型——改变运营方式，以使运营更好，更快或更便宜；核心转型——转向根本不同的运作方式；战略性转型——将公司的本质转型为新的关注领域。

从技术的角度来看，转型的方式绝不止数字化转型一种，而是多种多样：合并和收购、发展方向调整、组织变革、技术变革等。各种成功转型的案例不胜枚举。

尽管各种各样的转型都不乏成功案例。但从当今世界技术、经济发展的大势来看，数字经济已经逐渐成当今世界最活跃的经济形式，数字技术驱动的第四次工业革命已经轰然降临，向数字世界的迁移趋势已经日渐成为全人类的共识。当今依然有众多的转型方式存在，但数字化转型无疑是这个时代的主流。

2　数字化转型的四大驱动力

在当前的宏观背景下，企业为什么要数字化转型，不同的企业可以罗列出很多必须转型的不同理由，但归结起来无外乎四大类：大势所趋、市场竞争、客户的倒逼和技术驱动

2.1　大势所趋

2020 年中国数字经济规模达到 39.2 万亿元，占 GDP 比重达 38.6%，保持 9.7%的高位增长速度，成为稳定经济增长的关键动力。2022 年 1 月 16 日出版的第 2 期《求是》杂志发表习近平总书记的署名文章《不断做强做优做大我国数字经济》。文章指出，发展数字经济是把握新一轮科技革命和产业变革新机遇的战略选择。数字经济健康发展，有利于推动构建新发展格局，有利于推动建设现代化经济体系，有利于推动构筑国家竞争新优势。

不仅中国如此重视数字经济，世界各国莫不如此。美、日、韩等国举措频出，欧盟 2015 年启动《数字化单一市场战略》，通过一系列措施消除法律和监管障碍，着力将 28 个成员国打造成统一的数字市场。2016 年《产业数字化新规划》，计划在 5G、云计算、物联网和网络安全等重点领域加快建立共同标准，以统筹欧盟各成员国的产业数字化转型，逐步形成《欧洲工业数字化战略》

表 1 是 2008 年和 2018 年全球市值前十的公司排名，从中能够看出一个颠覆性的变化，经营数字产品的公司占据主流数字经济的来临就是大势。传统企业在各自的领域竞争发展多年，市场划分已经形成大致稳定的疆域，想从对手那里夺得哪怕一寸疆土也要经历残酷的厮杀。而数字经济则完全不同，这是一片陌生的疆域，究竟有多大，现在还看不到边际，先入者可以享受“跑马圈地”的领先优势。是在一个传统的、拥挤的红海里生存，还是在一个宽阔的蓝海里发展，如何选择，一清二楚。

早在 1996，尼古拉斯 · 尼葛洛庞帝出版了《数字化生存》一书，被誉为 20 世纪信息技术及理念发展的圣经，书中预言：“数字化生存是现代社会中以信息技术为基础的新的生存方式。在

数字化生存环境中，人们的生产方式、生活方式、交往方式、思维方式、行为方式都呈现出全新的面貌。”

数字经济的大势，成为数字化转型的第一推动力。

表 1　十年时间全球上市公司的变化

2008 年全球市值排名				2018 年全球市值排名			
排名	公司	市值(亿美元)	行业	排名	公司	市值(亿美元)	行业
1	埃克森美孚	452.5	石油天然气	1	苹果公司	11331.1	信息技术
2	中国石油	424.0	石油天然气	2	亚马逊	9628.3	信息技术
3	通用电气	369.6	一般工业	3	谷歌	8786.6	信息技术
4	俄罗斯天然气	299.7	石油天然气	4	微软	8642.8	信息技术
5	中国移动	298.1	移动通信	5	伯尔希尔	5222.3	金融
6	中国工商银行	277.2	银行	6	Facebook	5111.3	信息技术
7	美国微软	264.1	软件	7	阿里巴巴	4580.6	信息技术
8	美国 AT&T 公司	231.2	固定电信	8	腾讯控股	4333.6	信息技术
9	英荷壳牌	220.1	石油天然气	9	摩根大通	4016.6	金融
10	美国宝洁	215.6	日化用品	10	强生	3619.6	医疗

2.2　市场竞争的需要

在全球一体化背景下，几乎所有的竞争都是全球性的，企业必须比世界上任何一个角落里的同类企业成本更低、性能更优、功能更多、响应市场变化最快。这是一件事关企业生存发展生死攸关的大事。

什么是企业降本增效的利器？图 1 是麦肯锡公司对数字技术可能给企业带来的潜在价值的预测。有许多生动的案例支持这些预测。中国石化在其某下属炼化企业开展的智能化仓库建设，用工总量从原来的 300 多人降至 10 余人，而仓库周转效率提升一倍。在石化某油田开展油井物联网系统建设，实现了油井数据的自动化采集和智能巡井，用工数减少超过 80%。

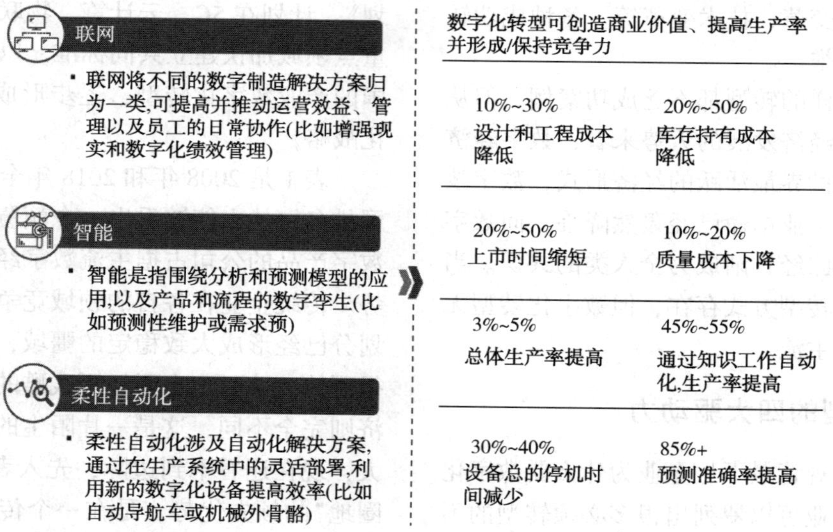

图 1　数字技术带来的价值(数据来自 McKinsey&Company)

在不少领域，是否采用了数字化技术甚至成为一种价值符号。在白色家电领域，空调加上智能遥控，一下子身价倍增，冰箱加上移动应用就引导了消费潮流。数字化技术成为产品竞争的强大武器。越是竞争白热化的市场领域，数字技术的价值越凸显。激烈的生存竞争成为数字化转型的第二大驱动力。

2.3 来自客户端的倒逼机制

中国互联网络信息中心(CNNIC)发布的《中国互联网络发展状况统计报告》显示，中国网民数超过9亿，几乎99%以上都是手机网民。这就意味着我国接近70%的人已经成为数字居民，他们的生活方式、消费行为决定着企业的选择。这就是一种“倒逼”。

随着数字化时代的到来，企业必须习惯消费行为的“量子态”：各不相同、随时变化、多态叠加。这给企业了解和掌握用户行为带来了巨大的挑战，互联网技术、大数据技术等数字技术成为企业必须掌握的技术。基于大数据的客户画像、精准营销、自动推送等技术大行其道。这也是一种倒逼。

以客户为中心是数字经济的核心理念之一，这个理念不同于传统的“顾客就是上帝”的概念，更加强调挖掘客户需求，甚至是引领客户需求。当前蜚声世界的工业4.0就强调，不仅仅是关注产品如何被制造出来，更加关注客户如何用好这个产品，为客户提供最佳的使用体验。无处不在的物联网技术能够实时获取产品使用过程的数据，大数据分析技术能够从这些数据中挖掘用户的偏好、习惯和感受。数字化时代的工业界，卖给用户的不再是产品，而是一种有价值的能力。客户消费模式的数字化趋向，成为企业数字化转型的第三大驱动力。

2.4 技术发展的引领作用

《科技想要什么》是凯文·凯利的科技三部曲(另外两部是《必然》《失控》)之一，在这部书中，凯文·凯利向我们介绍了一种全新的科技观。他认为，作为整体，科技不是由线路和金属构成的一团乱麻，而是有生命力的自然形成的系统，它的起源完全可以回溯到生命的初始时期。凯利令人吃惊地宣称，现在人类已定义的生命形态仅包括植物、动物、原生生物、真菌、原细菌、真细菌六种，但技术的演化和这六种生命体的演化惊人相似。技术应该是生命的第七种存在方式。

我们不去讨论这种观点的正确与否，但我们能够清晰地感受到科技作为一种独立的力量甚至是颠覆性力量，在企业变革中发挥着巨大的引领作用。

汽车的出现颠覆了马车行业，数码照相颠覆了胶片照相行业。请注意，这里的颠覆性技术都不是用户提出的“新需求”。正如汽车大王亨利·福特的名言：“如果我当年去问顾客他们想要什么，他们肯定会告诉我：一辆更快的马车。”

一个更典型的案例发生在著名的欧洲手机厂商诺基亚身上，诺基亚曾经是全球的手机产业霸主，在全盛时期做了一件大事，建了一个详细的全球手机用户数据库。这个数据库的数据很精准，诺基亚在全球找了很多调研公司和机构，花了天价，访谈了数以万计的用户。这个数据库被认为是诺基亚的核心竞争力之一，每当他们要做个新产品，就打开数据库调出目标用户的各项数据，一张清晰的用户画像就出来了：生活在哪里，年龄多大，做什么工作，有什么爱好，愿意花多少钱买一个手机，多长时间换机……然而，精准的用户需求也抵不过科技巨人的力量，苹果公司用一个小小的数码产品，就让诺基亚的商业帝国轰然倒塌！

消灭马车的不是更快的马车，而是汽车；颠覆传统胶片的不是更精细的胶片，而是数码。

如今，所有的传统企业面前，除了对手，还潜伏着一个更加恐怖的敌人——“数字技术”。只有未雨绸缪，才能防患于未然。

在重大历史变革时期，企业最可怕的敌人不是商场上的对手，而是你根本意识不到的另一种生物——“科技”。对手只能给你带来一定的损失，科技带来的可能是整个行业的颠覆！

把这个驱动力单独拿出来讨论，还有一个深层的原因。在大多数传统企业中，信息化部门都是作为企业核心业务部门的“附属”部门存在，信息化建设也往往围绕着业务部门提出来的需求开展。这就造成了业务部门的需求成为信息化建设的“天花板”，客户的需求永远是“一辆更快的马车”，遵从客户需求就永远也不会有汽车的出现。这就严重压抑了来自数字技术的创新引领作用。每一个传统企业的管理层都应该反思，是不是堕入了只要“一辆更快的马车”的陷阱。有人说：客户只有欲望，没有需求！这句话值得深思。

3 准确定义数字化转型与转型的四种模式

3.1 需要准确定义数字化转型

一个清晰的定义，无论是对数字化转型的推

动者，还是参与者，都非常重要。首先，CIO 作为数字化转型的第一推手，常常被高层追问什么是数字化转型，如果没有一个简洁明了的定义，而是长篇大论的特征描述，肯定会动摇高层的转型决心。其次，没有准确的定义，把随便一个项目都贴上数字化转型的标签，会破坏对数字化转型工作推进的整体评价，产生一系列虚假的“成功”或者“失败”案例。最后，如果不准确区分数字化转型，在舆情过热的推动下，容易让企业把数字化转型作为当下唯一的选择，影响企业的健康发展。所以，一个简洁、清晰、准确的定义，对数字化转型的健康发展至关重要。

3.2 众说纷纭话转型

数字化转型应该是近年来工业界最流行、最时髦的词汇，近来肆虐的新冠肺炎疫情，让视频会议、远程教育、网络展览、云签约等互联网商业模式大行其道，推动数字化转型的热度“更上层楼”，从 IT 圈到工业界，再到政府各界人士都在讨论数字化转型。

但非常有趣的是，差不多每个人口中的那个“数字化转型”都只是自己心中的样子，一旦大家坐在一起谈论数字化转型的定义，总会发现原来完全一样的五个字，竟然会阐发出大相径庭的不同的内涵。

笔者着意搜集研究了十几个不同行业的专家或者业界领袖的论述，参加了 N 多个讨论会，各行各业给出的“数字化转型”定义大致归纳概括为四类，如图 2 所示。

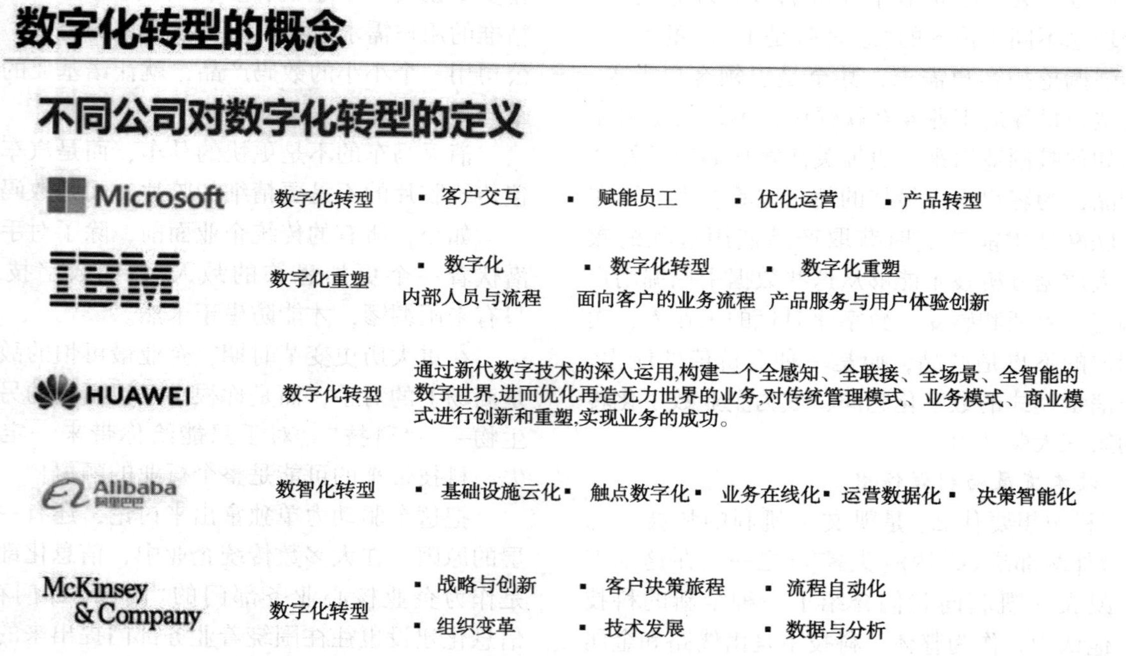

图 2　关于数字化转型的不同论述

IT 界：关键词是“技术”。无论是微软、IDC 还是华为，讨论数字化转型都更关注实现转型的技术、平台、数据治理的能力等。

咨询公司：关键词是“战略”。无论是埃森哲、麦肯锡、德勤还是高德纳，都认为转型的最重要的特质是战略，一定要从战略层面落实转型。

政府：关键词是“经济”。政府观念里的数字化转型更宏观，更多强调企业向数字经济的迁移。

企业：来自企业的专家给出的定义更多、更细，异彩纷呈、各具自身行业特色。由于行业不同，大家认识到的数字化转型大多是从所在行业甚至是本企业的业务特点或信息化发展现状出发，囿于自身，各有道理，就好像盲人摸象，各持己见。

应该说这些关于数字化转型的认识都有其正确的一面，都是从一个侧面描述了数字化转型的某种特征。就像盲人摸象故事中的每个盲人，他们所描述的关于大象的特征都是正确的，但都不足以准确地定义“什么是大象”，准确的定义需要从更宏观、更本质的层面去把握。

3.3 数字化转型最简洁定义

澄清认识、减少混乱、抓住本质，笔者给出数字化转型的一个“极简”定义：数字化转型是“以价值创新为目的，用数字技术驱动业务变革的企业发展战略”。

在这个定义里，明确了数字化转型的目的是“价值创新”，即为企业创造新的价值；明确了数字化转型的驱动力是“数字技术”，其他驱动力带来的企业变革不能算是数字化转型，如利用金融杠杆带来的简单并购；明确了转型的对象是“业务”；明确了转型的本质是“变革”；明确了数字化转型的性质是“企业发展战略”，是一个长期的过程，而不是一个短期的信息化项目(见图3)。

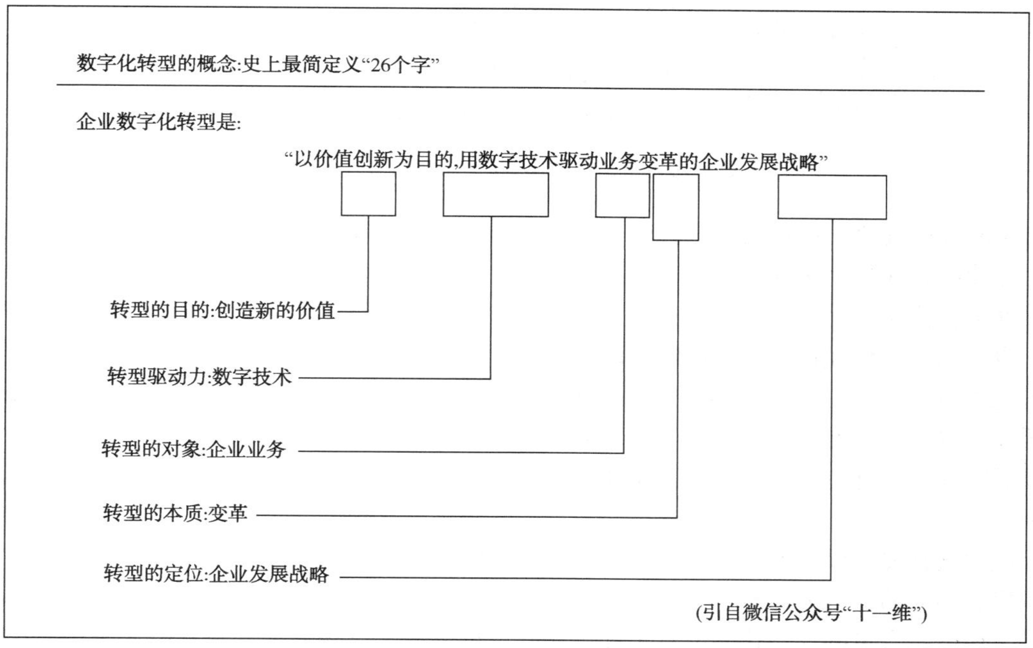

图3　数字化转型的简洁定义

一定要把数字化转型和改革区分开来。改革通常是由高层决策驱动而不是数字技术驱动，改革通常是从组织变革入手，进而带动业务调整。转型正好相反，由于业务的转型，带动组织开展与业务相适应的调整。数字化转型的实质是改变生产力(数字技术驱动)，进而带动生产关系的变革。

一定要把数字化转型和一个数字化项目区分开来。数字化转型是企业战略，是一个长期的宏观的目标，不可能一蹴而就。过分关注短期效益，忽略长期价值，评价体系适当，这就是为什么当下盛传数字化转型成功率很低的原因。

并非所有的业务转型都是数字化转型。数字化转型不是一个“垃圾筐”，不能什么货色都往这个筐里装。混乱的认识足以毁掉数字化转型的美好前景。

3.4 数字化转型的四个发展阶段

数字化转型是随着数字技术的发展，和企业业务不断融合自然出现的一种新的经济现象。因此，一定要清晰地看到这种融合从无到有、从低到高、从被动融合到主动驱动这样一个递进的发展路径(见图4)。

第一个阶段是赋能。数字化赋能是数字化转型的初级阶段，也是必要阶段，通过这一阶段的实践，能够培育企业的数字化文化，提高员工的数字化意识和对转型的信心。如通过物联网、移动应用等数字技术的使用，油田企业巡井、管道企业巡管、炼化企业外操的劳动强度大幅度降低，用人减少、效率提高，企业和员工双双受益。通过对产品的赋能可以快速提升产品功能、性能，改进用户体验，增加产品的附加值，如对冰箱、电视、空调的数字化赋能。

赋能的特征“点状”，规模小、风险低、见效快。虽然是点状的，但可以多点并行，甚至达到星罗棋布，产生“面状”的价值。

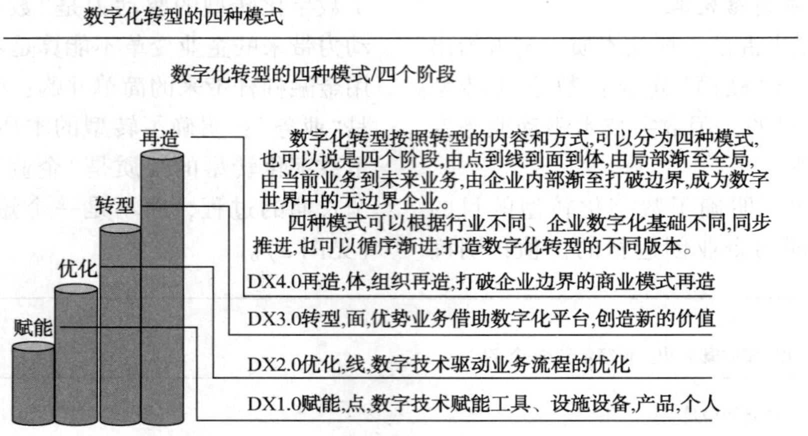

图 4　数字化转型的四种模式(见微信公众号“十一维”)

第二个阶段是优化。优化通常是针对一个或者多个业务流程，在数字化的基础上，利用数字化建模技术进行流程优化。优化可以在部分流程上展开，也可以全流程优化。通过优化可以实现资源配置的最优，包括人力、设备设施、原材料、能源和水等，通常能够达到缩短流程、减少人力、降低能耗、提升时效等效果，是企业降本增效的利器。

流程优化通常要求较高的数字化水平、大量的数据积累、强大的建模能力和巨大的算力，在很多情况下还需要大量的仪器仪表配置来提供实时数据采集能力。成功的优化项目通常具有巨大的经济效益。

优化通常具有线状特征。常见的如离散工业的流水线、装配线，流程工业的某个流程，物流配送、能流配置、野外施工的作业路线等。区域优化和全局优化通常也是围绕一个业务主线展开。

第三个阶段是转型。这是数字化转型的原始形态。把原来“转不动”的传统业务，经过数字化技术的赋能和润滑，实现轻松转身。“大象也能跳舞”，“大象”蕴含的巨大能量将得以有效释放，从而产生巨大的额外价值。云计算是传统计算能力的最成功的转型，不仅造就了世界排名第一的亚马逊云，也创造了整个云产业。

转型具有“面”的特征，通常是覆盖一定范围的一个完整业务单元。因为这样具有完整价值，更容易“服务化”，更容易找到用户、打开新的市场。如中国石化的物资采购部门，每年有巨大的采购任务，要求他们必须以最快的效率、最优的价格采购到质量可靠的产品。多年的积累、培育形成的具有巨大竞争优势的采购能力：“保供能力”。这种能力通过电子商务平台的赋能，使其转换为一种可交付的“采购服务能力”，走出中国石化，服务其他企业，从而为石化带来新的利润增加值。这就是采购部门这个业务单元(BU)的数字化转型。

第四个阶段是再造。再造是数字化转型的高级阶段，是传统企业脱胎换骨转化为数字化企业的关键一步。一般有两种类型的再造：一是企业内部与数字化生产力相适应的生产关系的再造，可以是企业内部某一独立的业务单元(如产品销售板块)，也可以是企业整体。通过再造让古老的企业焕发青春，使数字化生产力得到充分的释放。这种再造方式扬弃的是传统的组织管理架构，业务本质没有变化。二是打破企业边界，以并购、融合、创新等跨界方式实现企业的商业模式再造。这种再造意味着逐渐抛弃或转变原有的核心业务，寻求新的盈利模式。

四个阶段不一定必须完成第一阶段才能开始第二个阶段，而是可以交叉或者并行发展。尤其是在一些大型企业，不同的业务单元由于业务性质或者数字化水平的差异，有可能分别处于不同的阶段。因此，我们也把四个阶段称作四种模式，在有些企业内部就会出现多个模式并存。

这种四个阶段或者四种模式的划分方法，对于企业认识自身所处的数字化转型状况很有帮助。每个企业的CEO，尤其是CIO的脑海中(最好是在桌面上)都应该有一副清晰的“数字化转型路线图”，这就相当于一个决胜转型战略的“军事沙盘”，对照这个沙盘不但能清晰地看到自己的“军力部署”，更能准确地找到主攻方向，快速取胜。

4　数字化转型落地五步法与五大风险

各行各业的数字化水平不同，业务特点及相应的生产经营环境也有很大差异，因此，数字化转型不可能有整齐划一的步调，要规避转型的风险，实现转型价值最大化，就要遵循试点先行、步步为营、循序渐进的转型落地策略(见图5)。

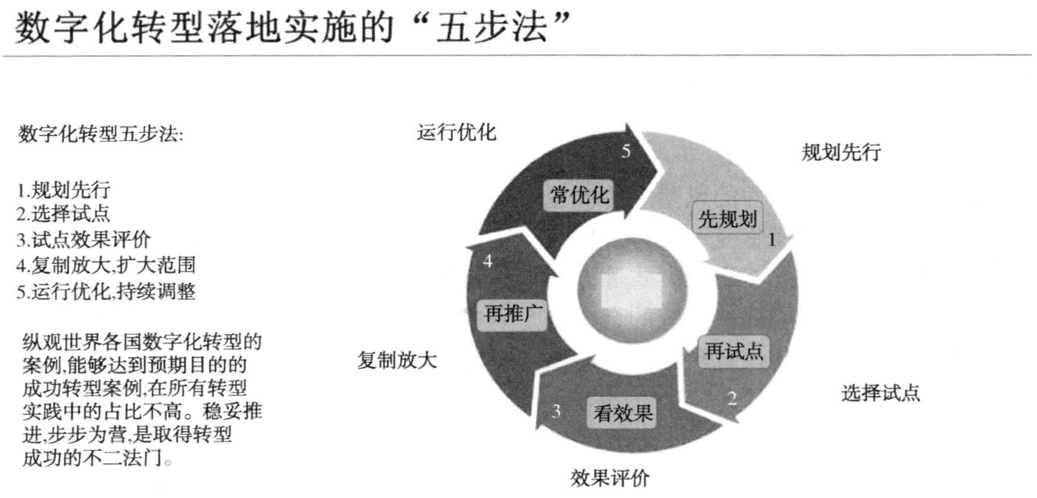

图5　数字化转型落地“五步法”(见微信公众号“十一维”)

(1) 规划先行：数字化转型是经济发展的大潮流，要放眼长远、顺势而为，就要有一套适合本行业特点、本企业现状的长远发展规划，久久为功，保证企业的可持续发展。

(2) 选择试点：选择条件比较成熟、人才、技术等各种关键要素比较齐备，见效快的领域作为先行先试的起点，快速见效、收获经验、树立信心。

(3) 试点效果评价：随时评价试点工作成效，不要高估短期效益，更不要低估长期价值。

(4) 复制放大，扩大范围：选择相近或相似的业务场景，复制并放大试点的成功经验。

(5) 运行优化，持续调整：在业务运行过程中，紧跟新技术快速发展的步伐，不断优化、快速迭代。适时评估转型的进展和成败得失，据此优化和调整企业转型发展路径。快速迭代和持续优化是数字经济的独特优势。

无论企业数字化转型处于哪个发展阶段，或者采用四种模式的哪一种，都应当遵循五步法的落地路径。因为数字化转型是一种探索，无论是所采用的数字化技术，还是所变革的业务模式，都没有成熟可靠的案例，探索的步伐需要“颤颤惊惊、如履薄冰、如临深渊”的专注和谨慎。

纵观世界各国数字化转型的案例，能够达到预期目的的成功转型案例，在所有转型实践中的占比不高。究其原因，除了数字化转型概念模糊、评估体系错位等因素外，还有很多需要特别关注的影响因素。概念清晰、认识统一、方向明确是数字化转型的首要条件；企业战略层的亲力推动和数字技术能力建设是数字化转型的根本保障；稳妥推进，步步为营，是取得转型成功的不二法门。

从国内企业经营发展环境来看，推进企业数字化转型需要特别关注五大风险。

(1) 政策法律风险。国家的相关法律和政策，如国家对于土地控制、能源消耗、环境保护、信贷税收等政策，国家对于企业拟介入转型业务领域的程度和方式的限定与可能的变数等，直接关乎企业转型的生死存亡。中央政府和地方政府都一系列的政策、法规、条例，在什么地方、发展什么业务，都要先做到合规合法。

(2) 转型模式选择的风险。转型业务有一个投入回收期的问题，转型的步伐小，无法达到转型的目标，在未来新的环境下，经营和竞争就会滞后；转型的摊子铺得过大，长期支撑转型负担过重难以为继，所以就必须确定一个转型的“度”，选择合适的转型模式、合适的规模至关重要。前述的四种模式中，DX1.0、DX2.0起点较低，技术要求不高，是推进企业转型很好的起点。

(3) 企业文化“不适”的风险。转型是战略层面的一种选择，带动的是自上而下全层级、全领域的彻底变革，可能涉及每一个人、每一项业务、每一个流程，需要培育和树立与企业数字化转型相适应的全新理念，普及先进的数字化文化，这些对转型战略的持续推进和不断优化影响巨大。推进数字化转型如果没有相适应的数字化文化，就像一个不通外语的人出国旅游一样，各种不便和难题足以败坏旅游的兴致。

(4) 人才与组织架构适应性的风险。传统企业的人才结构和组织架构都面临变革压力。传统企业多数员工面临技术、观念、思维方式等方面的挑战。更重要的是在组织层面，传统的金字塔式组织结构需要向适应平台化模式转型，快速发展的新型的数字化“生产力”时刻对原来的“生产关系”提出调整要求，缓慢变化的组织架构滞后于、制约着数字技术生产力的快速发展，这就可能成为数字化转型战略落地的重大风险。

(5) 技术储备不足的风险。用数字技术驱动业务变革，数字技术的能力建设至关重要。数字化转型的本质是让“数据”成为新的生产要素，核心手段就是让“业务数据化、数据价值化”，关键技术能力是平台能力和数据治理能力。一是建设与自身业务相适应的工业互联网平台，打造强大的平台服务能力，形成良好的技术生态；二是构建企业级数据治理体系，梳理数据资源，形成数据资产，构建数据价值化能力。这两种关键能力缺一不可。

"网安天目"企业数据泄露防护体系实践

张　赫

（大庆油田有限责任公司）

摘　要　在过去的三年，大庆油田信息技术公司开展了网络泄露审查产品、网络泄露阻断产品的开发，产品已在中国石油成功上线，可从数据的网络传输过程中进行外泄防护，让敏感数据无法流出企业，规范员工发送信息的行为，使得公司的管理方法得到加强、管理方式能得到正确的引导，是一款全部知识产权的国产化 DLP 产品。然而随着安全防护趋势的变化，为了满足中国石油集团公司的整体安全防护战略和完善对泄露风险点的防护，进行深入研究，形成整体数据泄露防护体系，可以全面降低企业数据泄露的安全风险，遏制敏感数据泄露给企业带来的违法违规等负面影响和利益损失。

关键词　网络安全；数据防泄露；集成化

近两年国家提高了对信息安全工作以及信息泄露事件的重视程度，相继出台了《中华人民共和国网络安全法》和《中央企业商业秘密安全保护技术指引》等法律法规和指导意见，为企业加强信息安全保密工作提出了新的依据。虽然国家提高了重视程度，但 2016 年仍然发生了国家电网千万用户数据泄露事件和京东大规模数据泄露事件，从中折射出员工私自出卖企业信息、技术防护能力薄弱等问题，再次为企业信息安全保密工作敲响了警钟。

在技术方面，国家已将 IPv6、大数据、云计算、物联网、https 等技术规划为未来发展方向，随着集团公司加快这些技术落地应用的推进速度，用户对数据泄露防护技术在终端监控、邮件防护、协议支持、处理性能、网络保障、安全治理以及功能符合程度等方面的能力提出了更高需求，敏感数据泄露的防护难度被进一步加大。

因此，为了解决企业所面临的数据泄露问题，开展全面的数据泄露防护整体解决方案研究工作，避免敏感数据泄露给油田形象和利益带来的负面影响，支撑油田在集团公司乃至国家树立起安全、稳定、扎实、可靠的企业形象。

1　防护体系组成

经过三年的研究，已经实现了网络敏感数据监测技术、串联阻断技术和违规存储发现技术，并应用到油田和集团公司的关键网络节点。随着技术的广泛应用和发展，在信息安全体系里还有许多薄弱环节的问题需要解决，需要开展数据泄露防护整体解决方案研究，分为以下几个方面，如图 1 所示。

1.1　产品完善

1.1.1　IPv6 防护

大庆油田承担的"基于 IPv6 专网的安全防护研发及应用试点工程"项目已成功上线，旨在将大庆油田建设成全国最大的 IPv6 工业生产专用网络，IPv4 协议过渡到 IPv6 也将成为未来的趋势，因此基于 IPv6 协议的网络安全防护研究是十分紧迫的。IPv6 防护涉及 IPv6 的协议识别、会话重组、会话阻断等核心技术，该项内容的研究将填补我国 IPv6 防护技术的空白，必将在整个信息安全行业当中起到指导作用。

1.1.2　Https 协议防护

经 Http 协议产生的数据外泄占据外泄事件的最大比例，然而目前主流网站和网络应用逐步向加密的 Https 过渡（淘宝、百度、腾讯都陆续开放 Https 网站），市场对能监测 Https 协议的 DLP 需求日趋强烈，已成为 DLP 产品的必然选择。解析加密的 Https 协议，包含证书替换、ICAP 协议解析等技术。通过配置"中间人"证书，在传递 Https 数据时所使用的加密证书为自制证书，将 Https 数据解密后进行分析，从而实现加密协议 Https 的监测与阻断。

1.1.3　性能提升

在以下几个技术点进行深入的研究和实现，提升产品性能，预计达到单台解决千兆带宽分析性能：

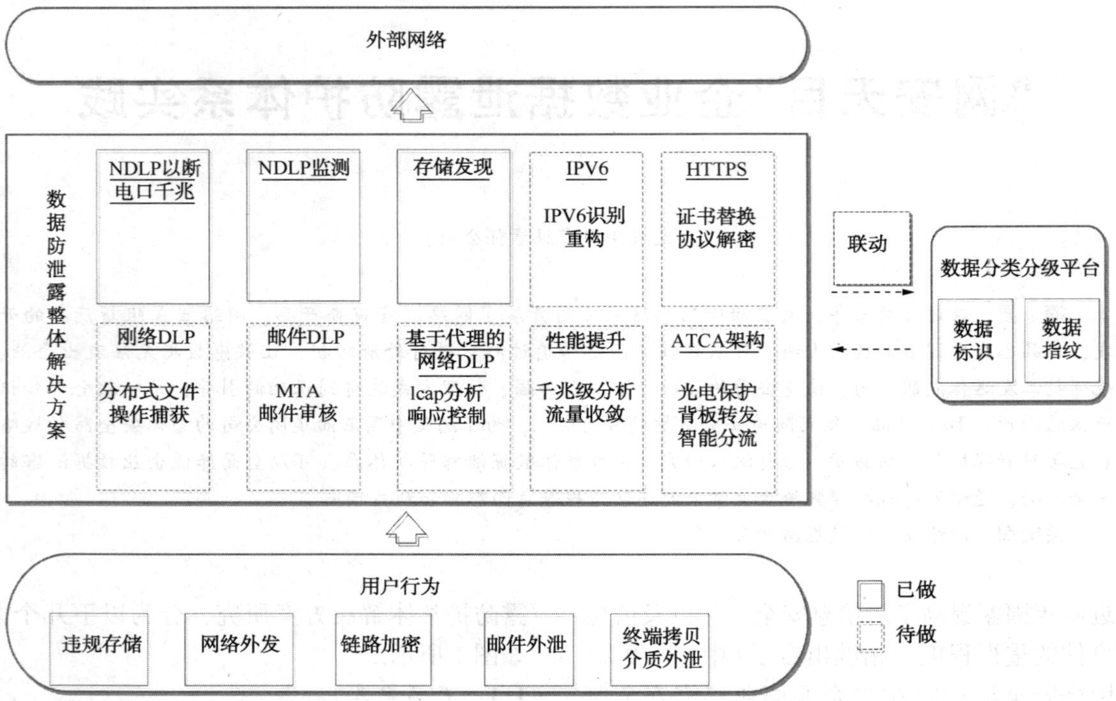

图1　数据防泄露整体解决方案

(1) 优化抓包程序对万兆网卡抓包驱动的兼容性；

(2) 对协议解析和析取进行优化，使设备可通过配置文件动态完成协议类型的添加以及协议解析的更新；

(3) 采用多任务多线程调用框架，增加网络流量的数据分析能力；

(4) 研究网络协议中单方向流量数据(仅上行或仅下行)会话还原的方案。

1.2　新增领域研究

1.3.1　终端防护(HDLP)

数据泄露的主要风险点分别为网络传输、违规存储、终端拷贝。目前网安天目产品对网络传输、违规存储都有对应的功能和设备进行防护(监测阻断、扫描发现)，而终端桌面的外泄防护没有对应的防护手段，将成为防护体系的短板。终端防护，通过操作行为监控、文件过滤技术等技术，实现监视和拦截拷贝到 USB、SD 卡和以对外服务方式暴露的敏感数据。同时，管理端可对终端下发扫描任务，对终端存储实现敏感信息扫描发现。

1.2.2　邮件防护(MDLP)

研发基于 MTA(邮件传送代理)的邮件防护，可适用基于邮件代理的部署需求。命中策略的邮件可上报中心管理平台，经过人工审核处理后，确认违规则阻断删除该邮件，也可替换邮件中的敏感信息继续发送，同时生成事件留档，并向发件人或相关管理人员发送通知。

1.2.3　代理防护(WDLP)

现有网络实时监控产品通过网络层面阻断用户行为，通用性与实时性较强，但无法人工干预用户事件外发行为。进行代理防护研究，满足用户提出的进行人工审核放行、命中事件即时通知、敏感数据修改转发等功能需求。

1.3　架构体系研究

研究采用电信级的 ATCA(Advanced Telecom Computing Architecture，标准即先进的电信计算平台)架构的高密度一体机，将 NDLP-监测、NDLP-阻断、分流器、链路保护设备、交换设备模块化，集成到统一设备上，所有模块通过背板转发进行通信，提供光、电两种保护，提高运行稳定性，实现一台机器完成大流量带宽的监测、阻断需求，可最多完成 16 条链路(8 光、8 电)的防护。当部署的防护出口是双上联到最多 16 条链路，一台一体机就可完成整体的数据防护需求。高密度一体机的防护性能获得大幅提升，同时提高了系统的稳定性以及网络链路安全性，在机房现场部署节省了机柜空间、接入网线数量以及用电量，为今后的管理和运维工作同样提供了便利。

1.4 数据治理联动

高质量敏感数据的治理是实现高效数据防外泄的关键，对企业存在的敏感数据进行归档和密级属性收集。与数据治理联动，接收数据治理推送的敏感数据指纹与密级标识，作为内容审计的信息依据。

2 结语

信息化建设推动了现代企业的发展，但是由此带来的敏感数据安全问题也比较突出，企业大流量带宽的防护需求大量增多，为了更有效地应对该需求，提出一套企业数据防护体系，以数据为中心，围绕数据产生、存储、传输的整个生命周期，开展终端、存储、网络的全方位的数据泄漏防护，形成 MDLP（邮件防护）、WDLP（互联网防护）、HDLP（终端防护）、高密度一体机等产品，增加 IPv6、Https 协议的防护，打造完整的数据泄露防护体系。

中油测井数字化转型智能化发展重点业务场景及应用

石玉江　余春昊　陈　斌　李雄伟　陈义祥

（中国石油集团测井有限公司）

摘　要　当前，全球正处于新一轮科技革命和产业变革的迅猛发展时期，在中国石油天然气集团公司大力推进数字化转型、智能化发展的工作要求下，中国石油集团测井有限公司（中文简称"中油测井"，英文简称 CNLC）成立了数字化转型工作领导小组和五个专项推进组，推进转型落实落地。公司不仅面临业务重组和深化改革后国内国际区域分散、资源利用不集中、技术发展不均衡、资产创效能力较差等内部问题，还面临技术服务企业提升服务质量、降低服务成本双重压力的挑战，亟待通过"数字化转型智能化发展"解决当前问题，迎接外部挑战。中油测井以"数字中国石油测井"为目标，大力实施"5327"信息建设工程，促进数字技术与测井业务深度融合，提升研发系统化、制造智能化、服务远程化、应用价值化、运营一体化水平，赋能测井转型升级，催生新能力、新业态、新模式，打造公司高质量发展数字新引擎。本文介绍了中油测井数字化转型智能化发展规划，以及在生产作业远程操控全程管控、测井数据勘探开发地质工程一体化应用、仪器装备研发制造全生命周期管理为主线的业务流程转型中取得的阶段性成果、典型场景和在业务工作中发挥的作用，初步实现了数字化转型前期数字赋能目标。

关键词　测井；数字化；智能化；智能制造；大数据；数据库；专家支持；智能解释

多年来，特别是党的十九大以来，中国石油把信息化纳入创建世界一流示范企业的目标体系，把数字化转型作为贯彻习近平总书记关于建设网络强国、数字中国等重要指示精神的具体行动，作为推进集团公司治理体系和治理能力现代化的重大战略举措。大力推动互联网、大数据、人工智能等与油气业务融合应用，着力培育新的增长点，加快形成新动能，驱动集团公司高质量发展。

1　建设背景

中国石油集团测井有限公司（中文简称"中油测井"，英文简称"CNLC"）成立于 2002 年 12 月，是中国石油天然气集团公司独资的测井专业化技术公司，主要业务涵盖测井技术研发、装备制造、技术服务和资料应用，并为油田钻井、压裂、采油等提供技术支持，覆盖中国石油天然气集团公司 16 个油气田、中海油、延长石油等国内市场和中亚、南亚等 19 个国家的海外市场。

当前，在油气田勘探开发过程中，技术服务企业面临提升服务质量、降低服务成本的双重压力，技术升级高投入与油田勘探开发低成本的矛盾日渐突出。随着中油测井资源整合和深化改革任务的逐渐落实，研发、制造、服务、应用等主要业务发展不充分、不协调，研发创新不足、制造相对弱小、服务"一枝独秀"、应用不够深入以及区域分散、资源利用不集中、资产创效能力差等问题逐渐突现出来。信息化方面也存在着信息系统之间集成不够、海量数据尚未形成数据资产、基础设施资源供给能力与信息系统需求尚不匹配、网络安全仍有短板等问题。

中油测井迫切需要打通信息壁垒，加强数据治理，提升基础设施资源供给能力，补强网络安全短板，亟待通过信息化手段，将先进的信息技术与测井主营业务深度融合，形成数据共享服务能力，促进企业发展方式和管理模式的变革创新，提升测井技术研发能力、装备制造能力、技术服务能力、资料应用能力和经营管理能力，实现高质量发展。大力实施数字化转型、智能化发展是实现公司降本增效和高质量发展的重要举措。

2　总体设计

为解决目前面临的问题，赋能公司高质量发展，中油测井明确把数字化转型作为公司六大发展战略之一，把信息建设工程作为公司业务发展十大工程之一，发布数字化转型总体实施方案并写入了公司信息化"十四五"规划。

2.1 总体架构

中油测井围绕“服务油气、保障钻探”中心任务，坚持“价值导向、战略引领、创新驱动、平台支撑”信息化总体建设原则，充分利用信息技术和数字化技术，实施“5327”工程，持续促进各项业务降本提质增效。具体包括：构建研发、制造、服务、应用、管理运营五类数字化应用场景；推进以仪器装备研发制造全生命周期管理、生产作业远程操控全程管控、测井数据勘探开发地质工程一体化应用为主的三大业务流程转型；筑牢测井数据湖、测井云平台两个基础；打造数字化制造、智能采集、测井大数据、智能解释、管理运营等七个数字平台。

五类数字化应用场景包括：

（1）研发方面，围绕打造世界一流 CPLog 测井装备目标，构建数值模拟测井研发平台、机电仿真平台、通用电路设计平台、刻度标定平台和标准井试验平台，提高测井装备研发升级效率，加快测井装备研发与现场工程化应用进程。

（2）制造方面，深度集成相关信息系统，利用“产品数字孪生”“生产数字孪生”和“运营数字孪生”进行全价值链数据整合，实现制造全业务链、全生命周期管理数字化、精益化，制造过程自动化、智能化，加速服务型制造转型。

（3）服务方面，制定统一的软硬件标准，形成一套与 CPLog 井下仪器系列配套的网络化地面系统，利用智能技术实现测量参数自适应、测井质量智能分析与校正、风险自动判识与处理，提高测井作业智能化水平。

（4）应用方面，统一测井数据存储、交换、应用标准，构建测井大数据平台，形成标准化数据服务能力，推动数据采集、处理、应用智能化软件系统研发，提高测井处理解释评价能力和工作效率，深度挖掘数据潜力，有效利用数据资源价值，为公司创造新的收入增长点。

（5）管理运营方面，在结合集团层面决策支持、经营管理、协同研发、协同办公、共享服务等建设的基础上，从实际需求出发，整合信息资源，积极推动业务流程创新，构建全局、全面、融合、共享的分析体系，实现公司运营管理精益化，决策支持智能化。

图 1 为数字中国石油测井“5327”工程总体架构图，分为接入层、资源层、服务层和应用层四层架构。接入层包括生产现场采集数据、装备研发制造管理数据、解释评价油藏研究数据、安全环保和综合办公数据，实现物联感知；资源层包括同城容灾中心、西安数据中心、异地灾备中心，搭建测井云平台，建设测井数据湖，实现云端协同；服务层打造数据中台，以数据共享服务为核心，推进数据治理体系建设，提升数据治理能力，充分发挥和释放数据资产价值；应用层构建敏捷前台，以微服务方式为用户提供业务运行环境。

图 1　数字中国石油测井“5327”工程总体架构

2.2 建设思路

企业数字化转型、智能化发展是一项系统工程。中油测井成立了以公司主要领导为组长的数字化转型工作领导小组和以分管领导为组长的五个专项推进组，加强顶层设计和统筹规划，以整体规划、分步实施为原则，按照全面量化、全面一体化、全生命周期、全面闭环管理理念，实现人、财、物、事的“四流合一”，

推动业务模式重构、管理模式变革、商业模式创新与核心能力提升，持续提高测井业务执行和运营效率，为推动高质量发展和建设世界一流测井公司提供有力支撑。

（1）以仪器装备为中心，建立以仪器装备信息化系统为核心的仪器装备全生命周期管理体系，优化仪器装备从研发、制造、仓储、运维等全生命周期管理流程，实现各环节标准化流程管控和仪器装备全生命周期管理。

（2）以井为中心，建立以测井智能支持系统为核心的生产经营资源管理体系，覆盖公司市场、生产、研发、制造、物资、装备、服务等业务链全过程，围绕井、人、装备、物料四大类资源管理体系，贯穿公司生产组织、QHSE、应急、经营分析等整个生产经营链，实现生产经营资源全面量化、全面一体化管理。

（3）以井为中心，建立以测井大数据平台为核心的数据服务和应用管理体系，构建数据集成、服务与共享中心，集中关联与测井相关的地震、录井、钻井、试油、采油等油藏数据，统一管理测井采集、处理、解释过程中产生的原始数据、过程数据、成果数据，形成井筒、油藏全生命周期管理运行环境。

3 重点业务场景

中油测井信息化建设主要围绕装备研发制造全生命周期管理、生产作业远程操控全程管控、测井数据勘探开发地质工程一体化应用三条主线，创新数字化新模式，打造智能化新业态，全力推进重点业务场景建设。

3.1 装备研发制造全生命周期管理

中油测井装备研发制造全生命周期管理平台是管理装备从设计、工艺、制造、仓储、运维服务一体化全生命周期范围之内的信息与过程。如图2所示，利用智能技术实现数字仿真设计、自动化加工焊接、全流程数字生产管理、预知性备件管理、生产工艺数据在线记录、自动化组装、自动化检测调试、远程智能化运维等功能。

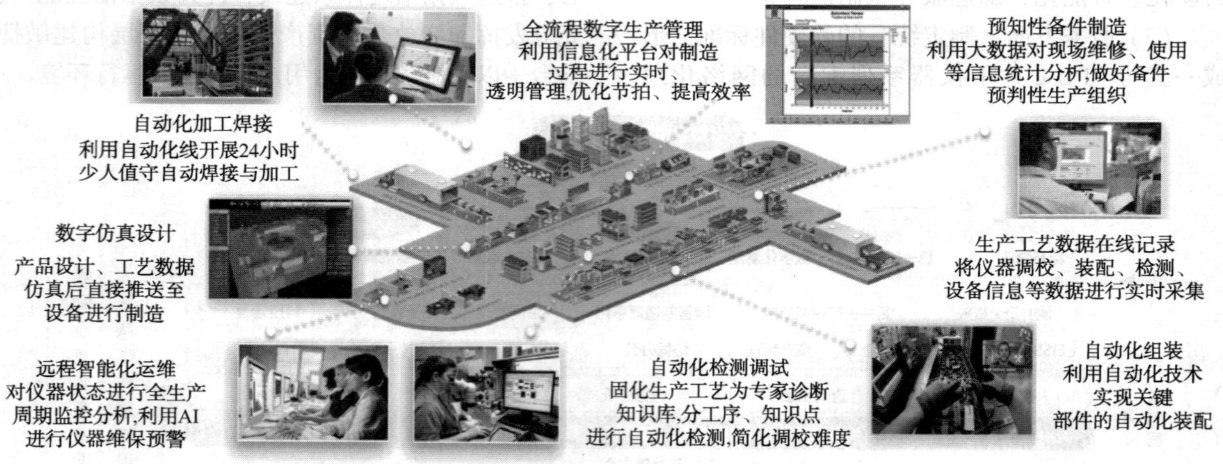

图2　装备研发制造全生命周期管理平台总览图

平台主要由数据管理系统（Product Data Management，PDM）、制造执行系统（Manufacturing Execution System，MES）、智能仓储系统（Warehouse Management System，WMS）和装备运维系统（Maintenance，Repair&Operations，MRO）组成，且平台与ERP、A7/A12生产智能系统深度集成，实现数据共享、互联互通。平台实现技术标准化、管理信息化、制造自动化、服务智能化，重构生产方式和管理体系，提高制造质量与管理效率，达到提高质量、降低成本、增加效益的目的。

目前，PDM系统已安装和部署了服务器端和客户端软件，建立了技术资料数据库。完成15米一串测、小直径仪器装备等资料归集工作，

涉及119种仪器，机械资料4952份，产品研发周期缩短至10%，有效提高开发质量与效率，降低开发成本。

MES系统已实现MES与ERP系统生产订单数据互联对接，利用工号二维码、物料条形码将仪器订单、生产工位、进度节点、材料成本、检验信息有机串联，优化生产节拍，提高质量，降低成本。系统已建立3850种零件加工知识库、65种CPLog仪器物料清单、22个工艺文件、53个批次订单、175支仪器制造数据文件。

WMS系统实现物料动态信息精准化管理，在物资装备公司、制造公司的11个库存地点推广使用，实时管理所有库房物料出入库信息，彻底解决了ERP系统内外物料收发不一致、账物不同步、日清月结不准确等难题。

MRO系统建立了MRO-ACME-车载数据中心的数据传输链路，使仪器制造与仪器运维系统实现了无缝链接，提升了售后服务水平。目前MRO系统已在西南、长庆分公司应用。系统用户48人，维保仪器84种，实物仪器1181支，维保工艺90份，维保任务1666个，作业记录707趟。

3.2　生产作业远程操控全程管控

中油测井以远程测井作业模式和测井生产智能支持系统应用为抓手，推动智能采集平台和管理运营平台建设，提高作业效率，夯实安全生产基础，实现国内外生产、安全、组织一体化管理。

3.2.1　远程测井

中油测井以提质降本增效为目的，创新测井服务模式，构建"井场—数据中心—基地"远程测井环境，实现测井数据远程采集、在线处理，逐步形成以远程端为主导，现场操作为辅的测井模式，最终形成远程采集、智能控制、在线分析、快速决策和少人值守的远程测井作业智能采集平台。远程测井的实现提高了测井作业效率和智能化水平，减少测井操作工程师人数，降低劳动强度，不断形成符合测井特色的新业态、新模式。

目前已成立远程测井作业队伍37支，示范应用超400井次，项目涵盖裸眼井常规测井、成像测井和套管井固井质量测井，测井综合时效提高3%以上。

3.2.2　测井生产智能支持系统

测井生产智能支持系统EISS是公司集生产、安全、资源、市场于一体的管理运营平台，通过生产经营过程中人、财、物、事各类要素的自动组合为决策者提供最优方案，最终建成全过程、全方位、全天候管控公司国内外生产经营各类资源状态的智能系统。如图3所示，系统通过与车载数据中心、智能源罐、企业资源规划系统(Enterprise Resource Planning，ERP)设备和结算模块、CIFLog-Lead4.0软件、装备制造、地图、民爆物品管理、海外作业管理等系统集成，支持系统间数据共享，保证了数据唯一性。同时，系统实现数据统计和分析并输出报表(见图4、图5)功能。其中，车载数据中心系统又包含测井信息采集、绞车控制、现场监控(见图6)、行车监控、放射源监控和民爆品监控等六个模块。

系统自2019年至今经过持续建设和运行，在公司范围实现了以井为中心的调度、作业队、仪修中心、放射源库、解释评价中心、市场结算等全业务流程协调管理。累计上线登录68万次，录入作业任务近46万井次，作业队上线运行覆盖率100%，收录设备数据4.9万条、危害因素辨识2.5万条，集中监控2539辆车，42个源库、火工品库、车场等重点要害部位，提升安全生产实时管控能力。

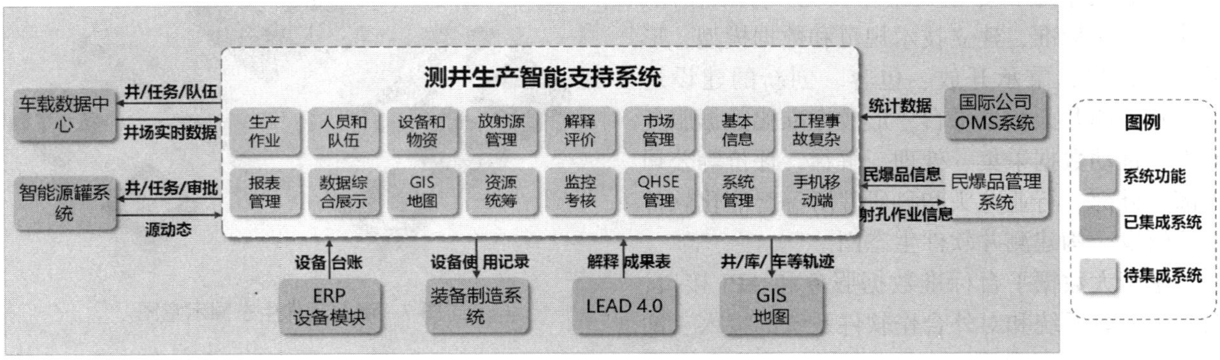

图3　测井生产智能支持系统集成示意图

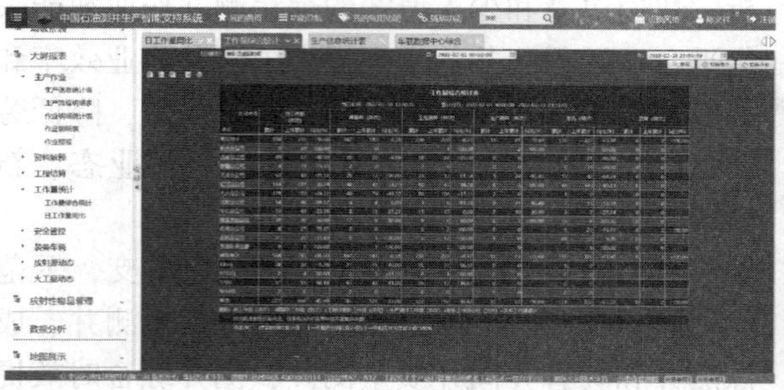

图4　各类统计表界面

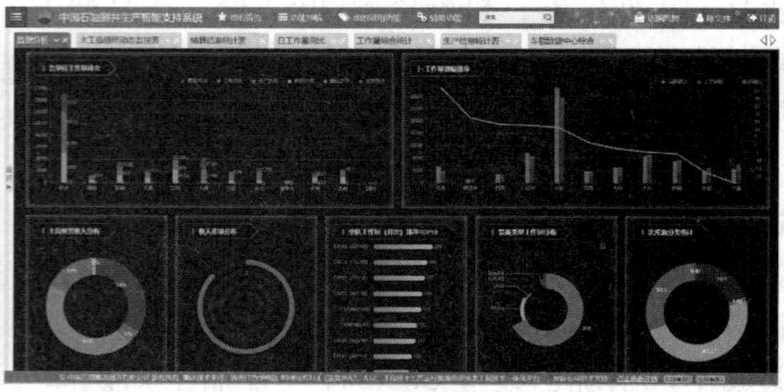

图5　数据分析界面

图6　车载中心视频远程监控

3.3　测井数据勘探开发地质工程一体化应用

中油测井为深化测井数据勘探开发地质工程一体化应用，围绕测井数据采集、处理、解释、评价业务发展，建设测井大数据平台，构建测井软件生态圈。基于大数据平台，已初步建成中国石油测井统一数据库，成功研发风险（重点）探井专家支持系统和新一代测井智能处理解释软件CIFLog-Lead4.0，为充分发挥测井数据在勘探开发地质工程一体化应用中的作用提供支撑。

3.3.1　测井大数据平台

测井大数据平台坚持“标准先行、接口统一、应用互通、生态共建”原则，如图7所示，建设核心数据库和专业数据库，统一数据存储、交换、应用标准，建立技术规范和数据模型，形成API接口，秉承开放、包容、创新的建设理念，建设测井大数据平台，形成标准化数据服务能力，推动数据采集、处理、解释、评价等公司内部、外部、行业龙头和科研院所等智能化软件系统研发，构建测井软件生态圈。

基于大数据平台标准数据服务和API接口，催生了自研系统和对外合作软件系统的接入。油藏评价方面，研发风险（重点）探井测井专家支持系统，构建专家决策新平台；处理解释方面，研发井筒质量云服务系统，为井身质量评价提供支撑；资料处理方面，升级处理解释CIFLog-Lead4.0软件，形成智能测井解释能力；模拟分析方面，研发数值模拟软件系统2.0，形成分布式数模计算能力；地质工程方面，随钻地质导向软件正在基于标准改造；多家单位测试和应用了大数据平台接口，为下一步应用提供基础。

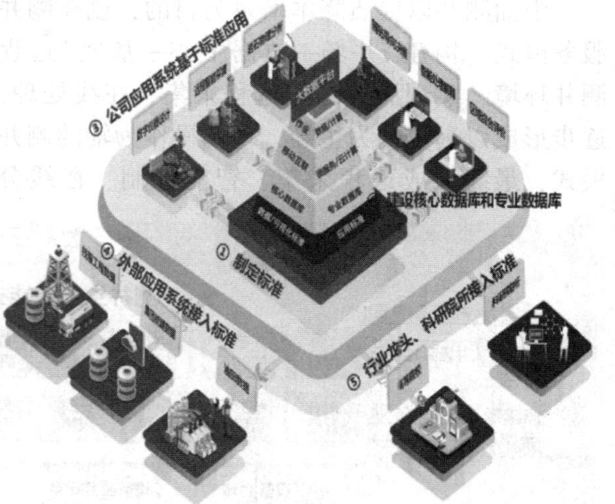

图7　测井软件生态圈示意图

3.3.2　中国石油测井统一数据库

中油测井已初步建成中国石油测井统一数据库，不断实现测井数据与油田数据之间的互联互通，建立大数据驱动下的专家分析支持系统和智能解释平台，促进解释评价数字化转型，实现测井数据资源价值最大化。

目前，数据库已聚集近 32 万井、61 万井次油气田勘探开发过程全生命周期各类数据，涵盖了钻井、测井、录井、试油气、生产动态、成果报告等 25 个国家 40 多个油气田，是国内最大的测井专业数据库；打通了与集团梦想云、技服 EISS、部分油田数据库等系统数据通道，建立了多种数据共享机制，自动化数据流转时效提升 50%以上，同时也为油田相关业务系统提供测井数据支持服务。

3.3.3　风险(重点)探井专家支持系统

中油测井研发风险(重点)探井专家支持系统，以井筒为中心，聚焦勘探地质工程一体化主线，形成测井资料数字化应用场景，构建“数据共享、工作协同、专家支持”的专家支撑环境，支持多领域专家知识共享及在线“会诊”；最大限度地发挥测井资料价值和专家技术支持作用，助力数字油田互惠共享、降本增效，进一步提升重点井测井服务保障工作效率。

目前，已形成重点探井数据规范和地质类、钻井类、录井类、测井类、岩石物理类、试油气类等 6 类 70 多个数据模型。完成主体功能开发，接入近三年集团风险(重点)探井 296 口，集成单井、多井可视化绘图软件，实现多领域专家协同会诊。系统通过信息化技术，打通不同工作场地、不同用户角色之间的数据通道，实现对重点井全业务流程平台化管理(见图 8)、多学科数据一体化应用、一站式数据推送、单井解释与多井对比(见图 9)、多领域专家协同工作、高效率油气勘探决策支持、云服务等功能。

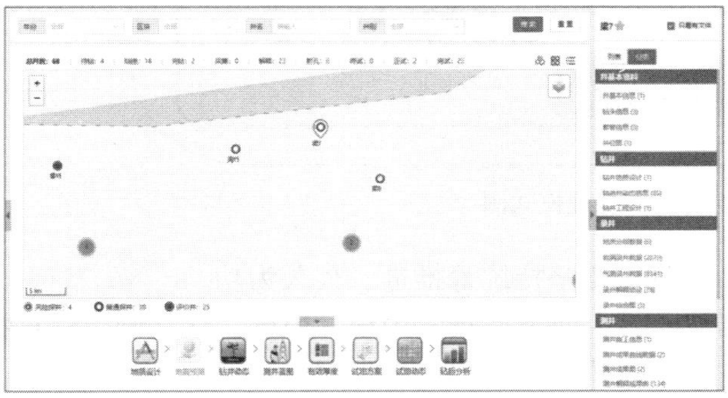

图 8　全业务流程平台化管理界面

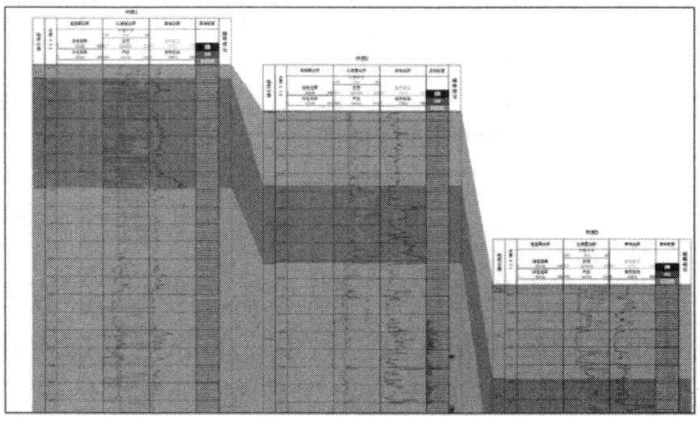

图 9　多井对比图

3.3.4　新一代测井智能处理解释软件 CIFLog-Lead4.0

智能化应用作为测井解释评价的一种手段，一方面要兼顾与测井解释软件的融合，另一方面还要具备较强的开放性，要将近年来测井专业信息化建设和智能化应用成果集成起来，形成开放性的测井智能应用环境。通过“数据”“算法”“场景”三者有机融合，构建“大数据+智能计算+专业软件”的测井智能解释应用环境，提高测井参数计算精度和流体识别准确率，提升测井分析效率，促进测井解释由单井解释向多井评价、油藏分析转变。

中国石油测井统一数据库为测井智能解释软件系统提供大数据条件。中油测井已成功研发以配套电缆随钻等多种测井装备、提升复杂储层油气识别能力为目标的新一代测井智能处理解释软件 CIFLog-Lead4.0，已通过国家软件评测中心检测，取得了国际 CNAS 认证证书，支持成像测井、生产测井、随钻测井资料处理及其综合应用，为测井智能学习平台的研发提供很好的基础。

目前，基于 CIFLog-Lead4.0 平台，测井智能解释平台已完成储层划分及解释处理流程优化、油气识别与参数计算。采用深度学习技术解决基于测井曲线的智能分层和储层划分，准确率提升到 97.83%；利用 Fisher 判别分析法分层构建了流体敏感因子和油信号增强指数图版，分区流体识别效果较好；针对某地区低阻油层识别，优选油层敏感参数，在开发井中，辅助识别油水层 108 井次 132 层，相比传统方式解释符合率由

87.8%提升到90.2%。

4　管理架构改革

中油测井数字化转型全力支撑公司业务流程再造和管理架构改革。如图10所示，按照“本部部门管总、研发制造主建、服务公司主战、生产辅助保障”的扁平化、集约化管理模式，公司持续通过研发制造、生产服务、数据应用三条主线的信息化建设，不断提升管理、过程、资源的全面感知能力、敏捷反馈能力、整合运营能力、全局优化能力，推动业务流程创新，形成满足管理需求的统一运营管理工作环境，构建全面融合共享的运营、管理、决策分析体系，持续提升效率、效益、效能。

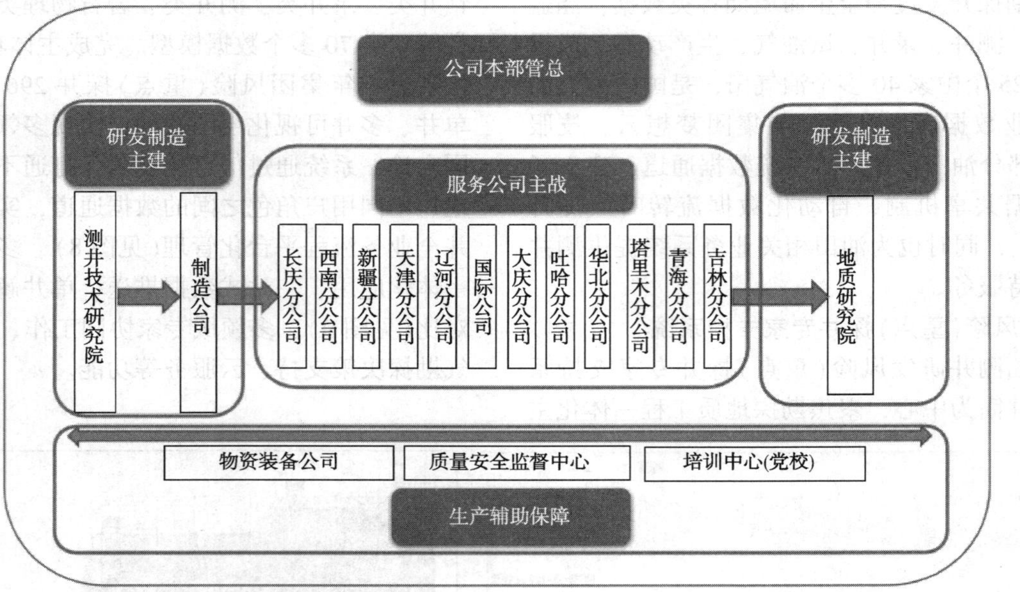

图10　中油测井组织机构管理模式图

公司大力推进区域资源共享，设立东部资源共享中心；按照先试点、后推广的原则，探索建立区域资源共享平台，推进区域资源集约化管理、专业化运行，提升资源利用效率，提高全员劳动生产率；以井为中心组织生产，区域资源配置持续优化，基本形成2小时生产高效保障圈；通过研发、制造、服务、应用、运营等重点业务场景建设，持续推进企业管理体系化、业务管理制度化、流程管理标准化、治理能力现代化。

5　认识与展望

5.1　认识

中油测井数字化转型尚处于起步阶段，面对业务整合、深化改革和高质量发展的迫切需要，要加快推进数字化转型、智能化发展。同时要着重指出的是，数字化转型是一个复杂的体系化工程，是数字技术促进企业发展理念、组织方式、业务模式、经营手段从量变到质变，全方位融合、连接、改造、优化与重构的过程，是一个在实践中不断探索、完善的过程，不可能一蹴而就，要坚持统筹推进、久久为功。

一是要坚持集中统一原则，认真制定信息技术总体规划，坚持按规划实施。

二是坚持以用促建，先试点，制定标准模板，然后再推广的实施策略，确保实施一个成功一个。

三是坚持与著名公司合作，引进先进管理理念和方法，借鉴成功经验，提升信息化建设整体水平。

四是坚持采用规范的项目管理方法，严格控制项目范围、进度、成本和质量，实行项目经理负责制，提高项目实施效率。

五是坚持选用成熟软件，避免重复开发，降低实施难度。

六是要坚持业务主导、信息统筹，加强信息与业务部门的协调沟通、高效融合、同向互动、一体推进，形成业务和技术双轮驱动的信息化建设良好局面。

七是要加强数字化复合型人才培养。人才队伍是保证信息化持续发展的基石，尤其是要充实复合型人才，特别要重视兼具生产业务能力与数字化技术的复合型人才的引进和培养。

5.2 展望

2025年，信息化管理体系健全完备，信息化队伍专业精干，基础网络高速畅通，数据资源集成共享，系统运行安全高效，业务管理智能协同，国内国际融合一体。在研发、制造、服务、应用、管理运营等主要业务领域打造智能制造、设备全生命周期管理、测井远程作业、智能解释等多个典型场景。实现科技研发能力、核心资产创效能力、单队作战能力、QHSE运行管控能力、人均劳动生产率等五个方面提升，形成支持公司高质量发展的新型业务模式、运营模式和组织模式，初步建成“数字中国石油测井”。2030年，信息化成为公司高质量、快速发展的驱动力，公司进入智慧测井初级阶段。2035年，初步建成智慧测井，为持续建设世界一流中油测井提供强有力指引。

参考文献

[1] 王同良．油气行业数字化转型实践与思考[J]．石油科技论坛，2020，39(1)：29-33.

[2] 姚尚林，刘合，苏健，等．云计算支撑中国石油数字化转型[J].2021中国石油石化企业信息技术交流大会论文集：1-5.

[3] 李安宗，王易敏，谭志力，等．测井装备制造信息化系统开发与实践[J]．测井技术，2021(6)：546-552.

[4] 石玉江，刘国强，钟吉彬，等．基于大数据的测井智能解释系统开发与应用[J]．中国石油勘探，2021，26(02)：113-126.

[5] 李国军，周军，钟吉彬，等．测井人工智能处理解释软件平台设计[C]//.2020年中国地球科学联合学术年会论文集(二十六)—专题七十六：深部矿产资源探测技术与应用、专题七十七：岩石物理与井中探测前沿、专题七十八：井孔地球物理及深部钻测，2020：253-256.

[6] 郑昊，刘行军，周军，等．基于测井数据的储层自动划分及解释处理流程优化[C]//. 第七届数字油田国际学术会议论文集．[出版者不详]，2021：33-38.

[7] 付锁堂，石玉江，丑世龙，等．长庆油田数字化转型智能化发展成效与认识[J]．石油科技论坛，2020，207(05)：13-19.

浅谈油气管网工控系统网络安全研究与应用

吕 峰

（国家石油天然气管网集团有限公司油气调控中心）

摘 要 本文针对我国油气管网行业工控系统安全所面临的外部安全形势与内在安全需求，总结了工控系统及其在行业中的发展现状。工控系统安全面临的紧迫性问题，包括工控系统自身安全性低、工控系统所采用协议安全性低、系统及软件版本低、外部恶意软件入侵、系统平台架构升级却无法同时升级维护系统等问题，在此基础上提出了工控系统安全问题的对策分析，希望对我国工控系统安全的发展提供有益的思考。

关键词 油气管网行业；工控系统；安全；解决方案；物联网

国家石油天然气管网集团有限公司（以下简称“国家管网集团”）成立于2019年12月9日，国家管网集团主要从事油气干线管网及储气调峰等基础设施的投资建设和运营。国家管网集团以习近平新时代中国特色社会主义思想为指导，深入贯彻落实习近平总书记“四个革命、一个合作”能源安全新战略和重要指示批示精神，大力实施市场化、平台化、科技数字化和管理创新“四大战略”，加快建设“全国一张网”，着力打造智慧互联大管网、构建公平开放大平台、培育创新成长新生态。随着油气管网业务数字化转型和“两化融合”的快速推进普及，工控系统由原始的封闭独立状态逐步走向开放，由单机走向互联，由自动化最终走向智能化的发展。油气管网调控生产和业务应用获得巨大发展动能同时，工控系统也暴露出了严重的网络安全隐患。本文论述了工控系统存在的安全风险，研究制订了工控系统安全防护解决方案。

1 工控系统及其在油气管网行业的发展现状

工控系统是由各种自动化控制组件以及对实时数据进行采集、监测的过程控制组件共同构成的确保工业基础设施自动化运行、过程控制与监控的业务流程管控系统。其运用了数据处理与传输、以太网与控制网络、无线通信、计算机和控制技术。

油气管网行业，较为常见的工控系统主要由PLC、DCS、SIS等组成，现已成为油气管网生产过程中必不可少的组成部分。经过40多年的发展历程，我国油气管网产业逐渐趋于稳定，其生产性能越来越突出。近年来，我国工业控制安全产业政策环境持续向好，在行业和地方的加速助力下，产业规模得到了快速增长，技术体系也在日益完善，但在实现工业控制系统自主可控的道路还很艰难。具体发展状况如下：

（1）工控网络安全政策、法规、体系不断完善。国家对于工控安全的政策逐步加码，标准落地加快，为我国工控安全发展提供了良好的产业环境，引起了地方政府和油气管网行业的高度重视，安全投入持续增加。

（2）我国工控产业规模持续高速增长。2010年国内工控安全市场规模约2.3亿元。2018年是工控安全的行业爆发年，国内工控安全市场规模达到了18.9元。2020年，工控安全市场超过40亿元。我国工控安全市场未来增长速度持乐观预期，行业发展前景持续看好。

（3）工控安全技术体系日趋完善。网络安全厂商开始建立完善的安全产品和方案体系。国内的科研院所、工控系统厂商以及一些专注做工控安全的新兴企业都将一定的研发力量投入工控安全的研究及产品研发领域，安全产品线日益丰富，形成差异化竞争局面。此外多数网络安全服务商正在积极部署工业互联网、工业云平台，以及将态势感知、人工智能应用于工控安全防御、监测、预警等方面。

（4）我国工控系统核心技术非自主可控。纵观我国工业企业的工控系统建设历程，老、新系统都有国外厂商品牌参与其中，并且关键组件与系统的集成搭建仍由国外厂商实施，核心系统的非自主可控化，其安全态势十分严峻。

2 油气管网行业工控系统中的风险点

尽管工控系统发展势态良好，但在油气管网行业的实际运用中，由于智能制造推动着信息化与工业化的不断融合，导致工控系统的网络安全问题更加突出。

（1）由于工控系统开发本身安全性考虑不足，自身安全性能不强，当前主流的工控系统普遍存在安全漏洞，且多为能够造成远程攻击、越权执行的严重威胁类漏洞。近年来，漏洞的数量呈快速增长的趋势，特别是SCADA、HMI、PLC、工业交换机等漏洞数量排名靠前。油气管网行业生产控制系统安全防护滞后于系统的建设速度，生产控制系统缺乏自身的安全性设计。工控网络存在一定的脆弱性：①已建项目主要软硬件多为进口，可能存有后门；②由于系统分散部署，系统通信广泛使用无线通信方式，易被恶意监听、窃密和干扰；③部分网络借用公共电信网络组网，增加了网络接入风险。随着工业信息化的深入发展，工业互联网的应用越来越频繁，企业工控网络与内部网络、外部网络的交互性越来越强，数据交叉的频率明显增加，这使得工控网络受病毒攻击的可能性大大增加。有些油田企业为了降低成本，缩减开支，直接将工控网络与外部网络直接连接到一起，没有进行任何的物理隔离或技术隔离，这给工控系统甚至企业安全生产带来了巨大的隐患。

（2）专有的工控系统协议缺乏足够的安全性考虑，各控制系统厂商的私有通信协议或规约在设计时侧重于实时性、可用性，缺乏安全性，如普遍的加密算法能力不足、薄弱的安全认证机制、不完善的授权权限，无线通信协议尤为明显。传输协议也受制于国外，IEC104、ModbusTCP等协议均是国外标准。通常采用的控制系统，要求必须配套采用业务系统、数据传输系统。

（3）在工业生产的实际环境中，系统和软件存在大量老旧不进行升级的普遍情况，并且系统补丁兼容性差、系统软件难以及时升级。安全防护状态十分脆弱，安全改造十分困难。工控系统的操作站基本都采用Microsoft Windows操作系统，但由于工控网络不允许与外网通信，这些系统基本上处于一旦投用就不再进行升级的状况，并且为了迎合工程人员对操作站维护方便等需求，这些操作站的防火墙、出入站规则等基本安全防护策略基本处于关闭状态，非常容易被他人轻易进入系统。

（4）外部网络环境的变化，针对工控系统的网络攻击、恶意软件、漏洞利用事件频发。包括通用病毒浸入，病毒通过网络、USB口或服务商服务过程等方式侵入系统；黑客恶意攻击，通过远程修改控制策略、修改测控参数等手段攻击；客服恶意植入，恶意植入危险秩序，造成工艺装置发生事故，或停产损失；企业信息被恶意窃取。国家层面的网络空间安全博弈、利用信息和通信技术进行的致命性攻击以及对国家重要基础设施对象和相关信息系统的攻击愈加严峻。攻击油气管网行业工控系统技术门槛越来越低，易被信息战攻击。

（5）诸多网络安全防护厂商提出了各自安全架构平台，应用在向智能化、云平台发展，这是一种发展趋势，侧重于安全攻防、态势感知、动态预警、智能研判与自我学习，但是相比于工业企业的紧迫而实际、底层必须落地的安全需求，略显超前。新型概念层出不穷，安全落地举步维艰。

3. 工控系统安全解决方案

工控系统的安全防护策略大致分五个层级，如图1所示，工控系统安全防护策略架构图。

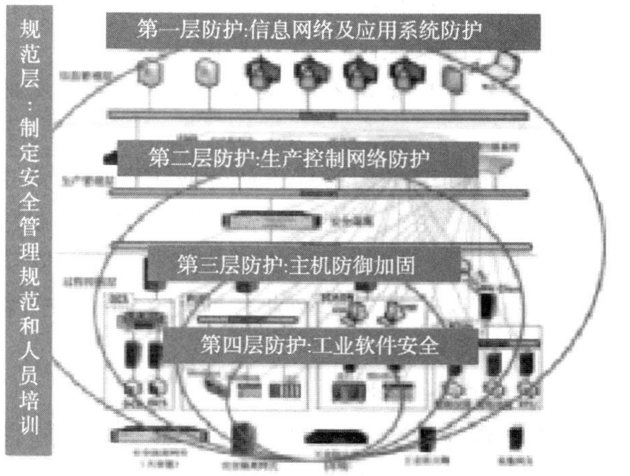

图1　工控系统安全防护策略架构图

第一层，信息网络及应用系统防护：主要侧重信息系统及互联网络的安全方面。第二层，生产控制网络防护：主要是监控系统及带有控制命令的安全防护。第三层，主机防御加固：提升主机系统如SCADA、PLC自身的防病毒/防攻击能力。第四层，工业软件安全：软件的版本管理、备份管理、补丁更新等。第五层，规范层：制定安全管理规范和制度，加强系统人员培训。

3.1 落实企业基本的工控安全防护措施

面对企业工控安全的薄弱基础，应主动与工控安全服务商、控制系统厂商，建立联动工作机制，因地制宜地逐步消除企业自身工控系统的安全漏洞，如从弱口令密码整改开始，逐步推进漏洞补丁升级、部署安全防护设备、完善安全管理制度、建立安全管理体系。在消除薄弱基础的前提下，可以充分利用物联网技术、人工智能技术、大数据技术，扩展企业工控安全范围，提高安全监测、预警、分析判断能力，提升安全态势感知能力，从静态防护走向动态防御。针对油气管网企业特有的集中数据采集、工业控制为一体的信息化建设特征，依赖工控网络空间运行状况的实时感知监控数据，实现工控网络空间安全的一体化、主动化、柔性化管控。

3.2 网络安全与功能安全的融合

工控系统安全是功能安全与网络安全的融合。建立这样的安全需要以保障工业系统可用性为目标，综合运用功能安全、网络安全等技术手段和防护措施，保障工控系统在生命周期内的安全稳定运行。传统的工业安全理论和单一的技术手段已经不能保证工业的安全稳定运行，只有建立基于行业业务规则的新的理论和技术创新，才有可能解决工控系统的本质安全，之后再从核心安全走向外围安全。

3.3 基于油气管网行业应用场景的工控系统安全

行业之间的工艺场景、业务应用造成设备间的差异，以及生产数据的保密要求，每个行业对现场控制装置、控制系统的要求都不一样。安全服务厂商应基于油气管网业务应用场景解决“个性化”安全需求。

3.4 其他安全举措

建立企业安全工作机制，推动安全措施落地；推动工控安全管理标准与技术标准的制定，统筹安全产业发展，使安全有法可依，有据可查；加强工控系统安全评估能力建设，加强测评技术研究；高度重视网络安全人才培养工作，不仅要培养精通信息系统使用和维护的技术人才，还要培养大批能够开展网络安全运行维护、风险管控、应急处置和综合防护的人才，从而满足国家和行业及企业自身的要求。

4 物联网技术与油气管网行业的融合

目前，工控系统正从传统的复杂无序的控制系统，向简化、整洁、开放的物联网控制系统演变。二者的区别是：过去各个操作技术和信息技术设备是分立的，而现在控制端在云端。过去没有虚拟化，需要增加一个功能就要增加一台服务器，其缺点是：过去一台服务器也许不能用满，会造成服务器资源的浪费。现在同一个大盒子按照资源量进行虚拟功能分块，可把资源集成在一台服务器上。物联网包含云与边缘，为了节省时间，一些计算需要放在离设备近的地方，即边缘，而为了更好监管，数据需要传回云端。传统工控系统向物联网化演进是个漫长过程，需要虚拟化平台具有开放性、可扩展性与安全可靠等特点，但确实是更加安全、高效的技术革新。

5 结语

人工智能、大数据、物联网等技术正在加速各行业的数字化转型，“万物感知、万物互联、万物智能”的智能社会发展趋势无可阻挡。油气管网工控系统已经成为国家关键基础设施的“中枢神经”之一，关系到国家的战略安全和社会稳定。新形势下加强工控系统安全保障对推动油气管网企业长远发展有着极为重要的作用。因此，要优化并完善加强工控系统安全保障的措施，确保油气管网产业核心业务稳定运行，从而进一步全面推动产业发展。

参考文献

[1] 梁欣．石油化工行业工控系统安全保障应用实践[J]．中国设备工程，2020(11)：13-14.

[2] 赵弘毅．现代企业工业控制网络的安全防护探究[J]．信息记录材料，2020(4)：211-212.

[3] 朱健．大型炼化企业工控系统安全防御浅析[J]．仪器仪表用户，2022，29(02)：105-108.

[4] 殷天野．工控系统安全威胁及新趋势[J]．通信技术，2017(01)：1-6.

[5] 唐嘉，赵咏，韩涛．某石油化工企业基于等保2.0的工控系统网络安全评估与建议[J]．网络安全和信息化，2021(07)：127-129.

长庆油田智能化推进探索与实践

胡建国 马建军 李秋实 蔡 亮 黄 玮 韩一仑

（中国石油长庆油田公司）

摘 要 当今世界正进入数字经济快速发展的时期，推进数字化转型、智能化发展是能源企业加快实现高水平科技自立自强，建设国家战略科技力量和能源与化工创新高地的必然要求。作为目前国内油气当量最大的油气田，长庆油田始终致力于建设行业领先的智能油气田，将数字技术融入到油气产业链的产品、服务和流程中，推动传统企业的管理模式变革，打造智能化生产、网络化协同、个性化服务等新能力，开创基于用户、数据创新驱动的新商业模式、新生产方式和新产业生态，努力打造数字经济新优势，实际应用成效显著。

关键词 智能油气田；数字技术；数字化转型；智能化发展

长庆油田是中国第一大油气田。勘探区域在中国第二大沉积盆地——鄂尔多斯盆地，横跨陕、甘、宁、蒙、晋五省（区），勘探总面积 $3.7\times10^5km^2$，是中国石油近年来增长幅度最快的油气田。近年来，长庆油田全力打造“数字长庆、智慧油田”，按照“326”整体规划，围绕油气田建设“数字化、自动化、模型化、可视化、协同化、智能化”六大目标，努力打造长庆油田高质量发展的标志性品牌效应，在探索大型油气田企业数字化转型、智能化发展的有效路径上继续发力。

1 智能化油田发展概述

1.1 长庆油田智能化建设背景

长庆油田所处的鄂尔多斯盆地是我国第二大含油气盆地，油气资源丰富，但资源品位差，属于典型的“三低油气藏”，油气藏地质条件复杂，勘探开发难度大，属世界级难题。长庆油田2013年油气当量突破5000万吨并连续稳产9年，2020年油气当量突破6000万吨，成为国内首个年产6000万吨级别的特大型油气田，开创了中国石油工业发展史上的新纪元。十余年的数字化集中建设与集成应用，为油田5000万吨上产稳产提供了有力的信息化支撑。

随着新一代信息技术快速发展，各个行业都在探索企业转型发展，长庆油田紧跟时代发展变革，制订了新时期“高质量发展”规划和“油公司”模式改革方案，2025年油气当量突破6800万吨，建成“主营业务突出、生产绿色智能、资源高度共享、管理架构扁平、质量效益提升”的长庆特色“油公司”，这是长庆创新驱动高质量发展必然要求，同时也对信息化建设提出了更高的要求。

1.2 转型面临的问题与矛盾

随着油田开发的深入，资源品位逐年下降，油田剩余可开发资源以超低渗Ⅲ类和页岩油Ⅰ+Ⅱ类为主，气田以致密气、深层复杂气藏为主，甜点优选、控投降本难度进一步加大，实现效益开发的难度加剧，需要通过信息科技手段辅助分析决策，进一步提升油田开发管理水平和成本精细管控能力。

“十四五”期间年新增井数5000余口、站点80余座，场站数量、油气产量逐年快速增长与用工总量控制矛盾进一步凸显，传统管理模式下年需新增员工2300余人，必须通过场站自动化、智能化建设解决这一制约高质量发展的核心问题。

同时，随着开发年限增加，长停井、低产井、套损井比例逐年增加；采出水有效回注、管道隐患、措施返排液等面临较大安全环保风险；非常规油气水平井作业、大型体积压裂工作量激增，且国家绿色低碳发展战略的实施，油田面临着严峻的安全环保风险管控态势。因此，需要建设全流程可视化监控体系，支撑质量安全风险管控。

按照高质量发展规划，油田年投资仍将保持较高水平，折旧折耗持续增长，完全成本和投资控制的压力进一步增加，储量、产量、投资、成本、效益价值链优化管理难度加大，油田生产与经营管理之间的矛盾增加。解决这一矛盾的关键，就是生产经营一体化深度融合，进一步提升油田经营管理水平。

2　智能化油田建设发展规划

2.1　坚持顶层设计

长庆油田践行"数字中国石油"战略，坚持"六统一"原则，遵循"一张网、一朵云、一个湖、一个平台、统一基础应用"蓝图布局，在数字化建设前期，优先开展顶层设计，强化标准统一，坚持技术创新，突出集成应用，坚持示范引领，整体统筹推进，坚持建管一体，运维同步保障。在建设过程中，聚焦油田高质量发展战略，以油田业务需求为导向，逐渐探索形成了一系列思路、方法、标准和规范，以高水平数字化转型支撑油田高质量发展。

围绕精益生产、整合运营、全局优化，配套油公司运行模式改革，突出全域数据管理、全面一体化管理、全生命周期管理、全面闭环管理，建设实时感知、透明可视、智能分析、自动操控的智能油田，长庆油田公司信息化顶层设计概括为"326"工程。

构建三大体系，即大科研体系、大运营体系、大监督体系；筑牢两大基础，即统一云平台、统一数据湖；深化六项应用，即智能无人值守站、油气井智能生产、全流程可视化监控、四维油藏模型、智能装备应用、人财物精准管理。

2.2　精细建设过程

进入新发展阶段，油田公司提出率先实现高质量发展，全面建设基业长青的百年长庆。坚持当前与长远相结合，统筹制定今后五年及未来一段时期发展目标，分阶段稳步推进规划实施，为进一步发挥数智化对油田生产经营管理的革命性作用，计划在前期建设成果的基础上，加快推进数字化转型、智能化发展工作。

智能化油气田建设"三步走"计划(见图1)，按照两年攻关示范、两年规模推广、两年完善提升，"十四五"末数字化转型取得实质性进展，智能油气田初步建成，形成统一的工业互联网体系和云应用生态，实现操作自动化、数据可视化、安全本质化、平台一体化、决策智能化。

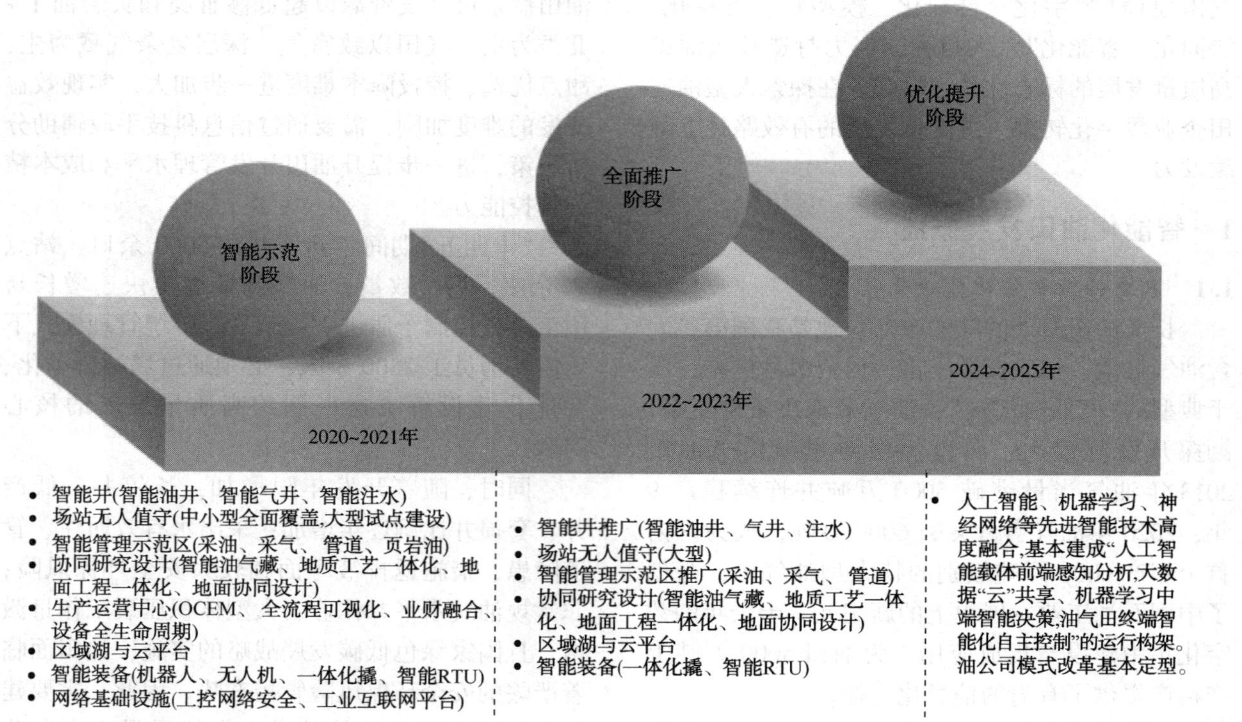

图1　智能化建设"三步走"规划示意图

2.3　建立体系保障

长庆油田成立了数字化转型、智能化发展工作领导小组，完善相应组织体系，按照"统一规划、分级负责"的原则，设立物联网建设专家委员会和以招标工作为主的专家库，自2020年成立智能化油气田建设项目组，负责推进智能化建设蓝图落地，同时建立相应管理制度、建设标准、技术规范、标准作业流程，共同构筑了长庆油田物联网的建设标准体系，为“十四五”末率先建成行业领先的智能化油气田奠定了良好的基础。2022年，长庆油田被集团公司定为中国石油数字化转型智能化发展试点建设单位。

3　智能化油田建设探索实践

长庆油田建设始终聚焦主营业务，坚持顶层设计和基层探索相结合，在充分进行现场调研的基础上，按照“科研+技术+现场”的运行模式开展数智化建设，一期建设完成了区域数据湖、智能井站示范建设、智能油藏研究等6大类项目，初步建成以全面感知、透明可视、智能分析、迭代提升为特色的行业领先的长庆“智能油田”，达到了网络全覆盖，分析智能化，运营集约化，生产自动化程度，转变了传统生产管理方式，优化了劳动组织架构，提升了本质安全水平，员工幸福指数得到提高，以信息化支撑油田提质增效、转型发展，真正实现了油气田管控能力、管理效率“双提升”。

3.1　完善前端数据采集

油水气井智能化建设，持续完善油水气井基础配套是关键，为使油水气井在生产物联网平稳上线，建成2700余座数字化站点，覆盖率100%，配套DCS系统，100余套作业区SCADA系统，同时安装各类仪器仪表39万余台，控制设备12万余台。

利用大数据技术，建立功图计量模型，计算产液量、含水率、动液面等关键生产参数，在7个作业区4300口井示范应用，工况准确率90.5%，在不修正系数时功图计产准确率80.4%，达到国际领先水平，油井管理工作进一步提升。

坚持油水井并重，初步建成包含工况诊断、数字式分注、动态分析、指标统计等多项功能的智能注水系统，管理注水井2万余口；建成2个智能注水示范区，探索形成注水系统“源供注配”全过程自动优化一体化可复制的建设管理模式，提高现场工作效率60%以上，进一步盘活劳动用工，节约人员支出，年节省人工成本120万元/年。

研发了智能柱塞、智能间开、智能注剂、智能预警4项智能化技术，开发智能气井平台，接入气井2万余口，实现气井集中管控，作业效率大幅度提升；形成覆盖前、中、后端的闭环管理体系架构，柱塞排水优化算法达到国际领先水平，进一步提升了气井的管理效益。

3.2　优化信息基础设施

长庆油田油气生产区域点多、线长、面广，为了下步智能化油田发展建设打下扎实的网络基础，油区建成了容量4×100Gb/s的骨干传输光缆超3900km，敷设支线光缆近3.0×10^4km，形成“三纵、三横、多环”的网络格局，具备“万兆到厂、千兆到作业区、百兆到井站”的网络通信息能力；利用移动运营商4G技术组建油气田APN物联专网，规模应用1.1万用户，解决手持终端、边远井数据传输等问题；完善传输汇聚环网，扁平化组网模式逐步形成。

按照“办公+生产”混合云架构，部署近百台服务器，虚拟主机900余台，形成1.5P存储规模，基本建成区域云计算基础设施平台，实现IT资源统一集中共享。2021年新增AI算力资源，强化了数据库资源池，目前上云系统350余套。按照梦想云连环湖设计架构，同步建设长庆区域数据湖，初步建成长庆数据资产管控中心，全公司数据库实现集中管控，为后续数据治理提供技术保障。

同时，全面完成公司桌面安全系统部署，集中监控油田公司主干网汇聚点设备，安装单向网闸实现生产网与办公网的隔离，提升了计算机安全防护能力。

3.3　搭建决策应用平台

按照“统一门户”的应用集成思路，开发了长庆智能化油气田蓝图（IOFM）平台，实现了“研究决策、运行指挥、经营管理、安全环保”四类应用的统一入口，满足用户一站式登录访问所有业务应用的需求，使员工工作生活更加方便、快捷、高效。

业务链条流程贯通、快速高效。围绕财务管理、业务管理和生产管理三个业务域展开信息化融合提升，建成业财融合平台，把分散在各个业务部门的信息无缝衔接，完成采油厂的业务流、信息流有机整合。在西安、吴起、靖边、苏里格、定边、陇东建立了6个“互联网+”智能共享区域管理中心，18个单位推广仓储管理及条码系统，实现了“工厂到现场”物流业务跟踪，堵塞了管理漏洞，提升了物资管理精细化水平。开发车辆运输管理平台，管理车辆1.2万余台，通过“抢单”模式，提高了车辆运行效率，大幅控降运费。

协同办公简洁标准、降本增效。建成覆盖公司横向到部门、纵向到井站的流程化、标准化、表单化业务协同办公平台，解决了过去独立系统分散、贯通难、审批周期长等问题。通过平板电脑与视频会议系统智能联动，实现会议无纸化，推广应用后年节约材料费约600万元。

员工生活生动便捷、走向智能。全面应用智能化服务员工，全油田“刷脸”考勤、员工食堂“刷脸”结帐常态化应用；“长庆健康医疗专家库”“应急就医服务中心”建成投用，4万余名员工在手机上安装了“一库一中心”，大幅提升了应急救治及疫情防控能力。

3.4 创新智能地质工程技术研究

应用H5技术构建三维地震、地质建模、地表影像多学科一体化应用环境，提供剖面显示、属性分析等功能，支撑井位部署论证工作，实现地震数据从工作站向Web应用的转变，600km^{2}体数据绘制速度3s以内，实现了地震数据走出机房。

完成2套全幅面岩石薄片自动采集设备定制改造，研发自动控制、采集拼接、智能应用一体化平台，构建了超低渗储层微观特征分析应用场景，尤其为页岩油、致密气储层非均质性研究提供了重要支撑；薄片采集效率提升48倍，已实现3800余张全幅面图像在线应用，科研人员脱离显微镜，基于浏览器即可开展全视域地层岩心分析与对比研究。

基于机器学习和随机建模技术，建立随时间推移的跟踪建模数模一体化系统（四维油藏模型CQMDS），根据新增动静态资料，可以对三维地质模型和油藏模型进行迭代式快速更新和跟踪模拟，为油藏开发调整和剩余油挖潜提供了强有力的支撑。

按照“研究+分析+决策”完整链条，建立地质、钻完井、压裂、油藏工程全流程数字研究环境，地质工艺一体化平台初步落地，达到同步展示、实时决策、智能化分析，实现研究工作现场化、现场工作快速化，实现“少人多井”在线远程决策，有力支撑了页岩油、致密气大平台高效、高质量一体化建设。

构建现实场站虚拟数字孪生体，开发了地面工程数字化交付平台，实现设计、采购、监理、检测、施工、竣工验收、资料归档全过程管理。

3.5 探索新型智能工厂模式

为适应快速发展的智能化油气田建设，构建新型劳动组织架构，按照“无人值守、集中监控、定期巡检、应急保障”的思路，在无人值守模式建设及管理上持续创新。目前整个油区建成无人值守站近1600座，小型场站覆盖率83.6%，管理单元减少44.3%；气田建成无人值守站260余座，小型场站覆盖率91.4%，内部盘活用工4200余人。

采油厂围绕“安全环保、生产运行、技术支撑、企业组织”四个方面建立智能化应用架构，形成了重点工作闭环管理、危险作业在线监控、集群化管线泄漏监控三个层面6大类13项技术，具备了可复制、可推广的智能化采油厂建设模式。

采气厂按照井、集气站、净化（处理）厂一体化管理思路，形成了覆盖生产运行、安全环保、开发技术和管理决策4个层面的11项智能化技术；通过构建基于工作流引擎的统一集成平台，实现业务和专业层面的驾驶舱，支撑2000人管理1.0×10^{10}m^3/a采气厂，达到国内先进水平。

智能管理示范区的建设，探索出了一种新型采油作业区管理模式，生产数据报表全部自动化生成，流程实现远程控制，作业区生产效率提高60.0%。中心站优化、岗位设置优化，机构与职能更加匹配，人员盘活28.0%，产量小幅提升，作业区生产运行整体系统效率提升5.2%，有效提升了管理效益。

在智能化采油（气）厂模式下，根据业务需求，搭建数个智能应用场景，应用人工智能、AI等技术，实现了生产管理全过程可视化，为安全生产提供了全方位立体化支持。

对生产指挥系统进行全面智能化升级，从油气生产与集输智能分析、智能电网与能耗分析、车辆智能调度、生产预警与应急指挥等方面，自下而上实现重点工作全过程闭环管理、原油产量在线监控、油水井工况快准诊断，提升生产组织实时性、机动性，助推生产调度工作方式的变革。

以庆咸管道为试点，集成管道数据6000万条，建成智能管道数字孪生体平台，实现管道运行监控、智慧巡检、智能决策的管道全生命周期管理，构建了“天+地+人”一体化的智能管道安全防控机制和“公司统一监视、厂处集中监控、区域集中运维、站库应急值守”的智慧管网运营模式。

构建两大数据平台、10 大应用系统，集生产运行数字化、设备操作自动化、安全监控可视化、应急管理智能化的油田数字化电网。目前，100 余座变电所实现“无人值班”，助推了生产方式优化和劳动组织架构的变革。

依托自有小型无人机和市场大型无人机两种运行平台，探索形成无人机“油气管线+光缆”巡检和油区综合治理工作新模式，建立无人机巡检可视化管理平台，实现异常点自动筛查与提示，工作效率同比提高 20 倍。通过机器人无人机巡检代替人工巡检，工人劳动强度得以减轻。

建成公司统一视频监控管理平台，集成各类视频 3.7 万余路，作业现场覆盖率 95.0%以上，实现对生产及作业全过程、重大危险源的可视化监管、智能识别、违章预警，安全、环保风险降低 30.0%。智能分析技术可以识别 9 种井场异常状态，该项技术处于国内领先水平。

对井控质量安全环保监督要素按照作业工序，从队伍准入、作业前准备、施工关键环节、重点部位进行梳理，实现钻、录、测、试和修井 5 个专业、286 道工序、3422 项检查内容的移动端监督管理，强化了监督履职尽责，确保井筒作业风险全面受控，管理模式属于中石油首创，具有较大推广价值。

4　油田智能化发展成果

长庆油田持续推进数字化全面深度应用、智能化典型示范建设，不仅形成了一套与油田生产紧密结合，能够高效地服务于油气生产的信息化技术体系，也为油田高质量发展带来了一定的管理效益，油田数字化建设、智能化转型成效显著。

减少管理层级，建立作业区（联合站）—增压点（注水站）—井组（岗位）或作业区（联合站）—井组（岗位）的新型劳动组织模式，节约人力资源。长庆油田油气当量从 2007 年的 2089 万吨上升至 2021 年的 6245 万吨，但用工总数一直保持在 7 万人以内，与传统生产模式相比，前端数字化建设节约用工总数约 1.8 万人，大幅降低人工成本。

实现环境敏感区联合站以上基础设施的多级实时监视、远程关停截断、统一应急调度；通过作业区 SCADA 的预警报警，达到风险隐患超前预警、及时消除，安全环保风险控制和应急处置能力得到大大加强。

推行按生产流程管理，实现生产数据、设备状态集中管理和分级监控的新型生产组织运行模式。应用一体化集成装置、新型抽油机、自动定时投球、功图采集、智能视频闯入分析、自动稳流配注等技术，助推管理模式、生产方式的转变，进一步提高了现场管理水平。

下一步，长庆油田智能化发展将按照成熟一项、应用一项、推广一项、以用促建、以用促管的思路，通过持续优化完善路线图，将典型示范和规模推广相结合，积极开展现场智能化油气田建设，强化系统应用，有序推广智能化一期实践成果，扩大建设范围，完善建设体系，进一步开展智能化二期创新，持续推推进油田生产物联网、统一云平台、统一数据湖及三大体系建设，构建具有长庆油田特色的梦想云平台，以数字化转型驱动油气产业高质量发展。

5　认识与结论

长庆油田智能化建设第一阶段虽然取得了显著的成效，但是距离油田数字化转型、智能化发展，智慧油田长远目标还有很大的差距，依然存在数据覆盖面不全面、不彻底，信息系统应用不充分、不均衡，系统数量多、数据整合治理工作量大、管理配套机制不完善等问题，在后续数字化转型项目建设中应该精细研究、认真加以解决。

（1）顶层设计是前提。顶层设计决定了企业转型发展能否成功。企业数字化转型是一项长期的、持续性较强的大工程，要实现高质量的发展目标，开展顶层设计显得尤为重要。油田开展智能化发展，首先要坚持做好顶层设计，立足核心业务，由顶层向底层，循序渐进地推进战略实施。

（2）资金投入是基础。数字化建设是一项持续性的工程，仪器仪表、基础设施及网络等需要不断进行维护更新维持才能保障系统平稳高效运行。而且，信息化技术发展日新月异，旧系统迭代升级，新设备、新技术应用推广，均需要大量的资金投入作为保障。建设单位要顺投资渠道，多方筹措资金，充分与产能建设、隐患治理、地面系统优化、重点项目等同步设计、同步配套、同步实施，确保系统建设落到实处。

（3）信息安全是关键。企业数字化建设的根本目的在于资源共享、便捷高效，但同时要保证信息安全，这也对企业物联网建设提出了更高要求。提高对网络安全和工控安全重要性的认识并采取有效的防控措施，要加强基础网络安全支撑体系，配套建设网络安全运行体系、生产网安全体系、云计算安全体系、大数据安全体系、完善网络安全管理制度与标准和网络安全架构，搭建安全可靠平稳运行的网络环境。

（4）创新示范是内动力。长庆油田目前进入了新的数字化发展阶段，智能油气田已见雏形，应坚持价值导向，围绕主营业务，对工业物联网、大数据、人工智能、数字孪生等前沿技术进行大胆尝试，与核心业务场景深度结合，以技术创新示范引领，加快油田数字化转型发展。

（5）人才培养是支撑。数字化转型必须充分调动各方面人才的积极性、主动性和创造性，必须加快人才队伍建设，特别要重视兼具生产业务能力与数字化技术的复合型人才的引进和培养，同时还需抓好基层操作层员工数字化技能的提高，为油田数字化转型智能化发展建立起高素质高水平的人才梯队。

参 考 文 献

[1] 田源，黄振．智能化加速全球石油石化行业转型[J]．中国石化，2018(6)：18-20

[2] 王同良．油气行业数字化转型实践与思考[J]．石油科技论坛，2020，39(1)：29-33.

[3] 贾鹿，牛志杰，石国伟，等．油气上游领域智能化发展方向探讨[J]．石油科技论坛，2019，38(6)：34-42.

[4] 杜金虎，张仲宏，章木英，等．中国石油上游信息共享平台建设方案及应用展望[J]．信息技术与标准化，2017(8)：66-70.

[5] 常冠华，陈树民，熊华平，等．大庆油田油气勘探信息化建设的成果与特色[J]．中国石油勘探，2009，14(5)：33-40.

[6] 杨华，石玉江，王娟，等．油气藏研究与决策一体化信息平台的构建与应用[J]．中国石油勘探，2015，20(5)：1-8.

[7] 付锁堂，石玉江，丑世龙，等．长庆油田数字化转型智能化发展成效与认识[J]．石油科技论坛，2020，39(1)：9-15.

[8] 石广仁．数据挖掘在石油勘探数据库中的应用前[J]．中国石油勘探．2009，14(1)：60-64.

[9] 高复先．信息资源规划——信息化建设基础工程[M]．北京：清华大学出版社，2002.

大港油田数智决策中心平台建设及应用

王洪雨　龙　涛　赖纪顺　阮　杰　柯拥振

（中国石油大港油田公司）

摘　要　随着工业化与信息化的融合发展，多年来大港油田在勘探开发信息化方面形成了具有行业特点、大港特色的一系列成果，有力地支撑了大港油田勘探开发业务的高效开展。随着数字化转型智能化发展的全面推进，依托信息技术实现业务流程再造、管理模式变革、技术手段升级成为公司数字化转型智能化发展的重要途径。大港油田审时度势，从公司未来发展需要出发，利用自动化、一体化、协同化、智能化实现业务提档升级，通过远程、实时、协同、集成、统一的数智决策中心平台建设实现各项工作统一协调、快速推进，推动了大港油田生产运营管理模式的变革，有力地促进了大港油田数字化转型智能化发展工作开展，具有一定的推广前景。

关键词　数智油田；数智决策；数智大脑；可视化；前后方协同

回顾大港油田三十年的信息化建设历程，取得较为丰厚的数字化建设成果，很大程度上支持了勘探开发等主营业务效率的提升，但是作为东部复杂断块老油田的代表之一，主营业务方面面临着地质条件复杂、资源劣质化、投入产出底、结构及人员庞大、效率及效益提高难的现实挑战，而率先启动的信息化建设所带来的传统技术功能存量规模大、范围涉及广，同样面临着技术更新换代、基础设施升级换代、平台化集成建设的严重挑战。随着中国石油数字化转型智能化发展的深入开展，要利用数字化转型智能化发展的有利契机，助力主营业务理论创新、模式变革，寻找破解之道，推动大港油田可持续发展。

1　背景介绍

大港油田作为中国东部老油田的代表之一，主营业务方面面临着地质条件复杂、资源劣质化、投入产出底、结构及人员臃肿、效率及效益提高难的现实挑战，而率先启动的信息化建设所带来的传统技术功能存量规模大、范围涉及广，同样面临着技术更新换代、基础设施升级换代、平台化集成建设的严重挑战，必须利用数字化转型智能化发展的有利契机，助力主营业务理论创新、模式变革，寻找破解之道，推动大港油田可持续发展。

大港油田作为勘探与生产分公司数字化转型智能化发展的试点企业之一，围绕勘探生产分公司全面建成“数字化、自动化、协同化、智能化”世界一流智能油气田的总体目标。大港油田按照“先行先试、适度超前”的原则，“十四五”末基本建成智能油田(智能应用基本覆盖全业务领域、智能生态运营模式基本实现、基本建成智能油气田)、“十六五”末初步建成智能油田(智能感知、智能控制、智能预警、智能处理、全面协同、智能分析与决策)的建设目标。围绕智能油田建设的总体目标，要加快推动信息技术与油田生产业务的深度融合，构建远程、实时、协同、集成、统一的智能生产指挥体系，促进各项工作统一协调、快速推进，实现企业流程再造、模式变革、手段升级。

围绕大港油田智能生产指挥体系构建，大港油田开展了数智决策中心的建设，要结合大港油田实际构建生产指挥一体化集成平台，实现公司业务流程、数据流程、系统平台、专家智慧、决策指挥的高效集中，构建公司“智慧大脑”、“数智油田”建设，构建一体化管控、一体化协同、一体化指挥的生产运营新模式，全面推进油田公司信息化与工业化融合，提高公司各项业务效率及水平，提升企业核心竞争力，助力油田公司可持续、高质量发展。

2　规划设计

2.1　整体架构

按照油田公司两级指挥调度中心运行模式，数智决策中心建设硬件层面重点围绕油田公司级调度中心开展，软件平台整体涵盖油田公司、采油厂级调度指挥中心相关的功能，按照项目计划及目标，两级指挥调度中心主要关系设计见图1。

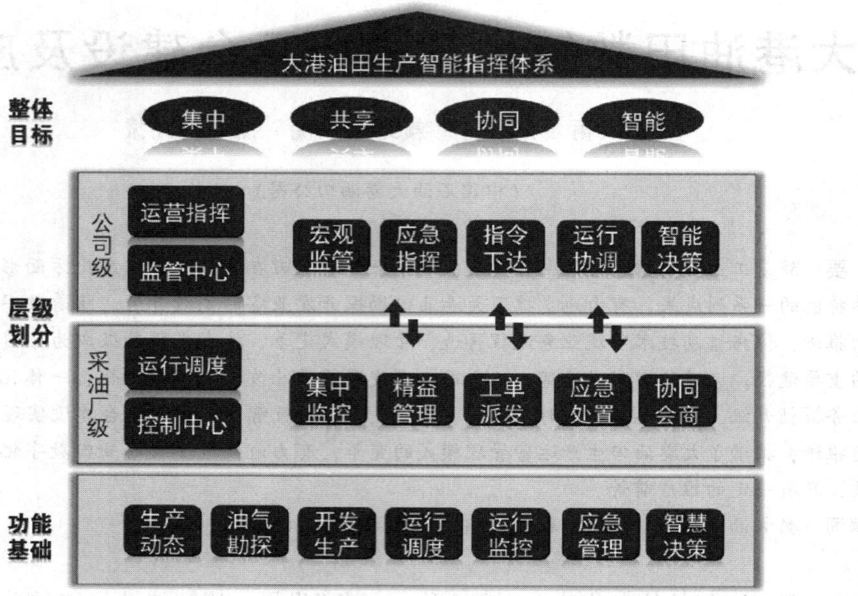

图1　大港油田智能生产指挥体系

油田公司级决策中心重点侧重于宏观监控及管控，统一协调、全面指挥、整体决策，从全局展示油田公司全业务链生产运行现状，及时发现异常，进行调整指挥、向相关采油厂下发指令，并跟踪指令执行情况，同时能够快速接管各采油厂生产调度指挥中心，实现应急事件的实时决策及指挥。

采油厂生产运行及应急指挥调度业务重点侧重于指令执行、工单派发、现场处置监控等，实现对井、管道、场站的实时数据采集、生产现场视频监控功能，将油田生产数据、现场设备生产状态、关键路口及要害岗位视频监控等信息直观地显示出来，成为全厂生产指挥、安全防范的综合性平台。

2.2　建设目标

大港油田数智决策中心建设，以“运行调度、应急指挥、协同联动、智能决策”为指导，通过实时感知、深度互联、智能应用等，建设一套纵向贯穿、横向覆盖、软硬件结合的数智决策中心平台，实现油田公司生产运行过程全面监控、调度管控、应急指挥、协同联动、智能决策等，以更加精细和动态的方式管理油田公司生产全过程，打造集中、共享、协同、智能的油田生产指挥体系，推动油田公司由数字油田向智能油田迈进。

构建数据集成化环境，集成整合生产数据，建设油田生产大数据中心，为各类应用和数据共享提供数据支撑，为油田生产、经营、管理、办公大数据应用探索技术、奠定基础。

形成管控智能化模式，研发生产运行数据与计划对标及生产和安全分级告警识别体系，实现智能分析、告警，自动推送告警信息到相关人员和相关系统。

构建指挥融合化体系，研发先进生产调度系统，实现PC、大屏、安全和通信设备互联互通，音视频及信息无缝融合，提供多模式、多手段、系统化的生产和应急指挥调度。

搭建全局可视化环境，利用高分可视、三维电子沙盘等技术，实现油田全局可视化，探索智能机器人、生物识别等最新人工智能技术，试点油田数据信息化、知识化、智慧化，展现和交互形式多样化。

2.3　技术架构

大港油田数智决策中心建设结合当前信息技术的发展趋势及自身信息化建设现状，形成了从数据源、数据环境、软件集成平台、应用场景、应用环境等层面的整体架构设计，整体架构见图2。

大港油田数智决策中心主要基于梦想云平台进行开展，通过微服务架构实现大港油田公司数据资源、系统资源的共享，通过数据环境建设、可视化集成、业务服务定制、应用场景构建等功能，实现各类应用展示，技术架构见图3。

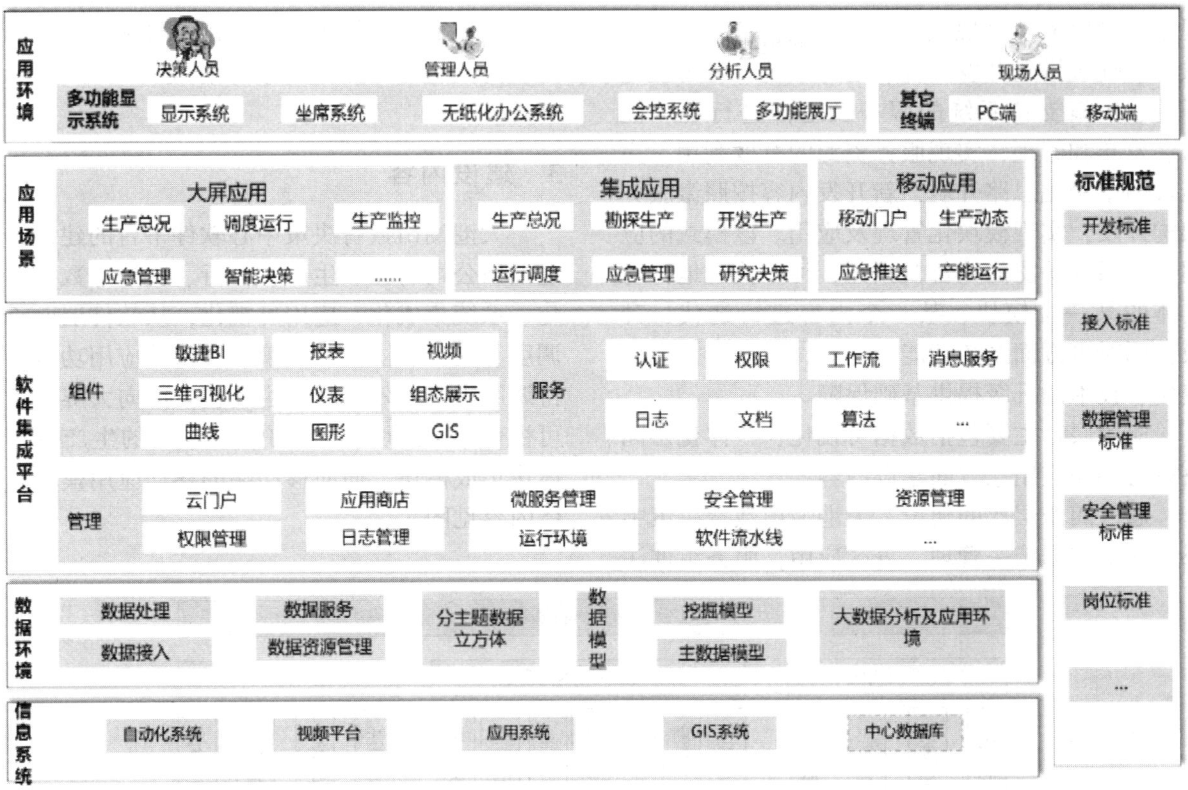

图 2　大港油田数智决策中心架构

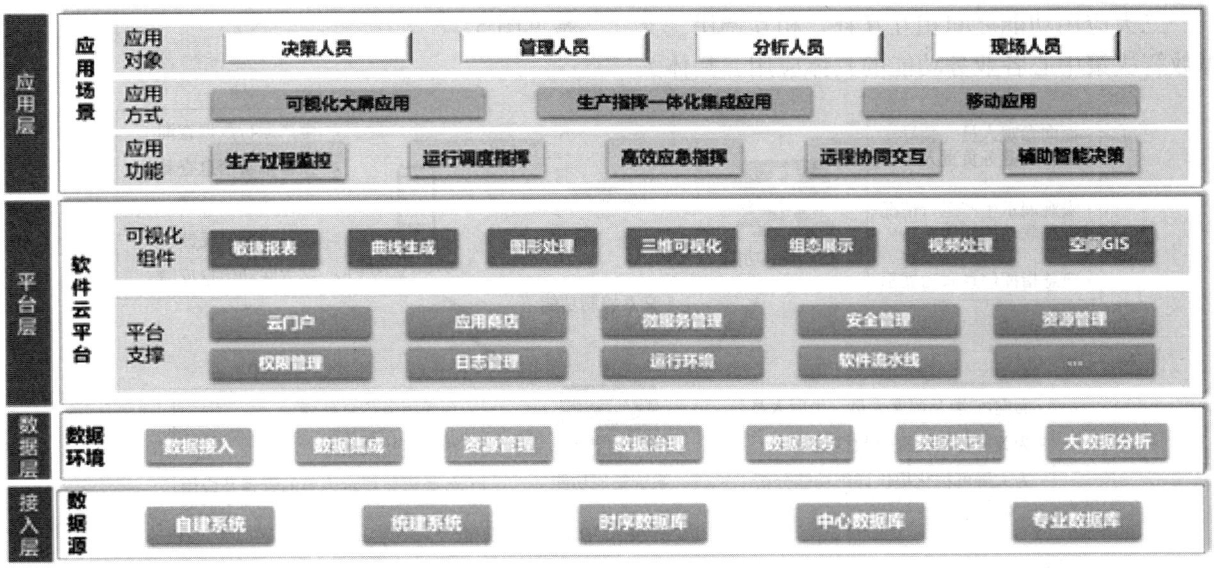

图 3　数智决策中心技术架构

接入层：通过油田专网、办公网、生产网及移动 4G 接入油田音视讯设备，安防视频数据、各类突发事件，油田各类系统和数据(包括社会环境数据)的接入，是整个系统的数据和信息的源头，需要统一管理和调控。

数据层：数据环境建设遵循梦想云及区域湖架构，实现对结构化数据、半结构化数据、非结构化数据、空间数据、流媒体、实时数据、音视频数据的采集、存储、数据治理，数据的处理与分析，数据资源的统一管理。

平台层：软件云平台遵循大港油田系统开发规范、微服务开发规范等标准规范，基于现有的软件云环境搭建开发环境、运行环境，对可视化平台、决策支持系统的服务及组件进行统一注册、发布和管理，实现服务资源的有效利用。完全按照平台化思路开展，新开发内容按照微服务架构开发，实现模块化管理及应用。该模式的应用确保系统功能的完善及扩充，可以快速地针对具体的某一个模块、某一个内容进行迭代、升级，同时也方面系统功能的扩展，为今后需求的变化、技术的升级提供基础保障。

应用层：主要包括数据可视化、一体化协同决策与移动应用三方面建设内容。

通过四个层次的建设，大港油田数智决策中心实现了数据统一管理、分区应用，服务组件注册、重复利用，应用自主布局、智能适配的良性循环，在数智决策中心集成化、可视化应用的同时，为其他系统的调用及集成打下了坚实的基础。

3　建设内容

大港油田数智决策中心软件平台的建设，通过油田公司研究、生产、运行、决策等数据集中化、系统集成化、应用可视化，从软件层面承载调度、交互、协同、决策、指挥等应用功能，支持调度中心高效运转，主要包括面向大屏应景的可视化应用模块、面向 PC 端应用的生产指挥一体化集成模块、面向移动端的移动应用模块，具体内容见图 4。

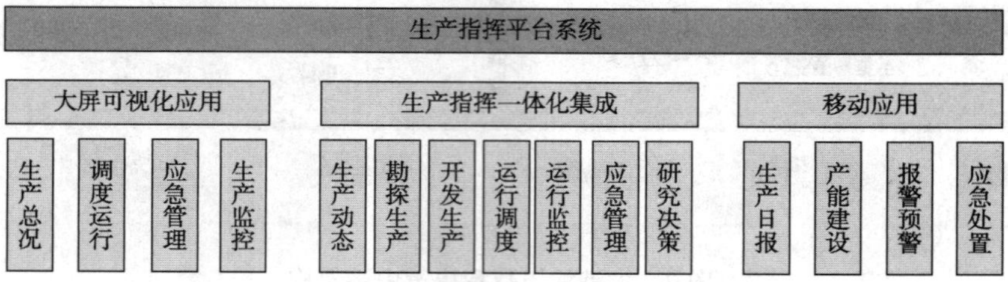

图 4　生产指挥平台系统

三大应用功能之间相互互补、相互调用，支撑数智决策中心各业务功能的具体应用，具体关系见图 5。

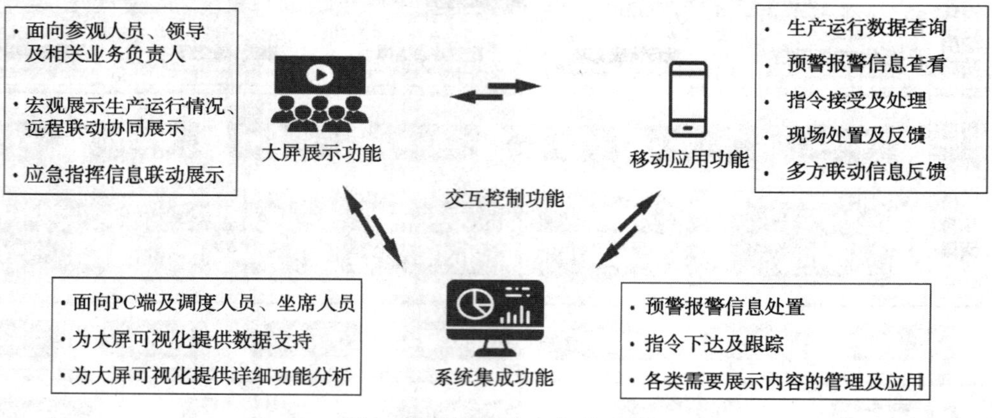

图 5　数智决策中心业务功能

大屏可视化应用，利用数据可视化工具，实现敏捷 BI 展示、用户自定义报表、仪表盘定制、高清图形自动渲染、GIS 空间数据展示以及三维组态和 BIM 模型、电子沙盘的可视化展示。

通过项目的建设，完成了大屏端相关的生产动态、调度指挥、生产监控、应急管理、单井管理等 5 大类应用 18 个展示界面的全面构建，实现了大港油田勘探、开发、生产、运营等信息的集中可视化呈现，示例见图 6。

生产指挥一体化集成应用，面向不同的用户，实现企业形象宣传、生产运行调度、开发生产管理、协同研究支持、协同决策支持、生产应急指挥等专业应用而建设。

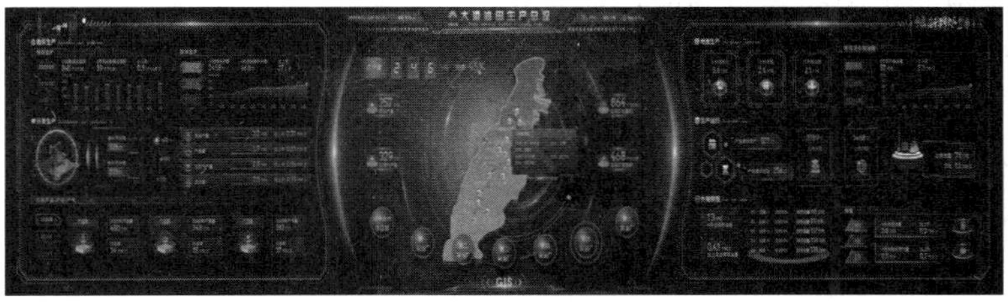

图 6　数智决策中心大屏展示

通过项目的建设，按照油田公司业务链条，实现了相关的信息系统集成，为数智决策中心用户、各具体的业务用户提供相应的系统功能，已经成为大港油田整体的软件集中 PASS 平台，实现所有系统的统一入口、统一管理，为各级用户提供了统一的数据、功能集中环境，多专业协同决策、指挥模式基本建成，示例见图 7。

图 7　按照业务链条集成信息系统

移动应用，基于大港的移动应用平台，实现生产运行关键信息与应急处置信息的移动推送，及移动协同办公。最终通过相应的信号控制终端，实现大屏应用、集成应用在大屏的展示，同时也为 PC 端、移动端提供应用展示及交互界面。

通过项目的建设，移动端完成了当日生产动态、产能建设运行情况、生产井监控、站库生产监控、应急管理等功能的建设，构建了前后方一体、信息实时交互的运行管控模式，进一步提升生产运行管理智能化水平，示例见图 8。

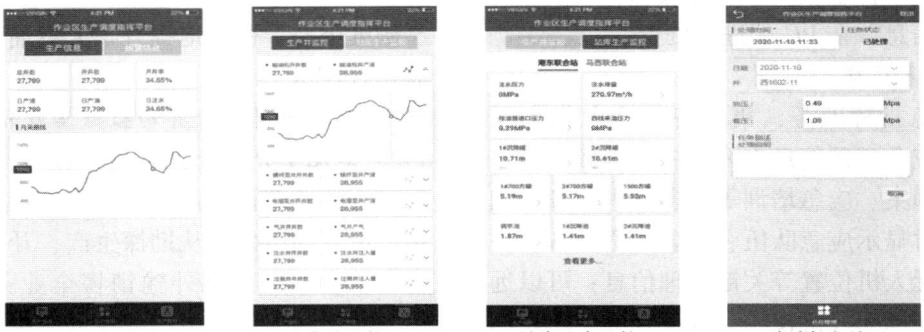

生产运行信息　　生产井监控　　站库生产监控　　移动任务处置

图 8　数智决策中心移动应用场景

整体上通过大港油田数智决策中心的建设，构建覆盖多种网络环境、大屏展示、视频应用等功能的硬件设备环境，支持生产调度指挥相关的各类数据、信息、视频的展示及应用，达到纵向贯穿、横向覆盖，不仅支持油田公司级以上信息、视频的直接交互，更能支持油田公司、采油厂不同级别信息、视频的集中交互及调度指挥业务的接管，形成大港油田两层级智能调度指挥体系，推动了大港油田生产运营管理模式的快速变革。

4 应用场景

大港油田数智决策中心的构建实现了油田公司勘探开发全业务链条数据、应用、网络等的全面集中及集成，基于便利的数据及应用功能，以勘探生产、开发生产、生产运行、生产监控与应急管理5大业务主线进行智能应用场景的设计及构建，进一步规范了具体的业务应用，支撑了智能化应用场景的有效落地，实现了生产运营模式从数字化向智能化的变革落地。

4.1 生产运行监控

集成重点场所的实时视频监控与视频报警信息，关注重点场所相关生产井、管道、站库及防洪防汛或关键道路等实时生产状态信息，同时实现各类别重点场所基于GIS的位置的基础信息展示。同时，将公司相关部门重点关注的重要设备进行全面监控，包括视频、基础信息、运行状态、运行趋势等内容进行全面展示，实现对油田生产运行状况的全方位感知。

4.2 生产运行调度

基于数智决策中心平台，对各类生产运行指标进行集成展示，包括生产运行总况、动力运行、电力运行等，满足生产运行管理人员的日常运行调度工作；实现包括日常值班、预警报警信息接收、研判，指令下达、指令跟踪、等相关内容，按照公司事件上报要求，接收相应级别生产预警、报警信息并在PC端进行处置。

4.3 生产应急指挥

针对应急指挥业务，集成各类应急指挥系统，实现对应急基础信息查询、应急视频、应急会议、应急预案、应急培训等应急管理业务的相关应用。实时显示应急队伍、应急物资装备、重大危险源、无人机位置等关键地理信息；可以远程接入生产现场无人机视频，远程查看生产现场实时状况，提升应急响应能力。

4.4 远程协同

针对井下作业、事故抢修等场景，数智决策中心平台提供跨区域跨组织的多方位联动。结合作业现场视频监控与地理信息系统，将作业现场实时信息，包括位置、视频、作业情况、作业数据、安全环保等内容进行全面展示，实现对钻井、修井、测试、地面建设等作业现场实时情况进行综合监控和技术支持。

4.5 会议支持

支持各类远程视频会议的在线召开，满足视频会议过程中相关材料的播放展示与视频会议过程中影像与声音的控制需求，该功能在已有视频会议系统的基础上进行完善，为指令跟踪、事件处置等提供更加灵活、高效的视频交互机制，包括利用固定视频会议设备、移动端等，实现视频信息的多方联动、交互。

4.6 协同决策

依托数智决策中心平台，为油藏研究、井位部署、方案评审、智能运行、智能应急等决策场景提供数据和技术支持，协同决策主要通过集成现有系统，结合大数据、人工智能等技术的应用，实现决策的智能辅助。

5 应用成效

大港油田数智决策中心平台的建设，旨在实现油田公司业务流程集中、数据流程集中、系统平台集中、专家智慧集中、决策指挥集中，是促进一体化管控、一体化协同、一体化决策的重要举措，决策中心建成投用不仅满足推进“智慧油田”建设的需求、推动多学科跨部门协同工作的需求，同时加快推进了数据、系统共享的需要，为大港油田打造了全方位的企业形象展示窗口、多维度深层次的学术交流平台、集成的油藏研究协同环境、实时的生产过程分析管控中心、高效的多学科专家在线支持中心、先进的应急调度生产调度中心，极大地提升了大港油田生产运行智能化管控水平。

5.1 创新应用多源异构数据集成和可视化技术，实现生产运行监控一张图

全面梳理核心业务流程，实现业务流程数字化，覆盖油田公司从勘探生产、开发生产、地面生产、生产运行到外输销售全业务链的关键指标，实现油田公司生产全景可视化，为公司领导及管理层提供快速、高效的决策手段。

基于物联网设备运行实时数据，通过二、三维可视化技术，实时监控生产现场关键运行参数及报警信息，提升自动化监控程度，不断提高生产监控效率，从而全面提高日常生产工作效率。

5.2 创新融合多专业协同研究及多窗口联动技术，实现协同研究决策一张屏

以专业软件云为基础，建立多学科协同研究应用环境，打破专业软件之间、地质地震之间的信息壁垒，集成地震工区、钻、录、测、地理信息等数据，支持多学科、跨专业协同研究工作，提高研究决策效率。

综合利用钻井、录井、压裂等实时数据，实现油气层随钻跟踪，支撑跨专业数据共享和地质工程一体化集成应用，实时跟踪实施进度，配合视频监控，远程喊话，实现远程协同研究与决策，减少驻井人员，提高工作效率。

5.3 创新融合无人机、音视频等智能化技术，实现应急指挥一条线

融合无人机、移动单兵、固定摄像头等各类音视频，形成多终端、跨地域、全天候的监控体系，能够迅速与现场建立通信网络，精准定位事故覆盖区域，实现现场应急管理一体化智能调度与指挥。

5.4 系统高效集成及功能融合，实现智能生产指挥一平台

按照勘探开发、生产运行等业务需要，将大港油田各类信息系统进行功能拆分与服务化改造，以业务活动为对象，按业务流程进行全面集成，满足日常调度运行、应急指挥、生产监控、智能决策等精细化管理需要。

6 结论

大港油田数智决策中心平台的建设及应用，实现了大港油田各层级生产运行状态的实时感知、深度互联、智能应用等，形成油田公司到新型作业区纵向贯穿、横向覆盖的数智决策运营体系，为推进“油公司”模式改革提供了坚实基础。

数智决策中心所形成的集“协同研究、生产监控、应急指挥、视频会议”功能于一体的应用环境，实现了油田公司范围内生产调度指挥的统一指挥、统一协调、统一运行，为今后数智油田建设成果提供统一的汇聚中枢，打造油田“智慧大脑”，标志着大港油田数字化转型智能化发展步入新阶段，为大港油田数字化转型的深入开展提供了扎实的综合基础支撑。

参 考 文 献

[1] 张强．关于油田生产调度现代化管理模式的若干思考[J]．中国化工贸易，2017(06)．

[2] 熊金良，王洪雨．大港油田智能油气田(勘探开发梦想云丛书)[M]．北京：石油工业出版社，2021.

[3] 杜金虎，时付更，张仲宏，等．中国石油勘探开发梦想云研究与实践[J]．中国石油勘探，2020，25(1)：58-66.

基于物联网技术智慧实验室运行管理系统设计与开发

柳少波[1]　胡国艺[1]　严　烨[2]　毕丽娜[1]　刘龙华[2]　田　华[1]　冯佳睿[1]

(1. 中国石油勘探开发研究院；2. 西安悟空检测科技有限公司)

摘　要　信息化高新技术的不断发展为实验室的运行管理提供了更丰富的选择方式。为提高运行效率和实验室安全性，针对石油化工行业实验室现有的问题和资源利用情况，提出以LIMS为基础，基于物联网的各项技术，打造智慧物联实验室管理系统。该系统覆盖人员管理、设备管理、物料管理、质量管理和安全管理等关键点，实现实验室各要素间的互联互通，优化了实验室运行管理流程，提高了工作效率，降低了实验室安全风险。

关键词　实验室管理；物联网；智慧实验室；仪器连接

随着检测行业的不断发展，实验室规模逐渐扩增，传统的劳动密集型工作模式和效率难以满足检测市场的发展需求，怎样有效地促进实验室良好运行成为行业共同探讨的话题。实验室信息化技术近年来逐步应用到检测行业中来，集合并利用信息化方式，让实验室管理流程化、自动化，简化并提高质量和安全管理的工作效率和效果，从而促进了检测行业有序的发展。

检测行业依托的信息化技术蓬勃发展，已经不局限在软件上的开发，物联网技术已经尝试应用在检测行业的发展管理上来。《中华人民共和国国民经济和社会发展第十四个五年规划和2035年远景目标纲要》中，多次提到对物联网及其相关产业的发展要求和重点，推动传感器、网络切片、高精度定位等技术创新。将实验设备、试剂耗材、环境监测、门禁控制、消防控制、安防报警、视频监控等物理模块，同先进的实验室信息化管理系统（LIMS）相结合。实现实验室智能控制，实现实验室的智慧化、安全化和可视化系统管理，使实验室管理更加科学规范，充分有效保障实验室的系统运行。

基于物联网技术的实验室以信息智能为核心目标，围绕信息采集智能化、信息处理智能化、信息显示与推送智能化全面展开。信息采集智能化是智慧实验室的关键技术，智慧实验室中的信息采集智能化设备具有自组网、自诊断、自修复、不间断运行高稳定性和高可靠性特点，能够进行实验室中的信息自动采集，减少信息采集中的人力投入，提高采集的准确信和可靠性。信息处理智能化依靠云计算的强大处理能力，对信息进行分析、处理，为决策提供有力的数据保障。

石油石化实验室由于实验过程复杂，设备种类繁多，建立完善的融入物联网技术的信息化管理系统很有必要。江日念等就石油地质类实验室管理系统的功能架构和技术架构进行了说明，对石油地质类实验室日常运行的流程进行梳理分析，设计和开发了实验室信息管理系统，不涉及物联网技术的实际应用。李松等结合有机化合物分析流程的特点和有机实验室的管理要求，提出了有机分析实验室LIMS系统开发与应用，涵盖石油地质实验室部分业务，系统采用C/S架构。陈灵泉等针对石油学科实验室的特殊性，探索建立健全石油学科实验室的安全管理体系。

本文将从设计总体架构、流程控制、质量控制及安全控制四个方面进行分析，构建以物联网技术为基础，集设备、人员、物料、安防和管理于一身的智慧实验室系统。

1　基于物联网技术的智慧实验室总体架构

国外实验室信息管理系统技术发展和软件商品化已经达到了相当高的水平，系统软件架构从C/S架构逐渐发展到三层体系的B/S架构。大多数现代分析仪器完全实现自动化管理，可以实现跨时空、地域的数据管理。

本系统借用国外成功经验，采用分层结构开

发和设计，将界面、业务流程、服务、数据分离，实现系统内部松耦合，以灵活、快速地响应业务变化对系统的需求。系统层次结构划分为应用层、网络层、感知层，各层次间通过直接调用或者通过 ESB 进行调用，实现系统功能。

如图 1 所示，基于物联网技术的智慧实验室系统，由感知层、网络层和应用层构成。各层的应用组件利用系统支撑服务框架所提供的基础服务实现系统公共设计、运行与管理机制。

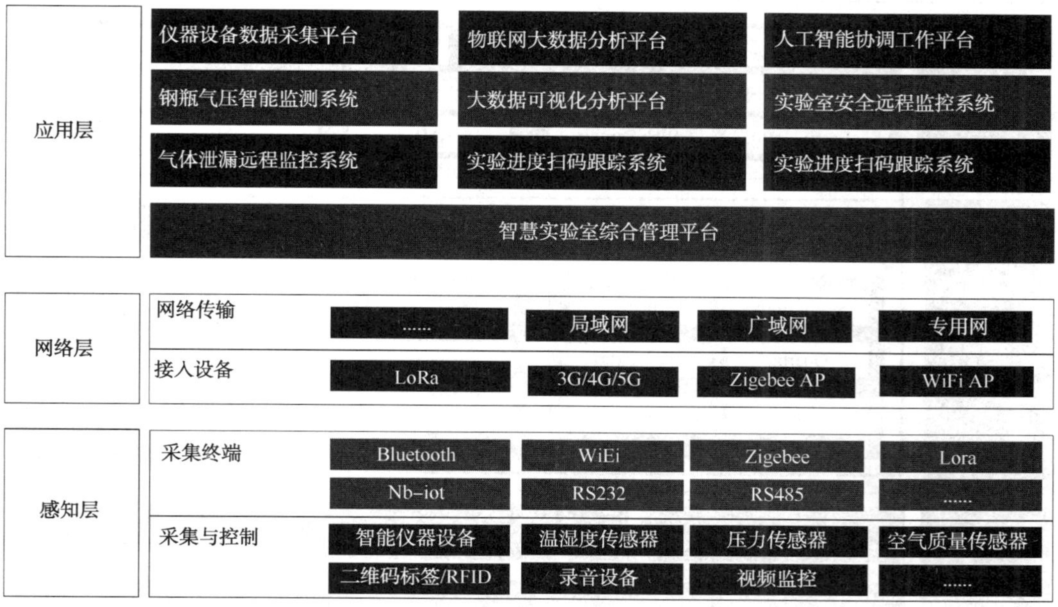

图 1　分层架构图

用户层包括领导层、管理人员和技术人员，可以根据各级不同设置权限，包括数据的查看、后台设置、实验室门禁系统、设备运行状态查看、安全实时动态等。还可以通过可移动终端中程序按照各自需求，完成必要的操作。

网络层通过利用 Wi-Fi、ZigBee 等传输等技术来实现设备的互联，实现对实验数据自动采集系统、环境安全远程监控系统、实验进度实时跟踪系统、设备状态远程监测系统及气体泄漏远程预警系统的独立搭建及运行。用户可通过 4G/5G 移动数据网络接入，各类数据产生后由服务器采集分析。

感知层的作用是对环境状态进行信息采集，相当于人的五官和皮肤等感知系统[14]。实验室系统中最重要的终端是检测设备，其产生的数据是用户的直接劳动成果，可以无缝对接到本系统中进行分析。其他的主要设备有：(1)温湿度传感器：包括实验室环境温湿度和个别设备的监控温度，实施掌握偏离情况，采取必要的应对措施。(2)门禁系统：实验室门禁需要管理，仅有被授权的人员才能进入，或者访问人员在陪同下进入，尤其是试剂管理库和特殊设备管控区域。(3)水位系统：确定水淹位置，反映实验室存在水淹情况，可以及时远程传出至相关管理人员处理，避免进一步的损失。(4)气体监控系统：实验室用气较为复杂，包含有害气体、可燃气体和惰性气体，采用多种气体传感器，对实验室气体泄漏情况实施监控，环境气体超过阈值限，可报警传输，及时避险。(5)视频监控系统：该视频系统可识别人脸、火焰温度等，对环境安全实时传输展示，管理人员及时掌握和管控。(6)压力传感器：对接在各气体线路上，及时反馈各气体线路压力情况，正面反映气体是否需要补充或换瓶，测量反映气体是否有异常损耗，避免危险产生。(7)收音系统：对有静音要求的环境和设备，可加装该设备，实施传输分贝值，保证正常运行。(8)仓储管理系统：实验室物料管理可实现扫码入库和出库，及时管控试剂等物料的安全使用，系统可及时提醒归还物料，保证进出一致性。(9)检测设备对接系统：可实现检测数据的实施获取，通过系统解析，生成原始记录和图谱，并上传生成检验报告，实现检测流程无纸化。

由图 2、图 3 可以看到，本构建框架以物联网为核心，融入移动互联网、人工智能、大数据分析与挖掘的新一代信息技术，研究全方位的智慧实验室综合管理平台。采用微信服务号+小程序、H5+混合APP技术、VUE+SpringBoot+MyBatis+Mysql、RS232/485及谱图数据解析技术，实现动态可视化数据交互展示。

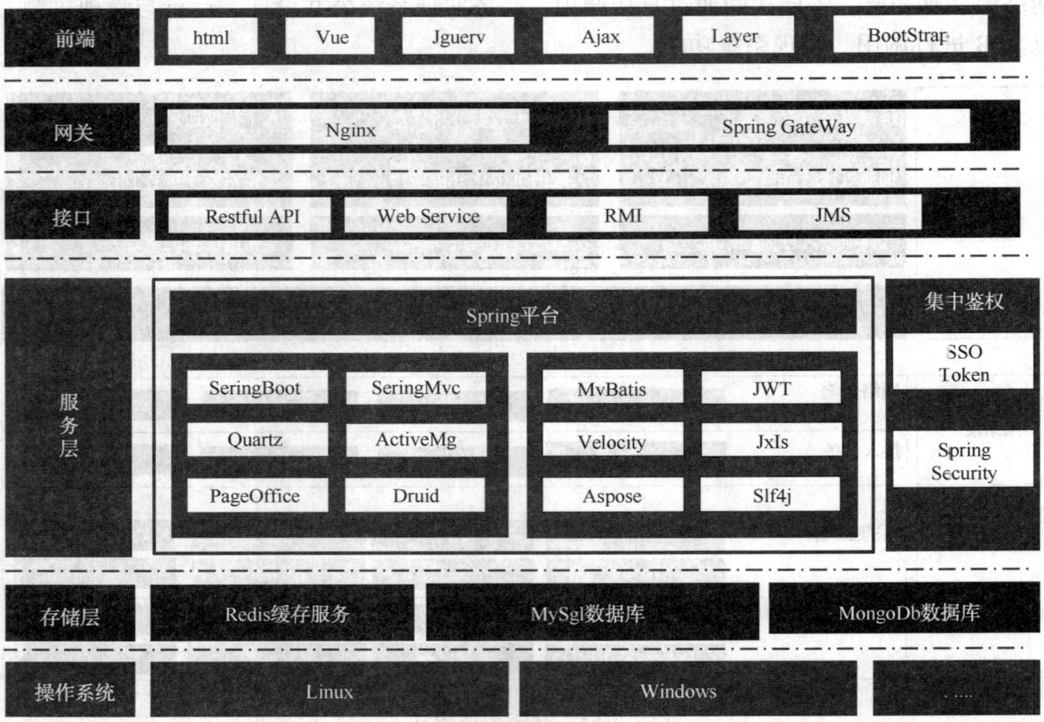

图2 技术框架图

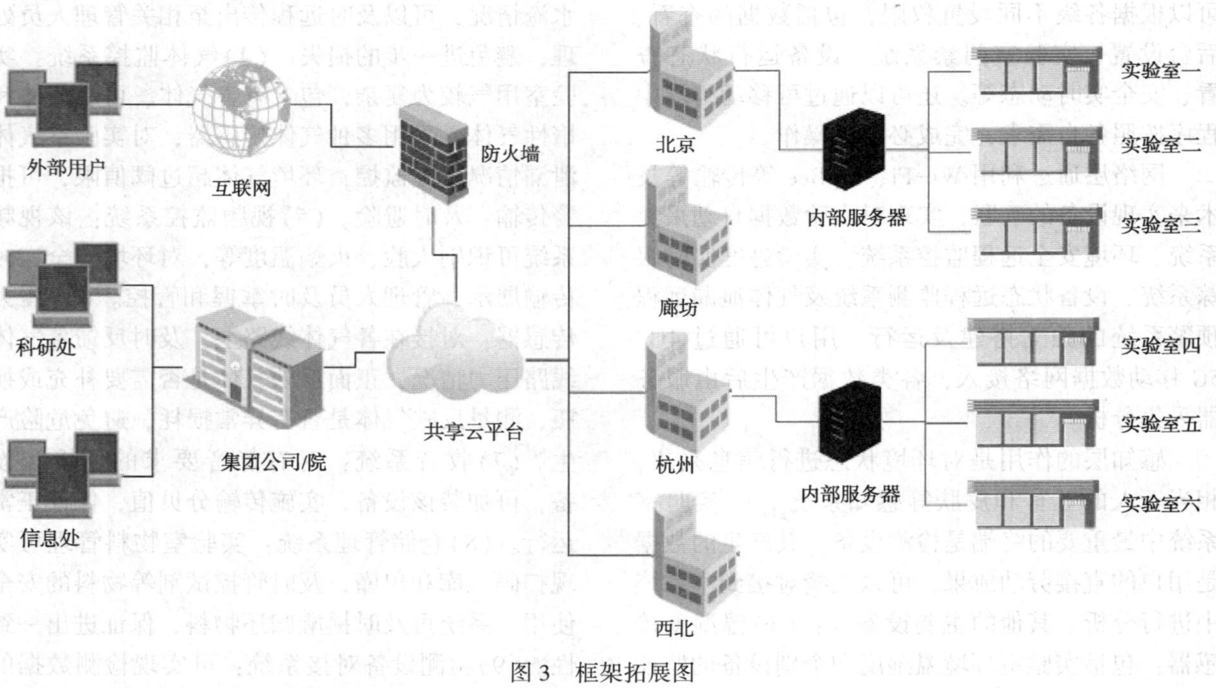

图3 框架拓展图

本系统内由于信息不能及时互通，造成设备利用率不高、试剂耗材采购不规范等情况屡有发生。该系统的建立，可以解决实验室内部问题，也可以推广应用到整个行业相似实验室，实现各实验室之间的互联互通，进而优化资源配置。

3　流程控制设计

业务流程或管理流程是实验室管理平台的主干，流程建立在各资源综合协调的基础上（见图 4）。

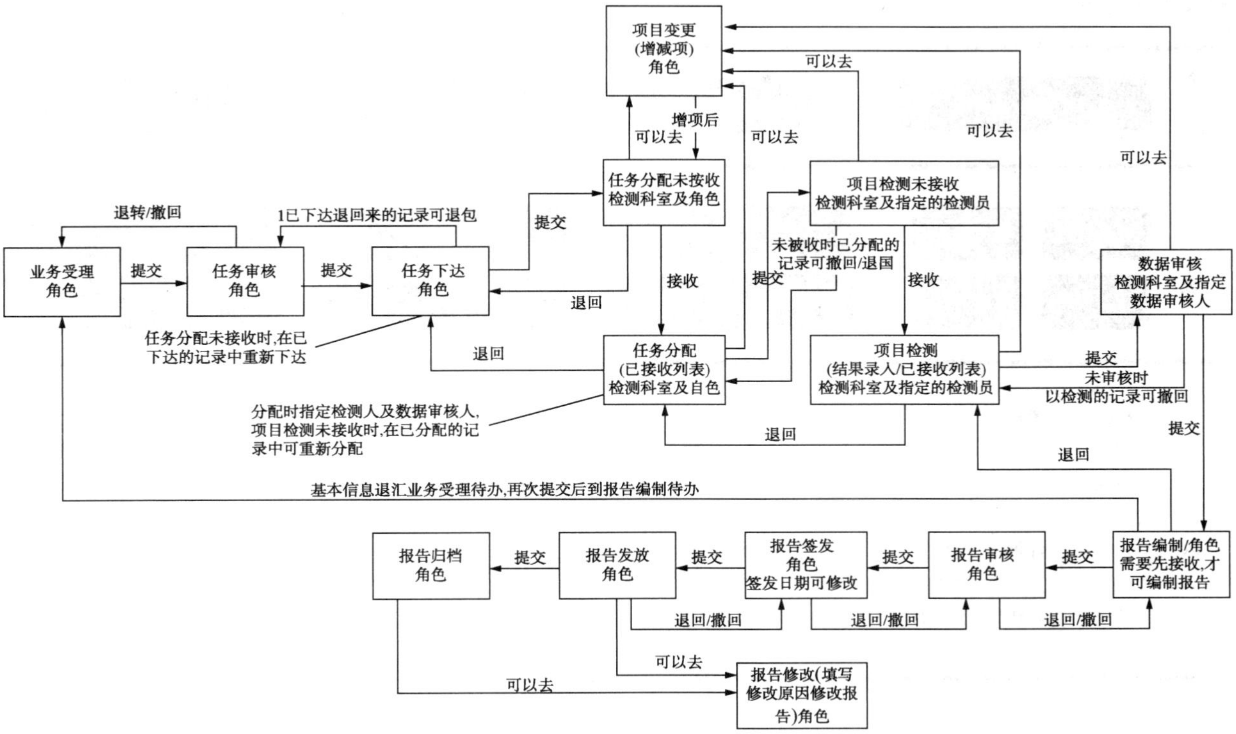

图 4　运行控制流程图

业务受理环节可以在线导出流转卡、委托单、抽样单及标签，合同内容有问题的，可以返回修改；检验任务到各科室或小组后，根据工作量分派任务；在线填写原始记录；在线生成检验报告并判定；实现原始记录和报告的在线审核、批准签发、发放和归档；全流程跟踪样品的检测进度。可通过完成电脑、手机或平板 App 进行查询。

实现对检测业务的在线统计和分析，可生成样品台账、不合格报告分析报告，为人员和部门考核提高数据参考依据。可在 LIMS 二次开发中融入行业特点，紧跟石油化工等信息技术的发展，丰富和发展管理系统的内含。

采用二维码或条码识别技术，流程单线，形成闭环，实现终端设备扫码监控，对流程中的异常问题预留退改路径。

3　质量控制设计

实验室质量控制是保证实验室正常运行和保证检验结果正确的活动，是研究实验室的管理活动、基本规律及一般方法的科学，目的在于控制样品检测的各个环节和服务产生、形成或实现过程中各个程序并使它们达到规定的要求，把不符合控制在其形成的早期并加以消除。目前市场上未有一套完整成熟的系统，可以实现以上构想。而现实中线下的管理方式，存在以下痛点：沟通不畅、信息不明确、提醒不及时、设备管理数据不清晰、数据缺失、管理混乱等。

从图 4 中可以看出，通过对各个系统环节分析，计划带动实际工作，将质量管理运行同流程融合起来。分解质控关键点，形成由点及面层层延伸的模式，将末端数据反馈到质量总体控制端，数据经过剖析，对阶段性质控工作进行评价，对实验室质量实现有效控制（见图 5）。

将 RFID、智能传感、大数据分析等信息化技术同质控环节合理结合应用。实现仪器设备（含标准物质）采购在线申请和生成，在线预验收和验收报告在线生成和管理，计量周期在线智能提醒，计量证书在线查询，仪器设备在线维护提醒和维护方式推荐，仪器设备期间核查时间和方式提醒。实现试剂耗材的在线采购和流程管理，智能仓储管理，有效期提醒和核查提醒。实现内部质控计划和外部质控计划在线生成和分配，质控任务准备提醒，样品在线制定和质控结果评价。实现对温湿度、气体流量等的统计分析，环境异常提醒。实现检测方法的在线验证/确认、方法标准的在线查新提醒、能力表变更提醒及在线生成，实现人员档案在线调用、人员培训计划在线生成、人员在线培训及考核、人员能力在线确认、人员监督计划在线生成与开展和评价。

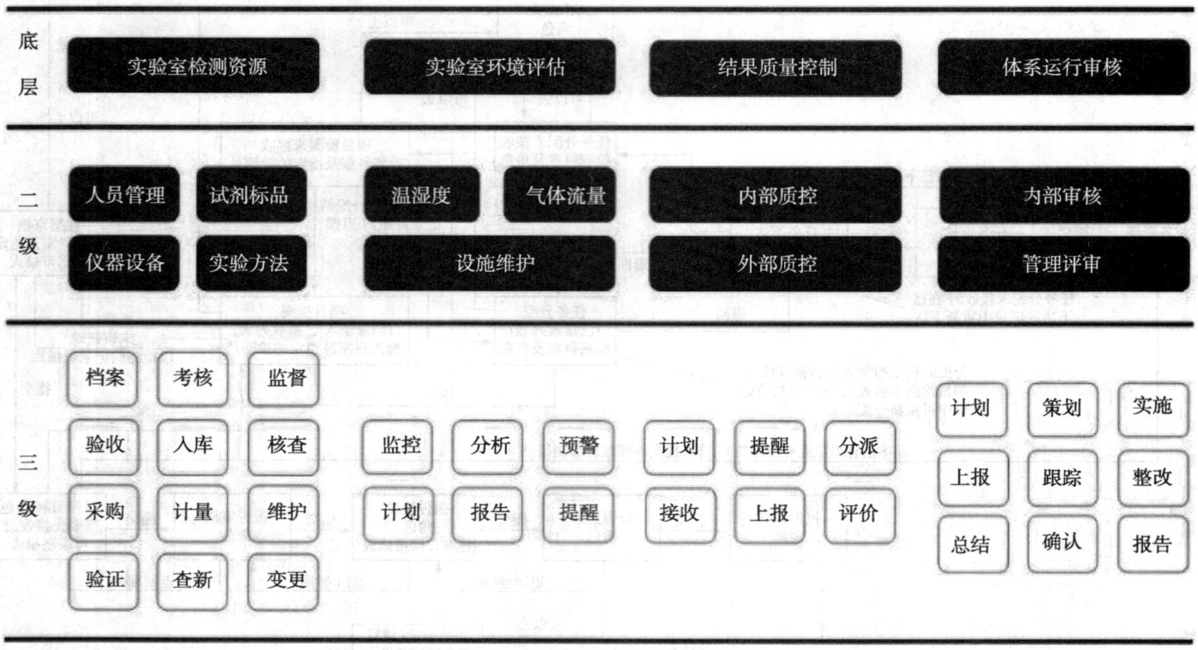

图 5　质量控制结构图

4　安全控制设计

实验室是人员密集型的区域，怎样有效地减少同设备的直接接触，完全实现仪器设备连接，是行业难点。实验室环境安全洗洗检测不到位，当发生火灾、盗窃、漏水等事故不能及时发现等问题。

物联网技术全面的通过物体网络连接，实现信息交换来达到对物体智能识别与监控，物联网技术与实验室管理的融合，能够更有效地解放人的管理投入，提高实验室管理效率，进一步加强实验室科学化管理。

对接数据库分析平台，解析仪器信号。实现实验室仪器设备、环境条件、生物体监控等的互联互通，可视化识别各物体性能，并进行有效管理，直接反映实验室的运行状态，实现部分控制功能。实现对实验室安全的实时监管和控制，合理设置温湿度监测点、烟雾检测点、水浸检测点、气路检测点及门禁检测点等，保证实验室运行安全。实现实验室各数据智能收集和分析，并通过外设展示，实时了解实验室运行情况，评估设备耗能和人员效率等，为优化组织结构管理或制度提供参考依据(见图 6)。

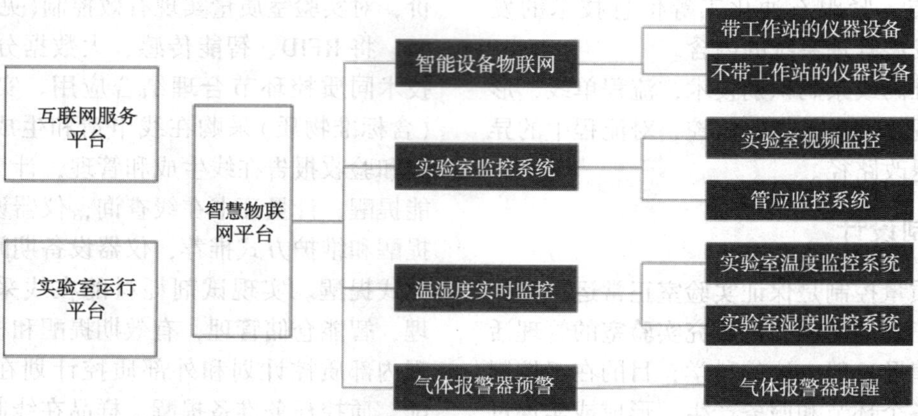

图 6　实验室安全控制结构图

5 展望

实验室业务及结构的不断发展和完善，需要信息化的支撑，对于多产所或多机构的集团化运行实验室优化作用更为明显。物联网系统的功能强大，可以提高实验室的运行能力，优化实验室的资源管理方式，综合评估人员的工作能力，加强实验室安全的实施管控，提高实验室的质量控制水平，以达到实验室安全运行效率的提升。

该系统覆盖人员管理、设备管理、物料管理、质量管理和安全管理等关键点，实现实验室各要素间的互联互通，优化了实验室运行管理流程，促进实验室内部管理的提升，包括人员绩效的考核、设备使用效率及业务开发能力；提高了工作效率，降低了实验室安全风险；实现各集团实验室间的互联，资源共享；在后期搭建资源对外共享平台，实现集团实验室资源对外开发，发挥社会影响力，产生一定的社会效益。

参 考 文 献

[1] 杨祯，赵侃．基于物联网与云技术的智慧实验室的设计与构建[J]．电子测量技术，2020(4)：27-32.
[2] 郭晓疆，夏培培，刘然．基于物联网的智能实验室管理系统研究[J]．中国新技术新产品，2017(10)：19-20.
[3] 崔贯勋．基于物联网技术的实验室安全管理系统的设计[J]．实验室研究与探索，2015(3)：287-290.
[4] 钟凤贵．新型智慧实验室建设探讨[J]．科技教育，2016(14)：124-125.
[5] 林鲁春，邵根富，姜周曙，等．智慧实验室系统的研究与构建[J]．实验科学与技术，2020(2)：151-154.
[6] 郭宏．基于物联网技术的智慧实验室架构研究[J]．科技展望，2017(27)：16.
[7] 周军连，苏瑜，杨云，等．国外质量数据资源建设情况分析及启示[J]．电子产品可靠性与环境试验，2020(12)：86-89.
[8] 江日念，许锟，窦文思，等．石油地质类实验室管理系统开发[J]．实验室研究与探索，2020(4)：234-239.
[9] 李松，罗代洪．有机分析实验室 LIMS 系统的开发与应用[J]．吉林大学学报(信息科学版)，2018，36(1)：85-89.
[10] 陈灵泉，成宏涛，张娟．石油学科实验室安全管理体系建设的探索[J]．实验技术与管理，2018，35(12)：13-15，20.
[11] 张隽，张渠，刘文汇，等．石油地质实验室信息管理系统建设探讨[J]．实验室研究与探索，2011(11)：155-157.
[12] 李延香，赵蕾，袁辉．基于 Wi-Fi 物联网技术的智慧实验室架构研究[J]．信息技术，2018(8)：34-38.
[13] 沈林涛，王凯．基于物联网技术的实验设备监控系统设计与实现[J]．软件导刊，2021(2)：119-123.
[14] 王雁南，王天天，孙红文，等．基于物联网的大型仪器实验室管理系统设计与实现[J]．实验室研究与探索，2020(11)：266-268，304.
[15] 林伟强，郭晓敏，卢婕滨，等．检测实验室业务信息化体系构建研究[J]．现代科学仪器，2017(8)：148-149.
[16] 杨震炯．第三方实验室开展标准化质量管理与质量控制的探索[J]．现代工业经济和信息化，2014(12)：24-27.

固井无线监测与实时仿真模拟决策系统设计与实现

刘世彬　吴　朗　王纯全

（中国石油集团川庆钻探工程有限公司）

摘　要　开发一种新型的基于数传电台、4G+VPN 传输模式的固井无线监测与实时决策系统，整套硬件体积小，方便携带、安装简单快捷。采集器设计选用 MSP430F1611 为控制器，以 AD7794 对传感器数据进行解算、融合，负责本地压力、密度、排量实时数据的采集和无线发送，供电采用防爆便携式锂电池；无线接收器负责采集器无线信号的接收；计算机负责监测软件运行、数据存储、数据传输、决策分析等。软件实现采用 C#，图像化显示固井实时施工数据、仿真模拟浆柱运移过程；实时数据具备在 Web 端与手机 App 端同步展示功能。现场结果表明：研制的固井无线监测硬件系统，采用数传电台模式传输，其传输距离达 1000m、穿透性强，数据丢包率由 Wi-Fi 模式的 10%降低到 0；开发的固井监测软件能同时监测 4 路压力、4 路排量、4 路密度，流量、压力监测误差均<1%，监测中断恢复率 100%，远程传输成功率 100%；建立的固井实时仿真模拟决策分析系统，实现了固井作业浆柱运移过程可视化，能实时计算固井井口压力、环空 ECD 动态参数，判断井下漏失、溢流等复杂情况，变固井复杂由事后诊断向事前预警，实现了决策分析智能化。

关键词　固井；无线监测；仿真模拟；可视化；实时决策；智能化

随着固井施工监测技术向信息化、可视化、数字化、精细化方向发展，改变现有固井施工现场有线采集与信息传输方式，运用无线通信技术，降低现场工作人员劳动强度；开展作业过程仿真模拟、实时数据分析，实现施工过程可视化、决策分析智能化，是提高固井信息化管理水平、增强市场竞争力的关键手段之一。

1　系统总体设计

系统由无线监测和决策分析两部分组成(见图 1)。无线监测部分由硬件与监测模块组成，主要负责施工数据采集、无线发射、无线接收、数据处理及图形化显示；决策分析部分由仿真模拟和辅助决策组成，主要负责浆柱运移过程动态显示、关键点压力计算、漏失判断、复杂预警等。

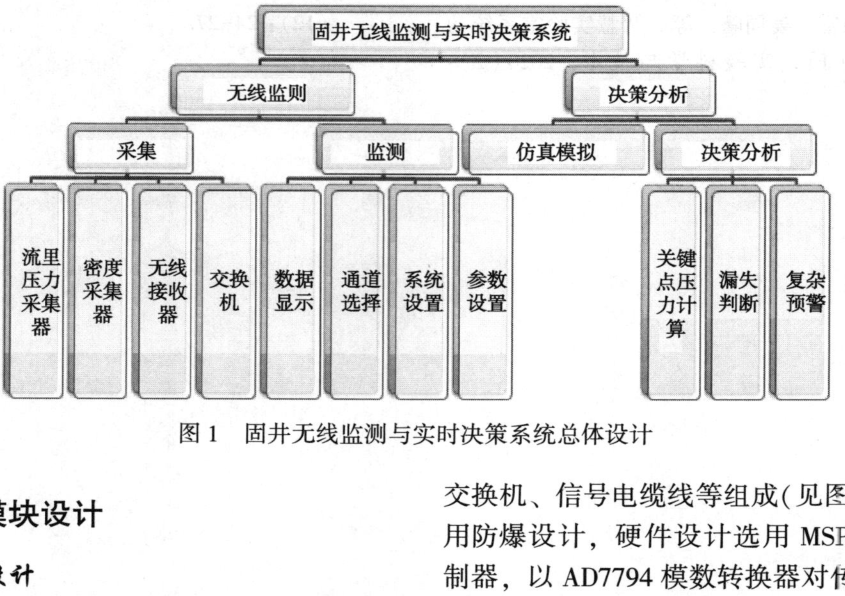

图 1　固井无线监测与实时决策系统总体设计

2　无线监测模块设计

2.1　硬件系统设计

硬件系统由计算机、采集器、无线接收器、交换机、信号电缆线等组成(见图 2)。采集器采用防爆设计，硬件设计选用 MSP430F1611 为控制器，以 AD7794 模数转换器对传感器数据进行解算、融合，负责本地流量、压力、密度实时数据的采集和发送，供电采用防爆便携式锂电池；无线接收器负责采集器无线信号的接收，计算机负责监测软件运行、数据存储及数据传输等。压力表、流量脉冲传感器、水泥车密度接口通过信号电缆线上的快速接头与采集器连接。当现场障碍物过多影响无线数据的传输时，可以利用采集器上的网口用网线快速连接到交换机，交换机通过网线与计算机的网口相连接收采集器采集到的流量、压力、密度值。无线硬件传输采用数传电台模式，传输距离达1000m、穿透性强，数据丢包率由原来的10%降低到0。

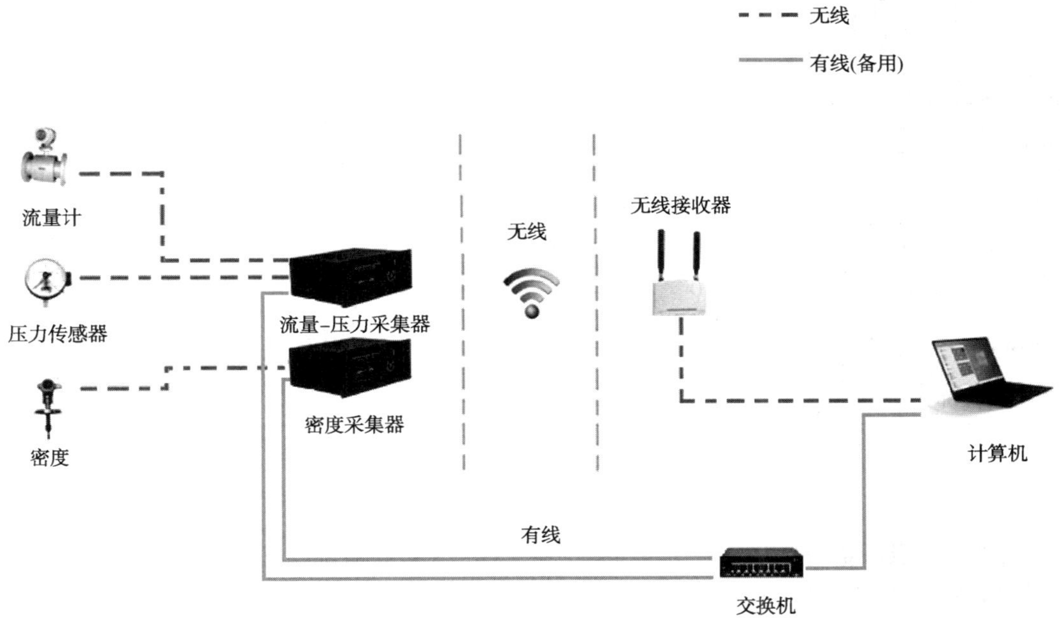

图2　固井无线监测系统结构示意图

2.1.1　采集器

采集器模块（电子电路原理见图3）以MSP430F1611为控制为核心，任务是收集流量传感器、压力表、水泥车密度数据，负责数据的接收和发送。被测量信号（电压/电流）接入到模块Vin0+和Vin0-（其他通道类似），给模块供电（10~30VDC）后，模块开始工作。模块的MUX芯片将外部信号分时送给AD7794模数转换器（见图3）。

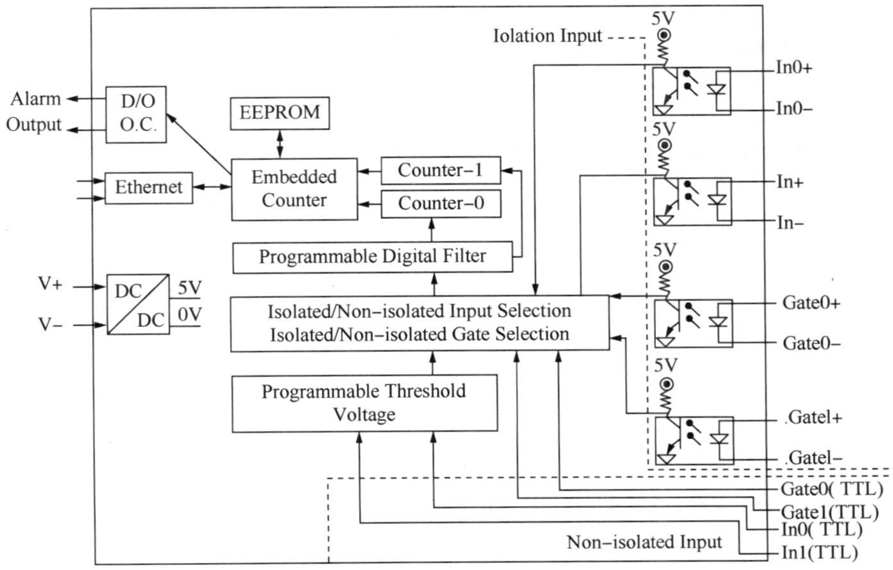

图3　采集器硬件电子电路原理图

2.1.2　AD7794 模数转换器

AD7794 模数转换器(内部功能结构图见图4)包括一个高性能 ΣΔADC，低噪声仪用可编程增益放大器(PGA)、多路复用器、电流源、时钟、校准寄存器、串行外围接口(SPI)和一个精密的低噪声、低漂移基准电压源，负责将输入的模拟信号转变为数字信号，再通过 ECU 运算处理，将数字信号通过以太网端口输出。数字信号按照既定的规则输出为可辨识的电压或电流信号。

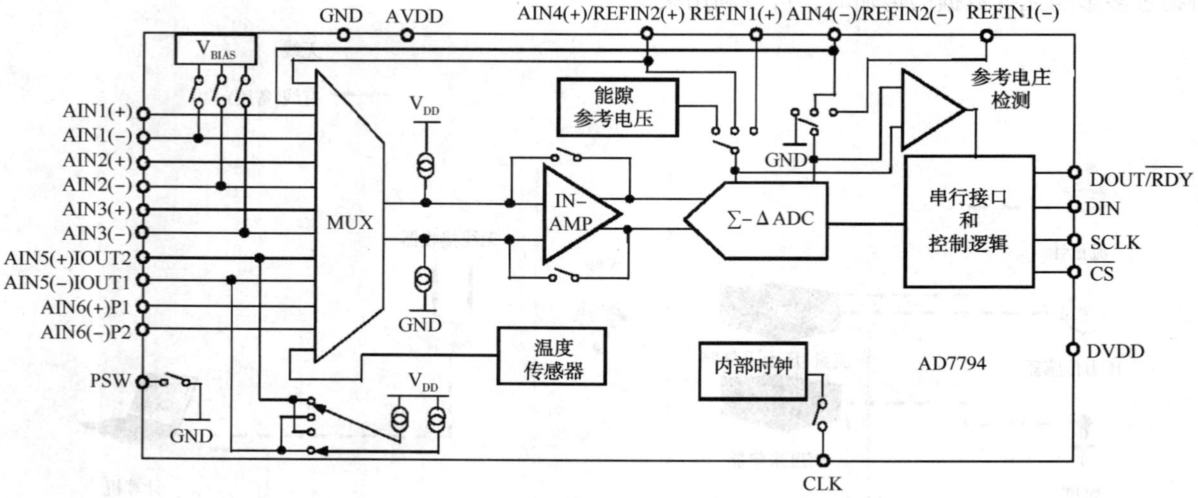

图 4　AD7794 内部功能结构图

2.1.3　各硬件功能及参数设计

系统包括的流量-压力采集器、密度采集器、无线接收器、防爆电池、信号电缆线主要硬件功能及参数(如表 1 所示)。

表 1　固井无线监测系统主要硬件功能及参数

序号	名称	功能	主要参数
1	流量-压力采集器	采集器布控在井口、作业区，负责信号采集、信号转换、信号的无线发送；选用 MSP430F1611 为控制器，以 AD7794 对传感器数据进行解算、融合；设计 5 芯快速插头与传感器、压力表、水泥车密度接口进行连接。	供电：24VDC 防爆等级：ExeIICT6 防护等级：IP66 输入通道：AI：2、PM：4 模拟量输入范围：±10V 或 4~20mA 脉冲输入：1-80KHz 连接方式：快速接头连接 功耗：4W 网口：1 个
2	密度采集器		供电：24VDC 防爆等级：ExeIICT6 防护等级：IP66 输入通道：AI：2 模拟量输入范围：±10V 或 4~20mA 连接方式：快速接头连接 功耗：2W 网口：1 个
3	无线接收器	负责采集器无线信号接收	传输频段：433MHz 频段 传输标准：IEEE 802.11n；IEEE 802.11g；IEEE 802.11b 网络协议：TCP/IP 协议 工作温度：-30~70℃ 传输距离：500~1000m

续表

序号	名称	功能	主要参数
4	防爆电池	给采集器供电	电池类型：内置锂电池组 电压输出：24V DC 防爆等级：ExeIICT4 防护等级：IP66 电池使用时间：10 小时
5	信号电缆线	连接采集器与压力表、流量脉冲传感器、水泥车密度接口	电缆线 5 芯快速插头，线序按以下顺序排列要求： (1)流量线序：1 公共线、2 电源正、4 信号正 (2)压力线序：1 电源正、2 信号正、5 公共线 (3)密度线序：4 信号正、5 信号负

2.1.4 硬件系统加工

1 套系统硬件设备定制加工包括数据采集器 4 个、无线接收终端 1 套、便携式工控机 1 台、变送器信号线 7 根、天线 5 根、网线 2 根、后备防爆电池 1 个、充电器 4 个，作业所需的传感器需要使用者自己提供(见图 5)。

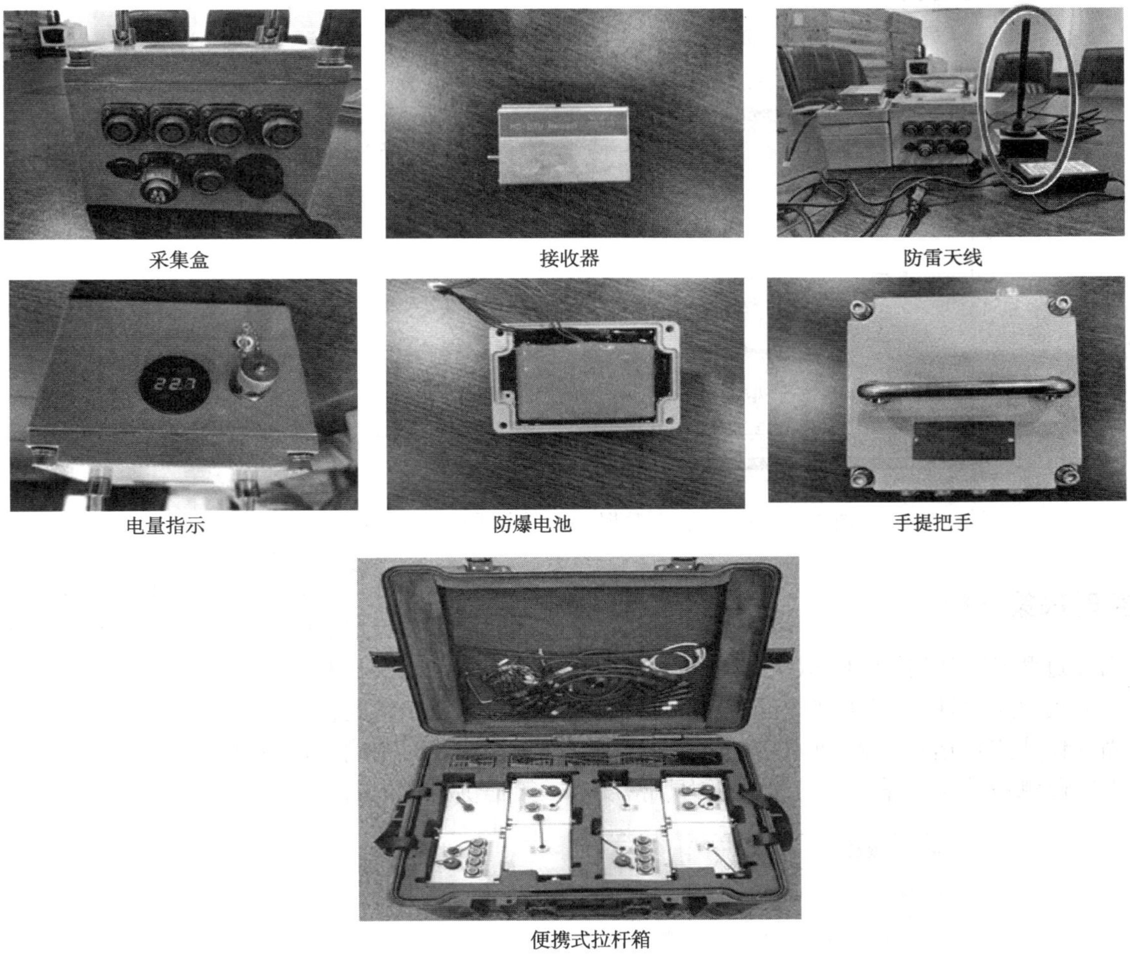

图 5 固井无线监测系统加工

2.2 软件设计

数据采集软件采用 C#语言、模块化开发，由工程管理、系统设置、监测图形和数据输出四个模块组成。工程管理用于新建一固井施工实时监测数据或浏览历史监测数据。系统设置用于设备类型、工作模式选择，传感器参数设置，自定义合流量、密度等。监测图形用于监测数据、曲线显示(见图 6)及有效输入量选择。数据输出用于监测报表生成。软件可同时监测 4 路压力、4 路排量、4 路密度。通过 4G+VPN 网路，可将实时监测数据推送到中国石油川庆钻探一体化平台，数据可在 Web 端与手机 APP 端同步展示（见图 7）。

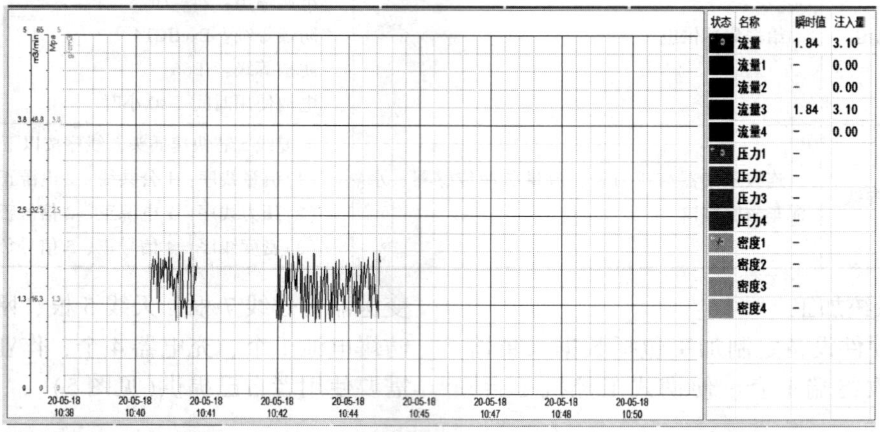

图 6　固井实时数据监测

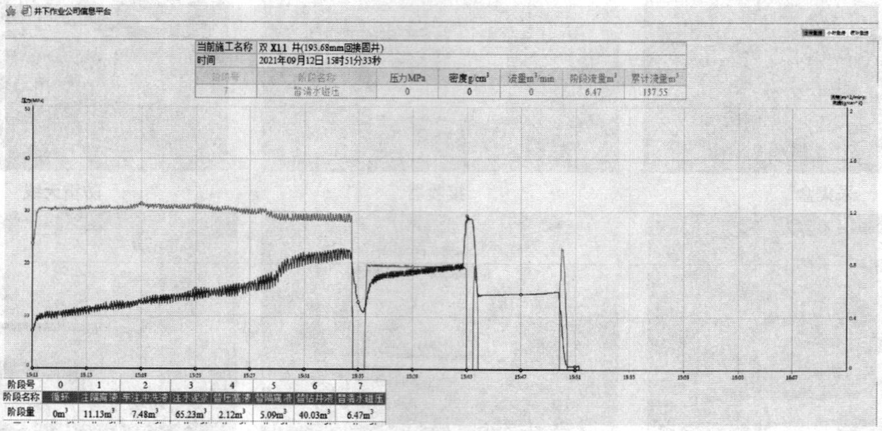

图 7　固井实时监测数据 Web 端与手机 App 端同步展示

3　实时决策分析

固井过程中实时仿真模拟决策分析（见图 8），一是运用计算机三维仿真模拟技术，实时反映固井作业浆柱运移过程（见图 9）；二是就是利用无线监测系统实时采集的流量、压力、密度三参数及固井设计数据对高压气层、漏失层、喷漏同层等关键地层同步进行压力计算，并与实时判断关键地层压稳、漏溢情况，预警井下漏失、溢流等复杂情况，变固井复杂由事后诊断向事前预警，及时精确地调整施工参数，为固井施工决策提供科学依据。

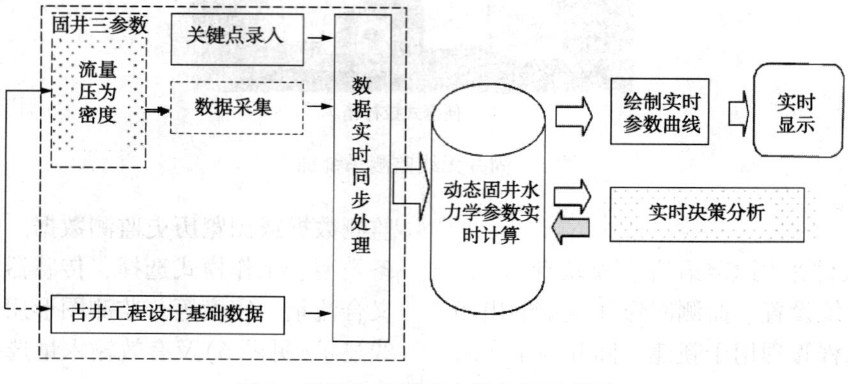

图 8　固井仿真模拟决策分析示意图

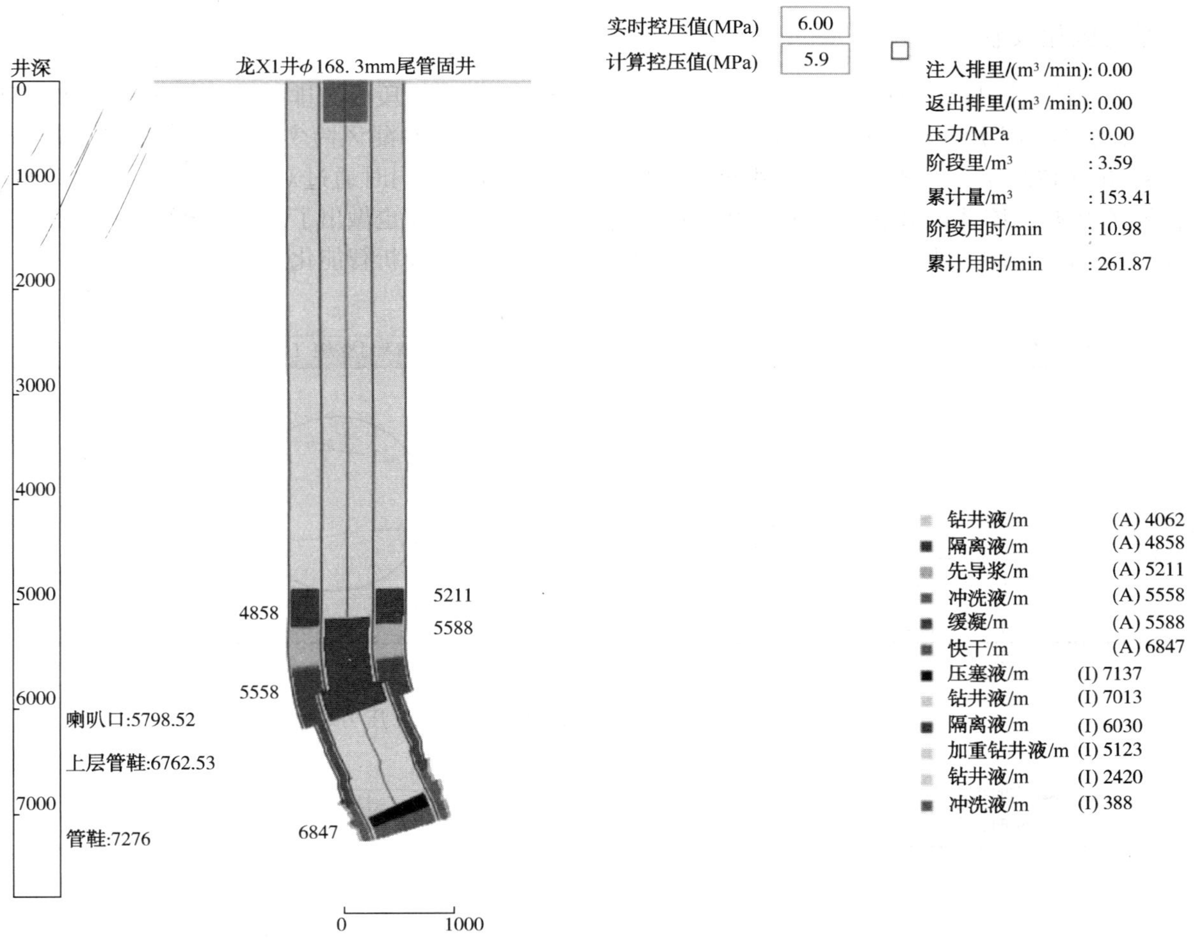

图 9　固井作业仿真模拟浆柱运移图

实时决策的核心就是准确计算环空流动摩阻。针对四川盆地深井，采用了一种考虑环空小间隙的偏心环空流动摩阻计算模型，提高软件计算精度。假设套管偏心度为 e，当量直径为 De，偏心环空流动雷诺数 Re 为：

$$Re=\frac{\rho v^{2-n}D_e^n}{12^{n-1}K\left(\frac{2n+1}{3n}\right)^n\left[\frac{1}{G^n}+\frac{2n+1}{n+1}\left(\frac{D_e n}{4v(2n+1)}\right)^n\frac{\tau_y}{K}\frac{E}{G}\right]} \tag{1}$$

式中　τ_y 为切力，Pa；n 为流性指数，无因次；k 为稠度系数，Pa・s^n；ν 为返速，m/s；G 为偏心修正系数；ρ 为密度，kg/m^3。

当环空间隙小于 12.7mm 或井径与套管外径之比小于 1.20 时，小间隙环空雷诺数计算模型修正当量直径 d_e：

$$d_e=\frac{\left(\frac{(d_w^4-d_e^4)-(d_w^2-d_e^2)^2}{\ln\left(\frac{d_w}{d_o}\right)}\right)^{0.25}+\sqrt{d_w^2-d_e^2}}{2} \tag{2}$$

式中　d_w 为井径，mm；d_o 为管径，mm。

不同流变模式环空流动摩阻计算如下：

$$k_{ann}=\left(\frac{2n+1}{3n}\right)^n k \tag{3}$$

宾汉流体：

$$\left(\frac{dp}{dz}\right)_f=\frac{6\tau_y}{d_e}+\frac{48\mu_p\nu}{d_e{}^2}=\frac{6\tau_y}{d_e}+\frac{192\mu_p q}{\pi d_e{}^3(d_o+d_w)} \tag{4}$$

幂律流体：

$$\left(\frac{dp}{dz}\right)_f=\frac{2^{2n+2}\times 3^n\times k_{ann}\times\nu^n}{d_e^{n+1}}=\frac{2^{4n+2}\times 3^n\times k_{ann}\times q^n}{\pi^n d_e^{2n+1}(d_o+d_w)} \tag{5}$$

赫巴流体：

$$\left(\frac{dp}{dz}\right)_f=\frac{6\tau_y}{d_e}+\left(\frac{2n+1}{n}\right)^n\frac{2^{2(n+1)}k(\nu)^n}{d_e^{n+1}} \tag{6}$$

式中，$\left(\frac{dp}{dz}\right)_f$ 为摩擦系数；q 为注入排量，m^3/s；μ_p 为塑性粘度，Pa・s。

4 现场应用实例

固井无线监测与实时仿真模拟决策系统自开发以来已在现场应用400余井次，成功率100%。如在××井 Φ177.8mm 尾管固井中应用该系统成功预警了井漏，该井四开钻至5202.00m中完，下Φ177.8mm尾管，封固2310.00~5202.00m井段，设计采用两凝防气窜水泥浆体系一次性正注尾管固井施工工艺。系统在监测过程中，通过对95~105min时段内的排量与压力对比，发现了异常情况，对井漏风险实时做出了井漏预警提示（见图10），同时通过对实时计算与实时采集的井口压力对比也做出了井漏预警提示（见图11），实现了决策分析智能化。

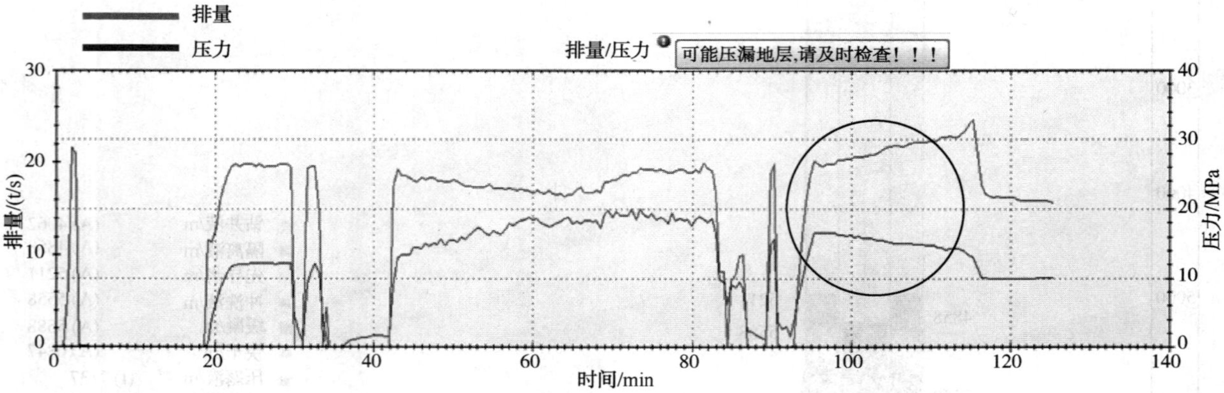

图10　××井 Φ177.8mm 尾管固井实时监测排量、压力对比

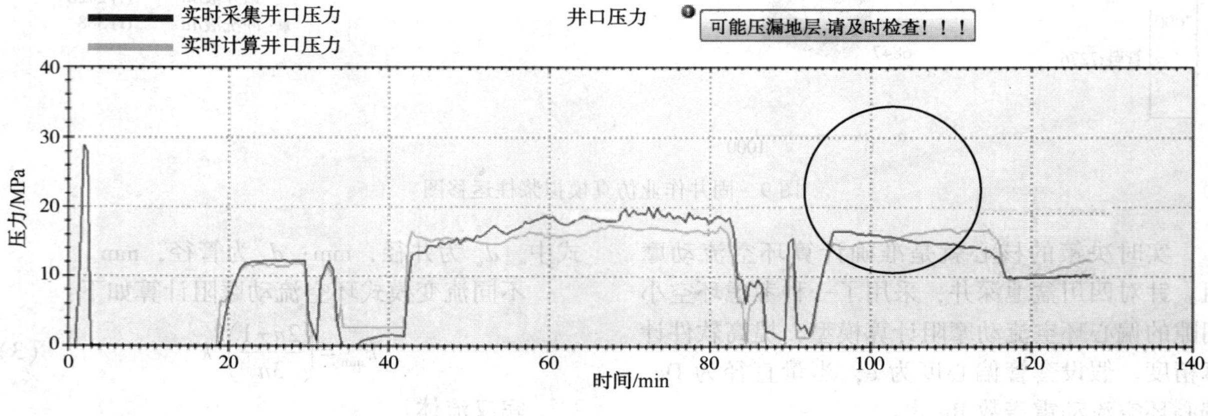

图11　××井 Φ177.8mm 尾管固井实时计算与实时采集的井口压力对比

5 结论与认识

（1）研制的固井无线监测硬件系统，采用数传电台模式传输，其传输距离达1000m、穿透性强，数据丢包率由WIFI模式的10%降低到0。

（2）开发的固井监测软件能同时监测4路压力、4路排量、4路密度，流量、压力监测误差均<1%，监测中断恢复率100%，远程传输成功率100%。

（3）建立的固井实时仿真模拟决策分析系统，实现了固井作业浆柱运移过程可视化，能实时计算固井井口压力、环空ECD动态参数，判断井下漏失、溢流等复杂情况，变固井复杂由事后诊断向事前预警，实现了决策分析智能化。

参 考 文 献

[1] 温馨，钱浩东，雍鹏．基于川庆钻探一体化平台的数据质量控制技术研究[J]．中国管理信息化，2017，22(028)：51-52.

[2] 戴勇，彭景云，吴大奎，等．采用“工程地质一体化”技术服务模式提升工程服务企业整体经济效益[J]．天然气工业，2013，33(11)：125-129.

[3] 陈中普，王长在，任立春，等．油气田钻完井大数据技术研究与应用前景展望[J]．录井工程，2018，29(4)：1-6.

[4] 钱浩东，龚俊，彭轼，等. 国内钻井数据库现状及发展应用前景[J]. 钻采工艺，2010，33(1)：100-102.

[5] 孟瑄，忠涛，袁洪水，等. 钻井实时辅助决策技术在大位移水平井中的应用[J]. 海洋石油，2018，38(4)：76-83.

[6] 和鹏飞，王伟. 基于数据分析的钻井工程辅助决策方法研究与应用[J]. 石油工业技术监督，2018，34(4)：1-4.

[7] 黎丽丽，彭建云，张宝，等. 高压气井环空压力许可值确定方法及其应用[J]. 天然气工业，2013，33(1)：101-104.

[8] 李跃田，马振. 基于的固井数据库管理系统的设计与开发[J]. 软件工程，2016，19(11)：36-40.

[9] 艾潇琳，秦羽乔，杨星，等. 固井质量测井信息管理系统[J]. 石油工业计算机应用，2013，79(3)：47-49.

[10] 高德利，刘奎. 页岩气井井筒完整性若干研究进展[J]. 石油与天然气地质，2019，40(3)：602-615.

[11] 马勇，郑有成，徐冰青，等. 精细控压压力平衡法固井技术的应用实践[J]. 天然气工业，2017，37(8)：61-64.

[12] 范伟华，冯彬，刘世彬，等. 相国寺储气库固井井筒密封完整性技术[J]. 断块油气田，2014，21(1)：104-106.

[13] 赵庆，蒋宏伟，史肖燕，等. 钻井工程设计和工艺软件一体化数据库研究及应用[J]. 长江大学学报自然科学版中旬，2016，13(35)：75-79.

[14] 孙海芳，钱浩东，杨成新，等. 利用钻井数据库搭建远程钻井辅助决策规划[J]. 钻采工艺，2011，34(6)：1-3.

[15] 廖华林. 用数据库统计分析固井质量影响因素[J]. 天然气工业，2006，26(8)：78-80.

[16] 黄志强. 在固井数据管理中的应用[J]. 长江大学学报自然科学版：理工卷，2009，6(1)：72-74.

输气管道高后果区数字管理技术研究应用

苗　成　张向京　苟景卫　左一楠　王　良

（中国石油长庆油田公司）

摘　要　天然气集输管道路由走向常伴随着穿越河流、村镇、地质灾害频发等高后果区，管道一旦泄漏可能引起严重后果。随着天然气集输管道规模的不断扩大，人工巡线不仅无法识别隐蔽环境下管道运行状态，也难以及时发现第三方施工破坏情况，缺乏应急处置能力。通过在线监测管道重点区域应力、振动数据，感知管道施工占压情况，实现告警信息联动视频监控、管道沿途场站阀门联动联控，降低了人工巡线劳动强度，提升了管道安全智能管控水平。

关键词　重点区域；地质灾害；应力；振动；地磁感应；联动联控

近年来，我国发生了多起高后果区管道失效事故：如2017年中缅天然气管道“6·10”燃爆事故、2021年湖北十堰天然气管道“6·13”爆炸事故等，均造成了严重社会影响。2015年以来我国陆续出台了高后果区管道管理相关国标规范，但目前尚未在法律法规方面制定管理要求。随着中国城镇化建设规模的不断扩大，高后果区管道的安全管理面临较大挑战，确保输气管道安全可靠运行，对国家能源安全意义重大。

1　输气管道高后果区管理现状

随数字气田建设，SCADA系统在气田生产中的应用已得到普及，天然气集输管道生产管理以“远程监控+人工巡线”方式为主。监控人员通过远程监控管道压力、流量等关键数据判断管道运行状况；巡线人员通过地面勘查识别管道是否存在裸露、泄漏或第三方施工破坏等安全隐患，对高风险、高后果区管段一般采取加密巡线周期方式管理。

2　研究输气管道高后果区数字管理技术的必要性

随气田开发规模快速上升，高后果区管道数量随之增加，依赖人工判断、识别的管理方式存在以下突出问题：

一是人工巡线受人力资源、地貌环境影响，管网巡线率普遍较低；高后果区虽实行了加密巡检，但仍然难以及时发现农田改造、路面拓宽等第三方施工作业；

二是人工巡线无法识别隐蔽环境下的管道运行状况，对管道沿途因山体滑坡、地面塌陷等地质灾害引发的应力应变缺乏监测手段；

三是管道运行数据量大幅增加，影响人工监控及处置效率，管道沿途阀室及场站阀门长期处于开状态，应急处置时可能存在失效风险，且人工远程依次下发指令存在滞后性，可能导致事态扩大。

3　管道高后果区数字管理技术研究

3.1　技术研究路线

如表1所示，对标相关国家及行业标准，目前输气管道管理在生产运行、管道完整性管理方面基本满足规范要求，但在地质灾害监测管理方面普遍缺乏技防监测措施，缺少高效应急处置措施。

表1　对标国家行业规范与管道管理现状

序号	管理内容	规范名称	核心要求	对标结果
1	生产运行	输气管道工程设计规范	建立SCADA生产监控系统	满足要求
2	地质灾害监测	油气管道地质灾害风险管理技术规范	推荐采用视频监控安全预警系统等技防措施	缺乏技防措施
3		管道滑坡灾害监测规范	推荐实时监测管道因地质灾害产生的应力应变情况，并实行三级预警制度	
4		油气输送管道线路工程抗震设计规范	应定期监测管道受振动情况与振动作用下的管道应力应变情况	

续表

序号	管理内容	规范名称	核心要求	对标结果
5	完整性管理	油气输送管道完整性管理规范	循环执行6个环节的管理工作：数据采集→高后果区识别→风险评价→完整性评价→风险消减与维护→效能评价	满足要求
6		输气管道高后果区完整性管理规范		

根据对标结果，结合现阶段管道高后果区管理存在的突出问题，制定了先试点开展管道应力应变及施工占压在线监测、预警联动视频监控、管道异常联动联控技术攻关，后全面推广应用的技术研究路线。

3.2 监测技术优选

目前管道在线监测技术仍处于探索阶段，对比优选国内外较为成熟的监测设备与技术（表2）。

表2 管理监测技术对比优选

序号	研究内容	监测技术	优点	缺点
1	地质灾害监测	卫星遥感	监测视点高、视域广、图像对比精度高	仅通过地貌变化判断，局限性较高
2		应变计	小范围内监测精度高、投资成本低	需多点分布式监测
3	施工占压监测	振动传感器	小范围内监测精度高、投资成本低	需多点分布式监测
4		地磁传感器	测量灵敏度高、环境适应能力强	仅实现定点监测
5		光纤振动监测	定位精确，能监测管道冻堵情况	费用较高，对光缆施工标准要求严格
6		智能分析摄像头	能够实现车辆、人员自动识别	误报率较高，用电能耗大
7	报警视频联动	枪机摄像头	变焦范围广	监测范围较小，用电能耗大
8		球机摄像头	监测范围广	用电能耗大

结合输气管道高后果区数量多、呈离散型分布特征及低成本高质量监测建设需求，选择在管道高后果区管段应用应变计监测管道应力应变、振动及地磁传感器监测管道施工占压、增设球机摄像头达到管道异常报警联动视频监测目的。

3.3 管道应力应变监测研究

选择在高程比较大、易发生山体滑坡、地面塌陷等地质灾害区域的管道横截面0°、90°、180°处安装振弦式应力计，监测半径约200m范围内的管道应力应变情况（见图1）。

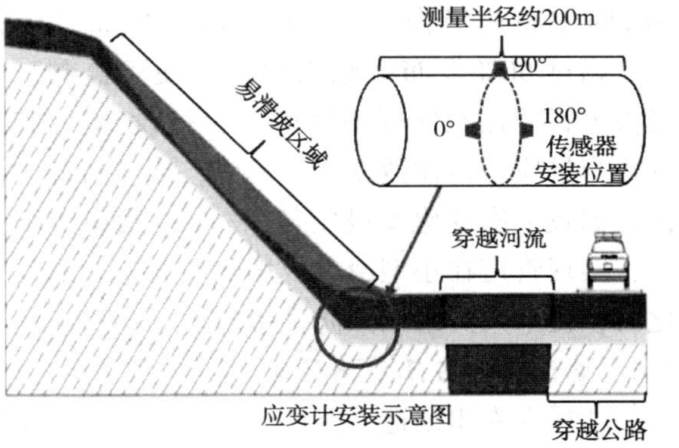

图1 振弦式应力计安装

根据行标《管道滑坡灾害监测规范》（QSY 1673—2014）及《输气管道系统完整性管理》（ASME B31.8—2018）要求，开发管道应力应变监测算法，计算步骤如下。

（1）计算应变计频率变化值：

$$F=F_1-F_2 \tag{1}$$

式中，F为应变计频率变化值；F_1为应变计当前实时频率值；F_2为应变计安装时频率基准值。

（2）由应变计的频率变化计算应变：

$$\varepsilon=k\times F^2=0.391\times10^{-9}F^2 \tag{2}$$

式中，ε为管道应变量；k为应变计的线性系数。

（3）根据广义虎克定律，计算管道轴向应力：

$$\varepsilon_{\max,\min}=\frac{1}{E}\left[\sigma_{L\max,\min}-\mu\frac{PD}{2t}\right] \tag{3}$$

式中，$\varepsilon_{(\max,\min)}$为管道最大/最小应变量；$E$为管道弹性模量；$\sigma_{L(\max,\min)}$为管道最大/最小轴向应力；$\mu$为管道泊松比；$P$为管道内压；$D$为管道外径；$t$为管道壁厚。

（4）计算管道环向应力：

$$\sigma_h=\frac{PD}{2t} \tag{4}$$

式中，σ_h为管道环向应力。

（5）综合上述结果，推导管道当量应力，并与管道材质最小屈服强度允许附加应力值进行对比：

$$\sigma_{\max}=\max(|\sigma_L|,|\sigma_h|,|\sigma_h|-|\sigma_L|)\leqslant 0.9\sigma_s \tag{5}$$

式中，$\sigma_{\max}$ 为管道当量应力；$\sigma_{\max}$ 为管道材质最小屈服强度；

根据国标要求，建立三级预警制度：当管道实时当量应力超过其最小屈服强度应力值的30%时发布三级报警；超过60%，发布二级报警；超过90%发布一级报警。为便于监测，三级报警百分比在实际应用时可自行设定。同时，分析当量应力占比数据变化趋势，当实时应力占比数据较上次变化≥设定值 x%时，发布波动报警，实现管道在小型滑坡或塌陷引起应力瞬间变化时，提示人员采取预防性措施。

3.4　管道施工占压监测研究

选择在农田改造、路桥工程等动土作业频发区域输气管道横截面0°、90°处安装振动传感器，感知半径约50m范围内的管道受振情况，实现对重型车辆占压的在线监测；同时，根据国标《输气管道工程设计规范》(GB 50251—2015)要求，在管道中心距两侧5m范围内安装1~2个地磁传感器，感知施工车辆占压管道情况(见图2)。

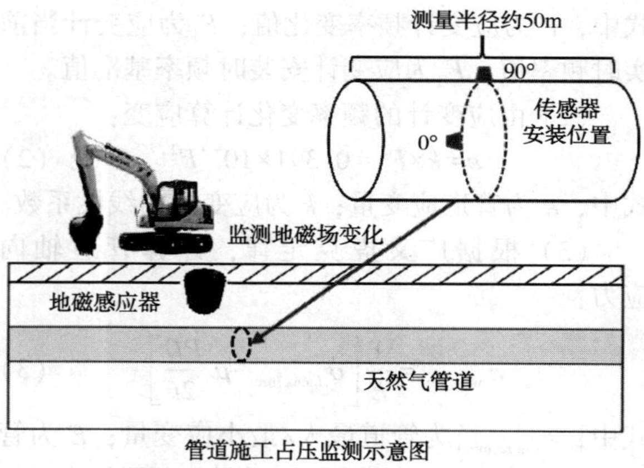

图2　管道施工占压监测

开发管道振动监测算法，计算步骤如下。

(1) 计算管道实时振动加速度：

$$F=m\times a \tag{6}$$

式中，F 为振动传感器受外力数值；m 为振动传感器质量；a 为管道受振加速度。

(2) 推导管道振动速度：

$$v_{(t)}=\int_t a(t)\,\mathrm{d}t \tag{7}$$

式中，v 为管道实时振动速度。

由于国家及行业规范未对输气管道允许振动速度做明确要求，故参考《核电站管道系统振动测试与评估》(NB/T 25081—2018)规范，当管道振动速度≥12.4mm/s或超过自设定值时发布振动报警；地磁传感器感知上方存在施工车辆占压时发布施工占压报警。

3.5　报警视频联动与管道联动联控措施研究

每个管道高后果区监测点配备1台球机摄像头，为节约电耗，摄像机默认不供电；当出现管道应力、振动或施工占压报警信号时，由现场DTU自动控制启动摄像机，满足监控人员远程快速核查现场情况及拍照取证需求。

目前，管道沿途阀室、集气站或处理厂均建有SCADA系统，在采气厂数据中心部署厂中心PLC控制器，通过开发管道联动联控程序，达到管道事故状态下由中心PLC控制器同时向管道沿途场站SCADA系统远程下发关停指令，确保沿途场站生产安全，避免事态扩大，实现高效应急处置。

4　现场实施情况

4.1　高后果区管道识别

根据《油气输送管道完整性管理规范》(GB 32167—2015)，结合作业区生产需求，在27条管道识别出73处高后果区管段实施在线监测建设。

4.2　数据链路及组网建设

单个监测点数据采用标准Modbus协议进行采集传输，视频图像采用标准H.323协议传输，利用4G物联网专线进行组网(见图3)。

4.3　监测系统平台建设

为实现集中监控管理，建立一套管道高后果区在线监测SCADA系统，并开发“管网整体及分区域监控、监测点数据监控、视频监控、历史数据回访、预警信息统计”等5大功能模块，满足监控人员集中监控、高效操作需求(见图4~图6)。

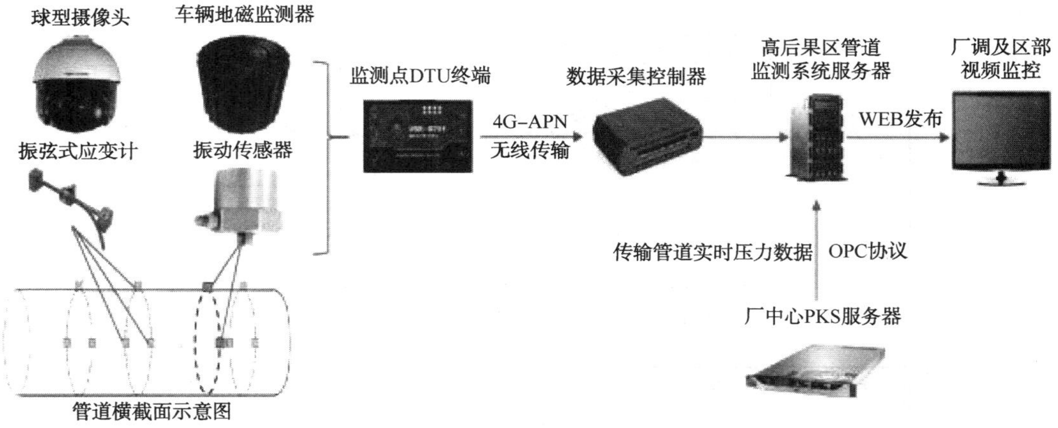

图 3　数据链路及组网

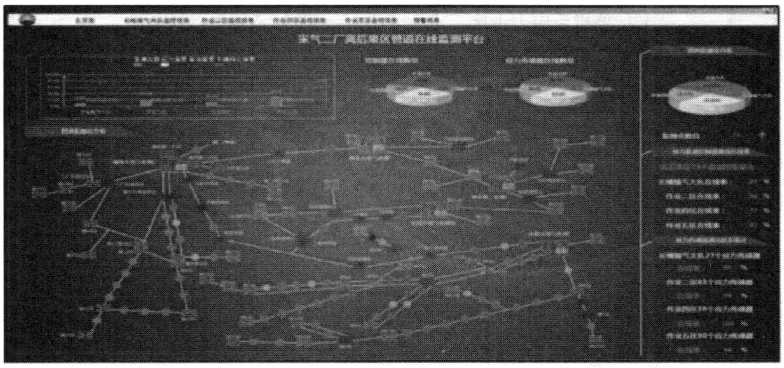

图 4　管网整体监控界面

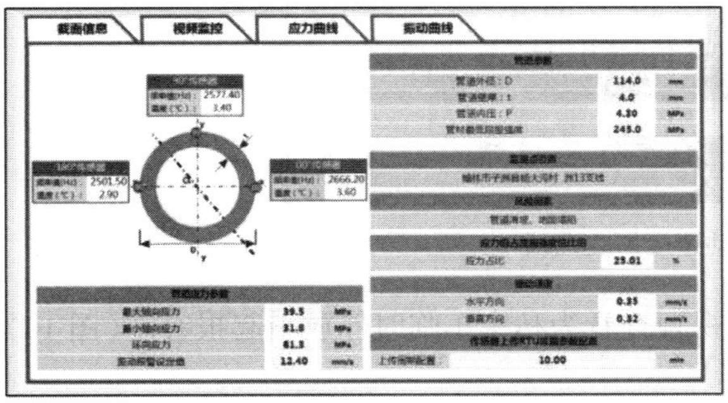

图 5　监测点数据监控界面

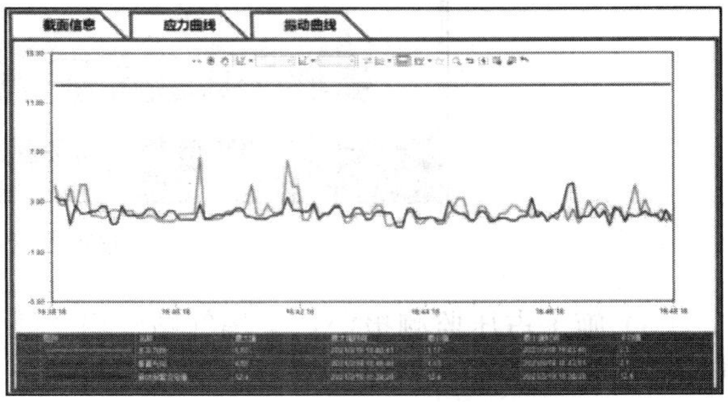

图 6　历史数据回访界面

5　监测效果评价

系统运行半年以来，累计出现各类报警 115 次，经视频监控和现场辅助核查有效预警共 104 次，经现场调查报警准确率为 90.43%。

5.1　典型报警分析

（1）应力监测报警：某集气站外输管道监测点出现应力波动预警，管道在轴向应力不变情况下当量应力由 76.9MPa 下降至 28MPa，应力占比从 31.4%下降至 11.69%，波动变化率>50%触发预警，经排查原因为集气站压缩机停机后管道内压下降 1.02MPa 所致（见图 7、图 8）。

（2）振动监测报警：某集气站外输支线穿越国道处监测点自系统投运以来，管道振动速度频繁大于 14.2mm/s 的情况频发，最高达到 25.6mm/s。现场核实原因为国道重型货运车辆较多，管道长期被动受振所致（见图 9）。

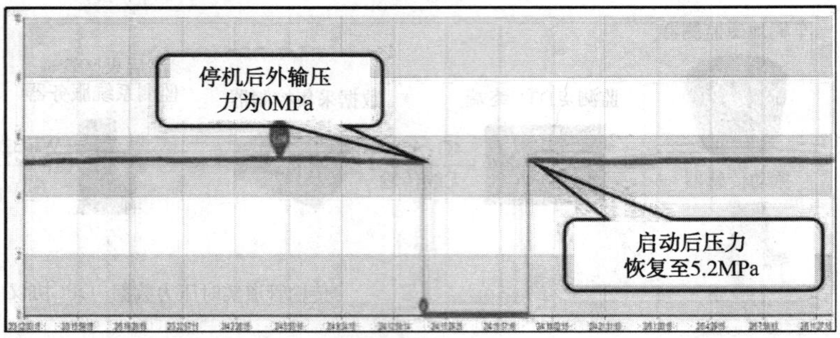

图 7　集气站外输管道压力数据曲线

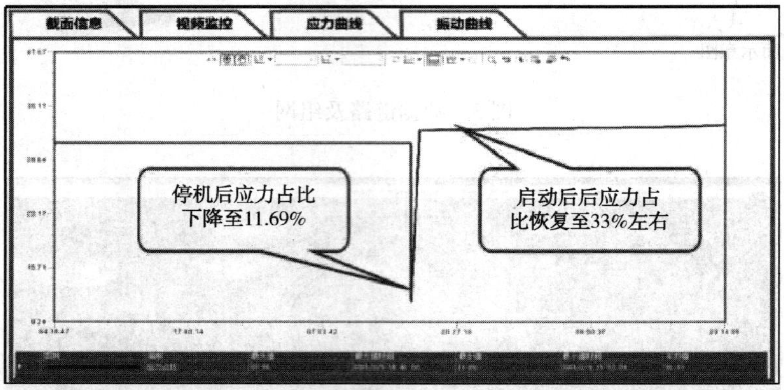

图 8　监测点管道当量应力变化曲线

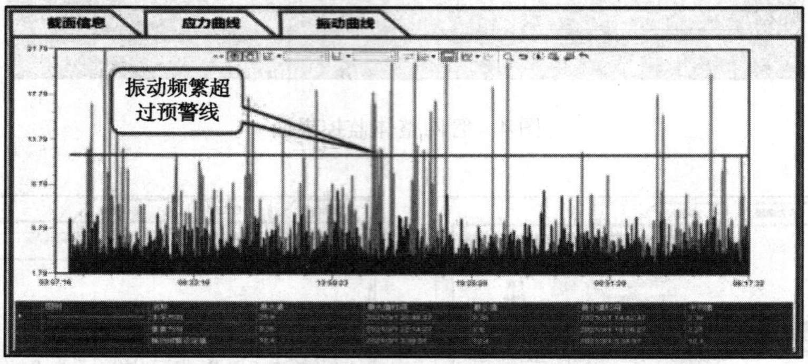

图 9　监测点管道振动速度历史曲线

（3）施工占压监测报警：某集气站外输支线靠近村庄管段监测点出现施工占压报警，经远程视频查看为私家车临时停放引起报警。(图 10)。

图 10　报警联动视频监控界面

5.2 效益评价

社会效益方面，形成了输气管道高后果区数字管理技术系列，主要体现在以下4个方面：一是实现了隐蔽环境下高后果区管道运行状态的实时监测与智能预警，提升了管道安全管理水平；二是管道报警信号联动视频监控，有效代替了重复性的人工巡线作业；三是实现了对管道施工占压的可靠监测；四是通过管道沿途场站阀门的联动关断，显著提升了管道应急处置能力。

经济效益方面，该技术替代了人工定期巡线与现场核查工作量，经测算直接经济效益为可节约生产运行成本约390万元/年，间接效益为避免了管道事故造成的巨额财产损失。

参 考 文 献

[1] 张圣柱，冯晓东，王旭，等. 中国油气管道高后果区安全管理现状与全过程管理体系[J]. 油气储运，2021，40(05)：521-526，544.

[2] 冷建成，钱万东，周临风. 基于应力监测的油气管道安全预警试验研究[J]. 石油机械，2021，49(06)：139-144.

[3] 王维国，陈崎奇，裴斌，等. 高后果区管段安全状态检测与监测技术[J]. 全面腐蚀检测，2021，35(02)：16-24，80.

平台自动化泡排加注工艺在页岩气井中应用

陈　珂[1]　熊　杰[1]　林生茂[1]　蒋泽银[1]　罗　鑫[2]　赵　昊[2]

（1. 中国石油西南油气田公司；2. 四川长宁天然气开发有限责任公司）

摘　要　目前国内外针对页岩气井开展了泡排、柱塞、气举、电潜泵、有杆泵等系列排水采气工艺先导试验，但暂未形成一套成熟可行、经济有效的排采工艺技术。平台自动化泡排加注工艺解决了平台井多井泡排工艺中药剂加注难题，装置具有配液方便，持续时间长、自动化程度高等特点，可实现页岩气井开采的降本增效。本文以CN H3平台现场应用为例，对自动泡排加注工艺装置、工艺特点、应用效果及效益进行分析，验证了该项工艺技术能为页岩气效益开发提供技术支持。

关键词　页岩气；平台自动化；泡排；排液采气；应用

页岩气作为一种高效清洁、潜力巨大的非常规天然气资源，已成为我国重点开发的能源之一。页岩气是以吸附、游离或溶解状态赋存于泥页岩中的天然气；与常规天然气相比，页岩既是源岩，又是储层的盖层。页岩气藏是一种中间夹有硅质和碳酸盐材料的细粒沉积岩，页岩气以游离相存在于天然裂缝与粒间孔隙中，或吸附在干酪根或黏土颗粒表面，溶解于干酪根和沥青里。与常规天然气藏相比，具有储集层孔隙度低，渗透率低、气流阻力大、生产能力低等特点，气井必须进行大规模体积压裂才能获得工业气流，大量的压裂液挤入地层；随着开采的进行和地层压力不断降低，压裂液又逐渐返回井筒，如不及时排出，将严重影响气井的生产，因此必须开展排液采气工艺措施，确保气井平稳生产。

页岩气井排采是指通过人工举升方式，排出井筒积液，防止回流井筒的压裂液井底集聚，气井水淹停产。目前，国内外针对页岩气井所采用的排液采气工艺措施包括泡排、气举、柱塞、电潜泵、有杆泵等，每项工艺都有各自的特点和适用范围。笔者针对页岩气生产平台部署多口水平井的特点，提出了自动化泡排加注工艺技术，一套泡排加注装置能满足平台6口井同时或不定时加注，井间不干扰，并以CN H3平台为例进行了应用效果分析。

1　页岩气井特点

1.1　页岩气井型特点

丛式井平台开发的模式，单个平台部署3 8 1 3 9 A 4 3 1 7口井；水平井（多数井闭合距1500～2500m）；水平段走向与地层倾向一致，上翘型（上半支）、下倾型（下半支）；平台间互相补充，充分动用资源；每口井进行大规模压裂增产改造获得工业气流后投产。

1.2　页岩气井生产特点

页岩气井无法直接实现自喷，通常采用大型水力分段压裂的方式，将大量的压裂液和支撑剂压入页岩地层中，压裂后排采工作应根据不同区域页岩的特征，围绕气井生产制定不同的生产制度，控制压裂液的合理返排，减少压裂砂的返出或井底积液影响生产。页岩气井生产初期压力较高，套管生产，压力降低后下油管生产。

1.3　页岩气井井筒积液特征

目前CN页岩气平台部署生产井一般为6口，分上半支（上倾井）、下半支（下倾井），相同地质、工程条件下，上、下半支第一年产量接近；第二年上倾井产量更高，低产阶段上倾井稳产能力更强，递减慢；相同产量情况下携液能力更强，生产更稳定。上倾井A点附近气水分层，水平段靠近A点出现单点积液特征；下倾井在水平段一直都存在长段积液特征，携液生产更困难。在积液的表现上，水平段和造斜段的积液不易从套压、油压差值上反映出来，相同液体深度在水平井中所淹没的油管段较长；起泡剂从套管注入到进入油管起带液作用的过程，水平井中起泡剂往往需要更长的时间和套压的更大波动才能进入油管起带液作用。

2 页岩气自动化泡排工艺

2.1 自动化泡排装置需求

泡沫排液采气工艺是向井底注入起泡剂，气流搅动发泡，以泡沫形式带出井底积液，降低密度、减少滑脱，提高气流带液效率，目前是有水气藏应用最多、最经济有效的排水稳产技术之一。页岩气井自动化泡排注、消泡装置需满足平台丛式井同时或间歇加注特点，实现装置橇装化、自动化(吸入药剂、控制药剂搅拌、调节加注气井、加注量等)、运行维护简单方便化等。

2.2 自动化泡排装置设计

自动化泡排装置包括自动化注剂装置(见图1)和自动消泡装置(见图2)。装置需要满足手动(本地)、自动、远传控制；无人值守、独立运行、智能保护；低液位保护自锁、高液位保护报警；超压保护自锁报警；注剂泵空载保护自锁报警；流量就地手动调节；故障自检；切换阀组自动切换(自动注剂装置)；单井加注量调节(自动注剂装置)等功能。自动泡排装置参数见表1，装置主要功能见表2。

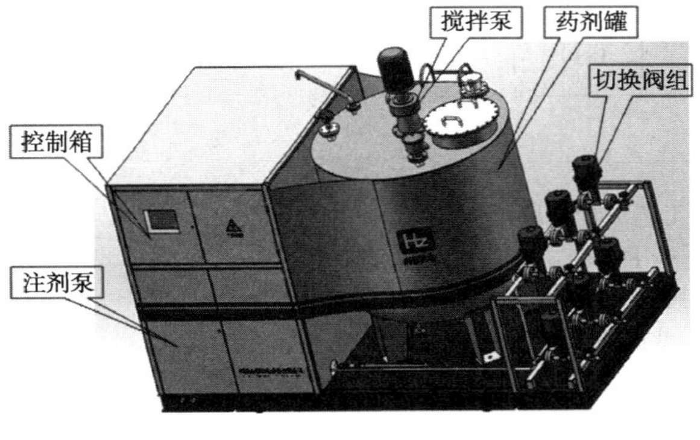

图1　自动注剂装置设计图

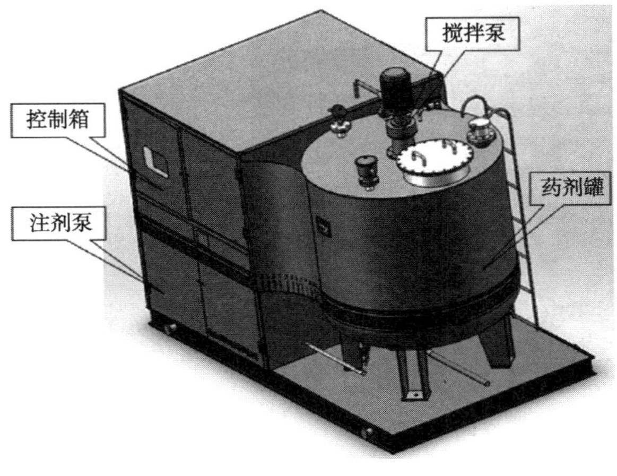

图2　自动消泡装置设计图

表1　自动注泡排装置参数

项目	起泡剂自动注剂装置	消泡剂自动消泡装置
型号	ZPY25/3-900	ZXP15/3-960
装置尺寸	3800×2000×2860(mm)	3500×2000×2860(mm)
药剂箱容积	$3m^3$	
运行压力	0~15MPa	0~5.5MPa
工作压力	25MPa	15MPa
介质	黏度1.0mPa·s，密度1.05g/cm^3	黏度4.05mPa·s，密度1.01g/cm^3
工作温度	-2~45℃	
装置总功率	4.74kW	3.8kW
控制方式	手动(就地)、自动(按程序)、远程	
供电电源	AC380V/3PH/50Hz	
单日最大注入量	900L/d(单井注入量150L/d)	960L/d(单管线注入量480L/d)
增压泵类型	液压隔膜泵	双泵头液压隔膜泵
加注井数量	6	2
增压泵数量	2(一用一备)	
注入口连接	M20x1.5(端面密封)	
控制系统接口	两线制RS485	
通讯协议	Modbus RTU	

表2　自动泡排装置主要功能

功能	起泡剂自动注剂装置	消泡剂自动注剂装置
注入量	每口井可以单独设置加注量	可以分别单独设置两路输气管线的加注量
加注井号	设置加注井号和不加注井号，按序加注	—
泵切换	两台泵可以轮换进行工作，可以设置两台泵间隔时间、单台泵的连续运行时间等	
搅拌功能设置	可以设置搅拌泵的间隔时间和单次运行时间	
加注	按设置井号顺序加注	连续加注
加注形式	直接加注	经雾化装置加注，9~27L/h，75°~77°
故障报警停机	高压、空载保护，压力值可设定；低液位保护，液位值可设定	
自动运行	操作界面显示自动运行模式。按设定参数自动启、停，现场手动无法操作装置	
远程控制	操作界面显示自动运行模式。远传控制平台监控，设置运行参数，开启、停止装置	
手动控制	操作界面显示手动运行模式。现场手动进行启动、停止操作，按照设定程序运行	

2.3 自动泡排装置工艺流程设计

CNH3 平台 6 口生产井共用两套分离装置，每口井可根据需要倒入任何一套分离装置进行单独计量。设计起泡剂通过自动加注装置按照控制器设置参数分别对 6 口井的油套管环空注入(见图 3)，自动消泡装置将消泡剂通过雾化装置连续注入分离器前的指定的管线中(见图 4)。装置显示界面采用液晶显示屏，防爆按钮设置(见图 5)。

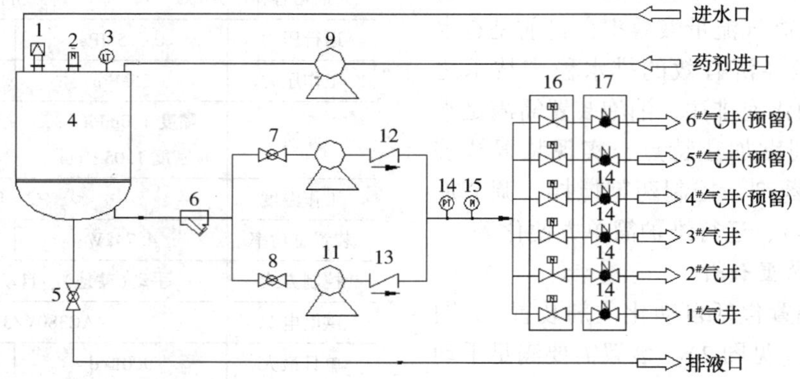

图 3　CN H3 平台加注工艺流程图

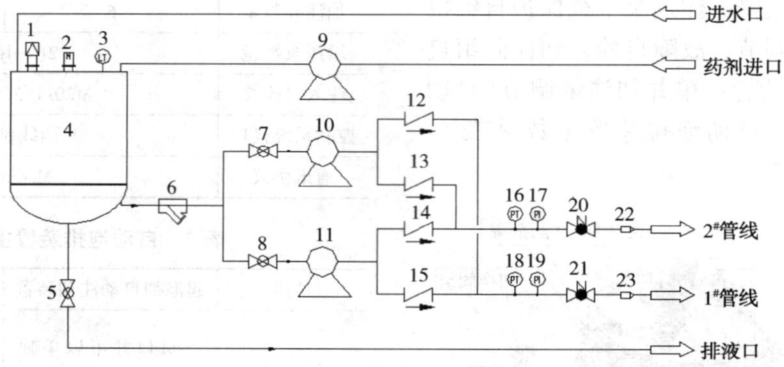

图 4　CNH3 平台消泡工艺流程简图

1—呼吸阀；2—搅拌泵；3—液位计；4—药剂罐；5—排液阀；6—过滤器；7、8—注入阀；9—自吸泵；10、11—注剂泵；12、13—单向阀；14—压力变送器；15—压力表；16—切换阀组；17—截止阀组

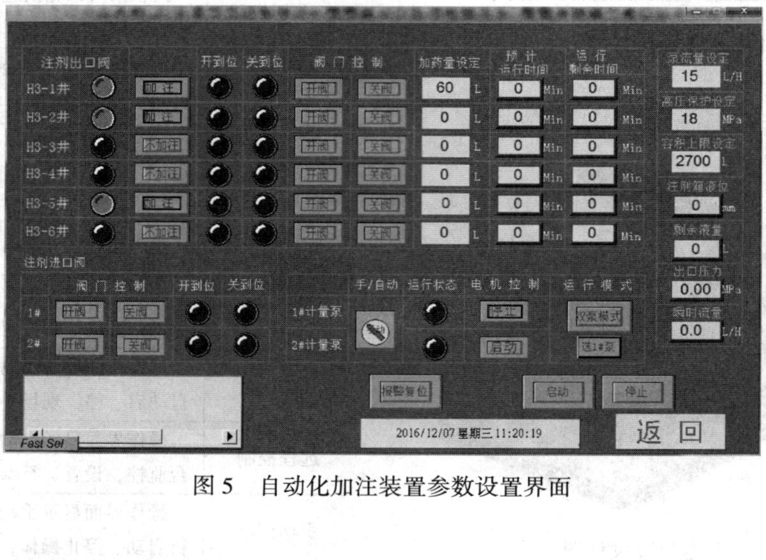
图 5　自动化加注装置参数设置界面

3 现场应用

3.1 平台试验概况

在 CNH3 平台，安装 1 套自动化加注装置和 1 套自动化消泡装置，就能实现 6 口井泡沫排水采气工艺的要求。本次试验选择上半支已下油管井 H3-1、H3-2 开展自动化泡排工艺试验。试验前 10 个月 H3-1 井产气量从 $2.2\times10^4m^3/d$ 逐渐下降到 $0.65\times10^4m^3/d$，套压和油压差 4.06~5.30MPa，产水量从 $7.6m^3/d$ 降低到 $1.5m^3/d$；H3-2 井产气量从 $2.6\times10^4m^3/d$ 逐渐下降到 $1.17\times10^4m^3/d$，套压和油压差 3.31~5.47MPa，产水量从 $8.3m^3/d$ 降低到 $2.92m^3/d$，表明随着产气量的降低，带液能力下降、井底积液增加。试验的两口井油管均下入造斜段，接近 A 点位置（见表 3），起泡剂通过加注装置从油套环空注入，经油管鞋进入油管内起带液作用；消泡剂通过消泡装置泵注入雾化装置内，并对消泡剂配置方案进行了优化，提高了消泡效果（见图 6）。

表 3 CNH3 两口井井身参数

井号	完钻井深/m	人工井底/m	A 点垂深/m	井底流温/℃	水平位移/m	A 点/m	B 点/m	油管下入深度/m
H3-1	4010	3973.03	2491.65	90.71	1591.76	3010.00	4010.00	2827.32
H3-2	3877	3837.80	2474.05	100.48	1491.87	2877.00	3877.00	2683.98

图 6 消泡剂自动注剂装置（左）和起泡剂自动注剂装置（右）

3.2 泡排剂加注工艺

按装置空出容积计算可配入溶液量，开启加水阀，按加水进度分阶段开启自吸泵加注药剂，达到设计药剂用了和液位后，点击显示屏上搅拌启动按钮，3min 就能完成配液（见表 4）。

表 4 两井起泡剂加注制度

参 数	注剂装置		消泡装置
	H3-1 井	H3-2 井	雾化装置
起泡剂用量/(kg/d)	6.0	9.0	9~13.5
泵排量/(L/h)	15	15	15
加注方法	加 0.8h 停 2.2h	加 1.2h 停 1.8h	24h 连续 加注
每日加注溶液量/L	96	144	360
起泡剂配液罐容积/L	3000		
1 桶起泡剂配制溶液量/L	400		

3.3 泡排效果分析

通过对两口井实施泡排工艺，井口油套压差明显降低，日产气量，日排水量增加（见表 5）。两井泡排稳产气量为 $2.33\times10^4m^3/d$；增产气量 $0.49\times10^4m^3/d$，增产 26.9%；增产水量 $6.14m^3/d$，增产 1.17 倍。年稳产天然气 $8.0\times10^6m^3$，年增产气约 $1.8\times10^6m^3$。

表 5　两井泡排前后生产数据

井号	泡排前			泡排后			对比		
	压差/MPa	产气/(m^3/d)	产水/(m^3/d)	压差/MPa	产气/(m^3/d)	产水/(m^3/d)	压差降低/MPa	产气增加/(m^3/d)	产水增加/(m^3/d)
H3-1	5.38	8586	1.88	1.92	11011	5.24	3.46(64.3%)	2426(28.3%)	3.36(1.8 倍)
H3-2	4.79	9799	3.37	1.81	12320	6.15	2.98(62.2%)	2521(25.7%)	2.78(82.5%)
合计	—	18385	5.25	—	23331	11.39	—	4946(26.9%)	6.14(1.17 倍)

3.4　泡排效益分析

CNH3 平台自动化泡排加注和消泡装置，实现了单套设备满足平台 6 口井泡排生产的需要，大幅降低了采气员工劳动强度，能取消驻井值守人员、节约场站空间，减少施工作业费用等。按照目前井口气价 1.28 元/m^3，两口实施泡排工艺后净增产气量实现经济效益 230 余万元，而两口井药剂、设备、耗能等方面的年费用为 24.88 万元，对于出液气井开采能气显著的降本增效作用(见表 6)。

表 6　经济性评价

项目	药剂				设备			耗能		
	用量/(kg/d)	单价/(元/kg)	日成本/元	年成本/万元	总价万元	折旧率/%	年折旧/万元	功率/kW	年耗电/(10^4kW·h)	年费用/万元
起泡剂	15.0	10.00	150.00	5.40	26.92	10	2.69	2.2	1.9	1.58
消泡剂	22.5	14.34	322.65	11.62	25.13	10	2.51	1.5	1.3	1.08
合计	37.5	—	472.65	17.02	52.05	—	5.20	—	3.2	2.66
单井平均	—	—	—	8.51	—	—	2.6	—	—	1.33

4　认识

(1) 自动化泡排加注装置满足 CN 页岩气平台井泡排工艺需求，一套装置就可自动控制对平台 1~6 口井药剂的加注，具有占地少，安装、操作、维护方便等特点，能通过远传至中心站的监控系统，远程优化每口井加注制度，大幅降低工艺运行维护成本，提高泡排工艺效果。

(2) 通过 CNH3-1 和 H3-2 井自动泡排工艺的实施，实现两口井稳产 $2.33\times10^4 m^3/d$，净增产气量 $0.49\times10^4 m^3/d$，净增排液量 $6.14 m^3/d$ 的良好效果，年可实现直接经济效益 230 余万元，充分证明了自动泡排加注工艺在页岩气平台井中应用的适应性，将为页岩气井开采的降本增效提供技术支持。

参　考　文　献

[1] 杨国圣，张玉清．涪陵页岩气工程技术实践与认识[M]．北京：中国石化出版社，2015.

[2] 刘龙，JN 气田非常规气井排采技术适应性评价[J]，内蒙古石油化工，2015(12)：99-101.

[3] [美]詹姆斯·利，亨利·尼肯斯，等．气井排水采气[M]．石油工业出版社，2009.

[4] 赵章明．排水采技术手册[M]．北京：石油工业出版社，2014.

[5] 张宏录，刘海蓉．中国页岩气排采工艺的技术现状及效果分析[J]．天然气工业，2012，32(12)：49-51.

[6] 刘宁．焦石坝页岩气开采技术研究[J]，勘探开发，2016(12)：129-130.

[7] 夏海帮，袁航，岑涛．彭水区块页岩气生产井排采方式研究与应用[J]．石油钻探技术，2014.7：21-26.

[8] 刘飞，潘登．长宁—威远构造页岩气井返排流程优化设计和返排特征分析[J]．油气井测试，2016.12：12-16.

高智能诊断系统在抽油机井上的应用

尹志成

（中石油辽河油田公司）

摘 要 随着人工智能技术的不断进步，示功图采集技术不断成熟，出现了一体化无线示功仪。该智能设备通过建立不同井况的杆柱系统波动方程计算得到泵功图数学模型，建立了超稠油诊断方法，并通过地面功图、泵功图进行分析、处理，自动生成油井诊断分析结果。实施后，油井自动诊断准确率将达到88%以上。利用抽油机井高智能诊断技术可以及时准确地掌握采油系统的工作状况，对提高采油效率、降低采油运行成本及提高油井产量具有非常重要的指导意义及推广应用价值。

关键词 机械采油；波动方程；地面功图；泵功图；智能诊断

随着油田开发工作的进展，机械采油成为油田主要的采油方式。采油作业区每天要测试百余口井，测试数据需要人工录入进行诊断分析，工作量大、效率低，且分析诊断存在一定的片面性，许多油井根据地面功图进行泵况诊断与实际油井工况有较大差别，由于超稠油开采特殊的工作环境，常常导致油井故障的发生，使得产量和效益下降。如何准确地对抽油机井生产工况进行诊断和对抽汲参数优化控制，对油井稳定生产和节能具有重大意义。

1 高精度无线功图传感器及主机的研制

近几年来，随着人工智能技术的不断进步，对于游梁式抽油机采油系统诊断优化控制方法的研究，正向人工智能方向发展，一体化无线示功图传感器，将加速度传感器和载荷传感器集成在一起，安装于悬绳器的平衡铁上，同时采用无线的方式传输数据。通过这种方式可以实现示功图的自动采集和传输，借鉴人的经验和思维方式对示功图进行分析，利用计算机取代人的工作，有效解决了人工录入诊断分析工作量大、效率低问题，从而提高生产效率。

（1）高精度无线功图传感器主要包括高精度、高可靠性应变片的选型、传感器内电路系统及传感器结构。具有位移、负荷一体化，负荷立柱式结构，抗冲击、漂移小。同时，负荷传感器采用军工技术粘贴工艺，是普通传感器精度五倍。且负荷受力均匀，稳定性高，设有专用保险装置，可进行不停抽测试(见图1)。

（2）高精度测试主机主要包括放大、滤波、

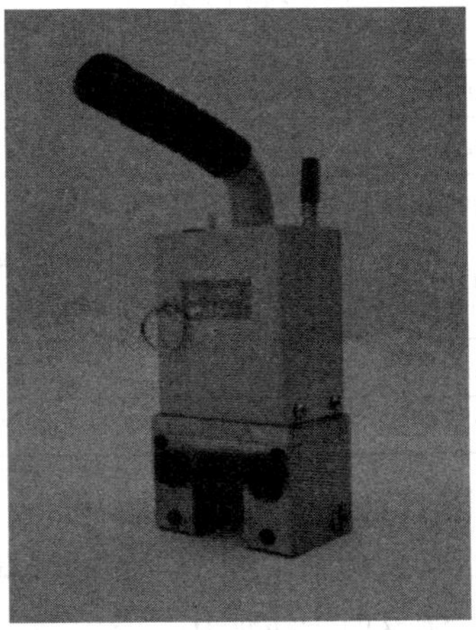

图1 TD01G 二合一传感器

高速高精度数据采集、存储、控制、无线驱动、屏幕显示、通信及上传数据等技术，使主机具有功图、液面测试、数据回放、查询、数据上传等功能，为油井诊断分析实现可靠、准确数据资料(见图2)。

图2 TD01D 电脑测井仪

高精度功图传感器、主机的 CPU 将选用 ARM 高速处理器，模数转换采集(A/D)选用 14 位高分辨率数据采集系统，精度是目前一般测试仪器选用 12 位 A/D 采集的四倍，以保证功图、液面测试的准确性。通过对电脑测井仪和传感器改进，误差较为明显的降低。误差由 0.91%降至0.48%，提高了诊断准确率。

2　建立超稠油诊断方法

智能诊断系统所需数据来源于采油日报、测试通讯数据、静态数据库文件。通过对辖区内近 500 口油井进行调查分析，建立杆柱系统波动方程数学模型及求解算法，并结合标准功图及油井的实际生产情况进行综合分析，不断修正完善，形成了超稠油示功图的诊断方法：相面法、几何特征分析法、摸板匹配法(见表 1)。

(1) 相面法：以波动方程得出的泵功图为依据，抽取泵功图中的 144 点的载荷和位移的具体数值，从而计算出图形的相对面积以及图形的大概形状。

表 1　超稠油示功图诊断方法一览

诊断方法	功图分类	筛选条件	诊断结果
相面法	“扁平”类	在“扁平”功图类中，泵效<50%且(最大负荷/最小理论负荷)<1	抽油杆断脱
相面法	“扁平”类	在“扁平”功图类中，泵效≥100%或者(泵效≥50%且(最大负荷/最小理论负荷)>1)	连抽带喷
几何特征法	“刀柄”类	在“刀柄”功图类中，泵效≥35%且沉没度≥150m	气影响
几何特征法	“刀柄”类	在“刀柄”功图类中，泵效≤35%且沉没度≤150m	供液不足
相面法几何特征法	“平行四边形”类	在“平行四边形”功图类中，泵效>35%且(最大负荷/最小理论负荷)>1	正常
相面法几何特征法	“平行四边形”类	在“平行四边形”功图类中，泵效≤35%且(最大负荷/最小理论负荷)>1	管漏
相面法几何特征法	“椭圆”类	在“椭圆”功图类中，泵效≥35%	稠油影响
相面法几何特征法	“椭圆”类	在“椭圆”功图类中，泵效≤35%且日产液量≤10t	双漏

(2) 几何特征法：以波动方程得出的泵功图为依据，抽取泵功图中的 144 点的载荷和位移的具体数值，在数值中做循化计算，计算出功图局部的相关图形特征。

(3) 模板匹配法：程序内部设定有标准功图图形，用诊断井的泵功图与这些标准图形进行比对，进而得出诊断结果。

通过以上方法系统能够自动识别出 14 种泵况：正常、连抽带喷、抽油杆断脱、气影响、供液不足、固定凡尔漏、游动凡尔漏、双凡尔漏、油管漏、上刮、下碰、稠油影响、砂影响、卡泵。同时，该诊断系统可以进行批量诊断，操作简单快捷，诊断速度达到 110 口/分钟。诊断结束后，通过上传功能可将诊断结果上传至 Web 服务器并实现网络共享。

3　现场应用效果

3.1　超稠油正常井功图特征

(1) 塔式抽油机井功图特征：实测载荷和理论载荷相差不大，功图近似平行四边形(见图 3)。

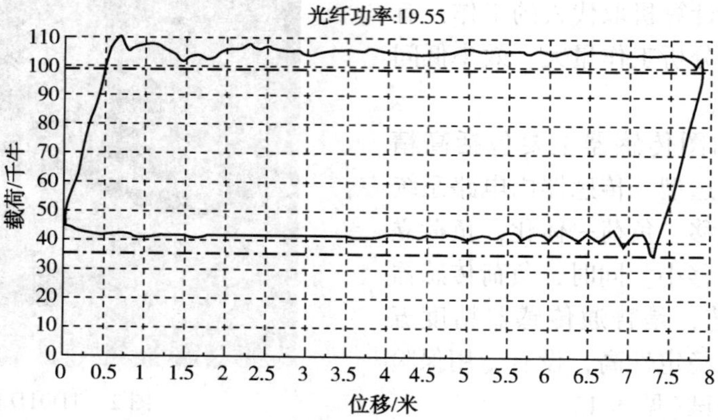

图 3　塔式抽油机井诊断界面

（2）游梁抽油机井功图特征：实测载荷和理论载荷相差不大，但功图增载和卸载初期（转向）有短的直线段，近似平行四边形（见图4）。

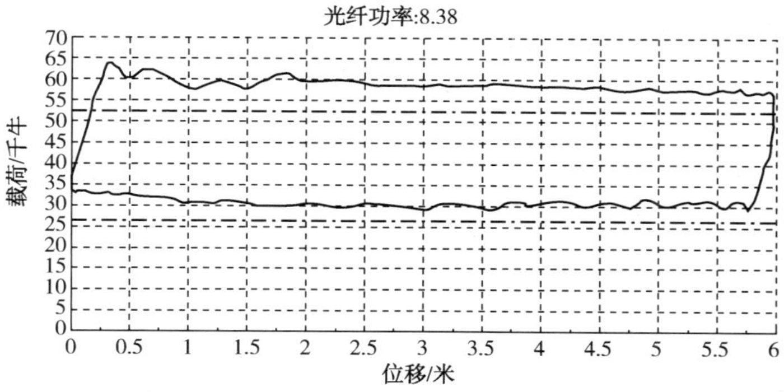

图4　游梁抽油机井诊断界面

3.2　超稠油不正常井功图特征

（1）稠油影响功图特征：由于温度降低、黏度升高，液体摩擦阻力增大，载荷随之增大，示功图变的“肥胖”（见图5、图6）。

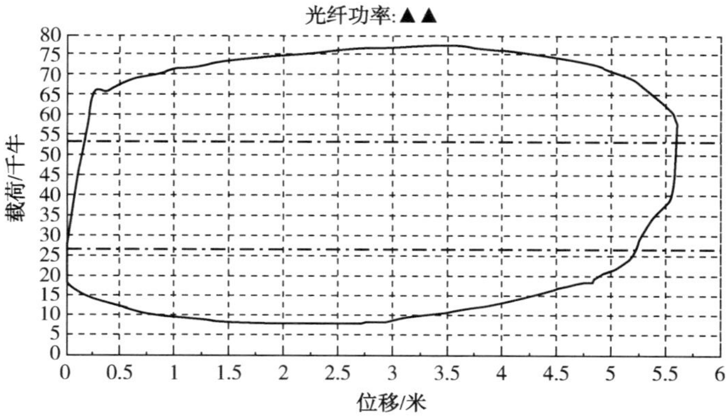

图5　稠油影响典型井图例

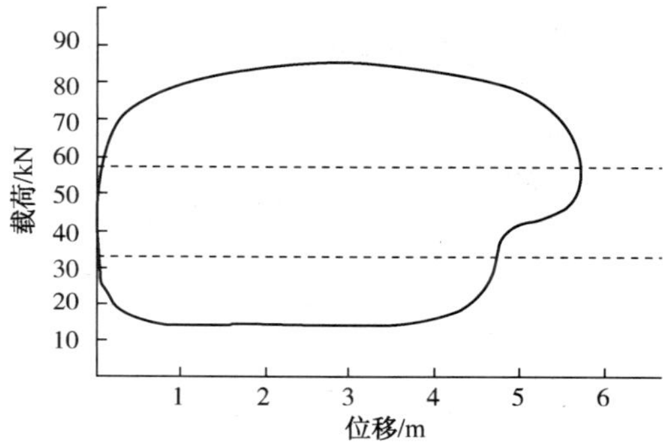

图6　稠油影响标准井图例

（2）供液不足影响功图特征：当环套空间液面较低时，液柱压力低，液体入泵慢，造成充不满现象，活塞撞击液面延迟，示功图出现“刀柄”形状（见图7、图8）。

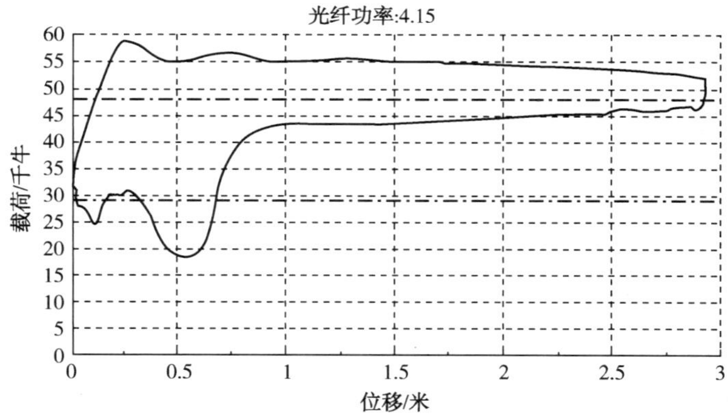

图7　供液不足典型井图例

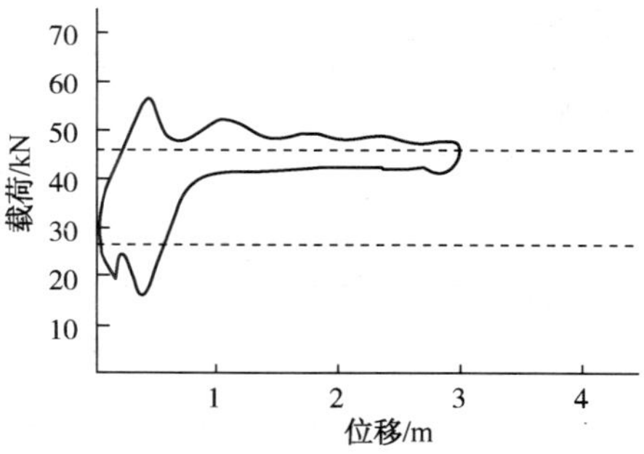

图8　供液不足标准井图例

（3）气影响影响功图特征：活塞上行时，在泵筒中产生负压使固定凡尔打开，油中含气较多时，气体容易析出，活塞下行时将气体压缩，卸载变缓，载荷线形状类似指数曲线（见图9、图10）。

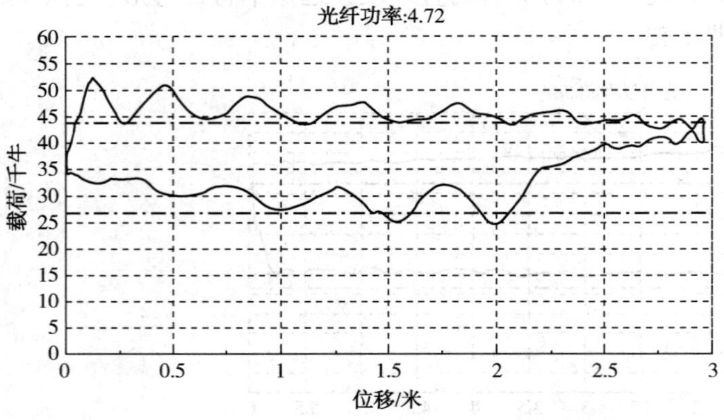

图 9　气影响典型井图例

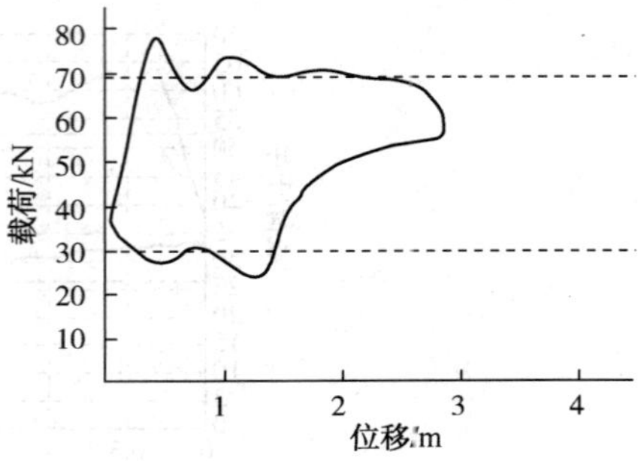

图 10　气影响标准井图例

(4) 游动凡尔漏影响功图特征：功图特征：增载比正常功图缓慢，增载为斜直线，卸载为直线(见图 11、图 12)。

(5) 固定凡尔漏影响功图特征：卸载比正常功图缓慢，增载为直线，卸载为斜直线(见图 13、图 14)。

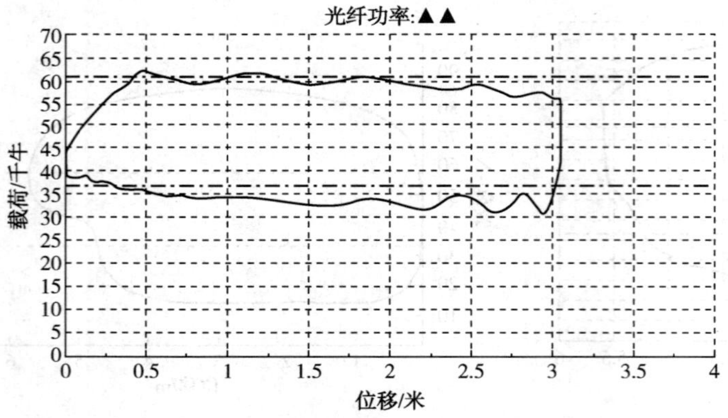

图 11　游动凡尔漏典型井图例

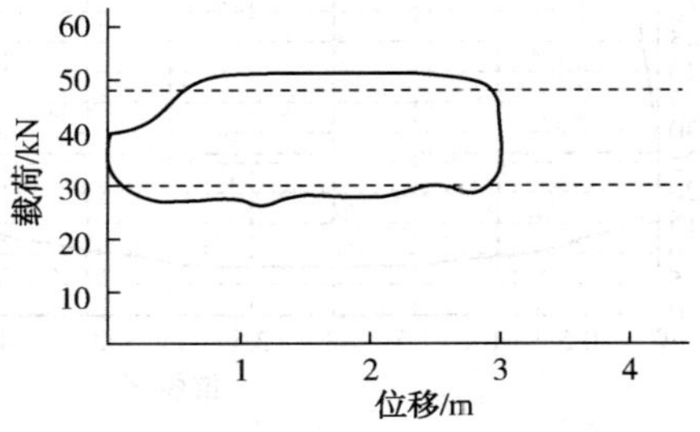

图 12　游动凡尔漏标准井图例

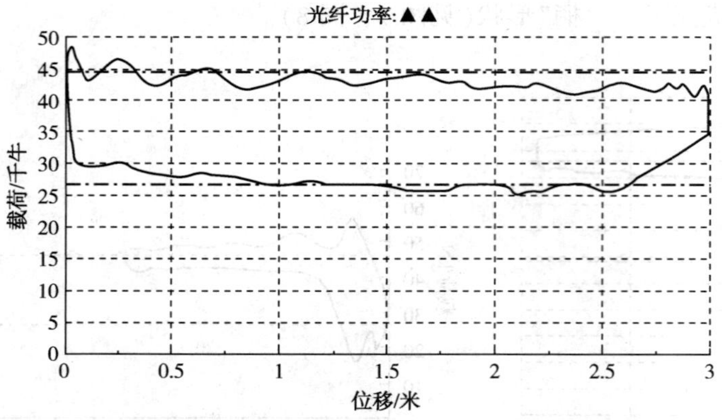

图 13　固定凡尔漏典型井图例

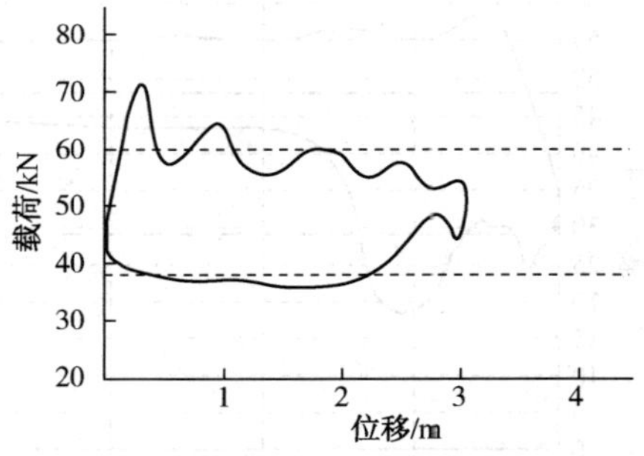

图 14　固定凡尔漏标准井图例

(6) 双凡尔漏影响功图特征：为固定凡尔漏和游动凡尔漏示功图的叠加(见图 15、图 16)。

(7) 连抽带喷影响功图特征：实际载荷和理论载荷相差不多，功图呈扁平状，产液量高(见图 17、图 18)。

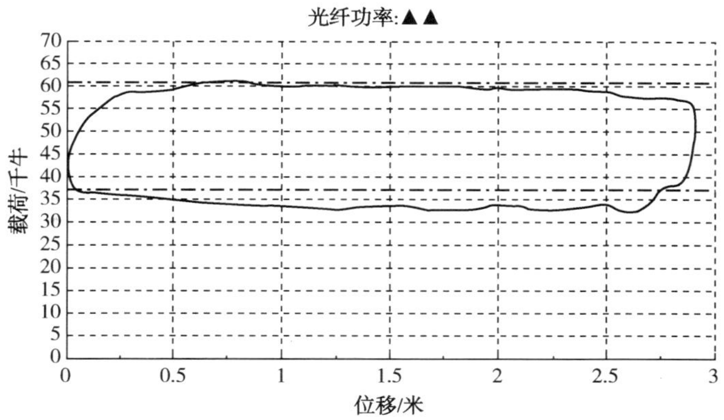

图 15　双凡尔漏典型井图例

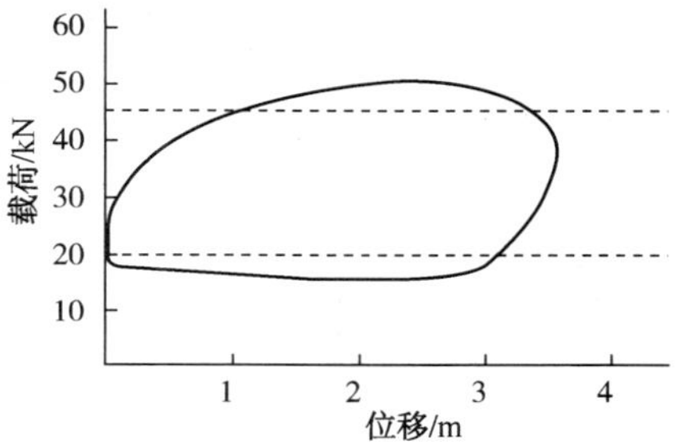

图 16　双凡尔漏标准井图例

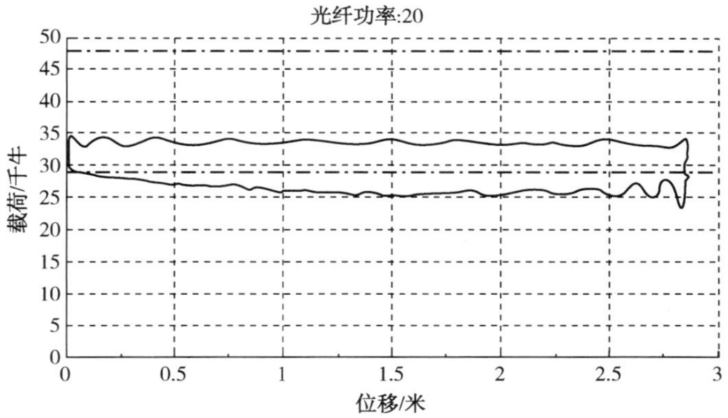

图 17　连抽带喷典型井图例

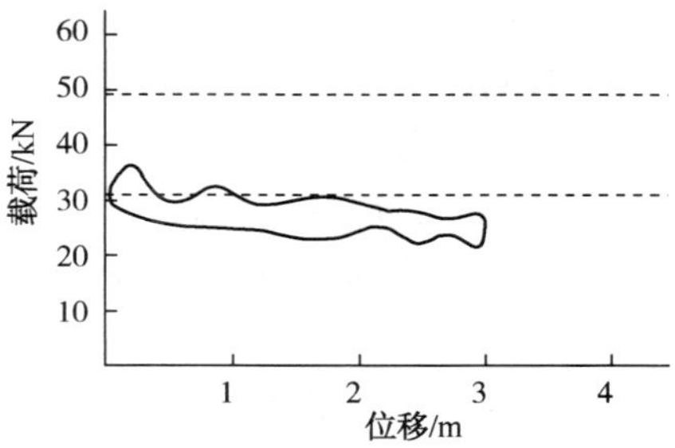

图 18　连抽带喷标准井图例

（8）抽油杆断脱喷影响功图特征：光杆只承受断点以上抽油杆的重量，反映在示功图上载荷很小，面积非常窄，实际载荷和理论载荷相差较大，此时油井不出液（见图 19、图 20）。

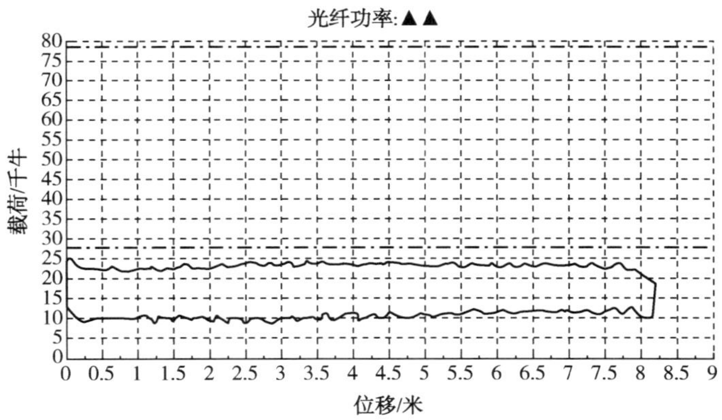

图 19　抽油杆断脱典型井图例

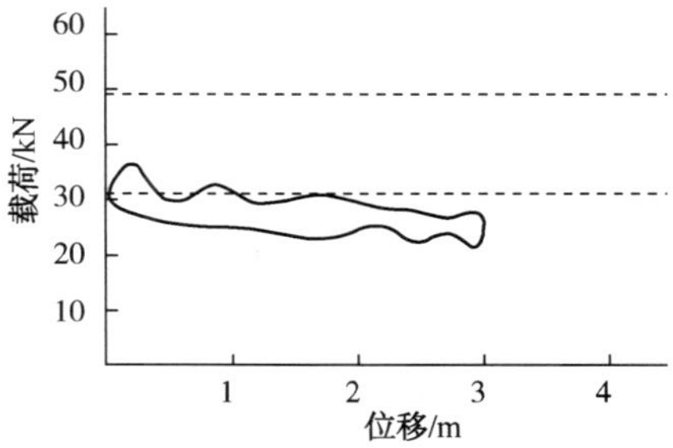

图 20　抽油杆断脱标准井图例

（9）出砂影响影响功图特征：油井出砂，上下行程会出现震动载荷，示功图呈不规则锯齿状（见图 21、图 22）。

截止到目前，在采油工区完成了 10820 井次的诊断，诊断井况包括以下 10 种：正常、游动凡尔漏、固定凡尔漏、双凡尔漏、砂影响、气影响、供液不足、稠油影响、连抽带喷、抽油杆断脱。（现场未测出油管漏、上刮、下碰、卡泵功图）诊断准确率达到 88.1%。该技术可避免了人为因素影响，减少了诊断故障率，提高了工作效率。

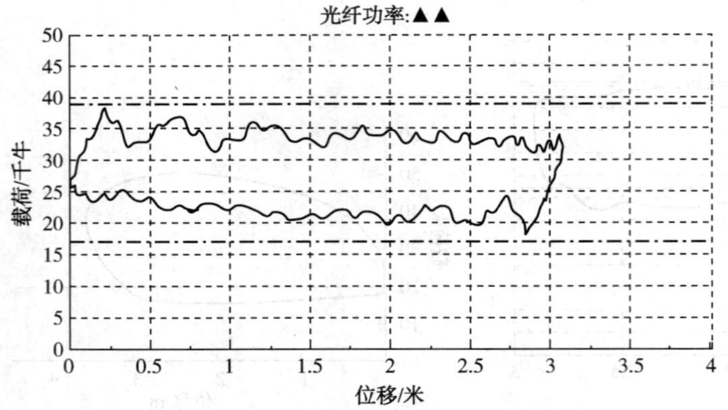

图 21　出砂影响典型井图例

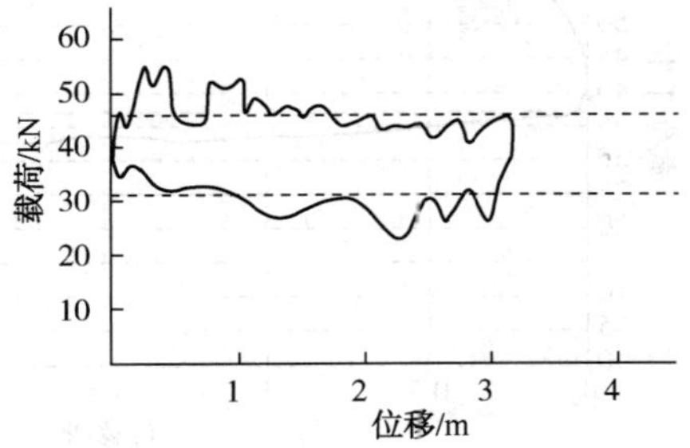

图 22　出砂影响标准井图例

4　结论

（1）采用功图测试仪（0～150kN）误差由0.91%降至0.48%，提高了诊断准确率。

（2）针对不同井况进行地面功图和泵功图分析，能够对单井及多井进行自动诊断，现场实现了10种泵况的自动诊断分析。

（3）诊断速度达到每分钟110口以上，符合率达88%以上，并通过先进网络技术，实现网络共享，提高了工作效率。

参　考　文　献

[1] 王鸿勋，张琪．采油工艺原理[M]．北京：石油工业出版社，1985.

[2] 宫建村．基于专家系统的抽油井故障诊断系统[D]．青岛：中国石油大学，2007.

[3] 朱斌．油井示功图管理系统的建立与应用[J]．石油工业计算机应用，2011，70(2)：45-47.

[4] 王科科．远程监测抽油机井工况智能诊断技术[D]．青岛：中国石油大学，2009.

[5] 韩国庆，吴晓东，张庆生，等．示功图识别技术在有杆泵工况诊断中的应用[J]．石油钻采工艺，2003，25(5)：71-73.

[6] 王晓菡．用于工况诊断的示功图特征提取方法研究[D]．青岛：中国石油大学，2011.

[7] 吴飞鹏，陈德春，蒲春生，等．抽油机井示功图量化分析与应用[J]．广西大学学报，2008，32(2)：173-175.

[8] 陈刚，张松，张洪驰．超稠油标准示功图识别与分析[J]．特种油气藏．2002，9(6)：60-65.

[9] 袁震．抽油井在线自动诊断技术的研究与实现[D]．青岛：中国石油大学，2011.

智能提货系统在荆门石化的建设与应用

李俊峰

(中国石化荆门分公司)

摘　要　荆门石化作为了老企业，不断创新，力求从改革中求机遇，从转型中求发展，为有效提升企业市场核心竞争力，以销售为突破口，以客户满意度提升为目标，建设了智能提货管理系统，通过1年多的建设，取得了良好效果，在不断摸索中总结经验，在面临问题时集思广益，在取得成绩后提炼总结，系统将发挥更大的效能，助力企业全面高质量发展。

关键词　智能提货系统(电子提货)；计量管理系统

1　荆门分公司提货现状

荆门石化做为老企业，存在进出厂点分散、缺少停车场、软硬件配置低、设备设施老旧等问题，销售、采购业务基本靠纸质单据传递，客户、司机提、卸货需现场开具票证，流程烦琐，整体体验差。

荆门石化出厂方式主要分为公路、铁路、管输三种方式，公路又分为汽车衡、定量装车、定量包装三种计量方式，汽车衡共计6台，品牌2种，分布在4个不同地点；定量装车3套(每套含多个鹤位)，品牌2种，分布在3个地点。定量装车2类，分别在聚丙烯库房和石蜡库房。

主要产品分销包括炼销、化销、华中销售和自销等渠道，涉及汽、煤、柴成品油，白油、石蜡特种油、液化气、丙烯及聚丙烯和石蜡等产品。

具体提货流程主要是：

(1) 炼销订单(含沥青、液化气、石蜡等产品)：炼销公司在炼销ERP生成采购订单→荆门分公司ERP同步生成销售订单(计划经营部销售人员需完善补充部分字段信息)→荆门分公司ERP创建交货单(计划经营部销售人员负责)→通过计量管理系统自动集成到各计量点→司机凭纸质交货单进厂提货。

(2) 化销订单(含苯、聚丙烯等产品)：化销公司已于2015年实施IC卡提货体系统，目前在荆门分公司采用IC卡提货。化销公司在化销ERP生成采购订单→荆门分公司ERP同步生成销售订单→化销公司在IC卡系统中细化为单车计划量→荆门分公司确认单车计划量(计划经营部销售人员负责)→化销公司再确认单车计划量→荆门分公司ERP自动生成单车交货单(同时将数据回传到IC卡系统)→化销制IC卡(同时打印纸质单据)→司机凭IC卡和纸质单据进厂提货。

(3) 华中销售(含汽、煤、柴等产品)：销售华中公司在华中ERP生成采购订单→荆门分公司在分公司ERP根据配置采购合同创建销售订单和交货单(计划经营部销售人员负责)→通过计量管理系统自动集成到新汽车台计量点，司机凭纸质交货单进厂提货。

(4) 自销(特种油各类产品)：荆门分公司在分公司ERP创建销售订单和交货单(计划经营部销售人员负责)→通过计量管理系统自动集成到各计量点，司机凭纸质交货单进厂提货。

2　荆门分公司智能提货建设准备情况

分公司智能提货系统(简称电子提货)2017年立项，2020年批复实施。为提高系统实施质量和效率，2020年8月9~19日，荆门分公司信息管理中心牵头组织计划经营部、技术质量处、检验计量中心成立调研组，分别到扬子公司、上海石化、青岛炼化对智能提货系统实施内容及应用情况、相关问题进行调研，并学习三家企业智能提货信息系统应用的先进经验。

调研过程中发现各家企业各有亮点，也各有不足，调研组结合荆门石化实际，确定了项目建设的总体目标，并对提货凭证进行了变更，对没有停车场进行了方案调整，对出厂流程进行了重新梳理，对系统集成方式进行了规范。

2.1 总体目标

（1）荆门分公司产品进出厂管理从二维码提货方式优化成身份证方式，缩短提货流程，增强用户体验，减少维护和现场卫生保持的工作量。

（2）自助服务功能，提高自动化程度，逐步解放劳动力，提高企业效益。

（3）在线开单功能，提高客户提货自主性，实现客户随时随地按需开单，提升客户体验，降低沟通成本，提高工作效率。

（4）车辆预约信息的实时共享，减少厂外车辆的拥堵情况，实现提货车辆安排与产品发货能力的高质量匹配，降低司机的等候时间，提高客户的满意度，提升企业形象。

（5）进一步加强系统集成度，保证数据交互及时、准确。

（6）加强系统数据的汇总，分析与展示，为营销决策提供数据支持。

2.2 提货凭证变更

简约化实现智能提货。拟采用身份证方式替代之前拟采用的二维码纸质单据方式，减少纸质单据的产生、扭转，同时避免纸质单据丢失、损坏造成的提货问题。

2.3 停车场问题解决方式

在分公司没有专有停车场的前提下，拟利用装车现场停车场或厂区道路作为排队临时停车场，根据实际装车能力和现场停车容量，将预约时间切分为上、下午或多时间段。

2.4 出厂流程梳理

公路交货单的生成由提货前创建交货单方式优化为装车完毕后自动生成交货单。该方式可有效提高工作效率，一是订单管理人员无需按车创建交货单，且无须再手动取消因未提货而产生的无效交货单；二是计量人员不再人工拆分交货单，制提货单。

（1）对所有出厂的流程进行了细化，其中收发货和计量方式见表1。

表1　收发货点和计量方式

编号	计量方式	收发货点名称	适用产品
F1	定量包装	聚丙烯	聚丙烯
F2	定量包装	石蜡	石蜡
F3	定量装车	5号门装车站	液化气、丙烯等

续表

编号	计量方式	收发货点名称	适用产品
F4	定量装车	航煤白油发货	航煤、白油
F5	定量装车	地付	汽柴油
F6	定量装车	润滑油公司内	异辛烷
F7	地磅	新汽车台地磅	石脑油(收货)
F8	地磅	五一桥地磅	出厂：苯、润滑油、白油、硫酸、废料、液蜡、液氨、非标石蜡；进厂：甲醇、盐酸、液氮
F9	地磅	重油	重油
F10	地磅	液化气装车台	聚丙烯散料、丙烷等
F11	定量包装	粉状专用脂	粉状专用脂
F12	管输	管输	
F13	铁路	铁路	

（2）按照产品的销售、发货和计量模式，荆门石化提货系统中收发货业务流程见表2。

表2　荆门石化提货系统收发货业务流程

流程编号	流程名称	适用产品	对应发货点
B1	固体定重包装公路出厂	聚丙烯、石蜡、粉状专用脂	F1、F2、F11
B2	定量装车公路出厂	液化气、丙烯、航煤、白油、	F3、F4、F6
B3	地磅出厂	苯、润滑油、白油、硫酸、液蜡、废料	F7、F8、F9、F10
B4	非公路出厂		F12、F13
B5	地付公路出厂	汽柴油	F5
B6	定量装车与地磅比对		
C1	公路进厂	石脑油、甲醇、盐酸、液氮、催化剂	F7、F8

（3）固体定重包装公路出厂流程（见图1、表3）

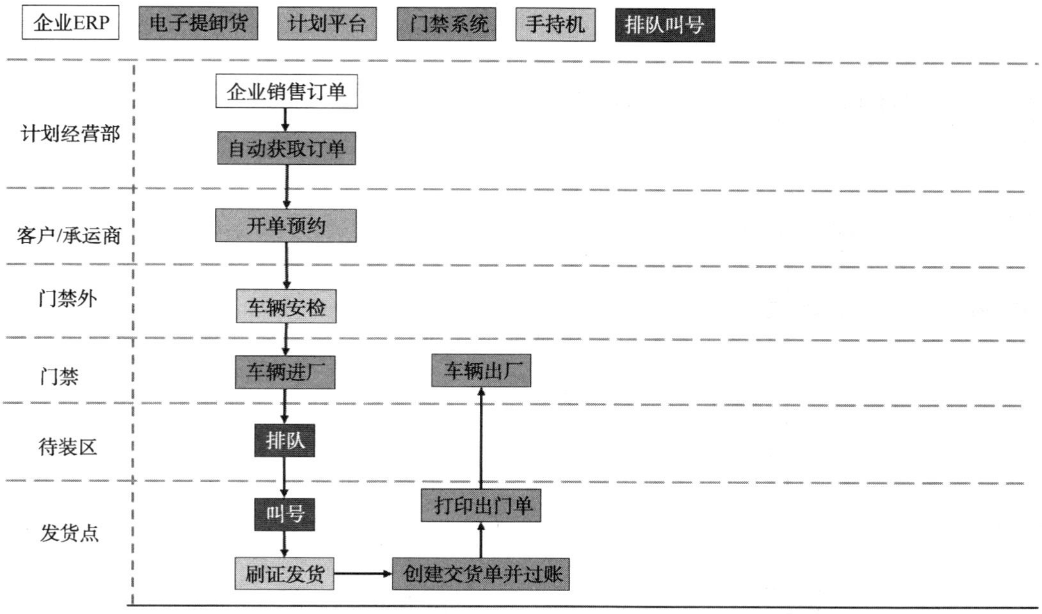

图1　固体定重包装公路出厂

表3　固体定重包装公路出厂流程描述

序号	环节名称	环节描述	使用系统	责任部门
1	企业销售订单	对于炼销、化销产品，企业销售订单会自动触发；对于油销或自销产品，操作为创建销售订单	企业 ERP	计划经营部
2	自动获取订单	提货系统自动批量抓取企业订单，同时提供业务员按订单号单个抓取订单的功能	电子提货	计划经营部
3	开单预约	客户或承运商在(公网)云平台中进行提货计划提报，根据订单拆分到具体提货车辆，并明确提货数量、提货时间、司机姓名、手机号、身份证号等详细信息。提报成功后，将向司机推送手机短信和微信通知。 注：化销自提产品在“e 贸”进行开单操作，化销配送产品在“物联网”进行开单操作，炼销产品在“炼销云平台”进行开单操作，自销产品在“企业云平台”进行开单操作	云平台	客户/承运商
4	车辆安检	对厂外的车辆，门卫通过手持机读取司机身份证，获取对应提货计划的信息，比对车牌后进行安全检查。只有在预约时间段内，车辆才能安检，如时间未到或者超时，则不能安检。只有在计划对应的门岗才能安检，否则不能安检	门禁系统	门岗
5	车辆进厂	门禁会对车辆进行车牌识别符合条件则自动抬杆，抬杆的条件：当前车辆有提货计划、已经车检通过、在预约时间段内、匹配当前门禁点，则自动抬杆，车辆自动按照先后顺序进入排队序列	电子提卸货	门岗
6	排队叫号	计量点发货员根据现场情况，在叫号软件上选择对应物料的车辆叫号，默认按照先后顺序叫号	排队叫号	发货点
7	刷证发货	发货点持移动发货手持机，读取提货人身份证并输入验证码后，确认计划有效性，进行装车发货	移动发货	发货点
8	创建交货单并过账	发货点在移动发货手持终端录入本次发货量，通过接口实现 ERP 交货单及过账	移动发货	发货点
9	打印出门单	司机在发货点电脑刷身份证打印出门凭证	电子提卸货	发货点
10	车辆出厂	门禁会对车辆进行车牌识别，符合条件则自动抬杆，抬杆的条件：当前车辆已完成提货计划、当前车辆完成提货计划 30min 内出厂(时间长短由门禁系统控制)，则自动抬杆	门禁系统	门岗

(4) 定量装车公路出厂流程(见图 2、图 4)

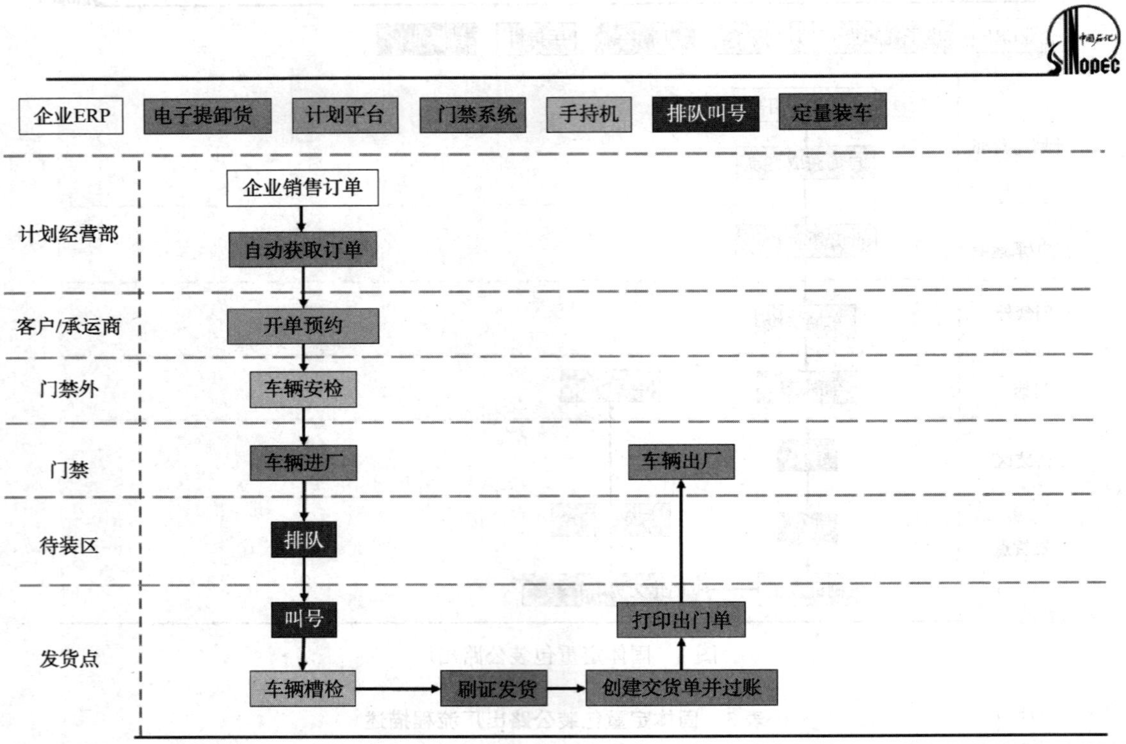

图 2　定量装车公路出厂

表 4　定量装车公路出厂流程描述

序号	环节名称	环节描述	使用系统	责任部门
1	企业销售订单	对于炼销、化销产品，企业销售订单会自动触发；对于油销或自销产品，操作为创建销售订单	企业 ERP	计划经营部
2	自动获取订单	提货系统自动批量抓取企业订单，同时提供业务员按订单号单个抓取订单的功能	电子提货	计划经营部
3	开单预约	客户或承运商在(公网)云平台中进行提货计划提报，根据订单拆分到具体提货车辆，并明确提货数量、提货时间、司机姓名、手机号、身份证号等详细信息。提报成功后，将向司机推送手机短信和微信通知。 注：化销自提产品在“e 贸”进行开单操作，化销配送产品在“物联网”进行开单操作，炼销产品在“炼销云平台”进行开单操作，自销产品在“企业云平台”进行开单操作	云平台	客户/承运商
4	车辆安检	对厂外的车辆，门卫通过手持机读取司机身份证，获取对应提货计划的信息，比对车牌后进行安全检查。只有在预约时间段内，车辆才能安检，如时间未到或者超时，则不能安检。只有在计划对应的门岗才能安检，否则不能安检。	门禁系统	门岗
5	车辆进厂	门禁会对车辆进行车牌识别符合条件则自动抬杆，抬杆的条件：当前车辆有提货计划、已经车检通过、在预约时间段内、匹配当前门禁点，则自动抬杆，车辆自动按照先后顺序进入排队序列	电子提卸货	门岗
6	排队叫号	计量点发货员根据现场情况，在叫号软件上选择对应物料的车辆叫号，默认按照先后顺序叫号	排队叫号	发货点
7	车辆槽检	现场安检员持手持机，选择对应车牌，对当前提货车辆进行槽检，通过后才能装车	槽检	发货点

续表

序号	环节名称	环节描述	使用系统	责任部门
8	刷证发货	发货点读取提货人身份证并输入验证码后，确认计划有效性，进行装车发货。	定量装车	发货点
9	创建交货单并过账	定量装车系统把实发量推送给电子提货系统，通过电子提货系统创建交货单并过账	电子提卸货	发货点
10	打印出门单	司机发货点电脑刷身份证打印出门凭证	电子提卸货	发货点
11	车辆出厂	门禁会对车辆进行车牌识别，符合条件则自动抬杆，抬杆的条件：当前车辆已完成提货计划、当前车辆完成提货计划 30min 内出厂(时间长短由门禁系统控制)，则自动抬杆	门禁系统	门岗

（5）地磅出厂流程(见图 3、表 5)。

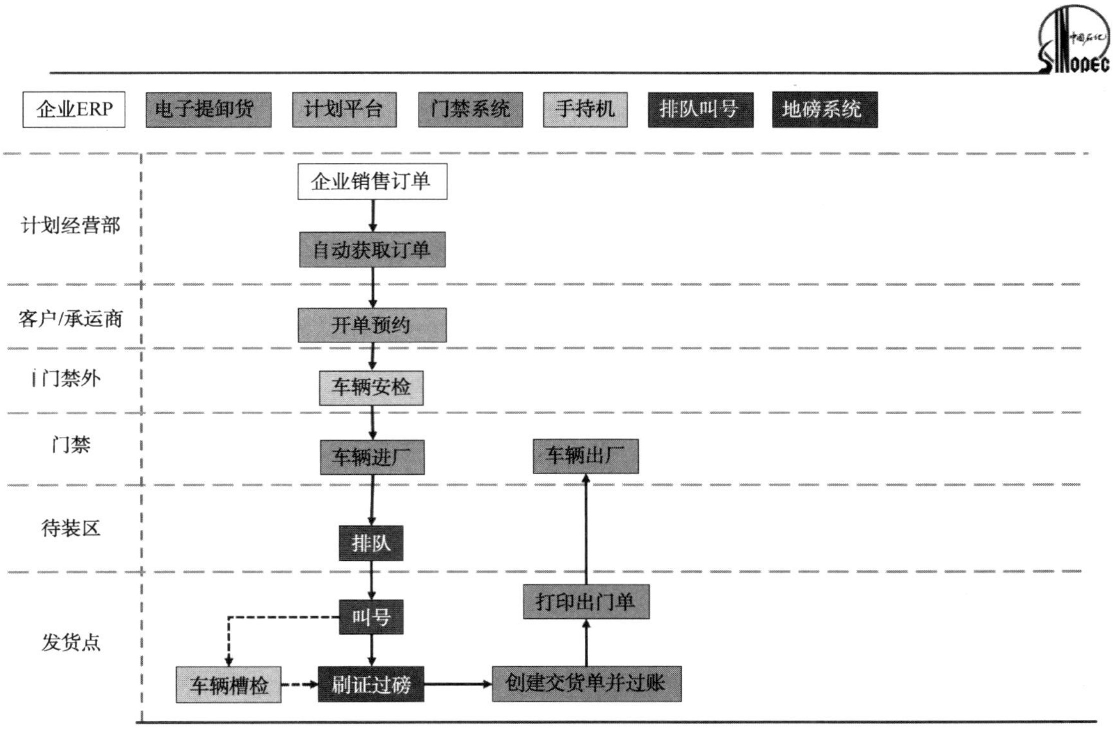

图 3　地磅出厂

表 5　地磅出厂流程描述

序号	环节名称	环节描述	使用系统	责任部门
1	企业销售订单	对于炼销、化销产品，企业销售订单会自动触发；对于油销或自销产品，操作为创建销售订单	企业 ERP	计划经营部
2	自动获取订单	提货系统自动批量抓取企业订单，同时提供业务员按订单号单个抓取订单的功能。	电子提货	计划经营部
3	开单预约	客户或承运商在(公网)云平台中进行提货计划提报，根据订单拆分到具体提货车辆，并明确提货数量、提货时间、司机姓名、手机号、身份证号等详细信息。提报成功后，将向司机推送手机短信和微信通知。 注：化销自提产品在“e 贸”进行开单操作，化销配送产品在“物联网”进行开单操作，炼销产品在“炼销云平台”进行开单操作，自销产品在“企业云平台”进行开单操作	云平台	客户/承运商

续表

序号	环节名称	环节描述	使用系统	责任部门
4	车辆安检	对厂外的车辆，门卫通过手持机读取司机身份证，获取对应提货计划的信息，比对车牌后进行安全检查。只有在预约时间段内，车辆才能安检，如时间未到或者超时，则不能安检。只有在计划对应的门岗才能安检，否则不能安检	门禁系统	门岗
5	车辆进厂	门禁会对车辆进行车牌识别符合条件则自动抬杆，抬杆的条件：当前车辆有提货计划、已经车检通过、在预约时间段内、匹配当前门禁点，则自动抬杆，车辆自动按照先后顺序进入排队序列	电子提卸货	门岗
6	排队叫号	计量点发货员根据现场情况，在叫号软件上选择对应物料的车辆叫号，默认按照先后顺序叫号	排队叫号	发货点
7	车辆槽检	现场安检员持手持机，选择对应车牌，对当前提货车辆进行槽检，通过后才能装车	槽检	发货点
8	刷证发货	发货点读取提货人身份证并输入验证码后，确认计划有效性，进行装车发货(如果发货点和地磅计量点距离较远，则先过磅后，通过地磅软件打印提货单，凭着提货单去发货点提货)	地磅	发货点
9	创建交货单并过账	地磅系统把实发量推送给电子提货系统，通过电子提货系统创建交货单并过账	电子提卸货	发货点
10	打印出门单	司机在发货点电脑刷身份证打印出门凭证	电子提卸货	发货点
11	车辆出厂	门禁会对车辆进行车牌识别，符合条件则自动抬杆，抬杆的条件：当前车辆已完成提货计划、当前车辆完成提货计划 30min 内出厂(时间长短由门禁系统控制)，则自动抬杆	门禁系统	门岗

(6) 非公路出厂流程(见图 4、表 6)

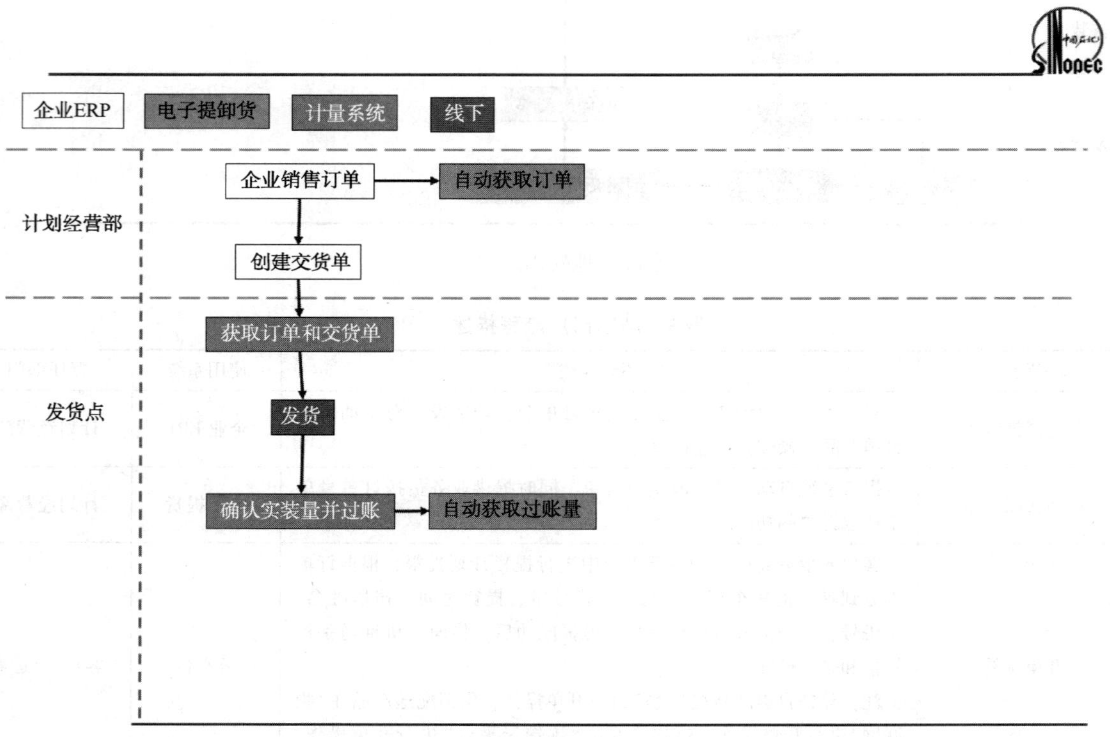

图 4　非公路出厂

表 6　非公路出厂流程描述

序号	环节名称	环节描述	使用系统	责任部门
1	企业销售订单	对于炼销、化销产品，企业销售订单会自动触发；对于油销或自销产品，操作为创建销售订单	企业 ERP	计划经营部
2	自动获取订单	提货系统自动批量抓取企业订单，同时提供业务员按订单号单个抓取订单的功能	电子提货	计划经营部
3	创建交货单	在 ERP 系统中创建交货单	企业 ERP	计划经营部
4	获取订单和交货单	计量系统自动抓取订单和交货单	计量系统	发货点
5	发货	现场发货	线下	发货点
6	确认实装量并过账	发货完成后在计量系统确认实装量，整个交货单下数量一起过账	计量系统	发货点
7	自动获取过账量	电子提卸货系统自动从 ERP 系统获取每单的过账量	电子提卸货系统	计划经营部

(7) 公路进厂流程(见图 5、表 7)。

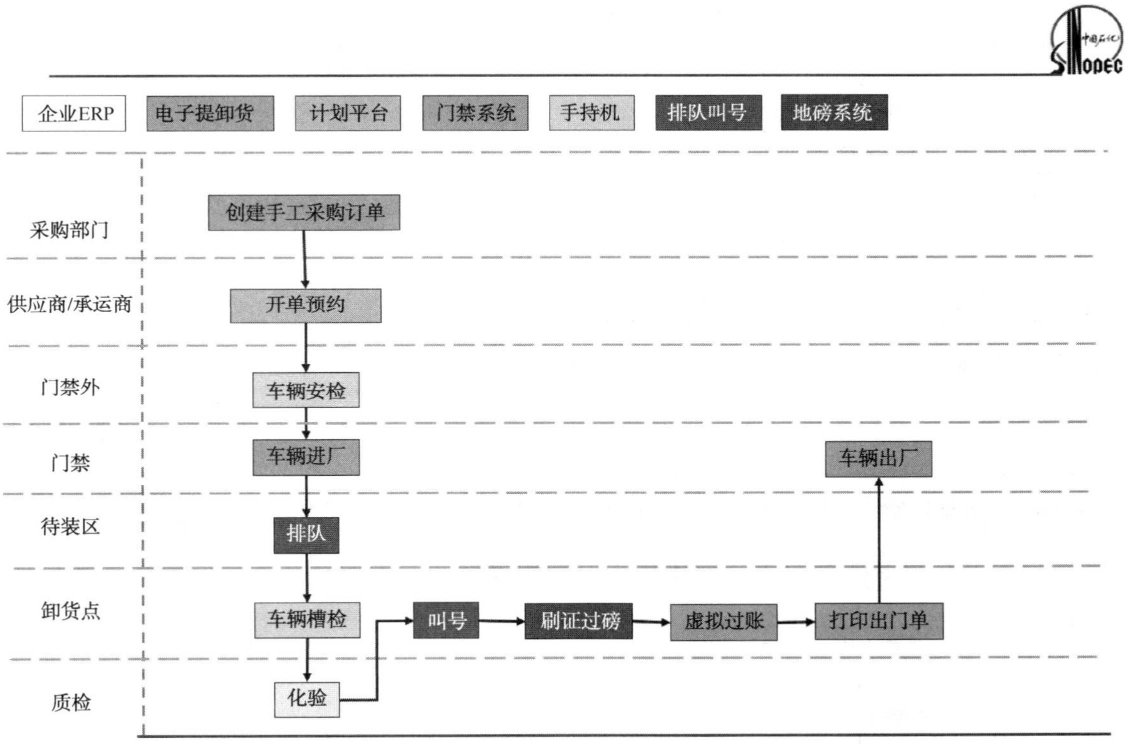

图 5　公路进厂

表 7　公路进厂流程描述

序号	环节名称	环节描述	使用系统	责任部门
1	创建手工采购订单	采购员在电子提卸货系统中手动创建采购订单	电子提卸货	物资采购部
3	开单预约	供应商或承运商在(公网)云平台中进行提货计划提报，根据订单拆分到具体提货车辆，并明确提货数量、提货时间、司机姓名、手机号、身份证号等详细信息。提报成功后，将向司机推送手机短信和微信通知。 注：采购产品在“企业云平台”进行开单操作	云平台	客户/承运商

续表

序号	环节名称	环节描述	使用系统	责任部门
4	车辆安检	对厂外的车辆，门卫通过手持机读取司机身份证，获取对应提货计划的信息，比对车牌后进行安全检查。只有在预约时间段内，车辆才能安检，如时间未到或者超时，则不能安检。只有在计划对应的门岗才能安检，否则不能安检	电子提卸货	门岗
4	车辆进厂	门禁会对车辆进行车牌识别符合条件则自动抬杆，抬杆的条件：当前车辆有提货计划、已经车检通过、在预约时间段内、匹配当前门禁点，则自动抬杆，车辆自动按照先后顺序进入排队序列	门禁系统	门岗
6	排队	门禁自动抬杆后，进入排队序列	门禁	门岗
7	车辆槽检	现场安检员持手持机，选择对应车牌，对当前提货车辆进行槽检，通过后才能装车	槽检	安检员
8	化验	通知化验员，送货车辆已到厂，及时抽样化验	短信	质检
9	叫号	化验通过后，手动选择质检结果，并发送短信通知司机并通知收货点人员(叫号车辆到卸货点进行卸货)	电子提卸货	收货点
9	刷证过磅	在地磅软件电脑上刷身份证，过两次磅，最后把净重推送给电子提卸货系统，由电子提卸货系统判断是否异常(如超0.005，可配置)。如果异常，地磅称重数据无法保存，重新卸货，或者在电子提卸货系统中把这车计划的比对按钮关闭(针对这车不限制0.005)，再重新过磅	地磅	收货点
10	虚拟过账	系统判断在正常范围内，则在电子提卸货系统中虚拟过账	电子提卸货	收货点
11	打印出门单	司机在收货点电脑刷身份证打印出门凭证	电子提卸货	收货点
12	车辆出厂	门禁会对车辆进行车牌识别，符合条件则自动抬杆，抬杆的条件：当前车辆已完成送货计划、当前车辆完成送货计划30min内出厂(时间长短由门禁系统控制)，则自动抬杆	门禁系统	门岗

(8) 地付(汽柴油)公路出厂流程(见图6、表8)。

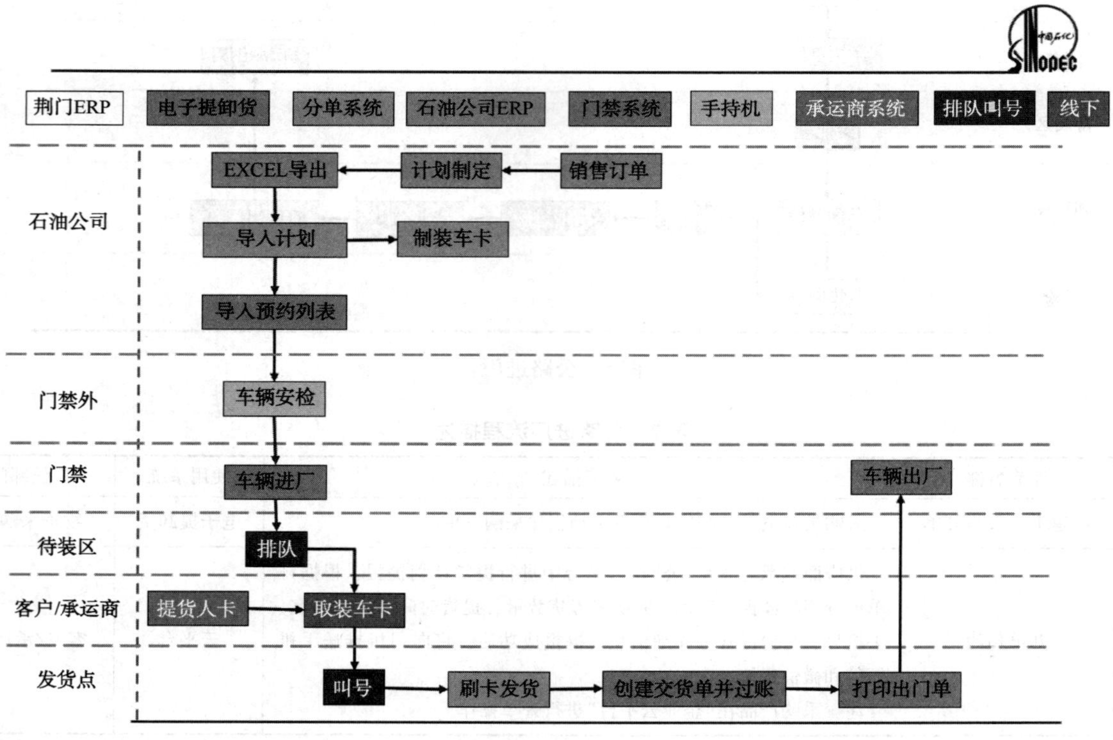

图6 地付(汽柴油)公路出厂流程

表 8　地付(汽柴油)公路出厂流程描述

序号	环节名称	环节描述	使用系统	责任部门
1	销售订单	石油公司在 ERP 中创建销售订单	石油公司 ERP	石油公司
2	计划制订	在 ERP 中制订计划(一仓一计划)	石油公司 ERP	石油公司
3	Excel 导出	把制定的计划从 ERP 中导出为 Excel	石油公司 ERP	石油公司
4	导入计划	把 Excel 导入分单系统中，并通过分单系统推送到电子提卸货系统	分单系统	石油公司
5	制装车卡	根据计划制装车卡(一车一卡)	分单系统	石油公司
6	导入预约列表	电子提卸货系统直接从企业 ERP 抓取订单，并把订单推送分单系统。分单系统把计划信息推送给电子提卸货系统后，自动关联到对应的订单下，自动预约	电子提卸货	石油公司
7	车辆安检	对厂外的车辆，门卫通过手持机读取司机身份证，获取对应提货计划的信息，比对车牌后进行安全检查。只有在预约时间段内，车辆才能安检，如时间未到或者超时，则不能安检。只有在计划对应的门岗才能安检，否则不能安检	电子提卸货	门岗
8	车辆进厂	门禁会对车辆进行车牌识别符合条件则自动抬杆，抬杆的条件：当前车辆有提货计划、已经车检通过、在预约时间段内、匹配当前门禁点，则自动抬杆，车辆自动按照先后顺序进入排队序列	门禁系统	门岗
9	排队	进厂后自动进入排队	电子提卸货	
10	取装车卡	凭提货人卡，取装车卡	线下	司机
11	叫号	计量点发货员根据现场情况，在叫号软件上选择对应物料的车辆叫号，默认按照先后顺序叫号	排队叫号	发货点
12	刷证发货	发货点读取提货人身份证后，确认计划有效性，进行车辆过磅	地磅	发货点
13	创建交货单并过账	分单系统把审核确认后的实发量推送给电子提货系统，通过电子提货系统创建交货单并过账。	电子提卸货	发货点
14	打印出门单	司机在发货点电脑刷身份证打印出门凭证	电子提卸货	发货点
15	车辆出厂	门禁会对车辆进行车牌识别，符合条件则自动抬杆，抬杆的条件：当前车辆已完成提货计划、当前车辆完成提货计划 30min 内出厂(时间长短由门禁系统控制)，则自动抬杆	门禁系统	门岗

(9) 流量计地磅比对流程(见图 7、表 9)。

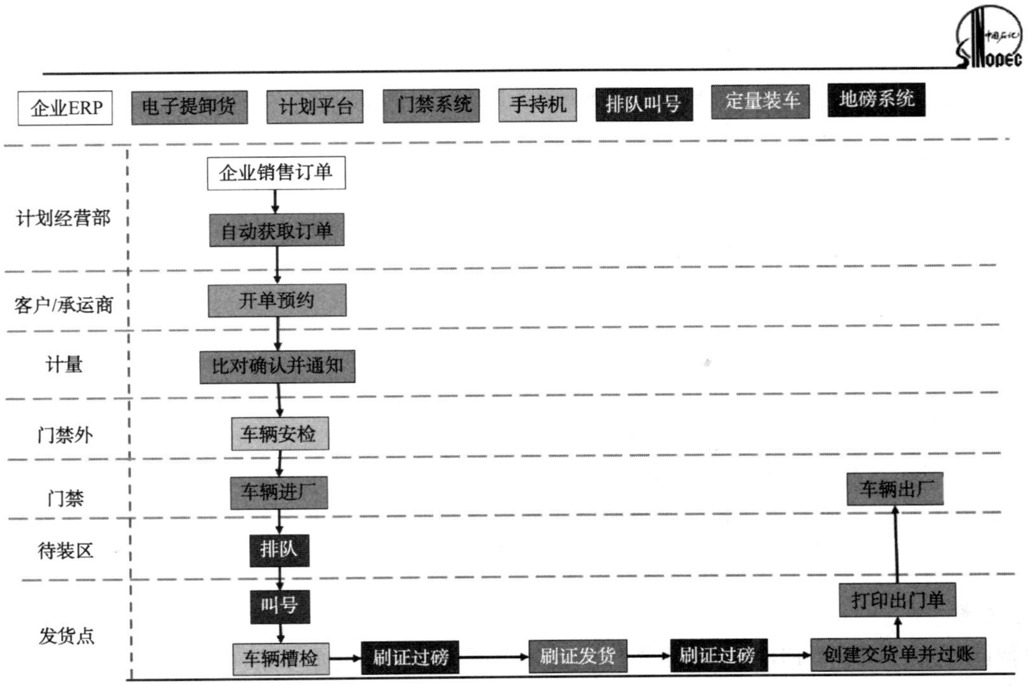

图 7　定量装车与地磅比对

表9　定量装车与地磅对比流程描述

序号	环节名称	环节描述	使用系统	责任部门
1	企业销售订单	对于炼销、化销产品，企业销售订单会自动触发；对于油销或自销产品，操作为创建销售订单	企业 ERP	计划经营部
2	自动获取订单	提货系统自动批量抓取企业订单，同时提供业务员按订单号单个抓取订单的功能	电子提货	计划经营部
3	开单预约	客户或承运商在(公网)云平台中进行提货计划提报，根据订单拆分到具体提货车辆，并明确提货数量、提货时间、司机姓名、手机号、身份证号等详细信息。提报成功后，将向司机推送手机短信和微信通知。 注：化销自提产品在“e贸”进行开单操作，化销配送产品在“物联网”进行开单操作，炼销产品在“炼销云平台”进行开单操作，自销产品在“企业云平台”进行开单操作	云平台	客户/承运商
4	比对确认并通知	计量业务人员在车辆未进厂前，手动选择对应的计划，点击确认需进行比对，并发短信通知给司机此次业务需进行比对	电子提货	计量
5	车辆安检	对厂外的车辆，门卫通过手持机读取司机身份证，获取对应提货计划的信息，比对车牌后进行安全检查。只有在预约时间段内，车辆才能安检，如时间未到或者超时，则不能安检。只有在计划对应的门岗才能安检，否则不能安检	电子提卸货	门岗
6	车辆进厂	门禁会对车辆进行车牌识别符合条件则自动抬杆，抬杆的条件：当前车辆有提货计划、已经车检通过、在预约时间段内、匹配当前门禁点，则自动抬杆，车辆自动按照先后顺序进入排队序列	门禁系统	门岗
7	排队叫号	计量点发货员根据现场情况，在叫号软件上选择对应物料的车辆叫号，默认按照先后顺序叫号	排队叫号	发货点
8	车辆槽检	现场安检员持手持机，选择对应车牌，对当前提货车辆进行槽检，通过后才能装车	槽检	发货点
9	刷证过磅	发货点读取提货人身份证并输入验证码后，确认计划有效性，进行轻车过磅	地磅	发货点
10	刷证发货	发货点读取提货人身份证并输入验证码后，确认计划有效性，进行装车发货。	定量装车	发货点
11	刷证过磅	发货点读取提货人身份证并输入验证码后，确认计划有效性，进行重车过磅，并与计量系统数据进行比对，在误差范围，直接以地磅量结算过账，超过误差范围，则提示报错，需审核通过后手动以地磅量结算过账	地磅	发货点
9	创建交货单并过账	地磅系统把实发量推送给电子提货系统，通过电子提货系统创建交货单并过账。	电子提卸货	发货点
10	打印出门单	司机在发货点电脑刷身份证打印出门凭证	电子提卸货	发货点
11	车辆出厂	门禁会对车辆进行车牌识别，符合条件则自动抬杆，抬杆的条件：当前车辆已完成提货计划、当前车辆完成提货计划30分钟内出厂(时间长短由门禁系统控制)，则自动抬杆	门禁系统	门岗

2.5　系统集成

实现智能提货系统与ERP、炼销平台、化销物联网和e贸、计量管理系统、定量装车系统(3套2个厂商)、汽车衡器(6台2个厂商)、分单系统(湖北省石油公司建设)、LIMS、门禁系统、统一身份系统的数据集成(见图8)。

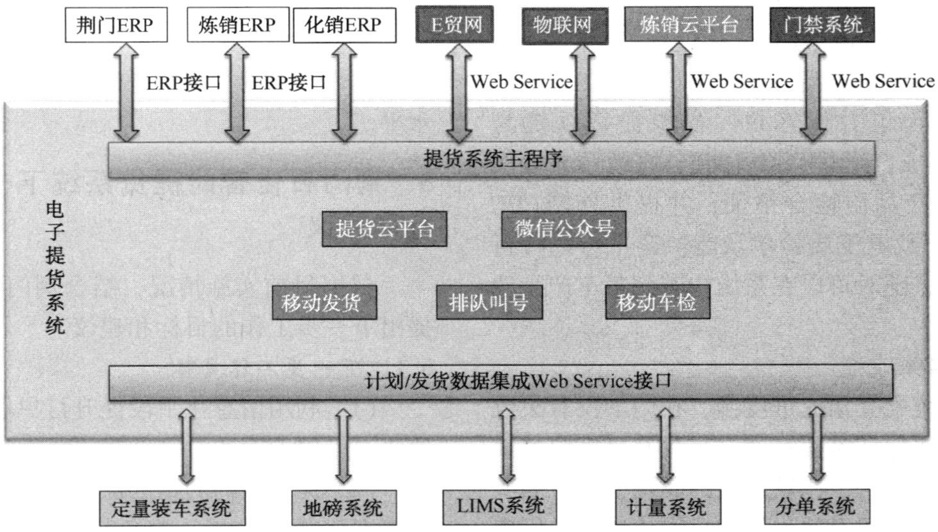

图 8　系统集成构架

3　荆门石化智能提货系统建设过程中遇到的困难和解决方法

3.1　系统推广难

作为一个老企业，业务使用部门及班组员工思想保守，对于新事物存在抵抗情绪，系统推广有很大难度，为了更好地建设系统，通过开会、培训，不断沟通，在介绍系统的优势的同时，让大家认清信息化的趋势，很好地解决了这一问题。

3.2　管理难

荆门石化规模小，但产品种类多，装卸地点分散，想把系统建设好，需要针对不同的角色、不同的岗位进行梳理、分工、细化责任，只有不断地完善，才能将保证系统的良好使用。业务主管部门不懈努力，通过多次协调，最终职责清晰、分工明确，业务开展得非常顺利。

3.3　技术实现难

3.3.1　汽车衡集成难

荆门石化目前汽车衡有 6 台，分别是 2 个品牌，软件较老，在系统上线计划时间不充裕的情况下，想实现汽车衡集成基本不可能；除了原汽车衡厂商费用高外，还有软件开发周期长等问题。经过反复沟通，最终确定由智能提货软件厂商使用自主开发的软件替代现有的汽车衡称重软件。在实施过程中，又出现了替代软件称重不标准、不规范等问题，通过问题的发生，整改、测试，最终都得到了解决，满足了现场计量要求，目前自动化程度度高、数据准确。

3.3.2　定量装车集成难

企业目前有汽车液化气、汽车滑油台、新汽车台三个定量装车系统满足集成要求，前两个物理点均是采用的西安东风装车系统，后一个是深圳微分公司的定量装车系统。前两个投入使用较早，在升级过程中，不仅要实现与智能提货系统的集成问题，还需要解决升级后的软件操作简便的问题。与此同时，升级工作要保证现有业务的正常开展，难度很大。通过 1 个多月的多次讨论、开发、调整、测试，系统正式投用，保存了原来的操作模式的同时，满足了与智能提货的集成，对班组提出的操作简便性建议进行了完善。目前，系统运行平稳，流程顺畅，微分公司的定量装车系统也参照西安东风系统的最终版进行开发、设计，大大减少了开发时间和工作量。

3.3.3　地付业务集成难

目前，地付业务已有微分系统承担了分单的功能，最后的发货过账由计量系统完成，但没有预约、排队和叫号的功能，无法解决车辆拥堵门口和有序进厂提货的问题。经过多次讨论，由智能提货系统承担预约、排队和叫号的功能，发货由微分系统承担，过账由智能提货系统自动完成。

3.3.4　实现财务需要的计量单无纸化难

原车辆出厂都在地磅点打印出门凭证，随司机带走，作为卸货的凭证。为了提倡无纸化，智能提货系统提供外网(PC 和手机端)下载电子出库单功能，客户和承运商可以自行下载后打印。为了防伪，出库单中增加了电子水印和电子签章，大大加强了单据的安全性。

3.3.5　实现无纸化的质检合格证难

原客户提货的产品质量合格证需人工查找后手动打印。为了方便客户，智能提货系统与LIMS系统集成，通过订单中指定的罐号或批次号直接获取产品质检合格证，并提供外网（PC和手机端）下载电子质检单功能，客户可以自行下载后打印，随时可以在系统中查到某车产品的质量合格证。

3.3.6　门禁集成难

门禁系统配套集成进度慢，在门禁没有集成的情况下，要保证流程畅通，且具有日后门禁集成的可用性，是一个比较复杂的问题，通过多次讨论，最终确定门卫通过手持机安检作为进厂依据，出厂通过手持机自动检验车辆业务是否完成，完成才能放行出厂。

4　荆门石化智能提货系统建设情况和使用效果

项目于2020年12月8日上线，采用系统先上线，各物料分步投用的方式，2021年6月4日实现全业务流程、全物料覆盖，2021年9月23日，顺利通过验收。

（1）实现手机端、电脑端的预约、查看，实现身份证一卡式提卸货便捷流程，进出厂效率及客户满意度大大提升。

（2）已完成ERP、E贸、物联网、炼销平台、计量管理系统、LIMS、门禁、安全培训系统、定量装车、地磅、分单系统、统一身份15套系统的集成，实现数据的自动采集、回传，提升整体智能化水平。

（3）实现已售未提、已提未售、计量比对等特殊业务的处理，有效提升了数据及时性、准确性，保证了ERP、MES、计量管理系统、智能提货几套数据的一致性。

（4）已建设普货和危化品车辆、司押人员管理资源库，实现对车辆及人员基础信息有效管理。

（5）完成国密加密算法用户账号改造、系统等保测评、漏洞扫描等工作，有效提升网络安全水平。

5　荆门石化智能提货系统下一步工作目标和建议

根据目前实施情况，结合荆门分公司实际，提出下一步工作的目标和建议。

5.1　下一步工作目标

（1）利用信息化手段提升订单管理水平，避免错误订单的下达。

（2）提升预约的精准性，提高车辆进厂提货的精细化管理水平，避免厂区内和厂外道路拥堵，司机盲目到厂的情况发生。

（3）不断提升、完善系统功能，为企业打造安全、可靠、稳定的提货平台。

5.2　下一步工作建议

（1）应完善销售订单核查功能，实现错误订单锁定。

（2）通过运行摸索、总结，制定分物料的预约规则，缩短预约有效期，减少车辆拥堵。

3. 企业获取阿里云认证证书后，完善系统外网域名解析，提升系统网络安全水平

6　结论

智能提货系统在荆门石化建设很成功，系统目前运行稳定，多系统之间数据扭转顺畅，在提高提货效率的同时，大大提升了客户满意度，为进一步增强企业市场核心竞争力打下了坚实基础。

参考资料

[1]《合成树脂包装材料和出厂设施改进专项工作会》（股份公司化〔2018〕第32号）。

[2]《炼化企业智能出厂系统标准功能技术要求》。

基于点云技术的油气站场三维建模研究与应用

张敬湄　王　楠

（辽河石油勘探局有限公司）

摘　要　油气站场是管网工程中的重要环节，具有占地面积广、工艺流程复杂、地下管线布设交错等特点，运维管理相对困难，而三维数字化站场的构建与应用为管网的科学化管理提供了更多可能。本文具体结合油气站场特点，重点分析站场三维建模技术，并以具体案例为研究对象，对三维站场在管网管理中的应用进行深入研究。结果表明，基于三维激光点云技术构建的三维数字化站场可以立体化地展示站内设备、管网的空间分布和走向，有助于提高管网管理中的空间查询分析能力，辅助提升管网管理及运维的智慧化水平。

关键词　点云技术；三维建模；管网工程；油气站场；可视化管理

随着全球数字化进程的加快，从国家统一部署到企业战略布局，各行业的数字化转型已势在必行，在此数字时代的大背景下，油气行业作为国民经济发展的重要行业之一，其数字化建设进程也随之加快。由于油气管网工程巨大而复杂，具有站场占地面积广阔、大型装置设备投入多、传输管线布设交错复杂等特点，且部分设施和管线处于地下，不便于工作人员及时掌握各站场、管线、储罐以及设备设施的分布、运行情况，管理和运维工作相对复杂。传统的二维数据在空间表现力及空间查询分析能力等方面具有一定的弱势，不能进一步满足运维过程中日益复杂的需要。因此，在站场的数字化建设中，三维数字化站场的构建与应用逐渐成为当前管网数字化建设的热点。例如，通过对天然气站场的三维精细化建模，实现站内真实场景的虚拟现实还原，打造三维数字站场，进而提高燃气管网管理水平。根据天然气站场的特点，采用三维激光扫描点云技术和传统三维建模技术相结合的方式可以实现站场三维数据的快速获取及精细化建模，具有高效率、高精度的特点。

1　三维激光点云技术

三维激光点云技术是一种通过高速激光对被测对象进行扫描测量，从而快速获取对象表面三维坐标数据的技术手段，具有速度快、精度高、非接触性等特点，经过不断发展，现已广泛应用到各个领域中。例如，应用三维激光扫描技术对天然气站场进行现场扫描，可以快速而准确地获取站场的三维点云数据，并可以在此基础上对采集到的三维点云原始数据进行处理与应用。基于三维激光点云技术获取三维数据的流程如图 1 及图 2 所示。

如图 1 及图 2 所示，三维激光点云数据采集的主要步骤包括：

（1）扫描场景踏勘：对扫描场景进行详细的现场环境勘察，以便设计更为科学可行的扫描方案，最大程度地保证采集速度与精度。

（2）扫描方案设计：结合现场环境勘察情况，合理设计测量路径，完成扫描方案的设计，要求科学打点，以最少的站点获取最为全面详细的点云数据。

（3）现场扫描：根据预先制订的扫描方案进行现场靶球及标靶纸的摆放、架设好仪器后完成仪器参数的设置，进行现场扫描，在满足成果需求的情况下，以最优的扫描参数获取三维激光点云数据，同时通过内置集成相机获取物体表面高清纹理信息，完成光学影像数据获取，最终完成三维激光原始数据的快速采集工作（见图 3、图 4）。

（4）扫描站点拼接：将通过扫描获取到的原始点云数据导入到专业点云处理软件中，设置拼站参数，自动进行站点拼接，优化点云数据（见图 5）；

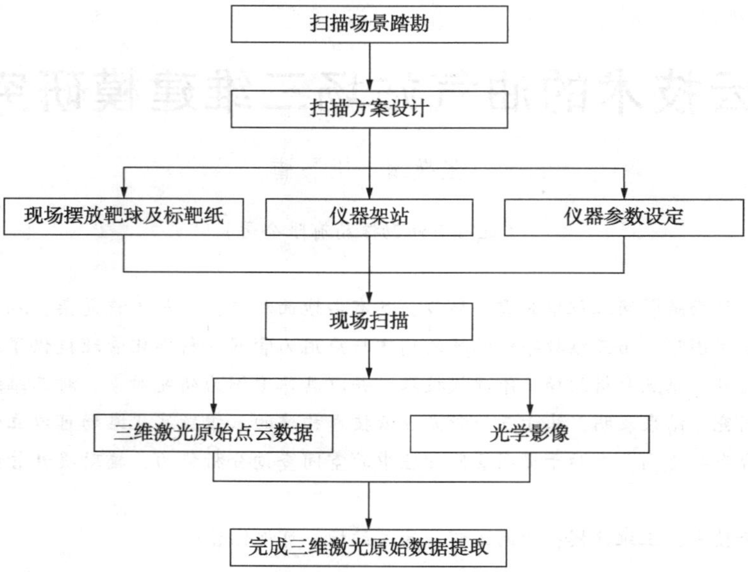

图 1　三维激光点云的快速采集

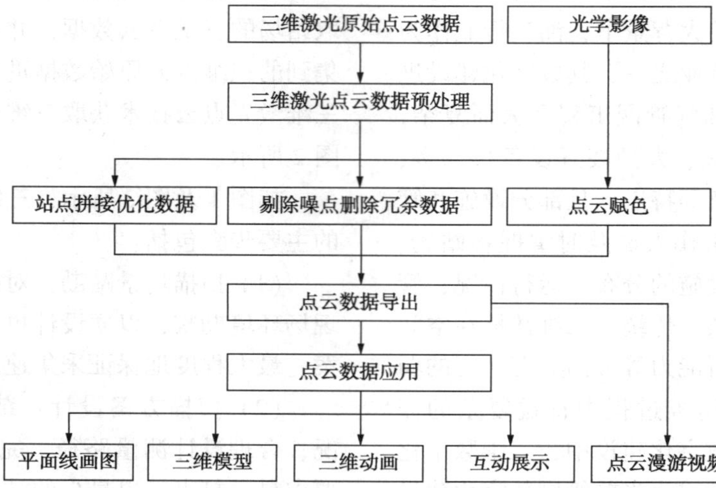

图 2　三维点云数据的处理与应用

图 3　光学影像数据获取

图 4　激光点云数据获取

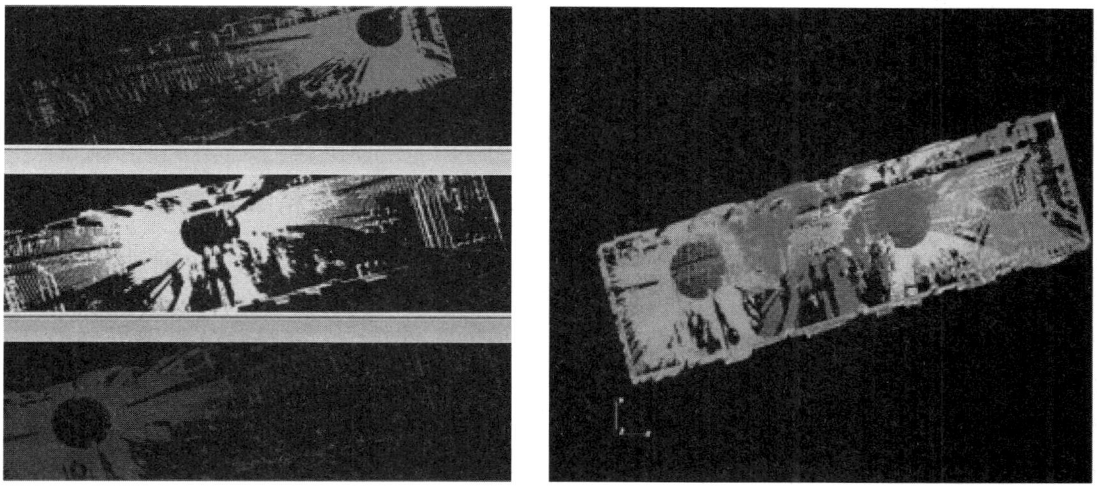

图 5　站点拼接与点云数据优化

（5）噪点剔除：通过专业点云处理软件将激光扫描数据逐站导入，利用软件的过滤功能自动去除噪声点云，删除冗余数据，得到滤波点云数据。

（6）点云赋色：扫描仪器内置集成相机拍摄的光学影像具有场景物体表面的纹理信息，通过专业点云处理软件可自动、快速地进行纹理影像和黑白点云匹配，生成具有真实色彩信息的点云数据（见图 6）。

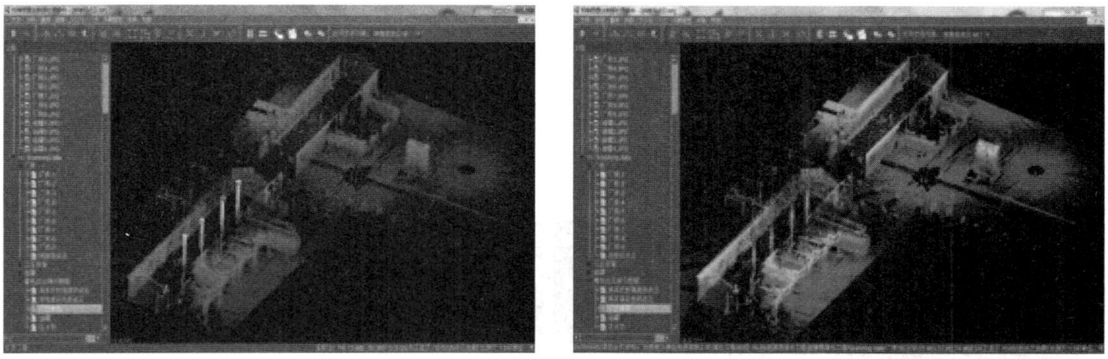

图 6　点云赋色

（7）点云数据导出：经过拼接及优化后的三维激光点云可导出为各种格式的数据，可为点云的多元化应用提供原始数据，即根据实际需求应用到各个领域。

（8）导出的点云数据可以广泛应用于三维展示、二三维制图等各类需求，其中利用专业点云处理软件对其进行特征线提取等处理，可建立扫描目标对象的三维模型基本框架，形成三维素模，可用于扫描物体、场景的三维精细化建模中。

2　基于点云的三维建模技术

利用三维激光点云技术可以连续、准确、快速地获取到高密度、高精度的目标物体点云数据，在此基础上，融合多种建模技术，可以有效实现精准且快速的三维重建。基于点云的三维建模流程如图 7 所示。

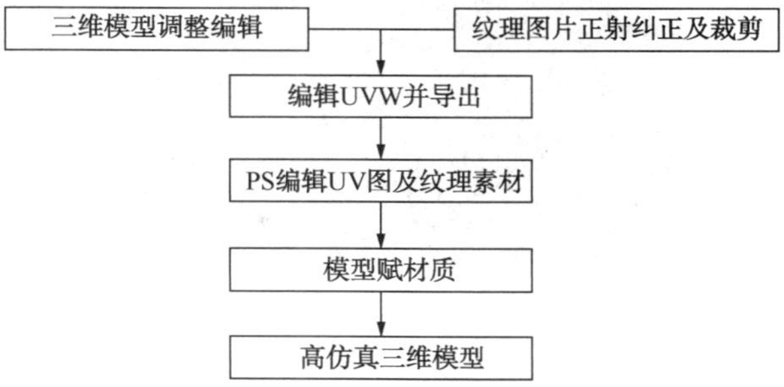

图 7　基于点云数据的三维重建

如图 7 所示，基于点云的三维建模步骤包括：

（1）三维点云原始数据获取：如前文所述，根据扫描方案完成三维激光原始点云数据的获取，包括外业点云数据及光学影像数据。

（2）平面图获取：将获取到的外业点导出到第三方软件 CAD 中，并根据测得的外业点绘制实地平面图。

（3）三维模型编辑：将测得的 CAD 平面图导入到建模软件 3D Studio Max 中，调整模型结构大小，优化模型数据。

（4）UV、纹理图编辑：利用 Photoshop 等图片处理软件将外业拍摄的照片对照模型进行处理，将纹理图调整到与三维模型 UV 线图相对应的位置。

（5）高仿真三维模型：利用 3D Studio Max 中的材质编辑器，选取一个材质球，把保存的带有 UV 线的图片拖到材质球中，最终将贴图赋给相应的三维模型。

3　站场的三维精细化建模

在三维站场的建设中，通过将三维点云数据与三维建模技术相结合，突破传统人工建模等较为粗放的方式，可以有效实现站场的精细化建模，更为真实地还原站内场景，包括管线、阀门等各类设备的精准定位。

3.1　建模流程

站场的三维精细化建模流程如图 8 所示。

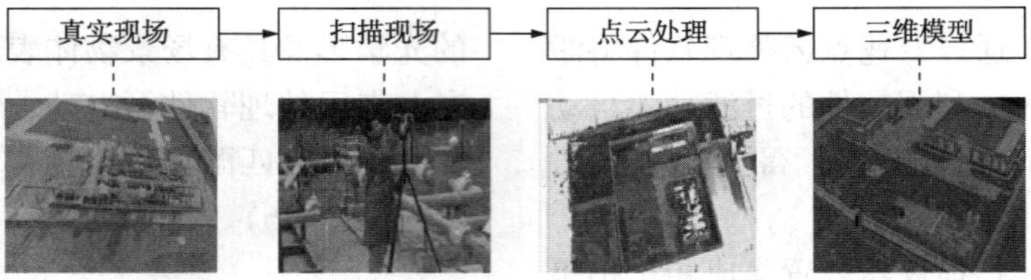

图 8　站场的三维精细化建模

3.2　站库内各区域位置确定

通过测绘方式测量站库内各区域重点位置的控制点坐标，坐标系为国家 2000 坐标系，从而确定站内各元素的准确位置，保证建好的模型与现场位置一致(见图 9)。

3.3　三维站场精细化建模效果

三维天然气站场效果图如图 10 所示。

图 9　现场照片

图 10　三维天然气站场效果图

4　三维站场在管网管理中的应用

将三维建模、地理信息、大数据等高新技术进行有机结合，可以有效提升管网的可视化管理水平，为管网的动态监控与辅助分析决策等提供支持，在一定程度上提升管网管理及运维的智慧化水平。例如，通过天然气站库的三维精细化建模可以实现站场场景展示、站内设备查询等各类应用。

(1) 视觉切换：可支持行走模式(见图 11)和鸟瞰模式。

图 11 行走模式

(2) 自动模式：可根据预设路线进行流程演示，支持暂停、前进、后退、回放等操作(见图 12)。

图 12 自动模式

(3) 地下模式：可切入地下查看地下管线的分布与走向情况(见图 13)。

图 13 地下模式

(4) 设备查询：可通过点击设备进行设备属性信息的查看(见图 14)。

图 14 设备查询

5 结论

油气站场是管网工程中的关键节点，同时也是管网管理中的重点。利用三维激光点云技术打造三维智慧站场，可以更为快速地实现站场的精细化建模，更为直观真实地模拟站内实际环境，并在此基础上，通过与 GIS、大数据等技术的有机结合，可以为管网的智慧管理提供更多的可能性，有效提升管网管理的科学化、智慧化水平。

参 考 文 献

[1] 杨希，袁希平，甘淑．地面三维激光扫描点云数据处理及建模[J]．软件，2020，41(02)：230-233，237.
[2] 刘建维．三维激光扫描点云数据处理技术与应用研究[J]．信息与电脑(理论版)，2020，32(02)：20-22.
[3] 张健，李新乐，宋莹，等．基于噪声点云的三维场景重建方法[J]．计算机工程与设计，2020，41(04)：972-977.
[4] 马钧隆，孟祥印，张钧哲．基于 GIS 的燃气管网 4S 系统的设计与实现[J]．计算机应用与软件，2020，37(03)：28-31，50.
[5] 李世超，涂晋升．三维激光扫描技术在站场扫描中的应用[J]．测绘通报，2020(S1)：28-31.

油气田站控系统报警及事件辅助分析浅析

杨永维　熊文龙

［中国石油西南油气田公司、中国石油大学(北京)石油工程学院］

摘　要　站控系统是实现油气田生产站场数据远程监控和风险管控的关键。为适应面临新的安全风险和业务管理需求，本文对站控系统报警和事件数据远程实时采集、标准化入库和集中管理进行分析，通过数据建模和大数据分析，实现多个分散站控系统报警和事件数据的智能辅助分析，及时发现生产过程、生产程序和生产管理中存在的问题，达到优化报警参数管理和辅助现场处置决策的目的，减轻一线人员工作量，提升生产场站安全管控能力。

关键词　油气田；站控系统；报警；事件；辅助分析；

油气田站控系统(SCS)担负着现场生产第一级监控、报警功能，直接关系到站场的正常生产和安全风险管控，而站控系统的报警和事件记录功能是现场风险控制的关键。在物联网和大数据时代，探索利用海量的报警和事件数据进行智能辅助分析，及时发现生产过程、生产程序和生产管理中存在的问题，以期减轻一线人员工作量，降低生产场站运行风险。

1　概况

1.1　站控系统现状

经过多年的信息化建设，油气田生产站场全部实现了 SCADA 远程监控和数据采集，形成了“无人值守站(RTU)–中心站或直管站(SCS)–作业区(RCC)–气矿(DCC)”四级生产管理模式。站控系统(SCS)作为气田生产信息化系统中承上启下的重要系统，实现了生产数据实时监控、远程控制、系统报表、报警、事件记录等功能，承担着一线生产单元与生产相关的数据采集、传输、存储、汇聚、报警、查看等重要功能。

油气田在用站控系统的上位控制系统品牌众多，有 Intouch、iFix、三维力控、组态王等，以 Intouch 和三维力控为主。

1.2　报警及事件存在问题

站控系统上位工控软件因品牌厂家不同，报警和事件记录、展示和存储的方式各有不同。通过现场实际调研，以重庆气矿为例，日常生产、管理中，站控系统在报警和事件应用方面存在以下的问题：

(1) 站控系统存在部分报警参数设置不合理，引起系统频繁报警和误报警。

(2) 站场工艺变更后或工况发生变化后，参数设置更新不及时或未更新，造成频繁误报警。

(3) 部分站控系统事件和报警未进行有效分类，重要的报警和事件被大量无效报警及事件日志淹没而被忽略。

(4) 部分现场值守人员对报警信息不敏感，报警信息发生后存在未及时核实确认或未核实直接确认的情况。

(5) 站控系统报警和事件数据只能本地查询，要查询详细的报警和事件数据只能到现场本地进行查询，未实现集中管控，海量的报警和事件数据仅用于报警提示、事件记录和查询追溯，未有效深入利用分析，提供可视化的辅助分析和决策支持。

2　报警及事件辅助分析实现

通过对站控系统报警及事件数据实时远程采集和集中存储，结合生产工艺、技术参数及事件告警相关规则，对报警及事件进行大数据分析和数据建模，实现报警及事件数据的智能分析和可视化推送，达到辅助分析和现场决策支持的目的。

2.1　报警及事件数据实时采集和远程传输实现

站控系统报警及事件数据包含多项数据字段。以 Intouch 上位系统包含报警/事件编号、报警/事件类型、井站名称、变量名、报警/事件设置限值、报警/事件值、报警/事件、日期等字段，三维力控上位系统报警数据包含日期、变量名称、变量描述、报警类型、当前值、报警限值、操作员、报警确认等字段，事件数据包含时间、事件描述、操作员字段，如表1、表2所示。

表1　Intouch 上位系统报警数据字段表

序号	数据字段		序号	数据字段	
	英文名称	中文名称		英文名称	中文名称
1	AlarmDetailId	报警明细 ID	15	CommentId	报警描述
2	AlarmId	报警编号	16	TransitionTime	过渡时间
3	AlarmType	报警类型	17	OriginationTime	开始时间
4	AlarmTransition	报警状态转变	18	Time	时间
5	AlarmState	报警状态	19	OperatorID	操作员编号
6	AlarmClass	报警分类	20	OperatorName	操作员名
7	AlarmPriority	报警优先级别	21	OperatorNode	操作点
8	GroupName	组名(井站名称)	22	OutstandingAcks	未完成的确认
9	TagName	变量名	23	UnAckDuration	未确认间隔
10	TagType	变量类型	24	LoggingNode	归档编号
11	Limit	设置限值	25	QueryId	请求 ID
12	LimitString	限制字符串	26	bActive	启用
13	AlarmValue	报警值	27	TimeDelay	时间延迟
14	ValueString	报警字符串	28	Cookie	偏好

表2　Intouch 上位系统事件数据字段

序号	数据字段		序号	数据字段	
	英文名称	中文名称		英文名称	中文名称
1	EventId	事件编号	10	EventLimit	事件限值
2	EventGuid	事件标识	11	ValueString	值字符串
3	GroupName	组名(井站名称)	12	LimitString	限制字符串
4	TagName	变量名	13	EventTime	事件发生时间
5	EventClass	事件分类	14	Comment	事件描述
6	EventType	事件类型	15	OperatorNode	操作点
7	EventState	事件状态	16	OperatorName	操作员名
8	EventPriority	事件优先级别	17	OperatorID	操作员编号
9	EventValue	事件值	18	EventStamp	事件印记

根据站控系统上位系统，分别开发了针对不同上位系统的报警及事件数据采集和远程传输模块(见表3)。模块针对站控系统特点，用 VC++ 语言开发，适用于 Windows 环境下运行，能够在站控系统上正常运行且不应用站控系统的正常运行。

表3　数据采集及传输模块开发设计实现

模块名称	设计概述
数据采集及传输模块(AEAS-Collection)	用于站控工控机终端的报警及事件数据采集及传输(Windows) VS6/VS201 * C++开发

利用数据实时采集和远程传输模块，通过专用生产网，将站控系统上位系统报警和事件数据

库(AlarmDetail、AlarmMaster、Comment 和 Events 数据表)中的所有数据逐条实时采集，采用 TCP 加密传输方式，实时(刷新频率 5 秒钟，可根据需要调整)远程传输至气矿中心数据库服务器(见图 1)。

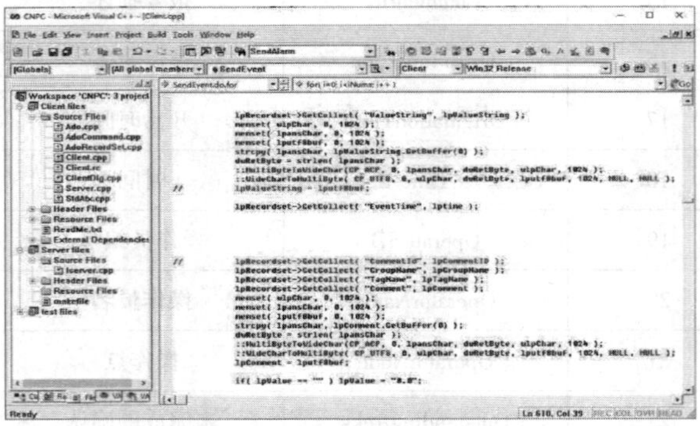

图 1　数据采集及远程传输开发实现

目前已完成了 3 个中心站报警及事件数据实时采集和同步远传，同时，将近三个月(可根据需要进行更改)的历史报警及事件数据上传至中心数据库存储、分析。

经现场多次测试和试用，数据采集和传输模块对试点站的站控系统上位控制系统的硬件性能、上位软件运行和操作性能无任何影响。

2.2　中心数据库服务器的搭建

中心数据库服务器使用安全性、可靠性较好的 Linux 系统，采用 EPoll 多路复用 IO 接口架构设计，实现大批量数据文件处理。运行于 Linux 下的数据接收及转存模块开发采用 C++开发(见表 4)。

表 4　中心数据库及 Web 服务器开发设计概述

模块名称	设计概述
数据收集模块(AEAS-Service)	运行于 Linux 下的数据收集服务程序，采用 C++开发
中心数据库(AEAS-Database)	数据库存储，采用 MySQL
数据标准化模块(AEAS-Analysis)	运行于 Linux 下的数据分析程序，根据上报入数据库的报警及事件信息进行分类分析，为 AEAS-UI 提供数据支撑

中心数据库采用 MySQL 数据库软件，相关数据分类、分时、分站进行标准化入库存储(如图 2 所示)，便于下步的数据分析应用，实现了站控系统报警及事件数据实时采集、标准化入库和数据筛选、查询、统计功能。

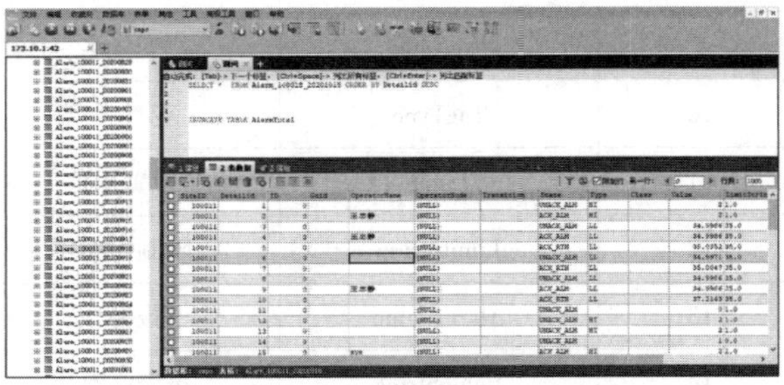

图 2　报警及事件辅助分析系统中心数据库

2.3　辅助分析系统实现

辅助分析系统数据采集层采用 C/S 构架，采集和处理报警及事件数据，进入中心数据库处理分析后，通过 B/S 构架实现远程 Web 访问和数据推送，满足中心站、作业区和气矿各级人员应用需求(见图 3)。

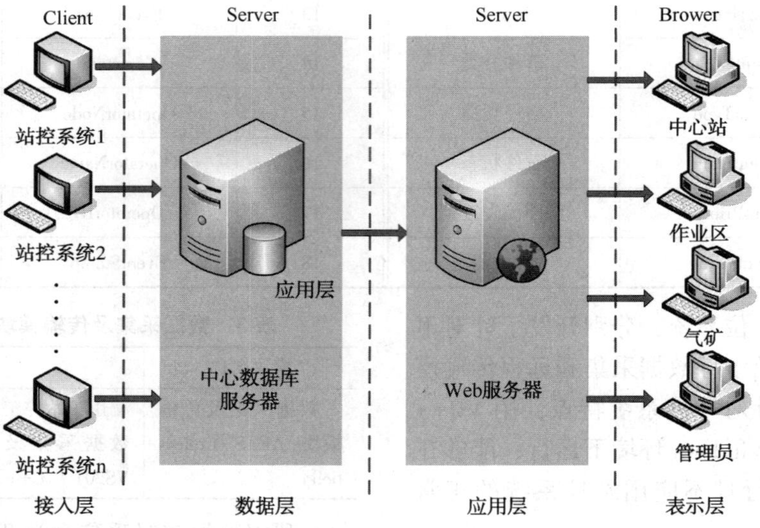

图 3　系统网络架构示意图

系统主要包括数据实时采集及传输、数据接收及转存模块、中心数据库、Web 应用(数据统计分析、数据查询、异常报警、报表管理和系统管理)等功能模块(见图 4)。

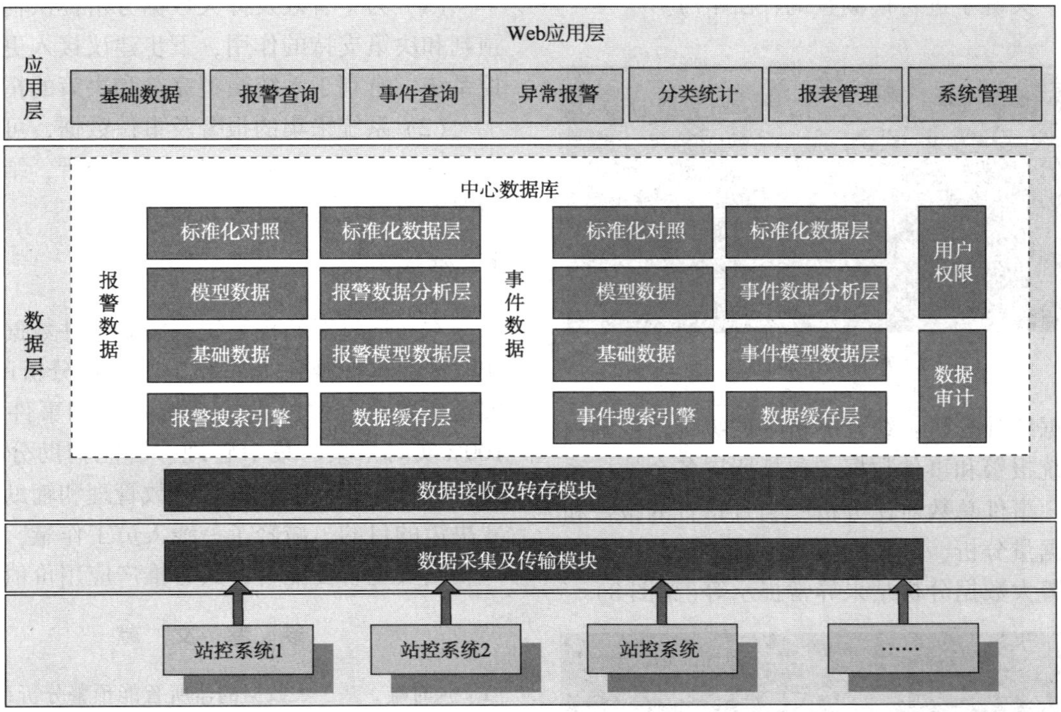

图 4　系统功能模块示意图

接入层：站控系统，通过报警数据采集及传输模块，将站控系统报警及事件数据实时采集传输气矿报警及事件集中辅助分析系统中心数据库服务器。

数据层：一方面接受站控系统报警及事件数据，进行标准化处理入库；另一方面分类分功能建立数据库表，对入库的数据分类进行存储，实现各种应用功能。

应用层：应用层通过对报警及事件数据可视化客户端展现，并以报警、事件、异常提示、辅助分析等为中心重新组织和管理数据，为应用层提供支撑。

2.4　可视化推送实现

可视化推送充分考虑了系统的健壮性、可靠性、效率(性能)、易用性、清晰性，同时确保系统安全性、可扩展性、兼容性、可移植性等，系统 Web 客户端采用 PHP 语言编写开发，界面设计，系统主界面如图 5 所示：

系统可视化界面按照组织架构分三个级别进行可视化界面推送，实现了不同层级用户权限管理配置，明确负责管辖范围内的报警和事件数据管理，系统主要实现以下功能：

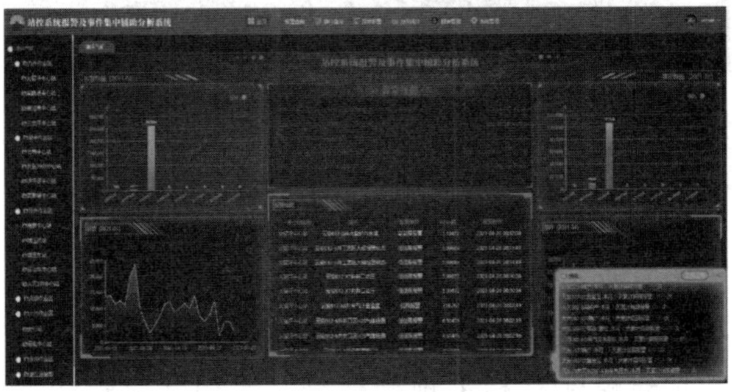
图 5　系统可视化推送主界面

报警数据查询：通过应用客户端可以对报警进行精确查询，可以按照分级进行查询，也可以按照时间段、关键字进行模糊查询(见图 6)。

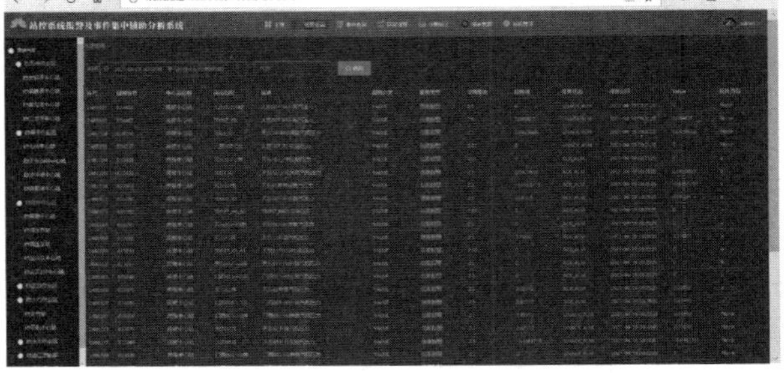
图 6　报警查询页面

事件查询：通过应用客户端可以对事件进行精确查询，可以按照分级进行查询，也可以按照时间段、关键字进行模糊查询(见图7)。

图7　事件查询页面

数据统计分析：统计分析各层级管辖范围内站控系统报警和事件数据，包括所属各个站控系统报警、事件总数对比分析，当月每日的报警和事件数据量分析、最新的报警信息滚动分析、频繁误报警大数据分析结果异常提示等(见图8)。

图8　异常报警分析提示页面

辅助分析：针对重复报警和频繁误报警进行次数统计和对比分析，通过大数据分析推送异常原因，为现场异常报警处置提供辅助决策。结合生产工艺、技术参数及事件告警相关规则，通过数据建模建立相关预警模型，比如针对管线泄漏，建立与管线进出站压力、流量实时动态联动的预警模型，根据实时数据进行动态监测，能够对管线泄露异常情况及时做出预判和安全预警。

3　下步建议

(1) 为了有效发挥大数据分析提供辅助分析预判和决策支持的作用，下步建议接入更多的站控系统，有利于系统模型完善和决策的精准性。

(2) 系统采集的报警及事件数据，可以与生产物联网数据进行联合综合对比分析，结合生产情况实时进行智能分析和辅助决策。

4　结语

本文通过对站控系统报警和事件数据的远程实时采集、标准化入库和集中管理分析的探索，实现了多个分散的站控系统报警和事件数据的100%实时采集、集中管理、智能辅助分析和可视化推送，达到优化报警参数管理和辅助现场处置决策的目的，减轻了一线人员工作量，提升生产场站安全管控能力，具有推广应用价值。

参 考 文 献

[1] 张时雄．基于大数据的监所智能预警分析系统研究[J]．数字通信世界，2018(12)：131.

[2] 王丽娜，潘辉．先进报警管理平台的应用[J]．仪器仪表用户，2019，26(03)：17-21.

[3] 王志强，王红凯，张旭东，等．工业控制系统安全隐患及应对措施研究[J]．信息网络安全，2014(9)：203-206.

[4] 朱群雄，高慧慧，徐圆．工业过程报警管理研究进展[J]．自动化学报，2017，43(6)：955-956.

[5] 赵虹．过程报警合理化设置方法及其应用[J]．化工自动化及仪表，2016，43：1208-1210.

[6] 刁海胜．油田SCADA系统报警参数优化技术研究与应用[J]．信息系统工程，2018，6：93-94.

[7] 李春宇，孔祥宇，张书艳，等．SCADA系统报警分析与系统改进的研究[J]．煤气与热力，2016年中国燃气运营与安全研讨会，481-486.

稠油区块多参数组合预警模型的研究

徐志强 王 燕 何鹏飞 张勇强 孙瑞霞 魏 婕 倪华青 孙瑞霞

（中石化胜利油田分公司）

摘 要 油气生产过程中，任意节点的异常问题都会给油田生产带来影响，造成人力、物力、财力的多重损失。在生产信息化普及应用的胜利油田油气生产过程中，为实现对目前实时采集的大数据的高效利用，做到对工况早发现早诊断，通过对海量数据的挖掘，借助多参数组合预警系统，创建多参数组合预警模型，实现超前预警、科学预判，精准发现处置问题，提升油藏经营开发水平，让大数据、智能化成为油田现代化生产管理的指明灯，解决油田生产的实际问题。

胜利油田某采油管理区因其独特的特超稠油油藏类型，在油藏开发时生产参数变化大，阈值设置困难，面临着抽油杆断脱、皮带断、汽窜等多项工况。针对该管理区目前面临的工况难题，对历史工况关联的参数数据进行挖掘与统计分析，根据不同工况建立了不同的多参数组合预警模型。以点带面，由单井进行实验，层层递进，通过对模型的反复推演与优化。在该采油管理区部署的多参数组合预警模型取得了较为精确的预警结果，并在该管理区进行了覆盖设置。一井一值，验证了模型的有效性及推广性。预警模型的建立，使降本提质增效得以实现，不仅提高了油井开井时率，增加了产量，减少了躺井、作业带来的经济损失，而且降低了员工的劳动强度，具有极其重大的推广意义。

关键词 多参数组合预警模型；大数据；工况诊断；超前预警；稠油油藏

1 多参数组合预警模型的研究背景及意义

人工智能自诞生以来，经历了从早期的专家系统、机器学习，到当前持续火热的深度学习等多次技术变革与规模化应用的浪潮。随着硬件计算能力、软件算法、解决方案的快速进步与不断成熟，工业生产逐渐成为人工智能的重点探索方向，工业智能在此大背景下应运而生。当前，新一轮科技革命和产业变革蓬勃兴起，工业经济数字化、网络化、智能化发展成为第四次工业革命的核心内容。作为助力本轮科技革命和产业变革的战略性技术，以深度学习、知识图谱等为代表的新一轮人工智能技术呈现出爆发趋势，工业智能迎来了发展的新阶段。通过海量数据的全面实时感知、端到端深度集成和智能化建模分析，工业智能将企业的分析决策水平提升到了全新高度（见图 1、图 2）。

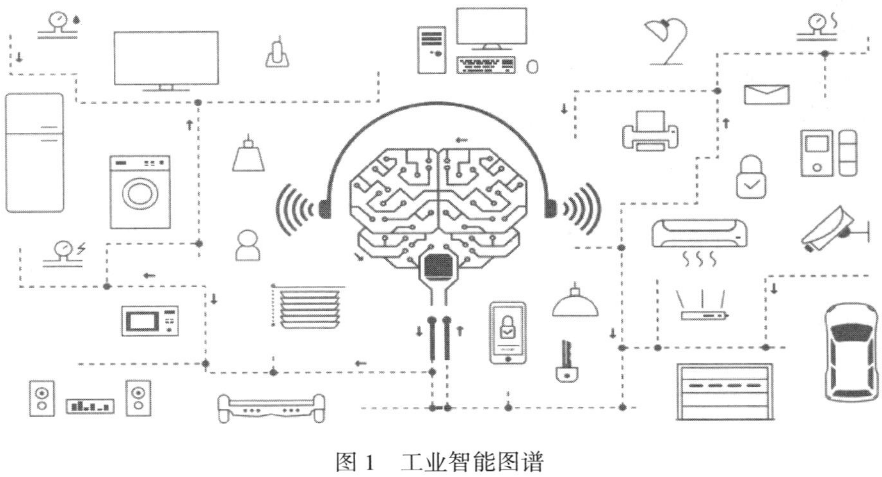

图 1 工业智能图谱

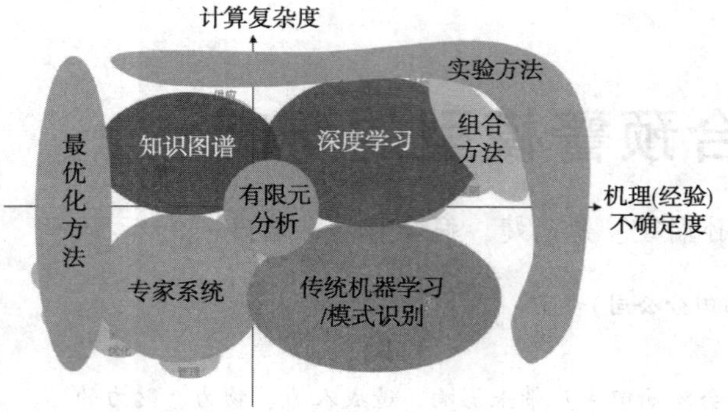

图 2 工业智能的主要类型

1.1 研究背景

近年来，随着工业互联网、5G 商用的发展，也为了降本提质增效，油田智能化水平持续升高。为了更好地落实中国石化“一切系统皆上云，一切开发上平台”的政策，加强项目建设的标准化、规范化管理，加快“平台+数据+应用”的云架构建设模式转型，推动生产方式、管理模式、商业模式的创新，油田加快了信息化建设的脚步。自油田发展信息化建设以来，如今已经实现了油水井、注水站、联合站等各项生产运行参数的实时自动采集，拥有了独立的采集数据库、转储数据库、实时数据库。在大型数据库的依托下积累了海量的实时数据，每一个数据背后都隐藏着问题从“量变到质变”的趋势和程度(见图 3)。若能利用大数据、人工智能等技术对海量数据进行挖掘，对存在的问题隐患提前预警，以便技术人员能够及时采取预防性措施，这将为油田生产管理创造极大的价值。

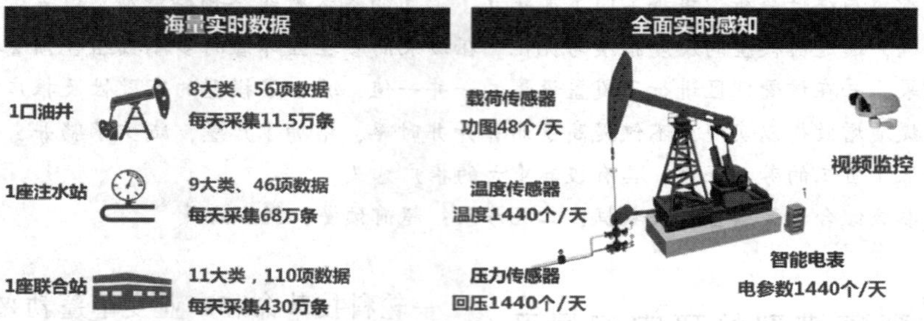

图 3 油田数据采集

目前，井筒举升、地面集输及注水等采油生产一体化运行过程中，某一节点出现异常问题，相关流程节点上的压力、载荷、流量等生产参数往往有对应的变化规律，不同的异常问题相关的参数和变化规律不同、分析方法不同，需要“一井一策、一设备一指标”确定诊断预警方法。

而现在只能依靠油井回压、井口温度、功图面积、载荷、电流等单参数超阈值报警，报警频繁，误报警多，需要采取人工分析，效率低下，油藏注采、油水井以及地面隐患难以超前预警，相关生产信息化工作人员工作量大、劳动强度高。用信息化手段提高阈值设置准确性，提高报警准确率和及时率，改变传统的“单参数超阈值报警、事后处置模式”，实现在隐患发生前提前预警，降低劳动强度，最大程度地避免异常问题的发生，避免损失、降低成本，提高安全运行水平，是目前急需解决的问题。真正实现智能化，让计算机自动追踪数据变化趋势、识别问题“量变”趋势和程度，预警问题发生的苗头，支撑“阈值定制、实时施策”的预警式管理的要求待实现(见图 4~图 6)。

图 4 PCS 报警图

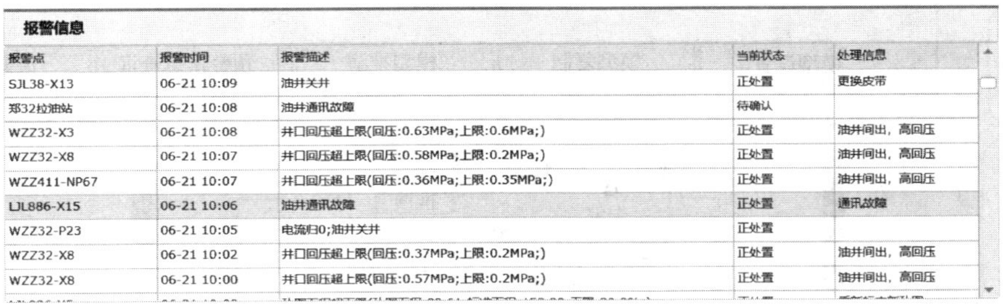

报警信息

报警点	报警时间	报警描述	当前状态	处理信息
SJL38-X13	06-21 10:09	油井关井	正处置	更换皮带
郑32拉油站	06-21 10:08	油井通讯故障	待确认	
WZZ32-X3	06-21 10:08	井口回压超上限(回压:0.63MPa;上限:0.6MPa;)	正处置	油井间出，高回压
WZZ32-X8	06-21 10:07	井口回压超上限(回压:0.58MPa;上限:0.2MPa;)	正处置	油井间出，高回压
WZZ411-NP67	06-21 10:07	井口回压超上限(回压:0.36MPa;上限:0.35MPa;)	正处置	油井间出，高回压
LJL886-X15	06-21 10:06	油井通讯故障	正处置	通讯故障
WZZ32-P23	06-21 10:05	电流归0;油井关井	正处置	
WZZ32-X8	06-21 10:02	井口回压超上限(回压:0.37MPa;上限:0.2MPa;)	正处置	油井间出，高回压
WZZ32-X8	06-21 10:00	井口回压超上限(回压:0.57MPa;上限:0.2MPa;)	正处置	油井间出，高回压

图 5　误报警图

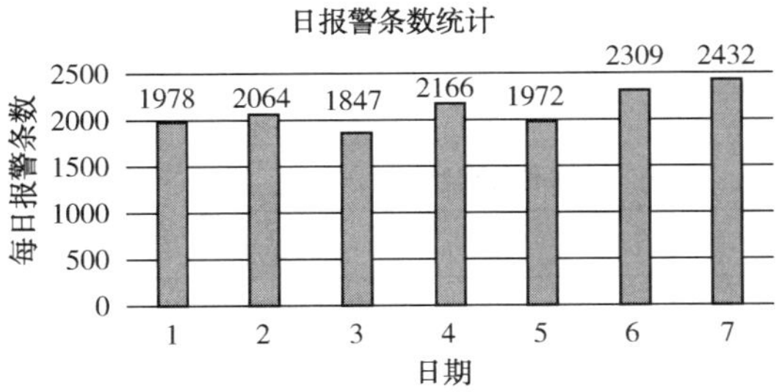

图 6　日报警数量统计

1.2　研究意义

面对生产信息化建设带来的全新的油水井管理模式，通过优化管理流程，明确管控职责，建立“管控岗发现问题，技术室制定措施，指挥中心协调处理，专业化班站现场处置，管控岗跟踪反馈，技术室效果评价”的闭环管控处理流程，对于油藏开发单位来说举足轻重。借助 PCS 系统，油水井问题的发现、处置时间大大缩短，则可以在很大程度上提高油水井生产时率。

胜利油田生产指挥系统(PCS)按照采油、注水、集输等业务对象进行功能分类设置，以实时数据为基础，通过状态集中监控、实时数据单独监控的方式，集成了实时、视频、报警和组态监控多类信息，实现井、站、设备的实时监控，为生产管理提供了强大的数据支撑。

该系统包括生产监控、报警预警等 6 大功能模块、36 个子模块、188 项业务功能。其中，报警预警功能，分采油、注水、集输业务，通过设置参数阈值，建立报、预警模型，实现异常情况的实时报警和超前预警以及报警预警的闭环处置管理。

通过分析已有的油井历史数据，找到数据内在变化规律，总结出生产异常情况的形成模式，通过在以后的油藏开采过程中对所采集的数据进行实时监测，达到在工况异常初期提前给出预警信号，以便及时采取补救措施，保证油井产量的稳定性，对高质量、高效率生产具有极大的意义。

针对目前生产运行过程中存在的报警问题，基于 PCS 系统，多参数组合预警系统应运而生。通过建立多参数组合预警模型，能够有效改善目前“超阈值报警+人工分析处置”的方式，利用大数据分析处理手段，对生产参数进行高效分析和利用，借助多参数组合预警的方式，做到隐患问题早发现、早处置，提高油井生产实率，降低员工劳动强度，减少生产损失，提高安全运行水平。

1.3　研究现状

早在油气生产信息化建设初期，现场生产分析方面只是实现了油井回压、温度、功图、载荷、电流等单参数阈值超限报警以及简单的波动预警，缺少面向采油、注水、集输系统的全节点预警管理。自 2014 年，油田开始对开发多参数组合预警功能进行技术攻关。在单参数超阈值报警的基础上，信息化管理中心组织开展了开发生产多参数组合预警功能的技术攻关、研发及推广应用工作建设阶段，进一步挖掘分析采集数据，形成了完整的生产趋势预警体系，提高生产精准管控能力。组合预警工具架构采用四层设计体系，包括基础资源层、数据采集层、数据处理层、业务模块层。从开始的调研论证、确定技术路线到如今的功能扩展、云化提升，胜利油田在应用推广多参数组合预警上苦下功夫，为实现油藏开发、油气生产提质增效(见图 7)。

1.4　研究工作

针对目标采油管理区目前存在的迫切工况需求，对该管理区进行了多参数组合预警模型的布控，主要对所做工作进行详细描述。所做工作如下：针对该管理区皮带断、抽油杆断脱工况的频繁发生，研究出了相应的多参数组合预警模型，并在该管理区进行了布控，取得了不错的预警效果。

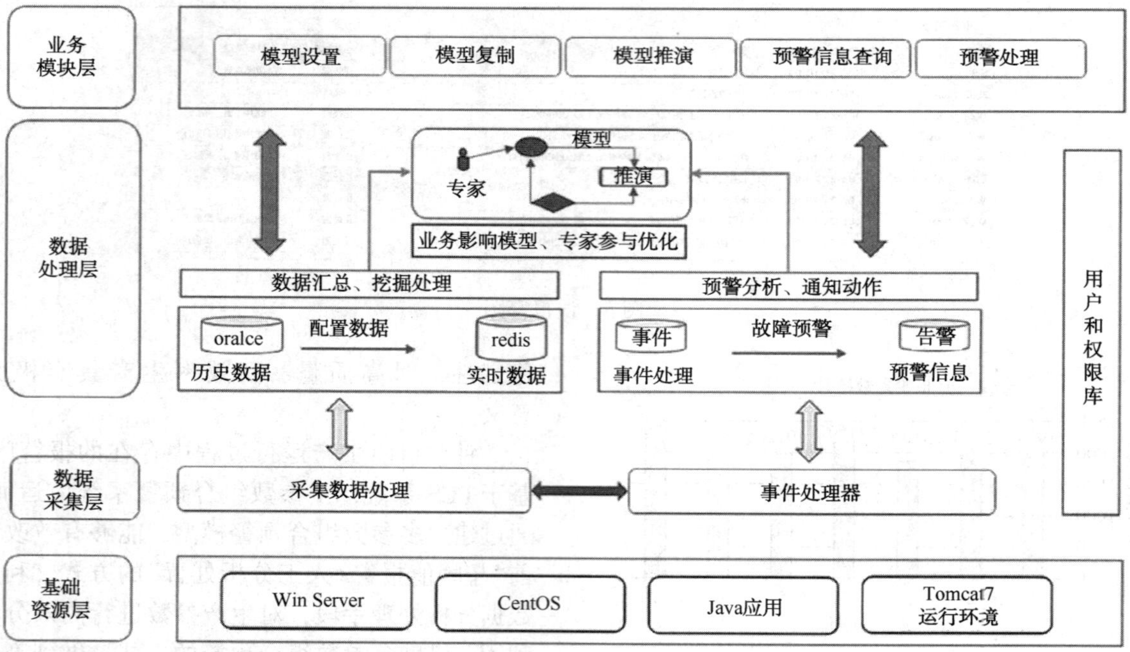

图7　多参数组合预警系统架构

由于该采油管理区的油藏为特超稠油，鉴于特超稠油独特的注汽开采方式，该管理区注汽时面临着严重的汽窜问题，不仅造成油井开发时油层加热不均，导致蒸汽波及体积小、热效率低、转周效果差、经济效益差，对相邻井的正常生产造成较大影响，而且容易造成严重的井控隐患。通过对该管理区的地层情况进行详细研究与分析，对汽窜发生较为频繁的该411区块的典型汽窜情况进行统计分析，总结出汽窜预警的各项影响参数，建立了汽窜多参数组合预警模型，并对其多次进行推演优化，411-P81井成功预警，并最终在该管理区的411-NP3井组进行了试运行。

2　多参数组合预警系统的功能及其详细使用流程

多参数组合预警系统采用基于专家知识、知识图谱的知识工程技术路线。基于知识工程方法，利用专家知识、业务规则，建立基于知识案例的预警模型，进行数据挖掘和问题预警。具有人机交互性强、应用相对简单、基于先验知识的规则模型、现场易于接受、预警结果可解释性强的优点。按照“深入开发预警功能，建立一井一策、一站一设备，一套指标体系，实现生产过程的趋势预警”，利用知识工程方法，将问题诊断分析的专业方法、专家经验沉淀为各类预警规则模型，发挥计算机大数据拟合、回归等处理优势，通过知识计算、知识推理，实现异常问题智能预警。面向技术人员，改变传统的单参数报警、事后处置模式，针对井筒、地面异常问题超前预警、超前优化的需要，基于知识工程方法提供海量数据挖掘利用和建模分析工具，沉淀、共享专业知识和专家经验，解决信息化条件下的“一井一策、一设备一指标”的预警式管理问题。

2.1　多参数组合预警系统的功能

2.1.1　报警系统简介

报警是利用声响或视觉显示的方式提示工作人员出现了设备故障、工艺波动或者异常工况，需要工作人员进行相应的操作。之前报警多数为生产指挥系统(PCS)中的报警系统。该报警系统依据生产信息化工作人员为各项生产参数设定的阈值对其进行超阈值报警，该报警系统的准确性主要取决于阈值设定的准确性。但当前使用的单参数阈值报警，若阈值设置范围小，容易造成报警过多、过频，工作人员在处理异常工况时，负荷过重，不能及时、准确地判断异常的原因并采取有效措施；若阈值设置范围大，则很容易疏漏严重报警。造成报警过少、过疏，容易漏失设备在故障前期工况变化，导致事故扩大，造成重大生产损失。

2.1.2 多参数组合预警系统的功能原理

油藏、井筒、地面生产节点之间是相互关联和协调运行的。开发生产一体化运行过程中，Q（产量、注水量）、P（地层压力、井底流压、地面沿程压力、注入压力）、T（沿程温度）等主要参数的沿程变化，将各系统之间有机关联起来。不论某一个节点出现问题，都将会在上下游相关节点上有相应变化趋势和规律的体现。单井的异常问题往往与参数的某种变化规律相对应。具体到一口油井，最大载荷、最小载荷、回压、电流、电压、上行电流、下行电流等各个参数的变化是相关联的，但不同的异常问题所表现出来的参数的变化趋势不同。随着油田信息化建设的持续推进，传统的单参数阈值报警+人工分析确认的方式已不足以满足现在油田油气生产开发的要求。

按照“一井一策、一设备一指标、一油藏一特征”的要求，为了保证能够满足每一口井、每一个设备异常预警管理的要求，需要开发一种新型预警模式。面对油气生产中面临的应用需求，油田借鉴数据挖掘的分析方法，确定了预警的技术路线，提出了多参数组合预警模型的创新性预警方法。通过结合先验知识，根据油井发生的历次工况，结合技术人员的专业知识、管理经验，统计分析每次异常问题出现前的各项生产参数变化情况、变化趋势规律以及生产环境，对异常问题进行统计归类，总结出各类工况发生时的生产参数的变化规律，并将其作为该井组合预警分析的模型。利用该模型，可以对该井未来出现的同类问题进行预警。

在预警模型建立的人机交互过程中，技术人员利用研究确定的规律，创建预警分析模型，计算机接收到模型后实时计算处理，对于符合模型条件的给技术人员推送预警信息，技术人员可对预警信息进行分析，确定油井异常问题。若推出的预警问题与实际不符合，可进一步研究、完善预警关联参数及变化规律，优化完善模型，计算机按照新模型进行预测分析。模型优化的人机交互过程，固化了技术人员的经验和方法，同一区块的不同的技术人员、不同时期的技术人员可对模型进行滚动完善，实现了技术的传承和不断提升。

在多参数组合预警模型的建立中，具体的管理方法、管理模型都需要技术人员根据井、站的具体情况进行创建。模型创建的水平极大地体现了油井管理的水平。

2.1.3 多参数组合预警模型的主要功能

2.1.3.1 多参数组合预警模型创建

组合预警模型给技术人员搭建了一个人机交互的、可定制的（计算指标可自定义）、简单易操作的多参数组合预警模型人机交互界面（见图8），技术人员在对某类异常问题关联的参数变化趋势规律进行总结分析的基础上，将专业知识、分析方法、专家经验融入、沉淀到模型中，过预警对象选择、预警名称定义、关联参数及变化规律定义、组合管理定义等功能，创建某类问题的预警推理规则模型，实现了技术人员预警模型的自主、灵活定制。模型创建水平与业务水平、管理水平成正相关。

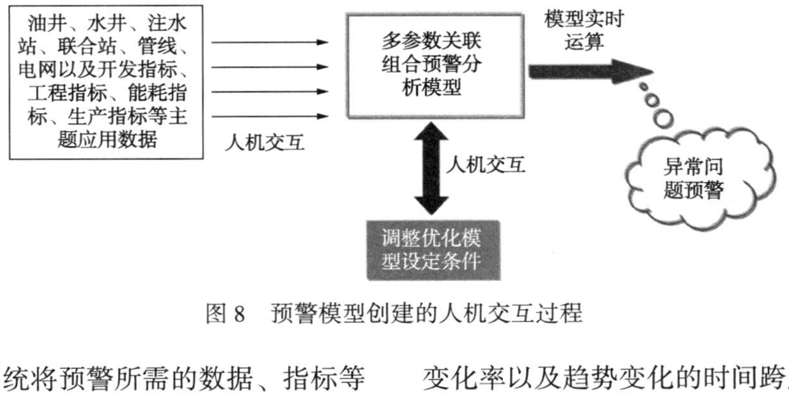

图8 预警模型创建的人机交互过程

该组合预警系统将预警所需的数据、指标等进行预处理，建立主题应用数据库，供技术人员建立分析模型时进行数据选择。用趋势、阈值、变化率以及趋势变化的时间跨度、变化阈值等对数据变化规律进行定量化描述，供技术人员建模时进行变化规律定义（见表1）。

表1　变化规律定量化描述方法

判定类型	判定方式			定量描述方法
趋势	上升趋势	下降趋势	稳定趋势	时间跨度
	持续上升	持续下降		上升斜率
阈值	超上限	超下限	差值上限	时间跨度
	稳定区间	等于	不等于	阈值
变化率	上升变化率			时间跨度
	下降变化率			阈值

2.1.3.2　预警模型历史推演

利用预警对象的历史数据和出现的同类问题，进行模型合理性和准确性验证，根据推演结果对模型设定条件进行调整完善。应用历史推演功能，可大大缩短技术人员摸索、优化模型的时间，提高模型创建效率。

2.1.3.3　异常问题实时预警推送

应用拟合和回归算法的大数据分析算法，通过实时预警推理计算引擎，对实时数据变化进行趋势跟踪，支持多对象、多模型、实时+历史数据的并行推理运算，按照模型定义规则进行模式匹配，数据变化符合模型设定规则，实时产生预警信息，并能够按照设定的流程进行预警信息的主动推动。该组合预警系统可以查询实时推送的预警信息，并可将预警信息同步推送到 PCS 进行处置，技术人员可通过 PCS 及时发现预警信息，并对其做出相应处理。

2.2　多参数组合预警系统的使用流程

2.2.1　预警内容设定

技术人员可根据油井现场生产管理需要，结合不同油藏类型和生产运行条件，自主灵活设定需要的预警内容，如皮带断、抽油杆断脱、结蜡等。

2.2.2　关联参数设定

结合对历史数据的统计分析结果和实际生产运行情况，一井一策，自由定义每项预警内容所需关联的生产参数。

2.2.3　变化趋势设定

针对不同井或设备，按照确定的关联参数，灵活设置参数计算周期、关联参数的变化趋势、关联参数的变化幅度、产生预警的变化周期等。

参数计算周期：1 分钟、10 分钟、1 小时、2 小时、1 天等，可根据需要按照实时数据处理转换方法进行预处理。

关联参数的变化趋势和变化幅度：趋势和幅度可并列。

趋势：可选择连续上升、连续下降、上升趋势、下降趋势、稳定趋势等 5 种常用变化趋势。

幅度：具有超上限、超下限、差值上限等 3 种阈值，阈值范围根据井况可灵活设置。

产生预警的变化周期：可按照小时、天、月等不同幅度进行灵活确定。

2.2.4　条件组合设定

对设置条件进行关联，确定每个关联参数变化趋势的组合关系，包括且、或两种(见图 9)。

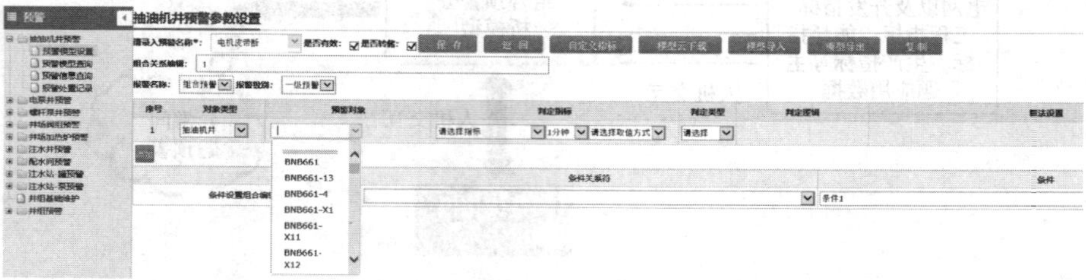

图 9　多参数组合预警系统前台界面

3　多参数组合预警系统在该采油管理区的应用

针对该采油管理区特超稠油的油藏特点、油井工况，为其创建了两个预警模型，并成功预警了多项油井生产异常问题，有效避免了躺井、减产等问题的发生，成功在管理区推广使用，真正做到了依托大数据分析为油井生产降本提质增效。下面具体详细介绍两个组合预警模型在该采油管理区的部署情况及应用效果。

3.1　模型建立背景

3.1.1　采油管理区情况简介

目标采油管理区成立于2004年，主要承担着411、32、661等10个特超稠油-低渗稀油区块10个开发单元的生产任务，累计产油253万吨。油藏类型为特超稠油。

3.1.2　采油管理区工况需求情况

该目标采油管理区目前面临皮带断、抽油杆断脱、汽窜等工况问题，严重制约油井正常生产。皮带断和抽油杆断脱发现时间滞后，使得躺井问题频繁，油井生产时率降低，员工劳动强度增大，严重影响油井产量。在稠油热采注汽过程中，汽窜问题严重，热利用率大幅度降低，转周效果差，油井含水升高，产量降低。针对目前存在的工况问题，仅靠单纯的单参数报警系统无法做到尽早发现，尽早处置。急需通过多参数组合预警模型对目前存在的工况问题进行提前预判，减少产量、经济损失。

3.2　模型建立理论依据

随着智能油田的发展，及时了解油井生产情况对于提高油井采油率、增加油井产量、保证油井安全生产具有极其重要的意义。而油井的生产情况主要依赖于油井井下设备的运转状态，对抽油泵的工作状态进行分析诊断是目前油井工况诊断的重中之重。油井在进行生产时，若出现异常，技术人员可以通过对单井的示功图、电流、回压等分析判断出井下抽油泵的工作状况。但油井在正常生产中，受地层、油稠、泵受损等影响，可能无法处于正常的生产状态。因此，要及时通过示功图变化发现工况，及时处理，保证油井时刻处于正常生产状态，避免产量损失。

3.2.1　示功图介绍

示功图是由载荷随位移的变化关系曲线所构成的封闭曲线图，表示悬点载荷与位移关系的示功图称为地面示功图或光杆示功图，在实际工作中是以实测地面示功图作为分析深井泵工作状况的主要依据。在五个假设条件下，仅仅考虑抽油杆柱承受静载荷时作出的功图是平行四边形，称为理论示功图。但抽油机的实测示功图才是深井泵和抽油杆受力复杂过程的真实反映。

3.2.2　示功图分析工况

在真实生产状态下，示功图产生什么样的图形与当时的生产状况有着密切的关系。实测示功图不可能像理论示功图一样完美，它是在砂、蜡、气、水和惯性载荷、震动载荷、冲击载荷与摩擦阻力等因素的综合影响之下测出来的，除此之外，还要受到漏失、断脱、碰泵、设备故障、仪器故障的影响，因此实测功图比理论功图复杂得多。所以技术人员在分析示功图时必须对油井有一个全面的了解，熟悉油井的生产规律和特点，这样才能对出现的不正常现象进行合理判断，多角度排查可能发生故障的范围，有针对性地处理各种问题。

正是因为示功图可以反映工况，不同的工况就会呈现出不同的示功图(见图10、图11)。在工况发生之后，技术人员通过对示功图进行分析，总结出各项参数变化以及示功图的变化，从而为成功且准确地建立多参数组合预警模型奠定基础。

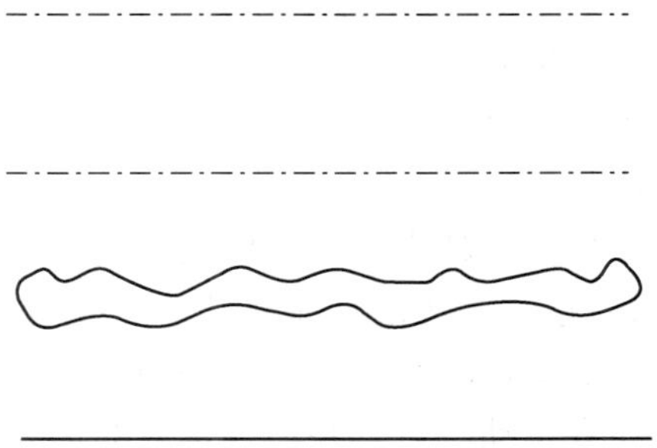

图10　抽油杆断脱示功图

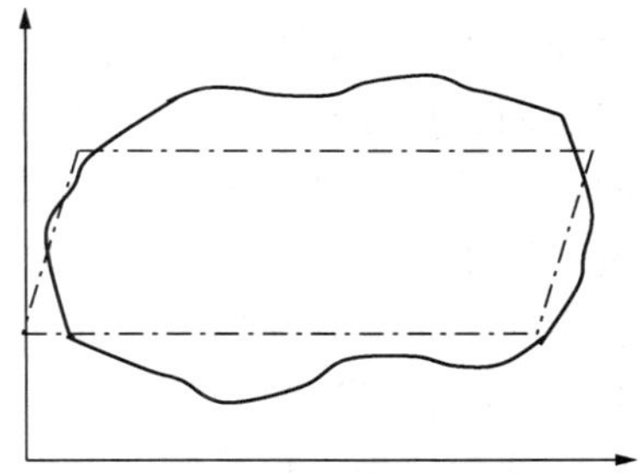

图11　稠油示功图

3.3　模型内容

总结油井管理经验可以发现，整合油井多个生产参数状态的异常变化，可以实现对单井躺井的预警，本次模型建立的主要任务就是通过不同的单参数组合实现对不同异常问题的准确预警(见表2)。

表2　单井日常监控常用的数据

生产参数	变化
最大载荷	上升、下降、平稳
最小载荷	上升、下降、平稳
载荷差	上升、下降、平稳
回压	上升、下降、平稳
功图面积	上升、下降、平稳
冲程	上升、下降、平稳
冲次	上升、下降、平稳
上行电流	上升、下降、平稳
下行电流	上升、下降、平稳
电压	上升、下降、平稳
功率平衡率	上升、下降、平稳
电流平衡率	上升、下降、平稳
井口温度	上升、下降、平稳

3.3.1　抽油杆超应力预警模型

抽油杆柱在交变载荷作用下，往往是由于疲劳而发生破坏(一般来说，超许用应力累计10~20天，抽油杆往往会疲劳断脱)，而不是在最大拉应力下破坏，只有及时、清晰地把握应力变化趋势和变化数值，治理措施才能更精准、更及时、更优化。

建立抽油杆超应力预警模型，通过监测抽油杆受力情况，实现应力预警功能，从而提前治理，降低抽油杆断脱风险，延长油井免修期，工作由被动变主动，对躺井治理水平的提高具有重要意义。

3.3.1.1　抽油杆断脱的实质和影响因素

当折算应力大于许用应力时就会发生杆断，即作用在单位面积抽油杆杆柱上的载荷超过抽油杆受力极限。杆断主要受以下两种因素影响：一是油井工况。当工况不合理、油井结蜡、回压过高等因素发生时，生产载荷增大，此时，折算应力超过许用应力从而发生杆断。二是腐蚀、偏磨。抽油杆横截面减小，折算应力变大造成抽油杆断脱。

影响抽油杆受力的因素包括：自身条件(抽油杆新旧、杆级尺寸)、原油物性(原油黏度、CO_2、H_2S等的腐蚀)、油井的井身结构(偏磨)、抽油机工作情况(对中)、生产制度及油井沉没度(交变载荷)、作业时对接的预紧力等。

3.3.1.2　抽油杆断脱的理论依据

利用奥金格公式，在非对称循环载荷下的抽油杆应力计算：

$$[\sigma_{-1}] \geqslant \sigma_c \tag{1}$$

$$\sigma_c = \sqrt{\sigma_a \sigma_{max}} = \sqrt{\frac{(P_{max} - P_{min}) \times P_{max}}{2 f_r 2}} \tag{2}$$

$$\sigma_a = \frac{\sigma_{max} - \sigma_{min}}{2} = \frac{P_{max} - P_{min}}{2 f_r} \tag{3}$$

$$\sigma_{max} = \frac{P_{max}}{f_r} \tag{4}$$

$$\sigma_{min} = \frac{P_{min}}{f_r} \tag{5}$$

式中，$[\sigma_{-1}]$为许用应力；σ_c为折算应力；σ_a为循环应力的应力幅；f_r为抽油杆横截面积；P_{max}为悬点最大载荷；P_{min}为悬点最小载荷。

根据分析可以得出，影响折算应力的三个因素为：

载荷差：冲次越大时，最大载荷和载荷差会相应增大，从而折算应力增大。

最大载荷：当油井含水变高，液柱对活塞载荷增大，摩阻增大，最大载荷增大，从而导致折算应力增大。

杆柱受力面积：杆柱面积受损时，受力面积减小，折算应力变大。当前生产中，偏磨、腐蚀是造成杆柱表面受损的主要原因。

3.3.1.3　抽油杆超应力预警模型内容

根据对抽油杆断脱实质和其影响因素的分析，结合该采油管理区生产实际情况和抽油杆的应用级别、腐蚀、偏磨情况，通过对历史抽油杆断脱数据进行分析总结，最终确定最大载荷、载荷差值、功图面积、光杆功率、功率平衡率作为判定指标。为每口井设定各自的阈值，实现“一井一值”，设定相应的预警趋势(见表3)。

表3　最大许用应力的选择

抽油杆种类	许用应力/MPa	备注
新杆	100	有腐蚀、偏磨等情况的井，许用应力乘以0.8~1.0的系数
一级修复杆	95	
二级修复杆	90	
三级修复杆	85	
四级修复杆	80	
新杆	100	

根据对该采油管理区抽油杆断脱的油井进行数据分析总计，发现该采油管理区的抽油杆断脱多数是由于腐蚀偏磨引起断脱。通过进一步仔细分析，得出下面表4中断脱前的特征。

表 4　抽油杆断脱前特征

生产参数	腐蚀偏磨类断脱特征
最大载荷	减小
最小载荷	增大
冲次	上升
光杆功率	下降
电流平衡率	上升
功率平衡率	上升
泵效	下降
动液面	升高
功图面积	减小

由于抽油杆在低于极限值时仍存在断脱风险，为了使预警更加准确，设置三级预警机制（见表 5）。技术人员可根据预警级别，采取相应治理措施，及时降低抽油杆应力，预防抽油杆断脱的发生。根据不同级别的预警，合理分析安排作业时间（可与转周同步进行，减少作业次数和费用），争取将产量损失降到最低。

表 5　三级预警机制

报警级别	应对机制
一级预警	加密观察
二级预警	预治理（如调参、热洗清蜡等、洗井冲砂等）
三级预警	立即停机，分析与治理

依托于油井开发和作业信息，通过分析抽油杆断脱各指标变化情况，针对腐蚀偏磨类型的断脱，进行了敏感参数的筛选和优化，建立了抽油杆超应力组合预警模型。模型设置参数如图 12 所示。

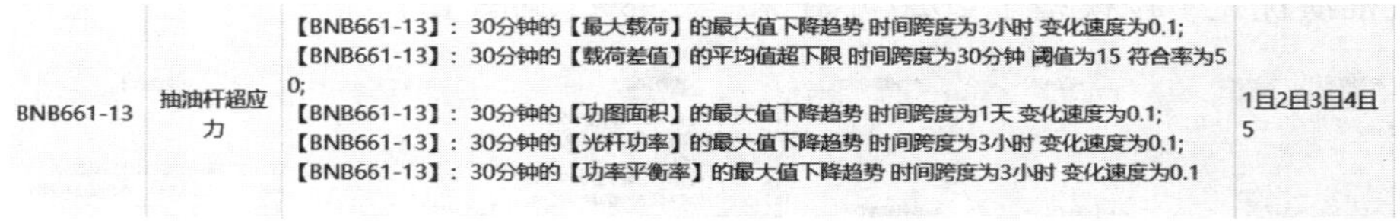

BNB661-13	抽油杆超应力	【BNB661-13】：30分钟的【最大载荷】的最大值下降趋势 时间跨度为3小时 变化速度为0.1; 【BNB661-13】：30分钟的【载荷差值】的平均值超下限 时间跨度为30分钟 阈值为15 符合率为50; 【BNB661-13】：30分钟的【功图面积】的最大值下降趋势 时间跨度为1天 变化速度为0.1; 【BNB661-13】：30分钟的【光杆功率】的最大值下降趋势 时间跨度为3小时 变化速度为0.1; 【BNB661-13】：30分钟的【功率平衡率】的最大值下降趋势 时间跨度为3小时 变化速度为0.1	1且2且3且4且5

图 12　抽油杆超应力预警模型参数设置图

3.3.1.4　模型推演情况

该模型首先对 661-13 井进行设置，推演成功之后，通过对该井进行进一步推演优化升级，预警模型得到进一步的完善和成熟，于是开始对管理区其他井设置实施，目前已经在管理区内成功设置 60 井次，并均已推演成功，且预警率达到 96%（见图 13）。已于 2021 下半年开始在该采油管理区全面投入运行。

BNB661-13	2020-10-29 13:49:26	抽油杆超应力	【BNB661-13】：30分钟的【最大载荷】的最大值下降趋势 时间跨度为3小时 变化速度为0.1; 【BNB661-13】：30分钟的【载荷差值】的平均值超下限 时间跨度为30分钟 阈值为15 符合率为50; 【BNB661-13】：30分钟的【功图面积】的最大值下降趋势 时间跨度为1天 变化速度为0.1; 【BNB661-13】：30分钟的【光杆功率】的最大值下降趋势 时间跨度为3小时 变化速度为0.1; 【BNB661-13】：30分钟的【功率平衡率】的最大值下降趋势 时间跨度为3小时 变化速度为0.1	1且2且3且4且5	最大载荷下降趋势 功图面积下降趋势 光杆功率下降趋势 功率平衡率下降趋势

图 13　BNB661-13 井预警模型推演示例

3.3.1.5　效益分析

（1）经济效益。经过与技术室对接，依据历年数据统计，该采油管理区年杆断躺井约 20 井次，通过该模型预警，预计年减少杆断躺井 10 井次，按一套电机设备费用为 1.5 万元/台，提杆作业费 3 万元/次，作业时间为 2 天，检泵费用 16 万元/口计算，预计年节省提杆作业、设备、检泵、人工费用共计约 77 万元，年增油 400t，合计年增益约 97 万元。

（2）社会效益。经过验证，该预警模型可以适用于所有油井，具有广泛的推广性；可以转变管理模式，实现提前预防，提高躺井治理水平；可以减少作业占产时间，提高开井时率；为低油价下的生产与开发提供技术支撑。

3.3.2　皮带断预警模型

3.3.2.1　模型建立背景

该采油管理区目前容易发生皮带断，且发现不及时，造成产量损失。在实际生产运行过程中，发现皮带断的主要方式为生产信息化监控岗人员通过视频巡检、PCS 系统巡井和 PCS 参数报警或者基层班站现场巡井发现。但是由于人员工作量问题，通过视频巡检和巡井发现皮带断的效率低，在很大程度上取决于时间巧合，造成发现时间滞后，严重影响开井时率，制约生产。而 PCS 目前的单参数报警容易被同类报警归类，归类后便不再提示，且报警准确性低。

3.3.2.2　模型内容

结合油井实际生产参数变化情况，分析历史皮带断数据发现，井口温度、电流、冲次、有功功率、周期总有功平均值下降等情况，故因此选取冲次、A 相平均电流、有功功率为组合参数（见图 14）。

1	BNB661	抽油机皮带断	【BNB661】：30分钟的【冲次】的平均值超下限 时间跨度为30分钟 阈值为1.0 符合率为100; 【BNB661】：1分钟的【A相平均电流】的平均值超下限 时间跨度为3分钟 阈值为4 符合率为100; 【BNB661】：5分钟的【有功功率(分钟)】的平均值超下限 时间跨度为2分钟 阈值为2 符合率为100	1且2且3
2	BNB661-13	抽油机皮带断	【BNB661-13】：30分钟的【冲次】的平均值超下限 时间跨度为30分钟 阈值为1.0 符合率为100; 【BNB661-13】：1分钟的【A相平均电流】的平均值超下限 时间跨度为3分钟 阈值为4 符合率为100; 【BNB661-13】：5分钟的【有功功率(分钟)】的平均值超下限 时间跨度为2分钟 阈值为2 符合率为100	1且2且3

图 14　皮带断模型参数设置图

3.3.2.3　模型推演

经过反复推演优化，该模型于 2020 年在采油管理区全面投入运行，预警有效率高达到 98%（见图 15）。

序号	预警点	预警时间	预警名称	预警设置	组合关系	预警信息
1	SJL38-X17	2021-04-02 08:23:00	抽油机皮带断	【SJL38-X17】：30分钟的【冲次】的平均值超下限 时间跨度为30分钟 阈值为1.0 符合率为100; 【SJL38-X17】：1分钟的【A相平均电流】的平均值超下限 时间跨度为3分钟 阈值为4 符合率为100; 【SJL38-X17】：5分钟的【有功功率(分钟)】的平均值超下限 时间跨度为2分钟 阈值为2 符合率为100	1且2且3	冲次超下限，当前值:0.57,阈值:1.0 A相平均电流超下限，当前值:2.8,阈值:4.0 有功功率(分钟)超下限，当前值:1.1,阈值:2.0
2	WZZ408-P3	2021-04-02 08:22:00	抽油机皮带断	【WZZ408-P3】：30分钟的【冲次】的平均值超下限 时间跨度为30分钟 阈值为1.0 符合率为100; 【WZZ408-P3】：1分钟的【A相平均电流】的平均值超下限 时间跨度为3分钟 阈值为4 符合率为100; 【WZZ408-P3】：5分钟的【有功功率(分钟)】的平均值超下限 时间跨度为2分钟 阈值为2 符合率为100	1且2且3	冲次超下限，当前值:0.44,阈值:1.0 A相平均电流超下限，当前值:3.5,阈值:4.0 有功功率(分钟)超下限，当前值:0.7,阈值:2.0
3	LJLX965	2021-04-02 08:20:00	抽油机皮带断	【LJLX965】：30分钟的【冲次】的平均值超下限 时间跨度为30分钟 阈值为1.0 符合率为100; 【LJLX965】：1分钟的【A相平均电流】的平均值超下限 时间跨度为3分钟 阈值为4 符合率为100; 【LJLX965】：5分钟的【有功功率(分钟)】的平均值超下限 时间跨度为2分钟 阈值为2 符合率为100	1且2且3	冲次超下限，当前值:0.96,阈值:1.0 A相平均电流超下限，当前值:0.0,阈值:4.0 有功功率(分钟)超下限，当前值:0.6,阈值:2.0

图 15　皮带断模型推演图

3.3.2.4　效益分析

（1）经济效益。经过与技术室结合，该采油管理区皮带断平均每月 3～5 次，由于发现时间滞后，最高影响开井长达 17 小时。设置皮带断多参数组合预警模型以后，可以对皮带断进行提前预警，减少产量损失，提高开井时率。

该采油管理区平均单井日产油 3.7t/d，通过使用组合预警月减少皮带断造成的停井时间每月约为 3h，年累计减少原油损失为 $3.7\div24\times3\times31\times3\times12=516t$；原油输差按 10%计算，核实增油为 464.4t。每吨原油按 2554.71 元计算，吨油成本按 2044.83 元计算，年经济效益＝核实增油×（油价－吨油成本）－直接措施费用＝$464.4\times(2554.71-2044.83)-0\approx23.7$ 万元

合计年节约成本约 23.7 万元。

该预警模型目前已设置到该采油管理区生产指挥系统的多参数组合预警系统当中，已在管理区全面推广运行，实现了对生产信息化平台应用功能的有效拓展。

（2）社会效益。皮带断组合预警模型的建立，使该采油管理区抽油机井运转异常处置流程效率大幅度提升，减少了停井时间，降低了产量损失，提高了管理精度，通过提前调整电机、紧固皮带，减少了后续皮带更换频次，降低了人工劳动强度，减少了设备管理的用工数量。

3.4　总体效益分析

通过运用大数据挖掘技术，利用智能化手段，在该采油管理区部署多参数组合预警模型，及时发现油井异常工况，指导现场油井生产，取得明显的效果。该管理区采油时率由 84%升到

89%，工况合格率由 91%升到 98%，躺井率由 40%降到 20%，预计年增油 864t，减少作业费用 77 万元，总受益 120.7 万元。

4 汽窜多参数组合预警模型

稠油油藏的最大特征是原油黏度高、相对密度大、黏温关系敏感。随着吞吐轮次的增加，采出程度逐渐提高，油井动用半径逐渐扩大，高渗通道逐渐形成连通，出现汽窜。在多个周期后。随着吞吐半径的增大，生产井附近有大量的积水，当邻井注汽时，蒸汽推动原油，原油再推动生产井附近的可动水，而油驱水的效率极高，可以立即达到束缚水饱和度，使油井含水上升。高周期之后，某个方向上的井与井之间可能形成高含水热通道，一口井注汽会使另一井立即见效，此时从注汽井注入蒸汽冷凝成热水，并窜到生产井，严重影响油井的正常生产。目前开发稠油油藏以热采的方法为主，随着注汽强度的提高，汽窜现象变得更加明显。

汽窜易发生于高渗透、高孔隙、连通性较好的储层段，油藏在多套层系合采，储层特性存在较大差异的情况下，笼统注入时，层内非均质性越大，油层吸汽能力差异越大，使得注入蒸汽易沿渗流阻力较小的高渗层突进，从而造成指状汽窜。

4.1 411 区块概况及汽窜特征分析

4.1.1 411 区块概况

411 区块主力层沙三上 1 砂体含油面积 2.39km^2，地质储量 3.76×10^{6}t。具有 56 口热采井，平均生产周期 12，目前处于中高轮次吞吐阶段，油藏类型为岩性特超稠油油藏。

4.1.2 411 区块开发现状以及存在问题

该区块从 2005 年开始开发试采，经历了直井试采、HDCS 工艺突破、产能建设、高产稳产四个阶段，2014 年开始进入第五阶段——产量递减阶段。该阶段目前受多轮次吞吐热采效果逐渐变差、汽窜以及低油价影响，单元产量递减，阶段产油 4.17×10^{5}t，阶段产水 1.80×10^{6}t，阶段注汽量 6.22×10^{4}t，油气比 0.67，阶段采出程度 27.23%，阶段末采油速度 0.79%。该区块目前处于中采油速度、高采出程度、中高含水开发阶段。

由于该区块为特高孔、特高渗储层，储层条件好，井间汽窜矛盾突出，存在严重汽窜现象，并且表现出重复性、多向性、可逆性、选择性等特征。汽窜导致注入的蒸汽热效率降低，沿已经存在的高渗透带突进。受窜井由于蒸汽的窜入含水急剧上升，严重者导致油井井喷或油层激动出砂影响生产。目前 411 区块普遍处于吞吐 18 周期，随着吞吐轮次增加、采出程度的不断提高，汽窜问题越来越严重，并逐渐成为影响该区块热采效果的主要因素。目前已有 8 个井组发生汽窜，影响正常生产油井 16 井次，影响阶段产量 1289.3t。

4.1.3 汽窜的危害

汽窜现象的发生会对注汽井和受窜井同时产生不利影响。

4.1.3.1 注汽井

汽窜会损失注入的蒸汽，使加热波及体积变小，从而降低加热效果，最终导致热量降低、产量下降，使得油井周期开采效果差，影响稳产。

4.1.3.2 受窜井

汽窜会使受窜井含水升高而减产。此外，还会严重影响井况，导致出砂、套损，更严重者还有可能导致井底压力发生变化，造成井喷。严重影响油井产量，经济损失逐年加大，已经成为影响稳产的重要因素。

4.1.4 汽窜的处理

面对汽窜造成的严重影响，汽窜发生之后需要快速采取处理措施，目前针对汽窜采取的有效处理办法为降低参数，严重时需要关闭汽窜井。

4.1.5 汽窜的预防

4.1.5.1 调剖封堵

汽窜的发生使后期蒸汽在油藏各个方向上受热不均匀，从而导致蒸汽波及体积变小、蒸汽的热损失增加、生产成本提高等问题。使用合适的封堵剂能够有效控制蒸汽的汽窜和超覆现象，提高蒸汽波及体积，提高采油效率。但是，使用封堵剂具有一定的限制性。

目前市场上的封堵剂耐温性能差、稳定性差，难以满足现场施工要求。

封堵剂成本高。虽然使用封堵剂对于预防汽窜具有一定的效果，但是低油价下无法满足大剂量使用，产生的效益低。

4.1.5.2 组合吞吐

组合吞吐是目前来说最节省成本的一种方式。但是由于 411 区块汽窜的严重性，整个区块都存在汽窜，客观条件的限制不允许全区块进行组合吞吐。为了维持单元产量平稳，目前主要采取分井组同注同采，但是井组间也会受到影响，在同注同采时也要防止邻井组的邻井受到影响。随着吞吐轮次的的增加，汽窜范围越来越广，措施效果变差。随着汽窜影响范围扩大，影响程度加剧，需要不断调整联动注汽井组，目前在地面运行条件允许的条件下，尽量采用大井组联动注汽，控制汽窜影响程度。图 16 为 411 区块汽窜井组示意图。

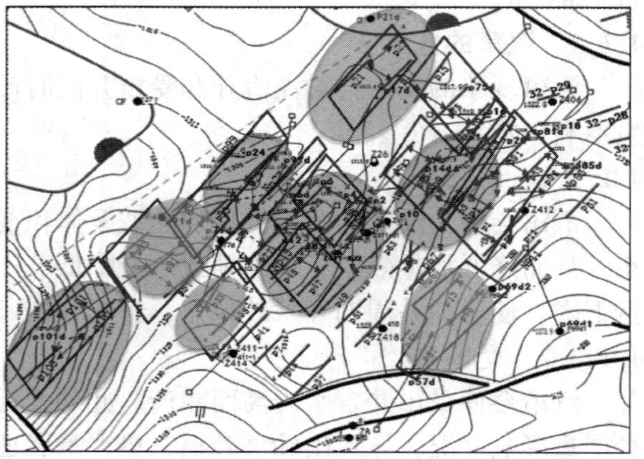

图 16　411 区块汽窜井组示意图

4.1.6　汽窜的发现方式

在进行注汽时，工作人员会密切观察注汽井的邻井，通过观察邻井的参数变化判断汽窜。主要通过每日的采油日报，查看井口温度、含水、压力等参数判断是否有汽窜，若参数有异常，则通知工程师，并和管理区现场人员结合，最终落实汽窜情况，采取相应治理措施。

4.2　模型背景及意义

4.2.1　模型背景

数模研究显示，井间汽窜主要沿井间高渗条带发生，控制汽窜是 411 区块稳定开发的关键。该区块目前面临着如下问题：

（1）汽窜现象严重，且范围广、危害大，严重影响稳产。

（2）汽窜发现时间滞后。汽窜发生后，由于人工工作量大、上报数据滞后、现场表现不明显等客观条件的限制使汽窜不能及时被发现。

（3）现阶段预防汽窜的方法存在一定的限制性，仍需要继续试验更加优质的预防方法。

4.2.2　模型意义

对于汽窜，目前工作人员通过查看采油日报中的参数数据，采用人工统计资料的方式发现和记录汽窜，工作量烦琐，且时间严重滞后，存在一定的人为误差，无法智能化的实现数据的实时记录与统计，不能及时对汽窜做出预判，并很难形成准确的汽窜台账为将来汽窜的治理与防治提供帮助。针对目前 411 区块汽窜现象的加剧，采用智能化预警在汽窜特征初现时及时预判，减缓汽窜影响，颇有必要。

因此，急需建立一个关于预警汽窜的多参数组合预警模型。利用智能化预警机制做到对汽窜的及时预判，及时处置，节省工作量，减少产量、注汽量损失，提高油藏开发效益。

4.3　模型建立

4.3.1　汽窜关联参数分析

通过对 411 区块热采井的汽窜历史数据研究与分析，发现汽窜时具有如下表现：通过查看注汽曲线，注汽井的注汽压力会突然下降，邻井压力明显上升；受窜井的井口温度、油压、套压、含水等参数会上升。

对 411 区块油井的历史汽宫台账数据、PCS 系统中各生产参数和油藏动态分析之后，建立指标变化趋势表。经过对该采油管理区 411 区块汽窜井组的深度探究，在发生汽窜时，受窜井具有表 6 的特征。

表 6　受窜井指标变化趋势表

生产参数	发生汽窜时的参数变化趋势
井口温度	受注入蒸汽波及影响，成明显上升趋势
最大载荷	温度升高，黏度降低，摩擦载荷减小，悬点最大载荷一般呈下降趋势
最小载荷	上升趋势
载荷差	下降趋势
综合含水	含水明显上升趋势
日产液	日产液量明显上升
井口回压	温度升高，原油黏度降低，管线流程阻力变小，对回压起减小作用
功图面积	功图面积一般呈下降趋势
套压	上升
油压	上升
动液面	动液面变浅（数据更新不及时，可用来验证汽窜）

4.3.2　模型内容

4.3.2.1　敏感参数筛选

通过对各关联参数的曲线进行分析，筛选出了汽窜的敏感参数。经过大量数据对比分析得出，在汽窜发生时，井口温度、最大载荷、最小载荷、载荷差值四项特征参数具有相对明显的变化。

4.3.2.2 模型参数选择

结合受窜井的特征变化，建立两级汽窜预警模型。设置 30min 内井口温度、最大载荷、最小载荷，这 3 类参数的“两升一降”变化趋势，并通过计算和反演将井口温度的报警上限设置在一天内差值上限超上限预警，和一天内载荷差差值上限超上限预警。

利用 PCS 系统，对 411 区块油井历史生产数据挖掘分析发现就，井口温度差值超上限阈值在 8℃以上即为不正常波动。因此，为了能够起到超前预警的作用，将一级汽窜预警模型中的井口温度差值超上限阈值预警条件设置为 5℃。表 7 为两级汽窜预警模型参数设置表，表中特征满足“且”的关系时，模型发生预警。

表 7 两级汽窜预警模型参数设置表

生产参数	一级汽窜预警模型	二级汽窜预警模型
井口温度	上升趋势，差值上限 5℃	上升趋势，差值上限 10℃
最大载荷	下降趋势	下降趋势
功图面积	—	上升趋势
井口回压	—	差值上限 5kN

4.3.2.3 模型参数设置

根据上述的参数选择与分析，对该采油管理区 411 区块的 411-P57 与 411-P77 井进行了模型设置。两级预警模型的参数设置如图 17、图 18 所示。

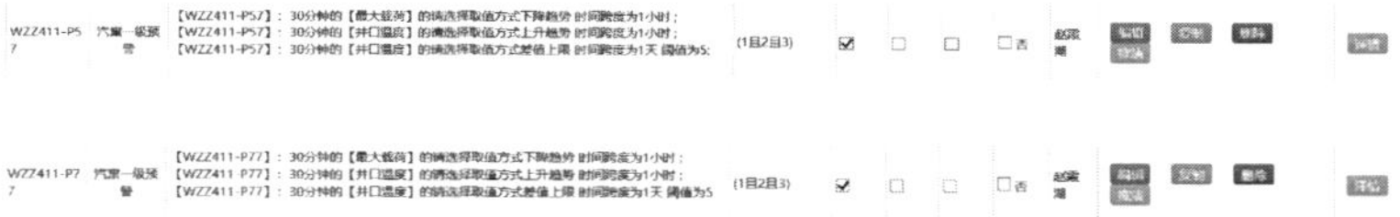

图 17 一级汽窜预警模型参数设置图

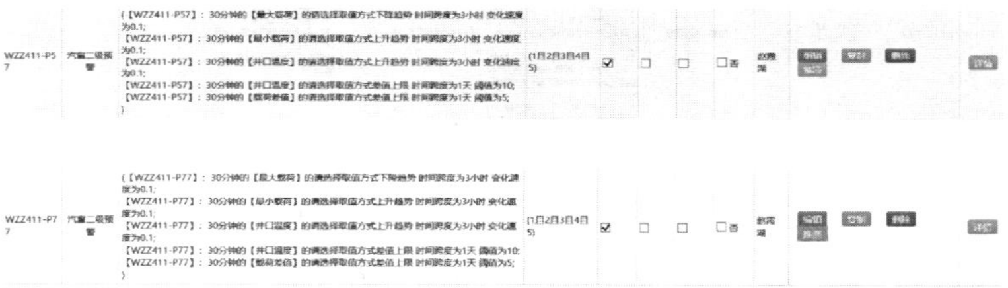

图 18 二级汽窜预警模型参数设置图

一级汽窜预警模型属于基础预警，通用性强，数据相对简单。二级汽窜预警模型为主要预警模型，二级预警模型的触发代表汽窜已经对受窜井造成影响，需要采取调参或关井措施。在一级预警触发之后为其设置二级预警，降低误报率。一级预警触发为二级预警起到提前警示作用，二级预警针对性更高，能够有效提高预警准确率。

4.4 模型推演应用

模型参数设置成功之后，为了验证参数设置的准确性和模型的可用性，需要对所建立的模型进行推演。以受窜井 411-P57 和 411-P77 为例：

2019 年 1 月 1 日，411-P13 开始注汽，2019 年 1 月 4 日，发现汽窜波及 411-P57。

2019 年 1 月 29 日，411-P4 开始注汽，2019 年 1 月 29 日，发现汽窜波及 411-P77。

对上述两口受窜井进行一级汽窜预警模型推演，得出如图 19 所示推演结果。

从推演结果可以看出，两口井均成功预警。

对上述两口受窜井进行二级汽窜预警模型推演，得出如图 20 所示的推演结果。

经过推演，二级汽窜预警模型也成功发出预警。

在 411-P57 和 411-P77 两口井成功预警的基础上，对模型参数进行了多次推演和优化后，最终建立汽窜组合预警模型。因 411 区块汽窜形势严重且复杂，本文采取小范围油井试验，稳中求进推广的策略应用汽窜组合预警模型。

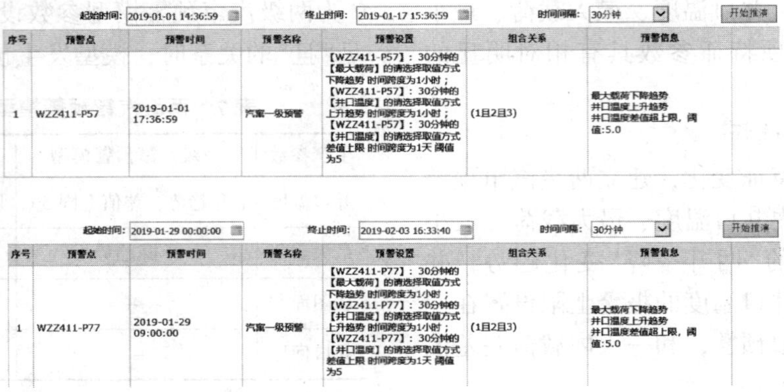

图 19　一级汽窜预警模型推演结果

图 20　二级汽窜预警模型推演结果

选取 411-NP3 井组进行首次试验，经过对该井组的历史数据挖掘分析之后，对该井组进行了汽窜预警模型的建立。经过多次推演实验与规律摸索，根据“一井一值”，不断对每口井的参数进行优化。目前，已经在 411 区块 411-NP3 井组成功部署汽窜组合预警模型(见图 21)。后期将根据预警效果，对模型进行进一步的优化完善，最终实现整个 411 区块以及整个管理区的推广试运行。

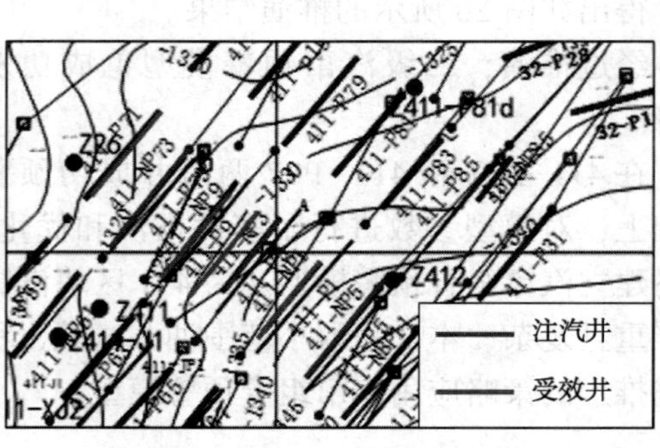

图 21　411-NP3 井组示意图

4.5　效益预测

汽窜会使转周效果差，热利用率降低，进而影响油井正常生产，造成产量损失，严重者可导致井喷。通过建立汽窜预警模型，就可以及时发现汽窜，对其采取相应措施，比如立即采取远程停井、调参、焖井等。一是可有效避免产量、经济损失，减少躺井率；二是可以借助大数据的力量提前发现受益井，改善了传统人工筛选受益井的现状，减少了人工操作的工作量，提高了开井时率。

目前该采油管理区单井日产能力 3t/d，防砂作业最低工期 15 天，套损作业最低工期 25 天。平均防砂费用 45 万元/井次，平均套补费用 80 万元/井次。

(1) 作业占产损失：

占产天数：2×15+3×25＝105 天

影响产量：3×105＝315t

影响效益：315×1480 元/吨＝46.6 万元

（2）增加作业费用：2×45+3×80＝330 万元

年共避免经济损失为：46.6＋330＝376.6 万元

该预警模型提升了蒸汽吞吐开发效果，在同类区块具有极大的推广意义。

5　效益分析及总结展望

5.1　效益分析

5.1.1　经济效益分析

5.1.1.1　增加产量

多参数组合预警模型的顺利部署能够对油井生产中出现的异常问题进行提前预警，减少经济损失，增加产量。

5.1.1.2　降低成本，提质增效

部署组合预警模型，能够在工况发生前进行预警，能够有效降低作业次数，减少作业费用。对工况的提前预警，能够减少不必要的经济损失，降低成本，节省费用，提质增效，实现低成本高质量油藏开发。

通过对该采油管理区进行多参数组合预警模型的部署，预计年增油 450t，创效约 120 万元。减少作业 10 井次，节约作业费用 45 万元。总受益 165 万元。

5.1.2　社会效益分析

5.1.2.1　降低躺井率，提高油井生产时率

通过利用智能化手段建立多参数组合预警模型，做到对生产异常问题提前发现，尽早发现，提前解决，尽快解决，能够有效降低躺井率，提高油井开井时率，减少产量、经济损失。

5.1.2.2　减少人员工作量，降低员工劳动强度

传统人工工作方式为：

（1）工况发现机制：生产信息化监控岗人员通过 PCS 系统巡井，安防监控平台，超阈值报警三种方式发现工况；基层班站巡井人员通过现场巡井发现工况。上述方式都存在一定的滞后性。PCS 系统电子巡井一天约四次，安防视频监控平台根据工作人员其他工作量安排时间不固定、报警不准确，且容易发生同类报警归类处理，系统自动收起不进行提示，使得关键报警不能及时发现。基层班站巡井工作量大，效率不高。

（2）报警机制：生产信息化工作人员利用 PCS 系统和 SCADA 系统对油井各项生产参数设定阈值，若超阈值，系统则会发出报警。由于实际生产复杂多变，阈值设置不合理，导致误报警多、报警频繁、效率低下，工作人员处置报警的工作强度大。

传统人工工作方式工作量大，员工劳动强度高，且工作效率低下。

智能化工作方式：运用多参数组合预警模型，对工况提前预警，在工况发生前预警或工况发生后及时报警。能够做到对工况的提前发现、及时发现，减少工作人员不必要的工作量，降低员工劳动强度，用大数据手段促进生产建设。

5.1.2.3　有效保障安全防护，确保油井生产平稳运行

通过多参数组合预警模型，提前预警恶劣工况(如汽窜)。及时预知，避免恶劣情况的发生，保障生产平稳运行。

多参数组合预警模型在该采油管理区的部署，躺井率和开井时率不断改善，同时也大大降低了员工的劳动强度。

5.2　总结与展望

多参数组合预警模型在该采油管理区的布控，依托信息化，为提质增效提供了强有力的支撑。

5.2.1　被动变主动

多参数组合预警模型，弥补了单阈值报警的不足，实现了异常生产问题超前预警，支撑了技术分析由“看数据、查曲线、找问题、定措施”向信息化条件下“建模型、看预警、定措施”跨越，生产管理由被动变主动。将传统事后管理、人工检查的管理模式，转变为事前预警、自动报送的精细管理模式，有效预警油水井潜在的生产隐患，让管理工作更有针对性开展。

5.2.2　提高了采油管理区自然递减和成本控制能力

多参数组合预警模型，能够及时发现油水井的异常生产状态、设备的异常运行情况。

日后，将会继续更加深入地探索多参数组合预警模型建立的条件和规律，对历史数据进行精准分析，挖掘有效信息。

（1）对抽油杆超应力预警模型和汽窜模型进一步深入摸索和优化，早日实现整个管理区大范围全面覆盖推广。

（2）继续挖掘分析其他工况的历史数据，建立更多的组合预警模型，通过多参数组合预警实现对各种工况的提前预知，提质增效，降低开采

成本，实现开采的效益最大。

参考文献

[1] 李阳，廉培庆，薛兆杰，等．大数据及人工智能在油气田开发中的应用现状及展望[J]．中国石油大学学报(自然科学版)，2020，44(04)：1-11.

[2] 史纪强，任恩茂，宋建．智能云平台建设及工业互联网赋能数字油田建设的思考[A]．长安．第六届数字油田国际学术会议论文集[C]．长安大学：长安大学，2019：5.

[3] 汪旭颖．油田异常井组合预警模型研究[J]．计算机与数字工程，2014，42(08)：1339-1341.

[4] 徐瑞萍．一种多参数组合预警系统在油田生产中的应用[J]．承德石油高等专科学校学报，2019，21(06)：16-18，23.

[5] 李春生，魏军，王博等．油田生产动态预警模型研究[J]．计算机技术与发展，2013，23(4)：245-248.

[6] 孙明．基于神经网络的抽油井故障诊断系统[D]．北京：中国石油大学(北京)，2008.

[7] 高鹏．H级抽油杆柱力学特性及其设计方法研究[D]．西安：西安石油大学，2014.

[8] 杨胜利，耿立峰．多井整体蒸汽吞吐在超稠油开采中的初步应用[J]．特种油气藏，2002，9(6)：16-17.

[9] 裴磊．稠油组合吞吐注汽技术研究与应用[J]．石化技术，2018，25(11)：80，84.

[10] 翟启世．411块超稠油热采防汽窜技术研究与应用[D]．青岛：中国石油大学(华东)，2013.

[11] 舒展，裴海华，张贵才，等．有机颗粒高温封堵体系的研制与性能评价[J]．油田化学，2021，38(01)：75-79.

基于四道工序地震数据处理的智能质控平台研发

王兴军[1] 李徯徯[2] 孙海军[1] 蒋 震[2] 秦 龙[1] 刘 胜[2] 党青宁[1]

(1. 中国石油塔里木油田公司；2. 昆仑数智科技有限责任公司)

摘 要 随着地震勘探区域构造的复杂性和勘探难度的增加，塔里木油田地震处理业务已进入精细化管理的新时代。从2018年开始，塔里木油田公司地震处理项目组织模式由区块“并联”开创性地转变为工序“串联”，将地震处理全流程划分为四道工序，包括“表层建模与静校正、信号处理与叠加、叠前时间偏移、叠前深度偏移”。每道工序选用最好的技术和队伍，使得在现有条件下得到最好的处理成为可能。流程串联实现全局最优，同时缩短多工区的连片处理周期，为区带统一连片处理提供了组织基础，新的组织模式在国内乃至全世界范围内地球物理行业尚属首次。新的处理模式强化过程质控，目前没有专门的质控软件，质检员采用不同的处理软件进行线下质控，过程数据需要承包商人工搬迁到油田方，为了避免海量地震数据的搬迁，研发了基于GeoEast-iEco及HTML5技术的四道工序地震处理智能质控平台，极大地提高了质控效率和用户体验，基本摆脱专业软件依赖，可实现在内网条件下的在线远程质控，解决了甲乙方异地质控难题，节约了人力物力成本，在保证质量的同时缩短了处理周期。

关键词 四道工序；大数据；智能质控；在线远程质控；GeoEast-iEco；HTML5 MapReduce；数据服务

随着国家对能源需求特别是石油资源的加大，提升勘探开发力度并保障国家能源安全成了当务之急。塔里木油田率先在处理技术要求、过程质检和成果质检等环节都进行了创新，处理项目组织模式由区块“并联”转变为工序“串联”，将地震处理全流程划分为“表层建模与静校正、信号处理与叠加、叠前时间偏移、速度建模与叠前深度偏移”四道工序(如图1所示)，为每个工序处理步骤。由甲方主导项目技术设计，针对每道工序都设置“定量+定性”考核指标，强化工序过程质检、量化质检，实现区带分块处理“量身定制”。

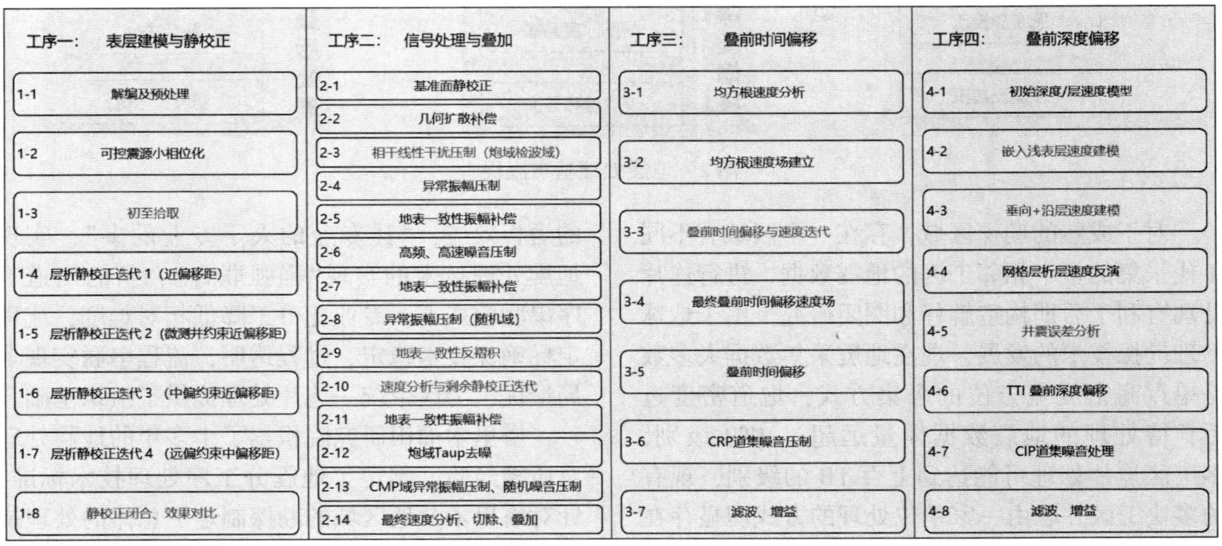

图1 四道工序地震处理流程模板(灰色字体标识该工区关键处理步骤)

处理模式的转变及工艺精度的制定促使质控方式也发生转变，以往的质控工具，主要是一些专业软件，国内的有东方公司研发的Geoeast为主，国外的以斯伦贝谢公司的OMEGA为代表，已不能满足新的线上化要求，且数据加载和线下质控耗费大量人力物力。如何实现地震处理在线智能质控，质控项目在线审批管理，建立承包商、监督方和委托方三级质检在线通信，让整个质控流程全线上成为我们需要解决的问题。

面对扑面而来的信息技术大潮，大数据、云计算、智能化显然成为技术发展主要趋势，大规模地震数据的查看与处理会产生大量数据，而大数据技术能够对这些数据和相关信息进行批量采集处理，建立起可靠、有价值的信息资产，其为质控平台的研发提供了技术指导。四道工序处理中涉及TB级地震数据在线显示，流程环环相扣，对资源分配与权限管理也提出了新的要求。基于以上背景，研发了基于GeoEast-iEco及梦想云的四道工序地震处理智能质控平台。

1　平台技术概述

1.1　“四道工序”处理模式与精度要求

常规的地震资料处理项目是将一个地震采集工区的处理项目由一家项目承包商来完成全流程的处理工作。地震资料处理基本流程如图2所示，首先进行常规处理，然后可以进行三个分支的处理，包括叠加成像、叠前时间偏移成像和叠前深度偏移成像，得到最终叠加体后可以进行叠后处理修饰，最终得到成果剖面和纯波剖面。

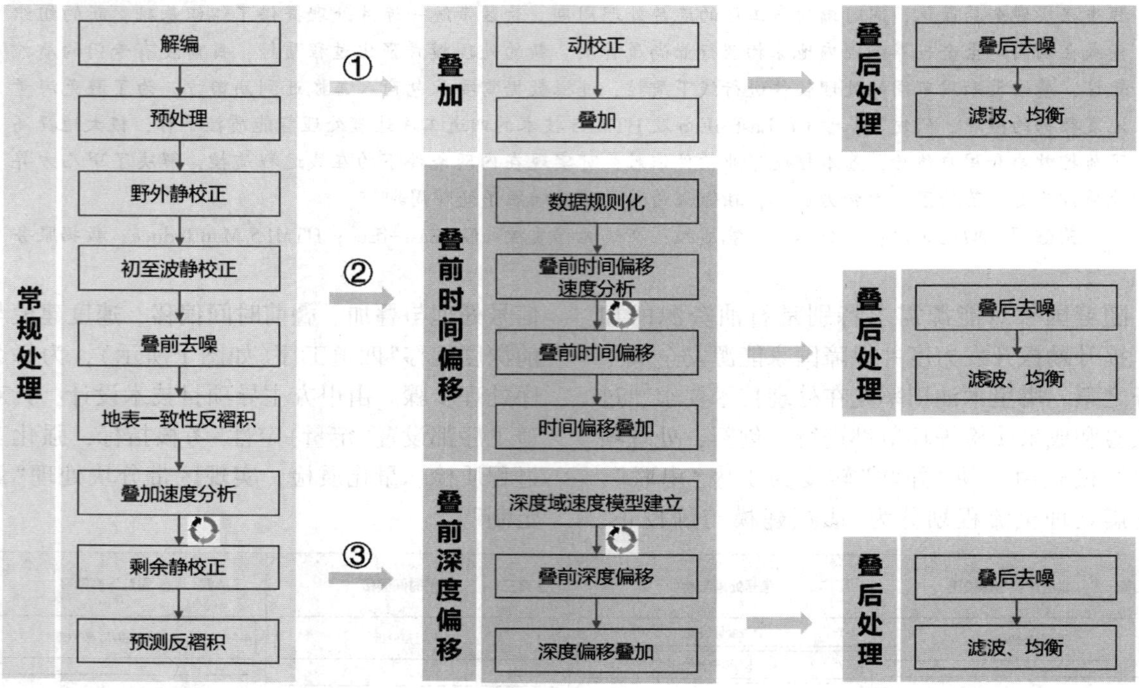

图2　地震处理基本流程

对于成熟的勘探区域，存在一个区域有不同年代采集的多个相邻工区的地震数据，进行连片处理有利于后期构造解释和圈闭研究。由于地球物理勘探技术的发展，现在地震采集数据大多数是单点高密度宽方位的采集方式，炮道密度过万，待处理的地震数据体量远超过1TB级别，多工区连片处理可能达到上百TB的级别，现有的多块工区并联由一家单位处理的方式明显存在时间周期较长的问题。

通过历年来的项目处理经验，可以发现各个承包商都有自己的特色技术，在不同的处理步骤各有优劣，为了充分发挥各个承包商的优势技术，采取了“四道工序”这种分工序处理的创新模式(如图3所示)，避免了以往区块并联模式的短板效应，“让专业的人干专业的事”，实现地震处理技术的实现“强强联合”，新的四道工序串联模式下，专业化分工降低相对难度，流程定标确保技术稳定、过程透明，流程串联实现全局最优，为区带统一连片处理提供了组织基础。

塔里木油田研究院积累了十多年的地震处理及质控经验，制定了地震分工序处理技术标准，针对塔里木盆地区域的勘探制定了总体的处理技术要求和过程质控要求，对不同区带设置了不同的工艺精度指标，对每道工序处理分别从定性和定量两个方面设计了详细的质控要求。地震分工序处理的灵活性在于可以针对不同区带构造复杂性和地质任务需求，合理设计处理流程，可以选择四道工序，或者省略工序三。针对勘探目标，合理布设质控点、线、面，所有工序的质控要遵循点、线、面的要求。处理过程按照老资料处理经验，总结出一套该区带适用的普适流程，重点试验参数梳理，对应测试范围规定以及对区域统一的基准参数进行统一规定，在优选参数的基础上，大幅缩短了处理周期，同时保障了处理资料质量。将多种多样的处理方法和参数进行总结归类，制定了一套适用于塔里木勘探区域的处理技术标准（未发布）。在实行四道工序处理模式下，塔里木油田研究院2020年发布了《地震资料分工序处理质量控制规范》（QSYTZ 0662—2020）和《地震勘探资料验收规范（修订）》。

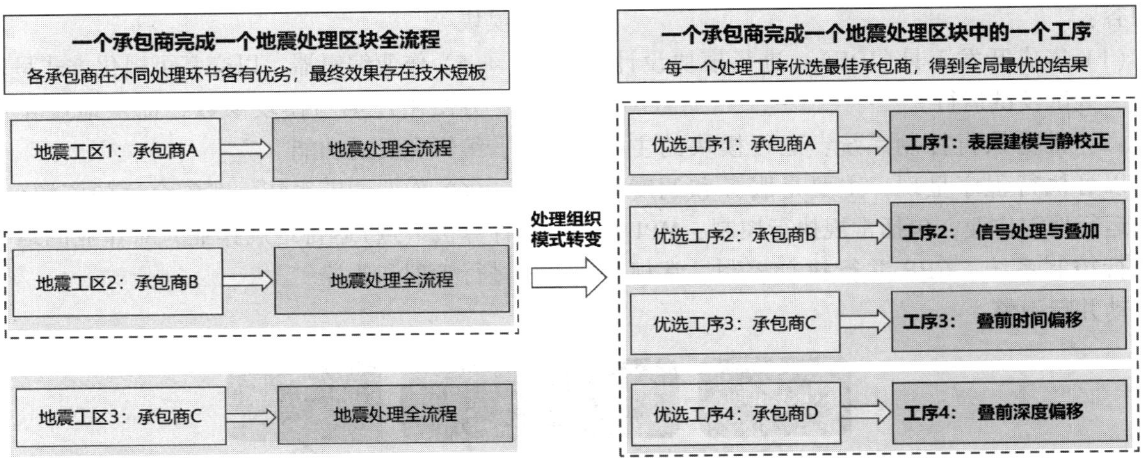

图3　地震处理“四道工序”组织模式

以上的标准规范的建立为智能质控平台的建设提供了基础依据：（1）各工序已有可执行的质控标准规范，针对四道工序建立了工艺指标、技术指标、质检标准，规范项目过程控制；（2）各工序质控一定程度上从定性走向定量，在拾取精度、反演精度、面元均匀性、地表一致性、叠前去噪、偏移参数、剩余延迟等方面形成量化质控技术系列，更容易实现各质控软件模块的研发。

1.2　GeoEast-iEco 软件平台

GeoEast-iEco 是大型地震处理解释一体化软件 GeoEast 新一代软件平台（见图4）、其利用云计算和大数据技术实现了海量地震数据处理中的资源集中统一管理，提高了资源使用效率，提升了海量数据的处理能力，为质控平台的建立提供了平台级批量模块支撑环境，为批量模块的开发、调试、运行提供全方位支持，不仅服务于地震数据处理系统，还能服务于其他应用软件，提供了盆地级的数据共享服务，以“数据库、集中存储、分布式存储”的混合存储模式实现了对PB级海量数据的快速存储、管理与高效访问，支持第三方开发。基于 GeoEast-iEco 平台的多个应用，还能以批量模块支撑环境为纽带，实现不同应用软件之间的批量模块相互调用，达到批量模块共享利用的目的。

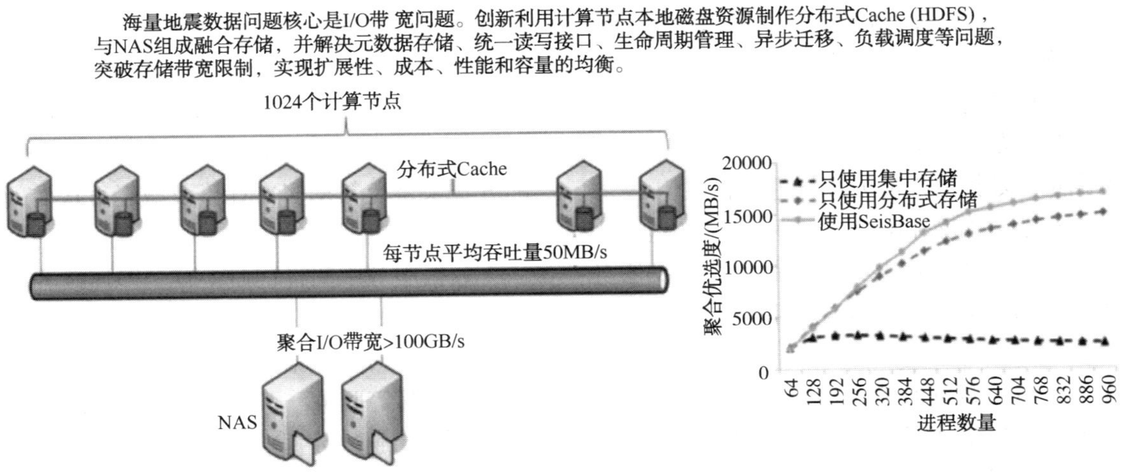

图4　GeoEast 在 HDFS 上取得优异性能

GeoEast 系统目前共有四种类型的批量执行控制子系统(串行执行控制、并行执行控制、多线程执行控制、基于数据分割的并行处理框架)，对应四种批量作业运行方式。支撑了批量模块的开发和地震作业运行管理(见图 5)，GeoEast-iEco 平台级批量模块支撑环境主要包含以下内容：

(1) 集成开发工具(IDE)：进行模块设计、开发、调试及试运行。

(2) 批量执行控制系统：运行模块的主程序，以可执行程序呈现，主要是服务和调度模块，运行地震作业，包括常规执行控制、MPI 并行执行控制系统、GPP 并行执行控制、常规处理自动并行引擎。

(3) 公共子程序库：为模块开发提供服务，方便模块获取参数、存取数据、控制数据流以及信息打印等。

(4) 输入输出模块：提供基本的数据输入输出功能，主要以 GeoEast 格式地震数据输入输出模块、SEGY 格式输入输出模块、SEGD 格式输入模块等。

(5) 作业编辑器：以交互可视化方式呈现模块，方便用户填写模块参数，提供地震作业管理、编辑和发送功能。

(6) 作业调度系统：匹配合适的资源(主要是计算机节点)运行地震作业，对作业的运行过程进行管理和监控。

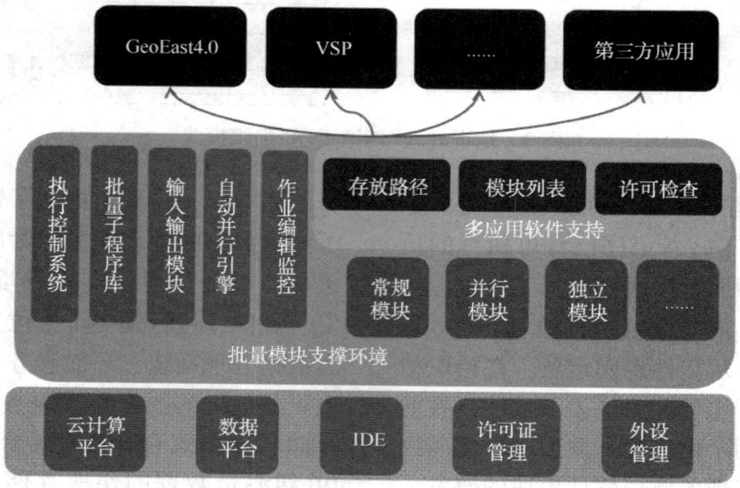

图 5　GeoEast-iEco 批量模块支撑环境

1.3　基于 Web 的海量地震数据可视化技术

对于地震数据这样的大规模数据，随着业务逻辑的增加，数据库中的表会越来越多，表中的数据量也会越来越大，相应地，数据操作的开销也会越来越大；另外，无论怎样升级硬件资源，单台服务器的资源(CPU、磁盘、内存、网络 IO、事务数、连接数)总是有限的，最终数据库所能承载的数据量、数据处理能力都将遭遇瓶颈。

那么分表、分库和读写分离可以有效地减小单台数据库的压力，在此过程中就需要数据服务中间件的支撑，它是将具体业务和底层逻辑解耦的组件。

以本平台的数据服务为例，待质检的数据经过底层业务逻辑操作后存于服务端数据库后，会提供数据服务接口，Web 客户端通过调用该接口获得所需要的数据并基于 HTML5 技术展现在用户面前。

数据服务是一种软件服务，它封装了相关的关键数据实体的操作。由于地震数据量大，简单的业务逻辑会造成数据量成倍增加，且多种场景(如地震数据可视化)需要重复调用同种数据，因此采用客户端通过数据服务中间件访问服务端的方式来避免数据多次计算及减轻直接访问数据端所带来的数据库的压力。

数据服务中间件(见图 6)，即连接客户端和数据服务端的软件，旨在为客户端提供通用、便捷的数据访问、数据收割与检索、资源量统计以及数据传输等服务。

本平台通过数据接口获取 GeoEast 中的数据并进行解析，采用 Java 语言所具有的不同数据

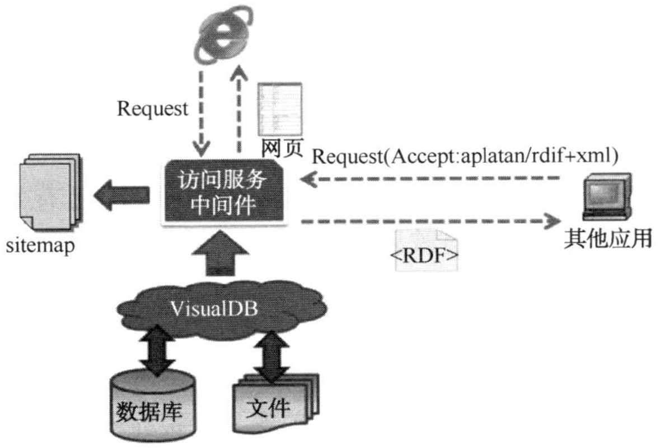

图 6 数据服务中间件原理图

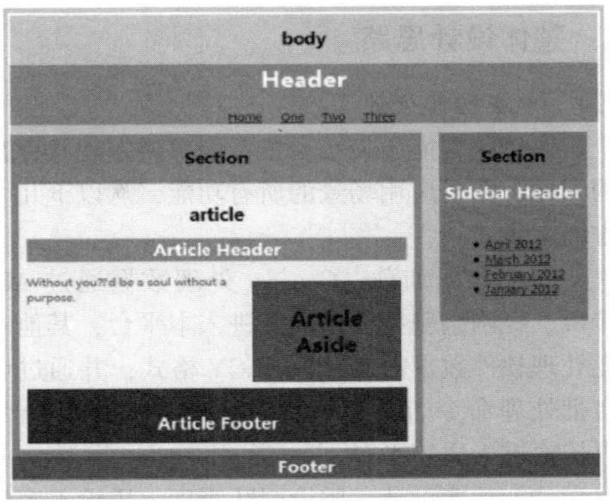

图 7 HTML5 网页布局

结构间的转换算法对获取的数据进行格式转换，为前端组件提供配套数据支持。

HTML5 是 HyperText Markup Language 5 的缩写，它是构建 Web 内容的一种语言描述方式。是 Web 中核心语言 HTML 的规范，用户使用任何手段进行网页浏览时看到的内容原本都是 HTML 格式的，在浏览器中通过一些技术处理将其转换成为了可识别的信息（如图 7 所示），为 HTML5 网页布局。

HTML5 在 Web 前端开发技术中的应用是重要代表，它的使用可以满足各个平台上技术的支持，如 HTML5 能够让程序通过 Web 浏览器，用户从而能够从包括个人电脑、笔记本电脑、智能手机或平板电脑在内的任意终端访问相同的程序和基于云端的信息，保障了几乎所有的主流浏览器都可以访问，而不受位置和设备的限制。由于 HTML5 技术中存在较为先进的本地存储技术，所以其能做到降低应用程序的相应时间为用户带来更便捷的体验。

基于上述技术，实现了基于 Web 的 SEG Y 地震数据（包括叠前炮集、叠后速度体等）的在线远程展示。由于地震处理质控中对于数据质量及处理效果的把控大多是通过直接浏览的方式进行的定性质控，因此本软件可以很好地支撑质控人员在线质控，有效提高其工作效率。

1.4 Map-Reduce 模型

基于 Map-Reduce 模型的批处理算法模块，支持海量地震数据的并行快速质控处理与统计分析，在 Map 阶段实现基于数据分块的多节点处理，在 Reduce 阶段实现多节点输出数据的归并处理，基于 Web 前端的质控批处理技术框架如图 8 所示。开发前端质控批处理系统，后端基于 Geoeast 作业调度系统，整个质控过程用户可以在网页中实现质控批处理作业的参数配置、发送作业与作业状态监控。通过底层 Geoeast 接口服务，获得质控项目质控点所关联的 Geoeast 数据信息，并可进行地震数据的展示。

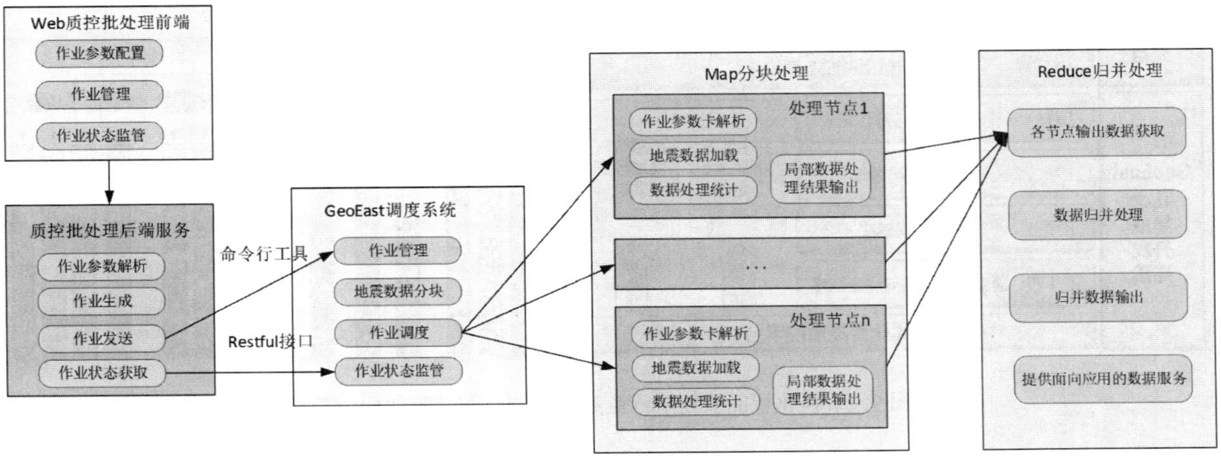

图 8 基于 Web 前端的质控批处理技术框架

2　整体设计思路

2.1　业务功能设计

一体化智能质控平台负责解决质控现状存在的问题，覆盖应用场景的所有功能，从以下几个方面考虑。

（1）数据加载：Geoeast 处理数据通过 API 接口，经网络服务传输加载进入本平台，其他专业处理软件数据需要转换 SEGY 格式，并通过后台批处理命令方式，离线加载到 Geoeast 平台，再传输进入质控平台。

（2）功能设计：质检团队管理、质检工序管理、质检数据管理、质检进度管理、质控报告、反馈意见、质检记录和成果汇交。

（3）用户定制：塔里木油田质检用户、乙方单位处理员用户、监督用户，保障三级质检。

（4）应用效果：远程质控、智能质控、直观展示质控结果、定量评价工序成果，质检全过程项目管理清晰可追溯。

一体化智能质控平台主要设计以下功能(见图 9)。

（1）后端工区管理：直接加载 GeoEast 处理工区信息，形成数据树，通过数据树对所有数据进行直观管理，支持各类待质检数据的加载和浏览，也用于管理各类质检数据。将 Geoeast 生产工区数据数映射到网页端。

（2）后端数据准备：依赖 GeoEast 的并行框架，使用少量 GeoEast 现有模块(包含输入输出模块、抽道集模块、道分选模块、属性提取模块、叠加模块、自相关计算、道头提取模块等)，开发管理各类质检所需并行统计计算模块，提取各类数据形成中间数据，后续质检大部分工作将依赖中间数据进行，以满足交互的需求。工作流管理用于管理质检工作流的创建、编辑、保存、加载等，作业管理用于管理质检作业的运行、启动与停止。将 Geoeast 工区中已有的质控数据，通过映射的方式，在网页端进行数据关联，将 Geoeast 批处理作业管理模块，进行了业务功能专业，通过后端调用命令参数的方法，结合作业状态查询 Restful 接口，实现了对批处理任务的远程实时管理；实现了直接在网页端发送质控作业，并查看质控结果和作业状态。

（3）基于 Web 端交互质控与管理：实现质检项目的创建与团队成员管理，实现甲乙双方项目组成员协同工作的基础条件，实现数据导航，可以查看和预览各类待质检数据与质检任务，通过 Web 前端发起各类质检操作；实现质控进度监控与审核流程，便于管理人员合理管控质控进度，查阅相关质检报告和图件；实现质检报告管理，一键生成并管理质检报告和图件，也管理乙方上传的各类图件。

（4）四道工序质控点功能研发：目前已经完成了工序一的质控功能模块，包括观测系统加载质控、静校正网格定义质控、初至拾取质控、初至层析反演质控、基准面静校正质控、二维相交测线闭合差分析质控，表层建模与静校正工序评价质控等。后续三道工序质控模块正在研发中。平台的研发考虑到平台的可扩展性，支持后续井中地震处理解释质控和地震解释质控，后续持续建设，在 Geoeast 现有的功能模块基础上，基于各类质检要求开发对应的交互质检模块和后台并行统计计算及数据提取模块。

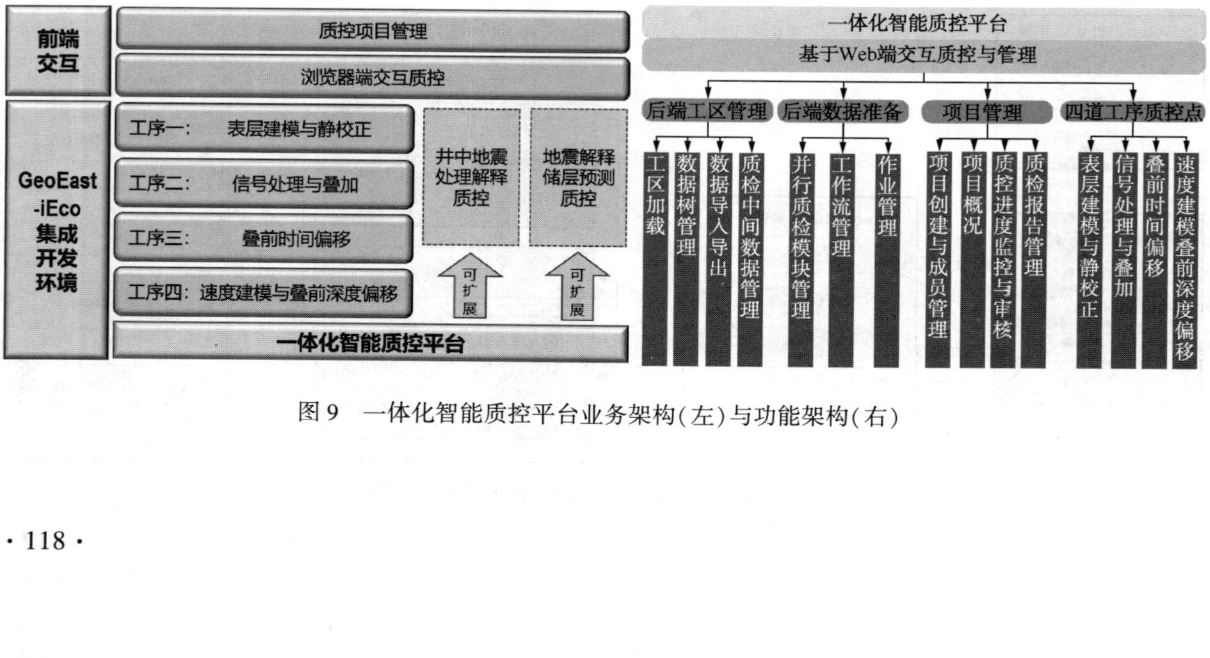

图 9　一体化智能质控平台业务架构(左)与功能架构(右)

2.2　技术架构

平台的总体架构如图 10 所示，主要分四层来设计，处理生产环境主要存储各类待质检数据，包含了叠前地震数据、叠后地震数据、速度模型等，同时也存储各类中间结果，如批处理模块计算出来的各类中间结果数据；并行计算层主要提供定量质检模块以及各类为快速交互而准备中间数据的并行计算模块；数据服务层分为两处，一是在 Geoeast 端的 C++轻量级 Web 服务引擎，主要负责批处理工作流管理调度，Geoeast-iEco 数据接口调用；一是质控平台的 Java 服务中心，主要是为上层交互提供快速的数据访问方式，保障在大规模数据情况下的交互流畅性，保障用户体验，并提供对多节点 Geoeast C++服务的注册发现，状态监控，数据传输，业务调度等行为；交互层提供各类工具，便于填写质检报告，上传相关图件，监控质检进度。

图 10　总体架构

为减少海量地震数据体的搬运次数，节省宝贵的处理工期，基于 Geoeast-iEco 平台的批处理计算系统搭建并行计算架构，技术架构如图 11 所示。

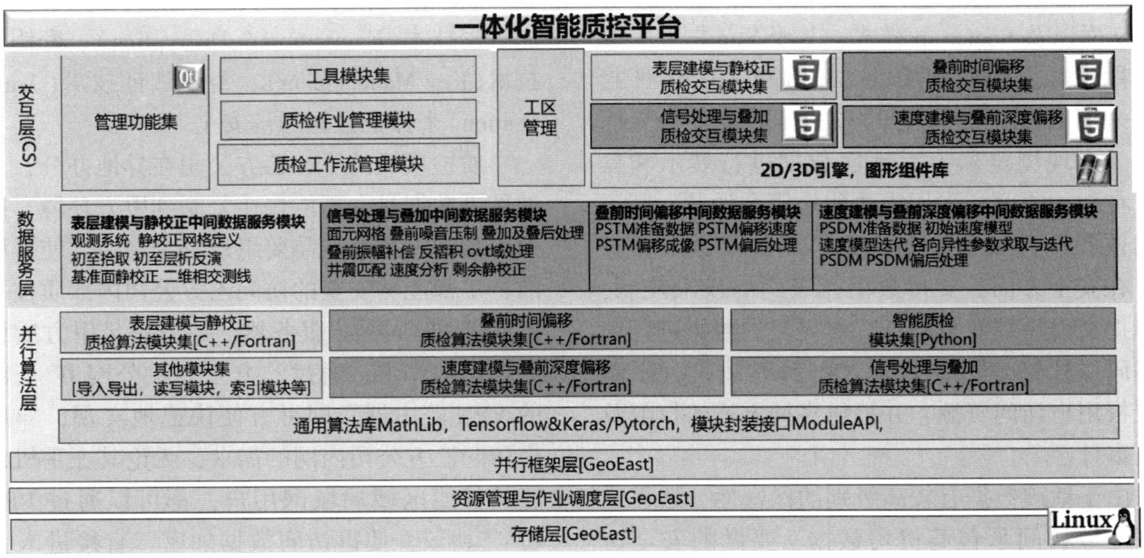

图 11　技术架构

存储层：管理海量的叠前地震数据体，基于 Geoeast 提供的多维度动态道头索引机制，缓存机制，分布式读写机制，以满足高速读取使用的需求。

资源管理与作业调度层：合理利用集群存储资源与计算资源，保障质检算法能快速执行。

并行框架层：保障质检算法可以在集群所有节点上顺畅执行，提升质检速度。

质检算法层：主要是基于并行框架，封装定量质检算法，以及为定性质检提供高速中间数据。

交互层：提供各类图件，供用户交互质检，生成质检报告，管理质检进度。

质控项目框架设计如图 12 所示，项目指标设置：根据项目所在工区的位置，参照塔里木质检规范可定制各质检指标点的阈值。其他参数设置：关联项目的输入数据，设置其他项目基本信息。本项目实现基于 Geoeast 软件的远程质控，实现甲方远程质控乙方数据的操作如下：(1)甲方提出质控点、线、面和质控数据要求；(2)乙方在线接收质控反馈意见，通过中间件提取质控数据关键信息，将数据通过 VPN 中石油内网上传梦想云，中石油梦想云平台应用数据湖技术，实现上游全业务链数据的逻辑统一、互联互通，支持跨地域、跨专业、跨机构的数据共享；(3)甲方通过质控平台查看梦想云的质控数据、质控报告。

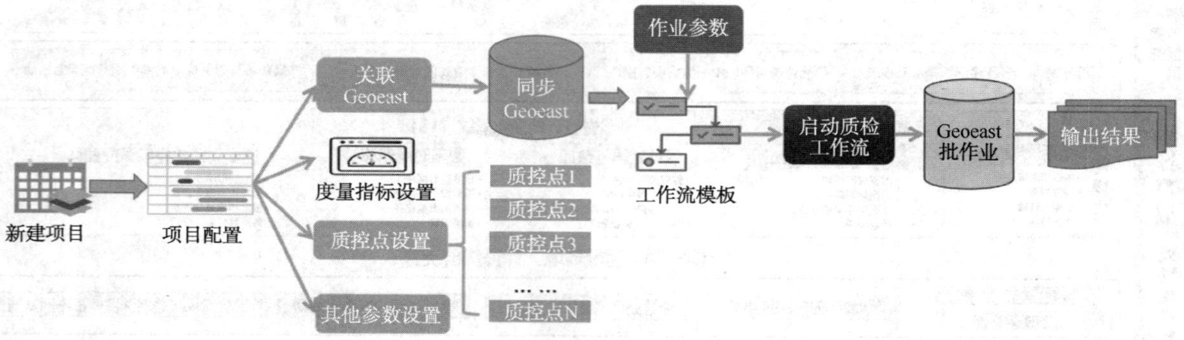

图 12　质控项目框架

系统基于 Bootstrap 扁平化设计和响应式布局，支持使用 PC、移动设备访问，自动适应不同设备的屏幕分辨率。后端基于主流框架 Springboot、MyBatis，前端采用 Beetl 模板引擎、Jquery 库以及 Bootstrap 样式，基于 Vue 框架完成油气勘探开发领域常用的 GeoToolKit. JS 组件封装，采用 HTML5 所具有的 Canvas 特性进行界面布局，实现浏览器上对地震数据进行展示和操作。在架构方面，采用模块化松耦合设计，基于微内核和插件架构，支持集群部署及微服务应用。在安全方面，支持数据行级别的权限控制，表单提交前后端双重验证，对提交的数据进行安全编码以杜绝 SQL 注入及 XSS 跨站攻击，限制未授权用户访问资源，并提供多种方式的权限及数据审计。

由于地震数据有较高级别的保密性，远程质控跨地域访问承包商机房数据，要做的安全访问。要实现远程质控，加之业务数据保密级别高，如何通过某种安全网络技术，在保证甲乙方网络畅通的同时，确保数据的安全性与完整性是平台首先需要解决的问题。使用 VPN 防火墙等网络安全措施，以及各项目人员权限设置保障质控数据安全，其主要采用隧道技术(Tunneling)、加解密技术(Encryption & Decryption)、密钥管理技术(Key Management)、身份认证技术(Authentication)来保证数据通信安全。

质检项目的甲、乙方公司在异地办公，乙方的处理数据过大不能快速复制到甲方环境，同时因为数据安全性，需要组建一个网络，使得甲方的员工都能够安全的访问乙方公司内部质控平台服务器和 Geoeast 服务器，并可满足甲方质检员异地访问需求。通过乙方公司在公网 IP 上部署的 VPN 路由器，即可方便快速地实现，异地用户访问乙方公司内网的需求，无论其在手机终端还是其他区域局域网用户，都可以通过 PPTP/L2TP 协议，使得访问数据加密，直接进入公司内网质控平台服务器，参与协同工作，网络安全部署图如图 13 所示。所需的硬件环境如下，乙方公司拥有 Geoeast 集群，质控数据已加载好在对应 Geoeast 项目中；独立部署的服务器，其负责部署四道工序质控平台服务；企业级 VPN 路由器，对外提供 Access VPN(远程接入 VPN)的接入服务，并为甲方用户开通权限；拥有的独立的公网 IP，为远程用户接入提供地址。

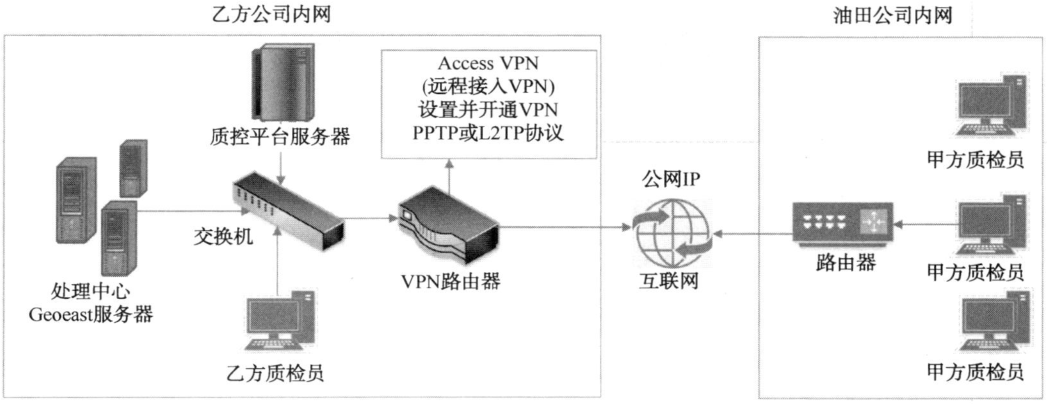

图 13　远程质控 VPN 部署图

3　应用效果

3.1　全局质控

严格按照质控要求，从点、线、面、切片属性四个方面展示各关键处理节点的数据，进行处理效果对比。以工序二的叠前去噪质控举例，如图 14 所示，展示了去噪前后单炮对比、去噪前后叠加剖面对比(见图 15)、去噪前后切片对比(见图 16)、去噪前后信噪比属性对比(见图 17)。从多个维度对数据进行全方位质控，并且系统自动记录质检员在线查看的单炮数量，后期可以自动生成质检记录。定性质控的数据，可以批量展示；定量质控的数据，可以通过后端作业流并行生成。根据现有质控体系中技术指标要求，按照定量质控阈值要求，自动统计是否合格。使用人工智能技术实现部分质控模块的质控功能，通过质控定量化标准设计质控是否通过的自动判断，质控报告一键生成。

3.2　三级质检在线管理

创建项目支持三级质检，项目信息如图 18 所示，包括油田质检用户、乙方单位处理员用户、监督用户，甲方提出质控点、线、面和质控数据要求，乙方在线接收质控反馈意见，通过中间件提取质控数据关键信息，将数据通过 VPN 中石油内网上传梦想云，甲方通过质控平台查看梦想云的质控数据、质控报告，支持在线质控项目审核，报告审核。

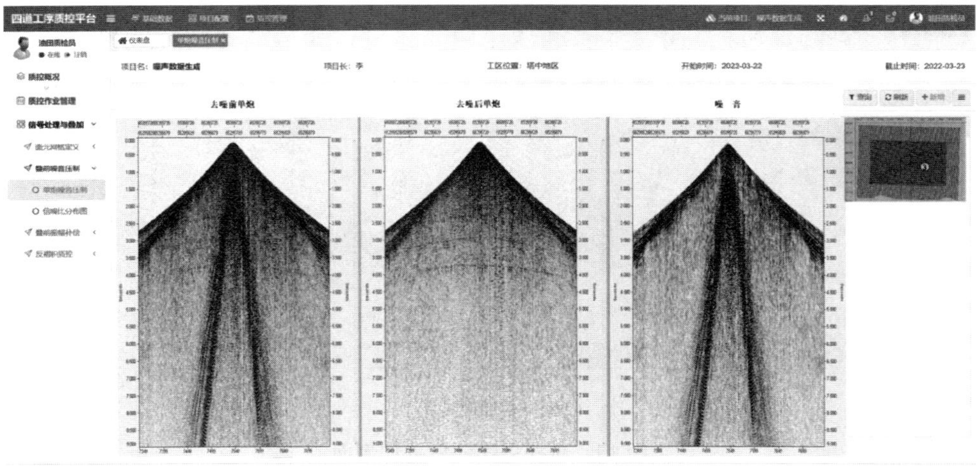

图 14　质控去噪前后单炮

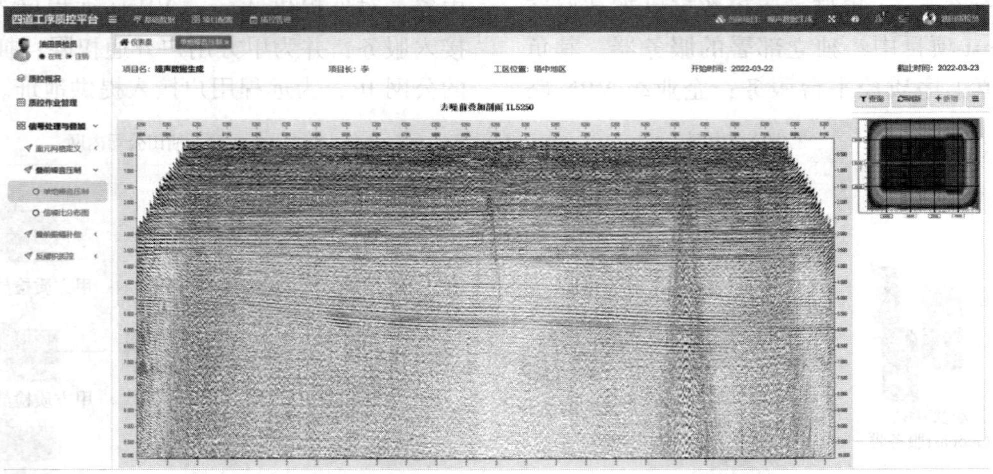

(a)去噪前叠加剖面

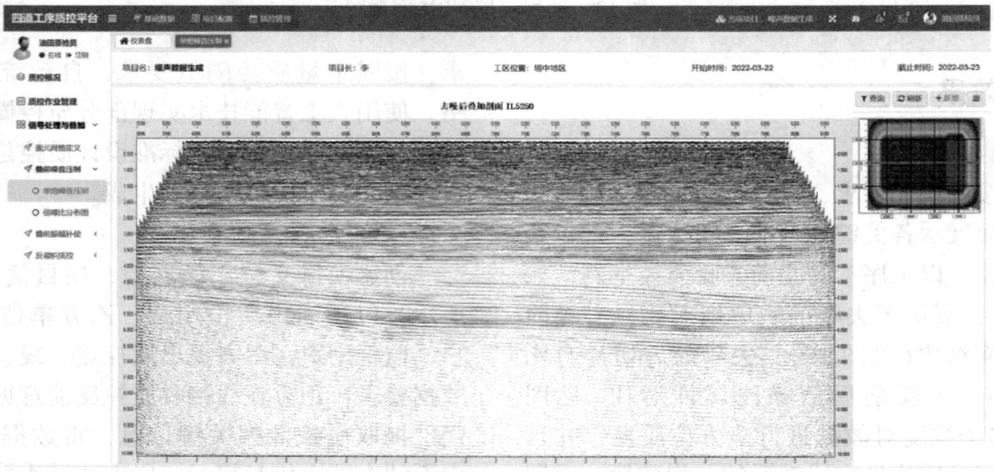

(b)去噪后叠加剖面

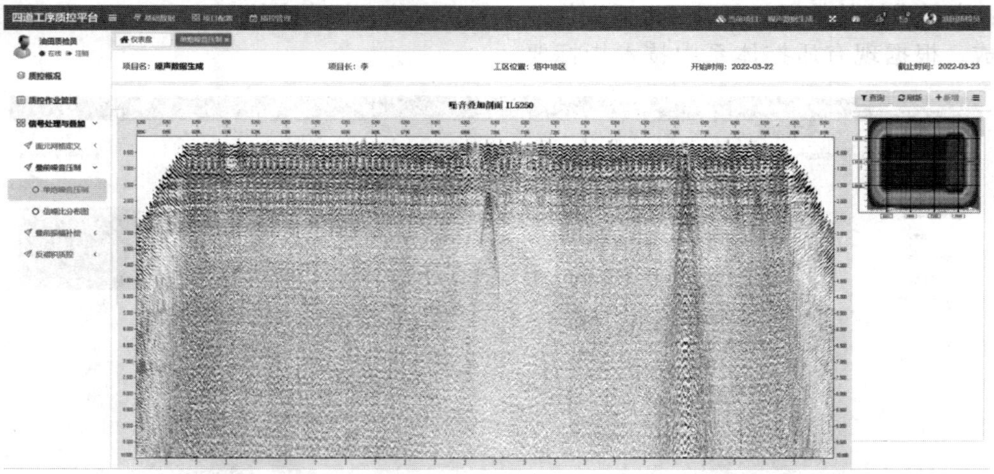

(c)噪声叠加剖面

图 15　质控去噪前后叠加剖面

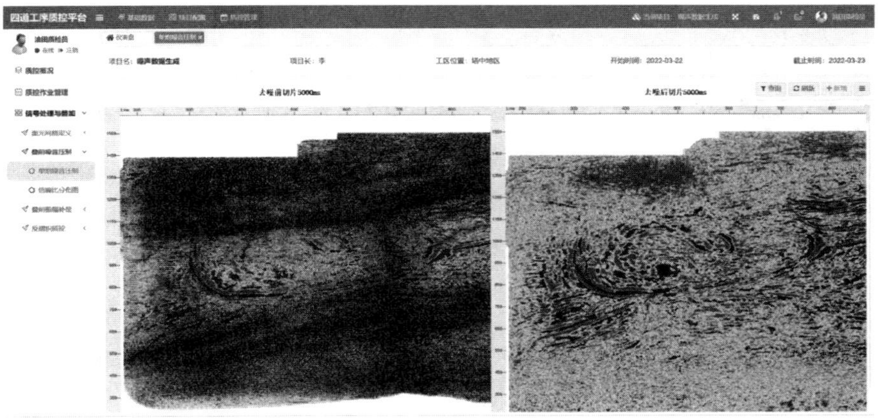

图 16　质控去噪前后切片

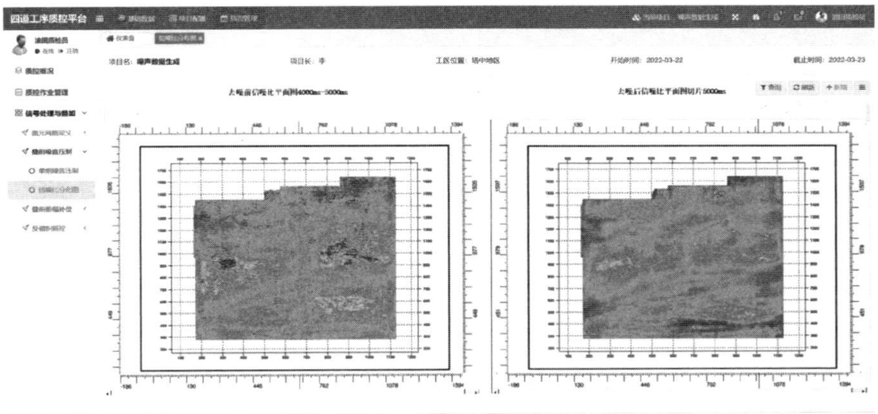

图 17　去噪前后信噪比平面图对比

图 18　创建质控项目

3.3　在线作业发送

平台支持在网页端发送质控作业，这项功能的研发，彻底将整个质控流程从专业软件后端搬到前端，避免了前后端多界面切换的操作，发送作业流程参数界面如图 19 所示。质控作业复用部分 Geoeast 已有的处理模块，结合开发了定量质控所需的特色模块，形成质控处理流程，提供流程关键参数供用户编辑，同时设定该质控点的默认目标值，如图 20 所示，作业自动计算合格率以及是否达标。质控点的默认目标值按照油田质控标准中提供的分区域不同目标值来设计，包括塔中、塔北、塔西南、库车和新区。软件设计灵活，用户可以根据处理项目的特殊性，按需求修改目标值。质控作业在网页端呈现方式简单，展示必要的修改参数，质控作业简洁明了，把质控人员从复杂的处理流程中解放出来，无须操作专业软件，按照普通浏览器的使用习惯，整个流程用户自通、流畅，无须专业人员培训，大大提高了质控效率。

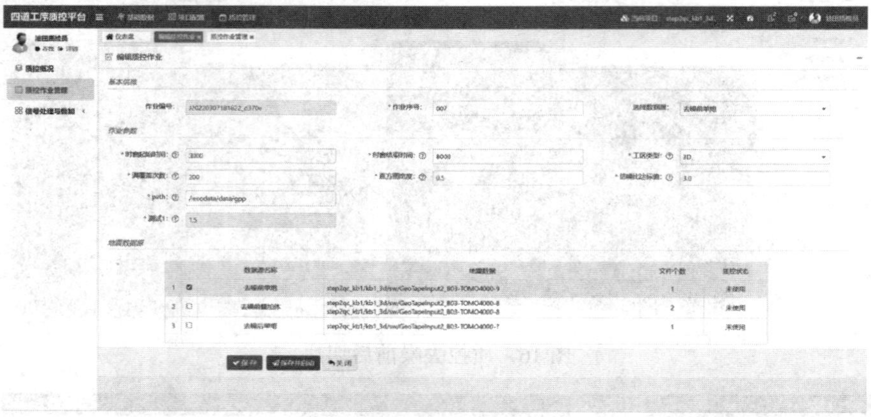

图 19　质控作业在线编辑

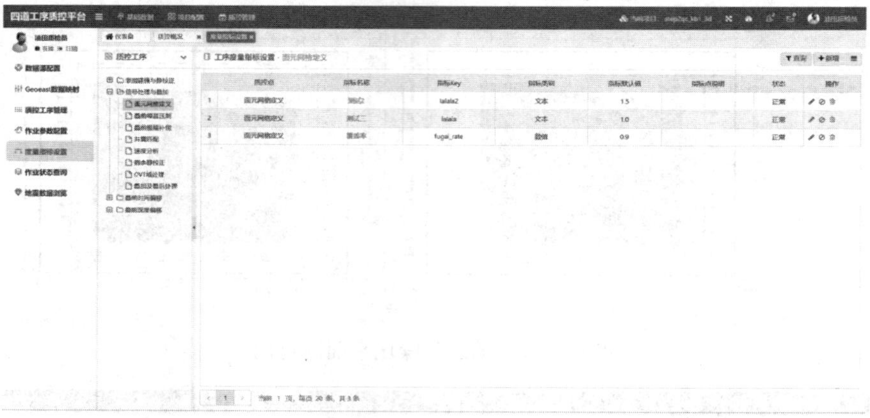

图 20　质控目标值设置

基于浏览器端的质控流程，提供了满足“四道工序”质控所需的全部功能模块。基于 Web 前端的质控工作流不仅统一了质控平台，支持远程在线质控，同时简洁流畅的操作也是其发展和推广的巨大优势。质控平台不仅开发了质控模块，也将 Geoeast 的作业监控功能拓展到网页端，如图 21 所示为作业监控界面，方便用户及时查看作业状态，可以说是建设了一套网页版的 Geoeast 处理质控平台。随着 Geoeast 处理解释平台功能的不断扩展，未来扩展网页端的井中地震处理解释质控和地震解释质控也是指日可待的。

图 21　质控作业在线监控

3.4 质检记录、质控报告自动生成

质控平台建设前，采用线下的质控模式，质检记录模板如图 21 所示，处理工作量需要质检人员在专业软件查看数据进行填写，质检数量、合格品数量、合格率是有质检员边工作边记录，质检人签字采用线下打印纸质版进行手动签字。质控平台设计了网页端的质检记录自动生成功能，如图 22 为工序 2 的质检记录网页，按照已有的固定质控点模板生成表框架，将质检员实时操纵质控数据的过程进行记录，最终自动生成质检表。质检人自动获取质检用户名称，对于定量质控，系统自动判断是否合格，定性判断，需要质检员在网页选择是否合格；关键字段质检数量、合格品数量、合格率、抽检率大部分都是自动生成的，结果真实可靠，大大提高效率的同时也避免了人工填写的主观因素。

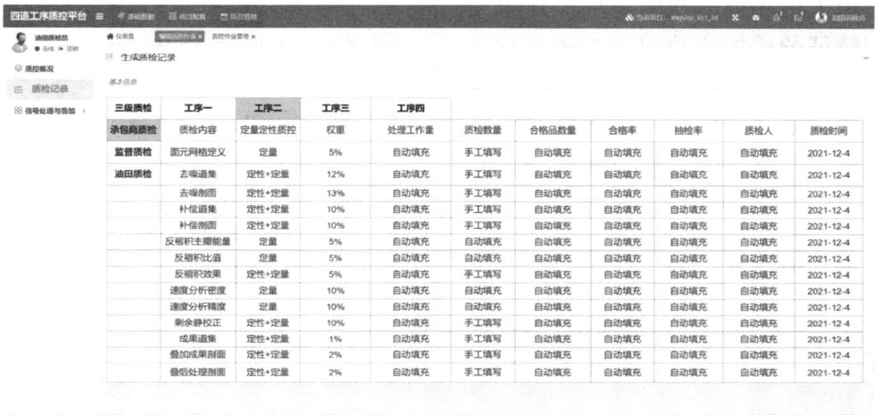

三级质检	工序一	工序二	工序三	工序四						
承包商质检	质检内容	定量定性质控	权重	处理工作量	质检数量	合格品数量	合格率	抽检率	质检人	质检时间
监督质检	面元网格定义	定量	5%	自动填充	手工填写	自动填充	自动填充	自动填充	自动填充	2021-12-4
油田质检	去噪道集	定性+定量	12%	自动填充	手工填写	自动填充	自动填充	自动填充	自动填充	2021-12-4
	去噪剖面	定性+定量	13%	自动填充	手工填写	自动填充	自动填充	自动填充	自动填充	2021-12-4
	补偿道集	定性+定量	10%	自动填充	手工填写	自动填充	自动填充	自动填充	自动填充	2021-12-4
	补偿剖面	定性+定量	10%	自动填充	手工填写	自动填充	自动填充	自动填充	自动填充	2021-12-4
	反褶积主瓣能量	定量	5%	自动填充	自动填充	自动填充	自动填充	自动填充	自动填充	2021-12-4
	反褶积比值	定量	5%	自动填充	自动填充	自动填充	自动填充	自动填充	自动填充	2021-12-4
	反褶积效果	定性+定量	5%	自动填充	手工填写	自动填充	自动填充	自动填充	自动填充	2021-12-4
	速度分析密度	定量	10%	自动填充	自动填充	自动填充	自动填充	自动填充	自动填充	2021-12-4
	速度分析精度	定量	10%	自动填充	自动填充	自动填充	自动填充	自动填充	自动填充	2021-12-4
	剩余静校正	定性+定量	10%	自动填充	手工填写	自动填充	自动填充	自动填充	自动填充	2021-12-4
	成果道集	定性+定量	1%	自动填充	手工填写	自动填充	自动填充	自动填充	自动填充	2021-12-4
	叠加成果剖面	定性+定量	2%	自动填充	手工填写	自动填充	自动填充	自动填充	自动填充	2021-12-4
	叠后处理剖面	定性+定量	2%	自动填充	手工填写	自动填充	自动填充	自动填充	自动填充	2021-12-4

图 22　质检记录在线生成

图 23 所示为在线生成质控报告的页面，以工序一的炮点位置对比为例。质控报告自动生成的功能大大简化了质控人员手动截图做质控报告的过程，系统将各个质控点的图片统一存储，按照质控报告模板格式设置标签，将图片插入文档，质控报告中说明了是否合格以及判断依据。这些定量质控点都是根据系统设定的质控目标值自动生成的，定性质控是根据质检员在前端选择记录下来的。同时研发了在线编辑的功能，用户可以对质控报告进行修改。

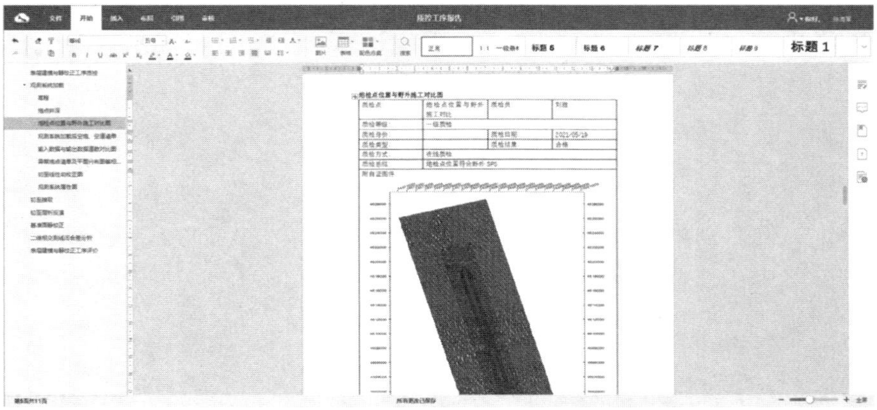

图 23　质控报告在线生成

4　结论

基于四道工序地震数据处理的智能质控平台是塔里木油田研究院对地震处理模式的新探索的落地，形成了一套完善的处理质控技术体系。其通过 B/S 架构设计，支持在浏览器端的全流程在线质控，解决了甲乙方异地办公远程质控的问题，同时支持质控报告、质检记录在线生成，以及三级质检项目在线管理。支持全局质控、批量质控、定量质控、远程质控、安全质控和智能质控，且平台总体框架具有可以移植性、高可用性、扩展性、兼容性，用户使用具有稳定性和流

程性，三级质检用户功能个性化定制，远程同步质检，避免了超大体量地震数据搬迁。

通过平台的智能化技术可对质控功能点合格性自动判断，质检记录和质控报告自动生成，目前对四道工序的质控点的智能模块还在进一步的探索中，后期考虑针对部分定量和定性的质控模块应用人工智能机器学习的技术来提高质控的效率和精度，如神经网络在噪音压制及断层特征识别上的应用，避免人为主观因素的干扰，符合人工智能技术应用特征的质控模块可以考虑工序2的剩余静校正量智能判断，叠后处理效果智能判断，工序3的道集拉平智能判断、偏移速度场与偏移成像的吻合性，工序4的新老深度偏移成果对比质控。

参考文献

[1] 高旭瑞，吴菊英，安龙，等．人工智能在大数据技术中的应用[J]．电子技术，2022，51(01)：248-249.

[2] 马迅飞，曹士炳，张进铎，等．基于PB级地震数据的GeoEast云平台架构研究[J]．计算机时代，2020(2)：4.

[3] 孙孝萍，杜吉国，陈继红，等．GeoEast系统地震作业运行方式的优化[J]．物探装备，2014，24(3)：204-109.

[4] 李桂林．HTML5在WEB前端开发中的应用研究[J]．计算机产品与流通，2020(08)：17.

[5] 孙莹芳，姜雅雯，刘超，等．基于Html5的勘探曲线设计与实现[J]．信息系统工程，2021(02)：88-89，93.

[6] 李楠．VPN技术助力管道公司高效安全营运——管道公司远程访问技术实用分析[J]．中国石油和化工经济分析，2008(11)：3.

[7] 马涛，张仲宏，王铁成，等．勘探开发梦想云平台架构设计与实现[J]．中国石油勘探，2020，25(05)：71-81.

[8] Gao Yang，Zhao Pingqi，Li Guofa，Li Hao. Seismic noise attenuation by signal reconstruction：an unsupervised machine learning approach[J]. Geophysical Prospecting，2021，69(5).

[9] Mauricio Araya-Polo，Taylor Dahlke，Charlie Frogner，Chiyuan Zhang，Tomaso Poggio，Detlef Hohl. Automated fault detection without seismic processing [J] . The Leading Edge，2017，36(3).

钻完井设计知识图谱的构建与应用

梅运谊　葛云华　张彦龙　景凌志　季　勇

（中国石油集团工程技术研究院有限公司）

摘　要　近年来，国内外在新一代知识图谱的关键技术和理论方面取得了一定进展，以知识图谱为载体的典型应用也逐渐走进各个行业领域，知识图谱技术的不断发展为钻完井设计提供了更丰富的实现方式。为推进资料管理规范化、知识管理显性化、资料价值最大化，实现钻完井设计数据资产管理与知识增值，针对钻完井设计现有挑战和资源利用情况，提出利用知识图谱技术，设计多维分类与关联知识体系和知识图谱本体模型，实现钻完井设计知识体系及知识图谱构建，将科研成果内关键信息自动提取，自动对成果进行标签分类，提高了数据管理规范化程度和数据挖掘利用率，有利于提高科研工作效率，推动钻完井设计高质量发展。

关键词　知识图谱；AI 技术；智能搜索；钻完井设计

知识图谱最早于 2012 年由 Google 正式提出，其初衷是为了改善搜索，提升用户搜索体验。知识图谱至今没有统一的定义，在维基百科中的定义为："Google 知识图谱（Google knowledge graph）是 Google 的一个知识库，其使用语义检索从多种来源收集信息，以提高 Google 搜索的质量。"从当前知识图谱的发展看来，此定义显然是不够全面的，当前知识图谱的应用俨然远超其最初始的搜索场景，已经广泛应用于搜索、问答、推荐等场景中。

石油石化行业保存有大量科研成果数据，普遍存在"数据分散易流失、有数据找不到，找到后无法用"等问题，钯需对数据资产进行科学管理。AI 技术的快速发展，助推了钻完井设计场景化应用，利用先进的知识图谱技术，聚焦钻完井设计，将科研成果内的关键信息提取出来，自动对成果进行标签分类，构建钻完井设计知识管理体系，挖掘数据价值，实现钻完井设计知识资源的统一管理，各类知识的互联互通和共享应用，打造"有用、好用、爱用"的钻完井设计知识图谱至关重要。

1　知识体系及知识图谱构建

钻完井设计知识图谱主要内容是设计多维度特色知识体系及图谱，图谱构建部分包括词库词表管理、知识体系设计及管理、本体维护管理（概念图谱管理）、实例图谱的自动构建；汇聚各类知识资源，促进知识与业务的深度结合。

2　知识管理总体框架

钻完井设计知识图谱设计，重在知识的汇聚及知识的应用，主要体现为对知识的展现、搜索、推荐等。为用户提供从采集、存储、管理、应用的知识全生命周期管理，同时提供知识体系构建、知识安全、知识推送等配套机制及工具。知识管理总体框架如图 1 所示。

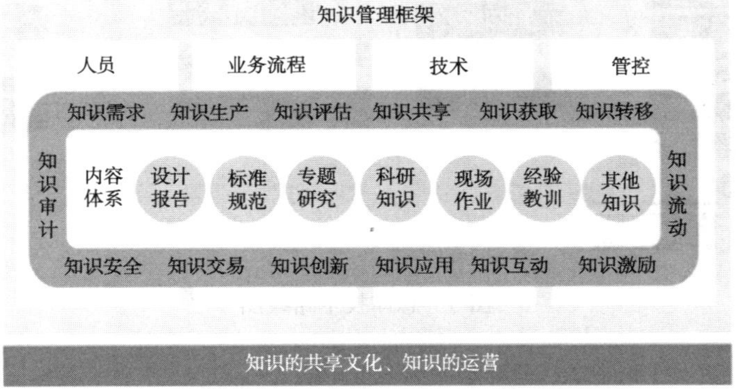

图 1　知识管理总体框架

2.1 总体研究思路

基于数据库及软件系统，开展钻完井设计知识图谱设计，实现多源异构数据汇聚，挖掘数据价值，辅助钻完井方案设计，提高方案设计效率。如图2所示。

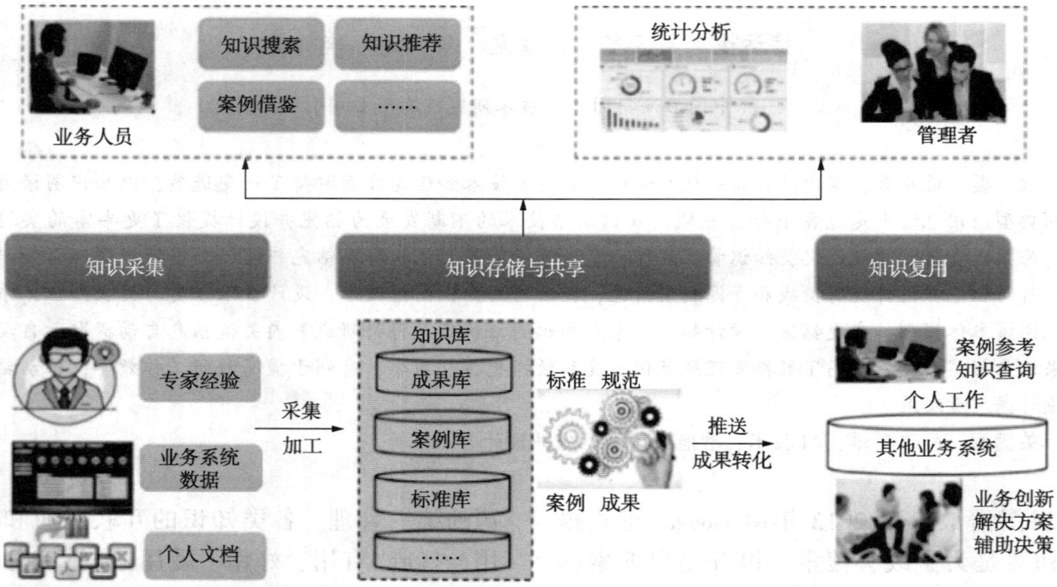

图2 总体研究思路

2.2 总体技术路线

通过采集内外部的知识源，通过知识模板，统一信息结构，按照业务规则加工处理各类知识，将多源异构的知识转化为结构化、关联化的数据存储。如图3所示。

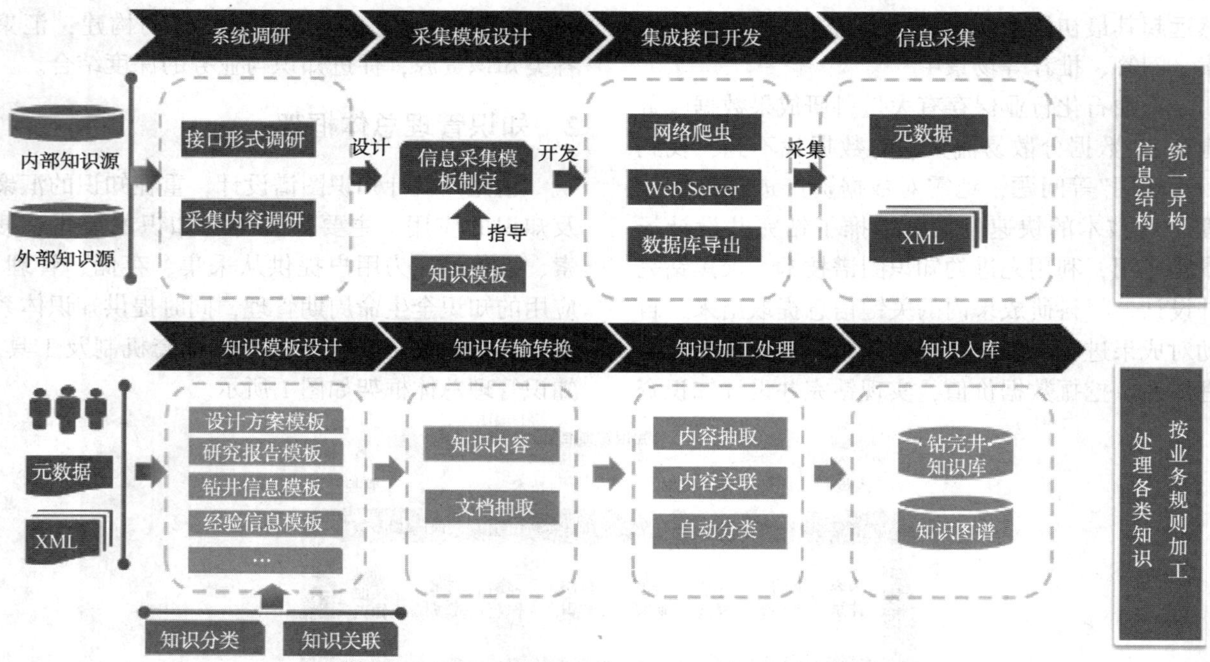

图3 总体技术路线图

2.3 应用架构

基于需求分析和应用目标，结合知识管理设计内容，从知识全生命周期的角度看，以“采、存、管、用”四个层次定义的知识管理应用架构如下图所示，分为信息采集、知识存储、知识运维管理、知识应用四部分，如图4所示。

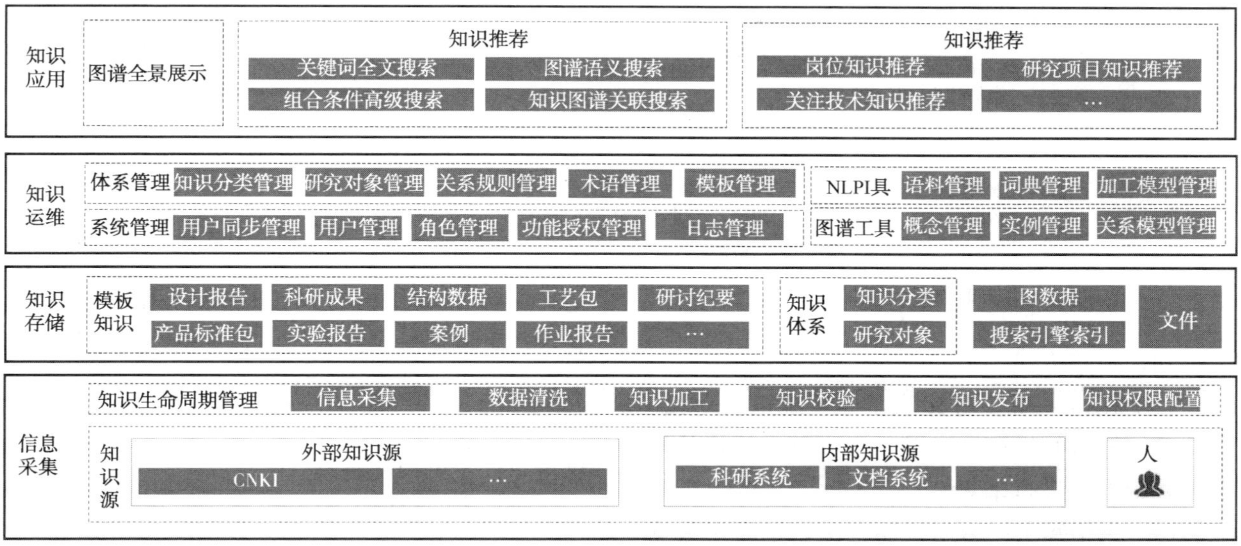

图4　应用架构图

(1) 信息采集。对知识源进行梳理分析：对外的知识源包括CNKI等数据源持续采集内容；对内将科研单位内部资料信息、成熟系统的数据库等作为新的重要来源，如科研系统、文档系统、现场作业系统等，纳入到数据采集范围。

(2) 知识存储。根据采集的知识源，设置对应的知识模板，进行统一的知识存储。

(3) 知识运维管理。知识体系管理为钻完井设计规划多维度的关联知识网络，满足用户在日常工作查询的需要，并根据业务需要进行知识分类、知识抽取等加工处理。

(4) 知识应用。随着图数据库、大数据分析等先进技术的应用，搜索引擎的版本升级和前端新技术的增多，需要新的应用促进新技术的落地，如图谱搜索、知识推荐等，提高知识应用的适用性。

2.4 功能架构

根据现状和需求分析结果，采用结构化设计方法，从宏观角度将钻完井设计知识库系统划分成各个组成模块。以“高内聚、低耦合”为原则进行模块设计，保证模块功能独立、大小适中，通过对数据的高效封装及良好的消息机制实现模块调用。功能架构主要包括图谱构建、知识库建设、智能应用三个方面，如图5所示。

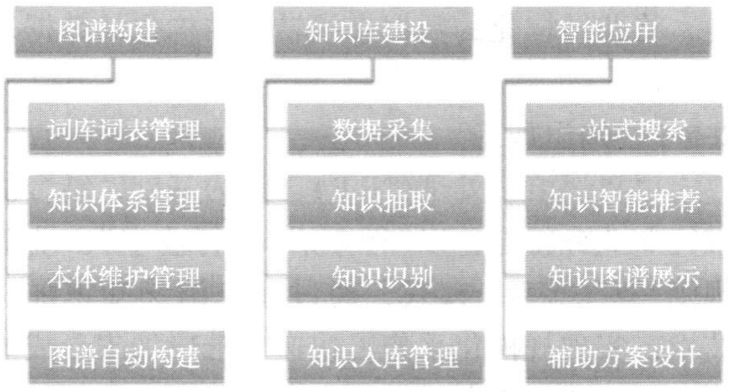

图5　功能架构图

图谱构建是最前置和重要的环节，主要包括词库词表管理、知识体系设计及管理、本体维护管理(概念图谱管理)、实例图谱的自动构建。

2.5 功能设计

2.5.1 知识采集

知识采集为知识图谱整体数据加工来源，根据业务需要，数据采集需保证从多个数据源进行数据采集与抽取，并且保证数据库数据采集与抽取能够实现定时采集机制。汇聚内外部知识资源，为各业务系统提供知识服务和接口。

需要数据集成的信息源主要包括：历史设计报告、现场作业数据、科研报告、标准库、专题报告等，支持手动上传文件，如图6所示。

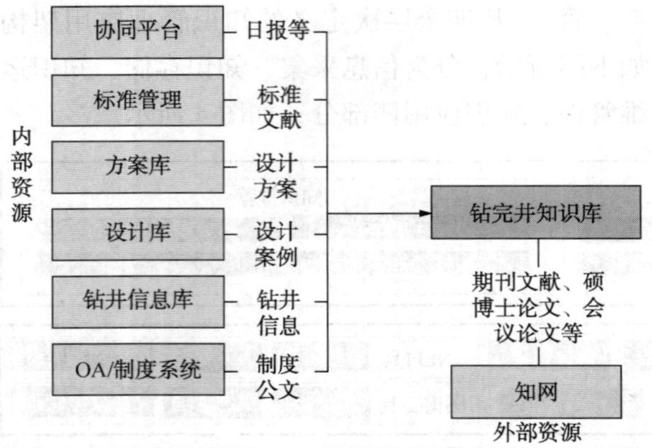

图 6　主要采集数据源及数据

知识采集方式：

（1）接口采集：与其他业务系统进行对接，对接系统输入知识所需主要字段，可直接将其他业务系统内容进行采集。

（2）网络爬虫：运用机器算法识别海量数据（如工单数据）中符合“标准”的优质内容进行提取。

（3）模板导入：支持人工批量模板导入功能，将非结构化的数据直接转为结构化的数据进行存储。

2.5.2　知识加工

以自然语言处理（NLP）理论为基础，结合油气行业业务特点，以“行业语料+行业字典+业务规则+算法模型”模式，通过业务语义知识加工技术，实现规模化采集，快速、准确加工形成业务知识，如图 7 所示。

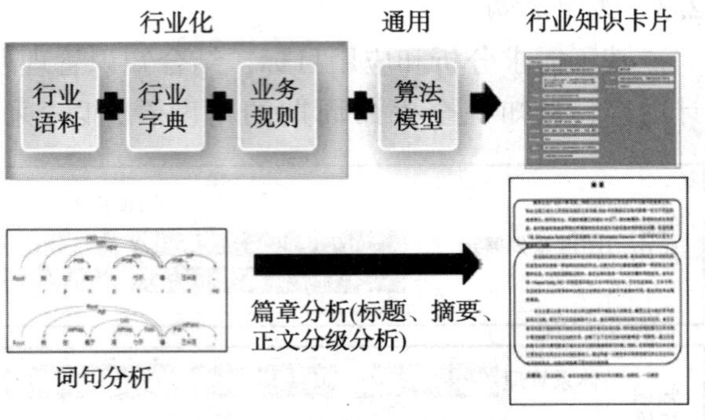

图 7　知识加工逻辑图

支持对设计文档进行知识加工和内容提取。支持基于数据挖掘技术与内容理解，为采集的知识资源提供识别提取加工，形成知识网络，支持自动推送；支持语义分析的模型优化、语料库构建与完善及可视化管理。

对采集的数据可配置加工任务及加工模型对知识进行知识抽取，在前期以实现的业务自动分类、研究对象识别等加工范围基础上，进一步细化加工粒度、扩展加工内容向，为知识搜索、行业动态分析等业务场景提供更好的数据服务支撑。

提供针对数据的特征抽取能力，可基于语义网建立专业领域的重点属性的自动抽取，提供包括实体识别、实体关系抽取、实体属性抽取、其他自定义标注抽取的功能。用户通过训练语料，训练语义数据抽取模型，系统通过对用户语料的分析能力，抽取对应信息，如图 8 所示。

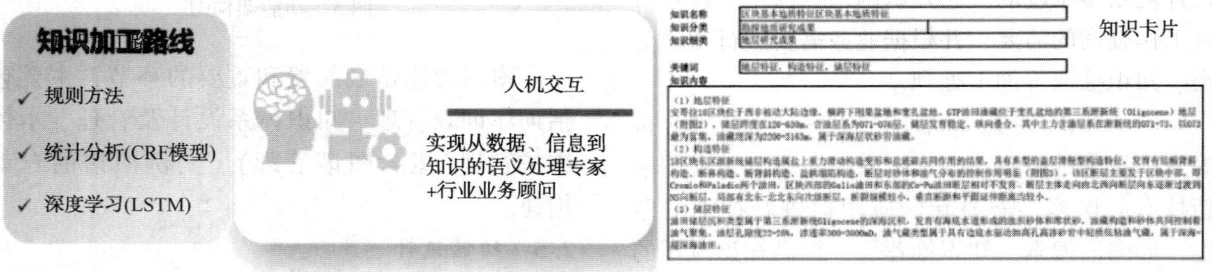

图 8　知识加工路线图

2.5.3　知识体系设计

建设钻完井设计业务领域知识管理体系，从知识采集，到知识管理，到知识应用研发一套完整的应用功能，保证业务研究知识可传承。

知识体系的梳理，主要是分析钻完井设计业务中的知识应用及诉求，设计知识体系框架。知识体系的构建思路为：分析业务模型、梳理知识来源、设计知识体系，具体如图 9 所示。

根据业务范围和业务规则进行本体模型的设计，分析钻完井设计管理涉及的各项要素，整理各要素的关联关系。根据用户关注的要素，深度挖掘数据的直接或潜在关系，便于用户可以多维度追溯到响应的知识内容，按照一定原则对知识进行归纳和划分，从而形成全局统一的体系结构，知识体系包括知识分类、知识模板、知识关系，如图 10 所示。

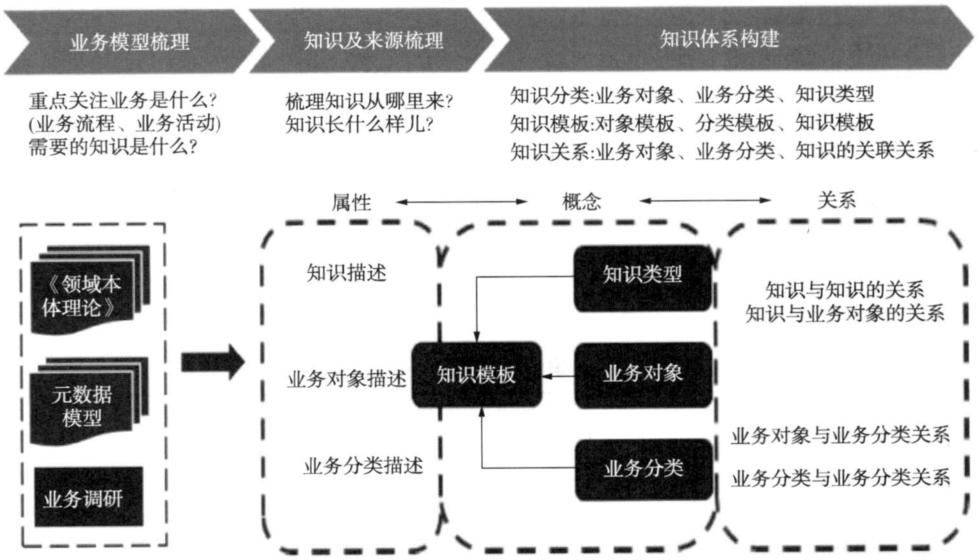

图 9　知识体系设计思路

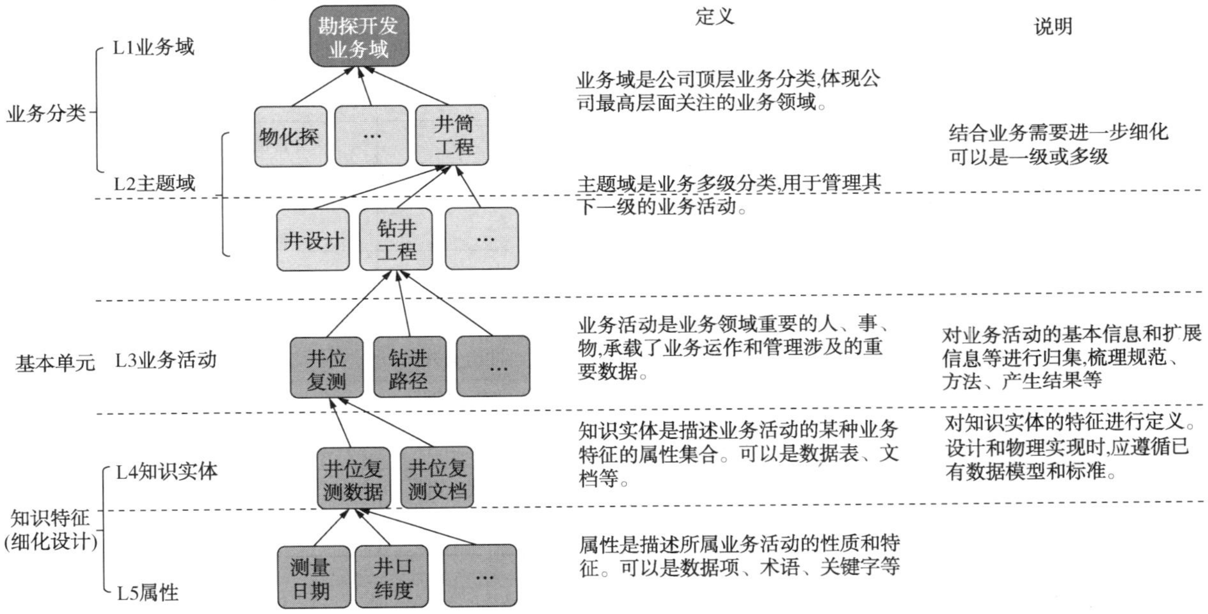

图 10　知识体系多维度分析方法

结合国内外企业最佳实践，一般通过五个层级明确知识的类别、属性，描述企业所拥有的知识资产全集。

2.5.3.1　知识分类

知识分类是按照业务维度对知识进行归纳和划分而形成的全局统一的知识分类结构，是知识管理中知识分类的总目录。知识分类作为知识一种属性，目的在于更好地挖掘分类与分类之间的关系。

钻完井设计知识体系，是一个多维度的体系，可按照业务、技术、对象等多种维度，梳理设计符合业务应用特点的知识分类。如钻井工程方案设计可按照已钻井情况分析、钻井部署、井眼轨道优化设计、井深结构设计等业务流程梳理设计知识的业务分类，如表 1、表 2 所示。

表 1　知识的业务维度分类设计

钻井工程方案设计	已钻井情况分析	
	钻井部署	
	井眼轨道优化设计	
	井身结构设计	
	钻井液设计	
	钻井工程油层保护要求	
	完井设计	套管完井设计
		完井方式选择
	钻井工程配套方案设计	钻具组合设计
		钻具强度校核设计
		钻柱摩阻扭矩设计
		钻头选型
		钻机选型
		井控技术设计
	钻井工程方案设计文档	

表 2　知识的技术维度分类设计

一级	二级	三级	四级	五级	六级	七组
中文	中文	中文	中文	中文	中文	中文
井筒工程	Wellbore engineering					
	钻井工程	Drilling engineering				
		钻井工艺技术				
			钻井方法			
				爆炸钻井		
				侧向钻井		
					中曲率半径侧向钻井	
					套管侧钻	
						套管开窗侧钻
						套管段铣侧钻
					悬空侧占	
				超声波钻井		
				冲击钻井		
				吹灰钻井		
				垂直钻井		
				从式钻井		
					从式双筒钻井	

2.5.3.2　知识模板

知识模板是一种承载知识基本属性的载体，通过属性模板描述不同类型知识的基本特征，某些属性可作为关系属性构建知识关系。

知识模式示例如表 3、表 4、表 5 所示。

表 3　成果类知识模板设计

属性名称	属性解释
标题	科研成果报告的名称
摘要	成果报告摘要
关键词	报告关键词
研究任务	科研项目主要的研究任务
主要成果	主要产出的成果
创新点	成果那些创新点
成果报告分类	成果报告分为可行性研究报告、开题报告、阶段成果、最终成果、其他成果（附图附件、测试报告、测井曲线等）
所属的项目	科研成果报告所属项目的名称
报告编写人	编写项目成果报告的人员
研究对象	该科研成果所涉及的研究对象包括那些
知识分类	该成果报告涉及的知识分类包括那些
术语标签	该成果报告涉及的术语包括那些

表 4　案例类知识模板设计

属性名称	属性解释
标题	案例的标题
关键词	该案例的关键词
摘要	案例的摘要
背景	案例发生的背景
问题、事件描述	该案例的描述
分析与对策	该案例对应的分析与对策
处理结果	该案例的处理结果
经验和教训	总结的经验和教训
副标题	有些案例有副标题
案例出处	案例来源图书或者项目等
编写人	编写该案例的人
审核专家	审核该案例的人
发表时间	案例发表的时间
所属项目	该案例所属的项目名称
研究对象	该案例所涉及的研究对象包括那些
知识分类	该案例涉及的知识分类包括那些
术语标签	该案例涉及的术语包括那些

表 5　标准类知识模板设计

属性名称	属性解释
标题	标准的标题名称
Title	标准的英文名称
封面	标准的封面
摘要	标准的摘要内容
标准体系	4 个标准体系，分别是油田标准体系、炼油标准体系、化工标准体系、管理标准
标准分类	按标准的适应地区范围，分为： 【国内标准】国家标准、行业标准、地方标准、台湾地区标准 【国外标准】DIN 德国标准、NF 法国标准、JIS 日本工业标准、ASTM 美国材料与试验协会标准、ANSI 美国国家标准、BS 英国标准、GOST 俄罗斯(原苏联)标准、其他国外标准 【国际标准】ISO 国际标准、IEC 国际电工委员会标准、其他国际标准 【企业标准】

续表

属性名称	属性解释
中标分类	按标准的学科分类，分为：A 综合；B 农业、林业；C 医药、卫生、劳动保护；D 矿业；E 石油；F 能源、核技术；G 化工；H 冶金；J 机械；K 电工；L 电子元器件与信息技术；M 通信、广播；N 仪器、仪表；P 工程建设；Q 建材；R 公路、水路运输；S 铁路；T 车辆；U 船舶；V 航空、航天；W 纺织；X 食品；Y 轻工、文化与生活用品；Z 环境保护
附件	标准原文或流程原文
标准号	标准的编号。国家标准：石油钻井指重表—GB/T 24263—2009，行业标准：定向井轨迹控制—SY/T 6332—2012，企业标准：综合研究业务模型 第 3 部分：开发地质研究—Q/SH 0424. 3—2012、钻井工程劳动定员—Q/CNPC 11-2003，API 标准：钻井和修井井架、底座标准—Spec 4F：2008
状态	分为现行标准、待实施标准、作废标准
起草单位	标准的起草单位
归口单位	标准的归口单位
发布日期	标准发布的时间
实施日期	标准生效的时间
作废日期	标准停止使用的时间
被代替标准	已被新的标准所替代的标准
代替标准	代替已有标准的新标准
页数	标准的页数
适用范围	标准使用的行业、情景，例如定向井轨迹控制 SY/T 6332—2012，适用范围：本标准适用于定向井钻井轨迹控制
研究对象	该标准所涉及的研究对象包括哪些
知识分类	该标准涉及的知识分类包括哪些
术语标签	该标准涉及的术语包括哪些

2.5.3.3　知识关系

知识关系是将知识、知识体系各要素建立关联关系，形成知识与知识之间的关系网络。知识管理的梳理主要从知识分类、研究对象、知识内部或之间的关系进行梳理，如图 11 所示。

多维度知识体系之关联环节是业务活动，在实际生产过程中可独立组织实施。在知识体系设计的框架基础上，通过业务活动，将其涉及的业务规则、各种对象（活动执行者、活动作用对象、活动参与对象、活动结果对象）关联起来，如图 12 所示：

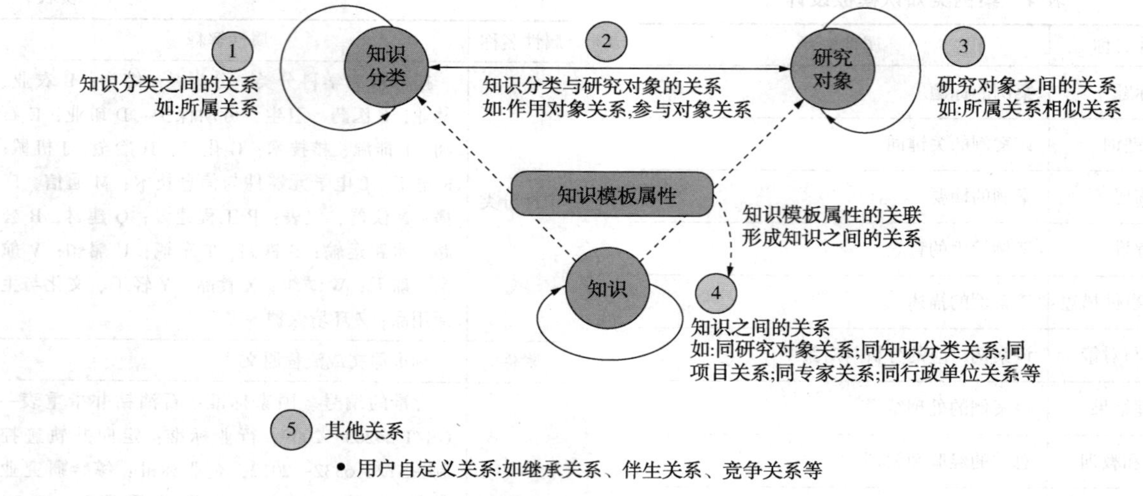

图 11　知识关系梳理图

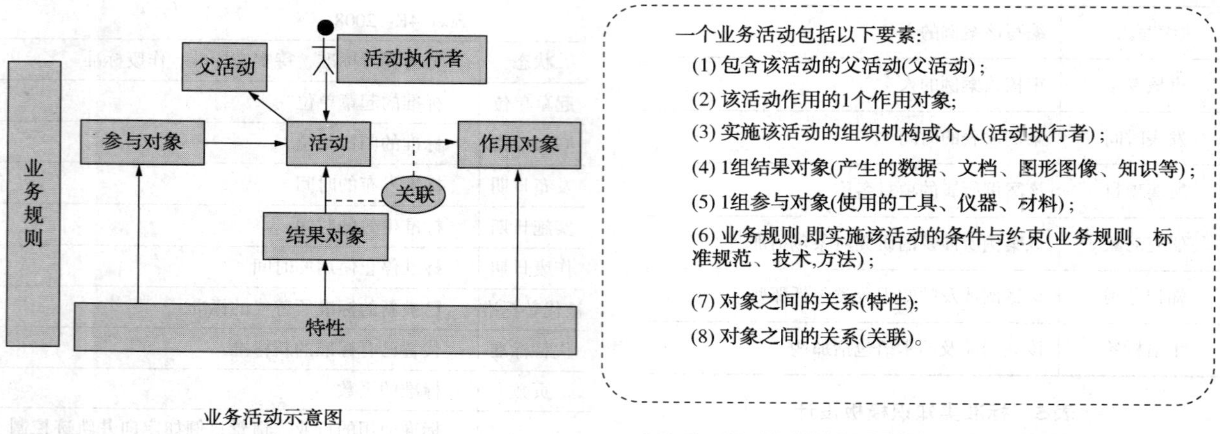

图 12　多维度知识体系之关联环节——业务活动

在知识分类、知识关系、知识模板确定后，根据得出的知识体系成果可以构建概念图谱。如表 6、表 7、表 8 所示。

表 6　知识分类与研究对象间关系梳理示例

业务域	一级业务	作用对象	参与对象
井筒工程	钻井工程	井	盆地、油气田、物化探工区、地层、井下工具、油田耗材
	地质录井	井	盆地、油气田、物化探工区、地层、井下工具、岩石样品、油田耗材
	地球物理测井	井	盆地、油气田、物化探工区、地层、井下工具
	固井	井	盆地、油气田、物化探工区、地层、井下工具、油田耗材
	完井	井	盆地、油气田、物化探工区、地层、井下工具、油田耗材
	试油(气)	井	盆地、油气田、物化探工区、地层、井下工具、油田耗材
	井下作业	井	盆地、油气田、油气藏、开发单元(区块)、井下工具，油田耗材

表 7 研究对象间关系梳理示例

序号	对象类型	关系类型	对象类型
1	盆地	所属	政治区域
2	构造单元	所属	盆地
3	构造单元	所属	构造单元(上级构造)
4	油气田	所属	构造单元
5	油气田	所属	矿权区
6	油气藏	所属	盆地
7	油气藏	所属	构造单元
8	油气藏	所属	油气田
9	地层	所属	盆地
10	地层	所属	构造单元
11	地层	所属	地层(上级地层)
12	地层	所属	油气藏
13	井	所属	盆地
14	井	所属	油气田

表 8 知识间关系梳理示例

知识类型	关系类型	知识类型	关联属性
科研成果	同研究对象关系	科研成果	研究对象
科研成果	同知识分类关系	科研成果	知识分类
科研成果	同项目关系	科研成果	所属的项目
科研成果	同专家关系	科研成果	报告编写人
案例	同专家关系	案例	编写人
案例	同项目关系	案例	所属项目
案例	同研究对象关系	案例	研究对象
案例	同知识分类关系	案例	知识分类

2.5.4 知识图谱

建成钻完井设计知识图谱，实现对钻完井设计知识的全面管理和应用，如图 13 所示。

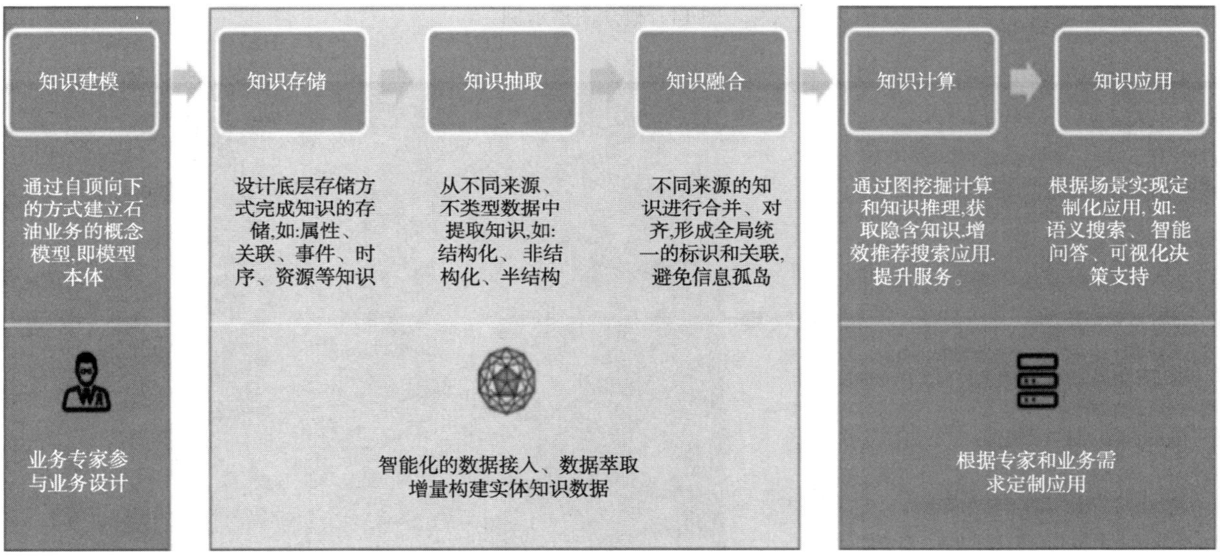

图 13 知识建模应用流程图

知识结构地图：采用脑图的发散扩展形式，点开展示本平台每个知识库的基本知识框架结构。通过地图核心点，逐步发散延伸出更多的知识分支，直观地展示出平台的整体知识结构，如图 14 所示。

2.5.5 一站式搜索

搜索是知识管理最为重要的应用，油气行业知识经过最初的信息采集、然后经过处理、过滤、解释等，最终保存到已建成的基础数据库中，主要的目的在于让钻井院的所有用户能够快速获取所需的知识并应用于工作，为钻完井设计和领导决策提供最有效的、动态的、科学的帮助。

为了快速而准确地找到用户需要的知识内容，需要建立一个具有用户背景、理解各专业业务流程、专业学科、成果资料类型等的智能搜索工具。传统的搜索引擎基于关键词或字符串查询信息库，并没有对查询的目标和用户的查询输入进行理解。智能搜索引擎主要通过自然语言处理和知识图谱等人工智能技术，理解用户需求，反馈相应的内容，结果也更优，如图 15 所示。

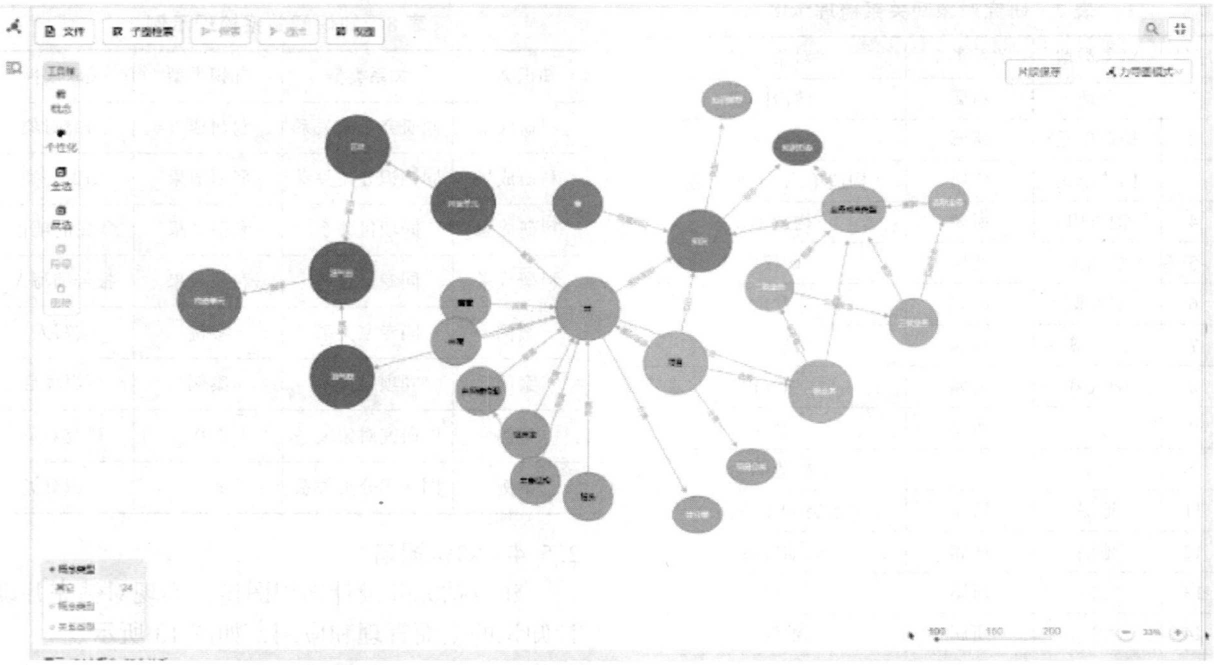

图 14　概念图谱示例

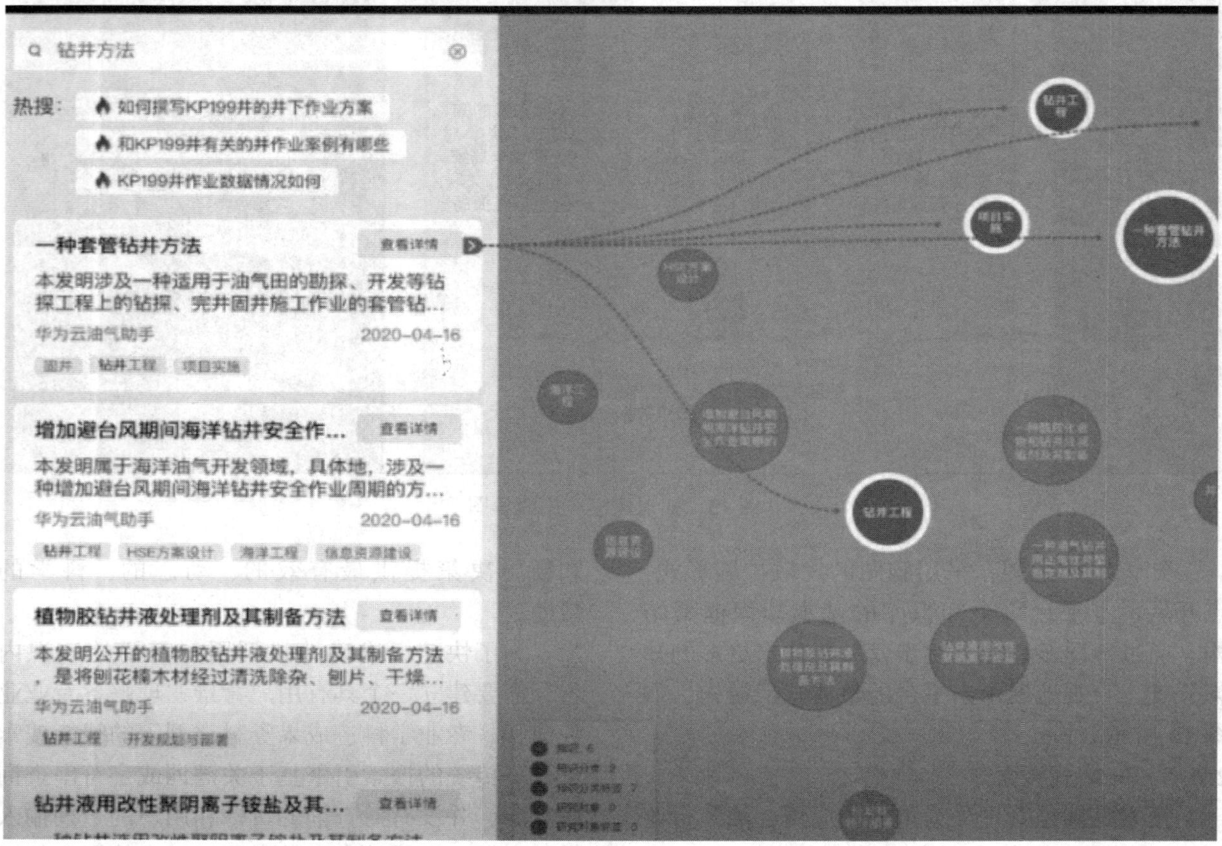

图 15　图谱搜索示意图

图谱检索基于知识图谱理念设计，拥有强大的搜索引擎和语义分析能力，将自然语言分析能力、意图识别能力与钻完井设计知识图谱深度结合，不仅能快速分析用户输入内容准确判断用户意图，而且能快速检索用户所需大量内容，满足定制化检索，实现善解人意的复杂检索。

2.5.6 智能推送

知识推送是基于用户兴趣动态发现、预测并推荐信息以降低用户认知负荷、合理化资源配置及流动，主要的问题在于难处理多源异构数据，导致语义缺失，时效性、精准性及智能性弱。基于图谱的推荐，支持海量异构分布数据语义化表示与网络化关联，在应用中针对具体用户，把特征化的知识体系与特征化的用户兴趣相关联，通过相似度计算，实现信息推荐智能化、动态化、精准化、多样化和推荐结果的图谱化。

以钻完井设计方案为例，根据钻完井设计流程，系统整合了现有知识资源，通过对各专业研究知识点及研究所生产的成果等进行汇总和总结，形成相关的知识体系，再根据不同阶段出具的设计方案，推送配套的知识内容，如图 16 所示。

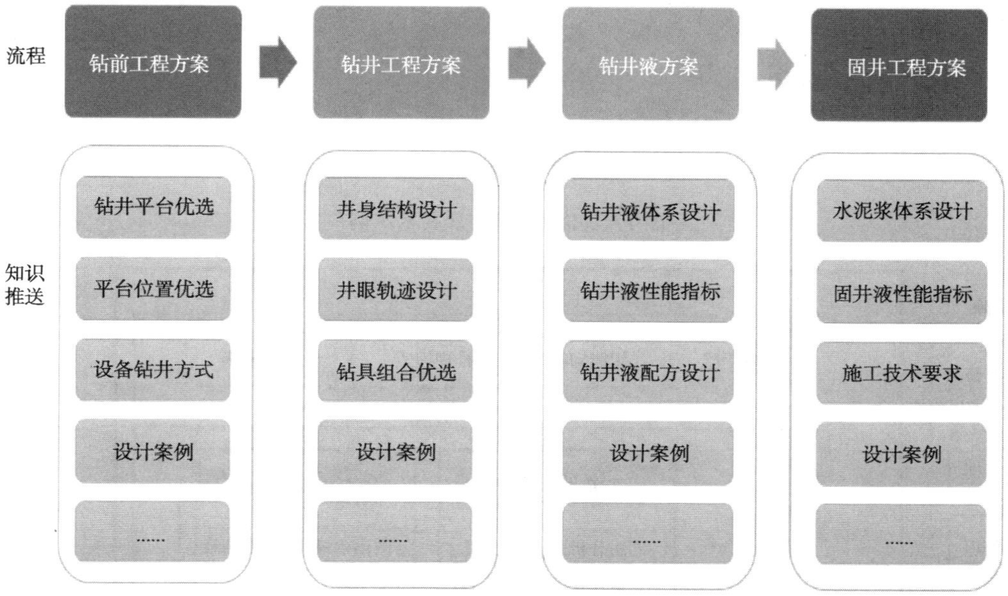

图 16 钻完井设计方案知识推送示例

通过基于知识图谱的智能推荐功能，实现在钻完井方案设计过程中进行知识的自动推送和智能化推荐，可基于个人岗位、业务、任务向用户推荐有可能感兴趣或有用的知识。实现在设计活动中，按照人员、阶段、业务场景推送相应的知识，实现设计前指导、设计中提醒、设计后核查，减少员工资料查找时间，提高员工工作效率。

2.5.7 图谱全景展示

以知识体系为引导，对钻完井设计知识关联的其他要素进行可视化展示；通过图谱展示，将复杂的实体、关系、事件抽象成了简单的图形，通过高度抽象的数据表达方式最大限度地还原数据本来面目，能提供给客户最全面的信息，并在复杂数据中找到因果关系及规律，理清思路和逻辑。

基于钻完井设计知识图谱，利用知识图谱可视化展示能力，支撑知识与设计人员、项目类型、项目流程动态匹配，协助用户查看、扩展任意知识与设计人员、项目类型、项目流程数据及关系，形成一套钻完井设计基于自然语言处理的知识挖掘的知识图谱及知识库系统，挖掘数据价值，实现钻完井设计知识积累及共享，如图 17 所示。

2.6 知识图谱技术

对石油石化行业钻井各类应用研究对应数据（结构化数据、半结构化数据、文本数据、音视频图像等非结构化数据）串连、组织、融合到一张关系网中，形成各类应用研究的知识图谱，并且提供长效机制，使应用研究知识图谱库能伴随着新数据的接入而不断更新、丰富，为上层各类基于知识图谱的人机交互研判应用和智能挖掘模型服务提供数据支撑，如图 18 所示。

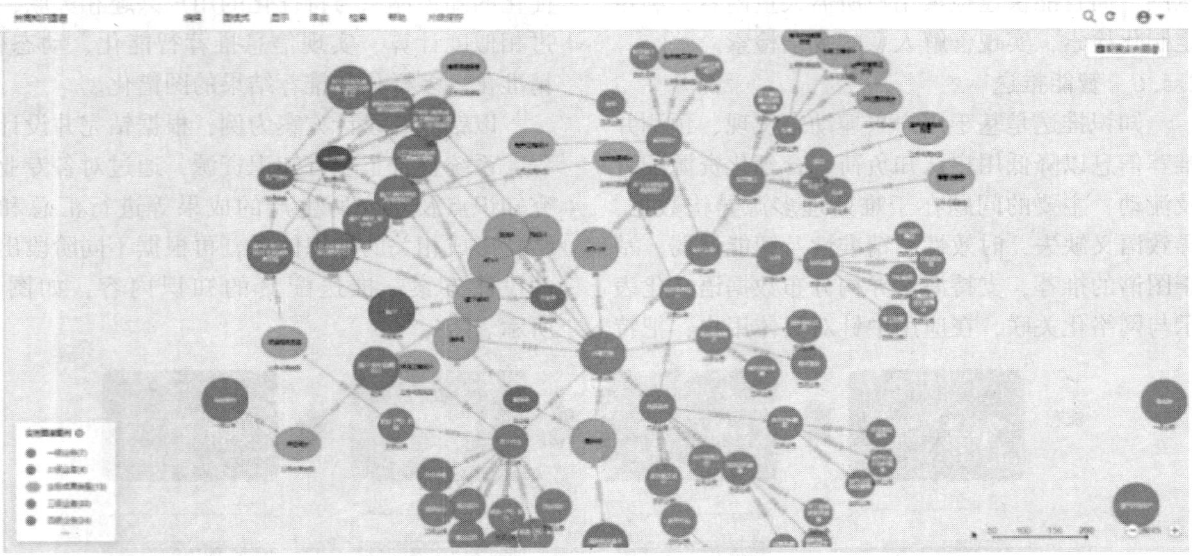

图 17　知识图谱全景展示示例

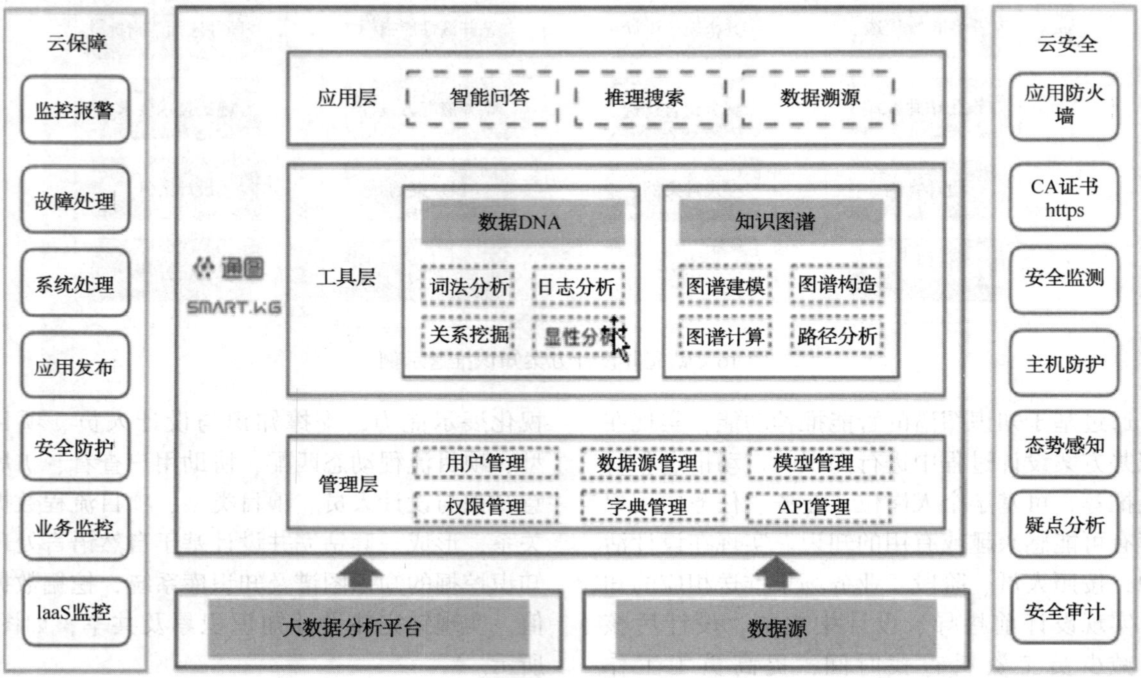

图 18　知识图谱架构

3　结语

通过梳理业务应用需求与组织管理需求，设计多维分类与关联知识体系和知识图谱本体模型，重点实现钻完井设计的不同知识源的知识采集、加工；聚焦钻完井的各类井设计报告、标准、专题研究、科研及现场作业数据等数据资产进行集中管理和互联互通，形成钻完井设计知识图谱；提供钻井设计知识全生命周期管理、智能搜索，支撑了高效知识获取及应用，解决了专业经验分享难题，推动了业务创新，实现了高效率、高价值的钻完井设计相关数据资源管理。

参 考 文 献

[1] 华为公司数据管理部. 华为数据之道[M]. 北京：机械工业出版社，2020.

[2] 王萌，王昊奋，李博涵，等. 新一代知识图谱关键技术综述[J]. 计算机研究与发展，2022，59(09)：1947-1965.

基于地震叠前道集大数据的 AVO 油气检测技术

陈　猛[1]　陈佚林[2]　高　辉[1]

（1. 中国石油塔里木油田公司；2. 海控能源股份有限公司）

摘　要　超深复杂区钻井成本高，提高钻井成功率至关重要，另外矿权保护缺乏有效的油气资源评价技术。当前物探技术的重点是获得最佳成像效果，但即使地震成像效果再好，也不能解决圈闭内是否含油气的难题，能否对圈闭进行油气检测是提高钻探成功率的有效手段。AVO 技术是根据地震反射振幅随入射角的变化规律来寻找油气层，叠前道集大数据中的蕴藏的油气信息被束之高阁，利用现在高性能的计算机和专用软件，进行叠前道集数据保幅处理，从保幅的道集中提取计算油气检测因子，将油气检测因子附加在地震数据体中，将目前常规的地震数据转变为含油气信息的地震数据，实现大数据机器自动判断油气资源的分布，达到提高钻井成功率和保护矿权的目的。

关键词　叠前道集；大数据；保幅处理；AVO；机器自动判断；油气检测

地震勘探技术发展的最终目标是油气的识别，其中，AVO 技术得到了广泛的应用。AVO 技术从亮点现象已发展成一种完善的地球物理勘探技术，并被广泛地应用到油气勘探领域。AVO 英文是 Amplitude Variation with Offset，翻译之后意思是“振幅随炮检距变化”。由此衍生出 AVA（Amplitude Variation with Azimuth）。20 世纪 80 年代，Ostrander 发现了 AVO。根据研究，AVO 现象有完整的理论基础，即 AVO 是遵循 Zoeppritz 的地震反射波动力学方程式。继亮点之后，AVO 技术是一项利用振幅信息研究检测油气的重要技术，近几年发展非常的迅速。利用地震振幅进行地质解释有以下几个发展阶段：

1970 年到 1982 年，主要是亮点技术(叠后)；

1982 年到 1999 年，主要是 AVO 分析技术(叠前道集)；

1999 年至今，叠前反演技术迅速发展，目前主流的 AVO 技术是叠前地震同时反演技术，利用近、中、远道集叠加后的振幅差别，结合 Zoeppritz 方程进行叠前 AVO 反演获得纵波阻抗、横波阻抗以及泊松比等弹性参数，进而结合叠前 AVO 属性分析以及叠后属性分析技术进行含油气性综合预测，以减少反演结果的多解性，其本质仍是建立在叠后资料基础上的叠前反演。在东部地区地震资料信噪比高、目的层浅、储层横向变化小、预测的符合率较高，而塔里木盆地地震资料信噪比低，目的层深，储层横向变化大，叠前地震同时反演技术在塔里木这样的超深复杂区难以推广应用。

1985 年，Shuey 推导出了 $R(\theta)=P+G\sin^2\theta$，用不同角度项表现的突出泊松比的反射系数近似表达形式，经对比该公式在小、中角度很逼近 Zoeppritz 方程，只要控制好角度 Shuey 公式是适用的。叠前地震道集正好包含了截距、斜率、反射系数、入射角等全部信息，利用 Shuey 公式可以找出振幅随偏移距变化的规律，这就为我们从叠前道集中提取油气因子提供了很好的条件。面对塔里木超深复杂区的油气检测问题，必须走向叠前。塔里木盆地富含天然气是典型的第三类 AVO 特征，为本技术的发展提供了很好的地质条件。

目前地震采集都是高覆盖(500 次)、高采样(1ms)、宽方位，一块三维地震的采集数据量达到几十个 T，CRP 道集是以 T 级别的大数据，目前仅仅做完叠加后叠前道集就不用了，最终用于地震解释的叠加数据体的数据量仅有几十 M，主要应用的是振幅信息，叠前道集数据中包含大量的油气信息亟待挖掘，油田拥有的几百 T 的叠前道集数据束之高阁，同时塔里木盆地目的层超深复杂迫使我们只能在叠前道集上做文章，终于走向了利用大数据机器自动判断找油找气之路。

经过多年攻关，塔里木油田已完成了基于叠前道集大数据的油气检测技术的研发，并已在全盆地做了大量测试，在库车复杂山地天然气、奥陶系碳酸盐岩缝洞体、岩性圈闭、致密气和塔西南低信噪比区进行油气检测技术应用测试，针对储层含油气的识别和机器自动判断等方面的技术流程和参数进行了研究，根据与实际井对比，油气检测的结果与实际完钻井结果吻合程度高。本技术是基于地震叠前道集大数据开发利用，将大数据应用于油气勘探开发的机器自动油气检测技术，可应用于各类储层的圈闭钻前含油气预测，帮助大幅提高钻井成功率，降低成本；也可用于钻井设计提高油层钻遇率；是矿权保护和矿权投标的适用性技术；可应用于塔里木之外的其他油气田的各类油气藏，具有很高的推广价值。

1　基于叠前道集的油气检测技术的原理及流程

1.1　基于叠前道集的 AVO 油气检测原理

AVO 分析是对地震信号振幅随炮间距变化而变化的现象进行描述和分析，从而获得是否含油气的地质信息解释，其理论基础是建立在著名的 Zoeppritz 方程之上。利用 Zoeppritz 方程可以预测不同岩性组合的振幅响应，进行各种模型的正演模拟，但对于 AVO 分析而言，

仅对以下三种情况产生兴趣：(1)阻抗和泊松比向同一方向变化，反射系数随入射角增加而增加；(2)阻抗和泊松比一个减少一个增加，反射系数随入射角增加而减小；(3)泊松比不变，反射系数近似平稳。地震记录信号的振幅随入射角的变化与分界面两侧的弹性参数有关，这就意味着我们可以应用不同的模型，正演模拟非零炮检距道，来分析已知的油、气、水分布和特殊岩性体的 AVO 特征，通过与实际地震道的比较，来获得地下岩性和油气的信息，通常称为 AVO 正演方法。应用振幅随入射角的变化的各种近似公式，对实际的地震叠前道集信息提取，获取油气检测因子，这种方法称为 AVO 属性反演。本技术主要应用了 Shuey 公式，将 Zoeppritz 方程简化为：$R(\theta)=P+G\sin^2\theta$。塔里木盆地富含气，道集上表现为第三类 AVO 典型特征(见图 1)即振幅随偏移距增加而增大，提取出叠前道集中 $R(\theta)$(反射系数)、P(截距)、G(斜率)、θ(入射角)等 AVO 相关特征信息，并以油气特征因子的形式显示在剖面上，即可机器自动实现 AVO 油气检测。

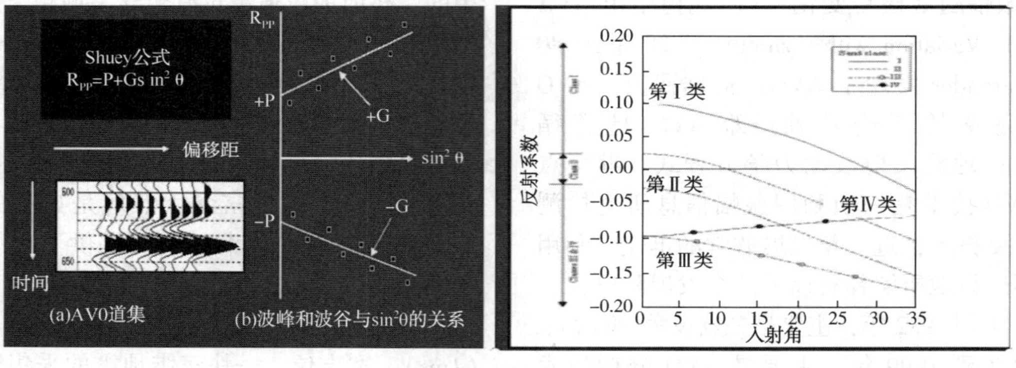

图 1　AVO 油气检测原理图

1.2　基于叠前道集的保幅处理流程

Shuey 公式需要从叠前道集上获取振幅、入射角、截距、斜率，为了获得准确的 AVO 信息，必须对叠前道集进行高分辨率、高信噪比、高保真度的处理，而常规叠前偏移成像道集存在如下问题：调谐效应影响，分辨率低；近远道振幅异常，不满足 AVO 规律；存在剩余近道多次波；剩余动校正；信噪比低。这些问题不解决将无法保证 AVO 反演得到的油气检测因子的准确度，对叠前道集进行定量、最优化井控的保幅地震处理是基础和关键，处理流程如图 2、图 3 所示。

在常规处理流程的基础上，结合测井岩石物理模型正演分析结果，利用正演模型振幅背景趋势进行全方位振幅校准，解决断层阴影、浅层异常等引起的振幅异常问题。校准后的数据，振幅背景趋势与正演模型一致，突出了流体异常的反射特征，满足叠前反演需求。AVO 振幅校准是基于 AVO 特征的剩余振幅补偿方法，包括叠前 CRP 道集计算参数，在滑动时窗计算每个时窗内的振幅值，计算 CRP 道集内 n 道信号的时变振幅衰减曲线，这样就保证了满足叠前道集数据中振幅随炮检距变化的关系，为后续的叠前 AVO 属性提取，AVO 反演奠定良好的基础。

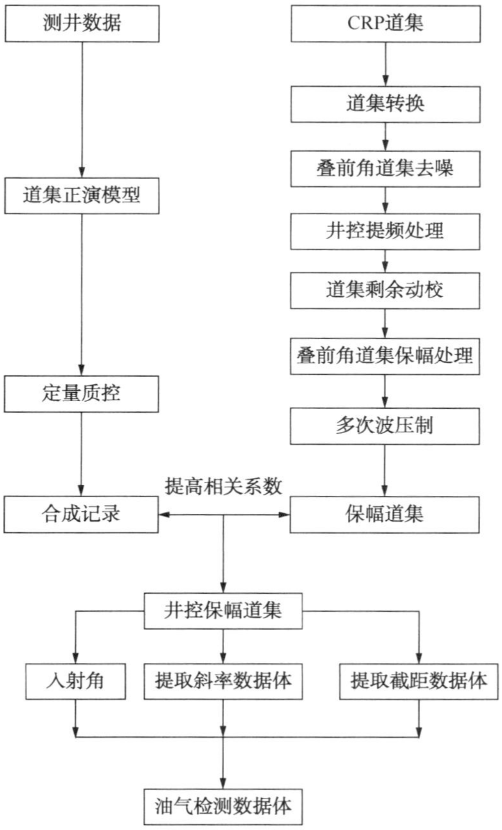

图 2　叠前道集井控保幅处理流程

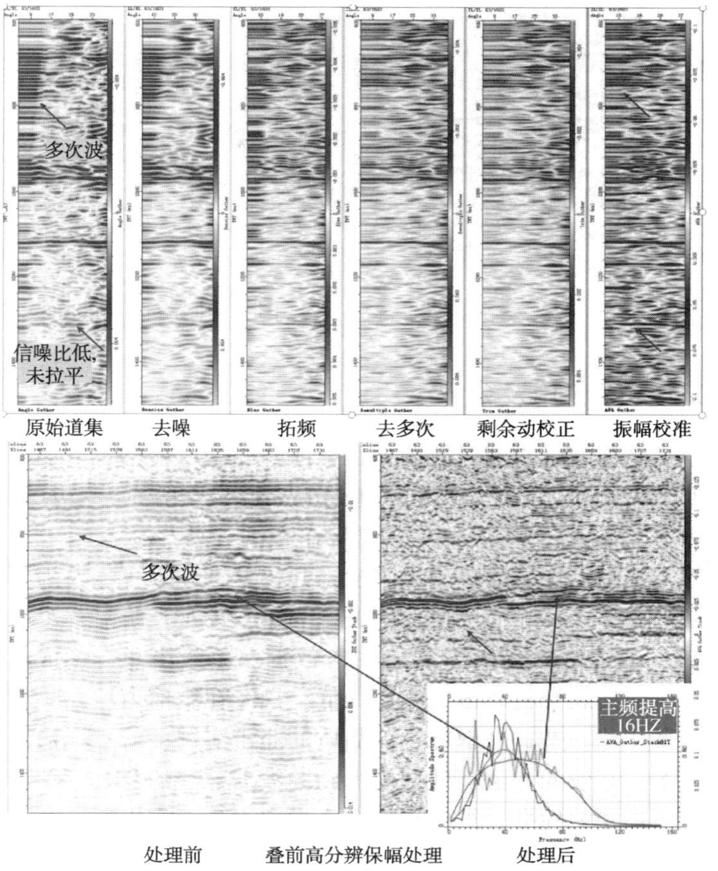

图 3　叠前道集井控保幅处理及叠后处理效果对比

测试资料为浅层煤层气的工区，目的层为较厚的煤层之间夹存着河道砂岩，针对河道砂在地震剖面难以识别的难题，建立了叠前道集井控保幅处理流程如图 2 所示，从道集上看多次波极其发育，叠加后多次波完全压制了河道砂的反射，叠前处理的主要目的是压制多次波，提高主频，恢复河道砂体的反射。处理后如图 3 所示，主频提高 16HZ，多次波得到压制，弱反射得到恢复，可以见到河道砂反射的横向分布，说明叠前道集高分辨率保幅处理是解决煤层气区河道砂识别难题的有效手段。

1.3　基于叠前道集大数据的油气检测

AVO 技术的目的就是要把 AVO 信息与油气联系起来，揭示 AVO 属性异常和烃类关系，给予 AVO 属性的地质含义，本技术是将每一个点的叠前道集逐层提取振幅(R)、截距(P)和斜率(G)和入射角(θ)信息，形成截距(P)和斜率(G)等新的数据体，利用截距(P)和斜率(G)的线性组合来表示 AVO 烃类指示因子，塔里木盆地富含气，普遍以三类 AVO 特征为主，是典型的振幅随着偏移距增大而增大，这就为设计合理的算法提供了良好的基础。经过多种算法对比，得到了以截距(P)和斜率(G)两个数据体为基础的 AVO 烃类检测因子，再与已钻井和正钻井的反复对比测试调整，得到了适合各个区块的算法，最后将烃类因子显示在三维数据体上。这样，在原来只能表示振幅信息的叠加数据的基础上，产生了可显示油气分布的地震数据体，在数据体上表现为含有油气的部位变亮，而不含油气的部位不亮(见图 4)。这样就解决了圈闭内是否含油气难以判断的难题，判断是否含油气不需要从生储盖条件来人为分析判断，减少了人为判断的主观性。由于塔里木的 AVO 特征简单，仅仅利用地震数据就可以真正实现机器自动找油找气。

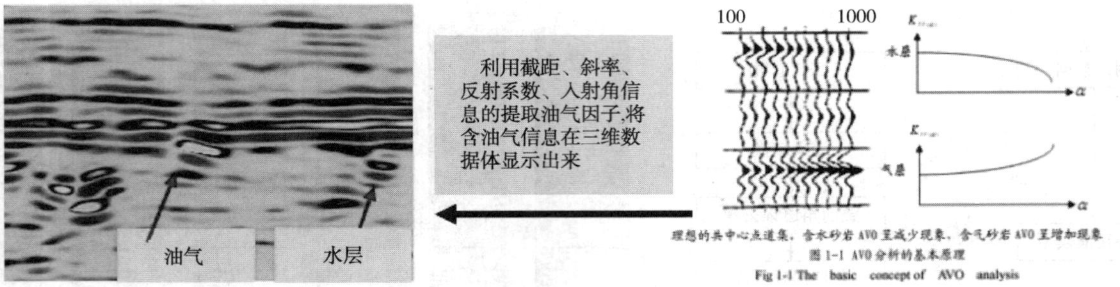

图 4　机器自动判断油气检测示意图

2　实际应用及效果

叠前高分辨保幅处理是在目前叠前深度偏移处理完成后(项目结束)的基础上，继续在叠前道集上做进一步处理，重点是在叠前道集上去噪、提频、保幅处理、去多次，井校处理，等于在现有道集上做了一次深加工，同时为下一步AVO油气检测提供可靠的输入数据。由于塔里木盆地地震资料总体信噪比偏低，继续在叠前道集做文章，是提高地震资料品质的非常实用、低成本、高效的方法，处理后得到的数据与井的合成记录相关性高，纵向和横向分辨率得到大幅提高，主频可以提高10~20Hz，成像的结果更加清晰可靠。在叠前道集处理中重点解决了地震资料保幅的难题，使AVO油气检测因子提取的质量得到了保证，同时可大幅增加断裂的数量，并可解决岩性圈闭如河道砂识别的问题。在井控保幅道集上提取油气检测因子，并将含油气特征直接显示在数据体上，实现了机器自动判断圈闭内是否存在油气，为勘探开发提供以往没有的，更加有效地判断依据。

2.1　机器自动油气检测

塔里木盆地库车地区的白垩系巴什基奇克组为主要目的层，圈闭多位于盐膏层之下，钻探困难，钻井成本高，井位设计的成功率对勘探开发成本影响大，XX10井区地震资料品质较高。图5为常规过井剖面地震剖面，显示为一背斜构造，井位设计在构造的高部位，钻探前预测地质储量$2.1\times10^{11}m^3$，钻井历时一年半，最终井位落空，钻后应用叠前道集进行AVO油气检测，剖面上(见图6)显示没油气存在。可见在圈闭非常落实的情况下，通过生储盖条件的分析，依据专家的经验来判断是否含油气，人为的因素较大，风险很高，而应用AVO油气检测技术，由计算机利用叠前大数据可以机器自动判断，可以减少巨大的投资风险。

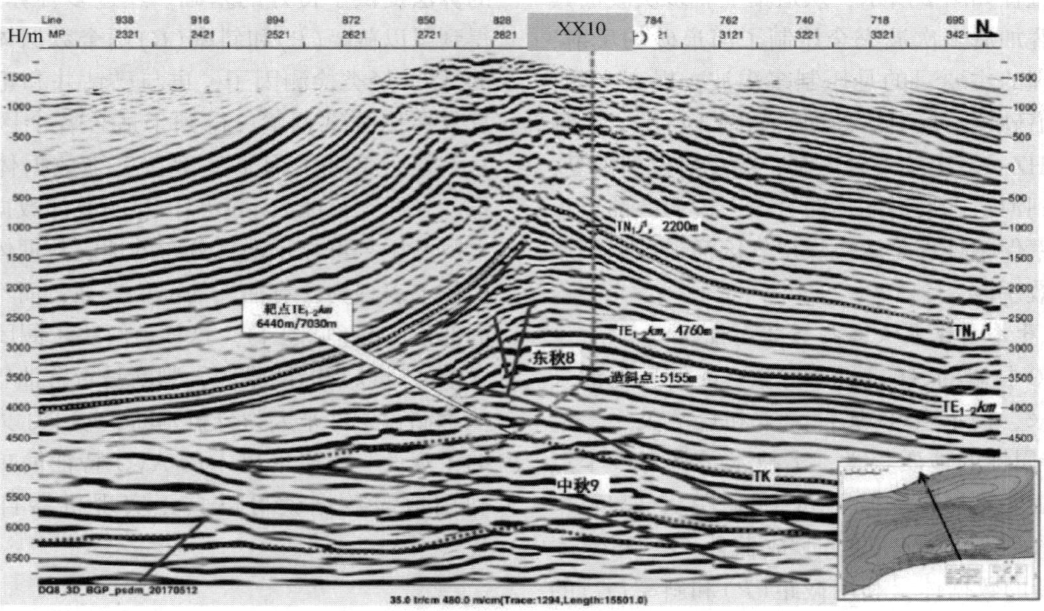

图 5　库车山前超深复杂构造天然气勘探常规地震剖面

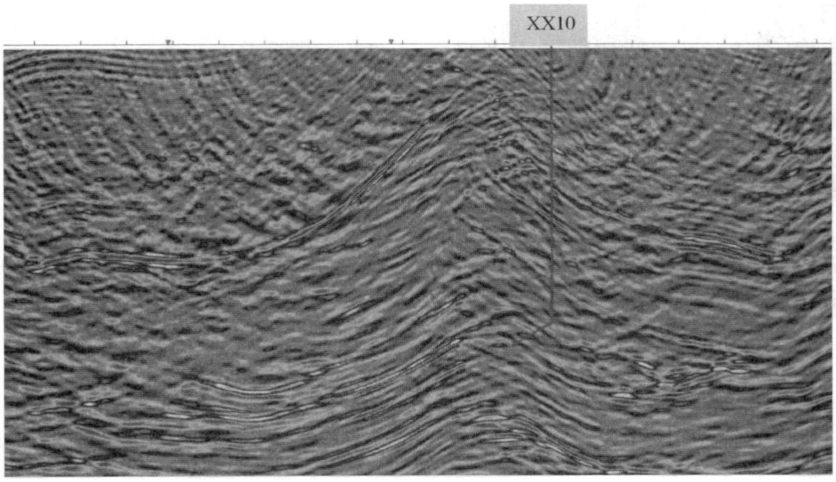

图 6　库车山前超深复杂构造天然气勘探 AVO 油气检测剖面

塔中大沙漠区奥陶系碳酸盐岩的油气藏以溶洞为主，地震剖面上表现为明显的串珠反射。图 7 中小剖面为常规剖面，XX-1 井钻探目标为一个特别清晰的串珠，钻探后出水，从 AVO 油气剖面上表现为弱反射，含水特征，串珠在 AVO 油气检测剖面上消失，通过机器自动判断串珠内是含油气是避免碳酸盐岩失利井的有效技术，同时应用 AVO 油气检测数据体可以帮助对失利井进行及时调整井轨迹。

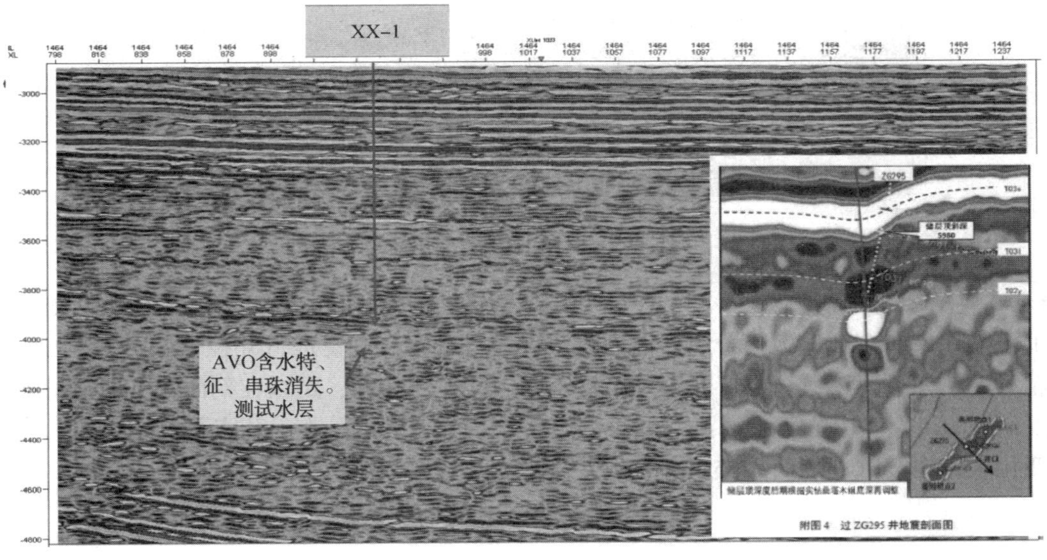

图 7　塔中沙漠区碳酸盐岩溶洞 AVO 油气检测剖面

2.2　河道砂岩性圈闭识别

岩性圈闭的识别最关键的是地震叠加剖面是否保幅，只有叠前道集做好保幅处理，最终剖面才能反映出振幅横向变化的真实情况，在此基础上才能正确开展储层反演，准确刻画储层的横向变化。塔北地区三叠系岩性油藏储集层主要为河道砂沉积，河道宽度大多在 300m 内，延伸长度可达 10km，河道被一系列北东—南西向断裂切割为数段，不同河道段砂体油气充注程度存在差异，为单独的油水系统。常规的描述河道砂的方法是在沉积微相的指导下，在地震资料叠后提频处理的基础上，依靠识别顶平下突和平直强反射进行识别（见图 8），对河道砂体进行精细刻画，主要依赖技术人员的经验判断。而通过对叠前道集进行井控保幅处理，加上 AVO 油气检测，可以在自动在剖面和平面上清晰展现出含油河道砂的分布（见图 9）。

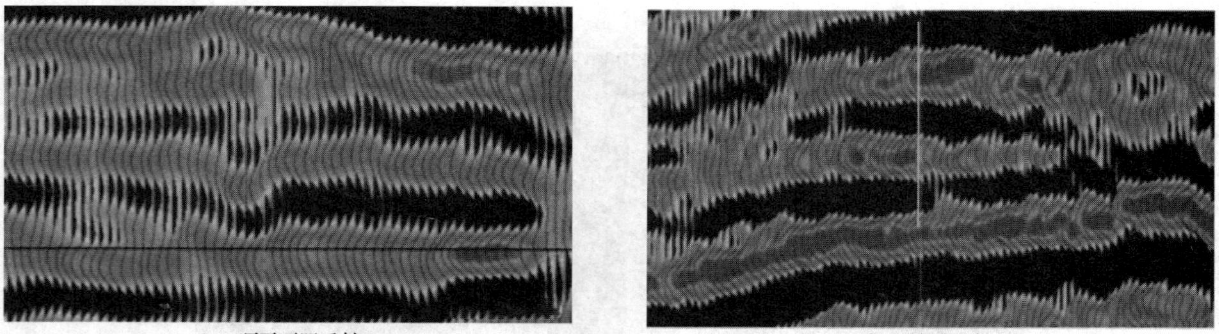

(a)顶平下凹反射 (b)平直强反射

图 8 塔北地区三叠系河道砂常规剖面

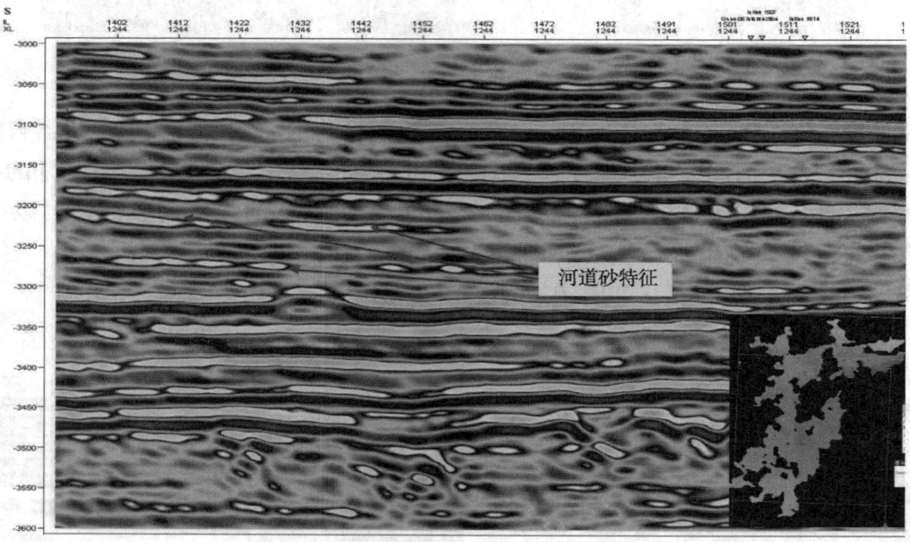

图 9 塔北地区三叠系河道砂 AVO 油气检测剖面

2.3 致密气叠前甜点预测

塔里木盆地库车东部地区阿合组岩性为浅灰色荧光粗砂岩，孔隙度 2.6%~11.6%，加权平均孔隙度 1.1%，多口井见工业气流，但气层分布横向变化大，地震常规剖面无法识别含气砂体横向变化规律(见图 10)，难以规模开发。而通过对叠前道集进行井控保幅处理，加上 AVO 油气检测技术，可以在剖面和平面上清晰展现出含气致密砂的分布，甜点预测结昊与已完钻井结果吻合率 100%(见图 11)。

图 10 库车东部致密含气砂岩常规剖面

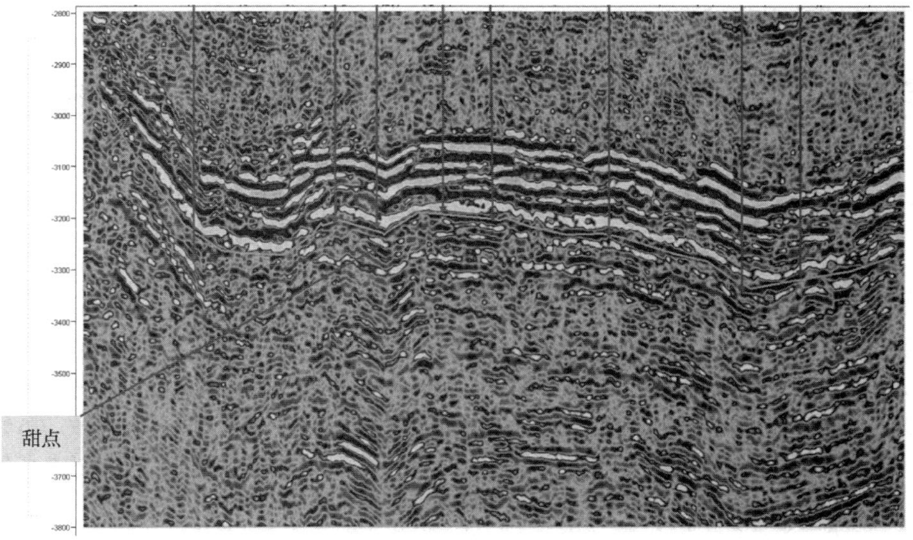

图11 库车东部致密含气砂岩AVO油气检测剖面

3 结论

当前物探技术的主要攻关方向是获得成像效果最佳的剖面，而现实是即使地震成像效果再好，也不能解决圈闭内是否含油气的难题，对圈闭进行油气检测是提高钻探成功率的有效手段。以AVO理论为基础，利用叠前道集大数据和机器判断来解决油气检测问题是一个全新思路，可进一步挖掘地震叠前道集大数据的丰富信息，从叠前道集提取油气的特征因子，由计算机自动判断油气，尽量减少人为判断带来的风险，解决复杂超深地区圈闭、缝洞的含油气性问题，可大幅降低空井、低效井数量，从根本上提升对地下油气资源的掌控，可以对地下油气层进行精准打击。

基于地震叠前道集大数据的机器自动判断油气检测技术是直接将地震工区内油气特征三维显示处理，可减少大量的研究推断分析工作，目前已完成的各类油气藏类型的测试证明是安全、先进、低成本的找油找气关键核心技术，是利用大数据和机器自动判断解决塔里木超深复杂油气勘探开发问题的大胆创新，技术应用范围广，推广价值高。对正钻井进行油气检测，可以提前预知井是否成功，可以帮助决策下一步作业；对已钻的失利井进行油气检测，可以找到周围是否有侧钻、加深的目标，可以救活大量躺井；对即将上钻的井进行油气检测，可以将检测出无油气显示的井重新研究，提高钻井成功率；可应用于老油田的滚动评价和开发，通过油气检测配合分析已完钻井资料，可以增加大量SEC油气藏储量；可以识别岩性圈闭，特别是致密气和碎屑岩河道砂；仅应用地震道集就可以对矿权区进行油气资源评价，特别适合在放弃矿权前和参与新矿权投标前应用此技术，帮助提高决策的成功率。

参考文献

[1] 印兴耀，韩文功，李振春等，地震技术新进展[M]. 青岛，中国石油大学出版社，2006.
[2] 陆基孟，地震勘探原理[M]. 青岛：中国石油大学出版社，1993.
[3] 渥·伊尔马滋. 地震资料分析[M]. 刘怀山，等译. 北京：石油工业出版社，2006.

数字化技术在人工举升智能采油系统的应用

栾德爵　关旭东　黄新春　付　军

（中海油能源发展股份有限公司工程技术分公司）

摘　要　机械采油是目前海上油田最主要的采油方式，中海油机采井占总生产井93%，贡献总产量的98%，对油田开发生产成本降低和生产时效提升起着至关重要的作用。由于海上油田特殊的石油开采环境，导致修井成本高，单井修井成本需数百万元，修井平均周期在20~30d。海上油田单井产量较高，由于停井导致的产量损失往往高于修井成本，为了降低机采井故障率和提高油公司机采井管理效率，工程技术公司将多年来掌握的机采井人工举升的技术和经验与大数据、AI人工智能相结合，创建了机采井大数据分析模型和故障预测机理模型，进而创建了机采井智能采油系统，通过智能采油系统建设，对油田油井的生产数据进行清洗和处理，通过各类数据统计分析模型，可以对油井生产状态进行实时的监测并高效分析，做到故障的提前预警，提前采取预防措施，减少躺井事件的发生，减少因机组故障导致的产量损失及修井费用，能够带来巨大的经济效益。

关键词　机械采油；大数据模型；机理模型；数据清洗；故障预警

1　概述

2020年，中国海洋石油集团有限公司董事长汪东进同志签署“关于印发《中海油落实五个战略实施方案》的通知”，发布实施中国海油“1534”总体发展思路，其中“四个跨越”明确指出变革发展模式：从传统管理模式向现代化、数字化、智能化跨越。工程技术公司在2018年提出：通过数字化转型工作的开展，工程技术公司由原来传统产品+服务经营模式转变为人工举升专业化、数字化、智能化、一体化的服务经营模式。

机械采油是目前海上油田最主要的采油方式，中海油机采井占总生产井93%，贡献总产量的98%，对油田开发生产成本降低和生产时效提升起着至关重要的作用。由于海上油田特殊的石油开采环境，导致修井成本高，单井修井成本需数百万元，修井平均周期在20~30d。海上油田单井产量较高，由于停井导致的产量损失往往高于修井成本，所以电潜泵产品的质量，举升系统的稳定性，产品交付的及时性，均较大程度影响油公司生产成本和油田产量。加之海上井况复杂，海上油田的对机采产品的系统可靠性和产品质量有着较高的需求。为提升机采井寿命，工程技术公司通过对机采井产品的设计、制造，现场作业过程和设备运行期间的全生命周期质量控制四要素进行优化管理，取得了较好的成效，机组故障率从十二五初期25%下降至十三五末期的不足8%，检泵周期更是翻番达到1200余天。

随着油公司在十四五末期增储上产七年行动计划开展，集团公司将机采井故障率目标设定到5%的要求颁布，工程技术公司年新增作业机采井数超过800口，管理机采井数超过3000口，公司面临更大的质量管理压力和人力资源困局。

为了降低机采井故障率和提高油公司机采井管理效率，工程技术公司将多年来掌握的机采井人工举升的技术和经验与大数据、AI人工智能相结合，创建了机采井大数据分析模型和故障预测机理模型，进而创建了机采井智能采油系统，通过智能采油系统建设，对油日油井的生产数据进行清洗和处理，通过各类数据统计分析模型，可以对油井生产状态进行实时的监测并高效分析，做到故障的提前预警，提前采取预防措施，减少躺井事件的发生，减少因机组故障导致的产量损失及修井费用，能够带来巨大的经济效益。

2　系统架构

2.1　系统总体设计

总体设计原则以微服务化的方式进行微服务架构设计，关联项目实现的六个项目目标，及开发后续拓展接口的可衔接性。依据“少人化操作、可视化油藏、协同化运营、科学化决策”的智能油田场景，结合各油田特点及需求，智能采油系统架构按照四个原则开展应用架构、数据架构及技术架构设计，全面支撑智能油田愿景实现。

2.1.1　整体架构设计

延续性原则："一张蓝图汇到底"以集团公司智能油田顶层设计为指引，延续曹妃甸油田智能采油系统建设的基本框架进行扩展、增强。

可操作性原则：考虑到恩平油田实际的业务情况，根据恩平油田建设的自动化程度，及可采数据的利用性，并与恩平作业公司已有系统的相互衔接，有效指导未来的落地实施。

先进性原则：充分考虑未来业务、技术等发展趋势，整体架构设计满足5年不落后，10年可持续提升。

应用架构设计思路，以海上油井管理为核心。首先，以典型应用的二级建设应用为单位，设计每一个应用的子系统和应用功能模块。其次，分析应用间的信息交互关系，整合所有二级应用子系统形成应用架构总图。最后，将应用子系统组合形成智能采油系统子项目，并结合恩平作业公司的自身的系统，设计智能采油系统路线图(见图1)。

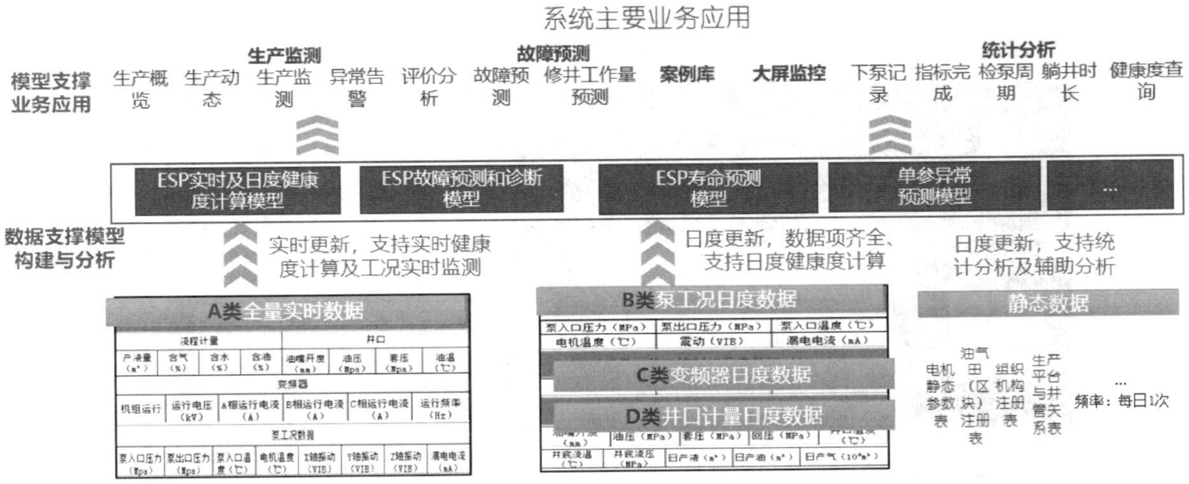

图1　整体架构设计图

2.1.2　数据架构设计

根据甲方提供的数据源、数据及业务标准，搭建项目业务数据库，配合甲方完成数据接口编写与历史数据导入。数据库设计严格按照中海油总公司企业标准(Q/HS 5037—2011)数据库开发过程规范进行设计。智能采油系统数据架构设计将遵循数据架构理念进行设计开发，将以遵循完整性、系统性、前瞻性作为设计原则(见图2)。

前瞻性：根据当前市面上先进的IDC技术，对于技术的选择方面既要考虑未来3~5年不被技术所颠覆，又需考虑新技术的稳定性和适用性。让即将建立起来的智能采油系统具备未来同时期可供借鉴的技术范本。这从范围上保障智能采油系统数据架构涵盖目前及未来智能油田业务领域的所有活动及相关要素。智能采油系统作为智能油田的关键核心，适用于恩平油田智能化油田全业务域、全数据域。

系统性：从智能油田整体业务应用作为出发点，宏观考虑各油田的相关关系，微观分析各电潜泵采油的特性，及泵工况数据的获得曲线。确保设计方式方法的体系化、系统化，自上而下地形成逻辑架构。

完整性：智能采油系统建设，所获数据不是游离状态存在，而是系统化模式存在。从数据角度出发，站在为恩平智能油田业务创新提供基础支持，具备持续发展能力的角度出发，充分考虑未来管理与数据应用系统的建设发展趋势，逐步实现智能油田的目标。

2.1.3　技术架构设计

智能采油系统技术架构建设是基于"应用支撑，开放共享"架构设计理念，建设系统的边云一体化技术平台，提供资源共享、业务分析、资源管控、智能分析、物联网接入等技术服务，为恩平油田群中各个业务板块的智能化建设提供高效的基础支撑(见图3)。

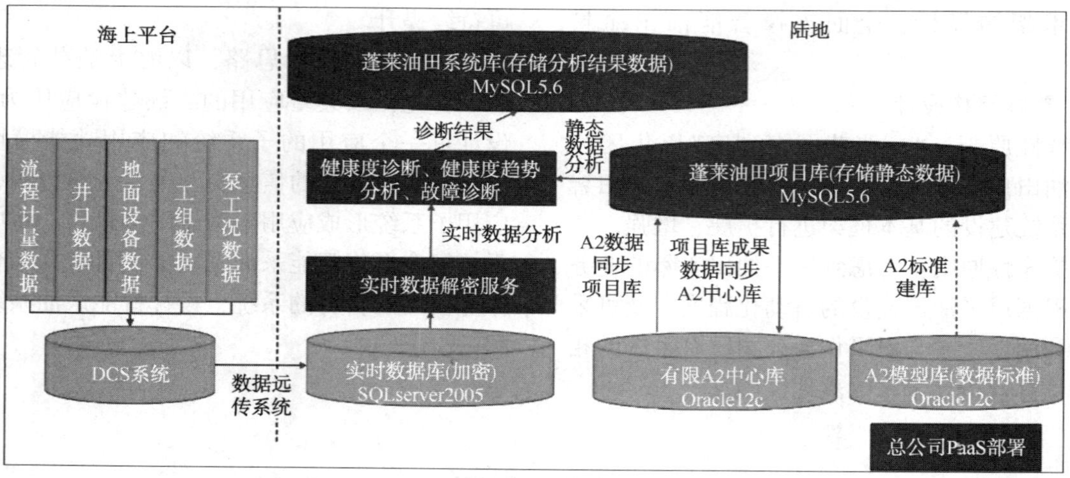

图2　数据架构设计图

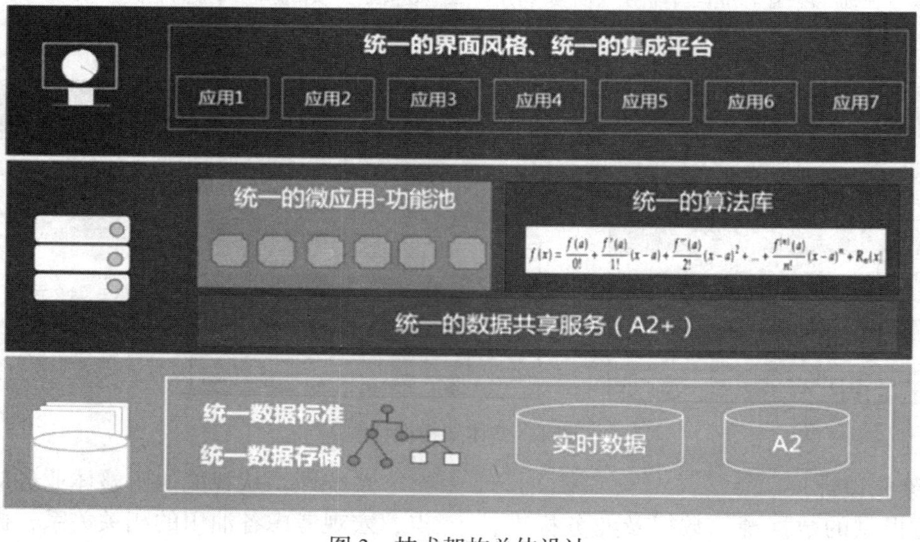

图3　技术架构总体设计

在安全保障方面可建立高等级的远程控制安全保障体系，实现可视化操作，以便即时反馈，防止误操作。

3　系统画面

3.1　首页

以便捷直观的方式展示整体实时生产、电泵故障率分析及预测结果、未来修井工作量、预警告警等统计分析信息；可从整体区域统计分析穿透至单井实时监测、异常告警、预警告警等界面(见图4)。

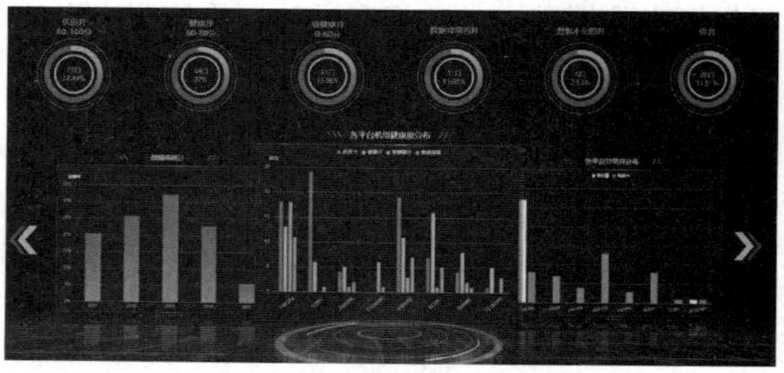

图4　系统首页

3.2　大屏指挥中心

针对系统现有数据，以统计图表，表格等形式形成综合大屏展示，帮助业务部门总体快速了解生产作业中需要的核心信息，提升整体的管理质量(见图5)。

3.3　生产概况

实现对于油田、平台日度生产信息，包括运行井数、停机井数、异常井数、故障井数、作业

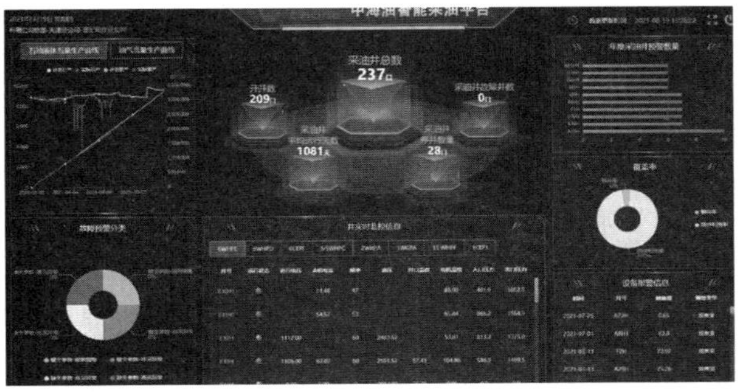

图 5 大屏指挥中心画面

井数等，进行推送展示(见图 6)。

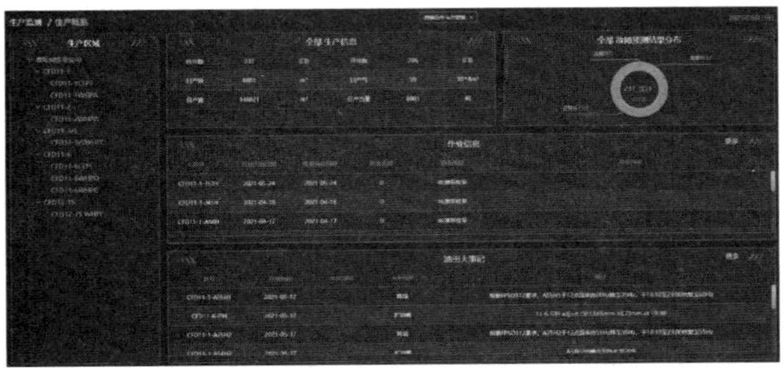

图 6 生产概况

3.4 生产监测

包含参数分析、合理工况区判断、和生产优化功能，实现机采井电泵、井筒、井口一体化的生产实时监测、报警与处置，对生产井进行宏观评价、IPR 曲线等评价分析等功能；建立生产优化模型，根据目前电泵机组功率(频率)的上调容量，给出上调产量的空间，便于掌控、指挥生产，满足核心需求中泵工况智选参数和油藏潜力挖潜需求(见图 7)。

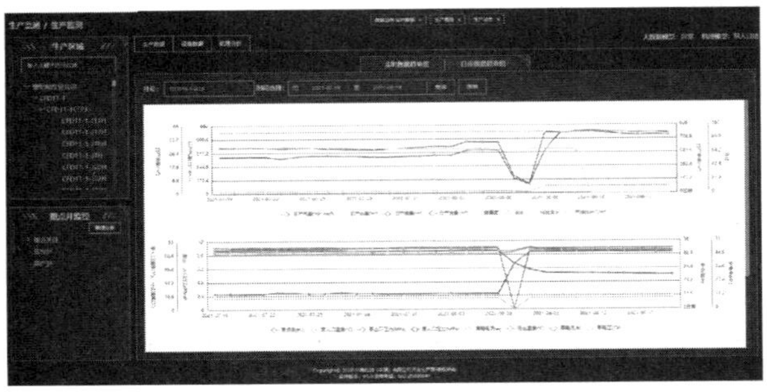

图 7 油井日度数据趋势图

3.5 异常告警

通过建立单参数异常诊断模型，结合故障案例库，通过管理电潜泵工况参数，与故障案例进行比对分析，做出区间报警值，并给出初步诊断结果及操作建议(见图 8)。

故障诊断的另一种方法是匹配故障案例库。

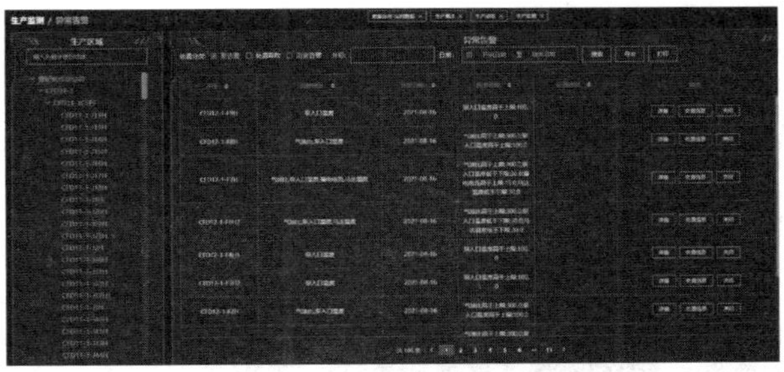

图 8 异常告警画面

首先，通过历史案例数据，总结故障案例库，其构成分为三个部分：一是电潜泵发生某类型故障的过程中，各运行参数的趋势特征；二是相应故障的类型；三是对相应故障的处置措施。其次，简化故障案例库，由于参数趋势特征、故障类型以及相应故障处置措施由业务人员提供，构成太过复杂，需要对其进行简化才易于通过程序匹配。最后，就是发现故障，这个过程应用到前面提到的 SPC 准则，判断出故障案例库相应参数的趋势特征，再和案例故进行匹配，如果各参数的趋势特征与案例库均一致，即可判定该泵发生了案例库相对应的故障。

告警规则配置：按照单参数告警模型要求，实现对 SPC 判异准则和阈值规则的一井一策的配置需求。

3.6 修井工作量预测

建立寿命预测模型，准确预测运转寿命，可随时输出修井计划表(以月、季度、年为跨度)提前准备修井计划，大力减少躺井天数，减少产量损失。通过增加修井计划功能，满足核心需求中智能修井计划需求(见图 9)。

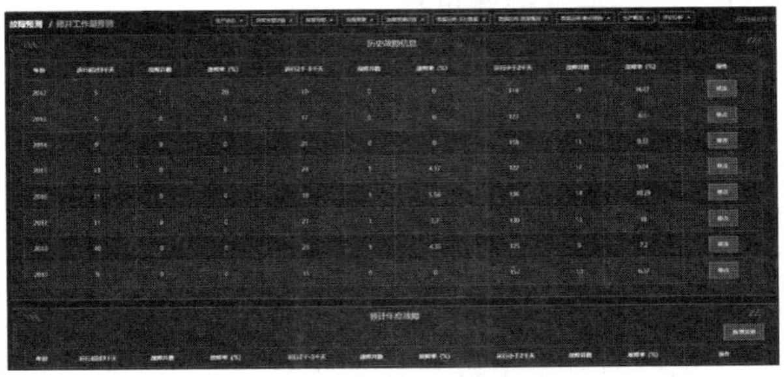

图 9 修井工作量预测

3.7 生产动态

自动读取油田、油井生产信息，基于计算规则生成油田平台生产变化趋势和累计产量等信息(见图 10)。

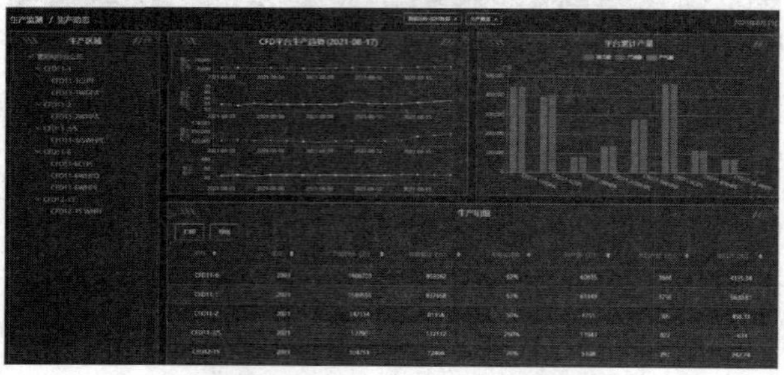

图 10　生产动态

4　模型算法

人工举升智能采油系统主要分为大数据模型算法和机理模型算法两类，大数据分析模型主要对大量历史数据和故障情况进行统计分析，建立大数据模型来进行油井健康度核算，机理模型主要针对 12 中故障情况进行定向的数据分析，预判故障的发生概率。

4.1　大数据模型算法

充分利用中海油在油田信息化建设方面的成果，针对海上油气生产需求及特点，在融入专业公司 ESP 选型设计、制造、作业、运维的专业知识与专家经验的基础上，应用基于大数据分析与机器学习的设备智能维护技术，构建“ESP 智能采油系统”，实现机采井安全及生产监测、ESP 故障预测及分析功能，并在渤海油田曹妃甸作业区示范实施应用。改变目前机采井潜油电泵(ESP)机组发生故障后，高度依赖专家经验，难以做到提前预警及系统量化评估诊断的现状，实现“有效延长电泵寿命，降低电泵井故障率”的目标，如图 11 所示。

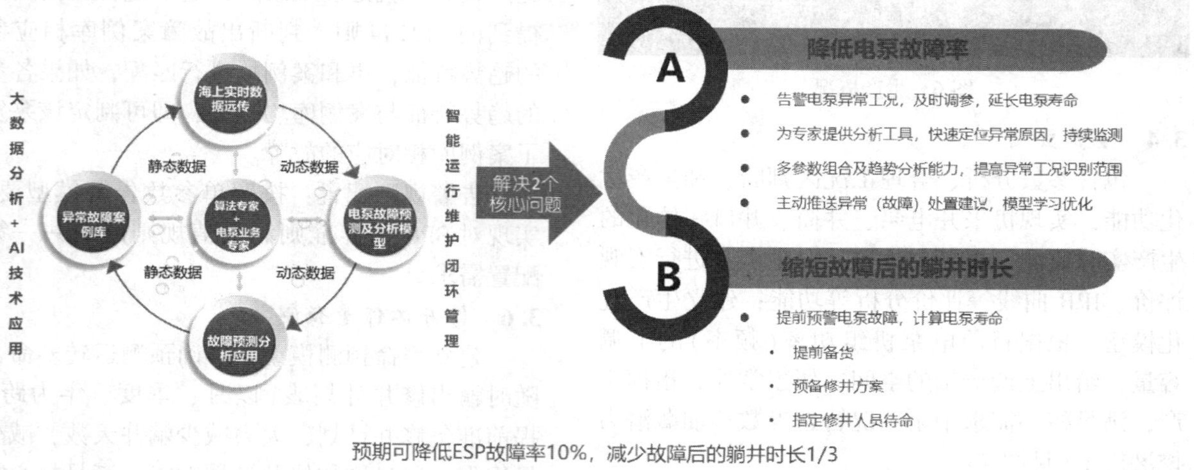

图 11　智能采油系统大数据解决方案

4.1.1　机采井健康度模型

健康度计算模型训练及应用：基于历史数据分别构建泵入口压力、泵出口压力、泵入口温度、马达温度、泵电流、泵频率、油压和井口温度等 8 个关键参数的预测模型(见图 12)。日度数据共 21 个参数，静态参数共 6 个，参与模型计算的共有参数 27 个。

当针对某个关键参数训练其预测模型时，将该关键参数作为待评估值输入，其余 26 个参数作为评估值输入，输出结果为该关键参数训练好的模型。

当针对某个关键参数训练模型进行预测时，将该关键参数之外的其余 26 个参数作为评估值输入已训练好的模型，输出结果为该关键参数的预测值。

由 8 个关键参数为目标的深度学习模型构建并训练完成后，可实现这 8 个关键参数的预测。通过预测值与实际值的偏离程度来反映设备的运行状况，偏离越远说明当前运行情况越差，即机采井的健康程度越差，反之越好。关键参数预测及偏离度计算过程图 13、图 14 所示。

4.1.2　机采井异常告警模型

对于通过异常告警模型算法分析预测出的故障结果可先进入观察室，同时进行预警，由业务专家进行确认，如果确认油井确实存在潜在故障情况则进行发布，如不确定继续进行观察，如确定为误报信息，则关闭报警(见图 15)。

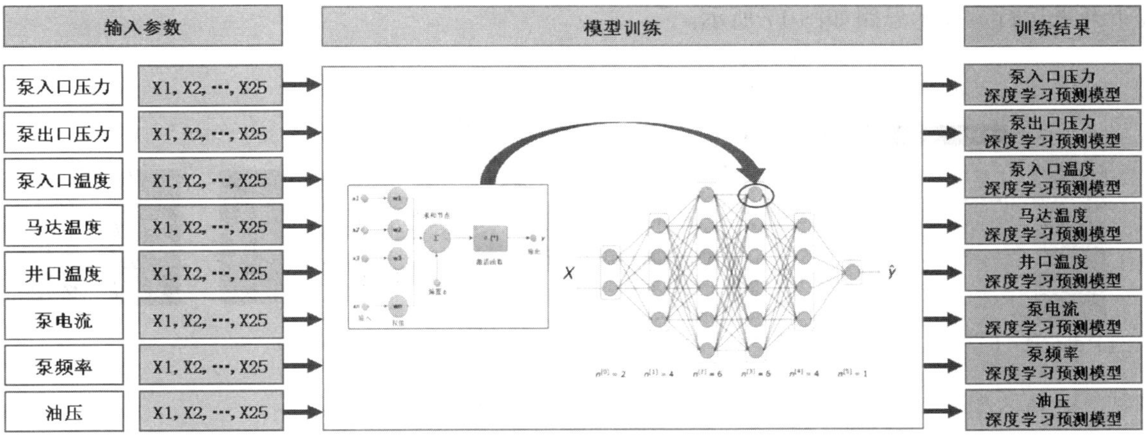

图 12　健康度模型训练过程

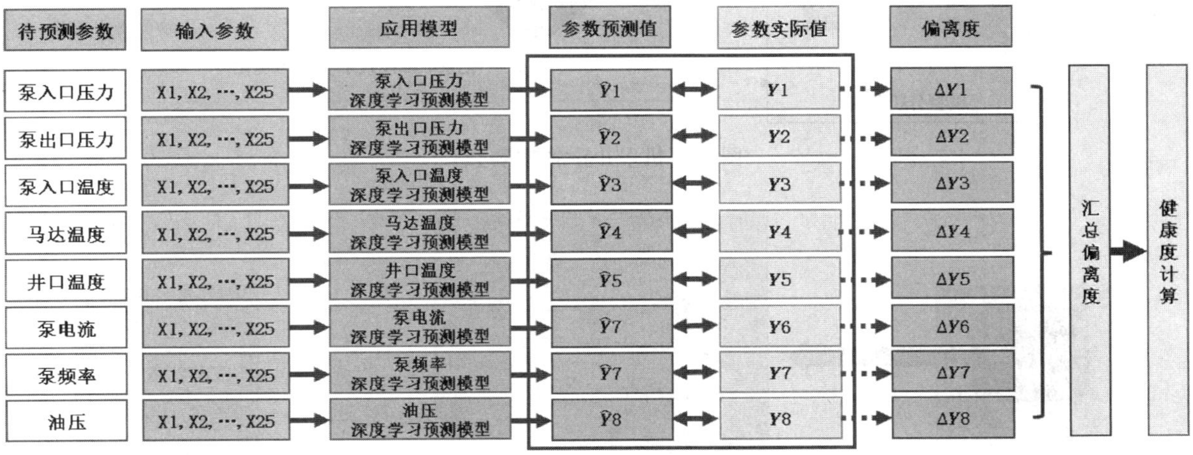

图 13　模型应用

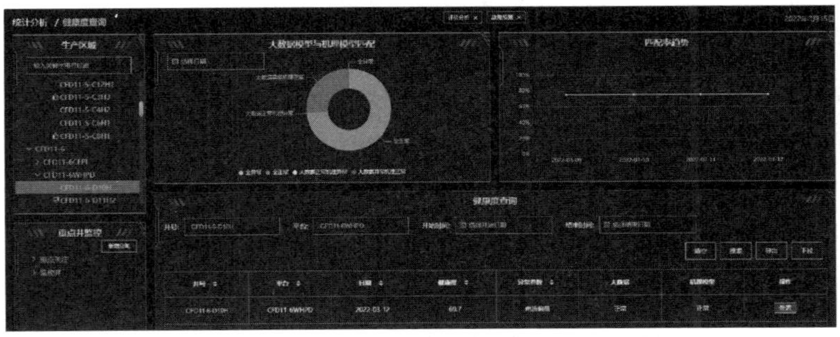

图 14　油井健康度打分分值

4.2　机理模型算法

利用机采井各种评估模型中的状态特性，对所处工作状态进行分析评估，处于异常状态的机采井及潜油电泵系统，判断异常原因，并给出针对性措施建议，分析电泵故障原因，优化电泵的运行参数，延长电泵检泵周期的目的，有效提升陆地管理人员对海上平台生产的远程管控能力，实现电泵井生产监控可视化、实时诊断预警、实时优化决策、智能控制，保证油井在最佳工况下开采运行，同时为油藏分析决策提供了有力的数据支撑，也为将来无人值守海上平台建设提供基本的保障条件，如图 16 所示。

电潜泵智能采油系统机理模型基于人工举升理论与数据驱动的数字孪生模型架构，以油田工程云为依托，具有评估、诊断、分析、优化等功能，可以有效提升陆地管理人员对海上平台生产的远程管控能力，实现电泵井生产监控可视化、实时诊断预警、实时优化决策，保证油井在最佳工况下开采运行。技术思路如图 17 所示。

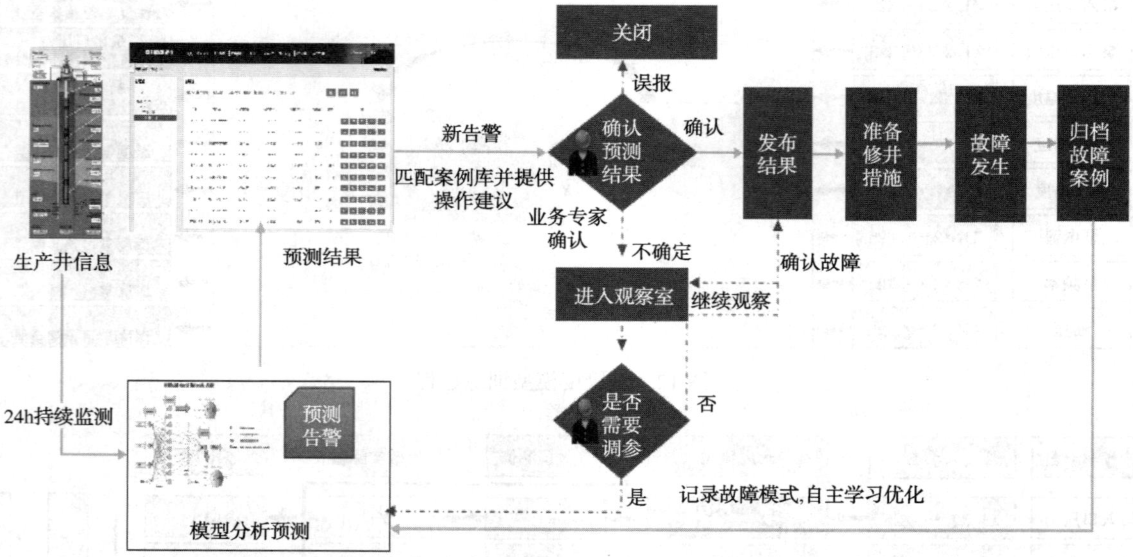

图 15　机采井异常告警过程

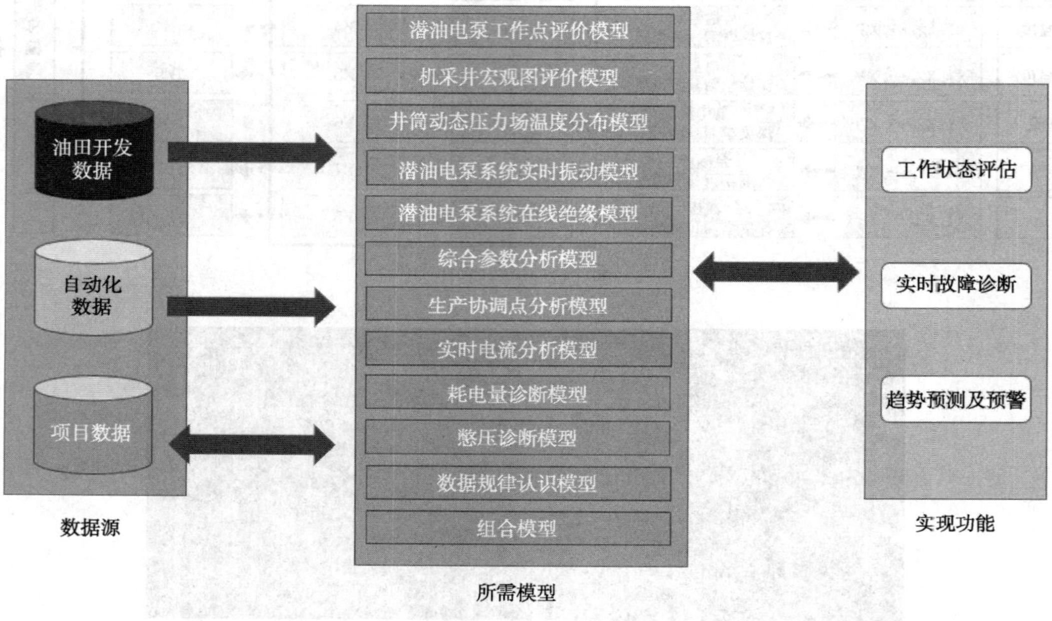

图 16　电潜泵专家诊断机理模型总体目标

4.2.1　工况诊断技术

电泵井工况诊断技术对于油气行业的应用至关重要，根据分析电泵的工作原理与特性，针对电泵机组的组成部分，实时采集电泵运行过程中的井下数据(例如泵入口压力、泵出口压力、马达温度、机组三轴振动加速度、泵入口温度、漏电电流等)和井口数据(例如油压、运行频率、电机电压、电机电流、产液量等)，对电泵井生产过程不同故障诊断方法进行系统的归纳总结。目前，主要的电泵井故障诊断理论和方法有电流卡片诊断法、憋压诊断法、参数阈值法、综合参数诊断法、振动信号诊断法等。

4.2.1.1　电流卡片诊断法

电流卡片是最早、最简单的电潜泵故障诊断方案。电流卡片是测量潜油电机的输出电流，然后将其作为时间的函数连续记录在圆形电流表上，当电泵生产中出现不同故障时，电流卡片则呈现不同的变化。随着科学技术的不断发展，电流卡片也呈现出了多种多样的分析形式。

通过提取电泵不同故障模式下电流卡片的期

望值、平均值、方差等特征，根据不同故障设定不同阈值来识别电泵故障；利用现场实测电流样本和人工模拟的电流卡片形态，建立样本库，对实时电流曲线进行模式识别，提取样本特征值，得到其权重值和阀值，建立基于 BP 神经网络识别的电泵井实时电流故障诊断方法。

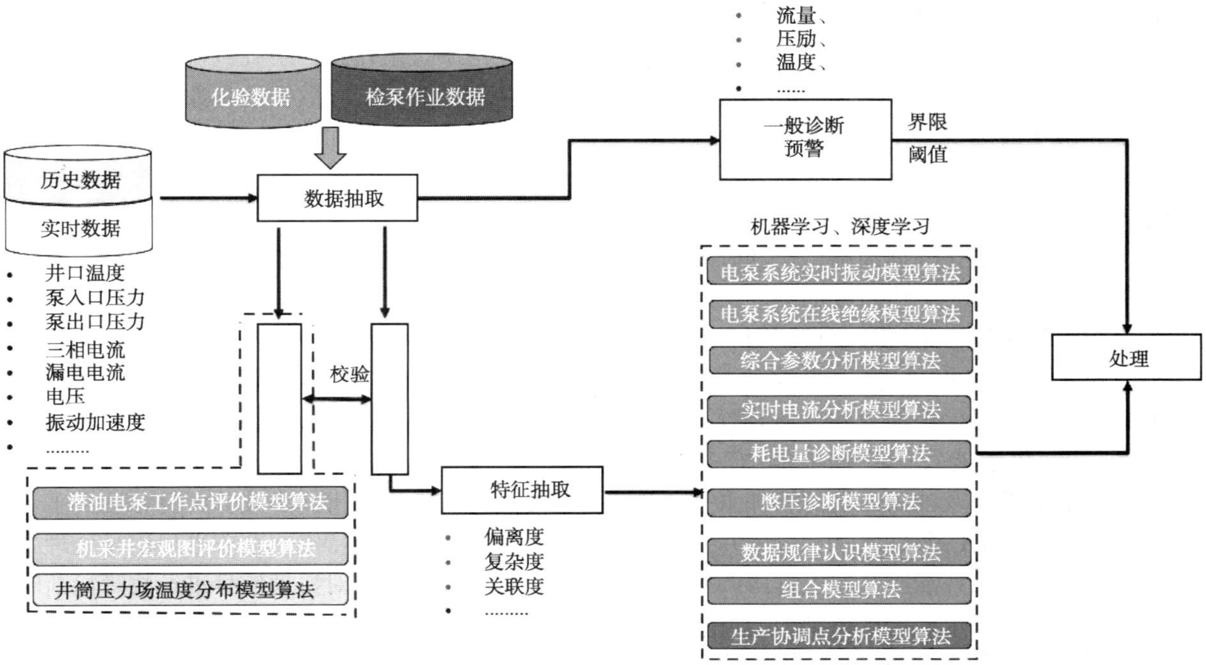

图 17　电潜泵智能采油系统机理模型技术思路

4.2.1.2　憋压诊断法

憋压诊断法根据电泵井在正常运行和停机状态下，通过迅速关闭井口回压阀门进行憋压，记录整个憋压过程中井口油压与时间的变化关系，并根据变化关系做出憋压曲线，根据曲线反映的形式和特征值来分析泵工况。

4.2.1.3　参数阈值法

电泵井参数阈值法是根据电泵井生产过程中压力、温度、电流、电压等参数的变化情况，设置一定的变化区间，如果变化幅度超过设定区间阈值，则认为电泵井生产过程发生了某种故障。参数阈值法诊断过程相对简单、易于实现，当油井的特征量和状态相对较小并且它们之间的关系相对简单时，可以通过阈值诊断来进行适当的分析。

4.2.1.4　综合参数诊断法

随着电泵数据采集与监测技术的不断发展，在油田现场可实时采集的电泵井生产数据越来越多，尤其井下电泵伴侣数据，目前常见的泵工况分为五参数、七参数、十一参数以及十三参等多参数据类型。采集到的数据有电参数据、压力数据、温度数据、振动信号数据等，根据采集到的多参数据运用不同的方法，对电泵井生产工况进行诊断。

4.2.1.5　振动信号诊断法

电泵机组的主要功能部件基本都是旋转设备，振动信号比起其他的生产参数来说更能准确地反映出机组的运行状态。将电泵机组产生的振动信号进行收集整理，更容易从中发现电泵机组故障产生的原因，并且电泵机组一般情况下都是安装在井下，从测试的角度考虑，通过振动信号来判断电泵机组是否存在故障也是十分方便有效的诊断技术。

4.2.2　模型和算法

4.2.2.1　潜油电泵工作点评价模型及算法

实际油田应用中，电泵排量高的流体或含气较多的流体时的排液能力会大打折扣，因此，电泵优化设计时需要对水做的特征曲线进行校正，对于变频生产的潜油电泵油井，也需要考虑变频对泵特性曲线的影响。

潜油电泵工作特性曲线能够全面地反映出潜油电泵的举升特性、能耗特性。根据电泵运行过程，利用静态数据、动态数据、实时测试数据，结合工作特性曲线矫正模型，在矫正后的特性曲线上实时显示工作点在电泵工作特征曲线图中的动态位置，并对当前运行状态进行工作点评估，得出潜油电泵的实时工况状态。

4.2.2.2　机采井宏观图评价模型算法

油井的日常管理直接影响到其抽油效果的好坏及运行寿命的长短，而这两项指标又是机采井采油经济效益的直接反映。为了及时了解油井的生产状况，减少故障的发生，需要按时、准确地采集油井的各类生产动态参数，通过分析掌握油井的生产工况。

油井宏观控制图是根据油井生产和管理需要而绘制的用于反映油井工作状况的图形，宏观控制图包括泵效控制图、系统效率控制图，是分别以泵效、系统效率和相对流压(沉泵比)相关曲线为基础，反映油层生产能力和抽油装置工况的协调关系，即“供液能力”与“采液能力”是否匹配，抽油泵的泵效以及油田区块的管理水平，是油田生产管理中必需的条件之一。机采井宏观控制图评价是通过电泵井能否达到供排协调平衡来进行工况分析。绘制工况宏观控制图的目的就是通过对电泵井工况分析，制定相应措施使油井从工况不合理区向正常区域进行转化；根据每口井在宏观控制图上的位置，用户可以直观地知道每口井的工况状态；也可以宏观控制图为依据，结合油井工况诊断技术、优化设计、动态设计技术，供排协调和工况分析，实现油井流入动态IPR曲线和宏观工况图的联绘，采取工艺措施，改善油井工况指标，提出泵工作参数优化建议，最终提高油井经济效益。

4.2.2.3　井筒动态压力场温度分布模型算法

考虑海上油田油井井身结构及生产管柱结构的特殊性，根据物质和能量守恒定律，重点研究井筒流动，即油藏产出流体从井底到泵口和泵以上油管中的流动。通过对海上油田直井、定向井、丛式井的研究，利用多相管流理论和温度场分析理论，建立不同类型井的压力和温度分布模型，分析流体进泵前后井内多相管流的压力及多相流体温度分布情况(对潜油电泵井，由于电缆发热，直接影响井筒温度场的分布规律)，从而为组合举升的优化设计奠定基础。

油井井筒流体温度受井筒与环境的热流量控制，井筒温度剖面呈现非线性关系，海上油井的井筒温度还受海水段和平台空气段的影响，与地层段的传热特性不同。电泵机组设备散热也会影响流体温度，过高井温影响采油工艺设计及举升设备的选型，如电潜泵耐温；过低井温又将导致井筒结蜡堵塞等，因此，开展电泵举升油井生产过程的井温剖面预测研究十分必要。

4.2.2.4　潜油电泵系统实时振动模型算法

电潜泵机组作为一组旋转机械装置，当其部件发生故障时，会导致振动参数的异常变化。对于同一种故障，不同的振动参数情况也能反映电潜泵的不同损坏程度。通过电潜泵振动参数的幅值和频率的改变，可以在故障初级阶段对故障进行诊断。由于电潜泵的工作条件恶劣，参数测量较为困难，利用易于测量的振动参数进行故障诊断，是一种有效可行并且有前景的研究与应用方向。

电潜泵的振动信号具有明显的非平稳、非周期的性质。因此传统的频域分析方法无法对振动信号进行有效的分析，小波分析的方法由于其自身的多频率分析的特点，在非平稳信号处理中有着显著的优势。针对振动信号进行故障诊断时需要调整的参数过多、得到稳定的特征较困难的情况，本系统提出了一种基于PSD-CNN的电潜泵故障诊断方法，通过更为容易的功率谱密度计算替代小波分析方法进行特征提取，减少了需要调整的超参数，得到的故障特征更为稳定，能够更好地在工程中进行应用；并将得到的特征通过卷积神经网络进行模式识别，面向高维特征以及多分类问题，提高故障诊断的准确率。

4.2.2.5　潜油电泵系统在线绝缘模型算法

在线绝缘分析模型算法是结合三相电流、三相电压数据，利用聚类的方法，形成监测数据与绝缘故障之间的特征表征模型，建立特征与绝缘故障之间的关联模型，实时监测生产与停机情况下潜油电泵机组绝缘状态。基于给定的聚类目标函数，算法采用迭代更新的方法，每一次迭代过程都是向目标函数减小的方向进行，最终聚类结果使得目标函数取得极小值，达到较好的分类效果。

4.2.2.6　综合参数分析模型算法

全面地利用振动、温度、压力等电泵实时运行电泵伴侣数据进行综合分析，找出典型故障特征值与故障的对应关系，从而对电潜泵运行的工况进行监测和诊断，对故障原因进行实时的判别。

(1) 利用特定时间窗口内斜率值进行趋势判

别。对数据进行预处理后，为了能够挖掘电潜泵井不同故障发生时的不同参数变化规律，需要对特征参数进行斜率计算，选择特定时间窗口内的数据利用线性回归获取斜率，根据斜率的大小判断趋势的变化情况。

(2) 利用 SPC 对特定时间窗口内的趋势进行判别。SPC 准则在应用于电潜泵故障诊断的过程中，不仅希望能够对运行参数的异常趋势进行判别，还希望能够具体描述其变化趋势，所以我们对标准的 SPC 准则稍做修改，且将八条规则拆分成十三个准则，六类趋势特征（突增、突降、上升、下降、平稳运行）。

4.2.2.7 生产协调点分析模型算法

油田投入开发以后，随着不断的开采或注水，地下情况处于运动和变化之中，加之潜油电泵具有的大排量特点，更加剧了这种变化。潜油电泵在设计或优化设计时，均力图使泵在其额定排量或高泵效区工作，但潜油电泵在工作过程中，由于地层产能等的变化，可能使泵偏离高泵效区工作，因此，需要根据诊断结果，对井下潜油电泵机组进行合理的参数调节，以保证潜油电泵的高效运行。

对于潜油电泵生产系统，尤其是海上潜油电泵生产系统而言，由于作业费用等的限制，不可能随着地层产能的变化随时进行检泵、换泵作业。因此，改变潜油电泵工作参数使之始终高效运行成为唯一可行的方案，而最有效的调整方法有二：一是变频调速，即通过地面调频来改变潜油电机的运转速率，从而调节排液量，使之在高效区运行；二是改变井口油嘴大小，即通过改变管路特性来改变潜油电泵井工况，使之在高效区工作。因此，我们以油嘴直径即阀门开度、电泵电机频率为控制变量，系统产油量最大为目标，以满足油井配产、供排协调、流动保障、管柱完整性为约束条件，建立产量-维修策略-运行参数的关联模型。应用多层神经网络深度学习模型，优化决策油井油嘴开度和电泵频率，提交 PID 控制进行实时调整。

4.2.2.8 实时电流分析模型算法

电流卡片上记录的电流值反映了潜油电机的工作电流随时间变化的关系，因此电流卡片上记载的电流变化趋势也反映着井下电泵机组的运行情况。井下电泵机组正常工作时，电流卡片上记载的电流值基本上是定值，电流值可能会有波动但波动范围很小；若井下电泵机组出现不同故障，则电流卡片上记载的电流值也会随时间呈现出不同的形状，电潜泵井管理人员可以根据电流卡片上电流曲线的不同模式判断并分析井下电泵机组的工作情况。电流卡片上不同的电流曲线对应着电泵井不同的故障模式，从国内外对电流卡片分析的情况来看，常见的故障模式主要以下几种：机组正常运行、电源电压波动、气体影响、泵抽空、供液不足、油井含气、频繁起动、油井含杂质、机组欠载、机组过载、欠载保护失灵、延时太短、负载波动等。根据电泵生产过程采集到的实时电流数据绘制形成电流卡片，分析当前电流卡片图形是否与正常工况相符，若图形不符则表示存在异常，及时警告并进行诊断。

4.2.2.9 耗电量诊断模型算法

油田既是产能大户，也是耗能大户，电潜泵是油田生产的主要耗能设备，其耗电量占油田用电量的 45% 左右。与此同时，电潜泵的系统效率也不高，目前只有 25% 左右。如何实现油田电潜泵的增产节能都是油田进行节能改造的重点。多数人的做法是：利用基于对抽油系统运动规律的物理模拟及系列经验计算公式、考虑多种因素的系统仿真模型及算法、波动方程与地面系统运行进行耦合的节能优化模型、敏感性分析节能优化模型或优化评价方法、能耗最低机采系统设计方法等。

上述优化技术都可以在不同程度上降低电潜泵井能耗，但一口电潜泵井如何选择连续生产还是间抽生产，如何在设计时实现连续生产能耗水平与不同生产时间的间抽生产能耗水平的比较，如何就地层供液能力、电机、井口回压、套压、管柱结构等地层—井筒—地面之间的关联关系挖掘抽油系统效率关联规则，如何综合技术配套参数、设备及管理问题开展节能降耗潜力分析等问题，目前文献及现场实际应用中还没有见到相应的设计模型及解决办法。另外，随着数字油田建设的不断推进，油井数据自动采集、生产可视化等技术逐渐普及，油井本身积累的数据资源优势并没有在传统物理模型上得到有效利用，难于有针对性地、有效地提高电泵井产量、降低能耗、节省维护措施作业成本。

如何充分利用现有数据资源，尝试研究基于数据挖掘方法的电泵井能耗优化，开展“数据驱动+业务模型”的数字孪生技术研究，成为以后电泵井能耗优化的重要突破口。本模型以产液量不降为优化目标，按照油井能耗最优的原则，通过对电泵生产过程中产液量、含水率、气油比、原油黏度、井深、耗电量等海量地面及井下数据进行集成、整合和清洗，根据数据挖掘模型特征和能耗数据的对比分析，实现优化算法的智能推荐，由最优推荐算法搭建下电潜泵井能耗主要影响因素分析、耗电量诊断预警、生产耗电量预测，确保电潜泵井在最优参数与最佳状态下工作，才能充分发挥系统的节能潜力，达到理想的节能效果。

4.2.2.10　*憋压诊断模型算法*

电泵生产系统中出现的不同工况除了体现在电机电流的变化上，还体现在压力变化上，因此电泵井井口憋压分析的主要原理是对比不停泵关井的井口压力变化与理论变化曲线来判断不同工况类型。目前的井口憋压分析技术存在问题，模型中没有考虑井口关闭后电泵续流与特性曲线的关系，也没有给出合理的憋压时间。从分析憋压过程中井筒内气液分布状态、电泵工作状态入手，推导建立了井口压力随时间变化模型，得到了理论憋压曲线。在此基础上提出了曲线特征参数的提取方法和憋压诊断流程，建立的模型与方法可成为电泵井工况综合诊断分析的有效手段。

4.2.2.11　*数据规律认识模型算法*

潜油电泵系统的检修周期是油井使用最重要的技术经济指标，生产过程中，当其任一部件发生故障都将导致停机修理，一次井下作业一般持续几昼夜，作业费用与电泵修理费用之和与一套新的潜油电泵价格相当。多数情况下停机会导致油层工作失调，机组投入生产几天后才能恢复油井的最佳采油状态。于是，系统故障造成的费用损失包括与替换机组有关的井下作业费用、用于维修的费用以及因停机而再次恢复最佳采油水平而造成的产量损失。因此，研究潜油电泵检修原因、通过故障数据揭示其故障分布规律，定量把握系统可靠性特征，对生产厂家提高产品质量，用户科学使用、合理安排维修有重要意义。基于潜油电泵是石油机械中的一种，可以考虑使用数据规律认识模型的方法来进行潜油电泵可靠性分析。

可靠性研究是在现场调研的基础上，收集了各不同角度潜油电泵机组的失效数据，进行了适当的数据处理和数据剔除，然后利用可靠性统计理论，获得了机组寿命的统计分布模型，从而实现了对各不同角度的机组的可靠性的定性分析和定量评定。潜油电泵机组的系统可靠性研究，根据机组内各单元的逻辑功能关系，确定其为串联系统。然后利用经典的假设检验方法和模糊识别原理，确立各子系统的寿命统计模型，完成潜油电泵机组系统可靠性数字仿真模型的建立。最后利用 Monte Carlo 统计模拟法，确定出系统寿命统计模型，得到系统可靠性指标，实现对潜油电泵系统可靠性定性分析和定量评价。

4.2.2.12　*组合模型算法*

单一的故障诊断方法和评价方法在很大程度上依赖于其特定的场合和特定的分析参数才能做出判断，不同的分析、诊断、评价方法做出的结论可能出现不一致的现象，选用哪种诊断方法作为最终结论才能符合实际情况是一个关键问题。为此，需要建立组合模型通过该算法可将各评价分析结论进行组合认识，最终输出单井或区块的最终结论。

各评价、分析模型及数据规律认识的结论作为组合模型数据输入，输出单井、区块的分析判断结论，通过机采井评价模型、分析模型、数据规律认识对单井或区块进行评价分析，通过该算法可将各评价分析结论进行组合认识，最终输出单井或区块的最终结论。

利用经检修后具有明确故障原因的故障数据，将这些数据作为样本进行故障诊断。对数据进行处理，针对不同的井况和机采井特点，可以人为地对输入数据进行筛选和调整，选择性地使用相关数据。将数据按多种诊断方法和多种故障原因进行分类。通过利用组合的概念进行故障诊断，把当前对电潜泵进行故障诊断的单一方法的结果，分别赋予相应的权重，再综合起来形成最终的诊断结果。

4.2.3　电潜泵举升实时分析诊断系统

电潜泵举升实时分析诊断系统基于人工举升理论与数据驱动的数字孪生模型架构，以石油工程云为依托，具有监控、预警、管理、分析、诊断、预测、决策、控制等功能，是油气田开采分级指挥、综合管控、辅助决策平台，实现油气开采的经济、环境友好型、智能化和精细化管理的目标，实现电泵井生产状况实时监控，生产工况实时诊断，运行参数实时优化功能。该系统的主要功能如图 18 所示。

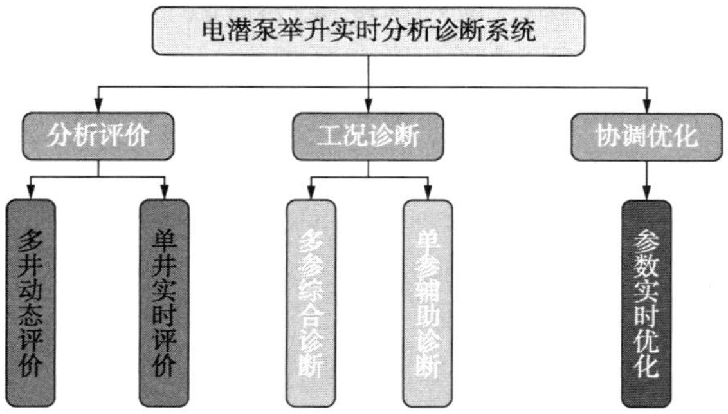

图 18　电潜泵举升实时分析诊断系统主要功能

4.2.3.1　多井动态评价

该模块根据电泵井生产数据，利用宏观控制图、泵特性曲线、实时振动分析、在线绝缘评价对整个所辖曹妃甸作业区电泵井进行整体评价。整体界面如图 19 所示。

4.2.3.2　单井实时评价

该模块根据对单个电泵井，利用宏观控制图、泵特性曲线、实时振动分析、在线绝缘评价对某口电泵井进行历史动态评价，可以查看单井的一段时间(默认指定日期之前的最近五天)内宏观变化情况，并可根据管理员要求对其历史变化情况进行评价，整体界面如图 20 所示。

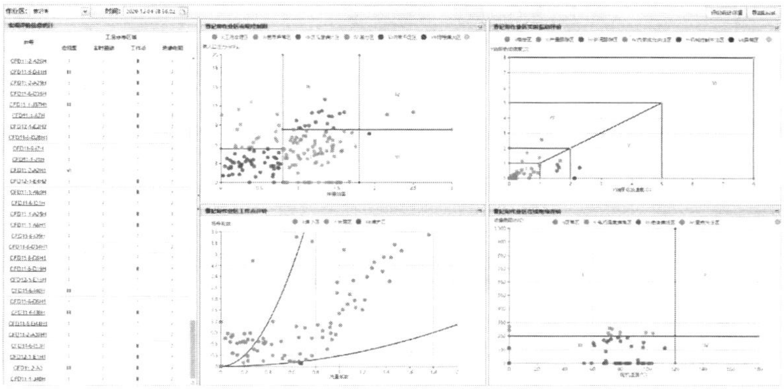

图 19　多井动态评价界面

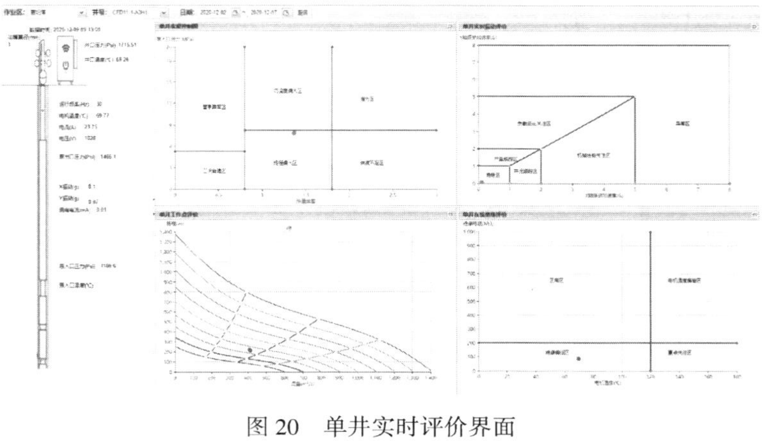

图 20　单井实时评价界面

4.2.3.3　多参综合诊断

该模块根据选取某一电泵井生产过程中的电流值、电机温度、泵入口压力、泵出口压力、油压等实时数据，选取不同的时间窗口，利用多参工况诊断模型理论对电泵井运行过程进行实时诊断分析，并实时展示每种工况可能出现的概率值，同时可以查看单井的一段时间各参数变化曲线。整体界面如图 21 所示。

4.2.3.4　单参辅助诊断

该模块基于电泵井生产过程中，不同工况所对应的参数变化不同，通过结合单一电流信号、振动信号、耗电量情况、绝缘情况辅助多参诊断、进一步的增加工况识别准确率，及时发现异常趋势，减少意外损失，最大化发挥生产能力。整体界面如图 22 所示。

4.2.3.5　参数实时优化

该模块根据电泵运行过程中，修正后的泵特

性曲线，结合电泵实时生产数据，以油嘴直径即阀开度、电泵电机频率为决策变量，满足油井配产和延长检泵周期为目标，以流动保障、管柱完整性为约束条件，建立产量-运行参数-维修策略的关联模型，应用深度学习模型，训练模型优化决策每口井油嘴开度和泵频率，使电泵井处于高效运行过程，进而提高油井产量。整体界面如图 23 所示。

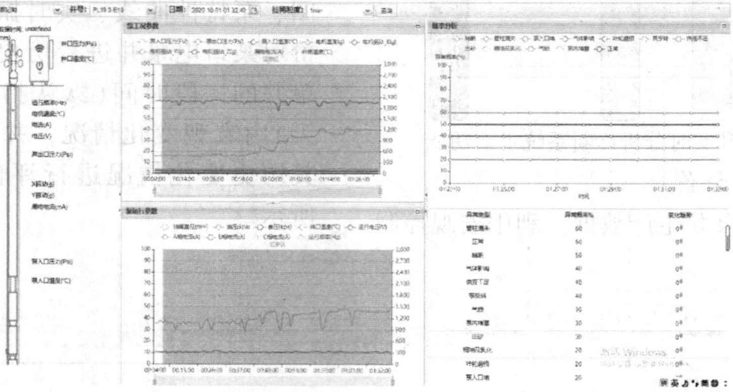

图 21　多参综合诊断界面

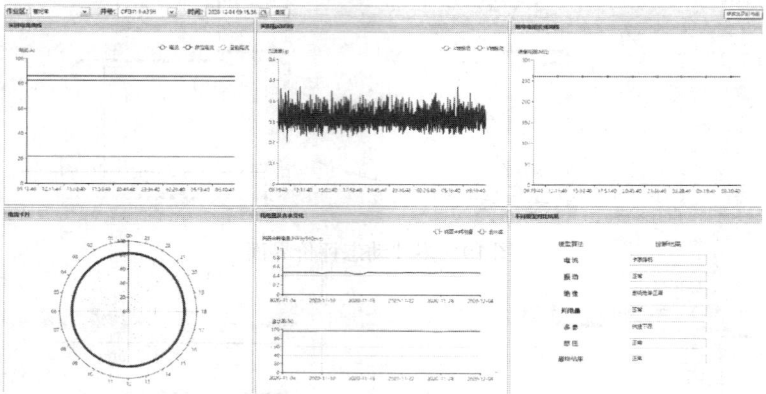

图 22　单参数辅助诊断界面

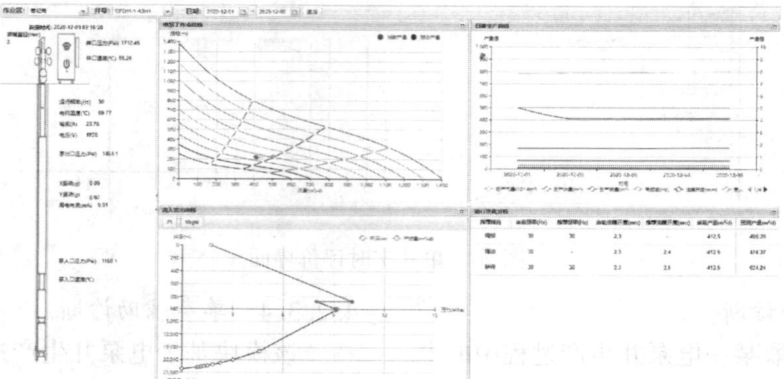

图 23　参数实时优化界面

5　成果总结

“电潜泵智能采油系统”项目研究工作已经完成，取得的重点成果如下：

（1）在海洋油气开发过程中，受复杂环境因素的影响，流体物性的变化，利用泵特性曲线进行评价时，利用了多项式回归+最小二乘法建立单井工作点矫正模型，修正了考虑气体和含水、黏度等影响的电泵工作特征曲线，并建立工作点标准图版，实现多井共图实时评价。

（2）提出了基于大数据分析的电泵井宏观控制图评价模型算法。传统的宏观控制图绘制各决策边界由经验法和行业标准确定，其边界值选取的理论依据主要与研究人员的技术经验密切相关，存在一定的不确定性，导致电泵井的生产工况判断不准确，严重影响后期检泵的效果。为了减小人为因素的干扰，获得最适合研究区块油藏实际条件的宏观控制图，通过 K-Means 聚类和支持向量机（SVM）方法，获得精确的宏观控制图决策边界，对于精准的评价电泵运行状态具有重要意义。

（3）建立了电泵井的综合参数分析模型算法。根据对实时数据的监测，系统地根据电流、压力、温度、振动信号等实时运行参数进行综合分析，利用 SPC（统计过程控制方法）对故障特征进行全局提取，结合专家经验建立电泵多参综合诊断模型，从而对电泵井生产进行实时监测和诊断，对工况原因进行实时判别，增加电泵正常运行时间，延长电泵使用寿命，降低生产成本，提高单井产量。

（4）建立了电泵井不同特征的单一参数工况诊断模型算法。基于电泵井运行过程中不同故障对应特定工况，根据对振动信号进行特征提取，利用 PSD-CNN 方法建立了潜油电泵实时振动模型算法；根据对漏电流信号分析，利用专家经验阈值法建立潜油电泵在线绝缘模型算法；根据对电流信号分析处理，利用卷积神经网络方法建立实时电流分析模型算法；根据对吨液百米耗电量和含水率的变化情况，建立了耗电量诊断模型算法；根据是否憋压，建立了憋压诊断模型算法。根据对单一参数的应用，丰富了电泵井工况诊断的类型，提高了工况识别准确率，对电泵井的精细化管理起到一定促进作用。

（5）建立了油藏向井流、井筒多相流动、电泵抽油系统构成的扬程产量耦合系统的数学模型，应用强化学习优化了电泵生产过程中的油嘴开度、运行频率值，保证电泵井在最高泵效生产运行。

（6）编制了 B/S 形式的电潜泵举升实时分析诊断系统软件系统，推动了海上油田的智能化和信息化建设，为现场监测和管理提供理论技术支持。

参考文献

[1] 张丽丽．电潜泵多相流体特性曲线研究[D]．青岛：中国石油大学（华东），2014.

[2] 侯铁鑫．聚合物驱潜油电泵井选井选泵优化设计[D]．大庆：东北石油大学，2015.

[3] 张建国．潜油电泵特性曲线修正及宏观控制图应用[J]．石油矿场机械，2014，43（08）：78-81.

[4] 刘敏林，高祺，李杰．原油黏度及其对潜油电泵性能的影响[J]．油气采收率技术，1999（02）：3-5.

[5] 李晶晶，张公社，宋时权，等．电潜泵采油宏观控制图研制与应用[J]．断块油气田，2008（06）：121-122，126.

[6] 曾永锋，李西军，李玉明，等．电潜泵井生产宏观控制图的研制[J]．内蒙古石油化工，2006（02）：85-86.

[7] 刘义刚，吴华晓，孟祥海，等．电潜泵无因次宏观控制图在渤海油田的应用[J]．化学工程与装备，2018（11）：265-267.

[8] 匡波．潜油电泵井工况分析系统研究与应用[D]．青岛：中国石油大学，2010.

[9] 刘西广．电潜泵故障模式识别模型研究[D]．合肥：合肥工业大学，2003.

[10] 李喜梅，冯定，聂家强，等．基于 MATLAB 的电流卡片的模拟与仿真[J]．石油矿场机械，2006（06）：33-35.

[11] 冯定，王鹏，邹艳，等．潜油电泵电流卡片中心坐标的确定方法研究[J]．石油天然气学报，2008（01）：154-156，393.

[12] 陈治国，冯定，朱木秀，等．基于模式识别的电流卡片特征提取方法研究[J]．石油机械，2004（02）：38-41，61.

[13] 张雪松．潜油电泵抽油系统工况诊断技术研究[D]．北京：中国石油大学（北京），2010.

[14] 张锋利，郝晓军，周日．基于 BP 神经网络识别的电泵井实时电流故障诊断方法与应用[J]．数码设计，2018，7（5）：1-2.

[15] 张瑞超，尹玉琼，徐林颖，等．基于特征识别的电潜泵井工况智能诊断新方法[J]．中国石油大学胜利学院学报，2018，32（04）：41-45.

[16] 刘宝军．基于 CNN 卷积神经网络的示功图诊断技术[J]．西安石油大学学报（自然科学版），2018，33（5）：70-75，82.

[17] 陈欢．海上油田电潜泵耗电量影响因素综合评价方法[J]．重庆科技学院学报（自然科学版），2017，19（06）：108-112.

[18] 段玉超，于继飞，曹砚锋，等．海上油田电潜泵井能耗分析研究[J]．石化技术，2019，026（004）：287.

[19] 刘孝慈，吴晓东，于继飞．潜油电泵井能耗预测方法[J]．特种油气藏，015（6）：85-88.

油气生产物联网建设与应用

赵　斌[1]　吕宏光　夏明明　靳呈松　冷冬松

（中国石油塔里木油田公司）

摘　要　某西北油气田油气生产物联网建设项目针对现状及问题提出了解决方法，搭建了物联网平台总体框架，建成了数字化油田的总体架构、数据采集与监控系统、数据传输系统(数据传输系统又包括有线数据传输系统、无线数据传输系统、光缆链路系统、工业电视监控系统和生产管理中心硬件建设及相关配套工程五大系统)，实现了物联网的基本功能，达到了预期的效果。但是在实际运行过程中也发现了一些问题，在今后的数字化完善项目中逐步改善和提高。

关键词　物联网；数据采集；数据传输；生产数据；视频数据

某油田生产单元位于西北戈壁沙漠之中，幅员辽阔，管辖区域较大，周围荒寂凄凉，人员稀少，环境恶劣。为了响应总公司整体规划，全面建成数字化、智能化油田，满足新一代数字化油田井站一体化管理、生产智能化管控需求，按照总公司数字化油田建设顶层设计“3+3”的总体架构与部署(见图1)，全面建成数字化油田，实现油田核心业务的全面数字化管理，为建成亿万吨大油气田提供信息化支撑；最终基本建成智能油田，实现“数据全联通、业务全协同”，持续优化和提升油田业务能力和水平之目的，该油田从2017年开始就开展了作业区油气生产物联网建设工程，迈入了数字化油田门槛。

图1　数字化油田建设顶层设计“3+3”总体架构

1　物联网建设

该油气生产物联网建设，首先要搭建物联网信息平台，进一步实现单井及各类场站生产数据的实时采集和远程监控，达到无人值守、少人高效，推动油气生产业务管理模式转变，实现生产过程安全可控、风险预警、有效降低安全风险，为现场生产管控提供技术保障。

但是由于该地区特殊的戈壁沙漠干旱地域特征，依托条件差，工作环境艰苦，油气场站分布广，数字化基础设施薄弱，导致管理难度大、运维成本高等问题，制约了生产单元全面数字化管理。为了减少手动采集工作量，避免重复录入，确保数据“五性”，保护核心数据资产；补充完善前端数字化传感器、控制器、DCS 和 SCADA 系统，在井、场、站等生产现场实现生产、安全、环保、安保防恐业务数字化全覆盖；管控中心集成运行参数自动采集与告警、生产过程远程控制、安全环保自动监测、安保防恐企警联动等功能。该物联网系统总体架构模式设计如图 2 所示。

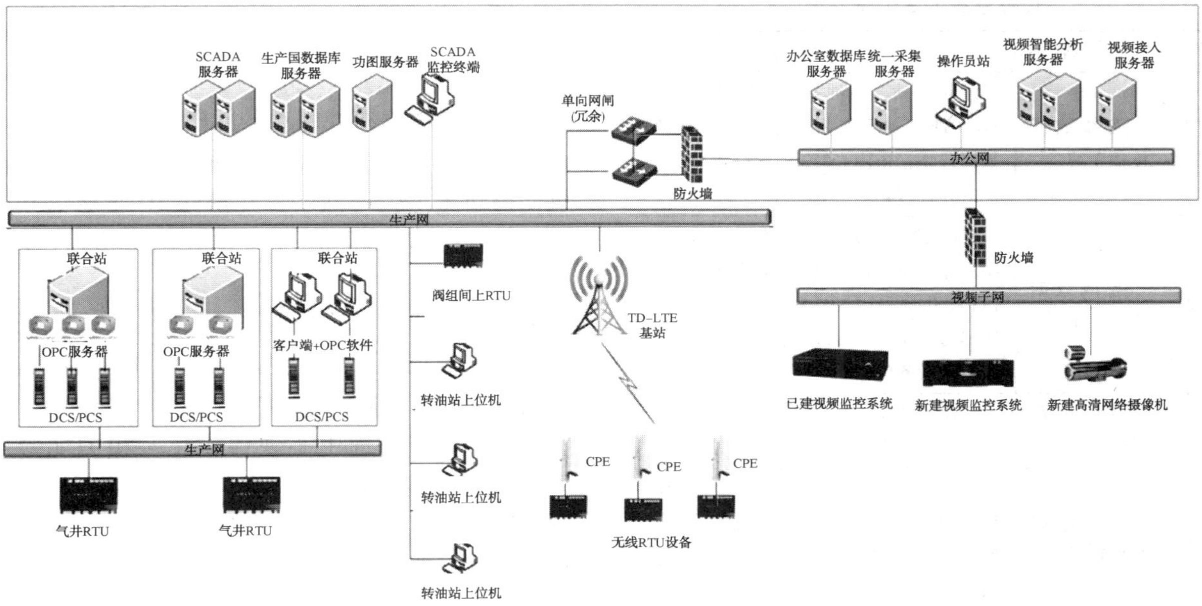

图 2　物联网系统总体架构图

总体架构：搭建多座集中联合站、十数座转油站、集油站、集气站、阀组间、数十口站外气井，新建一百多口单井生产数据传输网络以及已建、新建共计 200 多路视频数据的视频子网，并接入前指生产管理中心进行展示。

1.1　生产物联网建设内容

① 数据采集与监控系统：完善作业区 RTU、PLC、DCS 设备 160 台、传感器、变送器及相关仪表 620 台作为数据采集与监控系统的基础，布电缆总量约 50km，形成数据采集与监控底层基础。现场油气井控制柜及 RTU 控制柜见图 3。

② 数据传输系统：采用无线（4G、网桥）与有线（光纤）网方式相结合的建设方案，通过安装多座无线网络基站（4 座新建、6 座利旧）以及配套基站设备、TD-LTE 终端设备 133 套，服务器、网络存储、安全网闸、防火墙、110 寸液晶电视及相关硬件设备 232 台，布光缆电缆总量约 60km，建设无线 4G/无线网桥覆盖单井 145 座，有线光纤网覆盖单井 150 座。搭建成数据传输系统网络，实现数据的上传和通信。

图 3　现场油气井控制柜及 RTU 控制柜

1.2 数据采集与监控系统和数据传输系统

数据采集与监控系统和数据传输系统细分为以下5个子系统(见表1)。

表1 数据采集与监控系统和数据传输系统的5个子系统

序号	子系统	建设内容
1	有线数据传输系统	各联合站、转油站、集油站及新建TD-LTE基站至作业区生产管理中心的数据链路，采用光纤+工业以太网交换机的方式传输
2	无线数据传输系统	建设10座TD-LTE无线网络基站(4座新建铁塔，6座运营商租赁铁塔)；133座井场采用TD-LTE设备传输，5座偏远及覆盖不到井场采用点对点无线网桥设备传输
3	光缆链路系统	新建转油站、卸气站等光缆线路17条，合计敷设长度约50km
4	工业电视监控系统	视频监控系统采用IP的智能架构体系，分别在A集油站、B集油站、C转油站等场所建设视频监控前端20路，四处重点路口建设卡口摄像机8路
5	生产管理中心硬件建设及相关配套工程	服务器、核心交换机、网闸、防火墙等硬件设备安装；生产管理中心操作台、监控终端、110寸液晶电视安装；完成生产管理中心综合布线系统及火灾自动报警系统施工安装

(1) 有线数据传输系统：利用有线仪表、RTU、PLC、交换机、SCADA服务器、光缆等搭建有线数据传输系统，把单井、场站的数据上传到控制室和管控中心，实现远程实施监控功能(见图4)。

(2) 无线数据传输系统：采用TD-LTE 4G无线通信技术，搭建了覆盖广、易部署、易扩展的4G无线网络，弥补光纤网络的不足，解决戈壁沙漠腹地网络布线困难的问题(见图5)。

(3) 光缆链路系统：采用工业以太网交换机，搭建主干生产网络，并搭建10座通信基站(4座新建、6座租赁)实现单井网络覆盖(见图6)。

(4) 工业电视监控系统：采用工业以太网交换机，搭建视频子网，接入原有及新建视频监控画面共计200多路(见图7)。

(5) 生产管理中心硬件建设及相关配套工程：建设作业区生产网、办公网、视频子网，进行三网隔离，加强办公网边界防护，符合油田公司三网建设要求，解决信息安全保密与共享的矛盾(见图8)。

2 物联网功能

通过以上的基础建设，搭建起物联网平台，以后的新井通过有线或无线的形式把基础数据上传到此平台，就实现了数据共享功能。具体作用如下。

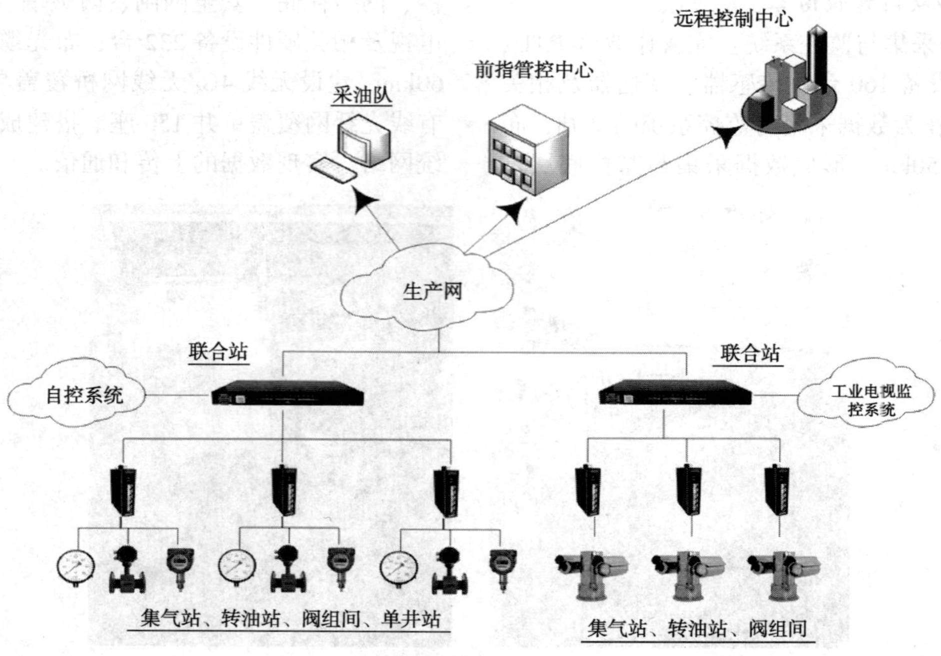

图4 有线数据传输系统图

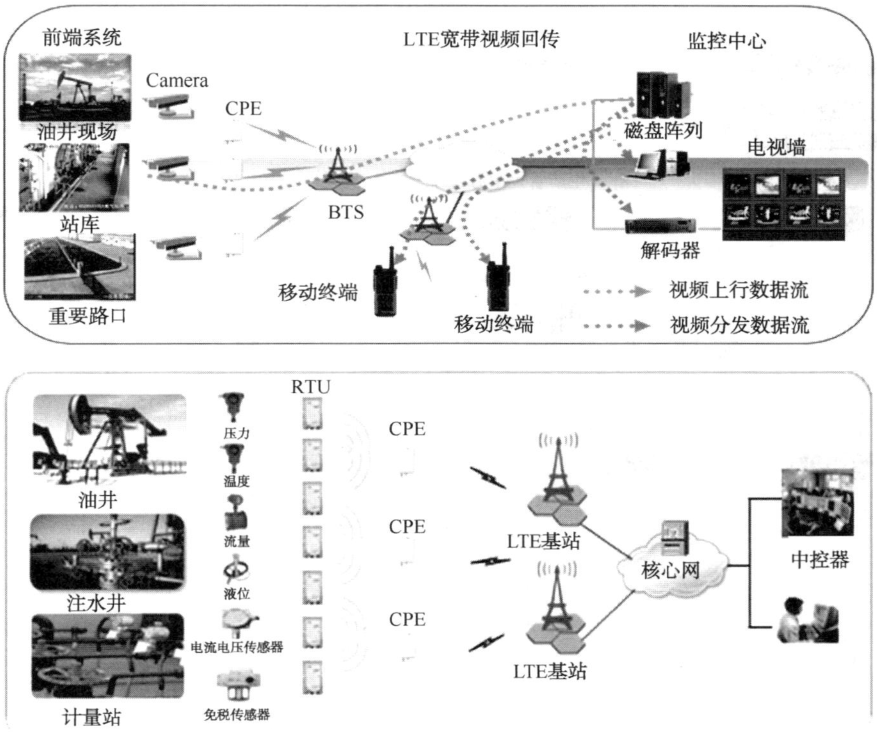

图5　无线数据传输系统

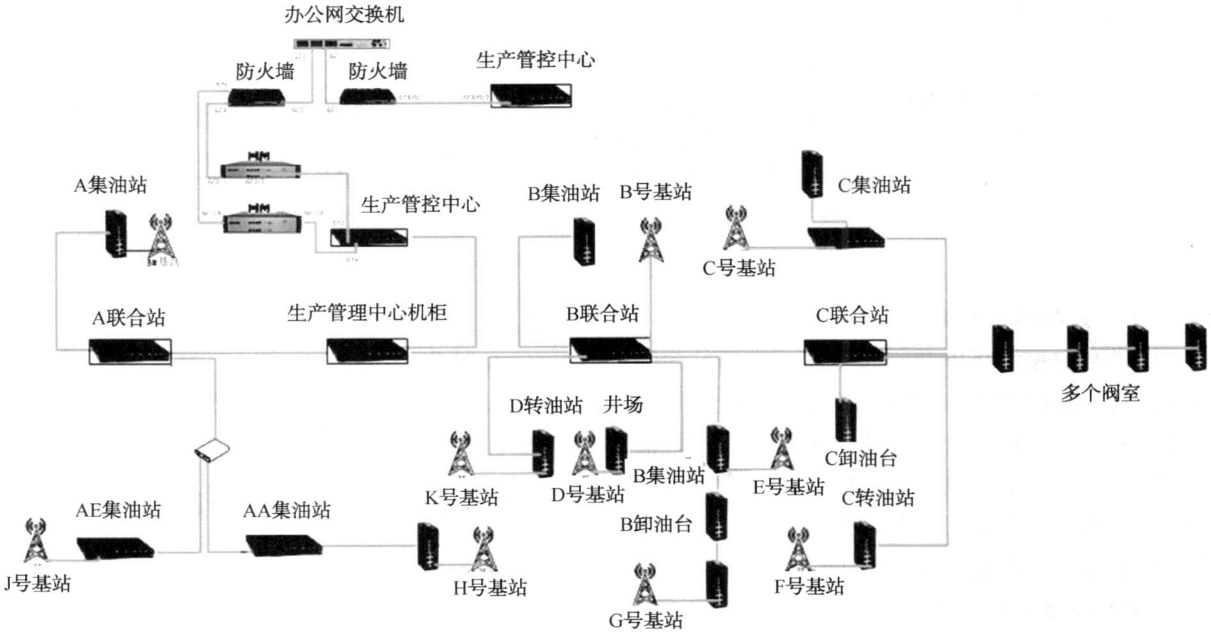

图6　生产网光缆链路图

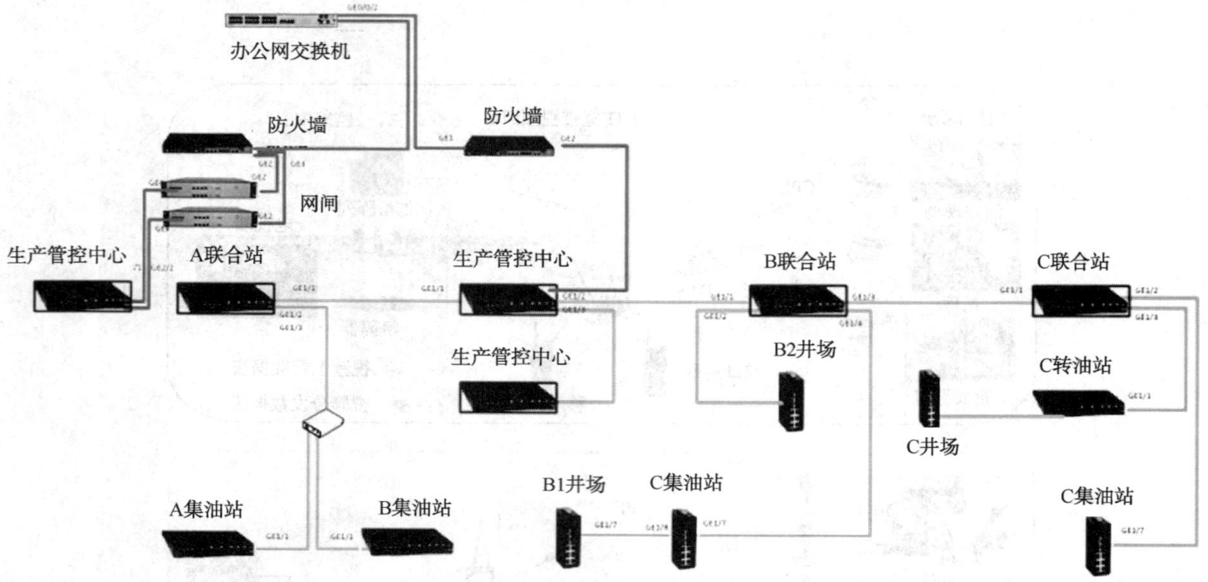

图7　视频网络链路图

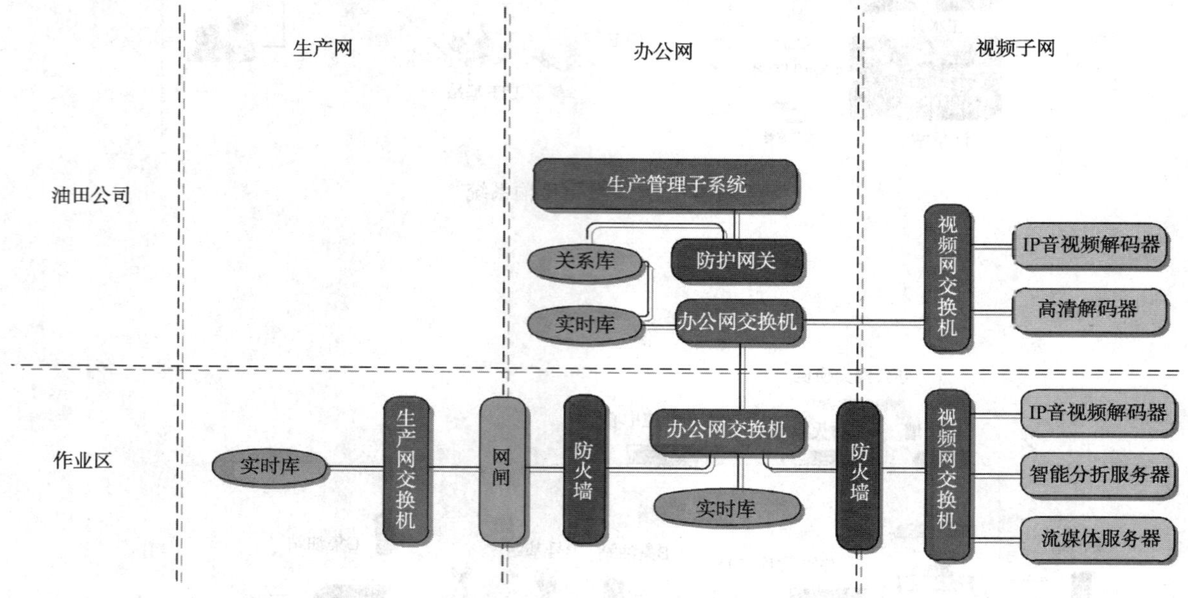

图8　三网关系链路示意图

2.1　生产数据接入功能

物联网的建设将单井、阀组间、集气站、转油站、集油站的数据集中采集到生产管理中心，实现了采油、集输、配气、注水全程生产过程监控，完成了由站队单点监控到生产过程全面监控的转变，减轻一线员工的劳动强度，节约了生产管理数据分析处理的时间(见图9)。

3.2　视频数据接入功能

作业区各独立视频监控系统接入办公网，实现资源共享，提升生产管控能力，并对重点场所进行视频分析、诊断，提升重点要害区域安防维稳能力(见图10)。

3.3　数据展示功能

实现生产数据、视频监控画面在生产管理中心大屏展示(见图11)。

3　物联网效果及存在的问题

3.1　油气生产物联网效果

(1) 油气生产物联网系统已建成两年多了，运行至今，达到了项目预期目标；

(2) 搭建了生产、安全、环保、安保防恐维稳业务数字化覆盖平台，满足新一代数字化油田井站一体化管理、生产智能化管控需求。数字化是智能化的基础，为今后最终实现全面感知、智能趋势预测、自动操控、智能优化决策的智能化管理打下了坚实的基础。

（3）实现了生产数据自动采集、生产过程实时监控、生产环境自动监测、物联设备的动态管理，各类生产、经营、安全、设备以及综合日报自动生成，单井实时动态分析、异常状态分析、生产运行分析、油气藏区块分析，油气生产动态分析与综合预警、物联设备状态预警、智能视频分析预警与可视化集成展示。

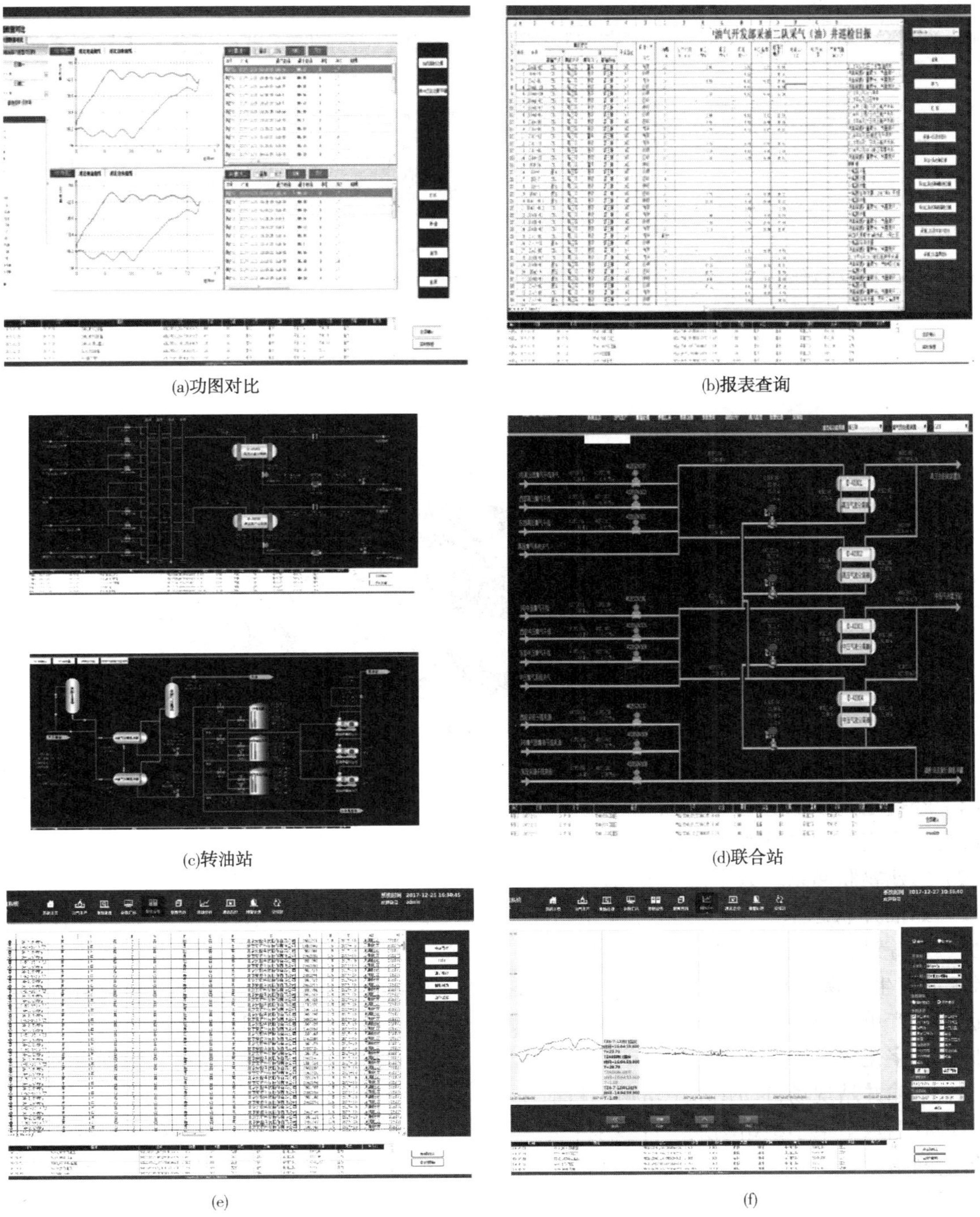

(a)功图对比　(b)报表查询

(c)转油站　(d)联合站

(e)　(f)

图9　生产数据接入功能

名称	功能	描述
视频监控	视频监控	点播视频监控实时画面图像
视频分析	进入区域	人、车、物等进入指定区域进行告警
	离开区域	人、车、物等离开指定区域进行告警
	物体滞留	进入区域的物体长时间静止不动放在某个区域
	区域滞留	人或物体在某个区域徘徊进行告警
视频诊断	冻结	视频图像出现冻结、固定、静止时告警
	画面丢失	已有视频图像出现无图像时进行告警
	偏色	视频图像中出现实际景物的色彩不相符进行告警
	视频遮挡	视频监控画面被异物遮挡进行告警
	亮度异常	视频图像偏亮偏白或者是偏暗偏黑进行告警
	清晰度	视频图像低于一定程度时进行告警

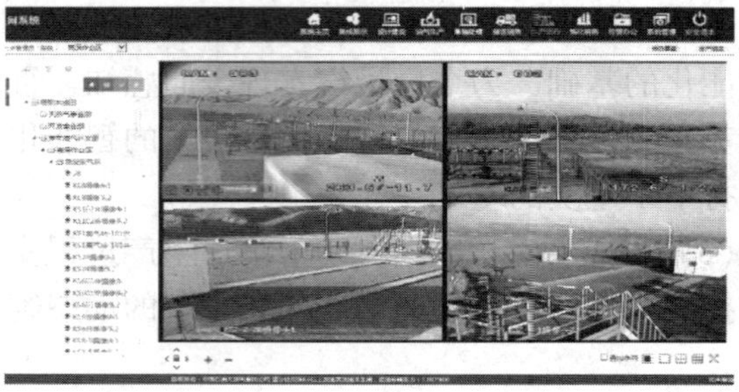

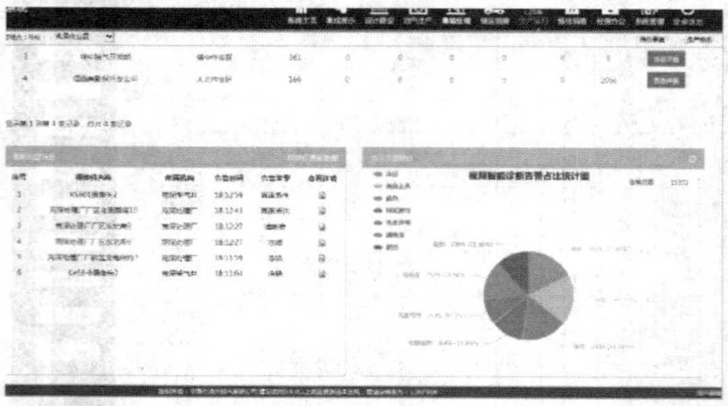

图 10　视频数据接入功能

图 11　前指管控中心

3.2　油气生产物联网存在的问题

（1）经过运行实践，但也发现了一些问题，在后续的生产实践中进行改善和提高。

（2）已建物联网系统数据接入不完善，有些单井数据如油井状态采集、油井启停控制功能、井场加热炉等设备运行参数未实现采集与远传，未达到《油气生产物联网系统建设规范》的要求，后期进行生产单元数字化完善项目立项实施，进一步提高数字化率。

（3）集输井站现场自动化水平落后，目前该油气田仍有七八个中小型站场及一百多座单井未实现传输网络覆盖，工艺控制系统不能实现自动控制，还需要人工干预和处理，制约了数字化建设。在近期要开展的物联网后续项目中提高集输井站现场的自动化水平，实现无人值守功能。

（4）该油气生产物联网建设工程中的井、站生产数据当时是直接接入前线生产管控中心物联网系统，并非接入所属联合站 SCADA 系统，造成单井数据传输流向与介质流向不一致，不满足井站一体化管理要求，制约了井站一体化管理模式。在今后的数字化完善项目中逐步更改数据流向，实现统一、规范的井站一体化管理模式。

（5）无线传输网络信号不稳定，信号掉线、中断问题突出，与环境恶劣、数据点过多、网络边缘区域传输带宽不足、软件落后等因素有关。在今后的运维和项目完善过程中，逐步改善此类问题，针对以上缺陷，积极采取应对措施，积累丰富的施工经验，选用适合戈壁沙漠恶劣环境地域的通信、仪表设备，解决数据掉线问题。

（6）由于该区域面积广阔、地势高低起伏较大、人烟稀少、部分单井无光缆接入、无市电线路供电、基站覆盖不到位等原因，信号无法上传，建议考虑太阳能供电、北斗卫星全天候通信解决方案传输数据。

（7）单井及联合站视频监控系统仍不完善，按照《油气生产物联网系统建设规范》，含硫油气井必须安装视频监控系统，由于该地区大部分单井含硫超过100ppm，需要大批量增设视频监控系统，改造联合站内的模拟量视频摄像头，完善周界和安保维稳用视频监控系统。

4 小结

该油气生产物联网建设仍在逐步完善和改进中，每次项目实施前，都经过反复论证和改进，避免前期出现的问题，改善前期数据采集信号掉线、数据流向不统一、不规范的弊端，按照总公司的要求，以数字化油田“3+3”顶层设计为指导，采用目前先进可靠的技术以及信息化、智能化技术手段对该地区生产单元与前线生产管控中心数字化基础设施进行完善建设与升级改造，按照《油气开发部地面工程“十四五”规划报告》的总体规划与部署，采用该油田公司、勘探板块构建的标准化设计文件体系中收录的标准化设计成果，在提高设计质量、缩短设计周期的同时，可进行标准化集中采购，缩短采购周期，加快施工进度，提前实现数字化油田、智能化油田的伟大目标。

参考文献

[1]《油气生产物联网系统建设规范》
[2]《数字化油田建设顶层设计》
[3]《工业通信网络　网络和系统安全　工业自动化和控制系统信息安全技术》JB/T 11962—2014.
[4]《信息安全技术　工业控制系统安全控制应用指南》GB/T 32919—2016.
[5]《信息安全技术　工业控制系统现场测控设备通用安全功能要求》GB/T 36470—2018.

钻完井静态数据质量管理与提升方法探讨

蒋天浩　陈　波　史　旻　和鹏飞　宋峙潮

（中海油能源发展股份有限公司）

摘　要　中海油钻完井数据库涵盖钻完井作业全周期的静态数据信息，具有体量大、种类多、关联性强等特点，为钻完井作业流程改进、决策部署、降本增效提供了全面的数据支持服务。为确保数据的完整性、准确性、一致性和有效性，从技术和管理层面梳理了目前数据管理过程中存在的漏洞和不足，提出通过完善制度管理体系、健全源头管控标准、把控末端数据质量等手段，改善和提高钻完井静态数据质量，实现"核心数据"无新增质量问题、"非核心数据"质量问题新增率下降 77.68%，为管理者提供更准确的决策依据。

关键词　钻完井；静态数据；质量管理；应用效果

随着大数据的增长和信息化技术的创新，社会各传统行业都进入了数字化转型阶段，如何提高数据质量是转型中面临的巨大挑战，为降低无效数据体量，许多企业都投入了大量成本开展数据治理工作。

中海油钻完井数据库涵盖海洋石油钻完井作业全周期的静态数据信息，为管理者决策部署、作业人员回顾作业信息、降本增效提供扎实全面的数据支持。为确保数据的完整性、准确性、一致性和有效性，本文梳理分析了近年来钻完井静态数据质量存在的主要问题，提出通过完善制度管理体系、健全源头管控标准、把控末端数据质量等手段，从管理和技术层面提高数据质量，促进数据对钻完井作业生产提供更优质的支持。

1　钻完井数据特点及质量控制难点分析

中海油钻完井静态数据主要由钻完井现场作业监督根据当日作业情况进行相关数据的收集提炼，通过静态数据源头采集工具对每日钻完井作业数据进行上报，同时传输至库。静态数据主要包括钻井平台信息、人员信息、天气信息、支持船信息、钻头、钻具组合、钻井液性能、作业日志等。钻完井工程作业数据具有体量大、种类多、关联性强等特点，管理者需要通过数据预处理才能充分了解工程现状、做出决策，这对数据的及时性、准确性提出了更高的要求。通过梳理分析，目前数据质量主要存在的问题表现在以下三个方面：

（1）数据管理制度不健全，数据完整性和一致性差。《中海油钻完井数据库管理办法》仅针对数据库的维护、使用和数据安全管理等做了相应的规定，在实际执行中仍有诸多方面无法被该办法涵盖。所有静态数据均由采集者直接录入至数据库，没有任何分级审核和监管机制。

（2）源头数据采集标准不统一，数据质量急需提升。中海油钻完井监督人员已超 200 人，人员素质不一。现场作业监督作为源头数据的采集者，因认知不同，在数据采集时效、采集完整度、采集规范性等方面均存在较大差异，无法进行统计计算处理。以"渤海五号"为例，录有"渤海 5 号""渤五""BH5""B5"等多种名称。

（3）入库数据缺乏质量管控机制，未充分释放数据应用价值。对历史数据质量检查、新增数据质量校验没有明确和有效的控制措施，出现数据质量问题无法考核。目前组建钻完井数据管理团队进行库内数据检查，但由于数据体量巨大，检查复核任务艰巨，难以高效开展工作。

2　钻完井数据质量管理与提升方法

钻完井作业中产生的原始数据，以行业标准规范的报表格式进行采集、存储、分析和展示，才能最大程度地释放数据价值。在开展数据质量管控时，要注重管理和技术两个方面的功能措施：在管理方面，制定数据管理、治理的相关制度和流程，并在公司内部进行推广；在技术方面，应用人工智能算法及大数据分析促进数据质量管理与服务的进步和发展，为各项业务需求应用和决策提供高质量的数据。

2.1　完善制度管理体系

钻完井数据管理团队通过梳理近年来各环节数据采集、质量控制存在的问题，进一步优化数据质量管理流程，完善钻完井数据管理制度体系，保证钻完井数据的整体质量。

（1）从集团公司层面紧抓数据质量管理，修订《中海油钻完井数据管理办法》，落实集团公司、分公司数据管理的职责，增加分公司、集团公司两级审核制度，明确钻完井数据质量管理流程(见图1)。

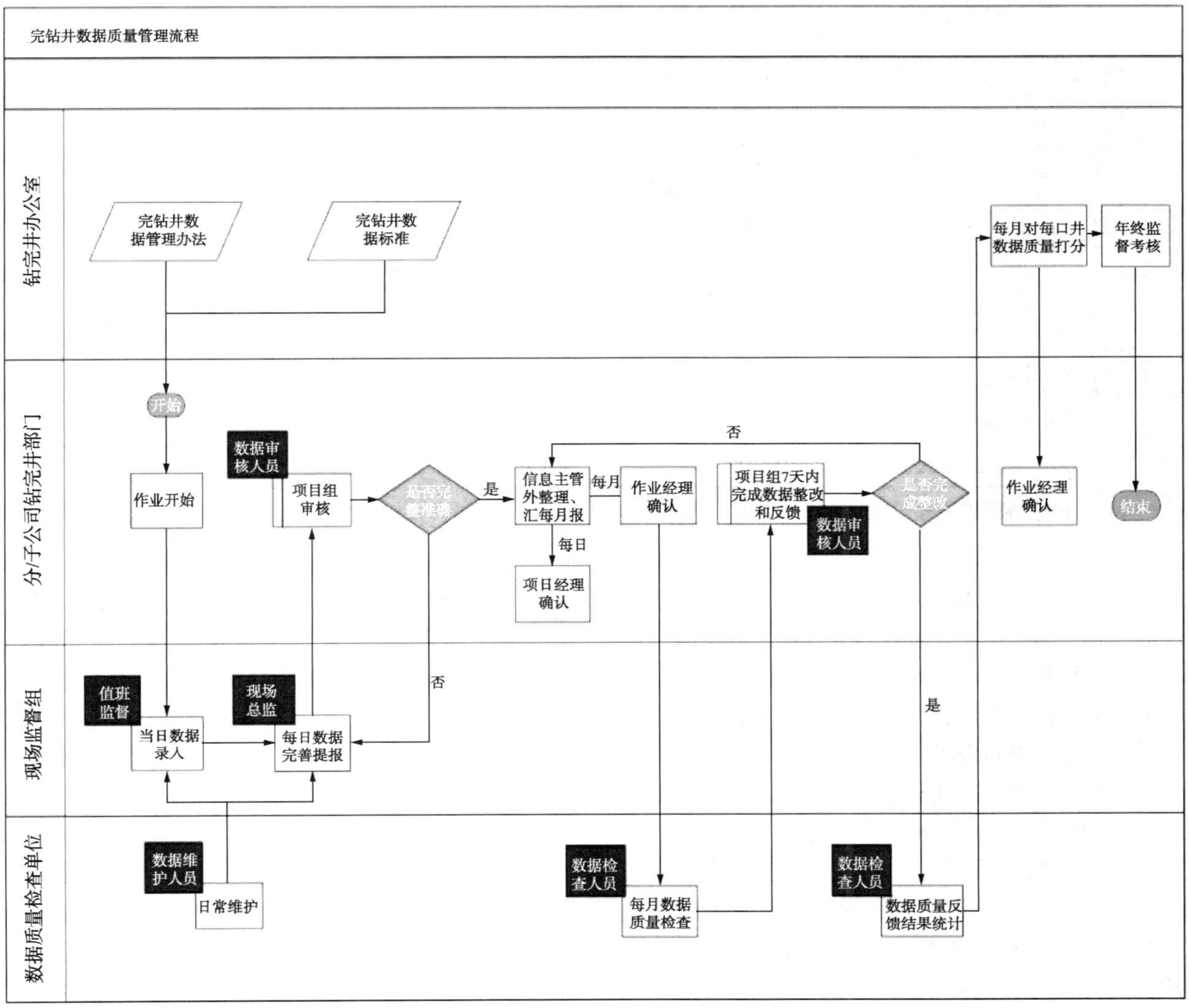

图1　钻完井数据质量管理流程

（2）严格执行数据源头及分公司级审核制度，制定分公司级别的《钻完井数据采集管理制度》办法，以制度形式明确数据采集管理岗位职责、数据采集内容、具体数据采集上报时间和采集管理方式。

（3）优化钻完井数据质量考核内容，建立数据质量直接与绩效考核挂钩，压实责任，推动数据质量考核成绩在钻完井监督年度绩效考核中占比从0提升至5%。

2.2　健全源头管控标准

源头采集主要涉及静态数据源头采集工具和钻完井现场作业监督培训两个方面。

（1）静态数据源头采集工具结合静态数据和实时数据的特点，规范了数据管理和数据服务职能，梳理出钻完井专业所涉及的一级业务、二级业务、三级业务和业务活动。根据业务活动划分出244个数据集，并细分当前钻完井专业所涵盖的全部3399个数据项。明确每个数据项的来源、名称、代码、描述、数据类型、量纲、字符长度和值域等，最终形成《钻、完井业务数据规范》和《钻、完井业务数据质量规则模板》(见图 2)，以此为基准统一采集工具的数据标准。

数据集名称	数据项名称	CR关系	量纲		指标类型	规则类型	规则描述	指标类型	规则类型	规则描述
钻井轨道设计数据表	测斜数据记录标识	C		Y						
钻井轨道设计数据表	钻井设计标识	R		Y						
钻井轨道设计数据表	井标识	R		Y						
钻井轨道设计数据表	井筒标识	R								
钻井轨道设计数据表	测点斜深	C	m	Y	完整性指标	数据项非空		准确性指标	数据值域范围	大于0小于10000米
钻井轨道设计数据表	测点垂深	C	m		完整性指标	数据项非空		一致性指标	表内数据项逻辑一致性约束规则	垂深小于等于斜深
钻井轨道设计数据表	[redacted]	C	°	Y	完整性指标	数据项非空		准确性指标	数据值域范围	0到100
钻井轨道设计数据表	[redacted]	C	°	Y	完整性指标	数据项非空		准确性指标	数据值域范围	0到360
钻井轨道设计数据表	东西位移	C	m		完整性指标	数据项非空				
钻井轨道设计数据表	南北位移	C	m		完整性指标	数据项非空				
钻井轨道设计数据表	全角变化率	C	°/30m		完整性指标	数据项非空		准确性指标	数据值域范围	0到15
钻井轨道设计数据表	水平位移	C	m		完整性指标	数据项非空				
钻井轨道设计数据表	闭合方位	C	°		完整性指标	数据项非空				
钻井轨道设计数据表	备注	C								
钻井工程设计基本数据表	钻井工程设计标识	C		Y						
钻井工程设计基本数据表	井标识	R		Y						
钻井工程设计基本数据表	设计完成日期	C	YYYY-MM-DD	Y	完整性指标	数据项非空				
钻井工程设计基本数据表	补心海拔	C	m		完整性指标	数据项非空		准确性指标	数据值域范围	补心海拔字段取值范围为小于等于100 m并且大
钻井工程设计基本数据表	地面海拔	C	m							
钻井工程设计基本数据表	定位允许误差	C	m		完整性指标	数据项非空		准确性指标	数据值域范围	大于0小于100m
钻井工程设计基本数据表	设计井口横坐标	C	m		完整性指标	数据项非空		准确性指标	数据规范检查	统一标准
钻井工程设计基本数据表	设计井口纵坐标	C	m		完整性指标	数据项非空		准确性指标	数据规范检查	统一标准
钻井工程设计基本数据表	设计井口经度	C	°		完整性指标	数据项非空		准确性指标	数据规范检查	统一标准
钻井工程设计基本数据表	设计井口纬度	C	°		完整性指标	数据项非空		准确性指标	数据规范检查	统一标准
钻井工程设计基本数据表	设计完钻井深	C	m	Y	完整性指标	数据项非空		准确性指标	数据值域范围	大于0小于10000米
钻井工程设计基本数据表	设计完钻层位	C		Y	完整性指标	数据项非空				
钻井工程设计基本数据表	预测井底温度	C	℃		完整性指标	数据项非空		准确性指标	数据值域范围	大于0小于500°
钻井工程设计基本数据表	预测压力系数	C			完整性指标	数据项非空		准确性指标	数据值域范围	大于0小于5
钻井工程设计基本数据表	深度零点	C		Y	完整性指标	数据项非空				
钻井工程设计基本数据表	取心计划	C								
钻井工程设计基本数据表	测试计划	C								
钻井工程设计基本数据表	设计钻井周期	C	d		完整性指标	数据项非空				
钻井工程设计基本数据表	钻井承包商标识	R								
钻井工程设计基本数据表	钻井平台标识	R								
钻井工程设计基本数据表	备注	C								
钻井井身结构及套管程序设计	井身结构设计数据记录标识	C		Y						
钻井井身结构及套管程序设计	钻井工程设计标识	R		Y						
钻井井身结构及套管程序设计	井标识	R		Y						
钻井井身结构及套管程序设计	井筒标识	R								
钻井井身结构及套管程序设计	井眼尺寸	C	mm	Y	完整性指标	数据项非空		准确性指标	数据值域范围	大于0小于等于1000
钻井井身结构及套管程序设计	套管类型代码	R			完整性指标	数据项非空				
钻井井身结构及套管程序设计	[redacted]	C	m	Y	完整性指标	数据项非空		准确性指标	数据值域范围	大于0小于10000米

图 2　数据质量规则模板

(2) 针对静态数据源头采集工具使用过程中出现的问题，编制钻完井时效划分管理、数据质量提升培训课程和《钻完井静态数据采集操作手册》。定期为现场监督组织开展数据标准规范、源头数据采集培训答疑，提高现场监督数据录入的技能，保证钻完井静态数据的准确、完整和实用。

2.3　把控末端数据质量

为提高数据质量，保证其有效性，静态数据存储到数据库后，钻完井数据管理团队采用人工复核和智能检测两种方式进行数据质量的末端把控，向各生产、研究单位提供高质量的数据。

(1) 人工复核。钻完井专业各项业务指标均由数据库内不同数据项计算得出，为降低数据管理难度，提高数据质量，根据中海油钻完井作业不同数据项的使用频次和对核心业务指标影响程度的高低，将钻完井数据划分为“核心数据项”和“非核心数据项”。以月为周期开展上月完成井的入库数据复查(见图 3)，以完整性、准确性、一致性和有效性四个维度进行人工复核。同时，将复查结果反馈给钻完井业务管理部门和问题井的现场监督，并要求现场监督进行完善整改，整改后由钻完井数据管理团队再次进行复查。

(2) 智能检测。依据《钻、完井业务数据规范》标准和《钻、完井业务数据质量规则模板》，开发了钻完井静态数据质量智能检查系统(见图 4)，每日实时进行作业井的完整性检查、一致性检查、记录条数检查和特殊样本数据的检查，并根据检查结果，自动导出常规异常数据质量问题，及时报告作业井现场监督进行完善修改。

研发智能检测系统能够有效降低人工复核的工作量，辅助提高数据复核准确率。该系统精准分析海况、管柱组合、防喷器部件等信息的完整性，向管理人员直观呈现数据缺失项，减少了数据复查时间；实时检查作业日志、钻井时效等结构化数据的准确性，发现问题后及时提示前端数据录入人员和后端数据复核人员，强化钻完井数据前后端的沟通，提升了数据复核工作整体效率。

3　数据质量管理方法应用效果

钻完井数据质量管理方法于 2020 年实施，对钻完井静态数据进行管控，结合源头控制、人工复核、智能检测和制度保障等手段有效提升了钻完井静态数据质量，“核心数据”与“非核心数据”问题数量逐步减少，以天津分公司钻完井数据为例，“核心数据”平均单井问题数从高点4.97%降至目前“核心数据”无新增问题数据，“非核心数据”平均单井问题数从2020年1月至2021年6月平均下降了77.68%（见图5）。

基本信息	钻井周期
	完井完成时间
井眼段	请核对开始日期、完成日期
测斜数据	测点说明缺少造斜点、造斜终点
地层信息	未填写
作业	完井:实际结束时间
作业计划跟踪	未填写
钻完井液设计	未填写
服务商评价	未填写
钻机修井机	钻井:结束日期
	完井:平台高级队长
	完井:请核对起始日期,填写结束日期
防喷器组	若拆除请填写拆除日期
钻完井液添加剂	完井:添加剂类型、计量单位选择不完整
日志	完井:第1~8天:请核对井眼段
钻完井液性能	完井:第2天:相关井眼未填写
套管柱	下套管所属作业
	表层套管: Tally Too数据表长度录入有问题
固井液	未填写
井口装置	未填写
完井生产管柱	自喷生产管柱: Tally Tool数据表长度录入有问题
完井生产管柱组合	自喷生产管柱:注意关键组件的下级链接数据也需填,如封隔器、井下安全阀
设备试压记录	作业未填写
井下安全阀测试	未填写

图3　人工数据质量复查

井名	表名	字段名	备注
			作业表:钻井,2021-09-15 06:30:00作业-设备编号:海洋石油922-防喷器组描述:上闸板防喷器对应记录
	防喷器组件	序列号	作业表:钻井,2021-09-15 06:30:00作业-设备编号:海洋石油922-防喷器组描述:万能防喷器对应记录
			作业表:钻井,2021-09-15 06:30:00作业-设备编号:海洋石油922-防喷器组描述:下闸板防喷器对应记录
	固井级数	转速	固井表固井开始日期:2021-09-22 12:00:00-本表分级号1对应字段
	管柱组合		整表未填写
			作业表：钻井,2021-09-15 06:30:00-日报表:2021-10-04 00:00:00未填写海况表
	海况	压载总量	作业表：钻井,2021-09-15 06:30:00-日报表:2021-09-16 00:00:00-海况表:日期时间：2021/9/16 23:00:00对应记录为空
			作业表：钻井,2021-09-15 06:30:00-日报表:2021-09-17 00:00:00-海况表:日期时间：2021/9/17 23:00:00对应记录为空
		测试结束时间	
		测试开始时间	
	基本信息	套管头海拔	
		完井完成时间	
SZ36-2-3		油管法兰海拔	
	井口组件	序列号	井口装置表安装日期：2020-09-22 20:30:00
	其他入井工具		整表未填写
	其它管柱		
	其它管柱管柱组合		
	日志	起始深度、结束深度填写有误	作业表，作业类型：钻井-日报表，开始时间：2021/9/21 0:00:00本表第7条记录
	套管柱组件	底部扣尺寸	套管柱表下入深度为121.5对应记录
		上扣扭矩	
	完井/生产管柱		整表未填写
	油管串		
	增产作业		
		纯钻时间	作业表:钻井,2021-09-15 06:30:00作业-钻柱名称:取心钻具
			作业表:钻井,2021-09-15 06:30:00作业-钻柱名称:钻进钻具
	钻井参数	立管压力	作业表:钻井,2021-09-15 06:30:00作业-钻柱名称:取心钻具
			作业表:钻井,2021-09-15 06:30:00作业-钻柱名称:钻进钻具
		扭矩单位	作业表:钻井,2021-09-15 06:30:00作业-钻柱名称:取心钻具
			作业表:钻井,2021-09-15 06:30:00作业-钻柱名称:钻进钻具

图4　钻完井静态数据质量智能检查系统

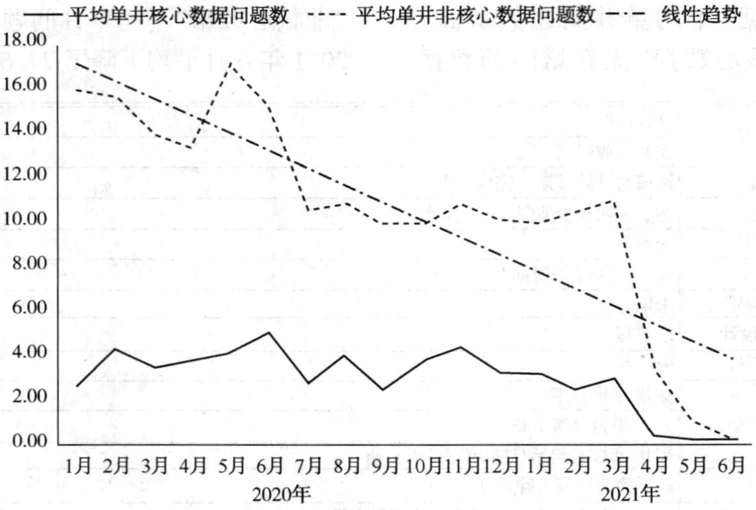

图 5 平均单井核心数据及非核心数据问题数

井壁稳定分析对钻完井作业安全具有极其重要的意义，渤海 C 油田东营组泥岩掉块、垮塌问题突出，以一口调整井 3 井为例，该井设计井深 5000m，8½in 水平段穿过东二下段地层，井壁失稳风险较高，需要在钻井液设计、井深结构设计及地质风险分析等环节广泛参考邻井资料。根据同区块已钻历史井与待钻 3 井之间的靶点距离位置关系，优选了 1 井、2 井、A2 井及 A5 井为参考邻井。通过审核上述四口已钻历史井测井、钻井等数据资料的适用性及完整性，分析现有数据是否满足岩石力学及井壁稳定分析的需要。已钻历史井资料如表 1 所示。

表 1 历史井资料审核情况

项 目	1 井	2 井	A1 井	A5 井
声波资料	无	有	无	有
密度资料	有	有	无	有
钻井日志	有	有	有	有
地质录井资料	有	有	有	有

治理后的数据具有较强的参考应用价值，通过钻井日志资料统计卡钻、漏失等复杂情况，通过测井资料计算岩石力学参数，综合地质录井图资料，形成了基于有限量历史数据资源的井壁稳定分析方法，对减少 C_3 井钻井复杂情况及事故的发生具有重要意义。

4 结论

（1）中海油钻完井数据库涵盖钻完井作业全周期的静态数据信息，具有体量大、种类多、关联性强等特点，目前数据治理过程中存在制度管理体系不完善、源头采集标准不统一、入库质量把关不严格等问题。

（2）针对数据质量问题，从管理层面提出制定数据治理相关制度、标准、流程，并广泛推广；从技术层面提出人工复核+智能化软件辅助监控，降低“非核心数据”入库前的错误率，杜绝“核心数据”质量问题。

（3）通过统计库内问题数据数量发现，钻完井数据质量管理体系运行以来，平均单井核心数据问题数降低 100%，非核心数据问题数降低 77.68%，基于治理后的邻井历史数据，形成了一套适用于渤海 C 油田泥页岩井壁稳定分析模型，对减少该油田钻井复杂情况及事故的发生具有重要意义。

数据质量是数字化转型的基础，通过应用钻完井静态数据质量管理方法，有效降低了无效数据体量。但随着钻完井数据不断增加，还需探索出更加切实有效的数据质量提升方法，建立健全的数据质量评价体系。

参 考 文 献

[1] 张晓光．中国石化数据资产管理研究[J]．石油化工管理干部学院学报，2021，23(2)：31-35，40.

[2] 王继鹏．石油企业数据管理体系建设研究[J]．中国管理信息化，2020，23(7)：59-60.

[3] 雷克，王伟，任胜利，等．数据治理在石油企业中的应用实践[J]．石化技术，2021，28(6)：180-182，16.

[4] 蒋岳，王冰怀，张建东，等．数据标准及管控体系建设研究[J]．石油工程建设，2018，44(S1)：

168-172.

[5] 卢忠沅，陈蓉，黎强，等．塔里木油田钻井工程实时数据质量管理方法探讨[J]．录井工程，2020，31(3)：118-121.

[6] 史旻，马认琦，杨保健，等．钻完井数据库系统优化升级与实践[J]．石化技术，2018，25(12)：71-74.

[7] 胡永堂，张能．海洋钻完井数据库系统开发与应用[J]．内蒙古石油化工，2012，38(3)：22-23.

[8] 方长传．WellView 油气井信息管理系统指导手册[M]．北京：石油工业出版社，2013.

基于迁移学习的碳酸盐岩断层识别方法研究及应用

张　晟　郑多明　段文胜　成　锁　袁　源

（中国石油塔里木油田公司）

摘　要　人工智能深度学习算法已经在叠后地震数据断层自动识别的问题中得到了广泛的应用，其中关于大量训练数据及对应标签数据需求的问题目前主要通过模型正演的方法来得到样本数量充足、断层标签准确的训练数据集。利用正演数据作为标签的前提是，用于训练的正演数据与用于预测的实际地震数据之间存在相同的数据分布规律，而实际地质情况的复杂性将导致真实地震数据在受噪声扰动程度、地震信号频率差异、断层倾角、断层方位角、断层类型等多方面存在差异，该差异会影响实际地震资料断层智能识别的效果，并且由于空间噪声以及预测模型的泛化能力等因素的影响，直接预测获得的断层属性结果可能会存在信噪比低、断层不连续等问题。本研究引入迁移学习来减小两种数据之间的差异所带来的训练与预测不一致的影响，并对直接预测的结果进行断层增强处理来提升断层的连续性，提高最终断层识别结果的信噪比。实际碳酸盐岩工区地震资料应用效果表明，该方法能够在碳酸盐岩储层的复杂反射特征中准确识别断层，并且断层的识别结果规律性与可解释性较强，验证了该方法的可行性和有效性。

关键词　人工智能；迁移学习；断层识别；断层增强；碳酸盐岩

地球物理勘探领域的人工智能研究是物探技术转型升级的关键，目前各大油公司、油服公司等为了赢得市场竞争主动权，纷纷开展智能化技术研发。在地震资料解释中断层识别是至关重要的环节之一，尤其是在碳酸盐岩领域，断层或断裂往往控制储层的发育、成藏规律以及油气富集程度，所以断层识别的精确度将直接关系到碳酸盐岩缝洞型油气藏的勘探与开发全生命周期。

近年来，人工智能深度学习方法越来越多地应用在地球物理领域，多种基于卷积神经网络（Convolutional Neural Networks，CNN）的算法被用于断层的智能识别。Huang 等利用多种地震属性与卷积神经网络算法相结合实现了断层的智能识别。Wu 等利用多个正演地震数据体训练卷积神经网络，实现实际地震数据的断层预测。Xiong 等和 Ma 等通过对比相干体技术识别的断层与神经网络识别的断层结果，认为后者的识别效果更好。王静等结合三维 U-net 和深度残差网络，提出了一种基于三维深度监督网络的断层检测方法，可以提高断层识别的准确性。张政等将深度残差网络与迁移学习相结合，用以增强网络的泛化能力，能够更好地适应实际地震数据。人工智能深度学习的成功应用通常需要强大的算力与海量的训练数据以及标签数据，而地震勘探领域具有大量的基础数据却缺乏与之对应且准确的标签，以地震数据的断层识别为目标时，人为解释断层标签需要消耗大量时间成本，还存在断层解释精度不高、准确度较低的问题，应用工区不同时还会存在泛化能力不足的情况。利用模型正演可以解决海量训练数据与对应标签的问题，并且断层标签的制作效率也显著提高，但由于正演地震数据与实际地震数据的差异，完全利用正演数据训练出的网络在复杂的实际地震资料中的断层识别效果欠佳。随着网络逐渐深化并且引入迁移学习机制来增强网络泛化能力的确具有一定的改善效果，但是面对实际复杂的地下地质情况时依然存在较多的断层漏识别或错误识别的情况，尤其是像碳酸盐岩领域的断层识别更是如此，并且直接利用神经网络预测的结果通常还存在断层不连续、信噪比低等问题。

针对以上问题，本文提出一种基于迁移学习的断层识别优化方法，主要包含智能断层识别与断层增强处理两大部分。采用迁移学习与 U-net 网络结合增加网络复杂度并提高网络泛化能力，同时对直接预测的结果进行断层增强处理来提升断层的连续性与信噪比，能够在碳酸盐岩复杂反射特征中准确识别断层，更好地适应实际地震资料。

1 方法原理

1.1 智能断层识别

迁移学习注重于挖掘不同任务之间的关系以及共同特征，利用已有的先验知识让算法学习新的知识，找到先验知识与新知识之间的相似性，已有的先验知识数据集称为源域（Source Domain），需要算法学习的新知识的数据集称为目标域（Target Domain）。在目标域与源域的数据分布不同但任务相同的迁移学习称为领域自适应（Domain Adaptation），领域自适应的主要任务就是减小源域和目标域的数据分布差异，进而实现知识的迁移。本文将基于正演数据的断层检测视为源域任务，将基于实际工区地震数据的断层检测视为目标域任务，采用基于特征的迁移方法来减小正演数据与真实数据差异带来的影响：将两种数据映射到公共的特征空间中，从而使得任务之间的差异性减小，然后使用在新的特征空间中的表示来训练断层分类器。该方法能够在没有真实数据断层标签的情况下完成知识迁移，这也能很好地适用于真实地震数据难以获得大量且准确断层标签的情形。一个好的特征表示能够使得深度学习模型无法区分输入数据来源于源域任务还是目标域任务，在断层检测问题中，如果模型无法区分输入数据是正演数据还是真实地震数据，那么该模型就学到了两种数据的公共特征，使用这种公共特征就能够在实际应用中取得更好的断层检测效果。本文采用领域对抗网络（Domain adversarial neural network，DANN）作为迁移学习方法并与传统 U-net 网络相结合得到最终的深度迁移学习模型用于断层的智能识别。

如图 1 所示，DANN 结构主要由 3 部分组成，分别为基于卷积神经网络的特征提取器 G_f、断层分类器 G_y 以及领域鉴别器 G_d。G_f 的输入为正演地震数据或真实地震数据，主要功能为提取两者之间的公共特征，然后将公共特征作为 G_y 以及 G_d 的输入，G_d 用于鉴别输入特征的领域来源，即判断特征来自真实地震数据还是正演数据，G_y 则用于判断特征属于断层还是非断层。为了实现不同领域特征之间的对抗训练，DANN 在 G_f 之后引入 G_d，并在其间添加了梯度反转层（Gradient Reversal Layer，GRL）。GRL 的前向传播和反向传播的过程可表示为：

$$R(x)=x,\quad \frac{\mathrm{d}R}{\mathrm{d}x}=-I \tag{1}$$

式中，I——单位矩阵。

由计算公式(1)可知，梯度反转层的前向传播过程相当于恒等变化，而在误差反向传播过程中改变了领域鉴别器回传的梯度符号。领域鉴别器回传至特征提取器的梯度为 $-\lambda\frac{\partial L_d}{\partial\theta_f}$，其中 λ 为权重参数，用于调整模型训练时不同类型损失的比例。

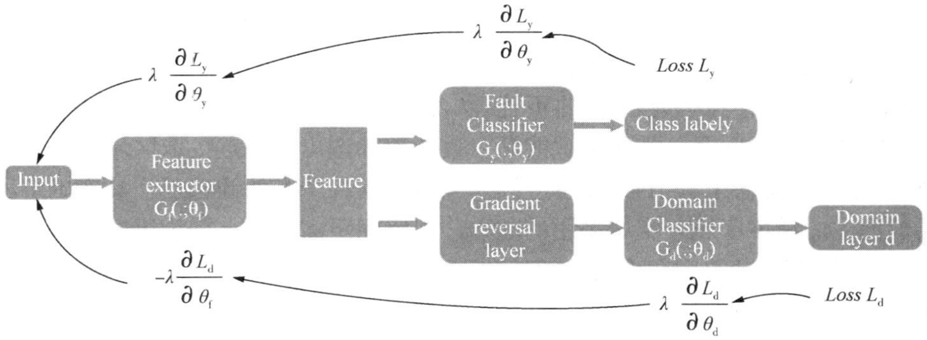

图 1 用于断层检测的 DANN 网络结构

当处理一个输入 x_i 时，断层检测的损失函数与领域鉴别的损失函数分别如下所示：

$$L_y^i(\theta_f,\theta_y)=L_y(G_y(G_f(x_i;\theta_f);\theta_y),y_i) \tag{2}$$

$$L_d^i(\theta_f,\theta_d)=L_d(G_d(G_f(x_i;\theta_f);\theta_d),d_i) \tag{3}$$

式中，y_i 为断层类别；d_i 为领域类别；θ_f 为特征提取器参数；θ_y 为断层分类器参数；θ_d 为领域鉴别器参数。

U-net 作为深度学习模型的一种，已经成功地应用于断层检测中，为了得到更好的断层检测效果，本文将 DANN 与 U-net 相结合，基于 U-net 的领域对抗网络结构如图 2 所示：采用 3×3 的卷积层来提取断层相关特征；采用 2×2 的池化层进行下采样；反卷积层用于上采样；全连接层用于构建领域鉴别器；dropout 层连接于全连接层之后，用于降低网络过拟合的风险。

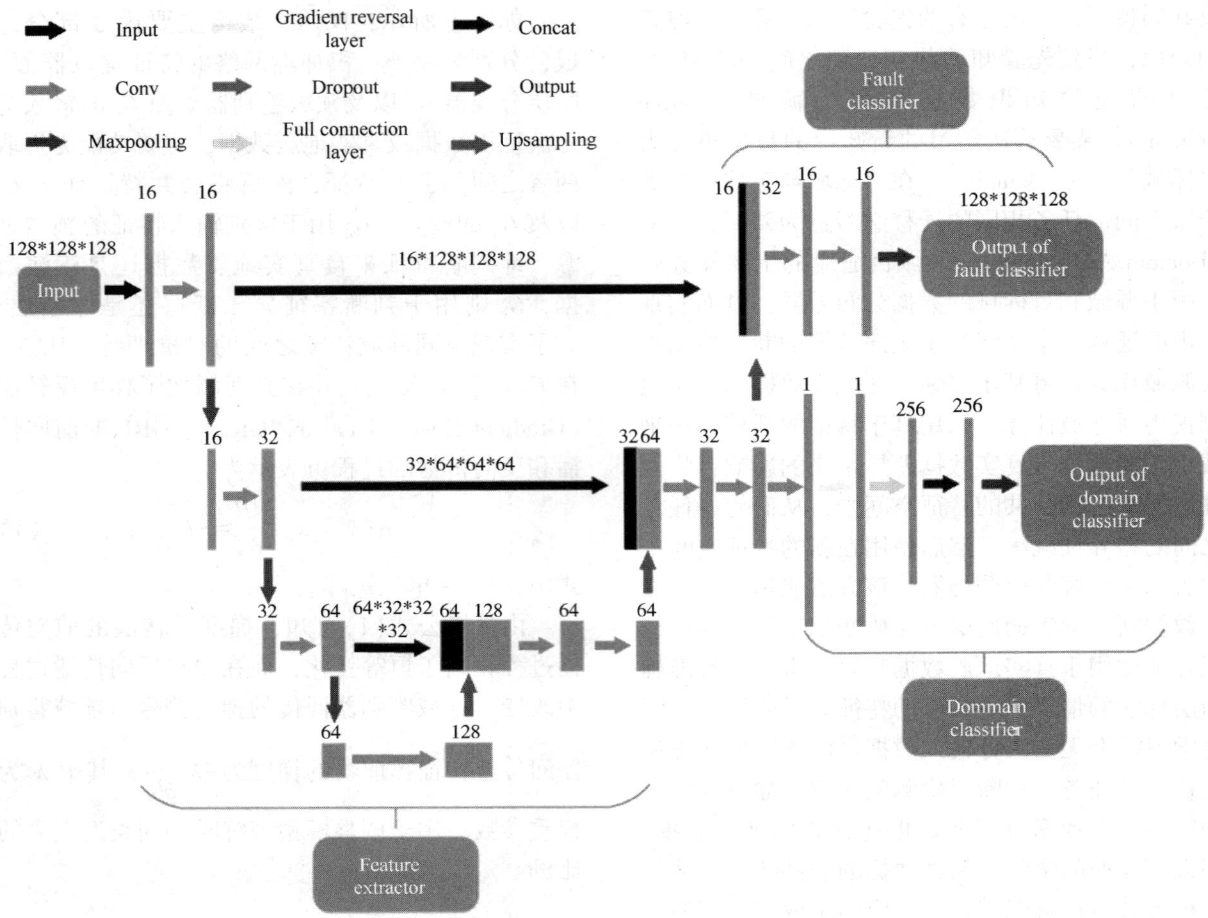

图 2　基于 U-net 的领域对抗网络结构图

1.2　断层增强

针对复杂的实际地震资料而言，直接预测获得的断层属性结果依然会存在一定程度的不连续、分辨率及信噪比不高等问题，需要对智能断层识别结果做断层增强处理来提升断层的连续性，减少断层数据中的噪声区域。本文采用的断层增强处理方法结合了断层的倾角和方位角信息，将具有相同趋势的分离断层连接起来，整个处理方法分为以下四个步骤：①倾角方位角计算；②种子点确定；③断层追踪；④断层融合。

1.2.1　倾角方位角计算

本文采用 Hale 提出的倾角方位角计算方法，对断层属性数据沿着所有可能的断层方向进行平滑，确定最大平滑响应对应的平滑方向即为断层倾角与方位角方向。

1.2.2　种子点确定

从获得的断层属性数据中得到种子点，首先需要确定种子点的候选点，通过设置属性的阈值参数筛选出种子点提取区域中属性值大于阈值的点作为种子点的候选点，其次确定种子点还需设置空间距离参数，分为纵向与水平方向两个参数即可实现约束种子点之间的最小距离。对种子候选点按照属性值进行降值排序，从中依次选择满足距离约束的点作为种子点。

1.2.3　断层追踪

对每一个种子点，结合倾角与方位角数据进行断层追踪，具体追踪采用 Wu 等中提出的动态规划算法，将三维空间上的曲面追踪简化为二维平面上的曲线追踪，再将所有的断层线组合在一起即可得到断层片。

1.2.4　断层融合

初始化一个零数据体 M，数据大小和断层属性数据大小相同，每个元素均为零，将每个种子点所确定的断层片映射回原断层属性数据空间，并使用断层属性数据对断层面上的点进行赋值，映射之后被赋值的断层面叠加到 M 上，当处理完所有的断层片后，M 即为最终的断层增强结果。

2　效果分析

本文通过正演得到 10 组大小为 600×600×600 的三维正演地震数据以及对应的断层标签作为源域任务的训练数据集，考虑到实际应用工区为碳酸盐岩缝洞型储层发育区域，地震正演模型加入了形态各异、大小不一的溶蚀孔洞以及周围的破碎裂缝区域用于模拟碳酸盐岩缝洞体的反射特征。同时将真实地震数据切割成适合网络输入大小的数据体作为目标域任务的训练数据集。另外使用 4 组未出现在训练数据集合中的三维正演地震数据作为验证数据集。采用上述基于 U-net 的领域对抗网络作为深度学习模型，网络的输入大小为 128×128×128，使用 Adam 方法来优化深度学习模型，设置初始学习率为 0.0001，迭代次数为 30 次。另外设定 0.5 作为领域鉴别器的训练权重，这样既可以保证领域鉴别器得到充分的训练，又不影响断层分类器的训练效果。经过大量正演数据测试，断层识别准确率可达到 94.27%。

图 3 绘制了一部分包含大量不同断距、延伸长度的断层正演数据、正演数据的标签、智能断层识别结果以及经过断层增强处理后的最终断层识别结果。从图 3 中可以认识到：①机器学习能够识别出模型中的断层，但也存在少量识别错误的断层；②机器学习识别的断层在横向上具有放大效应，横向分辨率与模型中断层宽度存在一定差异；③断层增强处理降低了机器学习中断层识别的错误率，大大提升了断层识别的分辨率。

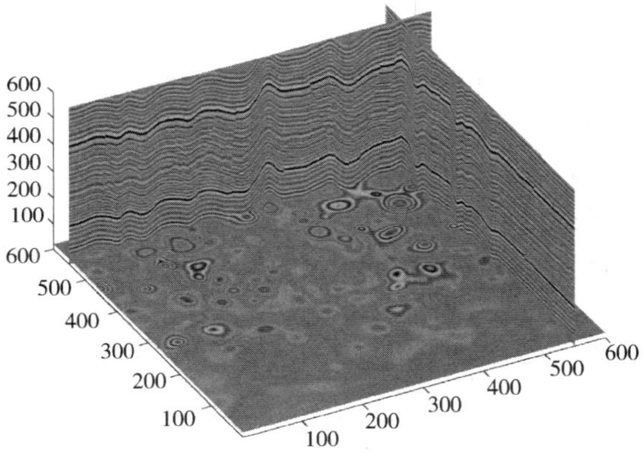

(a)正演地震数据体

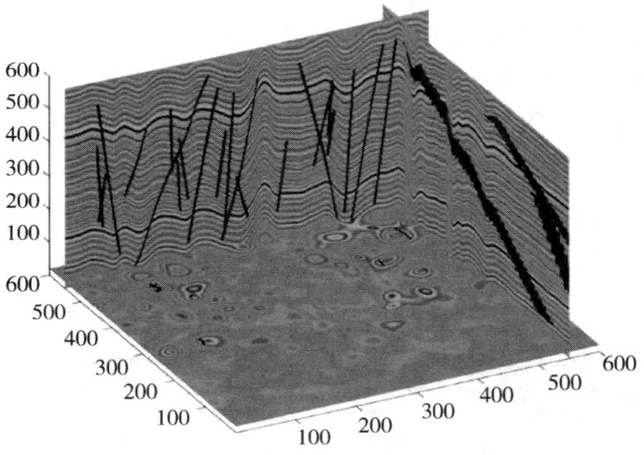

(b)断层数据标签

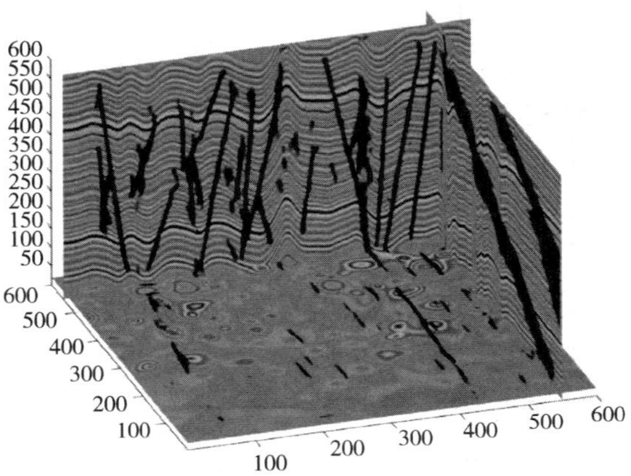

(c)智能断层识别结果

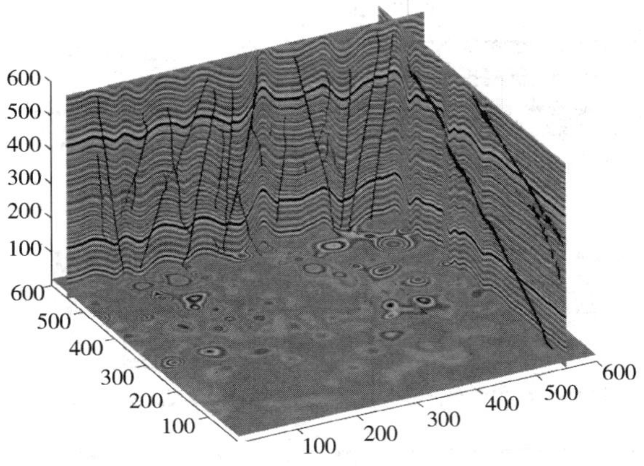

(d)断层增强处理后的最终识别结果

图 3　断层识别效果对比图

图4为含有断层和溶蚀孔洞的剖面断层识别效果图，正演得到的地震剖面显示溶蚀孔洞或裂缝的存在会增加断层反射特征的复杂性，图4(b)的断层识别结果与图4(a)断层标签对比可见机器学习对断层受溶蚀孔洞或者裂缝发育区较少的断层识别精度高，对溶蚀孔洞或者裂缝发育区影响较为严重的区域识别精度会降低，存在断层识别不连续、分辨率不高的问题。图4(c)则为将智能断层识别结果再进行断层增强处理得到的最终识别结果，溶蚀孔洞或者裂缝发育区的断层识别精度具有明显的提升。

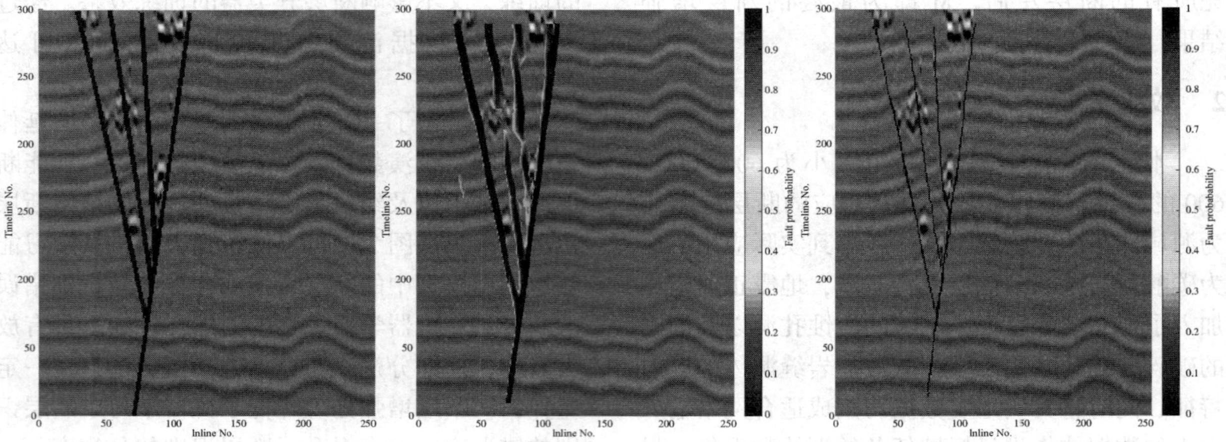

(a)断层标签　(b)智能断层识别结果　(c)断层增强处理后的最终识别结果

图4　含有溶蚀孔洞的断层识别效果对比图

为了进一步检验本文提出的断层识别方法的效果，以塔里木油田某碳酸盐岩储层发育的实际地震工区为例开展叠后断层识别研究。如图5(a)所示，深度域的叠后地震剖面具有典型的碳酸盐岩缝洞型储层反射特征，串珠反射与断裂不连续性反射综合响应使得地震剖面断层识别难度增大，相干、曲率等常规地震属性的断层识别效果远不能满足勘探需求。利用上述训练的网络模型针对该三维数据体进行断层识别预测，并对预测结果进行断层增强处理，最终断层识别结果如图5(b)所示，识别结果与地震资料吻合度较高，并且断层的规律性与可解释性较强，基本可以满足圈闭研究以及井位部署的需求，同时也验证了该方法的可行性与有效性。

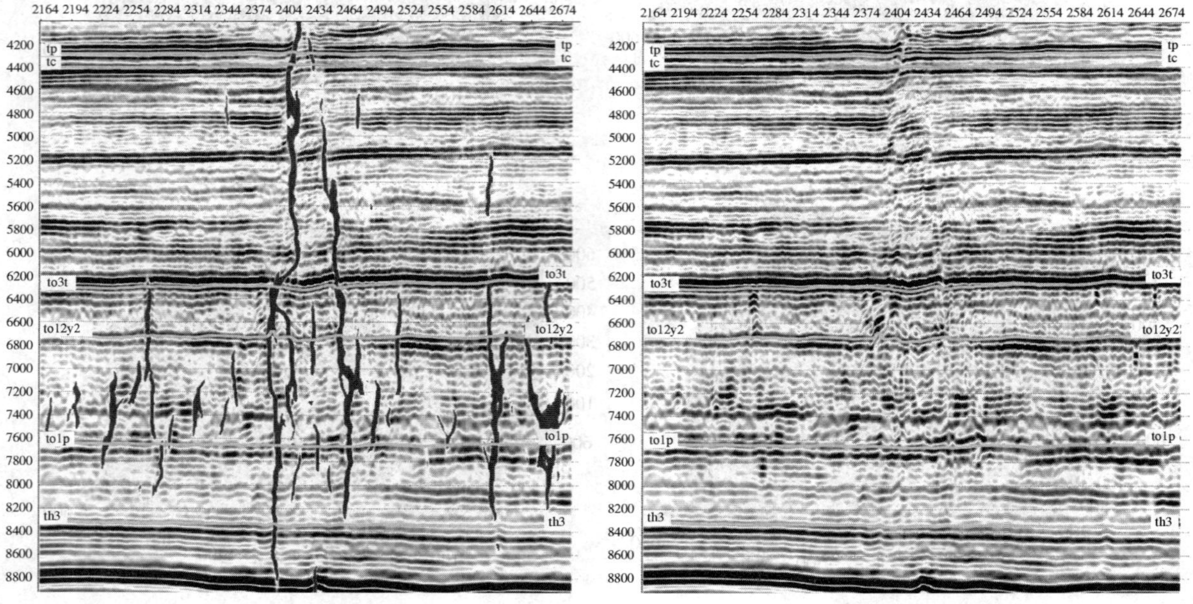

(a)地震剖面　(b)断层识别结果

图5　实际地震工区碳酸盐岩断层识别效果

3 结论与认识

本文将DANN与U-net网络相结合得到最终的深度迁移学习模型用于断层的智能预测，并将预测结果进行断层增强处理得到最终断层识别结果，提出了一种基于迁移学习的断层识别优化方法。该方法能够在缺少真实数据断层标签的情况下完成迁移学习，同时还能提高机器学习直接预测结果的连续性与信噪比，最终识别结果清晰可靠且可解释性更强。在碳酸盐岩实际工区应用中，对复杂的溶蚀孔洞或者裂缝发育区的断层识别依然表现出与地震反射剖面较高的吻合度。但需要关注的是，针对碳酸盐岩缝洞体反射特征区域断层特征的学习，还需要在构建地震正演模型时加入形态各异、大小不一的溶蚀孔洞以及周围的破碎裂缝区域用于模拟碳酸盐岩真实缝洞体的反射特征，增加源域与目标域数据分布的相似性，以达到更好的迁移学习效果。

参 考 文 献

[1] 赵邦六，雍学善，高建虎，等．中国石油智能地震处理解释技术进展与发展方向思考[J]．中国石油勘探，2021，26(5)：12-23.

[2] Huang L，Dong X，Clee T E. A scalable deep learning platform for identifying geologic features from seismic attributes[J]. The Leading Edge，2017，36(3)：249-256.

[3] Wu X，Shi Y，Fomel S，et al. Convolutional neural networks for fault interpretation in seismic images[C]. SEG Technical Program Expanded Abstracts，2018，37：1946-1950.

[4] Xiong W，Ji X，Ma Y，et al. Seismic fault detection with convolutional neural network[J]. Geophysics，2018，83(5)：O97-O103.

[5] Ma Y，Ji X，Nasher M，et al. Automatic fault detection with convolutional neural networks[C]. CPS/SEG International Geophysical Conference，Beijing，China，2018，786-790.

[6] 王静，张军华，芦凤明，等．构建三维深度监督网络的断层检测方法．石油地球物理勘探，2021，56(5)：947-957.

[7] 张政，严哲，顾汉明．基于残差网络与迁移学习的断层自动识别．石油地球物理勘探，2020，55(5)：950-956.

[8] Hale D. Methods to compute fault images，extract fault surfaces，and estimate fault throws from 3D seismic images[J]. Geophysics，2013，78(2)：O33-O43.

[9] Wu X，Fomel S. Automatic fault interpretation with optimal surface voting[J]. Geophysics，2018，83(5)：O67-O82.

基于自主可控技术打造石油专用精密部件的智能制造新模式

郭文斌　安中望

（中海油能源发展装备技术有限公司）

摘　要　智能制造是实现制造强国的重要途径，随着我国智能制造进入全面推广阶段，针对智能制造发展水平开展成为现实需求。本文介绍智能制造体现的研究成果，从智能制造的关键技术、系统全局、行业领域3个视角归纳总结了智能制造体系的研究情况，对比分析了智能制造研究中常用的方法；剖析智能制造研究方面存在的主要问题，以推进智能制造研究并指导智能制造发展。具体而言，健全标准设计，建立智能制造范式；优化指标体系；强化新技术融合，推进理论实践协同并进。

关键词　智能制造；虚拟仿真；运营管理；制造模式

信息技术，特别是信息通信技术，催生了新一轮科技革命和产业变革，掀起了新一轮工业革命。这场革命对于制造业来讲就是要实现数字化、网络化和智能化。世界各国出台了一系列的应对规划和策略，比如德国工业4.0、美国工业互联网，中国也发布了《中国制造2025》《“互联网+”行动的指导意见》《关于深化制造业与互联网融合发展的指导意见》，以及《智能制造发展规划(2016—2020)》。面对新一轮工业革命，制造企业必须以两化融合为主线，以创新驱动为突破，以转型升级为契机，以智能制造为主攻方向，制订企业发展战略和智能制造规划。

近年来，国家积极推进经济结构转型，持续加大对经济健康发展的调控力度，同时货币政策也逐渐从宽松转向稳健。在外需持续不振，内需趋于平稳，而投资增速逐渐放缓的背景条件下，我国GDP增速逐渐趋于稳定。智能制造是国民经济发展的重要推动力，其发展与宏观经济形势具有较强的正相关性受宏观经济影响智能制造产值增速开始放缓，但仍以较快增速促进国民经济发展。

2015年5月国务院发布《中国制造2025》，明确提出把智能制造作为两化深度融合的主攻方向，并提出力争通过“三步走”实现制造强国的战略目标。第一步，到2020年，基本实现工业化，制造业大国地位进一步巩固，制造业信息化水平大幅提升；第二步，到2025年，制造业整体素质大幅提升，创新能力显著增强，全员劳动生产率明显提高，两化(工业化和信息化)融合迈上新台阶；第三步：新中国成立一百年时，制造业大国地位更加巩固，综合实力进入世界制造强国前列。

为深入落实创新驱动、国际化发展、绿色低碳、市场引领、人才兴企“五个战略”，为实现高质量发展提供支撑和保障；以“七年行动计划”为契机，加快工程装备的生产，努力变革原有商业模式，提升产品附加值，打造“一体化服务”模式(见图1)，走具有特色的智能制造发展道路。

1　智能工厂研究现状及关键技术

1.1　研究现状

根据市场特点和产品制造特点，结合先进的敏捷制造、精益生产等制造理念，建设以智能生产装备为核心的物理工厂和以信息系统为核心的数字工厂，打造紧密集成的信息物理系统，实现工厂透明化、数字化、智能化，极大提高生产自动化水平、产品生产效率、研发创新能力和运营管理能力，实现市场快速响应。构建面向产品全生命周期的产品信息数据链，打造可持续发展的数据服务新模式。智能工厂的落地运行，使产品在研发设计、生产制造、售后维保等各阶段得以数字化。通过数字孪生技术，构建产品生命周期的数据链。随着协同供应链的构建，供应商原材料和客户产品使用的数据也将会被收集纳入到该数据链中，形成产品全生命周期的数据链。利用数据分析技术，对产品全生命周期数据进行不断挖掘，使数据产生高额价值，反哺技术创新、生产制造、售后服务等业务能力，形成可持续发展“数据+服务”的新模式。

在传统的自动化的基础上，按运营管理、技术管理、运行管控、协同商务、决策管理、主数据管理、信息安全系统等七大领域进行划分。除此之外，在实际规划阶段，将结合产品特点及公司所在行业痛点，针对本行业的行业工具软件，这类系统也将成为公司的核心信息系统。按照各系统对智能工厂运行的支撑程度和关键程度，将其分为核心系统、补足系统、基础支撑系统、提升类系统(见图2)。

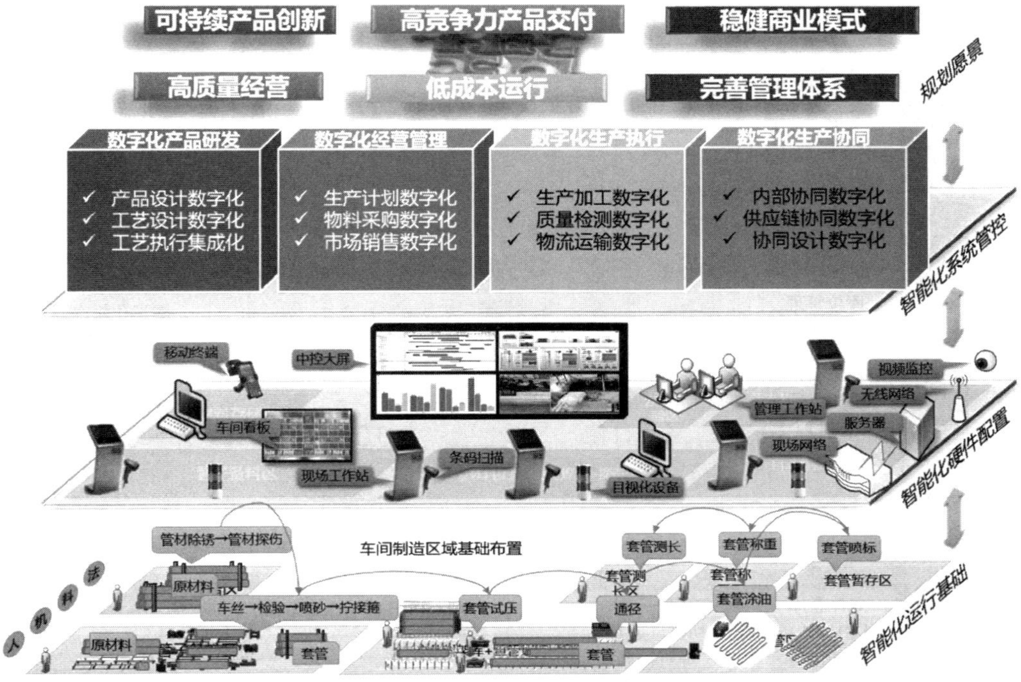

图1　“一体化服务”制造模式

(1) 核心系统是指对公司的经营管理、技术管理、制造执行等业务的运行和支撑具有不可或缺的支撑作用的关键系统。核心系统包括运营管理、技术管理、运行管控三大领域的系统。

(2) 补足系统主要是协同商务领域的 CRM、SCM、OA 等系统。这些系统主要作用在于智能工厂核心流程的基础上，通过协同商务对智能化管控范围及智能化程度加以提升。

(3) 基础支撑系统是指与智能工厂具体业务流程无关的系统，其主要作用是保障其他信息系统的正常、稳定运行。这类系统包括主数据管理系统和信息安全管理系统。

(4) 提升类系统的主要作用是基于企业的各类业务数据，针对企业不同业务通过数据分析及建模，为高层的经营决策提供支撑及建议。这类系统包括商务智能、全面预算管理、绩效管理等系统。这类系统通常是在智能工厂稳定运行一定时间，各类业务数据有大量的持续积累，且当企业发展遇到瓶颈或者需要进行提升的时候进行实施。

1.2　关键技术

1.2.1　虚拟可视化仿真技术

项目根据生产基地实际布局以及设备实体数据构建数字模型，完成物理实体在数字空间中的建模，最终建成了虚实映射的数字化孪生工厂，将真实设备的状态和参数通过信息物理系统(CPS)驱动数字化孪生模型，模型中各环节的状态和进展与现实保持一致，实现虚实联动。

(1) 生产运营指挥辅助。通过工厂信息模型与生产动态数据的集成，将实时生产状态信息与相关信息模型结合并以三维可视化方式动态展现(见图3)，使生产状态信息更加明确、即时，为 iMOM 等系统的生产指挥控制提供辅助支持。

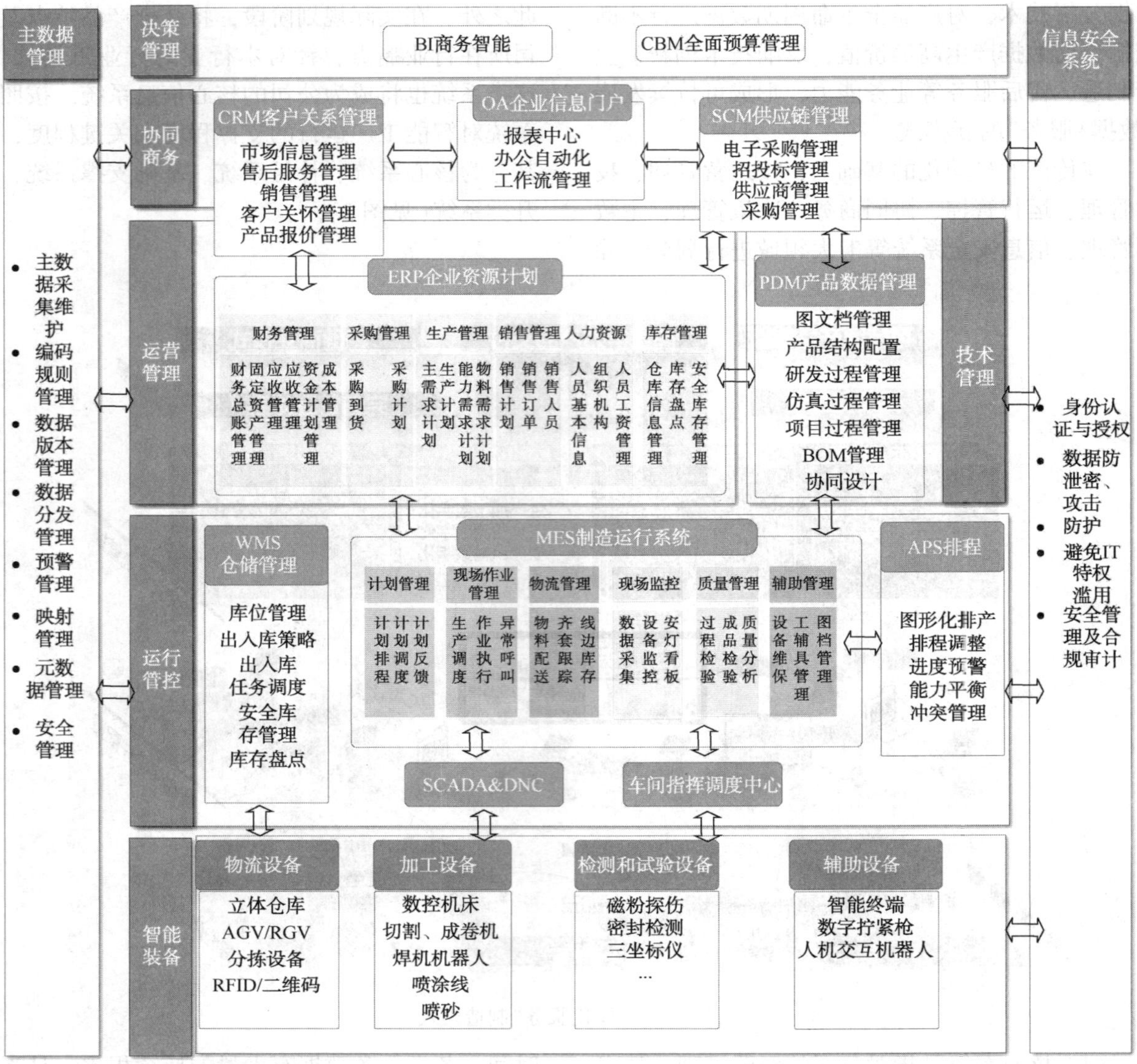

图 2　“搭建蓝图”

图 3　数字套管化生产线可视化

（2）综合信息展示。以工厂信息模型为基础，通过与智能工厂各系统的对接，以三维可视化方式展示工厂全方面信息，服务于智能工厂全生命周期管理；以工厂信息模型为基础，通过与智能工厂各系统的对接，以三维可视化方式展示工厂全方面信息，服务于智能工厂全生命周期管理向决策者提供分析问题、建立模型、模拟决策过程和方案的环境，调用各种信息资源和分析工具，通过数据、模型和知识，以人机交互的方式帮助决策者提高决策水平和质量。决策分析支持应包含建立决策模型、拟订方案和确定效果度量、方案灵敏度分析、模拟验证、结局定量评价等功能(见图 4)。

1.2.2　智能装备应用

（1）智能控制系统。智能控制系统是智能车间的灵魂，是智能工厂的核心，向上串联着各种管理系统，向下控制着各种智能装备，不仅仅由控制系统组成，还包含着如先进传感器技术、生

图4　数字套管化生产线可视化——综合信息展示

产信息的追溯、各种其他智能控制系统。

（2）智能加工。高端数控机床作为智能制造的重要智能终端，是智能生产系统的最关键加工设备，在产品的生产制造中都起着重要作用，公司的高端数控机床应进行广义定义，包含车床、铣床、钻床、磨床、加工中心等。

（3）智能装配。公司的各种产品的装配工作比较丰富，既涉及如钻完井大型产品的大型零件装配，也涉及到机、电、气、液、仪器仪表等的综合装配，所以既需要装配机器人、装配专机等自动化的装配形式，比如，基于工业物联及视觉识别的加工及装配技术数智能拧接智能装备单元，基于3D视觉技术的机器人上下料技术智能上下料智能装备单元(见图5)。

图5　3D视觉技术的机器人上下料技术

（4）智能物流。采用AGV可提高工作效率，节约物流管理成本，主要用于类似接箍、护套、耳板等中小型零部件原料、半成品、成品的物流运输，建立一个立体仓库同时为了满足高效的仓库管理，要求设备具备联机自控、单机自动和手动操作功能，自动化立体仓库系统统一由计算机管理和监控系统进行管理和调度，能在中央控制室实现全自动操作，计算机系统能实现库存帐目管理、网络传输及后续开发的功能，要求立体仓库系统与AGV系统、ERP、WMS、PDA及现场iMOM等系统实现数据连接。

（5）智能质检。公司的质量检测工作种类很多，不仅要保证产品质量，还要保证产品使用安全，同时有些质检还是产品的瓶颈工艺影响着产品在线生产或产品产量。针对公司的几种最常见的质检如下。

检测设备智能化：在缺陷检测、水压检测、磁粉探伤等已有的成熟自动化检测设备安装智能传感器和控制模块，实现系统控制，并在线提取检测结果，配合生产信息追溯系统，对产品进行相关处理。

高精度光学检测专机：对于产品关键尺寸检测，建议对小型零件等合理使用三坐标测量仪，配合i系统在线处理检测结果。对大型工件的关键部位如套管螺纹、接箍螺纹等，应采用高精度光学检测专机进行全方位快速在线检测。

1.2.3　平台化的运营管理系统应用

基于成熟稳定的平台化的智能制造运营管理系统实施，覆盖从企业到工厂至车间级的全业务范围的服务能力，支持企业多公司、多工厂的部署方案的前提下，以车间作业现场为核心，按照计划、作业、质量、物料四条主线解决车间管控问题，实现车间现场各种生产要素的集成，将原来独立管理的人、机、料、法、环、测等生产要素，通过数字化、信息化的手段关联到一起，用以提高车间管控的效率和制造水平。

需求拉动的计划模式：通过iMOM统的实施，改变传统车间以人为主的计划调度管理模式，采用按照需求拉动的计划排产，制订加工过程中相互配套的生产计划，充分利用设备能力，提升车间整体计划管理水平。

闭环滚动的计划模式：针对订单交期变更、现场紧急插单、工艺设计变更、进度拖期等情况及时做出反应，实现计划闭环滚动，调整计划以满足生产需求。

优化产能利用的作业排程：对生产计划进行科学规划，依据工厂的生产状态、物料准备情况、设备能力等约束因素，将生产任务分配到具体的生产线/设备，实现生产计划高效、合理、快速的制定。

（1）作业执行规范化。生产作业全程管控：对车间生产准备、生产执行、生产完工全过程进行有效管控，实现生产现场车间、工艺、仓储、物流、工具、质量等各部门各部门协同作业，提高生产效率。

生产数据全面采集：作业执行过程中产生了大量的过程数据，如设备运行数据、物料信息、质量信息、人员信息、作业进度信息等。iMOM对上述作业信息进行全面的采集，在保证全面、准确、及时的基础上进行归档，为生产监控和生产统计提供数据支撑。

作业过程透明管理：基于iMOM系统对作业信息全面的采集和归档，借助数字化、信息化手段，可实现车间透明化运行管控，打破黑箱生产方式，实现生产运行信息实时共享。

数据分析促进管理提升：基于iMOM系统对作业信息全面的采集和归档，通过深入的统计分析，帮助管理层及时、准确、全面掌控工厂运行情况，帮助企业深入了解生产状况，查找生产的瓶颈，挖掘生产潜力，推动管理优化。

（2）质量管控全面化。

作业执行前置质量控制：作业执行前，iMOM系统加强对人员、设备、物料等生产要素的管控，从源头保障产品质量。

作业过程实时质量监控：iMOM系统通过生产过程中强化制造过程的合规性，避免人因或管理不善导致的质量缺陷，保障产品质量。

作业完工严格质量检验：iMOM系统强化质检过程管理，确保质检执行到位，实现质量数据全面、无遗漏归档，关注不合格品处理过程，实现不合格品处理过程的闭环管控。

全面的质量追溯与分析：对生产各个工序环节的质量数据通过自动采集、手工录入等方式进行集成，形成整个产品的质量档案。可在产品出厂后对发生的质量问题进行追溯，可针对质量数据进行深入的统计分析，促进质量改善，并通过SPC统计过程控制手段将事后检验的质量管理方式变为事前的预防和控制，保障产品质量。

（3）物料管理精细化。

物料数字化标识：iMOM系统采用数字化物料标识手段替代车间广泛采用的刷漆、纸条、生产色标、钢印标识方式，为物料防错、物料跟踪、物料信息采集及物料成本核算提供技术基础。

物料准时化供给：传统车间计划执行进度不透明，信息沟通不畅，车间、仓储、物流等各部门难以实现联动，目前物料、工辅具等均采用“谁用谁领”的方式领取到生产现场。智能化系统中，物料配套计划的制定以及andon系统的集成，可实现准时化物料供给。

物料透明化管理：在制品种类多，数量大，占压企业运营资金。通过实时采集在制品的位置、数量、加工状态、物料消耗等信息，实现物料管理的透明化，同时也为控制成本提供数据支撑。

（4）异常呼叫。异常呼叫管理支持对生产过程中的异常，如质量异常、设备异常、缺料异常等，进行自动预警、报警处理，同时可利用现场工位机实现人工紧急异常汇报，相关人员接受到异常报警后，需要在限定时间内实时处理，完成闭环。此外，系统支持自定义异常处理。

异常通知：一般，产生异常时可通过邮件、手机短信等方式通知相关部门在第一时间来现场处理问题。并辅助以LED显示屏、看板、大屏等方式让相关人员清楚了解到异常出现的地方及类型等详细内容，跟踪异常状况到问题解决的整个流程，促使解决问题流程的实施。

异常跟踪：系统支持对生产预警、报警进行分级管理，预警报警产生后，将信息推送至相关的负责人处理。预警报警信息的处理要形成闭环机制，要求责任人在限定时间给出解决方案并实施处理，对生产现场预警报警信息用电子看板的形式进行目视化展示，督促问题处理。

（5）目视化管理。目视化管理可以传递生产现场的各种信息，让现场的人可以更加直观地了解当前生产相关的状态，建立管理者和一线生产人员直接的联系。根据业务系统采集的数据，进行生产进度绩效分析，如对质检数据、工时数据、完工数据及设备数据等信息统计分析，并支持以可视化的方式对统计结果进行展示。

质检数据统计：根据质量管理系统获取的质检数据，分析产品的一次交验合格率、最终交验合格率、工序返修率和报废率、最终产品的返修率和报废率等。

完工数据统计：支持对不同周期完工情况的统计，包括周计划完成率、月计划完成率、订单产品生产进度等。

设备数据统计：通过设备监控实时获取设备状态并进行统计，可对设备的设备重大事故率、主要设备生产利用率、平均故障间隔、平均待机时间、设备故障停机率、设备大修计划完成率等内容进行分析。

工时数据统计：可自动获取任务开工、完工时间及实际工时，记录员工加工工件的数量，进行工时统计，作为人员绩效的重要依据。

2　未来发展趋势与挑战

中海油能源发展装备技术有限公司是央企中

海油集团海油发展旗下的大型海洋石油专业技术服务公司。公司自2005年成立以来，逐步打造出服务领域涵盖海洋石油上、中、下游的设备设施设计研发与数据管理、检验检测与评估、状态监测与诊断、装备集成制造与运行维护的全套完整性管理服务平台。为深入落实创新驱动、国际化发展、绿色低碳、市场引领、人才兴企“五个战略”，为中长期公司实现高质量发展提供支撑和保障；以“七年行动计划”为契机，加快海洋工程装备的生产。公司在集团战略的指引下，努力变革原有商业模式，提升产品附加值，打造“一体化服务”模式，走有海油特色的智能制造发展道路。

本项目建设的智能工厂是针对其中自主研发的特殊螺纹套管产品，性能优于进口产品，已获得权威机构的认证，在海上已成功批量应用，并获得业主方的认可，产品市场需求旺盛。

3 结语

建设智能工厂是一项庞大、复杂的系统性工程，它包括生产信息管理系统(PIMS)、实验室信息管理系统(LIMS)、能源优化和闭环控制系统(CLOCTM)、先进控制系统(APC)等多个相关分支系统，需要在智能化运行中将这些分支系统高度融合并做好运用和管理。因此需要提高系统集成水平。

高度契合石化行业实际、安全可靠性强、优质高效率的通信基础设施已成为智能工厂常规运行以及今后推进石化企业智能化升级改造的“金钥匙”，因此企业要高度重视并积极推进，加强同上下游企业沟通合作，并做好通移动、电信、联通等电信运营商的积极配合和高效互动。

另外还需加强网络安全建设水平，不断完善、提升工控网网络边界的安全保护措施，有效隔离管理网络与控制网络、数采网络，进一步保护工控网络中的设备和生产过程的安全，同时加强隔离安全管控平台建设。

参 考 文 献

[1] 宋慧欣.《中国制造2025》，中国版“工业4.0”[J].自动化博览，2015(06)：7.

[2] 黄群慧，贺俊.中国制造业的核心能力、功能定位与发展战略——兼评《中国制造2025》[J].中国工业经济，2015，(06)：5-17.

[3] 李卫东.“工业4.0”对推进“中国制造2025”的启示[D].北京：外交学院，2017.

[4] 国务院.中国制造2025[EB/01]http：//www.gov.cn/zhengce/content/2015-05/19/content-9784.htm.

[5] 工信部装备工业司.《中国制造2025》解读之：推动机器人发展[EB/01].中央政府门户网站www.gov.cn.

[6] 宋玉春.我国石化产业高质量发展的路径——2018中国(濮阳)石化产业融合发展大会综述[J].中国石化，2018(09)：34-36.

[7] 祝昉.大力推进智能制造加快石化产业由大到强的战略转型[J].中国石化，2018(06)：14-17.

[8] 欧阳生，孔德洋.工业4.0时代中国制造业新出路——《精益智能制造》推荐阅读[J].中国机械工程，2018，29(16)：2010-2015.

浅析北斗系统在海上移动式采油平台上的研究与应用

崔泽昊　萧　阳　郝　杰　王鑫章　陈俊锋

（中海油能源发展股份有限公司）

摘　要　移动式海上采油平台是集勘探、采油、修井、储油、开发一体化的海上采油设备，其作业期间经常需要移位。移位过程中，存在海陆通信条件差，不能收集并保存移位数据，无法监测桩腿应力情况，操船人员仅能通过经验进行危险控制。针对上述问题，本文基于北斗系统定位和短报文功能设计了 MOPU 移位作业管理系统，研究了通信链路、数据采集、数据库设计方法。该系统可准确将平台主体数据进行回传并保存，同时具备移位作业动态演示功能，对北斗系统应用于海上设施具有一定的参考与借鉴作用。

关键词　移动式海上采油平台；北斗卫星导航系统；短报文；移位作业

移动式海上采油平台（Mobile Offshore Production Unit，MOPU）是近年来新出现的海上油气生产设备，其主要特点为功能全、体积小、可移动、可反复使用，且具备储存和外输能力。由于 MOPU 的这些特点，其主要生产对象都是边际油田。边际油田一般体量较小，所以平台需要经常进行移位作业。移位过程中，平台主要会进行拖航、定位和升降桩 3 个过程。由于通信限制，只能通过卫星进行海陆通信，且目前无法监测各桩腿的受力情况，只能通过有限数据结合人员经验进行升降桩作业。一旦升降桩作业过程中出现外力干扰或操作不当，且桩腿情况及时反馈至操船人员的情况，就会导致平台主体与桩腿严重损坏。为了降低升降桩作业过程的风险，提高通信质量，降低数据回传成本，需要采用卫星通信以外的通信手段将移位实时数据传回陆地进行实时监测，在 MOPU 移位作业过程中采集桩腿受力数据，并进行直观展示。本文基于北斗系统的定位和短报文功能设计了 MOPU 移位作业管理系统通信链路，同时对 MOPU 现场进行了设备改造，在桩腿增加应变传感器采集受力数据，并依托地理信息系统设计了 MOPU 移位作业管理系统主体软件，实现了移位数据回传和桩腿数据的可视化展示。

1　通信链路设计

移位作业过程中，由于环境因素限制，平台仅能通过卫星信号进行海陆通信，其通信成本极高且传输延时极大。为减少通信成本且相应国家“设备国产化”号召，系统采用北斗设备进行海陆通信。

北斗卫星导航系统是中国自主研发、独立运行的区域性有源三维卫星定位与通信导航系统，其特点为卫星数目少、用户终端设备简单，能够为用户提供快速定位、实时导航、精密授时等服务。但北斗在海洋船舶上应用仍处于起步阶段，大部分船舶定位还一直使用 GPS，这就会带来以下方面的突出问题。首先，航行安全性得不到有效的保证。美国政府为了保障自身利益和安全，对特殊情况下 GPS 使用采取限制政策。当前国际形势比较紧张，如果不尽快摆脱对国外技术的依赖，会使海洋船舶在航行期间的通信有瘫痪风险并且我国海域的地质信息等相关数据也会被获取。其次，GPS 的精度也难以保证。上文说到 GPS 有限制政策，同样其精度也是被严格控制着，当前的 GPS 精度已经难以满足当前船舶的使用需求，尤其体现在渤海区这些对船岸信息交互有较大需求的船舶。所以尽快将北斗在海洋船舶中进行应用，摆脱对国外技术依赖是当前的当务之急。

北斗系统拥有定位和短报文功能，MOPU 移位作业管理系统可通过其定位功能对平台位移情况进行定位，通过短报文技术可将移位作业中平台结构及船体姿态相关数据压缩回传至陆地工作站，以起到辅助决策作用。陆地工作站对压缩数据进行解码，并存入数据库中。为保证数据安全，工作站通过内网将相关数据传输至内网服务器。

由于目前北斗短报文的单次仅能发70字节，且一分钟发送一次。系统会针对不同类型的监测数据，编写程序接收从串口传来的实时数据，进一步对数据进行解析和处理。为保证单次能将足够数据传输回来，系统采取BCD的方式将数据编码并压缩，再用密码将数据加密后通过北斗发送。为检验其数据的正确性和实效性，在数据存储之前，需要校验一边数据的正确性和实效性，若存在问题，则需要将数据补充完全。北斗在发射过程中偶尔会有丢包情况，为保证数据连续性，系统可将数据储存至离线缓存，并再次发送。直至发送成功后从再从缓存中清除。

2　系统数据采集设计简要分析

系统中数据采集部分主要是为MOPU上安装北斗数传终端和应变仪。其内部集成了北斗多频天线、射频模块、基带处理、多卡阵列以及主控板，能够支持海上与陆地进行高频短报文通信，同时具备RNSS导航定位功能，采取防水、防雾、防腐蚀等措施来适应海上的恶劣环境。除此之外，终端还集成抗Wi-Fi信号滤波器，以保证信号稳定性。为确保北斗终端发射的信号不被干扰，其被安装至MOPU现场最高处并且未被遮挡处。

应变仪与采集模块连接，采集模块与控制器连接，控制器用网线连接到中控机。控制器通过以太网或MODBUS协议和计算机进行通信；通过RS485总线与采集器通信；每个控制器可控制2组采集器链路并供电，每组可串联支持8个采集器模块，控制器支持同步扩展。

在现场安装过程中，由于应变仪需要作用于结构表面，其并不能处于一个封闭环境，所以其防爆性能较差，所以在安装过程中要注意设施现场的防爆区域，避免形成安全隐患。

3　系统功能设计简要分析

系统采用Web三层结构，包括表示层、业务逻辑层、数据访问层(见图1)。数据访问层在作业过程中访问系统数据库及系统文件，实现对数据库中数据和磁盘文件的读取保存操作；系统采用B/S架构设计，表现层在接受传输用户的数据后，可在内网环境通过Web浏览器对系统进行访问，为用户提供MOPU三维模型查询及数据查询功能；用户在表现层的功能界面进行操作后，由将用户的输入信息进行甄别处理，并进行逻辑判断与操作数据保存。

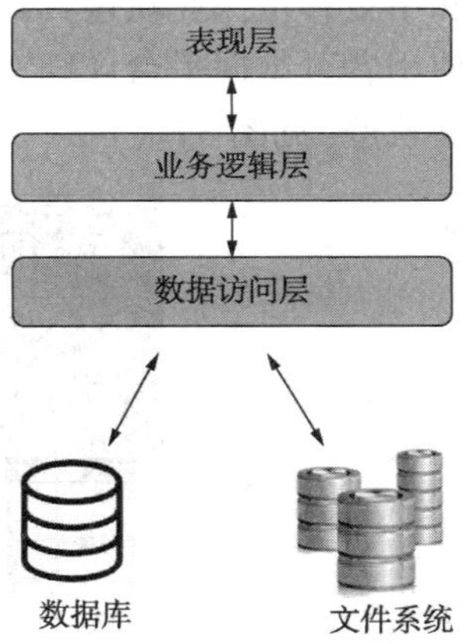

图1　软件系统架构

三层架构软件系统的设计，能够清晰拆分用户在数据传输、提取、储存的业务需求，简化系统开发环节。当需要调用某一部分的数据时，通过划分系统架构实现调用，以便于更加明确的各个层级架构之间的业务功能，以提高系统维护时的便利性。本系统使用三个层次的缓存，分别是数据库层缓存、业务逻辑层缓存和浏览器端缓存。使用缓存可以大大降低数据库和服务器负载，从而在同等硬件条件下，支持更多的用户和更加复杂的业务计算。

系统的功能设计主要涉及移位作业期间的各个阶段及通用功能，包括插拔桩作业(见图2)、移位作业和用户管理。首先插拔装作业方面，其功能主要包括实时数据更新、平台模型实时动态演示、历史数据查询、历史作业动态演示、动态模型调节视角、数据阈值标红预警，其主要是为了将平台在插拔装作业间的船体结构姿态情况具象的展现在使用者面前，使用者可实时掌握作业动态并可查询历史作业情况，辅助决策。

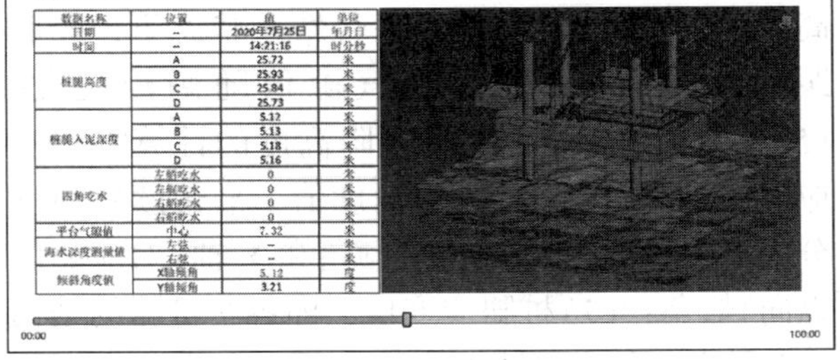

图2　插拔桩展示

移位作业方面，其主要功能包括实时数据更新、平台模型实时动态演示、平台位置实时展示、平台移动轨迹实时展示、历史数据查询、历史移动作业展示。其主要是为了将移位过程中平台实时位置和历史移位作业轨迹具象的展现在使用者面前，使用者可掌握平台详细实时位置信息以及历史位移轨迹(见图3)。

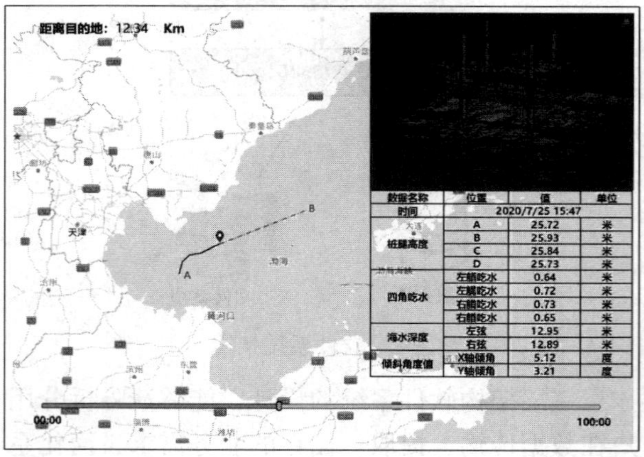

图3　移位作业展示

系统除了上述业务功能模块外，还包括用户管理等基础后台模块，主要功能在于对系统内的用户数量、用户权限及用户信息进行管理，设计了包括增加用户、删除用户、用户详细信息查询、用户详细信息修改、用户密码修改等功能。除此以外，为了显示链路通信情况，系统还始终显示数据通信情况，以确定系统是否处于正常运行中。

4　系统数据库设计分析

为了保证系统性能和后期维护顺畅，系统数据项在满足需求的同时，尽量减少了重复性。通过需求分析得到决定船体姿态的相关参数，主要包括：(1)桩腿高度，以平台升降零点为参考点的桩腿的升降高度值；(2)桩腿入泥深度，即平台就位时，桩腿插入海底淤泥中的深度；(3)四角吃水，代表底层甲班下部四个角浸入海水中的高度；(4)平台气隙值，平台站立状态下，船底距海面的高度值，平台气隙值随潮汐变化；(5)桩腿基准高度，桩腿升降高度的计算零点对应船底的高度；(6)倾斜角度值，平台倾斜角度分为X轴(对应船体横向)倾角和Y轴(对应船体纵向)倾角；(7)桩腿应变值，即各个桩腿的结构应变情况，每个桩腿四个方向各一个值，总计16个应变值。数据项中桩腿数据每个都是四项值，即每个桩腿各一个值。另外，气隙值分别在插拔装作业和日常作业下的变化逻辑不同。所以针对此情况，系统中平台模型的变化逻辑也进行了修正。日常作业下，桩腿高度参数不变，此时的气隙值变化应是海面的潮汐变化，即判定为平台主体不随气隙值变化而变化，海平面模型随气隙值的增大而降低。当升降船时，桩腿高度值发生了变化，此时的气隙值变化应是平台主体因升降导致的，即判定为平台主体随气隙值增高而抬升，海平面不随气隙值的变化而变化(见图4、图5)。

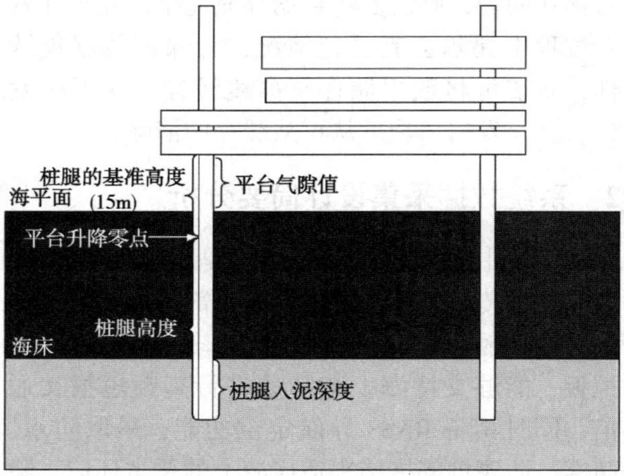

图4　平台出水时示意图

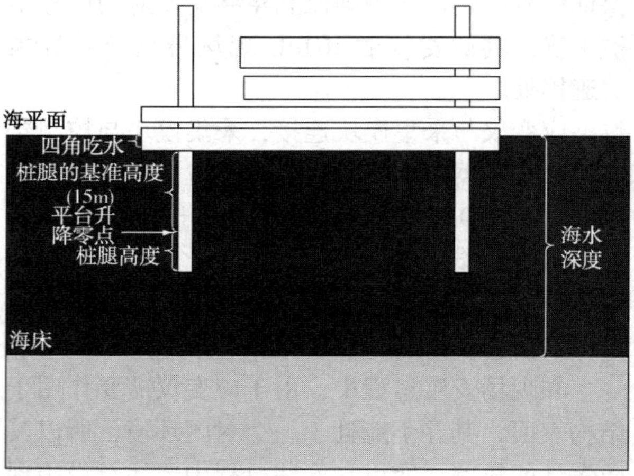

图5　平台漂浮时示意图

系统数据库设计时为了方便维护，将数据进行了分表储存，即用户表、应变数据表和平台姿态数据表。其中，用户管理中的数据项则包括用户ID、用户名称、用户邮箱、用户密码、确认密码等。

5　测试情况及结论

系统在测试过程中，北斗的回传速度始终表

现为 1 分 02 秒左右一条，满足当时的设计要求。北斗数据回传丢包率几乎为一小时内丢一包，丢包率不超过 3%，且丢包数据能在后一条或者后 2 条回传成功，符合设计要求。

北斗短报文功能回传数据准确性较高，丢包率较低，可用其将通信条件较差的设施上的数据回传回陆地。较低的丢包率也可通过缓存的方式，将丢失数据进行备份并重新发回。相对地，北斗数据回传单次回传数据量较小(其单次回传体量随着用卡数量的增多而提高)，且回传频率也在逐年降低(2020 年 4 月国家将民用北斗回传频率从 1min 一次降低至 5min 一次)。虽然可通过压缩的防止扩展单次回传数据量，但总体回传数据体量依旧不高。所以短报文技术仅能将设施关键信息回传至陆地，而不适用于体量较大的数据回传。

北斗定位系统目前在海洋船舶领域应用较少，但测试表明北斗定位位置数据与现场 GPS 定位数据一致，可替代 GPS 对平台进行定位。北斗还具备特色的短报文功能。当面对紧急情况或恶劣海况时装有北斗的船舶可将求救或关键信息以短报文的方式回传给陆地救助中心或管理人员，这对船舶的实际应用价值更大。

另外，对桩腿的应变监测数值也已纳入现场仪表专业每日巡检的巡检项，其对现场判断船体结构情况的作用不言而喻。本系统也打破了以往移位作业时，陆地管理人员不能掌握作业情况，只能通过卫星进行通信或只能得知结果情况的现状，为管理者在进行移位决策时提供了数据支持。

本文针对当前海洋石油行业海上移动式采油平台海陆通信困难，插拔桩作业风险高的问题，结合北斗系统设计了 MOPU 移位作业管理系统，开发了系统通信链路、桩腿应力采集、业务管理模块及数据库，并在某移动式采油平台进行了应用和测试。实验证明，本文设计的基于北斗系统的 MOPU 移位作业管理系统能够可准确将平台主体数据进行回传并保存，一方面满足陆地端对作业功能的监控与业务支持，另一方面能够通过采集桩腿数据减小位移作业过程的风险，对北斗卫星导航系统在海洋船舶领域具有借鉴意义。

参 考 文 献

[1] 李豫，钟小侠，曾树兵，等．浅海边际油田可移动式采油平台综述[A]．中国造船工程学会近海工程学术委员会．2009 年度海洋工程学术会议论文集(上册)[C]．中国造船工程学会近海工程学术委员会：中国造船工程学会，2009：5.

[2] 宋峥嵘，吴凯锋，王文伟，等．浅海边际油田应用移动式平台对比分析[J]．石油和化工设备，2016，19(12)：41-45.

[3] 曹冲．卫星导航常用知识问答[M]．北京：电子工业出版社，2010.

[4] 帅平，曲广吉，向开恒．现代卫星导航系统技术的研究进展[J]．中国空间科学技术，2004，24(03)：45-53.

[5] 周学群．北斗卫星导航系统在长江航运中的应用[J]．中国高新科技，2018(14)：77-80.

钻完井井下减阻工具发展现状综述

李星月　乔　汉　肖建秋　陈朗毅

（中国石油集团工程技术研究院有限公司）

摘　要　近年来，大位移井及水平井的应用越来越广泛、成熟，但在钻完井作业过程中会因为其复杂的井身结构而产生高摩阻，较高的摩阻会对井下钻完井工具造成严重伤害，降低作业效率，经济损失较大。减阻工具能够较好地缓解这一问题，可以在一定程度上提高水平井及大位移井的延伸能力，对作业提速提效有着十分重要的意义。本文主要介绍了国内外多种减阻工具，通过旋转离合等方式降低管柱摩擦力，防止管柱断裂、托压、卡钻等情况出现，提高作业效率。

关键词　井下工具；减阻；旋转；离合；摩擦阻力

1　概述

随着石油开采的不断发展，以水平井及大位移井为井身结构的开采技术日趋成熟，但其复杂的井身结构限制了钻完井过程中井下工具的钻进成功率，带来了许多技术难题，其中扭矩传递问题尤为明显。研究发现，在水平井及大位移井中钻井管柱受到的摩擦阻力是导致扭矩传递异常的主要原因。因此，通过降低摩擦阻力完善钻完井技术是提高水平井及大位移井钻进效率及成功率的关键点。

现有减阻方法主要有三种：一是化学减阻法，即在钻井液中加入提高钻井液润滑性能的介质；二是预测钻井减阻，通过钻井过程中反馈的钻井参数、地址参数等，对钻井摩阻进行预测，从而制订对应的减阻方案；三是机械减阻方案，即在钻井工具串中加入减阻工具，达到钻井作业减阻的目的。本文介绍了国内外几种井下减阻工具，用于大位移井、大斜度井及水平井在钻完井作业中，通过在井下完成机械动作，改善底部工具串的重力效应，从而实现有效降低工具串下放时的摩擦阻力，辅助相连工具串顺利完成作业任务。

2　国内外技术

Caledus 公司研制的井下旋转短接产品 SwivelMASTER™，其是连接在钻杆或者下放工具串上的工具，结构如图 1 所示。主要用于大位移井及水平井（尤其是有较大的水垂比的井）下放完井筛管等管柱。

在下放完井尾管或筛管至裸眼段时摩阻增大，在不增加钻铤或者加重钻杆，不旋转管柱的情况下，经常会出现管柱的下放重量不够的现象，管柱不旋转时，管柱的摩擦力难以克服，在钻杆管柱上加加重钻杆及钻铤又费时、危险，无法实现钻压的有效传递。该工具通过拉力或者压缩力的作用，实现其上部的工具串与其下部的工具串同时旋转或者上部的工具串单独旋转的功能。单独旋转其上部的工具串，能够大大降低上部工具串下放时的摩擦力。这样能够大大增加大位移井内复杂装备的下放力和回收力。

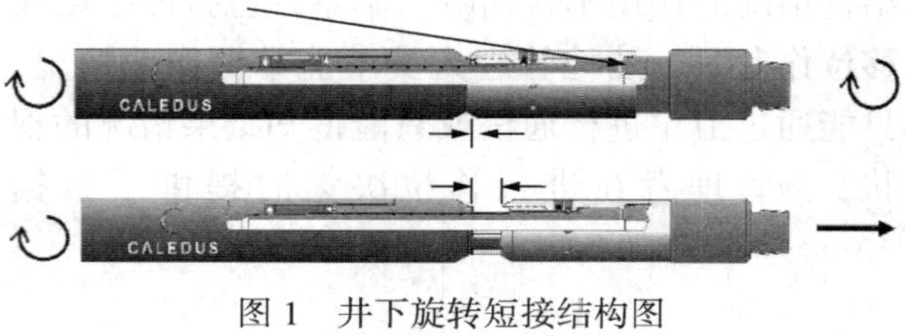

图 1　井下旋转短接结构图

Weatherford 公司研发的滚子减阻器由本体接头、内衬套筒、铸铁外壳及滚子等组成，其结构如图 2 所示，通过卡槽实现内衬套筒和铸铁外壳的连接，在铸铁外壳上通过锁销安装高强度滚子，向外凸出的滚子与井壁或者套管接触，从而悬空钻柱结箍。

由于铸铁外壳上安装有滚子，在钻井过程中，钻柱产生轴向运动时，钻柱与井壁或套管之间的摩擦转变为滚动摩擦，使套管、井壁与钻柱之间的相对摩擦系数减小，通过改变摩擦形式，实现减小钻柱在钻井过程中的轴向钻井摩阻。本体接头上安装了内衬套筒，且钻柱处于悬空状态，所以在钻柱转动过程中，钻柱摩擦扭矩将相对减小。

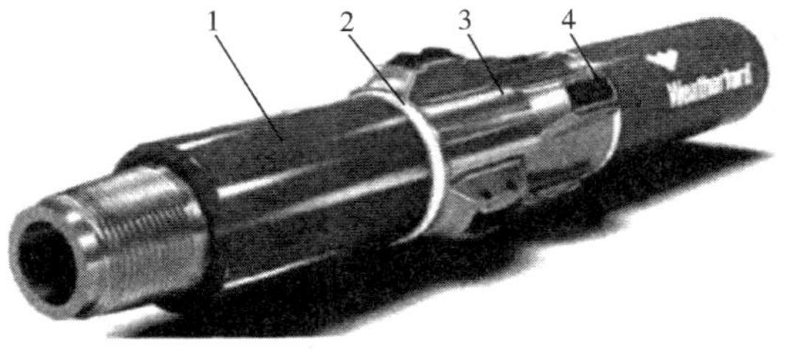

图 2　滚子减阻器结构图

1—本体接头；2—内衬套筒；3—铸铁外壳；4—滚子

在使用滚子减阻器后，钻柱与井壁、套管之间的摩擦转为本体接头和内衬套筒之间的摩擦，而内衬套筒与本体接头之间的摩擦阻力相对井壁、套筒与钻柱之间的摩擦阻力而言，摩阻大小在很大程度上降低，实现减小钻井过程中钻柱与井壁之间的摩擦阻力的功能。

由 Howlett P 等人研发的井下旋转接头用于油气井完井过程中，其结构如图 3 所示。工具放置在钻杆和井下工具之间，在初始状态时可以使得钻杆和井下设备一起旋转，通过大约 2500psi 的预定压差来使滑动套筒脱离结合并致其移动到锁定位置，接头位置切换，钻杆就可以相对井下设备旋转。该工具可以在筛管和衬管下降到井筒中时提供适当的下沉重量，减小摩擦阻力。但若筛网或衬套粘滞，施加的扭矩可能导致工具发生弯曲失效。

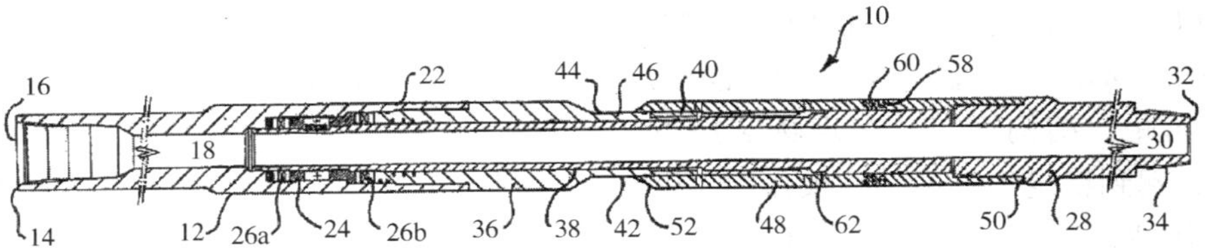

图 3　井下旋转接头结构图

由合力(天津)能源科技股份有限公司研制出的一种井下离合器，其结构如图 4 所示。工具用于大位移井或水平井中，初始状态其上旋转接头和下旋转接头通过花键连接，钻机开启时，上、下旋转接头可同时转动；当工具功能触发时，通过液压动作，花键下滑，直至完成工具开启动作，此时钻机带动旋转工具上部保持旋转，下部的尾管或筛管保持静止。该工具可使上部钻具的重量有效地传递给尾管或筛管，其进入裸眼段后，能够有效降低摩阻，防止造成尾管或筛管卡钻。

当尾管或筛管进入裸眼段摩阻增大、继续下钻困难时，通过开泵循环达到一定排量后泥浆经尾管或筛管底部组合产生的压降作用于该工具，使得该工具上花键系统分离，从而上部钻具重量的钻压有效传递，安全送尾管或筛管使其顺利下入，提高作业效率。但此工具一次在井下只能完成一次分离动作，若再使用，需将工具提至井口进行手动复位，再下井二次工作。

由马天寿等人设计的一种机械式井下扭矩分离与传递工具由外壳体、上分度爪筒、分度配合爪筒、伸缩转筒、下分度转筒、旋转离合接头、弹性接头等组成，其结构如图 5 所示。该工具以常规弯螺杆下部钻具组合为基础，在钻柱上安装

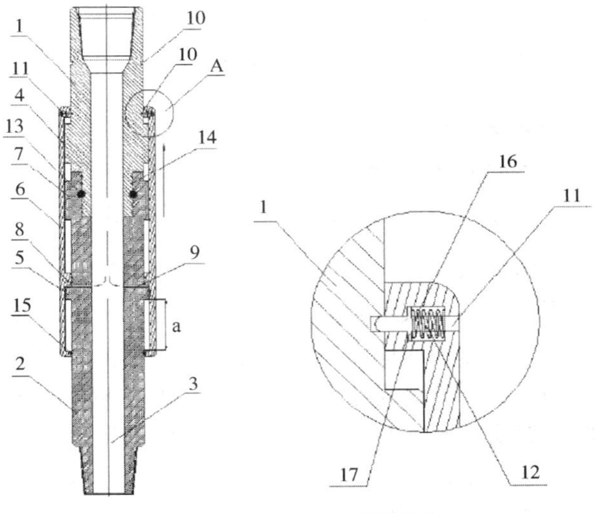

图 4　井下离合器结构图

该工具，通过反复的操控泥浆泵的开闭实现控制钻井过程中钻头端附近的扭矩(旋转工作形式)的有无，实现在钻井过程中对部分钻杆的扭矩有无进行机械式控制。

通过该工具对扭矩的分离实现钻柱旋转定向钻进，可替代旋转导向钻井系统，但其成本更低、可靠性更高，形成一种低成本的高效钻井新技术，从而解决钻柱摩阻高、托压严重、机械钻速低、极限延伸能力困难等复杂结构井钻井技术难题。

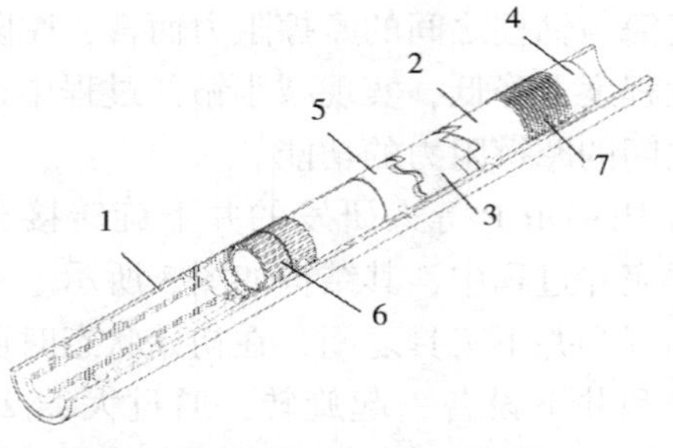

图5　机械式井下扭矩分离与传递工具结构图

1—外壳体；2—上分度爪筒；3—分度配合爪筒；

4—伸缩转筒；5—下分度爪筒；6—旋转离合接头；7—弹性结构

随着水平钻井的水平段长度逐渐加长，当出现托压至设定数值吨时，钻压突然释放后螺杆钻具的反扭矩突然急剧增加，工具面极有可能失稳，由徐涛等人设计的一种分段旋转式克服反扭矩工具主要由扭矩离合机构和反扭矩吸收结构组成，其结构如图6所示。通过多种增加正扭矩的方式来平衡反扭距，结构简单，在现场实用方便，操作性强，起到稳定工具面的积极作用，能满足不同钻井作业需要，减少钻井作业辅助时间，提高钻井效率，降低钻井成本。

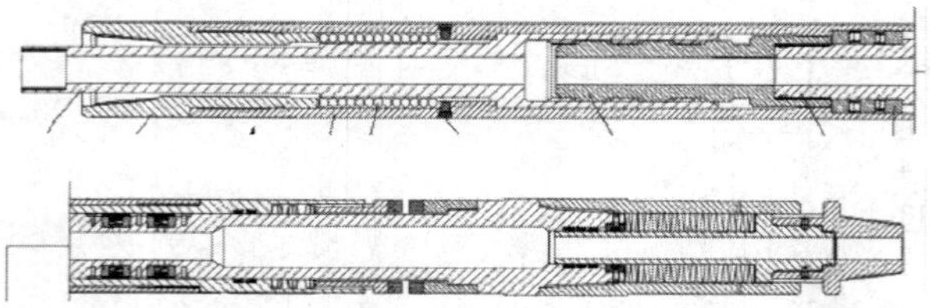

图6　分段旋转式克服反扭矩工具结构图

由邹家焱等人设计研发的RFID射频识别扭矩离合式钻井减阻装置，其结构如图7所示。通过射频小球传递地面控制信号，采用整体齿轮副结构克服了分离式牙嵌离合器容易出现偏磨的缺陷，解决了水平井、定向井在常规滑动钻进过程中出现的钻柱水平段轴向摩阻大，出现托压、工具面稳定困难等问题，也克服了机械式离合结构随机有效啮合无法保证的缺陷，提高了离合系统的可靠性和稳定性。

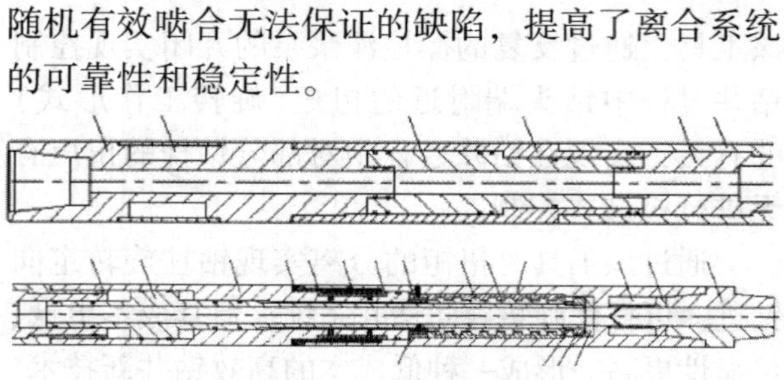

图7　基于RFID射频识别扭矩离合式钻井减阻装置结构图

3　结论

井下减阻工具对于水平井、大位移井的钻完井技术发展不可或缺，能够有效地提高作业效率，且能够有效降低井筒内摩阻、卡钻、管柱断裂等风险。目前井下减阻工具在现场应用中仍有较多不足，除上述所列井下减阻降摩工具的功能外外，能够实现多次开关，在更多复杂工况中实现通用将是机械式减阻降摩工具未来主要的研究方向。

参考文献

[1] 杨浩．基于脉冲激励的水平井减摩降阻工具研制[D]．成都：西南石油大学，2015.

[2] Tian J，Hu S，Li Y，et al. Vibration characteristics analysis and experimental study of new drilling oscillator [J]. Advances in Mechanical Engineering，2016，8(6).)

[3] Tian J，Yuan C，Wu C，et al. Study on Lateral Vibration Characteristics of a Drill String with Transverse Inertia Effect [J]. Journal of Failure Analysis &Prevention，2016，16(4)：678-682.

[4] Weatherford. Mechanical friction reduction tools. http：//www. Weatherford. com/ Products/Drilling Tools Rentals/Torqueand Drag Reduction/.

[5] 梁杰，侯立东，于紫迁．一种井下离合器：中国，CN111734363A[P]. 2020.

[6] 马天寿，汪兴明，陈平，等．一种机械式井下扭矩分离与传递工具：中国，CN108868604A[P]. 2018.

[7] 徐涛，白冬青，高玮，等．一种分段旋转式克服反扭矩工具：中国，CN112814569A[P]. 2021.

[10] 邹家焱，陈平，马天寿，等．一种基于RFID的井下扭矩离合式钻井减阻装置：中国，CN111411904A[P]. 2020.

页岩气大数据平台建设及应用

于荣泽[1,2]　邹才能[1,2]　王红岩[1,2]　乔德新[1]　熊　伟[1,2]　董大忠[1,2]　时付更[1]　张晓伟[1,2]
孙玉平[1,2]　郭　为[1,2]　端祥刚[1,2]　高金亮[1,2]

[1. 中国石油勘探开发研究院；2. 国家能源页岩气研发(实验)中心]

摘　要　继机械化、电气化和自动化三次工业革命后，以大数据、云计算和人工智能等技术为核心的工业4.0将推动人类社会进入智能化时代，同时也拉开了第四代工业革命的序幕。油气行业也同样迎来了数字化转型发展阶段，深度融合大数据技术也已成为页岩气产业创新发展的关键。北美页岩革命由1.0向2.0时代跨越，页岩革命2.0是一场以大数据为核心技术的智慧能源革命，将持续降低成本提高页岩油气竞争力。本文详细阐述了中国石油勘探开发研究院在数字化信息化建设中的典型案例——页岩气云数据智慧平台。页岩气云数据智慧平台定位为页岩气藏专业数据应用平台，平台开发和应用遵循“业务主导”和“迭代开发”原则，数据资源建设整体依托中国石油统建数据库系统。平台实现了页岩气上游勘探开发数据及成果由分散走向集中乃至集成。页岩气云数据智慧平台将为大数据技术应用提供环境、载体和工具，将大数据技术与页岩气勘探开发业务深度融合，建设成为以大数据分析和知识化管理为基础的智慧应用平台，为页岩气勘探开发上游业务管理决策、协同研究和油田生产提供支撑。

关键词　工业4.0；页岩气；大数据；数据平台；智能分析

近代史上前三次工业革命实现了人类社会向“机械化”“电气化”和“自动化”的跨越式发展。自2013年德国在汉诺威工业博览会上推出“工业4.0”以来，以大数据、云计算、人工智能和物联网为核心的第四次工业革命拉开序幕，人类社会将迎来人工智能时代。随互联网和云计算技术的进步和普及，大数据已普遍应用于电子商务、医疗、电信、传媒、安防、金融、教育、交通等多个领域，也在油气领域得到了广泛应用。在油气行业，国外公司早已将大数据应用在油气勘探、潜力评估、钻井、采油、油气藏工程等方向。在数字化浪潮席卷石油行业之际，国际石油巨头纷纷与IT业界巨头联合加速大数据技术的发展及应用。石油巨头选择跨界与IT业界巨头携手合作，将大数据及人工智能技术成功应用到了地震勘探与地震数据解释处理、测井解释、油气层识别、钻完井及采油作业等业务领域，并取得显著成效。

本文详细介绍了中国石油勘探开发研究院在数字化信息化建设中的典型案例——页岩气云数据智慧平台。页岩气云数据智慧平台定位为页岩气藏专业数据应用平台，平台开发和应用遵循“业务主导”和“迭代开发”原则，实现兼容性和独立性并存。兼容性和独立性体现为平台整体聚焦页岩气上游业务和数据应用层面，数据资源建设整体依托中国石油统建数据库系统，作为公司数字化建设应用模块，实现页岩气数据及研究成果由分散走向集中乃至集成。页岩气云数据智慧平台为中国石油页岩气业务管理、研究和生产提供了统一数据应用环境，同时也积累了宝贵的经验，可为同类型应用平台建设提供参考借鉴。

1　页岩气大数据现状

借助水平井钻完井和体积压裂技术及工厂化高效作业模式，页岩油气实现了规模开发并在全球范围内掀起了一场“页岩革命”。北美率先实现了页岩气规模开发，在理论认识、关键工程技术装备、管理模式等方面不断创新发展，带动了全球页岩气产业发展。通过持续技术进步和经验积累，北美页岩气开发迎来2.0大数据时代。2014年前，“页岩革命1.0”时代的关键词为“效率”，目的是相同时间内完钻投产更多气井，进而产出更多油气。2015年，北美迎来了“页岩革命2.0”时代，该阶段关键词调整为“有效性”，是一场以大数据为代表的智慧能源革命。所谓有效性是相对于普遍存在的无效和低效作业方式而言。前期北美页岩油气中70%压裂作业仅仅贡献了约20%油气产出，提升开发有效性将在低油价行情下持续降低开采成本，提高页岩油气竞争力。“页岩革命2.0”时代的最大变革并非来自任何单项技术或信息化技术的关联性，而是旨在从根本改善资产优化和作业效能的大数据应用。

2020年，第十届中国页岩气发展大会中指出我国页岩气发展已由1.0向2.0时代跨越。过去10年，页岩气勘探开发取得重大突破，力争到2035年实现年产千亿立方米规模，使页岩气在我国天然气中的产量占比增加至30%。页岩气勘探开发海量数据已成为信息时代的重要资源，数据智能分析面向页岩气勘探开发全业务流程，可从全新视角认识页岩气勘探开发并提供价值信息。因此，急需构建一个页岩气大数据平台，作为海量勘探开发数据载体、为大数据应用提供运行环境和分析工具。通过专业应用平台建设支撑管理决策、协同研究和油田生产。

2 平台设计开发

我国页岩气产业飞速发展，累积数据量逐年增加，海量数据集成和智能应用分析成为新的挑战。页岩气大数据应用分析需要统一的数据平台提供运行环境、海量数据资源提供数据基础、智能学习算法提供分析工具。平台、数据和算法是页岩气大数据应用分析的关键。

2.1 总体目标

平台总体目标为建设页岩气勘探开发数据智能应用平台。业务目标为支持页岩气上游勘探开发全业务流程，功能模块间数据互联通实现业务协同和一体化研究。技术目标为满足数据资源建设及智能应用需求、页岩气勘探开发数据增长及智能分析运算需求和云端部署及多用户线上稳定运行。应用目标为满足不同用户定制权限多途径使用。

2.2 业务框架

平台围绕页岩气勘探开发数字化业务需求，划分为数据层、业务层、应用层和展示层。数据层主要依托统建基础数据库将页岩气勘探开发业务集成管理为业务层提供数据服务。数据层核心功能为数据资源化，建立多源异构数据清洗入库标准及规则形成页岩气专业数据资源库。业务层遵循页岩气上游勘探开发业务全流程，主要包括国际动态、矿权储量、规划计划、勘探评价、实验测试、开发方案、开发动态和生态环保。业务层核心功能是资源业务化，将所有数据层数据按照业务要求统一清洗派生为业务直接需求数据。应用层充分利用业务数据实现协同研究，实现业务成果化过程。应用层分为两个层面：第一个层面为集成数据建模、机器学习和知识图谱等大数据研究应用；第二个层面为研究人员利用业务数据形成的研究成果。展示层用于实现大数据智慧屏幕展示功能。除此之外，应用层通过成果集成化管理将研究成果集中管理在数据层中，业务层则为数据层提供业务数据清洗标准及派生算法。

2.3 技术框架

平台技术框架包括展示层、应用层、业务层和数据层。依托开源基础服务与中间件产品，采用网格应用和云原生架构模式，应用Restful与gRPC标准构建技术框架。展示层采用Vue+Node.js+ElementUI以及ES6语法的前端技术，支撑Web页面访问操作，便于提高用户体验。采用Ngnix技术将数据流量分摊到多个服务器执行，多台服务器集群完成运行任务、提高数据吞吐量。应用层采用云原生架构模式：微服务+DevOps+持续交付+容器化(OpenShift)+ELK分布式日志采集监控框架。在API网关中通过OAuth2标准实现用户认证与鉴权，采用Nacos和Sturn实现统一配置和任务调度，采用Restful/gRPC接口标准实现新服务及组件开发。业务层按照核心需求，统一整合资源和业务关系，将所有信息化资源进行业务化处理，为每一个业务场景提供完整规范信息化服务。数据层主体数据均来自统建系统，核心采用JDBC连接工具，执行SQL语句Java API，可为多种关系数据库提供统一访问。数据资源采用云数据中心管理方式，通过“数据接入”对接专业数据库，云数据中心为逻辑中心，数据按既定逻辑维度进行组织，提供统一数据服务。

2.4 平台开发

平台建设历经方案论证、框架设计、开发建设及运行试用阶段，目前已初步建设成为页岩气勘探开发专业数据集成应用平台。在基础功能开发、数据资源建设和数据智能分析三个方面持续完善各项功能。目前，平台已在局域网内实现稳定运行和应用，支撑页岩气管理决策和协同研究。

2.4.1 基础功能开发

页岩气云数据智慧平台具备页岩气勘探开发支持和数据智能分析两大类12项专业功能。平台累计开发完成12个以及模块600项功能菜单，累计代码量106万行，支持局域网范围内稳定运行和应用。以单井为最小存储单元，优化部署280项属性标签支持不同维度数据调用和统计分析。单井属性标签由基本属性、地质参数、钻井参数、压裂参数、测试参数、投产参数、动态参数、措施参数和开发指标构成。平台通过底层数据库接入统建数据系统，每天定时更新数据。在原始数据资源基础上，标准化设计206项页岩气钻井、压裂、测试、动态及产能建设综合派生指标。针对派生指标植入20项统计参数及算法，实现产能建设、开发动态和开发指标自动实时统计、输出和成图。平台定制灵活格式化数据导出形式，支持页岩气藏Harmony等专业分析软件数据批量导入功能，便于科研人员一键导入数据进行专业分析评价。除原始数据和派生指标外，平台预留空间集中存储管理非结构和半结构化数据，实现成果集中管理功能。非结构化数据包含勘探评价部署方案、开发规划方案、先导试验方案、开发方案及后评价方案等各类重大设计方案文档。通过数据提取，将所有方案关键指标以结构化数据形式存储展示，便于横向方案指标对比分析。

2.4.2 数据资源建设

平台为数据存储和分析提供环境，数据则是分析应用的基础。数据资源建设是平台建设中的重要环节。截至目前，页岩气云数据智慧平台已累计加载和清洗国内外页岩气勘探开发数据项超1000万条，派生各类开发指标数据项1200万条。通过接入咨询公司数据库，累计清洗接入北美典型页岩气藏100000口气井600万条基本属性、钻完井、分段压裂、生产及成本数据。典型页岩气藏生产数据主要包括Marcellus常压浅层-中深层巨型页岩气藏23000口井、Eagle Ford中深层-深层超压页岩油气藏30000口井、Barnett浅层-中深层常压页岩气藏21000口井、Haynesville中深层-深层超压页岩气藏7000口井、Utica中深层-深层超压页岩气藏5000口井和其他未定义分区的气井14000口井。单井数据包括垂深、测深、水平段长、机械钻速、钻井周期、压裂段数、压裂液量、支撑剂量、钻井成本、固井成本、压裂水成本、压裂支撑剂成本、压裂泵送成本、压裂其他成本、初期产气量及单井EUR等数据项。在原始数据基础上派生标准指标用于学习曲线绘制及对比分析，派生标准指标包括水垂比、段间距、加砂强度、用液强度、递减率、百米段长EUR、百米段长压裂成本、单位钻压成本产气量等，累计派生指标超600万条。依托公司统建系统，规范有序接入1800口气井钻完井、录井、测井、压裂、测试及产量数据400万条。根据页岩气藏开发特征、管理决策及协同研究需求，派生钻完井、分段压裂、气井测试、开发动态及开发指标项超600万条。

2.4.3 数据智能分析

页岩气云数据智慧平台智能分析模块集成六种主流监督机器学习算法探索页岩气大数据开发评价技术。线性回归算法(Linear Regression)是利用数理统计中回归分析，来确定两种或两种以上变量间相互依赖的定量关系。随机森林(Random Forest)算法属于集成学习算法，总体思路是训练多个弱模型组成一个强模型。随机森林是利用多个决策树对样本进行训练、分类并预测的一种算法，主要应用于回归和分类场景。LightGBM(Light Gradient Boosting Machine)算法支持高效率的并行训练，该模型具有训练效果好、不易过拟合等优点。XGBoost(eXtreme Gradient Boosting)算法是经过优化的分布式梯度提升库，该算法具备速度快、效果好、能处理大规模数据，常用于分类和回归分析。支持向量回归(SVR)算法是支持向量机的改进算法主要解决回归拟合问题。BP(Back Propagation)神经网络算法是一种按误差反向传播训练的多层前馈网络。

3 平台应用案例

依托页岩气云数据智慧平台探索大数据分析技术在页岩气藏中的应用。针对已开发气井开展产能影响因素分析、压裂效果评价、单井EUR预测及区块产量规模预测研究。

3.1 数据统计分析

页岩气藏开发面临诸多难点，在海量数据基础上的统计分析能够深化认识页岩气藏开发特征。平台依托北美典型页岩气藏大量投产井数据，通过多维度多区间数据循环统计分析形成系列学习曲线及图版。国内四川盆地已实现埋深3500m以浅中深层页岩气资源的规模效益开发，正在探索埋深3500~4500m深层页岩气有效开发技术。平台围绕北美典型Haynesville深层高温高压页岩气藏进行了多维数据统计分析并绘制了深层页岩气藏开发学习曲线及图版。

不同埋深页岩气井水平段长与加砂强度存在动态合理匹配关系。Haynesville页岩气藏不同埋深气井水平段长与加砂强度分析结果显示随水平段长增加，技术指标百米段长EUR整体呈下降趋势，经济指标单位钻压成本产气量呈下上升后下降趋势，水平段长和加砂强度存在动态合理匹配关系。根据不同埋深页岩气藏水平井水平段长与加砂强度统计结果，将实际统计合理水平段长与加砂强度数据点绘制散点图。根据实际统计数据散点变化规律近似绘制Haynesville页岩气藏不同埋深范围气井合理水平段长与加砂强度匹配关系图版。图版显示加砂强度恒定时，随埋深增加，气井合理水平段长呈缩短趋势。埋深范围保持恒定时，加砂强度与合理水平段长存在匹配关系，随加砂强度增加合理水平段长呈增加趋势。

3.2 主控因素分析

页岩气水平井产能受气藏地质特征、开发技术政策、工程技术有效性和采气工艺类型及措施时机等多重因素影响，明确气井产能主控因素可有效制定开发措施提高单井及区块开发效果。机器学习算法可为水平井产能影响因素分析提供数据驱动分析方法，并能够量化不同因素的影响程度。选取LightGBM特征排序算法建立岩气水平井产能影响因素模型，探索影响因素量化方法。具体流程包括数据准备、异常值识别、缺失值处理、归一化处理和算法模型运行调试。应用特征排序算法建立页岩气水平井产能影响因素分析模型，主要思想是利用弱分类器迭代训练以得到最优模型。该模型具有训练效果好、不易过拟合等优点，常用于排序和回归等机器学习问题。产能影响因素量化中考虑气藏地质因素和工程技术因素等。气藏特征因素包括脆性矿物含量、压力系数、含气饱和度、储层厚度、孔隙度、TOC和垂深等因素。工程技术因素包括压裂段长、平均段间距、加砂强度、储层钻遇率和压裂施工排量等。给出了川南页岩气典型区块水平井产能影响因素量化计算结果。以单井EUR为目标函数，利用特征排序算法对七项气藏地质特征参数和七项工程技术参数进行机器学习算法分析。算例分析最终给出了不同参数影响因子及排序。机器学习特征排序算法的优势在于充分利用已有气井数据实现自动分析，随样本点数据增加模型自动更新计算。

3.3 可采储量预测

EUR（最终可采储量）是指是指预计在整个生产周期内从单井（区块、盆地）可经济采出的天然气或石油总量。准确评价EUR能够掌握单井（区块或盆地）开采潜力，为开发方案、经济评价、开发调整和加密钻井提供可采储量依据。页岩储层致密，井间几乎不连通，气井生产具备“一井一藏”或“一台一藏”的人工油气藏特点。相较于常规油气藏动态分析，页岩气藏的单井EUR评价更具实际意义，北美典型页岩气藏产能也主要立足于单井开展EUR评价。单井EUR评价一直是页岩气藏动态的核心指标。常规页岩气井EUR评价方法包括经验产量递减分析方法、现代产量递减分析方法、解析法、数值模拟和试井分析方法等。基于数据驱动的机器学习算法为单井EUR预测提供了新途径，该方法具备快速和迭代预测的优势。随着页岩气勘探开发数据量增加，机器学习算法将得到更广泛的应用。

页岩气水平井EUR预测属于回归问题，适用于回归问题的机器学习算法主要包括线性回归（LR）算法、随机森林（RF）算法、LightGBM算法、XGBoost算法、SVR算法和BP算法等。线性回归（LR）算法利用数理统计中回归分析确定两种或两种以上变量间相互依赖的定量关系。随机森林（RF）算法属于集成学习算法。LightGBM算法支持高效并行训练。XGBoost算法为经过优化的分布式梯度提升库，具备高效、灵活和支持并行化优势。支持向量回归（SVR）算法主要解决回归拟合问题。BP神经网络算法是一种按误差反向传播训练的多层前馈网络。选取典型区块页岩气水平井数据集合进行机器学习算例分析，将数据集划分为训练集和测试集。选取不同算法构建页岩气水平井可采储量预测模型，利用训练集和数据集进行计算分析。通过模型性能对比优选最优模型用于单井EUR预测。

4 结论

（1）初步建设完成页岩气勘探开发业务专业数据集成应用平台，具备页岩气勘探开发支持和数据智能分析两大类12项专业功能。通过持续标准化页岩气勘探开发数据加载格式及清洗流程，实现多源异构数据有序接入，累计加载和清洗国内外页岩气勘探开发数据项超1000万条。集成主流机器学习算法探索大数据分析技术在产能影响因素分析、单井EUR预测和产量规模预测中的应用。

（2）“业务主导”模式是平台建设之本，需要通过滚动建设模式逐步实现数据成果、软件平台和硬件资源由分散到集中乃至集成。平台提供运行环境、数据资源提供基础、大数据智能分析应用是关键，页岩气藏大数据智能分析应用是下步重点攻关方向。

参 考 文 献

[1] 克劳斯·施瓦布．第四次工业革命转型的力量[M]．北京：机械工艺出版社，2016.

[2] 樊鹏．第四次工业革命带给世界的深刻变革[J]．人民论坛，2021(Z1)：41-45.

[3] 张艳秀．工业 4.0 发展研究概述[J]．现代工业经济和信息化，2022，12(01)：20-21.

[4] 王罗汉，王伟楠．德国工业 4.0 十年发展回顾与对中国的启示[J]．全球科技经济瞭望，2021，36(12)：6-11.

[5] 王燕鹏，王学昭，陈小莉，等．基于科技政策和前沿动态的第四次工业革命关键技术和举措分析[J]．情报学报，2022，41(01)：29-37.

[6] 彭宇，庞景月，刘大同，等．大数据：内涵、技术体系与展望[J]．电子测量与仪器学报，2015，29(04)：469-482.

[7] 黄阳华．德国"工业 4.0"计划及其对我国产业创新的启示[J]．经济社会体制比较，2015(02)：1-10.

[8] 陈志文．"工业 4.0"在德国：从概念走向现实[J]．世界科学，2014(05)：6，13.

[9] 王喜文．工业 4.0：智能工业[J]．物联网技术，2013，3(12)：3-4.

[10] 孙德强，习成威，郑军卫，等．第四次工业革命对我国能源的发展影响和启示[J]．中国能源，2019，41(11)：26-29.

[11] 马时霖，秦海良，王晓刚，等．浅谈智能工厂建设中的数字化应用[J]．乙烯工业，2021，33(04)：6-10.

[12] 王建民．工业大数据技术[J]．电信网技术，2016(08)：1-5.

[13] 李恒欣．国外工业智能化发展对我国的启示[J]．新型工业化，2021，11(05)：1-3.

[14] Mayer-Schönberger V，Cukier K. Big data：A revolution that will transform how we live，work，and think[M]. Houghton Mifflin Harcourt，2013.

[15] 王建民．工业大数据技术综述[J]．大数据，2017，3(06)：3-14.

[16] 杜金虎，时付更，张仲宏，等．2020. 中国石油勘探开发梦想云研究与实践[J]．中国石油勘探，25(1)：58-66.

[17] Hassani H，Silva E S. Big Data：a big opportunity for the petroleum and petrochemical industry[J]. OPEC Energy Review，42(1)：74-89.

[18] 马涛，张仲宏，王铁成，等．勘探开发梦想云平台架构设计与实现[J]．中国石油勘探，2020，25(5)：71-81.

[19] 李永昌．国内页岩气最新资讯与分析[J]．中国石油和化工产业观察，2021(03)：80-81.

[20] 邹才能，潘松圻，荆振华，等．页岩油气革命及影响[J]．石油学报，2020，41(01)：1-12.

[21] 邹才能，赵群，丛连铸，等．中国页岩气开发进展、潜力及前景[J]．天然气工业，2021，41(01)：1-14.

[22] 郑爱维，梁榜，舒志国，等．基于大数据 PLS 法的页岩气产能影响因素分析[J]．天然气地球科学，2020，31(4)：542-551.

[23] 底青云，李守定，付长民，等．基于云端大数据的智能导向钻井技术方法[J]．工程地质学报，2021，29(1)：162-170.

[24] 谢玮，刘斌，刘鑫，等．大数据时代的石油地震勘探系统与软件平台[J]．科技导报，2017，35(15)：57-62.

[25] 雷群，胥云，才博，等．页岩油气水平井压裂技术进展与展望[J]．石油勘探与开发，2022，49(1)：166-172，182.

[26] 张金川，陈世敬，李中明，等．页岩气资源智能评价[J]．油气藏评价与开发，2021，11(4)：476-486.

[27] 陈娟，黄浩勇，刘俊辰，等．基于 GA-BP 神经网络的长宁地区页岩气水平井产能预测技术[J]．科学技术与工程，2020，20(5)：1851-1858.

[28] 马文礼，李治平，孙玉平，等．基于机器学习的页岩气产能非确定性预测方法研究[J]．特种油气藏，2019，26(2)：101-105.

[29] 莫树峰，卞爱飞，王婉莹，等．基于支持向量回归的页岩 TOC 多参数预测，中国地球科学联合学术年会 2020，3446.

[30] 祝元宠，咸玉席，李清宇，等．基于大数据的页岩气产能预测[J]．油气井测试，2019，28(1)：1-6.

[31] 于荣泽，丁麟，郭为，等．大数据在油气勘探开发中的应用——以川南页岩气田为例．矿产勘查，2020，11(9)：2000-2006.

[32] 纪磊，李菊花，肖佳林．随机森林算法在页岩气田多段压裂改造中的应用[J]．大庆石油地质与开发，2020，39(6)：168-174.

[33] 李彦尊，白玉湖，陈桂华，等．基于大数据的页岩油气压裂工程参数优化方法[C]//第六届数字油田国际学术会议，2019.

[34] 陆桃姝，唐弟官．大数据背景下基于 LNPS 专利分析的国内外页岩压裂技术进展[J]．石油科学通报，2019，02：154-164.

基于智能算法的混合气源组分及发热量计算方法研究

刘　喆[1]　苏　怀[2]　周　雷[1]

[1. 国家石油天然气管网集团有限公司西气东输分公司；2. 中国石油大学(北京)]

摘　要　全国天然气管网气源多样化发展为城市稳定供气用气提供了多重保障，但不同气源组分及气质特性存在着较大差异。伴随能量计量计价体系推行，须保证天然气组分及发热量测定准确可靠，本文针对双气源混合管道系统，建立多种机器学习模型，分析发现线性回归、支持向量机模型的预测性能较好，发热量计算偏差可以达到0.04%以下，甲烷组分的计算偏差可以达到0.5%以下；针对多源动态变化的天然气管道系统，建立了基于时空深度学习技术的多源多汇天然气管线混合气体组分及发热量的智能学习模型，深层卷积神经网络模型的预测性能最好，其对发热量及组分的计算偏差可以达到0.5%以下，能够实现在0.1s内对管网各节点气体组分及发热量多时步的准确预测。本研究进一步解决了多气源输配管网分输点处天然气组分分析以及发热量赋值问题，同时还可用于核查在线分析仪测定的组分以及发热量值，为建立能量计量体系提供技术参考。

关键词　混合气源；能量计量；线性回归；支持向量机；深层卷积神经网络；发热量赋值；多时步预测

全国天然气管网互联互通，气源多样化发展，目前已形成国产气(陆上气、海洋气、页岩气、煤层气等)、管道进口气以及进口液化天然气(LNG)等多种气源供应的格局。气源多元化为城市稳定供气用气提供了多重保障，但同时由于天然气产地及生产工艺不同，不同气源特别是管输天然气和液化天然气的组分及气质特性存在着较大差异。由于气源差异导致管网输送系统中气质条件的变化会进一步影响管网运营商的输配策略。因此，多种气源进入主干管网时，需要分析管输气体在各分输点处的气质情况，即对天然气进行气质跟踪。

天然气的组分与气质追踪的关键在于准确描述气体在管道内的流动特性、气体扩散以及能量传递过程，而对于天然气管输稳态和非稳态流动特性的相关研究已相对成熟。基于此，气质跟踪模型需要耦合天然气管输的三大控制方程(质量、动量、能量方程)、能量传递方程以及天然气的输送特性进行建模。Maciej Chaczykowski 等研究了基于管道非稳态运行的气质追踪方法，其通过耦合质量、动量、能量和对流传递方程，以能量流量作为管道的边界条件，应用批次跟踪算法跟踪天然气组分。Birkitt 等以管道注氢作为另一气源，提出了输气管道混合气体气质与组分动态追踪方法，分析了混合气在管道内组分随时间的变化情况，但该方法不能处理管道交汇点处气体流动和组分跟踪问题。Giulio Guandalini 等研究注入氢气对天然气管道输量和发热量的影响，建立了基于管道非稳态仿真模型的输气管道混合气体发热量动态预测方法，该方法的技术关键是将传统的天然气管道非稳态仿真模型的气体流量转化为气体“热值量”，并进行迭代求解，进而跟踪分输点处天然气热值和沃泊指数。多种天然气在管网内的混合、输送是具有大时滞特性的复杂动态过程，然而，这些研究成果均以单个进气点、流向不变的短距离管道作为研究对象，且运行场景较为单一，实际天然气管网拓扑复杂，气源情况多样，难以满足管网的实际需求。

随着人工智能与大数据技术的飞速发展，人工智能与数据科学在电网、交通、物流等领域取得了成功应用，其表明大数据分析技术在复杂系统预测预警、智能感知与决策等方面潜力巨大。对于大型复杂的混合气源天然气管网，在对管网内混合气体进行组分与质量分析以及发热量波动规律分析时，可以发展基于智能算法的天然气管网组分及发热量计算方法。

1　基于机器学习的天然气组分及发热量预测方法

两个气源混合后沿一个流动方向的“简单”管道结构，其对于下游分输点的气体组分以及发热量变化情况的分析，关键在于描述混合后混气后的组分及发热量。鉴于此，从数据模型两个对双气源混合场景下的天然气组分及发热量计算进行建模，并分析了两种模型的精度及使用场景（见图1）。

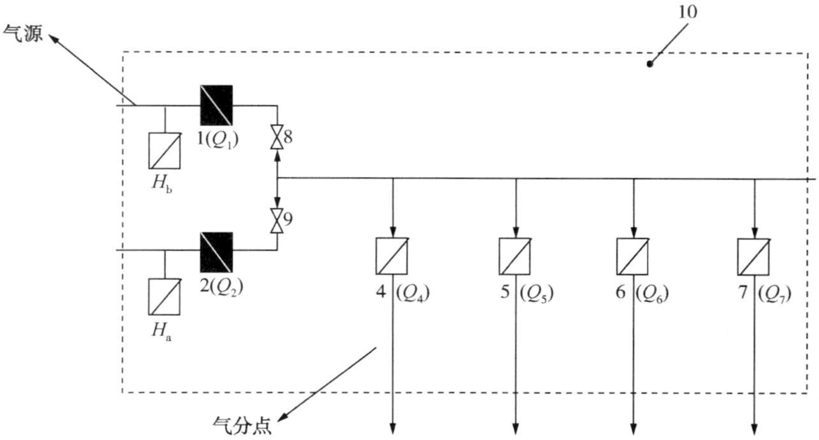

图1　双气源混合的管道结构

针对混合前后的天然气管道运行数据，利用多种机器学习方法分别对其进行建模，建立了基于机器学习的混合气源的组分及发热量计算方法。对于采集的数据，首先按连续时间特征进行重采样以及预处理，并对输入特征进行筛选，基于此进一步划分为研究所用模型的训练数据集与测试数据集。所构建的数据集中，设定混合前不同气源的相对密度、体积流量、各气源的组分值等数据作为特征集（输入），混合后的组分及发热量数据作为标签（输出），分别应用上述机器学习方法进行模型的训练并实现预测。所建预测方法的流程图如图2所示。

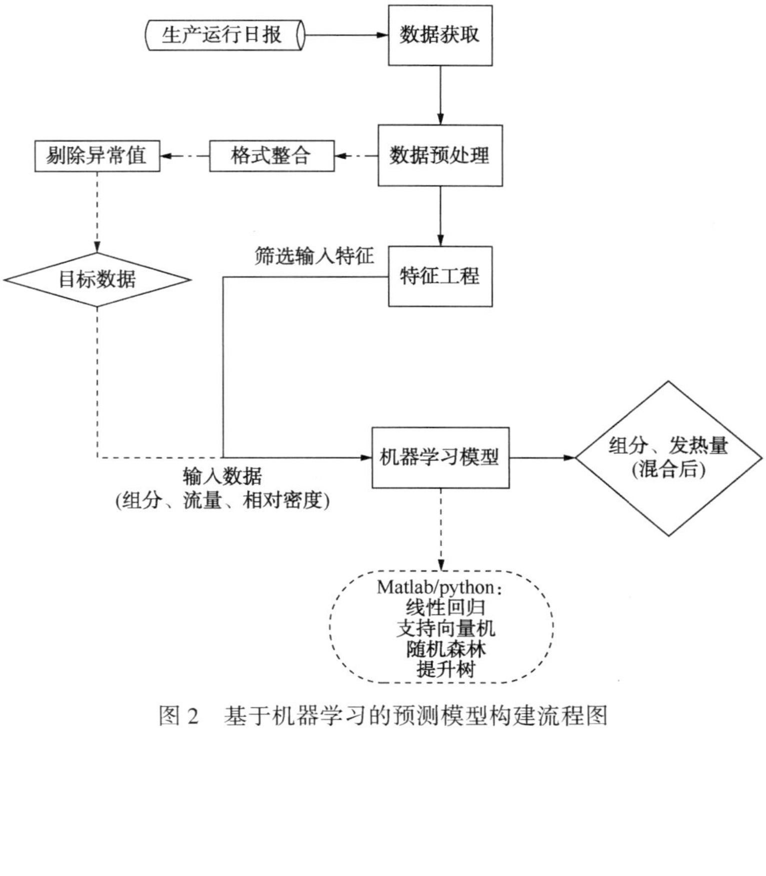

图2　基于机器学习的预测模型构建流程图

基于上述方法，将处理后的500组数据作为模型构建的数据集并进行划分（训练数据占80%，测试数据占20%），进而对模型进行训练并实现预测。其预测结果及误差如图3、图4所示。

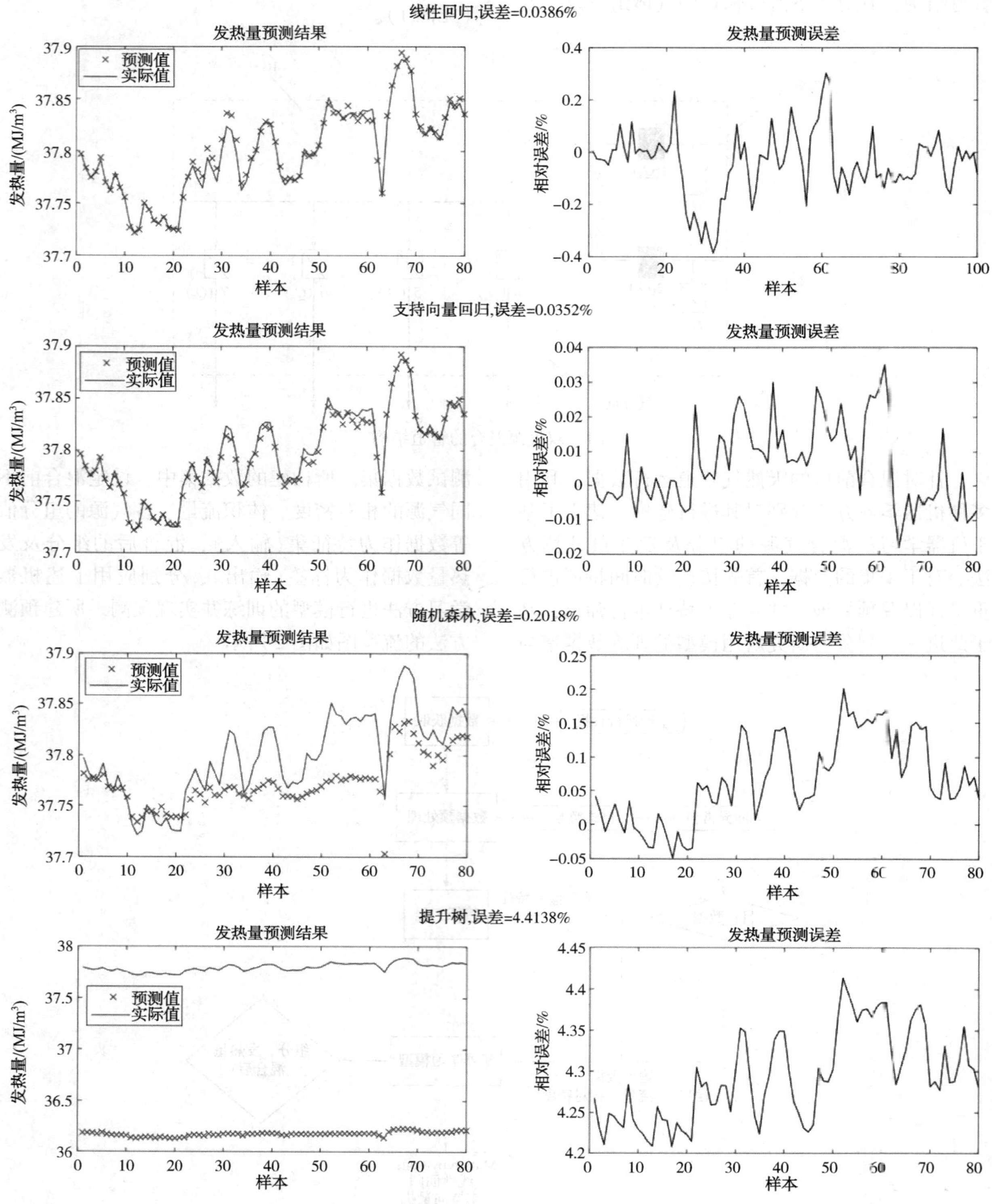

图3　基于四种机器学习模型的发热量预测结果及精度对比

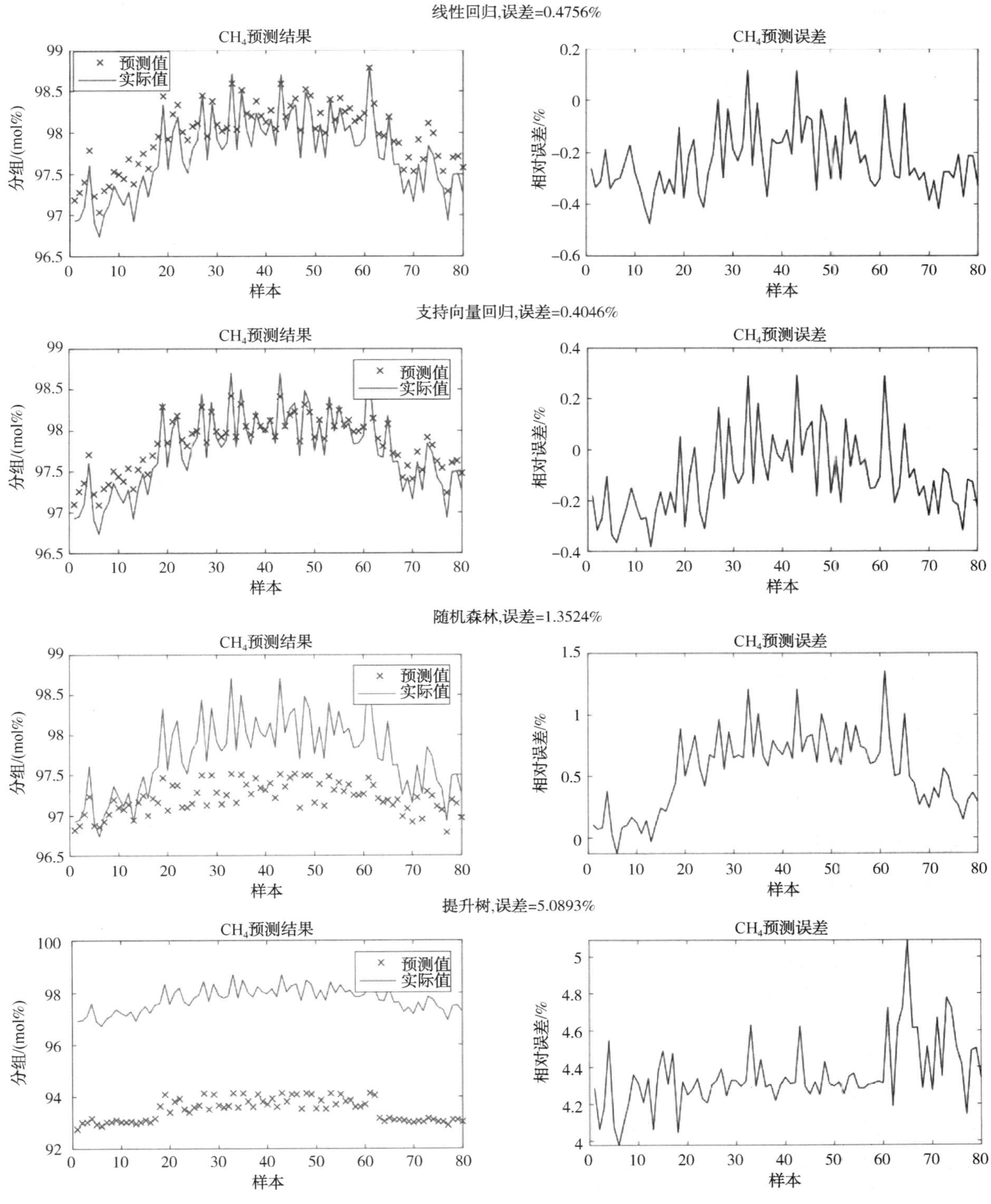

图 4　基于四种机器学习模型的组分预测结果及精度对比

从图中可以直观地观察到，建立的机器学习模型对混合后天然气组分及发热量的预测效果大部分都较好，能够准确地反映出发热量及组分的变化情况。为了进一步定量分析模型的预测效果，采用实际值与预测值的最大相对误差评价模型的预测性能，发热量及组分具体误差见表 1。从表中各模型的具体误差来看，线性回归、支持向量回归模型的预测性能较好，其对混合后天然气发热量计算偏差可以达到 0.04%以下，甲烷组分的计算偏差可以达到 0.5%以下。

表1　不同机器学习模型对组分及发热量的预测误差

	线性回归	支持向量回归	随机森林	提升树
发热量	0.039%	0.035%	0.20%	4.41%
CH_4 组分	0.48%	0.41%	1.35%	5.04%

另外，模型的预测效果与当前训练所用的数据情况有较大联系。因此，考虑在不同的数据质量(即数据集中组分的波动范围及样本数量)下，对模型的预测效果做了进一步分析，如下图5所示。

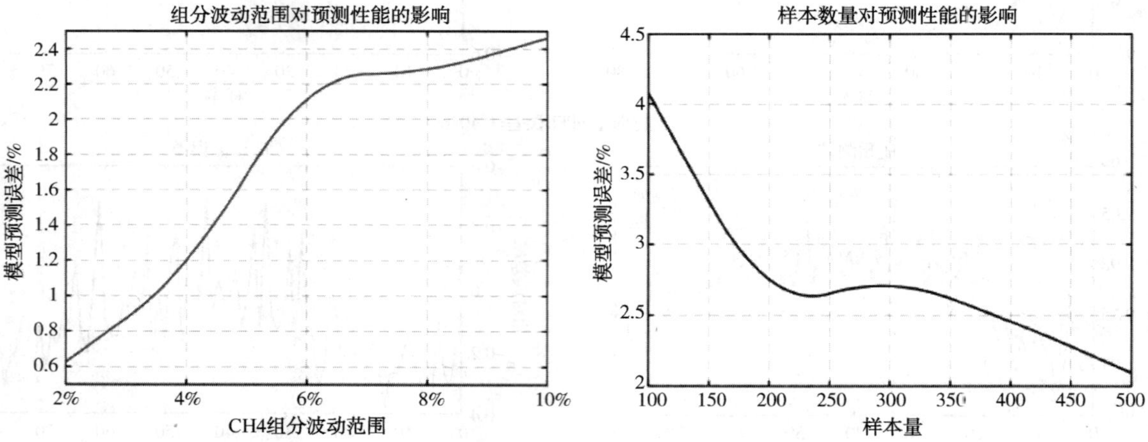

图5　数据波动范围及数量对预测性能的影响

从图中趋势可以看出，在数据量一定的情况下，数据集中组分波动范围越大，模型的预测性能越差；另一方面，随着数据量的提升，模型的预测性能将有较大改善。因此，鉴于目前模型的训练数据量较少，在现场数据的逐渐积累下，还存在一定的提升空间。

2　局部复杂管网系统组分与发热量智能分析和预测方法

多个气源在不同节点混合后沿不同方向流动的“复杂”管网结构如图6所示。利用多融合的深度学习技术可以解决天然气组分、气质追踪问题，基本原理如下：输气管网运行历史数据中隐含天然气管网运行的基本规律，深度学习模型能够通过后向传播算法学习隐含在数据中的运行规律，并“储存”在网络结构中，基于“储存”的管网规律，根据气源组成、管网实时运行参数，预测指定场站在指定时间的天然气组分、发热量。

通过10000组运行数据；数据的时间步长为1h，即每间隔1h记录一组数据。这些运行数据被用于两个方面：(1)作为深度学习模型的训练数据；(2)作为管网各节点组分及发热量预测结果的对照组。建立一种基于时序的卷积神经网络融合深度循环神经网络的混合预测模型，模型构建过程如图7所示。模型中将各气源的组分、压力、流量，以及各分输节点的压力、流量数据等运行数据作为特征集(输入)，待预测的管网某节点在某时段的气质数据作为标签(输出)。

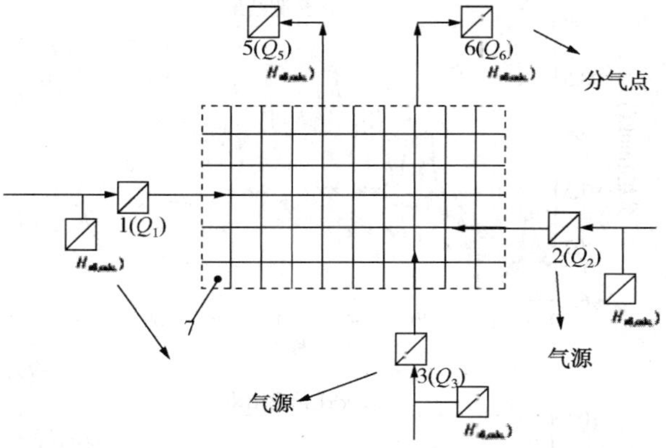

图6　不同气源混合沿多个方向流动示意图

基于上述方法，将10000组数据作为模型构建的数据集并进行划分(训练数据占75%，测试数据占25%)，进而对模型进行训练并预测。所建模型可以实现在混合气源下局部管道系统的天然气组分及发热量短时域(日或小时级)、多时步的准确预测，其预测结果如下。

2.1　1h、5h、10h、24h的发热量预测结果

从图8可以看出，深度卷积神经网络(CNN)模型对发热量的预测结果最贴合实际值

的变化趋势，多层 LSTM 模型和 CNN-LSTM 模型能够较好地表征出总体的变化趋势。随着预测时步的增加，三种模型总体的预测效果都有所降低。

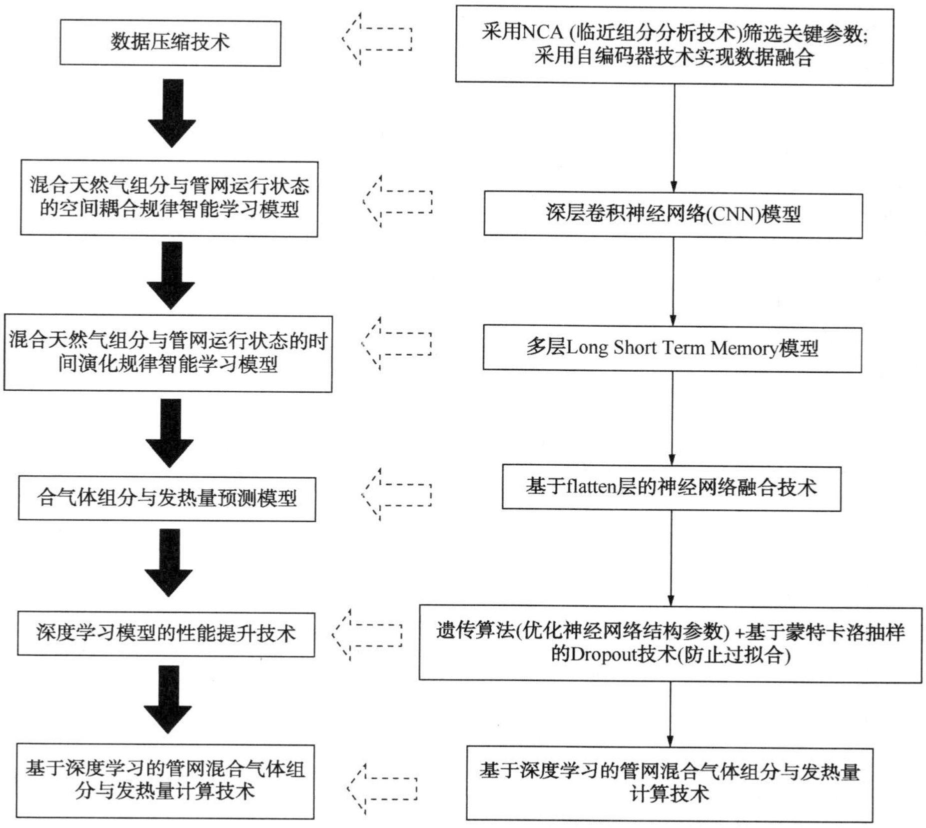

图 7　基于深度学习的预测模型构建流程图

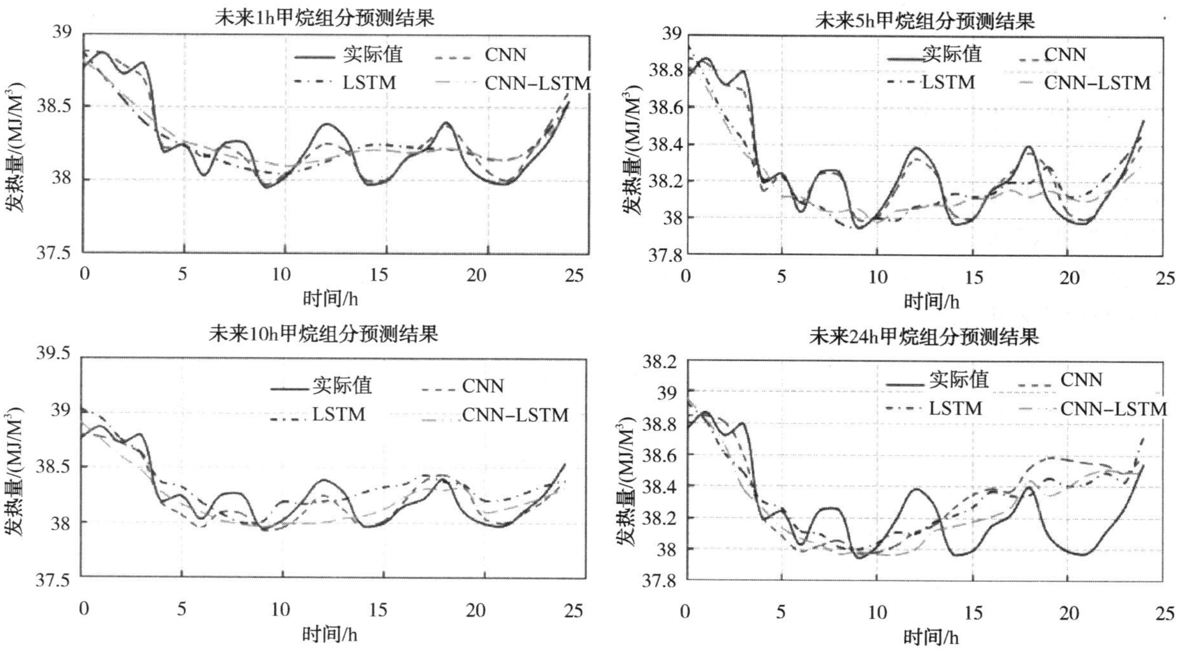

图 8　基于三种深度学习模型的发热量预测结果对比

为了进一步定量分析模型的效果，采用常用的三项评价指标对模型的预测性能做定量评价，分别为 MAE、MSE 以及 MAPE，下面简述了这些指标的具体含义。

（1）MAE(平均绝对误差)。

$$MAE = \frac{1}{n}\sum_{i=1}^{n} |\hat{y}_i - y_i| \tag{1}$$

范围[0，+∞)，当预测值与真实值完全吻合时等于 0，即完美模型；误差越大，该值越大。

（2）MSE(均方误差)。

$$MSE = \frac{1}{n}\sum_{i=1}^{n} (\hat{y}_i - y_i)^2 \tag{2}$$

范围[0，+∞)，当预测值与真实值完全吻合时等于 0，即完美模型；误差越大，该值越大。

（3）MAPE(平均绝对百分比误差)。

$$MAPE = \frac{100\%}{n}\sum_{i=1}^{n} \left|\frac{\hat{y}_i - y_i}{y_i}\right| \tag{3}$$

范围[0，+∞)，MAPE 为 0%表示完美模型，MAPE 大于 100%则表示劣质模型。

表 2 统计了三种模型对混合气源的天然气发热量的预测性能评价指标，具体误差值见下。由表中可以看出，相比于其他两个模型，CNN 模型的波动更小，预测性能更好，计算偏差可达 0.45%以下。

表 2　三种模型在不同预测时步下的发热量预测性能对比

预测时步	模型	MAE(平均绝对误差)	MSE(均方误差)	MAPE(平均绝对百分比误差)
1h	CNN	0.0551	0.0053	0.14%
	LSTM	0.1119	0.0202	0.29%
	CNN-LSTM	0.0972	0.0154	0.25%
5h	CNN	0.0633	0.0072	0.16%
	LSTM	0.1253	0.0250	0.32%
	CNN-LSTM	0.1057	0.0180	0.27%
10h	CNN	0.0862	0.0130	0.22%
	LSTM	0.1368	0.0300	0.36%
	CNN-LSTM	0.1199	0.0228	0.31%
24h	CNN	0.1727	0.0564	0.45%
	LSTM	0.1932	0.0637	0.50%
	CNN-LSTM	0.1844	0.0604	0.48%

2.2　1h、5h、10h、24h 的 CH_4 组分预测结果

从图 9 可以看出，CNN 模型对气体中甲烷组分的预测结果最贴合实际值的变化趋势，LSTM 模型和 CNN-LSTM 模型能够较好地表征出总体的变化趋势。随着预测时步的增加，三种模型总体的预测效果都有所降低。

进一步对预测模型作定量评价，表 3 统计了三种模型对混合气源的天然气甲烷组分的预测性能评价指标，具体误差值见下。由表中可以看出，相比于其他两个模型，CNN 模型的波动更小，预测性能更好，计算偏差可达 0.49%以上。

表 3　三种模型在不同预测时步下的组分预测性能对比

预测时步	模型	MAE(平均绝对误差)	MSE(均方误差)	MAPE(平均绝对百分比误差)
1h	CNN	0.0016	4.47×10^{-6}	0.17%
	LSTM	0.0030	1.40×10^{-5}	0.32%
	CNN-LSTM	0.0027	1.19×10^{-5}	0.29%
5h	CNN	0.0016	4.67×10^{-6}	0.17%
	LSTM	0.0032	1.66×10^{-5}	0.34%
	CNN-LSTM	0.0027	1.17×10^{-5}	0.29%

续表

预测时步	模型	MAE(平均绝对误差)	MSE(均方误差)	MAPE(平均绝对百分比误差)
10h	CNN	0.0017	5.51×10^{-6}	0.19%
	LSTM	0.0033	1.68×10^{-5}	0.35%
	CNN-LSTM	0.0027	1.22×10^{-5}	0.29%
24h	CNN	0.0046	4.35×10^{-5}	0.49%
	LSTM	0.0054	5.14×10^{-5}	0.57%
	CNN-LSTM	0.0050	4.72×10^{-5}	0.54%

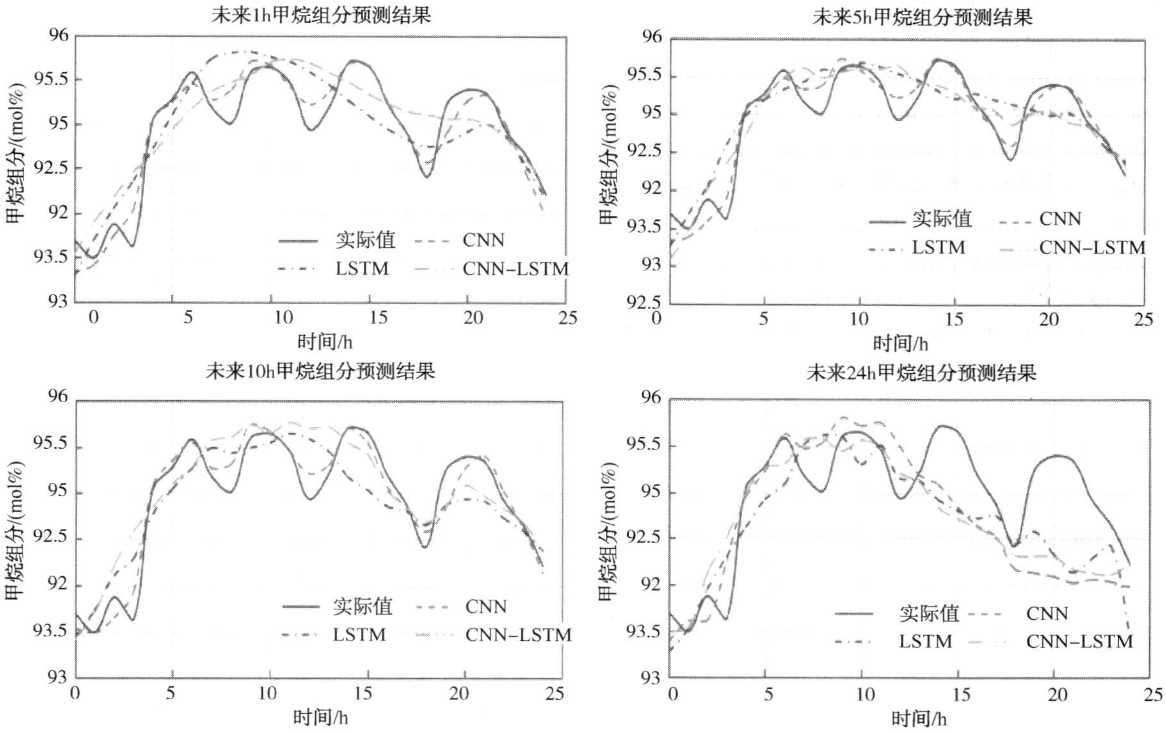

图 9　基于三种深度学习模型的甲烷组分预测结果对比

3　结论

本文研究从多个角度构建了混合气源的天然气组分及发热量计算方法与分析思路，提出了两种工况条件解决方案。方案①针对仅考虑不同气源的“简单”混合(混合后沿固定方向流动)，建立基于机器学习的混合气体组分及发热量动态预测方法；方案②针对在多源动态变化(气源情况、转供方式、运行工况、分输气量等动态变化)的“复杂”天然气管网场景下，建立基于深度学习技术的气体组分与管道运行状态的时间与空间演化规律分析和预测方法。

针对简单的混合气源场景，基于机器学习的预测方法中设定输入条件包括各气源的摩尔组成、相对密度以及体积流量。在多种机器学习模型中，线性回归、支持向量机模型的预测性能较好，天然气发热量计算偏差可以达到 0.04%以下，甲烷组分的计算偏差可以达到 0.5%以下。针对多源动态变化的天然气管道系统，建立了基于时空深度学习技术的多源多汇天然气管线混合气体组分及发热量的智能学习模型。模型中设定输入条件包括各气源的组分、压力、流量，以及各分输节点的压力、流量，能够实现在 0.1s 内对管网各节点气体组分及发热量多时步的准确预测。在多种深度学习模型中，深层卷积神经网络模型的预测性能最好，其对发热量及组分的计算偏差可以达到 0.5%以下。

本文研究成果进一步解决了多气源输配管网分输点处天然气组分分析以及发热量赋值问题，同时还可用于核查在线分析仪测定的组分以及发热量值，为建立能量计量体系提供技术参考。

参 考 文 献

[1] 张良俊，吴静怡. 气体置换技术研究进展[J]. 化工进展，2016，35(S2)：20-23.

[2] ELFATTAH S T A，ELDRAINY Y A，ATTIA A. Upgrade Egyptian biogas to meet the natural gas network quality standard [J]. Alexandria Engineering Journal，2016，55(3)：2279-2283.

[3] PAMBOUR K A，BOLADO-LAVIN R，DIJKEMA G P J. An integrated transient model for simulating the operation of natural gas transport systems [J]. Journal of Natural Gas Science and Engineering，2016 (28)：672-690.

[4] CHACZYKOWSKI M，ZARODKIEWICZ P. Simulation of natural gas quality distribution for pipeline systems [J]. Energy，2017(134)：681-698.

[5] GUANDALINI G，COLBERTALDO P，CAMPANARI S. Dynamic Quality Tracking of Natural Gas and Hydrogen Mixture in a Portion of Natural Gas Grid [J]. Energy Procedia，2015，75：1037-1043.

[6] BIRKITT K，LOO-MORREY M，SANCHEZ C，et al. Materials aspects associated with the addition of up to 20 mol% hydrogen into an existing natural gas distribution network [J]. International Journal of Hydrogen Energy，2020.

[7] GUANDALINI G，COLBERTALDO P，CAMPANARI S. Dynamic modeling of natural gas quality within transport pipelines in presence of hydrogen injections [J]. Applied Energy，2017，185：1712-1723.

[8] 张宗杰，苏怀. 干线天然气管道供气可靠性评价方法[J]. 油气储运，2014，33(09)：945-949.

[9] 王巨洪，张世斌，王新，等. 中俄东线智能管道数据可视化探索与实践[J]. 油气储运，2020，39(02)：169-175.

[10] 苏怀，张劲军. 天然气管网大数据分析方法及发展建议[J]. 油气储运，2020，39(10)：1081-1095.

顺流式多旋臂气液分离器内气相流场的数值模拟

茹婷婷　姚秀颖　卢春喜　鄂承林

（中国石油大学（北京））

摘　要　为解决费托合成分离装置中存在着结蜡堵塞、分离性能不佳等问题，提出了顺流式多旋臂气液分离器。选择雷诺应力模型（RSM）进行模拟研究，模拟所得压降和实验数据吻合较好，其计算结果更能描述“兰金涡”的流场特征，表明该湍流模型能够较好地模拟分离器内气相流场。根据装置结构特点和整体流动分布，将气液分离器分为五个区：进料管区、旋臂区、气液并行区、分离区和环隙区。在旋臂区和分离区气相静压和速度变化比较明显，流动状态复杂。气体经旋臂流出后分为三部分：沿封闭罩侧作上行螺旋运动，到达封闭罩顶部后沿进料管侧向下流入旋臂与进料管空隙区；沿旋臂与进料管之间空隙向下流动；沿封闭罩侧向下流动，一部分气体以螺旋状流入环隙区，另一部分气体向下进入分离区。分离区内上、下行流分界明显，切向速度分布符合“兰金涡”结构，即在中心强制涡区域$-0.1018<r<0.1018$，切向速度与径向位置成正比，在外部自由涡区域，切向速度逐渐下降。准强制涡的离心作用有利于将液滴甩向外部；外部准自由涡区由于旋流强度低，有利于液滴沿壁面下行运动，实现气液两相离心分离；气液并行区湍流强度和湍动耗散率分布基本呈轴对称分布，此区的三个截面湍流强度分布基本一致，且近封闭罩侧湍流强度剧烈，但由于Z_4截面位于封闭罩出口处，此处气体即将出现上下分流，湍流强度波动明显。

关键词　气液分离器；多旋臂；RSM 模型；气相流场；压降；数值模拟

石油、煤炭和天然气是国家的重要能源，如何合理运用这三大不可再生资源，提高其利用效率，不论是在确保国家能源安全方面，还是环境保护方面均有重要的意义。在当前石油供不应求的情况下，费托合成技术受到很多国家的重视，是当前 C_1 化工的重要发展方向。费托合成是指将煤、天然气、生物质等经前期工艺制得合成气，合成气经催化反应合成得到烃类混合物。循环换热分离器是费托合成工艺的重要设备之一，它的平稳运行决定了整个费托反应系统的稳定运行。然而，循环换热分离器的复杂结构、热流体短路、多孔板和丝网结蜡堵塞，已经影响到装置的长期稳定运行，因此开发适用于费托合成油气分离的高效气液分离器，具有重要的工程价值。

在气固分离体系，本团队开发的用于催化裂化提升管末端的旋流快速分离器，即 VQS（vortex quick separator）和 SVQS（super-vortex quick separator），利用旋流臂结构来实现气固高效分离，具有良好的分离性能。卢春喜等将 SVQS 的概念引入气液分离系统，研发出了多旋臂气液分离器并进行结构优化。相比传统气液分离器，多旋臂气液分离器压降更低，分离效率更高，处理量更大，工业应用前景较高。

在现有的气液旋流分离器技术方案中，气液两相混合物均由旋流分离器上端的切向入口管进入分离器内在旋臂的作用下，进行向下旋流运动，向下旋流到一定的轴向高度后，分离出的液体由分离器底部排液管排出，气体和未分离出的液滴则由向下旋流的外旋流转变为向上旋流的内旋流，并由分离器顶部排气管排出。在一个分离空间内同时存在上下两股旋流，这将增加分离空间内的气相湍流强度，加剧液滴的破碎雾化。同时对于现有的气液旋流分离技术，入口气速和截面平均气速并不是两个独立操作变量，而是两个相关变量，即入口气速增加，截面平均气速按比例增加，液滴破碎雾化加剧，气体夹带能力增强。

为了克服现有技术的上述缺陷，本团队提出了一种顺流式多旋臂气液分离器技术方案。与逆流式结构的主要区别为封闭罩内部仅存在向下的旋流，以避免上、下行气流在分离空间内的扰动，从而提高分离效率。

这种分离方式的环隙空间中没有上行旋转气流的扰动作用，能够有效减小气流在封闭罩内的湍动程度，利于液滴的聚结和分离。在封闭罩内，过高的气速即使让部分液滴发生了破碎现象，但是无上行气流的夹带，液滴还是会从下端的液体出口排出。因为液体具有表面张力，它具有一种特殊性质，即微小液滴融于液流之后，便很难从液流中脱离。在流体进入环隙区前，大部分液体已经完成分离，被夹带的少量液体也可在环隙区内完成二次分离，最终达到较高的分离效率。同时，由于气流在环隙空间内不受封闭罩中下转向运动的扰动作用，因此可以增大气液两相的切向速度，从而增大离心力，进一步提高分离效率。此外，增加了分离罐结构后，旋流臂出口速度与截面平均气速变成了两个相对独立的操作参数，可以通过增加分离罐的内径来降低进气量增加时截面平均气速的增长速率，在较高旋流臂出口气速下可以保持较低的截面平均气速，减小气液夹带的不良影响。还可以在保持较优的截面平均气速时，通过增加分离罐内径，大幅度提高单位时间内气流的处理量。

多旋臂气液分离器的内部流场十分复杂，为三维强旋转湍流场，与旋风分离器内部流场有着相似之处。因此可借鉴旋风分离器的数值模拟研究来探究多旋臂气液分离器内部的气液流动特点。吴小林等通过对旋风分离器内部进行数值模拟，发现存在旋进涡核现象，并且进一步在旋风分离器中加入了稳涡杆，从而抑制了旋进涡核的摆动频率和幅度。卢春喜等在气固分离器的研究中开发出了压降较低且分离效率较高的含旋流臂和封闭罩的 VQS 系统，并且在此基础上设置了环形挡板和隔流筒来提高 SVQS 分离效率；程兆龙等对 SVQS 新型沉降器内气相流场进行数值模拟，发现进入封闭罩外的汽提油气量随平衡管截面边长增加而增大，随封闭罩直径增加而减小，设置封闭罩保证了 SVQS 分离系统的密闭性，阻止了分离系统内油气进入沉降器，同时指出封闭罩的直径应大于 3.8m。

在顺流式多旋臂气液分离器内气液流动过程中，气相属于连续相，液滴属于离散相，同时液滴的破碎聚并及其运动状态在很大程度上受到气相流场的影响。因此，对装置内部流场的深入理解必须先从气相流场入手，为分离器的结构优化和工业应用打下基础。本文采用数值模拟方法研究顺流式多旋臂气液分离器内部的气相流场，分析流场分布规律，研究分离器内气相压力和切、轴向速度的变化规律。

1 数值方法及模型验证

1.1 模型建立及网格划分

本文采用顺流式多旋臂气液分离器作为模拟对象，该装置总高度 H 为 4105mm，外侧分离罐直径 D_1 为 800mm，封闭罩直径 D_2 为 500mm，中心进料管直径 d 为 299mm，进料管总长为 1593mm，旋流臂高 192mm，宽 64mm，如图 1 所示。

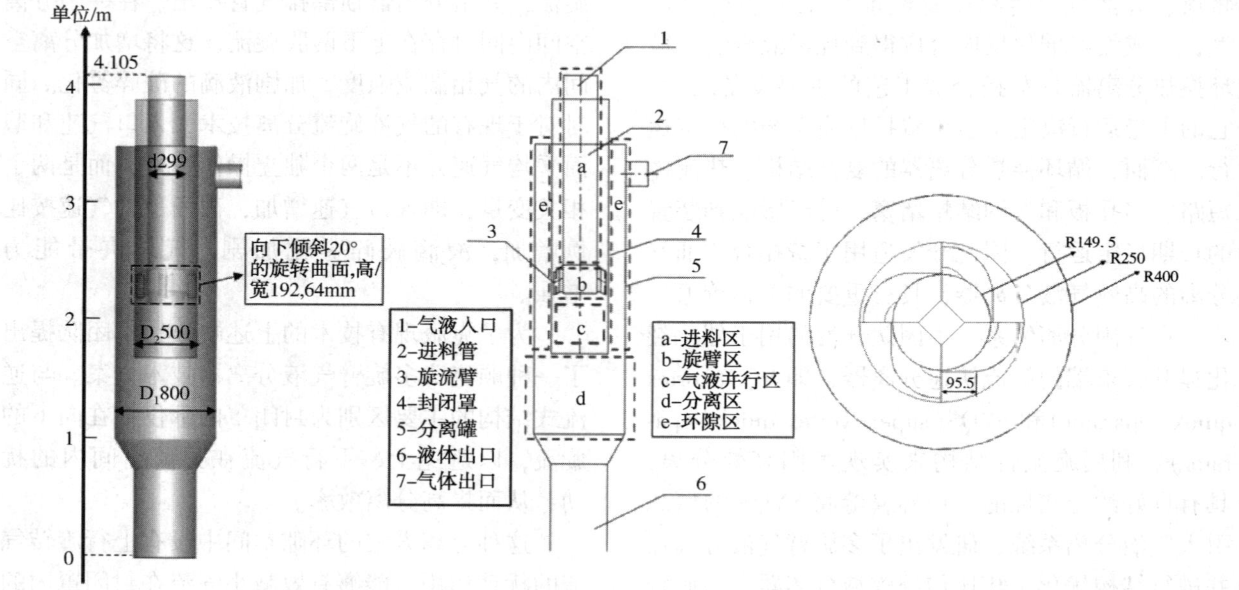

图 1 顺流式多旋臂气液分离器装置图

顺流式多旋臂气液分离器的工作原理为：气液混合物从分离器上端气液入口流入，进入进料管底部的旋流头，旋流头结构将气液混合物以旋流的流动方式输出至封闭罩中，流体在封闭罩中以旋流方式向下流动，气液两相在进入封闭罩内部后，通过离心作用进行气液分离。在封闭罩内，完成分离的液滴汇成液流，从封闭罩下端流出至环隙区内，而后液体流至分离罐下端的液体收集区完成分离，当液体达到一定程度时可以从液体出口排出。气体则从封闭罩下端先继续以旋流方式由上向下流至分离罐内，由于气体自身密度小，且气体出口设置在分离罐的上端，因此气体会通过环隙区再反向向上运动。在旋流流动和向上运动过程中，气体中夹带的部分液滴会受到重力和离心力的作用完成二次分离，最终气体从气体出口排出。

根据图 1 的分离器装置图，使用前处理软件 Gambit 进行建模和网格划分，图 2 为分离器网格示意图。计算区域网格主要采用结构性网格，旋臂处结构复杂采用非结构网格。分别选择 5mm、10mm、15mm 的网格尺寸及 0.01s、0.001s、0.0001s 的时间步长对分离器进行网格无关性和时间步长无关性验证，以获得适合的网格尺寸和时间步长。

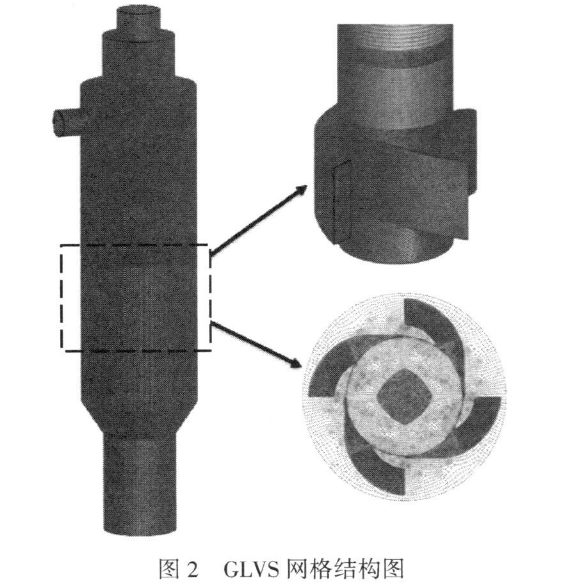

图 2 GLVS 网格结构图

1.2 模拟条件设置

采用 Fluent 16.2 软件对顺流式多旋臂气液分离器进行模拟，分离器入口设置为速度入口(Velocity-inlet)，气体出口为流出出口(outflow)，液体出口为壁面边界(wall)，壁面边界采用无滑移边界条件。分离器内气体采用常温下空气，密度为 1.225kg/m^3，黏度为 1.7894 ×10^{-5}Pa ·s。入口气速取该截面法向的时均速度值为 6.19m/s、7.95m/s、9.72m/s、11.49m/s、13.25m/s。因为多旋臂气液分离器内流速较高，且存在强旋流，因此分别考察标准 $k-\varepsilon$、RNG $k-\varepsilon$ 和雷诺应力模型(RSM)进行模拟研究，以确定适合的湍流模型。对流项采用 QUICK 离散格式，压力梯度项采用 PRESTO 插补格式，计算方法采用 SIMPLEC 算法。

1.3 模型验证

图 3 为气液分离器入口气速 11.49m/s 时，分离器总压降的实验值和模拟结果以及入口气速随压降的变化情况。可以看出，不同时间步长得到的总压降均较接近，表明时间步长对模拟结果影响较小。网格尺寸为 5mm 和 10mm 的模拟结果相差较小，且均与实验数据吻合较好，表明当网格小于等于 10mm 时，模拟结果与网格尺寸无关。考虑到计算精度和模拟时长等因素，本研究选用时间步长为 0.001s，网格尺寸为 10mm。从图 3 可以发现，实验和模拟总压降均随时间呈高频低幅波动，表明装置运行较稳定。

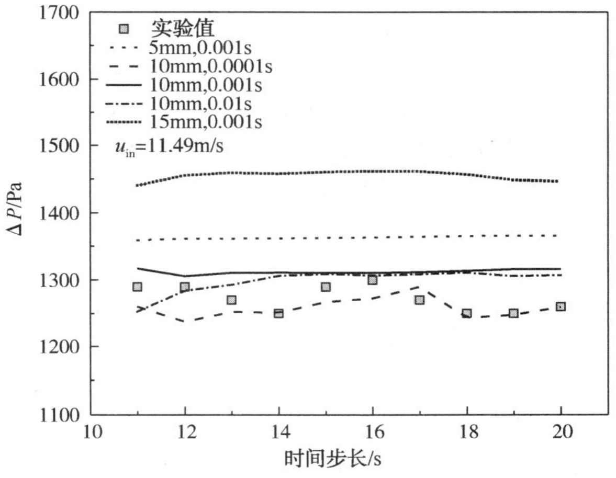

图 3 时间步长和网格尺寸对总压降的影响

湍流模型的选择是模拟旋流场内复杂流动的关键步骤，离心分离器的内部流场具有压力梯度大、局部湍流度高的特点，因此选择一个能够表征流场特点的湍流模型至关重要。用于模拟旋流场的常用湍流模型有标准 $k-\varepsilon$ 模型，RNG $k-\varepsilon$ 模型和 RSM 模型等。图 4 为入口气速 11.49m/s 时装置总压降的实验数据与三种模型模拟结果对比，可以看出，以 RSM 为湍流模型得到的模拟结果与实验数据十分接近。许多学者已经对这几种湍流模型在离心分离器中的差别展开了对比研究。结果表明，与 $k-\varepsilon$ 模型等两方程模型相比，雷诺应力模型(RSM)的计算结果更能描述兰金涡的流场特征。因此，本文选用雷诺应力模型计算分离器内部强旋流场。

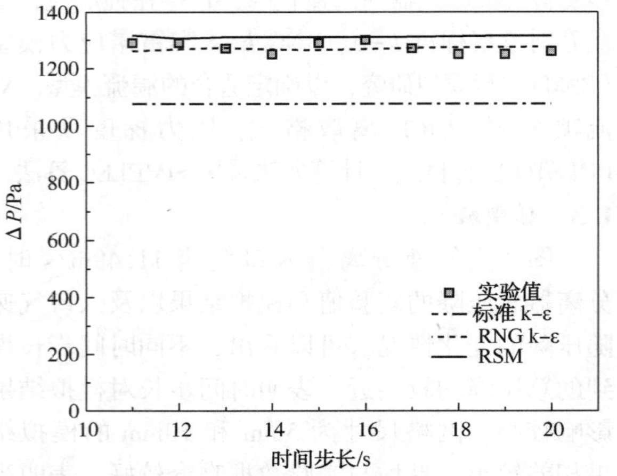

图 4　模拟结果与实验数据对比图

如图 5 所示，多旋臂气液旋流分离器与旋风分离器在压降表征上存在相似趋势，即压降与入口速度头呈线性关系：

$$\Delta p = \xi \frac{\rho u_{in}^2}{2} \quad (1)$$

通过对不同入口气速下压降与速度头进行线性拟合，得到分离器的平均阻力系数 ξ 为 16.29，与常规旋风分离器的阻力系数（10～20）接近，说明 GLVS 在替代传统多组旋风并联结构上存在可能。从图 4 和图 5 均可以看出，模拟结果与实验数据吻合较好，表明该模型能较好的预测装置的运行状况。

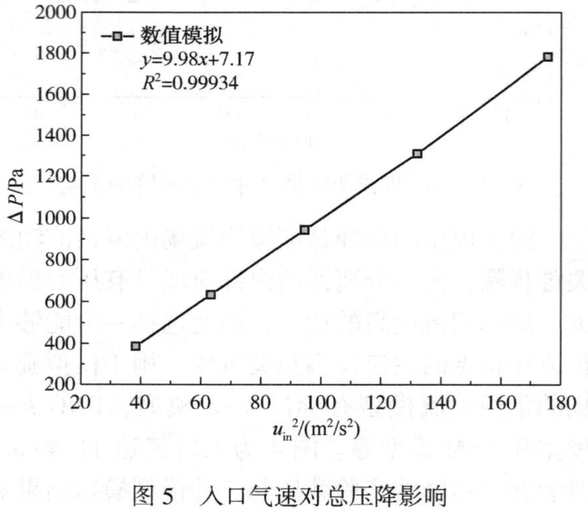

图 5　入口气速对总压降影响

2　结果及讨论

2.1　整体流动规律

图 6 为分离器内轴向截面压力分布云图。气体由顶部进料管流入，进料管区域压力较高且稳定，由于气体在旋臂内流动，静压迅速降低且在旋臂内外两侧出现压力差，即由旋臂内侧至外侧静压逐渐降低；分离区压力分布较为均匀，从图 6 中可以看到，分离区最中心的压力最低点出现明显波动；在环隙区远离出口区域一侧的压力轴向分布较均匀，但是在靠近出口区域一侧的压降较大，当气体由出口管路流出时，压力明显降低。整体沿气体的流动方向，压力逐渐降低，这完全遵守气体从高压处自发向低压处运动的规律，且与工业装置中进口压力大于出口压力的变化趋势相一致。

受旋臂结构的影响，气相在旋臂区静压变化最明显，流动状态十分复杂，对该区域需进行着重研究，明确气相在此处的流动规律，其他区域的流动规律也需要仔细研究，这对于分离器后续的结构优化和工业放大等研究具有十分重要的意义。

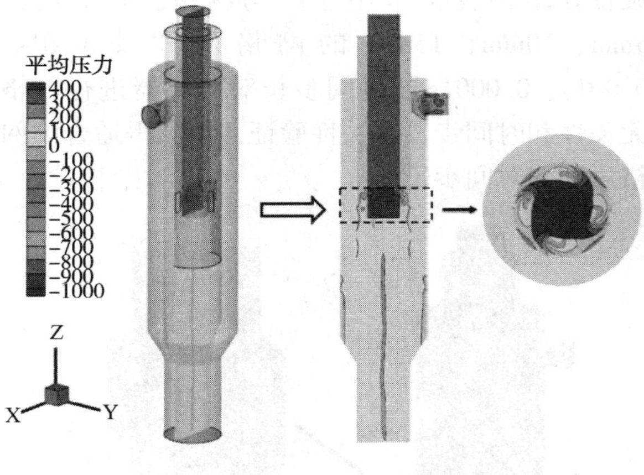

图 6　轴向截面压力分布云图

图 7 为分离器内轴向截面速度分布云图。可以看出，气速分布情况较压力更为复杂，在不同区域呈现出不同的流动状态。进料管速度分布比较均匀，气体流至旋臂处流速较低，在旋臂区，随着气体的流动，由旋臂内侧至外侧气速逐渐变大；气体从旋臂流出至封闭罩下端这段区域时，可以清楚地看到截面气速云图呈倒 V 形，靠近封闭罩壁面的气速较大；在环隙区，气速稍有波动，靠近气体出口处气速较大；在分离区，速度存在明显的分界线，由分离罐外侧至轴心处气速逐渐降低，轴心处速度达到最低。

分离器的气相轴向截面速度矢量如图 8 所示，气体沿进料管进入后，到达旋臂处流动状态发生改变，即沿旋臂做离心运动，气体经旋臂流出后分为三部分：沿封闭罩侧作上行螺旋运动，

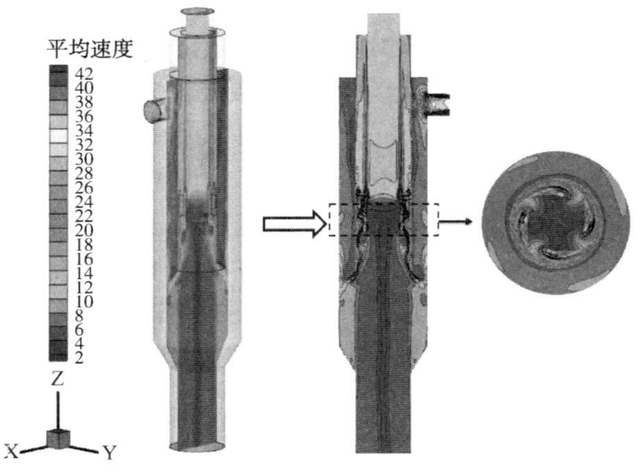

图 7　轴向截面速度分布云图

到达封闭罩顶部后沿进料管侧向下流入旋臂与进料管空隙区；沿旋臂与进料管之间空隙向下流动；沿封闭罩侧向下流动，一部分气体以螺旋状流入环隙区，沿分离罐向上运动，另一部分气体向下进入分离区，以螺旋状沿分离罐流动至速度为零后变为上行流，最终沿环隙区从气体出口流出。可以看出，在旋臂上方、近封闭罩底端两侧和分流区出现局部涡流，不过由于分离罐结构的存在，会减缓气液夹带，液体由于重力作用会沿壁面流下。

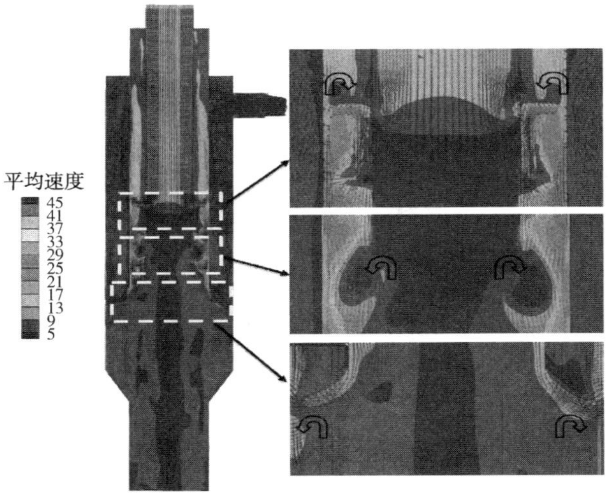

图 8　速度矢量图

图 9 为分离器内不同区域截面速度矢量图，可以很明显地看到，气体在三个不同区域均做顺时针旋流运动，总体规律大体一致，由于旋臂的存在，Z_2 截面气体运动明显比其他截面复杂，随着气体进入旋臂，旋臂内侧至外侧速度逐渐升高。

通过以上分析可以发现，气相在旋臂区和分离区静压和速度均变化比较明显，流动状态复杂，因此需要对这两个区域内压力和速度分布、切、轴向速度分布等重要参数进行研究，且需要观察气液并行区的气流湍动程度对液滴破碎的影响，明确气相在此处的流动规律。

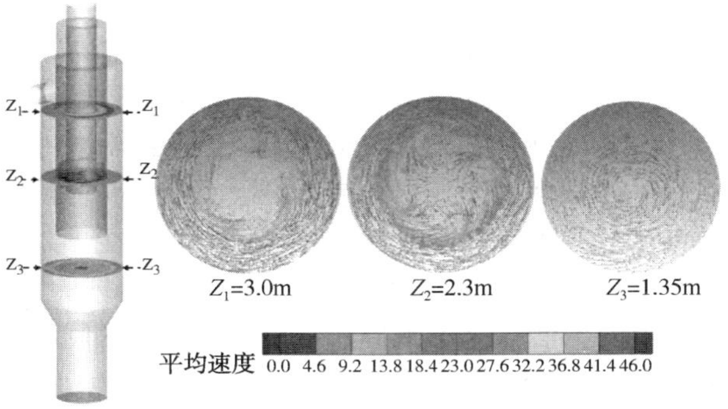

图 9　不同轴向高度速度矢量图

2.2　旋臂区

2.2.1　压力分布

图 10 为旋臂区不同轴向高度下的静压径向分布。可以看出，在旋臂区内不同轴向高度静压径向分布情况基本一致：进料管处静压较大且沿径向基本保持不变，随着气体进入旋臂（$0.1495<|r|<0.25$）产生了较大的切、轴向速度，静压迅速降低且由旋臂内侧至外侧静压逐渐降低，靠近旋臂内侧出口区静压较小形成低压区；靠近封闭罩区静压较大，截面轴向高度越低静压越大，在靠近旋臂外侧区域形成高压区。

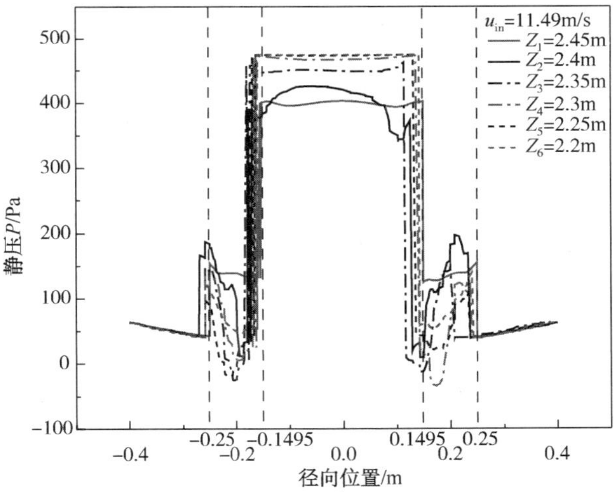

图 10　不同轴向高度下的静压径向分布

2.2.2　速度分布

图 11 为旋臂区不同轴向高度下的气体速度分布云图。从图 11 中可以看出，不同轴向高度下旋臂内部气体运动较为复杂，但分布情况基本

类似。进料管处速度较低，由于旋臂处流通面积相对变小，气体进入旋臂后速度迅速增大且在旋臂内外两侧出现速度差，即由旋臂内侧至外侧速度逐渐升高，旋臂内侧出现低速区，旋臂外侧出现高速区，同时发现在旋臂内侧与进料管之间的空隙区气速较低，在旋臂外侧与封闭罩之间的区域气速较高。随着轴向高度的增加，进料管处的气速逐渐升高，靠近旋臂外侧的高速区气速基本不变，靠近旋臂内侧的低速区气速逐渐减小。Z_1 和 Z_6 截面位于旋臂区首尾端，因此旋臂处气速变化不太明显，由于旋臂结构的存在，Z_2、Z_3、Z_4 和 Z_5 截面处的气速变化明显波动较大。

图 12 是旋臂区不同轴向高度下切、轴向速度的径向变化。可以看出，切、轴向速度基本均呈现轴对称分布。旋臂区切、轴向速度的径向分布曲线由外到内可以分为分离罐-封闭罩的先升后降段、封闭罩-旋臂出口外侧的上升段、旋臂出口内外侧-进料管的下降段和进料管区的不变段。总之，切、轴向速度随径向位置的减小而增大，在某一径向位置达到最大值，而后随着径向位置的减小而逐渐减小。旋臂出口处切向速度的陡增有利于产生更大的离心力，从而促进气液两相的分离；轴向速度在靠近旋臂出口内侧处出现极小值，说明此处气体做下行的螺旋运动流向封闭罩下端。旋臂与进料管之间的区域(0.1495<|r|<0.173)轴向速度小于零，说明此处的气体向下流入封闭罩下端；在旋臂与封闭罩之间的区域(0.237<|r|<0.25)，气体经旋臂排出后在此处获得较大的切、轴向速度，因此一小部分气体作上行的螺旋运动进入上部进料管和封闭罩环隙区，另一部气体则沿封闭罩下端流出。

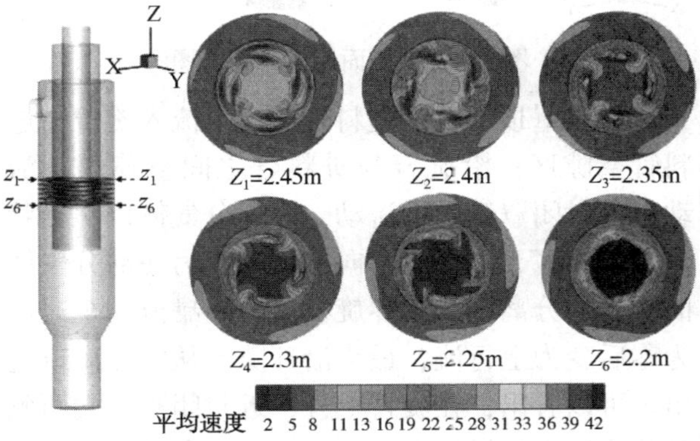

图 11　旋臂区不同轴向高度速度分布云图

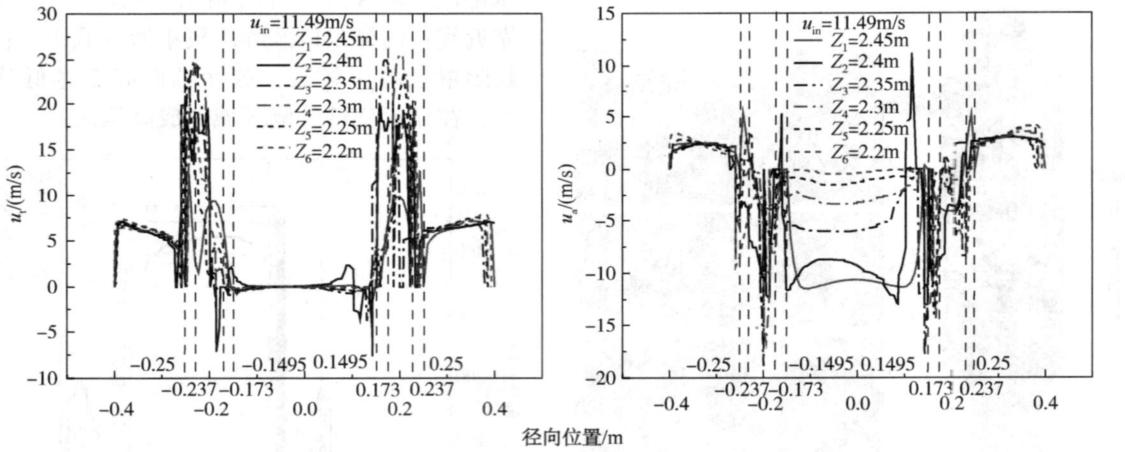

图 12　不同轴向高度下切、轴向速度沿径向变化

2.3　分离区

2.3.1　压力分布

图 13 和图 14 为分离区不同轴向高度下静压分布云图及静压径向分布。可以看出，靠近旋臂处的 Z_1 截面，因受旋臂的影响，其静压分布稍有波动，远离旋臂处的轴向位置 Z_3、Z_4 截面静压分布基本一致，均为壁面高、中心低的分布趋势。如图 14 所示，静压径向分布曲线呈较好的轴对称性，Z_2、Z_3、Z_4 截面静压随径向位置的减小而急剧降低；Z_1 截面由于比较靠近旋臂，所以静压波动比较明显，即在 $-0.3114<r<-0.25$ 和 $0.2612<r<0.3096$ 区域，截面静压随径向位置的减小而升高。但是，分离区总体静压分布情况基本类似，中心轴线附近静压远低于分离罐处静压，说明分离器的中心位置存在真空区。分离器中心位置静压最低，会使底部液体出口位置易出

现滞流或返流现象，同时容易将外部空气吸入，不利于气液两相的分离。

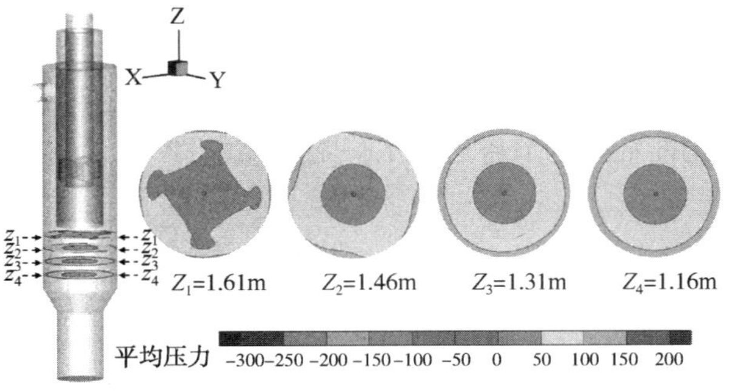

图 13　分离区不同轴向高度静压分布云图

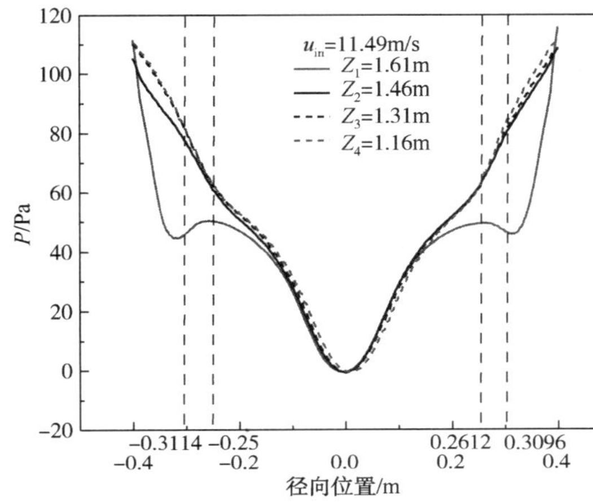

图 14　不同轴向高度下的静压径向分布

2.3.2　速度分布

图 15 为分离区不同轴向高度下气体速度分布云图。可以看出，受旋臂影响，靠近旋臂处的 Z_1 截面气速较大，速度分布存在一定梯度；远离旋臂处的 Z_2、Z_3、Z_4 截面速度分布状态基本一致，均由分离罐至轴心处气速逐渐降低至基本为零。随着轴向高度增加，靠近分离罐的气体流动速度逐渐增大，靠近轴心的气体流动速度基本不变。

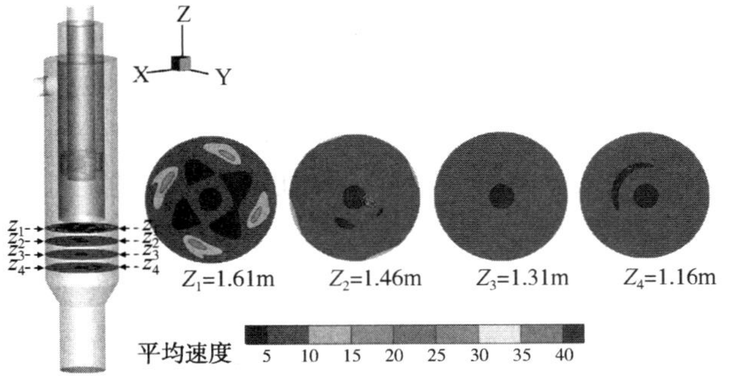

图 15　分离区不同轴向高度速度分布云图

轴向速度和切向速度是离心场内两个最主要的速度分量，其中，轴向速度决定了离散相在分离室中的滞留时间，而切向速度则提供了离心力，是促使两相在径向上发生位移的驱动力。图 16 为不同轴向高度下的切、轴向速度分布图。按照切向速度的分布规律，可以将其分为两部分，在中心区域 $-0.1018<r<0.1018$，切向速度与径向位置呈正比，随着半径的增加而快速增大，随后稍有减小，后迅速增大至较高速度，之后因受壁面影响急速降低。外旋流区的切向速度远大于内旋流区，该分布即与"兰金涡"结构相同，以最大的切向速度为分界点，由中心区域的强制涡和四周的自由涡组成，位于中心区域准强制涡的离心作用有利于将液滴甩向外部；外部准自由涡区由于旋流强度低，有利于液滴沿壁面下行运动，实现气液两相离心分离，同时"兰金涡"结构的出现也验证了湍流模型选择的正确性。

除出口区域外，气液分离器内的流动基本呈对称分布。轴向速度的分布能反应内旋流和外旋流的分布情况，图 16 示出了不同轴向高度下轴向速度分布曲线。可以看出，内旋流轴向速度向上，外旋流轴向速度向下，近壁面因边界层效应速度为 0。速度分布呈近似对称，这说明内外旋流主流的位置在不断波动，这也印证了田晓庆等测试中内旋流成螺旋状的现象。不同轴向高度下轴向速度分布基本保持一致，在 $-0.2336<r<0.25$ 区域，轴向速度沿速度零轴向面呈"波浪形"上下波动，但总体来说趋近于零。在 $-0.3157<r<-0.2336$ 和 $0.25<r<0.3341$ 区域，随着径向位置的增加，轴向速度均大于零且先增大后减小，说明该区域形成气体的上行流。在 $-0.4<r<0.3157$ 和 $0.3341<r<0.4$ 的靠近分离罐区域，轴向速度均小于零且随着径向位置增大而下行速度逐渐增大，说明该区域形成气体下行流。靠近旋臂的 Z_1、Z_2 截面的轴向速度受到了一定的影响：分离罐壁面处轴向速度出现明显不同的变化。

2.4　气液并行区

湍流强度描述速度随时间和空间变化程度，反映气流脉动的相对强弱，研究分离器内部湍流特性有助于揭示其内部流场的复杂性。图 17 为不同轴向高度下湍流强度和湍动耗散率的径向分布图，基本呈轴对称分布，且湍动耗散率随轴向高度的降低逐渐减小。可以看出，旋臂区（Z_1 = 2.3m）湍流强度较大且变化剧烈，气体未进入旋臂前湍流强度很低，进入旋臂后突然改变流动方向，湍流强度明显增大，但旋臂处的湍动能耗散率最大；气液并行区的三个截面（Z_2 = 2.1、Z_3 = 1.9、Z_4 = 1.7m）湍流强度趋势基本一致，且湍流强度剧烈的地方均集中于靠近封闭罩区域，但由于 Z_4 截面位于封闭罩出口处，此处气体即将出现上下分流，湍流强度波动明显；分离区湍流强度相对较低，不会加剧气体夹带液滴的现象，有利于气液两相的分离。但相对于逆流式结构分离器，旋臂处的湍流耗散率明显变小，表明此结构能耗上的节省达到了一定的要求。

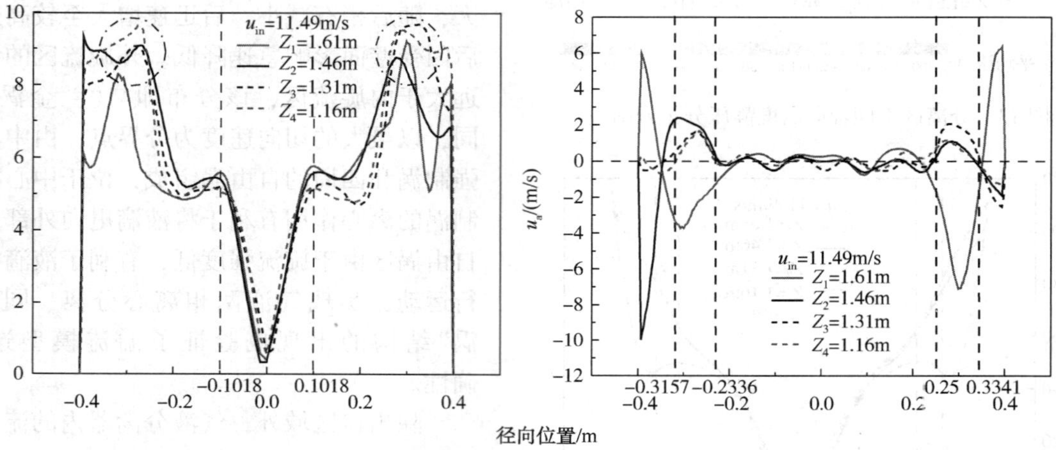

图 16　不同轴向高度下切、轴向速度沿径向的变化

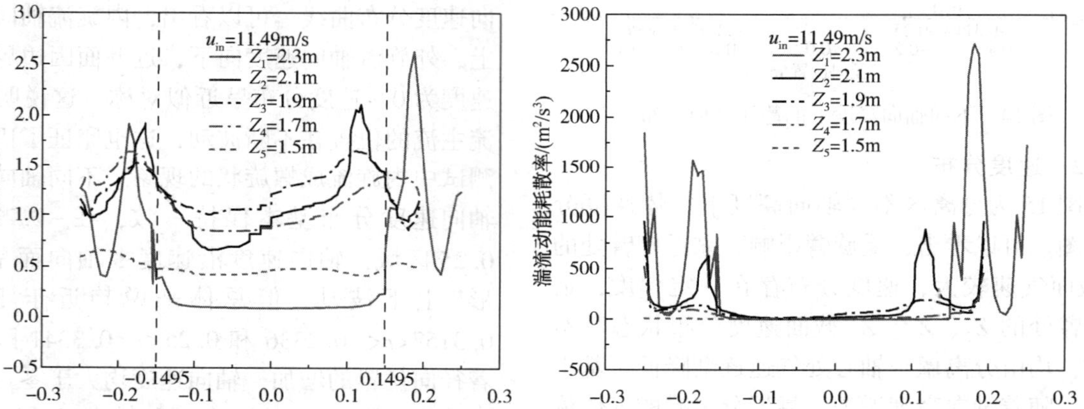

图 17　不同轴向高度下湍流强度和湍动耗散率沿径向的变化

3　结论

本文通过数值模拟的方法，研究了顺流式多旋臂气液分离器气相内部流场，得到以下结论：

（1）模拟了压降随时间的变化，其结果与实验数据吻合较好，对不同入口气速下压降与速度头进行线性拟合，得到分离器的平均阻力系数 ξ 为 16.29，表明 RSM 湍流模型能够较好地模拟顺流式多旋臂气液分离器内气相流场。

（2）气体经旋臂流出后分为三部分：沿封闭罩侧作上行螺旋运动，到达封闭罩顶部后沿进料管侧向下流入旋臂与进料管空隙区；沿旋臂与进料管之间空隙向下流动；沿封闭罩侧向下流动，一部分气体以螺旋状流入环隙区，另一部分气体向下进入分离区。旋臂出口处切向速度的陡增产生较大离心力，从而促进气液两相的分离。

（3）分离区内上行流和下行流分界明显，切向速度分布符合“兰金涡”结构，即在中心强制涡区域 $-0.1018<r<0.1018$，切向速度与径向位置呈正比；在外部自由涡区域，切向速度逐渐下

降。准强制涡的离心作用有利于将液滴甩向外部；外部准自由涡区由于旋流强度低，有利于液滴沿壁面下行运动，实现气液两相离心分离。

（4）气液并行区湍流强度和湍动耗散率分布基本呈轴对称分布，此区的三个截面湍流强度分布基本一致，且近封闭罩侧湍流强度剧烈，但由于 $Z_4=1.7$m 截面位于封闭罩出口处，此处气体即将出现上下分流，湍流强度波动明显。

参 考 文 献

[1] 左鹏，姚秀颖，卢春喜．多旋臂气液旋流分离器内气相流动特性分析[J]．过程工程学报，2021，21(09)：1042-1053.

[2] 刘梦溪，卢春喜，时铭显．催化裂化后反应系统快分的研究进展[J]．化工学报，2016，67(08)：3133-3145.

[3] 周闻，王康松，鄂承林，等．多旋臂气液旋流分离器压降特性试验[J]．化工学报，2019，70(07)：2564-2573+2821.

[4] 卢春喜，周闻，鄂承林，等．一种气液分离器及其分离方法：中国，CN109550318A[P]，2019-04-02.

[5] 高翠芝，孙国刚，董瑞倩．排气管对旋风分离器轴向速度分布形态影响的数值模拟[J]．化工学报，2010，61(09)：2409-2416.

[6] 吴小林，熊至宜，姬忠礼，等．旋风分离器旋进涡核的数值模拟[J]．化工学报，2007，58(2)：383-390.

[7] 曹占友，卢春喜，时铭显．催化裂化提升管末端旋流式快速分离系统的研究[J]．石油炼制与化工，1997，28(3)：47-51.

[8] 吴小林，王红菊，严超宇，等．旋风分离器旋进涡核的数值模拟[J]．化工学报，2007，58(2)：383-390.

[9] LU C X，CAI Z，SHI M X. Experimental study and industry application of a new vortex quick separation system at FCCU riser outlet [J]. Acta Petrolei Sinica (Petroleum Processing Section)，2004，20(3)：24-29.

[10] CAI B W，WANG J J，SUN L C，et al. Experimental study and numerical optimization on a vane-type separator for bubble separation in TMSR [J]. Progress in Nuclear Energy，2014，74：1-13.

[11] MURPHY S，DELFOS R，POURQUIÉ M J B M，et al. Prediction of strongly swirling flow within an axial hydrocyclone using two commercial CFD codes [J]. Chemical Engineering Science，2007，62(6)：1619-1635.

[12] 周云龙，米列东，杨美．气液旋流分离器排气管结构优化的数值模拟[J]．化工机械，2013，40(5)：620-624.

[13] 高力，张璐，曾晓波，阎昌琪．轴流式离心分离器内部流场的数值模拟[J]．现代信息科技，2021，5(04)：157-161.

[14] 田晓庆．高效节能旋风分离器的开发——数值模拟与实验研究[D]．福州：集美大学，2013.

[15] 杨昌智，彭红，商宇轩，等．一种内置旋流叶片的新型旋风分离器[J]．流体机械，2019，47(12)：33-38.

基于生产数据的常压页岩气水平井多段压裂效果评价方法

王　伟　梅俊伟　郑永旺　任建华

（中国石油化工股份有限公司华东油气分公司）

摘　要　页岩气藏由于其特低渗透率，它的开采需要水平井加多段压裂的完井技术才可以达到工业产能。对于实际的页岩气生产井，普遍具有这样一种独特的生产特征，即初始的高产量和早期的产量快速递减。特别是南川地区常压页岩气井，在同一个区块内的井，甚至是同平台的相邻井，它们的初始产量及递减速度有很大的差别，造成这种差异的原因究竟是地质因素还是工程因素尚不明确。笔者从气藏地层评价的基础理论出发，提出了基于储层改造系数来评价水平井多段压裂效果的评价方法和流程。利用南川常压页岩气井早期生产历史数据计算储层改造系数，评价压裂后真实效果，明确了不同区块气井产能差异的主控因素，为新井部署及压裂工艺参数优化提供了指导，实施效果显示新井产量有了大幅提升。

关键词　常压页岩气；生产数据；多段压裂水平井；压裂效果评价；储层改造系数

中国页岩气资源量在世界上排在前列。根据页岩气田的地层压力系数大小，可细分为低压气藏（地层压力系数<0.9）、常压气藏（0.9≤地层压力系数<1.3）、高压气藏（1.3≤地层压力系数<1.8）和超高压气藏（地层压力系数≥1.8）。近十年来我国先后发现了涪陵、威远、长宁-昭通、威荣等大型高压—超高压页岩气田，探明地质储量接近 $2\times10^{12}m^3$。低压、常压页岩气由于复杂的地质条件（如埋深变化大、构造复杂、保存条件差、地应力差异大）等，使得多段压裂完井成本较高，有时效果还不理想。要想获得效益开发，必须优化压裂工艺技术，降低成本，尽可能提高产量。

在常规油气田的开发过程中，可以利用不稳定压力/不稳定产量试井方法来评价油气藏的产能参数（如渗透率、原始地层压力等）。对于水力压裂的应用主要是为了去除井底附近的污染（用表皮系数 S 值来表示），提高井底附近地层的导流能力。对压裂后的效果评价（污染改善程度）也是通过不稳定试井来实现。几十年以来，地质学家及油气藏工程师们熟知，由于油气藏本身深埋地下，不能直观地测量地层参数。因此需要有所谓了解“黑箱系统”的方法去求解地层参数。常规及非常规油气藏的不稳定试井解释方法及理论正是来源于此，对于常压页岩气藏储层的压裂效果评价也遵循了同样的方法论。本文将按“黑箱系统”理论方法，通过阐述常压页岩气水平井经多段压裂完井后的“正问题”模型，建立“反问题”的分析流程，即压裂效果评价方法和流程，并选取南川常压页岩气田不同区块的典型井进行了分析，评价了其产能差异主控因素。

1　数学模型的建立

页岩极低渗透地层中经多段压裂完井后的水平井其“正问题”的物理模型如图 1 所示。物理假设条件：

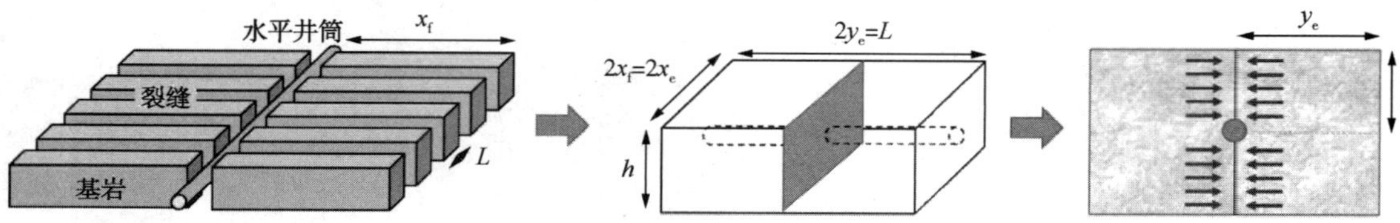

图 1　页岩气水平井多段压裂物理模型简化

（1）均质各向同性，极低渗透率地层；

（2）每段压裂段之间距离相同；

（3）产生的水力压裂裂缝半长相同；

（4）裂缝长度 $2x_f$ 等于储层的宽度，即裂缝扩展到边界；

（5）单相微可压缩流体；

（6）假设气井以定产量或定井底流压生产。

由于裂缝分布均匀，可以将上述物理模型简化成单段裂缝的累加，分别考虑定产量和定井底流压两种生产情形，定产量条件下得到的无量纲解为：

$$p_{\mathrm{wDL}}=2\pi\left(\frac{L}{\sqrt{A_{\mathrm{c}}}}\right)\left\{\left[\frac{1}{3}+\left(\frac{\sqrt{A_{\mathrm{c}}}}{L}\right)^{2}t_{DA_{\mathrm{c}}}\right]-\frac{2}{\pi^{2}}\sum_{n=1}^{\infty}\left(\frac{1}{n^{2}}\right)\exp\left[-n^{2}\pi^{2}\left(\frac{\sqrt{A_{\mathrm{c}}}}{L}\right)^{2}t_{DA_{\mathrm{c}}}\right]\right\} \tag{1}$$

而在定井底流压条件得到的无量纲解为：

$$\frac{1}{q_{\mathrm{DL}}}=\left(\frac{L}{\sqrt{A_{\mathrm{c}}}}\right)\frac{\pi}{\sum_{n=1}^{\infty}\exp\left[-\frac{n^{2}\pi^{2}}{4}\left(\frac{\sqrt{A_{\mathrm{c}}}}{L}\right)^{2}t_{DA_{\mathrm{c}}}\right]} \tag{2}$$

式中，p_{wDL}为无量纲井底流压；L 为压裂单段长，m；A_{c} 为裂缝与基岩接触面积，m^2；t_{DAc}为无量纲时间；q_{DL}为无量纲产量。

利用上述方程作出无量纲曲线可知，无论是定产量生产条件还是定井底流压的生产条件，在生产的早期都呈现 1/2 斜率的线性流。线性流结束后，流动特征直接转成由边界控制的拟稳态流动。其特征是在定井底流压生产时为指数变化规律，而在定产量生产条件下，则为斜率等于 1 的直线段。这一特征与早期 Fetkovich 等人的研究结果完全吻合。类同于常规油气藏的不稳定试井，“正问题”制造出的典型曲线分析图版后期的拟稳态流开始时间取决于气藏的体积大小。早期的不稳态线性流与气藏的体积大小无关，其时间长短只与裂缝半长有关。

求式(1)和式(2)的早期近似解．定产量条件下为：

$$p_{\mathrm{wD}}=\sqrt{\pi t_{\mathrm{D_{xf}}}} \tag{3}$$

将上式改写成：

$$p_{\mathrm{wf}}=p_i-\frac{79.65q_{\mathrm{g}}B_{\mathrm{g}}\mu_{\mathrm{g}}}{A_{\mathrm{c}}\sqrt{k_{\mathrm{m}}}(\phi\mu c_{\mathrm{t}})^{\frac{1}{2}}}\sqrt{t} \tag{4}$$

而定井底流压条件下的解则为：

$$\frac{1}{q_{\mathrm{D}}}=\frac{\pi}{2}\sqrt{\pi t_{\mathrm{D_{xf}}}} \tag{5}$$

同样，将上式改写成：

$$\frac{1}{q_{\mathrm{g}}}=\frac{125.1B_{\mathrm{g}}\mu_{\mathrm{g}}}{A_{\mathrm{c}}\sqrt{k_{\mathrm{m}}}(\phi\mu c_{\mathrm{t}})^{\frac{1}{2}}}\frac{1}{(p_i-p_{\mathrm{wf}})}\sqrt{t} \tag{6}$$

以上各式中，$A_{\mathrm{c}}=4\times h\times x_{\mathrm{f}}$(参考图 1)，不难得出 A_{c} 值是地层压开后人工裂缝与基岩的接触面积；h 为储层厚度，m；x_{f} 为压裂裂缝半长，m；p_{i} 为原始气藏压力，MPa；p_{wf}为井底流压，MPa；q_{g} 为气井产量，m^3/s；B_{g} 为气体体积系数；μ_{g} 为气体黏度，mPa·s；t 为生产时间，d；φ 为基岩孔隙度，%；k_{m} 为基岩渗透率，mD；c_{t} 为综合压缩系数，1/MPa。

在常规气藏中可以由不稳定试井方法获取地层的导流系数 kh/μ。以大家最熟悉的 Honor 方法为例。图 2(a)是压力及压力导数诊断曲线，在图上找出径向流时期的历史数据作特种曲线图[见图 2(b)]。由直线段的斜率可以获取导流系数 kh/μ。这是因为在径向流时期，井底流压表达式为：

$$p_{\mathrm{ws}}=p_i-\frac{70.6q_{\mathrm{g}}B_{\mathrm{g}}\mu_{\mathrm{g}}}{kh}\ln\left(\frac{t_{\mathrm{p}}+\Delta t}{\Delta t}\right) \tag{7}$$

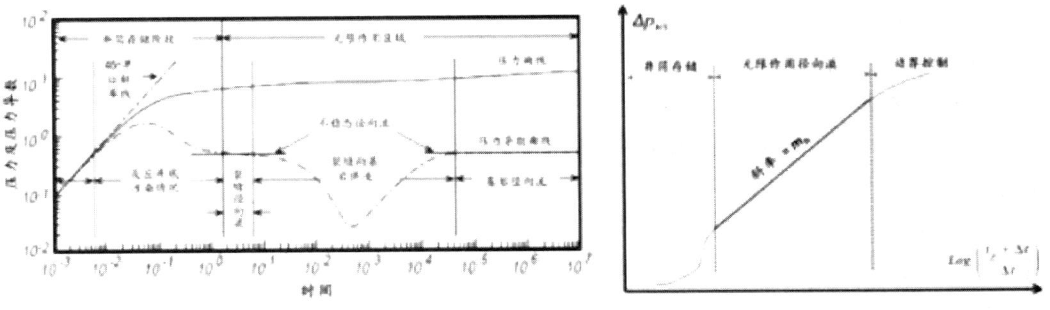

(a)压力及压力导数诊断图版　　(b)早期径向流特种曲线

图 2　常规气藏试井解释典型曲线诊断图版及特种曲线

比较式(4)和式(7)，不难得出在常规气藏中代表产层生产能力的系数 kh，在页岩气藏中应该是 $A_c\sqrt{k_m}$ 代表产层生产能力。这个产层生产能力是由多段压裂完井实现的，因此，毫无疑问 $A_c\sqrt{k_m}$ 也是代表页岩气水平井多段压裂效果的实际评价系数，称为储层改造系数。这个评价系数可由早期的不稳态线性流阶段的生产历史数据来求取。同时不同于常规油气藏，在致密的页岩气藏中，$A_c\sqrt{k_m}$ 值由于地层的压实效应一般将随生产时间的增加而减小。

2 评价流程及方法验证

2.1 评价流程

前面的"正问题"告诉我们，多段压裂完井的水平井，在生产的早期将出现不稳态线性流，实际情况是绝大多数页岩气生产井都会出现。不稳态线性流时期的生产历史将存在式(4)及式(6)的关系。如果将生产数据做成以 Δp(定产量)或 $1/q_o$(定流压)为纵坐标，以 $\sqrt{t}$ 为横坐标，如图3所示，不稳态线性流的生产数据将成一直线关系。由直线段的斜率值计算出压裂后产生的储层改造系数 $A_c\sqrt{k_m}$：

$$A_c\sqrt{k_m}=\frac{79.65q_gB_g\mu_g}{\sqrt{\phi\mu c_t}}\frac{1}{m_{CR}}\text{(定产量生产)} \quad (8)$$

$$A_c\sqrt{k_m}=\frac{125.1B_g\mu_g}{\sqrt{\phi\mu c_t}}\frac{1}{(p_i-p_{wf})m_{CR}}\text{(定井底流压生产)} \quad (9)$$

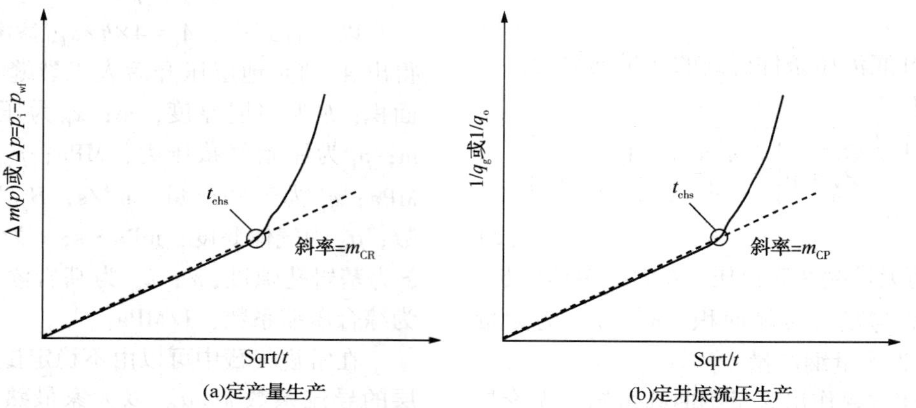

图3 早期不稳态线性流的特种曲线(直线段)分析

由此可见，要正确计算多段压裂后的储层改造系数，必须首先正确判断出早期生产数据的不稳态线性流。只有将对应早期线性流的实际生产数据按图3做成特种曲线后，由其直线段斜率计算的储层改造系数才是真正反映水平井多段压裂效果好坏的真实值。因此，在分析任何水平井多段压裂生产数据之前，不同生产时期流动特征的判断非常重要。目前国内众多相关分析方法中缺失这一关键步骤，仅采用图3特种曲线来直接进行计算，会导致出现多解性的问题。

2.2 变产量/变井底流压生产数据处理

在"正问题"的讨论中，定产量或定井底流压是得出分析结果的两种特定生产条件。然而在实际的页岩气井生产中，绝大多数井是变产量及变井底流压生产。因此，必须解决将定产量或定流压生产"正问题"的解应用到变产量及变井底流压生产的"反问题"实际生产数据分析应用中所存在的问题。

早在1986年，*Blasingame* 和 *Lee* 就对这一个问题进行了研究，并给出了解决方法。他们通过物质平衡方法推导得出，当流动已经达到拟稳态且产量变化幅度不是很大时，若将实际生产时间用物质平衡时间代替，则变产量/变井底流压生产条件下的生产特征可以用定产量生产条件下的解来描述，这就是产量高级递减分析方法的理论基础。

"正问题"中假设微可压缩流体对于气井不能适用，因此引入拟压力和拟时间，上述对于微可压缩流体的分析理论完全适用于气井的分析。在物质平衡时间的推演过程中，对于单相气体的流动，*Blasingame* 和 *Lee* 在1988年推出了相应的计算公式，并用数值模拟的方法进行了验证。之后 *Palacio* 和 *Blasingame* 在1993年进行了进一步的精确验证。

气井物质平衡时间用下式计算：

$$\bar{t}_a = \frac{\mu_{gi} c_{ti}}{q_g} \int_0^t \frac{q_g}{\mu_g(\bar{p}) c_t(\bar{p})} dt \tag{10}$$

需要特别指出的是，不同于单相油，气井的物质平衡时间计算需要已知原始地质储量，因此在实际应用中是一个迭代过程。

2.3　评价方法验证

利用南川岩气田实际的地质参数及工程参数，建立典型常压页岩气多段压裂水平井概念模型，采用气藏数值模拟方法模拟得到概念井的生产数据，用模拟得到的生产数据来进行压裂效果评价。由于概念井相关的基础数据均为已知，因此可以用来验证笔者方法的准确性。概念井在设计裂缝分布时尽可能符合页岩气多段压裂水平井实际的水力裂缝分布特征，如图4(a)所示，每段裂缝半长各不相同。模型基础数据见表1，图4(b)为模拟产生的产量及压力历史生产数据。

表1　概念模型数值模拟基础参数表

参数名称	参数值	参数名称	参数值
压力系数	1.2	水平段长/m	2000
孔隙度/%	4.0	压裂段数	27
渗透率/mD	0.0005	压裂段间距	不均匀
含水饱和度/%	30	裂缝半长度和/m	3915
储层厚度/m	31	平均裂缝半长/m	145

利用表1中的模型参数，按照理论公式计算得到压裂后储层改造系数真实值为：

$$A_c\sqrt{k_m} = \{4 \times h \times (x_{f1} + x_{f2} + \cdots + x_{f27})\} \times \sqrt{k_m} = 10855.2\text{m}^2 \cdot \text{mD}^{0.5}$$

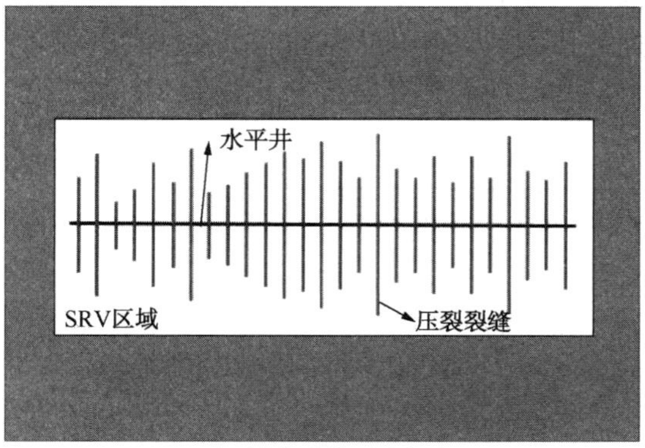

(a)水平井概念模型示意图

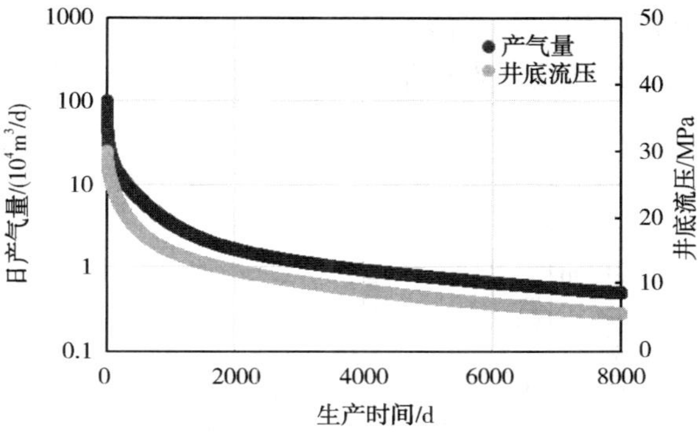

(b)模拟的生产历史数据

图4　常压页岩气多段压裂水平井概念模型

图5(a)是生产井流动特征的诊断曲线，早期不稳态线性流十分明显。由该段历史的数据所做的特种曲线如图5(b)所示。由特种曲线的斜率值，通过式(8)计算得到的 $A_c\sqrt{k_m}$ 值为 $11113.5\text{m}^2 \cdot \text{mD}^{0.5}$，与真实值的误差仅为2.38%，完全小于工程误差。本方法计算得到的评价裂缝半长为148.4m，与真实裂缝半长145m非常接近，证实了上述方法的正确性及可靠性。

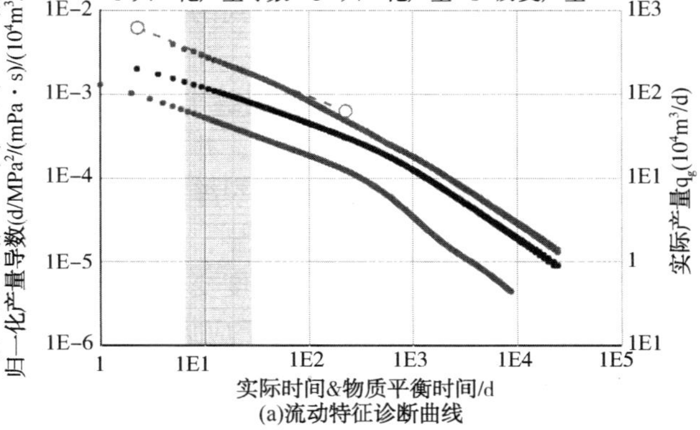

(a)流动特征诊断曲线

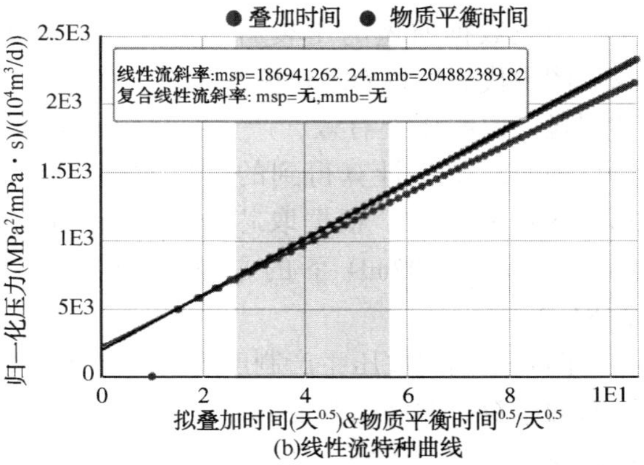

(b)线性流特种曲线

图5　概念井压裂效果评价图

3 现场应用实例

南川页岩气田位于四川盆地川东高陡褶皱带南缘复杂构造区，生产层位为上奥陶统五峰组－下志留统龙马溪组一段，以常压页岩气为主，页岩储层埋深 2200～4500m，地层压力系数 1.1～1.35。优质页岩厚度 30～35m，孔隙度 3.5%～4.0%，石英含量 45%～50%，黏土含量 25%～40%，吸附气占比 40%～55%，地应力 50～95MPa，水平应力差异系数 0.10～0.15。

南川页岩气田整体构造由南部的单斜区与北部的背斜区构成，由南向北埋深逐渐增大，南部埋深仅 2200m，北部埋深达到 4500m，地层压力系数变大。同时受复杂构造影响，地应力异常复杂，应力大小和应力方位平面差异大。气井测试产量平面上分布差异较大，主体区气井产量高，两翼低。同一平台内相邻气井产能差异也较大。导致常压页岩气井产能差异的主控因素认识不清楚，究竟是地质因素还是工程因素导致气井产量偏低需要深入的分析。而现场有大量的易于获取的气井生产历史数据，可以利用上述方法来进行压裂改造效果评价，从而判断压裂施工是否有效，明确影响气井产能的因素。

3.1 典型井应用实例

选取东胜区块典型井 SY2HF 为例进行压裂效果评价分析。如图 6 所示，该井 2019 年 5 月 18 日投产，早期采用控压方式生产，平均日产气 $8.8\times10^4m^3$，套压由 30.6MPa 下降至 13.4MPa，油压由 28.1MPa 下降至 11.3MPa，阶段累产气 $1123\times10^4m^3$；生产 135 天后更改生产制度为放压生产，日产气由 $16\times10^4m^3$ 下降至 $5.4\times10^4m^3$，套压由 10.5MPa 下降至 6.0MPa，油压由 6MPa 下降至 4.7MPa，阶段累产气量 $2112\times10^4m^3$；目前采用压缩机地面增压开采，日产气 $4\times10^4m^3$，日产液 $5m^3$，套压 2.7MPa，油压 1.3MPa，累产气 $5549\times10^4m^3$。利用本文上述的压裂效果评价方法可以对地下由于压实效应引起的储层改造系数的变化做客观的定量分析。

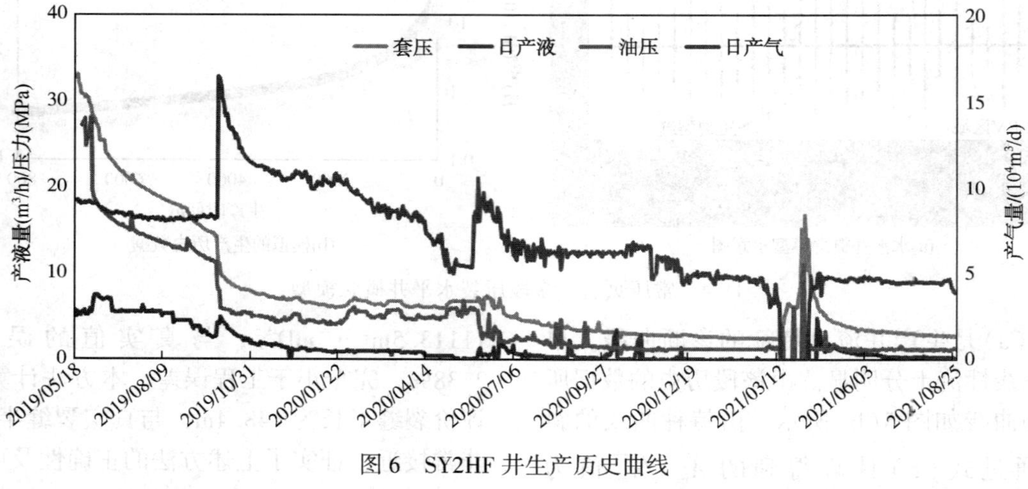

图 6　SY2HF 井生产历史曲线

图 7 是利用生产井最早期控压生产方式下的生产历史数据所做的压裂后的储层改造系数计算。图中代表不稳态线性流的 1/2 斜率直线段非常明显。说明压裂有效，产生明显的水力裂缝。由特种曲线斜率计算得到的储层改造系数值为 $3330.8m^2\cdot mD^{0.5}$。根据取芯岩样分析地层平均渗透率为 0.0002mD 下的平均有效裂缝半长为 81.2m。

图 8 是利用放压生产制度后的生产历史数据所做的压裂后的储层改造系数计算。图中代表不稳态线性流的 1/2 斜率直线段也较为明显。说明压裂后水力裂缝内的不稳态线性流依然存在。但此时由特种曲线斜率计算得到的储层改造系数值已经降为 $2631.1m^2\cdot mD^{0.5}$。在 0.0002mD 地层平均渗透率下的平均有效裂缝半长降为 64.2m。由此可见，放压生产制度下，井底流压下降导致人工裂缝内流体压力较低，裂缝应力敏感效应增强，裂缝的压实效应非常明显，人工裂缝支撑较差的地方闭合，有效流动长度变短，导流能力直接损失了 20%多，这种由于应力敏感导致的人工裂缝导流能力损失是不可逆的。

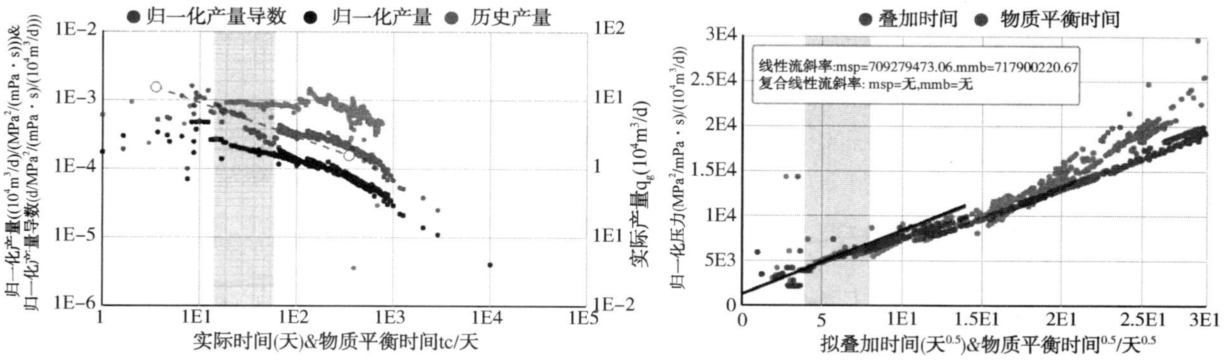

图 7　SY2HF 井早期控压生产制度下压裂效果评价图

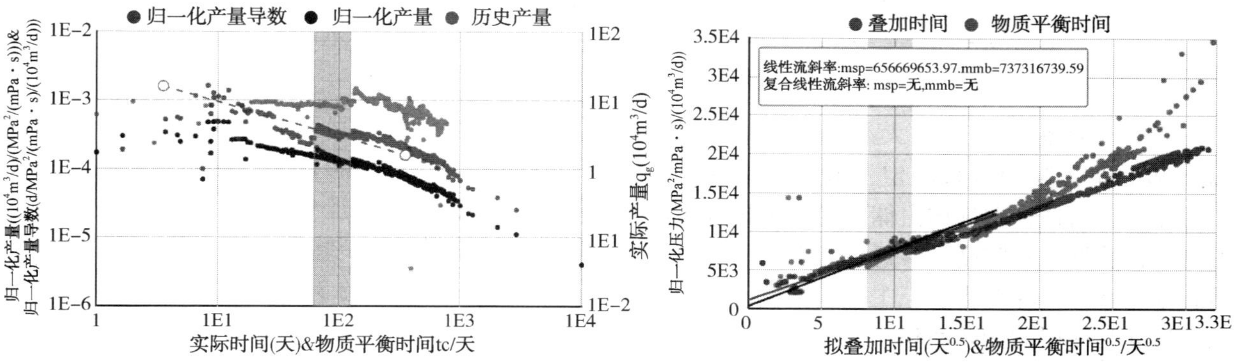

图 8　SY2HF 井放压生产制度下压裂效果评价图

通过累积产气量与套压关系曲线回归线性公式计算单位套压降产量变化情况，如图 9 所示。可以看出，初期采用控压生产制度，分别采用 6mm 油嘴和 8mm 油嘴进行生产，单位套压降产量由 127×10^4m^3/MPa 下降至 102×10^4m^3/MPa，变化不大。而采用放压生产制度后，单位套压降产量大幅下降至 78×10^4m^3/MPa，气井产气能力显著下降。

利用修正后的产量递减分析模型预测不同生产制度下 SY2HF 井 EUR，如图 10 所示，控压生产制度下折算年递减率 48.9%，预测单井 EUR 1.04 亿方，而放压生产制度下折算年递减率 60.3%，预测单井 EUR 0.84 亿方，放压生产制度导致水力裂缝导流能力下降，压裂改造效果变差，单井 EUR 损失了 19.2%。

3.2　产能影响因素分析

选取南川常压页岩气田不同分区内典型气井，采用上述分析方法分别开展压裂效果评价研究，典型井包括平桥南区 2 口（JY195-3HF 井、JY200-1HF 井）、东胜区块 3 口（SY2HF 井、SY 3-1HF 井和 SY 9-1HF 井）。南川页岩气田生产实践表明，常压页岩气井产能差异较大，造成气井产能差异究竟是地质因素还是工程因素尚不明确。通过对比地质参数、压裂施工参数，结合气井产能及本方法评价的压裂改造系数，开展常压页岩气井产能主控因素分析，从而明确影响气井产能的主控因素。

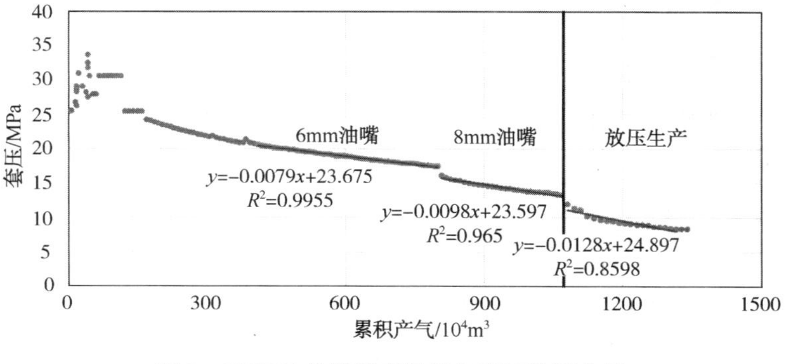

图 9　SY2HF 井累积产气量与套压关系曲线

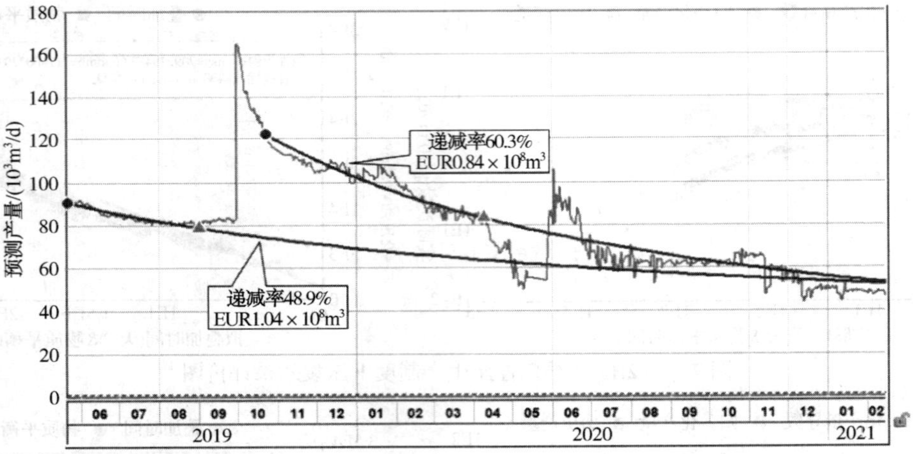

图 10 SY2HF 井不同生产制度下产量预测曲线

储层改造系数 $A_c\sqrt{k_m}$ 大小分别由地质因素(k_m)和工程因素(A_c)来决定，地质因素核心参数为储层渗透性，即气体由储层向人工裂缝流动的能力，受储层孔隙度、渗透率、页岩层理及天然裂缝发育情况综合决定。工程因素核心参数为人工裂缝与储层的接触面积，受压裂分段分簇设计、注液强度、加砂强度、压裂工艺技术等因素影响。

从图 11 可以看出，储层改造系数变化规律与气井产能(单井 EUR)相关性较高，储层改造系数的大小可以用来评价气井产能的大小。从图 11 还可以看出气井储层改造系数分区性明显，平桥南区气井(JY195-3HF 和 JY200-1HF 井)储层改造系数明显高于东胜区块，在压裂工程工艺技术近似的条件下，造成这种差异的主要原因是地质因素。平桥南区页岩储层地层压力系数 1.3~1.32，高于东胜区块，同时储层物性参数较好，平桥南区 2 口井处于主体区东部断裂带，储层天然裂缝较发育，利于气井高产。通过本方法综合评价平桥南区储层视渗透率为 0.002~0.006mD，而东胜区块视渗透率为 0.0001~0.0005mD，二者相差 10 倍，说明平桥南东部断裂带区域储层天然裂缝是比较发育的。

对比东胜区块的 3 口井地质参数与储层改造系数关系可以看出(表 2)，由北向南储层埋深逐渐变浅，地层压力系数由 1.35 下降至 1.12，最大水平主应力由 90MPa 下降至 50MPa，储层物性逐渐变好，渗透率由 0.0001mD 增加至 0.0005mD，储层改造系数也逐渐增大。北部 SY3-1HF 井区埋深大，地应力高，从破裂压力和停泵压力可以看出压裂改造难度大，特别是两向应力差异系数大，导致压裂缝网复杂程度较低。往南随着埋深的逐渐变浅，地应力逐渐减小，破裂压力和停泵压力也逐渐下降，显示出压裂改造难度逐渐降低。特别是随着两向应力差异系数的下降，压裂缝网复杂程度是逐渐增加的，气井产能也相应的提高。

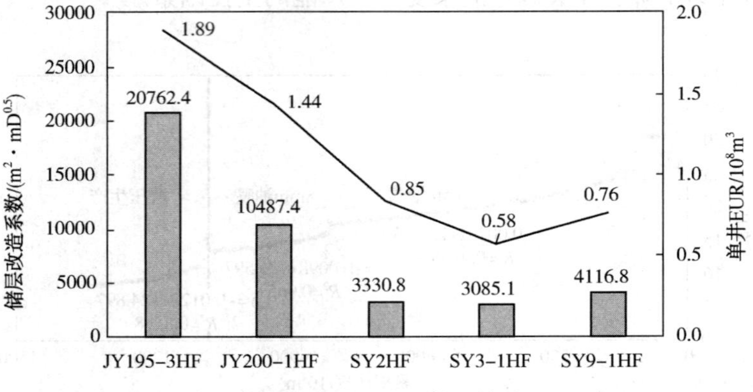

图 11 5 口典型井储层改造系数及单井 EUR 对比

表 2 东胜典型井储层改造系数与地质参数对比

参数	储层改造系数/($m^2\cdot mD^{0.5}$)	渗透率/mD	地层压力系数	埋深/m	最大水平主应力/MPa	两向应力差异系数	破裂压力/MPa	停泵压力/MPa
SY3-1HF	3085.1	0.0001	1.35	4000	90	0.17	93.6	55.4
SY2HF	3330.8	0.0002	1.20	3031	75	0.12	78.8	45.7
SY9-1HF	4116.8	0.0005	1.12	2256	50	0.09	54.8	34.3

通过对比压裂施工参数与储层改造系数关系可以看出(见表 3)，压裂液用量很大程度上决定了储层改造接触面积，SY3-1HF 井注液强度最大，改造接触面积最大，SY2HF 井次之，SY9-1HF 井最低。仅从改造接触面积来看，SY3-1HF 井压裂施工是成功的，改造出了大量的人工裂缝，但由于两向应力差异系数大，人工裂缝以单一缝为主。同时由于加砂强度最低，导致单一主缝的支撑效果较差，在初期压裂液大量返排后，人工裂缝闭合，有效长度变短，导流能力大幅度下降，导致这口井储层改造系数最低、产能最低。因此，增大压裂液注入量可以造出更大的人工裂缝与储层接触面积，增大加砂量则可以支撑更多的人工裂缝，增大裂缝导流能力，最终提高气井产能，减缓产量递减。现场在压裂优化设计时，应尽量的提高砂比，增大加砂强度以获得更大的裂缝导流能力及气井产能。

表 3 东胜典型井储层改造系数与压裂施工参数对比

参数	储层改造系数/($m^2\cdot mD^{0.5}$)	渗透率/mD	接触面积/A_c/m^2	平均段长/m	射孔簇数/簇	单段液量/m^3	单段砂量/m^3	注液强度/(m^3/m)	加砂强度/(m^3/m)	单井 EUR/10^8m^3
SY3-1HF	3085.1	0.0001	308508	78.1	65	2768	88	35.4	1.13	0.58
SY2HF	3330.8	0.0002	271959	75.0	97	2034	88	27.1	1.18	0.85
SY9-1HF	4116.8	0.0005	184109	100.2	88	2309	189	23.0	1.89	0.76

根据本方法的研究结论，针对东胜区块不同分区地质特征，制订了差异化的压裂改造方案。针对埋藏较浅的低压区，采用“长段多簇密切割、投球转向、高强度加砂”的改造模式，平均加砂强度增加至 1.7m^3/m，通过强加砂造缝获得长效稳产，减缓产量递减速度，低压区新投产气井产能较相邻老井提升了 23%以上。针对埋深大地应力高、应力差异系数大及局部应力复杂区，采用“多簇射孔+投球转向、提升加砂强度、大排量施工”模式，优化支撑剂组合，提升陶粒占比，实现了压裂缝网复杂程度和裂缝支撑效果双提升，与 SY3-1HF 井同区域的相邻新井 SY18-1HF 井获得深层页岩气井产量突破，无阻流量达到 37.1×$10^4m^3/d$。

4 结论

(1) 常压页岩气多段压裂水平井中，与常规油气藏的产层系数(kh/μ)对应的是储层改造系数 $A_c\sqrt{k_m}$。其中 A_c 代表了水力压裂产生的裂缝与储层的接触面积，进一步说明页岩气藏的商业开发必须通过大规模压裂改造来实现。

(2) 笔者提出的评价方法基于经典的油气藏渗流理论及现代产量高级递减分析理论推导而来，通过数值模拟概念井生产历史数据来进一步验证，证明了本评价方法的精确性和可靠性。通过概念井评价结果可知，早期的裂缝线性流特征与裂缝的分布形态无关。因此，对实际生产历史数据分析不用过多的考虑地下裂缝的分布特征，评价结果可以真实的反映压裂改造效果。

(3) 通过 SY2HF 典型井实例分析表明，本方法可以有效地评价压裂改造效果，明确了生产制度对常压页岩气井产能的影响。放压生产制度导致裂缝导流能力损失 20%以上，单井 EUR 降低了 19.2%。

(4) 通过对分区典型井评价和综合对比分析，明确了东胜区块常压页岩气井产能影响因素，针对分区不同地质特征优化了压裂工艺及参数，通过差异化的压裂改造方案，使得新井产能获得了较大的提升。

参 考 文 献

[1] Gregor Erbach. Unconventional gas and oil in North A-

merica. European Parliamentary Research service, June 2014.
[2] 中华人民共和国国家质量监督检验检疫总局，中国国家标准化管理委员会．中华人民共和国国 GB/T 26979—2011 天然气藏分类[S]. 北京：中国标准出版社，2011.
[3] 金之钧，白振瑞，高波，等．中国迎来页岩油气革命了吗？[J]. 石油与天然气地质，2019，40(3)：451-458.
[4] 马新华，谢军．川南地区页岩气勘探开发进展及发展前景[J]. 石油勘探与开发，2018，45(1)：161-169.
[5] 郭彤楼．页岩气勘探开发中的几个地质问题[J]. 油气藏评价与开发，2019，9(5)：14-19.
[6] 何希鹏，何贵松，高玉巧，等．渝东南盆缘转换带常压页岩气地质特征及富集高产规律[J]. 天然气工业，2018，38(12)：1-14.
[7] 蒋成白，胡毅，豆瑞杰．深层页岩气井压裂工艺探索与实践[J]. 江汉石油科技，2019，112(1)：45-53.
[8] 虞绍永．DST 试井分析方法[M]. 北京：人民中国出版社，1993.
[9] EI-Banbl A H, Wattenbarger R A. Analysis of linear flow in gas well production. SPE 39972, 1998.
[10] Wattenbarger R A, EI-Banbl A H, Villegas M E, et al. Production analysis of linear flow into fractured tight gas wells, SPE 39931, 1998.
[11] Fetkovich M J. Decline curve using type curves. JPT, June 1980：1065-1077.
[12] Blasingame T A, Lee W J. The Variable-Rate Reservoir Limits Testing. SPE 15028, 1986.
[13] Blasingame T A, Lee W J. The Variable-Rate Reservoir Limits Testing of Gas Wells. SPE 17708, 1988.
[14] Palacio J C, Blasingame T A. Decline curve analysis using type curves-analysis of gas well production data. SPE 25909, 1993.
[15] 何希鹏．四川盆地东部页岩气甜点评价体系与富集高产影响因素[J]. 天然气工业，2021，41(1)：59-71.
[16] 何希鹏，齐艳平，何贵松，等．渝东南构造复杂区常压页岩气富集高产主控因素再认识[J]. 油气藏评价与开发，2019，9(5)：32-39.
[17] 何希鹏，王运海，王彦祺，等．渝东南盆缘转换带常压页岩气勘探实践[J]. 中国石油勘探，2020，25(1)：126-136.
[18] 吴聿元，张培先，何希鹏，等．渝东南地区五峰组-龙马溪组页岩岩石相及与页岩气富集关系[J]. 海相油气地质，2020，25(4)：335-343.
[19] 高玉巧，蔡潇，张培先，等．渝东南盆缘转换带五峰组-龙马溪组页岩气储层孔隙特征与演化[J]. 天然气工业，2018，38(12)：15-25.
[20] 何希鹏，卢比，何贵松，等．渝东南构造复杂区常压页岩气生产特征及开发技术政策[J]. 石油与天然气地质，2021，42(1)：224-240.

井口原油含水在线检测技术的研究与应用

陈学梅[1] 任桂山[1] 米立飞[1]

(中国石油大港油田公司)

摘　要　井口原油含水检测对掌握油井生产工况，及时采取技术措施管理油井生产具有重要意义。传统的人工取样和人工化验含水方式不能准确、及时反映含水变化，耗时、耗力、耗材，消耗大量的化学药剂，还有大量的废液需要处理。原油含水在线检测技术应用于井口可以实现含水的自动检测与在线分析，本文针对井口原油含水检测的特点，提出了一种基于同轴相位法的在线检测技术，对其系统设计、安装方式、测量特征曲线分析方面进行了研究，经现场应用，能够及时反映油井含水变化，含水检测的平均绝对误差3.2%，平均相对误差4.5%。

关键词　井口原油含水；在线检测；同轴相位法；安装方式；测量特征曲线；误差

井口原油含水检测是衡量油井生产工况变化的重要指标，及时准确的含水数据对于确定油井出水、出油层位、估计原油产量、预测油井的开发寿命具有重要意义，对管理人员确定油井合理的工作制度和生产措施、减少能耗、降低生产成本、提质增效起着重要作用。

井口原油含水检测一直以来主要依靠人工取样和人工化验方式，这种方式不利于油田生产管理，在一定程度上降低了油田的开发效率，增加了油田的开发成本。一方面，人工取样和人工化验不能准确反映油井含水变化。人工取样的随机误差和人为误差大，既不能及时反映一天的含水变化，也不能代表一天的含水情况；油井人工取样时，产出液由密闭管道到敞开常压状态，大量溶解气析出，结果会造成人工化验含水偏高。另一方面，人工取样和人工化验自动化程度低，耗时、耗力、耗材，大量废液需要处理。据初步统计，大港油田全年人工取样135万次；人工化验采用蒸馏法化验，每个样品化验时间1~4个小时，每次同时能对8个样品进行蒸馏，全年用于井口化验的时间就高达34万小时；人工化验每年需要300万元以上的原材料和化学药剂，化验后产生的大量废液处理起来也相当棘手。

原油含水的在线检测技术可以解决人工化验含水存在的这些弊端，实现油井含水的智能检测分析和数字化管理，从而达到提高油田生产管理的自动化水平，降低油田开发管理成本，为油田的开发管理提供及时准确的生产信息和决策依据的目的。

1　原油含水在线检测技术现状

1.1　原油含水在线检测技术

国内外在原油含水检测技术方面开展了大量研究，主要针对的是不含气的两相油水混合物。从目前来看，γ射线法、电容法、电磁法是应用最多的几种方法。γ射线法利用γ射线在不同介质中的散射、透射的衰变程度来检测含水，由于采用放射源，涉及安全和环保问题，一般场合不会被采用。电容法利用不同油水比例的混合液的介电常数不同进而引起电容量的变化来实现含水的检测，但易受流态影响在水包油情况下往往无法正常工作，因此仅适用于低含水的混合液检测。电磁法是利用电磁波在不同含水的油水混合物中电磁波信号的衰减程度实现含水的检测。电磁法具有含水检测范围广、不受油水混合物流态影响、测量精度高、无污染、安全性高等特点，因此也得到越来越多的研究和应用。

1.2　电磁法含水检测技术

电磁法从实现方式来分，又可分为空间波法、谐振腔法、传输线法、微波传输法。其中传输线法——同轴相位法是近年来研究最多的一种方法，主要利用电磁波在同轴线内传播时，不同含水率的油水混合物介电常数不同，电磁波在其中传输的损失不同相位差也不同，因此通过检测相位变化可以实现混合液体积含水率的检测。电磁波信号的频率一般在50~100MHz。经过合理的结构设计，将流过全水和流过全油的相位差控制在180°范围以内，测量电值控制在1600~

1800mV，可以测得传感器测量电值信号与含水率呈近线性变化。图1是实验室测测得的传感器静态特性曲线。从特性曲线来看，同轴相位法的测量特性能够满足0～100%全量程的含水测量要求。

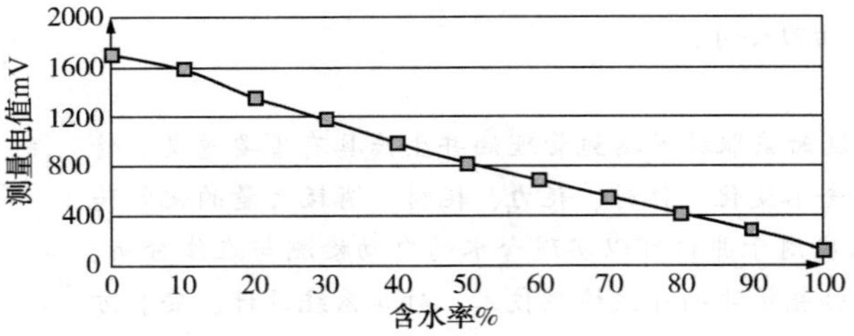

图1　含水率与测量电值对应曲线图

2　井口原油含水在线检测技术研究

2.1　井口原油含水检测的特点

油井井口的生产条件是很复杂的，不同于站场环境，井口原油含水检测存在以下特点：

其一，油井产出液中含有气体。一些油井在井底时由于井底压力高于原油饱和压力，产出液不含气，但随着产出液向上举升，压力逐渐降低，到饱和压力以下时，溶解气会逐渐从原油中析出；还有一些油井在井底就含有气体，被举升到地面后随着压力的降低，气体会更多。由于气液的相对速度不同，而气体又和原油的介电常数相近，因此会对含水的测量结果造成很大的影响。

其二，含水变化范围大。虽然目前油田大多数油井普遍含水较高，但一口新井在投产初期含水往往并不高，一口老井在经过措施作业见效后，含水也会有一定程度降低。因此含水检测设备的应该是0～100%全量程可检测的。

其三，油井产出液的温度会发生变化。有些油井由于油稠黏度高、流动性差，在开采过程中往往会采取井筒掺水加热、电伴热等技术措施，会造成井口产出液的温度变化。水的相对介电常数会随着温度变化而发生较大的变化，介电常数的变化对检测结果有直接影响，因此，根据温度变化对测量结果进行修正是很有必要的。

2.2　同轴相位法在井口原油含水检测中的应用

2.2.1　井口原油含水在线分析系统

井口原油含水在线分析系统见图2。含水仪每隔0.1s采集1次测量电值，每隔1s将10次采集电值平均后上传至RTU。RTU同时采集现场管道内压力、温度和微差压信号作为辅助分析信号，以此判断油井的生产工况的变化，将上述信号上传至井口原油含水在线分析平台，在此完成油井的含水分析计算。当油井生产工况发生变化，油井含水测量曲线也发生变化时，进行人工取样和人工化验，同时上传人工化验的取样时间和化验结果，含水分析平台将取样时间的含水测量值与人工化验结果相比较，完成含水仪的在线标定。

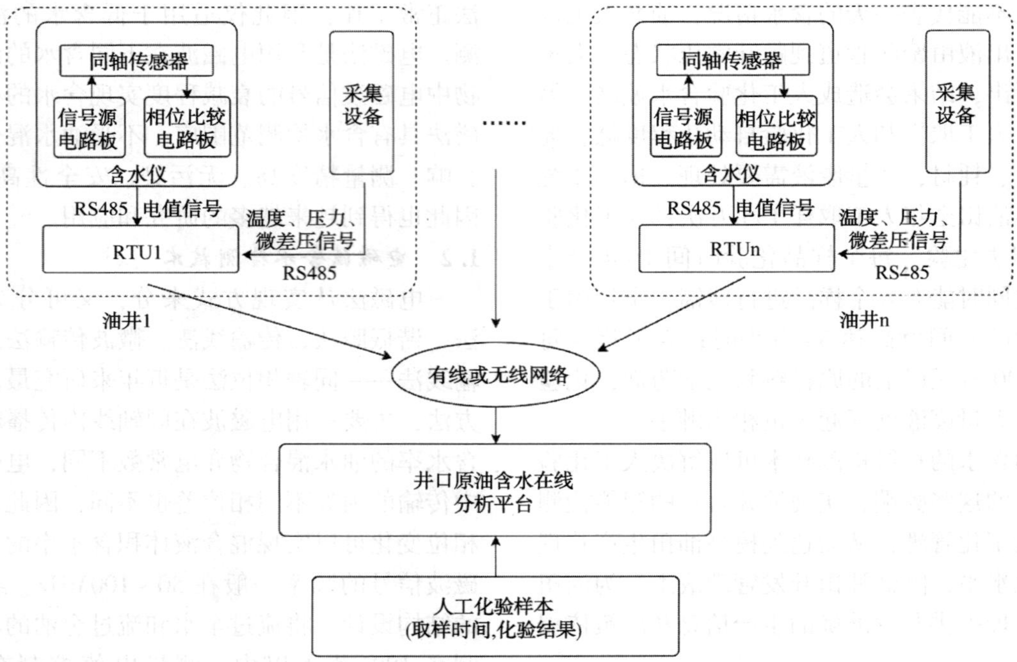

图2　含水在线分析系统构成

2.2.2 含水仪的安装方式

含水仪采取水平还是垂直安装是关系测量准确性的关键因素之一。水平管道中油水混合物存在油水分层的问题，而垂直管道中油水混和物是相互渗透的，不存在分层的问题。不同安装方式的管道中含水率与介电常数的数学模型是不一样的，实验室多次试验结果表明，竖装含水仪的测量特性表现更为优秀。

试验中，我们调整水泵和油泵的输出频率与出口调节阀，控制水速与油速的方法，分别模拟0%、10%、20%、30%、40%、50%、60%、70%、80%、90%、100%的不同含水工况，对水平和竖直安装的含水仪同时进行试验(见图3)。多次试验表明，竖装含水仪的测量效果要优于横装含水仪。

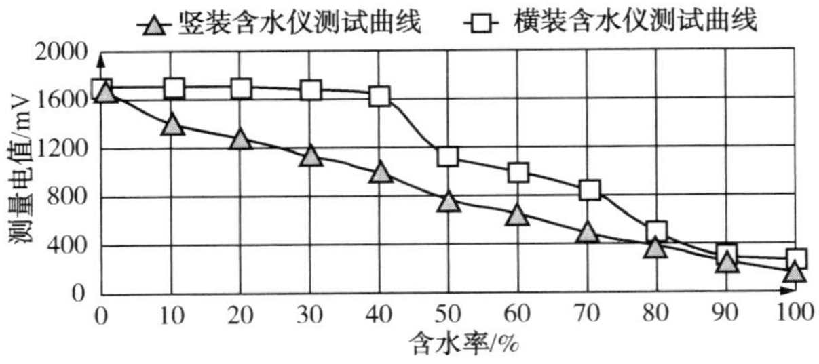

图3 横装含水仪和竖装含水仪的测量曲线

从测量曲线可以看出，横装含水仪测量电值仅能反应40%以上的含水变化，而在0~40%含水区间，测量电值几乎没有变化。而竖装含水仪的电值从0~100%含水接近线性变化，测量效果明显要优于横装含水仪。因此，现场应该选择竖直安装方式。

2.2.3 测量特征曲线分析

气体对含水测量结果的影响是不容忽视的。模拟现场生产条件，在一定温度条件下，保持管道总液量1.6m^3/h不变，调整油水比例，分别测量气液比为0、0.25、0.5、1、2、3、4、5、6，含水率0~100%的变化曲线，如图4所示。可以看出，随着气体的增加测量电值整体向上偏移，气体含量越高对测量电值的偏移也越大。

井口原油含水的测量曲线，受气体影响会呈现不同的特征，其特征在抽油机井上表现出周期性变化(抽油机一个冲程内油压的变化导致了气体的变化)。通过对测量特征曲线的分析，我们能够将气体对含水测量结果的影响降到最低。

① 底部直线特征：这种情况说明抽油机在上升或下降过程中有相对稳定的不受气体影响的一段时间，此时底部测量电值可以直接换算含水值，见图5。

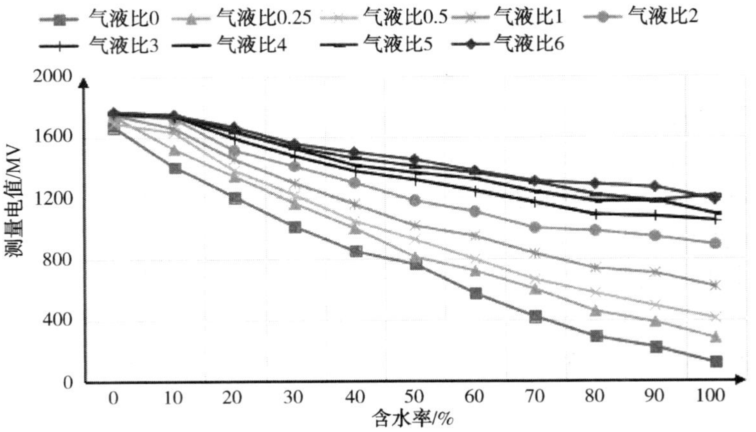

图4 含水测量电值曲线随气液比增加的变化情况

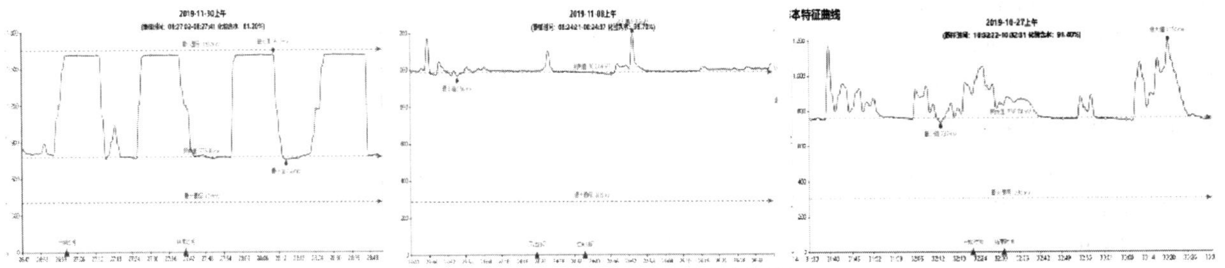

图5 具有底部直线特征的测量曲线图

② 无顶底直线特征：这种情况说明抽油机上升和下降过程中都会有气体存在。此时测量电

值应在底部测量值的基础上，结合人工化验含水情况进行修正，见图6。

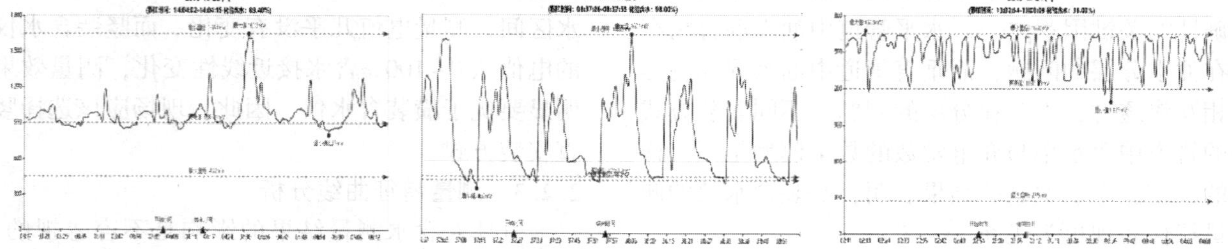

图6　无顶底特征的测量曲线图

③ 顶部高位直线特征：这种情况存在两种情况，其一，该井产液量高，含水低，此时测量电值可以反映含水；其二，该井产液量很低，含气很高，此时测量电值无法反映含水，需要人工化验含水来修正。两种情况可以通过人工取样观察取样情况来进一步判断区分。见图7。

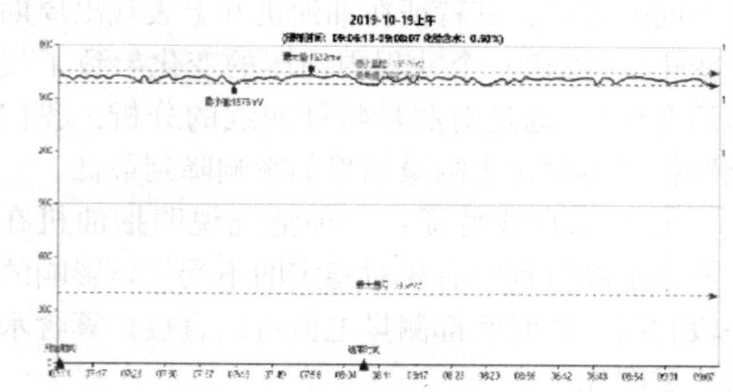

图7　顶部直线特征的测量曲线图

3　现场应用

井口原油含水在线检测技术在大港油田111口油井进行了的现场应用，取得了较好的应用效果。经过近100天跟踪对比，含水检测结果与人工化验结果对比数据表明：

(1) 含水在线检测的平均绝对误差3.2%，平均相对误差4.5%。

(2) 液量低，含水低的油井测量误差较大。相对误差最大的两口井相对误差分别为19.88%和30.4%，其特征曲线表现为高位直线型。经现场核实，2口油井产液量极低，在7m³/d以下，产出液含水也低，在25%以下。

(3) 含水在线检测能够及时反映含水变化，为油井修井作业等提供依据。

图8是一口油井作业前后电值变化曲线，开井前测量管路中为空气，电值在高位不变，开井后电值开始降低，直至回升到稳定状态，表明作业后含水从高到低的一个变化。

图9是一口含水100%的油井，该井偶而见油，电值会出现一段上升然后有下降。

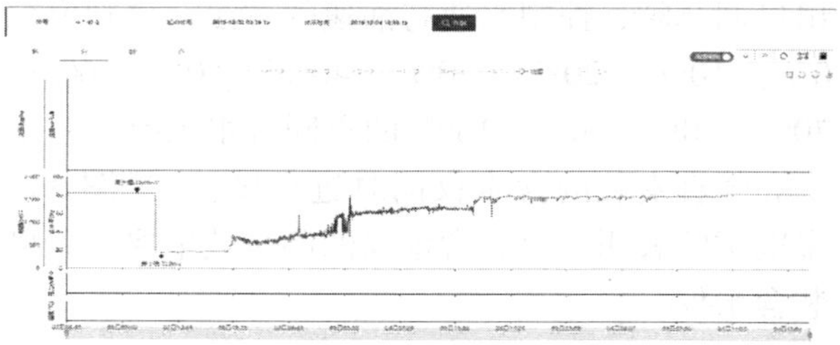

图8　油井作业前后电值变化曲线

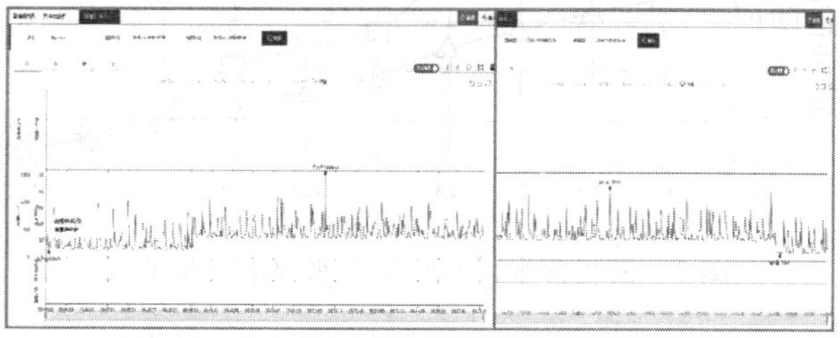

图9　油井100%含水，偶见油时变化曲线

4　结论

综上所述，基于同轴相位法的含水在线检测技术在井口应用后，可以及时反映油井含水的变化，实际应用中含水仪应该采用竖直管道安装方式，对测量特征曲线进行分析来降低气体对含水测量结果的影响，同时结合温度、压力、微差压的检测以及人工化验等方式对含水仪进行在线修正和标定。

参考文献

[1] 黄芬．基于微波传输特性的原油含水率测量方法研究[D]．西安：西安电子科技大学，2015.

[2] 陈召．同轴相位法含水率仪系统研究[D]．哈尔滨：哈尔滨理工大学，2017.

[3] 王进旗，强锡富，张勇奎．同轴线式相位法测量油井含水率[J]．仪器仪表学报，2002，23(1)：74-76.

[4] 黄正华．油水混合介质相对介电常数的研究[J]．油气田地面工程，2000，19(2)：8-10.

基于 FPSO 智能管理平台的综合能效管理系统构建

梁光山[1]　张　玮[1]　郝　杰[2]

[1. 南海西部石油油田服务(深圳)有限公司；2. 中海油能源发展股份有限公司]

摘　要　为实现 FPSO 能效综合管理系统设计和构建，基于新建成的 FPSO 智能管理平台和现有的 FPSO 能耗监测系统，进一步优化系统功能，整合不同子系统的数据资源，丰富能效分析模型。新系统在数据采集通道、通信协议、数据交互等方面更丰富和更智能，基本实现 FPSO 上各类数据源的全覆盖，可视化自定义看板和自定义计算模型为高效用能和节能降碳的辅助决策提供更有效途径。现场应用表明，该系统符合海上油田进一步向绿色低碳转型的发展要求，值得推广实施。

关键词　FPSO；能效管理；节能降碳

1　概述

FPSO、海上平台等海上设施的能源消耗是中海油在海上油气生产过程中的主要耗能环节，也是碳排放的主要工艺所在。2021 年 1 月 15 日，中国海洋石油集团有限公司宣布正式启动碳中和规划，进一步向绿色低碳转型。2021 年 12 月 28 日国务院印发了《“十四五”节能减排综合工作方案》，进一步提出了能源消费总量得到合理控制的目标。

为积极响应国家节能降碳的政策要求，我公司于 2015 年已完成了海洋石油 111FPSO 能耗监测系统的建设，实现了 FPSO 上主要用电设备的数据自动采集、传输、存储和数据处理分析，掌握了 FPSO 的真实能源现状，实现了分生产流程、分子系统等的能源管理，提高了 FPSO 能源利用水平。但该系统以用电监测为主，FPSO 中控系统等其他系统的数据无法实时获取，在综合能效管理方面还有待进一步提升。中海油于 2019 年启动了“FPSO 智能化生产操作运营技术研究与应用(一期)”重大专项研究工作，并完成了“FPSO 智能管理平台(一期)”建设，实现了 FPSO 上各个生产工艺和设备的数据规范采集、统一管理、互通共享。

因此，中海油基于该 FPSO 智能管理平台，进一步优化了系统架构和功能，在微服务接入、自动化多源数据采集、工业物联网应用、电能质量诊断分析、重点工艺综合能效分析、节能降碳策略分析、可视化编程应用、自定义分析模型等方面展开了新的研究和实施工作。

2　海上能效管理系统应用现状

国内外在海上能效管理系统的应用主要集中在远洋船舶和海上油田等业务领域。

林俊(2018)等通过对船舶航运能效的国内外现状的分析，设计了基于数据分析的船舶能效管理系统。赵科(2020)等利用能效管理计划方法对船舶能效指标、能效系统功能进行论证分析，开发设计了一种可靠高效的船舶智能能效管理系统。谭健(2021)等基于既有的能效管理系统，对远洋船舶能效管理系统进行了优化设计，在数据采集、数据存储方面实现了进一步的优化。欧阳俊(2020)以辽东作业公司为基础，开展了海上油田能效管理系统研究及应用，是对油田公司各生产单元的天然气、原油、柴油、淡水等能源数据进行统计与分析，并自动计算和生成产品单耗数据，通过能效分析发现同类型发电机组和用电设备的运行差距，找出关键问题，针对性采取措施，实现节能降耗目标。蒲伟(2021)站在海油发展的整体数字化建设规划的层面，提出了基于微服务的软件开发框架的探索与思考，重点研究了基于微服务的敏捷交付软件开发框架。

FPSO 的用能特点与远洋船舶能耗有相似之处，但还额外附加了海上油气生产相关的上部模块，因此又有不少差异。FPSO 能效管理系统的构建既要综合考虑对发电机组、热介质锅炉、惰气系统这三项一次能源消耗的核心设备及工艺的能效监测分析，也需要覆盖各类泵系统、各类空气(压缩空气、氮气等)系统、空调系统、照明系统等主要用能子系统的能效，还要兼顾各类产品单耗的统计分析与对标考核，对数据来源、采集方式、通信协议、数据存储、可视化展现形式等各个方面都提出了非常高的要求。

3 综合能效管理系统设计及关键技术

FPSO 智能管理平台基于微服务架构设计，前端底层采用 Vue/ElementUI/Jquery/Bootstrap 实现，前端和 Controller 交换数据基于 Json 格式。业务端基于 Springboot、SpringMVC、JPA、SpringData 技术栈构建，对于复杂的系统则采用 Spring Cloud 对服务进行拆分。

FPSO 综合能效管理系统作为 FPSO 智能管理平台的其中一个子应用接入，整体平台微服务架构如图 1 所示。

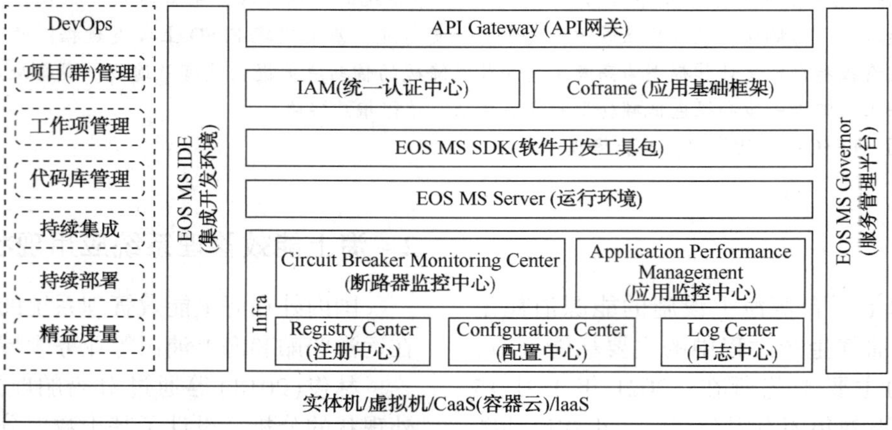

图 1 FPSO 智能管理平台微服务架构示意图

FPSO 智能管理平台采用紫金桥实时库实现实时数据接收、存储、报警、历史数据查询等，采用 MySQL 数据库实现关系数据的存储、转化等。

3.1 系统部署架构

基于上述微服务架构和接入要求，FPSO 综合能效管理系统的部署架构图如图 2 所示。

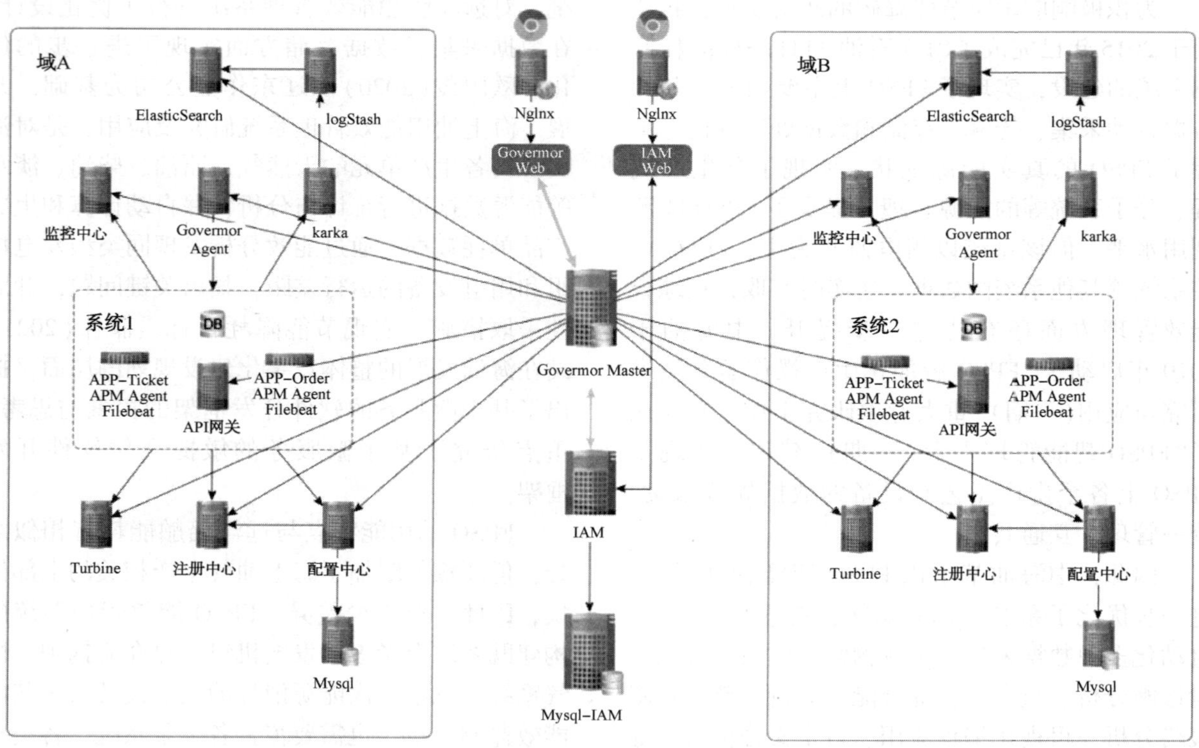

图 2 FPSO 综合能效管理系统部署架构图

图 2 中，Governor Master 需要保证和域中的注册中心、配置中心、监控中心、日志中心、Governor Agent 网络互通。

Governor Agent 需要保证和域中的应用网络互通，Governor Master 会通过 Agent 来获取应用的 API 文档、druid sql 监控、日志级别等。

3.2 系统数据流设计

由于 FPSO 上的能效监测数据种类较多，包括电、水、压缩空气、原油、柴油、烟气参数、温度、压力、流量、液位、产量等，部分数据直接来源于已有监测仪表，部分数据需要加装或升级监测仪表，部分数据来源于其他子系统，还有部分数据来源于日常手工填表的 Excel 报表，数据来源可谓是非常丰富。同时，由于陆地和海上双重监测和管理的需要，结合海上和陆地的通信限制，整个系统在展现和输出层面也和传统的系统不同。因此整个系统数据流的设计需要综合考虑上述各种需求，具体设计如图 3 所示。

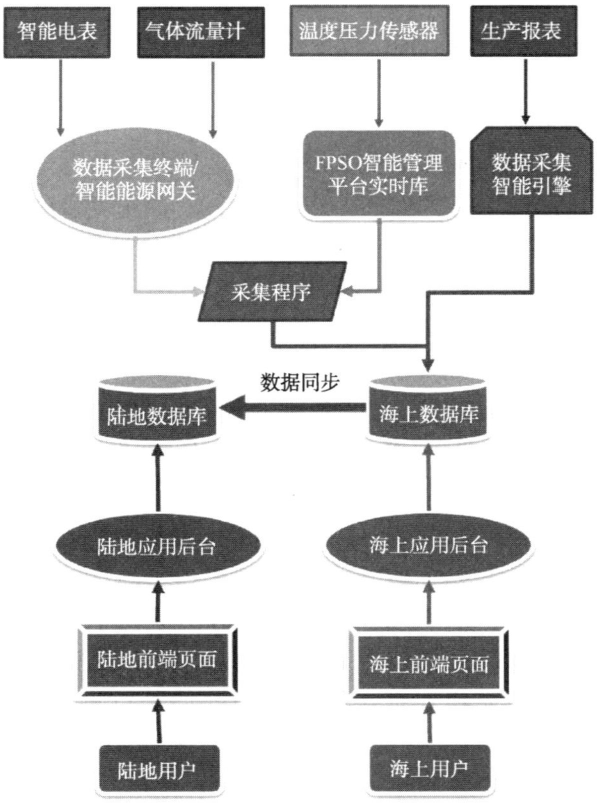

图 3　FPSO 综合能效管理系统数据流图

3.3 多通道仪表监测架构设计

在海上实施能效综合管理系统与陆地不同，施工难度较大，各类表计的数据采集通道设计与传统系统也存在较大差异，各类智能电表、流量计等仪表数据的采集监测方案必须结合海上施工的各类限制重新设计。海上仪表通信采集的困难主要表现在几个方面：

（1）由于海洋石油 111FPSO 于 2003 年建成投产，尚未预留各类仪表的数据采集用敷线通道，部分配电间之间无法通过顶部桥架或底部电缆沟走线，因此部分通道必须考虑无线通信的模式。

（2）海上的停产检修时间非常少，有限的时间通常也需要预留给其他核心生产工艺设备的维修保养，因此要在不能停电的情况下完成线路敷设，工作难度较大。

（3）出于网络安全的考虑，海上生产用网络和生活用的无线 Wi-Fi 网络实施物理隔离，因此覆盖整个 FPSO 的生活用 Wi-Fi 网络不能用于能效综合管理系统的数据采集通道。

（4）由于 FPSO 属于单点系泊，船体会随着海浪波动，因此安装在各个配电柜内的仪表设备都必须固定安装，不能采用可拆卸的柔性安装方案。

因此，结合上述困难和现状，FPSO 综合能效管理系统应采取多通道仪表监测架构，综合采用 RS-485、低压电力载波、Lora 低功耗无线网络、以太网、光纤专网等多种通道实现各类数据的在线采集监测。具体架构示意图见图 4。

（1）MCC 配电间是包括各台发电机组、平台用电等 FPSO 上核心供电设施的计量柜所在，数据传输的稳定性、可靠性都至关重要，同时计量监测的参数也最为丰富，包括电压、电流、有功功率、无功功率、功率因数、电量等常规电参数之外，还需要包括电压波动闪变、骤升骤降、2~31 次电流和电压谐波等电能质量参数。因此在采集通道的设计选型上采用光纤+RS485 有线通信的方式，采集终端和智能电表之间采用 RS485 通信，采集终端上行通过光纤接入，确保大量高频数据的实时稳定传输。

（2）各类水泵、各类油泵、空压机、氮气机、中央空调等公辅设施是 FPSO 上的主要用能设备，需要进行综合能效监测分析。除了电能，还需要计量监测各类流量、温度、压力、震动、冷热量等参数。因此为了提高采集效率，在采集通道的设计选型上采用以太网+RS485 有线通信的方式，智能能源网关和各类流量计、温度压力仪表等之间采用 RS485 通信，智能能源网关上行通过以太网接入，确保大量多种类低频数据的实时稳定传输。

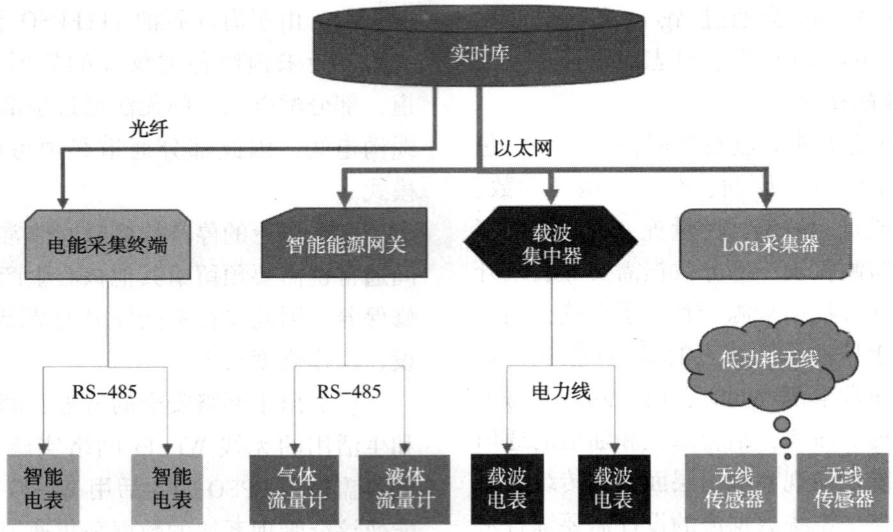

图 4　FPSO 综合能效管理系统通信架构示意图

（3）在船体配电间、应急配电间、上模配电间还布置了大量中小型用电设备的低压计量屏柜。其中大部分计量屏柜上部的桥架或底部的电缆沟都无法在不停产的时候施工，额外开槽外接线又不符合海上配电管理规范。因此在采集通道的设计选型上采用以太网+电力载波的方式，载波集中器与载波电表之间利用低压电力线采集，也即无须另外敷设通信采集线路，载波集中器上行通过以太网接入，确保大量分散布置、实时性要求不是非常强的低频数据的及时稳定传输。

（4）对于分布在室外或零散管路上、烟道上的各类温度、压力等传感器、现场布线工程量非常大，而且很多位置无法穿墙或开孔，采用有线采集方案不具备可行性。因此在采集通道的设计选型上采用以太网+Lora 低功耗无线的方式，数据采集器与传感器之间通过无线方式进行通信，数据采集器上行通过以太网接入，确保大量离散监测点位的数据及时稳定传输。

3.4　多渠道数据采集架构设计

根据数据流图可知，FPSO 能效综合管理系统的数据来源较为多样化。FPSO 智能管理平台已经完成了大部分信息孤岛的数据整合功能，特别是原中控系统中的所有监测数据均可以通过 FPSO 智能管理平台获取，但仍然需要采集后续加装的电能采集终端、智能能源网关、集中器、采集器、PC 机等各类数据源，因此应采取多渠道数据采集架构，综合各类通信协议实现跨设备数据采集。FPSO 能效综合管理系统的多通道数据采集架构见图 5。

（1）DL/T645-2007 规约是目前在电力行业广泛应用的多功能电表通信规约，高精度带谐波监测功能的智能电表通常采用通信规约进行采集。

（2）载波信道通信规约常用于载波电表，以低压输电线路为载波信号的传输媒介，适用于不方便连接通信线且实时性要求不高的电表采集。

（3）LoRa WAN 是为 LoRa（低功耗广域网通信技术）远距离通信网络设计的一套通信协议和系统架构，适用于无线采集的仪表和各类传感器数据采集。

（4）ModbusRTU 和 Modbus TCP 两个协议的本质都是 Modbus 协议，都是靠 MODBUS 寄存器地址来交换数据；但所用的硬件接口不一样，Modbus RTU 一般采用串口 RS232C 或 RS485/422，而 Modbus TCP 一般采用以太网口。Modbus 协议是大部分气体质量流量计、液体流量计、冷热量表以及各类数字化传感器所支持的标准协议，在工业物联网领域应用较为广泛。

（5）各类终端、采集器、集中器、能源网关等数据采集设备向采集服务器上传数据的协议根据各个设备厂家所支持的通信协议而定，大部分电力系统常用采集设备的厂家都支持 102、376.1，大部分边缘计算网关的厂家都支持 Http、TCP 协议。

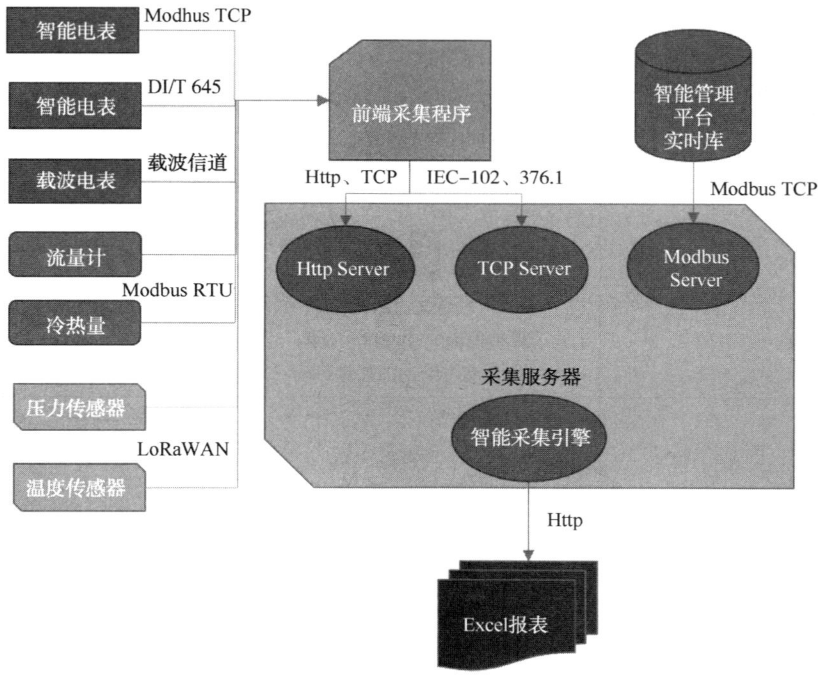

图 5　FPSO 能效综合管理系统的多通道数据采集架构示意图

（6）智能管理平台的实时库数据通过 Modbus TCP 协议进行采集，实现中控系统各监控数据在能效综合管理系统中的二次利用。

FPSO 能效综合管理系统在构建过程中，根据仪器仪表、传感器等的品牌型号、安装位置、敷线方便性、通信可靠性、数据传输量、数据采集实时性等各类综合性要求，选择匹配的通信协议和通信设备，应用多通道数据采集架构实现 FPSO 上各类能效相关数据的采集传输。

3.5　可视化自定义看板设计

考虑到不同岗位、不同部门的用户对设备监控、工艺管理、能效分析和统计查询等各个模块的需求都各有侧重，除了设计 80%的通用功能界面依托不同权限进行区分之外，还应提供可视化自定义看板设计，满足 20%的个性化需求，要能够实现图片、文字、流程、报表、图表等各种元素的自定义展现。

B/S 结构适合规模化应用，C/S 结构适合个性化应用。因此 FPSO 能效综合管理系统在前端展现和交互的环节采用 B/S 和 C/S 混合的应用架构。B/S 架构下的 Web 页面访问 80%的通用化功能，以权限进行功能分割，各个角色看各自权限范围内的图表数据；C/S 架构下的自定义看板访问 20%的个性化共功能，支持每个用户完全个性化的自定义，本地化存储自定义配置，但数据仍然通过后台统一管理。同时 C/S 架构下支持更加广泛的自定义计算和统计分析，也支持可视化能源流向分析、能源平衡分析、工艺能效组态化监测等多种形式的综合性看板分析模式，可视化拖拽操作，所见即所得，方便快捷。

3.6　自定义计算模型设计

计算模型是所有数据分析的核心。但不同岗位、不同部门的用户对数据分析的需求也不尽相同。因此，除了将传统计算模型固化在系统内，系统还应提供可供用户自定义的模型公式，实现更加灵活和多维度的计算分析。

系统固化的计算模型见表 1。用户可以在系统内根据计算模型自行配置参与计算的数据节点，以便实现最终的数据展示。

系统对于用户自定义的计算模型，就在可视化自定义能效看板的设计制作过程中自行配置，选择对应的数据节点和配置相应的计算公式，实现更加个性化的计算分析。

表 1　FPSO 能效综合管理系统固化模型列表

能效参数	能效子参数	计算分析方法
单位产品能耗	单位产品原油消耗	单位产品原油消耗： $$e_{e1}=\frac{e_1}{10000\times G}$$ e_{e1}——单位产品原油消耗，t/10^4sTB； G——报告期内原油产量，sTB； e_1——报告期内原油消耗量，t。
	单位产量柴油消耗	单位产量柴油消耗： $$e_{e2}=\frac{e_2}{10000\times G}$$ e_{e2}——单位产品柴油消耗，t/10^4sTB； G——报告期内原油产量，sTB； e_2——报告期内柴油消耗量，t。
	单位产量综合能耗	单位产品综合能耗： $$E=\sum_{i=1}^{n}(e_i\times P_i)$$ $$e_g=\frac{E}{10000\times G}$$ e_g——单位产品综合能耗，kgce/10^4sTB； E——报告期内综合能源消耗量，kgce； G——报告期内原油产量，sTB； n——消耗的能源品种数； e_i——原油生产中消耗的第 i 种能源消耗量，kg； P_i——第 i 种能源的折标煤系数，按能量的当量值或能源等价值折算。
	单位产值综合能耗	单位产值综合能耗： $$e_b=\frac{e_g}{B}$$ e_b——单位产值综合能耗，kgce/万元； e_g——单位产品综合能耗，kgce/10^4sTB； B——报告期内原油产品单价，元/sTB。
	单位产值碳排放量	单位产值碳排放量： $$C_b=e_b\times\alpha$$ C_b——单位产值碳排放量，kg/万元； e_b——单位产值综合能耗，kgce/万元； α——标准煤折二氧化碳系数，kg/kgce。
发电机组能效	发电机组效率	发电机组效率： $$\phi=\frac{Q_i}{10000\times E_i}$$ ϕ——单位发电量原油消耗量，sTB/10^4kWh； Q_i——报告期内发电机组原油消耗量，sTB； E_i——报告期内发电机组的发电量，kWh。
泵能效	泵能效	泵能效： $$\varphi_a=\frac{\frac{1000\times(P_2-P_1)\times q}{3600}}{E_b}\times100\%$$ φ_a——泵能效，%； P_2——泵进口压力，MPa； P_1——泵出口压力，MPa； q——报告期内泵输送液体流量，m^3/h； E_b——报告期内泵用电量，kWh。

续表

能效参数	能效子参数	计算分析方法
泵能效	泵单耗	泵单耗： $$\varphi_b = \frac{E_b}{1000 \times q}$$ φ_b——泵单耗，即千吨水耗电量，kWh/km^3； q——报告期内泵输送液体流量，m^3/h； E_b——报告期内泵用电量，kWh。
空压机能效	空压机单耗	空压机单耗： $$\varphi_k = \frac{E_k}{Q_q}$$ φ_k——空压机单耗，即吨气耗电量，kWh/m^3； Q_q——报告期内空压机气体排量，m^3/h； E_k——报告期内空压机用电量，kWh。

4 实际应用效果

FPSO 综合能效管理系统在海洋石油 111FPSO 上进行了现场实施和应用，将原有能耗监测系统的历史数据全部完成了迁移，并且重新采集了 2012 年开始的全部生产日报表数据，以微服务的形式接入了 FPSO 智能管理平台，实现了数据、权限和应用等多个层面的整合，对能耗、能效、单耗、碳排放等各个维度的指标完成了基础建模和统计分析，应用效果良好。

部分应用系统界面如图 6~图 15 所示。

图 6　FPSO 能效总览

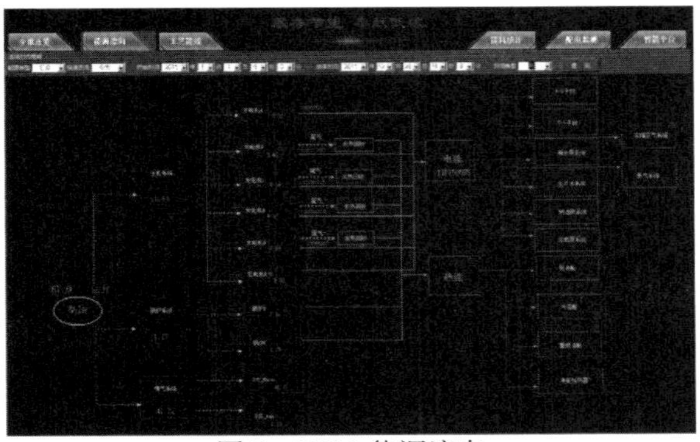

图 7　FPSO 能源流向

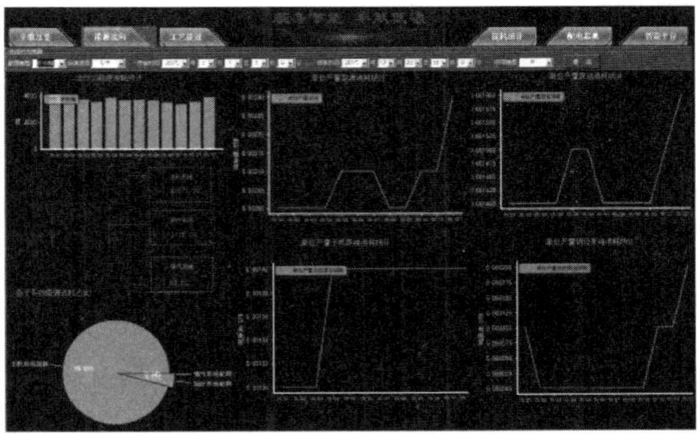

图 8　FPSO 能耗总览

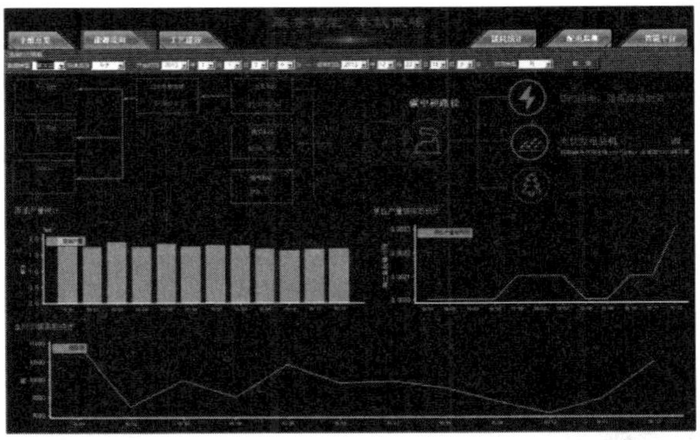

图 9　FPSO 碳排放分析

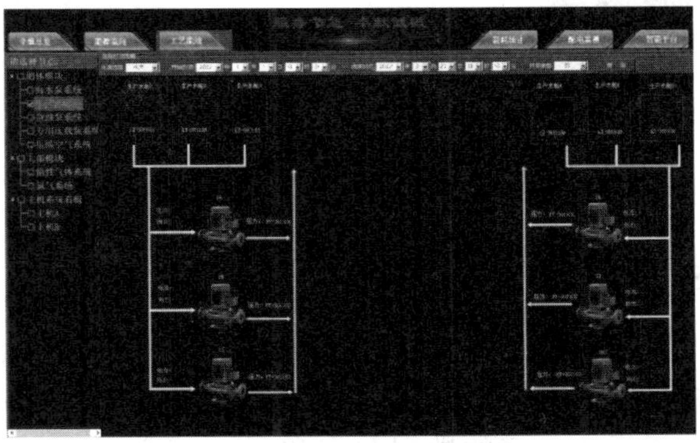

图 10　FPSO 工艺能效

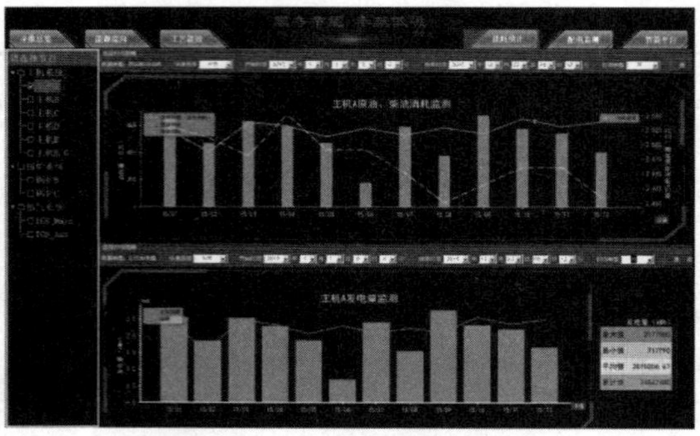

图 11　FPSO 核心设备能耗

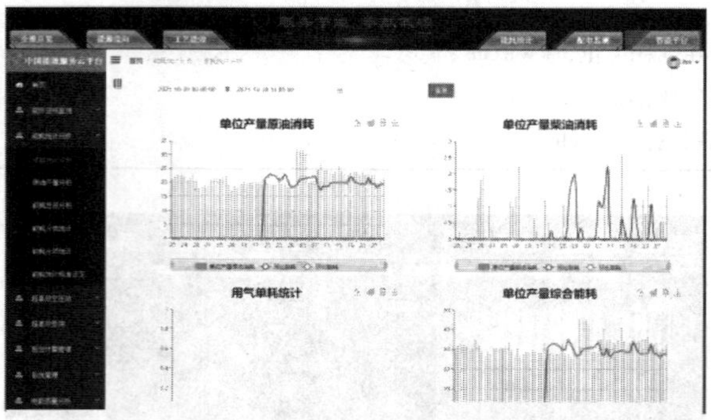

图 12　FPSO 产量单耗分析

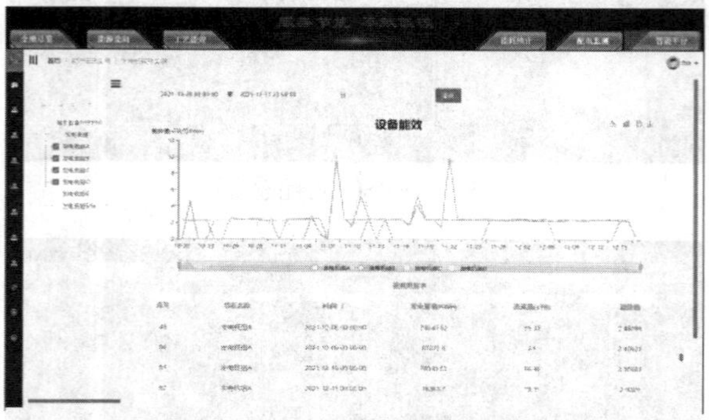

图 13　FPSO 设备能效分析

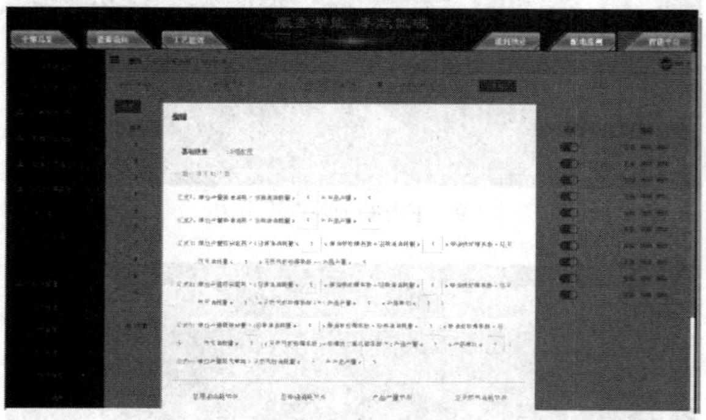

图 14　FPSO 自定义计算模型 1

5　结论

（1）基于 FPSO 智能管理平台的能效综合管理系统能够充分利用智能平台的数据资源实现不同子系统之间的数据共享和利用，减少重复建设，降低实施难度。

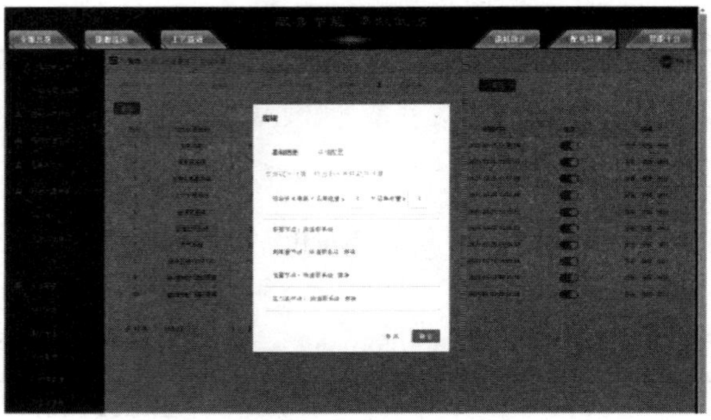

图 15　FPSO 自定义计算模型 2

（2）FPSO 综合能效管理系统在构建过程中需充分结合现场的情况选择适配的数据采集和通信传输的方式，RS-485、低压电力载波、低功率无线等方式均具备可行性。

（3）FPSO 综合能效管理系统所提供的可视化自定义看板、用户自定义计算模型等功能较好地解决了产品化需求和个性化需求相结合的综合管理要求，系统展现更加友好，兼容了不同岗位的需求。

（4）基于 FPSO 智能管理平台的能效综合管理系统在能耗监测与统计、能效分析与对标、单耗核算与对标、节能潜力分析与挖掘、碳足迹分析、碳排放管理、电能品质监控与预警、关键设备监控与运维等各个方面提供了直观而便捷的管理工具，大幅提高了管理和实施效率，降低了作业风险，节能降碳的效果非常显著，值得推广应用。

参 考 文 献

[1] 罗晓明，张旭辉，刘连进，等．FPSO 能源管理系统设计综述[J]．资源节约与环保，2017(10)：105-106.

[2] 林俊，葛海龙，李晓陆，等．基于数据分析的船舶能效管理系统的设计[J]．船舶，2018，29(S1)：127-131.

[3] 赵科，丁琦．船舶智能能效管理系统设计[J]．舰船科学技术，2020，42(21)：143-147.

[4] 谭健，孙永明，岳跃申．远洋船舶能效管理系统优化设计[J]．水运管理，2021，43(09)：40-41，45.

[5] 欧阳俊．海上油田能效管理系统研究及应用[J]．科技创新导报，2020，17(15)：177-179.

[6] 蒲伟．基于微服务的软件开发框架的探索与思考[J]．科技创新与应用，2021，11(19)：56-58.

智能化有缆分层注聚配套工艺技术研究与试验

王营营　卫海涛　宋祖厂　杨海超

（中国石油大港油田公司）

摘　要　井下分层注聚技术可以提高驱替波及范围，缓解层间矛盾，提高原油采收率，是三次采油的一个重要组成部分。但目前分层注聚井常用的还是投捞式换注聚嘴测调，测调效率慢，准确率差，无法对分层层段注入参数实施全过程监控。为此开展井下有缆式智能分层注聚合物配套技术研究，设计试验了一种间隙连续可调的高效低粘损流线型分层注聚用节流器调节芯子，调节行程更短，测调效率更高。利用有限元仿真模拟研究、优化了低剪切节流控制单元，通过配聚芯子轴向上下微量移动，改变配聚芯子与工作筒之间节流单元相对间隙，实现流量大小调节，同时配套完善直读式测调工艺，形成单管分层注聚测调一体化技术。大港油田有缆式智能分层注聚配套技术，通过电缆与地面智能控制系统联系，实现聚合物流量、压力、温度等参数的实时监测和在线控制，提高了监测精度和效率，为大港“数智油田”建设提供技术支持。

关键词　分层注聚；智能有缆；技术配套；节流芯子；有限元；粘损控制

分层注聚工艺是三次采油的一项重要手段，可以提高驱替波及范围，缓解层间矛盾，提高原油采收率。大港油田分层注聚工艺经历了起始、发展和一体化三个阶段发展，智能分层注聚技术还处在探索研究起步期。目前分层注聚工艺面临的主要问题是：技术落后比较落后，现场仍以笼统管柱和油套地面注聚占主导；测调成功率低：投捞和堵测测调过程中容易遇阻、遇卡，成功率低；管柱验封难度大，机械式验封坐封成功率低，有事故隐患；不能满足油藏动态监测的需求。为此在桥式偏心+测调联动注聚工艺基础上，借鉴智能分层注水技术思路，开展有缆智能分层注聚配套技术研究。该技术是实现分层注聚井在线智能调控，实现基地与井口远程监测、远程控制的关键手段。有缆智能分层注聚技术主要包括地面控制和井下工具两大部分，地面以地面控设备、数据传输系统、智能分层注聚软件控制系统，核心设备是一体化智能配聚器，集成了流量计和调节芯子。

1　井下聚合物流量测量技术研究和试验

聚合物溶液井下测量技术是分层注聚智能测调技术的核心技术之一。分层注水井应用的井下永置式流量计主要有涡街、电磁、压差和超声波等（见图1）。压差流量计通过节流压差来计算流量，压差会带来黏度损失，不适合聚合物流量测量。涡街流量计的流量测试要求雷诺数在 $5\times10^3\sim7\times10^4$ 范围内，其中雷诺数 $2\times10^4\sim7\times10^6$ 范围时线性度最好。而涡街流量计用于井下聚合物测量时，利用目前常用聚合物黏度计算，聚合物雷诺数小于5000。对此，井下涡街流量计和电磁流量计开展室内试验，选择合适的的聚合物井下测量设备。

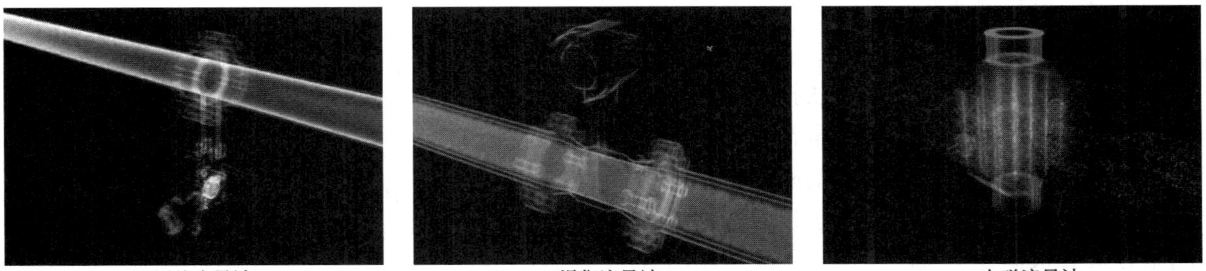

(a)压差流量计　(b)涡街流量计　(c)电磁流量计

图1　油田常用流量计

1.1 流量计室内选择试验

针对涡街流量计、电磁流量计开展了地面试验，试验使用的是港西配聚站的聚合物溶液。试验过程如下：将2种流量计串联在一个管路(见图2)，通过改变经过管路的流量，观察流量计测试结果和基础流量的误差来判断流量计性能。

(1) 试验条件：港西配聚站；1900万分子量；浓度1500mg/L。

(2) 试验过程：将2种流量计串联在一个管路，从5~80m^3/d改变流程基准流量，观察流量计测试结果。

图2 涡街流量计、电磁流量计地面串联试验

(3) 实验结果：涡街流量计试验流程流量变化时，涡街流量计读数不跟随变化，不适用于聚合物流量测量(见图3)；电磁流量计适用于聚合物流量测量，量程宽，能保持较高的测量精度(见图4)。

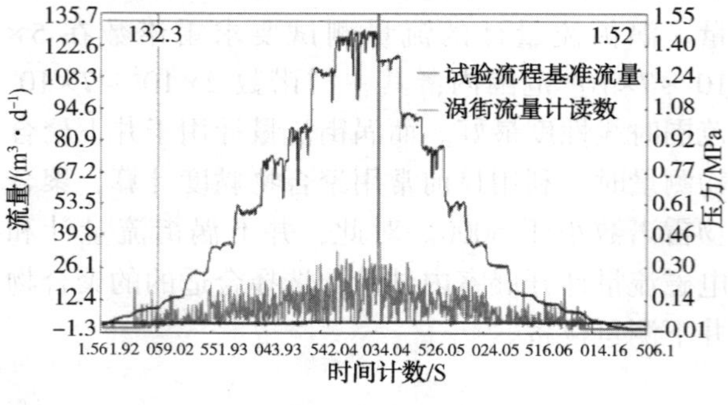

图3 涡街式流量计试验流量变化曲线

1.2 电磁流量计测量精度试验

电磁流量计工作原理是依据法拉第电磁感应定律测量导电液体流量，不同流量在磁场中产生不同感应电动式。从原理上看，电磁流量计适用于聚合物流量测量，因为电磁流量计是一种流速式测量方式。根据井下实际工况，试验选用两种井下电磁流量计：一种是中心通道式电磁流量计，内通径为46mm，每一层的流量通过逐层递

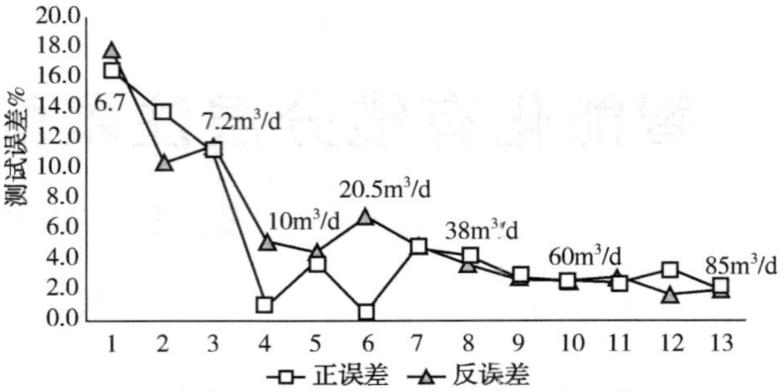

图4 电磁式流量计试验流量变化曲线

减获得。这种流量计的优势是适用流量范围宽，不易堵塞；缺点是获取单层流量需要逐层递减，会损失一些精度，特别是小流量。另外一种是小直径电磁流量计，直径为12mm，保证了中心46mm的条件下实现了分层聚合物流量的直接测试。第二种流量计的优势是能实现单层直接测试，保证中心通道，且测试精度高。

对两种类型电磁流量计，组织了多次室内试验：

(1) 内通径12mm、17mm电磁流量计(单层直接测试)，量程范围5~30m^3/d。

(2) 内通径25mm电磁流量计(单层直接测试)，量程范围5~50m^3/d(见图5)。

(3) 内通井46mm电磁流量计(递减法测单层)，量程范围5~120m^3/d。

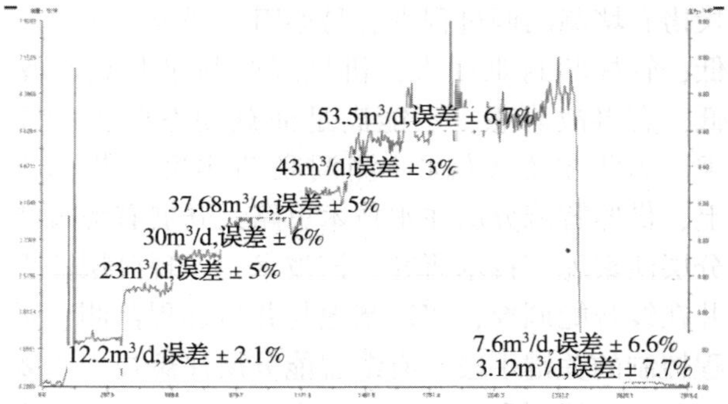

图5 25mm电磁流量计聚合物流量试验结果

注：试验条件为分子量1900万、浓度1500mg/L。

实验结论：

(1) 中心通道电磁流量计适用于聚合物流量测量，量程宽，在10m^3/d以上能保持较高的精度，测在10m^3/d以上条件下，聚合物测试精度+5%以内，在10m^3/d以下时，聚合物测试误差在20%以内。同时，通过试验发现，在水中标定的流量计直接用于聚合物测量时，总体测量值偏小，需要二次标定，如图6所示。

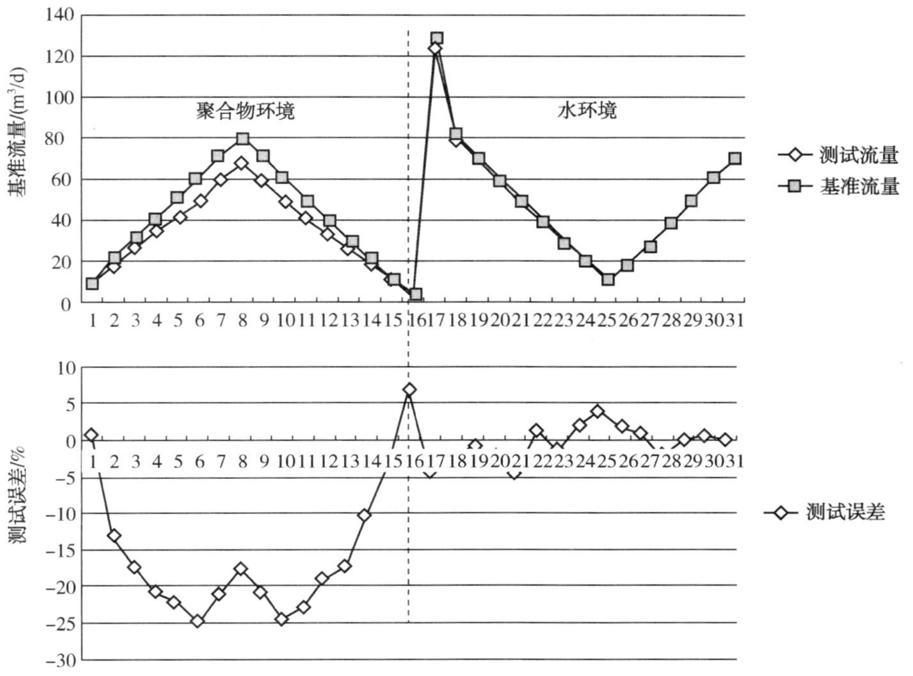

图 6 46mm 电磁流量计聚合物流量试验结果

红线右侧是水环境下的标定结果，测试误差都在+5%以内。标定后的中心通道电磁流量计直接用于聚合物测量时，最大测试误差将近25%，需要在聚合物环境下进行二次标定。

（2）小直径电磁流量计内通径对聚合物流量范围影响大，小直径电磁流量计测量聚合物量程远小于水介质。室内试验表明，内通径 12mm 电磁流量计在聚合物条件下的测试范围 5～30m^3/d，超过 30m^3/d 后流量波动明显，但是平均值与实际值吻合度较高。

2 智能配注器节流芯子研究和试验

聚合物溶液是非牛顿流体的一种假塑性流体，在低流速或者静止时，由于它们互相缠结，黏度较大，故而显得粘稠。然而流速变大时，这些比较散乱的链状粒子因为会受到流层之间的剪应力作用，表现为剪切稀化的现象。注聚井中的聚合物溶液通过注水水嘴时会发生剪切降解，造成粘损，另外还容易发生堵塞。因此需要对注聚节流水嘴进行专项研究。

2.1 分层注聚节流阀芯结构优选

目前国内油田常用的节流器结构有：环形槽结构和梭形结构(见图 7、图 8)，这两种结构的节流器芯子都是通过调节芯子进出腔室的长度来实现节流的目的的。

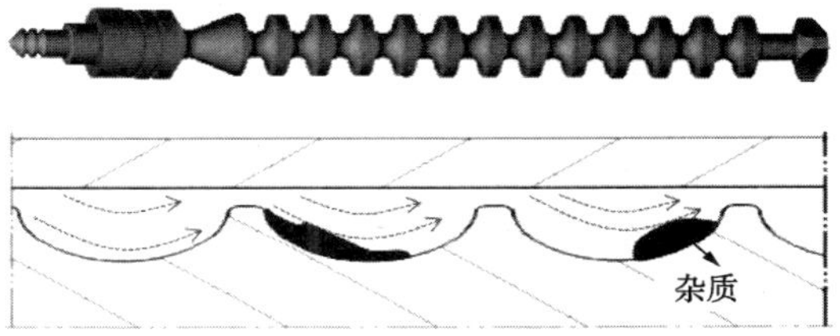

图 7 环形槽结构节流阀芯

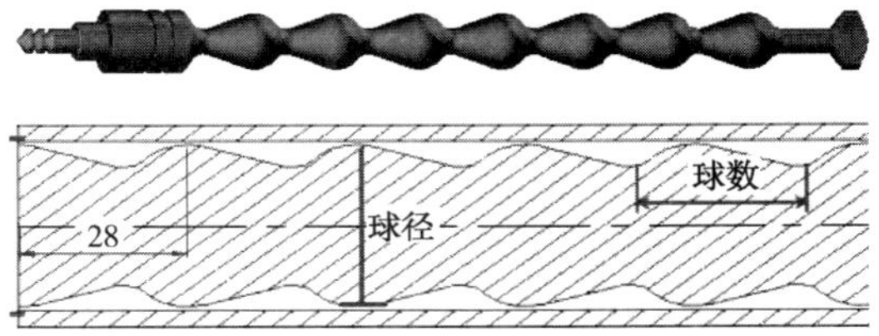

图 8 梭形球结构节流阀芯

在这两种结构的基础之上，将梭形节流芯优化为流线型节流芯：主要是将腔室的光滑平面结构改变成一个个独立的环槽结构，每个芯子单独处在一个环槽内，移动半个直井距离即可实现全封到全开状态。与之前相比芯子的行程距离大大缩短，测调的时间也相应的缩短到 15min 之内。不同结构节流芯技术参数见表 1。

2.2 节流芯子性能试验

节流芯子流道为复杂结构，理论上很难给出合理的评价结果，目前国内主要有室内检测评价与数值模拟两种方法。

表 1　不同结构节流芯技术参数

序号	工具结构	技术参数		
		长度/mm	内通径/mm	偏孔内径/mm
1	环形槽结构	1640	46	25
2	梭形结构	1750	46	20
3	流线型结构	1160	46	20

2.2.1　室内检测

室内试验评价：设计了检测流程设计和聚合物粘损检测装置。

对三种节流芯子进行室内水力特性试验，试验使用的还是港西配聚站的聚合物溶液。对节流压差和粘损率比较，流线形结构粘损率低、节流压差大，符合设计标准要求(见图 9)。在检测过程中采用直接手动方式对芯子的各个参数进行实时调整，根据连续调整的数据，得出可调节节流芯子的粘损、排量、节流压差等主要参数的变化情况。

试验条件：聚驱试剂注入量为 $30m^3/d$，配注浓度为 2500mg/L，聚驱试剂的分子量为 2500 万。

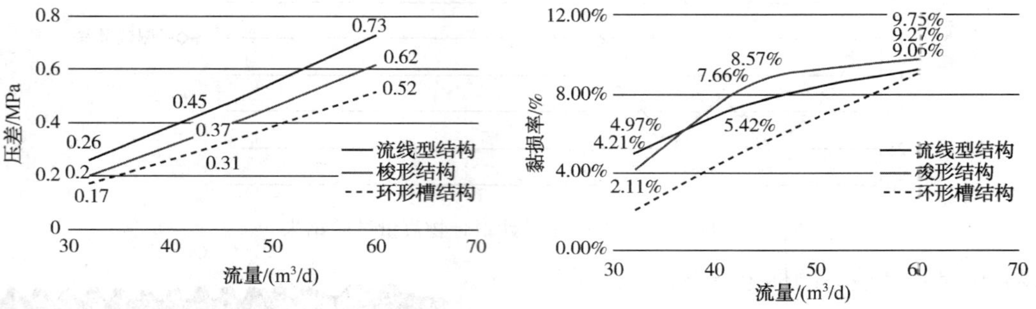

图 9　不同结构节流芯子水力特性对比

室内试验结果评价：从室内投捞成功率、水利特征参数节流压差和粘损率比较，流线形和梭形节流阀投捞成功率较高、性能较好(见表 2)。

表 2　不同结构节流芯子室内试验数据表

工艺类型	一次投捞成功率/%	节流压差/MPa	粘损率/%
流线型	100	1.3	7.9
梭形	87	1.12	8.5
环形槽	18	0.03	12

2.2.2　数值模拟

为得到不同的流线型节流芯子结构对 HPAM 溶液流经时产生的节流压降，利用大型有限元工程计算软件，对不同个数槽条件下进行了数值模拟。设计了流线型流道有限元模型(见图 10)、计算模型网格划分及边界条件(见图 11)、设计了智能配聚器结构示意图。

利用仿真软件模拟了在不同槽数，在不同的流量下，黏度损失率和节流压差变化(见图 12)。

实验结论

(1) 不同槽数的阀芯黏度损失率不一样；不同流量相同槽数的的阀芯黏度损失率也不同；

(2) 黏度损失率随着槽数的增加近似成正比关系；

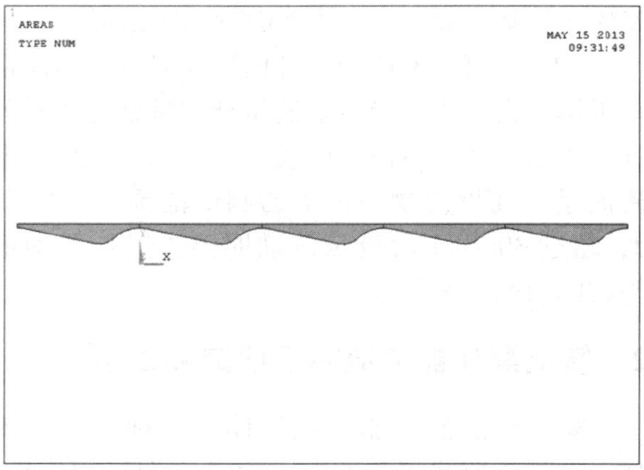

图 10　五个梭形流道有限元模型

(3) 随着槽数增多，粘损率也逐渐上升，最大值不超过 10% 的性能指标，符合阀芯的优化设计要求。

经过多次数值模拟计算，将节流压差与配注量、球数及球径之间的关系，绘制成曲线图版。利用图版可以快速确定某个流量范围需要的芯子直径和数量。

3　现场先导试验

2018~2021 年在大港油田试验远程调控分层注聚工艺 3 口井，避免动用测调车辆及人员减少

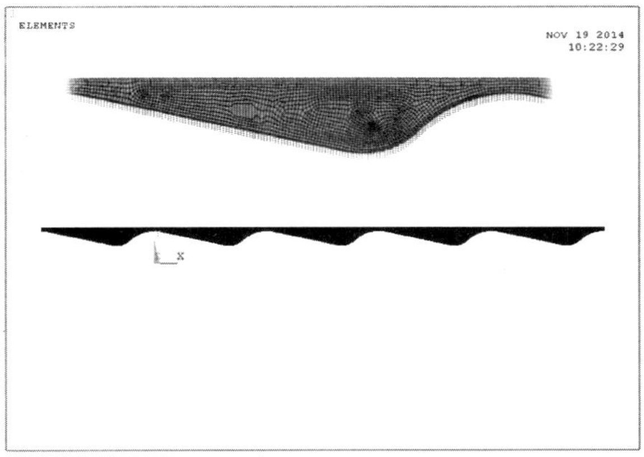

图 11　计算模型网格划分及边界条件

了测调成本，年节约测调成本 3.2 万元/井，3 口井每年节约 9.6 万元；提升分层注聚精度，提高聚驱效果，对应 10 口受益井增油 514t，约为 180 万元(见表 3)。

表 3　现场试验井生产参数数据

井号	作业时间	井深/m	分段数/段	配注/(m^3/d)	实注/(m^3/d)
AAA-1	2018.11	1841	3 段	25/25/30	27/28/30
AAA-2	2020.12	1266	2 段	40/40	43/37
AAA-3	2021.4	1317	3 段	20/30/30	21/29/28

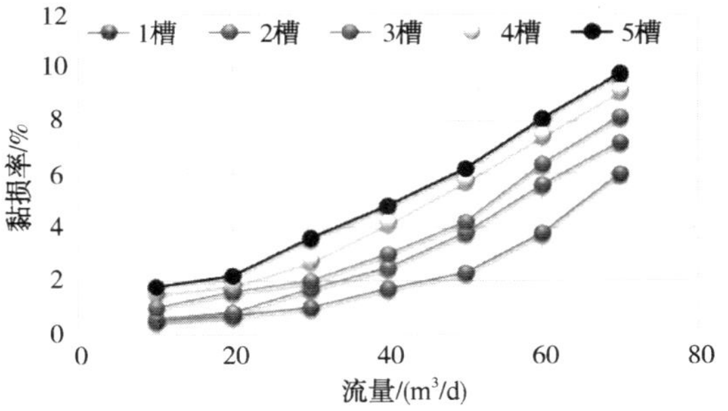

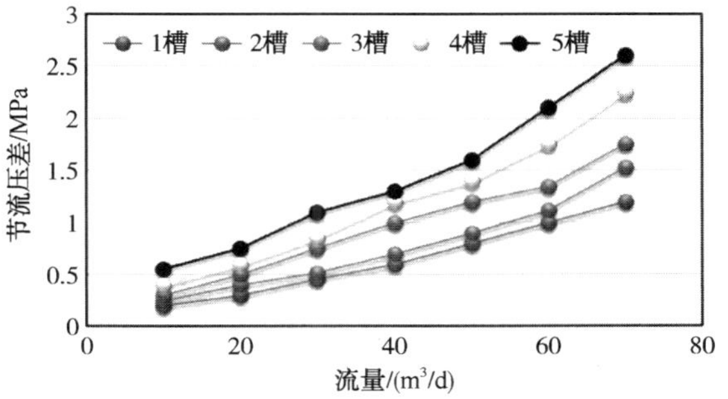

图 12　不同排量、调节间隙下的节流压差变化图

大港油田 2018 年开始在采油一厂 AAA-1 井开展先导试验，该井为三段分层注聚，管柱设计了三套智能配聚器和过电缆封隔器。作业施工，对配水器下井前测试，在地面将电缆穿封隔器，对工具进行装配检查。过电缆封隔器入井时检查，在油管接箍处安装铠装电缆保护器，下完全部管柱后拆防喷器，将电缆从井口穿越，安装井口。完井后，现场使用智能注聚软件进行测调验封，打开第 2 级配聚器水嘴；泵车打压 5MPa 左右，读取二级配聚器流量数据；观察 1、3 级配聚器最后压力变换情况判断井下封隔器座封情况。验封合格后，进行测调；流量校核；单独开每级配聚器，与井口流量计校对；让后将配聚器全开，读取每层流量，优先调整控制层开度达到配注量。通过智能分层注聚软件系统，每天监测各层流量、压力、温度数据；对比井口流量偏差，定期发送配聚器开关命令。

4　结论

(1) 有缆智能分层注聚配套技术通过电缆与地面智能控制系统联系，实现聚合物流量、压力、温度等参数的实时监测和在线控制，提高了监测精度和效率，为“数智油田”建设提供技术支持。

(2) 控制系统依据实时层段流量，配合配注方案对层段注入量进行调整，保证分层注聚全过程受控，井下压力和流量参数为聚驱开发方案优化提供了数据支撑。

(3) 在不动管柱、免施工的情况下，远程智能测调大大降低注聚井分层配注的测试成本，可长期保持注聚井配注合格率，实现整个注聚周期内的精确配注。

参　考　文　献

[1] 王延峰，邱金平，杨丽霞．分层注聚井智能测调技术[J]．油气井测试．2021.30(04)：50-55.

[2] 尤波，邹天洋，贾德利．分层注聚节流阀芯结构优化设计[J]．哈尔滨理工大学学报．2017.22(05)：13-17.

[3] 马珍福，王鹏，咸国旗，等．分层注聚测调一体化技术[C]//2017 油气田勘探与开发国际会议(IFEDC 2017)论文集．2017：1476-1484.

[4] 咸国旗，门海英，王鹏，等．同心可调配聚器的研制与应用[J]．石油机械，2017.45(03)：98-101.

[5] 邹天洋．聚合物驱分注井高效测调技术研究[D].

哈尔滨：哈尔滨理工大学，2017.
[6] 张志熊，牛贵锋，王良杰，等．海上油田注聚井单管分层注聚测调新技术[J]．石油机械．2016. 44(10)：59-62.
[7] 李东雷．预置电缆智能分层注聚合物技术的研究与应用[J]．石油机械．2016. 44(10)：93-96.
[8] 刘伟，周志全，刘志杰．电控存储式注聚井分层黏度仪[J]．化工自动化及仪表．2016. 43(08)：809-813.
[9] 孙金峰，罗杨，王磊，等．自分流式井下调压注聚工艺技术研究及应用[J]．石油机械．2016. 44(08)：75-78.
[10] 杜良．分层注聚技术在二类油层油井中的应用[J]．油气田地面工程．2014. 33(10)：117.

基于多变量时间序列预测模型的能效数据研究

马 赟 袁 亮 高根英 刘 炜 汪 洋

（中国石油新疆油田公司）

摘 要 能效数据是注汽系统能源管控中的重要参数。通过单耗指标对比、效率预警，分析存在的问题，指导现场对锅炉、泵运行工况及时调整，从而实现管控绩效指标达标，降低产汽单耗的目的。然而，由于传统锅炉采用仪表等设备进行测量关键能效数据，但其维护成本高且使用寿命短，不利于实现长期实时监控。本文提出一种适用于多变量时间序列预测的长短时记忆神经网络的数据模型建立方法，在不增加额外成本的情况下，充分考虑实时数据与历史数据之间的双向关联性等特征，通过增加长短时记忆神经网络深度来增强模型表达能力并利用迭代更新策略完成模型的建立。研究表明，该方法可节约现场仪表设备投资，实现硬件功能软件化。

关键词 管控绩效；产汽单耗；时间序列；多变量；神经网络；LSTM

注汽系统能源绩效参数主要包括产汽和软化水处理的单耗、吨蒸汽的耗气量和耗电量以及注汽锅炉效率(炉体外表面温度、排烟温度和烟气氧含量)和泵效。其中，烟气氧含量是锅炉运行重要监控参数之一，对控制燃烧过程，实现安全、高效和低污染排放是及其重要。传统注汽锅炉采用仪表进行测量烟气氧含量，但其测量精度低、维护成本高且使用寿命短，不利于实现长期实时监控。因此，构造易测辅助变量与主导变量之间的某种数学模型关系，实现对待测过程变量的测量成为目前控制领域发展较快、研究较多的新方法。

近年来，循环神经网络(Recurrent Neural Network，RNN)作为一种功能强大的序列模型，因其在各个领域的良好应用而受到广泛关注。但由于RNN需要为每一步保持一个激活向量，容易在样本训练阶段出现梯度爆炸和消失问题。长短时记忆神经网络(Long Short-Term Memory，LSTM)是一种特殊的RNN结构，通过特殊项对权值数进行约束，使其不至于过大，在一定程度上解决了RNN的梯度爆炸和消失问题的发生。考虑到锅炉数据中烟气氧含量的变化是一个持续多变量过程，且其当前状态在一定程度上是受之前炉况状态的影响，因此，本文考虑建立适用于多变量时间序列预测的LSTM模型，对影响锅炉热效率中的重要参数进行数据模型建立。

1 基于多变量时间序列预测模型建立方法原理

1.1 循环神经网络

循环神经网络(RNN)主要功能是处理和预测序列数据，表达一个序列当前的输出与之前信息的关系。通过该网络结构可看出RNN会记忆之前信息，并影响之后结点的输出。此外，RNN的隐藏层相互之间的结点是有连接的，该层的输入包括输入层的输出和上时刻隐藏层的输出。图1为循环神经网络结构图，左边表示未通过时间展开形式。

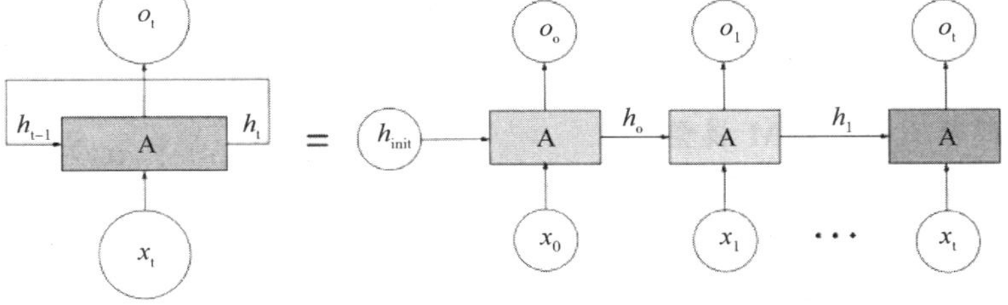

图1 循环神经网络

图中符号解释如下：

x_t 为序列索引号 t 时训练样本的输入；x_{t-1} 和 x_{t+1} 为序列索引号 $t-1$ 和 $t+1$ 时训练样本的输入；h_t 为序列索引号 t 时模型的隐藏状态，h_t 由 x_t 和 h_{t-1} 共同决定；o_t 为在序列索引号 t 时模型的输出，o_t 只能由当前的隐状态 h_t 决定。

RNN 虽然在理论上可以解决序列数据的训练，但也存在一些缺点，如当序列很长的时候，会存在梯度爆炸(gradient vanishing problem)或梯度消失(gradient exploding problem)的问题。此外，RNN 只能记忆短期的历史输入信息，无法有效解决长期记忆的问题。

1.2　长短时记忆网络

长短时记忆网络(LSTM)是 RNN 的改进算法，是通过门机制将短期记忆与长期记忆相互结合，有效解决长期记忆及梯度消失(或爆炸)等问题。LSTM 由一系列递归链接的记忆区块的子网络构成，其中关键结构由输入门、输出门、遗忘门组成(见图 2)。遗忘门决定着细胞状态 C_{t-1} 对 C_t 影响，输入门主要是 x_t 对 C_t 的影响，主要是将新信息添加到当前步骤的细胞状态中。输出门主要是 C_t 对 h_t 的影响。对应的数学表达式如下：

$$f_t = t\sigma(w_f x_t + w_f h_f + b_f)$$

$$i_t = \sigma(w_i x_t + w_i h_{t-1} + b_i)$$

$$C_t = f_t \Theta C_{t-1} + i_t \Theta [\tanh(w_g x_t + w_g h_{t-1} + b_g)]$$

$$o_t = \sigma(w_o x_o + w_o h_{t-1} + b_o)$$

$$h_t = o_t \Theta \tanh(C_t)$$

式中，σ 为 sigmoid 函数(或 relu 函数)；f_t、w_f、b_f 分别为遗忘门在 t 时刻的状态、权值及偏置；i_t、w_t、b_i 输入门在 t 时刻的状态、权值及偏置；o_t、w_o、b_o 输出门在 t 时刻的状态、权值及偏置；w_g、b_g 为细胞状态在 t 时刻的状态、权值及偏置；Θ 为 Hadamard 积；x_t 和 h_t 为 t 时刻的输入及输出。

利用上述结构，在各个时间点 t 都可以得到对应的隐藏层状态序列，根据输出样本的维数，变换最终得到输出结果。

1.3　多变量时间序列预测的 LSTM 模型

基于长短时记忆网络原理，搭建双层 LSTM 神经网络，每层输入进行归一化；第一层网络的输出作为第二层网络的输入，第二层网络只输出最终状态 h_t；最后在 LSTM 网络输出端再接一层全连接网络。

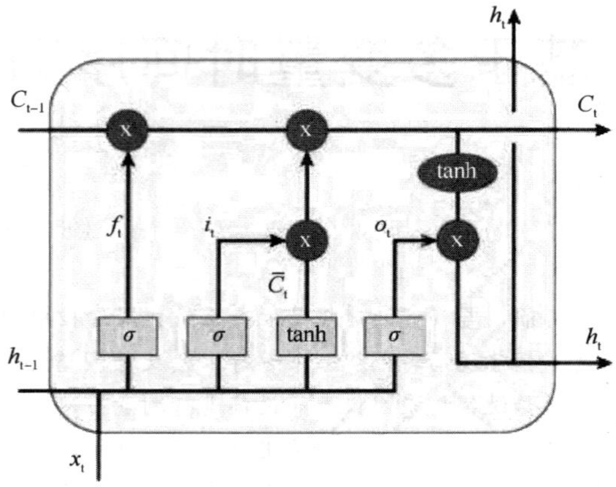

图 2　长短时记忆网络门结构

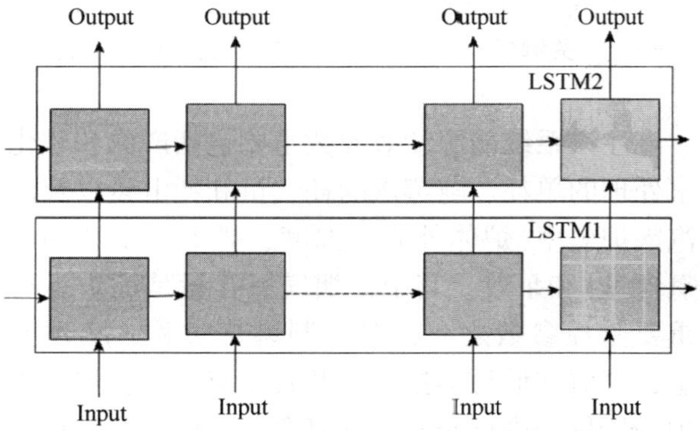

图 3　双层长短时记忆网络

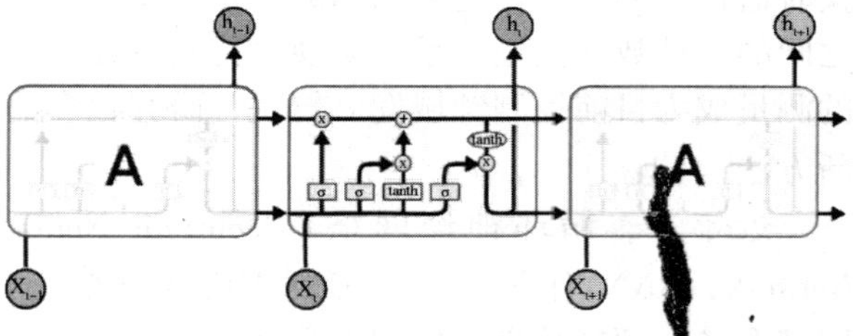

图 4　单层长短时记忆网络

(1) 数据处理：获取影响烟气氧含量值原始数据，划分训练集和测试集，并进行归一化处理。归一化公式如下：

$$y_i^{(b)} = BN\ (x_i)^{(b)} = \gamma\left(\frac{x_i - \mu(x_i)}{\sqrt{\sigma\ (x_i)^2 + \varepsilon}}\right) + \beta$$

式中，$xi^{(b)}$ 表示输入当前 batch 的 b_{th} 样本时该层 i_{th} 输入节点的值，x_i 为 $[x_i^{(1)}, x_i^{(2)}, \cdots, x_i^{(m)}]$ 构成的行向量；μ 和 σ 为该行的均值和标准差；ϵ 为防止除零引入的极小量(可忽略)；γ 和 β 为该行的 scale 和 shift 参数。

(2) 模型训练：构建双层 LSTM 模型，把原始特征值作为模型的输入，烟气氧含量的预测值作为模型的输出，选取 Adam 作为网络的优化器，把训练簇的大小设置为 50，使用 Hyperopt 算法训练数据进行网络迭代优化训练。

（3）曲线绘制：

① 构造滑动窗口，建立步长为 N、宽带为 12 的时序数据；

② 将时序数据输入到双层 LSTM 中；

③ 对上一序列数据进行更新后得到下一序列数据；

④ 重复③过程，每次预测都基于序列中上一步的预测结果，最终完成曲线绘制。

2 研究区块实验

2.1 数据准备

注汽锅炉变量测量的数目、类型、测点位置复杂且繁多，测量数据相关性强，因此需要对辅助变量进行选择。影响烟气氧含量的因素较多，选择辅助变量的主要依据是对过程机理的分析。合理选择辅助变量可以增强模型的精度及简化架构，便于深刻理解。为了保证预测的精确性，应从可测变量中选取相关性强的信息变量。锅炉系统烟气氧含量神经网络模型中的辅助变量要选择对烟气含氧量有直接或间接关系的可实时检测变量。

结合注汽锅炉结构以及各变量参数之间的影响关系，确定网络模型的 11 个输入参数和 1 个输出参数。模型输入、输出参数如表 1 所示。

表 1 模型参数表

序号	输入参数	输出参数
1	风门开度/%	锅炉尾部烟气出口含氧量平均值
2	风压/MPa	
3	助燃空气温度/℃	
4	炉膛压力/MPa	
5	大气环境温度/℃	
6	变频鼓风机频率/Hz	
7	燃气工作压力/MPa	
8	燃气流量/m^3/h	
9	气阀开度/%	
10	排烟温度/℃	
11	锅炉 ID	

2.2 模型评估指标

实验采用均方误差（MSE）和平均绝对误差（MAE）作为模型的评估标准。MSE（均方误差）是指参数估计值与参数真实值之差的期望值，可以用于评价数据的变化程度，MSE（均方误差）的值越小，说明预测模型描述实验数据具有更好的精确度；MAE（平均绝对误差）是绝对误差的平均值，能更好地反映预测值误差的实际情况。

均方误差和平均绝对误差的公式如下：

$$MSE = \sum_{i=1}^{n} e_i^2 \quad MAE = \frac{1}{N}\sum_{i=1}^{N} |(f_i - y_i)|$$

式中，e_i 为输出误差；n 为样本总数；f_i 为预测值；y_i 为真实值。

在基于梯度下降法的神经网络含氧量神经网络模型中，以 X 次为训练周期时，隐含层节点数对网络性能的影响如图 5、图 6 所示。当隐含层节点数为 X 时，均方误差最小，决定系数最接近 X。因此，隐含层节点数确定为 X。

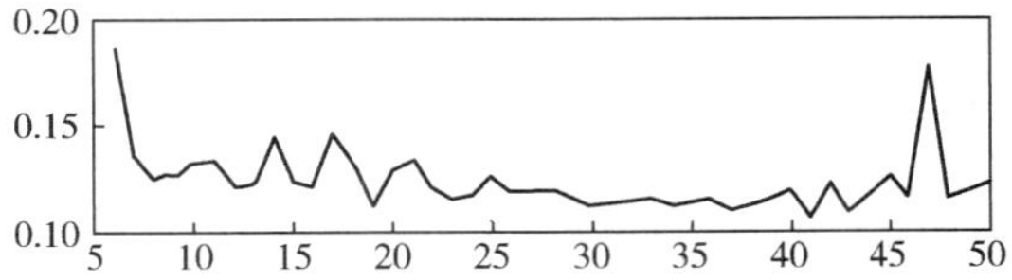

图 5 隐含层节点数对均方误差的影响

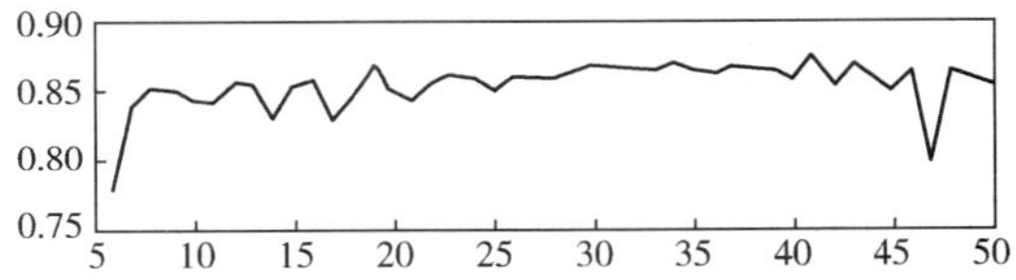

图 6 隐含层节点数对平均绝对误差的影响

2.3 激活函数的选取

双层 LSTM 神经网络神经元的大小相等，采用默认的激活函数；在 LSTM 网络输出端再接一层全连接网络，其神经元大小为 LSTM 输出维度的 2 倍，激活函数为 relu，最后确定输出层，其神经元个数为 1，不使用激活函数（见图 7）。

3 研究结果讨论

该模型主要将机器学习应用在风气配比和烟气氧含量这两个计算上。配比风量最终是调整风门开度，但是影响风量的因素很多，均需要考虑到，但是各影响因素虽然有数据，却没有恒定的计算系数，可通过学习历时数据，使用深度模型学习算法，计算配比风量所需的风门开度值。

随机抽取某供热站内 X# 锅炉 2022 年 2 月初数据，表 2 为在风门开度为 52%时燃烧工况数据表；表 3 为在风门开度分别为 51%、53%时燃烧工况数据表；

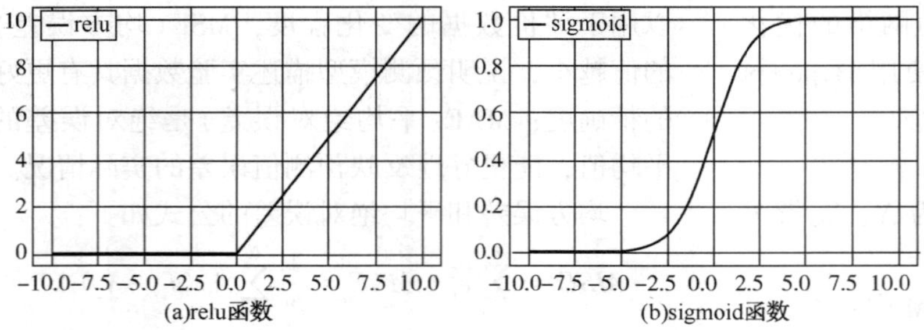

图 7　常用三类激活函数

表 2　燃烧工况数据表(52%开度)

时间	气流量	环境温度	实测值	预测值	误差
7：00	1274.25	−19.4	2.56	2.38	0.18
7：30	1275.5	−19.4	2.56	2.38	0.18
8：00	1280.33	−19.4	2.34	2.31	0.03
8：30	1281.61	−19.4	2.34	2.31	0.03
9：00	1281.44	−19.4	2.13	2.31	0.18
9：30	1281.04	−19.4	2.13	2.31	0.18
10：00	1281.23	−19.4	2.13	2.31	0.18
10：30	1281.33	−19.4	2.33	2.31	0.02
11：00	1281.19	−19.4	2.34	2.31	0.03
11：30	1281.00	−19.4	3.01	2.31	0.7

表 3　燃烧工况数据表(51%，53%开度)

时间	开度	气流量	温度	实测值	预测值	误差
7：00		1305.33	−16.75	1.7	2.16	0.46
7：30		1305.16	−16.75	1.7	2.16	0.46
8：00		1307.14	−16.75	1.49	1.98	0.49
8：30		1311.79	−16.75	1.49	1.98	0.49
9：00		1311.43	−16.75	1.49	1.98	0.49
9：30	51%	1311.9	−16.75	1.49	1.98	0.49
10：00		1311.62	−16.75	1.49	1.98	0.49
10：30		1311.67	−16.75	1.5	1.98	0.48
11：00		1310.95	−16.75	1.49	1.98	0.49
11：30		1311.76	−16.75	1.49	1.98	0.49
12：00		1308.44	−16.75	1.49	1.98	0.49
12：30		1311.88	−9.75	2.55	1.98	0.57
13：00	53%	1311.7	−9.75	2.56	1.98	0.58
13：30		1308.2	−9.75	2.56	1.98	0.58
14：00		1301.94	−9.75	2.56	2.14	0.42

图 8、图 9 为其燃烧曲线拟合示意图；图 10 为其烟气氧含量实测模拟对比曲线图，从图中可看出，绝对误差均小于 1。

烟气分析仪(氧化锆)使用的寿命为一年，

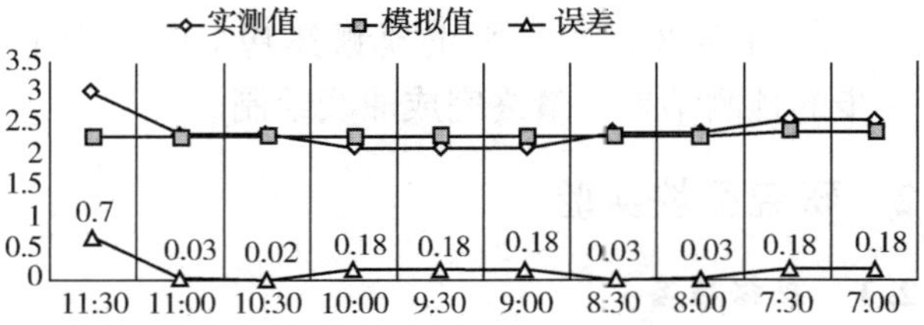

图 8　实测模拟对比曲线图

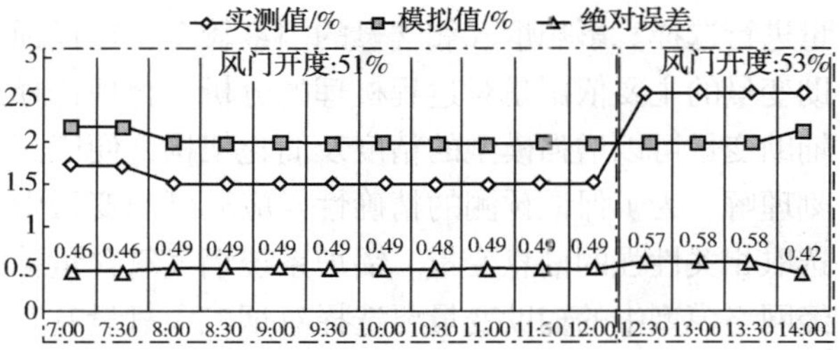

图 9　实测模拟对比曲线图

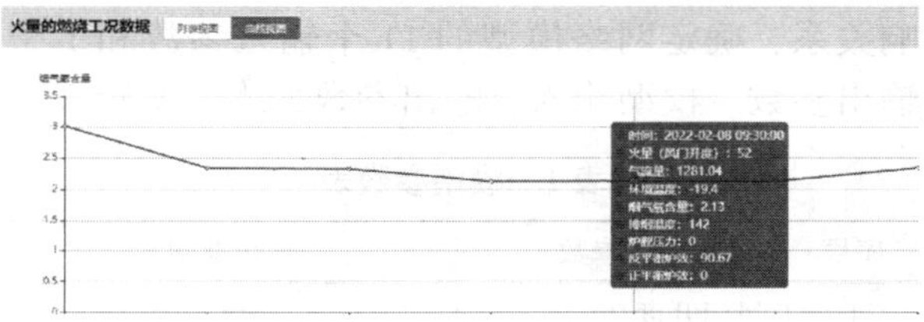

图 10　锅炉燃烧曲线拟合示意图

在燃烧器不换的前提下，通过对关联影响烟气氧含量参数数据进行模拟分析，在完成一定时间段的工况数据学习的基础上，使用模型算法，对烟气氧含量进行预测，可在烟气分析仪使用寿命到期后继续提供对烟气氧含量的监测，维持工况的优化。

4　结论

本文提出一种基于双层 LSTM 神经网络的能效数据研究方法。该方法通过增加网络深度，提高模型的表达能力并充分考虑到数据前趋后继序列的影响，提取锅炉燃烧前后的关键特征信息对关键数据点进行预测，采用迭代更新策略完成对数据块的建立。

通过应用于新疆油田某注汽站锅炉烟气氧含量数据模型的建立，并与传统仪表监测对比分析，实验结果表明，LSTM 模型在能效数据分析建立方面，可实现能效精准调控及精细化管理，达到了低氮高效控制的目标。同时，可节约现场仪表设备投资，实现硬件功能软件化。

参 考 文 献

[1] 祝玉松，王扶辉．注汽系统能源管控系统试点建设与应用[J]．西安石油大学学报(自然科学版)，2021，6，40(3)：20-24.

[2] 张海涛，杨小明．基于增强双向长短时记忆神经网络的测井数据重构[J/OL]．中国知网，2021-11-11首发．

[3] 马良玉，左晓桐．神经网络在风烟系统含氧量软测量中的应用[J]．自动化仪表，2019，3，40(3)：12-16.

[4] 马良玉，高志元．基于神经网络的超临界机组数学模型[J]．动力工程学报，2013，33(7)：517-522.

[5] 韩璞，乔弘．火电厂热工参数软测量技术的发展和现状[J]．仪器仪表学报，2007，2(6)：1139-1146.

[6] 杨雁梅，陈梅倩．基于 L-M 算法的火电厂实时数据神经网络预测模型研究[J]．热力发电，2008，37(1)：54-57.

[7] 陆王琳，李蔚．基于改进 BP 神经网络的火电厂实时数据预测模型研究[J]．热力发电，2006，35(7)：18-20.

[8] 史峰，王辉．MATLAB 智能算法 30 个案例分析[M]．北京：北京航空航天大学出版社，2011.

[9] 刘长良，李淑娜．基于 LS-SVM 和单纯形的烟气含氧量软测量[J]．热能动力工程，2010，25(3)：292-296，357.

[10] 马良玉，成蕾．考虑回热循环的超超临界机组负荷预测神经网络模型[J]．热力发电，2016，45(4)：19-27.

[11] ANG L，WANG J，SHI Y. Sectional optimization of oxygen contentin flue gas based on PSO[C]// Control and Decision Conference. IEEE，2014：1857-1862.

[12] 刘闯．基于人工智能方法的烟气含氧量软测量及优化配煤研究[D]. 2007，12：3-5.

[13] 李艳，任锦．火电厂锅炉烟气氧含量精确测量仿真研究[J]．计算机仿真，2017，34(11)：58-62.

[14] 贺桂林，王富强．基于非参数组合的电厂含氧量软测量模型[J]．热力发电，2018，47(4)：55-62.

[15] YANG L，WANG J，SHI Y. Sectional optimization of oxygen contentin flue gas based on PSO[C]//Control and Decision Conference. IEEE. 2014：1857-1862.

[16] 辛宏，杨海涛．基于小波包和神经网络的潜油直驱螺杆泵系统故障诊断[J]．石油化工自动化，2017，53(3)：5-7.

[17] 熊小琴，杨君．原油输配系统优化及应用[J]．新疆石油天然气，2021，9(17)：50-53.

[18] 景会成，于玉超．基于神经网络的加热炉烟气含氧量预测及控制[J]．自动化与仪表，2012，2(7)：30-32.

[19] 畅鑫，李艳斌．基于一维卷积循环神经网络的深度强化学习算法[J/OL]．中国知网，2021-12-3 首发．

油气储运安全信息管理平台的建立与应用

刘　帅[1,2]

(1. 国家管网集团北方管道有限责任公司; 2. 华北理工大学)

摘　要　近年来，虽然油气储运行业有了大的发展、质的飞跃，但是油气储运安全管理客观风险依然很高，整体形势依然严峻。针对油气储运安全管理存在着点多线长面广、安全管理人员流动性大、建管分离等实际管理困难及安全规范化、系统化还有待完善进行梳理，说明了建立安全信息管理平台的必要性。通过展示系统实现的风险分级管控和隐患排查治理双重预防机制的落地落实、安全基础信息的数字化、共享化、时效化管理及事故案例分析的在线展示等应用功能说明数字化平台是如何处理传统的安全管理问题及数字化平台实现的意义。

关键词　油气储运；安全管理；管理困难；安全信息管理平台；应用

近年来，油气储运安全管理工作日趋深入，国家和政府在此方面的法律、规章制度等相关管控制度也是日趋完善，国家和政府对事故事件的关注度越来越高，但是社会大众对事故事件的容忍度越来越低，事故事件的问责力度越来越强。为推动油气管道安全治理体系和治理能力现代化，工业和信息化部、应急管理部联合开展“工业互联网+安全生产”建设，拉开了安全管理数字化大幕，对于推进油气储运企业安全管理质量变革、效率变革、动力变革具有不同寻常的意义。

油气储运包括油气资源的上游接气(LNG、国内外油气田)、管道输送、存储(油库、储罐)、销售等基本工作，存在较大的不稳定性与危险性。油气的安全涉及油库和管道的设计、设备、施工、管理等。油气储运安全管理就是要把控好全过程，切实做到全程把控安全风险。因此安全管理数字化也是刻不容缓，由此催生了安全基础信息系统的建立，通过根据平台运行实际状况，不断调整各方面管理内容，最终实现企业安全管理水平提升的目标。

1　油气储运安全管理中的困难

随着2000年以来天然气等清洁能源进入大发展阶段，相应的长输管道里程不断增加，油气储运安全管理的风险也在逐渐增加，呈现急速上升的趋势，油气储运安全管理的事宜、资料在不断增长。但是油气储运安全管理存在着点多线长面广、安全管理人员流动性大、建管分离等实际管理困难及安全规范化、系统化还有待完善，需要投入安全管理人员大量精力在统计资料、数据分析等方面，具体体现在以下方面。

1.1　油气储运存在点多、线长、介质复杂的实际管理困难

目前，国内油气储运管理工作以线作为管理，如中俄东线、西气东输、川气东送等，为了完成跨区域的远程运输任务与大规模、长时间段的储存任务，安全管理人员必须分别使用长距离管道加压输送技术完成运输工作。沿线多次穿越河流、山谷等易发生地灾的地点及人口密集型高后果区，无形中增大了油气储运的安全管理难度。

油气资源的存储工作具体过程较为繁杂，完成难度较高。处于不同形态的油气资源具备易燃、易爆、易泄漏等基本特点，存储难度较大，对存储设备的气密性要求较高．在储运过程中容易受到外界环境条件的影响。

1.2　安全管理资料繁多、传统管理方式不易管理

安全管理涉及重大危险源、油库深度评估、各类上岗资格证件、项目建设三同时、风险隐患管理等。近年来，随着安全形势的不断严峻，以上方方面面都要接受地方政府检查，各类基础资料繁多。特别是随着新《安全生产法》在2021年9月1日正式实施，要求各类生产经营单位健全并落实全员安全生产责任制。按照以上要求各企业建立安全生产责任清单后，清单工作结果就是各类资料、各类证明，方方面面资料依靠常规电

子表格或者打印极易造成资料丢失。

1.3　管理人员流动性大、工作意识淡薄

目前，在油气储运安全管理过程中，特别是安全生产法要求“管行业必须管安全、管业务必须管安全、管生产经营必须管安全”（简称“三管三必须”）后，各类人员对安全管理意识淡薄，导致工作流程重复；同时随着安全工作不利处罚力度的增大，专职安全管理人员流动性不断增大，原本流畅的工作流程被打乱。新的安全管理人员安全管理意识淡薄，或者在管理过程中，表现得比较随意，问题未能及时的解决，由小问题最终演变为大问题，造成严重的后果，甚至产生严重的经济损失与人员伤亡，增大整体的安全管理难度。

1.4　建管分离，工作交接中信息丢失

建设项目需要同时设计、同时施工、同时投入生产和使用，在实际建设运行过程中，安全、环保、职业卫生三个维度不同的竣工验收材料均需要存档。目前油气储运行业大部分是建管分离（建设单位只管建设，运营单位只管运营），真正建管融合的相对较少。建设单位在完成前期手续办理后，未及时报送档案室导致竣工资料丢失问题时有发生。后期运营过程中，地方政府检查运营单位，不能及时提供合法手续，导致不必要的行政处罚。

2　安全管理数字化的必要性

2.1　安全管理需要管理手段创新

在传统的安全管理中主要是靠人的主观意识，从制度的建立、执行、监督、整改全过程人的主观因素无时无刻不在影响着安全管理的整个过程，这就造成了数据、报表掺杂了过多的人的主观意识、判断等。对于企业安全管理人员，要想了解真实情况，就必须到现场对照资料核实分析，运用安全管理信息系统就可以对安全基础信息进行数字化管理，避免人为的干扰。

2.2　安全管理需要安全警示教育方式创新

习近平总书记指出发展绝不能以牺牲安全为代价，这必须是一条不可逾越的红线。虽然油气储运企业始终把安全生产工作放在首要位置，但是由于人、物的不安全行为和状态以及管理上漏洞，安全生产中还存在着一些薄弱环节和不容忽视的问题，并由此引发了一些安全生产事故，给人民生命及国家财产安全造成损失。为了从事故中吸取教训，警示后人，让广大员工能够从这些事故案例中受到启示，分享经验，提高安全防范能力和意识，也贯彻科技数字化和管理创新，把安全事故搬到安全管理信息系统，让安全事故案例更加生动、更加直观地展现在员工面前，创新的安全警示教育方式。

3　建立安全信息管理平台

3.1　系统实现的功能

3.1.1　实现风险分级管控和隐患排查治理双重预防机制的落地落实

实现对新的风险和隐患登记、建档，对已经存在的风险实施有效管控、隐患闭环管理。风险、隐患等基础数据录入系统后，通过饼状图的形式形象表述了各单位、各专业风险隐患的占比，通过自动生成的表格实现了日常统计并可以导出，大大缩减安全管理人员风险隐患统计的工作量，并实现分类统计，如图1所示。

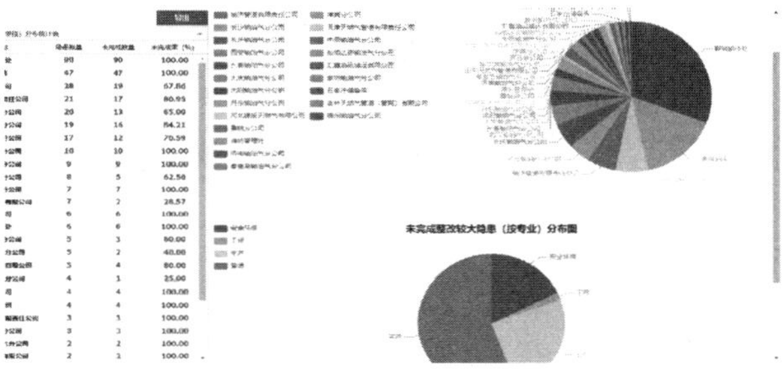

图1　风险隐患统计图

在系统数据统计分析的基础上，通过建立审批流程链同时实现移动端和PC端的审批，审批流程如图2所示。

通过数字化方式建立风险隐患分级负责、动态管理的长效机制，形成职责清晰完善、控制措施具体的“一企两清单”（风险清单、隐患清单）。以上审批流程要得到应用人员的认可，有效防止了审批流程过于形式化，避免了无法发挥应有的作用。

3.1.2　实现安全基础信息的数字化、共享化、时效化管理

实现重大危险源信息、各类人员（特种作业人员、特种设备作业人员、安全管理人员、消防控制室人员、注册安全工程师）证书、各类设备（可燃气体报警仪、空气呼吸器、灭火器）等基础信息的数字化管理，能够便捷上传、查询、修改、导出。基础数据导入后依然可以体现各类证

书柱状图及自动生成各类证书统计表格，表格带有自动导出功能，如图3所示。

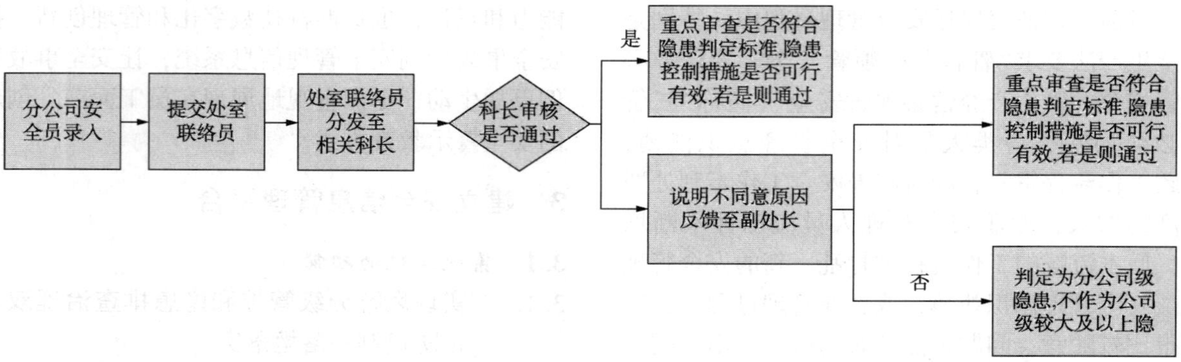

图2　风险隐患审批图

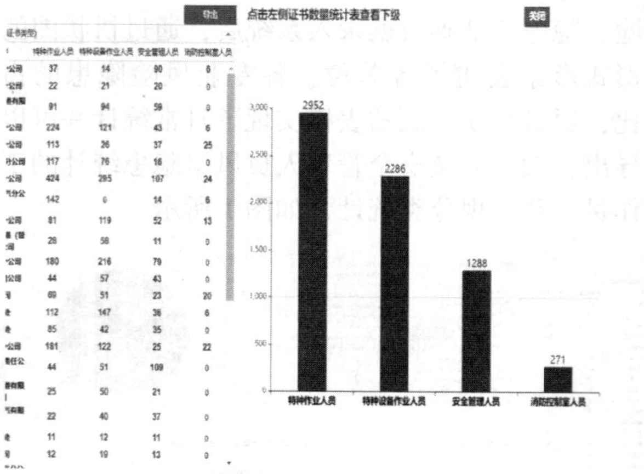

图3　各类证书统计图

针对有时效要求的证书对即将超期的数据进行链接通信工具(微信、钉钉等)的提醒，提醒模式分三个阶段：第一阶段30天到期为“一般提醒”，第二阶段15天到期为“重要提醒”，第三阶段7天到期为“关键提醒”，通过信息手段提示代替传统表格筛选通知。

3.1.3　实现环保数据的备份、备案

实现环保数据的信息化管理。固定污染源基本信息表、固定源设施信息表、生产设施信息表、大气污染物有组织排污口信息表、大气污染物无组织排放信息表、废水排污口信息表、固定污染源清单、环评相关文件、各站队突发环境应急预案备案表、各站队排污许可证备案等环保相关文件能够可以便捷上传、查询、修改、导出。

3.1.4　实现建管的初步融合，保证资料的齐全

实现了建设项目三同时过程中批复、设计专篇、预评价报告及批复、竣工验收报告及批复等附件上传功能、导航查询、在线浏览及下载，如图4所示。为建设单位提供一个系统账号，随资料取得随着录入系统，避免交接中资料丢失，导致运营单位在后期管理中的被动。建立安全管理体系可以给后续管理工作有序进行提供凭证。

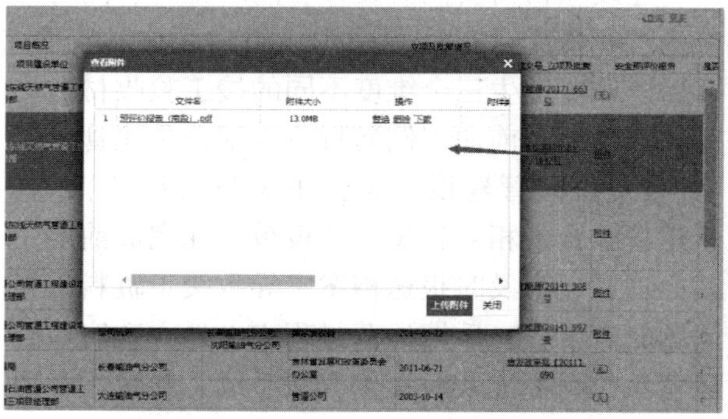

图4　建设项目三同时信息录入

3.1.5　事故案例的在线展示

实现了事故案例的在线展示。将展厅分为序厅、“三违”类事故厅、技能缺乏类事故厅、第三方损坏管道类事故厅、设备缺陷类事故厅、结束厅6个展厅，共包含5类事故48个安全事故案例。在安全信息管理平台中事故案例以图文的方式直观地展示出来，也可通过视频或动画的方式来实现事故发生全过程的还原，使培训员工直观的看到事故发生过程和发生原因，提高一线员工安全生产的意识和生产操作水平。

3.2　系统实现的意义

3.2.1　落实“工业互联网+安全生产”试点建设的重要举措

安全基础信息管理系统的建立是贯彻落实习近平总书记关于推动工业互联网加快发展的重要指示精神的具体行动，也是推动危险化学品安全治理体系和治理能力现代化的重要战略选择，落实“工业互联网+安全生产”试点建设的重要举

措。通过安全数字化建设将安全管理各要素有机串联，完善了动态、闭环的过程管理。为管理人员提供统一、标准和协作的管理接口，规范安全的管理模式；实现管理程序节点清晰、责任明确、闭环跟踪，隐患整改、危险辨识等协作流程；实现系统资源内部共享。

3.2.2　确保安全生产平稳进行

安全基础信息管理系统的建立将安全事故案例的过程及原因展现，引起管理人员对易发生安全事故的地点、设备、工种等的重视，在安全管理中突出这些管理重点。并制定针对性的预防措施，提高一线操作人员的操作水平，增强员工的安全生产意识，强化安全风险因素的排查，建立健全应对突发事故的安全制度，确保安全生产平稳进行。深入贯彻落实了习近平总书记“四个革命、一个合作”能源安全新战略，主动顺应数字化变革大势，落实全面加强安全管理工作的主要任务。

4　结论

在当前形势下，安全管理数字化势在必行，真正使人进入到“以人为本”的时代，充分利用数字化手段，解放劳动力，用于更加重要的安全生产工作中。安全管理数字化平台的建立满足了油气储运企业安全管理的需求，呈现出较强的应用价值。对风险分级防控与隐患治理双重预防机制的落实，安全、环保基础信息的管理，对事故案例的在线分享。将来，将根据工作需要及日常工作体现出的系统不足，需要展开针对性的设计工作，促使其能够符合工程的建设目的，发挥出系统的实用价值。简言之，在油气储运企业中建立安全基础信息管理系统，不仅大大提高了安全管理工作的效率，也为安全管理创造了新思路，在加快推进“互联网+监管”系统建设应用的落实，对牢牢守住安全底线、推进安全管理工作转型升级意义重大。

参考文献

[1] 李耀武，周有骏，朱驹，等．β 微管蛋白中紫杉醇(TAXOL)结合腔的性质分析[J]．高等学校化学学报，2006，27(11)：2084-2087.

[2] 方巍巍．数字经济背景下企业发展面临的机遇与挑战[J]．湖北开放职业学院学报，2020，33(24)：112-114.

[3] 刘森，焦聪．油气储运行业安全管理问题及治理研究[A]．区域治理 2021，(5)：213-214.

[4] 何晓．油气储运质量安全管理存在的问题与解决对策[J]．化工管理，2018，15(27)：102.

[5] 傅跃明．油气储运安全管理的常见问题及对策[J]．化工管理 2019，(30)：62-63.

[6] 刘家华，李晓琴．从环保节能角度分析油气储运的安全管理[J]．化工设计通信，2019，45(01)：217.

[7] 孙凯，李桂鹏．分析数字化信息管理系统在石油天然气管道工程安全管理中的应用[J]．计算机产品与流通．2020，(11)：155.

采油厂清防蜡措施远程监控的建设与应用

黄　寅　刘文广　吴裕坤　邓　涛

（中国石油新疆油田公司）

摘　要　清防蜡是油田生产过程中清除井下结蜡，保障井筒畅通和抽油泵正常运行的重要维护手段。随着减员增效政策的持续推进，采油二厂清防蜡工作面临着施工作业分散、监管人员短缺、清防蜡过程不能及时掌控等难题。为整合清防蜡现场施工流程，提高承包方工作量分配、现场监督管理、质量评价的效率和及时性。利用物联网+大数据+移动互联技术，提升采油二厂清防蜡工作自动化程度，建立一套实时监控平台，实现清防蜡全过程监控、预警和效果跟踪评价，达到减员、提质、增效的需求迫在眉睫。

关键词　物联网；数据采集和过程控制；传输技术；云组态自动化控制技术

按照集团公司三项制度改革要求，采油二厂结合油田信息自动化建设的整体部署，积极探索智能化油田建设与油田生产相适应的劳动组织模式，依托物联网技术，力求实现对清防蜡措施的远程实时监控，管理模式由原本的粗放式管理转变为精准式管理。

传统的“人工巡检、人工推算加药量、定期排查、现场监督”的运行模式，已逐渐显现出不能满足油田精细化管理和高效开发的要求。提升管理水平，大力推进清防蜡自动化建设已经势在必行。做好工业化和信息化高度融合，做到“化清数据远传、实时监控、远程调控、远程监督”，提高生产效率、缓解用工紧张，达到提质增效的目的。

安全、环保是企业发展的根本保障。尤其随着“两法”实施，对油田安全生产和环保提出了更高的要求。针对清防蜡的网上监控无论在安全管理的有效性和实时性都是最佳的选择。例如数据远传、实时监控、远程调控、数据异常报警、及时发现异常、加药计划系统生成等技术应用优势，是人工操作所无法替代的。

1　关键技术

1.1　变频调速技术

采用变频调速技术调节气、液流量检测装置，根据流量计范围可任意调节流量进行检测，自制循环管道，节能节水、装置构件少、噪声低。采用交流电机进行可调速电气传动，不仅实现了较宽的转速调节范围、较高的控制精度、较快的动态响应等特点，而且还克服了直流电机容量小、维护困难、换向存在火花等缺点。

1.2　自动化控制技术

该技术具有全自动操作及远程（中控终端+手机终端）监测及操作功能（RS485+App），大大减少人力劳动强度。将纯手动加药改造成具备手动、自动和远程控制加药设备运行的功能，整体控制系统全部进入 PLC 系统进行 PID 运算后由程序控制计量泵输出达到自动加药的目的。在运行过程中自动检测药箱的液位、出口压力，通过设置阈限值实现自动运行和保护功能，并触发报警提示和记录。

1.3　基于 5.8G 无线网桥的“牧游”传输技术

通过运用 5.8G 网桥长距离、大带宽的特点，在油区建立覆盖无线网络，利用网桥基站，可在全厂 369km^2 的油区范围内随时随地共享实时数据。

2　清防蜡远程监控的建设与实施：

采油二厂的清防蜡措施主要包括对各条分线的端点连续加药装置和热化学清蜡车对油井清蜡。

2.1　自动化控制技术在端点连续加药泵的应用

以 PLC 技术为支撑，新疆油田公司首家实现端点加药泵实时监督的采油厂，通过加药泵内的流量计、液位计、压力变送器等设备，将加药泵数据准确的采集并存储到 PLC 控制器内，传输至指挥中心进行远程监控，实现全厂 36 套端点加药泵 19 条生产分线的清蜡的压力、液位、加药量数据采集及分析应用。

端点连续加药装置主要由药箱、计量泵、防

爆配电箱、电加热器、安全阀、止回阀、压力表、液位计等组成。系统中的管道、阀门、附件等均采用 304SS 不锈钢，加药装置泵底座采用 Q235B 钢。加药装置的计量泵的可根据现场实际需要，现场手动和远程调节流量，满足使用要求。可通过远程操控平台对加药装置进行监测。

加药装置结合油田生产实际需求，装置配备了 4G 模块，操作人员可以直接通过远程操控平台和手机端，对加药装置实时运行状况进行监督和控制，实现加药智能化自动化。通过远程控制模块，控制变频泵、加热装置远程启停，实现远程排量调节，实时显示压力、排量、日注量、剩余液量等信息（见图 1、图 2）。可以设置压力、低液位报警功能。也可增加搅拌功能，并实现远程启停控制。所有核心部件均为模块化设计，能够快速拆卸、安装、维修。

图 1　变频加药泵装置

图 2　防爆式 PLC 电控箱

远程控制：通过 ModBUS 数据远传模块（4G 无线网/TCPIP），实现设备在线状态、运行参数（液位/出口压力）的实时监测和计量泵、加热装置的远程控制，使用接入互联网的电脑或手机就可以对加药设备运行状态的实时监测和远程控制，在云端设置启动、停止条件实现加药流程的自动化运行。

数据查询：设备运行的参数和触发的报警都保存于云端，支持历史数据的回查和下载。

阈限值和报警设置：液位过低报警：当药箱内液位低于 15cm 时，设备通过网络报警通知管理员补填药剂。压力过高报警：当出口压力值高于 8MPa 时，设备报警通知管理员高压异常情况。

自动运行和程序保护：液位过低保护：当药箱内液位低于 5cm 时，设备停泵保护并报警通知管理员。压力过高保护：当出口压力值高于 15MPa 时，设备停泵保护并报警通知管理员。通过设置启动、停止条件，实现设备的自动运行，例如每天 9：00 启动，21：00 停泵。

2.2　数据采集技术在热化学清蜡车的应用

通过在热化学清蜡车上安装 RTU 控制柜、无线网桥、温变、流量计和摄像探头，将每口措施井的化清量、化清时间、化清温度、化清瞬时流量进行实时数据采集，在油田公司首次实现全部 21 辆热化清加药车的热洗清蜡数据实时采集监控。

热化学清蜡车远程监控如图 3、图 4 所示。

图 3　热化学清蜡车自动化控制设备

运行参数监控：展示温度、瞬时流量、累计流量参数的曲线；

热化清车与作业井关联关系确认、运行时长计算、注入量计算：设计开始施工按钮，点击开始施工按钮时，通过瞬时流量大于 0 时的时间作为开始施工时间，此时的累计注入量作为注入量计量起始值，同时记录当前施工的是哪辆车、哪

图 4　热化学清蜡车 PLC 控制柜

口井；设计结束施工按钮，点击结束施工按钮时，通过瞬时流量等于 0（或小于某一个极小值，或采集不到数据）的时间作为结束施工时间，此时的累计注入量作为注入量计量结束值，并计算施工时长、本次施工注入量。需要注意的是，记录的开始施工时间、结束施工时间、施工时长、本次施工注入量均可进行手动修改。

预警监控：预警结果表现方式、阈值配置参照油井监控。

2.3　搭建无线网桥基站，实现数据无线传输

我厂地域宽广，东西走向约 50km，南北走向近 70km，如何能找到一种覆盖全油区的传输手段，既能满足覆盖要求，又能实现随时地移动作业，成了实现热化清远程监控的难点。我们运用 5.8G 无线网桥长距离、大宽带的特点，建立覆盖全油区的无线网络，利用网桥的无线“牧游”技术，就像在草原上放羊时，羊跑得漫山遍野，但牧羊人总能找到他们，实现了全厂 369km^2 油区范围内，随时随地的实时数据共享（见图 5）。

2.4　开发云组态的物联网数据监控平台，实现清防蜡数据远程实时监控

建立在油田监控系统不断完善的基础上，通过研发并投用 SCADA 远程监控云平台，对全厂清防蜡设备设施进行数据采集、曲线分析、阈值报警或异常情况可及时远程启停控制。作业过程中及时发现化清温度不够、化清量不足的问题。云组态根据采油二厂“TD-LTE+光纤”异构网络模式，支持多种采集协议，并采用分布式方式实现数据的高效采集。在实时数据平台基础上，全面实现了基于 Web 的监控，实现了流程监控、

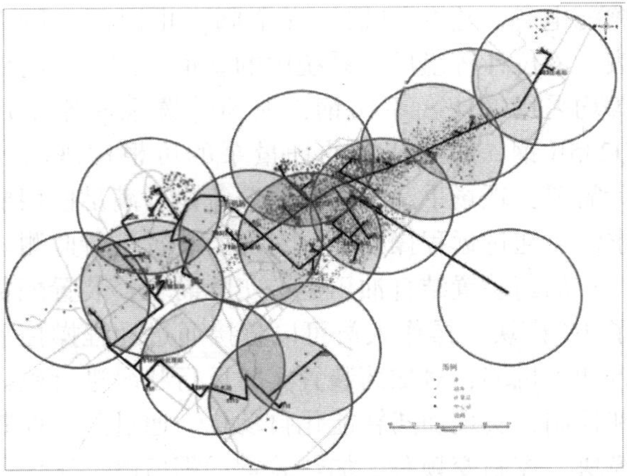

图 5　采油二厂网桥覆盖面积图

实时报警、数据分析等功能（见图 6、图 7）。

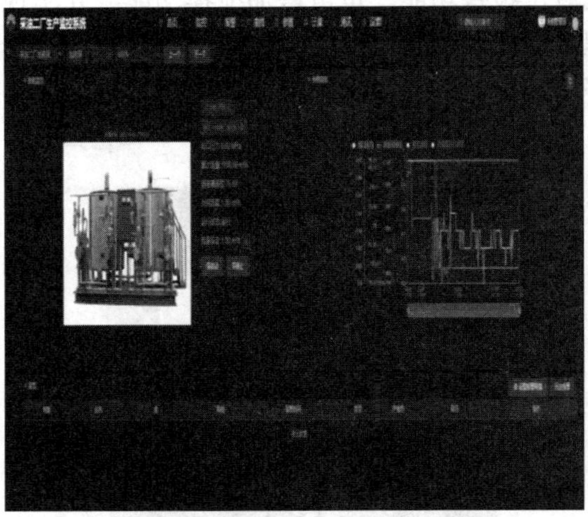

图 6　端点加药泵的远程实时监控

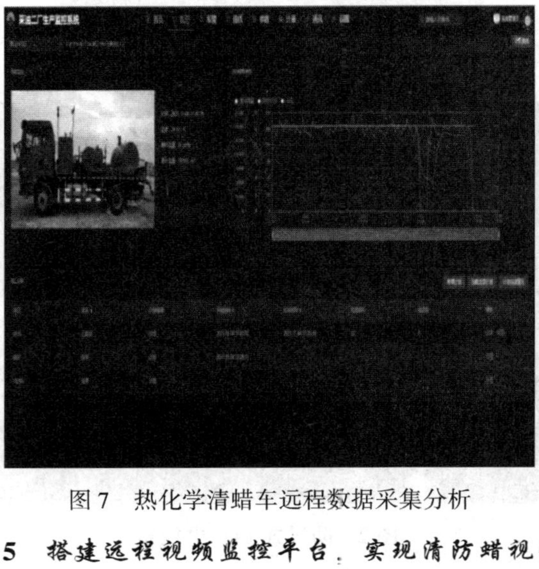

图 7　热化学清蜡车远程数据采集分析

2.5　搭建远程视频监控平台，实现清防蜡视频实时监控

利用无线网络基站全油区覆盖的特点，通过

对每一辆热化清泵车上安装移动摄像探头对全厂总共21套热化清车辆进行视频采集。并建立一套远程视频监控平台，实时、准确地监督热化清车的行车路线和作业动态、违章作业等异常情况，发现问题及时与现场作业人员联系。

远程视频监控平台通过接入热化清车移动视频、报警检测等系统的设备，获取边缘节点数据，实现视频信息化集成与联动，同时配套人员行为监管、AI模型管理等组件，实现安全生产视频管控。以电子地图服务为载体，融合各系统数据、实现要素丰富的一屏展示智能应用(见图8)。

图8　热化清作业视频监控

2.6　开发清防蜡效果分析系统，实现清防蜡效果实时跟踪分析

自主研发一套清防蜡效果分析系统，以实时数据为基础推进清防蜡全周期管理。利用泵压、瞬时流量、累计流量、温度等动态资料进行作业全程监控预警管理，实时开展异常预警处置、参数优化等工作。由传统的“应急式管理”，转变为“体检式预防管理”(见图9)。

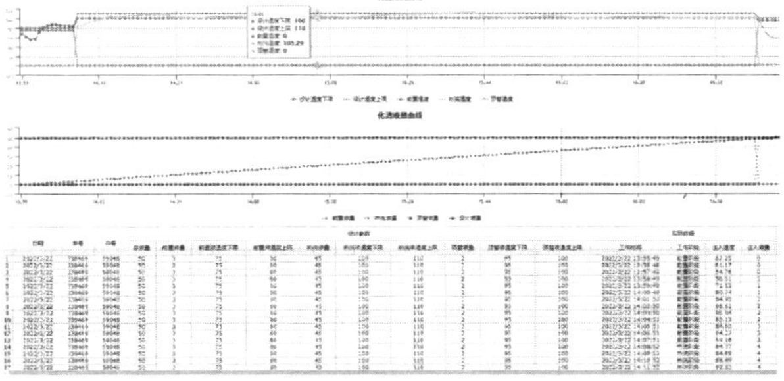

图9　热化清作业效果分析

2　应用效果

自清防蜡措施远程监控系统2021年2月在采油二厂投入使用以后，清防蜡措施质量明显提高，热洗量同比往年增长了近$6\times10^4m^3$，加药量增长了744t，措施井热洗周期由60天/井延长至90天/井。

清防蜡措施已在生产指挥中心远程每日监督施工情况，发现问题及时呼出，改变了原本“人随车”监督的工作状况。化清技术岗员工由原来的16人减少为6人，化清监督岗员工由原本的每车1人跟车监督，转变为固定人员中控室远程监督。

通过该套系统，运行管理模式由原来的人工定时巡检、抄录液位数据、现场监督转变为化清数据远传、实时监控、远程调度、远程监督的模式，运行管理水平也从以往的人工巡检，发现问题滞后，估算加药量不准确，转变为实时监测，数据异常报警、及时发现异常、准确摸清加药周期、加药计划生成的模式。

最终达到了生产数据采集周期缩短、实现数据超限报警、低液位连锁保护，有效完成了保障了生产运行的目的。

4　结语

按照集团公司三项制度改革要求，采油二厂从生产实际出发，依托各类项目不断完善物联网系统与自动化建设，同时积极探索，促进老油田生产模式转变，让油区生产近跟信息化的时代潮流，加快建立完善各类相关物联网建设，彻底让生产变得高效、工作变得安全、管理变得精细，在完善清防蜡系统的基础上，再接再厉，再做突破，力争做到油区自动化全覆盖。

在今后的开发建设过程中，采油二厂也将继续大力推进信息化战略，打造成组织机构精简，管理层级扁平，用工最优的、可推广的新型油田作业模式，为推进油田公司现代化大油气田建设做出应有贡献。

参　考　文　献

[1] 肖进军．油井结蜡及清防蜡技术探讨[J]．化学工程与装备，2010(07)：65-66.

[2] 刘新，孙刚，张海霞，等．油井化学法防蜡清蜡技术原理及应用[J]．化工管理，2017(20)：204.

[3] 冯丽．油井化学清防蜡技术的应用初探[J]．中国化工贸易，2018(07)：115.

[4] 枚新民．抽油井化学剂清防蜡技术推广应用[J]．新疆石油科技，2011(013)：24-26.

依托"光纤安防"完整解决方案推进油气管道管理数字化转型的实践

徐晓亮　李怡然　韩明毅

（山东济华燃气有限公司）

摘　要　随着石油石化行业的不断发展，企业传统管理模式和运维成本都面临着业务持续增长带来的挑战。通过数字化转型提升管理水平、降低劳动密集型工作成本成为行业的必然选择。但在实践过程中，因为行业人才、基础设施及实施过程中的问题，很多建设未能体现其应有的成果。山东济华燃气有限公司通过"光纤安防"完整解决方案的建设，在过程中构建了"光传感设备+一体化系统平台+跟踪配套服务"的个性化定制解决方案，并以此探索覆盖全环节的数字化转型方案，取得了一定成果。

关键词　光纤安防；完整解决方案；跟踪配套服务；解决原有问题；控本增效

石油石化行业是能源领域重要的组成部分，而通过管道进行油、气及衍生品输配，是行业基础建设、管理的主要工作内容。截至2020年底，我国油气长输管线总里程已达16.5万公里，其中成品油管线3.2万公里，天然气管道10.2万公里。

油气管道作为石油石化行业的基础设施之一，其安全、有序运行关乎社会经济秩序与国家安全。但在工作实践中，传统的以人工巡检为主的安全管理模式，因管道总里程的不断增加，行业面临管控覆盖能力下降和管理成本上升的挑战(见图1)。

图1　油气管道的现状

1　行业管道管理现状及分析

1.1　管道安全事故分析

1.1.1　行业管道安全管理及事故分析

通过对行业内企业2020~2021年运行情况的跟踪调研，发现其中因第三方施工事件导致的破坏事故约占各类事故总数的80%。

相较于锈蚀穿孔、连接点(焊接或法兰)泄漏等事故，第三方施工事件具有突发性(不存在时间、季节规律)、严重性(极易短时间内造成大量泄漏，并造成后续衍生事故和伤害)和不可控性(当前以人工巡检为主的监管手段存在空档期)等特点。因此，行业内始终缺乏准确、有效、24小时覆盖的监控预警手段，

1.1.2　行业管道智慧化管理建设现状

根据行业数字化转型过程的持续跟踪，大部分企业为了实现对管道输配的全寿命管理，均陆续依照自身需求，在生产运行、巡检管理、工程

建设、隐患处置等领域建成、投运了相关的信息化系统，部分企业通过平台化建设，实现了在统一的平台下，综合应用各分系统相关基础数据、信息的能力（见表1）。

表1 油气管道智慧化管理

使用部门	系统名称	功能描述
生产调度运行部	SCADA 系统	场站设备数据采集
	DYC 系统	SCADA 采集数据传递汇总
工程管理部	工程建设管理系统	基于工单的工程管理系统
	TMS 管理系统	物资申请、出入库管理
管网运行部	智能巡线系统	巡线管理、设备管理
	GIS 数字市政系统	管道及附属设施信息管理
	阴极保护远程系统	阴保数据远程采集管理
客户服务部	客户服务系统	客户缴费及服务管理
	TMS 管理系统	燃气具进、销管理
财务部	TMS 管理系统	财务收支及成本管理
后勤保障部	TMS 管理系统	物资采购、进出库管理
其他	OA 办公系统	办公、申报流程管理
	企业邮箱管理	企业邮箱管理

但对标数字化转型最终实现的功能及目的，即使在平台化建设的企业，仍存在系统建设以部门应用或功能需求为导向，呈现单一性针对某一建设、生产、运行或服务等环节，未能通过算法联结其他系统中有效数据，最终导致整体联动不足，无法进一步配合企业数字化转型后提升企业智慧化管理管控能力，提供发展新动力的需求。

除上述问题外，部分系统的建设依赖于管线基础设施和全线通信能力的数字化建设，如通过全线覆盖的通信设施（光、电缆）支持，对沿线阀门、流量计、温湿度仪表、安全监控设备等进行远程采集、控制等。虽然，近年来随着相应指导和规范意见的出台，伴随管道同时进行通信设施建设日益增加，但从建设向运营转移后，行业运营部门普遍仍以管道本身运营管理能力为主，对此类专项附属设施，尤其是跨行业的信息通信基础设施的管理和扩展后续应用能力有限，也是造成数字化不能达到其应用效果的主要原因。

1.1.3 行业管理成本

石油石化作为传统重资产型行业，基础设施建设成本是企业成本中的主要组成，但基础设施投运后不能马上达到设计收益，其运行成本则不受投运进度制约，造成多数企业业务收益不断增长，实际利润却未能随之增长，甚至呈现下降的倒挂现象。

行业对基础设施的日常安全巡检管理，普遍采取“自有专业队伍+属地外聘人员”的模式，实现对沿线可能的泄漏、塌陷及第三方施工事件等的发现和处置。经调查，行业现有巡检人员近4万人（不含属地雇佣），按百公里计，仅巡检人员成本约20万元/年（不含培训、保障等额外成本），是企业成本增加的主要原因。

1.2 管道“光纤安防”解决行业问题的优势

1.2.1 管道“光纤安防”原理概述

光纤作为一种信息传输的基础设施，因其自身及传输介质（光信号）的本质安全性，极适用于进行易燃、易爆的危化品运维的石油石化行业。随着技术发展，光纤也由单纯通信传输发展出感光感温、安全监控、附着物探测等多种用途。

其中，通过与管道同向相邻的光纤作为传感介质，基于不同散射原理的产生机制，利用光时域反射技术（OTDR）实现对光纤周边物理量（振动、应力、温度）的测量、分析、监控和定位的“分布式光纤传感”技术，其在提升管道第三方破坏防护管理能力、降低运维成本方面，有着较大的发展潜力。

1.2.1 石油石化行业应用“光纤安防”的优势

（1）距离远，成本低：单根光纤覆盖数十公里范围。在长输管道安全管理中，相较于点式传感器，总体部署、维护成本低；相较于人工巡检，又有24小时无监管空档等优点。

（2）定位精度高：通过光信号解调，光纤全线各点均可视为单点传感器，且可依据环境和管理要求，设置空间采样精度和密度，实现最优的性能价格比。

（3）易于部署：在设备有效范围内，仅需“单根光芯+单台端设备”的部署方案，易于取电和数据回传；对沿线机房条件不充足的特殊环境，又可通过光纤进行“中心+多设备端”的部署方案解决。

（4）易于维护：全线均采用线性连接，通过对光纤的自检，其硬件及环境故障自身可视，且故障原因、定位技术简单、可靠性强。

（5）本质可靠：探测光信号不受电磁干扰，强电磁环境下感应可靠。

（6）使用安全：光纤电绝缘，对外无电磁干扰，电磁敏感环境应用不受限。

基于以上特点，对油气管线等长距离线性布局的区域实行监控的场景，特别适用分布式光纤传感技术。

2　行业应用光纤进行安全实践的问题分析

2.1　“光纤安防”方案自身问题分析

2.1.1　“光纤安防”设备技术问题分析

虽然光纤作为一种新的传感技术，在进行第三方施工破坏防护过程中具有显著优势，但在行业实践中，却一直未能充分发挥其作用，甚至出现在实际应用中，事件识别和位置定位的准确率相较于设备标称性能不符的问题。

经实际走访调研，主要原因在于作为方案核心的“光纤安防”设备，涉及了包括且不限于光传感(光信号调制、收发及监测)、地理信息(事件定位和误差消除)、人工智能(事件特征分析及持续学习)、智能化管理(配套系统)等多学科及技术。而光纤安防从业企业，普遍仅具备单一或部分技术领域的优势，在实践过程中，面对管道周边环境复杂(铁路、公路、工业园区、水网等)、第三方施工设备类型多样、部分干扰源随季节变化等问题，难以通过跨学科综合应用，解决实践过程中带来的问题。

2.1.2　“光纤安防”全流程实践分析

除“光纤安防”设备本身存在的问题外，在进行方案应用过程中，因客户行业自身特点及供应商对客户行业内容的了解不足，也是制约方案有效应用的重要原因。

(1) 前期调研对“光纤安防”有效性的影响。因管道沿线情况复杂，且石油石化各企业原有管道管理资料、管理流程和信息化建设水平不一，原则上应对情况进行全面调研，并针对性地制定后续跟踪服务内容，包括且不限于基础建设资料分析、沿线干扰源采集、重点地段调试方案等。

(2) 光纤与管道实际位置差对事件定位的影响。光纤在建设过程中，为便于后续维护维修，在节点、穿跨越等处会预留冗余段，这就造成了使用光纤进行第三方施工事件防护时，光纤所检测到的事件位置(光纤长度)，与管道的实际位置有所偏移，且越接近末端，其偏移量越大。

在实践过程中，发现多数石油石化企业沿线建设的光纤系统，随着运维年限的增长，很难确定准确的冗余放盘位置和长度信息，这就造成了当光纤安防系统发现第三方事件并报警时，却无法准确定位到管道实际位置的问题。

2.2　“光纤安防”业务投运后的管理跟踪实践分析

2.2.1　石油石化行业对“光纤安防”的需求

作为能源供应主要组成的石油石化企业，建设“光纤安防”并非目的，而是通过“光纤安防”等数字化转型，使企业进一步提升管理运维水平，特别是提供传统管理模式已至瓶径的人力密集型环节(如巡检等)的解决方案。

也就是说，“光纤安防”作为数字化转型的内容，对石油石化行业而言，其建设本身应是实现“控本增效”的手段，而不是目的。

2.2.2　“光纤安防”投运后的实践情况分析

在实践中，大多数行业企业及其光纤安防供应商，仅完成对方案的部署和交付。之后，受限于企业具体使用部门自身相应人才的缺乏，以及供应商对石油石化企业具体运营、管理模式的生疏，方案在应用过程中，未能达到其应用效果，甚至额外增加了新的管理成本。

(1) 投运后的管理、流程融合。方案投运后，石油石化企业需将“光纤安防”业务产生的数据，与现有管理体系融合，使光纤报警与原有事件处置流程结合，建立相关部门、队室间从“报警—传递—处置—复核—存档—系统回写更新”的全新管理流程。同时，为真正达到通过“光纤安防”建设，提升自身安全管理能力的目标，还应进一步跟据自身数字化转型水平，结合已有管道属性、周边环境及历史事件分析等工作，定制符合自身特点的算法，并结合行业各项管理要求(如双体系建设等)，实现基于大数据的辅助决策，才能充分发挥方案优势，实现全生产环节的完整性管理。

(2) 实现“控本增效”的过程实际分析。“光纤安防”投运后，很多时候虽然实现了对巡检工作的部分替代，但却未能及时进行人力资源再配置，最终未能达成预期。这主要是因为石油石化企业作为重点民生及危化品行业，在实现取代或部分取代原有巡检工作时，必须确保方案的有效替代，不能造成管理空缺或漏洞。而企业相关部门缺少同时具备信息化和人力资源管理能力的人才，难以确定具体管理、人力资源调整的时机及方案。

3 "光纤安防"完整解决方案应用实践

3.1 构建"光纤安防"完整解决方案

自2019年开始，山东济华燃气有限公司与深圳华为技术有限公司、中煤航测遥感集团等共同合作，在充分调研行业实践过程中的问题基础上，构建"光纤安防"完整解决方案。

方案从初始调研阶段起，针对石油石化行业实践中普遍存在的问题，依托山东济华"齐河—茌平"输气管道项目进行方案验证。最终形成了整合"光传感设备+一体化系统平台+跟踪配套服务"的个性化定制解决方案，并在实际工作验证中取得较好效果。

3.1.1 方案架构

方案通过解决"光纤安防"在全过程的线路调研、管道光纤对标和持续跟踪服务问题，整合合作伙伴具有技术优势的"光纤安防"设备和智能化管控平台，并针对石油石化企业在应用过程中存在的问题提供定制化解决方案，最终推进企业的有效数字化转型(见图2)。

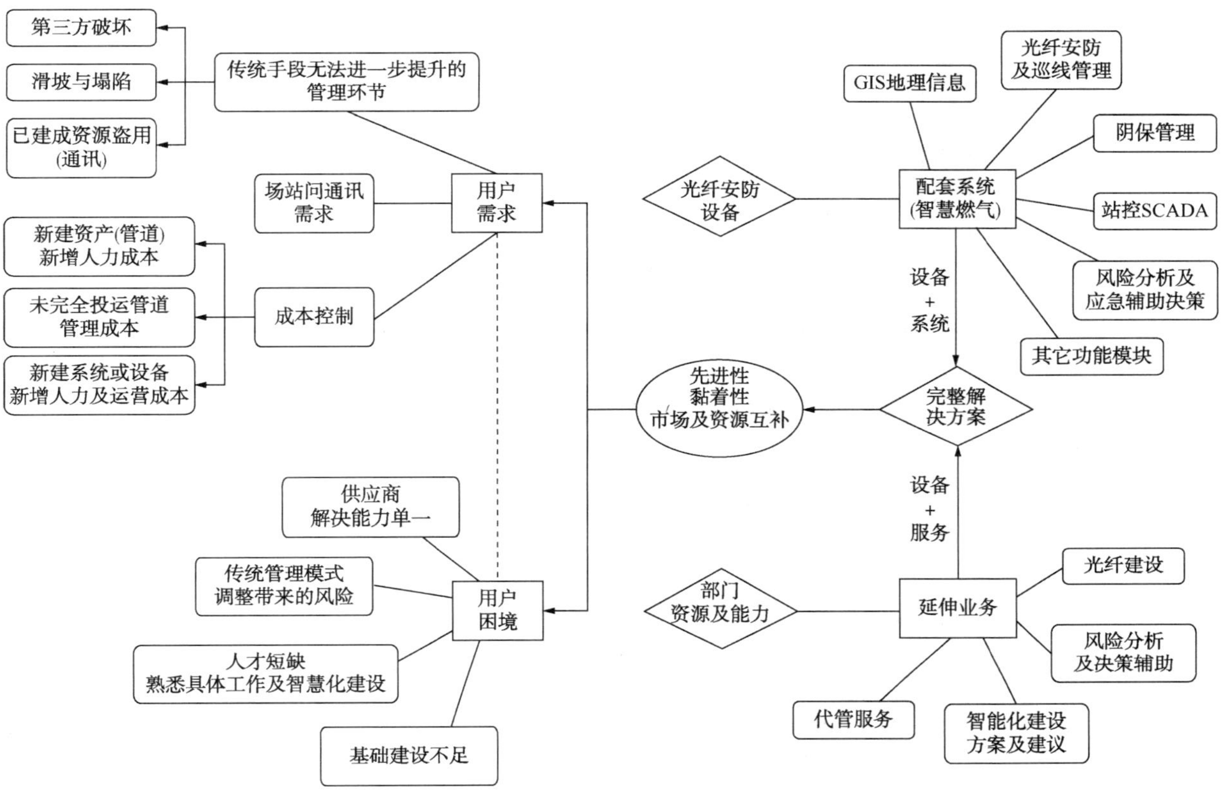

图2 "光纤安防"方案架构

3.1.2 实践流程梳理

通过对公司实际情况调研，针对在数字化转型过程中存在的光纤运维和检维修能力、智能化系统因地理数据不完整造成的可用性差、管道建成至今沿线新增干扰源及外聘巡检人员工作有效性等问题，拟定部署和跟踪工作内容(见图3)。

3.2 完整解决方案技术优势

3.2.1 "光纤安防"设备技术优势

(1)"超强oDSP模块"带来的采样优势。想要提升"光纤安防"的准确率，首先要保障可以从现场采集更详尽的信号，以供后期还原分析。方案中选用的"光纤安防"设备依托合作伙伴在光传感领域的技术积累，应用超强oDSP模块，采样速率达5.2Gbit/s，对现场信息采集率提升至99.9%，更多的现场信息，为后续准确识别提供可靠支持。

(2)"相位还原算法"带来的信号识别还原能力优势。想要更精准的识别现场信号是施工事件还是噪声干扰，就需要设备可以对采集的光信号进行精准的分析、还原和识别。方案中采用"DAS相位检测+相位还原算法"，实现多达32维的振动波纹信息分解识别，更精准地还源现场信息，克服环境及周边噪声影响，提升准确率至95%以上(见图4)。

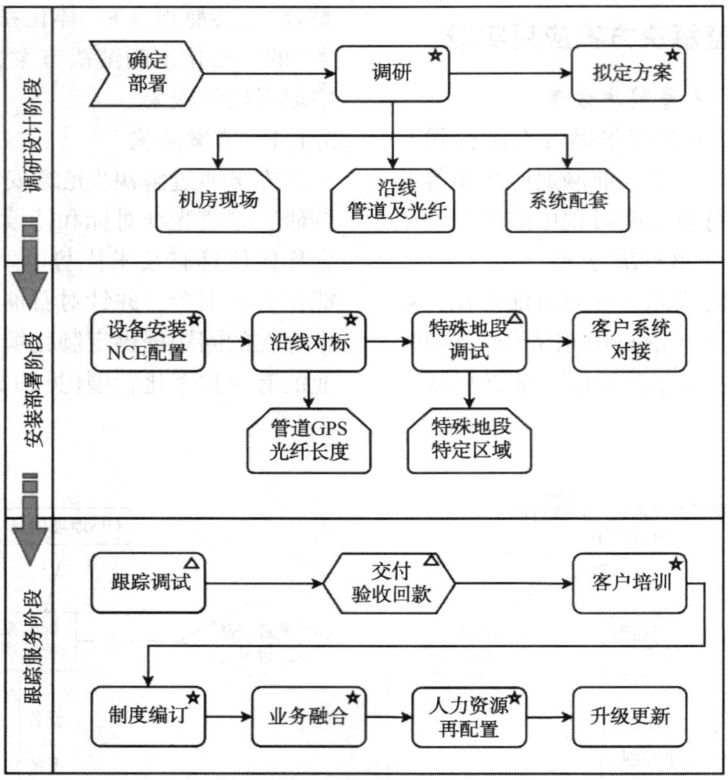

图 3　“光纤安纺”实践流程

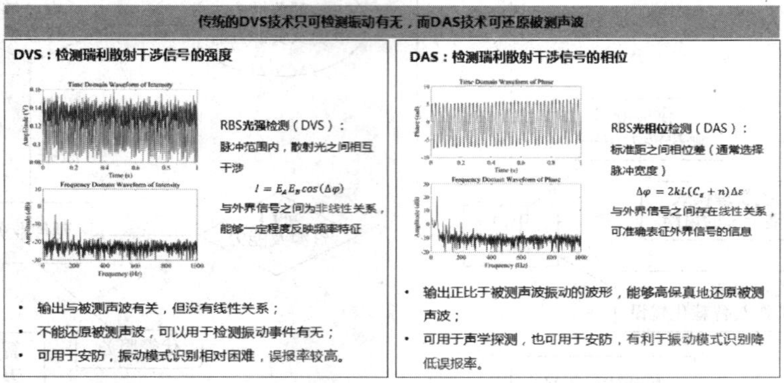

图 4　“光纤安防”的还原能力优势

（3）人工智能算力带来的数据更新能力优势。在更高采样和更精准还原的基础上，还要有足够智能化的算法，快速高效地确定事件类型，并实现对沿线环境的自适应。方案借助合作伙伴在人工智能 AI 算法领域的能力，搭配算力达 4T@FP32(4×10^{12}/s)的上位服务器，实现了 1000 次/天的数据迭代，为快速、准确识别现场，支撑新威胁事件提供算力支持(见图 5)。

3.2.2　“管控一体化平台”技术优势

考虑石油石化企业，甚至同一企业不同地区、部门间的数字化转型水平差异，方案创造性地提出“南向设备+北向用户”的系统架构。其中，“南向设备”系统主要针对“光纤安防”的设

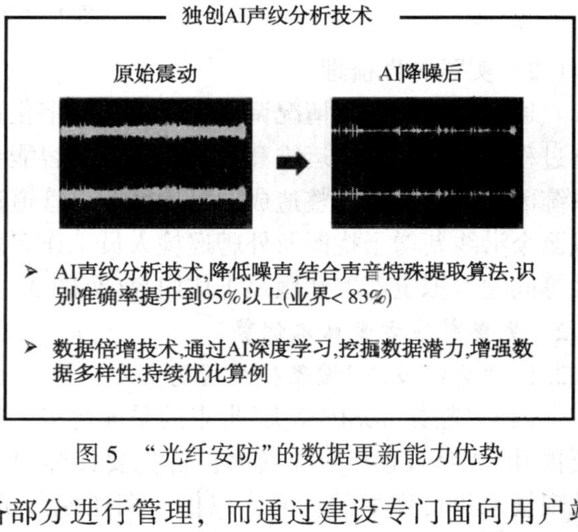

图 5　“光纤安防”的数据更新能力优势

备部分进行管理，而通过建设专门面向用户端

的，定制化、模块化的“管控一体化平台”，实现数字化转型对企业管理的提升和支持。

（1）“管控一体化平台”兼容性优势。考虑到行业内除部分企业建成了综合性管理平台外，还有大量企业未完成数字化转型，且企业内存在大量单一功能型信息管理系统的现状，综合考虑对原有系统的整合或后续建设的扩展能力，“管控一体化平台”将“光纤安防”产生的数据存储于单独建设的、兼容多数据源的“数据中台”中，以数据库组合方式，既可接收其他系统产生的数据，又可将数据提交其他综合性平台应用，有着极强的兼容扩展能力(见图6)。

对已建成综合性管理平台的，“数据中台”可向平台提交数据，配合平台其他系统数据提供决策支持；对未建成综合性管理平台的，“数据中台”可将已建成系统数据进行采集汇总，并以模块化形式挂载不同功能，协助企业在低成本下逐步实现综合性管理平台建设(见图7)。

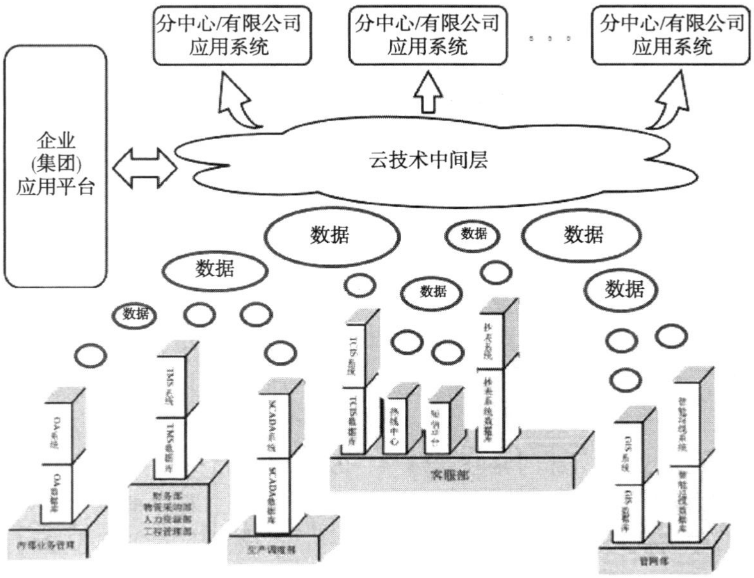

图6　“管控一体化平台”兼容性

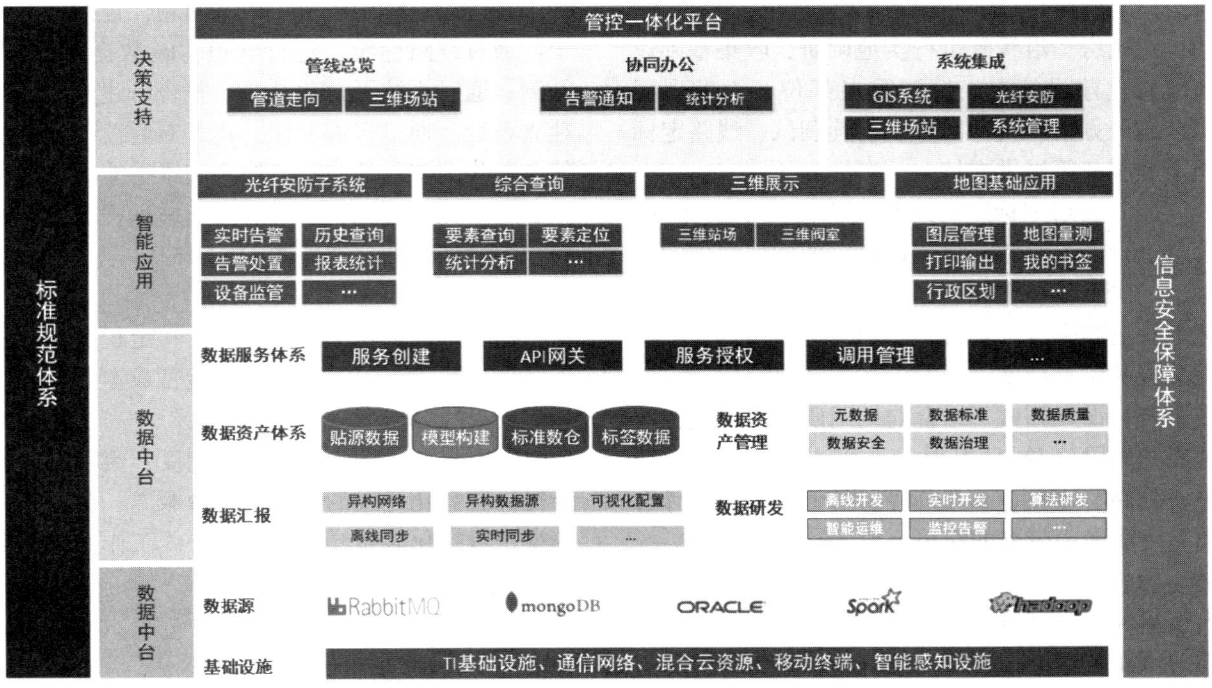

图7　“管控一体化平台”标准规范体系

（2）算法定制化优势。在实践过程中，我们也发现不同企业，在实际工作中对不同事件的关注和应对对策也有不同。如果对每一种需求，都要采用不同的“光纤安防”识别算法的话，会大大影响方案的通用性，且大大增加方案成本。

因此，通过面向用户的北向“管控一体化平台”，就可以较低成本定制专属的报警算法规则，如对同一或连续空间时间事件的整合、对第三方事件距管道距离趋势变化等制定专门的算法和报警等级、对沿线特殊区域（如在建工地）的专项管理等，既提高了告警事件和后续分析的准确度，又降低了方案延伸扩展的成本。

3.2.3 “跟踪配套服务”的全流程全环节解决能力优势

在“设备+系统”保障“光纤安防”事件识别准确率和数据分析辅助决策能力的基础上，组建专门团队，向公司具体运营管理部门提供持续的跟踪配套服务，并通过服务协助相关部门充分发挥信息基础设施和智能化系统的作用，连带推进数字化转型水平的提升，是实践过程中的最大收获。

在实践过程中，公司成立专门部门常驻运营单位，参与并协调各方力量，在部署全过程中发现问题、在实施全环节中解决问题，并通过交付使用后的持续跟踪，建立了一整套数字化转型的管理提升方案。

（1）调研设计。在设备部署前，结合竣工图档，对机房、沿线等进行实地调研，收集基础设施信息化建设情况，标记重点部位，为发现问题、编订方案、设计部署、后续调试、线路定标及定制服务等提供支持。

（2）线路定标。协助相关部门对沿线光纤、管道进行位置对标，协调设备定位标记缺失的管道，一次工作实现管道全线数字化，并通过同步标定管道和光纤，消除盘纤冗余带来的长度差，提升报警位置精度。

（3）设置调试。结合前期调研，对全线特殊位置、地段（包括且不限于未在图档中体现的铁路、公路、水网、工业园区等）进行专项调试，消除环境噪声带来的误报。

（4）赋能培训。交付后，协助应用部门进行人员培训，通过对设备操作、系统管理等相关技能的赋能，培训足够的、具备基础操作应用能力的系统使用人员，确保在相关岗位均有能够使用相关信息化系统执行工作的能力。

（5）体系建设。派员专职负责协助应用部门构建融合“光纤安防”的制度、流程体系，逐步推进光纤安防与原有管理模式的融合。通过定期出具应用情况简报协助应用部门掌握系统融合进度，并在此基础上出具人力资源再配置建议，实现安全、平稳的“控本增效”。

（6）代管维护。通过上述建设，仅实现了通过“光纤安防”推进数字化转型。为了充分发挥数字化基础建设对企业管理水平的持续提升，专职部门还向相关运营部门提供设备、系统等的定期检测、维护服务。通过根据生产需求及时设计设备系统升级更新方案、代行数字化基础设施检测维修、当前数字化运营能力分析和下一步持续改进建议等内容，一方面确保已进行的数字化建设充分发挥其应有能力，一方面向具体职能部门提供进行后续管理提升的技术支持和规划建议。

4 实践结果检验

通过在山东济华“齐河—茌平”输气管道项目上进行的“光纤安防”全方案实践和验证，实现了以下目标。

4.1 建成“光纤安防”工程

对该段管道实现了 24 小时的第三方施工破坏事件的监控和预警，准确率达 95%以上。

4.2 原有问题解决

在建设过程中解决了原有问题，包括且不限于：通过线路标定，进行管道 GIS 数据的复核、补测；通过系统平台化升级，整合已建成的原有独立系统；通过多方合作，建立对后续建设及涉信息化相关工作的验收、检测和维护能力；通过整合通信光纤资源，解决沿线场站远程通信、监控和控制信号的传递问题。

4.3 控本增效

作为人工巡检的有效补充，一定程度上减少外聘属地巡检人员，降低相关运营成本。

4.4 人才建设

同时构建适合自身的管理制度、流程，进一步提供智慧化建设的代维、代管服务，为后续持续推进数字化转型，培养熟知一线工作经验和数字化建设知识的复合型技术人才。

5 总结

在数字化转型过程中，企业常面临着与供应

商“双盲”的问题，即企业具体应用管理人员不了解数字化转型能够最终达到的效能，而供应商又不能完全了解企业实际工作的模式和需求，最终常常出现了建设、使用和效果的背离。

在山东济华燃气有限公司的实践中，通过建设先进的“光纤安防”完整解决方案，推进具体职能部门数字化转型，在过程中协助解决原有技术发展期时存在的问题，并结合持续的跟踪服务，不断提升信息化在原有管理和劳动密集型工作的比重，是石油石化行业推进且有效达成数字化转型目标的有效模式。

压缩机组维检修中心生产工艺设备运行状态监测及预防维修研究

黄章文[1]　郭举林[2]　魏福龙[2]　郑　庆[1]　杨炳春[1]

[1. 舍弗勒贸易(上海)有限公司；2. 国家管网集团北方管道有限责任公司]

摘　要　本文针对压缩机组维检修中心关键设备的可靠运行的需求进行了分析，以高速叶尖磨床为例，分析关键部件，针对性开展高速叶尖磨床在线监测系统设计，详细分析了系统能够实现的功能与作用，阐述了系统的工作原理和故障判断依据。同时，统筹考虑全厂各类不同设备的平台化管理需求，定义了设备状态监测与预防性维修管理平台的架构，构建了设备核心数据感知层、设备边缘数据分析与处理层、数据平台层和前端应用层的四层完整架构体系。基于这一设备状态监测需求和预防性维护系统的应用，展望了压检中心状态监测系统统一化、设备状态评估专业化及预防性维修机制的转换。

关键词　工艺设备；状态监测；预防维修；故障诊断；振动分析

国家管网北方管道有限责任公司压缩机组维检修中心(下称“压检中心”)是国内唯一一家30MW级航改型燃气轮机大修厂，承担集团公司GE、RR两型燃气发生器大中修和管道压缩机组远程监测与故障诊断工作任务。压检中心现拥有高速叶尖磨床、立式平衡机、卧式平衡机、数控立式车床、数控喷丸机、喷砂机、数控车床、铣床等关键维修生产工艺设备及相关附属设备，全部为进口设备，数量多、价值高、无备用，设备完好性和平稳运行对燃气发生器维修生产和天然气管网安全生产意义重大。鉴于生产工艺设备售后服务普遍存在响应不积、周期长、费用高的情况，为保障设备安全平稳运行，保障维修生产工作的正常开展，建立生产工艺设备运行状态监测及预防维修机制非常必要：一是可以实现设备状态的可预知和设备故障的可预测，及时根据设备健康状态和故障报警介入维护和预防维修，保障设备安全平稳运行；二是通过设备状态监测的分析和预防性维护机制的建立，防止异常状态深层次演化，降低综合维修成本。

轴承作为旋转设备的关键核心部件，其运行状况直接关系到设备的安全平稳运行，通过监测、分析轴承位置的温度、振动等数据和信息，能够直观地反映轴承和设备本身的健康状态，指示故障的发展。舍弗勒为国际著名轴承制造商，依托舍弗勒FAG轴承设计、生产、应用基础、轴承基础研发专业知识和丰富的轴承数据库，利用工业物联网技术架构，建立大数据分析和机器学习等技术手段。舍弗勒实现对旋转设备轴承关键振动信息和设备加工过程数据的采集，分析设备运行状态，实现设备故障的提前预测、整体设备状态信息的可视化以及设备维护机制从计划性维护到预防性维护的转变，从而有效提高设备完好率和开机率。

本文以压检中心维修生产关键工艺设备高速叶尖磨床的轴承失效监测需求出发，分析全厂设备预防性维护系统设计，并以实际案例说明预防性维护系统的应用。

1　高速叶尖磨床的状态监测

1.1　关键部件需求分析

高速叶尖磨床的加工工艺是通过高速的工件旋转，使燃气轮机转子在高速条件下具有足够大的离心力，在此状态下进行精粗磨削加工、在线测量、去除毛刺等，使得磨削后的叶尖外径尺寸满足正常工作状态技术要求。因此，高速叶尖磨床是燃气轮机转子在最小工作间隙下优化能耗的重要工艺手段。

高速叶尖磨床的主电机提供工件的旋转驱动，是保证转子叶片达到运行工况下状态的关键部件，电机旋转部件的故障将导致工件不平衡、磨削偏差、测量误差甚至碰撞停机等严重故障。砂轮电机提供磨削作业的旋转驱动，其可靠性直接决定了磨削过程的稳定性。此外，高速叶尖磨提供的吸尘系统用以吸收磨削产生的碎屑以及控制防护罩内的温度，确保测量结果的精确性。按照高速叶尖磨的工艺特点，识别其关键旋转部件为主电机、砂轮电机和除尘电机，考虑在上述关键部件上安装振动传感器，监测设备运行状态。

1.2 系统数据需求分析

振动作为机加工过程的精度影响因素，是识别设备状态的重要参数。在磨削加工过程中，工件表面质量问题如振动波纹和形状误差都可能因振动过大引起，同时还会导致刀具砂轮的过早磨损问题，严重影响加工质量。在关键部位布置振动传感器，监测振动状态，经过先进的数据处理方法能够有效判断出振动异常的根源，进而避免设备因素导致的产品批量质量缺陷的产生。识别出故障根源后，及时开展设备的维护保养，能够避免设备故障的进一步劣化，减小或消除后续影响。

磨削加工作为保证加工工件的精度的工艺环节，影响加工精度的因素可以分为三个方面：磨床的设计和制造形成的性能，包括磨床本身刚度、重复定位精度、回转精度等；运行过程的附加加工因素，如磨削加工条件，如砂轮精度、磨削工艺及工件特性；磨削环境，即外部施加到关键部位的非自身因素，如振动、温度、湿度和压力等。

在给定的设备性能下，作为设备的使用者，通过对外部环境的有效管理，可实现对高速叶尖磨床设备加工精度的优化，同时有效分析设备本身的工作状态。因此，预防性维护系统在上述关键部件的振动信息外，还需要将高速叶尖磨床的部分过程参数，如温度、电压、电流、压力等信息纳入系统，形成完整的设备状态监测数据库和判断逻辑。

1.3 高速叶尖磨床在线状态监测系统设计

高速叶尖磨床的振动来源主要为砂轮主轴的振动、主轴电机振动和液压站的液压泵工作引入的振动等。要实现监测，需要明确在具体的固定部位通过额外安装的外部传感器分析结构振动，分析故障源，图 1 所示为安装传感器于砂轮主轴上的振动传感器示意。

以上述关键电机部件为关键测点，在最接近轴承的部位将传感器固定在提前定义的位置，以监测设备工作过程中的振动状态。在测试过程中，考虑到转速及工件的不同对于测量的不利影

图 1　振动传感器安装位置示意图

响，按照明确定义的测量条件统一规划测量规则。例如，测量以规定的时间间隔、相同的速度和无负载等条件作为触发条件，而无须综合磨削加工环境存在振动干扰的情况，达到准确制定基准的目的。在一致的测量条件下，可以准确反映故障和故障来源，避免有害振动波纹被映射到加工件上，从而保证加工的质量。

作为设备状态监测边缘计算的核心系统，舍弗勒 ProLink 系统将持续记录振动传感器的测量值，并自动开展振动分析，可按照系统不同的载荷工况，自动调整系统报警阈值，分析振动频谱，以便定位设备故障的部位，查找设备发生故障的根本原因。针对高速叶尖磨床的振动分析，将在系统内引入以下配置：

（1）优先考虑在设备怠速期间进行测量，避免不同工件加工过程中载荷变化对系统一致性的影响；此种监测方式可以发现旋转部件如主轴承的早期失效故障。

（2）如需考虑加工过程中的变化，可引入磨床本身的过程数据，如工作压力等，区分不同工况下的振动状态，避免产生干扰，可进一步实现加工过程中的质量监测。

（3）此外，系统保留多样化的网络化传输协议与接口作为后续拓展。可在后续预防性系统建设中通过 OPC-UA 协议将振动特征值数据、报警结果等统一上发至 Autinity 数据平台，也支持 MQTT 等工业物联网传输协议，实现远程专家分析与诊断。

高速叶尖磨床的在线监测系统框架如图 2 所示，主要包括加速度传感器、舍弗勒 ProLink 在线监测系统、舍弗勒状态监测系统软件 SmartCheck 三个部分。传感器采用 IEPE 型加速

度传感器，具有高度灵敏性、频带，可实现设备振动的连续测量。将加速度传感器信号接入ProLink状态分析系统，系统将自动分析设备振动信号，并直观提供设备故障发展状态的趋势和报警。设备日常工作的状态由ProLink CMS自动监测，当系统指示设备异常且需要舍弗勒提供详细的专家诊断报告时，舍弗勒远程服务中心将通过边缘网关数据接口，详细分析设备振动数据，并给出详细分析报告和维护建议。

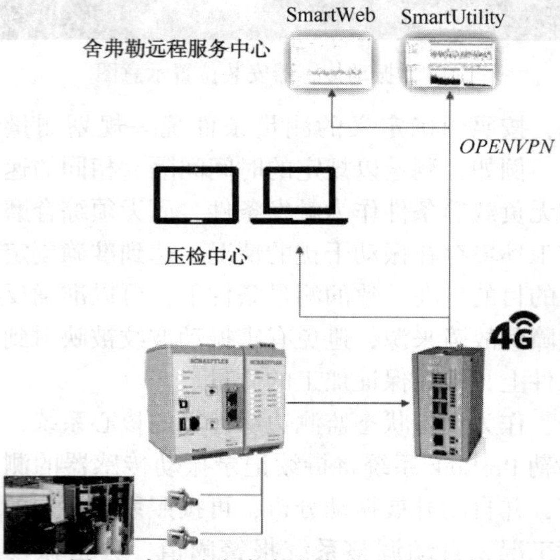

图2　高速叶尖磨床在线监测系统框架

1.4　高速叶尖磨床在线监测系统功能与案例

以砂轮电机轴承的设备振动分析系统的配置和分析案例为例说明关键设备振动监测系统的配置和作用。

作为状态监测的核心边缘计算设备，舍弗勒状态监测系统ProLink CMS提供了直观的设备监测配置流程。如图3所示，可根据不同的旋转设备类型和监测对象，选择不同的监测对象模型。系统内置了不同设备类型的物理模型，根据振动波形、频谱和包络解调分析，可定位到具体的故障类型，如齿轮箱故障、泵故障、轴承故障等。系统能够实现的振动监测分析包括：

ISO 10816：振动速度的宽带特征值。

Peak-to-peak：时域加速度最大值。

RMS broad band-解调：包络信号能量。

RMS broad band-加速度：总信号能量。

如图4所示，系统内置完备的轴承数据库，可直接通过品牌和型号进行检索选择监测对象的轴承。由于不同的轴承型号，其几何参数存在差异，因此振动对应的特征频谱均不相同，并可以进一步细化到轴承的部件，如内圈、外圈、滚动体等。通过轴承位置的振动频谱分析和包络解调分析，发现轴承本身的早期故障。根据旋转设备的物理模型，系统步实现下述故障的判断：

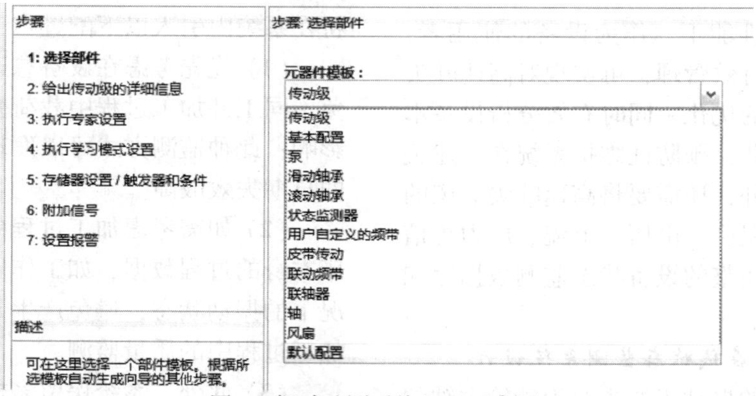

图3　振动监测系统配置示意图

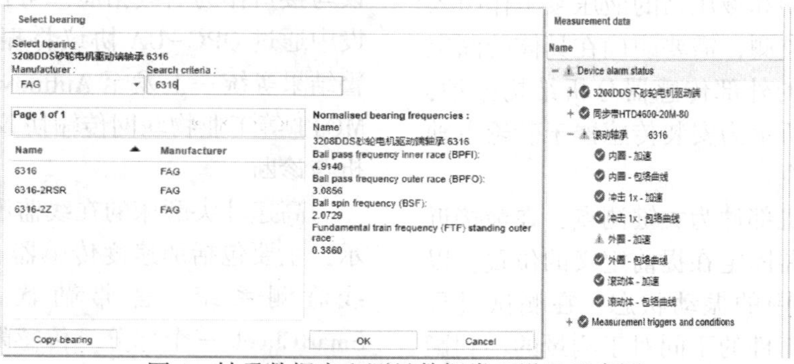

图4　轴承数据库和测量数据类型设置示意图

磨损：轴承、齿轮。

不对中：轴承不对中。

不平衡：转子不平衡。

松动：支承结构松动、部件配合松动。

共振：结构共振。

电机故障：偏心，弯曲，转子裂纹等。

图5所示为一个典型的滚道损坏造成的砂轮轴承故障冲击脉冲频率。拆机后对轴承滚道和滚动体进行检视，其结果与振动分析的结果一致。

发现砂轮轴承故障后，及时介入维护更换轴承，如图6所示，状态监测系统的测量显示，频谱中没有可见的损伤模式，总体振动恢复低水平。

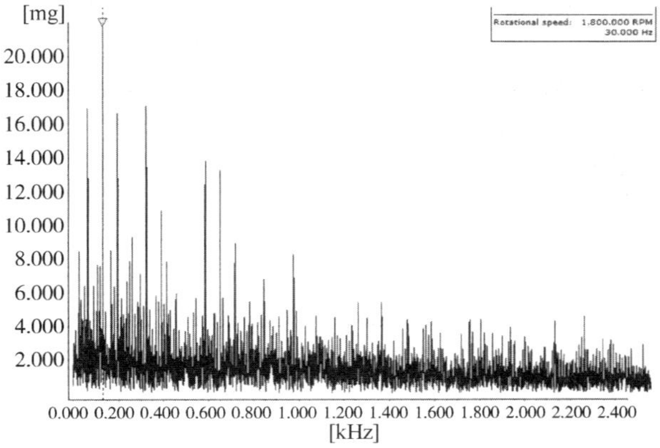

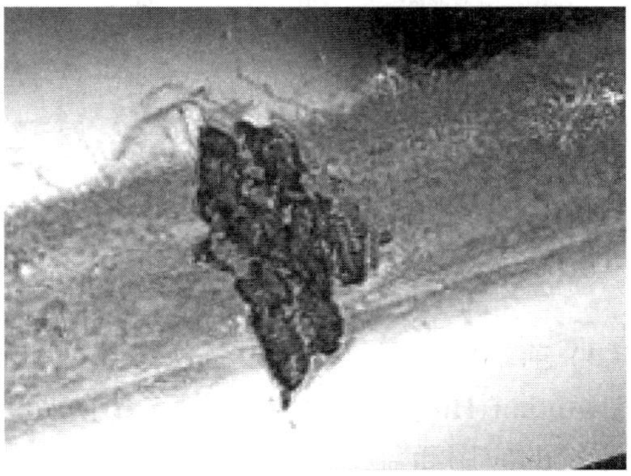

图5 异常振动信号包络频谱图和拆解轴承滚道损伤示意图

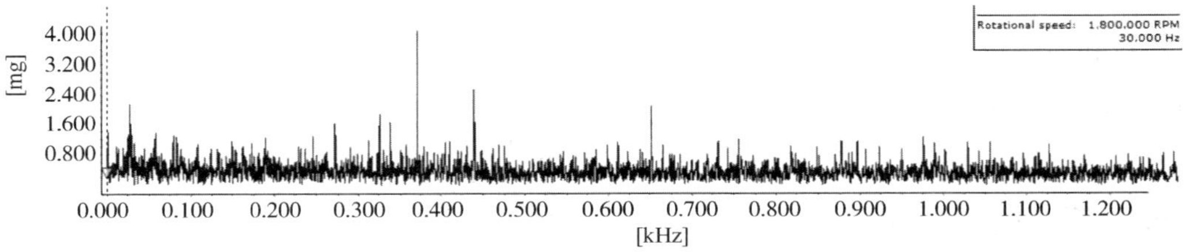

图6 正常振动信号频谱图

2 压检中心设备状态监测与预防性维护系统平台构建

基于前文对高速叶尖磨床设备状态监测需求分析，进一步将加工设备本身的关键数据如设本身的基础模型，温度等环境参数，设备作业任务和生产信息等纳入考虑，并为上述数据构建统一的数据平台，完善系统可视化、流程化和智慧化功能，即可形成设备状态监测和预防性维护的统一系统平台，达到故障及时预判预警及通知相关管理人员，将安全隐患消灭在萌芽状态，保障设备平稳运行，提高完好率和开机率，降低综合维修成本的多重管理目标。整体系统架构如图7所示。

该系统平台的构建分为四个层级。

（1）设备核心数据感知层。包括对设备关键数据的振动信号在家和关键运行过程量采集。通过在旋转设备的关键部位设置振动传感器，实时感知机加工设备主轴，电机，风机等设备运行过程中的振动数据。同时，按照不同的设备类型，获取现场控制器的核心过程量。

（2）设备边缘数据分析与处理层。包括核心的舍弗勒设备状态监测系统 Prolink 和边缘数据处理系统 Schaeffler Autinitylogger。Prolink 内置轴承数据库与旋转设备状态分析系统，实时分析设备振动信号，提早发现齿轮箱、电机、风机等设备的各类机械故障及轴承早期故障；Autinitylogger 涵盖主流设备现场通信协议，实现设备数据的跨平台链接，完成现场控制器，PLC 和 Prolink 的数据链接。

（3）数据平台层。平台数据管理系统，通过企业级的 AutinityDAP 数据管理系统，实现底层数据，设备状态特征值数据及核心过程数据的结构化存储、访问、查询和管理，为上层应用提供全面的数据支持。

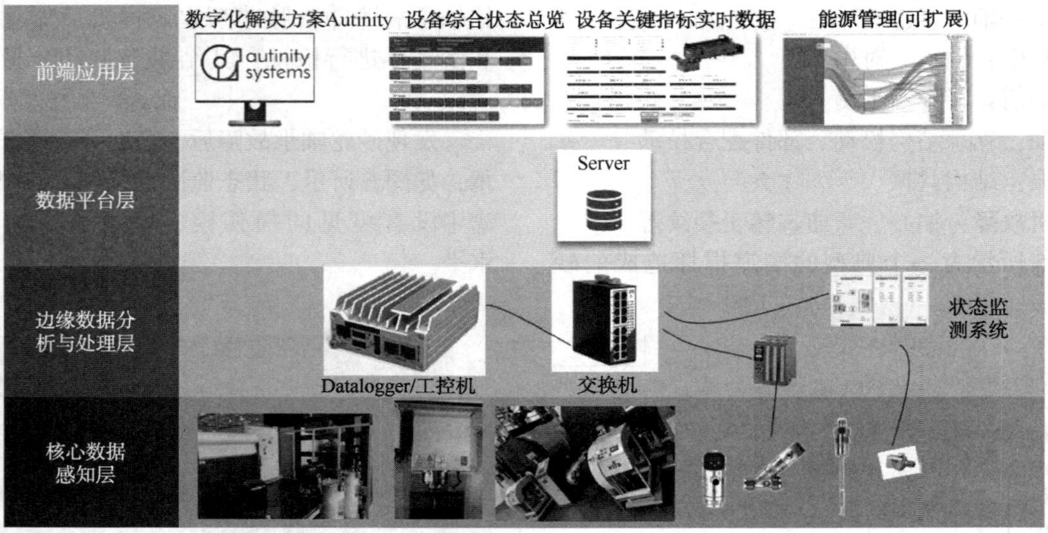

图 7　整体系统架构

（4）前端应用层。基于设备状态数据和分析结果，AutinityHub 设备状态监测与预防性维修维护系统的应用涵盖设备状态监测、故障根本原因分析、预防性维修维护管理及能源管理等模块。完整贯穿从设备状态信息、设备故障跟踪、设备维护策略到设备综合管理的全流程，通过流程化、可视化和智能化的应用，大大降低设备非计划停机风险，提示设备综合利用效率和维修效率。

3　预防性维护系统的应用

在底层振动监测和分析的基础上，舍弗勒 AutinityHub 预防性维护系统同时引入了现场设备的一系列关键过程信息，如温度、润滑、电流等状态数据，并可收集机加工设备控制系统的生产信息、工艺信息与质量控制信息等，同时将作为与其他系统如生产管理系统的物理接口，系统功能如图 8 所示。整个系统在设计和部署阶段考虑后期扩展的需求。

系统基于设备基础信息和模型，根据采集的设备振动、温度等数据，实时分析设备和部件的健康状态；结合历史数据，分析设备状态发展趋势并预测故障。在底层物理硬件支持的前提下，还可对单独设备和车间能耗流向进行整体分析；按照系统设置提供数字化报表，形成设备状态和可靠性综合评价。

系统包含以下功能模块：全场设备状态信息总览、设备详细状态可视化、各物理量状态分析、设备使用率 OEE 分析及报表、设备能耗分析及报表、自定义管理界面等功能。

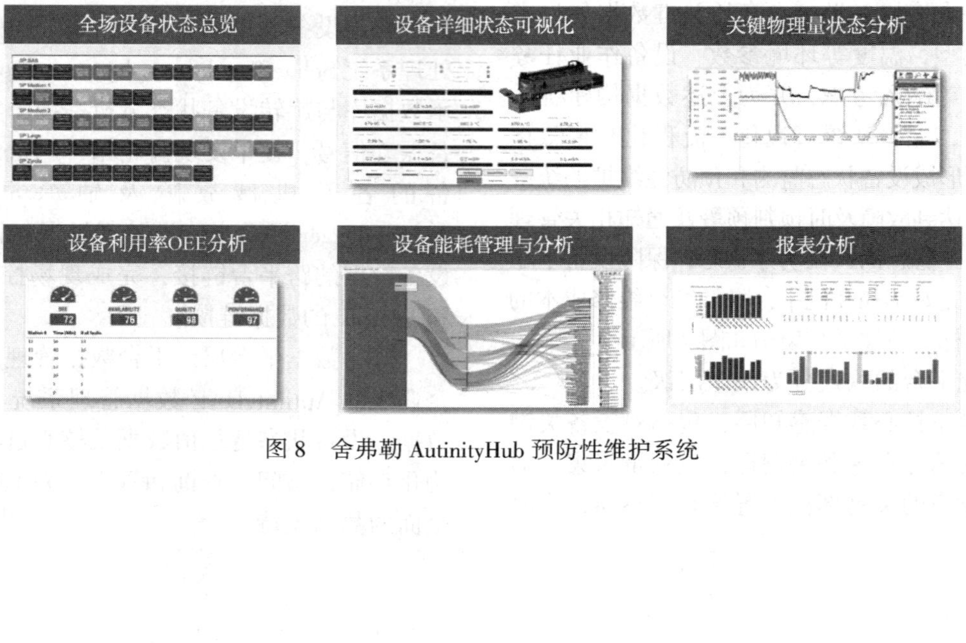

图 8　舍弗勒 AutinityHub 预防性维护系统

4 压检中心设备管理系统展望

本文以压检中心高速叶尖磨床的在线状态监测系统和全厂预防性维护系统的设计和应用为例，分析了目前的设备管理难点，评估了生产设备维护和管理需求。通过该系统的全面实施与应用，可有效促进压检中心设备管理和维护机制的转型。

（1）设备状态监测系统统一化。目前关键机加工设备随原厂配置不同系统，各系统间的底层硬件、系统架构、计算逻辑等均存在差异。通过对关键设备部署状态监测与数字化数据采集系统，可构建符合工业物联网架构的设备状态监测系统架构，同时为后续其他设备监测系统的升级改造预留接口。

（2）设备状态评估专业化。依据设备关键等级和运行特性，按需部署在线监测系统和数字化预防性维护系统，避免日常生产监控和人工点巡检存在的监测频次低、分析不到位、人员难以直接观测等问题。同时通过采用专业的设备状态评估系统，可针对不同的设备类型，设备运行工况，通过监测设备的振动指标，采用专用的算法和分析模型，准确判断设备的健康状态，分析设备故障的真实原因，制定有针对性的维修维护标准。

（3）设备维修模式革新。基于上述设备状态管理统一平台与信息化接口，充分利用监测数据，分析设备故障产生、发展的全过程，将有助于现有的故障后维修、定期维修的检修模式向预防性维修的机及转变。同时，基于设备状态信息的透明化，将设备信息、人员安排、备品备件管理等过程形成有机结合，完善设备维修维护管理的标准化。

参 考 文 献

[1] 翟淳，刘丛辉．新一代航空发动机转子叶尖高速磨复合加工技术[J]．航空制造技术．2009(19)：42-44.

[2] 胡友民，杜润生，杨叔子．智能化状态监控技术研究[J]．中国机械工程，2003，14(11)：946~949.

[3] 毕果，郭隐彪，杨峰．基于经验模态分解的精密光学表面中频误差识别方法[J]．机械工程学报．2013，49(1)：164-170.

[4] 柯晓龙，郭隐彪，张世汉，等．高精度光学元件磨床的加工与检测系统的开发[J]．厦门大学学报：自然科学版，2011，50(3)：559-562.

[5] 张正松，傅尚新，冯冠平．旋转机械振动监控及故障诊断[M]．北京：机械工业出版社，1991.

[6] 黄沿江．精密数控磨床振动测试与减振技术研究[D]．厦门：厦门大学，2008.

浅谈中国大型石油、天然气及化学品企业信息系统战略

曹　彤　屈倩如　詹伟祥

[德勤企业咨询(上海)有限公司北京分公司]

摘　要　全球石油、天然气及化学品行业正在经历技术变革与战略重塑。先进的数据分析、人工智能、认知自动化和机器学习等新型技术，正在助力于将油气行业的海量未开发数据转化为可行的见解，以成就创新的信息系统战略。这些新型技术趋势正在塑造这个行业的未来，包括云技术、分析技术、区块链、物联网、数字化和工业4.0等。创新技术在扩展效率和生产力前沿方面的潜力是巨大的。中国大型石油、天然气及化学品企业也正在加快变革的步伐，积极塑造战略及运营变革，重新定义企业中信息技术的角色，企业领导者亦在重新思考在技术驱动的全球经济中运营的意义所在。随着行业向前发展，变革的步伐只会越来越快。技术变革所带来一连串的挑战与机遇，使得中国大型石油、天然气及化工企业需要重新思考并塑造企业信息系统战略。中国油气行业正在发生深刻变化。本论文为中国大型石油、天然气及化工企业提供了信息系统战略发展的特定视角，提供了与油气行业信息系统战略相关的有针对性的卓远洞见，并就如何塑造未来信息系统战略以满足不断变化的需求提出崭新的想法。

关键词　石油；天然气；信息系统；战略；转型与变革

1　中国大型油气企业特点

中国大型油气企业既有流程型行业与生俱来的特点，同时也在不断自我调整以顺应全球能源转型和中国油气行业体制改革的要求。

油气、化工是典型的流程型行业，诸多环节涉及大量实时数据且安全防控要求高。企业需要收集和分析实时数据，监控设备性能和物料流，同时保护工人和环境。一些企业考虑使用数字工具来执行高级分析，以发现改进机会。然而由于油气行业涉及众多专业领域，不同专业数据类型不同、数量级差别大，且缺乏关联性，加大了数据综合分析难度。

大型油气企业向综合能源公司转型，资产组合多样化。在能源转型和产融结合趋势的推动下，大型油气企业的业务不仅覆盖传统油气产业链，还增加了新能源、资本投资、新零售等非传统业务。油气企业将通过多元资产配置增加收入来源，同时也面临如何确保内部企业协作顺畅的挑战。

大型油气企业是油气行业体制改革和国有企业改革的焦点。一方面，政府价格控制和资源配置的角色逐渐弱化，市场将发挥越来越大的作用；另一方面，政府对国有企业管理和运营效率提出更高要求。这意味着石油化工企业更需要加强市场分析预判，根据市场需求合理安排生产。

2　国内油气企业价值链及与国际油气公司异同

国内大型油气企业与国际油气公司都具备完善的产业链，并积极探索数字化和低碳转型。但由于所处市场环境、企业性质和目标不同，两类企业在勘探开发、炼化、销售等环节呈现差异。

勘探开发环节，国内大型油气企业以本土项目为主，并加大了国内勘探开发力度以响应国家对提高供给能力的号召。另外，由于上游开放时间不长，导致合作勘探开发模式较为单一。而国际石油公司已经占有了全球优质资源，并形成广泛多样的合作伙伴基础，其海外资产、收入占比较高。

炼化环节，油气企业经过多年的发展，形成了完整成熟的工艺体系，技术进步主要体现在装置的规模化、炼化一体化、能耗与物耗降低、催化剂的进步、重油及渣油加氢的处理能力、生产的智能化等。国内大型油气企业正积极推动炼化一体化，从燃料型炼厂向化工型炼厂转型。而国际油气公司更关注向高附加值产品与系统解决方

案供应转型。

销售环节，中国大型油气企业具有明显的终端网络优势，纷纷布局加油、非油品销售、加气、充电、氢能大网络；国际油气公司相对更关注零售终端的信息系统整合，为未来的数字化转型搭建基础平台（见表1）。

表1　国内油气企业价值链及与国际油气公司差异比较

比较项目	国内油气企业	国际油气公司
勘探开发	• 布局本土为主，国内勘探开发加码 • 技术创新从常规油气开发为主向非常规油气开发为主 • 合作模式较为单一	• 布局全球，海外资产及海外收入占比高 • 勘探资产储备多元，深水占比约40% • 进出机制灵活，不同成熟度资产配置合理 • 多样化的合作模式
炼油化工	• 从燃料型炼厂向化工型炼厂转型 • 清洁燃料生产技术升级换代 • 减排重点转向提高能效、低碳排放	• 向高附加值产品与系统解决方案供应转型 • 技术研发中心贴近本土市场 • 生产工艺绿色清洁化
销售	• 布局加油、非油品销售、加气、充电、氢能大网络 • 开发新合作模式、加强数据共享 • 面临外资连锁加油站竞争	• 在新兴国家扩大终端网络、布局充电站网络 • 建立全球零售站点信息系统平台
管道	• 国家油气管网公司成立涉及三大石油公司国内干线管网资产评估和剥离 • 探索智能管道平台	• 建立全球零售站点信息系统平台 • 在新兴国家扩大终端网络、布局充电站网络
油田服务	• 油服业务受勘探投资带动增长	• 计划出售油服资产

资料来源：公开资料、德勤研究。

3　上游开发承诺或将改变企业勘探开发策略

政府对能源安全的高度重视意味着无论油价怎样变化，上游投资和产量必须保持稳定的增长。大型油气企业的重点任务之一是，无论对油价有怎样的预测，将开发成本降低到最低水平。这需要企业提高效率，挑战传统方式，站在行业整体的角度思考和共同工作。

为了降低成本，油气企业已经进行了许多工作。现在的挑战是继续前进，实现在未来真正可持续的成本削减。企业勘探开发策略的变化可能体现在以下方面：

（1）使用改进的或新的成本管理技术（减少资本支出和运营支出）。

（2）数字化（减少运营成本和提高生产效率）。

（3）业主与承包商之间的协作合同模式（压缩的时间表，优化资本支出）。

（4）业主与供应商之间的协作合同模式（改善正常运行时间，降低运营支出）。

（5）选择优化后规模合理的项目亦或针对“甜点区”的大型项目。

多种开发策略的结合将有助于提升效益，利于油气企业在更长的时间内保持竞争力。

4　智慧能源推动油气企业设计集中式策略来管理运营数据

现代石油和天然气的运营已经发生变化，企业在寻找最佳数据管理方法时应该考虑这些变化。第一，资产生成的数据正在加速增长，如果管理不当，很容易使公司不堪重负。第二，物联网和数据分析的重要性日益增加并已经产生巨大的影响。第三，每个公司或部门，越来越多的人通过分组和专业化的方式来收集和利用数据的需求越来越大。

大型油气企业更加积极探索建立集中统一的信息平台，打通上下游，对油气勘探、储运、炼化、销售等环节的生产过程和海量数据进行分析处理。

5　更多企业将可持续性计划纳入其业务规划

衡量可持续项目的投资回报需要不同指标，包括经济、环境、社会不同方面。油气和化工公司处理的是易燃易爆液体和成品，一旦生产、加工或运输过程中发生故障，会带来严重的安全、环境和监管风险。因此，保证安全性仍是第一要务。

中国低碳转型趋势下，更多油气企业会把可再生能源的发展视为积极的增长并予以接受。但要满足中国日益增长的能源需求，仍然需要很多年的化石能源来源。因此，作为一个行业，油气行业面临的挑战是在整体能源结构中找到自己的位置和竞争地位。在投资组合的所有领域——石油、天然气、下游产业、化工、可再生能源中，选择最优组合并利用新技术减少碳足迹。

未来，更多石油和天然气企业将把可持续发展计划纳入其业务规划。这些努力也将为企业创造更大的商业价值，同时加强与企业与投资者及公众的关系。

身处这个在成本、效率和可持续提升性都越来越依赖数据的行业，油气企业需要在整个企业范围内迅速扩大对技术的使用，为达成这一目标，油气企业需要强大的信息系统，其职责不仅是改变企业使用技术的方式，而且能够将技术资产由不同的系统转变为可扩展的平台。

6　数字技术和智能技术所带来的重塑与革新

油气行业的整个价值链条正在经历数字技术的颠覆性影响，数据分析、云解决方案、人工智能和区块链等数字技术在这方面发挥了重要作用。由于可用数据量的增加、芯片组成本的降低和可用计算能力的增强，这些技术的使用呈指数级增长。正如在许多其他行业一样，数字创新正成为石油、天然气和化工企业的强大颠覆者，推动着从按需燃油交付应用程序到帮助自动收费、停车和燃油支付的汽车区块链 ID 等一切事物的发展。例如，资源探索者和生产者可以从应用云计算、分析和人工智能到自动化现场操作中获得巨大的成功。没有哪个行业会被排除在外，油气行业也不例外。

因此，许多石油、天然气和化工企业的领导者认识到，这正是采取新的态度和方法进行数字化转型的契机。这进而将使各级决策者必须处理加速采用技术所涉及的固有挑战和机会，重塑企业信息系统战略。

面对巨大的行业竞争及盈利增长压力，新型技术为全球油气行业参与者提供了独特的机会以提高运营效率和有效性，并增加收入。表 2 所示为解决方案帮助组织解决技术问题及商业困难的一些实例。

表 2　数字技术和智能技术方案

领域	事件/问题	解决方案	收益/结果
云技术中的地质和地震数据分析	由于业务遍及全球，公司拥有大量地质和地震传感器数据 • 在内部存储所有数据会占用大量存储空间，且成本高昂 • 若缺乏高级的计算空间，公司将无法进行所需的分析和计算 • 公司希望探索云计算提高计算和分析的能力。此外，公司还希望探索其他方法以利用获取自传感器的数据	• 公司正使用云服务帮助其管理并分析最近安装的超灵敏地震传感器所产生的大量地质数据 • 该等传感器使公司能够探测并从先前被认为已经枯竭的油井或在先前调查显示没有石油存在的地方提取石油 • 公司自己提供计算能力，然后在按使用量付费的基础上运行分析模型 • 公司正在试行基于云的 Hadoop 以进行大数据分析，并专注于复杂的数据安全认证。公司还授权第三方访问其亚马逊虚拟私有云平台	• 公司现在可以管理并就地质和地震数据进行详细可视化和分析 • 由于采用按使用付费的模式，公司可根据需要增加或减少云计算能力(及相关成本)
受传感器支持的油井监控及分析	公司希望改善油井的运营 • 随着油井数量的增加，公司难以经济有效地扩大其运营，同时保持最佳产量并最大程度地减少停机时间 • 公司需要一种方法来预测问题，并在问题发生之前采取纠正措施	• 公司为油井配备了传感器，以实时发送并接收数据 • 公司随后开发了分析模型，该模型将从油井中获取实时传感器数据，并在数据中寻找信号，以预测油井何时超出最佳生产范围 • 团队将数据输入到一个模型中，以证明能够对油井进行早期预警 • 工业化并扩展解决方案	• 数据可用性的提高提供了有关油井生产、维护和建议措施的重要信息 • 该等模型不仅提供了有关油井何时将变得欠佳的“早期警告”，还基于这些分析建议了以优化生产为重点的操作行动 • 提高了工程生产力

续表

领域	事件/问题	解决方案	收益/结果
优化油田生产动态的集成工作流	• 运营商拥有大量油井，其中大部分均具有智能完井功能，每天可产生大量数据。公司工程师花在管理数据上的时间比解释数据的时间还多 • 除交付、处理和管理新数据外，运营商还需建立工作流以将实时数据合并到现有的工程流程、应用程序和数据库中 • 智能完井的成本高于传统完井，但尚无基准来确定此类投资的回报	• 生产软件使来自多个源的数据在单个集成环境中可视化。于是，团队可通过例外管理流程来监控油井的动态，以便快速采取行动 • 公司与运营商密切合作，针对该领域的技术和工程难题开发新的自动化工作流程 • 由于系统会在数据表明存在潜在问题时立即向相关人员发出警报，因此，运营商可迅速采取行动，以避免生产损失	• 运营商预期设备在生产启动时会大大增加正常运行时间 • 避免了生产损失 • 提前实现最大日产量 • 通过智能完井，团队在没有干预的情况下重新优化了油嘴位置。受影响地区的产量增加了一倍。通过避免干预，团队避免了生产损失
油井产量的预测性分析	• 长期的维护导致油井长时间停产 • 延长小流量注水井的使用寿命 • 通过提高设备可靠性来最大限度地提高产量 • 降低运营成本，优化维护计划 • 建立全面的分析文化，以做出更明智的决策	• 执行了资产性能分析，准确预测可能导致停机或降低油井性能的事件。从批量数据加载到实时物联网数据，该解决方案通过分析传感器数据来提高正常运行时间、性能和生产率，同时降低维护成本和生产收入损失风险 • 与此相关的是，公司利用了视觉分析以进行描述性分析、实时监控及预测分析。解决方案结合了内存处理和高级数据可视化功能	• 通过更高效的产品和维护流程使成本得到了降低 • 额外的生产有助于增加收入 • 成熟、资源密集油井的生产寿命更长 • 分享来自移动设备实时监控和预测分析的见解 • 公司将每年 365 天，每周 7 天，每天 24 小时的监控和优化所有资产
检测管道故障的预测性分析	• 不断增加的商业复杂性、老化的管道网络和传统的人工监控设备导致了燃料泄漏和盗窃的巨大损失 • 公司寻求预测燃料泄漏/破坏的方法，以减少损失	• 在管道内外安装了先进的传感器，以预测泄漏情况 • 测试了可以看到、感觉、嗅到和听到石油管道各方面情况的技术 • 利用了可“看到”将空气射入管中而溢出的沥青的蒸汽感应管 • 采用了可“感觉”由于沥青泄漏到周围土壤而引致的温度波动的光纤分布式温度传感系统 • 安装了可发送电子信号以“嗅”到碳氢化合物的碳氢化合物传感电缆以及可“听到”声音变化(表明管道泄漏)的光纤分布式声学感应系统	• 减少了燃料泄漏、盗窃和管道破裂 • 极大地减少了检测事件及部署解决方案的时间
检测 ESP 故障及油田潜在产能的传感器驱动分析	• ESP 性能差(包括昂贵的泵故障维修)，且缺乏预测油田产能的能力 • 公司希望更好地预测故障发生的时间，以便在事故发生前采取纠正措施，节省维修成本	实施了分析解决方案并采用了“三步”流程： • 使用有关泵生产、完工和地下特征的混合多学科数据来预测潜水泵的故障，并提供预防措施 • 使公司能够使用在第一阶段中生成的额外数据来为下一口油井设定最佳泵配置 • 使用了该等额外 ESP 性能数据来评估油田的潜在产能	设定最佳泵配置 • 使用了该等额外 ESP 性能数据来评估油田的潜在产能 • 提高了 ESP 性能并减少了故障的发生 • 利用“复合效应”发掘了预测油田产能的能力，在“复合效应”中，一个层次的数据分析提供的见解和洞察，可获得额外的分析

7 中国大型石油、天然气和化工企业的信息技术及信息系统战略现状分析

国内领先油气公司经过 20 余年信息化建设，从基础设施、过程控制到生产管理、经营管理、辅助决策各层级都取得显著成果，较好地支撑了上、中、下游主要业务。近些年，随着云计算、大数据、物联网、移动互联、人工智能、区块链

等技术日渐成熟和广泛应用，以及数字化转型浪潮到来，领先油气公司主要在以下领域进行探索、尝试、持续建设。

（1）自2015年“互联网+”国家战略的提出，国内领先油气公司率先在采购、销售领域开展互联网转型，对标互联网企业，以“客户”为中心，构建企业生态，向综合服务商转型，满足自身敏捷、高效业务诉求的同时，创新业务模式，赋能上下游伙伴。引入阿里云技术，采用“厚平台、薄应用”前中后台架构，基于微服务开发技术，重点建设中台和数字化渠道，实现管理集中、业务和数据的充分共享。以中石化易派客为例，打造B2SCM模式，目前该平台是国内第一大工业品电商平台，也是“金砖五国”推荐使用的工业品电商平台。

（2）工业4.0领域，国内领先油气公司开展智能油田、智能工厂、智能管道、智能物流、智慧加油站等智能生产项目试点建设。加大基础设施、硬件设备的投入，搭建智能制造工业云平台，通过物联网技术提高数据自采率和传输效率，通过大数据分析、人工智能等技术提升企业感知、预测和智能化水平。例如设备预防性维修维护，装置实时优化，机器人/无人机自动巡检等。

（3）共享服务中心建设，国内领先油气公司为节约成本，提升效率，纷纷开展共享服务中心建设，将财务、人力资源、IT等业务纳入共享中心，并应用RPA技术实现流程自动化。

（4）数据作为企业重要核心资产，企业越来越意识到数据的重要性，一方面加大终端数据获取能力，另一方面纷纷搭建数据平台整合分散在各系统的数据，通过数据分析建模以及AI技术挖掘、变现数据价值。

8 建议的蓝图

（1）数智化转型是一把手工程，牵一发而动全身，企业组织、文化、流程、人才、体制、机制需要与数智化技术相辅相成。

（2）面向客户、供应商、合作伙伴的平台需要加强第三方合作，扩大生态圈，提高运营和创新能力，提升服务水平。

（3）工业4.0智能制造领域应总结试点经验，规模化推广，需要提高数据建模分析能力，提升智能化水平。

（4）加大板块间系统整合，实现企业内部供应链全局优化以及全球生态供应链的高效协同。

（5）共享中心处理业务应更加广泛，从财务、HR、IT可扩展到采购、风险、法律、审计等业务，各业务条线处理业务流程应更为丰富，通过RPA、认知技术（OCR、语音识别等）、机器学习等技术提升自动化处理能力和效率。

（6）搭建统一云管平台，实现多云管理，组建专业运营团队，丰富PaaS组件和SaaS服务，提供目录式的、自动化的服务。

（7）健全数据治理体系，组建熟悉业务又懂技术的数据运营团队，充分挖掘数据价值，成为数据驱动型、洞察力驱动型企业。

（8）探索AI、区块链、5G技术应用场景，采取小步快跑方式，逐步通过新技术来赋能业务。

（9）信息安全、数据安全是第一道防线，尤为重要，构建完备、完善的信息化安全体系。

9 德勤将如何提供帮助

作为全球最大的专业服务机构，德勤拥有技术和商业策略能力以及深刻的行业洞见，德勤深入研究了影响油气行业的重要技术趋势与信息系统发展方向——涉及宏观新技术趋势与科技力量，以及油气行业如何应对数字化转型。德勤将助力中国大型石油、天然气及化工企业在信息系统战略上实现变革性飞跃。

（1）技术和商业策略。德勤通过引入可执行的策略来解决问题，该策略将严格的分析、市场洞见和协作思维相结合，从而采取自信的行动。广泛的技术经验帮助组织更好地管理其业务并服务其客户，具体包括分析和信息管理、交付、网络风险服务、技术策略和架构，以及数字策略、设计和开发服务。

（2）油气行业的专业知识。德勤拥有经验丰富的油气行业专业人士，指导全球油气企业和新市场参与者应对全球行业挑战的复杂性。由于油气行业深受市场、政治和技术变化的影响，德勤将帮助客户开发创新及实用的解决方案。德勤深耕新型技术在油气行业应用的潜力，视作颠覆性的市场力量；培养客户基础技术方面的知识，并通过解决现存的遵循法规和战略需求方面的不足和困难，助其认识对企业业务产生积极影响的潜在机会。

（3）专业领域技术能力。德勤致力于通过结合德勤先进技术与油气行业业务战略能力，帮助客户解决他们所面临的业务挑战。德勤提供应用系统实施、信息化管理和技术方案支持等服务，匹配客户从信息化战略到系统落地的各方面需求。德勤利用行业领先的 Tableau，Power BI，QlikView 等可视化工具和机器学习算法，形成了一套成熟的数据可视化分析体系。结合德勤油气行业专家们的丰富经验和对业务场景的深刻理解，提供全方位数据透视分析，帮助客户解决最棘手的技术问题。德勤紧跟业界技术发展趋势，规划集团统一、架构合理、技术先进、管理规范的云平台总体方案，通过云平台的服务化理念实现对集团信息化建设的可持续性支持。

（4）定制化的解决方案。德勤凭借其在原油、天然气及化学品价值链中的丰富工作经验将助力客户对不断变化的格局进行预测并充分利用新出现的机遇。德勤能够帮助客户通过数据打开视野，从而为愿景、战略和决策提供依据；深入了解当前趋势以及改革趋势；协助各管理人员为股东创造价值；为客户增长和创新制定战略；推动整个公司卓越的运营水平以及审慎的资本管理；识别、分析收购机会并对其进行尽职调查；改变商业模式以获取新的增长机遇；以及应用技术来实现业务目标。

吉木萨尔页岩油数字油田技术研究与应用

马德忠　陈　宇　刘建忠　张一凡　高　亮

（中国石油新疆油田公司）

摘　要　在探索油田数字化开发建设过程中，随着勘探生产规模的不断扩大，页岩油单井不断增多，日常巡井工作量不断增加，造成油田开发过程中管理效率低、操作岗工作量大，不断增加的工作量与现场人员紧缺的矛盾日益增大。结合目前页岩油数字化技术现状，分析了智能油田开发技术相结合的可能性及技术瓶颈，开展了吉木萨尔页岩油示范区智能化数字采油技术。实现了油田物联化向数字化、自动化的成功转型；确保了油田开发大数据的“齐、全、准”，为后台的生产数据智能分析提供了保障，智能化系统的应用有效提升了作业区智能调度能力，利用信息数字化建设手段解决生产管理难题，实现减人增效。对于偏远井、单井等无人值守的站、厂具有非常好的应用和推广价值，该项目是作业区在探索新型油田作业区模式的实践项目。

同时，作为公司新型油气田作业区试点建设单位，将推行可视化、自动化、数字化、智能化管理，推动生产管理方式变革，提高人均劳动效率，减少现场生产用工，实现生产全面感知、设备自动管控、决策智能优化的新型油田作业区。

关键词　吉木萨尔页岩油；数字油田；新型油田

1　立项背景

1.1　概况

吉庆油田作业区油水井 1016 口，自动化井 674 口；注水井 268 口，自动化井 40 口；计量站 38 座，自动化站 38 座；建设区域主要为吉 7 片区与页岩油片区的井站，2021 年随着产能建设高效推进，“大平台、多井丛、工厂化”“水平井+体积压裂”“批钻批压、批焖批开”等建产模式得以成功实践，在吉 7 稠油、吉木萨尔页岩油两个大型油藏，新钻油水井 948 口，新建产能 1.4×10^6t。页岩油上产势头强劲，1.0×10^8t 级页岩油开发试验取得进展，累计生产原油 3.55×10^6t。

1.2　现状分析

吉庆油田作业区为建设成国家级页岩油示范区，满足“新型油田”开发管理模式的需要，通过开展自动化技术与规模化应用研究工作，结合现场实际情况对标油田公司高效运行管理模式，逐步向“新型油气田作业区”靠拢。随着勘探生产规模的不断扩大，日常巡井工作量的不断增加，依靠人工巡检、人工录取资料、人工取样、化验的管理方式已不能满足目前智能化发展的需求。为了解决不断增加的工作量与现场人员紧缺的矛盾，更好地匹配当前快速发展的油田生产管理业务需求，并达到增产不增人的目的。目前现状存在以下几类问题。

1.2.1　现场采油数字化现状

在吉木萨尔页岩油开发初期，采用了抽油机+有杆泵举升方式进行采油，虽然满足了现场开采的需求，但仍然存在着泵效低、能耗高、地面动设备流程复杂和人工巡井工作量大等问题。

常规油田的集输工艺采用采用二级布站模式，计量方式以容积法计量为主，存在集输流程长、建设周期长、投资费用高等问题，且自动化程度低，计量站未实现数据远传；还有部分站需要手动计量，计量时，需要计量工在现场操作；含水测量仍然为人工取样化验，工作量大。

油田现场对户外大中型或重点设备（采油树、储罐、变压器电加热器等）无法进行有效管理，目前主要依靠建设初期资料进行建档，后期设备包括移动、变更、替换、维护、保养等主要靠人工进行备案，存在设备管理混乱，无法进行有效合理的利用。

1.2.2　数据网络传输现状

油区自动化网络覆盖地域广，作为数据传输最为可靠的光缆造价成本过高，不适用于各个单井的环网建设，目前采用网关采集+网桥传输的无线传输网络进行自动化数据传输：(1)该模式为单点传输，若基站一台无线网桥出现故障，会与所对应的所有客户端网桥网络中断，近1/3的油井数据无法上传；(2)无线网桥使用公用频段，易受周边同频段干扰影响；(3)受到建筑物，地形地貌等阻挡时，数据传输网络不能正常工作。网桥建设于2012年随着使用年限的增加，无线网桥问题越来越多，时常同时掉线，造成网桥都失去通信，带宽也已经不能满足现场传输要求。

1.2.3　数据采集分析系统现状

自动化系统数据分散，维护困难。现有的数据采集服务器、历史/时实服务器、关系数据服务器，数据冗余，系统维护难度大、系统的扩展性弱。不同的井区，不同时间建设的各个厂家的监控系统，功能不同，标准协议不统一，同时监控系统位于不同的监控室，无法集中统一监控。油田常规数据采集由资料班人员每日进行报表统计，工作量大，部分数据缺失，造成每日地质工需核对大量数据，同时无法满足和A2、A5等系统对接，需对数据进行统一汇总及分析，准确下发各种指令和措施，保证油田安全生产。

1.3　项目需求

实现无人巡检，让采油工更简单、更智能，关键是要减少地面设备、简化工艺流程、实现数据的远传和控制，让智能化的设备、仪器代替人工劳动；无杆泵代替抽油机，消灭地面装备，消除抽油机维护保养工作量，消除安全环保隐患，单井在线计量代替人工取样化验，减少工作强度，确保数据的及时准确。物联网全覆盖，实现数据的采集远传和智能控制。

2　研究内容

2.1　无杆泵采油井下数据自动提取

首创研发了投捞电缆式电潜螺杆泵、投捞式电潜柱塞泵两大无杆举升技术，其中研制了动力、信号、加热功能一体化的投捞式电缆，彻底解决外敷电缆易损伤的难题，电缆寿命延长5倍，提高无杆泵作业效率，配合井筒控制技术实现高压转抽作业；系列技术可以满足φ115mm以上套管内径，泵挂3500m内，液量$80m^3/d$以内，覆盖油田公司90%以上油井举升需求；研发改进了地面驱动螺杆泵反循环洗井阀、偏心测试技术、数据采集与故障诊断等配套工艺，举升适应性进一步提升，推广应用500井次，平均检泵周期延长至1100天。

基于数据采集与传输、智能分析与调控，研发了智能分析工业控制系统，构建了生产数据智能调控体系，实现原油采出从井底工况监测到地面集输全过程监测，各类采油设备参数采集和远程控制，各项生产数据自动录取、汇总和分析，达到采油生产自动化和可视化的目的。

实现了运行数据远程监测与控制，可以在电脑和手机端对电机的运行状况进行实时监测，并将数据保存在电脑中。

2.2　单井在线计量含水技术研究

吉木萨尔页岩油建设初期通过积极探索，集成应用了先进的智能在线计量系统，实现原油液量、含水的在线检测及数据自动远传。该技术取代了油田集输流程中的计量站环节，缩短油田集输管线，降低地面建设费用，减少了人员用工需求，同时也降低了生产运行成本和现场管控风险。

液量含水在线检测装置由称重计量系统、含水测量系统、动力排液系统、测量控制系统及数据运算系统等组成(见图1)。装置能实现液量、含水率的在线检测，且测量准确度较高。同时，也针对不同区块油井开展了现场试验，验证了计量检测装置在不同原油黏度、不同含蜡量、不同产液量、不同气油比等条件下的测量准确度和运行可靠性。

液量含水自动计量装置是一种通过称重计量含水检测形成一种能够实现单井产液量和含水的实时计量，并能够通过数据传输至后台服务器，实现远程的采集及监控的装置。液量含水自动计量装置是一种计量精度高、及时率高、自动化程度高、可靠性强、建设简单、运行管理简便的自动连续计量方式，对不同井别、不同采油方式、不同地理区域条件都具有普遍的适用性。工艺装置具有油井液量及含水的实时动态连续自动计量、数据自动采集上传、资料报表自动生成、异常状况实时报警提示等多项功能，是油田实现高效生产运行管理及提质增效措施的重要途径。

2.3　油田设备智能管理研究

建立基础信息档案，配备唯一识别依据，能够快速识别设备信息。在设备上安装铭牌，内容为设备基本信息形成的二维码，安装方式采用点焊或卡扣。对设备日常的巡查能够进行反馈，包括移动、变更、替换等，形成异动记录，能够详细地查询和知晓设备的完整变迁及损耗史。建立设备的巡检、修理、质检、保养等信息和物资系统信息进行关联，可以查看到设备的全面完整的信息档案。对管理设备的承包商进行有效管理，建立完整的信息库，包括基础人员、资质、工作记录等，配备唯一识别依据，能够快速确认承包商相关人员的真实性。

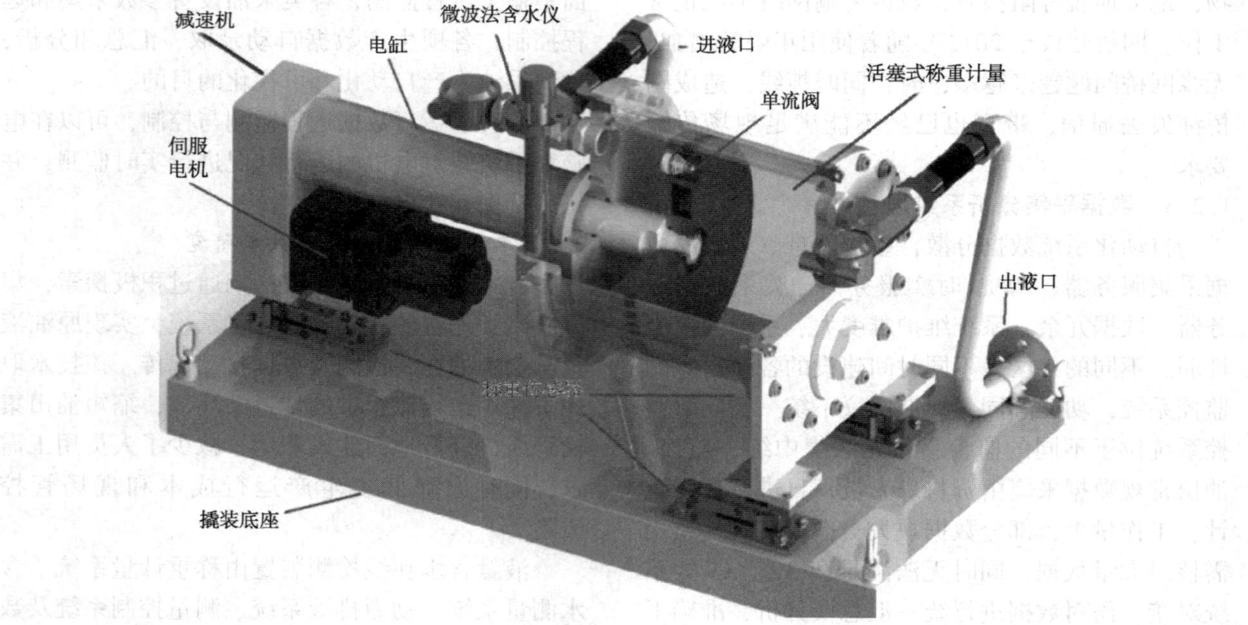

图 1　液量含水在线检测装置结构图

本项目根据吉庆油田作业区设备设施管理工作的业务特性，对现有业务和流程进行了梳理，主要模块包括电脑端(基础信息管理、承包商管理、维修管理、调拨管理、报表查询、系统管理)、手机端(信息查询、维修管理、调拨管理)，每个大模块下包含若干子功能模块。本着用户使用方便、能快速上手以及实现本系统所采用的架构和技术等因素，子功能模块的划分应尽量按照业务功能单一化和粒度细小化。软件逻辑模块划分遵循用户业务流程、遵循软件设计三要素。模块之间关系明确，模块独立性强，充分发挥出软件灵活性、安全性、兼容性，能够很好地适应软件硬环境和软环境。根据吉庆油田作业区的要求和实际情况，系统采用 B/S 的架构体系。软件结构图如图 2 所示。

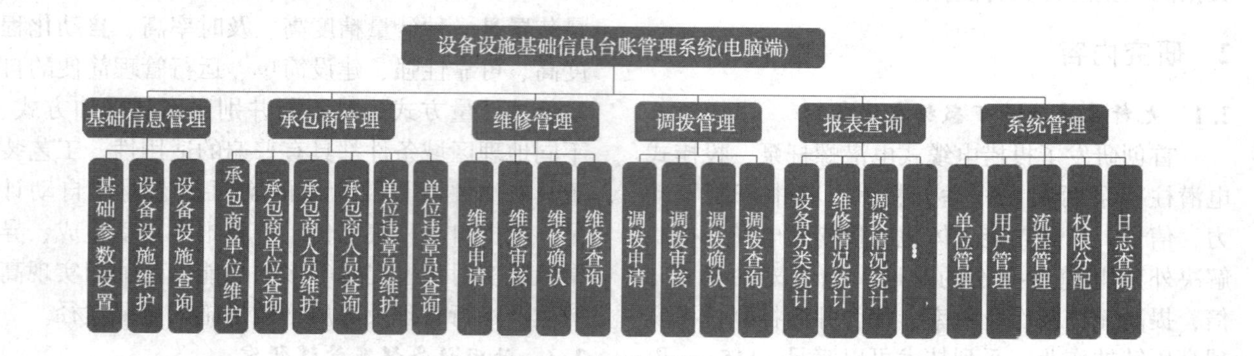

图 2　软件结构图

2.4 智慧组网技术研究

采用扁平化网络结构，实现无中心、分布式自组织网络，其技术体系各组成部分如下：(1) OFDM 和 DSSS 双波形物理层；(2) CSMA/CA 介质访问控制协议；(3) RTS/CTS 感知协议；(4) 容断通信传输技术。各组成部分采用层次化系统结构，如表 1 所示。

表 1　层次化系统结构的组成

层次划分		核心技术
2 层	LLC 层	异构组网
		部署指示
		快速组网与路由协议
		感知型链路自适应
1.5 层	MAC 层	竞争式信道接入控制
1 层	物理层	无线波形

物理层使用 OFDM 和 DSSS 双传输波形，提高网络健壮性和隐蔽性；在此基础上采用 CSMA/CA 介质访问控制，支持大数据量突发传输，降低数据传输时延；逻辑链路层基于毫秒级链路感知技术和安全路由交换技术实现，实现高效、安全的组网协议和多跳中继的端到端路由技术，面向业务层提供容断通信服务，从而应对极端恶劣环境。为保障处理响应的及时性，无线设备驱动、CSMA/CA 协议、组网及路由协议均采用驱动程序形态实现，在系统内核中工作，提供标准以太网传输接口，实现 TCP/IP 协议的透明承载。

传统的移动通信系统采用时分多址（TDMA）或码分多址（CDMA）技术，适用于有中心的网络结构，要求系统时钟严格同步。这些多址技术不能适应网络拓扑的快速变化，对于突发性较强的数据业务会产生较大时延。因而选择实时性较好的竞争性信道接入控制技术，采用 CSMA/CA 多址接入方式，通过 RTS/CTS 协议解决多跳共享广播信道可能出现“隐藏终端”问题，协议过程见图 3。

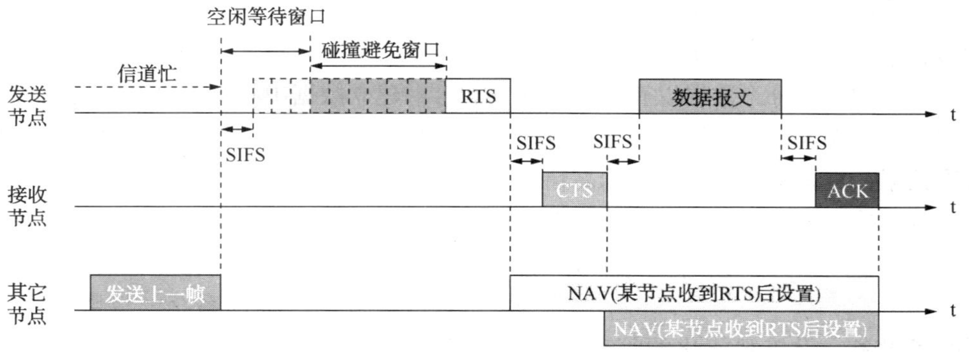

图 3　信道接入控制协议示意图

自适应组网协议以毫秒级快速路径的建立和维护为核心，在高动态环境下快速建立网络拓扑、维护数据传输路径。快速路径技术可以应对由于飞行姿态、位置变化、干扰等因素导致的链路传输质量变化以及网络拓扑变化，在维护拓扑快速变化的同时可以保持较低的协议开销。

2.5　调度指挥系统研发

原油拉运智能调度指挥系统通过软件和硬件相结合，实现自动计算储油罐液位，根据液位情况按照优先级别匹配拉运罐车，并通过手机 App 进行任务下发。系统主要由数据概率、液位排序、任务调度、报表统计和数据维护等模块组成。过磅站通过智能化建设实现对车辆的智能识别、电子计量及数据上传以及全程监控，实现过磅站无人值守，实现原油拉运调度智能化。

通过雷达液位计传送自动化液位数据，以表格和图形化监视储油罐的实时液位情况，在储油罐液位预警排序表上自动显示每个拉液点的预估液位报警背景色，预估液位列，实现对储油罐预拉运序列实现智能排序；通过后台过磅逻辑控制服务器完成对过磅流程的控制，采集上传过磅数据形成电子过磅单等信息并把现场数据回传至中心服务器，自动生成电子表单，汇总、结算，实现过磅站无人值守，同时具备实时监测车辆 GPS 轨迹功能。

搭建了手机端移动 App，从数据安全考虑，App 中只进行派单，接单、过磅的状态数据操作及存储。Ap 的主要用户为执行生产任务的驾驶员，主要包括拉液派单和个人中心等主要功能。调度人员使用系统通过网络指派任务，司机通过手机 App 查看和接受任务，从接单到完成的一系列流程工作在手机即可完成，提高了工作效率。

3　关键技术及创新点

3.1　关键技术

（1）关键技术 1：无杆采油举升+井下数据

自动提取技术(远程传输控制技术)。

潜油螺杆泵+传感器-动力载波技术，可实时监测泵入口压力、温度、震动数据，通过井下显示数据，并根据井下压力传感器的变化调整生产参数，实现井下闭环控制；同时可以根据油藏供液能力和地质需求制定恒动液面和定产量两种生产模式。

(2) 关键技术 2：单井在线计量+微波含水分析技术。

自动计量撬液量高度集成了计量模块、含水测量模块和自动化控制模块。瞬时液量和瞬时含水率数据通过程序算法，自动生成单井日产油量、综合含水和日产液量等生产数据，形成生产报表供日常生产分析使用。

微波含水检测仪页岩油全覆盖并且在线实时传输，由三大部分组成，分别是主管道部分、传感器部分和数据显示部分(表头)。检测仪实时检测原油经过探头时的水分，数据以有线的方式发送到中控大厅，工作人员通过访问服务器可以得到实时检测数据，查询历史记录。仪器高精度的检测结果可以直接减少人工采样化验的工作。

(3) 关键技术 3：井场设备编号+油田设备管理技术。

建立了井场设备、设施智能化的管理模式，对设备台账及承包商基础信息进行维护管理，包括维护设备的巡检、变更、检维修信息等。实现扫码查询，可以在 App 上实现设备的巡检能够进行反馈，对设备的巡检、变更、检维修信息、移动能够进行登记，实现对油田设备的智能管理和维护

(4) 关键技术 4：无线数据传输(采用无线仪表)+智慧组网技术。

通过引入无中心多跳传输思路，构建了具有高度可靠性保障的局域网，可以大大提供采油工艺数据和监控视频传输的稳定性、可靠性。

创造性应用异构组网技术，建立了智慧多链路融合的新型网络传输模式，充分利用有线骨干网资源，大大降低了单点故障的影响范围，彻底解决了传统网桥等模式下骨干网接入点故障可能造成的网络中断风险。

(5) 关键技术 5：大环网+小环网的网络链路结构设计。

小环网：以作业区公寓+吉联站+页联站为环点，形成整个油区的数据传输环链。

大环网：以准东通信站和北三台通信站为接入环点，作业区公寓和页联站为桥梁，连通大小环网，形成双环的连通。

实现两点一中心的油田网络架构，保证数据传输稳定性、及时性和完整性。

(6) 关键技术 6：调度指挥系统+生产运行管理手机 App 技术。

同时配套开发了生产运营管理的移动 App——油信达，集产量信息、生产运维动态信息、报警信息、趋势动态预测信息、生产作业指令等于一体。该程序安装在个人手机端，针对不同岗位设置不同的浏览和指令权限，使得办公不仅仅局限于办公室和现场，减少了各种沟通协调会议，

(7) 关键技术 7：中心数据库。

建立数据中心服务系统，统一管理油田生产运行数据、视频监控数据、基础资料数据、业务流程数据，形成油田数据资源池，统一的数据中心应用平台，高度融合生产信息。基于数据中心服务系统，打造一体化综合信息调度系统，以及智慧精益生产辅助系统。将数据进行统计、分析，满足现场管理层、分析人员，业务人员和生产人员不同层次的管理和分析需求。提升企业运营决策能力。

(8) 关键技术 8：页岩油联合站 PID 自动调节控制技术。

页岩油联合站选用 PID 控制参数，PID 控制器参数整定就是设置和调整控制器的参数，使控制系统的过渡过程达到满意的质量。联动温度、液量、压力、含水等参数，实现无人化巡检。

3.2 创新点

(1) 实现了页岩油生产过程全数字控制。

通过无杆泵采油技术、单井在线计量、智慧组网无线数据传输等关键技术的攻关，实现两点一中心的油田网络架构，实现了井、站及联合站库全生产流程数据“信息化”，视频监控“实时化”，含水、计量检测“在线化”，减少了地面设备维护工作量 90%，消除地面设备安全风险 99%，核减现场计量、取样、含水化验工作 70% 以上，实现实时监控，实现远程控制，减少巡检

工作量90%以上。井区“无人巡井、故障检修”的生产运行模式。使目前吉木萨尔页岩油井区用工人数由原来的58人减少到了现在的30人，减员比达到了48%以上。随着开发规模的不断扩大，减员增效能力效果将进一步彰显。

（2）开发了多功能数字油田监控平台。

研发了生产监控系统、调度指挥系统，实现了井区设备数据采集、远程控制，提高现场人员管理、指挥和生产指令、运维指令和突发应急事件快速响应，使指令的执行变得可追溯、可跟踪。实现了页岩油生产和重点施工现场“全覆盖、全天候、立体化”视频监控，提高安全、环保管控力度和水平。

搭建了中心数据库分析平台，实现数据统一管理和分析应用，满足现场管理层、分析人员、业务人员和生产人员不同层次的管理和分析需求，提升企业运营决策能力。随着单井自动化的推进，底层数据采集将逐步完善，数据采集完成后，中心整合数据，通过平台的数据分析，实现生产监控、报警、生产报表、现场视频管理等功能，为需要的部门推送所需数据，也为无人巡检提供依据。

（3）创新形成了新型油田数字管理模式。

建立了“生产联合指挥中心”的生产组织模式，在中控大厅即可实现对作业全流程监督。实现了24小时实时监视，达到全天候、全过程、现场与后台立体化安全监督，提高安全、环保管控力度和水平。生产联合指挥中心的运行，进一步减轻了现场的劳动强度，提高了工作效率，成为作业区生产运行决策的重要枢纽，对比往年故障处置时间、数据参数优化情况和地面流程、设备状况等数据，采油时率提高了3%。

4 推广及应用情况

目前吉庆油田作业区已实现电子巡检单井140口，占所有页岩油井数比例96%。智能调度指挥系统稳定运行1年，累计调度运输原油9.0×10^5t无差错，有效率达到100%。累计实现减员24人。

在信息化和数字化时代的背景和趋势下，页岩油从数据采集、传输到应用分析是信息化技术的一个现实应用实例，按照油田智能化的“智能调度、自动追踪、全程电子化“的设计思想，可在全油田进行推广应用。

5 研究成果先进性对比

就智能油田发展情况，加拿大和美国在页岩油技术方面相对成熟，特别是美国的页岩油基础建设和开发水平处于全球领先地位。

国内“数字油田、智能油田和智慧油田”建设，大庆油田和长庆油田走在了国内前列，已经完成了整体数字化建设，处在智能油田和智慧油田建设的发展阶段。新疆油田目前正在大力推进物联网A11建设，各采油厂均已建成了数字油田示范模块，在智能应用方面还处于起步阶段。

综合比较国内外智能油田建设水平，开展的页岩油智能化建设项目，能够满足油田故障巡检和智能分析、生产调度的需求，具有一定的智能水平和推广应用价值，在国内处于先进水平。

6 社会效益

（1）简化了采油到集输地面工艺流程，依托投捞式电潜螺杆泵技术和单井在线计量技术的研发应用，使工艺流程、生产设施得到简化、优化，降低建设投资，减少管理流程，减少现场设备操作和维护工作量。

（2）提升了生产管理智能化水平，助推生产组织方式的转变，智能化发展变革了信息采集、传递、控制与反馈方式；传统的经验管理由人工巡检、人工取样的被动方式转变为智能管理、数字管理、电子管理的主动方式，巡检工作量缩减85%。

（3）提高了劳动效率，所有生产资料录取实现全数字化采集，操作岗取样工作量缩减70%；取消所有纸质报表，实现无纸化办公，油田管理的人井比由原来的0.35降低到0.15，管理效率提高60%以上。

（4）提升安全环保管控能力，通过对油田现场各类作业数据的后台接入和现场视频的实时监控，24小时实时监视，达到全天候、全过程、现场与后台立体化安全监督，提高安全、环保管控力度，两年来发生的安全生产事故、事件数为0。

（5）提升了节能降耗能力，通过工艺优化使采油井场无地面动设备，同时无杆泵泵效得到有效提高，助力国家双碳目标的实现。

参 考 文 献

[1] 郭嘉骏．数字油田条件下单井智能管理新模式的构建与实践[J]．化学工程与装备，2021(08)：83-84.

[2] 赵利君，俱小华，谭海峰，等．基于物联网技术应用的数字油田建设研究[J]．中国管理信息化，2021，24(13)：126-127.

[3] 赵振博，李国福，蒋战国，等．物联网技术在数字油田建设中的应用策略——评《数字油田信息平台构架》[J]．新疆地质，2021，39(02)：348.

[4] 傅强．浅谈油田数字化智慧化[J]．内蒙古石油化工，2020，46(09)：44-45.

[5] 景彦林，李峰，刁海胜．数字油田条件下单井智能管理新模式的构建与实施[J]．信息系统工程，2020(06)：42-43.

油气生产物联网数据资源多维度应用关键技术研究

陆　兴　兰明菊　韩　菲　伍文英　穆怡卉

（中国石油新疆油田分公司）

摘　要　油气生产物联网建设获取了大量数据资源，具有量极大、频率高、多样性等特征，传统数据应用以生产监控为主，在数据的资源化应用、数据场景建模、数据赋能业务等方面存在一定局限性，未能实现物联网数据采集后的规模化应用。围绕数据采集、存储、应用等关键生产环节，研究分布式、流计算、大数据分析等技术，建立了统一规范的数据池，开发基于流计算的报警模型定制平台，构建以数据分析为核心的物联网数据资源多维度应用新模式，满足了油田生产领域操作人员、技术人员、管理人员差异化、扁平化的数据资源应用需求，让数据资源为采油厂向上使能业务创新、向下赋能协同优化提供驱动能力，为其他油田物联网数据的资源化应用提供了参考模板。

关键词　物联网数据；多维度应用；建模分析

随着油气生产物联网系统的建成投用，势必将带来大量的生产过程数据资源，具有量级大、频率高、多样性的特征，以生产监控为主的数据应用方式，无法充分挖掘数据价值、释放数据潜能，导致数据之“沙”，难以汇聚成“塔”，特别是大数据分析技术在油气田生产企业难以规模应用。在数据应用的适用性、交互性、时效性方面存在局限，后物联网时代数据资源的多维度应用未形成完整的解决方案，这是物联网建成后新的“难点”与“痛点”。

为此，急需加快信息技术的创新应用，实现数据资源的深化应用，推动油气田单位生产管理数字化转型升级，缩短与国际大公司差距，解决物联网数据应用方面存在的三个难题：

一是数据资源化不足，有数不能用。在物联网数据采集、传输、处理等环节产生的“假数据、空数据、噪点数据”，由于缺乏规则合理、科学规范的数据治理与处理技术，制约了物联网数据资源的价值挖掘和复用；

二是场景建模困难，有数不好用。物联网数据来源众多、体量庞大、关系复杂，缺少适用于油田业务场景的分析模型和可视化、易操作的建模工具，导致数据之“沙”难以汇聚成“塔”，数据潜力得不到充分释放；

三是业务赋能不全，有数不善用。数据全向赋能需要满足任意时间和地点、不同业务和人员的数据差异化应用需求，而信息传递层级多、功能模块更新难、数据获取速度慢，制约了数据共享应用水平的提高。

1　建设思路

针对物联网建成后获取的大量数据资源在多维应用中面临的关键技术问题，研究分布式、流计算、大数据分析等技术在油田生产业务中的融合应用，形成油气生产物联网建成后数据资源管理的关键技术体系；开发大数据建模工具，将故障分析判断的专家经验转变为有效的预警预测模型，为运行管理超前决策提供支撑；构建以数据分析为核心，生产监控、协同指挥、优化决策为载体的多维应用系统架构，拓宽物联网数据应用宽度与广度。

2　物联网数据多维度应用关键技术研究

2.1　数据资源池化技术

通过研究使用“采集-处理-存储-共享”一体化管理的数据池技术，突破了传统物联网数据单服务器采集量少、数据解析过程复杂、历史数据存储占用空间大的技术难题，保障了数据流转过程的安全性。

2.1.1　数据采集处理及压缩存储技术

针对传统集中监控 SCADA 系统在与远程终端控制单元建立连接时，单个服务器采集点少（<30000 点），当采集点数据超万点级别时的实时性和稳定性无法保证；控制器直接采集的数据需经过二次加工实现量程转换、大小缩放、数据规则解析；实时数据在存储过程中面临的存储量

大，存储频率高，往实时数据库读写过程效率低的问题。

一是通过改进数据采集技术，实现点对点采集向实时并发采集的转变。采用源自电信行业的实时通信技术(2000 万终端延时不超过 20ms)，建立分布式实时数据采集器，每个 RTU/PLC 均作为独立进程，开发一对一的数据采集程序，实现数据的实时并发采集，过程相互独立，互不影响，写入速度高达百万事件/秒，数据读取速度达千万事件/秒；

二是开发了数据预处理和解析模块，实现数据批量预处理、数据复杂规则的快速解析，解决了传统方式下必须依靠第三方软件才能采集功图的问题；

三是数据存储功能，采用数据宽表与区间设计，对数据进行分级压缩，使平台可弹性动态地为数据分配存储空间，数据存储能力较未压缩前相同数据量前提下，存储时长是原来的 10 倍，数据压缩比例高达 90%，解决未压缩数据过度占用存储空间的问题(见图 1)。

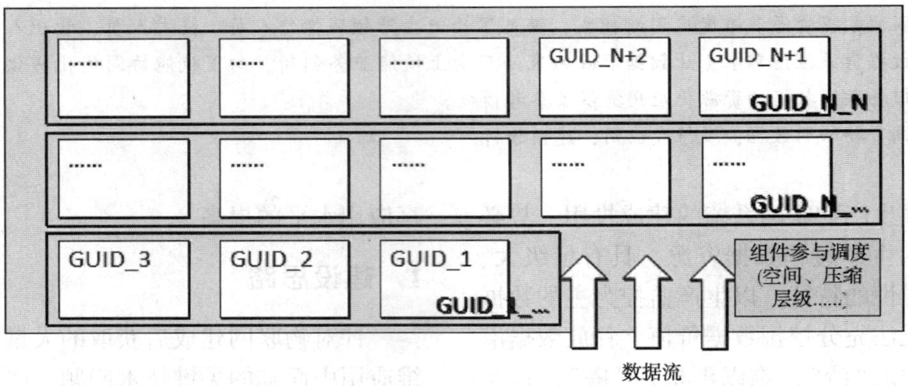

图 1　分布式存储、分级压缩

2.1.2　“合法性+业务逻辑”双检测数据质检技术

由于采集传输等环节问题，产生了大量“假数据、空数据、噪点数据”，且得不到有效过滤，影响数据深化应用。采用数据峰值检测法、三倍标准差法检测数据合法性，剔除油田生产过程中因环境因素或传输过程受到信号干扰而产生的“噪点数据”“空数据”“死值数据”；采用概率估算、统计分析算法检测数据在业务逻辑上的合理性，剔除因仪表异常、点表错误而产生的“假数据”。提高了状态数据和质量数据的计算速度及准确性，使数据良好率达到 95.8%。

通过以上两项技术的研究与使用，实现了采油厂物联网动静态数据资源的池化，构建了数据资产管理方法。截至目前，实时数据资源池实现锅炉、采油井、站库生产数据、功图数据等的并发采集与压缩存储，已经为多个系统提供近 10 万点数据源，确保了高质量、高频次、规范化、系统化的生产工况数据自动加载入库，为油田生产精益管理和科学研究提供了海量数据资源，数据质检后的数据直接自动生成电子报表，电子化覆盖率达 95%(见图 2)。

2.2　基于油田业务场景的数据建模分析技术

物联网产生的大数据真正的价值蕴含在数据分析中，应用大数据技术对收集到的海量数据进行分析，建立设备、单元、系统三级监控、分析、决策模型，挖掘数据隐藏价值，帮助用户及时预警指标异常的数据、预测趋势与稳态拟合的离散度，实现工况分析从报警向预警预测的转变。

2.2.1　建立流计算预警可视化建模平台

以 SCADA 系统采集的实时数据为基础，开发复杂报警分析、设备工况辅助管理、阈值自动推荐及批量设置等功能，实现稠油生产工艺上下游一体化分析，提高生产数据的利用率，解决监控系统报警参数管理不便的问题；采用流计算技术对连续采集的动态数据流进行实时处理，通过内存计算的方式提高服务响应速度，提升数据分析处理的性能，确保数据分析延迟低、计算速度快，实现复杂报警模型的高效实时分析，实时分析数据量可达百万级。

系统通过将四则运算、斜率、平方根等函数内置在算法层，在平台层，对模型描述规范进行定义，建立可视化配置机制，实现不同函数的自由组合和扩展，研究人员将复杂的经验与知识转化为可自主配置的工艺分析模型；应用热部署机制，实现模型高速加载和快速测试建模效率提高55%以上，助力管网失压、水系统失衡等复杂研究工作高效开展(见图3)。

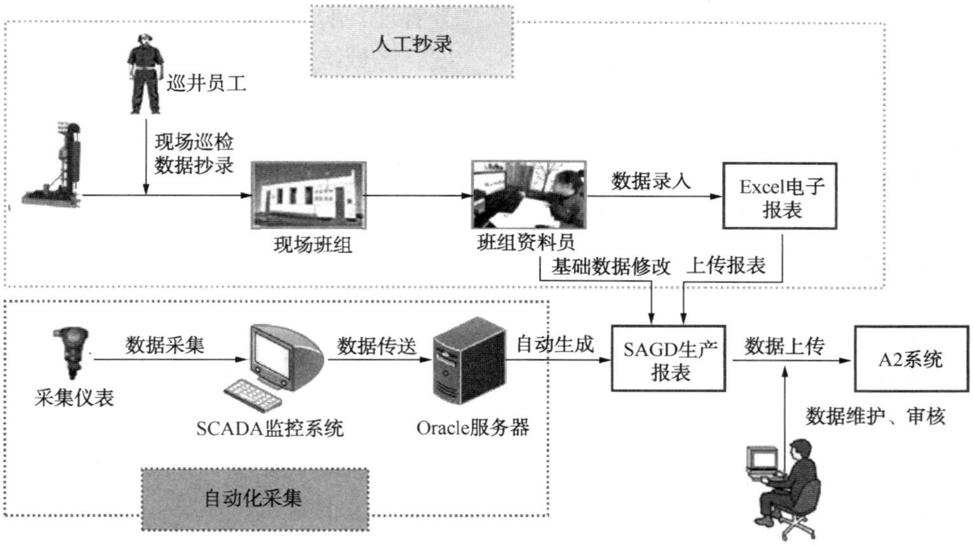

图2　电子报表生成示意图

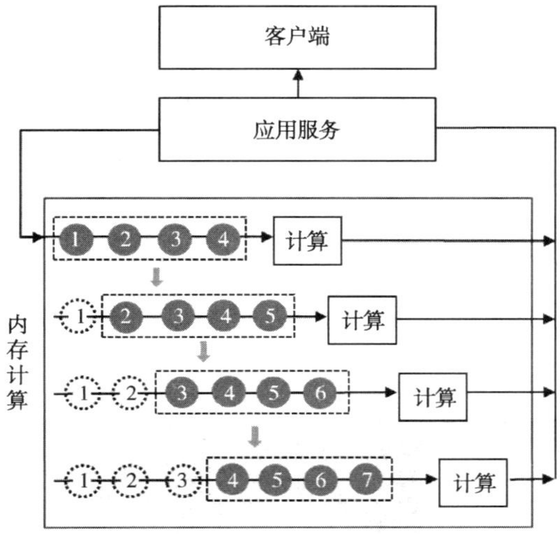

图3　流计算数据处理技术示意图

2.2.2　基于趋势预测和分析决策算法的复杂模型建模技术

油田生产覆盖地域广，工艺种类多，生产安全性要求高，难以对压力、流量、库存等稳态平衡关系和趋势性增量变化开展场景研究，虽然依托人工经验对自动化数据的综合分析，可以判断部分异常工况，依靠人工分析时间长且滞后性大，根据油田生产工艺特点从关键设备、重点单元、生产系统揭示了模型规律，确定其需要建立的模型类别主要有两大类，一是根据数据增(降)幅过速产生的趋势报警，另一类是需要与其他数据建立联结关系，进行综合分析判断的报警(见图4)。

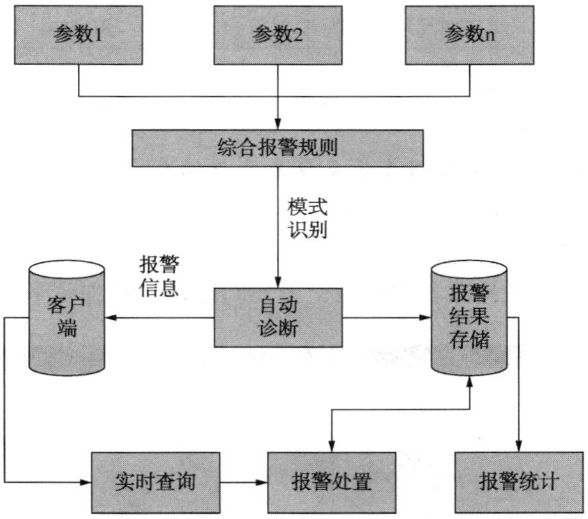

图4　复杂报警分析实现流程示意图

通过构建复杂预警模型，改变了传统的上下限报警模式，将数据分析范围从单个工艺单元拓展到稠油生产全过程，为异常工况提前预警、快速处置提供技术手段，实现对生产过程的高效精确管控，建立的复杂报警模型主要有以下两种。

趋势预测模型：针对变幅过速的报警难以及时发现的问题，建立数据线性拟合及趋势预警技术，运用最小二乘法实现大数据线性拟合，得到最优的符合数据变化规律趋势的关系式相关系数。针对参数急剧上升或下降等情况拟合曲线，计算拟合曲线的斜率，当斜率满足一定范围时，对该参数进行趋势报警。共建立油田工艺设备压力、液位、温度等参数趋势预警模型 388 项，平均准确率 87.1%。

综合分析模型：预警的数据模型，是根据生产工艺情况定义需要报警的一组相关条件，监测参数报警阈值设定后，当监测参数报警后，根据故障参数描述表里的参数报警与故障的逻辑关系，实时判断故障类型。针对系统性水平衡、热平衡等综合分析判断的报警，采用随机森林选择最佳的特征数据集，再由 SVM 对特征数据集进行训练，从而降低模型训练复杂度，融合后锅炉运行状态诊断等复杂分析决策模型准确率 9%以上，整体准确率达到 86%以上(见表 1)。

表 1　已建分析模型统计表

序号	预警规则分类	规则数量	准确率
1	单参数趋势预警	58	89.10%
2	多参数综合预警	30	83.70%
3	仪表异常预警	25	92%
4	工艺单元异常预警	13	81.50%
5	系统平衡预警	4	85%
合计		130	86.26%

2.3　建立数据资源多维度应用体系

通过将监控、分析、调度等应用由原来的单体系统，按“高内聚，低耦合”的原则拆分，按单元进行部署和封装，单元间通过接口加密来保障数据的安全交互。在数据库构建方面，打破传统僵化的共用数据库模式，通过对实时热点数据、原始全量数据、整理后数据对数据库进行拆分管理，实现对实时数据的快速查询以及目标维度、区域维度的数据查询；在数据应用方面，横向保证业务范围水平扩展，纵向可以根据需求快速发布单服务迭代版本，保证服务的高可用性，使物联网数据资源整体形成工况监控、调度指挥、决策分析三个维度的应用，满足油田生产管理全方位赋能需求。

2.3.1　基于物联网技术的生产工况集中监控应用

依托物联网示范工程建设，采用异构混合组网数据传输技术、物联网采集控制技术，建成生产一体化集中监控系统，实现井、间、站数据监控、计量指令远程下发、SAGD 注采动态平衡自动调控、锅炉蒸汽质量实时抽检、稠油井汽窜在线监测、异常报警，完成了 4587 口油气水井、829 处中小型站场(含管汇、配水间)、4 座大型站库等生产全过程的数据采集建设。通过开发自动化数据管理系统，融合 Erlang/OTP 技术、数据库水平分割技术、可视化维护技术，推动生产报表电子化，代替传统人工抄录纸质报表及手动录入系统的工作方式，一线员工资料录取工作量减少 60%以上，确保数据的准确性，提高了生产数据传递的及时性(见图 5)。

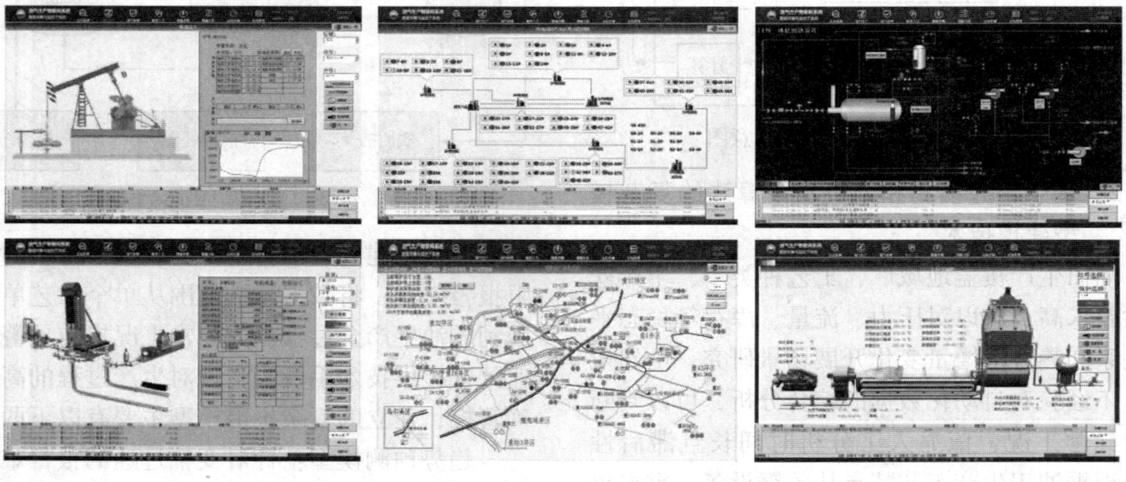

图 5　井、间、站、锅炉生产监控

2.3.2　基于“PC+App”的生产协同指挥应用

传统的数据查询依赖系统平台或网页，无法满足随时随地的数据交互与信息查询需求。应用“互联网+”技术，建立生产数据移动应用 App，打造油田信息与生产数据的集成查询、协同共享提供便捷式移动应用，大幅提高生产数据查询效率。

“PC+App”应用模式，拓宽了生产运行数据应用共享深度和广度，形成了“生产信息便捷查询，生产指令闭环管理、生产巡检移动管理”的“单兵”系统，形成调度指令“推送-跟踪-反馈”的闭环管理机制，现场故障处置效率提高 33%（见图 6）。

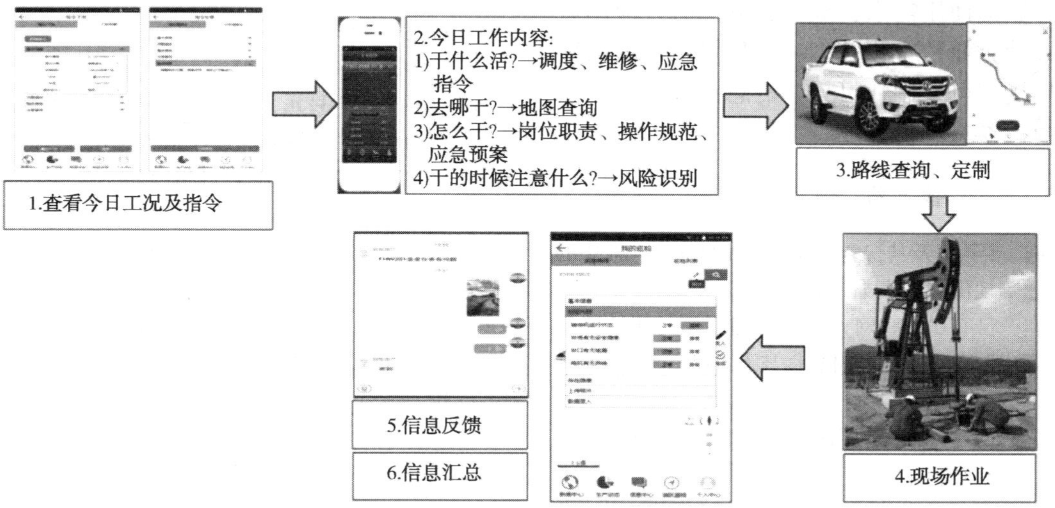

图 6 移动指挥流程示意图

2.3.3 基于报警辅助分析的生产信息优化决策应用

油田生产运行波动大，生产运行指标关联度高，但缺乏集中分析平台，水热平衡、注采平衡的动态关系无法及时掌握，应用多参数协同预警机制，研发生产监测报警分析系统。

从注、采、输三方面开展系统级稳态预警防控研究，实现了“指标波动实时掌握，关键问题精准定位，影响范围快速评估”，辅助提升了生产决策指挥能力，保障工艺系统稳定运行，系统投用 4 年以来，生产现场突发性抢修事件减少 30%，推进了数据在决策分析维度的应用。

3 应用效果

项目自建成投入应用以来，年累计访问量 523544 次，日均处理物联网数据超过 7000 万条，实现了“人、事、物、数据”等全要素融合，为操作、研究、管理、决策提供了数据资源支持，是“产量+效益”双达标的重要驱动力之一。

（1）生产操作层面，让员工对属地内的重点参数了如指掌；报表电子化把员工从繁重的数据抄录中解放出来，提高日常资料录取工作效率；工况分析结果让员工对生产异常处置更加及时、准确

（2）技术研究层面，完整的数据资源，为研究人员提供全工艺、多类型、长周期数据服务；高效的计算引擎让低延时、高并发、多结构的数据快速处理成为现实应用；可视化建模工具，研究人员将复杂的经验与知识转化为可自主配置的工艺分析模型。良好的数据服务能力让研究人员不再为找数据、算数据花费大量时间，研究效率提升 3~5 倍。

（3）业务管理层面，为生产运行管理人员提供全局性、趋势性、结论性的数据呈现与展示；为生产工艺管理人员系统性、关键性工艺指标的设计、确定与优化运行提供支持；为生产设备管理人员基础管理、故障分析、状态诊断提供数据支持。应用数据资源推动业务管理工作向数字化转型，使各环节创新率提高 31%，为全厂生产指标优化、关键工艺和设备管理提供数据驱动力。

（4）决策指挥层面，从宏观和微观两个层面，为各级领导提供了集约化、扁平化的全厂生产数据服务，打通工业互联网数据资源应用的“最后一公里”，实现了“指标波动实时掌握，关键问题精准定位，影响范围快速评估”，提升了领导全厂的决策指挥能力。

4 结论

本项目围绕数据的采、存、用等关键环节，

研究分布式、流计算、大数据分析等技术，建立了统一规范的数据池，开发了基于流计算的报警模型定制平台，构建以数据分析为核心的物联网数据资源多维度应用新模式，满足了不同人员随时随地的数据使用需求，成为物联网时代应用数据资源推动企业数字化转型、高质量发展的关键因素，形成了可复制、可推广的思路和模板，可供其他油田参考和借鉴。

参考文献

[1] 秦晓燕. 大数据及其智能处理技术在物联网产业中的应用[J]. 现代信息科技，2019，3(24)：173-175.

[2] 吴海建，吕军. 物联网大数据处理中实时流计算系统的实践[J]. 电子技术与软件工程，2018，(17)：170.

[3] 朱宇. 数据建模方法的比较与分析[J]. 就算及系统应用，2005(7)：86-89.

[4] 尚永涛，杜长河，杨斌，等. 基于关联规则的流程工业报警参数的影响分析[J]. 科技和产业，2014，14(10)：159-161.

[5] 刘敬东，孙彦辉，高国中，等. 基于数据的油田生产过程中的多故障诊断方法的研究[J]. 硅谷，2014，7(14)：94-95.

[6] 赵春雪，李兵元，韩梦蝶，等. 基于物联网及云平台的油气生产物联网监控系统设计[J]. 中国管理信息化，2021，24(08)：128-130.

[7] 涂传威. Erlang/otp 框架核心算法性能优化及应用研究[D]. 南昌：南昌大学，2019.

[8] 严铖锴. 基于 Erlang 的分布式并行测试系统研究与实现[D]. 南京：东南大学，2015.

[9] 王志心，颜儒彬，褚红健，等. 一种监控软件平台中 web 报表系统实现方法[J]. 江苏科技信息，2018(20)：59-62.

恩曼 CPRS 技术在油田注汽锅炉中的应用

江兴家　商振新　丁万成　吴秀全　谢　强

（中国石油新疆油田公司）

摘　要　新疆油田采油厂油田污水矿化度高，腐蚀结垢严重，2019 年在油田注汽系统供水管网中应用恩曼 CPRS 技术后，恩曼 CPRS 技术是一种利用合金进行水处理的方法，其利用不同金属间的电位差改变流体内粒子间的作用力场，由此达到缓蚀阻垢、改善水质的目的，污水腐蚀率下降 65%以上，同时取得良好的经济效益。根据需要安装在注水管网的相应节点上，由此提高油田污水处理效果，同时加强合金材料的国产化研究，降低生产成本，以利于该技术的进一步推广。

关键词　恩曼 CPRS 技术；供水管网；污水处理；应用

随着环境保护与节能意识的提高，公司稠油开采过程产生的污水已全部实现锅炉回用，使稠油开采过程形成良好的水资源循环；同时，利用稠油产出污水温高的条件，降低了锅炉用水升温能耗，达到了节能的目的。但由于污水较清水水质更为复杂，导致锅炉设备设施积垢、结垢概率大幅增加，运行时率降低，进而制约了锅炉在稠油开采中的运转能力。针对当前锅炉系统中管线及设备结垢严重的问题，探究先进的除、防垢技术，降低锅炉受热面结垢速率，延长锅炉清洗周期，提高锅炉热效率，以保证锅炉的安全、经济、节能、环保运行，为公司生产设备及管网的除、防垢提供技术储备。

1　恩曼 CPRS 技术原理

恩曼 CPRS 除防垢装置的核心材料是由铜、锌、镍等 9 种不同的金属和稀有金属经过特殊工艺处理组成的特殊合金。该合金利用各种金属之间电动势的差异，使溶液发生电化学催化作用，从而使流体中的阳离子（如钙、镁等金属离子）极化，即钙、镁等离子得到电子，如同单质一样悬浮在液体中，阻止其和阴离子结合。多种金属组成的合金工具在与流体接触时，导致流体的静电动势发生改变，进而改变了流体中各种粒子间的作用力，最终减少固相粒子的形成。流体中已经存在的各种固相粒子会处于稳定的悬浮状态，随流体运移，在管壁不易吸附沉积。研究表明，在铜锌合金的作用下已经形成的碳酸钙垢会由方解石向文石转变，方解石外形规则容易沉积，而文石呈不规则针形结构，不易在管壁沉积吸附，这样会使已经形成的方解石型碳酸钙垢逐步被疏松剥离。

其作用机理如下：

阳离子：$Ca^{2+}+2e^{-}\longrightarrow Ca^{0}$

$Mg^{2+}+2e^{-}\longrightarrow Mg^{0}$

阴离子：$Ca^{0}+2e^{-}\longrightarrow Ca^{0}+H_2O+2CO_2$

$2CO_3^{2-}\longrightarrow 2CO_2+O_2+4e^{-}$

$2HCO_3^{-}+xe^{-}\longrightarrow 2HCO_3^{-}+xe^{-}$（抑制分解成 CO_3^{2-}、H_2O、CO_2）

2　污水水质特点及主要处理指标

新疆油田进入高含水开发期，稠油污水处理量逐年攀升，对采出地层水要求做到全部处理并回注，这对油田注水工作提出了更高的要求。九区污水处理站的水质数据如表 1 所示。

表 1　锅炉进口水质指标

序号	项目	湿蒸汽	过热	燃煤流化床
1	标准	SY/T0027	新疆油田公司标准 SY XJ0304—2019	根据试验工程确定
2	溶解氧/(mg/L)	<0.05	<0.05	<0.007
3	总碱度/(mg/L)	≤2000	≤125	<2000
4	SiO_2/(mg/L)	≤150	≤50	≤100
5	总铁/(mg/L)	≤0.05	≤0.05	≤0.05
6	总硬度/(mg/L)	≤0.1	≤0.1	≤0.05
7	悬浮物/(mg/L)	≤2	≤2	≤2
8	矿化度/(mg/L)	≤7000	≤2500	≤2000
9	pH 值	7.5~11	7.5~11	8.0~10.5
10	油和脂/(mg/L)	≤2	≤2	≤2

锅炉进口水质允许硬度势必会在炉管内壁结垢。现场统计一般情况下锅炉炉管平均垢厚2.5mm。

克拉玛依市时代科力分析检测有限公司检测结果如表1、表2所示。

表1

报告编号：No. KL/J2021-09-300

检测项目	检测结果			
样品名称	5号站供热站生水	5号站供热站9号炉给水	6号供热站生水	6号供热站给水
样品编号	水-202109300-1	水-202109300-2	水-202109300-3	水-202109300-4
取样日期	2021.11.09	2021.11.10	2021.11.09	
含油量/(mg/L)	0	0	0	0
悬浮固体含量/(mg/L)	10	1	8	1
pH值	8.217	7.682	8.096	8.034
氯离子/(mg/L)	2437.0	2405.4	2437.0	2476.6
总硬度(以$CaCO_3$计)/(mg/L)	178.4	0.0	156.5	0.1
总碱度(以$CaCO_3$计)/(mg/L)	435.0	428.6	454.3	423.2
总溶解性固体/(mg/L)	4275.6	4234.8	4274.2	4408.0
二氧化硅/(mg/L)	121.7	124.6	118.5	117.0
矿化度/(mg/L)	4540.7	4496.0	4551.2	4666.0
总铁/(mg/L)	0.05	0	0	0
溶解氧/(mg/L)	0	0	0	0
备注	—			

表2

报告编号：No. KL/J2021-09-300

检测项目	检测结果			
样品名称	9号供热站生水	9号供热站给水	18号供热站生水	18号供热站给水
样品编号	水-202109300-5	水-202109300-6	水-202109300-7	水-202109300-8
取样日期	2021.11.09			
含油量/(mg/L)	0	0	0	0
悬浮固体含量/(mg/L)	15	1	24	1
pH值	8.199	8.099	8.152	8.252
氯离子/(mg/L)	2437.0	2033.5	2444.9	2508.2
总硬度(以$CaCO_3$计)/(mg/L)	173.4	0.0	193.6	0.0
总碱度(以$CaCO_3$计)/(mg/L)	439.3	370.7	450.0	444.7
总溶解性固体/(mg/L)	4272.1	3767.9	4286.8	4431.2
二氧化硅/(mg/L)	111.9	110.6	116.3	113.9
矿化度/(mg/L)	4539.9	3993.9	4561.1	4702.3
总铁/(mg/L)	0	0	0	0
溶解氧/(mg/L)	0.02	0	0	0
备注	—			

从表1、表2可以看出，经过主要污水处理站的污水经过过滤处理，机械杂质和污油含量都控制在水质指标以内，但是腐蚀结垢仍然存在，存在不同程度的腐蚀结垢问题。根据现场调查统计，频繁的穿孔补漏及清垢作业不仅增加了生产成本，影响平稳注水，同时也存在安全隐患，主要污水处理站的污水都有结垢趋势。取现场垢样分析，其主要成分为碳酸钙垢。

3　现场应用情况

九区目前共有 105 台注汽锅炉，每年正常运行 45 台左右，由于锅炉进口水质≤0.1mg/L 的允许硬度势必会在炉管内壁结垢，现场统计一般情况下，锅炉炉管平均垢厚 2.5mm，为了生产锅炉增效正常运行之目标，公司立项安装 CPRS 装置防垢项目。

2019 年 11 月，使用一年后，对 CPRS 除防垢效果进行验证。首先，对未使用的新炉管测量显示为 11.989mm（炉管为 89×12），误差为±0.09%，说明用螺旋测微仪测量精准度高。

将 J18 站过热锅炉前期安装的炉管以及原炉管进行切割、剖开，测量壁厚。

由表 3 可知，CPRS 装置安装前较安装后结垢速率降低了 65.8%，说明 CPRS 装置防垢效果明显。CPRS 装置安装后，一直使用的炉管结垢速率为负 0.015mm/a，说明 CPRS 装置同时具有一定的除垢作用。

表 3　试验效果评价

各阶段炉管	壁厚/mm	垢厚/mm	连续运行时间/h	结垢速率/(mm/a)
安装 CPRS 前的炉管	13.414	1.425	15690.5	0.795
安装 CPRS 后的炉管	12.238	0.249	8028	0.271
一直使用的炉管	13.400	1.411	23718.5	-0.015

（1）目测：CPRS 装置安装后，新的管线和设备将不会再结垢和被氧化腐蚀。原来管线和设备内壁已经形成的旧垢也将逐步被溶解、软化并脱落。管线和设备内表面到最后会保留一层薄薄的软垢，这将对管线和设备起着类似涂层的保护作用。某些特殊情况下会出现还原管线和设备表面本色。

（2）水质检测法：安装 CPRS 后，每 10 天左右检测一下进出水的硬度，如果进水硬度和出水相比，出水硬度升高（指管线或设备已有老垢脱落）或维持原状说明恩曼产品产生良好的除垢和防垢效果；如果出水硬度小于进水硬度说明设备或者管线里面有结垢趋势。

（3）压力对比法：在要保护的的设备或者管线前面安装一个压力表，如果里面有老垢，安装 CPRS 一段时间后管线压力会逐步下降然后回到正常压力状态；如果设备或者管线里面没有老垢里面压力将一直维持正常状态，反之安装后压力逐步升高（排除管线或者设备里面有其他固态杂质堵塞原因），说明有结垢趋势。

现场应用图片见图 1，剖开更换炉管前后对比照片见图 2。

CPRS 装置安装前后的垢样分析见表 4。

图 1　现场应用图片

图 2　剖开更换炉管前、后对比照片

表 4 CPRS 装置安装前后的垢样分析

	CPRS 安装前样品	CPRS 安装后样品 1	CPRS 安装后样品 2
分析项目			
水分含量/%	0.19	0.47	0.41
有机质含量/%	32.21	28.30	28.28
烧失量(800℃，2h)/%	1.49	2.28	2.19
酸不溶物/%	85.71	84.85	79.28
裹有磁性物质颗粒/%	0.47	0.26	0.67
水中的可溶物含量/%	7.88	5.88	6.41
元素含量分析			
碳/%	7.96	6.70	7.75
氧/%	46.30	47.96	46.60
钠/%	5.71	—	0.88
镁/%	1.77	0.98	0.84
铝/%	0.50	—	—
硅/%	19.22	19.49	19.41
钙/%	10.15	22.86	22.89
铁/%	8.39	1.99	1.63
垢样成分			
$CaCO_3$/%	19.03	—	—
$NaSiO_3$/%	11.36	—	2.12
SiO_2/%	25.30	38.02	36.72
Al_2O_3/%	0.71	—	—
Fe_2O_3/%	8.99	2.59	2.11
MgO/%	2.21	1.49	1.27
CaO/%	—	29.13	29.09
垢样主要成分	硅垢、钙垢	硅垢、钙垢	硅垢、钙垢

由垢样分析表可知，现场在用 CPRS 装置：对含镁、铝、铁垢的除、防作用较为明显；对钙、硅垢的防有明显作用。为检验 CPRS 装置对水质是否产生影响，取其进出口水样进行化验检测，结果如表 5 所示。

表 5 CPRS 装置进出口水样检测数据

分析项	进口	出口
Ca^{2+}/(mg/L)	0.99	0.99
Mg^{2+}/(mg/L)	0.60	0.60
CO_3^{2-}/(mg/L)	0	0
HCO_3^-/(mg/L)	521.28	537.83
Cl^-/(mg/L)	1801.57	1801.57
SO_4^{2-}/(mg/L)	118.84	132.42
K^+、Na^+/(mg/L)	1419.98	1432.69
矿化度/(mg/L)	3863.37	3906.12
水型(按苏林水型计)	$NaHCO_3$	$NaHCO_3$

从表中数据可以看出，进出口水质没有明显变化，说明 CPRS 装置对水质没有显著影响。

4 结论

油田注汽锅炉使用进化污水出现结垢问题，现场使用恩曼 CPRS 装置取得的效果研究成功经验的总结。

(1) 恩曼 CPRS 合金材料具有良好的防垢作用，结垢速率由安装前的 0.79mm/a 降至 0.27mm/a，降低了 65.8%；其经济效益显著，在油田污水处理中有广阔应用前景。

(2) 恩曼 CPRS 合金材料具有一定的除垢作用，安装 CPRS 装置后，一直使用的炉管结垢速率为负 0.015mm/a。

(3) 现场试验用 CPRS 装置的除、防垢作用具有一定的选择性，对含镁、铝、铁垢的除、防作用较为明显；对钙、硅垢的防有明显作用；以便更加有利于该技术的推广。

参 考 文 献

[1] 和彦光，王武义，王仲楠，等．合金材料的阻垢机理及实验研究[J]材料科学与工艺，2009，17(6)：810-814.

[2] 武云龙．加热炉 CPRS 除防垢技术[J]. 油气田地面工程，2008，8，27(6)：81-83.

[3] 杨兰，周勇．水处理用铜锌合金的研究现状及进展[J]. 热处理技术与装备，2014，35(1)：31-35.

[4] 恩曼 CPRS 防蜡防垢防腐蚀系统[J]. 中国新技术新产品精选，2007(2)：40-42.

[5] 崔延杰，伟娜，张玉珍，等．赵州桥油田油井腐蚀结垢治理实践[J]. 长江大学学报(自科版)，2014，11(26)：113-115.

油库生产物联网技术及其应用

张冬雪[1]　姚彦斌[2]

（1. 中国石油天然气股份有限公司西北销售分公司；2. 昆仑数智科技有限责任公司）

摘　要　物联网是互联网基础上发展起来的一种新技术，通过传感器、数据传输、大数据、人工智能等技术实现物与物的连接以及数据分析。本文主要通过分析当前物联网相关技术，结合成品油库现状，搭建了油库物联网架构，构建油库物联网六域模型。通过研制的多种工控协议的混合协议资源池，实现油库物联数据接入和发布，搭建了主动网络安全架构，保障油库物联网安全；通过油库物联网建设，实现了油库安全生产数据全面感知、生产运行过程实时监控、预警预测监控、设备管理、现场作业辅助、应急处置流程化等油库全业务数字化管理。

关键词　油库；物联网；数据采集；实时监测；报警联动；智能识别

成品油库是炼化企业、仓储物流企业、销售贸易企业在生产、销售、运输过程中，用以收发、存储成品油的独立设施，是稳定顺畅油品供应链产、炼、销、储、贸环节的纽带和桥梁，是石油价值链体系中重要的调节、缓冲工具。

油库生产物联网是通过智能传感器、射频识别、自动化控制、移动通信、智能分析、互联网等技术，对油库储、供、管等生产动态过程进行全面感知，实现油库生产数据自动采集、传递、处理、生产运行监控集中管理和应用的系统。油库生产物联网系统基本的功能特征是提供“无处不在的连接和在线服务”，主要包括在线监测、定位追溯、报警联动、指挥调度、预案管理、安全隐私、远程维保、在线升级、集中展示、统计决策等功能。通过物联网平台的建设，促进物联网技术与油库生产操作业务的深度融合，解决油库生产运营中存在的短板，转变油库运营模式，推进油库业务的网络化和智能化水平，保障油库安全生产。

1　物联网相关技术

1.1　射频识别技术

射频识别技术是物联网中的关键技术之一，其主要是由应用软件系统、应答器、阅读器三部分组成。射频识别技术具有操作便捷、体积小、应用范围广以及耐用的优点。RFID 是一种较为成熟的无线数据采集技术，其应用十分广泛，特别是在物流、货物收发、仓储，以及制造行业供应链管理等领域，RFID 技术具有广阔的应用前景。

1.2　传感器技术

传感器是物联网的重要组成之一，也是物联网系统组成中不可或缺的、重要的关键组成部分。各种类型的传感器是探测和获取外界信息的重要手段，是物联网发展的基础。传感器是物联网中获得信息的重要手段和途径，传感器采集信息的准确、可靠、实时地将直接影响到控制节点对信息的处理与传输。传感器的特性、可靠性、实时性、抗干扰性等性能，对物联网应用系统的性能起到举足轻重的作用。传感器在应用的过程中主要利用智能处理技术和无线传感网络技术。

1.3　云/边技术

云计算是物联网中一项关键的技术，云计算是结合并行计算、分布式计算和网格计算的综合计算方式，物联网技术的发展必须依靠效率存储和高计算能力等技术，云计算技术的优势就在于此，所以云计算技术将是物联网发展的重要基础。云计算和物联网的结合，能够强化后端平台实现“中枢智能”的能力。但在单一集中智能模式下，如果终端和某个集中的后端平台通过广域网络连接，网络传输导致的传输时延和海量终端导致的分析处理时延都是不容忽视的。一旦终端数量越来越多，数据量越来越大，数据传送频率越来越高，后端平台的处理时间将变得更长，响应速度会更低，影响部分时延敏感的物联网应用的实施效果。此外，频繁交互的海量数据也会占用网络资源，尤其是无线接入网络的带宽，从而影响整个物联网应用的运行效率。

边缘计算是区别于后端集中智能的、分布于物联网边缘节点的智能计算能力，往往分布于感知延伸层的终端单元内。通过边缘计算，将部分智能处理功能分布到这些终端单元，感知到的数据首先在这些单元进行预处理，然后根据预设逻辑将结果上传到后端平台进行后续的分析处理。通过边缘计算可以改善网络延迟并确保执行任务的效率，能够快速响应用户请求，并实现较低的时延和较高的带宽。同时，可以使许多控制从集中式云转移到边缘，实现物联网对海量数据的实时分析。

1.4 数据传输技术

随着电子技术、计算机技术、通信技术和Internet技术的飞速发展，人们对信息随时随地获取和交换的迫切需要，无线网络逐渐走入人们的视野，在有线网络技术已经发展成熟的今天，无线网络具有巨大的潜力。为了满足物联网的应用需求，在技术、成本、可靠性、功耗及可实用性等各方面的综合考虑下，短距离无线通信技术已成了物联网中的主要技术，主要包括蓝牙技术、WiFi技术、ZigBee技术、UWB技术、NFC技术、RFID技术。然而上述技术往往存在一个问题即不能同时实现数据的长距离传输和低功耗，并且在用户接入数量上有时也并不能满足实际需求。而NB-IoT和LoRa作为两种大容量、广覆盖、低功耗、低成本、高稳定性的广域物联网技术为其提供了发展支撑。典型的无线传感器网络体系结构有动态协议栈的体系结构、层次性的体系结构、白适应体系结构、可编程的体系结构、自管理的体系结构、自恢复的体系结构、多任务的体系结构、基于代理的体系结构。

1.5 物联网安全技术

物联网的信息安全问题是关系物联网产业能否安全可持续发展的核心技术之一，在物联网的感知层，轻量级安全是其需求特点，也是最主要的技术挑战。轻量级安全技术包括轻量级密码算法和轻量级安全协议。在物联网传输层主要考虑互联网和移动网络，互联网有着许多安全保护技术，包括物理层、IP层、传输层和应用层的各个方面，而移动网络的安全保护也有自己的国际标准，因此物联网传输层的安全技术不是物联网安全中的研究重点。在物联网的应用层，隐私保护、移动终端设备安全、物联网安全基础设施和物联网安全测评体系是关键技术。

2 油库物联网现状

油库有储运、消防、安防、辅助(环保、油气回收和能耗)等业务。储运业务采用公路、铁路、管输和水运运输方式，通过收发油控制、油罐自动计量、流程自动化等自动化控制系统进行收发存作业；消防通过可燃气体检测、火灾探测、泡沫灭火等系统进行管理；安防通过视频监控、周界防范、电子巡更、门禁等系统进行管理；其他辅助监控通过污水处理、能耗监控、油气回收等系统管理。安全生产运行过程主要在油库中心控制室进行集中监控，对于油库地理位置分散企业，不能实现集中远程监控和管理。

近年来，成品油库对现场环境、工艺、安全等参数监测需求日益增长，根据安全生产管理需要，分析油库现状、存在的问题和主要风险，针对各自油库管理特点，不同程度地开展了油库物联网工作，但工艺参数接入手段单一，仪表设备改造工程难度大、投资成本高，传统无线技术兼容性不强，实施投入高、运维成本高，制约油库数字化水平提升。物联网是新一代信息技术的高度集成和综合运用，通过专业管理与物联网技术深度融合，实现油库数字化转型智能化发展，落实国家安全环保监管要求，保障油库安全生产。

3 油库物联网技术架构

3.1 技术架构

油库物联网平台以国家工业互联网技术架构为指引，以“厚平台、薄应用”为特征，打造物联网体系。整体架构由感知设备层、边缘层、传输层、平台层、应用层和展示层，以及贯穿六层的网络与工控安全防护体系构成。感知设备层为油库可接入物联网的感知设备；边缘层实现数据采集与边缘智能；传输层实现物联数据向上传输；平台层以支撑工业应用为目标，拥有边缘监测管理、大数据管理与分析、可视化报表开发、基于微服务和服务编排的应用开发能力等核心能力；应用层面向业务痛点，提供远程监测和智能化分析等SaaS服务，展示层将应用以不同展示方式提供给用户，如图1所示。

3.2 六域模型

基于物联网技术架构结合物联网参考体系架构构建油库物联网六域模型，六域模型由用户域、目标对象域、感知控制域、服务提供域、运维管控域和资源交换域组成。如图 2 所示。

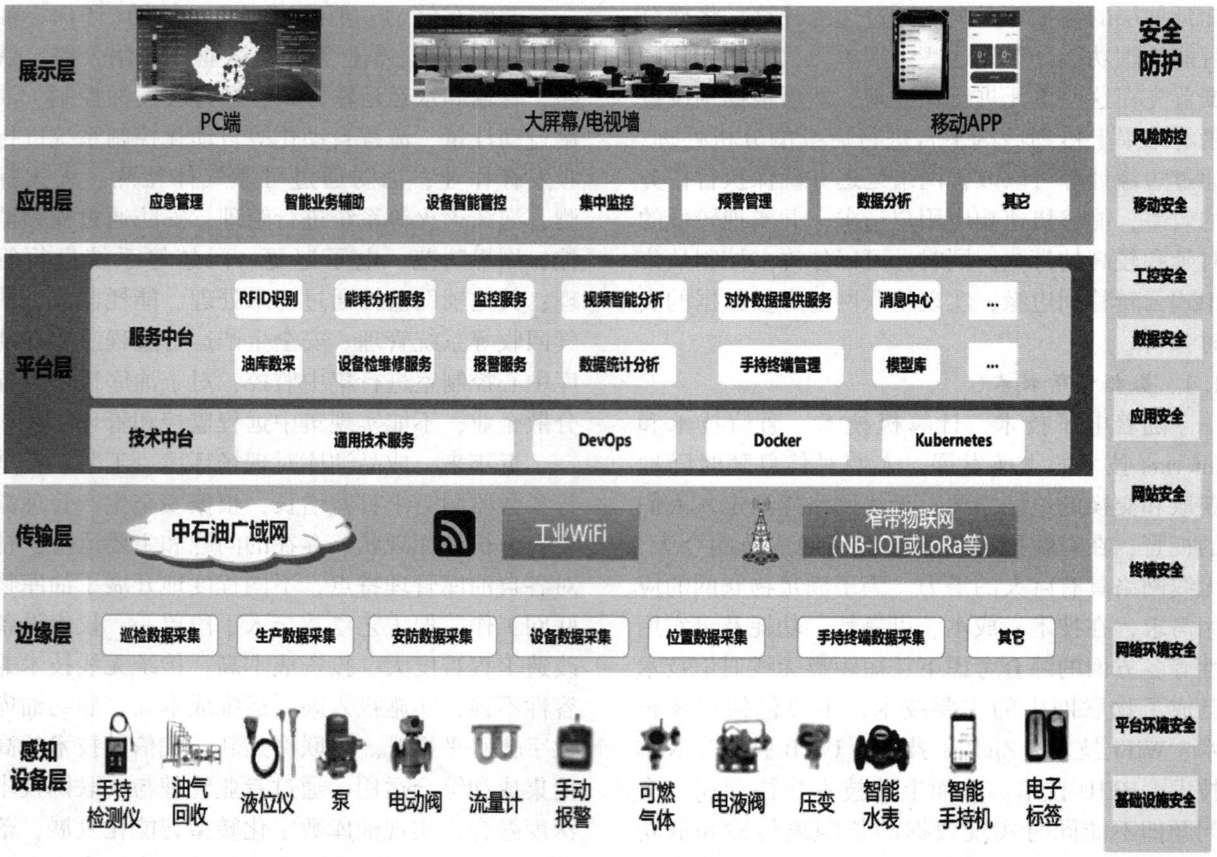

图 1　技术架构

用户域是不同类型物联网用户和用户系统的实体集合。物联网用户可通过用户系统及其他域的实体获取物理世界对象的感知和操控服务。油库物联网用户域主要包括油库操作人员、库级管理人员、地区公司管理人员、总部管理人员，是油库物联网的主要用户。

目标对象域是物联网用户期望获取相关信息或执行相关操控的对象实体集合，可包括感知对象和控制对象。感知对象是用户期望获取信息的对象，控制对象是用户期望执行操控的对象。感知对象和控制对象可与感知控制域中的实体以非数据通信类接口或数据通信类接口的方式进行关联，实现物理世界和虚拟世界的接口绑定。油库物联网目标对象域主要包括储罐、阀组、泵房、计量设备、手持终端、RFID 卡、油气回收装置等，主要用于物联数据的感知。

感知控制域是各类获取感知对象信息与操控控制对象的软硬件系统的实体集合。感知控制域可实现针对物理世界对象的本地化感知、协同和操控，并为其他域提供远程管理和服务的接口。油库物联网感知控制域主要包括感知控制系统和物联网网关，感知控制系统主要包括 DCS、PLC、SCADA、北斗定位等系统，主要用于感知设备的控制。

服务提供域是实现物联网基础服务和业务服务的软硬件系统的实体集合。服务提供域可实现对感知数据、控制数据及服务关联数据的加工、处理和协同，为物联网用户提供对物理世界对象的感知和操控服务的接口。油库物联网服务提供域主要包括业务服务系统和基础服务系统。业务服务系统包括油库监控、设备管理、油库三维、应急管理等，是油库物联网面向用户的应用。基础服务系统包括数据采集、数据存储、云计算平台等，是油库物联网的基础运行环境。

运维管控域是实现物联网运行维护和法规符合性监管的软硬件系统的实体集合。运维管控域可保障物联网的设备和系统的安全、可靠运行。油库物联网运维管控域主要包括运维管控系统、网络安全防护等，对油库物联网起到辅助支撑作用。

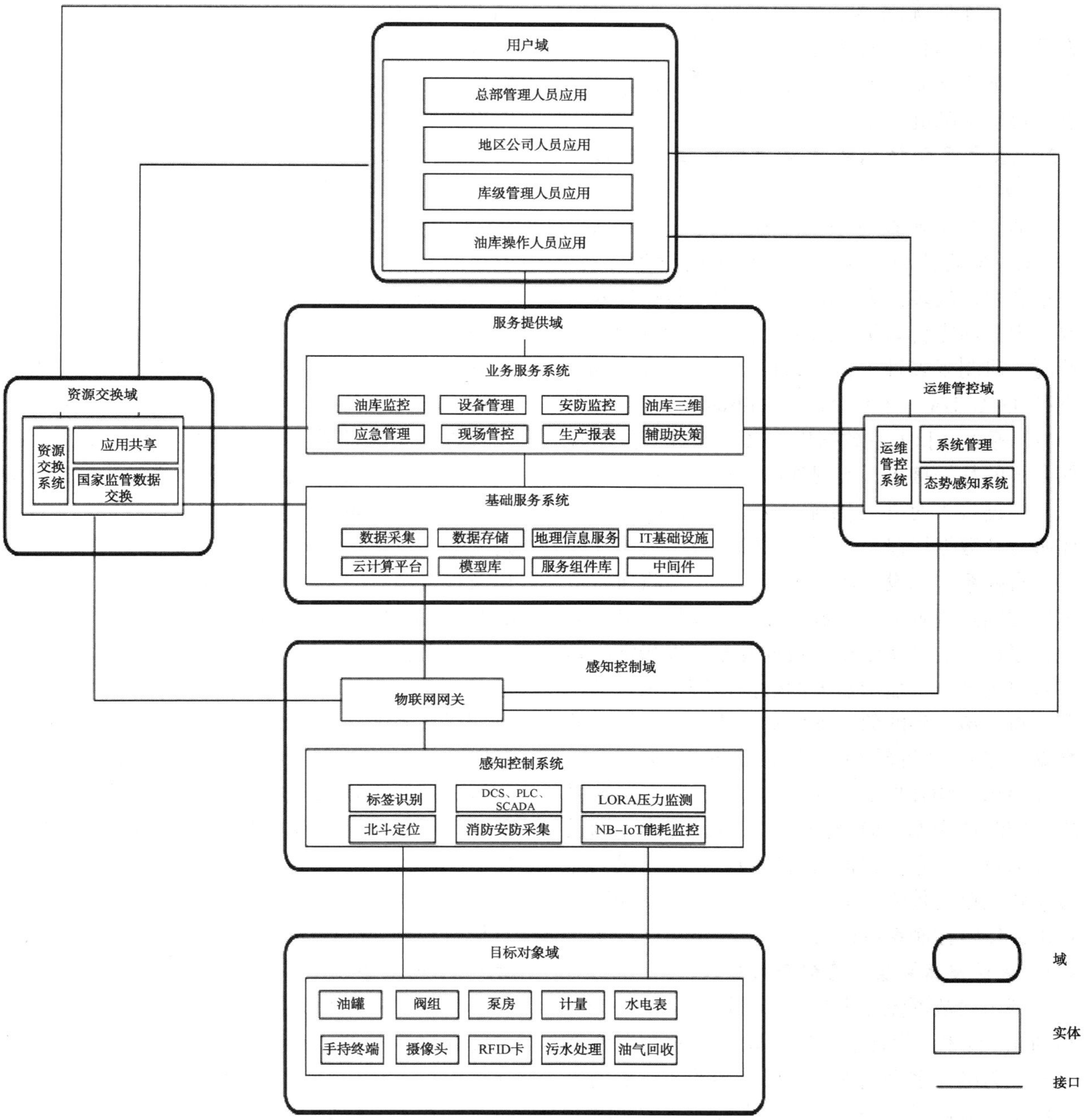

图 2　油库物联网六域模型

资源交换域是实现物联网系统与外部系统间信息资源的共享与交换，以及实现物联网系统信息和服务集中交易的软硬件系统的实体集合。资源交换域可获取物联网服务所需外部信息资源，也可为外部系统提供所需的物联网系统的信息资源，以及为物联网系统的信息流、服务流、资金流的交换提供保障。油库物联网资源交换域主要包括资源交换系统、应用共享，是油库物联网与外部共享数据的通道。

4　油库物联网技术应用

4.1　感知技术

通过 RFID 技术，建立基于物联网的设备动态检测，方便地获取设备的状态信息和检测记录，保证设备运行安全。通过在巡检点将 RFID 标签粘贴在设备表面或浅埋入墙体，把手持终端靠近巡检点，就能够自动记录数据，同时实现巡检线路导航和巡检地点、人员、事件等巡检信息的采集、传输、处理和存储，从而实现对生产装置、罐区、围栏的智能巡检。

建立库区无线 Wi-Fi 网络覆盖，解决现场人员手持终端和无线仪表的接入。满足人员协同作业、远程集群对讲、新增仪表数据采集等要求，提供基础链路保障。

4.2 基于混合协议的物联网数据接入和发布技术

油库的工业控制系统采用西门子、霍尼韦尔、GE 等的控制系统，油库物联网设备种类、数量和协议较多，为了满足油库现场数据接入需要，根据油库自动化控制系统和现场设备的实际情况，研制了多种工控协议的混合协议资源池，支持 OPC DA、OPC AE、ModBus、WEB API、MQTT 等协议和关系数据库、文本文件等数据存储方式的数据接入，实现油库物联数据的快速接入。数据接入对外提供统一的服务启动、连接、监听以及数据接口。数据接入端通过上述协议采集各自控系统和设备数据进行汇总，并将所有数据按照固定规则显示在数据接入计算机的显示器上，以指定的频率刷新，数据发布端以指定的频率对接入计算机显示器上的数据视频图像自动拍照，将拍摄得到的数字图像转换成计算机标准的数据，之后再将转换出来的数据以 OPC DA、WEB API、MQTT 等多种协议发布，供上层数采机、实时数据库、应用接入，实现油库物联网设备数据对外发布。数据接入机与数据发布机只通过视频线单向传输电信号，从而隔绝病毒和网络攻击，保障控制系统的安全。

4.3 实时数据采集、存储和处理技术

基于大数据流处理技术，采用 Flume、Kafka 和 Storm 技术，设计了油库物联网实时数据处理框架。为确保多个油库基础层感知的大量现场生产数据，能通过安全、可靠、高效的方式实时上传至系统平台层，采用 Flume 和 kafka 组合，对以现场位号、时间戳为标签的实时数据进行采集、存储和处理。

为保证各油库设备位号产生的实时数据与后续数据处理队列相对应，在各油库设备位号与 Flume agent、KafkaTopic 消息队列之间建立实时映射关系。各 Flume agent 实时监听 TXT 文件中的新增数据后，对新增数据进行实时采集并汇集到总 Flume agent 中。总 Flume agent 对不同的来源数据，按照公司、油库、自动化系统、监测点（位号）、监测点类型（开关量、模拟量）、仪表类型（开关、温度、压力、流量、液位等）、监测点采样时间、监测值，整体处理成统一的数据格式。Flume 采集的实时数据需要实时写入 Kafka，实现对大量、高速数据的实时发布和订阅以及数据的存储，以确保后续的实时数据处理的实施，减少可能的数据丢失风险。

Storm 对实时数据流处理的关键是 Kafka 与 Storm 的整合，由 Storm 中 Spout 实时获取 Kafka 发布的 topic 消息数据，即利用 Storm-Kafka 的整合库中 Storm-Kafka API 提供的 KafkaSpout 对象实现 Spout 对 kafka 中实时数据的获取，完成 Kafka 与 Storm 之间数据的传递和流处理。系统利用 Storm，实现了油库储运、消防、安防等工艺参数的实时监控，油库储罐液位、温度、压力、流速、静电、溢油、可燃气体、火焰探测等参数的实时超阈值报警，储罐液位异常、管线流速异常、设备状态异常等规则的实时判断预警，以及报警预警的实时推送等功能。

4.4 图像智能识别技术

平台将视频智能分析、多媒体通信、应急联动等技术充分整合，利用视频图像信息资源，挖掘深层次需求。系统设计遵循安全防范视频监控联网系统信息传输、交换、控制技术要求，将各类视频图像资源进行整合接入，实现联网共享及统一管理。系统所有视频图像采用标准 H.264/H.265 格式，可与第三方视频监控系统实现共享与控制。通过工业视频图像识别技术，对油库违章操作和行为进行识别报警。

4.5 主动安全网络认证技术

为了保障油库工业控制系统安全，基于国密 SM2 非对称算法，在交换机内设计认证标识和认证协议，形成具有内嵌认证服务的边界认证机，构建了油库工控系统主动安全网络架构。油库工控系统主动安全网络架构通过接入层边界认证机的内嵌认证技术，在网络边缘建立全网接入设备的严格认证准入机制，实现全局性的身份认证和网络安全一体化；通过网络管控中心统一管控网络准入和访问策略，实现访问策略根据接入设备身份动态部署边界认证机，实现访问控制的全局统一一体化管理。

主动安全网络架构包括认证客户端、边界认证机、管理服务器、IPK 密钥平台，以及紧密集成的传统安全服务。主动安全网络架构采用密码

技术作为安全能力的基础支撑，通过数据中心的IPK(identity public key)密钥平台，引入国密算法，全面支撑主动安全网络架构整体运行。主动安全网络架构作为一种新型安全网络架构，关注认证、资产、访问和审计这四个关键要素，以访问控制策略为核心，以态势感知为信息综合，兼顾IT管理的众多要素，包括防病毒、终端管理，并兼任扫描探测、流量分析等安全防护，提供了全局、整体、网络安全一体化的安全能力。

5 应用效果

平台建设立足在油库信息化基础上，对公司分布在多省市的10座成品油库进行物联网建设应用，为油库的安全生产发挥了重要作用。平台实现了油库多源数据的采集、集中处理、管控一体、融合分析、决策支持以及移动应用，实现油库的精准管控、科学决策及提效降费要求。另外，按照地方政府监管的要求，通过该平台提供的标准化接口将消防安防信息接入了油库所在地地方政府的相关监管系统。

(1) 建立了快速感知能力。为了实现油库安全生产信息的快速感知能力，搭建库级低成本、低功耗、易维护的无线物联网，利用库级无线网和5G网络，在油库储运、管线、环境监测等方面部署无线仪表，库区设备部署RIFD卡，实现了基于物联网的油库全方位快速感知能力。其中在公司10座油库部署可燃气体检测439个、火灾报警425个、工业视频监控点380个，周界防范120个，RIFD识别卡763张，NB-IoT设备21台，LoRa设备52台，北斗手持终端500台，北斗电子工牌400个，部署无线网络AP点313个，生产数据采集设备30台，网络安全防护设备和数据采集设备80台。

(2) 建立了实时监测能力。全面采集10座油库储运、消防、安防、油气回收、计质量、设备等40000多点实时数据，完成20余个系统接口，积累油库生产运行实时和历史数据79G、关系数据3.6G、非机构化数据17.8G，构建了油库安全生产大数据平台，对数据进行统一存储和监测。

(3) 建立了超前预警能力。基于油库海量数据，通过对报警数据进行分析，建立了风险特征库，开发了41个安全生产风险预警模型，建立了3580个预警点，并通过图形化来展示各油库当前的预警状况。

(4) 提升应急处置能力。建立了全面的应急管理体系，形成了风险数据库，包括油库运行、设备管理、安全环保相关风险共389项，建立应急演练库20项，应急处置专家队伍28人，应急救援队伍15支，21类14895件应急救援物资。

(5) 建立了评价体系。对安全生产处置措施的充分性、适宜性和有效性进行全面准确的评估，对油库的运行效率从高效运行保障、油库计划流程、自动化信息化、设备设施保障、健康安全环保、现场管理、组织与管理等建立了油库全要素评价体系，形成非常规作业现场审核率、应急演练计划完成率、油库环保废水监测指标控制、设备有效性、设备有效性等20项目评价指标。

6 总结

通过油库物联网平台的建设，促进物联网技术与油库生产操作业务的深度融合，解决油库生产运营中存在的短板，支持公司高质量发展。通过物联网技术在油库的应用，实现了油库安全生产信息全面快速感知、集中监控、预测预警；建立了基于业务流程的风险防控体系，实现油库安全生产风险可防可控；建立了网络安全防护体系，保障油库安全生产物联网稳定运行。

参考文献

[1] 张航. 面向物联网的RFID技术研究[D]. 上海：东华大学，2011.
[2] 丁露，倪佳. 物联网与传感器技术发展综述[J]. 中国仪器仪表，2013(09)：26-29.
[3] 王艺. 云计算在物联网中的应用模式浅析[D]. 合肥：安徽大学，2014.
[4] 李爽. 基于云计算的物联网技术研究[J]. 电信科学，2011(12)：26-30.
[5] 范春辉. 物联网短距离无线传输技术研究[J]. 无线互联科技，2017(19)：23-24.
[6] 吴毅，夏婷婷，李润青. 基于NB-IoT及LORA的技术分析和应用展望[J]. 中国管理信息化，2018，21(03)：162-164.
[7] 龙蔚，周晓光. 基于RFID和WSN的仓储管理系统网络架构研究[J]. 网络与信息化，2008(07)：102-104.
[8] 武传坤. 物联网安全关键技术与挑战[J]. 密码学报，2015，2(01)：40-53.

储气库数字化建设难点与对策

安丰春　曾德军　王文权　王建夫

（中国石油天然气股份有限公司储气库分公司）

摘　要　国外储气库建设和运行管理数字化程度较高，而我国储气库起步晚，数字化建设尚处于初始阶段。随着业务发展及对管理要求的不断提高，现有数字化水平不能满足未来信息化、智能化、智慧化储气库的发展要求。为此，本文以中石油储气库数字化建设为例，通过归纳储气库数字化建设现状和发展方向，分析数字化建设过程中的难点并提出对策建议，有助于推进储气库数字化建设进程。研究认为：①储气库数字化建设的难点主要有数据采集多且杂、工程改造投资大，关键技术难突破、多方协调难度大；②具体对策有建立标准、推进建设制度保障；培养人才、提高科技攻关能力，示范引领、归口部门统筹管理。

关键词　储气库；数字化；建设难点；建设对策

在天然气工业迅猛发展，天然气消费快速增长的背景下，储气库作为有效的天然气调峰技术和手段，因其具有库容大、安全性好、储转费低等优点，可有效保证天然气的稳定安全供应，为我国天然气产业稳步发展起到重要作用。储气设施能力建设已成为当前推进天然气产供储销体系建设的重要组成部分。

2020年9月21日，国资委发布《关于加快推进国有企业数字化转型工作的通知》。要求落实党中央、国务院关于推动新一代信息技术与制造业深度融合，打造数字经济新优势等决策部署，促进国有企业数字化、网络化、智能化发展。根据国家相关部委要求，各大国有企业纷纷响应，以中石油为例，要求“利用自动感知实时采集油气产业链运行数据，利用全面互联广泛获取内外部数据，运用数字化技术持续优化业务执行和运营效率。同时，要求加快信息技术与油气主业紧密融合，“十四五”持续提升信息技术核心能力和服务水平，全面推进智能化建设。国内储气库业务的数字化、信息化、智能化尚处于起步阶段，库址资源、监测数据、市场需求、管网能力基础数据库尚未搭建。数字化模拟、多方联动优化运行、安全预警等平台仍未建立，不满足实时模拟、安全预警与智能决策要求，与数字化转型驱动高质量发展的战略谋划不相适应。本文与中石油储气库数字化建设为例，研究储气库数字化建设现状，分析储气库数字化建设难点，提出储气库数字化建设对策，以期对储气库数字化建设起到一定指导意义。

1　储气库数字化建设现状

中国的地下储气库建设起步较晚，2000年建成了国内首座地下储气库，经过二十多年的发展，目前全国已建成20余座储气库。其中中石油已建储气库（群）6座，“十四五”期间中石油计划将新建储气库29座、评价储气库28座。由于国内储气库建设较新，一般按照数字油气田、物联网高标准、高要求建设，其数字化程度较高，设备设施完善，基本实现了自动化监测、控制和管理。储气库工控系统一般包括：注采井站SCADA系统、集注站DCS/ESD系统、集配站PLC/ESD、注采井无人值守RTU系统、火气系统、压缩机PLC系统、周界防范系统等。

（1）注采井站SCADA系统：负责注采井、集配站、分输站流程工艺数据监视、控制、调度、管理任务，并实现过程数据发布。同时配置OPC数据服务器和Oracle数据服务器，将数据提供给公司进行数据分析。

（2）集注站DCS/ESD系统：负责集注站内数据采集、自动控制以及安全联锁保护功能，同时集注站ESD系统联锁控制集配站ESD系统和井口RTU系统。DCS系统采集站内管道温度、压力、流量等参数，检测各罐液位、高低报警状态等参数，控制各分离器、脱水器、阀门的自动工业流程，实现站内设备的集中监控和调度管理。ESD系统负责集注站内安全生产运行，在站内发生突发事故时，进行安全生产的自动联锁保护，使站内人员和设备能够得到最大的保护，减少损失，并且同时联锁集配站和井口 ESD 保护程序，能够限制事故蔓延。

(3) 集配站 PLC/ESD 系统：负责对集配站的数据采集、自动控制，并通过 SCADA 系统进行远程集中监控。PLC 系统采集集配站压力、温度、液位、流量等数据，实现阀门等设备的自动控制。ESD 系统采集集配站重要位置压力，通过压力联锁站内和关联井口阀门，实现安全生产，保护站内人员和设备财产安全，并将报警数据上传。

(4) 注采井无人值守 RTU 系统：实现对注采井井口工艺数据采集、监视和控制，通过 SCADA 系统进行远程集中监控。RTU 系统采集井口温度、压力等数据，并控制井口阀门，实现井口设备自动控制。

(5) 火气系统：主要负责集注站可燃气体、有毒气体探测，消防系统控制管理。

(6) 压缩机 PLC 系统：主要负责集注站压缩机数据采集、监视和控制管理。

(7) 周界防范系统：包括整个储气库视频监控、微波报警、大屏系统，主要用于储气库生产和安保维稳视频监控、周界预警防范。

尽管储气库生产管理全部采用自控系统管理、控制，在一定程度上提高了生产效率和管理水平，但仍在实践应用的过程中存在着一些不足，“十四五”期间储气库数字化建设应在现有基础上，应进一步发展完善以下几个方面。

(1) 远程异地自动监控。设立自动化信息专网，将现场井站监控、调度、数据管理迁移至总部中心，根据网络条件，设立远程中心控制室，实现对现场站库远程异地监控管理、调度，减少现场场站工作人员，提升远程管理水平。

(2) 完善信息化基础设施，全面实现数字储气库。在目前储气库数字化程度高、设备设施先进、覆盖面全的良好基础上，加强信息、自动化基础应用和完善，全面实现数字储气库。

(3) 开展智能储气库实践。智能储气库是数字储气库的高级阶段，是在充分完成数字化的基础上，建立各类管理和决策分析模型，辅助储气库生产的智能分析和决策。

2　储气库数字化建设难点

2.1　数据采集多且杂，工程改造投资大

未来储气库的数字化建设将更大程度地支持储气库实现“全面感知、自动操控、预测趋势、优化决策”，这需要采集储气库自建设以来的大量数据，需要开展实时、历史数据收集、整理、建库，对数据进行有效存储、开发、分析和利用，通过全面采集地下、地面生产数据，直观展示储气库注采生产全过程。

不同地区储气库的服务器、控制站、工程师站、操作员站，操作系统、工控平台分属不同厂商和型号，参差不齐，各系统互通性不高，软硬件维护维修难度大，需逐个进行格式转换，最终建立平台统一整合。

各个储气库的数字化建设程度参差不齐，以某储气库为例，当满负荷注采切换时，一次注采流程切换至少需要 20 人同时操作，需同时手动开启或关闭阀门至少 130 个，注采切换效率低，人工成本高，无法满足远期储气库市场化运作后的高强度注采切换要求，要想全面实现无人值守、一键注采切换，现场工程改造工作量大、投资高。

2.2　关键技术难突破，多方协调难度大

要想实现储气库生产全过程的自动控制，需要深入研究储气库生产各环节的特点和规律，充分应用采集实时、历史、预警数据，进行大数据分析，建立生产(故障)模型，而具体的数据利用费分析方式还有待攻关。此外，像巡检计划自动编排、机器人自动巡检、巡检报表自动生成、故障自动诊断、风险自动报警、注采一键切换、压缩机一键启停、地面设备设施的数字孪生和地下空间的三维仿真等等迈向智能化储气库的关键技术，仍然处于前期研究的阶段，数据耦合关系复杂，技术攻关难度大。

由于各个储气库分散在全国各地，建设之初并没有统一的模板可参考，建设过程中所选择的硬件设备以及软件系统也不尽一致，加之各个储气库的地质条件、注采特点、调峰需求各有不同，对数据的利用分析、故障诊断方式、经营决策需求也不相同，这就导致难于建设统一的数字换平台，难于科学的管理、调度各储气库的运行。

3　储气库数字化建设对策

3.1　建立标准，推进建设制度保障

充分发挥储气库专业标准化委员会职能，推动建立储气库数字化数据采集利用标准、储气库

完整性监测标准等促进储气库数字化业务开展的行标、企标等，实现多元数据采集、传输与共享，实现系统间的兼容性和可扩展性，最终实现对现场站库远程异地监控管理、调度，减少现场场站工作人员，提升远程管理水平。以标准为基础，推动建立储气库数字化建设的相关规章制度，从制度上保障储气库的数字化改造，确保已建站场的工程投资到位，同时对于新建场站严格按照数字化要求进行管理和交付。

3.2 培养人才，提高科技攻关能力

倡导创新意识，培育拥有原始创新能力的技术人才，建设一支结构合理、团结合作的人才队伍；加大与国外大型油气公司在储气库建设方面的技术合作，保障技术攻关和国际合作交流工作顺利开展，吸取国外先进经验，努力提升储气库数字化建设技术水平，促进储气库数字化专业化人才快速成长；完善科技创新激励政策，提出更多操作性强、普适性好的科技政策，用好科技人才。重点培养智能气藏管理系统、智能注采井管理系统、智能产量管理系统、智能生产运行指挥系统、智能应急管理系统、集输管网智能调峰系统、专家辅助系统等研发方向的人才，逐步攻克储气库数字化建设过程中遇到的关键难题。依托人才保障，逐步实现计划管理、调度管理、运行管理、生产辅助管理等功能的建设，建立监控、报警、诊断、预测、优化等功能于一体的储气库生产运行管控模式，打造储气库全业务链生产运行分级实时的管控能力，全面提升储气库生产运行管理全过程实时智能管控、注采输一体化管控的智能调峰优化决策能力。

3.3 示范引领，归口部门统筹管理

通过重大科技项目，构建以多元数据采集、传输、融合共享为基础，以一体化模拟为核心的数字化、智能化应用平台，实现一个或几个储气库的实时模拟计算、在线监测及风险预警、综合分析与智能决策支持，形成示范引领效应，为最终实现所有储气库数字化运营、智能化调峰、一体化管控奠定基础。储气库数字化建设过程涉及的部门多、地域广，为确保建设质量，应以更高层级的归口管理部门牵头负责。以中石油为例，储气库分公司是中石油旗下唯一的储气库专业化管理公司，负责统筹中石油所有储气库的建设与运行管理，由该公司牵头负责储气库数字化的建设，可有效保证各项资源的配备，可实现对各个储气库存量问题的集中解决，有效破解协调难、管理难的问题。

4 结论

本文以中石油储气库数字化建设为例，介绍储气库数字化建设现状，分析数字化建设过程中的难点并提出对策建议，认为储气库数字化建设的难点主要有数据采集多且杂、工程改造投资大；关键技术难突破、多方协调难度大；具体对策有建立标准、推进建设制度保障；培养人才、提高科技攻关能力；示范引领、归口部门统筹管理。在目前物联网、数字化、智能化高速发展的前提下，储气库可结合自身特点，积极探讨、规划、建设，深入研究，突出储气库自动化优势，打造一流的数字化储气库。

参 考 文 献

[1] 刘烨，何刚，杨莉娜，等．“十四五”期间我国储气库建设面临的挑战及对策建议[J]．石油规划设计，2020，31(06)：9-13，62.

[2] 万旸．地下天然气储气库数字化建设现状[J]．化学工程与装备，2021(10)：216-217，220.

[3] 叶康林．地下天然气储气库信息化建设现状与探讨[J]．信息系统工程，2019(07)：124-126.

[4] 王虹宇，孙建华，陈朝晖，等．基于 MySQL 数据库的储气库数据管理系统[J]．内蒙古石油化工，2020，46(05)：37-41.

[5] 姜炜．地下储气库数字化探讨[J]．中国石油和化工标准与质量，2020，40(01)：100-101.

[6] 李世熙，于洪亮．浅谈金坛地下储气库的数字化建设[J]．油气田地面工程，2008(09)：73.

[7] 何旭明，王勇．用于地下储气库规划中的数字化技术[J]．科技资讯，2007(06)：21-22.

基于多系统数据融合的管道一体化管控应用与实践

赵宏振 于 伟 董长锁 马 强 周敬桢 高懿旸

（国家管网集团北京管道有限公司天津输油气分公司）

摘 要 油气管道站场除SCADA系统外，还有工业电视、周界安防、泄漏监测、火灾等其他生产辅助系统，这些系统大多分散独立建设和运行，数据孤岛问题突出，在一定程度上增加了操作的复杂度并影响了统一高效监视的效率，距离智慧化管道站场还存在着差距。本文结合实践经验，提出作业区一体化管控系统建设及管理新模式。

关键词 管道一体化管控；作业区一体化管控；综合安防系统

随着智慧化、数字化建设的推进，油气管道的新技术应用种类越来越多。但多而杂的技术系统，却让管道生产一线员工的工作量越来越重。在降本增效形势下，面对多种技术、多样终端、多套系统及多类数据，使用操作效率低，安全管控难度高，基层员工压力较大，多系统融合已成为必然趋势。

1 “去N+1”的一体化融合

1.1 管道一体化管控需求

管道线路、站场和阀室常用的监测与巡检类系统超过10种，这些系统均分散独立建设，数据不互通，整合需求迫切：一是“减屏”需求，值班人员同时监控多屏信息，注意力分散，容易忽视或遗漏告警信息；二是“增效”需求，系统之间数据不互通，值班人员需要适应多系统操作，使用操作效率低；三是“降本”需求，多系统独占服务器和机房资源，且面对多厂商技术支持，建设与运维成本高。“去N+1”即将原本独立的“N”个系统进行有机融合，基于“1”个系统进行统一监控、分析和配置，实现一体化管控。“去N”不仅保留原系统的管理功能，并且在数据互通的基础上，开发更多智能化的应用，实现“1>N”。

1.2 管道一体化管控平台

管道一体化管控平台区别于简单的“界面拼凑”和“数据展示”，是在数据互联互通的基础上，运用物联接入、数字孪生、边缘智能等核心技术，结合管道业务开发的专业化工业互联网平台。鉴于管道工业现场的复杂性与多样性，管道一体化管控平台应具备以下特殊能力：一是多源异构数据的接入处理能力，系统能够兼容RJ45、RS385、RS232、TTL等多种硬件接口和软件协议，具备数据存储、数据清洗、数据缓存等大数据处理能力；二是多种数据挖掘分析引擎的聚合应用能力，系统能够兼容孪生模型、实景AR、多维报表、视频融合等多种立体展现分析供能，支持科学决策分析；三是接口开放与应用适配能力，系统支持服务端、PC端、移动端多层次接口开发能力，支持主流开发语言和操作系统。

2 作业区一体化管控系统建设实践

按照管网集团加快建设“全国一张网”，着力打造智慧互联大管网、构建公平开放大平台、培育创新成长新生态的战略目标，建成中国特色世界一流能源基础设施运营商的愿景要求。北京管道有限公司结合自身业务特色，以天津输油气分公司永清作业区为试点，进行作业区一体化管控系统试点建设，努力打造智慧管道实践应用示范区。项目按照“去N+1”的技术思路，总体规划整合了站场、线路和阀室共计7个系统。

永清作业区一体化管控系统已经于2021年11月正式上线运行，将站内工业电视、泄漏监测、火气系统、周界入侵、安防门禁、扩音对讲和110接警等7个综合安防类系统进行融合，实现“去7+1”一体化管控(见图1、图2)。

一体化管控系统融合了孪生模型、掀顶展示、视频融合、动态报表、实景AR等多种分析引擎，实现了监控、分析、处置、维修多方位一体化管控。

(1) 运行状态一体化监控：基于一个系统界面，实时掌握所有系统的运行状态和告警情况，提高异常响应效率(见图3)。

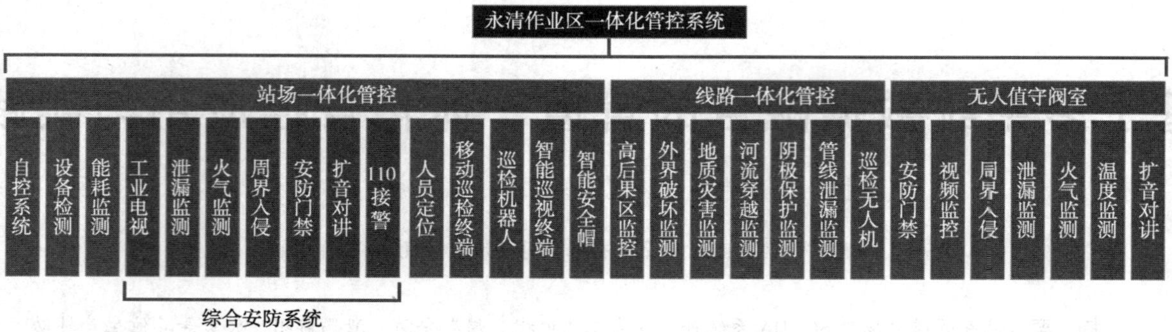

图 1　永清作业区一体化管控系统整体规划图

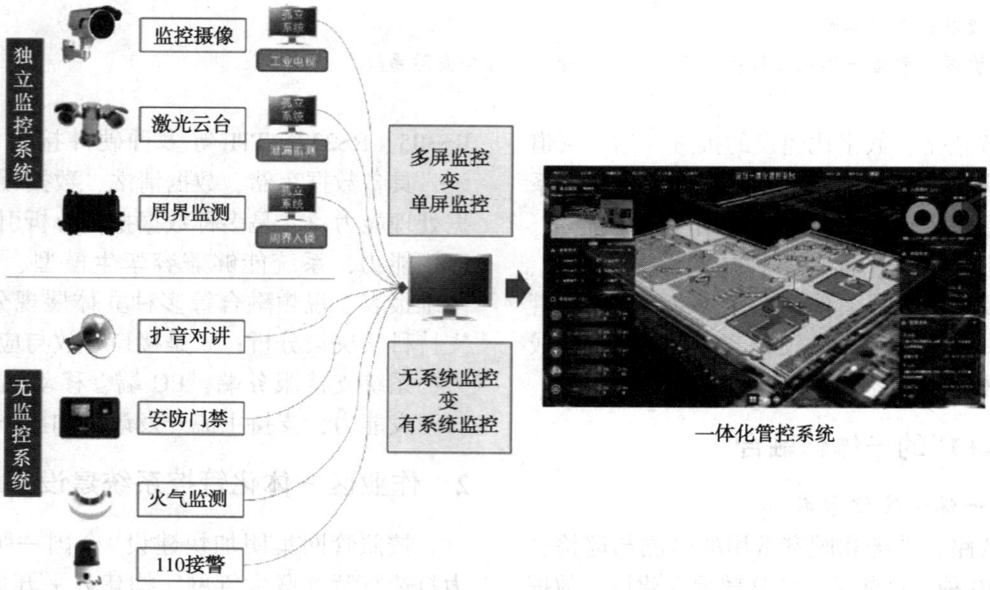

图 2　永清作业区项目一期整合系统示意图

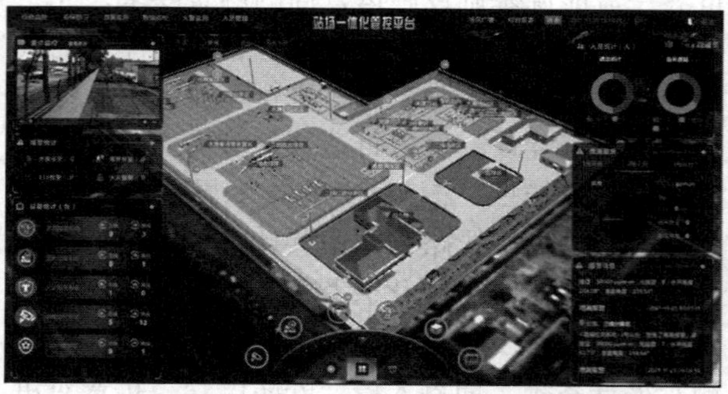

图 3　基于一个系统界面的全信息监控

（2）多维数据一体化分析：融合孪生模型、掀顶展示、视频融合、动态报表、实景 AR 等多种展现分析引擎，提高查询分析效率（见图 4）。

（3）事件处置一体化联动：支持灵活的告警规则设置，可快捷开展联动控制、联动追溯、联动响应，提高应急处置效率（见图 5）。

（4）维护检修一体化管理：具备权限管理、设备管理、运维管理、配置管理、接口管理和数据管理等功能，提高操作运维效率（见图 6）。

图 4　多种查询分析方式展示

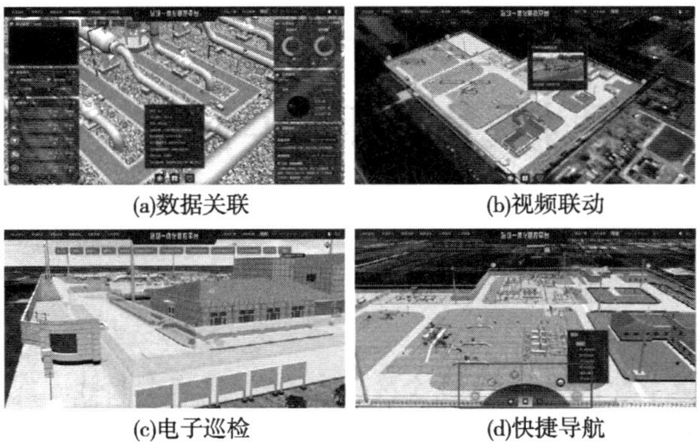

图 5　多种联动应用展示

3　基于一体化管控的三个标准化建议

智能管道建设是一个创新、总结、再创新的循环过程，技术革新的同时也要注重管理创新。

（1）边缘互联标准化。管道现场设备品牌多、型号杂、协议不统一，无形中增加了开发成本和开发难度，已成为多系统融合的最大障碍，建议针对管道常用的技术系统进行标准化研究，统一边缘层互联互通数据协议。

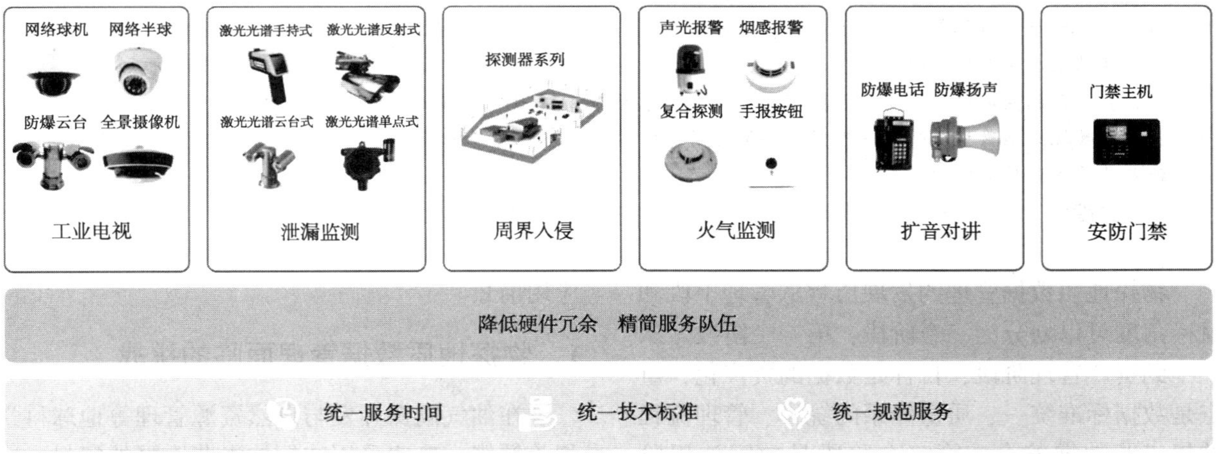

图 6　一体化维护检修示意图

（2）数据采集标准化。数据采集是智慧管道建设的基础，管道现场的技术措施不一、覆盖程度不同，对资料数据的保管意识不强，没有形成标准化。建议针对管道设计、采办、实施、交付、运行全生命周期的数据进行系统性梳理，统一数据采集标准。

（3）管理应用标准化。智能化建设是技术与管理的结合，在系统建设后，要从理念到制度进行适应性调整，以达到预期效果。建议针对智能化、一体化管控模式进行应用层面的研究，从运行监控、告警处置、维修维护、上岗培训各个方面推行标准化管理应用模式。

4　结语

（1）结合油气管道基层特点，提出了“去 N +1”的一体化融合理念，并针对管道一体化管控平台架构进行了规划设计。

（2）结合国家管网集团北京管道有限公司天津输油气分公司实践经验，总结了作业区一体化管控新模式，验证了一体化管控系统建设的可行性。

（3）基于一体化管控的理论和实践基础，提出边缘互联标准化、数据采集标准化和管理应用标准化三个方面的标准化建议。

参　考　文　献

[1] 施战备，秦成，张锦存，等. 数物融合——工业互联网重构数字企业[M]. 北京：人民邮电出版社，2020.

[2] 李忠生. 石油化工信息化现状和发展趋势[J]. 数字化用户，2018，24(40)：130.

[3] 任晓辉. 信息化技术在石油化工企业安全监督管理中的应用研究[J]. 化工管理，2020，(15)：116-117.

物探地质数据一体化管理技术应用实践

王学军[1] 马良乾[1] 傅立林[2]

(1. 昆仑数智科技有限责任公司，2. 中国石油东方地球物理公司)

摘 要 本文阐述了物探地质数据管理的三个主要发展阶段，分析了各个阶段面临的业务与数据特点，结合信息技术、数据库技术发展论述了物探地质数据一体化管理发展趋势；分析了物探地质数据面临的数据采集、数据存储和数据应用等方面的挑战，说明了问题产生的源头和原因，提出了物探地质数据一体化管理的理念，基于数据治理框架体系，搭建物探地质一体化数据管理平台，涵盖数据源头采集、高效数据服务和综合数据管理等建设内容，从而实现统一、高效、安全的数据采集、管理与应用服务，分析了物探地质主数据管理策略的内容与特征，在上述论述基础上在技术层面提出了技术平台与应用方案，列举了需要采用的主要技术，构建了技术体系架构，最后对本技术体系在油气领域域外的应用做了探索实践，提出了物探地质数据一体化管理对业务的应用支撑方案，进一步论证了实现物探地质数据一体化管理的广泛业务应用价值与重要意义。

关键词 物探；地质；数据管理；一体化；数字油田；智慧油气田；城市地质

物探地质数据管理的发展历程从管理手段和目标角度可以划分为三个阶段：第一个阶段是从手工到资产管理阶段，目标是数据的资产化，重点是数据标准统一、质量体系的统一、管理流程的集成及数据整合。第二个阶段是数字油田阶段，目标是业务网络化，重点建设业务模型一体化、工作流程整合、全面资产感知以及远程协同工作。第三个阶段是智能与智慧油气田阶段，目标是决策智能化，重点是建设一体化运营模型、企业流程再造以及大数据分析和决策支持等等。从信息技术角度看，物探地质数据管理技术的发展历史，大致可以分为纸介质与文件系统时代、数据库系统时代、互联网时代、人工智能时代。在上述发展过程中，所管理物探与地质类数据实体对象在数量、维度、内在联系等方面均不断在大幅提升，同时，我们可以发现，数量指标在持续快速地呈指数级增长，同时大数据等信息技术快速发展，全息关联的物探地质数据一体化管理是必然趋势。

物探类数据与地质类数据是一种密不可分、相辅相成的关系，二者来源于相同的地质实体，必须能够融合一致，主数据管理是重要技术手段；在数据管理的信息完整性层次和业务应用的处理解释综合研究层次上都可以相互验证技术方法的正确性，实现物探地质一体化管理在智慧油气田和城市地质领域都具有重要业务价值和广阔应用前景。

1 物探地质数据管理面临的挑战

在油气勘探开发与自然资源管理等地球科学相关领域，普遍采用物探技术获取野外资料，经过处理解释与综合地质研究相关技术的应用，这是探明地球地下真实情况的重要手段，对油气勘探与开发业务乃至现代化城市地下空间规划都有着极其重要的作用。

近年来，针对物探地质数据管理方面的现状分析，目前在以下三个方面面临挑战，第一方面是在数据采集方面面临挑战，有以下几个方面：历史数据源众多、环境复杂，数据管理形式存在纸质存放、多种数据库形式存放甚至有些在个人电脑中等等，上述数据还会存在重复录入的现象，诸如井号及井数据，同一口井有的是工程类服务公司录入、有的是信息类服务公司录入，这样同一口井的井号及数据就容易出现不一致的各种情形，这种分散管理数据历史模式也会导致数据质量保障难度大，上述这种海量的异构数据是非常难以统一入库、入数据湖，实现数据集成更是面临很大挑战。第二方面是在存储管理方面面临挑战，数据标准不统一，比如：有些数据存放在 Oracle，有些数据存放在 SQL Server，还有存放在文件型数据库中(Foxpro、Access 等)，数据访问一致性差，数据治理非常复杂，数据安全也难以保障。第三方面是是数据应用面临挑战，由于前面多方面的原因，当今数字油田和智慧油田建设中必须实现的数据集成、数据共享、实时数据应用、专业软件支持和多学科协同应用等都面临着巨大挑战，亟需我们研究相应技术手段与策略来应对和解决难题。

2　物探地质数据一体化管理的理念

针对以上的物探地质数据管理面临的挑战，提出了以下3个方面的需求，支持多种方式的数据采集系统，建立统一的数据标准、数据质量保障体系和提供高效数据服务。物探地质数据一体化管理的理念是基于数据治理框架体系，搭建物探地质一体化数据管理平台，涵盖数据源头采集、高效数据服务和综合数据管理等建设内容，实现统一、高效、安全的数据采集、管理与应用服务，支持基于云数据中心的国家级或企业级数据资产一体化管理(图1)。

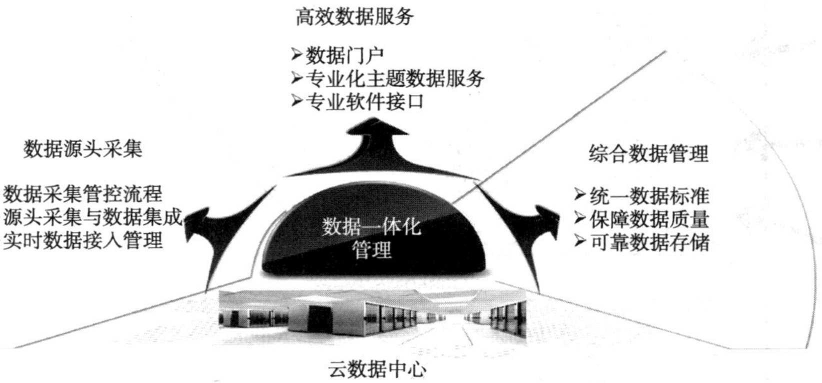

图1　物探地质数据一体化管理的理念

物探地质数据一体化管理必须从部署的硬件服务器、网络、系统、数据传输、身份认证、角色、功能权限、数据权限、安全存储、安全加密等多个维度保护数据安全，基于组织机构、角色及用户可进行分级授权。通过数据质量控制方案及建立的质量控制规则库的支持，质量控制规则引擎即可对入库前、入库中、入库后的数据进行全程监控，从而保障入库数据的质量。

3　物探地质主数据管理策略

主数据指系统间公共的、起到关联索引的、相对静态的数据，主数据和日常生产数据的主要区别是变化相对缓慢，需要被多系统重复使用，可以通过主数据为线索，检索到各专业系统所有数据。

针对物探地质专业领域数据而言，主要通过对组织机构、项目、地震工区、井/井筒等业务对象实体的统一管理，支持企业级数据治理和管控，包括物探地质主数据的采集、集成、变更、分发与发布、统计分析等，实现企业数据的分级、分层及全生命周期管理(图2)。

物探地质主数据管理策略的显著特征是具有完整的数据质量管理过程，支持垃圾数据清洗，节约数据整理成本；消除数据的不一致性，节约数据维护成本；支持直接和间接两种数据分发模式，灵活适应各类系统主数据统一管理，这将为用户带来持久和长远的潜在价值。

4　技术平台与应用方案

基于容器、微服务、DevOps等核心技术构建的云平台，敏捷支撑数据整合、大数据分析、多终端应用，融合公有、私有、混合多种云模式，为数字油田和智慧油田应用生态建设提供开放、包容、安全的信息技术支撑平台(图3)。

上述技术方案在油气勘探开发领域有广泛实用价值和案例，近些年我们在油气业务以外的领域也做了一些探索性研究，在与国家地质调查、国土等自然资源管理部门多次交流后，针对性提出了城市地质多元数据一体化管理解决方案，在广东省惠州市等地域也初步取得了一些探索性实践与项目应用。

城市地下空间的开发和安全利用是城镇化发展新阶段的必然要求。地下空间开发将改变城市发展方式，从地面扩展到地下发展；将减少用地的硬性需求，提升城市功能需求的满足度；向深度要空间，发展"地下城市"新模式；根除大城市诟病，科学利用地下空间，就形成了一个新型的业务产业链条，包括地质调查与地下探测、物探地质研究与可视化、城市地质数据资源管理、应用与服务等，我们的信息技术平台就是要完整支撑上述的新业务产业链(图4)。

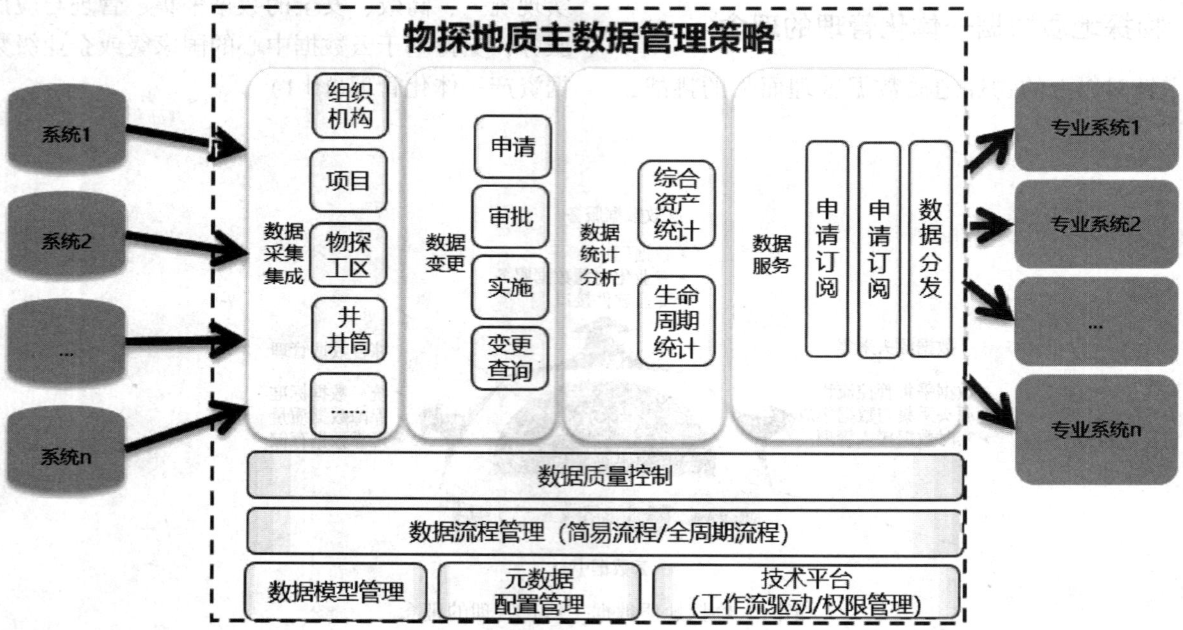

图 2　物探地质主数据管理策略

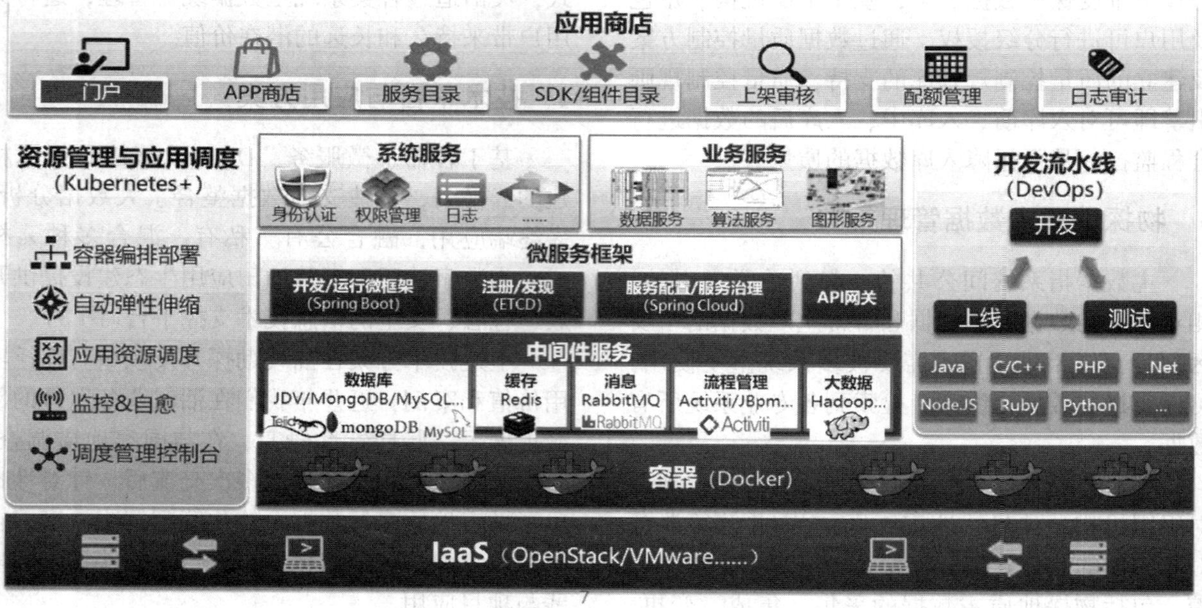

图 3　信息技术支撑平台

图 4　物探地质数据一体化管理对城市地质业务的应用支撑

5　结论

在云化与大数据时代，用户需要的已经不是数据的简单聚合，而是对数据集成并加工后的服务聚合、知识聚合，这就对今后的数据一体化管理与知识集成提出了更高层次的需求。一体化的数据管理服务是一个系统化工程，其工作内容包含：标准规范和指标体系研究、地球物理探测、地质钻孔、数据处理、地质建模、IT 支撑平台建设、城市规划与建设服务等多方面内容，因此，根据工作内容、领域不同，可组织如下多专业协同的团队和一体化的软硬件资源，建立标准规范和评价指标体系，充分应用云基础设施，高效建立一体化的物探地质数据管理平台，必将能够在智慧油气田建设、城市地质信息应用等领域发挥愈来愈重要的作用，为实现智慧油气田和透明地下空间，促进能源与自然环境和谐发展做出有价值的卓越贡献。

在编写本文过程中，得到所在单位领导杨勇先生指导和王铁成、黄文俊、刘景义等专家支持帮助，在此一并致谢！

参　考　文　献

[1] 杜金虎，张仲宏，章木英，等．中国石油上游信息共享平台建设方案及应用展望[J]．信息技术与标准化，2017(8)：66-70.
[2] 王冬梅，曲京，史浩，等．中国石油数字油田建设探索与实践-A1A2 从设计走向现实[J]．信息技术与信息化，2010(6)：14-18.
[3] 王学军．基于 GIS 的石油勘探开发数据集成管理技术研究，中国地质大学(北京)．2017.

一种智慧站场人员动态管理系统

周　延[1]　侯晓梅[2]　孟繁树[1]　王义福[1]　邹雪飞[1]　雷依婷[1]　姜尚伯[1]　李　超

（1. 国家管网集团北京管道有限公司河北输油气分公司；2. 国家管网集团北方管道有限责任公司油气储运技术分公司）

摘　要　传统输气站场外来人员管理模式存在操作繁琐、需长期维护、人工监护易疏漏等缺点。针对这一问题，本文介绍了一种智慧站场人员动态管理系统，阐述了系统功能、工作流程和建设方案。该系统能够实现人员进出站与工作区域动态管理功能，具有操作简单、有效降低人工成本、加强对施工现场的管控力度等优点，能够有效管控现场风险，对输气站场降本增效产生了积极作用。

关键词　智慧站场；施工管控；动态管理

干线输气站场输送高压天然气，属易燃易爆危险场所。在基层输气站场日常生产过程中，常有非作业区员工和属地工（以下统称外来人员）进站进行检查、参观和施工作业等活动，为了保证人员人身安全和站场正常生产，需要对进出站人员及工作区域进行精准管控。

传统输气站场采用“T卡+进站跟踪板”模式进行进出站管理，即进站时将T卡放置在跟踪板上，出站时取下，外来人员需先在空白T卡上手写信息，而对于工作区域限制，常采用全程人工监护方式管理。由此，传统管理模式具有操作繁琐、需长期维护、人工监护易疏漏等问题。近年多发生输气站场由于进站安全教育不到位，监护人临时离场，发生外来施工人员误触发ESD，导致停输事故和站内放空，造成不良的社会影响和直接经济损失。因此，为简化管理模式、进一步加强现场风险管控、提高管理水平，开发了智慧场站人员动态管理系统。

1　智慧站场人员动态管理系统功能

针对传统输气站场安全管控系统所存在的问题，智能站场人员动态管理系统可以实现人员进出站与工作区域动态管理。

1.1　进出站人员动态管理

进出站人员动态管理系统具备以下功能：

（1）对进站人员进行信息录入、权限赋予和体温检测，依据数据库判断是否可以进站；

（2）显示站内人数、人员信息；

（3）发生紧急突发事件，立即打开门禁，保证安全逃生通道畅通，辅助清点人数；

（4）云端同步存储进出站人员、进出站时间、编号等，避免在人员跟踪板收集T卡，浪费逃生时间；

人员特种作业证件到期提醒功能，无相关证件不得进站作业。

1.2　工作区域动态管理

工作区域动态管理系统具备以下功能：

（1）任意划分工作区域，施工人员超出工作区域即报警；

（2）对ESD按钮区域进行保护，外来人员进入保护区域即报警；

（3）区域内有不符合权限的人员进入立即报警，作业区、分公司两级值班室可利用系统喊话功能立即纠正不规范行为；

（4）确保在施工作业过程中监护人员“早来晚走”，即监护人员未到位作业人员不能进入，施工结束出站时，监护人员最后离开。

2　智慧站场人员动态管理系统工作流程

2.1　进出站人员管理流程

外来进站人员初次进站，首先进行身份证信息读取，并自动录入站场办证系统，作业区员工或安保人员登记外来人员进站目的，并对进出站时限、工作区域赋予相应权限。所有进站人员在门卫室进行制卡（RFID卡），RFID卡与进站人员进行信息绑定，可通过雷达系统进行追踪。

通过无感通信系统进行人脸出入鉴定和体温检测，外来人员满足进站条件，门禁系统自动开启，人员进入站场。匹配不成功或体温异常，系统报警提示，安保人员进行拦截。

入场人员按照身份、工作区域分组归类，将人员信息（姓名、照片、体温）和人数统计显示在门卫室外侧显示屏上。

系统同步存储进出站人员、进出站时间、编号等信息。通过黑匣子远程数据传送可以实现管理中心统一对人员出入权限管理、人员信息资料集中查询打印以及 APP 实时查询等功能。

发生站内发生紧急突发事件，智能门禁立即打开，保证安全逃生通道畅通。使用管理中心网页或 APP 辅助清点人数，方便应急决策。

外来人员按下出站按钮即可出站。

2.2 工作区域动态管理流程

工作区域动态管理系统可以划分出常用的固定工作区域，和针对站内临时施工现场、临时划定的工作区域(如下图黄框，可以是规则的也可以是不规则的，可以是 1 个，也可以是多个)。

外来人员携带 RFID 卡进入工作区域，进入工作区域两通道分别部署 RFID 天线，进行人员进入数量和识别管理。

系统对进站逻辑有如下要求：人员间隔一米依次进入生产区、监护人员未到位不能进入，施工结束出站时，监护人员最后离开。

不同权限工作人员进入工作区后，动态管理系统立即通过激光雷达检测确认进入该区域内的目标，并显示目标的大小、位置、速度等信息。

当有不符合权限或工作范围的人员目标进入划定的区域，激光雷达检测到后会报警，并可驱动 PTZ 摄像机进行追踪。激光雷达对入侵目标的轨迹进行追踪。作业区、分公司两级值班室可利用系统喊话功能立即纠正不规范行为。

3 智慧站场人员动态管理系统建设方案

智慧站场人员动态管理系统主要包括人证比对系统、软件系统、室外显示器、无感通行系统、RFID、人员管控系统服务器、人员管控系统客户端、激光雷达设备等。

3.1 进出站人员管理部分

进出站人员管理系统设室外显示器 1 台，安装于站门口处，用于显示站内人数和人员信息；无感通行系统 1 套，人证比对系统 1 套，安装于进站门口处，用于面部识别、测量体温、人证比对；RFID 设备 1 套(包含 60 张卡片)，固定式读写器 1 台，安装于门卫室，用于 RFID 卡制作；人员管控系统服务器 1 台，安装于控制室，用于部署人员管控系统软件；开发人员管控系统及客户端，客户端安装于门卫室、值班室和员工手机。

3.2 工作区域动态管理部分

3.2.1 固定工作区域

以某站场为例，具体建设方案如图 1 所示。

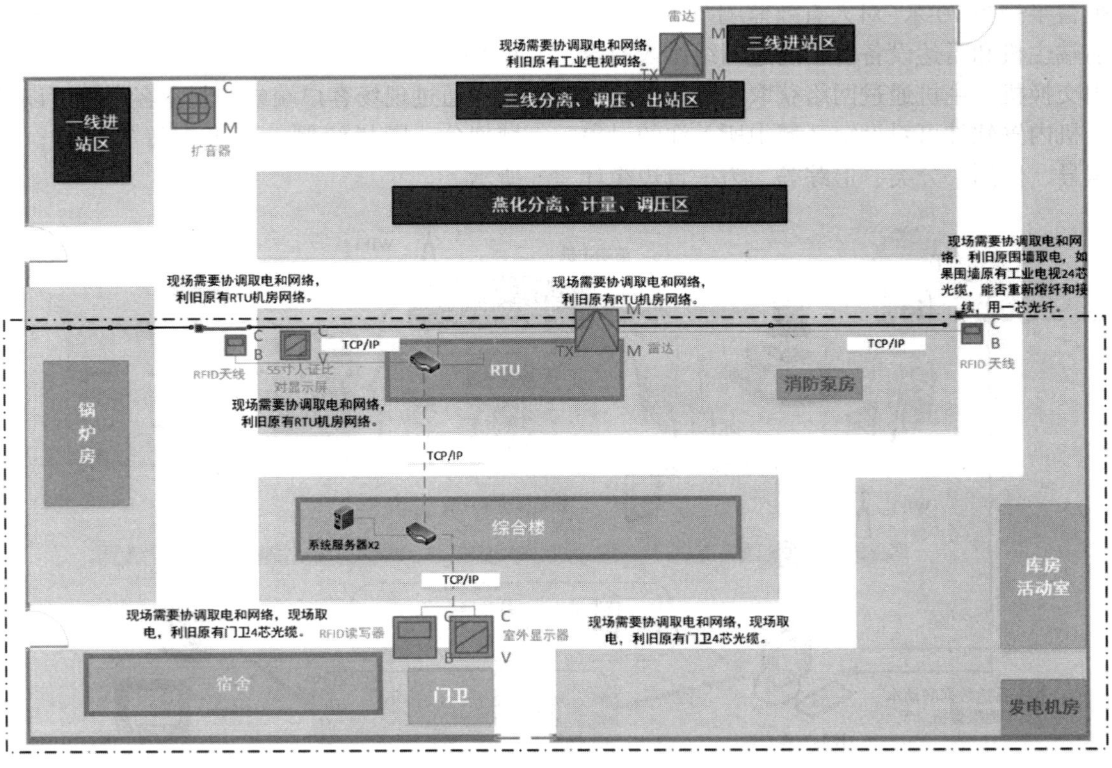

图 1 工作区域动态管理建设布置图示意图

工艺区两出入口分别部署 RFID 天线，并将反馈线分别接至综合楼，对进出人员分类、识别。

门卫处和综合楼一楼入口处新增 RFID 发卡设备和读卡器，并通过网络接至综合楼。

建设增加 3 套雷达设备，1 号部署在综合楼一楼门檐处，覆盖大门口、门卫以及综合楼前区域（综合楼至门卫的距离为直线 30 米），综合楼内方便供电和接入网络。2 号部署在 RTU 屋顶附近，覆盖工作区和左侧工作区通道门（工艺区长为 80 米，宽最深处为 75 米），计划通过 RTU 供电和接入网络。3 号部署在工艺区北墙安防摄像机处，与其共用高杆，供电和网络，覆盖工作区以及右侧通道。

门卫室建设增加客户端电脑和室外显示器。

安装管理软件，软件运行界面示意界面如图 2 所示。

图 2　智能站场人员动态管理系统软件运行界面图

3.2.2　移动工作区域

移动工作区域动态管理需要在固定工作区域的基础上增加设备。

3.2.2.1　系统连接方式

移动车辆可以灵活部署在工艺区内任何地点，覆盖半径为 70 米（对人有效监测范围）。

前端主机和雷达设备各自通过网线接入前端箱体内交换机，主机通过网络获取雷达发送的数据，主机内置软件可对设定区域中所关注的对象进行编号、监测、分类、追踪等，为一台边缘计算智能设备。

前端移动箱体内部署 WI-FI 接收设备，通过场站 WI-FI 并入内网。

控制室客户端通过有线网络接入内网，与前端主机通信，根据返回数据情况和设置情况进行相应动作，包括联动场站原有摄像机、触发声光报警等。

通过现场客户端或控制室客户端可以进行区域划分、围栏绘制、警报配置等工作。如图 3 所示。

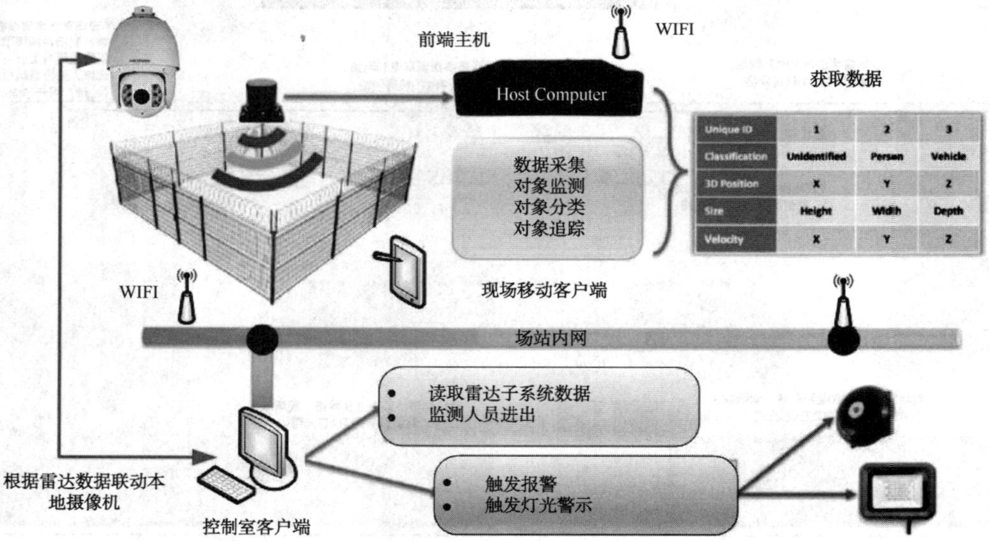

图 3　系统连接示意图

3.2.2.2 雷达传感器

移动式围界防护产品雷达传感器运输、安装、拆卸便捷，可以根据实际需求建立临时安防区域，保证施工现场、设备以及人员安全。采用加固三脚架的固定方式，具有灵活、轻便、便于携带、快速部署的特点。如图 4 所示。

图 4 加固三脚架

激光雷达建立三维空间，360°旋转全视角监控。部署简单、覆盖面积大。激光雷达有效半径 150 米，对人的监测范围是半径 70 米。

不受光照、场景复杂性影响，施工现场特别是户外，光线很强，激光雷达不受光线影响，可以精准的发现目标并识别目标。

集成便捷，可以和 PTZ 摄像机(视频)、报警以及广播(音频)集成。发现目立刻后报警，然后球机追踪同时广播通知。

激光雷达可以实现厘米级的精准度，特别是临时工作区都在户外，精准度要求非常高。

在激光雷达的有效范围内，可以建立多个工作区，而且工作区可以是不规则的周界，激光雷达都能提供安全保障。如图 5 所示。

3.2.2.3 移动部署便携箱

移动部署便携箱可以实现移动工作区域整体部署功能。内部集成一套交换机、电池、GPS 和集成 LED 位置指示灯。支持最多 2 路 PTZ 监控摄像机，1 路激光雷达。整体运行时间>15 小时，整体噪音<50 分贝。设备高度 0.4 米，预估整体系统重量 50kg，整箱体搬运，操作只需 1~2 人完成。箱体内部含避震功能，保护服务器及网络模块，杆头涉及快拆功能，激光雷达及摄像机拆后运输。如图 6 所示。

图 5 移动式围界产品现场场景图

4 结论

本文介绍的指挥站场人员动态管理系统可以实现对输气站场进出站人员及其工作区域的动态管控，具有以下优点：(1)系统具有良好的可学习性和可操作性，通过简单的培训就能掌握系统

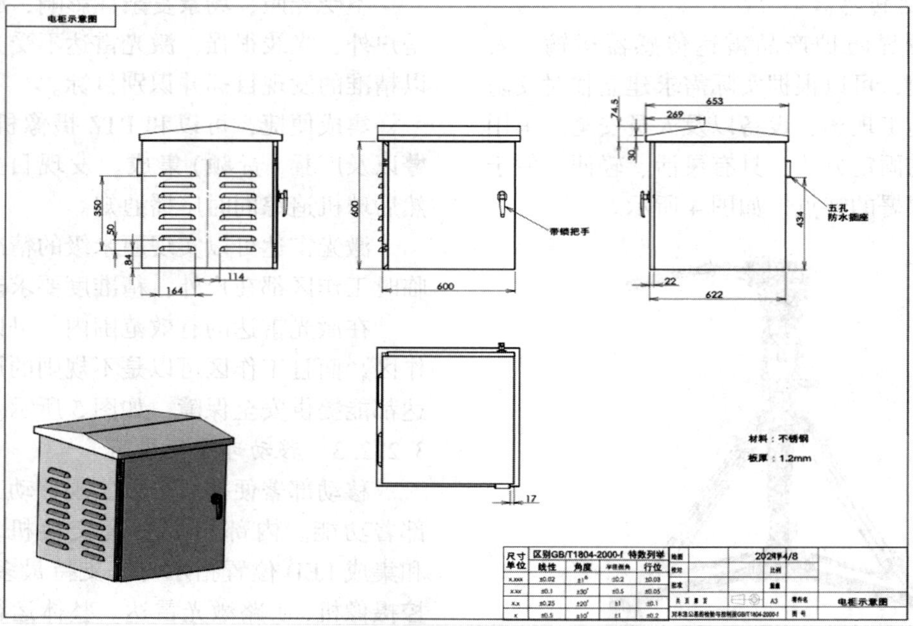

图6　移动部署便携箱

的操作要领。(2)降低管理外来人员的人工成本，基层站场安全管理智能化、可视化。(3)在施工作业过程中，可确保作业区监护人、承包商监护人、工作区域动态管理系统三监护，在人防基础上增加技防措施，大大加强对施工现场的管控力度。该系统能够有效管控现场风险，对输气站场降本增效产生了积极作用。

基于 PXE 的一键智能部署系统设计与实现

李　琦　姚以泰　毛火明　付　立　周　蓓

[中海石油(中国)有限公司天津分公司]

摘　要　渤海研究院承担着油田勘探、开发、工程的科研、生产工作，这些工作需要多个科研专业软件及计算机硬件的支持。目前大部分专业软件运行在 Linux 操作系统上，不同软硬件对操作系统的版本要求不一，不同版本的软件需要不同版本的操作系统，不同软件需要的不同的 RPM 软件包。由于批量引进硬件或者软件升级，需要系统管理员安装多套操作系统，并按照软件要求进行相应的配置，这些工作是繁琐和重复的，如何能快速批量完成系统安装及配置是系统人员关心的问题。本文介绍通过基于 PXE 的网络安装，实现了一键 Linux 部署系统，并根据软件定制安装，极大提高了系统管理效率。

关键词　Linux；PXE；系统安装；批量部署；定制安装

渤海石油研究院拥有几十种科研专业软件和几百套硬件，这些硬件包括服务器、存储、工作站、刀片节点、绘图仪。其中服务器、工作站、刀片节点约有 500 台左右，用于运行数据库、科研专业软件，操作系统均为 Red Hat Linux。由于软件要求不同，操作系统的版本不一，每个软件需要的特殊 RPM 包不同，另外系统安装完成后，还需要安装显卡驱动、配置 YUM 源、NTP 服务配置、NIS 服务配置、AUTOMOUNT 自动挂载配置、各种服务开启或关闭、安装特定 RPM 包等等，这些工作是繁琐、易错和重复的，但对不同的软件具有定制性。研究院每年需要引进近百台设备，另外随着软件的升级需要相应的系统升级，批量升级工作每几年进行一次。

操作系统安装或升级，传统的方法采用光盘进行逐台安装、然后进行系统配置，这种方法效率极其低下，而且有些设备由于没有光驱而无法安装。随后人们采用 USB 进行系统安装，解决了无光驱问题，但没有解决效率低下的问题，同时采用脚本进行系统配置来提高安装效率，但没有量级效率的提高。如果研究院采用以上方法进行批量升级，系统管理员工作量巨大而且效率低下，必将影响科研生产。如何快速、智能、批量、并发地部署系统是当前亟待解决的问题。

1　PXE 网络引导装机概述

如何实现一键智能部署？一种广泛应用于企业的基于 PXE 技术被应用于系统部署中，通过网络，结合 kickstart 进行操作系统定制，实现一键自动系统部署。

预启动执行环境(Preboot execution Environment，PXE)也被称为预执行环境，是由 Intel 设计的协议。提供了一种使用网络接口(Network Interface)启动计算机的机制。这种机制让计算机的启动可以不依赖本地数据存储设备(如硬盘)或本地已安装的操作系统。

PXE 引导装机工作在 C/S 模式，允许客户机通过网络从远程服务器下载引导镜像，并加载安装文件或者整个操作系统。具备可同时为多台硬件操作系统的规模化、批量化安装的特点，可自动化安装操作系统、配置服务，无需安装介质只需在 BIOS 设置中允许从 Network 或 LAN 启动即可的优点。

2　方案设计与实施

2.1　整体思想

此方案实现目的：由于研究院科研生产的急迫性与操作系统更换工作的繁重，通过 PXE 方式进行部署，无需安装介质，正确高效的安装所需操作系统。

首先，网络内客户机向 DHCP 服务器请求分配 IP 地址，由 DHCP 服务器为其分配 IP 地址并告知其引导文件所在服务器(一般指向一个 TFTP 服务器)，然后找到并运行引导程序，读取启动配置文件得到操作系统初始化相关文件，通过 FTP 服务器获取对应的操作系统安装文件和 kickstart 文件。

2.2 分发与请求应答例图

（1）未安装系统的裸机通过网络从服务器端获得所需文件，如图1所示。

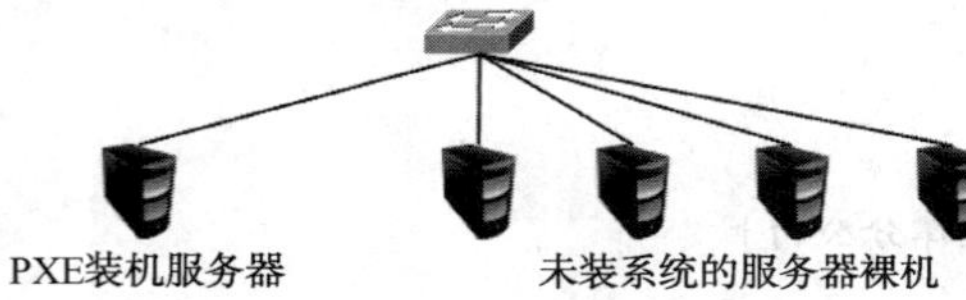

图1　服务器与客户端

（2）服务器组件及过程分析，如图2所示。

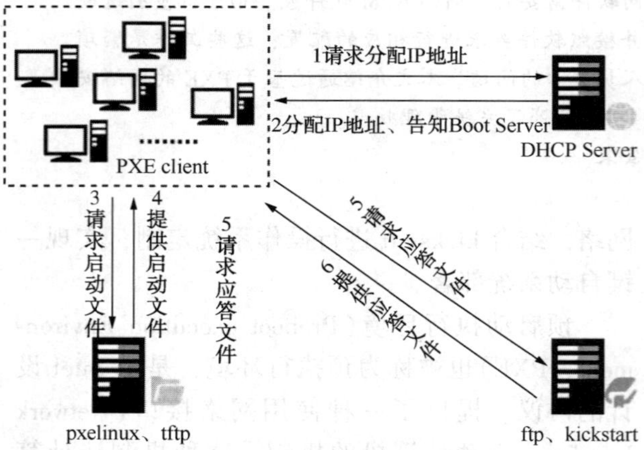

图2　服务器组件及过程分析

2.3 相关服务使用

通过对PXE网络引导装机的分析，得出该系统主要使用的服务有VSTPD、DHCP、TFTP。不同服务起着不同作用，其对应作用如下。

VSTPD服务：FTP服务程序，简小，安全性是它的一个最大的特点。利用VSFTPD和Linux的磁盘配额功能可以构建出安全性更好的FTP服务器。通过此为客户机提供用来装系统的软件资源

DHCP服务：网络的飞速发展，IP地址资源日趋紧张。DHCP有三种机制分配IP地址分别是：自动分配方式、动态分配方式、手工分配方式。三种地址分配方式中，只有动态分配可以重复使用客户端不再需要的地址。DHCP服务为所需安装Linux操作系统的工作站动态分配IP地址、子网掩码、网关等，提高地址的使用率。指定TFTP服务地址并且指定引导文件。

TFTP服务：简单文件传输协议，是用于在远端服务器和本地主机之间传输文件，提供不复杂、开销不大的文件传输服务。它允许客户端从远程主机获取文件或者将文件放入远程主机中，提供客户端装机用的内核、初始化文件。

2.4 中继配置

DHCP是由广播来寻求同一网段上的DHCP服务器。当服务器和客户端处于不同网段，即被路由器分割开来时，路由器是不会转发这样的广播包的，但通过DHCP的中继，可以使一台DHCP服务器跨网段进行IP地址自动分配。

根据渤海石油研究院现有情况，同一网段剩余可分配IP地址较少，而需要安装节点较多的，设置DHCP中继可以避免每一个网段都需要一台DHCP服务器的情况，大大减少了资源占用率。

2.5 Kickstart文件编写

由于研究院每次购入或所需安装操作系统的硬件不同，造成不同硬件对应的配置不同。例如，服务器和刀片可能不需要安装显卡驱动，而不同型号的工作站却要安装不同的显卡驱动；对NIS、NTP、YUM等服务的配置也不同；由于国产化需求，国产芯片需要定制操作系统；根据工作需求每种科研生产任务所需安装软件包不同。

kickstart是红帽发行版中的一种安装方式，它通过配置文件的方式来记录Linux系统安装时的各项参数和想要安装的软件。在局域网中引导需要装机的客户端通过kickstart服务器进行无人工参与的自动装机。基于kickstart的网络自动化安装技术，能够有效地减少大规模安装Linux操作系统的工作量，提高维护工作效率。分析研究院软硬件需求编写kickstart文件实现无人值守批量安装工作站目的。

3 应用

3.1 搭建部署系统

根据设计方案，研究院实际情况结合部署操作系统所需服务具体搭建实例，如图3所示。

在网段A搭建PXE部署操作系统，在网段B和网段C中分别配置各自网段的中继器与DHCP服务器进行交互来解决IP地址获取问题。网段B与网段C所需安装操作系统的硬件设备可从网段A部署的PXE Server中获取安装操作系统所需文件，无需在每个网段都要部署PXE Server，避免资源浪费。

3.2 定制操作系统

为了实现一键快速批量部署，需要根据软硬件进行操作系统定制。

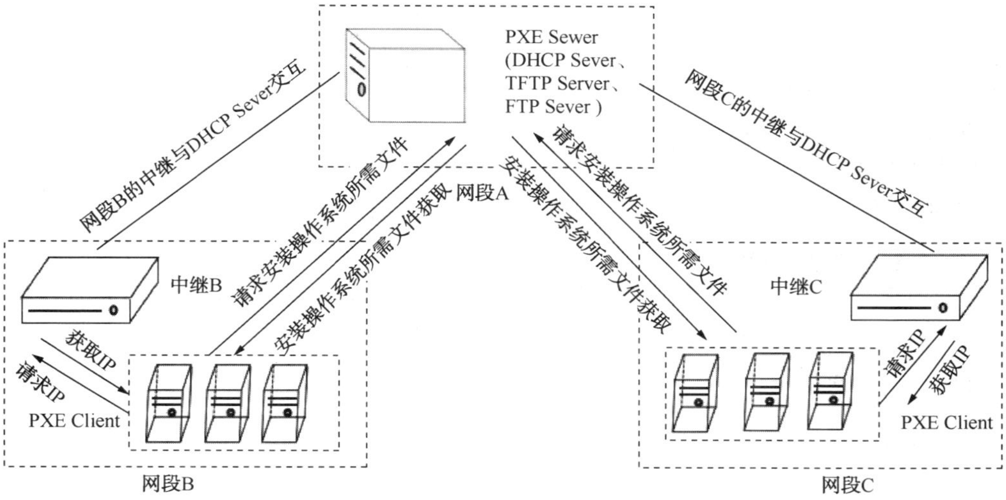

图 3　PXE 系统机构图

渤海石油研究院需要安装 Linux 的设备，从硬件类型上分为工作站、刀片、服务器；从品牌上主要有惠普、戴尔、曙光、联想；而 CPU 又分为英特和海光两款。软件几十种，主要分为解释类和处理类，解释类主要有 GeoFrame 和 Land-Mark 等，主要运行在 RHEL6 上，处理类主要有 Eclipse 和 Echos 等，主要运行在 RHEL7 上。定制操作系统是根据硬件类型、硬件品牌、CPU 类型、显卡类型、软件要求、通过 kickstart 进行配置需要的操作系统，然后发布安装，其基本流程见图 4。到目前为止已经发布适合不同软硬件的定制系统 10 多个。

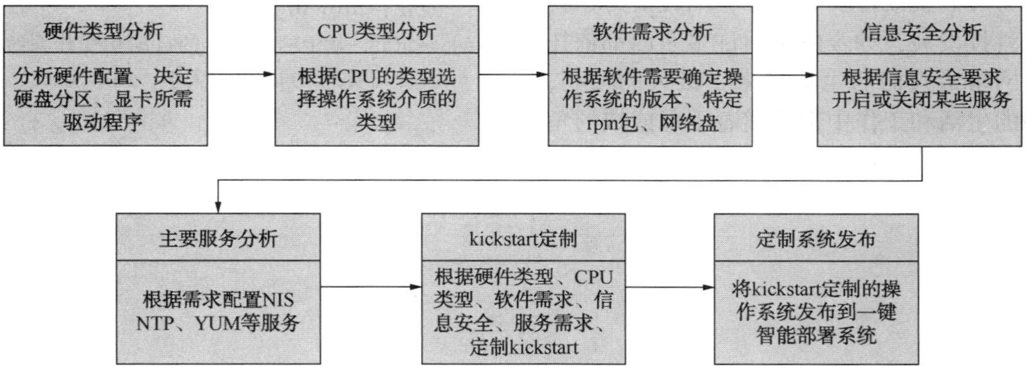

图 4　系统定制流程图

3.3　一键智能部署

用户通过网络引导启动，根据自己软件需要和硬件品牌，选择相应的操作系统，部署系统通过网络实现一键无人值守安装，部署完成后用户可以登录自己的用户使用需要的软件和数据，如图 5 所示。

图 5　一键智能部署界面

3.4　PXE 在工作中的应用

信息时代的到来以及网络的不断发展，给工作人员提供很多便利的条件。作为一个大型国有企业，我们更要利用好这些技术，为我们的工作提供便利。PXE 装机相比传统的装机方法拥有更多的优点，这种装机方式在大规模的 Linux 操作系统批量安装时将会是一种趋势。

近年来，研究院每年都会购进新的刀片和工作站，也会随软件版本更新对应操作系统的更新，带来的是大批量的软件和操作系统的安装升级工作。

如表 1 所示，与传统的安装方式相比 PXE 无人值守安装更加高效、快速。省去其中安装配置的过程，避免工作人员在手动安装配置出现错误，也能进行大批量的安装，同时也节省出为排查错误而浪费的时间。

表 1　安装方式对比

安装方式	复杂程度	人工干预次数	单台安装时间	批量安装时间
介质安装	复杂	多次	30min	n×30min
PXE 安装	简单	一次	20min	20min

4　结论

随着社会科技的发展，各种新的操作系统层出不穷，新的系统需要部署，旧系统可能因为各种问题需要重装维护。研究院硬件设备上所装系统的要求不断更改，PXE 引导网络装机将变得十分重要。现如今各种安装操作系统的方法很多，比如光盘、U 盘等。由于使用传统的安装方式还需要另外购买硬件安装媒介，消耗财力、物力。随着科技发展，如今的生活许多东西都依托于网络，网络给人们的生活带来了极大的便利，也在人们的生活和工作中都扮演着不可或缺的角色。传统的安装方式已经大大落后于现今时代的发展，需要一个适合研究院的产物来安装操作系统。因为渤海石油研究院存在需要大批量安装操作系统的情况，而且有些工作站急于上架，所以容易对工作人员造成压力。依靠于当今技术的发展，使用 PXE 安装 Linux 操作系统既提高效率，又对安装过程及步骤进行简化，也方便对 Linux 不同操作系统的管理，使保存操作系统的配置信息实现持久化而且不会出现错误，方便用户使用。极大地减轻了工作人员的负担。

参 考 文 献

[1] 梁建国，张斌，王欣伟. 基于 vsftpd 的安全 FTP 服务器的构建[J]. 计算机与网络，2009(16).

[2] 黄彩凤. DHCP 基本原理及配置[J]. 铁道通信信号，2009(07).

[3] 陈楼. 基于 CSP 的 TFTP 协议形式化与建模分析[D]. 华东师范大学，2018(01).

[4] 向宸薇. kickstart 技术在大型自动化系统中的应用[J]. 中国新通信，2017(05).

[5] 马小川. 用 kickstart 自动装系统[J]. 网络安全和信息化，2016(07).

[6] 蔡纪元. 基于网络引导的自动化操作系统部署系统设计与实现[D]. 厦门大学，2014(08).

私有云计算在渤海油田勘探开发中的实践与应用

付　立　侯国胜　姚以泰　李　琦　周　蓓

[中海石油(中国)有限公司天津分公司]

摘　要　渤海油田研究院现有三个私有云计算平台，分别是斯伦贝谢 LiveQuest、科研云、LandMark Eearth Application。三个私有云各自的优势不明确，缺乏具体测试数据的支撑。针对这一问题，本文对三个私有云的架构及关键技术进行了介绍，从系统性能、软件使用、日常运维三个方面对三个私有云进行对比测试，使用具体的数据明确了各个平台的优势。基于对比测试的数据和结论，确定了研究院私有云的优化方案，即整合现有云计算资源，提高物理主机配置，进一步完善科研云平台。

关键词　渤海油田；私有云；云计算；LiveQuest；LEA

云计算作为一种全新的互联网应用模式，已经成为人们获取服务和信息的主导方式。它是以虚拟化技术为基础，以网络为载体提供基础架构、平台、软件等服务为形式，整合大规模可扩展的计算、存储、数据、应用等分布式计算资源进行协同工作的超级计算模式。其关键技术包括虚拟化技术、分布式海量数据存储、海量数据管理技术、编程模型、云计算平台管理技术等。云计算的核心服务通常可以分为 3 个子层：基础设施即服务层 IaaS、平台即服务层 PaaS、软件即服务层 SaaS。根据用途和方式的不同，又可分为公有云、私有云和混合云三种模式。

随着勘探开发工作专业化的推进，云计算在石油勘探开发科研生产中正逐渐受到重视，目前已在多个油公司和服务公司得到了广泛的应用。广义上讲，渤海油田研究院已有三个私有云计算平台：斯伦贝谢 LiveQuest、科研云、LandMark Eearth Application。三个私有云采用了不同的架构，实现了计算资源、数据和勘探开发应用软件的整合，并集成了 NIS 和 AD 两种认证方式，实现了二、三维各种专业应用的统一发布、集中管理。但三个平台各自的优势不明确，缺乏具体数据的支撑。针对这一问题，本文对三个私有云的架构及关键技术进行了介绍，并从多个维度对三个私有云进行了对比测试，采用具体的数据明确了各个平台的优势，对今后渤海油田私有云的建设具有指导性的意义。

1　渤海油田研究院私有云

渤海现有的三个私有云计算分别是不同年份部署的，其各自的架构是不同的，均实现了石油勘探开发软件的协同共享，极大的提高了 IT 资源利用率，方便了用户通过 Web 等多种途径使用软件。按部署的时间顺序，对其架构和关键技术进行阐述。

1.1　LiveQuest

LiveQuest 是一个私有云计算平台，是斯伦贝谢公司为油田企业解决协同工作而开发的软件平台，具有软件应用的远程传送、高灵活和可靠性、降低了硬件基础设施和维护的成本。平台主要由 LiveQuest Web Server、ThinAnywhere 应用发布服务器、可视化图形服务器等构成。其中 LiveQuest Web Server 用于整个集成环境的管理和 ThinAnywhere 应用系统的统一发布，ThinAnywhere 应用发布服务器用于 Linux 环境下基于 X11、Open GL 以及 Windows 下基于 Open GL 的应用程序发布，且服务器均具有负载均衡功能(图 1)。

渤海油田研究院 LiveQuest 主要由 6 台思科 UCS C240 机架服务器、软件应用服务器和万兆交换机等设备组成。其中，6 台思科 UCS C240 机架服务器通过虚拟化技术建立资源池用于可视化图形显示，应用服务器包括软件、Oracle 和 License 三个服务器，网络上配置了一台万兆交换机，通过万兆网络连接到油田主干核心交换机和各个 UCS C240 服务器。用户认证上 Linux 采用 NIS 服务、Windows 采用 AD 实现用户的统一认证，认证通过后通过客户端 Web 浏览器远程登录到图形服务器，调用软件进行工作。

1.2　科研云

研究院的科研云应用系统是中海油自研的私有云，其利用云技术将专业软件送入云端计算，

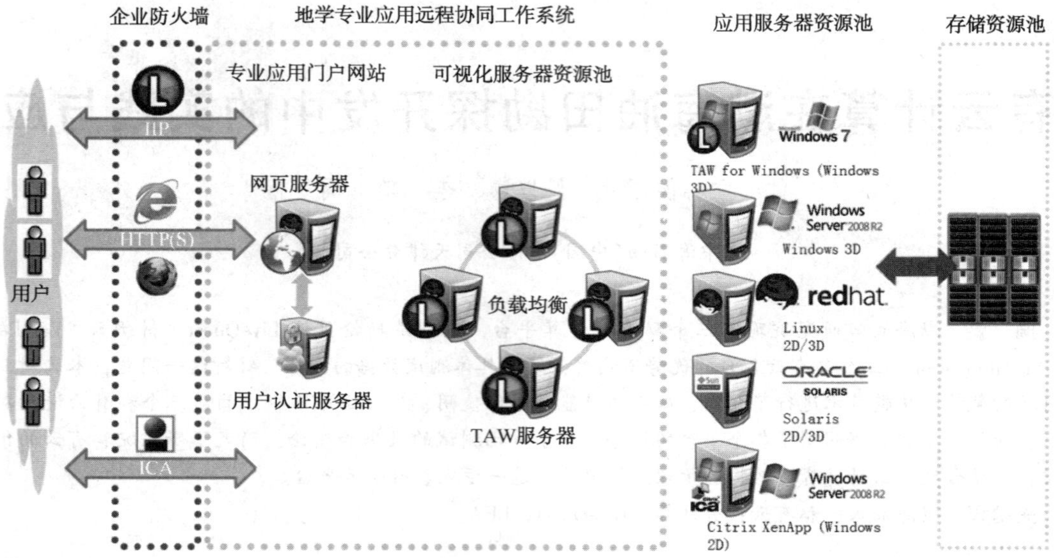

图 1　LiveQuest 基础架构图

是集专业软件、计算硬件、用户管理、许可证监控于一体的数据中心资源统一发布平台，为专业研究持续提供信息技术支持的服务平台，包括基础架构、用户端、管理端等 40 多项功能模块。平台实现了计算资源和数据资源的共享，做到了系统管理、用户认证和应用访问方式的统一，提高了计算资源的利用率和专业软件使用的便利性。其从专业软件运行环境所遇到的问题出发，结合专业软件应用的特点，按照云架构设计思路，通过整合软硬件资源，利用云计算、三维图像远程交互处理等技术，在云架构下建成满足综合研究需要的应用系统(图 2)。

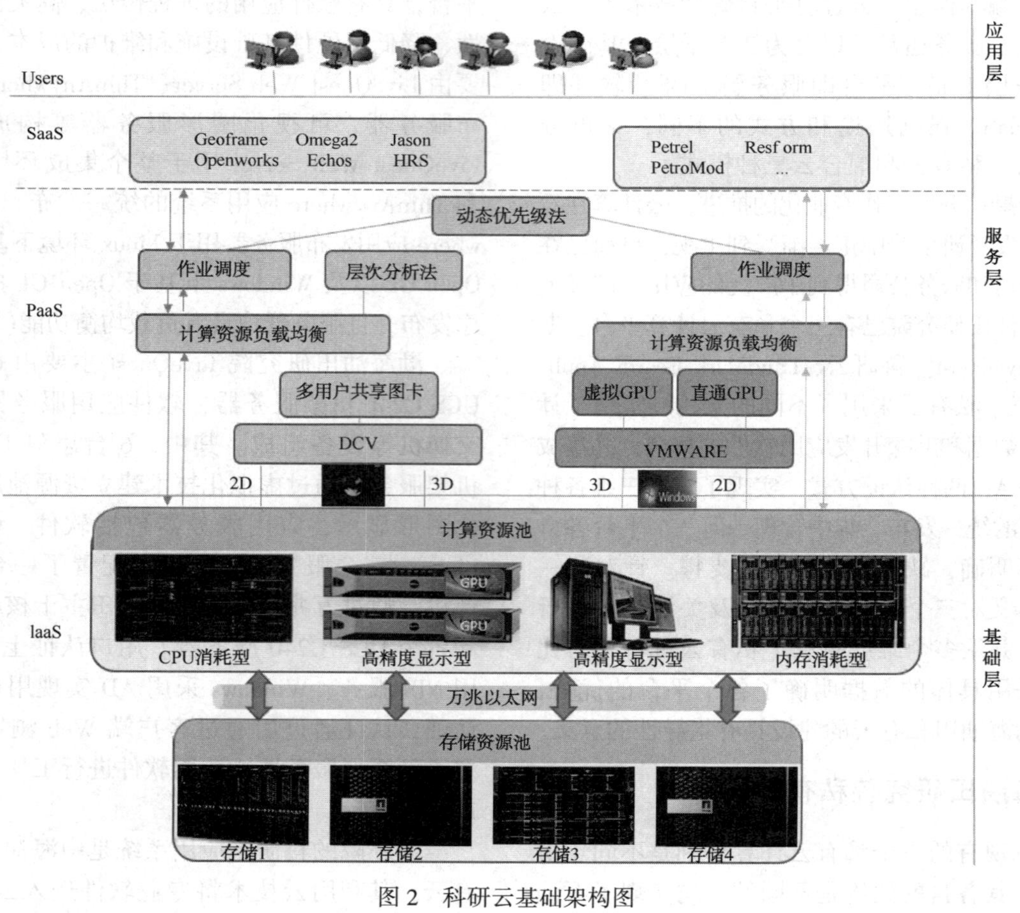

图 2　科研云基础架构图

研究院科研云所用设备由9台物理机组成，包括5个节点作为Linux节点，4台作为Windows节点，单节点物理内存均为256G。其中，5个Linux节点通过负载均衡实现多用户登录使用。4台DL380 Windows节点安装VMware ESXi系统，通过VMware虚拟化技术建立资源池，每个节点均配置了2块NVIDIA Tesla M60 GPU显卡，并采用vGPU技术将一个物理GPU虚拟成多个虚拟GPU，可同时被多个虚拟机同时使用。系统服务上，由4个主机分别提供AD、NIS、Web、SQL数据库服务。其中，AD域控用于Windows用户和计算资源管理，软件的安装、数据盘挂接以及许可配置均可以通过域策略实现。

1.3 LandMark一体机(LEA)

哈里伯顿公司提出油气田全生命周期资产解决方案，公有云方面推出勘探开发软件即服务的DecisionSpace 365产品，私有云部署方面推出面向勘探开发的企业云LEA—体机。LEA，全名为Landmark Earth Appliance，是使用行业内领先的Dell EMC VxRail超融合基础构架，为油气行业协同工作专门提供的硬件与系统管理一体化平台。基于兰德马克勘探开发一体化蓝图优化部署，LEA上搭载的勘探开发软件基于超融合构架进行优化，其软件产品发布基于私有云的解决方案，具备安全性和可靠性(图3)。

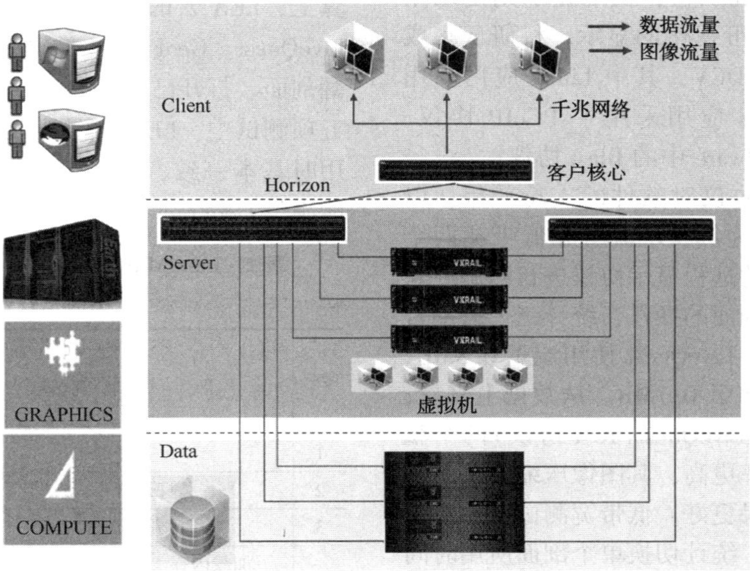

图3　LEA基础架构图

研究院LEA云的物理设备由3个Dell VxRail F470F服务器、5个Isilon x210存储节点、以及S4048交换机和2个Infiniband交换机组成。其中，Dell服务器提供图形化应用节点和系统服务，Islion分布式存储为读写性能提供保障。LEA云的基础构架合理且完善，包含了2个域控制器、1个Windows UTL、1个Linux UTL、1个Linux Oracle DB、1个Windos SQL DB以及1个License Server。客户则通过浏览器或Horizon View Client访问虚拟机节点，所有虚拟机业务全部在集群内部，且软件和数据访问全部在万兆交换机之上开展。

2　三个私有云的对比测试

现有的LiveQuest、科研云、LEA三个私有云的性能存在差异，对软件的支持程度和稳定性也不同。为了进一步明确云平台各自的优势，从系统性能、软件使用、日常运维三个方面对私有云进行对比测试。三种云环境的硬件配置基本一致，具体环境如下：1) LiveQuest：LiveQuest登录现有生产环境；2)科研云：科研云平台登录现有生产环境；3) LEA云：DSG软件、Oracle、工区数据均在LEA云。

通过三个私有云的对比测试，明确了科研云和LiveQuest在系统性能和软件使用上稍弱于LEA，LandMark DSG软件在LEA云上运行更为快速和稳定；但科研云后期运维简单且数据更为安全，可满足日常的科研生产需求。具体看下三方面的对比测试情况。

2.1 系统性能

系统性能上，从系统 IO 速度和远程显示协议的对比两个方面进行，其中，远程显示协议是私有云平台用户体验的关键。系统 IO 速度受存储和网络两方面因素影响。三种环境的网络条件一致，均是共享 10GB 带宽，因此 IO 主要跟存储相关。LiveQuest 和科研云均使用 NetApp 集中式存储，客户端的读取速度 720MB/s，LEA 云环境下客户端的读取速度 842MB/s。因此，三种云环境处在同一水准，LEA 云略快。

软件使用的直接体验与远程显示协议密不可分。三个私有云平台中，LiveQuest 采用的是 iIP 和 ICA 两个协议，一般的二维显示是采用 iIP 协议进行数据的压缩和加密，三维显示则是调用 CITRIX 的 ICA 进行可视化的显示。科研云集成了 VMware 和 NICE DCV，其中 Linux 应用采用 DCV 协议，Windows 应用采用了 PCoIP 协议。LEA 云则采用了 VMware 中的 Blast 协议。

为了明确显示协议对软件的支持效果，以 LandMark DSG 软件为例，从流量和低带宽两个方面对三个私有云的远程显示协议进行测试。软件中执行相同切换剖面的操作，统计三个云平台所用的流量。其中，LiveQuest 使用流量 0.8MB，科研云 1.1MB，LEA 云 0.7MB。从数据上来看，LEA(Blast 协议)和 LiveQuest(ICA 协议)两个私有云的图像压缩效率更高，其图像压缩算法对勘探开发应用支持效果更好。低带宽测试上，对三个私有云进行限速，统计切换单个剖面所用时间和显示过程中的延迟情况。以限速 128KB 为例：LEA 能快速流畅显示，用时 4s；LiveQuest 较流畅显示，用时 8s；科研云较流畅显示，用时 10s。因此，从两个方面来看，LEA 中的 VMware Blast 协议对 LandMark 软件应用传输效率和质量均更好(表 1)。

表 1　远程显示协议测试数据表(LandMark DSG 软件)

私有云	远程显示协议	流量统计/MB	限速 128KB-切换剖面计时/s	限速 128KB-切换剖面延迟情况
LEA	Blast	0.7	4	流畅
LiveQuest	ICA	0.8	8	较流畅
科研云	DCV	1.1	10	较流畅

2.2 软件使用

针对这三种环境，从软件的使用角度上，对 LandMark DSG 和 GeoFrame2012 两个主要的解释软件进行了测试。LandMark DSG 软件设计了 26 项测试内容，GeoFrame 软件对系统资源要求相对低，仅测试 5 项内容。每项测试在同一环境下执行相同操作 3 次，取其算术平均值。

从测试结果来看，LandMark DSG 软件在 LEA 云环境下用时最少的项目最多，其作为兰德马克公司的一体化软硬件平台，对 DSG 软件支持更好，平台在数据处理及编程模型等方面进行了优化。分类来看，软件启动及常规工作方面，三种私有云各有优劣，LEA 云在软件的常规操作中稍有优势，但在打开工作 Session 上科研云占优势；但在加载数据体到内存以及属性计算上，LEA 云的加载和计算速度高于科研云和 LiveQuest。GeoFrame 在软件启动、打开工区、翻剖面、打开已保存的属性以及重新选取剖面这五项测试中，LEA、科研云、LiveQuest 三种环境用时基本一致，LEA 云略有优势，三种环境均能满足 GeoFrame 软件的日常使用(表 2)。

表 2　LandMark DSG 软件运行测试数据表-不同私有云

序号	测试内容	测试结果　单位秒		
		Live Quest	LEA 云	科研云
1	打开 DSG	18	27	15
2	打开新 Session	15	12	11
3	打开工作 Session	96	113	135
4	加载内存工区 Alldata-数据体-45GB 内存	532	605	786
5	打开剖面(Inline6450)	3	2	10
6	切换数据体(未显示过的数据，Inline6450)	7	8	20
7	切换数据体(已显示过的数据)	2	1	7
8	主测线剖面切换(切换一次，5950 到 5450)	4	2	3
9	主测线剖面切换(连翻 5 条，6450 起，间隔 20C)	13	11	16
10	主测线剖面切换(翻回来)	12	7	9
11	切换到联络线(XLine15000)	7	4	6
12	联络测线剖面切换(切换一次，15000 到 15500)	10	3	5
13	联络测线剖面切换(连翻 5 次，15000 起，间隔 200)	43	12	46
14	联络测线剖面切换(翻回来)	10	8	15
15	切回主测线(Inline6450)	3	2	2
16	剖面显示层位	4	2	3

续表

序号	测试内容	测试结果　单位秒		
		Live Quest	LEA 云	科研云
17	剖面显示断层(保持层位)	5	4	4
18	带层位断层切换主测线(Inline6450 起，连翻 5 次，间隔 20)	24	12	29
19	带层位断层切换联络线(首次，到 15000)	3	2	9
20	带层位断层切换联络线(Xline15000 起，连翻 5 次，间隔 20)	18	17	35
21	底图显示层位(2018 开头的层位)	9	6	6
22	底图显示层位(合并的层位，MX-T0-zjf-fuli-merge5)	3	2	3
24	不连续性属性计算(3000 * 6000 * 500)	1140	1083	2254
25	Likelihood 属性体计算(1000 * 1000 * 1000)	6898	7240	7674
26	Session 测试底图显示层位	155	128	140

2.3 日常运维

三个私有云计算在渤海油田科研生产中起到了重要的作用，特别是在随钻等远程办公场景，有力的支撑了勘探开发随钻生产决策。但三个私有云日常运维的复杂程度不同，具体表现在系统维护、数据安全两个方面。

系统运维上，科研云和 LiveQuest 在 IT 资源的集成上更优，通过一个界面实现专业软件、计算硬件、用户管理、许可证监控等的管理，日常维护操作便捷。LEA 云在用户及资源管理上，通过 AD 域控、Connection Server、Identity Manager 三个界面进行管理。其中，AD 实现域用户、组管理、添加修改及删除，Connection Server 实现桌面池、桌面池用户分配，Identity Manager 实现云平台用户和桌面池的访问授权。与另外两个云平台相比，服务器及管理界面多，日常运维较为复杂(表 3)。

表 3　LandMark DSG 软件运行测试数据表-不同私有云

私有云类型	稳定性	性能	远程显示协议	带宽要求	DSG 10ep 支持	GF\Petrel\反演等软件	系统运维	备份到近线	快照恢复
LEA 云	稳定	好	优	低	稳定	稳定	复杂	三方软件	不支持克隆
科研云	较稳定	较好	较好	较高	较稳定	稳定	简单	存储软件	克隆
LiveQuest	稳定	较好	较好	较低	较稳定	稳定	简单	存储软件	克隆

数据安全上，首先是生产到近线存储的同步。科研云和 LiveQuest 均使用的现有的 NetApp 生产存储，与近线属于同构，可以直接通过 SnapMirror 实现生产到近线的备份。LEA 云采用的是 Dell EMC Isilon x210 分布式存储，与近线 NetApp 属于异构，数据无法直接备份到近线，需要面向异构存储的同步软件。其次数据恢复上，科研云和 LiveQuest 所使用的 NetApp 存储支持快照的分级克隆来进行数据恢复，可以实现秒级恢复。LEA 云的 Isilon 存储不支持快照克隆，仅能进行数据的拷贝，恢复十分耗时。

3　研究院私有云计算优化方案

通过对三个私有云平台架构的分析，并从系统性能、软件使用以及后期运维三个方面的对比测试，明确了今后渤海油田研究院云计算优化方案。研究院的科研云和 LEA 云均应建设，其中 LEA 对目前的 LandMark DSG 10ep 版本支持更好，可以作为日常兰马软件的使用平台。科研云为国产云计算平台，对 IT 资源和软件的集成度更好，且数据更为安全、运维更为便捷，需优先发展和建设。具体的优化建议有四点：

(1) 提高现有的物理主机的配置。现有的 9 台物理机的配置较低，需要增加内存，可从 128GB 升级到 512GB，并提高相应的虚拟机内存，满足 Petrel 等地学软件运行的需求。

(2) 采用分布式存储提高性能。科研云目前使用的是 NetApp 集中式存储，LEA 云使用的分布式存储对今后的大数据读写性能更优。为了提高读写速度，今后可采用分布式存储，更好的满足软件的稳定高速的运行需求。

(3) Web 服务技术的优化以提高平台的稳定性。首先科研云平台可以增加 Redis 缓存数据库以及 MongoDB 日志数据库。其次应优化科研云后台的后端 JAR 服务，以 SOA 的理念将用户、许可、日志存储等多个服务进行解耦，方便日常的运维。

(4) 针对不同的应用采用不同远程显示协议。VM Blast 协议对 LandMark DSG 显示效果更好，因此，DSG 软件采用 VM Blast 协议，Petrel

及运行在Windows操作系统下的软件采用现有的VM PcIoP协议，GeoFrame、HamsonRussell以及Jason等Linux软件则使用Nice DCV协议。

4 结论

本文通过对渤海油田研究院三个私有云平台架构的分析，从系统性能、软件使用、日常运维三个角度进行对比测试，明确了三个云各自的优势，有效的指导了渤海油田研究院私有云的优化和建设。性能方面，科研云和LiveQuest在系统性能和软件使用上稍弱于LEA，LandMark DSG软件在LEA云上运行更为快速和稳定。但是，科研云作为国产化自主研发云计算平台，后期运维简单且数据的安全性更高，可满足日常的科研生产需求。因此，今后研究院私有云的发展方向是整合现有云计算资源，提高物理主机配置，采用分布式存储提高系统性能，优化Web服务技术以增加平台的稳定性，同时针对不同的应用采用不同远程显示协议来提高用户软件体验。

参考文献

[1] 吴吉义，平玲娣，潘雪增，等. 云计算：从概念到平台[J]. 研究与开发，2009(1)：23-29.

[2] 李晓伟，沈艳秋. 云计算及其发展进程[J]. 科技信息，2011(15)：81-82.

[3] 陈全，邓倩妮. 云计算及其关键技术[J]. 计算机应用，2009(29)：2562-2567.

[4] 罗军舟，金嘉晖，宋爱波，等. 云计算：体系架构与关键技术[J]. 通信学报，2011(32)：3-21.

[5] 斯兴焱，段念，陈代军，等. 全虚拟化架构在勘探开发专业软件云平台中的应用[C]. 第六届数字油田国际学术会议，陕西西安，2019.

[6] 王梅英. LiveQuest助力数字油田的发展[J]. Computer CD Software and Applications，2014：133-135.

[7] 李家金，曹瑜，焦杨，等 LiveQuest应用虚拟化技术在塔里木油田勘探开发协同研究中实践[J]. DIFC，0026：1-6.

智能物探技术研发进展

郭　锐　詹仕凡　宋强功　杨　平　陶春峰　朱冬临

（中国石油集团东方地球物理公司）

摘　要　智能化发展是物探技术持续创新、实现新跨越的重要方向和途径之一，各大油服公司纷纷联手 IT 行业制定智能化发展战略，并在部分技术领域取得一些实质进展与初步成效，其中技术+产品+行业落地成为胜负关键。通过“人工智能+物探”研发和实践，在地震资料采集、处理、解释中耗时、耗力的关键技术环节进行智能话探索，取得了一些成效，同时在产业化过程中积累了心得和体会，对物探智能化的发展方向进行了积极的探索并打下了基础。

关键词　人工智能+物探；深度神经网络；技术产品产业化

1　引言

石油物探行业是一个生产数据的高科技行业，同时也是一个劳动密集型的行业，长期低油价给石油物探未来带来许多新挑战，技术成本和勘探精度压力明显加大，智能化技术+产品+行业落地成为胜负关键，提高智能化程度成为必然选择。

2　智能化物探技术发展与认识

地震勘探具有“高投资、高风险、高技术含量”等特点，必须以先进的物探装备、软件与技术作为支撑，且与信息技术密切相关。在目前加大国内油气勘探开发力度的战略背景下，国内地震勘探所面对的对象越来越复杂，向深地与深海延伸，复杂构造、隐蔽油气藏、致密储层越来越多，油气藏发现与精细描述越来越困难，老油田面临剩余油分布检测的复杂问题。

AI 技术的发展，为解决地震勘探中诸多挑战带来了机遇。AI 技术的助力，成为行业发展的需求，也是数字化转型和智能化发展的必由之路。目前人工智能已经开始在油气领域得到广泛应用，油气开发从过去的“资本主导”、“资源主导”逐渐转向“技术主导”，这将推进业务转型，并带来巨大的经济效益。

据 2019 年以来相关学术会议和行业报道，油气工业界和学术研究界与 IT 业界合作开展了一系列人工智能技术在石油勘探开发中的应用探索研究和试验，也取得了一些阶段性研究成果和前景光明的实际应用成果。越来越多的石油天然气公司将大数据技术、云计算技术及人工智能技术应用到企业活动中，以提高工作效率、降低劳动强度为目标。信息技术与能源的高度融合，将是能源领域的一场新的革命，将重塑能源未来。

通过近期实践和调研，我们形成关于智能化物探的几点认识：

（1）人工智能将为传统行业带来重大技术变革，石油行业的油公司、服务公司都在积极介入、力求取得突破。

（2）目前对深度学习技术的探索热情最高，开始渗入到每一个技术环节，在物探资料处理解释方面开展了大量研究工作，并取得明显进展。

（3）当前真正实现产业落地的实例还比较少，尚未见到可以改变行业面貌的成果，因此现在是我们实现超越的机会。

3　智能化物探技术研发进展

早在上世纪 80 年代中期，人工智能技术便开始应用于勘探开发领域，主要包括测井资料处理解释、地震勘探数据处理解释、地质综合分析等，以人工神经网络技术、模糊逻辑、专家系统为主要手段，可以说是智能地震勘探的萌芽阶段。20 世纪后期，人工智能技术也在推动地球物理勘探的发展，聚类分析、主成分分析、决策树、BP 神经网络、支持向量机、粒子群等算法等开始兴起并应用于勘探技术实践。同时，以计算机图形学为基础的众多方法如边缘检测，相干算法等在地震层位追踪和断层增强等方面辅助地震构造解释获得了很多成功案例，这些人工智能技术，也正以前所未有的速度渗透并改变人们对石油地球物理工作的传统思想与观念，是智能物探技术的持续发展阶段。但实际上这些自动化方法还不能认为是真正的“人工智能”，仍处于机器学习的浅层学习阶段。未来能否真正实现地震采集、处理和解释的智能化，这仍然是地震勘探的发展方向及追求。

从二十一世纪开始，迎来了人工智能第三次高潮，随着大数据、云计算等基础技术的不断进步，深度学习技术成为推动“AI+物探”的主流技术，其具有假设条件少、成果预测快、扩展性较强等优势。

从 2017 年起，我们开展了“AI+物探”关键技术研究，目前在智能采集、智能处理、智能解释三个主要领域取得多个关键技术研究进展和应用成效。现以智能采集施工设计、初至拾取、速度谱解释以及智能构造解释等技术为代表，介绍物探技术的总体研发进展，并探讨人工智能技术在地震勘探提质增效中的作用。

3.1 智能采集施工设计及施工作业

传统的采集施工设计，在确定施工方案之后，首先需要进行现场踏勘，取得第一手的地物资料，然后在室内通过人机交互实现信息矢量化，之后需要再次踏勘，确定安全距离并在现场进行物理点布设，然后才能根据经验，开展现场施工。这一过程中，不仅需要开展大量的室内及野外人工作业，同时由于缺乏对施工现场状况的完整把控，还不可避免会发生施工路径的重复，因此效率提升潜力巨大。

通过技术研发，实现地物识别、物理点布设、施工路径设计多个环节的智能化，能够大幅减少野外踏勘工作量，提高物理点布设和震源施工路线规划的科学性，缩短采集周期、降低成本意义重大(图 1)。其技术流程中涉及的主要的智能技术包括：

(1) 基于语义分割的地物智能识别方法：实现了复杂地表障碍物智能识别，为智能踏勘奠定了基础，在西部地区地物识别准确率能够达到 90%左右(图 2)；

(2) 基于障碍物类型属性的电子围栏自动生成及点位设计技术：实现了不同障碍物安全激发距离的自定义设置，计算效率是商业软件的 2 倍左右(图 3)。基于电子围栏的智能化点位设计技术，智能设计的避障炮点与实测炮点的符合率在 90%以上。

(3) 基于井深自证视频智能识别智能施工作业：为了解决井深、下药深度监控问题，野外普遍采用现场录像方法，室内人工检核比较繁琐，工作量很大。通过智能检测技术，使用移动端常用的检测模型：SSD_ MobileNetv3_ small 进行目标检测，实现钻井及井深测量的智能监控。如图 4 所示。

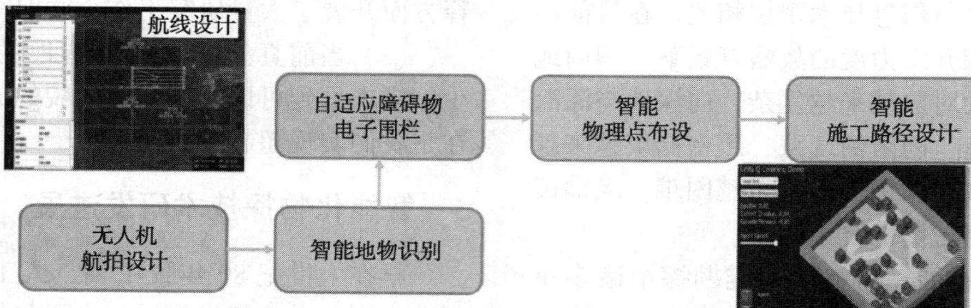

图 1 智能化采集施工流程

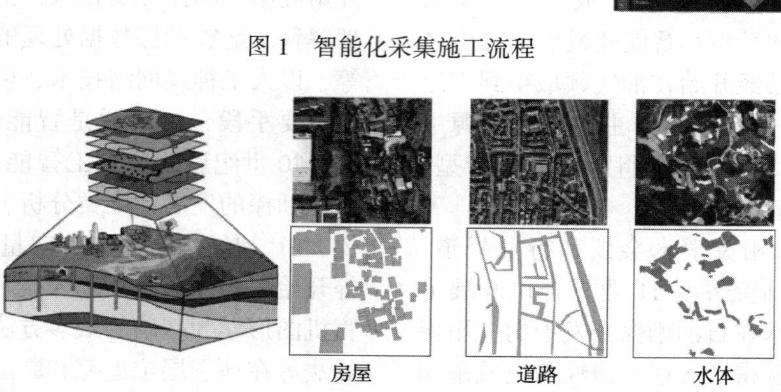

图 2 基于语义分割的地物智能识别

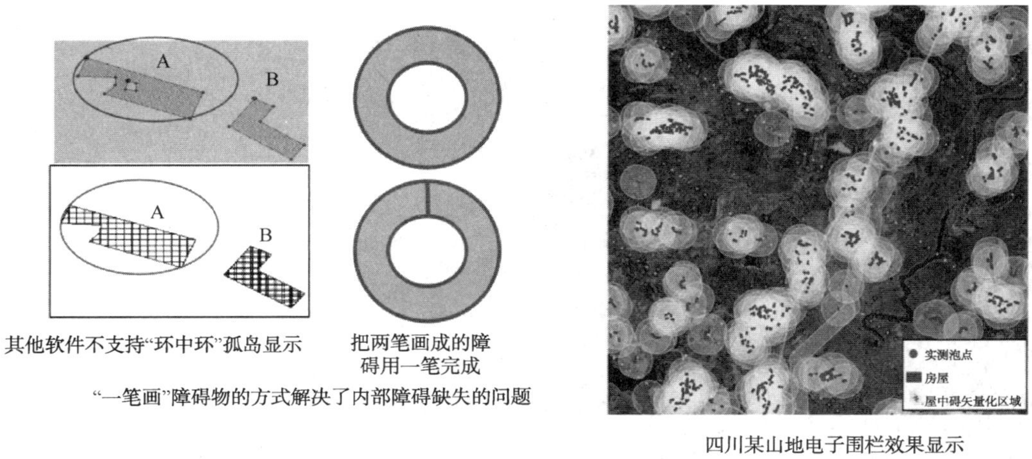

图 3　基于障碍物类型属性的电子围栏自动生成

图 4　钻井井深测量视频智能目标监测

智能采集系统设计技术流程应用于四川某山地工区，通过智能化技术设计的避障炮点与实测炮点的符合率达到 90% 以上，而传统方法只能达到 30% 左右。由于室内工作替代部分野外工作，同时降低野外工作难度，踏勘工作量减少 40%。在吉林某工区，按照智能震源航迹设计结果进行踏勘，重点踏勘关注区域，原计划 31 天完成，实际 24 天完成野外踏勘，效率提高 22%。后续按照航迹结果进行可控震源施工，平均日效和最高日效均得到明显提高。

3.2　智能初至拾取及速度谱解释

地震记录的初至自动拾取一直是复杂地形和表层条件下地震勘探工作的一个难题，在地表情况复杂、低信噪比情形下主要依靠人工拾取来获得可靠的结果，传统自动化方法往往得不到满意的结果。因此，初至拾取属于处理环节中耗时、低效的环节，考虑用人工智能技术来进行提效。目前，项目组已研发了针对复复杂地区的初至拾取智能算法，结合智能质控技术，具备在中高信噪比工区的初至高效拾取能力(图 5)。同时，对于低信噪比和复杂山地资料也有一定的应用能力，结合人工修正大大提高了生产效率。

速度谱解释是地震资料处理的基础环节，通常需要以人机交互的方式手工拾取大量速度谱点，属于劳动密集型且需要丰富地区经验的处理环节。手工解释效率低、耗时多，且容易出现人为误差。随着“两宽一高”技术的推广，数据量激增，对自动解释的需求愈发迫切，需要实现智能、快速、准确的高密度速度拾取。因此，我们研发了基于目标检测的智能速度谱解释方法，在中高信噪比资料能够提升效率 20 倍以上。如图 6 所示。

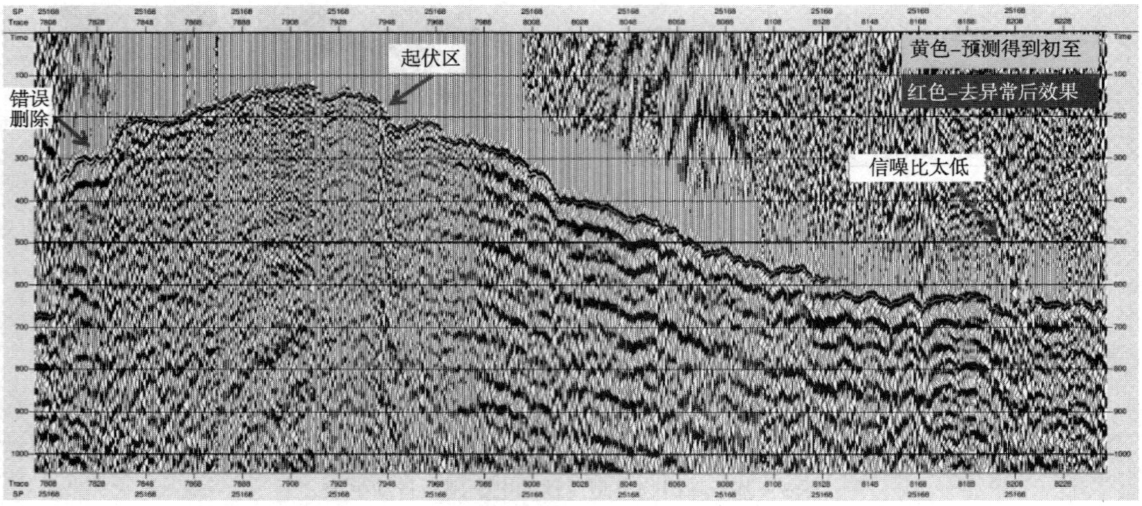

图 5　智能初至拾取

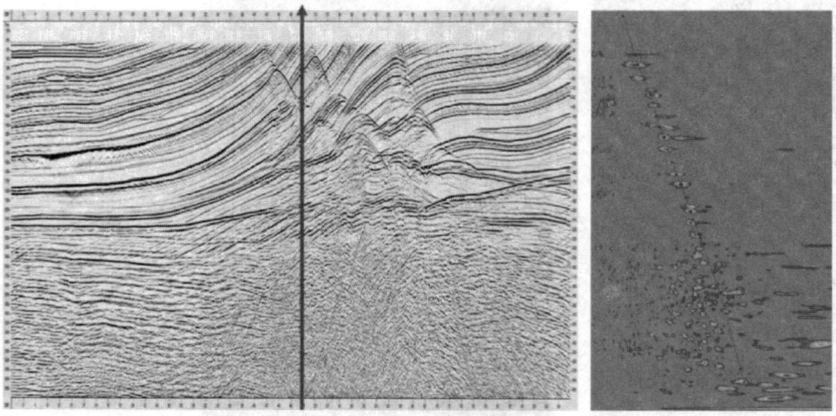

方法	耗时
人工	2天
传统自动拾取	30分钟(复杂区需手工修正)
智能速度解释	5分钟

模型测试:红线为人工拾取,绿色框为智能拾取

图 6　深度学习的速度谱解释

3.3　智能构造解释及地质体识别

构造解释是所有解释工作的基础，同时也是耗时最多的环节。我们探索了多种网络结构与标签构建方法，形成了多种层位、断层解释的智能化方案。传统的地震层位拾取大多由人工来完成，现有自动追踪功能仅适用于同相轴连续情形，对于低信噪比资料、复杂构造目标无法取得较好的效果，解释效率已经难以满足生产需求。目前，智能层位解释倾向于先利用少量的骨干剖面构建标签，在第一轮追踪结果的基础上抽稀、检验、修正，得到更多的标签用于训练，进而得到最终解释成果(图 7)。

传统断层解释以解释人员人工为主要手段，效率偏低；传统属性类方法一般作为辅助手段，精度及适用性受限，不能满足生产需求。同时受样本量影响，原有智能预测算法在一些特殊断裂系统解释上存在“偏差”。于是在智能解释技术研发过程中首先采用了预先构建大量模型标签训练网络，同时用实际工区解释成果制作三维断层标签，最终实现基于理论模型+实际数据驱动的断层自动识别方法。通过智能化技术的应用，断层预测精度相对于传统属性算法明显提升(图 8)。

4　问题和挑战

目前，人工智能在地震勘探中的应用刚刚起步，却又显现出巨大的潜力。人工智能涉及多学科交叉，包含的研究范围较为广泛。同时大多数的算法需要建立在大数据基础上，对算法的输入和输出之间的映射关系要求明确清晰，而油气储集层地下条件复杂多变，石油勘探开发问题多具有多解性，勘探开发数据普遍面临小样本、特征缺失等问题。这在一定程度上加大了人工智能在石油勘探开发中的应用推广难度(匡立春，

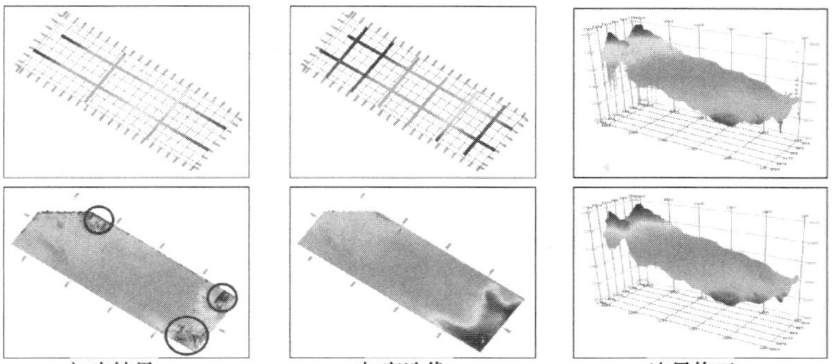

图 7 基于深度学习的智能化层位迭代解释

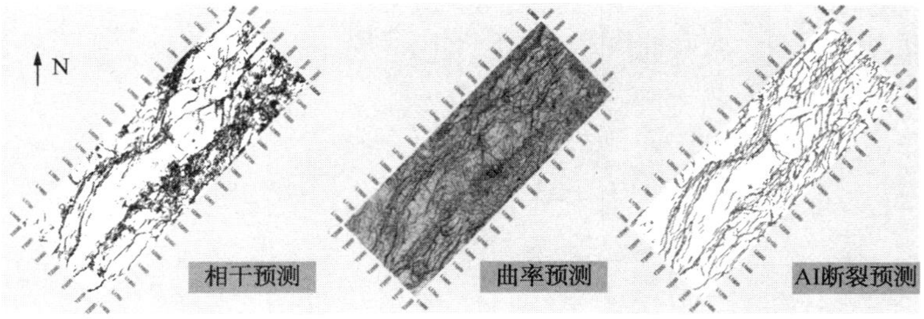

图 8 属性分析与深度学习的断层预测效果切片对比

2021，人工智能在石油勘探开发领域的应用现状与发展趋势）。总得来说，人工智能技术在地球物理勘探领域的应用挑战主要集中在四个方面：

（1）智能技术的实用化、产业化落地：目前AI技术在地震勘探还多处于探索性研究，但可以落地的技术仍然较少智能化研究尚未真正开始，需要高度重视并投入足够的研究力量开展持续的研究。

（2）智能算法的适用性：目前通用的AI算法并不能直接适用于或者说完美的解决地球物理勘探中的技术需求，应该结合数据本身的特征并根据具体的应用场景设计以智能算法为核心的成熟技术流程。

（3）智能技术的数据基础：一方面，训练样本的缺失与储层的复杂非均质导致地质解释问题的多解性；另一方面，存在海量与多源信息的解释难题，各种数据之间的关系或联系。如地震属性（振幅、倾角、相位、频率、极性等）与地质问题之间关系（沉积相、孔隙度、沉积环境、地层、裂缝等）？

（4）“小样本”与“大数据”：目前智能技术特别是深度学习技术的发展以大数据和互联网为背景，但地球物理数据获取的成本很高，多为“小样本”，地下大部分的真实情况为未知，数据量无法满足深度学习要求。

5 结论

通过技术研发与应用实践，我们认为下一代的物探业态将是以大数据、物联网、云计算、人工智能等技术为支撑的新一代智能化物探。“AI+物探”未来发展将涵盖地震采集、处理、解释以及装备制造的全过程，成为传统物探产业实现升级、转型的重要推动力。在物探智能化的过程中，我们得到几点体会，需要关注如下问题：

（1）简洁的人性化应用场景设计非常重要

（2）应用场景比较多，提质、提效没有问题

（3）解决低信噪比识别的问题，是能否生产适用的根本

（4）大数据避免不了，算力有限，需要深度学习算法支持

（5）需要提前考虑技术应用潜在的风险，推进国产软件应用

作者感谢CNPC科研项目“地震处理解释关键新技术研究与智能化软件研发”（2021ZG03）及BGP科研项目“油气智能探测技术研究”（01-01-2020）的支持。

参 考 文 献

[1] 匡立春，刘合，任义丽，等. 人工智能在石油勘探

开发领域的应用现状与发展趋势[J]. 石油勘探与开发，2021，48(01)：1-11.
[2] 郭锐，李磊，陶春峰，等. 基于混合网络的微地震事件初至拾取探讨[C]. 中国石油学会 2019 年物探技术研讨会论文集[C]. 涿州：石油地球物理勘探编辑部，2019.
[3] 朱冬临，詹仕凡，李磊，等. 注意力机制断层识别算法及效果[C]. 2020 年中国地球科学联合学术年会论文集. 北京：中国地球物理学会，2020：1874-1875.
[4] 杨平，詹仕凡，李明，等. 基于梦想云的人工智能地震解释模式研究与实践[J]. 中国石油勘探，2020，25(05)：89-96.

高性能测井数值模拟平台 LogSIP2.0 设计与应用

周　军[1,2]　白　彦[1,2]　田　豆[1,2]　王京悉[1,2]　姜黎明[1,2]　陶　钧[1,2]　王树声[1,2]

（1. 中国石油集团测井有限公司测井技术研究院；2. 中国石油集团测井重点实验室）

摘　要　为加大测井基础理论方法创新、测井仪器参数优化设计、创新数值模拟测井研发模式，在 LogSIP1.0 的基础上设计开发了测井数值模拟集成平台 LogSIP2.0。该平台用主流 Spring cloud 的微服务分布式框架和 B/S 架构设计，集成电、声、核、新方法等多种测井数值模拟模块，具有统一的可视化建模、任务推送和集群计算功能，缩短了测井数值模拟计算周期。其次，重点在三维感应、方位侧向和三维声波测井等数值模拟算法方面进行了模块化集成，用探测器优化设计和连续响应数值模拟计算实例在测井数值模拟平台应用。最后，该系统为仪器结构优化设计、仪器响应研究、环境校正图版计算和数据处理提供了理论技术支撑。

关键词　数值模拟；可视化；仪器优化；平台设计

1　引言

油气勘探开发领域在不断延伸，勘探对象日趋复杂，对地球物理测井技术的要求越来越高。要实现中国石油测井装备研发业务的持续、稳定发展，必须针对不同油气资源分布特点、地表及地下地质条件，开展测井新方法新技术研究，以应用基础研究保障持续技术创新，推动油气资源的快速发现。测井方法数值模拟研究是了解测井探测器响应、进行新方法研究和新仪器设计最有效的手段，能够根据设想建立虚拟的“数字探头”，针对不同地层模拟测井响应甚至测井曲线，实现“数字测井”，使测井仪器研究达到国际先进水平。

测井数值模拟技术实现过程相对复杂，需要较深的物理数学及测井知识，非专业人员应用非常困难，为方便快速、高效系统地进行测井数值模拟研究，迫切需要设计开发出一套测井数值模拟集成平台。挂接包括电、声、核等多种测井数值模拟模块，具有统一的可视化界面、高效快速的运算方法和相应配套的计算设备。应用测井数值模拟集成平台可极大缩短测井数值模拟计算周期，进行测井理论方法研究、仪器响应研究、仪器校正和解释图版研制，优化仪器结构设计，能够减少仪器研制上的盲目性，节省成本，缩短研究周期。

测井数值模拟技术是测井仪器设计、仪器测量环境影响因素校正方法及测井采集信息处理的基础，是现代测井行业提高技术水平的必备手段。目前，在国内外各大测井公司甚至是地层评价公司都搭建了各种的测井数值模拟平台，把电法、声波和核物理模拟软件等集中在一起，极大地简化了操作，方便了数值模拟技术的推广应用。中国石油测井有限公司汤天知等人开发了人机交互功能更为灵活便捷的测井数值模拟平台 LogSIP1.0，形成了具有统一接口、统一规范、集成专用平台。但形成的计算服务仅能满足单一功能仿真模拟，缺乏流程化的计算任务和集成能力，从而无法通过简单的方式组织全生命周期复杂科学工程模拟。

本文针对目前 LogSIP1.0 平台进行升级，结合计算机在设计、控制、运行管理方面的新理念和新技术。开展测井数值模拟集成平台 LogSIP2.0 开发，实现一套地层模型建模、电、声、核模拟测井计算、模型结果数据存储和前端显示等核心技术，在其开放性、可扩展性和资源及应用集中管理、统一调度、共享使用以及并行计算等方面具有高度的协同性，为新方法、新技术、新装备研发提供了孵化环境，支撑测井方法研究、仪器研制、现场应用的各个环节。

2　测井数值模拟平台总体架构

测井数值模拟平台总体框架如图 1 所示。该平台主要实现电磁、电极、声波和放射性数值模拟测井与数字化仪器结构参数设计、数字地层构建、模拟连续测井、复杂仪器物理环境响应模拟，为仪器设计和数据处理提供全流程技术支撑。数值模拟软件主要包括电磁测井模拟、侧向测井模拟、声波测井模拟和放射性测井模拟模块，通过地层和仪器结构建模，选择具体仪器仿真器，实现电磁、侧向、声波和放射性测井模拟仿真。软件具备统一接口、统一规范、高效计算数值模拟包括测井领域中电、声、核多个方向的复杂仪器结构高精度数值模拟集成计算平台，极大提高了仿真计算效率。

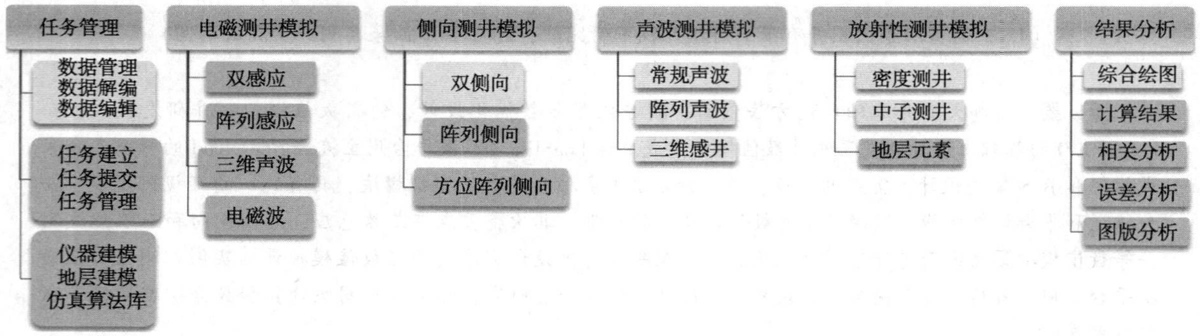

图 1　测井数值模拟集成软件功能示意图

2.1　平台系统架构设计

测井数值模拟集成平台 LogSIP2.0 采用主流 Spring cloud 的微服务分布式框架和 B/S 架构设计方案。如图 2 测井数值模拟平台系统架构所示，将包含数值模拟计算服务和模拟结果文件解析服务等系统基础服务以及包含仪器地层建模和多方法数值模拟等应用服务都实现微服务化。系统基础服务层的微服务提供模拟任务管理服务、模板管理服务、计算调度服务、地层模型管理服务、仪器模型管理服务、图版管理服务、结果文件解析服务、参数卡转换服务及外部系统对接等平台基础框架所提供的基本功能。应用户服务层的微服务在服务内部调用一个或者多个平台基础业务服务层的微服务实现特定场景应用的业务逻辑及处理控制和数据处理；给面向用户应用的平台门户层功能模块提供业务应用的可视化展示数据服务，跟用户的交互控制服务。

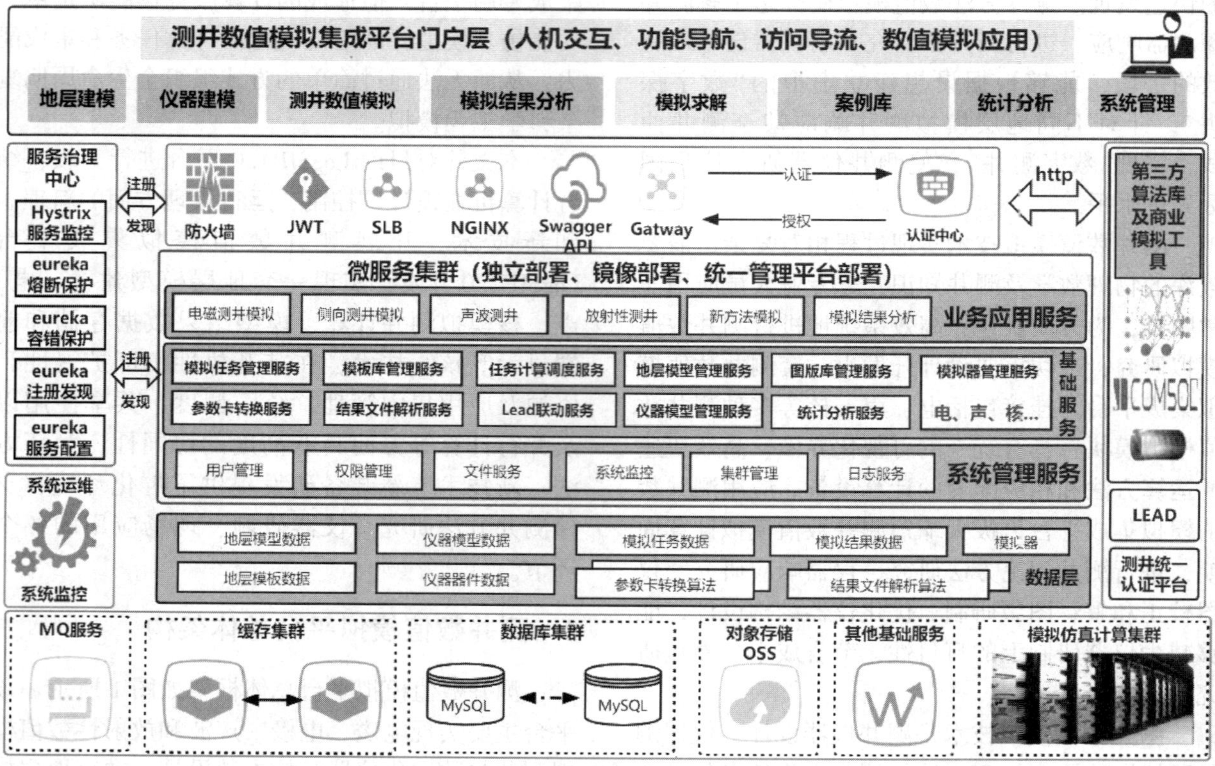

图 2　测井数值模拟平台系统架构

采用 RESTful 可扩展标准接口，统一并标准化数据及指令交换接口格式，实现平台门户模块，应用服务，基础业务服务，测井数据解释系统以及第三方算法库及商业模拟工具间进行业务控制和数据交换，可持续集成各种模拟器及构建新的仪器及地层模型扩展系统基础业务服务功能；系统应用功能增加时就可以通过应用服务来调用或者编排已有基础服务微服务功能快速实现新功能，满足新业务需求；另外也便于其他系统通过标准接口跟本数值模拟平台集成。通过这些方式持续迭代实现平台的可扩展性和开放性。

2.2 负载均衡与并行计算

平台通过计算资源集群化管理与跨平台资源调度技术，实现计算资源集中化管理及统一调度，实时监控各计算节点资源使用状况，统计各计算节点任务执行情况。各计算节点通过代理服务跟管理服务互动，自动加入或者退出集群管理，定期收集计算节点资源信息(CPU，内存，磁盘等)并上报到管理服务器；接收服务器指令，自动部署模拟器，执行模拟任务，并监控任务状态，主动上报任务执行结果，执行模拟任务后处理。

测井数值模拟平台作业任务调度流程如图 3 所示，多用户同时提交数值模拟任务或者同一用户一次提交多个模拟计算任务时，系统根据任务提交时点任务执行状况及计算资源负载状况，将各任务最优化调度到多个适配计算节点实现模拟计算任务并行化执行、监控和模拟结果处理，实现任务调度最优化、系统负载均衡化、并行分布式计算。

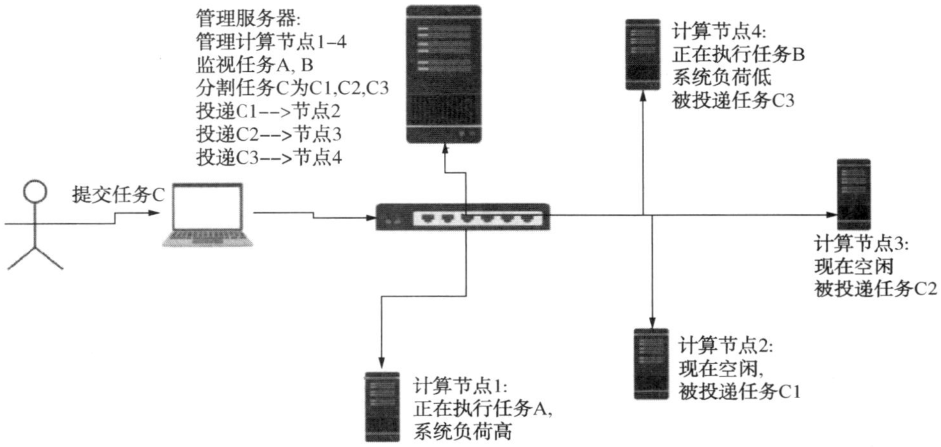

图 3 作业任务调度流程

3 测井数值模拟算法集成

测井数值模拟平台的核心是数值模拟模块，关键是针对不同的测井仪器采用不同的数学物理方法。平台对电法、声波、放射性等测井仪器的数值模拟模块进行了集成，本文重点在三维感应测井数值模拟方法、方位侧向测井数值模拟方法和三维声波测井数值模拟等算法进行了数值模拟模块化集成。

3.1 三维感应测井数值模拟方法

三维感应测井数值模拟方法，采用混合势理论的有限体积算法，应用非均匀地层中电导率的标准均值化技术以及 Lebdev 交错网格离散等新理论和新技术，使得三维数值模拟软件在非均质各向异性地层以及大反差电导率情况下的离散精度得到明显提高，并与不完全 LU 分解计算[ILU(t)]以及稳定双共轭梯度算法结合，使得正演模拟软件在倾斜井眼大反差地层条件(低阻泥浆和高阻泥浆等)体积下均可以取得满意效果，该数值模拟方法有效解决了直井、斜井以及水平井中，三维全域感应测井响应的数值模拟问题。

图 4 是三维感应测井响应数值模拟框图，基于 3D 有限体积方法研制出三维感应测井数值模拟软件，软件包含如下 4 个模块：直井和斜井中数值模拟模块；水平井中的数值模拟模块；井眼校正库计算模块。能够实现直井、斜井及水平井情况下仪器居中或偏心情况下层状非均质各向异性地层中 3D 感应测井响应的数值模拟以及直井中的井眼校正库计算。

3.2 方位侧向测井数值模拟方法

方位侧向测井仪器电流场的微分方程及其泛函，三维有限元的微分方程为

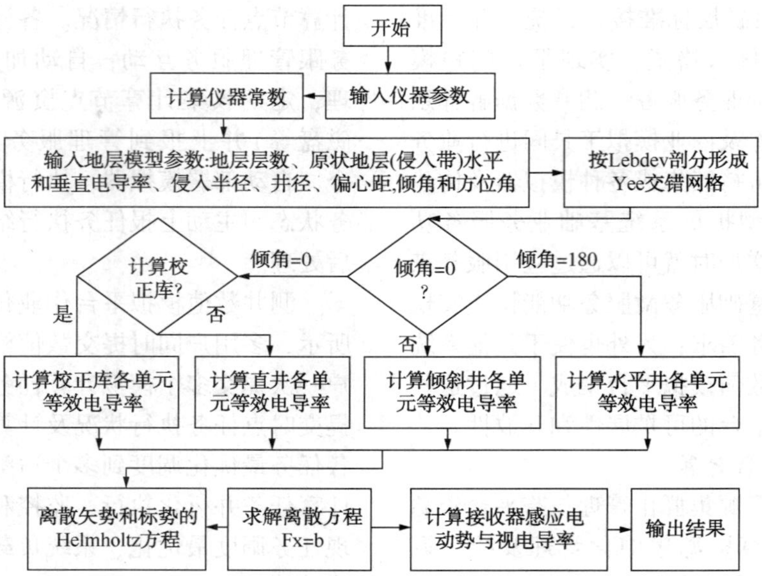

图 4　三维感应测井响应数值模拟软件流程

$$\nabla\cdot\sigma(x,\ y,\ z)\nabla\varphi(x,\ y,\ z)=-\nabla\cdot J \quad (1)$$

与上式对应的泛函为

$$\begin{cases} I(\varphi)=\iiint\limits_V \dfrac{\sigma(x,y,z)}{2}\left(\left(\dfrac{\partial\varphi}{\partial x}\right)^2+\left(\dfrac{\partial\varphi}{\partial y}\right)^2+\left(\dfrac{\partial\varphi}{\partial z}\right)^2\right)\mathrm{d}V \\ \varphi|_\Gamma=\varphi_0 \end{cases} \quad (2)$$

如果介质为各向异性，一般地，可设介质电导率为

$$\overline{\overline{\sigma^e}}=\begin{bmatrix}\sigma_{11} & \sigma_{12} & \sigma_{13}\\ \sigma_{21} & \sigma_{22} & \sigma_{23}\\ \sigma_{31} & \sigma_{32} & \sigma_{33}\end{bmatrix} \quad (3)$$

则式(2)可写为

$$\begin{cases} I(\varphi)=\iiint\limits_V \left(\begin{aligned}&\sigma_{11}\left(\dfrac{\partial\varphi}{\partial x}\right)^2+2\sigma_{12}\dfrac{\partial\varphi}{\partial x}\dfrac{\partial\varphi}{\partial y}+2\sigma_{13}\dfrac{\partial\varphi}{\partial x}\dfrac{\partial\varphi}{\partial z}+\sigma_{22}\left(\dfrac{\partial\varphi}{\partial y}\right)^2\\ &+2\sigma_{23}\dfrac{\partial\varphi}{\partial y}\dfrac{\partial\varphi}{\partial z}+\sigma_{33}\left(\dfrac{\partial\varphi}{\partial z}\right)^2-\nabla\cdot J\varphi\end{aligned}\right)\mathrm{d}V \\ \varphi|_{\partial\Omega}=0 \end{cases} \quad (4)$$

在利用有限元方法对仪器特性模拟计算时，首先要对模型离散化，求解中采用共轭梯度迭代算法求解，由于网格复杂，为了提高计算速度软件采用先占有、再计算和动态分配计算任务的并行计算策略，使得软件的并行版本对硬件有极大的兼容性：不同的计算节点，其硬件配置可以相差很大，而这种性能的差别并不会显著降低软件的并行效率，最终，各个计算进程只会有一个计算点的差别，而不是通常情况下的计算速度取决于硬件配置最差的节点。在此基础上，软件不同计算模块采用不同的并行计算策略，以便进一步提高软件的并行计算效率。如图 5 所示。

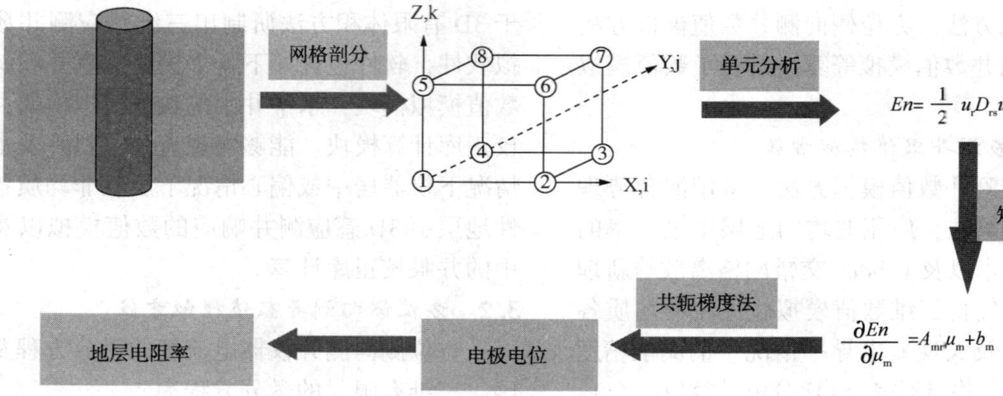

图 5　方位侧向数值计算软件流程

3.3　三维声波测井数值模拟方法

声波测井是指利用声波在不同介质中传播时，速度、幅度及频率的变化等声学特性不相同来研究钻井的地质剖面，判断固井质量的一种测井方法。声波测井数值模拟主要应用于测井响应特性计算、探测器参数优化设计和数据处理等工程应用。三维声波数值模拟采用有限差分方法，可进行轴对称情况下的波场模拟。在进行波场模拟时可对网格参数进行设置，如网格径向长度和轴向网格长度。同时网格可选用不均匀模式，因此可指定网格径向上的变化，可将声源激励设置为单极、偶极或四极模式，因此可模拟轴对称情况下单极、偶极或四极生源的波场。声波方法研究支撑了阵列声波、数字声波、超声成像、随钻声波、随钻远探测声波成像、过钻具声波、远探测声波、超声井径等测井仪器研发。如图 6 所示。

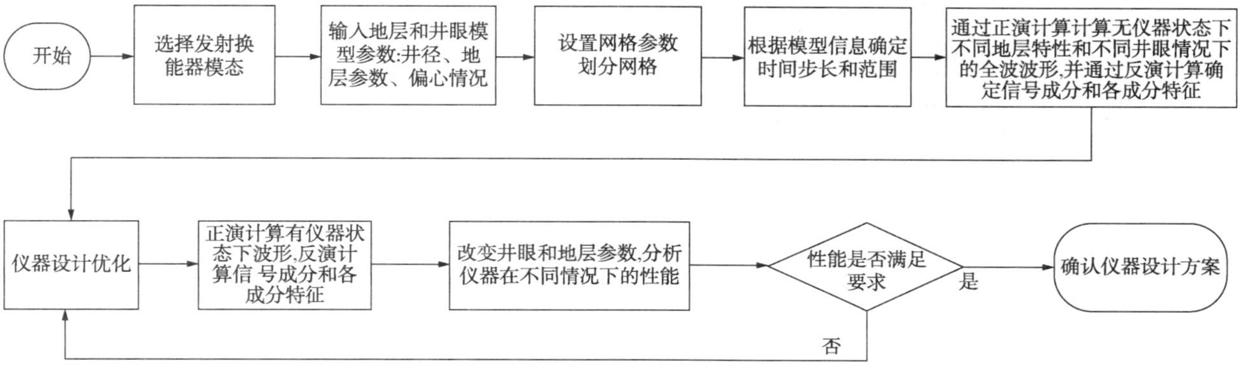

图 6　三维声波数值计算软件流程

4　测井数值模拟平台应用实例

4.1　探测器优化设计实例

图 7 为设计的低频超声声系结构，整个仪器由一根圆管构成，中间部分刻槽形成隔声体，阻隔声波直达波的传播。声源发射(红点)位于仪器最上方，然后是 14 个周期的变径隔声体，最后是 8 组接收(绿点)。其中声源到第一个接收器的源距为 5 英尺，接收器间距为 3 英寸，隔声体周期为 4 英寸，一个隔声体周期包括一个外径大和一个外径小两部分组成，两者轴向长度相同。隔声体最大外径 80mm，最小外径 40mm，仪器圆管内径为 14mm。

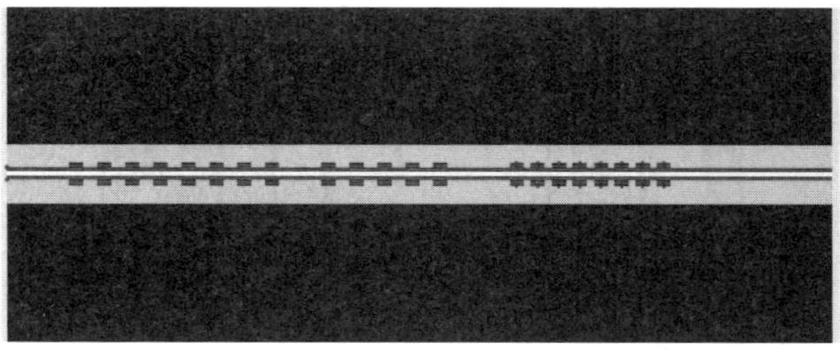
图 7　低频超声声系结构

图 8 为这种声系结构在快地层中的正演数值模拟结果，从计算得到的信号强度和频散曲线结果可以看出，这种声系结构设计能够有效阻隔直达波信号，在快地层中获得有效的低频超声信号，同时 STC 结果显示也可以得到准确的地层纵横波声速。因此证实了这种仪器声系结构设计的正确性。

图 9 为这种声系结构在中速地层中的的正演数值模拟结果，从计算得到的信号强度和频散曲线结果可以看出，这种声系结构设计能够有效阻隔直达波信号，在快地层中获得有效的低频超声信号，同时 STC 结果显示也可以得到准确的地层纵横波声速。

图 10 为这种声系结构在慢地层中的正演数值模拟结果，从计算得到的信号强度和频散曲线结果可以看出，这种声系结构设计能够有效阻隔直达波信号，在快地层中获得有效的低频超声信号，同时 STC 结果显示也可以得到准确的地层纵波声速。

从不同地层的数值模拟结果可以看出，提出这种全新的声系结构设计，可以有效阻隔仪器直达波的传播，同时能在地层中激发出有效的低频超声信号，获得偶极弯曲波频散曲线和地层纵横波声速，从而证明这种声系结构完全可以应用于低频超声测井仪器的研发。同时这种声系结构又具有结构简单，便于数值模拟的特点，在以后测井仪器的研发过程中，能够通过数值模拟不断改进和纠正可能出现的问题，使得仪器研发更有保障。

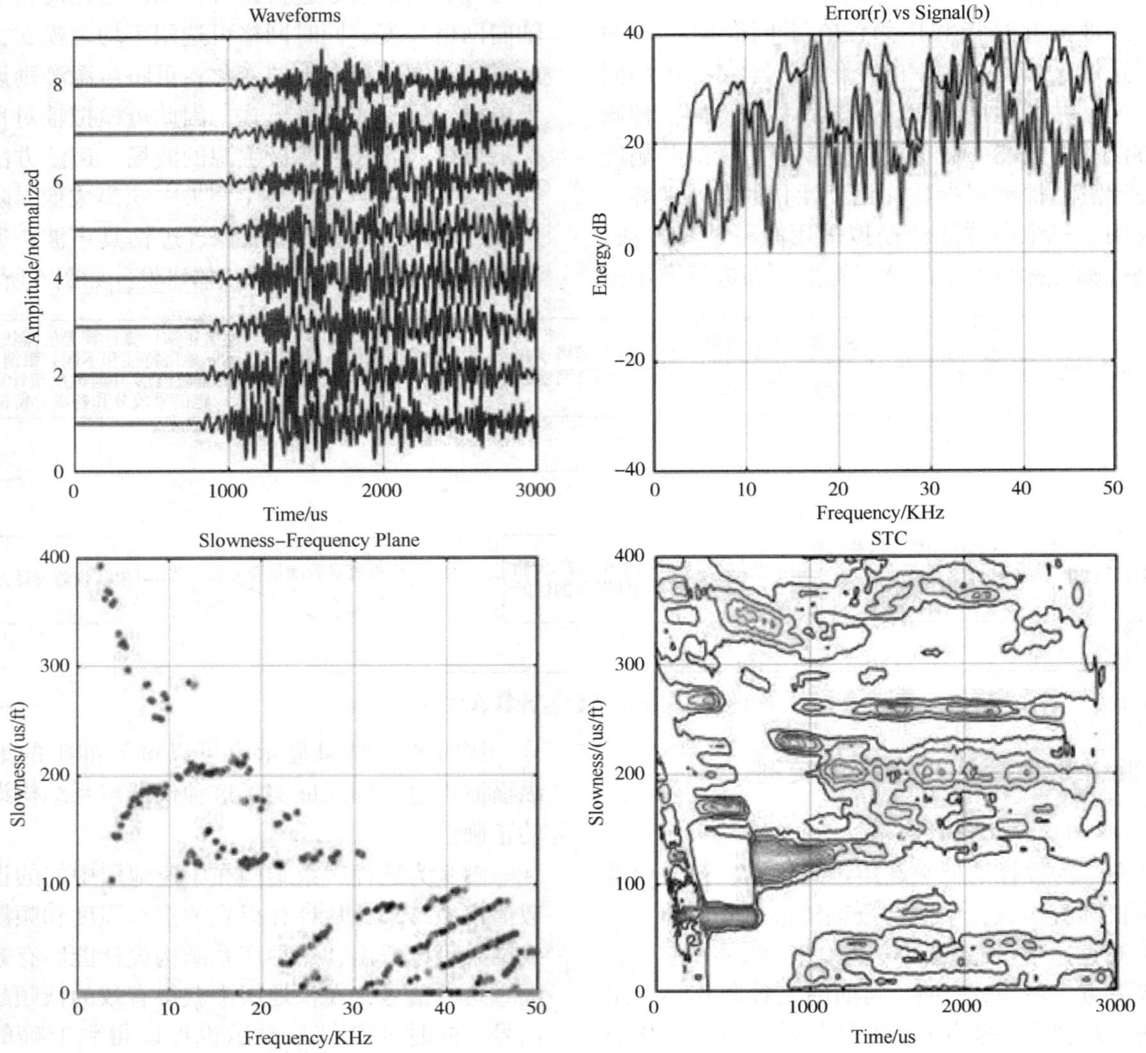

图 8　考虑声系结构的低频超声快地层正演数值模拟结果

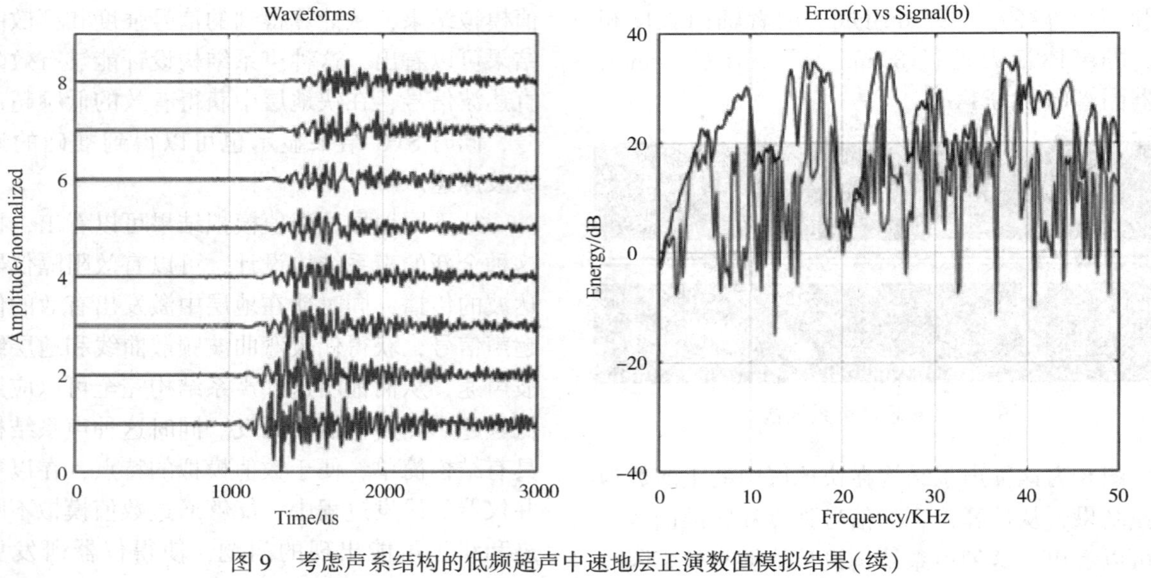

图 9　考虑声系结构的低频超声中速地层正演数值模拟结果(续)

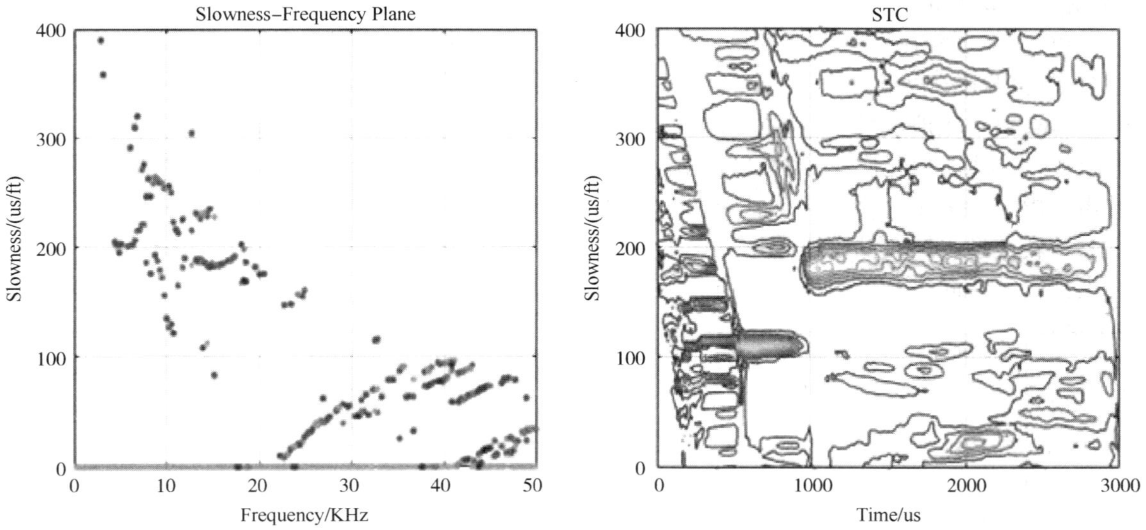

图 9　考虑声系结构的低频超声中速地层正演数值模拟结果(续)

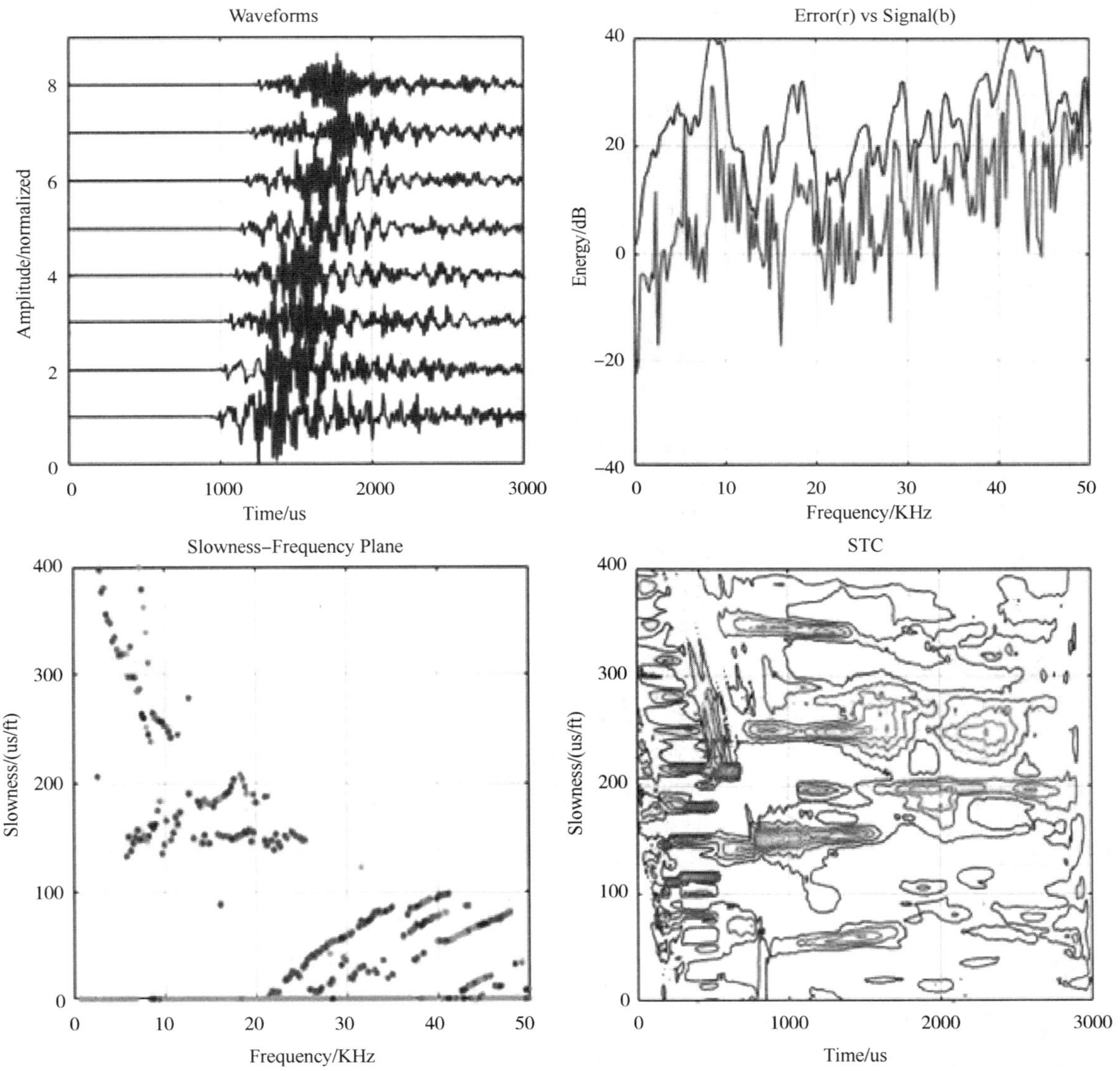

图 10　考虑声系结构的低频超声慢地层正演数值模拟结果

4.2 连续响应数值模拟测井实例

平台以感应、声波、中子仪器数值模拟为例，综合考虑岩性、电性、物性、含油性关系的情况下，建立数字化地层模型，模拟计算各向异性、电阻率、声速、矿化度及孔隙度等地质属性参数的声、电、核等数字测井仪器响应。图 11 给出主要砂岩模型水层和油层段根据上述条件建立标准模型，平台同步开展数值模拟仿真结果图（1680～1780m）。

从不同地层的数值模拟结果可以看出，数值模拟曲线与和实测曲线具有较好的一致性，可以有效指导解释专家进行认识储层特征规律，同时能在不同数字地层开展数字测井，为感应、声波和中子测井仪器响应特性规律及储层评价方法提供理论指导。

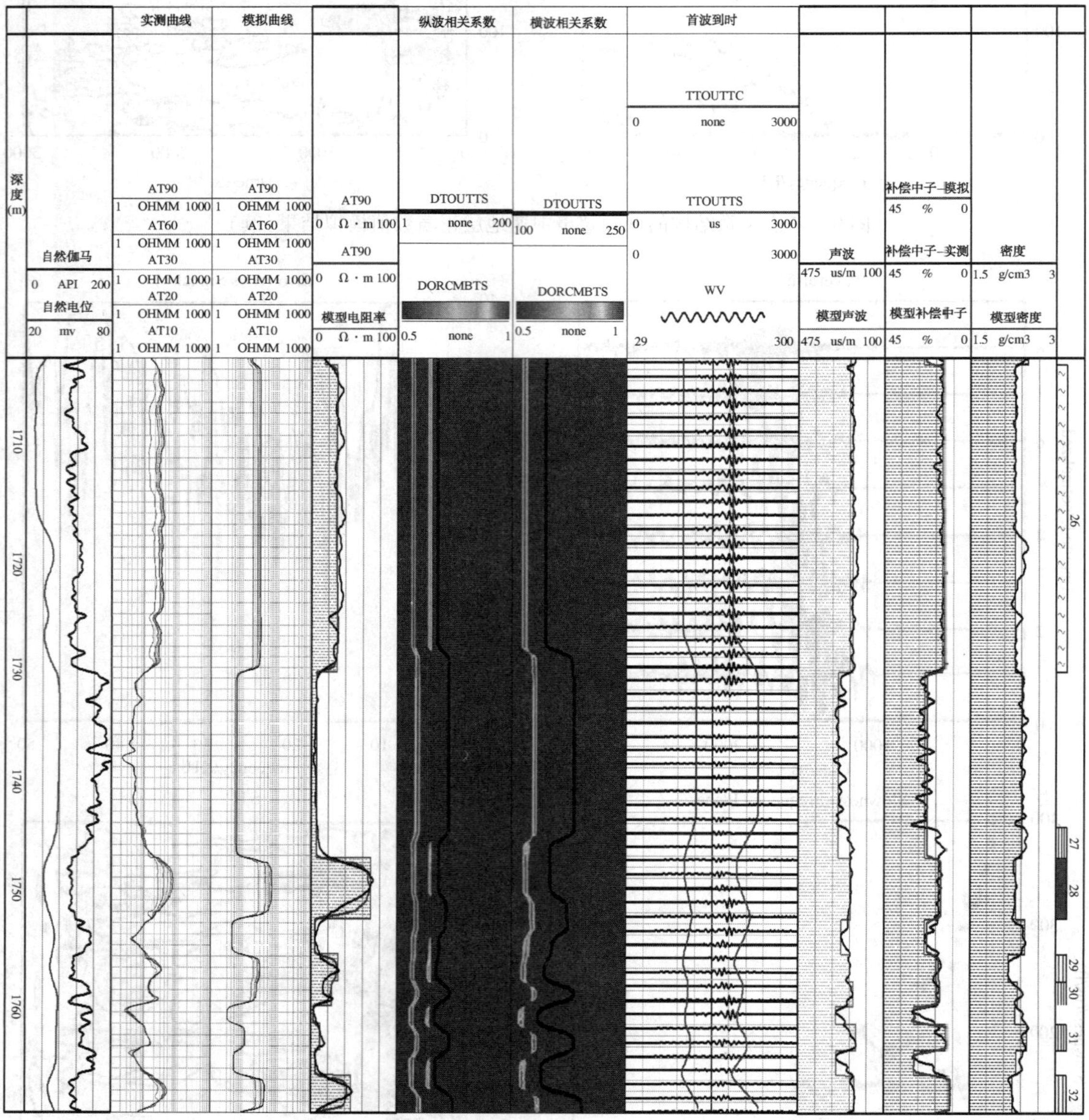

图 11　砂岩模型数值模拟典型图例

5 结论

（1）测井数值模拟平台 LogSIP2.0 完善了数值模拟方法，增加了三维感应、方位侧向、三维声波、放射性和电磁波测井的数值模拟功能，平台的包容性和功能进一步扩展。

（2）测井数值模拟平台采用最新的软件平台搭建技术，建立了标准井数字地层模型和电法、声波和放射性仪器数值模拟集成模板及应用流程。

（3）平台解决了多种数值模拟方法在计算资源上快速构建“建模、计算、分析和优化”一体化应用问题，为测井仪器优化设计和高性能并行计算提供了一种仿真计算工具。

参　考　文　献

[1] 李国欣，朱如凯. 中国石油非常规油气发展现状、挑战与关注问题[J]. 中国石油勘探. 2020，25(2). 1-13.

[2] 刘国强. 非常规油气勘探测井评价技术的挑战与对策[J]. 石油勘探与开发. 2021，26(5). 24-37.

[3] 汤天知，岳爱忠，朱益华，等. 测井数值模拟平台设计与实现[J]. 测井技术，2010，34(6)：585-588.

[4] 赵士操，肖永浩，段博文，等. HSWAP：适用于高性能计算环境的数值模拟工作流管理平台[J]. 计算机应用，2019，39(6)：1569-1576.

[5] 罗军舟，金嘉晖，宋爱波，等. 云计算：体系架构与关键技术[J]. 通信学报，2011，32(7)：3-21.

[6] 汤天知，陈涛，白彦，宋青山，范晓文，史超. 三维感应成像测井仪设计与实现[J]. 应用声学，2020(01)：1-10.

[7] 白彦，杨守文，马玉刚，等. 垂直井眼中三维阵列感应测井资料自适应井眼校正[J]. 地球物理学报，2018，v. 61(9)：3876-3888.

[8] 张美玲，王宏建，汪爱云. 高分辨率阵列感应井眼校正技术[J]. 测井技术，2006，30(5)：404-407.

[9] 朱军，冯琳伟. 高分辨率双侧向测井响应数值模拟分析[J]. 石油地球物理勘探，2007，42(4)：457-462.

[10] 贺国芬，路涛，吴迪，等. 声波测井单极换能器的近似理论分析[J]. 测井技术，2020，44(2)：5.

[11] 李大潜，郑宋穆. 有限元在电法测井中的应用[M]. 北京：石油工业出版社，1980.

[12] 白彦. 非均匀层状各向异性介质中三维电磁感应测井数值模拟与数据处理方法研究[D]. 吉林大学.

[13] 陶果，张友生，张洪娥，等. 用于声波测井的大型三维有限差分模拟程序[J]. 测井技术，2001，25(4)：5.

中国海油燃气电厂智慧化发展之路

曹闯明[1]　王同良[2]

（1. 中海石油气电集团有限责任公司；2. 中国海油石油集团有限公司）

摘　要　中国海油是三大石油公司中唯一涉足燃气电厂业务的公司，随着“厂网分开、竞价上网”的实施以及信息技术的发展和两化融合的政策推动，这给中国海油提供了战略机遇和发展空间。中国海油燃气电厂智能化发展经历了信息化、数字化和数字化转型升级三步走，即第一阶段是企业信息管理系统建设；第二阶段是生产数据采集与展示平台和安全生产智能管理系统建设探索；第三阶段是电力交易智能管理系统/电力现货市场仿真及交易辅助决策支持系统和智慧电厂的智能化建设，探索建设一个智能集控型燃气电厂，并在其余电厂推广。中国海油燃气电厂的信息化建设与管理已步入正轨，突出的特点是厚平台轻应用，以智慧平台为核心与其他信息系统进行整合、集成，实现数据处理的无缝连接。通过智能化管理平台对各个信息子系统进行统一管理，使得电厂智能优化更加可靠和方便，进一步实现燃气电厂的人、信息化系统与生产系统的创新融合，以及与其它电厂之间、电网之间的信息共享与协作。具有中国海油特色的燃气电厂智慧化发展已经初见端倪，智慧路上的信息管理贯穿项目建设、生产全过程，通过试点建设实现了从能源生产到客户服务等领域的数字化转型。智慧电厂建设的良好实践经验对同行业有较好的借鉴意义。

关键词　燃气电厂；智慧电厂；信息化；智慧化；信息管理

自2018年起我国一次能源消费中煤炭占比例首次低于60%（59%），2019年，煤炭消费量占能源消费总量的57.7%，主要得益于中国稳步开展的能源结构调整优化政策。

我国的燃气发电起始于上世纪60年代，2000年底燃气发电装机规模只有600万千瓦，主要分布在东部经济发达地区。从“十五”规划开始，我国利用天然气战略发生了较大调整，燃气发电装机量快速增长，2020年燃气发电装机总量超过9300万千瓦。2010-2020年全国燃气发电装机容量见图1。

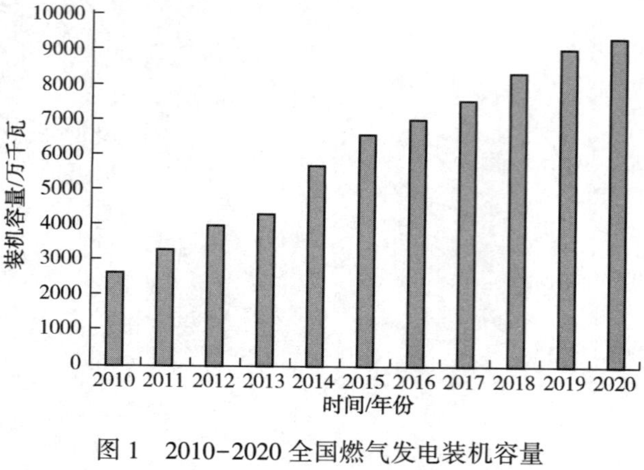

图1　2010-2020全国燃气发电装机容量

低能耗、低污染、低排放为基础的经济发展模式是今后中国的必然选择。燃气发电顺应了国家节能减排、节约资源的政策，能优化电源结构，减轻燃煤发电对环境的压力。

天然气发电产业目前处于成长期，目前我国气电装机仅占全国总装机4.5%，远低于发达国家30%的平均水平。中国燃气电厂运营主体主要分为三类：第一类是国有大型发电企业，华电集团、华能集团的气电装机规模较大；第二类是地方政府出资控股的省属电力投资集团及能源集团，例如京能集团、深能集团、浙能集团、粤电集团等；第三类是石油天然气生产供应企业，例如中国海油。中国海油在率先进入液化天然气行业后，又将燃气发电行业作为延伸产业，也是三大石油公司中唯一涉足燃气电厂业务的公司，这给中国海油提供了战略机遇和发展空间。目前中海油拥有6个控股燃气电厂，主要用于调峰，年平均运行3000~4000h，装机容量在全国发电集团公司装机排第三位见图2。天然气发电将成为中国海油提升天然气终端市场控制力的重要板块，到2025年计划实现控股电厂10座，控股装机1000万千瓦。见图2。

燃气电厂具有启动快的特点，目前主要在经济发达地区承担应急调峰、保障民生的重任。中国海油燃气电厂智慧化发展之路经历初期的企业信息管理系统建设，生产数据采集与展示和安全

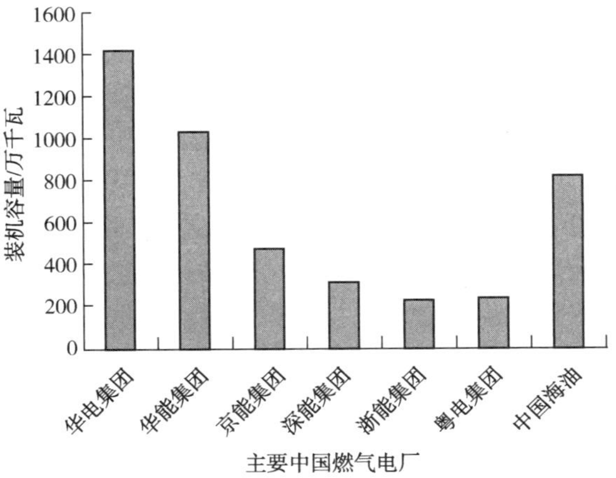

图 2　全国主要燃气发电企业装机容量

生产智能管理系统探索，到近期的电力交易智能管理系统/电力现货市场仿真及交易辅助决策支持系统和智慧电厂三步走的智慧化建设之路。具有中海油特色的燃气电厂智慧化建设已经初见端倪，智慧路上的信息管理贯穿项目建设、生产全过程，在提高生产效率、降低过程风险方面发挥积极作用。

近年来，随着电力市场化改革"厂网分开、竞价上网"的实施以及互联网技术、通信技术和计算机技术的推广，使得电厂传统"源随荷动"的机理模型和优化控制方法在电力系统数字化转型升级的大潮下插上了新的思路翅膀。燃气电厂的调峰功能对上游的 LNG 接收站和下游电网的及时沟通协调提出了更高的要求，燃气电厂大数据的挖掘与应用、信息可视化等相关信息系统的建设与运行进一步提升燃气电厂的管理价值，通过智能化管理平台对各个信息子系统进行统一管理，使得电厂智能优化更加可靠和方便，智慧电厂建设的良好实践经验对同行业有较好的借鉴意义。

1　中国海油燃气电厂信息管理系统建设思路

燃气电厂的信息即在项目运作过程中产生的各种直接和间接涉及项目原始数据资料，经过处理加工后而形成对项目有意义的一切形式的总和。燃气电厂项目信息管理是在燃气电厂项目生命周期内，有效地搜集、获取和处理项目内外信息，最大限度地提高项目信息的质量、可用性和价值，并使项目团队及相关者能够共享这些信息资源的过程，也是项目信息从分散到集中，从无序到有序，从储存到传播，从处理到利用的过程，并扩展为对涉及各种项目信息活动的要素，如信息、人员、技术、机构等进行管理。

早期电厂信息化管理由于缺乏信息管理技术，不得不在低效、繁琐的环境下运行。随着计算机和通信技术的发展，为电厂的生产运营提供了全新的信息管理理念、技术支撑平台和全面解决方案。

中海油燃气电厂的信息化建设与管理已基本步入正规化的轨道，突出的特点是厚平台轻应用，以智慧平台为核心与其他信息系统进行整合、融合、集成，实现数据处理的无缝连接，优势互补，发挥网络通信技术优势，建立有自己特色的管理信息门户。管理信息系统未来的发展方向将从数据库管理向信息共享方面发展。

中国海油燃气电厂智慧化发展之路经历了三个阶段，第一阶段是企业信息管理系统（MIS management information system）建设；第二阶段是生产数据采集与展示平台和安全生产智能管理系统建设探索；第三阶段是近期的电力交易智能管理系统/电力现货市场仿真及交易辅助决策支持系统和智慧电厂的智能化建设。具有中海油特色的燃气电厂智慧化发展已经初见端倪，智慧路上的信息管理贯穿项目建设、生产全过程，在提高生产效率、降低过程风险方面发挥积极作用。

2　中国海油燃气电厂信息管理系统的建设

2.1　早期燃气电厂信息管理系统

早期，燃气电厂生产期与项目建设期 MIS 相衔接，两者统一规划、分期实施、互为补充、统筹兼顾。MIS 硬件系统包括综合网络布线系统、网络设备、机房环境、行政楼安防监控方案、门禁系统、行政楼公共广播系统等。其中网络设备包括：中心交换机，可以满足多种千兆标准接口，接入层交换机、骨干线路、服务器群、光电交换器等。设备网络布置主要是中心交换机及各楼宇接入层交换机的选型与规划部署，根据使用计算机的人数，整个网络采用二级层次管理，即，中心交换机—接入层交换机，骨干线路、服务器群与中心交换机千兆速率通信，应用 1000M 速率到桌面，总体拓朴结构为星型。综合布线的结构分为两级星型。

燃气电厂 MIS 系统模块选择依据系统建设的目的、业务范围和发展规模而定，没有统一模式，一般电厂 MIS 系统主要模块包括全面预算管理子系统、生产技术管理子系统、运行管理子系统、生产实时管理子系统、燃料管理子系统、安全监察管理子系统、计划统计管理子系统、商业运营管理子系统、人力资源管理子系统、政务管理子系统、房产管理子系统等。

针对电力体制改革的环境，全面提高电厂信息化管理，消除“信息孤岛”，通过采集、处理，快速形成电厂决策信息，推进电厂向数字化、知识化企业迈进，必须采用先进的管理理念与高效的计算机管理信息系统。MIS 跨越多部门，实现将电厂物流、资金流、信息流进行“供应链”一体化管理，建立电厂决策完善的数据体系和信息共享机制。在实施系统的过程中，根据需要对现有业务流程进行优化，使各级业务部门根据完全优化后的流程协调统一工作，从而达到电厂竞争力大幅度提升，电厂响应市场的速度大大加快，及时服务质量显著改善的目标。系统将为电厂提供丰富的管理信息，电厂利用系统提供的信息资源，组织设计一套动态监控管理绩效变化的报表体系，从而及时反馈和纠正管理中存在的问题。随着系统的应用和电厂业务流程的合理化，使电厂管理水平明显提高，并为企业建立一个可以不断自我评价和不断改善管理的机制。

2.2 燃气电厂信息管理系统的主要构成

燃气电厂的核心业务是生产执行、生产管理和经营管理。经营管理层主要业务是计划与预算、工程建设、人力资源、财务管理、采办物料、资金管理、科研管理和综合办公；生产管理层主要业务是运行管理、设备管理和 QHSE 管理，生产管理需要确保生产安全、经济运行，提高设备可用性，提高资金使用效率，降低库存，从而降低电厂的运行成本；生产执行层主要业务为数据采集与自动化控制，包括：数据采集及处理、显示与记录、远程控制、状态报警、联锁保护。其核心信息系统有网络计算机监控系统（NCS network control system）、热工分散控制系统（DCS distribute control system）、燃机控制系统（TCS turbine control system）和厂级监控信息系统（SIS supervisory information system）等。TCS、DCS 主要完成燃气发电机组和热工系统的生产层实时监控，SIS 主要处理生产控制系统的大量实时生产数据并存储，并在此基础上完成厂级生产过程监视和管理、经济性指标分析与考核等。MIS 主要为全厂运营、生产和行政管理服务。燃气发电机组生产控制系统、SIS 系统、MIS 系统构成了一个完整的燃气电厂自动化信息体系。底层工控系统通过网络将数据传送到数据服务器，建立在各种数据库之上，集成多个信息管理系统的企业智慧管理平台将数据库与基层操作者、中层管理者和高层决策者联系在一起，电厂典型信息管理系统的功能架构见图 3。

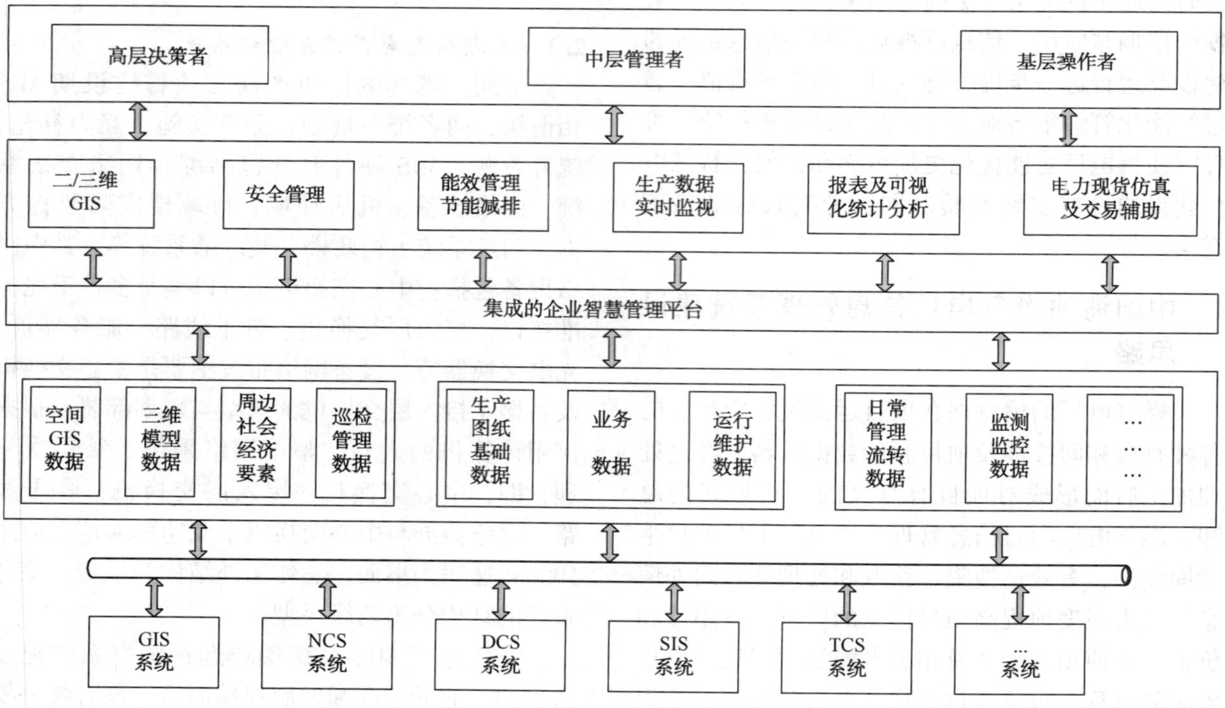

图 3　电厂典型系统功能架构图

早期电厂的 MIS 系统是为企业提供辅助决策信息，最大限度的利用现代计算机及网络通讯技术加强企业的信息管理，通过对大量的原始管理数据进行收集、整理，支持查询、分析汇总并建立正确的数据，它以生产管理为基础，设备管理和经营管理为中心进行综合管理，加工处理并编制成各种信息资料及时提供给管理人员，全面实现成本控制，实现企业的生产、物资、人员、资金的优化管理，达到安全经济、不断提高企业的管理水平和经济效益的预期目标。一个完整的 MIS 应包括：决策支持系统、工业控制系统、办公自动化系统以及数据库、模型库、方法库、知识库和与上级机关及外界交换信息的接口。

随着互联网技术、通信技术和计算机技术的进步和现代企业管理要求的深入，国家政策上则要求推动新一代信息技术与制造业深度融合，打造数字经济新优势，促进国有企业数字化、网络化、智能化发展，增强竞争力、创新力、控制力、影响力、抗风险能力，加快实现从能源生产到客户服务等领域的数字化转型。随着近年电力市场化改革，原有 MIS 系统远不能满足电厂数字化、现代化管理要求，从 2011 年生产数据采集与展示平台建设开始，相继试点建设基于装备管理综合信息平台延伸和扩展的“安全生产智能管理系统”，电力现货市场仿真及交易辅助决策支持系统/电力交易智能管理系统和智慧电厂的建设。

2.3 燃气电厂生产数据采集与展示平台建设

2011 年，为了解决燃气电厂统一管控难度大、生产控制系统和信息化系统不同、北京总部了解现场障碍多的问题，中国海油建立了一套以生产数据采集和展示的平台，通过采集各项目公司的基础设施数据、生产数据，让数据流转起来，在完成数据集中与交换的基础上，实现各种数据分类、分布情况及属性信息的查询，进而深度分析、挖掘，可视的、便捷的直观呈现各类结果信息，提高集团的数据利用效率，提升信息服务的价值。系统主要包括对该燃气电厂数据监测、工艺组态、生产报表、三维地图等内容。三维地图则能三维展示工程实际情况及对应各点的实时数据展示，便于更直观的查看。除此之外，系统还有一套可独立运行的高清视频网络摄像头，可随时多角度全方位了解现场关键区域的实际画面情况，便于在紧急情况下对事态的把握与决策。同时，信息系统把同属中海油的上游供应天然气的 LNG 接收站也纳入，能够实现对气源供应、管输压力、组分情况、流量等数据进行实时掌控。

该平台具备实时生产数据集成、三维建模与数字化成果集成、应用拓展与深化的三大功能，能够整合①项目公司空间 GIS 数据、宏观查看项目公司整体分布、微观了解项目公司场景布置；②项目公司静态数据（设备资产、报表数据、图纸文档、应急资料、历史资料等）并把各类静态数据同一平台上集中表现，③项目公司动态数据（运行监控数据、工艺运行数据等）并将项目公司的动态数据整合体现。其中实施生产数据集成能够连通项目公司生产网、项目公司办公网与海油网的网络链路，对各个项目公司的重要生产数据进行实时采集，并将集成的实时生产数据应用于三维模型场景、工艺组态图、数字化管道等多种场合，实现实时生产数据的可视化、形象化展示。同时，也对集成的实时生产数据进行规整与存储，为构建数据中心、实现数据挖掘等深层应用打基础。为“数字海油”打下坚实的基础。北京总部与各项目公司电厂之间典型的网络拓扑见图 4。

2.4 燃气电厂安全生产智能管理系统建设

电力生产企业是技术密集、设备密集型企业，资产设备数量大、品种多、自动化程度高、对设备完好率、可利用率及可靠性要求高。电力生产过程中的故障和事故会危及电厂设备和人身安全，甚至会波及到社会的用电安全。大数据、物联网、移动互联网等信息技术如何更好地融入发电企业的生产运营管理，提升安全生产的智能化管理水平，实现“智能互联、精细管控、本质安全、经济高效”的生产管理目标，是电力生产企业信息化升级发展的重要方向。基于大数据的安全管理、生产管理能有效地帮助建立机制、排查隐患、检修机组等，把控生产经营的各个环节，经济效益、社会效益突显。

2015 年前后，中国海油各二级和三级单位相继完成了设备设施完整性管理信息系统的雏形——装备管理综合信息平台（EMP）建设，并已成为了电厂重要的生产管理的信息化支撑平台。为了电厂安全生产的管理提升，以现有 EMP 系统为基础，开发安全生产智能管理信息系统，相继在多家电厂推广应用。

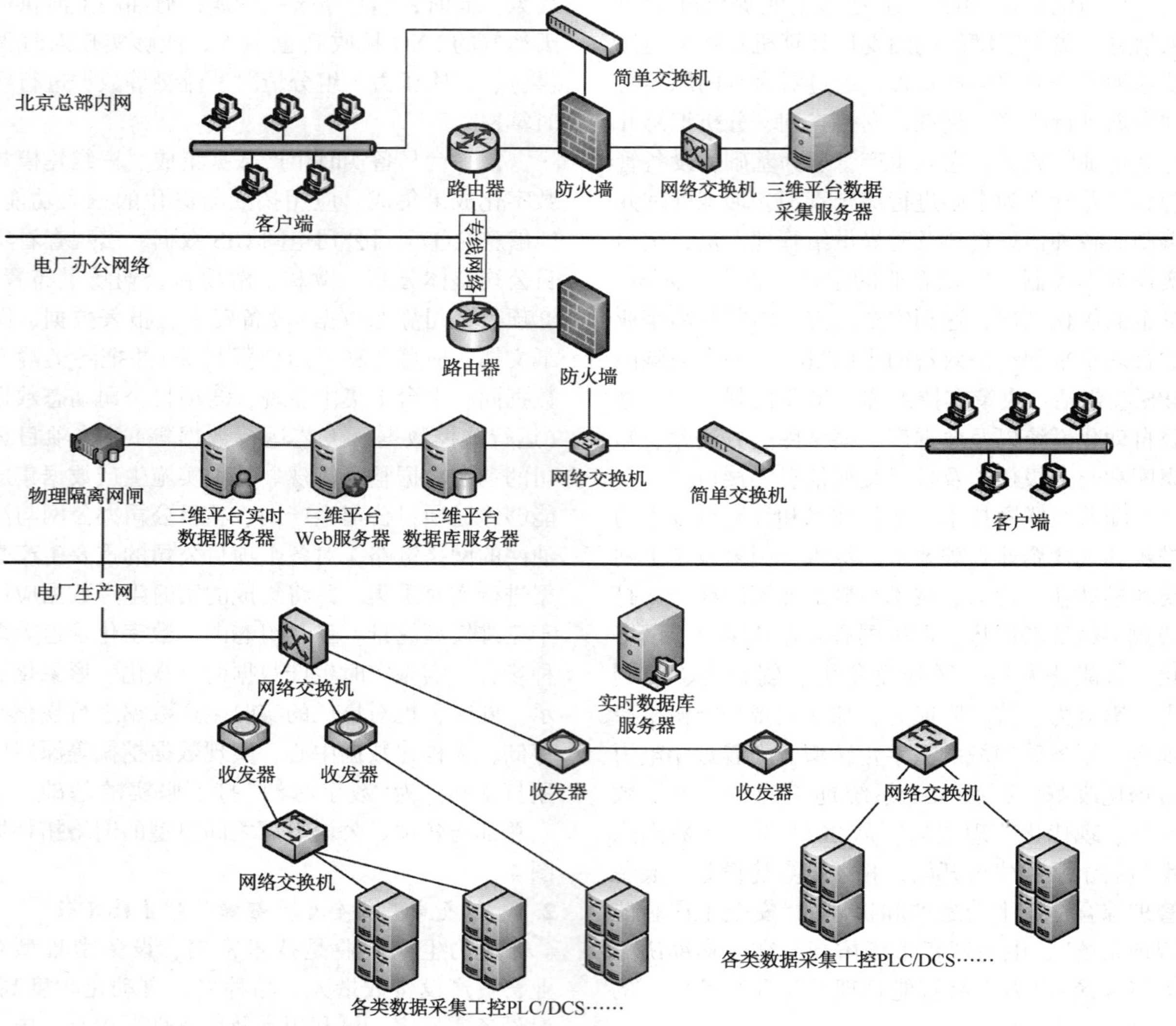

图 4　生产数据采集与展示平台典型的网络架构图

系统通过移动智能终端采集的文字、图片、声音、视频进行设备巡检和缺陷管理，利用非接触的近场通信技术实现现场人员定位、安全提醒、视频监控等，保障生产作业现场人员安全和设备稳定运行，并可远程指导现场工作。充分利用成熟的移动智能终端技术优势，落实设备“五定”巡检制度要求和人员现场作业安全定位、安全提醒、两票审批执行的安全生产过程管理规范。安全生产智能管理系统充分利用现有硬件、网络基础设施资源进行设计，网络架构见图 5。

2.5　燃气电厂电力交易智能管理系统和电力现货市场仿真及交易辅助决策支持系统

2015 年 3 月，随着中发 9 号文的发布，标志着新一轮电力体制改革正式开启。9 号文旨在理顺电价形成机制，通过市场竞争确定发、售电价，鼓励发电企业、售电公司和用户间开展电力交易，通过自愿协商的市场化模式确定电价，稳步推进售电侧改革，有序向社会资本放开配售电业务。2017—2019 年广东省率先逐步放开发用电计划、扩大直接交易，稳步实现从“计划”到“市场”、从“中长期市场”到“双边合同+现货市场”的模式过渡。

在此背景下中国海油作为广东省天然气发电的大户，需积极应对市场规则、市场环境的变化，未雨绸缪地探索性地进行了电力市场交易及营销技术智能管理系统开发，以统一协调中国海油广东电力市场的发售电市场化交易以及实现发售电业务的全生命周期管控。通过“中长期+现货”“辅助服务”交易需求，制定优于市场的报价策略，做好市场化交易客户的代理商，建立用户档案，精准分析客户需求，提升客户服务质量，增加用户粘合度，提供客户服务质量和效率。

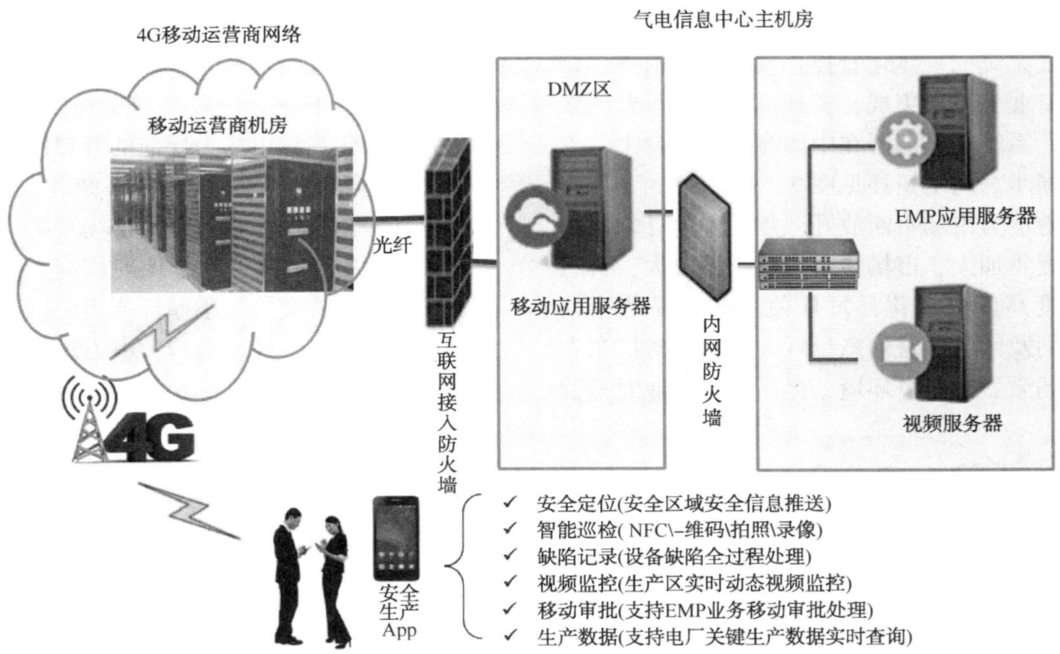

图5　安全生产智能管理系统网络架构

电力交易智能管理系统是一个以发售电侧参与广东电力市场交易的综合智能化管理平台，并与之配套实施信息系统集成等技术服务。系统由营销管理、客户管理、交易管理、合同管理、结算管理、辅助决策(包括需求侧管理、负荷预测、机组性能分析)、成本分析、网上营业厅、系统管理、移动端应用等基本功能组成。所有功能模块采用标准化设计，预留广东现货交易、分布式交易等电力市场改革政策变化需新增、变更的功能模块。功能架构见图6。

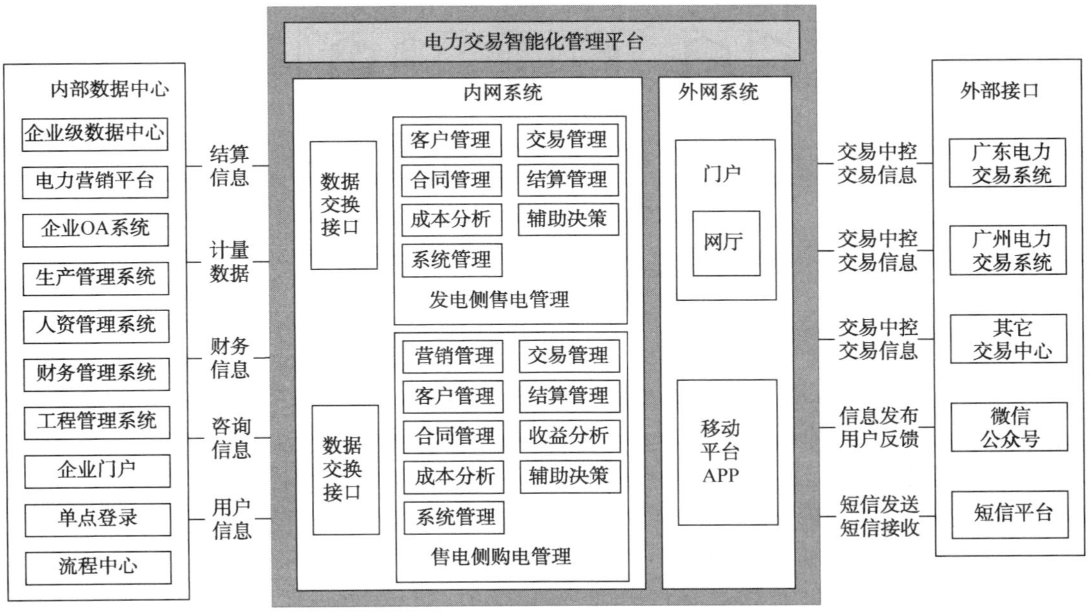

图6　电力交易智能化管理平台功能架构图

电力交易智能管理系统涉及中国海油内部多个子信息平台以及外部广东省电力交易机构、广东电网电力调度机构和用户侧的多个信息系统。开发广东省电力交易系统的数据交换接口，实现市场信息的采集、存储，预留与电力交易中心的数据自动化交互接口；开发客户能源计量系统的数据接口，以满足电力市场放开后的数据源获取需求；与短信平台集成，实现对购售电交易业务的短信提醒；与企业微信公众号系统集成，用电用户可以通过微信查询办理的业务进度、结算信息等；与中国海油 AD 域系统集成，实现与统一身份认证系统的一体化管控；预留海油财务、合同等已有业务系统集成，实现电力交易平台的集成管控。系统主体部署在中国海油云平台上，支持数据同步。网络拓扑见图 7。

随着电力市场不断放开，年度发电计划市场化力度逐年加大，市场化电量营销竞争大，机组运行调度高度自动化，每日关注的交易数据信息，电网及区域供需信息量巨大，为应对广东省电力市场激烈的竞争环境，提高发电企业对经营及交易工作管理科学化、信息化，提高发电企业精细化经营管理与市场竞争能力，以信息化系统提升交易团队市场分析效率和交易分析智能化，搭建以精细化流程市场为导向的管理体系，实现在电力市场快速变化环境下的系统化高效管理，需要建立一套结合广东省电力市场规则的电力现货交易辅助决策支持系统，实时跟踪、跟进市场交易，实现现货交易最小循环流程配置，保证电力现货市场连续、稳定运行。电力现货市场仿真及交易辅助决策支持系统功能架构见图 8。

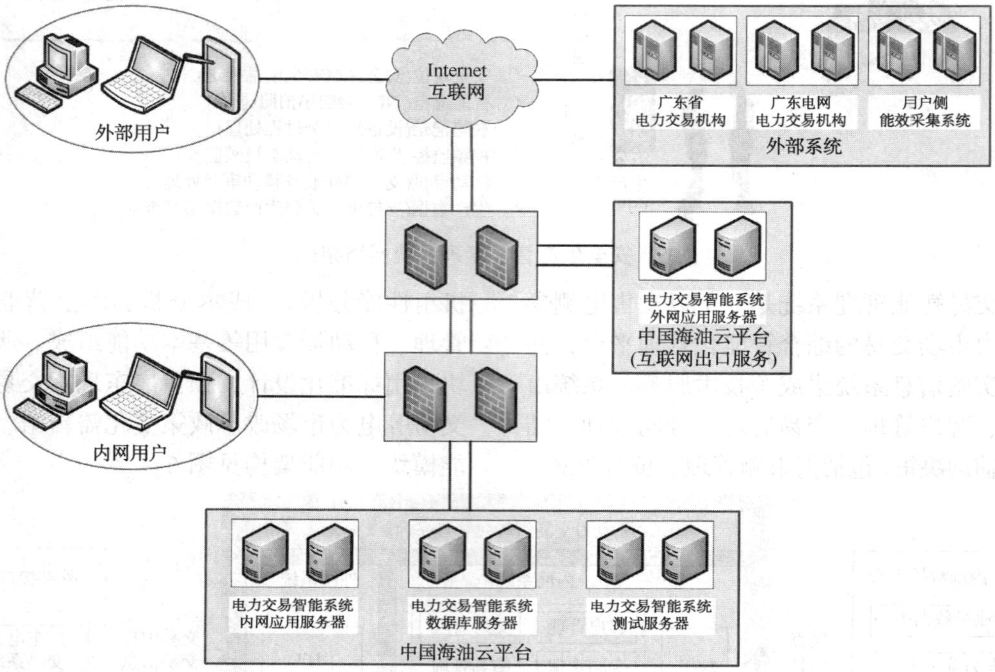

图 7　电力交易智能化管理平台网络拓扑图

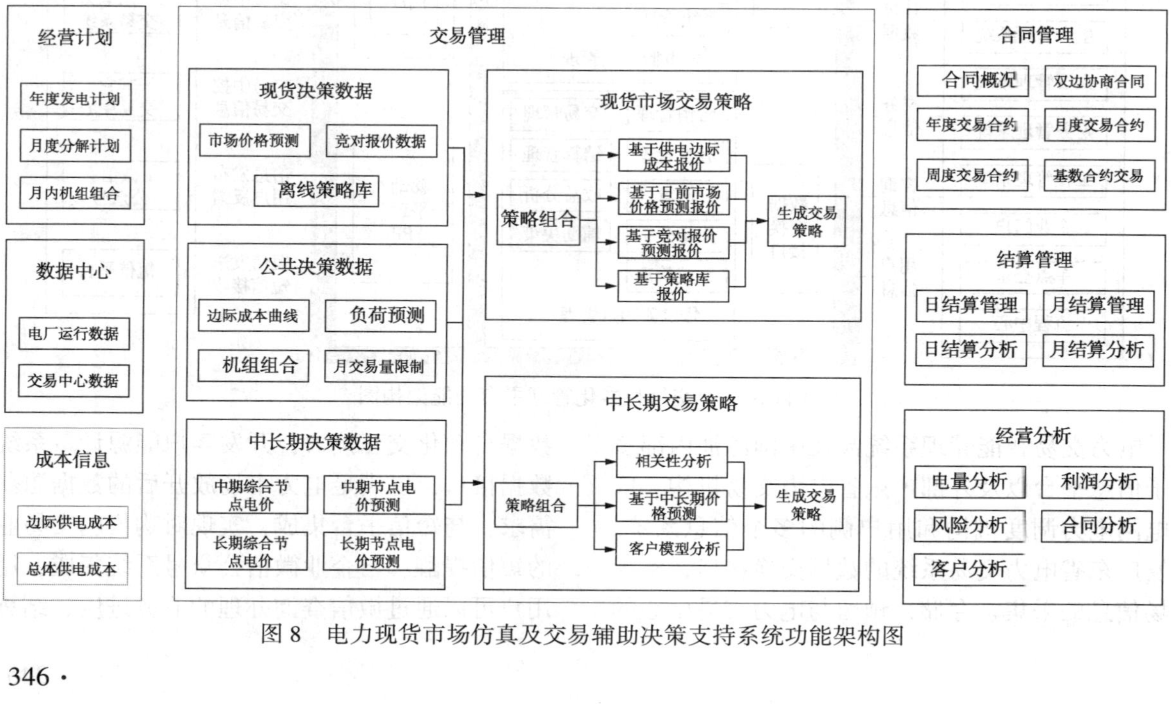

图 8　电力现货市场仿真及交易辅助决策支持系统功能架构图

2.6　燃气电厂智慧电厂试点建设

2020年，在国资委“关于加快推进国有企业数字化转型工作的通知”的推动下，中国海油作为中国特色社会主义经济的“顶梁柱”，就数字化转型的成果和思路率先向社会进行了分享和展望，并将数字化转型工作定为“十四五”时期的重点任务，同时公布路线图，为其他企业做出了表率和参考。中国海油从“十四五”信息化规划的高度明确了着力推动重点行业领域企业开展数字化转型试点工作，将具有油气企业特色的智慧电厂建设作为“十四五”期间生产信息化的重点项目来推进，探索建设一个无人/少人化场站与智能集控型燃气电厂，提炼具备推广价值的模式、路径和方法，在其余6家电厂推广。

当前云计算、物联网、移动应用、大数据、人工智能、区块链等信息化新技术迅猛发展，面对国际形势日趋复杂、电力体制改革、电力需求增长放缓、新能源装机比重不断提高的发展环境和电价竞价上网削弱盈利能力等系列挑战，中国海油在前期电力现货市场仿真及交易辅助决策支持系统/电力交易智能管理系统建设的基础上，以智慧电厂建设推动集团内电力事业改革和数字化转型升级，充分激活数据要素潜能，通过数据共享、释放数据价值，提升转型价值效应，促进公司生产方式和业务模式的转变，推动企业数字化转型走深走实。智慧电厂建设将从数据管理与分析、业务管理、生产管控、设备管理、HSE管理、能源管理、辅助决策支持七个方面展开。智慧电厂功能架构见图9。

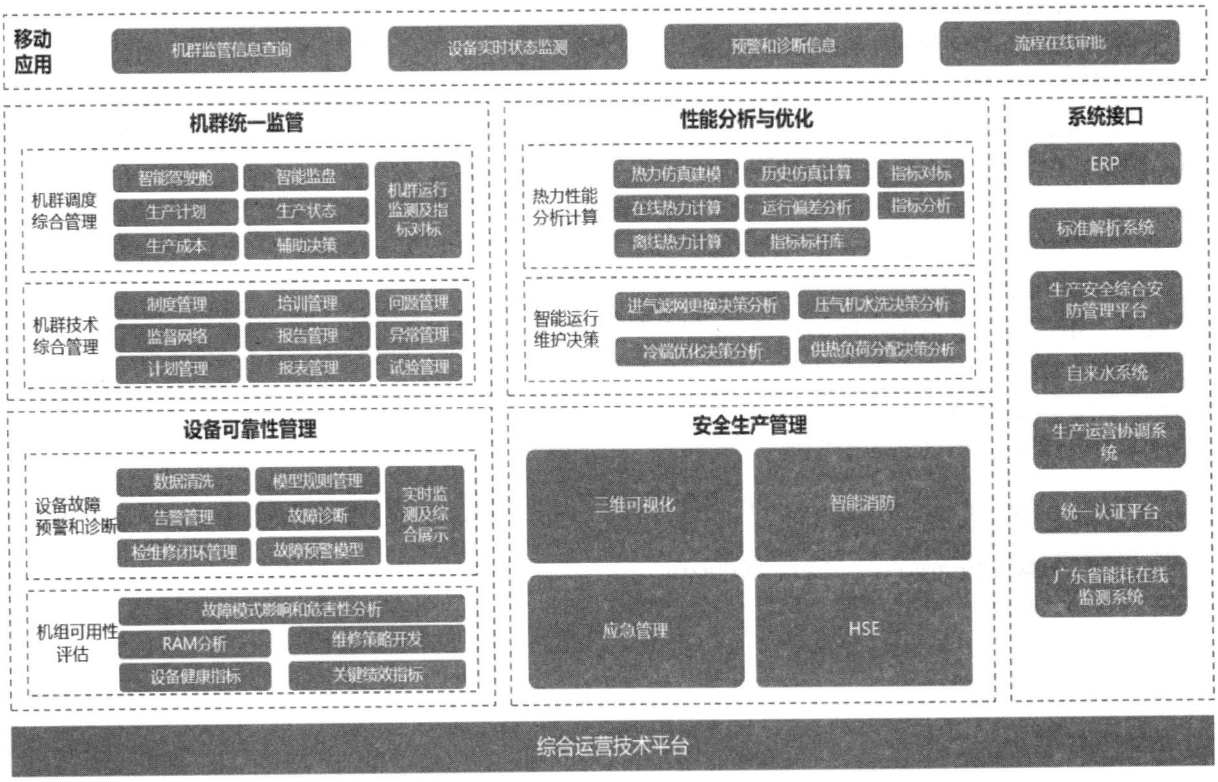

图9　智慧电厂功能架构图

智慧电厂试点项目以综合运营技术平台为基础，通过数字化技术，推动生产组织模式、管理模式和运行模式转变，最终实现集团宏观调控、事业部统一运营、电厂车间化管理的三级一体化智能生产。智慧电厂试点项目的数据集成包含电厂侧和集团侧两部分，电厂侧主要是面向周界报警、闸机、视频监控、防碰撞、消防等安全相关系统数据的采集，通过部署统一数据采集平台，实现与各个系统的接口对接。应用则是在集团侧统一部署于集团生产云中，通过综合运营技术平台提供数据集成服务，实现与管理云等其他系统的集成。针对外部系统的集成，通过DMZ部署的数据集成服务对接。功能方面，电力事业部侧主要部署性能优化、设备可靠性类功能，性能建模及故障库管理由集团统一管理，保证性能模型及故障知识的一致性，为集中协同运营提供信息技术支撑，实现生产经营管理、专家技术支持、检维修服务和综合管理；电厂侧部署性能优化、设备可靠性及现场安全管理类等功能，预警模型建模功能部署在电厂侧，便于电厂未来自主丰富预警模型，实现生产操作和生产安全管理智能化。通过综合运营技术平台与集团已建设系统结合，实现业务与数据的融合，消除业务与业务之间，集团与所属电厂之间的信息孤岛，实现业务横向集成和信息纵向流通，通过试点建设不断完善、优化智慧电厂功能架构、信息网络架构、组织架构，后期必将产生巨大的经济效益。

3 结束语

数字化转型是以数字技术为驱动力量、以数据资源为核心生产要素、以融合创新为基本形式、数据要素赋能增效为目的的改造、变革和重构企业经营战略、治理体系、组织形态、生产方式、运营模式的过程。中国海油燃气电厂智能化发展经历了信息化、数字化和数字化转型升级三步走，生产、运营、管理通过信息化提升了生产效率和管理水平，随着试点电厂的进一步优化，企业数字化转型走深走实，将进一步实现燃气电厂的人、信息化系统与生产系统的创新、融合，以及与其它电厂之间、电网之间的信息共享与协作，使信息化达到全员参与、全流程支持、全过程管理、全产业链协同和全系统集成的新高度，圆梦世界一流企业，实现高质量发展。

参考文献

[1] 中国能源大数据报告(2020)——能源综合篇[R/OL]. (2020-05-21). http://www.cinic.org.cn/sj/sdxz/shengchanny/817661.html.

[2] 中电联发布2019~2020年度全国电力供需形势分析预测报告[J]. 中国电力企业管理, 2020(01): 7-8.

[3] 严兴煜, 高赐威, 陈涛, 丁建勇. 数字孪生虚拟电厂系统框架设计及其实践展望[J/OL]. 中国电机工程学报: 1-17[2022-02-24]. DOI: 10.13334/j.0258-8013.pcsee.212378.

[4] 魏东. 燃气电厂智能化建设策略研究[J]. 中国高新科技, 2020(19): 155-156.

[5] 邢云, 郑扬帆, 蔡青春, 等. 燃气电厂项目管理手册[M]. 石油工业出版社, 2015年.

[6] 郭宇. 厂级监控信息系统在燃气发电机组中的设计和应用[J]. 燃气轮机技术, 2013, 26(02): 44-47.

[7] 张亮亮, 刘小凤, 陈志. 中国数字经济发展的战略思考[J]. 现代管理科学, 2018(05): 88-90.

[8] 房方, 张效宁, 梁栋炀, 王庆华. 面向智能发电的数字孪生技术及其应用模式[J]. 发电技术, 2020, 41(05): 462-470.

[9] 张军保, 许超, 刘春娟. 大数据管理系统在燃气电厂生产经营管理中的应用[J]. 现代制造技术与装备, 2021, 57(10): 198-201.

[10] 杜萍. 基于大数据的安全管理系统在燃气发电厂中的应用[J]. 无线互联科技, 2018, 15(20): 153-155.

[11] 曹闯明, 黄亦星, 刘荣, 董绍华. 中国海油一体化企业智慧管理平台建设[J]. 油气储运, 2018, 37(07): 741-750.

测井实时传输与决策系统设计与实现

于文茂[1,2]　周　军[1,2]　段先斐[1,2]　余长江[1,2]　张　娟[1,2]　李国军[1,2]

（1. 中国石油集团测井有限公司；2. 中国石油集团测井重点实验室）

摘　要　通常井场各专业采集数据比较零散，数据的收集通常采用人工的方式，费时费力，并且数据的格式也不通用，导致各专业之间的信息缺乏有效的沟通与融合应用，工作效率较低。随着各大油田对信息化建设的要求越来越高，对井场各类数据及时收集和快速应用变得尤为迫切，特别是在定向钻井的过程中，仅仅依靠预设的井眼轨迹来指导钻井，无法准确确定是否钻入目的层，更加无法实时快速识别油气藏储层。本文介绍一套随钻、地质、钻井、电缆、光纤测井等多专业数据传输和决策系统的设计与应用，系统采用微服务架构，利用多专业数据的融合实现数据远程传输，达到对井场施工的快速决策支持的目的；通过现场测试，验证了系统功能，大大提高了数据应用时效，具备良好的应用前景，为后期数据解释评价综合应用奠定基础。

关键词　实时传输；快速决策；数据融合；油气藏储层；微服务架构

电缆测井、随钻测井、地质录井、钻井工程作为石油工程中的重要专业，长期以来在服务油气勘探开发等方面发挥着重要作用。在石油工程技术方面，仅仅以地质评价研究和录井钻井工程参数为目的的常规录井技术服务，已经难以满足日益复杂的钻井技术需求，并且随着用工成本的不断上升，也在不断挤压着录井行业的利润空间，常规录井技术的发展处于一个尴尬的境地；随钻测井技术则进入了飞速发展的时代，大部分电缆测井项目均能够通过随钻测井来实现；钻井工程则随着大型油田的不断开发，含油储层的钻探难度不断增大，钻井工艺已由直井、定向井转为水平井、多分支井等复杂工艺井，如何确保钻井准确命中地质靶点，提高油层钻遇率，达到理想的经济产量，是决定该井成败的关键。然而在国内专业化重组后，地质录井与随钻测井、钻井施工单位大多是以单一的形式存在，缺乏彼此之间信息交互的有效途径，效率低下，不能完全满足新形势的要求，必须加快技术攻关，打破行业之间的壁垒，打造高端服务项目已经迫在眉睫。

国内多家公司已经将录井技术与随钻测量相结合应用于地质导向。例如：华北油田录井公司将录井与随钻测量技术融合，取得了较好的经济效益；中石化华北石油工程录井分公司的随录一体化地质导向系统的应用也取得了良好的效果，提高了勘探开发的效率。由于国内随钻测井技术还处于起步的阶段，将随钻测井、地质录井、钻井工程相结合应用的较少，成本相对较高。大庆钻探工程公司地质录井公司将随钻测井、录井技术结合用于水平井钻进，取得了很好的效果，但采用的方式是通过测量的曲线对比来进行导向，没有采用一套完整的软件系统进行地质导向与实时解释评价。在国外 Halliburton 设计了 COMBO 综合录井系统，已经将综合录井参数采集与 MWD/LWD 信息系统结合起来，为用户提供井场地质导向支持。因此这种随钻测井、电缆测井、生产测井多业务相结合的一体化高端服务模式将逐渐成为行业信息发展的一种趋势。

1　功能需求与分析

在勘探开发测井领域涉及的业务主要包括电缆测井、随钻测井及生产测井三类，系统通过对三类测井信息收集，根据数据应用需求，将井场地面系统采集的电缆、随钻以及生产测井工程数据和成果数据有效收集，依托网络完成井场和基地之间数据远程传输，实现井场信息收集、后台数据处理、数据监控与分析以及集成综合等业务一体化应用。软件功能结构图如图 1 所示。

根据软件功能将系统划分为数据接入层、通信管理层、业务数据层、统一数据接口层、数据应用层，如图 2 所示。数据接入层实现不同业务数据智能化采集与存储；通信管理层通过数据传输软件将数据规范化组织，同步至业务数据层的核心数据库并按不同业务分类存储，统一数据服务采用微服务架构实现，将业务数据层的数据实时发布，为数据应用层提供数据服务支撑。

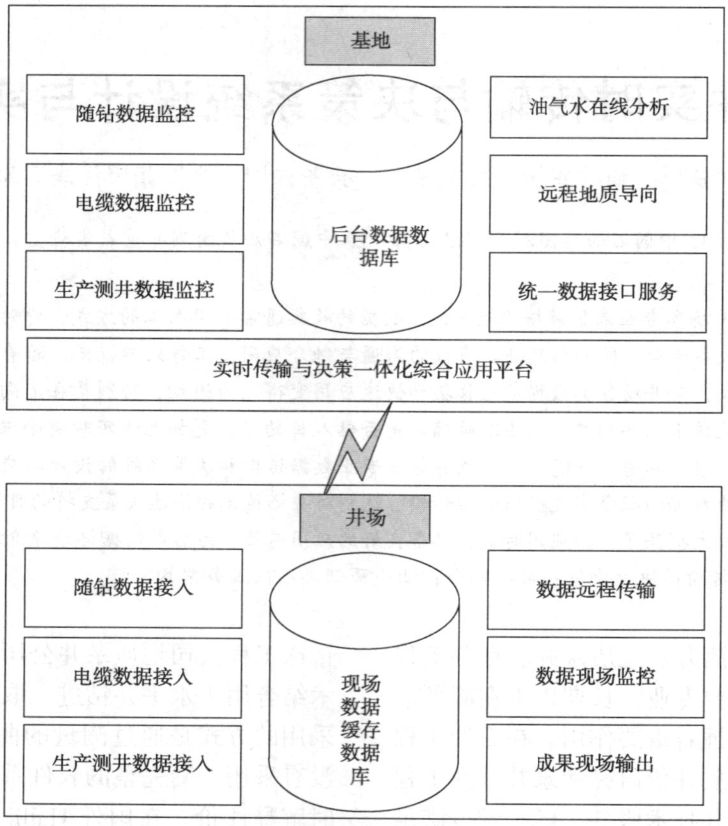

图1　软件功能结构图

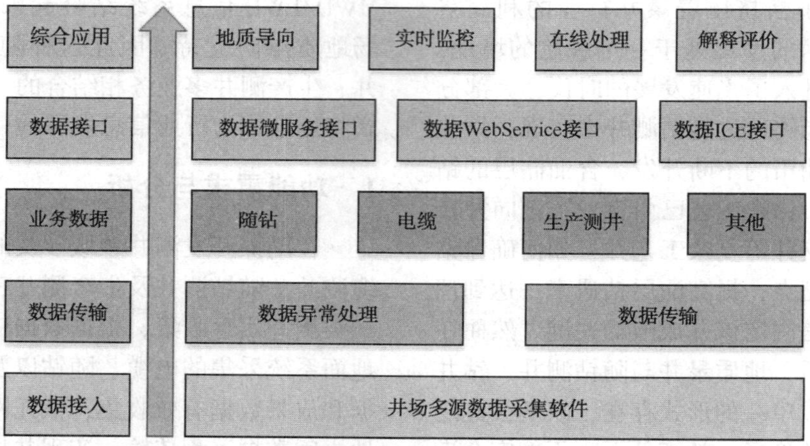

图2　软件业务流程图

2　软件设计与实现

基于随钻、电缆、生产测井各专业业务链，采集各种所需专业化数据，通过跨专业总体设计，围绕井筒形成规范化的数据标准和应用体系，采用数据传输接入井场、事业部基地、公司基地多个数据中心，进行专业化统一存储，同时形成一体化实时数据模型，推送到地质导向与解释评价软件进行综合应用。数据中心采用云存储提供协同服务，运用大数据、云计算等先进技术为后续的决策分析提供数据支撑。地质导向软件在钻前模型的基础上，应用一体化实时数据，进行油、气、水层的定性识别，通过钻时实时调整，完善地质模型，指导地质导向作业，建立钻后模型，最终形成地质解释成果；

2.1　井场数据采集与传输

井场数据包括随钻测井、电缆测井和生产测井三类数据，每一类数据由不同设备采集。

随钻测井业务以 WITS 协议实现数据接入，涉及的设备包括贝克休斯旋转导向装备、美国 APS 随钻地面装备、GLAS 随钻测井系统以及 ACE 录井系统，数据采集软件围绕井筒实现井场随钻采集数据、钻机工程数据、录井参数等数据的融合；电缆测井业务由于单位时间产生的数据量较大，以帧为单位实现数据接入，根据不同的电缆测井设备数据格式，适配成统一格式存储管理；生产测井业务由于数据量较少，数据产生时间长，参考随钻测井业务数据格式数据数据接入。完成上述所有的数据采集后，数据传输通过系统统一接口完成井场数据至基地后台数据中心的推送，数据采集与传输流程图如图 3 所示。

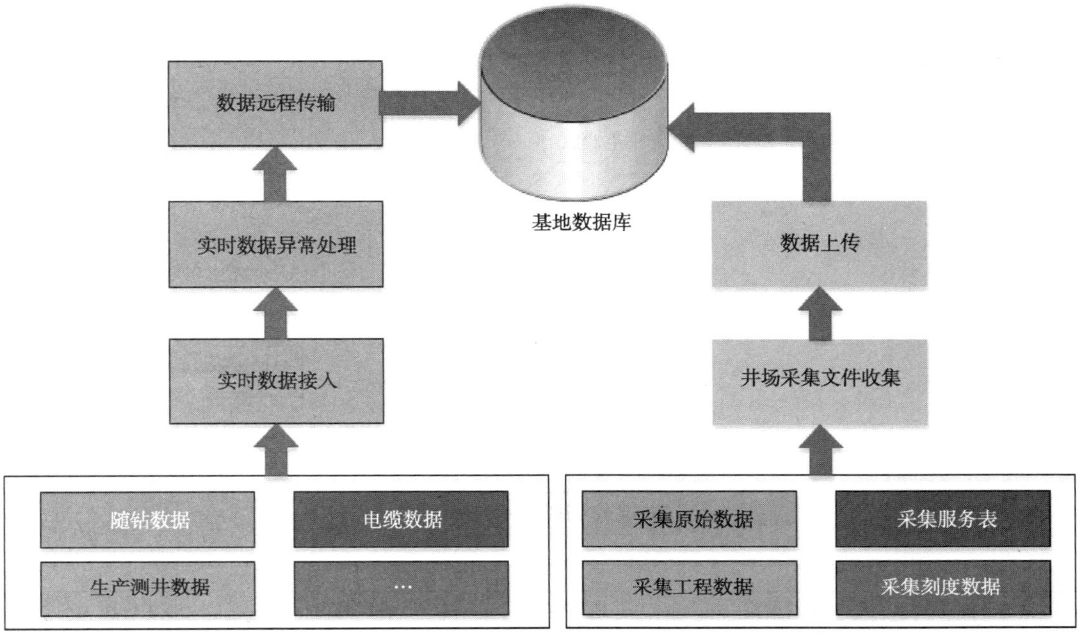

图 3　数据传输流程图

基于井场数据采集与传输需求，实现多设备、多端口网络数据传输，满足多用户对现场数据的应用需求。

（1）不同仪器的数据采集链路选择不同的数据端口，支持多端口、多模式、多协议的数据同时接入。

（2）数据支持断点传输，软件连续稳定 7 * 24 小时工作。

2.2　后台数据库设计

根据业务需求和系统架构，软件需满足随钻、电缆及生产测井数据的存储要求，存储数据主要分设备采集的实时数据和成果文件。在设计数据库时，围绕井筒工程作业过程形成的信息，参考集团统建系统数据基础业务模型，在随钻和生产测井业务方面，制定 WITS 数据传输规范，构建了多数据源结构化与非结构数据体系；在电缆测井业务方面，制定了以测井任务单和车载数据中心为基础的结构化与非结构数据存储体系。后台数据库模型设计图如图 4，图 5 所示。

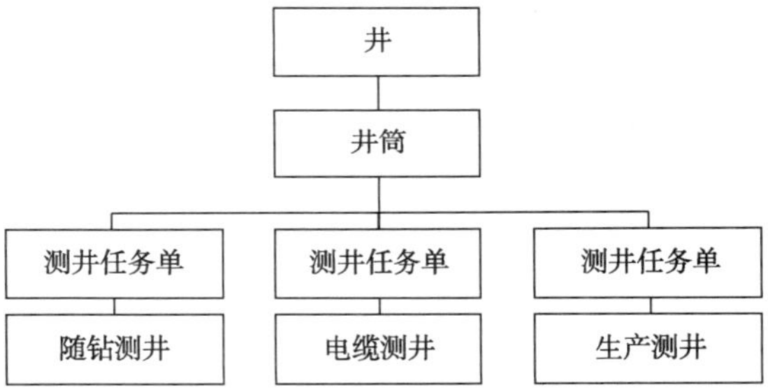

图 4　数据库顶层模型

2.3　数据监控与决策综合应用

数据监控与决策能够及时分析测井施工状况、预防和减少事故发生、保障测井安全，包括如图所示钻前分析、实时监控、地质导向、在线处理、成果管理五个主要功能模块。采用 Web 服务的方式将服务端和客户端应用整合，支持施工钻前资料（设计资料、邻井数据）上传、下载及 Web 端快速预览等功能，指导钻前模型设计，实时监控模块提供对作业中钻井工程参数、实时曲线、二维地层以及三维轨迹可视化展示，并对参数实现异常预警提示，协助用户了解施工情况；地质导向支持服务端提供数据服务至地质导向客户端软件，快速建立轨迹与地层剖面，帮忙用户直观了解钻头钻进的情况；在线处理利用处理解释软件实时获取后台数据，实时计算孔渗饱等曲线，进行油气水识别等综合分析；成果管理功能在于将客户端应用软件生产的曲线成果图件快速提交至服务器端，基于Web浏览器实现成果的快速预览与共享。见图6。

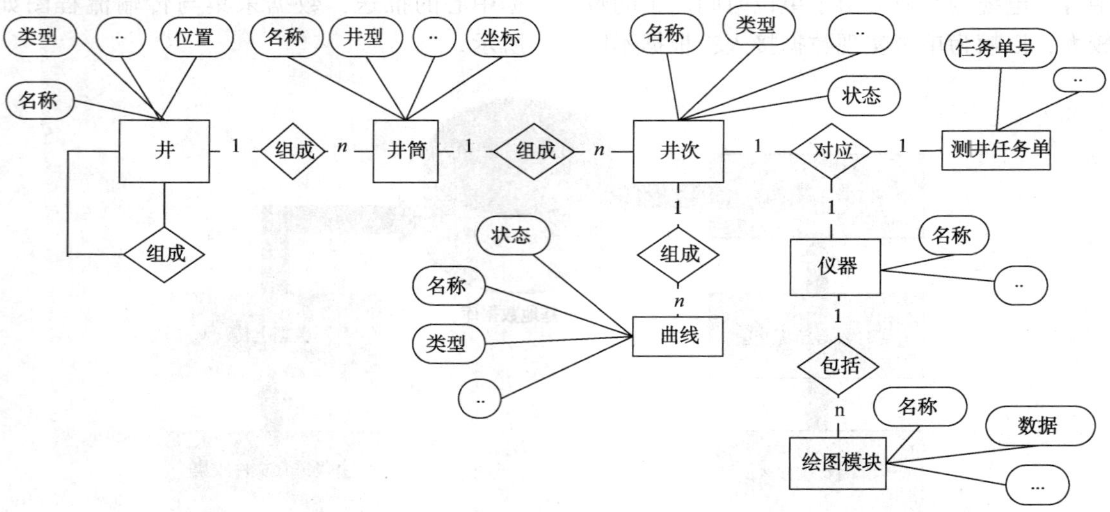

图5　数据库E-R实体图

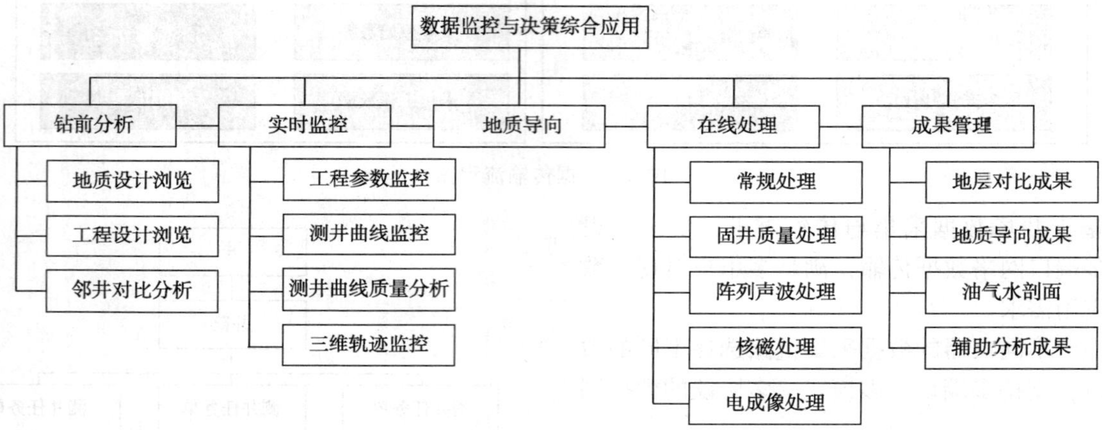

图6　数据监控与决策综合应用

3　应用效果

软件系统在西南油气田和青海油田等区块完成了多口井现场施工，实现了井场多源数据一体化应用，取得了较好的应用效果。以威远区块XX井为例，验证实时数据接入、远程传输、导向决策等功能。

实时数据接入与远程传输。根据井场地面系统类型，设置不同数据接入方式，按照不同数据类型，实现实时数据的接入，数据接入缓存至本地数据库，软件具备7＊24小时数据稳定接入能力，支持数据断点续传；在公司内网环境下，通过调用后台数据库统一接口，按不同地面系统和数据类型，完成井场实时数据至基地后台数据库的同步，为数据的后期应用奠定基础。如图7系统接收来自井场地面系统实时数据并实时滚动数据展示，如图8展示为数据远程传输至后台服务器的工作界面，通过界面直观看出，软件功能符合实际业务的需要，易操作，界面交互性良好。

数据监控与异常提示。井场数据传输至后台数据库结构化存储，通过Web服务在浏览器上加载数据实现监控，数据监控分按时间索引和深度索引监控两种方式，满足不同监控场景的需求。图 9 所示按时间索引方式对钻井工程参数和曲线数据实时监控，图 10 所示展示的是实时数据异常提示功能，用颜色标定的数据为异常监控对象，从图中可以看出横向振动超出正常数值范围，用黄色填充数字单元格，用绿色标示单元格的数据处于正常范围。

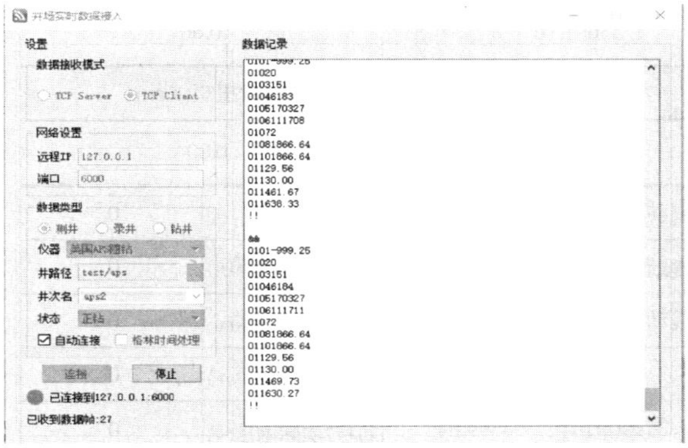

图 7　实时数据接入

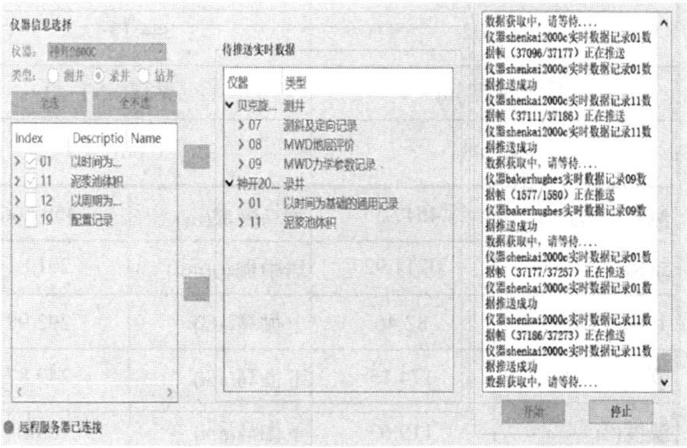

图 8　实时数据远程传输

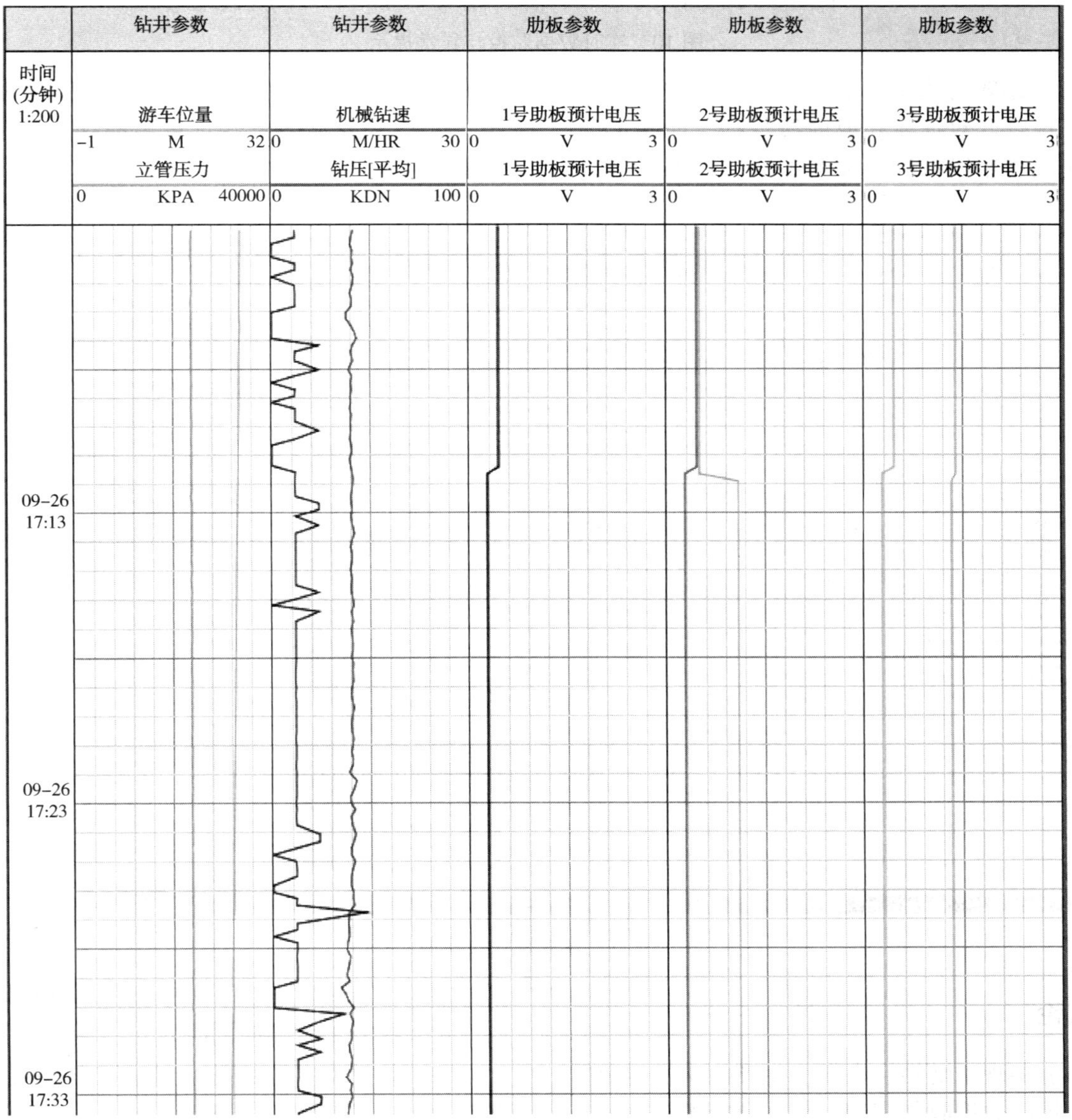

图 9　实时数据监控

**井实时数据

当前时间: 2021-09-02 17:19:20

井眼深度(m)	大钩负荷(kN)	立管压力(Kpa)	游车位置(m)
4603.02	844.13	33691.10	10.66
钻头深度(m)	钻压(kN)	钻速(M/HR)	转盘扭矩(Knm)
4602.48	0.00	0	0.00

测斜测深(m)	4547.35	伽马测深(m)	4597.66	横向震动	8.34	肋板测深(m)	0
垂深(m)	3211.92	居中伽马(api)	291.81	轴向震动	0.00	肋板1预计电压(v)	0
井斜(°)	82.46	上伽马(api)	292.98	切向震动	0.00	肋板1实际电压(v)	0
方位(°)	174.15	下伽马(api)	249.87	粘滑	0.00	肋板2预计电压(v)	0
温度(°)	119.63	下伽马(api)	0.00	近钻头测深(m)	4599.84	肋板2实际电压(v)	0
重工具面(°)	0.00	左伽马(api)	0.00	近钻头井斜(°)	85.08	肋板3预计电压(v)	0
电阻率测深(°)	0.00	电阻率(ohrmm)	0.00	近钻头垂深(°)	3219.90	肋板3实际电压(v)	0

图 10　实时数据监控与异常提示

在线处理与决策。通过 Web 发布的统一数据接口从后台数据库获取曲线数据，如图 11 所示，获取的曲线是固井质量 CBL 和 VDL，通过计算得出固井结论判断一、二界面胶结质量的好坏。图 12 所示是客户端计算出的结果同步至服务端并在 Web 展示的效果。

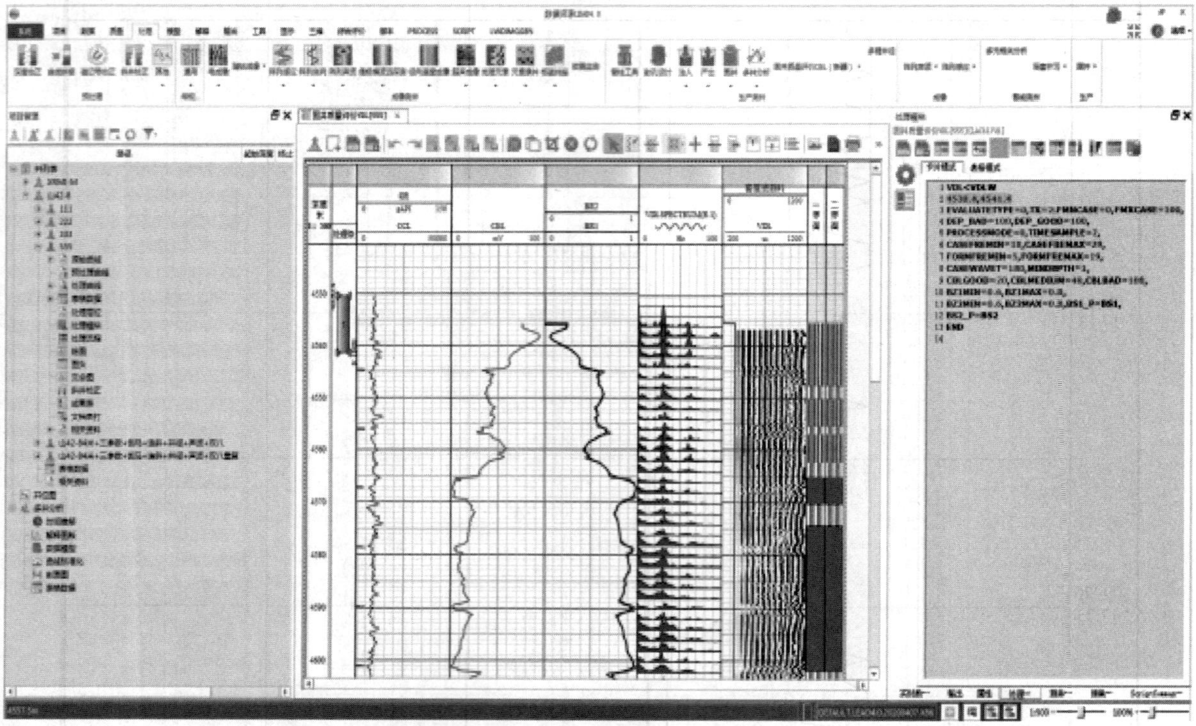

图 11　客户端在线处理

4　结论

（1）实现了随钻、电缆、生产测井实时数据收集，提高数据收集管理、数据分析的时效。

（2）实现了现场实时数据至基地数据同步存储与共享，通过数据统一服务，支撑远程导向业务，大大提升地质导向的时效。

（3）软件将多源数据实时监控与在线处理，有助于快速对油气水的识别。

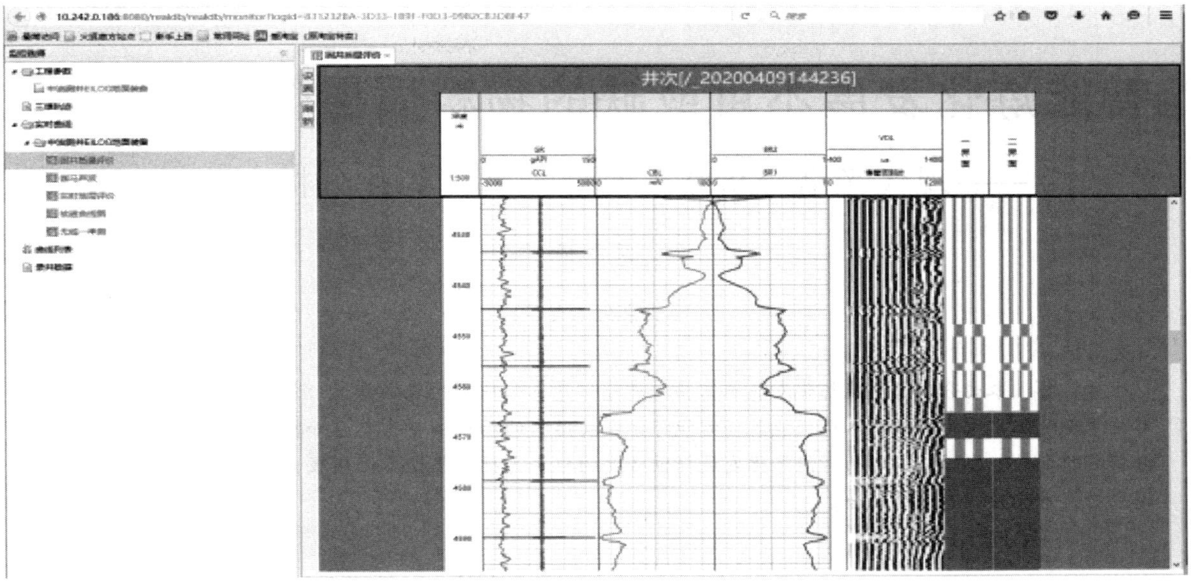

图 12 Web 端处理结论在线展示

参 考 文 献

[1] 李传伟，杨亮，李国军，等，测井地质工程一体化软件设计与实现[J]. 测井技术，2018，42(2)：228-231.

[2] 杨亮，李安宗，李传伟，等. 基于网络化的随钻测井地面采集管理平台设计[J]. 计算机测量与控制，2014，22(9)：2931-2933.

[3] 李传伟，肖江涛，王鹏，等. SKC9800 数控测井系统软件的设计与实现[J]. 测井技术，2000，24(6)：457-459.

[4] 陈江浩，余卫东，雷晓阳，等. 基于 OSGi 的跨平台测井软件的设计[J]. 测井技术，2014，38(5)：587-591.

[5] 李长文，余春昊. LEAD 测井综合应用平台[M]. 北京：石油工业出版社. 2011.

[6] 王振华，谢红武，马继兵，等. ACE-5000GS 随录一体化地质导向系统功能设计与应用[J]. 录井工程，2014，25(4)：54-58.

智能炼化发展不可或缺的物料质量信息化技术

——现代光谱分析技术与建立智能炼化分析实验室

袁洪福

（北京化工大学）

摘　要　本文分析了智能炼化发展亟需物料质量信息感知技术的现实需求；介绍了现代谱分析技术与其技术现状水平，目前该技术已经能胜任智能炼化发展亟需的物料质量信息感知技术；提出发展智能炼化分析实验室的新思路，以期为智能炼化发展提供必要的技术支撑；建议炼化领域自动化技术学科与现代光谱分析技术学科进行深度融合。

1　智能炼化发展亟需物料质量信息感知技术

如同其他行业一样，近年来智能炼化在炼化领域作为研究课题或产业发展方向等频繁出现，成为热门词汇，十分引人关注。首先，人工智能是信息化和自动化的融合。智能炼化则是人工智能在炼油化工行业的具体化，旨在通过发展和应用炼油化工领域中的人工智能技术，以提高其管理和技术水平，从而在节能，环保，产品质量，效益等方面实现最优化。其实，炼化领域中智能化技术也不是人工智能提出后才发展的，多年来一直在发展，从未停止过，例如先进过程控制(APC)就是智能化技术之一，其发展和应用也相当成熟和普遍。随着人工智能在社会方方面面的应用和普及，也更加促进了智能炼化的快速发展。

另一方面，人类活动引起的全球气候变化对生态产生了严重影响，已经成为人类必须解决的问题。我国提出了”双碳”战略，大力发展非化石能源，降低或消除进一步碳排放。在炼化领域降低碳排放技术包括负碳技术(非化石能源)和减碳技术(生产过程优化)。从技术客观发展看，负碳技术的成熟和应用尚需时日，预计在2040或更后时间有望实际应用，因此，当前或今后相当长的一段时期内，炼化生产企业完成减碳任务的技术途径主要依赖于生产过程优化。因此，大力发展智能炼化，优化生产过程，降低碳排放，也是落实双碳战略的必选项。

智能炼化是炼化行业的信息化和自动化的融合，其中，信息化占主导地位，而信息化核心是信息感知技术。近年来炼化信息感知技术发展也很快，比如影像和大数据采集等技术的发展，对智能炼化的发展产生了明显的推动作用。目前，炼化行业自动化技术包括优化，调度，实时优化，先进控制和PID等发展已较为成熟，它们之间层次关系如图1所示。除RTO外，大多应用比较普遍。目前炼化行业中RTO发展非常缓慢，主要受制于被加工物料质量的信息化技术落后。由于被加工物料的质量参数种类很多，比如汽油的质量参数包括辛烷值(研究法，马达法，抗爆指数)，密度，蒸气压，饱和烃，烯烃，芳烃，苯含量，甲苯含量，氧含量，乙醇含量，MTBE含量，馏程(初馏点，5%蒸发温度，10%蒸发温度，50%蒸发温度，90%蒸发温度，95%蒸发温度，终馏点)，未洗溶剂胶质，溶剂洗胶质，诱导期等，测定这些信息参数涉及使用很多种测试方法和很多种实验设备，目前依靠取样送

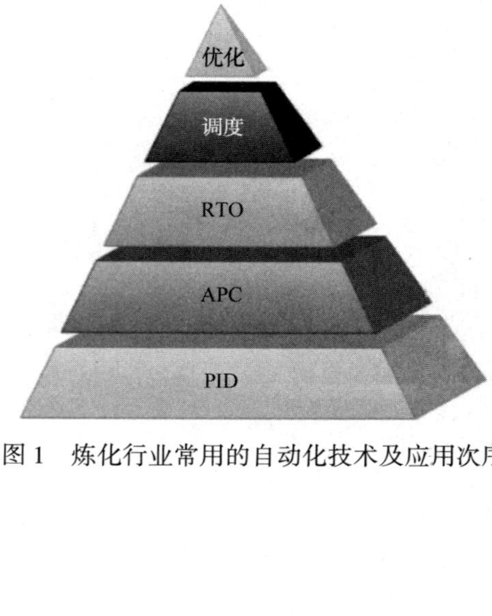

图1　炼化行业常用的自动化技术及应用次序

化验室检测，完成所有参数测试的周期很长，不能满足 RTO 对这些信息的即时需求。因此，研究和发展炼化行业被加工物料关键质量参数的感知技术，使 RTO 应用亟待解决的技术课题。

现代光谱分析技术具有快速，同时测定被加工物料的多项质量参数的优点，可以进行在线或原位检测，是 RTO 实施不可或缺的信息感知技术，对于智能炼化发展以及减碳战略实施，均具有重要的实际意义。

2　现代光谱分析技术与技术现状水平

光谱种类也很多，包括分子光谱，原子光谱，荧光光谱，核磁共振等，它们分别从分子，电子，原子核等水平上反映物质的组成与结构信息。光谱作为物质的一个属性，通过物质组成这一内因，与物质其他属性（如辛烷值等）存在着函数关系，因而被广泛用于物质的定性分析和定量分析，具有快速等优点。光谱是一种经典的分析技术，如分光光度计，紫外光谱仪，荧光光谱仪等，这些技术至今也是实验室中的常规分析手段。经典光谱分析基于光谱定量理论（如吸收光谱定量理论，Beer-Lanmbert Law，即物质光谱强度与其浓度呈线性关系。）进行分析的。一般，通过配制标准溶液，使用单波长（也称单元）最小二乘法回归方法，对光谱强度与浓度数据进行关联，建立光谱分析的校准曲线。然后，使用被测样品光谱，依据校准曲线进行检测。其应用需具备两个前提条件：一是能够获取定标物质；二是被测物质的特征光谱谱带与其共存物质的不存在交叠。因此，传统光谱分析仅适用于被测物质不受共存物质干扰以及其标准物质具有可获性的场景。显然，对炼化领域大多数物料如汽油，渣油和高分子等物料，其组成极其复杂，通常不具备上述前提条件，因此，难以适应。

为克服传统光谱分析的局限性，发展了多元分析方法，即使用多个波长（即多元）建立校准曲线。通过求解多波长光谱构成的线性方程组，将共存组分的光谱谱带进行分离，即获得各组分的纯光谱信号，再依据各自校准曲线对组分性质进行定量分析，综合所有组分分析结果，就可以测定共存组分光谱相互重叠的样品。但是，不同波长光谱强度间常会存在呈比例的现象，导致求解方程的行列式值为零情况出现，即数学上的“共线性”，使得方程组无唯一解。为解决计算问题，在方程求解前，先对光谱数据进行预处理，如主成分分析（PCA），使用新变量表达原变量，不同新变量之间不存在“共线性”，使求解方程计算得以进行。如最常用偏最小二乘法（PLS），就是 PCA 与多元线性回归（MLR）的结合。使用 PLS，可以将光谱分析用于如油品，高聚物样品的组成含量或其它物化性质的分析。基于这类定标方法的光谱分析称之为现代光谱分析技术，如近红外光谱，拉曼光谱，核磁共振等分析技术。与其他光谱相比，在炼化领域应用最多的是近红外光谱分析技术。应用最早和最多的工艺是油品调和工艺，目前已经用于催化重整，催化裂化，原油蒸馏，高分子聚合等工艺中。近年来，现代光谱分析技术呈明显上升发展趋势。

现代光谱分析技术一般由光谱仪器，多元分析软件和定标模型等部分构成。其中，仪器负责采集光谱，多元分析软件用于建立模型，模型是基于光谱预测性质的函数关系。目前国内炼化领域的商品技术以进口产品为主，包括台式仪器和在线分析仪器。通过对大量用户使用情况调查，正反馈信息是，现代光谱分析技术的快速优势得到充分肯定；负反馈信息是，一是建模难，周期长，二是分析结果不准确，“看趋势，作参考”，不能作为控制变量使用。主要问题来自于三个方面：（1）管理上对该技术重视不足，没有为此设定技术岗位，大多兼顾其应用，缺乏足够的模型维护；（2）进口产品几乎都使用 PLS 方法建立模型，建模工作量大，周期长，技术门槛高，不易为操作人员掌握。PLS 算法中使用了回归方法，存在着均质化效应，严重影响预测结果准确性。（3）无论厂商还是用户，对技术还存在着一些错误认知，如模型范围覆盖所有变化，一劳永逸等，不能正确使用该技术。

目前，这些问题已经在理论、方法和技术上获得了突破，可以实现光谱分析结果的溯源，即向标准物质或标准方法溯源，以保证分析结果的准确性，其分析结果可以只作为控制变量使用，为现代光谱分析技术用于智能炼化发展奠定了技术基础。从信息角度，分子光谱包括红外光谱，近红外光谱，拉曼光谱等，任何一种都可以反映有机物质的信息，适合物料主要分含量及物性的感知。对于其中无机成分或元素分析，可以使用 X 荧光光谱或原子光谱。综合两种光谱就可以实现炼化领域被加工物料的组成含量和所有物性的即时感知，或者说质量的全息(全部质量信息)感知。从仪器技术发展角度，目前可以实现液体，固体和气体物料的光谱采集，能满足智能炼化发展的各种工艺物料质量信息感知的需要。

3 建立智能炼化分析实验室

综上所述表明，被加工物料的质量信息化是实现智能炼化的关键内容之一，现代光谱分析技术则是其不可或缺的信息感知技术。现代光谱分析技术的发展应从建立智能炼化分析实验室开始。首先，光谱分析定标是现代光谱分析技术的重要环节，涉及定标样品采集，定标样品性质测定和定标样品光谱采集等。其中，定标样品性质测定使用的方法为现行标准测试方法。因此，现代光谱分析技术与目前现行的炼化物料性质测试方法之间关系，是相辅相成，不是替代关系。无论实验室台式仪器还是在线分析仪器，都需要光谱分析定标，其定标工作均由炼化分析实验室承担。随着现代光谱分析技术的发展，无论实验室分析还是在线分析，常规化验室分析将实现仪器自动化分析，无需人工值守。其化验室面貌将发展根本性改观，将使用目前化验室 5% 的工作量，进行光谱分析定标。将用自动化光谱仪器分析替代传统炼化分析实验室的所有重复性劳动。如果使用在线分析仪器，可以直接分析装置过程物料。现代光谱分析结果准确性完全符合现行标准分析方法要求，可实现所有物料的即时分析，分析结果可直接输送至装置优化控制系统，用于 RTO。

4 建议

(1) 智能炼化分析实验室由现行标准分析方法体系、现代光谱分析技术体系构成。应在现有的炼化分析实验室基础上，建设智能炼化分析实验室，为智能炼化发展提供必要的技术支撑；

(2) 目前炼化领域自动化技术的信息获取仍然主要由软仪表方法提供，其原因可能来自于前期现代光谱分析技术应用效果不理想以及成本考虑。现在现代光谱分析技术发展已经趋于成熟，炼化领域自动化技术学科应与现代光谱分析技术学科主动握手，实现深度融合，真正促进智能炼化的快速发展。

勘探开发全景式文档检索系统建设及应用

杨晓波　刘万伟　顾　娟

（大庆油田有限责任公司勘探开发研究院）

摘　要　企业经过多年的信息建设，建立了海量级的文档数据库，并完成了文档的分类管理与存储，但应用依然停留在依据名称、属性等列表式查询，无法实现对文档中的内容、图片、表格快速检索；同时，传统的搜索引擎技术并不能完全适用于油田特有的领域知识库。针对这些问题，对油田业务涉及分词、索引及排名策略进行了深入研究，形成了一个“实时抓取、实时解编、智能检索、精准抽取”智能全景式文档检索应用的技术体系，并研发上线了“搜到”系统，实现油田领域知识的快速检索和获取。

关键词　全文检索；排名策略；索引库；同义词

企业经过多年信息化建设，文档数据已经具备了集中管理及存储的基础，但现有文档管理目前还存在以下几方面不足：

（1）文档应用时间成本高：文档成果以文件方式存储于服务器端，要浏览文档需要先下载到本地，再打开浏览，单文件应用时间成本极高，且效率低下；

（2）成果检索手段落后、效率低：目前文档应用模式采用传统的搜索模式，只能对有限的预设的属性检索，在面对复杂多变的信息检索需求时，显得力不从心，也难以对文档内容进行深度搜索，检索效率低下；

（3）系统过多依赖人工干预：文档信息以外挂属性表的方式描述，需要业务人员手工对文档属性进行录入描述，工作量大、效率低；

（4）文档检索模式简单：文档检索模式只能依据文档名、预置属性检索，无法实现基于内容的查询。

综上所述，面对现有文档数据应用现状，急需建立一套勘探开发文档自动解编及检索系统，并基于搜索引擎的处理模式，将原非结构化文档借助专用解编工具，转化为结构化数据索引存储，并构建搜索应用的技术思路，实现文档归档规范化、上报审核自动化、成果检索智能化。并通过搜索引擎的搭建，更多的挖掘出文档成果的数据价值，为业务人员及时、准确的提供所需各类成果资料参考，最大限度的应用过往历史数据、资料和知识成果，为勘探开发生产提供服务，减少生产成本，提高开发效益，提高工作效率。

1　技术思路

整个系统收集了企业生产文档、文献文档以及成果文档，对其进行分类抓取、解编，创建索引，对关键字的智能检索，对数据指标精准抽取，实现文档全景式智能检索系统，系统架构如图 1 所示：

（1）存储层：基于已建成果数据来源，通过数据迁移、数据解析等处理方式将结构化数据迁移到新库中来，将非结构化数据通过软件解析的方式从库中提取分类归档，形成逻辑统一的项目库、文档库，遵循油田 EPDM 标准，通过构建统一数据服务接口方式，对本系统及相关功能模块提供数据支持。

软件功能模块只与项目库对接，保证数据来源唯一，入口唯一。通过后台处理程序将非结构化文档处理统一构建索引，自动将解析数据入库处理，实现结构化数据与非结构化文档数据的适配关联，并提高数据访问的效率及软件的通用性。

（2）服务层：将本系统及相关功能模块所使用的公共服务接口、通用组件、通用接口进行封装，在系统服务总线的管理及支持下，为整个系统提供服务支持。服务层包含平台服务、业务服务、文档服务及消息服务。

（3）内核层：对文档处理中的相关算法单独

图 1　文档管理及检索模块系统架构图

封装，供模块统一调用。

（4）应用层：实现对老成果系统的更新升级，对数据库结构、后台服务、界面设计都有了一次较大的版本更新，使系统更适用于当前业务现状，更利于用户使用操作，界面应用包括项目搜索、文档搜索、图件搜索、个人中心、在线查看、数据录入数据审核、系统设置等。

（5）管理层：基于一体化应用框架接口，实现了对该子系统用户的集中管理、授权以及相关日志、安全等功能。

2　技术实现

2.1　分词词库及索引库建设

传统的文档搜索要求用户预先手工为文档设置很多属性，这种强制性要求其实很难落地。而本系统可通过对文档的深度解析，根据专业语料库，对文档进行内容识别，关键信息自动索引，用户不需要设置任何属性，即可实现对文档的精准搜索。这要求对各种格式文档具备识别、解析、读取、分析的能力。如图 2 所示：

序号	分类	格式	说明
1	Word	doc	2003版本以上
2		docx	
3	Powerpoint	ppt	2003版本以上
4		pptx	
5	Excel	xls	2003版本以上
6		xlsx	
7	pdf	pdf	
8	写字版	rtf	
9	纯文本	txt	
10	超文本	html	
11	图片	png、jpg、bmp	
12		emf、gif、wmf	
13	压缩文件	rar、zip	
14		7z	
共计		共19种	

解编格式

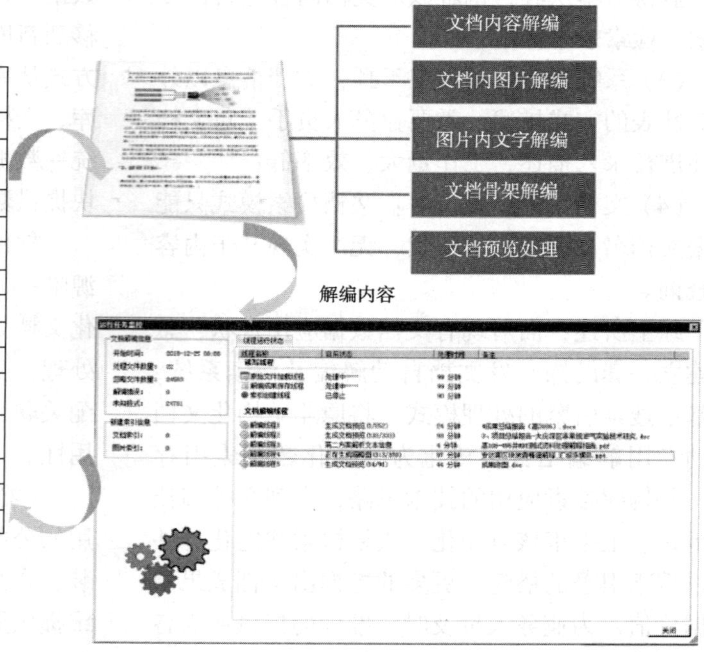

图 2　文档解编管理过程

在文档解编过程中，为了分词更加准确，需要基于油田特有的领域知识建立分词词库，其中除了常规的勘探开发特有名词外，还包括油田特有的地质目标、专家姓名以及地质对象的命名习惯。通过以上定义及油田标准规范，建立了石油勘探开发专业分次词汇 63 万余条，并把相应的索引建到了高速的 E 数据库中，为油田知识精准检索奠定了良好的数据基础。具体明细如表 1 所示：

表 1　分词词库建设

序号	来源	词汇量（个）	备注
1	石油词汇大全	2906	
2	石油大全	13246	来自搜狗语料库
3	石油专业词汇	1952	
4	石油地质核心词汇	2197	分析专业中英文词典，剥离专业名词
5	石油地质学常用专业英语词汇		
6	钻井专业词汇		
7	普通地质学名词解释大全	944	
8	中国石油勘探开发百科全书	2695	
9	油田专有词汇	609673	油田数据库
合计		633613	

2.2　检索排名策略优化

检索词即为关键词，由是由若干个字组成的词组或短语，可为多个关键词，关键词之间用空格分开。精确检索就是指输入的关键词在文档中检索结果字序、字间间隔是完全一样的，模糊检索就是输入的检索词在检索结果中出现即可，字序、字间间隔可以产生变化。

在系统中增加了同义词的概念，不仅是生活中的同义词，更加有企业专业中独特的同义词意义，设定了专业的同义词在检索过程更体现了企业文献的价值和意义。

本文使用了 lucene 默认评分机制算法，同时也提供了二次评分功能。系统中在创建索引的 TYPE 设计时，增加了分类、项目和编写人三个字段，设置为 Keyword 类型，做为二次评分机制排序条件。在输入查询关键字后，根据倒排序方法获取文档结果集，结果集根据评分机制，得到一个先期排序集，再次根据设定排序条件，获得最终的排序结果。具体排名策略如下：

（1）以人名进行项目检索中，出现在完成人中的专有名词要比审批人占有更大的权重；

（2）地质对象全称要比部分出现占有更大权重；

（3）以地质对象名称检索时，出现在题目中的对象名称要比出现在文章中的名称占有更大的权重。

2.3　文档密级及权限管理

通过角色、操作分类、文档密级对用户进行授权，文档的级别分为公开级、普通级、秘密级、机密级、绝密级五级，页面级别设定可检索、可下载、可预览、可拷贝和可抽取五级。如图 3 所示：

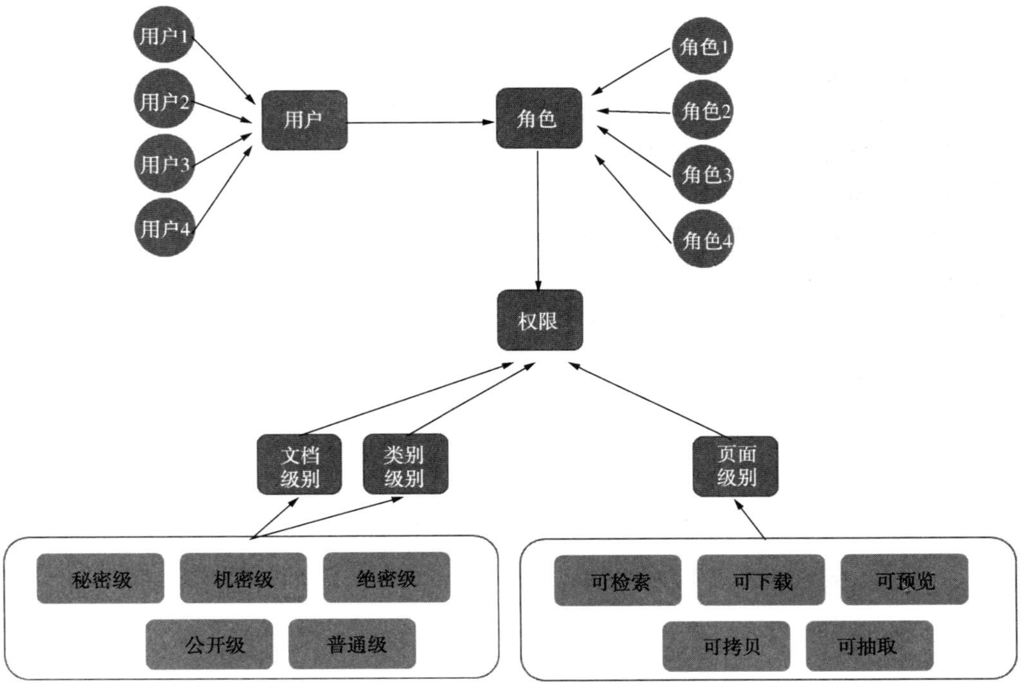

图 3　文档密级及权限管理

3　应用效果

本文在传统搜索引擎框架的基础上，实现了“搜到”系统，构建了一个“实时抓取、实时解编、智能检索、精准抽取”智能全景式文档检索系统，解决了企业大量的成果文档单一的检索的方式，不仅提供了快捷和多样化的检索方式，更是提高了企业成果文档的使用率和利用率，在项目生产过程中增加很多的文献依据，加快项目生产研究脚步，提高了企业生产效率，实现了各种成果文档再生价值。全流程的应用效果如图4所示：

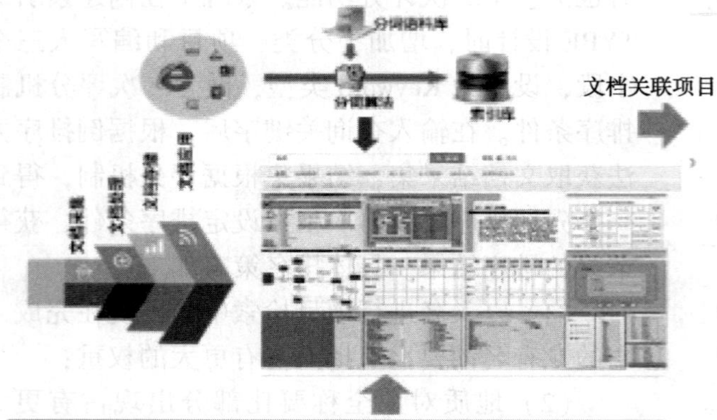

序号	来源	词汇量（个）	备注
1	石油词汇大全	2906	
2	石油大全	13246	来自搜狗语料库
3	石油专业词汇	1952	
4	石油地质核心词汇	2197	分析专业中英文词典，剥离专业名词
5	石油地质学常用专业英语词汇		
6	钻井专业词汇		
7	普通地质学名词解释大全	944	
8	中国石油勘探开发百科全书	2695	
9	油田专有词汇	609673	油田数据库
合计		633613	

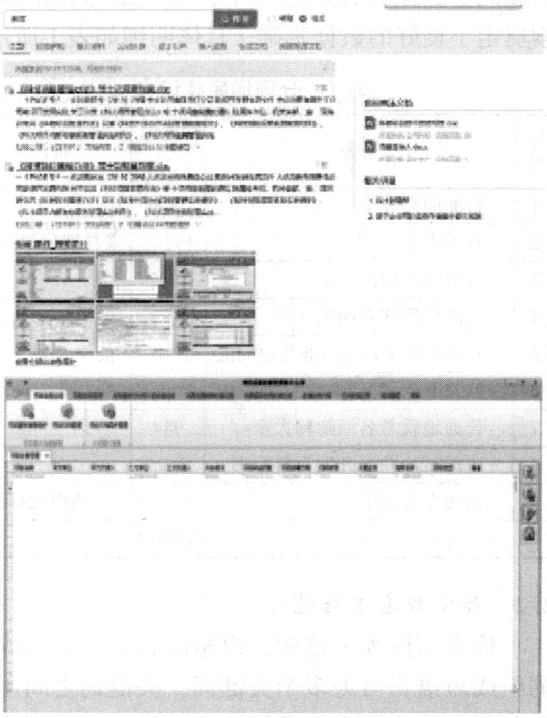

图4　搜到应用效果

4　结语

与市面通用搜索引擎相比，本系统在文档预览、深度搜索等方面走到了技术的最前沿，系统是一套技术先进、功能完善的非结构化成果解决方案，改变了传统技术只能对结构化数据库进行数据挖掘的历史，将海量的非结构化成果文档当做数据源进行深度搜索，大大扩展了成果应用的边界，提升了现有成果价值，避免了数据黑洞。

参　考　文　献

[1] 李渤波. 中国石化科技期刊全文检索系统WEB版的功能与实现[J]. 石油炼制与化工. 2007年10期.
[2] 黄杰. 基于Lucene的全文检索系统模型的研究[J]. 暨南大学硕士论文. 2007.
[3] 徐茂军. 基于内容与结构的文本挖掘方法及其分布式应用研究[J]. 山东师范大学硕士论文. 2013.
[4] 李政，武彤. 基于分布式消息队列的企业级全文检索模型研究[J]. 计算机应用与软件. 2017(06).
[5] 赵建亭. Elasticsearch权威指南[M]. 清华大学. 2021.

互联网助推工程项目安全生产

郭太江　郭　鹰　闫景鹏　张益公　曾繁涛

（海洋石油工程股份公司）

摘　要　本文通过互联网引入工程项目安全生产管理前后的对比分析，尤其是通过互联网在工程项目安全生产中的成果应用，论述了互联网助推工程项目安全生产的效果和重要意义。

关键词　互联网；助推；项目；安全生产

1　工程项目安全生产必须借助互联网的背景

习近平总书记关于安全生产信息化管理的重要讲话和指示精神，从党和国家事业全局出发，科学分析了安全生产信息化变革趋势和肩负的历史使命，系统阐述了网络强国战略思想，深刻回答了事关信息化事业发展的一系列重大理论和实践问题，为加快推进网络强国建设指明了前进方向、提供了根本遵循。

习近平总书记指出，要发展数字经济，加快推动数字产业化，依靠信息技术创新驱动，不断催生新产业新业态新模式，用新动能推动新发展。要推动产业数字化，利用互联网新技术新应用对传统产业进行全方位、全角度、全链条的改造，提高全要素生产率，释放数字对经济发展的放大、叠加、倍增作用。要推动互联网、大数据、人工智能和实体经济深度融合，加快制造业、农业、服务业数字化、网络化、智能化。

为深入贯彻习近平总书记关于网络强国战略和发展数字经济的重要论述，准确把握数字经济发展趋势和规律，推动数字技术与工程建设深度融合，加快建设数字技术系统，持续强化新型基础设施、网络和工控安全保障能力，全面推进数字化转型、智能化发展，着力打造数字经济新优势，数字经济正成为驱动我国经济发展的重要力量。统计数据显示，我国数字经济发展已逐步步入黄金期，2017 年我国数字经济总量达到 27.2 万亿元，占 GDP 比重达到 32.9%。

安全生产作为国家经济社会的重要组织部分，需要更加科学、有效的信息化安全生产治理体系，才能跟上全面深化改革的步伐，因此，推进安全生产治理体系信息化，找到安全生产与经济发展、社会进步的合理平衡点，强化适应全面深化改革要求的安全生产信息化治理能力，是安全生产领域的一项紧迫任务。

针对安全生产工作日趋复杂的形势，提高安全监管信息化水平显得越来越重要，越来越紧迫。以互联网为代表的信息技术正在深度影响各个领域，并带来了颠覆性的变化，这种变化近年明显在加速。一方面在寻找并加强新技术的突破，为经济赋能，另一方面在加大信息技术领域基础性、关键性核心技术的投入，为“工业互联网+安全生产”行动计划、“中国制造 2025”和新一代人工智能发展规划等重大战略布局奠定坚实发展基础，以优异业绩迎接党的二十大胜利召开。

2　工程项目安全生产未借助互联网助推前的现状

由于建设项目建设过程的临时性，施工现场环境复杂，信息化管理手段不足，一线作业人员素质偏低，流动性偏大，管理难度大，安全事故频发，建筑质量问题多，监管难度大，调查取证难等。这些安全生产方面存在的问题较多，甚至很多问题长期积压，工程项目未借助互联网推动安全管理的这种安全生产的现状已不符合可持续发展的市场需要，工程项目迫切需要利用更先进的科技手段来促进施工现场管理的创新和发展，真正构建一个智能、高效、安全、绿色、精益的信息化工程项目迫在眉睫。

3　互联网助推工程项目安全生产的主要应用

为贯彻党的十八大以来、国务院推进信息化

发展相关精神，落实创新、协调、绿色、开放、共享的发展理念及国家大数据战略、“互联网+”行动等相关要求，实施《国家信息化发展战略纲要》，增强建筑业信息化发展能力，优化建筑业信息化发展环境，加快推动信息技术与建筑业发展深度融合，充分发挥信息化的引领和支撑作用，塑造建筑业新业态。积极探索“互联网+”形势下建筑行业格局和资源整合的新模式，促进建筑业行业新业态，支持“互联网+”形势下企业创新发展。信息化技术在工程项目得到了广泛的应用，主要方式是通过建立一套信息化系统或平台，辅以实名准入系统、智能化培训系统、智能芯片式安全帽、安全监控系统、手机终端等多种智能化硬件设备，完成质量健康安全环保信息的采集、分析、跟踪、共享、输出，将项目安全管理流程由人工方式转为电子化、智能化，提高工程项目施工过程的安全管理的效率和效果。

3.1　互联网助推工程项目安全生产的应用成果

以《“工业互联网＋安全生产”行动计划(2021—2023年)》为指引，依托国家工业互联网大数据中心：一方面，构建安全生产基础设施体系，建设“工业互联网+安全生产”行业分中心和数据支撑平台，对接重点行业工业互联网安全生产监管平台，加速安全生产数据汇聚、发挥数据价值、加强数据技术攻关，构建产业链实时监测体系，实现强链、固链、优链。另一方面，加快安全生产数据资源建设，制定数据所有权、使用权和流转权等的标准规范，构建符合国际趋势的数据共享和数据整合顶层体系架构，运用区块链等技术打造可靠的数据交换共享平台，构建包括企业、行业和国家的三层数据治理体系。

工程项目充分利用移动互联、物联网、人工智能AI、大数据、BIM、GIS等新一代信息技术，建立工程项目信息化平台，通过该平台以一种“更智慧”的方法来改进人、机、料、法、环各个环节组织和岗位人员相互交互的方式，改变传统建筑施工现场参建各方现场管理的交互方式、工作方式和管理模式，辅助建筑施工管理，实现更安全、更高效、更精益的工程项目施工管理，是一种崭新的工程现场一体化管理模式。如图1所示。

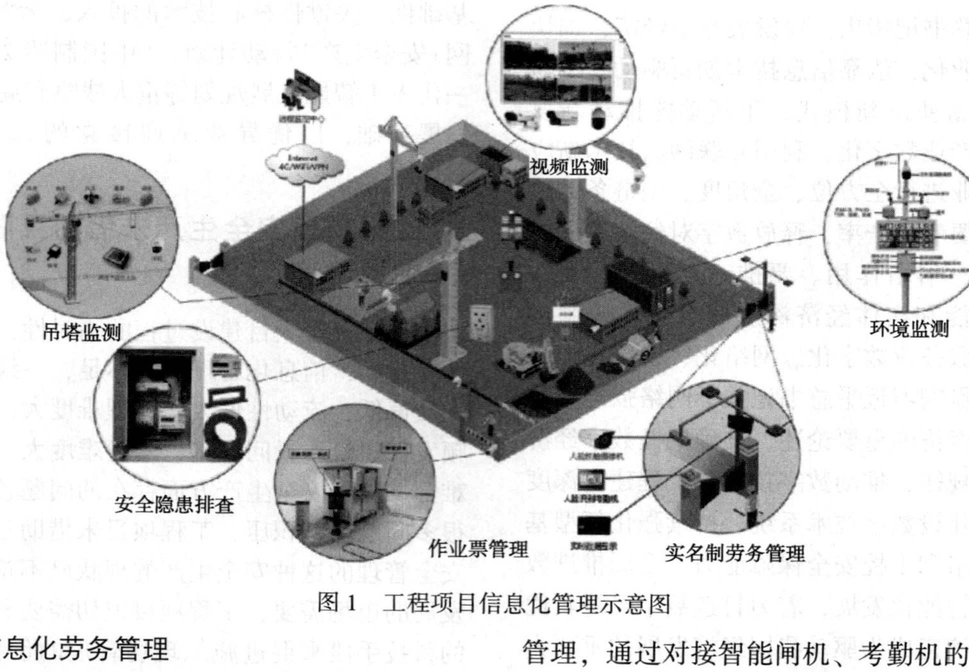

图1　工程项目信息化管理示意图

3.1.1　信息化劳务管理

通过工程项目信息化平台展示工程项目的基础劳务信息，包含劳务工总数、每日进出场人员、实时在线人员、分包单位数量及总包、分包单位的各岗位\ \ 工种实时数据，同时展示各工种总数及各分包单位各工种人数统计。

对工程项目封闭型工地进行进出场实名登记管理，通过对接智能闸机、考勤机的智能人脸识别，实现人员的实名制登记，考勤信息自动记录，人员行为安全监控。对接快速人脸识别闸机、考勤机，对进出场人员身份信息自动识别，防止闲杂人员入场造成安全隐患。用户可查看相关劳务人员的进出场数据并做查询、导出操作。见图2。

3.1.2 工程环境监测

通过工程项目信息化平台对接施工现场环境监控设备，对施工现场噪声、扬尘以及极端天气进行预警和报警，用真实的量化数据解决决策依据不足这一定性问题。监测对象包含施工现场的扬尘、噪声、PM2.5、PM10、温度、湿度、风力、风速等信息。工程项目管理层根据检测到的实际数据，及时调整作业内容和管控方式，使工程项目绿色、环保施工，满足法律法规要求和员工的期望。如图3所示。

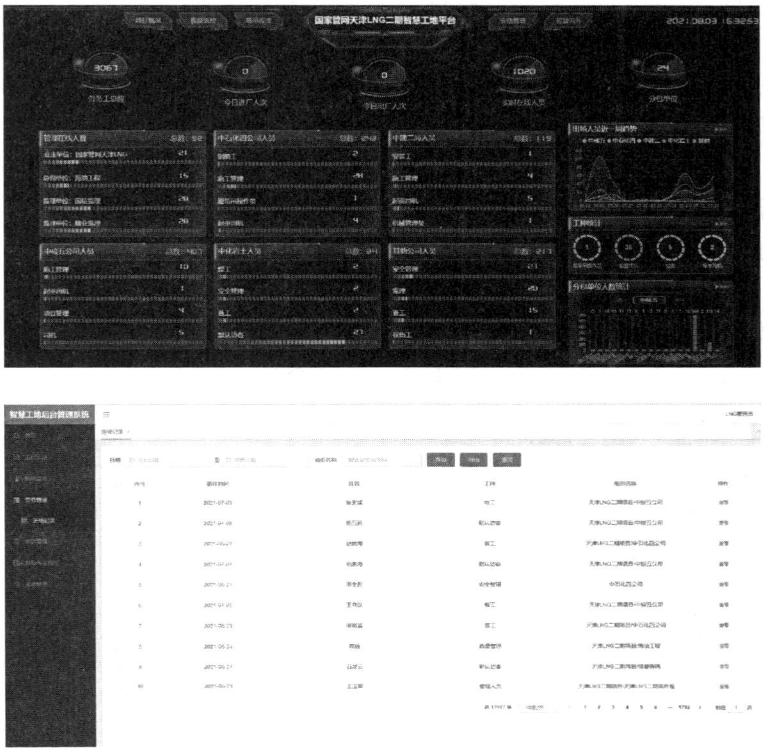

图2 信息化劳务管理

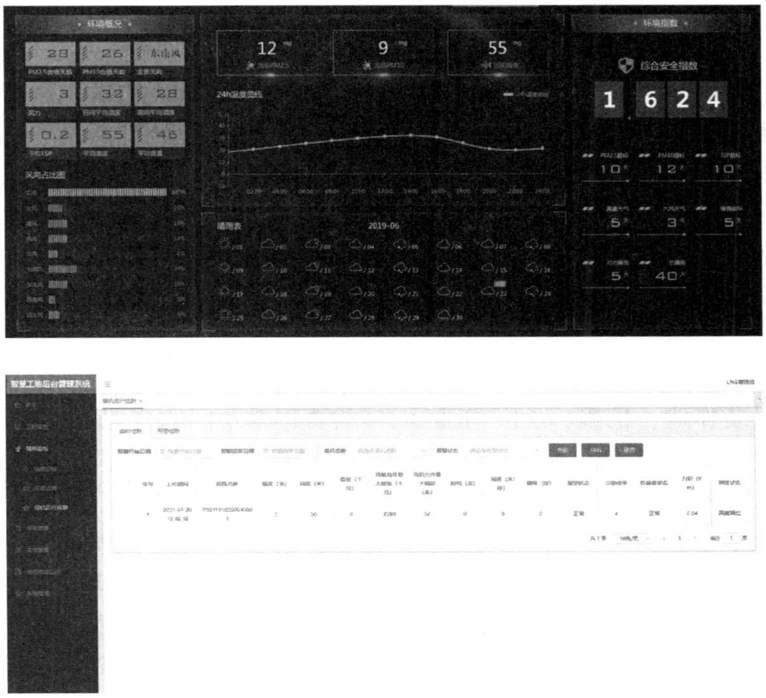

图3 环保数据监测及实时显示

3.1.3 塔吊安全监控

近期国内外各类塔吊安全事故频发，给工程项目敲响了警钟，做好塔吊的安全监控已迫在眉睫。为此，天津 LNG 二期项目利用信息化收到对塔吊进行实时安全监控，展示工程项目 6 个罐区 12 个塔吊的实时监控数据，包含视频、吊重、倾角、高度、力矩、风速等数据。同时可查看塔吊设备的在线、离线状态，可查看各塔吊设备的实时预警数据。如图 4 所示。预警数据包括但不限于以下几个方面：

（1）幅度：指塔式起重机从回转中心轴线至吊物中心线之间的水平距离，也称回转半径或工作幅度工作半径。

（2）起重量：吊钩所能吊起的重量。不同的幅度有不同的起重量，分最大幅度时的起重量和最大起重量。

（3）起重力矩：起重量与相应的幅度的乘积，单位 KN · m。

（4）起升高度：是指起重机的工作场的地面或运行轨道面至提升物体最高位置的距离，用 H 表示，单位 m。

（5）工作速度：包括起升速度、回转速度、俯仰变幅速度、小车运行速度和大车行走速度。

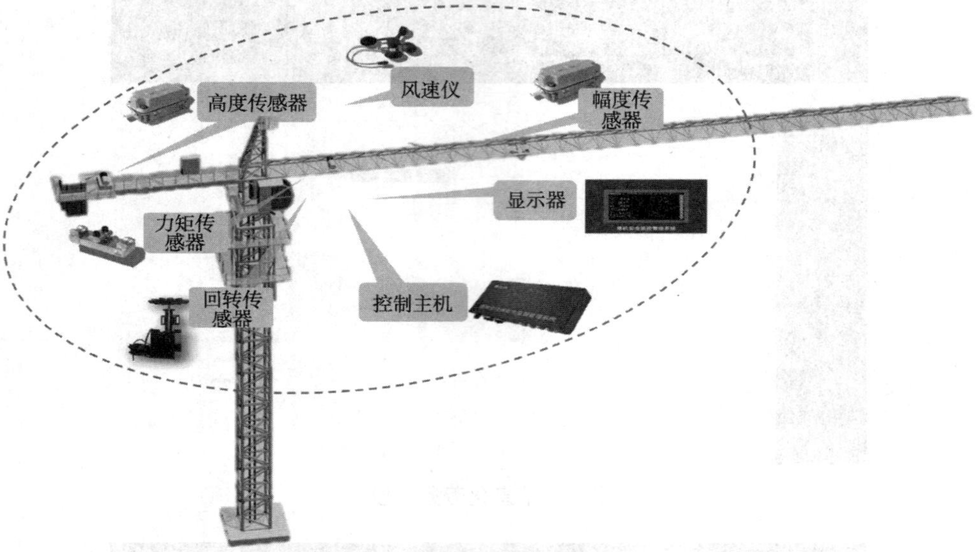

图 4 塔吊安全监控管理

3.1.4 危险作业管控及作业票管理

工程项目施工前，对所进行的作业进行风险识别与评估，确保所有的相关危险都被识别。对识别出的具有潜在危险的工作，在作业之前进行作业许可管理。作业许可是一种正式的书面体系，用来确认、控制具有潜在危险的工作，主要涉及到：热工/动火作业、限制/封闭空间作业、压力试验作业、射线作业、电气作业、高压调试作业、大型结构物吊装作业、挖掘（动土）作业、脚手架作业等，通过作业票进行管理。

工程项目所以人员可在工程项目信息化平台作业票模块进行作业票记录，页面可根据作业票的时间信息进行有效与失效分类。通过统计结合数据列表的方式展示项目实施过程中各分包单位开具的作业票台账，用户可进行新增、修改、查看、删除、查询操作。如图 5 所示。

3.1.5 安全质量隐患排查、闭合管理、统计分析

工程项目在要按照安全生产隐患排查和治理工作的实施要求，明确工程项目各级人员的职责，落实国家对安全生产隐患排查和治理的要求，及时发现和整改隐患，减少安全事故的发生。建设单位、监理、总包和分包人员对工程项目进行日常检查、分项检查、专项巡检等，进行检查记录及问题登记下发。对检查发现的隐患，通过统计结合数据列表的方式展示工程项目实施过程中的隐患问题，授权人员可进行新增、修改、查看、删除、查询操作。

工程项目各级管理人员可通过各类型图表直观展示各施工单位健康安全环保隐患和质量问题整改落实情况和管理薄弱点；对隐患从隐患级别、隐患类别、隐患整改率、隐患一次整改率、

下发的通知单数量等维度进行统计分析，生成统计图。实时掌握不同分包单位的隐患数量、隐患整改率变化趋势，进行有的放矢，“对症下药”。如图 6 所示。

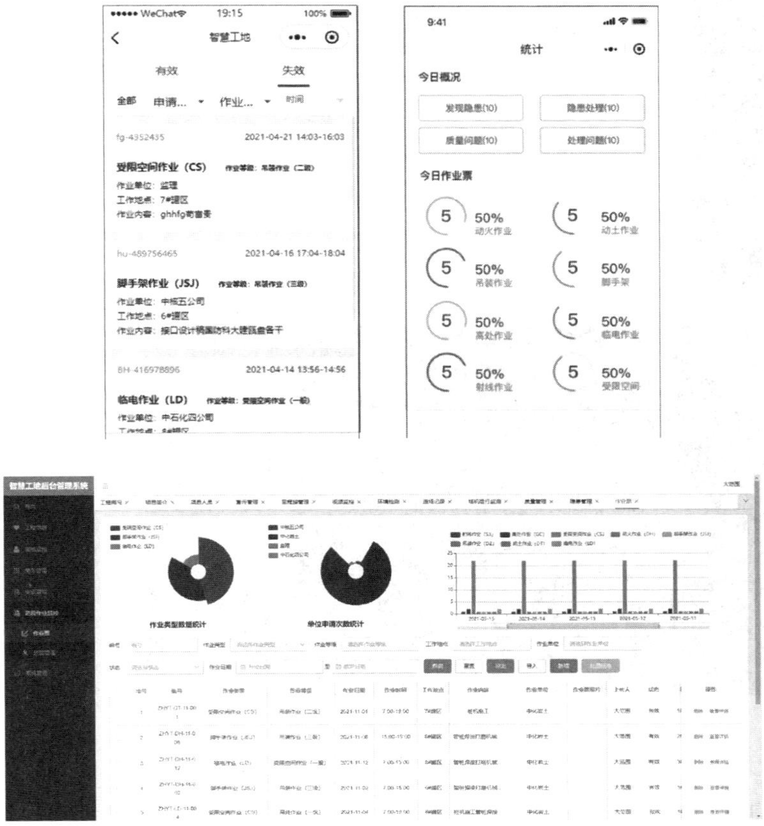

图 5　作业许可及作业票管理

图 6　安全质量隐患排查及多维度统计分析(续)

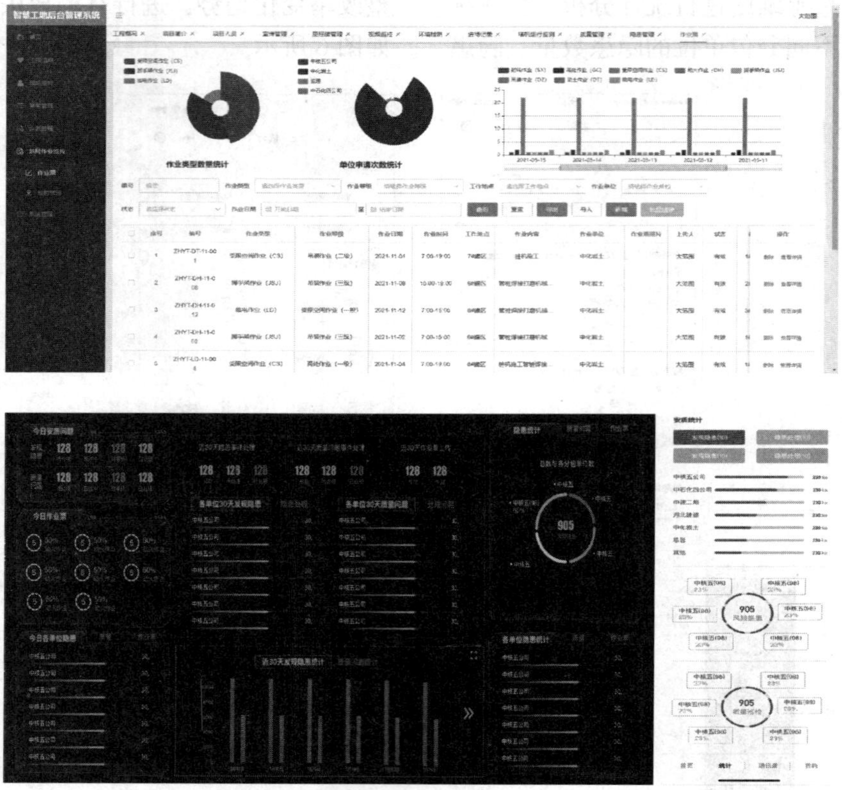

图 6　安全质量隐患排查及多维度统计分析(续)

3.1.6　视频监控

在工程项目信息化管理平台建设过程中，视频监控版块是必不可少的，工程项目在传统的视频监控全场覆盖的基础上，利用特殊监控探头将视频监控系统运用到了项目安全管理工作中。视频监控如蛛网般覆盖项目各施工区域，同时还可以对施工现场相关的事件进行识别，如工人未佩戴安全帽智能识别与提醒、动火作业智能监控(违规动火作业自动报警)。

视频监控覆盖工程项目全域，展示项目各施工及监测区域的实时视频图像，可查看各区域周边的视频摄像头。后期可根据视频监测设备对施工现场相关的事件进行识别如工人未佩戴安全帽、人员聚集、作业票及作业区域视频监控预警。

在施工现场以及与工程项目相关的辅助区域进行无死角视频监控，通过对接安装的各种摄像头，采用无线网桥或有线网络设备传输影像可以在本地或远程实时观看影像，掌握施工现场人员和设备安全状况、工地的质量和进度状况。功能包含视频的实时监测与预警监测，同时可对视频的运行状态、位置进行监管，并可预览视频画面。如图 7 所示。

3.1.7　大屏端展示

通过大屏综合展示项目情况信息，包含项目概况、劳务统计信息、工种统计信息、安全统计信息、作业票统计信息、塔吊实时监控数据、视频预警数据、天气情况、现场环境监测数据、项目里程碑节点、项目宣传视频等信息。

工程项目在当下“万物互联”时代的大环境下，积极响应国家信息化建设的战略目标，努力探索更科学、更高效的项目管理方式，为施工现场装上“中控大脑”，实现了现场劳务管理、安全检查、人员登记管理、视频监控、环境监测、塔吊数据可视化等数字化功能的集成管理，形成现场管理数据并行化、集中化的模式，并通过前端展示的方式，使得项目动态跃然纸上。见图 8。

3.2　“三端协同”管理，提升现场安全管理水平和管理效率

在工程项目信息化管理平台上，通过移动端、PC 端、系统前端“三端协同”协同工作，通过移动端的数据采集，PC 端的数据分析，系统前端的数据展示，极大提升工程项目现场的安全管理水平和管理效率。如图 9 所示。

随着每一天施工人员的进出场，后台的数据

图 7　视频监控辅助管理实现全场覆盖

图 8　天津 LNG 二期项目“智慧工地”项目管理平台展示

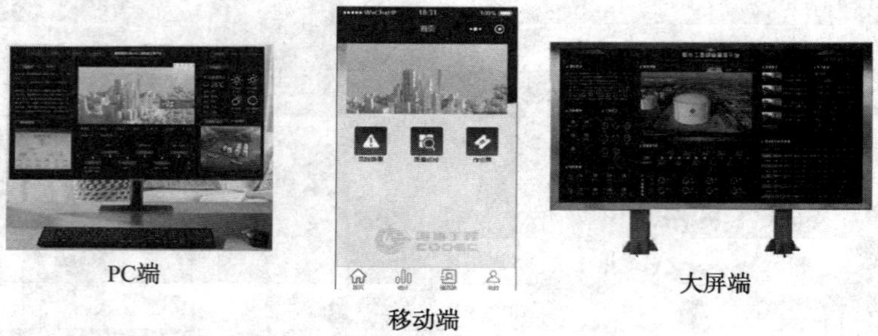

图 9　“三端协同”信息化管理

持续更新。在日积月累的数据更新下，一个越来越完善的数据库在项目信息化管理平台上“茁壮成长”，将这些积流成河的数据以科学合理的角度完整的呈现出来，使工程项目管理思路开阔，决策准确。

目前，工程项目通过工程信息化管理平台，实现了远程指挥、数据分析、项目现场可视化等功能，对各项目运行状态一目了然，并形成企业宝贵的数据资产，为工程项目生产经营决策、项目管理、风险控制提供有力的数据支持。如图 10 所示。

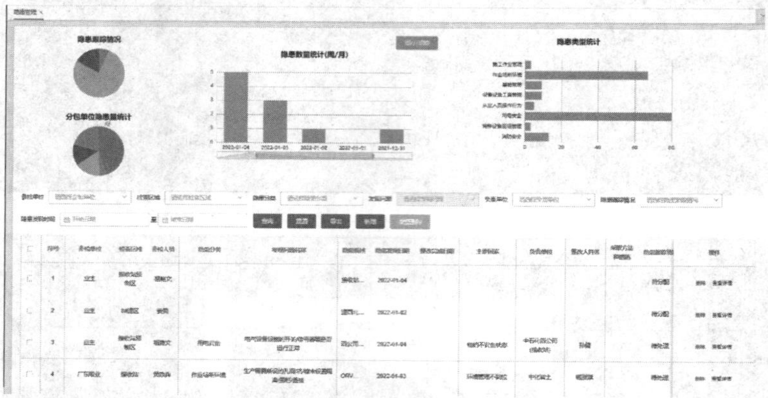

图 10　项目信息化大数据显示

4　结束语

“工业互联网+安全生产”行动计划在工程项目的应用，实现了工业互联网利用数字孪生技术与安全生产管理的融合，保障了工程项目安全管理制度的有效运行，提高了制度执行的规范性，提高了工作效率。实现在特殊时期对关键生产设备全生命周期、全流程的数字化管理，实现危险作业现场少人甚至无人作业。推动“工业互联网+安全生产”领域的技术创新、应用创新、融合创新和管理方式创新。同时，工程项目信息化管理系统的数据采集功能大大减少了工作的随意性和盲目性，为科学决策提供依据。工程项目信息化管理技术的不断发展和深入应用，将改变传统建筑施工企业安全管理现状，提高企业安全管理绩效，催动企业实现产业升级和提质增效。

参　考　文　献

[1] 毛志兵. 推进智慧工地建设，助力建筑业的持续健康发展[J]. 工程管理学报，2017，31(5)：80-84.

[2] 张艳超. 智慧工地建设需求和信息化集成应用探讨[J]. 应用与技术，2018(4)：86-88.

[3] 张天文. 智慧工地在项目经营管控中的应用[J]. 价值工程，2018，37(28)：220-222.

[4] 谢晓东. 智慧工地应用现状及对策研究[J]. 价值工程，2020，12.

应用工业互联网推进油田本质安全

李 尚 镇国钧 周 磊

（中国石油浙江油田公司）

摘 要 浙江油田公司矿权分布于苏、皖、滇、黔、川、渝、鄂、湘等8省5个盆地(坳陷)，具有地质复杂、环境敏感、油田用工总量少的特点。16年来，油田公司始终坚持“以人为本、质量至上、安全第一、环保优先”理念，实现了零事故、零污染、零伤害。2021年被应急管理部列为工业化互联网+危化安全生产试点建设单位。浙江油田严格按照《“工业互联网 危化安全生产”试点建设方案》，结合油田公司安全生产管理的现状，开展需求分析、规划设计和方案编制。完成了油田公司工业互联网+安全生产系统架构、业务架构、技术架构和网络架构设计，加大数据梳理和治理力度、强化系统功能应用，推进工业互联网在安全生产中深度融合，有力的促进了油田公司提质、增效、降本、绿色、安全发展。

关键词 工业化互联网+；危化安全生产；系统架构；业务架构；技术架构；网络架构

1 前言

浙江油田分公司(下称浙江油田或油田公司)持有9个探矿权，分布在苏、皖、滇、黔、川、渝、鄂、湘等8省5个盆地(坳陷)，勘查面积约2.05万平方公里。目前主要开采页岩气、煤层气和致密油。2021年实现油气当量146.6万吨。

浙江油田自2005年成立以来，面对矿权分散、地质复杂、环境敏感、用工总量少的现状，加大信息技术应用。在油气产量快速增长的情况下，始终保持用工总量500人以内，安全环保形势平稳可控。16年来实现了零事故、零污染、零伤害，连续八年被集团公司评为安全生产先进企业。2021年被国家应急管理部列为“工业互联网+危化安全生产”建设试点单位。

2 应急管理部“工业互联网+危化安全生产”试点建设要求

以信息化促进企业数字化、智能化转型升级，推动操作控制智能化、风险预警精准化、危险作业无人化、运维辅助远程化，提高安全生产管理的可预测、可管控水平。推进新一代信息技术和安全生产深度融合，构建“工业互联网+危化安全生产”技术体系和应用生态系统，推动企业、园区、行业、政府各主体多级协同、纵向贯通，覆盖危险化学品生产、储存、使用、经营、运输等各环节，实现全要素、全价值横向一体化。提升安全生产风险感知评估、监测预警和响应处置能力，排查化解潜在风险，牢牢守住不发生系统性风险的底线，为促进企业和监管部门安全管理数字化转型赋能。

3 浙江油田安全生产管理的现状

3.1 优势

浙江油田牢固树立“以人为本、质量至上、安全第一、环保优先”的理念，坚持强基础、严监管、零容忍的基本思路，持续推进质量、健康、安全和环保(QHSE)管理体系有效运行，全面推行安全生产责任清单，持续培育安全文化，深化双重预防机制建设，保持了较好的安全生产业绩。公司2005年成立以来，未发生过工业生产安全环保事故。2021年QHSE全要素量化审核得分84.98分，专项量化审核得分86.89分(图1)，处于良好(B1)级。

3.2 存在的问题

(1) 浙江油田生产作业点多、线长、面广，高温高压、有毒有害、易燃易爆行业风险特点突出，火灾爆炸、中毒窒息、井喷失控、油气泄露、环境污染、道路交通等事故概率大，一旦发生事故对环境的影响和破坏性大。野外流动作业频繁、专业繁多、作业风险大，随着勘探开发力度加大，油田公司所面临的各类安全风险、事故隐患压力凸显。

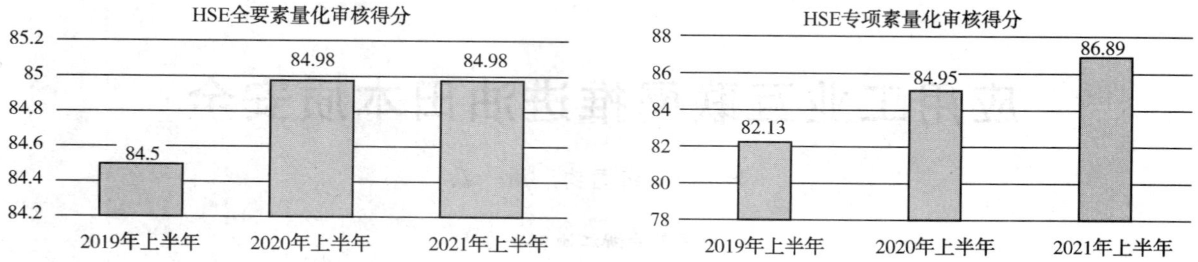

图 1　浙江油田公司近三年量化审核得分情况

（2）部分干部员工 QHSE 责任落实和执行力问题依然突出。承包商队伍自主管理能力差，队伍变动频繁，现场违章屡禁不止；2021 年流转的大安区块钻采超深层页岩气，100Mpa 的压裂以及长江横穿探区等因素导致井控风险、安全环保风险进一步加大。

4　工业互联网+安全生产总体设计

4.1　系统架构（图 2）

感知层：通过对油田公司生产现场和施工作业现场的各种设备设施进行状态监控、参数采集，可实时获知生产设备、井场、管线、站库、特种作业等的运行状况和环境的准确变化，在现场实现简单分析处理，并通过与工业互联网平台工业智能应用的云边协同实现对生产设备、辅助生产设备以及安全设施的远程监控与控制，提高危化领域安全生产的保障水平。

企业层：可依托现有系统基础数据，通过接入企业实时监测数据、视频监控数据、人员定位实时数据、设备状态数据、特种作业数据等，实现基于梦想云平台的企业级工业互联网平台，在工业互联网平台之上建设业务应用，为综合分析、风险防范、风险态势、动态研判、事故应急等提供支持，并建设浙江油田企业标识节点和标识解析体系，与危化安全生产行业二级节点实现对接。

国家层：主要包含工业互联网国家顶级节点建设和各行业二级节点建设。其中国家顶级节点是我国范围内最上层的标识服务节点，能够面向全国范围提供融合性顶级标识服务，以及标识备案、标识核验等管理能力。二级节点是面向行业提供标识注册和解析服务，工业互联网标识二级节点是工业互联网标识解析体系的中间环节，直接面向行业和企业提供服务。

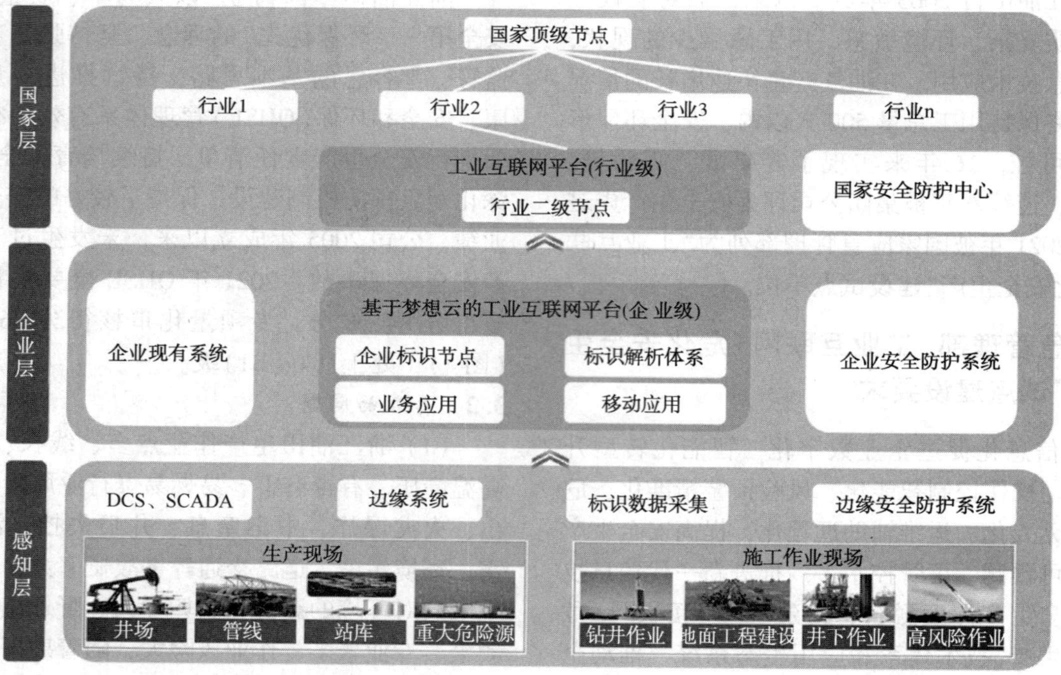

图 2　浙江油田工业互联网+危化安全生产试点建设项目系统架构

4.2 业务架构

总体业务架构为一中心、一基地、两支撑、三体系、四专项(图3)。

一中心：作为浙江油田安全生产监测运行指挥中心和领导驾驶舱入口，为整个油田提供安全态势综合分析与可视化以及综合监测预警等服务。

一基地：建设浙江油田安全教育培训基地，以系统的课程体系为支撑，通过传统的课堂培训讲授安全理论知识；通过安全体验中心体验培训，增强学员的安全意识；通过安全实训中心，来提升学员的安全技能；通过配套各种考核手段，验证学员的学习效果，打造集“教-学-练-测-评-管”于一体的“一站式”培训模式，最终提升学员的安全意识、安全知识和安全技能。

两支撑：包括“工业互联网+危化安全生产”应用服务支撑、数据治理与数据共享交换支撑。应用服务支撑为上层业务应用提供技术中间件服务、机理模型服务以及人工智能模型服务等。数据治理与数据共享交换支撑主要是汇聚安全相关全业务域数据，通过数据治理与数据交换支撑上层业务应用。

三体系：包括本质安全智能提升体系、两重点安全监管体系、风险隐患双重预防体系。其中本质安全智能提升体系包括设备管理系统、承包商管理系统和人员不安全行为管控系统。两重点安全监管体系包括危险化学品全流程监管系统和危险化工工艺监管系统。风险隐患双重预防体系包括风险分级管控系统和隐患排查治理系统。

四专项：包括设备安全运行监控专项、全过程作业安全监管专项、生产事故预防与应急专项和重点场所巡检与定位专项。

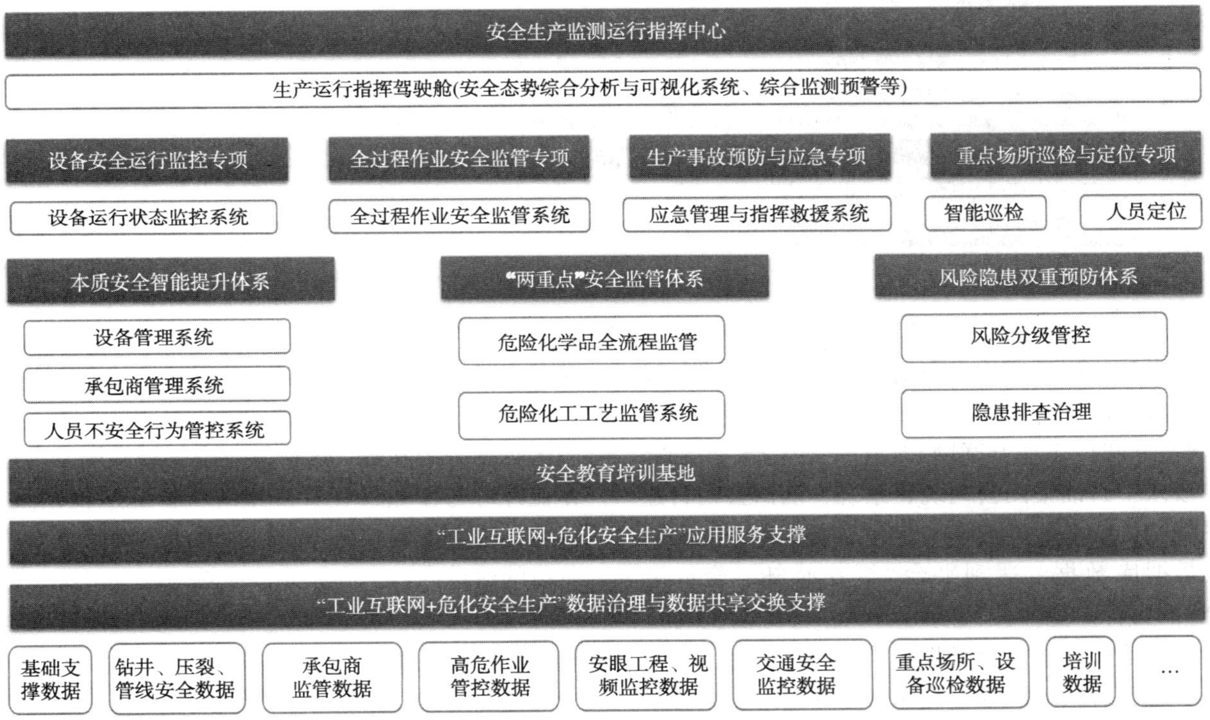

图3 浙江油田工业互联网+危化安全生产试点建设项目业务架构

4.3 技术架构

按照“两统一、一通用”原则，以中石油勘探开发梦想云平台为依托，以四个一(一朵云、一个湖、一个平台、一个门户)建设原则，实现上游全业务链数据互联、技术互通、业务协同与智能化发展。

梦想云平台融合国内外最新IT技术，自主研发了开放、稳定、高效、安全的PaaS云平台，建立持续迭代的开放技术生态。梦想云总体框架包括统一数据湖、通用底台、服务中台、应用前台四个层次及相关的标准规范，支撑8大业务体系。本项目基于梦想云平台技术体系，建设“工业互联网+危化安全生产”业务应用(图4)。

4.4 网络架构

整体网络架构由企业侧网络部署、行业侧和政府侧网络部署组成。企业侧网络架构主要由边

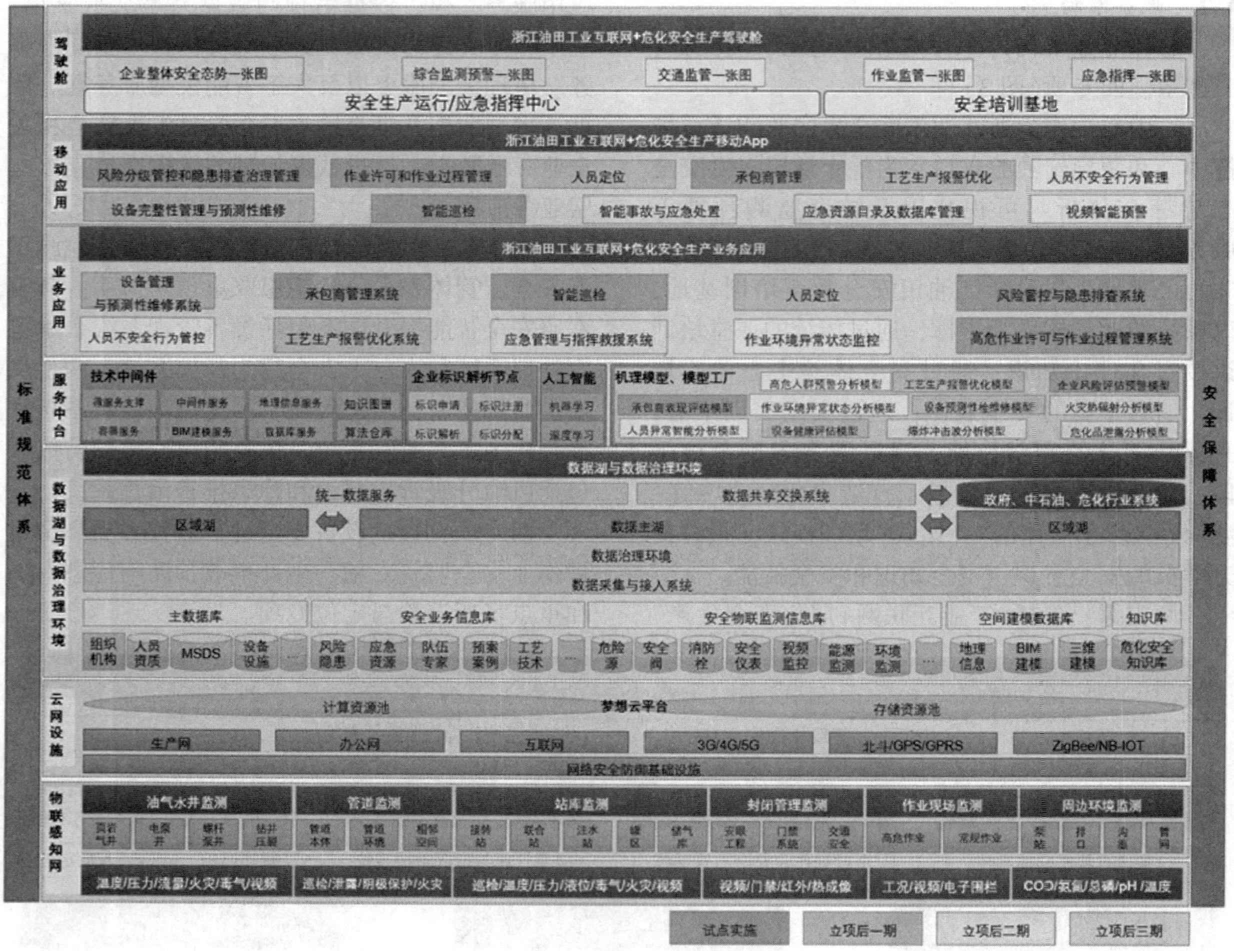

图 4　浙江油田工业互联网+危化安全生产试点建设项目技术架构

缘层各种物联网感知设备组成，通过无线或有线网络接入油田公司“工业互联网+危化安全生产”平台。同时“工业互联网+危化安全生产”平台需要接入中石油集团公司统建系统、油田公司自建系统相关安全业务数据和危化品安全生产国家标准数据库数据，达到平台“泛在感知、全面融合”的目标。企业侧网络部署从架构上需要与危化安全生产行业工业互联网监管平台交互，同时要满足政府、地区应急管理管理部门的数据对接需求，达到数据“横向连通、纵向贯穿”的目标(图 5)。

5　实施规划

基于应急管理部“工业互联网+危化安全生产”17 个应用场景、21 个工业 APP 和 11 个工业机理模型，结合浙江油田分公司安全生产管理现状，坚持统筹规划，试点先行原则。实施规划分两个阶段进行，第一阶段为试点实施阶段，主要解决安全生产管理中的痛点，侧重对现有系统的功能提升，并以浙江油田分公司现有安全环保码系统数据、安眼工程数据、以及大数据管理平台中的数据等为基础，选取承包商管理系统、高危作业许可与作业过程管理系统、智能巡检系统、风险分级管控和隐患排查治理系统作为试点实施阶段的建设内容，确保建设成效与问题解决。第二阶段为立项后实施阶段。立项后实施阶段基本涵盖各应用场景、工业 APP 和机理模型等。其中以企业整体安全态势一张图(图 6)、综合监测预警一张图(图 7)、交通监测一张图、作业监管一张图、应急指挥一张图、设备管理一张图等领导驾驶舱为应用层顶层设计，自上而下梳理各级各类指标和自下而上搭建各类平台。

6　预期效果

浙江油田“工业互联网+危化安全生产”试点建成后，将极大提升油田公司安全生产管控能力。实现安全环保一体化监管，提升综合监管能力；全面动态掌握油田公司风险底数、提升风险

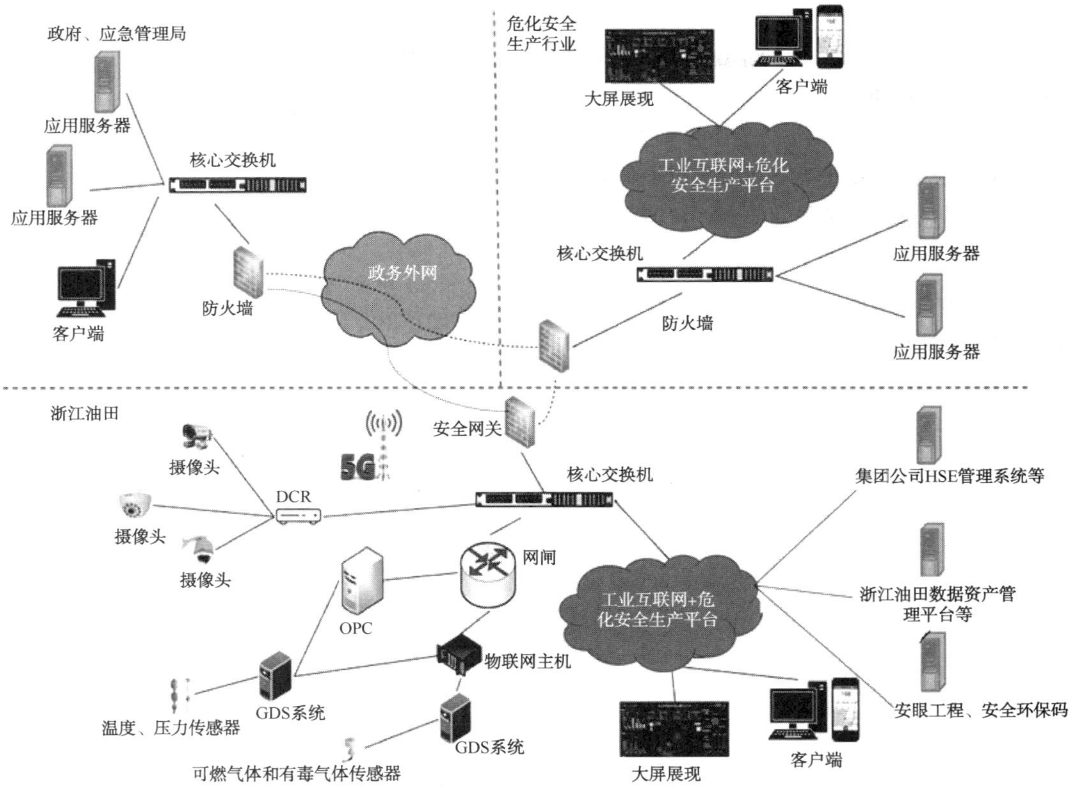

图5　浙江油田工业互联网+危化安全生产试点建设项目网络架构

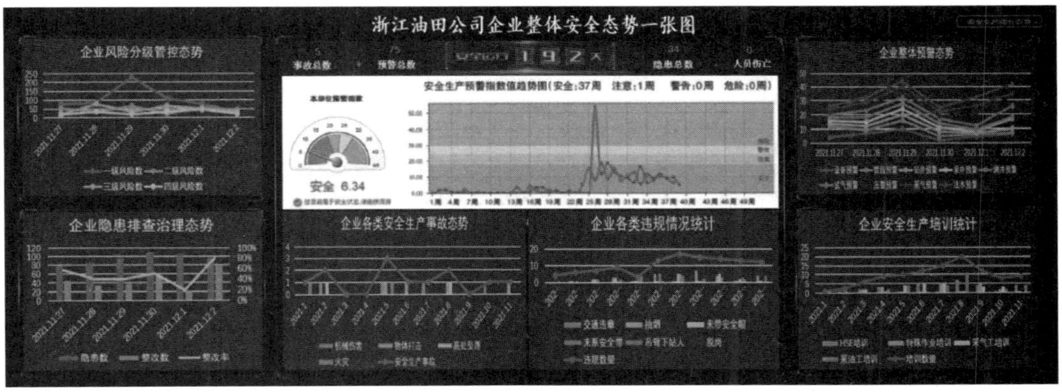

图6　浙江油田公司企业整体安全态势图

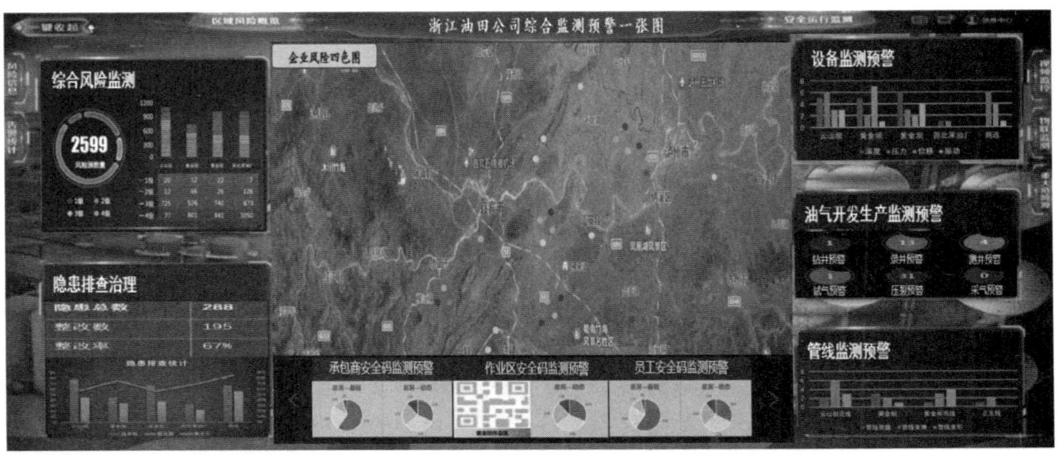

图7　浙江油田综合监测预警图

防控能力；实现应急管理平战结合、提升综合应急保障能力；筑牢安全生产基础，保障油田公司可持续发展。同时对油气行业具有示范引领作用，形成可复制可推广的危化安全生产现代化管控模板，依托工业互联网平台，汇聚油田公司安全相关全业务域数据，打造智能化业务应用，强化企业快速感知、实时监测、超前预警、动态优化、智能决策、联动处置、系统评估、全局协同能力，实现油田公司危化安全生产监管的“用数、上云、赋智”，引领油气行业创新企业安全管理新模式、新路径。

参 考 文 献

[1] 杨剑峰，杨勇，王铁成，黄文俊，等. 梦想云平台[M]. 北京：石油工业出版社，2021. 8.

[2] 周良军，邓斌. 华为数字化转型：企业持续有效增长的新引擎[M]. 北京：人民邮电出版社，2021. 10.

兰州石化公司数字化转型过程管理体系的策划与实践

靳文婷　王庆琛

（中国石油兰州石化公司）

摘　要　企业以信息化手段为基础，以发展战略为导向，通过信息化环境下企业新型能力的打造，实现信息化与企业的生产、管理等各方面深度融合，完成从企业信息化向数字化的彻底转型，不断提升公司的核心竞争力和可持续发展能力。

关键词　数字化转型；内外部环境；可持续竞争优势；新型能力策划

1　引言

在21世纪的第二个十年，世界各国在经历国际金融危机后不约而同地将制造业作为经济发展的重中之重，纷纷制定国家层面的战略和行动计划。美、英、德、法等发达国家先后发布了《美国先进制造业国家战略计划》、《德国工业4.0战略》、《英国工业2050战略》和《新工业法国计划》。

2015年5月国务院正式印发《中国制造2025》，部署我国全面推进实施制造强国战略，明确提出了要用信息化和工业化的两化深度融合来引领和带动整个制造业的发展，推进生产过程智能化，形成智能工厂新型制造模式，推动行业发展和产业变革。随着云计算、大数据和人工智能等新技术的广泛运用，我国数字经济将日趋活跃，加快了企业数字化转型的步伐。企业在推进新型工业化的基础上，探索符合信息时代发展规律的管理新模式，帮助企业依据为实现自身战略目标所提出的需求，以形成获取可持续竞争优势所要求的信息化环境下的新型能力，从而引领企业的战略转型变革，实现可持续发展。

2　数字化转型过程管理体系的策划与实施

兰州石化公司始终以科学发展观为总纲，按照中国石油的总体部署，坚持科学发展、实事求是、以人为本、高严细实、过程管控的管理基调，全面实施技术进步、人才强企、企业文化、可持续发展四大战略，贯彻落实“互联网+”战略部署，以“推动信息化和工业化深度融合”为指引，通过人员培训、建章立制、认证等工作，在数字化转型过程管理体系建设的基础上提升企业的核心竞争力。

2.1　顶层设计

2.1.1　提出总体思路

在持续推进信息化建设的基础上，通过海量数据获取、敏捷协同运营、持续业务创新等三个层次的工作，提高公司信息化整体应用水平，是未来建设数字化企业、智能化工厂的发展需要。根据业务需求，结合信息化建设阶段要求，重点落实“互联网+”战略行动计划，按照“集成、升级、助推、创新”的信息化工作方针，从“自动化、数字化、集成化、可视化、模型化、智能化”六个提升方向，以信息集成工程为主线，全面有序地推进信息化建设，为公司经营和生产管理提供全面支撑，到2023年达到炼化板块信息化示范企业的标准，实现“智能化工厂”的目标，公司信息化建设和应用保持国内领先、达到国际先进水平。

2.1.2　确定方针

为了使信息化在企业生产经营活动中切实发挥更多效果，持续推进企业数字化转型过程各项能力建设的进程，以获取可持续竞争优势为关注焦点，打造信息化环境下的新型能力，确定企业数字化转型过程管理方针：战略驱动、统筹规划、深化应用、持续改进。如图1所示。

2.2　识别可持续竞争优势需求

为了使信息化在企业生产经营活动中切实发挥更多效果，兰州石化公司需要根据发展战略，

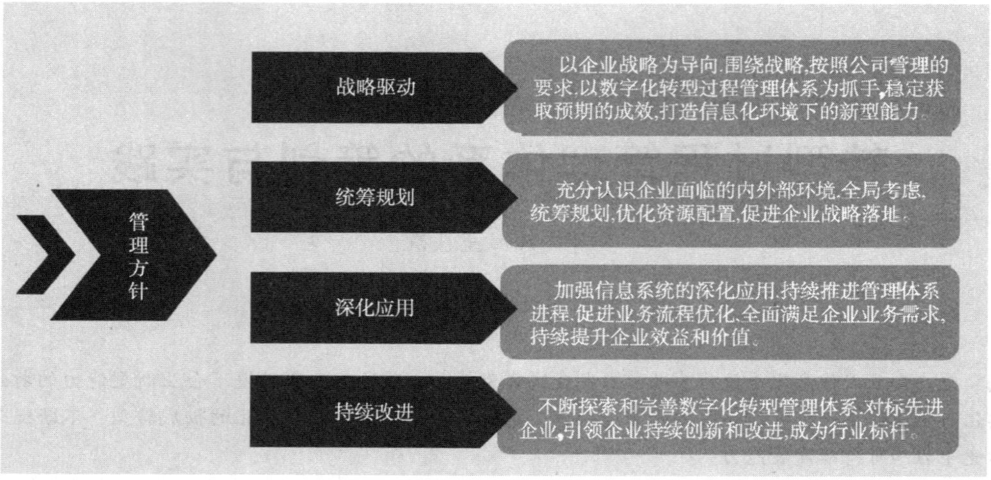

图 1 管理方针

以打造核心竞争力为主线，在未来 3-5 年内，遵循数字化、可视化、自动化、智能化的发展方向，从公司自身发展需要出发，以数字化转型过程的战略影响力为焦点，以数字化转型过程管理体系建设为抓手，积极策划公司数字化转型过程中长期规划和实施路线，分析内外部环境变化，及时调整规划内容，逐步形成支撑公司发展战略落地的可持续竞争优势。

2.2.1 企业数字化转型过程的需求分析

在信息化和工业化两大历史进程融合协调发展的时代背景下，把握信息化带给公司的新机遇，围绕“做特、做精、做优、做强，加快建成一流综合性炼化生产企业”的企业愿景及公司发展战略，通过分析公司内外部环境，以及行业对标和企业 SWOT 分析，识别出公司与战略致的可持续竞争优势需求。如图 2 所示。

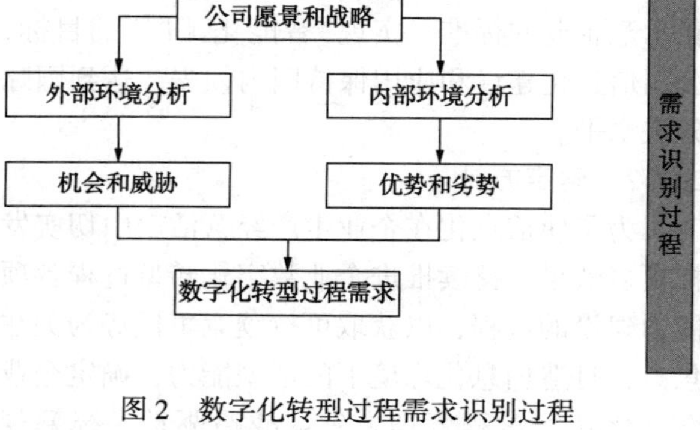

图 2 数字化转型过程需求识别过程

（1）精细化的炼化生产运行优化及管控需求

在日益有限的企业生产增效空间形势下，需要借助信息化技术，不断提升公司的生产运行精细化管理水平，落实公司“精准执行、精益运行、精细管理”的管理要求。公司精细化的炼化生产运行优化与管控需求主要是生产调度协同作业、生产过程控制、生产实时数据采集、产品质量管控、产品库存管理等方面。通过不同信息系统之间的整合与集成，实现各部门在统一平台上的协作，从而达到生产经营全过程的协同运作和闭环管理；通过 MES2.0 系统、APC 系统的应用，提高对生产经营各环节的感知和记录，实现生产流程步骤清晰可控、精细管理；提高自动化生产设备的综合利用率，提升装置运行水平，有效规避和控制生产运行风险，实现企业效益最大化；紧密围绕炼化业务转型升级，持续实施炼化信息化项目，加大创新和研发力度，支撑炼化主营业务平稳运行，节能降耗。

（2）设备全生命周期管理需求

兰州石化公司设备管理需求主要针对设备全生命周期的信息管理，包括设备资产管理、设备监测、故障诊断及检维修、预知性维护等需求。通过信息技术实现兰州石化公司设备运行的集中统一监测、智能诊断与预警、维修管理。利用专家系统、大数据分析等手段对大机组、腐蚀设备等进行预知性维护，对现场设备检维修工作进行深化应用。提升设备管理能力，降低维护成本；提升设备可靠性，减少安全隐患；增强对动静设备的状态监测能力。

（3）安全环保管控需求

面对气候变化的压力和新能源快速发展的双重挑战，公司把安全环保作为最大的政治责任和最大的效益保障从严抓实，通过信息技术实现企业在环保监控、人员安全、应急指挥等业务的支持与应用，夯实企业本质安全、绿色环保可持续发展的基础。全面、及时获取环保监测数据；对周界防范、人员安全、现场安全等进行监测，随时了解消防安全信息，当事故发生时可利用多种通信及信息获取手段，快速应急响应。

（4）制度“五化”信息化建设的需求

为满足公司“定标准、建机制、抓考核”特色管理方法落地实施的需求，突出梳理管理流程，强化制度执行效率，建立覆盖公司所有经营管理业务的工作流平台，实现兰州石化经营管理业务流程的标准信息化和考核自动化。逐步建立公司的流程管理平台、企业服务总线和统一认证平台，整合用户访问界面，拓展移动终端应用，最终建成以公司信息系统集成平台为核心的制度“五化”工作平台，形成能够保障公司制度落地的信息化体系，促进全公司严格高效执行各项规章制度，严守纪律规矩，严格落“实精准执行、精益运行、精细管理”的方法，切实提升公司管理质量。

（5）智能化工厂技术及标准体系研究的需求

随着“中国制造2025”概念的提出和《国家智能制造标准体系建设指南》等指导文件的颁布，兰州石化未来发展朝向智能化方向，因此智能化炼厂技术及标准体系研究的需求随之产生。在开展调研的基础上，深入分析国内外现有的智能化工厂相关技术特点和应用效果，全面梳理兰州石化智能化工厂的建设基础、技术水平和建设需求，结合实际需求进行模式设计、功能结构设计，提出相应的主要建设内容，提出分阶段、分层次建设规划及保障措施，形成兰州石化智能化工厂的建设规划方案，为未来兰州石化公司迈向智能化工厂打下坚实基础。

2.2.2 识别和打造信息化环境下新型能力体系

为了获取以上五方面的可持续竞争优势，在数字化转型过程方针指导下，公司信息化环境下新型能力体系如图3所示：

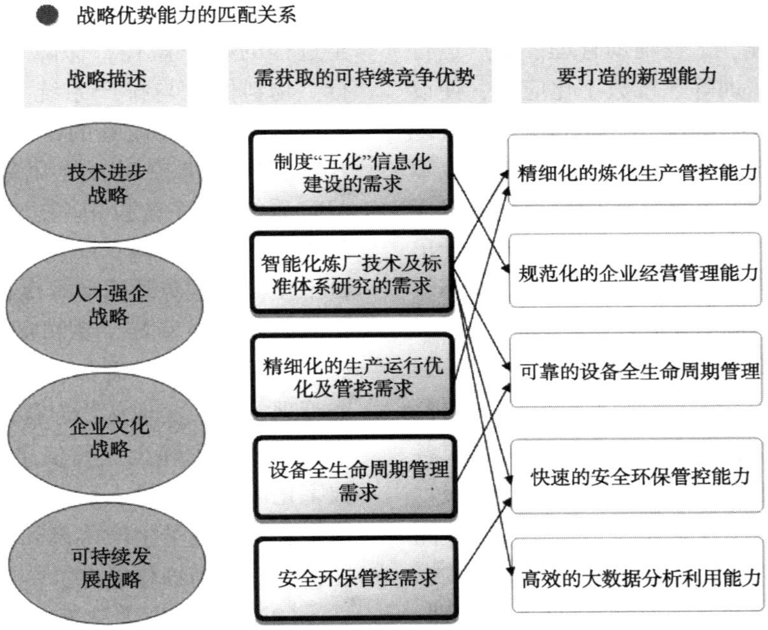

图3 信息化环境下新型能力体系

（1）精细化的炼化生产管控能力

通过MES2.0系统，实现公司生产业务从计划、调度、工艺、执行、统计、分析全过程的闭环管理，提高生产运行效率和协同管理水平，为企业提高产品质量、节约成本、减少污染，通过加强生产受控实现精细化管理，使生产过程更加平稳。重新标准化修订原材料、馏出口、半成品和成品等质量控制指标，使LIMS模块更精确地服务于生产，及时支撑了质量管理的精细化要求，进一步强化公司质量管理。应用先进控制解决常规PID控制难以处理的延迟、耦合等问题，通过在多种生产约束条件下的预测控制，保证装置操作平稳，减少波动，节能降耗，提高产能和收率，实现工艺操作的精细化管理，保证装置“安”、“稳”、“长”、“满”、“优”运行。

（2）规范化的企业经营管理能力

实现兰州石化公司制度“五化”的管理需求，

落实公司“定标准、建机制、抓考核”的管理方法。按照公司加强顶层设计要求，对公司制度进行全面梳理，确定“流程化、标准化、信息化”的内容。以实现业务流程标准信息化、考核自动化为目标，逐步建设公司流程管理平台、统一认证平台，整合用户访问界面，提升业务流程规范化管理水平，提高流程运行效率，解决流程割裂问题，提升公司部门间协作水平，提高各级管理人员工作效率。以工程建设、物资采购、“三商”管理业务领域为重点，对多专业、多流程、多系统管理平台进行集成，采用内控方法优化管理流程，解决项目管理低效，绿色通道不畅、工程结算管理和合同付款风险管控等问题，最终建成以公司信息系统集成平台为核心的制度“五化”工作平台，形成能够保证公司制度落地的信息化体系。

(3) 可靠的设备全生命周期管理能力

建立兰州石化公司高精度的三维模型，并集成装置设计、设备、生产运行、HSE 等信息，实现设备可视化管理、工程辅助管理、生产运行监控及工艺、设备培训等三维数字化应用，使设备管理业务更加直观、准确、智能和协同。实现自动化设备运行状态监控、设备预知维护、故障诊断、维护计划优化、备品备件优化、检维修现场监控及工作协同，即从设备出现问题或预计出现问题、检维修、到设备恢复正常运行的闭环管理，支持安全生产、高效生产。

(4) 快速的安全环保管控能力

实现公司厂区环保区域监测点的数字化监控，在关键排放口实行全方位实时监测并集成各类环境信息。采用地图定位(GIS)结合三维展示的方式，实现对环保关注点位置信息及相应监测数据的直观展示，为异常情况及时处置提供数据信息支持。通过应急指挥，实现企业风险识别、风险点监控、风险防御，当风险转变为事故时，及时应对。采用智能化的手段监控、协调、指挥应急现场，做到及时反应、快速撤离、联动协同、科学决策，提高应急处理能力，将事故损失降低到最小。

(5) 高效的大数据分析利用能力

采用先进的集成理念以及国际主流集成技术路线，建设公司信息系统集成体系，实现现有系统间的数据互联互通，便于未来待建系统方便集成。从体系上彻底解决重复录入问题，信息孤岛问题。统一用户及权限管理，减少系统的运维成本。解决数据整合性问题，提高数据质量，为业务精细化管理、决策支持提供准确、完整、客观业务数据，提高数据自身价值。加强大数据分析技术的应用，为公司未来决策支持提供坚实基础。

2.3 信息化环境下新型能力的实践

兰州石化公司信息化环境下新型能力的打造，旨在通过工业技术、信息化技术、管理技术等诸多技术的运用，以提高企业的发展模式转型、品牌、质量提升、效率提高、成本得到有效控制等的信息化环境下的竞争能力。

(1) 基于兰州石化生产大数据，通过 ERP、MES、APC、APS 集成应用，构建可视化、智能化全流程生产管理系统，实现计划排产、原料采购、生产加工、仓储物流、物料平衡等精细化管控。

以 ERP 为核心，通过财务与销售、采购、库存、设备、项目管理模块集成，促进经营活动全过程的财务监控，保障了生产建设和生产运行。物料优化与排产系统 APS 的实施，实现了生产过程和业务流程的优化。在 15 套关键装置开发应用先进控制与优化应用系统(以下简称 APC 系统)，系统投用率达 90%以上，在提高产品收率、降低能耗，增强装置经济效益，减少人员干预，降低劳动强度、优化生产流程，提高工作效率等方面发挥了积极的作用。以 MES 为核心，集成了工艺、设备、计量、调度、统计等生产管理业务，实现从物料移动、生产调度到统计平衡的生产管理全过程信息化。生产运营监控、数字化调度全面投入运行，建成公司生产调度指挥中心，增强了生产协调和指挥的敏捷性、准确性，实现了精细化管控。

(2) 遵循“管理制度化、制度流程化、流程标准化、标准信息化、考核自动化”的理念，实现业务流程系统与绩效考核自动化为一体集成系统，形成制度执行、任务落实、管理落地的管控体系，实现精益管理。

制度“五化”工作平台是兰州石化基于“管理制度化、制度流程化、流程标准化、标准信息化、考核自动化”理念，以实现业务流程标准信息化、考核自动化为目标，逐步建设公司流程管理平台、统一认证平台，整合用户访问界面，提升业务流程规范化管理水平，提高流程运行效率，解决流程割裂问题。公司业务流程管理平台，将公司制度流程纳入统一信息平台进行管理，实现业务流程的线上运行与管控；绩效管理系统与业务流程平台的集成，实现了跨平台业务的无缝衔接，公司管理业务流程全部固化，有效贯通；流程执行环环相扣，相互勾稽，全程受控。实现了审核流程的自动考核机制，提高业务线上审批的时效性；形成了制度执行、任务落实、提高时效、价值创造过程的全面管控体系。

3 数字化转型过程管理体系实施效果

兰州石化数字化转型过程管理体系的建立与实施，为公司战略目标如何与信息化对接指明了方向，把握信息化带给公司的新机遇，围绕“做特、做精、做优、做强，加快建成一流综合性炼化生产企业”的企业愿景及公司发展战略，构建了公司管理新模式。

3.1 流程优化

信息化是数字化转型过程管理体系中的重要技术方式，是公司发展的基础性工作，是实现公司愿景和支撑公司发展战略的重要举措。按照公司“集成、升级、助推、创新”信息化工作方针，通过数字化转型过程管理体系中的可持续发展需求的分析，逐步打造公司数字化转型过程中的可持续竞争能力，实现信息化与企业生产、管理等方面的深度融合。兰州石化公司通过应用 APC 系统、MES2.0 系统，实现生产运行与优化控制业务主线的信息化覆盖，为公司精细化的炼化生产管控能力打造提供了系统支持。通过不断完善和优化组织机构、业务流程，进一步提高工作质量和效率，降低企业成本，节约装置能耗，减少环境污染，保证企业安全生产，达到持续保持企业的竞争优势的目标，从而完成从“企业信息化”向“数字化”的彻底转型，不断提升公司的核心竞争力。

3.2 技术创新

兰州石化在信息化环境下新型能力打造过程中，广泛应用 IT 新技术，支撑和带动了公司管理模式创新和生产技术创新。

（1）加强与物联网等炼化专业系统的集成应用，实现炼化生产作业过程的全程监控，内外操作规程的标准化、电子化。

（2）采用 SOA、虚拟化等新技术完成系统软硬件架构的重构及系统调优，增强系统稳定性，实现软硬件资源利用最大化。

（3）采用可视化技术，按应用场景灵活多样展现炼化生产运行数据，为企业决策指挥提供直观快速全面的信息。

（4）搭建了用于准确定位的卫星差分基站，建立了安全、可靠的企业无线数据传输通道。综合 GPS\北斗双模卫星定位、差分基站、RFID 等多种技术实现了兰州石化生产区域的人员安全管理。

3.3 战略转型

数字化转型过程管理体系的建立与实施，帮助公司掌握发展方向，实现战略落地；帮助公司梳理流程，引导和规范技术、设备和系统这三者的配套升级；明确协同作战的组织原则和要求，监督、监视体系的持续效益和改进。从而促使公司从关注局部向统筹全局转变，从强调技术向规范管理转变，全面提升数字化转型过程管理水平。

3.4 管理变革

公司通过数字化转型过程管理体系的建立与实施，确保企业在组织、管理、技术、资金、人员、工作模式、沟通机制以及开展领域等方面的融合深度进一步细化；通过数字化转型过程体系管理制度的建立，帮助公司有效的改进和提升数字化转型过程管理机制的规范性，依据标准和制度，查缺补漏、汲取先进经验，弥补了相关的管理空白，为稳定获取数字化转型过程管理绩效提供了强有力的机制保障。

4 结束语

兰州石化数字化转型过程管理体系实施工作的效益主要表现在管理效益方面，形象的说兰州石化数字化转型过程管理体系可产生以下管理效益：

（1）“瞭望塔”效益——帮助公司掌握发展方向，实现战略落地。

（2）“导航仪”效益——帮助公司梳理流程，引导和规范技术、设备和系统这三者的配套升级。

（3）“作战操典”效益——明确协同作战的组织原则和要求，监督、监视体系的持续有效和改进。

参 考 文 献

[1] 王海明，孙志文. 企业数字化转型的概念、要义及策略研究[EB/OL]. 北京：中国科技论文在线，[2019-04-12].

[2] 张振华浅. 谈编辑数字化转型的必要性及路径[J]. 传播力研究，2019，13.

[3] 张成刚. 数字化转型中的组织形态变革理论与现状[J]. 上海商学院学报，2020，4.

[4] 林益楷. 石油企业推进数字化转型趋势分析及建议[J]. 国际石油经济，2018，11.

多终端数字化设计移交技术

丛 瑞 裴 娜 西之华

(中国石油管道局工程有限公司设计分公司)

摘 要 为将油气管道站场数字化设计成果便携移交至业主及施工方，需开发和架设数字化设计移交平台，本文介绍其中的软件开发和数据提取(再现)这两项关键技术，可将 Smart Plant P&ID(简称 SPID)、Smart Plant3D(简称 SP3D)及 Plant Design Management System(简称 PDMS)三项数字化设计软件的成果无损传递至交付方，支持的终端包括计算机客户端、web 浏览端以及手机移动终端等，可为今后更加完善的数字化设计移交方式提供技术参考和实现思路。

关键词 数字化设计；移交平台；SP3D SPID PDMS

全球油气管道工程建设行业的竞争从 20 世纪初期的以机械化降低建设成本到 20 世纪中后期的提高企业整体效率及工程质量，再至 20 世纪后期的交货期、质量、价格和服务等方面的竞争，进入 21 世纪以来，已经发展至创新能力的竞争。这种态势导致竞争的焦点聚集到了工程设计阶段，为提高设计精准度和工程交付质量，数字化战略已成为全球工程承包商和设计商的首选战略

目前工程设计方面，国内普遍推广的是基于 AutoCAD 和其他专项计算的二维设计软件，其利用计算机辅助设计功能快速计算应力、水利及其他工艺参数，指导生成二维图纸。此种方式与传统手绘图纸相比虽提高了绘图和计算效率，但此类以图纸和报告为目标的设计软件，其成果终归局限于图面上的内容，无法体现出多张图纸乃至工程内各设备、模块之间的联系，交付给业主、施工方的成果也同样是大量分散的图纸文件和计算报告，工程实施时需要专业化的工程师进行审读、串接，整个过程并未发挥出当今计算机及网络技术所带来的数字化能力，落后于现今互联网+、大数据理念。

在上述问题之下，国内各大设计院争相开始引用最新的数字化设计软件进行工程设计，管道行业主流数字化设计软件包括 SPID、SP3D、PDMS 等，各设计软件侧重面不同但都具备唯一一套数字化成果库，通过“数”将单一设备的方方面面以及不同设备、不同站场间进行联系，从而形成整套三维数字化设计成果，但各软件规模普遍比较庞大且应用许可昂贵，无法方便的将成果移交给业主及施工方，本文所提出的多终端数字化设计移交平台，可以良好解决这个问题，其主要技术包含数字化设计移交平台的开发架设技术和设计数据的提取及再现技术。

1 移交平台的开发架设技术

1.1 平台架构方式

本平台采用服务器-多客户模式进行架设，其中多客户包含计算机客户端、浏览器端、便携终端，其中计算机客户端为强终端，具备上传数字化成果、查看和管理功能，其他终端为弱终端，仅可以查看数字化设计成果。服务器端和客户端均需采用模块化、多线程方式进行开发，做到数据库、网络通讯、输入输出、管理等各逻辑间的分离，任何一个模块卡死不会影响到其他模块的运行，平台架构如图 1 所示。

1.2 基于服务器集群的开发技术

服务器集群技术是近些年随着云计算的发展而迅速兴起的一种服务器硬件布局，其把多台普通计算机通过网络或高速通道连接在一起，形成一个整体共同对外提供服务，不但可以更好的利用已有硬件资源，更极大的提高了系统的容量、吞吐量和稳定性。

本平台的服务器端对外需要通过多种网络通讯方式与各种类型的终端会话，响应客户端的上传及下载请求；内部需要完成项目管理、用户管理、数据压缩、数据库管理等多种逻辑，如果承载硬件为单台计算机的话，则硬件难以满足平台性能要求，且单一逻辑模块卡死或进程重启会造成整个平台的瘫痪，严重影响用户使用。故需要

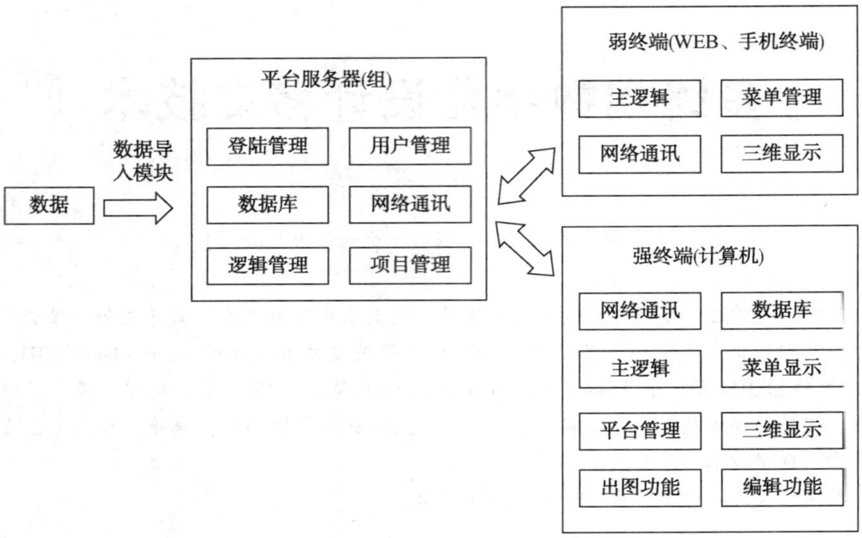

图 1　平台架构

采用服务器集群分担承载平台各模块，利用内部网络通信协作进行服务。

图 2 所示即为本平台的服务器端硬件的最大分担架设，其中门服务器负责与外部就近通信，与项目服务器及主服务器首次建立连接前需要平衡服务器做分配，平衡服务器负责检测其他服务器的负荷，进行负载均衡，项目服务器用于承载用户数据上传及其他操作，主服务器负责连接数据库并管理平台所有非项目事务，为加速数据库读写启用 Redis 服务。程序开发时，图中每一个方框均需作为一个独立进程进行开发，进程间通讯利用目前市面上成熟的 TCP/IP 引擎以会话的方式完成，本平台采用的是 Curl 和 UCNET，可完成多终端的推送适配，通过对 Socket 套接字[3]进行封装，提供了会话(Session)、侦听(Listen)两种通讯接口，分别承载长连接和短连接。

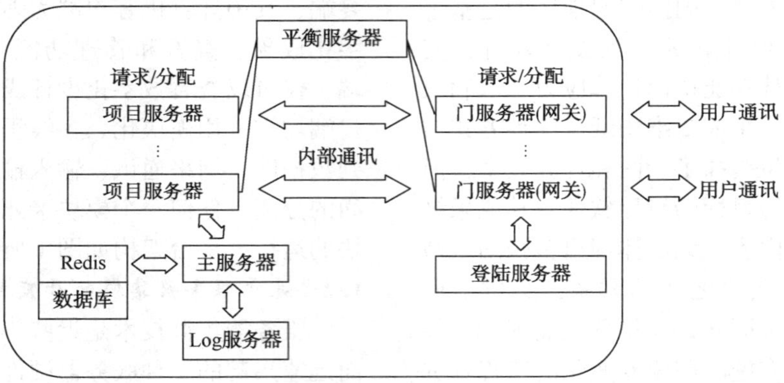

图 2　基于服务器集群的开发和架设

值得指出的是在实际的硬件配置时可以灵活部署，比如在平台运行初期用户数量不多时，将主服务进程和平衡服务器进程、数据库服务进程都部署在单一硬件上，在平台用户数量增多时，逐步将不同的进程部署到新增硬件上；另外门服务器不仅可部署在公司总部，还可额外布置在国外，以系统内的跨国通讯渠道进行连接，保证国外或异地用户操作不卡顿、网络不丢包，拥有和总部用户相同的使用体验。

1.3　多终端类型的客户端开发技术

平台终端将支持计算机客户端、web 浏览端以及安卓/苹果移动终端，日后还将支持虚拟现实(VR)和增强现实(AR)类终端，那么如何实现单一代码在不同终端类型上适用就成了开发时的关键要素，决定了客户端的开发成本。本文结合实际应用提出两种跨平台的客户端开发技术路线，软件实际开发时可根据需要灵活选取。

(1) 采用 Unity3D 类图形引擎：此引擎为专业的三维图形显示引擎，在大量图形元的显示优化方面效率很高，且具备跨多平台发布能力，支持 android、IOS、网页等多类终端，真正实现单份代码的多重发布、简易移植，开发语言支持 C#、JavaScript，缺点是此引擎开发的终端大小难以控制、网络通讯方面需要手动做压缩和加密、网页发布时浏览端需要装专有插件。

（2）采用基于 HTML5、Javascrip 的三维引擎：比如 BabyLon、Three 引擎，此类引擎的产品发布时为浏览端发布，利用的是目前各类终端都支持的浏览器，开发较为便捷、高效，浏览端使用时不需要装额外插件；但图形显示能力较前者有所不足，且受手机 GPU 型号不同、浏览器版本不同等方面的制约。

表 1　客户端开发技术比选

技术路线	优点	缺点
（1）采用 Unity3D 类三维引擎	① 图形显示效率较高；② 跨平台性良好，移植迅速，根据不同硬件可分别定制安装包；③ 现成的开发插件和资源较多	① 客户端大小难以控制；② 浏览端需要装插件
（2）采用 HTML5、Javascript 类三维引擎	① 开发便捷；② 无需额外插件	① 图形显示能力受限；② 受 GPU 硬件及浏览器版本影响

注：本平台开发采用的是方案 1，数据方面采用额外的压缩方式。

1.4　数据压缩技术

本平台下数据压缩主要有两个目的，一是为了节约客户端本地数据存储空间，二是为了节约客户端与服务器端的通讯流量，保证平台在小流量网络环境下的正常运行。

所采用的工具分别为 GZipStream 和 Protobuf-net。

其中 GZipStream 是基于字节流的压缩工具，其原理为统计编码和哈夫曼编码，即重复出现的内容只需写出一遍并标出其在其他地方出现的位置即可，此工具为现有工具，开发时较为便利，本论文建议实际使用时只对长数据传输进行压缩，以降低服务器端的解压缩负荷。

Protobuf 及 Protobuf-net 是跨编程语言的数据序列化工具，可以将 C#格式下的一个数据对象转变为占空间极小的二进制序列，并支持另一端以其他编程语言的反序列化生成这个对象，此步骤主要用于网络通讯之前的数据压缩，比传统的 XML 文件传输节约 60%以上流量。

2　设计数据的提取和再现技术

数字化设计移交平台的成果数据来源主要有 AutoCAD 图纸、Office 文档、SPID、SP3D、PDMS 设计成果，其中 AutoCAD 图纸和 Office 文档为传统设计成果内容，仅作为文件连接挂载到数据库中供查看，后三者数字化设计成果的数据提取和再现技术阐述如下。

2.1　SPID 数据提取和再现技术

SPID 软件是一个以数据为中心，规则驱动的智能设计系统，用以在整个工厂生命周期中创建和管理 P&ID 图，其中涵盖的数据内容不仅有工艺系统的流程，还包括按正常生产、开工、停产等工艺要求表示出的所有设备、管线、阀门和仪表控制系统的状态，是工艺设备采办、建造、施工的基础。

数据提取方面：由于 SPID 软件的数据库结构较为复杂，同一个设备的参数被存储于多张表格中，对数据提取造成了障碍，本文利用其软件的二次开发接口(API)，开发一个提取工具，可将现运行工厂中的将所有设备、管道、管件的位置信息、连接信息、数字化参数导出，形成本平台特有的格式文件，然后导入到平台中。所用到的 API 是 LLAMA. DLL、Plaice. DLL、PIDAuto. DLL、LMForeignCalc. DLL，关键的两个数据结构是 SPID 中的 ModelItem 和 PlantItem 数据结构，其图解如图 3 和图 4 所示：

利用 ModelItem 查找所有工艺流程实体(Entity)，利用 PlantItem 访问所有设备/管件等符号的参数信息，即可完成抽取。

数据再现将根据符号类型、符号 ID、符号参数开发符号绘制库，在移交平台中还原出所有 SPID 文件信息，包括二维显示和参数信息。

2.2　SP3D、PDMS 数据提取和再现技术

SP3D、PDMS 软件同样是一个以数据为中心，全网络交互式设计系统，其功能是创建工厂三维模型、设备布局、配管、碰撞检查等，是目前主流的工艺专业室外数字化设计软件。数据提取方面：此两款软件的数据库结构更加复杂，不便于数据提取。本文提出两种数据提取和再现方法供开发参考。

方法 1：导出单个工厂文件为 SAT 或 VUE

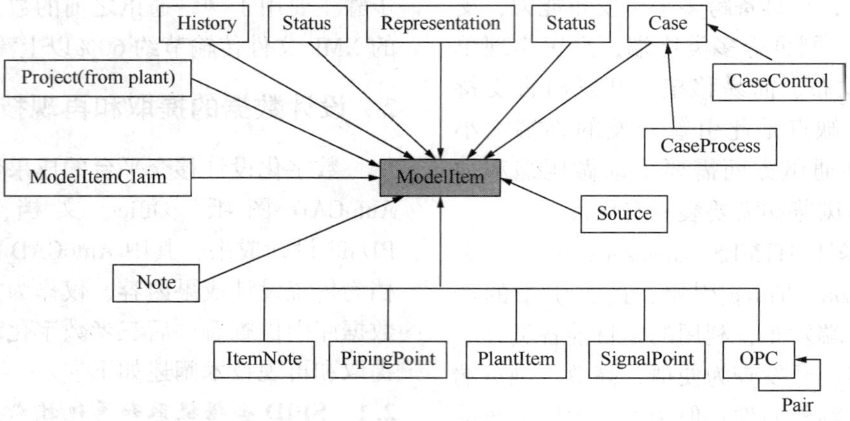

图 3　ModelItem 数据结构

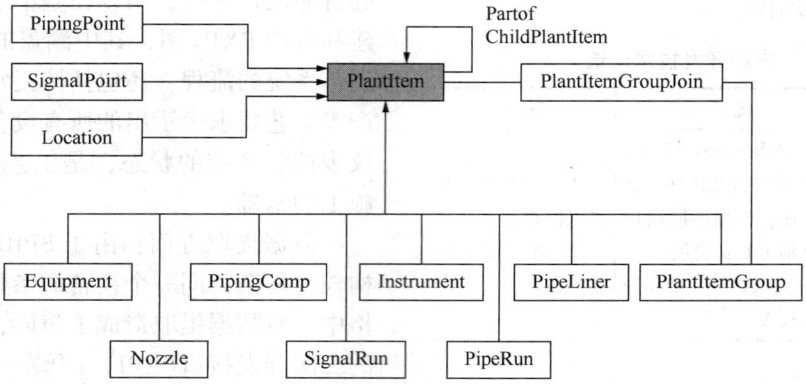

图 4　PlantItem 数据结构

三维格式，数字化参数单独导出到 XML 格式文件中，解析 SAT 或 VUE 格式并通过设备 ID、TAG、NAME 的组合与 XML 中的设备属性挂钩，从而获得完整的设计成果，上传至平台中；再现方面，需要根据 SAT 或 VUE 格式中的图元进行还原，经三角化、批量优化后供 GPU 显示。此方法的优点是显示部分的开发较为简单，只需要开发正方体、圆柱体、球体等基本图元的显示方式即可，但 SAT、VUE 格式的文件本身解析有较大的难度，与 XML 属性文件的连接要严谨。数据提取流程如图 5 所示。

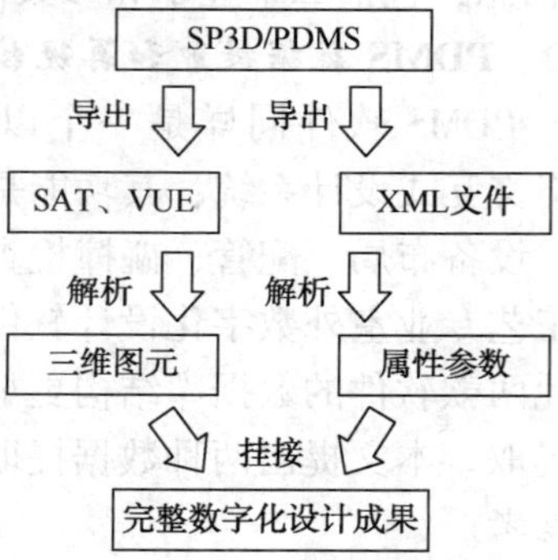

图 5　方法 1 数据提取流程

方法 2：与 SPID 数据提取类似，利用软件二次开发接口，如 SP3D 的 CommonClient. dll、CommonMiddle. dll，开发专门的提取软件，将工厂中的设备、管件等符号的位置、外形参数、数字化属性统一导出为指定格式；再现时需要对每一类设备做符号库的开发(参照 SP3D 设备、管道符号二次开发方法)，再现所有设备、管件等符号的显示。此方法的优点是数据抽取较为简单，但符号的三维再现需要对每一个符号进行严谨的绘制开发，达到与原设计成果相同的效果。数据提取流程如图 6 所示。

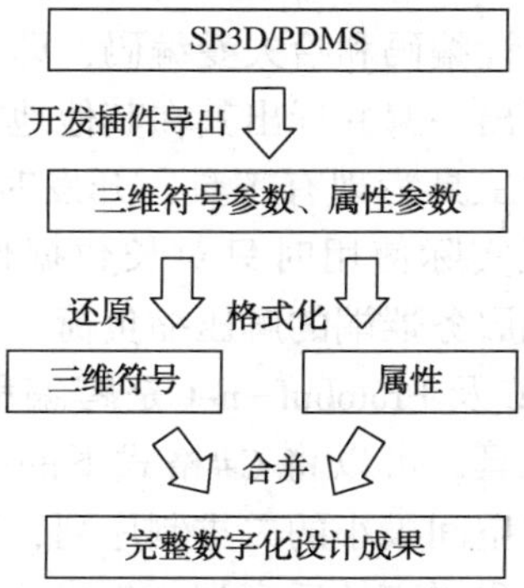

图 6　方法 2 数据提取流程

两种方法对比如表 2 所示。

表 2　三维数据提取及再现方法

技术路线	优点	缺点
导出 SAT 或 VUE 图形文件，单独导出属性为 XML 文件，两者连接	显示部分的开发较为简单	（1）SAT、VUE 格式的文件本身解析有较大的难度；（2）与 XML 属性文件的连接要严谨
利用软件二次开发接口同时抽取外形和属性信息	数据抽取较为简单	（1）三维再现需要对每一个符号进行开发；（2）受 GPU 硬件及浏览器版本影响

注：本平台开发采用的是方案 2，再现方面严格遵照 SP3D 的设备、管道二次开发方法再现。

3　效果

以本文所述技术所搭建的平台已在中俄东线输气管工程数字化设计中得到应用，已将 SPID 和 SP3D 软件数字化设计成果导入到本平台中，目前可显示在手机和计算机终端中，效果如图 7、图 8、图 9 所示：

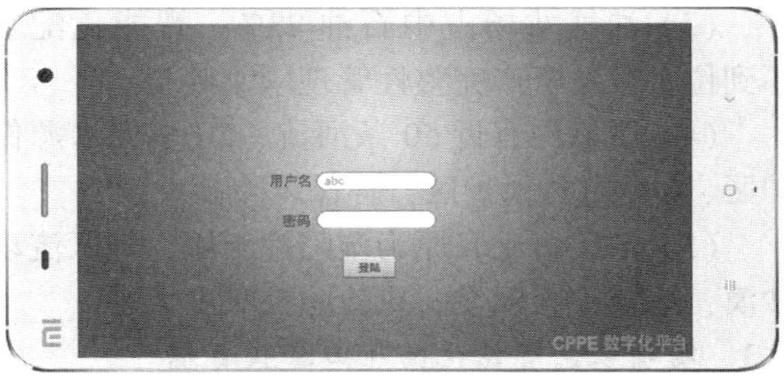

图 7　手机终端登陆界面展示

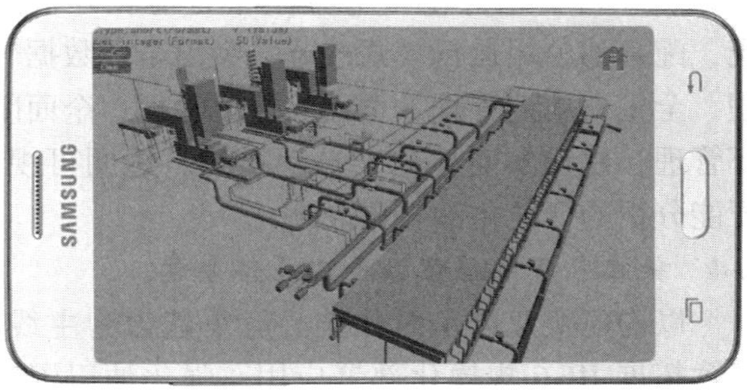

图 8　手机终端三维展示

经测试，在较高硬件配置的手机终端上显示效果良好，操作不卡顿，计算机终端方面在普通具备独立显卡的计算机上可流畅操作使用。

4　结论

本文所述的数字化设计移交平台开发技术和设计数据的提取及再现技术，可良好的将 SPID、

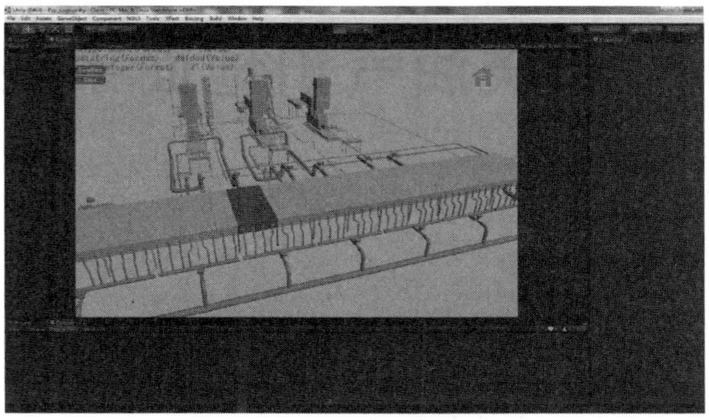

图 9　计算机开发环境下的三维展示

SP3D、PDMS 软件设计成果通过移交平台，以手机、计算机、浏览器多终端形式移交至业主和施工方，且硬件需求在目前市面各终端常用硬件性能范围之内，实现了数字化设计成果的便捷移交，为工程在设计阶段的准确性、施工阶段的可指导性、交付阶段的完整性提供了强有力的数字化保证。

参　考　文　献

[1] 丁原，刘玉树，朱天焕. 集群服务器技术综述[J]. 兵工自动化，2000(3)：10-13.

[2] 王佳隽，吕智慧，吴杰，等. 云计算技术发展分析及其应用探讨[J]. 计算机工程与设计，2010，31(20)：4404-4409.

[3] 瞿有甜，盛贤良. 基于 TCP 套接字的应用研究[J]. 计算机应用研究，2006，23(7)：47-49.

[4] 崔瀛潇. 基于 Unity3D 引擎的三维可视化技术在煤炭地震勘探中的应用[J]. 中国煤炭地质，2014(4)：58-63.

[5] 李慧云，何震苇，李丽，等. HTML5 技术与应用模式研究[J]. 电信科学，2012，28(5)：24-29.

[6] 史东旭，杨兆建. 基于 JavaScript 的网络三维实体造型研究[J]. 机械工程与自动化，2010(1)：53-54.

[7] 宋刚，蒋孟奇，张云泉，等. 基于共享存储和 Gzip 的并行压缩算法研究[J]. 计算机工程与设计，2009，30(4)：781-784.

[8] 聂晓旭，于风芹，钦道理. Data Transmission Protocol Based on Protobuf[J]. 计算机系统应用.

[9] 王防修，周康. 通过哈夫曼编码实现文件的压缩与解压[J]. 武汉轻工大学学报，2008，27(4)：46-49.

[10] 陈石. XML 技术及其应用[J]. 计算机应用研究，2002，19(3)：115-117.

[11] 许明杨. ACIS SAT 文件格式及模型数据提取方法研究[C]. 企业信息化高级论坛暨全国 cad/cg 学术会议. 2002.

长庆油气田地面系统智能化建设实践与展望

张玉龙 胡建国 李秋实 樊 泽

（中国石油长庆油田公司）

摘 要 为落实中国石油建设世界一流综合性国际能源公司的目标，长庆油田深化“326”、“121”、“551”三足鼎立工程推进。其中“326”工程即推进数字化转型智能化发展，以新技术、新工具赋能油气田，推进生产运行的少人化、无人化，构建新型管理模式，建立新的劳动组织，打造“数字化、自动化、模型化、可视化、协同化、智能化”地面无人值守集中监控示范，建成以全面感知、透明可视、智能分析、迭代提升为特色的行业领先的“智能油田”，本文即阐述了长庆油田地面系统无人化、智能化建设实践情况和未来发展方向。

关键词 地面系统；数字化；智能化；无人值守；智能油田

1 前言

“十四五”是全面建设现代化国家新征程的第一个五年，是中国石油集团公司建设世界一流综合性国际能源公司的关键阶段。坚持“价值导向、目标牵引、结果量效”，充分挖掘数字化技术深度应用，加大数字化、网络化、智能化协同研究，深化“326”、“121”、“551”三足鼎立工程推进。推进数字化转型智能化发展，以新技术、新工具赋能油气田，实现生产运行从人工值守向人机结合的无人值守转变，构建新型管理模式，建立新的劳动组织，打造“数字化、自动化、模型化、可视化、协同化、智能化”地面无人值守集中监控示范，建成以全面感知、透明可视、智能分析、迭代提升为特色的行业领先的“智能油田”，不断提升数字化、信息化、智能化、智慧化发展水平，为长庆油田二次加快发展提供支撑。

2 长庆油田地面系统智能化设计探索

2.1 遵循中石油及勘探版块规划

认真落实集团“共享中国石油”战略部署，大力推广人工智能等先进技术，推动无人值守模式重构，力求“十四、五”末建成智能油气田，“十六、五”末建成智慧油气田。

以“两统一、一通用”为核心，构建梦想云蓝图，以“统一数据湖、统一云平台”支撑通用业务应用一体化运营，形成上游“一朵云、一个湖、一个平台，一个门户”建设蓝图，探索建设“中小型站场无人值守，大型站场少人值守集中监控”新型地面工艺模式。

2.2 理清长庆油气田地面系统现状

（1）油气管道数量多、规格杂、输送介质差异明显、腐蚀严重，局部管线超龄服役占30%。

（2）油气管道占中石油27%，其中90%以上为小口径，区域跨度大，分布零散。

（3）油气站场占中石油23%，智能化配套不到位，设备资产完整性管理刚刚起步。

（4）区域内有近50条河流、50多处水源保护区、6个自然保护区，环保风险高。

（5）油区黄土高原为湿陷性土壤，气区流动沙漠，地质灾害频发，风险防控难度大。

2.3 明确长庆智能化油气田建设目标

围绕勘探开发、运行指挥、协同研究、安全环保、经营管理等主营业务7个智能化建设系统，配套油公司运行模式改革，突出全域数据管理、全生命周期管理、全面一体化管理、全面闭环管理，建设实时感知、自动操控、透明可视、智能分析的智能化油气田。

2.4 提出长庆智能化油气田总体架构

以构建企业数字时代核心竞争能力为主线，持续拓展IPv6规模化部署应用，强化油田资产资源规划、建设和运营全周期运营管控能力，实现全业务链的协同创新、高效运营和价值提升。以感知、互联、数据融合为基础，实现生产过程的“实时监控、智能诊断、自动处置、智能优化”，打造智能油气田的“中心站+无人值守+智能井+区域应急保障”新的管理体系模式。

2.5 梳理形成智能化建设项目群

按照智能化油气田建设“326工程”总体设

计，规划8大类39个项目群场景，完善软件结构、拓展软件功能、集成软件性能，提升软件指标，持续推进示范应用，推进智能技术与数字产业深度融合，推动油气水产业链价值转型升级，持续激发企业在精益生产、精细管理、精准营销等的创新能力，提升智能化生产、网络化协同、个性化服务等新能力，努力树立央企数字化转型的示范和行业标杆，在建设网络强国中贡献石油力量。

2.6 制订智能化项目实施目标

长庆智能化油气田建设的“三步稳走、四个阶段”安排，“十三五”末实现“数字油田”，“十四五”末基本建成智能油田，达到操作自动化、数据可视化、安全本质化、平台一体化、决策智能化。实现智能油气田建设评价的6个宏伟目标：新增储量、提高采收率、提升生产效率、增加经济效益、保障安全环保生产，创新智能化劳动新架构。“十五五”末基本建成“智慧油田“。实现人工智能载体前端感知分析，大数据“云”共享、机器学习中端智能决策，油气田终端智能化自主控制。

3 长庆油气田地面系统智能化建设实践

3.1 油气田工艺技术进步助推数字化转型智能化发展

实施了四化管理：标准化设计、模块化建设、数字化管理、市场化运作；

实践了五化建设：标准化设计、工厂化预制、模块化施工、机械化作业、信息化管理；

坚持了六化模式：标准化、立体化、集约化、协同化、智能化、低碳化。

3.2 建设国内最大的油气田物联网支撑信息系统可靠运行

油气生产物联网上线：油气水井和数字化井场覆盖率96.7%；数字化站库覆盖率100%；作业区数据采集与监控系统(SCADA)：建立了统一的数据采集与控制管理平台，实现井站生产数据自动采集、远程监控、预警报警，支持作业区油气生产过程闭环管理。

3.3 统推与自建信息系统协调融合提供可靠的数据资源

统推系统：长庆油田是集团公司上游板块信息化建设的主要试点单位。自建系统：推广长庆油田公司主要工艺技术方面管理系统十余个。专业软件云化部署和共享应用，提高软件利用效率，降低总体拥有成本。

3.4 创新形成地面工艺模式，提升油气生产智能优化能力

油田：多井低产和地形复杂的特点，油田集输工艺以不加热集输为主体，推广马岭、西峰、靖安、姬塬油田等工艺，创新发展了超低渗、页岩油采油工艺和地面工艺模式。

气田：靖边气田常温集输、榆林气田低温集输和长北合作区(壳牌)等气田等工艺；苏里格致密气中低压集输和苏里格南国际合作区(道达尔)采气工艺和地面工艺模式。

3.5 创建标准化设计技术

遵循“结构优化、共性突出；覆盖全面、系列完善；统一编码、统一格式；控制有效、拓展更新”的原则，突出标准化设计，以工程设计文件为主体，以技术标准的建设为重点，对标准化设计体系做了全面的优化、提升，构建了完整的标准化设计体系。尤其气田标准化设计覆盖率达到100%，设计周期缩短60%。

4 长庆油气田地面系统智能化主要建设成果

4.1 优化工艺流程构建新型劳动架构，推进油公司模式改革

油田：通过中心站升级优化逐级缩减分属作业区，构建“中心智能工厂”现场“油田公司-采油厂-区域指挥中心(中心站)-生产单元(无人值守井、站)”，构建新架构整合作业区目标减少30%，优化工艺流程整合中心站下降60%目标。

气田：深度挖掘数字化应用逐步消减中心站，实现作业区直管无人值守站和气井；借鉴长北模式，苏里格气田通过“智能工厂”扩容升级，探索作业区与处理厂合建运行，构建“超级智能工厂”形成了“油田公司-采气厂-智能指挥中心(中心站)-生产单元(智能化井、站)”，构建新架构整合在一起作业区目标减少50%。

管道：工艺流程自动运行，备用流程远程切换，关键参数监控报警，关键环节智能分析，系统参数自动匹配，生产报表自动生成。构建“公司集中监视、厂处集中监控、区域集中运维、站库应急值守”的智能管道精益管理模式，构建新架构实现区域化，站点目标减少50%。

4.2 推进无人值守站和大型站场少人值守集中监控智能化升级

按照“无人值守、集中监控、定期巡检、应急保障”的思路，搭建地面协同研究平台，建立适应快速变化的柔性组织，推进数据要素驱动的多部门协同，形成纵向管控和横向融合的矩阵模式，实现“远程集中监控、数据自动采集、后台智能分析、工况动态匹配”智能化升级，构建新型智能化生产管控、协同化科研协作、一体化经营决策业务模式和机制，推进组织模式向网络化、平台化、专业化转变，实现组织扁平化和管理高效化。

4.3 源供注配注水系统控制技术，实现井筒注采全流程无人值守

基于现有数字化技术和硬件基础，通过深度挖潜水井远程启停、注水井稳流配水等技术，由“单点-远程-控制”向“联动-闭环-自控”升级，实现注水系统“源、供、注、配”全过程自动调整，全流程无人值守，减少供注操作工作量，实现计量动态精准，提升注水系统效率、降低能耗指标和运行安全风险。

4.4 提升一体化集成装置自动化水平，实现生产运行一体化智能决策

研究装备设备云应用生态系统建设方案，实现设计、工艺、制造一体化管理。按照“小型化、立体化、撬装化、集约化、自动化、智能化”为原则，开展“健康诊断、边缘控制、智能切换、远程运维、全生命周期管理”智能化升级，提高一体化集成装置感知、分析、执行的智能化水平，有利于立体布站，实现站场无人值守，支撑油气田智能化建设，应用一体化集成装置超过63类4000台。

4.5 探索技术、管理、建设向数字化无人值守转变的新技术

深入推进数字化、网络化、智能化发展，以新技术、新工具、新管理赋能广大员工，实现生产运行从人工值守向人机结合的无人值守转变。实现了井场、站场无人值守，节省了人力成本、适应了老区优化简化、新区快速建产模式。

4.6 形成示范区风险控制建设的定性定量评价体系

与世界开展对标，坚持风险导向，找问题、补措施、强技术；加强安全设计，坚持可靠价值，夯基础、强标准、抓关键。研究地面工程云应用生态系统建设方案，实现设计、工艺、制造、安装、运行评估一体化管理。通过数字化转型打通横向产业链、整合纵向价值链、做强做优井站无人值守创新链，推动从要素驱动向创新驱动发展，从定性化向定量化发展，打造一流的风控管理体系。

4.7 建立无人(少人)值守集中监控成熟度评价技术体系

为了加快推进劳动组织架构扁平化，量化作业区无人值守站应用成熟度考核，制定成熟度评价标准。全面评估实战化、体系化、常态化网络空间综合防御措施，大力提升站场运行监测、风险预警、决策分析、指挥和应急处置能力建设。

4.8 集群+单线管道泄漏监测技术实现多专业一体化在线协同

为了适应无人值守管理模式的监控需求，将地面集输管线多相流泄漏监控瓶颈，研究试验由井站“分散单机”向中心站“集群+单线整合”模式转变，建立精准报警、分级推送、闭环处置的管道泄漏管理流程，管控模式：实现“集中调控、管控分离、分级管理”的管控模式。

4.9 建立井与地面智能系统，实现采气集输一体化管控技术

在气田井站数字化平台与智能井全覆盖的基础上，进一步开展智能一体化化升级试验，研发气井井口综合管理系统，集成智能开关井、智能排水采气、智能安防、数据通信等功能，形成后台终端和前端边沿计算相结合系统，规范长庆气田井场智能化建设标准。

4.10 推广数字化交付与数字孪生实现多专业一体化在线协同

提升长庆地面建设全生命周期智能化管理要求，在开展上古天然气处理总厂，庆五联合站智能化工地，数字化交付试点，取得显著效果。下步在储气库、页岩油、原油稳定轻烃等重点工程开展智能化工地数字化交付推广，推广工程建设材料编码管理系统，提升三维协同设计能力、开展数据库建立及模型轻量化技术研究，建立装置设备数字孪生体、夯实工程数字化交付基础、打造具备工艺流程模拟功能的数字工程，形成油气田智能化建设与管理体系。

5 长庆油气田地面系统智能化发展展望

5.1 总体发展目标

以长庆价值为核心，以集团公司数字化转型智能化发展示范为引领，通过“326 工程”智能化蓝图工艺技术应用，建成油气田数字神经与大脑系统，提升对油气勘探开发过程、管理对象的全面感知能力、敏捷反馈能力、整合运营能力、全局优化能力，推动油气田工艺自动化、流程可视化、运营集约化、装备智能化、管理扁平化，“十四五”末率先建成行业领先的智能油气田，有效提高生产效率和油气田开发效益，实现管理效益价值最大化。

5.2 以提升共享服务能力为核心，持续开展数据入湖上云工作

构建适应业务特点和发展需求的“数据中台”、“业务中台”和相应的工业 App 应用体系，为业务数字化创新提供高效数据及一体化服务支撑。

区域数据湖：加强井筒、地面、经营管理数据整合治理与入湖共享，实现全域数据汇聚入湖、数据质量全面提升，达到全联接、透明化、可追溯。

区域云平台：依托梦想云技术，持续开展业务应用云化集成，支持模块化开发、敏捷迭代；建设专业软件云，为跨地域协同研究提供共享资源。

启动数据湖体系建设，制定数据入湖标准，推进业务数据的有效汇聚、统一管理和共享应用；启动数据治理体系建设，完善企业级主数据标准，推进数据从设计、开发、创建到集成、汇总、加工的全生命周期的集中管控。

5.3 精准对标，打造一批可复制、可推广的综合管理示范区

按照股份公司“完整性、智能化、新能源”三个同步实施要求，建立成本效益、产量贡献、用工效率、能耗指标、创新成果等“油公司”改革量化考核指标，对标内外先进，可复制可推广，创建标杆示范，建成一批有特色、高质量智能化采油气厂、输油处示范区，2021-2023 年完成 60%，2025 年前全面完成。

（1）百亿方智能化采气厂示范区-采气一厂；

（2）苏里格致密气高效开发示范区-苏里格 300 亿方稳产；

（3）长距离输油智能管道智慧管网示范区-输油处；

（4）400 万吨智能化采油厂示范区-采油三厂；

（5）低效区高效益开发采油示范区-采油十一厂；

（6）页岩油全生命周期智能化管理示范区-页岩油。

5.4 推动智能技术科技研发变革建立协同攻关研究环境

长庆油田今年来地面建设领域通过“上产阶段、稳产阶段、加快发展”油气田开发工程实施，集成创新了一批成熟技术，研发了一批先进技术，攻关了一批核心技术，形成了数字化条件的 7 项关键技术，围绕“油公司”模式改革，建立新型智能化生产管控、协同化科研协作、一体化经营决策业务模式和机制，推进组织模式向网络化、扁平化、专业化转变。油气田地面建设领域继续开展 8 项技术研究攻关，打造新老油气田智能化示范区建设地面新模式。

4 结束语

通过长庆油气田地面系统的智能化建设实践，形成了我国陆上低渗透油气田在点多面广特点下的智能化建设思维体系及架构，并针对长庆油气田的现状情况进行了深入剖析，结合数字化转型、智能化发展的目标需求，开展了数字化、智能化的技术实践与管理模式变革匹配，为长庆油气田的高质量发展提供了强力的支撑。未来，在推动长庆油气田工艺自动化、流程可视化、运营集约化、装备智能化、管理扁平化方面，将持续运用系统的思维，继续将一张蓝图绘到底，致力于在“十四五”末率先建成行业领先的智能油气田，有效提高生产效率和油气田开发效益，实现管理效益价值最大化，为中国石油集团建设世界一流综合性国际能源公司贡献长庆人的智慧与力量。

原油管道数字孪生技术实践与展望

王　玮[1]　张玉龙[2]　胡建国[2]　刘　丹[2]　贾颜宇[2]

[1. 中国石油大学(北京)机械与储运工程学院；2. 中国石油长庆油田公司]

摘　要　近年来，数字经济已成为全球竞争的关键领域，油气行业也在积极落实能源安全新战略，大力发展数字经济，坚定不移走新型工业化、信息化道路，坚决把能源的饭碗端到自己手里。本研究即以建设原油管道数字孪生体模型，支撑管道本质安全、卓越运营为突破口，推进数字化转型，智能化发展。本研究基于帆软报表平台，结合工业互联网、大数据、人工智能等技术，实施了在役原油管道的数字孪生体规划、建设，实现了管道全生命周期数据集成管理，并初步探索了原油管道的智能运营管理，展望了发展趋势。结果表明，智能管道数字孪生体平台有助于精简运行机构，盘活用工，强化管道可靠性完整性，控降运行成本，提升运行效率和本质安全水平。这说明智能管道数字孪生技术已具备一定的实用价值，同时也为进一步实施智能管道数字孪生技术的迭代优化，改进应用效能提供了借鉴。

关键词　数字孪生；智能管道；数字化转型；智能化

在实施某企业智能管道示范区建设的过程中，立足于管道运营实际需求，重点围绕管道智能化、场站智能化两条主线展开，最终通过建设智能管道数字孪生体平台，搭建了智能管道的基础载体，形成了“1平台2机制”的智能管道建设成果。本文即重点介绍了智能管道数字孪生体技术的实践情况及展望。作者在完成本文所述的智能管道数字孪生体探索、规划、建设与运营过程中，实地考察调研，查阅学习了行业相关的论文、报告等文献资料。部分实现方法吸收借鉴了国内外公认的做法，在此向各位前辈的贡献和付出致敬。

1　技术背景

（1）智能时代催生智能输油新模式

建设智能管道数字孪生体，源自于智能时代催生了输油模式的变革。人类社会的工业经历了从手工业到工厂手工业，再到现代化大工业的过程。这个历程，是有着巨大历史威力的过程。总体上经历了机械化、电气化、自动化，目前正在迈入智能化时代。2015年05月，国务院印发《中国制造2025》要求：把智能制造作为两化深度融合的主攻方向。2017年12月，习近平总书记在政治局集体学习时强调：实施国家大数据战略，加快建设数字中国。与此同时，国内外石油企业纷纷谋求智能化发展，越来越多的油气巨头和IT巨头跨界强强联合，开展云计算、物联网、大数据、人工智能等技术合作，希望通过信息技术降低工艺成本、增加利润率、应对各种风险。2017年，中国石油建设性的提出智能管道、智慧管网新理念。并以中俄东线天然气管道为试点，正式启动智能管道建设，这是油气管道行业对中国智造2025和工业4.0的最佳应用与实践，代表油气管道行业先进生产力的发展方向，革命性的改变了油气管道行业格局。随着数字化转型，智能化发展的理念和先进生产力效能持续显现，国内越来越多的油气企业开始关注并投入到了数字化转型发展的实践。

（2）建设智能管道的生产需求

建设智能管道，主要是应对管道日常运营中所面临的四大挑战：一是管道设施日益老化，服役年限超过15年的管道占了50%，超过10年的占了79%。二是周边环境复杂多变，管道面临人员活动，建设施工，地质灾害等不确定风险因素持续增多。三是安全环保越发严格，新时代生态文明思想已深入人心，《安全生产法》、《环境保护法》、《管道保护法》要求管道运营企业必须担负起主体责任，持续强化管道运营水平。四是高质量发展呼唤转型，管道企业需要通过软硬件设施及运营模式的升级，发展先进生产力，实现高质量发展。

2　原油管道数字孪生技术实践

（1）建设思路

围绕管道智能化与场站智能化两条主线，集

成原油管道设计、施工、运行、维护全生命周期的数据，构建智能管道数字孪生体，建立智能管道运营模式，形成可复制可推广的智能管道精益管理体系。

（2）建设目标

通过智能管道数字孪生体的建设，实现原油管道全生命期的数据集成管理，支撑管道运营相关的生产运行、安全环保、完整性管理、管道巡护、应急维抢、工程建设六项核心业务智能化，突出智能运行、集中调控、完整性管理，关键指标达到国内先进水平。

（3）技术路线

（1）设计期、建设期数据逆向恢复。以线路、站场、建筑三维平台为主体，利用图纸资料电子化入库建模、人工确认、三维激光扫描、无人机航飞、地质雷达探测等手段完成数据的采集、整理、校验、入库，恢复管道设计、建设期数据。

（2）运营期数据恢复与整合。通过打通数据接口，统一数据字典，整合各类运行管理系统的数据。应用“端+云+大数据”技术架构，搭建了一体化的原始数据仓库，将 SCADA、泄漏监测、视频监控、光纤监测、在线计量、设备状态监测等应用系统数据，通过标准接口，接入实时数据库、关系数据库，实现数据整合。

（3）数据处理分析模块搭建。基于知名国产智能报表软件 FineReport 软件平台，运用“以设备为中心”的设计理念，自主实施二次开发，构建一种基于商业智能（BI）的多样化、交互式智能分析决策报表系统。基于储运机理模型，开发出管道工况仿真相关的机理模型组件，并提供给数据处理模块调用，初步形成机理模型与数据模型相结合的原油管道生产智能化模块。主要包括管道工况仿真、能耗评测、设备监管、综合预警、应急处置、计量监管等六大功能。结合报表平台自身的多源数据调用处理能力，发挥数据的价值，实现输油生产管理的智能化。

3 关键做法

该平台集成了输油管道全生命周期的运行数据，通过调阅设计、施工图纸，同时采用激光测扫、雷达探测、无人机倾斜摄影、漏磁内检测、IMU 惯性导航测量等技术，恢复了输油管道和场站的智能化数字模型，并结合输油生产运行过程中的动、静态数据，为管道安全高效运行提供数据采集、分析和决策的技术支持。平台通过打通工业控制、生产管理、设备管理等多应用系统的数据通道，完成了多结构、多维度、多层次数据的统一入库，从而形成了集管道运行过程中自控数据、设备属性和预警信息等为一体化的输油生产数据仓库，为生产监控、数据分析、智能决策提供了平台支撑，为实现管道网络化、可视化、智能化管理奠定了基础，为油田输油管道、场站运行的无人值守、全面感知、自动预判提供保障。

（1）数据仓库

数据仓库是一个存储着企业各种各样原始数据的大型仓库，其中可实现数据的存取、处理、分析及传输。本项目建设的数据仓库是根据多个数据源获取的原始数据，因此采用数据仓库的设计架构和理念，把不同种类的数据汇聚到一起，通过商业智能（BI），将大数据分析推向更多的实时智能服务发展，让这些可变化的智能服务支持输油生产的实时决策制定。同时采取统一的数据标准，统一的数据模型，针对不同的目的，构建同一份原始数据的多模型格式副本，从而实现数据仓库中可被处理的数据不受数据格式的影响，无论是结构化数据、还是完全非结构化数据，均可通过数据清洗，打通业务系统壁垒，分析、存储、完善整个数据的生命周期。如图 1 数据仓库数据流向图所示，数据仓库将静态数据（图纸、航拍等）和动态数据（SCADA、视频等）按照一定的算法模型及数据缓冲库存储进数据仓库中，并通过对外的数据接口展示移交，从而实现数据仓库的价值最大化。

（2）前端平台

（1）核心布局设计：以中央三维展示为主，进行系统自动巡检，并配合各自定义的功能窗口进行展示、分析和管理。

（2）全球视图设计：如图 2 所示，涵盖了全线站场、管道标段、大型穿跨越、管理处的概要信息及树状目录，生产图表，设备状态监测，应急路线规划，人员车辆管理，泄漏监测和生产日报等相关功能。

（3）站场视图设计：三维展示窗口进入某站场/管道标段/穿跨越点时，界面的功能窗口会根据实际情况进行调整，同时支持自定义的窗口部署。

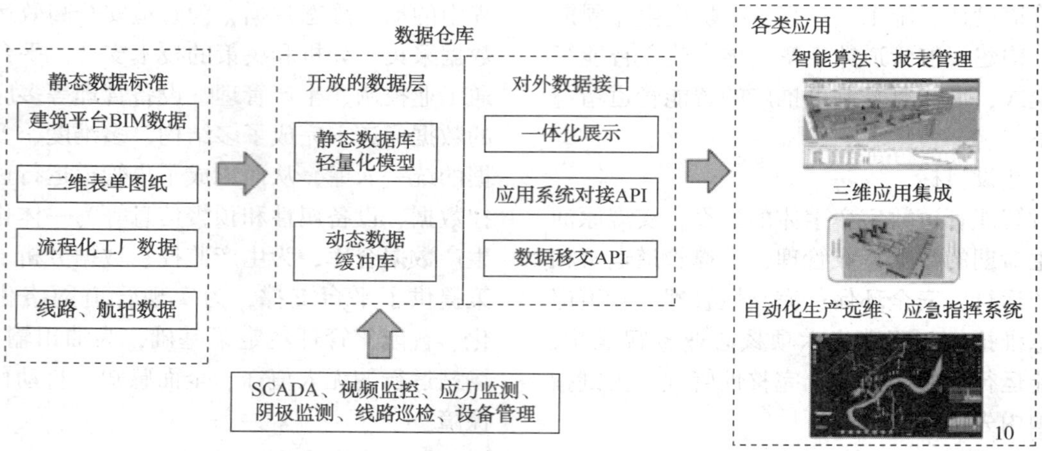

图 1　数据仓库数据流向图

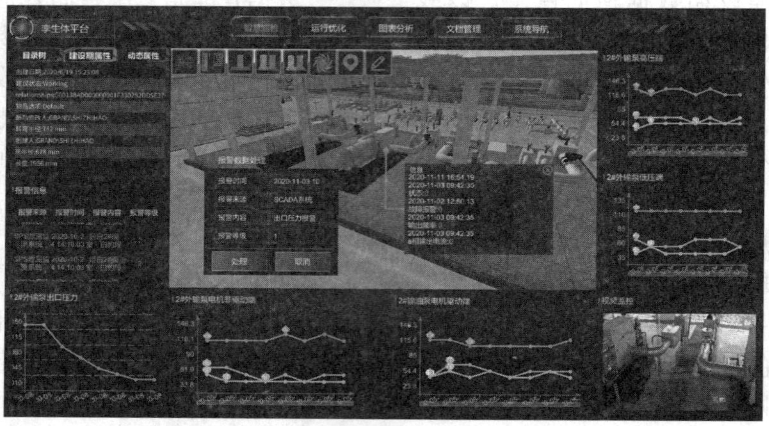

图 2　智能管道数字孪生体平台

（4）用户功能模块自定义设计：管理员可以对平台的功能模块进行区分管理，为不同的部门、人员配置不同的功能模块权限，使平台功能的管理变得灵活多变。如，当出现部门人员调动时，其工作模式不变，为不同的部门提供相同的业务贡献，同样可以使用以前的功能模块，不会因为部门变动而产生影响，从另一方面提升了管理者在日常管理时的便捷性。

（5）数据填报的自动化设计：建立输油生产数据整点录入报表，通过 SCADA 点位的自主配置，实现基础参数的自动录入。同时实现报表的上传、导出和下载功能，解决了在断网等突发情况下数据的丢失和补填难问题。

（6）数据统计一键查询：打破传统报表的统计方法，结合生产的实际需求，自主设计数据统计模型，形成油田生产过程中的日输差、日盘库、日运行等综合统计报表，如图 3 所示，元数据采集监测表，根据用户需求，无需编码定制，以原生的数据模型实现相关统计表格数据的一键查询和导出，极大的提升了用户的工作效率。系统不仅只针对报表的元数据，对于外部数据源，系统也可以完成综合数据的一键统计，如图 4 所示，GPS 巡护数据综合统计表，系统从数据湖获取数据，利用 BI 数据工具，结合 GPS 信息系统技术，可实现巡护员巡线到位情况的一键预览，管理者可以清楚的掌握巡线的里程和巡线质量。

设备属性	属性描述	scada点位	scada数据	更新时间
PumpPressure	泵压（MPa）	EL_PISA302.PV	0.41711[illegible]7	2021-04-12 08:24:51
Electricity	电流（A）	EL_DL0401_Ia.PV	150	2021-04-12 08:24:45
Voltage	电压（V）	EL_DL0401_Ua.PV	375	2021-04-12 08:24:45
Revolution	转速（r/min）	EL_DL0401_HZ.PV	39	2021-04-12 08:24:45
AxletreeTemp	轴承温度（℃）	EL_TISA5011.PV	30.4	2021-04-12 08:24:51
PumpPressure	泵压（MPa）	EL_PISA304.PV	0.003906409	2021-04-12 08:24:51
Electricity	电流（A）	EL_DL0402_Ia.PV	0	2021-04-12 08:24:45
Voltage	电压（V）	EL_DL0402_Ua.PV	0	2021-04-12 08:24:45
Revolution	转速（r/min）	EL_DL0402_HZ.PV	0	2021-04-12 08:24:45
AxletreeTemp	轴承温度（℃）	EL_TISA5021.PV	17.4	2021-04-12 08:24:51

图 3　元数据采集监测表

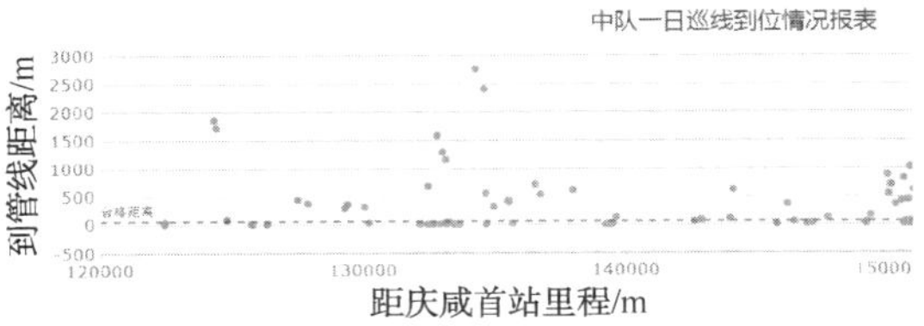

巡检员id	巡线员名称	日期	速度	到管线距离(m)	到桩号距离(m)	最近桩号
		2021-04-11 22:19:48	0	4.89	270.22	122#
		2021-04-11 22:25:46	0	40.97	278.67	122#
		2021-04-11 22:13:50	0	1851.20	1525.34	124#
		2021-04-11 22:31:44	0	1713.15	1487.48	124#
		2021-04-11 22:07:52	0	88.46	261.96	125#
		2021-04-11 22:01:54	0	14.26	167.97	126#

图 4　GPS 巡护数据综合统计表

4　应用成效

（1）实现输油生产及其辅助系统全面自动化。运行控制与保护逻辑化、程序化、标准化，厂处和区域中心集中控制能力持续增强，站队工作逐步向巡检维护职能聚焦；

（2）逐步实现输油管网智能优化运行。在线计量、自动盘库、单体设备能耗评测、输油系统能耗优化，供需计划性平衡能力进一步增强，管道运行自控、能耗指标达到行业先进水平；

（3）实现输油生产组织架构的扁平优化。场站全面实现远程控制、无人操作、按需巡检，维护力量就位时间控制在 2 小时以内，员工素质、组织架构、制度流程与智能化需求全面匹配，探索形成了“区域集中运维、站库应急值守”的区域管理模式，完成了基层运行管理机构改革，正式建立了集输作业区运行模式。在输油管道巡检中，利用铁塔视频智能巡检等与地面人工巡查、无人机巡查协同构成管道巡检和管护的空天地协同监测网络，用于违章占压监测、管线周边施工监测、地质灾害监测和应急抢险远程指挥，提高高后果区、无人区、人员不易到达地区的监测水平，对保障原油安全输送和公共安全将发挥越来越重要的作用。

5　总结与展望

本文所介绍的原油管道数字孪生技术实践，总体来说在管道运营领域，实质性迈出了一步，取得了初步的成效，但也仅仅是迈出了万里长征的第一步。所实现的数字孪生还只是针对管道运营中比较强相关的几个方面实现了初步的孪生，在运行工况的仿真方面作了初步的具有机理模型与数据模型的耦合尝试，但还存在模型仿真颗粒度不够细致，涉及仿真内容还不够全面等不足，还需要在后续的应用过程中进行持续的迭代优化。在今后的发展过程中，随着传感技术、云计算能力、人工智能分析能力的进一步提升，有望在管道运行相关能耗精细评测、电网负载模拟、站库安全模拟，管道周边环境监测及影响程度模拟等诸多方面取得更广泛更深入的孪生应用，实现更广泛的数据同生、共长。

（1）智能管道是落实数字化转型智能化发展要求的具体实践。建设智能管道实现了工业化与信息化的融合，实践了传统输油技术向智能化的转型，智能管道继承发展了信息时代的技术成果，为油气田和管道智能化发展进行了有益实践。

（2）智能管道数字孪生技术是实现安全环保、绿色低碳发展，强化管道完整性管理的有力抓手。智能管道数字孪生体集成管理了管道全生命周期的数据，其智能控制、风险预警、智能分析、预测决策与管道完整性管理要求一脉相承，根本上是服务于管道完整性与本质安全水平提升。

（3）智能管道数字孪生技术是落实创新驱动，推进智能化、效益化运营和高质量发展的动力之源。智能管道所拥有的工业互联网感知、大数据分析、人工智能优化决策，为实现效益运营创造了新的模式与应用场景，实现了业务模式重构和流程优化，是管道效益运营的利器。

（4）坚持以业务为驱动创造新的应用场景与价值，是赢得核心竞争优势的基本策略。智能管道目前取得了一定的进展，但还需要持续努力谋求发展。需要通过应用数字化、智能化技术，服务于管道输油业务领域，实现输油管道更安全、可靠、精准、经济、高效的业务管控，产生优势的价值，赢得广泛的应用认可。

参　考　文　献

［1］李海润. 智慧管道技术现状及发展趋势［J］. 天然气与石油，2018，（2）：129-132.
［2］邹永胜. 山地油气管道智能化建设实践与展望［J］. 油气储运，2021，40(1)：1-6.
［3］程旭，王萌，齐新. 基于 BI 的报表系统的数据挖掘优化［J］. 电脑知识与技术，2020，16(06)：5-6.
［4］刘梦苏. 基于 BI 的数据中心报表系统的设计研究［J］. 信息通信，2018，(07)：132-133.

智联智能生产运行管理平台在油田智能化管理中应用成效

镇国钧[1]　李　尚[1]　王　庆[1]　吴文超[2]　杨　波[2]　王仲达[1]

(1. 中国石油浙江油田公司；2. 昆仑数智科技有限责任公司)

摘　要　浙江油田公司矿权分散、地质复杂、环境敏感、用工总量少，大力推进油田数字化转型、智能化发展，是实现少人高效、少井高产、安全环保、依法合规和效益发展的内在需求。为推进浙江油田高质量发展，油田公司加快信息化、数字化、网络化、智能化建设，实现管理高效化、技术智能化、运行无(少)人化。

2021年，油田公司建成上线智联智能生产运行管理平台，集成20多个集团公司统建、自建系统，通过物联网技术，大数据分析，实现生产数据集成共享、业务协同、远程管控、超前预警、在线调度等功能。满足油田公司、采气(油)厂、勘探开发建设单位、作业区各层级生产运行管控的需要。打破传统劳动组织方式，达到纵向压缩、横向扁平、总体用工减少、值守岗位裁撤、运维力量增强、生产监控前移、技术力量整合的高质量发展目标。

关键词　数字化转型、智能化发展，智联智能，生产运行，管理平台

1　前言

浙江油田成立现持有9个探矿权，分布在苏、皖、滇、黔、川、渝、鄂、湘等8省5个盆地(坳陷)，勘查面积约2.05万平方公里。主要从事非常规油气勘探开发。2021年油气当量146.6万吨，现有员工487人。

面对矿权分散、地质复杂、环境敏感、用工总量少的现状，油田公司以信息技术为抓手，强化顶层设计加快信息化、数字化、网络化、智能化建设，在油田快速上产同时，实现少人高效、少井高产、安全环保、依法合规和效益发展。

智联智能生产运行管理平台是以物联网为基础，强化数据底台和中台建设，确保数据及时、准确、完整、标准和唯一。针对非常规油气开发特点，优化应用场景和机理模型研究，使各模块功能贴近实际，服务现场。

智联智能生产运行管理平台充分发挥中国石油梦想云资源，实现云端开发。共14大模块，69个二级模块，306项业务功能，可实现油气勘探开发建设和生产经营全生命周期管理。生产数据实时查询、历史数据一键汇总，工作任务线上安排。使数据产生价值，重复工作由系统替代，大幅提高工作效率，提升工作质量。

2　智联智能生产运行管理平台需求导向

浙江油田矿权分布在8省(区)，小而散且均位于盆地边缘，地质构造复杂，地表条件差，管理难度大。随着各区块投入开发、油田快速上产，集团要求浙江油田用工总量控制在500人以内，用信息化技术是实现少人高效、效益发展的必然选择。根据调研，各单位、部门提出数字化转型、智能化发展需求如下：

(1) 数据共享，具备自动化报表功能

(2) 资源共享，统一标准，统一平台。

(3) 集成油田勘探开发建设和生产经营数据，具备动态更新、实时查询，历史数据汇总、统计等功能。主要功能体现在以下几个方面。

① 综合预览：日产量总况、采出水总况、产销总况、钻井总况、压裂投产总况……

② 生产动态：采气动态、油水井动态、销售动态、集输动态、采出水动态……

③ 生产监测：采气监控、采油监控、注水监控、生产过程监控、电子巡井……

④ 调度指挥：生产运行指挥、钻井运行指挥、灾害应急指挥、岗位人员动态、生产会议……

⑤ 生产协同：设备管理、检维修管理、分

析化验管理、泡排计划、管线清理管理……

⑥ 安全环保：应急管理、隐患治理、专项检查……

要求平台建成后，助力油公司管理改革和生产变革。满足公司高层决策需要，机关职能部门管理需要和生产一线的工作需要。实现总体用工减少、值守岗位裁撤、运维力量增强、生产监控前移、技术力量整合的高质量发展目标。

3 智联智能生产运行管理平台功能设计

平台功能以需求为导向，“优学、优选、快用”为建设思路，详细规划了总体架构、数据架构、技术架构，使功能符合实际，贴近现场。

平台架构按照中国石油“一朵云、一个湖、一个平台、一个门户”建设要求，充分发挥梦想云资源，完成区域湖建设、数据入湖、云平台的搭建、功能开发等4方面的工作，确保应用系统的集成性、可扩展性、交互性，技术架构和数据架构(图1、图2)。

4 平台建设成果

该平台自2020年10月份启动建设，2021年7月1日上线试运行。通过8个月试运行和改进完善，平台应用取得良好效果。

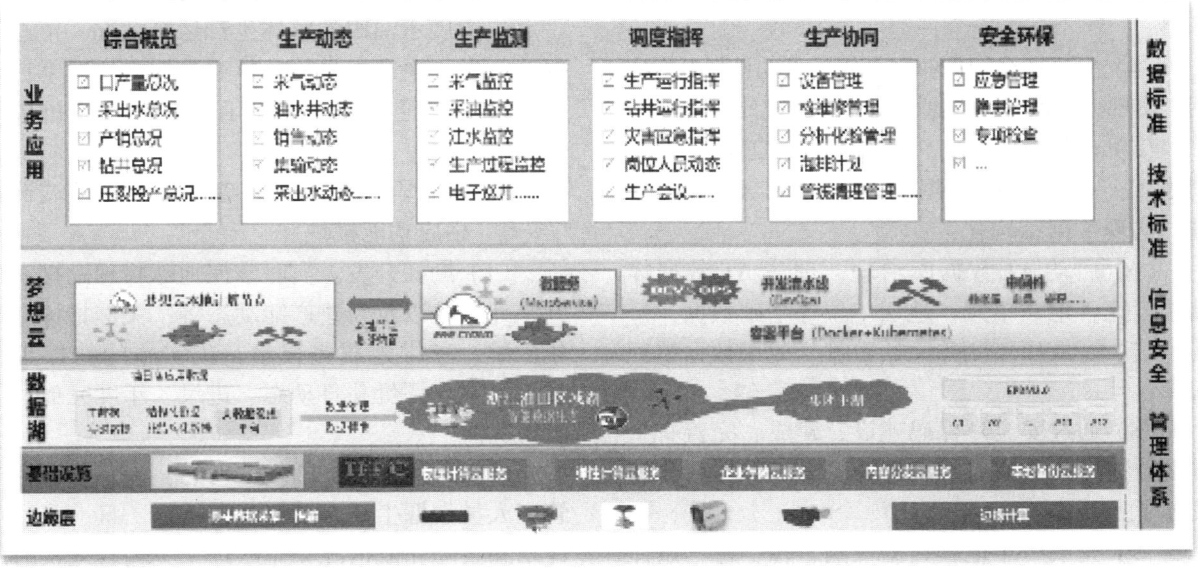

图1 浙江油田智联智能生产运行管理平台技术架构

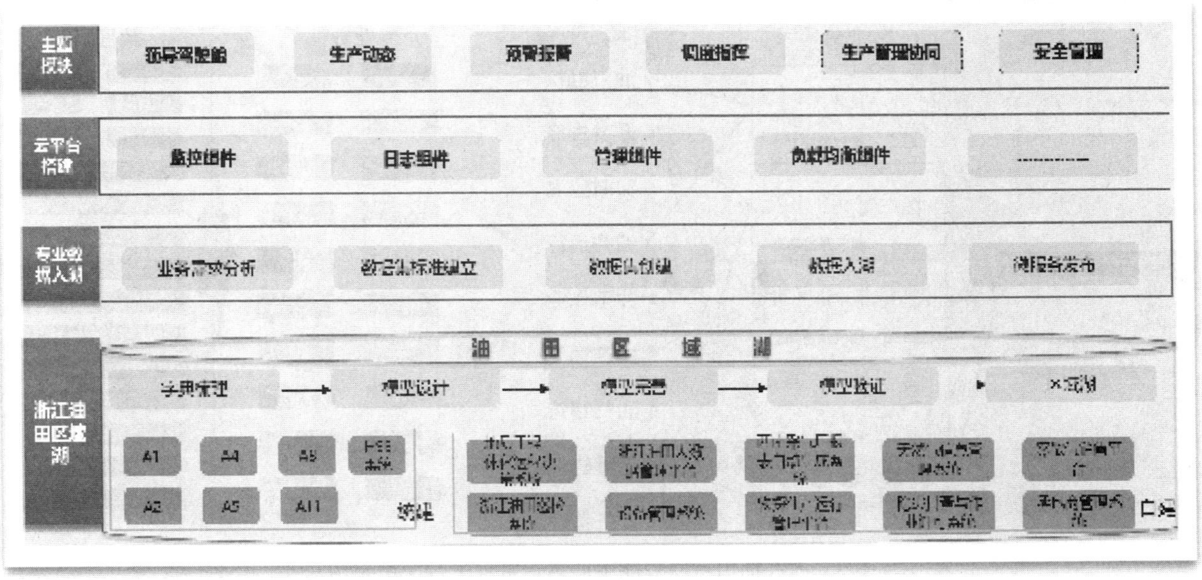

图2 浙江油田智联智能生产运行管理平台数据架构

4.1　数据管理

全面梳理业务数据架构，深化统建系统应用，强化自建系统数据自动化采集功能。按照地震、钻测录、压裂、试油(气)、生产、销售等专业分类，建成数据底台，夯实数据基础，不断挖掘数据价值。

(1) 应用地质工程一体化决策平台，实现钻录压试数据实时采集，传输、应用；

(2) 加快油气生产物联网建设，实现生产网、办公网、设备、管线压力等数据实时同步，远程管理；

(3) 应用单井自动劈分软件，实现页岩气单井计量自动统计、计算和远传，大幅减少一线工作量；

(4) 完成黄金坝作业区水拉运自动计量开发应用，实现无人值守，数据自动远传、统计和汇总；

(5) 应用 A5 系统，地面、采油工艺从设计到施工、措施作业数据，全部进入 A5 系统管理，实现数据结构化；

(6) 启动 A1 数据库治理，理清 A1 数据体结构，完善地质单元、地层单位等基础数据；

(7) 完成历年测井原始数据、成果数据整理入库；

(8) 通过安全环保码建设，建成、完善 9 个方面数据库，为完善油田公司安全环保体系管理发挥了重要作用；

(9) 完成历年地震数据带倒、转、存，累计完成 78 个二维地震项目，60 个三维地震项目原始数据的倒带、转写磁盘和数据核对工作，实现地震资产多重备份；

(10) 完善 A1、A2、A4、A5、A8、A11 基础数据和模块功能，以统建系统数据作为主数据源，完成了浙江油田大数据管理平台、区域湖建设。

4.2　项目建设成果

围绕决策层、执行层和操作层需求导向，紧扣建设目标，建成智联智能生产运行管理平台，在不增加生产一线工作量的情况下，实现了 20 多个系统数据集成、共享和智能分析。为高质量发展提供了有效途径。应用架构如图 3 所示。

4.2.1　面向决策者—领导驾驶舱

集中展示油田的整体生产运行情况，汇总勘探、开发、生产、销售等核心数据。实时掌握油田公司生产经营情况，便于各级领导分析决策(图 4)。

4.2.2　面向职能部门管理者—分业务领域选择相应功能模块

(1) 勘探开发：实时掌握地球物理勘探，探井、评价井以及新建产能动态等，关键指标有历年二维、三维地震完成量，正实施的物探工作量、探井、评价井日动态、进尺、年度完成，以及情况。

(2) 天然气、原油生产动态：满足各级生产管理人员掌握生产、销售动态需求。日、月、年计划和实际完成情况动态跟踪，集输管线实时压力、流量等功能(图 5、图 6)。

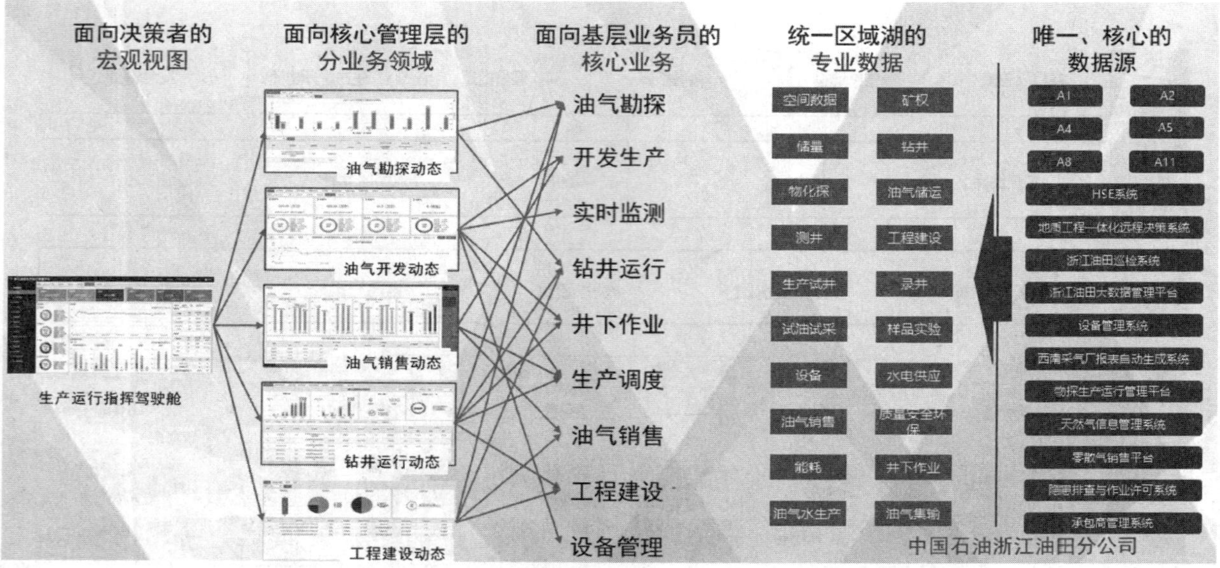

图 3　浙江油田智联智能生产运行管理平台应用架构

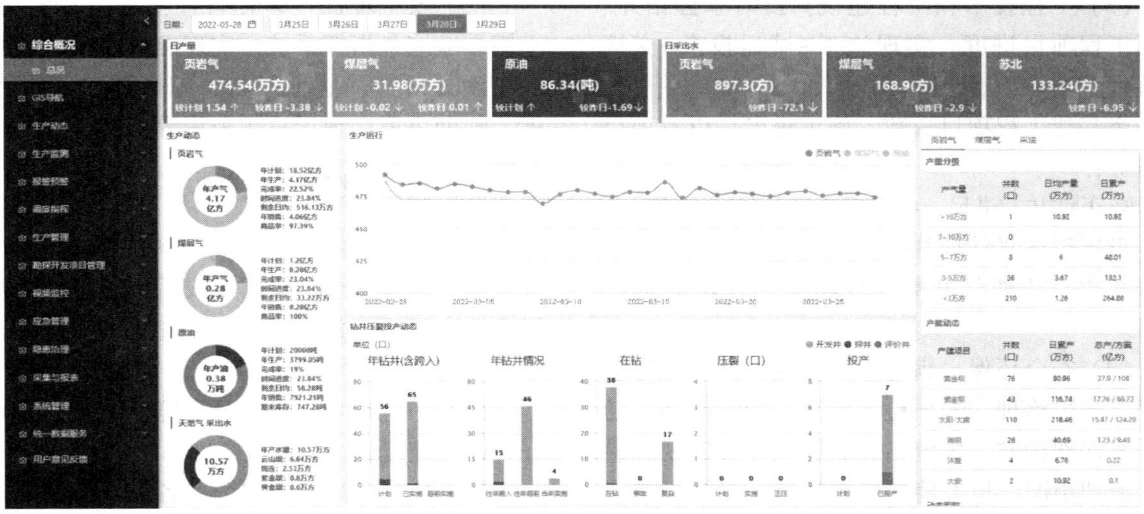

图 4　浙江油田智联智能生产运行管理平台领导驾驶舱

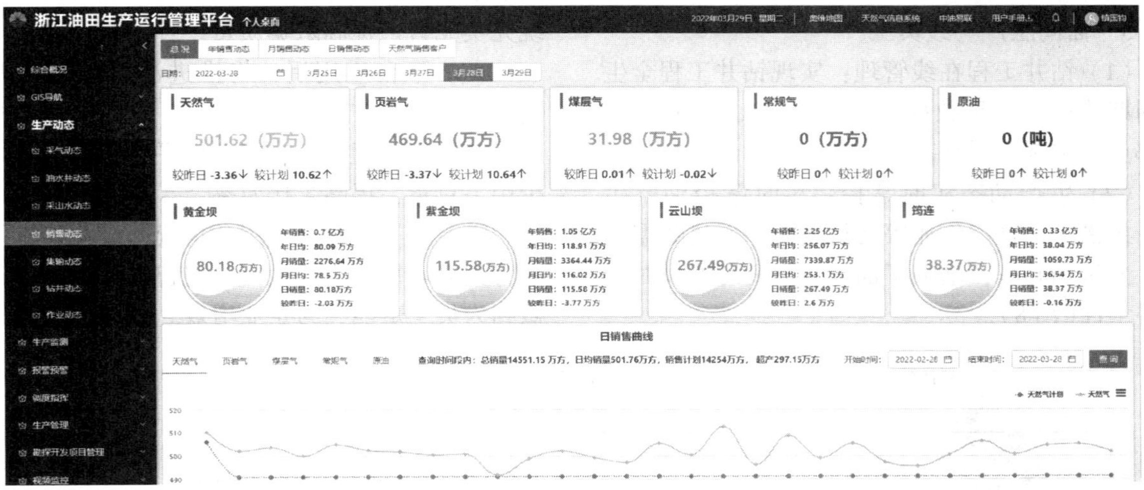

图 5　销售动态功能模块

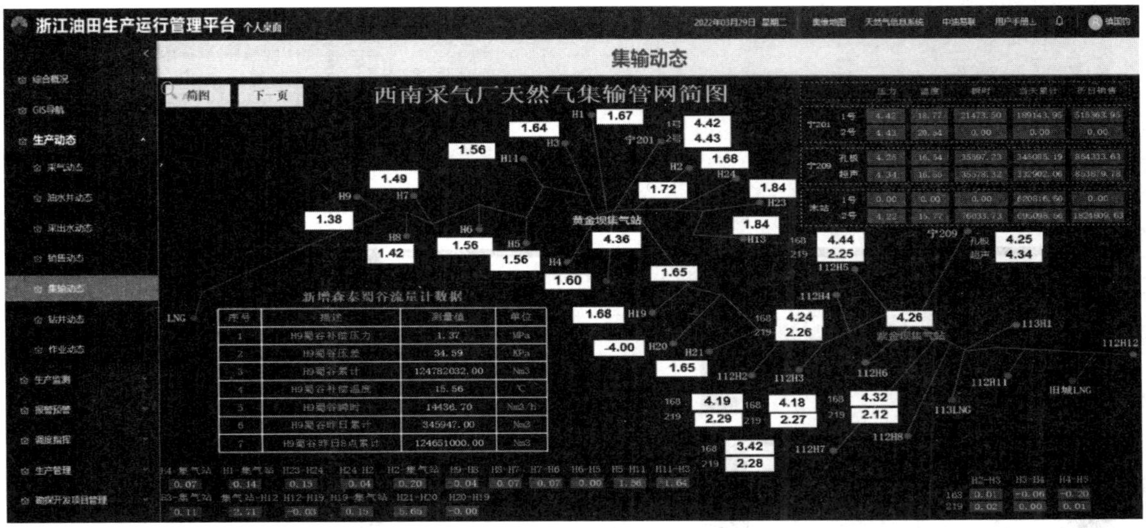

图 6　集输动态功能模块

(3) 工程技术和工程建设：及时掌握钻井、地面工程项目进度，实现施工-试运投产-交接全流程管理。

※基建工程项目总数、施工进度、以及项目状态等；

※正钻井、进尺、年度完成以及日动态情况；

※压裂试气计划井数，正试井数/压裂井数，完试井数，获油气井数、成功率，井均测试产量等。

(4) 安全环保：满足生产管理人员掌握应急管理、隐患治理、专项检查情况，为油田油气勘探开发保驾护航。关键指标有隐患排查发现隐患数、治理情况，以及隐患分类统计；专项检查问题数量、整改数量、以及不安全因素、问题作业类型统计等。

4.2.3　面向生产一线员工

(1) 钻井工程在线管理：实现钻井工程全生命周期管理，满足数据“五性“要求，方便各级干部员工掌握实时动态(图7)。

(2) 生产动态实时掌控：实时掌控油气生产、集输、销售、作业等运行动态，通过数据集成、分析和共享，增强了油气生产管理的及时性和科学性(图8)。

(3) 安全环保一体化管控：基于GIS系统、一键导航应急指挥系统，实现综合协调、监测监控、预测预警、信息报告、综合研判、指挥调度、辅助决策、现场视频采集等功能(图9)。

5　成果亮点及应用成效

(1) 智联智能生产运行管理平台集成20多个统建、自建系统。数据集成后，通过智联智能界面综合展示、汇总、统计和查询。功能强大、操作便捷。

(2) 平台在梦想云资源环境下部署，界面友好、运行速度快。

(3) 平台可满足油田公司各级干部员工日常生产、阶段总结、调度指挥等管理需要。能快速发现数据底台存在的问题，反复迭代后，使各系统充实完善。提高数据质量。

(4) 平台应用后，将推进油田公司管理创新。真正实现作业区集中调度、无人值守、机动巡检。压减管理层级、实现扁平化管理。大幅减少用工总量，提高工作效率。

随着该平台普及应用和持续升级，智能化功能将大幅增加，实现油田公司智能化跨越，真正做到为员工赋能、为企业增效。

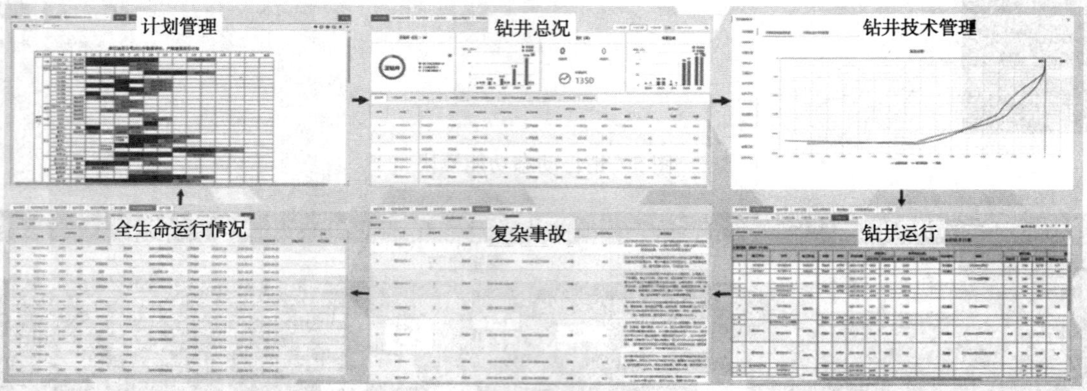

图7　钻井工程在线管理功能模块

图8　生产动态在线管理功能模块

图 9　安全环保一体化管控功能模块

参 考 文 献

[1] 杨剑峰，杨勇，王铁成，黄文俊，等. 梦想云平台[M]. 北京：石油工业出版社，2021. 8.

[2] 周良军，邓斌. 华为数字化转型：企业持续有效增长的新引擎[M]. 北京：人民邮电出版社，2021. 10.

[3] 李剑峰，肖波，肖莉，景帅. 智能油田[M]. 北京：中国石化出版社，2020. 6.

[4] 中国石油学会. 2021 年中国石油石化企业信息技术交流大会论文集[M]. 北京：中国石化出版社，2021. 5.

操作报警管理系统 在石油化工生产领域的研究与应用

何少辉[1]　曾　瑜[2]　张　倩[2]　王亚林[1]　李绍红[1]　宋贺芳[1]

（1. 北京中燕信息技术有限公司；2. 中国石油化工股份有限公司北京燕山分公司）

摘　要　本文主要介绍了报警管理在企业的建设与应用，文章首先阐述了报警管理建立的背景和意义、报警管理的总体思路、技术方案和实施效果，结合实例，图文并茂地介绍了报警管理在企业的实现和应用效果，其次简单阐明了该系统在技术创新方面所做的工作，最后说明了系统在企业的运行效果——实现了对石油化工装置DCS过程报警功能的改进和优化，降低了"干扰性"报警数量，提高了报警处理效率，通过应用报警管理不断解决装置过程报警，促进了装置平稳运行，优化工艺操作的同时降低了职工劳动强度，为寻求过程控制技术的应用突破、实现工业化与信息化的深度融合进行了探索和尝试。

关键词　DCS报警；OPC A&E；报警管理；报警性能指标；报警合理化；

石油化工行业特点是大部分生产过程涉及高温、高压、易燃、易爆的流程工业。可靠、有效的报警对平稳、安全的生产至关重要，但是在报警设置及报警的处理上往往存在着诸多问题，如报警的必要性、报警上下限的合理性、报警级别合理性、报警响应要求等。由此导致大量无效报警的产生，干扰工艺操作人员生产作业，淹没正常有效报警，对生产过程、安全生产造成影响。

截至目前，行业内安全事故时有发生，IEC ISA18.2和EMMUA 191对报警管理系统做出了强制标准，把报警系统与SIS系统视为同等重要的安全手段，要求作为独立的保护层进行管理，可以说，规范操作报警管理是直接关系到企业产品质量、产量和成本、影响企业经济效益的大问题，高风险的石化生产现状急需开展操作报警管理工作。

1　设计目标及设计理念

1.1　建设目标

为建立一套稳定高效的操作报警系统，并结合报警管理的国际标准、最佳实践建立一套切实可行的报警管理机制和工作流程，降低"干扰性"报警数量，提高报警处理效率，规范报警处理流程，提升工厂安全性。具体要实现以下主要目标：

（1）建立一套适合企业的操作报警系统及报警管理体系

对照ISA或EEMUA国际标准，整体报警管理水平从报警过载达到可靠；

组态报警数量减少30%、平均小时报警率降低到18个或以下；

报警级别分布达接近国际标准：关键/重要/一般比例为5/15/80；

形成一套不断提高的管理体系，确保报警管理系统持续优化与提高。

（2）建立一套报警管理知识库

建立报警知识库，为操作人员提供实时的操作支持与指导，同时可以通过历史知识库进行事故回顾与培训。

（3）建立一套可执行的报警管理机制与工作流程

结合报警管理的国际标准、最佳实践以及企业的实际要求，建立一套切实可行的报警管理机制和工作流程。

1.2　设计理念及特点

1.2.1　流程化、自动化规范报警管理

应用报警合理化流程，形成报警管理PDCA的工作模式，逐步提升报警管理水平。围绕报警的报警限值管理、报警分级管理、报警分类管理基础数据库，根据操作事件动态更新，成为报警数据分析，报警合理化的重要数据依据，为报警管理工作夯实基础。

1.2.2　对标国际标准，切合企业实际

结合企业实际情况，制定合理的报警规则，对现有的报警信息进行梳理，优化报警设置，过

滤干扰性报警，降低报警数量，使报警系统更加合理。

运用统计分析手段对报警系统进行分析，并与国标标准、国标报警管理最佳实践、或企业设定的报警性能标准进行对比，快速标定出当前企业报警管理系统所处位置，与目标间的差距。

1.2.3 移动 APP

APP 端实时展示报警关键指标数据，随时了解生产装置当前报警性能情况。通过移动端实时处理报警合理化流程，处理报警搁置请求等报警管理业务，使报警管理工作更加高效，更加便捷。

2 技术路线

技术架构图如图 1 所示，整个系统进行技术架构设计时，充分参考了中国石化信息化建设规划中的技术要求，依托智能工厂的建设成果。

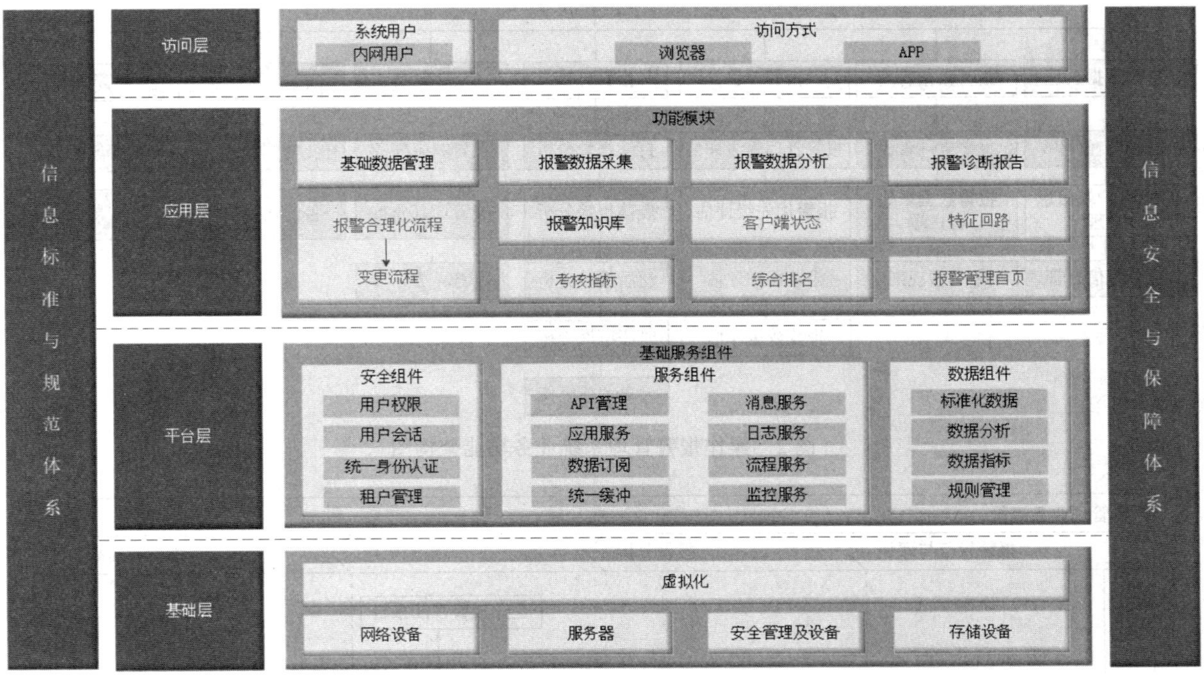

图 1 操作报警管理系统设计架构图

总体架构包括基础层、平台层、应用层、展示层四个层次：

（1）基础层：应用企业自有服务器云平台，搭建报警数据采集专用网络集群；系统可通过各厂商提供的标准接口，如 OPC、ODBC、归档日志、API 等集成各类 DCS、PLC 的报警与事件数据；通过其他系统提供自定义接口集成报警相关数据。

（2）平台层：提供代码、构建、测试、部署、运维、监控、分析等服务，为提高开发效率，提供组件级的服务，包括前端组件服务、后端组件服务。

前端组件服务：前端采用 HTML5+CSS3+JS 的架构，提供的组件包括：图表控件、树控件、菜单控件、表格控件、树形表格控件、图表控件、布局控件、JS 库、日期时间控件、页面布局、界面主题、验证码等。

后端组件服务：后端采用 Spring REST+Mybatis 的架构，提供工作流引擎、报表引擎、JMS 消息引擎、邮件引擎、事务管理、数据交换、安全认证、异常管理、搜索引擎、终端监控、终端数据同步、日志引擎等 API 级服务；提供组织机构管理、用户管理、角色管理、菜单管理、消息推送、全文检索、菜单权限、操作权限、数据权限、操作日志、电子邮件、手机短信等应用级组件服务。

（3）应用层：基于服务层提供的数据，对数据进行分析应用，主要由基础数据管理、报警数据采集、报警数据分析、报警诊断报告、报警知识库组成。

（4）用户层：涵盖本系统的服务对象，包括需用基层单位用户、管理部室用户和领导层用户等。

3 功能架构

操作报警应用，依据 ISA18.2、EEMUA 191 国际标准给出的报警全生命周期管理模型，构建对 DCS 报警事件的自动识别、优化分析、监督执行的闭环管理体系，减少无效报警，提高工厂安全性。

通过操作报警报警监控、评估、优化的闭环管理过程，形成知识的积累、更新、应用动态循环，实现报警知识有效传承。

系统整体功能框架如图 2 所示。包括基础数据管理、报警数据管理、报警评估、报警分析、报警评价、报警合理化、报警知识库 7 大功能模块。

3.1 总体业务流程

操作报警系统的业务架构流程如图 3 所示：

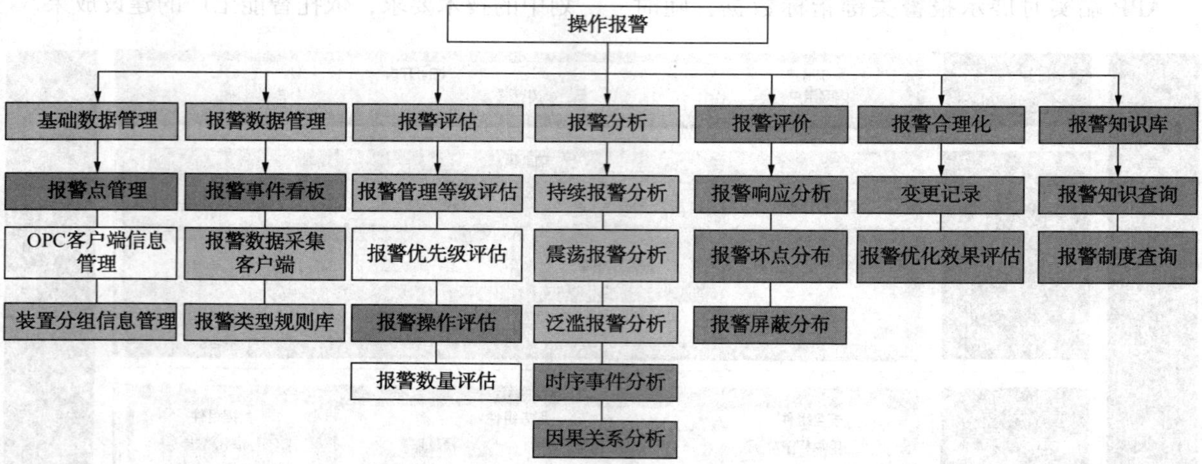

图 2　操作报警管理系统业务功能架构图

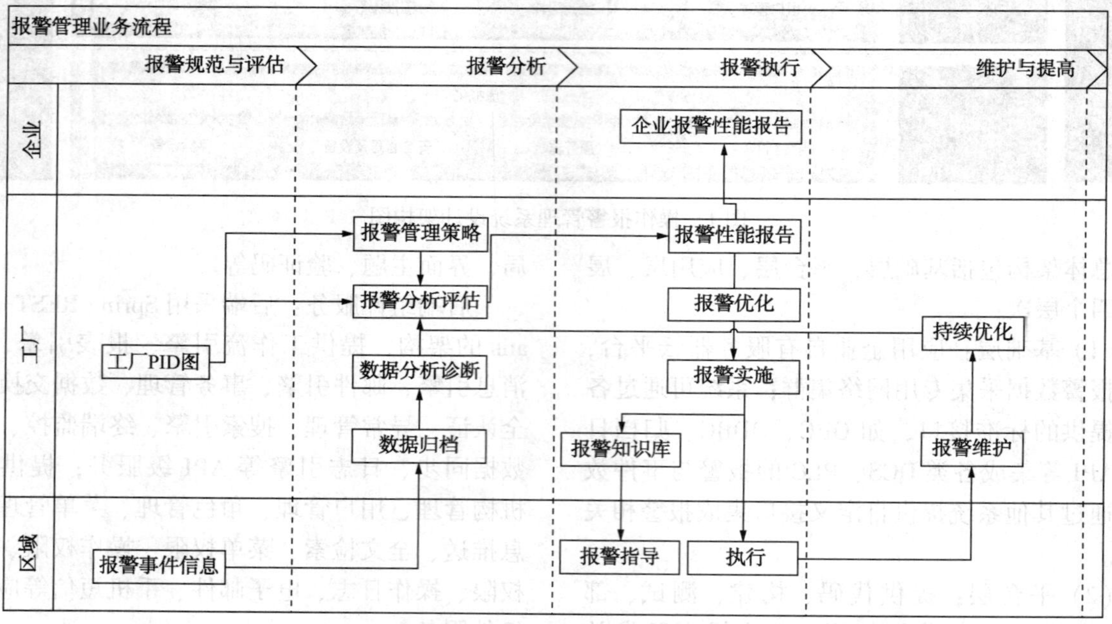

图 3　操作报警系统业务架构流程图

操作报警业务流程主要包括：

（1）通过对工厂工艺 PID 图的分析，制定报警管理策略，为操作报警管理提供依据，同时可根据制定的报警管理策略对现有的所有报警点的设置进行分析和优化。

（2）数据采集服务器通过 DCS 的 OPC A&E 接口服务对报警及报警事件信息进行采集、分解、归档；

（3）报警系统评估分析服务器，通过峰值报警率、平均报警率、扰动报警率等指标分析报警系统目前的健康状态；同时针对扰动报警、持续报警的相关问题对报警事件信息进行诊断，提供报警分析报告。

(4) 根据报警管理策略和报警分析评估的相关问题，对目前的报警系统性能做出评估报告，并提出报警优化策略。以流程方式推动报警合理化分析过程，形成报警合理化分析周报、月报。

(5) 对优化后的报警系统进行监控和维护，实现对报警系统的持续优化。

3.2 建设功能

3.2.1 基础数据管理

本模块主要包含 DCS 位号管理、报警分组管理、报警点管理、特征回路管理、OPC 客户端管理等。通过对基础数据变更的流程化管理及对各种变更事件的实时监控，建议规范、完备的报警基础数据，使报警数据的分析，应用更加准确。其应用场景如图 4 所示：

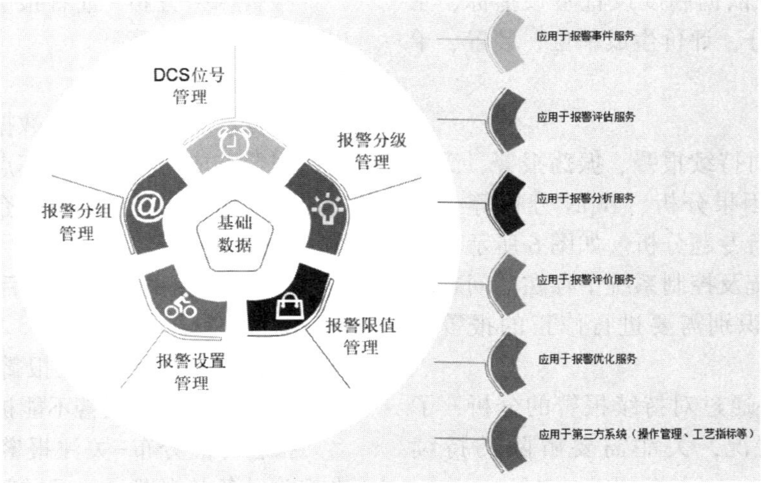

图 4 基础数据管理模块应用场景

3.2.2 报警数据管理

对 DCS 系统的报警与事件数据进行实时读取；读取方式可采用 A&E、ODBC、报警日志、数据库等多种方式，系统通过异构数据归一化化处理，对采集到的不同的 DCS 类型的报警数据按照预定义的报警规则库进行辨识分解。将报警的事件类型、时间、报警点位号、优先级、报警解释说明、上下限、实时值等按照统一的模板进行归档至数据库，并提供便捷的查询功能。同时对 DCS 的各类操作事件进行识别，识别报警阈值调整、报警设置调整、报警手自动切换、报警搁置调整等关注的操作类型，进行监控，对操作人员的规范操作起到监督作用。

3.2.3 报警评估

该模块主要通过对峰值报警率、平均报警率、扰动报警率等指标的统计分析，同时对标 EEMUA191、ISA18.2 等国际标准，标定报警系统目前的健康状态，制定优化目标。提供自定义报警考核评估数据、报警优先级评估、报警次数统计等模块，为报警管理人员提供了直观的报警性能指标展示。如图 5 所示。

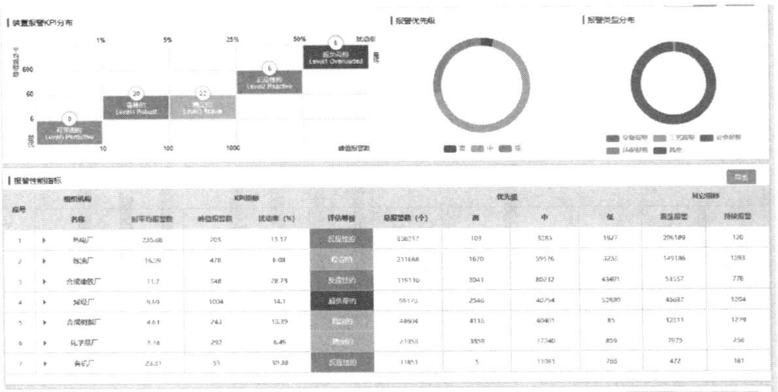

图 5 报警性能评估

报警性能评估-与国标标准、国标报警管理最佳实践、企业设定的报警性能标准进行对比，快速标定位出当前企业报警管理系统所处位置，以及与目标的差距。

优先级分布的报警数量趋势统计-考察报警系统性能变化。

报警分布统计(按装置区域、控制系统、优先级)-考察报警系统总体性能分布。

报警考核指标-依据制度设置考核指标、系统自动计算考核得分，评价生成单位、装置、单元的报警管理得分。

3.2.4　报警分析

报警分析模块对持续报警、振荡报警、泛滥报警、操作分析、因果分析、TopN 分析等 5 大类特定报警问题进行专题分析。如图 6 所示。

对当前报警系统及控制系统中存在的问题进行分析，帮助用户识别需要进行修正的报警设置，分析内容包括：

优化持续报警-通过对持续报警的分析，了解装置持续报警情况，关注需要解除的持续报警；

优化振荡报警-通过对振荡报警的分析，查看在几秒钟内查看最坏的报警，分析并进行优化，减少无效报警；

优化最频繁的干预-快速查看哪些位号/区域要求操作员关注，分析主因；

优化重复报警-查看那些报警状态频繁切换的报警，主要分析 1 分钟内出现三次以上的报警，并进行优化；

报警因果分析-查看报警之间的主从关系，以消除多余的报警。

3.2.5　报警评价

数据库中归档的报警数据为基础，对报警屏蔽、报警响应时间、报警坏点分布等报警问题进行监控，实时发现问题，为企业班组考核提供支撑。如图 7 所示。

报警响应-关注报警之后操作人员对报警的响应时间；

报警报警屏蔽-关注报警数据屏蔽情况，防止因屏蔽报警导致报警不能被关注；

报警坏点分布-关注报警坏点情况，及时解决相关设备及报警设置问题问题。

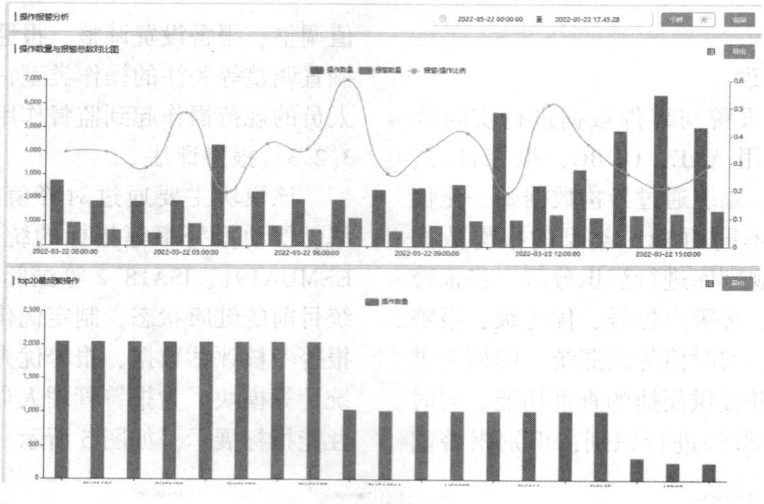

图 6　操作/报警分析

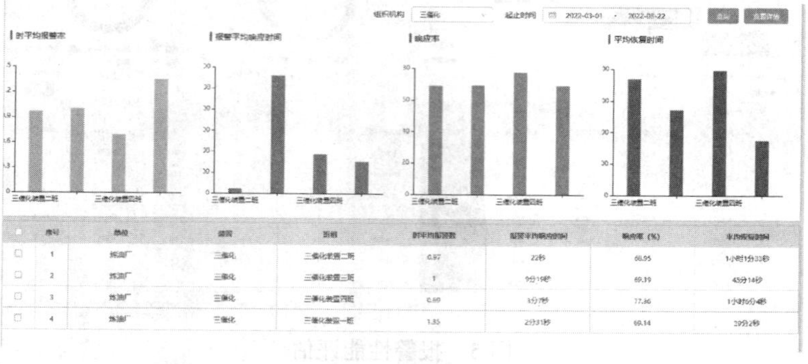

图 7　班组报警指标评比

3.2.6　报警合理化

报警合理化模块建立报警合理化流程，通过流程推动报警合理化工作，并留存报警合理化过程。其中以周或月度等周期为单位，形成装置、单元的报警数据系统诊断报告，以诊断报告为依据发起优化流程。

通过流程推动报警的合理化，技术人员综合HAZOP、LOPA、SIL分析数据报警基础数据，按照报警优化流程制定报警优化方案。优化方案中需要报警变更的操作，通过报警变更流程授权报警变更设置；通过系统自动监控，检查优化方案的实施的落实，从而形成报警合理化自动化化闭环过程。通过月度指标对比查看报警优化效果，为优化方案的合理制定提供数据依据。如图8所示。

3.2.7　报警总览

依据中石化报警管理关键指标定制报警总览界面，展示当前公司所有装置达标占比情况，同时展示不同类别和不同类别的报警情况。依据国际标准标定公司所有装置的报警性能级别，总览装置报警级别分布情况。如图9所示。

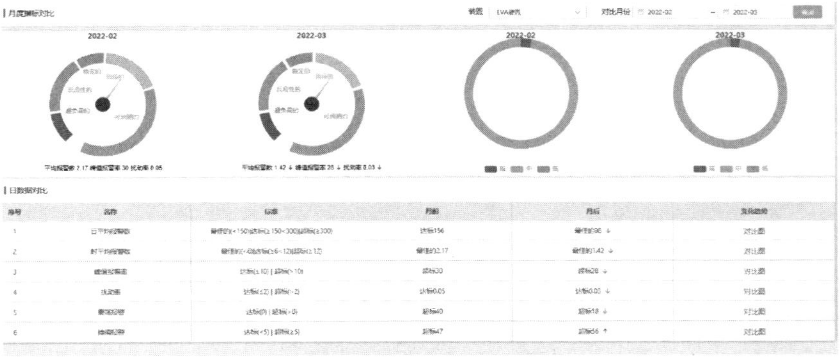

图8　报警指标月度对比

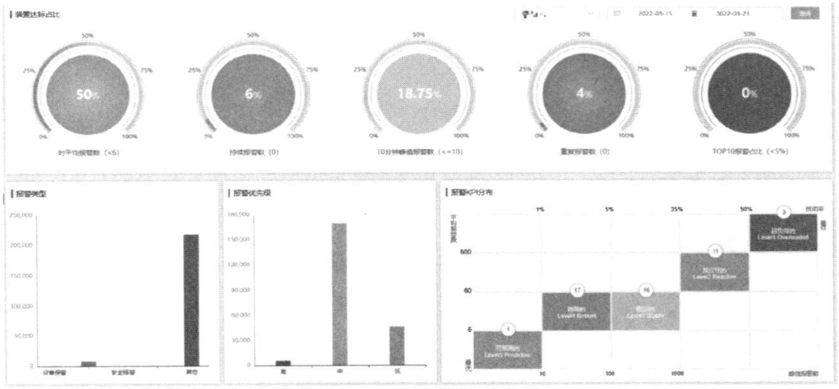

图9　报警总览

4　应用效果

（1）报警管理的实施显著地减少报警点数量，直接效果是报警的发生减少了，操作工的劳动强度降低了，可以将有限的精力集中到更重要的报警和过程变化中；

（2）应用每小时平均报警数、24小时持续报警数、10分钟峰值报警数三个重要参数作为报警管理的评分指标，使各单位通过考核、嘉奖机制，充分调动各单位参与报警管理积极性，促使报警管理工作稳步、高效开展。

（3）形成报警管理工作的制度规范体系，以报警管理系统为载体的信息化实践，通过PDCA闭环管理，螺旋式提升报警管理水平。

目前，操作报警系统投用后装置报警日均总数降低达50%，实现了报警系统性能的实时评估与监管，降低了操作人员的工作强度；同时管理人员可通过系统提供的实时图表分析工具，时刻掌握装置的报警性能情况；装置技术人员可通过分析工具快速定位报警问题，从根本上对无效报警报警做出合理处置，大幅度提高了装置的报警性能；目前2#汽油脱硫、蜡油加氢、三聚丙烯、新三废、间二甲苯、饱和干气等实施操作报警的多套装置日均报警已低于150个，平均报警率已达到国际ISA-18.2标准最优水平。

5 结语

目前，操作报警管理系统在企业广泛应用，已成为企业日常报警管理的重要手段之一。为企业持续提高报警管理水平提供信息化技术支撑，能够更好的推动智慧炼化工厂绿色、安全、环保建设。通过对平台应用的不断完善，为企业在报警管理方面发挥更大的作用。

参考文献

[1] DynAMo R110-Overview，2015.
[2] 张永军. 生产过程控制管理，亚宝药业三分公司培训资料，2012.
[3] 黄耀. 生产装置智能报警升级项目操作手册，2014.

数字化转型背景下我国长输油气管道调控运行业务信息化现状与提升建议

颜 辉

（国家石油天然气管网集团有限公司油气调控中心）

摘 要 本文针对我国油气市场“X+1+X”运营体系的确立、国家石油天然气管网集团有限公司初期各项管理机制的不断演变以及全国各行各业广泛开展数字化转型的多重态势，通过对我国长输油气管道调控运行信息化业务的重点转变、现状水平进行评价，客观剖析当前油气管道行业开展数字化转型存在的误区。在此基础上，提出该行业信息化水平有效提升的五点建议。作者旨在通过本文的论述起到抛砖引玉的作用，使相关行业人员能够较好地熟悉行业现状，理性对待数字化转型大潮下的种种躁动，务实地应用现代数字化技术提升行业信息化管理水平。

关键词 数字化转型；信息化；油气管道；调控运行；“X+1+X”油气市场模式

1 业务背景

1.1 我国油气市场形成的“X+1+X”体系对油气管道调控运行业务带来的影响与变化

2019年起，为了深入贯彻习近平总书记“四个革命、一个合作”的能源安全新战略重要指示精神，国家发展改革委、国家能源局提出了推动我国油气市场形成“X+1+X”模式布局的要求。其中1是“全国一张网”，即全国统一高效集输的油气管网，形成强大的“中间”。而X是指上下游市场充分竞争，形成X局面，即上游是多元气源，下游是多终端销售的油气市场格局。

因此，为匹配油气市场“X+1+X”体系布局的要求，2019年12月9日，国家石油天然气管网集团有限公司（以下简称“国家管网集团”）组建成立，作为国务院国有资产监督管理委员会监管的国有重要骨干企业。其业务范围主要为从事我国油气干线管网及储气调峰等基础设施的投资建设和运营，负责干线管网互联互通和与社会管道联通，以及全国油气管网的运行调度，定期向社会公开剩余管输和储存能力，实现基础设施向用户公平开放。

通过整合“三桶油”原有的长输油气管道以及LNG与储气库等业务，国家管网集团形成了“全国一张网”的油气管道运营管理新格局，其中，对于油气管网调控运行管理业务，也由之前典型的油气生产运营上、中、下游一体化协同管理模式转向了上游油气资源多主体多渠道供应、中间统一长输管网高效集输、下游销售市场充分竞争的市场运营模式。尽管运营模式发生了变化，但对于长输油气管道集中调控管理业务来说，客观地评价，不仅没有被弱化和退出历史舞台，反而是得到了进一步拓展和深化，充满了机遇与挑战。2020年9月30日，原中国石油北京油气调控中几乎整建制划转国家管网集团，集中调控管理手段仍是国家管网集团主要的调控运行管理模式。尽管2021年受美国科洛尼尔管道运输公司遭黑客攻击事件的触动，国家管网集团针对液体管道考虑开展分控模式的调整，但对于天然气管道，无论是在管控能力还是支撑技术手段上，全国一张网的市场布局更是对集中调控业务提出了进一步的拓展要求。

1.2 国家对行业数字化转型的要求、目前形势与数字经济的意义

2021年10月18日，中共中央政治局就推动我国数字经济健康发展进行第三十四次集体学习。中共中央总书记习近平在主持学习时强调，近年来，互联网、大数据、云计算、人工智能、区块链等技术加速创新，日益融入经济社会发展各领域全过程，数字经济发展速度之快、辐射范围之广、影响程度之深前所未有，正在成为重组全球要素资源、重塑全球经济结构、改变全球竞争格局的关键力量。要站在统筹中华民族伟大复兴战略全局和世界百年未有之大变局的高度，统

筹国内国际两个大局、发展安全两件大事，充分发挥海量数据和丰富应用场景优势，促进数字技术与实体经济深度融合，赋能传统产业转型升级，催生新产业新业态新模式，不断做强做优做大我国数字经济。

因此，在国家宏观政策导向以及快速发展的数字经济双重推动下，各行各业都积极响应国家号召，致力推动数字经济和实体经济融合发展。制造业、服务业、农业等产业都大力开展现代数字化、网络化、智能化等新兴技术的推广应用，利用互联网新技术对传统产业进行全方位、全链条的改造，通过发挥数字技术对经济发展的放大、叠加、倍增作用，提高全要素生产率。力求通过互联网、大数据、人工智能等新兴技术同产业深度融合。使数字经济成为新一轮科技革命和产业变革的新机遇与战略选择。

根据习总书记的讲话精神，发展数字经济的意义在于：一是数字经济健康发展有利于推动构建新发展格局。数字技术、数字经济可以推动各类资源要素快捷流动、各类市场主体加速融合，帮助市场主体重构组织模式，实现跨界发展，打破时空限制，延伸产业链条，畅通国内外经济循环；二是数字经济健康发展有利于推动建设现代化经济体系。数字经济具有高创新性、强渗透性、广覆盖性，不仅是新的经济增长点，而且是改造提升传统产业的支点，可以成为构建现代化经济体系的重要引擎；三是数字经济健康发展有利于推动构筑国家竞争新优势。当今时代，数字技术、数字经济是世界科技革命和产业变革的先机，是新一轮国际竞争重点领域，我们要抓住先机、抢占未来发展制高点。

2　国家管网长输油气管道调控运行业务领域信息化应用现状与水平

2.1　行业变革对油气管道调控运行业务领域信息化应用的影响变化

在国家政策导向与行业变革背景下，尽管数字经济概念热议，数字化转型方兴未艾，但放眼宏观，聚焦行业个体，对于油气管道调控运行业务领域的信息化建设与应用，行业变革对信息化应用的冲击影响远远大于其它因素。对于划转至国家管网集团的原“三桶油”油气管道企业，无论是原集团统一建设还是各企业结合自身需求自行建设的信息化应用，都将面临其支撑的运营管理业务由原有上中下游协同模式向上游油气资源多主体多渠道供应、中间统一管网高效集输、下游多销售用户竞争即“X+1+X”市场模式的转变。而这一转变对这些企业很多已建信息化应用都产生了重大的影响，直接导致了原信息化应用需要进行彻底变革才能适应新业务需求，突出体现在市场营销、生产运行，集中调控、管输结算、管输计量等多个业务领域的信息化应用。这其中不乏一些信息化业务应用由于系统架构的局限性而导致系统功能可拓展性较差，最终为了适应新模式业务需求不得不关停下线转而再新建系统。因此，尽管数字化转型作为当今形势下很多行业的一项重点工作，但对于长输油气管道调控运行管理领域，行业变革才是真正推动该领域信息化亦或是数字化转型换代的根本性决定因素。

2.2　国家管网集团调控运行业务信息化应用现状与水平

行业变革催生了油气管道调控运行业务领域信息化应用升级换代工作的开展，与此同时，在全国各行各业广泛开展数字化转型的叠加效应下，2021年初，国家管网集团由其信息化归口管理部门-集团数字化部正式发布了国家管网集团“十四五”信息化总体规划。规划中针对我国长输油气管道运营新模式，紧扣国家倡导数字经济的时代脉搏，基于企业数字化转型新理念，提出了“十四五”期间国家管网集团信息化建设的方针、原则、策略及具体实施规划。根据规划指引，国家管网集团基于企业数字化转型要求，提出了统一数字平台的企业信息化基础架构原则。在此原则下，原有“三桶油”关于管道调控运行管理的多个统建信息化应用，如中石油与中石化的管道ERP系统、中石油管道完整性管理系统(PIS)、中石化智能管线管理系统已逐渐退出国家管网集团的信息化应用体系。一批新规划的统建信息化应用，将基于企业数字化转型新理念，遵从集团统一的数字平台架构陆续开始建设，这其中主要包括开放服务与交易平台系统、生产运行管理系统、资产完整性管理系统等多个适应新业务模式的企业级信息化应用。这些应用将成为未来国家管网集团在长输油气管道调控运行管理领域的主要信息化业务支撑体系(图1、图2)。

虽然国家管网集团“十四五”信息化规划已经发布，新的系统已开展建设，但对国家管网集

5.1 实施路线——过渡期信息化项目与十四五信息化项目对应关系

在十四五信息化规划框架下，过渡期按照急用先行原则，开展了25个信息化项目，基本建成基础设施平台，形成烟囱式应用架构。十四五期间，通过数字平台建设，打通数据和业务流程，逐步形成“平台+数据+应用”信息化新模式。

过渡期信息化项目与十四五规划对照表

序号	十四五规划信息化项目	过渡期信息化项目	建设路径
1	A能源升态应用		
2	B1.公平开放交易	开放与交易服务平台（一期）	平台化建设
3	B2.生产经营一体化管控	生产运行管理系统	服务化改造
4	B3.资产完整性管理	资产完整性管理系统（一期）	服务化改造
5	B4.应急指挥协同	应急管理系统	平台化建设
6	B5.数字化协同设计		
7	B6.工程项目管理	工程项目管理系统（一期）	服务化改造
8	B7.科技数字化管理		
9	B8.战略管控一体化	综合统计管理信息系统	平台化建设
10	B9.财务资产	ERP系统（一期）	虚拟化上云
11		财务管理信息系统（一期）	服务化改造
12	B10.人力资源	人力资源管理系统（一期）	服务化改造
13	B11.股权资本		
14	B12.智慧供应链	采购管理信息系统	平台化建设
15	B13.企业文化宣传		
16	B14.QHSE	HSE系统	平台化建设
17	B15.协同办公	协同办公平台（二期）	平台化建设
18		门户网站	平台化建设
19	B16.企业党建	党建信息化平台	平台化建设

过渡期信息化项目与十四五规划对照表

序号	十四五规划信息化项目	过渡期信息化项目	建设路径
20	B17.内控体系		
21	B18.法务合规	一体化管理体系平台	平台化建设
22		合同管理系统	平台化建设
23	B19.监督监察	电子监察系统	平台化建设
24		纪检监察综合业务系统（垂管版）	虚拟化上云
25	B20.数字化审计	审计管理信息系统	平台化建设
26	B21.巡视巡查		
27	C1.基础设施	数据中心及云平台建设	租赁+自建
28		广域网建设	自建
29		调控中心建设	自建
30		纪检专网	自建
31	C2.数字中台	数据标准体系及公共数据编码平台	服务化改造
32	C3.安全中心		
33	C4.运维中心		
34	C5.运营中心		
35	D1.物联管网数据接入		
36	E 数字化治理体系		
37	F1.网络安全体系	网络安全体系建设	自建
38	G 自主可控		

图 1　国家管网集团“十四五”信息化总体规划的新建系统与过渡期系统

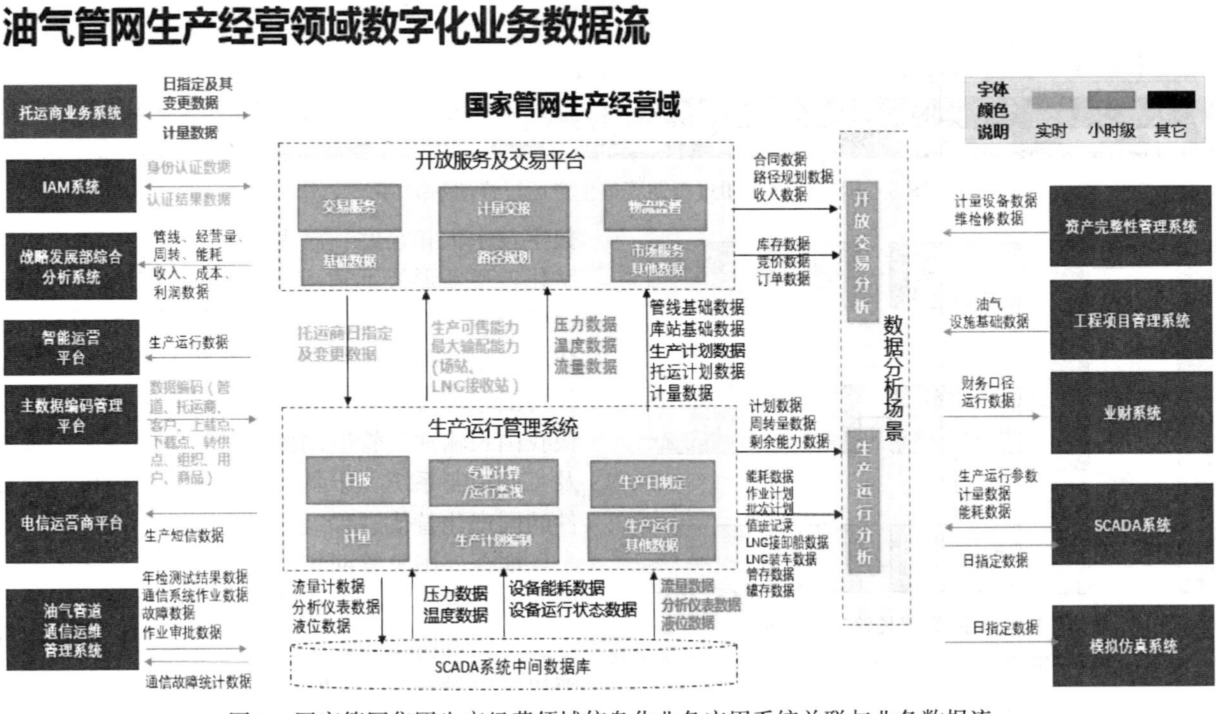

图 2　国家管网集团生产经营领域信息化业务应用系统关联与业务数据流

团现有规模的生产运行管理业务，信息化技术的持续支撑是无论如何也不能缺少的。目前，在国家管网集团的生产运行管理层面：主要依托过渡期 PPS 系统支撑油气管道生产运行管理信息化业务，该系统是由原中石油管道生产运行管理系统（即“PPS 系统”）经过业务适应性的有限度调整并迁移至国家管网集团信息化网络上开展应用。具体涉及天然气、原油、成品油管道以及 LNG 接收站、储气库等业务领域的生产计划管理、日常运行管理、运销计量管理、能耗管理等多方面。通过实现管理流程的线上流转与执行、报表统计分析以及与其它相关业务系统应用接口等功能对国家管网集团生产运行管理业务提供必要的信息化支撑手段。在管道运行控制层面：国家管网集团仍沿袭采用油气调控中心集中控制（即“中控”）、管道场站分级控制（即“站控”）和场站设备本地控制（即“本地控制”）的三级控制模式，依托油气管道数据采集与监视控制系统（即“SCADA 系统”）作为核心技术手段实现长输油气管道调控运行的远程操作管理，这就是国家管网集团目前调控运行领域主要的信息化业务支撑现状。（见图 3、图 4、图 5）。

图 3　国家管网集团过渡期管道生产运行管理系统功能示意图

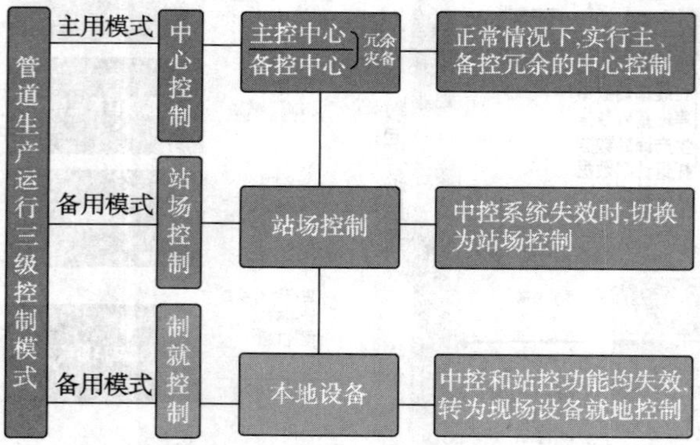

图 4　国家管网集团长输油气管道生产运行三级控制模式

客观评价，对于上述调控运行管理层面在用的信息化系统，虽然是建立在长期对业务有效支撑经验积累的基础上，并且当前仍是国家管网集团调控运行管理不可或缺的关键技术手段，但在当今数字经济大行其道的新时代，这些技术手段还仅仅是停留在传统信息技术层面，与当今主流的云原生系统开发架构、工业互联网应用以及机器学习与人工智能、大数据分析、区块链等现代数字技术大相径庭，已无法满足国家管网集团数字化转型新形势下适应“X+1+X”市场化生产运营的业务需求。此外，面对当今复杂的国际形势，应用某些单边主义国家制造的国外系统软硬件对国家能源安全带来的风险隐患，迫切要求加快我国长输油气管道调控运行业务中企业信息化及工业控制系统关于具有自主知识产权核心软硬件的国产化替代进程。

如今，国家管网集团已成立了三年之久，这期间对于集团的信息化业务，先后开展了部门与人员多轮重组、为满足急用先行的信息化基础设施快速建设和原“三桶油”管道行业已建信息系统的过渡期延续应用、以及基于新起点的企业数字化转型等工作。一系列调整与变革后，虽然取得了一定的成绩，对现有国家管网集团生产运营业务发挥了必要的支撑，但是由于种种因素的制约与影响，一些突出问题与矛盾也在不断地突显，例如，统一数字平台架构如何能够有效且按期保质的支撑业务系统建设、已开发完成的流程架构体系如何才能真正落地业务系统并通过系统

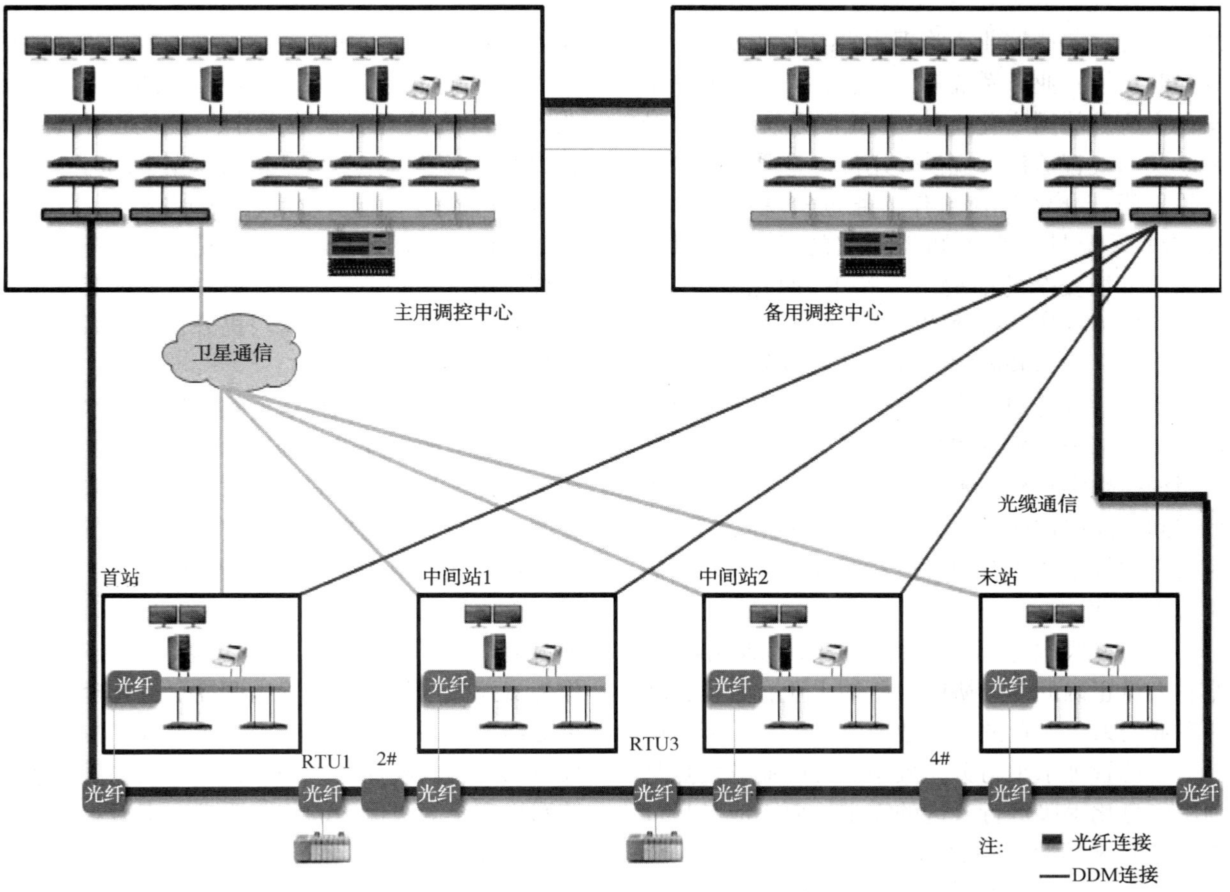

图 5　油气管道 SCADA 系统架构拓扑图

固化流程，确保流程运营有效开展与流程不断优化、以及如何快速有效推进关键软硬件系统具有自主知识产权的国产化进程，上述都是需要我们面对的重要课题。

3　数字化长输油气管道调控运行业务信息化水平有效提升的相关建议

因此，针对上述业务背景与现状，结合国家管网成立以来在企业信息化建设过程中取得的经验与不足，对于如何既能够紧扣数字经济时代脉搏、响应国家关于能源行业数字化转型的号召，又能契合国家管网集团信息化业务现状与客观需求，有效提升长输油气管道调控运行业务的信息化水平以及数字化能力，本文将阐述以下五点建议：

首先，是要客观评估业务现状与正确应对外在因素影响，明晰能够有效开展信息化建设与数字化转型工作的基础支撑条件是否已经完备。同时，制定合理的应对策略稳步推进该领域的信息化建设与数字化转型。当前，尽管国家管网集团已初具规模，但业务现状方面，生产运行管理机制对于“X+1+X”的市场化运营模式还处在不断探索、梳理与固化过程中，管理模式还存在诸多不确定性；外在影响因素方面，一是集团数字化转型工作正在进行时，基于数字化管理理念的业务流程虽然已经开发完成并即将发布，但流程的可执行性未经实际验证，流程文件尚未细化到可以在信息系统中有效落地与固化的水平，二是基于企业数字化转型理念实现端到端流程拉通所仰仗的统一与集群化数字平台架构还未有效建成。这些现状与影响因素都是需要各环节与相关部门全力推动与密切协同配合，才能有效确保油气管道调控运行业务信息化建设与数字化转型工作的有效开展。

第二，调控运行领域信息化水平以及数字化能力的提升应遵循统一规划，树立正确目标，采取分步实施的原则，在业务管理流程完备以及需求定位明晰的前提下，基于集团统一架构的数字平台组件重点先期开展核心业务系统的建设，以此筑牢基础系统架构。系统建设切忌搞技术罗列与锦上添花，要使数字化转型工作真正落到实处，实现集中调控业务管理水平与劳动效率的有效提升。核心业务系统具体可包括：一是开展集团自主研发的国产化 SCADA 控制系统的完善升级以及油气管道仍大规模在用的国外系统控制软件关于国产化的替代工作，通过实现油气管道 SCADA 系统具有自主知识产权的国产化应用，在保证工控安全的前提下，基于“两化融合”的方针策略为调控运行数字化管理水平提升奠定扎实的基础。二是开展国家管网开放服务与交易系统、生产运行管理系统、资产完成性管理系统等核心业务基础支撑系统建设，系统建设必须遵从集团统一数字平台技术架构进行研发与实施，为系统间协同应用研发创造高效便捷的生态环境，为数字化技术整体合力形成对业务支撑的规模效应筑牢基础。

第三，要做好调控运行业务管理人员与 IT 专业人员正确的专业协同，所谓术业有专攻，亦即专业的人干专业的事，业务管理人员应能准确提出制约管理水平与劳动效率提升的业务痛点与利用信息化手段进行改进的需求，而不应是自行研究和开展信息系统建设；同时，IT 专业人员应能准确理解与掌握业务管理人员提出的业务需求，带领系统研发与实施团队有的放矢地开展信息化系统建设与应用运维保障。要实现上述协同，在人员素质锻炼培养上，应强调业务管理人员与 IT 专业人员彼此之间专业融合的水平及能力，业务人员可以不精通但至少应熟悉实现其业务需求的相关 IT 技术，IT 人员可以不熟练掌握但至少应熟悉了解需要其开展信息化的相关业务知识，通过这种专业融合能力的培养提升，可有效保证业务人员与 IT 人员实现正确沟通，使规范化的业务需求在信息系统中得以准确实现，确保系统建有所用。

第四，应大力推进调控运行业务领域数字使能人才队伍建设，建立健全正确的数字化使能用人机制，配备具有丰富专业经验且熟悉调控运行业务的 IT 人员开展使能工作，应以是否真正具备专业技能素质作为核心选人依据，同时，应建立自主可控的 IT 技术团队，实现核心业务系统的自主研发、建设与运维，这是持续提升信息化系统应用水平的必要条件，只有这样才能真正意义上确保系统不断的完善与提升，确保系统的长效生命力。

第五，在开展调控运行领域信息化水平以及数字化能力的提升工作的同时，还应高度重视系统可靠性与系统网络安全要求，不能因采用不完备的信息与数字化技术导致支撑调控运行业务的信息化应用存在任何网络安全风险。如前文所述，美国科洛尼尔管道公司遭黑客攻击事件已经为我们敲响了警钟，面对当今复杂的国际形势，作为支撑我国长输油气管道调控运行管理业务的关键信息化系统建设与应用，应充分评估系统建设所采用的软硬件技术是否符合国家关于信息系统网络安全等级保护的相关要求，审慎对待移动应用、开源软件等软件研发技术，积极开展具有自主知识产权国产化的操作系统、数据库软件以及云原生体系架构的系统研发与应用，以此有效提升调控运行业务信息化应用的安全防护能力。

参 考 文 献

[1] 国家石油天然气管网集团有限公司官方网站 https://www.pipechina.com.cn/gywm/jtjj.html 集团简介.

[2] 新华社北京 10 月 19 日电习近平在中共中央政治局第三十四次集体学习时强调：把握数字经济发展趋势和规律，推动我国数字经济健康发展.

苏里格气田天然气井智能化设计与应用

张建平 高 杰 魏 萍 朱 磊

（中国石油长庆油田公司）

摘 要 气井是天然气开发过程的重要组成部分，不但担负采气的重要职责，而且通过气井的生产数据、试井、测压计量、油气水样组分分析等资料，来了解气层参数和气井动态，采取相宜措施保持气井合理开采，进而实现对气藏开发过程的调节。苏里格气田典型的“四低”（低压、低渗透、低丰度、低产）的特点决定了单井产量低，井距小、井网密、井数多，而且地处沙漠地带，人工巡检及开关井作业工作量大、效率低，增加了人工运行成本，气井生产制度执行效果参差不齐。本文在对苏里格气田气井采气工艺现状充分分析的基础上，结合气田开发及企业管理需求，对气井智能化监控技术应用进行充分研究，设计并实施适用于苏里格气田天然气井的智能化监控系统，对建设智慧气田有一定的参考意义。

关键词 智能控制；天然气井；苏里格气田；人工巡检；气田开发

1 前言

苏里格气田是低压、低产、低丰度、非均质性强的复杂气田，随着生产年限的延长，部分气井已进入中、后期，压力和产能都普遍较低，不能满足气井生产过程中的携液要求，导致部分气井井底或井筒内产生积液，严重影响了气井连续稳定生产。为此苏里格气田应用了柱塞气举、自动间歇等大量的气井排水采气技术，提高气井生产过程的排液效率，维持气井稳定生产。排水采气技术的应用带来了井场设备开关控制工作量剧增，需要大量人员现场操作排水采气设备，增加了人工运行成本，其次因人工操作技能、天气及道路等因素影响，人工操作排水采气设备的效果参差不齐，导致气井排水采气运行制度不能有效落实，影响气井产能发挥。苏里格气田气井智能监控系统，按照物联网、大数据、人工智能三大智能化技术特征，设计适用于苏里格气田气井全生命周期管理的智能化技术。通过升级完善物联网系统，实现对气井生产数据的实时采集、4G通讯传输；采用智能调节计量阀，实现低产井远程自动化开关控制、产量自动计量；配套建设气井 SCADA 监控系统与气井智能生产管控系统，分运行控制与技术管理两个应用层面，利用自动化、工业云、大数据分析应用等技术，实现了气井生产数据实时监控、参数远程调制、措施自动执行、制度智能优化的目标。气井智能化应用研究按照“需求分析、功能设计、效果分析”三个方面进行分析研究。

2 需求分析

2.1 气井物联网技术存在的不足

苏里格气田气井数字化系统于 2008 年起设计并推广应用，实现了气井数据远程自动采集，改变了传统人工巡井抄取数据的巡检模式。但受制于当时通讯技术条件限制，大部分系统采用数传电台通讯，功能设计仅实现气井生产数据实时监测，按照智能化管理需求，主要存在两个技术短板。

（1）网络传输效率低

以数传电台为主的物联网信息传输网络，采用半双工异步串行通信，传输速率较小（≤20Kbps）、轮询时间较长，不能同时控制设备并采集井口数据，导致控制下达后无法将控制结果及时反馈至自控系统，且传输信号受外界干扰，在较远的地区传输过程中容易造成数据包的丢失问题。

（2）系统功能扩展性差

系统功能设计仅实现气井数据实时采集、远程监测，系统配置的 RTU 数据接口数量不足，且不支持可编程，无法满足间歇井智能开关装置的接入及智能控制。

2.2 间歇井人工开关存在的问题

（1）人工开关井效率低

每口间歇井人工开井时间平均 30 分钟，以每天开 500 口开关井数量核算，每天需要 50~60 名人员执行开关井作业，造成人力资源成本居高不下。

（2）生产制度执行效果欠佳

因现场人员数量受限，现场开关井效率低，每口间歇井无法及时执行开关井制度，导致气井间歇生产制度执行效果欠佳。

2.3 气井技术分析工作存在困难

苏里格气田“四低”的特点决定了单井数量多，技术人员人工分析每口气井生产规律，研究优化开关井制度工作量大、效率低、针对性差，导致气井产能无法有效发挥。

3 功能设计

以满足天然气井全生命周期需求为目标，按照“智能设备+科学算法+软件平台”的思路，完善感知层检测设备稳定性和功能性，提高自动化、智能化技术程度；提升传输层数据通讯效率及稳定性，满足所有感知设备数据同步实时传输、控制的应用需求；并结合采气工艺措施、气井动态分析等开发技术，开发气井生产规律及措施效果分析软件，自动优化每口气井生产制度，通过机器学习，持续完善软件分析结果的准确性和适用性，通过应用管理平台，实现对所有生产气井集中化、智能化管理。（见图1）。

3.1 数据采集通讯设计

（1）数据采集部分

数据采集部分由远程自动化运行监控单元、太阳能板、一体化支架、控制箱和基座组成。实现对现场的信息进行采集，通过4G物联网络将数据传输到监控平台。数据采集部分采用一体化、物联网的技术理念，从现场安装、整体结构、内部架构、后期维护等方面综合考虑设计方向，采用集成化电路设计，改变了早期多个设备拼凑连接的组成模式，有效地降低系统及后期维护成本，增加了设备的可靠性、稳定性，降低现场的施工周期，提升建设标准化。如图2、图3所示。

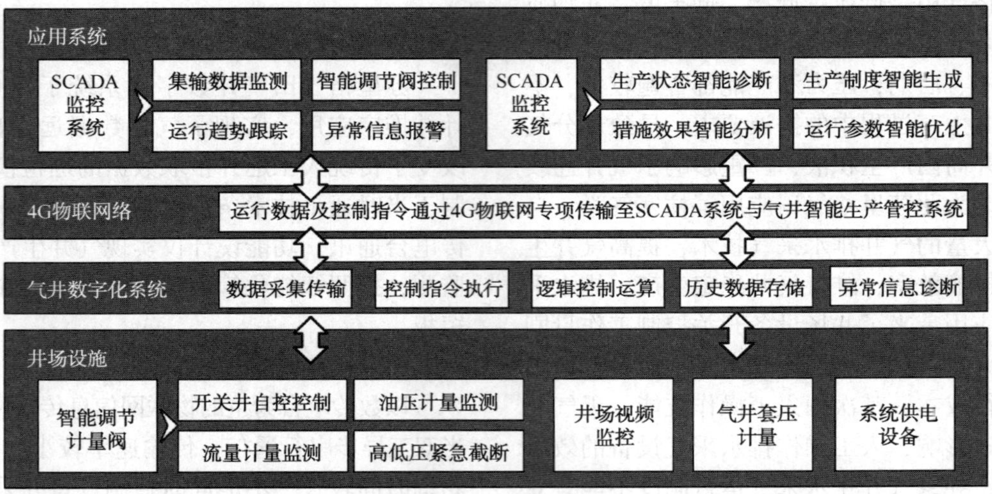

图1　气井智能化系统架构图

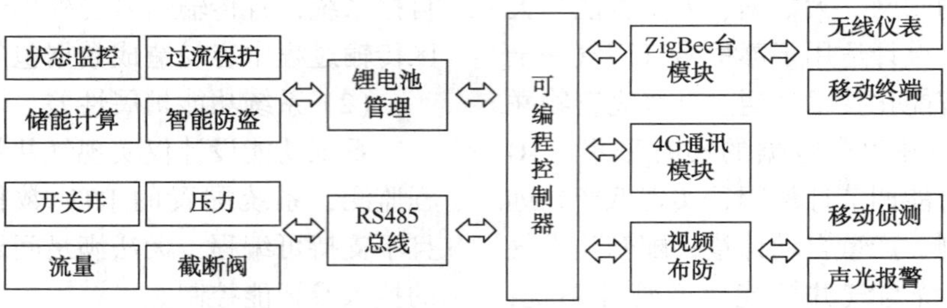

图2　系统数据采集功能框图

① 功能流程框图

通过4G物联网络系统之间建立通讯，通过控制器将现场的数据信息进行传输，同时将监控中心的控制指令下发执行设备。

② 可编程控制器

a. 符合IEC61131-3软件编程标准，支持IL、ST、LD、FBD和SFC五种编程语言。

b. 集成Modbus RTU/TCP功能。

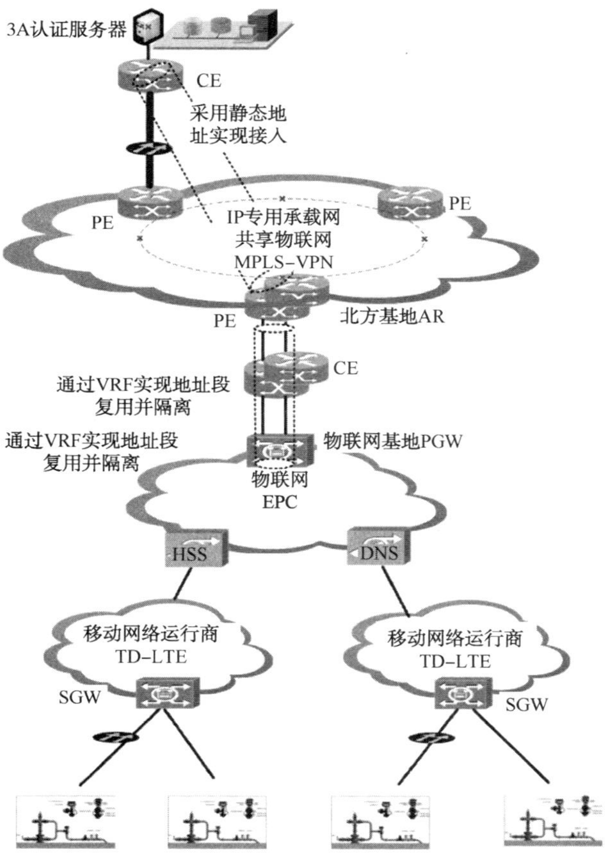

图3　4G物联网数据接入架构图

③ I/O 接口

a. 数字量输入 DI：8 路，电气隔离。

b. 数字输出 DO：4 路，电气隔离。

c. 模拟量输入 AI：6 路，兼容 0~5V，0~20mA 输入。

d. RS-485 接口：4 路，电气隔离。

e. 100M 以太网接口：4 路，工业级。

④ 无线通讯

a. 支持 GSM/GPRS 移动网络通讯功能。

b. 支持数传电台通讯功能。

c. 支持符合 IEEE 802.11 标准无线局域网(WLAN)接入功能。

⑤ 辅助外设功能

a. 高清网络摄像功能，1920＊1080(现场存储，循环存储时间7天)

b. 闯入侦测功能、移动侦测、区域布防、遮挡报警存储；

c. 200 万像素、COMS 摄像头、TCP/IP 接口、支持 POE 供电；

d. 控制器支持远程升级、远程编程、远程诊断功能；

e. 通讯接口兼容多种设备协议，支持组态和可编程逻辑控制；

f. 系统支持 APN 专线接入，支持标准的 ModbusTCP 通讯链路。

(2) 4G 物联网通讯部分

利用4G通讯技术，每套系统安装一张VPN物联网卡，接入至中国移动IP专用承载网，并在IP专网内通过物联网专用MPLS VPN并通过VRF及隧道方式实现与物联网专网4G网元的打通，实现气井4G物联网卡与服务器的数据交互。

4G物联网的应用，解决图像数据传输带宽不足的问题；减少电台等终端设备，简化系统结构，降低系统功耗、减少故障发生率；简化数据传输层级，将早期的“井—站—平台”优化为“井—平台”两级，减少了故障发生概率；同时实现了点对多点数据同步实时通讯，满足井场工艺控制应用需求。

3.2　系统供电设计

(1) 苏里格气田早期的气井数字化系统采用太阳能+胶体电池的模式提供系统电源，在运行过程中存在方面的短板

① 使用寿命短：胶体蓄电池平均使用寿命在3~5年，气井数字化系统所使用的胶体蓄电池，安装在野外，依靠太阳能充电，在使用过程中易收到天气、温度等外界环境影响，导致工作温度不恒定，蓄电池充放电量比例起伏加大，缩短了蓄电池使用寿命，在现场运行2~3年后均出现不同程度的馈电状态，无法满足阴雨天气5~7天持续供电的应用需求。

② 维护难度大：胶体电池体积重，不便于人员现场更换维护，早期的气井数字化系统胶体电池安装在5米高的电杆上，单人登高更换存在较大的安全风险隐患；近年来使用的数字化系统为保持蓄电池恒温运行，采用埋地安装，但在苏里格气田冬季零下30度左右的环境温度下，蓄电池发生故障后，冻土层无法挖掘更换，新安装的蓄电池只能安装在地面，因环境温度较低，造成蓄电池运行效能下降。

③ 处置难度大：因苏里格气田大量使用铅酸胶体蓄电池，损坏报废的蓄电池属于《国家危险废物名录》中第八类危险品，不能随意丢弃处置，加之苏里格气田地处毛乌素沙漠腹地，缺少具备蓄电池回收处置的相关资质的机构，导致废

弃的蓄电池大量积压，无法处置。

(2) 针对以上情况，在本次系统设计中采用磷酸铁锂电池，在解决铅酸胶体电池现场使用短板的同时，具备智能限流、智能保护、智能监控等应用功能，电池寿命提高3倍以上，大幅降低铅酸电池数量，减少重金属铅造成的环境污染，提升供电效能及系统稳定性。

① 磷酸铁锂电池，是使用磷酸铁锂(LiFePO4)作为正极材料，碳作为负极材料的锂离子电池。充电过程中，磷酸铁锂中的部分锂离子脱出，经电解质传递到负极，嵌入负极碳材料；同时从正极释放出电子，自外电路到达负极，维持化学反应的平衡。放电过程中，锂离子自负极脱出，经电解质到达正极，同时负极释放电子，自外电路到达正极，提供能量。

② 深循环高性能系统大倍率充放电快速储能。锂电循环充放电倍率可支持到0.5C~1C；单次放电容量95%，具备高倍率放电性能，可快速充放电满足应用需求。

③ 锂电生命周期状态可监控、可控制、可管理。对电芯的电压、温度以及整组的电压、电流检测；过压、欠压、过流、高低温等异常告警；过压、欠压、过流、短路、高低温、电芯故障、硬件故障等异常保护，通过CAN/RS485接口上传告警和状态数据。

④ 储能精准预算与配置，充放电效率>95%。根据对锂电池充放电曲线和电池容量衰减的分析，得出最优充放电曲线。根据备电需求和锂电池使用的情况，得到锂电池的充放电时间段，在这个时间段内进行充放电曲线的优化。充电曲线优化主要是调整均充阶段的充电电流曲线，减少电流突变对电芯造成的冲击而影响电池的寿命。

⑤ 自动匹配不同备电需求，容量节省60%。锂电内含调压模块，当充电电流过大时，调压模块调节，使得充电电流被限制，不会超过充电限流保护点，导致电池被保护。一般锂电以及铅酸电池不含调压模块，当充电电流过大时，会产生过流保护，电池被保护。

⑥ 磷酸铁锂电池材质，不起明火不爆炸。磷酸铁锂(LiF ePO4)作为正极材料，在化学反应过程中不产生氧气，不易燃烧，并且磷酸铁锂晶体中的P-O键稳固，难以分解，即便在高温或过充时其结构也不会崩塌发热或是形成强氧化性物质，因此拥有良好的安全性。

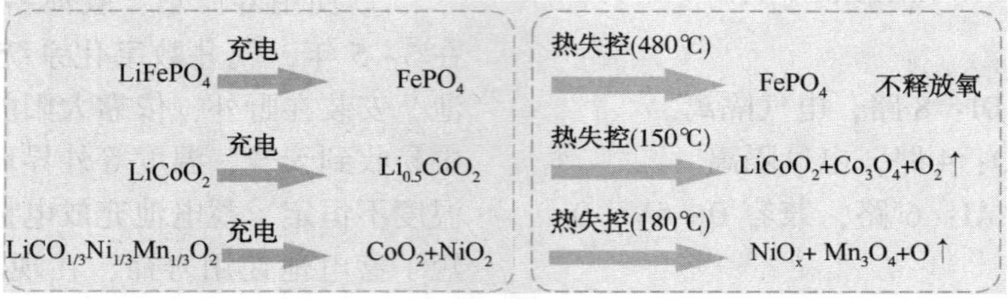

图4　磷酸铁锂电池化学反应框图

3.3　控制功能设计

天然气井智能化核心控制功能为数据的实时监测与开关井的远程控制，数据监测功能在早期的气井数字化系统中已实现，本文重点阐述开关井远程控制功能是设计。

(1) 工艺原理

为解决气井生成中后期人工频繁开关井工作量大，生产制度执行时效性差等问题，设计智能调节计量阀，可安装于原针阀处或安装于针阀下游，截断阀上游。实现气井在高压下远程开启，提高生产效率，降低员工劳动强度，进一步提高气井生产管理智能化水平。

智能调节计量阀自带高精度上、下游管线压力传感器、温度传感器，内置各种工艺算法，满足气井全生命周期管理，贯穿气井全生命周期需求，解决重复建设和兼容性问题；高度集成、标准化、边缘计算。减少人工运行成本，最大发挥气井产能。见图5。

(2) 应用管理设计

① 气井生产早期：气井本身能量足以实现连续自喷携液排水，智控阀内置上下游压力传感器、外接套压传感器，实现压力监测；同时内置流量计量算法，实现产气计量和排液计量。

② 气井生产中期：内置间歇开关生产制度，如定时、定压、稳压定流、定压定流等间歇生产制度。同时内置临界携液流速算法，根据不同井口压力、不同油管规格，使气井产量大于临界携液流量，减少井筒积液。

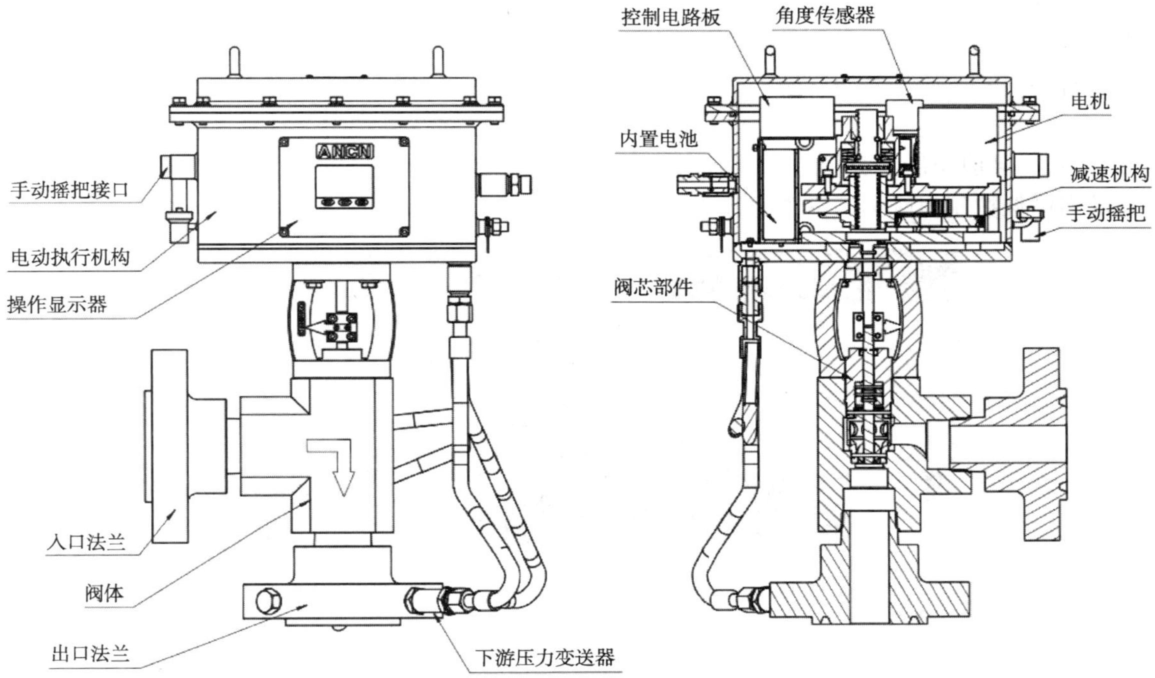

图 5 智能调节计量阀内部结构图

③ 气井后期：增加防喷管组件、卡丁器、柱塞棒、柱塞到达传感器部件，增加一根线连接到达传感器，通过本地设置智控阀或者远程设置，即可升级为柱塞模式。

(3) 可靠性设计

① 内置低温充电电池，在不依赖外电的情况下，保证安全、正常生产 20 天；内置 MPPT 充电管理电路，直接外接光伏板，独立工作。不依赖外电实现高低压快速保护切断，实现气井的安全生产。

② 闭环设计，内置高精度阀位传感器，实现智控阀开关的闭环控制；对阀位传感器、上下游压力传感器、温度传感器等智控阀关键部件建立自诊断机制，当以上部件发生故障时，进行报警，确保智控阀可靠工作。

(4) 低维护成本设计

随着排水产气工艺、算法的更新，智控阀内置 wifi 模块，支持固件、内置算法远程升级功能，避免人工前场现场，降低维护成本。

(5) 低功耗设计

智控阀采用低功耗设计，整机待机电流 15mA，静态一天耗电量为 0.36Ah。极低的功耗、10~30v 的宽电压设计，有效解决老井供电能力弱的问题，适应性强，降低改造成本。

3.4 系统监控设计

气井 SCADA 监控系是部署在气井生产中的工业化控制系统，其主要功能是气井生产数据的实施采集监测、智能调节计量阀控制、运行趋势监测、异常报警等功能。

(1) 仪表数据监测

监测井口油压(MPa)、套压(MPa)、管压(MPa)、瞬时流量(m^3/h)、累计气量(m^3)、流体温度(℃)；紧急截断阀状态；蓄电池电压(V)、太阳能板电压(V)、太阳能板电流(A)、负载电流(A)、负载电压(V)等数据，数据采集频率 10 毫秒。

(2) 智能调节计量阀控制(图 6)

① 智能开井模式：设定合适的开井压力，智能开井，减少开井压力波动。

② 定压运行模式：根据设置的开井压力和关井压力自动开关井，在定压关状态工作时，当下游压力大于开井压力时自动切换到定压开状态；反之在定压开状态工作时，当下游压力小于关井压力时自动切换到定压关状态。

③ 定时运行模式：根据设置的开井时间和关井时间自动开关井。在定时关状态下工作时，当关井时间倒计时为零时自动切换到定时开状态；反之在定时开状态下工作时，当开井时间倒计时为零时自动切换到定时关状态。

④ 定产运行模式：根据生产计划及气井采气工艺要求，设定每天采气量数值，系统通过实

时调节阀门开度，满足生产要求。

⑤ 常开关模式：根据生产需求将阀门设置为常开或常关模式，使气井始终处于生产或关井模式。

⑥ 高低压保护功能：只要针阀下游压力大于设置的高压保护压力或小于设置的低压保护压力，阀门将处于关闭状态，且其他工作模式暂停运行，直到手动解除高低压报警状态为止。

⑦ 暂停功能：无论处于何种工作模式，当切换为暂停模式时，智能调节计量阀会停止动作，始终处于当前阀门开度下直至取消暂停状态。

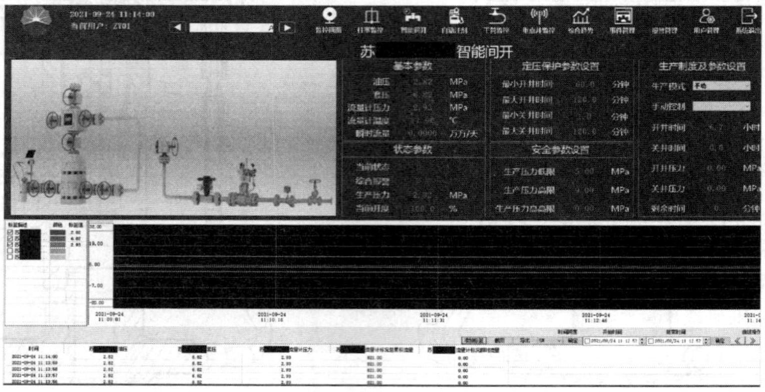

图 6　SCADA 系统气井智能控制界面

（3）运行趋势监测

油压、套压、管线压力、瞬时流量、累计气量、管输温度、蓄电池电压数据曲线。

（4）历史、实时数据

按照油压、套压、管线压力、瞬时流量、累计气量、管输温度、蓄电池电压顺序显示历史、实时数据。根据生产需求选取起始日期及时间、周期、间隔查询数据。

（5）报警设置：油压压力报警设置分为高压（高报、高高报）、低压（低报、低低报）报警，报警设定值可设置。

4　应用效果

苏里格气田智能化气井通过现场试点应用，在气井精细化管理、提高管理效益、提高安全管控水平方面取得了较好的效果。

4.1　提升系统稳定性

一体化、集成化的技术理念，避免了不同公司设备之间的兼容问题，现场试点运行后，现场智能化系统故障率较早期的气井数字化系统下降 14%。现场维护流程简化，改变了设备逐级检测的维护方式，提高了维护效率，人工现场故障维护工作量下降 70%以上。

4.2　提升气井精细化管理水平

实现了远程开关井，设定好参数后气井自动运行，减少了开关井过程中人工开关、资料录取、运维队伍监管等环节。现场人工作业量降低 80%。气井按照定时、定压等模式实现远程开关，严格按照临界携液流量等算法优化的制度执行开关井，提高排水采气效果，解决了间歇井开关作业执行不到位、时效性差、措施执行效果不达标的问题，实施的 80 口气井措施执行有效率提升 70%。

4.3　提升气井管理效益

对比人工开关井，井均增产 0.12 万方/天，累计增产 1722.72 万方。苏 X-X-X 井自 1 月 13 日投运行以来，平均增产 0.25 万方/天，累计增产 51 万方；苏 X-X-X 水平井自 3 月 20 日投运行以来，平均增产 0.19 万方/天，累计增产 26.22 万方。

4.4　提升气井安全管控水平

通过设置油套压、流量等关联判识条件，确保气井安全受控，解决人工应急响应和紧急关井速度慢、效率低的问题，减少了作业人员乘车去现场接触危险环境和交通安全风险频次。通过优化系统安装工艺，降低系统设备高度，现场维护杜绝了登高作业，消减了安全风险。

5　结论

随着苏里格气田开发的延续，勘探生产难度将日益增大，油气田企业将针对气井运行管理积极引入人工智能技术，随着国产装备制造业水平的提升，以气井全生命周期为管理目标的智能化控制系统及配套装置将继续向一体化、小型化、集成化方向发展，解决气井数量多、现场人工作业量大、效果分析研究效率低等问题，进一步提升气井最终采收率，实现苏里格气田的高效开发。

参考文献

[1] 赵喜民，王振嘉. 苏里格气田钻采工艺技术[M]. 石油工业出版社，2018 年 1 月第 1 版.
[2] 中国石油学会石油储运专业委员会. 中国油气田与长输管道论文集[M]. 中国石化出版社，2021，3.

智能化采油厂建设实践

孙 明 亢志刚 毛志高 杜宁波 姚伟明 刁海胜 李录兵 李 峰 时 蕾 宁 莹

(中国石油长庆油田公司)

摘 要 结合油田高质量发展实际需求，围绕采油厂智能化建设全过程，以降低员工劳动强度、提高生产效率、保障安全管控、优化组织架构为目标，探索新型设备仪表、井站自动化控制、智能化系统应用等多领域、多业务的数字化、自动化、智能化技术在油田生产管理中的应用，初步构建了以“集输、注水、分析、管理”为核心的智能化技术序列，搭建了作业区扁平化的管理模式，形成了可持续、可复制、可推广的建设模式，同时对建设后的效果进行全方位分析评价，为今后一段时间智能化油田建设指明了方向。

关键词 智能化采油厂；自动化控制；扁平化管理；智能化技术序列

1 引言

随着油田信息化技术的不断发展，长庆油田分公司(简称长庆油田)作为中国石油天然气集团有限公司(简称中国石油)信息化建设的排头兵，以“数字化转型、智能化发展”为指导思想，2019年开始在数字化建设的基础上加快油田智能化转型步伐，通过先进的信息化技术与主营业务深度融合，大力推进数字化、可视化、自动化、智能化发展，全力打造高效的智能化采油厂，助推油田高质量发展。本文全面总结了智能化采油厂建设过程中的技术应用，构建了技术架构，形成可复制、可推广的建设模式，为智能化油田全面建成做了大胆尝试和有益探索。

2 智能化油田发展现状

当前，虽然世界油气工业的智能化总体水平还处于探索起步阶段，但国际油公司高度重视信息化建设，在一体化数据管理、资产管理、协同研究等方面成效显著。如BP公司高度关注数据、专业软件、研究成果的一体化管理，Shell通过搭建一体化的协同工作环境，支持多学科人员基于共享模型开展协同研究与决策。壳牌公司基于两个“十年计划”建成智能油田。在一体化数字资产及应用基础上，通过知识共享、流程整合和新技术支撑，实现油气田的持续性生产与决策优化，陆续在所有油气田开展适度的智能化。斯伦贝谢公司于2017年9月发布了DELFI勘探开发认知环境，提供了一个开放、共享的云端平台，致力于深度整合、挖掘数据潜在价值，推进勘探开发全过程协同与优化。

中国石油在2019年提出大力推进数字化、可视化、自动化、智能化发展，推动生产组织/经营管理和商业模式创新，努力建成“共享中国石油”。勘探与生产分公司提出了以“两统一、一通用”为核心、集成共享为目标的梦想云建设蓝图，以统一数据湖、统一云平台支撑勘探业务、开发业务、协同研究、生产经营与安全环保五大通用业务应用一体化运营。长庆油田以围绕精益生产、整合运营、全局优化目标，配套油公司运行模式改革，突出全域数据管理、全生命周期管理、全面一体化管理，建设实时感知、透明可视、智能分析、自动操控的智能油田。

3 建设背景

3.1 采油厂概况

长庆油田第三采油厂，横跨2省(区)5市11县，管理靖安、姬塬、油房庄等11个油田，管辖油、气、水井＊＊口，管辖各类站点＊＊座，工作区域呈现点多、线长、面广特点。为了支撑油田高质量发展，采油三厂持续推动数字化建设工作，数字油田初步建成。

3.2 数字化基础

采油三厂数字化建设应用始于2009年，主要经历了建设推广、优化完善、应用提升三个阶段，实现了从分散管理到集中监控的转变。目前全厂数字化覆盖率98.3%，油水井上线率99.1%，中小型无人值守站覆盖率100%，电子巡井、橇装集成、联锁控制等成熟数字化技术推广应用；数字化生产指挥、SCADA、油水井工况诊断等信息系统得到了有效应用，为智能化采油厂建设奠定了坚实的基础。(见图1)。

同时全厂具有较为完备的数字化建设基础、较强的自主运维能力；地面系统多数采用典型的“增压点-联合站”二级布站模式；作业区矿权区域相对集中，管理半径较小；具有较好的智能化采油厂建设条件。(见图2)。

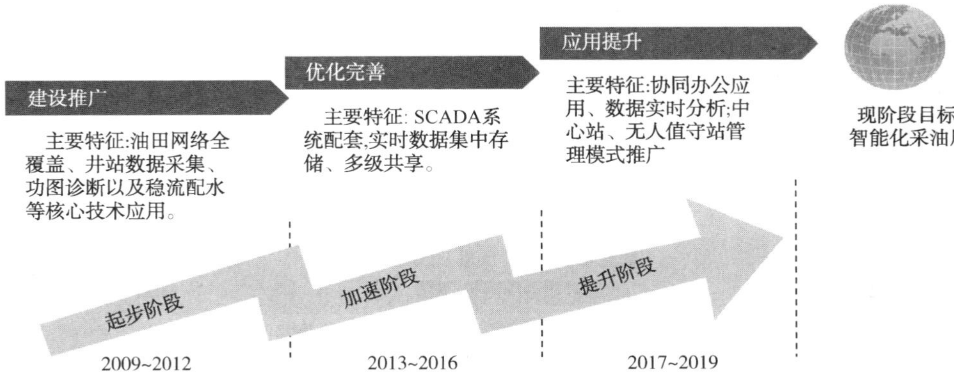

图1　数字化发展历程

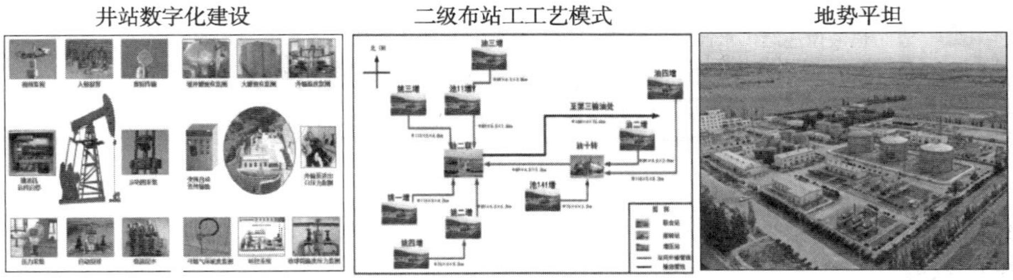

图2　作业区基本情况

3.2.1　智能化需求

为了适应油田高速发展，需要依托智能化技术，解决采油厂在管理、技术、操作三个层面存在的用工紧缺、精细化程不够、现场作业风险高等问题，提高劳动效率、改善劳动环境、降低安全风险，构建智能化模式下的新型组织架构，为智能化油田的高质量推广应用做好探索、研究和总结，全面支撑油田二次加快发展。如图3所示。

(1) 在安全环保监管方面：作业监管依赖人员现场蹲守，钻井、试油、修井重点参数无法在线监控，关键流程未实现联锁自动控制，隐患排查及风险识别依靠工作经验和个人能力。急需实现作业现场全过程可视化监管、重点参数数字化预警监控，关键流程应急状态联锁控制，安全环保隐患风险智能研判。

(2) 在生产运行组织方面：在原油产量监控、油水井日常管理、重点工作管控等方面，主要依靠传统的传达方式、多层级的过程管理和大量的人工分析，时效性差、预警能力弱。急需实现原油产量在线实时监控、油水井工况快速准确诊断、重点工作全过程闭环管理。

(3) 在技术管理分析方面：数据资源深度应用不足，不能有效支撑技术决策，专业技术人员疲于应对各类报表的统计及常规的分析。急需开发技术分析智能化，技术人员的工作侧重点由资料整理、常规分析向技术研究转变。

(4) 在管理决策效能提升方面：ERP与生产数据未相互支撑提升，各部门交互业务办理周期长，生产、技术管理信息查询、业务处理效率低，员工个人信息查询不方便。急需生产与经营相互支撑提升，实现交互业务线上移动办结，生产、技术管理移动处理。

4　智能化采油厂建设

4.1　建设思路

按照“前端采集、联动控制、云端应用”的技术思路，以“智能集输、智能注水、智能分析、智能管理”四个系统为建设核心，完善三类生产场所数据采集、推行两类工艺系统闭环自动控制、开发四个管理领域智能应用，形成了“精准化数据采集、自动化流程控制、智能化分析决策”的智能化管理模式。如图4所示。

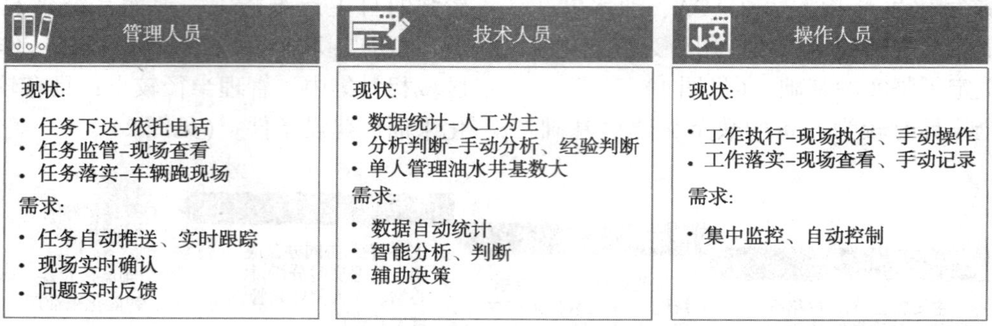

图 3　智能化需求

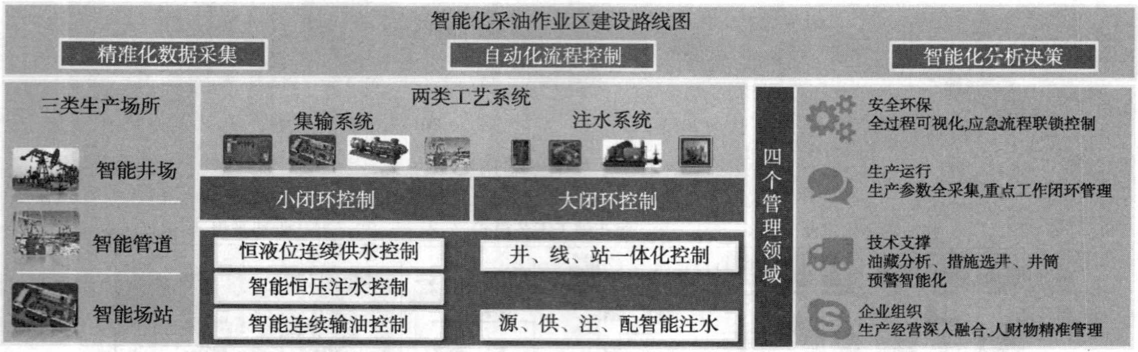

图 4　智能化建设思路

4.2　建设内容

4.2.1　智能集输系统

通过在集输系统井场配套智能装备，管线部署集群化泄漏监控系统，场站应用联锁自动控制功能，将人工、单点、远程的工作方式向自控、集群、闭环转变。如图 5 所示。

4.2.1.1 智能井场

规模推广应用智能间开，试验应用油井动液面监测、含水在线分析和新型自动投球等智能设备，实现了井场重点数据全采集、关键流程全自动，取代了传统人工测井、取样、定时投球的工作量。

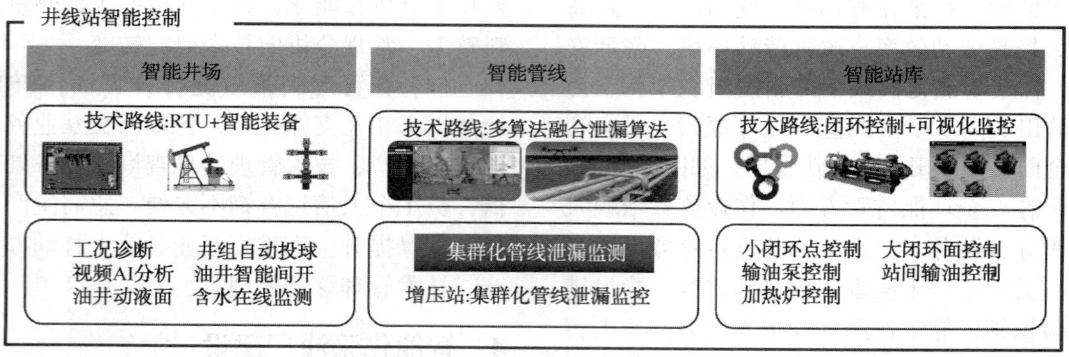

图 5　智能集输系统建设内容

（1）智能间开：规模应用油井远程群控、智能控制 2 种间开功能，形成了“制定政策→批量下发→循环执行”和“工况实时诊断→程序自动执行”两种间开模式，实现了人工操作向自动执行的转变，间开技术政策执行率达到 100%。

（2）动液面自动监测仪：以外供压缩气体作为声源，利用不同介质反射不同频率声波的原理，通过声速计算模型、动液面计算模型实时进行油井动液面测量。通过现场实测对比，在线测试与人工测试误差 $<3\%$，基本达到取代人工测试的目的。

（3）含水在线分析仪：安装集油井计量、含水检测、压力监控于一体的集成设备，利用高频微波传感技术在不同流体介质中传输特性原理获得被测介质中含水率。通过取样化验结果与同时间数据对比，夏秋季数据准确度较高，相对误差在 5-10%之间，可较为准确的监测含水趋势。

（4）新型自动投球器：设备利用柱塞原理、重新设计工程结构，解决传统自动投球装置卡球、漏油等问题，实现了 SCADA 系统数据和控制交互、手机端远程监控、设备自动投球等功能，改变了传统人工操作模式，运行较为稳定。

4.2.1.2 智能站点

（1）小闭环输油控制：通过 PLC 的自动控制，实现程序自动学习、自动计算、智能分析、智能报警，全天外输量波动减少 50%，确保站点平稳输油。

（2）大闭环联动控制：综合判断各站点液位、泵的运行状态和流程状态，实现计量、加温、外输等各工艺环节的参数联动监控，自动调整系统运行参数，确保系统高效运行。

通过在集输场站应用“小闭环输油控制、大闭环联动控制”技术，场站运行由“人工干预+远程控制”向“闭环联锁自动”控制转变，大幅降低监控人员工作量，监控人员由 36 人↓20 人，实现更少的监控人员管更多的场站。

4.2.2 智能注水系统(见图 6)

应用 PLC 控制、稳流配水技术，开发“源-供-注-配”一体化注水控制功能，将注水系统由“单点-远程-控制”向“联动-自控-闭环”升级，减少供注中间环节的计算和操作工作量，提升精细注水管理水平。一是源、供、注、配联锁控制实现供注平衡，每天超欠注大于 1 方的注水井占比由 73%↓4%，注水更加精细；二是替代水源井人工启停，供水站、注水站实现无人值守，每座供水站节约用工 2 人，注水站节约用工 4 人，中心站由人工计算远程调配变为智能分析自动调配，人工干预时间由 6.4 小时/天↓0.8 小时/天，降幅 88%。

（1）水源井分组自动启停控制：水源井启停数量与供水站水罐液位联动、分组启停，按需供水。

（2）供水站供注平衡液位控制：转水泵与注水站水罐液位联动，实现恒液位供水。

（3）注水站恒压注水控制：注水泵与系统压力形成联动，实现恒压注水控制。

（4）注水井调配注自动控制：依托 SCADA 系统每 1 小时自动计算超欠注量，弥补偏差，联锁控制稳流配水阀组自动调配。

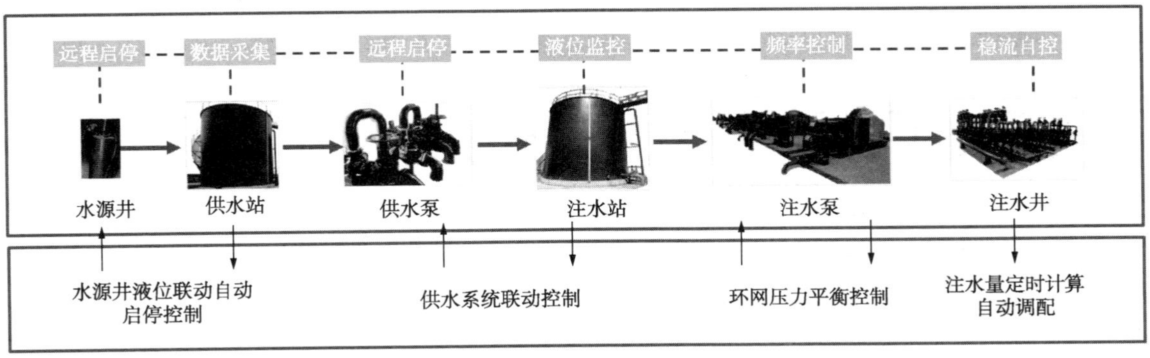

图 6 智能注水控制示意图

4.2.3 智能分析系统

针对中心站监控人员监控视频、浏览功图、处置报警工作量大的问题，开发应用了视频智能分析等 3 项功能，形成了“系统智能识别+人工深度干预”的监控模式。

针对作业区技术管理人员劳动强度大、精细程度较低的问题，开发应用了油藏动态智能分析等 3 项功能，初步实现人工统计分析向自动采集预警转变。如图 7 所示。

（1）AI 视频智能分析：以高清视频的规模应用为基础，利用 AI 视频分析、图像识别处理技术，实现对生产区域人员、车辆、动物、火焰等异常情况的准确检测识别和报警推送。目前人员、车辆识别准确率达到 90%以上。

（2）功图精细诊断分析：应用四联功图诊断技术提升判识精度，井筒异常判别的准确率由 70%↑95.2%，系统自动识别预警取代了技术人员每 2 小时浏览功图的监控方式，降低了劳动强度，隐性躺井及时发现。

（3）参数报警智能分析：针对无效报警多、

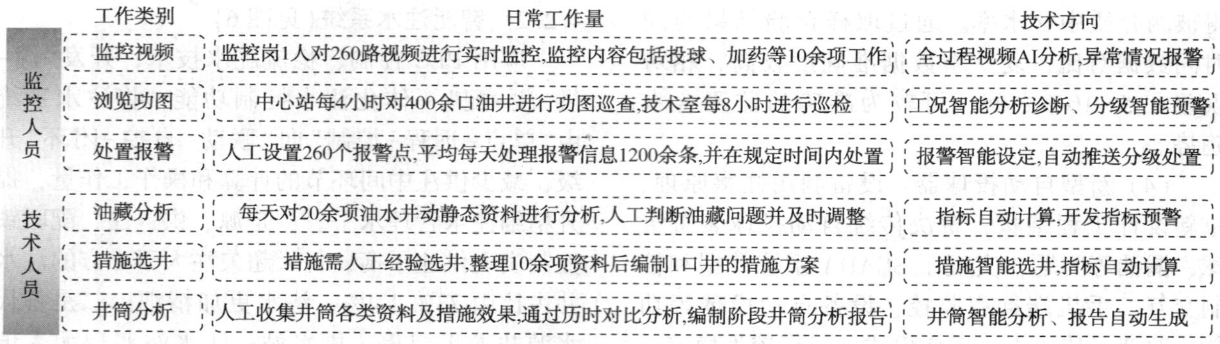

图 7　监控、技术人员工作量统计

处置工作量大的问题，开发参数报警优化及智能分析功能，对异常情况进行自动识别、筛选，实现报警的精准识别、逐级推送、闭环管理，SCADA 系统报警总数↓70%，有效报警率和报警处置率↑99%。

（4）油藏动态智能分析：充分利用 RDMS、A2 等数据库资源，组件式开发报表生成、指标计算、动态分析、产量预警、智能知识库等 5 大功能模块，通过报表自动生成、指标自动计算、三级动态分析、产量动态预警、专业图件辅助，减少油藏技术管理人员查找、统计和初步分析的工作量，油藏动态分析效率提升 3 倍以上。

（5）井筒智能分析：开发了井筒智能预警分析系统，将井筒数据有效整合利用，实现了指标自动计算、方案线上制定、重点井预警功能，方便了技术人员井筒分析，年指导井筒治理 4000 余井次，维护作业频次、检泵周期等指标逐年变好。

（6）油井措施智能选井：通过对 RDMS、A2 及自有数据的整合利用，形成措施选井数据库，建立大数据智能决策和专家经验决策的选井模型，实现主控因素快速对比分析、图表自动生成及潜力井自动推荐，辅助人工决策。单区块选井时间 16↓4h，选井采纳率达 70%以上。

4.2.4　智能管理系统

生产经营管理依靠传统的传达方式、多层级的过程管理和大量的人工分析，时效性较低、预警能力弱，通过开发应用作业区重点工作闭环管理、产量在线实时监测、生产经营联动智能分析 3 项功能，形成线上、共享、闭环管理的工作模式。如图 8 所示。

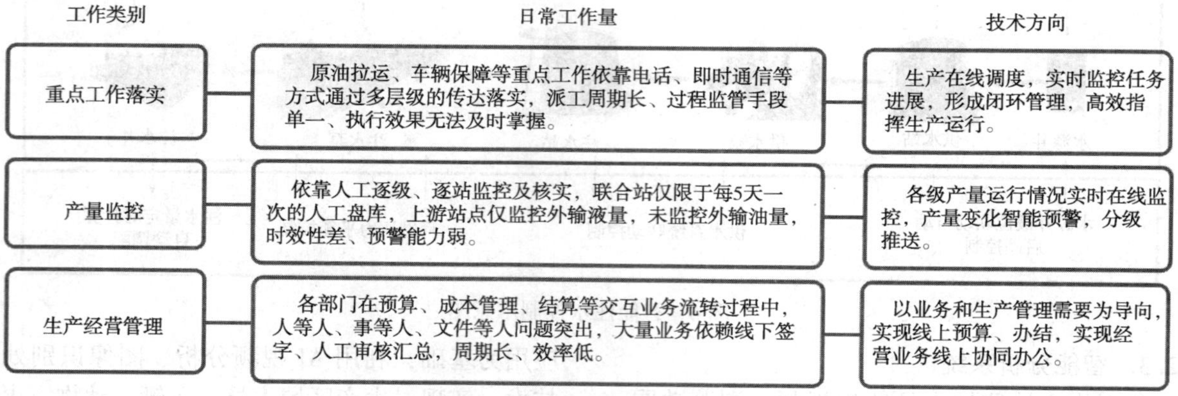

图 8　管理人员工作量分析

（1）作业区重点工作闭环管理：围绕作业区 5 大类、24 项生产运行工作落实，以“中心站 PC 端管理+运维班移动端录入”的协作方式，自下而上的实现重点工作在线审批、全过程闭环管理，日常生产任务 100%落实到井站、人员。

（2）产量在线实时监测：融合功图精细诊断分析技术和实时在线盘库系统，全区每 2 小时自动对比产量计划，当产量波动>5%时，系统对区域内的单井-站点-干线-盘库数据逐级分析，并对主要环节进行预警提示，异常点排查时间由 8 小时↓2 小时，实现产量的逐级监控和异常点的精准定位。

（3）生产经营联动智能分析：以生产经营数据共享、实时对标和预算全过程监管为核心，搭建了线上财务闭环管理平台，生产数据实时共享，经营数据辅助对标，月度报表自动汇总，财务管理人员数据编审的质量和效率提高 30%，生产经营不断融合。

4.3 建设成效

通过采油厂智能化建设，形成了智能化技术序列，提升了生产指挥、风险预警、技术分析、协同运营的智能化应用水平，创建了“作业区-井站”的智能化管理模式。

4.3.1 形成了智能化技术序列

坚持系统思维和“一盘棋”思想，围绕“井-线-站”的智能化运行需求，建设应用了以“智能集输、智能注水、智能分析、智能管理”四个系统为核心的“7463”智能化技术序列，有力支撑了智能化采油作业区建设。(见图 9)。

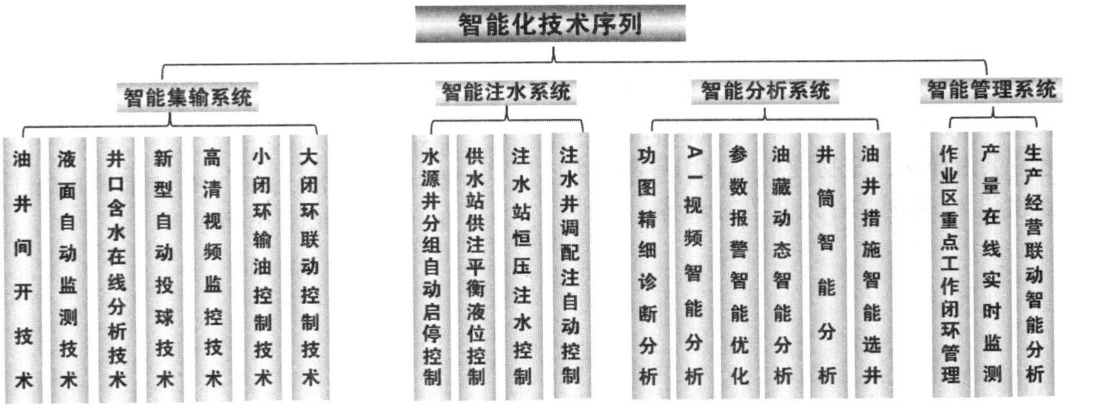

图 9 “7463”智能化技术序列

4.3.2 提升智能化应用水平

(1) 生产指挥管理：生产数据精准采集、关键设备预警监测、生产状态智能调控，生产指挥实现了统一数据获取、统筹集中决策和部门协同运行，扁平化的组织层级提高了信息传达效率，优化了生产运行，促进了资源共享。

(2) 风险预警管理：实施“无人值守，有人巡护”工作机制，减少了员工暴露在危险环境下的风险。探索应用智能监测预警技术，可根据预定的风险突破指标，在模型指导下提前发布预警，紧急状态下自动响应，实现了由事后管理向超前感知的转变。

(3) 技术分析管理：通过报表自动生成、指标自动计算、图件自动绘制，改变了传统的人工处理信息模式，资料录取更加精准，数据分析更加高效，为技术人员提供了更加可靠的智能分析模型与辅助决策环境，大幅提升了技术管理效率。

(4) 协同运营管理：打破部门和业务壁垒，搭建信息共享、资源共用的信息化平台，建立覆盖油田开发、生产组织、经营管理各业务的即时联动系统，提升快速响应、协作联动的集成协同能力。

4.3.3 构建了两级管理模式

以智能化作业区为例，将“作业区-中心站-井站”优化为“作业区-井站”扁平化管理模式，组织管理模式持续优化，建成数据提质、控制升级、管理提效的智能化采油作业区，2019 年至 2021 年，4 项生产经营指标大幅提升，2 项指标稳中有升，生产经营管理水平进一步提升。见图 10 所示。

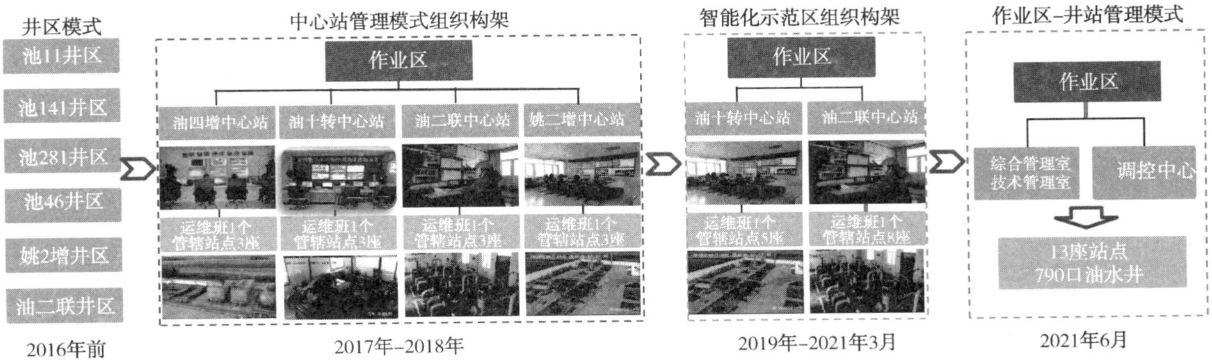

图 10 “作业区-井站”的智能化管理模式

5 结束语

智能化建设是长庆油田坚持走新型工业化道路的集中体现，也是破解油田公司高质量发展瓶颈难题，实现企业治理体系和治理能力现代化的现实需要。在智能化整体建设过程中要紧密围绕顶层设计，坚持“最小成本创造最大效益”的精益管理思维，结合新区产建、地面系统优化简化、安全环保隐患治理推进智能化建设，减少重复建设，努力用最小的建设投入，实现智能化建设高效推进；要以安全、生产、技术、经营等方面智能化需求为导向，坚持业务需求引导功能开发，避免建设与应用“两张皮”的现象；要坚持“改革创新是第一动力”理念，持续攻关研究智能油田建设的一系列关键技术，加快低成本替代性技术的研发应用，为智能化油田建设提供源源不断的创新动力。

参 考 文 献

[1] 班兴安，李群，马龙，等. 油气生产物联网[M]. 石油工业出版社. 2021. 8(01).
[2] 石玉江，王娟，程启贵，等. 数字化油藏研究理念与实践[M]. 石油工业出版社. 2020. 2(01).
[3] 王梁. 油田智能化建设思路[J]. 中国管理信息化. 2021. 5.
[4] 李剑峰，肖波，肖莉，等. 智能油田[M]. 中国石化出版社. 2020，05(01).

从"数字油田"向"智慧油田"发展中大数据技术的应用方向

王金焕　许承武

（东北石油大学）

摘　要　信息技术的广泛应用和信息化时代的到来，给予了油田勘探开发数据获取方式和油田勘探开发方式改进的条件和可能。本文介绍了从"数字油田"向"智慧油田"发展过程中大数据采集、存储管理、分析挖掘等三个方面的应用进展和发展方向。油田大数据采集介绍了通过物联网技术进行自动化勘探、感知、监控，然后将数据高速、安全传输到存储中心的应用实例，未来发展方向是深度融合基于物联网的采集以及基于大数据技术的传输。油田大数据存储管理介绍了对于结构化及非结构化油田数据基于Hadoop框架存储管理的优点，未来发展方向是在云计算平台上实时存储油田数据，并对油田资源有效性共享以及海量数据存储可视化研究。油田大数据分析挖掘介绍了机器学习在储层预测、钻井参数与优化预测、页岩气采收率预测、产量预测四个方面的应用算法以及情况，未来发展方向是不断完善、不断创新。例如，获取大量的高质量训练数据、提高具体情境下算法的适应性、增加新算法拓宽应用范围等。

关键词　大数据技术；智慧油田；机器学习；Hadoop；物联网技术

21世纪是一个信息化的时代，大数据和人工智能的发展不断推动着众多行业的转型升级，石油石化行业也不例外，正在从数字油田向智慧油田发展，其中涉及了多种大数据分析、人工智能技术的融合与应用。我国最早在1999年提出数字油田，经历了20余年的发展，如今已经初具规模。石油企业、机构以及石油数据中心，存储着丰富并且庞大的石油数据，在大数据背景之下，这是相关产业必须要走的数据化的道路，在此背景下中石油的IT发展规划、塔里木油田和胜利油田等先后树立数字油田建设目标。数字油田建设的下一个发展阶是智慧油田，它是一个全新的概念和理念，目前尚处在发展阶段。智慧油田是在油田数据的基础上，以新型互联网技术为手段，推动油田的数字化、智能化、智慧化三个阶段发展。数字油田向智慧油田的发展过程中，油田大数据采集、油田大数据存储管理、油田大数据分析及挖掘是其中的关键核心，因此本文重点从这三个方面进行总结。

1　油田大数据的采集

数据的获取是进行数据化、智能化、智慧化的源头以及基础，物联网技术是指凭借传感器等硬件技术在软件平台的作用下获取数据，并且通过网络连接将数据传输的技术。油田大数据采集是指通过物联网技术进行自动化勘探、感知、监控，然后将数据高速、安全传输到存储中心。大数据与物联网技术能够对所有的生产要素加以全面感知、识别与处理，属于一种新型的油田建设与发展理念。

目前大数据与物联网技术结合在油田方面的应用，例如：

（1）华北油田在山西晋城成功建立我国第一个数字化、规模化煤层气田。并且积极探索利用物联网、大数据、云计算等新型信息技术构建智慧油田，形成两个示范：一是二连高寒地区智慧油田示范基地，二是山西煤层气清洁能源示范基地。

（2）中国石油自主研发出基于物联网和大数据的油井智能生产技术平台，能够诊断油井内况、降低能耗，提高油井管理水平。

（3）壳牌公司研发应用了智能油井生产技术系统，实现了主数据管理与集成，并通过实时作业中心（RTOC）建设，对油田井下复杂油气藏实时监控。

油田的生产架构已经发生了系统的变革，我们必须跟上时代的步伐，在未来深度融合基于物联网的采集以及基于大数据技术的传输，提高油田的智能化水平。

2 油田大数据的存储管理

在信息化的推动下油田不仅拥有大量的且多样化的结构化数据，还包含了大量的且多样化的半结构化和非结构化数据。油田大数据的存储管理是指对于海量的结构化及非结构化油田数据进行实时、可靠的存储管理。目前主要应用到的框架是 Hadoop。Hadoop 是一个能够对大量数据存储且进行分布式处理、可提供多个组件(如 HBase、Hive、Zookeeper、Kafka、Spark 等)的软件框架。因为其高可靠性、高扩展性、高容错能力和低成本的优势，已经被众多全球著名互联网公司和石油企业所使用，其相关优点有如下：

基于 Hadoop 的大数据平台具有动态扩容、备份的特点。能够存储大量的结构化数据以及非结构化数据。同时在分布式集群环境下，通过增加硬件设备可方便地实现动态扩容。当出现意外情况发生时，也能通过主从节点之间的备份功能，保证数据的不丢失。

基于 Hadoop 的大数据平台具有实时入库、分类存储统一一管理的特点。油田数据格式的不同，油田数据种类的繁多，对数据的组织、分享造成了很大的问题。而基于 Hadoop 大数据平台，能够扩展 Storm、Hive、Spark 等组件从而对不同类型、不同格式的油田数据实时入库，进行分类存储统一管理。

基于 Hadoop 的大数据平台具有高并发量数据传输的特点。大量数据的同时汇入存储平台，很容易造成系统的瘫痪，也很容易造成数据在传输过程中的丢失。而集成 Kafka 组件的 Hadoop 大数据平台，能够利用基于 Kafka 的分布式消息队列，保证海量数据的同时输入，确保数据传输的安全。

Hadoop 是云计算的软件基础，未来将在云计算平台上，油田工作者可以实现数据的结构化、非结构化及半结构化的实时存储，可以利用处理海量数据的分布式并行程序，将其运行在大规模的计算机集群上，实现对油田资源有效性共享、海量数据存储可视化研究。

3 油田大数据的分析及挖掘

油田大数据最核心部分就是大数据分析与挖掘。大数据分析与挖掘可以对结构化数据以及非结构数据进行格式化的清洗，深层次的分析，从而挖掘出大数据中潜藏的模式或规律。

大数据分析技术主要应用机器学习方法。机器学习是一种泛化能力较强的数据驱动预测方法。可以分为以下几类：有监督学习，无监督学习，半监督学习，强化学习。目前油田大数据分析与挖掘应用机器学习方法主要在储层预测、钻井参数优化与预测、页岩气采收率预测、产量预测等四个方面。

储层预测在整个油气开采过程中是关键所在。储层是储集层的简称，在油气勘探中特指地下可供油气聚集、储存的岩层。机器学习应用于储层预测，常用的方法有支持向量机(SVM)、卷积神经网络(CNN)、贝叶斯、多元线性回归、BP 神经网络模型等。主要有基于储层的成因、空间特征、边界条件、物理特征和沉积模式等各种实践参数开展的储层预测研究，也有结合地质、测井、油藏等资料，对油气储层的品质参数进行预测的研究。

钻井参数优化与预测。钻井是有个费力费钱又费时间的工程。优化钻井参数可以提高钻井工程效率、降低成本以及减少工程时间。因此，优化钻井参数对于钻井工程而言是一项非常重要且必要的技术，也是"数字油田"至"智慧油田"发展过程中油田管理的必然趋势。目前对于机器学习优化钻井参数主要利用 BP 神经网络、支持向量机(SVM)等算法建立高效的钻速预测模型，用粒子群算法(PSO)、主成分分析法对其进行算法优化，从而优化钻速、降低作业成本、实现科学钻探。

页岩气采收率预测。页岩气是指以吸附和游离时而还有流体相的状态赋存于泥页岩中的非常规天然气。对于页岩气采收率预测，目前应用的机器学习预测算法主要是支持向量机(SVM)、极限梯度爬升((XGBoost))等算法，这两种算法的共同优点在于对数据量的支持不是太明显。而这恰恰也反映了目前对于页岩气采收率预测的最大问题，对于训练数据的缺少以及训练数据质量的良莠不齐。在未来要想提高机器学习对于页岩气采收率的预测能力，则需要获取更多完备的数据。

产量预测。油气田开发最直观的评估标准是油气产量。现阶段将机器学习应用到产量预测方面也是一大发展趋势。目前主要的机器学习应用集中在动态油气产量方面，常用算法有简单循环神经网络以及长短时记忆网络（LSTM）等，而对于静态油气产量预测，目前尚未取得良好效果。油气的生产曲线预测是一个时间序列分析问题。常被用于时间序列的机器学习方法有循环神经网络（RNN），其具有“记忆”功能，训练出来的模型更为稳定，可用于分析预测时间序列。长短期记忆网络（LSTM）是循环神经网络的一个变体，在网络较深时表现优于简单循环神经网络，现阶段对于动态油气产量预测中，长短期记忆网络（LSTM）的应用性能更佳。

如今国内外很多石油相关企业都已经建立起了油田大数据平台并且整合物联网、云计算、人工智能、区块链等多种信息技术，集成了采集、存储管理、分析挖掘三个模块。在未来对于油田大数据分析挖掘要做的是不断完善、不断创新。例如，获取大量的高质量训练数据、提高具体情境下算法的适应性、增加新算法拓宽应用范围等。

4 总结

大数据技术在油田方面的应用是未来发展的必然趋势，并且不再是停留在单一的技术层面，而是朝着系统化、平台化以及多种技术的融合应用的方向前进。大数据与油田的紧密结合，提高了生产效率，降低了生产成本，促进了油田智慧化发展，在未来油田将会呈现一个崭新的面貌。

参考文献

[1] 何小川. 基于大数据的数字油气田现状及发展分析[J]. 中国设备工程，2020(16)：18-22.

[2] 于振山，孙茜，张跃. 大数据、物联网技术在智慧油田建设中的应用[J]. 中国管理信息化，2016，19(18)：54-55.

[3] 李云豪. 基于HADOOP的石油大数据平台设计与实现[D]. 华中科技大学，2019.

[4] 魏佳明. 机器学习在储层参数预测中的应用研究[D]. 西安石油大学，2019.

[5] 符志国，陈康，廖娟，龙隆，彭达. 贝叶斯机器学习在储层预测中的应用研究[J]. 物探化探计算技术，2020，42(03)：345-351.

[6] 刘瑞霞. 大数据环境下钻参优化研究[D]. 西安石油大学，2021.

[7] 严子铭，王涛，柳占立，庄茁. 基于机器学习的页岩气采收率预测方法[J]. 固体力学学报，2021，42(03)：221-232.

[8] 黄家宸，张金川. 机器学习预测油气产量现状[J]. 油气藏评价发，2021，11(04)：613-620.

第二篇　管理信息化篇

石油石化经营管理数字化转型是通过建成应用企业资源管理(ERP)、电子商务、财务共享服务等数字化平台或信息系统，推动经营管理由传统的部门负责制、手工记账、事后分析转型升级为基于企业流程、统一授权、实时监控、多部门协同共享模式。本篇围绕人财物产供销等经营管理主题，介绍了基于数字化技术的业财融合、物资供应链、效益分析、商务智能等新理念、新模式落地应用实践。

智能化管线管理系统在天津石化的应用

宋振福

（中国石油化工股份有限公司天津分公司）

摘　要　油气管道安全可靠运行具有十分重要的现实意义。智能化管线管理系统是利用先进的信息化手段和工具，将现实油气管线的各项资源数字化，形成的一个数字空间，使现实的油气管道在时间和空间上得到延伸。建设智能化管线管理系统是天津石化推进智能化工厂建设的重要内容之一，也是信息化建设的必然发展方向。文中介绍了智能化管线管理系统技术原理、主要功能与组成以及在天津石化应用情况等。智能化管线管理系统技术先进，性能优越，运行可靠，具有良好的应用前景。

关键词　智能化　管线　管理系统　应用

1　引言

2013年11月22日10时25分，位于山东省青岛经济技术开发区的中国石油化工股份有限公司管道储运分公司东黄输油管道原油泄漏发生爆炸，造成62人死亡、136人受伤，直接经济损失7.5亿元。事故发生后，国家对油气管网及城市地下管网的安全问题空前重视，2014年6月至今，国务院相关部门多次下发关于地下管线管理、隐患整治等相关文件和通知。2014年6月3日，国务院办公厅发布《国务院办公厅关于加强城市地下管线建设管理的指导意见》，文件明确要求开展普查工作，完善信息系统。中石化总部围绕11.22事故进行总结和分析，进一步明确了油气管道安全运营发展目标和努力方向，建立完整性管理系统，支撑管道风险预防式管理模式。天津石化作为总部智能化管线管理系统推广建设企业之一，整个项目采取总部端系统开发与企业端系统实施同步进行的策略，统筹衔接，协调指导，及时发现解决建设阶段的困难和问题，经过两年的数据更新，关键用户的把关，相关业务岗位的参与使用，系统的可用性和稳定性得到了提高，有力促进了长输管线的梳理，周边资源的了解与利用，实现了对管线的全面化、系统化、信息化，可视化管理，有效提升公司长输管线的精细化管理水平。

2　智能化管线管理系统简介

智能化管线管理系统（CGPMS）是基于CG-CUBEGIS平台上开发的一个专门针对三维地下综合管线的管理系统软件，结合地理信息系统（GIS）技术、数据库技术和三维技术，直观显示地下管线的空间层次和位置，以仿真方式形象展现地下管线的埋深、材质、形状、走向以及周边环境。与以往的管线平面图相比，极大地方便了管线埋深、位置等信息的查找，帮助用户对管线以标准化的方式进行管理，并提供丰富强大的各类查询、统计和辅助分析等功能，可以有效地为地下管线资源的统筹利用和科学布局、管线隐患治理等工作提供了准确、直观、高效的参考。

3　系统组成

智能化管线管理系统采用模块化设计，主要包括管线数字化管理模块、管道完整性管理模块、管线运行管理模块、应急响应管理模块、综合分析与展示模块等内容。

3.1　管线数字化管理模块。

该模块主要功能是实时监控采集管道的运行工艺参数数据，包括管道进出站的压力、温度、流量等参数。数字化管理要实现系统各子系统间的数据交换和共享，同时还要保证各子系统的信息安全。

3.2　管道完整性管理模块。

管道的完整性管理是指用户持续地对管道潜在的风险因素进行识别和评价，并采取相应的风险控制对策，将管道运行的风险水平始终控制在合理和可接受的范围之内。该模块采用先进的管道完整性管理监控技术，它是一种对影响管道完整性的各种潜在因素进行综合的、一体化的管理技术。该技术包括失效分析及失效案例库的建立、危险因素与危险源识别技术、风险评价技术、管道检测技术、适用性评价技术、机械设备故障诊断技术、地质灾害评估技术、地理信息系统(GIS)的建立等内容，利用信息化技术，对管道实施潜在危险因素的识别及分类，数据的采集、整合及分析，风险评价，完整性评价，完整性评价结果的决策、响应和反馈，形成闭环管理系统。

3.3 管线运行管理模块。

管线运行管理系统是一个多个系统集成起来的复合系统，其中包括了 SCADA 子系统、管道风险管理子系统、管道模拟仿真系统、管道资源管理子系统等。数据采集与控制系统(Supervisor Control And DataAcquisition，简称 SCADA)即监测监控及数据采集系统。管道风险管理子系统通过定性或定量的风险评价，进行管段和站场的风险识别，按风险程度排序，确定重大风险的性质并定位，寻求降低风险的措施，在有效分配资源的前提下，将风险降低到可以接受的水平。管道资源管理子系统提供对管道设施的防腐、维护、检修计划和作业的管理功能，提供管道设施的设计参数、施工数据等，对管件维修记录进行建档入库，分析各种设备和材料的使用性能、寿命、维护检修频率等。

3.4 应急响应管理模块。

应急响应管理子系统主要有管线风险评估与分析，应急处置程序和演练方案，应急物资管理，应急演练管理，应急响应等内容和应急救援等内容。

3.5 综合分析与展示模块。

该模块子系统所产生的信息包括管道周边人文、地理、气象、水文、地质、勘测、遥感信息，各专业二维、三维设计图纸、文件，以及设备材料信息等。这些信息组成了管线信息数据库。系统采用了统一的数据库管理系统，实现了空间数据和属性数据的完美结合，并具有图形处理功能强大、空间分析功能独特等特点。该模块子系统包括全部管道以及周围地区资料的数字化、网络化、智能化和可视化的过程在内。它利用遥感(RS)、数据收集系统(DCS)或 SCADA 系统、全球定位系统(GPS)、现代通信等高科技手段，对管道资源、社会、经济等各个复杂系统的数字化、数字整和、仿真等信息集成的综合应用分析与展示，并在可视化的条件下提供决策支持和服务。

4　系统建设内容

天津分公司坚持统一规划、统一标准、统一设计、统一投资、统一建设、统一管理“六统一”原则，完成了总部统一推广的 6 大功能模块 23 个子模块的实施，包括综合管理、数字化管理、完整性管理、运行管理、应急响应管理和隐患管理，同时结合专业管理业务要求，科学论证、充分酝酿，增加了视频监控、智能报警、巡线管理、阴极保护、防盗油管理等个性化功能，全面实现管线的标准化、数字化、可视化管理。在信息收集方面，累计完成 7 条管线 176 公里的勘测和数据收集工作，收集内容包括：管道本体及附属设施、管线周边环境、管道运行、站场设备设施共 4 大类信息，77 张数据表，涉及点位 7084 个，初步形成了管线数字化资产；在功能优化方面，根据关键用户建议，提出了系统功能优化 10 余项，完善企业端应用页面的友好性，满足用户方便快捷的应用需求。

5　系统建设历程

2015 年 4 月天津分公司成立了智能化管线管理系统建设工作领导小组，项目正式启动，7 月可研批复，11 月项目开工；2017 年 9 月系统上线运行，11 月由总部统一组织项目测试、评审，顺利通过验收。

6　系统运行情况

6.1 运行情况概述

由于系统是总部端开发集成优化与企业实施同步进行，6 大功能模块逐个集成开放使用，实现了企业的“标准统一、数据集成、安全可靠”数据中心和共享服务平台的建设。

天津分公司智能化管线管理系统的“建用结合”效果明显，有力促进了企业对现有长输管线的梳理，周边资源的了解与利用，满足了企业的管理基本需求，实现了对管线的全面化、系统化、信息化，可视化管理，有效提升公司的精细化管理水平。

6.2 系统运行效果

智能化管线管理系统自上线运行以来，在运行中经过不断修改和完善，系统运行质量逐步提高，在生产管理中发挥着越来越大的作用。应用效果如下：

（1）管线数字化管理

管线数字化管理模块中，了解管线地理分布情况、周边资源及设备信息，并对所属管线建设期、运营期所提供的各种文档资料、设计模型、运行数据、管理数据等进行数字化处理和维护，能够从不同维度和条件展示管线信息。

（2）管线运行管理

通过集成管线沿线的视频信息和全景影像，以及管线运行的实时数据，对管线周边环境，管线本体的温度、压力、流量等进行实时监控，形成安全监视网，并结合应急预案，对管线突发事件提供数据支持，快速响应，提供有效的处理方案和远程指挥能力。

（3）应急响应管理

通过事故点的定位，对周边应急资源进行自动搜索和联动；通过配备的视频监控和720度影像实现应急抢险现场监控，整合部分应急预案以供应急指挥提供参考，有效提升企业应急响应效率与应急处置能力。

（4）综合管理

综合管理将管线的基础信息、高后果区、周边应急资源、运行情况和隐患治理等汇总，并结合二维地图进行信息展示，提供用户快速查询关键信息和形成初步的应急救援方案。

（5）隐患治理

利用安监局已建的隐患管理系统，智能管线系统抽取管线隐患的相关数据，在地理信息系统中进行隐患排查、整治和跟踪分析等应用。

（6）完整性管理

以体系为根基，以技术为支撑，以系统为手段，以体制为保障，建立适用于管道行业专业化完整性管理体系，通过风险辨识与评价、完整性检测与评价、控制对策与维修等方法与手段，不断防范和改善不利因素，达到风险可控、避免事故、长期安全的运行管理目标。依据管道完整性管理体系及标准规范，建设管道巡线管理、业务活动管理、高后果区管理、风险隐患管理、完整性评估、维修与维护、效能评估七大模块，实现对完整性管理业务和数据的统一管理，并进行智能化分析决策。

（7）智能巡线模块

巡线系统主要包含手持巡线终端和巡检信息展示。巡检人员利用GPS、CDMA网络巡检仪沿着指定线路进行巡视，并采集管道设施动态数据，实时地将这些信息通过APN从外部网络传输到内网数据库中。巡线信息展示系统将巡线信息展现到地图上，管理人员利用此系统可以直观的查询跟踪野外巡线工的巡线情况，以此为管道安全运营提供科学的决策依据。

（8）视频系统应用情况

利用视频监控系统，对管线破坏（包括自然、人为）、泄漏等异常情况进行监控，实时掌握现场状况，自监控系统正式运行以来，先后发现处理各类问题共计22起，其中第三方施工19起，占压隐患3起。

（9）报警系统应用情况

通过远红外、气体浓度、管道压力三个指标，对机场及码头管线中的七个阀室进行实时监控，通过查看监控画面、历史报表、历史趋势、实时趋势、报警消息，实时掌握管线和阀室运行状况。

（10）阴保系统应用情况

阴极保护系统实现对管道电位和恒电位仪的保护电位、输出电流、输出电压的实时采集，及时发现、处理异常问题，为管线的生产管理提供了便捷、高效、可视化的工具。

（11）防盗油系统应用情况

通过对码头线、机场线的实时压力、温度、密度的检测，对管线瞬时质量差及体积差进行预设，从而实现逻辑报警、输差报警、低压报警、通讯报警四个等级，实现对长输管线防盗油情况实时掌控，保障管线安稳运行。

7 深化应用措施

（1）继续抓好系统应用工作，实现“建为所管，管为所用”。全员参与，主动学习，尽快掌握系统各项功能，按照系统设计和要求，进行规范的业务操作，保证系统的正常运行，真正发挥系统的作用和应用成效。

（2）进一步做好数据的完善工作。虽然在系统上线前对所有的勘测信息和基础数据进行了多轮次的集中检查和修改，但是还有不少的问题，需要在上线后的一段时间内，尽快结合业务的开展，大力进行数据的补录和完善，实现管线基础数据完整性和准确性。

（3）继续开展个性化功能的开发和应用工作。在后续的深化应用过程中，加强与兄弟企业和系统开发单位的沟通，及时学习、借鉴好的思路和做法，建设适合天津石化的个性化功能；在需求提报、功能设计、数据收集等方面及时沟通，充分探讨，从顶层设计上保障管理系统的思想理念超前、程序架构科学、功能完善好用。

（4）认真做好操作人员、关键用户系统操作的指导和检查。系统要求操作层面要将设备文档资料、巡检、隐患、完整性等信息在系统上进行维护，这部分数据是管线状态信息的基础来源。充分认识操作、关键用户的系统登录维护的难度，及时给予指导和帮助，确保管线基础信息的准确性和及时性。

（5）全力做好系统运行的技术支持。快速、有效解决系统运行过程中的问题，建立运维保障体系，高度重视上线后的技术转移工作，抓好关键用户、支持人员的提升，大力做好后续培训和重点用户的培养，以点带面，逐步健全强有力的组织机构和人员体系。

（6）结合总部《深化应用创新创效行动计划实施方案》和《信息系统综合应用评价办法》，对照智能化管线系统综合应用评价指标，逐项进行梳理，查找不达标项，及时整改。

8 结束语

智能化管线管理系统是利用先进的信息化手段和工具，将现实油气管线的各项资源数字化，形成的一个数字空间，使现实的油气管道在时间和空间上得到延伸。而随着数字技术的迅速发展和广泛应用，数字信息化已经成为油气管道运营管理中的一个重要组成部分。建设智能化管线管理系统是天津石化推进智能化工厂建设的重要内容之一，也是信息化建设的必然发展方向。综合运行信息化集成技术，应用智能化管线管理系统对管道进行资源数字化系统管理，是提高油气管道管理水平的有效途径，也是实现油气管道智能化管理的重要手段。实践证明，智能化管线管理系统技术先进，性能优越，运行可靠，具有良好的应用前景。

整合油田生产建设信息，构建数字化物资供应链体系

韩向东　李泳志　公丕剑　唐久燕

（中国石化胜利油田分公司）

摘　要　近年来，胜利油田正处于全面推进油公司体制机制改革的重要阶段，着力于打造“1+N+2”数字化生产、专业化保障，市场化服务的现代化绿色企业。聚焦油田提出“五大战略、三大目标”的要求，进一步做实物资专业化管理，落实油田物资专业化管理要求，促进油田整体效率提升，及时、准确、高效地服务于油田主业发展，结合近年来胜利油田生产信息化建设的工作经验，摸清生产与物资需求的主要规律，探索整合油田生产建设需求信息，借助互联网大数据技术，辅助物资供应部门决策采购“全生命周期总价值最低”的高质量产品，全面、高效地服务于油田生产建设。

关键词　数字化变革；大数据技术；物资管理信息化

1　选题背景

1.1　当前形势

目前，胜利油田物资中心正着力于建设以“贴近生产、服务现场、快速响应”为目标，对标现代化物流管理体系，优化调整运行机制，合理配置油田仓储配送资源，推动油田物资供应服务向专业化转型。因此，需要实时掌握生产建设现状，更加全面、及时、准确的了解用户需求，精细编制物资采购方案，构建运行高效、服务优质的新型物资仓储配送体系，充分发挥区域配送服务部“桥头堡”作用，完善工作运行机制，提升服务保障和经营创效能力，方便快捷的服务于生产现场，为助力油田改革发展提供有力物资保障。

1.2　物资供应系统存在的问题

1.2.1　物资需求计划质量不高

油田物资采购是为了满足用户单位生产需求，供需业务起源于生产单位提报的需求计划，由物资供应处根据需求单位提供的主要技术参数实施采购业务，最终交付到生产单位。其中，用户单位提报的物资需求，仅包含的产品的主要技术参数和基本的性能需求，并不了解产品本身附带的其他参数能否满足于生产工况和环境，而当需求信息传递到物资供应处业务部门，业务部门只能根据需求计划中产品主要参数和性能采购产品，最终送达生产现场使用。产品是否匹配现场的需要，只能通过现场使用后才能确定。

1.2.2　沟通渠道不畅，信息丢失严重

目前需求端和供给端未形成有效沟通，供给端涉及到与物资相关的信息仅仅只有产品技术要求，对于产品实物与技术要求的匹配性、产品对于现场的适用性等信息都没有落实渠道；而需求端涉及到与物资相关的信息相对要丰富，包含产品使用环境、产品必须具备的参数、性能、以及实物在当下环境中的适应性、寿命、使用状况等等信息，而这些信息都未有效的反馈至供给端，导致供给端只熟悉采购流程，并不了解产品本身。

1.2.3　物资资源信息未实时共享

目前，物资管理在用系统共计 17 个，系统之间的数据相互独立，其资源信息仍然通过层级筛选和点对点的方式进行人工传递，一方面用户无法准确的传递物资需求，导致采购部门无法全面及时、准确地了解基础用户的实际需求，另一方面用户不了解物资采购的过程和进度，影响生产运行，急需构建信息化平台，借助信息化技术开展大数据分析，精准的预测用户的需求，实现物资采购供应过程的全程可追溯。

2　实施内涵和主要做法

2.1　实施内涵

根据油田高质量、高效益油气开发生产需要，紧紧围绕“向效益要效率”的核心内容，通

过丰富产品信息，构建完善的标准化体系，从源头把控产品质量；搭建物资管理信息平台，确保管理者与用户之间的无缝衔接，上下贯通，实现产品质量的全员监督；开创物资管理任务模式，建立激励机制，吸引用户、供应商参与物资管理，实现全员共治，实现油田物资的全生命周期管理，推进供给侧机构性改革，提升服务品质。

2.2 主要做法

通过收集产品信息原始数据，搭建物资大数据库，建立标准化体系和数据关联模式，利用移动设备实现信息共享、业务公开和信息收集，构建任务模式匹配积分制度创新激励机制，建设互动交流平台满足基础用户最真实的需求，借助油田全体干部职工的力量，逐步推进油田供给侧结构性变革，促使产品信息公开化、采购价格透明化、技术标准统一化、操作流程规范化、技术创新多样化，最终实现精细的物资管理、最低的采购成本、丰富的优质产品和优质的保供服务。

2.2.1 开展产品信息收集

物资供应链体系的基础是产品，产品信息的全面性决定了供应链的拓展范围，需要以油田各用户单位、物资采购部门、供应商为载体，发动全员参与油田所需产品的各项信息。一是供应商提供产品规格、型号、技术参数等基础信息；二是物资采购部门收集包含产品的物码、技术件、性能、使用寿命和售后服务等属性信息；三是用户单位收集包含技术要求、适用范围、维修、更换、移动等使用过程产生的信息。

2.2.2 搭建物资大数据平台，实现信息共享

在这个以制造、信息、服务为主流的全球化时代，油田生产经营需要更加精细化、标准化管理，为进一步提升油田企业在行业内的竞争力，集团公司领导提出了地面工程建设“五化”管理模式和标准化采购，即“5+1”模式，更加体现了产品信息共享的重要性。于油田现有的情况，通过多角度和措施，收集、整理现有产品的技术参数、性能、作用、使用工况和环境因素等信息。

2.2.2.1 梳理产品信息

坚持标准引领和问题导向相统一，按照“细分专业、搭建平台、分组运行、集中办公”的原则，全面开展产品信息梳理工作。一是成立产品信息管理工作组，重点对采购需求量大、质量问题突出、涉及油气采输、涉海设施、地面工程、生产信息化建设等领域物资进行调查梳理；二是利用现有的信息系统，规整零散的物资信息，如收集 EPBP 中关于作业中所需的油、套、杆、泵、井下工具等物资相关信息(技术参数、使用状况、维修更换状况，使用时间、油水混合液 PH 值、是否存在 H_2S 腐蚀成分等)，收集“资产管理系统”中关于所有在案的物资信息，收集 PCS(生产指挥)系统，关于电子化设备的各类相关信息；三是搭建产品数据库，将收集的产品信息进行整合，补充完善每种设备的附件信息，扩展件的附加功能。

2.2.2.2 组合产品信息单元

梳理收集到的所有产品信息，分析产品的优劣，淘汰劣质产品，规整优质产品的硬实力，剖析产品在油田的市场，分析油田需求趋势，引进或研发适用的优质产品，最终完善细化产品数据，更新产品技术要求。一是分析产品信息，保留有用信息，剔除无用信息，明确数据与数据之间的关联性，构建包含产品的技术参数、性能、使用方法、环境、大致平均使用寿命等产品数据包；二是剖析产品使用范围，剖析油田需求趋势，根据生产模块，构建产品组合采购模块化设计，因不同生产需要、工况等因素，可自由组合成产品包。

2.2.2.3 建立产品信息共享渠道

利用先进的信息收到，在油田范围实现信息共享。一是创建 APP 共享。手机已成为人们必须的物资，可利用手机 APP 软件安装 OCR(图文识别)功能，随着网络信息的发展，将图文传至物资信息库，可因人而异的自动检索、规整、下载适合于每名员工(或者岗位)的产品包群，方便他们用于生活和工作。二是网页共享。可将产品包公布于网络，让需求者根据模糊搜索，查询到具体的产品，并根据不同外形、性能、使用环境提供多项选择，可组装产品，也可提供组装建议。三是，分专业搭建专家评判平台，让专家全面参与产品评价工作；按照“简化、统一、适用”的原则，立足生产经营实际，研究制定统一的油田执行标准；推行生产使用单位与供应商技术交流制度，确保采购物资“最先进、最适用、最好用”；修订完善《供应商现场跟踪评价标准》，以百分制方式，依照产品对供应商进行逐项量化打分，并通报排名。

胜利油田物资供应链智能管理平台如图 1 所示。

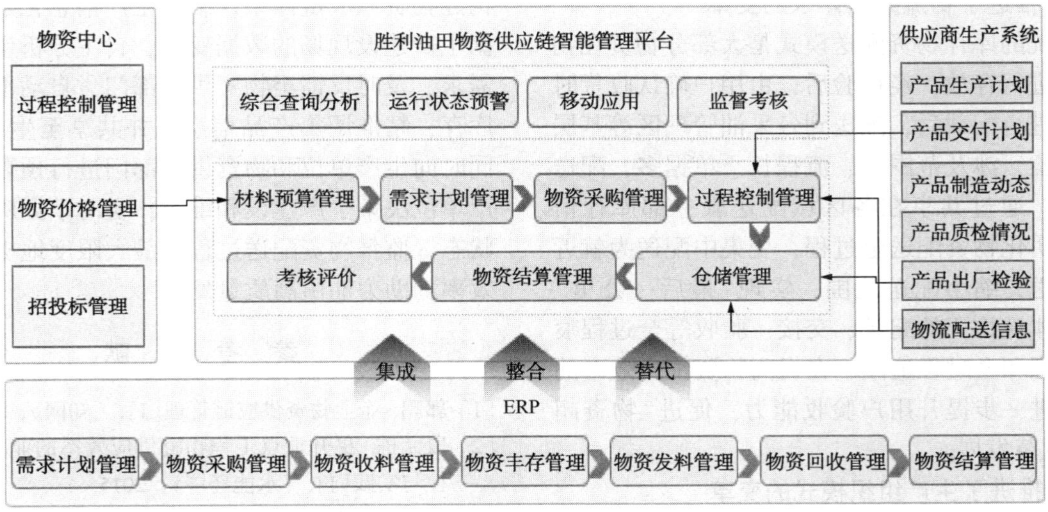

图1　胜利油田物资供应链智能管理平台

2.2.3　完善供给制度体系

2.2.3.1　加强工作协调，全面统筹运行

物资供应部门积极与各专业部门沟通，充分发挥其专业委员会的“统筹、规划、协调、指导”作用，关注物资技术水平、资源市场和应用趋势变化，开展产品信息收集整理工作。对海工工程、地面建设工程、安全环保等重要物资进行重点分析，油田专业部门明确产品适用范围，根据产品的跟踪评价信息，结合实际生产建设需求，细分具体的职责、义务和奖励，以此提升企业所有人的积极性，实现真正意义上“全员参与”，推进油田物资供应链体系建设。

2.2.3.2　强化职责分工，精细产品管理

结合油田生产实际需求，向油田各专业部门、用户单位征集意见，论适于供给生态的建立的制度体系，总体规划，统筹管理。发挥各单位供应部门的延伸性作用。将各单位供应部门作为数据和信息的分散式收集地，赋予其任务和职能，加快供给与生产的有机融合，给予较重大的奖励，激发员工积极性，不断完善产品的技术参数、性能等信息，筛选、收集、提供信息，并打包。

2.2.3.3　完善奖励机制，盘活油田资源

构建物资供应链任务平台，分层级建立任务系统，结合任务完成情况制定奖励机制，全面激发员工的积极性。由上层油田机关编制下达纲领性目标任务，各职能部门领取，并按不同需求，分类、分部、分阶段的下达重要性任务，对应单位领取任务，并执行完成；每一层级接收任务，并自行分解，由下一级具体实施完成任务；通过任务完成进度，了解业务的具体内容，并用于业务完成后的评估；任务采用积分制，用于绩效考核，公布积分排名，激励员工各方面的积极性。完善物资供应任务平台，带动全员参与油田建设，激发员工潜力，发挥创新效能，不断推进油田高质量发展。

3　应用效果

3.1.1　推进了物资采购模式的变革

传统的物资采购模式，方案、设计、评委、供应商频繁变化，采购规模小、议价能力差、备品备件多、管理难度大、采购周期长、质量管理体系不完善。通过物资供应链信息平台，分析用户需求，精准定位产品和供应商，实现对物资从物资需求计划、采购、库存管理到现场验收、从生产消耗到效益效果分析的实物及质量全流程信息的供应链管理平台，满足不同层级物资供应部门的管理需求。一是提升标准化管理水平，实现物资采购方案、招标方案的一体化编制和审核，支持支持招标过程数据的统计和分析、查询，支持管理框架协议的履行情况和项下订单的签订；二是精细化价格管理，实现物资价格的维护和发布，促进物资价格成本构成分析，支持原材料市场价格跟踪，从趋势、采购指数等进行价格趋势分析，价格对比预警等；三是严格过程控制管，实现物资订单催交催运管理，供应商生产进度、交付计划、过程监造、质量追溯等管理，支持采购策略执行情况预警、统计。

3.1.2　推进了物流配送体系的变革

传统的库存物资配送模式是大部分物资在物资总库进行存放，经检验后，由用户确认收货时间，再进行配载后，配送到各采油管理区等基层使用单位，涉及范围广、流程长、单据多，配送效率低。通过共享在各区域配送服务部库存信息、透明化物资配送全过程，变集中配送为就近实时配送，缩小配送范围，实现“最后一公里”配送，体现物资的配送、交接、验收等全过程痕迹化管理和全过程追溯，在提高物资配送效率的同时，进一步提升用户验收能力，促进“物资超市”的改革发展。

3.1.3　推进了生产组织模式的变革

传统的生产组织模式是由生产单位发出生产需求，经过物资部门响应、采购、配送后，实施组织生产建设和维修，严重影响采油效率。通过构建物资供应链体系，结合生产信息化建设，根据生产建设现场的数据变化，自主分析生产物资需求，及时反馈至物资供应部门，自动平衡区域库存，精准调集产品信息，并共享至生产单位，同时向生产单位和物资供应部门进行预警，由生产单位决策生产建设和维修，实时掌握库存物资状态，监督物资配送过程，最大限度地提高工作效率，助力油田高质量发展。

参　考　文　献

[1] 郭鹏. 企业物资供应链管理[J].《知网》，2015.

[2] 段元栋. 提升重点工程物资供应效率的业务流程管控与实践[J].《水能经济》，2015.

[3] 张宇. 智慧物流与供应链[M]. 电子工业出版社，2016，4.

以大数据分析助力胜利油田煤炭采购管理

李艳丽　赵洪升　公丕剑

（中国石化胜利油田分公司）

摘　要　在新的数据时代，如何利用有效数据完成数据分析，进行成本管理，是实现成本增效最大化的有效途径，同时也为后期决策提供良好的数据支撑以及建议。胜利油田煤炭采购管理需要有全方位的数据整合，通过加强过程控制历史数据分析，从采购管理规范、管理体系设计、加强过程监控等方面优化采购交易流程，为各参与方提供决策支持，以高质量地数据分析、高效率地系统操作、高标准地成本管控服务于胜利油田的煤炭采购管理工作，从而实现降低采购总成本。

关键词　大数据、煤炭、采购管理、成本管理、数据分析

1　胜利油田煤炭采购管理现状

国家“富煤、贫油、少气”的能源储量特点，决定了煤炭是我国最主要的一次性能源，其价格成本高低一直是社会关注的焦点。世界煤炭贸易体系的复杂性以及煤炭与我国经济社会的有机联系，决定了煤炭价格行为的复杂性。这种复杂性不仅取决于煤炭的供求关系、成本拉动等因素，而且与国家的宏观调控政策、市场微观结构以及市场的参与主体有关。

胜利油田年计划需求煤炭 210 万吨，其中贫瘦煤 160 万吨，烟煤 50 万吨。胜利发电厂是胜利油田的自备电厂，在胜利油田生产和油区居民生活当中起到了无可替代的重要作用。由于燃料支出占据电厂超过 70% 以上的成本支出，如何提升煤炭采购质量、减少煤炭消耗量、降低采购成本，受到油田管理者的高度重视，也是我们作为煤炭采购部门需要认真思考的课题，通过提升煤炭采购管理数据分析水平，依靠信息平台的大数据，将煤炭采购的质量指标与燃烧效果及成本效益进行对比分析，从而优化煤质指标、加强煤炭成本管理，实现发电成本优化和控制。

胜利油田物资管理配送中心作为胜利油田物资采购的归口单位，负责胜利发电厂的煤炭保供任务，主要采购模式是依托中石化物资装备部通过组织招投标签订的煤炭采购年度框架协议，在采购周期内实施采购。实施采购的系统应用平台有 ERP、物资采购电子商务平台、易派客等系统，同时充分利用胜利发电厂自主开发的自有信息一体化系统，实现企业内部煤炭计划、计量、质检、结算等一系列的煤炭管理工作，企业自建系统与其他信息系统未有集成，系统平台操控界面、煤炭业务管理、统计数据分析等存在一些亟待解决的问题。胜利油田物资采购部门需要加强过程控制历史数据分析，借助大数据整合，实现采购数据实时分析，推进采购周期提前介入，以提高对煤炭采购管理、过程控制、库存管理、煤质指标分析、结算管理等业务节点的管控能力，从而利于企业进行煤炭采购业务风险管控。

2　影响胜利油田煤炭采购成本要素分析

习总书记提出的“碳达峰、碳中和”两个硬性目标，既是我国对全球的庄严承诺，也是国人必须完成的政治任务。随着环保意识的加强，近年来煤炭消费比例有所下降，但总的来说，煤炭行业仍可谓是牵一发而动全身，煤炭市场、煤炭价格的稳定与否向来是煤炭需求企业长期关注的焦点。

胜利油田煤炭采购管理业务主要分为计划管理、调运管理、采购管理、合同管理、驻矿监装、供应商管理、费用结算及数据统计上报等环节。如何确保胜利油田发电厂发电机组安全、稳定、经济、高效、绿色环保地运行，对煤炭采购提出了全新的要求。控制燃料成本这一支出源头将有助于胜利发电厂有效地降低总成本，从而达到控制发电成本的目的。影响煤炭采购成本的因素主要有：

（1）煤炭产量。煤炭产地分布区域广泛，但大型煤炭生产基地主要分布在山西、陕西和内蒙三个煤炭主产区，三地在建产能规模和煤炭的产

量会影响到煤炭的价格走势。2021 年我国煤炭产量超 40.7 亿吨，占世界煤炭产量的 50%以上。胜利油田电厂所需的 5000 大卡以上的动力煤适用区域，主要集中在山西的晋中和晋东区域(贫瘦煤)，以及内蒙古及其与陕西交界的鄂尔多斯和榆林区域(烟煤)。

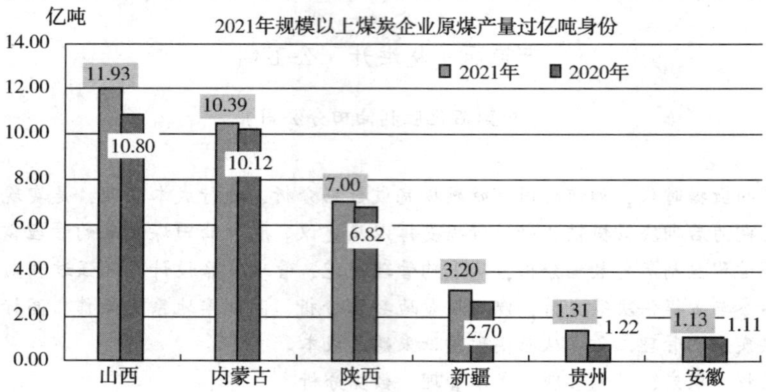

图 1

(2) 国家政策。在开发绿色能源的大背景下，国家政策对于煤炭生产管控更加严格，煤炭生产安全、环保、监管从严，主产区发放规模受控等，将直接影响到煤炭的产量，影响供求平衡，从而影响煤炭价格。由于国家能源宏观调控政策，国家对煤炭产能释放的政策调整直接影响供求变化，会对价格产生较大影响；另外，重大政治活动、重要体育赛事的举办等，会加大安全、环保督查力度，影响煤矿正常生产，造成产能释放不足，引起资源供给不足，导致煤炭价格上涨。

(3) 铁路运力。煤炭运输主要有铁路运输、水运和汽运，铁路运输运力保障平稳，相对来说对价格影响不大，反之则因运力保障不足，也会增加煤炭采购成本。胜利油田煤炭到站史口站处于铁路运输的末端，加之东营市自然资源的匮乏，物资对外输出少，与铁路运输“重来重去”的原则不相符，请车难度较大，运费要高于胶济线、德大线等主要线路上相同运距的站点。

(4) 煤炭库存。煤炭企业的库存主要受市场需求和检查督查两方面因素影响，一方面安全生产检查、环保督查力度大，企业会减少库存；另一方面，气温下降煤炭需求增加也会快速减少煤炭企业库存。供需关系对于价格的影响还是比较大的。

(5) 上下游产业。煤炭与电力是密切相连的上下游产业，电力企业煤炭消费量占全国煤炭消费量的一半以上，因此电力需求的增加和减少也会影响到煤炭价格。

(6) 煤炭质量。煤炭的热值、硫分、水分、灰分、挥发分等杂质会影响到煤炭的质量。从而导致煤炭的发热量不同，煤炭质量的高低决定了煤炭的价格。(见表 1)。

表 1　胜利发电厂接收煤炭质量指标

项　目	质量标准	拒收标准
干燥无灰基挥发分	14%≤Vdaf≤25% 25%≤Vdaf≤30% 35%≤Vdaf≤40%	Vdaf<14% 30%<Vdaf<35% Vdaf>40%
收到基低位发热量	≥5400kcal/kg	<4500kcal/kg
收到基全硫	St，ad≤1.2%	St，ad>1.5
灰熔点	(ST)≥1350℃	(ST)<1350℃

(7) 需求企业特性。胜利发电厂作为胜利油田自备电厂，规模较小，在执行中石化物资装备部煤炭采购框架协议过程中，无法争取到更多国有大矿的煤炭资源，需要与中小长协矿方签订采购合同，造成了采购的煤质指标不均衡，无法实现采购价格稳定、品质高的煤炭进行保供。

主要原因一是对煤炭的话语权。2021 年全国煤炭产量 40.7 亿吨，动力煤产量 34.2 亿吨。中石化年度煤炭需求 3000 万吨，胜利油田动力煤需求量 360 万吨，在年产量 5000 万吨以上的国有大矿面前，合同的签订量和议价权处于被动地位。同时胜利发电厂属于企业自备电厂，相较于国家能源、华能、华电、大唐等国家大型电力集团来说，在资源保障方面被国有大矿的重视程度不高，合同兑现率较低。

二是国有大矿近年趋向于主供冶金、化工等大型企业，自备电厂煤炭需求处于弱势，并且由于政策问题，在有特殊需求时国有大矿会响应政策调控，优先保供政府需求及本地需求。

三是淡季时非大矿供煤企业价格明显下跌，需求企业可以灵活采购，以降低总成本。

3 胜利油田煤炭采购管理关键数据指标设置

在新的数据时代，如何利用有效数据完成数据分析，进行成本管理，是实现成本增效最大化地有效途径。随着大数据时代的到来，各项信息化软件和平台被全面应用到了企业成本管理环节，既有利于提升企业成本数据的准确性，同时还可以为后期决策提供良好的数据支撑以及建议。胜利油田的煤炭采购管理信息化建设操控模式已经缺乏实用性，虽集合了很多年的煤炭采购基础数据，但是缺乏整合的数据分析，需要通过多维度的数据展示，乃至通过高效的信息平台，进行关键数据指标分析，以通过降低标煤单价，大幅减少煤炭采购支出。

通过调取胜利油田胜利发电厂自有信息化系统内的煤炭采购管理数据，手工完成分析如下：

（1）统计执行采购计划兑现比率。通过统计系统内累计发煤数量、手工录入的采购计划数，实现兑现率的对比分析，以获取分析供煤企业的发运能力、计划响应能力、合同执行能力、业务契合能力等。

表 2　2020—2021 年计划及兑现情况

2020 年计划兑现													2021 年计划兑现			
序号	企业	科目	4 月	5 月	6 月	7 月	8 月	9 月	10 月	11 月	12 月	合计(吨)	1 月	2 月	3 月	合计(吨)
1	潞安集团	计划	2.1 万	2.1 万	3.3 万	2.4 万	2.1 万	2.4 万	2.4 万	2.4 万	1.5 万	27.9 万	2.5 万	2.5 万	1.8 万	6.8 万
		兑现	1.8 万	2.1 万	3.6 万	2.6 万	2.4 万	2.1 万	2.4 万	1.4 万	2.4 万	28.5 万	2.1 万	2.1 万	1.8 万	6.1 万
		兑现率	85%	100%	108%	107%	113%	88%	100%	59%	162%	102%	86%	87%	99%	90%
2	晋煤晋城事业部	计划	1.2 万	1.8 万	2.1 万	1.8 万	2.4 万	2.7 万	2.7 万	3.6 万	3.6 万	30.0 万	3.6 万	3.6 万	3.0 万	10.3 万
		兑现	0.9 万	1.8 万	2.1 万	1.8 万	2.4 万	0.9 万	1.8 万	1.8 万	3.3 万	26.3 万	3.0 万	3.9 万	3.0 万	9.9 万
		兑现率	73%	100%	100%	98%	100%	33%	67%	49%	93%	88%	82%	108%	99%	96%
3	焦煤集团	计划	3.3 万	4.0 万	4.0 万	3.0 万	3.6 万	4.0 万	4.0 万	3.0 万	3.6 万	43.9 万	6.1 万	5.4 万	3.2 万	14.7 万
		兑现	4.4 万	3.4 万	5.0 万	3.2 万	1.7 万	2.0 万	2.9 万	2.8 万	5.3 万	46.4 万	6.3 万	5.4 万	3.4 万	15.1 万
		兑现率	132%	85%	126%	108%	47%	51%	74%	95%	147%	106%	102%	100%	108%	103%

（2）煤炭采购管理月报及指标分析。通过统计系统内煤炭检验指标结果、发煤量、结算价、奖惩情况等，计算汇总完成按用户、按结算成本、按煤质等不同结果的汇总月报分析。

随着政府对环保的要求，逐年降低煤炭消耗和碳排放成必然，企业为了生存发展就要投入更大的资金和精力到脱硫脱硝设备的建设升级中。当前影响环保在煤炭指标中表现最为突出的就是煤中硫分的含量。煤炭中硫的含量对煤品质和价格也有较大的影响，煤中硫含量越小，煤质越好，价格越高，电力企业为了控制硫份还采用低硫奖励的措施来满足生产需求。控制煤中的含硫量可以有效地降低脱硫脱硝工艺中的原材料使用，从而降低成本投入。

以硫份在煤炭采购价格中以硫含量 1%为分界线，向下每降低 0.1%煤价增加 5 元/吨，向上每增加 0.1%煤价降低 3 元/吨。例如：原煤价为 500 元由于煤中含硫的变化实际采购价也会随着含硫的增加而降低。（见表 3）。

表 3　含硫量在不同煤炭采购价格中的变化情况

（单位：元/吨）

原煤价	含硫量	硫份附加值	采购价
500	0.8%	10	510
500	0.9%	5	505
500	1.0%	0	500
500	1.1%	-3	497
500	1.2%	-6	494
500	1.3%	-9	491
500	1.4%	-12	488
500	1.5%	-15	485

现有信息化系统实现了对煤质指标的考核、加权计算等进行结算成本管理，但指标考核设计规则简单，需要在系统内手工录入每一次考核指标的具体规则，无法针对指定基准价格、设立的不同的煤质考核标准，提前核算预计总成本。如何在满足生产需求和价格之间找一个平衡点，对

降低电厂采购成本有积极作用。

（3）煤炭采购管理历史数据分析。实现对发煤结算数量、结算价、煤质指标走势等，进行基础数据分析，结合全年使用成本、发电量等数据，计算总成本最低的黄金比例，为实现价值采购、合理制定煤炭考核指标、提高采购计划的准确性等提供依据，为采购决策提供数据支撑。

各情况分析见图2。

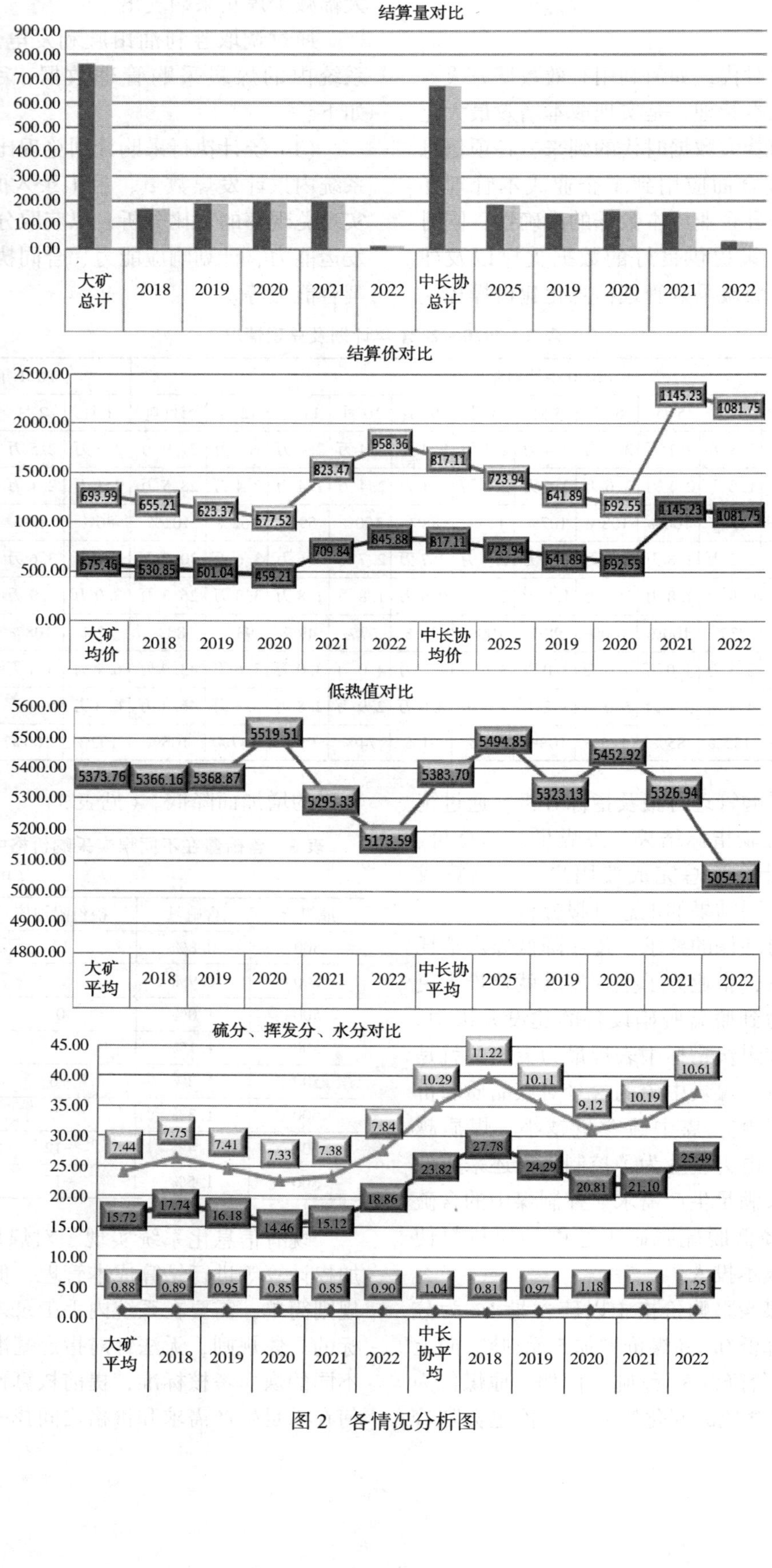

图2　各情况分析图

通过以上数据分析，可以验证出国有大矿的发运量、结算价格、煤质指标如热值、硫分、挥发分、水分等都相对比较平稳，且平均指标值高于中小矿企业的煤质，相对而言，从国有大矿发运的煤炭按累计成本计算，其更有利于以较低的总成本完成发电计划，从而实现低成本增效最大化。

（4）煤炭关键指标与机组效益模型。胜利油田从诸多煤质指标对发电厂机组经济性影响分析入手，探索建立了煤炭关键指标与机组效益模型，核算热值变动后采购成本、运营成本的综合经济效益，将全年煤炭采购热值提高 200 千卡/千克，2020 年多发效益电近 1.8 亿度，增效约 3 千万元。若进一步提高煤炭热值，经测算入厂煤热值提高至 5600 千卡/千克以上时，发电厂账面利润可增加约 1400 万元，油田发供电一体化利润增加近 4800 万元。（见图 3）。

（热值对机组效益影响：计算按照煤炭总量不变，以 5300 大卡/千克煤炭价格 630 元/吨为基准对比，热值增加，发电量对应增加，直接材料耗用不变，电价 0.3583 元/千瓦时，分别计算出不同热值下对效益的影响。）

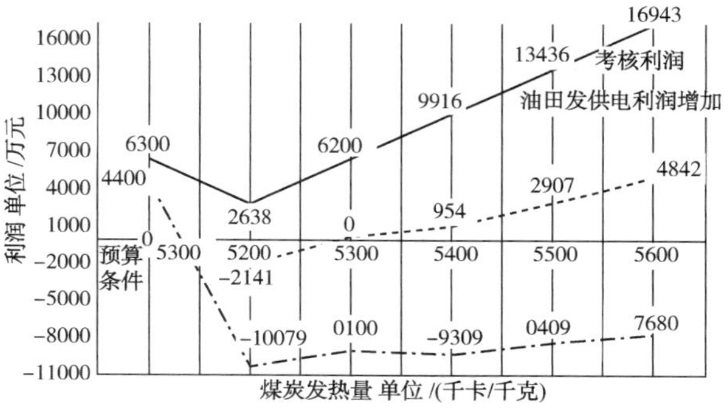

图 3　煤炭指标与效益模型

同时建立了数据模型，对热值增加对经济效益的影响进行测算，以中小矿 120 万吨进行举例分析，增加中小矿热值后，整体来看，热值提高增加效益。在 5500 大卡时因价格出现拐点，收益出现负数，之后还是呈现效益增加趋势（见表 4）。

表 4　中小矿的热值数据模型

序号	原煤总量	吨	1,200,000	1,200,000	1,200,000	1,200,000	1,200,000
1	基础发热量	千卡/kg	5,300	5,300	5,300	5,300	5,300
2	基础煤价	元/吨	530	530	530	530	530
3	提高热值	千卡/kg	5,400	5,500	5,600	5,700	5,800
4	提高热值后煤价	元/吨	540	560	570	580	590
5	预计多供电量	万千瓦时	4,615	9,231	13,846	18,462	23,077
6	增加效益	万元	546	-108	438	984	1,530

煤炭管理信息化系统除了满足煤炭采购管理基础数据分析、基础数据运行、规则制定、结算数据录入等，实现采购成本管理的数字化、可视化、实时化，还需集成或者非集成地完善更多的基础数据，例如易派客、ERP 系统的相关采购执行进度信息等，为合理准确地编制采购策略、采购计划提供更多地数据支撑。

4　大数据助力胜利油田煤炭采购管理预期效能

胜利油田煤炭管理的信息化系统操作平台，多年来服务于胜利油田的煤炭采购管理工作，涵盖来车、计量、指标化验、结算管理等一系列功能体现。此系统的基本功能设计理念所涉及的基础数据，基本满足了胜利油田煤炭采购成本管理需求，然而随着信息化技术地不断提升，为了更加高效、科学地进行数据整合，完成数据分析，就需要推进大数据充分应用，运用已有基础数据和系统功能，借助于先进的路径平台，将服务于煤炭采购成本管理的所有数据，以多种形式更加直观、便捷地展现出来。

（1）实时运行数据统计应用，实现煤炭价格与市场行情分析见表 5。

针对每月月度运行计划，通过系统平台及时准确地获取需求信息，制定煤炭采购计划以及实际兑现的发运量，通过系统平台直观地展现出每月计划运行情况，实现执行中可调整，将月度计划执行得以记录方便查询，同时进行往年采购周期运行计划同比分析，第一时间掌握供煤企业发运量是否稳定、企业生产需求波动比率等，提高计划运行的准确率、及时性。

在计划运行的同时，及时关注煤炭市场行情，进行煤炭价格周分析，为及时掌握价格变动趋势，分析价格走势，确定拟执行价格，为提高采购性价比，提供信息化服务。(见图4)。

表5　统计数据表

1月	合计		阳煤-阳泉		阳煤-寿阳		阳煤-白羊墅		阳煤-经营		潞安-寿阳		潞安-长治		晋城		焦煤-乱流		左权鸿秦		晋中寿阳		张矿怀来		国电燃料		太原聚晟		焦煤-古东	
	列	车	列	车	列	车	列	车	列	车	列	车	列	车	列	车	列	车	列	车	列	车	列	车	列	车	列	车	列	车
计划	111		10		8				3		4		8		6		9		6		20		8		15		7		2	
实际	86		8.0		5.0		0.0		7.0		4.0		5.0		8.0		3.0		3.0		20.0		1.0		13		5.0		2.0	
待发	0																													
1	5										1										1				2				1	
2	4		1.0												1										2					
3	4		1.0						1		1										1									
4	4		1.0										1								2									
5	3		1.0														1				1									
6	5		1.0												1		1		1		1									
7	5		1.0								1										2									
8	7												1		1				1		1				2					
9	3																		1		2									
10	5				1										1						1				2					
11	2				1				1																					
12	3				1								1								1									

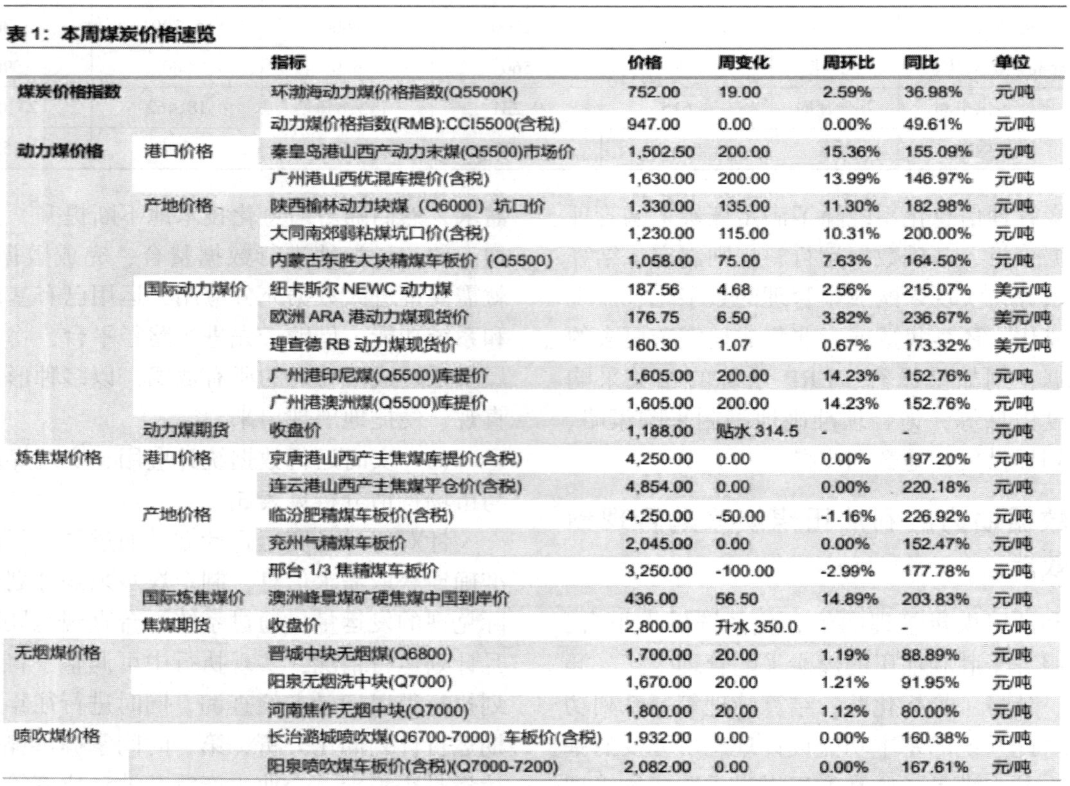

表1：本周煤炭价格速览

		指标	价格	周变化	周环比	同比	单位
煤炭价格指数		环渤海动力煤价格指数(Q5500K)	752.00	19.00	2.59%	36.98%	元/吨
		动力煤价格指数(RMB):CCI5500(含税)	947.00	0.00	0.00%	49.61%	元/吨
动力煤价格	港口价格	秦皇岛港山西产动力末煤(Q5500)市场价	1,502.50	200.00	15.36%	155.09%	元/吨
		广州港山西优混库提价(含税)	1,630.00	200.00	13.99%	146.97%	元/吨
	产地价格	陕西榆林动力块煤（Q6000）坑口价	1,330.00	135.00	11.30%	182.98%	元/吨
		大同南郊弱粘煤坑口价(含税)	1,230.00	115.00	10.31%	200.00%	元/吨
		内蒙古东胜大块精煤车板价（Q5500）	1,058.00	75.00	7.63%	164.50%	元/吨
	国际动力煤价	纽卡斯尔 NEWC 动力煤	187.56	4.68	2.56%	215.07%	美元/吨
		欧洲 ARA 港动力煤现货价	176.75	6.50	3.82%	236.67%	美元/吨
		理查德 RB 动力煤现货价	160.30	1.07	0.67%	173.32%	美元/吨
		广州港印尼煤(Q5500)库提价	1,605.00	200.00	14.23%	152.76%	元/吨
		广州港澳洲煤(Q5500)库提价	1,605.00	200.00	14.23%	152.76%	元/吨
	动力煤期货	收盘价	1,188.00	贴水 314.5	-	-	元/吨
炼焦煤价格	港口价格	京唐港山西产主焦煤库提价(含税)	4,250.00	0.00	0.00%	197.20%	元/吨
		连云港山西产主焦煤平仓价(含税)	4,854.00	0.00	0.00%	220.18%	元/吨
	产地价格	临汾肥精煤车板价(含税)	4,250.00	-50.00	-1.16%	226.92%	元/吨
		兖州气精煤车板价	2,045.00	0.00	0.00%	152.47%	元/吨
		邢台 1/3 焦精煤车板价	3,250.00	-100.00	-2.99%	177.78%	元/吨
	国际炼焦煤价	澳洲峰景煤矿硬焦煤中国到岸价	436.00	56.50	14.89%	203.83%	元/吨
	焦煤期货	收盘价	2,800.00	升水 350.0	-	-	元/吨
无烟煤价格		晋城中块无烟煤(Q6800)	1,700.00	20.00	1.19%	88.89%	元/吨
		阳泉无烟洗中块(Q7000)	1,670.00	20.00	1.21%	91.95%	元/吨
		河南焦作无烟中块(Q7000)	1,800.00	20.00	1.12%	80.00%	元/吨
喷吹煤价格		长治潞城喷吹煤(Q6700-7000) 车板价(含税)	1,932.00	0.00	0.00%	160.38%	元/吨
		阳泉喷吹煤车板价(含税)(Q7000-7200)	2,082.00	0.00	0.00%	167.61%	元/吨

图4　煤炭价格统计

2 历史数据交互、信息共享。

将煤炭采购合同签订情况、执行进度等数据，与煤炭采购计划运行、结算量等融合于一个信息化平台，将已发生数据实现按用户、按供应商、按周期等多方位汇总统计，快速便捷地掌握煤炭采购管理运行情况，有利于煤炭采购方案的不定期整合优化，为加强成本控制、进度控制提供有效的数据支撑。(见表6)。

表6 煤炭采购情况

供应商名称		签订数量（万吨）	占比	执行数量（万吨）	执行率	备注
合计		475		348.98	73.47%	
长协大矿	阳煤集团	105	36.84%	57.59	54.85%	煤企重组划转出45万吨合同
	潞安集团	30		45.77	152.57%	
	晋城集团	40		32.32	80.80%	
市场供应商		260	54.74%	201.96	77.68%	
招标供应商		40	8.42%	11.34	28.35%	

（3）充分利用在线结算平台，实现煤质指标考核细则的提前预设。以每吨单价设为基数，模拟各相关考核浮动指标如低热值、硫分、水分、挥发分等的计算规则，结合生产需求煤质指标要求、成本控制需求等，提前预核算出性价比最高的指标定义，在满足生产需求和价格之间找一个平衡点，指导实施煤炭采购，降低采购成本。例如：原煤价为500元由于煤质指标的变化实际采购价也会随着指标的增加或者减少而降低。

以硫分在煤炭采购价格中以硫含量1%为分界线，向下每降低0.1%煤价增加5元/吨，向上每增加0.1%煤价降低3元/吨。

以全水分在煤炭采购价格中以全水分8%为分界线，每提高1%煤价下调2元/吨。

以挥发分在煤炭采购价格中以挥发分12%≤Vdaf≤25%为标准，以12%为分界线，向下每降低1%煤价降低3元/吨；以25%为分界线，向上每增加1%煤价降低3元/吨。(见表7)。

（4）煤炭采购系统定制化服务，主要包括配煤采购掺烧方案、可视化物流、需求计划对接、拟执行价格会审意见等。将诸多的线下工作，以数据化的形式体现出来，通过信息化平台为集体决策、风险防控提供有效保障。

表7 不同硫分对煤炭采购价格的影响

（单位：元/吨）

原煤价	含硫量	硫分附加值	采购价
500	0.8%	10	510
500	0.9%	5	505
500	1.0%	0	500
500	1.1%	-3	497
500	1.2%	-6	494
原煤价	含水分	水分附加值	采购价
500	8%	0	500
500	9%	-3	497
500	10%	-6	494
原煤价	挥发分	挥发分附加值	采购价
500	14%	-6	494
500	13%	-3	497
500	12%	0	500
500	25%	0	500
500	26%	-3	497
500	27%	-6	494

通过分析胜利油田煤炭采购管理现状及采购大数据应用，在确保胜利发电厂发电机组安全、稳定、经济、高效、绿色环保地运行前提下，胜利油田煤炭采购管理需要有全方位的数据整合，利用先进的信息化系统平台，从采购管理规范、管理体系设计、加强过程监控等方面优化采购交易流程，为各参与方提供决策支持，以高质量地数据分析、高效率地系统操作、高标准地成本管控服务于胜利油田的煤炭采购管理工作，用大数据分析助力胜利油田煤炭采购管理，以实现合理地控制煤炭成本，达到总成本最低效益最大化。

参 考 文 献

[1] 曲剑午，申彦杰. 中国煤炭市场发展报告(2018)[M]. 北京：中国经济出版社，2018.

[2] 邢磊，闻小华. 试析电厂燃料采购管理的难点与应对策略[J]. 中国新技术新产品，2015(12)：164.

[3] 苏丽冰，浅谈煤矿企业物资采购及物流管理[J]. 新经济，2014(17)：81-82.

[4] 程祥霞，丑争，徐帅. 关于煤炭企业物资采购管理的探讨[J]. 企业改革与管理，2017(1).

论胜利油田采购方案智能化编审系统的设想

韩向东 齐淑园

（中国石化胜利油田分公司）

摘 要 采购方案是一切采购活动的源头，方案质量直接决定后续采购质量的优劣和采购成本的高低。本文以中国石化胜利油田实际工作为背景，针对如何提高采购方案质量和审核效率，提出搭建《采购方案智能化编审系统》的设想，该系统可以实现自动接收需求计划、自动分析历史消耗情况、自动生成采购后评估报告、自动检索潜在供应商、自动分析市场行情、自动优化采购方式、自动推荐合适的质量控制方式、自动优选资格审查条件和评分办法、自动生成采购方案、自动预估技术分值等功能，实现采购方案智能化编制和审核，从而进一步提升采购质量，助力油田高质量发展需要。

关键词 采购方案；智能化；大数据

1 采购方案编制现状分析

物资采购工作的成功与否，得益于采购方案的质量。采购方案主要包括物资名称、需求单位、要求交货期(框架方案需要填写上期框架有效期末时间和本期框架有效期间)、预算金额(估算金额)、市场评估状态、采购模式、采购方式、采购依据(资金依据和技术依据)、供应商类型、标准化程度、最高限价、资格审查条件、评标办法、定标原则、份额分配比例、定价原则、质量控制等级、质量管控措施、进度控制等级、物流策略等要素，除此之外框架方案还要评估上一期框架协议招标执行情况、建立价格调整机制等。胜利油田年编制采购方案800余个，涉及采购金额87亿元左右。

当前正是胜利油田高质量发展的关键时期，采购方案的好坏直接影响到采购物资的水平高低，决定着“物资采购能否成为打造胜利油田生产经营链条中核心价值创造单元”这一目标的实现，进而决定油藏经营的质量和效果。当前采购方案的编审质量和效率与油田高质量发展的要求还存在差距。具体来讲，编制采购方案时，计划人员能力素质的差异，导致采购方案的编制质量参差不齐，而且采购相关要素在录入采购过程管理系统中时常出现差错；审核采购方案时，审核部门在会审现场凭借经验审核方案要素，导致审核质量和效率有待进一步提升。

建立采购方案智能化编制审核系统(以下简称采购方案智能系统)，将物联网、云计算、移动互联、大数据分析、人工智能、区块链等先进技术与未来采购方案编制审核工作深度融合，为科学编制审核采购方案提供有效决策。

采购方案智能系统将关联目前在用的信息系统，一是中石化层面的信息系统，主要包括ERP系统、中国石化物资采购电子商务平台、易派客电子商务平台、中国石化标准化管理信息系统、中国石化合同管理系统、中国石化物资招标投标平台、供应资源管理系统、BW数据仓库、物资域等；二是油田及物资管理配送中心层面的信息系统，主要包括胜利油田物流在线清平台、一体化经验管理平台-物资管理、胜利油田物资供应管理信息系统、胜利油田质量监督一体化平台、胜利油田标准化采购管理平台、胜利油田工作平台、物资管理配送中心采购过程管理系统、物资管理配送中心物资质量监造信息系统等。除此之外，采购方案智能系统将连接生意社、卓创等市场行情网站。

采购方案智能系统将采购策略中的采购要素固化到系统，避免人为修改，实现采购方案的模块化编制；自动调取同类物资的需求计划，自动调取历史采购数据，自动分析近三年消耗数据，自动优化采购方式，自动分析市场行情，自动检索潜在供应商，自动推荐质量控制方式，自动预估技术分值，实现采购方案的智能化编制；技术专家、用户单位、中心内部的管理部门根据系统提供的数据参考，线上审核采购方案，并提出修改意见，实现采购方案的线上智能化审核。

采购方案智能系统不仅能大幅降低采购部

门、审核部门工作量，并且还能大幅提升采购方案编制水平，提高审核效率，有效助力中心高质量发展、专业化改革，有效助力供应链向价值链转变，具有很大的应用推广价值。

2　采购方案智能系统实现路径

（1）自动接收需求计划

采购方案智能系统自动读取需要编制采购方案的需求计划内容，包括物资名称规格型号、总金额、大类、资金来源、使用单位、需求提报日期、要求交货期及物资明细等信息，对于不同单位的提报的同类物资需求计划，可以合并编制采购方案。（见图 1）。

（2）自动分析历史消耗数据

采购方案智能系统可以调取近三年的物资消耗数据，对于跟原油产量或钻井进尺密切相关的物资，可以根据每年的产量数或进尺数分析此类物资的消耗规律，并自动推算出本次采购的估算金额，增强方案估算金额的科学性。（见图 2）。

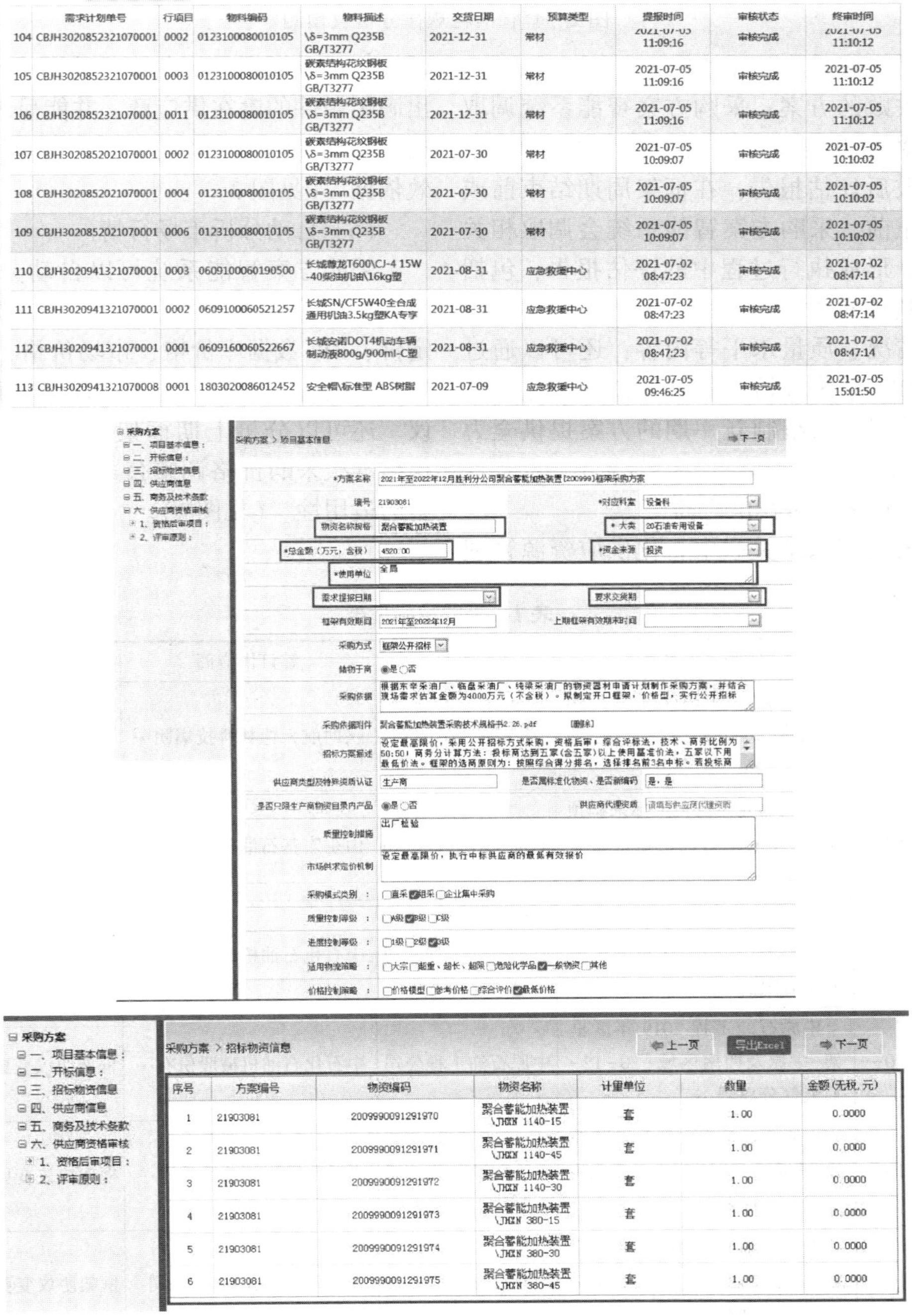

	需求计划单号	行项目	物料编码	物料描述	交货日期	预算类型	提报时间	审核状态	终审时间
104	CBJH3020852321070001	0002	0123100080010105	\δ=3mm Q235B GB/T3277	2021-12-31	常材	[illegible] 11:09:16	审核完成	[illegible] 11:10:12
105	CBJH3020852321070001	0003	0123100080010105	碳素结构花纹钢板\δ=3mm Q235B GB/T3277	2021-12-31	常材	2021-07-05 11:09:16	审核完成	2021-07-05 11:10:12
106	CBJH3020852321070001	0011	0123100080010105	碳素结构花纹钢板\δ=3mm Q235B GB/T3277	2021-12-31	常材	2021-07-05 11:09:16	审核完成	2021-07-05 11:10:12
107	CBJH3020852021070001	0002	0123100080010105	碳素结构花纹钢板\δ=3mm Q235B GB/T3277	2021-07-30	常材	2021-07-05 10:09:07	审核完成	2021-07-05 10:10:02
108	CBJH3020852021070001	0004	0123100080010105	碳素结构花纹钢板\δ=3mm Q235B GB/T3277	2021-07-30	常材	2021-07-05 10:09:07	审核完成	2021-07-05 10:10:02
109	CBJH3020852021070001	0006	0123100080010105	碳素结构花纹钢板\δ=3mm Q235B GB/T3277	2021-07-30	常材	2021-07-05 10:09:07	审核完成	2021-07-05 10:10:02
110	CBJH3020941321070001	0003	0609100060190500	长城尊龙T600\CJ-4 15W-40柴油机油\16kg塑	2021-08-31	应急救援中心	2021-07-02 08:47:23	审核完成	2021-07-02 08:47:14
111	CBJH3020941321070001	0002	0609100060521257	长城SN/CF5W40全合成通用机油3.5kg塑KA专享	2021-08-31	应急救援中心	2021-07-02 08:47:23	审核完成	2021-07-02 08:47:14
112	CBJH3020941321070001	0001	0609160060522667	长城安诺DOT4机动车辆制动液800g/900ml-C塑	2021-08-31	应急救援中心	2021-07-02 08:47:23	审核完成	2021-07-02 08:47:14
113	CBJH3020941321070008	0001	1803020086012452	安全帽\标准型 ABS树脂	2021-07-09	应急救援中心	2021-07-05 09:46:25	审核完成	2021-07-05 15:01:50

序号	方案编号	物资编码	物资名称	计量单位	数量	金额(无税,元)
1	21903081	2009990091291970	聚合蓄能加热装置\JHXN 1140-15	套	1.00	0.0000
2	21903081	2009990091291971	聚合蓄能加热装置\JHXN 1140-45	套	1.00	0.0000
3	21903081	2009990091291972	聚合蓄能加热装置\JHXN 1140-30	套	1.00	0.0000
4	21903081	2009990091291973	聚合蓄能加热装置\JHXN 380-15	套	1.00	0.0000
5	21903081	2009990091291974	聚合蓄能加热装置\JHXN 380-30	套	1.00	0.0000
6	21903081	2009990091291975	聚合蓄能加热装置\JHXN 380-45	套	1.00	0.0000

图 1　采购系统流程图

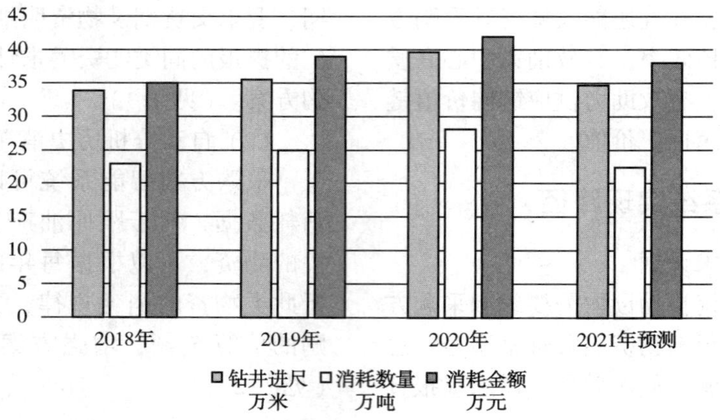

图2　套管消耗规律分析及预测

(3) 自动生成采购后评估报告

对招标失败的方案，采购方案智能系统调取招标平台的数据及信息，分析招标失败的原因，形成招标失败后评估报告；在框架周期结束前或项目周期截止前，采购方案智能系统会调取相关执行的数据，形成执行过程中的评估报告，包括中标供应商整体实力、保供服务能力、价格执行水平、履约情况、质量水平等内容；还可以通过电子商务和BW系统等检索中石化其他企业同类物资的采购情况，为编制新一期的方案提供全力支撑。(见表1)。

(4) 自动检索出潜在供应商

采购方案智能系统关联中石化供应资源管理系统，可以根据设置的资格审查条件，自动检索出满足条件的潜在供应商，并能呈现其生产规模、销售业绩及服务对象等信息，为采购决策提供有效依据。(见图3)。

(5) 自动分析市场行情

采购方案智能系统可以自动分析市场行情、同类物资的价格走势，并结合政府定价、中石化定价、BW数据库价格、市场价格、概预算价格、历史采购价等数据，提出本次采购最高限价的建议。还可以分析上期框架采购中价格调整情况，提出本次采购价格调整公式的建议，提高价格调整的适用性。(见图4)。

表1　采购招标框架

序号	框架协议编号	框架协议名称	签约单位	签订供应商	框架协议进度	签订时间
1	QQ002021070…	华东油气田2021年度三相分离器(200999)招标采购-陕西航天德…	华东油气分公司	陕西航天德林科技集团…	框架协议已启用	2021-07-02
2	QQ002021061…	分离器壳体框架招标采购预案-山东宏基石油机械设备有限公司	石油工程设计公司	山东宏基石油机械设备…	框架协议已启用	2021-06-18
3	QQ002021040…	胜利石油工程公司钻井液气分离器采购-中石化石油机械股份有限公…	胜利石油工程公司	中石化石油机械股份有…	框架协议已启用	2021-03-26
4	QQ002019110…	中原石油工程2019年度框架-中原及西南区域-20-12-1/液气分离器…	中原石油工程公司	中石化石油机械股份有…	框架协议变更…	2019-11-15
5	QQ002019110…	中原石油工程2019年度框架-中原及西南区域-20-12-1/液气分离器…	中原石油工程公司	广汉市思明石油钻采设…	框架协议变更…	2019-11-15
6	QQ002019110…	中原石油工程2019年度框架-中原及西南区域-20-12-1/液气分离器…	中原石油工程公司	濮阳中石集团有限公司	框架协议变更…	2019-11-15

续表

序号	框架协议编号	框架协议名称	签约单位	签订供应商	框架协议进度	签订时间
7	QQ002019110…	中原石油工程2019年度框架-中原及西南区域-20-12-1/液气分离器…	中原石油工程公司	陕西艾谱机械制造有限…	框架协议变更…	2019-11-15
8	QQ002021020…	海南炼化乙烯项目-气相法PP装置旋风分离器-南京吉尔化工有限公司	海南炼化	南京吉尔化工有限公司	框架协议已启用	2021-02-02
9	QQ002021022…	海南项目89803-49DDETH-PC-PS01-2009-A乙烯急冷油过滤器及旋…	工程建设公司	艾弗史密斯机械制造(…	框架协议已启用	2021-02-22
10	QQ002021062…	2021年四平采油分离器更新改造工程卧式圆形容器-东营市成功石油…	东北分公司	东营市成功石油科技有…	框架协议已启用	2021-06-21
11	QQ002021041…	2021年3月江汉涪陵原油闪蒸分离器橇框架采购协议(东营启辉)	江汉油田分公司	东营启辉石油设备有限…	框架协议已启用	2021-04-17

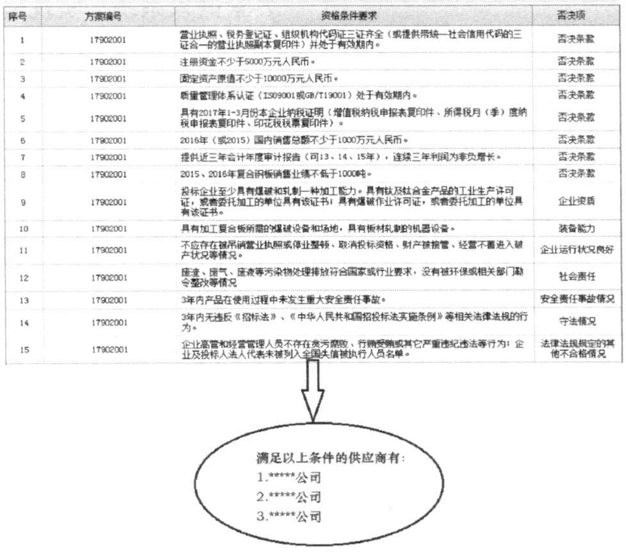

序号	方案编号	资格条件要求	否决项
1	17902001	营业执照、税务登记证、组织机构代码证三证齐全（或提供带统一社会信用代码的三证合一的营业执照副本复印件）并处于有效期内。	否决条款
2	17902001	注册资金不少于5000万元人民币。	否决条款
3	17902001	固定资产原值不少于10000万元人民币。	否决条款
4	17902001	质量管理体系认证（ISO9001或GB/T19001）处于有效期内。	否决条款
5	17902001	具有2017年1-3月份本企业纳税证明（增值税纳税申报表复印件、所得税月（季）度纳税申报表复印件、印花税税票复印件）。	否决条款
6	17902001	2016年（或2015）国内销售总额不少于1000万元人民币。	否决条款
7	17902001	提供近三年会计年度审计报告（可13、14、15年），连续三年利润为非负增长。	否决条款
8	17902001	2015、2016年复合钢板销售业绩不低于1000吨。	否决条款
9	17902001	投标企业至少具有爆破和轧制一种加工能力。具有钛及钛合金产品的工业生产许可证，或者委托加工的单位具有该证书；具有爆破作业许可证，或者委托加工的单位具有该证书。	企业资质
10	17902001	具有加工复合板所需的爆破设备和场地，具有板材轧制的机器设备。	装备能力
11	17902001	不应存在被吊销营业执照或停业整顿、取消投标资格、财产被接管、经营不善进入破产状况等情况。	企业运行状况良好
12	17902001	废渣、废气、废液等污染物处理排放符合国家或行业要求，没有被环保或相关部门勒令整改等情况	社会责任
13	17902001	3年内产品在使用过程中未发生重大安全责任事故。	安全责任事故情况
14	17902001	3年内无违反《招标法》、《中华人民共和国招投标法实施条例》等相关法律法规的行为。	守法情况
15	17902001	企业高管和经营管理人员不存在贪污腐败、行贿受贿或其它严重违纪违法等行为；企业及投标人法人代表未被列入全国失信被执行人员名单。	法律法规规定的其他不合格情况

图3　自动检索潜在供应商

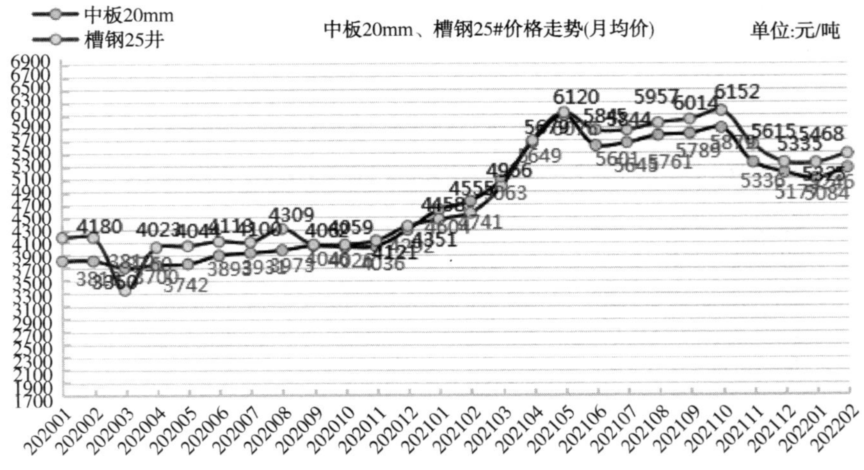

图4　中板20mm、槽钢25#价格走势(月均价)

（6）自动优化采购方式

采购方案智能系统通过采购过程管理系统，可以自动分析同类物资近几次的采购方式及采购结果，提出本次采购方式优化建议。例如对近几次都采取招标采购的，统计招标成功率，分析招标失败原因，并结合现行的采购管理规定，提出优化采购方式的建议。系统还可以通过检索技术文件或可替代性，来判断此类物资适合的采购方式(包括独家采购)，进一步增加采购方式选择的合理性。(见图 5)。

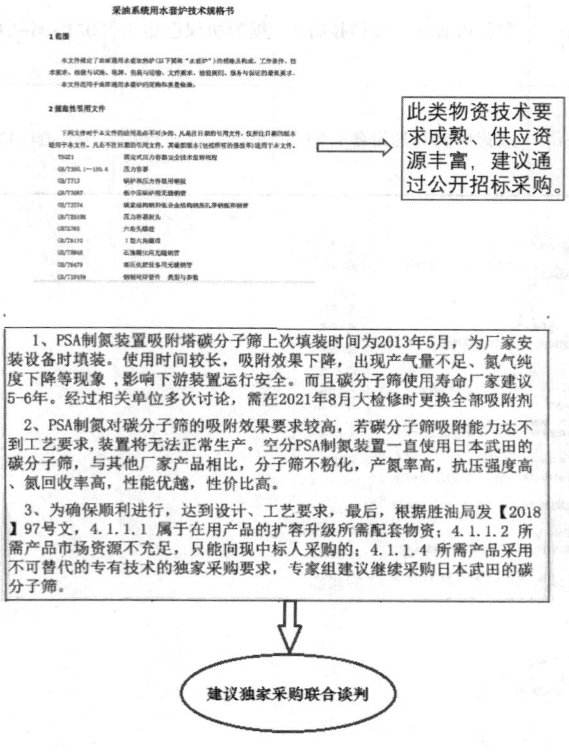

图 5　自动优化采购方式

（7）自动推荐合适的质量控制方式

采购方案智能系统可以判断物资所属的质量控制等级，并根据不同的等级推荐合适的质量控制方式；还可以关联各类质量监督检验平台，对于出现质量问题的物资进行问题呈现，并提出质量控制提级管理的建议，增加质量控制手段，进一步提升采购质量。(见图 6)。

（8）自动优选资格审查条件和评分办法

采购方案智能系统能根据招标失败后评估报告，分析资格审查条件的合理性，提出优化资格审查条件的建议；还能根据执行过程中的后评估，分析采购质量的高低，评定入围供应商的等级和产品的优劣，从而提出优化评分办法的建议。

（9）自动生成采购方案

采购策略是指导采购的重要文件，也是采购工作开展的重要依据。采购方案智能系统将采购策略的要素进行固化，将采购策略清册中的方案要素嵌入系统，实现输入物资时自动生成采购方案，加大采购策略的执行力度，增强采购方案编制的规范性。(见表 2 和图 7)。

（10）自动预估技术分值

采购方案智能系统可以依据评分标准对潜在供应商的部分技术分值进行预估，减轻评委现场评分的工作量，提高评分的准确性。(见表 3)。

3　预期效果

（1）实现采购策略编制及应用的固化

采购方案智能系统实现了采购策略编制及应用的固化，对采购计划、采购方式选择、价格确定原则、供应商选择标准等关键业务环节，由系统自动匹配生成采购方案，后续采购业务按照采购策略设定的路径执行，极大地减少了手工操作和自由裁量，增加了采购方案编制的准确性和规范性，提高了采购方案会审的审核效率。

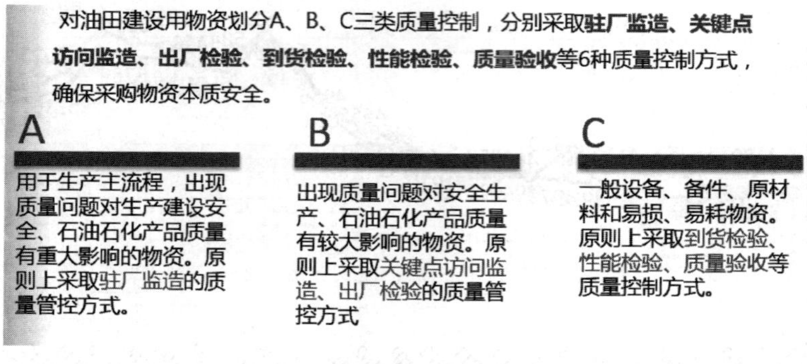

图 6　自动推荐质量控制方式

表 2　2021 年度物资采购策略清册

序号	物质编码	物料名称及规格型号	采购技术标准	年度需求金额（不含税，万元）	采购模式	采购方式	供应商保留数量	价格确定			质量控制		进度控制级别	采购与制造周期	物流控制	储备策略
								评标办法	商务分计算方法	调价方式	质量控制类别	控制方式				
	合计			1367155.18												
1	0101	H 型钢	国标	200.0	组采	公开招标	3	A	B	A	C 类	质量验收	四级	1-1.5 个月	汽运	储物于商
2	0113-0115	工、角、槽、螺纹钢等组采型材	国标	1890.0	组采	公开招标	6	A	B	A	C 类	质量验收	四级	1-1.5 个月	汽运	储物于商
3	0101	H 型钢	国标、行标	400.0	企业集中采购	公开招标	3	A	B	A	C 类	质量验收	四级	1-1.5 个月	汽运	储物于商
4	0117-0121、015306、016302、016344	异型焊接钢管及金属制品	国标、行标	120.0	企业集中采购	公开招标	2	A	B	A	C 类	质量验收	四级	1-1.5 个月	汽运	储物于商
5	0123（不含 012312）、0125、0139、0135	热轧、冷轧钢板，合金板，锅炉容器板，镀锌板	国标	2260.0	组采	公开招标	3	A	B	A	C 类	质量验收	四级	2-4 个月	汽运	储物于商
6	012313	H 型钢	国标	1855.0	企业集中采购	公开招标	3	A	B	A	C 类	质量验收	四级	2-4 个月	汽运	储物于商
7	016301	热浸及舰艇用钢板	国标	150.0	组采	公开招标	2	A	B	A	C 类	质量验收	四级	1-1.5 个月	汽运	储物于商
8	022501	铝及铝合金板	国标	167.7	组采	公开招标	2	A	B	A	C 类	质量验收	四级	1-1.5 个月	汽运	储物于商
9	0127	不锈钢板	国标	452.0	组采	公开招标	1	A	B	A	C 类	质量验收	四级	2-4 个月	汽运	储物于商

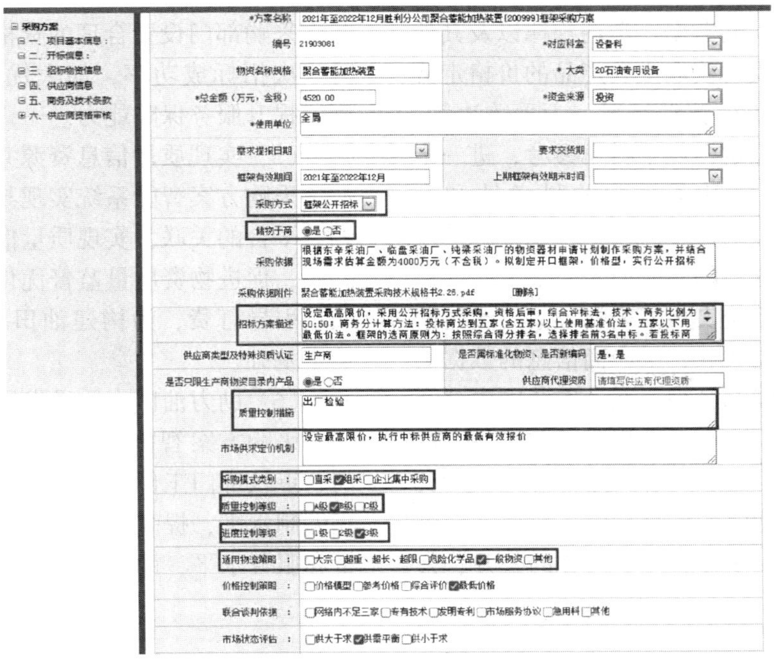

图 7　采购方案系统界面

表 3 预估潜在供应商

指标		评标标准		预估分值			
		内容	分值	A 供应商	B 供应商	C 供应商	D 供应商
投标资格审查文件	认证情况	ISO9001 或 GB/T 19001 证书，颁证机构必须是国际认可论坛质量管理体系式边承认协议成员；同时，提供的证书必须在有效期内(以发售招标文件日期为准)	0~1	1	1	1	0
		ISO14001 或 GB/T 24001 证书，颁证机构必须是国际认可论坛质量管理体系多边承认协议成员；同时，提供的证书必须在有效期内(以发售招标文件日期为准)	0~1	1	1	0	1
		ISO18001 或 GB/T 28001 证书，颁证机构必须是国际认可论坛质量管理体系多边承认协议成员；同时，提供的证书必须在有效期内(以发售招标文件日期为准)	0~1	1	0	1	1
		具有有效期内的特种设备设计、制造许可证	0~3	1	1	1	1
	注册资金		0~1	1	1	1	1
	提供近三年度会计师事务所审计报告，评价指标：上一年度营业收入利润率，速动比率、资产负债率，研发投入强度(研发资金年投入与销售收入比例)等，在投标文件中列表响应(列出计算公式)		0~4	2	3	4	1
装备能力		具有卷板机、数控等离子切割机或相当于、数控立车、数控折弯机、焊接设备、热处理炉(标注 W×L)、起吊设备、不锈钢酸洗设备(如需要)、气密和水气密和水试压装备、专用不锈钢设备制造洁净车间(如需要，标注 W×L)、专用 X 探伤(或相当于)房、材料性能检测设备、专用探伤房(标注 W×L)、无损探伤和检验设备、除锈喷砂工房及设备等装备能力但不限于，提供装备清单、带铭牌清晰设备照片和购置发票或与公司地址一致带经纬度清晰设备照片及设备性能说明等资料	0~23.5				

(2) 实现采购大数据的共享

采购方案智能系统实现了采购大数据的共享，自动分析历史采购数据、消耗规律以及其他企业的采购情况，及时获取主要产品的价格走势以及主要原材料的价格波动情况，为采购决策、供应商选择和价格确定提供了科学参考，进一步拓宽了采购视野，提升了采购的科学性和专业性。

(3) 实现采购方案的实时监督

采购方案智能系统实现了采购方案的实时监督、采购策略的自动关联、供应商信息的数据共享。严格采购方案编制管理，在一定范围内公开采购方案的编制内容，有效地规避了各类指定性条款和歧视性条款，做到采购受控、决策透明，大幅减少供应商投标时的不良行为，有效降低供应商质疑投诉，进一步促进采购过程的公开、公平、公正。

(4) 实现优质供应资源的引进

采购方案智能系统汇总采购资源供应情况，督促采购部门设置合理的资格审查条件，有效提升一次招标成功率，加大优秀供应商的引进力度，提升服务保障能力。

(5) 实现质量信息资源共享

采购方案智能系统实现与物资质量检验监督相关平台的关联，实现质量信息资源共享、数据共用，促进物资质量监督优化提升、进一步强化质量引导订货，为构建油田“大质量”发展格局奠定基础。

(6) 助力油田高质量发展

采购方案智能系统不仅能大幅降低采购部门、审核部门工作量，并且还能大幅提升采购方案编制水平，提高审核效率，进一步提高采购质量和服务水平，助力油田高质量发展需要。

数字化变革时代下的胜利油田物资供应链建设探索与实践

岳海峰　杨玉虎　王思宇　公丕剑　姜璐　李金洁

（中国石化胜利油田分公司）

摘　要　宏观经济放缓，企业经营面临更为严峻的环境，实施以创新为核心的数字化转型是企业高质量发展的重要路径。胜利油田物资管理配送中心通过融合新一代信息技术，在组织、运营、技术、风险和文化五个方面展开深刻的系统创新与变革，全面推进数字化供应链建设，在资产使用效率、服务能力和服务质量方面初步取得了转型成效，并计划通过进一步深刻应用区块链、大数据、机器学习等新技术，着力提升精准化需求预测和供应链协同能力，增强供应链竞争力，助力油田高质量发展。

关键词　数字化；胜利油田；物资；供应链

习总书记在2018年全国网络安全和信息化工作会议上指出："要发展数字经济，加快推动数字产业化，依靠信息技术创新驱动，不断催生新产业新业态新模式，用新动能推动新发展。"

企业在宏观经济增长放缓的趋势下，面临着比以往更加激烈的市场竞争。利用新一代信息技术，实施以创新为核心的数字化转型是企业转型的重要路径。油田企业同样身处数字经济变革大潮，数字化创新转型是实现自身业务增长的重要驱动力。物资管理配送中心作为胜利油田统一的物资管理部门，面对变革浪潮积极应对探索适合油田企业的数字化供应链发展之路。

1　数字化供应链建设背景

（1）数字化转型是世界发展大势所趋

全球范围内，物联网正替代互联网，连接世界。美国工业互联网、德国工业4.0、中国工业2025，全球主要经济体都已达成共同认知，即新兴的机器人、人工智能、机器学习等新技术将推动人类社会第四次工业革命，引领世界进入数字智能时代。数字化一切和数字化转型是大势所趋，要么数字化，要么被淘汰。

油田企业物资部门的传统采购、供应职能已彻底转向供应链管理。供应链管理的第一目标是尽可能有效地将供应与实际需求进行精确匹配，因此充分结合数字化技术的特点和应用价值，开展组织变革和大范围资源整合、流程重组和配套机制建设，构建适合自身的数字化供应链，已是胜利油田物资系统发展的必由之路。

（2）油公司体制机制建设倒逼物资供应链变革

经过持续改革，胜利油田对核心业务单元——采油厂划小经营，建立起以油藏管理区作为最小利润考核单位的运行机制，践行精细化管理、市场化运作。与核心业务配套的业务单元，如井下作业、注气、车辆等相继进行专业化重组，构建起支撑主业发展、专业化独立拓展的格局，物资供应业务随之发生了巨大的变化。

随着改革进一步深化，开发单位物资采购量下降，原有物流仓储资源开始闲置，富余人员逐步显现。胜利油田急需对原有的资源进行大范围优化整合，建立全新的油田物资供应链运营体系。

（3）油田物资专业化经营提质增效的现实需求

专业化管理、一体化服务是企业经营提质增效的有效途径，也是油田物资系统进行现代供应链体系建设的必然选择。胜利油田原有的物资部门和用户单位两级组织体系下的服务流程繁琐，多层级的仓储、配送、倒装等环节降低了服务效率。各单位分散的物资储备造成了重复存储，形成大量资金占用。同时，大量基层作业仍沿用人工和机械作业模式，信息化和智能化技术及装备应用不足，信息共享薄弱，作业效率受限，监管能力和措施不足。因此对油田物资供应链进行深入的专业化、一体化服务改革和数字化转型建设是油田物资供应链提质增效的有效途径，也是改革的必然选择。

2　数字化供应链建设探索实践

面对外部环境和内部改革的双重压力，胜利油田物资管理配送中心从上游供应商到下游用户单位(客户)整体看待油田物资供应链，力求最大化利用数据，实现对需求的极速感知、精准匹配与科学管理，追求获得整个供应链的最低成本和最高效能运作，有序展开符合油田实际的数字化供应链转型工作。

在建设工作中，我们遵循如下的执行工作框架：

(1) 实施组织机构变革，构建高效组织网络(见图1)

结合当前存在的人员、库房、设备、设施等的闲置状况，以及两级服务响应繁琐、滞后的现状，以缩短供应链长度(以订货到交付最终用户的时间定义为供应链长度)，加快服务响应为核心，优化组织结构。

核心工作是压减组织层级，重组职责分工，建立“中心+服务部”扁平化组织。撤销各用料单位物资管理机构编制，剥离其物流配送职能，统一纳入物资管理配送中心。在物资管理配送中心内部，根据生产区域和物资专业性特点，新组建8个区域配送服务部，覆盖全油田基层单位，直接面向用料单位提供物资供应服务。

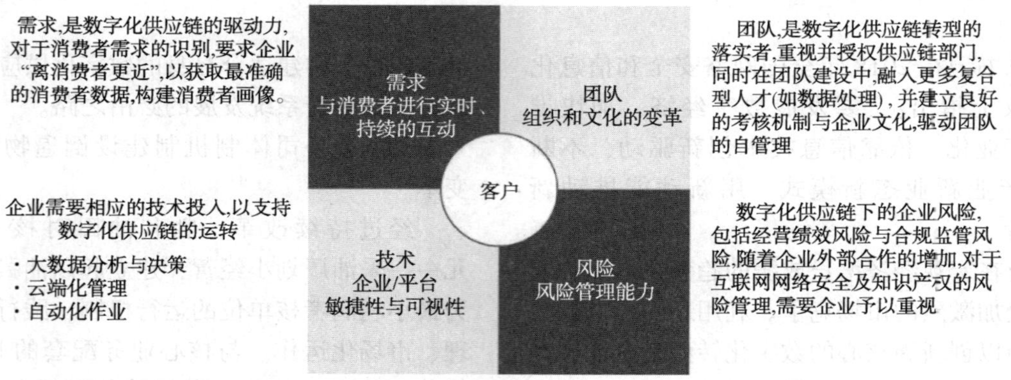

图1　数字化供应链执行框架

(2) 推进需求管理变革，提升需求响应时效

靠近基层用户，获取更准确的需求数据，更快捷地满足需求。增强覆盖基层的信息化建设，建立“基层单位-物资管理配送中心”直连提报需求计划，彻底改变过往“基层单位提报-管理区汇总-二级单位审核-二级单位汇总-物资管理配送中心响应”的5级响应。同时在对应的物流配送服务上，基层单位可通过信息化平台直接面向服务部发布配送需求，服务部直接进行服务响应，完成物资交付。

(3) 开展资源优化整合，构建全新服务网络

对油田各单位原有物资仓储资源进行统筹。全面完成对库房、料场、设备等价值8000万元资产，以及300多名人员的全面整合，建立起以区域中心库、专业储备库、供应商代储库、基层物资超市为梯次的多级储备体系，盘活分散的资源，优化库存储备，缩短服务响应半径，提高服务时效和质量。

① 供应链物流节点全面重构与布局

区域中心库。以8个区域配送服务部本部库房为依托，设立区域中心库，形成“八大辐射点”，对常耗、批量性物资实行集中储备，作为区域内“供血中心”辐射周边。

专业储备库。根据专业用料保供特点，调剂闲置的库房资产、设施和人力机力，以供应商寄售方式设立专业储备库，为用户提供“一站式服务”。同时解决“以领代耗”等问题，保证专业用料运行效率。

供应商代储库。应用VMI(供应商管理库存)的现代供应链管理理念，整合供应商仓储、配送等资源，建立代储库，实施储物于商。按照生产需求即时响应、直达现场，节省运力、运费，实现三方共赢。

基层物资超市。选取部分常耗、批量、特性物料，把“物资超市”开到管理区家门口。采取“服务部管理、管理区存储、随需随领、即用

即结”的物资超市保供方式，彻底打破管治思维。

② 差异化精准配送与“最后一公里”贴身服务机制

根据物资料性不同，建立起覆盖全物料的精准配送模式，即：大宗工程用料直达、区域储备物资速达、物资超市即时领用。同时结合油区现场配送多样化的特点，为做好“最后一公里”服务，设立多种配送服务模式，实现急需物资紧急送、重点物资专门送、常规物资优选送，提升即时响应能力。油田物资需求落实由 18 天缩短至 7.5 天，物流配送时效由 72 小时缩减至 48 小时。

（4）提升数字化能力建设，推进物资价值创造

在原有物流管理系统基础上进行延伸，建立支撑组织机构改革和新型服务网络业务流程的信息化平台，实现线上线下贯通融合，增强需求与供应之间的信息共享和作业协同。

梳理区域范围内同类型物资需求，实现标准化产品应用降库存；摸清区域消耗规律，合理设置安全库存，加快周转，实现储备集约化降库存；积极运用大数据分析把握基层单位的用料消耗规律，通过盘活物资来盘活资金，实现库存运营价值创造。

（5）强化风险管控建设，实现依法合规运营

供应链业务每日每时都在动态运行，是保障日常油气生产作业的重要支柱，在创新工作中还需要实施有效的风险管控，确保数字化供应链建设顺利展开。

① 充分授权、强化数字化管控职责

服务和管理职能充分下放到区域配送服务部，着力将其打造成为“价值创造体、利润经营体、服务兜底体、风险控制体、和谐共建体”等“五体合一”的价值创造单元。

强化服务部的关键数据采集和完善，促进分析和应用能力建设，提升数字驱动的需求研判、库存决策和柔性配送服务能力，实现区域供应链服务的主动性、需求对接的准确性、储备策略的自主性、库存结构的合理性、配送服务的及时性。

② 创新的多维绩效考核，护航新机制运行

结合物联网和信息化技术，从需求提出到服务完成，分物料建立全过程服务时效标准，全流程时点的自动数据采集、预警和相应的分环节指标考核，促进服务时效大幅提升。全面建立物资质量、库存周转时效、储备物资合理率等关键指标体系的动态数据采集和量化考核机制，精准施策发挥导向性作用。同时，结合移动互联网等技术，推进内部管控与用户评价相结合，让工作质量成为价值考量的依据，推动管理提质提效提速。

建立差异化考核客观分配机制，将管理难度、创效难度等系数延展到生产经营考核全过程，划小核算单元，推动建立更加完善的基层创效、岗位创效评价标准。

（6）加强企业文化建设，激发自驱和持久动力

围绕专业化重组和数字化建设，组织全员大讨论，提炼形成了“明德、守真、品优、速达”为内涵的“明德乘物”文化，在此基础上具象为“专业化管理、价值化采购、数据化选商、科学化储备、精准化配送、全程化评价、阳光化运营、最优化创效”——“八化”目标，牵引和扎实推进油田数字化供应链变革，全面提升油田物资工作质量、效益和管理水平。

3　数字化供应链建设初步成效

胜利物资在数字化供应链改革的道路上，续力传承优化作为、聚力引领阔步前行，初步实现了改革平稳过渡、保供有序衔接、运行基本顺畅，助推了油田高质量发展，形成了支撑油田发展、保障生产生活、服务社会创效、打造物资品牌的良好局面。

（1）资产使用效率显著提升，物资专业化、数字化发展优势初步显现

通过重组整合初步实现了油田内部仓储配送资源的规模化、集约化应用，提升了物流基础建设水平，有效降低了物流运作成本：劳动生产率提升 35%、仓储利用率提高 17.4%、土地房屋资产优化率为 33.5%。

（2）数字化供应链基础初步搭建，服务效率和服务能力大幅提升

推进储备资源网格化重新布局，服务半径由 120 公里缩小至 40 公里以内，配合多级储备和信息化技术应用，打造了生产物资即时物流服务圈，畅通物资供应“最后一公里”。

结合信息共享，支撑高效的供应商库存管

理、物资超市服务等业务模式运作，优化库存储备结构，减少库存资金占用，提高供应链运行效能，降低供应链整体成本。2020 年末库存 2. 94 亿元，同比 2019 年减少 16%。

（3）全方位服务油田生产，服务质量和用户满意度大幅提高

数字化供应链体系的建设，推动了物资全方位兜底服务能力的形成，物资中心服务更加贴近生产一线，更加适合生产一线，服务手段更加多样化，服务价值更加融入生产核心。

结合管理和数字化技术支持，用料单位先使用、后结算的运行机制，真正将基层用户存货成本降了下来。在大幅降低资金占用的同时，服务效率的提升减少了怠工时间，实现了多产油、少怠工。此外，数字化供应链的改革还有效解决了困扰管理区生产运行的以领代耗和账外料问题，规范了物资现场使用，大幅降低了管理风险和运行风险。

用来自基层用户的评价就是：服务实了，以前是管控者，现在是服务方；速度快了，以前是人等料，现在是料等人；效益好了，以前是堆着实物压着资金，现在是寄售储备满当当的“零库存”。

4　数字化供应链未来发展计划

在继续深化、细化当前改革成果的基础上，重点聚焦大数据、区块链新技术的融合应用，提升数据应用能力，挖掘数据价值。

（1）精准化需求预测能力建设

突破传统预测方法存在的缺陷，如突发事件对预测精度的影响，全面提升对需求数据的收集和应用，重点通过：

① 360°数据采集

依托大数据分析技术，全面整合新的数据来源，打通与生产、设备等各相关内部业务单元，以及外部物资市场波动、经济环境变化等全方位的数据通道，通过人工智能和机器学习增强洞察力，更精准地实现供需匹配，在此基础上全面提升油田物资供应链数字化管理水平和质量。

② 机器学习提高分析水平

探索和使用适合油田物资供应链业务场景和需求的机器学习算法，持续“学习”已有数据，持续优化不同因素在预测需求中的权重。例如：机器学习算法可能标明，一旦温度下降到一定程度之后，某些物资的需求显著增加。了解这些需求驱动因素，结合检测外部天气变化改善需求预测。

（2）智能化供应链协同再造

① 智能技术支撑的新型服务能力建设

通过建设适合油田内部的电商化需求便捷交互，支撑基层所需的物资随手通过智能手机即可完成物料的申领；结合自提或灵活的终端配送机制，建立快速响应基层、超便捷的电商化运营机制。

② 智能技术驱动的无人化服务终端

全面探索和实践集成 AI、物联网自动识别、影像监控，自动补货预警等技术的无人仓、智能柜等新型设施设备的应用。解决服务末梢的快速响应和人员短缺的问题，通过智能化能力建设，提升服务网络末梢的服务能力和效益。

③ 提升可信、数字化追溯管理

积极研究和引入区块链技术，充分结合油田物资供应链中的多方信任问题，以适合油田业务的智能账本为核心，稳步推进透明、可信的供应链协同系统建设。

参 考 文 献

[1] 译著：(英)肯尼斯・莱桑斯布莱恩・法林顿采购与供应链管理[M]. 鞠磊吴立生张晶. 北京：电子工业出版社，2001.

[1] 译著：(美)罗纳德・H・巴罗企业物流管理-供应链的规划、组织和控制[M]. 王晓东胡瑞娟. 北京：电子工业出版社，2002.

[2] 著作：华为行业数字化转型方法白皮书[M]. 深圳：华为，2019.

[3] 译著：(德)拉胡尔・阿斯塔纳供应链的数字化转型[M]. 张红. 上海：质量译丛，2019.

公司经营管理数字化转型工作探索实践

孙　键　吴　巍　石宝山　毕岩滨　郭　斌　刘　峥

（中海油能源发展装备技术有限公司）

摘　要　企业数字化转型是高质量发展的前提和必要途径。随着新一代信息技术的发展，对企业自身的业务数字化转型提供了基础和方向。本文介绍了装备技术公司围绕经营生产全过程，以成本管理为重点，按收支两条线开发并应用“生产经营管理系统”，进一步梳理和优化了公司生产经营管理业务架构，建立公司统一的生产经营管理数据架构，为公司市场开发管理、生产资源和成本管理提供统一的信息共享和工作协同平台，推动公司管理、组织机构和生产经营的数字化转型，提升公司生产组织效率和效能，实现了向管理要效益。

关键词：经营管理；数字化；业务标准化；系统开发

1　引言

数字经济是全球未来的发展方向，是推动世界经济发展的重要动能。数字化转型作为数字经济发展的重要着力点，以云计算、大数据、人工智能等数字技术为抓手，广泛赋能各行业各领域，已成为激发企业创新活力，推动经济发展质量变革、效率变革、动力变革，提升国家数字竞争力的核心驱动。

我国高度重视数字经济发展，大力推动数字化转型。十九届五中全会中提出，加快发展现代产业体系，推动经济体系优化升级。推进产业基础高级化、产业链现代化，提高经济质量效益和核心争力。

数字化转型是在业务数据化后利用人工智能、大数据、云计算、区块链、5G 等新一代信息技术，通过数据整合，通过对组织、业务、市场、经营、供应链、制造等经济要素进行全方位变革，实现提升经营效率、控制风险，提升产品和服务的竞争力。

在推动数字技术与生产经营管理深度融合方面，装备技术公司以产业为基础，以市场为导向，利用扶持政策，通过将数字化技术和业务深度融合，建立经营管理系统，推动公司管理、组织机构和生产经营方式变革，提升公司核心竞争力（核心技术和拳头产品）、生产组织效率和效能，优化商业模式，实现管理提升、产能扩容、解放生产力、开源节流、提质降本，助力高质量、可持续发展。

2　公司经营管理和信息化现状

2.1　经营管理现状

装备技术有限公司是基于海油整体产业布局调整、专业化运维管理理念，经多次机构重组而组建的海洋石油中下游工程建设/资产运维服务企业。公司业务范围重叠少、地域分布广、企业性质差异大，组织机构、工作流程、管理制度等都各具特点，从基层到总部、从整体到局部，各公司的管理差异化是全方位的，体现在细微处更是海量的。

目前，装备技术公司整体市场和生产经营仍以采用中心或作业部为主体的模式进行，装备技术公司机关主要负责财务、人力资源，以及相关垂直体业务体系的管理。公司日常对外的业务往来由二级单位直接负责，各二级单位每年承接的生产经营作业任务委托或项目达数千项，涉及顾客及分包商数百家。因此，如何对各二级单位数千项生产作业/项目进行全过程、实时动态管控，并集成多层次、多相关方信息共享和业务协同管理，一直都是公司面临的巨大挑战。

从装备技术公司的组织形式上看，是典型的纵向型集团公司，公司职能架构一般为标准的装备技术公司机关\\专业中心(或分子公司)\\基层作业部3级组织。围绕着油气田装备的全生命周期的技术服务，各二级单位以专业化服务为主，结合地域范围，形成多个平行的业务中心，进行市场及生产经营活动。具体业务形式一般体现为产品、委托服务和工程项目三种类型，基本以项目/作业任务的形式，组织相关生产活动，具有典型的项目化企业特征。

2.2 管理信息化现状

装备技术公司作为中海油下属三级单位，信息化应用主要以集团公司统推系统为主，经初步统计统推系统共20余个。其中，与生产经营管理工作关系比较密切的系统，除日常OA外，主要是财务、人员和设备资源管理类系统，包括合同、采办和SAP等。这些系统都是由集团公司相关部门主导，由上到下按体系定制推广应用的系统，具有典型的“烟囱”型特点，尤其是在中心层面，系统离散现象更加明显。

随着公司业务的不断扩展，为了符合公司的战略发展需要，CEET在生产经营管理能力复制、市场开拓管理方面的需求越来越强烈，因此融合集团ERP、人力资源管理、全面预算管理、合同管理等相关功能的生产经营管理系统的建立需求也越来越迫切。自2018年开始，公司领导就决定在现有统一管理体系框架下，借助云和大数据等新技术，进行管理体系的深化和配套信息系统的建设工作，同时集团公司统一的数字化转型要求，刚好为这项工作开展提供了更为明确的环境和政策支撑。

3 需求梳理和系统构架设计

对于装备技术公司生产经营管理数字化需求的梳理和设计，主要围绕着项目核心业务，以PMPBOOK，PRINCE2等管理理论为指导，采用TOGAF企业信息化规划方法论模型，对公司业务、数据、功能和基础设施模型进行梳理和设计。

TOGAF的基础是美国国防部的信息管理技术架构(Technical Architecture for Information Management：TAFIM)。它是基于一个迭代(Iterative)的过程模型，支持最佳实践和一套可重用的现有架构资产。可让设计、评估、并建立组织的正确的信息化架构。TOGAF的关键是架构开发方法(Architecture Development Method：ADM)：一个可靠的，行之有效的方法，以发展能够满足商务需求的企业架构。AMD共包括以下10个步骤，如图1所示：

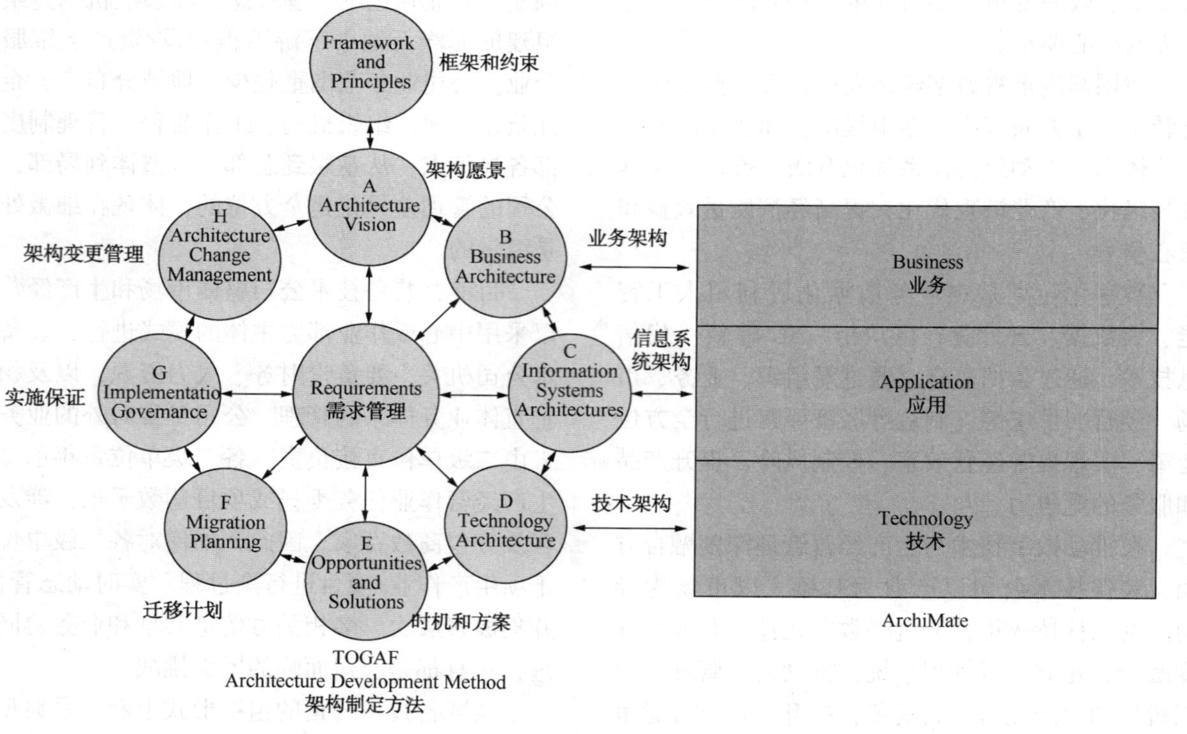

图1　TOGAF构架

TOGAF 作为以业务为核心的架构设计(规划)方法，可以更好地指导企业信息化建设工作，具有如下特点：

(1) 解决业务与 IT 的沟通

(2) 与企业未来变革相适应

(3) 确定清晰的顶层设计蓝图

(4) 实现业务、信息、应用和技术的协同

(5) 便于构建标准化体系

经营业务模型梳理和系统功能功能构架设计中，以公司机关为主导的项目组，围绕着服务生产经营管理，为保证系统建设和推广的可行性、先进性、可持续性，项目组针对资源、项目采取了以下做法：

总体业务模型梳理方法：在系统实施过程中，项目组对经营管理相关的管理办法和管理细责等进行了全面的梳理。期间共收集研读公司管理办法 7 类 37 项，管理细责 59 项，现有管理流程 18 项，原始业务表单 42 种，交互表单报表 87 种。调研在用系统 20 个，召开调研会议近 30 次，走访二级单位 7 家。

根据调研，确立了公司总体波特价值链模型，对经营管理相关的资源、核心过程组进行定义，并确定了各过程组的重点工作，为后续业务模型(组织及流程)、数据模型和功能模型的设计，奠定总体框架和范围基础，指导分项模型设计。

总体数据架构梳理方法：以标准化的组织架构、生产过程定义、成本分类构架、组织架构和核心编码体系为基础，构建公司数据集成架构。

数据标准化建设方面：以业务模型为主导，基于表单的全局数字化设计，为生产经营管理全过程、多维度数据共享 & 统计分析、多级决策支持奠定良好基础。

经过梳理，系统共完成确认标准化的源数据输入表单 80 余项，报表台账类表单 100 余项，每种表单都通 EXCEL 表细化到每个数据项，并尽量明确了数据填写要求或数据字典，使数字化和标准化工作，实实在在落实到业务过程中。其中成本管理部分，装备机关生产技术部成本管理组，对公司整体的成本管控数据进行了全面梳理，重新定义了公司成本分解结构，规范升级了 20 余种预算及成本过程记录表单模板，实际对成本业务关键节点数据规范化。

项目组以公司内部组架构为核心，统一集成客户和供应商管理，并结合四类主业的特点，定义统一的生产过程阶段、成本分类体系，并结合市场立项和生产立项等，建立了公司整体的数据集成构架，为公司管理系统集成、管理集成和数据集成，奠定关键数据基础。

4　经营管理系统功能

目前经营管理系统集成整合了基于开源的微服务架构平台，并按生产经营整体业务流程，共开发了 13 个业务功能块，包括资质管理、市场信息跟踪、收入合同管理、生产立项策划、进度管理、预算结算管理、成本控制、需求管理、采办管理、物资仓储、生产组织、人员动态、设备管理，基本功能模块达 600 余个。基本覆盖市场和生产两大阶段主要工作。在市场阶段，实现从市场信息跟踪、收入合同签属到合同交底移交市场活动全过程跟踪管理；在生产阶段，按进度和成本两条主线，实现作业进度计划、生产过程跟踪、进度计划反馈闭环管理；以及按预算、需求、采办、采办合同、合同履行、费用统计、结算等成本全过程数据的动态跟踪管理。实现了针对作业部、中心和装备技术公司三级的生产经营信息源数据采集和统一共和对各级管理组织统计分析的有效支持。如图 2 和图 3 所示。

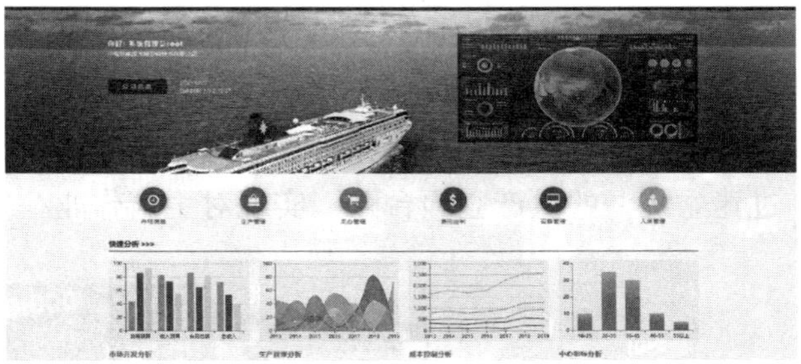

图 2　系统主界面

4.1　市场开发模块

市场开发管理以市场信息跟踪和收入合同管理履行管理内容为主，完善订单及其履行管理内容，补充了集团统推系统的不足，实现了公司市场开发和收入合同履行工作的全面、集中监测管理，为两级市场开发预测和统计，提供明确的项目数据支撑，为市场开发和生产决策提供准确数据。如图 4 所示。

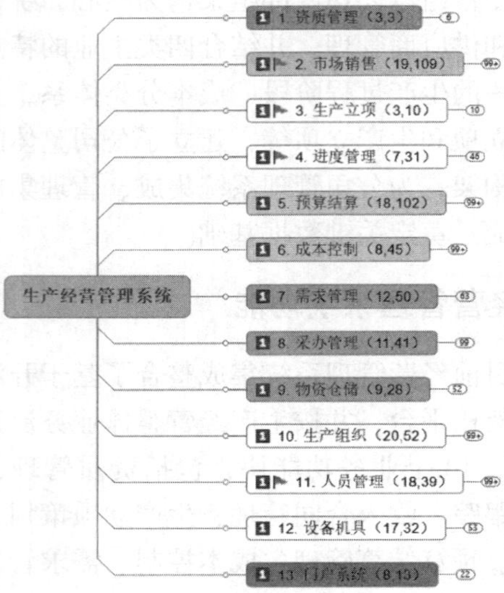

图 3　系统功能模块

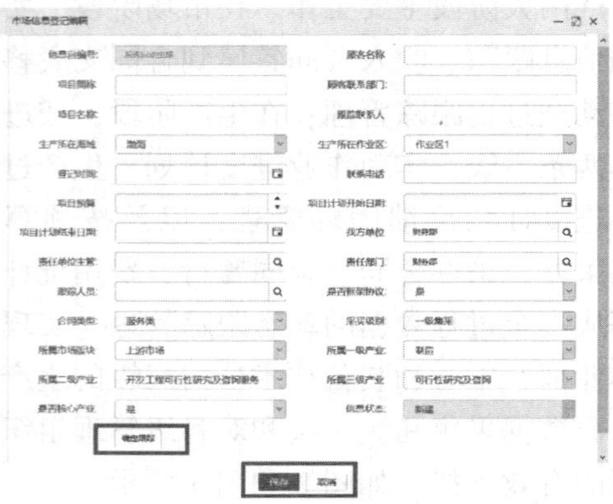

图 4　市场信息登记

4.2　生产过程管理模块

生产过程管理以项目化管理思想为指导，通过建立统一的生产立项台账，实现对生产作业/项目生产执行状态的统一监测。为后续深入进行进度、成本、质量、安全、采办等生产管理工作，奠定核心数据基础。也为收入合同的履行监测，提供参考，并作为经营和生产全过程管理的枢纽。如图 5 所示。

4.3　经营成本管理模块

成本管理通过制订公司统一的成本分解编码体系和执行预结算模板，实现了预结算书的数字化，推进执行预算编制的质量，为项目/作业全过程、多环节协同成本管控，奠定了管控目标基础。同时通过预算编审跟踪等功能，推进了预算编制的及时性。通过费控树设计等措施，统一预算与业务执行成本的数据粒度，有效地保证了成本全过程管控数据的一致辞性和可行性。同时通过集成需求、采办合同/需求数据，初步实现了执行预算两环节闭合管控。如图 6 所示。

4.4　人力资源管理模块

从产业链人力资源视角，集成公司内外部人力资源动态管理，结合工时日报，实现人力资源的准实时的动态监测。为人力资源分布监测、动态调配、分包结算、成本过程管控提供准确数据。

4.5　设备管理模块

通过系统为公司各二级单位、作业部门提供了统一的设备信息管理平台，标准固化了设备信息管理内容、三级职责分工、日常业务工作标准，集成机关、中心和作业部三级设备管理工作，实现公司全部设备资源业务信息的集中、在线、动态管理，提高了设备信息采集的及时性、准确性。如图 7 所示。

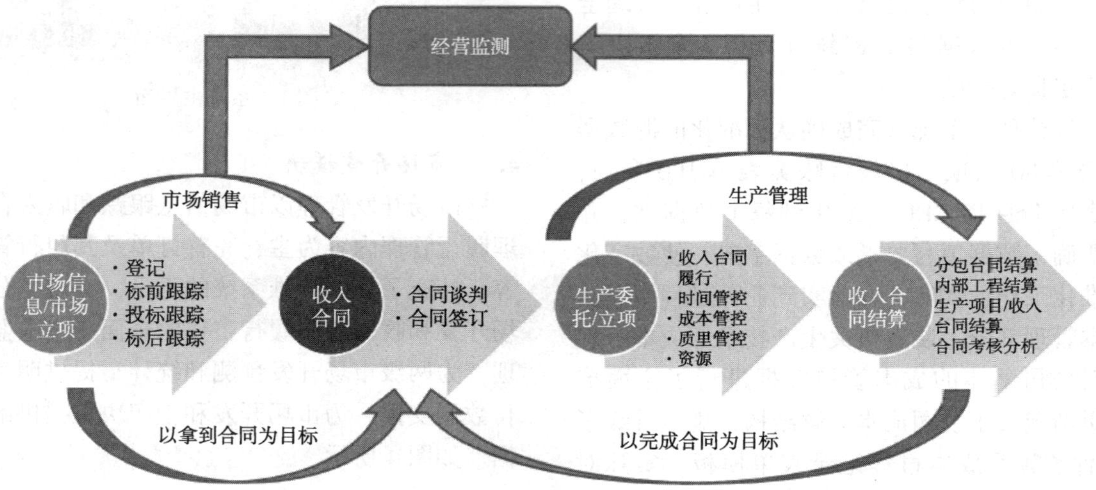

图 5　生产经营管理过程

图 6　成本管控过程

图 7　设备管理信息

5　经营管理系统应用

至 2019 年 12 月底，系统第一批模块开始在海油云平台测试环境开始进行部署和用户初步培训、测试试用工作，至 2020 年 3 月底系统主体功能模块开发完成，开始分批在公司机关和试点单位进面用户测试及系统改进工作，至 2020 年 6 月底，全部 13 个业务模块分批在各所属二级单位正式上线应用。截止 2021 年 12 月，系统用户已近 1600 人，所管理内部人员 14299 人，设备 14293 台，内部立项 5000 余项，执行预算 5000 余份，各级统计报表 100 余种。

通过系统建设和应用，对公司生产经营工作的数字化转型提供以下帮助：

（1）实现生产经营关键节点数据的数字化，以数字化的管理“孪生”模型，提供给所有管理人员，提高了生产经营全过程工作透明度，基本可实现成本全过程的动态管理，并能及时预警。

（2）基于统一工作流，实现跨多级组织的自主工作协同，实现公司多层级生产组织人机料的资源共享功能，促进生产组织协同管理。由传统的人找事，变为事找人。

（3）基于表单的全局数据化设计，实现公司涉及多层级部门的综合报表抓取分析功能，降低报表编制工作量，提高管理精度与效率。

（4）主数据实时准确传递，实现公司多层级、多维度经营决策分析的数据统计及数据分析功能，为装备技术公司及所属单位领导提供决策依据。

6　公司数字化实践总结

通过公司经营管理数字化转型工作探索实践，做出以下总结，供正走在业务数字化转型路上的同仁学习借鉴：

（1）公司的业务数字化转型和建设工作，是一项综合的、长期的，涉及到公司多方面的复杂工作，绝对不是一蹴而就的事情。装备技术公司领导一开始就对此有着非常清晰的认识。因此在系统目标和范围确定上，都采取务实的态度，在坚持“统一规划、统一投资、统一实施”的基础上，面向基层、中心、机关和公司领导，优先选定成本、资源、报表和决策支持四个方面内容。

（2）系统规划和建设对标行业标杆，借鉴和吸收外部经验。在商品化的办公系统中，没有一个系统是完全符合公司实际经营业务特点的，为了保证系统规划的先进性和实用性，项目组在系统规划过程中，在充分调研内部基础上，也对集团内部、中石化等其他行业的同类标杆企业进行调研，尽量借鉴和吸收处部经验，保证管理体系和系统设计的先进性和匹配性。

（3）公司系统的规划和开发应充分考虑在用系统的功能，规划过程中充分复用已有的经验，集成现有系统功能和数据，尽可能减少重复工作，节省信息化投资。本项目系统建设在充分利用和保护公司和集团既有信息化投资并兼顾业务长期发要求基础上，进行系统开发建设，实现与公司总体采购、人力资源、OA、财务等系统对接，为各二级单位既有生产经营相关管理系统提供统一的集成接口服务，通过系统集成和数据集成，推进公司生产经营业务集成和数字化转型升级。

（4）企业的业务数字化转型过程也是企业业务模型标准和数据治理的过程，需要公司相关领导牵头对公司的业务流程和相关表单进行统一和标准化，从而通过系统建设固化公司经营管理模式。本文中的经营管理系统建设案例，在系统建设同时固化了公司机关、专业中心和基层作业部三级经营管理工作流程和工作标准，确定了业务模型和治理了数据标准，实现业务流程和数据管理的标准化。

（5）系统架构规划与功能设计方面。根据业务需求，进行平台功能需求设计；在 IT 架构方面，根据公司数字化协同工作平台的整体技术要求，系统使用前后端分离设计，采用分布式存储、独立缓存与负载均衡技术、云存储、云计算等技术，为系统在面临大数据存储和高频次访问时提供高性能的处理能力，保证系统稳定流畅的运行。

（6）公司业务负责人主导数字化应用建设，配套体系完善和系统建设同步推进。在系统建设和推广应用过程中，项目始终坚持机关部室的业务主导作用，始终紧密联系机关部室业务主管人员的实际业务需求，保证业务人员过程参与度，让机关业务主管人员及时了解系统的设计思路和对管理要求，尽量保证系统建设与管理体系的改进同步推进，进而推动公司经营标准化、精细化管理，为系统后期推广运行提供管理支撑。

参 考 文 献

[1] 李文，李丹，等企业项目化管理实践[M]. 机械工业出版社，2013.

[2] 信汇艳 . 企业信息化规划[M]. 清华大学出版社，2017.

[3] David Parmenter，张丹，译 . 关键绩效指标-KPI 的开发、实施和应用[M]. 机械工业出版社，2020.

[4] 仁达方略管理咨询公司 . 集团管控[M]. 中国财富出版社，2020.

[5] 和轶东 . SAP MDM 主数据管理[M]. 清华大学出版社，2015.

[6] ProjectManagementInstitute. 项目管理知识体系指南（PMBOK 指南）[M]. 电子工业出版社，2018.

发挥工业互联网标识解析基础设施引擎作用助力石化行业数字化转型再升级

田　娟　邵小景　刘　澍

（中国信息通信研究院）

摘　要　当前，数字化浪潮席卷全球，新兴数字技术正在引领各行各业产业升级，重塑市场格局，工业互联网等新型基础设施已成为推进我国传统行业数字化转型的新引擎。石油石化作为保障国家能源安全的重要支柱性产业，在新一轮科技革命和能源变革中逐步将数字化转型融入企业业务发展战略和科技创新体系，石化行业已建设多个工业互联网标识解析二级节点，通过构建数字化交付、智能化生产、精细化管控、供应链协同等应用实践破除石化企业数字化转型中的数据孤岛、安全管理、绿色环保等难题，工业互联网标识将成为推动石化高质量发展的重要基石。

关键词：数字化转型；工业互联网；标识解析；应用方法论；产业链

石化行业作为国民经济支柱产业，是我国重要的基础原材料行业，经济总量大，且与材料、农业、燃料供应等行业具有较高的产业关联度，对稳定经济增长具有重要作用，随着全球数字化革命不断深入，石化产业尚面临信息化程度参差不齐、资源利用率低、供应链协同难、安全环保压力大等困难和问题，亟需围绕行业特点借助工业互联网、大数据、5G、人工智能等技术推进数字化和工业化深度融合，构建智慧能源创新发展模式。国家“十四五”规划中指出了要推动石化等原材料产业布局优化和结构调整，推进石化等行业绿色化改造，产业转型升级成为推动石化高质量发展的主攻方向。

工业互联网是新一代信息通信技术与工业经济深度融合的新型基础设施、应用模式和工业生态，通过对人、机、物、系统等的全面连接，构建起覆盖全产业链、全价值链的全新制造和服务体系，其中标识解析是工业互联网的重要组成部分。工业互联网标识可为制造业各类对象建立全生命周期“数字画像”，通过分层分级解析节点查询和关联对象在制造业设计、生产、服务等不同环节和不同系统中的数据，实现全球供应链系统和企业生产系统间精准对接，以及跨企业、跨地区、跨行业的产品全生命周期管理，促进信息资源集成共享。

1　聚焦行业痛点，明晰数字化转型变革方向

1.1　石化产业链结构复杂，数字化转型升级面临三大痛点

按照石油化工产品生产制造流程，其产业链可分为上游采运、中游炼化和下游销售三个部分。上游是指石油和天然气的勘探、开采和生产环节，中游是指对原油的炼制、运输以及进一步化学加工的过程，下游是指对中游获得的各类产品的仓储物流和销售使用。其中，根据加工过程中原料、加工方式和产品的差别，可将中游细分为石油炼制和石油化工两大环节。总体来看石化产业链结构复杂、上下游关联紧密，涉及6万多种化工产品。2021年，石化行业先后出台《石油和化学工业“十四五”发展指南》《石油和化学工业“十四五”绿色发展指南（2021—2025）》等多个专项规划，以绿色、低碳、数字化转型为重点，深入实施创新驱动发展战略、绿色可持续发展战略、数字化智能化转型发展战略、人才强企战略。当前，多数石化企业持续推进了信息系统建设，部分龙头企业部署了智能设备、高端软件，但还未能实现产业数字化，颠覆式转型仍未出

现，我国石化行业在数字化转型推进进程中，主要存在数字技术融合程度不高、资源利用率低、安全环保压力大等发展痛点，具体表现在三个方面。

一是行业细分领域众多，整体发展不均衡，数字化水平成熟度千差万别，难以建立统一发展路径。例如，勘探开发企业大部分处于业务赋能阶段，正在整合资源、统筹推进数据融通，在资产远程运维、无人值守等场景进行数字化的试点尝试；炼油化工企业大部分处于业务赋能和运营优化阶段，在日效益日优化、计划调度生产协同、智能立体仓库、远程技术诊断等场景已初显成效；产品销售企业侧重运营优化和模式再造，强化客户大数据分析应用，实现站内设备自动管控、客户智能识别、行为跟踪和精准营销，依托电商平台大力发展平台经济，提高企业竞争力。

二是行业数据采集困难、数据融合不足、知识共享缺乏，给资源有效利用、信息集成共享带来极大挑战。例如，勘探开采企业的设备部件庞大、型号繁杂，部分设备全生命周期管理链条缺项，数据散列，导致设备管理的精细程度不足，同时生产过程中，设备的保养和维修是重要的管理环节，工作量占现场业务的50%以上，当前普遍存在维修数据采集难、关闭周期长、质量追溯困难等行业难题。在大多数中小型化工企业中，生产设备资产、备件工具等编码标识不一致，维修、养护、点检等执行方案不统一，设备能耗、投入产出比、碳排放等难以有效统筹，导致企业无法进行科学统一的管理、监测、风险防控和协同生产。

三是基于行业高危险性、高碳排放两大特点，安全管控和节能减排成为制约产业快速发展的重要难题。例如，炼化生产类企业大多工艺流程长、工艺复杂，且伴有高温高压、易燃易爆等特点，其作业危险系数高，影响正常生产的偶然因素居多，甚至有可能引发事故且事故隐患排查难，急需从生产源头开始介入，应用多种技术手段提升风险预警和监测能力。据统计，石化行业生产过程排放的二氧化碳占全国碳排放的比重约13%，占工业领域碳排放比重约17%，大多数碳排放来源于化石燃料的燃烧，如乙烯行业需要用加热炉烧天然气等燃料，燃烧之后会产生二氧化碳，燃料替代或制烯烃工艺改进成为减排关键；煤化工行业生产过程中重要的变换反应，会产生二氧化碳和氢气，再利用技术叠加将成为减排有效途径。

1.2 石化行业迈入高质量发展新阶段，转型升级将以五大变革方向为引领

为破除石化行业发展痛点难题，提升高端前沿技术创新能力，构建规模化一体化发展模式，实现全产业链高质量发展，企业需围绕研发设计协同化、作业现场智能化、生产运营一体化、贸易销售平台化[1]、节能减排技术化五大变革方向，推动数字技术与生产经营管理深度融合。

一是研发设计协同化。利用虚拟增强现实、认知计算等数字技术手段，集成专业软件建立协同研究环境，实现跨专业、跨部门高效协同，提升科研成果的产出效率和效益。

二是作业现场智能化。在生产作业现场，利用工业互联网、无人机、人工智能等技术，在边缘端全方位实时感知和远程操控，转变生产运营方式，降低作业成本和风险，提高作业安全水平

三是生产管控一体化。运用大数据、数字孪生、人工智能等技术，建立智能高效生产计划执行体系，搭建可视化调度指挥平台，实现全局效益最优的计划调度和一体化协同管理。

四是贸易销售平台化。产品贸易、市场销售等业务以数字化平台为基础，整合内外部信息数据，支撑产品资源配置、贸易风险防控；加强线上线下多渠道销售创新，做优贸易资源，做大客户群体，扩展商业模式。

五是节能减排技术化。石化行业作为碳排放较高行业，实现绿色低碳发展刻不容缓。提升清洁生产工艺，提升能源使用效率，降低“三废”排放，与产业集群、数字化、互联网技术结合的方式促进产业绿色发展。

2 依托工业互联网新基建，探索数字化转型实施路径

2.1 建设工业互联网标识解析二级节点，构建石化全要素全联结新格局

工业互联网标识解析体系是工业互联网网络体系的重要组成部分，其核心要素包括标识编码、标识解析系统和标识数据服务三部分，逻辑上分为根节点、国家顶级节点、二级节点、企业节点四层架构以及递归节点一个公共服务，以此

构成了我国工业互联网关键网络基础设施，为政府、企业等用户提供跨企业、跨地区、跨行业的工业要素信息查询，并为信息资源集成共享以及全生命周期管理提供重要手段和支撑。二级节点是面向特定行业或者多个行业提供标识服务的公共节点，是推动标识在各领域规模化应用、发挥标识赋能行业数字化转型的主要抓手。当前，全国工业互联网标识解析二级节点覆盖了 27 个行业，其中石化行业已建设二级节点 5 个，接入企业 240 家，截止到 2021 年 10 月石化行业累计标识注册量 1.2 亿，在石油勘探开采设备数字化交付、石油炼化设备在线监测等场景开展了深度应用，二级节点的四大核心能力将助力石化行业建立工业全要素、全产业链、全价值链互联互通的数字化创新发展格局。

一是私有编码兼容能力。标识作为工业全要素的唯一“身份证”，已经从私有闭环应用逐渐转变为公有开环应用，在工业企业中，标识对象从产品向机器、原材料、控制系统、工艺算法以及人等要素扩展，应用场景从企业内单一业务向企业外多元服务延伸，私有标识给信息交互造成了严重壁垒。工业互联网标识能够实现异构私有编码的兼容互通，将解决传统标识在企业外不能读或读不懂的问题，进而实现各类主体在更大范围、更深层次、更高水平的互联。

二是异构数据互操作能力。随着信息化发展，工业企业已积累海量生产、业务数据，由于数据的分散性、不一致性，信息交互受阻，尤其在协同制造、智能服务等创新应用领域数据难以利用。工业互联网标识解析通过建立与底层技术无关的公共解析服务、数据交互组件等，可灵活定位并接入各类主体在不同环节、不同系统中的应用或数据库，从而促进不同行业、上下游企业之间数据关联、互操作与信息集成，同时提升现有制造系统的数据利用能力。

三是产业链互联互通能力。企业间传统的信息交互模式为建立两两系统的数据对接，由此导致企业投入成本高、互通效率低、多参与方共享难。工业互联网标识解析各级节点是全面互联下信息查询的入口，承载了工业要素全生命周期的信息获取及数据交互，通过许可监管保障了体系的稳定运行和高质量服务，保证了企业主体对标识资源分配和标识数据管理的高度自治，并通过统一架构、标准化接口等降低了企业接入门槛和使用成本，实现了部署经济成本最优。

四是生态体系安全可控能力。随着工业互联网接入数据种类、数量的不断丰富，以及工业数据的高敏感性，对网络服务性能提出了更高要求。工业互联网标识解析体系的部署逻辑保障了工业数据存储在责任主体企业，明确数据主权归企业自身所有，分级建设节点的目的是分散标识解析压力，降低查询延迟和网络负载；通过建立身份认证、权限管理、数据加密等安全机制实现标识对象信息的安全传输和获取，形成开放、引领、安全、可靠的产业生态系统。

2.2 贯彻工业互联网标识产业链，制定石化全产业链实施路径

工业互联网标识解析体系建设与行业应用过程中，应遵循“业务目标-功能要素-实施方式-技术支撑”的主线，结合自身的需求和基础，通过多类应用场景实施提炼，打造行业共性建设路径，形成该行业应用方法论，从而促进规模化发展。当前，标识解析通过深入行业及企业的业务流程和系统，研发面向不同层级的安全可靠的基础组件，建立多方参与互利共赢的发展模式，已初步形成了一套应用方法论，包括明确目标定位和标识要素、梳理关键环节和规划能力部署、确立组织流程和实施方式、归纳应用模式和制定解决方案。该方法论在石化行业进行实践，分为三个基本步骤。

一是明确石化转型目标，厘清行业标识要素，建立编码与数据规范。石化行业经过产业链梳理和转型痛点分析，基本明确了行业的核心竞争环节、发展制约因素，在开始工业互联网标识应用之前，第一步是分析标识对象和标识数据两个要素。所谓标识对象即石化行业需要赋予唯一“身份证”的所有资源要素，标识数据即标识对象固有的属性数据和在生产等活动中产生的业务数据。在石化产业链中，需要进行标识的对象包括上游开采设备，中游炼化生产相关的原材料、生产设备、生产工艺、石油/化工产品，下游储运单元、销售订单等，共计涉及产品、设备、物料、工艺、订单、算法、文件七大类 119 种对象。标识对象全生命周期业务流程包括设计、计划、生产、仓储、运输、检验、销售、安装、使用、状态监测、维修、报废等 12 个关键环节，和解析查询相关的主体信息、产品信

息、技术参数信息、操作信息等基础数据 183 条。下一步需制定标识对象的编码规则和数据描述规范，从而形成石化行业资源要素的全生命周期数字画像，为实现企业内部数据管理以及企业外部信息交互奠定基础。

二是定位产业关键环节，明确标识核心能力，组织开展实施部署。石化行业工业互联网标识应用应抓住生产制造、物流管理和销售管理三个主要环节，在各环节的各参与方部署标识赋码、数据采集、解析服务功能，并与标识解析体系基础设施建立连接，提供全产业链的信息互通和数据共享能力。在生产制造环节中，工业软件与生产设备是数据流转的主体，在传统工业软件数据库的基础上，通过对数据采用统一标识，完成数据的厂内厂外转换，增强了数据的流通性。在物流管理环节，仓储、物流信息是数据流转的主体，通过对仓储信息、运输信息和打包信息的标注，可以无缝衔接生产制造环节，并对后续的产品信息追溯、动态管理提供了数据条件。在销售管理环节，石油化工产品信息是数据流转的主体，通过公共解析服务可实现供应商与产业链下游的电力、汽车等终端用户的数据互通，增强石化行业产业链协同能力。

三是分析石化应用场景，整合典型应用模式，制定行业解决方案。基于已建设的石化行业标识解析二级节点，总结长庆油田、中海油、延长石油、青海油田、金田塑料、顺隆化工等大中小型企业在勘探、开采、炼化、储运等场景下打造的 15 个典型案例，归纳形成石油勘探开采设备数字化交付、石油炼化设备运行状态在线监测及预警、化工产品生产过程高风险作业管控、石化生产设备问题溯源与维修保养、化工原料供应协同管理、化工原料储存容器及运输单元管理六大典型应用模式。模式提炼将有助于在行业内进行快速推广和大规模应用，为进一步指导企业落地实施，还需要根据模式制定详细的行业解决方案，包括赋码、采集、关联、建模、分析、调控等串联业务流程的实现方法。

3 剖析标识应用典型案例，落实数字化转型创新举措

3.1 长庆油田实践石油勘探开采设备数字化交付

我国勘探开采力度逐年加大，规模也随之扩大，但普遍存在开采物资交付成本高且效率低的问题，特别是产建项目投产、改造等涉及多方交付的资料，交付周期长、纸质文件多，且随着时间推移、人员流动，资料保存成本高昂，查询和追溯也比较困难，造成大量的数据易丢失、企业基础档案管理效能低，给后期的维保工作形成了制约，急需企业尽快优化数字化能力。

在石化行业上游油气勘探开采过程中，从开采设备零部件制造、供应、组装、使用、维护等多环节引入工业互联网标识，以开采方为主体构建统一物资编码规则和元数据模型，通过标识解析节点实现跨企业的数据资产搜集、整理、分析、发布，利用高效的关联性快速准确的为设备运行、维护提供所需的全生命周期信息，从而增强开采工程及相关设备的数字化交付能力，提升产业链整合和管理效率。交付解决方案如图 1 所示。

长庆油田设备供应商接入工业互联网标识解析石化行业二级节点，注册设备标识，按照不同分类的设备主数据模型要求，将设备的技术参数、相关电子文档加载到标识信息中，关联完成后将标识打印在设备铭牌上，随同设备一同交付至长庆油田分公司采油现场。当设备送达现场，该企业员工对实物资产进行初步验收，扫码查看由设备生产厂家提供的数据信息，逐一审核后方可完成验收。验收完成后，数据资产自动验收入库，将设备信息、地理定位以及管理人员等信息进行自动关联。通过实施设备标识，企业解决了设备信息分散、缺失难补，数据不完整的难题，数据量增加 62%，整体管理水平得到提升。

3.2 中海油实践化工产品生产过程高风险作业管控

炼化生产作业危险系数高、生产事故隐患排查难、多维信息协同手段缺乏，保证生产安全、长周期、高产量运行的是化工企业的重大战略任务。将石油炼化过程的原料、设备、装置、环境、工艺、化工产品等对象上标识，根据生产过程精细化管控要求建立标识对象相关数据模型、生产管理业务及工业监测模型、高风险作业 AI 分析模型，提供生产分析评估、生产操作管理、工艺偏差管理、生产状态监测等微服务功能，利用标识解析分步骤分阶段实现一码全览、一码运营、一码协同、一码调度、一码监管，从而促进企业管理精细化、生产运营智能化，减少生产过

程中的非计划性停车事故如图 2 所示。

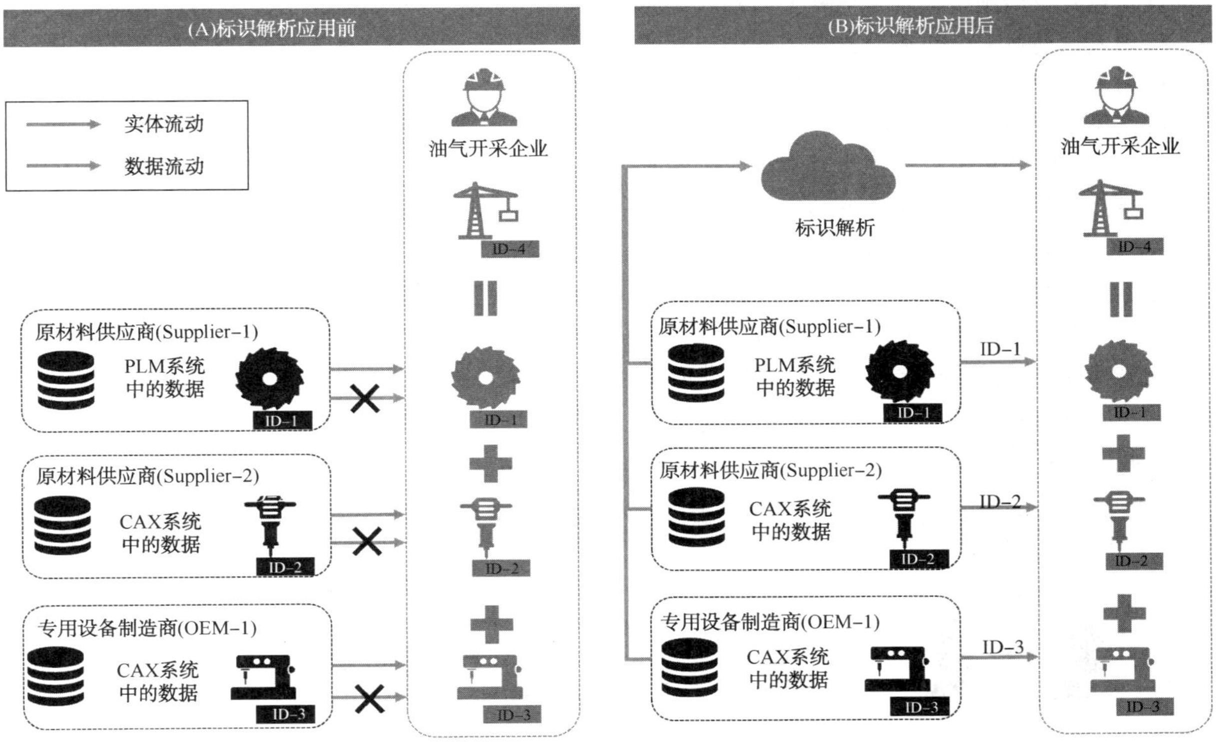

图 1　石油勘探开采数字化交付解决方案

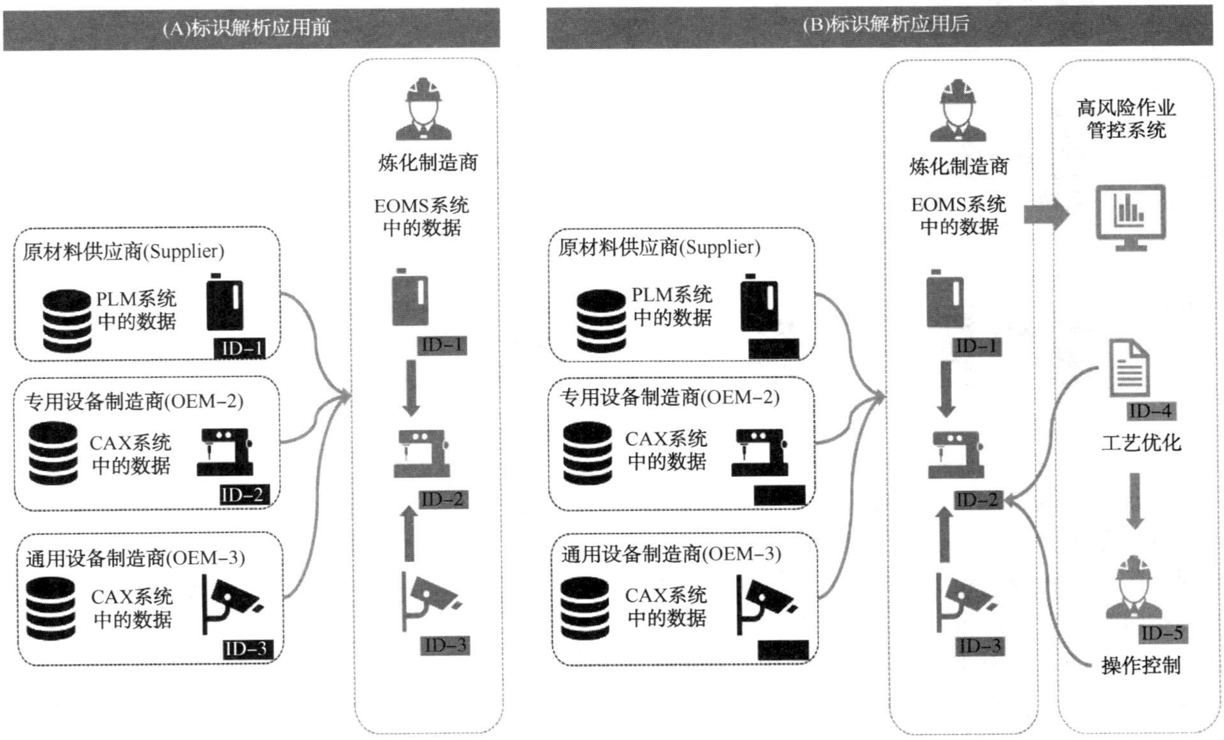

图 2　化工产品生产过程高风险作业管控解决方案

中海油将生产设备、环境监测数据、工艺数据、视频流、作业票等作为标识对象进行数据梳理，并纳入工业互联网标识解析系统进行标识对象注册，融合工业互联网平台开发生产过程高风险作业管控相关服务，对接入的实时视频数据进行推理计算并发出预警，告警信号上传到云上应用，管理人员通过云上应用对作业过程中的人员异常行为进行管理。通过实施数据标识，基本杜绝现场高风险作业中的违规操作，避免因违规操作导致的生命财产损失，大大提升了企业的作业管理效率以及各类相关系统信息的使用便利度。

3.3　延长石油实践化工原料供应协同管理

化工生产原材料在供应过程中的不同环节将产生各类表单、票据等纸质化资料，数据多样性导致交易管控、信息追溯等业务无法及时获取有效数据并进行信息交换，同时，物资进出库管理过程中需要不同人员或不同的部门多方配合执行，常出现操作重复、耗时耗力等问题。

石化行业中游化工制造的物资供应链跟踪管理以供应订单为载体，依托工业互联网标识解析体系在“供-需-储-运”多方建立统一的“订单二维码”。由物资生产厂商公布产品库存种类、数量等信息，化工制造方根据采购需求，线上申请产品订单，物资生产厂商系统根据库存信息，自动生成订单二维码；储运企业运输员根据订单二维码装配相应货物并进行出库操作；货物运送至化工制造方，其对订单二维码进行扫码确认收货，来自不同供应方的订单可通过标识唯一定位物资责任主体并获取相关信息完成物资入库如图3所示。

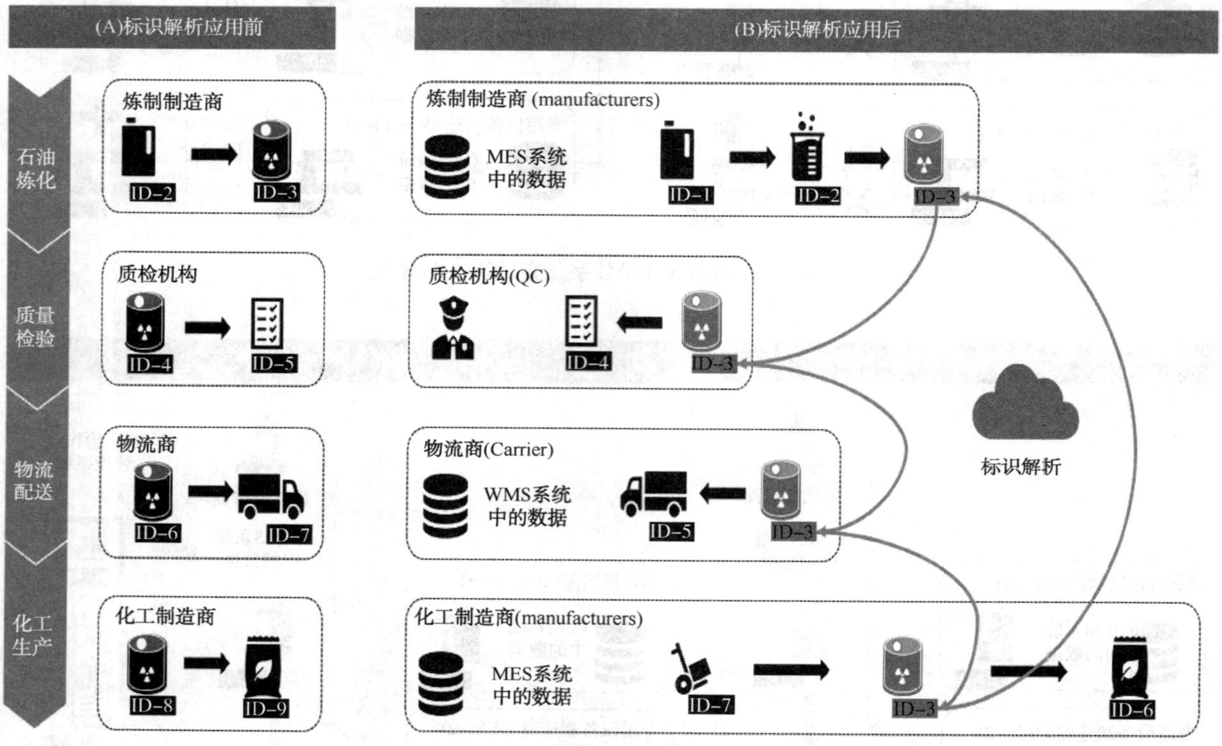

图3　化工原料供应协同管理解决方案

延长石油氟硅化工企业建立基于标识解析的订单管理系统，对订单创建、处理等环节进行一码到底的全流程数据跟踪管理，由生产方在系统上公布每日产品和产量；采购方通过系统查看产品公告，自助下单生成订单唯一二维码；运输方登录系统接单后，在订单二维码下提交司机、车辆信息；入厂后，司机、车辆信息都通过扫描二维码与实物核对入场，提货、过磅、出库、出厂等信息，采购方在二维码下确认收货后订单结束。通过实施标识解析，使供应链效率得到极大提升，产品订单操作管理人数由4人降为2人，单车进厂办理业务时间由2.5小时减少至1.2小时，产品订单最大预约数由20单提高至40单。

4　结束语

从实践来看，工业互联网标识为石化行业数字化转型奠定了重要基础，以标识为纽带贯通石油化工安全生产、储存、运输等重要环节的信息流通，使原本割裂的业务和数据建立关联关系，借助标识解析分布式查询服务，既能够满足产业链信息共享的需求，又可以降低企业隐私数据泄露风险，极大的促进数据治理成效、提升数据要素价值。但工业互联网标识尚未能完全解决石化行业数字化转型痛点难题，一方面还需要持续引导企业接入标识解析体系，以基础设施的规模化应用促进石化产业的数字化变革，另一方面要推进建设石化行业数据应用体系、安全指标体系，进一步解决工艺、设备、应急和环保等多应用场景耦合下的数据融合问题，提高石油炼化的安全监测、预警、协同、管控能力，开拓我国石化行业数字化转型新思路，为“十四五”期间石化行业高质量发展蓄势赋能。

参考文献

[1] 王同良．油气行业数字化转型实践与思考[J]．石油科技论坛，2020，39(01)．

基于大数据分析的塔里木油田物资供应商"一物一策"管理应用研究

胡寒琳　王浩东　姜　军　郝志超　王　勇

（中国石油塔里木油田公司）

摘　要　石油企业作为国民经济支柱企业，肩负着履行社会责任的重任，随着产能的不断扩大以及高质量发展的要求，对物资供应工作提出了更高要求。从整个油田供应链来看，物资供应商是物流的始发点，是资金流的开始，同时又是信息流的端点，任何一个最终生产部门的需求信息都要最终分解成采购信息，而需求的满足程度则要最终追溯到物资供应商对合同的实现程度，在这种环境下，提出了塔里木油田供应商的关系管理问题。

关键词：大数据；信息化；供应商；一物一策；供应链

1　研究背景

石油企业作为国民经济支柱企业，肩负着履行社会责任的重任，随着产能的不断扩大以及高质量发展的要求，对物资供应工作提出了更高要求，同时也面临着提高产品质量、缩短交货期、降低成本和改进服务的压力，因此，亟需创新物资供应商管理策略，提升对物资供应商的管理水平。

从整个油田供应链来看，物资供应商是物流的始发点，是资金流的开始，同时又是信息流的端点，任何一个最终生产部门的需求信息都要最终分解成采购信息，而需求的满足程度则要最终追溯到物资供应商对合同的实现程度，在这种环境下，提出了塔里木油田供应商的关系管理问题。

（1）物资供应商"一物一策"管理是提升物资质量的现实需要

安全生产是油田持续发展的生命，物资质量特别是关键物资的质量是保证油田安全生产的基石，油田油气勘探条件复杂，物资供应质量是确保油田勘探开发正常运行、促进油田高质量发展的安全保障。通过与供应商适当的沟通和信息交流，可以使供应商提供更契合油田实际需求的产品，从而推动产品质量的提升。"质量是制造出来的"，只有加强供应商管理，创新供应商管理方式，优胜劣汰，清理劣质供应商，通过长期合作，提升优质供应商占比，从源头实施管控，提升物资供应质量。

（2）物资供应商"一物一策"管理是推进物资标准化的有效途径

2018年起，塔里木油田推行标准化集中采购工作，由物资管理部门牵头，行业管理部门主导，设计部门、使用部门和物资采购部门协同合作，推动采购物资标准化设计。物资供应商作为物资供应的主体，是助推油田物资标准化集中采购工作的战略合作伙伴，通过"一物一策"供应商管理方式的创新，培养少量优秀的长期合作供应商，优化油田物资供应商资源，确保供应物资的稳定，提升采购物资标准化、通用化。

（3）物资供应商"一物一策"管理是高质量保障油田生产的根本保障

随着油田勘探开发力度不断加大，工作节奏提速，物资需求集中，供货周期要求短，物资保供及时性面临挑战。加强物资供应商管理，建立长期合作关系，深化与行业领先、实力雄厚的优秀供应商合作，有利于发挥供货体系的最大效能，进一步保障物资供应商服务质量和对油田快速上产阶段持续稳定的供货能力，避免因供应商频繁更换影响工程质量、进度及备品备件储备，高质量保障油田生产。

（4）物资供应商“一物一策”管理是助力油田率先建成世界一流现代化大油气田的必然选择

供应商是企业的重要合作伙伴，企业核心能力的增强需要获得供应商的资源支持，企业作为购买方与供应商的战略联盟所形成的联合竞争力是单个企业所难以比拟的。油田可以通过邀请供应商参与新产品的研发和试用，以需促供，明确油田需求物资的标准，杜绝事后纠偏，使油田在第一时间拿到合适的产品，减少失误环节，提高工作效率。供求双方脱离“买”和“卖”的关系，变成了一个体系，实现双方互利双赢，在油田物资管理中，加强供应商的管理，关键管理好“共赢”关系，使油田获得更多的优质、高效、快捷的物资和服务，为油田率先建成世界一流现代化大油气田提供坚实的物资保障。

2 主要措施及做法

（1）主要内涵

物资供应商是指为油田公司提供物资的经营者，包括一级采购物资供应商和二级采购物资供应商，一级物资供应商由集团公司负责管理，油田参与管理；二级物资供应商由市场管理办公室归口办理，物资管理部门统一管理，物资采购部门日常管理。按照物资供应商类型，分为制造商、代理商、贸易商。油田物资供应商管理实施总量控制，包括物资供应商准入、选择、日常管理、处理、评价及结构优化等。物资供应商“一物一策”管理是以物资品名为基础，对每类物资，根据物资特点，分析其油田使用情况、集团采购政策、市场资源情况、生产制造周期、供应商能力等因素，制定每项物资的供应商管理策略，实施“一物一策”，精准控制，打造长期稳定的物资供应链体系。

（2）主要做法

① 分类施策，确定物资供应商“一物一策”管理策略

a. 通过大数据分析，确定油田物资需求品名

随着信息化建设的不断完善，油田物资领域ERP系统、BW报表、电子采购系统2.0等系统的开发与应用，积累了海量物资采购基础数据，大数据研究技术的迅速发展，为数据价值的发挥创造了条件。油田在创新物资供应商管理策略过程中，借助信息化手段，通过物资采购大数据分析，确保物资供应商管理策略的科学合理。

梳理统计2016年~2019年四年历史物资采购数据，对88319条历史采购物资数据分类汇总，形成8位码（物资品名）8334条。组织物资采购部门对8334条8位码，及对应的525家供应商51898条供应数据，按照物资级别、现有供应商数量、供应商级别、供应商性质、供应商类别、评价情况6个要素逐条分析，分析数据量为51898×6＝311388，历时半年，最终确定油田需求物资品名6068条。

b. 结合市场分析，确定物资供应商管理策略

根据大数据分析结果，组织专题讨论，对6068条物资品名及对应45493条供应数据，以物资品名为基础，根据物资特点，对油田需求物资分为集中储备物资、定商物资、定商定价物资、带量物资、内部优势产品、其他物资六种类别，对每类物资，分析其油田使用情况、市场资源情况等因素，进行比对，结合供应商评价结果，按照“集团战略企业>内部企业>国有企业>上市企业>行业内大公司>特色小公司”原则，合并压减，优化供应商资源，制定每类物资的供应商策略，原则上每个8位码的供应商数量不超过6家，最终核定油田物资供应商控制总量。如表1所示。

表1 物资供应商管理策略

序号	物资属性	供应商数量
1	集中储备物资	1家
2	定商物资	6家
3	定商定价物资	1~4家
4	带量物资	按集团分配供应商数量
5	内部优势产品	1~2家
6	其他物资	≤6家

② 信息化管控，提高物资供应商管理水平和效率

a. 开发供应商总量控制维护，提升管理效率

供应商管理策略上线之初，由物资采购部门市场岗提交申请，物资采购部门、物资管理部门二级审核。运行过程中，陆续发现该模块操作不

便、无效数据多，且无法提取数据进行分析等问题，造成工作量大、效率低、成效不明显等。

在发现这些问题后，物资管理部门立即组织项目组对系统进行优化完善，经过与项目组的反复对接、讨论，开发了供应商总量控制维护、审批事务代码，由物资管理部门根据物资采购部门提交的申请，组织会审，通过后，在该代码中对每个物资 8 位码的供应商控制总量进行维护，并由物资管理部门一级审核。明确了物资采购部门和物资管理部门供应商管理策略的职责分工，有效提高了管理效率和管理水平。

b. 开发完善两张报表，开展数据分析

供应商管理策略上线伊始，无有效的报表功能为供应商管理策略运行提供有效的支撑。针对这一问题，物资管理部门组织项目组开发供应商总量控制查询报表，以供应商控制总量为核心的报表，能及时了解每个 8 位码物资等级及其对应的供应商控制总量及现有供应商数量，便于掌握每项 8 位码的供应商管理策略；完善供应商供货范围查询报表，以现有供应商具体供货范围为核心，能及时了解每个 8 位码现有供应商的具体供货范围及供应商基本信息。两张报表侧重点不同，相互关联，相辅相成，共同构成了物资供应商管理策略报表体系，通过两个报表，能实时提取供应商数量、供应商供货范围等相关数据，通过数据分析，及时了解供应商管理现状及存在的问题，为供应商管理策略动态调整提供强有力的支撑，决策更科学、合理。

c. 完善供应商供货范围维护，通过系统实施管控

供应商供货范围维护，由物资采购部门市场岗操作，提出增加供应商供货范围申请，无系统管控功能，只能通知人工实施甄别，因数据量大，工作量大，容易出现漏项，效率不高，造成 8 位码对应的供应商数量超出控制总量的问题。为改善这种现状，提高工作效率和质量，组织项目组完善供应商供货范维护，通过与供应商总量控制查询报表相关联，物资采购部门在增加供应商准入 8 位码范围时，系统会进行数据校验，对超出该 8 位码控制总量时，自动报错，无法添加范围，提高工作效率。

③ 深化与应用，实现物资供应商全生命周期管理

在确定物资供应商管理策略的基础上，实现物资供应商全生命周期管理。对于油田企业，所对应物资供应商的生命周期主要是物资供应商在整个油田企业核心供应链中的生存寿命及期间。自物资供应商进入供应链网络开始，直至整个物资供应工作任务顺利完成，在优化供应商资源库的基础之上，退出供应链网络。在物资供应商全生命周期管理过程中，所涉及到的管理阶段主要可以分为考察、形成、稳定以及退化/优选四个时期。

对于油田企业而言，物资供应商的完整阶段由潜在的供货可能性开始，到成为油田的淘汰供应商结束，这样，物资供应商三要经历响应阶段、候选阶段、合格和淘汰/激励四个阶段。如图 1 所示。

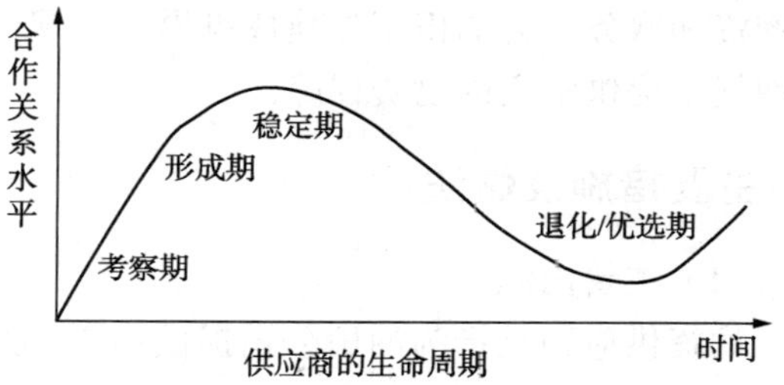

图 1　物资供应商全生命周期

a. 考察期-响应物资供应商阶段，供应商管理策略的应用

这是与油田与供应商关系建立的初步阶段，双方只是初步接触，处于高度不确定的状态。为了保证能够选择到合适的供应商，物资采购部门和物资管理部门在这个阶段需要投入很多的时间，运用多种方式收集相关信息，工作重点是与供应商进行全面、充分地信息沟通。

油田公司物资供应商实行总量控制，并可根据油田市场发展需要进行动态调整，物资供应商资源少于总量需求计划时，结合业务实际，及时补充物资供应商。在油田有新的采购需求或者现有资源无法满足油田需求时，可引入供应商资源。

b. 形成期-候选物资供应商阶段，供应商管理策略的应用

这是油田与供应商关系快速发展阶段，双方的了解和信任不断加深，关系逐渐成熟，交易不断增加，由响应阶段进入到候选阶段。形成期开始实施选择评估，通过之后进入到油田市场中来。在这个阶段，油田根据考察期获取的信息运

用科学的方法对供应商进行综合评估。

对于集团公司集中采购结果供应商，条件完备的，办公登记；集团公司库内已准入的二级物资供应商，按总量控制计划要求对选定的物资供应商办理登记。

物资供应商可通过公开招标资格审查和公开招标采购中标准入对于中标供应商，物资采购部门根据市场管理规定程序办理准入，通过定商选定的物资供应商，中标物资供应商数量须满足总量控制计划要求，库内物资供应商未中标的，取消其准入资格。

b. 稳定期-合格物资供应商阶段，供应商管理策略的应用

这是油田与供应商关系的最高阶段，双方的活动及合作水平达到顶峰，处于相对稳定且紧密的状态。稳定期的供应商不一定开始供货，有可能已经签订合同但还未开始供货，未形成实际的交易行为，这部分供应商称为合同供应商；有的供应商开始进行供货，为实际的供货者，双方形成互动，业务往来逐渐频繁。在这个阶段，供应商管理涉及到的相关部门会对供应商的日常表现包括采购、入库、使用等环节信息进行日常记录，也会对供应商进行检测，将结果与供应商沟通，并协助供应商进行改善。

在这个阶段，油田物资供应商管理策略通过对供应商的日常管理实现，包括物资供应商的信息动态维护、履约情况跟踪、沟通机制、异议及投诉处理等。在日常管理过程中，物资采购部门应严格执行物资供应商总量控制计划，控制总量计划内物资供应商准入范围的增加由物资采购部门领导审批；需调整物资供应商总量控制计划的，由物资采购部门上报物资管理部门审批。

d. 退化期/优选期-淘汰物资供应商阶段/优选物资供应商阶段，供应商管理策略的应用

这是油田与供应商关系发生较大变化的阶段，在这个阶段，供应商的状态会出现分化。油田在对供应商进行评估后，表现较差的会退出市场，成为淘汰者，进入退化期。实际上，退化期并不一定发生在这个阶段，前面任一阶段都有可能发生供应商退化。对于评价良好的供应商将会被记录到油田的合格供应商中，成为油田下一轮的供应商，进入优化期，开始新一轮的生命周期循环。

在这个阶段，供应商管理策略通过对供应商的评价和处理实现。

年度评价不合格的，取消准入资格。物资供应商连续三年在油田公司无交易的，物资采购部门提出退出处理意见，履行审批程序后，取消物资供应商准入资格。积极应用供应商评价结果，一是与招标选商挂钩，在招标文件中设定“供应商评价”评标因素，对考核评价结果为 A 级的供应商，可予以适当加分，对考核评价结果为 C 级的供应商，可予以减分处理；限额以下项目物资采购选商中，将评价结果作为选商依据；二是依据总量控制计划，结合油田采购实际，实行末位淘汰。

油田公司依照物资供应商在日常管理及准入、考评、考察、招标、履约等业务管理中出现的诚信、协同沟通、合同执行、产品质量、售后服务等方面的问题，视情节轻重，给予处理。

3 结论

本文主要基于大数据分析，对塔里木油田物资供应商管理策略开展应用研究，构建了基于供应链环境下的供应商“一物一策”全生命周期管理体系，利用信息化手段，提高管理水平和效率，优化供应商资源，打造长期稳定的物资供应链体系，实现互利双赢。

参考文献

[1] 钱文辉，邓军. 石油企业物资供应商全生命周期管理与价值创造研究[J]. 中国石油和化工标准与质量，2013，06.

[2] 邱春燕，供应商全生命周期管理模型构建与应用研究[J]. 南京大学，2015.

[3] 李勇宝，基于供应链环境下电力物资供应商质量管理的分析[J]. 低碳世界，2017，03.

[4] 娄山，孙威. 构建电力物资供应商全生命周期管理及评价体系的探索与实践[J]. 企业管理，2016，S2.

[5] 谢岗，张克成. 基于大数据的物资供应商画像研究分析与应用[J]. 安徽电力，2019，02.

MES 系统深化应用提升企业两化融合深度

马朝龙　黎　金　李文瑞

（中国石油宁夏石化公司）

摘　要　深入推进工业化与信息化两化融合，以信息化带动工业化、以工业化促进信息化，走新型工业化道路作为国家战略，已逐步深入工业企业的主要业务应用。本文以两化融合为指导原则，分析炼化企业 MES 系统在数据采集、物耗能耗、数据分析、决策支持等应用现状及与业务融合存在的差异，以 MES 系统深化应用过程提升方案设计与效果实现为重点，论述炼化企业在提升生产信息系统深化应用方面的探索与实践，以业务为主导，信息化为驱动，促进企业两化融合的深入开展。

关键词：炼化企业；两化融合；MES；深化应用

信息化与工业化两化融合是指电子信息技术广泛应用到工业生产的各个环节，信息化成为工业企业经营管理的常规手段。信息化进程和工业化进程不再相互独立进行，不再是单方的带动和促进关系，而是两者在技术、产品、管理等各个层面相互交融，彼此不可分割，并催生工业电子、工业软件、工业信息服务业等新产业。两化融合是工业化和信息化发展到一定阶段的必然产物。

近年来，炼化工业面临新的竞争态势，包括多变的市场环境、国内外炼化企业可再生及新能源替代、产品质量升级压力、新技术应用等多个方面，即“资源、能源、环境和安全”对炼化产业的约束与制约问题，主要原因是信息化发展水平滞后于工业化发展水平，工业化与信息化“两化融合”不深、不足。因此，找准原因创新发展，是企业生存关键。瞄准智慧炼化建设目标，实现炼化企业的数字化智能化全面发展与转型升级，是炼化企业应对约束挑战与新态势的重要突破口。

经过多年信息化建设，企业完成以过程控制、生产执行、经营管理为架构的多套信息系统，逐步推进两化融合管理体系贯标试点推广，以 MES、ERP、集成平台为核心的信息系统深化应用成果显著，物联网在企业应用突破性延伸，网络基础设施及信息安全体系逐步完善，信息化工作由应用集成阶段向企业集成的跨越发展。但炼化企业如何应用信息化、智能化技术加强与生产业务的结合，建设炼化和深度应用生产运行一体化平台，以提高生产运行效率提升决策支持能力，成为两化融合持续探索的关键课题。

1　MES 系统应用现状分析

公司 MES 系统建设于 2008 年，经过化肥业务、炼油业务两期建设于 2009 年上线运行。2010 年 500 万吨炼油工程改扩建 MES 系统同步扩展建设。2017 年经统一设计、统一实施升级至 MES2.0。系统设计实时数据库、实验室管理（LIMS）、生产调度、运行管理、物料平衡、物料平衡、生产统计等 13 个功能模块。系统的建设目标是深化各模块间的集成应用，优化炼化业务流程，实现对生产、能耗、计量、质量、安环、设备等领域的基本覆盖，达到炼化生产统计“班跟踪、日平衡”的目标，充分发挥系统在炼化生产运行管理中的核心作用。如图 1 所示。

MES2.0 建成投用以来，在实时数据采集与流程图应用、实验室数据管理、罐区管理、装置平稳率监控、生产统计等功能应用逐步加深，业务运行效率提升显著。但在生产运行管理、计量管理、物料平衡、报表应用、综合展示等方面仍然存在能耗数据采集不准确、产品进出厂数据不完整、统计报表未自动生成等多问题。经过业务梳理与系统应用数据结合，分析现状与差异具体如下：

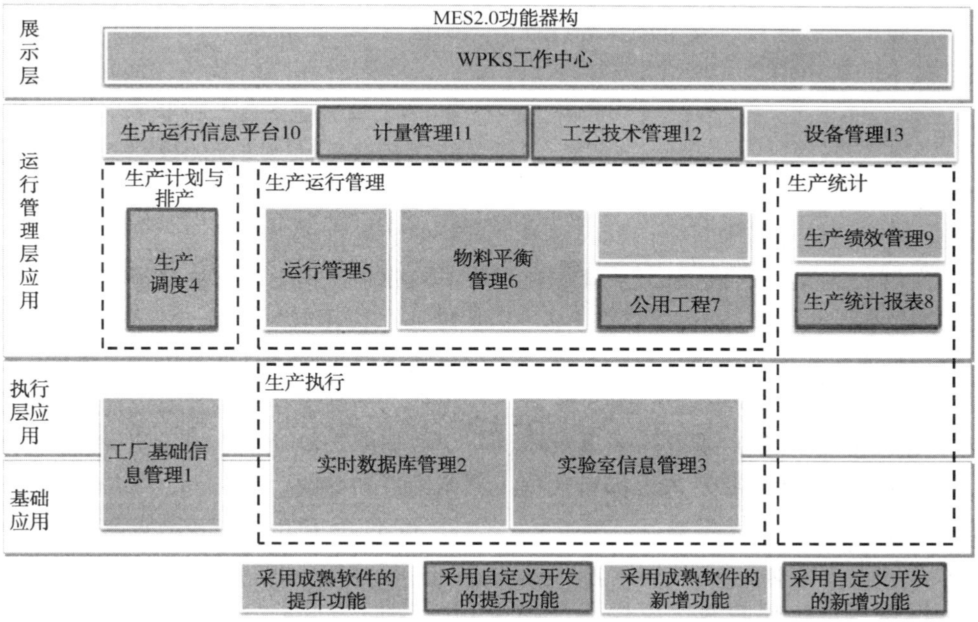

图 1　MES2. 0 功能模块

（1）实时数据库及应用

数据采集频率为 120S，不能满足关键生产参数对采集速率的要求。三化肥装置流程图与 DCS 流程图尚存在差距，数据采集不准确，无法为工艺、设备专业提供精准的生产分析、趋势浏览等业务需求，基础数据准确性有待提高。

主要生产装置仪表自控率统计未自动接入，无法在 MES 系统中查询各装置实时仪表自控率，无法向总部系统提供装置仪表自控率自动采集接口。

主要装置开停工状态未有效监控，未实现装置开停工的报警推送。

（2）物料平衡、公用工程数据、计量管理等模块基础数据不准确

MES 系统按照生产装置实际，配置各装置主物料进出、水电气公用工程消耗测线，具备计量仪表累积量自动采集的配置自动采集。但运行中存在一定数量的累积量自动采集不准确，气体、液体质量换算不正确，班组提交数据不及时不准确等问题。导致系统中能耗物耗数据质量偏低，无法为统计报表及生产分析提供准确数据。物料平衡与公共工程系统界面见图 2。

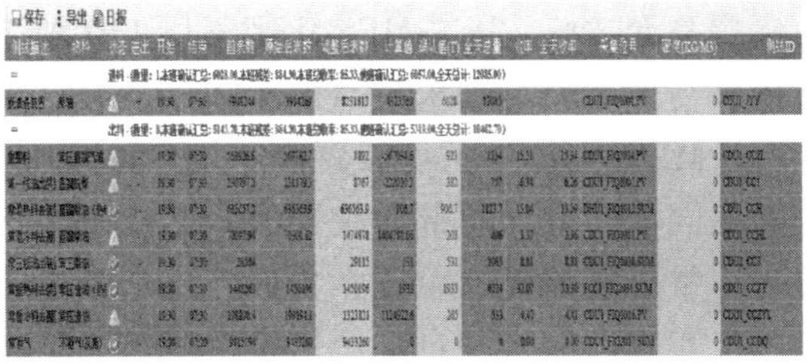

图 2　物料平衡、公共工程

计量进出厂数据路由配置不完整，未与销售信息系统实现数据共享导致业务人员手工录入工作量大。系统存在数据质量低、产品数据不完整等问题。

（3）生产调度报表未自动生成，上报总部数据未实现自动提取

生产调度日报、调度岗位生产记录等报表，因基础数据质量及报表取数逻辑等问题，未实现自动生成，未取代传统统计方式。调度岗位每日向总部上报装置投入产出、产品库存、产品进出厂等数据仍采用人工统计未实现系统自动采集。

（4）炼化生产过程数据未实现分析展示

MES系统包括生产计划、产品进出厂、生产运行监控、产量消耗、库存、安全环保等过程数据，但缺乏技术分析、信息共享与集中展示。

2　深化应用方案设计

针对现状分析中存在的问题，信息技术部门与生产、自控、质检、计量等业务部门共同查找问题原因，制定解决方案，形成MES系统深化应用设计方案如下：

（1）实时数据库深化应用方案

生产部门将关键工艺指标分类，MES系统PHD采集频率分级配置，将关键指标采集频率提升至10S到30S，以满足关键工艺指标对数据刷新频率和及时性的需求。

结合化肥三厂生产情况，同步DCS系统改动，MES系统保持与现场控制系统流程图及数据点位的准确对应。

设计与全流程自动化系统WebServices接口程序，MES系统从接口自动采集各装置自控率实时数据并展示，同时向总部系统开放数据接口。

开发部署主要装置开停工监控程序，设计开停工监测指标，并将开停工监测信息自动推送到企业短信系统，实现装置开停工监测及报警推送。

（2）梳理物耗能耗基础数据，保障数据准确及时

梳理校核MES系统物料平衡、公用工程、计量进出厂等模块物料测线及物料移动，将累计量采集问题分为无计量仪表、累积量与现场量不一致、采集位号不准确等类型，分分型落实各专业解决，以保障数据采集准确。梳理校核产品进出厂类型，完善系统配置与实际业务保持一致，以达到进出厂产品准确计算的目标。

设计开发WebServices接口及PHD数据写入程序，将销售信息系统每日汽车出厂数据自动采集至计量管理模块，提高计量进出厂数据准确性。

生产管理部门及各二级单位细化MES系统运行管理制度，并严格执行，保障各单位物料、能耗数据及时、准确的提交系统。

（3）设计实现生产调度报表自动生成，上报总部数据自动提取

收集包括生产调度日报在内的生产调度报表12张，应用帆软报表开发软件开发，实现报表自动生成。对应总部系统物料编码，设计产品进出厂、产品库存、装置投入产出、产品产量等4个数据库存储过程，实现上报总部数据从MES系统自动提取。

（4）炼化生产过程数据实现分析展示

结合总部推广与应用，设计包含生产经营、生产加工、化验分析、工艺技术、能耗分析、安全环保等页面。设计与设备管理、安全受控等系统数据共享接口，实现对技经指标、过程质量、安全环保、设备运行、能耗管理、工艺技术等数据的管控分析与集中展示。

3　MES深化应用实践与应用效果

针对系统应用现状分析与深化应用方案设计，信息部门与各生产业务部门从管理、技术多方面入手，逐步实现设计内容，具体内容与效果包括：

（1）实时数据库深化应用的实现

MES系统PHD采集频率按指标类型分级配置，132个指标采集频率提高至10S，536个指标提高至30S。完成MES化肥三厂110副流程图校核与发布，自动采集点位4825点位。

MES系统实现各装置自控率实时数据自动采集同步，并向总部系统开放数据接口。

常压、催化、重置、合成、尿素等主要装置停工实现监测，并自动短信推送报警。见图3。

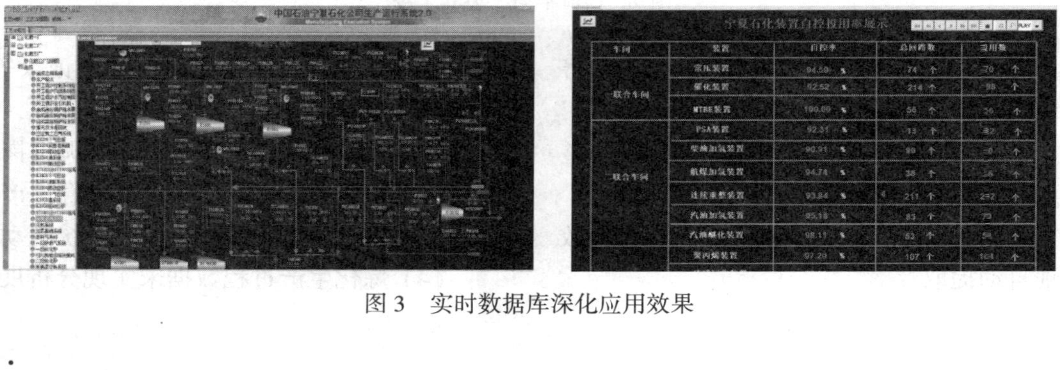

图3　实时数据库深化应用效果

（2）物耗能耗基础数据准确性显著提高

梳理校准 MES 系统物料平衡、公用工程、计量进出厂物料测线 110 条，解决自动采集累计量与现场不一致点位 46 条，解决位号组态不准确问题 58 条。无计量仪表问题如具备条件在大修期间逐步设计完善。

开发应用与销售信息系统自动取数程序，每日汽车出厂数据自动采集，计量进出厂数据准确性显著提高。

生产管理部门将数据确认流程要求明确入生产运行管理规定，每月在专业考核中通报，督促基层车间岗位提交数据及时准确。

（3）生产调度报表自动生成，上报总部数据自动提取

应用报表开发软件，核对校准数据逻辑，开发生产调度日报、油品罐区动态等报表 12 张，实现生产调度报表自动生成。与总部系统物料编码实现对照，开发完成装置投入产出等 4 个数据库存储过程，上报总部数据从 MES 系统自动提取。如图 4 所示。

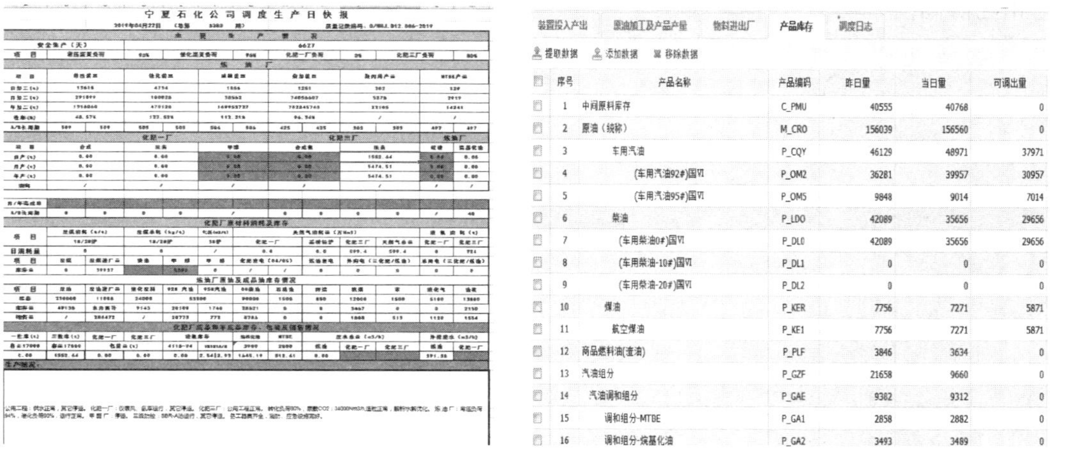

序号	产品名称	产品编码	昨日量	当日量	可调出量
1	中间原料库存	C_PMU	40555	40768	0
2	原油（统称）	M_CRO	156039	156560	0
3	车用汽油	P_CQY	46129	48971	37971
4	(车用汽油92#)国Ⅵ	P_OM2	36281	39957	30957
5	(车用汽油95#)国Ⅵ	P_OM5	9848	9014	7014
6	柴油	P_LDO	42089	35656	29656
7	(车用柴油0#)国Ⅵ	P_DL0	42089	35656	29656
8	(车用柴油-10#)国Ⅵ	P_DL1	0	0	0
9	(车用柴油-20#)国Ⅵ	P_DL2	0	0	0
10	煤油	P_KER	7756	7271	5871
11	航空煤油	P_KE1	7756	7271	5871
12	商品燃料油(渣油)	P_PLF	3846	3634	0
13	汽油组分	P_GZF	21658	9660	0
14	汽油调和组分	P_GAE	9382	9312	0
15	调和组分-MTBE	P_GA1	2858	2882	0
16	调和组分-烷基化油	P_GA2	3493	3489	0

图 4　生产调度报表自动生成

（4）生产技术分析系统上线投用

开发包括生产经营、工艺技术、能耗分析、安全环保等页面 33 张。实现与设备管理、安全受控等系统数据集成共享，实现对技经指标、能耗管理、工艺技术、高危作业等数据的管控分析与展示。该系统在公司调度室大屏幕滚动展示。如图 5 所示。

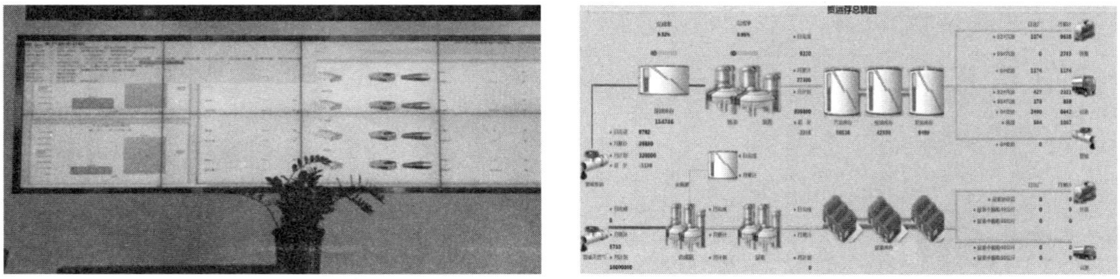

图 5　生产技术分析系统上线运行

4　总结与展望

公司作为企业信息化与工业化两化融合试点单位，正在推进两化融合体系建设。加深信息系统与公司生产经营各项业务的深度融合及有机契合，成为当前迈向智能化建设的重点任务之一。MES 系统作为炼化企业生产过程基础数据与业务管理的重要信息系统，确保数据准确、与业务紧密结合、深化系统应用将是促进信息化与工业化两化融合的重要实践与探索。

持续推进 MES 深化应用，还需要继续做好以下几点：

（1）MES 系统采集数据及流程图尚存在与控制系统未完全一致

等问题，信息技术部门与生产业务部门协同，继续分装置分步骤的做好基础数据校核，保障生产数据采集的完整准确。

（2）物耗、能耗等测线及装置编码尚未完全统一规范，需要继

续按照标准规范统一编码，为继续做好系统之间的数据共享打好基础。

（3）继续加强 MES 系统与其它经营管理、安全环保、设备管理

等信息系统的数据共享，做到系统之间的互联互通与相互协同。

（4）虽然已开发生产技术分析系统，但目前仅以数据统计与展

示为主，需要加强生产全流程数据的分析与挖掘，为生产效益提升和决策指挥提供更加强大的分析与支撑。

参 考 文 献

[1] 2014 年中国两化融合发展形势展望[R]. 中国产业信息网，2014.

[2] 吴青．智能炼化建设[M]. 北京，中国石化出版社，2018

企业集团财务公司数据治理体系建设的实践与探索

张越然

（中海石油财务有限责任公司）

摘　要　随着2018年中国银保监会发布的《银行业金融机构数据治理指引》，我国银行业金融机构开启了数据治理全面实践的新时代。近年来，企业集团财务公司金融业务种类不断拓展，信息系统数量增多、规模扩大、关系复杂，经年累月产生并留存了大量的数据。数据管理、数据资产变现已成为公司经营管理的重要研究课题。本文从多角度分析了企业集团财务公司开展数据治理工作的必要性和紧迫性，从宏观战略与微观战术两个方面详细阐述了数据治理体系搭建的步骤和策略，并对下一阶段的应用试点工作进行计划与展望。

关键词：数据治理；数据分析；数据资产；数字化转型；财务公司

1　企业集团财务公司搭建数据治理体系的背景

1.1　监管要求与企业集团财务公司数据治理现状

2018年5月21日，中国银保监会发布的《银行业金融机构数据治理指引》，标志着数据治理在我国银行业金融机构中全面实践时代的到来。这份《指引》共七章五十五条，从公司数据治理组织架构、数据管控流程、数据质量、数据价值实现等方面进行了规范和要求。而企业集团财务公司数据治理及应用进程普遍较晚，许多财务公司对数据的重视程度远远不够，没有专门的数据治理组织架构，信息化部门全权掌握信息系统及数据的管理；业务部门不擅长运用数据思维、用数据得出结论，经验主义、拿来主义比比皆是；没有针对数据管理的流程规范或制度，导致数据质量不高，应对监管要求的数据报送不及时不准确的情况时有发生，甚至因此受到处罚；未认清数据的潜在价值，多年累积的数据不仅不能变现，反而成为财务公司管理的负担。可以说，《指引》发布得恰逢其时，直击企业集团财务公司数据管理痛点，通过各个方面的严格规范为企业集团财务公司数据治理及应用之路指明了方向。

1.2　商业银行的数据治理实践情况

商业银行的数据治理及应用之路相较企业集团财务公司而言普遍较早。由于业务市场竞争激烈，公司为跑赢竞争对手或争夺客户，早已将数据纳为重要的生产要素，通过广泛而深入的数据治理工作，盘活了公司数据资产，充分开拓了数据价值并服务于自身业务。商业银行大都已完成数据治理组织架构建设、数据的标准化、金融指标的体系化等工作，并拥有公司级的大数据平台对大量数据进行集中管控与潜在价值挖掘。通过模型建立、指标分析多角度、多维度深度剖析业务，做出决策建议，用数据价值反哺业务，形成新的盈利点。商业银行在充分满足监管要求的前提下，已然形成“数据生态圈”，在市场竞争中充分发挥了数据价值优势。企业集团财务公司可借鉴商业银行的数据治理实践经验，结合自身特色开展数据治理工作，以期提升业务竞争力、满足监管要求。

1.3　数字化转型的发展要求

“数字化转型、智能化发展”是贯穿“十四五规划”的重要旋律。“十四五规划”中，国家明确提出要稳妥发展金融科技，加快金融机构数字化转型。要以数字化转型整体驱动生产方式、生活方式和治理方式变革。2020年中央全面深化改革委员会《关于构建更加完善的要素市场化配置体制机制的意见》中，明确要求将数据作为重要的生产要素。2021 年中国人民银行发布的《金融业数据能力建设指引》中，要求提升包括数据战略、数据治理、数据架构、数据质量在内的共 29 个能力项。

由此可见，数据治理过程是企业集团财务公司数字化转型的必经之路，通过数据治理工作发掘数据价值，企业集团财务公司才能构筑行业竞争新优势，构建创新发展新格局。

2　从宏观层面着眼企业集团财务公司的数据治理任务

2.1　确定数据治理战略

企业集团财务公司业务战略是其进行金融活动的指导方案，而企业集团财务公司数据战略则是其进行数据管理的高层策略。数字化时代，数据是企业集团财务公司重要的生产要素，其业务发展战略的最终实现离不开对数据的高效应用，而数据战略则是对数据应用的纲领性方案，起到推动业务目标实现的作用。企业集团财务公司的数据战略目标应与其业务战略目标保持一致。通过开展数据治理让数据得到合理、充分的利用，驱动业务目标实现，从而满足企业发展战略。脱离业务战略的数据战略是站不住脚的；脱离业务目标，数据治理工作则会失去其价值。

就本文作者所在的企业集团财务公司而言，强化集团资金集中管理职能、配合集团整体发展目标进行合理资金分配促进降本增效、为成员单位提供完善的金融服务、严守安全运行底线是公司的业务战略。基于业务战略，企业集团财务公司确定了本单位的数据战略，即：提升全量业务数据管控能力以加强资金集中管理；提升数据分析决策能力，合理高效进行资金分配，提升公司全种类金融业务开展效率；通过数据安全管控保障公司业务合规，降低运营风险水平。

企业集团财务公司的数据战略回答了“为什么做”的根本问题，是方向性的解答。基于业务战略出台的数据战略是后续数据治理工作开展不偏离航向的有力保证。

2.2　理清数据管理现状

企业集团财务公司数据战略解释了为什么进行数据治理，而调研企业集团财务公司数据管理现状，找出阻碍实现数据战略的业务痛点和亟待解决的数据问题，是明确数据治理“要做什么”的关键所在。数据治理能力成熟度评估可对企业集团财务公司数据管理现状进行基准评测，呈现企业集团财务公司数据治理方面具备的条件和水平，帮助公司找到数据优势与不足，指明数据治理工作方向。对于数据治理能力成熟度评估，国内外都有很多组织在研究与实践，如 CMMI 研究所的 DMM 模型和我国全国信标委发布的 DCMM 模型。本文作者所在的企业集团财务公司采用了 DCMM 模型进行数据治理能力成熟度评估。

通过对企业集团财务公司高层领导、业务人员、信息化支持人员现场访谈、问卷调研，以及和业务系统供应商进行系统调研，最终形成了数据治理能力评估报告。本文作者所在的企业集团财务公司在 DCMM 的 5 个数据管理能力成熟度等级正处于 Managed(受管理)等级。目前，公司已意识到数据的重要性，迫切希望通过数据提升公司整体的服务质量及资金配置效率；数据上游缺乏统一的数据标准，信息系统设计不规范；数据中游缺乏统一的平台对分散在各信息系统的数据进行整合与整理加工，公司“信息孤岛、数据烟囱”现象明显；数据下游分析挖掘数据价值能力有限，指标分析仅停留在表层，许多报表应用都有重复开发部分，且公司业务人员对指标全貌了解甚少，对业务发展缺乏有根据的规划、对管理症结无法定因，数据资产难以实现其业务价值。企业集团财务公司预期的数据管理能力成熟度等级为 Measured(量化管理)等级，届时将设立专门的数据管理组织架构，统一公司数据标准及业务术语，依托统一的数据管理平台建立可量化的分析指标体系，提升数据分析的能力与效率。

通过数据治理能力成熟度评估，企业集团财务公司认清了自身的数据管理现状，找到了提升数据管理能力的目标，为规划“要做什么”奠定了扎实的基础。

2.3　制定数据管理规划

通过数据管理成熟度评估后，企业集团财务公司理清了数据管理现状并找到了数据管理目标，接下来就需要制定具体的策略，规划要完成的数据治理工作举措。本文作者所在的企业集团财务公司，以公司数据战略为指引，以业务需求为导向，参照公司数据管理现状，制定了五年“三步走”的策略以期实现数据管理目标。第一阶段为基础构建阶段，在该阶段企业集团财务公司将建立公司级的数据治理体系，从组织架构、数据标准、制度流程、指标体系、业务模型、平台规划等方面建立健全组织机制保障，奠定数据分析基础，预计一年完成；第二阶段为应用试点阶段，在该阶段会在数据应用平台落地第一阶段的各项基础成果，实现经营管理数据的初步分析应用、以不同视角解构金融业务运营情况、实现数据资产可视化、支持用户自主用数分析、提升数据安全水平，预计两年完成；第三阶段为深化完善阶段，在该阶段会完成公司全量指标的穿透分析、构建各类业务数据模型，通过大数据训练、调整参数提升预测结果可信度，迅速捕获成员单位需求以提供更高效的金融服务，预计两年完成。此外，通过持续为领导、员工提供数字化转型、数据治理及分析应用方面的宣贯培训，提升企业数据文化氛围，改善员工根深蒂固的经验主义，也将贯穿在五年“三步走”规划中。

企业集团财务公司数据治理及应用规划解答了“要做什么”的问题。接下来就到了企业集团财务公司探索具体“怎么做”的实践阶段。

3　从微观层面着手企业集团财务公司的数据治理工作

3.1　治理组织建立

数据治理工作首先要做的，就是协调、规范好数据资产的利益相关方，建立清晰的公司级数据治理组织架构，协调好各方的关系，使领导及员工目标一致、通力协作，为企业集团财务公司数据治理提供先行条件，是后续成功实施数据治理工作的有力保障。

本文作者所在的企业集团财务公司综合考虑了公司体量、人员配置、岗位职责等情况，最终设立了由网信工作委员会作为数据治理委员会、信息管理部作为牵头部门、主要业务部门具体开展数据治理工作、风控部门、审计部门、综合部门分别负责数据质量把关、项目执行情况监督、相关绩效考核的专门组织架构。具体数据治理组织架构请参见图1。

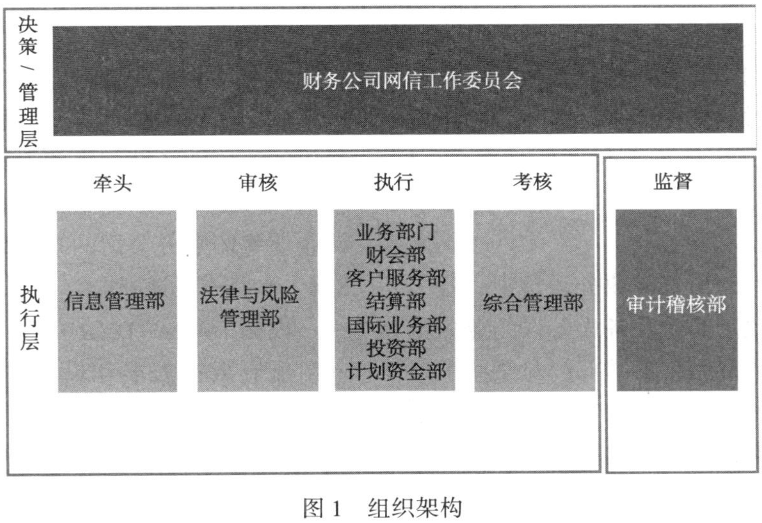

图1　组织架构

其中，网信工作委员会负责根据企业数据战略，指明数据治理方向，对数据治理过程的重大事项进行审核决策；信息管理部负责牵头协调各个业务部门切实开展数据治理具体工作，并设计信息技术落地实施方案；各业务部门负责相关数据资产识别、数据标准制定、指标梳理等具体数据治理工作；法律与风险管理部负责数据质量审核把关，保障报送监管部门的数据的准确性；审计稽核部负责对数据治理工作执行情况进行监督检查；综合管理部负责对每个部门的数据管理绩效进行考核。每个部门设立专职数据岗位或兼职数据工作关键用户，落实具体责任。

3.2　数据资产梳理

数据治理的对象是什么？由于企业集团财务公司数据中混杂着许多无用数据，比如转换数据、弃用数据等等，因此不可能也没必要对企业集团财务公司的全量数据进行治理。根据公司实际情况，找出属于公司核心板块的数据、与数据战略息息相关的数据进行治理，是企业集团财务公司数据治理的要义。这些关乎实现数据战略目标、解决实际业务痛点的数据集合，就是企业集团财务公司的数据资产。识别数据资产可以从自顶向下或自底向上方法。自顶向下就是以纯粹业务的视角对业务流程、数据流向等进行梳理，确认应该有哪些数据纳入数据资产，并在信息系统对数据进行定位；而自底向上就是从信息系统入手，将广泛的数据逐一辨别与业务的相关性，从而识别数据资产。

本文作者所在的企业集团财务公司由于业务纷繁，每项业务牵扯不同的信息系统，自顶向下方法的时间成本相对更大，因此我们选用了自底向上方法，先梳理信息系统之间的关系，定位出核心业务系统，包括金融专业系统、投资业务管理系统、SAP 系统、OA 系统、合同管理系统、EHR 系统，再调研其数据库结构找出库表、根据数据字典识别业务数据并与前台关联（参见图 2），最终使业务人员参考前台模块的归属认领数据资产。

基础信息							
系统名称	金融专业系统	投资系统	SAP系统	合同系统	OA系统	EHR系统	合计
表单统计数(全部)	1,780	458	33	3	111	32	2,417
表单统计数(有数)	773	190	23	3	68	21	1,078
字段统计数(全部)	26,833	7,516	1,747	270	1,962	571	38,899
字段统计数(有数)	11,414	2,372	1,186	126	1,217	377	16,692
表结构(分模块)	信贷、票据、结算、外汇、同业往来、证券、授信、信用评级、客户管理、网银、电票、1104报表、审批流、单据打印、档案管理	基础信息、业务管理、风险管理、会计核算、系统设置	财务、客户、系统设置	合同管理	务流程、人力资源管理、资金池审批流程、合规、审计稽核、公司治理综合管理、IT管理	人事管理	

图 2　核心业务系统

与数据资产识别一同完成的，是数据资产利益相关方的确认，对数据资产采、存、管、用各个流程的权责确认，从理论上保证“正确的人”负责“正确的数据”。

3.3　数据标准制定

在企业集团财务公司日常业务运营中，各个部门的沟通交流会频繁的涉及各式各样的业务术语以及数据名称，常常因为不同部门对某些术语或数据的理解不一致，增加了沟通成本，降低了业务处理效率。此外，相同的数据在不同的信息系统中的名称及技术设计也不尽相同，这对打破系统间的壁垒、降低开发和运维成本并无好处。因此，为企业集团财务公司制定统一的数据标准，包含各种无二义性的内容，便于作为索引表指导业务人员或信息系统开发商进行工作，是十分有必要的。

数据标准包含基础数据标准以及分析类数据标准。分析类数据标准请参考本文 3.5 节内容。本文作者所在的企业集团财务公司仍采用自底向上的方法，基于调研得出的数据资产内容，参照信息系统数据字典、开发文档等信息，对基础数据的中英文名称、业务含义、字段长度、数据精度、制定依据等信息进行初始化，按照权责归属提供给不同业务部门审阅，涉及多部门的数据开会讨论数据标准的内容，编制会议纪要，最终确认企业集团财务公司的基础数据标准。

3.4　数据模型设计

根据 DAMA-DMBOK2 的描述，数据模型是一组反应数据需求和设计的数据规范与相关图示，包括概念模型、逻辑模型、物理模型。数据模型是对数据特征的描述、便于业务人员理解、便于技术人员实现。

3.2 和 3.3 节内容是梳理企业集团财务公司数据资产，制定基础数据标准。这些工作做完后，面对繁多的数据，如何能够方便快捷地对某个数据精确定位呢？如何描述数据对象及其之间地关系？如何正确存储数据对象？

数据概念模型可对企业集团财务公司数据资产提供业务概念。根据同业银行、企业集团财务公司的实施经验，结合本文作者所在的企业集团财务公司业务实际情况，为本单位设立了业务主题域，为数据资产的内容进行分类，包含 13 个一级主题域及 68 个相关二级主题域。通过将数据资产中的数据项划入数据概念模型，可精确、及时地找到企业所需数据。数据概念模型请参见图 3：

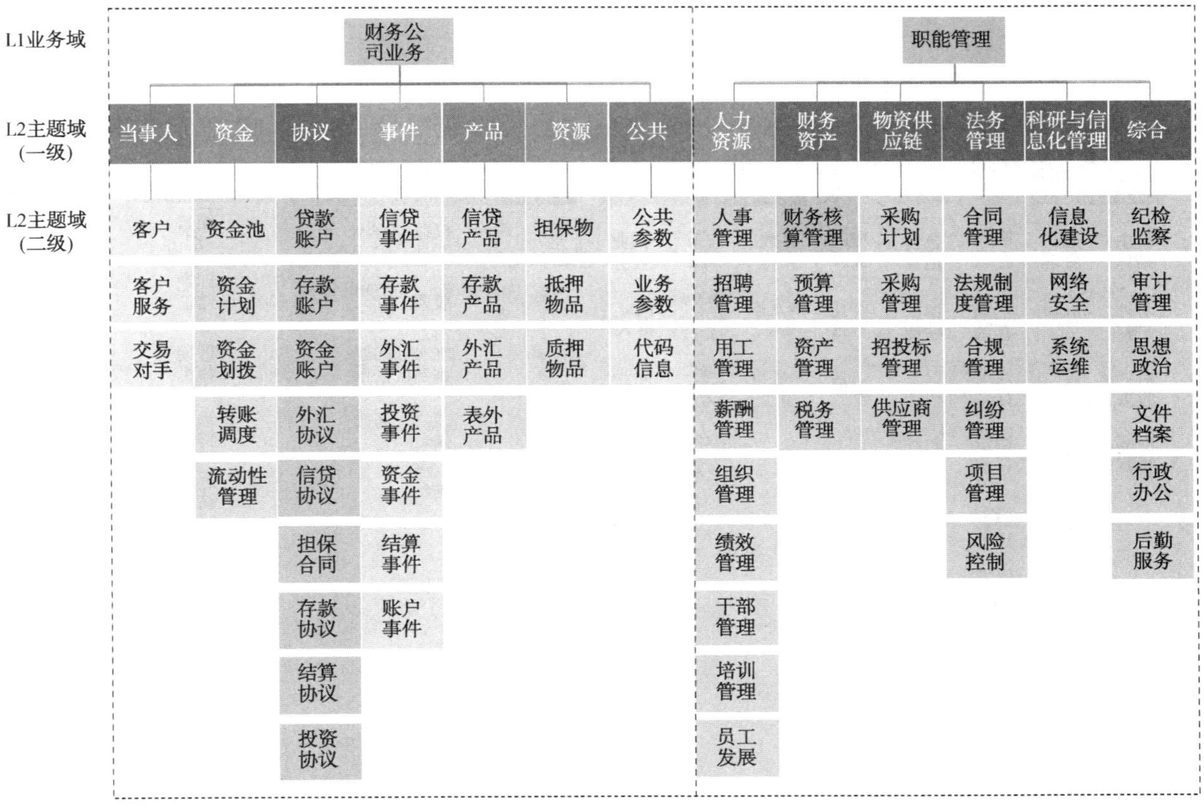

图 3　数据概念模型

由于目前是规划阶段，不涉及数据应用平台建设，数据逻辑模型、物理模型都参考、沿用业务系统建设时期的模型文档，其中的实体名称、字长等内容，替换为数据标准中的内容。

3.5　指标体系建设

企业集团财务公司用于经营分析类的重要数据，就是指标。本文 3.3、3.4 节叙述了基础数据标准制定及数据资产分类的过程，本节指标体系的建设就是分析类数据的标准制定和分类过程。

本文 2.2 节通过 DCMM 数据管理成熟度评估理清了企业集团财务公司数据管理现状，其中收集了业务部门提供的所有管理类报表。这些报表就蕴含着企业集团财务公司大量的生产经营重要指标，并且有许多类似的、重叠的部分。因此，深度分析管理类报表的构成逻辑，提炼反复出现的指标、重构各类指标的组成机制，可以解决大量业务的数据痛点，是数据治理工作取得显著成效的关键一环。

通过深度解构管理报表中的泛化指标，本文作者所在的企业集团财务公司采用“基础指标+分析维度+衍生计算”的方式构筑起公司的全量指标库。基础指标是指原始数据经过简单的加工获得的一般性指标，分析维度是通过拆解泛化指标梳理出的统计口径，由基础指标+分析维度可得出大部分报表中的指标。除此之外，还有一些相对复杂的指标，是对基础指标与分析维度组合之后再进行计算加工得出的，通过对计算方式唯一性的确定，规范了衍生指标的计算过程。“基础指标+分析维度+衍生计算”构筑起的指标体系，也按照金融行业业务的分类方法进行了分析类别、统计类别定义，便于快速定位分析指标和统计口径，具体分类请参见图 4、图 5。

指标体系的建立让原有杂乱的指标变得清晰，其规范了指标名称、统一了计算逻辑，形成了完整的指标统计路径，更便于落标系统实现，减少重复开发成本浪费，提升代码复用效率，减少计算出错的概率。

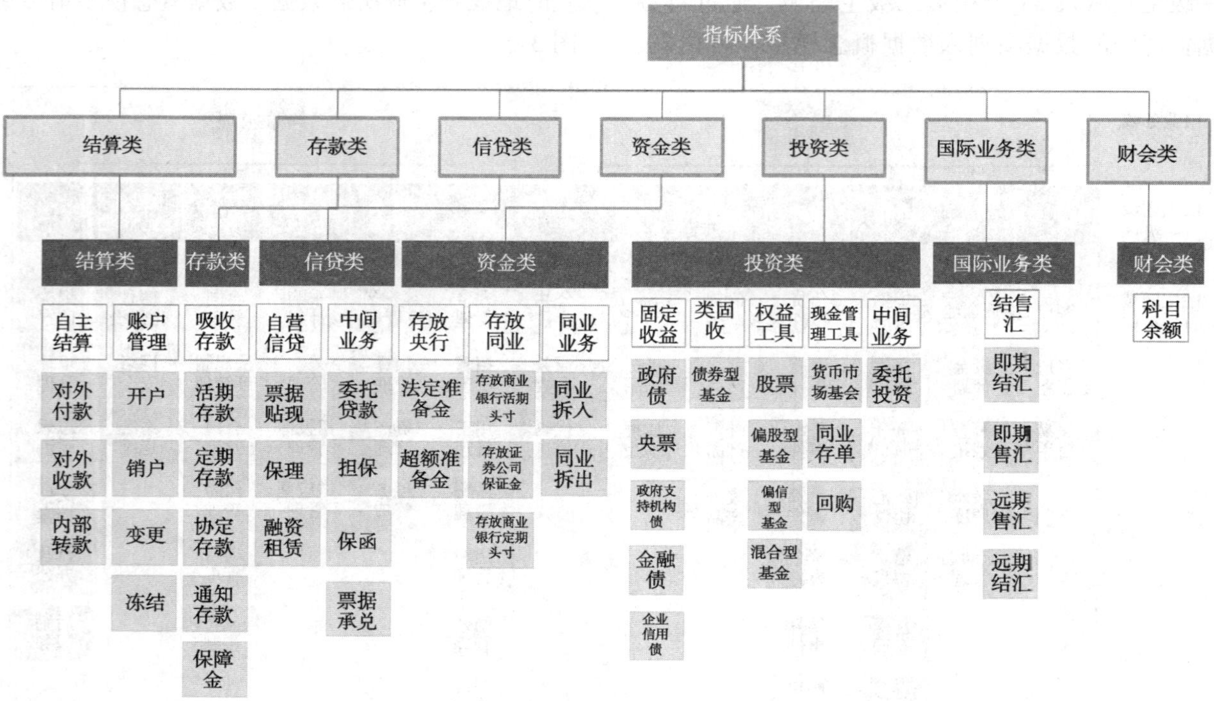

图 4　指标体系

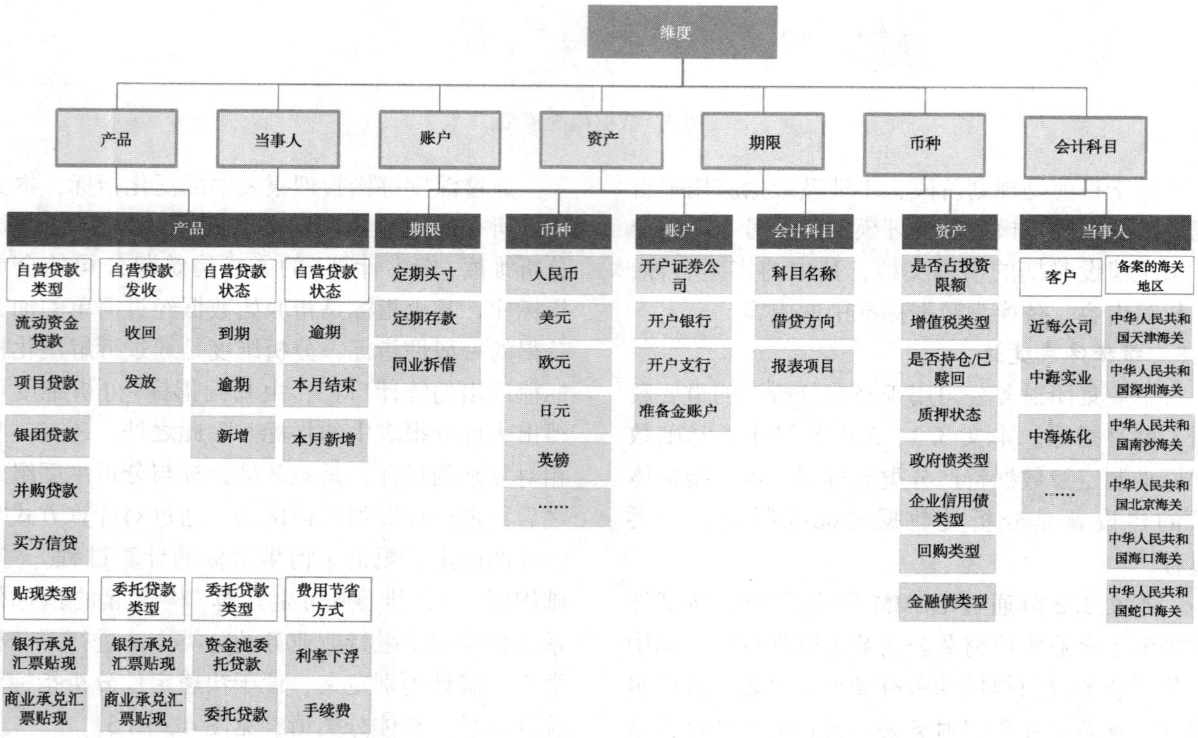

图 5　维度

3.6　报表业务模型编制

本文 3.5 节详述了公司级指标体系建立过程。但对于具体报表，企业集团财务公司业务人员希望能够快速、准确自动化得出，而不是每次重新统计计算。因此对于具体的报表，需要梳理清楚其业务、技术、管理信息，针对性地进行“报表解构”，形成报表业务模型。报表业务模型对上可直接面对业务人员，理清每张报表的形成逻辑及指标管理关系，对下可作为技术开发人员的参照，确保业务需求到技术实现转化的准确性。

本文作者所在的企业集团财务公司报表业务模型中的业务信息包括指标类型、指标名称、分析维度、业务定义等；技术信息包括衍生计算规则、币种、计量单位、统计周期、指标精度等；管理信息包括定义部门、使用部门、共享范围等。

每张报表的业务模型加深了业务部门对报表信息的认识，拓宽了单一指标的应用范围，并为技术实现奠定了基础。

3.7 制度体系保障

无规矩，不成方圆。与企业集团财务公司日常的数据管理活动相匹配的数据管理制度体系就是“规矩”。数据管理制度体系可以规范数据活动流程，引导企业集团财务公司树立正确的数据管理文化，固化业务人员的操作习惯，营造企业集团财务公司的数据应用氛围。2018 年中国银保监会发布的《银行业金融机构数据治理指引》中也明确要求建章立制，规范数据活动，因此本文作者所在的企业集团财务公司根据实际数据活动开展情况编制了数据管理制度，包括《数据管理办法》、《数据标准管理细则》、《元数据管理细则》、《数据质量管理细则》、《数据需求及应用管理细则》、《数据治理考核评价管理细则》、《数据安全定级细则》，覆盖全面、切实可行、使各部门及相关岗位职责清晰，并能够满足《银行业金融机构数据治理指引》中的要求。具体情况请参加图 6。

数据管理制度体系

序号	层次	制度名称	制度内容	对应监管要求
1	制度	数据管理办法	1.数据治理组织架构及分工 2.数据治理各板块内容框架:数据标准管理、元数据管理、数据质量管理、数据需求及应用管理、数据共享管理、数据安全管理、考核评价管理、监管数据统计与填报管理	《银行业金融机构数据治理指引》第五条、第六条、第八条至第十三条、第十八至二十条、第二十三条、第二十四条、第二十七条、第二十八条、第二十九条、第三十二条、第三十四条
2	办法	数据标准管理细则	1.职责分工 2.数据标准范围 3.数据标准管理目标、数据标准制定、数据标准评审、数据标准发布、数据标准执行、数据标准变更	《银行业金融机构数据治理指引》第二十条
3	办法	元数据管理细则	1.职责分工 2.元数据管理、元数据采集和核验、元数据的使用、元数据应用平台	《银行业金融机构数据治理指引》第二十一条
4	办法	数据质量管理细则	1.职责分工 2.数据质量管理目标、指标标准管理、数据质量问题发现、数据质量核查、数据质量问题分析、数据质量整改流程、数据质量考核与评估流程、数据质量验核规则管理流程	《银行业金融机构数据治理指引》第三十条、三十一条、三十二条、三十四条、三十五条、三十七条
5	办法	数据需求及应用管理细则	1.职责分工 2.数据需求及应用范围 3.数据需求受理与评审、数据需求立项与实施、数据应用服务管理流程	《银行业金融机构数据治理指引》第三十八条
6	办法	数据治理考核评价管理细则	1.职责分工 2.数据管理考核评价周期与范围 3.数据管理考核评价内容、数据管理考核评价流程、数据管理考核评价问责、考核评价整改	《银行业金融机构数据治理指引》第三十四条
7	细则	数据安全定级细则	1.职责分工 2.数据安全分级、数据安全级别变更与维护	《银行业金融机构数据治理指引》第二二十四条、《金融数据安全数据安全分级指南》

图 6　数据管理制度体系

《银行业金融机构数据治理指引》第四条、第十四至十六条、第二十二条、第二十六条通过工作体现，无需制度描述；第三十三条、三十六条不适用本文作者所在的企业集团财务公司；第三十九条至四十九条为建议性内容，无需制度体现；目前系统数据都是全量备份，因此第二十五条直接满足，无需制度体现。

4 应用试点工作展望

本文第 2.3 节详述了企业集团财务公司制定的数据治理规划，提到采用五年“三步走”的策略。本文第 3 章已详述了企业集团财务公司建立数据治理体系的过程，但这只是第一步“基础构建”阶段，仅从理论层面为实现公司的数据战略目标奠定了基础，并未在系统、应用层面予以具体实施。而理论基础+工作实践才能够延续数据治理的理论成果。五年“三步走”的下一个阶段是应用试点，会将数据标准应用于现有系统优化、新系统建设，加强数据质量的管控手段，将指标体系的梳理成果落标系统实现快速准确地报表自定义、指标数据分析。因此在第一步“建章立制”后，下一阶段将根据现有数据治理理论成果针对性地进行数据应用平台产品选型，完善除数据概念模型之外的数据逻辑模型和物理模型并通过“数据仓库”实现数据逻辑分层；通过数据管控工具提升数据管理能力、核验数据质量、提升数据安全水平；搭建数据可视化应用并试点报表自定义编制、重要经营指标面板，训练预测模型进行数据分析助力企业集团财务公司业务决策。

参 考 文 献

[1] 杨学山．智能原理[M]．北京：电子工业出版社，2018.

[2] 周艳会，曾荣仁．基于元数据的数据质量管理研究[J]．信息技术与信息化 2020(7)：25-29.

[3] 谢绚丽．商业银行数字化转型现状、挑战和机遇[N]．中国工商时报，2021-1-4.

[4] 杨晶．银行信息标准化体系建设研究[D]．对外经济贸易大学，2017.

[5] 安筱鹏．重构数字化转型的逻辑[M]．北京：电子工业出版社，2019.

[6] 中国信息化百人课题组．数字经济：迈向从量变到质变的新阶段[M]．北京：电子工业出版社，2018.

[7] 胡虎，赵敏，宁振波，等．三体智能革命[M]．北京：机械工业出版社，2016.

[8] 钱德勒．信息改变了美国[M]．万岩，邱艳娟，译．上海：上海远东出版社，2008.

大型企业集团财务合并报表系统设计与实现

葛利平

（中国海洋石油集团有限公司信息技术中心）

摘　要　财务报表在企业管理信息中具有至关重要的作用，它是综合反映企业集团真实的经营情况和财务状况的信息载体，也是加强集团经营宏观调控的有力支撑，中央各级管理部门要求企业集团、企业集团要求各下级单位及时准确的编制财务报表来进行上报。在社会经济高速发展的过程中，在世界能源格局发生巨大变化的今天，财务报表信息化的水平直接影响财务报表的质量，也决定了企业财务管理的能力和水平，这对于石油企业全面升级转型能否成功尤为重要。主要针对中国海油集团公司原合并报表系统存在的问题进行了研究，并提出新合并报表系统的设计思路与方案，阐述系统建设内容，梳理公司全集团应用取得的成果，并对项目及论文内容进行全面总结。希望能给其他企业在合并报表系统建设上，提供一些可供参考之处。

关键词：合并报表系统；财务信息化；财务报表信息化；合并报表；集团合并

中国海洋石油集团有限公司（以下简称“公司”）是1982年2月15日经国务院批准成立的特大型国有企业，主要业务板块包括油气勘探开发、专业技术服务、炼化与销售、天然气及发电、金融服务等，并积极发展海上风电等新能源业务。作为中国最大的海上油气生产运营商，公司具有规模大、层级多、全球化、多元化的特点。在社会经济高速发展的过程中，在世界能源格局发生巨大变化的环境下，公司内外部管控要求不断增强，一方面，监管机构对财务合并报表的时效、数据质量及精细化程度的要求越来越高，另一方面，公司业务上下游不断扩展，多元化发展势头日益强劲，公司内部对合并报表系统的信息化数据信息智能处理能力、决策支持能力提出更高的要求。集团原有的合并报表系统在技术、功能、操作规范、业务承载能力等方面均存在瓶颈，越来越难以支撑集团各级单位合并报表的快速准确出具。为满足外部监管要求和内部管理需要，在中国海油财务信息化总体规划下，集团合并报表系统亟需进行变革和创新。

1　原有合并报表系统情况及存在的问题

1.1　报表系统不统一，三套系统并存

在原有系统条件下，公司出具合并报表需要三套系统结合使用。分别是SAPBW报表系统、SAP BCS合并报表系统和久其网络版报表管理系统。

2006年，公司建设SAP ERP系统，并同步实施了SAP BW及BCS合并报表系统。其中，SAP BW报表系统用于出具利润中心报表，SAP BCS合并报表系统用于收集单体数据，处理合并抵销业务，生成合并报表。该项目经历两年分步实施推广，SAP BCS系统于2008年全集团统一应用，至今已持续应用十余年。

同样是SAP的产品，为什么需要两个模块出具报表呢？原因是SAP BCS合并报表系统在设计之初，确定了以公司代码作为最小的报表单位，从而无法向下拓展至利润中心独立出具报表，但近年来，公司下游业务发展迅速，很多销售板块的加油站以独立的利润中心进行管理和财务核算，所以只能借助SAP BW报表系统实现利润中心财务报表的出具。而公司代码层面的报表数据采集和合并抵销仍然以SAP BCS合并报表系统为主。SAP BCS合并报表系统一方面可以按照集团统一报表体系及取数逻辑出具单体公司报表（不含利润中心），包括单体报表外币报表折算、重分类等业务处理，另一方面可以进行合并抵销处理，包括内部往来抵销、内部收入成本

抵销、投资抵销以及其他抵销、架构变更合并抵销处理等，出具各层级的合并报表。

随着国资委、财政部对央企快报报送的要求逐步提高，公司于2014年开始建设久其网络版报表管理系统，建设目标是实现全集团范围内的法人单位报表数据填报、审核、汇总及转换单机版数据，满足国资委、财政部的快报及决算报表的快速报送需求。具体操作为：各单位将SAP BCS合并报表系统出具的报表结果，填报至久其网络版报表管理系统，再补充非财务指标信息形成完整报表后，进行快/月报及决算报表数据运算、汇总、校验审核并填报错误说明、补充附报文档，从而形成对外报送的全套全级次完整报表数据，完成集团内报送，再由集团统一转换为全级次单机版数据后，上报至国资委财政部。除此之外，久其网络版报表管理系统可以根据各二级单位需要搭建管理口径架构，复用快/月报及决算报表数据出具管理口径报表，还可以根据报表数据进行灵活查询及简单分析。

1.2　系统架构及方案设计陈旧

公司原核心应用的SAP BCS合并报表系统，主要是基于SAP账务数据进行单体报表出具以及后续合并抵销处理，系统功能及方案设计与SAP ERP核算系统高度集成。具体方案和局限为：

一是以SAP ERP核算系统中的公司代码为基础，搭建合并组织层级架构。但随着公司业务的不断拓展以及财务精细化管理的需要，以公司代码作为最小报表单位已经不能满足公司内各级单位的报表应用了，合并架构难以下沉拓展是SAP BCS系统组织架构设计的瓶颈问题，随着公司业务的扩张，此问题会越来越凸显。同时SAP BCS合并组织架构的固化，无法灵活组合，也难以支持公司内各单位灵活出具多口径的合并报表。

二是以SAP ERP核算系统中预设的合并科目表为基础，设计合并科目体系。用户抽取SAP ERP核算系统的财务底表数据，SAP BCS合并报表系统以“合并科目+辅助维度”小计余额归集展示和存储，作为出具单体及合并报表的数据基础。SAP BCS合并报表的设计理念是基于账务进行合并，SAP核算单位单体数据收集、重分类处理、合并抵销处理，均通过归集合并科目+辅助维度余额来实现。非SAP核算单位的报表数据归集，也必须由表项映射转换为合并科目，即在SAP BCS合并报表系统内部形成了一个合并账务数据池，这种合并方式的最大优势是能满足主表及明细表的同时出具，但其劣势也非常明显，首先，对财务核算及合并抵销处理的标准化程度非常高，一旦基础核算数据存在问题，将直接影响所有上级单位的合并抵销处理及报表出具。其次，报表数据不完整，非财务指标数据较难采集获取。再次，未与公司内部关联交易平台数据集成对接，关联交易对账与合并抵销分离。最后，报表数据基于科目余额形式存储，而不是以指标形式存储，直接带来报表数据查询的不便利，难以对单个报表指标数据进行横向多个历史时期、以及纵向下级单位或全部下级单位的数据查询。

1.3　合并功能不完善，局限性高

SAP BCS合并报表系统以合并科目为基础的合并方式，另外的弊端就是合并抵销功能的局限性。

SAP BCS合并报表系统的自动抵销规则，仅基于合并科目+辅助维度进行定义。以内部债权债务场景为例，需要设置固化的债权方科目和相应的账务方科目，内部关联单位双方必须使用相应的科目规范核算，才能触发系统自动抵销。这种抵销模式单一且不灵活，对于现在错综复杂的内部交易业务非常不友好，对交易双方账务处理的同步性、准确性要求都非常高，在关联交易前端无业务和系统规范的情况下，自动抵销非常困难。同时，系统无法支持关联交易业务导致的后续抵销，如内部未实现损益的抵销等。

SAP BCS合并报表系统身为国外厂商产品，对于中国特有的合并抵销业务不能很好的支撑，比如，中国准则下的统一控制下企业合并，要求新合并方在编制合并财务报表时，应当对合并资产负债表的期初数进行调整，同时应当对比较报表的相关项目进行调整，视同合并后的报告主体在以前期间一直存在。SAP BCS合并报表系统只能通过自开发功能，让用户手工补录年初数和上年同期数才能实现，对财务人员的工作效率和报表质量都存在影响。

1.4　报表上报审批流程缺失

SAP BCS合并报表系统侧重单体报表的账

务数据收集及合并报表的抵销业务处理，而在报表数据审核、上报等管理流程上存在功能缺失。

其中，在报表数据审核方面，仅能做到科目余额级平衡关系的校验，而对于表内表间的勾稽关系审核力不从心，这项空白由久其网络版报表管理系统承接。但两个系统的拼接，导致报表数据问题无法直接追溯回查，需要穿行至多套系统进行问题数据溯源分析。常常看到用户在久其系统中审核出报表数据有问题，再回到 BCS 系统中追溯，再进一步追溯到 ERP 账务核算数据，疲于对数。

另外，在 SAP BCS 合并报表系统以及久其网络版报表管理系统中均没有完善的报表上报及审批流程功能，SAP BCS 合并报表系统依靠任务锁定或者关闭账期，来实现报表数据的锁定；久其网络版报表管理系统可实现各单位报表的上报锁定，但是也没有相对完善的报表审批流程管理功能，报表数据没有有效的审查和管理机制，导致报表数据反复调整，报表报送时间被拉长。

2　新合并报表系统设计思路与方案

在公司信息化建设的总体规划框架指引下，依据公司“1534”总体发展思路，结合公司财务信息化现状，进行了全集团统一的新合并报表系统建设的方案设计，为财务管理向战略财务、业务财务和共享财务“三位一体”管理模式转型夯实基础。

新合并报表系统设计思路：首先，解决原系统瓶颈问题，如报表系统不统一、功能不完善、流程环节缺失等问题；其次，延伸报表系统的前后端应用，形成一套全流程统一的合并报表系统平台；最后，实现系统互联互通，充分结合公司已建的集团级平台，集成财务报表相关系统数据。

2.1　基于云平台的系统技术架构设计

新合并报表系统的架构设计主要有两方面目标，应用微服务灵活部署和数据读取的高性能，如图 1 所示。具体实践是：新合并报表系统应用部署在公司现有的 PaaS 云平台之上，数据库选择了 SAP HANA 高性能内存式数据库一体机，保障 SAP 数据的近似同步及报表系统数据读取性能。软件产品采用了久其新一代合并报表产品，应用系统架构为主流互联网开发及应用架构，基于 Spring Cloud 微服务框架，采取前后端分离模式式开发。包含丰富的基础组件和业务组件，有强大的扩展能力和适应性，支持 DevOps 运维和容器化管理，可独立于操作系统和数据库平台，符合高内聚、低耦合的开发要求。同时具备良好的分布式能力、弹性扩展能力和智能处理能力。如图 1 所示。

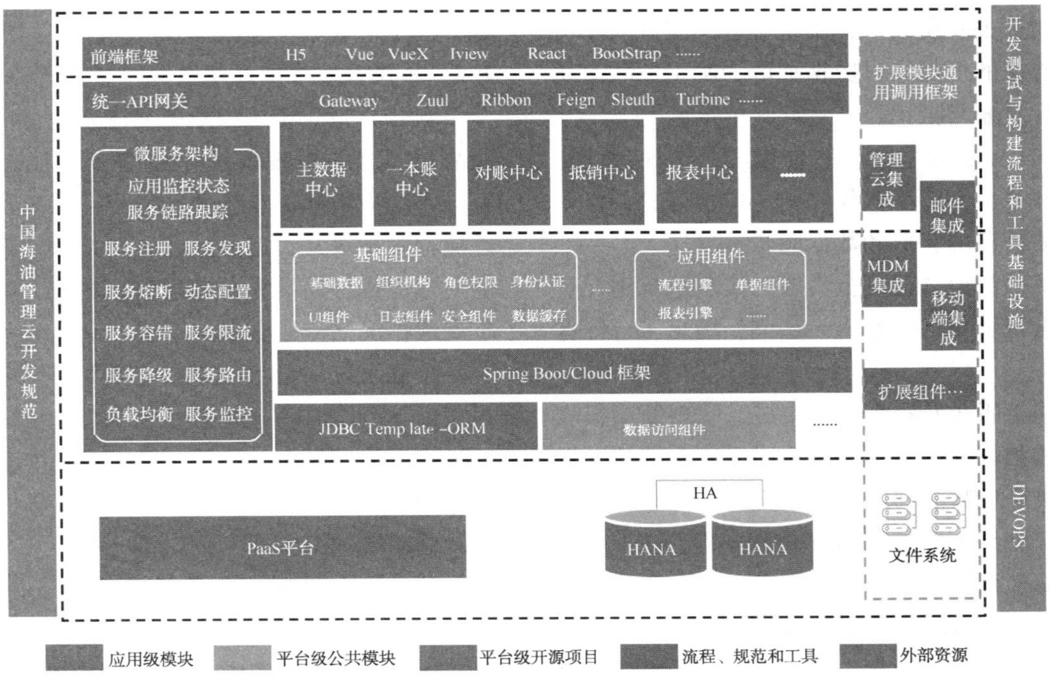

图 1　系统技术架构设计图

在公司信息化规划下，充分集成已建系统，实现系统间集成共享、互联互通。通过建设数据互联的“桥梁”，打破数据孤岛。系统集成设计如图2所示。

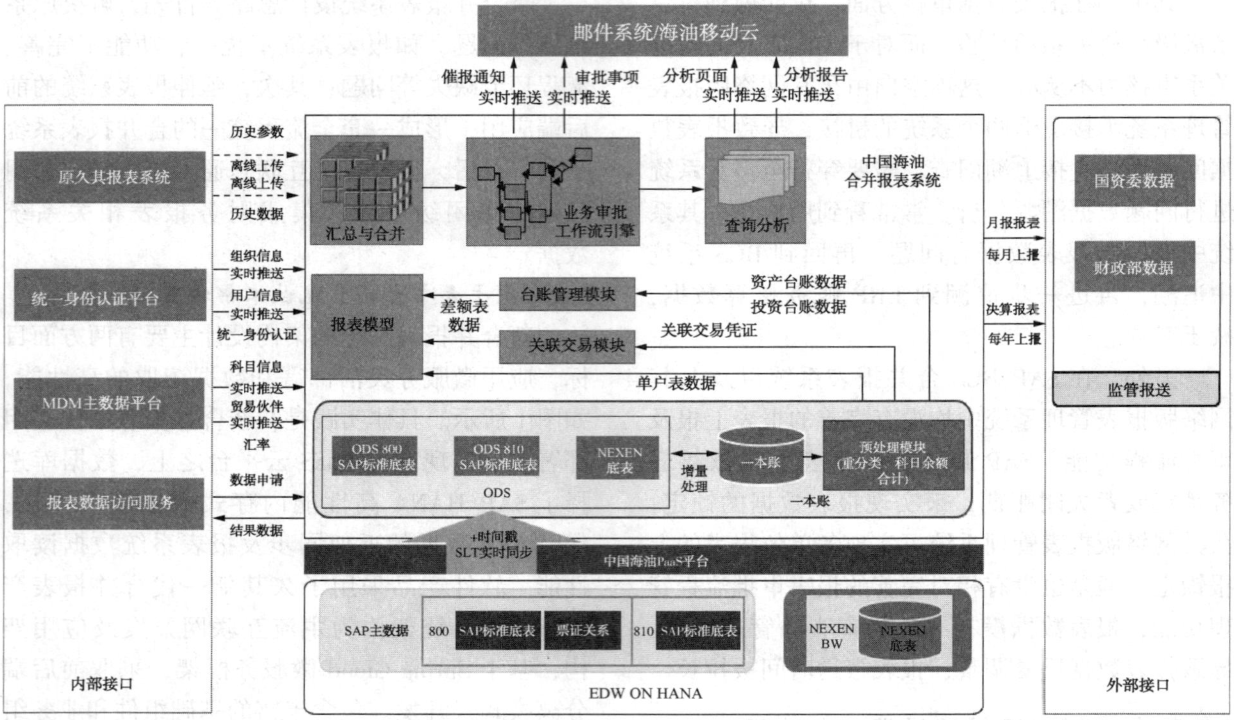

图2　系统集成设计图

与SAP ERP系统财务核算数据集成，实现财务核算数据及关联交易数据的近似实时数据抽取；构建集团一本账数据中心，实现集团财务核算信息的统一归集与管理。

与内部关联交易平台系统集成，实现内部关联交易数据的近似实时数据抽取，基于关联交易数据进行对账与抵销。

与MDM主数据管理平台集成，实现会计科目、合并科目、贸易伙伴、内部单位信息、汇率等主数据信息的获取和数据同步。

与统一身份认证平台集成，实现系统用户登录的身份识别与双因素统一认证，满足三级等保要求。

与网络版久其报表系统集成，实现新旧报表系统参数和数据的整合，实现原报表系统的月报参数、决算参数能够通过参数文件上传至合并报表系统，满足历史参数和数据整合的需要。

与邮件系统集成，实现报表上报、催报等审批流或工作流自动邮件提醒或通知等功能。

与海油移动云集成，实现报表数据移动端展示分析与指标查询，实现报表上报、退回等移动端审批流程。

与外部监管报送数据集成，能够将全级次报表报送数据自动转换成满足上报国资委、财政部监管的JIO数据格式文件，实现外部数据的集成，满足监管数据上报需要。

2.2　全流程的功能模块设计

新合并报表系统的业务功能设计，一是要解决公司原合并报表系统存在的多套报表系统并存、系统方案陈旧、合并功能不完善以及报表缺乏流程管理等几大瓶颈问题；二是延伸报表系统前后端应用，前端充分考虑数据集成，中端后端扩展数据灵活应用，最终形成一套全流程统一的合并报表系统平台；三是在支撑集团全级次法定报表出具的同时，也能兼顾各二级单位个性化多口径报表数据复用及灵活出具；四是推动报表系统的统一和财务核算、抵销规则等业务标准，并拓展移动端数据应用。

基于以上目标，公司最终形成了以集成中心、主数据中心、一本账中心，关联交易对账，合并抵销中心、报表中心以及应用中心为主的七大中心功能模块设计方案，系统应用功能设计如

图 3 所示。

图 3　系统功能架构设计图

2.2.1　集成中心

首先对接前端系统，获取报表相关数据；其次集成报表报送流程，邮件通知用户流程详情；最后提供标准接口，支持报表数据对外应用。

对接的主要前端系统及方式为：与 SAP 系统凭证信息、SAP 关联交易管理平台的票据信息，采用 SAP SLT 方式近似实时获取；与 MDM 主数据平台，采用标准接口获取相关信息；与老久其报表系统，采用离线客户端的方式获取历史期间报表数据；其它无系统支撑的数据，可通过导入模板方式收集。

2.2.2　主数据中心

管理报表相关的主数据，包括科目体系、组织机构、客商、贸易伙伴、币种以及其他报表披露用到的辅助字段。通过主数据中心的管理，可保证报表披露的内容标准、规范、统一、高质。

2.2.3　一本账中心

首先获取并整合核算数据，形成一本账凭证及余额表；其次按照报表披露的需求进行预处理，形成关联交易数据表、外币折算余额表、账龄分析表、现流余额表、重分类余额表等；最后提供各类一本账数据查询功能。

2.2.4　对账中心

SAP 关联交易管理平台中的数据通过加工与转换，形成新报表系统的关联交易数据池，对账中心获取关联交易数据后，可按业务规则对此类数据进行核对。用户可通过查询功能查看到核对结果，并对核对数据进行调整和差异原因维护。核对一致的数据通过合并计算生成抵销分录，核对不一致的数据可使用手工抵销功能触发生成抵销分录。

2.2.5　抵销中心

一方面系统后台配置合并体系，另一方面从对账中心、内部资产台账、内部投资台账自动生成抵销分录，同时可对特殊抵销场景进行输入调整，最后可将抵销数据回写至差额单位，合并数据回写至合并单位。

2.2.6　报表中心

管理所有口径的报表，包含数据获取、数据运算审核、单户调整、上报、汇总等生成报表需要操作的功能。同时，系统可支持直接手工录入报表数据，保证报表数据全面完整的出具。

2.2.7　应用中心

包括报表数据后续应用所有场景，如账表数据的稽核、合并过程的监控、报表数据的查询与分析、分析报告的自动生成、系统首页的设计、移动端的应用、为其他系统提供数据服务等。

3　系统建设成果及应用情况

公司于2020年7月开始建设实施新合并报表系统，2020年11月底完成集团范围内单体报表上线和7家试点单位的合并报表上线，2021年分批次进行全集团的合并报表推广，并于2021年7月完成集团整体上线。系统完整落地了七大功能中心、82项子功能、300多项功能点，并在实践中不断优化。截至目前，系统已顺利支持公司全级次四百余家法人单位出具2020年决算报表，持续支持公司全级次两千三百余家报表单位（含利润中心）出具财务月报。同时完成中海化学试点管理报表实施落地，支持中海化学40余张管理合并报表的出具。

在广泛运用合并报表系统出具财务月报、编制财务决算、提供管理报表后，公司财务报表自动化率有效提升，报表出具效率大幅提高。通过合并报表系统的集成中心、主数据中心、一本账中心、对账中心、抵销中心、报表中心和应用中心七大功能有效运用，公司实现SAP ERP核算系统与财务报告管理信息系统的集成，实现对报告数据可生成、可钻取、可应用，提升财务报告编报质量及效率，并为充分发挥数据资源价值、开展大数据应用奠定基础。同时在合并报表系统中，公司针对不同业务板块经营特点，突出成本、费用、价格、库存、盈利等指标，与八家主要二级单位深入分析研究，全面优化管理报表42张，简化收集、一源多用，推动管理报表二级单位个性化管理应用，为管理决策提供有效支撑，推动数字技术与财务管理深度融合。

4　结束语

中国海油新合并报表系统项目如期成功上线，标志着公司统一的财务报表管理系统建设完成。该系统实现了与SAP ERP核算系统的数据对接、合并报表的全过程标准化处理和合并抵销处理，能够在数据复用的基础上灵活便捷地出具多口径合并报表；实现法定报表与国资委报表上报系统及其他业务系统的数据对接，并根据试点单位管理需求，灵活实现试点单位的管理报表出具和财务数据分析，满足财务报表信息数据准确、快捷的采集、传递、汇总、合并、审核、上报等要求。有力支撑了公司全级次单位出具财务快报、月报及决算报表，也标志着该平台具备一个平台、面向两级应用的能力。中国海油合并报表系统建设取得了一些成功经验，当然也存在很多欠缺与不足。在此仅希望通过本文的浅显分析，能为其他企业提供一些参考或借鉴之处。

参考文献

[1] 郑海英，丘创.《集团合并报表管理实验教程》[M].

通过系统架构的优化实现企业数据仓库的平稳迁移

王小玲

（中国海洋石油集团有限公司信息技术中心）

摘　要　ERP实施后企业多年沉淀的数据通过分层的体系结构存储在数据仓库中，这对数据仓库的迁移和升级提出了更高的要求。以集中式的ERP系统数据为主要来源而同步建设的企业数据仓库的体系架构参照企业信息工厂的方式进行设计和建模，此方式有利于后期维护，但是在迁移和升级过程中对已经建成并支撑的商务智能和数据分析系统会产生比较大的影响，解决此类问题的系统架构及方案设计是完成企业数据仓库平稳迁移的重点。通过研究企业数据仓库的系统架构及建模方式，利用升级和迁移后的系统架构优化可以实现企业数据仓库的平稳迁移，这种优化不仅可以在迁移过程中保持数字化流程中的数据供给，也能充分利用系统和数据模型资源，实现成本效益最大化。

关键词：企业数据仓库 EDW；Data Vault；LSA；Tenant；MDC；MPP

十八大以来，党和国家高度重视数字化发展，习总书记讲话多次提到加快推动产业数字化，董事长也要求坚持以科技创新为驱动，积极推动数字化转型。做好数字化转型工作，其中之一就是要求加强数据集成共享，构建一体化经营管理平台。ERP系统及其同步建设实施的数据仓库系统经过15年的应用，全面覆盖了主要二级单位及核心业务领域，成为集成、统一、共享的经营管理核心系统。随着大数据、人工智能等信息技术的发展，业务的精细化管理要求也不断提升。，ERP系统近11年来没有进行过升级，系统功能欠缺、运行效率低下、扩展能力不足、用户体验不佳，越来越难以支撑数字化转型智能化发展需要。所以，进行ERP系统技术更新换代工作势在必行。ERP系统已经融入企业经营管理日常运营流程中，其同步建设的企业数据仓库通过数据建模和处理，也支撑着经营管理的数据分析及报告出具。在ERP系统的升级改造过程中，要保证经营管理的流程不中断，其关联的企业数据仓库中的历史数据也要完成平稳迁移，这都是面临着必须解决的关键问题。通过系统架构的优化能有效地支持企业数据仓库中数据模型和历史数据迁移的顺利完成。

1　企业数据仓库的体系架构概述

企业数据仓库（Enterprise Data Warehouse，简称EDW）的体系架构包含了从数据源系统到最终前端的多层组件，其中技术底座决定了数据仓库运行的稳定性、高性能、可扩展性和易用性。随着大数据技术的发展，作为支撑企业经营管理的商务智能（简称BI）应用和报表的数据仓库如何通过底层技术架构的优化和完善来适应企业大数据的应用仍然是一个值得研究和探讨的话题。EDW不仅与企业业务架构、数据架构、应用架构联系紧密，更是与技术架构密不可分，它决定了其他领域功能的可行性。

数据仓库系统架构包括了技术架构和数据架构，除了强调其中包括的组件及组件之间的关系外，它应该还强调反映和调整其自身体系统内各个功能组件元素及其演化状态的能力，以及这些能力的获得是否容易，也就是架构的扩展性和兼容性。如果将EDW看做一个有机体的话，架构就是从整体系统设计视角下，其内部各个细胞体的新陈代谢的过程。

数据仓库中的经典数据模型有：

关系建模（也叫范式建模），越偏效率的用第一范式建模，越偏规范的用第三范式建模，关系模型设计的主要目的是可以准确表达业务数据，且存储一个消除冗余的事实。这种建模方式中常见的就是事实表通过两个或两个以上的外键链接多个维度或属性表，强调通过 ERD 实体-关系设计和建模。此类型的建模方式主要来自于 Inmon 的企业信息工厂理论，早期的基于关系型数据库的数据仓库大多基于此种方式建模。强调面向主题的、集成的、与时间相关的、不可修改的数据集合。此建模理论是 Inmon 先生在上世纪 80 年代提出的，与其他数据库应用不同的是，数据仓库更像一种过程，对分布在企业内部各处的业务数据的整合、加工和分析的过程。而不是一种可以购买的产品。

维度建模，数据被重构优化，用于满足数据的查询和分析的需要。维度建模侧重大量数据分析。构建指标数据分析的系统一般标准用的是维度建模。“尽管维度模型通常应用在关系数据库管理系统之上，但并不要求维度模型必须满足第三范式”。[1] 此种类型的建模是由数据仓库领域的 Kimball 倡导的，维度建模的兴起解决了数据模型过于复杂的问题，通过多维所产生的点和度量相结合，可以实现业务上的指标分析。适用于对不太成熟、快速变化的业务进行建模。

Data Vault 建模。随着大数据技术的发展，Inmon 和 Daniel 提出了此种建模方式。如图 1 所示。Data Vault 2.0（简称 DV2）是一个商业智能系统，包括建模、方法论、架构和实施这四个方面的最佳实践。[2]

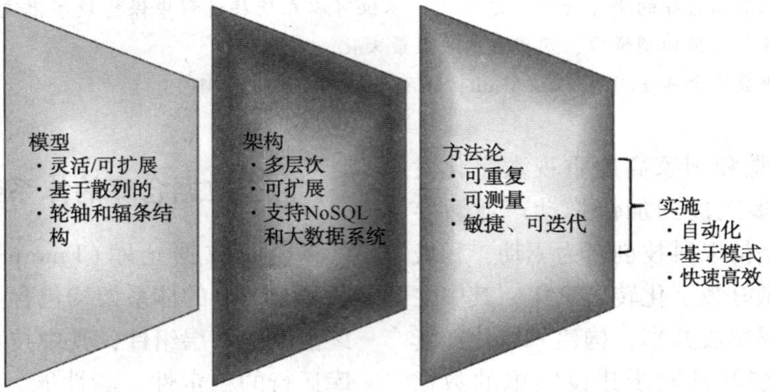

图 1　商业智能 Data Vault 系统

DV2 建模主要引入了散列键和链接表的概念，实现跨业务主题的数据集的融合，它们通过业务流程中的键值结合数据集与业务过程，采用第三范式和维度建模方法混合而成，同时满足 NoSQL 和 RDBMS，往往也称为混合建模。

DV2 建模理论的价值就在于提出了跨业务主题域的键值的概念，提供了跟踪和追寻多个业务范围的数据的能力，是将数据作为可溯源的资产的一个重要组成部分，实现数据价值的体现。其他的建模方法还包括：锚建模，面向对象建模，基于事实建模，基于时间建模，完全通信建模，NO SQL 建模等方法，在此不再赘述。

从以上数据仓库建模的几种经典方法可以看出，每一种理论的提出和广泛使用都是与当时的数据库与大数据技术密不可分。技术的进步所支持的业务需求的快速迭代和实施对数据仓库的系统架构提出相应的要求，这便有了从关系建模到维度建模再到 Data Vault 建模的整个理论体系的发展。

那么，如何利用已经建成的 EDW 的系统架构来完成历史数据迁移和改造升级呢？本文主要以 SAP EDW 为样例进行论述。

2　SAP EDW 的数据建模架构的演进和优化

基于 SAP 数据仓库建模先期主要采用关系建模的方式进行建设，采用 Oracle 的结构化数据库搭建逻辑上的维度、属性和星型模型。这种建模方式与所匹配的 ERP 流程系统契合度较好，所以能支持前端用户的商务智能和报表需求。随着 SAP 自有的高性能内存数据库 HANA 的问世，以及大数据技术的发展，原有严谨的外键对事实表和维表进行关联的界限变得模糊，在内存数据库中也可以实现维度的建模。如图 2 所示：

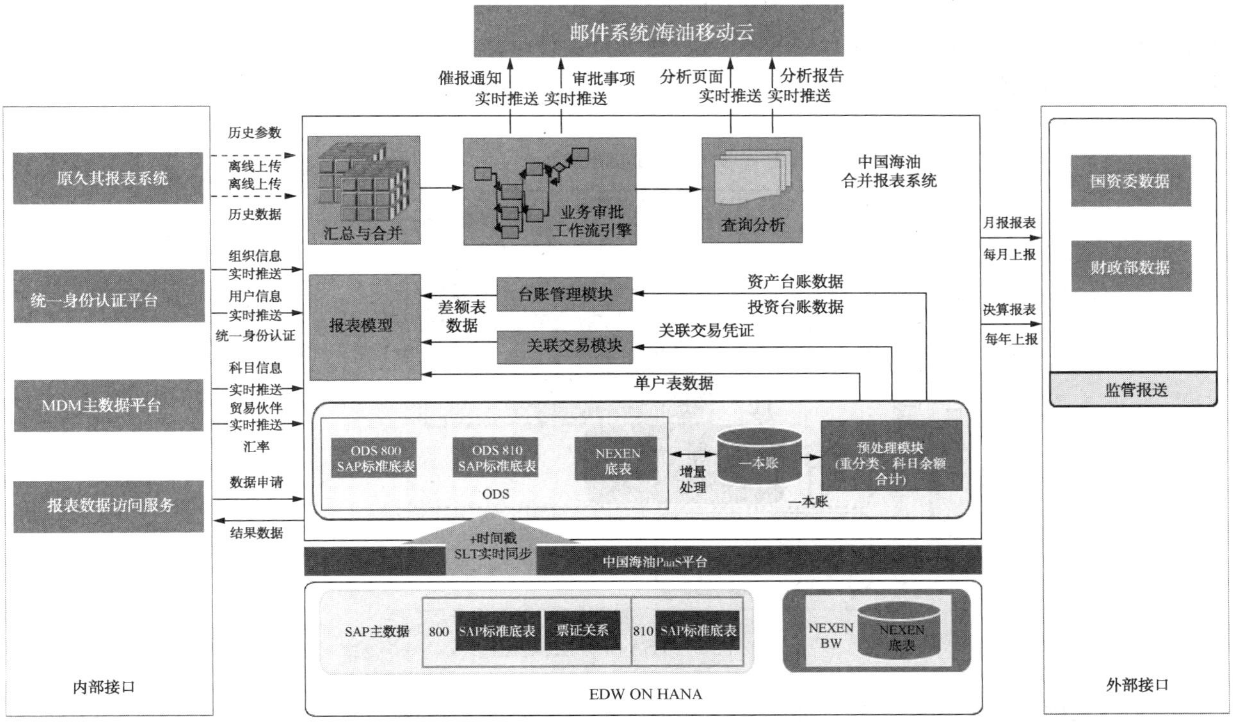

图 2　SAP EDW 建模

利用 SAP HANA 数据库可以实现三种方式的建模。第一种，基于 SQL 的建模，客户的数据源大多是非 SAP 的系统，可以通过基于 SQL 的数据仓库工具，在 HANA 数据之上进行模型搭建。这种情况下可以利用 HANA 里面的计算视图进行实施，大部分第三方数据仓库产品可以提取 HANA 的计算视图数据。第二种，混合模式，如果客户本身已经具有了 SAP BW 和其他品牌的数据仓库的情况下，可以同时利用这两种系统环境进行模型搭建。BW 数据模型中的大部分对象也可以映射成对应的视图与外部 SQL 数据仓库进行融合。第三种，SAP EDW 建模方式。这种方式的体系架构比较清晰，中央元数据存储库能有效支持端到端的基于架构的数据仓库中的数据管理。

参考以上模式的数据仓库实施方法，传统的 BW 建模变成轻量级，复杂的层层加载的数据链除了处理复杂逻辑打包的 SAP 事务端标准数据源的抽取、传输和上载外，大部分的数据处理任务通过底层的 HANA 数据库建模，通过虚拟化封装，以数据服务的形式提供最终商务智能消费端，包括报表出具与移动应用。

当 EDW 已经逐渐向混合式转变时，如何有效利用数据仓库的已有优势和未来数据仓库的灵活架构来实现平稳迁移呢？

3　基于企业数据仓库的优化实现平稳迁移的关键点

3.1 应用系统架构的优化实现 EDW 平稳迁移的关键点之一：通过读取优化的操作型数据存储模型(ADSO)实现平稳的数据模型的迁移。

EDW 中的数据是分层汇聚并处理的。这种分层和汇聚按照分层可伸缩架构(Layered Scalable Architecture，简称 LSA)来实现。LSA 代表了可靠的管理数据和元数据生命周期的数据仓库框架体系。随着 HANA 的不断应用，LSA 框架扩展到 LSA++整体框架，以满足高效运营和敏捷 BI 的需求。如图 3 所示：

LSA++的重要部分包括 EDW 部分，其中缓冲/企业内存部分包括了源模型与 EDW 模型之间的链接，企业内存持久层。开放的操作数据层(ODSO)加快了模型中数据的激活时间，一个模型至少加速 10%。在进行对 SAP BW 7.30 SP 10 迁移到 BW/4 过程中，所有标准数据存储对象执行 SAP HANA 优化激活，而无需进行任何设置，也无需进行任何手动转换或迁移活动，节省了迁移过程中的工作量消耗。除了激活，SID（master data IDs 主数据 ID）生成也经过 HANA 优化。因此，如果在数据激活期间设置 SID 生成，则几乎不会对正在进行生产系统运行的数据仓库性能产生任何影响。

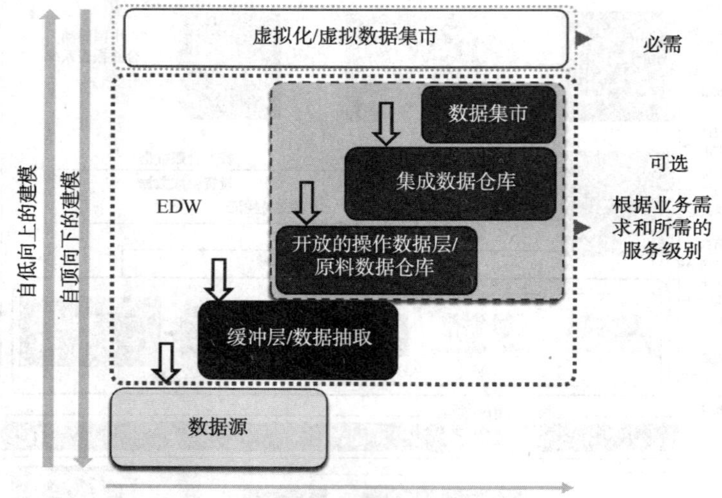

图 3　LSA++分层模型

LSA++架构的优化除此之外，如图 3 中的箭头所示，查询不仅可以在虚拟的体系结构数据集市之上运行，也可以跨层直接从开放的操作数据层(ODS)以及传播层 DSO 上运行查询，其性能与 EDW 之上的信息立方体多维模型(Info Cube)上运行类似。

EDW 升级和迁移过程中的并行实施项目及已上线的应用往往是受影响最大的。特别是在并行实施过程中用到 EDW 中企业内存持久层的内容或者标准数据源时。现实中往往发生这样的情况，如果 EDW 升级和迁移的 A 项目的冻结期安排在 3 月初到 6 月底，而业务单位将 EDW 的标准数据源作为贴源层，实施 6 月底上线的 B 项目，如何实现两个项目的并行运行并保证相互不受影响？基于以上的系统架构能保证 A、B 项目同时进行，相互不会产生影响。如图 4。所以，关键点就在实施 B 项目时，将贴源层的数据模型搭建在 DSO 之上，通过 BW/4 的升级转换，这些 DSO 自动转换为 ADSO，成为 HANA 工作区可以识别的视图(通过路径③)，不需要再到 BW/4 工作区进行模型调整，也不必等待 BW/4 应用工作区迁移完成才开始工作。而其他的 BW 模型及与 BW Infocube 等相关的 HANA View 同样需要通过路径①、②和④进行转换和迁移，受到冻结期和 BW/4 模型调整的影响。如图 4 所示。

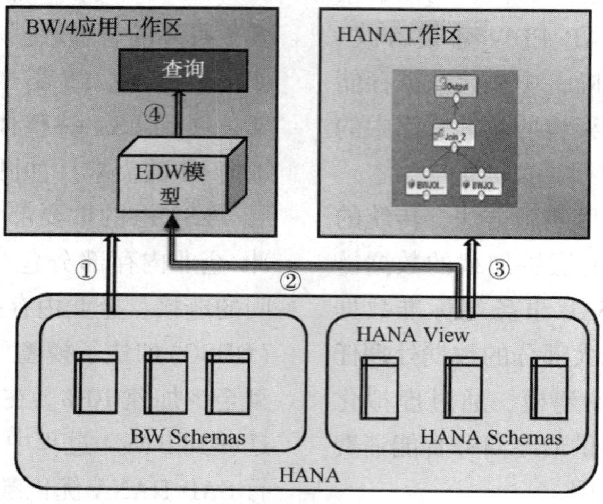

图 4　BW/4 数据迁移

综上所述，基于 LSA++的端对端框架，原有的数据仓库通过远程迁移的方式，分步骤地传输到目标系统时，可以花费较小代价和资源，完成数据模型和历史数据迁移和升级任务。

3.2 应用系统架构的优化实现 EDW 平稳迁徙关

由于 SAP HANA 是一种分布式大规模并行分析数据库（Analytical Massively Parallel Processing（MPP）Databases），不仅能通过列式存储方式对数据进行压缩，同时能平衡和配置大数据分析工作的负载，这种体系结构使复杂的分析查询可以更快，更有效地处理。

SAP HANA 租户数据库是 SAP HANA 中多租户的基础。能够在一个 SAP HANA 系统中运行和管理多租户数据库有助于降低资本支出、简化数据库管理并构建多租户云应用程序。从 HANA 2.0 以后自动转换成多租户（Multi-tenant Database Container，简称 MDC）模式。如图 5。

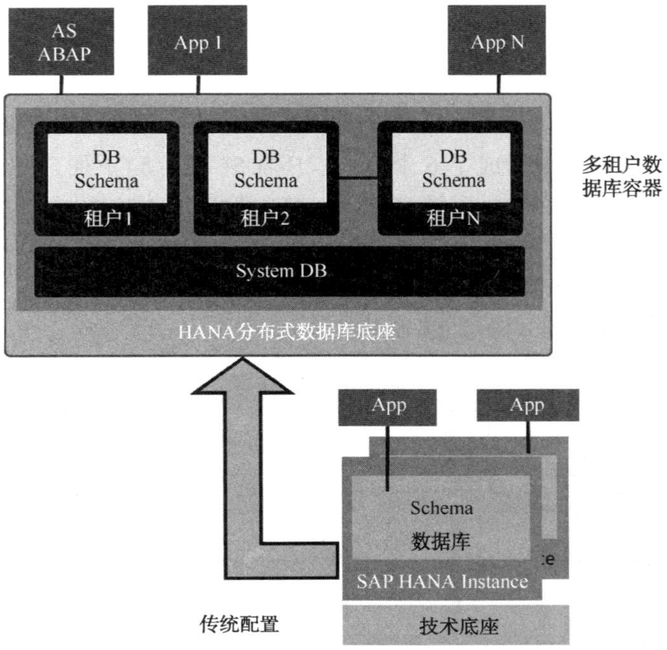

图 5　多租户数据库

一个系统始终只有一个用于中央系统管理的系统数据库，以及任意数量的租户数据库（包括零个），多个应用程序在不同的租户数据库中运行。SAP HANA 系统由单个系统 ID（SID，请区分此 SID 与前面所述的主数据 SID 的不同）标识。数据库由 SID 和数据库名称标识。从管理的角度来看，在系统级执行的任务和在数据库级执行的任务之间存在区别。在多租户的情况下，可以共享相同的数据库系统、软件安装、相同的计算资源和相同的系统管理。但是，每个 DB Schema 都是独立的。

这种多租户的 MPP 架构使得其上的数据应用项目部署更加灵活。在进行 EDW 迁移和升级过程中，就利用了多租户系统架构，从而节省了迁移和升级过程中所需要耗费的数据库和硬件资源。系统架构如图 6。

在节点 3 上，有 3 套系统，系统 DB、开发环境和测试环境。System DB 安装时默认 SID 为 D12，建立开发环境租户时，这个环境的 SID 为 D12@ D12，后期又根据需求增加了测试环境的租户，SID 为 Q12@ D12。这种方式，保证了同一节点下继续增加租户时每个租户系统的独立性。

除此之外，其他基于多租户数据仓库系统架构还可以适用横向扩展（Scale Out）场景，应用于集团公司及下属需要独立性的上市公司的系统架构。

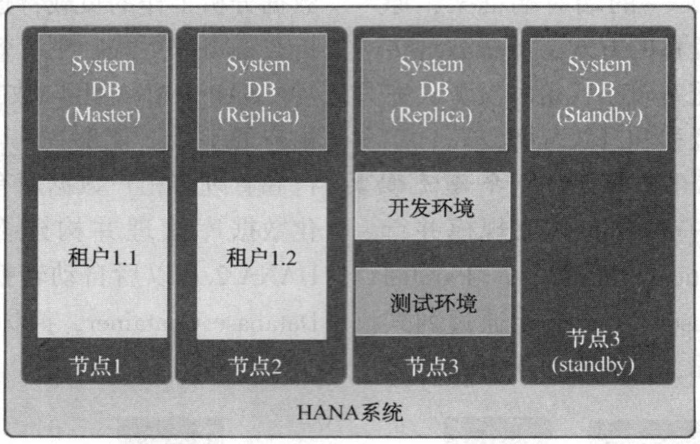

图 6　迁移和升级场景下的多租户

一般来说，企业集团统建系统会先实施 SAP HANA 系统，如下示例，统建系统形成了 6 个节点，每个节点容量为 2TB 的 EDW 系统。除 Standby 节点的 2TB 外，其他 5 个节点中的 4 个节点有 8TB 内存容量可用。所以 Tenant DB 1.1～1.4 可以分布在集团公司的 4 个主要节点上，减轻主节点上的数据压力。下属公司可以在 Host 5(节点 5)下面建立自己独立的数据应用环境，保证了 2TB 的内存容量。由主节点共同管理底层系统资源，实现成本效益最大化。如图 7。

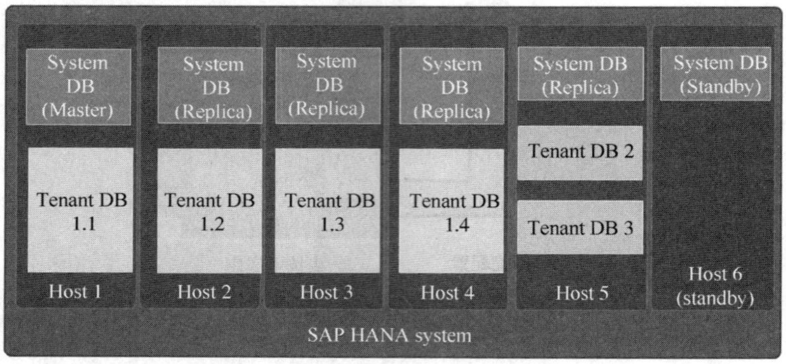

图 7　横向扩展场景下的多租户

以上模式的优势体现在，使用 HANA 多租户 MDC 特性，可以实现跨租户的数据查询访问。一台 standby 节点可待命两套系统。租户的拓展缩减方便，比如可以再增加或者删除租户 3 而不影响其他租户的使用。劣势主要是，如果租户 1 和租户 2 同时出现故障时，Standby 节点无法同时兼顾。另外，停机维护时，租户 1 和租户 2 的应用同时受影响。

以上两种都是常用的多租户数据仓库的应用场景。目前我们也在继续探索其他应用场景，比如用于业务上关联紧密，贴源层共享的两个独立 DB Schema 系统。这种类型的场景往往发生在不同的两个应用系统需要向同一个数据仓库系统提取数据，并且这些数据具有高度的一致性。如果单独建立两个数据库系统，分别存放一份数据，必然引起数据冗余，而且这些冗余数据极易引起数据的不一致。另外，考虑到多一份数据库系统将耗费更多的运维资源，所以采用多租户是一种各方面评估后均合适的方案。

4　结语

综上论述，EDW 系统作为是集团数据平台的一部分，发挥着支撑企业数据分析和辅助决策的作用。特别是底层的体系架构的能力，以及其变化发展对 EDW 所构建及支撑的数据平台满足最终用户需求的能力起着决定性的作用。利用虚拟化的高级操作型数据模型对象 ADSO 可以尽可能减少 EDW 迁移和升级对并行数据平台实施项目的影响；利用多租户的 MPP 架构可以扩展数据仓库的能力，使得更多的系统环境经济高效的得以实现。

参 考 文 献

[1] Ralph Kimball. 数据仓库工具箱：维度建模权威指南[M]. 第一版. 王念滨，周连科，韦正现译. 北京：清华大学出版社. 2015 年：38.

[2] W. H. Inmon Daniel Linstedt. 数据架构[M]. 第一版. 唐富年译. 北京：人民邮电出版社. 2016 年：106.

基于柔性架构下国资监管数字化平台建设的探索与实践

刘 芳[1] 王福亮[1] 刘 玮[2] 喜俊恺[2] 李嘉慧[1]

（1. 中国海洋石油集团有限公司信息技术中心；
2. 中海油信息科技有限公司上海分公司）

摘 要 为深入贯彻国务院国资委国资监管信息化建设“三年行动计划”，中国海油“三重一大”决策和运行监管系统于2019年4月完成系统建设并上线运行，实现了集团公司各级具备“三重一大”决策权力的单位“应上尽上”和“横向到边、纵向到底”的全覆盖。2020年初，中国海油通过梳理内部监管需求和现有业务指标，采用微服务柔性架构等数字技术，基于等级保护三级的安全标准，建设了中国海油内部的国资在线监管平台，将“三重一大”纳管为第一个业务应用。平台实现新增业务“易扩展”、已有数据“易集成”、统一平台“易推广”的业务支撑能力，为后续建设监督追责、国企改革督办、党建等监管应用与国资委联动提供技术平台保障。经过近三年的实践，国资在线监管平台上已部署八个业务子系统，在中国海油下属200余家单位取得了广泛的应用，在满足快速响应国资委数据报送任务的前提下，整体上降低了各业务监管系统建设和推广成本，为海油集团及下属单位的各专项维度的监管业务提供厚实的平台保障，形成监管信息可追溯、风险苗头可分析，辅助相关领导决策，实现对监管的“监管”。

本文详细介绍了中国海油国资在线监管平台解决方案。作为方案的技术负责人，作者提出自己的思考和观点，并与业界同行共同探讨。

关键词： 三重一大；国资监管；平台化架构；信息安全

1 建设背景

2018年国务院国资委印发了《关于组织建设中央企业“三重一大”决策和运行监管系统有关事项的通知》，明确了各中央企业的“三重一大”决策和运行监管系统建设的时间要求和工作目标。以国资委为中心，汇聚中央企业的各专项维度的监管业务数据，形成监管信息全程可追溯、风险苗头可分析，辅助相关领导决策，实现对监管的“监管”。

2018年，中国海油集团层面成立以集团公司副总经理为组长，集团办公室、人力资源部、审计部、科技信息部等相关职能部门负责人共同组成的领导小组，全面指导“三重一大”决策和运行监管系统建设工作。2019年建成“三重一大”决策和运行监管系统，实现横向到边、纵向到底的实时在线监管，形成执行“三重一大”制度的硬约束，保证“三重一大”制度执行规范高效，并逐步探索建设上下联动的目录统领机制、统一数据采集汇聚，实现统一数据共享交换。2020年初，国资监管工作组以数字化技术手段，通过梳理内部监管需求和现有业务指标，以建设中国海油内部的国资在线监管平台为总体目标，构建实时国资在线监管平台动态监管体系，建立起国资监管动态化、协同化和数字化的新模式。

中国海油国资在线监管平台在建设过程中，技术架构设计应重点考虑两方面的问题：

（1）平台化建设。中央企业国资监管信息化工作是一项长期的工作任务，国资委机关的3平台、36+应用、2.7万指标将陆续纳入国资国企在线监管平台统一管理。而目前海油集团各业务领域都基本存在统一的管理系统，因此，海油国资在线监管平台应具备新增业务“易扩展”、已有数据“易集成”、统一平台“易推广”三项基本能力。

（2）安全性建设。中央企业国资在线监管平台的部分业务子系统(如:“三重一大”、监督追责)涉及企业核心商业秘密数据,平台安全性建设提出了较高的要求。因此,海油国资在线监管平台应按照信息安全等级保护三级标准进行建设,从管理和技术两方面入手,加强网络安全态势感知、检测预警和应急处置能力,切实提升安全防护和主动防御能力。

2 架构设计

中国海油国资在线监管平台的总体架构参照国资委国资国企在线监管系统总体架构的设计思路,同时结合了中国海油集团层“统一规划、统一标准、统一建设”的总体规划要求,采用平台化的建设思路,基于中国海油 IaaS 云平台构建集团级国资在线监管平台,与国资委国资在线监管平台实现系统间对接和数据共享。同时支撑集团层面各个国资监管业务的需求拓展,在平台上可快速构建扩展国资监管业务子系统和平台共享功能模块,满足业务发展的灵活性要求。

平台基于 MECE(相互独立,完全穷尽)原则和“共性化全集+个性化组合”,采用“微服务、微应用”的体系架构,实现基础设施层、数据交换层、数据管理层、应用服务集成层的分层构建模式构建中国海油国资在线监管平台各业务应用,并且服务与应用之间、各应用子系统之间均使用松耦合的模式,支持对未来国资委指标数据对接需求的滚动更新。提供对未来集团层面监管需求变化带来持续构建能力的技术支撑。平台总体架构设计如下图 1:

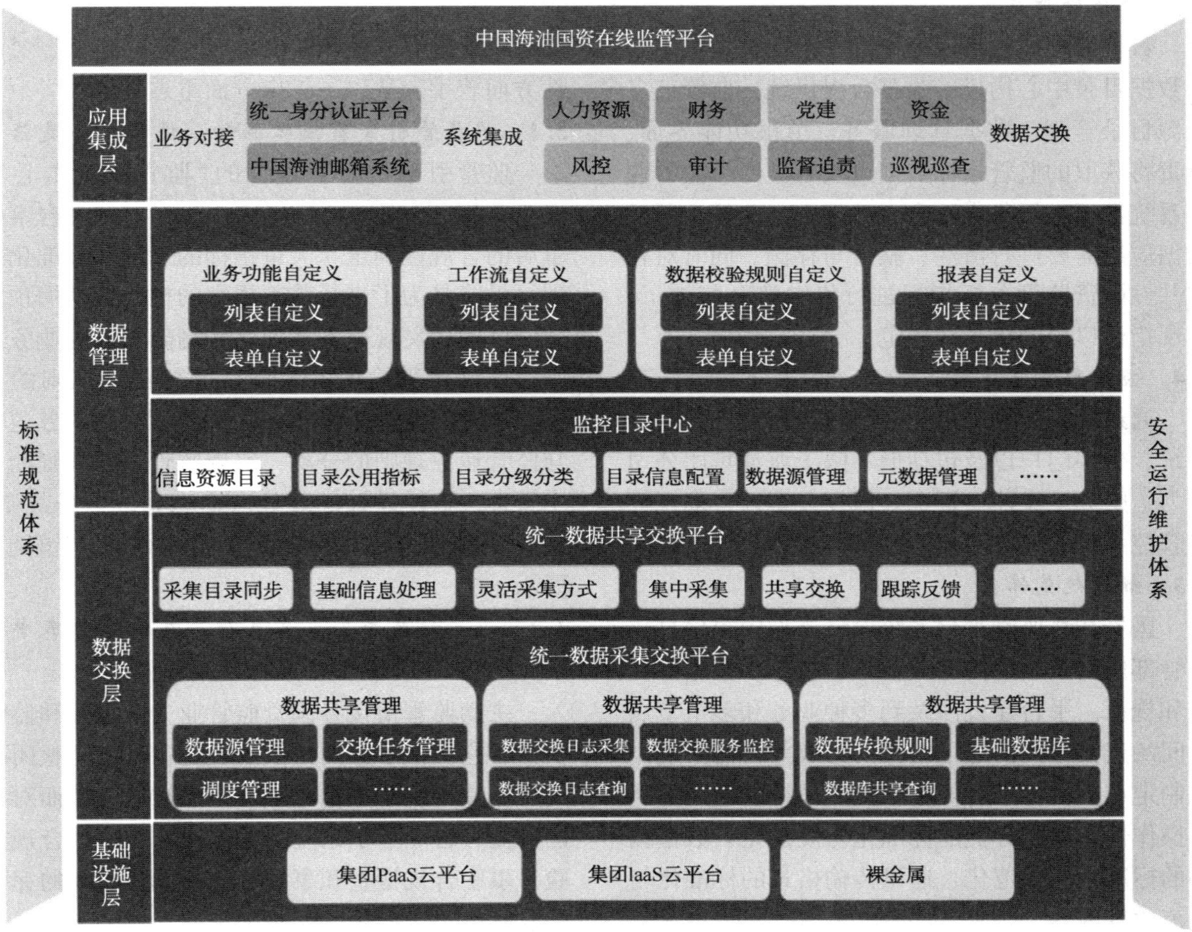

图 1 中国海油国资在线监管平台总体架构

平台的系统架构符合总体建设目标,融合业界最佳实践,应用先进的成熟技术体系,在 IT 架构的各组成部分尽可能使用行业公开标准。采用业界领先的工具进行开发,支持面向对象的设计和开发,支持组件技术。采用先进的设计思想和技术,应用先进成熟的软硬件技术进行设计,保证系统具有较强的生命力，符合中国海油总体规划要求，满足当前业务发展快、变化频繁的实际需要。

2.1 基础设施层

平台采用中国海油 PaaS 平台+IaaS 平台+裸金属服务器的混合部署方式，包含国资监管应用系统、统一采集报送服务器以及数据库服务器。利用 IaaS 和 PaaS 云平台资源易伸缩、高可用、负载均衡等特性提高系统的稳定性和高可用性，保障国资在线监管平台高效稳定运行。

2.2 数据交换层

数据交换层包括两个部分，由统一数据共享交换平台和统一数据采集交换平台构成。提供集团与国务院国资委的联动对接，作为中国海油对内对外的统一采集交换出入口。

2.3 数据管理层

数据管理层包括两个中心，由数据填报中心和数据目录中心构成。为平台提供统一监管信息资源目录管理、数据管理服务、填报功能界面。负责将获取的监管指标数据以及各类专项监管业务系统数据进行集中整合，并按未来监管主题及数据应用需要进行清洗、整合与存储。同时对各类共性国资监管分析指标进行集中整合与加工，实现指标口径的统一和规范。

2.4 应用服务集成层

通过统一数据采集交换平台与各业务管理子系统、数字门户以及包括但不限于海油集团公司人力、财务、党建、资金、风控、审计、巡视等各管控系统的业务对接、系统集成和数据交换。

2.5 标准规范体系

国资在线监管平台系统设计遵循国家信息化主管部门以及集团的有关业务、技术、数据等标准和规范。平台建设涉及到多种业务和多个节点之间的连接不同的通讯线路的集成等，需要遵循或制定相关的标准和规范来提高系统的通用性和互操作性，信息分类的标准化与规范化、数据编码的标准化与规范化、通讯传输格式的标准化与规范化等内容。

2.6 安全运行维护体系

依据中国海油集团标准和规范要求建立信息安全人员管理以及系统安全运维管理制度，保障信息系统安全稳定运行。建立基础设施监控、应用监控、集中告警、运维管理的运行维护体系。定期提供业务系统运行及运维服务情况统计分析报告。

3 关键技术

国资在线监管平台所采用的技术和设备均符合国际标准、国家标准和业界标准，为系统的扩展升级、与其他系统的互联互通提供良好的基础，在设计时考虑到应提供开放性良好、标准化程度高的技术方案。系统采用多层架构的 B/S 结构，前端兼容 IE11、Edge、Chrome、360、搜狗等浏览器。使用 Java 开发语言，基于 J2EE 技术进行应用系统的架构设计和开发，支持主流数据库 Oracle 和 MySql，并兼容国产数据库如人大金仓和达梦。

平台的核心功能是对实现国资监管的“监管”，且随着业务的发展，监管数据指标是动态的、变化的，系统从监管合规性、规范化、灵活性方面着手，从以下三个方面重点设计：

3.1 以监管引擎为核心驱动，保障业务灵活可扩展

监管引擎是监管过程的“监管审批中心”，属于监管平台的核心服务，支撑了监管平台事中事后的合规性判定。大量指标的采集和标准化处理，最终是为了进行监管规则的校验，使用预先定义好的语义规范来实现这些剥离出来的业务规则，通过接受输入的数据，进行监管规则的评估，并做出监管结果。将国资监管应用业务逻辑与监管业务规则的分离，实现监管业务规则的集中管理。这样设计的好处可动态修改业务规则，从而快速灵活响应国资监管的需求。如图 2 所示。

3.2 以主动监管为应用基础，落地事前事中的监管

主动监管衔接各国资监管业务子系统和监管引擎，它提供了单向松散的合规咨询，完整闭环的合规授权，和主动的监管事件推送，从而对各国资监管各业务子系统的关键操作在事前合规校验、事中合规检查和事后合规性风险通知的完整的监管链路。合规咨询是国资监管业务子系统通过 HTTP API 或者其他第三方 JDK 方式接入，在业务子系统的决策点通过传入调用监管服务完成合规咨询，可视同为业务子系统关键操作的前置条件或决策参考。合规授权较合规咨询更为严格，通过请求获取监管授权方执行关键操作，这

个过程使用数字签名技术打包签名合规证据链和授权动作数据，实现授权发放。事件推送是对合规咨询未满足或者合规授权未通过时，业务子系统订阅此类事件，并将收到消息。如图 3 所示。

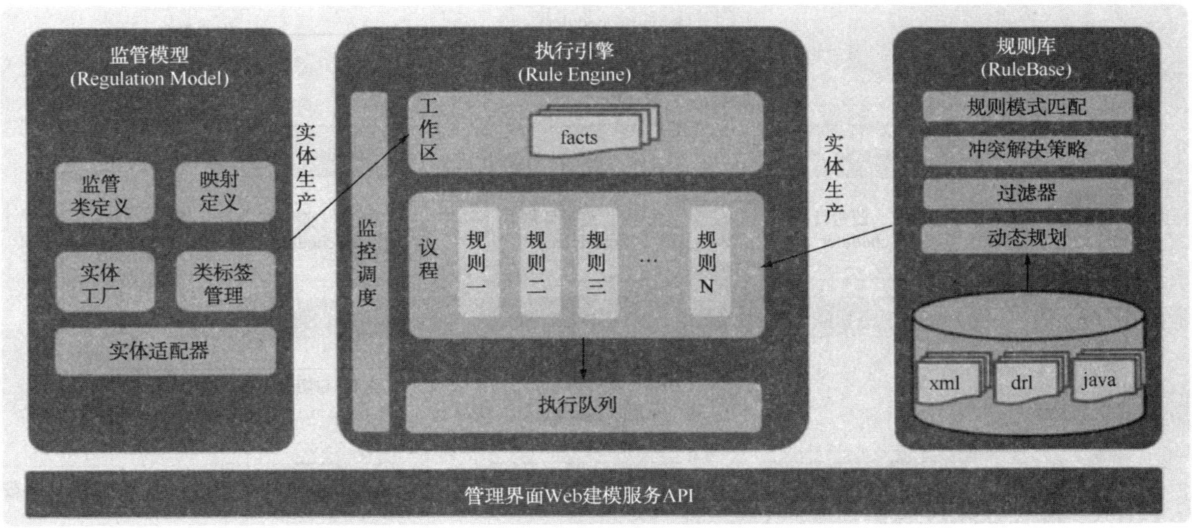

图 2　关键技术-监管引擎

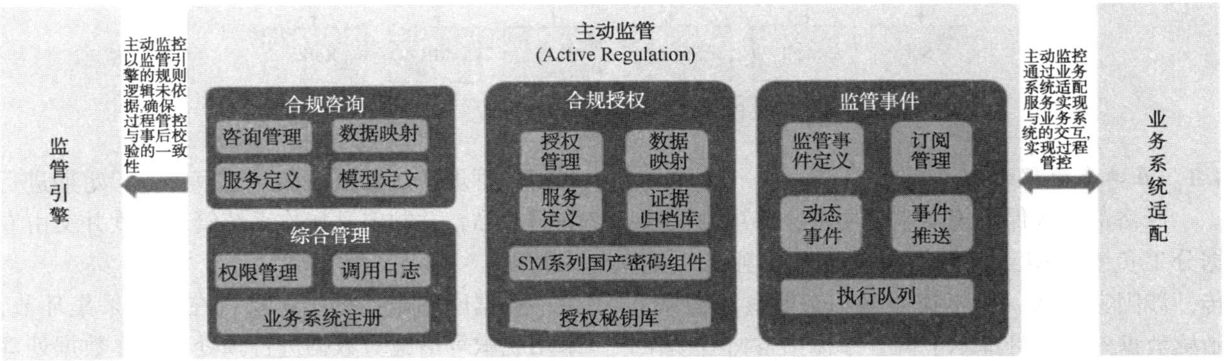

图 3　关键技术-主动监管

3.3　以流程引擎和作业调度，实现协同化自动化

流程引擎面向用户状态语义的灵活流程指派模型，提供可视化的流程建模和流程跟踪，并提供了流程监控考核等提高国资监管业务间协同的机制，提高业务。作业调度具备多类型任务、丰富依赖和监控报警、任务执行负载均衡 HA、任务资源隔离和优先级支持的特点，提高国资监管数据在汇聚、上报等多任务时的自动化能力，同时也提高稳定性，防止单点故障带来的运维成本增加。如图 4 所示。

4　安全方案

国资在线监管平台建设依据安全防护要求，遵循“分区分域、安全接入、动态感知、全面防护”的安全策略，按照等级保护三级系统要求进行建设，并根据业务发展不断完善和升级，最大限度的保障非结构化数据管理平台的安全、可靠和稳定运行。从管理规范和技术手段入手，加强网络安全态势感知、检测预警和应急处置能力，提升安全防护和主动防御能力。特别是对涉及中国海油核心商密的数据，严格遵照权限规范授权查看，确保相关数据的安全保密。安全管理是动态可变的，安全建设也不是一蹴而就的，所以国资在线监管平台重点在以下三个方便做好保障：

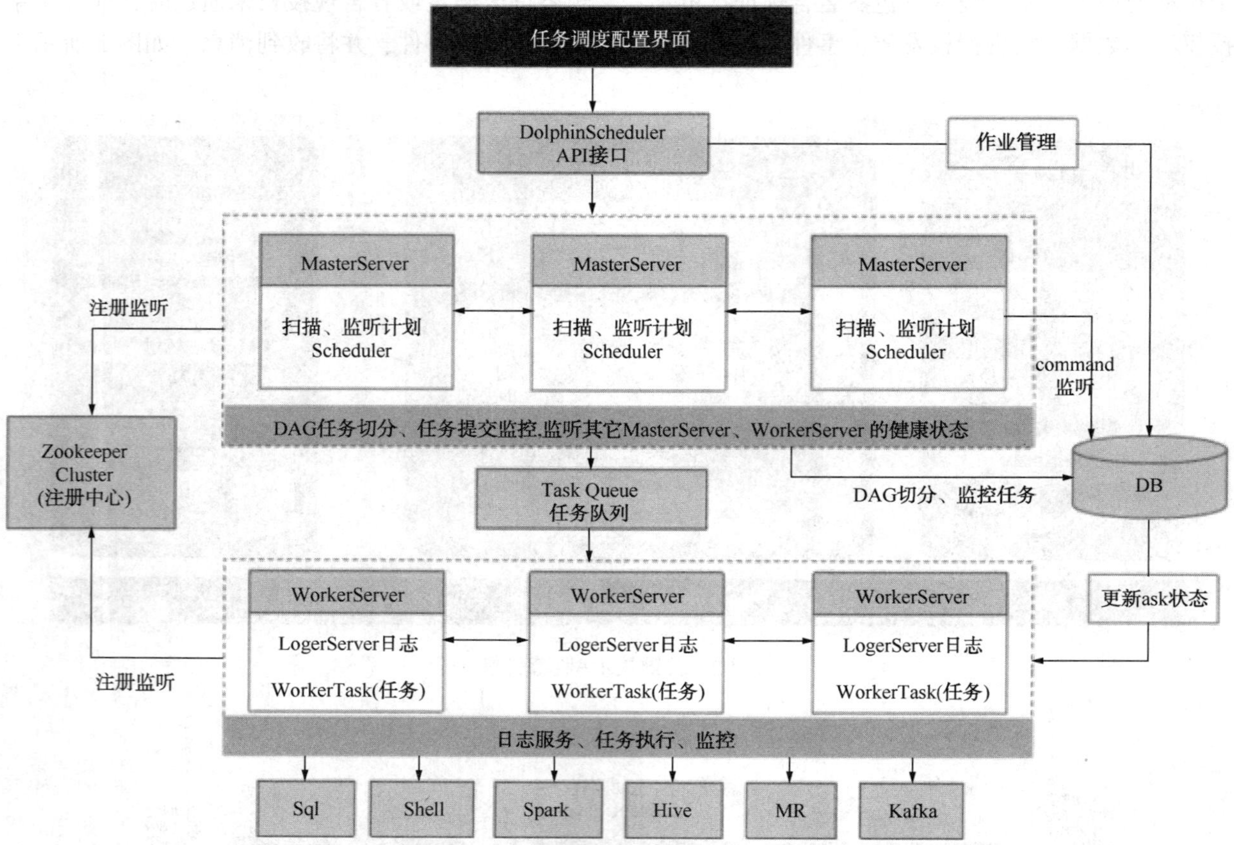

图4　关键技术-作业调度

4.1　在业务管理方面

严格落实各保密规章制度要求，各项会议数据分工负责，相互保密，人事数据单独专人上传，涉国家秘密一律不得上网，企业核心商密、敏感数据经领导批准不上网，全体国资监管工作人员都绷紧了信息安全和保密这根弦，确保国资监管业务信息安全。

4.2　在技术手段方面

平台在网络层、系统层、数据库层和应用层四个方面重点加强设计，提高安全防护能力。

网络层：平台部署在中国海油内网，禁止互联网访问，采用边界防火墙与国资委专用通道逻辑隔离。利用网络出口部署的防火墙，对所有访问国资在线监管平台的网络流量监测和控制。客户端到服务器采用SSL数据加密传输，中国海油端到国资委端采用SM4数据加密传输。

系统层：主机选择安全可靠的操作系统。用“最小适用性原则”配置系统以提高系统安全性。通过及时安装各种系统安全补丁程序，做好主机安全基线规范配置如管理员账号分级分类、弱密码管理、认证授权和日志审计等、定期进行漏洞扫描，并制定了操作系统管理制度并交由专人管理。

数据库和非数据结构层：在数据采集环节，采用脱敏等措施对数据进行预处理。在数据处理或发布环节，采用加密措施对数据在交叉查询处理等过程中进行脱敏等处理。根据不同国资监管业务对数据类型的保密性要求，进行不同程度的保密性保护，确保除具有访问权限的合法用户外，其余任何用户不能获取该数据；在数据存储环节，将敏感数据加密后进行存储。将加密密钥与加密数据分开进行存储，并对密钥进行严格的访问控制。

应用层：平台通过与统一身份认证系统集成，实现用户账号实名认证和双因素登录。“三员”管理员通过权限隔离、应用隔离、数据隔离方式并通过完整的系统日志，按照不同级别的事件定期审计。

4.3　在运维管理方面

将机构划转、用户权限等流程固化到IT服

务管理系统中，严格控制数据授权范围，同时，建立“三员”(即安全审计员、安全管理员和系统管理员)分立管理机制，相互补充、相互监督，严格控制“三员”管理员对数据的访问权限，结合系统日志审计，做到流程可管理、数据可监控、事件可追溯。

5 问题思考

随着监管范围的不断扩展、监管应用的持续深化，持续推动国资监管由数字化向智能化迈进，进一步加强政策要求和督促考核，对国资在线监管平台来说是新的挑战和动能。在大数据、智能化时代下如何发掘数据效能，使数据价值最大化是国资监管所面对的问题。

中国海油国资在线监管平台目前实现了监管数据的采集、汇聚、上报，具备一定的数据分析能力，沉淀了大量的监管数据，这些数据大部分是无关联性或弱关联性的。平台后续的重点工作应在数据挖掘和联动预警上下功夫，应具备在数据采集、汇聚、上报等各环节与企业经营管理形成智慧化关联，能将监管问题前置化和预警化，避免事后弥补的问题出现。如何运用大数据中心结合高新技术手段，与相应的集团管控应用系统(如 ERP 系统)实时联动，实现真正的全过程监督，是智能化转型的“难点”。比如：大额资金的流向与“三重一大”的决策向关联，与采办管理系统的采办过程向关联，实现数据“一数一源”。

6 结论

中国海油国资在线监管平台在集团内已实现“横向到边、纵向到底”的广泛应用，在应用扩展、数据集成、统一推广、节省成本等方面已取得良好的应用效果。但从长远来看，现阶段仍处于国资委国资监管数字化工作的初级阶段，因此，中国海油应坚持“厚平台、易应用”原则，持续推动数字化与监管业务深度融合，在监管业务联动和价值挖掘、境外监管安全等难点问题上进行深入研究和实践任重道远。

注水系统效率优化理论与方法研究

吴　迪[1]　马　铭　苏　航　梅雪松

（中国石油吉林油田公司）

摘　要　吉林油田已经形成了一个比较完善的注水系统，能够满足油田开发的需要，但注水本身也是一个耗能大户，随着开发阶段延伸，新的矛盾不断出现，造成了注水系统效率低、能量损耗大等问题。而目前吉林油田注水系统还缺少较直观的能耗动态分析方法，针对注水工艺以及注水系统各个环节的实际特点，通过开展扶余采油厂注水系统能耗分析技术研究，编制了适用于吉林油田现场生产需要的注水系统效率分析软件，实例可形象、直观且即时地分析注水系统的能耗，最终可为油田注水系统节能措施的提出，注水效率的提高，油田生产成本的降低提供可靠的技术支撑。

关键词：注水系统；效率；能耗分析；提质增效；能耗分析软件

吉林油田注水耗电量一般占油田总用电量的1/3~1/2，并且随注水量的增加还将持续上升。注水系统效率逐年向好，但低于股份公司一般值。如图1所示。

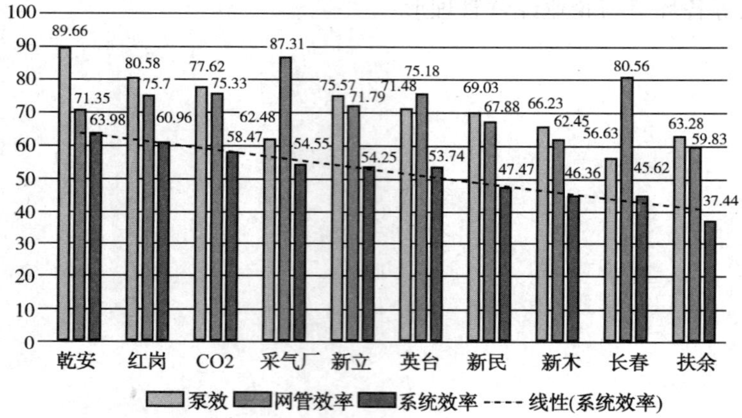

图1　吉林油田各采油厂能耗现状

为了提高注水系统分析效率，快速解决系统效率低、能量损耗大等问题。结合扶余采油厂开展了注水系统能耗分析技术研究，通过"嵌和物联网、能耗分析、节能监测"，开发能耗分析软件，可形象、直观、迅速的分析注水系统能耗。有效降低人工计算强度，实现注水系统提质增效。

1　注水系统能耗及效率统计分析工作

注水系统能量主要是消耗在：电机损耗、泵损耗、节流损耗、管网损耗、注水井口节流损耗。要降低能耗，必须降低能量损失。而我们面对的主要矛盾两大块泵损耗和管网损耗，而影响他们的主要因素是我们的注水系统的运行方案。

按照《油田生产系统能耗测试和计算方法》GBT 33653-2017测试有与计算，为了更好地分析各注水单元的运行效率，建立注水系统效率模型，按照模型计算分析。注水系统效率为注水系统输出功率与注水系统输入功率的比值，按式(1-1)计算。

$$\eta=\frac{P_{,sysout}}{P_{,sysin}}\times100\% \qquad (1-1)$$

单位注水量电耗为测试期内注水系统每注入1m^{3}水的耗电量，按式按式(1-2)计算。

$$M_{,iw}=\frac{N_{,is}}{G\ is} \qquad (1-2)$$

式中；η 为注水系统效率；$P_{,sysout}$ 为注水系统输出功率；$P_{,sysin}$ 为注水系统输入功率；$M_{,lw}$ 为注水系统单位注水量单耗；$N_{,is}$ 为注水系统耗电量；G，is为注水系统注入水量。

1.1　注释系统能量平衡分析

输入功率=电机损失+水泵损失+节流损失+管网磨损+进入注水井口的水力功。要降低能耗，必须降低能量损失，对地面注水系统的能力损失可做如下分析：

（1）电机损失：其大小主要取决于电机自身的无功能耗多少，受设备机型和质量优劣影响较大。

（2）注水泵损失：在整个能量损失中所占比例较大，主要由机械磨损、容积漏损和水力能量变换损失构成。

（3）节流损失：能量损失由两部分组成，即泵出口阀的节流损失和配水间的节流损失主要是由泵特性与管网工作特性不匹配造成的。

（4）管网磨阻损失：能量损失的大小与配注管线的管径、管长、管内壁绝对粗糙度等直接相关。

1.2　降低离心注水泵用电单耗的技术措施

离心注水泵站的用电单耗见下式

$$DH_L=\frac{\rho(H_3+\Delta H)}{367.2\times\eta_e\times\eta_p}$$

式中，DH_L 为离心注水泵的用电单耗，kw·h/t；ρ 为水的密度，kg/m^3；H_3 为分水器要求的工作压力，m；ΔH 为泵出口与汇管的水头差，m。

从公式可以看出，如果要减少用电单耗，就要从提高系统注入量、减小泵出口与汇管的水头差等方面做节能工作。由于离心注水泵电机均采用大功率高效异步电动机，电负载率一般大于50%，电机的理论效率接近额定效率，因此 ηp 及△H 是影响离心注水泵用电单耗的主要因素。

（1）提高注水泵运行效率选用与注水量匹配的高效注水泵，使离心注水泵的额定排量、压力接近实际的注水量、干线压力，注水泵在高效区工作。

（2）降低泵管压差尽量减少离心注水泵出口与分水器压力差值，当不便更换新泵，且泵管压差接近注水泵的单级扬程时，应对叶轮进行撤级，以减小泵管压差

。依据监测标准 GB/T 31453-2015《油田生产系统节能监测规范》，注水系统监测机组效率、节流损失率、系统效率。监测项目与指标要求见表 1。

表 1　注水系统监测项目与指标要求

监测项目		评价指标	Q<100	100≤Q<155	155≤Q<250	250≤Q<300	300≤Q<400	Q≥400
机组效率/%	离心泵	限定值	≥53	≥58	≥66	≥68	≥71	≥72
		节能评价值	≥58	≥63	≥70	≥73	≥75	≥78
	往复泵	限定值	≥72					
		节能评价值	≥78					
系统效率/%	离心泵	限定值	≥35					
		节能评价值	≥40					
	往复泵	限定值	≥40					
		节能评价值	≥45					
节流损失率/%	离心泵	限定值	≤6					

注：Q 为泵额定排量，单位为立方米/小时（m^3/h）。

2　注水系统效率程序的编制及分析

自主开发软件通过基础矩阵数据库，将所有碎片信息整合，结合注水系统能耗分析数学模型，采用 G. a（二叉树）算法将所有节点关联。通过公式模型和数据库内容，可了解局部管线流速、阻力损失、流量等参数，对注水系统能耗进行分析，去考察从局部最优到整体最优的证明。

软件主要用于注水系统效率分析和设计，可进行起伏多相管流中沿程压降计算；油田注水管网、注水站机组运行能耗分析；注水泵站泵机运行工艺参数优化设计；屏幕图形显示注水井、注水站、配水站、管网的位置、相互关系及相关参数等。

2.1 注水系统参数计算机数据库管理

设备数据库的建立、查询、修改、保存、显示等。设备数据、注水井描述、注水泵站描述、配水站描述、管线数据描述等。

2.2 图形化显示

计算屏幕图形显示注水井、注水站、配水站、管网的位置、相互关系及相关参数等。

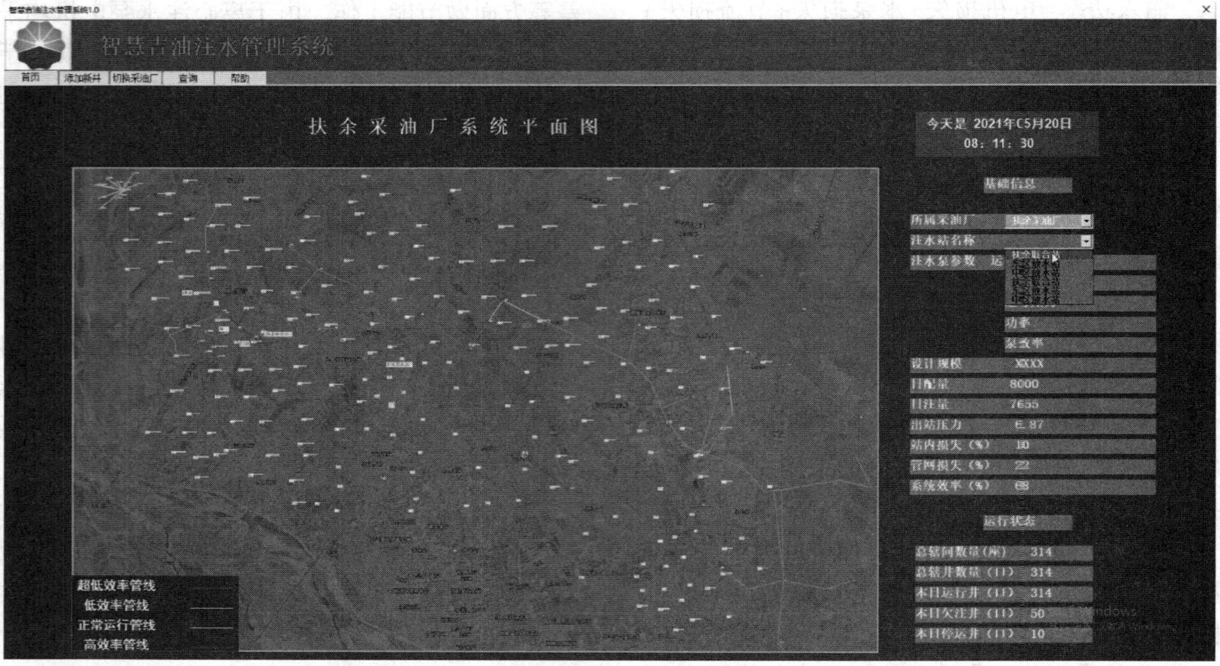

2.3 注水系统效率和能耗分析计算

（1）油田注水站机组运行效率和能耗分析；

（2）注水管网运行效率和能耗分析；

（3）注水配水系统运行效率和能耗分析。

2.4 管网及工艺参数优化设计

（1）用系统节点分析的方法计算系统的协调注水量及压力剖面，合理设计注水管直径与坡度、注水管长度等。

2）对注水管直径与坡度、注水管长度等进行敏感性分析。

2.5 以最小单耗为目标的注水机组运行工艺参数优化

（1）求解泵组具有理论最小单耗时的排量和对应泵压。

（2）泵组具有最小单耗时，注水机组运行工艺参数，即设备型号、台数、流量分配等。

2.6 结果输出

屏幕显示及打印输出分析及设计结果，打印输出可按 WORD 格式等。

2.7 主要功能

数据分析：任意单井关停，它所流经的所有管段流量、压降、损失、能耗均会由软件识别，所有受影响节点参数均会随之改变。

注水管理：可直观了解因系统压力不匹配导致的节流情况。实现管线异常报警功能，为生产保障提供帮助。

系统优化：可通过软件模拟管网运行情况。来验证系统的存在问题，为系统优化上提供技术依据。

界面展示：所有注水构筑物位置、名称、基础信息和实际运行信息。并按能耗量分级，不同等级在操作界面呈现不同颜色。可更直观了解各个管段运行状态，实现全局可视化。

3 实验效果

依托自主研发的 C#软件技术开发全局可视化界面，将扶余采油厂所有注水管线节点关联为整体，整理了 1800 余口注水井，4 万多组数据，局部模拟中区放水站辖区管网运行情况，通过油藏数据和实际运行数据对比，对各节点能耗情况进行分析并局部可视。

通过管网降损、井网调整，将末端间调至西区处理站，干线5座配水间调制中东联络干线上，管网压降减少0.8MPa，管网效率由原来的55.05%，提高到58.52%。如表2所示。

表2　注水系统调整前后对比

	实际注水量（m^3/d）	干线出站压力（MPa）	干线及支干线压力损失（MPa）	末端配水间压力（MPa）	管网效率（%）
改造前	6023	8.6	1.7	6.9	55.05
改造后	3370	8.5	0.9	7.6	58.52

注水站内离心式注水泵调整运行，完成注水泵的运行状态分析，注水泵大修及泵组调整，提高节能设备（PCP节能机组）运转时率，降低系统能耗。平均泵机组效率由原来的63%最高提高到72%。全年节电量已达200万度。

结合站外管网调整及站内泵机组工况调整，注水系统效率由37.44%提高至39.8%，注水单耗由3.8kW·h/m^3下降至3.68kW·h/m^3。系统提效显著。

表3　注水系统监测项目效率评价

<table>
<tr><th rowspan="2">名称</th><th colspan="5">泵机组效率评价</th><th colspan="3">节流损失率评价</th><th colspan="4">注水系统效率评价</th><th colspan="3">监测结果评价</th></tr>
<tr><th>设备类型及编号名称</th><th>额定流量（m³/h）</th><th>限定值</th><th>测试值</th><th>合格情况</th><th>限定值</th><th>测试值</th><th>合格情况</th><th>限定值</th><th>节能评价值</th><th>测试值</th><th>合格情况</th><th>节能状态</th><th>合格情况</th><th>节能运行</th></tr>
<tr><td rowspan="6">油水处理中心注水系统</td><td>离心泵油水处理中心1#注水泵</td><td>280</td><td>≥68</td><td>68.44</td><td>合格</td><td>≤6</td><td>4.27</td><td>合格</td><td rowspan="6">≥35</td><td rowspan="6">≥40</td><td rowspan="6">43.50</td><td rowspan="6">合格</td><td rowspan="6">是</td><td rowspan="6">合格</td><td rowspan="6">是</td></tr>
<tr><td>离心泵油水处理中心3#注水泵</td><td>280</td><td>≥68</td><td>72.49</td><td>合格</td><td>≤6</td><td>0.36</td><td>合格</td></tr>
<tr><td>离心泵油水处理中心1#放水站5#注水泵</td><td>280</td><td>≥68</td><td>72.90</td><td>合格</td><td>≤6</td><td>0</td><td>合格</td></tr>
<tr><td>离心泵油水处理中心2#放水站1#注水泵</td><td>280</td><td>≥68</td><td>71.39</td><td>合格</td><td>≤6</td><td>0</td><td>合格</td></tr>
<tr><td>离心泵油水处理中心2#放水站2#注水泵</td><td>280</td><td>≥68</td><td>72.22</td><td>合格</td><td>≤6</td><td>1.15</td><td>合格</td></tr>
<tr><td>离心泵油水处理中心2#放水站6#注水泵</td><td>140</td><td>≥58</td><td>63.68</td><td>合格</td><td>≤6</td><td>1.15</td><td>合格</td></tr>
</table>

1. 机组效率

油水处理中心注水系统6台离心式注水泵机组效率为68.44%、72.49%、72.90%、71.39%、72.22%、63.68%，均达到限定值。

2. 节流损失率

油水处理中心注水系统6台离心式注水泵机组节流损失率为4.27%、0.36%、0%、0%、1.15%、1.15%，均达到限定值。

3. 监测结果评价

依据监测标准，油水处理中心注水系统注水泵机组效率均达到限定值，注水系统效率达到节能评价值，该注水系统为“节能监测节能运行系统”。

整个注水系统的能量损耗中，管网损耗占的比例较大。这是由于不同区块注水井采用同一压力进行注水，各注水井吸水状况不同，注水压力差异大，使得低压注水井不得不采用节流来控制注水量，造成节流压力损失、能量损失，这是造成管网效率低的主要原因。

4 结论

（1）分析了油田注水系统的运行现状，认为注水效率较低、能耗较高的主要是水泵泵效低和井点分布不协调等原因造成的。

（2）本文在分析注水系统效率组成的基础上建立了数学模型，提出提高其效率的相关技术措施，并制定了注水泵站、注水干（支）线、配水系统及注水井口管线的效率判断标准。

用系统工程理论和注水系统设计计算方法，以系统效率和经济效益为优化目标，建立了一套注水系统优化与注水参数合理配置方法，编制了配套的注水系统能耗分析软件。

（3）目前，自编软件注水管网优化计算仅处于可分步自动计算分析阶段。利用软件来优化设计方案，对于注水系统生产的经济效益方面效果显著，同时进一步强化软件的研发对油田注水系统优化研究具有一定的启发性和参考价值。

参考文献

[1] 刘东升，袁国英，韩志国，等．油田注水生产系统节能技术[M]．北京：石油工业出版社出版社，2003.

[2] 白文雄．李志锋．提高油田注水系统效率的探讨[J]．石油机械，1997，25(6)：47.49.

[3] 钟德康，李伯虎．朝阳沟油田注采系统调整效果[J]．石油勘探与开发，1998，25(5)：53.56.

[4] 杨建军．油田注水系统智能优化方法研究[D]．黑龙江大庆：大庆石油学院，2006.

[5] 梁光川，郑云萍，彭自学，等．油田地面注水系统效率分析[J]．西南石油学院学报，2001，23(2)：62-65.

钻完井实时数据支持平台在渤海P油田的应用

冯一[1]　刘　芳[2]　孙晓飞[1]　谭才渊[1]　柳海啸[1]　高　耸[2]

(1. 中海石油(中国)有限公司天津分公司；
2. 中海能源发展股份有限公司工程技术分公司)

摘　要　渤海P油田钻完井大数据实时分析平台已投入使用，效果良好，本文在初期成果基础上，为进一步满足现场作业需求，从三方面改进整体技术框架：(1)地质工程相结合的数据源子系统；(2)机器学习模型预警复杂情况子系统；(3)物理模型应用于实时分析子系统。并以X井应用情况为例说明验证，悬重预测精度较Landmark摩阻扭矩模块提升22%，复杂情况-溢流模型准确率提升至83.6%。对提高钻完井作业及管理效率，降低复杂情况发生概率具有积极意义。

关键词：大数据分析；实时数据；一体化平台；机器学习；钻完井

1　钻完井数字化现有挑战

随着大数据和人工智能技术的发展，“智慧油田”的建设成为了石油行业未来发展的趋势，智能钻井则是“智慧油田”建设过程中的重要一环。如何将机器学习、大数据等新兴领域的新技术新方法运用于石油钻井行业之中，助力于智能钻井的实现[1-3]，是国内外石油行业研究的重点。

国外油企及服务公司由于起步较早，依托其成熟专业软件体系，加之与知名专业信息技术公司合作，均不同程度地建立了其专业的钻完井专业一体化平台。如康菲石油的IDW，斯伦贝谢的Optiwell，哈里伯顿的Openworks[4]。

国内油企起步较晚，钻完井专业软件尚未成体系[5]，在人工智能与传统钻完井工程相结合方面呈多点尝试之状。中石油川庆钻探在长庆油田建立了钻井大数据和钻井液大数据的智能决策支持平台，利用数据仓库融合不同格式数据，采用国产fine report作为BI工具，并加入了iPad端用户界面，但数据源不包括实时录井数据，对已有数据资源未进行充分挖掘[6,7]。钱浩东[8]等在井筒方向尝试搭建一体化数据平台。中海油引入sitecom实时录井软件结合e-drilling系统为钻井作业提供辅助决策，但面临跟踪井数受限及国际环境影响的约束[9]。

在中国处于世界百年未有之大变局的国际形势下，在智慧海油“1534”的信息化总体发展思路下，钻完井作业作为连通地面与地下的高成本、高风险、高难度多协同作业，面临三个挑战：

(1)人员队伍培养周期长，复杂井风险较大，作业需加快由“经验化”转向“科学化”。钻完井监督培养周期较长，从入职到成长为可独立担当作业的总监，需要8到10年的现场作业累积，成为专家则需要更多的累积。但由于海上作业环境较恶劣，人才效力时间较短，以中海油天津分公司出海监督人员年龄分布为例，33岁以下占比约为70%。已经成长起来的总监、专家等因为工作、家庭及个人身体原因，不得不逐步脱离一线作业。而现场作业安全井控风险以人为把控为主，对现场监督的经验要求极高。

(2)高度依赖不同国外专业软件，软件之间相对独立，形成数据孤岛，沟通成本较大。不同专业公司查看报表、模拟数据计算的软件不同，渤海地区常用的Wellview、Petrel、Landmark EDM/EDT等。这些专业软件操作难度大，不方便现场钻井监督及工程师使用，大多数情况下都是寻求专业油服公司提供结果。这类软件多为国外公司开发，不开源，有后台上传数据的风险，无法保证油公司的数据安全。同时各个软件之间使用不同的数据库、数据结构，互相之间无法通讯，计算或模拟不同的数据在不同软件上进行时需要建立两套数据库，中间数据可能还需要人工录入，造成一定程度上的时间人力成本浪费。

(3) 已有的通用设计型软件未能考虑不同区块的差异性，准确率有待提高。同时人工智能算法及其在钻完井领域的应用呈多点开花状，但未成体系，也没有直接作用于现场作业[10,11]。

虽然已有钻完井实时数据支持平台在渤海 P 油田应用[12]，在使用经验上累积了宝贵的经验，但同时也暴露了待改进的一些方面：如数据源未包含地质数据，机器学习流程未嵌入技术框架，未充分将钻完井的物理模型加入平台中。

因此，亟需一个实时的，将地质工程数据源、人工智能、物理模型相融合的一体化的，安装在可控网络环境和操作系统上，同时可以打通各个专业软件之间数据壁垒，为用户提供友好交互方式的云上钻完井数据支持平台。

2 整体技术框架

2.1 技术框架

针对以上短板，深度优化钻完井实时数据支持云平台技术框架，见图 1。现有技术框架主要包含三个子系统：(1) 数据源子系统。链接以不同格式、位置存储的钻完井作业相关数据，主要包括钻完井日报系统内的结构化数据及录井工程数据中的流数据，目前文本数据如作业施工设计以手动方式输入；(2) 离线机器学习子系统。基于云的机器学习线性模型，通过建立每 6 小时为间隔的异常监测机制，在保证实时数据传输通道流畅性的同时，提高机器学习模型准确率；(3) 实时分析子系统。提供管理效能类、基于物理模型的参数分析类及风险预测类的实时分析。最终将分析结果以可视化的形式展示给前端用。前端展示界面目前采用 BI 专业大数据软件 Spotfire。

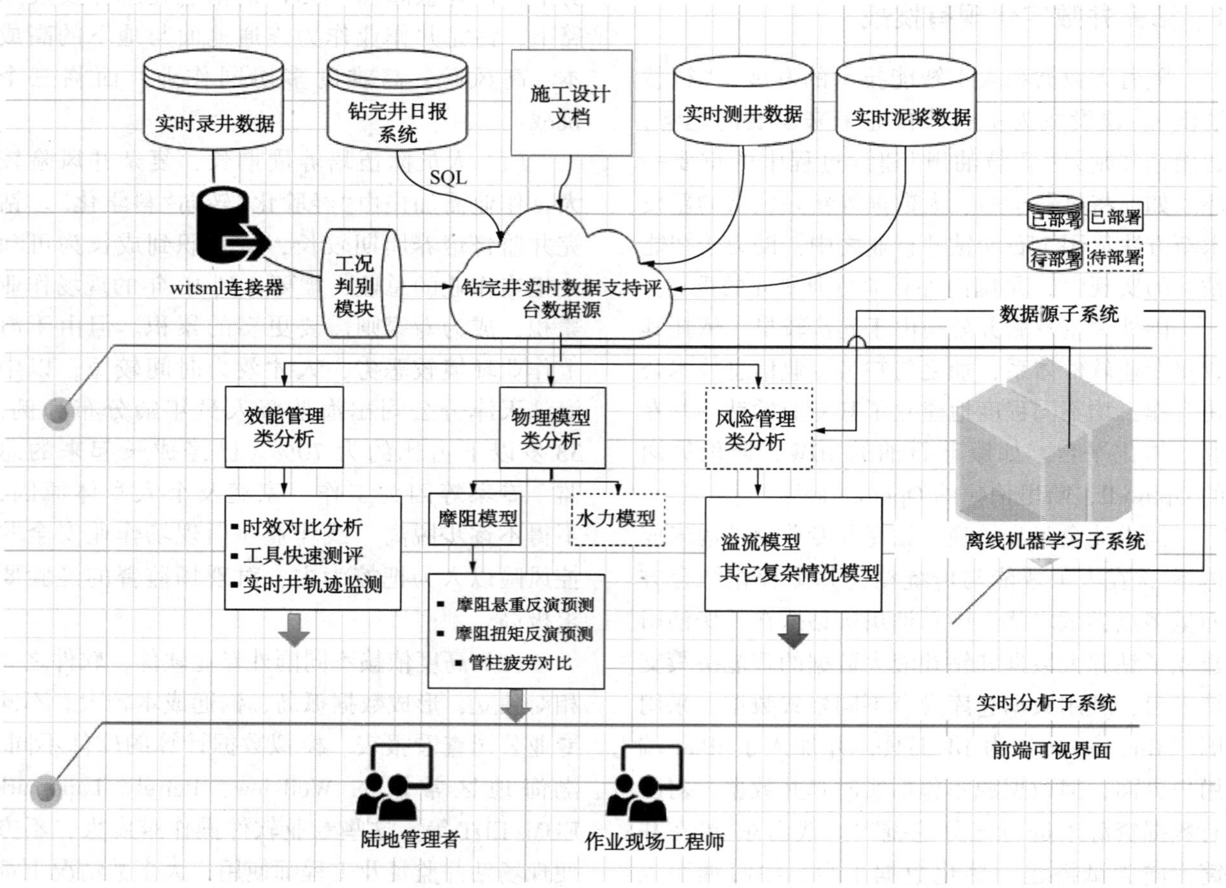

图 1 钻完井实时数据支持平台

2.2 数据源子系统

钻完井作业过程会产生多种多样的数据。主要包括录井工程流数据：即地面动态数据及静态井史数据。录井流数据通过 witsml 传感器链接，传输间隔为5s；静态井史数据通过现场监督填写，数据最小单位为15min。

（1）录井流数据即地面动态数据，主要包括：钻具长度、大钩高度，悬重，转速、扭矩，泵压，返出量，钻井液池液量，钻井液密度等。同时通过自主开发算法插件，利用录井流数据完成13类工况（旋转钻进、划动钻进、起钻、下钻、倒划、下划、接卸立柱等）的判断，并将判断结果及相对应的作业参数补充存入数据库中[12]

（2）静态井史数据：包括作业流程、参数、时效、井身结构、入井工具数据、复杂及事故等井史数据。

（3）待部署的数据源。待部署的数据源主要包括：测井实时数据、施工设计及泥浆数据采集器。测井数据，如声波、核磁、自然伽马、电阻率、测斜工具等，作为反映未知井下状况的地质油藏解释手段，主要应用于钻后分析。为了验证其地质工程一体化在机器学习模型中的应用，手动存入十余口井数据作为数据源，将施工设计中涉及的井身结构、井眼轨迹等参数也采用人工输入。此外，被誉为“钻完井血液”的钻井液在渤海区域目前无实时系统用于录入其具体数据，为了更加全面、全程的辅助钻完井作业，可借鉴中石油某油田经验，安装泥浆数据采集器，将作业中每次配入新浆的性能参数如：泥浆类型、比重、塑性粘度、屈服值等录入平台，将一定程度协助作业中水力模型的准确分析。中国海油目前正在研发集成统一的数据湖技术，待成熟时，可实现测井数据与录井数据的统一管理及直接调用。

2.3 离线机器学习复杂情况预警子系统

钻完井作业过程复杂，是一个规模大、投资大、风险大的工程，受地下情况不透明，井深度较深（多在2000～6000m），技术复杂的多重影响，发生复杂情况的概率较大。以渤海区域为例，近5年钻完井作业中发生复杂情况超过200次。随着油气勘探开发向深层、深水和复杂地质条件转移，作业风险也会随之提高。钻井常见的复杂情况包括：井漏、溢流、卡钻等。本系统主要功能就是通过机器学习的方式实现复杂情况的预警，以保障作业安全。

平台目前最小的数据传输间隔为5s。在实际应用中，录井数据以簇的形式由现场传感器返回至存储数据的服务器，一簇一般包含3至4个数据点，即真实的传输间隔为15s至20s。为了避免运行中数据流中发生数据拥堵，选择的模型的执行时间必须小于实时数据到达率。相比之下，离线机器学习模型可使用所有可用的数据，无须担心执行时间。基于较大的计算资源，脱机模型的准确性通常优于联机模型。如图2所示。

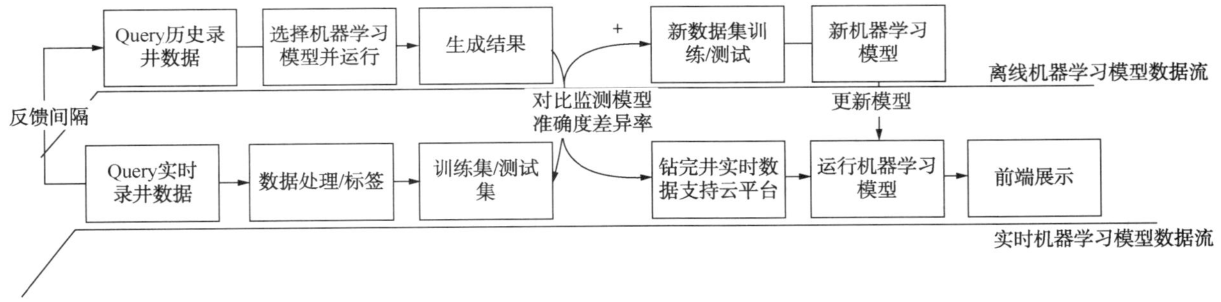

图2　离线机器学习系统框架

静态机器学习模型建立于固定数据集，当样本分布发生变化即包含新数据时，需对其进行重新训练。在钻完井作业中，模型的准确判断阈值及特性会随着钻机、人员及井下情况的不同发生变化，因此，必须对原始模型监测，即机器学习模型的自动异常监测。由于实时钻井数据已经存储至数据库，可直接应用于机器学习。具体流程如图2所示，依照平台算力自定义6小时数据监测间隔，提取过去6小时的源数据并输入到离线机器学习模型中批量处理推断。然后将实时推理结果与离线批量推理结果进行比较，若偏差结果超过10%，将发送自动警报，并触发重新训练过程，使用最新的数据集重新训练模型。通过这种方式，应用于平台实时的机器学习模型将得到有效监控。

2.4　实时分析子系统。

（1）效能管理类实时分析

提效降本一直是钻完井领域的重点，相较于大量的钻完作业后分析，实时的效能管理在一定程度上能更好的提高作业效率，降低管理成本。依托钻完井大数据平台一期的成果，效能管理类的实时分析包括：时间维度和空间维度的工况时效对比，如钻完井作业中最常见的基本操作—接卸立柱在不同作业机具、不同时间段的变化规律；厂家及其工具应用情况的时效对比，如不同厂家钻头在不同井眼段的指标表现；单井设计轨迹与实钻轨迹对比及应用于多点防碰的实时井轨迹监测[12]。效能管理类实时分析的优势在于当发现作业效率低点时能及时自动提醒现场监督查看，同时可在评价及设计阶段降低人员数据收集成本，协助设计工作更高质高效完成。

（2）物理模型类实时分析

目前渤海区域采用钻井专业设计软件 WellPlan 对现场数据进行拟合预测，哈里伯顿 Landmark 系列产品（包含 WellPlan）采用相同的计算模型，但技术适应性较差，不能结合井下实时测试数据补充校正。

由于实时数据计算速度的限制，在起钻、下钻悬重的模拟中选用和 WellPlan 相同的软管模型，该模型不考虑接单根作业时的静摩擦力，忽略水动力效应、管柱动力效应，可得到任一弧度长为 dl 的微单元的摩擦阻力及拉力[13]。将该微积分写入实时分析系统，自动处理决策系统数据库内相关参数。依照施工设计中设计轨迹测深、井斜、方位模拟软管模型-设计的悬重；依照实时录井数据自动获取作业中实钻轨迹的测深、井斜、方位，模拟软管模型-实钻的悬重。并将模拟结果实时由可视化界面展示。

3　应用案例

3.5　实时效能管理类分析

如图3所示，以渤海P油田某两口井实时效能类分析界面为例，数据源处理后传输至实时分析系统可视化界面，A井和B井沿测深和工期的录井数据被自动标注为13种工况的散点实时展示，一个点代表数据库内一条录井数据对应的5s时长。平台因此可快速对比监测A、B两井的相同工况时长。以接卸立柱单个简单重复作业为例，A井平均时长5.12min，B井平均时长5.05min。同时系统内还可设置不同阈值对超时效标准数据发送警报，从而实现了空间维度（多井、多平台、多区块）及时间维度（季度、年份）的作业效能快速管理。

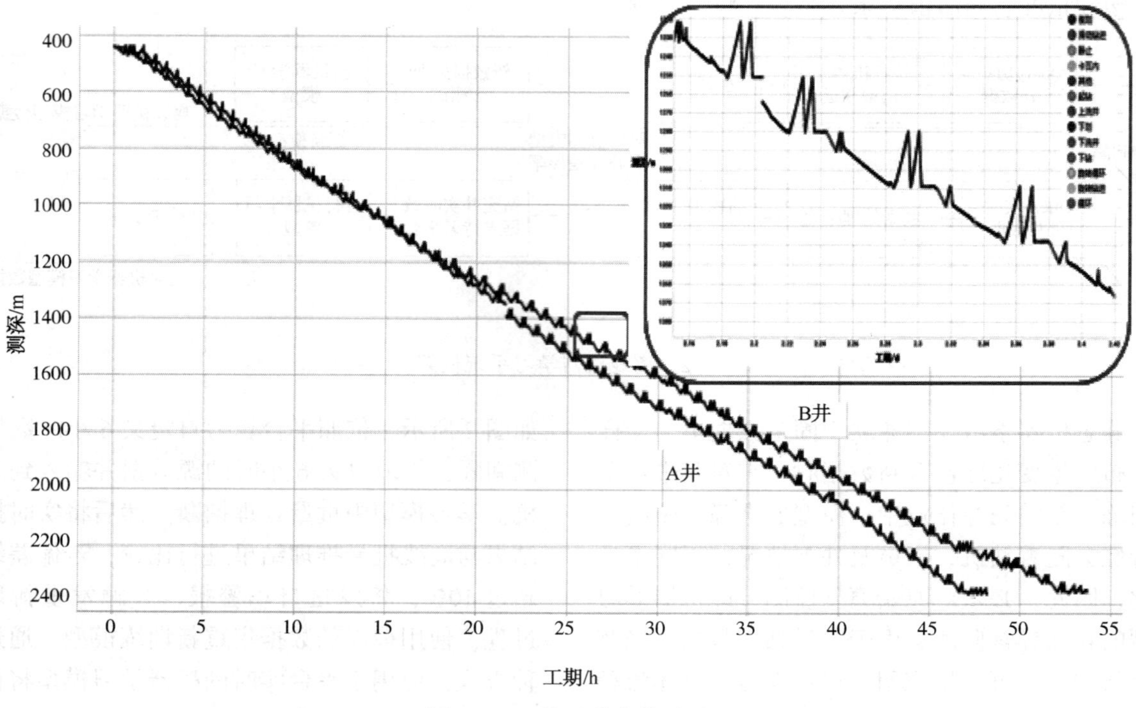

图3　A/B井录井曲线展示

此外，延续钻完井大数据分析平台一期成果，如图 4 所示，平台实时分析子系统使用最小曲率法，通过实时录井数据中的测深井斜方位积分出该井的垂深、东西位移及南北位移。该实时效能类管理分析界面可为钻进过程中的井眼防碰起积极作用。

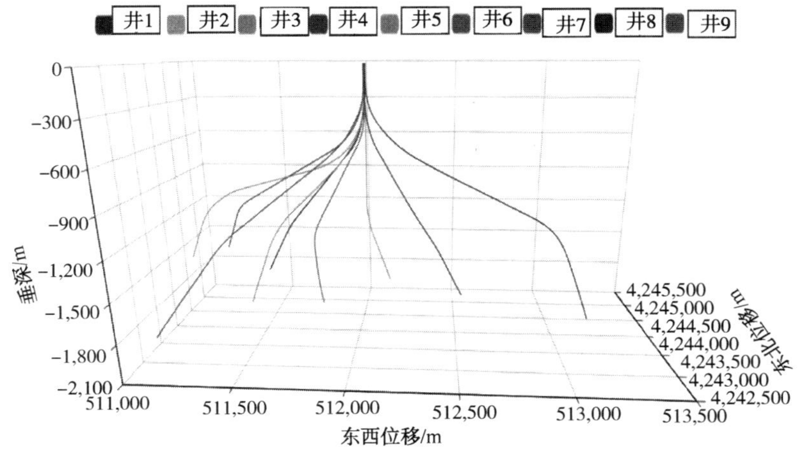

图 4　多井实钻轨迹对比

3.2　实时摩擦系数反演大勾悬重

传统石油工程依托多年经验分析管柱井下受力情况，总结了相应的经验公式及物理模型。在起钻、下钻悬重的模拟中选用和 WellPlan 相同的软管模型。以 P 油田 X 井为例，WellPlan 摩擦系数反演与软管模型反演后，实测点共 93 个，将两种模型模拟出的悬重值与真实悬重对比计算其标准差。WellPlan Torque&Drag 模型为 1.38（图 5），软管模型为 1.13（图 6），精度提升 22%。

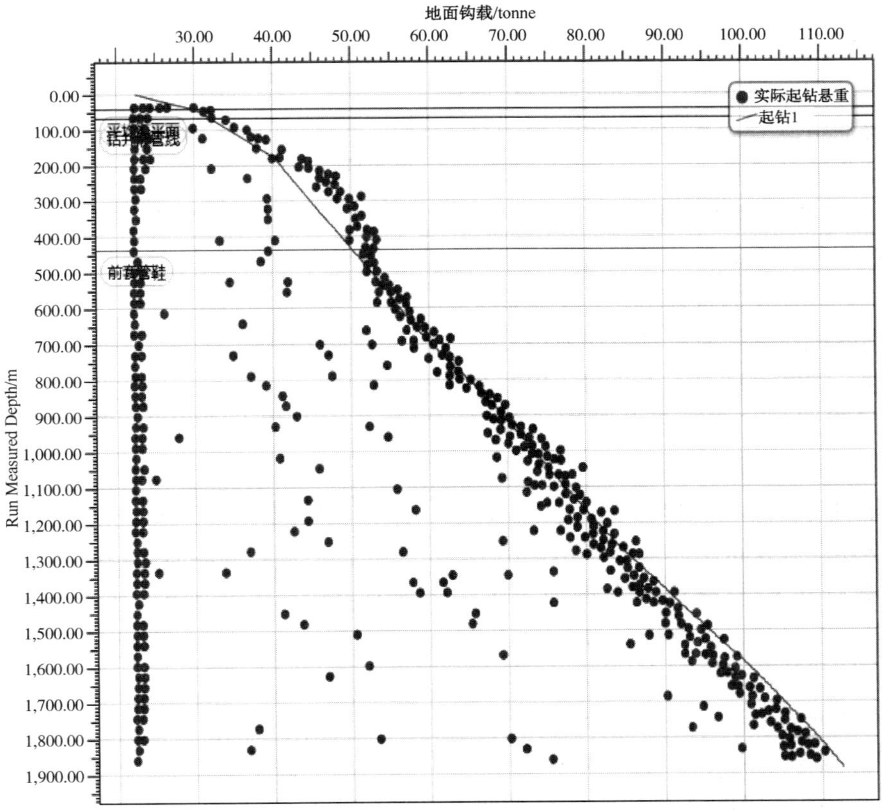

图 5　X 井摩擦系数反演悬重—WellPlan

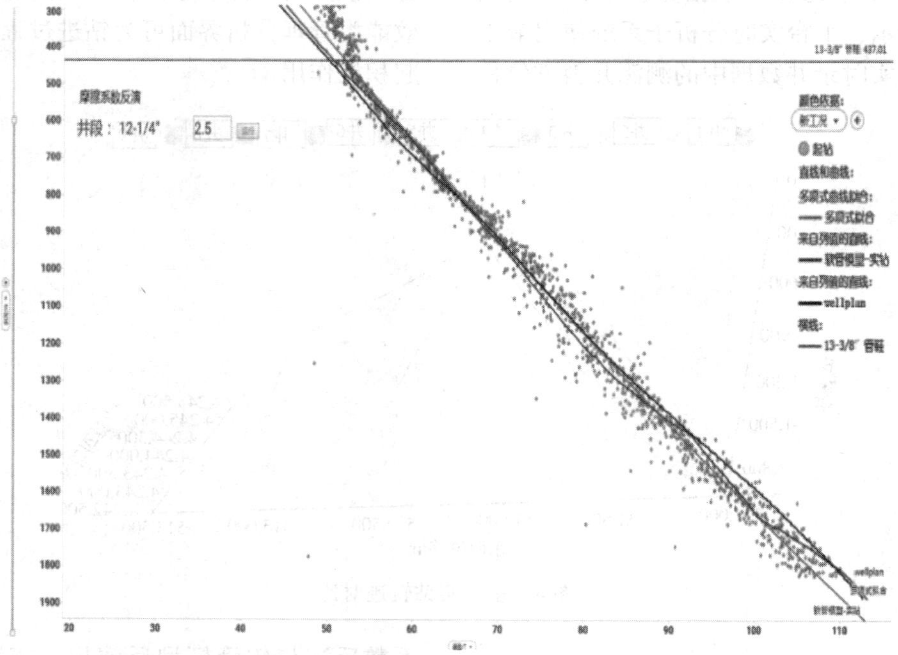

图 6　X 井摩擦系数反演悬重—软管模型

该模型在起钻、下钻工况中较 WellPlan 的相对优势在于(1)可自动模拟出最符合该工况的曲线作为主趋势线，避免工程师由于经验不同造成的摩擦系数反演的准确性。(2)通过工况判断及“噪点”筛除，可降低数据偏差带来的误差性。(3)录井数据自动更新，摩擦系数反演可在同系统内共同完成，节约时间成本。通过反演首段摩擦系数，可直接通过软管模型-实际曲线预测接下来起钻、下钻作业的悬重。

3.3　离线机器学习模型预测复杂情况溢流

实时测井数据并入系统目前还等待进一步协调，但在地质工程一体化的背景下，为了验证平台技术框架中离线机器学习系统预测作业中复杂情况的可操作性，本文手动存入十余口历史井测井数据，并依照测深与工程类录井数据进行匹配。随后以复杂情况—溢流为例进行如下验证：

选取实时录井工程数据中相关特征值：测深、平均机械钻速、气权量、泥浆池体积变化率等，选取测井数据中相关特征值：伽马、浅、中、深电阻率等共 5 口井，该 5 口井为发生过溢流的井。通过与钻井总监参照历史经验人工将源数据分类为正常钻进与溢流，将是否溢流作为一个二分类的问题，采用机器学习算法 GBDT 中的工程算法 xgboost。该算法的优势在于能够通过多次迭代，在现有决策树的基础上去拟合前面树的预测结果与真实值之间的残差[14]。运行后模型准确率为 83.6%，特征重要性指标见图 7。

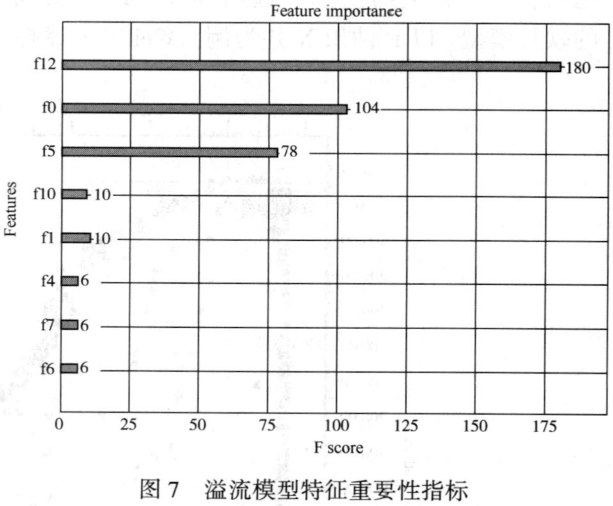

图 7　溢流模型特征重要性指标

4　结论与未来展望

（1）钻完井实时数据支持云平台通过 3 个子系统共同运作，着眼于数据辅助决策、提高作业效率及管理效率，降低复杂情况发生概率，满足管理人员、设计人员及钻完井工程师对现场作业的“可视化”需求。

（2）钻完井实时数据支持云平台具有可扩展性，且为自主研发，安全可控。

（3）尝试将物理模型与机器学习算法写入平台内，在摩阻反演扭矩及溢流预测模型中均取得了良好的效果。

与此同时，在整体平台开发与现场应用中也发现了以下有待完善的 3 个方面，作为下步改进工作重点：

（1）开发施工设计数据自动提取器。

钻完井施工设计是实时分析系统中重要数据来源。目前为人工录入，但由于输入标准差异，可能会导致系统无法正常运行。在实时系统中，上下文数据可用性至关重要。数据需要在正确的时间以正确的方式输入实时系统，以便模型能够正确地执行。因此需开发施工设计数据自动提取器，从已经批复完的施工设计中自动提取：钻钻具组合、套管表、设计轨迹等参数。工作流程图见图 8。

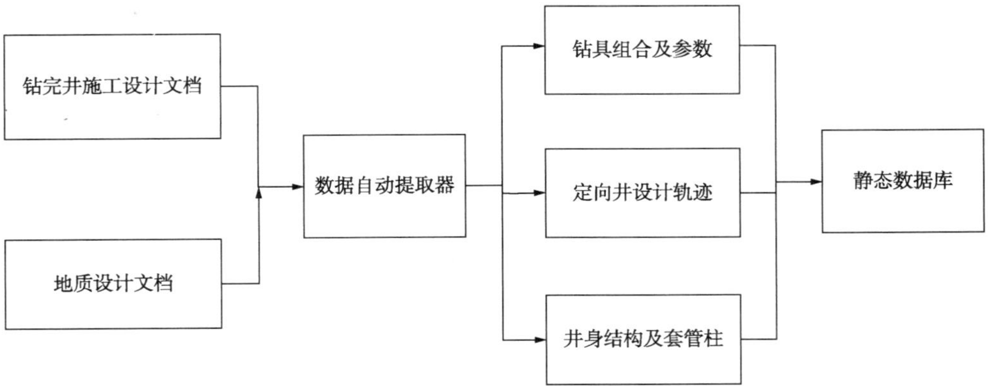

图 8　施工设计数据自动提取器

（2）实时分析部分在物理模型类分析加入水力物理模型。

除摩阻反演外，水力参数的实时自动模拟对比也对钻完井作业有积极影响。水力模块与摩阻模块都依托成熟物理模型，是实时分析模块下步的开发重点。水力物理模型可进行井眼清洁最小排量模拟、井筒岩屑浓度模拟、精通 ECD 模拟及岩屑床厚度模拟。

（3）复杂情况预警尝试不同算法增加模型判断的准确率。

参考国内外行业内进展，工程师们尝试了多种机器学习算法及深度学习算法应用于工况更为准确的判断[15,16]、机械钻速拟合及复杂情况预警。石油工程类大数据包含的数据源格式多、数据种类繁杂、数据体量大。后期亦将尝试不同的算法，以获得更高的不同复杂情况相对应的模型准确率。

参 考 文 献

[1] 李根生，宋先知，田守嶒．智能钻井技术研究现状及发展趋势[J]．石油钻探技术，2020，48(01)：1-8.

[2] 王敏生，光新军．智能钻井技术现状与发展方向[J]．石油学报，2020，41(04)：133-140.

[3] 杨传书，李昌盛，孙旭东，等．人工智能钻井技术研究方法及其实践[J]．石油钻探技术，2021，49(5)：7-13.

[4] 耿黎东，大数据技术在石油工程中的应用现状与发展[J]．石油钻探技术，2021，49(02).

[5] 赵庆，蒋宏伟，等．国内外工程软件对比及对国内软件的发展建议[J]．石油天然气学报 2014，36(5)：87-92.

[6] 刘胜娃，孙俊明，高翔，等．基于机器学习与态势感知技术的钻井液大数据分析与智能决策支持平台建设[J]．物联网技术，2019(05)：46-49.

[7] 刘胜娃，苏兴华，詹胜，等．面向钻井大数据的数据集成及分析系统的设计与实现[J]．微电子学与计算机，2018，35(01)：128-132.

[8] 钱浩东，温馨，甘红梅，等，井筒工程“大数据”的建立与应用实践[J]．钻采工艺，2019，42(02)：38-41+3.

[9] 史旻，袁洪水，徐辉，等，海洋石油钻井智能辅助决策监控系统研究[J]．天津科技，2019，046(011)：101-105.

[10] 匡立春，刘合，任义丽，等．人工智能在石油勘探开发领域的应用现状与发展趋势[J]．石油勘探与开发，2021，48(01)：1-11.

[11] 闵超，代博仁，张馨慧，等．机器学习在油气行业中的应用进展综述[J]．西南石油大学学报，2020，42(6)：1-15.

[12] 柳海啸，刘芳，代文星，等．基于大数据分析技术的钻井提效实践[J]．石油钻采工艺，2021，43(04)：436-441.
[13] 梁奇敏，杨永刚，何俊才，等．摩擦系数与摩阻系数及其控制方法探讨[J]．钻采工艺，2019，42(1)：11-13.
[14] 刘浩男，文晓涛，何健等．基于随机森林算法的AVO类型判别[J]．中国海上油气．2020(05)．
[15] Yuxomg Ben, et al. 2019. Development and Application of a Real-Time Drilling State Classification Algorithm with Machine Learning. Unconventional Resources Technology Conference, DOI 10.15530/urtec-2019-253.
[16] Yuxing Ben, et al. Building a General and Sustainable Machine Learning Solution in a Real-Time Drilling System. SPE-199603-MS.

中国石油客户关系管理数字化转型趋势和策略分析

隋　毅　黄晓文　陈洁萍

（昆仑数智科技有限责任公司）

摘　要　随着新技术、新业态、新能源的快速发展，能源行业的市场竞争愈演愈烈，以中国石油为代表的能源企业进入数字化转型的关键阶段，以数字化助力市场营销业务高质量发展成为企业提质增效的重要突破口。基于已建信息系统的集成和融合、客户数据的积累和应用、专业客户经理队伍的搭建和培养，以及数据分析驱动业务发展的经验储备和推广应用，充分克服客户服务意识、客户管理体系、数字化平台等方面的不足，本文从客户管理、市场营销、销售管理、客户服务等方面，分析提出了客户关系管理数字化转型的对策和预期效果。

关键词：客户关系管理；市场营销；数字化转型；以客户为中心

近年来中国石油在国内外两个市场面临的竞争日趋严峻和复杂，国际油价走势波动显著，海外市场开发业务急需加强重大商机管理和风险控制，国内成品油和化工品市场竞争持续加剧，天然气已不具备以管道瞄定客户的优势，新技术、新业态、新能源对中国石油各业务领域的冲击前所未有。在新形势下，各销售企业紧跟市场变化，相应调整市场营销模式，强化客户维系成为重要的提质增效突破点。在十四五期间，需要进一步加快客户关系管理业务的数字化转型，以数字化助力市场营销业务高质量发展，深耕客户数据的精准度，提升客户数据的时效性，延伸客户数据的应用场景，推进客户数据的价值转化，着力探索和培育新的效益增长点。

1　客户关系管理业务数字化转型的必要性

1.1　推动跨业务领域形成提质增效合力的需要

随着国内外市场竞争的加剧，各销售企业为打赢效益保卫战，不仅需要超前研判市场动态，持续优化自身的营销策略，还需要通过跨界交叉销售，在集团公司内部形成提质增效合力，寻找新的效益增长点。现阶段成品油、化工品、天然气销售业务模式的转型，以及未来新能源新材料等新兴领域的销售业务，都将依托全域优质的客户资源，以更高效的方式获取和运营客户，挖掘客户潜在消费能力，有效抓住销售商机，也是未来平台经济发展的重要基础。加快客户关系管理的数字化转型，能够有效支撑未来平台经济业务模式的转变，为客户和会员运营、市场预判、智能营销快速赋能，进一步提升客户粘性，实现新客户的数量增长，老客户的消费增长，流失客户的挽留以及沉睡客户的激活，促进集团公司客户关系管理能力创新突破，实现提质增效的目标。

1.2　加强销售企业市场营销业务高质量发展的需要

现阶段各业务领域建立了电子客户档案，实现了系统自动评级，有效积累了客户数据资源。同时基于目标客群的数据分析，开展精准营销，向精细化管理又迈进一步。但随着各业务领域线上销售业务或海外销售业务的扩展，需要实现线上线下、国内国外销售业务的协同发展，进一步深耕客户管理、市场营销、销售管理和客户服务业务的管控粒度，尤其需要打通全领域全渠道的客户触点，建立统一的客户管理和市场营销策略，形成批零一体化客户精细化运营和管理。同时细化从线索到回款的销售业务流程，提升销售漏斗的管控能力，识别和加强重大商机过程的追踪和管控，预测赢单几率，提升销售预测能力。

1.3　助力市场营销业务数字化转型的需要

在客户数据资源积累的基础上，需要进一步完善整合客户数据视图，汇集拉通前端渠道的客户信息和后台的业务数据，利用数字化技术推动业务持续完成从“流程驱动”向“数据驱动”转变，助力企业市场营销业务数字化转型。对外需要以客户为核心，聚焦客户全生命周期旅程的数据分析，跟踪每个客户交互触点的消费特征，实现线上线下消费行为全覆盖，提升客户洞察的深度和广度，推进数字化营销、销售和服务，提升客户体验；对内需要聚焦流程数字化、自动化和智能化发展，挖掘客户数据的潜在价值，加强客户数据应用辅助业务决策，大幅提升业务效率，实现数字化敏捷高效运营。

2 客户关系管理业务数字化转型的基本条件

一是具备信息化基础。2017 年，中国石油客户关系管理系统正式上线运行，聚焦成品油、化工品、天然气、工程技术、工程建设、装备制造业务领域各类产品批发与零售业务相关的客户关系管理、客户与业务服务，搭建统一的客户管理信息平台，覆盖客户管理、市场营销管理、销售管理、服务管理、智能分析、客户交互等功能。通过集成加油站管理系统、天然气销售运行管理系统、ERP 等系统，规范客户管理流程，实现对客户全生命周期的管理，为客户数据积累和分析应用打下坚实的信息化基础。

二是具备数据基础。积累 1.3 亿条批发和零售客户的数据，包含客户名称、客户类型、所属行业、客户资质等关键信息，同时与电子销售系统、ERP 等系统实现数据联动，及时获取客户需求、销售计划、交易结算等信息，建立客户 360°视图，同时将客户经理信息、客户准入信息和客户评级结果及时推送给相关系统，满足特定场景的业务应用。在此基础上，加强客户聚类、客户价值、消费行为、产品关联、客户流失、价格敏感度、客户满意度等数据分析，将客户按照多维度进行细分，形成客户画像，实现深入的客户洞察[1]。

三是具备人员基础。随着各业务领域市场开发业务的拓展，各销售企业正在组建专业化的客户经理队伍，制定客户普查和拜访计划，有效挖掘潜在客户，开拓形成新的市场。基于智能分析的结果，客户经理可以针对不同类型的客户，采取差异化的营销策略，持续跟踪销售线索，推进商机转化，及时响应客户提出的各类产品和服务诉求。同时，信息化队伍也逐步掌握数据建模和分析能力，提供了有效的平台和工具深度剖析和解读客户的消费特征[2]，为精细化营销和个性化服务起到重要支撑作用。

四是具备经验基础。在数据应用方面，各销售企业定期进行客户评级和客户细分，在营销业务的各个环节融入数据分析，基于数据发现，主动实施差异化营销，有针对性为客户提供多样化的产品和服务，包括客户拉新、流失客户挽回、客户价值增长激励、异业合作等多种营销类型，不仅节省促销成本，更提高促销响应率和营销收益，实现企业和客户共赢。以流失客户挽回和沉睡客户唤醒为例，各销售企业累计挽回客户近 88 万人次，平均流失挽回率达到 7%，实现普惠营销向精准营销的转变[3]。

3 国内外客户关系管理业务数字化转型的发展趋势

客户关系管理的本质是以客户为中心，企业在同客户和竞争对手的互动中建立起长期的、互相信任的“共赢关系”，但市场竞争日益激烈，客户具有更多新产品和服务模式可供选择，市场营销业务已发生翻天覆地的变化，不仅从线下走向线上，形成线上线下销售融合联动，更致力于基于客户视角形成完整的数据视图，通过数据洞察，为客户提供有针对性、量身定制且具有竞争力的服务。

随着移动互联网、大数据和智能化技术的发展，全球油气企业都在进行数字化转型，从不同渠道获取更多的资源和信息满足客户全方位的需求，为客户粘性的建立有效赋能，支撑灵活动态的营销策略，提供更有针对性的服务，由业务流程管控型、分析型向社交型、数字化方向发展。它以客户数据的全方位扩展、社交式多渠道的客户互动以及超级个性化的客户分析为主要特征，油气企业进入塑造全新客户体验的转型阶段。

以零售业务为主的油气企业致力于从内到外构建生态圈，为客户提供一站式服务，加强数字化投入和能力培育，最大程度满足客户全方位和个性化的需求。因此，这类企业聚焦于挖掘更多的客户信息和潜在需求，不仅从企业内部进行梳理，更要跨界拓展外部市场的信息，在客户、车、门站的互动互联中加强营销和运营。

以批发业务为主的油气企业也逐渐参照零售业务，吸取零售客户服务模式的经验，更加关注服务的便捷性和灵活性。为应对这种转变，这类企业不仅通过客户经理提供一对一的专属服务，也越来越重视批发客户的分析和互动能力的建设，创造数字化、互动式的客户体验，以建立合作伙伴为出发点，充分实现客户关系的定制化、便捷化与智能化。

同时信息技术也在不断迭代升级，由于油气销售业务模式具有复杂多变的特点，未来新能源新材料业务也处于发展变化之中，油气企业信息化建设也由传统的单体架构逐步向轻量级架构转变，依托 PaaS 平台+微服务架构，使开发、部署、运维一体化，快速敏捷迭代交付，满足更频繁的难以预见的业务模式变更，同时避免各信息系统孤立烟囱式的功能提升，打通信息系统之间的数据孤岛，通过标准的技术和接口规范，提升系统集成的效率。

通过以上数字化转型，实现从客户需求端出发，到实现客户需求端去，提供端到端的闭环服务，持续优化客户全生命周期旅程，为客户提供全新的数字化和个性化体验。同时基于更精准的客户细分与定位，应对客户需求快速变化、甚至需求下降的发展趋势，增强快速适应、跟进、甚至是引导客户需求发展变化的能力，提升市场份额，驱动业务创新增长。

4　客户关系管理业务数字化转型的痛点分析

针对当前客户关系管理业务数字化转型遇到的难点和瓶颈进行分析，主要存在以下五个方面的问题。

4.1　客户服务意识

加强客户至上的服务意识，基于卖方市场的坐商习惯亟待改进，避免客户提出的服务诉求不能及时有效解决。完善客户走访机制，及时了解客户反馈，持续关注客户满意度和忠诚度。客户服务相对分散，有效整合服务热线，搭建统一的客户服务平台，统筹线上线下不同渠道的客户服务，特别是为跨业务跨区域的客户带来一致的服务体验。

4.2　客户管理体系

客户由各业务领域各区域分散管理，数据整合不充分，同一客户在不同业务领域甚至不同企业拥有多个客户级别，在集团公司层面尚未建立全域客户管理体系，缺少大客户的统筹和共享机制，需要加快大客户开发体系建设，针对客户不同生命周期阶段实施个性化和精准化营销。

4.3　市场开发

各业务领域的客户信息缺少共享，各业务线的产品单独销售，同一客户可能面向多个不同业务线不同区域的客户经理，跨业务领域潜在客户挖掘、现有客户维护等方面存在交叉重叠，各领域客户需求没有互通，不利于形成客户开发和市场拓展的合力，需要增强各管理层级各业务领域的协同，发挥出市场规模优势。

4.4　数字化平台

已建信息化、数字化客户管理工具不能完全满足客户日益增长的需求，缺少集团公司层面的统一客户管理平台，涉及多个信息系统的整合，尚无统一客户入口，不能一站式满足客户全方位的需求。在功能设置、应用操作、界面展示等方面按照管理客户进行设计，没有突出服务客户的特点，用户体验不够友好。

4.5　客户经理管理

部分业务领域的客户服务人员属于兼职人员，需要加强专业客户经理队伍的建设。需要推进系统培训和深化应用，助力一线客户经理挖掘市场，培育一线的数据分析人员，健全客户开发考核制度，完善激励机制，调动一线客户经理的积极性。

5　客户关系管理业务数字化转型的策略分析

解决上述问题需要客户关系管理业务数字化转型的有效推动，全方位收集客户信息和需求，深入了解客户消费特征，实现社交化的互动关怀，通过数据洞察和个性化营销策略，营造客户满意，打造客户忠诚，实现客户一体化、渠道多样化、营销差异化的管理模式，为企业创造更多效益和价值。

客户管理方面，需要制定统一客户编码和数据规范，有效识别客户的唯一身份，实现对全域全渠道客户信息的拉通和共享，了解客户消费特征的全景视图。对于面向跨业务领域的大客户，统筹客户分级分类分层管理，不仅要推动各领域客户关系管理能力的提升，更要构建集团公司范围内的市场营销合力。从客户分类上，构建满足集团公司业务需要的共性客户标签，各业务领域各销售企业分别建立不同细分维度的个性客户标签，拓展完善客户标签体系。从客户分级上，建立集团公司层面的客户评级引擎，突出整合能够体现客户价值主张的评级指标，统筹分析，综合评级，精准定位集团公司层面的重要客户。从客户分层上，明确各管理层级对各类客户的服务职责和范围，组建大客户经理团队，统一面向客户，协调联动满足客户的各类诉求。

市场营销管理方面，基于客户数据分析结果，通过线上线下多个销售渠道，实现全域全渠道营销策略、促销活动和市场开发管理，建立统一的线上线下一体化的营销中心，打造市场营销合力。支持多领域多企业多层级协同共享客户，通过定位潜在目标客户类型，基于数据挖掘技术，在其他业务领域快速筛选具有类似标签或特征的客户，将符合特征的客户信息共享给特定业务领域，辅助该领域的管理层和市场开发人员更有效的获取高质量的潜在客户信息，有效降低各销售企业市场开发成本。同时实现跨业务领域的组合营销策略和交叉销售管理，通过联合营销，满足客户一站式的产品需求。在内部交叉销售的基础上，还可以通过异业合作引流的方式，扩展目标潜在客户范围，做大客群规模，异业合作权益的引入可以作为一站式客户需求的延伸，进一步增强客户粘性。

销售管理方面，通过统一数字化平台为客户提供从产品查询、注册准入、营销活动、订单结算、物流跟踪和咨询投诉等一站式服务。客户自助提交注册和准入资质信息，完成线上准入申请和产品采购。客户也可以灵活查询各业务领域的产品信息、销售网点和客户经理联系信息，实现线上线下互为引流。同时完善客户经理管理，推动客户经理从坐商向行商转变，制定客户经理评级指标，匹配客户评级结果，为优质客户提供专属服务。通过移动应用等方式，助力一线客户经理走出去，辅助快捷查询客户信息、购买产品类型、购买频率和购买量价，以个性化服务满足客户需求。为了减轻一线客户经理的数据录入工作，通过语音识别、图片识别等技术，让移动应用成为客户经理的好帮手，并E智能推送客户或业务动态信息，增加市场动态、客户拜访、竞争对手动态的提醒和业务审批等应用场景，进一步推动移动应用向销售协同、业务智能操作、工作流程自动化等方向发展，提升客户经理在外部市场移动办公的便捷性和响应速度。

服务管理方面，以客户为中心，从管理客户向服务客户转变，基于统一客户服务平台，建立客户服务的统一窗口。基于统一客户身份认证机制，实现一个客户一个账户灵活跳转不同领域的多种产品，享受一站式服务。分散在各业务领域原有的服务渠道，考虑到客户既有的使用习惯，需要逐步的过渡迁移。优化客户服务的闭环流程，实现客户服务全流程的响应、跟踪、处理和回访，提高客户服务效率和质量。加强智能服务，一方面针对常见咨询问题，通过知识图谱的构建，智能解答客户疑问，减轻一线客户经理的工作量；另一方面丰富智能服务的应用场景，自动推送客户资质到期提醒、账户余额、节日祝福等，帮助客户经理建立主动为客户提供服务的意识。

6 客户关系管理业务数字化转型的预期效果

6.1 打造社交化关怀，全面优化客户体验

基于统一客户服务平台，支持门户、移动应用、微信、支付宝等多渠道客户服务请求的接入，覆盖客户触点更广泛，客户获取服务更便捷，服务请求处理更迅速，客户交互场景更丰富，辅助企业逐步转向以社交化和人性化的方式服务客户，客户能够感受到企业的重视和关怀，全面优化客户体验，提升客户满意度。

6.2 增强客户粘性，提升企业核心竞争力

客户是企业的核心资源，基于统一客户关系管理体系的不断提升和优化，针对不同类型的客户，灵活赋予多元化的客户权益，增强权益价值的客户体验，激励客户等级的提升，有助于建立中长期可持续、可发展的客户关系，实现从短期客户引流向长期客户留存转变。同时建立广泛的异业合作，满足客户全方位需求，一站式服务的生态圈能够吸引更多新客户，留存更多老客户，增强客户粘性，有效提升集团公司的品牌影响力

和核心竞争力。

6.3　落实精细化管理，推动企业高质量发展

细化客户分层分级分类，从客户全生命周期管理提升到客户旅程的管理。在与客户交互的旅程中，全方位跟踪客户体验，以标准化、数字化、精细化创新业务场景，提升业务管控能力和风险防控能力，从精准营销到精细化销售，再到个性化服务，把最适合的产品和服务推介给最需要的客户，做到一地一策、一客一策，大幅提高业务运行质量和水平。

6.4　实现数字化转型，助力企业降本增效

基于大数据分析能力和全业务链的客户数据，数据分析从事后总结转向事前预测和事中监控，从量变引发到质变，为经营决策提供强有力的支撑。从集团公司层面进行跨业务领域客户数据挖掘，实现潜在客户有效推荐，有效降低市场开发成本，推动交叉销售业务发展。线上线下数据驱动精准营销统一有序的管理，通过数据监控，避免过度营销，有效降低营销成本，保证营销资源投向最有价值的客户，拉动客户消费增长。通过数字化业务应用，支持企业优化资源配置，有效赋能重大商机或大客户的管理，确保从销售线索到回款的有效推进，助力集团公司从生产型向经营型的快速转变。

参考文献

[1] 隋毅，杜宗格．天然气客户聚类模型研发[J]．油气与新能源，2021(2)：5.

[2] 隋毅，冯伟荣．异常值检测在成品油零售客户消费行为分析中的应用[J]．石油规划设计，2020，31(4)：6.

[3] 张曦、隋毅、郝晶、倪杰清．基于客户聚类的成品油客户精准营销研究与应用[J]．石油规划设计，2020，31(6)：6.

构建业财融合平台，助力企业一流财务管理体系建设

曹 阳[1] 袁维宁[2]

（1. 国家能源集团技术经济研究院；
2. 昆仑数智科技有限公司）

摘 要 构建一流财务管理体系是国家对央企的基本要求，也是央企自身数字化转型的必然选择。随着数字经济的飞速发展，传统财务管理与业务活动在运作上不同步，财务与业务不连接，企业资源配置与业务运营不协同，对业务风险管控不到位等问题日益突出，严重制约了企业价值创造能力。打通端到端业务流程，构建业务与财务融合平台，成为解决上述问题的关键，也是构建一流财务管理体系，实现企业财经领域数字化转型的重要抓手。

关键词：一流财务管理体系；数字化转型；业财融合平台；端到端业务管理；全景数据

财务管理是企业管理的核心，企业所有生产经营活动都是由业务出发，最后归集到财务，生产经营成果均以财务数据的形式体现。科学高效的财务管理是企业实现基业长青的重要基础和保障。党中央、国务院高度重视央企财务管理工作，2022 年 2 月国务院国有资产监督管理委员会下发了《关于中央企业加快建设世界一流财务管理体系的指导意见》，提出推动中央企业进一步提升财务管理能力水平，加快建设世界一流财务管理体系的指导意见及具体要求。明确了财务管理“支撑战略、支持决策、服务业务、创造价值、防控风险”的目标及定位。

建设一流财务管理体系，概括起来主要有四方面：即一是实现一个目标。二是推动四个变革。即推动财务管理理念变革、组织变革、机制变革、功能手段变革，这是推进财务管理转型升级的基础，也是新时期中央企业财务管理工作基本要求。三是强化五项职能。以财务管理主要对象“票、账、表、钱、税”为维度，强化核算报告、资金管理、成本管控、税务管理、资本运作五项职能，这是推进财务管理转型升级的切入口。四是完善五大体系。即全面预算、合规风控、财务数字化、财务管理能力评价、财务人才队伍建设体系，这是支撑财务管理职能落地、实现财务管理体系有效运行的根本保障，也是推进财务管理转型升级的主线和重点。一流财务管理体系总体框架见图 1：

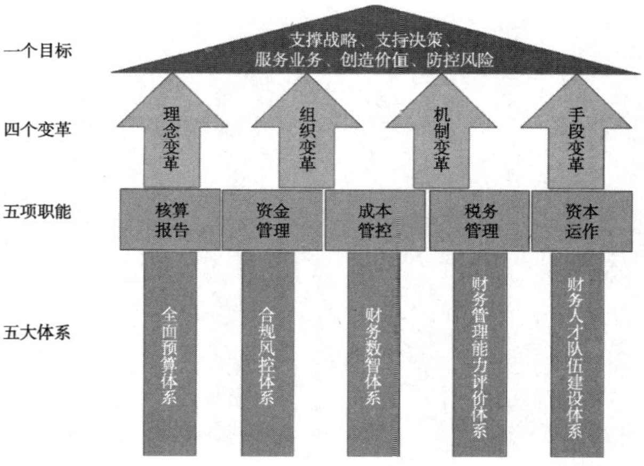

图 1 一流财务管理体系总体框架

2 推进业财融合是建设一流财务管理体系的基础

2.1 一流财务管理体系解读

从财务管理“支撑战略、支持决策、服务业务、创造价值、防控风险”的目标与定位分析，一流的财务体系是一个战略型、引导型、价值型的管理体系，不是一个核算的、事后的、后台的职能部门。

从财务管理的五项职能分析，核算、资金、成本、税务、资本管理等五项职能是财务部门、财务系统本身需要做实、做到位的基本功能，这

些基本功能的实现正在受到冲击。如货币计量、互联网时代的智慧资本、智能制造下个性化定制的精细成本核算等，需要财务部门更多地关注企业经营情况、盈亏情况，财务职能发生了很大变化。如果没有前端业务流程及数据的支持，财务的基本职能无法有效履行。

财务管理的五大体系，包括全面预算、风控合规、财务数智等方面，不是财务一个部门、一家企业能够完成的，是集团需要通过部门协同、整体构建形成的综合管理体系，体系中不仅有财务功能，还有其他职能和业务的功能。覆盖全部管理链条、全部企业和业务单元，是一个跨部门协同、多方联动的全面组织体系、管理体系和制度体系。

综上所述，一流财务管理体系建设不仅是财务本身的建设，而是涉及企业管理的方方面面，离不开业务与财务的深度融合。

2.2　实现业财融合是构建一流财务管理体系的重要抓手

业财融合是指业务运营与财务管理相融合，主要有两方面的含义。一是业务与财务流程的融合，随着数字经济的不断发展，新的商业模式在带来新机遇的同时，也会产生新的问题和风险。面对复杂多变的环境及不确定性，需要企业在经营管理中作出更为敏捷和快速的应对，传统的事后核算型财务管理方式已经不能适应这种需求，需要将财务管理向业务前端延伸，实现端到端业务流程的贯通。在业务运营和决策时提供财务分析和风险提示，做好财务规划。二是业务与财务数据的融合。实现企业价值创造，既要考虑业务活动取得的收益，还要考虑相关的成本和可能的风险损失。通过业财数据融合，数据源向业务端延伸，拿到准确的、高质量的原始数据，不只局限于财务会计核算数据，利用全场景的数据反映价值创造过程和结果，有助于决策的科学性，也为后期的业务开展提供控制依据和标准。

如物资采购业务，如果仅看财务端数据，只有到入库和发票环节，时间滞后，且信息缺失。再如财务核算涉及的纳税筹划、管理需要等进行的特殊调整，也需要基于实际业务。因此，以业财融合为抓手，能够更好地支撑财务管理“支撑战略、支持决策、服务业务、创造价值、防控风险”的目标和定位。

3　构建业财融合平台，助力企业一流财务管理体系建设

3.1　业财融合平台建设基础

建设业财融合平台，几方面的基础必不可少，即数据、组织与流程的标准与规范、跨业务的端到端流程贯通和联动及全景的数据及应用。其中数据、组织、流程标准及规范是基础，业务与财务流程贯通是手段，全景数据分析与应用是目标。

（1）数据标准和规范

主数据标准化、业务统计口径规范化是实现“业财融合”的基础。在公司层面设定统一的主数据标准，通过统一管理平台（主数据管理平台）的建设和应用保证主数据如会计科目、客户、供应商、物料、项目、设备等编码唯一，通过主数据管理平台与相关系统间集成，实现主数据在创建、修改及分发等环节的规范管理。建立公数据资产目录，制定统一的业务规范和标准，明确定义数据源、数据存储、分发、应用及统计口径，保证数据的真实及可靠。

（2）高效的组织与标准的流程

执行力是企业管理成败的关键，企业组织的执行力，不仅取决于企业组织的成员能力，更决定于企业组织架构设计。企业战略必须有强有力的组织架构予以支撑，才能贯彻实施。贴合业务实际、灵活高效的信息化组织架构，是支撑企业业务和组织灵活调整的基础。实现业财融合，须着眼于公司未来十年的战略规划进行架构设计，将公司未来新组织、新业务的需求纳入考量，构建多维度、扁平化的业务单元。细化财务组织架构（工厂、利润中心），支持组织架构灵活调整，实现产品分事业部、分工厂、多层级、多维度的获利分析。

促进以财务为核心的经营管理组织、流程、业务模式等标准化、规范化，实现财务业务标准统一、流程协调、信息共享，强化财务、业务的协同管理。深化管理会计应用，使财务分析精确到最小的业务单元、最明细的业务数据。

以库存管理为例，多数企业生产的库存组织与财务核算中的库存组织存在较大差异，导致财务数据与生产业务数据不匹配，库存量及成本核算准确性无法保障。通过引入管理会计组织及流

程体系，建立管理会计组织与生产库存组织的对应关系，实现生产与财务业务的融合贯通。

(3) 跨业务领域的流程贯通和联动(图2)

对企业内部涉及人、财、物的端到端流程进行梳理、设计和优化，理清流程中涉及的组织、人员、系统，明确在流程中的职责，功能，重点关注跨组织、跨系统结点，打通组织、系统间的业务和数据流，保证集团层面的业财融合。以集团型企业生产厂与销售公司的产销业务流程为例，实现销售企业需求与生产企业的生产联动，生产企业的销售与销售企业购进贯通和联动，保证数据源头唯一，业务流与信息流在企业间实时流动。

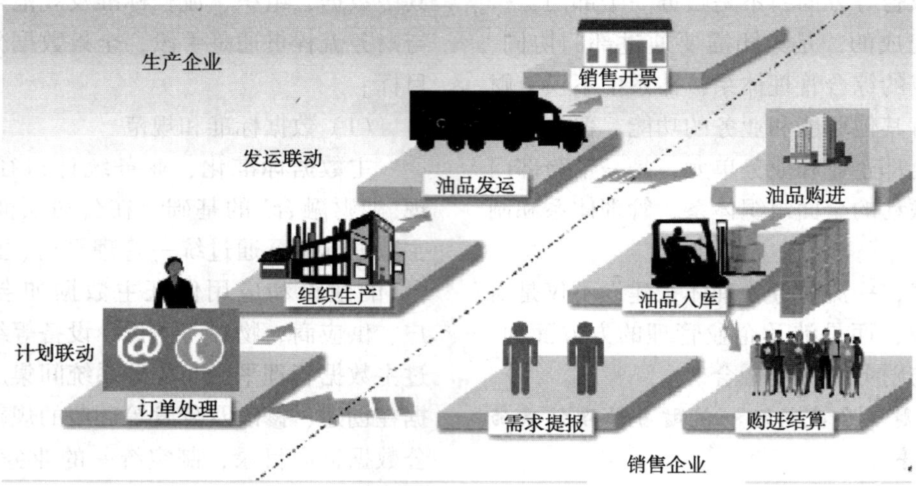

图2　跨业务领域的流程贯通

(4) 全景数据分析与应用

构建数据资产目录，一方面明确数据源头，保证数据来源唯一；确定数据实体和对象，对数据实体和对象实行标签化管理，为全景业务分析和智能决策奠定基础。图3是客户对象标签化示例

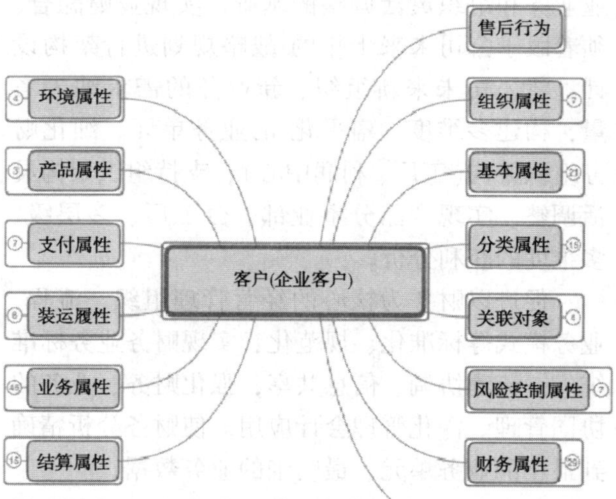

图3　客户对象数据标签化示例

3.2　业财融合平台建设方法研究

实现业务与财务融合，离不开信息技术的支持。构建业财融合平台，连接业务与财务，使业务发生的同时，交易、订单、资金等信息同步至财务部门，完成财务帐务处理及业务数据记录与分析；同时财务资金、预算及风险等管控要求及时同步到业务部门，指导和规范业务操作。

业财融合平台建设目前主要有两种做法。一是以财务系统为核心，不断扩充系统收集数据和向业务传递财务要求的功能及能力，为财务管理和数据增加业务维度，以达到业财数据融合的目的。此种做法仅实现了业务与财务数据的融合，有一定的局限性。二是以端到端业务管理为核心，强调业务的过程管理，以流程为主线，在业务运行过程(包括财务核算过程)中按要求规范各类行为，同步收集各个环节的明细数据。形成企业全景数据。

两种做法都有大量的应用案例。其中以ERP系统为核心，通过与相关系统集成构建的业务平台，是目前企业最常用、最有效的业财融合平台及建设方法。

3.3 ERP为核心的业财融合平台建设

企业管理信息化起步于二十世纪八十年代末，管理领域及部门为满足各自管理要求，自行建设一些独立的管理信息系统来解决业务管理中记帐、统计等问题，如人事管理、销售管理、帐务处理等系统，这些系统功能单一、针对性强，且各个系统之间无关联性，业务与财务之间、业务与业务之间通过手工对账完成，业务与财务数据是否相符只有到月末对帐时才能发现、纠正。

以财务为核心的 ERP 系统在企业成功的实施和应用，提升了标准化、规范化水平，特别是在同一 ERP 系统内部管理的业务，实现了企业经营管理业务从业务端发起，最终归集到财务，实现了业务与业务、财务与业务的实时集成，保证了业务、财务数据源头唯一，为企业整体业财融合打下了基础。但企业管理领域多，业务范围广，仅靠一套 ERP 系统无法满足企业整体管理需要，企业特别是大型企业集团生产经营活动多由各类系统共同支持，系统间功能界面重叠，数据源头不明确等制约了业务与财务的深度融合。以 ERP 系统为核心的企业信息系统集成平台建设，实现 ERP 与 ERP 间，ERP 与相关业务系统间联通，进而实现企业整体的流程联动和数据共享，实现企业运营过程中整体的业财融合。

3.4 助力一流财务管理体系建设

通过业财融合平台的建设和应用，可以实现业务源头动因分析。财务数据直接追溯到业务源头，确保数据的全面、完整和一致，使财务管理更好地服务业务；通过业财融合平台的建设和应用，可以进一步提升资源配置能力，实现资金、库存和商品可预测，以及物流高效运转，提升集团公司资源配置能力，能够为企业创造更大的价值；通过业财融合平台的建设和应用，提升集团管控能力，加强信息透明度，使集团的运营战略能够有效执行，能够更好地支撑企业战略目标的实现；通过业财融合平台的建设和应用，财务管理向业务前端延伸，可以资金、预算的事前、事中控制与事后分析，能有效的防范企业经营风险；通过业财融合平台的建设和应用，全业务链条信息协同，提升了经营信息质量，支撑各个层级管理人员快速掌握集团整体运营情况，为高效决策提供支持。

综上所述，高效、先进的业财融合平台建设，可以全方位助力企业一流财务管理体系建设，也是实现高效财务管理的重要工具和抓手。

参考文献

[1]《一张图描绘世界一流企业财务管理体系》知本咨询国企产业研究院.

加油站销售体系中导入阿米巴经营策略的研究

布　和

（中国石油内蒙古兴安销售分公司）

摘　要　成品油属于人们日常生活中必不可少的关键能源之一。近年来，随着我国加油站销售企业的增多、市场竞争形势日益激烈，在这样的环境中怎样导入新型的经营方式以帮助加油站销售量大幅提高，占据市场竞争的有利地位显得十分重要。本文通过阐释阿米巴经营模式，举例介绍了加油站的经营情况，分析其经营过程中存在的问题和不足，并提出了加油站销售体系中阿米巴经营导入策略的构建方法．此研究以分析加油站销售体系阿米巴经营导入策略为目的，从而达到有效发挥阿米巴经营模式在各加油站促进销量发展中起到的良好作用。

关键词：加油站；阿米巴；经营管理；质效发展；提升核心竞争力

近年来，中国经济取得迅猛发展，众多企业在这一进程中经历着新生和高速成长的喜悦，而另一方面，由于企业经营管理无法适应自身的快速成长而导致发展受阻、甚至黯然离场的企业同样不可胜数。得益于我国中石油、中石化等国企终端网络的不断建设影响，很多加油站企业致力于寻找适合的零运营方式生存下来。然而面对日益激烈的油品市场竞争压力，对于加油站销售企业而言，阿米巴经营模式作为全新的经营方式类型，受到了极大的关注与重视，也让人们意识到只有依靠其自身的优势作用，才能够为加油站企业带来更多的经济利润。鉴于此，深入研究与分析加油站销售体系中阿米巴经营策略导入显得尤为重要，具有研究意义和实践价值。

1　阿米巴管理经营模式下加油站经营实践效果的研究

稻盛和夫《阿米巴经营》一书中提到：“所谓阿米巴经营，就是把组织划分成一个个小的团体，各自独立核算，同时在公司内部培养经营意识的领导人，让全体员工参与经营，实现全员参与型经营。”参照这段话，许多企业以“最小业务单元为基础、独立核算为抓手”开启阿米巴经营，但成功者寥寥。可见仅仅做到机械式独立核算、复制式考核倒逼等并不是阿米巴经营的真谛。

“阿米巴”经营模式起源于1963年，作为阿米巴经营模式的开创者，稻盛和夫认为其之所以成功，是因为它有一套明确的、并且被全体员工认可和践行的经营理念。在实际运用阿米巴经营模式时，人们往往关注到了该模式是将公司整体，通过一定的工作形式进行重新划分，创建多个小型组织，每一个小的阿米巴经营模式都为独立个体，在实际发展时，以个体企业的形式进行经营、管理这一模式。却忽略了稻盛和夫在而在经营实践上贯彻阿米巴的一个重要前提——经营者必须懂会计，一套贯彻经营者意志、能够直观明了反映经营现状的会计系统对“阿米巴”的发展至关重要。对此，在加油站的阿米巴体系中领导人找出全体成员可接受的最高数字作为目标，并将该目标分解到组织中的每个人员，让目标成为每位员工工作的风向标，通过既定目标统一行动方向至关重要。同时，领导人不仅要设定目标，还要始终抱有乐观、向上的心态，胸中怀有强烈的愿望，让大家相信目标一定会实现，以此提升团队的凝聚力，才能最终达到让团队中的每一位成员都激情燃烧的效果。

2 目前部分加油站存在的经营问题的分析

目前兴安分公司各加油站在实际发展的过程中，已经形成了相对健全、完善的发展体系，且整体的运营规模也在不断的提升。但就实际发展而言，纵观我国各个发展实业的整体发展形式，加油站在其中的发展仍然存在较为明显的不足，笔者通过不断的完善与研究，主要了解到以下几方面的问题与不足：

首先，市场运行形式中，因需求关系牢固，公司加油站存在较为明显的短期性效应，对其整体发展缺少长远性规划，难以满足客户对当前日益更新的信息化购买的需求；其次，高效网点、市场份额等模块的应用不足，致使加油站在实际发展的过程中，知名度虽高、但宣传力度不足，客户在进行购买与应用的过程中，能通过其整体的品牌效应进行购买，但仍无法带动加油站内非油商品的销售量增加；最后，在客户信息管理工作体系中，存在较为明显的不足与缺失。对于现有客户而言，相关的工作人员并未对其进行完善而系统的信息收集，且在实际营销的过程中，缺少对客户的情感交流，难以更好的解决客户更多存在的问题，也就无法在更好更快中得知客户不同的自身需求。

3 加油站销售体系中阿米巴经营模式的实施关键

（1）要确立能够为全体员工认可的经营哲学

稻盛和夫指出，阿米巴经营并非经营诀窍，仅仅模仿阿米巴经营的程序和做法并不能取得好的效果，原因就在于其是以经营哲学为基础的。为了实现自己的经营目标，各个小组织会产生出强烈的保护自身利益的倾向，这种利己思想的存在很容易在各阿米巴间造成对立和纠纷，使加油站经营陷入混乱。一套好的经营哲学能够引领全体员工跳出以自身为中心的局限，从公司整体利益出发考虑经营问题，在公司内形成互助互信的经营环境。

（2）正确的进行阿米巴组织的划分

阿米巴并不是分的越细越好，否则不仅难以具备足够的战斗力，还会造成资源浪费。成功的划分须具备三个条件：一是所划分的阿米巴能够实现独立核算。意即其所从事的各项业务的收入和支出能够进行准确的统计计算。二是划分后的阿米巴必须是独立完成业务的单位。唯此才能够给予其领导施展拳脚的舞台，钻研创新实现更高的业务价值。三是所划分的阿米巴能够贯彻公司的目标和方针。这样才可以确保公司可以一如既往的为客户提供完备的服务。阿米巴划分完成后，依然需要根据市场环境和业务内容的变化，持续调整组织，以保持结构最优。

（3）选拔和培养具有经营意识的人才

稻盛和夫认为：人才是事业的基础。为了培养和发现阿米巴的领导者，要大胆发掘和起用具有经营者潜质的人才，允许其在实践中不断积累经营者的意识和经验。每一个阿米巴的领导人都像一个企业的经营者，不仅需要在组织内明确经营目标，合理进行任务和资源的分配，还要有指导和激励员工、让大家相信目标一定 能实现的能力。

（4）打造独立核算体系

需要成立专门的经营管理部门，制定内部核算标准及其他相关规章制度，确保阿米巴经营正常运转。对各阿米巴业绩的统计需要按天进行，并将结果及时反，馈给现场，以便其能够时刻把握计划的进展情况，发现问题并及时进行调整。

（5）教育培训

针对阿米巴的领导人及全体员工进行系列培训，激发全员对核算的敏感，对自己所创造的利润以及实现这些利润的手头工作产生浓厚的兴趣。通过这些培训，逐步将经营的意识灌输给公司全员。

（6）建立配套绩效评价体系

企业的经营管理归根到底是企业绩效的管理，绩效评价体系必须与管理模式相匹配，才能更好的引导业务发展方向，促进公司整体目标的实现。

（7）避免生搬硬套

日本和中国在文化上存在很大的不同，最大的差异体现在对待职业的态度上。日本人以社为家，一般选择一个企业后就会以这个企业为依靠，终身为之服务。而中国人则“择良木而栖”，更多的是以报酬为最重要的考量因素。因此，在实施中要根据需要谨慎甄别和适当变通。

4　加油站销售体系中阿米巴经营的导入策略

（1）业绩考核指标体系的建立

为了能够进一步提升加油站销售体系在整个公司发展过程中拥有良好的销售成果，使其能够在后续发展的过程中，更大程度上优化内部的管理体系。加油站在将阿米巴经营模式导入企业中时，应注重对考核指标的再构建。如不同的站点结合本站地理位置、客流量、客户群体的不同以及当前公司发展的整体形式与市场经济的发展状态，制订相应的考核指标。要从销售量、费用管理、利润数值以及管理服务等方面进行考核。而在实际发展的过程中，相关的工作人员不可以进行盲目的考量工作，要根据实际情况进行，进而更大程度上展现员工之间工作的公平性。为了能够在更大程度上保障工作人员工作的公平性，销售量不应只包含纯销售量，还应该对人均销售、员工好评数、发卡数以及其他形式的非油品等进行统计与规划，得到更为精准的工作人员的实际工作形式统计；费用管理方面也应该将可控制费用、盈亏比率等进行良好的把控，从而为企业的整体发展与运行贡献更为显著的成果；在利润数值与管理服务等方面，也应该详细划分，进而为企业的管理与发展提供更为强劲的力量。

（2）加油站经理权限分权设计

在实际发展的过程中，既然决定应用阿米巴模式，在后续的发展中，便应该全面执行该模式所具备的指标与模式。因此，兴安分公司市场营销运作部应授予各个小型加油站以用人、价格建议等相关权益。首先，人才的应用方面，员工与直接领导能够在最大限度上了解到内部员工的实际能力与工作状况，授予其用人权限，能够使各个分化的阿米巴实现更为优良的人才体系，为企业的整体发展与运营创建更大的经济收益；其次，在价格管理方面，为了能够带动各加油站点的市场竞争力，各片区加油站总管理人员（片区经理）应该具备短期内，上下 0.5 元/升的价格更改能力，该能力在实际执行的过程中，需要由整个分公司领导小组同意后方可执行，能够在更大程度上实现促销管理等工作模式，该种工作模式能够在更大限度内提升加油站的整体经济效益。

（3）完善加油站整体的应月制度

将成本费用、核定的加油站的销售数量以及最终利润等作为主要的发展线路，并结合考核竞品、薪酬激励等相关制度，完善整体的应用制度。为员工开展具备相对针对性的辅导、培训等工作，进而全面提升员工工作阶段的积极性，为企业的整体发展提供更强大的人力支持与资源规范式管理等。要注重对销售指标、利润指标以及费用指标的确定。使加油站内部的经营形式与方法在该种管理中逐步完善，提升销售数量与各个工作人员的技能标准，将阿米巴经营模式的优势充分发挥，从而全面提升企业发展阶段的经济优势。

5　结论

从此次论文的分析当中不难看出，深入探讨和分析加油站销售体系中导入阿米巴经营策略的重要性。本文通过阐释

阿米巴经营模式，介绍了阿米巴管理经营模式下加油站经营实践效果的研究，分析了目前部分加油站存在的经营问题，并提出了加油站销售体系中阿米巴经营模式的实施关键，明确了加油站销售体系中阿米巴经营的导入策略，望此次研究的内容与结果，可以获得相关工作人员的关注和重视，并且从中得到一定的启发与帮助，以便推动兴安销售分公司加油站销售业绩的不断发展和进步。

参　考　文　献

[1] 王秀萍，朱艳．基于阿米巴模式的绩效指标体系探讨[J]．财会通讯，2014，(28)：12-14.

[2] 王任军．基于稻盛经营哲学的企业绩效管理模式研究[J]．科技创业月刊，2014，27（02）：72-75.

[3] 王任军．自我管理团队的绩效管理研究一以京瓷阿米巴为例[J]．科技创业月刊，2016(05)：94-96.

[4] 王艳斌．基于阿米巴经营理念的绩效管理实践[J]．财经界，2015(8)：84-152.

[5] 冯帆．阿米巴经营模式下 D 公司营销系统绩效评价研究[D]．南京大学，2016.

基于 MVC 架构的绿化物资产供销一体化系统设计与实现

崔 烨

（大庆油田有限责任公司勘探开发研究院）

摘 要 在企业改革浪潮的推动下，园林绿化企业利用自身业务独特性优势，积极开拓市场，力争通过园林绿化产品的生产、销售以及相关的社会服务，为企业带来更大的效益提升。在新的经济环境下，原有的管理模式暴露出很大弊端，苗木产品采购、生产、销售、损耗、库存盘点等靠人工的方式难以精确统计核算，迫切需要通过数字化转型，建立物资原材料采购、生产、销售、服务、成本核算一体化管理模式，精准核算生产成本及营业收入，为企业改革的精准定位、降本增效奠定坚实的基础。根据绿化物资管理的特点，基于 MVC 架构、Activiti 工作流、RFID 识别、云平台等技术，建立了一套绿化物资产供销一体化管理平台，对绿化物资的计划、采购、生产、销售、核算全过程实现统一的数字化管理，精准核算生产成本及营业收入，为促进企业转型提供技术支持和服务

关键词：绿化物资；产供销一体化；MVC；工作流；RFID

1 背景

绿化物资属于活性物资，在集团 ERP 实施过程中未纳入集中采购的一、二类及下放的三类物资管理，由于苗木的生产、存活、损耗变化比较大，新购置的小的苗木经过生产培育后会变成新的规格型号、同时又可能存在巨大的数量的增加或巨大的损耗，而生产后的产品又存在存活期等影响因素，因此管理异常复杂。传统的人工管理模式难以准确核算物资的生产成本及收益，相关管理部门迫切需要通过数字化转型，将园林物资的采购、生产、销售纳入统一平台管理，以解决传统管理模式带来的弊端。

1.1 绿化物资管理存在的问题

（1）管理不规范

绿化物资品类多、数据量大、调配频繁，人工出入库、调配、调拨经常会导致库存与账面不符，给后续的经营核算带来很大难题。

（2）工作效率低

传统建立手工台账的管理模式，需要员工手写大量纸质单据，难免发生记录错误。同时纸质单据存在丢失、传递耗时、查询汇总困难等问题，降低了企业运行效率。

（3）计划不合理

绿化物资计划通常包括年度计划、月度计划和临时计划，计划根据以往经验和需求申报或调整，由于传统模式管理精细程度不足，无法准确把握各类物资的需求和使用情况，计划无法准确贴近实际需求，从而导致库存过大或短缺，资金利用率低。

（4）采购风险大

绿化物资采购通常涉及多家供应商，与供应商交易的过程中存在各种采购风险，包括质量不合格、价格变化、交付延期等。

（5）信息安全

物资采购环节中，采购计划、最高限价等信息属于保密信息，一旦泄露可能导致围标串标、采购腐败等风险，损害企业利益。

2 解决方案

从建立绿化物资信息库入手，收集公司自有绿化物资名录及可外购的绿化物资名录，通过系统完成计划申报、审批、采购、仓储、调拨等业务管理功能，实现产、供、销一体化管理及业务协同。

2.1 总体设计

系统实现绿化物资全生命周期管理，通过对现有业务的梳理，共划分为基础信息管理、计划管理、采购管理、生产管理、库存管理、销售管理、结算管理等七类主要管理模块。见图1所示。

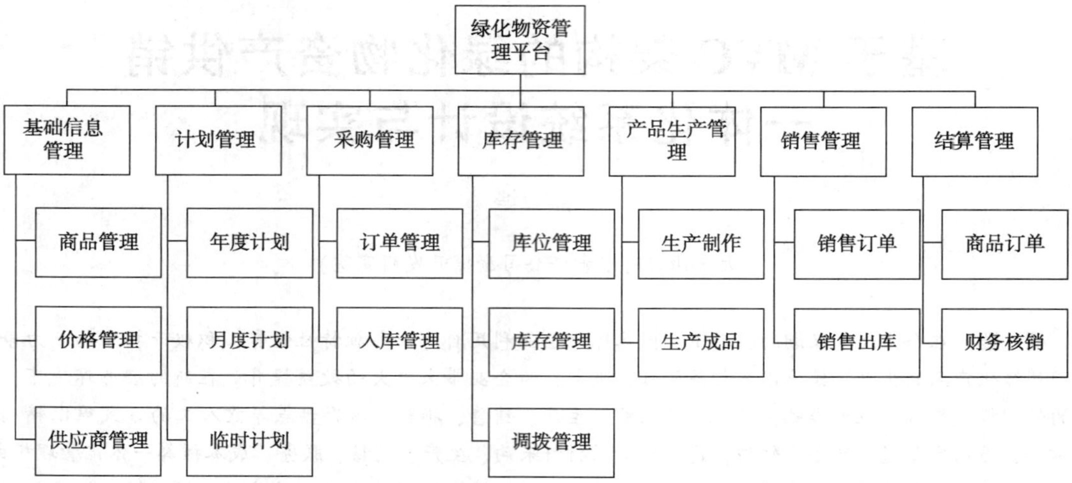

图1　系统功能架构

（1）基础信息管理

对物资的基本信息全面信息化管理，建立包括商品品名、规格、物料组、物资编码、价格等主数据管理，动态管理完善供应商和产品目录，为物资采购及生产提供数据标准。

（2）计划管理

生产部门依据上年度采购情况以及本年度工作情况预估形成年度计划，月度计划从年度计划中进行拆分，当发生紧急物资需求时，采用临时计划的方式进行需求计划的提报。

（3）采购管理

对已经提报的年度计划及临时计划进行需求汇总，通过审批后，形成采购订单。管理部门依据采购订单按照管理规范进行招标、谈判，选定供应商，实现绿化物资采购管理。采购回来的原材料依据采购订单，对供应商送达的物资进行数量与质量的检验，符合采购预期的物资进行入库管理。

（4）库存管理

根据实际生产需要，建立对应不同的下属单位的多个库位，并对库位中已有的物资进行查询及盘点，不同库位间通过跨库位调拨的方式进行库存物资的转移。

（5）产品生产管理

生产部门按照生产计划或者依据生产订单，对需要的原材料进行采购计划提报或者对已有的库存物资进行生产出库申请，绿化物资经生产加工后的物资的规格、数量均会发生变化，在对生产成品进行盘点后即可进行生产成品入库。

（6）销售管理

需求方通过平台提报采购订单，绿化公司对采购订单进行汇总，对于直接采购物资发起采购计划，对于生产库存物资依据库存进行销售出库。

（7）结算管理

系统能够依据采购订单、生产订单、销售订单核算生产成本、销售收入凭证，传递财务核算系统，作为财务核算依据。

3 技术路线

3.1 系统软件架构

系统以MVC架构为基础，划分为数据层、业务层和应用展示层。MVC的分层设计不仅实现了软件层面的系统划分，同时可以将开发者划分为前端、后端、数据模型三个小组，各自的代码完成后单独进行单元测试，层级间通过接口衔接，强化了开发团队的协同性，显著提升开发效率和质量。如图2所示。

目前软件系统主流架构为MVC架构，即模型（Model）、控制器（Controller）、视图（View）的三层架构，能够将数据、业务逻辑、内容展示分层构建，实现系统功能的高内聚、低耦合目标。

如图 3 所示。

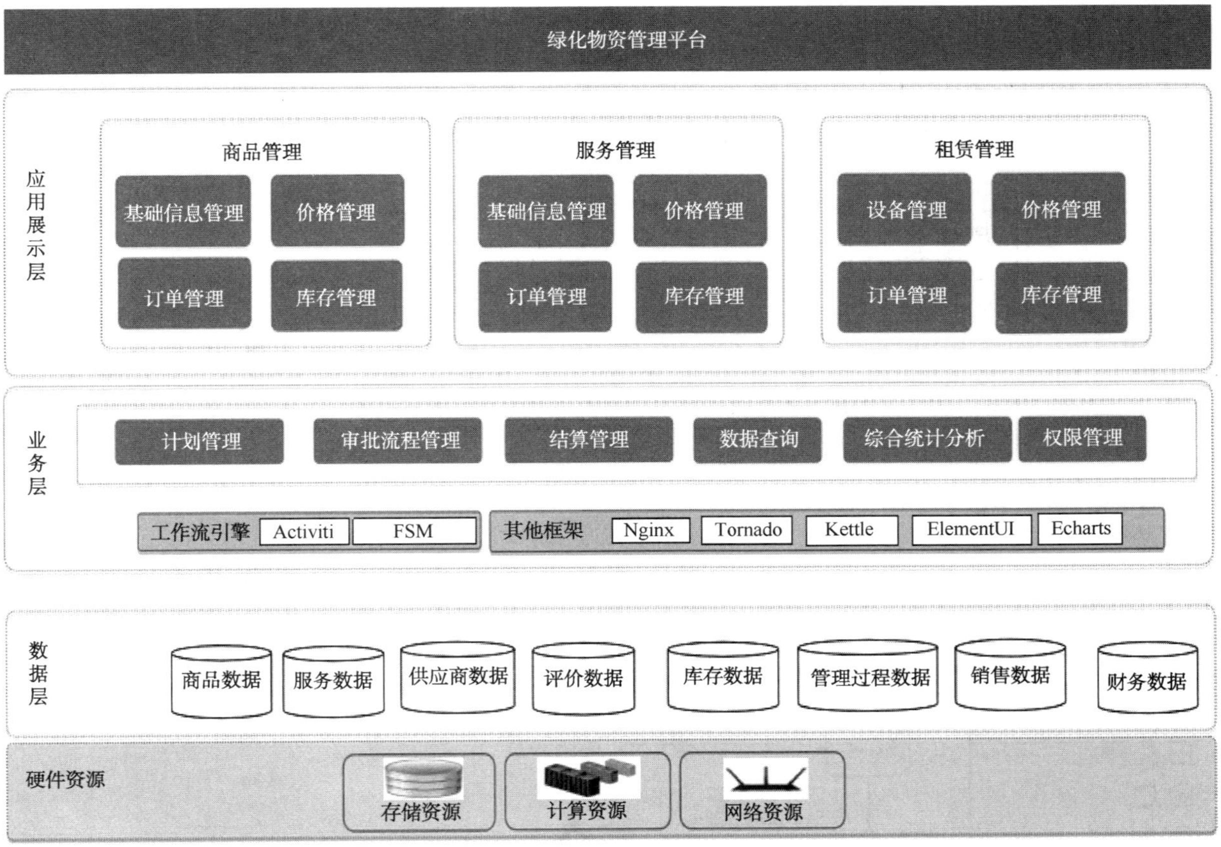

图 2　系统软件架构

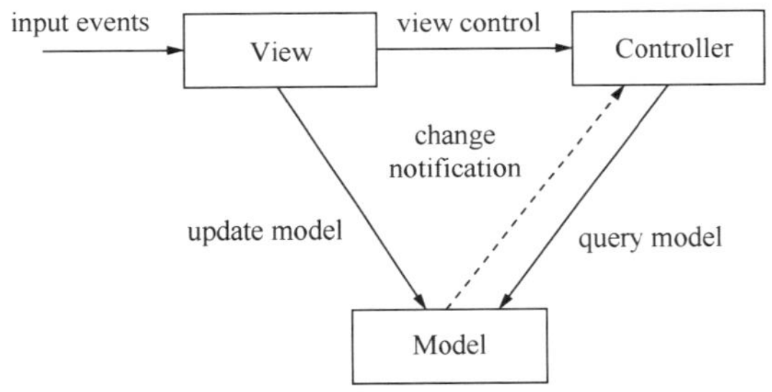

图 3　MVC 架构原理

3.2　开发工具

相较于传统开发模式需要开发者编写大量代码来实现业务逻辑，本项目使用 Activiti 工作流引擎(Workflow Engine)，以绘制流程图的方式将管理流程转换为信息流审批。Activiti 工作流引擎是工作流的一种具体实现，它基于 BPMN2 国际化流程标准，是一个开源轻量级流程引擎。工作流引擎的引入，可以让开发人员专注于业务逻辑，无需为每一条业务流程分别编写数据传输、状态控制的代码，显著提升了平台的开发效率。如图 4 所示。

采用 Activiti Designer 作为流程图形化设计工具，通过图形化界面通过拖拽控件的方式绘制流程图，而无需编制数据流转控制的代码。同时当业务流程改变时，仅需修改流程图的控件及其对应的配置信息，无需修改代码，大大降低了系统变更时的开发成本。同时业务人员通过一段时间的学习，也可以掌握流程图的绘制方法，与开发人员协同开发或独立实现，使最终平台功能更贴合用户需要。如图 5 所示。

3.3　数据输入

物资管理涉及的品类多，数量大，出入库频繁，对人工管理提出了巨大的挑战。即使通过信息化管理取代以往台账记录模式，大量、频繁的物资调动依然需要人工数据录入，单纯的信息化管理模式无法有效降低基层的工作量。因此本系统使用 RFID，即射频识别技术(Radio Frequency Identification)进行仓储管理，降低物资仓储信息的记录成本。

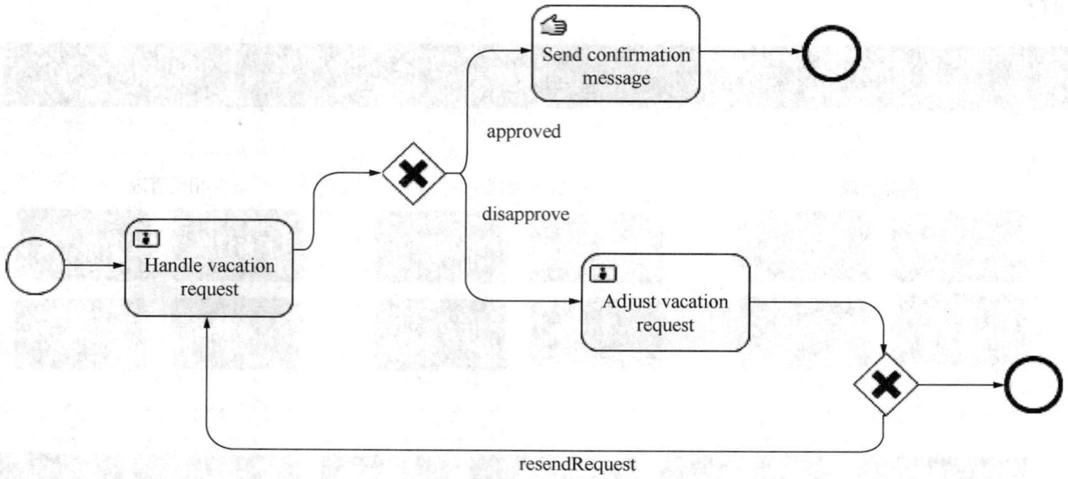

图 4　Activiti 工作流引擎

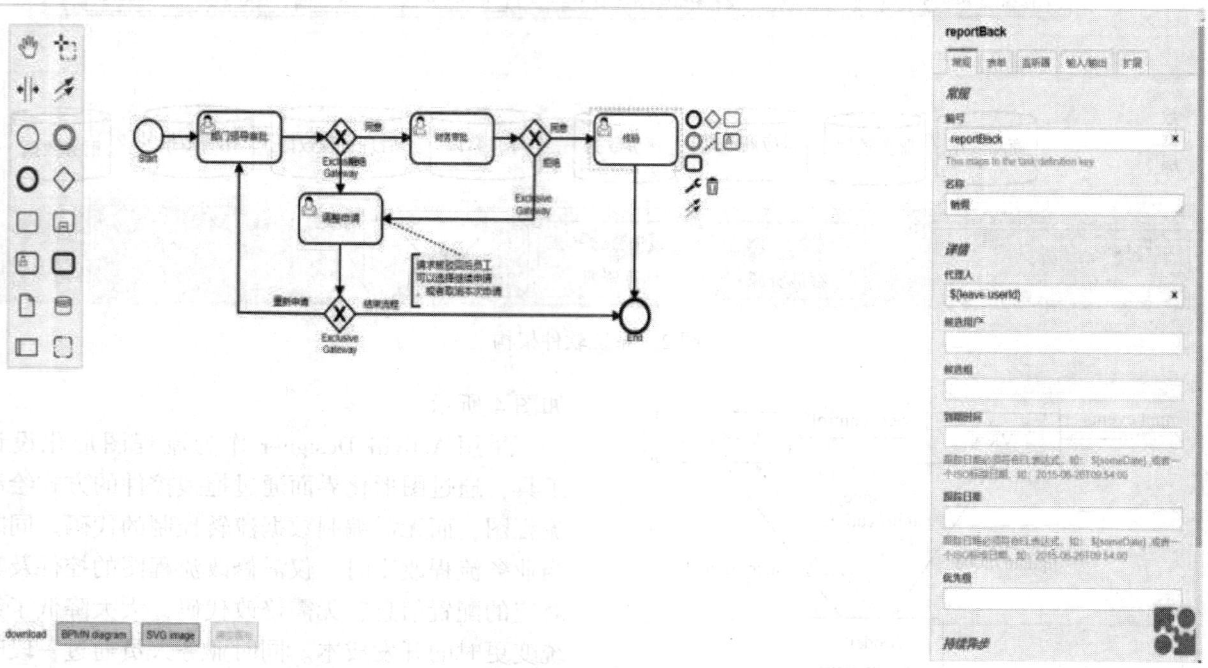

图 5　采购申请流程设计

应用 RFID 技术，管理部门可以实时了解货物位置及货物存储的情况，对于提高仓储效率、反馈产品信息、指导生产都有重要的意义。通过接入 RFID 自动识别技术，系统能够显著提升单位时间内处理物资的数量，还可以更便捷的查询物资的各类信息，有效地解决了仓储货物信息管理。

3.4　系统部署

系统采用云平台部署方式，将数据环境与用户访问系统分别部署在不同的云服务器上，根据系统需求动态分配存储和网络资源，降低服务器运行成本。同时云端统一管理降低了本地运维成本，使开发者能够专注于系统功能扩展和完善。

4　结论

该项目根据绿化物资管理的特点，基于 MVC 架构、Activiti 工作流、RFID 识别、云平台等技术，建立了一套绿化物资信息化管理平台，对绿化物资的计划、采购、入出库、核算全过程实现了统一的数字化管理，提高了管理效率和质量，降低了管理成本。同时使用工作流引擎的低代码开发模式显著降低了项目开发周期，RFID

识别技术降低了数据输入系统的成本，云平台的弹性资源分配降低了硬件开销和后续运维成本。

参 考 文 献

[1] 基于 MVC 架构的 ERP 财务管理模块的设计与实现[J].《微型电脑应用》，徐云松，曹媛媛，王肖奕.

[2] 基于 Activiti 工作流引擎的电务生产管理平台设计与实现[J].《技术创新》，欧盛芬，阳亦斌，杨将，何见坤.

[3] 市政绿化养护单位物资采购管理[J].《管理世界》，刘治国.

[4] 供应链管理环境下石油行业物资采购成本问题分析[J].《经管空间》，杨文峰.

[5] 基于 J2EE 技术体系的企业物资管理系统的设计[J].《自动化与仪器仪表》，孙磊.

油气行业销售业务发展数字经济网络安全防护综述

王洪坤[1]　刘力昌[2]　张　宁[3]　张　越[4]

（1. 中国石油吉林通化销售分公司；2. 中国石油销售分公司；
3. 中国石油安徽销售分公司；4. 中国石油内蒙古销售公司）

摘　要　本文总结了油气行业销售业务发展数字经济网络安全防护工作，分析了销售业务面临的网络安全新形势、新任务和新问题。梳理了当前油气行业销售业务网络安全典型管理和技术措施。网络安全是销售业务数字经济发展的重点工作，核心是保护数据，保障信息系统安全、稳定和可靠运行，赋能油气行业销售业务数字经济运营管理工作，为客户提供优质服务。

关键词：油气行业；销售业务；数字经济；网络安全；防护综述

2017年6月1日《中华人民共和国网络安全法》的全面实施，全面规范、提升了网络安全管理工作。为全面、系统贯彻、落实和执行网络安全法，2019年12月1日国家修订发布了《信息安全技术网络安全等级保护基本要求》（GB/T 22239—2019），明确了信息系统等级保护要求。2021年1月1日《中华人民共和国民法典》全面实施，对人格权有关敏感信息和数据给出了法律界定。2021年9月1日《中华人民共和国数据安全法》全面实施、2021年9月1日《关键信息基础设施安全保护条例》全面生效、2021年11月1日《中华人民共和国个人信息保护法》开始执行。仅2021年就发布实施了4部网络安全法律，可见在当下大力发展数字经济形势下，网络安全的重要性和紧迫性。

2021年中国共产党第十九届中央委员会第四次全体会议通过《中共中央关于坚持和完善中国特色社会主义制度 推进国家治理体系和治理能力现代化若干重大问题的决定》中将数据界定为与劳动、资本、土地、知识、技术、管理等同等地位的生产要素。2021年是国家十四五开局之年，国家发布了《中华人民共和国国民经济和社会发展第十四个五年规划和2035年远景目标纲要》对发展数字经济进行独立成章、大篇幅进行论述，网络强国、数字中国等战略快速推进数字经济发展。油气行业销售业务也不例外，在原有销售业务+互联网应用实践的基础上，全面推进销售业务数字经济发展。

油气行业销售业务全面投用ERP、CRM、物流和加油站管理信息系统，信息系统应用的点多、面广和业务量大，网络安全管理的难度大。适应互联网+要求，满足销售业务线上和线下的需求，嫁接了互联网应用，实现了微信、支付宝结算支付业务，针对疫情，全面推广应用了直销App和加油卡移动支付功能，实现不接触购油和加油。销售业务面对客户，支撑销售业务的信息系统与客户个人敏感信息紧密相关，国家网络安全管理法律对个人敏感信息和数据的保护要求逐渐提高，对销售业务网络安全管理工作提出了新要求。

根据国家网络安全管理法律、法规和条例要求，按照组织机构和业务职能，建立纵向穿透组织、横向构建协同，覆盖全部组织机构和业务单元的网络安全管理体系势在必行。

结合油气行业内外网络安全事件案例，全面剖析事件发生的原因，总结归纳为网络安全意识、运营管理机制、网络安全团队、相关密码管理、网络暴露信息、信息系统管理、网络接入管理、终端设备防护、工控网络管理和物理环境监管等10项常见典型措施，供网络安全等相关人员学习和参考。

1 提高网络安全意识，压实管理工作责任

根据集团公司网络安全管理要求，按照“谁主管谁负责，谁运行谁负责，谁使用谁负责”的原则，在销售企业、地市公司、油库和加油站层面，建立单位和个人网络安全防护管理体系，分解和落实工作任务、管理和技术措施。集中集团公司内外部专家，统一编制销售业务网络安全教材，组织培训、考试和评价，颁发网络安全上岗证书，实施持证上岗制度。组织开展销售业务网络安全分享论坛交流活动，分享销售企业网络安全管理经验、做法和教训，集中观看和学习《新闻联播》、《焦点访谈》和《对话》等有关网络安全案例节目。由信息部门牵头，销售业务全专业线参加，按照销售业务网络安全管理方案中的单位和个人防护指南要求，压实网络安全管理责任和任务，落实到岗位、到人头。

2 构建运营管理机制，常态化提升网络安全

油气行业销售业务 ERP、CRM、物流和互联网应用(微信和支付宝支付、直销 App、加油卡移动支付)全面投用，销售业务互联网化程度越来越高，互联网业务占 45%，大力发展数字经济。销售业务网络安全管理工作，参照阿里、腾讯和京东等互联网公司网络安全管理经验和做法，要与业务结合，以运营管理的视角，抓好网络安全管理工作。要建立网络安全运营管理机制，确保销售网络安全运营和管理，保证信息系统和互联网应用稳定运行，交易正常处理，支撑销售业务稳定运行工作。

3 建立网络安全团队，提升安全防护能力

由信息部门牵头，依靠集团公司、销售企业网络安全管理人员、内部支持队伍和行业网络安全管理专家，打造销售网络安全专家团队。定期开展研讨和技术交流活动，提升销售业务网络安全从业人员工作经验和技能，共同研究销售业务网络安全管理工作。研究网络安全事件应急预案，优化应急处置，适应新形势，解决新问题，满足销售信息系统运行需要。

4 高度重视密码管理，提高账号保护意识

网络安全管理中提到的密码内涵和外延是个广义的概念，与销售业务相关的密码主要包括网络设备、操作系统、数据库、应用软件、信息系统、视频监控、身份认证、互联网 App 和工控网络等账号和密码。账号和密码设置要按照集团公司要求，普通信息系统密码执行不低于 12 位长度设置，等级保护三级以上信息系统使用不低于 15 长度位设置，密码要满足复杂度要求(大小写字母、数字和字符四种以上组合)，不符合上述要求视为弱密码。密码要定期更换，加强账号和密码全生命周期管理，账号和密码要加密存储。鉴于信息系统关键用户和运维人员的特殊性，要进行严格管理。全面加强普通用户管理，及时清理调离、退休和僵尸账号，严格管控测试和外部运维账号。关注密码复用、明文存放和密码写入配置文件典型不合规情况。从网络安全事件诱发原因来看，弱密码是一项重要的原因，占比 70%。要重视弱密码问题整改，坚持全面、系统和常态化整改弱密码，严禁明文传输账号和密码文件，确有密码传输需求应，进行加密处理后，采用可靠、安全和合规工具进行传输。

5 排除网络安全隐患，持续清理网络暴露信息

根据网络安全管理相关法律、参照保密法和集团公司商业数据保护要求，对文件进行分类管理，坚持涉密不上网、上网不涉密。禁止在网络中传输、查阅和存储涉密文件和资料，对于非涉密敏感信息，要按照国家和集团公司相关要求，做好数据分级管理和保护工作。禁止使用微信、QQ 等即时通讯软件传输与工作有关的文件和资料。要全面清查内外部网站、微博、微信公众号和小程序、移动 App、云盘、Github、百度文库和学术论文等互联网上与销售业务网络安全相关的敏感信息，及时处理暴露在互联网上的网络拓扑图、IP 地址、信息系统配置、管理员账号密码、源代码、组织架构和通讯录等与单位和个人有关的敏感信息。

6　强化信息系统管理，落实网络安全管理要求

按照集团公司信息化管理办法规范销售业务有关信息系统和互联网应用项目管理工作。坚持从信息系统规划、可行性研究，系统设计、开发、测试，到信息系统上线和运维等全生命周期网络安全管理要求的落实和执行。要确定信息系统等级保护级别，按照对应级别做好信息系统建设和应用网络安全管理，未取得等保证书的信息系统，禁止上线运行。要切实做好信息系统权限管理员、关键用户和运维人员个人终端设备安全防护工作。信息系统操作和运维手册、用户列表、权限分配和需求变更等与网络安全有关信息系统资料，必须加密存储和传输。严禁第三方服务厂商将带有集团公司LOGO的信息系统部署在互联网上，用于系统试和对外宣传等相关用途。

7　规范网络接入管理，做好网络隔离工作

清晰界定销售企业网络管理边界，对信息系统、互联网应用、关键信息基础设施、等保三级系统、视频监控和政府相关部门专线接入等网络进行逻辑隔离管理，做好隔离接口的防护和监控工作。统一使用集团公司指定互联网代理或出口，禁止服务器和终端安装双网卡、地址映射等接入互联网。有互联网接入需求的信息系统，通过审批后部署在集团公司指定DMZ区，做好接入互联网备案、数据审查、漏洞扫描和源代码检查等工作。强化DMZ区信息系统管理，梳理网络访问策略，取消端口映射和反向代理，关闭高危端口。油库、加油站互联网WIFI服务与集团公司内网物理隔离，互联网接入点应单独接入或设置防护措施，必须实名制管理，按要求保留系统日志。

8　强化终端设备防护，保障系统稳定运行

集团公司内网中的办公、信息系统和工控网络终端要统一安装网络安全基线设置和防病毒软件。根据销售信息系统IP和端口白名单安全策略，设置信息系统终端防护策略，做好油库和加油站服务器和网络设备基线和防病毒安全策略配置。禁止通过互联网访问油库、加油站网络设备、服务器和终端等设备，进行远程运维。油库、加油站关停、退租和改造时，及时关闭网络设备和信息系统，回收或封停运营商接入网络和设备，避免发生社会工程学网络攻击事件。

9　加强工控网络管理，保障系统可靠运行

油库、加油站工控网络与集团内网要明确网络边界，按照工控和办公网络划分不同逻辑管理区域，采用防火墙或网闸逻辑隔离工控和办公网络，禁止油库、加油站工控网络与互联网直接连接。对工控网络中服务器和终端等设备，采用白名单访问控制，路由器要建立防火墙白名单策略，严格限制访问源，关闭不必要服务和端口。工控网络内服务器等要进行基线加固和漏洞扫描，及时修复网络安全漏洞。要制定油库、加油站工控网络安全管理应急预案，定期开展应急演练。

10　加强物理设备管理，强化基础管理工作

按照集团公司网络安全管理要求，建立IP台账，动态管理IP地址。摸清网络安全资产家底，开展网络安全设备、终端和IP地址等网络安全资源调查工作，建立网络安全资产台账，做到“三定”，即定位置、定用途和定责任人。做好在线闲置网络安全设备清理工作，同时，对离职、调岗人员终端和信息系统进行及时调整。对销售企业管理网络设备、终端和信息系统等相关事项，进行动态运营管理，加强日常管理和监控工作。强化油库和加油站信息相关设备物理完全防护工作，防止外部无关人员接触信息设备机柜间等敏感物理区域。

以上是当下提高销售业务网络安全行之有效的典型措施和做法，未来网络安全要坚持集团公司顶层设计和销售业务基层实践相结合，站在全局和整体的高度，建立一套适应销售业务网络安全管理标准规范、基础设施和运营战法，充分利用集团公司内外部网络安全资源，建设销售业务网络安全大脑和实战检验机制。增加必要投资，从销售业务全局角度，构建全局态势感知、处理、监控和应急管理技术手段，统一调度、管理

和监控网络设备和策略执行，全面提高应对网络安全事件应急处理能力。构建销售网络安全运营、管理和监控机制，实现销售业务本质网络安全，确保成品油销售供应链稳定和可靠运行。

本文从国家大力分发展数字经济的形势下，油气行业销售业务网络安全管理工作实践出发，分析了网络安全防护形势。一方面是国家持续不断地出台网络安全管理法律、法规、条例和保护要求。另一方面成品油销售业务快速拥抱互联网，传统销售业务快速线上化，发展数字经济。专注强化领导、落实责任、持续培训，坚持不懈、持之以恒提高网络安全意识。提出了销售业务网络安全防护10项典型措施，对油气行业销售业务发展数字经济条件下，提高网络安全工作具有一定的指导和借鉴意义。

油气行业销售业务数据治理实践和展望

侯海冰[1] 刘力昌[2] 于 跃[3] 都清峰[4]

(1. 中国石油广东销售分公司；2. 中国石油销售分公司；
3. 中国石油天津销售分公司；4. 中国石油北京销售分公司)

摘 要 本文给出了油气行业销售业务数据治理内涵，以国有大型能源销售企业信息化建设、数据治理和应用案例，全面总结了油气行业销售业务数据治理内容、应用场景和面临形势。研究了销售业务数据治理面临的新形势、新情况和新问题。提出了数据治理推进方案，确定了销售业务数据治理推进目标、推进步骤、推进措施和未来展望。

数据治理在当今数字经济、数字化转型和互联网+销售业务的过程中，具有重要基础保障作用。

关键词： 油气行业；销售业务；数据治理；实践和展望

1 数据治理

1.1 内涵

数据治理(Data Governance)是对数据资产管理行使权力和控制活动集合。国际数据治理研究所(DGI)定义：数据治理是一个通过一系列信息相关过程来实现决策权和职责分工的系统，这些过程按照达成共识模型来执行，模型描述了谁(Who)能根据什么信息，在什么时间(When)和情况(Where)下，用什么方法(How)，采取什么行动(What)。提升数据价值是企业实现数字化战略基础，是一个管理体系，包括组织、制度、流程和工具。

1.2 地位

数据治理是数据应用的前提，是油气行业销售业务发展数字经济，互联网+销售业务线上化，数字化转型基础工程；要充分发挥数据赋能油气行业销售业务，实现大数据应用的叠加、放大和倍增作用，促进数字化转型；数据治理是销售业务在信息化、数字化成果的基础上，植入人工智能、机器人等应用，实现智慧销售企业，智慧油站和油库不可逾越的阶段。

1.3 作用

数据治理是销售业务战略、经营、管理和技术融合创新基础工程，大数据应用的前提，支撑先进管理理念和先进信息技术催生商业模式创新，。数据作为一种新的生产要素，在企业构筑竞争优势的过程中起着重要作用，油气行业销售企业应将数据作为一种战略资产进行管理。

2 数据治理实践案例

选取国际大型油气行业集团销售业务数据治理应用实践为例，全面总结油气行业销售业务数据治理规划、数据治理内容、数据治理场景和面临挑战。

2.1 基本情况

油气行业销售业务信息化从 2000 年开始，经过 20 年 4 个国家五年规划信息化建设和应用，根据市场、客户和需求的扩张发展过程，围绕成品油和非油品业务，先后建设投用了销售 ERP 系统、客户关系管理(CRM)、物流配送优化、加油站管理系统、电子销售平台和销售应用集成配套等信息系统。其中成品油和非油品加油站管理(加油卡)信息系统基础上，开展互联网+应用，主要有中油好客 APP，线上充值支付(例如，数字人民币、微信和支付宝等)，电子加油卡，电子卷，电子发票和积分商城等互联网业务。建立了纵向穿透组织，横向构建协同，集内部管理、客户服务、业务协同和数据应用功能为一体的信息化支撑体系。全面支撑线上营销和线下管理全场景信息化应用，积累了 150T 成品油销售业务相关数据，增长量 40G/天。库站视频监控非结构化数据存量 641.16PB，增长量 7.12PB/天。在信息规划、可研编制、详细设计、集成应用和应用考核的过程中，持续推进数据治理工作。

2.2 治理内容

根据油气行业销售业务的特点，可以将数据分成内部和外部数据；结构化和非结构化数据、结构化数据和非结构化数据、元数据。其中，结构化数据又进一步划分为基础数据、主数据、事务数据、报告数据、观测数据和规则数据。从销售业务全局角度进行指标、场景和数据的顶层设计，按照专业线，进行宏观、市场、规划、经营、管理、风险等场景落地。

2.2.1 结构化数据治理

以统一语言为核心的结构化数据管理共同特点是以信息架构为基础，建立统一的数据资产目录、数据标准与模型。例如，销售业务 ERP、CRM 等信息系统的数据。

2.2.2 非结构化数据治理

以特征提取为核心的非结构化数据管理，伴随大数据分析的需求日益增长，非结构化数据管理成为数据重要组成部分。非结构化数据包括无格式文本、各类格式文档、图像、音频、视频等多种异构的格式文件。例如、邮件、Office 文档、图片、音频、视频等。

2.2.3 元数据治理

元数据是描述数据的数据，用于打破业务和 it 之间的语言障碍，帮助业务更好地理解数据。元数据通常分为业务、技术和操作三类。业务元数据：用户访问数据时了解业务含义的途径，包括资产目录，owner、数据密级等；技术元数据：实施人员开发系统时使用的数据，包括物理模型的表与字段、ETF 规则、集成关系等。

操作元数据：数据处理日志及运营情况，数据包括调度频度、访问记录等。至于内部和外部数据是指集团公司销售企业内部和外部的数据来源，是属于伴随信息系统集成开展数据治理的内容。

2.3 应用场景

销售业务大数据应用场景分成 3 大类典型场景。一是按组织机构分为集团公司、销售公司、地区公司、地市公司、油库和加油站应用场景；二是销售业务全局和专业线日常应用场景；三是销售业务+互联网、销售公司内部和行业对标专题应用场景。

2.4 面临挑战。

油气行业销售业务数据治理是一个系统工程，是业务、管理、技术相互配合，相互支持，常态化开展的工作，面临的挑战如下：

2.4.1 业态特征，产业链条长，多业态并存

油气行业销售业务油气氢电非，既有成品油、天然气和非油品业务，又有光伏发电、充换电和氢等新能源业务，能源终端网点近 2 万个，物流基础设施近 300 个油库，覆盖全国，点对、面广、线长、量大，有内部数据和外部数据，结构化数据和非结构化数据，业务类型和数据类型复杂，数据治理的难度大。

2.4.2 IT 建设过程，数据复杂、历史包袱重

油气行业销售企业普遍有较长的历史，组织架构和人员配置都围绕着线下业务开展，大都经历过信息化过程。信息系统建设和应用随着不同阶段的发展需求，保留着各个版本的信息系统基础软件、信息系统和各种不同类型的数据库存储环境，导致数据来源多样，独立封装和存储的数据难以集中共享，也不能随意改造或替换，信息系统历史包袱沉重。

2.4.3 数据质量，数据可信和一致化要求程度高

基于销售业务特征和运营环境的特点，销售企业对数据生产生成质量有更高的要求。数据产生时的质量高低不仅直接影响产品质量，而且直接影响整个内部业务的运作效率和成本。例如，销售业务信息系统录入质量进行严格度量和控制，以确保生产、采购、库存和销售各环节能够及时、准确、完整地获取所需数据，并在整个端到端链条中对异常数据进行严格监控。

2.4.4 运营环境，数据交互和共享风险高

油气行业销售业务非数字原生企业，特别是注重实物生产、交易的能源企业，还面临着场景复杂的特点，比如交易复杂、风险周期长、内外部风险多等。从网络安全防护的角度，销售业务面向石油市场、面向客户，其中含有大量的客户个人信息，油库和加油站的视频监控非结构化数据，含有丰富的敏感数据信息，数据治理、交互和共享的成本高，管控信息严格。

3　数据治理必要性

油气行业销售业务经过多年的信息化、数字化建设和应用，当下面临数字化转型、互联网+应用和发展数字经济，实现数据与销售业务的融合创新，催生新业态和新的商业模式，构建智慧销售企业，实现销售业务高质量发展，数据治理是不可逾越的阶段，是一项长期和持续基础工程。

3.1　数字经济发展形势

国家十四五规划和2035年愿景规划，国家治理体系和治理能力现代化需要建设数字中国，数字能源公司，国家要求；数字销售业务，油气行业销售业务+互联网，发展数字经济，零售和新能源业务数字化转型，销售业务融入国家数字经济发展大局，行业要求；迫切需要采用的大数据思维赋能销售业务，实现销售业务的数字孪生管理，这是做好数据治理内在要求。

3.2　业务转型内生动力

传统能源转型，发展新能源，双碳目标的要求，迫切需要构建数字化转型支撑的业务转型；油气行业销售业务治理体系和治理能力现代化，需要建立模型、定量研究销售业务，建设数据支撑的石油市场、客户体验、营销管理、物流管理和风险管理新模式，需要做好数据应用，这是做好数据治理的内在要求。

3.3　提质增效破解方案

锚定效益和效率，聚焦增销量、降费用、防风险、提收入销售业务核心目标，开展销售业务全局、专题和日常销售业务运行的管理和分析工作，需要数据赋能；关注油库和加油站业务链付油和销售，满足石油市场、提升客户体验，开展油库和加油站场景和客户消费行为的数据分析，这也是需要做好数据治理工作的重要需求。

4　数据治理推进方案

数据是油气行业销售业务的灵魂和核心，是销售业务的神经和血液，必须高度重视数据治理和应用工作，加快推进，快速落地。

4.1　推进目标

构筑一套油气行业销售业务顶层设计的数据综合治理体系，确保关键数据资产业务管理责任。达到数字化有原则和依据，作业人员有流程和指导，治理工作有目标和保障。建立有效数据治理环境，保障数据质量和安全，充分发挥数据价值。数据治理支撑和服务于销售业务数字化转型，赋能油气行业销售业务战略实现。

4.2　推进过程

总体顶层设计销售业务数据治理规划，明确数据标准，聚焦销售业务主要矛盾，破解销售业务当下核心问题，一张蓝图绘到底，坚持边应用，边治理。分成当下和未来两个阶段推进数据治理目标实现。当下，油气行业销售业务结构化数据治理，主要是销售ERP、销售物流、油库管理和加油站管理系统数据治理。未来，在原有信息系统结构化数据治理的基础上，开展油库、加油站视频和日常办公非结构化数据治理，结合销售业务场景专项治理。

4.3　措施

从组织保障、顶层设计、管理机制、资金投入和团队建设的方面全力推进。构建数据治理和应用新模式，支撑销售零售业务运营模式实现，持续提升运营质量和水平。

4.3.1　强化组织保障

数据治理与油气行业销售业务运营紧密相关，是运营的重要组成部分，更是基础工程。加强数据治理工作的领导，强化数据治理业务、数据和技术团队建设，发现企业内部人才，引进和聘用外部高级专业人才。数据治理和应用的水平决定销售业务运营质量，决定客户服务水平，建立符合销售业务特征和运营管理要求的组织架构和运行管理机制，常态化完善、优化和提升数据治理。构建数据治理基础工作的正向激励机制，全局、整体和系统推进油气行业销售业务数据治理和应用工作。

4.3.2　加强顶层设计

坚持全局、系统思维，站在集团销售业务的高度，开展销售业务相关数据治理工作。销售公司和销售企业一把手挂帅，成立销售业务数据治理委员会，对数据治理过程中重大问题进行决策。建立销售业务职能部门和数据管理部门组成的数据治理攻关小组，常态化开展销售业务数据治理工作。根据销售业务指标和大数据应用指标体系应用实践，持续开展数据和指标的标准化提升工作。全面梳理和编制数据指标、数据项和业务逻辑关系，构建数据治理和应用平台，聚焦难点和痛点业务场景，开展销售全量数据、全局性大数据应用分析。

4.3.3 建立管理机制

站在集团公司销售业务整体的高度，坚持构建支撑销售业务战略、业务、管理、技术、风险和应急的数据治理机制。通过内控体系赋能数据治理，关注数据治理对现场效率、客户体验、运营风险和品牌形象的影响，从总部到现场的纵向穿透循环，总部、销售企业、地市公司和现场的四个横向循环的治理体系。建立融入变革、运营与 IT 的数据治理激励机制，建立销售企业数据文化，打造责权利相结合数据治理机制，充分授权、赋能，激发全员主动参与数据治理工作的积极性，挖掘数据价值，做好数据治理工作。

4.3.4 匹配资金投入

加大数据治理基础工程资金投入，建立数据治理专项费用投入从运营效益中提成的管理机制，持续提升数据治理工作。建立数据治理课题研究机制，常态化研究和创新数据治理，保持数据治理的先进性、适用性和可靠性。保障数据治理与运营、管理中的难点和痛点相结合，面向市场、客户和现场，提高投入和产出效果，不断提升数据治理和应用短板。

4.3.5 构建运营团队

坚持“共享+创新”的理念，尊重基层首创精神，激活全员动能，建立销售分公司、销售企业和内部支持队伍和外部大数据应用专家组成的销售大数据分析应用团队；选择库站紧贴市场和客户的基层人员，全程参加大数据团队，必要时邀请客户参与体验大数据成果，提出完善和提升意见；建立数据治理、分析、应用和运营团队坚持不懈抓好数据治理工作。

5 结论和思考

本文聚焦油气行业销售业务数据治理，研究了数据治理在数字经济、数字化转型和智慧销售业务建设中的基础作用。以销售业务数据治理实践案例，给出数据治理面临形势和重要性。提出了数据治理的推进目标、推进过程和推进措施，数据是战略资产，是发展数据经济的纽带和核心，对销售业务的数字化具有重要的意义。

油气行业销售业务信息系统运维实践和思考

许永州[1] 刘力昌[2] 黄江平[3] 马 伦[1]

(1. 中国石油安徽销售分公司；2. 中国石油销售分公司；
3 中国石油内蒙古销售分公司)

摘 要 信息化建设历经多年，伴随信息系统建设、应用、完善、优化和提升全过程。运维质量高低直接影响销售业务的运行质量，影响运行效率和客户体验。随着信息化、数字化等先进技术的广泛应用，运维与业务、管理、运营、安全、应急和风险紧密相关。特别是在当今数字经济、数字化转型和销售业务线上化的过程中，具有重要的基础保障作用，是油气行业销售业务的基础工程。由传统向互联网化、专业化和智能化运维转变，适应油气行业销售业务线上业务运营的智慧运维平台建设势在必行。

关键词： 信息系统 运行维护 实践 思考

油气行业销售业务发展数字经济、数字化转型智能化发展攻坚、销售业务增销、降费和防风险，数据作为生产要素在油气行业销售业高质量发展中占有重要地位。销售业务面向市场、服务客户、提高效率、管理创新、商业模式构建等对信息系统和互联网应用的依赖性更强，是销售业务打造核心竞争力的重要保障。信息系统运行维护在销售业务运作过程中具有典型的基础保障和支撑作用。保障销售业务持续、高效和稳定运行是信息系统运维的初心和使命。

油气行业销售业务属于能源、危险品行业，是国民经济发展的战略支撑，点多、面广、线长、量大是销售业务的典型特征。面向市场、服务客户，对于总部集中部署，分布应用的销售业务信息系统提出更高的运维要求。互联网+销售业务快速线上化，对销售业务的互联网应用给运维带来了严峻挑战。

1 信息系统运维内涵

1.1 概念内涵

信息系统运维是保障信息系统安全、稳定和可靠正常运行基础，有运行、维护两层含义。信息系统运维是一个综合概念，主要包括战略、业务、管理、安全、风险和技术相关要素。聚焦油库现场配送付油保障石油市场供应，加油站现场油气氢电非零售业务销售创效，赋能油气行业销售业务基层一线员工信息系统和互联网应用的应用和运维技能，解决库站现场难点和痛点，提高现场效率、服务客户，提升客户体验。以现场运维事件为主线，解决信息系统和互联网应用问题，按照问题、评估、开发、测试、变更、发布和运维流程，完善、优化和提升信息系统和互联网应用，循环提高信息化对销售业务的赋能和支撑能力。

1.2 运维地位

油气行业销售业务品牌形象、客户体验、效率提升、风险控制等直接影响销售业务的运行质量，影响经营绩效指标。要从销售业务数字经济发展、销售业务+互联网运营、商业模式创新高度看待运维工作；要从纵向穿透组织，横向构建协同，构建销售业务运行管理，适应互联网运营创新模式，服务客户和会员，赋能销售业务高质量发展视角看待运维；要从能源行业销售业务数字化转型，大数据分析、区块链和人工智能技术应用，是销售业务和数字化技术融合创新、转型核心地基的角度看待运维，运维是销售业务战略转型、业务管理商业模式创新的基础工程。

1.3 主要作用

销售业务信息系统和互联网应用运维的作用主要体现在以下四个方面。一是销售业务发展战略实现基础；二是销售业务日常运营管理基本保障；三是销售业务防范风险的窗口；四是感知石油市场和客户晴雨表。

2　销售信息系统运维实践案例

经过20多年，经历了3~4个五年国家和集团公司信息规划，大部分油气行业销售业务都建成投用了销售ERP、销售物流(其中包括一次物流、库存管理和二次配送业务管理，需求预测和物流优化)、加油站管理信息系统2.0版本(互联网+应用)和CRM等信息系统。以销售业务加油站管理信息系统+互联网应用运维为例，总结和分析信息系统+互联网应用实践和思考。遍布全国2万座加油站，2009年投用上线加油站管理信息系统(1.0版本)，2016年上线投用了加油站管理信息系统(2.0版本)，在用系统2.0.3版本。承担着国内能源公司成品油销售业务“油气氢电非”零售业务日常运营管理，每天处理近千万笔油品业务，每天服务近千万客户，每天处理300万笔线上业务。

2.1　基本情况

伴随加油站管理信息系统(1.0版本)的全面投用上线，针对加油站管理信息系统(1.0版本)总部集中，分布应用的特点，建立了总部、销售企业和地市公司(涵盖现场运维)的三级运维体系。加油站管理信息系统(2.0版本)投用后基本沿用了前期的三级运维体系。2010年以后，在销售业务+互联网的背景下，在加油站管理信息系统(2.0版本)的架构上，嫁接了互联网应用，先后上线应用了App、加油卡移动支付、微信和支付宝线上支付、电子券、电子发票和积分商城等互联网应用。目前线上应用情况如下，每天App交易量峰值100万/笔，每天加油卡移动支付交易量50万/笔，每天微信和支付宝交易量50万笔，每天开具50万张电子发票。每月以10%的增长量，从线下向线上快速迁移，这个过程在逐渐加快，原有的传统运维体系，已不适应油气行业+销售业务泛在化应用的形势。在互联网+环境下，物联网、云计算、大数据、区块链和人工智能等前沿技术的应用，深刻影响着油气行业销售业务信息化、数字化建设进程。同时，快速催生销售业务信息系统互联网应用运维快速向互联网应用运维模式演进和提升。

2.2　运行机制

依托集团公司网络、安全、软件和硬件等信息化基础设施总体框架下，构建了油气行业销售业务总部、销售企业、地市公司(现场)油气行业销售零售业务运行维护管理体系。总部运维中心负责加油站管理信息系统(2.0版本)总部系统(HOS)、站级系统版本更新、站级系统主数据统一管理和下发、零售业务价格调整、加油卡系统黑灰名单统一管理和下发、新建加油站站级系统部署和站级系统销售企业上报的运维事件；销售企业运维中心负责统一协调、管理、处置和汇总地市公司运维中心上报的运维事件，解决油站管理信息系统(2.0版本)销售企业相关专业线系统应用运维；地市公司运维中心(现场运维)负责站级系统运行、网络、设备和互联网应用过程中加油站人员应用过程中的问题。协助加油站一线人员回答零售客户提出的信息系统和互联网应用问题，遇到现场无法解决的问题，到加油现场解决信息系统和互联网应用问题。

2.3　典型场景

油气行业销售业务加油站管理信息系统(2.0版本)运行维护主要有5个典型场景：

(1) 总部专家场景。总部系统专家故障定位、诊断、排除和相关应急处置工作；应用和运维难点和痛点运维事件研究和解决。

(2) 日常运维场景。总部系统日常管理和运维；销售企业和加油站现场问题处置工作。

(3) 销售企业场景。销售业企业本部系统管理和运维；地市公司汇总问题汇总和处置。

(4) 地市运维场景。地市公司系统应用运维，面向加油站现场解决问题，汇总和分析运行维护事件。

(5) 现场运维场景。专注加油站现场问题处置和解决，是运维工作的重点和核心，是保障销售业务和信息系统运行的核心环节。

2.4　主要矛盾

概括来说，销售零售业务服务市场和客户的实时性，需要在信息系统运维体系建设中引入互联网+思维，重新审视和构建适合信息系统和互联网应用运维体系和能力，伴随零售业务的线上化进程加快，问题更加突出，是运维面临的主要问题。具体表现在以下3个方面，一是站级系统集成度高，运维人员对业务理解，解决问题能力，与信息系统和互联网应用不匹配；二是运维技能储备不足，处理故障定位能力弱，站级系统与加油机、液位仪等相关设备集成复杂，网络连接点多，防护要求高；三是站点分散距离远，现场运维难度大，运维人员流动性大，运维力量不足难以应对班结、日结等集中并发问题的处置。

3 销售业务信息系统运维提升方案

3.1 面临形势

针对上述加油站管理信息系统(2.0 版本)不适应互联网应用线上化业务的发展，线下业务每月以 20%的增长量线上化演进，需要加快实现销售业务信息系统和互联网应用运维体系的完善、优化和提升。在传统信息系统架构下，要求构建适应线上化运维模式，应对线上运营风险。例如，客户投诉、舆情控制等。

实现传统信息系统运维，向互联网+模式运维转变，变被动为主动、协同运维，提高运维质量和效率。打造一体化、交互式运维管理平台，实现运维自动化和智能化管理，为用户提供便捷服务通道。同时，做好运维知识库，常态化培养用户自主、自助解决问题是大势所趋。

3.2 目标、原则、步骤和推进措施

3.2.1 工作目标

聚焦加油站现场效率、客户体验和应急处置，构建纵向穿透组织，横向实现协同，集运营、运行、应急和沟通功能的智能化运维管理平台，实现油气行业销售零售业务运行维护管理体系和运维能力现代化，坚持不懈赋能销售零售业务“油气氢电非”综合能源终端服务商战略实现。

3.2.2 工作原则

基于互联网+思想构建的油气油气行业销售零售业务运行维护体系和智能平台的建设，要坚持以下 3 个原则：一是坚持全局系统思维，站在油气行业销售业务运营和发展的角度构建体系和平台；二是利用大数据思维，整个石油市场、客户、战略、业务、管理、技术和基础设施等相关信息，构建体系和平台；三是 PDCA 循环运维方法，穿透组织的纵向 PDCA 循环，跨越业务、管理和技术专业线的横向循环，全面、整体循环提升运行维护水平。

3.2.3 推进步骤

分两个阶段推进销售零售业务相关信息系统运行维护体系持续提升。第一阶段，基于加油站管理信息系统(2.0 版本)运维体系，完善体系，构建智能平台，实现传统运维向互联网运维模式的提升，专注现场效率和客户体验；第二阶段，基于加油站管理信息系统(3.0 版本)上线应用，优化体系，打造智慧平台，引入机器人，实现自动化运行维护。

3.3 推进措施

从组织保障、运行机制、融合创新、平台建设和资金投入等方面推进油气行业销售零售业务运行维护体系新模式构建，支撑销售零售业务运营模式实现，持续提升运营质量和水平。

3.3.1 强化组织保障

运行维护是信息系统应用的保障，传统信息系统+互联网应用后，运行维护与油气行业销售业务运营紧密相关，是运营的重要组成部分，更是基础工程。运行维护的水平决定零售业务运营质量，决定零售业务质量和客户服务水平，销售企业的领导要高度重视建立符合销售业务特征和运营管理要求的运行维护队伍，常态化完善、优化和提升运维组织架构和运行管理机制。集中油气行业销售业务内外部的专家，集团公司内部的基础设施、零售业务、信息系统、互联网应用和油站现场运维骨干，构建运维工作激励机制，全局、整体和系统推进油气行业销售零售应用运维工作。

3.3.2 优化运行机制

站在集团公司销售零售业务整体的高度，坚持顶层设计和基层实践相结合的总要求，构建零售业务战略、业务、管理技术、风险和应急的运行维护管理机制。关注运维工作对现场效率、客户体验、运营风险和品牌形象的影响，从油站现场保障和服务角度，全力做好零售业务应用运维，确保信息系统和互联网应用平稳运行。构建运维预测、告警机制，针对应用的异常、故障，进行预测和报警，实现主动运维，常态化做好运维工作。

3.3.3 实施融合创新

坚持融合的理念，推进运营和运维创新，实现运维与业务管理融合、运维与运营管理融合、运维与应急安全融合，坚持不懈运维工作创新。采用大数据分析方法，以油气行业销售零售业务运行相关的宏观和微观数据为基础，建立运维支撑的销量增长、费用降低和风险防范大数据模型，研究相关性，量化运维效益。通过运维手

段，结合价格、营销和物流等运营信息，实现经营、管理和运维事件的闭环管理，感知石油市场和客户体验。

3.3.4 构建运维平台

在原有运维平台和工具的基础上，锚定零售业务加油站现场的难点和痛点，基于互联网+、物联网、大数据、人工智能和机器人等先进信息技术应用成果，搭建油气行业销售零售业务智能运维平台。充分发挥总部运维、销售企业、地市公司(现场运维)积累的运维经验和做法，采用人工智能知识图谱技术，分场景，客户和现场的角度，构建运维知识库，上线运维机器人，全天候应答客户和现场人员的问题，赋能一线人员，减轻工作量。

3.3.5 加大资金投入

加大运行维护资金投入，建立运维费用投入从运营效益中提成的管理机制，持续提升运行维护质量。建立运维课题研究机制，常态化研究和创新运维保障和服务，保持运维先进性、适用性和可靠性。保障信息系统和互联网应用运维与销售业务战略、发展和运营的与时俱进的机制，不断提升运维短板。

4 结论和思考

运行维护在销售零售业务战略实现中的基础作用；采用互联网+、大数据、人工智能等先进信息技术，完善、优化和提升油气行业销售业务信息系统运维维护体系创新和运维智能平台建设的必要性；要重点关注以下3个方面的工作：一是信息系统运维的互联网化；二是信息系统运维的运营化；三是信息系统运维的AI自动化。

油气行业销售业务视频大数据应用实践和思考

庄雪涛[1]　刘力昌[2]　胡阔见[3]

（1. 山东中油昆悦能源科技公司；2. 中国石油销售分公司；
3. 中国石油西北销售公司）

摘　要　油气行业销售业务视频监控系统的视频对加油站和油库的生产安全、客户服务、营销管理、物流管理和效率提升等视频大数据分析非常重要。文章简述了油气行业销售业务视频监控系统的内涵、建设应用和典型场景。探讨了视频大数据对销售业务现场异常事件早发现、早预防、快处理，提高油气行业销售业务的运营管理水平和效率，对销售业务的高质量发展具有重要意义。

关键词：油气行业；销售业务；视频大数据；应用实践；思考

众所周知，在能源、交通、安防、森林、消防、金融、铁路和建筑等行业广泛应用视频监控系统，对行业生产安全监控和核心业务运营具有重要支撑作用。油气行业勘探、炼油、管道和销售业务的基层生产现场，特别是成品油销售业务油库、加油站和便利店等面向石油市场和客户的运营，更是必不可少的基础条件。当下，油气行业销售业务积极推进销售业务大数据、数据治理和数字化转型工作，在做好信息系统结构化大数据应用同时，要重点关注油库和加油站视频非结构化大数据分析应用。视频数据量大，油库和加油站分布在960万平方公里国土面积上，点多、面广、线长、量大，视频数据蕴含着成品油销售业务市场、客户、运营、管理和风险管理等与销售业务核心竞争力紧密相关的数据和信息。要充分重视视频大数据分析和应用对油气行业销售业务的赋能作用。同时，要关注视频数据信息泄露和客户个人敏感信息保护相关问题。

1　视频监控系统

1.1　概念内涵

视频监控系统是指通过计算机有线网络或无线网络（4G、5G）方式来连接控制中心和远端现场，将现场情况以图像和声音的方式记录并存储，一般需要保持90天的视频监控录像数据，便于备查，还原现场。视频监控系统一般由摄像头、视频数据存储和网络三部分构成，在油气行业销售业务油库、加油站现场广泛应用，用于监控管理。

1.2　建设应用

伴随油气行业销售业务发展历程，视频监控系统是油库、加油站建设标准配置，销售业务油库、加油站均部署了视频监控系统。在库站建设和改造过程中，又扩展了视频监控系统应用场景，用于监控工程施工现场。当下，适应互联网+销售业务和疫情防控要求的新形势，有的库站投用了智能视频摄像头、视频监控数据分析功能，进行人和车辆识别管理，支撑疫情防控和客户管理，提高客户服务水平。根据集团和销售业务工作需要，满足上级生产安全监控和调度指挥管理需要，建设了库站视频监控综合管理平台，将库站视频信号接入综合监控平台，满足零售和安全专业线监控管理的需要。视频监控系统与其他销售业务信息系统集成度不高，没有对视频数据进行统一集中管理，部分销售企业、油库和加油站探索了库站视频数据分析和应用工作，没有形成集团公司销售业务全局、系统的视频大数据应用平台。视频监控系统运行维护工作量大，再加之库站人员运维技能参差不齐，确保视安全、稳定和可靠运行难度大。

1.3　典型场景

库站视频监控主要有以下3个场景。一是生产安防场景。库站安全和安防监控、风险监控，HSE体系标准执行和库站工程建设管理制度和规范执行监控；二是营销管理场景。部分销售企业探索了客户和车辆识别，会员体系数据采集，与销售业务零售管理、大数据平台和互联网+应用集成，实现成品油零售业务精准营销。三是物流管理场景。对库站收发油等作业过程进行监控管理，为远程地罐交接现场管理和监控提供数据技术支撑。

2 视频大数据应用面临的形势

互联网+销售业务，非结构化数据分析技术的突破，大数据应用的新形势下，油气行业销售业务视频大数据应用面临新情况、新形势，需要充分研究、挖掘和利用销售业务相关的数据资源，油库和加油站的视频监控系统存储的非结构化数据量大、信息重要。按照高清视频监控指标估算，假定每座油库 24 路视频，每座加油站 6 路视频，每路视频按 300G/天的视频计算，2 万座加油站 12 万路视频，加油站视频数据 1000T/天；400 座油库，9600 路视频，油库视频数据 500T/天。

2.1 强化监管要求的需要

视频监控大数据赋能现场，油库和加油站是油气行业销售业务核心基础设施，是客户服务、营销管理、物流管理和风险管理重要场所和最小作业单元，是油气行业销售业务服务客户的窗口。一是加油站视频监控作用体现在生产安全和风险监控、营销和物流管理、人车识别客户服务、工程改造监控管理、疫情防护监控管理；二是油库视频监控作用体现在生产安全和风险监控、油库作业监控管理、车辆识别付油作业、工程改造监控管理、疫情防护监控管理。

2.2 发展数字经济的需要

视频监控大数据的分析、挖掘、应用是油气行业销售业务发展数字经济、互联网应用、感知石油市场、提升客户体验的核心场景。视频监控大数据支撑库站数字化转型，提高运营质量和效率，支持营销和物流管理，防范油库和加油站运营风险。油库、加油站是销售业务发展数字经济、大数据应用落地场景。

2.3 打造智慧库站的需要

视频监控大数据应用是智慧油库、智慧加油站和智慧销售企业的重要组成部分，是智慧销售企业建设的主战场；人工智能、机器人等先进理念、技术落地油气行业基层现场，基础工程。例如，加油机器人中的核心算法是视频识别和分析大数据应用案例；油库收油和付油作业的机器人作业的算法是视频识别和分析大数据应用案例。

3 视频大数据应用推进方案

3.1 推进工作目标

充分发挥油气行业销售业务视频大数据的赋能作用，聚焦加油站现场效率、客户体验和应急处置，构建纵向穿透组织，横向实现协同，集运营、运行、应急和沟通的销售业务智慧化平台，实现油气行业销售零售业务运行治理体系和治理能力现代化，坚持不懈赋能销售零售业务“油气氢电非”综合能源终端服务商战略实现。

3.2 重构应用架构

视频大数据应用部署、应用和网络架构，穿透销售业务组织和构建协同，采用传统和互联网模式视频大数据运行架构，实现平台+App 应用的应用模式。

3.3 强化组织保障

油气行业销售业务视频大数据应用，要站在发展能源终端数字经济、库站数字化转型和构建智慧销售企业的高度，坚持一把手推动的组织保障机制。传统销售业务信息系统+互联网应用后，视频大数据的应用与油气行业销售业务运营紧密相关，是运营的重要组成部分，更是基础工程。视频大数据的应用水平决定零售业务运营质量，决定零售业务质量和客户服务水平，要建立符合销售业务特征和运营管理要求的数据分析和应用的队伍，常态化抓好视频大数据应用。集中油气行业销售业务内外部的专家，集团公司销售业务内部的零售业务、信息系统、互联网应用和库站现场骨干力量，全局、整体和系统推进油气行业视频的大数据应用工作。

3.4 建立运行机制

站在集团公司销售业务整体的高度，坚持顶层设计和基层实践相结合的总要求，构建销售业务战略、业务、管理、技术、风险和应急相结合的大数据运营管理机制。聚焦库站现场效率、客户体验、运营风险和品牌形象等要素，从库站现场保障和服务角度，全力做好视频大数据应用推进工作。构建大数据预测、告警机制，针对的大数据应用的异常、故障，进行预测和报警，实现常态化应用和赋能现场工作。

3.5 加强团队建设

构建视频大数据运营团队。坚持“共享+创新”的理念，尊重基层首创精神，激活全员动能，建立销售分公司、销售企业和内部支持队伍和外部大数据应用专家组成的销售视频大数据分析应用团队；选择库站紧贴市场和客户的基层人员，全程参加大数据团队，必要时邀请客户参与体验大数据成果，提出完善和提升意见；建立数据治理、分析、应用和运营团队坚持不懈抓好视频大数据应用工作。

4 应用场景和作用

油气行业销售业务视频大数据应用场景和作用如下：

4.1 风险管理场景

油库和加油站是成品油销售业务经营和运作管理的核心环节，同时，也是风险管理和监控的重要环节，利用大数据应用手段管理和监控。一是生产安全 HSE 体系、生产、运营、管理风险的落实执行；二是计量和质量作业监控，感知石油市场、客户服务的窗口；三是经营资金安全管理，监控资金安全的有效手段；四是异常经营行为监控，重点是监控油库的付油、油站的收油和销售环节；五是库站周边环境监控，核心是油库和会加油站运营环境的监控、防范和与预警。

4.2 客户市场场景

油库和加油站是油气行业销售业务服务客户的场所，采用视频大数据应用手段。一是监控油库和加油站的货-场-品的库存盘点和日常运营管理；二是人车视频识别，服务会员体系建设，防范个人敏感信息泄露；三是终端设备运行和维护的监控，故障预测和运行，保障正常运营。

4.3 营销管理场景

通过油库和加油视频大数据应用，研究油品与非油品的市场调研、促销等营销管理。一是油品的日常营销运行管理。二是油品和非油品促销管理和监控；三是便利店管理日常运营管理。

4.4 物流管理场景

视频大数据应用，助力库站物流作业管理和监控。一是监控油库付油、配送、收油、库存和销售的交接过程；二是物流作业过程中计量、质量和风险等控制和管理；三是物流流程、作业效率分析，提升物流运作，减轻工作量。

5 结论和思考

本论文从视频大数据赋能油气行业销售业务高质量发展的角度，总结和概括了油库和加油站视频监控系统建设和应用实践，提出了油气行业销售业务视频大数据应用推进方案，研究了“两平台、两应用”部署应用架构下的推进措施，视频大数据应用场景。实现对销售业务生产、安全、风险、经营和管理等异常事件，做到早发现、早预防、快处置，预防销售业务运营风险。全面感知销售运行状态、实时分析、科学决策与精准执行，实现油气行业销售业务高质量发展。

油气行业销售业务数字化转型相关概念辨析

刘力昌[1]　张松子[2]　胡时斌[3]　侯海冰[4]　李洪前[5]

（1 中国石油销售分公司；2 中国石油天然气销售南方分公司；
3 昆仑数智科技有限责任公司；4 中国石油广东销售分公司；5 中国石油湖北销售分公司）

摘　要　油气行业销售业务全力推进以信息化、数字化、“互联网+”和人工智能为引领的数字化转型进程，需要深刻理解和把握信息化、数字化相关概念的内涵。名正言顺，界定油气行业销售业数字化转型发展定位和阶段，找准转型的主攻方向，全方位精准发力，快速推进数字化转型工作。研究信息化、数字化先进技术对油气行业销售业务影响和作用，探究转型发展内在逻辑和规律，对油气行业销售业务数字化转型具有重要实践指导意义。

关键词：油气行业；销售业务；数字化转型；概念解析

在日常工作和生活过程中，深刻感受到信息化、数字化、“互联网+”和人工智能与各行各业快速融合演进的大势，各行各业均在研究、制定和实践数字化转型，实现战略、管理和商业模式变革提升。不可避免地遇到信息化、“互联网+”、物联网、数字化、大数据（云计算）、智能化、人工智能、智慧化和机器人等相近或相似的数字化转型相关概念。迫切需要界定概念内涵，研究先进信息技术对油气行业销售业务影响和作用，探究概念内在逻辑和规律等相关问题。由于上述概念与油气行业销售业务数字化转型紧密关联，如不清楚概念本质、联系和区别，会直接影响理解和认识数字化转型发展重要性和必要性，难以把握数字化转型内在逻辑和规律。基于上述原因，笔者认为，有必要对上述数字化转型相关概念进行辨析，便于指导和推进油气行业销售业务数字化转型工作。

首先给出油气行业销售业务数字化转型演进过程逻辑示意图（详见图 1）；其次，界定概念内涵；第三，探究对油气行业销售业务影响和作用。

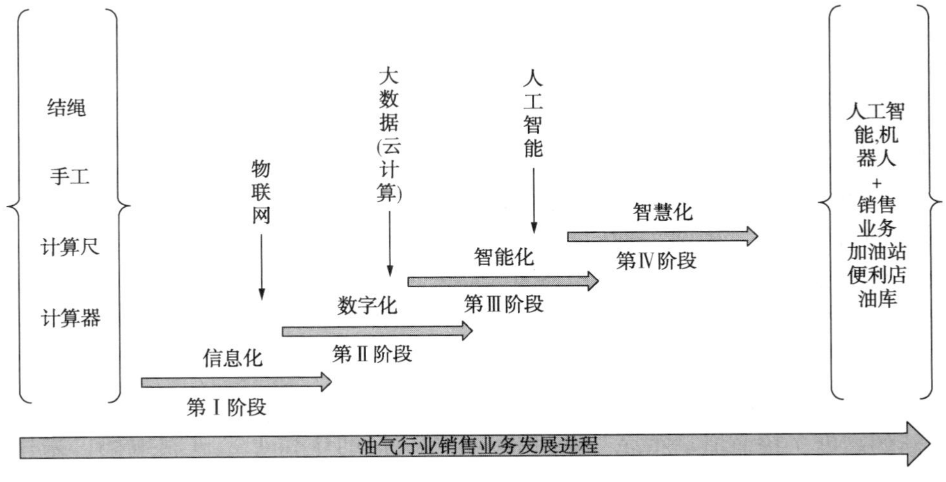

图 1　油气行业销售业务数字化转型演进过程示意图

上图展示了油气行业销售业务数字化转型中，销售业务和数字化两个主要矛盾相互作用、促进的变化发展过程。横向沿着时间轴线经历信息化、数字化、智能化和智慧化的数字化推进历程；纵向展现先进信息技术概念作用于销售业务数字化转型的起始点。在信息化到智慧化的4个过程边界存在重叠和交织过渡阶段，在信息化和数字化的过程中，叠加“互联网+”和物联网概念，加速了信息化向数字化转换提升过程；在数字化向智能化演进过程中，植入大数据(云计算)概念，推进了数字化快速向智能化演进进程；基于云计算、大数据和人工智能技术的融入，助力智能化向智慧化换挡跃升，加速赋能销售业务进入智慧化发展新高地，实现智慧销售，智慧油库、智慧加油站，以孪生的数据能力感知市场和客户，开创油气行业销售业务人工智能应用的新境界。

1　销售业务数字化转型

数字化转型是集战略、创新、管理、业务、风险和IT的综合概念，是油气行业销售业务治理体系和治理能力现代化建设和提升必由之路，必须站在这个高度，理解和认识销售业务数字化转型。数字化转型是油气行业对销售业务进行系统性、彻底的(或重大和完全的)重新定义，是对销售业务经营活动、业务流程、管理模式、商业模式和数据能力的重构和实践，数字化是媒介、是条件。转型是在信息化、数字化、大数据和人工智能等先进信息技术的影响和作用下，经营管理和商业模式完善和提升的过程，是一个从低阶状态到高阶状态的转换、嬗变的过程。下面分析和研究数字化转型相关概念对油气行业销售业务数字化转型的影响和作用。

1.1　从战略和创新角度看

数字化转型是执行、落实党的十九届四中全会通过的《中共中央关于坚持和完善中国特色社会主义制度、推进国家治理体系和治理能力现代会若干重大问题的决定》和今年两会通过的《国民经济和社会发展第十四个五年规划和2035年远景目标纲要》的具体实践。是贯彻新发展理念、实现高质量发展的战略选择，必将其列入油气行业销售业务新发展战略，要站在全局、整体、系统和创新的高度，抢前抓早布局、谋划数字化转型工作。

1.2　从业务和管理角度看

数字化转型是油气行业销售业实现核心业务和管理模式、机制、手段质变提升的抓手。要全面梳理核心业务和管理制度、规范，构建适应数字化转型的配套管理制度体系。打造核心业务和管理竞争力，实现增销量、降费用、防风险和提收入的核心目标，用数字化转型赋能经营和管理目标的实现。

1.3　从风险和监控角度看

在开展数字化转型工作的司时，构建风险和监控数字化支撑管理体系，筑牢数字化转型地基，保障数字化转型工作。重点关注和研究常规的安全、经营、管理、审计和监察等风险的识别、管理和预判，面对“互联网+”的新形势和新任务，借助数字化转型的机遇和动能，探究市场、客户和互联网运营风险管控模式，超前布局，保障数字化转型安全和平稳落地。

1.4　从IT和数据角度看

在实现战略与创新、业务与管理、风险与监控数字化转型重点内容基础上，研究数字化转型本身转换过程。建立适应数字化转型的数据管理和网络安全架构，提供转型相配套的云计算和数据能力，用足用活数据，让数据说话。研究市场、客户、运营、管理和数据等销售业务核心要素，创建数据文化环境，推动销售业务发展提升，满足数字化转型的要求。

上述四个方面，相辅相成，相互促进和提升，特别是在国家十四五和2035年愿景规划中要求，大力发展数字经济，要求油气行业销售业务数字化转型发展迫在眉睫。

2　数字化转型相关概念、影响和作用

2.1　信息化

是数据从手工处理到机器处理的质变阶段，实现数据处理0到1的过程，是油气行业销售业务数字化转型的第Ⅰ阶段。

2.1.1　概念内涵

信息化是以网络和数据库技术为基础，将支撑服务对象相关信息汇总到数据库，提供给相关人使用。同时，将现实物理对象，通过信息化手段，借助0和1二进制编码，采用计算终端采集、整理、分析、发掘、展现和应用的过程。信息化特征是采用人工手段，伴随经营和管理过程，将相关数据录入信息系统，由信息系统进行管理和监控的过程。

2.1.2 对销售业务影响和作用

信息化推动油气行业销售业务演进和变革，是销售业务发展核心驱动力，引领销售业务发展。对销售业务发展具有叠加、放大和倍增的作用，促进销售业务经营和管理优化提升。信息化过程是数字化过程前导阶段，是数字化转型基础和前提。在信息化过程中，“互联网+”和物联网概念的融入，加速信息化向数字化转换进程。

2.2 互联网+

是数字化转型过程中的重要概念，信息化植入“互联网+”，促进经营、管理和商业模式的质变，催生和促进信息化过渡到数字化的过程。

2.2.1 概念内涵

“互联网+”是互联网创新动能和经济社会各领域的深度融合，推动效率提升和组织变革，提升实体经济创新能力，构建互联网要素经济社会发展新形态。平台和创新是“互联网+”的最大优势。在信息化和数字化条件下，互联网+线下实体经济的演进、催生和发展，带动传统行业变革和创新。“互联网+”有跨界融合、创新驱动、重塑结构、尊重人性、开放生态和连接一切的6个典型特征。

2.2.2 对销售业务的影响和作用

油气行业销售业务是油气业务勘探、炼制和管道全产业链的终端环节，面向石油市场和客户，实现销售收入的主渠道。“互联网+”平台和创新优势，在销售业务传统信息系统架构下，采用混合云计算环境，构建互联网应用中台，发展互联网应用，打造极致的用户体验，构建销售业务新商业模式，赋能销售业务高质量发展目标实现。

2.3 物联网

数字化转型过程中，在信息化过程嫁接“互联网+”的基础上，引入物联网概念，扩展了参与模型运算的数据量级和种类，推进了信息化向数字化迈进的过程。

2.3.1 概念内涵

物联网(Internet of Things，简称IOT)是通过传感器、射频识别技术、全球定位系统和红外感应器等相关设备和技术，实时自动采集监控、连接和互动物体或过程的相关信息。采用适当的网络接入，实现物和物、物和人的泛在连接，实现物品和过程智能化感知、识别、监控和管理。

2.3.2 对销售业务影响和作用

在销售业务信息化过程中，采用“互联网+”和物联网技术，感知、识别销售业务市场、客户、油库和加油站经营管理核心要素相关信息。经过采集、传输、处理和分析等环节，管理和监控运营管理状态，支撑经营和管理决策。

2.4 数字化

是数字化转型的第Ⅱ阶段，打破专业线条块分割的局面，建立油气行业销售业务数字化平台，采用数字化手段，全方位、立体化的透视和展现经营、管理、市场和客户运营情况。

2.4.1 概念内涵

数字化是将复杂多变的信息转换成可度量数字或数据，建立适当数据模型，输入计算机统一处理，这是数字化的基本过程。通过实时采集，由计算机完成分析，实现物理世界在线化，是否人工录入数据，是区别信息化和数字化的关键标志。凡是数据采集由机器完成，在人工预设规则下触发自动采集工作，达到了数字化标准，还不是智能化。

2.4.2 对销售业务的影响和作用

数字化是对销售业务全过程进行数字化描述，使销售业务信息系统更高效、可靠的处理复杂问题，为客户提供方便、快捷的销售业务服务，具有精确、及时和高效特征。数字化和智能化区别标志在于最终决策谁来做？在完成状态感知、实时分析、科学决策和精准执行闭环，由人工做决策和执行，达到了数字化标准。在数字化过程中，植入大数据(云计算)基因，促进销售业务由数字化进入智能化阶段。

2.5 大数据(云计算)

数字化转型过程中的核心概念，全样本、相关性和预测，让数据说话，实现凭经验到凭数据的决策模式的质变，服务经营和管理决策。

2.5.1 概念内涵

大数据以容量大、类型多、增长快和价值高为主要特征的数据集合，正快速发展为对数量巨大、来源分散和格式多样的数据进行采集、存储和关联分析，从中发现新知识、创造新价值、提升新能力的先进信息技术。用“全样本、相关性，预测”8个字总结概括大数据核心内涵，预测是目标，全样本和相关性是方法和手段(详见图2大数据内涵示意图)。过去是抽样数据分析，由于计算能力突破，现在是全样本数据分析；过去是研究因果关系，由于思维逻辑突破，现在是探究相关关系。

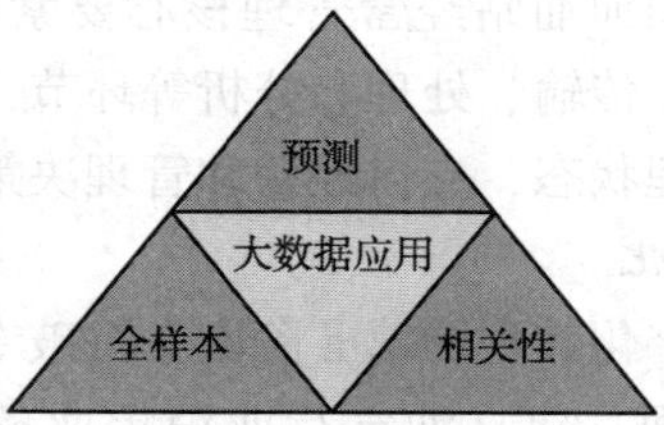

图2　大数据内涵示意图

大数据和云计算是一个事物的两个方面，是矛盾的主要和次要方面。云计算是分布式计算，将巨大数据计算处理程序分解成无数个小程序，采用多个服务器构成计算能力的系统，由小程序分别处理和分析，运算结果反馈给用户，这就是云计算过程。大数据（云计算）推动了数字化向智能化发展进程，决策是否由机器自动完成是区别数字化和智能化的标志。

2.5.2　对销售业务的影响和作用

大数据从关注因果关系到相关性，实现了思维逻辑突破，在按需动态调整云计算能力支撑下，全面开展销售业务大数据应用。基于现状、原因、对标和预测4种核心场景进行大数据分析，可以全面、完整和系统量化感知销售业务经营成果、发现问题、找到提升方向。在战略、管理和执行层面优化销售业务的布局，运用纵向穿透和横向协同的PDCA大数据循环推进策略，支撑销售业务的改进、完善、优化和提升。

2.6　智能化

数字化转型的第Ⅲ阶段，从信息化、数字化，到智能化阶段，为下一步智慧化建设和应用奠定了坚实基础。

2.6.1　概念内涵

智能化是现代通信技术、网络技术、行业技术和智能控制技术汇集而成。智能化有以下4个特征。一是能够感知外部世界、获取外部信息能力，这是前提和必要条件；二是能够存储感知信息，经过分析产生新知识；三是与外部环境相互作用，不断学习积累知识，适应环境变化；四是对外界影响作出反应，共享信息，赋能决策。

2.6.2　对销售业务的影响和作用

智能化是销售业务迈向智慧化演进的前提和基础，聚焦于销售业务信息系统的感知、分析、判断和执行闭环管理，体现的是执行能力，只知其然，不知其所以然，还不具备智慧化能力。下一步重点是决策能力，智能化嫁接人工智能，实现销售业务向智慧化演进和提升。

2.7　人工智能

是数字化转型过程中的核心概念，从智能化到智慧化的关键技术，具备智能化条件的销售业务数字化融入人工智能，加速智慧化的进程。

2.7.1　概念内涵

人工智能AI（Artificial Intelligence），最早在1956年美国达特茅斯会议上提出，是研究和开发用于模拟、延伸和扩展人智能理论、方法、技术和应用的学科。机器学习是实现人工智能典型研究方向，基于数据、知识或经验，采用大数据智能分析算法，自动识别，构建油气行业销售业务决策或预测的新知识。

2.7.2　对销售业务的影响和作用

人工智能是引领新一轮科技革命和产业变革战略性技术，具有“头雁”效应，是促进销售业务由智能化迈进智慧化的关键核心技术。在前期智能化应用的基础上，布局人工智能应用，在销售业务信息系统架构下，构建AI中台，完善、优化和提升智能化，加速迈进智慧化，赋能油气行业销售业务高质量发展。

2.8　智慧化

数字化转型过程的第Ⅳ阶段，是油气行业销售业务数字化转型的愿景目标，各行各业数字化转型努力方向和目标。

2.8.1　概念内涵

智慧化是升级版的智能化，是人机环境系统之间交互角色最优化，取长补短和优势互补的过程，除了计算机和数学算法外，还将哲学、经济和地理等相关学科融为一体，全方位服务油气行业销售业务。智慧化本质具有自我学习和提升，而智能化则不具备此能力。

2.8.2　对销售业务的影响和作用

基于先进信息和数字技术应用，实现互联网向物理世界延伸，在销售业务智慧化平台状态感知、实时分析、科学决策和精准执行的基础上，进而实现自主决策和学习提升。构建具有智慧能力，适应石油市场，满足客户需求，高效运营、管理和监控的销售业务体系。相对智能化而言，智慧化具有自主决策和学习提升能力。

2.9 机器人

是数字化转型第四阶段智慧化成果应用，在经营、管理和运作过程中，机器人的应用将全面促进销售业务的经营和管理的提升。

2.9.1　概念内涵

机器人(Robot)是一种能够半自主或全自主工作的智能机器，具有感知、决策和执行等类人类的基本特征。可以辅助或替代人类完成危险、繁重和复杂的工作，提高效率和质量，服务人类生活，延伸人类活动和能力范围。

2.9.2　对销售业务的影响和作用

机器人是智慧化应用落地成果，将对油气行业销售业务智慧化建设和应用产生重大影响。机器人在油气行业销售业务领域落地场景如下：一是加油站销售、收油作业和客户服务；二是油库收油、付油作业；三是库站巡检和清罐等高危作业。机器人在销售业务典型场景的应用，必将进一步提高运作效率，减轻基层一线人员工作量，管理和控制销售业务风险作业，实现销售业务高标准、高效率、高效能管理和监控。

3　探究和发现

经过对上述概念内涵界定和辨析，探究了对油气行业销售业务影响和作用，结合油气行业销售业务数字化转型场景，概括总结油气行业销售业务数字化转型主要矛盾的发展路径、定位和规律。

3.1 数字化转型路径

在上述概念比较和分析过程中，可以将油气行业销售业务数字化转型过程由低到高分成 4 个阶段，即信息化、数字化、智能化和智慧化阶段。探讨了“互联网+”、物联网、大数据(云计算)和人工智能对油气行业销售业务数字化转型纵向和横向叠加、放大和倍增作用。机器人是销售业务数字化转型达到智慧化阶段落地成果的集中展现，是油气行业销售业务数字化转型质变成果。

3.2 数字化转型定位

根据油气行业销售业务数字化转型的信息化、数字化、智能化和智慧化 4 个阶段，确定油气行业销售业务数字化转型处在的方位、阶段，抓住每个阶段数字化转型的主要矛盾、关键技术、核心影响和作用。便于从销售业务数字化转型整体和全局视角，诊断油气行业销售业务数字化转型努力方向、工作重点，有针对性地采取措施，达到事半功倍的效果。

3.3　数字化转型规律

纵观油气行业销售业务数字化转型从信息化到智慧化全过程，聚焦一个点来看，数字化转型是一个矛盾。业务转型是矛盾主要方面，数字化转型是矛盾次要方面，矛盾主次方面对立统一、相互作用和促进，共同推进油气行业销售业务数字化转型向前发展和提升。聚焦一条线来看，业务转型和数字化转型遵循实践和认识、螺旋式上升，量变和质变的哲学规律。要站在点、线和面立体的视角探究数字化转型关键要素，全面提升油气行业销售业务应对复杂石油市场的竞争力。

4　研究结论

当下，国内各行各业都在研究、探讨和实践数字化转型工作。为更好推动数字化转型工作，探究数字化转型的信息化、数字化、智能化和智慧化相关概念，研究概念内涵、内在关系和辨析。从中总结出油气行业销售业务数字化转型路径、定位和普遍规律，对油气行业销售业务数字化转型探索和实践具有重要指导意义。

参　考　文　献

[1] [英]维克托-舍恩伯格，肯尼恩·库克耶著，盛杨燕，周涛译．大数据时代[M]．浙江人民出版社，2013，1，1.

[2] 涂子沛．数据之巅[M]．中信出版社，2014，5，1.

[3] 涂子沛．大数据[大数据 3.0 升级版][M]．广西师范大学出版社，2015，4，3.

[4] 赵大伟．互联网思维独孤九剑[M]．机械工业出版社，2015，21.

浅谈智慧供应链在油田物资行业的探索应用

王林宏　樊哲华　任彦辉　何昭洁　胡姝瑾　李永刚

（中国石油长庆油田公司）

摘　要　根据长庆油田公司高质量发展以及物资系统改革的整体部署，要求物资管理采供要坚持信息化、自动化、标准化，将大数据、云计算等先进的理念、先进的技术、先进的管理用在物资管控、配送、检验方面，实现物资供应从设计、计划、采购、供应、使用、修复的数字化供应链闭环管理。本文借鉴国内智慧供应链理念和发展，探索了智慧供应链在石油物资行业的实践应用，分析了长庆油田物资共享管理平台的建设对物资改革所做的信息化支撑。

关键词：共享平台；智慧供应链；实践；模块；成效

1　实施背景

1.1　智慧供应链的技术背景

随着“互联网+”智能经济时代的到来，人工智能、大数据和物联网已经渗透了社会各行各业，越来越多的创新生产与管理模式涌现出来并被广泛应用，如JIT(Just In Time，准时制生产方式，又称无库存或零库存生产)、敏捷供应链管理等。这些创新性的生产或管理模式大幅提高了供应链的运作效率，但也在很大程度上弱化了供应链在各类风险事件中的应对抵抗能力。

目前供应链存在要么供应链执行管理系统不具备，要么执行管理系统孤岛化、碎片化，没有统一、专业、规范的顶层设计和专业系统进行指导等问题。

基于此，有机融合物联网技术与现代供应链管理方法的智慧供应链应运而生，成为未来供应链发展升级的主流方向。

“智慧供应链”这一概念最早是有复旦大学博士后罗刚在2009年上海市信息化与工业化融合会议上提出的，指通过有机结合日益发展成熟的物联网技术与现代供应链管理的理论、方法和技术，在企业内部以及企业之间构建的智能化、数字化、自动化、网络化的技术与管理综合集成系统。

智慧供应链体系包括智能采购、数字物流、全景质控三大业务链，通过内部跨专业深度协作、外部供应链高效协同，建立供应链运营中心实现采购业务智慧决策。如图1所示。

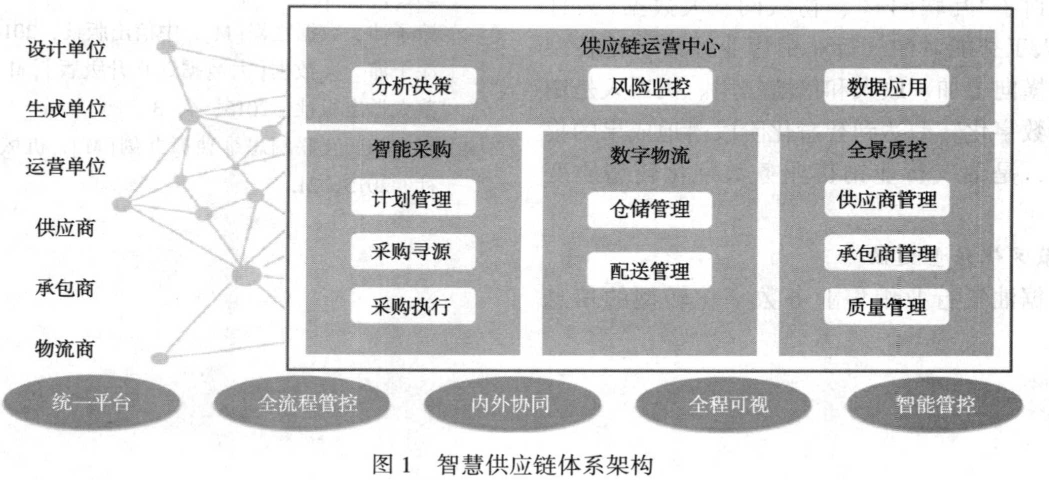

图1　智慧供应链体系架构

1.2　油田物资行业对智慧供应链的需求

1.2.1　油田物资行业的发展形势

2017年，集团公司在长庆油田召开“物资、装备与招标管理工作现场会”，对物资采供管理调整改革提出了战略性要求，通过长庆ERP与宝鸡钢管公司仓储管理系统的应用集成，长庆率先创新实现了石油专用管“工厂到现场”的运行新模式。

2018年，按照集团公司、油田公司的总体部署，长庆油田物资系统确立并推进了“三步走”规划。

2019年新疆油田现场会提出“协同共享”，全面推进长庆物资“三步走”规划，打造区域物流中心，压缩仓储管理层级，缩短供货周期，实现精准化管理。

2020年，油田公司高质量推进二次加快发展，物资系统“工厂到现场”业务不断深入推广，区域物流中心建设应用也越来越好，供应商链全过程可视化监控、溯源管理、精准管理、大数据分析等管理需求的信息化实现十分紧迫。

2022年，长庆物资规划到2025年，全供应链实现以计划精准、采购精益、供应精确、质控精细“四精管理”为目标的高质量运行，整体物资管理水平达到央企一流。

到2030年，在全供应链高质量运行的基础上，创新应用新一代信息技术，提升采供过程、管理对象以及市场资源的全面感知能力、敏捷反应能力、整合运营能力、全局优化能力，率先建成中石油同行业领先的智慧供应链。

1.2.2　当前信息系统存在的短板

当前物资供应使用ERP系统、电子采购2.0系统、合同系统等多个系统共同处理供应链业务，信息系统分散建设，系统间没有进行集成，形成信息孤岛，不能自动传输数据。

ERP系统及已上线的条码系统应用，主要在供应商协同管理、库存协同管理、物流管理方面，缺少符合全油田公司“工厂到现场”业务特色的管理系统，主要的短板如下：

一是缺少对直达合同、“工厂到现场”物资的精细化管理，业务各环节数据未全部实现信息化管理，无法实时追溯。

二是与长庆ERP集成应用的宝鸡钢管厂仓储管理系统仅支持少数专用管供应商和部分二级单位使用，缺少一套与ERP系统的集成的、包含全部供应商、满足二级单位现场业务覆盖、实时库存共享的供应商协同管理系统。

三是ERP系统无法实时查询供应商库存，工厂间库存无法共享，实物库存与账务库存信息不同步，无法及时掌握真实库存。

四是一级库、二级库、作业区域间的配送及物流管理未实现统一平台管理，数据未共享。

五是缺少供应商配送物流以及内部配送物流信息共享，没有与第三方物流信息系统集成，无法实时查询和跟踪订单物流、动态监控物流信息。

基于以上背景，按照集团公司物资条码技术全面推广应用工部安排，结合长庆油田物资改革高质量发展要求和物资业务运行现状，在公司相关部门的大力支持下，通过借鉴国内智慧供应链的理念和实践案例，长庆物资管理部开始探索建设一个符合长庆物资业务的信息化平台——长庆油田物资共享管理平台(以下简称共享平台)。

2　总体目标

共享平台利用云计算、大数据等信息技术，目的是建设“国内领先、长庆特色”的物资仓储管理平台，最终实现智能化、平台化、数字共享闭环管理，为长庆油田在物资全生命周期管理方面，营造开放共享的生态圈。如图2所示。

2.1通过应用物资信息共享功能模块，建立油田公司一、二级库物资信息共享通道，全面支撑代储代销+采购订单模式，构建联合库存管理机制，提高物资周转率，降低大宗物资库存数量，减少无动态库存积压物资。

2.2通过应用全供应链业务协同功能模块，实现供应链各环节实现信息共享互通，供应链的协同互动能力进一步增强，生产建设物资保供效率效益大幅提高。

2.3通过进一步完善仓储及条码系统应用，全面支撑“工厂到现场”物资直达和区域物流仓储共享中心业务运行，为实现油田公司物资仓储扁平化管理、大幅压减库房数量和降低用工总量提供必要的信息化支撑。

2.4通过应用质量管理功能模块，对生产制造现场的前置检验监造、物流配送和库房验收管理等关键业务进行可视化管控，实现“生产制造-入库仓储-现场使用”全程在线跟踪，全面提升供应链质量管控效率和水平。闭环管理图如图3所示。

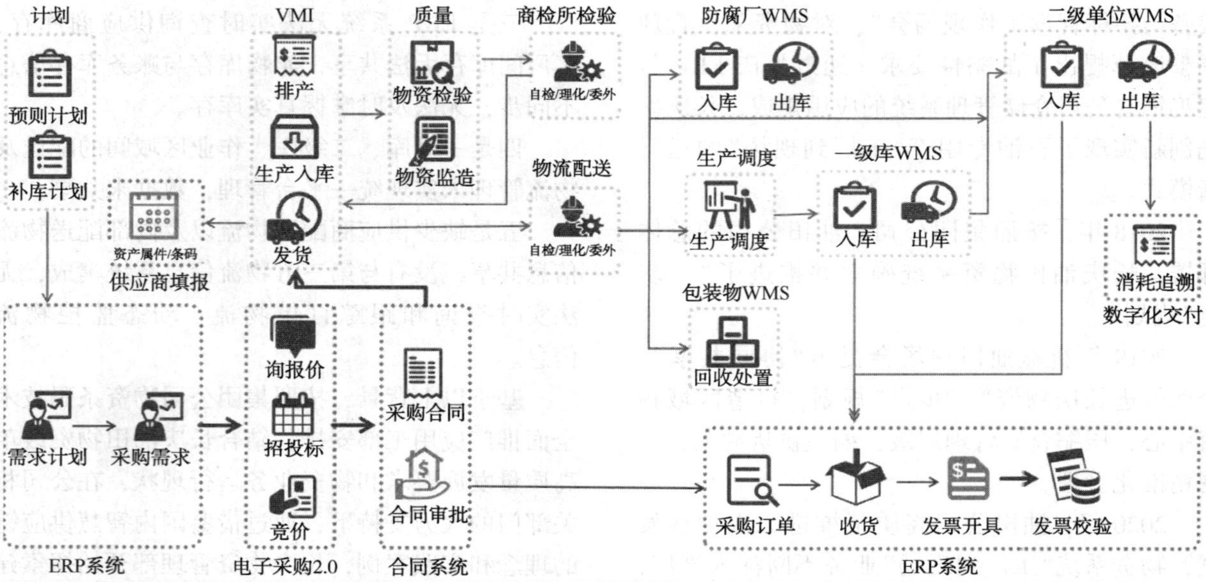

图2　物资采供储全供应链管理流程

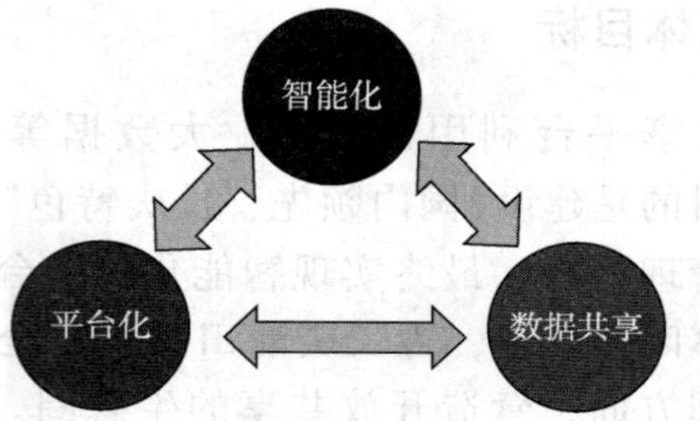

图3　“智能化 平台化 数据共享”闭环管理图

3　系统概况

共享平台立足于油田当前物资系统改革发展的需要，项目分两期建设。一期初步完成了订单、生产计划、质量管理、库存等业务信息的共享，实现了采、供、管、用、检、监等多方业务协同，二期采用大数据、数据、人脸识别、GIS等先进技术，整合不同业务系统数据资源，打破信息孤岛，实现数据资源的共享深化应用物资“零库存”、“工厂到现场”、“物资共享”的管理模式，并将关键业务数据推送入梦想云数据湖，为公司经营决策分析提供数据支持。

3.1　设计理念

3.1.1　业务协同

应用互联网技术，通过云平台以订单数据为驱动，将采购方、供应商、检验机构、监理公司、使用单位、区域物流中心按照供应链分工实现上下游信息互联，为供应链各方全方位业务协同提供基础和保障。

3.1.2　信息共享

应用集成技术，实现与ERP系统、质检系统、视频监控、人脸识别系统、设备管理等系统之间的信息壁垒，实现订单、库存、物流、质检、监造等信息实时共享。

3.1.3　透明数字化

应用数字化技术，通过可视化手段，实现供应链信息透明化，能够真实及时反映业务运行状况。

3.1.4　全生命周期

应用物资全生命周期管理理念，实现物资从采购、供应商、监造、质检、调度、配送、验收、入库到领用消耗全生命周期管理。

3.2　框架设计

系统采用SASS平台模式，服务器部署在公司云中心DMZ区。整体框架由基础数据、数据采集、数据传输、数据应用、决策支持、系统集成等六个模块组成。如图4和图5所示。

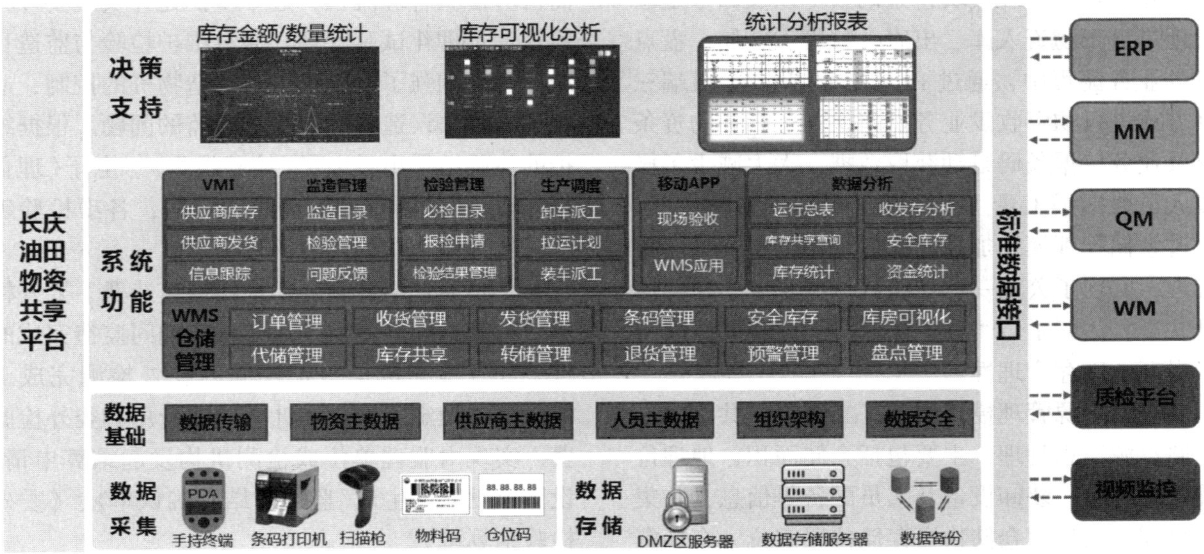

图 4　一期平台整体框架

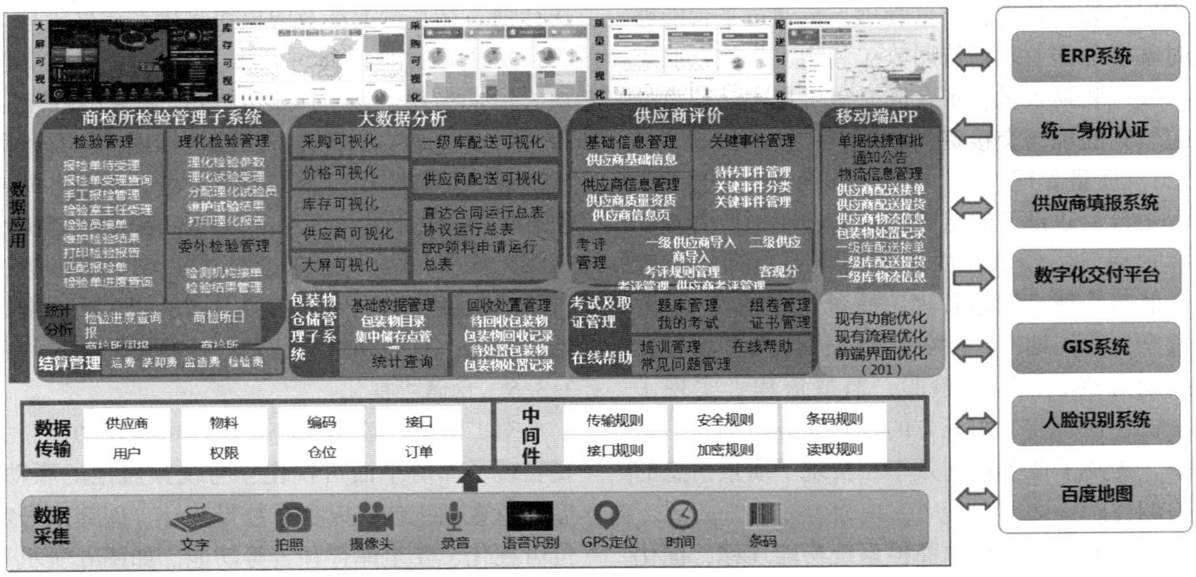

图 5　二期平台整体框架

3.3　主体功能

3.3.1　VMI 管理

VIM 管理分为订单管理和供应商管理，主要流程为：合同/订单—供应商接单—监造/生产 —检验入库 —打码/发货。在平台上涉及到的模块有订单管理、预约管理。

VIM 管理模块的设计，一是实现了与供应商之间的订单数据实时交互，供应商接收到订单后根据交货计划能够及时排产；二是通过 VMI 库存共享，可实时掌握供应商待检库存、合格库存信息；三是通过送货通知单和使用单位创建的送货通知单，供应商在平台创建预约到货计划完成发货，使用单位可及时了解供应商的实物出库信息及物流配送信息，便于使用单位及时规划库房仓位，并合理安排生产。通过 VMI 管理模块促进了供应商与使用单位之间的业务协同管理，实现“工厂到现场”的精益化管理。

3.3.2　仓储管理

仓储管理主要包括物资收发管理，物资统计报表、转储、化学品包装物管理以及其他各类管理，在平台上涉及到的模块有仓储业务管理、仓储资源管理和包装物管理。

仓储业务管理模块将条码技术以及四号定位管理贯穿于物资入库、出库、移库、转储、盘点等各业务流程中，通过PC端/手持端/手机端三种方式进行物资收发业务操作，通过扫描物资条码及业务单据条码自动获取数据，大大减少了操作人员数据手工录入工作量，提高了工作效率。通过仓储管理模块加强了库房现场物资实物库存管理，实现了公司一、二级区域共享中心库存信息共享，达到了以“信息换库存”的效果，进一步提高了库存合理性。

仓储资源管理模块实现了二级区域共享中心仓储资源信息管理，主要包括仓储面积、地理位置、吞吐量、装卸设备及人员配备等信息，并集成百度地图呈现仓储物资存储位置定位，仓储资源分布一目了然。

包装物管理模块实现对危废化学品物资的包装物回收处置管理，质量管理人员通过平台能够实时掌握各作业现场待回收包装物、集中存储点已回收包装物数量，平台同时提供集中储存点处置包装物的现场交接资料上传。

3.3.3　质量管理

平台上建设了质量管理、商检所检验管理和结算管理三大模块。质量管理主要包括检验管理、监造管理、问题管理。质量管理围绕“采购物资全生命周期”质量控制理念，以生产现场质量控制为核心，固化检验、监造流程，实现了采、供、检、监、用五方的线上业务协同与信息共享，提高了业务协同效率，实现了质量信息的可追溯性。

一是通过商检所原商检系统功能迁移，优化商检所检验管理流程，进一步扩充并实现委外检验管理及理化试验管理。通过维护检验与监造目录，系统加强了检验物资与监造物资的控制，避免了人为失误造成的漏检和漏监的问题。根据维护的检验结果出具电子《检验报告》、电子《理化报告》，实现物资检验全过程管理，各项检验工作更加透明，检验进度一目了然。

二是通过结算管理模块实现监造费、委外检验费结算。统计各监理单位一定期间监造完成的订单和各检测机构一定期间内委外检测完成工作，根据设定规则自动计算监造费用和委外检验费，实现由监理单位或检测机构发起结算申请，设置审批流程生成《监造费结算确认单》、《委外检验结算单》。

3.3.4　生产调度

生产调度主要包括装车派工、卸车派工、配送计划。在平台上涉及的模块是生产调度管理。

生产调度业务通过开发一级库生产调度模块，一是实现一级库配送与自提业务的线上运行，对承包商工作量进行精准化管理；二是优化库房装卸设备，提供定义装卸目录，实现各站库装卸工作量统计；三是实现卸车、配送、自提批量派工操作，提升工作效率。同时对结算业务进行统一的设计和应用，按照不同的费用项，制定结算规则，对装卸费、运费进行费用计算。

3.3.5　仓储可视化

对二级单位库房实施了库房可视化功能，主要实现了库房平面可视化、与视频监控的联动、库存总金额统计、库存总数量统计、库存四号定位可视化、安全库存预警等功能。如图6所示。

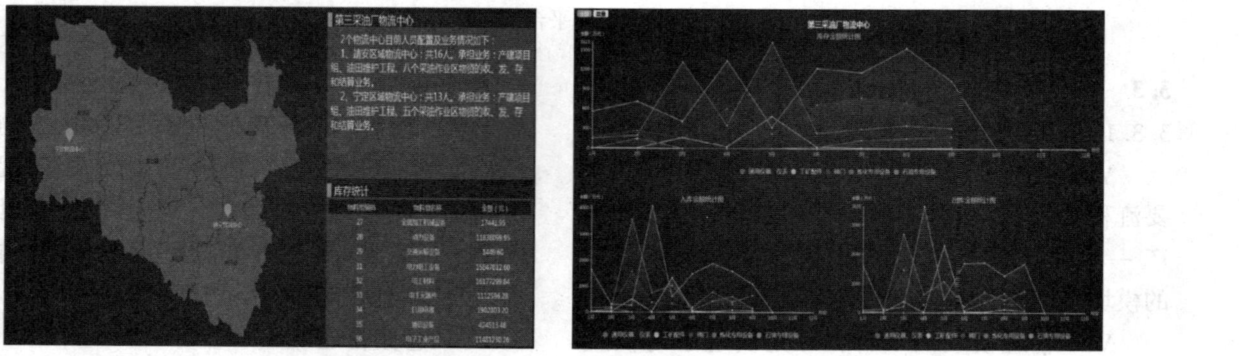

图6　采油三厂物流中心库存展示与分析

3.3.6　供应商评价

供应商评价模块根据长庆油田供应商考评管理制度，将供应商基础信息、供应商质量资质等基础数据维护到共享平台，定义一级供应商考评规则、二级供应商考评规则。通过对供应商的关键事件管理、问题管理、合同履行管理，为供应商的考核评价提供全面的数据支撑和依据，实现了供应商考核评分管理。

(1) 关键事件管理：对供应商在供货过程中的各类重要事件进行记录，并上传相关附件，更新事件进度并确认事件认定结果。

(2) 合同履行：以合同或批次为单位，对合同履行整体情况进行评价，并对合同执行过程中的特殊情况进行记录。

(3) 供应商信息：快速查询供应商信息，显示重要事件、合同履行情况、质检监造信息等情况。

(4) 问题管理：对关键事件中涉及供应商产品中止、供应商终止、恢复等关键问题信息进行公示。

3.3.7　大数据分析

大数据分析主要包括：物资类别管理、采购分析、计划分析、价格分析、库存分析、物资收发存分析。在平台上涉及的模块是大数据分析。

大数据分析基于物资共享平台全业务链的数据沉淀和抽取，通过可视化大屏，以图形化方式直观、形象地展示采供储各业务环节的关键数据，实现了数据整合、数据可视化、预测性决策分析、数据溯源等功能。为各级管理者提供决策支撑。(见图 10~图 13)。

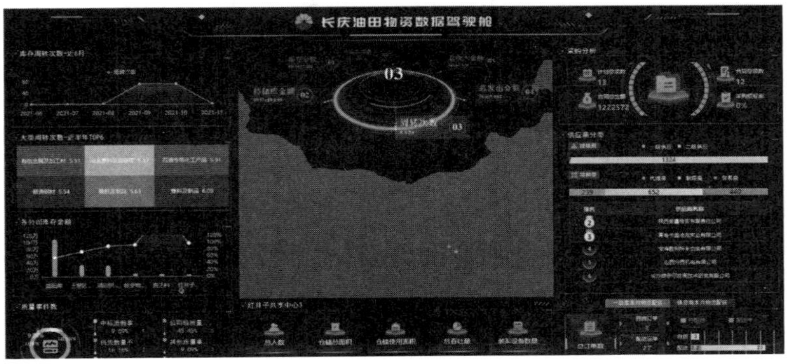

图 7　物资共享管理平台大屏可视化

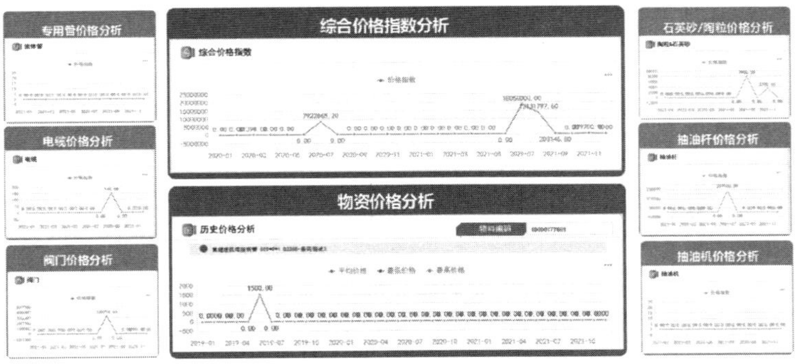

图 8　大数据分析-价格分析

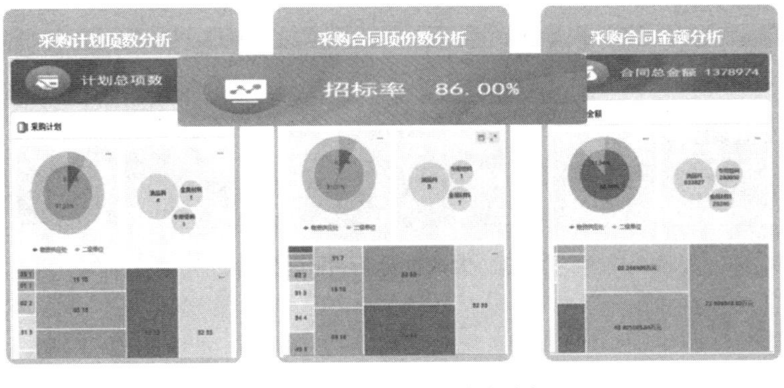

图 9　大数据分析-采购分析

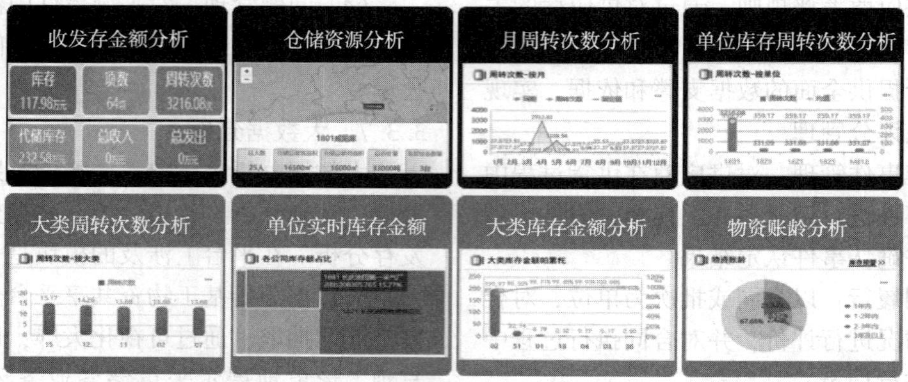

图 10 大数据分析-库存分析

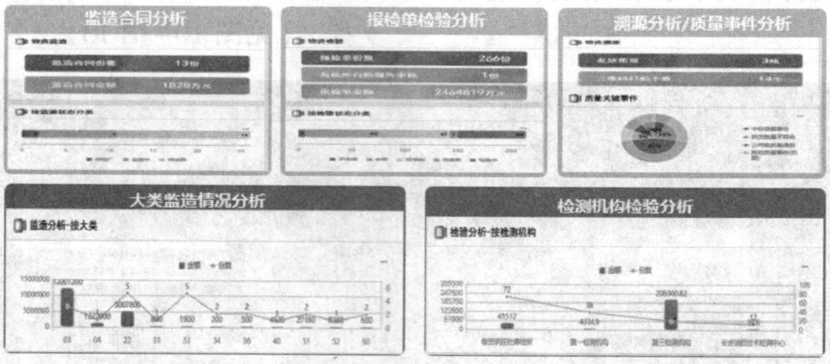

图 11 大数据分析-质量分析

图 12 大数据分析-供应商分析

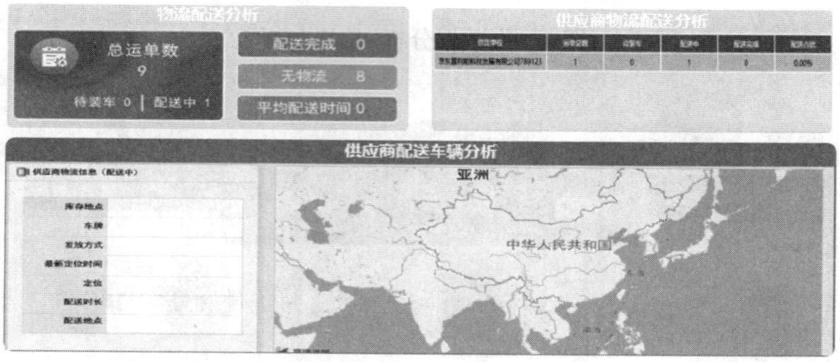

图 13 大数据分析-配送分析

3.3.8　溯源管理

溯源管理模块加强对条码技术的深度应用，维护溯源目录，维护单品物资溯源编码，利用手持/手机 APP 识读物资溯源二维码获取物资溯源信息，实现对重点物资的质量追溯、查询、防伪认证等功能应用。

（1）信息查询：扫描二维码，获取物资的详细信息，如供应商、生产厂商、出入库时间等。

（2）防伪认证：通过唯一二维码，实现对物资的防伪认证，有效避免窜货、以次充好。

（3）质量追溯：知道物资的来龙去脉，获取关键节点信息，提高企业质量追溯能力。

3.3.9　物资地图

通过应用百度地图，以物资地图的展示方式，进行实物地理位置标记，可以实时查询物资的分布情况、计划数量、入库数量、消耗情况，仓储资源使用情况等关联数据，进行实物地理位置标记，实现地理位置可视化、仓储资源可视化管理，为提高计划精准提报、优化仓储结构提供技术支撑。如图 14 所示。

图 14　物资地图及二级单位基础数据展示

3.3.10　移动端应用

库房手持移动终端，实现对物资的现场验收入库、出库、移库、转储、盘点、查询等业务，同时结合条码技术的应用，大大提高了数据采集和扫描的效率。对验收过程的异常情况，可通过拍照进行验收记录。结合 4G 技术的应用，可通过手机对直达现场物资进行现场的验收，提升物资验收的时效性。（见图 15）

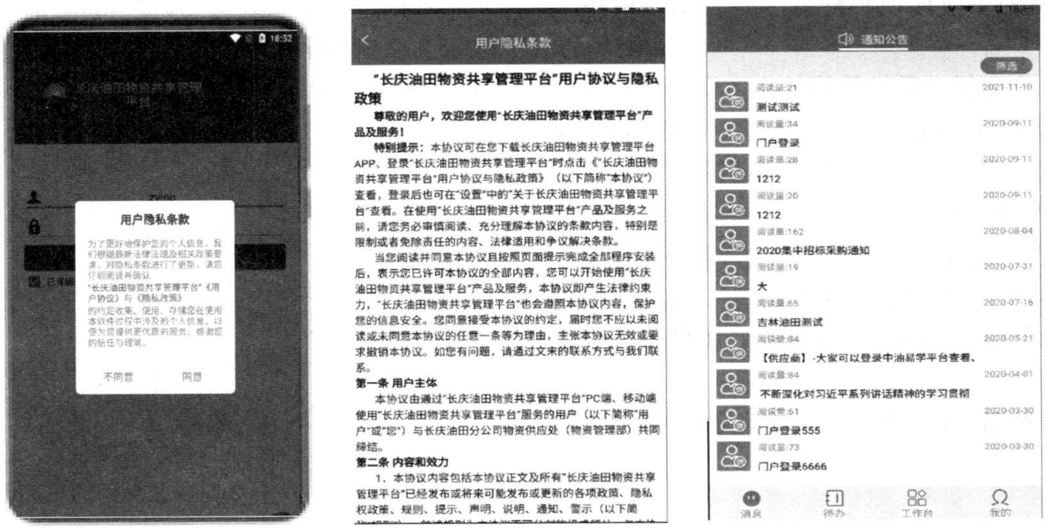

图 15　移动端 APP 操作界面

3.4　集成设计

共享平台与 ERP 系统、供应商填报系统、数字化交付平台、GIS 系统、百度地图、人脸识别、梦想云平台、长庆油田云平台等系统集成，立足于满足长庆油田用户需求，解决系统之间的互联和互操作性问题，使系统的整体性能达到最优。

4 实施智慧供应链所取得的综合管理效果

共享平台实现了ERP、供应商、质检、监造、验收、库存物资数据共享，优化了库存资源配置。通过“协同+共享”的深化应用，全面实现了“工厂到现场”供应链业务的信息化。

4.1 全面实现物资信息共享。通过物资信息共享功能模块，将供应商供给和公司内自有存量紧密结合，建立油田公司一、二级库物资信息共享通道，从而确保需求预测的合理、准确，转换应激的被动式的指令驱动为供应能力保障的需求服务。全面支撑代储代销+采购订单模式，构建联合库存管理机制，提高物资周转率至行业先进水平，显著降低大宗物资库存数量，有效减少无动态库存积压物资。

4.2 全面提高供应链各环节实现效率。通过应用全供应链业务协同功能模块，物资采供整体效率大幅提升，实现供应链各环节实现信息互通、无缝衔接。打通了物资从计划、供应商、监造、质检、现场验收、入库、出库、库内管理的全业务流程的过程数据监控，实现物资的全生命周期的管理。通过风险共担和利益共享，从生产、配送到供应全流程的协同配合能力进一步增强，最大限度发挥供应链协同效应，预计长周期大宗物资的供应周期将降低30%，供应效率大幅提高。

4.3 全面提升质量管控效率。质量管理功能模块与油田内部的检测系统集成，实现报检、质量检验报告等数据同步，以及集团公司物资质量全生命周期管理要求。对生产制造现场前置检验、监造、物流配送和库房验收管理等关键业务进行可视化管控，实现“生产制造-入库仓储-现场使用”全程在线跟踪，全面提升质量管控效率和水平。

4.4 全面深化支撑业务运行。通过进一步完善仓储及条码系统应用，实现物资在入库、出库、移库、盘点过程中的数据自动化采集；实现物资库内的调度、装卸、资源分配，全面深化支撑“工厂到现场”物资直达和区域物流仓储共享中心业务运行，为实现油田公司物资仓储扁平化管理、大幅压减库房数量和降低用工总量提供了必要条件。

5 结束语

共享平台的建设是借鉴智慧供应链为物资系统改革提供信息化支撑的一次创新性探索和实践。平台初期在采油三厂、采气一厂以及物资供应处进行了系统的推广实施应用，均取得了很好的应用效果，目前物资供应处(物资管理部)、各二级单位，检测机构、监理公司、各供应商、防腐厂、承运商近1500个单位已全面使用共享平台。长庆油田共享平台通过一年的稳定运行，给公司运营带来了巨大的经济效益，通过压缩库房层级，提高物资周转率，减少库存占用资金，减少库房相关管理人员和操作人员，一期试点运行的三个试点单位物资供应处、第一采气厂、第三采油厂共计节约运行费、用工费与库存资金占用费用：2743.53万元。(其中物资供应处1395.85万元，采气一厂450.17万元，采油三厂897.51万元)。平台的成功建设和应用也为坚定不移推进物资系统“三步走”战略部署，加快物资仓储扁平化和精准管理实践，全面推进采供管一体化运行提供有力的信息化保障。

参考文献

[1] 文丹枫，周鹏辉．智慧供应链：智能化时代的供应链管理与变革．2019，5. ISBN 978-7-121-36219-4.

[2] 黄滨．透明数字化供应链．2019，10. ISBN 978-7-115-51994-8.

[3] 张宇．智慧物流与供应链．2020，7. ISBN 978-7-121-28436-6.

浅谈 Power BI 商业智能数据分析在营销工作中的应用与实践

张　俊

（中石油新疆销售有限公司）

摘　要　近年来，移动互联网、大数据、云计算、5G、人工智能等信息技术的发展，带动了数字经济的突飞猛进，信息化对企业发展和社会经济发展的影响愈加深远。成品油销售企业处在整个中石油产业链的末端，直接面对零售终端客户，通过部署加油站管理系统、发行加油卡、四大系统融合等，实现了成品油、非油购销存数据的采集和管控，通过多年的运行，积累了大量数据。如何利用好这些数据，使数据产生价值，为企业发展服务，值得持续探讨和研究。本文仅结合实际工作中遇到的问题谈点浅见，抛砖引玉，仅供参考。

关键词：Power BI；商业智能；数据分析；营销；非油

1　数据分析的意义

数据和世间的万物均息息相关，可以是数字、文字，也可以是图像、声音等等，最常用的还是数字。很难非常精确的给数据下一个定义，这里引用网络上曾经某位数据分析师的解释：Date is measurement of something（数据是对某一类事物的度量值）。人们的生活无时无刻都在和数据打交道，下面通过一个小例子来解释数据分析的意义。

记录信息。第一条数据：A 加油站的汽油 6.5 元/升。这里只是客观的对 A 加油站的汽油价格进行了描述，只是一个孤立的数据，你不会对汽油的价格产生任何判断。

对比分析。第二条数据：B 加油站的汽油 6.4 元/升。也只是客观描述的了 B 加油站的汽油价格。但是当两条数据放在一起时，你会发现 B 加油站的汽油价格要低。所以，数据只有放在一起对比才能体现意义。

指导行为。在不考虑其他因素的前提下，你会倾向于到 B 加油站加油，通过数据分析得出结论并影响行为。

数据分析就是通过分类和对比的方式来回答问题。比如，某天一个业务员向部门经理汇报，昨天公司的销量是 1000 吨。这样的汇报的是不合格的，因为没有对比，1000 吨的日销量是高还是低，部门经理无法做出判断，业务员只是陈述和展现了一个数据。正确的汇报应该是在后面加上一句：同比、环比、与本月日均相比增加了多少吨，必须要有一个参照物，才能得出结论并指导决策。

2　传统营销统计分析面临的发展瓶颈

数据量的增加。提到统计分析，使用率最高的软件当属 Excel 表格。可能大部分人都用了很多年的 office2003，因为一般日常使用到的表格，数据行数一般在几十至几百行，上千行的不多。但是 office2003 版本最大行只支持 65536 行，随着业务量的增加，无法承载更多的数据。以伊犁公司为例，2019 年主油 HOS 支付日报全年数据 8 万多行，非油带商品明细的 HOS 销售日报全年超过 100 万行，单月所有加油站的交易明细超过 90 万行。如果要对这些数据进行分析，至少要升级到 office2007 以上版本，才能支持最大 1048576 行的表格数据，推荐使用 office2016 以上版本。

重复性的统计和工作效率。以加油站销量为例，可以从不同的维度，例如分汽柴油、分品号、分片区、分日期、分类型、分支付方式等去统计分析。如果事先没有建立一套成熟的数据模型，就需要每一个维度都重新统计汇总一次，从6个维度分析就要统计汇总6次，大量的重复性工作，效率较低。

个性化的需求。近些年，销售版块从顶层设计的角度，陆续开发了BW报表系统、生产监控系统、营销分析系统、综合展示平台等数据分析和展示的信息化系统，挖掘各类系统中的数据价值，为各级管理人员经营决策提供了有力的支持。但统建系统更多的侧重于省公司一级、覆盖面大的共性需求，对于地市公司个性化的需求支持不够。例如HOS系统和站级系统都没有片区一级的概念，但是地市公司实际通报分析数据时需要分到片区一级。

传统工具的局限性。根据对excel的掌握程度，大致可以分为几个阶段。第一阶段，能够完成基本的数据录入和汇总统计，会一些简单的求和、平均、IF等公式函数，会制作简单的柱状图等图表。第二阶段，会使用vlookup、index+match、数组公式等一些较为复杂的公式函数，会使用数据透视表。第三阶段，能够通过切片器、透视表等工具制作互动式图表，展示各类数据。第四阶段，会使用Power Query等系列插件，会利用VBA编程实现自动化处理。日常办公掌握到第二阶段基本就够用了，但如果想更深入的数据分析，比如前面提到的非油两年分商品明细的销售数据，就需要更加智能的软件了。

3　新一代Power BI商业智能数据分析的优势

商业智能(Business Intelligence，简称：BI)，1996年最早由加特纳集团(Gartner Group)提出，利用信息化的技术，对企业内外部的数据进行挖掘分析，将数据转化为价值，为企业提供决策支持。个人理解，最契合的一种解释是BI=数据+信息+业务。

提供商业智能解决方案的著名IT厂商包括微软、IBM、Oracle、SAP、SAS、Tableau、帆软等。本文主要介绍的是微软的Power BI。根据Gartner公司2021年最新发布的分析和商业智能平台行业报告，微软Microsoft被评为魔力象限的领导者。(见图1)。

图1　象限图

免费软件。微软的Microsoft Power BI Desktop(桌面版)是一款完全免费的软件，从微软的官方网站即可免费下载。

更新速度快。Power BI基本上每月都会进行版本更新，发布新的功能。而office通常几年才会更新一次。

处理数据的能力。上文提到了，excel目前支持的最大行是1048576行，Power BI理论上可以处理不大于1G或者1000万行以下的数据。本人目前在用的单个文件，处理的数据约230万行、容量300MB左右。

强大的交互能力。传统的excel图表，可以通过筛选、切片器进行不同维度的展示。但是Power BI的交互能力更为强大，可以通过度量值结合上下文进行条件筛选，也可以通过不同的筛选器进行筛选，并且筛选器本身具备高级的计算功能。

丰富的可视化展现。字不如表，表不如图。人们对视觉化的信息更加敏感，一大段描述销售情况的文字，远不如一张表格表达的清晰，一张精准的图表更能准确反映出数据背后的问题。Power BI提供丰富的报表模型可供选择，并且可以通过类似应用市场的AppSource下载使用其他用户设计的模板。

低门槛，易上手。相对于excel来说，Power BI功能更为强大，但是学习的起点非常低，许多在excel当中需要通过非常复杂的公式函数甚至编程才能实现的功能，在Power BI当中只不过是一个选项或者按钮而已。不需要懂VBA编程，也不需要计算机专业出身的专业知识。Power BI 只是一项工具，借助它将数据和业务整合起来，产生价值。

4 利用 Power BI 进行数据分析的过程

曾经有人很形象的把数据分析比喻成为烹饪的过程。烹饪：准备食材，使用厨具通过厨艺加工成可口的食物。数据分析：获取数据，使用分析软件通过分析思维，得出结论。

（1）数据查询

多数人每天使用 excel 所做的工作：从系统导出数据、多张表汇总到一起、利用公式或透视表汇总计算数据、形成需要的报表。80%的时间其实在做基础的数据处理工作，20%的时间在做数据分析。减少基础数据处理的时间，将更多的精力投入到更有价值的数据分析当中，是提高效率的关键。

Power Query 是 Power BI 中的一个组件，在 excel2016 版本中以插件的形式存在。Power Query 的功能主要是对原始数据进行清洗加工，并且可以实现自动更新。在数据清洗过程中，Power Query 可以实现对一个文件夹内多张相同格式表格的汇总、根据某一列的字段筛选、删除空值、删除重复项、批量替换、拆分或提取列、逆透视等等操作。而这些操作只需要操作一次，软件就会记录下这一过程，后续新增加的数据，只需要添加到数据源当中，在软件中进行刷新操作，Power Query 就可以按照之前的操作对新增加的数据进行格式化。类似于 excel 中的宏功能，但是操作更加可视化和简单。

（2）数据建模

度量值的概念。度量值可以理解为一项指标，使用 DAX 公式进行定义，类似于 excel 中的公式，但又不同。度量值是针对某一列进行计算，可以被其他度量值再次引用计算，可以根据上下文进行筛选，随着不同的筛选器多维度的展示计算结果。度量值是 Power BI 比 excel 公式强大的一个关键点。

维度表和数据表。数据表根据类型可以分为两类，一类是数据量小、仅包含基础信息（例如加油站名称、HOS 编码、油品品号、商品编码等）、主要用于描述基本类别信息的维度表，一类是数据量大、包含具体数据的数据表（例如销售日报）。一般用户在处理数据时，多是直接在数据表上进行处理，或者两种表混在一起处理，没有建立数据模型，下次重复同样的工作。

Power Pivot 的作用。Power Pivot 是 Power BI 中的另一个重要的组件，在 excel2016 版本中也以插件的形式存在。Power Pivot 的作用主要在维度表和数据表之间通过相同的关联字段建立关系，再通过在 Power BI 中创建表格或者矩阵表的形式，将需要统计的维度字段、计算的度量值放到相应位置，就可以生成一张新的数据透视表。类似于 excel 中的数据透视表，但功能更加丰富，可以满足不同维度的自定义需求。

（3）数据可视化

利用 Power Query 进行基础数据整理，再通过 Power Pivot 进行建模，最终通过 Power View 的数据可视化展示结果。Power BI 的可视化操作是在一张画布上进行，将各类可视化图表插入到画布当中，放入度量值和数据的类别字段，就可以自动生成图表。对图表可以进行各种格式设置，还可以通过加入切片器实现不通维度的筛选，两张表之间可以通过选取字段实现交互，能够实现日期或者产品层次的钻取分析。

5 营销工作中的实际应用与实践

（1）主油销售分析

确定维度表和数据表的数据源。选取 HOS 系统 2020 年和 2021 年的主油支付日报作为数据表，因为要分析消费结构和卡销比。手工建立三张维度表，一是日期表（年月日），二是油品信息表（油品品号代码、汽柴油），三是加油站信息表（名称、编码、所属片区等）。

建立查询。通过获取数据，将支付日报和三张维度表添加到 Power BI 当中。

建立分析模型。将日期维度表中的年月日字段、油品信息表中的品号代码、加油站信息表中的编码字段分别与支付日报中的营业日期、油品品号、加油站代码一一建立关联关系。如图 2 所示。

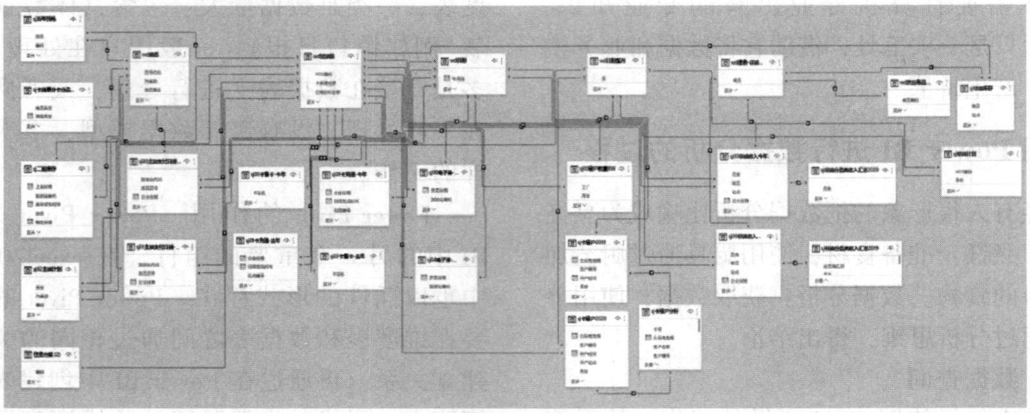

图 2　系统图

创建度量值。以统计 2021 年销量为例：xs01 主油销量 2021 = CALCULATE(SUM('sj01 主油支付日报'[换算重量])/SELECTEDVALUE('jc 单位吨'[单位值], 1), YEAR('sj01 主油支付日报'[营业日期]) = 2021)。该度量值的含义是计算支付日报的“换算重量”列的求和，条件是“营业日期”列的年份为 2021，并换算以吨为单位。

数据展示。以统计分片区销量为例，在 Power BI 的画布中，新建一个可视化对象-表，依次将维度表中的“片区”字段、度量值主油销量 2021 拖入到可视化界面当中，一张分片区的销量表就完成了。在此基础上，可以添加日期的切片器，修改不同的起止日期，销量随之跟着变化。还可以将表转化为矩阵，添加维度表中的“汽柴油”字段，即可统计出分片区分汽柴油的销量。还可以将加油站作为片区的下级结构拖入到行，实现两个层级的统计。类似同期销量、同比等都可以通过创建度量值的方式实现。也可以根据需要，生成销量趋势图、同比计划等多种图表。

对于卡销比、发卡量、充值额、电子券、加油站运营座数、运营天数等指标均可以通过上述方式实现不同维度的对比分析。如图 3 所示。

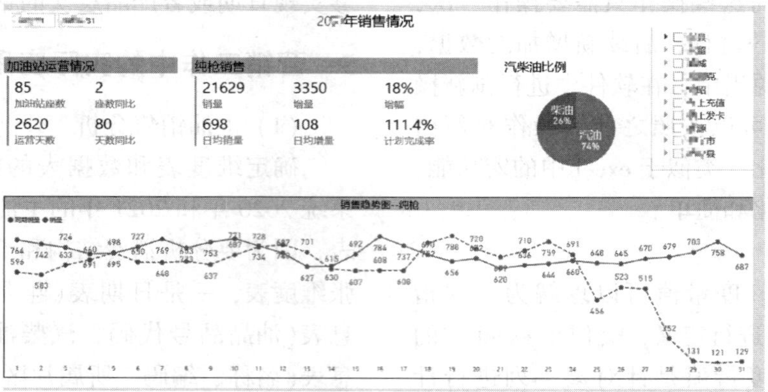

图 3　销售情况分析图

(2) 非油销售分析

确定维度表和数据表的数据源。选取 HOS 系统 2020 年和 2021 年的非油销售日报作为数据表，由于非油日报一年的数据量超过了 100 万行，这里需要分开为两张表。手工建立三张维度表，一是日期表(年月日)，二是商品信息表(商品代码、品类代码、名称)，三是加油站信息表(名称、编码、所属片区等)。与主油不同的是商品表，因为主油的商品只有五六种，但非油的商品有几千种，并且两年的商品有重复也有不重复的。如果通过 excel 的去重复功能操作起来很麻烦，并且有可能导致数据丢失。在 Power BI 中，就可以先利用 SUMMARIZECOLUMNS 函数分别提取 2020 年和 2021 年非油销售日报的不重复商品代码，再通过 union 函数合并两张不重复商品表，最后再次利用 SUMMARIZECOLUMNS 函数生成一份不重复的商品代码和品类代码表。

建立查询和建立分析模型的操作和主油分析类似，只是非油销售日报的商品代码字段和维度表的商品代码建立关联关系。

创建度量值。以非油收入为例：fy01 非油收入本年 = SUM('sj 非油收入本年'[销售收入])/10000，该度量值的含义是计算非油销售日报的“销售收入”列，除以 10000，以万为单位展示。

数据展示。与主油分析类似，选取对应的可视化对象表格或者图表，可以分片区、分大类、分日期、分商品统计出相应的非油收入。毛利、同期收入、同比等指标都可以通过创建度量值的方式实现。

帕累托分析。由于非油商品种类数量众多，如何快速找出收入或者毛利贡献占大多数的商品，或者某一大类商品中毛利贡献大的商品，如果还需分片区，通过 excel 实现工作量浩大。但是利用 Power BI 的 DAX 函数就可以轻松实现，通过建立累计占比的度量值，结合收入度量值，加上品类和商品、片区的筛选器，最终通过柱状和折线的组合图，就可以轻松实现。篇幅原因，仅作介绍，无法展开叙述。如图 4 所示。

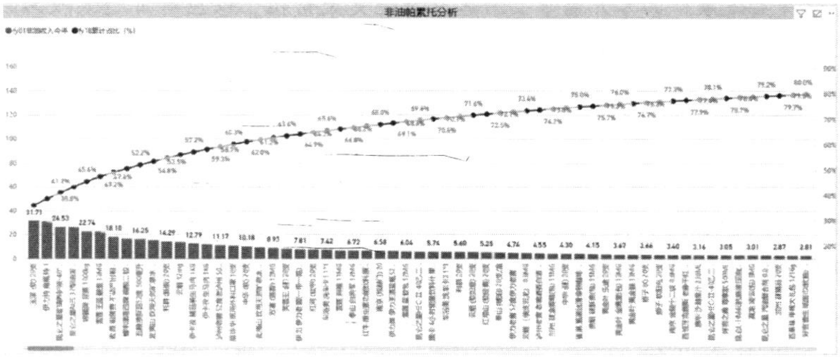

图 4 帕累托分析图

6 结束语和展望

世界变化的速度越来越快，数据在信息时代的重要意义不言而喻。数据不会说谎，用数据说话，让数据产生价值，依靠数据做决策，是未来企业发展的方向。2020 年 11 月 30 日，中国石油成立了昆仑数智科技有限责任公司，集团公司党组书记、董事长戴厚发表署名文章《中国石油：以数字化转型驱动油气产业高质量发展》，都体现出集团公司对未来数字经济发展、企业数字化转型的重视和高瞻远瞩。微软 Power BI 商业智能可视化分析提供了一种全新的、适应未来发展的数据分析工具，它适合所有与数据接触的人，包括营销人员和财务人员。篇幅和能力所限，本文所介绍和使用的功能还非常有限，但对于日常工作中涉及的内容已经有很大的提升。更多的了解数据，用数据改变生活。

参 考 文 献

[1] 马士权 . 从 Excel 到 Power BI 商业智能数据分析[M]. 北京：电子工业出版社，2018.

中油好客 e 站平台数字化创新转型升级浅析

余　熊

（中石油新疆销售有限公司）

摘　要　在全球经济数字化的时代，数字化转型对各行各业都是一道必选题。当前，集团公司明确提出建设“数字中国石油”“智慧中国石油”战略。本文就销售企业如何通过“中油好客 e 站”平台数字化创新转型升级打造“人・车・生活”生态圈，如何利用数字孪生技术将线下跨界合作转移到线上平台合作，建设智慧服务综合体，提出了自己的想法，对数字化现状进行了竞争分析，提出了一些数字化创新转型实施路径和举措，依托数字化平台发展新的客户需求，为客户创造更大价值，以应对日趋激烈的线上线下竞争，提升企业核心竞争力，推动企业高质量发展。

关键词：平台；数字化；创新；转型升级

在数字时代，数字技术正在重塑商业环境，越来越多企业意识到只有实现数字化转型，才能抓住发展新机遇。2021 年政府工作报告明确提出，加快数字化发展，打造数字经济新优势，协同推进数字产业化和产业数字化转型。企业运用新一代数字与智能技术，推进企业转型升级、创新发展，实现更高经营绩效，更强竞争优势，更可持续发展。

1　数字化平台创新转型发展要求

习近平总书记在 2021 年 10 月 18 日主持中央政治局集体学习时强调，发展数字经济是把握新一轮科技革命和产业变革新机遇的战略选择。要推动数字经济和实体经济融合发展，把握数字化、网格化、智能化方向，推进重点领域数字产业发展，增强产业链关键环节竞争力，完善重点产业供应链体系，加速产品和服务迭代。前期，为深入贯彻习近平总书记关于推动数字经济和实体经济融合发展的重要指示精神，国务院国资委在2020 年印发了《关于加快推进国有企业数字化转型工作的通知》，系统明确国有企业数字化转型的基础、方向、重点和举措，引导国有企业在数字经济时代加快改造提升传统动能、培育发展新动能。运用 5G、云计算、区块链、人工智能、数字孪生、北斗通信等新一代信息技术，建设敏捷高效可复用的新一代数字技术基础设施，为业务数字化创新提供高效数据及一体化服务支撑。积极引导发挥国有企业在新一轮科技革命和产业变革浪潮中的引领作用，进一步强化数据驱动、集成创新、合作共赢等数字化转型理念，优化数据中心布局，提升服务能力，加快企业上云步伐。2021 年集团公司科技与信息化创新大会对全力推动数字化转型、智能化发展作出部署，明确提出了建设“数字中国石油”“智慧中国石油”的“任务书”“时间表”和“路线图”。集团公司董事长、党组书记戴厚良强调，“以数字化转型驱动高质量发展，不是做与不做的选择题，而是必须做好的必答题”。当今世界正进入数字经济快速发展的时期，推进数字化转型、智能化发展，是着力高水平科技自立自强、建设国家战略科技力量和能源与化工创新高地的必然要求。加快推进数字化转型发展，既是时代的需要，也是公司可持续发展的需要。要推动公司高质量发展，顺应时代需要，不被时代所淘汰，必须强化数字化创新转型理念，持续提升竞争力，加快数字化平台建设。

2　销售企业经营发展面临的形势

据《2020 中国企业数字转型指数研究》报告指出，抽样调研的九大行业近四百家中国企业中，仅有 11% 中国企业的数字化投入已转化为出色的经营绩效。企业抓住数字智能浪潮、实现数字化、智能化转型并非易事，大多企业都面临着种种困难和问题，诸如：对数字化转型的概念理解不一，缺乏清晰的路径；缺乏数字化人才；传统企业的工作机制不适合推动数字化这种跨部门、求创新的变革；数据散落于各个业务环节未被打通，存在“数据孤岛”等问题，令数据不能为业务服务，没有真正实现降低成本、提高效率，提升核心竞争力的作用。

（1）面临的市场竞争形势

一是成品油市场竞争愈演愈烈。在成品油同质化的市场上，资源过剩，价格竞争加剧。社会经营单位连锁经营，品牌意识不断增强，服务意识快速提升，油品价格远低于国家定价，竞争力不断提升，对企业经营形成严峻挑战。加之网络开发高成本导致资本回报率持续下降。主要竞争对手持续加大网络开发力度，大量社会资本涌入成品油市场，网点开发日益竞争激烈，土地购买成本不断增长，加大了网络开发难度，对公司网络开发和经营效益形成严峻挑战。二是成品油市场消费替代加快，替代能源市场份额提升较慢。随着清洁能源的大力推进，成品油消费市场正快速被燃气和电力所替代。在车用燃气市场，加气站建设布局缓慢，以LNG为例，没有跟上货运车辆油气替换的步伐；系统内燃气上下游产业链未理顺，销售企业未能得到上游气源的支持，上下游未能形成合力；目前燃气销售规模有限，向上游私营企业采购资源，议价能力较弱，进销价差小经营毛利率低。在充换电市场，正处于逐步培育建设期，在电池标准不统一的情况下，对提供换电服务形成较大的制约，发展客户受到局限。而氢能市场仍处于试点探索阶段。在替代能源市场上开拓不足，公司在整体能源供应市场上份额下降。三是非油业务发展不及预期，利润贡献比例较小。受到地域环境局限性较大，网点开放性不足，受购物环境限制，销售商品相对单一，购物场景应用单一，与商超相比竞争力不足；与汽服专营店相比，专业性不足；而对外部机构客户的大宗商品销售毛利率低，仅作为主油业务的增值服务。

以上种种均反映出我们在传统成品油销售市场竞争力在不断下降，在新进入替代能源市场、非油品市场则缺少市场竞争力。如何提升公司竞争力，顺应时代发展要求，进而提升销售效益和市场份额，需要我们加快推进数字化平台创新转型升级发展。

（2）数字化发展现状及竞争分析

销售企业近年来一直致力于“智慧销售”场景应用，构建“人·车·生活”生态圈，为消费者提供一站式智慧服务，增强消费者在加油站的服务与体验，致力于服务新消费时代美好生活。上线了加油站管理系统，全面支撑了加油站的进、销、存、价等核心业务管理，大力发行加油卡，提升了加油站运营管理和客户服务能力；构建物流一体化管理平台，支撑成品油、非油品仓储、调运业务，加油站配送模式由“要货制”转变为自动“补货制”。研发并推广使用中油好客e站APP、中油直批APP、成品油配送APP等面向客户终端平台，客户实现进站车辆“加油不下车、付款不排队”体验。搭建成品油销售大数据共享云平台，业务范围覆盖客户、销售、调运、办公等领域，完成了海量的数据信息、客户信息收集。中油好客e站作为公司打造的中国石油专属车生活服务平台，是面向消费者的平台，加油卡作为会员卡是链接客户增加客户黏性的主要工具。随着中国石油加油站管理系统的全面应用，实现了一卡在手、全国加油。中国石油加油卡还提供车队加油管理服务，为单位客户提供管理卡（主卡）和若干子卡，通过主卡对子卡的管理，灵活实现资金分配、查询、统计业务，加强车队对用油的管理。实现个人加油卡的电子化管理，加油卡办理、充值、消费、开票更加便捷高效。中油好客e站将加油卡管理、油站导航、非油商城等融为一体，实现了加油、购物的便捷，加强了油品与非油品的联动互促营销。

在数字化、智能化飞速发展的时代，我们目前运营的中油好客e站平台也显现出一些不足之处，这些痛点导致公司竞争力下降，主要有以下几个方面。一是平台功能不完善，平台模块业务覆盖度较低。单位卡未开发运行线上业务办理功能；未能实现线上跨行业合作，与车生活服务平台需求差距较大。二是数据治理能力不足。没有对大数据进行分析、处理、利用，未能有效形成精准营销策略与价值创造。三是面向客户的终端平台过多，导致客户群未能集中。中油好客e站APP、中油直批APP、成品油配送APP都是面向客户的独立操作平台，客户需要安装3个应用才能享受到所有的线上服务，增加了客户的操作难度，导致客户体验度不佳，客户、数据未能实现集中统一管理，不利于数据的进一步使用，同时也增加了运维成本。

同时，也要看到我们的优势所在，庞大的数据和优质的客户资源正是当前公司拥有的两大重要资产，也是车生活服务产业链上各经营主体竞相追逐的核心资源。

3 数字化平台创新转型发展路径与举措

按照集团建设好“数字中国石油”的要求，我们要把大数据作为最重要的资产，让数据赋能业务，树立“一切业务数据化，一切数据业务化”理念，在主营业务领域不断增强数据治理能力，用好云平台、数据湖、物联网、数字孪生、5G等技术和工具，更加高效安全地用好大数据，通过人工智能算法让数据创造更大的价值。当前，我们传统的线下销售模式正经受着越来越严峻的挑战，而线上数智化应用也没有取得明显的优势。要解决当前困境，提升企业竞争力，这要求我们必须立足业务场景，运用战略思维去实施数字化创新转型升级，积极与产业链商家合作，运用数字孪生技术将线下跨界合作转移到线上平台合作，实现资源共享、客户共享、数据共享。依托数字化平台发展新的客户需求，为客户创造更大价值，以应对日趋激烈的线上线下竞争，提升企业核心竞争力，推动公司进入高质量发展阶段。

（1）搭建数字化转型发展框架

数字化转型不仅仅局限于新技术的实施和运作，真正的数字化转型通常会对企业的战略、人才、商业模式以及组织方式产生深远影响。转型框架主要包括：一是数字化发展战略。将“数字化转型”作为企业总体战略的重要组成部分，以战略为指引，在方向性、全局性的重大决策方面开展数字化转型，建立数字化战略与愿景。二是数字化管理与运营。数字化转型需以业务和技术“双轮驱动”，将数字化技术渗透进企业的管理与运营流程中，推动业务与管理变革，提升管理和运营效率，优化成本结构，促进产业价值链优化整合，建立智慧运营管理、智能分析决策。三是数字化场景与服务。数字化转型必须落到具体业务场景，实现数字化技术和线上线下服务的融合，建设智慧加油站(能源服务站)。四是数字化组织与人才。数字化转型要建立相应数字化组织，培养数字化人才，打造数字文化。五是数字化技术、数据与安全。数字化转型需要利用和融合多种技术以适应新业务发展和创新的要求，同时解决好数据安全和隐私保护，做好数字化架构、数字化应用、数据治理、数据安全管理等。

（2）拓展中油好客e站平台应用功能

① 加快平台融合，完善共享服务体系。坚持以客户为中心的理念，而非以对手为中心，从客户的角度看竞争，从客户痛点发掘潜在机会点。仅以面向客户的平台为例，我们有面向个人用户的中油好客e站APP，面向直销和批发客户的中油直批APP，为直销和批发客户提供配送跟踪评价服务的成品油配送APP等平台。为集中资源，提升客户体验，按照集团公司“一个平台、多路共享”工作部署要求，加快完善共享服务体系。这些平台中中油好客e站客户群体最多、可利用资源最好，将中油直批APP、成品油配送APP融入其中，集中资源进行推广和维护，打造一款面向客户的优秀消费平台，持续提升客户体验。

② 拓展平台功能，提升价值创造能力。树立为客户创造价值的理念，坚持创新引领，对平台功能进行拓展和优化，增强界面开放性，提升平台价值创造能力。

a. 增设单位卡线上办理功能。目前平台推行的电子卡业务仅能办理个人卡，而单位卡客户仍需要到网点或客服中心办理。为了提高效率、提升数字化智能化水平，增加单位卡线上办理功能，线上审核开通。单位卡客户可利用手机客户端进行充值、子卡分配、申请邮寄增值税发票等业务办理，子卡通过系统在任意或指定加油站消费。此举既能方便单位客户快速办理业务，又能减轻网点工作人员工作量，还能通过子卡分配增加中油好客e站用户。

b. 搭建完善车生活服务平台。目前公司业务主要为车辆出行提供服务，如加油、洗车、购物等。要构建好“人·车·生活”生态圈，就要以数字化转型推动智能终端链接线上线下场景，打造客户车生活全周期管理服务平台。为完善车生活服务平台，设置以下模块：主要包括车辆出行、维修保养、买车卖车、金融保险、促销、生活服务等领域。车辆出行模块主要为现有平台业务，即电子卡(包括个人卡、单位卡)办理、卡管理、充值、消费查询、开票、油站导航、油价信息、路况信息等。对个人电子卡开卡环节，考虑启用手机号为账号或电子卡卡号与手机号任一号码作为账号通用，以此实现与其他公司账号的兼容使用(后文有相关表述)。电子加油卡办理成功后，线上通过微信、支付宝、银行卡等多种方式即时充值，并根据当期优惠政策自动为客户绑定优惠，直接在中石油各油站扫码消费。维修保养模块主要包括车辆清洗、车辆保养、车辆维修、道路救援等。模块中包含位置导航，为客户提供精准定位服务。定位中包含公司营业网点或加盟合作的网点供客户选择。客户在公司营业网点或合作商家网点均可以用加油卡进行支付。买车卖车模块主要包括新车报价、二手车买卖、热销车辆信息等。通过与商家合作，在该模块为客户提供新车参数、外观、内饰及报价，运用最新的数字技术，让客户更加全面、直观、生动地了解交易车辆信息和浏览体验。可以由合作商家提供信息在我方平台中浏览查询交易，也可植入链接，在互认账号的情况下，客户跳转合作商家实现相关操作。金融保险模块主要包括金融贷款、车辆保险等内容。通过与昆仑银行合作，为客户提供消费贷款等业务。与保险公司洽谈合作，为客户提供最新的车险报价、最优保险方案等。合作公司之间实现平台间的互相链接进入。促销模块主要包括电子券、优惠活动信息、出行提醒推送等。电子券主要为各模块活动赠送、联合促销赠送，如加油卡充值赠送，可以在充值过程中赠送高比例的电子券，包括油品券、非油品券、洗车券、维修券、购车券、保险券、折扣券等等，通过高比例赠送来弥补公司线下价格竞争的劣势，由合作商家联合赠出，实现成本共担、客户共享。出行提醒推送是平台数字化智能化的体现，通过促销活动、旅游景点、天气状况、客户出行信息的大数据分析，提醒客户旅游出行，享受健康人生。生活服务模块主要包括网上商城、积分兑换、会员中心、通讯服务、天气信息、违章查询、车辆年审、ETC 办理等。网上商城在现有非油品业务基础上进一步丰富商品，与现有的网络直播平台相连接，也可与京东、淘宝等购物平台合作。会员中心介绍会员积分、积分兑换、会员升级、会员待遇等规则，介绍合作商家，不同会员在合作商家的优惠待遇等，为客户提供咨询服务。通讯服务方面加强与通讯运营企业合作。集团客户模块主要包括直批业务、配送业务等，将中油直批 APP、成品油配送 APP 业务集成到该模块中。

③ 加强战略联合，提升市场竞争力。中油好客e站平台各模块中涉及合作单位较多，为了真正实现数字化、智能化管理，形成商业联合合力，需要我们加强战略思维，选择车生活链条上共同价值取向的公司作为战略合作伙伴，一体推进。数字化转型中要坚持共享精神，运用好区块链技术，实现资源共享、客户共享、数据共享。车生活服务平台通过合作企业的联合资源投放，为客户创造更大的价值，提升客户获得感和认同感，增强公司市场竞争力。在平台运行各模块之间、平台与平台之间，客户账号是其中的通行关键。要站在客户的角度，以客户为中心，充分考虑客户操作便利性，充分考虑与其他合作企业平台的兼容性，选择比较通用的号码如手机号、身份证号等作为电子加油卡卡号或作为客户账号，或将现有模式的电子加油卡卡号与通用号码同时通用，多种渠道登录识别，在合作企业中多平台互通互认互用，提升客户使用效率和体验。

3 加强数字化转型资源支持保障

数字化转型涉及经营管理业务方方面面，是一项结构复杂并逻辑严密的工程，需要我们增强战略预见力，从上到下必须形成清晰的共识，树立数字转型全员有责的理念，培育与数字化转型相匹配的数字文化，引导员工善于用数字思维、共享精神等新概念梳理数字化转型、智能化发展中的各种关系，用数据语言表达来传递业务信息。一是加强人财物支持。依托数字技术，优化组织形式，重塑经营管理和综合管理架构及流程；建立与企业营业收入、行业特点、数字化水平等相匹配的数字化转型专项资金投入机制；加快培育创新型、复合型数字化人才队伍，健全薪酬等激励措施，完善配套政策。二是加快线上线下场景建设与应用。加快推进车生活服务中心建设、便利店精准定位，推进汽服加盟店、保险通讯业、汽车销售店及旅游景区的合作与引入。三是强化数据分析应用。运用数智化建立决策机制的自优化模型，实现智能化分析与管理，助力企业优化现有业务价值链和管理价值链，增收节支、提效避险，实现从业务运营到产品、服务的创新，提升用户体验，构建企业新的竞争优势。

4 结语

不断扩展并无限融合的云平台正在成为广泛应用的业务系统平台，并将逐渐形成我们创造并驾驭巨系统的能力。初步建成“数字中国石油”，已明确为“十四五”末的目标，那将会是一个由中国石油的实际产业链与数字孪生体融合交互的闭环系统，集团公司自主研发的“梦想云”综合智能平台已在勘探开发领域全面应用。未来，“梦想云”综合智能平台还将“云”覆盖上中下游全产业链，建设成为具有国际一流水平的油气工业互联网平台。中油好客 e 站作为产业链下游的中石油车生活服务平台将依托集团产业优势，打造高层次的“人 · 车 · 生活”生态圈，建设智慧服务综合体，实现一站式移动互联智慧服务，成为智慧新生活的重要组成。

习近平总书记在 2021 年 12 月 8 日召开的中央经济工作会议上强调要加快数字化改造，促进传统产业升级。数字化创新转型升级是一项浩大而艰巨的改革工程，需要我们不断增强战略思维，笃定笃行，勤学苦练、增强本领，勇于担当、善于作为，在各个领域努力为推动集团公司数字化转型、智能化发展做出应有的贡献。未来已来，数字化转型必将创造一个更加辉煌的中国石油。

参 考 文 献

[1] 关于加快推进国有企业数字化转型工作的通知(国务院国资委 202008).

[2] 我国企业加快布局“数智化”转型(经济参考报 202104).

[3] 全球能源转型及零碳发展白皮书(华为技术有限公司).

[4] @未来的我们：数字中国石油(中国石油新闻中心 20210922).

[5] 全力推进数字化转型智能化发展(中国石油新闻中心 20210928).

第三篇　基础设施篇

石油石化数字化转型离不开信息基础设施的资源保障。信息基础设施包括信息技术网络、数据中心、基础设施云、专业云平台(数据中台、技术中台、业务中台)等，蕴含大量新技术应用。本篇介绍了石油石化企业在信息技术网络完善、工业互联网平台建设、现场自动化能力补齐等方面的建设与应用实践，展现了数字化新基建在油气能源行业的落地成果。

工业互联网标识解析体系在企业供应链领域的建设及应用

韩向东　张　楠　于　翔　公丕剑　朱　艺

（中国石化胜利油田分公司）

随着全球范围内新一轮科技革命和油气产业变革蓬勃兴起，以工业互联网为代表的新型基础设施作为信息技术与制造业深度融合的产物，日益成为新工业革命的关键支撑。工业互联网标识解析体系作为工业互联网网络基础的组成部分，可以通过标识将工业经济产生的各位数据要素，产业链上下游、不同的价值链全方位进行链接。这些立体的数据链接方式，将对石油企业的日常生产、物资采购、产品服务、业务模式等方面引发革命性变化，将在油田高质量发展过程中起到重要作用。

工业互联网标识解析体系由标识编码、标识解析系统、标识数据服务三个部分构成。标识编码是能够识别机器、物品等资源的身份符号，类似于“身份证”。标识解析系统能够利用标识编码，对机器和物品进行唯一性的定位和信息查询。标识数据服务：能够借助标识编码资源和标识解析系统开展工业标识数据管理和跨企业、跨行业、跨地区、跨国家的数据共享共用。

工业互联网标识解析体系建设是促进油气产业智能化转型升级和高质量发展的关键举措，其所带来的全球唯一标识是夯实数据资产化管理基础，为供应链系统和企业生产系统的精准对接、产品的全生命周期管理和智能化服务奠定前提和基础，有助于解决信息孤岛问题，解决跨系统、跨企业数据共享问题。利用标识解析体系，不仅能够直接查询物资属性信息，还可以从源头生产阶段提升关键资源配置效率，有效提升重点物资生产进度，使供应资源上下游在短时间内实现生产、配料、送达的全流程优化，推动实现数据的有效交互共享和信息的深层次价值发现。

1　石油企业物资领域标识解析体系现状及问题分析

1.1　油田物资数据信息化现状

在物资信息系统方面，油田目前在用的主要有EC电子商务系统、MDM物资编码系统、ERP物资采购模块、CMIS合同审批系统、物流在线清系统、物资供应管理信息系统等，实现订单采购、数据汇总、状态查询和物流监控等核心功能。各业务系统都有各自的数据管理体系，随着业务系统功能的不断增加与企业业务流程的日趋复杂，各类业务系统间的数据集成难度不断加大。

在生产设备信息方面，油田目前主要生产设备4万余台（套），资产原值140多亿元，每年新增设备采购3亿元以上；在用锅炉、压力容器（含气瓶）、压力管道、电梯、起重机械、场（厂）内专用机动车辆等六大类特种设备1.2万余台，工艺设备3.4万余台，电力设备3.6万余台，设备种类共22大类2000多种型号，分布在油田40多个二级单位，具有数量大、分布散、数据多、信息化程度差的特点。（见图1）

1.2　标识编码规则和标识数据模型均不统一

目前，油田企业内部多采用自定义的私有标识体系，标识编码规则和标识数据模型均不统一，“信息孤岛”问题依然存在。由于物资编码、设备代码、资产编码、设计代码共存，标识体系存在较大差异，造成企业间和企业内部无法有效进行信息共享和数据交互，产业链上下游无法实现资源的高效协同。主要体现在以下5个方面：

（1）“看不懂”。编码方式不同，上下游产品互相看不懂，无法互通。

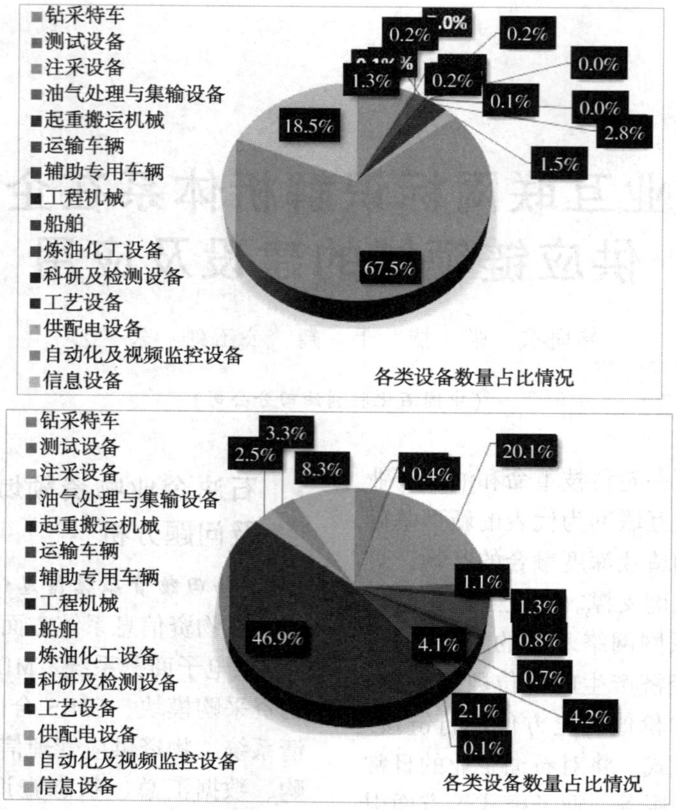

图1　占比情况汇总图

(2)“管不了”。众多物料缺少统一编码，无法进行统一的集中式管理。

(3)“查不到”。各企业ERP编码属于企业静态数据，企业间无法动态查询，存在“信息壁垒”。

(4)“连不上”。部门、企业数据无法动态交互，协同交互时，易出现“供需不匹配”的情形。

(5)“用不了”。上下游交付产品时，无法识别其他系统产品标识，存在重复编码和换码的程序。

1.3　数据采集维护成本高，数据质量较低

面对海量的物资采购数据，如物资编码、客户单证号、发料单号等，目前难以实现全业务链精细化管理。各采购业务系统存在大量的重复数据、冗余数据，业务对象缺乏数据唯一性是导致业务无法协同、数据无法追溯的重要因素，也是数据治理需要解决的最基本的数据问题。如图1所示。

图2　系统架构图

2　基于工业互联网识别解析技术的供应链研究

2.1　互联网标识在供应链方面的建设方向

基于工业互联网标识，泄田正致力于打造上下游互通的供应链、产业链工业互联网生态圈。如图3所示。

通过统一融合的工业互联网标识解析体系，打造基于标识的典型应用，通过给每一个物资设备赋予标识，实现跨地域、跨行业、跨企业的信息查询和共享。如图 4 所示。

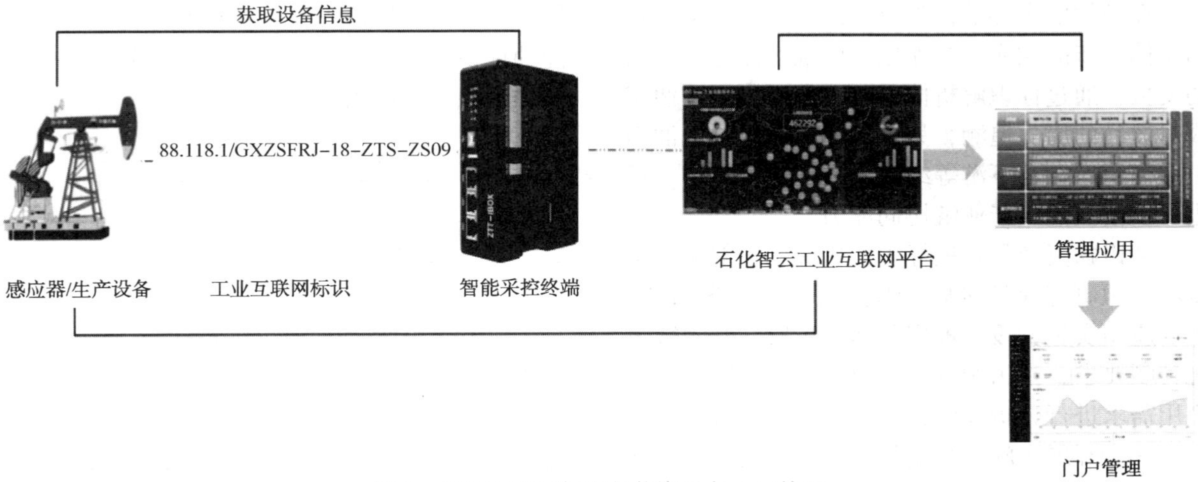

图 3　基于互联网标识的物资设备上云管理

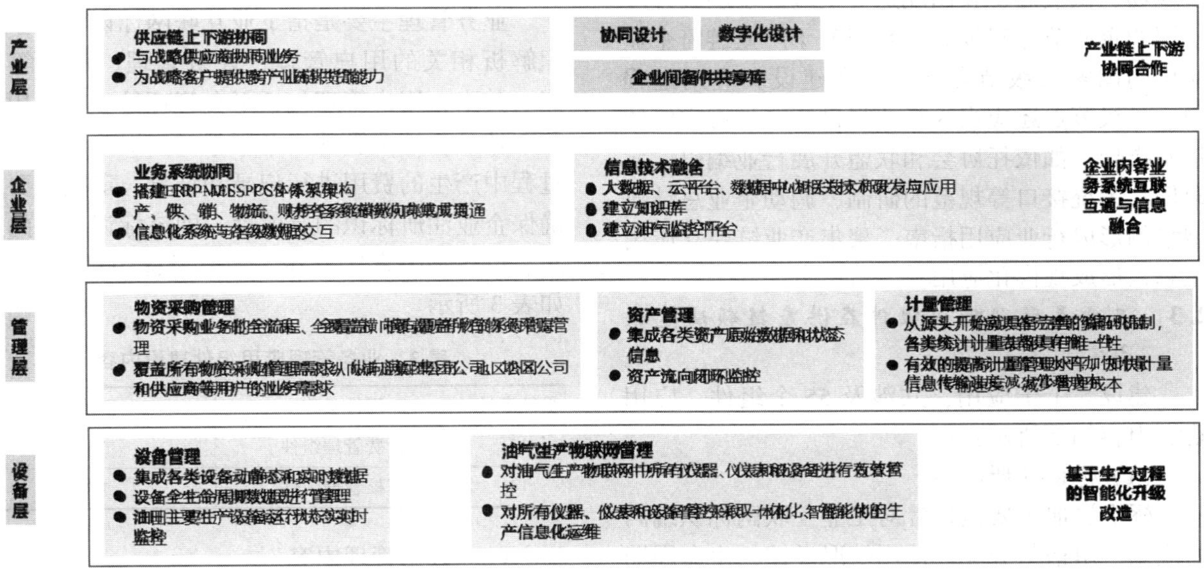

图 4　体系架构图

设备层：进行基于工业互联网标识的的智能化改造，建立设备管理、油气生产物联网管理的标识应用。

管理层：建立基于标识的物资采购管理、设备资产管理应用，提高供应链协同和制造能力，减少采购、设计、制造和物流等步骤的成本。

企业层：接入工业互联网标识，统一数据标准规范，实现产品及各环节信息互通、业务协同及信息孤岛连接的目的。

产业层：实现产业链上下游协同合作，打通堵点，补齐短板，贯通供应链各环节，形成需求牵引供给、供给创造需求的更高水平动态平衡，提升企业整体效能。

2.2　建设实施路径

物资领域标识解析的应用，一般以产业链核心环节为主，建立企业节点的标识赋码、数据采集能力，并与标识解析体系基础设施对接，提供全产业链的信息互通和数据共享能力。

在生产制造环节中，工业软件与生产设备是数据流转的主体，在传统工业软件数据库的基础上，通过对数据采用统一标识，完成数据的单位内外转换，增强了数据的流通性。

在物流管理环节，仓储、物流信息是数据流转的主体，通过对仓储信息、运输信息和打包信息的标注，可以无缝衔接生产制造环节，并对后续的产品信息追溯、动态管理提供了数据条件。

在销售发出环节，物资产品信息是数据流转的主体，产品供应商和使用方围绕产品进行数据的交换，通过标识解析体系，一方面可以方便完成对产品的历史追溯，另一方面可以加强是油田供应商与产业链下游等终端用户的数据互通，可进一步增强油田产业链协同能力。

油田物资产品开展标识解析应用一般分四个阶段，预研与评估阶段、节点建设与部署阶段、标识应用实施阶段、推广与运营阶段。基于数字化转型要求，油田物资管理应对工业互联网标识应用需求进行分析评估，明确其建设和应用路径并进一步开展实施。其路径有三：一是服务于油田生产内部的闭环标识体系建设。二是服务于生产现场、供应商、仓储配送等供应链多层级开环应用的企业节点建设。三是服务于产业链跨企业应用的国家二级节点建设。在建设和应用过程中，二级节点还应当为行业提供统一、可实施的技术指导，如依托协会和联盟开展行业编码、元数据、系统接口等规范的研制，调动企业总结典型案例形成行业应用指南，聚集产业链建立应用生态，形成规模化应用。

2.3　工业互联网标识组件在供应链领域建设内容

建设8个子应用，共涉及55个组件，应用建设内容如下所示：

（1）标识注册内容

标识注册主要是指针对工业互联网标识编码的规划、申请与分配、使用情况反馈、生命周期管理、标识有效性管理、标识分配使用情况的信息收集以及标识关联信息的采集等功能。此外，标识注册还可以提供企业标识前缀、产品和设备标识的注册变更、删除、实名审核、数据查询、运营统计等服务功能。如表1所示。

表1　标识注册应用组件建设内容

组件序号	组件名称	新建
1	元数据管理组件	√
2	数据模板管理组件	√
3	查询模板管理组件	√
4	标识数据管理组件	√
5	WEB标识数据注册组件	√

（2）标识解析内容

二级节点的标识解析功能主要是为其分配的标识提供公共解析服务。对于由二级节点自身分配的标识编码，二级节点负责对其进行唯一性定位和标识基础应用信息查询。如表2所示。

表2　标识解析应用组件建设内容

组件序号	组件名称	新建
7	通道管理组件	√
8	标识协议处理组件	√
9	业务处理组件	√
10	数据访问组件	√
11	网络管理组件	√
12	通用服务组件	√

（3）业务管理内容

业务管理主要是指工业互联网标识注册和标识解析相关的用户管理、计费管理、审核等功能。其中，用户管理包括平台管理员、企业用户和审核员；计费管理主要用于对标识注册、解析过程中产生的费用进行记录和结算；审核主要为确保企业注册标识的有效性，即该标识对应的产品、设备是否真实存在，需要对标识进行审核。如表3所示。

表3　业务管理应用组件建设内容

组件序号	组件名称	新建
13	计费管理组件	√
14	审核管理组件	√

（4）数据管理内容

标识数据管理是指二级节点对自身的标识编码属性信息、标识注册信息、标识分配信息、标识解析日志等数据进行管理的功能。此外，二级节点的标识数据管理还包括围绕标识业务标识数据管理开展的标识应用数据、统计分析、数据挖掘等管理。(见表4)。

表4　数据管理应用组件建设内容

组件序号	组件名称	新建
15	数据申请组件	√
16	操作记录组件	√
17	报表分析组件	√

（5）物资标识解析内容

选取典型应用场景定制服务组件。(见表5)。

表 5 物资标识解析应用组件建设内容

组件序号	组件名称	基于原有应用改造	新建
18	需求计划组件	√	
19	采购合同组件	√	
20	采购订单组件	√	
21	采购台账组件	√	
22	仓储查询组件	√	
23	物资运行查询组件	√	
24	供应链查询组件		√
25	评价分析组件		√

（6）产品设备标识解析内容

选取典型应用场景定制服务组件。（见表 6）

表 6 设备标识解析应用组件建设内容

组件序号	组件名称	基于原有应用改造	新建
26	设备台账组件	√	
27	设备巡检组件	√	
28	设备运行查询组件	√	
29	设备维修查询组件	√	
30	设备维保查询组件	√	
31	备品备件查询组件		√
32	供应链查询组件		√
33	评价分析组件		√

（7）资产设备标识解析内容

选取典型应用场景定制服务组件。（见表 7）。

表 7 资产标识解析应用组件建设内容

组件序号	组件名称	基于原有应用改造	新建
34	资产盘点组件	√	
35	资产运行组件	√	
36	资产台账组件	√	
37	资产维保组件	√	
38	资产报废查询组件	√	
39	供应链查询组件		√
40	评价分析组件		√
41	仓储查询组件		√

（8）油气生产物联网标识解析内容

选取典型应用场景定制服务组件。（见表 8）。

表 8 油气生产物联网标识解析应用组件建设内容

组件序号	组件名称	基于原有应用改造	新建
42	物联设备台账组件	√	
43	仪控设备健康状态组件	√	
44	可追溯报警推送组件	√	
45	基于标识的单井信息集成组件	√	
46	数据质量追溯组件	√	
47	标识+人员在岗定位组件	√	
48	供应链查询组件		√
49	评价分析组件		√
50	仓储查询组件		√

3 基于工业互联网识别解析技术的供应链应用场景

工业互联网产业联盟提出设备管理服务、生产过程管控、企业运营管理、资源协同配置、产品研发制造和制造与工艺管理等六大类总计 14 个细分应用场景类。国家工业信息安全发展研究中心把工业互联网平台应用场景聚焦为 3 类：一是针对工业设备和工业产品开展在线管理和服务；二是通过打通操作数据与信息数据，支持制造企业传统业务和运营优化；三是通过融合工业、金融、服务，整合协作产业链、价值链等各方社会化资源，开展企业业务转型、模式创新，打造新竞争能力，并给出了 3 类总计 23 个细分应用场景类[3-4]。

综合考虑以上场景应用情况，从物资设备信息化管理、物资生产全过程管控、供应链一体化协作 3 个方面出发，通过比照其他行业工业互联网平台典型案例，对物资管理领域工业互联网标识解析体系应用场景进行了初步刻画。

3.1 物资设备信息化管理

设备供应商接入工业互联网标识解析油田企业二级节点，注册设备标识，按照不同分类的设备主数据模型要求，将设备的技术参数、相关电子文档加载到标识信息中，关联完成后将标识打印在设备铭牌上，随同设备一同交付至油田生产现场。当设备送达现场，油田员工对实物资产进行初步验收，扫码查看由设备生产厂家提供的数据信息，逐一审核后方可完成验收。验收完成后，数据资产自动验收入库，将设备信息、地理定位以及管理人员等信息进行自动关联。同时，以油田重点地面工程项目建设过程为对象，将所有管材、阀门、管件均引入唯一标识进行关联，加载施工过程中设备安装、焊口焊接、施工环境、施工人员等全过程数据，严控施工过程、管控项目进度、追溯施工质量，为后期工程投运提供运维数据支撑。

3.2 供应链生产全过程管控

主要针对研发设计、生产制造、工艺和供应链等环节优化应用，以及针对资源调度、能耗、质量、安全和技能提升等特定管理目标的应用[5]。

在油田物资管理领域，一是油田生产单位、物资管理部门等单位对物资设备的采购合同、资产统计、维修保养和质量管控等需要借助供应商产品运行信息和制造数据。二是供应商排产进度、质量管理和售后服务提升与技术进步等需要依靠油田现场使用信息反馈。三是为油田设备产品提供备品配件和保养材料的中小型供应商等需要根据主供应商的排产计划实现智能供货和优化库存管理。

3.3 供应链一体化协作

包括基于跨企业数据汇聚与共享的协同设计与制造，基于互联网技术的按需定制和产能分享，以及基于可信工业生产、交易信息的产融协作等[6]。

在油田物资管理领域，一是油田企业可依靠庞大的物资采购数据，对生产设备进行质量评价管理和技术创新引导，促进行业有序健康发展。二是整装制造企业通过供应链管理和零部件/材料质量数据，促进区域产业集群、细分专业生态体系稳定发展；三是政府和金融机构针对油田生产行业生产、交易所产生的工业大数据，可创造新技术形态的产业发展和信贷服务。

3.4 标识解析体系在油田的应用

2021年11月，胜利油田申请的工业互联网标识解析体系节点建设和5G应用，经中国信通院审核正式成为国家工业互联网标识解析二级节点。目前，标识编码、标识解析系统、标识数据服务三部分正在有序推进，解析系统初步搭建。挑选部分油田生产信息化专用仪表进行二维码的建设，识别机器正在配置当中，相信随着二级节点建设的推进，标识解析能够以统一标识代替不同编码，进而为夯实数据资产化管理基础，为供应链系统和企业生产系统的精准对接、为产品的全生命周期管理和智能化服务奠定前提和基础，为油田高质量发展提供不竭动力。

参 考 文 献

[1] 吴喆．工业互联网标识解析技术的重点医疗物资查询研究，电子技术与软件工程[J].2021年第18期．

[2] 赵华，刘刚，吴亚平．池程工业互联网标识解析在仪器仪表领域的创新应用[J]．信息通信技术与政策，2019(08).

[3] 刘帅，赏洁，王睿哲，等．我国工业互联网平台发展核心内涵、应用价值与产业现状[J]．中国信息化，2020(6).

[4] 肖琳琳，余婧，夏宜君，等．全球工业互联网平台应用实证研究[J]，职能物联技术，2019，51(2).

[5] 罗开明，王斌，张崇见，等．电力装备行业工业互联网标识解析二级节点技术研究[J]．电力信息与通信技术，2021，19(8)

基于区块链的物联网安全防护

王文蔚

（中国石化胜利油田分公司）

摘　要　随着信息技术的发展，物联网应用的快速增长，生成了大量数据。数据的安全和隐私保护也成为现下研究的重点和难点。物联网设备相互连接时，会不断暴露出其安全缺陷和弱点。在缺乏安全性和私密性的情况下，物联网中的攻击和故障可能会超过其优势和应用。隐私问题和安全问题在物联网中更为突出，本文利用区块链技术，对于一些应用的安全解决方案进行讨论。

关键词：物联网；数据安全；区块链

物联网是过去十年中最新兴的技术。在工业和研究领域，智能设备及其相关技术的数量都在快速增长。这些应用是使用物联网技术开发的，更加便于实时监控。智能产品的处理能力和存储容量较低，因此很容易受到攻击，而现有的安全或加密技术并不适用于物联网。不同设备的参数具有可扩展性，并且其功能也会收到限制，这意味着传统的加密协议、保护算法和安全性方案对于物联网安全的防护是不足的。安全和隐私平台必须有健壮性，提出设计的安全体系结构的使用时间也应该有所保证。就安全性和隐私问题而言，应采用新的设计和开发方法来满足物联网要求。

1　物联网的体系架构及应用

（1）物联网架构

物联网的通用架构可分为以下几类：三层架构、基于中间件的架构、基于 SOA 的架构、五层架构及基于云和雾的架构。不同的架构应用于不同的场景中。

① 三层架构

物联网的通用三层架构可以分为：终端感知层、网络传输层、应用服务层。终端感知层是物联网数据采集的来源。网络传输层将信息从终端感知层传输到应用服务层，实现通信和连接功能。网络传输层采用非蜂窝网络（蓝牙、Wi-Fi 等）和蜂窝网络（NB-IoT、eMTC 等）进行数据编码、认证和传输。应用服务层处理从网络传输层传输的数据，并将它们与各种行业集成，提供不同的服务。应用服务层还提供数据存储、分析和服务能力的应用和服务子系统以及运行维护和管理子系统，提供管理和运行支持的能力。

终端感知层节点有三种主要类型：收集端点、信息聚合节点和隔离节点。采集端点主要对应传感器，负责传感和采集信息；信息聚合节点是负责接收、处理、转发信息的服务器；隔离节点是嵌入式设备，负责信息加密和解密、内外网络隔离等操作。

网络传输层：物联网使用不同的通信技术，包括长距离网络（NB-IoT 和 LoRa（远程无线电），短距离网络（ZigBee），Wi-Fi 等）。

应用服务层通常由基本环境、组件和虚拟化云平台组成。基本环境和组件，如操作系统、数据库、中间件等。

② 基于中间件的架构

基于中间件的物联网架构，由以下几层组成：边缘技术层、接入网关层、网络层、中间件层和应用层。物联网的基本性质是“万物互联”，使几乎任何东西都可以通过网络连接和交流信息。中间件是物联网系统的一部分，为传感器和应用层提供连接层，为大量的各种事物提供连接。应用层提供服务，确保软件之间的有效通信。

③ 五层架构

五层物联网架构，由以下几层组成：感知层、网络层、中间件层、应用层和业务层。感知层旨在定义物联网系统中每个对象的物理意义。网络层充当感知层和中间件层之间的中间层。中间件层负责信息的收集、存储和分析。应用层负责执行各种应用。业务层定义物联网应用的收费和管理。隐私和安全是这五层共同需要解决的问题。

④ 基于云与雾的架构

基于云和雾的一般架构，由以下几层组成：感知层、网络层、中间件层、应用层和业务层。物联网的核心是云计算。云计算基础设施、平台和软件提供海量信息存储服务。

（2）物联网的应用

物联网的应用广泛，可以细分为以下几个领域：医疗、军事、工业、汽车、环境、农业、零售和消费者、交通和物流领域、智能工作领域、个人和社会领域[1]。

① 医疗领域

医疗领域的物联网市场正在稳步增长，应用范围从远程监控系统到智能传感器和医疗对象集成。

② 军事领域

目前的军事活动是在复杂、多层面和独特的情况下进行的。为军事提供高效的物联网应用，需要具备一些条件：分散的基础设施、较高的网络利用率、互操作性、信任和安全性。一些突出的物联网应用是救灾、战场通信、任务关键语音、设备跟踪（如救护车、坦克、战斗机等），入侵检测，威胁分析等。

③ 工业应用

与物联网集成的工业应用被称为工业物联网（IIoT）。工业互联网的应用带来了对信息高效的收集、聚合和分析，使得部署的机械设备的效率和整个网络运作的吞吐量得到了极大的提升。其中工业应用包括制造控制、智能仪表、智能自动化、运动控制、机器对机器、预测维护、智能电网。

2　物联网中的安全和隐私问题

（1）物联网中的安全挑战

物联网应用主要涉及三层架构，即物理层、网络层和应用层。解析三层架构中各自的特点，并根据其弱点进行防护。如在物理层，设备通过网关进行连接，容易遭受网络攻击；硬件设备具有局限性和脆弱性，容易受到攻击者的物理破坏。

① 节点捕获攻击

物联网中，智能设备与其控制程序是分离的，因此攻击者在获取到设备后，可将其替换为错误的设备以访问该网络。这种直接替换设备的攻击行为，使网络中其他人很难区分该节点的真实性。在此类攻击中，攻击者可以获得有关控制程序的重要信息，并且有可能泄露该网络中其他成员的信息。

② 重播攻击

在重播攻击中，攻击者截断来自通信传输的消息，然后将一样的消息发送到网络。在网络层中，攻击者可以通过重播攻击，控制网络中的的智能设备，并可以像正常节点一样发送数据。

③ 侧信道攻击

在侧信道攻击中，攻击者希望通过加密软件或硬件运行时产生的各种泄漏信息获取密文信息并最终从密文中获取明文信息。在侧信道攻击中，获得密钥是关键，大多数加密技术都使用密钥交换来加密/解密。

④ 窃听

窃听攻击一般发生物联网中的智能设备遭受威胁的情形下。由于传输信息的通道无法保证其保密性和安全性，攻击者可以窃取两台设备之间的通信内容。这就像一种被动攻击，攻击者可以从不安全的传输介质中访问隐私数据。

⑤ 虚假数据注入

传感器或智能设备被放置在不同的地方，以此可以识别环境信息，并且能够将获取的内容转发到下一层。但无论是传感器还是智能设备，其自身受到一定的限制，使其更加容易受到攻击。攻击者在获取内容并控制设备后将错误信息注入网络。

⑥ 欺骗

在网络层，攻击者会尝试访问物联网中的智能设备。在得到设备的访问权限后，攻击者就可以伪装成一个正常合法的设备节点，可以把虚假消息上传到网络中。

⑦ 信任管理

用户通过接入到物联网的智能设备完成实时监控任务和管理任务，用户的个人信息在物联网中是共享的。分布散落的接入设备在计算时，信息是共享的并广播到网络。因此，网络中的节点之间会出现信任管理问题。对于恶意伪装的节点需要及时的辨别，制定安全策略。物联网中资源共享的模式会成为主流，因此信任管理是重中之重。

⑧ 认证

物联网的应用由一些智能设备、传感设备和执行设备组成，可以实时计算，用户可以接入网络进行监控。智能设备可以抓取数据或信息，并转发到下一层进行处理和计算。当设备的计算完成，相应的操作会由接入网络中的节点触发。为了安全和有效的计算，需要来自传感器的实际数据。如果节点设备被现实中的攻击者或网络中的攻击者获取，那么整个系统的安全性则无法保证。因此每个设备都必须进行网络注册或认证。认证是物联网应用中的重要问题之一。

（2）物联网中的隐私问题

物联网在不断的发展，出现物联网协议失效的问题，并且物联网系统/设备容易受到网络攻击，导致赎金支付、数据盗窃、数据伪造和其他虚假行为，如僵尸网络攻击。此外，物联网设备大多部署在敌对或不受保护的环境中，容易受到物理危害。

3 区块链技术解决物联网安全隐私问题

（1）区块链技术概述

区块链技术是最重要的创新技术进步之一，在当今专业领域发挥着重要作用。区块链技术朝着持续革命和变革的方向发展。区块链最重要的特点是适用于分散和分布式环境，因此，不需要可信的第三方来管理网络。区块链基本上是一个时间戳区块链，通过加密散列链接，其行为类似于分布式账本，其数据在对等网络中共享。

（2）使用区块链的解决方案

物联网由具有实时性的智能设备组成，这些设备可以及时的获取和处理数据。由于设备自身的资源受到限制，在进行复杂的计算或应用其他安全算法是不合适的。因此，算法的选取不仅需要考虑其安全性还需要考虑资源的消耗。物联网的应用中，用户数据信息安全保护至关重要。需要根据物联网的特性，找到安全问题的解决方法。区块链技术的出现与发展，为解决物联网安全问题提供了合适的方案。应用区块链技术有以下优点：

① 使用区块链实现身份验证增加了物联网中设备认证的安全性。

② 区块链的延迟问题不会影响物联网网络中的正常业务（BAU）。

③ 物联网中的增加智能设备或用户时使用区块链技术保障安全性。

④ 可以使用区块链技术控制物联网接入设备网络的扩展。

最初，所有连接到物联网应用的智能设备都需要在区块链网络中通过认证。智能设备在完成注册后，它们就可以在本地区域完成不同的功能。同样，用户最初也需要在区块链网络中进行身份认证，通过验证后，用户可以实时监控物联网中接入的设备，也可以随时访问这些智能设备。区块链网络的任务是进行认证和授权[3]。

并不是每一个物联网应用都适合使用区块链技术。因此在使用区块链技术之前，设计者必须了解一些标准，例如系统是集中式/分散式的系统、网络中的节点是否相互信任以及数据是否需要在所有节点之间共享。

参 考 文 献

[1] Y. Zhang, S. Kasahara, Y. Shen, X. Jiang and J. Wan, " Smart Contract-Based Access Control for the Internet of Things," in IEEE Internet of Things Journal, vol. 6, no. 2, pp. 1594-1605, April2019, doi: 10. 1109/JIOT. 2018. 2847705.

[2] 邓思佳，佟兴，唐海波，张召，金澈清．面向区块链的数据管理中间件[J]．华东师范大学学报（自然科学版），2021(05)：60-73.

[3] B. K. Mohanta, D. Jena, S. Ramasubbareddy, M. Daneshmand and A. H. Gandomi, " Addressing Security and Privacy Issues of IoT Using Blockchain Technology," in IEEE Internet of Things Journal, vol. 8, no. 2, pp. 881 - 888, 15 Jan. 15, 2021, doi: 10. 1109/JIOT. 2020. 3008906.

基于卫星通讯技术实现企业仪表控制系统、网络系统时钟同步研究

刘嘉璐

（中国石油乌鲁木齐石化公司）

摘　要　精密时间是科学研究、实验和工程技术诸多方面的基本物理参量。它为一切动力学系统和时序过程的测量和定量研究提供了必不可少的时基坐标。随着现代社会的高速发展，对时间方面提出了更高的要求，特别是对于现代工业生产数字化企业来说，其控制系统种类较多，但因为各控制系统时间上并不能同步，导致操作记录、工艺参数等时间记录不一致，对于事故的分析、调查带来一定程度的干扰。因此，各生产、网络装置的时间是否同步且精准在极大程度上决定了一个企业的生产效率、工艺操作和管理精细程度。

关键词：时钟同步；北斗导航定位系统；授时；生产控制系统；精细化管理；重要作用

为贯彻落实国家新型基础设施建设战略和《中央企业北斗发展三年行动计划（2021—2023年）》的通知要求，集团公司将“北斗导航能源安全生产综合监管系统项目”（以下简称北斗项目）列入年度信息化重点工作，在集团公司的大力推进下，中国石油天然气股份有限公司乌鲁木齐石化分公司作为集团项目试点公司，通过北斗三号卫星提供精确、可靠、稳定的时钟服务，利用卫星通讯技术采用网络 PNT 方式授时实现全公司仪表控制系统、网络系统时钟同步，为工艺操作、事件追溯等提供统一的时间基准，使企业实现精细化管理。下面我就五点为大家阐述北斗项目是如何通过卫星给企业仪表控制系统、网络系统进行授时，以及它的出现带给企业的重大意义。

1　北斗导航定位系统

2000 年北斗导航定位系统两颗卫星成功发射，标志着我国拥有了自己的第一代卫星导航定位系统。2003 年 5 月 25 日，我国第三颗“北斗一号”卫星发射成功，6 月 1 日，我国自主研发的“北斗运营服务平台”正式开通，标志着我国已经拥有了完全自主的卫星导航系统。

北斗卫星导航系统由空间段、地面段和用户段三部分组成，可在全球范围内全天候、全天时为各类用户提供高精度、高可靠定位、导航、授时服务，并具短报文通信能力，已经初步具备区域导航、定位和授时能力，定位精度 10m，测速精度 0.2m/s，授时精度 10ns。北斗卫星导航系统空间段由 5 颗静止轨道卫星和 30 颗非静止轨道卫星组成，中国正在实施北斗卫星导航系统建设，已成功发射 16 颗北斗导航卫星。

2012 年左右，系统具备覆盖亚太地区的定位、导航和授时以及短报文通信服务能力。2012 年年底，建成了北斗二号系统，向亚太地区提供服务。2020 年，建成了北斗三号系统，向全球提供服务。

2　卫星通信技术

随着互联网的飞速发展，现代企业对精准时间的依赖越来越强了。导航定位和授时系统对整体社会的支撑几乎是全方位的星基导航和授时。美国投入巨资建成了全球定位系统（GPS），俄罗斯也使自己的全球导航卫星系统（Glonass）投入了运行。欧盟一些国家也正在联合开展加利略（Galileo）卫星导航系统的研制。为了提高民用定位定时的性能和可靠性、安全性，利用这些卫星系统建立广域增强系统（Waas），美国、日本、

欧洲和俄罗斯也在计划或研制之中。

这些系统导航定位的基本概念都是以精度时间测量为基础的。正如有人所指，我们人类生活在余割四维的世界(x、y、z、t)其中一维就是时间。单从授时而言，系统发播时间的精确控制是必不可少的。而对于导航定位，系统内部钟(星载钟和地面监测和控制台站的钟)的同步就极为关键。换而言之，没有原子钟的支持，没有钟同步和保持技术的支持就无法实现星基导航和定位。

从以上分析可以看出，无论在系统概念、技术、装备或管理上，与其他通信和卫星系统相比，导航定位卫星系统与高精度卫星授时系统有很好的兼容性和互补性，二者相辅相成。从资源共享和合理利用的角度出发，先进的卫星系统应该成为一个导航授时一体化的高精度星基四维信息源，就像目前已投入工作的 GPS、Glonass 、北斗、Galileo 以及各种 Waas 系统中，无不把其授时功能提到仅次于导航定位的重要地位，以便满足个行各业对精度时间和频率日益增长的需求。

3 时钟同步

即实现不同网络上各节点之间时间的同步。NTP 是目前应用最为广泛的网络时间同步协议，NTP 协议的精确对时主要是在主——从工作方式下实现的。NTP 算法，首先根据服务器和客户端的往返报文来确定两地时钟的差值和报文在网络中的传输延迟。同步时间的标准时间应该是国际标准时间(UTC)，可以从原子钟、天文台、卫星等获得，时钟同步需要配备时钟同步器和时钟源，时钟源主要采用北斗三号卫星技术。时钟同步的目的是使 DCS 系统内部和其他系统之间的时间标记数据一致，实际上并不需要绝对时间一致，只要相对时间就足够了。DCS 应具备使网络中各个节点时钟同步的功能(图 1)。

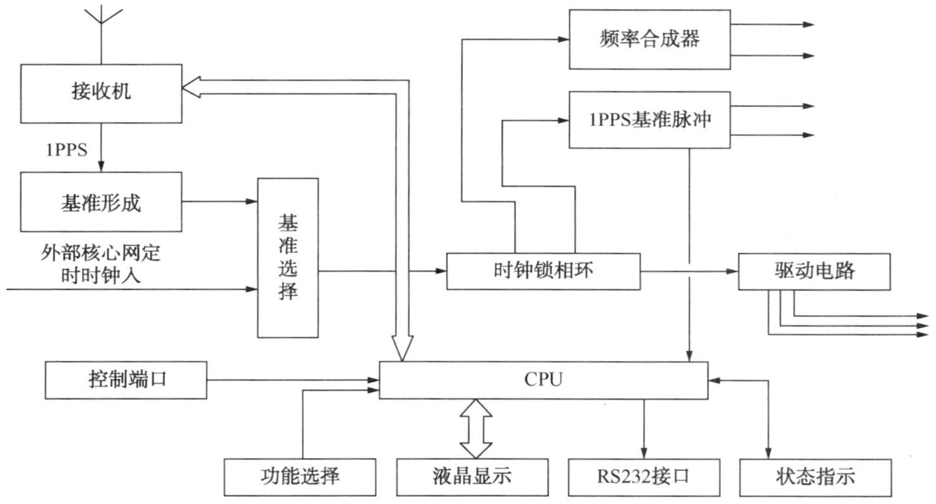

图 1 时钟同步原理图

4 北斗项目授时终端简介

北斗授时技术采用卫星授时，具有精度高、覆盖范围广、全天时、全天候和设备成本低等诸多优点，授时终端利用所接收导航信号解算的高精度时间信息综合实现了 NTP、B 码、PTP 和串口等的高精度授时(图 2、图 3)。

图 2 北斗授时终端

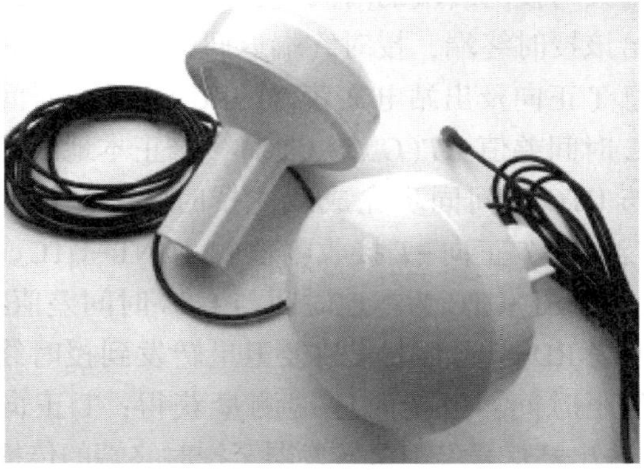

图 3 北斗授时天线

5 北斗项目授时原理

北斗授时根据其授时方式的不同，大致可以分为单向授时和双向授时两种。

1. 单向授时

单向授时是由授时终端接收卫星信号，解算出基本观测量信息和导航电文信息，进而获得钟差修正本地时间，使得本地时间与 UTC 同步。当然，单向授时细分之下也可分为 RNSS 单向授时与 RDSS 单向授时两种模式。鉴于文章篇幅原因，这里不再赘述。

简单来说，单向授时是北斗授时终端可以自主实现的一种定时功能。

2. 双向授时

相对于单向授时而言，双向授时具有较高的授时精度。

首先，双向授时设备具备出站信号接收和应答发射入站信号的能力。它通过与地面中心站进行往返测量，由中心站获得授时终端与地面中心站的时间差值。这样它就可以避免授时终端天线位置误差、电离层/对流层改造参差等诸多不确定因素引起的单向授时偏差(图 4)。

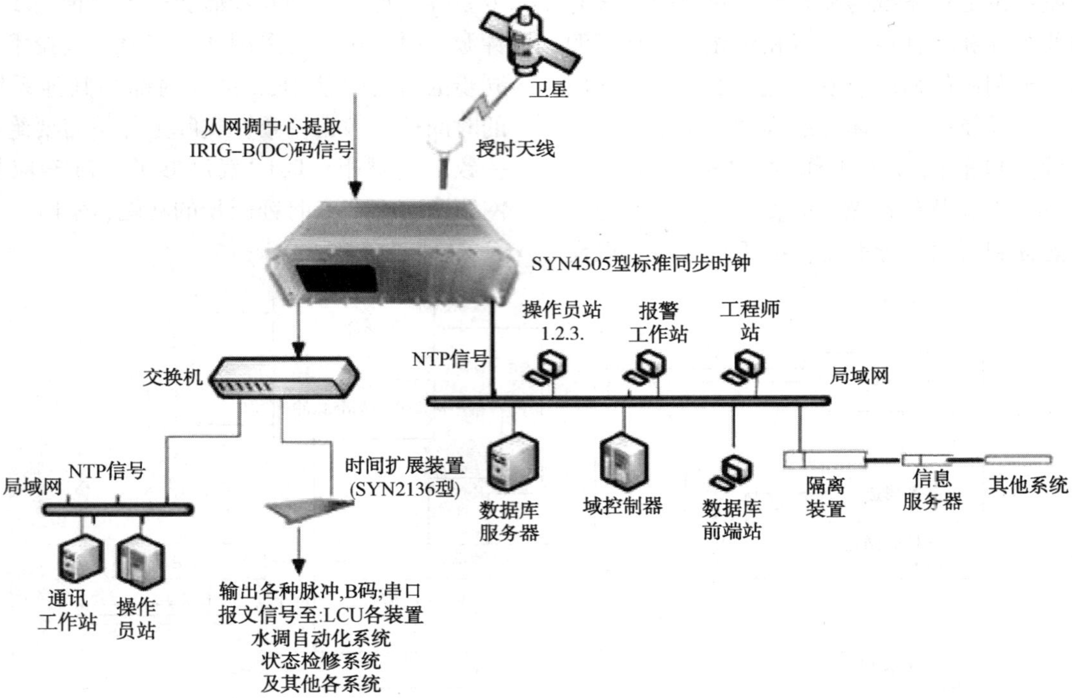

图 4 北斗授时工作原理

授时终端发起授时申请，与地面中心站进行交互，向地面中心站发送定时申请，地面中心站计算其与授时终端的时间差，并通过出站信号播发给该授时终端，授时终端返回的正向传播时延信息 T 正向及出站电文获得的 RDSS 系统时间与 UTC 时间差值 ΔT(GNT-UTC)，修正本地时间使其与 UTC 时间同步完成双向授时。ΔTJST-UTC $=T$ 测量$-T$ 正向$-T$ 接收零值+ΔTGNT-UTC。其中，ΔTJST-UTC 为本地时间与 UTC 时间差值；T 测量为 RDSS 地面中心站经卫星转发到授时终端的伪距时间，由授时终端测量获得；T 正向为 RDSS 出站信号经卫星转发器至授时终端的传播时延；T 接收零值为双向授时终端的接收零值；ΔTGNT-UTC 为卫星导航系统时间与 UTC 时间差值。

其中，ΔTJST-UTC 为本地时间与 UTC 时间差值；T 测量为 RDSS 地面中心站经卫星转发到授时终端的伪距时间，由授时终端测量获得；T 正向为 RDSS 出站信号经卫星转发器至授时终端的传播时延；T 接收零值为双向授时终端的接收零值；ΔTGNT-UTC 为卫星导航系统时间与 UTC 时间差值。

从广义上说，就是通过卫星将数据发送至授时天线，授时天线接收到数据后从网调中心提取 IRIG-B(DC)码信号，将数据传输至 SYN4505 型标准同步时钟，随后由标准同步时钟设备发送至下联交换机及企业局域网从而使企业仪表控制系统、网络系统进行授时的成效信息化系统时间得到统一管控，为工艺操作、事件追溯等提供统一的时间基准，实现信息同步，从根本上解决因时间差造成了管控问题。

5　时钟同步带给企业的作用

一个经营有序、操作可控的企业应具备在生产停车、发生事故第一时间的应急处理能力，停车和事故的发生，必然伴随着企业对原因的分析与调查。按照生产控制系统功能划分，一般联锁动作在SIS系统或者ESD系统中实现，参考的是SOE的记录时间。而工艺操作一般在DCS或PLC系统中实现，工艺操作、设备运行等都以DCS系统时间为基准。故障分析时，若各控制系统的控制器时钟之间没有进行时钟同步，则会导致对同一测量元件或设备所记录数据的时间不一致，无法判断事件发生时设备动作的顺序，需要两方面结合才能对引发故障或停车的真正原因做出正确判断和分析，因而各控制系统的时钟同步显得尤为重要。

在控制系统中，趋势、报警、事件记录等都与时间相关，因此整个系统时钟保持一个统一的时钟很关键。如果操作站和控制站时间不同步，则也不能作为真实的历史数据为操作服务。时钟同步不仅可以使企业实现精细化管理，还可以在最大程度上提高企业的工艺精准度和生产效率，在一定程度上提高了职工在装置上作业的安全性，增加了职工的幸福度与企业的责任感。

6　结束语

目前为止，我国的高精度时间同步网的网络规模已覆盖到31个省会城市及300多个地级城市。这些城市的主备两台高精度时间同步设备均配置的是北斗/GPS双模卫星授时接收机。

现代生产企业均广泛采用先进控制系统如DCS、PLC等，各控制系统虽然通过相互通信，避免了自动化孤岛，提高了企业的管理能力及安全生产水平，增加了生产效益，但也带来了上述问题。本文主要讲述了卫星与时钟同步的原理，阐述了时钟同步对企业的必要性、安全性及对于职工追溯事故的第一要素发挥的重要作用。

参考文献

[1] 李涛．生产控制系统时钟同步方式及应用[J]．仪器仪表用户，2020(10)：90-91.

南海白云气田群气藏-井筒-管网数字化建设实践

羊新州　闫正和　黄余金　唐圣来

（中海石油（中国）有限公司深圳分公司）

摘　要　海上气田群一般由气藏、井筒、平台、海管等多个子系统构成，目前相关研究基本是将多个子系统单独分开研究，如何实现海上气田群协同生产与优化，智能辅助决策是建设海上智能气田的关键难题之一。南海东部白云天然气作业公司（以下简称白云气田群）积极推进气藏-井筒-管网一体化建设，初步实现了基础数据的融合共享，气田产量的按需分配、生产动态的实时预警、开发指标的自动预测、长远规划的动态优化，为智能气田的建设提供了良好的借鉴。

关键词：一体化建设；融合共享；按需分配；实时预警；自动预测；动态优化

1　建设背景

白云气田群下辖多个气田，采用导管架井与水下井口联合开发，天然气采出后通过不同的海管汇聚至海上中心平台，进行一定处理后在经过长输海管输送至陆地终端。气田群开发作为一项系统性工程，包含气藏、井筒、平台、海管等多个子系统，不仅需要单独对气藏动态、井筒举升、平台工艺、海管流动的几个子系统进行单独的研究，还涉及到气田与气田之间，不同子系统间的协同优化。如何实现气田群“气藏-井筒-管网”一体化耦合，构建面向不同业务场景的智能工作流，解决生产运营中的复杂问题已经成为建设海上气田的关键技术。

国际油公司通过数据一体化，多学科融合，多技术集成，具备了较强的一体化模拟优化能力。哈里伯顿的 AMI 资产模型一体化技术、英国 PE 公司的 IPM 生产系统一体化模拟分析平台、斯伦贝谢的 IAM 油田综合资产模拟平台等，都是建立在地质与油气藏研究成果基础上，集成各类单井与管网动静态信息，用于全局优化的一种资产模型。包括油气藏、井筒和管网数字模型、工作流、优化算法和成果可视化，以满足油气藏、井筒和管网全局优化的需要。

2　气藏-井筒-管网一体化管理系统建设

白云气田群基于一体化的理念，打造了白云气田群气藏-井筒-管网一体化管理系统，系统包含 2 个平台：气藏-井筒-管网一体化时空数据平台、人工智能算法开发平台，3 项子业务系统，涵盖气藏一体化综合模拟系统，井筒-管网一体化多相流瞬态模拟系统，生产动态可视化管理系统，初步实现了基础数据的融合共享，气田产量的按需分配、生产动态的实时预警、开发指标的自动预测、长远规划的动态优化。

2.1　气藏-井筒-管网一体化时空数据平台

要实现气藏-井筒-管网一体化管理的基础是具备一套能够准确描述实际物理系统的数据类型集合，支撑生产系统多源数据接入、各系统间数据交换、综合数据治理，该集合还需要满足完备性、一致性和可用性。其中完备性指需要为实际物理系统中每一种相关对象准备一个数据类型及操作；一致性指所有数据类型都遵循统一的标准和接口，可以相互组合、调用；可用性指由所定义的数据类型集合搭建起的数字孪生系统具备可查看、可修改、可仿真、可扩展等特性。

通过梳理气田群地质、油藏、井筒、海管和平台的相关动静态参数，整合地震、测井、岩心等不同尺度静态资料，试井、测试、生产历史、井筒-管网-气藏系统监测等不同频率动态数据，以及不同仿真软件计算积累下来的仿真模拟数据，建立一体化的时空数据平台（图 1）。

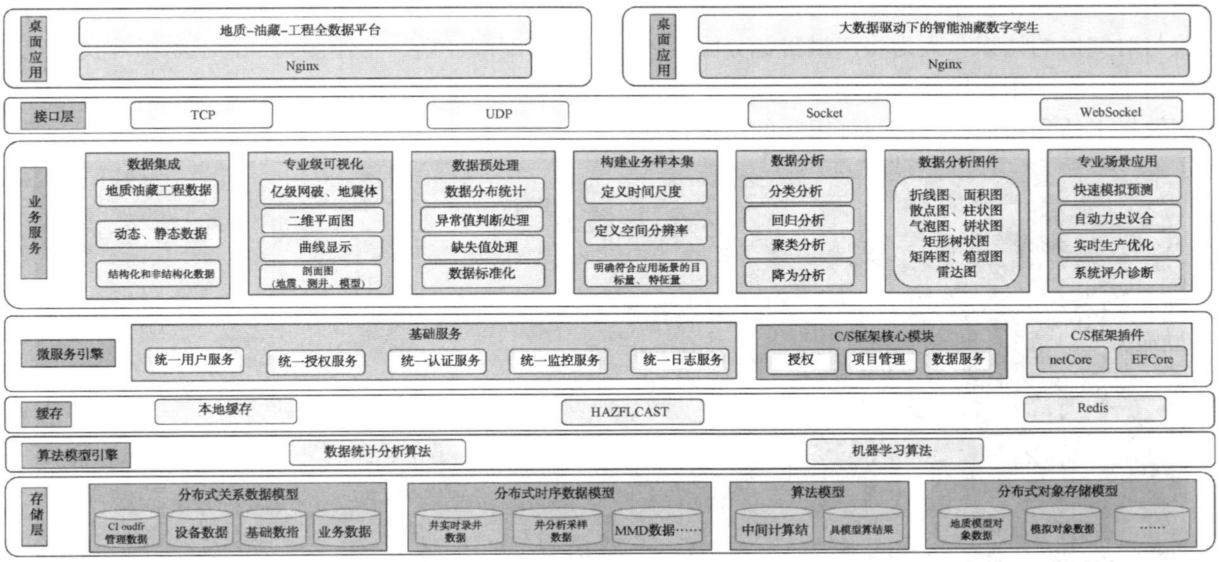

图 1　气藏-井筒-管网一体化时空数据平台架构

2.2　井筒-管网一体化多相流瞬态模拟系统

基于挪威康士伯的 LedaFlow 与 K-Spice 软件建成了整个气田群井和管网的高精度一体化动态仿真模型系统(图 2)，整个模型包含 47 口井、10 个管汇系统，约 1000km 长度的海底传输管道，22 条药剂管线，3 个主工艺流程平台。结合气田群各设施的实时测量数据，系统主要实现了生产全流程的实时虚拟计量(温度、压力、各相流量、组分、气油比等)，气田群流动保障安全风险的实时监控分析，各区块配产、操作方案提前规划预演等功能，以达到监控气田群生产动态、掌握生产输送瓶颈，把控流动风险，稳定气田产量的目的。

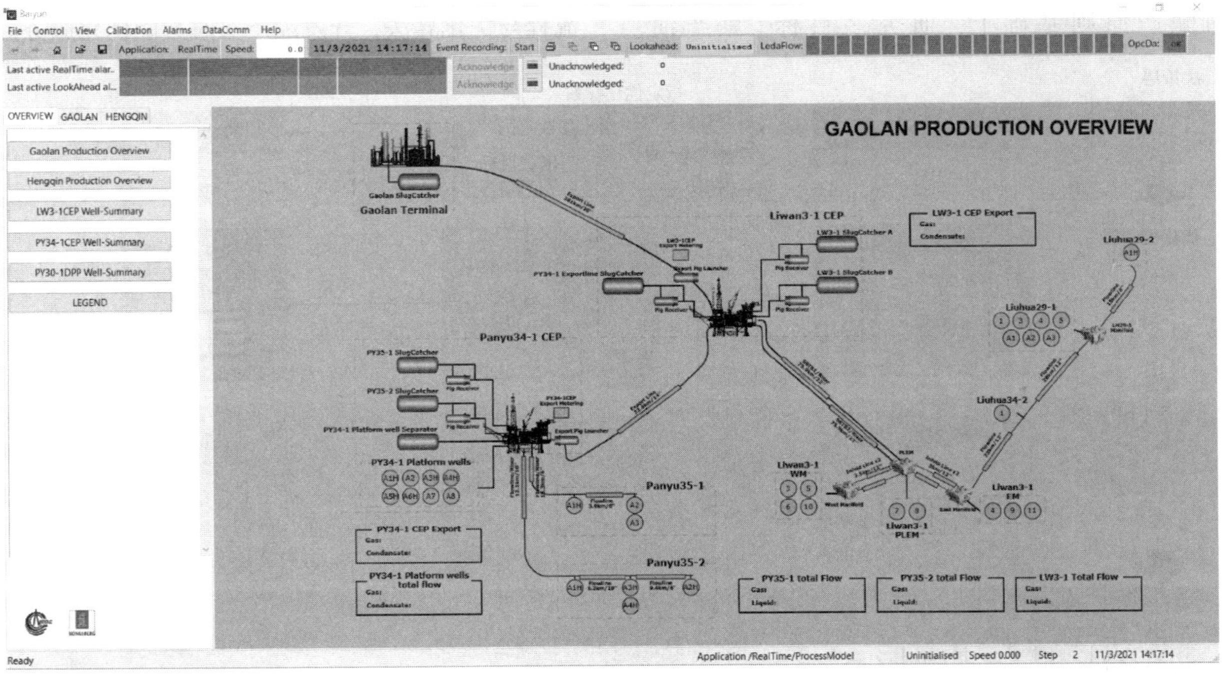

图 2　井筒-管网一体化多相流瞬态模拟系统

2.3　气藏一体化综合模拟系统

气藏一体化综合模拟系统(图 3)将气田群下辖的 8 个气田统一集成起来进行模型的管理和计算。对气田群进行长远规划，通常情况下，是设置一个气田群的长期年产目标，再根据工程师的经验与对气田的认识，人为将产量目标分配至各个气田中，在采用数模软件分别进行预测，如果预测效果未达到预期，再进行气田间的产量计划调整，这种通过不断的人为调整，寻找最优的气田间配产计划，工作量大，且不易于寻找出气田群整体效益最高的最优解。

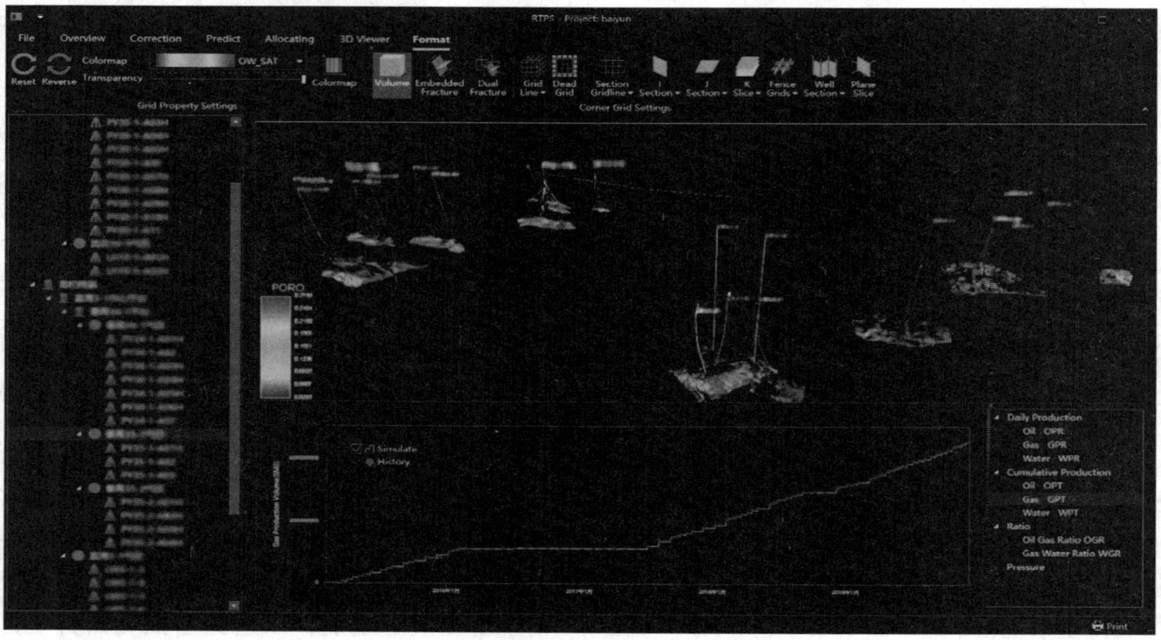

图 3　气藏一体化综合模拟系统

为了实现气田群的采收率的整体最优，开发了一种全局优化算法，在梳理完整个气田群的单井配产原则基础上，研究多目标（累产油、NPV、EUR 等）、多约束（井筒、管网、平台）下的配产智能优化技术（图 4），整合配产优化工作流程与优化算法，开发配产实时智能优化服务。

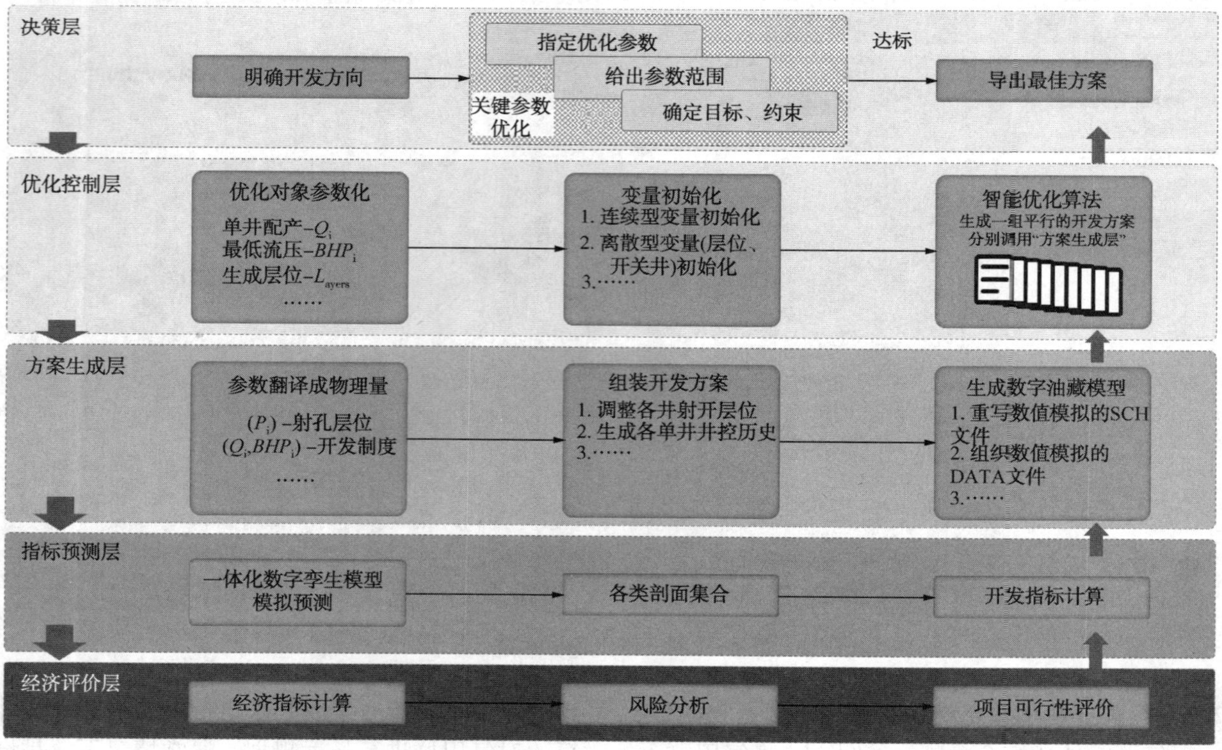

图 4　配产智能优化技术路线

随着气田开发的进行，气藏内部状况时刻发生改变，且下游供气需求也时刻发生变化，因此各井的最佳配产目标也会发生变化，因此需要能够实时进行配产优化。在具备单次气田配产优化功能后，定期进行实施，即可实现气田配产的自动、实时优化。自动触发单次气田配产优化的条件包括：

(1) 定期触发，例如以周为单位，不断重复进行配产优化。

(2) 下游供气需求发生明显变化后自动触发。

(3) 一体化模型预测结果与实际发生较大偏离时自动触发(此时需要先运行一体化模型自动拟合模块，对一体化模型进行校正，然后再基于校正后的一体化模型开展全局的配产优化)。

除此之外，还可以在其觉得合适的时机或场景下主动触发单次的气田配产优化工作流。单次配产智能优化得出的方案，即为当前的最佳推荐方案。

综上所述，自动配产实时智能优化的运行流程如图 5 所示。

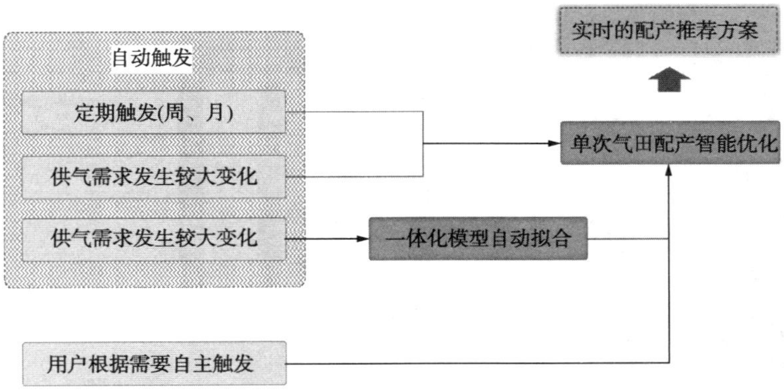

图 5　自动配产实时智能优化方案触发流程

2.4 人工智能算法开发平台

基于气藏-井筒-管网一体化时空数据平台，我们已经积累了大量的数据，为了深度挖掘数据的价值，降低使用人工智能算法分析的门槛，搭建了人工智能算法平台(图 6)用于日常的业务分析。

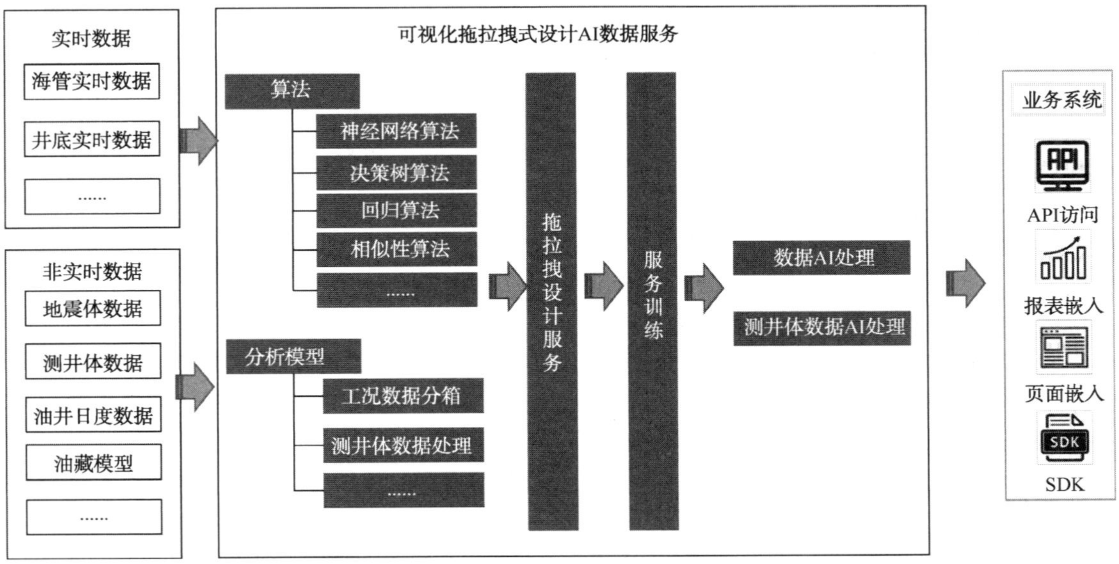

图 6　人工智能算法开发平台

通过收集典型的气田关键监测指标集合，研究系统性异常的判别准则及报警机制，应用人工智能算法平台，建立了“设备故障”与一体化模型全系统参数及监测数据间的数据关联模型，建立自动预警和应对方案智能推荐机制。

通过对例如单井产能、气藏品质、水窜风险等评价指标进行标签定义，在积累足够的异常标签后，结合模型模拟的数据以及实际监测数据，组成混合样本。同时对通用智能算法库进行筛选完善，利用最佳的智能学习算法，开展油气藏异常与监测流量、压力之间的关联模型的学习。实现全系统静态参数及运行状态的定量评价、风险预警及对应措施推荐。

2.5 生产动态可视化管理系统

为推动数据直观认识与深度分析，方便实时在会议室进行沙盘研究，从而更好的交流和决策，通过共享时空数据平台中的相关数据，结合 WebGl、Java、JavaScript 等编程语言，构建了整个气田群的全生产流程可视化管理系统(图 7)。整个可视化展示的内容包含了 1 个气田群总览、3 个平台、2 个陆岸终端的可视化大屏、30 多类统计分析报表，9 个气藏模型综合可视化、测井、地震、岩石、流体资料可视化，集成展示了现场传输过来的实时数据，油藏与管网模型仿真计算出来的模拟成果。

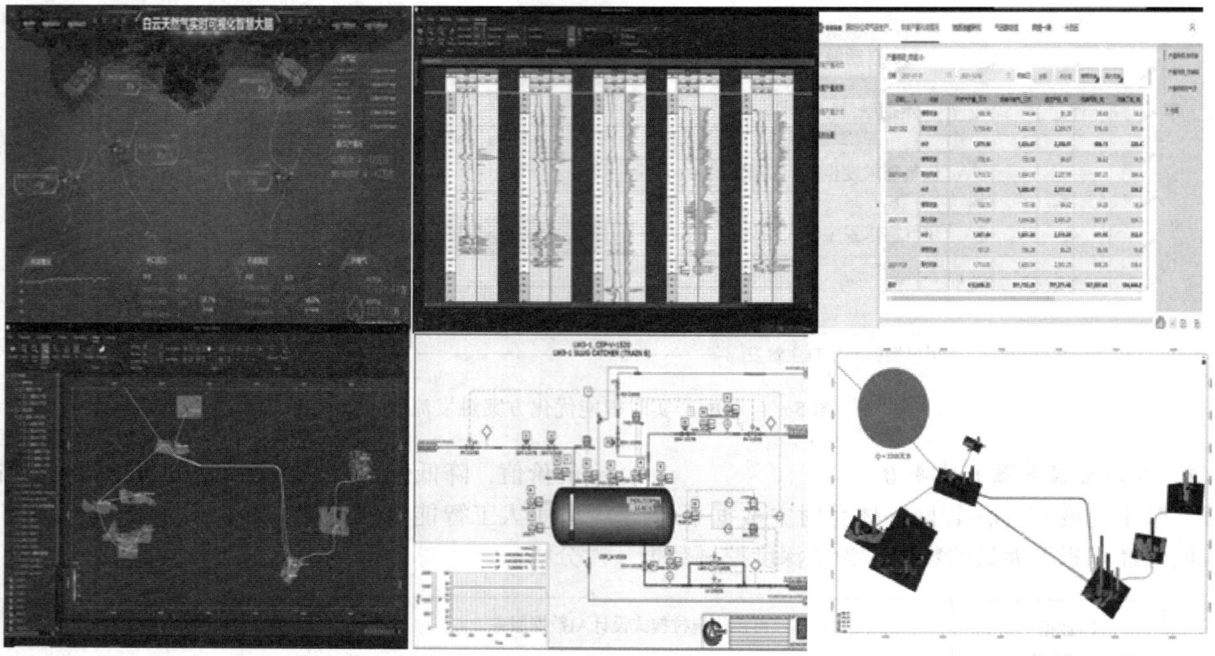

图 7　生产动态可视化管理系统

结论与展望

白云气田群建立了气藏-井筒-管网一体化管理系统，实现了气田群时空数据加载、物理过程数字孪生建模、节点状态实时预测等功能；开发了生产监测数据驱动下的气藏模型自动校正功能，实现了各气藏模型的自动动态维护，不断提高模型精度；开发了多目标、多约束下气田群联合配产智能优化技术，在兼顾气藏、井筒、管网、终端等限制的情况下实现了供气需求分配的最优化；并且利用机器学习实现实时生产优化决策系统持续自动更新，不断提高单井和气藏自动配产和指标预测精度。该平台实现了产量的自动分配，促进了气田开发协同，提升了气田开发生产管理能力和管理水平，最终达到提高气田采收率的目的。

参 考 文 献

[1] 李玥洋，孙一丹，任静思，等．气藏—井筒—地面一体化模型数据驱动机制研究与应用——以磨溪区块龙王庙组气藏为例[J]．天然气勘探与开发，2021，44(04)：93-99.

[2] 李浩楠．莫索湾气田凝析气藏地质工程一体化研究[J]．甘肃科学学报，2021，33(06)：22-28. DOI：10. 16468/j. cnki. issn1004-0366. 2021. 06. 005.

[3] 赵发寿，魏丽娟，孙佳才，等．低渗透气藏储层-井筒-地面一体化综合模拟技术[C]//2021IPPTC 国际石油石化技术会议论文集．，2021：376-388. DOI：10. 26914/c. cnkihy. 2021. 011545.

[4] 王杰. 气藏井筒一体化动态模拟模型研究[D]. 中国石油大学(北京), 2020. DOI: 10.27643/d. cnki. gsybu. 2020. 000325.
[5] 阮基富, 欧家强, 甘笑非, 等. 建模~数模一体化技术在磨溪龙王庙气藏中的应用[C]//2017 年全国天然气学术年会论文集., 2017: 1277-1286.
[6] 刘爱华. 气藏生产一体化模拟技术在气田开发中的应用[J]. 中国石油石化, 2017(08): 78-79.
[7] 阮基富, 龚宁, 欧家强, 等. 建模、数模一体化技术在磨溪龙王庙气藏中的应用[C]//2016 年全国天然气学术年会论文集., 2016: 1041-1049.
[8] 朱彦杰, 戴宗, 匡宗攀, 等. 油藏管网一体化在气田群联合开发中的应用[J]. 石化技术, 2016, 23(07): 59-60.
[9] 黄万书, 倪杰, 刘维东. 马井气藏 IPM 生产一体化数值模拟研究与应用[J]. 天然气技术与经济, 2014, 8(02): 34-36+78.

中国海油统一身份认证技术应用的思考与实践

周　斌　张婷婷

（中国海洋石油集团有限公司信息技术中心）

摘　要　随着企业数字化转型的不断推进，信息技术的应用对业务的支撑和引领作用日益凸显。近年，网络安全事件频发，现实不止一次教育我们网络安全正在面临严峻挑战。国产身份管理及认证基础设施的设计及建设需适应业务板块快速发展和业务系统架构模型，满足系统安全访问的需求。当下已得到广泛应用。

本文详细介绍了身份管理及认证技术在中国海油的应用，作为中国海油统一身份管理认证平台建设项目的负责人，提出自己的建设思路、思考和观点，并于业界同行共同探讨。

关键词　身份管理；统一认证；双因素；国产化

1　引言

1.1　研究目的和意义

十八大以来，党和国家高度重视数字经济发展，实施网络强国战略和国家大数据战略。习近平总书记讲话多次提到发展数字经济是把握新一轮科技革命和产业变革新机遇的战略选择，要求推动数字经济和实体经济融合发展，把握数字化、网络化、智能化方向。

习近平总书记在中央网络安全和信息化领导小组第一次会议上明确提出：“没有网络安全就没有国家安全。”随着信息化建设的快速发展，大量业务系统进行集中部署，信息资产呈现高度集中趋势，在网络安全日益严峻的大环境下，给集团公司信息安全保障工作提出了新的要求。

中国海油坚决贯彻习近平总书记关于网络强国重要思想，中国海油信息化工作始终紧紧围绕公司战略发展目标要求，在信息基础设施、信息系统、信息安全保障以及信息化管理等方面不断进行建设及发展进步，目前已进入了有序的发展状态。在进行业务信息系统建设的同时，公司还进一步强化了在信息化标准、规范、制度及信息化基础设施的建设，并逐步开展了核心业务信息系统的配套建设和改造，在统一身份管理方面，集团公司统一身份认证系统使用了微软 AD 域，绝大部分信息系统采用传统的“用户名静态口令”进行身份认证，认证方式单一，且国外品牌安全风险较大。

在技术层面，随着中国海油信息化建设的发展，各种应用服务的不断普及，网络规模也逐步迅速扩大，用户每天需要登录到许多不同的信息系统，每个系统都要求用户遵循一定的安全策略，比如要求输入用户 ID 和口令。随着用户需要登录系统的增多，出错的可能性就会增加，受到非法截获和破坏的可能性也会增大，安全性就会相应降低。而如果用户忘记了口令，不能执行任务，就需要请求管理员的帮助，并只能在重新获得口令之前等待，造成了系统和安全管理资源的开销，降低了生产效率，并且每新增、减少一个用户，管理员需要逐个登录到每个应用系统进行用户的增加、删除及一一授权，这些工作大大增加系统管理的复杂度及降低用户可用性。对管理层而言也缺乏全局应用系统统一、整体的用户审计信息。

从安全角度来看，没有形成全中国海油的统一用户安全策略，用户信息和员工信息没有形成有效关联；从业务角度来看，用户管理流程、制度、规则不统一，用户使用多套用户口令，单独登录，同时，弱口令大量存在，口令形同虚设，使用体验及应用安全较差；从架构角度来看，迫切需要通过建设相应的标准体系来规范未来各应用系统的建设，解决集团信息化资产的统一访问策略和统一访问控制问题。

认证管理方面，由于各应用系统独立管理用户认证信息，因此系统间认证信息不能共享，用户的认证凭证只能在特定的业务系统中使用，且各应用系统的认证管理和服务资源亦不能共享，系统建设成本高，效率低。

应用账号管理方面，账号管理是由各业务部门独自手工管理，未与人力资源系统联动。在员工岗位变化、调动或离职后，难以做到在每个应用系统中都及时调整权限，禁用或注销其用户账号，从而导致部分应用系统长期存在着一些无人使用的“幽灵”账号，成为不可忽视的全隐患。这种孤岛式的用户和权限管理模式也造成信息安全审计的困难。由于 IT 员工数量的限制，存在着诸如开发职责与运维职责未分离，操作系统管理职责与应用系统管理职责未分离的情况。这类情况给应用系统带来了严重的安全隐患。

业务数据安全方面，业务部门对业务信息的归属和管理方面一直存在着所有权和管理权不清、权利业务不清、管理职责不清的问题，特别是跨部门流程或非经常性流程中涉及的信息资产，经常存在着找不到所属部门的情况，出了问题，部门间会存在彼此推脱的现象。有些公司存在着应用系统用户权限的授予并未遵守最小权限原则，造成访问权限过大的情况，且未建立或严格执行系统访问权限定期审核清理制度。应用系统用户的口令策略上也存在着一定的问题，如使用弱口令等。

在政策层面，近年来国家对企业信息化建设要求不断提高，特别是对与企业的安全、内控提出了更高的要求，相继出台了一些如“国家信息化领导小组关于加强信息安全保障工作的意见”和“信息系统安全等级保护基本要求”等相关的政策和规范，要求企业加强内部的安全管理和控制，而身份管理、授权管理、审计是构成网络安全信任体系的基础。中国海油在集团信息化规划中明确提出了建设统一身份安全体系的安全建设规划，指导中国海油未来安全体系的建设。

在推动行业安全建设方面，能源是国民经济重要的基础设施之一，能源行业安全直接关系国计民生，一直是党和政府高度关注的重点。中国海油承担着为国家发展提供能源保障的基本使命，因此，保障系统信息安全问题、制定和实施系统信息安全战略、建立全方位动态、纵深防御的能源系统安全保障体系，已成为中国海油当前系统信息化工作的重要内容。

1.2 现状和发展趋势

随着信息系统的迅速发展，各种支撑应用和用户数量的不断增加，网络规模迅速扩大，信息安全问题愈渐突出，对系统之间的整合提出了更高的要求。系统整合的一个重要基础是统一用户、统一认证、统一授权及统一审计服务能力。

近年来以人力资源系统为基础，实现用户身份全生命周期管理和访问管理为目标的统一身份管理及认证管理理念逐渐成为共识。随着国内软件产品的自主研发，相关技术和产品日趋成熟，实现统一身份管理及认证管理逐渐成为解决 IT 系统用户管理困局的主流解决方案。特别是近年来，随着国产化身份安全管理产品的逐渐成熟，在国家部委、大型央企等不乏国产化统一身份管理及认证产品的成功案例。

统一身份管理认证平台的应用，不仅能够降低管理成本、提高工作效率，而且信息安全风险发生的概率也大幅降低，同时满足对法规的遵从。因此，建设统一身份管理认证平台，使其服务和支撑中国海油信息化的安全工作，实现用户信息统一存放和管理，并且为不同身份人员访问系统时提供统一的身份信息和访问控制服务。

目前中国海油身份管理现状如下：

（1）账户管理现状。AD 域为百余套系统提供基础的账户管理服务。但部分存量系统未使用 AD 域域账户独立存储，分散管理。账户的管理主要体现为由各系统管理员手工维护账户信息，未实现账户实名制，各系统未与人事系统关联，未形成账户全生命周期管理。部分信息系统长期存在着一些无人使用的“僵尸”账户。

（2）认证管理现状。目前中国海油已部署数百套信息系统。由于信息系统建设年代不同，对信息安全要求的标准不一，存在系统间身份数据库独立建设、认证强度各异、缺少统一安全管理策略的共性问题。主要表现在：信息系统采用 LDAP 认证或 LDAP 传输，直接将用户账户、密码暴露在网络中，导致账户密码泄露，且缺少用户异常行为的检测工具。

（3）授权管理现状。大部分应用授权通过管理员手动处理和操作，没有进行集中管理，人员离职后容易导致账户没有及时更新。

（4）审计管理现状。缺少集中统一的审计平台，无法对用户的管理、认证授权进行跟踪与审计。孤岛式的用户和权限管理模式增加了信息安全审计的难度。

（5）互联网应用的统一身份及认证管理现

状。互联网应用未采用双因素认证，缺少对互联网应用身份管理，信息分散存储，不易形成价值沉淀。

（6）根据2014年度信息化专项工作“总公司信息安全综合治理工作方案”要求，中国海油部署了国家(暨上海)信息安全工程技术研究中心的动态口令管理平台(NISEC)。该平台所采用的认证方式是硬件动态口令卡，存在携带不方便、易损坏、易丢失、更换新卡困难等问题。

针对以上现状，中国海油提出了在现有安全基础设施及建设成果基础上进一步强化安全建设，建设完成全公司范围的，涵盖认证、用户身份、授权、审计四位一体的统一身份管理的安全平台，以满足中国海油对应用系统整合的需求，对安全可靠统一的用户身份认证管理的需求，满足国家及行业主管部门的相关管理要求，适应公司业务及管理发展对信息安全的需要。项目的实施能够提高中国海油业务核心系统的信息安全，保障信息系统的安全、稳定、优质运行，提高企业社会效益和经济效益，更好地为国民经济高速发展和满足人民生活需要服务。

1.3　主要完成任务

部署统一身份管理认证平台，提供面向中国海油员工、供应商、外部合作伙伴的统一用户、统一认证、统一授权、统一审计服务，提供PC端、移动端统一身份管理及认证服务。完成与数字证书平台、短信网关、生物认证等外部认证元素对接。项目范围包括中国海油集团总部、上海片区，业务范围涵盖集团统建等保三级与二级系统、新建应用。

（1）制定中国海油身份认证管理规范、信息系统集成接入规范，构建符合中国海油业务管理模式的账户运维管理流程，构建统一身份管理及认证服务相关应急响应体系流程。

（2）搭建面向中国海油员工的统一身份及认证管理平台的主用和备用系统，提供标准的统一用户、统一认证、统一授权及统一审计服务能力，提供账户及权限自助申请的功能。

（3）构建面向合作伙伴、供应商的互联网应用的统一身份及认证管理平台的主用和备用系统，为互联网应用提供统一身份、统一认证、统一授权、统一审计服务。

（4）建立应用统一入口和多因素认证服务，实现短信、动态口令、滑动验证、扫码、人脸、指纹、CA证书等多种认证。

（5）完成移动端安全认证平台建设，具备移动端APP身份认证管理能力，满足移动端应用对统一身份管理及认证的需求。

（6）完成集团内等保三级信息系统、部分重要信息系统、新建信息系统的集成，实现各应用的用户、认证、授权、审计的集中管理，满足信息系统等级保护的要求。

2　设计实践

2.1　设计指导思想

根据中国海油的设计需求结合自身设计实施经验，提出更完善的解决方案。提供符合本招标文件和有关标准要求的、代表当今技术水平的完整的解决方案。

结合业界最佳实践及身份管理模型进行总体考量，分别从组织机构管理、用户账号管理、应用管理、认证管理、典型应用集成、角色权限管理、调度管理、审计风控管理和互联网用户管理进行设计，提供面向中国海油员工、供应商、外部合作伙伴的统一用户、统一认证、统一授权、统一审计服务，提供PC端、移动端统一身份管理及认证服务。

2.2　部署架构实践

根据统一身份管理认证平台总体技术架构设计，该平台采用身分集中管理+认证分布服务的部署模式，以北京北七家和芍药居数据中心作为总部中心，集中部署统一身份及统一认证服务，同时上海作为区域中心，部署统一认证服务，区域中心认证数据由总部中心实时同步并维持一致，系统的总体架构如图1所示：

2.3　身份管理实践

中国海油用户配置统一身份标识，提供中国海油用户电子身份的全生命周期管理，通过与主数据系统的集成，自动感知员工生命周期变化(图2)，灵活处理员工入职、转岗、离职等情况下在目标系统中的电子身份生命周期变化。实现360°审计，根据策略抓取目标系统中的身份变化，生成一致性审计报表，使员工电子身份的变化一目了然。

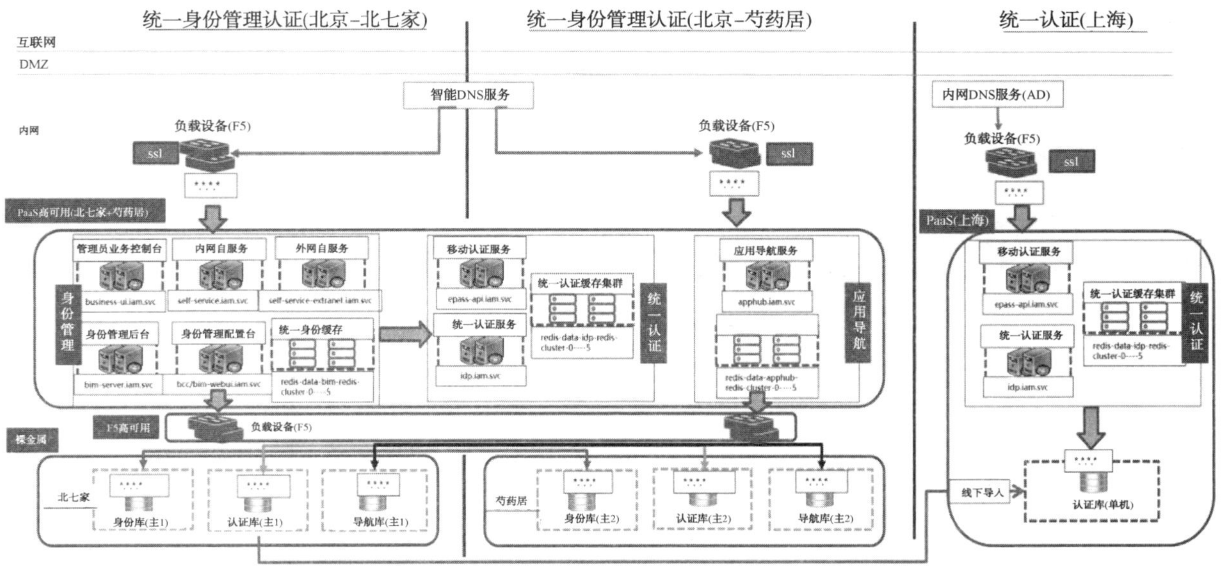

图 1　系统总体构架图

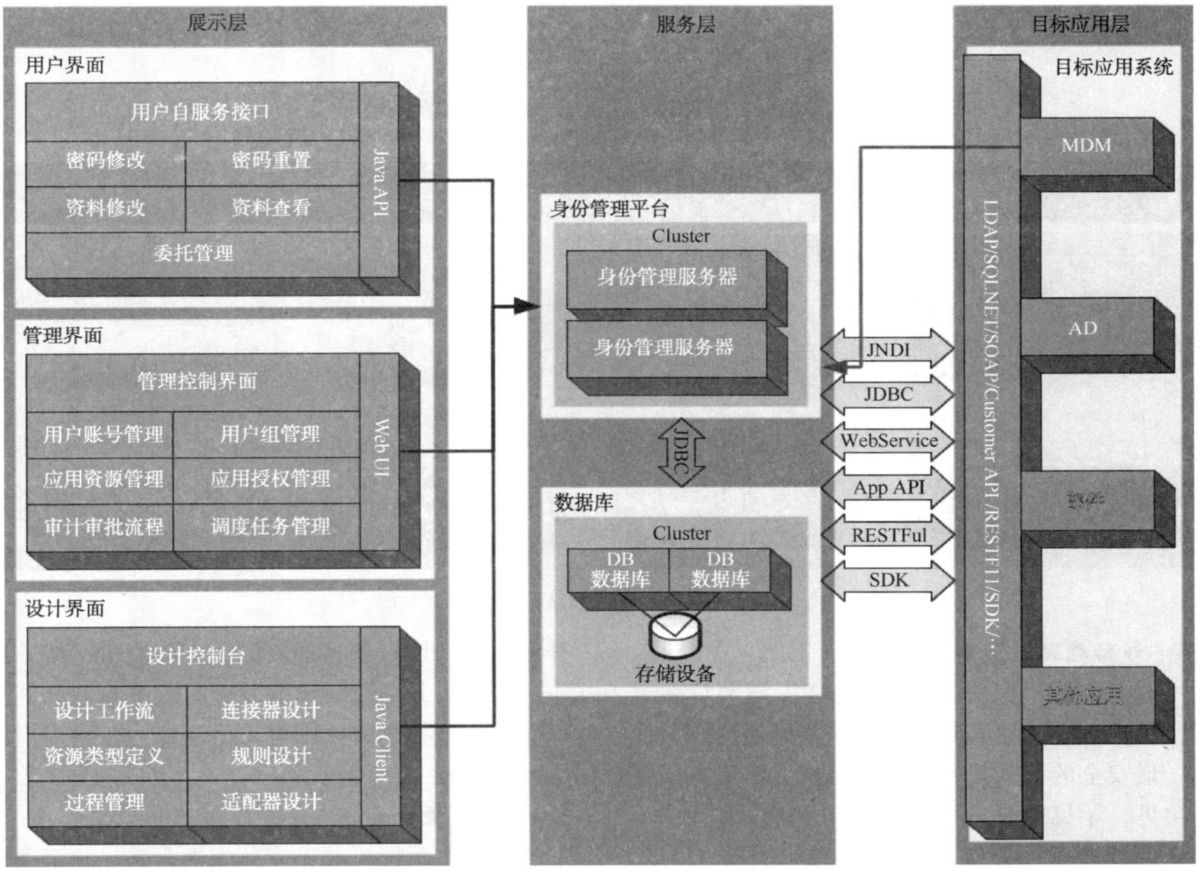

图 2　系统中电子身份生命周期审计

2.4　统一认证及单点登录实践

提供统一的认证方式和认证等级的管理(图 3)。不同认证方式下的不同种类的认证凭证管理(静态口令、动态口令、数字证书、扫码、指静脉等)，包括认证凭证的完整生命周期管理和用户使用认证凭证的管理流程；提供与认证相关的统一的认证策略，以满足不同系统认证服务的业务规则的需要。

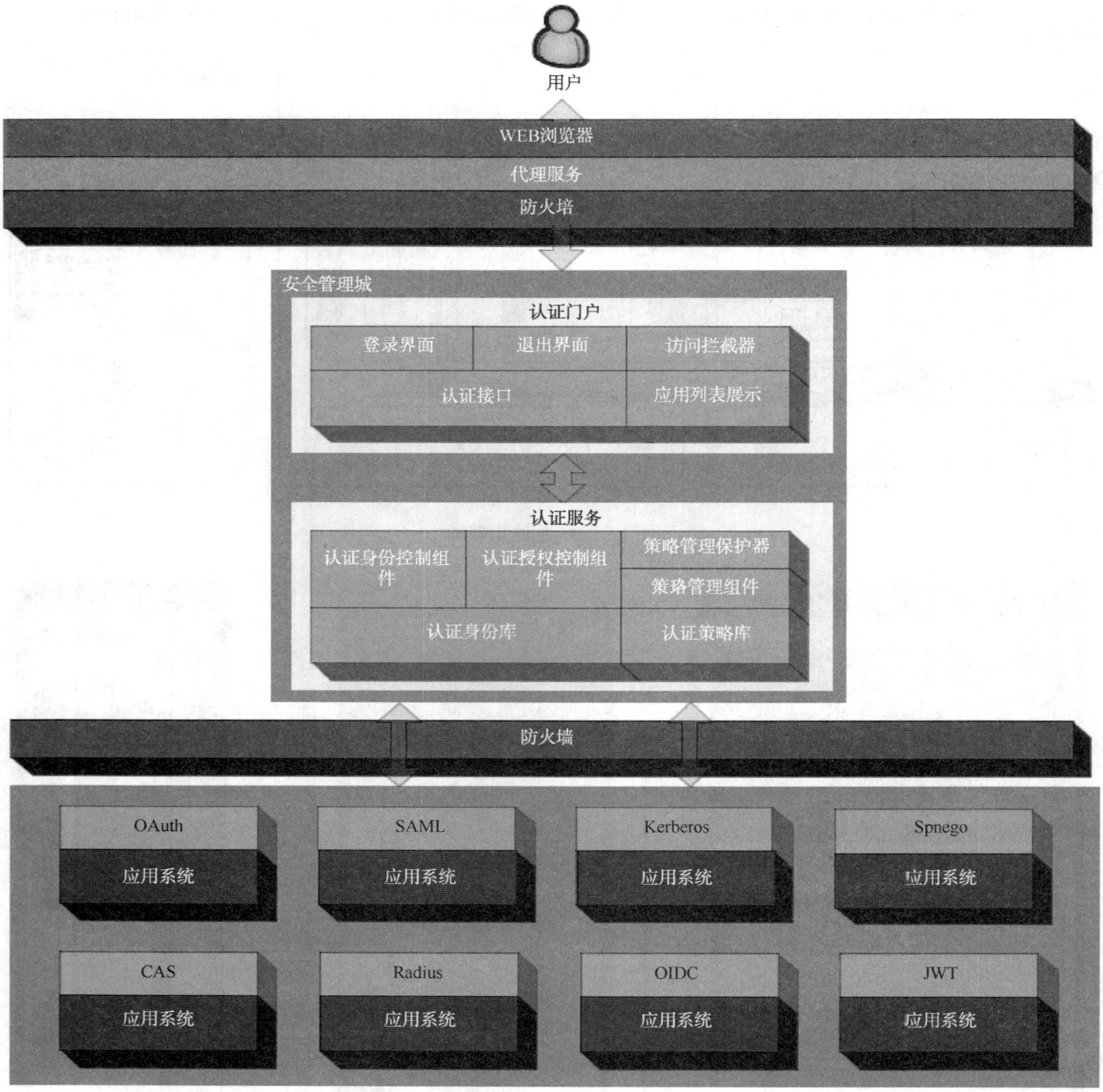

图 3　统一的认证方式和认证等级管理系统

2.5　移动端认证实践

随着科技不断进步，移动 APP 技术日新月异，用户挑剔的目光时刻都会抓住最便捷、最简单、最安全的移动技术。目前普遍的认证方式并不罕见，罕见的是众多移动 APP 中并没有一个将认证方式与各类应用及 APP 结合并统一管理的平台(图 4)。

建立融合认证框架，该框架将业内主流的生物识别的认证方式进行了整合，如动态口令、扫码、人脸、指纹等(图 5)。应用系统直接对接此框架，进行一次对接就直接具备框架上的所有认证能力，极大的减少了应用系统的对接认证的二次开发成本。该框架将抽象的认证能力进行统一的入口管理，并通过具象的管理手段进行认证能力赋能，如拖拽的方式即可将认证能力赋给对应的应用，达到一键授权。

2.6　统一授权实践

(1) 本系统可基于业务规则为满足一定条件(比如属于特定部门，具有特定职位等)的用户自动在特定业务系统创建、更新、禁用、删除其用户账号。

(2) 用户登录统本系统后，可在访问入口看到其所有拥有账号的应用系统列表。

(3) 本系统可对账号权限的分配、变更 、

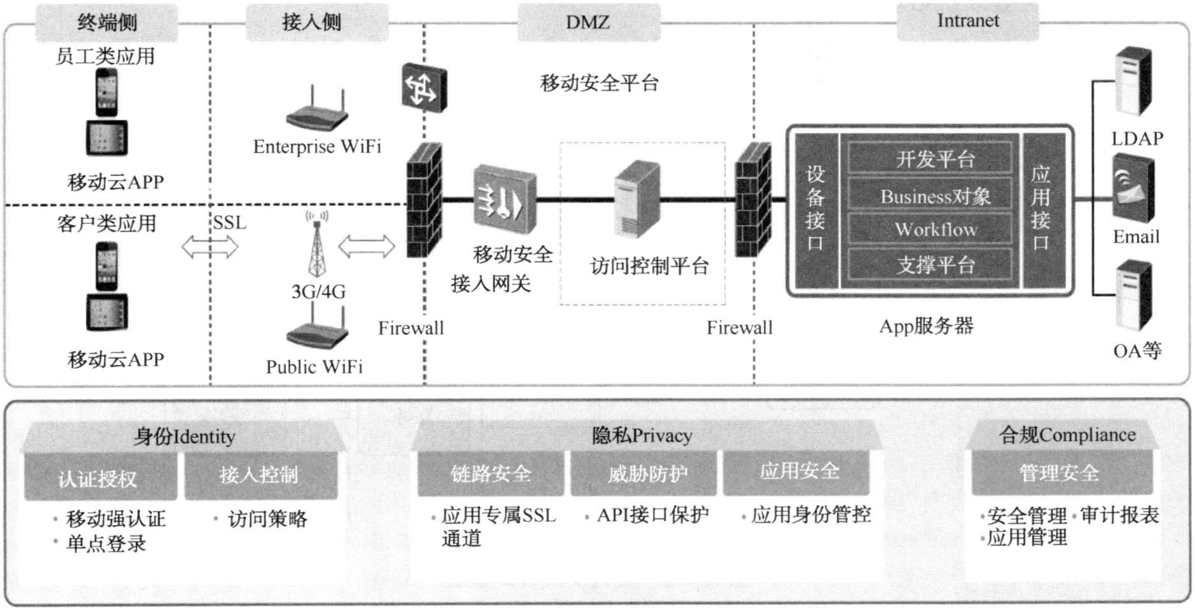

图 4　统一管理平台

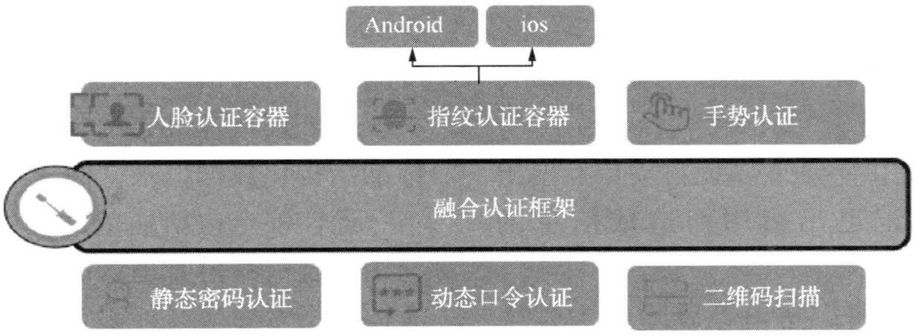

图 5　融合认证框架

回收等操作实现多维度(基于组织机构、基于用户、基于引用)的报表展示。

(4) 用户在业务系统中的业务权限，需要由应用管理员在业务系统中自行配置。

图 6 为统一援权实践管理系统。

2.7　安全设计实践

2.7.1　业务安全

由于目前很多应用系统的账号为各应用系统独立建立、维护，没有进行统一管理，用户在系统中的账号无法与实际用户相关联的情况普遍存在。例如某用户离职，但其应用系统账号未及时删除，导致这些用户仍能访问应用系统中核心数据，从而带来严重的安全隐患。为此，平台在身份账号管理安全方面应实现以下功能点：

(1) 支持应用系统孤儿账号检查。

(2) 支持应用的系统账号检查。

(3) 支持检测出孤儿账号中的活动账号和非活动账号。

(4) 支持对检测出的孤儿账号进行自动或手工处理，消除孤儿账号，包括：

① 发邮件给管理员；

② 自动删除孤儿或不合规账号；

③ 自动禁用孤儿或不合规账号。

统一身份管理认证平台的认证应实现以下功能：

(1) 提供多种安全的认证方式，如：用户名口令、数字证书、手机二维码、OTP 等，提供防暴力破解技术。

(2) 针对重要性高的应用采用多因素认证或者证书等登录手段。

(3) 应启用身份认证、用户身份标识唯一性检查、用户身份鉴别信息复杂度检查以及登录失败处理功能，并根据安全策略配置相关参数。

(4) 对系统的会话进行统一管理，如配置会话生命周期、会话失效时间、会话配额等参数。

(5) 应提供登录失败处理功能，可采取结束会话、限制非法登录次数和自动退出等措施。

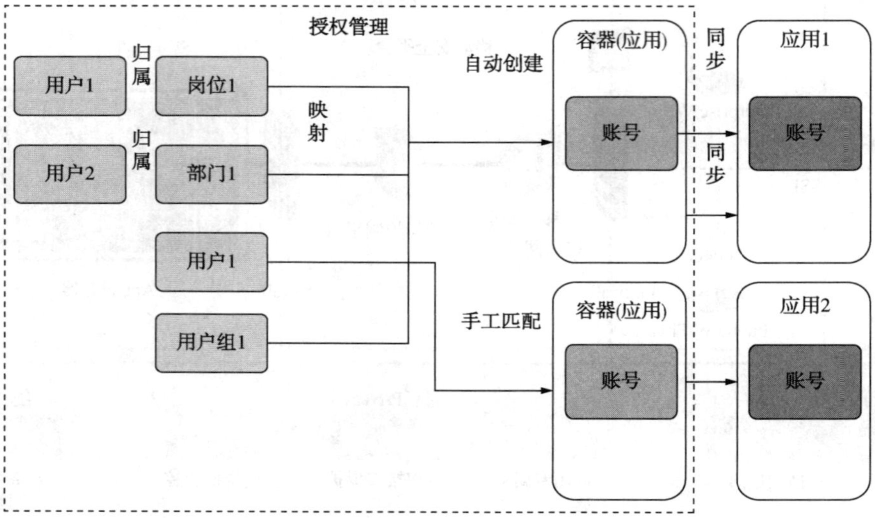

图6 统一援权实践管理系统

（6）在传输的过程中，应保证传输的密码等敏感信息或者整个会话过程进行加密，并应采用密码技术保证通信过程中数据的完整性。

（7）储于客户端的票据等信息应进行加密，并严格控制其生命周期。

（8）认证中心提供手动或系统自动单点退出功能，避免用户忘记退出应用而造成信息的泄密。

（9）对于用户访问，操作等风险行为发生时，做到能够实时检测，及时报警或者响应，同时快速通知用户本人采取措施防范。

根据行业的安全要求，用户身份管理平台需要具备相关的审计功能，对用户管理和访问控制中的关键流程、操作进行审计：

（1）审计应覆盖到用户管理与访问控制的每个环节。

（2）审计应记录应用系统重要的安全相关事件，包括重要用户行为、系统资源的异常使用、授权操作、重要系统功能的执行和账号、用户数据及组织架构的变更等。

（3）相关事件的记录应包括日期和时间、类型、主体标识、客体标识、事件的结果等。

（4）审计报表可以根据需求进行定制。

（5）建立综合审计展示视图，将审计信息进行集中展现和展示，根据记录数据进行分析，可生成审计报表，并对特定事件，提供指定方式的报警。

（6）单独设置安全审计管理员角色，使其与管理权限完全独立。

（7）对管理员实现基于角色的最小化授权，不同的管理员只能查询到自己管辖的应用系统范围的日志访问信息。

（8）在审计日志记录上，要求所有日志按照标准结构化数据记录，便于审计。

通信安全包括通信过程的保密性及完整性，与用户统一身份管理认证平台司存在数据交互的实体包括客户端及外部系统，全部采用基于标准的 SSL 协议实现。

SSL 协议提供了传输层安全性(包括真实性、数据签名和数据加密)，以确保客户机和服务器之间能够建立安全连接。SSL 的基本技术是公用密钥密码术，该技术可以保证当某个实体使用公用密钥对数据进行加密后，只有具备相应的专用密钥的实体才能对该数据进行解密。

2.7.2 安全保护

1. 应用安全

应用安全针对系统软件自身的安全进行设计，满足身份鉴别、访问控制、剩余信息保护、通信安全、抗抵赖、软件容错、资源控制等安全要求。为了提高统一身份管理认证平台的安全性，对系统采取如下安全措施：

（1）身份认证及访问控制：保证身份认证的强度及安全性，做到严格的访问控制。

（2）通信安全：通信安全包括通信过程的保密性及完整性，与统一身份管理认证平台间存在数据交互的实体包括客户端及外部系统，全部采用基于标准的SSL协议实现。

(3) 软件容错：系统对所有输入数据进行有效性校验，对输入数据进行过滤，防止SQL注入、XSS、CRLF等攻击。系统提供自保护功能，当发往故障时，自动切换到备份系统。

(4) 资源控制：对系统资源(通信会话及公共资源等)进行有效控制，对长时间无用户操作由系统自动终止会话，对用户长时间占用并且无操作的系统资源进行自动释放。

(5) 应及时修复所提供产品的的安全隐患，对中国海油或国家相关部门发现的漏洞进行无条件整改，其中高、中级安全漏洞在72h内完成修复，确保系统安全身份认证包括系统本身管理员身份认证及向应用系统提供的身份认证服务。

(6) 身份认证：采用用户名/口令方式登录方式，但要对用户密码进行复杂度限制，长度不小于8位，必须包含字母、数字及特殊字符，密码要定期更换，可根据实际业务需要制定更换周期。

(7) 访问控制：统一身份管理认证平台采用基于角色的访问控制(RBAC)，对管理员的授权基于角色，而角色与管理员的工作职责紧密相关，实现授权的最小化，同时系统管理员采用三权分立原则，防止特权用户的越权操作，实现职责分离。

支持业务系统URL的封装转换保护和封装访问认证，使业务系统真实的URL不暴露在外，外部无法随意访问和根据URL追踪到业务系统应用服务器，避免业务系统暴露而遭到攻击

系统提供数据有效性检验功能，保证通过人机接口输入或通过通信接口输入的数据格式或长度符合系统设定要求。作为基础应用系统，用户统一身份管理认证平台的容错性直接决定了系统的服务质量，主要考虑三方面的软件容错设计：

(1) 用户人员身份信息的容错处理能力。

(2) 账号供给策略的容错处理能力。

(3) 认证请求的容错处理能力。

系统对所有输入数据进行有效性校验，特殊字符的过滤，防止SQL注入、XSS、CRLF等攻击。

对用户错误输入或误操作进行友好的错误提示，并提示错误简要原因及错误码。

2. 数据安全

数据安全包括数据传输安全及数据存储安全：

(1) 数据传输安全：参考通信安全小节。

(2) 数据存储安全：对敏感字段的加密存储，加密方式支持但不限于RAS、AES、国密商秘算法(包含但不限于SM2、SM3、SM4、SM9等)，密码以及相关敏感信息在的存储应使用不低于AES256加密、SM2加密的处理方式，防止数据被意外被窃取后的私密信息风险。

(3) 支持使用可逆算法对用户字段进行加密，加密秘钥支持自定义，且支持定期更换秘钥(同时对加密口令进行批量更新)，支持定期更换加密算法秘钥。服务支持HTTPS协议服务，可实现不被第三方攻破窃取信息。

(4) 保证数据的安全性，保护存储在数据库中的数据不被非法访问(包括越权访问和其它未授权访问)。

(5) 保证数据的完整性和统一性，避免非法数据写入；定期维护备份数据，保证在发生异常情况时，最大限度地恢复数据；防止数据库系统软件因可能存在的后门或其他缺陷引起用户数据的失密。

3. 网络安全

根据“明确重点，突出重点，保护重点”的指导思想，统一身份管理认证平台网络安全建设要求有效解决信息安全面临的威胁和存在的主要问题。

(1) 网络安全区域划分需求

根据统一身份管理认证平台完成功能的不同，划分网络安全区域，对安全区域边界进行安全防护。利用防火墙技术、防病毒技术、入侵检测技术，对进出各安全区域边界的业务数据流进行访问控制、病毒过滤、入侵检测。

(2) 网络安全策略需求

① 网络访问控制策略。根据统一身份管理认证平台的业务通信数据流，在各安全区域边界，利用安全网关、防火墙，对进出网络边界的数据流进行访问控制、病毒过滤。

② 入侵检测策略。在安全区域边界，利用入侵检测设备对进出网络边界的数据流进行入侵检测。

(3) 网络安全系统采用冗余设计，不造成网络单点故障。

(4) 网络安全系统的性能应满足统一身份管理认证平台的业务处理的性能需求，不能对统一

身份管理认证平台的网络数据传输造成瓶颈。

统一身份管理认证平台通过与现有的 HR 等系统集成，实现为应用提供用户统一身份标识、认证与统一身份生命周期管理服务。因此，为了保障统一身份管理认证平台的网络传输安全，需要对统一身份管理认证平台进行安全区域划分，在各个区域网络边界实施相应的网络安全防护策略。

基于上述网络安全区域划分及安全策略的设计，对统一身份管理认证平台的各个安全区域进行安全防护。用户统一身份管理认证平台采用冗余设计，不会造成网络单点故障。

4. 系统监控

（1）系统充分考虑系统日常运行的维护和监控，提供完善的运维监控功能（监控范围包括服务器资源（CPU/内存等）监控、硬盘空间、网络线路连通性监控、进程活动监控、交易成功率等）；并在系统运行异常时，具有多渠道的自动报警措施，且实时通过短信等方式发出报警信息。

（2）具备完善的系统告警信息，告警信息包括但不限于应用服务信息、错误概要说明、业务唯一标识、所在日志文件等。

3　价值体现

统一身份管理认证平台采用北七家数据中心、芍药居数据中心、上海数据中心互备高可用架构，累计为 387 套应用提供技术支持，现已整合 195 套应用的 7 万余用户数据纳入集团用户身份管理体系，实现自然人全生命周期实名制管理，进一步降低孤儿、僵尸、公共账号等安全风险。形成标准规范的集成方案，实现了百套应用间的单点登录，形成便捷的一站式认证体验。覆盖用户管理与访问控制场景，提升合规审计效率。

3.1　整体安全保障及提升

通过平台自身安全、业务安全、数据安全等角度的安全设计和符合等保要求的攻击防范设计，在安全专项工作和重保中为应用提供了安全可靠的认证服务，总体防护效果得到验证。

3.2　平台稳定可靠

基于国密算法构建可靠的统一身份及融合认证平台。

3.3　用户范围广

已经具备对员工、互联网用户、外部合作伙伴、机器人提供电子身份与应用账号全生命周期集中管理能力。

3.4　认证能力多样

已具备多种主流多因素认证能力（口令、短信、扫码、动态口令、CA 证书、硬 Token 等），已实现 PC 端和移动端融合认证及访问控制，可为应用提供安全的双因素认证能力。

3.5　应用集成标准化、多样化

OAuth、SAML、RESTful、JWT 等对接能力，实现内网、外网、内外网应用集成，已集成上线 176 套 BS、CS、App、H5 应用。

石油石化关键信息基础设施保护思考

陈雪鸿　樊佩茹　张禹衡

（国家工业信息安全发展研究中心

摘　要　关键信息基础设施保护已上升至我国国家安全战略高度，多个关键信息基础设施行业也开展了相关工作。石油石化事关国家能源战略，在我国国民经济中具有举足轻重的作用。石油石化的关键信息基础设施保护工作尚在起步，还未形成行业级关键信息基础设施保护政策及方案。本文回顾了石油石化行业信息化进展，从4方面进行石油石化关键信息基础识别认定，对关键信息基础设施的合规性、管理、技术需求进行了探讨。

关键词　关键信息基础设施；内生安全；零信任；态势感知；主动防御

2021年9月1日，《关键信息基础设施安全保护条例》正式施行，在法律层面上为关键信息基础设施保护工作提供了指引和工作依据。条例共分为六章五十一条，内容涵盖了关键信息基础设施界定、职责分工、管理责任等，全面规定了关键信息基础设施保护所涉及到的各种法律主体和活动。新疆是我国重要的石油石化生产基地。2022年3月，《新疆维吾尔自治区关键信息基础设施安全保护条例》印发，规定了新疆维吾尔自治区开展关键信息基础设施安全保护工作涉及到的各个方面。而在国家标准层面，关键信息基础设施网络安全框架、关键信息基础设施安全保障指标体系、关键信息基础设施安全检查评估指南、关键信息基础设施网络安全保护基本要求、关键信息基础设施安全控制措施、关键信息基础设施边界确定方法、关键信息基础设施安全防护能力评价方法、关键信息基础设施网络安全应急体系框架等十余个国家标准正在加紧研制中。石油石化隶属于能源行业，能源是列入关键信息基础设施保护领域的重要行业，石油石化关键信息基础设施保护工作是能源行业关键信息基础设施保护工作的重要组成部分。

1　石油石化行业信息化进展

石油石化行业是我国的支柱产业，在我国国民经济的发展中起着举足轻重的作用。我国已进入世界石油石化大国前列，改革开放以来，通过科技创新，已拥有一批具有自主知识产权的核心技术和专有技术，具备依靠自有技术建设千万吨级炼油、百万吨级乙烯生产装置的能力，装置大型化、产业集中度不断提高。

随着信息化与工业化不断深入融合，信息技术深刻影响和改变着石油石化行业生产经营和管理方式，石油石化行业信息化不断集中集成和深化应用，信息系统已经成为各企业经营管理、生产运营、营销服务的中枢神经，智能油气田、智能炼化、销售电商平台、一体化客户管理、全球供应链与物流等信息化建设多点开花，正在促进引领石油石化行业的发展。各企业高度重视网络安全工作，将网络安全融入生产安全，不断加强信息安全管理，构建网络安全技术防护体系，有效保障各企业信息系统安全稳定运行。

以中国石油、中国石化、中国海油、国家管网为代表的多个石油石化企业已实现了生产过程自动化、数字化和生产经营管理的信息化，基本实现了各个层级、所有单位全覆盖以及业务功能全覆盖，实现了业务流、资金流和信息流全整合，将信息化完全融入公司生产经营管理中，促进了生产管理模式转变，提高了生产经营管理水平。建成了支撑生产运行、经营管理的信息系统，包括以ERP为核心的经营管理平台、以生产执行系统（MES）为核心的生产营运平台和信息基础设施与运维平台，实现了信息系统在油田、炼油、化工、销售全产业链的覆盖应用，信息化应用综合水平显著提高，提升了企业经营管理水平，强化了企业管控能力，提高了生产效率，实现了节能降耗增效等。

中国石油已建成总部级多地互为备份的数据中心，开展建设集团公司专有云服务平台，有效提高了数据处理能力和容灾恢复能力。建成了大庆、新疆等多个国内区域网络中心和苏丹、印尼等多个海外区域网络中心，形成统一管理、分级维护、覆盖国内、连接海外的信息网络体系。其下属公司中油瑞飞有限公司建成了“数据湖”“梦想云”，提供了多种数据服务。中国石化信息化建设模式也由传统“烟囱式”向“数据+平台+应用”新模式转变，打造了“石化智云”工业互联网平台。中国海油按照业务发展到哪里，集团网络就扩展到哪里，对生产经营管理就支持到哪里的要求建设了覆盖广泛的广域网，并积极探索实施数字化转型。

大量工业控制和生产管理系统应用于石油石化行业，主要包括：

数据采集和监控系统（SCADA，supervisory control and data acquisition system）：在工业生产控制过程中，对大规模远距离地理分布的资产和设备在广域网环境下进行集中式数据采集与监控管理的控制系统。它以计算机为基础、对远程分布运行设备进行监控调度，其主要功能包括数据采集、参数测量和调节、信号报警等。SCADA系统一般由设在控制中心的主终端控制单元（MTU）、通信线路和设备、远程终端单元（RTU）等组成。

分布式控制系统（DCS，distribution control system）：以计算机为基础，在系统内部（组织内部）对生产过程进行分布控制、集中管理的系统。DCS系统一般包括现场控制级、控制管理级两个层次，现场控制级主要是对单个子过程进行控制，控制管理级主要是对多个分散的子过程进行调度管理、数据采集和集中显示。

油田生产管理系统：由计算机生产控制系统和程序控制，实现遥测遥控来收集、储存、处理、分析数据、绘制图件、监控和指挥油气田生产的油气田现代化管理方法。如开关井操作、自动试井、控制泵和马达，计量油、气、水和压力数据、检查电能供应、阀门开关位置及液面高度，以及给出生产报告，并对生产和设备运转进行监视和报警等。

油库储备信息管理系统：利用信息技术对油库储备等重要信息进行采集、计算、利用、存储、展示等的信息系统，承载信息重要，多采用分级保护标准。

2　石油石化行业关键信息基础设施识别认定

石油石化行业是基础性产业，它为农业、能源、交通、机械、电子、纺织、轻工、建筑、建材等工农业和人民日常生活提供配套和服务，在国民经济中占有举足轻重的地位。石油石化行业关键信息基础设施支撑石油石化行业重要业务正常运行，事关石油石化行业供应安全，一旦遭到破坏，将很有可能造成石油石化产业供应短缺，影响国家经济运行，石油石化行业关键信息基础设施可从以下几方面进行识别认定：

1. 识别企业类型和业务类别

石油石化生产过程包括油气勘探、油气田开发、钻井工程、采油工程、油气集输、原油储运、石油炼制、化工生产、油品销售等，根据石油石化企业类型和业务分类，大致可分为上游、中游、下游三个类别，分别对应了油田（单一构造控制下的同一面积范围内的一组油藏的组合）、油气管道（用于运送石油及石油产品的管道系统，主要由输油管线、输油站及其他辅助相关设备组成，是石油储运行业的主要设备之一）、油气储备（连接油气生产、加工、分配、销售诸环节的纽带）、化工厂（原油加工的化工厂）。

2. 识别业务的重要性及对其他行业支撑作用

如识别出油田为下游企业提供原油、天然气等基础能源；油气管道为沿线所覆盖重点城市或地区输送油气，对接行业包括市政行业（燃气供应）、炼化行业（化工产品加工）及其他等；油气储备为交通运输等行业提供油品保障和原油储备能力，事关国家原油安全；化工厂为机械行业提供各种润滑剂，为材料工业提供高分子合成材料，为电子工业提供精细化工品，为建材工业提供化学建材，为农业提供氮肥、农用塑料、农药、农用机械所使用的燃料等，为各行各业提供燃料。

3. 识别支撑业务的重要信息系统和信息设备，确定关键信息基础设施边界

如识别出油田业务的 SCADA、DCS 系统；油气管道业务中的长输油管道 SCADA 系统；油气储备的油库储备信息管理系统；化工厂中使用的 DCS 系统；支撑多种生产业务系统的工业互联网平台等。从安全责任主体、数据流向、安全策略等多个方面来分析确定关键信息基础设施边界。

4. 识别系统所承载业务的关键阈值

根据油田储量，油气管道的输油能力，油气储备的总罐容，化工厂的原油加工能力来确定关键阈值。如参考《关于印发国家发展改革委核报国务院核准或审批的固定资产投资项目目录（试行）的通知》（发改投资［2004］1927 号），确定年产 200 万 t 及以上的油田、输油能力达 2000 万 t/a 及以上的输油管线、具有超过 100 亿 m^3/a 输送能力的天然气管线、总罐容 200 万方以上的油气储备中心、原油加工能力超过 1000 万 t/a 或（与）乙烯生产能力 100 万 t/a 的炼化厂中以 DCS、SCADA 系统为主的关键业务系统或者平台，处理能力超过上述阈值的业务系统或平台划入关键信息基础设施，。

3 石油石化行业关键信息基础设施保护需求

关键信息基础设施安全问题已上升到国家安全战略高度，近年来，工信部、国资委、公安部先后对石油化工行业龙头企业关键信息基础设施进行安全检查，特别针对关键信息基础设施安全管理方面进行了摸底调查，发现企业在关键信息基础设施安全防护技术措施与管理制度、规范等方面的多个问题。石油石化企业在关键信息基础设施保护方面的需求可分为以下几个方面：

3.1 合规性需求

国家《网络安全法》《关键信息基础设施安全保护条例》《网络安全审查管理办法》以及国家网络安全等级保护制度等均对关键信息基础设施安全提出了强制性要求，石油石化行业作为国家的重点行业应建立相应的关键信息基础设施行业规定，规范石油石化企业关键信息基础设施安全满足国家合规性要求；企业要建立相对应的总体安全策略或方针、制度规范、安全管理手段、技术支撑以及运营体系来满足国家针对关键信息基础设施保护的相关合规性要求。

3.2 管理需求

1. 关键信息基础设施安全建设需求

关键信息基础设施可能涉及多个信息基础设施或信息系统边界。因各系统是通过多期、多阶段建设，品类众多、拓扑复杂、资产不清、业务数据流性质不明，安全策略难以统一化，且策略的启用和调整需要一个较为长期的过程。针对关键信息基础设施品牌、型号、规格、版本等纷繁杂乱的情况，关键信息基础设施安全体系建设需要顶层设计，在关键信息基础设施设计阶段同步设计安全防护体系，在安全建设阶段重点考虑在各独立生产单元的连接安全，各独立生产单元的物理、网络、数据、主机安全等需在统一安全策略管理中心之下。

2. 关键信息基础设施安全运维需求

在关键信息基础设施网络安全运维中，为了保障关键要素之间的协同管理能力，需要建立规范的运维管理制度与流程，把审核机制贯穿到关键要素之中，最大程度发挥人、流程、制度、技术、管理对象在网络安全运维中工作的能力和作用。特别是需要建立动态风险分析机制，对网络安全风险进行联动管理。

3.3 技术需求

石油石化关键信息基础设施携带工业控制系统基因，有先天安全设计方面的缺陷，隐藏着较多的安全脆弱性隐患。一旦因病毒爆发、黑客攻击等威胁因素导致关键信息基础设施出现异常状况，会对现实物理生产过程产生致命影响。例如黑客非法获取大型油气田井场采油机远程启停控制权限，不仅扰乱正常的排产计划，而且极易对现场设备造成物理伤害，或者炼化关键信息基础设施遭受大规模病毒感染，则可导致正常的炼油化工生产业务中断，甚至导致装置爆炸，造成严重的生产安全事故。需在实施相应等级的等级保护技术要求之上加强内生安全、监测预警、主动防御、零信任等技术的引进。

1. 加强工业设备及系统内生安全

从近几年不断发生的"停服""断供""禁用"等事件来看，如不加强关键信息基础设施种工业设备及系统的安全防护，关键信息基础设施的可用性将难以保证。为增强关键信息基础设施的"能控、在控、可控"能力，要逐步实现关键设备及系统的国产化改造，研发及应用内嵌安全机制的工业设备及系统，保障产业链、供应链安全，摆脱关键领域对外部技术产品的过分依赖，实现技术自主，解决现有设施"工控设备老旧、免疫系统脆弱、防护措施粗放"等问题。

2. 实现网络安全态势感知与预警

网络运维监控是保障系统网络安全不可缺少的组成部分，在不清楚石油石化关键信息基础设施风险分布、资产情况、漏洞情况等信息时，无法进行威胁分析和针对性安全防护，需要对石油石化关键信息基础设施建立统一的网络安全态势感知平台，对接各生产单位的数据安全采集和监测系统数据，实现统一的数据分析，通过反复的安全验证实现技术产品的迭代升级，以满足石油石化关键信息基础设施资产管理、设备监控、流量分析、风险分析、态势预测、应急处理等需求。本文给出一个石油石化关锭信息基础设施网络安全态势感知预警架构，如图 1 所示。

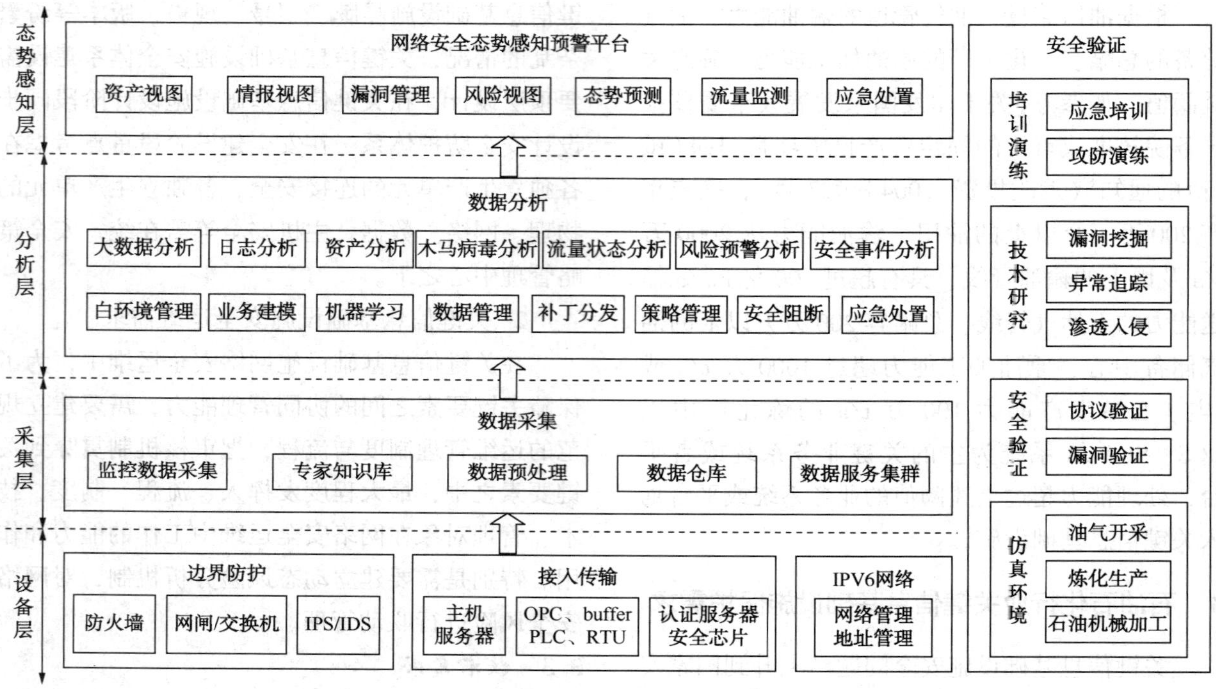

图 1　网络安全态势感知与预警架构图

石油石化关键信息基础设施网络安全态势感知预警架构包含设备层、采集层、分析层、态势感知层四个层次。设备层为实现网络安全态势感知监测提供安全状态数据，数据来源包括网闸、交换机、防火墙、IPS、IDS 等边界网络设备和安全设备的日志数据、PLC、RTU 等终端设备的状态数据及网络流量数据等；采集层从设备层收集安全态势数据，进行初步预处理后转发到分析层；分析层主要进行数据分析，通过对网络内监测数据、安全日志、资产情况、木马病毒、流量状态、安全事件等进行分析并不断进行机器学习，引入人工智能算法提升对未知威胁感知预警能力，结果传输到态势感知层进行展示；态势感知层主要将数据分析结果进行展示，结合资产视图、情报视图、风险视图等给出态势预测、流量监测结果，并给出应急处置策略等。同时通过建设油气开采、炼化生产、石油机械加工等仿真环境，对通信协议、安全漏洞等进行验证，结合漏洞挖掘、异常追踪、渗透入侵等技术措施，配合应急培训、攻防演练等，对网络安全态势感知与预警结果进行补充，实现石油石化关键信息基础设施的主动防御能力的整体提升。

3. 基于模型的威胁发现与主动防御

任何基于防火墙、网闸、安全网关等安全设

备的被动防御措施，都存在安全策略配置失误、安全防护机制被绕过的可能，需要对系统和网络中的数据进行深度建模，实现基于模型的威胁发现与主动防御，以最大限度地提升石油石化关键信息基础设施的安全防护能力，提前预警风险。本文给出一个基于模型的威胁发现与主动防御架构，如图 2 所示。

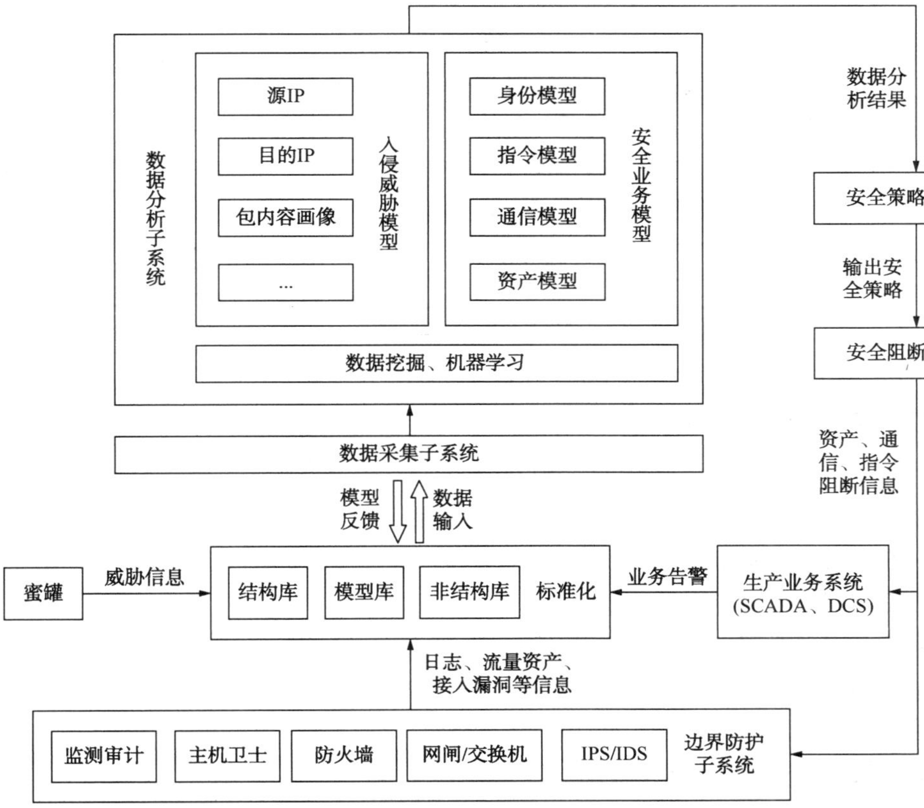

图 2　基于模型的威胁发现与主动防御架构

基于模型的威胁发现与主动防御架构主要包括数据采集子系统、数据分析子系统、安全策略子系统和安全阻断子系统。数据采集子系统从蜜罐、边界防护子系统、生产业务系统等中采集数据，并对数据进行简单地预处理操作；数据分析子系统应用数据挖掘、机器学习等技术，建立身份、指令、通信信息、资产等特征的安全业务模型，实现对数据、用户、运维及受控点管理；同时建立关联 IP 信息、包内容、异常行为等特征的入侵威胁模型，实现对异常数据、异常行为的管理；数据分析子系统基于安全业务模型和入侵威胁模型进行检测，当系统中一旦出现超出业务模型安全状态范围的异常数据信息时，及时给出数据分析结果；安全策略子系统根据数据分析结果，针对异常状态所关联的工业设备及系统，给出安全防护策略；安全阻断子系统建立必要的阻断机制，既避免来自管理层的指令直接影响现场操作，又保证了对现场设备的最小授权控制，在收到获得授权的安全策略，将安全策略转换为具体安全设备的执行策略后，阻断异常或非法设备，保护系统稳定运行。

4. 基于零信任架构的身份鉴别与授权机制

身份鉴别是系统操作指令安全执行的前提，只有确认操作者身份的合法性，并具有对某种资源的访问和使用权限，才能使系统的访问策略、操作行为合规。如果身份认证机制失效，出现身份伪造、非法访问等行为，将对工业生产的正常运行造成威胁，因此必须建立严格的身份认证机制。石油石化关键信息基础设施可能涉及多个设备、机器、系统、应用及与应用相关联的主体（人）等，同时涉及多个不同级别、不同权限设备和系统的互连，在进行工业控制生产操作时，需要基于零信任架构，利用统一的身份鉴别与授权方式将各系统对设备、用户的身份管理与业务系统剥离开来，建立统一的身份鉴别与授权机制，以便对设备、用户的访问行为进行统一认证、统一管理和统一审计。本文给出一个基于零信任架构的身份鉴别与授权机制示意图，如图3所示。

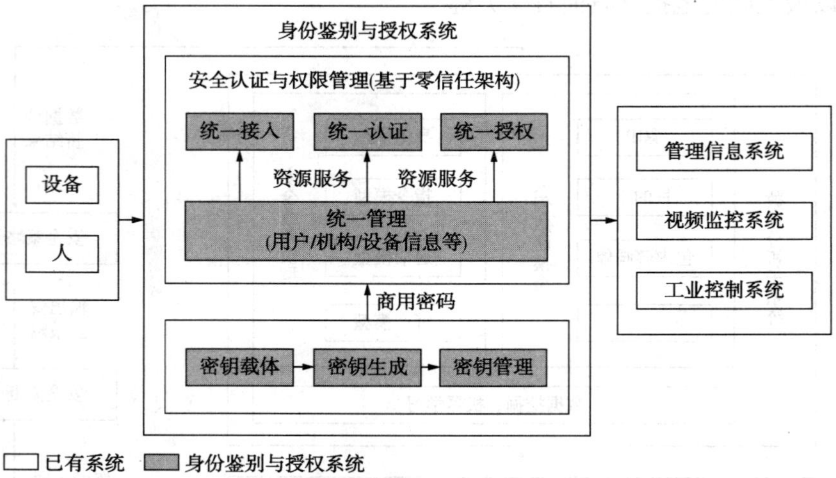

图3　基于零信任架构的身份鉴别与授权机制

基于零信任架构的统一身份鉴别与授权机制中，主要包含身份鉴别与授权系统，基于国产商用密码芯片，将身份鉴别与权限控制功能集中到身份鉴别与授权系统，实现对用户、机构、设备等的统一管理、统一接入、统一认证和统一授权，提供完善的管理功能以及数据整合、审计功能，同时融入零信任策略，在关键信息基础设施网络内对关键设备、资源的访问行为都进行多次身份鉴别和权限验证，以支持不同级别、不同权限设备及系统的多级互联。在身份认证和权限验证通过后，允许人及设备访问管理信息系统、视频监控系统、工业控制系统中的相应资源。

4 结束语

我国在关键信息基础设施保护国家战略、政策、标准、检查、审查等多个方面都开展卓有成效的工作，但相比西方发达国家，我国的关键信息基础设施保护还处于起步阶段。石油石化行业的关键信息基础设施保护相比其他行业未占明显优势，且由于成套引进国外产品和技术，在保护理念、管理、技术等方面存在多处不足，需要在体系化实施等级保护的基础上实施关键信息基础设施保护，确保国家能源安全。

参 考 文 献

[1] https：//baike. baidu. com/item/%E5%85%B3%E9%94%AE%E4%BF%A1%E6%81%AF%E5%9F%BA%E7%A1%80%E8%AE%BE%E6%96%BD%E5%AE%89%E5%85%A8%E4%BF%9D%E6%8A%A4%E6%9D%A1%E4%BE%8B/58301129? fr=aladdin

[2] https：//baike. baidu. com/item/%E6%96%B0%E7%96%86%E7%BB%B4%E5%90%BE%E5%B0%94%E8%87%AA%E6%B2%BB%E5%8C%BA%E5%85%B3%E9%94%AE%E4%BF%A1%E6%81%AF%E5%9F%BA%E7%A1%80%E8%AE%BE%E6%96%BD%E5%AE%89%E5%85%A8%E4%BF%9D%E6%8A%A4%E6%9D%A1%E4%BE%8B/60531899? fr=aladdin

[3] 姚相振，王惠莅，关键信息基础设施安全标准化现状及思考，中国信息安全[J]. 2021年第9期：36-37

[4] http：//www.nea.gov.cn/2011-08/18/c_ 131058062. htm

[5] 左英男. 零信任架构在关键信息基础设施安全保护中的应用研究，保密科学技术[J]. 2019年第11期 33-38

基于逻辑专网的气田工业互联网平台设计与应用

孟　亮　王俊丽　公　雨　刘宇丰　王佳佳

（中国石油新疆油田公司）

摘　要　进入21世纪以来，工业互联网、云计算、大数据等新一代信息技术展露锋芒，“中国制造2025”的出台加速了中国工业企业向“智慧”时代转型的步伐，以“智慧油田”建设为代表的技术革命为新一轮油气行业转型升级埋下伏笔。本文结合新疆油田天然气处理厂，通过逻辑专网改造，引入天行实时数据库，实现了全厂2万余采集点的秒级数据采集与管理，通过多级实时数据平台的构建，完成了厂区实时数据的分层管理与应用，借助信息化与物联网等相关技术，构建厂级工业互联网平台，为气田生产管理、生产优化提供统一标准的数据服务，最终建立全面感知、自动控制、趋势预测、优化决策、辅助增储上产、绿色安全、高效运营、精细管理的智能气田，满足气田未来高效开发管理的需要，该模式最大限度的将实时数据管理与应用场景进行有效融合，确保业务分析的可行性，探索工业互联网模式下的安全生产运行。

关键词　工业互联网；多级部署；断点续传；自动同步

新疆油田天然气厂共包括五个作业区，分布在克拉玛依市、石河子市、玛纳斯县、福海县，环线距离1050km，各作业区之间的网络通过油田专网进行互联，随着厂区天然气深冷工程的实施，现场自动化控制系统监控点数大幅增加，厂级工业互联网平台的缺失在很大程度上阻碍了天然气生产运行管理自动化、智能化水平的进一步提升，迫切需要在厂区内进行逻辑专网的改造，全面采集五个作业区RTU、PLC、F&GS、ESD、DCS系统的实时数据，实现气田数据的统一管理，建立标准、规范、稳定的实时数据来源，并搭建一套工业互联网一体化平台，为厂级生产监控、生产运行提供决策分析。

1　逻辑专网架构

新疆油田天然气厂现有业务类型主要有3类：办公业务、工控业务、视频业务，建设统一的工控、视频核心，满足工控、视频和办公业务的逻辑隔离需求，建设统一的安全中心实现业务间的流量分析、安全防护和策略互访需求。

逻辑专网整网采用标准三级网络架构：核心层、汇聚层、接入层，核心层实现业务间的互访和安全策略，汇聚层实现各作业区办公、工控、视频业务隔离后的汇聚接入，各作业区的接入层采用星型和环网方式组网，整体组网架构如图1所示：

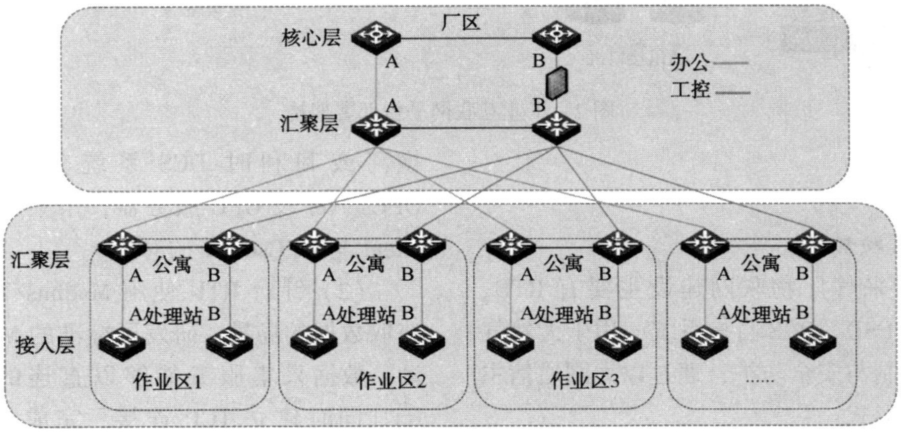

图1　组网结构图

2　工业互联网平台架构

2.1　技术路线

工业互联网平台设计分为三级：各作业区工控网部署作业区实时数据平台一套，负责作业区自身实时数据的采集、存储、实时指标计算；厂区逻辑专网部署实时数据平台一套，负责各作业区实时数据的汇聚存储，并为生产指挥中心生产监控、实时数据深化应用等场景提供实时数据服务；厂机关办公网部署实时数据平台一套，完成与厂机关生产网实时数据平台的数据同步，并为生产运行管理、自动化数据管理、设备管理等应用场景提供实时数据服务。

2.2　部署架构

工业互联网平台采用三级部署模式(图 2)：

一级实时数据平台：分别部署于 5 个作业区工控网，实现作业区 RTU、PLC、DCS 等不同设备类型的实时数据接入，数据接入频率 2~10s，同时实现作业区实时数据的本地存储。

二级实时数据平台：部署于厂区逻辑专网，逻辑专网可与工控网连通，从而实现各作业区实时数据的自动订阅，完成作业区实时数据的汇总管理。

三级实时数据平台：部署于厂区办公网，借助逻辑专网与办公网的连接通道，实现办公网实时数据从逻辑专网实时数据平台的自动订阅，完成二级、三级实时数据的全面映射。

在三级实时数据平台部署模式中，主节点为二级实时数据平台，对现场自动化设备接入过程中所需要维护的点表信息、采集启停控制，均由二级实时数据平台操作完成，其他两级实时数据平台相关配置自动同步更新完成。

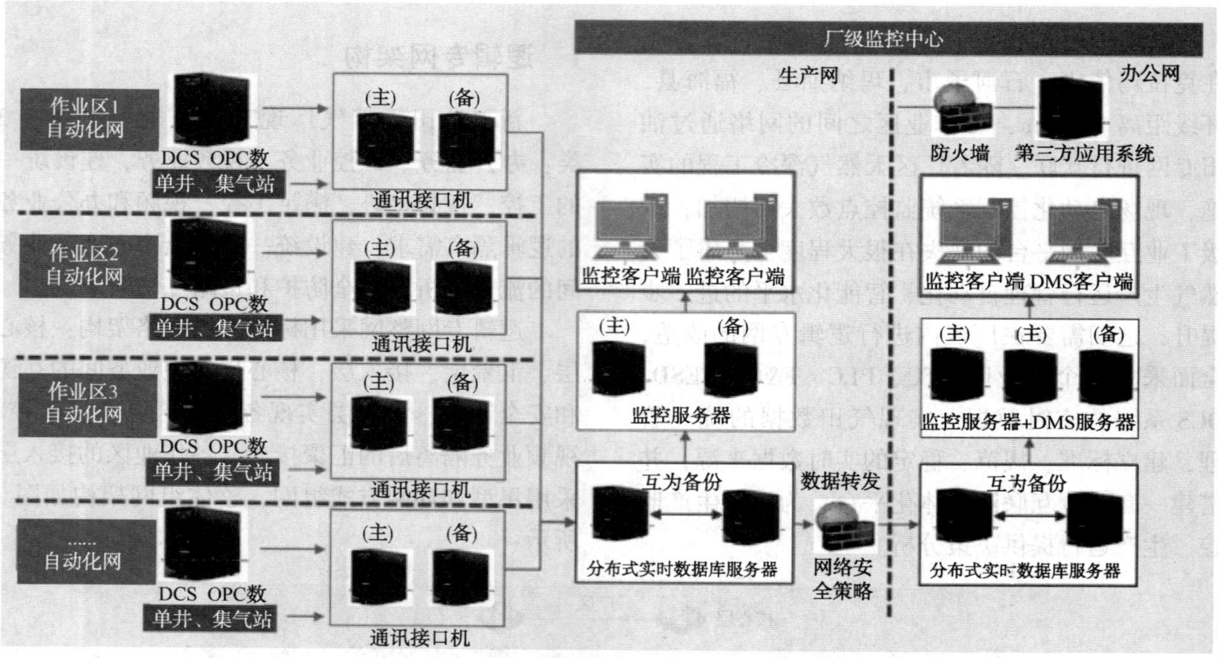

图 2　工业互联网平台部署架构

3　平台功能

3.1　数据采集功能

新疆油田采气厂物联网建设主要有 RTU、PLC、F&GS、ESD、DCS 自控系统，用于天然气生产的自动控制与安全防护，通过以太网通信主要有如下几种形式：

(1) 针对 DCS 通过 OPC 获取数据的场景：横河或和利时 DCS 系统分别安装相应的 OPCserver 及 OPC 服务器，采集服务通过 OPC-client 与 OPCserver 的对接。

(2) 针对 RTU 使用 Modbus/TCP 协议方式获取数据的场景：研发了标准的 Modbus/TCP 驱动，数据采集服务能够以直连的方式与多个 RTU 同时建立 TCP 连接，完成数据的采集与控制。

(3) 针对 AB PLC 使用 CIP 协议方式获取数据的场景：AB PLC 是基于 TCP/IP 的网络通信协议，本方案开发相应的驱动程序进行数据的解析，能够支持单点、数组、结构体等多种数据类型的读取。在采集时对 TCP 连接机制做了优化处理，采用半长连接的方式，在采集完成后能够主动释放连接资源，能够有效，有效提升了 PLC 数据采集的稳定性。

3.2 数据存储及接口访问

实时数据的存储量大，存储频率高，在往实时数据库读写数据的过程中容易出现读写效率低、导致库崩溃等系统异常的情况，为了解决该类问题，本平台在实时数据存取机制方面采用分布式数据存储技术，通过创建动态库表，主动互为备份数据，自行配置最大 cache 内存，以及最长失效和最大块数，充分利用物理资源，并获得更多的计算性能，能够确保数据存储的高性能，并对外提供了 C#、Java 等数据访问接口，可实现实时数据、历史数据的各种数据调用，包括单参数单时间点、单参数多时间点等。数据调用时，只需调用接口时输入相关关键字即可实现数据的调用。

3.3 平台级联

应用工控网与办公网平台数据自动同步更新技术，开发多节点实时数据库数据自动同步服务，将服务部署于工控网实时数据库服务器，自动将工控网实时数据通过安全策略推送至办公网实时数据库；开发工控网、办公网两级平台配置文件自动同步服务，将服务部署于工控网生产监控平台，自动将工控网生产监控平台的点表、阈值等信息同步更新至办公网生产监控平台，实现数据流由工控网向办公网的安全同步穿透，三级平台间实时数据的自动同步采用多级级联订阅机制，确保实时数据同步的时间戳一致性、低延时性(图 3)。

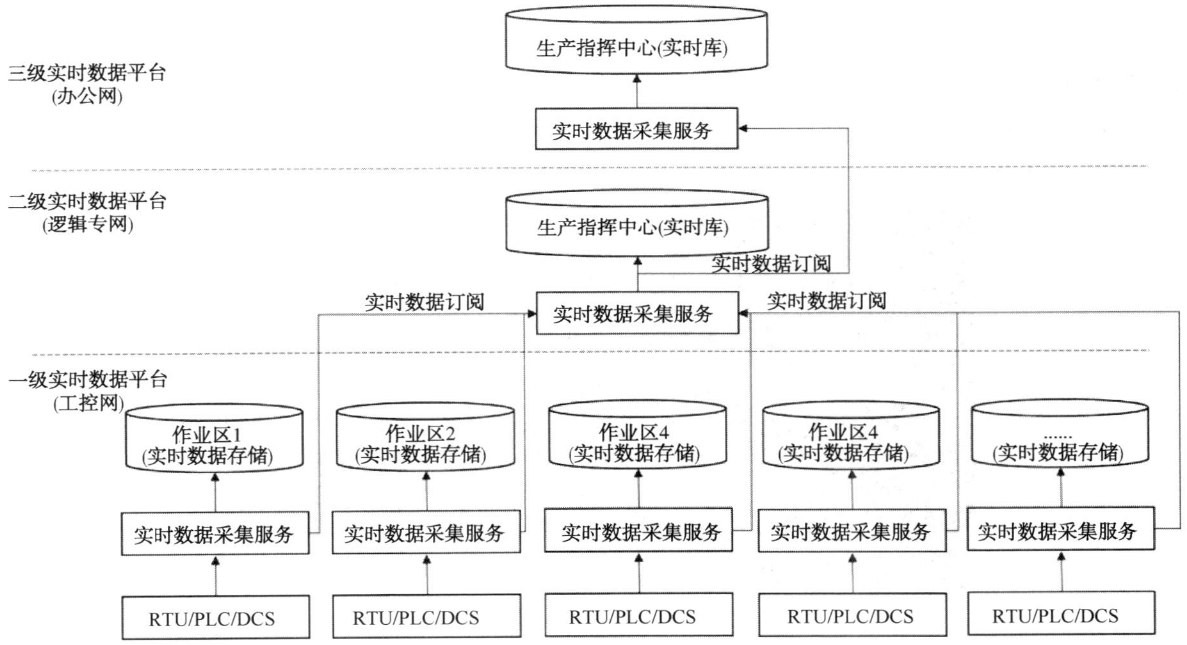

图 3　平台级联

3.4 断点续传及信息同步

断点续传主要指第一级实时数据平台与第二级实时数据平台之间、第二级实时数据平台与第三级实时数据平台间因网络稳定性等原因导致的现场自动化采集数据可以正常采集，但第二级与第三级实时数据平台没有数据的情况。针对此类场景，研发断点续传方案，实现缺失数据时间段内实时数据的同步补写。由于网络带宽是固定的，若缺失数据量较大，容易造成各级实时数据平台间数据订阅信息的堵塞，因此在断点续传过程中，重点优化了续传策略，在保障正常数据订阅的前提下，逐步实现缺失数据的同步补充。

多级实时数据库点表、采集启停控制等信息更新，均在主节点(二级实时数据平台)操作完成，操作完成的同时，自动将配置信息同步至一级、三级实时数据平台，从而确保三级实时数据平台配置信息的完全一致性。

4 应用效果

4.1 气田管理

基于生产运行辅助决策数据、实时数据源数据、生产动态数据等多源指标，按照管理要求进行指标统计、归类，以系统首页方式进行集中展示，满足管理人员对生产运行状况的宏观掌控。

首页展示内容包括：各产品日产情况、产量计划完成情况、全厂气田生产动态、开井数、各气田生产动态以及实时通信监测(图4)。

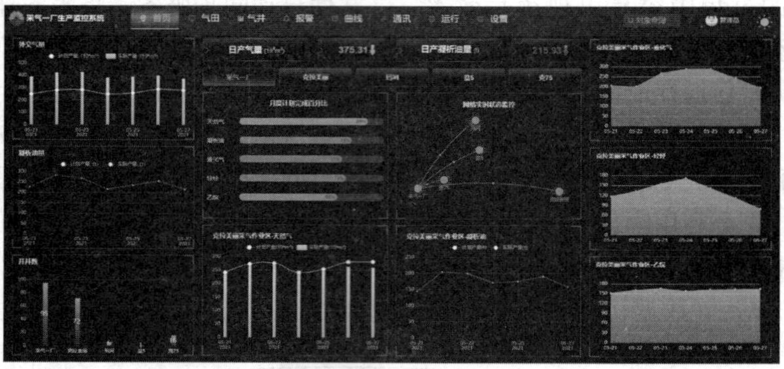

图4　管理界面

4.2 气田监控

气田流程按作业区工艺流程进行查询，快捷定位界面。对于集气站、处理站等具有复杂工艺流程的监控采用组态图方式进行展示，展示内容包括：工艺流程、监测参数、通信状态、报警状态(图5)。

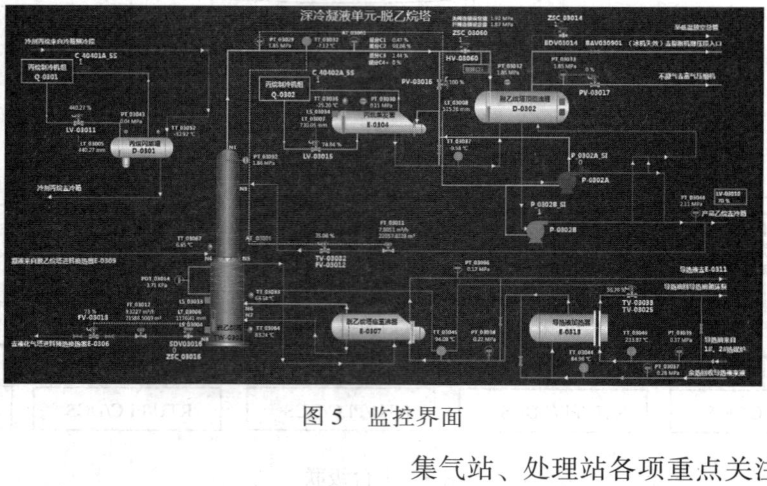

图5　监控界面

4.3 曲线分析

根据各种生产工艺情况进行专门的曲线查询功能定制。按照不同生产工艺环节，实现气井、集气站、处理站各项重点关注参数的曲线查询，用于判断生产状态，辅助进行报警、生产分析(图6)。

4.4 运行管理

生产运行管理功能以DMS为数据源及数据维护入口，自动统计各作业区生产指标，支持查询全厂及各作业区不同时段(年度、月、周、自定义时段)的生产动态，以曲线形式展示。覆盖了生产运行所需的“产量完成情况”内容，包含了生产运行中“全厂生产动态”、“各作业区生产动态”内容，避免了技术人员手动整理、统计数据；随时查询，一键成图，方便快捷(图7)。

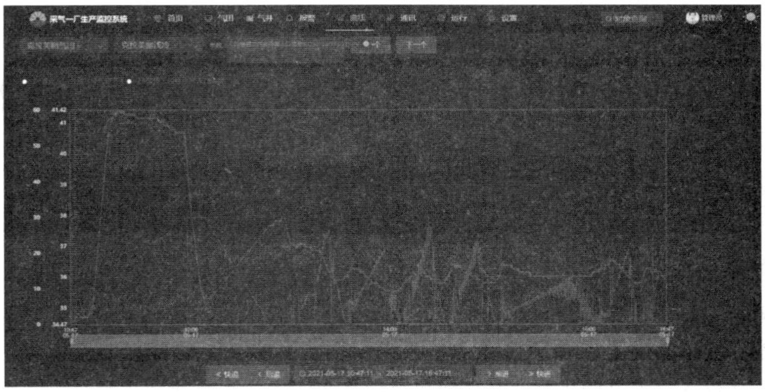

图 6　曲线分析界面

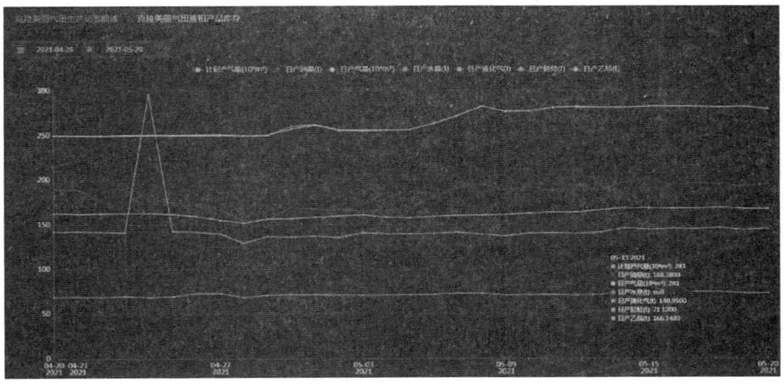

图 7　运行管理界面

5　结论

基于逻辑专网的工业互联网平台的研发与应用，建立以生产监控业务为基础核心的气田两级生产管理，实现了跨网络模式下的秒级数据展示应用，为生产运行分析、辅助决策提供支持，平台在新疆油田首次实现了办公网内的秒级实时数据采集、生产监管应用，使采气厂各机关科室及技术部门具备了基于实时数据的远程监管分析能力，能够满足生产运行管理远程决策指挥的需要，通过应用云环境下数据实时共享技术，实现了组态画面数据实时、报警信息推送实时、网络监测报警实时等。同时采用了基于 WebSocket 的网页动态更新技术，实现了页面随数据不断刷新，为新疆油田数字化转型智能化发展提供了技术支撑。

炼化企业数据资源中心建设探讨

李江浩　陈天辉　邱　军　李军海　林家旭

（中国石油化工股份有限公司茂名分公司）

摘　要　随着新一轮产业变革和技术革命的快速兴起，现代工业信息化发展已经迈入数字化、智能化建设的历史新阶段。当前炼化企业面临着各业务系统信息孤岛林立，数据共享难度大，标准不统一等问题，数据资源中心建设成为解决炼化企业数据问题核心途径，本文主要介绍了数据资源中心建设所需要具备的5种能力以及未来在炼化企业可实现的展望。

关键词　炼化企业；信息孤岛；数据资源中心；核心途径

近年来，随着信息技术和网络技术的高速发展，中国正在加快由传统经济向数字经济变革，同时石化行业面临着需求放缓，产能过剩和竞争激烈严峻形势，革新企业生产经营模式，优化提升人均劳效，重新构建企业创新发展生态链，提升企业发展动力，全面提高全要素生产率是传统炼化工业企业亟需研究解决的重要课题。

信息化是传统炼化工业企业实现数字化转型的核心途径，随着德国工业4.0，美国工业互联网以及中国制造2025的相继推出，数字网络、AI智能、移动物联等新技术革命正在兴起，逐步成为未来工业企业发展的重要支撑手段。

以往传统的工业企业信息化建设以软件开发项目推动实施，导致企业的“烟囱式”信息孤岛林立，系统之间数据共享度差，业务横向协同能力弱，数据标准不统一，项目开发实施成本高，建设周期长等问题。若要突破以往信息化建设瓶颈，首先要解决“数据+应用”的问题，企业的数据资源中心和业务中台建设是未来企业信息化发展的必然趋势。

1　炼化企业数字化转型总体架构

传统的炼化企业是以生产制造为核心，企业架构以各业务域模块化组成，如图1所示，业务间的管理相对独立，数据及信息共享度差，业务间壁垒严重，协同能力弱，以往信息化建设是以本业务域的需求范围建设，存在着数据重复录入，数据标准不统一等信息孤岛问题。贯穿企业全业务链条的唯一有效途径即是数据，实现数据的统一管理和调用是大型炼化企业数字化发展的趋势，如图2所示，企业各业务数据向数据资源中心汇聚，再由企业应用前端调用，打破数据存储空间壁垒，快速提供数据使用服务。

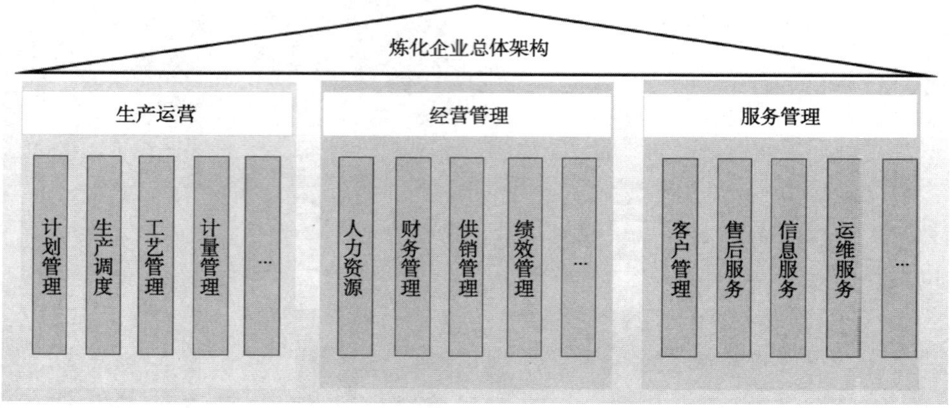

图1　传统炼化企业总体架构概况

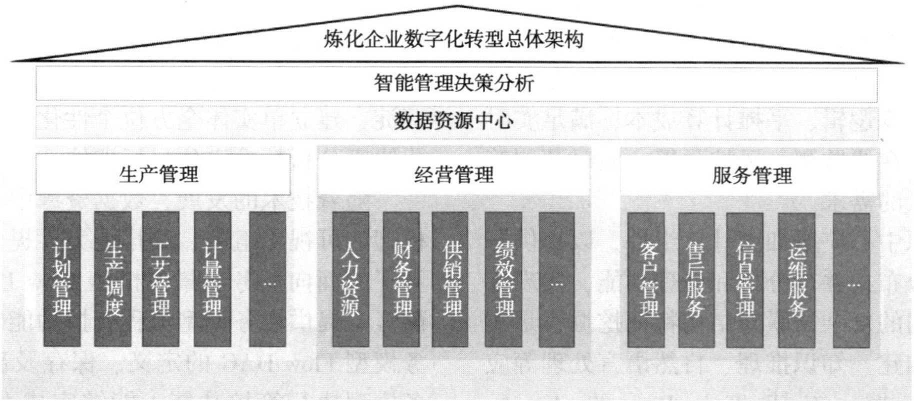

图 2　炼化企业数字化转型总体架构概况

2　数据资源中心建设

当前国内大型炼化企业存在较多独立的信息系统，这些系统大多是按传统“烟囱式”部署架构建设，由于承包商水平参差不齐、技术路线、开发平台各不相同，存在技术壁垒、信息孤岛等本源性缺陷等问题，同时各专业、系统间的标准化和共享度不高，数据流转和逻辑处理复杂，应用和共享难度大；基于传统技术搭建的数据仓库，难以支撑今后大数据的分析应用。

综上考虑，全面推进数据治理和数据资源中心建设，梳理数据资源现状，实现按“数据+平台+应用”模式推进信息化建设跨越性发展，已成为炼化企业数字化转型发展的关键。主要工作有以下三项：

1. 开展数据治理，提高数据质量

基于云资源和本地环境，通过数据资产治理，切实解决企业目前存在的生产技术、经营管理、人力资源、安全环保等一系列数据质量问题，通过信息资源整合利用、业务流贯穿畅通、管理系统与生产系统紧密融合等多种途径，有效解决或缓解长期困扰和影响公司生产发展的一系列瓶颈问题。

2. 建立数据资产目录清单，进行数据资产化管理

实现数据资产应用管理，在数据产生、数据加工、数据服务应用、数据归档等整个数据的生命周期内进行数据资产管理。

3. 建设基于数据资源中心的组件化、服务化应用

通过新建、复用现有的技术组件和业务组件构建数据资源中心，实现通过 API 服务方式封装业务逻辑，供给业务系统调用来获取数据支撑，实现平台的存储容量和计算能力可按照业务的需求随时扩张或缩减。作为大型流程化工业炼化企业，数据资源中心建设应为企业数据管理、应用提供一站式服务，至少包括数据治理、数据计算、数据分析、数据洞察以及数据资产管理五种能力。

2.1　数据治理能力

通过梳理、归纳、提炼企业在各个业务领域的数据标准，实现对企业级大数据平台数据的统一运营管理。支持按照数据标准管理分类、要素分类、业务分类，自动建立数据标准各类属性之间的约束、传递、映射、聚合关系。按照集团标准规范要求，并辅助以其他分公司内部的标准数据元进行统一的存储和管理，形成公共的标准数据元库，并对其进行日常的维护和管理。

通过数据质量评估模型，制定评估规则集，分析企业业务对象的数据质量，对各系统的整体或部分数据的质量状况进行评估。利用统计技术、数据挖掘及预定义等方法，遵循一致性检查、无效值及缺失值等转换规则，对数据采集、传输、存储过程中的多样性、复杂性以及各种不确定性因素导致的数据缺失、数据异常、数据重复、以及数据错误现象进行清洗、审核、更正。

2.2　数据计算能力

数据资源中心应具备支持系统企业数据资源中心海量数据的存储和计算，支持 PB ~ EB 级别数据的存储和计算，将炼化生产运营过程产生的结构化、半结构化、非结构化数据处理为业务所需的洞察数据，支持多应用多实例并发计算，并隔离应用数据和应用程序。

具备流式计算能力，针对生产实时数据，以

及时序要求高的业务数据处理，实现实时且无界的数据流处理、流式且实时的数据集成和实时流数据计算服务，可有效地缩短全链路数据流时延、实时化计算逻辑、平摊计算成本，满足实时大数据分析、在线监测、风控预警、实时预测等诸多业务场景的需求。

数据资源中心应增加图计算组件，以提供海量图数据的分布式并行分析和处理功能，实现炼化领域数据间的复杂关联与结构特征挖掘，是实现知识图谱构建、知识推理、自然语言处理等应用的重要支撑。支持 TinkerPop 的 Apache Gremlin 语言，与其他图产品无缝衔接，提供图查询、全图计算、子图模式匹配和图机器学习算法。

2.3 数据分析能力

数据资源中心需要建立智能标签组件，实现基于实体、关系、标签模型构建生产域数据模型，为业务人员提供最直接、最方便数据服务。在计算存储的物理模型之上实现逻辑动态建模与数据服务结合的功能，提供面向大数据应用开发的标签建模、标签管理工具，通过可视化的方式清晰的展现标签管理体系的数据模型视图，提供数据全览、数据核心资产、标签资产、实体个数、关系个数和 API 个数、标签分布统计、云计算资源使用统计、标签生产用户排行和分析 API 生产用户排行。用户画像作为大数据的根基，是企业进一步精准、快速地分析业务逻辑、操作模式等重要信息，提供了足够的数据基础，建立画像分析类组件，支持零代码标签加注，实现对复杂群体数据的简易化统计、筛选、加工、沉淀，建立单实体全方位个性化档案，通过可视化线索分析精准定位目标群体。

随着技术的发展，数据资源中心要具备业务模型的可视化组装、编排能力，提供拖拽式智能算子的面向业务场景的模型 Flow DAG 的编辑与配置。提供业务模型流程管控功能，能够完成业务模型 Flow DAG 的定义、保存及部署。提供业务模型执行管控功能，能够完成业务模型 Flow DAG 在离线批量计算引擎的依赖执行，有序保障结果产出的正确性。

2.4 数据洞察能力

面向炼化企业生产、设备、财务等业务管理需求，实现多维度、自助式的数据挖掘分析。

首先要实现对离线数据、Excel、CSV、关系型数据库、分析型数据库等多类型数据集的连接，为洞察分析做准备。支持对所有连接的数据集以列表形式管理，可查看数据集详情、新增、删除、搜索等操作。

其次对连接的数据集洞察分析功能。要支持对数据集的异常分析、趋势分析、周期性分析、指标相关性挖掘等分析。对数据集配置并运行洞察任务，自动挖掘数据规律并生产分析图表和见解(图 3)。

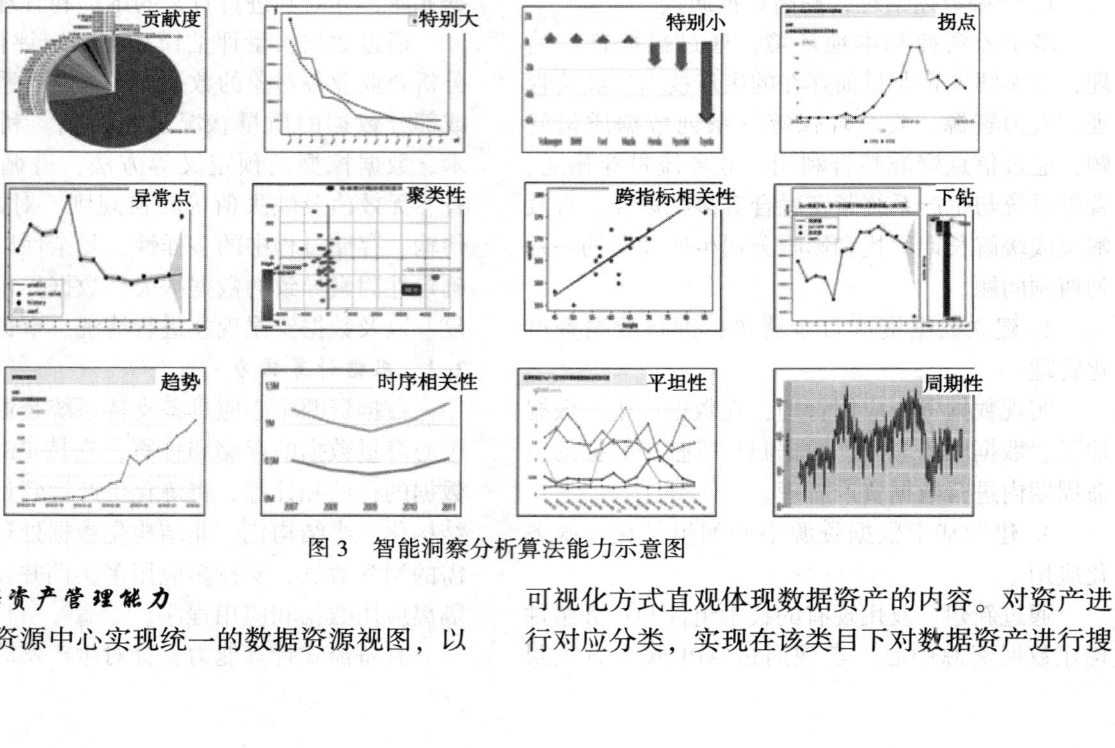

图 3　智能洞察分析算法能力示意图

2.5 数据资产管理能力

数据资源中心实现统一的数据资源视图，以可视化方式直观体现数据资产的内容。对资产进行对应分类，实现在该类目下对数据资产进行搜索、查看以及权限申请(表1)。构建全域数据资产地图,支撑用户清晰查看及快速使用数据资产。按维度建模+OLP建模方法,数据资产中心公共明细层划分为设备域、生产域、能源域、供应链域、安环域、基础域6大数据域(样例参考)。

表1 数据资产分域类目表

序号	数据域	描 述	备 注
1	设备	表示传输、生产、储运等环节涉及到的活装置,如生产设备、侧线、管线、阀门、盲板、罐、库位、采样点等	比如,包括生产装置的基本信息、参数产记录、维修记录等
2	生产	表示炼化过程中的生产过程和物料(原油、原料、半成品、成品等)、化工辅料(催化剂等)和产品的库存、进出量、产量等	比如,包括原油的库存、进出量、产量,化工产品的产品信息、产品生命周期、产品库存、产品销售
3	能源	表示生产过程中的能源信息,例如能源生产、计划、采购等	比如,包含能源计划、能源生产、能源消耗、等
4	安环	表示生产过程中和安全相关的检查、治理、规章制度等	比如,包含风险清单、隐患治理、安全事故、安全检查、作业许可
		表示和环保主题相关的污染监测、治理、防控等数据	比如,污染物的监测计划、排污计划、排污治理
5	供应链	生产过程所需要的物资供应信息,例如需求计划、采购订单、框架协议、出入库等	物流信息、出库信息、入库信息、采购信息等
6	基础	基础生产要素,如人力资源、财务成本、仓储物流、采购销售、IT资产等;表示公司组织结构,经营活动的供应商、分销商,软件系统的服务商	比如,包括茂名石化的组织机构(安全环保部等),原油供应商,乙烯分销商等;人员工时、财务预算、采购定单、设备入库、资产维修等

数据资产运维以业务为导向,面向业务目标,紧跟业务发展,动态调整模型。以数据为本,通过完善模型指标、优化模型方法、提升数据质量等手段不断迭代模型,提升模型效果。确保数据规范可用,具体为任务的设计、开发、接入和监控等符合统一规范,确保模型数据的可用、有效。

3 总结

近两年随着大数据的日趋成熟,企业级的数据中心建设成为各个制造企业争先探讨的热门话题。围绕用户为中心、数据驱动、生态协同三大核心理念,进行全要素、全价值链优化。以更加精细和科学的方式,提升生产效率,降低运营成本,资源灵活调配,提高企业运营管理水平,打造新商业模式、新生产方式和新产业生态,不断创新客户价值。

数据资源中心可以理解为一个以数据资源为加工对象的智能调度生产系统及产品仓库,以其高性能、高稳定性、多源异构及大数据处理能力为基础,为炼化企业海量的实时和历史数据提供了一个生产加工和共享服务平台。同时要发挥其最大价值,必须在业务和管理层面的数据应用需求梳理及分析研究方面投入充分和长期的力量,包括石化企业决策(指标)体系的研究、信息资源目录的梳理、标准规范的建立、实施落地的全程管理等等。通过数据中心提供的能力,在石化数据资源应用领域从数据集中、治理加工、挖掘分析到决策支持摸索出一整套行之有效的建设途径和管理规范,为今后不断扩展和深挖石化信息资源价值,真正在实现信息化创造价值和效益方面积累有益的经验。

加油站信息设备无线连接技术

马　伦

（中国石油天然气股份有限公司安徽销售分公司）

摘　要　近几年来随着信息技术的突破，“智慧”化、“智能”化加油站增多，数据采集、分析；经营过程管理；自动化控制信息设备大量在加油站层面应用。各系统设备之间的通信依然采取敷设线路方式连接。施工成本高昂，过程漫长。利用无线技术，把加油站各个信息设备连接起来，成本低、施工时间段、维护方便，不影响加油站的正常经营业务，其技术值得去研究和推广。

关键词　储气库；火山岩；上限压力；断层稳定性；建库参数

1　加油站信息设备概况

随着近年来信息技术的蓬勃发展，信息系统的应用对加油站传统经营模式、管理流程产生了巨大的影响。有效的推动了规范管理和流程优化，提高了工作效率、降低了运营成本。就中国石油来说，从2009年开始建立的加油站管理系统，从根本上解决了加油站运营中的统筹监控和管理问题。

笔者就中国石油目前应用的加管系统设备为切入点，简单分析加油站无线信号连接的技术方案。

2　中国石油加油站信息设备概况

主要分前台、后台、以及生产设备，下面就加管系统设备构成进行说明：

1. 收银台涉及信息设备

前台设备包括收银POS机、发卡电脑等设备(图1)。

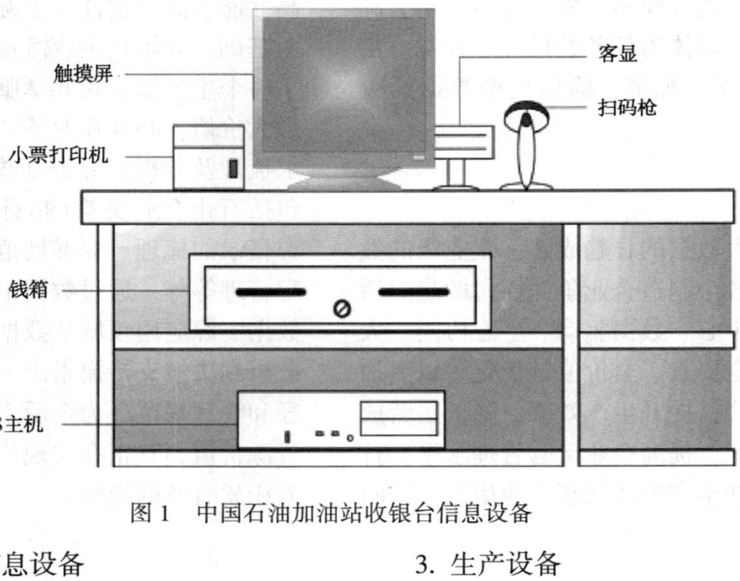

图1　中国石油加油站收银台信息设备

2. 后台机柜涉及信息设备

后台设备包括报表服务器、油品服务器、设备监控录像机、KVM转换器、路由器、前庭控制器、交换机、UPS、光纤猫、液位仪、显示器等(图2)。

3. 生产设备

生产设备包括加油机、自助发卡终端、油罐、监控摄像头(图3)。

加油站信息设备连接分为电流环信号接入和网络信号接入，具体如图4所示。

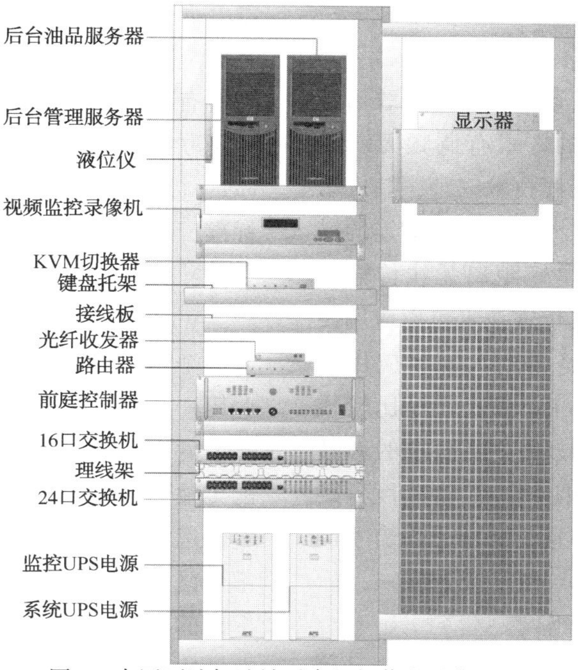

图 2 中国石油加油站后台机柜信息设备组成

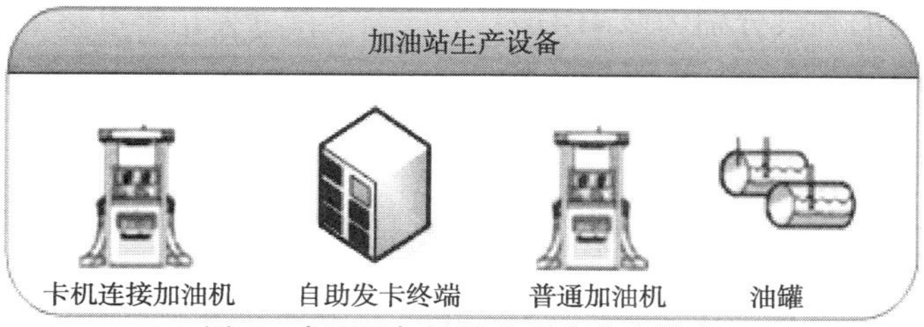

图 3 中石油加油站收银台信息设备

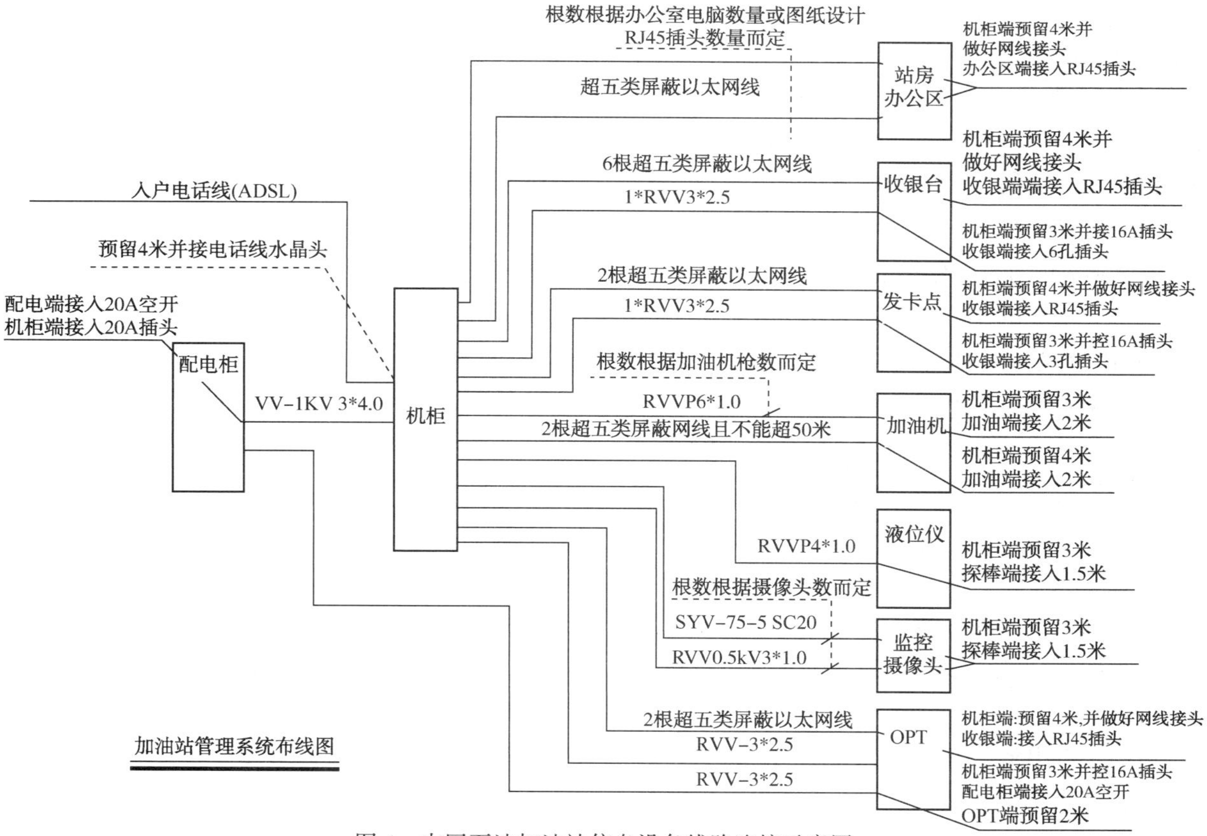

图 4 中国石油加油站信息设备线路连接示意图

3　无线连接技术

无线技术分不同种类，通常以产生无线信号的方式来区分，目前主要的方式有调频无线技术、红外无线技术和蓝牙无线技术三种，其成本和特点也不尽相同。在物联网中物与网相连的最后数米，发挥关键作用的是短距离无线传输技术。目前有多种短距离无线传输技术可以应用在物联网中，在我国，除已经得到大规模应用的RFID之外，还有WiFi、ZigBee、蓝牙等比较成熟的技术，以及基于这些技术发展而来的新技术。这些技术各具特点，因对其传输速度、距离、耗电量等方面的要求不同，形成了各自不同的物联网应用场景。

1. ZigBee：低功耗、自组网

ZigBee以其鲜明的技术特点在物联网中受到了高度关注，该技术使用的频段分别为2.4GHz、868MHz(欧洲)及915MHz(美国)。其主要的技术特点：一是数据传输速率低，只有10~250Kbps；二是功耗低，低传输速率带来了仅为1mW的低发射功率。据估算，ZigBee设备仅靠两节5号电池就可以维持长达6个月到两年左右的使用时间，这是ZigBee的一个独特优势；三是成本低，因为ZigBee传输速率低、协议简单；四是网络容量大，每个ZigBee网络最多可以支持255个设备，一个区域内可以同时存在最多100个ZigBee网络，网络组成灵活。ZigBee芯片主要企业有德州仪器、飞思卡尔等。市场调研机构ABI Reserch的一份数据显示，2005年到2012年，ZigBee市场的年均复合增长率为63%。

“ZigBee是从家庭自动化开始的，在瑞典哥德堡就是从智能电表开始，然后进一步用到燃气表、水表、热力表等家庭各种计量表。”在2011中国无线世界暨物联网大会上ZigBee联盟大中华区代表黄家瑞说，“ZigBee在智能电表里不仅仅是远程抄表工具，它是一个终端，也是一个网关，这些网关结合在一起，整个小区就变成了智能电网小区，智能电表可以搜集家里所有家电的用电信息。”

目前，ZigBee正在完善其网关标准，7月底发布了第十个标准ZigBeeGateway(ZigBee网关)。ZigBee Gateway提供了一种简单、高成本效益的互联网连接方式，使服务提供商、企业和个人消费者有机会运行这些设备并将ZigBee网络连接至互联网。ZigBee Gateway是ZigBee NetworkDevicesp(ZigBee网络设备)这一新类别范畴的首个标准，这将使ZigBee发展进一步提速。

2. WiFi：大带宽支持

WiFi是以太网的一种无线扩展技术，如果有多个用户同时通过一个热点接入，带宽将被这些用户共享，WiFi的速率会降低，处于2.4GHz频段的WiFi信号受墙壁阻隔的影响较小。WiFi的传输速率随着技术的演进还在不断提高，我国电信运营商在构建无线城市中采用的WiFi技术部分已经升级到802.11n，最高速率从802.11g标准的11Mbps提高到50Mbps以上。在WiFi产业链中，最大的芯片企业是博通。

“在过去几年里整个WiFi技术和产品发货量达到20亿个，整个Wi-Fi产品销售每年都是以两位数的速度持续增长。”WiFi联盟董事Myron Hattig说：“在2011年我们还会销售10亿个产品。”

在笔记本电脑和手机上已经得到广泛应用的WiFi正在向消费电子产品渗透，Myron Hattig说：“除了手机外，已经有25%的消费类电子设备使用WiFi，在打印机、洗衣机上都在使用WiFi，家用电器生产商协会将WiFi作为一个更高级别的智能电器沟通技术。WiFi可以将设备与设备相连，从而使整个家庭的家用电器、电子设备相连。”

最大WiFi芯片制造商博通正在推动WiFi Direct标准的商用，以支持这种设备到设备的直连。特别是在家庭互联中，相片、视频等大数据量的业务在手机、平板电脑、电视等设备中的直连应用前景广阔。

基于WiFi上发展起来的WIGIG也是未来互联市场有力的竞争技术。该技术可工作在40~60GHz的超高频段，其传输速度可以达到1Gbps以上，不能穿过墙壁。目前英特尔、高通等芯片企业在支持WIGIG发展，目前该技术还在完善中，如需要进一步降低功耗等。

3. 蓝牙：4.0进入低功耗时代

蓝牙能在包括移动电话、PDA、无线耳机、笔记本电脑、相关外设等众多设备之间进行无线信息交换。蓝牙采用分散式网络结构以及快跳频和短包技术，支持点对点及点对多点通信，工作在全球通用的 2.4GHz 频段，其数据速率为 1Mbps。

2010 年 7 月，以低功耗为特点的蓝牙 4.0 标准推出，可以看作蓝牙第二波发展高潮的标志，主要有 4 个生态系统，分别是智能手机与笔记本电脑等终端市场、消费电子市场、汽车前装市场和健身运动器材市场。”

4. NFC 和 UWB：逐渐淘汰

NFC 和 UWB 曾经是十分受关注的短距离无线接入技术，但其发展已经日渐势微。业内专家认为，无线频谱的规划和利用在短距离通信中日益重要。短距离通信技术目前主要采用 2.4GHz 的开放频谱，但随着物联网的发展和大量短距离通信技术的应用，频谱需求会快速增长，视频、图像等大数据量的通信正在寻求更高频段的解决方案。

4　中石油加油站无线连接技术解决方案

加油站各信息系统设备连接主要从二个层面考虑，第一是产生层面设备，主要涵盖了加油机、液位仪、视频监控等。第二是管理层面设备，主要涵盖了管理服务器和信号转换设备。主要连接分为电流环信号连接，涉及设备为非卡机连接加油机和液位仪。网络信号连接，主要涉及到服务器和视频监控等。

网络信号是采用了 WIFI 网络传输技术中的 5.8G 频段，下面就 5.8G 技术及应用进行说明。

5　8G 技术概况

1. 5.8G 传输距离

5.8G 的波长 5.17cm，5.8G 由于波长比较大，雨衰的影响不是特别的大。5.8G 无线传输系统通信距离的典型值大约在 10km。

2. 5.8G 系统容量

目前我国 5.8G 频段划分的带宽为 125MHz（5725MHz ~ 5850MHz）；5.8GHz 的设备通常采用直接序列扩频技术，容量在 10Mbps 左右。

3. 5.8G 采用的技术

5.8G 一般采用的是基于 IP 或基于电路的无线传输技术。

基于 IP 的技术信令协议简单，实现容易，开销低，频谱利用率高，业务种类多，接口简单统一，升级容易，为世界主流的宽带无线接入方案，特别适合于非连接的数据传输业务（图 5、图 6）。

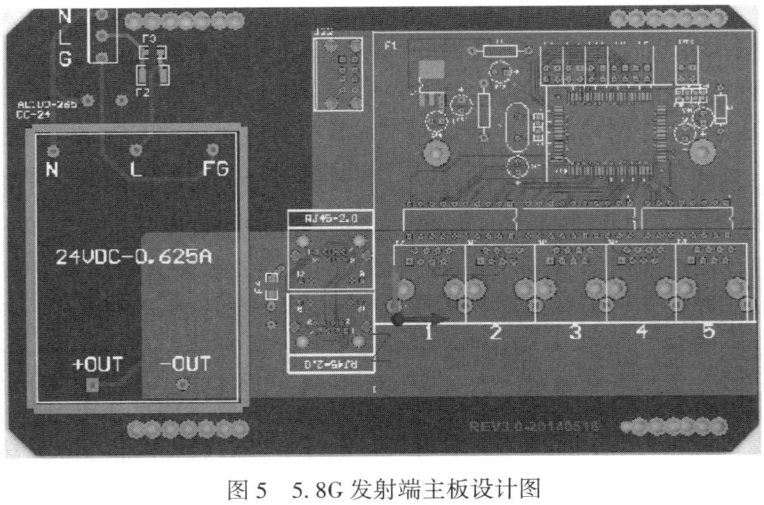

图 5　5.8G 发射端主板设计图

基于电路的技术时延小，适合于进行传统的语音传送，但是难以实现动态带宽分配，并且频谱利用率低，特别适合于基于连接的传输业务。

4. 5.8G 应用方式

目前 5.8G 无线技术主要都是用来解决从骨干网到用户驻地网的接入问题。5.8G 为 ISM 频

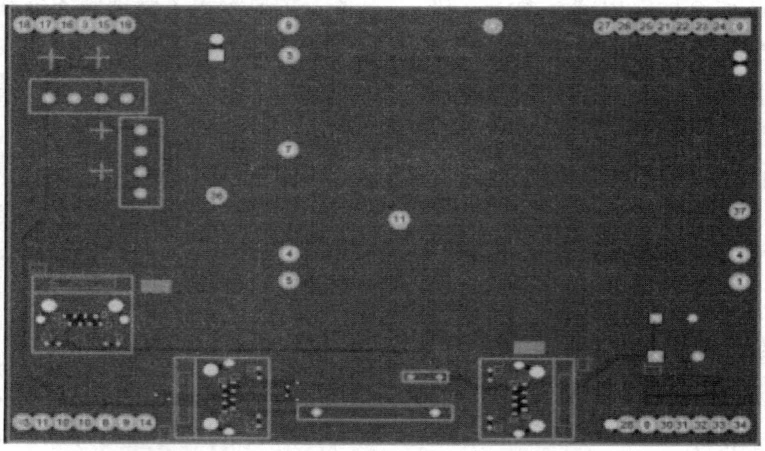

图6　5.8G接收端主板设计图

段，国家无委没有进行统一的分配，对该频点的使用限制不是很严格，主要采用的是点对点的技术，用户主要为一些中、小型企业。

5.5.8G应用范围

针对提供的带宽，5.8G的设备可以用于城市或者郊区，5.8G无线接入的业务提供者可以是传统的运营商也可以是大型的企事业单位。

就系统要求的传输环境而言，5.8G的宽带无线接入系统在采用比较低的调制效率时对信噪比的要求比较低可以满足一定的非可视传输要求。

5.8G的系统比较适合于在城市进行相对短距离的传输（约9km），在郊区进行长距离的传输（约20km）。

5.8G的系统一般采用以前军事上所采用的直接序列扩频技术，抗干扰能力相对要强一些。

5.8G与2.4G对比：

（1）频段：2.4G频段非常繁忙各种路由器、手机、平板、笔记本等等，干扰非常多，5.8G目前干扰非常少，并且在组网速率上高于2.4G。

（2）2.4G设计时使用的是分体设计，采用外部电源容易受到各类干扰（如电机、漏频变压器、汽车点火系统、大功率设备启动等），2.4G内部没有做电源滤波和稳压处理；而5.8G采用了一体设计，把电源、交换、无线模块集成到一起，巧妙的设计到防爆盒内部（防爆盒具有屏蔽功能），阻挡了外部的干扰源，并且采用了最新低通滤波和电源稳定设计，那怕外部供电有短暂的掉电，也不会造成设备宕机，而无法使用。

（3）在网络延迟上，2.4Gping测试延迟为3ms，丢包率为千分之二；而5.8G延迟为1ms，丢包率为万分之一，由此带来的好处是加油机反应更快，数据处理更稳定，减少灰卡的产生。

（4）在宕机概率上2.4G为2%，而5.8G经过重新设计有已经提升到1‰，稳定性大幅提升，目前在华山站测试的3个月中，从上线到至今除了加油站停电外，设备一直运行稳定未发生任何故障，加油站反应非常好。

（5）2.4G很多部件必须采用手工制作这样就导致产品质量不一，而5.8G在设计之初既考虑了此问题，全部采用机器制作，确保了产品的质量和生产速度。

（6）通过对天线和外围线路的优化，在部署时间上由原来的2.4G的3h，缩短到了2h，大幅减少了加油站停业时间。

（7）2.4G底层系统为早期版本，5.8G底层系统经过更新优化修复了更多的bug，稳定性和扩展性进一步提升。

（8）在扩展端口上由原来2.4G的2个端口提升到5.8G的4个端口。

电流环信号是采用工业级RS232/RS485/RS422/电流环四合一串口和无线数据转换设备，支持串口透明传输和空中升级．设备串口可通过拨码开关灵活设置成RS-232或RS-422或RS-485模式，更换转换模块可以设置成电流环模式。设备工作温度范围为-25～+75℃，16个RF通道，数据速率可配置为250kbps、500kbps和1Mbps，串口通信波特率最高需支持115200bps，支持串口数据透明转发，支持本地和空中配置以及固件升级。同时内建 2kV 浪涌保护，电源和串行接口提供 EMC 可靠性保护（ESD、EFT、SURGE 达到等级 3 保护），必须具有 2500K 隔离耐压，考虑到加油站生产设备的多样性串行接口 RS-232、RS-422、RS-485 和电流环可选，波特率范围 1200～115200bps，输入电压 DC 9～24V，或 DC 5V（需改变内部跳线），工作温度：-25～+75℃，保存温度：-40～+85℃（表 1、表 2、图 7）。

表 1　无线射频参数（DC=5.0V @25℃）

描述	JFWFZ-BKCG-1			JFWFZ-BKCG-2			单位
	最小值	典型值	最大值	最小值	典型值	最大值	
频率范围	2.405		2.480	2.405		2.480	GHz
接收灵敏度（1%PER）		-97	-85		-103	-85	dBm
发送功率	4.5	6.0			20		dBm
链路预算		103			123		dBm
工作带宽		5.0			5.0		MHz
无线输出速率		250	1000		250	1000	Kbps
频率误差范围	-96.2		96.2	-96.2		96.2	KHz

表 2　通信距离实际测定

描述	JFWFZ-BKCG-1			JFWFZ-BKCG-2			单位
	最小值	典型值	最大值	最小值	典型值	最大值	
板载天线	100		150	—		—	m
外置天线（5dBi，SWR<1.5）	300	350	500	700	900	1500	m

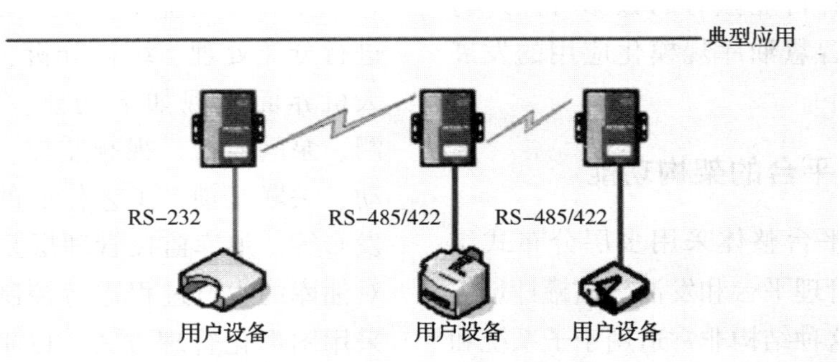

图 7　典型应用

智慧油库管理平台在成品油销售市场的规模化应用

明　丹

（中海油销售深圳有限公司）

摘　要　随着国内成品油经营市场化改革政策的推行，销售市场逐渐从单一驻库销售转向多渠道线上营销，在能源供应服务、商品、物流、智慧供应链等方面，传统的油库管理模式已经不能满足时代需求。本文通过介绍智慧油库管理平台的架构功能、分析智慧油库管理平台的经营模式、总结与电商深度融合的数据特点，详细介绍了智慧油库规模化应用的发展前景。

关键词　智慧；油库；电商；应用；规模化

近年来，随着以促进商业消费为指导意见的政策推行与新能源汽车渗透率的逐年增加，成品油市场竞争空前激烈。在大环境的驱动下，新型电商平台销售模式持续渗透下沉到传统行业，国内成品油市场资源供需矛盾日渐突出，传统的经营理念和经营方式亟需改进与完善。基于此，本文利用传统油库与电商销售融合应用的商业实际案例，以契合市场多样化经营模式为导向，结合行业独有的数据特点进行简要分析，提出了智慧油库规模化应用的发展思路，详细内容如下。

1　智慧油库管理平台的架构功能

智慧油库管理平台整体采用多层分布式结构，即由油库综合管理平台和发油、储罐计量等各个子系统组成，这种结构非常适用于子系统和设备较多较分散的油库。在这种结构下各个子系统既能独立运作互不干扰，相互间又能通过油库管理平台进行数据共享、联动、连锁。分布式结构使得系统的各项监控和管理功能可以分布在网络中的任意计算机上，同时也方便进一步实现基于广域网(Internet)的远程监测。

智慧油库管理平台采用的 C/S（客户机/服务器）和 B/S(浏览器/服务器)相结合的软件体系结构，油库管理平台采用 B/S 架构，各子系统采用 C/S 架构，整个结构分成现场采集控制、监控管理、业务管理。

1.1　现场采集控制

由各种传感器、泵、阀、液位仪、执行器、操作器、智能仪表、测控装置等设备以及连接它们的现场总线和通信网络组成。该层主要是完成对现场各种数据和信号的采集，按照工艺要求和管理指令对现场的泵、阀、执行装置进行控制。

1.2　油库监控管理

包括了计量、安防、作业等多个工业自动化子系统。它负责根据油库管理要求对生产进行工业自动化监控，对采集的现场数据和信号进行分类处理、统计分析、记录存储，并通过人机界面实现如下功能：发油监视、计量监测、泵阀监控、视频监控、报警监测、报警联动、关联互锁、工艺作业的模拟和操控、数据发布等。油库监控管理层是油库生产运行人员对油库的生产过程进行控制的关键部位，系统采用图形化管理方式，以平面图、工艺图、流程图、趋势图、报表等多种形式对数据和信号进行直观可靠的呈现。

1.3　业务管理

实时数据可被各种应用加工成新的信息资源，提供给管理、销售、技术、操作等各层次人员，帮助他们及时而有效的决策。实时数据库上的数据根据用户需求及存储空间的大小，可以保留 5 年，甚至更久的时间。同时，业务管理层还负责所有对外系统的数据交互，实时数据库系统提供包括 ODBC、标准 SQL 以及 OPC 等开放的数据接口，同时提供可供二次开发的数据访问控件以及 API 编程接口。因此，SAP 与电商物流系统均优先选用 webservice 接口方式，与油库信息平台开发接口一致(图1)。

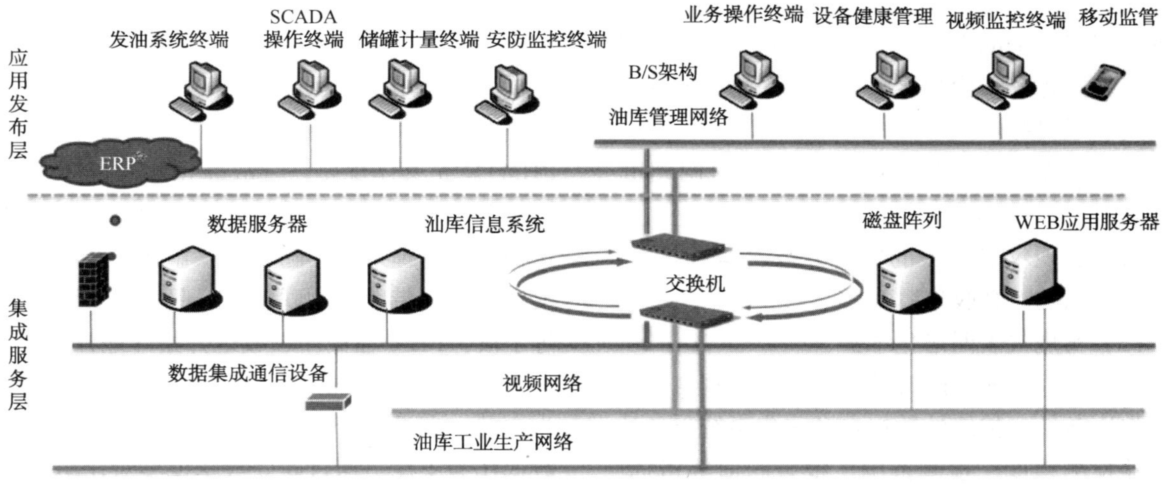

图1

2 智慧油库管理平台的经营模式分析

智慧油库管理平台是在油库自动化及信息化基础上与物联网、大数据、云、AI、移动互联网等新技术深度结合，同时融合成品油销售企业自身运营机制形成的新型油库经营模式。智慧油库管理平台下的经验模式与传统油库经营模式相比主要存在以下几个方面的不同。

2.1 业务流与控制流的融合

管控一体化的核心就是业务流(BT)和控制流(OT)的融合和统一，实现信息物理系统(CPS)的整合。对油库的泵阀远程操控，流量、液位检测属自动化范畴，收发油等业务数据的自动流转属信息化应用范畴。一湾油库通过在自动化系统中向上延伸植入信息化的元素，在信息化系统中向下扩展预留自动化系统接口实现了自动化与信息化的融合。以重大作业为例，将目前的收油、倒罐等重大作业流程电子化进入信息系统，将路径选择、计量交接单等原手工操作通过系统后台自动完成，通过移动操作终端实现现场巡检记录及设备状态实时上传。在油库的信息化平台上首先建立收油作业，然后选择收油目的罐，智能化平台自动生成流程途径，并将作业自动提交计量、安全巡检等岗位和领导审批、知晓，自动计量系统自动盘点收油前数据，油库当班领导批准后，流程自动下发到 SCADA 系统，SCADA 系统确认完所有授权后自动启动收油流程开启相关泵阀，收油完成，信息化平台自动收集收油前后自动计量系统数据并形成相关报表完成作业。发油系统与 SAP 和物流电商平台的对接也是其具体应用，实现了业务数据自动流转到发油自动化系统，发油自动化系统完成装车作业后再回传 SAP 和物流平台过账，完成整个作业过程。

2.2 机器代人模式的演进

机器代人最广泛的应用是在连续生产的自动化工厂中的应用，如全自动生产流水线，但油库作为重大危险源对电子电器的应用有一定的限制，且生产经营活动呈现出离散特点在一定程度上影响了自动化的进程。在智慧油库管理平台的建设中，通过引入物联网、移动互联网、AI 等新技术解决了技术瓶颈。

下面以完整性管理方面的应用举例分析。

设备状态的智能感知，传统管理中以人员巡检为主收集设备运行状态，智慧油库模式中以智能传感器、多传感器联合诊断、AI 识别等进行设备状态感知。

油库的上端网络，如油库控制网络、IT 局域网、VPN 专网及互联网等，已建成。智慧油库的重点应用将是建设油库现场的传感器智慧感知网络，并将传感器网路数字化，实现检测参数、传感器状态的并行采集，实现传感器的智能化诊断。不具备有线通信的仪表将使用移动互联网如 4G 移动互联网或 NB 等网络接入。

以发油台为例。当前大部分仪表设备采集到的数据主要是模拟数据，即使是已经采用了现场总线通信的仪表，其所采集的数据也仅为过程参数。在智慧油库建设中完成库区物联网改造后，传感器网络将全部实现数据采集的数字化，其自动采集模式将升级为智能感知模式。物联网建设将达到以下目标：

（1）建立主要仪表及控制设备的网络化通信。

（2）实现仪表设备的实时参数、运行状态、自诊断信息的综合收集。

（3）实现仪表网络化维护。

传感器检测输出的有效性识别是实现自动控制的先决条件。传统的数据自动采集系统仅关注传感器检测精度、检测范围、报警阀值等指标，对数据的真实性未进行深度挖掘。当传感器本身出现了故障或外部环境出现了重大改变时，其测量结果已不能代表真实的过程参数。因而数据的有效性识别是保证测量结果真实可靠的关键。

实现数据有效性的智能识别，主要有两种途径：

（1）传感器自诊断技术。在建立传感器感知物联网的情况下，设备的自诊断信息也被采集系统实时获取。采集系统得到的不仅是测量值，还包括传感器状态参数。当传感器出现故障时，对应的检测数据会作为无效数据被丢弃。此类的典型应用如质量流量测量和液位测量等。

（2）参数综合关联分析。通过建立参数时域分析模型和多参数关联分析模型，采用比对法及时鉴别出数据异常。如发油台的油品和储罐油品的温度测量，当发现超出了正常范围的温度测量值或有异常频繁波动的测量值时，系统会视其为无效数据予以报警并自动做出相应处置；相同介质的油料在不同鹤位发油时，传感器测到的超出了正常范围的温差值也会被系统视为无效数据。

当设备完整性管理提升到一定程度后，油库管理中的很多人工操作场景即可采用机器代替，如盘点、重大作业、设备巡检、出入库检测、换票等。

2.3 数字化油库初步呈现

智慧油库管理平台跟传统自动化或信息化油库相比，在数字化建设和应用上有了较大变革，在物流单据流转、作业流程审批、HSE 等方面实现了数字化。同时通过大量移动终端的使用过，在巡检人、车证照管理，业务单据传递等方面也实现了大量非结构化数据的数字化管理。

基于数字化资产的产生，一系列在数据挖掘分析上的应用也应运而生。其中故障预测及健康管理（Prognostics and Health Management，简称 PHM）就是其体现之一，故障预测及健康管理最初是美国军方用于战斗机故障预测及健康管理的一种综合管理系统。随着传感器技术及互联网技术的发展，借助于物联网、云服务及大数据分析等手段，PHM 在民用领域也开始落地开花。

油库设备 PHM 管理的核心是以预测性维护为主的一套设备管理模式，应用前提是需要大量数据作为支撑，通过建立数学模型对比历史和实时数据进行预测性应用。传统的设备管理采用了基于固定周期的计划性维护策略或者是在设备已经发生了故障时再进行维修的做法。PHM 针对油库的实际情况，建立设备故障预警模型，根据设备的实时监测状态，结合历史运行数据，对各个设备的健康状况进行实时预测。当发现某设备出现了性能降低时，系统会及时提醒管理者进行预防性维护，以此防止设备出现更大的缺陷。采用 PHM 管理所带来的好处有：①减少停机概率；②降低设备故障率；③降低维修费用；④延长设备在役寿命；⑤业务数据的智能分析；⑥业务智能分析将包括库存预测及优化、设备利用率分析等。

（1）库存预测及优化。在油料价格频繁上下波动的今天，满足需求的最低库存是石油公司规避风险的最有效手段。实现库存优化的关键是建立库存预测模型，以求正确进行库存预测。

（2）设备利用率分析。发油台、鹤位数量的合理配置是油库初期建设的关键指标。通过对库区内现有的发油台流量分析、利用率分析、车辆等待时间分析，系统将为油库运营管理者在油库二次配送调度计划、油库扩建或新建计划等方面提供管理决策依据。

2.4 经营管理模式的变化

传统油库的运营监控主要由中控室完成，在中控室配置了专职的值班人员对油库的运行状况进行监控。事实上，当设备正常运行时，专人的长时间监控是没有必要的，只有当油库出现异常，需要人工干预时，相关人员只要能及时获得报警信息即可。

随着移动互联网的发展，消息推送、移动审批已成为日常管理的重要手段。当油库出现异常时，及时将异常信息主动推送给相关人员，相关人员在得到信息后即可酌情采取措施进行处置，并将处理结果进行记录。采用移动终端消息推送的做法，将大大提高管理效率和实际运维响应的时效性。

3 电商深度融合的数据特点

3.1 数据实时性的提高

传统业态模式下，单据传递、核验、流程审批等环节需要花费大量的时间，对于石油这种价格随时变动的大宗商品来说，等待就是一种风险。当油品交易通过电商平台下单后，油品的价格时间点将非常清晰，资金的时间成本也将大幅降低，同时物流与电商融合后，对提货流程的追溯、跟踪实现了实时可控。

3.2 商业欺诈风险降低

基于石油的特定属性，交易主体和物流配送主体经常出现分离的情况，货权交割一直是风险所在，其中不乏出现商业欺诈，也一直是石油公司监管的痛点和重点。仓储物流与电商深度融合后可实现交易主体、物流配送主体以及货权交割实现线上统一，将单据传递、验真等环节风险降到最低。

4 智慧油库规模化应用的发展前景

从技术发展层面上，物联网、云、大数据、移动互联网、AI 等技术已经发展较为成熟，正进入大规模应用环节，在技术上已经为智慧油库的规模化应用扫清了障碍。

在宏观层面，国家十四五规划中数字化产业和产业数字化是重点建设领域，石化化工行业理应首当其冲。随着智能化技术在民生领域的广泛应用，在油库中的广泛应用也是必然趋势。

在行业中，当前以中国石化、中国海油、中国石油为主体的国家队已经在广泛开展智慧油库的研发和试点工作了，等到找到智能化技术在油库经营管理中着力点后，大规模应用将只是时间问题。

成品油库智能化技术现状及其发展趋势分析

杨豫红

（中海油销售深圳有限公司）

摘　要　随着信息技术和人工智能的发展，石油基地从传统的工作系统向自动化、智能化方向发展。本文总结了我国智能石油银行的技术现状，提出了未来智能石油银行改革的思路和方案，为提高国内石油银行的知识水平，提出了建设方向。

关键词　成品油库；自动化；智能化；智能油库

当今科技发展日新月异。互联网和人工智能的出现，使传统的生产劳动变成了知识劳动。20世纪初，国外石油公司对我国油库进行了全面的现代化改造，作为油品储存和运输的中间环节，油库的安全、高效运行是国内经济稳定发展的重要保证。新的自动化系统和数据管理系统的应用，使油库实现了现代化。近年来，随着人工智能技术的发展，我国逐步认识到油井自动化的重要性，开始了成品油库的探索，体仪表和自动控制系统的应用和数据交互的深化，地方传统油库智能化已成为必然趋势。

1　国内成品油库自动化现状阐述

目前，国内储油库自动化水平普遍较低。随着自动化技术的发展，一些油库可以根据业务需要通过一个单元进行升级改造。但往往没有单一的配送系统，导致系统分离，数据交换只能手工记录，效率仍然很低。以期研究了成品油库存在的主要问题：①基础设施落后，部分油库仍采用手动阀取样；②信息孤岛：高层系统和垂直系统之间的数据隔离，例如 ERP 和计量系统，ERP 和石油输送系统，警报和图像监测等；③它严重依赖人工，现场操作依靠人工核对清单、人工计费、人工上下班、人工测峰等；④业务管理落后，数据收集靠人工抄录，数据计算靠人工记录，垂直作业时过多使用纸张传递信息，业务互动存在一定延迟；⑤信息水平低，图像监控系统、应急消防系统、报警系统处理系统之间没有有效联动。

2　智能化油库改造架构

目前，智能化系统主要包括现场设备水平、过程控制水平、业务管理和分析决策水平等。系统以综合自动化子系统为基础，通过对数据的分析、智能决策和数字化司机的智能操作模式，在设备运行和企业管理之间建立起一个数字化的循环，取代了原有的人工判断和操作，降低了员工的劳动强度，在智能化油库的运行过程中，通过信息管理平台，将各工序进行集成，并与其他子系统共享数据，建立一个单一的整体，生产出整个油库。通过数据网络和业务连接实现了业务流程的自动化，改善油库系统之间的连接；另一方面，通过对信息管理平台数据的广泛分析，建立了一个数字化的信息管理平台，可以进行传统的人工检查、报告、管理和控制，找出事故运行中存在的问题，协助管理者做出决策。

3　成品智能化油库改造功能

3.1　数字化办公平台

采用数字化信息管理平台，实现储油库生产经营过程的监控、综合安全控制等服务，形成横向和纵向业务流程之间的数据通道。与无线移动办公系统相结合，传统的文件传输模式是通过系统之间的数据接口直接传输，实现无纸化“文件传输模式，创造办公平台，提高办公效率”，具体体现在以下几个方面：①网络管理和自动报告。由于在网络上安装和收集石油产品配送信息和配送计划；②为了适应新的环境要求，对现有的手工保存纸张的方法进行了修改；一方面，消除了人工模型中可能出现的数据误差；另一方面，降低了劳动强度，提高了工作效率；③智能电子巡更能更有效地实时捕捉更多的巡更地点，在电子地图上显示更多的现代化轨迹，通过语音、图像、视频、实时数据交换等方式实时采集数据，有助于弥补传统巡更模式在长期信息流中的缺陷；④数据检索和手机管理。实现移动终端按需和业务管理，通过APP不断监控油库的运行情况，建设和维护移动终端设备，增加工作量的实时性和互操作性。

3.2 数据管理平台建设和大数据分析

通过数字信息管理平台、石油管理与生产过程管理、安全控制等综合服务，形成垂直业务流程之间的数据通道，通过接口，结合无线移动办公应用系统，实现系统间的日常通信，传统的文件传输模式，实现无纸化文件传输，打造办公平台，提高工作效率。①网络化业务管理和自动报表改变了现有的手工纸质记录模式，通过对网络收油和收油计划的个性化和信息采集，对油库生产业务流程文件和相关报表进行沟通和管理。该方法一方面解决了人工模拟中可能出现的数据误差，另一方面降低了劳动强度，提高了工作效率；②定位系统用于智能实时电子巡更，跟踪更多巡更地点；通过实时视频、实时共享，在电子地图上显示更先进的轨迹、声音、图像，弥补了传统巡更模式长期信息交流的缺陷；③手机银行信息查询和业务管理可以实现移动终端的号码查询和业务管理。通过应用程序，可以随时了解油库的运行情况；通过移动终端的运营建设和设备维护，整体上增加运营实施和互动。

3.3 业务流程自动化

燃油箱测量系统、水泵控制系统、燃油计量系统、消防系统集成；安全环保监测系统将集成到统一的自动化平台、企业资源规划系统、自维护系统和车辆管理系统、车辆监控系统等，建立联合运营管理和自动化子系统。由于业务流程自动化、传统的认证和检查以及车辆信息的检测和高峰。

3.4 智能视频监控管理系统

智能视频监控系统是自动化石油库管理的现代新技术。它是一种集成的信息技术，将兼容性、可扩展性和集成结合在一起。当今国内油气公司采用广泛分散的管理模式。新的智能视频监控系统具有与以往模拟系统相同的组件，可帮助企业分散管理石油储量。

3.5 油库智能门禁系统

石油库的门锁系统也称为人脸识别。该系统将大量原始数据传输到中央控制服务器，由人脸识别和身份模块处理，然后通过接收中央控制器的指令进行人脸识别。人脸识别系统将处理后的图像插入人脸库，并将相应的身份信息插入身份信息数据库。人脸检测与定位模块通过将对新收集数据的分析与标识数据库中的数据进行比较来确定特定的员工数据。人脸识别已在许多行业得到验证，并具有明显的影响。

4 成品油库智能化技术建设未来发展

与传统的老操作模式相比，目前的油库是自动化技术，基于信息技术和大数据的分析，得到了很大的改进，降低了劳动强度，提高了工作效率。但是，我国目前还没有与智能油库相关的标准，因此在现有的标准结构中，目前还没有一个油库子系统是开放的、不可通约的，目前的情况还没有达到真正的智能化工作、智能化管理和智能化决策。未来，智能油库可以从以下几个方面继续发展。

4.1 平台智能机器人

基于图像传感器识别和防爆系统，结合油库末端执行机构，采集油库车的管道图像，通过形成特征提取和机器人轨迹规划，机器人可以自动完成采油过程中的一系列采油动作，代替人工，对石油行业进行自主识别、自主定位和自主采油。

4.2 油品智能物流，

将ERP系统、油料信息系统、油库管理系统和物流系统整合起来，构建了一个智能化的成品油物流系统，实现了库、站、车一体化。就业界而言，业务层面融合了智能门禁、电子铅封和电子通信等技术，并融合了订单采集、订单分析、业务优化、智能配送、路线规划、GPS车辆定位、车载视频、调度指挥等业务。优化资源配置，科学合理地制定规划，提高配送效率。以石油智能物流的原始数据为基础，构建了一套数据分析系统。基于油库、加油站的历史分布数据和油料信息系统，自动生成信息填充、主动规划和调度。

4.3 多元化能源供应

随着国家环保要求的提高，氢气等新能源的应用也随之出现。石油基地作为传统能源的中转站，在现有业务的基础上拓展充电桩、氢能供应等新兴产业。

4.4 模块化无线自动化系统

目前，传统的电缆自动化系统仍然是油库自动化的中心，必须扩展或修改系统。目前需要大量的建设项目，重建效果较差，未来将采用无线电子控制模块系统对储罐进行改造，系统将配备相应的无线装置和无线水泵。储罐改造或系统扩建不需要连接，该接口大大增加了老油库自动化系统的扩展可能性。

4.5 全流程云平台管理

随着信息技术的发展，基于 ERP 与自动接发系统之间的数据，MES 对智能存储器进行了重构。然而，智能云平台不仅仅是一个纵向的互动，更是一个双向的数据传输通道，基于云的管理和生产网络，通过生产数据实现平台间的数据交互，整个储罐操作系统统一管理，完成操作和智能化管理。

5 结语

综上所述，国家积极推进人工智能和无人操作技术的发展，已开始在智能手稿领域进行技术探索。但长期以来，传统稿件作业的固定思维和相关标准由于缺乏更新换代而随着时代的发展迅速发展，油库仍在有限的结构中进行升级改造。因此，有必要完善油库领域的相关标准，为成品智能油库的技术创新提供条件。

参 考 文 献

[1] 马军平，杨俊科，闫育京，等．现代信息化管理系统在油库管理中的应用[J]．中国管理信息化，2015，18(24)：88.

[2] 赵志海，甄永乾，张健中．成品油库智能化技术现状及其发展趋势分析[J]．安全、健康和环境，2019(7).

[3] 吴珣．浅谈成品油库的安全管理[J]．科学咨询(科技・管理)，2020(11)：45.

[4] 李昊昱．成品油库存套期保值业务初探[J]．云南化工，2020，47(10)：137-139+142.

[5] 孙先长，张成绩．基于 HAZOF 分析的某成品油库安全风险评估[J]．化工管理，2021(07)：117-119.

[6] 胡艳辉，胡剑．成品油库吸附式油气回收系统的设计与管理研究[J]．清洗世界，2021，37(02)：87-88.

第四篇　安全及综合管理篇

随着石油石化数字化转型的持续深入推进，网络安全风险也在逐步加大，特别是工控网络安全防护越来越重要。石油石化网络安全防护体系建设应从管理、技术、控制等方面综合施策，努力构建形成立体化、多层次、主动性的安全保障平台。本篇介绍了石油石化企业在网络安全运营中心、工控网络安全、新技术应用安全等方面技术探索和应用案例，以及企业综合管理信息化方面的有关实践，旨在促进网络安全技术交流、综合管理数字化能力提升。

网络安全运营中心建设思考与实践

谢晓辉 王英梅

（中国海洋石油集团有限公司信息技术中心）

摘 要 在数字化时代背景下，网络攻击会越来越频繁，未来网络安全的主场景将逐渐走向体系化对抗和系统性风险，中国海油作为关键信息基础设施运营单位，面临着更为严峻的网络安全环境，提高关键信息基础设施的一体化防御及实战对抗能力至关重要。本文结合中国海油近年网络安全运营建设实践经验，在对网络安全运营的发展阶段、职能任务、核心价值、能力指标等逐步理解的基础上，分析网络安全运营面临的多源挑战及需求，思考和凝练网络安全运营建设过程中的关键点，总结归纳中国海油网络安全运营中心落地实践成果，建立具备看管监控一体化、两级联动一体化、平战结合一体化的网络安全运营中心，实现安全工作业务化。

关键词 关键信息基础设施；实战对抗；网络安全运营中心；业务化

随着新一代技术的不断应用和新型基础设施建设的高速发展，中国海洋石油集团有限公司(简称：中国海油)正有序推进数字化转型落地，大步朝着“智慧海油”目标迈进。与此同时，由于安全漏洞、数据泄露、网络诈骗、勒索病毒等网络安全威胁日益凸显，以 APT 攻击为代表的有组织、有目的的高级别网络攻击愈加频发，传统基于合规需求的被动网络安全防护已不足以对应当前严峻的网络安全形势，亟需向以解决攻防对抗为主的体系化、实战化、智能化的网络安全综合防护模式转变。

中国海油作为关键信息基础设施运营单位，面临着更为严峻的网络安全环境，在此背景下，立足网络安全现状以及工作中存在的问题和痛点，通过多维度需求分析，持续探索符合海油特色的网络安全运营中心建设思路，并围绕夯实基础、融合体系、突出重点等方面，自 2019 年以来，逐步建设业务化、实战化、智能化的网络安全运营中心，应对各类安全挑战，解决安全运营工作遇到的困难与问题，确保中国海油关键信息基础设施及重点保护对象持续、稳定、安全运行。

1 对网络安全运营理解与分析

随着网络安全威胁环境的不断变化，新技术、新应用的不断发展以及网络威胁的规模日趋扩大、复杂性日益提高，网络安全管理及运营也随之不断演变。总体来看，网络安全运营的发展可以分为三个阶段，其中，第一阶段主要是建体系、用工具、做审计，即围绕 ISO27001 构建信息安全管理体系，将重要风险点导入信息安全技术工具，开展例行安全审计工作；第二阶段主要是搭建运营平台、起步安全运营工作，即通过引入 SIEM 等平台汇聚各类安全告警及可收集的数据信息，首先进行告警分析，解决告警处置难、不及时等问题，同时通过安全运营平台实现对核心业务(资产数据、告警处置、SDL 等)安全运营工作的流程管控，定义并优化关键业务 KPI 指标(监控覆盖率、分析准确率与漏报率、风险处置闭环率等)，实现安全运营工作的起步；第三阶段要实现安全运营的全面数字化、智能化，具备一体化的实战对抗能力。在前期建设基础上，全面实现信息安全业务的在线、全流程、可度量的运营管理，安全由定性评价走向定量评价，通过全维全域监测、快速持续响应、精准预测研判、动态纵深防御等能力的落地，实现网络安全一体化攻防对抗，使所运营管理的网络系统具备实战对抗能力。目前，中国海油处于第二阶段向第三阶段迈进时期。建立专业的网络安全运营组织是集团网络安全工作发展的重要里程碑，在这一过程中，对网络安全运营的职能任务、核心价值也在不断理解和丰富。

1.1 职能任务

网络安全运营的主要职能任务，是将网络安全相关人才、技术和运营流程进行有机整合，并对相关能力进行持续迭代优化。通过运营工作，实现对所有安全能力与系统、各级运营人员、各种安全业务运转的有效协同，发挥各要素的最大优势。

1.2 核心价值

网络安全运营的核心价值是：收敛网络安全风险，保证业务连续性。针对网络系统中资产、漏洞、脆弱性等这些网络安全风险的关键要素，以及不断变化的网络攻击行为，持续升级的业务环境，传统的网络安全工作默默往往只被动的进行跟踪处置，或者在某一特定领域进行部分的闭环处置，满足不了现代网络安全保障的需要。而网络安全运营的核心价值就是在团队、技术、流程间的有效协同，更加快速、有效地收敛网络安全风险，从而保障业务连续性。

1.3 能力指标

网络安全运营中把团队、技术、流程关联到一起就是为了实现准确、快速的发现问题，及时有效地处置问题，从而保障业务连续性。因此，对于网络安全运营能力有效性的衡量标准至少要包括四个方面：

1. 覆盖范围

安全运营的覆盖范围应做到全维全域，其一，技防能力的全面：横向到边(从外到内纵深防御的能力)、纵向到底(从应用层到物理层的能力)；其二，安全类型的全面：包含网络、终端、人员、行为等各个层面；其三，资产覆盖的全面：全集团的资产信息清晰明了；其四，业务涵盖的全面：集团所涉及的业务应涵盖到位。

2. 准确度

安全运营应做到精准、确切，判断某一安全事件处理结果的准确与否，主要从基础数据抓取的准确度、分析研判的准确度、攻击源或攻击目标定位的准确度以及处置方式、处置建议的准确度等方面进行综合评判。

3. 时效性

安全事件快速、有效地发现和处置是安全运营重要能力体现。只有监测设备部署合理有效，才能及时、快速监测并发现问题，只有资产信息全面准确，才能快速准确定位问题，只有应急流程完善细化，才能迅速响应处置问题。

4. 自动化能力

现在的网络与信息化系统都属于超大型系统，采用传统以人工验证的方式进行安全运营管理，已无法面对海量事件的处置，因此在运营中，要有良好的自动化分析与处置能力，实现信息降噪、已知事件的自动处置、未知事件的分析研判等功能，并具备分析与处置模型算法的自定义能力等。

2 网络安全运营面临的问题与挑战

在日趋严峻的攻击与反攻击、控制与反控制、渗透与反渗透的实战化斗争形势下，加之近几年网络安全事件响应处理、网络安全攻防演练等验证，现有的以满足合规要求的网络安全防护体系，已不能抵抗体系化对抗和系统性风险，不能满足中国海油的网络安全运营需要，在新形势下，保障中国海油关键信息基础设施安全稳定运行，网络安全运营工作面临一下挑战。

2.1 满足实战对抗

随着近年来网络安全形势的快速变化，以及国家监管单位定期组织的攻防演练等行动下，要求网络安全运营不能仅局限于满足合规基础需求，而逐步要满足实战化、体系化的对抗需求。

1. 资产清晰、风险可控、异构安全能力聚合

现有的资产管理工作覆盖面不全、力度不深，导致资产不清，无法有效应对监管要求，一旦发生问题，无法及时定位资产及其关联的业务、数据、组件、服务等信息；在资产清晰化不足的基础上，进而难以实现基于资产的精准风险定位；异构安全能力水平层次不齐，相互独立，导致日志、告警、问题事件等信息无法形成合力，无法真正实现异构安全能力的横向打通，快速精准联动响应能力无法充分发挥作用。

2. 一体化战时对抗能力亟待提升

为应对实战化、体系化对抗场景中的系统性风险，网络安全建设逐步由合规走向实战、由人工手动处置走向一体化智能对抗、由被动防御走向智慧化指挥协同防御，但目前深度监测、快速响应、精准预测和动态防御能力的一体化程度不足，暴露面梳理不清，数据深度关联分析、智能分析不够，无法支撑快速精准、一体化闭环的战时智能对抗。

3. 网络安全作战场景多元化、多方协同联动

不同层级、不同角色的人员对网络安全“看、管、监、控”的需求不同，现有的监测能力、数据质量、分析决策能力等难以支撑场景

可视化、决策智慧化的作战指挥体系；同时，集团组织内部之间横向协同不密切，总部与下属企业之间纵向联动不深入，与监管单位、合作厂商、软硬件供应商等的组织外部协同力度不够。

2.2 识别新型风险

云计算、物联网、5G、人工智能、区块链等新技术、新应用在网络安全领域的应用进一步深化，如基于物联网、区块链等技术，对海量数字资产与数字身份，实现更细粒度、更加精准、更为及时的全面安全管控；人工智能将在威胁发现、监测预警之外的更多方面赋能网络安全。新技术将在能源安全建设中得到广泛应用，所面临的网络安全威胁也会更加复杂。各类防御技术措施的相互开放融合成为趋势，防护手段将由单点分散向融合智能转变，新技术、新应用带来了发展机遇，同时也给网络安全带来了风险和挑战，网络安全必将与新技术保持同步发展。

2.3 填补人才缺口

目前，我国网络安全人才缺口严重，专业化、实战化的安全运营人员缺失，政府、公安、教育、能源等关键信息基础设施领域急需大批网络安全实战攻防人才。加之现有的实战攻防团队不健全，无法有效支撑大系统、大数据、大平台引发的大安全建设、管理及运营工作。

3 网络安全运营建设工作思考

结合前述对中国海油网络安全运营工作的需求，面对当前复杂的网络安全环境，借鉴国内外成熟的网络安全运营经验，中国海油已建立业务化、实战化、智能化的网络安全运营中心为抓手，提升网络安全防护能力。在等级保护的基础上，强化重点保护和协同防御，坚持问题导向、实战引领、落实责任、用“三化六防，挂图作战”的指导思想，梳理暴露面、资产、供应链安全，厘清网络安全威胁，评估风险，储备能力和手段，提升软硬实力，将安全管理体系和技术手段融入安全运营整体升级，提升网络安全保障能力水平，实现新一代网络安全综合防控体，大力提中国海油网络安全综合防护能力和对抗能力。

3.1 网络安全工作业务化

网络安全工作不再仅仅是建制度、堆设备，而是逐渐将网络安全工作变为一项具备管理属性和安全属性的业务，通过安全运营中心的建立，包括安全运营团队组建、以及安全运营流程制定、运营考核指标细化，通过安全运营中心保证运营团队有效运转、运营制度有效落地、运营指标有效执行，实现安全管理及运营工作从线下转到线上、实现网络安全工作常态化、业务化。

3.2 攻击对抗实战化

在目前的网络安全形势下，传统的单兵作战已成为历史，新型的体系化作战才可对应实战背景下的攻防对抗，只有监测全、响应快、分析准、处置果断，才能防御实时的攻击。因此，中国海油建立监测、响应、预测、防御一体化实战对抗能力，实现全维全域监测、快速持续响应、精准研判预测以及动态纵深防御。

3.3 事件分析智能化

中国海油的信息化系统规模不断扩大，服务能力不断增强，业务依赖性持续增加，在网络安全运营过程中需要建立智能化安全运营平台（SOC），建立智能分析与算法对抗核心能力，通过自适应安全架构，建立分析算法管理中心，通过高级深度分析模型及用户自定义的知识模型将安全智能分析持续落地，将运营人员的分析处置的思想、方法不断转换成算法模型并持续优化，并通过计算机系统的稳定运行，实现安全运营的自动化、智能化及未来的智慧化。深度分析工作主要包括侦查与溯源分析，网络空间体系化对抗下的监测识别、意图推理、态势研判、持续响应、智能分析、攻防评估、威胁预警、溯源反制等，并可支撑信息共享、指挥协同等各类场景，将安全运营推向新的高度。

4 网络安全运营实践

在组织架构上，中国海油由集团总部和各下属单位构成，集团总部管理的信息化系统涉及八大片区和 11 个数据中心，下属单位围绕各业务板块而建设，信息化规模整体覆盖地理范围广、纵深线条长。同时，作为重点能源央企，中国海油是国家关键信息基础设施的运营单位，长期面临以敌对势力为代表的能源资源战、以黑客组织为代表的商业情报战的威胁与挑战，同时在近年来面对的网络安全事件处置以及攻防演练中，网络安全运营中心的整体有效性、环境适应性、系统易用性需求也不断提出。

中国海油在集团整体安全发展战略的背景下，自 2019 年开始落地建设网络安全运营平台，持续完善系统架构功能，不断匹配业务管理模式，并同时在运营管理、运营流程等软环境方面同步发力，实现中国海油运营体系的有效建设，并取得较预期更好的效果。

4.1 形成体系化的安全运营架构

中国海油网络安全运营中心的核心目的是构建安全运营体系，深度融合、运转现有的安全技术体系和安全管理体系，并通过技术支撑实现安全运营平台化。

在建立运营组织的同时，对于安全运营中心的发展规划进行了详细调研、咨询与设计，形成具备管理、技术、运营任务于一体的总体规划，可为运营中心的持续建设、体系化建设提供明确的方向。

从整体架构上来看，网络安全运营中心主要落实：基于现有的网络安全管理体系，建立安全运营管理机制；基于现有安全技术体系，构建安全运营平台；基于安全运营管理机制和安全运营平台，赋能安全运营任务，实现安全运营平台化（图1）。

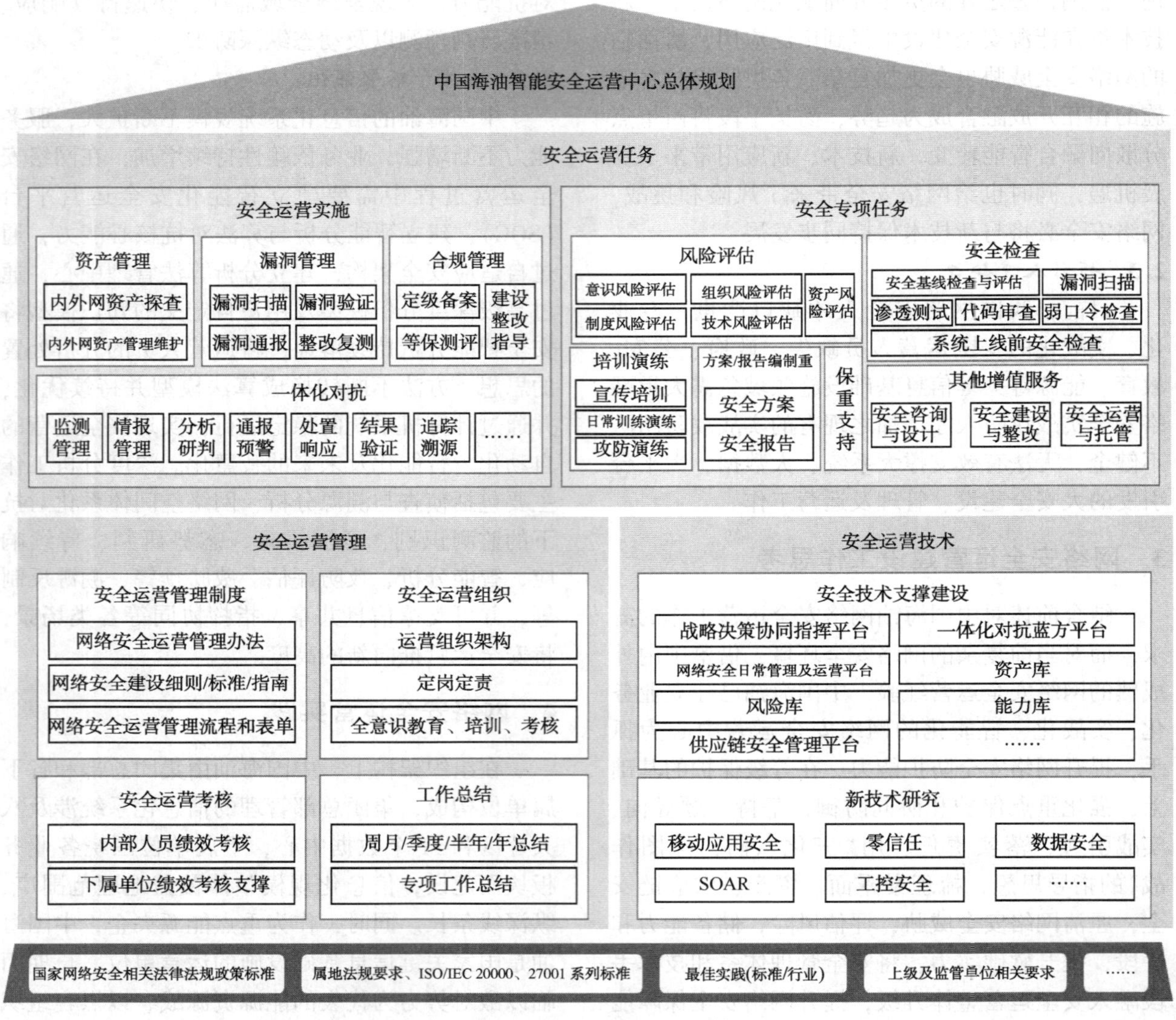

图1　中国海油安全运营中心总体规划

1. 安全运营管理

网络安全运营中心的建设和运行需要有安全运营管理的约束和规范，包括：明确安全运营管理的相关制度，建立从安全运营管理办法到网络安全建设细则/标准/指南到网络安全运营管理流程和表单，确保制度的可落地性和可执行性；构建安全运营组织架构，明确层级划分，定岗定责，并开展定期的安全意识教育、培训和考核；严格规范安全运营考核，制定详细的总部及下属单位绩效考核指标，确保绩效考核的公正和透明；建立定期工作总结机制，实现常态化和专项工作的总结积累。

2. 安全运营技术

网络安全运营中心的建设和运行需要有安全运营技术的支撑，包括建设安全运营平台，内嵌安全运营管理机制，生态化对接打通现有的各类安全能力，实现基础资源数据化管理、安全运营常态化管控、体系对抗智能化闭环、指挥决策场景化协同；不断推进新技术研究，并将研究成果赋能至安全运营平台。

3. 安全运营任务

网络安全运营中心的建设和运行需要为中国海油的安全运营任务赋能，安全运营团队利用安全运营平台，按照既定的机制流程，开展资产管理、漏洞管理、合规管理、一体化对抗等安全运营实施工作和风险评估、培训演练、重保支持、安全检查等安全专项任务，实现安全运营任务线上化、安全运营工作平台化。

4.2 构建专业化的安全运营组织

为更好的开展安全运营工作，中国海油结合实际安全运营需求，首先建立了层次化、专业化的网络安全运营组织架构，并明确定义了工作职能，安全运营工作分为 6 个方向，具体情况如下：

（1）运营管理：主要负责开展运营管理，梳理安全运营制度、流程；对运营相关制度、文档进行审核；开展工作规划、监督、总结；制定 KPI 指标并执行绩效评估；制定工作改进方案，并推动实施；其他上级交办任务。

（2）资产管理：主要负责开展信息资产管理，维护资产相关属性信息、制定改进计划；建立并完善相关流程、技术标准。

（3）安全检查：主要负责开展漏洞检查、基线检查、渗透测试等相关工作，并协助相关问题的整改。

（4）监测预警：主要负责整合所有监测预警能力，开展网络安全监测预警工作；对网络安全威胁及风险进行初步分析及时发布并跟踪预警及事件通报结果与事件分析组进行联动，推动事件分析处置。

（5）事件分析：主要根据监测告警进行深度分析；根据外部需求进行事件的协同分析、事件排查；对专项任务开展分析处置。

（6）平台建设与运维组：主要负责制定 SOC 实施计划；跟踪并推动项目实施进展；开展项目组管理，定期编写总结；对核心技术进行分析；与其他系统对接；监测设备/系统巡检、升级及风险评估。

安全运营组织架构的建设离不开安全运营人员的配备，为有效支撑安全运营任务开展、更好履行安全运营职能，中国海油在现有运营团队的基础上，充分考虑未来发展需求，对安全运营人员进行了未来 3 年的规划，一方面通过安全培训提高现有安全运营人员的综合技术水平，另一方面通过人员招聘补充专业技术人才。

4.3 建设一体化的网络安全运营平台

在运营中心规划落地的同时，中国海油根据对运营中心的总体规划目标与建设要求，根据急用先行、稳定推进的方式，以有效解决实际问题为原则，建立了具备实战化的网络安全运营中心，其主要特点包括：

1. 作业务化

中国海油网络安全运营中心作为安全运营体系的中枢，在保持其作为安全监测、分析及研判的技术手段的同时，更加强调在管理层面推动安全组织、流程、考核、日常管理的体系化、自动化运转，真正实现了管理、技术及运营的一体化落地，通过情报中心、监测中心、响应处置中心、防御中心，利用自动化编排、智能分析等技术，建立分析、通报、决策、信息共享和指挥协同的运行机制，形成网络安全管理及运营一体化、自动化运转，助力安全工作业务化。

安全业务化的目标实现，将安全运营工作从传统的信息部门负主要责任，变成网络安全工作全集团各部门、各业务共同经营的有序模式，使中国海油的网络安全运营机制发生了重要变化，这也是在数字化转型中解决企业面临的网络安全管理难题的有效机制与手段。

2. 对抗能力

运营平台中包括了生态化的 SOAR 机制、智能分析与攻防算法中心等核心能力，并完善了全维全域监测、快速持续响应、精准研判预测以及动态纵深防御四大体系，提升网络安全运营一体化实战对抗能力。四大体系的建设与完善，主要是解决从“有”到“好”的问题，监测、响应、分析、防御，传统的网络安全管理平台、运营平台、SOC、SIME 都有涉及，中国海油在运营平台中，目标是在“有”的基础上，实现更“好”的落地与有效，从而保证在运营工作中对抗能力的实现。

中国海油的网络安全平台中，生态化的SOAR机制，是通过生态化的安全能力库支撑下实现的，其解决了传统的SOAR只能解决部分自有安全能力编排的局面，通过API等接口，实现生态化环境中的安全能力处置流程的编排，为运营工作的自动化提供支撑。

智能分析与攻防算法中心，具备开放的算法管理能力，在系统自有算法保障下，运营人员可以不断完善、验证自有分析方法，实现“活”的算法库，为运营中心智能化提供保障。

3. 上下联动

中国海油的运营中心还有重要的任务即是实现集团总部与二级单位之间的联动响应，因此，中国海油集团总部与各大片区安全运营上下联动机制建设中，详细分析了两级工作需求，将实现统一的资源调配、信息共享、协同处置，以提升网络安全管理及运营效能。总部运营中心汇总各片区运营中心的关键安全数据，开展大数据分析，确定网络安全事件类型，明确责任主体与范围，按流程分工做好全局调度与指挥。各片区按照集团统一规范流程，开展本片区的日常安全运营工作，执行网络安全事件处置工作。

4. 资源整合与运营保障

网络安全运营的有效运转离不开底层数据的支撑，通过建立资产关联库、风险情报库、安全能力等基础资源库，将安全运营的关键要素如资产、风险以及能力等信息进行整合，动态梳理被保护对象，确保资产清晰可视，风险动态可控，能力生态可调用，实现基础资源数据化，为安全运营提供可信数据支撑。

5 小结

作者及所在的运营团队，通过对网络安全运营的不断理解，分析当前网络安全运营面临的挑战，思考网络安全运营建设的关键点，落地实践网络安全运营中心建设，实现了一个闭环的运营体系模式。同时，随着运营平台的落地与运营，在日常工作与网络实战对抗中，通过不断沉淀安全数据、管理数据、行为数据、业务数据等各类数据，有效夯实了中国海油数字化基础，同时利用知识与数据沉底，通过对网络安全业务运营流程的有效优化，实现了降本增效。通过平台沉淀积累的分析模型，将逐步成为中为海油的安全分析专家系统等，已经在网络安全运营工作中实现良好的优化迭代能力。

参 考 文 献

[1] 李树峰，袁卫库．基于SOC平台的基础设施安全运营实践[J]．中国金融电脑，2021(8)：4.

[2] 申大伟．网络安全形势新动向及对策分析[J]．中国新通信，2020，22(22)：2.

[3] 宋严．基于实战化的网络空间安全攻防特点与对抗策略研究[J]．长春师范大学学报，2020，39(6)：5.

[4] 傅钰．网络安全等级保护2.0下的安全体系建设[J]．网络安全技术与应用，2013(8)：2.

[5] 王青兰，王喆，曲强．基于区块链的新型数字资产应用：一种面向监管的弱中心化理论[J]．西南金融，2020(4)：9.

[6] 贾焰，方滨兴，李爱平，等．基于人工智能的网络空间安全防御战略研究[J]．中国工程科学，2021，23(3)：8.

[7] 郭启全，高春东，郝蒙蒙，等．发展网络空间可视化技术支撑网络安全综合防控体系建设[J]．中国科学院院刊，2020，35(7)：8.

工业控制系统信息安全白环境探索

于 涛 徐 辉 李会宁 马 杰

（华北石油通信有限公司）

摘 要 工业控制系统建设时很少考虑系统之间互联互通的安全风险和防护建设，使得国际国内针对工业控制系统的攻击事件层出不穷。白环境技术的油气生产行业工业控制系统信息安全防御手段，能够解决传统病毒误杀或病毒库升级困难，操作系统修复漏洞，升级补丁困难等带来的安全问题. 应用白环境技术，将不可信任或非法的设备、软件、指令、进程拦截在工控网络之外. 从而确保工控网络的安全使用。白环境技术应用系统，由三部分组成，分别是设备白环境、网络白环境和主机白环境，也介绍了白环境管理系统的风险及弊端，为油气生产企业的工业控制系统信息安全工作提供了技术应用分析。白环境技术不仅是一个技术问题，更是一个管理问题，需要完善的环境安全政策、标准、制度和安全意识来支撑。白环境防护方案应从管理、控制、技术三方面整体考虑，消除安全防护链条中的短板。

关键词 工业控制系统；白环境；风险加固；信息安全

随着计算机技术网络技术的发展，特别是互联网及社会公共网络平台的快速发展，在"两化"融合的行业发展需求下，为了提高生产高效运行、生产管理效率，国内众多行业大力推进工业控制系统自身的集成化，集中化管理。但是工业控制系统建设时更多的是考虑各自系统的可用性，并没有考虑系统之间互联互通的安全风险和防护建设，使得国际国内针对工业控制系统的攻击事件层出不穷。

目前工业控制系统普遍存在入侵路径，补丁与系统升级不及时，安装杀毒软件困难，安全策略配置不完善，拥有私有协议，应用软件存在安全漏洞等，特别是 DCS（distributed control system）控制系统大部分工程师站、操作站使用微软的操作系统也存在大量安全漏洞，因此不能简单将传统信息安全防护措施照搬于工控系统安全，通过已经取得的工控安全防护经验与安全防护产品应用得知，白环境技术是简单、可靠、高效的工控信息防御技术手段，白环境技术的研究者已将其运用在了很多领域。

自我国政府在提出了"互联网+"行动计划以来，各级政府机关一直在推动生产制造模式的变革，致力于产业的组织创新以及产业结构升级。随着该计划的推进网络和信息技术将渗透到各个传统的行业，使得传统行业的基础设施能够进行远程的智能化控制和操作。通过传统行业与互联网技术的结合就形成了物联网、工业互联网、信息物理系统、智慧城市等新兴领域，究其核心就是网络互连。

在网络互连的大背景下，工业控制系统的互连已经成为不可避免的趋势。通过网络互连一方面可以提高生产力和创新能力，减少工业能源及资源消耗，助力产业模式转型升级；但另一方面也会因为网络互联而诱发一系列网络安全问题。

1 工业控制系统信息安全现状

油气生产企业为了配合 MES（manufacturing execution system）生产过程执行系统的实施，基本都部署了 MES 专网、MES 数采专网与公司办公网之间通过硬件防火墙进行隔离，防止公司办公网病毒入侵 MES 数采专网，在控制网层 DCS 工程师站与实时数据库服务器之间还有网闸设备进行安全隔离，虽然可以使工业控制系统运行有一定的防护能力，但是还不足以抵御病毒和恶意入侵，尽管可以采取配置杀毒软件和入侵检测系统的手段，但是由于工业控制系统本身的隔离性，杀毒软件或是入侵检测系统中的病毒库和特征库无法有效更新，会导致防护能力全面丧失；另一方面，防护软件有概率发生误杀，会导致系统无法正常运行；与此同时，工业控制系统大多都还面临着专业人员缺乏、信息安全管理制度流程欠完善、应急响应机制欠健全、人员信息安全培训不足、第三方人员管理混乱等问题。

因此这种环境下非常适合工控系统白环境技术的应用，需要研究行之有效的防护策略，从主机、网络、设备等层面建立白环境机制，规范移动存储介质等使用，避免或降低安全风险。

2　工业控制系统白环境研究探索

充分利用企业现有“分层保护，单项隔离”的安全架构，保持工业控制系统网闸隔离技术不变，建立白环境应用系统。白环境应用系统由设备白环境、网络白环境和主机白环境组成。当设备接入时，对设备信息识别、解析后，对比设备指纹白名单检测库，进行设备合规性检测，允许合法设备接入；接入设备启动软件加载进程时，通过进程白名单库进行特征对比，只允许合法软件运行；当传输数据信息时，对数据包的协议和内容进行检测，比对协议白名单库，丢弃异常数据包。

（1）接入层网络设备设置白名单，绑定接入设备的 MAC/IP 地址，关闭多余端口和服务。当有未授权设备接入时，产生报警信息，同时隔离未经授权的接入设备，阻断其信息接发路径，通知现场运维人员核查。接入验证可以确保接入系统网络的各节点都属于授权节点，只有合法的设备节点可接入网络中；接入验证是构建一个安全通信网络的基石，如果接入网络的终端都是经过验证的，就在很大程度上保证了网络的安全性。

（2）网络白环境用于解决病毒、木马等恶意软件在网络中的传播与蔓延。网络协议白名单建立机制，包括区域边界包过滤、区域边界完整性保护。

（3）主机白环境通过主机防护系统建立，部署在各油气生产企业工控系统主机中，通过后台建立主机应用程序进程白名单，只允许运行经过授权和安全评估的软件程序，从而防范已知或未知病毒、木马、恶意程序运行及传播。控制模块实现移动介质的合法性注册，建立移动介质白名单，实现针对移动介质的合法性识别以及读写权限控制，对操作系统进行基线配置。

（4）工控安全的核心是保证工控设备正常运转，不被非授权人员进行操作。工控安全的防护不仅是一个技术问题，更是一个管理问题，需要完善的工控安全政策、标准、制度和安全意识来支撑。工控安全防护方案应从管理、控制、技术三方面整体考虑，消除安全防护链条中的短板。

3　白环境运维

在工业控制系统中的安全管理活动的所有环节中使用白环境管理系统不单单可以提高安全管理工作的效率，更可以提高安全运维的效果，包括但不限于在脆弱性管理、威胁管理和事件管理中，帮助企业更快的响应攻击，更准确的防御攻击，减少恶意入侵造成的损失. 体现在以下 5 个方面：

（1）检测非法访问。

（2）快速诊断和分析威胁。

（3）及时确认脆弱性。

（4）梳理安全规则。

（5）运维检修辅助决策。

4　白环境风险

对“白环境”的“信任”往往伴随着漏洞，通常称其为“信任漏洞”. 在一大部分企业使用白环境管理系统来对白环境进行管理、维护和应用的过程中，会面对下面的几项困难：

（1）全面收集白环境信息。

（2）白环境信息验证。

（3）应用于安全运维场景。

5　工业控制信息安全防护体系

结合工业控制系统信息安全防护思路，将典型工业控制系统分为四层，即生产管理层、监督控制层、现场控制层、现场设备层，每一个工业控制系统应单独划分在一个区域里。

生产管理层主要是生产调度，详细生产流程，可靠性保证和站点范围内的控制优化相关的系统。

监督控制层包括了监督和控制实际生产过程的相关系统。包括如下设备：

（1）人机界面 HMI，操作员站，负责组态的工程师站等。

（2）报警服务器及报警处理。

（3）监督控制功能。

（4）实时数据收集与历史数据库，用于连接的服务器客户机等。

现场控制层是对来自现场设备层的传感器所采集的数据进行操作，执行控制算法，输出到执行器(如控制阀门等)执行，该层通过现场总线或实时网络与现场设备层的传感器和执行器形成控制回路。该层控制功能可以是连续控制、顺序控制、批量控制和离散控制等类型。设备包括但不限于如下所示：

(1) DCS 控制器。

(2) 可编程逻辑控制器 PLC。

(3) 远程终端单元 RTU。

现场设备层对生产设施的现场设备进行数据采集和输出操作的功能，包括所有连在现场总线或实时网络的传感器(模拟量和开关量输入)和执行器(模拟量和开关量输出)。

对单一工业控制系统的网络安全域划分如图 1 所示。

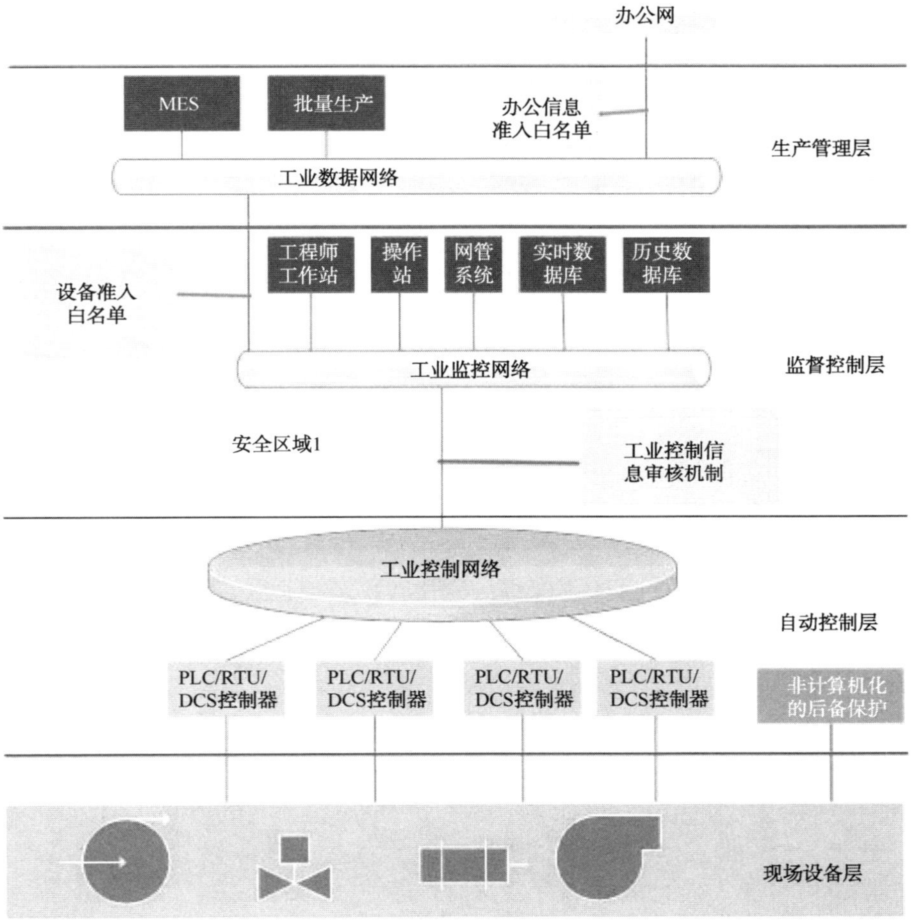

图 1　工业控制网络分层分区

根据“边界控制，内部监测”的防护思路，典型的工业控制网络安全防护如下：

通过工业控制信息安全管理系统对整个工业控制系统内的各个子系统和安全设备进行统一安全监控和管理。对工业控制现场控制设备、信息安全设备、网络设备、服务器、操作站等进行统一资产管理，并对各设备的信息安全监控和报警、信息安全日志信息进行集中管理。根据安全审计策略对各类信息安全信息进行分类管理与查询，系统对各类信息安全报警和日志信息进行关联分析，展现全网的安全风险分布和趋势。

6　结束语

这是一个最好的时代，也是一个最坏的时代。两化融合概念为工控系统信息安全领域带来从观念意识，到技术、管理、法律监管等多个层面的全新挑战，但同时，工控系统的在线化数据化也为数据监测、企业决策、犯罪行为的预测识别提供更多的有效数据，提升企业管理效率，为信息安全带来了新的机会，如何把握时代机遇，在“工业 4.0”时代稳健发展，是信息安全领域需要思考的新课题。

参 考 文 献

[1] 贾君君，杨扬．工业控制系统在石油行业安全防护体系建设[J]．石油管工程技术研究院，信息系统工程，2019 (2)：34-35

[2] 袁胜．“白环境”下的工控安全[J]．中国信息安全，2016(4)：74-75.

[3] 王欢，王守涛．基于白环境的异常行为检测技术研究及应用[J]．通信世界，2017(10)：6-8.

[4] 刘威，李冬，孙波．工业控制系统安全分析．信息网络安全，2012. 8.

以风险管理为核心的信息资产管理模式探析

谢有隆

（中石化森美（福建）石油有限公司）

摘　要　近年来，随着企业信息化发展及信息系统应用的不断深入，网络安全威胁的范围和内容也不断扩大和演化。如何提升网络安全防护水平，保障生产经营，是企业必须直面的一个重要课题。笔者拟从信息资产管理的角度，探析构建“1+4”IT资产管理模式，以期为保障企业信息系统稳定运行提供一些解决思路。

关键词　IT资产管理；IT风险；风险管理；风险防范

近年来，企业信息化发展与信息系统应用不断深入，网络安全形势与挑战日益严峻复杂，网络安全威胁的范围和内容不断扩大和演化。企业信息资产（以下简称IT资产）管理资料不完整、不全面，管理手段落后、管理信息分散，管理信息维护不及时等IT资产管理中普遍存在的问题也日益凸显，不仅直接影响了企业信息安全，更制约了信息管理水平的提升。因此，建立一套完整的IT资产管理模式，实现对信息系统软硬件全生命周期管理，进而提升IT风险防控水平，是企业信息管理势在必行的重要任务。

1　企业IT资产管理的内涵

IT资产是企业设备资产的重要组成部分，随着IT应用的不断深入，IT资产越来越多。企业IT资产包括软件资产与硬件资产，硬件资产包括计算机或计算机网络的物理组件，而软件资产指信息系统、应用软件相关情况等。IT资产管理是企业组织战略的重要组成部分，包括收集硬件与软件相关的详细信息，制定出软硬件资产采购、部署、使用和处置的相关决策。随着IT资产的不断增加，包括相关法律法规遵从的需求以及企业紧缩的预算，使得企业对其内部IT资产的管理、维护和资产的生命周期提出了越来越高的要求，采用合适的方案进行有效的IT资产管理已成为很多企业的必然选择。

2　当前企业IT资产管理存在的问题及风险

当前企业在IT资产管理方面，普遍存在管理档案不全、管理手段落后、管理信息分散等问题，容易导致网络安全风险、重复投资风险、系统运行风险和系统变更风险。

2.1　管理档案不全，容易导致网络安全风险和投资浪费风险

多数企业未建立覆盖企业全部软、硬件资产的完整档案。硬件资产的存放位置、性能配置、资产归属、供应商、维保信息等资料不完整，软件资产的系统名称、主管部门、等级保护、备案情况、运维信息等不健全。IT资产管理不到位，企业就无法定期对在用IT资产进行全面安全加固，无法及时对老旧、废弃、无主资产进行清理或配置安全防护策略，容易导致安全隐患，从而带来网络安全风险。同时，由于缺少完整的IT资产档案，在资产利用方面，就无法最大程度利用现有资源，避免不必要的资产采购，容易导致重复投资，浪费时间与金钱成本。

2.2　管理手段落后，容易导致系统运行风险

完整、清晰、以信息系统为主线的IT资产清单是系统管理员进行有效系统运维，确保信息系统正常稳定运行的重要保障。但多数公司依托EXCEL文件，采用人工跟踪方式进行IT资产管理，管理手段落后易导致IT资产内容不清晰、基础不牢固，这不仅会造成系统性能的损失，也给系统的正常运行带来风险。

2.3　管理信息分散，容易导致系统变更风险

多数公司未建立科学、高效的IT资产管理系统，各类资产配置信息由各系统管理员分散、独立保管，数据无法实行集中存储和有效共享。在发生系统变更时，系统管理员和应用管理员往往无法及时确定变更涉及范围及评估变更资产，有效防控系统变更风险。此外，系统管理员和应用管理员岗位变动时，岗位交接双方无法快速平稳完成岗位交接，常会给系统运行带来不利影响。

3　以风险管理为核心的 IT 资产管理模式探析

为有效防范 IT 资产管理不到位导致的各类风险，企业可针对在 IT 资产管理方面存在的问题，通过完善以风险管理为核心的 IT 资产管理模式，科学、高效地防控各类 IT 风险。

3.1　IT 资产管理体系构建

3.1.1　理清 IT 资产管理外延与内涵

首先，理清外延，确定系统名称主线。以信息系统名称为主线，将信息系统包含建设、运维、管理、应用的所有属性，包括该系统对应的资产设备、逻辑服务器串起来。通过有效定义资产归属、明确资产边界，最终形成每一个信息系统的完整资产档案。

其次，细化内涵，构建三维度字段集。通过对软硬件资产属性的完整梳理，从信息系统、资产设备、逻辑服务器这三个性质不同但紧密关联的维度出发，进行配置信息的整理、收集。具体分成以下三个部分：

1. 信息系统配置

在信息系统配置维度，首先确定标准系统全称，其次围绕系统建设、运维以及其它相关信息，构建系统基本信息、建设信息与运维信息等 12 类 52 个字段的属性集，最终实现对信息系统配置信息的全面采集：详见表 1。

表 1　信息系统配置模块与字段

序号	模块	字段	序号	模块	字段
1	系统名称	标准全称	8	互联网应用	互联网 IP
		系统简称			互联网 URL
		系统分类			互联网域名
2	基本信息	业务主管部门			所属区域中心
		用户数量			ICP 备案号
		填报人	9	ICP 备案	ICP 备案域名
		填报日期			公网安备案号
3	风险评估	风险评估等级	10	公网安备案	公网案备案域名
		下次评估日期			备案地公安机关
4	等级保护	等保级别			技术信息
		定级时间	11	系统建设信息	部署位置
		备案状态			资产类型
		备案时间			建设类型
		备案编号			应用架构
		备案单位			系统建设商
		上报情况			建设责任书签订
5	总部标准化管理	是否注册			上线日期
		标准编码			验收日期
		标准名称			系统管理员
6	总部统一集成	身份集成	12	系统运维信息	应用管理员
		账户集成			权限管理员
		注册编码			运维服务商
		注册名称			运维联系人
7	内网发布	内网 IP			联系电话
		内网 URL			运维服务期
		内网域名			运维责任书签订

2. 资产设备配置

在资产设备配置维度，首先根据物理位置信息逐台定位硬件设备，其次根据应用信息、资产信息、软硬件以及其他相关信息，构建资产、设备、软硬件信息等9类30个字段属性，最终实现对资产设备配置信息的全面采集：详见表2。

表2　资产设备配置模块与字段

序号	模块	字段	序号	模块	字段
1	位置信息	机房位置	5	设备信息	设备类型
		机柜位置			品牌
		详细位置			型号
		上加时间			序列号
2	应用信息	所属系统	6	硬件信息	CPU
		子系统/模块			内存
		应用状态			硬盘
3	资产信息	资产管理人			电源功率
		资产归属	7	软件信息	软件名称
		资产编码			软件版本
		资产原值	8	补充信息	选配项1
4	设备管理	设备管理人			选配项2
		供应商			选配项3
		维保商	9	填报信息	填报人
		维保期限			填报日期

3. 逻辑服务器配置

在逻辑服务器配置维度，首先定位服务器所属信息系统，服务器对应资产设备，其次详细列举服务器的详细信息，构建信息系统对应，资产设备对应以及服务器详细信息等4类24个字段属性，最终实现对逻辑服务器配置信息的全面采集：详见表3。

表3　逻辑服务器配置模块与字段

序号	模块	字段	序号	模块	字段
1	信息系统对应	系统名称	4	服务器详细信息	服务器管理员
		子系统/模块			机器名
		服务器详细名称			IP地址
2	资产设备对应	机房位置			其它地址
		机柜位置			操作系统名称
		详细位置			操作系统版本
		详备状态			防病毒安装情况
		详备类型			G01安装情况
		品牌			基线配置情况
		型号			补丁更新情况
3	填报信息	填报人			日志管理配置
		填报日期			审计策略配置

3.1.2　开发、部署 IT 资产管理共享平台

为有效防范 IT 风险，企业可通过对 IT 资产管理需求的评估与分析基础上，开发、部署资产管理系统共享平台：一是设计资产管理共享平台的主页面。为确保应用人员直观明了进行 IT 资产管理日常操作，系统设计信息系统管理、资产设备管理、逻辑服务器管理三个主页面。为满足资产管理的增、删、改、查等操作需求，三个主页面内设计有页面链接，可对应 16 张相关的资产管理报表。应用人员可以通过页面跳转方式进入对应管理页面，进行资产管理操作。二是设计资产管理共享平台的主指引页面。指引页面简要介绍 IT 资产管理系统的设计思路，清晰明了地将三个维度的资产管理操作方式进行说明，并将已经梳理的信息作附件供应用人员参考。三是设计资产管理共享平台的管理报表。基于报表平台自主开发的 IT 资产管理系统，以主页面加页面链接方式共连接 16 张管理报表。各模块菜单指引清晰，充分满足应用人员进行日常资产管理的需要：具体模块页面如图 1 所示。

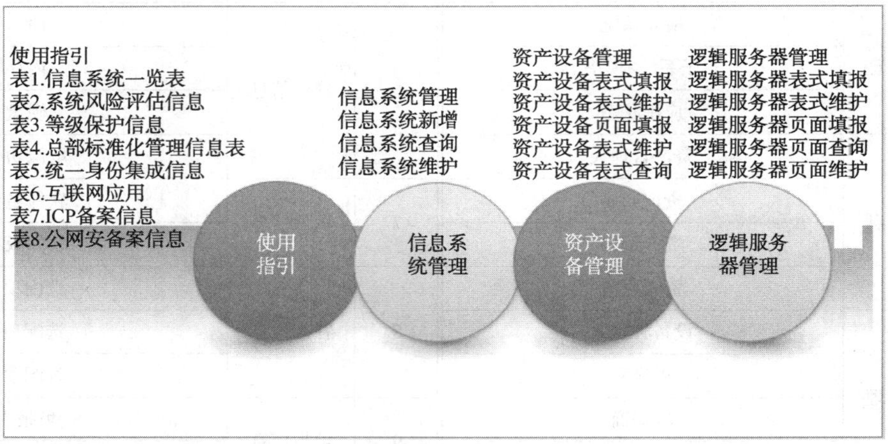

图 1　自主开发部署 IT 资产管理共享平台

3.1.3　建立健全 IT 资产信息维护机制

为确保 IT 资产管理信息的全面、准确，企业可由各系统管理员对所负责信息系统及其涉及的资产设备、逻辑服务器进行详细的梳理、核实，借助线上功能模块实现配置信息的系统化、规范化管理：一是梳理和填报信息系统。对现有信息系统，按照基础设施、系统安全、终端安全、交易系统、生产系统、办公系统、管理系统等类别进行梳理。确定每个系统标准全称、系统简称和责任人，实现填报工作事项的有序分解。二是制表与维护资产设备。对数据中心机房、网络机房、弱电机房的所有硬件资产设备，按照机房位置、机柜位置、柜内详细位置三个属性，进行信息收集和制表，经整理后导入配置管理模块用于后续核对和完善。三是填报逻辑服务器信息。按照核实、确定的信息系统清单，整理系统对应的逻辑服务器并补充机器名、系统补丁、主机防护、安全基线等服务器详细信息，完成线上填报。逻辑服务器的填报范围，不仅包括数据机房、网络机房等硬件机房，还纳入私有云、石化云、公有云等虚拟平台，实现服务器数据采集的全覆盖。

以某公司为例，通过应用 IT 资产管理，共梳理 3 个物理机房、3 个虚拟平台的信息资产。建立 11 类 54 个系统的基础档案，整理填报 359 个资产设备，376 台逻辑服务器。建立了以系统名称为主线的信息系统、资产设备、逻辑服务器完整档案。实现了平台共享数据，确保管理人员快速、完整、清晰掌握企业信息管理相关信息。

3.2　依托 IT 资产管理体系防范风险

通过创新构建 IT 资产管理应用，进行资产数据全面、完整地填报、收集。依托资产数据，打造四项风险防控的工作机制，提升 IT 风险防控能力，如图 2 所示。

3.2.1　强化安全防护，防范网络安全风险

通过构建 IT 资产管理系统，企业可从以下两个方面防范网络安全风险：一是清理未用资产，减少攻击面。依托 IT 资产管理系统，可定期对 IT 资产的使用情况进行筛查，对老旧、废弃、无主资产进行清理。由于缺乏关注，此类资产通常未定期更新补丁、未及时配置安全防护策略，导致安全隐患。通过定期清理，精减信息应

用与资产设备，相应减少硬化、修复、监控和审计的信息应用与资产设备，促使网络攻击面有效减少。二是加固在用资产，提升防护能力。依托IT资产管理系统，可定期对在用IT资产进行全面安全加固。由于资产数据全面完整、界限清晰、职责分明，安全管理员和系统管理员可制定安全防护策略，对系统、设备、服务器逐个进行部署加固。通过实施资产漏洞扫描、系统补丁更新、主机防护系统安装、安全基线配置、信息权限管控等措施，有效提升各资产的网络安全防护能力。

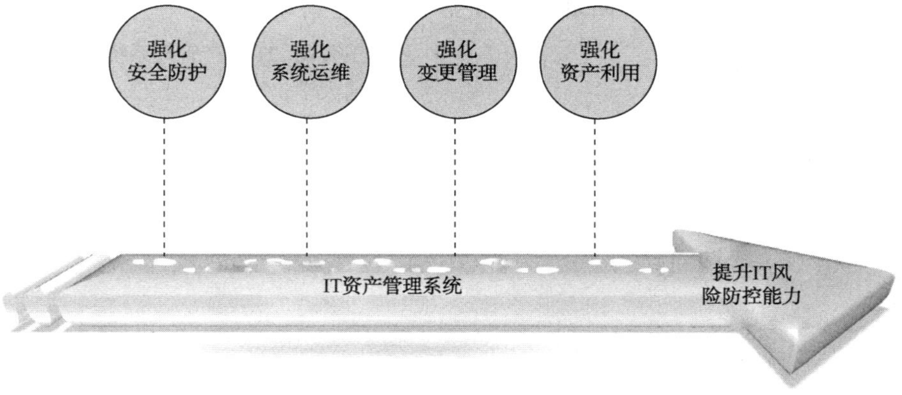

图2　四项风险防控机制，提升风险防控能力

3.2.2　强化资产利用，防范投资浪费风险

通过构建IT资产管理系统，企业可从以下两个方面防范投资浪费风险：一是可以快速盘点资产。通过IT资产管理系统内全面、完整的资产数据与财务口径的资产设备清单进行比对，可快速完成财务部门定期开展的资产盘点清查工作。二是可以盘活利用资产。企业可定期对闲置IT资产进行排查与再利用，可满足新增系统或系统变更对资产设备提出的新需求。通过盘活闲置资产，对现有资产的充分利用，防范投资浪费风险。

3.2.3　强化系统运维，防范系统运行风险

通过开发、部署资产管理共享平台，企业系统管理员可依据系统资产清单开展日常系统巡检，分析日志，跟踪服务器、数据库性能，进行性能调优、故障处理等运维操作。系统管理员还可通过IT资产管理系统保存的完整资产数据，清晰了解系统运维范围。无论是手工巡检，还是通过脚本或运维系统自动巡检，都能做到定期巡检、完整运维，进而对故障与隐患的及时处置，将系统状态调到最优，可有效避免应用故障、瘫痪导致的业务中断，降低系统运行风险。

3.2.4　强化变更管理，防范系统变更风险

变更是企业信息系统运行过程中的常态化工作，任何变更都存在风险，通过建立、健全资产信息维护模块，企业可针对所有可能对系统运行产生不利影响的变更因素，采取消除或降低系统运行风险的措施：一是系统管理员和应用管理员在进行日常系统变更时，可基于IT资产管理系统确定当次变更涉及范围，评估变更资产，并针对相关资产制定与实施风险管控措施，有效防控系统变更风险。二是避免岗位交接给系统正常运行带来不利影响。IT资产管理系统提供了以信息应用为主线的完整信息系统档案，包括系统档案、设备档案、逻辑服务器档案，且资料全面、界线清晰。当发生人员岗位变动时，岗位交接双方可基于信息系统档案，快速平稳完成岗位交接相关的资料交接。

3.3　建立健全企业IT资产管理监督检查机制，持续提升IT风险防控水平

为进一步提高企业IT风险防控能力，企业还可采用引入内外部各项审计与信息专项检查方法，定期开展风险管理专项监督检查。企业内部按年度开展内控检查，每三年接受公司审计部内部审计；对外接受第三方审计机构的信息控制专项审计。此外，每年还可积极主动参与公安部组织的护网攻防演习，认真配合公安机关网络安全执法检查。通过定期与不定期的各项审计、检查，开展发现问题整改，持续提升企业IT风险防控水平。

总之，在企业信息化发展及信息系统应用不断深入，网络安全形势与挑战日益严峻复杂，网

络安全威胁的范围和内容不断扩大和演化的背景下，构建以风险管理为核心的IT资产管理模式，建立和完善IT资产共享平台、建立健全IT资产信息维护机制及资产管理监督检查机制，可以有效防范企业的网络安全风险、IT资产重复投资风险、系统运行风险和系统变更风险，更好地保障企业信息系统的安全稳定运行，促进企业持续、健康发展。

参 考 文 献

[1] 张丽莉，杨娴娟 . IT资产管理发展的探索[J]. 江苏航空，2013(4)：47-48.
[2] 陈峻 . IT资产管理[J]. 网络安全和信息化，2019，No. 44(12)：41-43.
[3] 赵首花 . 信息系统资产识别及风险分析方法研究[D]. 陕西师范大学，2010.
[4] 陈芳，赵海，黄镇 . 基于信息资产的风险评估方法的研究与实现[J]. 信息技术与标准化，2014(06)：16-20.
[5] 王毅磊 . IT资产管理系统的设计与实现[D]. 北京交通大学，2013.

构建油田企业移动端安全隐患管理系统强化风险分级防控

朱建峰　马海骄　贾红卫　古秋荣　王　平　王　潇

（中国石油华北油田公司）

摘　要　通过自定义编程设计搭建移动端安全隐患管理系统，运用手机将员工隐患规范录入，捆绑业绩工资云计算考核、云展示，在辅以线上数据联动、流转、推送、控制，最终完成隐患上报、整改、验证、审批、记录、存档、汇总、分析等全过程移动端安全隐患管理，用技术手段确保安全隐患闭环管控，强化风险分级防控。

关键词　隐患；安全；移动；系统

现阶段，移动平台技术蓬勃发展，数字化、智能化不断和传统管理方式相融合，推动技术进步。作为油田企业，如何用好现有互联网科学技术，构建基于油田企业的移动端安全隐患管理系统是法律要求、也是顺应时代、更是应有之义。

1　移动端安全隐患管理系统搭建的背景

一是国家法律法规及相关双控规范标准执法要求。新修订的《安全生产法》将双重预防机制建设写入法律，提出全员安全生产责任制。“安法”中第五十六条明确提出排查隐患是员工基本义务。《河北省安全生产风险分级管控和隐患排查治理规定》及随后下发的一系列文件又进一步明确要求通过信息化手段搭建安全管理平台。二是公司和厂各级安全管理工作要求。油田公司“三把利剑”常态化巡视，安全考核由年度转为季度；采油厂基层队站安全大排名并和干部员工业绩挂钩；种种举措都进一步压实了全员安全生产责任倒逼企业采用信息化手段提升安全管理水平。三是油田单位各班站间距离分散、人员流动大、轮休制度等现实特点需求。所属油田企业冀中班站地点有石家庄、衡水、邢台、沧州等，外围有陕北、巴彦等；人员家庭所在地也分散，横跨沧州、石家庄等多个区域。种种背景下，都对企业安全管理提出了新的要求，为适应发展需求，在移动端构建油田安全隐患管理系统正当其时、十分必要。

2　移动端安全隐患管理系统搭建情况及主要功能

2.1　系统搭建情况

移动端安全隐患管理系统共由 7 个模块、2 个仪表盘组成(图 1～图 3)。

图 1　移动端安全隐患管理系统截图

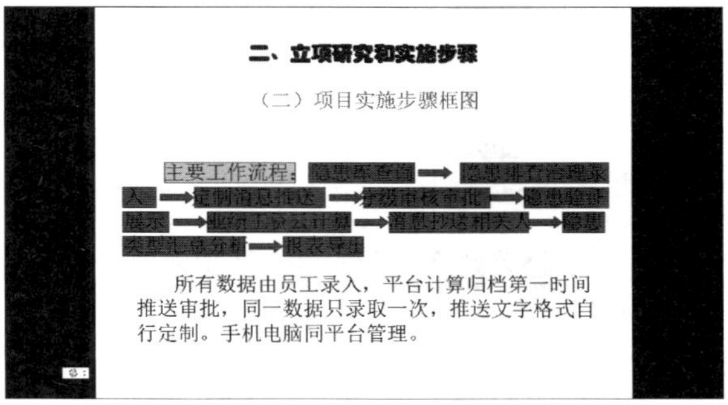

图 2　移动端安全隐患管理系统流程图

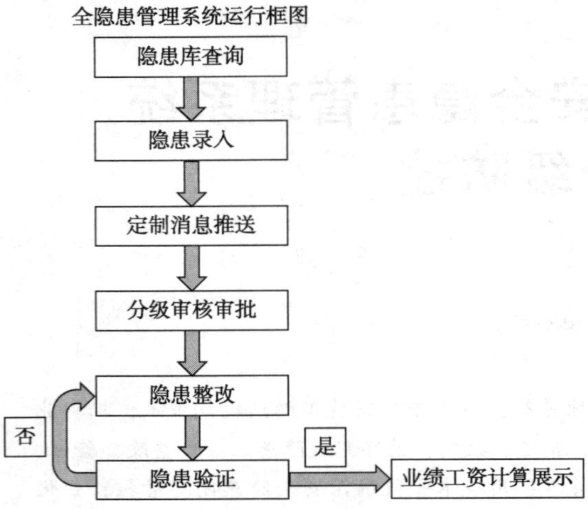

图 3　移动端安全隐患管理系统运行框图

移动端安全隐患管理系统，从搭建到 2021 年 10 月 1 日，累计排查治理隐患 1251 条。所查每条隐患均配隐患编号或标准，规范排查治理；所查每条隐患都有整改前后照片对比，线上可查询；审批流程线上留痕、职责清晰、可追溯。

建立了安全生产风险清单和安全生产隐患清单；风险清单和隐患清单植入了移动端系统，线上流程管控；员工对照安全生产风险清单，每日手机端(或电脑端)现场排查上传风险检查表，落实安全生产风险防控措施；员工对照安全生产隐患清单，定期排查治理隐患(图 4~图 6)。

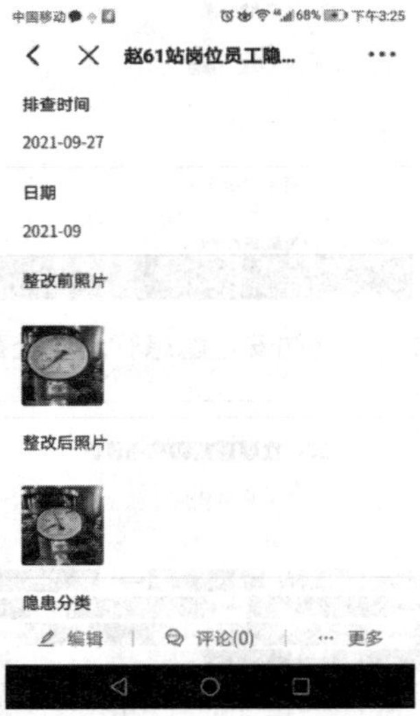

图 4　员工隐患排查截图

设立“隐患奖”，植入移动端安全隐患

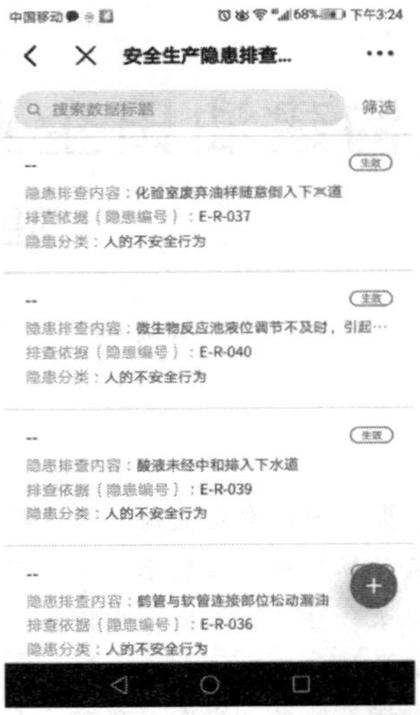

图 5　安全生产隐患清单

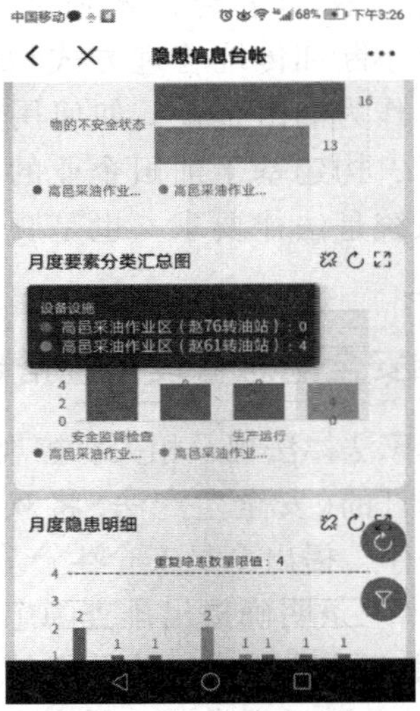

图 6　安全隐患仪表盘

管理系统，将员工隐患排查和业绩工资挂勾，实行全过程云系统运行。系统保证了“隐患奖”的发放公平、公开、透明，全天候可查、可看、可追溯(图 7、图 8)。

2.2　主要功能

1. 隐患库查询及录入

将标准规范植入线上平台，作为基础隐患数据库，规范隐患排查内容，增加关键字检索功能，将隐患描述由简答题转变为选择题，极大提升了隐患排查整改质量和效率；以隐患数据库为依据，关联隐患编号，将整改前后照片上传作为必选项，锁定整改时间节点，可视化操作、倒计时

图7 员工“隐患奖”线上截图

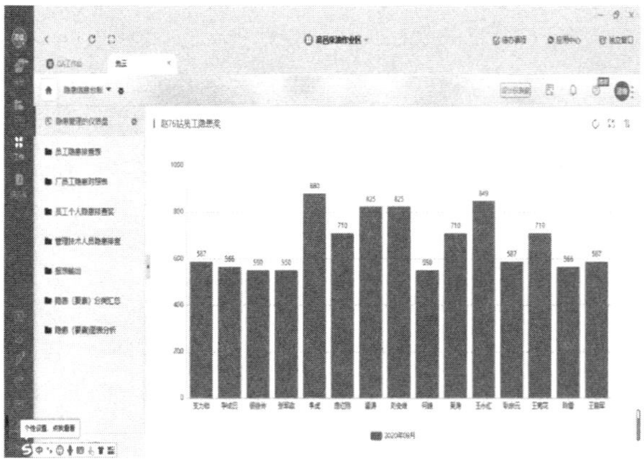

图8 员工“隐患奖”柱状截图

约束从技术层面保证了隐患整改的闭环管理。

2. 定制消息推送和抄送

以责任制为依据，按照责任分工将消息通过平台工作通知“零滞后”推送相关责任人，未整改隐患置顶推送提醒，倒逼推进隐患治理进度及责任落实；按照“管业务、管安全”为指导，对相关业务人员进行抄送消息，同时伴随消息声音和记录提醒，切实落实“一岗双责”，汇聚各方监管力量，形成“齐抓共管”的安全局面。

3. 分级审批和闭环验证

按照责任分工和权责匹配为指导，严格落实“三个必须”“谁主管、谁负责”，谁的属地谁负责，全面推进落实公司全员履职落实落地；隐患排查治理进度实时展示，隐患列表全员可看、可查，手机、电脑端同步，真正实现全员监督、全员互学、全员参与、全员尽责。

4. 业绩工资云计算

按照公司员工隐患排查挂钩业绩工资政策为依据，制定单位《“隐患奖”实施方案》，将此方案中员工“隐患奖”公式植入线上隐患管理平台，隐患排查整改业绩考核云计算，考核结果线上运行，逐级推送审批公示，多劳多得，正向激励岗位员工排查整改隐患积极性。

5. 图表展示分析及自定义报表导出

隐患管理平台对隐患实时按照隐患分类、要素分类和隐患明细等项进行线上自动统计、汇总，支持设置时间、“大数据”类型筛选，并自定义排序重点项、重复项和关键项，实时线上展示薄弱环节、防控弱项并即时推送至相关责任人；同时在工作会和安委会上对其重点关注；以满足地方政府和上级部门需要格式报表为依据，通过平台自编程、自定义报表样式，数据实时线上自动流转、存储、展示，支持自定义设置筛选条件，随意定制，形成规定格式报表，可即时导出、打印、上交。

3 移动端安全隐患管理系统主要成效

一是保障隐患排查治理的规范高效。将隐患排查清单植入平台，通过关键字检索功能，将隐患描述由简答题变为选择题，提升了隐患排查整改的质量效率。二是确保隐患整改的闭环管控。整改前后照片作为必选项上传，从技术层面实现了隐患整改闭环管理，未整改隐患置顶推送相关责任人员，阳关公示机制倒逼隐患治理进度。三是提高全员履职积极性。将业绩工资与隐患排查整改挂钩，结合员工隐患排查表，云计算自动生成考核结果，并在线上审批公示，正向激励员工履职尽责。四是实现安全管理预警功能。线上大数据统计分析隐患重点项、重复项和关键项，摸清安全管理薄弱环节，即时推送提醒相关责任人，进一步完善风险分级防控体系，确保安全生产。

4 结论

在构建移动端安全隐患管理系统的过程中，进一步理清了脉络，融合了线上和线下，做实了安全生产风险分级防控和隐患排查治理体系，有效地压实了各层级责任，起到了压舱石、稳定器的作用，产生了一定的社会效益和经济效益。

下一步，还将继续完善移动端安全管理系统，畅通油田企业“信息高速公路”，为单位安全生产、清洁生产提供新思路。

参 考 文 献

[1]《中华人民共和国安全生产法》
[2]《河北省安全生产风险管控与隐患治理规定》

企业敏感数据分类分级信息管理分析及系统设计

桑圣洁　邓　林　金胜男

（大庆油田有限责任公司）

摘　要　本文从保护企业敏感数据安全角度出发，结合企业数据分类分级管理现状，论证建立数据分类分级系统的必要性。就如何构建敏感数据分类分级管理系统，从设计思路、应用设计、功能设计等方面阐述，展示人工智能分类、文件关系图谱、事件影响布局等关键创新性功能。企业敏感数据分类分级系统的建立以企业数据分类分级保护制度为依据，通过对敏感数据分类分级的智能化管理，使企业全局性掌握所持敏感信息数量及分布等信息，为制定数据安全策略提供参考。

关键词　敏感数据；数据安全；分类分级；AI 智能分类

当前我国面临的网络安全威胁日益突出，新的攻击手段不断出现，数据泄露事件层出不穷，黑客攻击与入侵活动频繁，网络安全防范难度进一步加大，企业的信息安全防范能力亟待提高，构建稳定、安全的网络系统环境是企业生存发展的基本前提，持续提升数据安全，则是企业提升核心竞争力的重要手段。近年来各企事业单位通过不断提升网络安全意识、构建网络安全管理制度、强化信息安全技术应用，取得了一系列重要的进展及成果。但随着各种信息系统的不断建设和集成，网络边界逐渐模糊，企业数字化转型中各种涉密信息的保护工作面临的问题和困难也不断增加，持续加强和完善敏感数据安全管理变得更为突出和重要。

1　现状及问题

以石油行业为例，作为大型企业，其在网络安全方面已采用了多种安全控制措施，部署了身份认证系统、行为审计系统、网络防火墙等多种安全软硬件设施，但在数据安全方面，还面临着诸多问题及挑战。要想做好数据保护，首先要根据数据保护相关制度对数据进行梳理，明确需要保护的数据对象，大型央企一般具有庞大的用户群体和组织机构，安全管理制度也在的持续更新，数据梳理工作存在诸多困难。

1.1　合规性管理措施势在必行

《中华人民共和国网络安全法》明确指出“网络运营者应当按照网络安全等级保护制度的要求，履行下列安全保护义务，保障网络免受干扰、破坏或者未经授权的访问，防止网络数据泄露或者被窃取、篡改”，“采取数据分类、重要数据备份和加密等措施”。在法律法规的要求下，企业在扩展各项业务的同时，对数据安全的管理也日

趋严格和规范，石油石化、电力、金融等行业都建立相应的商密分类分级保护目录，为数据安全保护提供了制度保障，但标准的适应性、可落地性都处于渐进调整过程中，制度每次的优化更新，都将对敏感数据进行重新梳理，带来庞大的工作量。

1.2　海量数据梳理需要技术支撑

各企业尤其是大型央企的数据业务类别多、数据量大，业务人员无法快速根据标准有效鉴别哪些是敏感数据，敏感数据所对应的涉密级别也不易界定，因此在制度的基础上需要根据业务数据情况建立更为细致的分类分级流程规范和实施指南，并需要有技术手段和信息管理平台的支撑，从管理及技术层面强化数据分类分级制度的施行。

1.3　定密标准解读应减少人为因素干扰

国内对数据的智能分类分级技术研究不多，大部分是依靠人工对政策法规和标准的理解进行梳理，这样存在着对政策法规和标准的理解和解释存在人为扩大或缩小的可能，为了降低人为误

判的可能性，应结合人工智能和自然语义的研究发展，开发基于人工智能技术的敏感数据的自动识别、归档系统，提升数据分类分级管理的效率和准确性。

1.4 日常涉密工作判别缺乏参考

对于企业的敏感数据，一般由保密部门的专业人员结合业务情况对其定密定级，但大多的业务人员对所持文件是否涉密不完全清楚，若将涉密文件无意外发则可能会造成敏感数据外泄，从而可能引发不可控的影响。因此可借助分类分级管理系统为业务人员提供文件涉密情况参考。

2 企业敏感数据分类分级管理系统设计

2.1 设计思路

以面向石油行业设计的数据分类分级系统为例，企业敏感数据分类分级管理系统的设计以企业的数据保密管理制度及相关标准为依据，以支撑数据分类分级管理、辅助数据安全策略制定、强化敏感数据保护为目标，通过引入人工智能分类、机器学习等手段，在强化信息收集及管理的基础上，为用户提供灵活化，智能化、自动化的标准映射、数据分类、信息敏感性识别、安全策略设计建议等服务。

企业数据分类分级系统以敏感数据为核心，系统的设计应高度重视安全性设计。一是采取基础性安全策略。对敏感文件适当存储，对涉密文件只取指纹不存储。二是满足网络安全等级保护基本要求 2.0 通用要求和云扩展要求中的三级标准。在应用访问、用户验证、权限及角色控制、数据存储等方面充分考量，根据系统适用性及安全性要求，适当平衡、灵活调整。

2.2 应用层次设计

依据数据分类分级管理及数据安全防护的需求，企业敏感数据分类分级系统按照基础化应用、集成化应用、智能化应用三个层次设计。

1. 基础化应用

与企业相关数据管理制度、标准相关联，对数据分类分级信息统一登记、汇总、分析、展示，对涉密文件的秘密事项、归属组织、保密期限、知悉范围等数据属性信息统一管理，规范敏感数据信息的梳理、录入、审核等管理工作流程，为企业数据分类分级保护、数据保密安全管理工作提供基础性服务。

2. 集成化应用

与敏感数据泄露防护系统集成，获取网络或终端数据外泄事件信息，在严密的权限控制设计基础上，将相关信息开放展示给具备数据权限的组织机构，同时可从信息或保密管理处收集用户数据保护需求，为制定数据安全策略提供依据。具备集成化应用的企业分类分级系统可在为企业顶层核心的数据保密管理部门及所属各组织机构之间起到桥梁作用，及时通知外泄事件情况，促进整改；获取一线数据保护需求，引导安全策略设计。

3. 智能化应用

当数据分类分级系统积累足够数据信息，系统则可提供更高层次的智能化应用服务，能够对文件的分类分级进行预判，实现部分数据属性信息的自动填写，减少人工作业量，提高工作效率；同时利用涉密文件的指纹信息，可以建立文件关系图谱，明确涉密文件分布，界定权威文件涉密级别，为相关人员提供文件敏感性情况参考；通过指纹比对库，比对获取的外泄事件信息和系统内已有分类分级信息，判断企业内是否存在相似文件，计算外泄事件影响范围，服务于管理层决策，及时采取有效措施。

2.3 功能设计

敏感数据分类分级管理系统从分类分级信息管理、策略信息管理、事件信息管理、敏感信息管理、综合展示、系统审计、系统管理等方面进行设计，满足百万级数据量的分类分级信息和事件信息的存储及检索；建立分类分级信息指纹库，为网络和终端数据泄露防护提供策略依据支撑；统一对上万个组织机构管理和数据权限控制，自定义用户权限，设计多种不同场景的报表模板，为分类分级信息和事件信息提供综合展示。敏感数据分类分级管理系统的主要功能如图1所示。

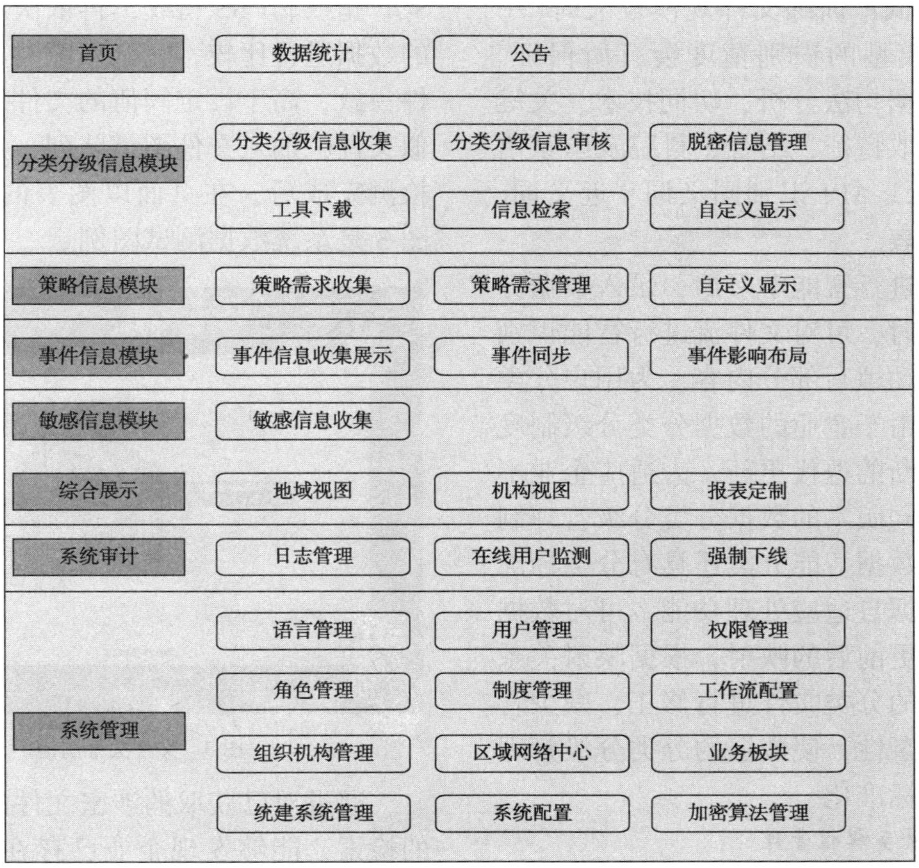

图 1　敏感数据分类分级管理系统功能

3　企业敏感数据分类分级管理系统关键技术及服务

3.1　AI 智能分类

企业敏感数据分类分级管理系统通过引入 AI 人工智能和机器学习技术，实现对文件的 AI 智能分类功能，降低系统使用人员的学习成本，同时也提高了系统使用人员的工作效率。

AI 智能分类功能主要分为 AI 训练和 AI 分类两个模块。AI 训练模块：通过对用户上传的分类分级信息源文件进行全量学习，生成系统模型，上传到 AI 分类模块中，AI 分类会根据此模型进行文件分类。此模块为独立服务器处理；AI 分类模块：用户在录入分类分级信息时，平台通过智能分类，给予用户分类提示，为用户提供参考(图 2)。

图 2　AI 智能分类

在使用 AI 智能分类功能之前，首先需要积累大量的样本文件，并进行分类模型训练。样本文件主要来自用户上传的分类分级信息源文件，将源文件按照录入时的制度分类进行分类加密保存。管理员通过 AI 训练模块对样本文件进行学习，将生成的训练模型导入 AI 分类模块中，实现对此制度的 AI 智能分类功能。

每个分类都需要至少提供一百个样本文件，用于训练的文件较少时，模型的识别精度会降低；训练文件规模较大时(一万以上)，模型的识别精度会有所保证。模型训练依据句法分析、切词技术、关键词及关系提取特征，结合中科院及国家语委提供的在线 API 识别同义词、近义词，形成用户词表。

对文件进行智能学习后，录入数据分类分级信息时，可对文件流进行智能识别和分类，自动填写部分内容，为用户分类提供参考。由于企业的数据分类分级制度和规范在不断的迭代更新，为适应企业不同时期、不同版本的数据分类分级管理制度，系统的数据智能分类还具有分类标准变更后的数据自适应处理功能，可对数据进行标准变更前后的映射，根据映射关系直接对原来的分类文件进行修正，减少管理层面的复杂性，使数据的分类分级管理更灵活化和标准化。

3.2　企业制度多样性管理

随着数据保护相关制度的不断完善和制度版本的优化更新，为适应数据保护制度的不确定性和提高分类分级系统的应用生命周期设计制度管理功能。制度管理功能能够根据用户需求，灵活定制数据保护制度，保证能够针对不同制度的敏感数据进行收集分类，同时考虑可能存在多种制度同时使用的情况，支持制度的多轨运行。

3.3　文件检索及关系图谱

对于大型企业，业务数据众多，针对某一文件，用户也不清楚是否涉密，是否可以执行存储、外发等操作，是否需要对此数据采取保护，针对此类问题及需求，数据分类分级系统提供相关文件检索功能，对目标文件提取指纹信息，在系统指纹库中进行比对，检索出达到特定阈值文件，为用户提供文件涉密性参考。

用户通过分类分级管理系统上传检测的文件，计算文件的 MD5 码、KBS 指纹、SOP 指纹、PBS 指纹，再依次与指纹库中的数据进行比较，完全匹配时，可确认文件一致，高于设定阈值的文件被认为是相似文件，加入文件图谱队列，在全部比较检测完成后，在页面以图表的形式显示。图 3 是系统数据测试图例。

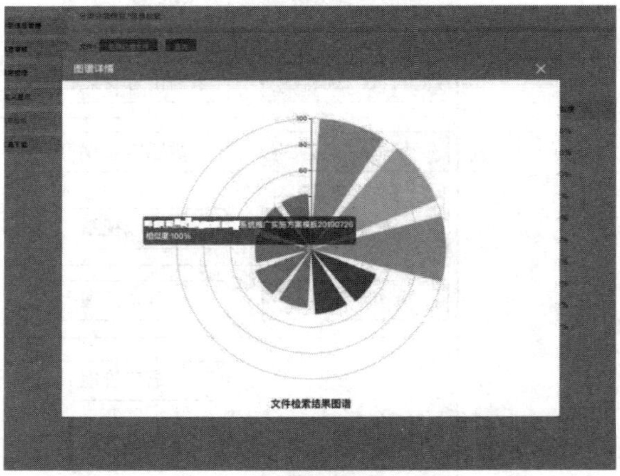

图 3　文件关系图谱

通过对已获取的涉密文件的指纹信息的检索，能够发现企业已存在相似文件，并建立文件关系图谱，直观展示涉密文件分布情况，提供文件涉密界定业务服务，为管理层提供决策参考。

3.4　事件影响布局

对于企业已外泄的数据，可能与其他数据有部分内容重合，此数据外泄后可能对其他数据造成影响，从而间接引发不可控的风险，可能需要相应手段来抵御未知风险。为能及时发现潜在风险，数据分类分级系统提供事件影响布局功能服务，可通过录入事件 ID、指纹类型、指纹阈值信息，比对事件附件指纹信息与系统指纹库指纹信息，在一定阈值下，显示满足条件的所有分类分级信息，包括分类分级 ID、文件名、指纹类型、相似度、所属机构等内容。通过指纹信息的比对，数据属性信息的获取，帮助管理及决策者及时掌握数据外泄影响态势，对数据外泄风险采取必要措施。图 4 为系统测试图例。

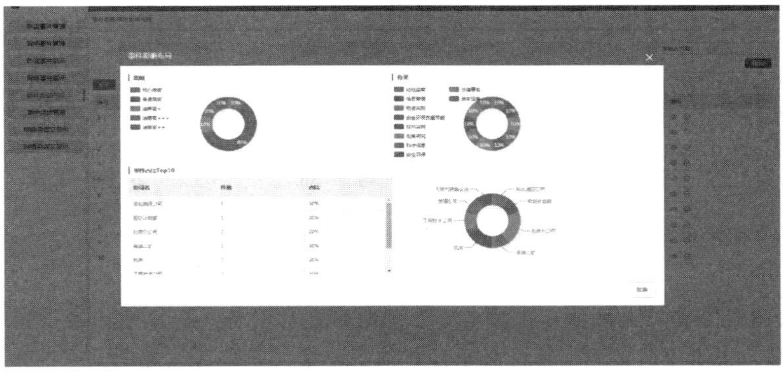

图 4　事件影响布局

3.5　权限管理

大型企业员工总量大，各分支机构众多，产生的敏感数据不计其数，为保证涉密数据的知悉范围和系统的功能权限最小化，需要设计精细的系统权限控制功能，可将系统权限分为数据权限和操作权限，数据权限决定了用户可以看哪个或哪些组织或部门的数据；操作权限决定了用户可以看哪个页面、点击哪个按钮。根据业务需求将数据权限和操作权限灵活分配给用户，从而实现最小权限控制。

4　结论

企业敏感数据分类分级管理技术的应用及系统实现是以企业数据分类分级保护制度为依据，满足企业商密数据分类分级流程规范和指南的实施要求，通过对敏感数据分类分级的智能化管理，使企业迅速掌握持有的涉密信息的具体数量及分布状况，对泄密事件状况及影响有清晰掌控；通过融入人工智能分类技术，实现对文件的自动分类分级，并能对多种制度灵活适应，大大降低了系统使用人员的学习成本，提高了工作效率和数据分级分类准确率。系统可与外部相关数据防护系统集成，实现由开发单一数据安全保护系统到构建系统数据安全防护体系的升级。

对企业敏感数据分类分级管理的研究及相关应用系统的实现弥补了国内对敏感数据分类分级管理多样化制度技术支撑和系统适应性的不足；将人工智能应用到文件自动识别及分类更是数据安全管理技术手段的升级，随着企业数据保护制度的完善和安全管理意识的提升，数据分类分级系统将成为企业开展数据安全防护、预防数据泄密的重要前置技术手段。

参　考　文　献

[1] 张芬．大数据时代数据的分类分级管理及安全防护[J]．计算机应用，2016(36)：265-268

[2] 黄洪，刘增良，余达太．一种智能化的数据分类、分级及保护模型[J]．北京工业大学学报，2011(6)：921-927

[3] 矫真，王兆军，刘丽君，等．营销系统敏感数据分级分类管理[J]．通信电源技术，2017(4)182-183

工控网络系统安全技术研究与探讨

吴　军　文建国　杨　磊　刘　俊　王　雪

（中国石油新疆油田公司）

摘　要　本文通过分析研究采油厂工控网络系统的信息安全特点和风险，指出开展工控网络系统安全建设的迫切性，提出了工控网络系统安全防护技术方案，并从制度建设、边界防护安全、组网安全、主机安全、数据安全、物理安全、应急机制和风险评估等方面，对网络安全防护的内容进行研究和探讨。

关键词　网络；信息安全；工控系统；通信协议；安全防护

随着工业信息化建设不断加快，为了满足"两化融合"的需求，提高企业信息化和综合自动化水平，实现生产和管理的高效率、高效益，石油企业开始对工业控制和管理信息系统进行了集成。工业控制网络逐渐的以各种方式与办公网、互联网等公共网络连接，生产网络与办公网络之间实现了数据交换，致使工控系统不再是一个独立的运行系统。工控系统正快速地从封闭、孤立的系统走向互联，日益广泛地采用以太网、TCP/IP 网络作为基础设施，将工业控制协议迁移到应用层。

工控系统开始广泛采用标准的 Windows 等商用操作系统、设备、中间件与各种通用技术。典型的工控系统——SCADA、DCS、PLC、RTU 等正日益变得开放、通用和标准化，使得办公网、互联网中的木马、病毒等安全风险正在向工控系统扩散，工控系统信息安全问题显得日益尖锐。

1　工控网络系统现状

早期采油厂工控系统主要是针对专有的封闭环境而设计，多采用专用技术网络、相对比较封闭，只用于单台设备或工艺段的生产控制，对外没有互联互通，往往处于物理隔离状态。系统在设计、实现与部署过程中，其主要指标是可用性、功能性、实时性等，没过多考虑网络攻击、信息安全等问题，面临的信息安全威胁不突出。

如今，随着计算机技术和网络技术的发展，特别是信息化与工业化深度融合，工控系统产品越来越多地采用通用协议、硬件、软件，使得工控系统的开放性越来越强。工控系统在享受开放、互联技术带来的进步、效率、利益同时，也开始面临着越来越严重的安全威胁。采油厂工控系统大部分是多年前开发的，系统大都使用专有的硬件、软件和通信协议，系统在设计上主要考虑了其性能、可靠性、灵活性方面的要求，忽略了对网络安全措施的需要。

通用以太网技术的引入让工控网络愈发透明、开放、互联，同时也使工控网络越来越多地面对以太网的通信威胁。大量使用基于 Windows 系统 PC 机作为工程师站、服务器等的硬件平台，面临与普通 PC 类似的安全威胁。当前工控系统网络漏洞主要表现为：不恰当的网络配置和访问控制、边界安全策略缺失、网络监控和记录及应急响应制度的缺失、通信漏洞以及无线连接漏洞等。

日益发展的工控网络系统使用了越来越多的通用协议，使通信协议的漏洞随之出现。另外，由于应用软件的多样性，很难形成统一的防护规范以应对安全问题。软件亦存在缓冲区溢出漏洞，当应用软件面向网络应用时，就必须开放其端口，攻击者很有可能利用这些安全漏洞入侵控制系统。网络安全策略和管理规程的缺失与不健全等因素，导致了包括系统安全审计机制、灾难恢复计划和配置变更管理、软件和操作系统补丁管理在内的安全策略和管理规程漏洞(图 1)。

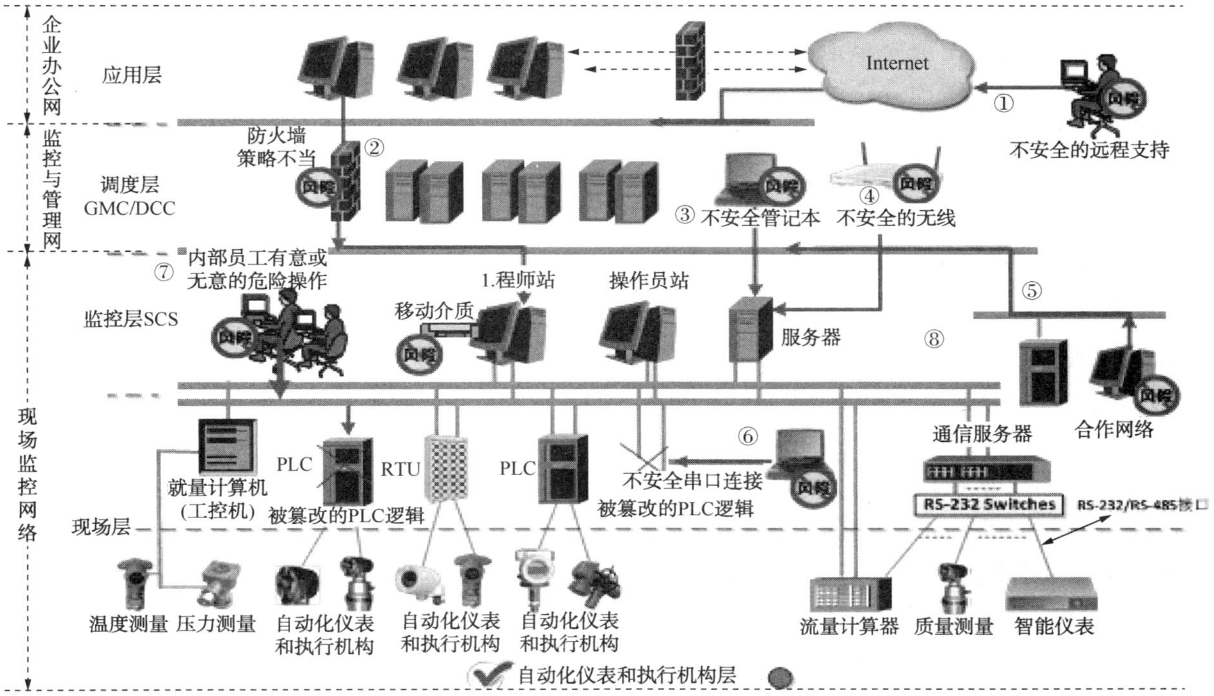

图 1 工控网络系统现状

2 工控网络系统安全性特点

工控系统的安全风险来源于信息、网络技术在石油工业领域日益广泛的应用，其自身只采用标准的 IT 安全技术很难应用于工控系统下的各类控制协议、应用、设备及标准的特殊安全需求，即使是短暂的网络崩溃都足以导致产品损耗、生产中断和对人及机器产生致命的危险。

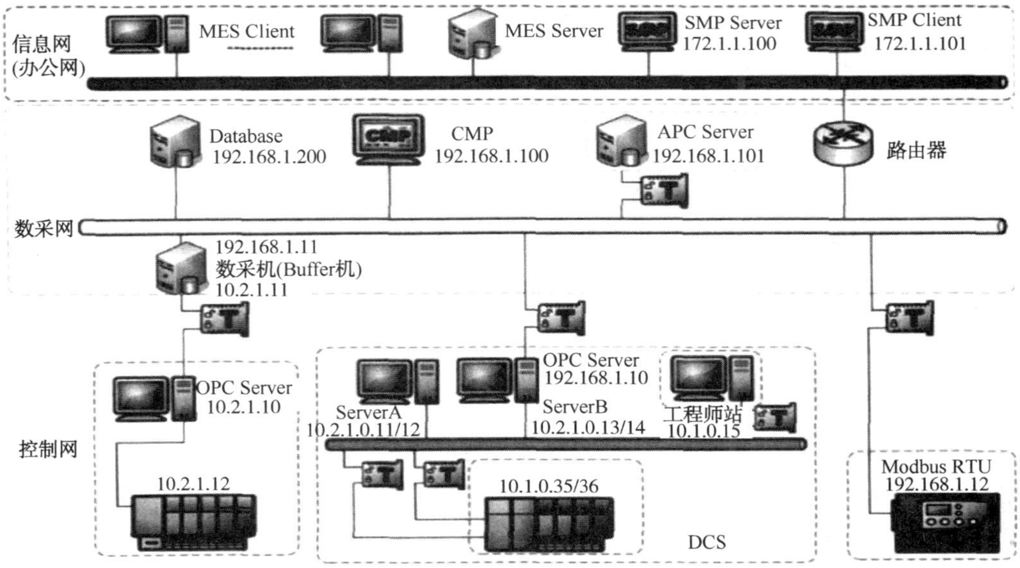

图 2 工控网络系统安全特点

2.1 工业网络通信协议和通用 TCP/IP 协议的共存

工控系统存在两种不同类型的协议，即 TCP/IP 协议和工控通信协议。工控系统中，采用了许多特有的工业控制通信协议。这些协议主要针对特定的控制环境，如工业以太网通信而设计，其安全需求与可用性、实时性、功能等关键需求有冲突，无法简单地修改协议；有些协议在设计之初未考虑安全方面的需求，或未考虑生产网络与办公网络互联所带来的更高的安全需求，需要针对性地部署安全解决方案。

2.2 工控网络系统的安全与办公网的安全互为依存

随着工业化和信息化的深度融合，工控生产网与办公网之间的数据互连变得越来越开放和常态化，生产网与办公网的安全互为依存。作为企业管理网内的一个业务子系统，工控系统涉及关键领域和企业运营的大量敏感数据，只能做适度有限的开放。工控网络系统要求必须保证持续的可用性及稳定的系统访问、系统性能、专用工控系统安全保护技术，以及全生命周期的安全支持。同时，对实时响应时间要求大多在 1ms 内完成。

2.5 工控网络系统长周期结构固定

工控系统与设备和生产密不可分，除非影响到正常的生产，否则长周期内稳定的工控网络系统将不会

进行轻易调整。工控系统中，直接执行现场控制操作的通常为控制其、分布式 I/O、交换机、传输模块等设备。这些设备专为现场控制环境而设计、制造，多用于执行关键的实时控制。同时，由于当前广泛的控制系统多设计于多年前，多数仅集成了简单的口令安全等机制；控制系统大量使用一般 PC 机作为工程师站、服务器等的硬件平台，大多为基于 Windows 操作系统，且系统版本较老，网络安全性更差。

3 工控网络系统安全需求分析

工控网络系统安全是一个复杂的工程，不仅涉及到技术、产品、系统，更取决于工业企业的安全管理的水平。随着工业自动化控制网络正逐步演变为开放系统，大规模采用 IT 技术，其集成化网络系统与 IT 网络基础设施充分互联。与传统 IT 网络安全相比，工控网络安全有着其自身的特点，主要体现为安全防护的重点有所不同。IT 安全一般针对的是办公环境，需要首先保证机密性，其次才是完整性和可用性。

工控网络安全的防护对象是现场控制设备，工业控制(实时)网络通信，其特点可以总结为：

(1)必须优先保障 24/7/365 的可用性，提供不间断的可操作性，并确保工控网络系统可访问。

(2)保证网络系统性能，数据的实时传输。

(3) 为实现无缝的通信与功能交互而采用开放标准。

(4) 采用通用组件作为解决方案的基础。

(5) 防止误操作与蓄意破坏。

(6) 办公环境与生产 I T 系统间的不间断通信以保障对生产的实时监控。

对工控网络系统信息安全而言，首先需要满足系统的高可用性的要求，其次是完整性。由于在工控环境下，多数数据都是设备与设备之间的通信，因此，最后的安全目标才是机密性。

3.1 提高方案设计质量

在工控网络系统建设中，除了设计水平问题，还往往依托专业的掌握程度。目前，还处于经验判断阶段，系统整体方案还存在许多不确定的安全风险，如哪些工艺装置必须独立设置 SIS？哪些工控网络系统必须设置第三方网络安全加固系统？根据不同情况，从而形成不同的方案，带来安全风险。执行功能安全标准就是为了提高这方面工作质量。开展工业安全风险评估，建设全面的网络安全管理；实现安全域的划分与隔离，不同安全域之间的网络接口需遵从清晰的安全规范；保护工控系统的控制单元，防御安全攻击；实现对工业控制通信的可感知与可控制。

3.2 提高系统成套设计、安装与调试质量

工控网络系统的质量有高低，建设初期必定经过成套设计、安装、调试，这些通常由供应商负责完成。供应商技术能力、经验的不同，得到的系统完善程度也就不同；另外，相关专业人员参与的深度不同，也会影响系统的质量，带来安全风险。因此，必须加强管理，不仅需要重视设

备的可靠性和维修性，还应追求寿命周期费用的经济性。工控网络系统质量越高，往往采购价格较高，但寿命周期费用越低。

3.3　加强日常运行维护质量

工控网络系统建成后，需要通过日常维护、定期检修等一系列工作，使系统持续发挥功效，这些工作的质量问题会带来安全风险；同样开展执行功能安全标准的目的也是为了提升这方面工作质量。

4.5　如何面临新挑战的需求

随着两化融合的不断推进，网络新技术层出不穷。石油工控系统深受影响，一方面石油企业信息化应用不断深入，逐渐发展到自控系统与企业信息系统的集成。基层工艺装置的自动控制回路已成为企业信息系统的一部分。企业信息化程度有了很大提高，但另一方面，由于信息化需要，出现工控系统通过各种接口技术，或者实现互联，或者与办公网络连接；既有有线连接，也有无线连接，使得工控系统网络架构越来越复杂。伴随着系统管理难度的增加，特别是工控系统信息安全面临的新挑战，工业领域迫切需要建立工控系统网络规划与标准，使得工控系统网络建设有章可循，实现可持续发展。

4　工控网络系统信息安全防护解决方案

现代工业控制网络安全防护工作要求我们在加强企业安全策略和规程建设、增强员工法制和网络安全意识、全面提高企业信息安全管理水平的同时，必须规划基础设施的安全配置，积极引入先进的安全防护设备，从不同的层面分区域、分功能、分重点的加强安全防护，通过部署多层次的、具有不同针对性的安全措施，保护关键工业控制过程与应用的安全，其特点在于：

(1)攻击者将不得不渗透或绕过不同的多层安全机制，大大增加了攻击的难度。

(2)安全架构中存在于某一层次上的安全脆弱性，可被其他防护措施所弥补，从而避免“一点突破，满盘皆输”的危险。建立工控网络系统纵深防御，首先需要对具体工控系统安全需求进行系统地分析，制定相应的安全规划；其次对工控系统进行风险评估，切合实际地识别出该系统的安全脆弱性，面临的安全威胁，以及风险的来源。在此基础上建立、部署层次化的多重安全措施(图 3)。

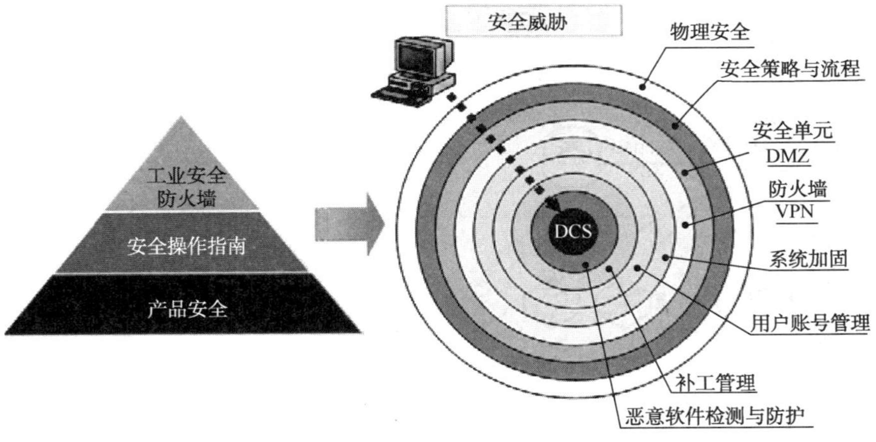

图 3　工控网络部署层次化安全系统

4.1　建立系统的物理防护边界

物理安全是工控网络系统信息安全的前提，首先要确保系统网络处于可控的物理环境中，只有经过授权的人员才能接触网络设备。在办公网和控制网之间部署安全隔离系统，防止来自办公网的攻击行为。保护操作室和远程机房中的操作站和工程师站遭到病毒等恶意软件的入侵。并在办公网和控制网之间部署审计系统，通过协议审计办公网和控制网之间的所有数据(图 4)。

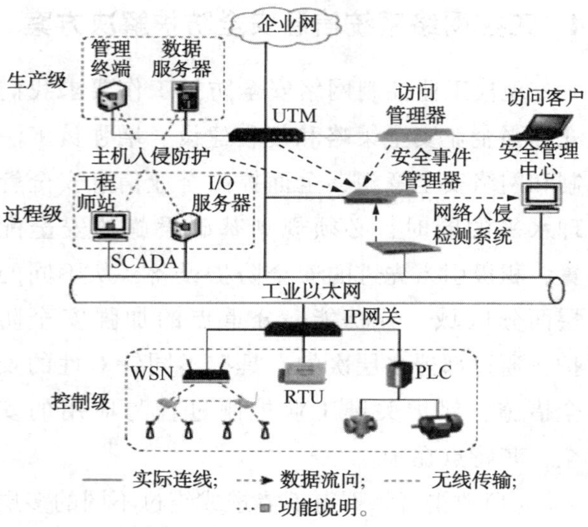

图4　物理安全防护系统

4.2　建立安全的控制单元，确保系统的边界安全

在工控网络系统中，每个控制单元都是相对独立的子系统，不同的控制单元之间通过网络通信进行集成、互联。而系统的日常生产控制又相对独立于操作站、维护站等维护应用，以及HMI、OPC服务器、应用服务器等监控系统或应用。因此，工控系统按其用途、特点划分为不同的安全域，还可根据其应用、通信业务的不同之处，进一步将用于组态、调试、维护的操作站、维护站等划分为一个独立的安全域，并在安全域之间的接口处部署防火墙、安全网关等隔离设备(图5)。

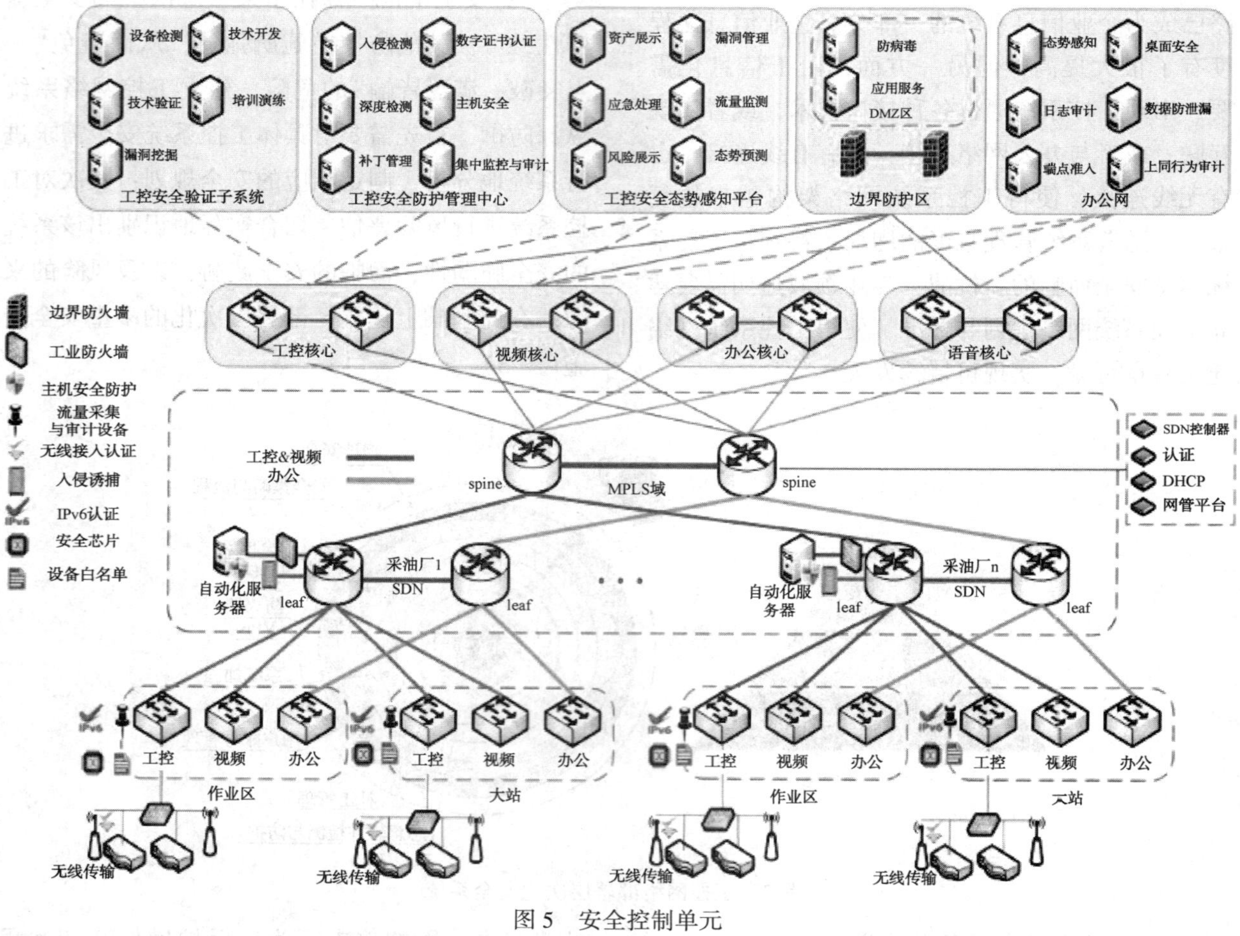

图5　安全控制单元

4.3　采用VPN技术保护不同控制单元之间的通信

对于不同控制单元、安全域之间的通信，可以通过在安全单元之间部署VPN保护单元间的通信，保证相关业务网络通信的认证、完整性与机密性，阻止非法业务通信。还可在安全单元内将维护、调试等组态通信业务，数据采集等监控业务与实时控制业务隔离开，避免组态、数据采集等被滥用后对实时控制通信产生影响。

4.4 系统加固与补丁管理

目前用于组态/维护的工程师站、OPC、SCADA、应用服务器等都采用的是安装了Windows的PC，加之在PC上运行的工业控制软件、应用以及相关中间件等，都可能存在相应的网络安全漏洞，因此在条件允许的情况下，需要及时地进行补丁升级与系统加固。采用白名单方式，仅保证制造商专有协议数据通过即可，对其他基于Windows应用的不必要通信一律禁止。

4.5 恶意软件防护技术

对采用Windows系统的PC工作站与服务器，病毒、蠕虫等恶意软件的攻击是其面临的最普遍的安全威胁之一。不仅需要在工控网络中所有的PC主机上全面部署病毒监控，如有更高的安全需求，还需要在安全域的入口处进一步部署防病毒网关。建立安全日志的搜集、备案与审计机制；并建立安全事件处理及应急响应预案，做到一旦发生安全事件，能够迅速定位脆弱点，追溯攻击源，且迅速恢复系统正常功能，从而实现对工业自动化控制通信的可感知与可控制。

5 结束语

工控网络系统安全不是一个单纯的技术问题，而是一个从意识培养开始，涉及到管理、流程、架构、技术、产品等各方面的系统工程，需要工控系统的管理方、运营方、集成商与组件供应商的共同参与，协同工作，并在整个工业基础设施生命周期的各个阶段中持续实施，不断改进才能保障工业控制系统的安全运行。

最后，与在IT信息安全中类似，工控网络系统的安全是一个动态过程，设备变更、系统升级等都会导致工控网络系统自身处于动态演化之中，而各种安全威胁、安全攻击技术的复杂性和技巧性也在不断演变，防范难度也会与日俱增，因此在工控网络安全也无法达到100%，需要工控系统生命周期的各个阶段中持续实施、不断改进。

参 考 文 献

[1] 钟岚. 石油化工行业工控系统安全保障实践探究[J]. 信息安全与通信保密. 2014年
[2] 李玉敏. 工业控制网络信息安全的防护措施与应用[J]. 中国仪器仪表. 2012年

网络攻防在石油企业信息安全评价中的应用

张宝奇　苏兴华

（中国石油川庆钻探工程有限公司）

摘　要　随着全球信息化水平不断提高和应用的不断深入，各个国家各个行业都面临着不断层出不穷的信息安全问题，诸如：2014 年德国一家钢铁厂遭受高级持续性的网络攻击，导致工控系统的控制组件和整个生产线被迫停止运转，造成了巨大的经济损失；2018 年中国某酒店集团的约 5 亿条客户资料泄露；2018 比亚迪生产制造产线遭受"永恒之蓝"勒索病毒侵袭等等。在信息化时代，企业可以利用信息技术提高生产效率，改变经济结构和生产方式，企业如何提高信息安全水平？如何评价信息安全现状？都是企业面临的最急迫的问题。

关键词　信息安全；网络攻击

1　石油企业信息安全现状概述

随着互联网技术的深入发展，在全球范围内信息安全领域有下面的特点：

（1）全球工控安全事件频发，主要集中在能源（占比 20%）、关键制造（占比 22%）、通信（占比 21%）等涉及国计民生的关键基础行业。中国所遭受的网络攻击中，工控领域占 54.7%，工控系统已成为主要的攻击对象。2017 年 8 月沙特石化公司保护设备安全运转的工业控制器被入侵，并试图引发爆炸；2018 年 8 月台积电遭受勒索病毒侵袭，直接经济损失 1.7 亿美元。

（2）云计算和大数据技术的大量应用导致安全风险高度集中，传统的网络安全架构无法满足新技术带来的虚拟化、数据集中、平台可用性等安全风险，致使网络安全问题层出不穷。阿里云、腾讯云相继出现数据丢失事件；比亚迪云服务出现漏洞，可任意开启比亚迪汽车的车门、发动汽车等。

（3）物联网和移动技术大规模应用到各个领域，网络安全问题延伸到生产的源头。感知层、传输层、应用层缺乏有效的防护手段，致使传感器、控制器、移动应用成为新的攻击目标，网络安全防护难度剧增。2017 年美国某供应商的销售终端存在漏洞，用户信用卡账户以及生物特征识别数据等个人信息遭窃取。2018 年苹果手机系统出现安全漏洞，新浪微博、腾讯微信等 15000 多个应用程序受到影响。

"没有网络安全就没有国家安全，就没有经济社会稳定运行，广大人民群众利益也难以得到保障。"习近平总书记在全国网络安全和信息化工作会议上的讲话指明了信息安全的重要性，指明了网络安全工作的方向。作为国家重要的能源企业，石油企业事关国计民生和国家安全，国有企业具有政治敏感性、经济重要性和身份特殊性，因此成为大规模、高级持续性网络攻击的重要目标。央企被攻击事件逐年升级，例如国家电网掌上电力等系统出现数据泄露，涉及用户超过千万；阿里钉钉大量用户信息泄露，在暗网中出售。

目前石油企业主要存在以下信息安全问题：

（1）系统弱口令、自建互联网出口、自建 VPN 系统、自建邮件系统、互联网映射及反向代理等高风险行为。共计发现 19 类共 145 个漏洞，35 家地区公司或多或少都存在问题，监控摄像头有漏洞风险，用户密码明文外传。在 2018 年石油企业网络安全事件中，地区公司自建信息系统安全事件占 90%以上，具体见表 1。

表 1　漏洞类型

漏洞类型	漏洞类型
数据库弱口令	任意文件上传漏洞
管理员弱口令	SSRF 漏洞
3389 远程桌面弱口令	XXE 漏洞
用户账号弱口令	服务器弱口令
管理员密码明文	目录遍历
用户密码泄漏	任意文件读取漏洞
weblogic 反序列化漏洞	任意文件下载漏洞
远程后门	SQL 注入漏洞
SSH 弱口令	中间件弱口令
struts 框架代码执行漏洞	

（2）石油企业在网络安全管理、控制、技术等各个领域还面临其他重大安全威胁，仍然存在门户网站被挂马、病毒大规模爆发、网络大规模瘫痪等、数据大量丢失或破坏、云计算平台被全面攻击等全局性风险，亟需全面评估暴露面，明确主体责任，分解落实各个环节防护要求，各种风险见表2。

表2　各个领域面临的安全威胁

门户被挂马、篡改或者被攻击	恶意网站访问
网络、互联网大规模瘫痪	敏感信息窃取
对外提供服务系统和网站存在隐患	拖库
部分地区公司对外网站放在公有云上	无线接入手机上网
云计算平台瘫痪	身份假冒欺骗
大集中系统数据被窃取风险	dns 服务器被攻陷
密码破解	移动应用 APP 存在漏洞
DDoS 攻击	不良信息发布追溯和阻断
高危漏洞	特种木马、APT
僵尸网络	没有被发现的恶意程序
网络扫描行为检测	病毒大规模爆发
ARP 欺骗	

（3）系统开发人员网络安全能力存在短板。在系统开发过程中缺乏信息安全意识，设计和程序编写过程中的安全关键节点把控不严，安全技术专业能力匮乏，策略实施不全面；信息系统的外部供应商全生命周期的管理不健全；人员流动过程中对账号权限管理不及时，带来的相关风险亟待引起重视。

（4）信息系统建设网络安全防护执行不到位。信息系统开发、建设和运维过程中缺乏安全规范和安全机制的把控，建设方案中的安全措施不落实，自建信息系统等保测评不落实，上线前风险检测不落实。已在公安部进行备案的43个统建信息系统，专业测评机构发现缓冲区溢出、数据库查询（SQL）注入和目录遍历等高危漏洞100余个，其他漏洞1000余个。身份认证和管理、日志存储和审计等主要防护措施不达标见表3。

表3　自建系统的网络安全漏洞

被提权信息系统	被利用的漏洞
某油田对讲管理系统	任意文件上传，遍历目录
某公司数据管理系统	中间件弱口令
某局个人工作桌面系统	无暴力破解限制
某油田健康管理平台	数据库弱口令
某钻探公司海外生产管理系统	SQL 注入

2　信息安全等级保护制度及石油企业系统安全配置基线

国家关于信息安全的制度是我们信息安全工作的指导性文件，公安部于2018年6月27日发布《网络安全等级保护条例（征求意见稿）》是国家在信息技术深入到国民经济每个领域和面临日益突出的网络安全问题的大环境作出的战略性举措，在今天这个时代网络安全已经是国家安全不可或缺的一部分。

2.1　网络安全等级保护条例（征求意见稿）综述

2007年实施的《信息安全等级保护管理办法》所确立的等级保护1.0体系，为了适应现阶段网络安全的新形势、新变化以及新技术、新应用发展的要求，2018年公安部正式发布《网络安全等级保护条例（征求意见稿）》，国家对信息安全技术与网络安全保护迈入2.0时代。国家网络安全等级保护条例（征求意见稿）主要从网络的安全保护、涉密网络的安全保护、密码管理等几个方面进行论述。

2.2　网络安全等级保护条例（征求意见稿）指导意义

1. 网络安全保护原则

国家实行网络安全等级保护制度，对网络实施分等级保护、分等级监管。前款所称“网络”是指由计算机或者其他信息终端及相关设备组成的按照一定的规则和程序对信息进行收集、存储、传输、交换、处理的系统。

网络安全等级保护工作应当按照突出重点、主动防御、综合防控的原则，建立健全网络安全防护体系，重点保护涉及国家安全、国计民生、社会公共利益的网络的基础设施安全、运行安全和数据安全。

2. 网络运营者责任与义务

网络运营者应当依法开展网络定级备案、安全建设整改、等级测评和自查等工作，采取管理和技术措施，保障网络基础设施安全、网络运行安全、数据安全和信息安全，有效应对网络安全事件，防范网络违法犯罪活动。行业主管部门应当组织、指导本行业、本领域落实网络安全等级保护制度。

根据条例的规定，无论是石油企业还是其他行业的网络运营者都应当对自己所运营的网络依据其重要性对其进行备案，并由义务保障网络安全。石油企业是国家能源行业的重要一环，关系到国家民生，保障企业信息安全是我们义不容辞责任。

2.3 石油企业系统安全配置基线

系统安全配置基线是企业对于普通电脑最基本的安全配置要求，主要是从账户管理、密码管理、认证授权、日志审计、系统服务、补丁及防护软件、共享文件夹及访问权限、远程维护、其他 9 个方面进行要求。

2.3.1 Administrator 账户管理

安全基线编号	SBL-System-Windows7-01-01
安全基线名称	Administrator 账户管理安全基线要求项
安全基线要求	非域环境的计算机，重命名超级管理员账户 Administrator
检测操作参考	进入“控制面板→管理工具→计算机管理”，在弹出框中选择“系统工具→本地用户和组→用户”，在史侧查看用户中是否包含 Administrator
安全判定依据	1. 进入“控制面板→管理工具→计算机管理”，在弹出框中选择“系统工具→本地用户和组→用户” 2. 如果存在 Administrator 账号，并隶属于 Administrators 组，表明丌符合安全要求
参考操作	重命名账户：鼠标史键→重命名，键入新的账户名称
基线配置项重要度	□高 □中 □低
操作风险评估	□高 □中 □低

2.3.2 密码管理

1. 密码复杂度

安全基线编号	SBL-System-Windows7-02-01
安全基线名称	密码复杂度安全基线要求项
安全基线要求	密码复杂度要求：至少包含以下四种类别的字符中的三种： 英文大写字母(A~Z) 英文小写字母(a~z)阿拉伯 数字(0~9) 非字母字符(例如!、$、#、%)
检测操作参考	进入“控制面板→管理工具→本地安全策略”，在“账户策略→密码策略→密码必须符合复杂性要求”，鼠标史键→属性→选择“已启用“
安全判定依据	进入“控制面板→管理工具→本地安全策略”，在“账户策略→密码策略”中，选择“密码必须符合复杂性要求”，查看其“安全设置”，如果显示”已启用“，表明符合安全要求
基线配置项重要度	□高 □中 □低
操作风险评估	□高 □中 □低

2. 密码长度最小值

安全基线编号	SBL-System-Windows7-02-02
安全基线名称	密码长度最小值安全基线要求项
安全基线要求	对于采用静态口令认证技术的设备，密码最小长度不少于 8 位
检测操作参考	进入“控制面板→管理工具→本地安全策略”，在“账户策略→密码策略→密码长度最小值”，鼠标史键→属性→8→确定
安全判定依据	进入“控制面板→管理工具→本地安全策略”，在“账户策略→密码策略”中，选择“密码长度最小值”，查看其“安全设置“，如果显示”8 个字符“，表明符合安全要求
基线配置项重要度	□高 □中 □低
操作风险评估	□高 □中 □低

2.3.3 认证授权-文件所有权授权

安全基线编号	SBL-System-Windows7-03-02
安全基线名称	文件所有权授权安全基线要求项
安全基线要求	“取得文件或其他对象的所有权“只指派给 Administrators 组
检测操作参考	进入“控制面板→管理工具→本地安全策略”，在“本地策略→用户权限分配→
	取得文件或其他对象的所有权”，鼠标史键→属性→设置为只指派给 Administrators 组。
安全判定依据	进入“控制面板→管理工具→本地安全策略”，在“本地策略→用户权限分配”中，鼠标左键双击“取得文件或其他对象的所有权”，如果弹出的对话框中仅显示” Administrators”组，表明符合安全要求
基线配置项重要度	□高　□中　□低
操作风险评估	□高　□中　□低

2.3.4 日志审计-审核登录事件

安全基线编号	SBL-System-Windows7-04-02
安全基线名称	审核登录事件安全基线要求项
安全基线要求	应配置日志功能，对用户登录进行记录，记录内容包括用户登录使用的账户，登录是否成功，登录时间，以及远程登录时使用的 IP 地址
检测操作参考	进入“控制面板→管理工具→本地安全策略”，在“本地策略→审核策略→审核登录事件”，鼠标史键→属性→勾选“成功”不“失败”两项
安全判定依据	进入“控制面板→管理工具→本地安全策略”，在“本地策略→审核策略”中，选择”审核登录事件”，查看其“安全设置“，默认为无审核，如果显示为“ 成功，失败”，表明符合安全要求
基线配置项重要度	□高　□中　□低
操作风险评估	□高　□中　□低

2.3.5 系统服务-启用 Windows 防火墙

安全基线编号	SBL-System-Windows7-05-01
安全基线名称	Windows 防火墙安全基线要求项
安全基线要求	启用 Windows 防火墙
检测操作参考	进入“控制面板→Windows 防火墙→打开戒关闭 Windows 防火墙”，查看“家庭戒工作(与用)网络位置设置“不”公用网络位置设置“中防火墙的配置情况

续表

安全判定依据	进入“控制面板→Windows 防火墙→打开戒关闭 Windows 防火墙”，查看“家庭戒工作(与用)网络位置设置“不”公用网络位置设置“，如果均选择”启用 Windows 防火墙“，并勾选“Windows 防火墙阻止新程序时通知我”，表明符合安全要求
备注	在已经安装端点准入系统 SEP 的情况下，此安全基线要求项丌适用
基线配置项重要度	□高　□中　□低
操作风险评估	□高　□中　□低

2.3.6 补丁不防护软件-系统安全补丁管理

安全基线编号	SBL-System-Windows7-06-01
安全基线名称	系统安全补丁管理安全基线要求项
安全基线要求	所有联网终端计算机统一部署桌面安全管理软件，由该软件统一进行系统安全补丁更新
检测操作参考	按照集团公司信息管理部要求，集中部署桌面安全管理系统，监督未部署的终端计算机并进行整改，保证所有联网终端计算机全部安装统一的桌面安全管理系统软件
安全判定依据	开始→运行→cmd. exe，输入 systeminfo，查看系统补丁的安装情况
备注	安装系统补丁前需要进行测试
基线配置项重要度	□高　□中　□低
操作风险评估	□高　□中　□低

2.3.7 共享文件夹及访问权限-设置共享文件夹访问权限

安全基线编号	SBL-System-Windows7-07-02
安全基线名称	共享文件夹访问权限安全基线要求项
安全基线要求	设置共享文件夹访问权限，只允许授权的账户拥有权限共享此文件夹
检测操作参考	进入“控制面板→管理工具→计算机管理”，在“系统工具→共享文件夹”下，查看每个共享文件夹的共享权限，只将权限授权于指定账户
安全判定依据	进入“控制面板→管理工具→计算机管理”，在“系统工具→共享文件夹”下，查看每个共享文件夹的共享权限
基线配置项重要度	□高　□中　□低
操作风险评估	□高　□中　□低

2.3.8　远程维护-远程桌面安全管理

安全基线编号	SBL-System-Windows7-08-02
安全基线名称	远程桌面安全基线要求项
安全基线要求	终端计算机如无特别需要，关闭远程桌面
检测操作参考	鼠标史键点击“我的电脑”，选择“属性”，选中“远程设置”，查看“远程桌面”的状态
安全判定依据	鼠标史键点击“我的电脑”，选择“属性”，选择“远程设置”，在“远程桌面”的下方查看，如果勾选了“不允许连接到这台计算机”，表明关闭了远程桌面，符合安全要求
基线配置项重要度	□高　□中　□低
操作风险评估	□高　□中　□低

3　传统信息安全评价综述

3.1　信息安全属性

信息安全是指企业的网络空间、网络设备和信息资产不受物理的、逻辑的、网络上的篡改、丢失、损坏。信息技术的不断发展使得企业信息安全受到很大挑战，具有机密性、完整性、真实性、不可否认性。

3.2　信息安全评价

传统信息安全评价主要从以下几方面进行统合评价：

（1）技术要求方面：物理安全，包含物理位置的选择、物理访问控制、防盗窃和破坏、防雷击、防火、防水和防潮、防静电、温湿度控制、电力供应、电磁防护；网络安全，包含结构安全、访问控制、安全审计等；主机安全，包含身份鉴别、安全标记、访问控制可信路径等；应用安全，包含身份鉴别、安全标记、访问控制等；数据安全及备份恢复，数据完整性、数据保密性、备份和恢复，具体如下所示。

1.1　物理安全

序号	控制点项目	安全标准	评估情况	说明
1.1.1	物理位置的选择	1. 机房和办公场地应选择在具有防震、防风和防雨等能力的建筑内； 2. 机房场地应避免设在建筑物的高层或地下室，以及用水设备的下层或隔壁。		
1.1.2	物理访问控制	1. 机房出入口应安排专人值守并配置电子门禁系统，控制、鉴别和记录进入的人员； 2. 需进入机房的来访人员应经过申请和审批流程，并限制和监控其活动范围； 3. 应对机房划分区域进行管理，区域和区域之间设置物理隔离装置，在重要区域前设置交付或安装等过渡区域； 4. 重要区域应配置第二道电子门禁系统，控制、鉴别和记录进入的人员。		
1.1.3	防盗窃和防破坏	1. 应将主要设备放置在机房内； 2. 应将设备或主要部件进行固定，并设置明显的不易除去的标记； 3. 应将通信线缆铺设在隐蔽处，可铺设在地下或管道中； 4. 应对介质分类标识，存储在介质库或档案室中； 5. 应利用光、电等技术设置机房防盗报警系统； 6. 应对机房设置监控报警系统。		
1.1.4	防雷击	1. 机房建筑应设置避雷装置； 2. 应设置防雷保安器，防止感应雷； 3. 机房应设置交流电源地线。		
1.1.5	防火	1. 机房应设置火灾自动消防系统，能够自动检测火情、自动报警，并自动灭火； 2. 机房及相关的工作房间和辅助房应采用具有耐火等级的建筑材料；		

（2）管理要求：安全管理制度、安全管理机构、人员安全管理、系统建设管理、系统运维管理。如下所示。

2 管理要求

2.1 安全管理制度

序号	控制点项目	安全标准	评估情况	说明
2.1.1	管理制度（G4）	1. 应制定信息安全工作的总体方针和安全策略，说明机构安全工作的总体目标、范围、原则和安全框架等；应对安全管理活动中的各类管理内容建立安全管理制度；应对要求管理人员或操作人员执行的日常管理操作建立操作规程； 2. 应形成由安全策略、管理制度、操作规程等构成的全面的信息安全管理制度体系。		
2.1.2	制定和发布（G4）	1. 应指定或授权专门的部门或人员负责安全管理制度的制定； 2. 安全管理制度应具有统一的格式，并进行版本控制； 3. 应组织相关人员对制定的安全管理制度进行论证和审定； 4. 安全管理制度应通过正式、有效的方式发布； 5. 安全管理制度应注明发布范围，并对收发文进行登记； 6. 有密级的安全管理制度，应注明安全管理制度密级，并进行密级管理。		
2.1.3	评审和修订（G4）	1. 应由信息安全领导小组负责定期组织相关部门和相关人员对安全管理制度体系的合理性和适用性进行审定； 2. 应定期或不定期对安全管理制度进行检查和审定，对存在不足或需要改进的安全管理制度进行修订； 3. 应明确需要定期修订的安全管理制度，并指定负责人或负责部门负责制度的日常维护；应根据安全管理制度的相应密级确定评审和修订的操作范围。		

传统的信息安全评价方法主要是依靠表格逐项进行检查、核对，比如物理安全，就根据表格中物理安全的每个子项进行检查，主要的方式就是检查资料，根据最终的检查情况评分，最后进行汇总得出这个企业的信息安全的分值来评价企业信息安全工作是否符合安全标准。

3.3 传统信息安全评价的特点及不足

传统信息安全评价方法实行表格化、分类清楚，评价方法简单明了，但是也存在很多不足之处：

（1）传统信息安全评价方法会造成企业安全资料过多，安全评价成了资料评价。

（2）传统信息安全评价是一个宏观性的安全评价，并不能对信息安全进行量化评价。

（3）不具有实时性，不能实时监测企业的信息安全的实时数据。

（4）不具备科学性和可操作性，随着企业信息系统规模的不断增大，传统评价方法已经不能适应信息化的发展。

4 建立新的信息安全评价体系

4.1 建立新的安全评价体系

传统的信息安全评价方法已经不能适应企业信息化发展的实际，以前更多的是静态的对系统的每个环节、每个节点进行评价打分，最后得出系统的安全分值，这种评价方式更多适用于信息资产的评估，既费时费力也不能反应出它的实际安全性。传统的信息安全评价方法的主要有以下几个缺点和不足：①安全评价周期长；②只注重系统的宏观层面的可见层面的评价；③不能对新出现的系统漏洞做出反应；④不能深入到系统的逻辑层面和程序层面进行评价；⑤对新部署应用的系统的无能为力。

石油企业的信息安全主要包括以下几个方面：现有系统的信息安全评价，包括计算机主机安全、网络安全、信息系统安全等；新系统部署前的安全评价，主要是对系统部署的网络位置、部署方法、系统的安全性进行全面评价。新的评价方法要具有实时性、全面性、科学性等要求才能最大程度的保障企业信息资产的安全运行。根据企业信息化发展的实际，新的安全评价体系主要包括以下四个方面：信息安全基础评价、信息安全系统评价、信息安全攻防评价、信息安全综合评估。

4.2　信息安全基础评价

信息安全基础评价是指从技术和管理两方面进行评价，技术方面主要是对目标系统的物理安全、网络安全、主机安全、应用安全、数据安全及备份恢复；管理方面主要是从制度方面进行评价，主要是对安全管理制度、安全管理机构、人员安全管理、系统建设管理、系统运维管理。

4.3　信息安全系统评价

信息安全系统评价是指利用信息技术手段，根据国家等级保护制度的规定、企业信息安全管理规定、企业信息系统基线检查标准对企业网络环境、主机系统、信息系统进行全面扫描检查，来评价信息安全风险等级。

4.4　信息安全攻防评价

信息安全攻防评价是指利用各种网络攻防技术对目标企业进行模拟网络攻击，主要是通过扫描出的系统漏洞进行模拟攻击，来检测目标系统的健壮性和安全性。网络攻防技术主要有下面几方面：

(1) 系统扫描，是网络攻防中最关键的一步，首先使用漏洞扫描设备对目标网络的主机、网络设备、应用系统进行全方位扫描(图4～图6)。

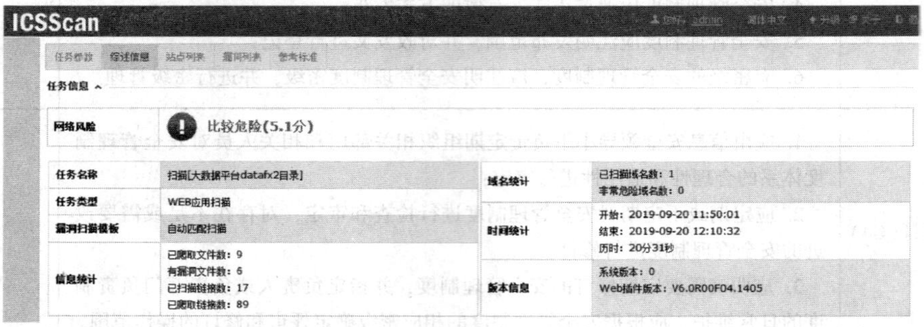

图4　综合扫描结果

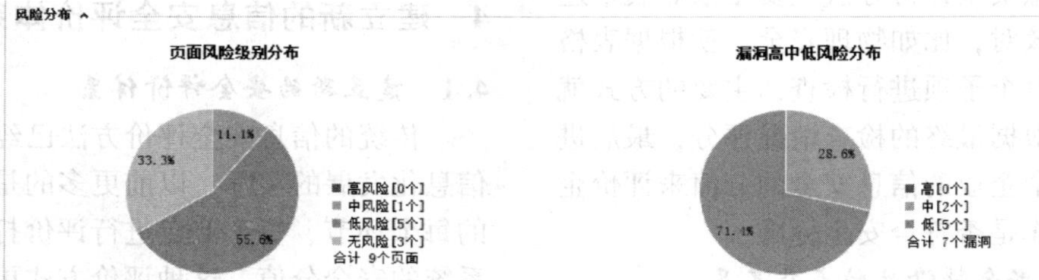

图5　风险分布

图6　漏洞信息

（2）漏洞分析和利用，是整个网络攻防的核心，企业系统漏洞主要用下面几类：

第一类，弱口令，这一大类是最致命同时也是最常见的一类系统漏洞

弱口令没有严格和准确的定义，通常认为容易被别人猜测到或被破解工具破解的口令均为弱口令。常见的弱口令有见表 1。

表 1　常见的弱口令

操作系统弱口令	数据库弱口令	中间件弱口令	其他应用该系统弱口令
Windows 远程桌面弱口令	Mysql 数据库弱口令	开源 Web 应用服务 器(Tomcat)弱口 令	海康威视摄像头管 理弱口令
安全外壳协议(SSH)远程登录 弱口令		Oracle 应用服务器(Weblogic)弱口 令	IBM 远程管理卡默 认口令

漏洞信息：弱口令-shell-主机权限(表 4)

表 4　弱口令-shell-主机权限

漏洞名称	弱口令-shell-主机权限
风险等级	高
漏洞描述	弱口令登录后台→getshell→root 权限
测试过程	http：// *．*．*．*/#/login 账号密码：fjp：111111 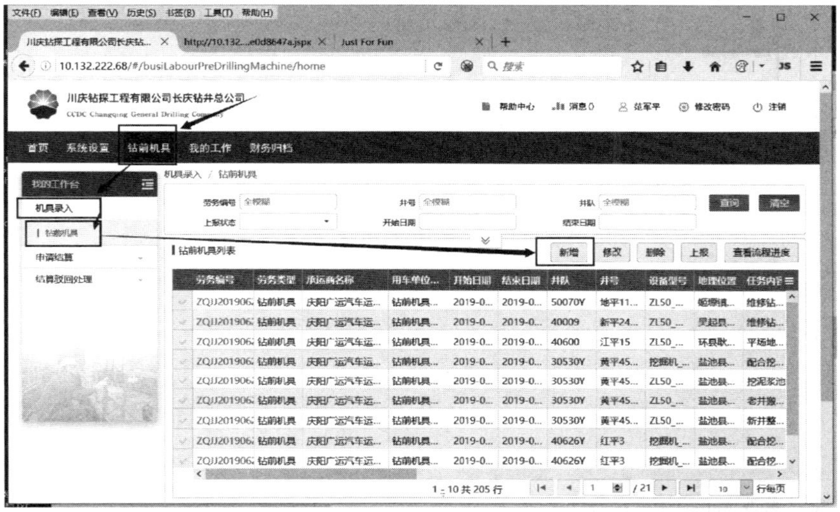 

续表

漏洞名称	弱口令-shell-主机权限
测试过程	附件上传得到 webshell 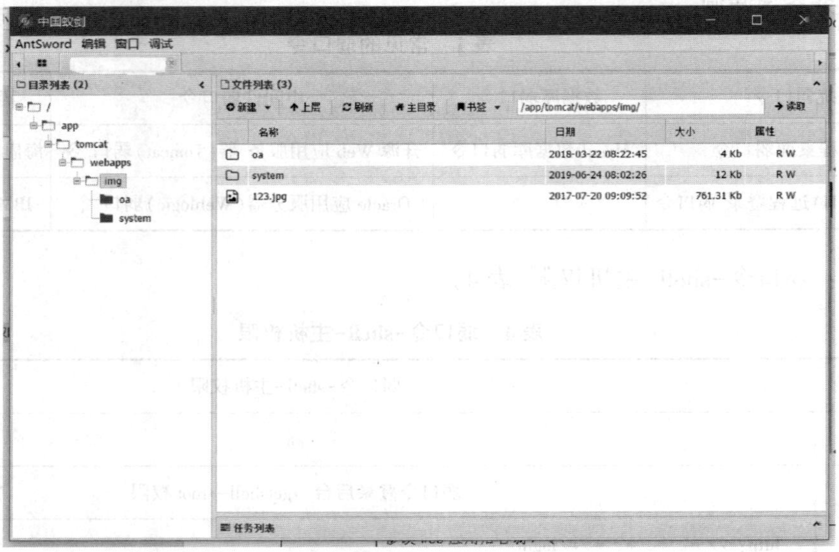 Root 权限 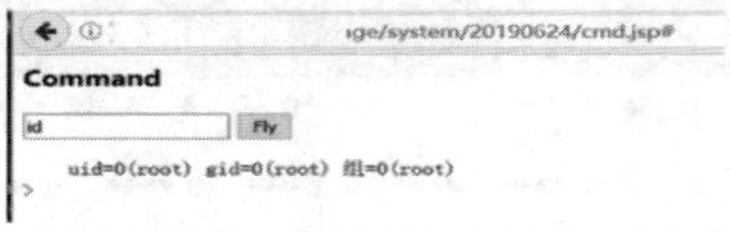
安全建议	修改 web 应用后台弱口令 白名单限制文件上传后缀 禁止上传目录解析脚本文件

第二类，未授权访问漏洞

未授权访问漏洞是指服务器系统某些安全配置、权限认证的地址、授权页面存在缺陷，导致其他用户未经认证直接访问系统，从而泄露数据库、网站目录等敏感信息。目前主要存在未授权访问漏洞的有：NFS 服务，Samba 服务，LDAP，Rsync，FTP，GitLab，Jenkins，MongoDB，Redis，ZooKeeper，ElasticSearch，Memcache，CouchDB，Docker，Solr，Hadoop，Dubbo 等。

1）Memcache 未授权访问漏洞

Memcache 未授权访问漏洞，Memcached 端口对外开放并且没有配置认证选项，未授权用户可直接获取数据库中所有信息，造成严重的信息泄露。

漏洞检测：①登录机器执行 netstat -an | more 命令查看端口监听情况。回显 0.0.0.0:11211 表示在所有网卡进行监听，存在 memcached 未授权访问漏洞。②telnet <target> 11211，或 nc -vv <target> 11211，提示连接成功表示漏洞存在（图 7）。

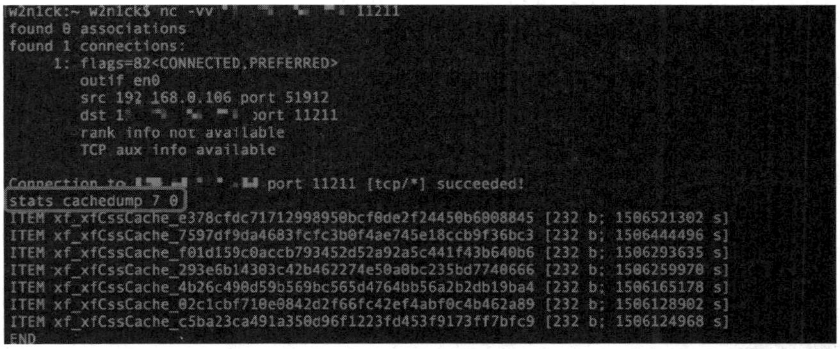

图 7

漏洞加固：方法 1：可以修改绑定的 IP、端口和指定访问者 IP 具体根据实际情况来设定，也可以直接在服务器防火墙上做设置。方法 2：增加 Memcached 的认证配置：设置 memchached 只允许本地访问，禁止外网访问 Memcached 11211 端口。方法 3：编译时加上-enable-sasl，启用 SASL 认真。

2）ZooKeeper 未授权访问漏洞

漏洞描述：Zookeeper 的默认开放端口是 2181。Zookeeper 安装部署之后默认情况下不需要任何身份验证，黑客可以远程利用 Zookeeper，通过服务器收集敏感信息或者在 Zookeeper 集群内进行破坏。黑客能够执行所有只管理员的命令。

漏洞利用：执行以下命令即可远程获取该服务器的环境（图 8）：

#echo envi | nc ip port（图 8）

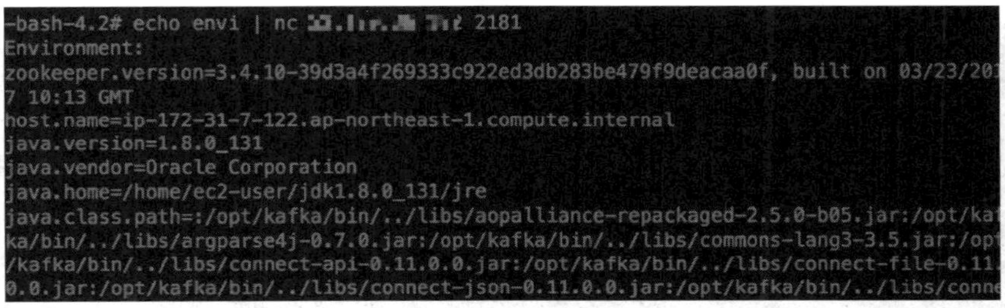

图 8

直接连接：#./zkCli.sh -server ip：port（图 9）

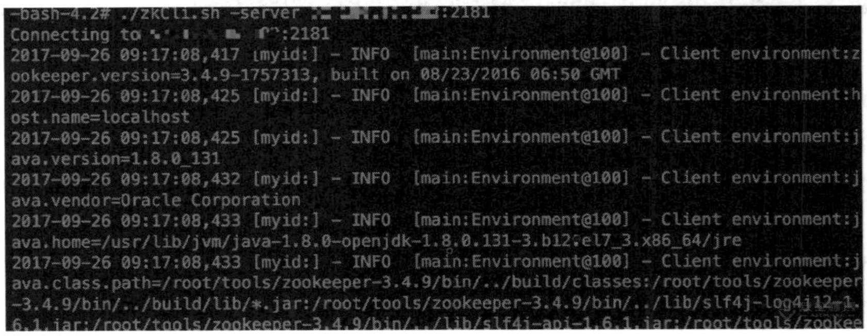

图 9

漏洞加固

① 禁止把 Zookeeper 直接暴露在公网。

② 添加访问控制，根据情况选择对应方式（认证用户，用户名密码）。

③ 绑定指定 IP 访问。

第三类，远程代码执行漏洞

代码执行漏洞也叫代码注入漏洞，指用户通过浏览器提交执行命令，由于服务器端没有针对执行函数做过滤，导致在没有指定绝对路径的情况下就执行命令，可能会允许攻击者通过改变

$PATH 或程序执行环境的其他方面来执行一个恶意构造的代码。这类的执行漏洞种类是比较多的，有 windows 的系统漏洞，有一些使用比较广泛的专业网站暴露出的漏洞。

1）ECShop 全系列版本远程代码执行高危漏洞

根据最新的漏洞预警，利用 ECShop 全系列版本的远程代码执行漏洞进行攻击的数量呈大幅度上升趋势。攻击者可通过漏洞攻击直接获得服务器权限(图 10)。

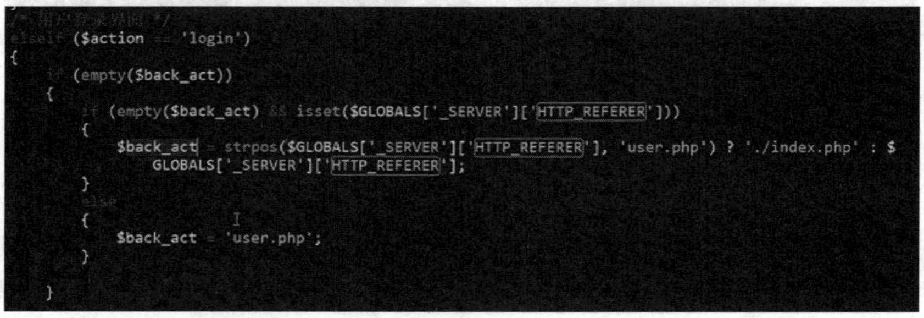

图 10

2)CVE-2019-0708 Exploit DoS

Windows 再次被曝出一个破坏力巨大的高危远程漏洞 CVE-2019-0708。攻击者一旦成功利用该漏洞，便可以在目标系统上执行任意代码，包括获取敏感信息、执行远程代码、发起拒绝服务攻击等攻击行为；而更加严重的是，这个漏洞的触发无需用户交互，攻击者可以用该漏洞制作堪比 2017 年席卷全球的 WannaCry 类蠕虫病毒，从而进行大规模传播和破坏。比如就可以利用该漏洞对目标靶机进行攻击，可以使其计算机瞬间蓝屏(图 11)。

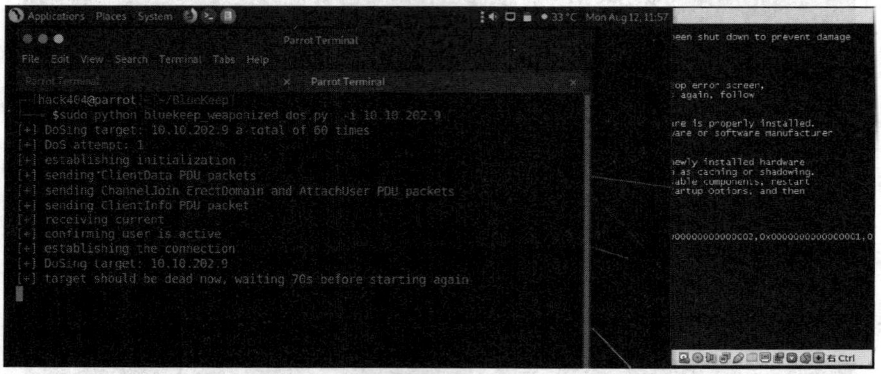

图 11

第四类，SQL 注入漏洞

SQL 注入漏洞是目前存在最多也最致命的一种系统漏洞，据统计目前大多应用程序都是涉及到数据库开发，开发人员在开发系统时对程序代码处理不够严谨，从而导致 SQL 注入的产生；同时目前几乎所有的系统在应用之前都没有对应用系统的安全性进行测评，用户对系统的安全性一无所知，在不知不觉中导致数据泄露，产生一些无法估量的损失。

1）Sqlmap 工具

Sqlmap 是目前最强大的开源渗透测试工具，能够实现自动检测系统的 SQL 注入漏洞，具有很强大的漏洞检测引擎和渗透测试器。

Sqlmap 的主要功能是扫描、发现并利用给定的 Url 的 SQL 注入漏洞，目前支持 MySQL、Oracle、PostgreSQL、Microsoft SQL Server、Microsoft Access 等。Sqlmap 主要使用下面 5 种注入技术，即基于布尔的盲注；基于时间的盲注；基于报错注入；联合查询注入；堆查询注入。

2）sqlmap 注入实践(以下实列是基于 sqlmap 和 DVWA 的实际操作)

Sqlmap 可以实现对目标网站的自动化探测，可以检测后台数据库的类型，版本号等相关信息，同时利用--dbs 参数可以取得后台数据库的名称信息。如图 12 所示：

图 12

Sqlmap 还可以实现对目标网站后台数据库的用户名进行自动化探测，这些漏洞信息如果发生将会产生非常严重的后果，后台数据库名称和用户信息都暴露在黑客的面前，在信息时代数据是一个企业或者国家最重要的战略资源之一，如果因为一个程序的漏洞导致后台数据的泄露将会导致不可挽回的损失。如图 13 所示：

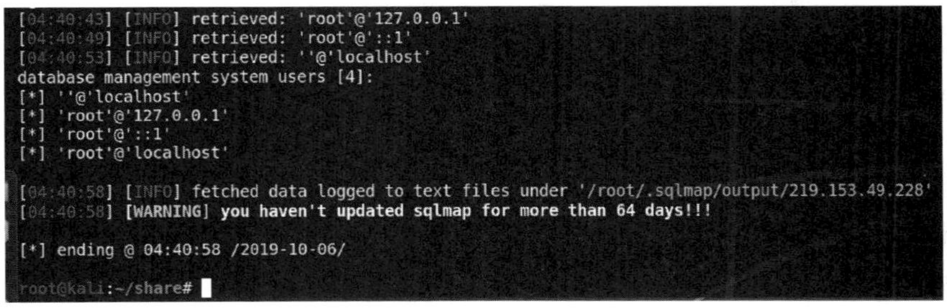

图 13

4.4.3 信息安全漏洞评分标准

1. 单一漏洞风险等级评定标准(表 5)

表 5　单一漏洞风险等级评定标准

危险程度	危险值区域	危险程度说明
高	7≤漏洞风险值≤10	攻击者可以远程执行任意命令或者代码，或对系统进行远程拒绝服务攻击。
中	4≤漏洞风险值<7	攻击者可以远程创建、修改、删除文件或数据，或对普通服务进行拒绝服务攻击。
低	0≤漏洞风险值<4	攻击者可以获取某些系统、服务的信息，或读取系统文件和数据。

标准说明：漏洞的风险值兼容 CVSS 评分标准。

2. 主机风险等级评定标准(表 6)

表 6　主机风险等级评定标准

主机风险等级	主机风险值区域
非常危险	7.0≤主机风险值≤10.0
比较危险	5.0≤主机风险值<7.0
比较安全	2.0≤主机风险值<5.0
非常安全	0.0≤主机风险值<2.0

标准说明：

(1) 按照工控漏洞扫描系统的主机风险评估模型计算主机风险值。根据得到的主机风险值参考“主机风险等级评定标准”标识主机风险等级。

(2) 将主机风险等级按照风险值的高低进行排序，得到非常危险、比较危险、比较安全、非常安全四种主机风险等级。

(3) 用户可以根据自己的需要修订主机风险等级中的主机风险值范围。

3. 主机风险等级评定标准

网络风险等级	网络风险值区域
非常危险	8.0≤网络风险值≤10.0
比较危险	5.0≤网络风险值<8.0
比较安全	1.0≤网络风险值<5.0
非常安全	0.0≤网络风险值<1.0

标准说明：

(1) 按照工控漏洞扫描系统的网络风险评估模型计算该网络风险值；根据得到的网络风险值参考“网络风险等级评定标准”标识网络风险等等级。

(2) 将网络风险等级按照风险值的高低进行排序，得到非常危险、比较危险、比较安全、非常安全四种网络风险等级。

(3) 用户可以根据自己的需要修订网络风险等级中的网络风险值范围。

5　石油企业网络攻防案例

5.1　某企业大数据分析平台信息安全评价

某石油钻探企业施工区域广，信息化技术在生产中的应用日益深入，大数据分析平台是企业自建系统，利用大数据分析技术对企业 15 年的生产数据进行分析利用，分析各生产区块效益，分析各区块的生产技术方案等。目标系统名称大数据分析平台，http：//10.X.X.X：8081/datafx2/index.jsp，具体信息如图 14 所示：

图 14　大数据分析平台

5.1.1　目标系统平台攻防检测

1. 系统扫描任务

任务名称	扫描[大数据平台 datafx2 园录]
扫描目标	http：//10. x. X. x：8081/datafx2/
任务类型	WEB 应用扫描
任务状态	扫描完成
网络风险	风险值：5.1
漏洞扫描模板	自动匹配扫描
域名统计	已扫描域名数：1　非常危险域名：0
信息统计	已爬取文件数：9　有漏洞文件数：6 已扫描链接数：17　已爬取链接数：89
时间统计	开始：2019-09-20 11：50：01 结束：2019-09-20 12：10：32 耗时：20 分 31 秒
下达任务的用户	admin
任务数据来源	漏洞扫描
任务说明	
版本信息	系统版本：0 Web 插件版本：V6.0R00F04.1405

2. 扫描结果-漏洞分布

序号	漏洞名称	影响页面个数	出现次数
1	检测到目标站点存在 javascript 框架库漏洞	1	2
2	检测到目标 URL 存在 http host 头攻击漏洞	1	1
	系统弱口令		
3	检测到目标 URL 存在内部 IP 地址泄露	1	2
4	检测到目标 URL 存在电子邮件地址模式	1	1
5	检测到目标服务器启用了 OPTIONS 方法	1	1
6	检测到目标网站存在无效链接	4	4
7	点击劫持：X-Frame-Options 未配置	1	1
合计		10	12

3. SQL 注入检测

检测结果发现目标系统存在 SQL 注入漏洞，取得用户数据库。这是一个非常致命的漏洞，数据库直接暴露出来了(图 15，图 16)。

图 15

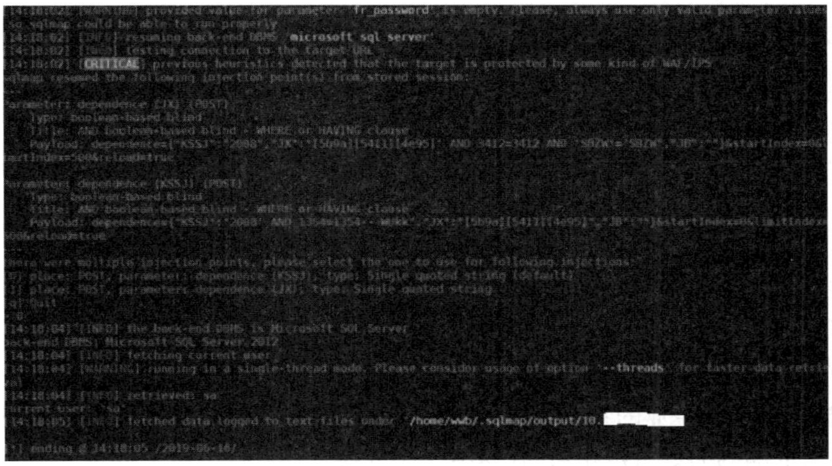

图 16

5.1.2　目标系统平台检测结果

（1）系统若口令--利用弱口令用户登录：z＊＊＊＊szjq/123456，顺利进入系统，由于此用户权限较高，可以看到很多敏感信息。

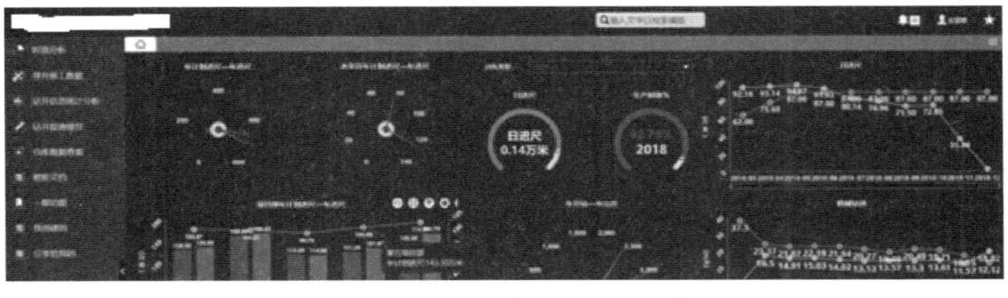

图 17

（2）SQL 注入漏洞-目标系统的 SQL 注入漏洞还是很致命的，用户数据库被拿到了。

5.1.3　目标系统平台修复建议

（1）立即整改弱口令用户，禁止弱口令用户登录系统。

（2）修复 SQL 注入漏洞。

5.2　企业计算机、网络设备信息安全评价

某石油企业施工区域广，计算机及服务器管

理难度大，利用漏洞扫描设备对目标网络进行全网段进行扫描。目标网络：10.166.231.0/24；10.166.232.0/24，10.134.233.0/24，10.166.235.0/24。

5.2.1　企业计算机、网络设备信息安全评价

（1）扫描任务：

任务名称	所有类型	开始时间
扫描【10.132.222.68】		2019-09-30 08:40:13
扫描【10.132.222.68;10....		2019-09-30 08:17:28
扫描【10.132.221.0_24】		2019-09-27 09:28:12
扫描【10.132.225.0_24】		2019-09-27 09:17:26
扫描【10.132.225.101】		2019-09-26 18:16:17
扫描cve-2019-0708		2019-09-26 15:07:33
扫描【第四项目部漏洞扫描】		2019-09-21 09:26:07
扫描【第四项目部】		2019-09-21 09:16:04
扫描【10.132.247.51】		2019-09-20 16:58:24

（2）系统漏洞分布：

风险名称	风险类型	IP地址
nginx 安全漏洞（CVE-2018-16843）	系统漏洞风险	10.[redacted].68
OpenSSH do_setup_env函数权限提升漏洞(CVE-2015-8325)	系统漏洞风险	10.[redacted].68
OpenSSH J-PAKE授权问题漏洞(CVE-2010-4478)	系统漏洞风险	10.[redacted].68
OpenSSH auth_password函数拒绝服务漏洞(CVE-2016-6515)	系统漏洞风险	10.[redacted]68
Memcached 未授权访问漏洞【原理扫描】	系统漏洞风险	10.[redacted].68
OpenSSH 安全限制绕过漏洞(CVE-2016-10012)	系统漏洞风险	10.[redacted].68
nginx 安全漏洞（CVE-2018-16843）	系统漏洞风险	10.[redacted]68
OpenSSH 远程代码执行漏洞(CVE-2016-10009)	系统漏洞风险	10.[redacted]68
OpenSSH 安全漏洞(CVE-2016-1908)	系统漏洞风险	10.[redacted].68
HP System Management Homepage 安全漏洞(CVE-2016-1995)	系统漏洞风险	10.[redacted]44
Memcached 未授权访问漏洞【原理扫描】	系统漏洞风险	10.[redacted]44
Microsoft远程桌面协议RDP远程代码可执行漏洞(CVE-2012-0002)(MS12-020)【原理扫描】	系统漏洞风险	10.[redacted]44

5.2.2　企业计算机、网络设备信息评价结果

根据漏洞扫描的结果，企业的系统风险是相当高的(图 17)，高危漏洞的数量是相当高(参考漏洞列表)，由于篇幅的限制还有很多的漏洞没有列出来，企业整个系统信息安全风险高，有数据泄露的风险，攻击者容易利用这些漏洞攻击服务器、计算机、网络设备。

图 17

系统高危漏洞列表：

nginx 安全漏洞（CVE-2018-16843）

Memcached 未授权访问漏洞【原理扫描】

OpenSSH 安全限制绕过漏洞（CVE-2016-10012）

OpenSSH 远程代码执行漏洞（CVE-2016-10009）

HP System Management Homepage 安全漏洞

(CVE-2016-1995)

Memcached 未授权访问漏洞【原理扫描】

Microsoft 远程桌面协议 RDP 远程代码可执行漏洞(CVE-2012-0002)(MS12-020)【原理扫描】

Memcached 未授权访问漏洞【原理扫描】

Oracle Enterprise Manager Grid Control JSP 代码执行漏洞(CVE-2010-3600)【原理扫描】

5.2.3　企业计算机、网络设备漏洞修复建议

(1) 首先，建议用户根据石油企业的系统安全基线标准进行全面自查。

(2) 打开系统自动更新，及时打系统补丁。

(3) 根据漏洞扫描的结果，打相应的系统补丁。

6　结论

随着企业信息化水平的的不断提高和应用，信息安全事件日益增多，对企业造成的损失越来越大，守住企业信息安全就是守住企业的生命线，而石油企业的信息安全是与国家能源安全、国家安全息息相关。企业的信息安全管理和评价需要有一套科学的管理制度，利用网络攻防技术对企业信息安全水平进行动态评价是目前最重要，最科学的评价方法，它是模拟黑客攻击，利用一切可以使用的方法和网络技术，包括社会工程学手段，既能检验企业的信息化管理水平也能不断提高企业的网络防护水平。以前的信息安全评价是被动性，安全不安全只有安全事件发生之后才能知道，利用网络攻防技术就可以主动出击，可以实时掌握企业的信息系统、计算机设备、网络设备的安全现状，知道漏洞在哪里？知道怎么防护？才是信息安全管理的关键。

参 考 文 献

[1] 陈小兵．赵春．姜海等．Sqlmap 从入门到精通[M]. 北京：北京大学出版社．2019.

[2] 斯坦普(Stamp，M.) 著．张戈译．信息安全原理与实践(第 2 版)[M]. 北京：清华大学出版社．2013

[3] 祝烈煌．网络攻防实战研究：漏洞利用与提权[M]. 北京：电子工业出版社．2018

抓包工具在油田网络安全管理中的应用

纪志勇

（大庆油田有限责任公司）

摘　要　伴随着油田生产数据化规模的不断扩大与生产网络建设速度的日益加快，油田生产数据传输方式正在从以往的小型单向传输逐渐转化为大规模的网络化体系传输。另一方面，在油田生产经营体系的不断扩大的背景下，运营体系越来越复杂，更加凸显出网络体系安全管理的重要性。能够及时发现网络数据中的可疑信息包及入侵用户，并通过行之有效的网络监管手段规避潜在风险是维护网络安全的首要前提和必经之路。本文针对采油厂网络现状展开网络安全研究，并根据实际情况列举了几个高效的防范管理措施。

关键词　网络安全；网络传输；黑客入侵；网络安全；抓包工具

前言

油田企业网随着油田生产需求的逐步扩大，目前已基本实现厂级网络全覆盖，主要表现为：建成中心主干千兆网络，矿级专线，备用主干无线传输网络。由此构成主干带宽为千兆，桌面带宽为百兆的高速网络。

网络为油田企业生产管理提供了极大的便利，但与此同时，这也对信息系统的安全性提出挑战，由此引发了类似勒索病毒等安全风险，因而，亟需多维度、全方位加强信息安全方面的管控。

油田企业网络覆盖范围大，地形复杂，承载的业务形式繁多，这也进一步加大了信息安全防护工作难度。众所周知，企业计算机网络的安全性不仅决定了企业网安全运行的服务水平，同时也对企业网中应用的各个系统有不可忽视的影响；而企业网络安全的保障是一个很繁杂的系统，它涉及到防范手段、管控技术等多个方面。本文就如何运用抓包工具来实现网络安全的防范，让油田企业网络更好地保证油田生产体系的运转，形成了初步探索和尝试。

1　企业网络安全隐患

企业网络数据非常庞大，覆盖范围广泛，局域网中的计算机数量繁多，发达的网络系统，在为信息传输带来便利的同时，也让不法分子有了可趁之机，企图利用不同的手段进行非法入侵，造成了极大的网络安全隐患。主要包括以下几个方面。

1.1　网络遭受非法访问

非法访问是计算机网络运行中非常严重的问题，形同于家里进了小偷。对于计算机及网络的非法入侵，多半都是以病毒软件为载体，或者利用黑客攻击的方式来进行访问，达到窥探及盗取企业数据，从中谋取不正当利益的目的。

1.2　网络安全漏洞

威胁计算机安全的还有网络漏洞，计算机网络安全漏洞主要是软件与硬件设施存在缺陷，并没有及时发现造成的。因为网络中存在安全漏洞，让不法分子有机可乘，将网络病毒投放到系统中，进而进行网络攻击、窃取资源等。

1.3　网络安全意识薄弱

网络安全意识薄弱是造成计算机被攻击主要原因，用户往往缺乏网络安全意识，如：无意间的不当操作或者装载不安全软件，浏览陌生网站，对没有进行病毒查杀的 U 盘就行使用，通过企业网计算机连接 4G 手机进行网络访问等。以上诸多行为发生期间，都很容易被病毒和木马侵害，从而为不法分子提供了攻击的机会。

2　利用抓包工具进行网络监管

对于网络中存在的隐患问题及非法访问，最有效的方法就是查找到非法访问数据的类型和来源，进而通过数据源的切断和访问控制，提高计算机网络的安全性。下面就针对网络安全日常管理中常用的几种工具的使用策略进行简要介绍。

2.1 TCPview 软件

TCPview 抓包工具是一款在 Windows 系统下的 TCP/UDP 端口分析工具，它使用简便，不需要进行程序安装，主界面可以显示当前计算机打开的端口和线程，非常直观。如果出现和系统程序相似的名字，但文件又不在系统目录，那么这些程序很有可能就是假冒系统程序的木马。通过 TCPview 可以进行终止进程，从而达到禁止非法访问(图 1)。

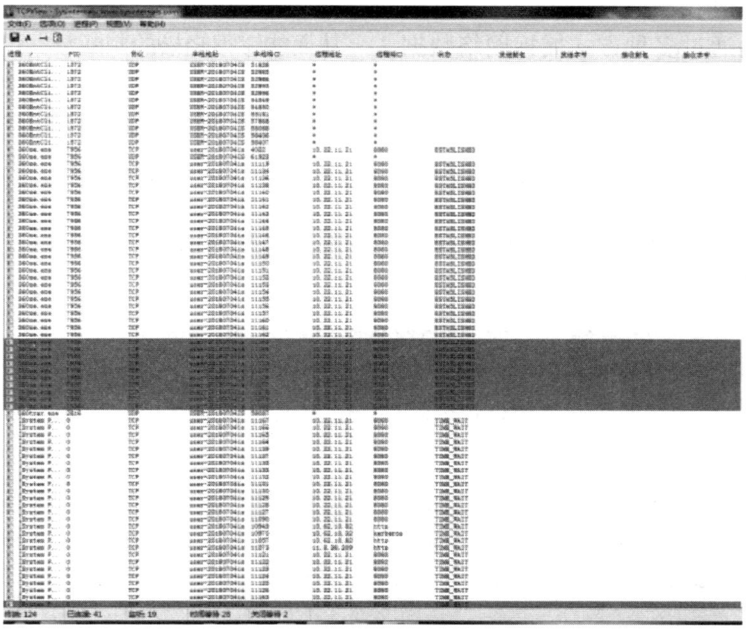

图 1　TCPview 进程访问界面

通过该软件可以非常直观的了解本地计算机的进程及访问用户，缺点是该软件不具备导出日志和历史记录浏览功能，只能进行实时监控。

2.2 Sniffer 数据抓包软件

Sniffer，又名网络嗅探器，也叫抓数据包软件，是一种基于被动侦听原理的网络分析方式。通过这个软件可以监视网络状态、数据流情况以及网络上传输的信息。Sniffer 软件提供了强大的分析能力和解码功能，其中包括专家分析系统，还有解码选项及图形和表格的统计信息。

Sniffer 同时拥有网络监视功能，网络监视功能能够时刻监视网络统计，网络上资源的利用率，并能够监视网络流量的异常状况(图 2)。

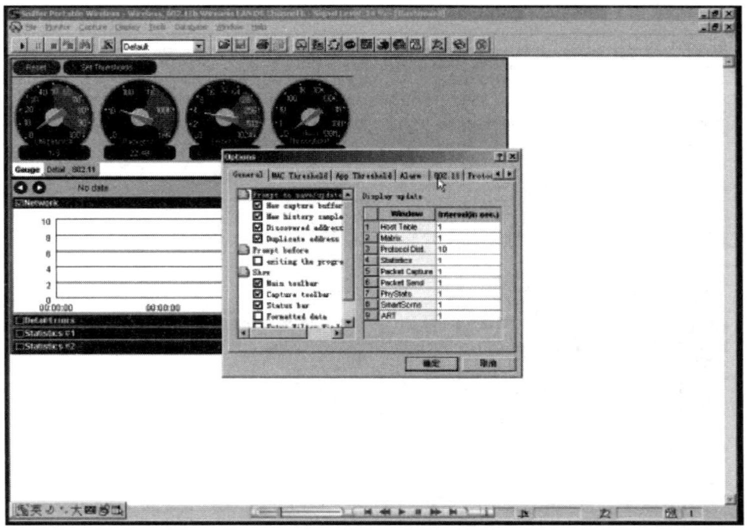

图 2　Sniffer 网络监视界面

通过实际对此软件的应用，应用效果非常好，功能全面。能够有效禁止非法访问进程，并对其进行跟踪。缺点是 Sniffer 软件版本只有英文版，对于英语水平有一定要求。

2.3　Wireshark 软件

Wireshark 是目前非常流行的网络包分析工具，它的主要作用是通过多种方式捕捉网络数据包，并且尽可能详尽地分析数据包的各类情况，进而来判断是否是非法访问或者木马。Wireshark 支持 Unix 和 Windows 平台。

以往的抓包工具会对网络上出现的所有类型的数据包进行捕捉，这往往会造成捕捉到的数据非常庞大，从中检索重要数据有的时候也显得比较麻烦，而 Wireshark 既可以同时捕捉多类数据包，也可以根据条件来捕捉特定类型数据包，这样用户在分析数据时就不会受其他数据的干扰，方便网络管理员对数据包的查找并节省大量的时间。

对于捕捉到的数据包，可以通过该软件进行解析，主要包括访问路径，用户，封包内容及端口，从而能够很轻松的判断数据包是否具有入侵性。

Wireshark 软件的功能性非常强大，可以进行专项查找，具体分析功能，能够及时有效切断非法访问的数据源，并可以导出日志，便于查找记录。缺点是软件应用难度相对较高，需要具备一定的学习能力(图 3~图 5)。

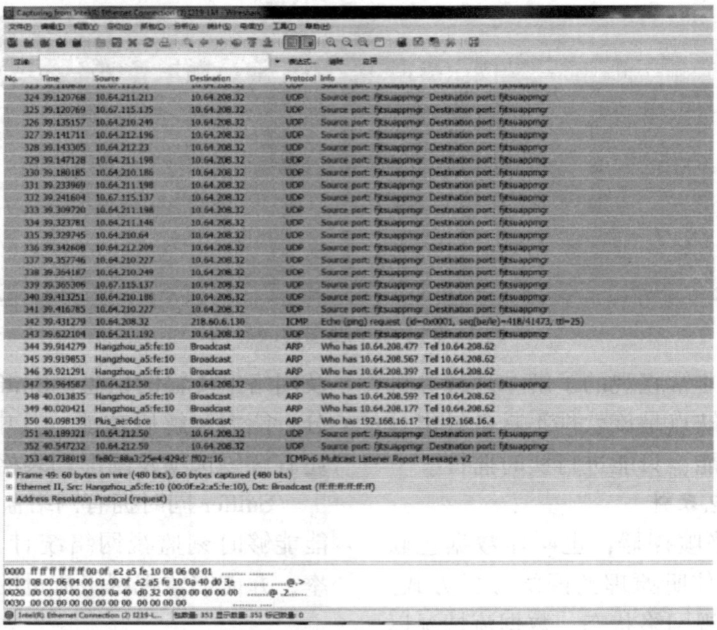

图 3　Wireshark 抓包界面

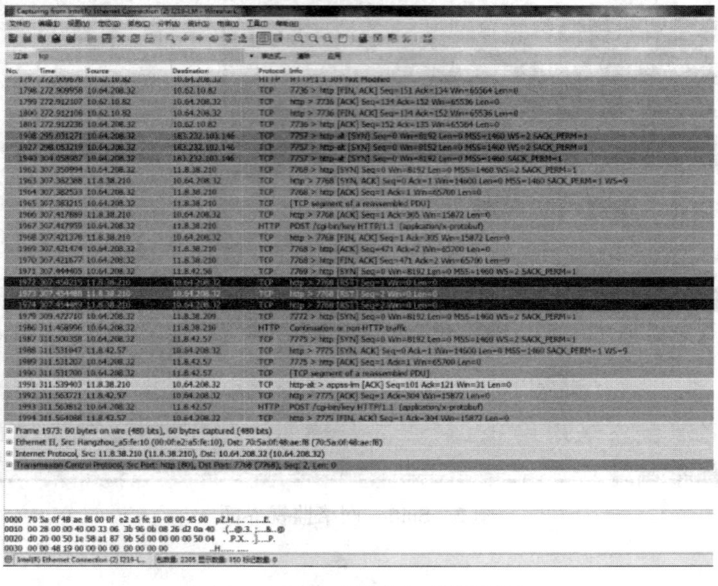

图 4　TCP 类型数据包捕捉界面

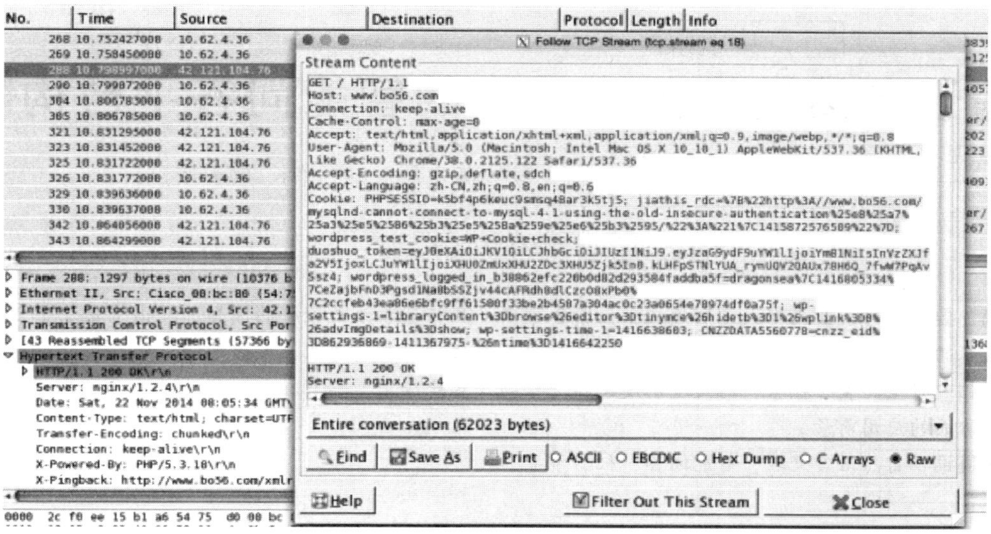

图 5　定向数据包分析界面

以上三种抓包工具是目前比较流行且好用的抓包工具，如果你是初学者，可以使用 TCPview 工具，它方便简洁，并且不需要安装；如果你是网络管理员，并且对整个网络大数据要进行了解，及网络运载情况，建议使用 Sniffer；如果对网络数据包比较了解，想详细准确追踪某类数据包，Wireshark 是你最好的选择。

3　实际应用

在 2018 年 7 月的护网行动中，针对黑客入侵和非法访问采取了有效策略。在实际侦测管理过程中采用了多项软件合并监控，结合了 TCP-view、Sniffer、Wireshark 等软件的综合使用，共监控计算机千余台，并能够对非法访问及黑客入侵进行及时阻断，有效维护了我厂计算机网络，取得了非常好的效果。

4　总结

总体来说，保障油田企业网安全是一个繁杂的工程，能够在风险产生的萌芽阶段，发现问题，并及时给予解决，将会为我们的企业减少不必要的损失。因而防大于控，这就要求我们计算机使用人员在日常维护过程中，提高网络安全意识，把预防当成习惯。在这一意识指引下，积极学习和使用安全防护软件。只有不断提升技术运用能力，只有着力加强预防管理，并将两者紧密结合，才能有效的保障我厂油田企业网络的平稳运行。

基于自然语言处理技术的智能问答平台构建

雷钧涵　杨毛佼　杜　静　陈洪雁　顾　伟　敬爱皎

（中国石油西南油气田公司）

摘　要　针对企业内部大量制度文档检索手段单一且非基于语义理解的问题，提出构建基于自然语言处理技术的智能问答平台，详细阐述了构建平台的总体架构、构建流程、主要功能，从而实现对企业内部制度文档进行全面整合检索，对大量制度文档进行高效智能应用，具有在知识库建设、智能客服、法律咨询等多方面的应用前景。

关键词　自然语言处理；智能问答；机器学习

1　研究背景

自然语言是指汉语、英语、法语等人们日常使用的语言，是自然而然的随着人类社会发展演变而来的语言。据统计，用于数学计算的仅占10%，用于过程控制的不到5%，其余85%左右都是用于语言文字的信息处理，信息处理包含理解、转化、生成等过程。自然语言处理（NLP）是指用计算机对自然语言的形、音、义等信息进行处理，即对字、词、句、篇章的输入、输出、识别、分析、理解、生成等的操作和加工。实现人机间的信息交流，是人工智能界、计算机科学和语言学界所共同关注的重要问题。NLP的具体表现形式包括机器翻译、文本摘要、文本分类、文本校对、信息抽取、语音合成、语音识别等。NLP就是要计算机理解自然语言，NLP机制涉及两个流程，包括自然语言理解和自然语言生成。自然语言理解是指计算机能够理解自然语言文本的意义，自然语言生成则是指能以自然语言文本来表达给定的意图。随着GRU、LSTM、BERT等模型的深入研究和应用落地，进一步引发了一轮又一轮的NLP研究与应用的热潮。

企业内部目前已经积累了大量制度文件，目前文档通过存放在Web服务器上，通过网页分类展示文件列表，用户通过分类及文件名找到对应的制度文件进行下载查阅。在检索方面，通常是通过文件标题进行搜索，对文档内容只能进行较弱的正文搜索。

此外，用户在需要了解企业制度的时候，首先需要用户对制度的分类有明确的了解才能找到对应的文件列表，然后还需要熟悉制度文件内容具体在哪一个制度文件内，最终才能找到准确的制度文件进行查阅。在搜索文档内容方面，因为是传统的字符串匹配搜索，需要用户对制度有标准化的描述才能定位到具体内容。

针对以上情况，不难看出目前对企业内部制度文件没有进行全面整合，对制度文档的查询效率较低，用户在对制度文档有使用需求时，提供的相应服务不够智能化，无法高效查阅，对制度文档数据需要进行创新和高效运用。因此，需要构建基于NLP技术的智能问答平台（以下简称“平台”）。

2　平台构建

2.1　总体架构

本文采用一套结合阅读理解问答及FAQ问答的综合知识问答的方式构建智能问答平台。

用户提问时，在FAQ问答部分，通过Elasticsearch（ES）检索，产生候选问答对，在ES检索之前，通过人工标注借由问答对管理系统已经形成问答对库，候选问答对经由预先训练的短文本相似性模型，可以根据自然语言问句从问答库中寻找语义上最相似的问答对作为答案。最后做排序处理，将优先级高的作为答案。

在阅读理解问答部分，通过Elasticsearch（ES）检索，产生候选文档，在ES检索之前，基于现有大量文档数据即文档库，通过人工标注借由标注系统已经形成标注数据库，经由模型训练后，形成模型库。最后通过核心阅读理解模型解码排序后，将优先级高的作为答案（图1）。

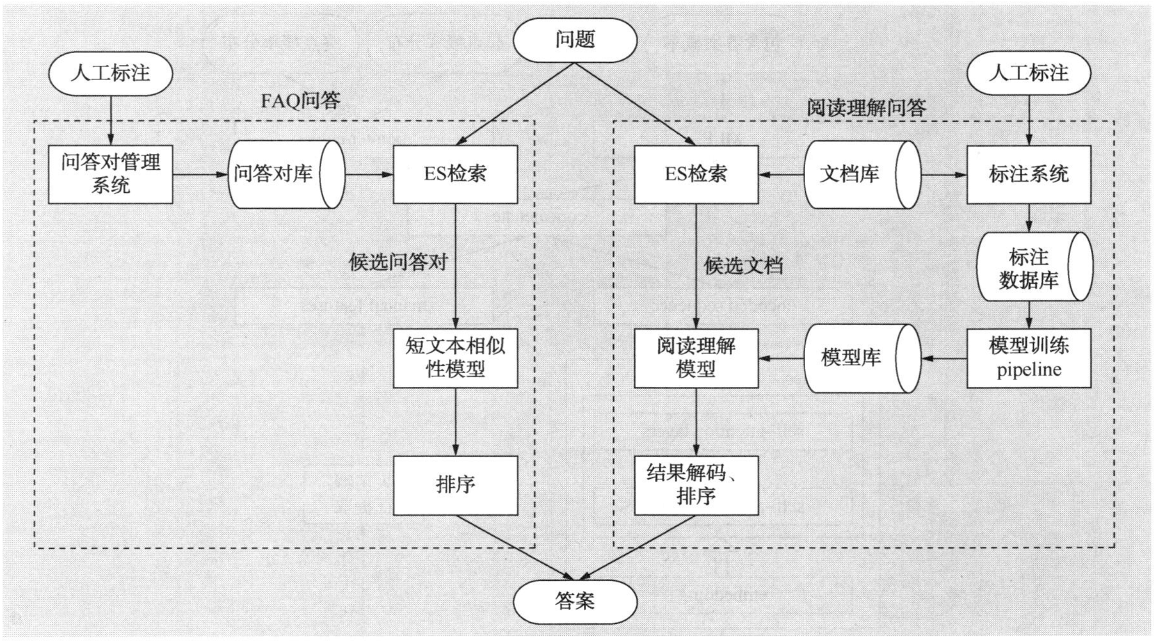

图 1　基于 NLP 技术的智能问答平台架构图

2.2　构建流程

阅读理解模型基于 self-attention(自注意力)架构。self-attention 架构是 Google 提出的一种模型结构，其基本单元为基于多头注意力机制的神经网络模块。由于其优秀的拟合能力，基于自注意力机制的模型已经成为 NLP 领域多种任务中效果最好的模型结构。self-attention 架构模型有多种变种可应用于 NLP 任务，如 BERT、RoBERTa、XLNet、ALBERT 等。

本阅读理解模型(其结构见图 2)中，基于 self-attention 架构的模型作为编码器(Encoder)部分，其将文本编码为语义向量序列，以表征文本信息。在 Encoder 部分之外，同时设计了人工特征提取部分，作为对语义编码器所提取文本信息的一个补充。在这两部分之上是阅读理解任务特有的结构，分别通过 MLP 和 pointer net 得到文本包含答案的概率以及答案具体位置及其概率。

在一次问答计算中，阅读理解模型的处理步骤如下：

定义一个自然语言文本 D，长度为 N，一个自然语言问句 Q。

(1) 将长文本 D 切分为 Nf 个段落{P1，P2，...}，每个段落包含的字符数不超过一个阈值 Lmax，此阈值 Lmax 与当前计算环境硬件条件相关。将 Nf 个段落分别与问句 Q 进行拼接，得到 Nf 个模型输入序列{X1，X2，...}。

(2) Nf 个段落分别计算每个字符的人工特征，包含每个字符是否出现在 Q 中、对应的词语是否出现在 Q 中、字附近窗口内的字词在 Q 中的召回率、是否为停用词，得到 Nf 个人工特征序列{F1，F2，...}。

(3) 将 Nf 个模型输入序列{X1，X2，...}及其对应的人工特征序列{F1，F2，...}输入一个基于 self-attention 的 Encoder，包含多个基于 self-attention 的 encoder 层。上层拼接 Pointer Net 及多层感知机(MLP)。最终输出各段落的前 n 个答案{{A11，A12，...，A1n}，{A21，A22，...，A2n}，...}，及对应的答案概率{{P11，P12，...，P1n}，{P21，P22，...，P2n}，...}，和各个段落是否包含答案的概率{Ppassage1，Ppassage2，...}。

(4) 取包含答案的概率 Ppassage 大于特定阈值 Ppassagemin 的段落所对应的答案及答案概率，根据答案概率进行全局排序，取概率最高的答案 Afinal，其对应的答案概率为 Pfinal。如所有段落的包含答案概率 Ppassage 均小于 Ppassagemin 或者最高答案概率 Pfinal 小于阈值 Pmin，则输出无答案，否则输出 Afinal 作为最终答案。

阅读理解模型制定好以后，需要对模型进行训练，训练流程如图 3 所示。

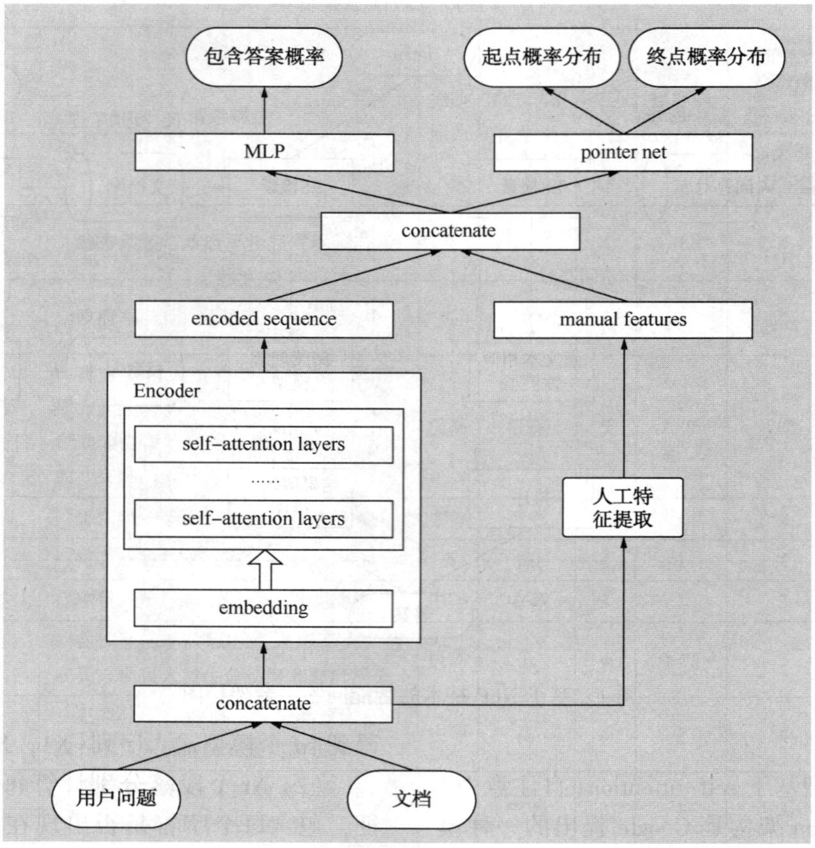

图 2　阅读理解模型结构图

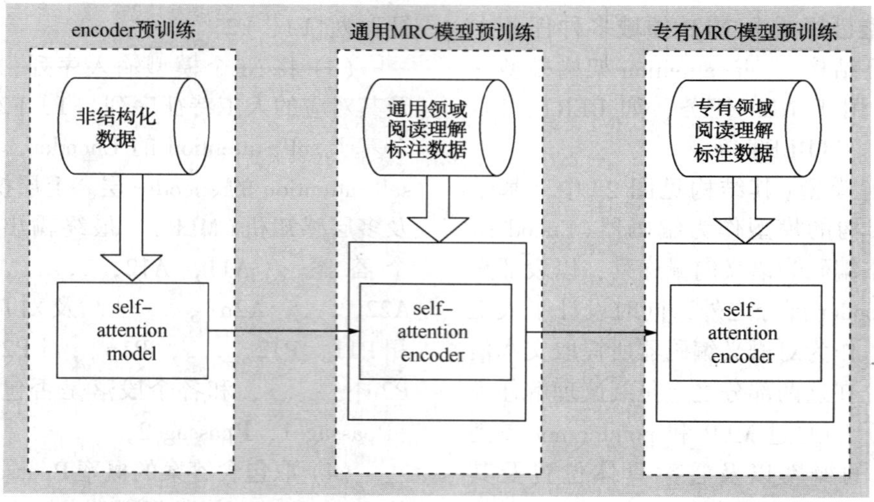

图 3　阅读理解模型训练流程图

在第一阶段，使用大量非结构化的文本数据，在语言模型任务上训练基于 self-attention 的模型，使得模型预先学习到关于语言的基本知识。第二阶段继承第一阶段输出的模型，使用通用领域的阅读理解标注数据在阅读理解任务上训练模型，使模型学习阅读理解任务的知识。第三阶段继承第二阶段输出的模型，使用专业领域语料上的少量标注数据，学习领域内阅读理解任务的相关知识。

训练流程如下：

（1）通过海量的非结构化文本数据训练基于 self-attention 的语言模型，如 BERT、RoBERTa、XLNet 等。

（2）将经过预训练的语言模型作为 encoder，

组合进为阅读理解(MRC)任务设计的模型框架内。然后通过大量通用领域的阅读理解标注数据训练阅读理解模型。

(3) 通过少量专有领域的阅读理解标注数据训练阅读理解模型。

接下来是基于语义编码器模型的 FAQ 问答，FAQ 部分基于一个人工标注的问答对库，在问答过程中通过基于 transformer 架构的语义编码器(encoder)判断用户问句和问答库中问题的相似性。FAQ 部分结构图如图 4 所示。

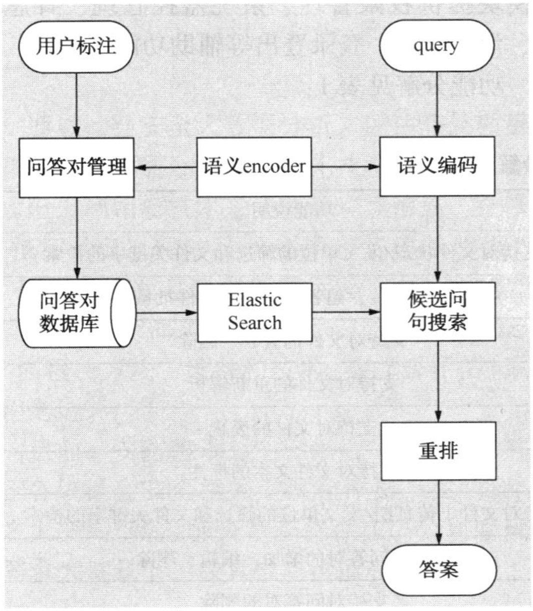

图 4　FAQ 结构图

在问答过程中，系统使用 ElasticSearch 在问答对数据库中找到和用户问句相关的一部分问题，然后借助语义 encoder 判断和用户问句最相似的问答对并作为答案返回给用户。

FAQ 问答部分的核心为语义编码器，语义编码器作用为将相似的文本映射为语义空间中相似的向量，可以通过语义向量的远近判断短文本之间的相似性。

语义编码器的训练语料为互联网上抓取的相似问句对，相似的两个问句作为正样本，再通过随机采样获得负样本。总数据量为数十万。

在训练中将问句 1 作为锚点问句，和问句 1 相似的问句 2 作为正样本，不相似的问句 3 作为副样本，共同输入基于 BERT 架构的语义编码器模型，得到三个文本的语义向量表示，将三个向量输入三元损失函数(Triplet Margin Loss)。三元损失函数可以将正样本和锚点的距离拉近，负样本和锚点的距离推远，从而经过训练后，语义编码器可以学习到一种语义映射表示，这种映射会将语义上相似的文本映射到语义空间中相近的位置，而将语义上无关的文本映射到空间中远离的位置。训练结构如图 5 所示。

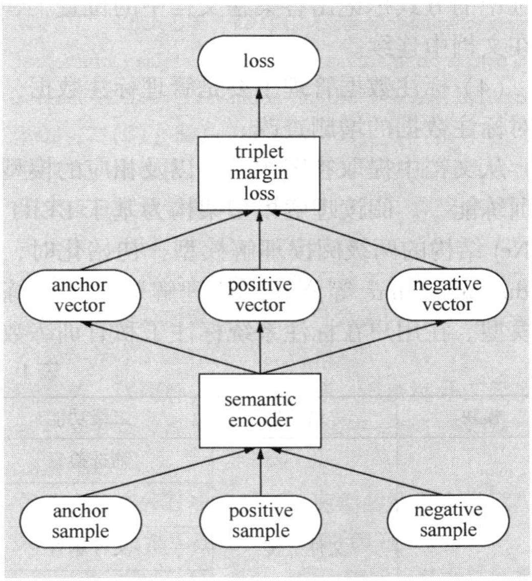

图 5　语义编码器训练结构图

2.3 主要功能

基于自然语言处理和智能语义问答相关技术，开展阅读理解模型分析和语义理解的问答研究，运用语义检索、阅读理解算法、深度学习等技术，并结合标注和模型训练工具，构建具备文本阅读理解问答、用户数据标注、个性化模型训练等功能的制度问答与检索系统。基于语义理解的制度档案智能问答与检索系统主要由文档标注、语义检索、阅读理解以及答案获取和展现等部分组成。

接入的数据在格式上会存在较大差别，需要转换成系统能够识别的标准形式，并进行数据清洗、去重。经过数据清洗之后的接入数据最终进入数据库，并取提供给 NLP 算法模型进行分词、标注、抽取、识别、分类、打标签等 NLP 处理，并将结果缓存到 ES 中供数据分析、数据查询等数据服务使用。

基于算法平台提供的各种算法模型，以及系统底层的采集平台和基础数据源提供的各种数据，支撑本系统的页面端智能应用数据展示。

将非结构化的制度文档数据标注为阅读理解模型所需的问答标注数据。

(1) 通过检索的方式从文档库中获取一篇文

档，或直接输入一篇文档。

（2）根据当前文档提出一个相关的问题。

（3）文档标注：如文档中包含答案，则在文档中选出答案范围。如果提出的问题在文档中没有答案，则标注不包含答案；如果有答案，则通过选中的方式标记出答案在文档中的位置，答案需在文档中连续。

（4）标注数据管理主要是管理标注数据，支持对标注数据的增删查改。

从文档中提取答案的模型以及相应的模型库和训练能　。阅读理解模型架构为基于 BERT 或 XLNet 结构的两级阅读理解模型，初始化时，通过 dureader/cmrc 等公开阅读理解数据集训练基础模型。在用户在标注系统标注了私有训练数据之后，可在基础模型上进行训练，得到更贴近用户数据的阅读理解模型。

阅读理解问答基础文档库将包含大量的西南油气田制度　档，由 ES 进　索引建库。通过语义检索的方式精确找到和问题相关的　档。其中语义检索包含了语句层以及语义层检索。

针对于大量的制度文档的内容，用户提问的形式进行问答检索，然后系统将通过语义分析和理解，将制度文档中对应的答案内容展现出来。

系统管理模块作为系统支撑模块为系统的其他模块提供权限管理、系统监控管理、日志管理、消息管理、登录登出等辅助功能。

功能分解见表 1：

表 1　平台功能分解表

模块	一级功能	二级功能	功能说明
系统设置	文件上传	筛选检索	支持对文件状态/发文单位的筛选和文件关键字的检索
		文件上传	支持文件上传，超管权限支持文件批量上传
		文件删查	支持对文件的查看、删除
		文件重新解析	支持对文件的重新解析
		文件废止	支持对文件的废止
	问答标注	文件标注	支持对文件文本的标注
		文件筛选检索	支持对文件上传日期/发文单位的筛选和文件关键字的检索
	问答库管理	问答对增删查改	支持对问答对的增加、编辑、删除
		问答对检索	支持对问答对的删除
	用户管理	用户增（批量新增）删查改	支持对用户的增加、编辑、删除
		用户筛选检索	支持对用户状态/所属单位的筛选和关键字的检索
	角色管理	角色增删查改	支持对用户的增加、编辑、删除
	策略管理	专家经验	支持对标注问答对、手动新增问答对的问答处理
		阅读理解	支持对上传文件的问答处理
	日志管理	问答记录	支持导出当前问答记录
问答前端	问答界面	知识问答	支持对已上传文件、已创建问答对的问答交互
		热门问题	展示站内询问次数最多的 5 条问题
		最近问题	展示当前用户最新询问的问题 5 条

3　结语

本文介绍了如何构建了一套结合阅读理解问答及 FAQ 问答的综合知识问答系统的研究过程。阅读理解部分基于自然语言处理中新兴的预训练+fine-tuning 架构，构建了一套阅读理解问答及相关的阅读理解模型标注、训练、模型管理系统。阅读理解部分可以从非结构化文本中提取自然语言问题的答案，同时支持用户标注领域内的数据，自动训练更符合用户领域的模型。FAQ 部分基于预先训练的短文本语义编码算法模型，构建了基于问答对库的问答系统。FAQ 部分可以根据自然语言问句从问答库中寻找语义上最相似的问答对作为答案。

从非结构化自然文本中提取答案的技术可以利用海量的非结构化文本获取相关问题的答案，在知识库建设、智能客服、法律咨询等多方面均有很大的应用前景。2015 年以来，由于基于深度学习的机器阅读理解模型的提出，以及一系列大规模机器阅读理解数据集的公布，使得从非结构化文本中提取答案的技术逐渐受到越来越多的关注，成为了学术界和工业界的研究热点。

参 考 文 献

[1] Zhilin Yang, Zihang Dai, Yiming Yang, et al. Xlnet: Generalized autoregressive pretraining for language understanding[J]. NeurIPS, 2019.

[2] Wenhui Wang, Nan Yang, Furu Wei, et al. Gated self-matching networks for reading comprehension and question answering[C]. In Proceedings of the 55th Annual Meeting of the Association for Computational Linguistics, Vancouve: Association for Computational Linguistics, 2017.

[3] JOel Grus. 数据科学入门[M]. 北京：人民邮电出版社，2016.

[4] 斋藤康毅. 深度学习进阶：自然语言处理[M]. 北京：人民邮电出版社，2020.

[5] 何晗. 自然语言处理入门[M]. 北京：人民邮电出版社，2019.

[6] 胡明昊. 机器阅读理解与文本问答技术研究[D]. 长沙：国防科技大学，2019.

输气企业“一纲三目”数字化转型模式探索与实践

胡春华　李　进　邓国焱

（中国石油西南油气田公司）

摘　要　“十三五”，作为西南油气田公司勘探、开发、管道、销售四大核心业务之一，产运储销其中一环的输气管理处进入“既要有规模速度，又要有质量效益”的发展新阶段，管网运营规模持续升级，传统管理模式难以为继；信息化技术在实施企业改革、提升管理科学能力中发挥越来越重要的作用。输气管理处顺应发展大势，直面内外环境变化，积极主动探索新形势下输气企业数字化转型的新路径，逐渐形成了“以顶层设计为纲，以基础硬件建设、技术实践应用、管控模式转型为目”的“一纲三目”输气企业数字化转型模式，实现数字化转型四个方面的成效。实践表明，“一纲三目”数字化转型模式成效明显，值得管输企业借鉴。

关键词　一纲三目；数字化转型；顶层设计；基础建设；技术应用落地；状态感知；管控模式

进入“十三五”，西南油气田公司进入天然气大发展新时代，上接资源、下连市场的川渝骨干管网也随之进入生产规模快速扩张期，输气管理处管网里程、管网输配能力逐年增长，管网气源从“单流向自然分输”向“多流向控制输送”转变，管网运行从“川气自用、外气补充、下载为主、上载为辅”向“川气自用、富气外输、上下载并存、上载为主”转变。为适应转变，处加快探索数字化转型途径，信息化建设基本满足生产管理需求。

1　实施背景

1.1　改变信息化建设水平整体偏低的现实需求

国家打造数字经济，国有企业数字化转型智能化发展已是大势所趋。国际上，各大国际油气公司均将数字化作为未来发展的重要战略之一，积极进行数字化转型。壳牌、雪弗龙、英国石油等公司均制定了数字化转型战略 。伴随数字技术的深度发展和广泛应用，中国企业的数字转型进入新阶段，信息化技术加速与传统业务融合，从油气行业来看，智能化管道建设已在行业内开创先河，输气管理处对标存在“规划缺失、标准偏低、规模受限、应用程度较低”等现象，迫切需要立足现状，着眼未来，统筹开展信息化顶层设计和系统性建设，满足企业发展战略和业务需求。

1.2　推动高质量发展、企业转型改革的时代需求

国企改革要求企业瘦身健体，不断推动高质量发展；中国石油集团公司按照“业务发展、管理变革和数字赋能”三条主线，积极推动数字化转型，构建“一个整体、两个层次”的数字化转型战略体系，着力打造“数字石油公司”，从上至下控制用工总量；“油公司”模式改革推行业务发展“归核化”。输气管理处正处在国内一流“平安输气”品牌建设关键时期，川渝骨干管网依靠人员数量与运营规模成比例增加来实现安全管控的运营模式难以为继，必须顺应时代需求，以信息化手段满足用工总量控制和刚性增员之间的平衡，实现从规模速度型向质量效益型转变。

1.3　提升管控水平和效率的技术需求

数字化转型是传统行业与 IT 技术的深度融合。输气管理处已有信息化手段无法满足集中调控、风险管控、科学指挥、高效运转的管理要求，需要加快整合集约已有资源，完善升级信息化功能和数据采集工作，挖掘海量数据应用价值。与此同时，管道建设和防护难度随着国家城市化发展而不断增大，管道沿线第三方施工数量以每年 10%～15%的比例呈阶梯型上涨，人防、物防的管控效果很难适应新时期要求，需加强信息化技防手段，构建全面感知、一体化管控的管

道管理新模式。

2 “一纲三目”输气企业数字化转型模式

2.1 以顶层设计为纲领，引领信息化与业务深度融合

2.1.1 对标管理找差距

对标高水平、高标准管控的国家管网北调中心、中俄东线等先进单位，找出了自身在数据采集与管理、基础设施、调控模式、调控中心远程控制功能、数字化移交等13个方面、共22项差距。

2.1.2 把握需求明方向

从需求分析、实施步骤、保障措施等方面着手，确定了以建成生产运行集中调控中心、管道站场风险监控中心“两个中心”，抓好“三个模式变革”，用好“三个管控载体”，最终构建“移动端+云计算+大数据”一个体系架构的具体目标和部署，逐步实现“全方位感知、一体化管控、综合性预判、智能化管理”的管道站场管控能力数字化转型目标。

2.1.3 两化融合促转型

围绕“两化融合”体系建设，根据核心业务发展现状和未来发展需求，着力打造“输气生产运行数字化管理效率提升能力”“设备全生命周期精细化管理能力”“管网信息化管控能力”三大新型能力，发布配套制度7项，实施配套项目13个，长期赋能业务发展。

2.2 着力“云、网、端”建设，多角度筑牢底层信息化基础建设

2.2.1 在“云”上，应用系统覆盖重点业务领域

开展应用系统云化部署工作，实现硬件资源共享、动态调配。全面推广应用作业区数字化管理平台等统建系统，实现站场工作流数字化。以业务主导开发建设了综合办公系统等7个自建应用系统，涵盖输气生产经营关键业务，满足各业务科室“数字化办公”需求。

2.2.2 在“网”上，构建信息传输全覆盖通信网

着眼信息化条件下大数据传输需求，通过自建光通信线路与租用通信网络线路组成了“光纤通信为主、无线通信为辅”的通信网络，实现“处—作业区—站场”三级生产、办公网络全面覆盖，办公网、生产网线路均达到主备冗余配置；通过开展租赁网络扩容升级和自建通信网络扩容，站场网络带宽提升5~10倍。

2.2.3 在“端”上，构建“全面感知”物联网系统

以物联网、SCADA系统全面建设应用为基础，逐步开展升级改造，完成100座站场，近200座阀室的物联网建设工作，通过站控系统、变送器及动力环境监控系统与视频监控系统等的升级完善，为生产流程全面控制提供基础数据支持。

2.3 加深技术应用落地，全方位提升信息化实践应用水平

2.3.1 五大系统实现生产状态实时感知

SCADA系统实现了站场阀室生产实时数据监控；物联网系统实现了生产设备状态数据实时监控；作业区数字化管理平台通过移动手持终端实现一线班组常规操作、巡回检查、受控管理、作业许可管理、属地监督、准入管理等关键业务流程的全过程数字化管理；生产调度管理系统实现了生产运行数据日常管理和报表自动生成；生产网络监视平台实现了全处生产网络通信状况实时监视。借助五大系统达到远程、及时、全面、准确感知生产状态，为及时处置突发异常状况，开展全网科学调配提供技术基础。

2.3.2 深度利用数据赋能管理

数据管理不能局限于对数据的采集、存储，更应关注对数据的梳理、应用。积极探索基础数据集成，建立了自建应用系统建设基础数据接口规范，实现了基础数据源归口管理。深度挖掘系统后台生产数据，在近2万个数据中精选关键数据，通过动态电子列表、实时曲线图、智能分段查询等完善升级SCADA系统功能，更有效地进行生产数据直观监控和分析管理。二次开发利用生产数据，建立三个计算模型，自动实时计算阀室间压差、管存量、管内气体流速，为生产调度科学决策提供有效手段。

2.3.3 探索应用新技术提升管道风险管控

以关键数据监控、关键设备控制和确保平稳安全生产为重点，实现预防预警监视信息化。建立两级管道安全监控中心，实现管理方式变革。部署管道视频监控系统，全面覆盖人口密集型高后果区和动态施工风险点，有效拓展风险管控视野。试点管道次声波泄漏检测、激光气体泄漏监测、光纤预警等新技术手段，不断提升管道自动监控、快速反应和风险感知能力。

2.4　试点新型管理模式，宽领域打造数字化转型输气模板

2.4.1　试点“一站一线一中心”信息化示范工程

以平桥站信息化改造、北内环智能管道建设、处调控中心改造升级等信息化建设项目为试点，扎实推进以一个站场、一条管线、一个调控中心为重点的“一站一线一中心”建设工作，积极探索输气生产智能管控途径，构建从基层现场管理到机关核心管控中心全链条覆盖的示范工程，以“顶层设计+试点先行”的方式推动智能化发展，逐步实施管网和站场的全面升级改造。

2.4.2　试点集中调控新模式

积极探索“点、片、面”管网集中调控新模式，在“点”上，选取软硬件条件齐备的 3 个站场实行集中调控，处调控中心向站场点对点直接下达调度指令；在“片”上，以某压气站为中心站，对片区内各场站实行集中调控片区管理模式，统一监视和控制；在“面”上，以仪陇输气作业区为试点实行“处—站场”两级生产运行调控模式，取消作业区级生产管网运行调度职能。

3　成效

3.1　数字化转型管理流程更加清晰

在“油公司”模式下，通过强化顶层设计，调整体制机制，推动业务工作“归核化”，输气管理处组织结构更加优化，压减机关部门和基层单位股级机构，实行扁平化管理，组织机构更加精干，运行效率和综合管控效能明显提升；明确了职能科(部)室信息化管理职责，精简业务流程，提高管理效率。

3.2　数字化转型基础建设上规模

建成覆盖全处的信息高速公路，自建光通信结构更加优化、通道更加宽畅，在处范围实现了网络“泛在”；实现数据采集覆盖率站场达 100%、监视监控阀室达 100%；物联网建设完成已建站场阀室覆盖率 100%，实现流量自动计算、压力实时监控、关键数据分级报警等功能；7 个自建应用系统为输气生产经营“数字化办公”提供了有力的技术支撑。

3.3　管网管控效率明显提升

川渝骨干管网运行能力与效率明显提升，管网主动脉的作用更加彰显，西南油气田产业链与国家管网之间枢纽作用更加突出。“十三五”与“十二五”末对比，输气管理处在册员工、管理在役管道、年输气量和销售气量增幅分别为 0.26%、7.67%、110.36%、38.42%。在人员小幅增长的情况下，实现管网里程、输送气量、销售气量的大幅增长。

3.4　数字化转型示范效应逐步显现

“一站一线一中心”、“点、片、面”两个示范工程建设形成了“处——站场分级管控、处调控中心集中调度、作业区设备运维保障、中心站区域监视操控”的管网运行新机制，变三级调控为两级调控，缩短了信息传递链条，调度效率提升 30%。仪陇新型作业区打造工程建立了输气专业转型模板和标准，被西南油气田公司列入智能管道建设内容。

参　考　文　献

[1] 王同良．油气行业数字化转型实践与思考[J]．石油科技论坛，2020，9(1)：29-33.

[2] 叶华文．油气企业数字化转型发展现状研究[J]．无线互联科技，2020(4)：137-138.

[3] 戴厚良．中国石油：以数字化转型驱动油气产业高质量发展[EBI OL]．(2020-12-03)[2021-1-10]．http：l I www. sasac. gov. cnI n44700481 n13461446 n1592761H n15927638 n16135038 c16135615 content. html.

[4] 王勇．华为：助力油气行业数字化转型[J]．能源，2018，5(9)：10-12.

[5] 谢军．安岳特大型气田高效开发关键技术创新与实践[J]. 天然气工业，2020，40 (1)：1-10.

[6] 田日辉．数据治理— 企业数字化转型必经之路[J]．互联网经济，2020 (1-2)：44~47.

油气田视频不安全行为识别和预警技术研究应用

贾海民　谭川江　翟志刚　张景山　左振涛

（中国石油塔里木油田公司）

摘　要　工业智能化的前提和基础是智能安全，智能安全强调管理人员状态，结合历年油田检查、审核发现的不安全行为问题和油田违章清单、禁令、安全生产“零容忍”等中的不安全行为，统计分析得出事故往往是由人的不安全行为导致的。随着油气田智能化建设的进程加速，在油气田运营方式发生重大变革的条件下，亟需建设智能违章识别平台，运用图像AI技术，实时地对人员的不规范行为、设备的不安全状态、以及环境风险进行自动识别与报警，实现作业全过程可视、可感，风险可知、可控，提升安全监管智能化水平。在已有硬件基础上，充分利用现有场站前端摄像头、视频分析系统、网络资源及其他信息化资源，通过对现场作业人员的不安全行为智能分析监控，实现油气田作业智能化安全管控，杜绝现场不安全的行为，提升油田企业安全效益。

关键词　数智化油田；工业视频；智能分析；深度学习；安全管控

1　数智化安全监控是未来发展趋势

工业智能化的前提和基础是智能安全，智能安全强调管理人员状态，大量安全事故的分析研究表明人的行为状态导致的事故占总数的70%~90%，而现有的安全管理体系中，始终缺乏对操作人员状态的有效监测和管控。

对油田来说，直接作业环节中人员违章行为监管是当前的重点。从事故统计分析看，钻试修井、地面建设、检维修等直接作业环节人的不安全行为、物的不安全状态引发事故的频率较高。

油田安全视频监管主要存在以下不足：视频资源大量浪费，视频装置应用性不足，主要以事后调查、抽检应用为主，缺乏事前、事中的过程干预；现场督查、视频回放抽查等方式无法实现全过程管控；安全监管标准性不足，依赖人工判断违章行为，受人员素质等影响较大。

油田自然条件恶劣、地质条件复杂、点多面广战线长，自身的安全管理力量和安全管理模式与安全风险管控不匹配，油田面临着新的形势下安全管理的瓶颈。亟需采用数字化、智能化手段实现对人的不安全行为、物的不安全状态以及环境不良等安全风险的远程监管模式创新。

2　视频智能安全管控是数智化油田的重要内容

当智慧油田建成之际，油气田的运营方式将发生重大变革，无人值守、远程控制等将成为新的运行常态，传统的管理方式必将随之改变，特别是安全管理也将要适应智能化的大背景，智慧油田安全是智能油气田的关键内容之一。

当前石油天然气站场安全事故的发生主要是由人的不安全行为和器械、设备、工具等不安全状态两方面因素所导致的。

油田企业油气作业场所分布广、类型多、风险大。研究表明，人的不安全行为是导致事故发生的主要因素之一。但同时，依托乙方进行施工作业，由于生产作业人员技术能力与职业素养参差不齐，作业类型及作业风险复杂多变，承包商员工操作不规范，给油气作业场所安全风险管控带来很大挑战。

为提高现场安全作业监管效率，充分将先进技术与行业管理业务相结合，借助工业视频智能分析、图像识别等技术，建立油气作业场所不安全行为识别与预警平台，提升提前发现、实时预警、及时纠正不安全行为的能力，有效管控好油气作业场所的风险。

3　工业视频智能分析技术原理

不安全行为智能预警平台所采用的分析技术为深度学习技术，近十年来深度学习在计算机视觉领域发展迅速，从最初应用在图像特征上得到了非常好的效果，到之后在目标检测、图像分割等领域变成主要的研究方法，到最近已深入视觉领域的方方面面。

深度学习也称为深层结构学习，是一种对数据中的高级抽象进行建模的算法，属于机器学习的分支。深度学习将行为识别看作是分类任务，将空间域特征与时间域特征结合，使用静态图片和光流场等信息使得行为识别在复杂背景和复杂动作上取得了不错的效果。利用人体关节的空间关系理解人类行为，表明骨骼连通性中隐含有重要信息。自动捕获关节动力学的隐含信息是深度神经网络的优势所在，但对于骨架这种图形式的数据难以使用卷积网络这样的成熟网络。不安全行为智能预警平台主要采用人体关节点识别技术与行为识别技术，行为识别使用人体骨骼动力学识别人的动作为中的重要信息，并叠加时序信息得到行为结果。

4 油田企业工业视频智能分析技术的应用

油田企业工业视频AI分析技术的不安全行为智能预警平台，该平台在不改变原有现场前端摄像设备与工业电视整体设计框架下，充分利用前端摄像头、视频分析系统、网络资源及其他信息化资源，通过对现场作业的智能分析监控，实现油气田作业智能化安全管控，杜绝现场不安全的行为。

4.1 不安全行为智能预警平台系统平台架构设计和硬件组成

不安全行为智能预警平台使用四层体系，分别为感知层、服务层、业务层、集成平台，其中感知层负责系统所有视频数据源，包括厂区各个重要位置的摄像头数据；服务层负责加载并管理系统各项功能，有流媒体服务、行为分析服务、综合管理服务以及标准作业平台对接服务，共同支撑起系统的正常运行；业务层调用系统各项服务功能，完成设备管理、算法管理、综合管理、对接标准作业平台接口管理等；集成平台向用户展现监控及管理界面，有高危作业管控平台和标准作业平台两种，方便用户进行不同管理，如图1所示。

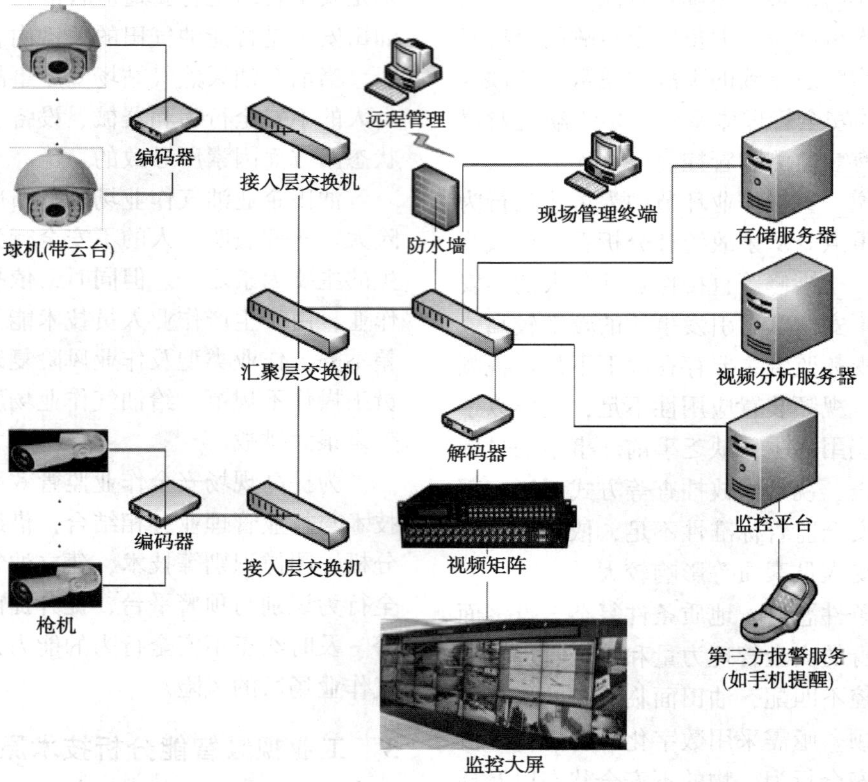

图1　不安全行为智能预警平台架构

不安全行为智能预警平台的硬件组成包括算法服务器、网站服务器、文件服务器、摄像头、交换机等，均处于同一网段并由交换机相互连接。算法服务器通过局域网接受摄像头实时视频帧，将计算结果同步到综合管理服务和流媒体服务；综合管理服务将警报信息存储并展示，同时通过标准作业平台对接服务同步数据；流媒体服务将警报信息叠加在视频流中向订阅者推送。

依托于已建成的视频及网络资源，新增有效帧管理及算法分析服务器集群，进行数据的提取、分析后，推送到多个数据展示终端上。整个系统的数据传输架构如图 2 所示。

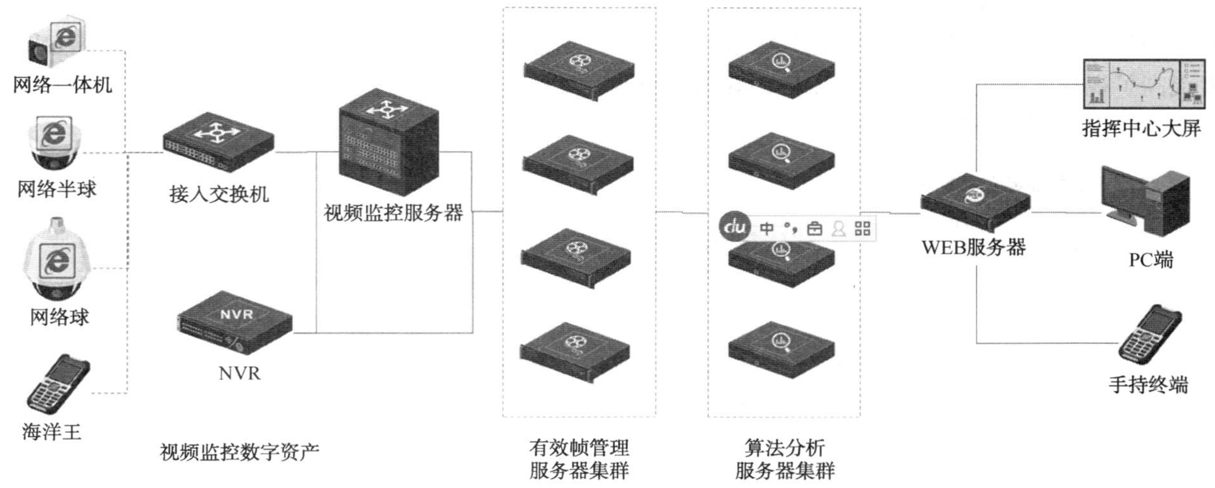

图 2　数据传输架构

4.2　不安全行为智能预警算法实现

不安全行为智能预警平台采用人工智能技术实现各种检测功能，包括：进入禁止通行区域、人员跌倒、人员静止、临时作业无人监护、吊装作业，同时保存报警视频，检测结果发送等。如表 1 所示。

表 1　塔里木油田已开发智能算法

序号	识别行为	场景分类	序号	识别行为	场景分类
1	进入禁止通行区域	高危区域进入场景	6	交叉作业时，下方有人员工作	交叉作业场景类
2	在危险场所人员跌倒长久不起	现场作业人员状态异常类	7	同一架梯子有多人工作	便携式梯子场景类
3	临时用电无人监护	临时用电场景类	8	吊装作业吊臂半径内有人员逗留	吊装作业场景类
4	在阀门正面操作	容器设备巡视检修场景类	9	进入毒气危险场所未佩戴正压呼吸器	劳保及工具场景类
5	收发球筒装置正面站立	关键设备操作类	10	进入厂区未佩戴安全帽	劳保及工具场景类

其中，全国首创六种不安全行为智能识别算法(图 3)。

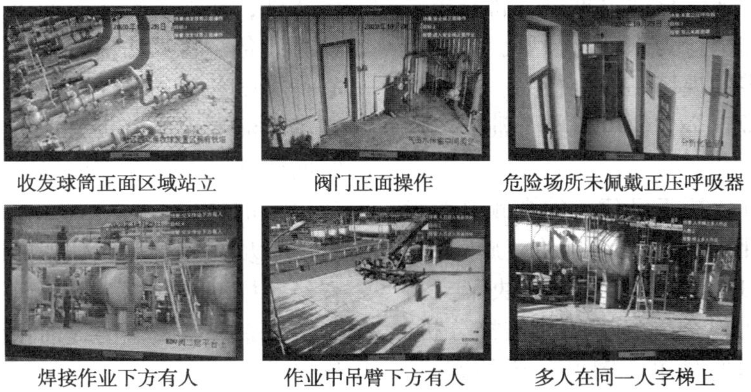

图 3　塔里木油田首创算法展示

以上算法基于塔里木油田作业场景建立数据模型，在不同作业场所及环境下进行了数据采集，对采集到的数十万数据进行了针对性的数据标注、模型训练和优化，充分降低了油气作业场所复杂的背景元素、光线条件等因素干扰，大幅度提高了视频不安全行为智能识别模型在油气作业场所的识别准确率与适用性。

在开发中塔里木油田首创了5D联动分析技术是国内首创技术，它将场景、位置、人、物、行为综合起来进行智能分析。该技术通过多层次多维度的分析，极大提高了分析的准确率，使油田全场景分析变成了可能。5G联动模型如图4所示：

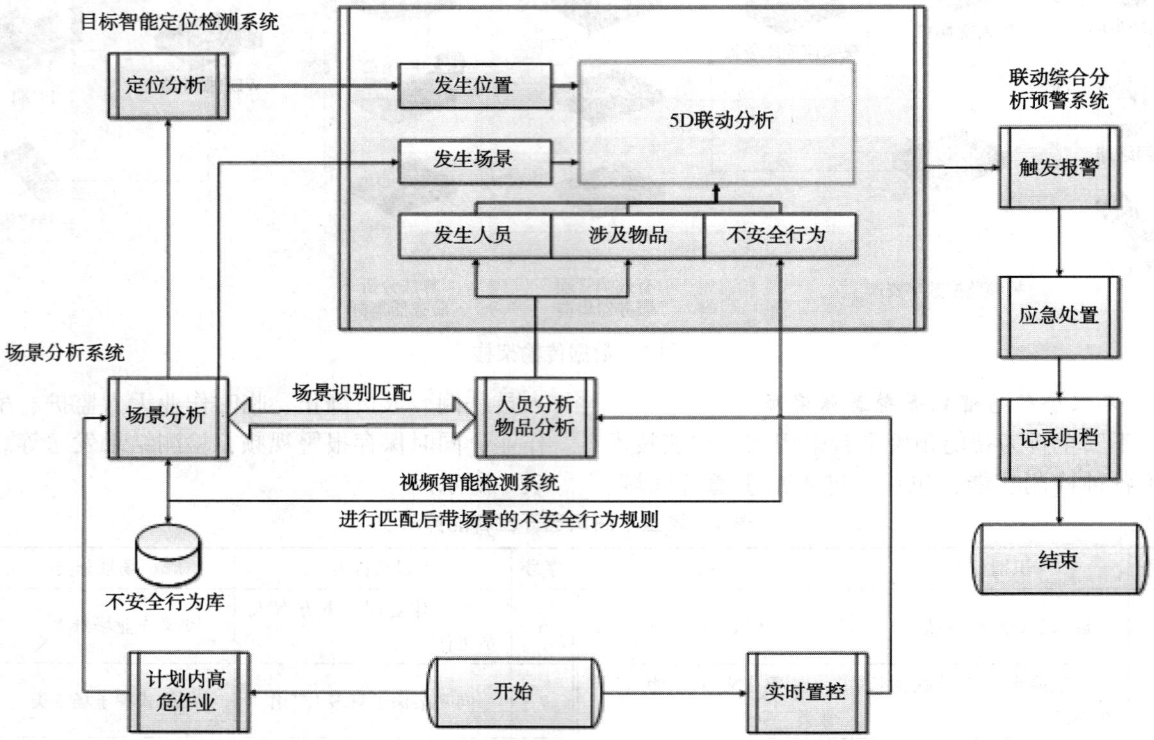

图4　5G联动模型

4.3　智能预警算法研究与后续发展方向

目前智能预警的智能化程度还比较单一，智能分析算法目前大部分产品成熟度低，对作业现场业务场景理解不足、适应性差。仅能检测识别出比较有限的个别几种特征明显的不安全行为，今后随着油气行业的智能化建设推进，将有更多更广更智能化的不安全行为识别与预警，进一步辨识多种高频高危害的现场不安全行为，及时避免事故发生，真正做到全方位覆盖整个油气场所生产安全管理。

今后开发将充分依托于已建成的视频监控等资源，继续创新应用”图像+参数”的实施思路，结合与利用HSE管理系统及石油工程决策支持系统等平台数据，实现全天候不间断监控分析。目前行业内普遍采用的是单一图像分析的方式，算法并不具备场景感知能力，下步我们在此基础上通过共享油田HSE管理系统的数据，为算法赋予定制化的场景判断能力。此外，继续提升结合应用5D联动分析技术，系统会在特定的时间自动精准部署对应的违章识别算法，减少无关报警，使算法更加精准。

当前部分钻试修井现场的视频不具备实时回传条件，无法进行实时回传分析。考虑增加边缘计算设备，将算法前置到边缘计算终端，配合中心计算服务器集群形成混合部署应用。最终实现现场取流、现场分析、现场报警，不依赖网络实时回传视频，只在有网络条件时针对性的接收有效报警信息。

下步在现有违章数据的统计分析基础下，结合经验模型与数据模型，研究复合型趋势分析模型，探索违章发生的提前预警，以实现超前、智能、精准的预警，

5 结束语

每一次工业革命都能带来新的理念和新的技术，会给我们的生活带来全新的变化。智能安全作为工业4.0发展的基石，对安全管控有了新的要求。油气作业场所应用工业视频不安全行为智能识别系统能够对发生的人员不安全行为进行有效识别并做出警报，避免事故与灾害的发生，能够有效解决传统监控中工作量大、效率低等问题。今后视频智能分析技术在油气行业安全管控中，将逐渐替代传统的以人为主，事后分析总结改进的被动管理方式，向5D智慧安全技术的方向发展，即通过人员定位、身份识别、穿戴识别、行为辨识、状态感知这五个维度的智能分析，实现油气场所全方位、全面的智能监控，杜绝绝大部分危害较大的不安全行为，从而实现智能化安全管理，是智慧油田未来安全管理的必然趋势。

参 考 文 献

[1] 蒋弘毅，王永娟，康锦煜．目标检测模型及其优化方法综述[J/OL]．自动化学．

[2] 黄晴晴，周风余，刘美珍．基于视频的人体动作识别算法综述[J/OL]．计算机应用研究：1-8(2020-03-30)

安防脆弱性“云评估”系统研究及应用

胡显伟　黄先雄　赵成斌

（中国石油国际勘探开发有限公司）

摘　要　为了准确地评估海外项目作业区域安全防范脆弱性，制定符合项目实际的安全防范措施，建立了一套安防脆弱性“云评估”系统，并在高风险和极高风险国家项目进行应用。该系统利用新技术采集海外项目现场建筑布局和“三防”设施现状，依托3D模型、虚拟现实技术，还原海外项目现场建筑物安防措施。开展安防脆弱性“云评估”，寻找安防薄弱环节，制定有效的安防措施。使用安防脆弱性“云评估”系统进行安防脆弱性评估，可极大限度提高评估效率，降低评估成本，提高评估质量。

关键词　社会安全防范；云评估；3D建模；“三防”设施；脆弱性

近年来，全球社会安全形势不断恶化，中美战略博弈持续加剧，战争与武装冲突、恐怖袭击、治安犯罪、武装绑架和群体性事件等不断发生，中国“走出去”企业及海外中方人员面临安全威胁日益增加，通过对“走出去”企业海外项目作业区域进行安防脆弱性评估，找出薄弱环节，制定风险防控措施，可以更好地保障项目顺利开展，保护员工生命和财产安全。

为了准确地评估海外项目作业区域安防脆弱性，制定符合项目实际的安全防护措施，自2018年开始，中国石油国际勘探开发有限公司（简称：中油国际）开始尝试应用安防脆弱性“云评估”系统，开展海外项目安防脆弱性评估。通过四年多的逐年升级和拓展信息采集方式、探索和创新远程评估载体、优化和梳理人员、管理和技术结合模式，该系统已成熟应用。

1　安防脆弱性“云评估”系统介绍

1.1　安防脆弱性“云评估”系统介绍

安防脆弱性“云评估”系统是利用相关设备，采集海外项目现场建筑布局、和“人防、物防、技防”（简称“三防”）设施现状，通过三维地图管理平台，依托3D模型、虚拟现实技术，还原海外项目现场真实情况，利用线上交流的方式，由专业机构发现安防薄弱环节，总部和上级管理部门提出问题，海外项目解释和答疑、行业专家给出技术建议，形成前后方联动的模式。对于发现的问题和疑问，即时进行有效沟通，当场解决问题。使用安防脆弱性“云评估”系统进行脆弱性评估，可极大提高评估效率，降低评估成本，提高评估质量。

1.2　安防脆弱性“云评估”系统发展

2018年，安防脆弱性“云评估”系统首次在中油国际某项目进行应用，对某站点进行安防脆弱性“云评估”。此次评估由安防专家赴现场，通过观察、访谈及查验相关文档，利用全景相机等对项目进行拍照采集，并采用检查表方式，对“三防”措施和管理现状进行对照评估。

2019年，利用远程“云评估”系统对中油国际某项目进行脆弱性评估。基于前一年的脆弱性评估实践，以及安防专家不便赶赴现场等实际情况，对系统进行了升级，由现场工作人员利用新技术，对项目现场进行全方位采样，并回传评估组，由多位安防专家一起就全景展示的现场“三防”措施及管理现状进行评估，发现存在的问题，并提出解措施。这解决了安防专家无法赴现场的问题，但受拍摄者视角的影响，并不能完全还原现场实际情况。

2020年以来，全球新冠肺炎大爆发，人员出境受限，为了满足管理要求，利用此系统对中油国际某项目公司项目某场站进行安防脆弱性“云评估”。为了使评估更加准确，再次对系统进行了升级，升级了采集方式，同时引入3D建模技术。在高度还原现场建筑物及安防设施现状基础上，开展安防脆弱性“云评估”。

1.3 安防脆弱性“云评估”系统应用情况

四年来，已应用本系统对多个海外项目进行安防脆弱性“云评估”，包括：某跨国管道项目、秘鲁某项目1、秘鲁某项目2，尼日尔某项目1、尼日尔某项目2，苏丹某项目等。经过四年的应用与实践，安防脆弱性“云评估”系统已日趋完善与可靠，并形成与之配套的远程“云评估”流程、方法。为未来降低差旅成本、提升审核效率、提高审核质量进行了管理模式的创新，对海外安全管理的数字化进行了初步探索与尝试。

2 安防脆弱性“云评估”系统应用流程

相比于传统脆弱性评估，应用“云评估”系统对项目安防脆弱性进行评估，全部评估人员赴项目现场不再是必要条件。“云评估”可以实现项目现场、集团和上级管理公司以及顶级专家学者团队三方联动，及时有效沟通，使评估结果贴切海外项目实际，并提出真正能帮助海外项目解决问题的措施建议。安防脆弱性“云评估”系统应用流程如图1所示。

收集项目所在国家或区域及项目自身近一年社会安全数据，进行社会安全风险可视化分析。通过电话访谈、线上交流及文档查验等方式，对照脆弱性检查表，评估项目现场“三防”措施实施情况及安全管理现状，分析并识别项目现场面临的社会安全具体威胁。

召开安防脆弱性“云评估”会议，利用线上交流的方式，邀请包括海外项目现场人员、公司总部管理人员、从事国别研究的学者、安防专家、专业风险评估团队与专业安防团队共同参与，讨论海外项目面临的具体威胁及威胁来源，使威胁识别更加贴切海外项目现场。

针对识别出的极高级别威胁，提出具体对策措施和建议，同时结合海外项目现有“三防”措施和安全管理现状进行脆弱性分析，作出风险评估，计算残余风险，根据残余风险给出整改建议。

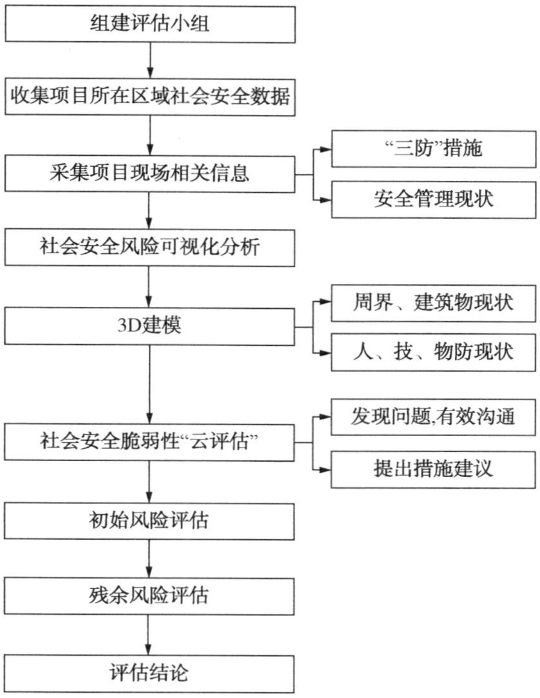

图1　安防脆弱性“云评估”系统应用流程图

3 实证研究(以某项目场站为例)

因全球新冠肺炎爆发，人员出境受限，故评估小组利用安防脆弱性“云评估”系统对其安防脆弱性进行远程“云评估”。

3.1 项目所属地区近1年来典型社会安全事件分布

评估小组通过公开渠道收集了近1年来项目所属地区的典型社会安全事件，并据此绘制出该地区典型社会安全事件分布图(图2)。

3.2 项目面临的社会安全具体威胁

收集项目所在区域及项目本身社会安全、项目技物防措施及安全管理现状信息，对这些信息进行分析，结合社会安全事件类别，得到项目某场站面临的社会安全具体威胁风险值(表1)。通过对风险值进行计算后，发现项目运营某场站面临的高风险社会安全具体威胁主要为武装冲突、武装袭击、治安犯罪、恐怖袭击和未爆军火。

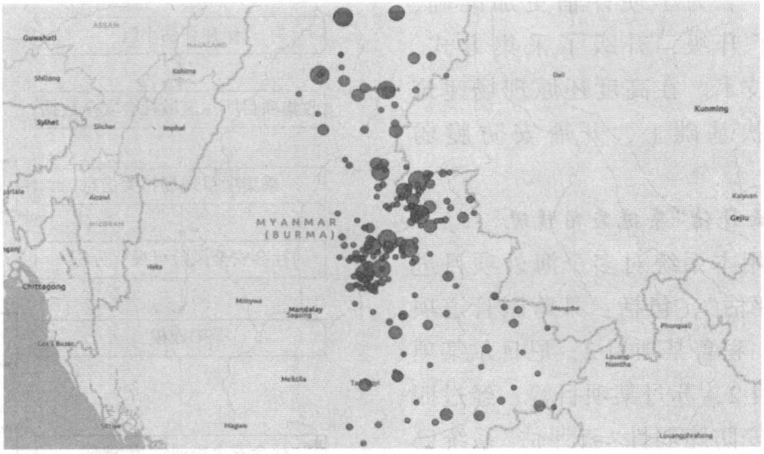

图2　项目所属地区典型社会安全事件分布图

表1　项目所属地区典型社会安全事件分布图

序号	风险类型	典型威胁	情景描述	可能性	严重性	风险值
1	武装冲突	政府军与反政府军交火	政府军与反政府军交火	4	5	20
		部族和宗教冲突	不同宗教、部族团体之间的武装冲突	2	4	8
2	武装袭击	地方武装与政府军相互发动袭击	地方武装与政府军相互发动袭击	4	5	20
3	治安犯罪	敲诈勒索	我方项目人员路遇检查站、军警、地方武装索要过路费，及以资助为由索要金钱，因处置不当引发的冲突	5	4	20
4	未爆军火	未爆军火	在作业活动区域存在未爆军火，造成我方项目人员生命伤害和财产损失	3	5	15
5	恐怖袭击	枪击、爆炸（针对设施）	恐怖组织袭击重要设施及项目人员	2	5	10
6	负面舆情	歪曲报道	非政府组织（NGO）或媒体恶意报道或蓄意抹黑	3	3	9
7	政治动荡	社会动乱	大选期间各党派之间争执导致街头政治	2	4	8
8	社会群体性事件	民众请愿	由于民众请愿导致动乱	3	2	6
9	政治群体性事件	骚乱、暴乱	游行示威引发骚乱，影响我方项目人员作业与出行安全	3	2	6
10	项目群体性事件	阻工、罢工	因生活习俗、文化、口角等因素造成冲突	2	3	6

注：可能性由低到高分值分别为1分、2分、3分、4分、5分；严重性由低到高分值分别为1分、2分、3分、4分、5分；风险等级区间取值分别为：低风险1~4分、中等风险5~9分、高风险10~16分、极高风险17~25分。

3.3　项目某场站3D建模

还原项目某场站建筑物现状以及“三防”实施现状。利用线上交流的方式，召开脆弱性评估会议，邀请包括项目某场站现场人员、公司总部管理人员、从事项目所在国研究的学者、安防专家、专业风险评估团队与专业安防团队参与，共同讨论项目某场站面临的具体威胁及威胁来源，使威胁识别更加贴切项目现场实际情况。

3.4　初始风险评估

对该项目某场站进行脆弱性分析后，发现该地区面临的典型社会安全威胁主要是武装冲突与社会治安问题，如抢劫、盗窃、敲诈勒索等。具体典型情境威胁为外出时遇到罪犯抢劫、敲诈勒索、基地遭到盗窃/抢劫、群体性事件等。具体威胁及其初始风险评估(表2)。

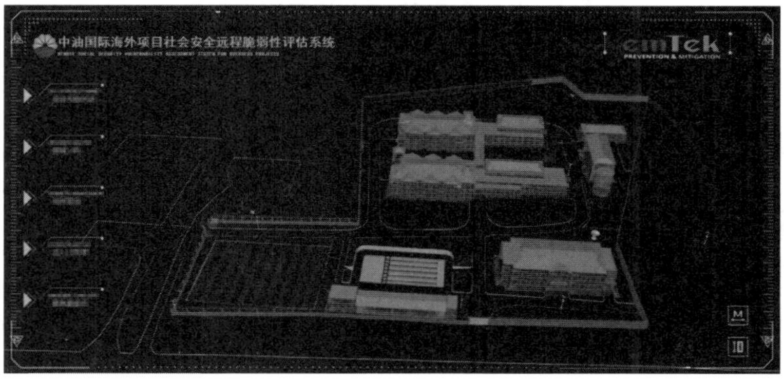

图 3　项目某场站模型

表 2　项目某场站面临的具体威胁及其初始风险评估表

威胁类型	威胁方	情景描述	威胁能力	威胁动机（发生率）	威胁评分	目标吸引力系数	威胁可能性数值（威胁评分＊目标吸引力系数）	严重性	风险值	风险等级
武装袭击	地方武装与政府军相互发动袭击	地方武装与政府军相互发动袭击	高	中等	4	1	4	5	20	极高
武装冲突	政府军与反政府军交火	政府军与反政府军交火	高	中等	4	1	4	5	20	极高
敲诈勒索	军警、地方武装、部落村民	我方项目人员路遇检查站、军警、地方武装，被索要过路费，及以资助为由索要金钱，因处置不当引发的冲突	极高	极高	5	1.25	6.25	4	25	极高
恐怖袭击	恐怖分子	恐怖组织袭击重要设施及项目人员	中等	极低	2	1	2	5	10	高
抢劫	罪犯份子	持刀、枪抢劫我方人员	高	高	4	1	4	3	12	高
绑架劫持	犯罪分子	项目人员遭遇不同目的的绑架劫持	中等	中等	3	1	3	4	12	高
未爆军火	UXO	在作业活动区域存在未爆军火，造成我方项目人员生命伤害和财产损失	极高	低	4	0.75	3	5	15	高
凶杀	犯罪分子	犯罪分子因钱财、纠纷等原因，对我方项目人员生命安全实施伤害	中等	高	4	1	4	4	16	高
偷盗	罪犯分子	进入项目场所实施偷盗危险品（例如：危化品、放射性物质等）	中等	中等	3	1	3	5	15	高
群体事件	民众	因民众请愿导致动乱、游行示威引发骚乱，影响我方项目人员作业与出行安全；因生活习俗、文化、口角等因素造成冲突	低	低	2	0.75	1.5	4	6	中

注：其中，威胁评分由低到高分值分别为 1 分、2 分、3 分、4 分、5 分；目标吸引力系数由低到高分别为 0.75、1、1.25；严重性由低到高分值分别为 1 分、2 分、3 分、4 分、5 分；风险等级区间取值分别为：低风险 1～4 分、中等风险 5～9 分、高风险 10～16 分、极高风险 17～25 分。

3.5　残余风评估

基于初始风险评估，针对极高风险威胁提出对策措施及建议，满足集团公司海外三防建设标准、要求，秉承“合理、可行、尽可能低”理念，以有效应对项目某场站面临的社会安全风险，对项目某场站开展脆弱性评估，得出其残余风险值（表 3）。

表3 项目某场站残余风险等级评价表

威胁类型	威胁方	情景描述	威胁能力	威胁动机（发生率）	威胁评分	目标吸引力系数	威胁可能性数值（威胁评分*目标吸引力系数）	严重性	脆弱性	风险值	风险等级
武装袭击	反政府军与政府军相互发动袭击	地方武装与政府军相互发动袭击	高	中等	4	1	4	5	2	40	高
武装冲突	政府军与反政府军交火	政府军与反政府军交火	高	中等	4	1	4	5	2	40	高
敲诈勒索	军警、地方武装、部落村民	我方项目人员路遇检查站、军警、地方武装势力，被索要过路费，及以资助为由索要金钱，因处置不当引发的冲突	极高	极高	5	1.25	6.25	4	2	50	高
恐怖袭击	恐怖分子	恐怖组织袭击重要设施及项目人员	中等	极低	2	1	2	5	2	20	中
抢劫	罪犯份子	持刀、枪抢劫我方人员	高	高	4	1	4	3	2	24	中
绑架劫持	犯罪分子	项目人员遭遇不同目的的绑架劫持	中等	中等	3	1	3	4	2	24	中
未爆军火	UXO	在作业活动区域存在未爆军火，造成我方项目人员生命伤害和财产损失	极高	低	4	0.75	3	5	2	30	高
凶杀	犯罪份子	犯罪分子因钱财、纠纷等原因，对我方项目人员生命安全实施伤害	中等	高	4	1	4	4	2	32	高
偷盗	罪犯份子	进入项目场所实施偷盗危险品（例如：危化品、放射性物质等）	中等	中等	3	1	3	5	2	30	高
群体事件	民众	因民众请愿导致动乱、游行示威引发骚乱，影响我方项目人员作业与出行安全；因生活习俗、文化、口角等因素造成冲突	低	低	2	0.75	1.5	4	2	12	中

注：其中，威胁评分由低到高分值分别为1分、2分、3分、4分、5分；目标吸引力系数由低到高分别为0.75、1、1.25；严重性由低到高分值分别为1分、2分、3分、4分、5分；脆弱性由低到高分值分别为1分、2分、3分、4分、5分；风险等级区间取值分别为：低风险1~8分、中等风险9~27分、高风险28~64分、极高风险65~125分。

3.6 评估结果

该项目所在国社会安全形势较严峻，残余社会安全风险等级较高。给中方人员生命财产带来威胁的主要是武装冲突、抢劫和盗窃。疫情影响经济下滑，由此导致社会治安案件增多，社会治安形势恶化。建议项目某场站应持续关注并加强相关控制措施，通过加强对中方人员管理和提高员工安全意识来降低风险。加强营地管理，旅程管理和物理防护设施的配备与维护等措施，尽可能使社会安全风险保持在可以预防和控制的范围内。

4 创新与效益

4.1 探索新的管理模式，首次开展远程“云评估”

在2018、2019两年远程脆弱性评估基础上，采用通过3D建模的“云评估”方式对海外项目社会安全薄弱环节进行评估，以满足管理要求。通过数据收集分析、视频图片采集和3D建模还原现场建筑物及技物防措施，前后方联动，对于发现的问题和疑问，即时进行有效沟通。探索了一套远程“云评估”流程、方法和可依托的技术和设备，将集成数据分析、风险可视、前后联动的安防脆弱性“云评估”系统落地，为未来降低差旅成本、提升审核效率、提高审核质量进行了管理模式的创新，对海外安全管理的数字化进行了初步探索，实现从0到1的阶跃。

4.2 梳理社会安全管理痛点，扎实为项目解决问题

因社会安全威胁特点、风险分布、国家基本条件和项目自身特点等原因，项目所面临的“三防”设施难以与集团标准对标的情况逐渐显露，

存在较大的合规风险。依托该系统，通过总部管理部门“看”现场和“面对面”沟通、海外项目前方解释和答疑、行业专家给出技术建议的前后方联动沟通模式，对于发现的问题和疑问，即时进行有效沟通，为项目解决实际问题。

4.3 集成运用相关新技术，极大提升管理效率效果

依托新技术进行信息采集，基于3D模型等远程评估载体，通过大数据分析实现风险可视化呈现，将前沿新技术应用于管理，探索了人员、管理和技术整合的最佳组合、最高性价比模式。

6 结论

通过社会安全大数据分析，评估海外项目面临具体威胁，通过风险可视化技术呈现项目面临的风险，利用新技术采集项目现场信息，并依托3D模型、虚拟现实技术还原现场建筑物及“三防”措施，经过对诸多项目远程“云评估”实践，梳理了适用于海外油气项目安防脆弱性“云评估”流程、方法、设备和技术，将“云评估”系统应用落地。

目前，安防脆弱性“云评估”系统可成熟应用于各级社会安全相关审核和评估，在“百年未有之大变局”新冠肺炎常态化存在、公司管理自身需求大背景下，极具推广价值和应用前景。

参考文献

[1] ANSI/API STD, Security Risk Assessment Methodology for the Petroleum and Petrochemical Industries, (FIRST EDITION)[S]. American National Starelards Institute, 2013. 780-2013.

[2] American petroleum institute. National Petrochemical & Refiners Association. Security Vulnerability Assessment Methodology for the Petroleum and, Petrochemical Industries, Second Edition[S]. API Publishing Services, 2004: 15-41.

[3] Reniers G, Lerberghe PV, Gulijk CV. Security risk assessment and protection in the chemical and process industry[J]. Process Safety Progress, 2015, 34(1): 72-83.

[4] Moore, David A. Security Risk Assessment Methodology for the petroleum and petrochemical industries [J]. Journal of Loss Prevention in the Process Industries, 2013, 26(6): 1685-1689.

[5] Wu T C, Chen C H, Li C C. A correlation among safety leadership, safety climate and safety performance[J]. Journal of Loss Prevention in the Process Industries, 2008, 21(3): 307-318.

[6] 耿红杰，周海彬，穆帅伟. 海外石油工程项目社会安全应急资源管理实践与思考[J]. 中国安全生产科学技术，2012，8(S2)：131-131.

[7] 穆帅伟，张俊生. 浅谈海外石油工程项目社会安全形势，风险及对策——以苏丹为例[J]. 中国安全生产科学技术，2012(S2)：113-116.

[8] 张莲芳，张明辉，李笑笑，等. 浅谈海外工程项目的社会安全风险管理[J]. 中国安全生产科学技术，2014(S2).

[9] 侯浩杰. 海外石油工程项目面临的社会安全风险与对策[J]. 石油工程建设，2010(01)：66-69.

[10] 韩树举，王洪涛，张军，等. 中国石油天然气集团公司海外项目防恐安全管理探索与实践[J]. 中国安全生产科学技术，2009(S1)：3-7.

[11] 蒋伟娜，鞠斌山，翟光华，等. 海外油气开发项目风险评价研究[J]. 资源与产业，2015，17(1).

[12] 刘绍峰. 中国海外油气勘探项目风险评价与管理[J]. 特种油气藏，2008，015(0z2)：192-195.

[13] Geng H J, Zhou H B, Zhang K M. Reflection of security management in overseas petroleum engineering projects based—on the analysis of the "1.28" kidnapping at sino-hydro corporation sudan branch[J]. Journal of Safety Science and Technology, 2012.

[14] Hou H J. Social Security Risk Faced by Overseas Petroleum Engineering Projects and Its Countermeasures [J]. Petroleum Engineering Construction, 2010.

[15] Joshaghani A. Safety Science and Engineering of Emergency Management System Based on the Theory of Risk Management [C]// 2nd National Conference on Health, Safety and Environment (HSE). 2012.

基于工业互联网平台的智能化安全管控系统研究

董治超　王　宁　邹家民　陈明康

（中海油信息科技有限公司）

摘　要　在“工业互联网+安全生产”推动下，通过对“危险化学品企业安全风险智能化管控平台建设指南”的深刻理解和化工企业安全管理需求深入调研后，在工业互联网平台的基础上，充分融合“物联网感知技术”，利用红外热成像、AI视频分析、视频联动等技术与化工安全生产业务应用深度结合，打造智能化安全管控平台，实现各系统间信息共享、上下贯通，帮助化工企业更方便全面、高效地进行安全相关管理，进一步提高企业安全生产管理水平。

关键词　智能化安全管控平台；双重预防机制；工业机器人；AI视频分析；环保监测预警

到2023年底，工业互联网与安全生产协同推进发展格局基本形成，工业企业本质安全水平明显增强。一批重点行 业工业互联网安全生产监管平台建成运行，“工业互联网 安全生产”快速感知、实时监测、超前预警、联动处置、系统评估等新型能力体系基本形成，数字化管理、网络化协同、智能化管控水平明显提升，形成较为完善的产业支撑和 服务体系，实现更高质量、更有效率、更可持续、更为安全的发展模式。

当前国内很多化工企业经过多年信息化建设，相关生产、安全、经营、控制等信息系统均已初具规模，给企业经济效益带来了很大的提升，但之前的信息化建设没有统一化，属于阶段性建设，信息系统间较为封闭，技术路线也不统一，在信息化管理的过程中存在诸多不便，未能很好地形成信息化生态体系。

为落实《“工业互联网+安全生产”行动计划(2021—2023 年)》和《“工业互联网+危化安全生产”试点建设方案》工作安排，提升工业企业安全生产数字化、网络化、智能化水平，培育“工业互联网+安全生产”协同创新模式，扩大工业互联网应用，提升安全生产水平。在工业互联网平台基础上，围绕“安全生产标准化管理”体系建设，构建“安全风险分级管控和隐患排查治理双重预防机制(以下简称双重预防机制)、环境监测预警、工业机器人、气体泄漏检测、AI视频分析、应急管理”等功能模块，形成“互联网+安全生产”模式的智能化安全管控平台，全面覆盖化工企业安全生产相关业务，通过工业互联网在安全生产中的融合应用，增强工业安全生产的感知、监测、预警、处置和评估能力，加速安全生产从静态分析向动态感知、事后应急向事前预防、单点防控向全局联防的转变，提升化工企业生产本质安全水平。

1　智能化安全管控平台

按照工业互联网平台架构进行设计，依托企业现有系统数据，通过接入企业实时监测、视频监控、设备状态、特殊作业等数据为基础，进行深度的数据挖掘及应用，结合化工安全管理需求，实现安全管理基础信息、重大危险源安全管理、双重预防机制、特殊作业许可与作业过程管理等基础功能的信息化、数字化、网络化、智能化。

1.1　整体架构

总体构架划分为边缘层、网络层、IaaS层、DaaS层、PaaS层、SaaS层6个层次，以工业互联网标准为引领、工业互联网安全体系为保障，依托数据流、信息流、业务流，提供风险监测、安全监管、统计分析、应急处置等方面的支撑，提升化工企业安全风险管控能力(图1)。

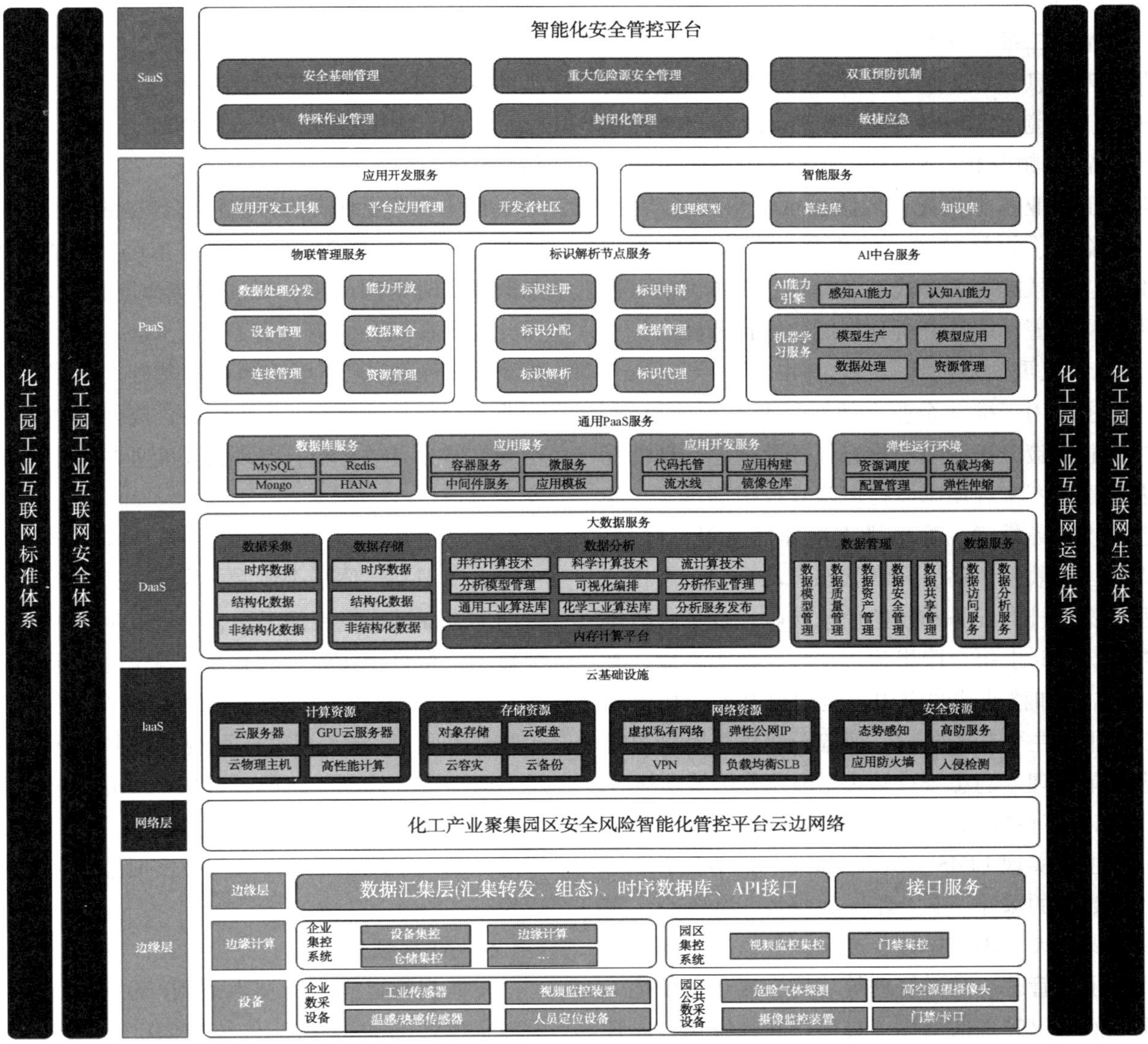

图1　整体架构

1.2　数据体系

搭建化工企业智能化安全管控平台数据体系，制定化工企业数据采集以及工业互联网标识标准，确保数据的完整性和一致性。通过数据治理，完善数据标准规范体系；提供统一数据交换共享规则和数据开发共享能力；以物联网数据为依托，提高数据挖掘和分析功能，为化工企业安全管理提供决策辅助；专业的数据抽取、清洗、整合工具，开展数据清洗处理、补充完善、质量检查等数据治理工作，确保数据的完整性和一致性。

1.3　系统安全体系

系统安全体系是化工企业智能化安全管控平台安全可信运行的基本保障。全面考虑物理环境安全、网络和通信安全、边界安全、终端安全、云安全、应用系统安全、数据安全、装置及设备安全、处置恢复安全等重点安全防护对象及场景，提供安全保障软硬件配套设施及服务。通过固件安全增强、漏洞修复加固、补丁升级管理、安全监测审计、加强认证授权、部署分布式拒绝服务(DDoS)防御体系、应用程序安全、主机入侵监测防护、漏洞扫描、资源访问控制、信息完整性保护等安全措施保障核心数据的安全流转及平台的正常运行，对物理、网络、系统、应用、数据及用户安全等实现可管可控，打造满足化工企业安全管理需求的安全技术体系和相应管理机制，实现网络安全与物理安全的真正融合。

1.4 系统功能

基于二维、三维地理引擎等技术构建化工企业地理信息场景，融合安全基础管理、双重预防机制、环境监测预警、工业机器人、气体泄漏检测、AI视频分析、应急管理等应用系统，实现对化工企业基本情况、风险分区、重大危险源、风险隐患、报警分布、特殊作业、人员行为识别、应急救援等多形式、多模式、多维度的可视化监测预警、统计分析和智能化管控调度。

1.4.1 双重预防机制

主要用于推动企业有效运行双重预防机制，对企业风险分析清单、排查任务及隐患治理情况进行管理，实现动态监控风险管控措施落实、隐患排查任务推送、隐患排查治理情况跟踪监督、机制运行效果评估、异常状态自动预警及考核奖惩、隐患排查任务和预警信息接收、现场隐患排查情况实时上报、隐患治理全程跟踪等功能，支持PC端和移动端的应用，全面提升安全风险防控水平。主要功能包含：风险分级管控及隐患排查清单管理、隐患排查治理、统计分析等功能。

1.4.2 环保监测预警

主要实现LIMS、DCS、MES、LADR系统的环保数据的采集，以“环保数据库”为核心，实现环保报表、固废排放、废水废气监测、噪声监测、土壤管理、海洋管理等功能，逐步实现化工企业的环保管理信息化、集中化和系统化，提升环保管理水平；实现报表自动生成，提升工作效率；实现与多个环保信息平台的网络互通、数据共享；通过智能化安全管控平台直观展示全厂环保运行实时状态，以“桌面管理”促进现场管理。主要功能包含：专属数据库、报表管理、固废排放管理等。

1.4.3 工业机器人

石化行业巡检作业时内外部环境较为恶劣，针对检测介质 的易燃易爆、有毒有害、高温高压、低温低压等内在环境与暴风、骤雨等外在天气，增加了传统巡检难度，体现出智能巡检机器人的优势。工业机器人主要采用机器人为载体，通过搭载高清摄像头、气体探测器、红外热成像等仪器，完成众多的化工企业巡检任务，同时也能不受有毒、有害等高风险区域的限制，有效提升巡检质量和巡检效率，能及时准确发现隐患，最大程度避免人员伤亡和经济损失，实现巡检管理的智能化、智慧化。主要功能包含：仪表阀门识别检测、泄漏检测、火灾识别等。

1.4.4 气体泄漏检测

在化工企业现有的传统传感器检测手段监测到的气体泄漏，仅能监测到气体浓度，不能将泄漏图像实时呈现出来，无法知晓泄漏扩散动态，因此需要在现有火灾报警系统、GDS系统(气体检测报警系统)、环境监测系统基础之上增加基于非制冷型红外成像+可见光融合成像气体泄漏检测，作为有效补充，实现化工企业气体泄漏的安全监控。

气体泄漏检测摄像机硬件+系统检测软件就可以自动识别气体是否泄漏，实现连续实时不间断的动态面试成像视频显示，实现实时图像及报警显示：全自动实时视频显示报警(可显示泄漏源和浓度)，红外画面与真实背景融合(不只是单纯红外画面)将无色气体可视化视频显示，显示实时泄漏气体羽流轨迹。可选择声光报警、电子邮件等各种方式，可回看报警视频，可同时对甲醇、苯、甲烷、甲苯多类气体实时监测、扩散成像。

1.4.5 AI视频分析

工业视频智能分析技术采用“云-边-端”的部署模式，将AI赋能传统摄像机，对现场人员不安全行为或事件进行实时预警，由事后查询转变为主动监控。在深度学习、模型训练的基础上，通过对传统视频监控设备按需配置智能算法，能够有效提升设备AI能力，创立全方位、多视角、可追溯的安全生产监控新模式，实现关键区域和高风险作业的全过程实时监控与智能报警，对提升企业安全管理水平和应急处置能力具有十分重要的意义。通过将工业视频智能分析技术融入视频监控系统，对视频数据流进行图像处理、目标分析，实现自动检测、目标跟踪等目的，对视频监控系统进行实时控制，变被动监控为主动监控。通过建模及训练，实现明火、烟雾、泄漏等异常状态识别，人员脱岗、离岗、区域入侵、人员聚集、未佩戴安全牌及劳保服等智能识别、报警、记录等功能，提升企业安全管理效能。主要功能包含：违规行为智能识别、异常状态智能识别、视频浏览和存储、报警数据查询和统计分析、远程运维管理等。

1.4.6 应急管理

主要用于安全生产应急预案管理、应急演练管理、应急资源管理、应急指挥调度、应急辅助决策，推动企业落实日常应急管理及与各级政府间的应急联动，为事故应急提供技术支持，辅助企业进行快速、精准、科学应急响应。主要功能包含：应急预案管理、应急资源管理、应急演练管理、应急指挥调度、应急辅助决策等。

2 结论

在“工业互联网+安全生产”推动下形成的智能化安全管控平台，采用工业互联网平台的数据采集、数据集中管理与数据互联的优势作用，连接设备、员工以及其他业务系统，实现了安全生产数据的有效采集，让安全生产数据“可连、可视、可用”，通过双重预防机制、环保监测预警、工业机器人、气体泄漏、AI 视频分析、应急管理等丰富的管理模块，实现安全数据互通，业务互联，使安全管理便捷化、智能化、高效化；采用“平台+生态”的发展模式，利用 AI 摄像机、工业机器人等智能化先进设备，聚合专业领域的生态伙伴，共同基于平台打造一体化的安全生产解决方案，通过应用对企业安全生产进行流程化、规范化管理，支撑企业形成企业安全生产的创新应用模式。

参 考 文 献

[1] 工信部和应急管理部．“工业互联网+安全生产”行动计划(2021—2023 年)[J]．中国安全生产科学技术，2020，16(10)：58.

[2] 应急管理部办公厅．化工园区安全风险智能化管控平台建设指南(试行)和危险化学品企业安全风险智能化管控平台建设指南(试行)的通知应急厅〔2022〕5 号．

[3] 夏有强，全思懿，荣鹏，等．石化场站巡检的发展及展望[J]．化工管理，2019(17)：19-21.

[4] 阮航．工业视频智能分析技术在安全管控中的应用[J]．信息与电脑(理论版)，2021，33(05)：183-185.

海洋石油后勤服务码头数字化建设模式浅析

——以码头智能化加水岸电服务研究为例

田振江

（中海油能源物流有限公司）

摘　要　在海洋石油勘探开发后勤服务体系中，港口码头是必不可少的环节，对于海上油田勘探开发物资集结、补给和转运起到枢纽作用。在当今数字化、智能化高速发展的时代，国内外港口码头纷纷走向数字化、智能化道路，在码头管理、运行、作业方面实现了智能化、智慧化。

海洋石油后勤服务码头要实现数字化、智能化，首先分析透自己的服务性质、业务特点和基于石油后勤所配置的作业流程，基于客观认知来设计自己的数字化、智慧化发展道路。数字化发展最重要的工作是基于物联网技术的数据采集，只有将现场作业数据实时采集到信息系统中，实现对基层作业的实施掌控和分析，才能实现码头服务的数字化、智能化。

物联网技术的应用，需要结合码头的天气环境、作业环境选择合适技术和产品。在应用这些技术实现对数据的采集和分析的同时，还要考虑增加的技术和产品对现场作业产生的影响。通过与码头整体服务协同进行来确保物联网技术更好地适用于现场作业场景，提高码头服务水平。

关键词　数字化；智能化；LORA远传；上位监控系统

1　现状及问题

1.1　现状

海洋石油后勤服务码头性质属于件杂货类性质码头，其服务范围包括，物资装卸、船舶靠泊、解系缆、补给供水、补给岸电、补给油料、补给泥浆、补给灰料等服务。其服务内容达到8项，泊位种达到3类，包括装卸泊位、灰浆泊位、油料泊位。就其业务性质来说，是综合的件杂货类码头。存在装卸与加水、供电、供灰、供油同时进行的现象。交叉类型较多，对组织管理协调要求高，安全管控要求高。

海洋石油后勤服务码头各类作业，目前仍处于半自动的水平，在物资装卸方面，利用门机和起重工实现对每件物资的吊装。在船舶加水方面，需要人工对接加水管线，人工开关阀门和读数。在接岸电方面，大多数都是采用接线端子形式，需要人工连接电缆接线，接线完毕需要人工拆线。在灰浆补给方面、油料供给方面，目前基本上以人工操作对接和人工读取计量读数为主。

1.2　问题

1. 操作人工化问题

（1）由于码头每项作业都是以人工操作为主，且很多都是重型体力劳动，存在着效率低、安全风险大、管理成本高的问题。

（2）操作人工化带来的是劳动密集型作业模式，对技术工种人力需求较多，相应地加大了人工成本。码头服务具备点多、面广、流程长的点，对人力的需求一直只增不减。

2. 管理人工化问题

（1）海洋石油后勤服务码头，目前管理模式主要以人工为主，从各类服务操作管理、安全管理和数据管理来看，主要以人工模式为主。给管理来的问题体现在主观性和个人偏差，各类作业管理凭管理者的经验进行，管理效果缺乏量化考量。数据上传反应速度慢，给质量运行分析和决策难以提供及时支持。

（2）人工化管理带来了面对高峰作业时，人员疲惫降低服务质量的问题，同时，加大了服务出错概率和安全事故发生概率。

2　数字化发展思路

基于海洋石油后勤服务码头现状和存在问题，数字化发展思路应该充分结合各项业务的环境要求、操作流程、管理方式、作业方式来进行。在充分分析透业务性质的基础上，制定数字化发展思路。坚持从难到易，先行尝试，再进行逐步实施的原则，分步骤实现码头数字化发展目标。

海洋石油后勤服务码头，数字化发展需要充分考虑整体链条中的位置。鉴于码头是海洋石油勘探开发后勤服务中的一环，起到承上启下的作用，其数字化建设需要考虑其在整个后勤服务系统中的作用以及和关联方的关系。系统来看，码头数字化主要包括数据采集自动化，数据分析智能化，生产调度智慧化。做到这三点需要在网络平台建设、数字化设备设施建设、终端采集设备建设上做到现代化、场景化、本土化。即现代化是指利用人工智能、大数据、物联网技术打造信息化智能化软硬件系统，实现对码头业务的高效管控；场景化是指先进的信息化技术需要结合码头作业场景针对性选取，需要适应码头的作业类型、天气条件，安全要求；本土化则是对场景化的进一步严格要求，需要适应码头的作业特点和流程要求，特别是对于综合服务码头，需要满足交叉作业的协调性要求。

结合海洋石油后勤服务码头特点，数字化发展思路概括为：物联网数据采集技术应用，管理系统建设应用，数据库系统建设应用和工业管理平台统一搭建四个部分。其中物联网数据采集是基础，也是数字化的重要部分。

在推进码头数字化建设工作中，经过思考分析，以先易后难，先点后面，典型建设再全面推行为原则，开展码头数字化建设。综合分析码头业务，其中加水服务和岸电服务相较装卸、灰浆、油料等其他服务，更加简单、易行。且国家对智慧绿色港口、低碳发展战略有明确要求，因此，在推进码头数字化建设中，首先开展海洋石油后勤服务码头智能加水及岸电服务研究。

3 应用实践——码头智能化加水岸电服务研究应用

3.1 需求分析

3.1.1 技术现状

经调研，物流公司四海基地加水都是通过人工对接管线、人工读数的方式。区别在于北方由于天冷，配备了电伴热系统，而南方码头加水不需要配备电伴热。在岸电设施配备上，四海基地配备的都是接线柱形式。

本项目以渤海码头为研究起点，现有的供电供水系统，设备老旧，而且使用方式不够简便，需要用户结合值班人员一起使用，另外数据采集系统缺乏，主要是人工记录表读数再进行整理完成数据统计。在值班室内，针对供水供电结算系统，也存在很多不足，主要通过人工电脑统计完成，针对用户管理不方便。

3.1.2 需要解决的问题

1. 加水操作模式人工化问题

（1）当前加水操作环节是，打开加水口盖板，推过来加水计量小车，连接好加水口与计量小车间的管线，船方对接好船舶与计量小车的管线。准备工作完毕，打开操作阀，进行加水工作。

（2）加水工作完毕，人工确认水表读数。然后船方拆卸与计量小车之间的管线，码头放拆卸与加水口之间的管线，拆卸完毕，将加水口盖板盖好，计量小车推回原处。

（3）整个加水过程中，人工操作时间达30min左右。

2. 岸电服务接线人工化问题

（1）当前岸电服务操作环节是，人工打开岸电箱，船方配合牵引电缆至岸电箱，沿电缆孔穿入，由码头专职人员接好接线柱(利用专用扳手完成)。准备工作完好后，推闸供电，关好岸电箱。岸电结束后，打开岸电箱门，人工确认电表读数，拉闸断电，扳手松开接线柱电缆，关好岸电箱。整个操作时间将近30min左右。

（2）人工接线不仅费时、费力，因为接线柱裸露，在供电期间进行岸电箱其他操作时，需要操作人员格外小心，避免与接线柱发生触碰，存在一定的安全隐患，且接线柱长时间暴露于空气中，容易受到空气腐蚀，存在影响供电效果的可能性。

3. 数据记录人工化问题

目前使用的水电计量表为机械表，作业数据通过人工抄录，手写服务确认单，数据汇总依靠Excel填写上报，进行统计汇总。效率低，准确度无法保障。

3.2 方案设计

基于码头加水及岸电服务问题及需求，方案设计拟建设智能化加水岸电服务系统，实现对岸电加水的自动化操作，数据自动实时采集，并实现对加水岸电的实时监控管理。本方案设计主要包含智能仪表、数据采集与远传、监控系统。

网络总体示意图如图 1 所示。

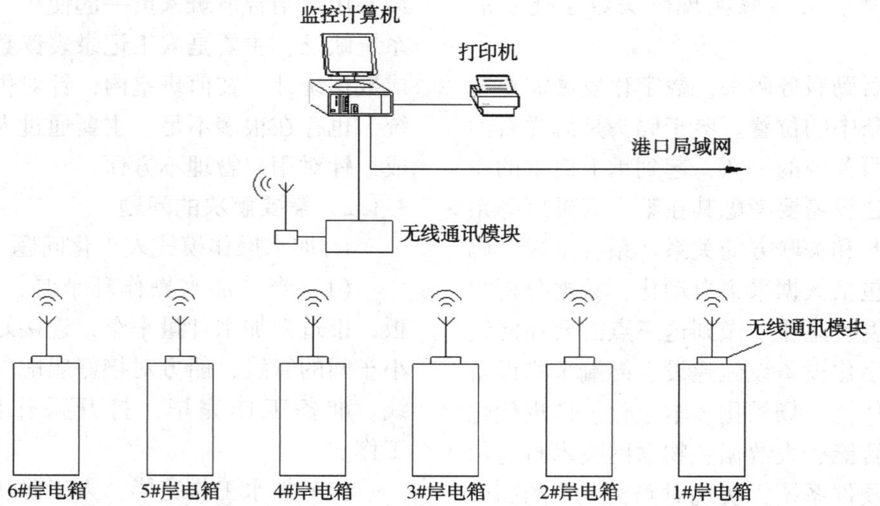

图 1　网络框架示意图

3.2.1　智能仪表

为解决原流量计、电表计量麻烦，读数有误差、不能远程读数等问题，新更换 LD 系列智能流量计并配备可远程控制电磁阀、多功能三相智能电表。

1. 智能流量计

图 2　LD 系列智能流量计

LD 系列电流量计是采用国内外最先进技术研制开发的全智能型电磁流量计，其全中文电磁转换器内核采用高速中央处理器(图 2)。计算速度非常快、精度高、测量性能可靠。转换器电路设计采用国际先进技术，输入阻抗高达 1015Ω，共模抑制比优于 100db，对于外来干扰以及 60Hz/50Hz 干扰抑制能力优于 90db，可以测量更低的电导率的流体介质流量。其传感器采用非均匀磁场技术及特殊的磁路结构，磁场稳定可靠，而且大的缩小了体积，减轻了重复，使流量计小型流量化的特点。结合码头原有流量计尺寸要求和供水压力、速度要求，选择产品参数见表 1。

表 1　产品参数

测量范围	0-9999m^3/h
工作温度	最高 180℃
工作压力	1.6MPa、4MPa、16MPa
公称通径	*DN*4-*DN*2000
精度等级	0.5 级
供电电压	AC220V，DC24V
输出信号	4~20mA，RS485

2. 电磁阀

图 3　电磁阀

电磁阀是流体控制系统中最常用的控制元件，其以螺线管线圈为驱动源，用来对流体通路进行快速启闭和远程控制(图 3)。通常由电磁线圈、铁芯及活塞套筒、密封材料、阀体四部分组成。其中电磁线圈是电磁阀工作的心脏。电磁阀对流体通路的通断功能是通过其内部的动铁芯或活塞的提升或复位实现的，而动铁芯的动作是由电磁线圈的通电或断电来实现的。

主要特点：

与其他控制阀相比，电磁阀的特点是结构紧凑，外形尺寸小，质量轻，维护简单，价格低廉。他的零部件数量通常仅为电动阀的 1/3 左右，而高度也只有电动调节阀或气动发的 1/4~1/3，其区别于其他控制阀，电磁阀具有以下主要特点：外漏杜绝、内漏易控、使用安全(表 2，表 3)。

表 2　技术参数

公称通径	*DN*15~*DN*50mm
连接方式	内螺纹
工作原理	先导活塞式
阀体材质	不锈钢
适用介质	蒸汽、液体、气体、油品等
介质温度	W_1：-20~80℃ W_3：-20~220℃ W_4：-20~250℃
环境温度	标准：-20~60℃
安装方式	水平安装线圈垂直向上
防护等级	IP54

表 3　电源参数

电源电压	AC220V 110V 50/60Hz，DC24V 12V
额定功率	AC64VA，DC30W
电压偏差	±10%
电气连接	标准接线盒

3. 多功能智能电表

PZ 系列三相电能表，采用交流采样技术，可直接或间接测量三相电网中的电流和电压、功率、电能等电参数，既可以用于本地显示，又可以与工控设备相连接，组成测控系统(图 4)。

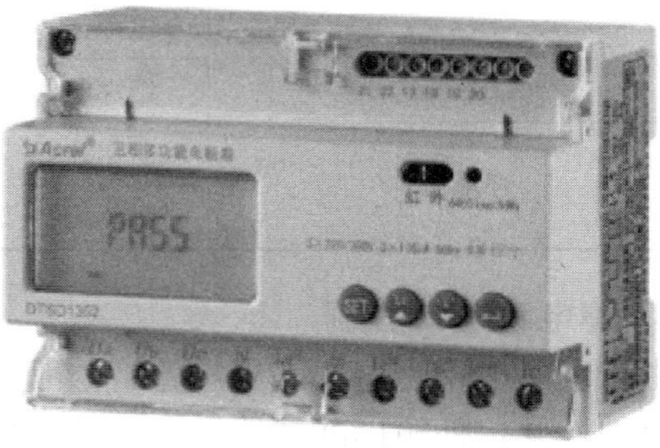

图 4　多功能智能电表

仪表具有 RS485 通讯接口，采用标准 Modbus-RTU 协议，可以将电量信号转换成标准的模拟量信号输出，可带两路开关量输出，根据不同要求，通过仪表面板按键，对变比、报警、通信等参数进行设置和控制(表 4)。

表 4　技术参数

技术参数		指　标
输入	网络	三相三线、三相四线
	频率	45~65Hz
	电压	额定值：AC 100V、400V、660V
		过负荷：1.2 倍额定值(连续)，2 倍额定值持续 1s
		功耗：<0.2VA
	电流	额定值：AC 1A、5A
		过负荷：1.2 倍额定值(连续)，10 倍额定值持续 1s
		功耗：<0.2VA
输出	电能脉冲	输出方式：集电极开路的光耦脉冲
		脉冲常数：可设置，默认 1000imp/kW·h
	通讯	RS485 接口，Modbus-RTU 协议
	显示	LED 或 LCD

续表

技术参数		指　标
功能	开关量输出	输出方式：2 路继电器常开触点输出
		触点容量：AC 250V/3A、DC 30V/3A
	模拟量输出	输出方式：0~20mA、4~20mA 可选
		负载能力：≤500Ω
测量精度		电流、电压：0.2 级，功率有功电能：0.5 级，频率：0.01Hz，无功电能：1 级
电源		AC85~265V 或 DC100~350V；功耗≤4VA
安全性		工频耐压：电源、开关量输出、电流输入、电压输入和变送、通信、脉冲输出之间 AC2kV 1min
		电源、开关量输出、电流输入、电压输入两两之间 AC2kV，1min
		绝缘电阻：输入、输出端对机壳>100MΩ
环境		工作温度：-10~+55℃；储存温度：-20~+70℃
		相对湿度：5%~95% 不凝露；海拔高度：≤2500m

3.2.2　岸电箱 PLC 控制

由于本岸电箱为靠海码头户外箱，考虑到海水的腐蚀性及户外箱标准，故岸电箱本体采用不锈钢 316L 材质，防护等级为 IP55。为解决数据传输及控制，岸电箱集成包括 PLC 在内的各类控制及处理单元、无线传输终端、大电流快速插头等设备(图 5)。

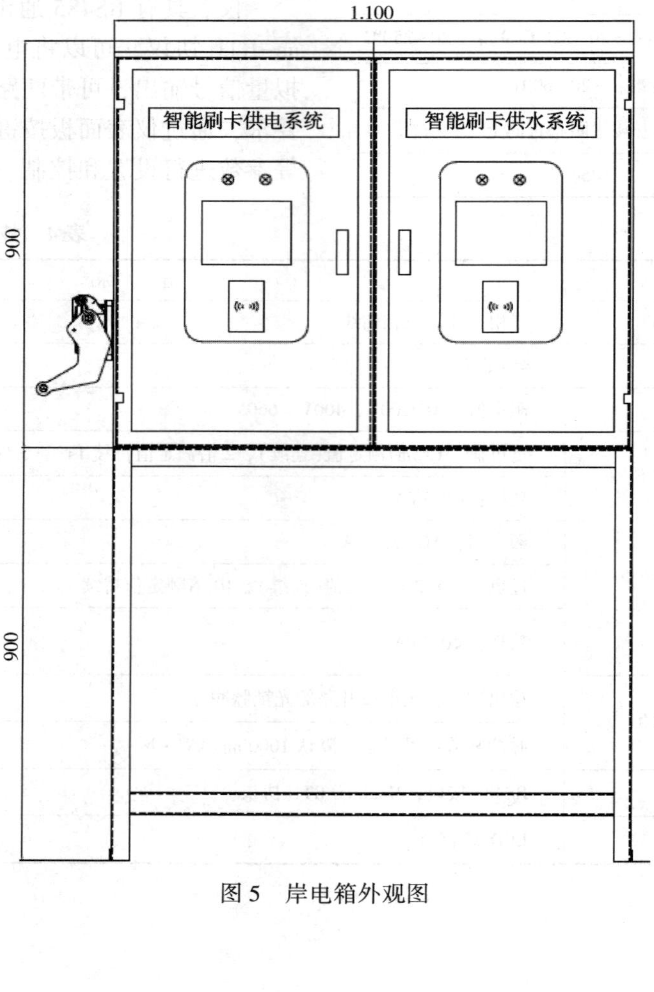

图 5　岸电箱外观图

1. PLC 控制器

AC500eCO 控制器具备采集刷卡状态信号、超声波流量计、脉冲水表、智能电表、设备运行状态，同时具有控制设备运行等多项功能(图6)。

图 6　PLC 控制器

产品功能：

(1) 采集功能：采集流量计、脉冲水表的流量数据；采集电能表的电量数据；采集分开关/电磁阀的运行状态、设备供电状态等信息。

(2) 远程管理功能：支持通过 LORA 传输设备进行远程参数设置。

(3) 报警功能：水表/电表故障、供电供水系统故障、IC 卡刷卡故障等，立即上报警告信息。

(4) 存储功能：存储容量 512MB(或 128MB)可选，在没有 PC 的情况下实现数据调用、下载和上传用户程序，或对所有设备进行产品更新(CPU、通信模块或 I/O 模块)。

功能优势：

(1) C500 系列 PLC 更灵活、紧凑、方便。

(2) CPU 数据备份可靠，无需电池，CPU 模块上集成了 I/O，扩展 I/O 模块容易，CPU 集成的 I/O 可配置高速计数(2 路 30kHz)、PWM 脉冲输出(2 路 20kHz)、中断输入(4 路)，程序容量 128kB，集成数据容量 10kB(保持数据可靠)。

(3) 所有的 I/O 模块均可自由连接，分布式扩展(CS31 总线，Modbus 通信)，连接简单而稳定可靠。

(4) I/O 模块接线端子(弹簧和螺钉)可插拔，接线更简单，可选配 SD 卡下载用户数据，无需连接编程软件，与 AC500 同一个产品平台，并使用同一个编程软件和工具，CPU 单元可支持 2 个串口，用于编程和通信。

(5) 扩展性和模块化结构可以让用户根据需求灵活配置

(6) 它还能满足数据交换的要求，ABB AC500-eCo 系列 PLC 集成了 COM1 接口，可配置为 MODBUS 或 CS31 主站，另有 COM2 和 SD 卡可任选。

2. 电动执行机构

当采用电动操作机构模块，断路器会有很高的机械寿命，并且操作方便、可靠；断路器的所有指示功能和信息仍清晰显示，包括脱扣单元的设定和指示；具备隔离功能，并有挂锁功能；面板双重绝缘。

可实现所有安装方式(固定式、插入式、抽出式)和连接方式(图 7)。

图 7　电动执行机构

电动操作机构模块前盖后的端子，接线能力为 2.5mm^2。

特性

响应时间/ms	打开	<700	
	闭合	<80	
操作频率	每分钟最大次数	4	
控制电压/V	DC	24/30~48/60~110/130~250	
	AC 50/60Hz	48(50Hz)~110/130~220/240~380/440	
功耗	DC/W	打开	≤500
		闭合	≤500
	AC/VA	打开	≤500
		闭合	≤500

3. 岸电快速插头(图 8)

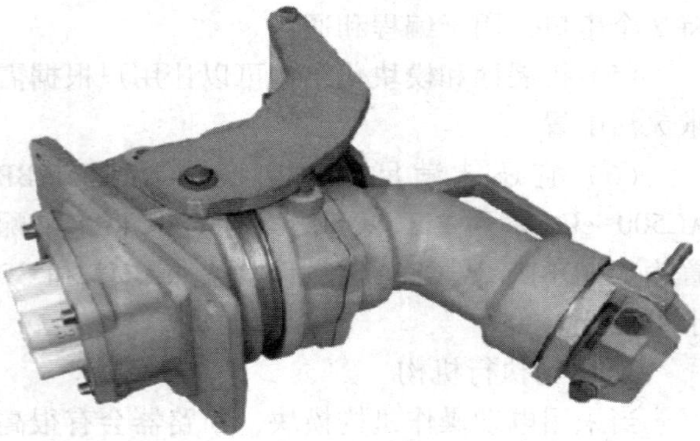

图 8　大电流快速插头

外壳和紧固件：

(1) 外壳材质淬火铸铝(AS7G)。

(2) 密封材质为氯丁氯丁橡胶，确保达到 IP66 等级。

(3) 紧固件材质均为不锈钢。

(4) Alodine 导电氧化防护。

绝缘子：

(1) 单片绝缘子由尼龙 PA6 材料制成。

(2) 插头和插座内部，用于供电和用电的触点。

(3) 绝缘子可以互换。

触点：

(1) 触点材质为镀银铜合金。

(2) 触点耐受温度 200℃(392°F)。

(3) 电缆端子为压入型，可拆卸。

辅助触点：标准触点确保接地连续性。

接地：接地触点确保接地连续性。

电缆端子：

(1) 采用压入或焊接法接入端子。

(2) 供电触点配备有专利设计的内部笼型衬套(GITTER)，使用便利。

(3) 大量的独立触点极大的增加了触点的电流负载容量。

(4) 触点间的低摩擦使插拔力降低，从而提高使用寿命。

(5) 高温下也能保持工作正常。

3.2.2　LORA 数据远传

1. LORA 背景和趋势

2013 年 8 月，Semtech 公司向业界发布了一种新型、基于 1GHz 以下的超长距低功耗数据传输技术(简称 LoRa)的芯片。其接收灵敏度达到了惊人的-148dbm，其功耗极低且不需要使用昂贵的温补晶振，引起了极大的关注。由于该产品使用一种特殊的扩频技术，这使得不同扩频序列的终端即使使用相同的频率同时发送也不会相互干扰。在此基础上研发的集中器/网关能够并行接收并处理多个节点的数据，大大扩展了系统容量。采用 LoRa 技术之后，设计人员可以最大程度地实现更长距离的通信与更低的功耗，同时还可节省额外的中继器成本。以 LoRa 为代表的低功耗、远距离网络技术的出现，有机会打破物联网在互联方面的瓶颈，基于该技术的测距和定位功能将会推动它在物联网领域的大规模应用。

当前阶段，物流码头的自动化加电供水装置信息传输普遍采用光纤或者人工读表的方式进行数据采集。因不具备光纤施工，无线传输的必要性尤为突出，LORA 数据远传的应用价值也得以体现。

2. LORA 无线终端(图 9)

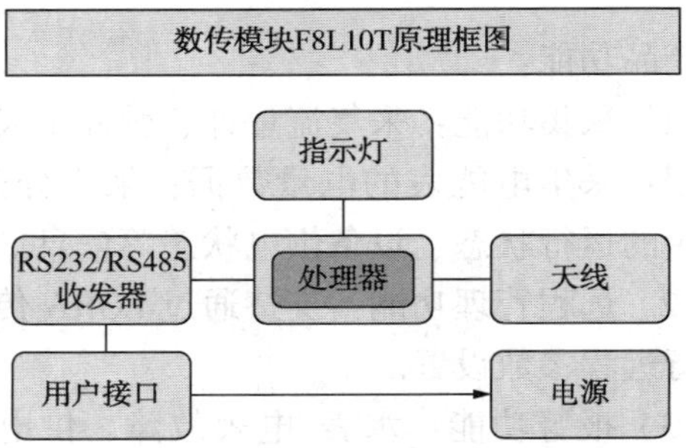

图 9　终端原理框架图

工业级应用设计，采用高性能工业级芯片，低功耗设计，支持多级休眠和唤醒模式，最大限度降低功耗。

(1) 采用金属外壳，保护等级 IP30。金属外壳和系统安全隔离，特别适合于工控现场的应用，宽电源输入(DC 5~36V)，稳定可靠。

(2) WDT 看门狗设计，保证系统稳定。

(3) RS232/RS485/RS422 接口内置 15kV ESD 保护。

(4) 电源接口内置反相保护和过压保护。

(5) 天线接口防雷保护(可选)。

标准易用：

(1) 采用工业端子接口，特别适合于工业现场应用。

(2) 提供标准 RS232 和标准 RS485(或 RS422)接口，可直接连接串口设备。

(3) 可定制 TTL 电平串口，可定制 ADC。

(4) 智能型数据终端，上电即可进入数据传输状态。

(5) 提供功能强大的中心管理软件，方便设备管理(可选)。

(6) 使用方便，灵活，多种工作模式选择。

(7) 方便的系统配置和维护接口。

(8) 支持串口软件升级和远程维护。

功能强大：

(1) 支持 LoRa 无线短距离数据传输功能，具有自组网能力。

(2) 具备中继路由和终端设备功能。

(3) 网络容量大：65000 个节点(典型个数 300 个)。

(4) 发送模式灵活：广播发送或目标地址发送模式可选。

(5) 提供 5 路 I/O，可实现 3 路模拟量输入、2 路数字量输入输出；兼容 2 路脉冲计数功能。

3. LORA 网关(图 10)

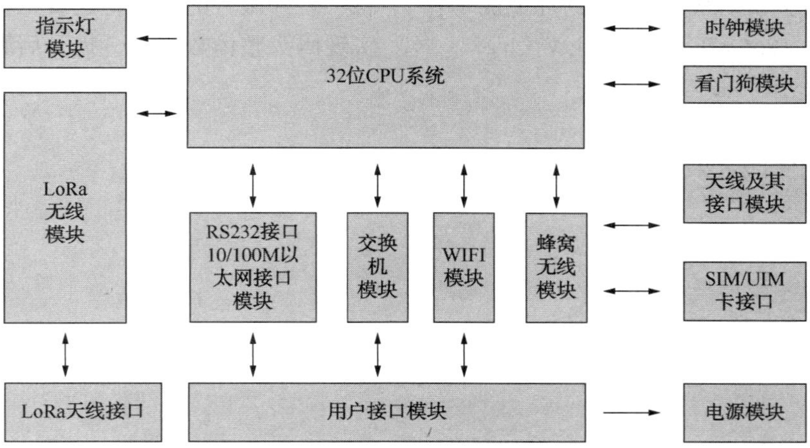

图 10 LORA 网关原理

物联网无线通信路由器，利用公用无线网络为用户提供无线长距离数据传输功能，同时支持 LoRa 无线传输技术进行短距离数据传输。

该产品采用高性能的工业级 32 位通信处理器和工业级无线模块，以嵌入式实时操作系统为软件支撑平台，同时提供 1 个 RS232(或 RS485/RS422)、1 个以太网 LAN、1 个以太网 WAN/LAN 复用口以及 1 个 WIFI 接口，可同时连接串口设备、以太网设备和 WIFI 设备，实现数据透明传输和路由功能。

3.2.3 上位监控系统

1. 上位机监控系统

上位机监控组态软件采用杰控 Fameview 128，共由实时数据库系统、通信系统、报警系统、命令处理系统、人机用户界面、趋势系统、报表系统和历史数据系统八大部分组成。

系统中所有数据均可作为历史储存，采集时间与储存周期可调。可提供历史数据查询工具，所有模拟量历史数据更可以用趋势图表显示。

监控系统将持续扫描所有岸电箱的数据、状态、报警信息，检查数据的有效性，并更新系统数据库。

(1) 提供窗口显示报警信息。

(2) 生成用户电量、水量使用结算报表。

(3) 使用 Excel 生成小时、班及日报表。

2. 数据共享服务接口平台

数据共享服务接口平台，基于当前主流的接口协议(xml、json)和开发语言(java)，提供 RESTFUL 风格的数据接口，实现跨平台的数据共享。

3.3 集中监控和在线预警

上位监控系统将码头所有的加水接电箱、船只信息统一管理，集中监控，可方便快速的查看码头整体运行状况，结合实时远传的数据和风险防控标准，可制定有效的预警机制，实现在线预警。基于此可进行准确的工作调度和对突发状况的及时响应。

3.4 运行效果

本项目运行两年有余，在岸电节能减排、操作安全及便捷性上取得明显效果。

(1) 可以帮助码头操作人员实现快捷式加水、接岸电。

(2) 系统具备数据自动采集、数据传输功能，便于操作者计量和统计。

（3）在作业效率、作业安全方面较原来提升明显。

（4）取得突出的岸电效益，据统计，截至2022年3月2日，本系统实现接岸电1347430kW·h，替代燃油330.12t，减少污染物排量1069.2t，节约环境成本54.25万元。［根据武汉南瑞电科院提供的数据，其中节能减排效益分析（参考数值）SO_2减排量为9.8g/kW·h，NO_x减排量为9.7g/kW·h，CO_2减排量为774g/kW·h，替代燃油245g/kW·h，节约环境成本：0.1795+0.0366+0.1865=0.4026元/kW·h。］

4　总结

结合案例应用实践效果，海洋石油后勤服务码头数字化建设之路，应该以实际作业场景、作业流程、业务特点为基础，通过分析现状合理选取技术和设备，特别要适用于码头高温、高湿、高腐蚀的环境条件。设备设施建造、设计、布局要考虑对其他服务的影响，兼顾其他作业协同进行。

通过初步尝试成功经验总结，在设备选型适用天气环境上、系统运行稳定性上取得一定的技术积累。将这些技术要点逐步推广至油料、灰料、装卸服务的数字化建设工作，循序渐进稳步实现码头整体数字化，提升后勤服务保障水平。

价值链视角下海洋石油传统配餐模式的数字化转型方案研究

于德志　张　伟　田浩宇　任天慈　鲁　男　钟　莉　于　早

（中海油能源发展股份有限公司配餐服务分公司）

摘　要　中海油能源发展股份有限公司配餐服务分公司（以下简称配餐公司）积极响应中国海油数字化转型方针，开展数字化相关工作。随着新冠疫情所衍生出的企业线上服务趋势，便使得数字化转型成为公司发展的重中之重。本文以价值链、产业价值链、访谈法、调查问卷、头脑风暴等多种企业现代管理工具，对配餐公司产业和信息化现状进行分析，梳理企业价值链上面的关键环节及其数字化转型策略，最终形成配餐公司数字化转型方案。

关键词　数字化转型；价值链；配餐服务

配餐公司是中国海油所属的生活服务型公司，以打造一流美好生活的服务商为目标，以提高客户员工的生活质量为使命，致力于提供安全、专业、高附加值的后勤服务一揽子解决方案，满足客户衣、食、住、行的需求，促进客户组织绩效的提高。公司拥有员工 6700 人，作业点 400 个，总资产 17.2 亿元，作业范围覆盖全国各海域及 17 个省、市、自治区，海外业务遍及中东、非洲、北美、南美、亚太、欧洲六大区域；合作客户包括中国海油、中国石油、中国石化、雪佛龙、壳牌、洛克等国内外知名企业，获得 DNV 认证的多项管理体系认证，拥有超过 30 年服务经验。经行业权威机构以年营业额评估的方式进行审核，配餐公司已连续三年处于团膳行业前十名左右的地位，在行业集中度较低的行业拥有较好的行业地位和竞争能力。配餐公司始终秉承中国海油领先的 HSE 理念，多年来持续将食品安全保障作为自身使命担当、企业立身之本、公司上下的念念之想、海油员工的“健康港湾”，坚持“科学配餐、营养健康”的价值理念，成立研发中心和食品安全检测中心，并获得 CNAS 国家认可实验室认证。配餐公司紧紧围绕中国海油“1534”总体发展思路，认真落实各项安排部署，聚焦主责主业，全面做好“七年行动计划”的后勤保障工作，推动配餐公司实现企业的高质量发展。近年来，配餐公司积极响应中国海油数字化转型思路，在积极探索中取得如餐理臣系统、生产数字化运营指挥中心、睿智和睿易物业服务系统等一系列具有实用性和前瞻性的科技成果。后续，将依托现有成果与经验，应用现代企业管理工具，利用数字化相关技术，做好数字化转型的方向与步骤的研究与实践工作，加速产业数字化转型步伐，助力产业发展。

1　基于价值链的数字化转型构建策略

1.1　价值链理论

价值链理论是 1985 年由哈佛商学院的迈克尔·波特在《竞争优势》首次提出的理论，企业价值的创造过程虽然种类繁多，但可以归结为以下几个部分，分别为：产品开发、设计、采购、加工制造、销售和服务等环节。这些活动归类后，可以分为基本活动和辅助活动，两者之间相互不断地产生变化，从而构成企业价值创造的过程。企业整体活动共同起作用，决定着公司获得的市场空间和利润空间，此时的价值链串联出了企业每一个环节，共同构成企业的最终竞争优势（图 1）。

1.2　配餐公司价值链理论分析

1.2.1　基本活动

配餐公司后勤和物流统称为供应链，一直秉承着源头采购的管理原则，每到一批货物均检查订单号、质量、品类和保质期等数据，均应做好详细的记录和审核后，才能流转到下一环节。而在全部环节之中，对配餐的食品安全的把控是重

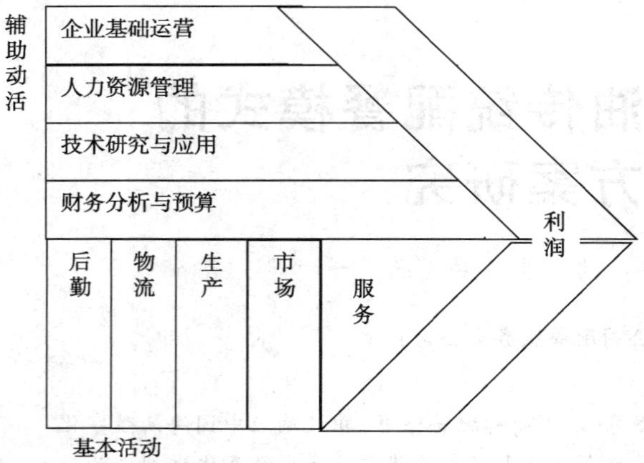

图 1 企业价值链模型

中之重，从供应链的采购食品原材料开始就要进行最为严格的食材安全与品质检测，每一批菜都有质检员对食品原材料的色泽、气味和手感进行感官检测，并要求供应商出具第三方检测机构给出的检测证明。同时，建立食品安全检测实验室（获得中国合格评定国家认可委员会颁布的CNAS认可证书）对全产业链各个环节的食品安全关键控制点进行最严格的检测。验收合格的食品原材料一般进行短期的贮藏，根据甲方作业现场对各类食品原材料的需求与消耗情况及时运输，运输全过程均采用冷链保鲜运输的方式，对海上平台、陆地终端和办公大厦等食堂后厨的食品原材料进行合理储备。

生产主要是对食品原材料进行烹饪加工环节，配餐公司全部食品烹饪加工及服务等相关人员均到正规机构进行行业法规所要求的健康体检，取得健康证、防疫证等相关资格证后，方能持证开展工作。各作业现场均应用“6S”的管理模式，严格指导员工合理合规使用厨房和餐厅的工具、设备和设施，养成正确的职业习惯，确保作业现场的安全生产和配餐菜品品质。每周，公司都会使用“餐理臣系统”，通过营养素含量计算的方式，出具全新的一周健康营养食谱，该食谱随着一年四季应季食材的改变和服务目标客户人群身体状况的改变进行改变，最大成都的保障客户健康饮食。

市场主要是使用各类营销方法推广自身优势力量，形成品牌效应。借助传统媒体、微信和短视频等方式将配餐公司的特色特点展示各甲方和客户，比如配餐公司“华夏小吃海油行”等。同时，配餐公司也在食品安全、就餐体验、服务能力等方面给予客户优质的感受。

服务是服务性企业最为关键的价值链增值环节，是与客户关系最为密切的环节。服务是好是坏与客户对配餐公司整体满意度的高度相关，客户满意度高，客户的黏性就会增加，企业就可以更好的获得客户中的认可度和行业间的影响力。海底捞就是餐饮行业标杆之中服务做到极致的企业，每一位顾客在海底捞就餐中可能出现的各类需求均会得到最高效的满足。服务包含了引导顾客寻位置、快速合理营养点餐、快速就餐结账无排队、餐厅装修设计、各类宴请服务能力和招待服务能力等。此环节既展现出了员工服务综合能力的高低，也展现出一个餐厅所具备的信息化技术水平。餐饮企业应该努力为顾客创造附加价值，顺应当下时代发展趋势，努力为顾客提供物超所值的就餐环境和超乎预期的就餐体验感，才是一个企业最为关键的服务环节所需要进行的提升方向。

1.2.2 辅助活动

辅助活动助力企业基础活动的运转，但对于整个产业流程并不起到直接作用，以间接的方式为企业整体持续的创造着价值。企业基础运营作为价值链辅助活动中第一环节，包括了企业位置的选择、产业分布、设施设备、周边社会和政府关系管理等方面，也涵盖了财务、办公室、生产安全等功能，与公司整体价值链密切相关，作为基础活动支撑着企业运行的稳定有序。

人力资源管理是配餐公司这种劳动密集型服务企业最为关键的控制点，作为价值链中的辅助环节，却可以称为配餐公司管控的重中之重。如何合理安排员工，在保障服务质量的前提下使用最低的人员配置，减少人力资源成本，是配餐公司产生利润的关键。同时，一定要加大监控力度与能力，确保最终的服务质量，不能只顾着人力资源成本而忽视了菜品品质和客户服务水平，这将直接造成客流量下降和收入降低的恶性循环。

技术研究与应用可以提升一个配餐公司核心竞争力，在竞争激烈的市场大环境中获得较为稳定的行业地位。这种技术研究包括但不限于新菜谱研究、公司安全生产、供应链保障技术、数字化转型、食品安全保障和健康优质菜谱等方面，公司数字化转型也是技术研究中较为关键的地方，做好数字化转型工作有助于企业精准把握顾客需求和成本波动，帮助企业及时调整经营方向，顺应行业潮流变化。

采购管理是配餐公司对食品原材料进行补充的过程，虽然只是一个辅助环节，但是与制造业采购原则一致，一次性大批量采购具有风险，应采取按需求分批进行购置，比如在夏季较热的时节，必须每半天对茎叶类、熟食等食品进行购置，不然极容易购置到腐烂变质的食品原材料。顾客对于食品品质的要求越来越高，配餐公司采办环节也是关注着品质与价格两方面，采办环节需要追求效率，并且与成本密切关联，更为需要严格管控。

1.3　产业价值链理论

产业价值链理论是1992年宏基创始人施振荣先生《再造宏基：开创、成长与挑战》一书中首次提出的理论，通过价值链对产业结构进行分析，从而明确企业竞争战略。产业价值链的横坐标是由三部分组成，第一部分为研发、采购、配送等，第二部分为组装、制造、生产等，第三部分为服务、品牌、销售等。纵坐标为该活动为企业所产生附加价值，该曲线在中间位置处于附加价值低位，在两边处于附加价值高位，整体成微笑状，所以产业价值链也称微笑曲线。其中，第一部分为研发、采购、配送等和第三部分服务、品牌、销售等，附加价值高，产生的利润也高(图2)。

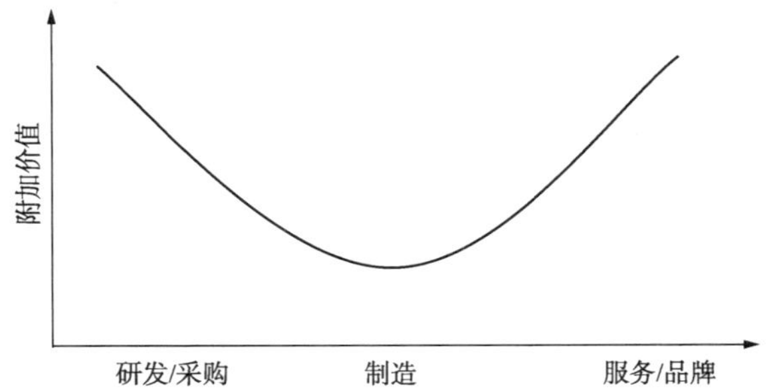

图2　产业价值链模型(微笑曲线)

1.4　配餐公司产业价值链理论分析

产业价值链理论一开始是为制造业而设计的，表明企业要增加利润，绝不能在组装、制造、生产环节发力，而是往产业链的上游或者下游发力(左端或者右端)，也就是产业链中的研发、采购、配送和服务、品牌、销售等环节。该理论经过实践后，也可以用于现代服务产业中的生产性服务业。生产性服务产业如想形成核心竞争力，关键就是提升自身产业链中的研发、采购、设计和服务、品牌、销售等环节，促进产业结构优化，使得整体产业价值链由低附加值向高附加值转变，由低利润向高利润转变。

配餐公司即为以餐为产品的生产性服务业，同样处于微笑曲线之中。产业链两端的升级非常重要，上游研发、采购、配送，即为价值链中的供应链和技术研究与应用环节，下游服务、品牌、销售即为价值链中的市场与服务环节。所以，配餐公司数字化转型的创新焦点，也就是使用数字化的技术，基于价值逐步形成集约化、低成本、差异化、全球化、稳定高效的供应链模式，提供高质量、低成本、按时交付的供应链体系服务。依托内部市场打造京津冀区域的供应链管理体系，逐步实现覆盖四海的业务支撑能力，依托业务数字化、智慧供应链，实现业务管理全覆盖。立足下游原材料采购配送，以合作的方式整合上游农产品种养殖业优质资源及定制化产品开发，做大中游中央厨房加工及销售。形成智慧供应链运营体系，提升冷链仓储物流管理软硬件水平，具备第三方企业供应链服务能力。使供应链法人化，由公司内部成本中心转为利润中心。聚焦客户管理，实现以“市场思维”打通内外部市场，以“流量和客户中心思维”推进业务网络化发展，以“平台发展思维”构筑竞争能力，聚焦新业务、新市场的发展空间提升和由内部服务过渡到以客户为中心的市场导向，由分散作业过渡到整合发展，由“劳动密集型”向“知识密集型+技术密集型”转变的发展效率提升，让配餐公司更加了解客户的需求，实现精准服务的同时帮助公司捕捉客户的需求变化，不断改进，满足客户多样化多层次需求，提升服务质量和效率，完成产业转型升级。

1.5　配餐公司数字化转型思路

综上所述，配餐公司将从供应链和客户服务两个为客户和公司带来更大附加价值的地方着手，应用数字化技术，推动公司产业数字化转型升级。但与此同时，配餐公司时刻牢记自身使命，服务海洋石油后勤保障工作，推进自身核心产业紧紧融入到中国海油增储上产“七年行动计划”这个首要任务中，为客户提供后勤综合服务一揽子解决方案。配餐公司在配餐生产端，也就是“微笑曲线”谷底，过去与未来均将兢兢业业努力耕耘，利用多年来在食品安全、营养健康和生产管理等方面形成的核心竞争力，为客户提供国内该领域无可替代的配餐服务。同时，应用数字化技术手段，加快生产端能力水平提升，做好数字化转型工作。

2 配餐公司数字化现状调研与分析

通过访谈、调研问卷和头脑风暴等形式，对配餐公司管理层、职能部门和业务部门人员进行深入的交流。目前，配餐公司信息化系统在海上配餐与物业方面应用较为成熟，针对配餐，其重点在于系统的打通与数据的采集分析，对于物业方面，重点在于功能的持续完善与深入应用；对于养老、新零售等产业，重点在于支撑业务的发展，满足基本的业务运营，因此后续重点需要构建基础的业务平台；对于供应链与研发中心，重点是持续补缺优化，并加强系统的应用范围，如满足各类配餐业务的的供应链应用与菜谱、健康营养等应用，需要站在公司层面来思考本单位的系统建设。从数据管理的层面，公司现有数据管理不足，未形成有效的数据资产，暂缺数据管理的组织与管理流程、管理制度。总体上数据管理口径不一致，各应用之间的数据集成水平低，应用中的数据分析等功能完善度不足，许多报表仍需手工统计。在数据管理方面，可以看到，配餐公司已经通过各种手段进行数据采集，分析，处理，存储。正在逐步的实现数字化管理。基本上完成了对各类信息精心记录管理的体系建设。数据治理方面需要继续加强管控，配合上级单位完成数据中台的数据集成工作，做好公司的数据资产管理。

2 配餐公司数字化转型方案

2.1 总体方案

配餐公司以构建数字化能力，赋能业务发展，助力公司业务高质量发展、成为一流美好生活服务商为数字化转型目标。以市场为导向，以数据为驱动，走向数字化与智能化，成为业务增长的引擎为愿景。2020~2025 年基于统一规划，建设信息化与数字化体系，逐步实现公司业务体系全覆盖，数字化升级，构建以数据驱动为核心的数字化运营平台，驱动公司业务健康、安全、高效发展，提升公司市场化、国际化、数字化水平；优化数字化治理体系，建设一支有高度、有能力、有担当的数字化团队(图 2)。

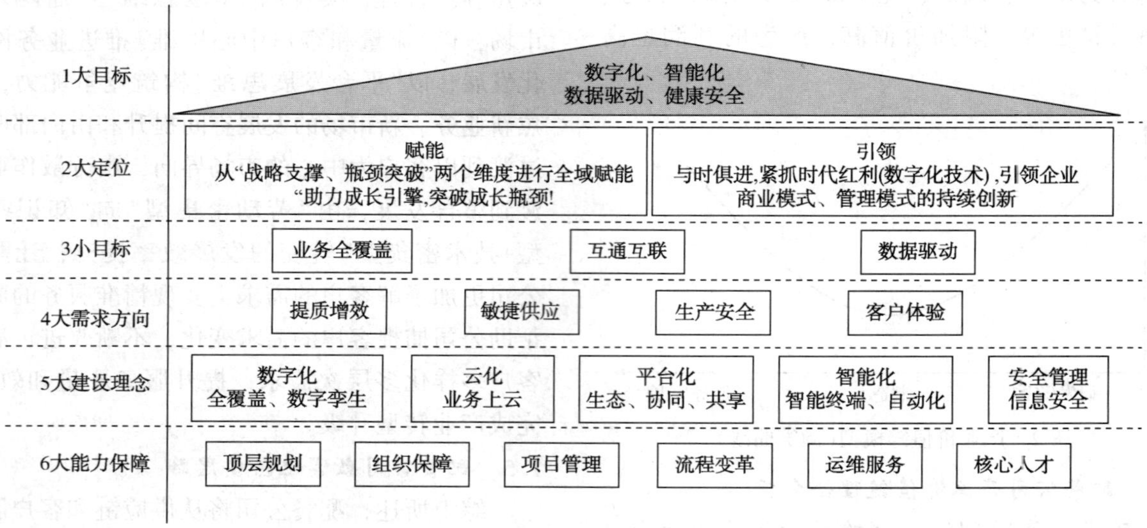

图 2 配餐公司数字化转型的战略目标蓝图

数字化转型核心是建立数字化平台，让公司整体产业形成数据闭环，提升数字化能力，保障配餐公司整体供应链体系、生产运营体系和客户服务体系。在现有信息系统建设和数字平台建设的基础上，进一步整合资源构建数字化骨架，采集数据信息，丰富功能模块，塑造覆盖全业务体系的数字化平台(图3)。

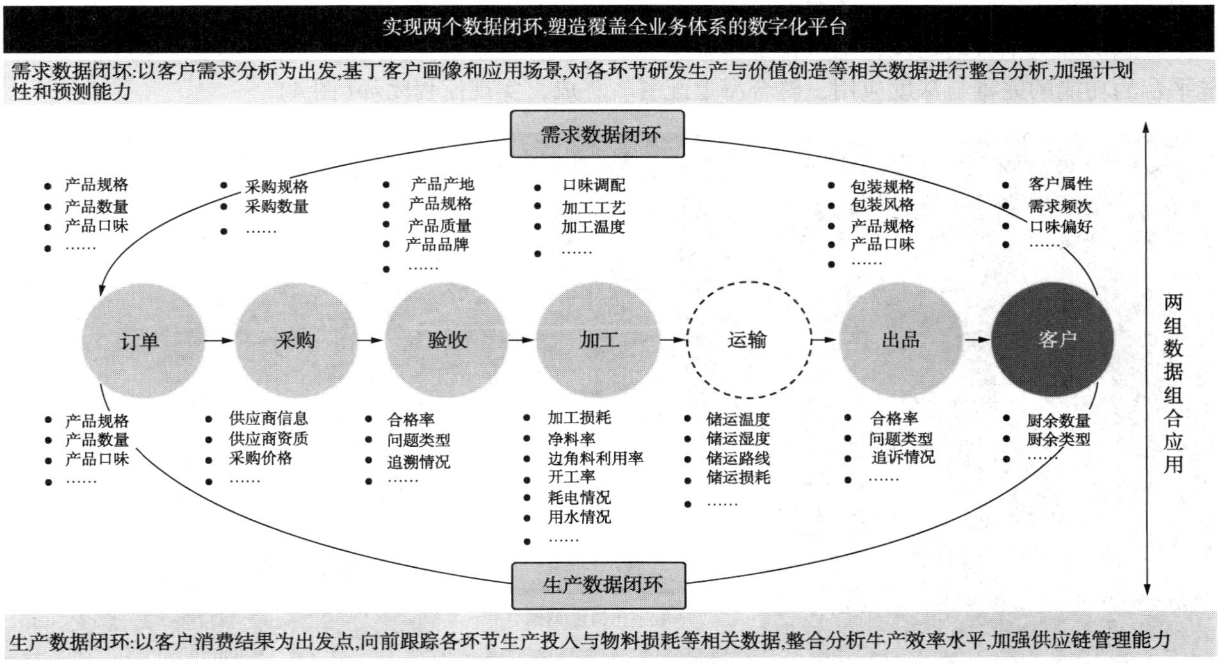

图3　配餐公司数字化平台

数字化平台包括三部分：数据资产分析系统、业务应用开发工具和数据治理体系与规范。平台具备敏捷开发和数据分析工具能力，辅助实现数字化应用的快速交付和数字资产的价值创造。其中：①数据资产分析系统包含“数据算力算法”提供了一种服务，历经描述、诊断、预测、决策四个阶段，最终实现优化资源配置的目的，描述、诊断、预测、决策，体现了人与机器智能的四种协同状态。当人工判断在决策的比重越来越少，系统的自动化、智能化程度越高。②业务应用开发工具，通过“大平台+小应用”的方式，解决原有应用开发过程中应用系统扩展难、打通难、更新难，系统的稳定性过度依赖厂家技术水平的问题。业务应用开发工具以微服务开发平台为支撑平台，提供集成开发环境、运行环境、基础组件、治理监控工具、开发标准规范等服务能力，支撑上层业务应用系统的建设、管理和运维。③数据治理体系与规范，通过标准制度，从使用零散数据变为使用统一数据，从很少数据管控/数据混乱状况到数据井井有条。有效指导数据资源的共享应用，实现从数据资源到数据资产的有效转化，助力产业实现高质量发展。未来配餐公司主要配合上级公司完成数据的梳理与采集，数据治理规范需要根据上级公司的要求进行梳理，建设成熟后，配餐公司可将数据中台作为数据采集中心与数据分析中心，替换其他数据展示平台。

5.2　创新焦点

5.2.1　供应链平台

当前配餐公司正在大力拓展外部市场，配餐供应链至关重要，供应链体系不仅要满足于海上配餐的需求，也要满足陆上配餐的需求，公司应随着业务的扩增，加强供应链体系的建设与优化。应用微服务的架构，建立数字化供应链服务平台，打造全公司共享的供应链服务。未来不仅适用与海上配餐、陆上配餐等，新零售也可以应用部分模块，同时适用于全公司各个区域网点，实现各个布点的库存共享，实时把控产业的物料需求，通过服务拉动生产计划、物料需求计划，推动采购业务发展。

供应链业务的规划设计，其中包括供应链战略、供应商准入退出管理、采购模式与采购策略、采购成本管控、仓储规划、供应链考核、物流规划、设备管理、采购-发货-配送-入库-结算-对账-发票-付款等全流程业务设计。供应链组织与协同机制，其中包括供应链体系内各组织的相应的供应链职能、权限、协同流程、制度管理等方面的设计，实现总部对供应链体系的统一管理，包括对各个产业、各个区域的供应链的管控。智慧供应链中台的建设，重点在于基础供应链平台的功能的完善与深度应用，整合海上配餐与陆地配餐，统一搭建供应链平台，根据职能与权限的划分，相应的事业部可应用本平台的部分功能，实现供应链平台与生产平台，尤其是餐理臣、财务系统及后续新建设的基础数据、流程集成，实现流程闭环(图4)。

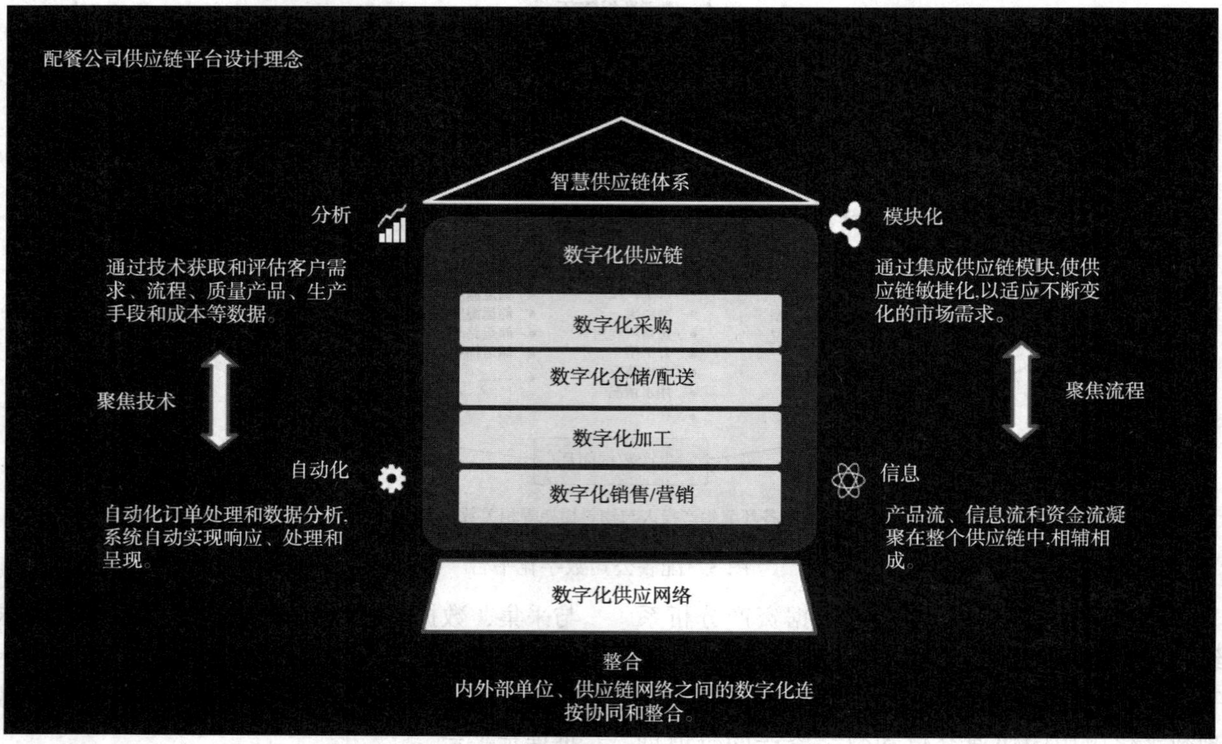

图4　配餐公司供应链平台

重点将供应中心、采购中心、物流中心、仓储中心、加工中心和服务中心等进行打造和整合，按照各个产业根据场景的需求，将微服务的各个子应用进行规则配置，将供应链数据沉淀在供应链中台，统一管理供应商、采购订单、物流资源、仓库、物料等数据，同时应用条码管理，可以通过不同类型码进行追溯，消费者可以进行扫码溯源与再营销。通过营销与服务平台的订单汇聚，驱动各个服务中心下达需求计划，通过需求计划拉通出库计划、运输计划、生产计划，由生产计划拉通物料需求计划，联动 WMS，再拉动生成采购计划，推出采购订单与供应协同订单，实现全流程自动化。订单可进行拆解，母订单可按物料/菜品形成子订单(含包装订单)，子订单可拆解为采购订单，供应订单可支持多批发货，采购订单可转化为运输订单，运输订单可拆解为车辆运输订单、船运订单、船箱订单等。

5.2.2　客户营销与服务平台

客户资源是当前企业竞争的核心资源，客户资源的获取、留存与盘活需要依靠公司的品牌、产品和服务，而数字化平台是链接客户、服务客户的重要手段，通过搭建客户营销与服务平台，不仅可以获取客户资源的基础数据，也可以通过该平台掌握客户的需求动向，以驱动产品与服务的升级，多方位满足客户的需求。通过配餐公司客户营销与服务平台的搭建，进一步整合公司各产业板块的客户资源、产品资源、营销资源，打通配餐公司、各产业板块和客户三方之间的关系和利益纽带，形成有利于客户消费、产品更新、服务升级的多赢局面，加强产业间的协同，实现产业共生共荣，从而提升配餐公司市场竞争力，彰显配餐公司品牌价值。

构建客户营销与服务平台的核心内容分为三部分：规划配餐公司客户营销与服务体系；建设承载配餐公司整合各产业客户资源、深度经营和服务客户的信息化平台；未来平台的运营。最终，建设承载配餐公司整合各产业客户资源、深度经营和服务客户的信息化平台，以支持配餐公司的客户营销与服务体系。通过平台的建设为配餐公司构建一个全公司集中高效的客户营销与服务平台，实现与各产业板块客户经营和服务的互联互通，实现集团层面统一的客户数据管理、跨产业客户资源共享、跨产业营销服务场景搭建的管理体系，为配餐公司未来将客户营销与服务体系应用到更多新兴产业和业态、实现跨产业深度经营客户、产业共生共荣提供重要的运营保障和信息化平台支持。同时，通过建立管理体系，对平台运营进行管理，包括相应的职能战略、平台运营组织架构、公司与各产业公司的客户资源管理流程、责权划分等，也包括跨产业运营体系及相应的规则，跨产业营销体系及相应的规则、跨产业财务结算体系及相应的规则等，还包括支撑职能战略和运营体系而制定的信息化平台架构(应用架构、技术架构)、整体规划分期实施的信息化平台建设路线图、平台的治理体系和运维体系、平台的安全体系等(图5)。

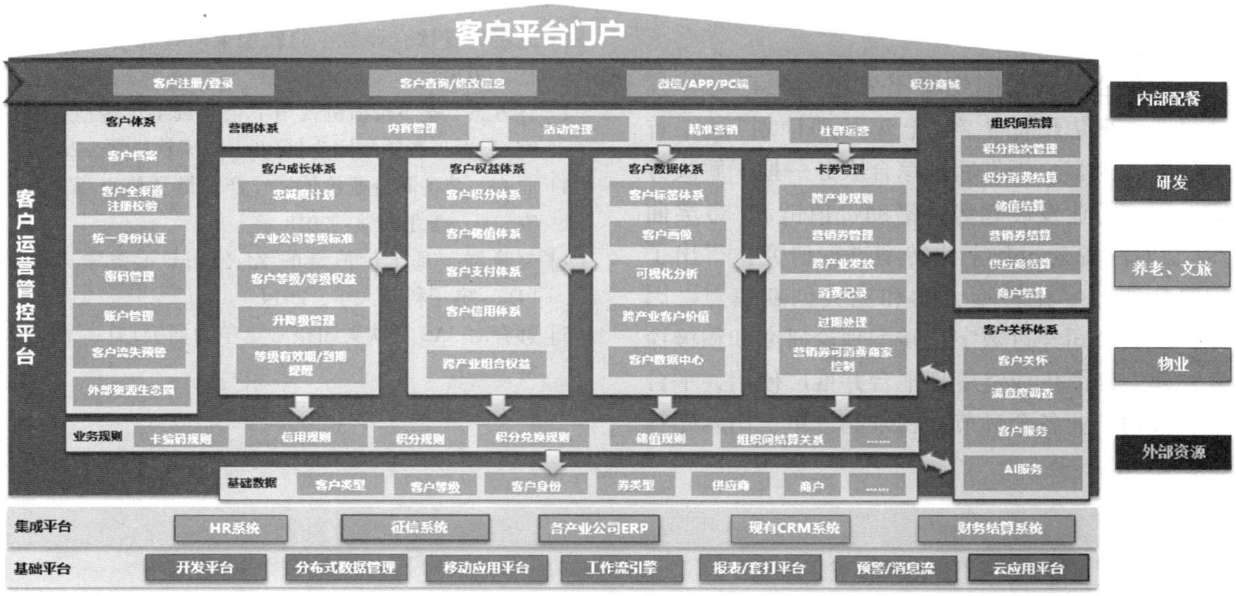

图5　配餐公司客户营销与服务平台

根据客户营销与服务体系规划，建设公司层面的客户资源运营中心。主要职能包括制度与流程、组织成长、产业协同、跨产业营销场景/活动搭建以及平台初始运营到逐步深化运营。核心目标是通过平台运营实现公司内客户资源的共享、产业协同，帮助产业公司降低获客/营销成本，提升客户满意度，挖掘客户长尾价值。助力公司业务/营销转型升级，提升公司品牌价值。

5.2.3　生产运营平台

海洋石油主要工作地点是海上平台，特点是远离陆地、劳动强度大、工作时间长、噪声大等，所以海上平台员工更需要提供最为优质的服务，确保海上平台作业人员以最佳身体与精神状态从事海上石油事业。建立生产运营管理平台，主要目标：①实现标准化管理，建立“营养配餐”模块与“菜谱标准化”模块，在全部作业现场应用。产生科学统一的营养配餐创新机制，食谱制定和创新菜品由相关人员通过系统实现，灵活运用到工作中。将为降本增效、标准化及专业化专项工作注入深层科技动力，②服务质量提升，建立“膳食结构”和“营养分析”模块，建立在“库房与成本”和“日常动态”，不需要作业现场员工和相关管理岗位人员再费时费力统计做表做图。自动获取营养消耗数据报表和图形分析，营养分析数据可为顾客提供更好更高质量的服务。提升了服务质量，获得了顾客的认可，同时精细化高质量管理，提高了公司质量和形象；③节约人员和原材料成本，“日报管理”和“库房与成本”模块应用可减少两个作业现场管理人员工作量，简化操作流程。系统的应用简化办公步骤，取消千张传真件，达到高效节能的效果。通过系统管理能够科学的制定采购计划、减少库存的浪费、提高原材料的利用率；④实现实时监控和无纸化办公，日报管理、出入库管理、营养消耗和食谱检查模块配备实时监控功能，实现管理层对各作业现场情况的实时动态监控。将部分体系文件报表纳入系统中，系统化、网络化管理记录统计。提高了作业现场员工的工作效率，减轻员工工作强度，高效、准确、及时。减少近百张 Excel 记录表格的录入和传真，提高了工作效率，增加了记录数据的可靠性，高质量地获取效益反馈。

6　结论

配餐公司紧紧围绕集团公司“1534”总体发展思路，聚焦增储上产“七年行动计划”这个首要任务，为客户提供后勤综合服务一揽子解决方案。顺应行业发展趋势，借助价值链和“微笑曲线”，对配餐公司数字化转型进行研究，得出了配餐公司数字化转型方案和三大创新焦点。因此，配餐公司经过数字化转型理论研究和积极探索，建立四海供应链管理平台并推广使用，平台串联公司产业各个环节，在采购订单、出入库管理、结算交易、成本管控和终端运营都具备了极大的技术价值和经济效益。配餐公司也开发了“餐理臣海上石油营养配餐管理系统”（生产管理系统），该系统实现以精确的数据和动态的监控协助该公司管理层迅速掌握基层管理工作状态，便于评估管理效果，同时使营养配餐理论与实际工作相结合，进一步提升了公司的专业化管理水平。后续，公司将依托数字化转型方案，不断进行探索与变革，使数字化赋能海洋石油传统配餐模式，拉动产业快速增长。

参 考 文 献

[1] 赵媛．餐饮企业数字化转型策略探究[J]．物流科技，2020

[2] 谷方杰．基于价值链视角下企业数字化转型策略探究-以西贝餐饮集团为例[J]．中国软科学，2020

[3] 曲卉．装备制造业价值链、产业链和核心竞争力研究[D]．西北大学，2018

[4] 赵晚群．基于价值链的 ZJ 公司核心竞争力分析[D]．电子科技大学，2014

[5] 韩春丽．AS 餐饮集团核心竞争力研究[D]．河南大学，2012

化工园区企业安全隐患数据挖掘探索

唐　杰

（中海油安全技术服务有限公司上海分公司）

摘　要　信息化系统在企业管理中的应用越来越广泛，解决了不同维度上业务数据的分散，数据共享困难，无法全面及时分析等问题，成为企业高质量发展得有力推手。当企业应用信息化工具过程中，产生的数据越来越多，如何利用好数据，挖掘数据背后的价值，极具意义。

数据分析的目的就是对过去发生的现象进行评估和分析，寻找事物存在的证据及原因，并在这个基础上对未来事物的发生和发展做出结论，并形成能够指导未来行为的知识或者依据。数据分析的核心并不在于数据本身，而在于设计有意义、有价值的数据分析主题与指标体系，通过科学有效的手段去分析，进而发现问题优化迭代。无论分析给出的结果是积极的还是负面的，都是价值承载体，必须以客观的态度面对。

关键词　数据；挖掘；特征；分析；结构化

近年来，为解决安全监管力量与实际情况不相适应的问题，多地应急管理部门或化工园区管委会，开始推行“政府买服务、专家查隐患”工作机制，购买第三方服务，定期对辖区内危化企业、冶金等企业进行安全“体检”。我司根据安全检查专家的实际需求，开发了安全检查系统，并经过多次迭代，逐步推广应用。该系统在近两年的应用中，服务了384家企业的安全检查，形成545项检查任务，生成11634条有效隐患数据，极大提高安全专家队伍的工作效率，更是逐步形成宝贵的数据资产。

数据资产会渐渐成为公司的战略资产，公司将进一步拥有和强化数据资源的存量、价值，以及对其分析、挖掘的能力，进而会极大提升企业的核心竞争力。数据分析是指用适当的统计分析方法对收集来的大量数据进行分析，提取有用信息和形成结论而对数据加以详细研究和概括总结的过程。在实用中，数据分析可以帮助人们做出判断，以便采取适当行动。本文通过对结构化和非结构化安全隐患数据的挖掘分析，找出数据间的内在关联及其特征，分析出化工企业普遍存在的安全隐患，做了有益探索。

1　材料与研究方法

1.1　数据及准备

（1）数据来源：根据提供的隐患库．xlsx文件数据，综合2021月3月18日版本，2021年8月3号版本，和系统开发人员提供的数据库接口。

（2）编程环境：基于Anaconda集成开发环境下的python3.8版本软件，全过程使用jupyter notebook进行代码编写与结果输出，表格和图片最终以html形式保存本地。

（3）文本挖掘中词汇表：虚词表，停用词表和专业词汇表，其中虚词表来源于现代汉语虚词表；停用词来自于哈尔滨工业大学停用词表、四川大学机器只能实验室停用词表、中外文停用词表、百度停用词表；专业词汇表需要根据文本分词结果与研究目的进行自定义添加词汇。

（4）使用到的模块：json（接口数据数据类型转化）、random（设置网络关系图随机坐标）、requests（请求网络接口数据）、pandas（数据读取与操作）、pyecharts（生成图表与表格html文件）、re（法律条文模糊匹配）、numpy（对数值进行运算）、selenium（网页爬虫模拟工具）。

（5）辅助软件：Miscrosoft Office（2016版本及以上版本，文档中使用2019版本）、Chrome浏览器驱动。

1.2　研究方法

数据库中共有10个字段，分别为检查内容、问题描述、整改建议、隐患分级、分类、分类二级、依据、备注、隐患时间、企业。按照数据量最齐全的版本进行统计，共有12988条数据，数据中各字段的缺失情况统计见表1。其中第一列代表着各个字段的名称，第二列代表着对应字段的缺失数据量，第三列代表着数据缺失占比。

表1 缺失情况统计表

	数据缺失量	数据缺失占比
检查内容	7972	61. 379735
问题描述	51	0. 392670
整改建议	214	1. 647675
隐患分级	53	0. 408069
分类	91	0. 700647
分类二级	1206	9. 285494
依据	314	2. 417616
备注	12960	99 784416
隐患时间	2845	21. 904835
企业	8121	62. 526948

参照缺失值情况，“备注”字段缺失值高达99%，属于不可用信息字段，在数据处理过程中应直接进行删除。“检查内容”和“企业”两个字段是需要进行研究挖掘的字段，虽然缺失值达到了60%以上，但是仍然可以借助现有的数据按照挖掘流程进行分析，待到后续数据库的录入标准一致后，缺失值的问题得到解决，现在的研究方法就可以直接应用。剩余的字段信息，除了“隐患时间”字段缺失值多一些之外，其余的字段信息都较为完善。

通过浏览剩余的9个字段，可以将待分析的数据划分为两个部分，即：结构字段和非结构字段。其中结构字段是指，字段中的内容是有一定的规则，比如“隐患分级”“分类”“分类二级”“隐患时间”“企业”五个字段；非结构字段是指字段中的内容是杂乱无章，无法找到规律，比如常见的文本数据，对应数据库中的字段为“检查内容”“问题描述”“整改建议”“依据”四个字段。

对于结构字段，可以采用频率分析、透视表、时间序列分析、关系网络分析等；对于非结构字段，需要先进行文本分词，接着再提取特征项，最后在分析特征项中有价值的信息，常见的有词云统计，主题分析，情感倾向和舆论倾向等。

2 结构字段挖掘

2.1 隐患分级

针对数据库中的“隐患分级”字段，采用频率分析的方法探究各类隐患数量。绘制饼图，可视化各类隐患的占比情况。

输出结果示例图：(直接输出结果如图1所示，如果将重大隐患相关问题和重大隐患进行合并，输出结果如图2所示)

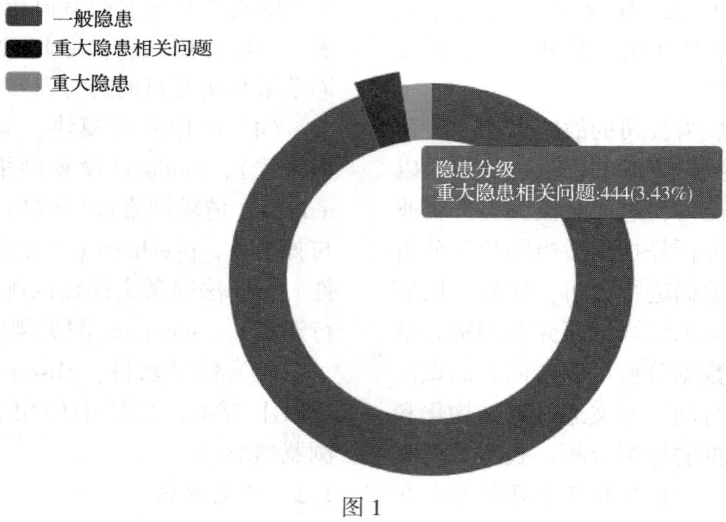

图1

2.2 查处分类关系图

数据库中包含了隐患的具体分类，一级分类和二级分类，可以通过网络关系图(图3)查看具体一级分类的隐患类别和一级隐患对应着二级隐患数量及分类。

通过绘制两种分类数据的透视表可以发现，有些检查内中的计数值为0，说明按照数据库中给出的一类及二类的对应关系上，同时满足这两类的隐患查处结果是0，结果显示数据库中总共存在着一二类对应关系数据有314条，如果去除计数值为0的数据，再进行一二类关系的探究(表2)。

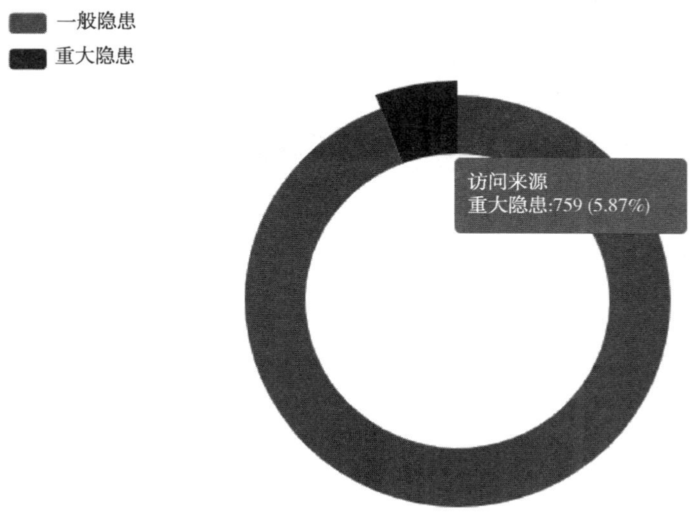

图 2

表 2　分类数据透视表

分类	检查内容	
	分类二级	
仪表安全	仪表安全管理	91
	仪表安装调试与运行维护	1
	仪表系统设置	38
	安全附件的管理	1
	控制系统设置	25
	检测报警器管理	2
	气体检测报警管理	69
	重大危险源的安全控制	5
	静设备的管理	1
双重预防机制建设情况	双重预防机制建设请况	231
安全基础管理	人员及企业资质	5
	从业人员管理	11
	作业安全管理	76
	信息化平台及专项整治工作落实情况	26
	信息化平台工作落实情况	3
	其它	3
	双重预防机制建设情况	40
	变更管理	45
	安全事故事件管理	50

对于数据分类较多时，使用传统的统计图表就无法进行有效信息的表达，比如这里的关系种类高达 107 种，故最终决定采用关联关系网络图进行查处分类中一二类关系的呈现。首先需要指定绘制的图形的位置，这里使用的是随机数来进行位置确定，避免数据节点都处于一个小范围区间中，尽量进行节点数据分散，图形清晰明了，接着进行随机颜色的指定，由于绘制的节点数量高达 107 种，手动指定常见的颜色单词或者缩写小字母不太现实，故通过颜色的 RGB 值结合这随机数进行随机指定，最后就是读取数据，进行数据处理后绘制图形。

输出结果如下：通过点击任意一个节点就可以知道对应节点的一级分类和二级分类的类别和数量，比如选择安全基础管理，最终呈现的结果中就会把对应的一级节点和二级节点全部显示出来，节点的大小就代表着数量的多少，节点越大显示的数量越多。

在探究查处分类一二级对应关系过程中，发现数据库中“分类”和“分类二级”存在着一些问题，归纳如下：

（1）一二类指标重复（可能在录入的时候人为录入错误，比如“双重预防机制建设情况”类别中，一类和二类指标相同）。

（2）二类指标中类别有交叉，不同的一类指标下存在着相同的二类指标（如安全基础管理一类指标下面还有个应急管理二类指标，应急管理与消防下面也有个应急管理指标）。

（3）存在数量极少的一二类指标的统计（全部加起来没有超过 10 起，属于录入时不规范或者分类不严谨）。

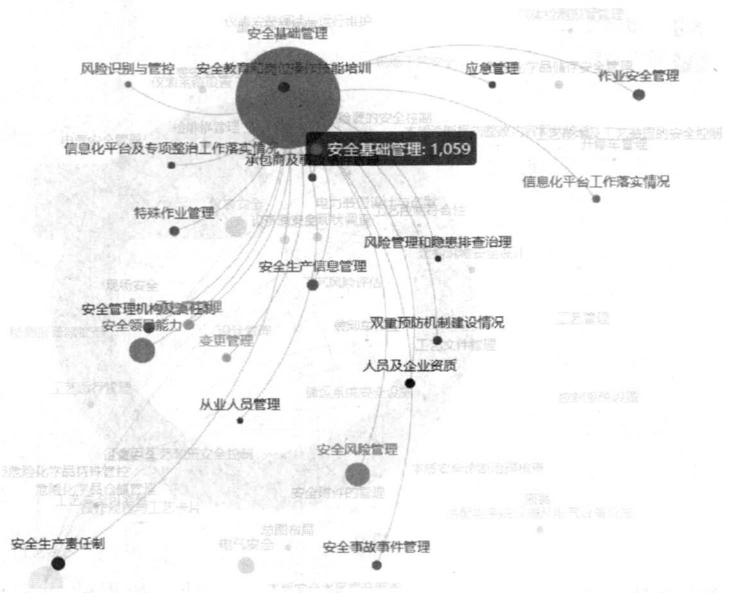

图 3　网络关系图

（4）还有不应该出现的字段数据（比如下面的一、二、三、四……，可见附录）。

（5）还有填报数量为 0 的情况（数量为 0，在网络关系图中展现不出来，这种分类也可以进行忽略）。

2.3　时间序列分析

2.3.1　年特征

通过数据库中的检查日期的时间，进一步提取年月日的信息。结合各个时间段信息和一般隐患数量以及特大隐患数据探究隐患查处的时间特征，首先探究每天查处的隐患数量情况，为了方便进行理解，将一般隐患查处的日期特征和重大隐患查处的日期特征放置在同一张图上进行联动查询。

输出结果如下：通过点击左上方的隐患数量和特大隐患数据的标签，可以单独显示其中的任何一个图形，默认是两个图形进行联动显示，即鼠标停在任一位置，会自动显示出当前日期对应的一般隐患数量和特大隐患数量；最下方的时间滚动滑条，可以自定义选取时间范围，根据自己研究的需要，可以查看某一时期中是隐患数量的变化情况，右上角的一些选项按钮，支持图形的区域框选，区域还原以及图片保存等操作；最后就是图形的主体部分，图像的上半部分显示一般隐患数量的时间特征，下方是特大隐患的时间特征，对比两者的数量关系，可以发现一般隐患的数量一天最多可以达到 134 起，特大隐患可以达到 11 起，也存在数量为 0 的情况（图 4）。

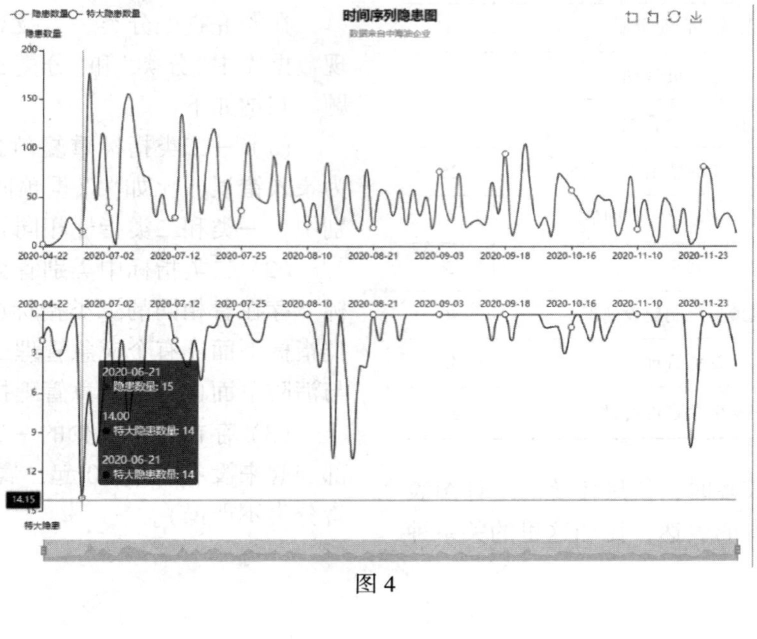

图 4

2.3.2　月特征

统计每月查处的隐患事故数量，发现有些月份中的数量为 0，说明企业在该月没有进行隐患的查处，需要自定义全部的月份数据，匹配对应的没有统计结果(图 5)。

经过数据的细筛，发现企业的数据库在 2020 年 4 月 10 号有 5000 多条隐患数据的录入，大概可以推测数据库的建立就在这个阶段。为了正确探究每月份查处隐患事故的特征，需要将此异常值进行剔除后进行，绘图代码及结果如下：(其中 1 月、5 月、12 月在数据库中查处隐患数据量为 0，查处隐患数量最多的月份是在 7 月份)。

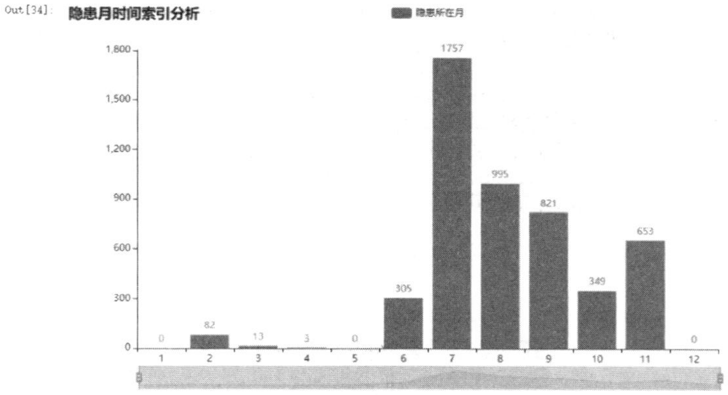

图 5

进一步可以将月份进行三个月份组，探究查处隐患数据的季度特征，探究的思路和月份基本一致，方法也是同理，故不再进行代码及输出结果的梳理。

2.4　企业

虽然该字段的缺失值数量达到了总体的 60%，但是仍然存在 4000 多条企业信息数据，后续数据库录入标准完善后，按照此分析方法，仍然可以使用当前数据库企业字段的挖掘分析。

2.4.1　企业隐患数量对比

通过统计企业隐患的频率，查看前 15 名企业的信息。由于存在隐患分级字段中包含一般隐患和特别重大隐患，所以可以按照这两类分别统计前 15 名的企业，为了方便进行结果显示，代码及绘制图像如图 6 所示：(图 6a 的图像为一般隐患数量的前 15 名企业分布情况，图 6b 是特大隐患数量前 15 名企业分布情况。结果可以发现艺康(太仓)科技有限公司一般隐患数量最多，但是在特大隐患数量上张家港衡业特种树脂有限公司却是最多)。

2.4.2　企业经营类型

“企业”字段中的企业名称一般包含了企业的经验类型，比如特大隐患数量第一的企业：张家港衡业特种树脂有限公司，其中的“特种树脂”就是企业的经营。由此可以进行企业信息中核心关键词的提取，具体的方式就是对企业的名称进行分词的操作，切割成为一个个单词放到列表中，接着再转化为集合去重，变成唯一不重复的词语特征，最后就是再根据输出的结果，手动指定要保留的特征。

第一步：去除缺失值，保留有信息的“企业”字段信息。

第二步：进行“企业”字段的具体企业名称分词，化成一个个实体的词汇。

第三步：收集提取中的分词结果放入一个大列表中。

第四步：手动过滤掉无关词汇，然后进行集合去重，保留唯一特征(这一步需要手动逐个词汇的添加)。

第五步：对于包含特征项的信息提取，核心的代码如下

第六步：对“企业”字段应用该函数，输出结果如下：可以发现，最终仍有 4300 多条企业数据中可以提取出有效的企业经营类别，这个数值占全部已有企业数据信息的数量的 90.91%。如果后续数据信息越完善，这部分的探究越有价值。

第七步：去重取唯一值后进行归类。由于有些企业的经营类型相近，所以需要进行归纳分类，比如“药业”“中医药”“药物”等词汇可以归纳为“生物医药”，其他的经营类别也是同理，最后可以将企业的经营类别划分为 11 类，分别为：“生物医药”“化工”“能源”“材料”“容器”“电气”“危废”“香料”“塑料”“钢铁”“漆加工”。

(a)前 15 企业隐患数量对比

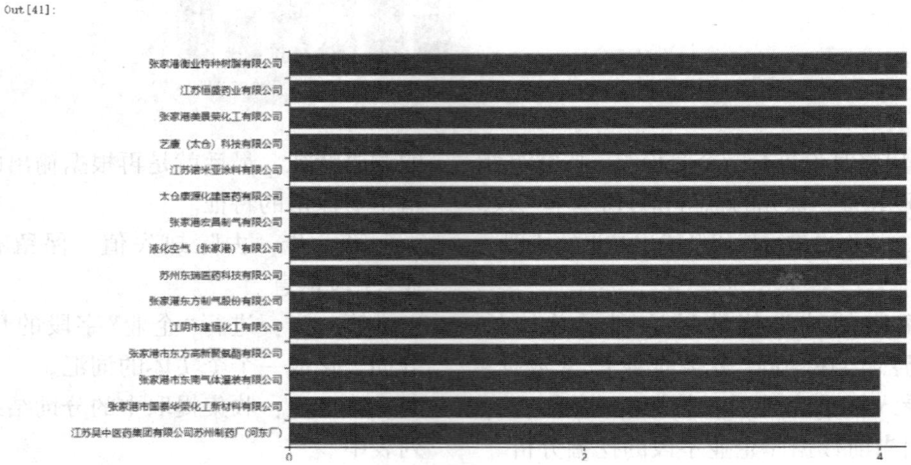

(b)前 15 企业特大隐患数量对比

图 6

第八步：将筛选过程应用到数据提取的字段，最后再添加一个对应的分类字段，核心代码如下：

应用到 feature 字段中，输出结果见表 3，至此数据清洗和处理就完成了。

表 3　应用到 feature 字段的输出结果

	隐患分级	企业	extract_item	feature	feature_category
0	一般隐患	华瑞危险废物处理中心有限公司	[华瑞, 危险废物, 处理, 中心, 有限公司]	危险废物	危废
1	一般隐患	华瑞危险废物处理中心有限公司	[华瑞, 危险废物, 处理, 中心, 有限公司]	危险废物	危废
2	一般隐患	华瑞危险废物处理中心有限公司	[华瑞, 危险废物, 处理, 中心, 有限公司]	危险废物	危废
3	一般隐患	华瑞危险废物处理中心有限公司	[华瑞, 危险废物, 处理, 中心, 有限公司]	危险废物	危废
4	一般隐患	华瑞危险废物处理中心有限公司	[华瑞, 危险废物, 处理, 中心, 有限公司]	危险废物	危废
...	...	...	...	...	...
5004	一般隐患	东华能源（张家港）新材料有限公司	[东华, 能源, (, 张家港,), 新, 材料, 有限公司]	材料	材料
5005	重大隐患	东华能源（张家港）新材料有限公司	[东华, 能源, (, 张家港,), 新, 材料, 有限公司]	材料	材料
5007	一般隐患	东华能源（张家港）新材料有限公司	[东华, 能源, (, 张家港,), 新, 材料, 有限公司]	材料	材料
5008	重大隐患	东华能源（张家港）新材料有限公司	[东华, 能源, (, 张家港,), 新, 材料, 有限公司]	材料	材料
5009	重大隐患	东华能源（张家港）新材料有限公司	[东华, 能源, (, 张家港,), 新, 材料, 有限公司]	材料	材料

4369 rows × 5 columns

第九步：绘制企业经营类型分布图。还是按照一般隐患数据和特大隐患数据进行绘制，此处采用的是堆叠条状图，包括水平堆叠和垂直堆叠，绘制图形代码如下：各种企业经营类型的隐患数量见表4。

表4　隐患数量统计表

隐患分级 feature_ category	一般隐忠	重人院患
化工	1646.0	41.0
材料	1216.0	47.0
生物医药	407.0	28.0
能源	234.0	17.0
危废	125.0	0.0
塑鲜	408.0	0.0
漆加工	92.0	1.0
香料	64.0	0.0
电气	600	0.0
容器	50.0	40
钢铁	23.0	4.0

绘制的图形如图7所示，图7a为按照一般隐患数量的企业各类经营类别的水平堆叠图，图7b是按照一般隐患数量的企业各类经营类别的垂直堆叠图(也可以将一般隐患数量换成特大隐患数量进行绘制)。

2.4.3　企业分布

通过确定企业所在的位置，可以清晰地了解企业所在的区域，可以挖掘隐患数量是符合区域的管理存在的关联关系，因此主要工作就是在于找到企业的地址信息。首先通过封装一个程序用于模拟浏览器的方式进行一个一个企业的详细的经纬度查询，然后借助百度地图接口查询对应经纬度所在的市区。其中基于经纬度数据可以实现企业的隐患数量地图可视化，基于市区数据可以探究隐患数量与区域之间的关系。

第一步：导入需要使用的模块和要查询的企业的名称数据。

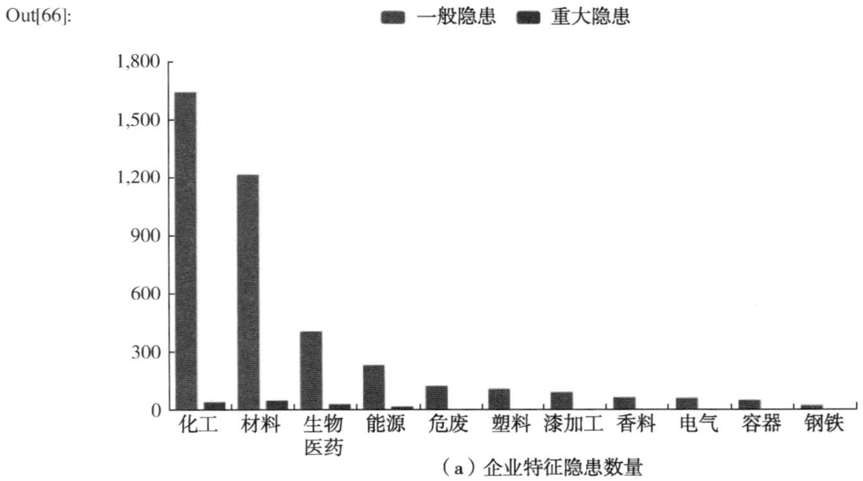

(a) 企业特征隐患数量

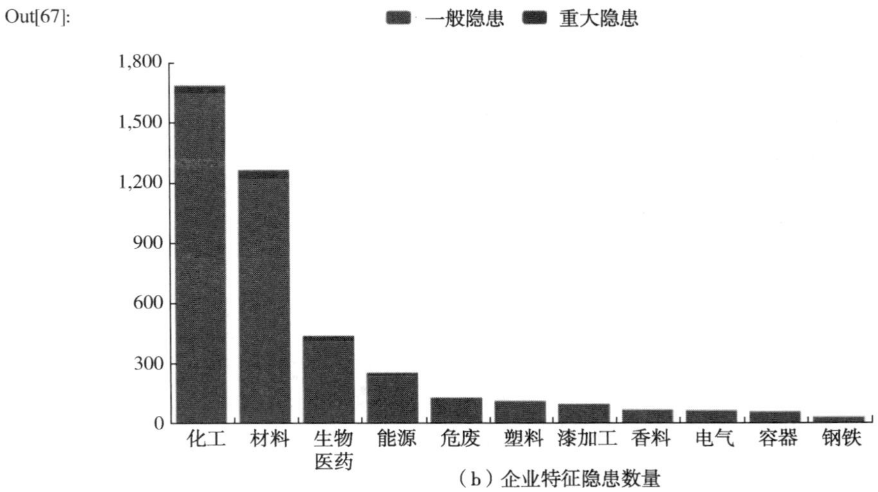

(b) 企业特征隐患数量

图7

第二步：selenium 使用之前需要进行 Chrome 浏览器驱动的设置。

第三步：启动模拟浏览器进行数据爬取。

第四步：保存爬取的地理信息到本地(这里选择单独保存一份数据，然后再把地址信息匹配到原来的企业数据库中)。

第五步：绘制企业隐患数量地理分布图(图 8)。打开企业地址信息 . xlsx，需要使用到 Microsoft Excel(要求 2016 年版本以上)，然后选中表中的字段后选择插入三维地图，之后指定经纬度，按照数量进行显示，最后生成的图像如图 9 所示。

也可以显示区域的事故数量热点图(图 9)，将图像的显示类型进行调整即可，输出结果如下：

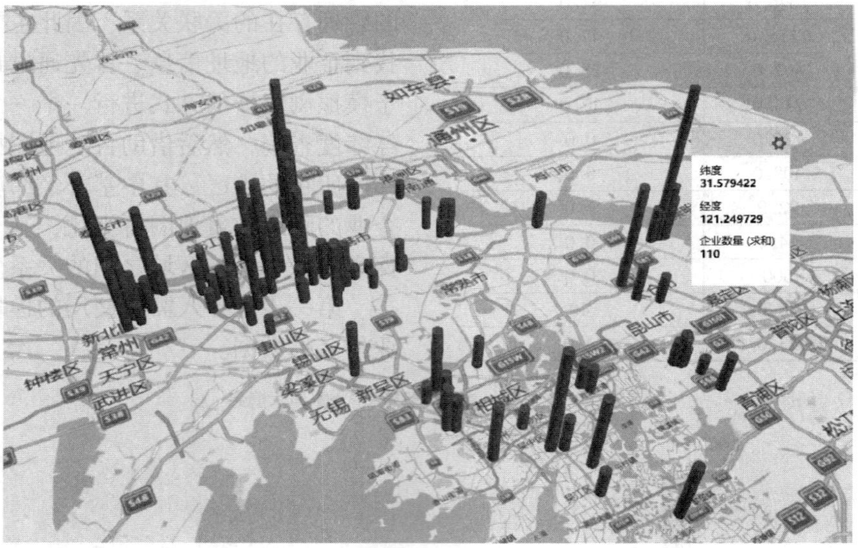

图 8 企业隐患数量地理分布科

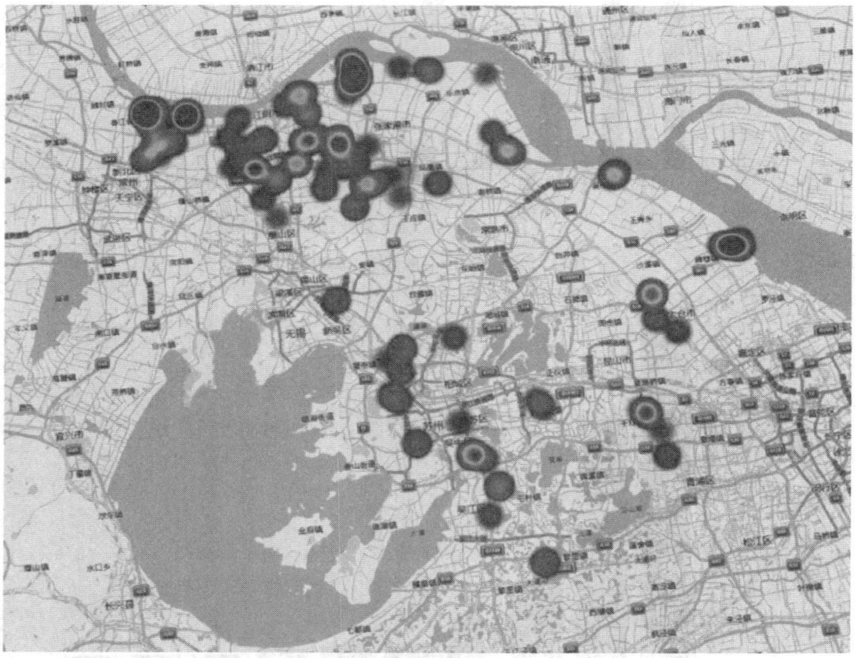

图 9 事故区域事故数量热点图

第六步，通过经纬度数据进行逆地理编码的方式获取企业所在的市区。需要使用百度地图的接口，使用的前提是进行账号的注册，表 5 默认是有 6000 次/天(表 5)。

表 5

逆地理编码	配额已用：81%(上限：0.6 万次/天)	配额包月：未在线购买	购买
		配额余额：0.00 元(支持 0.00 万次)	充值
	并发峰值：31QPS(上限：50QPS)	并发套餐：未在线购买	购买

由于数据量就达到了 4300+，所以程序运行两次就超过了上限额度，可以进一步开发者人员验证，获取进一步的额度。认证完成后，可以获得 30 万次/天的地理信息转化。后续如果企业的数据增多，开发者认证的额度不够，可以进一步购买或者充值(表 6)。

表 6

逆地理编码	配额已用：2%(上限：30 万次/天)	配额包月：未在线购买	购买
		配额余额：0.00 元(支持 0.00 万次)	充值
	并发峰值：32QPS(上限：160QPS)	并发套餐：未在线购买	购买

应用开启成功后需要使用到里面的钥匙进行接口访问，代码操作如下：输出的结果中可以发现直接给出经纬度后可以直接在 formatted_address 中有对应的相识的地址，然后 city 里面有市，district 中有区，甚至 street、street_number 中还有对应的街道和标号。

第七步：由于存在地级市和县级市的区别，所以对于获取到的市区进一步进行提取信息，代码及输出如下：可以进一步结合隐患分级字段和隐患时间字段，探究不同市/区的隐患分级数量或者时间序列特征。

第八步：比如这里探究探究不同市/区的隐患分级数量。

最终输出的结果图形如下：图形中包含了各市/区的占比，当鼠标点击时会显示具体的隐患数量多少，右上方的按钮可以进行多功能的图形操作(图 10)。

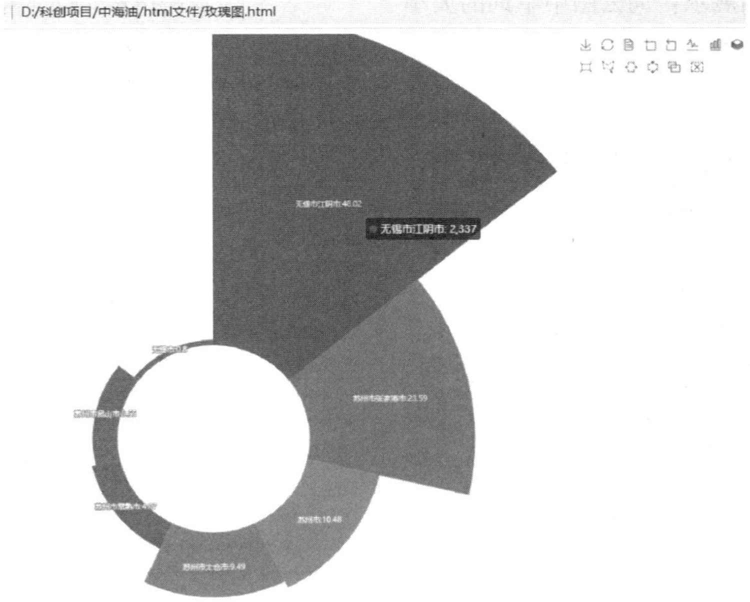

图 10　最终输出的结果

3　非结构化字段挖掘

存在四个非结构化字段，其中第一个字段“检查内容”缺失达到 60% 以上，但是有一个“问题描述”字段中对检查的结果进行解释，该字段的数据缺失值较少，可以进行替代。而且通过对比“整改建议”字段，可以发现基本上和“问题描述”字段的信息一一对应，比如“问题描述”字段中是“未开展危险化学品安全技术说明书和安全标签专项培训”，“整改建议”字段就是对应着“需要开展危险化学品安全技术说明书和安全标签专项培训”，因此这三个字段中可以选择“问题描述”或者“整改建议”字段进行数据的挖掘。最后剩下一个“法律依据”，可以通过模糊匹配的方式查询企业中最容易触碰的法律法规，或者更精细的可以了解到哪一条例违反的最多。

3.1 问题描述

非结构化文本的分析过程大致可以总结如下图。数据导入后需要去虚词，比如：“的，得，地，了…”，接着就是去除一些停用词，需要加载的停用词汇较多，参考论文研究的结果，大多使用如下几类停用词表，然后就是对词群进行归并后添加自定义词典，保留下想要的数据，最后提取特征项。

详细的技术步骤操作如下：

第一步：读取数据后进行虚词和停用词的删除。

第二步：更进一步进行时间字符的去除和特征提取。

第三步：对特征项进行计数统计（词频统计，只截取部分）。

第四步：词云图展示：词云图中单词的大小和隐患数量的多少相关，字体越大说明此类型的隐患数量就越多（图 11）。

图 11　词云图

3.2 法律依据

数据库中包含了排查企业中触犯的法律法规的具体名称和条文，可以通过模糊匹配的方式，找到每条检查内容对应的法律。由此可以探究中海油企业隐患中触犯的最多的法律名称，具体条文，更进一步可以尝试探究不同子企业下触犯哪些法律最多，最终通过表格的方式将法律法规呈现出来。

第一步：对“法律依据”字段进行一个词频统计，查看具体有哪些法律法规。但是这种方式是一个唯一值计数，如果内容中有不同就会被当做是一条法律法规，最后简单的统计结果可以发现共有 5025 条。

第二步：对该字段的信息进行简单的略览后，可以发现基本上法律法规均标识的有尖括号《》，因此通过匹配尖括号的方式提取里面的内容文字，从而获取法律法规的信息。

第三步：对获取的内容进行词频统计，有些无法匹配的数据就为空值，需要过滤掉，可以匹配的数据都是存放在列表中，因此需要进一步把所有的匹配结果放置在一个大的列表中，然后在进行统计。

第四步：根据法律法规对应的词频，输出统计表格（表 7）。

表 7　违反法律情况

Num	Law	Total
0	《安全生产法》	86
1	《化学品生产单位特殊作业安全规范》	35
2	《化工和危险化学品生产经营单位重大生产安全事故隐患判定标准》	24
3	《化工和危险化学品生产经营单位重大生产安全事故隐患判定标准（试行）》	20
4	《自动化仪表工程施工及质量验收规范》	19
5	《爆炸危险环境电力装置设计规范》	18
6	《危险化学品安全管理条例》	18
7	《江苏省精细化工企业动火作业安全规定（试行）》	17
8	《危险化学品企业事故隐患排查治理实施导则》	16
9	《石油化工企业设计防火标准》	16
10	《建筑设计防火规范》	16
11	《关于深入开展全省危险化学品企业安全生产专项整治工作的通知》	16
12	《国家安全监管总局关于加强化工过程安全管理的指导意见》	15
13	《工业自动化和控制系统网络安全集散控制系统（DCS）第 2 部分：管理要求》	13
14	《电气装置安装工程爆炸和火灾危险环境电气装置施工及验收规范》	11
15	《江苏省安全生产条例》	11
16	《国家安全监管总局关于加强化工安全仪表系统管理的指导意见》	11

续表

Num	Law	Total
17	《爆炸性环境第 1 部分：设备通用要求》	10
18	《关于建立化工生产企业专家安全检查制度的指导意见(试行)》	9
19	《关于进一步加强化工生产企业专家安全检查制度建设的通知》	9

4 总结

通过对安全检查系统隐患库的 1 万多条隐患数据挖掘分析，针对结构化数据，从隐患分类、查处分类、时间序列、企业对比几个维度分析；针对非结构化数据，从问题描述和法律依据两个维度，可以清楚看到哪些隐患是化工企业较为普遍的问题，哪些企业的问题比较突出，隐患之间的内在联系，为下一步的重点工作提供指导意义，同时也对其他化工企业的安全隐患排查具备借鉴意义。

参 考 文 献

[1] 李芳《深入浅出数据分析》
[2] 吴军《智能时代》

进度、质量、文档一体化信息管理方案

姚春蓉

（中国昆仑工程公司）

摘 要 为引领第四次工业革命，数字化、智能化战略已上升至重要国际战略，从国家层面到企业层面也多次提出明确要求，数字化、智能化必将成为工程建设项目未来一段时间的发展重点。本方案意在通过进度、质量、文档的一体化管理，让工程建设活动标准化（通过标准工作包实现），让工程建设的数据采集简单、高效（通过检查单、模板实现），让竣工文件的归档快速、可视（通过竣工文件状态表实现）。

关键词 WBS；标准工作包；质量检查表；控制计划；执行计划；业务流程驱动；主数据

本文意在探讨工程建设项目过程中关于“进度、质量、文档一体化管理”的信息化建设的方案，其目的是实现基于“工作包”的数字化管控、实现基于“工厂对象”的数字化交付。

数字化管控，主要体现在实现基于工作包这个业务层面的工程数字信息的采集、分析和应用；数字化交付体现在实现基于工厂对象这个层面的数据打包、组卷和交付。

一体化有两层意思，一是进度、质量、文档管理的是同一个对象，也就是工作包；一是进度、质量、文档管理是在一个系统下同步实现的。

1 目标

项目管理的核心是对进度、费用、质量的管控，文档是项目满足质量的证据，是项目交付的信息载体。所以项目进度、质量、文档的一体化管理是项目管理过程中的核心，本方案就是想通过进度、质量、文档的一体化管理，实现进度的自动检测、质量活动的自动触发、文档的自动归档；同时为项目全过程管理、数字化交付做好数据准备。

1.1 业务痛点及需求

项目进度管理既是项目管理重点，也是项目管理的难点。难点体现在编制难、统计难两个方面。

编制难是指编制过程中对各活动的估算比较难，很难说出一个活动需要多少工时量、多长工期，这样就很难将计划做到执行层面，也就没有办法根据计划安排活动了，所以编制出来的计划，很难用于指导实际执行过程。

统计难是指因为项目的复杂，活动的安排不能直接下达到具体的执行人员，这样进度情况就只能通过线下沟通，由专人形成报表，统计的及时性和真实性都大大降低。

至于文档管理，就更加没有计划性了。什么时间、该提交什么文档，有什么质量要求，很少有专门的计划进行管理，通行的方法就是把已经提交的文档分类别保存起来，这和管理要求的计划、执行、控制相差就比较大了。

正是因为这些，项目管理急需要借助于系统，加强进度、质量、文档的一体化管理，实现自动化、半自动化的计划编制和进度检测；实现实施过程中质量检测的标准化、规范化、自动化；实现应交付文档的可视化（计划、执行、控制）。

1.2 业务价值

通过进度、质量、文档一体化的项目管理系统的建设，实现基于 WBS、工作包、质量检查表等主数据的进度和质量策划、执行过程的数据采集、检试验、进度检测、各种报表等功能。同时，实现应交付文档和已交付文档的对比，实现应交付文档状态的可视化。

通过这样的一组功能策划，提升以下业务价值：

（1）快速进行三级控制计划、四级执行计划的编制，并将计划自动转化为工单，分配给责任方的专业负责人；以方便实际执行人直接提交工作结果。

（2）将工作结果和检试验过程档结合，工作成果的提交，自动触发检试验过程，并带来检试验条目，这样可以大大提高质量检试验工作效率。

(3) 将质量检测的结果，作为进度统计的依据，实现进度的自动检测，让进度检测更及时、准确，更方便。

(4) 将文档管理融于具体的工作包中，通过对工作包的策划、执行、控制，实现对文档的计划、执行、控制。通过"应交付文件状态表"实现应交付文件的可视化管理。

2　方案设计

要实现进度、质量、文档一体化的项目管理，需要从主数据建设、业务功能设计两个方向去进行规划，然后落实到具体的功能模块上。

2.3　主数据建设

主数据是用来描述企业核心业务实体的数据，是在核心业务价值链上被重复、共享应用于多个业务流程的、跨项目、跨部门的高价值基础数据，是各业务应用和各系统之间进行数据交互的基础。从业务角度，主数据是相对"固定"的，变化很缓慢。主数据是企业信息系统的神经中枢，是业务运行和决策分析的基础。

系统通过主数据设计，将项目中重复使用的数据结构化，在一处进行设计、录入，其他地方直接通过选择引用，可以极大提高数据录入的速度和准确性，具有较高的业务价值。通过主数据设计，还可以让数据分层次展示，方便组织、查看、统计、分析。有利于知识的总结、积累和再利用。

进度、质量、文档管理的主数据建设，应包括以下内容。

1. WBS

WBS(工作分解结构)用于把项目工作按阶段可交付成果分解成较小的、易于管理的组成部分，它归纳和定义了项目的工作范围。WBS 结构是分层级的，每下降一层代表对项目工作的更详细定义。

WBS 可以按照项目类型、功能区、装置类型分别进行定义。

2. 工作包

工作包是进行过程控制的最小对象，用于配合 WBS 进行快速进度策划。工作包一般是三级控制计划的叶子节点。标准工作包，是各业务部门根据自身的业务特点设计的，将一些常见的业务活动过程，按各自的工序、步骤定义下来，供项目进度策划时引用。

定义标准工作包，从管理上讲，是为了将工作包作为一个基本管理对象，用于承载管理过程数据、度量关键的管理指标；从业务上讲，是为了将一项活动及其步骤定义下来，用于指导业务活动过程，规范业务活动标准。

项目中，一般在业务过程策划中使用标准工作包，当在 WBS 结构下策划工作包时，可以通过选择标准工作包，自动带过来工作包步骤，实现四级执行计划的快速编制。这样既可以实现快速策划，又能够让策划过程符合规范要求。

标准工作包一般会分为设计工作包、采购工作包、施工工作包、调试工作包。

每个工作包的定义通常包括下列内容：

(1) 工作范围：也就是步骤的集合，包括权重。

(2) 质量要求：根据相关规范和质量标准来明确各工作包及其每一个步骤的质量要求，包括应交付的质量记录文件。

(3) 费用预算：也就是工作包的费用定额，由步骤统计而来，取自历史项目的统计数据，预算可以是工时数、费用，也可以是二者的组合。(注：本文暂不讨论)

(4) 工期预算：也就是工作包的工期定额，取自步骤工期、工序按照一定的逻辑计算而来。

(5) 资源要求。根据各个工作包的工程量进行工料分析，计算出所需的各种资源用量。(注：本文暂不讨论)

3. 质量检查表

按照不同的标准、规范定义的各种活动是否满足要求的检查项清单，一般在公司级定义，被不同项目引用；同一类活动根据执行的标准不同可以有不同的检查项清单。

一个质量检查表定义了一项活动满足要求需要符合的检查项集合。这些检查项一般是简单的是否合格的勾选项、数值(是否在要求的范围内)、或者是简单的状态描述。

质量检查表在工作包的步骤上被引用，这样当选择一个工作包时，就自动带过来了质量检查的清单项。

4　文档目录结构

文档目录结构是和 WBS 结构基本一致的文件夹目录结构，用于自动归档对应 WBS 结构下活动产生的文档。把文档目录结构做成主数据是为了在项目模板中使用，当项目立项时通过选择项目模板自动带入项目文档的目录结构。

文档目录结构和文档的属性、文档编码有关。合理规划目录结构可以方便竣工文件的自动归档。

5　项目模板

不同类型的项目，有不同的管理模式、管理内容，这需要通过项目模板定义下来，当进行项目创建时，通过选择项目模板，可以快速进行项目初始化。

通过项目模板应能够快速定义以下内容：

（1）项目管理范围（有多少管理功能点）。

（2）每一个功能点的管理方式（数据和流程的配置）。

（3）管理人员（什么角色使用这个功能）。

（4）WBS 结构。

（5）CBS 结构。

（6）文档目录结构。

通过项目模板可以实现在同一平台下，对不同类型的项目使用不同类型的项目管理模式。

2.4　业务功能模块设计

进度、质量、文档一体化管理方案各模块的设置及其之间的关系如图 1 所示。

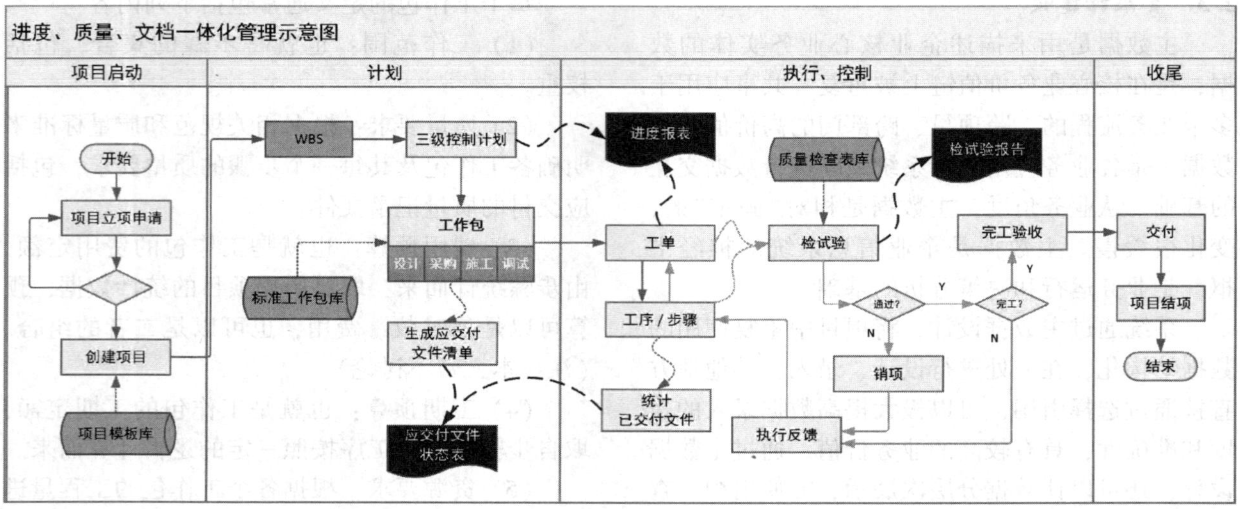

图 1　进度、质量、文档一体化管理示意图

从图 1 可以看出，为实现进度、质量、文档的一体化管理，在项目启动阶段、计划阶段、执行阶段、收尾阶段整个项目过程中，要统筹考虑，系统地进行功能设计。这些功能模块主要包括：

1. 项目立项

项目立项模块实现的是项目立项申请、审批以及在系统中创建项目的过程。通过这个过程，完成项目基本信息的录入，并在系统中创建了一个项目。

项目立项时要输入项目基本信息，这些信息中应包括：项目名称、项目编号、批准文号、负责人、计划开始时间、预期完工时间等；同时，项目立项时还要输入一些项目的基本属性，这些属性包括：类型、子类、使用工艺、总投资等，这些信息是为了方便在以后查询和再利用时方便找到这个项目使用的。这些项目信息可以根据用户的需求进行定制。

项目立项可以带有项目前期文档，记录项目立项前的信息。文档可以在提交审批时进行验证。这个功能可以解决类似没有“项目计划”的立项不通过这样的问题。

项目立项模块，也是项目初始化的过程。这个过程通过选择项目模板，对项目进行初始化。选择了模板，就自动带入了进度、费用、文档等结构化数据信息；同时，还定义了项目的管理范围，包括有哪些功能可以使用，是哪些岗位使用，每个功能的流程是什么等都定义了下来。可以说立项模块为项目管理提供了软件层面的基本环境。

项目创建之后，通过项目模板带入的 WBS、CBS、文档目录等数据结构可以在各自的管理区域进行简单的编辑、修改，加上本项目的个性化内容，然后再发布出去，形成立项时的数据结构基准。

2. 编制计划

项目创建后，基于项目模板带入的 WBS 结构，进行项目计划的编制。通过计划编制形成项目的进度基准，为项目进度控制提供依据。项目计划编制分两步进行。

第一步是三级控制计划的编制，一般由计划工程师完成，在项目模板带入的 WBS 基础上进行个性化定制。这一步要完成项目活动的初步分解，建立活动间的逻辑关系，为活动排序并分配工期和时间。

计划是分层级编制的。一般包括里程碑节点(一级)、区域或者装置(二级)、专业(三级)、工作包(四级)。三级控制计划一般编制到工作包这个层级，之所以还叫三级控制计划，是因为这个计划中的工作包定义，是不太准确的，需要各专业负责人修改、确认。控制计划的活动负责人是专业负责人。

第二步是执行计划的编制，由各专业负责人根据本专业需要进行工作包策划。策划方法，是直接从标准设计工作包库中选择标准工作包，挂在本专业下就可以了。这样，通过标准工作包，把每一个工作包的工序、步骤自动带入到项目中来，从而实现对执行计划的快速编制。执行计划的活动责任人是活动实施人员。

进度策划时，还包括应交付文档的策划，这个过程是和工作包的策划同时进行的，在标准工作包的步骤上，定义了应交付的文档，进度计划形成的同时，系统自动统计工作包完工时应有的文档，形成《应交付文件清单》。

3. 发布工单

经过两级计划编制，形成进度计划的基准。计划的基准由系统自动生成工单，工单的每一个步骤由系统自动生成执行反馈页面；同时系统会将这个需要反馈的活动通知发送给活动责任人，抄送给专业负责人，这样通过系统实现了工单的自动派发，并通知到相关人员。

工单发出之后，系统会启动对已派发出去工单的跟踪，必要时可以进行通知、预警，实现基于工单的进度控制。比如，工单启动前可以通知，应完未完可以预警等。

4. 执行反馈

执行反馈就是将实际执行的工作成果反馈到每一个步骤上。这个执行成果可能是一组文件的提交，也可能是一个状态的改变。

执行反馈提交的文档，按照系统设置，自动保存到对应的文档目录下，并汇总到应交付文档清单中，形成应交付文档和已提交文档的对照表。

5. 检试验

提交工作成果后，系统会自动生成一个“报检报验”，发送给质量检验人员，这个报检报验通过关联的检查表 ID，自动带来一个检查清单项。系统可以将这个检查清单项以表格的形式打印出来用于现场记录，也可以直接在系统界面上填写检试验结论(合格或者不合格)。当所有检查项都合格的时候，这个步骤的工作就满足质量要求了，这个步骤的完工百分比也就自动被置成完工百分之百。将质量检查记录提交到这个步骤上，形成检查报告，并自动归档到对应的目录下。

6. 完工验收

当一个工单下的所有步骤都完成了，这个工单也就完成了。这时候可根据需要进行完工验收。

完工验收可以发生在一个工单完成之后，也可以发生在一组工单(属于同一系统、单项、区域等)完工之后。所以完工验收可以通过选择已完成的工单(可多选)来申请验收。这样，完工验收就是一个申请、审批的过程。

完工验收系统会根据所选工作包进行应交付文档的验证，形成完工验收证书。

7. 交付

交付是上下游单位之间交接的记录。

交付过程就是按照区域、系统、单位或分部工程为单位，对完工的内容进行移交的过程。系统中交付过程要实现对应交付文档符合性的验证。如果涉及数据化交付的内容，应考虑交付文件组卷应按照工厂对象进行。

通过以上这些业务功能模块的设置，系统实现了项目计划的快速编制、工单的派发、执行反馈、检试验、完工验收等业务活动。系统每完成一步，就自动汇总进度，及时得到项目进度信息。每一步完工后形成的文档就自动汇总到相应的目录下，并形成《应交付文件状态表》，实时反映文档的交付状态。

3 达成的效果

借助主数据 WBS 和工作包，及其相关的经验数据，实现项目计划的快速编制。

通过工单步骤关联质量检查表的方法，实现报检报验的自动发起；借助检查表主数据的定义，实现质量检查活动的规范化、质量检查报告的标准化。

通过一个工单步骤的完成，结合步骤的权重，可以实时得到工作包层面的完工百分比。进而按照 WBS 结构和权重体系，获得项目的完工百分比。实现了项目进度的快速自动检测。

通过执行反馈可以汇总已交付文档条目，与应交付文档形成对比，得到应交付文档状态表，实现对应交付文档的可视化管理。

4 总结

通过这样的一组功能设计，实现了进度、质量、文档的一体化管理，探索了工程项目数字化管控、智能化决策的方法，为数字化交付提供了必要的数据准备。

基于云聚合远程监控的液化石油气钢瓶流转跟踪系统

许　琦　杨贵强　涂　强　吴　鹏

（中海油能源发展股份有限公司）

摘　要　考虑到传统系统在液化石油气钢瓶流转跟踪中存在时效性和准确性方面的不足，提出了基于云聚合远程监控的液化石油气钢瓶流转跟踪系统研究。设计液化石油气钢瓶流转跟踪系统架构、流转信息采集模块和流转跟踪模块；通过分析液化石油气钢瓶流转安全性的影响因素，提取流转路径的特征值，构建液化石油气钢瓶流转路径之间的时空关系矩阵；利用云聚合远程监控技术，设计了液化石油气钢瓶流转跟踪算法，实现了液化石油气钢瓶的流转跟踪。测试结果表明，文中系统不仅在功能上可以满足用户需求，还可以通过提高跟踪成功率和吞吐量，提高系统的性能。

关键词　云聚合远程监控；信息采集；液化石油气；节点选取；流转跟踪；钢瓶

作为一种清洁性强、效率高的能源，瓶装液化石油气在人们日常生活、餐饮以及各企事业单位食堂得到了广泛应用。近几年以来，液化石油气钢瓶爆燃事故经常发生，暴露出装有液化石油气的钢瓶不合格以及液化石油气的质量掺假等问题。对于政府部门而言，传统的液化石油气钢瓶流转跟踪系统在实时性和准确性方面无法满足管理要求，对液化石油气钢瓶的安全性缺乏有效监管，当事故发生之后，现有的技术手段无法有效追溯事故的责任方，加大了责任落实的难度。远程监控技术的出现，为液化石油气钢瓶流转跟踪提供了必要的手段，弥补了传统液化石油气钢瓶流转跟踪系统的不足。因此，基于远程监控技术设计液化石油气钢瓶流转跟踪系统，对实现液化石油气钢瓶的有效监管具有重要作用。

在国内的相关研究中，姜立标等人利用B样条曲线，设计一种路径跟踪算法，在研究车辆行驶过程的基础上，为汽车构建了运动学模型，应用B样条曲线的相关理论，建立了泊车路径的优化函数，给出了车辆运动分析的约束条件，实现了路径的跟踪控制，最后采用仿真验证的方式，发现该算法的合理性更高，且具有更好的跟踪效果，但是跟踪精度较低，无法满足实际应用；包震洲等人提出了基于GIS的路径跟踪控制系统，利用雷达传感器计算了跟踪过程中的障碍物距离，定位到障碍物的位置，利用GIS建立了空间数据库，对数据库中的数据进行转换并展现，根据转换结果设计了路径跟踪流程。虽然该系统可以将液化石油气钢瓶流转跟踪误差控制在5%以内，但是耗时较长，工作效率较低。

为了弥补现有方法的不足，本文利用云聚合远程监控技术，设计了液化石油气钢瓶流转跟踪系统，提高系统的整体性能，实现液化石油气钢瓶的有效流转跟踪。

1　液化石油气钢瓶流转跟踪系统软件设计

1.1　设计液化石油气钢瓶流转跟踪系统架构

液化石油气钢瓶流转跟踪系统的总体架构由四部分组成，包括信息采集客户端、数据库服务器、流转跟踪客户端以及远程监控网络结构，具体架构如图1所示。

（1）信息采集客户端。该部分主要是利用数据储存技术采集液化石油气钢瓶的充装信息、检验信息、配送信息以及流转跟踪信息，在每一个环节验证钢瓶的标签，并对液化石油气钢瓶流转闭环进行严格控制，防止出现串瓶的问题。

（2）数据库服务器。数据库服务器负责液化石油气钢瓶流转跟踪数据的存储，利用服务器强大的数据处理能力，将跟踪结果传输到客户端。

（3）流转跟踪客户端。流转跟踪客户端是将采集到的信息存入数据库中，并将流转数据汇总到数据库服务器中，实现液化石油气钢瓶的流转跟踪。

（4）远程监控网络结构。远程监控网络结构是利用云聚合远程监控技术将采集到的信息发送到监控中心，实现远程监控，加强了液化石油气钢瓶流转跟踪的力度。

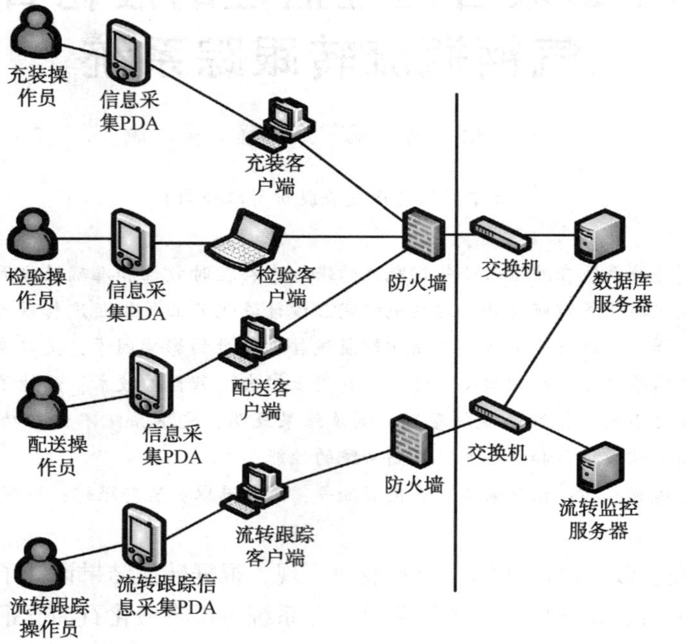

图1　液化石油气钢瓶流转跟踪系统架构

1.2　设计液化石油气钢瓶流转信息采集模块

在液化石油气钢瓶流转信息采集模块中，先将RFID标签贴在液化石油气瓶上，采用非接触的方式实现信息的采集。云聚合远程监控终端可以将液化石油气钢瓶的充装信息标注在RFID标签的指定位置，大大提高了液化石油气钢瓶的流转信息采集速度，可以有效解决流转过程中各部门之间的信息不通畅问题。

基于RFID标签机制，在采集液化石油气钢瓶流转信息时，需要先验证液化石油气气瓶是否合法有效，等待验证通过之后，才能采集液化石油气钢瓶流转信息，否则不会进入到流转环节，这样可以有效避免串瓶充气的现象发生，保证了液化石油气钢瓶流转的安全性。

1.3　设计液化石油气钢瓶流转跟踪模块

液化石油气钢瓶流转跟踪流程如图2所示。

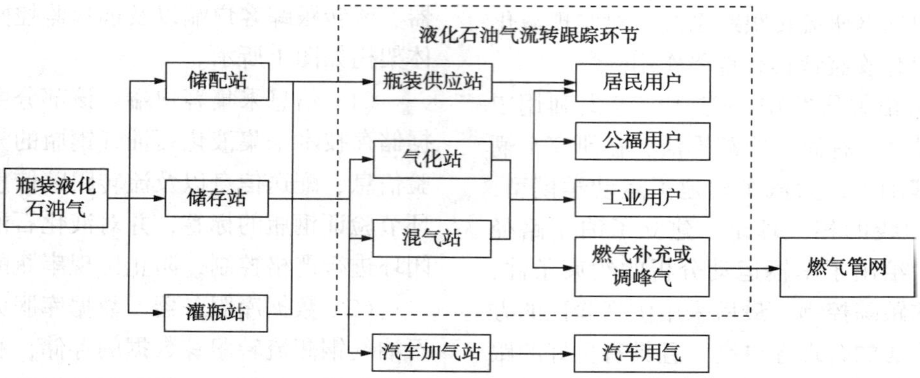

图2　液化石油气钢瓶流转跟踪流程

液化石油气钢瓶流转跟踪流程主要包括用户登记注册、气体充装、交通运输、销售以及检验等环节，对于液化石油气的充装单位而言，其处于流转跟踪的中心位置，与其他几个单位之间都会存在一定联系，并起到登记注册、充装及检验等工作。

2　液化石油气钢瓶流转跟踪系统算法设计

2.1　选取液化石油气钢瓶流转跟踪节点

当液化石油气钢瓶流转跟踪节点 o 的误差数据为 FA 时，任意一个跟踪节点 o 的能量损耗为：

$$C_o^e=\begin{cases}h(FA_o)\cdot(C_o^p+C_o^a),\ D=\varnothing\\ h(FA_o)\cdot(C_o^p+C_o^a+c^*C_o^r),\ \ |D|=c\end{cases}\tag{1}$$

式中，$h(FA_o)$ 为液化石油气钢瓶流转跟踪数据出现误报率的可能性；C_o^p、C_o^a 和 C_o^r 分别为流转跟踪节点 p、a、r 的能量损耗；c 为流转跟踪节点的数量；D 为能耗计算的变量。

如果流转跟踪节点 o 的能量剩余量为 C_o^l，那么节点的跟踪周期为

$$l_o=\frac{C_o^l}{C_o^c}\tag{2}$$

在确定跟踪周期之后，计算了液化石油气钢瓶流转跟踪滞留期，即

$$l_n=\min l_o\tag{3}$$

如果定义 $N=\{n_1,\ \cdots n_{|N|}\}$ 为液化石油气钢瓶流转跟踪节点集合，那么就需要先获取 $|N|$ 的元向量 $(y_1,\ \cdots y_{|N|})$，其中，y_o 在 $\{0,\ 1\}$ 范围内，同时还要满足以下 3 个条件：

（1）满足 $\min_{o\in N}y_o l_o$ 的最大化。

（2）$\sum_{o\in N}y_o A_o FA_T$。

（3）$\sum_{o\in N}y_o k$。

上述条件中，FA_T 的值通常情况下都是根据液化石油气钢瓶流转跟踪的需求而设定的，k 为流转跟踪节点的最小值。

在选择流转跟踪节点的增量时，通常将收益函数设置为 J，确定流转跟踪节点的集合为 $N=\{n_1,\ \cdots n_{|N|}\}$，那么液化石油气钢瓶流转跟踪节点 n_o 的收益函数为：

$$J(n_o)=l_o\tag{4}$$

通过分析液化石油气钢瓶流转安全性的影响因素，建立流转跟踪节点之间的依赖关系，在保证流转跟踪节点稳定性的前提下，根据液化石油气钢瓶流转跟踪节点的收益函数，选取液化石油气钢瓶流转跟踪节点。

2.2　基于云聚合远程监控设计液化石油气钢瓶流转跟踪算法

将液化石油气钢瓶流转路径的密度定义为分布的集中度，那么将液化石油气钢瓶的流转空间 e 定义为

$$e=\frac{\{A,\ B\}}{s}\pm\frac{\{E\}\oplus u}{b_d}\tag{5}$$

式中，s 为流转相似度，为不同种类液化石油气钢瓶的流转空间；u 为液化石油气钢瓶流转路径概率；b_d 为流转路径的差异性；A 和 B 为流转路径。

公式(6)是对液化石油气钢瓶的流转空间进行划分，表达式为：

$$R_t=e\mp\frac{\partial s\times E_w}{E}\oplus u\tag{6}$$

式中，∂s 为液化石油气钢瓶流转空间内的信息熵；E_w 为流转路径的组织结构。

根据液化石油气钢瓶流转空间的划分结果，利用云聚合原理，对液化石油气钢瓶的流转过程进行远程监控，提取出流转路径的特征值 K，公式为：

$$K=h\times\frac{z\oplus k_g}{m}\pm\frac{\{k_g\}\pm v_{ij}}{a_{ij}}\tag{7}$$

式中，a_{ij} 为任意一条液化石油气钢瓶流转路径；v_{ij} 为任意一条流转路径值；h 为流转路径数量；k_g 为在第 g 个窗口内含有 k 个流转路径，其中有 m 条流转路径属于 z 类别。

将流转路径 a_{ij} 的支持度定义为 Qa_{ij}，z 类流转路径的支持度定义为 Qz，置信度为 R，基于此，构建液化石油气钢瓶流转路径之间的时空关系矩阵，即：

$$H=\frac{Ez\oplus a_{ij}}{Qa_{ij}\mp Qz}\pm Ez\frac{Qz\oplus\{Qa_{ij}\mp R\}}{a_{ij}\times Ea_{ij}}\tag{8}$$

式中，Ea_{ij} 为流转路径 a_{ij} 支持度 Qa_{ij} 的计数；Ez 为 z 类流转路径支持度 Qz 的计数。

在液化石油气钢瓶流转路径之间的时空关系矩阵中，利用云聚合远程监控技术，远距离监控液化石油气钢瓶的流转状态，对流转路径进行分类，即：

$$F=\frac{X_g\oplus\mu c}{\{\mu c\}\mp h}Qh\mp W\frac{\{Qa_{ij}\pm Qz\}}{\mu c}\tag{9}$$

式中，W 为分类窗口中流转路径不属于 z 类别的准确率；X_g 为第 g 个窗口中存在 X 升液化石油气钢瓶的流转路径；μc 为分类结果的平均分类误差；h_g 为流转路径在 g 个窗口内的数量。

由于采用云聚合远程监控技术对液化石油气钢瓶的流转进行跟踪时，流转路径特征值之间会

存在时空相关性，描述为：

$$E = \frac{a_{ij} \oplus K}{\omega} \mp \{R_e \pm b_d\} \tag{10}$$

式中，ω 为液化石油气钢瓶的种类；R_e 为流转空间的置信度。

根据流转路径特征值之间会存在时空相关性，构造流转路径分类器，描述为：

$$V = \frac{\varphi \mp \gamma}{\lambda \times w_1} \oplus \frac{\{\chi \mp \sigma\}}{\omega} \oplus e \tag{11}$$

式中，λ 为时间窗口长度；φ 为时间窗口的权值；γ 为最远时间窗口的流转路径；σ 为基本窗口 w_1 向当前窗口滑动的时刻；χ 为流转路径权值矢量。

基于流转路径分类器，利用云聚合理论对液化石油气钢瓶流转过程进行远程监控，得到流转跟踪结果为：

$$L = \frac{\xi \pm V}{E} \pm \frac{\beta \times F}{e} \times h_p \tag{12}$$

式中，ξ 为与流转路径对应的监控窗口；β 为流转路径与远程监控窗口之间的关联信息。

根据以上过程，设计了液化石油气钢瓶流转跟踪算法，实现了系统的算法设计。

3 测试分析

3.1 设置测试参数

系统测试平台采用轻量级实验平台，可以利用软件对测试的网络环境进行定义，具有部署方便的特点，系统测试过程中，相关参数的设置情况如表 1 所示。

表 1　系统测试参数

参数编号	参数名称	参数大小
1	CPU	Dual2. 6 GHz
2	磁盘	320G/5000r/min
3	内存	4GB
4	实验数据库	UCI
5	流转路径	10

3.2 设定测试指标

在系统功能测试中，以用户模块为测试用例，测试系统的用户模块功能是否满足用户需求。利用跟踪成功率和吞吐量作为评价指标，成功率指标指的是成功跟踪到的液化石油气钢瓶流转路径占总流转路径的比例，成功率越高说明跟踪性能越好；吞吐量指标指的是单位时间内系统成功传送的数据量，吞吐量越高说明跟踪性能越好。

3.3 结果分析

在系统性能测试方面，引入基于滑模控制的跟踪系统和基于 GIS 的跟踪系统作对比，测试了 3 个系统的跟踪成功率和吞吐量。

3 个系统的跟踪成功率测试结果如图 3 所示。

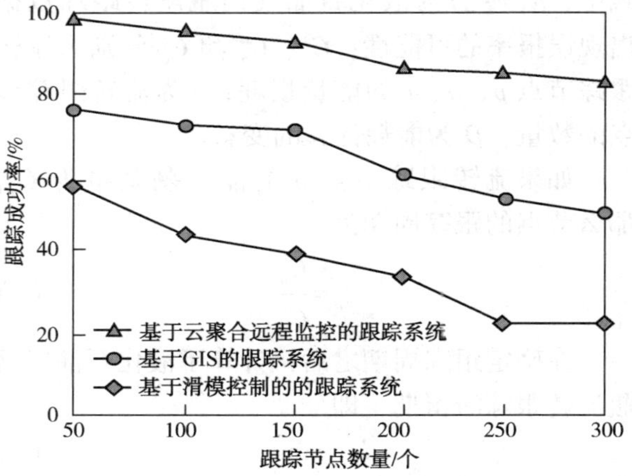

图 3　不同系统跟踪成功率测试结果

由图 3 可知，随着跟踪节点数量的增加，3 个系统的跟踪成功率都呈现出下降的趋势，其中基于滑模控制的跟踪系统和基于 GIS 的跟踪系统在跟踪成功率方面得到的结果较低，最低跟踪成功率分别为 23% 和 50%；然而基于云聚合远程监控的跟踪系统在液化石油气钢瓶流转跟踪时的成功率较高，始终高于 80%，因此说明本文设计系统在跟踪成功率方面具有更好的性能。

3 个系统的吞吐量测试结果如图 4 所示。

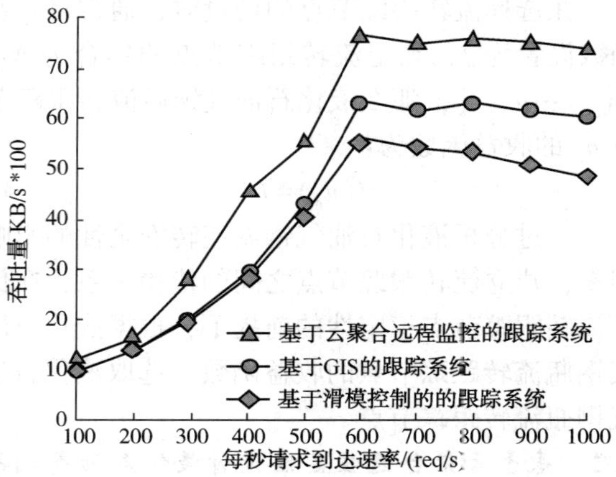

图 4　不同系统吞吐量测试结果

由图4可知，采用基于滑模控制的跟踪系统和基于GIS的跟踪系统时，每秒请求到达率低于500req/s的吞吐量基本一致，但是随着每秒请求到达率的加快，基于GIS的跟踪系统的吞吐量更高，达到了6400kB/s。而本文提出的基于云聚合远程监控的液化石油气钢瓶流转跟踪系统的吞吐量始终高于基于滑模控制的跟踪系统和基于GIS的跟踪系统，最大吞吐量达到了7600kB/s，因此说明本文设计系统在吞吐量方面具有更好的性能。

4 结束语

本文提出了基于云聚合远程监控的液化石油气钢瓶流转跟踪系统研究，经测试发现，该系统不仅功能测试中可以满足用户需求，还具有更好的性能。但是本文的研究还存在很多不足，在今后的研究中，希望可以结合实例分析，提高液化石油气钢瓶流转跟踪的精度。

参考文献

[1] 唐国强，徐东，张宝生．国有大型油气企业矿权流转机制及建议[J]．天然气工业，2019，39(6)：147-155.

[2] 韩妍妍，张齐，闫晓璇，等．基于区块链的电子文件流转设计与实现[J]．计算机应用，2020，40(11)：3357-3365.

[3] 刘潇，岳超，邹昱，等．基于光电传感器的追踪系统控制策略改进[J]．电子科技大学学报，2019，48(3)：340-344.

[4] 姜立标，杨杰．基于滑模控制的自动泊车系统路径跟踪研究[J]．农业机械学报，2019，50(2)：356-364.

[5] 包震洲，钱泱，周卫杰，等．基于GIS的智能机器人动态路径跟踪控制系统设计[J]．科技通报，2019，35(12)：75-81.

[6] 张雷，王越．嵌入式平台下的车辆跟踪系统设计[J]．电子技术应用，2019，45(11)：13-16.

[7] 陈垂裕，林佳本，白先勇，等．FMG载荷地面试观测导行跟踪系统的设计与实现[J]．天文学报，2020，61(4)：35-44.

[8] 王晓伟，姚绪梁，夏志平，等．欠驱动AUV三维直线路径跟踪控制[J]．控制工程，2020，27(6)：977-983.

[9] 胡家铭，胡宇辉，陈慧岩，等．基于模型预测控制的无人驾驶履带车辆轨迹跟踪方法研究[J]．兵工学报，2019，40(3)：456-463.

[10] 漆嘉林，董礼港，杨庆君，等．全向舰载机转运平台路径跟踪控制系统设计[J]．控制工程，2020，27(增刊1)：56-62.

[11] 余亚磊，苏荣彬，冯旭，等．基于速变LOS的无人船反步自适应路径跟踪控制[J]．中国舰船研究，2019，14(3)：163-171.

[12] 王艺，蔡英凤，陈龙，等．基于模型预测控制的智能网联汽车路径跟踪控制器设计[J]．机械工程学报，2019，55(8)：136-144，153.

[13] 郑鑫，赵又群．基于李雅普诺夫稳定性理论的路径跟踪控制器设计[J]．汽车技术，2020(8)：1-5.

[14] 黄晨峰，张显库，张国庆，等．基于自适应扰动观测器的自主船舶协同路径跟踪控制[J]．控制理论与应用，2020，37(11)：2312-2320.

[15] 杭鹏，陈辛波，张榜，等．四轮独立转向-独立驱动电动车主动避障路径规划与跟踪控制[J]．汽车工程，2019，41(2)：170-176.

重大勒索攻击事件对能源企业网络安全的影响分析

李 青 冯 梅 申端明 周相广 谷海生 张文博

（中国石油勘探开发研究院）

摘 要 2021年5月7日，科洛尼尔公司遭遇网络黑客的勒索软件攻击，该公司被迫关闭了这条美国东海岸“能源大动脉”。本文概述了科洛尼尔管道事件、勒索软件及其影响，对网络安全事件进行了深入跟踪和分析，认为勒索软件发生的频率和数字经济的发展程度成正比，数字化程度越高，被勒索软件攻击的可能性就越大；应对数字时代网络安全新挑战，必须以底线思维、对抗思维，建立能够深度防御、协同联防的新体系。发展数字经济、建设数字中国是新时代高质量发展的新共识，本文针对大型能源企业网络安全现状进行了深入剖析，对网络安全威胁及风险提出参考建议。

关键词 网络攻击；网络安全威胁；信息安全；输油管道；防护体系

1 事件概述

2021年5月7日（美国当地时间），科洛尼尔管道运输公司（Colonial Pipeline）遭到网络攻击，该公司拥有5500英里（1英里=1.61km）的输油管道，因黑客事件被迫关闭长达一周时间，此次攻击事件导致提供美国东部沿海主要城市45%燃料供应的输送油气管道系统被迫下线。科洛尼尔管道运输公司于5月7日向DarkSide勒索软件组织支付了约440万美元赎金，5月9日，美国宣布进入国家紧急状态，美国联邦调查局、能源部、网络安全与基础设施安全局等多个联邦机构及第三方安全公司第一时间介入调查。由于恢复内部被加密的解密工具恢复速度过慢，到5月17日，该公司的全部业务才恢复到正常水平。由于攻击者的特殊性，专家将此次事件定义为，首个非政府、非国家背景，纯网络犯罪、勒索背景的“APT”组织，并造成国家级基础设施破坏的定向攻击事件，而此次定义令全球性网络攻击进入了一个全新的暴风漩涡。

2 事件影响与启示

科洛尼尔管道始于德克萨斯州休斯敦，部署在墨西哥湾沿岸，终止于纽约港和新泽西州，贯穿18个州市。管道建设于1962年，总部位于佐治亚州阿尔法利塔，拥有美国目前最大的成品油管道系统，管道长达5500英里，平均每天向美国南部和东部地区输送多达1亿加仑的汽油、家用取暖油、航空燃料和其他精炼石油产品，占到东海岸消耗所有燃料的45%。管道连接着几个重要机场，包括亚特兰大、纳什维尔、夏洛特、格林斯伯勒、罗利·达勒姆、杜勒斯、巴尔的摩–华盛顿和纽约大都会机场。在这次攻击中，由于勒索软件攻击导致系统宕机，无法提供管道输油服务，对美国能源行业影响巨大。同时此次网络攻击事件公布后导致汽油期货一度暴涨。

DarkSide勒索软件是造成中断管道运输的背后真凶。该软件于2020年8月出现，以勒索软件即服务（RaaS）的商业模式运作，分别由勒索软件的开发运营人员和其招募的分发者共同组成，由分发者进行攻击，核心开发运营商则负责勒索软件的开发并与受害者谈判收取勒索赎金，抽取20%～30%的赎金，其余的收益则归分发者所有。DarkSide勒索软件会在受害者机器上留下勒索记录，其中包含了被盗数据量、数据类型、以及数据泄露站点链接。在规定期限内，如果没有收到支付的赎金就将窃取的信息公开。

2021年5月初，DarkSide组织相继攻击了科洛尼尔管道公司、东芝公司的欧洲业务部和德国的化学品分销公司Brenntag。科洛尼尔管道公司和Brenntag公司都选择支付赎金的方式来解决问题，再次表明勒索软件攻击已经是全球网络安全主要威胁之一。根据安全厂商CheckPoint收集的数据表明，在过去的9个月中，美国每月勒索攻击次数几乎增加到了两倍，达到了300次，而最近几周，美国每88个公共事业组织中就有一个遭受到勒索软件攻击，较2021年初增长了34%。

科洛尼尔管道攻击事件展现了勒索软件攻击已经具备定向攻击的能力。纵观勒索病毒发展历史，早期勒索软件运营模式单一且赎金较低，并且大多是针对普通用户。经过近几年的发展，勒索软件已经从ToC转向ToB，从广撒网模式转变为定向模式，攻击方法也花招不断，除了垃圾邮件、弱口令爆破、网页挂马、漏洞组合利用等常见的方法还出现了BitPaymer利用Apple 0day漏洞攻击的案例，并且一些APT组织已经使用勒索软件作为攻击手段之一。

在近几年，与勒索软件相关的安全大事件比比皆是，其中不乏一些关键基础设施被攻击。关键基础设施包括能源、金融、交通、教育、科研、水利、工业制造、医疗卫生、公用事业等多个领域，是一个综合实体继续顺利运作至关重要的基本资产，关乎整个国家的发展，特别是随着数字化转型促使信息系统和业务的结合越来越紧密，一旦被攻击导致无法运转，造成的损失是无法测量的，同时很有可能波及其他行业。

3 传统能源企业网络安全现状及分析

当前，国内外的网络攻击威胁日趋严峻，网络安全风险不断增大，攻击者的目标越来越多，采用的攻击手段也愈加难以预测。能源企业作为国家经济社会运行的神经中枢，一直是网络攻击的重点目标。传统大型能源企业普遍具有员工众多、业务复杂、板块多样、体量庞大等特点，由于员工数量庞大、各类信息系统和工控系统多而复杂，网络安全暴露面大，网络安全防守压力巨大。

以某大型传统能源企业为例，业务范围涵盖油气勘探开发、炼油化工、销售贸易、管道储运、工程技术、工程建设、装备制造和金融服务等多个领域，不同规模的各类信息系统近万个，互联网暴露面大，面临着巨大的网络安全压力。在网络安全管控方面，不断加强企业网络安全体系建设，借鉴国际信息安全理念，规划并实施了网络安全整体解决方案。整体解决方案以机密性、完整性和可用性三要素为目标，从管理、控制、技术三个方面进行信息系统安全建设，形成全面稳定的三角安全保障管控体系。在管理层面，从风险评估、运行能力以及组织完善等方面进行安全防护。同时在应用系统合规性实施、信息安全制度与标准完善以及基础设施安全配置标准开发等方面进行全方位的控制保障。在技术层面，从安全运行中心、身份管理与认证、网络安全域实施、桌面安全管理、内容审计以及灾难恢复等方面进行安全防护。

目前已基本完成网络安全管理体系、技术体系和控制体系的建设工作。一是持续完善安全管控体系。成立网信工作领导小组，发布《网络安全管理办法》，修订实施《网络与信息系统安全突发事件专项应急预案》，形成由多项行业标准、企业标准和安全基线构成的标准规范体系。二是深入建设安全防护体系。实现互联网出口集中统一管控，推广部署身份管理与认证系统、信息内容审计系统，自主研发基于大数据的网络安全态势感知平台、网络安全检查平台，开展云安全防护建设、工业控制系统安全体系建设，夯实技术防护基础。三是全面构筑安全运行体系。设立网络安全运行中心，构筑以总部为“大脑”、各单位为“神经元”的联防联控体系，建立威胁情报库，实时监测网络安全威胁，智能预警，秒级阻断，大幅提升应急处置能力。四是加强网络安全文化建设。开辟网络安全宣传专栏，筹划多种形式的网络安全宣传活动，出版发放各类册集、读本，宣传网络安全政策法规。平战结合，在内部开展网络安全实战检查，组织“钓鱼”邮件演练，提升员工网络安全意识，网络安全能力和合规遵从水平大幅提升。五是持续加强人才团队建设。组建网络安全专家中心，举办网络安全攻防技术大赛，积极参加国家各类比赛，以攻促防，培养核心红客队伍，开展多层次教育培训实行持证上岗，持续提升网络安全人员能力。

随着云计算、大数据、工业控制、物联网、移动应用等新兴技术领域的迅猛发展和数字化转型带来的技术变革，对安全防护也提出了新的要求。数字化转型新IT基础设施建设和新技术应用，新老信息化技术与传统领域的业务融合，带来了新的安全风险，主要表现为一是数字化业务的开展，打破了网络边界；二是数据集中共享带来的数据安全威胁爆发；三是物联网、工业互联网的安全威胁激增；四是全业务应用上云、智能制造、互联网应用和企业管理等新场景带来的安全威胁；五是供应链复杂化带来的安全威胁。

数字经济发展、新基建、治理现代化驱动的数字化转型、智能化升级，带来了新一轮信息化建设和重构，网络安全需要与之匹配的发展模式、能力和水平进行支撑和保障。网络安全关注点也在逐步转变，一是目标的变化；从满足合规要求演进为关注安全防护效果，能切实保障业务运营。二是安全覆盖面变化；从网络基础设施安全向系统、应用、数据等层次的安全上移。三是防护深度变化；安全检查整改向开发安全的左移，确保在需求、设计、编码等早期发现安全问题，防患于未然，提升整体效能。

为应对数字化转型面临的安全风险，保障数字化转型成功，企业的网络安全管理模式将从“被动”的配套模式升级为以“主动防御”为原则的体系化规划建设模式。同时，海外国际业务领域的网络安全工作比国内相对滞后，基层单位的端边层网络安全能力不强，需要持续提升网络安全监控与防护能力，夯实网络安全的数字化基础，构建网络安全中台，实现灵活、敏捷、高效的网络安全能力。

4 启示与建议

我国十四五规划已经将产业数字化转型作为发展数字经济的重要抓手，把智慧能源作为十大典型数字化应用场景之一，科洛尼尔公司勒索软件攻击事件对我国加强数字化发展安全有着较强的启示意义，网络攻击已经不分战时平时，随时都可能发生。数字时代的网络攻击已经发生了很大的变化，并带来多重挑战，碎片化各自为战的防御方式，已经无力应对新型攻击，单个企业力量无力对抗专业的黑客组织，必须要依靠国家赋能，通过协同联防才能建立起新的整体防护体系。为了做到这一点，就必须构建适合数字化时代的企业级网络安全体系。

4.1 基于已有网络安全防护体系，建立健全网络安全数字化运营体系

针对数字化转型过程中新部署的 IT 基础设施和应用带来的安全威胁，需要在完善网络安全平台建设、梳理安全事件处置流程、组建网络安全队伍等几个方面加大投入，要建设以安全大数据为核心的集自动化编排、威胁情报、应急响应、安全服务、安全管控为一体的数字化网络安全管控平台，使访问可控、接入可信、发布可管、事件可定位、事后可追溯，形成“人+平台+服务”联防联动机制。

（1）梳理安全事件处置流程。将攻击行为感知、资产信息查询、威胁情报对比、地理位置确认、黑白名单核实、封禁策略下发等一系列传统手工运营需要的操作进行原子化抽象，形成标准作业流程。

（2）实现风险事件编排与自动响应。在安全编排与自动化响应平台和态势感知、运维平台、防火墙、准入控制等安全系统接口打通的基础上，形成自动化安全剧本，达到“企业一键到边界，用户一键到终端，信息一键可查询”的实战效果。

（3）建立安全风险反向快速回撤机制。为降低安全剧本自动化操作可能对业务带来的潜在风险，所有的安全剧本在设计时均补充了反向快速回撤机制，实现“误封一键全还原”，以满足在特殊情况下的业务快速恢复需求，实现运营过程数字化、智能化。

（4）强化攻防实验室建设。要坚持网络安全实战化，建立内部红、蓝队，维护网络安全生态。建设攻防实验室、红队模拟真实攻击、发现自有安全隐患，以攻测防、以攻促防；蓝队持续优化流程、积极开展防御，总结并输出自动化安全剧本。

4.2 建立云环境分层次纵深安全防护体系，提升云技术平台网络安全防护能力水平

通过立体化的加固、防入侵、隔离等技术手段保证“开发云”“计算云”等云基础环境安全与提供的云服务安全，并为云技术平台提供预警、分析、拦截等安全支撑能力。

4.3 制定工控系统安全防护与管理规范，推进工控系统安全体系建设

建设工控系统安全态势感知平台和数据采集、工控系统安全验证等内容的工控系统防护措施，实现整体安全监测、边界安全防护、白环境、安全测试验证、IPv6 架构、安全阻断等，为生产和制造企业工控系统安全体系建设工作奠定基础。

4.4 参考国内外成熟的网络安全实例，按照域防护的理念对海外网络进行安全防护

在海外专网与内网之间通过强逻辑隔离方式进行防护，为联合公司的非企业员工提供服务，通过建立完整的人员信息库，对用户接入后的身

份识别和访问权限进行管理和控制。在海外专网内部署审计系统，对跨境数据进行审计，降低泄露风险。

4.5　建立专线接入区，集中防护外部专线接入，实现对专网接入的集中防护，提升专网安全

完成对数据中心、区域中心的网络边界防护及内部防护，通过互联网出口防护、远程接入系统实施、区域中心网络防护、数据中心网络防护等子项目，构建安全可靠的网络安全结构，实现安全策略的集中、规范化管理。

参考文献

[1] 李文清，肖浥青，齐晓曼，等．美国最大输油管道停运事件对电网企业网络安全的启示分析[J]．电力与能源，2021，42(03)：320-322.

[2] 孙舒扬，刘玉琢．国外中小企业网络安全保护举措及对我国的启示[J]．网络空间安全，2019，10(12)：94-97+115.

[3] 数字经济时代．网络信息安全面临的机遇与挑战[J]．中国安防，2021(06)：57.

[4] 郝俊祥．企业信息化建设网络安全威胁分析[J]．中国管理信息化，2021，24(19)：93-95.

[5] 赵子鹏，张奇．解读重大勒索攻击事件下的网络安全态势及应对[J]．中国信息安全，2021(06)：64-67.

石油企业门户智能化探究与实践

邵萌珠　王宗仁　金　弟　王启迪　曹晓初　何嘉诚

（中国石油勘探开发研究院）

摘　要　门户系统更新建设是石油企业数字化转型的重点工作之一，对于提升企业形象、方便企业管理、加强用户体验感等方面意义重大。伴随5G移动、IPv6、云计算、人工智能等技术的发展，传统门户系统设计的数据融合性、技术构架兼容性都不能得到满足，因此本文介绍了一种门户系统平台的设计方案，该方案应用构架包括前端服务、后台管理、平台服务及资产迁移服务，其中后台管理分为运营平台管理和融媒体管理。同时，本文提出未来智慧门户的发展趋势与可能性。未来智慧门户对于5G移动、未来IPv6+创新体系部署等技术提供兼容、拓展接口。智能门户能够以用户为中心进行构建实现更具“智慧”、更易连接的知识型门户；在用户画像和人工智能基础上，定制个性化的知识与服务；基于数据挖掘、云分析技术，个性化推荐服务更具数据融合性、交互智能性。

关键词　智能门户；融媒体平台；融合技术；数字化转型；IPv6

自十三五提出的“互联网+”时代以来我国以互联网、大数据、人工智能为代表的新一代信息技术日新月异，智能产业快速发展。十四五国家信息化规划中提出“数字基础设施体现应更加完备，IPv6、5G、工业互联网等领域融合创新发展”。为更好发挥新闻宣传和舆论引导主阵地作用，伴随互联网新兴媒体的发展，门户网站需要把握融媒体时代特征作为建设基本原则，满足新业务需求加快推进融媒体传播体系建设，更好地发挥石油企业新闻宣传和舆论引导主阵地作用。

1　门户平台设计

1.1　设计原则与目标

企业门户更新基于两个原则：

1. 为媒体深度融合提供技术支撑

随着信息技术与媒体技术的不断更新，需要门户系统为多种新媒体提供内容管理与展示的通道，借助人工智能、大数据等新技术，形成资源集约、协同高效的融媒体传播体系。

2. 提升系统服务及信息安全防护能力

伴随门户系统技术架构及本地部署设备老化，难以满足对新需求的技术支撑，同时需要提升内容安全管控与信息安全审计方面管理能力，进一步提升系统服务及信息安全防护能力。

通过分析门户展示和管理的典型业务场景和流程。收集科研、财务、生产、物资等部门业务应用系统及服务需求，通过界面整合及流程集成以实现业务应用的统一操作及信息处理，完成由统一建设模式向统一管控、内容融合的一体化门户转变，其目标为以下两点。

（1）整合各部门业务应用。整合各部门所有业务应用信息及功能操作界面，实现统一的功能操作及信息获取渠道，建立单点登录通道，基于统一的内容体系，提供统一的信息服务，即通过统一的信息采、编、发管理，可推送到各类信息门户上发布、展现。建立统一的任务处理中心。整合各部门业务应用待办信息，增加已办信息、未办信息、流程监控等功能，并提供待办信息搜索功能。

（2）迅速的业务应用界面整合功能。由于业务部门需求不断变化，如何快速地对其所需信息进行整合，并以新的服务方式供其使用，是信息部门的重要需求。通过企业门户统一资源管理模块及服务中心的建立，管理员基于统一权限对用户及角色和权限进行自动过滤后，可以快速地完成资源的组合展现。

1.2　建设内容

门户平台系统分前端服务、后台管理、平台服务及资产迁移服务，如图1所示。针对前端服务层，提升PC门户展示和管理功能，实现智能搜索、业务信息汇聚、通用功能组件化等。另外，拓展移动门户渠道，发布业务资讯，提供信息服务，增强交互性。针对后台管理层，建设融合内部媒体、聚合信息资源并可以优化信息采集、制作及发布的融媒体管理平台。建立运营管理平台，用于建立门户数据体系，支持站群管理一体化，实现内容安全管控的流程化、标准化。

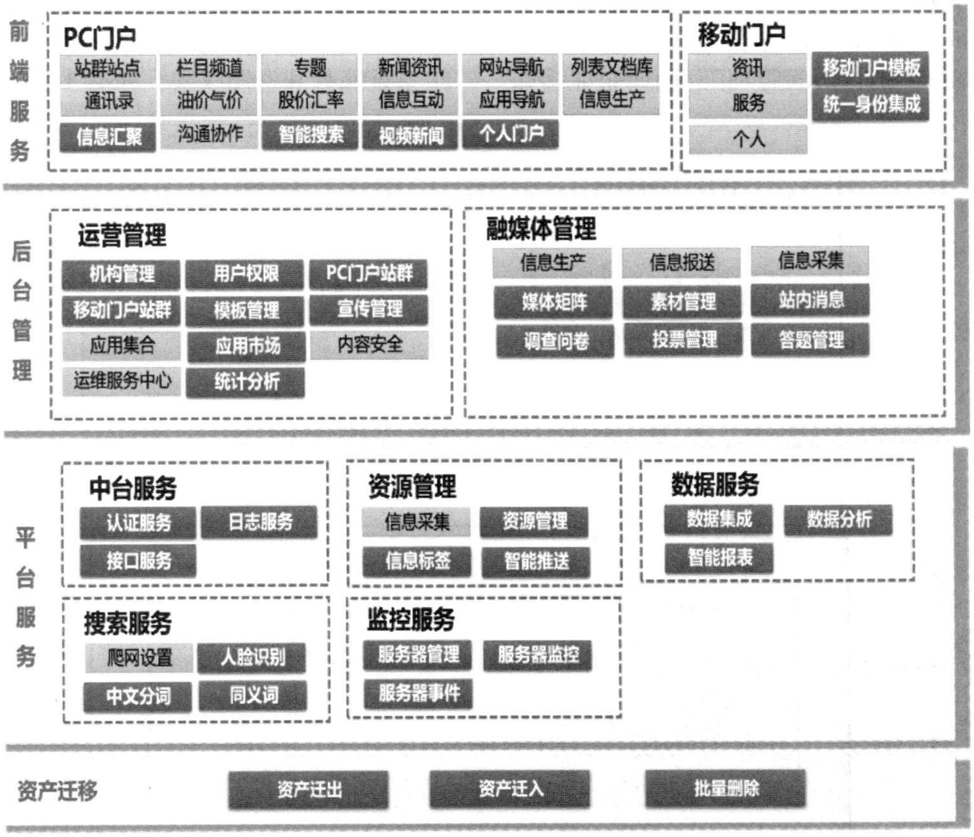

图 1　平台应用层构架图

1.3　系统构架

门户平台基于 SOA(Service Oriented Architecture)“面向服务的架构”，通过应用分层策略，在技术层面重点实施平台服务能力的建设，在设计上基于中台服务框架，支撑多个前端系统(服务器场)架构，并满足迅速响应业务需求、按需拓展对外服务的能力。平台架构通过应用分层策略，在技术层面重点实施平台服务能力的建设，在设计上基于中台服务框架，支撑多个前端系统(服务器场)架构，并满足迅速响应业务需求、按需拓展对外服务的能力。部署构架，门户平台在东西部数据中心部署应用服务器场和数据库服务器，实现异地双活架构，如图 2 所示。

1.4　网站集建设

基于微软 SharePoint 平台，建设门户网站集，利用 css 样式布局，Javascript 行为控制，html 语言进行平台网页页面设计。SharePoint2019 平台的网站搭建部分使用运营管理平台和 SharePoint Designer2016 相结合的方式来实现。通过运营管理平台、PC 站群管理中的“网站集管理”“站点管理”“栏目管理”来完成门户各主站、二级网站、专题站点、新闻栏目等的创建操作。融媒体管理平台主要实现门户内容一体化生产，并且负责门户的移动端和 PC 端的信息生产、信息报送、信息采集、媒体矩阵管理，素材管理，站点消息和信息迁移。其中信息生产功能负责的移动端和 PC 端新闻的编辑发布、内容审批。信息报送功能负责报送单位配置，报送组配置，报送列表和审批，报送账号的申请、审批和管理。媒体矩阵用于各级机构媒体管理角色用户进行媒体渠道上报，媒体管理角色用户对各单位渠道申报进行审核。

一般企业推荐使用模板化建站的方式，遵循统一的标准规范搭建网站集。通过运营管理平台，在网站集管理界面选择、制作模板。再根据模板创建属于本单位的网站集，由于通过模板创建的网站集，带有原模板中的信息，如：通用部件配置、新闻栏目、原高级部件信息……需要根据本单位实际情况，创建属于本单位实际需要展示的新闻栏目。

1.5 登陆方式

IAM（Identity andAccess Management 的缩写），即“身份识别与访问管理”。面向企业多账号源或者业务系统内自建账号源的情况，要实现统一身份管理，一般满足以下特征：

（1）提供单点登录、强大的认证管理、集中的授权和审计。帮助企业门户安全、高效地管理 IT 系统账号和资源权限，如图 3 所示。

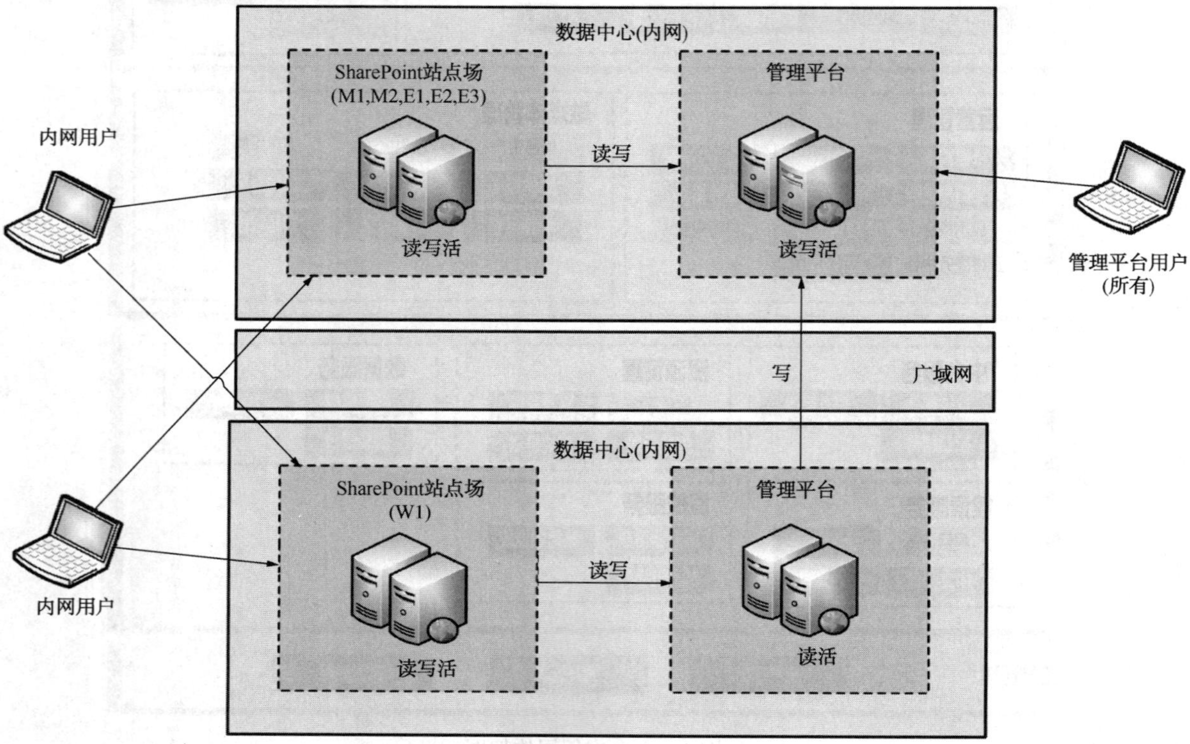

图 2　异地双活架构图

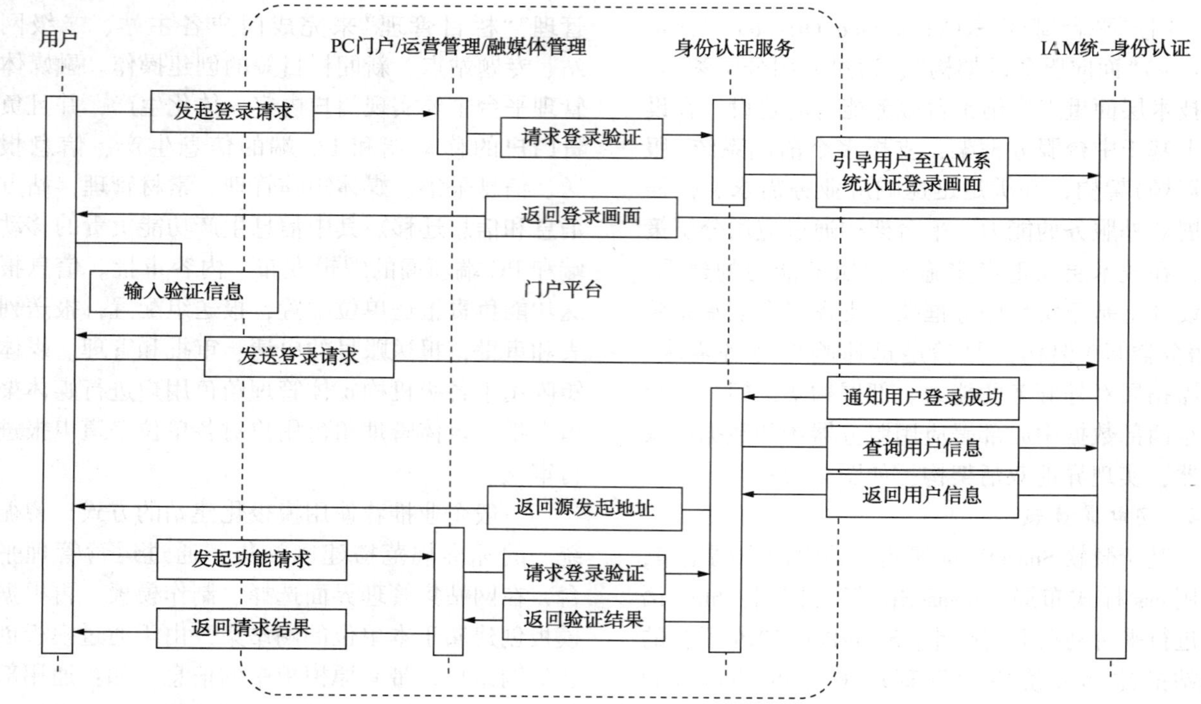

图 3　IAM 登陆管理方式

（2）账号映射：借助与身份相关的“手机号”“邮箱”“身份证”等信息将其他账号源与主账号源建立映射关系。

（3）账号生命周期：在完成账号映射后，借助流程引擎实现账号新建的同步到权限下发/更改、账号冻结/删除的全过程。

（4）访问授权：基于角色、用户组、用户条件的方式授权用户对应用的登录及访问权限；集成业务系统。

1.6 安全保障

门户平台在基础层通过数据中心级的安全管控部署，可达到等保三级的安全要求。系统层通过内容安全管控，采取预警前置和事中检查等技术手段，通过不断完善敏感词词库，为内容安全提供检查基准数据，基于敏感词词库数据，对待发布的新闻信息进行一键检查。完善敏感词分级管理，设定公共敏感词和各级单位敏感词，授权各级单位设定各自特定敏感词。在系统平台层通过部署安全检测、安全应用加固系统，在 APP 运行环境中建立起应用防篡改、防止注入攻击、数据防泄露的防护体系。在系统平台层通过态式感知系统对流量监测和网络威胁日志分析建立一套完善的威胁监测、响应流程和处置流程的支撑体系。在系统平台层通过应用动态防护设备提供攻击行为智能监测与拦截，通过智能自动学习数据库审计系统为核心数据库资产构建一套安全防线。

另外针对信息采编，新闻、文档库、列表管理与迁移、网站集权限等变更与维护，需要完善门户安全制度和标准。制定并完善《门户信息发布保障措施》《门户突发事件应急预案》《门户风险管控手册》等制度，实现安全工作规范化，同时企业机构设置满足门户信息安全需要，一般参照上述管理体系和运维体系提及的部门共同承担，企业应从管理、服务和业务发展角度出发，建立完善的门户管理运维的闭合回路，提高门户服务水平和能力，保障信息系统高效安全运行，从而为企业信息化建设提供有力支撑。

2 门户平台建设成效

门户平台建设成效主要体现在：提升内部门户网站用户体验、促进媒体资讯融合、提升站群管控水平、加强门户业务分析能力四个方面。

（1）通过信息智能标签化，实现智能搜索与推送。改变原有的站群构建和管理、人找信息的模式，提升到信息找人、信息找信息的模式。增强门户展示效果，提升内部门户用户体验，创造更大的宣传价值和效果。

（2）实现对内部门户及其他媒体渠道应用矩阵管理模式，集中管控提供通道和技术支撑，构建企业级信息集散地，形成统合的信息管理机制，支持多样的信息采集，为融媒体深度融合创造必要条件。

（3）构建统一的站群管理后台系统，促进站点栏目一体化管理，基于组织机构树，建立“PC+移动”多渠道、全局化信息发布渠道，规范化站点栏目建设和管理，流程化、标准化支持门户运维工作，提升效能。

（4）实现对媒体资讯内容全方位的精细化管控，实现对发布渠道的全局化管理，业务数据采集、统计和分析，可视化智能化数据分析，加强数据挖掘和分析能力，为企宣策略决策提供支持。

3 智慧门户发展趋势

随着 5G 技术的提升，移动门户将提供更高速、更安全的用户交互能力，随着 IPv6 协议部署、人工智能、大数据技术、智慧终端、VR 技术等的逐步应用，门户能够提供更多的技术能力，满足更广泛用户需求。区块链技术在认证方案中的研究和运用，能够让认证方式去中心化，也为更多的智能设备接入提供了可能。用户获得更多的主动性，用户通用内容（usergenerated content，UGC）模式让用户以及用户资源在门户上呈现更高个性化特点。通过人工智能技术能够针对不同用户使用习惯推送服务型的资源，能够基于更多的知识型内容，建立个人标签，实现泛在互联和用户协作，践行以用户为中心的共建共享理念。基于以上智慧门户演化特征其发展具有以下四个趋势。

1. 可扩展于“IPv6+”互联体系

“IPv6+”是面向 5G 和云时代的智能 IP 网络，“IPv6+”包括以 IPv6 段路由、网络切片、确定性传输、随流检测、新型多播和应用感知网络等协议为代表的协议创新，包括以网络分析、自动调优、网络自愈等网络智能化为代表的技术创新。“IPv6+”可以满足 5G 承载和云网融合的灵活组网、业务快速开通、可靠性保护、确定性传送、简化网络运维、优化用户体验按需服务、差异化保障等需求。门户平台扩展性、开放性需要更强以支持用户 IPv4/IPv6 及未来"IPv6+的多站访问。

2. 基于知识的用户协作

反馈门户会越来越注重用户的需求而设计。信息需要及时传递到用户侧，用户的诉求需要更及时被收集、被答复。因此，门户需要提供通知用户的即时消息能力，门户上的服务需要用户进行评价反馈，在用户与门户协作的过程中，形成服务主题知识库。企业门户融合了业务应用的待办信息、公告信息、通知信息等，通过对其统一规划分类，与用户的属性进行关联，实现用户交互式协作，提供自助型知识支撑。

3. 用户个性化的信息呈现

大数据和用户画像技术的发展，让门户具备了向用户进行个性化推荐服务的可能。前提是门户能够学习到更多的用户行为特征，并且进行用户标签化。例如了解用户浏览新闻类型的关注度，构建个人关注排行榜，门户可以优先推荐其新闻列表服务，对其常用的系统平台、相关链接按关联性推荐。在该用户登录门户后做出提示或者建立一块优先列表。

4. 数据与服务智能融合

利用数据交换技术(Extract-Transform-Load，ETL)建设共享数据库，基于大数据服务数据融合、服务融合门户能对上述资源进行分类并有序展示，能自动记录资源的用户访问情况，作为对资源进行评价和筛选的依据。此外，通过相关基于 Java 的搜索引擎和问答引擎，服务融合门户可以自动收集用户对门户资源和服务的反馈并及时回复，逐步形成门户的用户知识库的资源融合，能够提供资讯、资源、服务的快捷检索的咨询融合，基于工作流引擎技术而提出流程化标准的服务融合。

4 结论

基于搭建共享服务平台的总体部署，伴随 5G 移动、融媒体、人工智能等技术发展应用，门户系统更新应运而生。建设以信息资源整合共享为基础的内容管理功能，增加移动端移动门户展示与应用，构建门户应用平台，增强系统安全管理，提升平台支撑能力，整合仝事业单位门户系统，提升门户管控能力是现行门户建设主要原则。

未来智慧门户基于 5G 移动、IPv6+创新体系部署、云计算等技术发展推进，对系统的拓展性更强大，兼容性更好。智能门户能够更多地以用户为中心进行构建在前一阶段基础上实现更具"智慧"，更易连接的知识型门户。在用户画像和人工智能基础上，能提供用户的特征识别，并且更容易定制个性化的知识与服务。系统基于数据挖掘、分析技术，个性化推荐服务等更具融合性、智能性。

参 考 文 献

[1] 郭丽敏，吴宗岳，构建大型炼化企业门户管理与运维的闭合回路[J]. 中国管理信息化，2016，(19)：43-44.

[2] 吕婧淑，操晓春，杨培. 基于区块链和人脸识别的双因子身份认证模型[J]. 应用科学学报，2019，(2)：164-178.

[3] 田辉，魏征，"IPv6+"互联网创新体系[J]. 电信科学，2020，(8)：3-10.

[4] 姚龙飞，何利力. 基于云模型理论的群体用户画像模型[J]. 计算机系统应，2018，(6)：53-59.

[5] 张国宝，卞艺杰，杨路. 基于智慧校园服务融合门户的设计与构建[J]. 自动化仪表，2020，(1)：28-32.

乌鲁木齐石化公司信息门户升级设计与实现

付东亮

（中国石油乌鲁木齐石化公司）

摘 要 为贯彻落实集团公司"做好总体设计和分层分步实施，加快推动数字化转型"的重要战略，乌鲁木齐石化公司在集团公司数字和信息化管理部、党组宣传部的领导下开展门户 2.0 升级项目。本文主要对门户升级的背景、平台结构设计以及乌石化公司网站搭建的大体流程进行梳理，对新一代企业信息门户实现的效果进行了分析总结。

关键词 信息门户；融媒体平台；网站集搭建

中国石油信息门户自建设以来始终坚持"六统一"原则，自 1997 年起步，至 2001 年将微软 SharePoint 门户系统应用于公司门户主页，此后技术平台一直延用微软门户系统。集团公司从 2018 年开始做可行性研究，筹划平台升级工作，并于 2021 年底正式开始在各地区公司全面推广门户升级 2.0 的工作，乌鲁木齐石化公司作为第二批升级单位正在进行升级工作。

1 门户 2.0 平台升级概述

党的十八大以来，党中央高度重视科技创新，推出"实施创新驱动发展战略"等重大决策部署。习近平总书记在主持学习时也强调，推动媒体融合向纵深发展，加快构建融为一体、合而为一的融媒体传播格局。"十四五"规划更对媒体深度融合、融媒体传播进行了强调。

1.1 业务驱动，技术创新必要性分析

门户网站需要随着互联网新兴媒体的发展，把握融媒体时代特点和建设基本原则，了解最新业务需要，着眼整体、加快推进融媒体传播体系建设，更好地发挥中国石油新闻宣传和舆论引导主阵地作用，结合更多的新媒体形式，开放内容管理展示渠道，依靠人工智能、大数据等技术，形成资源集约、协同高效的融媒体传播体系。

另一方面现有门户系统技术架构冗杂且部分本地部署设备老化，难以满足新业务需要的技术支撑，内容安全管控与信息安全审计方面管理能力方面也有所不足，需要对原有系统平台进行技术升级，进一步提升系统服务及信息安全防护能力。

1.2 技术为本，构建融媒体格局目标

本次信息门户升级以加快构建合而为一的融媒体传播格局为目标；遵从集团公司搭建共享服务平台的总体部署，运用移动、融媒体、人工智能等技术，打造多层级、多终端、一体化的内部门户系统；全面提升企业宣传能力、平台支撑能力、安全管控能力，更好地服务于集团公司"共享中国石油"的总体发展战略。通过升级门户系统基础平台，构建新门户应用平台，增强系统安全管理，提升平台支撑能力。最终构建协同高效的一体化门户运营平台及运营体系，整合企事业单位门户系统，提升门户管控能力。内部门户 2.0 平台建设主要体现在以下四个方面。

一是提升内部门户网站用户体验，改变原有的站群构建和管理、人找信息的模式，提升到信息找人、信息找信息的模式；增强门户展示效果，提升内部门户用户体验，创造更大的宣传价值和效果。

二是促进媒体资讯融合，实现对内部门户及集团其他媒体渠道应用矩阵管理模式，集中管控提供通道和技术支撑，支持多样的信息采集，为融媒体深度融合创造必要条件。

三是提升站群管控水平，构建统一的站群管理后台系统，促进站点栏目一体化管理；规范化站点栏目建设和管理，流程化、标准化支持门户运维工作，提升企业效能。

四是加强门户业务分析能力，对于媒体资讯管控精准，全局管控发布渠道与业务数据采集、统计与分析。

2　门户 2.0 平台结构设计

内部门户 2.0 平台功能架构分为前端服务层、后台管理层和平台服务层，以及资产迁移模块(图 1)。

前台服务层分为 PC 门户和移动门户，一方面提升了 PC 门户展示和管理功能，实现智能搜索、业务信息汇聚、通用功能组件化；另一方面拓展移动门户渠道，可发布业务资讯，提供信息服务，增强互动。

后台管理层分为两个管理平台，融媒体管理平台推进内部媒体的融合，优化信息采集、制作及发布；运营管理平台建立门户数据体系，支持站群管理一体化，实现内容安全管控的流程化、标准化。

服务层的平台服务则基于新技术提供高扩展性、智能型基础服务，支撑前端后台层功能，进行升级消除安全隐患。

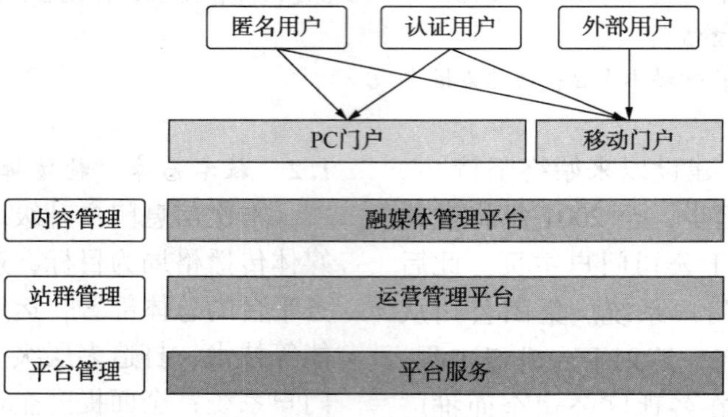

图 1　门户 2.0 结构设计

3　门户 2.0 网站搭建

融媒体管理主要实现内部门户内容一体化生产。融媒体管理平台基于 VUE 进行前端开发实施，利用基于 MVVM 模式的轻量级响应式框架 Vue. js 开发，可以有效简化 Web 前端开发流程，降低开发难度，提高开发效率，实现了 Web 系统前、后端开发完全分离，提高了系统的灵活性和可扩展性。后端业务数据存储在业务数据库中，通过中台服务网关，向 PC 门户和移动门户发布和管理信息，通过中台服务提供的采集服务收集内外网信息。

门户 2.0 网站搭建部分将使用运营管理平台和 SharePoint 2019 平台相结合的方式来实现。运营管理实现机构、站群、站点、栏目和权限的一体化管理，提供内容安全管控，全面统计门户数据。在运营管理平台包含的 PC 站群管理模块中，网站集管理可以创建本单位网站集；站点管理可以创建新闻站点或其他站点；栏目管理可以用于创建新闻栏目(图 2)。

图 2　运营管理平台 PC 站群管理部分

通过点击已创建完成的网站集，跳转目标网站集界面，登录后可进行建站系列操作，如：网站设置、添加 Web 部件、查看网站内容、创建页面链接、文档库。

成功创建网站集后，需要先进行网站设置：更改母版页、更改页面布局、删除工作流。

门户网站中除了展示出来的首页面以外，还包含一些网站资产，常见的如：静态资源、静态页面库、页面库、文档库等，都可通过设置中的网站内容进行查看和更改。

其中静态资源存储在内容列表的 PageAssets 文件夹中，包含网站中所应用到的图片、CSS 样式文件、JS 文件；静态页面库用于存放网站中所应用到的后缀为 .html 的静态页面文件。一般情况下，网站首页面、二级导航页面都会存放于 EX_ STATICPAGES 文件夹；头尾文件库用于控制网站中二级导航页面、新闻详情页面的头部和页脚显示，以 WebPropertyDocument 名称呈现(图 3)。

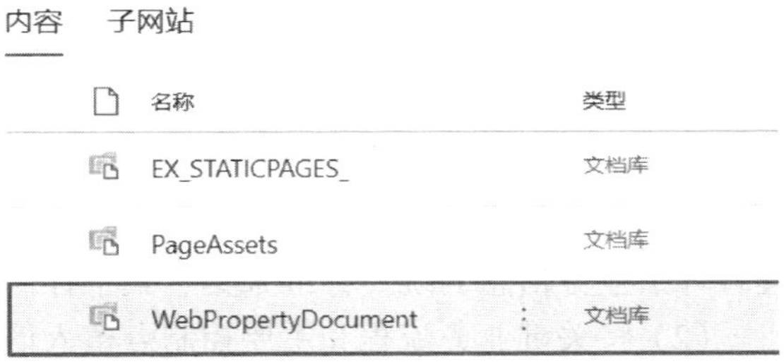

图 3　网站资产

根据 2.0 平台的搭建规则，所有新闻栏目都创建于新闻站点中，对于创建好的栏目可登录页面管理后台进行部件修改、路径配置、头图修改、调整布局等设计。

融媒体管理实现信息采集、生产、报送和渠道发布。融媒体管理平台中有数据迁移模块用于配置并完成内部门户 1.0 系统新闻、文档库及列表数据向内部门户 2.0 系统迁移工作。

4　实现效果

(1) 提升了站群管理水平。建立基于组织机构树的“PC+移动”多渠道与全局化信息发布渠道，站点栏目建设和管理规范化，门户运维工作流程化、标准化，提升了平台效能。

(2) 优化了内部门户用户体验。优化门户展示效果，创造了更好的宣传价值，通过信息智能标签化，实现了智能搜索与推送。

(3) 增强了门户业务分析能力。实现了对媒体资讯内容的精细化管控，对发布渠道的全局化管理，业务数据采集、统计和分析可视化智能化数据分析，加强了数据挖掘和分析能力，为企宣策略决策提供信息支持。

参 考 文 献

[1] 郭丽敏，吴宗岳．炼化企业信息门户应用研究[J]．信息化建设，2016，000(001)：44.

[2] 胡沁春，常征，张志檩．炼化企业的信息化系统建设探讨[J]．数字石油和化工，2009(8)：4.

[3] 郑萍萍．浅析石化企业信息门户建设[J]．经营管理者，2009(13)：2.

科研项目全生命周期管理系统研究与平台开发

彭明旺　秦　飞　丁军霞　鄢宇杰　马国锐　王玉霞

（中国石化西北油田分公司）

摘　要　油田公司随着勘探开发工作的深入，近年来持续加大科研项目投入，同时，多层次多维度科研合作单位的加入，也为油田公司科技研发注入新鲜血液，极大地缩短了科研项目攻关周期。但是随着科研项目数量增多、合作单位扩大，在日常科研项目管理过程中存在线下工作量大、对项目监控不到位、项目运行状态无法及时跟踪等系列问题。为提高油田公司科技水平，实现科研项目全生命周期精细化管理，本文系统分析石油工程技术研究院科研项目管理现状，针对科研项目攻关过程中出现的人员管理、进度管控、成果管理等方面存在的问题，构建科研项目全生命周期管理系统平台，旨在提高科研单位科研项目管理水平，增强科研单位核心竞争力。

关键词　科研；全生命周期；系统平台；进度管理；成果管理

改革开放特别是党的十八大以来，在全国科技界和社会各界共同努力下，我国科技事业密集发力、加速跨越，油田公司对科研项目也予以高度重视，逐年科技研究加大投入，同时不断引入高科技人才，扩大科研占比。由于科研技术的复杂性，不仅需要本单位科研人员参与，也需要各大院校、研究院等共同参与。随着科研项目体量的增大、参与单位的增多，线下科研管理模式的弊端已经凸显，在日常科研管理工作中存在工作强度大、重复工作多、时效性差、工作效率偏低、信息难于共享等诸多问题，这些问题严重阻碍了日常科研工作的开展。因此，分析现阶段科研项目管理现状及存在问题，实现科研项目全生命周期线上管理具有重要意义。

本文针对性开展项目策划、申报、立项、招投标、合同签订、项目运行计划管理、项目对接、项目验收、成果管理、数据统计分析的项目管理全流程研究，开发以科研项目全生命周期管理为主线的科研项目管理系统，为科研管理部门提供有效的信息化手段，以期使石油工程技术研究院科研项目管理更加规范化、科学化、高效化，并为科研管理人员进行数据统计、检索提供便利。

1　系统设计目标要求及实现效果

1.1　设计目标

科研项目管理系统平台旨在实现石油工程技术研究院科研项目全生命周期管理、实现科研项目“流程控制、风险防控”、实现机控代替人控。主要包括项目策划、招投标信息管理、项目运行计划管理、项目运行、项目归档、科技成果等全生命周期管理，同时对合作单位、参与人员、院内评审专家、外部专家、院士等内容进行信息录入管理，为各级科研人员项目运行提供便捷。细化目标如下。

（1）构建科研项目库，实现科研项目管理过程各环节业务信息的统一标准采集、集中存储。

（2）将关键业务流程和主要控制点植入信息系统，通过系统固化、线上处理和控制，实现科研项目过程管理。

（3）建立科研项目专家库、合作方资源库、成果管理库，实现科研项目的全信息管理。

（4）强化科研项目业务信息的综合应用分析，使管理人员和领导实时掌握科研项目业务运行动态，辅助领导决策。

（5）通过对项目运行数据的收集实现各维度的考核评价、综合应用科研管理数据为科技管理提供决策支撑。

1.2　系统亮点

（1）清单化管理：梳理石油工程技术研究院现有7类项目信息，形成采集表单3类，分析表单6类。清单化管理科研项目保证了科研项目信息的完整性。通过数据的采集形成科研项目库，不仅方便科研人员网上填报项目基本信息。同时为后续项目分析提供基础数据。科研项目清单化、信息化由传统的线下的表单上报改为线上的规范数据端口上报，避免数据在流转过程中版本不一致问题，极大地保证了数据的可信性。同时通过以电子文档的形式推送数据，实现科研项目无纸化管理，降本增效。

（2）流程化管理：根据科研项目管理制度梳理科研项目管理、刻画科研项目管理流程。梳理任务推进"路线图"明确各类任务的具体办理过程，明确各流程各节点目标实现一条流程同一个目标。通过任务流程推送，实现任务实时流转，大大缩短了资料递交时间，提高审核效率。

（3）节点化管理：为了保证科研管理项目进度可控，梳理科研项目管理节点，形成科研项目十个环节管控。通过任务审批"路线图"供管理人员对项目过程进行管控，实现过程可追溯；对长时间未办理任务的人进行消息提醒，实现实时催办；并同时对项目各个环节进行收集管理，实现项目资料质量可控。

（4）可视化分析：对科研项目运行过程中收集到的业务数据进行可视化分析，为科技管理提供决策支持。

1.3 实现效果

（1）项目库管理：梳理项目基础信息，采用数据结构化管理的方式为后续分析统计提供数据基础，采用文件化管理方式实现项目各个阶段资料的收集，通过系统管理实现项目台账自动汇总功能，避免了项目信息及项目资料因个人保存不当造成资料丢失。

（2）辅助库管理：通过项目的实施，归总建立项目合作单位库、项目负责人库、专家信息库，为后续项目合作单位选择、项目负责人选择及专家评审等提供数据支持。

（3）科技成果库：通过搭建科技成果库，实现科技产品、勘验奖励、知识产权信息管理，为后续项目评价、人员评价、合作单位、合作人员评价提供基础数据。

2 系统架构及功能设计

2.1 系统总体架构

科研项目管理系统部署在油田公司局域网内，依托于油田公司现有的基础设施支撑设备、服务器系统、网络通信服务、移动终端设备。采用基于 java 语言开发的浏览器和服务器形成的三层架构，数据库使用的为 oracle19C，基于 J2EE 标准框架扩展(图 1)。充分利用了 J2EE 里面的核心功能，发挥其可移值性、跨数据服务、伸缩性强等优点。

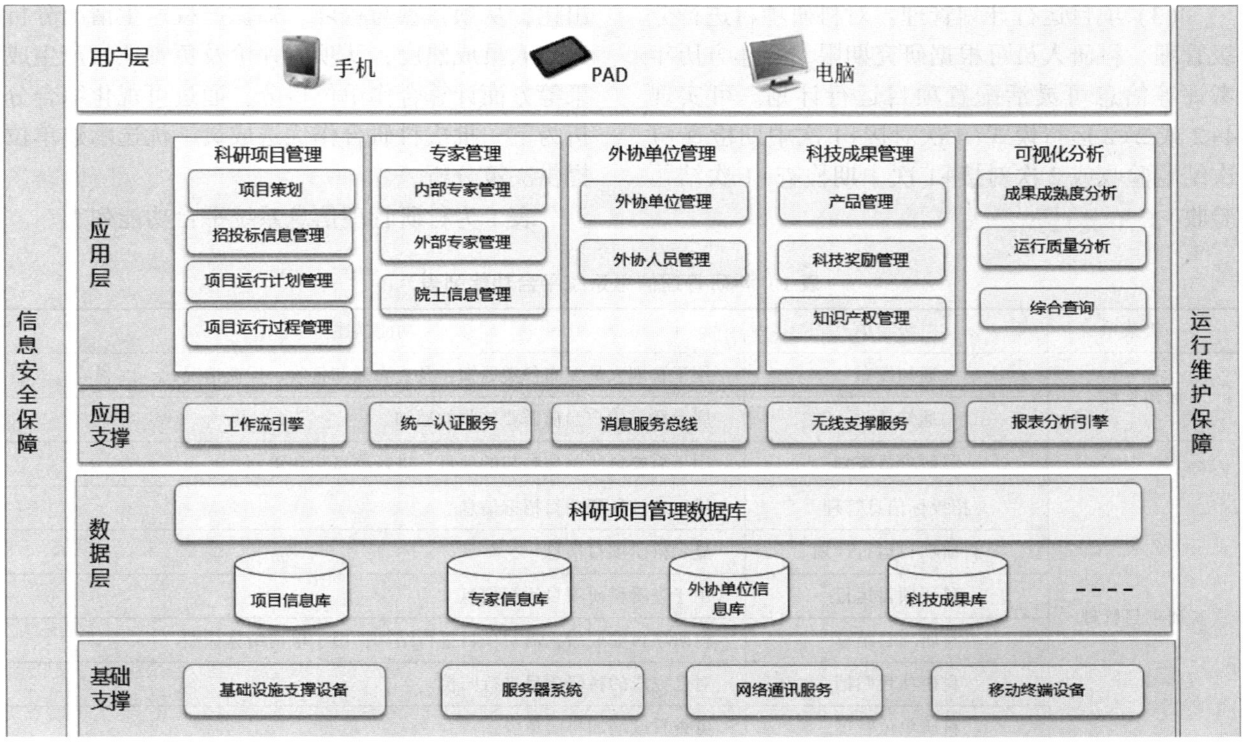

图 1　系统总体架构图

采用分层设计，技术架构与业务架构相分离：分层的目的是为了合理解构，可有效提高系统整合复杂度。通过分层，首先把技术层与业务层相分离，之后再把实施层与框架层相分离，使得不同角色开发人员使用框架的不同层工作，提高工作能效。

2.2 系统功能设置

2.2.1 科研项目管理

(1) 项目策划：项目策划模块实现科研项目策划基本信息收集，对项目的必要性、研究内容、技术指标、转化指标、预期产出知识产权指标、预算构成等进行详细描述，同时对拟邀请合作单位及理由进行维护，实现策划信息表单化。同时刻画项目策划审批流程，明确各审批阶段审批职责并通过移动端审批流程缩短业务审批时间，提高业务审批效率。另外增加项目查重功能，通过策划项目名称、所属业务领域、研究内容等信息与往年科研项目进行横向对比，杜绝在同一业务领域重复研究。

(2) 招投标信息管理：科研项目策划审批通过后即可进入招投标环节，通过招投标环节业务流程监控及合同业务流程监控实现科研项目业务360°无死角管理，避免业务流程环节阻卡造成科研项目工作开展滞后的情况。

(3) 项目运行计划管理：对科研项目进行分级管理、科研人员可根据研究期限、合作方历年考评等信息可灵活配置项目运行计划。可实现4+2或2+2运行模式(4次对接+1次中期检查+1次结题验收或2次对接+1次中期检查+1次结题验收)。

(4) 项目运行过程管理：根据项目运行计划各节点信息形成对应工作督办，定期提醒项目负责人进行相关业务办理，并及时更新项目各环节进度开展情况并上传相关资料，在相关业务办理过程中各审核节点人员对项目资料质量进行把关。

2.2.2 专家信息管理

对单位内部专家、外部专家、各大院校老师、院士信息进行收集维护，结构化搭建专家专业方向、专业领域等信息内容，便于科研人员在日常科技研究过程遇到问题时实现指向性技术咨询。

2.2.3 合作单位管理

合作单位管理采用引入管理方式，可开展合作单位的引入、使用、合作项目监控、合作项目进展跟踪等工作。

2.2.4 科技成果管理

该模块可实现对科技研究过程中产生的产品、奖项、知识产权(论文、专利、软著、标准)等信息进行维护登记，作为科技项目产出，为后续可视化分析提供基础数据。

2.2.5 可视化分析

收集科技研究过程中的业务数据，从项目投资资金、产出成果等方面分析科研项目的投入产出比，从项目参与程度、知识产权产生情况分析科研人员成熟度，从项目评价及负责项目产生成果等方面计算合作单位得分，通过可视化综合分析为下一批次科研合作优选成员、优选承建单位提供决策分析。

表1为科研管理信息系统平台功能列表。

表1　科研管理信息系统平台功能列表

一级菜单	二级菜单	功能描述
通知管理	通知发布	用于管理人员发布各类通知，及查看通知签收、反馈情况
	通知签收	展示登录用户当前需要签收的通知
科研项目管理	科研项目策划	用于需要科研单位参与的项目，进行项目初期策划
	招投标信息管理	用于统计科研项目招标信息
	科研项目运行计划	显示科研项目信息
	科研项目运行	用于查看科研项目运行信息
	科研项目结算	科研项目完成后，需对项目进行结算，用于申请结算金额
	科研项目归档	对已完成的科研项目进行归档
	科研单位管理	可查看或增加科研单位
	科研项目监控	用于监控科研项目运行情况

续表

一级菜单	二级菜单	功能描述
科研项目管理	暂缓项目维护	科研管理人员可对科研项目进行暂缓
	科研项目变更	可变更科研项目负责人、计划，并支持申请项目延期和终止项目
	科研项目招标情况	用于查看科研项目招标情况及状态
专家信息管理	外部专家查询	用于查看外部专家信息
	院士信息维护	用于查看和维护院士信息
综合查询	项目运行统计	主要显示各单位项目统计
	科研项目运行进度安排表	主要显示科研项目运行进度安排
	科研项目运行大表	主要显示科研项目运行情况
	纵向项目统计图	主要显示院和各所纵向项目统计内容
	科研项目统计图	主要显示科研项目相关统计内容
项目质量管理	成果成熟度	分析项目、人员、学科成熟度
	运行质量	对科研单位、科研负责人、知识产权完成情况进行分析统计
签名维护	用户签名维护	用于维护电子签章
成果管理	产品管理	申请人申请成果产品，同时可监控申请状态；科研管理人员对成果产品进行审核确认
	科研奖励管理	申请人申请成果奖励；科研管理人员对奖励进行审核确认
	知识产权管理	申请人申请知识产权；科研管理人员对知识产权进行审核确认

3　系统开发与应用

3.1　系统范围

（1）科研项目管理：项目策划、招投标信息管理、科研项目运行计划、科研项目运行（项目对接资料、中期检查资料、结项资料、评审意见、评委名单等）、科研项目监控、科研项目变更管理、暂缓项目维护管理。

（2）专家管理：内部专家管理、外部专家管理、院士信息维护。

（3）科研合作单位管理：单位维护、人员维护。

（4）成果管理：科研项目产品成果管理、科研项目奖励管理、科研项目知识产权管理（论文、专利、软著、标准）。

（5）可视化分析：个人成熟度查询、学科成熟度查询、所站成熟度查询、科研项目成熟度查询、科研单位投入产出比分析、科研负责人投入产出比分析、知识产权指标完成情况查询。

3.2　系统面向的用户群体

该系统面向中国石化西北油田分公司石油工程技术研究院全体科研人员、生产科管理人员、各所站及院领导等审核人员。

系统管理用户：主要系统管理人员。管理员主要负责用户权限配置、日志管理、基础数据维护等系统管理工作。

项目负责人：承担科研项目的第一负责人。项目负责人主要使用平台进行科研项目策划、各环节信息维护查询等。

各所站及院领导：审核项目各流程环节，并对项目进行进展进行监控。

内部专家：主要负责对科研项目各环节进行评审，同时对项目文档质量进行把关。

生产科管理人员：负责全院项目进度监控，并对各环节进行形式审查。

3.3　系统运行环境

该系统采用 B/S 三层接口，其运行环境为客户端、应用服务器端和数据库服务器端 3 部分（表 2）。

3.4　数据库设计

数据库是信息化建设的基础，是应用系统开发的重要组成部分。该系统数据库采用概念设计、逻辑设计和物理设计等方法，建立数据库逻辑模型和物理模型，最终设计出的数据库具有高性能、易扩展、易维护、少冗余、安全性高、可靠性高、一致性和完整性强等特点。

表2　系统运行环境列表

系统	客户端	应用服务器端	数据库服务器端
操作系统	Windows10 或更高版本	Windows 2012 或更高版本	Linux 系统
应用系统/软件	360、Google Chrome 等浏览器	Tomcat 8.0 或更高版本	Oracle 19c

（1）数据库的概念设计。数据库概念设计统一采用实体-联系（Entity-Relationship Approach，E-R）模型，E-R 图统一采用 Microsoft Office Visio 工具绘制。

（2）数据库的逻辑设计。数据库逻辑设计统一使用关系数据库理论，并尽量达到数据库设计的第三范式要求。

（3）数据库的物理设计。数据库物理设计需要综合考虑时间效率、空间效率、维护代价等因素，选择一个最优方案作为数据库物理结构。

3.5　安全设计

1. 应用系统安全设计

应用系统指的是应用软件本身的安全保护。包括如下几个方面：

1）数据保护

对系统中的关键敏感数据的存储，需采用安全措施防止被非本系统人员的非授权修改及破坏。如：系统用户权限数据等关键基础数据，通过加密、加签、MAC 等技术手段，对其进行保护。

2）日志审计

对系统完成的业务流程的每一个环节记录业务日志。对有数字签名的环节，必须将数字签名和业务日志数据共同记录，形成可信日志。对系统的启动、关闭、管理员的管理动作等操作，记录系统日志。

3）身份认证

终端与服务器端采用单向 HTTPS 协议，实现终端与认证服务器间的安全访问；同时，兼顾用户使用方便及安全性，客户端用户部署 USB KEY+证书，通过专用 ActiveX 组件调用，与服务器端组件共同完成服务器端认证功能。

4）数字签名

为了保证报账系统等关键业务流程的安全性及完整性，采用数字签名（CFCA 证书或者企业自己的 PKI/CA 证书）的方式加以保护。由客户端审批人对审批数据进行签名，传递到核心系统，核心系统验证签名后，根据业务流程的规定，再进行签名、加密，最后发送给银行，形成了环环相扣的业务数据保护，从而从应用层实现数据的完整性及抗抵赖性保护。

5）用户/权限管理

（1）用户管理。本系统用户管理采用集中控制存储、分布式管理的方式。即所有用户信息集中存储在本系统数据库中，通过各分支机构建立相应的用户管理人员，分别由分支机构的管理人员管理各自用户。

（2）权限管理。系统权限管理采用集中控制存储、分布式管理的方式进行。即由总部进行整体权限分配控制及存储，各分支管理员对本分支的人员权限进行管理。普通用户使用系统时，由系统对用户的权限进行检查及控制。权限数据在系统中加密存储，系统具备完善的权限角色分离及不相容机制，同时制定完善管理制度，对权限管理过程进行管控。

2. 服务器安全

保障服务器安全，是系统安全保障重要组成部分。服务器安全保障采取如下措施：

1）身份鉴别

为了防止在主机系统登录过程中的暴力破解活动，限制非法登录次数。在远程登录连接超时情况下，系统能够自动退出。管理员登录进入系统以后，如果长时间未进行操作，系统自动结束会话并自动锁屏。

2）登录控制

显示管理员上次登录时间，在登录过程中停留时间超过 3min 自动退出，管理员登录进入系统以后 3min 不操作将自动退出操作界面。

3）密码控制

对用户的密码使用采取高强度的要求，对核心主机的口令进行严格管理，采用由数字、字母、特殊字符组成的 10 位以上复杂口令，对半分开由两个人进行保管，在对主机进行操作的过程中一人操作一人监视，并定期更换口令。

4）系统保护

按最小安装原则进行系统安装，安装完成后禁用系统不必要的服务，防止不必要的安全风险。及时查看补丁的安装情况，并及时进行补丁更新。

5）入侵防范

建立 Tripwire 映象，对重要的系统文件进行完整性保护，使用 IDS 对系统文件进行监控，检测对主机系统的攻击行为；对重要的系统配置文件进行备份，建立系统配置的变更机制，定期对系统配置进行检查。

6）恶意代码防范

安装防病毒、防恶意软件程序，对病毒和恶意软件进行监控，部署监控系统对主机的异常情况进行监控，对系统进行安全监测，检测服务器的 CPU、硬盘、内存、网络等资源的使用情况，及时调整相关设置。

3. 数据库安全

保障数据库安全是系统安全保障核心组成部分，数据库安全保障采取如下措施：

1）身份鉴别

数据库系统用户身份标识具有唯一性，对数据库系统的用户进行身份标识和鉴别。数据库系统用户的身份鉴别信息具有不易被冒用的特点，例如口令长度、复杂性和定期更新等，在条件允许的情况下，应对同一用户采用两种或两种以上组合的鉴别技术实现用户身份鉴别，可以采用证书或者动态令牌的方式进行验证，并具有登录失败处理功能，如：结束会话、限制非法登录次数，登录连接超时自动退出。

2）安全审计

数据库管理系统的警告日志里记录有数据库的关键活动，如删除表空间等，出于安全的考虑，定期检查警告日志。安全审计覆盖到服务器和客户端上的每个操作系统用户和数据库用户，并记录系统内重要的安全相关事件，包括重要用户行为、系统资源的异常使用和重要系统命令的使用。相关时间的记录包括日期和时间、类型、主题标识、客体标识、事件的结果等，安全审计可以对特定事件，提供指定方式的实时报警，审计进程受到保护避免受到未预期的中断，审计记录受到保护避免受到未预期的删除、修改或覆盖等。

3）入侵检测

检测重要程序完整性是否受到破坏，并在检测到完整性错误时采取必要的恢复措施，数据库中的脚本、批处理文件、可执行文件等防止非授权篡改，定义 DBA 所需要的组件，移除不用的数据库服务模块。

4）资源控制

限制单个用户的多重并发会话。根据安全策略设置登录终端的操作超时锁定和鉴别失败锁定，并规定解锁或终止方式；通过设定终端接入方式、网络地址范围等条件限制终端登录，对一个时间段内可能的并发会话连接数进行限制；禁止同一用户账号在同一时间内并发登录，并限制单个用户对系统资源的最大或最小使用限度。

5）数据保密性

数据库系统的鉴别信息、敏感的用户数据采用加密或其他有效措施实现传输保密性；数据库系统的鉴别信息、敏感的系统管理数据和敏感的用户数据采用加密或其他有效措施实现存储保密性。

4. 接口集成数据服务 BIS

1）BIS 数据服务

业务集成数据服务（Business Integration Server 以下简称 BIS），是专为企业级业务集成而设计开发的中间件数据服务，采用 ESB 标准与架构，使用标准的 XML 数据包格式，打通了各个业务系统间的信息孤岛。经过前期在多个特大型企业集团的应用，充分验证了 Pansoft BIS 具有良好的稳定性、可靠性、互联性。

2）BIS 实现原理

BIS 的目的就是为不同的业务系统提供一个无障碍、可定制的业务数据互连互通的数据服务。它以一个服务器的形式存在于各个业务系统之间，可以把一个业务系统的数据请求，按事先定义好的规则，发往另一个业务系统，并可同步或者异步的检测到结果。

4 结论

科研项目管理系统实现了石油工程技术研究院内部科研项目全生命周期管理，包含了项目策划、招投标管理、运行计划管理、对接、验收、变更、归档等业务环节，并完善了科研研究过程中合作单位、专家、科技成果、统计查询分析等配套工作内容环节。通过科研项目管理流程化、表单化、结构化，有效提升科研工作效率、明确各环节业务人员职责，并通过数据深入分析研究为科研决策提供信息化支撑。

探研油田数据分类整合及内办平台建设的融合应用

姜良升　姜　宏　张晓维　蔡　钟　牛丽娜

（中国石油青海油田分公司）

摘　要　随着数字信息化以及第五代移动通信技术（5G）的全球化部署，中国石油在各大油田也在加速开展新一代智慧型油田的建设，如何从传统采油、集油、炼油的运行管理模式转型为信息化、数字化、数据化的新型模式将成为各大油田创新发展的首要难题。大学毕业后从事本专业技术岗位已有7年，在“一针一线点滴进取”的摸索下，我将在本论文中提出两个个全新建设理念——“数据分类整合”“内办平台建设”；当代是一个万物互联时代，油田的发展离不开数字信息化，数字信息化离不开大数据的分类整合，构建优良、井井有条的数据库将成为建设根基。本论文所提出的建设方向及理念或将成为数字化油田转型建设的参考标准，同时希望中国石油在新一代数字化油田建设上取得优异成绩，更快地进入万物互联时代！

关键词　油田大数据；数字化平台建设；数据整合；数据云处理

1　相关概念

1.1　什么是大数据

信息化时代就是数据交汇的时代，在此时万物与你擦肩而过皆会留下痕迹，而这些细微的痕迹都可以被二进制代码所记录，从一个人的出生起，便被“记录在案”身份证号随之产生，再到工厂中出产的商品，包装完整的那一刹那，它也拥有了独一无二的身份ID，在这个繁华发展的21世纪，似乎你所认知的一切都成为数据链，融入成为你能察觉且触手可及的生活琐事中，当你发现大数据的大那一刹那，你就会发现这个世界有多小！

回归正题，在科技发展蓬勃的今日，当代油田建设也逐步转型建设数字化、智能化、数据化的新型油田，对于“大数据”（Big data）研究机构Gartner给出了这样的定义。“大数据”是需要新处理模式才能具有更强的决策力、洞察发现力和流程优化能力来适应海量、高增长率和多样化的信息资产。

从技术上看，大数据与云计算的关系就像一枚硬币的正反面一样密不可分。大数据必然无法用单台的计算机进行处理，必须采用分布式架构。它的特色在于对海量数据进行分布式数据挖掘。但它必须依托云计算的分布式处理、分布式数据库和云存储、虚拟化技术。随着云时代的来临，大数据分析常和云计算联系到一起，因为实时的大型数据集分析向数十、数百或甚至数千的电脑分配工作，以有效地处理大量的容忍经过时间内的数据。适用于大数据的技术，包括大规模并行处理数据库、数据挖掘、分布式文件系统、分布式数据库、云计算平台、互联网和可扩展的存储系统。

现在的社会是一个高速发展的社会，科技发达，信息流通，人们之间的交流越来越密切，生活也越来越方便，大数据就是这个高科技时代的产物。

1.2　智慧油田离不开的家

建设数字化智慧油田，庞大的数据链将构成一个完整的生态系统，而这些数据将被各个程序员存放到数据库，这便是智慧油田离不开的家——数据库。

数据库是存放数据的仓库。它的存储空间很大，可以存放百万条、千万条、上亿条数据。但是数据库并不是随意地将数据进行存放，是有一定的规则的，否则查询的效率会很低。当今世界是一个充满着数据的互联网世界，充斥着大量的数据，即这个互联网世界就是数据世界。数据的来源有很多，比如出行记录、消费记录、浏览的网页、发送的消息等等。除了文本类型的数据，图像、音乐、声音都是数据。

1.3　何为数字化平台

数据库的建立是为了更好地为我们所用，工作中所操作的如A2、A11平台等均可被认为数字化平台，小到大家发表新闻宣传报道的网页端、大到中国石油ERP系统，这些都是囊括关系数据库的总和，当今办公现状，大数据已经悄然声息的覆盖到我们的方方面面！

所谓数字化平台，是指使用数字技术，改变并极大地拓宽了自己的工作效率。数字化平台具有独有特点，它们建立了一种企业运作模式，能够以高效率的方式创造出捕捉信息；最重要的是，“数字化”平台可以按照以下几个方面来定义，即在一个“数字化”平台里面几乎拥有所有商业关系，诸如职工家属、供应商、雇员之间以及核心的业务流程都是通过数字化的信息系统进行连接和沟通。同时，核心的企业资产例如创新成果、财务和人力资源也是以数字化信息系统的方式进行管理和运作，也就是电子化管理。“数字化”平台对外部环境的反应速度比传统的企业要快得多，使之能够在竞争激烈、变化无常的市场环境中生存并保持持续的竞争力。

1.4 工控网络、办公网络的组网缺陷

当今各大油田建设之初都建立有各个油田的工控数据网络、信息办公网络以及视频监控网络，三者的区别便是数据对接接口是否纳入 Internet 互联网，以确保生产中的涉密数据安全使用，工控数据网络以及信息办公网络两者组网方式存在诸多缺陷，结合多年现场工作经验，总结见表 1。

表 1

工控数据网络	信息办公网络
内网接口，通过交换机组网，需要人为定义使用设备 IP	互联网接口，通过交换机+网闸组网，需要入网代理认证
设备 IP 统计易出现混乱、时常造成网络 IP 冲突	使用代理频琐，登录部分网络应用需要单独设置代理
现场数据上位机 IP 时常被人为修改，造成网络冲突	浏览网页缓慢、主要因为代理认证后台的运作
人为操作失误造成网络打环、形成网络风暴，数据堵塞	时常出现涉密数据误操作传播涉密
现场值班人员与机关管理人员传输数据困难重重	互联网病毒侵入造成机房服务器瘫痪

数字化的未来离不开网络，网络信息安全是建立数字化油田首当其冲的待解难题！如何让我们既能安全放心办公、又能轻松畅快网络冲浪，这是一个本论文提出的最重要理念之一——“内办平台建设”创新理念！

2 油田数字化、智能化、数据化转型认知

2.1 转型的根本

石油企业的发展随社会经济体系的革新逐渐走向信息数字化，从而加大了石油市场的竞争力，传统的石油企业管理模式已经不能适应当前快速发展的新形式，为提高和稳定石油企业能够在竞争激励的市场环境下生存和发展，必须改善管理模式以及生产模式，利用先进管理理念、新型设备技术、网络通信技术、视频监控技术、铺设数据库投入建设，促使各大油田的管理实现积极、创新的目标，从而促进石油企业的稳步、长久发展。下面本文就从组织管理、财务管理、生产管理和信息管理四个方面来探讨实现石油企业管理模式的创新发展。

而转型的根本就是在于思维的转变，传统的思维模式建立在劳动创收，节能增效的基础之上，观念忽视了一点就是这一切的主体——人，在如今，人作为社会的主体，本质上更希望接受数据自动化所带来的便利，当我们拥有数据化监控生产的模式下，就拥有了更多的时间去学习和工作，从而提高同时间下的劳动创效，下面我将从管理层面和操作层面去分析转型的根本。

1. 管理层的工作转型

传统工作模式下，人们更愿意把时间用在做资料，写文本和统计方方面面上，在新时代数字化油田逐步建设后，管理层需要更多的时间去学习和维护数据库，大数据时代，数据作为根本，所需要的更多是全员对它的维护和管理，打个比方，人事管理科作为机关科室中必不可少的科室，需要维护的数据库更多是人员的信息管理，“无纸化办公”理念多年前就已被提出，但是实际情况如何，我们依然可以看到办公计划里做满了 A4 纸，其实在大数据模式之下，我们只需要去不断地更新和维护岗位的数据库，便可以真正地做到无纸化办公。

管理层相对而言对生产现场的了解是欠缺的，做好管理便是分内职责，建成数字化油田，离不开对数据库的维护管理，我所明确的方向便是在未来我们需要大量的培训去教会管理层相关人员学习数据库基本维护以及自动化工作原理，从而达到管理层掌管数据库，更新数据库，以保

证大数据网络是一个动态的发展！

2. 操作层的工作转型

让我们来看看，传统工作模式下岗位的操作工的一天，晨会结束后，便开始与夜班人员的交接班，同时也是全天的第一次巡井，二个小时过去，回到值班室开始做相关的报表，填报完后上交相关单位，午饭时间到了，吃完午饭休息片刻后开始全天的第二次巡井并开始做晨会领导所安排的各项工作，回到值班室开始填报巡检记录，晚饭时间到了，结束了一整天的工作，看似一天很充实，但实际差强人意，传统工作模式在这种巡井做报表之间浪费了宝贵的时间，工作效率众所周知可谓极低，很多岗位工人都发出这样的感慨，“忙忙碌碌且碌碌无为”！

当今数字化油田的建设，其根本目的就是服务一线，减轻劳动强度，提高工作效率，降低工作安全隐患，操作层的工作转型应该从这些烦琐的巡检中解脱出来，建立数字化油田拥有直观可见数据监控平台，各井场建立独立完整的监控系统包含有高清视频监控和功图数据远传系统，各井场数据一目了然，岗位值班人员更可以查询相关数据的历时曲线，自动生成工作数据报表，而这些数据将被保存到相关的数据库中以便技术人员提取分析！

一线岗位操作人员可以说是数字化油田的最直接受益者，富裕的时间可以带来轻松愉悦地工作氛围，这样的企业才可谓是健康绿色的。

3. 数字化油田需要全员培训

建设油田数字化、智能化、数据化的进度，其中最为重要的环节就是全员参与，对所有在职人员的培训至关重要，很多人认为建设信息化油田，大数据云处理是专业技术人员的岗位职责，改变这一认知可以极大地加速未来数字化油田建设，大数据时代，把每个人作为头号生产力，就必须做到人人有责，全员参与！

对在职人员的自动化相关知识水平的提高必不可少，以求减少误操作带来的多余工作量，真真切切的做到人人管数据，数据为人人！

4. 建立大数据油田的数据之家

对于信息自动化专业人员来说，数据之家的建设是一个极大工程，前期建设在财力人力的实际状况之下，一定要做到日后扩容的超前思维，数据库的建立并非一朝一夕，同时也需要做好对数据库的分类建立；我将其划分为十一个大类，每个类别都有服务的对象如下，总体框架如图1所示。

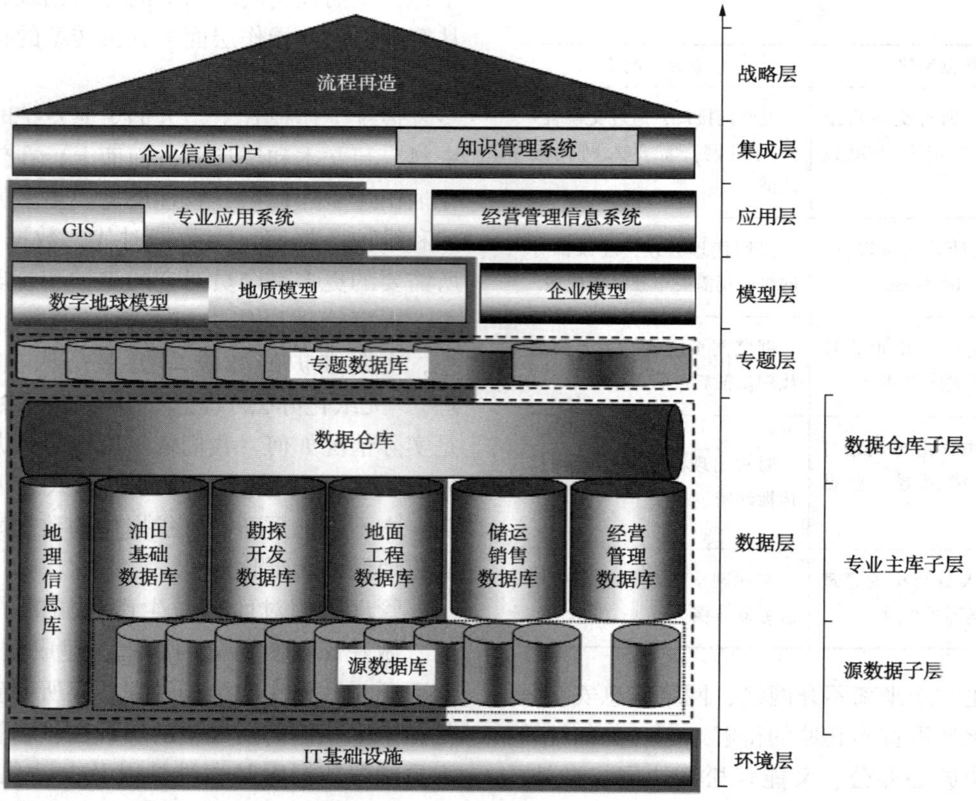

图1

（1）人员信息数据库的建立。服务于人事管理、工资薪酬等岗位，健全数据库能够更加快捷的查询人员动态信息。

（2）党群信息数据库的建立。服务于企业党群建设，健全数据库信息能够更加高效的完成党建工作。

（3）新闻信息数据库的建立。服务于公司新闻宣传等相关工作，做好企业文化，建立绿色健康的企业氛围。

（4）财务统计数据库的建立。服务于财务统计相关人员，健全数据库，做到每一笔账都能记录清晰，可圈可点。

（5）物资信息数据库的建立。服务于生产物资供应相关人员，健全数据库，落实每一样设备的来龙去脉。

（6）企管法规数据库的建立。服务于企业对外企管法规相关单位，健全数据库，做到每一个工程都能有根有据。

（7）工程项目数据库的建立。服务于专业技术人员的重点工程建设，从项目开工到项目验收都能清晰透明。

（8）合同签证数据库的建立。服务于合同签订相关人员，健全数据库，做到每一份合同都能记录在案。

（9）安全环保数据库的建立。服务于企业安全环保相关人员，健全数据库，做好安全管理、安全生产相关工作。

（10）生产信息数据库的建立。服务于全公司，对油气生产数据的及时掌握，代表着油田的整体自动化水平，完善生产信息数据库是数字化油田最为重要的数据库。

（11）视频监控数据库的建立。服务于全公司，对生产现场的实时监控，可有效的做到降低安全风险，减少劳动强度，完善视频监控点位的设立，是我们“身未到，心已远”的目标。

大数据油田的数据之家——数据库的建立是开展数字化油田建设的当头兵，更是数字化油田建设的根基！

5. 油气生产观念转型

油气生产观念的转型要以数据的形式呈现出来，常规的生产作业也要有数据的支撑，把生产中的主观意识摒弃，一切的相关动作必须要有数据的支撑！

众所周知油田老一辈的同志们大多都是以常年的工作经验去判断生产中所出现的各种疑难杂症，主观意识有利有弊，但缺乏的是解决问题的平衡途径，很多的主观意识带来的是操作时间上便捷，但失去的是对问题本身的深究。

6. 全员思想理念转型

作为这个时代最为重要的“代言人”，大型企业或集团公司迈向智慧未来，成功的标准无疑将取决于数字化转型转的成败。同样，如何运用先进的管理方法论和领先的科技技术对石油化工企业的竞争力进行重塑，是中国石油各大油田时时刻刻都在思考的重要课题。

客观的说，数字化转型过程纷繁复杂，时至今日绝大数油田不清晰数字化转型从哪里入手。所以，如何正确认识和把握数字化战略，对中国石油数字化油田的转型而言，可以说至关重要。

近几年，从国内千万吨油田数字化转型实践来看，先驱者的数字化转型多以财务共享先行已成为业内共识。但随着管理模式和业务模式的不断变革，大型企业也面临着更多的挑战：一方面是随着财务共享服务的深入，智能制造的推进，石油内部业务财资税深度融合，形成纵向一体化；另一方面，石油公司与外部连接，数据互联互通，形成横向一体化。显然，无论是纵向一体化，还是横向一体化，都意味着石油化工行业的数字化转型仍然面临着新一轮的重构和再造。

3　油田数据的分类整合需要从源头开始

3.1　从头开始且要从“源头”开始

数据库地建立便是油田数字化转型的基础，也是20世纪各大油田最为欠缺的领域，构建完善油田各大环境数据库可以更好地服务于油田岗位职工，也能方便我们提用、查找关键数据，而过去的几十年来，分类数据库的缺失使得我们在岗位上做过很多重复性的工作，数据库的分类整合必须从头开始。

当我们进入中国石油的第一天起，便是数据库建立的“源头”，我秉承我的观点：“数据服务于人类，人类创造大数据”，所以数据库的建立必须从员工入职当天开始建立和更新，完善职工人员信息数据库将会和接下来的工作息息相关，每一位中石油岗位员工将会牵动整个油田数据库的方方面面，从而构建动态数据库及完善。

3.2　数据的分类便是职责的分类

人员的划分促使形成不同岗位及岗位职责的

划分，人员所夹带的动态数据库便指向不同的岗位职责，例如：张三1月1日入职中国石油，人事科完善建立张三的个人信息数据库，1月2日张三被人事调动至安全管理科进行工作，那么他的动态数据库由人事管理科进行更新，而张三的岗位职责便指向安全环保数据库的维护和更新；而张三本人在正式接手工作之前，会接受自动化相关专业的基础培训，以确保日常所涉及的数据维护更新等工作能第一时间上手操作，而这一切操作，必须做到人性化、便携化、易用化、简单化，让人能够轻松上手！

3.3 分类是为了更好的整合

数据分类在收集、处理和应用数据过程中非常重要。数据的分类方式很多，每种方式都有特别的作用。数据工作中不同角色往往需要理解和掌握不同的分类方式，以便更好地组织、管理、分析和应用数据。比如，数据平台架构师必须理解每个组件适合处理什么类型的数据，数据仓库工程师需要根据数据类型采取适合的数据清洗方法，数据分析人员必须知道数据的组织结构才能找到想要的数据。

下面将逐个介绍各种常见分类方式，并简单介绍每种分类的使用场景，以及对每个角色的重要程度。

（1）从字段类型上：文本类（string、char、text等）、数值类（int、float、number等）、时间类（data、timestamp）等。

文本类数据常用于描述性字段，如姓名、地址、交易摘要等。这类数据不是量化值，不能直接用于四则运算。在使用时，可先对该字段进行标准化处理（比如地址标准化）再进行字符匹配，也可直接模糊匹配。

数值类数据用于描述量化属性，或用于编码。如交易金额、额度、商品数量、积分数、客户评分等都属于量化属性，可直接用于四则运算，是日常计算指标的核心字段。邮编、身份证号码、卡号之类的则属于编码，是对多个枚举值进行有规则编码，可进行四则运算，但无实质业务含义，不少编码都作为维度存在。

时间类数据仅用于描述事件发生的时间，时间是一个非常重要的维度，在业务统计或分析中非常重要。

这种分类方式是最基本的，和很多场景有关。其一在系统设计时，需要确定每个字段的类型，以便设计数据库结构。其二，在数据清洗时，文本类数据往往很难清洗，而且很多文本类数据也没有清洗的必要，比如备注或客户评论。数值类和时间类数据是清洗的重点，这类字段在业务上一般都有明确的取值范围，比如年龄必须大于0。对于不合法的取值，通常用默认值填充。其三，在建立维度模型时，数值类中的编码型字段和时间类字段通常作为维度，数值类中的量化属性作为度量。

（2）从数据结构上：结构化数据、半结构化数据、非结构化数据。

结构化数据通常是指用关系数据库方式记录的数据，数据按表和字段进行存储，字段之间相互独立。

半结构化数据是指以自描述的文本方式记录的数据，由于自描述数据无需满足关系数据库上那种非常严格的结构和关系，在使用过程中非常方便。很多网站和应用访问日志都采用这种格式，网页本身也是这种格式。

非结构化数据通常是指语音、图片、视频等格式的数据。这类数据一般按照特定应用格式进行编码，数据量非常大，且不能简单地转换成结构化数据。

这种分类方式近几年特别重要，相关的场景包括：其一，结构化数据是传统数据的主体，而半结构化和非结构化数据是大数据的主体。后者的增长速度比前者快很多，大数据的量这么大，主要是因为半结构化和非结构化数据的增长速度太快。其二，在数据平台设计时，结构化数据用传统的关系数据库便可高效处理，而半结构化和非结构化数据必须用Hadoop等大数据平台。其三，在数据分析和挖掘时，不少工具都要求输入结构化数据，因此必须把半结构化数据先转换成结构化数据。

（3）从描述事物的角度：状态类数据、事件类数据、混合类数据

用数据来描述客观世界，一般可以从两个方面出发。第一方面是描述客观世界的实体，也即一个个对象，比如人、桌子、账户等等。对于这些对象，各有各的特征，不同种类的对象拥有不同的特征，比如人的特征包括姓名、性别和年龄，桌子的特征包括颜色和材质；对于同一种对象的不同个体，其特征值的不同，比如张三男20岁，李四女24岁。有些特征稳定不变，而另

一些则会不断发生变化，比如性别一般不变，但账户金额、人的位置则随时可能变化。因此，可以使用一组特征数据来描述每个对象，这些数据可以随时间发生变化(数据的变化一方面依赖于对象的变化，另一方面依赖于变化反映到数据上的时间差)，每个时点的数据反映这个时点对象所处的状态，因此称之为状态类数据。

第二方面是描述客观世界中对象之间的关系，它们是怎么互动的，怎么发生反应的。我们把这一次次互动或反应记录下来，这类数据称之为事件类数据。比如客户到商店买了件衣服，这里出现三个对象，分别是客户、商店、衣服，三个对象之间发生了一次交易关系。

混合类数据理论上也属于事件类数据范畴，两者的差别在于，混合类数据所描述的事件发生过程持续较长，记录数据时该事件还没有结束，还将发生变化。比如订单，从订单生成到结算整个过程需要持续一段时间，首次记录订单数据是在订单生产的时候，订单状态、订单金额后续还可能多次变化。

这种分类方式在数据仓库建模是特别重要。数据仓库需要保存各种历史数据，不同类型的历史数据保存方式差别很大。状态类数据保存历史的方式一般有两种：存储快照或者 SCD 方式。事件类数据一旦发生就已经是历史了，只需直接存储或者按时间分区存储。混合类数据保存历史比较复杂，可以把变化的字段分离出来，按状态类数据保存，剩下不变的则按事件类数据保存，使用时再把两者合并。另一个相关场景就客户画像，客户画像通常用状态类数据，对于和客户相关的事件类数据和混合类数据，也会转换成和状态类数据相同的形态。

(4) 从数据处理的角度：原始数据、衍生数据。

原始数据是指来自上游系统的，没有做过任何加工的数据。虽然会从原始数据中产生大量衍生数据，但还是会保留一份未作任何修改的原始数据，一旦衍生数据发生问题，可以随时从原始数据重新计算。

衍生数据是指通过对原始数据进行加工处理后产生的数据。衍生数据包括各种数据集市、汇总层、宽表、数据分析和挖掘结果等。从衍生目的上，可以简单分为两种情况，一种是为提高数据交付效率，数据集市、汇总层、宽表都属于这种情况。另一种是为解决业务问题，数据分析和挖掘结果就属于这种。

这种分类方式主要用在管理数据上，对原始数据的管理和衍生数据的管理有一些差别。原始数据通常只要保留一份，衍生数据却不同，管理形式比较灵活，只要有利于提高数据分析和挖掘效率，产生更大的数据价值，任何形式都可以尝试。比如为每个业务条线定制个性化数据集市，提高每个业务条线的数据分析效率，虽然不同集市存在大量冗余的数据，但只要能大幅提高分析效率，用空间换时间也未尝不可。

(5) 从数据粒度上：明细数据、汇总数据。

通常从业务系统获取的原始数据，是粒度比较小的，包括大量业务细节。比如，客户表中包含每个客户的性别、年龄、姓名等数据，交易表中包含每笔交易的时间、地点、金额等数据。这种数据我们称之为明细数据。明细数据虽然包括了最为丰富的业务细节，但在分析和挖掘时，往往需要进行大量的计算，效率比较低。

为了提高数据分析效率，需要对数据进行预加工，通常按时间维度、地区维度、产品维度等常用维度进行汇总。分析数据时，优先使用汇总数据，如果汇总数据满足不了需求则使用明细数据，以此提高数据使用效率。

这种分类方式的相关场景有两种，一种是在数据仓库设计时，如何对数据进行汇总，按什么方式进行汇总，才能达到使用效率和汇总成本的平衡；另一种是数据分析人员在分析数据时，在明细数据、各种汇总数据之间选择合适的数据，以提高分析效率。

(6) 从更新方式上：批量数据、实时数据。

源系统提供数据时，不同的源系统有不同的提供方式，主要可以分为两种方式。一种是批量方式，这种方式每隔一段时间提供一次，把该时段内所有变化的都提供过来。批量方式时效较低，大部分传统系统都采用 T+1 方式，业务用户最快只能分析到前一天的数据，看前一天的报表。

另一种方式是实时方式，即每当数据发生变化或产生新数据，就会立刻提供过来。这种方式时效快，能有效满足时效要求高的业务，比如场景营销。但该方式对技术要求更高，必须保证系统足够稳定，一旦出现数据错误，容易造成较严重的业务影响。

这种分类方式也非常重要，目前有越来越多系统采取该方式提供数据。这对数据处理、数据分析和数据应用产生了巨大的影响。一方面能为业务提供近乎实时的数据和报表支持，实现高时效的业务场景；另一方面也极大地增加了数据架构、数据分析和应用的技术难度。

4　内办平台建设保障大数据下油田信息安全

4.1　发展数字化油田更要发展网络信息安全

随着现代网络信息技术的发展，计算机网络逐渐成为人们生活和工作中不可或缺的组成部分。人们越来越依赖网络，信息安全问题日益突显，大量的信息存储在网络上，随时可能遭到非法入侵，存在着严重的安全隐患．因此，计算机网络的信息安全防护也变得越来越重要。

对于油田建设中，数字化大数据时代的来临，建设数据安全网络的信息安全就是建立信息处理系统而采取的技术上和管理上的安全保护，以实现电子信息的保密性、完整性、可用性、可控性和不可否认性！如图2所示。

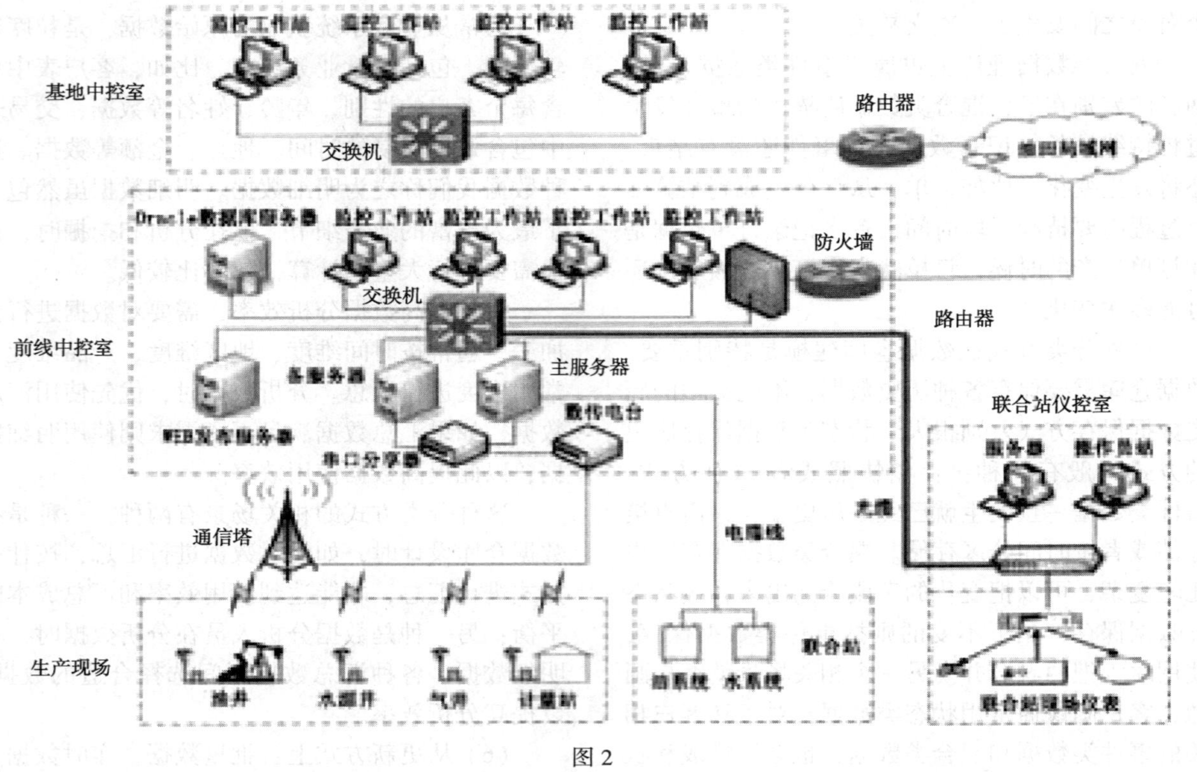

图2

4.2　内办平台建设理念

勾勒一下你所工作的油田，办公网络是否是以网闸服务器进入再由内部代理VPN授权接入互联网这种模式呢？现如今，油田公司为加强网络信息安全，在网络服务器端煞费苦心，形成了网闸代理，软件入网这种模式，多年的使用经验告诉我这样的组网有好有坏，好处便是层层高墙有效的阻止了办公网络和深层互联网的联通，在办公软件、程序范围内，我们都可以满足日常琐事，但同时也带来了诸多的不便，例如：互联网中所使用的主流沟通交流软件均被高墙阻挡，如微信、QQ、Skype等，虽然中石油有内部专用沟通软件，但这些主流软件难免在日常工作中会使用，在这样的代理模式之下，端口是固定的，若想使用便要设置层层代理，很是烦琐，严重滞后了我们的工作效率，下面我提出本论文第二个数字化油田建设的发展建议——建立油田内办平台！

内办平台不同于传统工作平台，它更像是一个我们自动化维护常用的一个软件——虚拟机系统，在正常的互联网电脑中制作一个特定端口，网络接入的应用程序，使得我们窗口外部是一台正常互联网电脑，而内办平台应用程序则是以端口准入接入到油田内部网络，我们日常所涉及的一切办公平台如：A11、A2、A5以及ERP系统均在此应用中使用，所有应用的数据接口均设置特定端口准入，实现软件系统隔离外部网络，建立内办系统链接数据库后台，建立内办系统UI界面，建立内办系统下一体化工作平台，建立内办系统下数据监控网络，这些功能块的实现离不开技术的支持，加强岗位员工培训，接纳相关技术人员的更新换代，编程内办平台结构的逻辑架构，这项工作可谓是任重而道远！

4.3　内办平台建设的必要性

建立安全、快捷、高效的数字化油必须先建设更加安全便捷的油田网络，这样才符合国家战略发展思想方针，传统的组网模式必须要进行创新，所谓内办平台应用程序端的建设，让中国石油工作模式由传统的网页、文档、表格这三大区块中转向数字化应用平台中来，提高数据保密性同时提高办公效率和沟通效率，这就是内办平台建设的创新型思维，也是数字化转型中的工作模式转型。如图3所示为内办平台的概念模型。

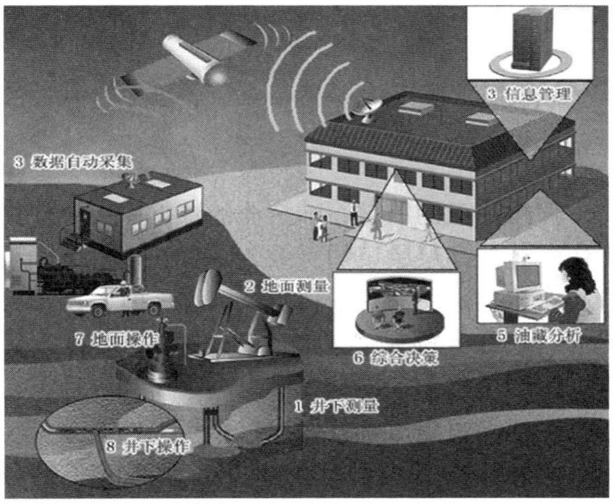

图3　内办平台的概念模型

5　大数据与内办平台的对接融合及应用

5.1　现行自动化建设中存在问题

（1）盲目追求自动化水平，功能过剩，检测点设置不合理，投资过高。

（2）自控仪表设备的设置及选型与现场工况不相适应，没有充分考虑现场的工况条件，造成现场自控设备不能正常使用。

（3）由于仪表自动化系统更新速度快、维护难度大，一些油田缺少专业的自动化维护队伍和维护费用的投入，不能及时掌握或根本就不能掌握先进控制设备的管理和维修技术，以致难以保证控制系统的正常运行。

（4）各油气田由于受管理模式和长期形成的技术观念的约束，各油气田之间缺少技术交流，先进技术的推广力度不够，有些技术甚至搞着重复研究。

（5）油气田自动化建设缺少相应的标准规范支持，难以约束新建或改扩建站场计量及测控仪表（系统）的使用配备，不便于管理和维护。

5.2　如何创新未来油田的数据对接平台

目前，油气田各生产作业区都是采用一种自成系统的自动化结构，形成许多自动化孤岛式的控制和信息管理格局。由于市场竞争激烈和规模经营发展，企业为增强竞争优势，需要更及时、准确的信息为企业决策服务，并使经营决策能有效地转变为生产操作。计算机控制、经营和管理一体化的信息综合系统的应用开发，即管控一体化，使DCS和SCADA在生产过程控制的应用界面越来越模糊，管控一体化将代表未来油气田自动化的发展方向。

油气田开发生产运行优化技术；油气田生产过程监测控制和企业管理一体化信息技术是未来油气田自动化的发展方向。

油田信息化建设，从根本上讲，主要任务是数据建设，以及在各部门之间建立规范的信息交流手段，在信息化的过程中，要充分利用以前信息化过程中的阶段性成果，包括现有的数据和软硬件系统。

5.3　建设内办平台的专属应用程序

油田信息化集成系统内办平台是满足生产运行、生产管理和生产监控需求，形成集石油勘探开发生产信息的采集、传输、存储、处理、分析、发布、管理和应用于一体，规范、统一、安全、高效的现代化生产经营综合数据一体化管理应用平台。

同时，油气田自动化系统需要控制软件、优化控制软件、系统优化运行管理软件和各种实时数据库软件的支持。油气田自动化应该在一定硬件基础上进行井口控制系统、单井计量系统、油气集输处理系统、供配电系统、供水及注水系统优化运行软件的研制开发，并开发出各种实时数据库软件，为油气田开发、开采提供基础数据。各系统优化运行软件开发的关键是要建立系统完整的数学模型，因此，需要对现有工艺过程进行分析、辨识和仿真。如图4所示为油田信息化集成系统内办平台框架结构模型。

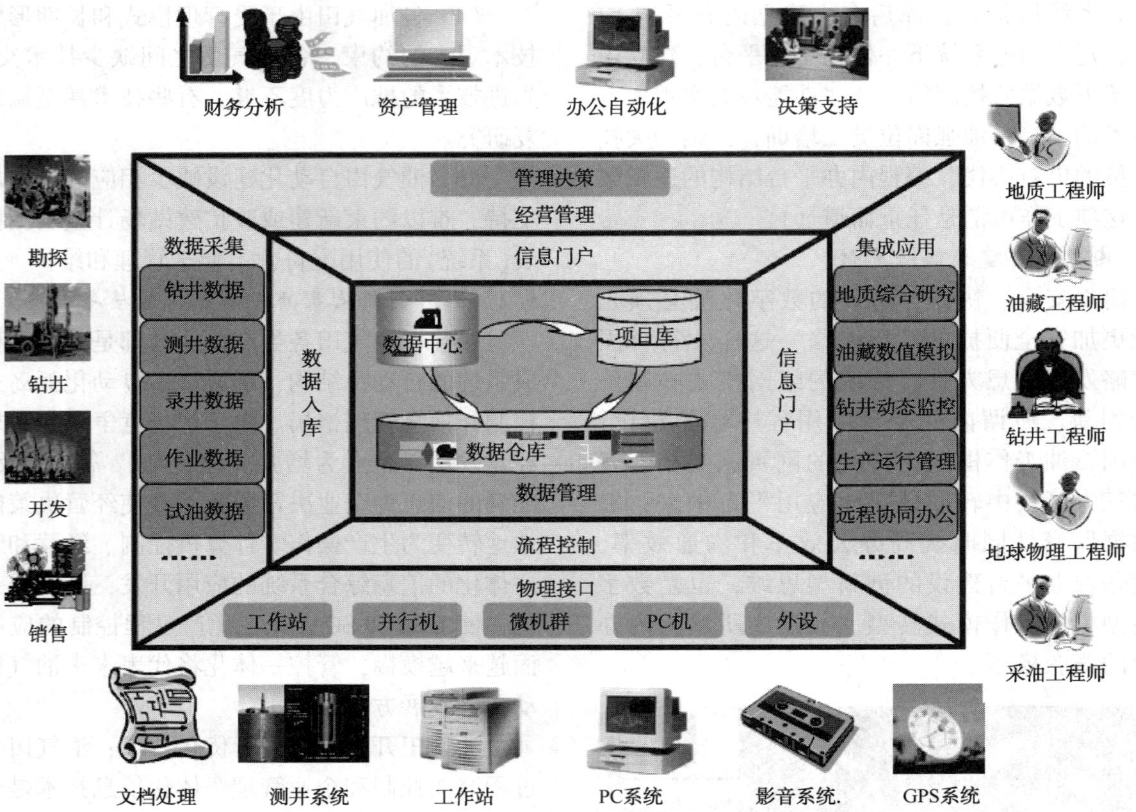

图4　内办平台框架结构模型

5.4　发展动态思维模式形成信息数据责任制

要实现工程作业职能部门间及其相关各单位间的信息集成就必须建立与业务紧密结合的信息内办系统，以满足和促进管理业务的顺利开展，对现在各专业部门的“信息孤岛”，必须建立统一、规范的数据库系统来实现各专业信息的统一存储及查询分析，实现数据资产管理、信息共享、数据质量控制。

各油田已经建立了企业局域网，这为信息化系统高效运行提供了良好的基础通信设施。同时，随着互联网的普及应用，对企业局域网暂时不能覆盖的单位，提供了有力的补充，也使移动办公成为现实。

企业的信息化所追求的最终的目是提高工作效率，降低劳动成本，提升企业的整体经济效益，企业的信息化带来的一个直接的后果就是有相当的人将失去自己的工作，对于决策者而言稳定的问题远大于效益的问题，因此现行的体制和管理模式下企业的信息化其实更加相辅相成。

值得注意的的是石油企业的数据库建设往往取决于企业高层决策的兴致，缺少长远规划。当领导意识到需要完善油田生产数据库时，便把它作为一项任务强制各二级单位对数据库进行完善，二级单位匆忙组织人员上马。作为一种被动数据库建设，建设者疲以应付，积极性不高。

总之，数字油田是企业发展战略的关键环节，是企业现代化的基本标志，是提高企业核心竞争力的重要手段，是走新型工业化道路的必然选择，是体制创新、管理创新和加强企业管理的重要途径，是科技进步的重要表现和组成部分，是带动各项工作提高水平的突破口，是企业求生存、图发展的必由之路。数字油田是油田信息化的高级阶段，数字油田是油田信息化达到智能化、数字化、数据化和科学化的全新标志，数字油田是油田信息化的宏观目标，数字油田是油田信息化的重要里程碑，数字油田也是油田信息化的鲜明旗帜。

参考文献

[1] 申耀的科技观察．从企业数字化转型再思考：看智慧企业如何落地[D]．百家号(WEB 端)，2018，(1)

[2] 星星在火．大数据必备知识：数据的分类方式[D]．知乎(WEB 端)，2019，(2)

[3] 中国石油大学．自动化、信息化、数字化油气田概述[J]. 2018，(3)

利用信息化手段强化加管系统 TS 账号管理的实践

黄文斌 胡朝晖 邓 磊 何 迅 杨 帆

（四川销售信息服务部）

摘 要 中国石油下属销售企业统一部署实施了加油站管理系统（以下简称加管系统），实现成品油的进、销、存管理，通过信息化手段极大提高了企业的经营管理水平，但是由于加管系统是基于十年前的技术架构开发的，在账号权限设置上考虑不够周全，一些账号权限过大，能够轻易审核不平的账目，或者将系统自动采集数据修改为人工填写数据，加之在使用过程中缺乏监管，不规范的使用可能造成系统数据失真，对公司生产经营带来风险，因此，在保证系统正常运行的前提下，怎样合规管理系统特殊账号权限，已成为当前公司迫切研究及解决的课题之一。

关键词 加管系统；账号；权限；风险

1 加管系统账号权限管控的背景

1.1 加管系统账号权限现状

加管系统有两类特殊账号，一是 TS 账号，其具有加管系统后台管理员权限，囊括了系统所有后台操作权限；二是站经理账号，其具有“修改油罐配置”及“角色分配”的权限，“修改油罐配置”权限意味可以将加油站油罐计量状态由自动变更为手工，手工收油是完全不受系统控制的人为数据，“角色分配”权限意味可以对任何一个普通账号赋予高级别权限，包括赋予“修改油罐配置”权限。上述两种账号如管理不善或使用不当，加管系统存在手工收油、强制日结、强制审核账目的风险。

1.2 存在的主要问题

一是站经理权限过大。通过数据采集程序发现，全公司有 1900 余个账号存在“修改油罐配置”权限，有 1500 余个账号存在“角色分配”权限，表明基本每座加油站都存在站经理权限过大的问题，这从侧面反映出前期在系统账号权限管理环节中存在巨大隐患。

二是 TS 账号管理职责不明确。之前，加油站人员、信息运维人员、业务管理人员都会涉及到账号使用，使用中密码相互传播，没有统一的职能部门归口管理，造成使用记录无法溯源，出现风险事故后又相互推诿。

三是 TS 账号使用不规范。TS 账号随意使用缺乏有效监管及合规审批，没有专人对使用账号的原因进行分析，对使用过程进行记录，以及对使用结果进行复核。

1.3 加管系统账号权限管控目标

一是上收站经理账号的“修改油罐配置”及“角色分配”权限，避免在加油站层面存在特殊权限。

二是在上收站经理账号特殊权限前提下，规定只能使用 TS 账号处理特殊问题，并对 TS 账号使用实行全流程管控。

通过以上两种措施达到消除普通账号风险操作权限，以及控制特殊权限使用的目的，最终堵塞系统账号权限产生的风险漏洞。

2 加管系统账号权限管控的主要做法

2.1 上收站经理账号特殊权限

首先通过在加管系统后台查询分析，找出站经理账号“修改油罐配置”及“角色分配”权限的代码，其次通过数据采集程序，扫描所有加管系统账号的权限代码，然后通过数据分析工具 SmartBi，将凡是具有“修改油罐配置”及“角色分配”权限代码的账号抽取出来，最后针对扫描到存在特殊权限的账号，制作权限上收脚本，逐站运行后上收权限。

通过监控工具可实时扫描账号权限情况，为管理人员提供了主动监测手段

2.2 规范 TS 账号管理和使用

1. 制定 TS 账号管理办法

从制度上明确规定 TS 账号管理实行“集中管理、审批使用、用后追溯”的闭环管理模式，遵循“谁审批谁负责，谁使用谁负责”的原则

（图 1）。

中国石油四川销售分公司
加油站管理系统 TS 账号管理办法
（试行）

第一章　总 则

第一条　为进一步强化和规范中国行泊四川销售分公司(以下简称公司)加油站管理系统(以下简称加管系统)TS账号管理，确保加管系统数据真实准确，杜绝加油站使用TS账号修改加管系统数据发生的舞弊行为，有效防控加油站经营风险，特制定本办法。

第二条　本办法所称TS账号，是指加管系统后台管理员账号，其权限涵盖所有加管系统后台操作。

第三条　TS账号管理实行“集中管理、审批使用、用后追溯”的闭环管理模式，道循“谁牢批谁负责，谁使用谁负责”的原则。

第四条　本办法适用省公司相关部门、齐二级分公司及所层全资、控股加油站，参股企业参照执行。

图 1　加油站管理系统 TS 账号管理办法

2. 明确部门管理职责

信息服务部是 TS 系统管理员账号的归口管理部门，主要履行以下职责：

（1）组织制定 TS 系统管理员账号管理制度与使用流程。

（2）负责对二级公司信息部门 TS 系统管理员账号的管理和使用进行指导。

（3）负责定期通报全省 TS 系统管理员账号使用情况，对全省 TS 系统管理员账号使用情况进行抽查。

（4）负责 TS 账号制度流程的信息系统实现。

零售业务部是 TS 业务管理员账号的归口管理部门，主要履行以下职责：

（1）组织制定 TS 业务管理员账号管理制度与使用流程。

（2）负责对二级公司零售部门 TS 业务管理员账号的管理和使用进行指导。

（3）负责定期通报全省 TS 业务管理员账号使用情况，对全省 TS 业务管理员账号使用情况进行抽查。

二级公司信息部门是 TS 系统管理员账号管理的责任主体，主要履行以下职责：

（1）负责设立 TS 账号受理岗，集中受理 TS 账号使用申请。管理 TS 系统管理员账号密码，定期维护（至少半年变更一次）。

（2）负责设立 TS 系统管理员账号审批岗，对“信息系统类”TS 账号使用进行审批。

（3）负责做好 TS 账号受理岗人员交接，新接手人员需立即更改 TS 系统管理员账号密码。

（4）负责对未经审批使用的 TS 系统管理员账号，以及审批后操作了“非正常业务操作类”的 TS 系统管理员账号，立即查明原因，做好登记记录。

二级公司零售部门是 TS 业务管理员账号管理的责任主体，主要履行以下职责：

（1）负责设立 TS 业务管理员账号审核岗，对“非正常业务操作类”使用进行审核。管理 TS 业务管理员账号密码，定期维护（至少半年变更一次）。

（2）负责设立 TS 业务管理员账号审批岗，对“非正常业务操作类”使用进行审批。

（3）负责做好 TS 业务管理员账号审核岗人员交接，新接手人员需立即更改 TS 业务管理员账号密码。

（4）负责对已审批使用的 TS 业务管理员账号进行复核，对未经审批使用的 TS 业务管理员账号立即查明原因，做好登记记录。

3. 圈定禁止类事项

（1）禁止加油站使用 TS 账号。

（2）禁止将 TS 账号密码告知不相关人员。

（3）严禁二级公司相关人员在使用 TS 账号时，进行任何修改业务数据的操作。

（4）严禁二级公司相关人员在使用 TS 账号时，进行任何与审批不符的操作。

（5）严禁二级公司相关人员登录 TS 账号后，不按规定退出登录。

4. 建立监督检查机制

通过部门、地市公司、省公司完成复核、复查与抽查“三级检查”工作，确保每一次 TS 账号使用都有据可依、有据可查。

（1）二级公司相关部门每周组织对上周已使用的 TS 账号进行复核，检查导致使用 TS 账号的真实原因及核实使用 TS 账号实际的操作内容（表 1）。

（2）二级公司分管领导每月组织相关部门对上月 TS 账号使用情况进行复查，做好复查记录。

（3）省公司每年按比例对二级公司组织的 TS 账号复查情况进行抽查。

表 1　TS 账号违规使用复核表

序号	公司	加油站名	预警原因	情况说明
1	自贡公司	东延线北	用 993 处理业务类	2021 年 1 月 9 日，自贡公司东延线北加油站由于系统传输问题导致 VP 传输错误，在报省运维处理无效后，让加油站申请综合业务支撑平台做强制日结处理，但由于业务无人值班，急着营业。故使用了 993 账号日结，导致了预警
2	资阳公司	丹山加油站	没有申请	2021 年 01 月 06 日，资阳公司丹山加油站收油时，后台电脑未成功读取液位仪数据，按要求在综合平台申报 TS 流程，登陆 TS 修改油罐配置. 01 月 07 日平台产生预警信息，经核实为运维人员使用 TS 账号登陆系统后，由于系统卡顿，导致重复登录使预警
3	油料公司	蓉汇加油站	没有申请	蓉汇加油站(MT64)为油料公司新上线的特许经营加油站，在综合业务支撑平台中，申请组织机构流程未走完，无法在综合业务支撑平台添加设备信息，也无法走故障申报流程，所以产生了申请使用预警
4	资阳公司	放生加油站	没有申请	资阳公司放生加油站收油时，加油站停电导致收油失败，加油站按要求在平台申报 TS 流程，由于系统故障，登陆时加管系统提示登陆报错，未能进入系统，重启电脑后，再次进入后预警
5	资阳公司	西禅	没有申请	运维人员使用 TS 账号登陆系统后，由于系统卡顿，导致运维人员误点击到退出按钮；再次进入后预警
6	达州	金竹	用 993 处理业务类	该加油站于 1 月 13 日下午 1 号罐 0#柴油换号-10#柴油，故按流程申报了系统故障类 TS(993 账号)，在进行油品换号过程中，发现其油品账未审核，导致换号失败，在零售科同事在场且同意的情况下使用 993 账号进行了油品账审核，导致 TS 预警，特此说明
7	岷江	牡丹	没有申请	2021 年 1 月 16 日 00 点 39 分，岷江公司运维人员对牡丹加油站人工下发油品价格，由于重复登陆 t 账号造成 ts 登陆预警
8	达州	金龙	没有申请	该预警为该站当时 BOS 被远程后登录 TS，并进行了日报表导出操作导致预警。此次预警在省运维帮忙的情况下无法核实是谁登录并使用 TS。针对此事件我们马上进行 TS 密码修改
9	巴中	南坝	用 993 处理业务类	因重新上线后的第一个日结油品帐差异过大，需 TS(911)账号审核，由于系统重新上线后未在加管系统中及时申请 911 账号，相关岗位的业务人员违规使用了信息类 TS(993)账号审核了油品帐，导致 TS(993)账号预警
10	资阳	润力	没有申请	资阳公司三岔润力加油站反应加管系统故障，运维人员登录 TS 检查系统，因为是特许经营加油站，无加管设备可选，运维人员就直接操作了系统
11	宜宾	怡乐	没有申请	运维人员审批完后登错了站
12	油料	蓉汇	用 993 处理业务类	蓉汇加油站使用了 993 账号进行了强制审核油品账操作，导致预警。原因为信息人员违规操作，擅自使用 993 账号操作业务类问题，导致了预警

4 强化考核

通过 TS 账号管理模块，对 TS 账号日常使用设置相关规则，对违规使用的 TS 账号，系统会预警记录，省公司将各分公司 TS 账号预警情况做为考核依据，纳入信息系统应用考核，定期通报(表 2)。

表 2　加油站 TS 账号使用考核通报

公司	登录次数	业务类小计	业务类规范操作	业务类违规操作	信息类小计	信息类规范操作	信息类违规操作	修改油罐配置小计	修改油罐配置规范操作	修改油罐配置违规操作	违规操作合计	得分	排名
合计	84	1	0	1	39	38	1	44	44	0	2		
巴中	4	0	0	0	4	4	0	0	0	0	0	5	1
成都	3	0	0	0	3	3	0	0	0	0	0	5	1
达州	1	0	0	0	1	1	0	0	0	0	0	5	1
德阳	2	0	0	0	0	0	0	2	2	0	0	5	1
甘孜	0	0	0	0	0	0	0	0	0	0	0	5	1
广安	0	0	0	0	0	0	0	0	0	0	0	5	1
广元	3	0	0	0	0	0	0	3	3	0	0	5	1
乐山	0	0	0	0	0	0	0	0	0	0	0	5	1
凉山	1	0	0	0	1	1	0	0	0	0	0	5	1
泸州	2	0	0	0	1	1	0	1	1	0	0	5	1
眉山	14	0	0	0	2	2	0	12	12	0	0	5	1
绵阳	9	0	0	0	9	9	0	0	0	0	0	5	1
岷江	0	0	0	0	0	0	0	0	0	0	0	5	1
内江	0	0	0	0	0	0	0	0	0	0	0	5	1
南充	0	0	0	0	0	0	0	0	0	0	5	1	
攀枝花	0	0	0	0	0	0	0	0	0	0	0	5	1
遂宁	1	0	0	0	1	1	0	0	0	0	0	5	1
雅安	2	0	0	0	2	2	0	0	0	0	0	5	1
宜宾	2	0	0	0	2	2	0	0	0	0	5	1	
油料	1	0	0	0	0	0	0	1	1	0	0	5	1
资阳	21	0	0	0	13	12	1	8	8	0	1	4. 8	21
自贡	18	1	0	0	0	0	17	17	0	1	4. 8	21	

3　实现方法及效果

3.1　*开发线上管理功能*

利用技术手段，在公司综合业务支撑平台中开发 TS 账号管理功能模块，针对不同使用场景，配置申请及审批流程，包括“非正常业务操作类”“信息系统类”“手工收油”“手工调价”4 种类型，同时设置预警规则，配套开发统计查询报表，实现对 TS 账号的申请、授权、使用全流程监督管控(图 2)。

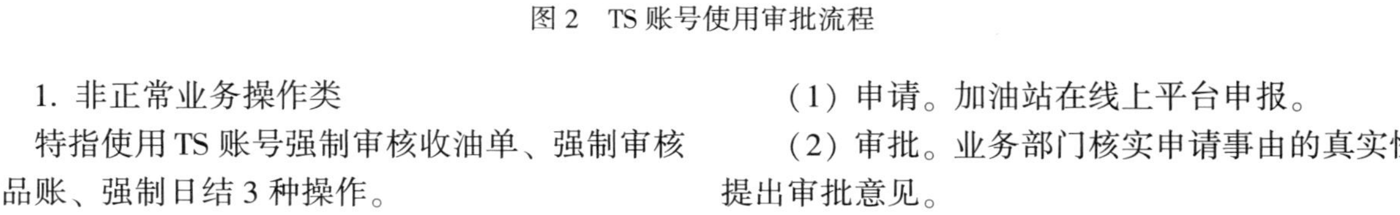

图 2　TS 账号使用审批流程

1. 非正常业务操作类

特指使用 TS 账号强制审核收油单、强制审核油品账、强制日结 3 种操作。

(1) 申请。加油站在线上平台申报。

(2) 审批。业务部门核实申请事由的真实性，提出审批意见。

（3）执行。若审批同意，则由业务部门使用TS账号处理相关问题，操作完成后立即退出账号；若审批不通过，则退回使用申请。

（4）复核。业务部门每周组织对前一周已执行的TS账号逐项进行复核。

2. 信息系统类

指使用TS账号进行一般性系统运维故障处理等操作。

（1）申请。加油站在线上平台申报。

（2）审批。信息部门核实申请事由的真实性，提出审批意见。

（3）执行。若审批同意，则由信息部门使用TS账号处理相关问题，操作完成后立即退出账号；若审批不通过，则退回使用申请。

（4）复核。信息部门每周组织对前一周已执行的TS账号逐项进行复核。

3. 手工收油

指由系统或设备故障以及客观原因引起的必须进行手工收油的操作。

（1）申请。加油站在线上平台申报。

（2）审批。信息部门核实申请事由的真实性，提出审批意见。

（3）执行。若审批同意，则由信息部门使用TS账号将“油罐设置”改为“手工”，加油站进行手工收油；若审批不通过，则退回使用申请。

（4）复核。每周组织对前一周已执行的手工收油TS账号使用逐项进行复核。信息部门对使用原因进行复核，业务部门对加油站的手工收油数据进行复核。

4. 手工调价

指国家统一价格调整及公司促销价格调整失败后，使用TS账号手工变价操作。

（1）申请。如遇自动变价失败，加油站在线上平台申报。

（2）审批。信息部门核实申请事由的真实性，提出审批意见。

（3）执行。信息部门使用TS账号进行手工变价，操作完成后立即退出账号。

3.2 效果评价

加管系统特殊账号权限自2018年实现系统化管理以来，其显著效果表现为以下三个方面：

一是规避账号权限过大的风险，将站经理的“修改油罐配置”和“角色分配”两项特殊权限全部上收，涉及全公司1600余座加油站，3200多个系统账号。

二是规范TS账号的使用。账号必须先申请并经过相关部门授权后才能使用，全公司每月使用次数从5500余次降低到1000余次，尤为重要的是将之前的随意使用转变为经过有效审批的合规使用。

三是强化油品数量管理。利用线上平台，既可以通过TS账号的登录使用正向查询手工收油情况，也可以通过手工收油的单号逆向追溯是否有对应合规的TS账号使用申请，严格把关加油站手工收油操作。

4 结论

加管系统TS账号的有效管控，既是一例提质增效的成熟方案，又是一项防范加油站资金、商品风险的有力措施，目前该实践在全公司1600余座加油站推广使用后取得良好效果。

企业网络资产管理困境与实践

杨　林[1]　王英梅[1]　陈瑞刚[2]　周晓宇[2]　李长玮[2]

（1. 中国海洋石油集团有限公司信息技术中心；2. 中海油信息科技有限公司上海分公司）

摘　要　近年来随着信息化发展和网络安全的态势严峻，企业对于网络资产管理的要求越来越高。由于忽视网络资产管理的特殊性，导致企业网络资产定位"不全、不准、不及时"逐渐成为信息化管理和事件处置的痛点。为避免企业网络资产管理混乱，本文从管理、技术和运营三方面剖析网络资产管理过程中遇到的各类困境。分析为什么企业建立了专业平台，却依旧使用 Excel 作为定位工具的原因，以及网络资产管理区别于其他资产类型的特点。为进一步方便理解网络资产管理体系建立过程，分享了网络资产管理体系蓝图设计经验，从工作原则、目标入手，探讨网络资产在信息化建设、事故排查、网络安全事件处置中的应用，并阐述流程和平台设计过程中需要注意的事项。通过经验分享拓宽思路，提高网络资产管理能力，助力信息化和网络安全稳定发展。

关键词　企业网络资产管理；网络资产在管理、技术、运营方面存在的困境；网络资产管理体系蓝图设计

网络资产主要是计算机（或通信）网络中使用的各种设备。主要包括主机、网络设备（路由器、交换机等）和安全设备（防火墙等）。但是随着数字化转型工作的推进，网络技术推陈出新，网络资产的边界逐渐变得模糊，云平台、容器、中间件等和网络相关的软硬件资产信息也逐渐被拉入网络资产的范畴。

网络资产管理被称为网络安全管理第一步，是实现"挂图作战"的重要基础，为企业后续信息化项目建设、应急处置、网络安全提升提供重要支撑，因此也被认为是非常重要的一步。虽然近年来企业逐渐开始重视网络资产的管理工作，然而缺乏有效的管理手段，部分企业始终将网络资产管理作为物料管理的一部分，没有针对网络资产的特点制定更新和查询流程、提供专业的管理平台，导致网络资产不清晰的问题长期困扰着众多大型企业。

1　网络资产管理的困境及思考

企业多年经营后，业务范围不断更迭，总部和分支单位的办公区域、业务部门和机构、信息化成员不断更替，最初设计的数据中心、IP 规划、技术路线等逐渐无法满足新的信息化工作需求，导致资产无序混乱的发生。随着企业对于信息化工作的重视和实战化网络攻防演习的推广，安全事件常因资产定位效率低下，导致影响的范围成几何倍数增长。同时，由于业务连续性方面的安全事故或网络安全事件常发生在"散、小、弱"的系统上，而这些系统又是网络资产记录的重灾区，迫使资产管理进一步成为信息化和网络安全工作的痛点。

企业尝试通过建设大型信息化综合管理平台加强网络资产管理，如安全运营中心或态势感知平台、IT 服务管理平台、共享服务中心平台等，甚至为平台配备了专业的网络资产测绘或者扫描探针，但是结果却并不如意。在日常网络安全事件处置过程中，此类网络资产平台存储的网络资产信息常无法满足定位需求，如未记录相关设备的 IP 信息或者资产信息已经严重过期，导致定位工作不得不基于某个 Excel 或者网络日志信息进行。

网络资产管理混乱的局面可以归类为：管理、技术和运营三方面的不足或缺失。

1.1　网络资产管理方面存在的问题

企业管理者常忽视网络资产的重要性或低估网络资产管理的复杂性。部分企业总部不设立专职岗位进行网络资产的管理和维护，各部门和各分支单位小范围维护自身网络资产。没有制定权威的责任和流程，致使网络资产统计永远滞后于信息化建设，最终导致在事件处置过程中发现网内存在资产不清或者无主资产的问题。

相较于个别企业忽视网络资产管理，更多企

业无法对网络资产进行有效管理。在设计网络资产管理体系时，没有制定网络资产管理目标，常将网络资产管理定义为平台采购或阶段性工作，认为通过采购某套平台或者短期内梳理网络资产信息，即可满足网络资产管理的相关要求。在梳理过程中存在：未区分网络资产、信息化资产和虚拟资产；统计了过多的财务、人力、物理等信息；缺乏专业团队、支撑平台和管理流程；导致资产管理信息无法得到有效维护。

1.2　网络资产技术方面存在的问题

选择合适的平台支撑网络资产信息维护将极大提升网络资产的管理效率，但是由于没有进行合理规划，甚至将网络资产管理工作定义为阶段性工作，因此企业常基于设计灵活、应用广泛的Excel表格作为技术支撑平台进行管理。相较于专业的数据库或者网络资产管理平台，Excel表格的优势非常明显，短期内可以支撑统计工作落地，但是后续运维中，Excel表格很难进行多个团队共同维护和信息管控，导致企业虽然在某一阶段网络资产相对清晰，但是经过一段时间迭代，资产信息又变得模糊不清。

同时新技术的应用也对网络资产管理的技术方面提出了更高的要求。云计算、容器部署和大数据等新技术的应用，使得网络资产的标示逐渐变得模糊，信息系统和IP的映射关系变得复杂且随机，无法基于传统的IP对信息系统进行有效标记。随着零信任、移动化办公和区块链等技术的发展，测试系统和生产系统的定义在不断更新，导致网络和系统的边界逐渐模糊。这些变化对于网络资产管理的技术提出了更高的要求。

1.3　网络资产运营方面存在的问题

企业或分支单位在建设初期，没有对信息化工作进行专业规划，网络资产管理工作由相关部门或者人员兼职完成。导致分配工作任务时，仅告知需要完成网络资源分配(如IP地址或域名)，未明确要求对分配的资源进行全生命周期的管理，也没有提供匹配的管理资源，导致管理员对分配信息和行为进行记录，但是受限于工作范围，很难接触到部门划转、人员变动、信息系统迭代等信息，无法及时进行表格更新，随着时间推移记录信息逐渐失效。

部分企业存在网络资产管理流程不合理或者不清晰的情况。网络资产管理部门要求各部门或单位根据管理规定和业务特点开展资产维护工作，但发生部门划转或者人事变更的情况，负责人常没有意识要对网络资产进行交接，或不知道应该将变更信息同步给谁，导致网络资产信息不准确；当遇到网络安全事件或事故需要定位时，可能相关信息在基础设施、数据中心、云平台和系统建设部门的资产表格中都有所涉及，资产内容存在无法关联或者信息冲突的情况。查询人员无法判断应该基于哪张表格确认有效的网络资产信息。

网络资产管理和维护需要根据网络资产的特点开展。相对于其他资产类型，网络资产更新频率快，随着信息系统每次迭代，网络资产信息需要同步进行更新；跟踪周期长，信息系统的稳定运行期通常超过5年，部分系统甚至超过10年，网络资产管理需要克服部门划转或者核心负责人的更替等多种情况；网络资产属性复杂，网络资产除了需要记录标准的负责人、IP、物理信息等，还需要记录多种关联属性，包括操作系统、主要组件及版本、系统模板、供应链等信息。

网络资产管理、技术和运营方面出现的问题常会引起连环反应，最终导致企业网络资产信息不全，大量网络资产信息查不到；部分信息存在过期或者有误的情况，无法为定位工作提供有效支撑；即使通过多种手段进行联合查询，可以确认网络资产信息，但是由于定位消耗时间过多，导致事件或事故无法有效得到处置。

通过分析网络资产管理的困境，不难发现网络资产管理是一项复杂的工作。缺乏体系设计，单纯通过采购综合管理平台或者制定专项工作无法持续有效进行网络资产的管理和维护。需要管理者根据企业实际情况制定网络资产管理目标，从管理、技术、运营全面开展评估，完善制度，打磨平台，组建专业团队，针对网络资产变化频率快、跟踪周期长、属性复杂的特点，选择适合企业的方式，才能使工作尽可能有效落地。

2　网络资产体系蓝图设计实践

某央企，经过数十年的发展，已经成为行业支撑的重要企业单位。业务覆盖行业的全部领域，设有多个分支单位，员工数量超过10万。随着数字化转型浪潮，云计算、大数据等多种场景均在企业内部得到落地，支撑企业高效运转。在基础网络方面，通过统一建设的办公网络支撑企业员工的正常办公，在国内多个一线城市设置数据中心和数据节点，并在海外各大洲部署多个数据中心。网络在初期规划时有明确的 IP 地址规划，但是后期随着业务形态变化，事业部的归并和划转等，IP 资产归属问题逐渐变得模糊。该企业内部多套系统虽然具备 CMDB 或资产管理组件，但是并未针对 IP 和负责人等信息进行统计更新维护，导致老旧资产、僵尸资产等情况时有发生。网络安全事件排查通常需要基于各部门的登记表格和各单位的准入系统进行综合查找、分析比对，因此需要占用大量时间精力用于设备的定位工作。

随着国家和企业对网络安全的逐步重视，对安全事件处置效率的要求越来越高，原有网络资产管理方式不足以支撑该企业下一步发展需求，因此企业决定针对网络资产管理进行蓝图设计。

2.1 蓝图设计原则

网络资产管理体系建设通常需要综合评估企业各方面现状，平衡需求和实际能力，选择合适的工作方案。蓝图设计需要满足以下网络资产管理基本原则。

2.1.1 网络资产数据有效性

网络资产管理工作应满足企业在信息化建设、网络安全事故或事件处置时的相关需求，全面记录网络资产，确保网络资产的准确，并使网络资产可以快速被查询。确保每一轮体系建设或者资产梳理可以使企业的资产管理能力得到有效提升。

2.1.2 可落地性

综合评估时间、人力等制约因素，制定或选择合适方案。当时间受限，应优先考虑使用方便灵活的记录手段，减轻流程压力；当参与梳理或管理工作的人员非专职或者专业人员，应在确保核心网络资产属性被记录的前提下，考虑缩减收集内容或降低专业程度，例如详细的组件或版本信息，芯片是否为国产化等。

2.1.3 可持续性

蓝图设计应满足企业对于网络资产数据长期有效的需求。需要针对可持续性设计专职团队、综合管理平台、网络资产管控流程外，还需要对网络资产支撑平台的开发和改造能力、管理节点、惩罚措施等进行综合考虑和设计。

2.1.4 可扩展性

随着网络资产管理的需求不断提高，新技术应用，管理流程和支撑平台均需要有针对性进行设计。例如当网络资产管理由各单位网络管理员负责时，参与人数总计约为 20 余人，由于日常工作接触较为频繁，因此整个过程不存在信任和保密等问题；但随着时间推移和数据准确性要求逐步提高，网络资产运维工作需要各单位各系统管理员同步参与，参与人数达到上千人，甚至包含三方工程师，原有的信任机制将无法维持，进而导致资产管理出现混乱无序。

2.2 蓝图设计工作目标

如前文分析，网络资产管理体系需要支撑企业在信息化项目建设、事故应急处置和网络安全方面的需求。信息化项目建设对于网络资产数据的及时性、准确性要求相对较低，但是对于全面性要求较高；网络安全事故应急处置排查对资产定位的及时性和准确性有较高要求；网络安全事件的分析分为事前预测、事中处置和事后追溯，事前预防对网络资产的全面和重要属性有一定要求，事中处置和事故排查类似，事后追溯需要基于时间、主体和行为进行定位，对于日志记录有一定要求。具体参考如下：

（1）信息化建设需要网络资产数据提供支撑；网络安全事前预防需要记录网络资产的重要属性。本质上需要记录服务器和用户终端的：应用系统、操作系统、组件、CMS、版本号、供应链等信息，并记录 IP、负责人等信息进行通联。

（2）发生网络安全事故或事件需要应急处置，需要确认受影响的主机信息，包括涉及 IP 属于什么系统、单位或部门、负责人、联系方式及关联设备信息等。

（3）事后追溯往往根据事件的时间、主体、行为等线索进行定位，例如：某年某月某日的某刻，内网主机 A 访问了某恶意域名，需要基于以上线索定位主机 A，并进行上机查证。使用代理、负载均衡、VPN 等设备导致线索提供的 IP 未必属于具体主机，需要建立对上网行为的审计记录；使用 DHCP 需要对 IP 分配历史进行记录，至少应保证满足《网络安全法》6 个月的日志记录的基本要求。

鉴于以上分析不难看出，各类网路安全事件对于网络资产管理的要求较高。由于企业每年会作为防守方参与由国家主办的网络安全攻防专项行动，可以在专项行动前阶段性完成蓝图设计及部分实施工作，通过实战化攻防演习对网络资产体系建立的效果进行检验。

因此经过整理，蓝图设计工作目标为：

设计一套全面、准确、快速的网络资产管理体系，整体方案具备可持续性和可扩展性，满足企业信息化建设、应急响应及网络安全事件的各类需求。

2.3 网络资产管理体系流程设计

现阶段企业总部包含信息化管理部门和支撑技术部门，企业的 IP 规划及分配工作由技术部门网络组负责，各单位各部门或项目组等收到分配的 IP 段在自行进行管理和分配工作。企业总部对于网络资产的管理相对详细，建立了记录和跟踪机制。但是其他数据中心的网络资产管理程度并不统一，存在个别区域管理不到位的情况，并且整体缺乏管理要求和联动机制，导致总部和各数据中心记录格式及内容不统一。

流程设计需要确保数据有效，因此在开展流程设计前，梳理网络资产管理的全流程关键点。通过梳理核心运维团队、管理节点、跟踪机制、奖惩措施确保整体设计方向准确。核心运维团队确认后续工作责任及主要推动力量，管理节点确保资产信息可以得到有效管理和及时更新，跟踪机制明确后续工作中的检查检验方式，惩罚措施保障网络资产数据长期得到有效维护。

结合企业实际环境，进行如下应对：

1. 后续核心运维团队：技术部门网络组

企业具备多个团队具备网络资源的管理能力，例如：数据中心管理团队、网络运维团队或其安全运营中心团队。从整体管控能力、工作理解和惯性综合考量，认为网络组继续承担相关工作较为合理。但是过程中应提出更明确要求，制定新的扁平化的管理流程，确保团队主动跟进网络资产的管控、审计和优化。

其他部门和岗位需要配合核心运维团队进行网络资产管理。总部管理部门对网络资产管理提供管理支撑，并对各主要岗位进行成果考核；数据中心、云平台的管理团队和各单位各部门的系统负责人需要同步建立配合方案，对自身管理的范围内的网络资产进行维护。

2. 管理节点：数据中心建立；网络接入；设备上架；系统上线

为避免网络资产管理滞后于信息化建设，通过关键节点对网络资产维护进行管控，确保网络资产相对准确。企业已存在对设备上架和系统上线的管控，但是新建或接入网络、新建或接入数据中心目前尚未进入网络资产管理的环节，为了确保全面管控，应同步进行管理。通过管理和技术方案把握以上关键节点，确保未注册网络资产信息，不得新建数据中心，不能接入分支单位的网络，设备不得上架，信息系统无法通过上线检查等。

3. 跟踪机制：季度开展资产测绘检测；每月根据网络安全事件开展部分资产比对检测

按照季度开展资产测绘监测，全面确认网络资产是否在册；每月针对安全事件、安全通报涉及的网络资产与企业网络资产数据进行比对，由于安全事件、安全通报涉及的往往是“散、小、微”系统，可以有效放大网络资产信息的准确程度。

4. 奖惩机制：年终绩效

由于各单位的体量、信息化水平不同，往往信息化发展程度更高的单位可能涉及的网络资产管理问题越复杂、数量越多，因此不应一概而论，应选择合适的角度，如在量化考核结果时增加单位体量和信息化复杂程度的系数，确保结果相对公平，不会影响信息化积极性。

考核的本质是促进网络资产的管理，应适当考虑提供一部分整改空间，例如在通报后一周内，负责团队补录了相关信息，或者对网络资产进行了管控，应考虑赦免或者减轻惩处。

2.4 网络资产管理体系平台设计

企业具备多套综合管理平台，安全运营中心平台仍处于开发周期，其中资产库模块较好的契合网络资产管理的基本需求，选择作为网络资产管理体系的支撑平台，但需要确认该平台是否满足各类功能需求。

（1）团队协作需求，需要针对各负责人的权限进行管控。

（2）IP 段和具体 IP 地址的分配功能。

（3）网络资产数据录入、修改、删除功能，如果条件允许应具备批量录入、删除功能。

（4）具备集成其他以建设的资产数据库、CMDB、网络测绘探针的能力。

（5）具备集成其他准入系统的能力。

（6）网络资产数据查询功能，如果条件允许应具备批量查询功能。

（7）可以针对常见系统、组件、版本等进行匹配查询。

（8）具备已经展示功能，方便企业管理员整体查看企业网络资产的态势。

平台涉及大量数据优化和改造，需要大量时间进行联调联测。为确保工作整体平稳可控，前期收集需求时，应考虑统一收集各类需求，并在团队内部进行需求的评估和分析，过滤掉相对不明确或不合理的需求后，向开发人员提出更为准确的需求和相关改造的时间限制，确保在规定时间内完成优化工作。

在日常运行中，除去网络资产管理人员和网络及系统工程师，三方临时工程师可能需要使用平台进行网络资产查询。建设时，需要注意对平台的使用体验进行适当优化，尽量去除不必要的效果，确保软件逻辑整体清晰，属性信息可以自动化录入。使用人员即使未经过专业培训，也可以进行常规的更新和查询操作等。

平台建设需要考虑不同视角的展示，即 IP 视角、域名视角、ID 视角等；还应考虑基于时间、主体、行为等进行定位检索的需求，尽量满足各类场景的排查需求。

后续还可考虑如下方向的优化工作：

（1）基于企业的统一身份认证进行登录管控，在提升系统安全级别的同时，方便更多用户使用。

（2）整理接口文档，后续可以向集团其他平台发放网络资产数据。

（3）与安全运营中心结合，自动形成基于资产的安全事件告警，提升安全事件排查分析效率。

（4）定期形成网络资产管理报告，为下一步信息化工作的规划和实施提供支撑。

3　结束语

随着网络安全形式日益严峻，监管单位公安部提出“三化六防、挂图作战”的指导思想。“挂图作战”对企业网络中要素、关系和事件的可视化提出了更高的要求。建立网络资产管理体系，确认网络中的主体和要素，是挂图作战的第一步。网络资产管理的建立和优化正在成为必然趋势。在网络资产调研中，大量企业正在建立自身的网络资产管理体系或正在研发网络资产管理平台也应证了文中的分析。然而网络资产相对于其他资产管理有一定特殊性，本文聚焦网络资产管理体系的各类难点和困境，通过各类场景分析和分享已开展的部分蓝图设计工作，助力理解网络资产管理的各类痛点，避免由于管理、技术和运营方面的问题造成网络资产管理混乱情况的发生，通过建立网络资产管理体系赋能信息化和网络安全的能力提升。

参　考　文　献

［1］国家市场监督管理总局，中国国家标准化管理委员会．GB/T 22239—2019 信息安全技术 网络安全等级保护基本要求［S］．北京：中国标准出版社，2019

［2］国家市场监督管理总局，中国国家标准化管理委员会．GB/T 25070—2019 信息安全技术 网络安全等级保护安全设计技术要求［S］．北京：中国标准出版社，2019

［3］郭启全，高春东，郝蒙蒙，等．发展网络空间可视化技术支撑网络安全综合防控体系建设［J］．中国科学院院刊，35(7)：8.

［4］郭启全．全面构建国家网络空间安全综合防控体系［J］．中国国情国力，2020(4)：1-1.

基于流计算引擎的稠油油田普适性建模方法的研究

韩　菲　陆　兴　兰明菊　伍文英　尹柴玲

（中国石油新疆油田分公司）

摘　要　随着数字化网络化智能化为主要特征的第四次工业革命蓬勃兴起，传统油气田企业也面临着加快推动数字化转型升级的挑战。物联网建设在中国石油上游各油气田公司的全面铺开，数据呈指数级增长，传统以生产监控、限值报警为主的简单数据应用方式，无法满足油田生产复杂性、趋势性分析要求，对数据资源的分析、运用造成了障碍，通过对稠油油田生产代表性设备、单元、系统级业务场景进行分类分析，提炼出普适性的模型特点，开发适用于油田业务场景的可视化、易操作的建模工具，将复杂的经验与知识转化为可自主配置的模型，在物联网大规模流动数据不断变化的运动过程中实时地进行分析，捕捉到有用的信息，实现油田全生产链的数字化管控，助力技术人员高效开展复杂研究工作，其研究思路和方法可供同类企业参考借鉴。

关键词　稠油；流计算；普适性；建模工具

近年来，国内油气田企业通过物联网建设获得了大量数据资源，但在数据分析决策方面，与国际大公司还有差距，急需挖掘全生产环节中的数据价值潜力，推动油气田生产管理实现数字化转型升级。数据挖掘是通过从大量数据中寻找其规律，并用合适的算法将规律表达出来的过程，当涉及到算法表达部分，常常用到神经网络、支持向量机（SVM）等大数据算法，而这些算法复杂，难以被普及化。在油田生产单位中，是否可以将各类分析模型进行归类，提炼其特征，并开发可视化的建模工具，实现油田生产业务80%以上分析模型的自主建立，让平台将生产技术人员脑中的经验进行自主转化，辅助油田及时发现生产异常，提高系统稳定性。

1　研究思路

油田生产覆盖地域广，工艺种类多，生产安全性要求高，依靠物联网采集的自动化数据主要用于生产数据监控、高低限值报警和历史曲线查询等方面，难以对压力、流量、油（水）库存等稳态平衡关系和趋势性增量变化开展场景研究，虽然依托人工经验对自动化数据的综合分析，可以判断部分异常工况，但对员工个人能力要求高且缺乏上下游宏观分析判断的认证条件，通过对油田生产全流程进行归纳总结，提取其中关键生产设备、重要工艺单元、系统性生产场景的特点及其关注的规律，定位合理计算方式，挖掘数据隐藏价值，开发可视化建模工具，将复杂建模方法简单化，实现工况分析从报警向预警的快速转变。

在油田生产运行管理过程中，涉及到监控报警有的需要实时诊断报警，有的需要周期性诊断报警，对于实时报警可采用流计算引擎来承载模型的运算，但周期性报警（例如每天分析一次的问题）由于用到的数据量大且对实时性要求不高，若采用流计算引擎运算会拉低整个计算引擎的性能，由此需要将计算引擎进行升级，按照不同的诊断报警需求，有针对性地选择计算工具。引擎核心算法由单一流计算，升级为流计算与批计算结合处理，实时性要求高的预警规则仍沿用流计算处理，统计分析类采用批计算处理，降低服务器CPU负载，提高系统处理逗度。

2　普适性模型分类

稠油油田生产工艺具有其固有特点，一般由采油、处理、注汽三大工艺构成完整的生产链，采油主要是将地下的液通过动力设备提升至地面。处理是通过化学和物理手段将采出液中的油和水进行分离，处理合格原油输送至炼厂进行深加工。净化合格的污水进入注汽流程，通过锅炉等设备二次加热转化成蒸汽注入地下，实现对地层稠油加热、补充地层能量或增产目的。

除了关键设备外，在原油从井下到地面的全过程中，生产管理人员还要关注各处理工艺运行指标，确保生产稳定、优化运行。在稠油生产过程中采油和注汽两大工艺依托抽油机和锅炉这类大型撬装设备进行原油开采，工艺简单。比较复杂的是采出液处理工艺，因为其涉及的处理环节多、流程切换频率高，导致处理单元的管控难度大。

在整个油田生产过程中关键设备、工艺单元之间交叉关联，上下游水量、压力、热能之间处于动态平衡，这些平衡构筑起整个油田生产工艺的大系统，其中任一环节出问题，都将对全局生产带来巨大的影响。要想管控全局生产，必须对这些大系统间的平衡关系进行建模分析。

3　普适性模型特点

通过对油田生产工艺特征分析，根据油田生产工艺特点提取了油田生产中需要进行建模分析的关键设备、重点单元、大系统平衡。对这些分析对象的监控系统历史报警记录、生产运行中的实际异常工况进行统计分析(下表1)，确定其需要建立的模型类别主要有两大类，一是根据数据增(降)幅过速产生的趋势报警，另一类是需要与其他数据建立联结关系，进行综合分析判断的报警，这两类报警是传统监控系统限值报警无法进行预测的异常。通过分类分析，可以通过构建一个普适性的建模平台，对趋势分析算法进行预定义，可以快速配置不同工艺参数对趋势报警的计算需求，同时，需要开发跨工艺、跨域参数的综合分析功能，对单参数限值报警形成有益补充。

表1　报警分类分析

类别	名称	监控报警	趋势报警	综合分析	风险
设备级	罐	液位超高限	液位增幅过快	上/下游泵频无法维持罐液位稳定运行	溢流、抽空
		液位超低限	液位降幅过快		
	泵	压力超高限	压力增幅过快	同一流程上的泵同时停止运行	振动、爆管漏失、流程中断
		压力超低限	压力降幅过快		
		开度超高限	规定时间未开到位	开度与相关设备其他参数进行联合判断	卡死
	阀	开度超低限	规定时间未关到位		
单元级	密闭集输接转预处理	泵频、罐液位、来液量超高限报警	上游井口来液增幅过快	井口来液趋势与该处理单元内关键大罐液位进行联合判断	溢流
	采出液处理	泵频、罐液位、来液量超高/低限报警	上游井口来液增幅过快/慢	库存油量与来液量联合判断	溢流
	污水处理	泵频、罐液位、来液量超高/低限报警	上游井口来液增幅过快/慢	库存水量与来液量联合判断	溢流
系统级	蒸汽	注汽温度、采出液温度超越稳态温度	采出液温度变化趋势与同等规模开井数不匹配	热能平衡	设备超负荷
	污水	采出液量、库存水量、注蒸汽量三者超越稳态水量	库存水量变化趋势与同等处理规模下库存水量变化趋势不匹配	水量平衡	溢流
	管网	管汇出口压力超限运行	管网压力与稳态运行下锅炉点炉数不匹配	压力平衡	停炉

3.1　趋势报警

趋势报警算法建模方法如下：趋势报警有两种一种是根据历史趋势增/减幅度检测数据趋势是否正常，另一种是根据已有趋势通过曲线拟合预测未来参数运行趋势是否在合理范围内。

趋势增减幅度：曲线一般包括线性、指数、

对数、多项式、幂，供用户根据业务需要选择曲线类型进行趋势报警分析。

曲线拟合方法：采用曲线拟合，得到最优的符合数据变化规律趋势的关系式相关系数。针对参数急剧上升或下降等情况，拟合曲线，计算拟合曲线的斜率，当斜率满足一定范围时，对该参数进行趋势报警。

3.2　综合分析

预警的数据模型是根据生产工艺情况定义需要报警的一组相关条件，监测参数报警阈值设定后，当监测参数报警后，根据故障参数描述表里的参数报警与故障的逻辑关系，实时判断故障类型。

通过分析不同故障问题与生产参数的关联性，确定生产数据与故障问题之间的量化关系，基于实时监测的数据和多参数模式识别的思路，辅助判断是否存在生产问题。

4　模型定制系统开发

4.1　系统架构

根据实际生产需求，建立基于流计算的实时预报警分析系统，开发常用模型算法(趋势预警模型、综合平衡分析模型等)的可视化定制功能，系统通过描述模型定义规范，建立可视化配置机制，实现不同函数的自由组合和扩展；根据业务分析需要建立各工艺环节的实时预报警模型，模型建立后在后台服务器自动运行，分析所需数据来源于各监测对象的实时采集数据，直接从采集服务中订阅获取，后台服务器产生的预警结果自动推送至各客户端界面显示，而无需界面固定频率进行刷新，同时会将报警日志自动保存至后台数据库。用户可按照工艺单元，选择相关参数，实现预警模型自主灵活配置，及相关的报警级别、是否推送、处置建议等设置(图2)。

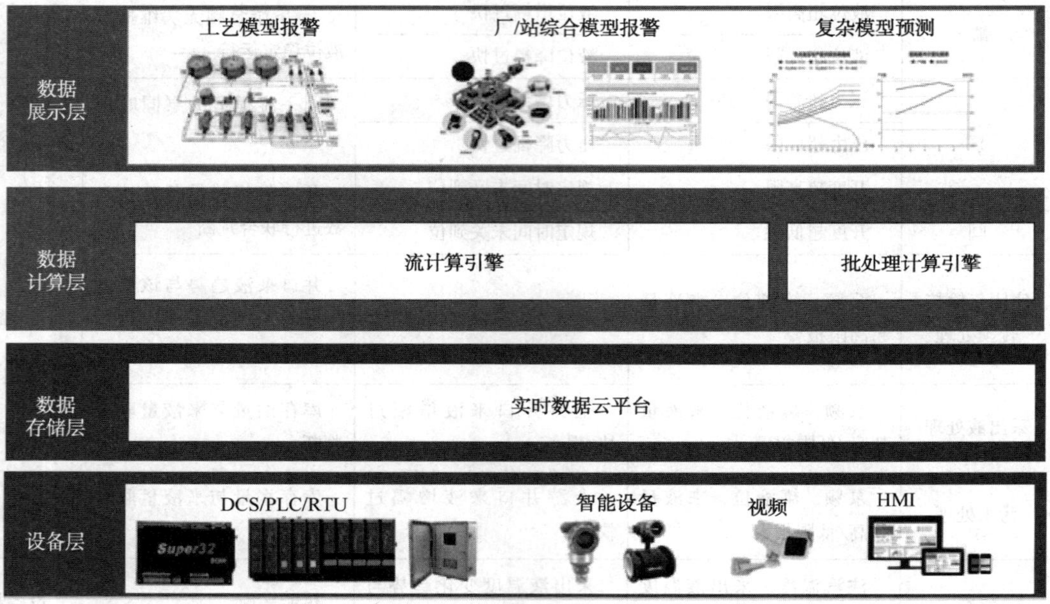

图2　模型定制系统框架图

4.2　流计算模型定制功能

在模型设计及运行调试阶段常见的一个问题是模型的修改及更新非常耗时且更新周期较长，从而导致模型建模工作效率低下，无法通过快速迭代方式建立行之有效的诊断模型，系统运行效果大打折扣。根据实际生产需求，需开发常用模型算法的可视化定制功能。

在实际分析时，首先，基于业务分析总结诊断模型涉及哪些计算方法；其次，对计算方法进行拆分，提取共性内容，建立具有通用性的系统模型。比如上升趋势、下降趋势、多参数对比等；之后，基于系统模型，以界面交互方式构建适用于不同生产工艺环节的专属业务模型，建立诊断模型库。另外，基于构建的业务模型，按照实际生产监控管理需要，每个业务模型需要与生产对象、生产数据绑定，才能最终实现模型的应用，由此还需提供一套模型可视化绑定的机制。模型定制工具由客户端、主节点、从节点组成(图3)。

（1）客户端：提交任务，该功能在模型可视化管理功能中介绍，对于计算引擎而言，客户端任务的提交相当于是计算引擎的前端管理模块，负责任务的分配。

（2）主节点：一方面，接收到客户端发出的新增任务、调整任务、取消任务信息，将任务执行下发到各计算节点；另一方面，主动监控各计算节点的工作状态及服务器负载，进行系统资源的统筹调配。

（3）从节点-流式计算：从主节点接收计算任务，每个计算任务均是对大规模流动数据在不断变化的运动过程中实时地进行分析，捕捉到可能有用的信息，并把结果发送到下一计算节点或者将计算结果输出。

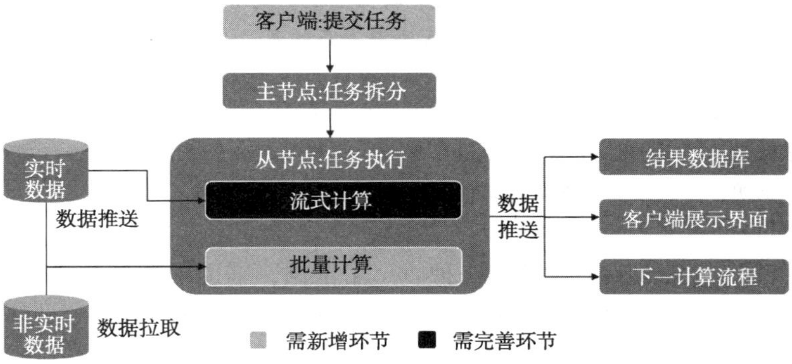

图3　流批一体计算引擎处理流程

5　应用效果

针对不同的工艺特征、不同的判定方法，进行诊断模型的提炼。

（1）趋势预警建模：集成时序预测模型，应用于采油单元的密闭接转站、稠油单井、稀油单井等生产重点参数，应用于注汽单元的过热锅炉和湿蒸汽锅炉参数长期趋势、周期性趋势及随机变化进行预测。趋势分析可细分为快速上升/下降、缓慢上升/下降，而快速变化、缓慢变化所体现的内在问题是不同的，需要根据实际工艺特征及问题进行针对性的建模。

（2）多参数综合分析建模：综合分析生产工艺流程中关联参数，主要应用于稠油处理站、密闭接转站等场景，实时分析预测处理站污水产输平衡、密闭接转站进出液平衡、油区来液异常，预防油区、水区工艺空罐、溢罐事故的发生。

（3）设备工况诊断建模：仪表异常判断规则，应用于井、密闭集输站、原油处理站、水处理站各类自动化监测仪表及模块，制定仪表异常判断标准，生成异常仪表统计日报，为仪表精细化管理提供平台。

6　结论

良好的数据服务能力让研究人员不再为找数据、算数据花费大量时间，研究效率大幅提升，助力管网失压、水系统失衡等复杂研究工作高效开展。通过探索数字技术对复杂应用场景的支撑，强化了数据资源、共享服务与业务流程的融合，培养了既懂数据又懂业务的复合型人才，为专家经验有效沉淀、数据资产有效积累打下了基础。

参考文献

[1] 朱宇，数据建模方法的比较与分析[J]. 计算机系统应用，2005(7)，P86-89.

[2] 吴海建，吕军，物联网大数据处理中实时流计算系统的实践[J]. 电子技术与软件工程，2017，P170.

[3] 樊虹．工业过程报警的关联规则挖掘方法及应用[J]. 硕士研究生论文，2016.

[4] 尚永涛，杜长河，杨斌，等．基于关联规则的流程工业报警参数的影响分析[J]. 科级和产业，2014(10)，P159-161.

[5] 刘敬东，孙彦辉，高国中，等．基于数据的油田生产过程中的多故障诊断方法的研究[J]. 硅谷，2014(14)，P94-95.

[6] 王龙晖．基于并行计算的调节阀大数据智能分析及建模方法研究[J]. 硕士研究生论文，2019.

油田注汽锅炉蒸汽质量在线监测研究与应用

乔龙巴特　陆　兴　兰明菊　单雪薇　韩　菲

（中国石油新疆油田分公司）

摘　要　超稠油和普通原油相比，油品黏度大，凝固点低，流动性差，稠油开采中最有效的方法就是注蒸汽热采法，此法是通过注汽锅炉向油井中注入高温高压的蒸汽来降低稠油的粘度，而增加稠油流动性，显著提高稠油的采收率。某油田注汽锅炉数量多，分布广，目前缺少系统的蒸汽质量控制方法，人工蒸汽抽检难以覆盖所有锅炉，检查数据不连续，结果滞后，蒸汽质量保障困难；同时蒸汽费用占油田运行成本70%以上，强化蒸汽质量管控力度，实现降本增效，是提高稠油开采经济效益的迫切需要。

关键词　注汽锅炉；蒸汽质量；在线监测；达标运行；合格率

注汽锅炉是为注蒸汽热采而专门设计的一种新型工业锅炉，在开采稠油过程中主要用来生产用于降低稠油密度的湿蒸汽或过热蒸汽。注汽锅炉中产出的蒸汽注入到地下给稠油油层加热，它的工作压力必须高于地层内部压力，一般工作压力达到10MPa以上。锅炉给水泵是产生高压的设备，一般为柱塞泵。注塞泵作用下从水处理来的软化脱氧水被强制一次性通过预热器、对流段、辐射段(过热段)各受热面达到要求的蒸汽注入地下油层。因此注汽汽锅炉蒸汽质量是否达标，直接影响地层蒸汽腔发育程度，是影响产量的重要因素之一。

近年来物联网建设已实现集中监控注汽锅炉各关键节点参数，当发生故障报警时能够通知现场巡检人员及时处理，但蒸汽质量方面，只能随机抽检锅炉生产蒸汽质量，抽检时刻以外生产的蒸汽质量无法准确掌握，蒸汽实时质量异常难以发现和及时有效处理。为提高注汽锅炉运行监管效率，保障锅炉注汽质量，急需开展注汽锅炉蒸汽质量在线监测研究工作。

1　总体思路

开展注汽锅炉蒸汽质量在线监测研究，即以蒸汽品质为核心，以单台锅炉蒸汽品质和系统连续稳定注入为关键，立足于现有工艺及环境条件，将油田生产蒸汽品质作为管控重点，确立注汽锅炉蒸汽指标关键控制参数，确定注汽锅炉达标运行判定标准，研究注汽锅炉蒸汽质量算法，实现注汽锅炉蒸汽质量实现在线监测。通过发布注汽锅炉运行合格率报表，为蒸汽质量监督提供了依据，辅助提高稠油热采效果，提高油田生产蒸汽质量管控水平。

2　注汽锅炉蒸汽质量在线监测探索

2.1　确立注汽锅炉蒸汽指标关键控制参数

油田注汽锅炉是一种强制循环高压单管直流锅炉。它是从锅炉的入口到出口由单一连通的炉管组成，用泵强制水通过炉管各个受热面而产生蒸汽的一种锅炉。注汽锅炉运行过程中其负荷会随之变化，达到合格的蒸汽指标需要通过锅炉的自控系统对锅炉的气、水量进行及时的调节，来保证锅炉各项指标平稳运行。

某油田作业区在近百平方公里油区分布着百余台湿蒸汽锅炉及过热锅炉，结合油田油藏地质特征，工艺设备、管网运行条件，确立供汽压力、温度、蒸汽干度、过热度以及单台锅炉供汽量等参数，作为蒸汽指标的关键控制参数，为锅炉运行管理、蒸汽质量监督提供了依据。

2.2　确定注汽锅炉达标运行判定标准

湿蒸汽锅炉为直流锅炉，蒸汽干度在注汽锅炉出口处一般控制在75%~80%，这是因为在蒸汽锅炉炉管重的水蒸气必须含有一定比例的水相，以携带走锅炉供水中的结垢物质，干度太低，无法满足注井热量要求，不能有效提高地下油层稠油的流动性，干度过高，又会使水中的盐分大量的附着在炉壁上使锅炉结垢，降低了锅炉的热效率，并危及设备的安全。因此，保证锅炉出口蒸汽干度为75%~80%是注汽工艺的关键质量指标。该油田作业区注汽锅炉出口蒸汽干度要求更高，针对湿蒸汽锅炉出口蒸汽干度要求

80%及以上。

过热锅炉仍然为直流锅炉，其工作原理是由注汽锅炉辐射段、对流段将水加热成湿饱和蒸汽，湿饱和蒸汽进入汽水分离器(脱盐器)进行分离，分离出的高干度蒸汽(≥95%)进入注汽锅炉过热段加热成过热蒸汽，分离出来的高含盐饱和水与过热蒸汽进入汽水掺混器混合成为工艺所需要的过热蒸汽。注汽锅炉要求过热度为1~30℃(表1)。

表1　稠油开发蒸汽质量及标准

普通锅炉（湿蒸汽锅炉）	参数	供汽压力/MPa	供汽量(单炉)/(t/d)	供汽温度/℃	蒸汽干度/%
	指标	按管网设计压力	460~520	饱和压力对应饱和温度	≥80
高干度（过热）锅炉	参数	供汽压力/MPa	供汽量(单炉)/(t/d)	供汽温度/℃	过热度/℃
	指标	按管网设计压力	300~480	饱和压力对应饱和温度	1~30

3　注汽锅炉蒸汽质量算法研究

3.1　湿蒸汽锅炉蒸汽质量达标算法研究

通过分析注汽锅炉运行过程，结合技术人员多年管理经验，运用自动化采集数据，提取给水温度、蒸汽压力、单耗等参数，确定了一套蒸汽质量在线监测算法(表2)。

表2　湿蒸汽锅炉蒸汽干度80%下单耗验证表

给水温度/℃	蒸汽压力/MPa								
	4	5	6	7	8	9	10	11	12
50	64.35	64.55	64.67	64.70	64.66	64.57	64.43	64.25	64.03
60	63.15	63.35	63.47	63.50	63.47	63.37	63.23	63.05	62.83
70	61.95	62.16	62.27	62.31	62.27	62.18	62.04	61.85	61.63
80	60.75	60.96	61.07	61.11	61.07	60.98	60.84	60.65	60.43
90	59.55	59.76	59.87	59.90	59.87	59.77	59.63	59.45	59.23
100	58.35	58.55	58.67	58.70	58.66	58.57	58.43	58.25	58.03
110	57.14	57.34	57.46	57.49	57.46	57.36	57.22	57.04	56.82

1. 湿蒸汽锅炉蒸汽质量判断逻辑

锅炉运行时，当给水温度<50℃单耗<64.7，累积计算锅炉运行时长，当累计时长>4h，判断锅炉运行不合格，提取该锅炉炉号、单位名称，统计每个单位早上8：00对第二天早上8：00该段时间内湿蒸汽锅炉不合格台数，计算每个单位湿蒸汽合格率=(总台数-不合格台)/总台数×100%。

2. 湿蒸汽锅炉蒸汽质量判定合格参数

按照表3给水温度，当单耗小于对应值时且锅炉累计运行时长>4h，判定锅炉运行不合格。例：当给水温度<50℃、单耗<64.7且锅炉累计运行时长>4h，判定锅炉运行不合格。

表3　湿蒸汽锅炉蒸汽质量判断合格参数表

给水温度/℃	50	50~60	60~70	70~80	80~90	90~100	100~110	110
单耗	>64.7	>64.7	>63.5	>62.31	>61.11	>59.9	>58.7	>57.49

3.2　过热锅炉蒸汽质量达标算法研究

通过分析注汽锅炉运行过程，结合技术人员多年管理经验，运用自动化采集数据，提取过热度、汽水分离器液位、单耗等参数，确定了一套蒸汽质量在线监测算法。

(1) 当3℃≤过热度≤30℃时，可直接判定蒸汽质量合格。

(2) 当过热度<3℃或>30℃，或无值显示，通过汽水分离器液位判断：中油八建锅炉液位≤620mm，工程技术锅炉液位≤800mm，可判定蒸汽质量合格。

（3）每日过热锅炉饱和运行时间累计>3h锅炉当日运行不合格（排除点炉后投过热2h）。

过热锅炉实时监测过热度、汽水分离器液位等关键参数，建立锅炉饱和烧报警模型，实时判断锅炉运行状态，饱和运行持续时间超过规定值（30min）触发报警（蒸汽质量不合格），提示管理人员及时调整锅炉运行，提高蒸汽质量，避免无效注汽（图1）。

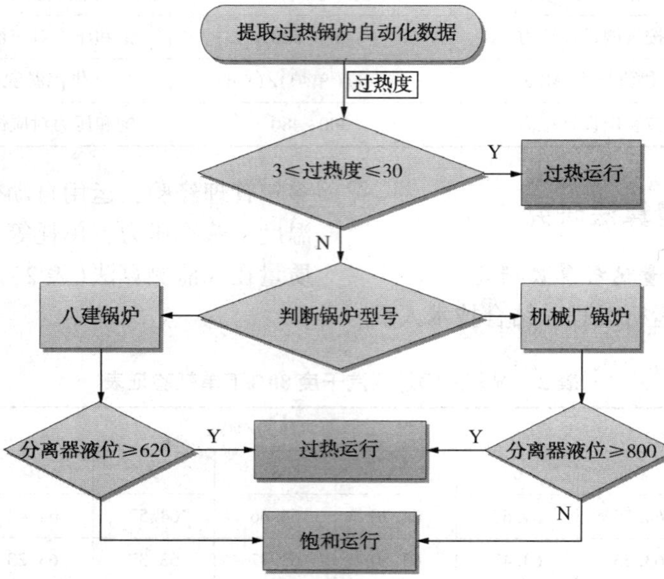

图1　蒸汽质量在线监测算法流程图

4　注汽锅炉蒸汽质量实现在线监测

注汽锅炉蒸汽质量在线监测自部署运行以来，共配置监测锅炉135台，准确率在98%以上。湿蒸汽锅炉合格率由项目实施初期60%提高至90%以上，过热锅炉运行合格率由项目实施初期80%提高至98%以上，减少锅炉不合格运行时间，增加同等运行时间下合格蒸汽产量，保障生产稳定运行。

注汽锅炉蒸汽质量在线监测实现7×24h无间断监测，运行期间及时通知现场技术人员调整锅炉运行工况，及时改善了锅炉持续饱和烧、蒸汽质量不达标的情况，指导技术人员及时有效处置，有效保障了稠油注汽质量（图2）。

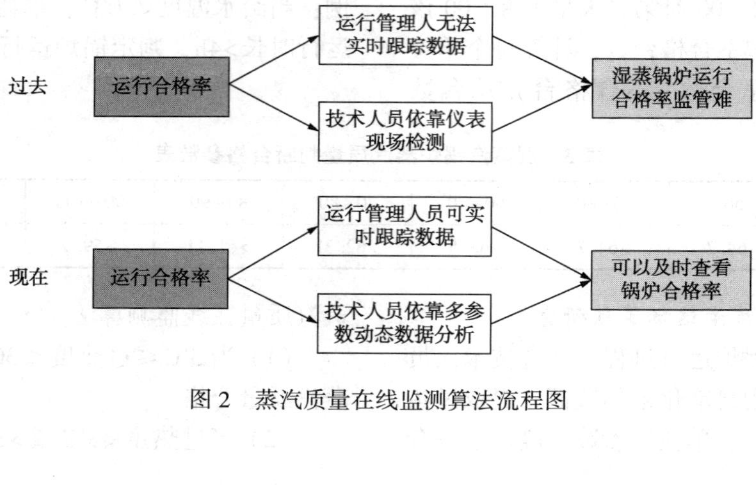

图2　蒸汽质量在线监测算法流程图

5 结论及认识

注汽锅炉蒸汽质量达标算法将理论研究转化为实际应用，确定了注汽锅炉运行蒸汽质量判定标准，构建了注汽锅炉达标率在线监测体系；改变了近几年注汽锅炉检查结果滞后的现状，实现了过热、湿蒸锅炉运行质量全面掌控。通过注汽锅炉运行合格率报表的发布，使技术管理人员能够及时掌握锅炉运行情况，形成锅炉运行状态全程线上监督，全面管理的新方法，促进了注汽锅炉运行精细化管理。

参 考 文 献

[1] 安慕华，马华伟，陈艳．辽河油田过热蒸汽装置研究[J]．节能技术，2014，32(03)：275-278

[2] 孙国成，缪远晴，钱振斌．过热注汽锅炉在稠油热采工程中的应用[J]．石油工程建设，2011，37(06)：23-25.

[3] 史钦芳．油田专用(微)过热注汽锅炉研究与应用[J]．石油化工高等学校学报，2013，26(06)：63-67.

[4] 李柯萱．注汽锅炉蒸汽干度实时监测方法的研究[D]．辽宁石油化工大学，2013，04：1-75.

[5] 王列．油田热采注汽锅炉的研制[D]．东北石油大学，2018，07：1-56.

[6] 王晓君，伍文英，单雪薇．稠油生产监测预警分析系统的设计及应用[J]．信息系统工程，2020，03：34-35.

采油厂工控网络安全风险与防护措施浅析

宋建鑫　宁晓波　罗　萌　张　磊　王克飞　杨丽敏

（中国石油新疆油田分公司）

摘　要　工控网络是采油厂物联网数据传输的基础，网络系统的安全稳定运行对生产数据的采集、应用起到至关重要的作用。随着油田生产现场集约化的发展，工控网络一旦出现安全问题，生产指令的上传下达将无法进行，严重影响采油厂的生产运行。本文梳理分析了采集控制层、数据传输层和业务应用层三个层面分析工控网络中存在的安全风险和隐患，针对不同层面的网络安全问题部署不同类型的软硬件安全设备，制定相应的工控网络安全防护策略，提高采油厂网络安全防护的管理能力和水平。

关键词　工控网络；安全设备；访问策略；流量审计

采油厂工控网络覆盖采油、集输、供汽各生产环节，是物联网数据应用的保障，是承载生产监控、数据分析等功能稳定运行的基础平台。随着油气生产行业两化融合的快速推进和物联网技术的应用，工控网络已不再是局限于某个区域的信息孤岛，越来越多的工控应用系统与互联网和办公网互联互通，不可避免地发生网络蠕虫、永恒之蓝、震网等病毒的攻击，工控系统漏洞的利用，互联网、可移动存储介质、设备未经授权的操作，大量密集无效数据的传输及人为因素等使得网络安全问题直接延伸到工业控制系统，导致工业控制系统固有漏洞和攻击面不断增加，造成油气生产的大面积停产，关键生产数据信息泄露等，因此保障工控网络的安全成为网络管理的重要组成部分。

通过梳理工业网络数据采集、传输和应用的关键节点，分析出工控网络中存在的安全风险和隐患，确定工控网络防护范围和主体，结合网络安全设备制定相应的防护策略，合理规划部署网络安全设备并发挥防护最大化，全面提高采油厂工控网络安全保障能力和水平。

1　采油厂工控网络安全现状分析

1.1　典型的工控网络架构

采油厂工控网络建设初期是以生产数据采集、传输为主要目的的中小型局域网，完全局限于本厂内部范围使用，未考虑到网络、数据、主机及服务器的安全防护。油田工控系统主要由采集控制层、数据传输层和业务应用层组成，采集控制层包括通过 PLC、RTU 和 DCS 等控制仪器仪表采集的压力、温度等参数，数据传输层包括通过有线、无线等方式将数据传至后端服务器，业务应用层主要负责数据的整合、分析，并将数据发布到 SCADA、DMS 等应用平台。

1.2　工控网络安全存在问题分析

随着工业控制系统产品越来越多地采用通用协议、通用硬件和通用软件，工业控制系统的安全问题日益突出。油田生产控制系统对功能完整性、实时性、可控性远远高于传统互联网系统，根据不同的网络层级，工控网络存在以下几方面的安全风险和隐患。

1.2.1　采集控制层

工控系统前端数据采集的仪器仪表和控制系统包括压力变送器、温度变送器、PLC 及 RTU 等，据 CNVD（国家信息安全漏洞共享平台）报道的工控系统行业漏洞，西门子、飞利浦等多家知名工控设备厂家的产品存在安全漏洞，不法分子可远程窃取生产数据，直接对工控系统下达停止、销毁、开启、关闭等各种指令，甚至在网络内植入木马病毒，直接威胁工控系统的安全。

1.2.2　数据传输层

首先，网络边界不明确，不同用途的局域网交叉使用造成内部网络管理混乱，例如生产控制网络和数据传输网络混用同一台网络设备，一旦发生病毒入侵或者网络攻击，病毒扩散和攻击是不可控且不可溯源的，因此需要针对不同网络环境设置不同的安全防御措施。

其次，工控业务流量缺乏监管，网络中流量、端口连接和网络协议等只能通过 Wireshark 等专业抓包工具分析获取，是否存在大量僵尸连接，非法流量无法及时发现，给工控系统的稳定高效运行带来了安全隐患。

1.2.3 业务应用层

来自外部网络的攻击行为，例如，双网卡是终端和服务器管理和使用中较为常见的一种，部分员工为了方面管理通过办公网络访问工控系统的设备，不法分子可以利用办公网络作为跳板渗透到工控网络，该种渗透可能是长期的、潜移默化的，具有较强的隐蔽性，一旦发生对工控设备设施破坏行为，造成的损失和危害是巨大的。

部分工控系统存在带“病”运行的情况，由于工控网络处于相对封闭的环境，工控主机和服务器安装的传统杀毒软件是无法实时获取病毒库更新的，工控设备通过移动存储介质感染的病毒无法及时得到查杀，若病毒发生扩散，将波及整个工控网络。

1.2.4 人员安全意识

各项规章、管理办法落实不到位，对网络安全防护不够重视，网络安全事故处理能力较差，安全防护意识不够强。存在部分员工对工控设备使用操作不规范，如在工控机的 USB 接口给开启了共享热点的手机充电，会将整个工控网络和系统暴露在互联网上。

2 工控网络安全防护情况

国内某超稠油油田经过两期物联网建设，前端数据采集点超过数十万点，网络拓扑结构复杂，工控协议多，通过采集控制层、数据传输层、业务应用层安全风险和隐患分析，采用专网专用+分区分域+纵深防御的安全建设思路，结合生产业务需求制定安全策略，借助规章制度、业务培训提高人员的安全意识和技能水平。

2.1 物理隔离

采油厂工控网络与其他网络(办公网络、视频网络)采用物理隔离方式，专网专用网络边界清晰，不同网络之间使用防火墙配置访问控制策略实现互联互通，通过网闸实现工控数据向办公网络的单向推送，为数据应用的移动化、智能化提供保障。

2.2 区域安全

重要站库的汇聚节点部署工业防火墙，实现对大型站库的工控安全隔离防护和安全风险监测。防火墙启用安全防护策略用于对各种协议进行解析防护，包括通用协议(HTTP、TCP、UDP、ICMP 等)、动态协议(FTP、H323、RTSP 等)、工业协议(MODBUS、DNP3、S7、OPC 等)，在不同的协议深度过滤策略功能中创建安全防护策略，根据生产网络环境和应用配置精准的安全防护策略，达到高效合理的应用系统资源和有效的区域安全防护效果。

2.3 流量审计

在核心层和汇聚层部署工控流量采集与审计系统，实时捕获工控业务流量，对工控网络中非生产数据或非法连接告警并阻断。通过采集工控环境中各类网络设备和终端的运行信息及安全设备的监控信息，及时发现网络中的威胁与异常。从工控业务操作的视角进行各工业控制操作流程的评估与风险定位，结合关联分析技术综合分析海量监控信息，掌握危害业务的可疑攻击以及违规操作。

2.4 服务器安全

厂级工控网络核心区域部署工控入侵检测、工控入侵诱捕、操作站安全管理系统(堡垒机)、配置核查工具和工控安全管理平台，实现对生产服务器的安全隔离防护及对整个厂区工控系统的安全风险监测，同时实现统一安全运维管理和安全审计功能。针对工业控制系统网络安全威胁进行感知与捕获的主动防御技术手段，可以有效感知攻击者或者工业蠕虫病毒等对工业控制系统进行针对性攻击的行为，并可对被防护网络的攻击事件进行实时预警。

2.5 主机安全

各生产站点的操作员站、工程师站等工控主机及生产服务器安装基于白名单机制的安全防护软件，通过漏洞防御和外设管控技术进行入口拦截，轻量级“白名单”的技术进行运行拦截，网络防护进行扩散拦截，实现对工控主机的安全防护，阻止病毒、木马及非可信程序的运行及对 USB 端口的管控。

2.6 安全体系建设

从技术和管理两方面完善网络安全体系的建设，运用网络安全技术提高网络的整体防护能力，安全管理包括管理制度、组织机构、人员和应用系统，根据采油厂生产实际情况制定工控网络安全管理办法、应急预案等规章制度，建立相应的网络保护等级，定期对管理人员和操作人员进行培训和技能测验。

3 应用效果评价

3.1 工控流量实现可视化管理

通过对工控网络中 MODBUS、DNP3、S7、OPC 等各类工控协议的学习，基于应用层学习的内容建立合法白名单，阻止非法和非必要报文的通过，提高工控网络中数据流量的安全防护能力，网络安全管理手段更加丰富。

3.2 防范网络攻击效果显著

当工控系统受到外部网络探测、攻击等行为时，可将流量重定向到指定的虚拟主机或设备，使攻击者进入“网络黑洞”，与真实网络隔离，实现部署、诱捕、溯源过程的全无扰运行。

通过攻击行为的分析，确定攻击者的危害范围，收集攻击者的服务状态、位置等信息，并详细记录攻击行为的数据，为工控系统网络攻击行为取证、审计等工作奠定基础。

3.3 主机防护能力全面提高

基于白名单主动防御技术的工业主机安全防护系统，能够防范恶意程序的运行、控制 USB 移动存储介质的非法接入、为受信任的程序提供完整性保护等，实现了对工控主机全面的安全防护。

4 总结

通过油田生产采集控制、数据传输和业务应用三个层面分析了工控网络中存在的安全风险和隐患，根据采油厂工控网络业务流量制定精准全面的安全防护策略，在终端和服务器运用入口拦截、运行拦截、扩散拦截的方式保护主机的安全运行，提高了采油厂工控网络系统的整体安全防护能力，为油田生产业务的安全稳定运行提供了基础保障。

参 考 文 献

[1] 孟雁．工控网络安全设备在冶金行业(炼钢)高炉的应用[J]．自动化博览，2020，37(02)，32-34.

[2]邵家勇，李莉．探讨网络安全管理与网络安全等级保护制度[J]．石河子科技．2021，(02)

浅谈认知计算技术在石油行业的应用

张建河　陈亚颐　罗李黎　程新忠　尹　权

（中国石油新疆油田公司）

摘　要　目前，油田数字化建设转入智能化建设阶段。在智能油田建设的背景下，对人才需求越来高，而面对近年来石油和天然气行业经验丰富的人员流失，造成经验丰富的人员与经验匮乏人员之间的断层。本文通过介绍 Keras 认知计算技术，使用大数据分析，分步介绍了深度学习和循环神经网络（RNN）算法实现方法，举例说明了人才流失趋势预测，预测准确度达到 85%，为管理者提供支持决策，结合石油行业提出此项技术的应用前景和设想，为石油行业人工智能开发提供重要参考依据。

关键词　Python；Keras；认知计算；油田软件开发；实践

近年来，石油和天然气行业经验丰富的人员流失，造成经验丰富的人员与经验匮乏人员之间的断层。技术咨询企业 Information Services Group（ISG）的 Energy Practice 总监 Tony Mataya 表示：人才问题影响了整个行业，因为这些经验丰富的员工掌握的知识历来是‘艺术和科学’的结合，在勘探、生产、贸易以及石油石化产品的精炼等决策过程中，都要依赖他们掌握的这些知识。

如何应对人才流失的挑战，解决办法是部署认知技术。认知系统通过捕获可能快要离开企业的高级人员的思维过程和决策能力，部分解决了这种人才流失问题。认知计算通过从各种来源获取大量数据，包括来自经验丰富的工程师和技术人员的知识，帮助石油行业获取相关趋势和以前的结果，匹配相似的模式，并连接不同的信息来支持决策，从而解决问题。

认知通常被认为是一个处理与思维相关认知行为的人工智能的子集。由于石油和天然气中的许多应用领域需要直觉与信息相结合，造成难以置信的决策风险，所以应用人工智能和认知概念会提高决策的质量和准确性。它通过使用大数据分析，运用深度学习和循环神经网络（RNN）算法，实现人才流失趋势预测，为管理者提供支持决策，可以大大降低人才流失风险。

1　Keras 人工智能认知计算技术

1.1　Keras 简介

Keras 是一个由 Python 编写的开源人工神经网络库，可以作为 Tensorflow、Microsoft－CNTK 和 Theano 的高阶应用程序接口，进行深度学习模型的设计、调试、评估、应用和可视化。

1.2　神经网络 API

Keras 的神经网络 API 是在封装后与使用者直接进行交互的 API 组件，在使用时可以调用 Keras 的其他组件。除数据预处理外，使用者可以通过神经网络 API 实现机器学习任务中的常见操作，包括人工神经网络的构建、编译、学习、评估、测试等。

1.3　通过 Keras 框架实战人才流失预测

1.3.1　开发环境工具及文件准备

Python 3.6.5。

Keras 2.2.4。

2.3.2　导入类

在使用 Keras 神经网络 API 时，将实现人工智能神经网络认知计算相关的类添加至工程。

import pandas as pd　#用于数据分析的扩展程序库

import numpy as np　#支持维度数组和矩阵运算扩展程序库

import matplotlib.pyplot as plt　#绘图库

import seaborn as sns　#基于 matplotlib 的图形可视化扩展包

2.3.3　开发应用示例

1. 加载数据

为了测试人员流失，笔者编辑了人才资源库作为实验数据，库结构如下：

```
RowNumber        //行号
EmpId            //员工号
Surname          //姓名
CompScore        //综合考评分
```

Specialty　　　　　//专业

Gender　　　　　//性别

Age　　　　　//年龄

Tenure　　　　　//工龄

Balance　　　　　//年结余(收入支出后的余额)

NumOfTechnicals　　　　　//技能数

IsMember　　　　　//是否非党员

EstimatedSalary　　　　　//预期年薪资

Exited　　　　　//离职

程序代码:

dataset = pd. read _ csv (" CN _ Modelling. csv")#打开数据集

dataset = shuffle(dataset)#打乱数据

dataset. shape #查看数据集形状

输出:(10000, 13)　//表明这是一个10000 行, 13 列的数据集

打开查看数据如下(前 5 行):

	RowNumber	EmpId	Surname	CompScore	Specialty	Gender	Age	Tenure	Balance	NumOfTechnicals	IsMember
5690	5691	15676707	Sidorov	577	Geology	Female	39	4	0.00	2	1
7356	7357	15683993	Knight	493	Production	Female	37	8	142987.46	2	1
1049	1050	15705860	McKenzie	631	Automation	Male	40	3	107949.45	1	1
928	929	15677135	Lorenzo	520	Automation	Male	61	8	133802.29	2	1
572	573	15622003	Carslaw	745	Production	Male	35	9	92566.53	2	1

2. 对已知数据进行可视化分析

这里以员工专业和综合考评分程序举例如下(图 1):

#Specialty　专业

plt. figure(figsize = (10, 8))

sns. countplot(dataset['Specialty'])

plt. show( )

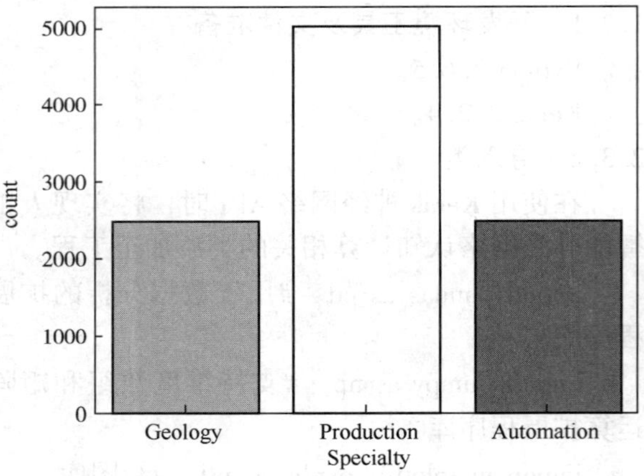

图 1　员工专业划分图表

图 1 可见, 地质专业和自动化专业人数持平为 2500 人, 采油专业人数为 2 倍 5000 人。

#CompScore　综合考评分

plt. figure(figsize = (10, 8))

sns. distplot(dataset['CompScore'])

plt. show( )

图 2 中纵坐标为人员占比, 横坐标代表综合考评分数。

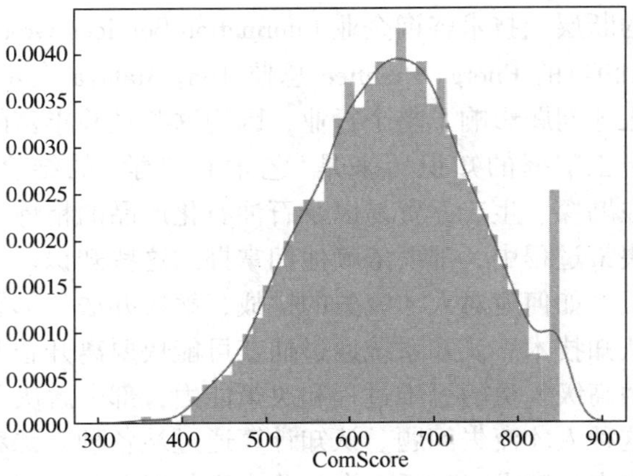

图 2　员工考评得分图表

3. 特征工程

由于模型不能直接处理非数值的数据, 必须先将无关信息删除, 并将分类特征转换为计算机能处理的数值型特征, 比如说专业和性别。最后还需要对结余、年龄等大值进行归一化处理, 可以减少数值大小对结果的影响。应用代码如下:

(1) 删除特征。

X = dataset. drop (['EmpId', 'Surname', 'RowNumber', 'Exited'], axis = 1)　#特征数据集

y = dataset['Exited']　#标签数据集

(2) 通过 pandas 中的 get_ dummies 对特征进行编码转换。

X = pd. get_ dummies (X, columns = ['Specialty'])//将 3 个专业对应 001, 010, 100 编码

(3) 通过 sklearn 中的 LabelEncoder 对特征性别进行编码转换。

label = LabelEncoder( )

X['Gender'] = label. fit_ transform(X['Gender'])//将性别男女对应为 1 和 0 编码

（4）数据归一化处理，确保每一列均值为 0，标准差为 1。

stander = StandardScaler( )

X = stander. fit_ transform(X)

（5）按比例划分训练集和测试集

X_ train，X_ test，y_ train，y_ test = train_ test_ split(X，y，test_ size = 0.3)#70%为训练集

训练集占整个记录集的 70%为 7000 个，测试集为整个记录集的 30%为 3000 个。

4. 搭建神经网络模型

利用 keras 建立序贯模型。序贯模型是函数式模型的简略版，为最简单的线性、从头到尾的结构顺序，不分叉，是多个网络层的线性堆叠。我们可以通过一个简单的 3 层神经网络模型实现员工离职数据的训练。代码如下：

model = keras. models. Sequential( )#建立序贯模型

划分四层架构模型（表 1），第一层 128 个神经元，第二层 64 个神经元，第三层 32 个神经元，第四层为输出。

model. add (keras. layers. Dense (128， activation = 'relu'，input_ dim = X_ train. shape[1]))
model. add (keras. layers. Dense (64， activation = 'relu'))#第二层
model. add (keras. layers. Dense (32， activation = 'relu'))#第三层
model. add (keras. layers. Dense (1， activation = 'sigmoid'))#输出

上面的 sigmoid 的输出 0 或 1，对应最后输出是员工是否离职状态。

表 1 汇总的训练模型信息表

Model ："sequential"

Layer (type)	output Shape	Param #
dense (Dense)	(None，128)	1536
dense_ 1 (Dense)	(None，64)	8256
dense_ 2 (Dense)	(None，32)	2080
dense_ 3 (Dense)	(None，1)	33

Total params ：11，905

Trainable params：11，905

Non-trainable params：0

5. 编译模型

model. compile (los = ' binary _ crossentropy '，optimiz = 'RMSprop'，metrics = ['accuracy'])

los = 'binary_ crossentropy'表明神经网络的损失函数计算类型多层感知二分类法

optimiz = 'RMSprop'表明模型优化器采用的是训练循环神经网络 RNN

metrics = ['accuracy'] 表明评估标准 metrics：对于任何分类问题，其设置为['accuracy']

6. 模型训练

Op = model. fit(X_ train，y_ train，batch_ size = 32，epochs = 30，validation_ data = (X_ test，y_ test)，callbacks = [tensorboard_ callback])

通过模型训练完成后，在训练过程中可以看到训练准确度逐渐从 80%到 90%进行逼近，可以通过下节所述方法对应用效果进行展示。

2 应用效果展示

1. 可以通过图像方式显示通过 30 轮训练验证准确度(val_ acc)和损失函数(val_ loss)(图 3)

plt. figure(figsize = (10，8))

plt. plot(op. history['val_ accuracy']，label = 'val_ acc')

plt. plot(op. history['val_ loss']，label = 'val_ loss')

plt. legend( )

plt. title(" Val Result")

plt. show

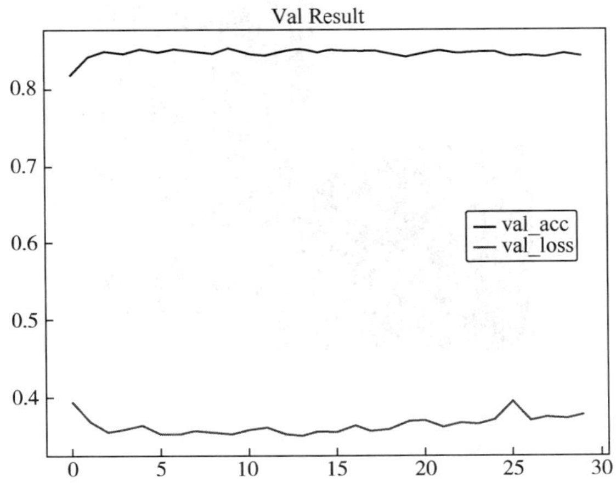

图 3 训练结果展示

可以看出训练集通过 30 轮的训练得到精确度越来越逼近 90%左右。

2. 通过测试集对结果进行评估

```
result = model.evaluate(X_test, y_test)
print("损失=%.2f" % result[0])
```

损失=0.36

```
print("Accuracy=%.2f%%" %(result[1] * 100))
```

Accuracy=85.07%

3. 利用模型对测试集进行预测，并展示预测结果

（1）模型对测试集进行预测

```
y_pred = model.predict_classes(X_test) #通过函数根据测试集生成预测结果标签集
```

（2）通过把测试标签集（真实结果）和预测标签集（预测结果）生成混淆矩阵，并进行图形化展示：

```
c = confusion_matrix(y_test, y_pred)  #生成混淆矩阵
```

（3）绘制混淆矩阵热图展示

```
labels = ['Leave', 'Stay']
plt.figure(figsize=(10, 8))
df_c = pd.DataFrame(c, index=labels, columns=labels)
mp = sns.heatmap(df_c, annot=True, fmt="d")
plt.xlabel("Pred Label")
plt.ylabel("True Label")
plt.show()
```

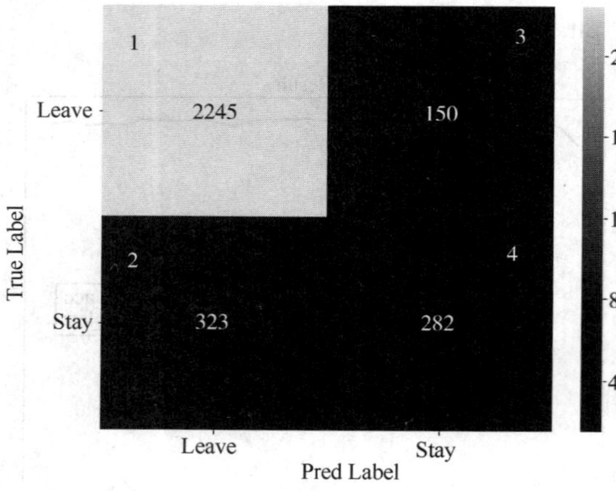

图 4　混淆矩阵预测结果展示

混淆矩阵是把所有类别的预测结果与真实结果按类别放置到了同一个表里，在上面的热图（图 4）中我们可以清楚看到每个类别正确识别的数量和错误识别的数量。横坐标为预测标签，纵坐标为真实标签，1 位置表示预测为离开并且真实是离开有 2245 人，2 位置是预测为离开但真实为留下的有 323 人，3 是预测为留下但实际为离开的有 150 人，4 是预测为留下并且真实为留下的有 282 人。

3　结束语

目前，油田数字化建设转入智能化建设阶段，在智能油田建设的背景下，对人才需求越来越高，而面对近年来石油和天然气行业经验丰富的人员流失，造成经验丰富的人员与经验匮乏人员之间的断层，通过使用大数据分析，运用深度学习和循环神经网络（RNN）算法，实现人才流失趋势预测，为管理者提供支持决策，可以大大降低人才流失风险，通过管理者对人员预测和掌控，可以有针对的对于高风险的人员采取多方面激励措施降低人员流失风险，对全面推进油田智能化建设提供更加夯实的人力资源基础。

采用认知技术的关键挑战在于数据质量和可用性、完全不同的数据类型和格式、技能资源的匮乏以及文化因素。只有真实有效收集这些数据，通过人工智能算法建立真实有效的数据模型。让认知技术接管更多与决策有关的思考，而不是依靠人类的经验和直觉，才能真正意义上提高管理决策者对人工智能算法的可信度。

参　考　文　献

［1］王国胤、代劲等．基于多粒度认知计算的生产安全管理与决策［J］．中国科学基金，2021，12.

［2］孟婧．认知计算热点应用领域研究［J］．电脑知识与技术，2021，9.

［3］https：//www.cnblogs.com/wj-1314/p/9579490.html. 深入学习 Keras 中 Sequential 模型及方法

［4］https：//baijiahao.baidu.com/　认知技术如何为能源公司提供帮助．

［5］https：//keras.io/zh/visualization/Keras 中文文档模型可视化．

油田工控安全系统的研究与设计

许湘燚　吴　东　戴　静　秦朝晖　王　祥

（中国石油新疆油田公司）

摘　要　两化融合和物联网的发展使得TCP/IP协议和OPC协议等通用协议广泛地应用在工业控制网络中，各种软硬件安全漏洞问题日益突出，传统防御技术和方式的滞后性，工控系统风险增加，工控系统安全事件频繁发生，影响正常的生产秩序，危及公共财产安全。

油田工控安全系统地研究及设计通过全面、系统的分析油田业务现状及安全防护现状，结合石油板块工业控制系统安全(以下简称工控系统安全)特点，依据工业控制系统安全防护指南、等级保护2.0的基本要求等，进行油田工业控制系统安全系统的设计，确保油田工控安全。

关键词　两化融合；协议漏洞；工控系统；工控系统安全

2017年是影响工控系统信息安全事件最集中爆发的年头之一，WannaCry勒索病毒席卷全球，全球超过10万台电脑受到网络攻击，涉及金融、能源、医疗等行业。该病毒利用windows漏洞，对系统中重要的文件进行加密并删除原始文件。中国石油许多加油站被感染，病毒导致加油站加油卡、银行卡、第三方支付等网络支付无法使用，用户加油只能使用现金。

工控系统正面临五大风险：一是漏洞剧增；二是互联互通，工控系统从封闭走向开放、互联，工控系统的网络安全边界日益扩大；三是针对工控的攻击趋易，黑客大会、开源社区等的出现，导致获取攻击工控系统的方法越来越容易；四是工控系统趋于重要，油田工控系统作为国家关键基础设施的重要组成部分，已成为攻击的目标；五是油田关键基础设施安全基础薄弱，油田工控安全系统的研究与设计迫在眉睫。

1　工业控制安全系统技术需求

工控系统直接作用于生产业务过程，对生产业务正常运行具有高度的影响性，因此工控系统安全建设需求必须基于业务保障目标来驱动。

由于工控系统本身特点和先天安全设计方面的缺陷，病毒、攻击等威胁直接对现实物理生产过程产生致命影响。例如：黑客非法获取油田井场抽油机远程启停控制权限，不仅扰乱正常的排产计划，而且极易对现场设备造成物理伤害；或者炼化工控系统遭受大规模病毒感染，可导致正常的炼油化工生产业务中断，甚至导致装置爆炸，造成严重的生产安全事故。

因此，亟须建立起工控安全系统，依据等级保护基本要求，将现有的技术措施与管理工具应用到实际安全设计中，形成安全防护能力和监测预警能力，保护工控系统安全(图1)。

工业控制系统投入生产后，存在与不同网络的信息交互，导致原来相对较为封闭、独立的控制系统，在工业互联网发展的推动下趋于互联互通，信息共享。信息的交互和数据共享，导致系统易受到病毒、内外部攻击、非法访问、网络拥塞等困扰，需要从技术角度做好防病毒、防入侵、防非法接入、防非授权访问、防网络拥塞、防设备漏洞利用，利用现有技术解决实际当中的工控网络安全问题，保障生产业务系统正常运行。

1.1　工业控制系统信息共享过程中的安全需求

生产系统采集到的数据会因工作需要或管理需求传送到办公网或管理网络，生产网络与其他网络有信息交互，来自其他网络的病毒、木马、恶意代码、入侵控制、非法接入、设备漏洞等对生产系统产生威胁。在行业攻击演练中，都发生了演习攻击方利用漏洞、弱口令等控制环境监测、视频监测等系统，从而打开进入生产系统的通道。因此业务系统需要在满足信息共享的同时，保障生产系统的安全，规避来自外部的风险。

1.2　从工业控制系统外层进入控制系统内部的安全需求

目前工业控制系统的网络安全隔离基本上都

是采用单项隔离，工业控制系统处于相对封闭的环境，主要威胁来自运维、升级以及移动介质的管控，网络隔离设备上线后很少调整安全策略、关注安全设备运行状态。随着工业互联网技术的发展，由工业控制系统外层进入控制系统内部的需求不断增加。如：炼化生产中的生产过程流程优化，由于企业工业控制系统安全措施(身份鉴别、授权、准入、访问控制、安全审计等)缺失或不完善，导致这些业务需求都无法满足，需要研究实现机制、技术和实施条件，为工业互联网应用推广提供保障。

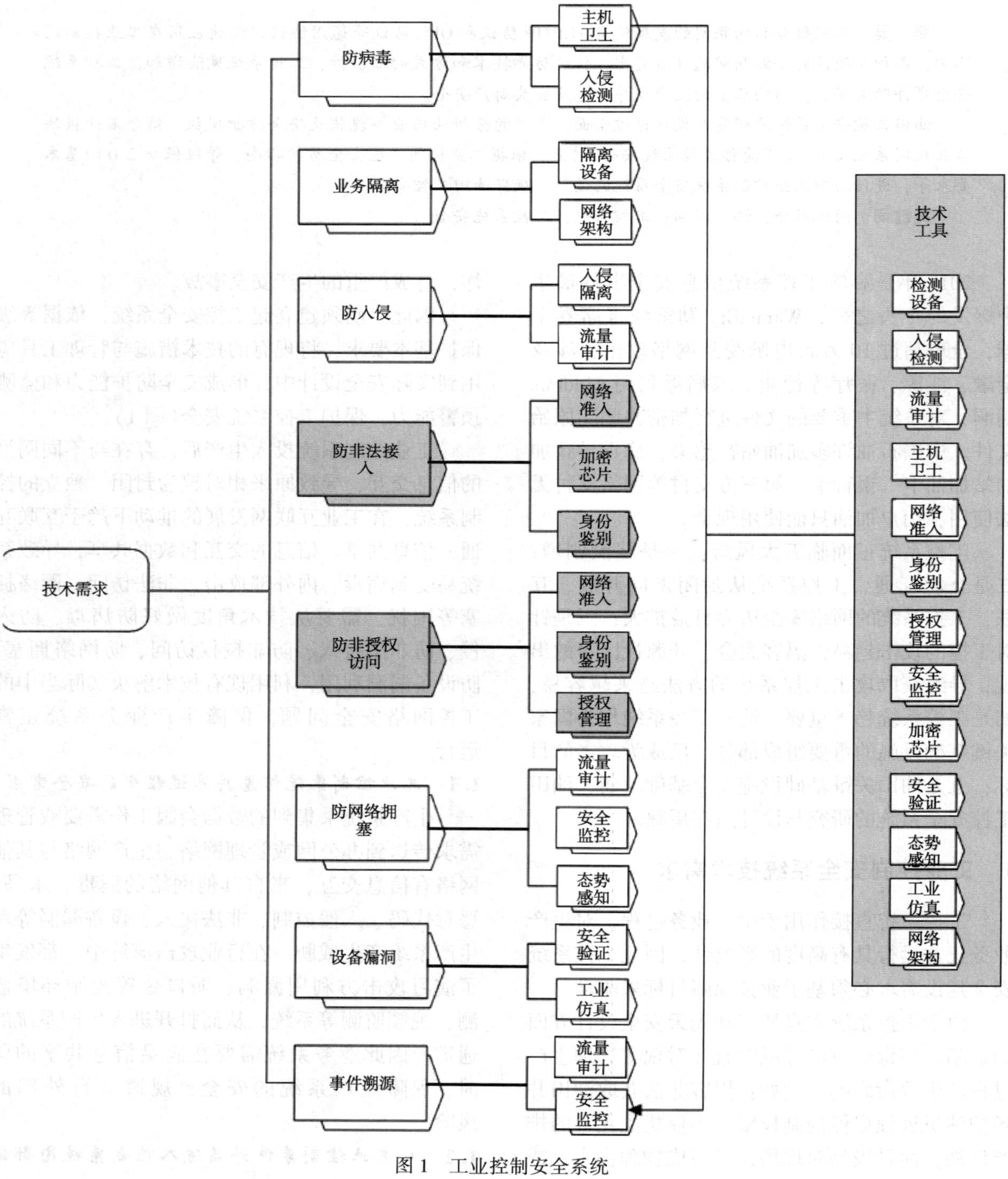

图1　工业控制安全系统

1.3 远程运维管理的安全需求

石油行业有很多大型设备位于生产核心位置，且国外设备为主，这些设备需要定期运维，其现场服务收费昂贵、服务相对滞后，网络远程运维服务成为必然，但由于缺少基本的安全监测机制，远程运维都处于失控状态，企业不知道运维厂商检查的内容，读取的数据，升级或改动的参数，整个运维过程无条件信任对方，自己失去了对生产系统的掌控能力。为满足企业远程运维管理的安全需求，需要设计并建立业务隔离、事件追溯、安全审计等安全机制，规范远程运维行为，保护企业核心利益。

2 工业控制安全系统功能需求

根据业务管理需求，以制度标准建设为基础，建立起满足安全监控、漏洞库管理、安全验证的安全系统(图2)需从以下几个方面设计。

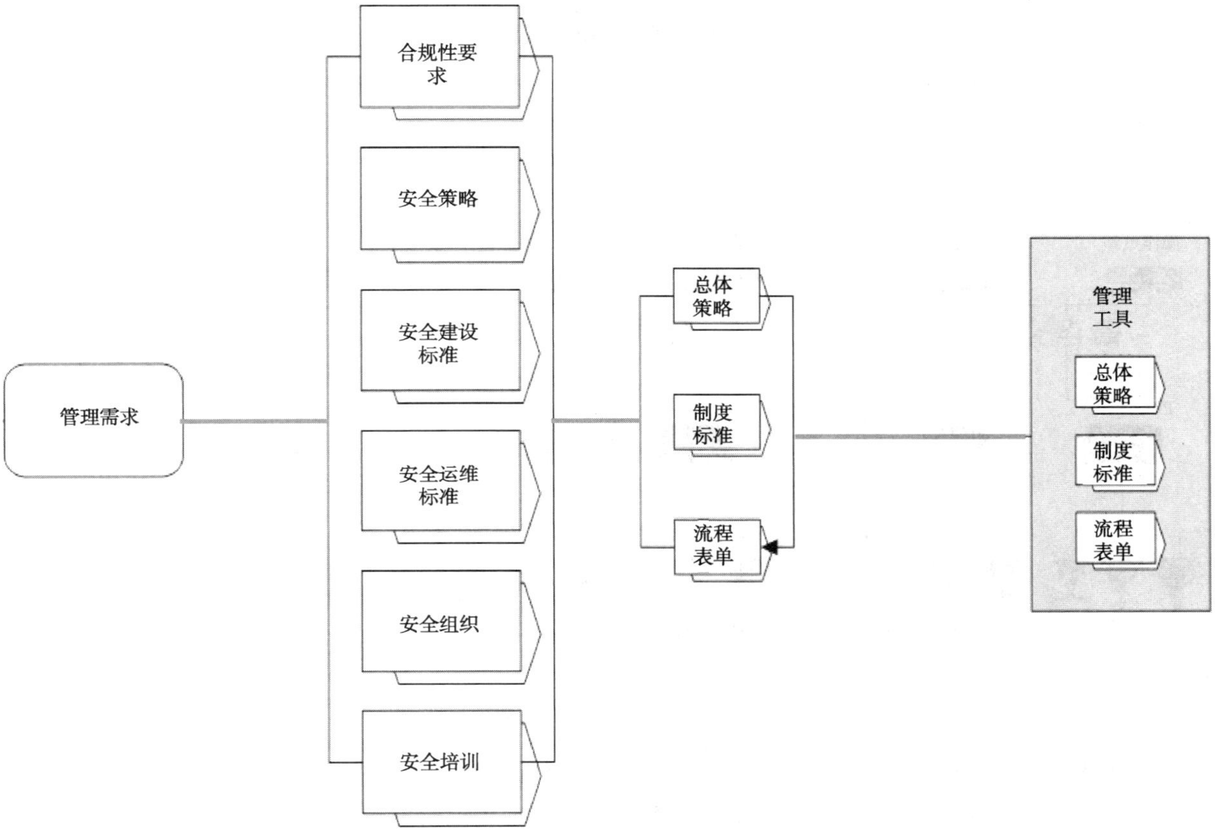

图2　工业控制安全系统功能

(1) 工控系统安全数据采集：各生产单位管理层及业务人员监控分析来自安全设备、网络设备等数据信息，掌握工控系统异常及发展态势，了解本单位工控系统风险等级与应对措施等。

(2) 补丁与策略：满足补丁下载、验证和分发需求，通过制定补丁分发策略，安全设备、非控制层网络设备补丁自动下发，控制层、设备层补丁手工配置，并建立应急策略管理。

(3) 白环境：建立设备接入、网络传输协议以及主机白名单机制，阻止非法设备接入工控系统、非法流量在网络中传播、非授权程序在主机上运行，形成保护工控系统稳定运行的白环境。

(4) 业务安全模型：建立关联时间、人员行为、设备、IP 地址等特征的状态安全模型，实现对数据、用户、运维及受控点管理。当工控系统中一旦出现超出业务安全模型范围的异常数据信息时，及时联动其他相关系统进行预警和阻断。

(5) 安全阻断：建立阻止内部人员访问互联网、未授权设备接入以及外部威胁入侵等行为的安全机制，只有通过验证的安全地址、授权设备、安全流量才允许通过，否则将对违规行为进行报警与阻断，确保接入与操作安全。

(6) 接入与加密传输：满足设备接入与安全传输需求，建立设备接入白环境、无线接入安全机制和加密传输机制，确保接入和传输层安全。

3 油田工控系统安全现状

3.1 前期油田工控系统现状

早期油田油气生产工控系统系统涵盖井站间SCADA系统、集中处理站DCS系统、注水自动化系统等，随着油气生产、勘探规模的不断加大，生产工艺流程自动化需求日益迫切，在油田工控技术的快速发展下，移动视频监控系统、智慧管网系统、功图量油系统应运而生，这些系统多是独立组网的信息孤岛，系统呈封闭、分散状态，多采用双网卡、网闸隔离(图3)。

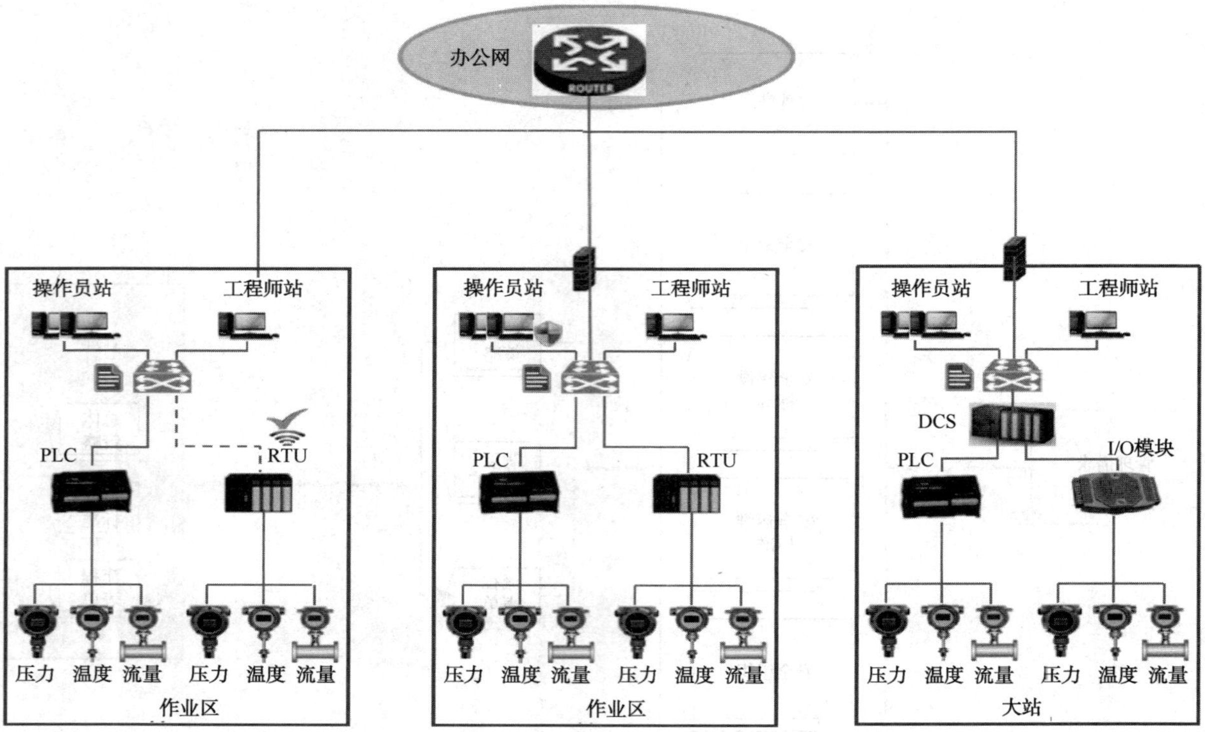

图3　前期油田油气生产自动化系统

3.2 前期油田工控系统安全现状

已建工控系统均独立组网，未实现网络互联，系统呈封闭、独立状态，未部署工控安全软硬件设施，工控安全存在隐患。这是某油田工控安全现场调研发现的主要安全隐患见表1。

表1　某油田工控安全现场调研汇总表

分类	问题及建议描述	备注
网络安全	1. DCS系统管理员无密码，组态无备份 2. 中控电脑弱口令 3. USB端口未封堵	
功能安全	1. 火灾检测设备未启用 2. SCADA工程文件无防护装置，可以随意打开改动 3. 大罐液位检测需装置两套原理不同的液位计 4. 油气污水工艺合并 5. PID手动改自动 6. 6、ESD及连锁未投	

续表

分类	问题及建议描述	备注
管理安全	1. 机柜后面杂乱 2. 空调问题 3. 操作台隔离 4. 现场缺乏应急预案、应急演练记录、操作规程	
调研建议	1. 加强系统工程师培训 2. 工控专网改造实现全 IP 化，建议通过浙江中控等国产设备实现 PLC、DCS 等在用系统的集中管理和监控(整体规划分布实施，改造或重建)	

4 现代油田工控安全系统的设计

随着物联网技术和工控安全技术的快速发展，分散、呈封闭状态的、安全功能缺失的各类油田工控系统已不能满足现代油田生产管理、信息系统安全管理的需要，构建统一的油田工控系统，配套建设符合油田工控安全技术需求和功能需求的工控安全系统成为必然。

4.1 现代油田工控系统的设计

利用物联网技术实现油田井场生产数据、视频的自动化采集及远程控制，建成覆盖作业区的单井 SCADA 自动化系统，作业区和厂级监控中心网络互联，通过油田公司的统一规划接入油田公司工控网，系统呈互联、开放状态(图 4)。

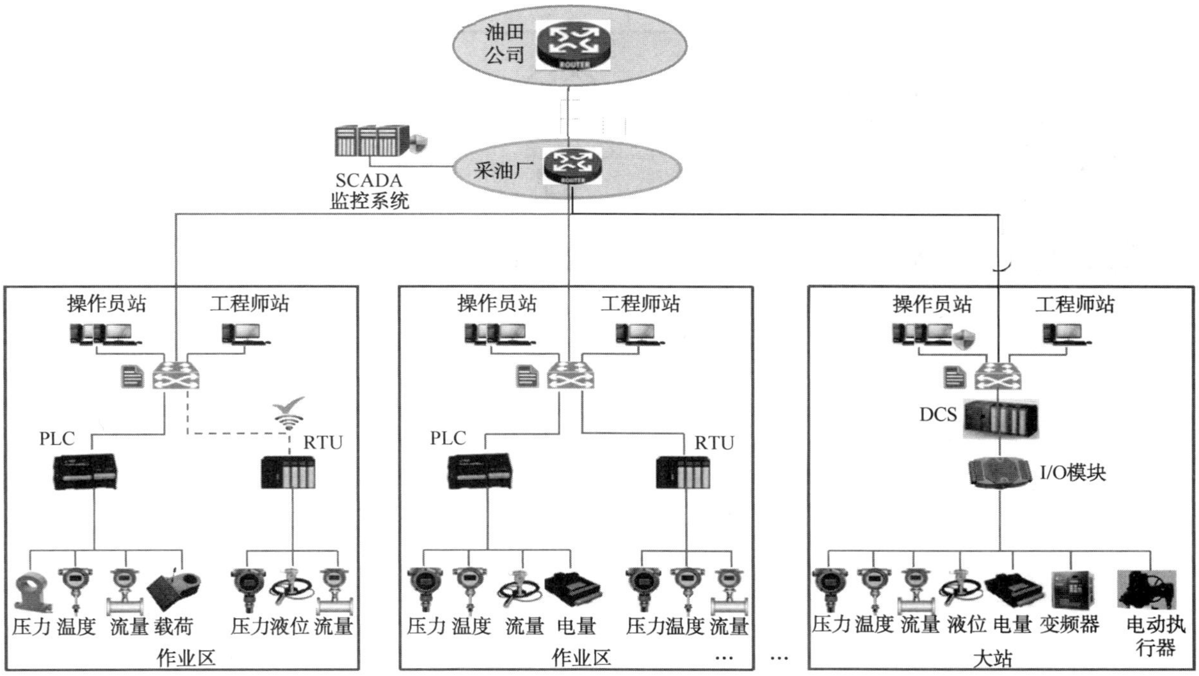

图 4 现代油田工控系统

4.2 现代油田工控安全系统的设计

(1) 将油田工控网划分安全域，实现作业区生产网边界防护，实现生产网服务器区边界防护，降低网络被入侵风险，防止安全威胁迁移扩散，防范工业系统因缺少隔离引发的安全事件扩散。

(2) 通过探针技术、审计技术，对工控协议深度解析，监测工控网入侵行为、异常流量，实现主动防护和预警；同时通过完整的记录并留存工控网络流量，为事后取证和溯源分析提供依据。

(3) 工控主机白环境搭建：部署工控主机防护软件，构建工控白环境，阻止非授权程序的运行，实现 USB 等外设的管控，杜绝外来病毒、攻击的植入。

(4) 通过配置核查技术发现工控系统的配置缺陷、管理漏洞，杜绝人为安全隐患，提升工控系统的安全水平和运维效率。通过工控安全网关技术、实现工控系统内各类设备、系统的统一授权认证、统一管理，做到运维可追溯。

(5) 工控网安全管理二级模式：通过安全数据采集子系统实现数据共享，采油厂工控安全系统接受油田公司工控安全管理，实现上级有效监管和专业机构技术支持，提升油田公司工控安全管理水平，杜绝工控安全大事件的发生。

综上所述，现代油田工控安全系统利用防火墙、探针、审计、安全网关、配置核查等工控安全技术，构建工控系统的纵横向保护机制，实现工控系统安全(图5)。

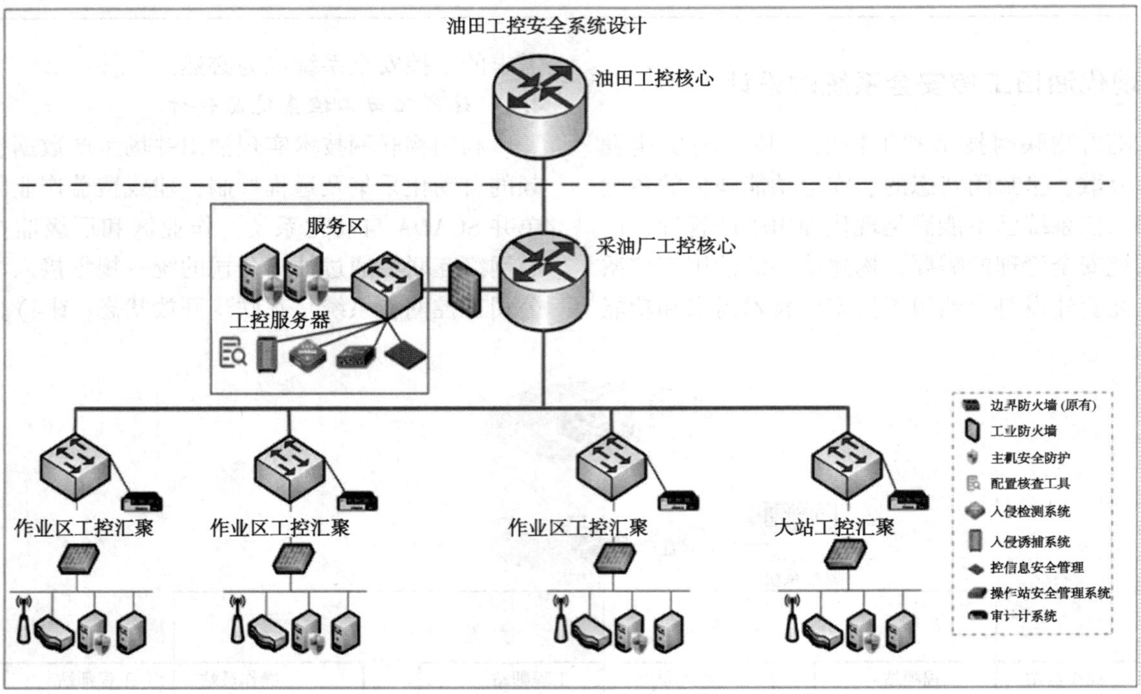

图5　油田工控安全系统设计

参 考 文 献

[1] GB/T 22239—2019《信息安全技术网络安全等级保护基本要求》

[2] GB/T 22240—2020《信息系统安全等级保护定级指南》

[3] GB/T 20984—2007《信息安全风险评估规范》ISO 27005：2008《信息安全风险管理》

应用 ATECC508A 芯片提高边缘节点安全性

李海龙　张大昌　张俊义　艾　岩

（中国石油辽河油田公司）

摘　要　2019 年辽河油田开始了油气生产物联网（A11）建设。鉴于油田物联网对油田生产的影响范围甚广，系统安全性提升成为所有物联网系统中最关键的组成部分。作为辽河油田物联网实施部门的物联网技术中心在评估物联网网络脆弱性时，技术人员将目光对准了物联网最基本的元素——边缘节点，根据边缘节点无有效的安全防护情况下，应用 ATMEL 公司出品的 ATECC508A 安全加密芯片，达到保护边缘节点系统、创建安全网络环境目的。

关键词　边缘节点；物联网；无线仪表；加密认证器件

1　辽河油田物联网边缘节点安全现状

“十二五”期间，物联网建设是中国石油三大重点工程之一。通过应用物联网技术改造生产、工艺流程，促进传统生产从劳动密集型向知识密集型的转变，提升企业发展质量和综合效益。2014 年集团公司在新疆、塔里木、西南等 7 家油气田进行油气生产物联网（A11）第一批试点建设，辽河油田作为第二批推广单位开展油气生产物联网（A11）建设。油气生产物联网涉及油气生产全业务链条，生产环节多，包括油气水井的生产管理、接转站、注汽站、注水站以及联合站等业务范围。鉴于油田物联网对油田生产的影响范围甚广，系统安全性提升成为所有物联网系统中最关键的组成部分，必须真正把物联网安全性的理念贯穿到整个系统中。

作为辽河物联网实施部门的物联网技术中心，我们在评估物联网网络脆弱性时，技术人员将目光对准了物联网最基本的元素——边缘节点。而作为物联网中的“物”，数量众多的传感器和执行器通过物联网向监控中心提供数据，并执行来自监控中心交互产生的指令。边缘节点通常是小型低成本的智能设备，如中科奥维的底层无线 RTU 设备，无线传感器，但正是由于它们访问的资源有限，往往被错误地认为不易受到攻击。与边缘节点交互的服务器以及与之连接的网络已经拥有了成熟的安全技术，而边缘节点到目前为止还未具备这样的技术。因此，要保护边缘节点的系统时，我们需要创建安全环境，首要任务之一是稳妥地发现和证明连接到油田生产网络的设备的身份。必须确定是谁要连接到网络，如果没有预先建立起安全的身份认证，加密和传输层安全协议（如 SSL/TLS）做的就是“保护”那些根本不应该进入油田生产网络非法访问者。图 1 是油田物联网传感器到监控中心数据流。

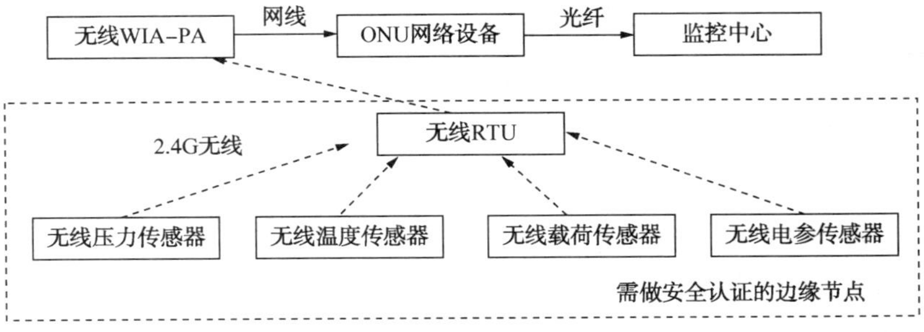

图 1　油田物联网数据传输框图

从图 1 可以看出，无线仪表首先将数据上传到无线 RTU，无线 RTU 通过 PANID 接入到 WIA-PA 网络。无线仪表到无线 RTU 之间的数据未做安全接入认证，如何确定一台物联网设备是可信的？甚至怎么知道连接到您的网络的是一台真实的物联网设备，而不是假扮物联网节点的某台恶意入侵设备？因此，我们与无线传感器设备、无线 RTU 设备供应商中科奥维公司合作，在无线 RTU 设备与无线传感器设备接入处，增加 Atmel 公司的 ATECC508A 加密认证芯片为油田物联网边缘节点提供可靠的安全防护。

2 ATECC508A 工作原理

ATECC508A 加密认证芯片具有内部密钥生成功能，集成 ECDH（椭圆曲线 Diffie-Hellman）安全协议的器件，并能提供 ECDSA（椭圆曲线数字签名算法）签名与验证的认证功能。（ECDH 协议是提供密钥加密/解密协议的一种极为安全的方法）。ATECC508A 包括一个 EEPROM 阵列，可用于存储多达 16 个密钥、证书、配置项读/写、只读或机密数据、工作日志和安全配置。可以用各种方式限制对内存各个部分的访问，然后可以锁定配置以防止更改。采用 ATECC508A 设备独特的内部密钥生成功能，可生成安全的分布式密钥，从而实现向不限规模的分布式物联网设备配置密钥。使用者可为任何设备在加入物联网前创建认证的可信身份。可防止他人对边缘节点进行未经授权的再配置、非法获取网络中受保护的资源。图 2 是 ATECC508A 功能框图。

图 2 ATECC508A 功能框图

ATECC508A 的主要安全特性包括：

（1）经过优化的密钥存储和认证功能。

（2）应用所存储的私钥进行 ECDH 操作。

（3）ECDSA（椭圆曲线数字签名算法）签名与验证。

（4）支持 X. 509 认证格式。

（5）256 位 SHA/ECC 硬件引擎。

ATECC508A 内部结构

ATECC508A 对外通讯提供了标准 I2C 接口，方便嵌入到各种智能设备、传感器电路中。图 3 为 ATECC508A 封装。

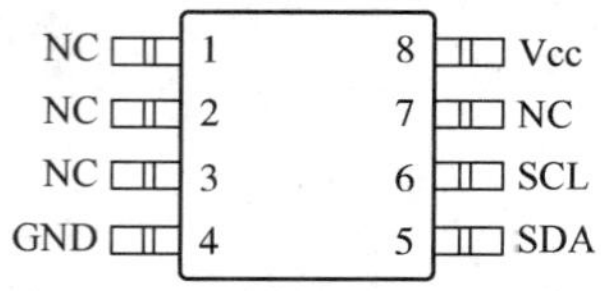

图 3

ATECC508A 是一个基于命令的设备，它从 MCU 系统接收命令，执行这些命令，然后返回结果或错误代码。使用以下命名法来描述各种命令：

（1）安全命令：这组命令通常访问 EEPROM 空间和/或执行密码计算。这些命令用特殊字体（例如 GenDig）表示，并且在所有接口中都可用。

（2）加密命令：安全命令的子集包括所有访问硬件 ECC 加速器的 ECC 命令（GenKey、Sign、ECDH 和 Verify）和访问硬件 SHA 加速器的 SHA 命令（CheckMac、DeriveKey、GenDig、HMAC、MAC、SHA 和 Nonce）。

ATECC508A 接收处理器提供输入接口，在内部执行计算并返回签名、认证、会话密钥等计算结果，整个过程中不会泄露计算方法。高品质的真随机数发生器有助于成功防止交易被回放。内部序列号有助于确保密钥的唯一性，而大容量的计数器则可用于追踪认证过程。

此外，为了防范毗邻攻击和物理攻击，ATECC508A 做了特殊的设计——整个芯片均覆盖着蛇形金属图案，阻止内部信号释放被外部检测到，并提供视觉障碍，阻止攻击者通过打开封装对芯片内部进行观察和探测操作。同时，器件保护壳与其余电路通电相连，如果保护壳被攻破，该芯片将不再运行，以防攻击者通过探测电路节点来获取密钥。

3 ATECC508A 工作过程

ATECC508A 工作步骤大体如下：

（1）Host（MCU）首先生成 Nonce[❶] 命令所用参数，填充 eccX08h_ nonce_ in_ out 结构体中

❶ Nonce：临时随机数

的 Mode、NumIn 两个参数(输入)，之后执行 eccX08h_ nonce()。

(2) ATECC508A 接收到 MCU 指令，先通过 Opcode 判断是 Nonce 命令，然后根据 Nonce 传来的 Mode、NumIn 参数，利用 SHA-256 算出结果(Digest)，并将该 Digest 保存在 TempKey 的 Value 数组中，最后将 RandOut(生成的随机数)返回。

(3) MCU 接收到 ATECC508A 内部产生的随机数，同样利用 SHA-256 结合发送的 Nonce 参数，算出该 Nonce 的实际值，既存储在 ATECC508A 中 TempKey 的 Digest。Nonce 命令执行完毕。

(4) MCU 执行 eccX08h_ gen_ dig()，函数将发送 GenDig[❶] 命令，ATECC508A 接受到该命令后，通过 opcode 判断出是 GenDig，然后根据第二个参数 Zone=0x02(Data)，表示此时 KeyID 表示数据区的一个 Slot 或一个硬件阵列中存储的密钥。

然后读取第三个参数 KeyID，为待读取 Slot 中的值，然后根据后续的 24 位串号数据(SN[0:1]SN[8]默认值均为 0x01 23 EE)以及 Nonce 命令执行后 TempKey 的 Value 值(上一步生成的 Digest)，综合以上数据，利用 SHA-256 算出新的 TempKey，此时 TempKey 的 Value 就是会话密钥 Session Key。

(5) 在 MCU 发送 GenDig 到 ATECC508A 的同时，MCU 本身也利用上述参数，以及之前算出的 Nonce 实际值(Digest)，利用 SHA-256 算出 Session Key。

(6) MCU 通过 eccX08h_ decrypt()函数发送 Read 命令，ATECC508A 接受到命令后，通过 opcode 判断是 Read 命令，之后得到 Zone=Data = 0x82(10000010)，根据 Read 命令知道，该 Zone 值是指以 32Byte 的方式读取 Data 区；然后的参数是 Address，对应待读取的 Slot 或 Block。

解析完 Read 命令后，ATECC508A 将对应 Address 中的明文数据(Plain Text)利用 GenDig 生成的 Session Key 加密成密文，然后将该密文返回至 MCU/HOST，最后 MCU 利用计算的 Session Key 将该密文解密成需要的明文。

4 应用效果

针对辽河油田 A11 系统，我们将现有 2.4G 无线 WIA-PA 网络的无线温度传感器和无线 RTU 增加了 ATECC508A 加密认证芯片，经现场测试，安装在无线 RTU 的 ATECC508A 会拒绝未经认证的无线温度传感器的数据，无线温度传感器不能与无线 RTU 建立数据交换。只有正确认证的无线传感器才能与无线 RTU 进行通信，大大提高了物联网边缘节点接入安全性。

5 总结

物联网的安全和隐私保护是物联网能否大规模应用的关键，物联网的多源异构性使其安全面临巨大的挑战，就单一网络而言，互联网、移动通信网等已建立了一些列行之有效的机制和方法，为我们的日程生活和工作提供了丰富的信息资源，改变了人们的生活和工作方式。目前在无线传感器网络安全方面，人们就密钥管理、安全路由、认证与访问控制、数据隐私保护、入侵检测与容错容侵、以及安全决策与控制等方面进行了相关研究，密钥管理作为多个安全机制的基础一直是研究的热点。边缘节点是确保物联网安全性中最薄弱的环节，而在边缘节点增加密钥实现了安全认证接入。ATECC508A 加密元器件产品提供了在受保护的硬件中存储并管理密钥以实现多层次安全性的坚实手段，实现了硬件层面上的高效保护。

参 考 文 献

[1] 杨庚，许建，陈伟，祁正华，等．物联网安全特征与关键技术[J]．南京：南京邮电大学学报，2010：第 30 卷第 4 期 20.

[2] 杨柏松，郑景星，刘美，等．基于物联网的特种货物监测系统设计[J]．西安：电子设计工程．2021，29(12).

[3] 宋磊，黄希．面向工控现场应用的边缘网关架构设计和性能评估[J]．北京：信息技术与网络安全．2021，40(06).

❶ GenDig：一个随机或输入的种子和一个 key 生成一个数据保护摘要

应用ATECC508A芯片提高边缘节点安全性

李海龙　张大昌　张俊义　艾　岩

（中国石油辽河油田信息工程分公司）

辽河油田于2019年开展油气生产物联网(A11)建设。油气生产物联网涉及油气生产全业务链条，生产环节多，包括油气水井的生产管理、接转站、注汽站、注水站以及联合站等业务范围。鉴于油田物联网对油田生产的影响范围甚广，系统安全性提升成为所有物联网系统中最关键的组成部分，必须真正把物联网安全性的理念贯穿到整个系统中。

我们在评估物联网网络脆弱性时，技术人员将目光对准了物联网最基本的元素--边缘节点。作为物联网中的“物”，数量众多的传感器和执行器通过物联网向监控中心提供数据并执行来自监控中心交互产生的指令。边缘节点通常是小型低成本的智能设备，如中科奥维的底层无线RTU设备，无线传感器，但正是由于它们访问的资源有限，往往被错误地认为不易受到攻击。因此，要保护边缘节点的系统时，我们需要创建安全环境，首要任务之一是稳妥地发现和证明连接到油田生产网络的设备的身份，必须确定是谁要连接到网络。

我们与无线传感器设备、无线RTU设备供应商中科奥维公司合作，在无线RTU设备与无线传感器设备接入处，增加Atmel公司的ATECC508A加密认证芯片为油田物联网边缘节点提供可靠的安全防护。

ATECC508A加密认证芯片具有内部密钥生成功能，集成ECD安全协议的器件，并能提供ECDSA签名与验证的认证功能。ATECC508A包括一个EEPROM阵列，可用于存储多达16个密钥、证书、配置项读/写、只读或机密数据、工作日志和安全配置。可以用各种方式限制对内存各个部分的访问，然后可以锁定配置以防止更改。采用ATECC508A设备独特的内部密钥生成功能，可生成安全的分布式密钥，从而实现向不限规模的分布式物联网设备配置密钥。可防止他人对边缘节点进行未经授权的再配置、非法获取网络中受保护的资源。

针对辽河油田A11系统，我们将现有2. 4G无线WIA-PA网络的无线温度传感器和无线RTU增加了ATECC508A加密认证芯片，经现场测试，安装在无线RTU的ATECC508A会拒绝未经认证的无线温度传感器的数据，无线温度传感器不能与无线RTU建立数据交换。只有正确认证的无线传感器才能与无线RTU进行通信，大大提高了物联网边缘节点接入安全性。

物联网+时代下工业信息化的安全保障

蒋　峰　唐　军　王海燕

（中国石化中原石油工程有限公司）

摘　要　互联网时代的来临，给我们石化行业带来了新的发展，借助国家指导意见的推出，我们要保证网络安全的前提下有序地接入新兴行业中。要充分保障网络安全，为公司提供一个安全健康的网络生产条件和办公环境。基于此，本文将从互联网与工控网的安全连接的作用和意义展开论述；从四个方面入手分析当前面临的形势、矛盾和问题，并最后提出了相应的管理办法，以供相关人员参考。

关键词　互联网；实体；虚拟；安全；保密

当今社会已经进入信息时代的快车道，互联网已经深入到我们工作生活的方方面面。作为社会的第一产业的工业领域也在互联网信息时代进行着变革，石油行业作为工业的基础产业和支柱产业，也面临着在互联网信息时代下的转型和变革。在今天，全球都在进行着一场更大范围更深层次的科技革命和产业变革。从社会发展史看，人类经历了多次产业升级，我们正在经历信息产业升级。作为世界上最大的发展中国家，我们要牢牢把握住这次产业升级，建立更好的生产体系，创造更安全的信息安全环境为我们公司发展保驾护航。

互联网科技在当下时代正飞速发展，物联网进一步兴起，传统产业必须顺应时代潮流，紧跟科技发展前沿，进一步做好产业互联网升级准备。在做好先有（现有）产业升级配套设施建设的同时，健全产业互联网升级制度，保证现有工控网路正常运转的情况下，有序的、谨慎的建立外部互联网与我公司的工控内网有效的结合。由于外部势力长期对我国企事业单位有组织、有计划进行网络定向攻击，迫切我们要做好实体产业链与互联网虚拟载体的安全防护，警惕外部势力逐年增加的网络渗透和攻击，防止互联网泄密，保护数据安全，保证公司安全生产环境稳定。

从世界范围来看，网络攻击的态势和范围也不仅仅局限于我国，各国也深受其害，造成了巨大的经济损失和社会负面影响。如：2021 年 5 月，美国最大的成品油管道运营商 Colonial Pipeline 遭受了黑客网络公司攻击，运作被迫中断，美国东部沿海的燃油网络陷入瘫痪。被迫关闭其整个能源供应网络，导致 5500 英里（约 8851km）能源运输管道停运，美国东部约 45% 的燃料供应受阻。这是美国首次因网络攻击而宣布多州进入紧急状态。这对于我们来说既是前车之鉴，又为我们敲响了警钟，督促我们必须要做好网络信息安全工作，保证我们公司的安全的信息环境，保证工控网络的信息安全。

近几年，中国一直是别国使用网络武器攻击的互联网第一受害者，据统计，我国每年遭受境外恶意网络攻击超 200 万次，而且呈现逐年上升的趋势。网络攻击的专业化、高危话在逐年增加，针对性、集团性、目标性、专业性、长期性越发凸显。如：2017 年中国石油北京、上海、重庆、成都等多个城市部分加油站因勒索病毒攻击突然断网。造成加油卡、银行卡、第三方支付无法使用，造成经济损失无法估量。

中国石化作为石油石化行业实体的龙头国有企业，面临的问题有以下几点：

1　互联网的冲击下的数据风险

在“互联网+”的时代下，工控体制会从封闭系统转型为与开放互联网链接提升自身产业效能。井口一体化业务、互联网办公、大数据存储、云技术运用等一系列互联网办公系统开始接驳进石油石化行业。由于互联网多方互联互通，必然会带来互联网攻击、入侵、木马植入、病毒袭击等安全风险。当前就我国经济发现现状和互联网发展历程来看，我国的互联网和工控协议基本都是从西方国外发达国家引进的。因为对方专利保护和对于我们在意识形态上的天然不信任，所以我国只有使用权，没有研究权开发权，并不知道和了解这些程序以及通信协议里所包含的所有内容，在设备与外界互联网链接的时候就会有存在信息泄露的风险。

2 互联网更新速度与传统石化行业工控更新速度的不匹配

互联网更新速度可以说是瞬息万变，反复万千，安全策略滞后性和安全漏洞的延时性对于工控设备影响很大。石化行业普遍采用的是DCS（分散式控制系统）、PLC（可编程逻辑控制器）和电子监控设备这些系统和设备，这些设备和系统一般在出厂和使用时很少或者就没有应对外部互联网威胁的安全措施和防火墙。使用者也很难在第一时间被互联网病毒木马攻击时做到及时发现、及时处理。在被互联网平台被互联网黑客攻击绑架后，也很难在第一时间做到完整彻底地清除外部互联网留下的病毒木马。在工控内网中因为各个设备和系统基本处于不设防状态，病毒木马的传播性可以用爆炸式传播来形容也不为过，但其所造成的严重性甚至可以造成整个系统处于瘫痪状态。

3 互联网数据传输和工控网络的安全等级要求的矛盾

在工控互联网中最多的为传感器、IGBT、无线通信，网络架构中很少或者不存在对互联网中木马、病毒的安全防范。由于我国企业在经济发展中很大一部分都是借鉴或是引进使用外国设备，其中的很多设备中的芯片多为外国芯片厂商制造，制造标准与后门程序都在国外厂商手中，我们办公设备中的打印机、复印机、硒鼓等新型号产品一般都会有存储设备，在工控网络与外部互联网连接的时候，基本没有什么安全防护和防火墙，而外国设备厂商对于我们公司的安全防护要求总是处于消极态度。我公司缺少设备内部架构知情权和主动权，无形中增加了信息泄露风险，甚至在被病毒木马入侵后可以做到即时信息截取存储和实时远程传输。

4 工控互联人员管理问题

由于我国信息化处在初步阶段，专业人员缺乏、专业知识匮乏，在意识和工作中没有建立起信息安全保护意识和信息安全保护制度。在工作中对于工控互联网与外网连接安全策略不重视，外部存储设备连接内网时不做保护，内部存储介质保管不严密，随意连接外部设备的问题，对安全法规漠视，安全风险的评估存在“走过场、看账本、当戏演”等形式主义。

为应对以上所出现的问题，我们应该以一下几个方面入手解决。

1. 加强数据备份

公司数据实施双备份，做好数据的正常备份、副本备份、差异备份和增量备份，防止资料被破坏后造成数据丢失。互联网+时代和大数据、云端数据的背景下，除了进行在线存储、近线存储、脱机存储和站外存储之外，可以依据实际怎加云端技术进行存储。同时由于国际局势风云突变，大环境下网络安全越加严峻，酌情减少对甲骨文，IBM、SPA、EMC等外国厂商的依赖，增加对阿里、腾讯、华为、平凯星辰等国内厂商信任和使用比例，防止数据被外国厂商掌握的概率，做好被动防护。

2. 完善网络防护

搭建好防火墙，完善入侵检测系统和严控访问控制策略。防止破坏分子和黑客使用木马病毒传播嗅探器对服务器和个人办公PC设备进行攻击盗取。防止对方获取内部IP地址，对我公司内部进行传播网络病毒木马，窃取我方资料。建立DDOS防火墙防止对方网络轰炸。

3. 做好物理隔离

工控网络中，能做到物理隔离的尽量做到物理隔离，减少数据窃取的途径。重要数据的传输、拷贝、使用时，尽量使用不可擦写的光盘、光驱。对使用的硬盘、U盘进行单独存放。设为保密硬盘和保密U盘，进行登记管理、明确使用人员、管理人员。严禁使用来历不明的移动存储介质、严禁保密存储介质接入非保密设备、严禁保密介质未经脱密后当作普通存储介质使用。设立保密介质脱密流程，U盘、硬盘脱密时必须在指定地点进行物理销毁。同时在内部网络中禁止使用WiFi，和带有WiFi的路由器，防止对方通过无线网络进入我内部网络进行破坏。

4. 培养保密习惯

加强人员培训树立网络安全意识。健全保密等级协议，加强保密制度、完善保密资料场所的建设。涉及核心资料岗位要签订保密协议书，进一步督促岗位职责。保证在人员的思想上重视网络安全和信息安全，在人员思想上树立起第一道防线。

总结：信息时代已经来临，对于我们石油石

化行业来说是一次提升自身产业结构、改变生产方式的一次不可多得机遇。同时在互联网时代我们更要做好网络安全防范工作，严防网络信息泄露，严把网络安全关，这样才能保证我们公司在信息时代下，能够健康良好的发展。

参 考 文 献

[1] 国务院．关于深化“互联网+先进制造业”发展互联网的指导意见．2017，11，27

[2] 赵高华，王海龙，姜伟．美国成品油管道遭到网络攻击的警示[J]．网络传播，2021，6：74-75

[3] 搜狐新闻．勒索病毒到底有多可怕？全球各地变成了这样[J]．科技，2017，5，23

[4] 赵艳秋．三年替换甲骨文？国产数据库打响反攻战[J]．书智前线，2022，3，18

[5] 熊雯琳．警惕复印机成最大泄密者[J]．腾讯科技 IT 新闻，2010，7，19

网络通信数据信息安全须有保障

程　彬

（昆山中石油昆仑燃气有限公司）

摘　要　当今社会，人工智能、大数据、互联网、云计算、互联网5G技术等新兴名词已经成为人们学习和生活中的不可取少一部分，步入21世纪，进入科技化信息时代，为了日益增多的大数据在我们的日常生活及工作运用过程中得到安全使用及保障稳定，那就一定要加强数据信息安全保障使用工作，这项工作不同于其他安全类工作，因为数据信息种类繁多、结构复杂，是网络通信安全中严格执行的一道环节，必须谨慎管制，严密规划，否则会使网络通信安全受到重大的创伤。要想获得网络通信的平安稳定，必须加大力度从软、硬件等方面提升通信网络的安全保障，由此配合好做好数据信息安全保障工作。因此，人们必须从实际情况出发，严格谨慎分析通信安全技术、网络通信安全的重要性并从配合加密技术、防护墙堡垒机等软硬件方面配合着手进行研究和实施，希望能为数据安全领域起到一些帮助，以此来提高通信数据的安全保障，为整个社会网络通信数据信息的安全添砖加瓦。

关键词　全面开展网络通信；严格执行信息安全；加强数据加密技术

当前随着数字化信息时代的全面提升，人们对信息技术的需求性和依赖性也越来越高，以前的传统信息技术已不能满足人们对信息化产业高速发展的网络需求变化了，就像如今社会，年迈的老爷爷老奶奶们都拿起手机，学会了用支付宝和微信进行支付，所以年轻的一代更要紧跟时代的步伐，提升网络通信的安全性和稳定性，保障人们在相对安全稳定的网络环境下的生活工作学习。

有句话说的很对，网络通信安全就像人们平日里使用的诸多杀毒软件一样，病毒体总是领先于病毒库一步，面对病毒体的入侵，人们只有创建反病毒体将之灭之。就目前来说，当今的网络通信的安全结构还是不够完善牢固，我们只有不断更新再更新，创新再创新，充分掌握数据信息安全等相关网络知识，将网络通信所受到的危害性告知公众，才能引起人们的高度重视和理解，寻找网络通信中存在的“病毒体”，找到并消灭，才能为人们提供一个安全的网络环境，促进通信事业的稳定健康发展，更上一高度。

1　网络信息安全保障的迫切性和重要性，做到全面开展

1. 相对于国家安全战略的意义

可以肯定的是，网络信息数据信息安全是国家重点发展项目之一，随着人工智能、大数据、互联网、云计算、互联网5G等等各项高新技术的利用，这个非传统的安全领域成为了脆弱的信息中枢，在保护着国家信息安全的同时，也受到了诸多不法分子利用网络的猛烈攻击。正常来说，因为网络传播较快，所以开放性网络极易被不法人员进行利用，对社会造成了极坏影响，也有可能引发局部社会动荡或人民不安，也会给社会政治局面的稳定造成不良影响。举个国外例子，美国“棱镜门”事件的爆发，就是斯诺登利用网络手段窃取多国重要情报，导致多国国家信息泄露。由此可以说明，网络信息安全极为重要，对于这类安全问题的防范，一旦疏于管理，就有可能被不法组织利用，做出危害国家、社会以及公民的行为。因此看，对于网络信息安全的治理，已经成为了国家以及相关部门的重点研究方向，做好网络信息安全的保护工作，是构建一个和谐发展的社会的重要基础以及国家的重要保护屏障，起到牢固盾牌的作用。

2. 相对于经济发展的意义

21世纪在互联网、大数据发展的过程中，各家公司、银行以及企业都加入其中，对于网络信息安全的依赖程度越来越高，结合总体综合使用情况，使得网络安全使用的意义逐步升高。就当前社会各行各业的使用面而言，网络入侵的手段日见增多，不少不法人员专门利用非法网络信息来获取非法利益，诸如客户信息被盗、商家数

据遗失、相关密码被篡改等情况时有发生，不仅令企业遭受巨额的经济损失，还对于国家的基本经济发展产生了极坏的影响。由此可见，类似的经济流动显然并不符合应有的经济发展行为，只有在其交易进行的源头进行遏制，才能够保证不合法交易能够逐渐减少以致消失。所以，只有加强网络信息安全的保护力度，才是提高我国经济，保证社会正常发展的重要措施之一，网络信息的安全不一定是国家管理的重中之重，但国家信息管理的安全必然离不开网络信息安全的管理。

3. 相对于民族文化保护的意义

从实际应用层面上来说，对于每个国家来说，民族文化有着相当重要的意义，对于文化安全的保护，是体现一个国家基本竞争力的重要表现。就目前全世界进行产业文化革命以及创新的发展之中，网络信息安全成为了其发展的基本纽带，这个重要的技术平台，对于文化往往也有着相当重要的话语权，而以美国为首的西方国家，正在通过网络向人们进行信息文化的传播以及渗透，对于我国文化进行了一定意义上的覆盖，这样的发展现状，令我们国家对于网络信息安全必然需要不断加大保护力度，防止西方等发达国家通过互联网等手段进行信息的不平衡交流，使得我国民族文化被腐蚀和威胁。对于一个民族来说，文化的传承是民族发展的根本，能够加深民族之间的凝聚力，保证民族拥有自身的文化信仰，以影响着民族的建设与发展。当前，互联网大数据的使用令民族信息开始了不断的传递，相关内容传播速度加快，信息传播量虽然能够保证人们加深对于信息文化的深刻认识，但是也容易受到不法分子或者敌对势力的攻击。所以说，一旦发生发达国家对我国的民族文化信息进行侵蚀，传播他国的价值理念以及文化观念，不仅会使我国民族文化逐渐消沉并且同时受到质疑，还有可能影响人民的爱国思想，容易受到不法分子的鼓动挑拨，影响民族文化的自我保护意识，所以要大力加强网络信息安全在民族文化的综合利用和影响。

4. 相对于军事建设的意义

相对于国家来言，军事国防是极为机密的事件，虽然目前世界范围内多国战争的爆发、局部地区的争端并没有在我国打响，但是网络信息安全的战役却是实实在在存在，并为重来没有停止过。毕竟，网络战争的可怕性和影响度，绝不亚于实地机械化战争。这个与机械化战争毫无关系的新型战争形势，影响着各国发展的人局，其战争内容囊括各个空间领域。当前国家网络空间战争的形势极为严峻，在信息情报窃取、舆论煽动上而都产生了极大的影响。一场无形的破坏方式正在通过网络信息安全席卷全球各个国家，网络战争已经成为了目前军事斗争的主要战场，美国等西方国家正日日蓄意策划着，想从网络的战争中获取他们想要的军事机密。当今网络信息的频繁流动，令相关的军事资料出现了被盗取的可能性，加强目前国家的网络信息保护工作，对于相关问题及时进行治理，是维护军事机密以及维持社会稳定重要的方面。从目前的发展及交流形式上来看，我国的网络信息安全已经一定意义上影响了基本的军事网络建设，对于国家军事发展战略意义有着深远影响，必将加强加大加深军事网络建设的需要。

2 网络通信中信息数据安全问题，严格执行保护信息安全

1. 相对于数据信息结构存在的问题

就当前网络形式而言，由于受目前网络技术发展的制约，现阶段的网络通信大部分都是通过 IP 协议，这就必然会在网络空间中完成一定的数据交换。由于当前所用的网络结构模式大多为树状结构，这种结构极具不稳定性，使得网络漏洞产生的概率大大增加。这种实际情况的发生，就使得许多网络不法分子会趁此机会进入的网络安全的漏洞中，使得网络当中的信息数据受到了不同程度的损坏。除此之外，以 IP 为核心的承载网不可控性极强，极易受其他因素的干扰，因此不具备能够保证服务质量的性能，同时加密技术的滥用给信息通信造成了二次伤害。一旦通信系统出现了差错或形成相应漏洞，就会使得网络易受到攻击，影响了网络通信的正常运行，造成不可挽救的后果和损失。

2. 相对于网络通信软件存在的问题

就人工智能、大数据、互联网、云计算、互联网 5G 技术在网络通信应用中，许多基础性的软件也本着服务大众的意识，进入到了千家万户的电脑中，供人们随意使用，这种开放化在很大程度上为人们提供了不少便捷的方式，但是需要注意许多基础性的软件代码编写较为简单，容易

被不法分子利用篡改其代码。除此之外，许多的电脑使用者除浅层的操作外没有任何网络知识，更不要提网络安全意识等，意识上的薄弱，进一步催化了网络安全的实质瓦解，最终导致了网络事故的发生。这一切网络安全事故的发生，归根结底，都是由于网络通信软件的不完整性、种类多样性及不稳定性等诸多因素。

3. 相对于存在的网络病毒体

伴随网络技术的发展，虽然各家网络公司争相开发和升级安全技术，但大量的新型网络病毒也在飞速提升自身的免疫能力，采取更新型的方式攻击网络信息系统。其攻击性能强，攻击方式多样化，攻击次数频繁，波及范围广，使得全世界的网络系统都有可能中招，并且导致局部网络系统同时出现瘫痪等状况。基于网络病毒的多样化，我们保护网络安全就更应细致认真，更应从多方面多角度，加大力度维护网络的和谐稳定，例如不断完善防火墙、堡垒机等硬件系统，并建立相应的信息安全维护体系。从各方面、各渠道、各环节入手，逐步加强加深对网络病毒体的查杀和更新病毒库载体，才能巩固网络信息安全本身的强健。

3　加强数据加密技术在网络通信安全中的应用

1. 应用数据加密技术在电子商务中开展作业

在当今网络迅猛发展的环境下，我国的商业贸易对计算机网络的应用不断的扩大，进而也促进了电子商务的产生和发展。而在发展电子商务的过程中，网络安全问题成为了人们重点关注的一项内容。因为电子商务发展当中产生的数据信息需要进行高度保密，这些信息是企业和个人的关键数据有着极大的价值，如果被他人盗用或者是出现泄露的话，会影响到个人以及企业的权益。数据加密技术为电子商务的安全健康发展提供了重要路径，同时也在数据保护方面增加了力度。具体而言，在电子商务的交易活动当中可以通过应用数据加密技术做好用户身份验证和个人数据保护，尤其是要保护个人的财产安全，构建多重检验屏障，让用户在安全的环境下购物，保证用户的网络体验感受。

2. 应用数据加密技术在计算机软件中的体现

如今，计算机软件的持续运行当中，受到病毒、黑客等入侵的事件时有发生，严重威胁到了计算机软件的使用安全，也让人们受到了极大的安全威胁。在这样的条件下，必须要做好计算机软件的保护工作，选用恰当的数据加密技术维护软件应用的安全。在维护计算机软件的安全方面，数据加密技术的作用通常体现在以下几个方面：第一，非用户开始用计算机软件的过程中如果没有输入正确密码，就不能够对软件进行运行，这样非用户想要获得软件当中数据信息就不能够实现。第二，在病毒入侵之时，很多运用了加密技术的防御软件会及时发现病毒，并对其进行全面阻止，阻挡病毒发生作用。第三，用户在检查程序和加密软件的过程中如果能够及时发现病毒的话，就要对其进行立即处理，避免病毒长期隐藏，威胁个人数据信息安全。从多方位、多角度增强加密技术的应用和提升，成为了时下保护用户网络安全体验的有效保障。

4　结束语

在现代信息社会中，人工智能、大数据、互联网、云计算、互联网 5G 技术等新兴产业的迸发，必将带动网络信息安全相关产业的持续跟进。步入 21 世纪、进入科技化信息时代，作为相关的从业者一定要对网路通信信息安全进行有针对性的防范，才可以确保网络信息数据的安全，提升网络信息安全工作的质量。

参　考　文　献

[1] 刘建伟．网络安全实验教程[M]．北京：清华大学出版社，2007. 06. 01.
[2] 杨晓燕．信息安全导论[M]．北京：机械工业出版社，2007. 04. 01.
[3] 卿斯汉．密码学与计算机网络安全[M]．北京：清华大学出版社，2002. 03. 18.
[4] 秦志光．计算机病毒原理与防范[M]．北京：人民邮电出版社，2007. 08. 01.

浅谈智能电网建设中的网络安全工作

张东方

（中国石油吉林油田公司）

摘　要　当今世界，因病毒入侵或网络攻击而导致电网系统大面积停电事故时有发生，严重影响当地人民正常的生产生活，甚至造成重大经济损失。因此，智能电网的网络安全也开始逐渐引起世界各国高度重视。本文通过作者本人的工作实际，就关于如何做好智能电网的网络安全工作这一主题，阐述了作者的观点和措施，对防范和减少智能电网中网络安全事故的发生有一定的参考作用。

关键词　智能电网；网络安全；通信网络

智能电网是在传统电网基础上，通过应用现代通信技术、计算机网络技术、信息技术、控制技术、传感技术等新技术，使之具备信息化、自动化、互动化的新型电网。随着信息技术的发展，大数据、物联网、云计算、5G 移动互联网等当前最热门的新技术，也逐渐融入到智能电网的建设中，使得智能电网的智能水平得到大幅提升。由此可见，智能电网的建设离不开现代信息网络技术的支撑，可以说，没有现代信息网络技术，就没有智能电网的存在。既然网络技术已与智能电网紧密融合，那么，网络安全问题也理应在智能电网建设中得到高度重视。

根据 2017 年 6 月 1 日起施行《中华人民共和国网络安全法》规定，国家对公共通信和信息服务、能源、交通、水利、金融、公共服务、电子政务等重要行业和领域，以及其他一旦遭到破坏、丧失功能或者数据泄露，可能严重危害国家安全、国计民生、公共利益的关键信息基础设施，在网络安全等级保护制度的基础上，实行重点保护。因此，电力系统作为我国能源领域关键信息基础设施，应受到重点保护，保障电网网络安全是我国公民义不容辞的责任。

如何保障智能电网的网络安全，笔者结合自身的工作实际，认为应做好以下几方面工作。

1　明确网络安全在智能电网中的重要性，要在思想上高度重视，牢固树立网络安全风险意识

我国已将网络安全上升到国家战略安全高度，所有涉及网络安全的行业和领域，都必须把网络安全作为一项重要工作，放在首要位置。同时，各企事业单位涉及网络安全从业人员要具有网络安全底线思维，要站在政治的高度，真正把网络安全具体工作落实到实际工作中。

当前，我国电网正处在传统电网不断智能化升级改造过程中，新建电网一般也是按照智能电网的设计规范在施工建设中，因此，几乎所有已建或在建电网项目都涉及到网络安全。另外，随着国家加快降低碳排放步伐，施行“双碳”战略，大力发展大型风电光伏基地项目，这些清洁能源将成为电力系统新的能源接入。

目前，吉林油田 70 万 kW 风光发电项目正在加快推进，即将为油田电网提供新能源输入。在项目建设之初，新能源项目组就将网络安全纳入到电网建设安全工作范畴，并作为首要任务，按照吉林油田网络安全管理规定，制定新能源接入电网在网络安全方面的系统实施方案。

总之，在智能电网建设中，除注重电力安全外，智能电网涉及的网络安全同样也要高度重视。在项目规划阶段的早期，就要把可能涉及网络安全作为主要事项重点考虑，同步规划、同步建设和同步运行。

2　健全和完善网络安全责任制，落实网络安全防控主体责任

吉林油田供电公司是油田电网的专业管理部门，负责整个油田电网运维管理。为落实工控系统网络安全责任体系，该公司按照“谁建设谁负责、谁主管谁负责、谁运行谁负责、谁使用谁负责”的原则，落实好主体责任，切实增强网络安全防控能力。供电公司负责人是网络安全的第一责任人，负责电网系统整体网络安全。按照“属

地管理”原则，要求各变电站负责人负责所属变电所电力系统网络安全，下级管理人员对上级管理人员负责。

通过建立连网设备网络安全登记管理卡的方式(内容包括设备网络安全责任人、设备 IP 及 MAC 地址等)，对变电所联网设备进一步明确网络安全责任人。这样，从操作员到管理层，从单一设备到整个系统，自下而上，形成完整的责任体系，做到“物有所管，人有所责”，从制度和责任体系上加强约束和管控。

3 在智能电网建设的各个环节中，均应将网络安全作为必要因素通盘考虑，做好各环节的网络安全防控

智能电网涉及到发电、变电、输电、配电、用电等多个环节，每个环节都会用到网络通信技术，因此，在每个环节中、每个层次上在规划、设计、建设阶段都要充分考虑到网络安全。

现在，以吉林油田某用电收费系统为例进行说明在智能电网的用电环节具体做法。供电公司接手此项目后，首先在规划阶段就将网络安全纳入其中。考虑到现场实际以及业务实际需求，此收费系统需接入油田办公网，而供应商提供的方案是将服务器通过固定 IP 的方式部署在互联网上，供应商的方案虽然看起来简单合理，但从网络安全角度考虑，存在很大的安全隐患，一旦发生网络攻击或病毒入侵，造成的损失是很大的，同时会造成恶劣的社会影响。鉴于此，油田供电公司找到通信公司和信息中心，专门讨论此方案的网络安全问题，最后决定放弃供应商提供的方案，由油田通信公司负责服务器安全部署，避免了服务器部署在互联网上的网络安全隐患。

在电能表远程计量环节，采用油田通信公司专门的物联网卡，数据加密传输，有效解决了设备接入环节的网络安全隐患。

总之，在智能电网建设中的每个环节，都应充分考虑网络安全因素，寻找最佳的尽可能安全的解决方案，确保电网系统安全稳定。

4 智能电网的软硬件系统要及时进行升级维护，堵塞系统漏洞，确保系统安全防御功能处于最佳状态

智能电网涉及多个系统(包括软件和硬件)，比如工控系统、监控系统、计量系统、收费管理系统等，这些系统都需要定期维护管理，及时升级系统或应用软件，并做好系统安全防护。

同时，加强系统监控，发现异常，及时采取应急措施，阻断危险传播途径，将事故控制在最小范围。

5 建立健全智能电网网络安全管理和系统应用运行机制，明确管理界面、制度、流程、标准规范、应急预案和业务运行要求，并对各项管理工作进行监督考核

根据国家《网络安全等级保护定级指南》和《网络安全等级保护实施指南》等标准，结合电网系统业务特点和安全风险，确定网络安全等级保护级别，开展网络安全等级保护和管理。同时，按照网络安全管理有关规定，对设备和运维情况定期检查；根据当前已知网络安全事故发展趋势，预想各种可能发生的网络安全事故，进行应急预演处置，提高应急反应能力和处置能力。

6 加强智能电网系统用户账户和权限管理，制定用户账户管理办法，严格执行，并加强监督考核

据统计，80%的网络攻击源于内部网络，因此，必须加强系统用户账户和权限管理。智能电网网络安全要求实际上同信息系统网络安全要求是一致的，因此，可以参考借鉴信息系统用户账号管理规定。

吉林油田供电公司在智能电网系统用户账户和权限管理中，按照“岗权匹配、互斥、最小化授权、及时性和实名制”原则，做好用户账号和权限管理，用户账号和权限建立、变更、删除严格执行《吉林油田公司信息系统用户帐号管理规定》。

另外，设立操作系统、应用系统、数据库、网络管理等安全管理岗位，配备能力胜任的专业技术人员，落实信息系统总体控制和网络安全管控要求。

7 加强对参与智能电网建设的外部单位在系统权限方面的监管，确保电网网络安全由建设单位完全掌控

智能电网系统的建成一般会涉及多家外部单位，它们有的提供技术支持，有的提供产品或服

务，在电网的建设或维护过程中，这些外部单位人员或多或少了解或掌握了一些系统权限方面的信息，对智能电网的安全运行构成一定安全隐患，因此，有必要对这些外部单位和人员采取某些约束或限制措施，减少可能对电网系统运行造成的安全隐患。

吉林油田供电公司在这方面的做法是，按照《吉林油田网络安全管理规定》同这些参与电网建设的外部单位，签订网络安全保密协议，明确责任与义务。合同中应明确产品供应商、服务提供商在服务期限内不得终止提供网络安全维护；软件开发商对软件代码安全终身承担责任。

8 结语

智能电网是随着时代进步和科技发展而产生的智能型社会公用设施，进一步促进了社会经济发展，提高人民生活品质，成为人们生产生活不可缺少的一部分。但智能电网一旦停电，将会对一定范围内的居民生产生活产生严重影响。随着电网智能程度的提高，因网络安全方面的原因导致的停电事故越来越多，同样，针对网络安全的防范措施也越来越严，总之，只要我们掌握智能电网在网络方面的本质特征，在源头上制定针对性的保障措施，并严格落实到位，对智能电网中人的因素和物的因素两方面加强管控，就能有效提升智能电网的网络安全水平。

参 考 文 献

[1]《国家发展改革委、国家能源局关于促进智能电网发展的指导意见》(2015 年 07 月 06 日)

电参大数据深度研究及应用

赵政飞

（中国石油吉林油田公司）

摘　要　2017年，大老爷府油田率先开展物联网示范区建设，通过自主研发，实现了低成本物联网建设与应用，建成了可复制、可推广具有吉林油田特色的物联网系统，对促进吉林油田转变生产管理方式、优化组织机构、提高生产效率、增强安全管控能力，降低运行成本具有重要意义。近几年电参大数据的分析及应用主要依靠人工来实现，为了让海量的电参数据发挥最大效益，进一步深度挖掘电参二数据应用价值，开发了一套软件应用平台。本文通过电参大数据的深度研究及应用，实现了电参转化示功图、电参自动计算油井产液量、电参自动发现不正常井、抽油机上下死点自动识别、自动计算机采工程指标及清防蜡预警等功能，使物联网成为了油田开发管理的重要手段，从而进一步推进了油田的精益化管理水平。

关键词　电参转示功图；电参算产；上下死点识别；智能诊断；电参大数据；深度应用；

1　电参大数据深度研究背景

1.1　利用电参监控不正常井，目前主要以人工为主

2016年大老爷府油田实施改革后，人员大幅减少，为确保油田开发管理水平不降，2017年大老爷府油田开展了低成本物联网建设与应用，重点用电参曲线来监控不正常井的出现，确保了不正常井的及时发现。但是目前利用电参发现不正常井主要以人工为主，人工每4h比对一次电参曲线，工作量多、劳动强度大，易出现误判、漏判等情况，制约油田开发水平的提高。

1.2　需要利用电参实现算产，解决井组无法计量的问题

为了节能降耗，提高效益，大老爷府油田自2017年开始逐步实施冷输改造，取消以往的三管伴热流程，改用单管冷输流程，节能降耗效果明显。但是油田实施冷输改造后，导致33个井组351口油井均无法实施翻斗计量。由于油井资料无法准确录取，对于油田注水方案调整、开发方案制定、动态形势分析、措施效果评价等带来很大影响。前期通过人工测功图算产，由于只能用一幅功图算产，且无法考虑井下泵漏失等因素，算产误差较大，平均算产误差达到了48%。

为了实现利用电参大数据自动监控油田不正常井的出现，实现电参算产解决井组无法计量的问题，2019年吉林油田公司松原采气厂与中国石油勘探开发研究院合作，深度开发电参大数据功能。开发了电参大数据分析平台，使物联网成为了油田开发管理的重要手段，推进了油田精益化管理。电参大数的深度应用，也成为低成本物联网的技术核心。

2　电参大数据深度研究的主要内容

通过对电参大数据的深度分析，重点开展了六方面研究，包括电参转化示功图、电参计算单井产液量、电参实现工况诊断、抽油机平衡自动判断、油井清防蜡预警、系统效率的自动计算。通过整合各项功能，建成了电参大数据分析平台，进一步提升了油田智能化管理水平。

2.1　应用大数据分析技术，建立油井电参数转化示功图诊断方法

通过优选样本库，优化图形识别深度学习模型，大幅提高电参数转示功图精度及诊断准确度。示功图是指反映深井泵工作状况好坏，由专门的仪器测出，画在坐标图上，被封闭的线段所围成的面积表示驴头在一次往复运动中抽油机所做的功，面积的大小也代表了深井泵做功的多少。开展电参曲线与示功图对应关系的理论研究，解决了电参转示功图的关键方法，通过电参功率转载荷、转位移，以及对载荷与位移的有机结合，即可实现电参转化示功图。

首先是正确的特征值提取。主要采取图形识别技术，扫描轮廓像素充填，抽取关键信息排除多余信息，形成了多个关键特征即感知组块和图形感知映象，同时进行二值化、归一化、平滑、

除噪处理，得到所需特征信息。

其次是反复的电脑学习。通过不断修正特征值，修改网络模型，交叉试验训练，不断调整学习参数，逐步提高电参转功图精度。

通过对电参转化示功图与人工实测示功图进行对比验证，共统计验证351口油井，面积符合率83.4%，载荷符合率87.5%(表1)。

表1　电参转示功图与实测示功图符合率对比

项目	面积符合率				载荷符合率			
	10%及以下	10%至20%	20%及以下	合计	10%及以下	10%至20%	20%及以下	合计
统计井数/口	153	98	100	351	198	81	72	351
所占比例/%	44	28	28	100	56	23	21	100
相对误差/%	5.1	14.2	41.3	16.6	4.2	14.3	32.6	12.5

2.2　多方案探索解决电参曲线计算油井产液量难题

基于三维杆柱力学和大数据方法，建立油井电参数量油方法，收集功图-功率-产量样本数据，不断训练、回归、建模，逐步完善诊断计产模型。

1. 通过电参转化示功图，然后通过示功图算产

“示功图法”油井计量技术是依据游梁式抽油机深井泵工作状态与油井产液量变化关系，即把有杆泵抽油系统视为一个复杂的振动系统，该系统在一定的边界条件和一定的初始条件(如周期条件)下，对外部激励(地面功图)产生响应(泵功图)。然后对此泵功图进行分析，确定泵的有效冲程、泵漏失、充满程度、气影响等，计算井下泵排量，进而求出地面折算有效排量。

“示功图法”计量关键技术是通过计算机模型成功地实现了对泵功图的获取与识别，可以准确地确定凡尔的开启、关闭四个关键点，描述出泵功图的关键点、关键线和关键面积等几何特征，计算出产液量，并且准确地运用几何特征、矢量特征、神经网络方法实现对泵功图故障正确诊断，该技术的本质是通过泵功图来实现泵的有效排量计算。

功图法量油的计算公式：

$$Q=1440\pi D^2 S_{pump} n \eta_L / B_l$$

式中，Q 为泵的日产液量，m^3；D 为深井泵直径，mm；S_{pump} 为泵功图有效冲程，m；n 为抽油机的冲次，min^{-1}；η_L 为深井泵漏失系数；B_l 为原油体积系数。

要计算单井的实际产液量，需要解决两个关键问题，一是基于三维杆柱力学泵功图有效冲程的求解，二是基于大数据统计分析泵漏失系数的求解。

第一项关键技术是基于三维杆柱力学的泵功图有效冲程求解技术。在抽油机往复运动过程中，能够真正起到抽汲作用的行程称为有效冲程。由于泵内充气、泵充不满、柱塞脱出泵筒等影响，没有起到抽汲作用的行程，称为无效冲程。由于抽油杆柱的变形、杆柱的黏滞力、振动和惯性等的影响，地面示功图无法反映地下泵况和地下有效的柱塞冲程，需借助数学模型的推导，其实现的方法就是借助波动方程进行求解。柱塞有效冲程依据泵示功图凡尔开闭点位置来确定，取游动凡尔或固定凡尔开闭点对应的柱塞位置差绝对值的较小值，通常以游动凡尔开闭点位置计算，AD段水平距离即为柱塞有效冲程(图1)。

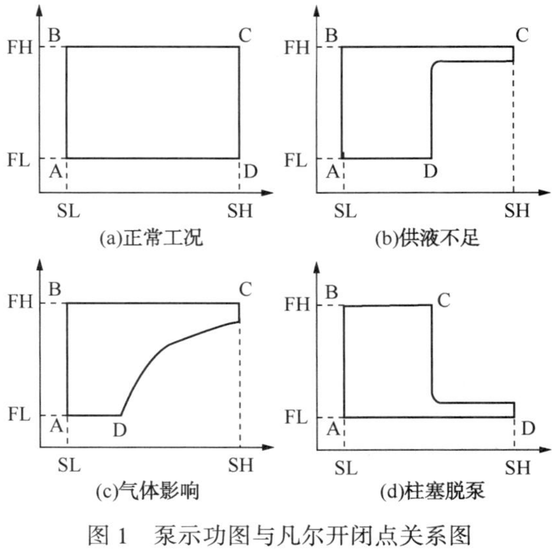

图1　泵示功图与凡尔开闭点关系图

第二项关键技术是基于大数据统计分析泵漏失系数的求解技术。在深井泵正常的抽汲过程

中，泵的漏失主要包括柱塞与泵筒的间隙漏失、凡尔漏失、油管漏失。由于凡尔漏失在计算有效冲程已经考虑了，所以不用重新计算。而油管漏失由于很难计算，所以在计算泵漏失的过程也不予考虑。因此，重点对柱塞与泵筒的间隙漏失进行计算，通过大数据分析，建立柱塞漏失时间序列模型。柱塞漏失影响因素复杂，常规数学物理模型简化严重，误差25%以上。应用循环神经网络RNN建立时间序列漏失计算模型，提高计算精度18%以上。

通过对电参转化示功图算产与翻斗计量对比验证，共统计135口井，总体平均相对误差19.9%，平均绝对误差1.4t(表2)。

表2　电参转示功图算产与实测产液量误差对比

日产液分级	5t及以下	5t至10t	10t及以上	合计
统计井数/口	44	52	39	135
所占比例/%	32.6	38.5	28.9	100
日产液/t	3.2	7.1	14.2	7.9
相对误差/%	39.5	15.4	8.5	19.9
绝对误差/t	1.5	1.1	1	1.4

2. 利用电参直接算产

由于功率转功图出现的误差，会在功图算产时累积误差率。另外该方案要求同时包含功率曲线、功图曲线和实测产量，这种同步采集的样本数相对比较少，在扩大应用时无法达到充分训练的样本数量。因此通过大数据深度学习训练，利用电参直接算产，减少环节，进而提高算产精度和适应性。

为了进一步提高电参产精度，针对不同产液量的油井进行分别学习训练，建立了电参算产训练分类器，对不同产液量单井的功率数据进行区间划分。根据产液量的多少，主要划分五个区间，包括日产液在5t及以下、日产液为5~10t、日产液为10~15t、日产液为15~20t、日产液在20t以上。通过全连接网络，使用频谱特征；建立循环神经网络，使用序列特征；应用长短记忆网络，使用序列特征。各区间分别进行训练，提高电参算产稳定性，并建立了多个综合算产模型。

在电参算产过程中，特征值、网络模型、训练策略的合理选择是否恰当非常关键，需要不断测试和完善。由于训练用单井实测产液量本身也有误差，因此需要通过算法的不断完善，来减少实测产量误差带来的模型误差。通过特征值分析，不断调整算法，利用14000个有效样本数据初步确定训练模型，解决了电参直接算产结果稳定性差的问题。

通过对电参直接算产与翻斗计量对比验证，共计统计135口井，总体平均相对误差13.7%，平均绝对误差0.9t(表3)。

表3　电参直接算产与实测产液量误差对比

日产液分级	5t及以下	5~10t	10t及以上	合计
统计井数/口	41	57	37	135
所占比例/%	30.4	42.2	27.4	100
日产液/t	3.3	7.3	13.8	7.9
相对误差/%	20.6	13.8	8.1	13.7
绝对误差/t	0.7	0.9	1.1	0.9

2.3　应用电参曲线实现了对不正常井工况的自动预警

根据不同工况特点、样本数量，采用不同模型进行训练识别。通过多模型集成化，对每个模型预测出的结果设置权重值，重新排序。对电参曲线进行批量诊断，对疑似异常工况进行标记。

通过电参曲线自动发现不正常井，主要采用集成化诊断的方法，对电功率进行初步诊断，用常规方法识别油井停井、两相电、杆断、管漏等。建立异常井功率判别器，用小样本模型进行训练和识别卡泵、杆断、管漏、双漏等工况，针对以上工况的电功率曲线，小样本模型计算结果权重大。用深度学习模型进行训练和识别正常、供液不足、气影响等工况，针对以上工况的电功率曲线，深度学习模型权重大。

在前期数据验证以及电参曲线理论研究的基础上，开展地面、井下不正常工况的实验与研究，建立正常井模板及不正常井模板，共建立4种正常井模板、10种井下工况不正常井模板、10种地面工况不正常井模板。正常井模板的建立主要是筛选井下工况和地面系统均正常的电参曲线作为标准模板，依据实际情况动态更换。井下工况不正常井模版的建立主要选定一口试验模拟井，人为模拟杆断、管漏等故障，形成各种井下工况不正常电参曲线模板。地面工况不正常井模板的建立是把异常电参曲线与现场实际情况进行逐一核实，形成各种地面故障模板(图2)。

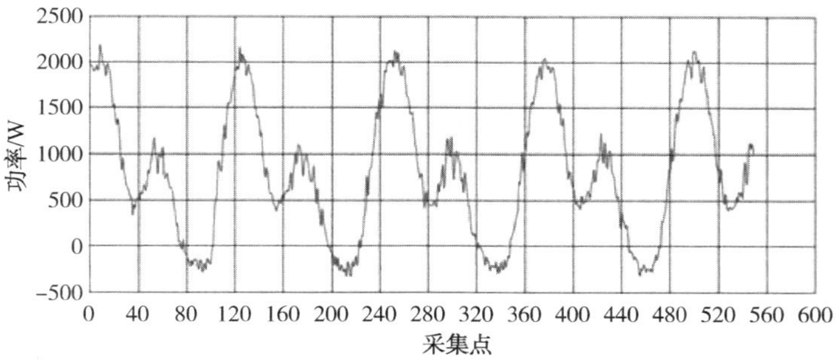

图2 试验井管漏电参功率曲线模板

为了验证电参曲线对不正常井工况自动预警的准确度，建立了一套详细的验证流程。一是平台软件对电参进行批量诊断，对疑似异常工况进行标记；二是由大老爷府油田监控中心同步对这些曲线进行人工诊断，将平台软件诊断结果和人工诊断结果进行对比。总计验证了180井次，从验证结果来看，平台软件共标记出疑似异常工况51井次(含13口供液变差井)，监控中心确认需标记33井次，曲线虽有异常但无需标记18井次，软件未提示4井次，漏检率仅为2.2%，接下来可以通过逐步提高标准值，来不断降低漏检率。

大老爷府油田监控中心每次对351口生产井进行电参巡查时，一般会标记疑似异常工况30井次。本平台软件为降低漏报率，适当提高了标准，一般会自动标记出疑似异常工况50井次左右，大老爷府油田监控中心可重点关注这些井，从而大大降低人工手动电参巡查不正常井的工作量，大幅度提高了工作效率。

2.4 实现了连续电参数上下死点识别

首先开展抽油机运行规律与电参曲线变化规律研究，目的是在电参曲线中找出上下死点位置，从而确定抽油机上下行程，为井下工况判断奠定基础。理论上在抽油机到达上死点时平衡块到达最低点，悬点载荷最小，电机不对平衡块做功，所以这时电机做功最小，因此抽油机到达上死点时，电功率曲线为最低谷值。通过现场实测功率曲线发现，抽油机一个冲程周期内，上死点位置出现在电功率曲线的最低谷值附近，抽油机下死点置出现在电功率曲线的次要谷值附近，与理论结果吻合(图3)。

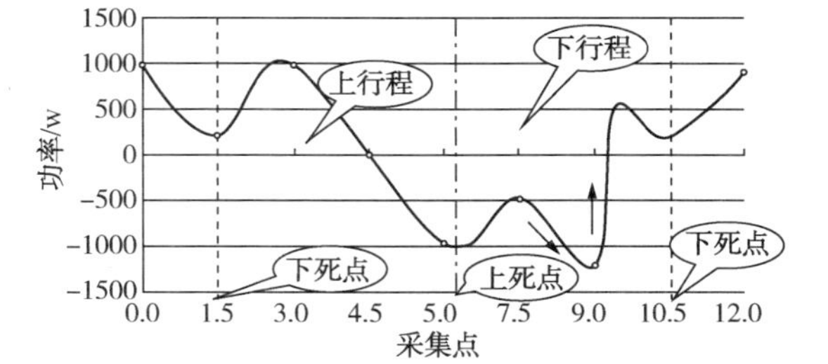

图3 供液不足油井电参功率理论曲线

其次对油井功率数据进行解析、除噪处理、光滑处理和训练，使用深度学习模型进行图形边界识别和定位，判断上下死点。特别需要说明，即使周期识别错误或上下死点识别错误或错位，都不影响电参诊断和电参计产。针对平台软件识别上下死点情况进行随机验证，共计验证80口井，上下死点识别正确71口、错误9口，识别准确率为 88.7%。针对周期识别不准主要原因进行分析，主要原因是测试噪点大、井况不稳定、各周期差异大。为此通过对电参曲线进行光滑处理、频谱分析，提升了周期识别的精度。前期 9 口上下死点识别错误的井，仅剩 1 口井上下死点识别有误。

2.5 实现了机采工程指标的自动计算及自动预警

一是机采系统效率分析的自动计算。对油井的能耗计算，依据行业标准算法计算有功功率、无功功率、功率因数，在此基础上计算系统效率、日耗电量、百米吨液耗电等参数，并绘制能耗分析统计报表。

二是清防蜡的自动预警。通过载荷、电流等参数实时监测油井结蜡情况，选取最优洗井周期。分析结蜡速度影响因素及随时间变化关系，建立了井筒结蜡速度模型，建立了洗井作业周期内单井最大载荷、最小载荷随时间变化关系，建立了洗井作业周期内单井生产电流随时间变化关系。基于电参数的油井清防蜡预警功能，通过电流、载荷随时间变化的趋势，判断油井结蜡程度与清蜡作业时机。

三是抽油机平衡的自动判断。通过电流、电压、功率数据，计算油井平衡度、百米吨液耗电、平均有功功率、耗电量等参数，设计了单井平衡基本信息展示内容。通过计算，根据平衡度范围(平衡度 80%～100%合理、小于 80%欠平衡、大于 110%超平衡)，可以自动判断不平衡井，并推荐调平衡方案。基于电参数上下死点识别功能，开发了抽油机平衡计算功能，根据行业标准推荐最佳曲柄平衡调节半径。实现了抽油机井平衡的智能管理，包括单井平衡状况分析与调平衡推荐，区块批量平衡监测和不平衡井调平衡推荐，近 30 天平衡历史趋势查询等。利用电参功率曲线自动计算的平衡度等主要指标，可时时掌握抽油机平衡状况，通过调平衡，降低负功，达到节能降耗的效果。

3 几点认识

（1）电参大数据是一个技术利器，可以解决电参诊断决策中遇到的多个技术难题。

（2）基于电参数的低成本物联网是低效开发油田数字化的发展方向。

（3）将大数据技术应用于电参数深度应用分析具有可行性。

（4）物联网是数字油田的前奏，是油田发展的必由之路。

参考文献

[1] 胡向东．物联网研究与发展综述[J]．数字通信，2010(2)：17～21.

[2] 郑欣．物联网商业模式发展研究[D]．北京：北京邮电大学，2011.

调平衡综合曲线分析探讨

张　帆　马　铭

（中国石油吉林油田公司）

摘　要　在油气田生产领域，油梁式抽油机应用范围广泛，发挥着重要作用。而抽油机的平衡度直接影响运行过程中的耗电量，同时也影响着电机寿命以及其他设备运转的平稳性。因此，在工业现场，需要对抽油机的平衡度进行调节，避免出现严重的不平衡现象，以实现高效、节能采油。本文通过现场实地考察及应用电参曲线进行平衡率的估算，并结合现场情况，进行平衡调节。使得电参曲线的应用范围更广、使用效率更高。

关键词　平衡度；电参曲线；耗电量；节能；设备运转

1　背景介绍

当油梁式抽油机-抽油泵装置工作时，驴头悬点上所作用的载荷是变化的。上冲程时，驴头悬点需要提起抽油杆柱和液柱，在抽油机未进行平衡的条件下，电动机就要做功，才能使驴头上行。在下冲程时，抽油杆柱在其自重的作用下克服浮力下行，这时电动机不仅不需要对外做功，反而接受外来能量做负功，这就是抽油机在上、下冲程中不平衡的原因。抽油机工作过程中，电动机在上、下冲程中做功不相等称为抽油机的不平衡。

在实际生产中，抽油机大都运行平稳，平衡块及曲柄都配置合理，但由于井下液量的变化，以及抽油装置的泵况的变化，日常的调参等情况，都会使得抽油机的运行参数和平衡率发生一定的变化，甚至出现严重的不平衡而影响抽油机整体的基础而造成无法挽回的后果，因此，对于抽油机是否处于平衡的工况下，要不断地调整、检查，使得抽油机处在相对稳定的情况下运转。

抽油机的不平衡造成的危害：

（1）对电机：由于抽油机的不平衡引起电机负荷不均匀，造成功率浪费和效率降低，缩短电机寿命。

（2）对抽油机：由于抽油机曲柄运转不平衡，使抽油机运转不平衡，使抽油机发生振动，导致各部位螺丝松动，影响抽油机装置的寿命。

（3）对抽油泵及抽油杆：由于运转不平衡，影响了抽油杆和泵的不正常工作。

判定平衡的方法：

1. 观察法

听：上下冲程电机运转的声音。

看：断电后不拉刹车，观察曲柄及驴头的停留的位置（也可观察上下冲程光杆运行速度的变化）。

2. 测电流法

用钳形电流表测电动机的三相电流，通过计算来判断抽油机运转过程中是否平衡。

利用公式：

平衡率 $= I_{下max}/I_{上max} \times 100\%$；

平衡率在 85%～105% 为平衡率正常范围。

操作方式：通过调整平衡块的相对位置或者调整曲柄平衡、尾平衡的方式，使电机在上下冲程所做的功尽量相等。

3. 扭矩曲线分析法

结合曲线，抽油机曲柄上的净扭矩是周期性变化的，通常在一个电功图的图形内可以分割为几个行程，其中一个行程为 2 个峰值和 2 个谷值，峰值出现在上冲程和下冲程中，谷值出现在上死点和下死点位置，要使得抽油机处在理想的平衡状态，峰值的大小应该是相等的，一般情况下，人们会改变抽油机的机械参数来实现抽油机的平衡，以减少净扭矩的峰值并减少周期性负载所带来的波动，若是上冲程的峰值较大，这是抽油机欠平衡的状态；如果是下冲程的峰值较大时，则是抽油机的过平衡状态。在一个抽油系统中，扭矩和功率是直接相关的，如果净扭矩出现在平衡状态中，峰值扭矩作用在电机上，而峰值功率由电机来提供，这就降低了电机的峰值电流，从而降低了功率损耗，使得这个系统在运行过程中处于稳定状态。

4. 功率曲线法

功率曲线法是以电动机上下冲程的功率曲线为依据，以上下冲程功率曲线包围的面积的比值来衡量抽油机的平衡度。这种方法将抽油机的平衡判断转化为测量电动机在驴头上下冲程运动的输入电能是否相等。采用功率曲线法衡量抽油机的平衡度，综合考虑了抽油机在工作过程中电机的电流、电压、功率因数，克服了使用电流法仅以最大电流衡量平衡度的不足，因此这种方法能够较准确地反映抽油机的平衡状况。使用功率法调节抽油机的平衡度，既能实现节能目的，又能保证抽油机安全运行。

本次实验，借助测控仪所采集的电参曲线，综合考量抽油机在工作过程中电机的电流、电压、功率因数等，较准确反映抽油机的平衡状态，此次实验的目的是通过测控仪所采集回来的电参曲线结合现场情况综合判断是否需要调平衡，是否符合调平衡的条件，拐点曲线分析，上下冲程拐点数值判断。

2　井况分析

2019 年 6 月 12 日，在红岗采油厂 6 号间红 168-13-9 安装一台测控仪，采集现场数据，该井 5 月中旬投产，现场采集上下行程电流，$I_{下\max}/I_{上\max}\times 100\%=163\%$，根据平衡率范围在 85%~105%属于正常范围，该油井属于过平衡井，综合测控仪所采集的曲线分析现场调平衡情况，具备调平衡的条件。

经过现场踏勘，该井平衡块位置为左侧调整到头，不具备人工调平衡的条件，该井属于新投产井，具备机械调平衡条件，电机型号 YCH 系列高转差率电动机，输出功率 11kW/22kW，油井冲次为 6 次。结合现场情况进行了下一步计划，先调整平衡再进行电机调参。

后台数据分析情况表明，该井的三项输出功率很高，实际的运行电流上行程最大电流 24.5A，下行程最大电流 39.7A，平衡率 162%，功率最大值 7500W 左右，负功 1520W，单井日耗电量 140kW・h，8 型抽抽油机，承受最大悬点载荷 8kN。

结合现场实测通过曲线分析情况，抽油机在上冲程过程中，井底负荷小于平衡块的质量，上行程电流小，功率曲线趋势趋向次谷值；下行程电流大，井底负荷轻，功率曲线趋势趋向峰值。电机是克服净扭矩做功，所以，净扭矩的方向和曲柄的运动方向相反，上行程曲柄向下运动，下行程时，曲柄向上运动，因此曲线都有两个峰值。

通过曲线分析，确定第一谷值为抽油机的下死点，功率值增长的过程为上行程，峰值为抽油机的曲柄处在水平位置的状态，而横轴以下部分可看为平衡块对电机“做功”的过程产生的效果（图 1、图 2）。

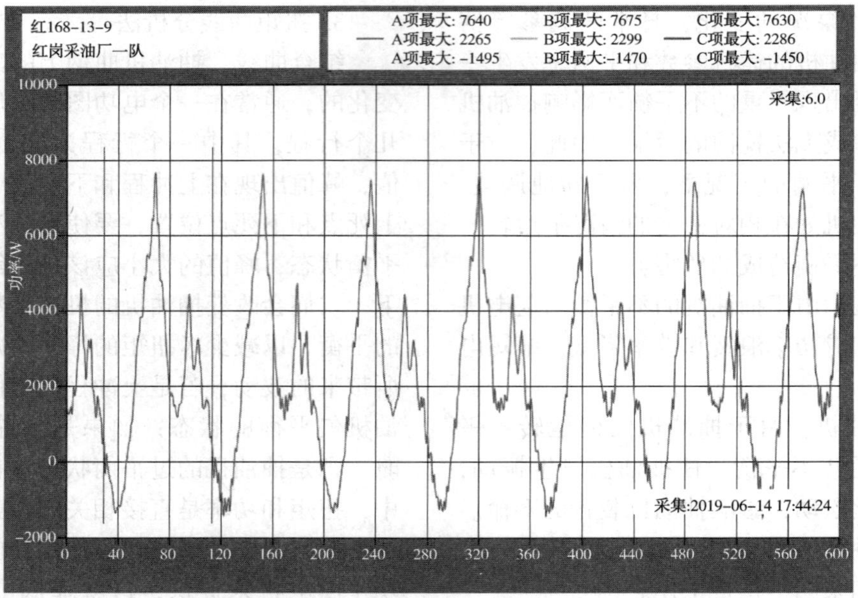

图 1　平衡调整前 168-13-9 功率曲线图

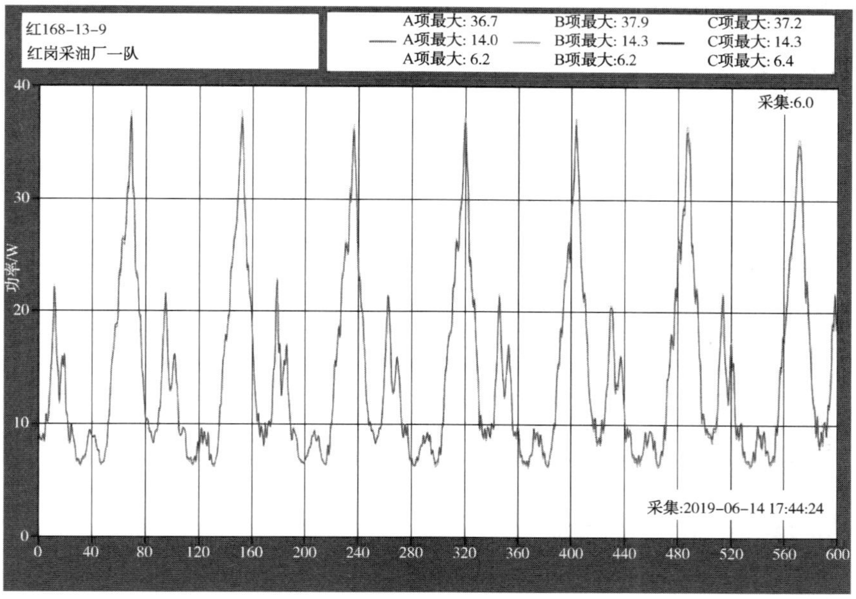

图 2　平衡调整前 168-13-9 电流曲线

2019 年 6 月 21，通过和特车队的协调，以及采油一队维修班的帮助下，对 6#井组的 168-13-9 进行了机械调平衡，摘掉了 0.75t 的尾平衡，综合现场情况，在刚调节平衡后，上下行电流最大值变化幅度较小，未进行曲线采集。经过抽油机了连续运转几天后，在现场采集了几组电流，实际的运行电流上行程最大电流 38.6A，下行程最大电流 28.4A，平衡率 73.6%，功率最大值 6700W 左右，负功 1280W，单井日耗电量 100kW · h，8 型抽，最大承受悬点载荷 8kN（图 3、图 4）。

通过此次平衡调整，降低了地面以上的尾平衡的配重，使得下冲程过程中，抽油连杆和曲柄销的受力明显降低了，提高了抽油机支架的稳定性，改善了减速箱的工作状况。有效降低了运行电流，峰值功率有所降低，减小了无功功率，在单位时间内，单井日耗电量降低了 40kW · h 左右。

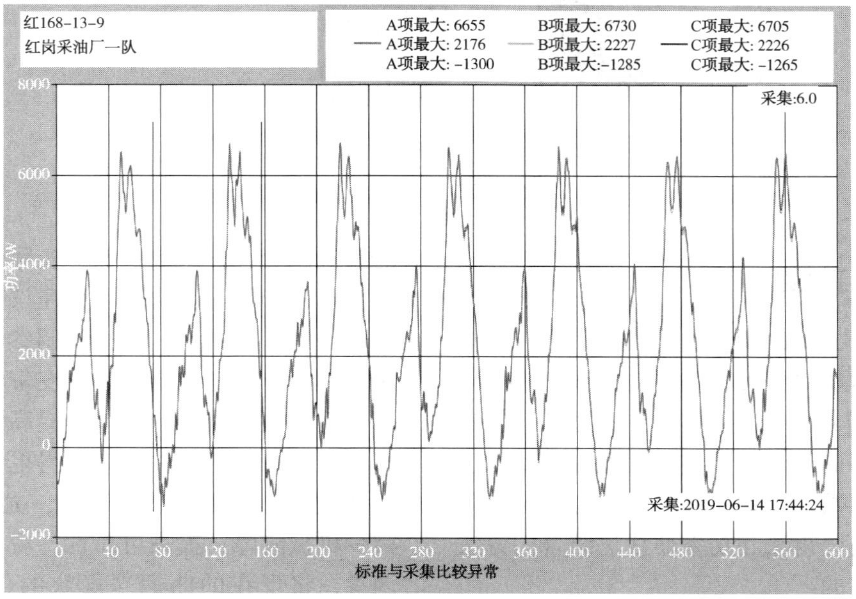

图 3　平衡调整后 168-13-9 功率曲线图

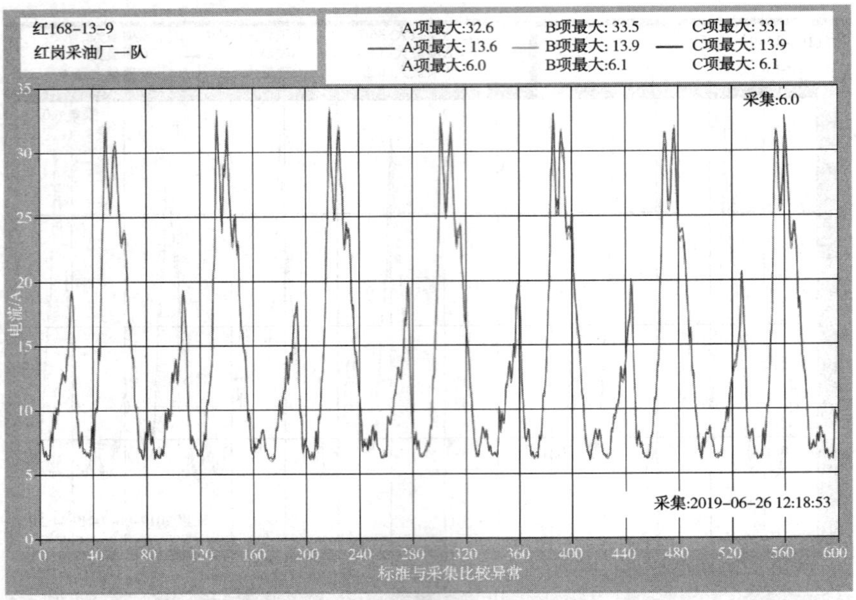

图 4　平衡调整后 168-13-9 电流曲线

地面参数降低之后，对比之前的曲线不难发现，每一个行程中的曲线趋势由先高后低变为了先低后高，悬点载荷和平衡块的负荷接近，从曲线中可以看出平衡率的改变，泵充满系数也有所提高，功率曲线的峰值“逐渐充实”，通过波峰的斜率，可以看出，上行程的加载速度较下行程卸载快(见图 5)。

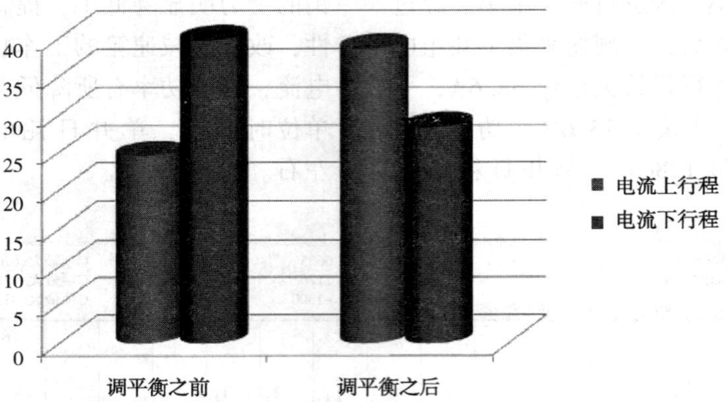

图 5　调平衡前后电流变化柱状图

3　分析总结与讨论

通过电流法，可以调整抽油机的平衡，用扭矩曲线法调整时相对精确，需要在曲线分析上下一些功夫，需要结合该井的实际井况和工作制度。而选择功率曲线法，调整相对准确，基本上只需要一些电参数。本次实验中，结合现场实际情况，扭矩曲线分析法和功率曲线法结合的方法经过实测是可靠的。

该井现在运行状态平稳，因为井底供液能力的无规律变化，泵效过低，实际的平衡率也在实时变化，和采油队协商后，建议先进行调参，采用长冲程，低冲次，用人工调参调节抽油机的冲次，常规方法是调节抽油机皮带轮中的小轮，减小井上参数，降低耗电量，提高泵的充满系数的同时，减少泵的漏失，以获得更大的抽油量，节能增效的同时提高整机寿命，尤其油泵的寿命，减少机械故障，提高可靠性。后该井进行了二次调参，将现在的曲柄平衡块的位置向后挪 8cm 左右，平衡率经过测试达到了 86%，较之前日节电达到了 45kW · h 左右。

同时，在新民采油厂也进行了批量井的调平衡，应用电参曲线，在生产实践中首先指导了平衡度调整。查阅了平衡度调整的三种方法，计算的最佳平衡度和行标略有差别，但是功率法结论是一致的。最终采取了功率法调整平衡度，9 月 10 月开展调平衡会战，共调整了 124 口，平衡率由 82.3%提升至 85%。由此，电参曲线辅助的平衡率调整，在生产中具有了一定的指导意义，也为电参曲线的深化应用夯实了基础。

参 考 文 献

[1] 甘智峰 . 油梁式抽油机平衡状况影响因素分析[J]. 新疆石油科技 . 2017，(2)：27.
[2] 常子恒 . 采油工程手册[M]. 北京：石油工业出版社，2000.
[3] 张学鲁，等 . 油梁式抽油机技术与应用[M]. 北京：石油工业出版社 .

故障树分析法在数据库优化中的应用

石　磊　盛吉堂　宋旭东　周炳昱　李默然　郭佳琪

（中国石油吉林油田公司）

摘　要　在油田信息化进程中，需要建设各类数据库，在数据库的管理过程中不断需要将知识转化为能力，除了需要经验的积累和时间的磨砺，更重要的是正确的方法和思维模式。本文试图通过方法的讨论，使其形成一个稳定的解决问题的思路和方法，按照这个思路和方法将知识整理武装起来，这样在面对问题时就能够快速地找到一条发现和解决问题之路。

关键词　故障树分析法；知识转化能力；数据库

1　故障树分析法

故障树分析法是在对系统的可靠性进行分析时最常用的方法之一。FTA 方法是指在系统设计或改进过程中，通过对可能造成系统故障的各种因素（包括硬件、软件、环境、人为因素等）进行分析，画出逻辑框图（即故障树），从而确定系统故障原因的各种可能组合方式及其发生概率，并以此计算系统的故障概率，采取相应的措施，以提高系统可靠性的一种设计分析方法和评估方法。

2　故障树分析法对于数据库故障解决的意义

经过在吉林油田实践和应用中的总结，我发现故障树分析法作为一种分析方法和思路，同样适合数据库故障的分析和解决，如果扩展一步来说，这种方法作为一种思维方式，甚至适合生活中所有事件的分析和处理。

但是需要注意的是，故障分析实际上是一种事后分析的方法，我们当然不希望在生产环境中当事故、问题出现后再来分析。所以，吉林油田将故障树分析在事前实施，通过参考别人的经验、教训，将故障树引入事前，从学习中而不是在故障中去获得经验。

通过实践我们发现，将应用于传统行业的故障树分析法引入到数据库故障分析及问题解决之中，可以极大地加快问题分析、处理和解决的速度，同时可以帮助我们发现系统的缺陷所在，从而通过实施有效的预防措施显著地提高系统的稳定性和可靠性。

3　故障树分析模型的建立

如图 1 所示是数据库系统故障分析树的一个示例，这里以数据库故障为起点，来分析可能导致数据库及应用故障的可能因素。

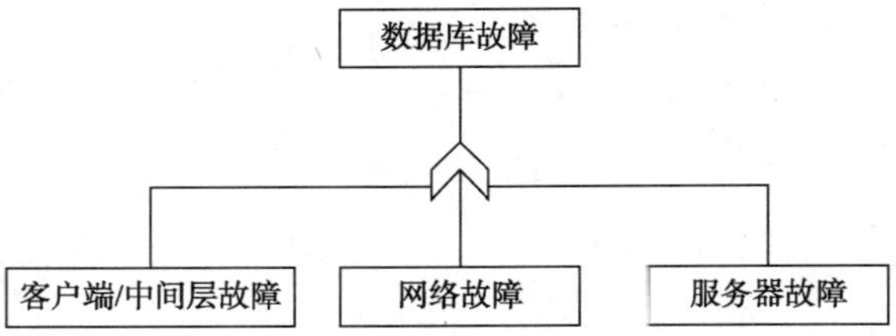

图 1　数据库故障

分析的过程是一个穷举故障原因的过程，我们可以按照不同的方法对故障的原因进行分类，在这个分析中，首先将第一层归结为 3 类问题：客户端/中间层故障、网络故障、服务器端故障。这其中任何一处出现问题都可能会导致数据库服务出现问题。

再来进一步深入分析，在一个数据库系统中，客户端或中间层如果出现问题，就可能会影响数据库系统的使用，但在用户看来同样是数据库故障。对于这一类问题，进一步细分，客户端/中间层故障会引起数据库的访问不畅通。

首先如果客户端的应用程序损坏可能造成数据库的无法连接，在故障排查中曾经有很多案例因为客户端感染病毒而导致应用程序异常；然后常见的还有客户端版本及驱动问题，Oracle 的版本众多，如果驱动版本不匹配可能也会出现问题；客户端的防火墙有时候也会成为阻碍数据库成功访问的障碍之一；当然更为常见的是客户端的配置文件（tnsnames. ora 文件或中间件的配置文件）存在问题，导致无法正确连接数据库的。可能的原因还有很多，更为完善的故障树分析图如图 2 所示。

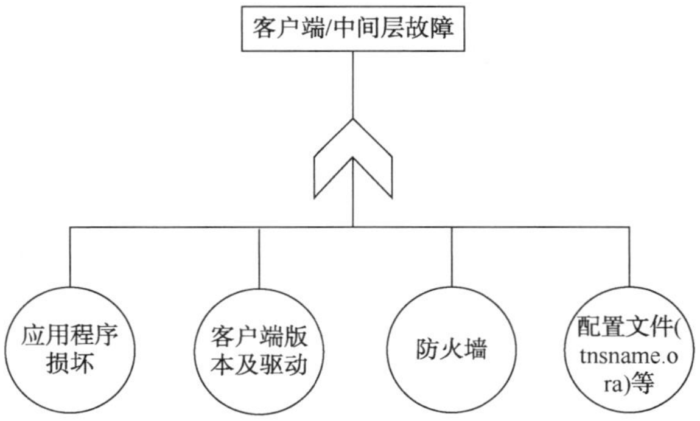

图 2　客户端/中间层故障

分析完客户端，在数据库和客户端之间还存在网络，网络问题也是常见数据库故障的问题点之一，可以尝试对网络故障再进行细分，如图 3 所示。

网络故障的可能原因也很多，首先是物理链路的问题，公网和内网都可能存在链路故障、品质降低等，再加上地址路由等因素，这方面的故障很多见，其次防火墙、带宽、流量等因素也是需要考虑的因素。

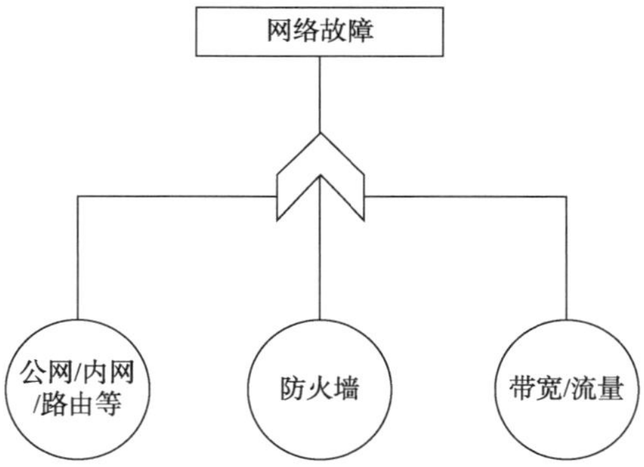

图 3　网络故障

当客户端、网络一切正常之后，就到了最重要的一环——数据库服务器端，如果这里出现故障或性能问题，那么原因可能是极其复杂和多样化的。下图 4 列举了一些常见的数据库端故障问题，这张故障分析图在吉林油田数据库管理中得到了广泛应用。

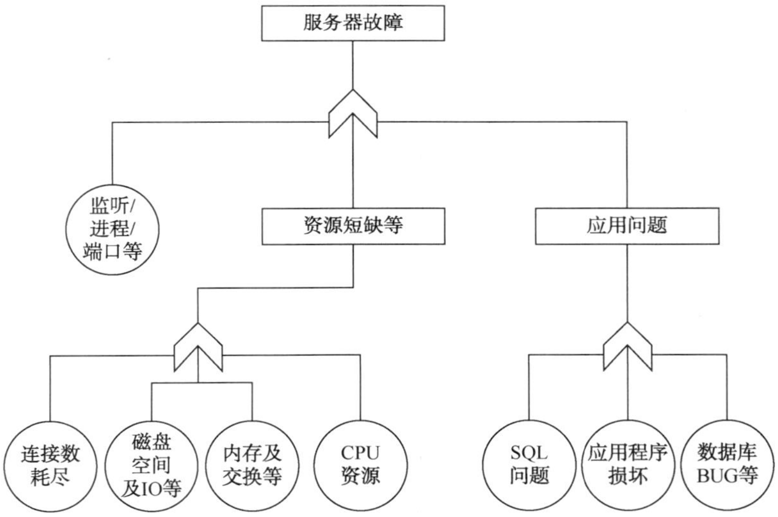

图 4　服务器故障

首先客户端经过网络向数据库发送请求，数据库服务器端最先接受请求的数据库监听器，如果监听器出现问题，则数据库连接会出现异常，所以监听器是一个重要环节和故障点。

数据库服务器还可能会经常出现资源短缺等问题，如连接数耗尽、用户无法创建新的连接；因为归档或备份，磁盘空间可能被耗尽，导致数据库问题；或者磁盘 I/O 因为硬件故障或性能问题，都可能导致数据库故障或响应缓慢；内存资源或交换也是重要内容，如果内存不足，可能导致数据库性能低下，严重影响数据库的正常运行；CPU 资源不足是实际生产中经常会遇到的问题，其原因多样化，可以沿这个节点进一步深入分析。

此外，应用问题也是经常会导致故障的原因之一，有的是因为 SQL 编写问题，有的是因为数据结构设计存在问题，有的甚至是数据库软件本身就存在 Bug。最后来看一下这张图 5 的全貌。

事实上，故障树分析法的使用十分灵活，我们可以以任何一个问题作为分析起点，比如用户经常反映“数据库响应缓慢”的问题，就可以从这里出发进行问题分解和分析，如图 6 所示。

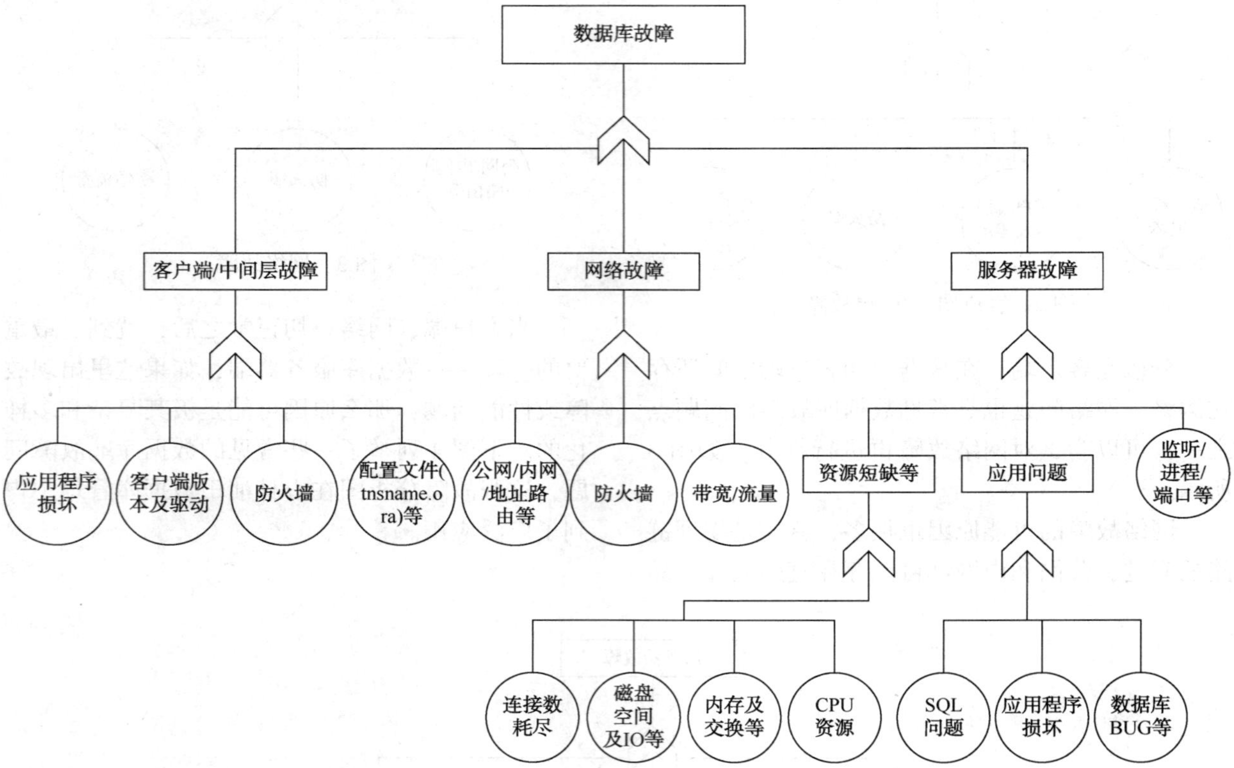

图 5　数据库故障全能

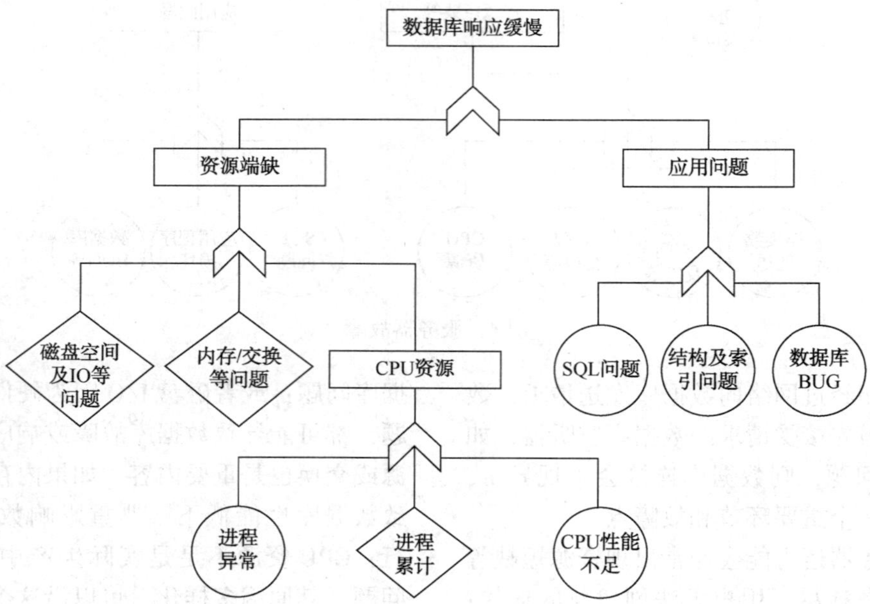

图 6　数据库响应缓慢

有了这样的分析基础之后，在遇到故障时就可以快速地根据故障树进行分析导航，从而迅速地定位问题的原因，并根据经验或知识找到解决故障的方法。从这个意义上说，故障树也是一个索引。

4 故障树分析法在故障解决中的应用

在吉林油田某个24×7的重要业务系统，故障出现时业务及开发人员报告系统运行缓慢，已经影响业务系统正常使用，请求协助诊断。

业务系统缓慢，根据我们的故障树，可能的原因有资源耗尽、应用问题等，在实际环境中，很多问题可能是同时出现和产生影响的。

首先登录数据库主机，检查当前系统状况。使用 vmstat 检查，发现 CPU 资源已经耗尽，大量任务位于运行队列：

```
bash-2.03$ vmstat 3
 procs     memory            page            disk          faults      cpu
 r b w   swap  free  re  mf pi po fr de sr s6 s9 s1 sd   in   sy   cs us sy id
 0 0 0 5504232 1464112 0  0  0  0  0  0  0  0  1  1  0 4294967196 0 0 -84 -5 -145
 131 0 0 5368072 1518360 56 691 0 2 2 0  0  0  1  0  0 3011 7918 2795 97  3  0
 131 0 0 5377328 1522464 81 719 0 2 2 0  0  0  1  0  0 2766 8019 2577 96  4  0
 130 0 0 5382400 1524776 67 682 0 0 0 0  0  0  0  0  0 3570 8534 3316 97  3  0
 134 0 0 5373616 1520512 127 1078 0 2 2 0 0 0  1  0  0 3838 9584 3623 96  4  0
 136 0 0 5369392 1518496 107 924 0 5 5 0 0  0  0  0  0 2920 8573 2639 97  3  0
 132 0 0 5364912 1516224 63 578 0 0 0 0  0  0  0  0  0 3358 7944 3119 97  3  0
 129 0 0 5358648 1511712 189 1236 0 0 0 0 0 0  0  0  0 3366 10365 313 95 5  0
```

本案例当时，系统 CPU 资源已经耗尽，Idle 为 0，并且运行队列大量进程排队等待。通过故障树分析思路，利用简单的系统工具辅助，很快就可以发现问题的症结所在。进一步地，我们可以检查一下进程问题，CPU 资源的过度耗用可能是个别进程异常或者进程过量累积所导致的。

4.1 CPU 到进程的故障树分析

通过 Top 工具，我们可以查看进程 CPU 耗用情况，如果存在进程异常，可以通过 Top 定位，为进一步诊断提供依据。对于本案例，观察进程 CPU 耗用，发现没有明显过高 CPU 使用的进程。

```
$ top
last pid: 28313;  load averages: 99.90, 117.54, 125.71        23:28:38
296 processes: 186 sleeping, 99 running, 2 zombie, 9 on cpu
CPU states:  0.0% idle, 96.5% user,  3.5% kernel,  0.0% iowait,  0.0% swap
Memory: 4096M real, 1404M free, 2185M swap in use, 5114M swap free

   PID USERNAME THR PRI NICE  SIZE   RES STATE    TIME    CPU COMMAND
 27082 oracle8i   1  33    0 1328M 1309M run      0:17  1.29% oracle
 26719 oracle8i   1  55    0 1327M 1306M sleep    0:29  1.11% oracle
 28103 oracle8i   1  35    0 1327M 1304M run      0:06  1.10% oracle
 28161 oracle8i   1  25    0 1327M 1305M run      0:04  1.10% oracle
 26199 oracle8i   1  45    0 1328M 1309M run      0:42  1.10% oracle
 26892 oracle8i   1  33    0 1328M 1310M run      0:24  1.09% oracle
 27805 oracle8i   1  45    0 1327M 1306M cpu/1    0:10  1.04% oracle
 23800 oracle8i   1  23    0 1327M 1306M run      1:28  1.03% oracle
 25197 oracle8i   1  34    0 1328M 1309M run      0:57  1.03% oracle
```

从 Top 的输出中，可以发现有大量进程处于 running 的运行状态，CPU 消耗很平均，单进程消耗大约在 1%左右，基本可以排除个别进程异常导致 CPU 问题的可能。没有个别进程异常，那么过量的 CPU 消耗可能是进程累积所导致的，我们根据故障树，在同一层面上对可能导致 CPU 过度消耗的原因进行排查。我们知道对于一个生产数据库系统，稳定运行的进程数量通常是可知的。来看一下当前系统的进程数量，从而进行比较判断：

bash-2.03 $ ps-ef | grep ora | wc-l
258
bash-2.03 $ ps-ef | grep ora | wc-l
275
bash-2.03 $ ps-ef | grep ora | wc-l
278
bash-2.03 $ ps-ef | grep ora | wc-l
366

发现此时系统存在大量 Oracle 进程，大约在 300 左右，大量进程消耗了几乎所有 CPU 资源，而正常情况下 Oracle 连接数应该在 100 左右。由此，可以基本判断，是数据库或应用出现了问题导致进程任务无法完成，又不断累积，从而出现大量队列等待。这些等待在数据库中应该有具体的体现，接下来需要登录数据库进行检查。

4.2 进一步诊断应用问题

判断数据库可能经历了等待，那么 Oracle 数据库提供了相关视图供我们查询和发现问题，v $ session_ wait 是首先值得关注的。查询 v $ session_ wait 获取各进程等待事件：

```
SQL> select sid,event,p1,p1text from v$session_wait;
       SID EVENT                                  P1 P1TEXT
---------- ------------------------------ ---------- -----------
       124 latch free                     1.6144E+10 address
         1 pmon timer                            300 duration
         2 rdbms ipc message                     300 timeout
......
       140 buffer busy waits                      17 file#
        66 buffer busy waits                      17 file#
        10 db file sequential read                17 file#
        18 db file sequential read                17 file#
        54 db file sequential read                17 file#
        49 db file sequential read                17 file#
        48 db file sequential read                17 file#
        46 db file sequential read                17 file#
        45 db file sequential read                17 file#
......
       234 db file sequential read                17 file#
       233 db file sequential read                17 file#
       230 db file sequential read                17 file#
       333 db file sequential read                17 file#
       330 db file scattered read                 17 file#
       310 db file scattered read                 17 file#
......
```

对于本案例，我们发现存在大量 db file scattered read 及 db file sequential read 等待。显然全表扫描等操作成为系统最严重的性能影响因素。确定这些进程因为数据访问产生了等待，我们考虑捕获这些 SQL 以发现问题。

这里用到了我的以下脚本 getsqlfromsid. sql，该脚本通过已知 session 的 sid，联合 v $ session、v $ sqltext 视图，获得相关 session 正在执行的完整的 SQL 语句。

SELECT sql_ text

FROM v $ sqltext a

WHEREa. hash_ value =(SELECT sql_ hash _ value

FROM v $ session b

WHERE b. SID = ´&sid´)

ORDER BY piece ASC

/

使用该脚本，通过从 v $ session_ wait 中获得的等待全表或索引扫描的进程 SID，可以捕获可能存在问题的 SQL 语句：

SQL> @ getsqlfromsid

Enter value for sid：18

old 5：where b. sid =´&sid´

new 5：where b. sid =´18´

SQL_ TEXT

----

select i. vc2title，i. numinfoguid from hs_ info i where i. intenab

ledflag = 1 and i. intpublishstate = 1 andi. datpublishdate <=

sysdate and i. numcataloguid = 2047 order by i. datpublishdate d

esc，i. numorder desc

SQL>/

Enter value for sid：54

old 5：where b. sid =´&sid´

new 5：where b. sid =´54´

SQL_ TEXT

----

select i. vc2title，i. numinfoguid from hs_ info i where i. intenab

ledflag = 1 and i. intpublishstate = 1 andi. datpublishdate <=

sysdate and i. numcataloguid = 33 order by i. datpublishdate des

c，i. numorder desc

......

对几个进程进行跟踪，分别得到以上 SQL 语句，这些 SQL 可能就是问题产生的根源。

4.3 从 SQL 到问题本质的诊断

使用该应用用户连接，通过 autotrace 功能检查以上 SQL 的执行计划：

SQL> set autotrace trace explain

SQL> select i. vc2title，i. numinfoguid

2 from hs_ info i where i. intenabledflag = 1

3 and i. intpublishstate = 1 and i. datpublishdate <=sysdate

4 and i. numcataloguid = 3475

5 order by i. datpublishdate desc，i. numorderdesc；

Execution Plan

----

0 SELECT STATEMENT Optimizer = CHOOSE (Cost = 228 Card = 1 Bytes = 106)

1 0 SORT(ORDER BY)(Cost = 228 Card = 1 Bytes = 106)

2 1 TABLE ACCESS(FULL)OF ‘HS_ INFO´ (Cost = 218 Card = 1 Bytes = 106)

SQL> select count(*)from hs_ info；

COUNT(*)

227404

通过执行计划，可以看到以上查询使用了全表扫描，而该表这里有 22 万记录，全表扫描已经不再适合。检查全表扫描的数据表，发现存在以下索引：

SQL> select index_ name, index_ type from user_ indexes where table_ name = ´HS_ INFO´;

INDEX_ NAME INDEX_ TYPE

HSIDX_ INFO1 FUNCTION - BASED NORMAL

HSIDX_ INFO_ SEARCHKEY DOMAIN

PK_ HS_ INFO NORMAL

检查索引键值：

SQL > select index _ name, column _ name

2 from user_ ind_ columns where table_ name =´HS_ INFO´;

INDEX_ NAME COLUMN_ NAME

HSIDX_ INFO1 NUMORDER

HSIDX_ INFO1 SYS_ NC00024 $

HSIDX _ INFO _ SEARCHKEY VC2INDEXWORDS

PK_ HS_ INFO NUMINFOGUID

SQL> desc hs_ info

Name Null? Type

NUMINFOGUID NOT NULL NUMBER(15)

NUMCATALOGGUID NOT NULL NUMBER (15)

INTTEXTTYPE NOT NULL NUMBER(38)

VC2TITLE NOT NULL VARCHAR2(60)

VC2AUTHOR VARCHAR2(100)

NUMPREVINFOGUID NUMBER(15)

NUMNEXTINFOGUID NUMBER(15)

NUMORDER NOT NULL NUMBER(15)

……

4.4 调整并最终解决问题

检查发现在 numcatalogguid 字段上并没有索引，该字段具有很好的区分度，考虑在该字段创建索引以消除全表扫描。

```
SQL> create index hs_info_NUMCATALOGGUID on hs_info(NUMCATALOGGUID);
Index created.

SQL> set autotrace trace explain
SQL> select i.vc2title,i.numinfoguid
  2  from  hs_info i where i.intenabledflag = 1
  3  and i.intpublishstate = 1  and i.datpublishdate <=sysdate
  4  and i.numcatalogguid = 3475
  5  order by i.datpublishdate desc, i.numorder desc ;
Execution Plan
----------------------------------------------------------
   0      SELECT STATEMENT Optimizer=CHOOSE (Cost=12 Card=1 Bytes=106)
   1    0   SORT (ORDER BY) (Cost=12 Card=1 Bytes=106)
   2    1     TABLE ACCESS (BY INDEX ROWID) OF 'HS_INFO' (Cost=2 Card=1 Bytes=106)
   3    2       INDEX (RANGE SCAN) OF 'HS_INFO_NUMCATALOGGUID' (NON-UNIQUE) (Cost=1 Card=1)
```

观察系统状况，原大量等待消失：

```
SQL> select sid,event,p1,p1text from v$session_wait
 where event not like 'SQL%';
 SID EVENT                               P1 P1TEXT
---- --------------------------- -------- --------
   1 pmon timer                         300 duration
   2 rdbms ipc message                  300 timeout
   3 rdbms ipc message                  300 timeout
   6 rdbms ipc message               180000 timeout
  59 rdbms ipc message                 6000 timeout
 118 rdbms ipc message                 6000 timeout
 275 rdbms ipc message                30000 timeout
 147 rdbms ipc message                 6000 timeout
  62 rdbms ipc message                 6000 timeout
  11 rdbms ipc message                30000 timeout
   4 rdbms ipc message                  300 timeout
 305 db file sequential read             17 file#
 356 db file sequential read             17 file#
  19 db file scattered read              17 file#
   5 smon timer                         300 sleep time
```

在另外的 session 里，持续观察的 CPU 使用情况：

```
bash-2.03$ vmstat 3
 procs     memory            page            disk          faults      cpu
 r b w   swap  free  re  mf pi po fr de sr s6 s9 s1 sd   in   sy   cs us sy id
 34 0 0 5343016 1465416 44 386 77 0 0 0  0  0  0  0  0 3197 8486 2902 92  8  0
 31 0 0 5331568 1459696 178 1491 122 0 0 0 0 0 0  3  0 3237 9461 3005 89 11  0
 31 0 0 5317792 1453008 76 719 80 0 0 0  0  0  0  0  0 3292 8736 3025 93  7  0
 31 2 0 5311144 1449552 235 1263 69 2 2 0 0 0  1  0  0 3473 9535 3357 88 12  0
 25 0 0 5300240 1443920 108 757 18 2 2 0 0  0  1  1  0 2377 7876 2274 95  5  0
```

——以上为创建索引之前部分

——以下为创建索引之后部分，CPU 使用率恢复正常

```
 procs     memory            page            disk          faults      cpu
 r b w   swap  free  re  mf pi po fr de sr s6 s9 s1 sd   in   sy   cs us sy id
0 0 0 4955872 1287136 737 6258 16 0 0 0 0  0  0  3  0 2890 11777 4432 44 12 44
 1 0 0 4887888 1256464 809 6234 8 2 2 0  0  0  0  2  0 2809 12066 4247 45 12 43
 0 0 0 4828912 1228200 312 2364 13 5 5 0 0  0  2  1  0 2410 6816 3492 38  6 57
 0 0 0 4856816 1240168 8 138 0  0  0  0  0  0  1  0  0 2314 4026 3232 34  4 62
 0 0 0 4874176 1247712 0 86  0  0  0  0  0  0  0  0  0 2298 3930 3324 35  2 63
 2 0 0 4926088 1270824 34 560 0 0  0  0  0  0  0  0  0 2192 4694 2612 29 16 55
 0 0 0 5427320 1512952 53 694 0 0  0  0  0  0  3  2  0 2443 5085 3340 33 12 55
```

至此，此问题得以解决。

4.5 性能何以提高

有效地降低 SQL 的逻辑读是 SQL 优化的基本原则之一。下面来比较一下前后两种执行方式的逻辑读取及性能差异。

1. 全表扫描的性能

```
SQL> select i.vc2title,i.numinfoguid
  2  from  hs_info i where i.intenabledflag = 1
  3  and i.intpublishstate = 1  and i.datpublishdate <=sysdate
  4  and i.numcatalogguid = 3475
  5  order by i.datpublishdate desc, i.numorder desc  ;
352 rows selected.

Execution Plan
----------------------------------------------------------
   0      SELECT STATEMENT Optimizer=CHOOSE (Cost=541 Card=1 Bytes=106)
   1    0   SORT (ORDER BY) (Cost=541 Card=1 Bytes=106)
   2    1     TABLE ACCESS (FULL) OF 'HS_INFO' (Cost=531 Card=1 Bytes=106)
Statistics
----------------------------------------------------------
          0  recursive calls
         25  db block gets
       3499  consistent gets
        258  physical reads
          0  redo size

          2  sorts (memory)
          0  sorts (disk)
        352  rows processed
```

2. 使用索引的性能

```
SQL> select i.vc2title,i.numinfoguid
  2  from  hs_info i where i.intenabledflag = 1
  3  and i.intpublishstate = 1  and i.datpublishdate <=sysdate
  4  and i.numcatalogguid = 3475
  5  order by i.datpublishdate desc, i.numorder desc;
352 rows selected.
Execution Plan
----------------------------------------------------------
   0      SELECT STATEMENT Optimizer=CHOOSE (Cost=12 Card=1 Bytes=106)
   1    0   SORT (ORDER BY) (Cost=12 Card=1 Bytes=106)
   2    1     TABLE ACCESS (BY INDEX ROWID) OF 'HS_INFO' (Cost=2 Card=1 Bytes=106)
   3    2       INDEX (RANGE SCAN) OF 'HS_INFO_NUMCATALOGGUID' (NON-UNIQUE) (Cost=1 Card=1)

Statistics
----------------------------------------------------------
          0  recursive calls
          0  db block gets
         89  consistent gets
          0  physical reads
          0  redo size

          1  sorts (memory)
          0  sorts (disk)
        352  rows processed
```

consistent gets 从 3499 到 89，可以看到性能得到了巨大的提高。

通常，开发人员很少注意 SQL 代码的效率，他们更着眼于功能的实现。至于性能问题通常被认为是次要的，而且在应用系统开发初期，由于数据库数据量较少，对于查询 SQL 语句等，不容易体会出各种 SQL 句法的性能差异。但是一旦这些应用作为生产系统上线运行，随着数据库

中数据量的增加，大量并发访问，系统的响应速度可能就会成为系统需要解决的最主要的问题之一。在少量用户下性能可以接受的SQL，可能在大量用户并发的条件下就会成为性能瓶颈。

在我这个案例中，开发人员很难相信仅只一条SQL语句就导致了整个数据库的性能下降。然而事实就是如此，一条低效的SQL语句就可能毁掉你的数据库，所以在系统设计及开发过程中，必须考虑到诸多细节，严格的测试也是提早发现问题的有效方法。

如果不幸以上环节都被忽略，那么DBA就是最后的一环，必须能够快速地诊断并解决各种复杂问题。

5 故障树分析法应用的总结

通过以上的故障解决实例可以发现，整个故障的解决过程中，故障树的思想是被潜移默化贯穿始终。通过分析归纳和提炼，将这个分析思路通过故障树的方法展现出来，能够有效地解决油田信息化建设中数据库的各类故障问题。

参考文献

[1] 盖国强，李轶楠. Oracle性能优化与诊断案例精选[M]. 北京：人民邮电出版社.
[2] 张恒杰，曹隽. 计算机网络工程[M]. 大连理工大学出版社，2006，12.
[3] 郭霞. 基于ORACLE数据库性能优化技术研究[J]. 电脑知识与技术，2011(24).
[4] 郭晓丹. 基于ORACLE数据库系统性能调整与优化研究[J]. 数字技术与应用，2015(5).

基于KVM虚拟化技术的研究与应用

班毓鹏[1] 陈玮松 盛吉堂 宋旭东 周炳昱 李默然 杨建楠

(中国石油吉林油田公司)

摘 要 随着中美贸易战的打响，国家竞争的加剧，在国家之间科学技术竞争与“卡脖子”现象尤为突出，油气行业面临供应和需求双重挤压，在双重压力下，吉林油田开展了以降本增效为主的创新活动。围绕技术国产化的主题，结合信息技术优势，吉林油田信息中心开展了基于KVM虚拟化技术的研究与应用，旨在摆脱美国VMware在虚拟化技术中的“卡脖子”现象，自主开源虚拟技术，实现自研虚拟化技术的全面应用。本论文有4部分构成：①KVM虚拟化技术详解；②服务器如何部署实施KVM虚拟化；③KVM虚拟化的应用情况；④未来KVM虚拟化的应用研究方向。通过自主搭建KVM虚拟化平台有效支撑低成本数字油田的基础运行环境建设，为未来的梦想云平台提供强大而有力的环境支撑。

关键词 KVM；云桌面；虚拟化技术；自主创新；吉林油田

1 前言

近日习近平总书记主持召开中央全面深化改革委员会第十八次会议并发表重要讲话。会议强调，坚决破除影响和制约科技核心竞争力提升的体制机制障碍，加快攻克重要领域“卡脖子”技术，有效突破产业瓶颈，牢牢把握创新发展主动权。为响应中央号召，完成技术创新和技术突破，吉林油田信息中心将近些年自主虚拟化技术的研究与应用系统的进行梳理，完成了虚拟化技术方面的突破，实现了国产虚拟化的应用。

1.1 服务器虚拟化技术

服务器虚拟化是云计算核心的技术，而KVM是当前最主流的开源的服务器虚拟化技术。从Linux2.6.20起，KVM作为内核的一个模块集成到Linux主要发行版本中。从技术架构(代码量、功能特性、调度管理、性能等)、社区活跃度，以及应用广泛度来看，KVM显现出明显优势，已逐渐替换另一开源虚拟化技术Xen。在公有云领域，2017年之后AWS、阿里云、华为云等厂商都逐渐从Xen转向KVM，而Google、腾讯云、百度云等也使用KVM。在私有云领域，目前VMware ESXi是领导者，微软Hyper-V不少应用，随着公有云厂商不断推进专有云/私有云方案，未来KVM应用也会逐渐增加。KVM目前已支持x86、PowerPC、S/390、ARM等平台。

1.2 虚拟化技术背景及需求

近期Gartner发布最新报告《中国区x86服务器虚拟化市场指南》，指出中国企业x86服务器基础设施虚拟化率低于全球水平；中国的IT基础架构决策者必须了解市场趋势，提高服务器虚拟化水平和速度，以支持业务敏捷性、促进成本优化以及数字业务的发展需要。根据报告分析，中国企业服务器虚拟化率仅大约40%，低于成熟的全球市场80%的虚拟化率，接下来3年将高速飞升；国内最大的虚拟化提供商仍是VMware，但由于用户更倾向于国内供应商，以及VMware部署成本相对较高以及国产化等原因，国内供应商的市场份额将会迎来增长；许多国内的企业因为缺乏管理运维技能、无法转换原系统留存应用、顾虑系统稳定性等原因，无法实现将业务从物理服务器转移到虚拟化平台。

基础架构应该专注于建立并维持可靠的基础设施，以自动化为目标，优化虚拟化工作负载的能力，构建私有云，并做好将来把虚拟化工作负载迁移到公有云的准备；通过强调成本优化、改进系统可用性和增加敏捷性，来巩固对虚拟化建设的投入成果。

2 KVM虚拟化介绍

KVM全称Kernel-based Virtual Machine，由Qumranet公司发起，2008年被RedHat收购。KVM实现主要基于Intel-V或者AMD-V提供的虚拟化平台，利用普通的Linux进程运行于虚拟态的指令集，模拟虚拟机监视器和CPU。

KVM包含内核模块和处理器模块两部分，

内核模块提供核心的虚拟化支持，处理器模块 KVM-intel 和 KVM-amd 分别提供了对 Intel 和 AMD 处理器虚拟化技术的支持。因此 KVM 可以随着 Linux 标准内核的升级而获得性能提升（如调度程序、内存支持等）。虚拟机对应成为标准的 Linux 进程，因而可以用标准的 Linux 进程管理机制进行管理。

在普通的 Linux 进程有内核模式和用户模式两种运行模式，内核模式表示代码执行的特权模式，用户模式表示代码执行的非特权模式。在 KVM 系统中为 Linux 引入了一种新的进程模式，新的模式称为客户模式，客户模式用来执行虚拟机操作系统非 I/O 代码。在客户模式中包含内核模式和用户模式两种标准模式，VM 操作系统可在内核模式下运行标准的内核，在用户模式下支持自己的内核和用户空间应用程序（图 1）。

虚拟机操作系统的 I/O 操作是由修改过的 QEMU 支持的。QEMU 是一种用动态翻译技术实现的快速指令集层虚拟机，它支持整个计算机系统的模拟，包括多种处理器（X86、ARM、PowerPC 等）、磁盘、图形适配器和网络设备等。KVM 是用硬件虚拟化技术代替了 QEMU 的动态翻译技术，实现虚拟机操作系统代码直接由硬件处理从而提高系统性能。VM 操作系统生成的 I/O 请求会被截获并转发到用户空间，由 QEMU 的设备模型来模拟 I/O 操作，在需要的情况下触发真实的 I/O 操作。

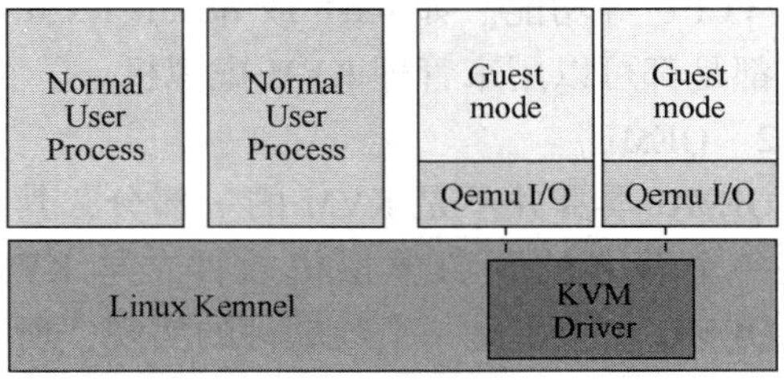

图 1　KVM 内核

KVM 只是 Linux 的一个内核模块，但是这个内核模块一旦装载立即可以成为一个 hypervisor，如果不装载就还是一个正常的 Linux 系统（图 2）。

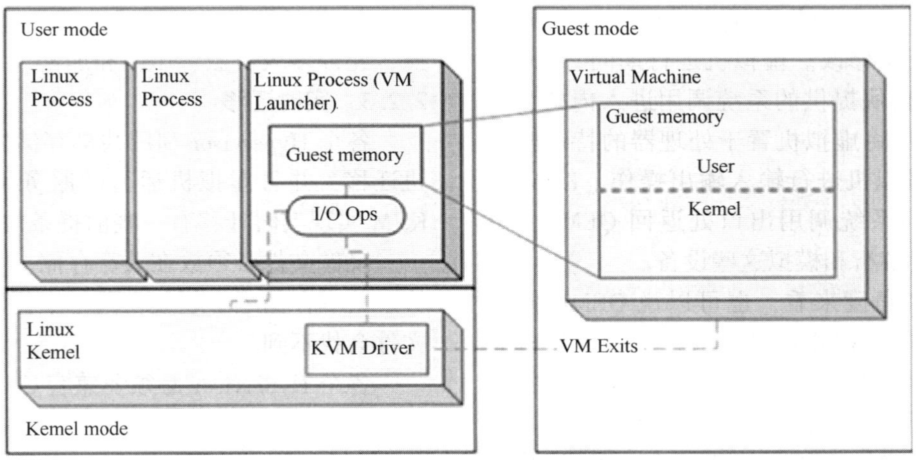

图 2　KVM 架构

2.1　KVM 组件

在一个装载了 KVM 模块的 Linux 系统上，其运行的 KVM 虚拟机表现为一个个线程，Linux 系统可以正常管理。KVM 核心就两个组件：/dev/kvm 和 QEMU。

KVM 模块是 KVM 虚拟机的核心部分，其主要功能是初始化 CPU 硬件，打开虚拟化模式，然后将虚拟客户机运行在虚拟机模式下，并对虚拟客户机的运行提供一定的支持。

为了软件的简洁和性能，KVM 仅支持硬件虚拟化。自然而然，打开并初始化系统硬件以支持虚拟机的运行，是 KVM 模块的职责所在。以 KVM 在 Intel 公司的 CPU 上运行为例，在被内核加载的时候，KVM 模块会先初始化内部的数据结构；做好准备之后，KVM 模块检测系统当前的 CPU，然后打开 CPU 控制寄存器 CR4 中的虚拟化模式开关，并通过执行 VMXON 指令将宿主操作系统（包括 KVM 模块本身）置于虚拟化模式中的根模式；最后，KVM 模块创建特殊设备文件/dev/kvm 并等待来自用户空间的命令。接下来虚拟机的创建和运行将是一个用户空间的应用程序(QEMU)和KVM模块相互配合的过程。

2.1.1 /dev/KVM

/dev/KVM是一个字符设备，工作于Hypervisor。在用户空间，可通过这个接口(调用ioctl系统调用)管理虚拟机或通过这个接口编程序用来管理虚拟机，实现VM创建、删除、分配内存、读写VCPU的寄存器、想VCPU注入中断、运行VCPU等功能。如virsh或qemu-KVM这些工具都是都可以用来管理KVM虚拟机。

2.1.2 QEMU

QEMU本身并不是KVM的一部分，其自身就是一个著名的开源虚拟机软件。与KVM不同，QEMU虚拟机是一个纯软件的实现，所以性能低下。但是，其优点是在支持QEMU本身编译运行的平台上就可以实现虚拟机的功能，甚至虚拟机可以与宿主机并不是同一个架构。作为一个存在已久的虚拟机，QEMU的代码中有整套的虚拟机实现，包括处理器虚拟化、内存虚拟化，以及KVM使用到的虚拟设备模拟(比如网卡、显卡、存储控制器和硬盘等)。

为了简化开发和代码重用，KVM在QEMU的基础上进行了修改。虚拟机运行期间，QEMU会通过KVM模块提供的系统调用进入内核，由KVM模块负责将虚拟机置于处理器的特殊模式运行。遇到虚拟机进行输入输出操作，KVM模块会从上次的系统调用出口处返回QEMU，由QEMU来负责解析和模拟这些设备。

从QEMU角度来看，也可以说QEMU使用了KVM模块的虚拟化功能，为自己的虚拟机提供硬件虚拟化的加速，从而极大地提高了虚拟机的性能。除此之外，虚拟机的配置和创建，虚拟机运行依赖的虚拟设备，虚拟机运行时的用户操作环境和交互，以及一些针对虚拟机的特殊技术(诸如动态迁移)，都是由QEMU自己实现的。

2.2 KVM的特性

2.2.1 内存管理

KVM从Linux继承了强大的内存管理功能，一个虚拟机的内存与任何其他Linux进程的内存一样进行存储，可以以大页面的形式进行交换以实现更高的性能，KVM支持最新的基于硬件的内存虚拟化功能，支持使用Intel EPT或AMD RVI技术来完成内存地址映射，GVAàHPA，以实现更低的CPU利用率和更高的吞吐量。

支持KSM(Kernel Same-page Merging，相同内存页合并)，比如在KVM上同时运行多个Linux相同版本的主机，它们都会载入一些相同的动态库，由于是只读的，所以可以进行合并。KSM通过扫描每个虚拟机的内存，查找个虚拟机间相同的内存页，并将这些内存页合并成一个各相关虚拟机能够共享的独立内存页面，从而实现了内存页面共享。节约内存使用，使得我们的KVM可以过载使用内存，虚拟机内存分配可以大于物理机内存。如果这些合并页中有某个虚拟机需要修改，那么此时KVM就会进行copy on write机制给它重新生成一个副本，它只能修改自己的而不能修改共享的。

2.2.2 存储支持

KVM可以支持任何Linux内核支持的存储设备，如：

本地存储：IDE、SCSI、SAN、SATA、SAS、PCI-E等。

网络附加存储：NAS、SAMBA等。

存储区域网络：SAN，ISCSI。

分布式存储：GlustFS。

KVM的原生磁盘格式为QCOW2，它支持快照，允许多级快照、压缩和加密。

2.2.3 实时迁移

各个Hypervisor利用共享存储实现实时虚拟机迁移，并且虚拟机运行的服务无中断。但是KVM实现实时迁移有一些前提条件，如：

镜像文件必须放在共享存储。

共享存储还必须放在同一个位置，否则配置文件会找不到。

各个Hypervisor必须要兼容。

CPU必须拥有相同特性，最好同款CPU。

两台Hypervisor的时间必须要一致。

两台Hypervisor必须有一样的网络配置。

2.2.4 支持的Guset OS

像XEN那种半虚拟化，由于要修改系统内核才能运行，所以不是每个系统都支持，比如Windows系统。但KVM属于全虚拟化技术，所以支持大多数系统，如：Linux、Windows、OpenBSD、FreeBSD、OpenSolaris等。另外，运行在KVM上的Windows还通过了微软的虚拟化认证，也就是说，如果你在KVM上面运行正版Windows系统，如果出现异常，微软官方是承认可提供技术支持的。

2.2.5　设备驱动

Linux 内核支持的驱动，KVM 都支持。另外，KVM 是一个混合类型的 VMM，因为 KVM 能够以模拟(QEMU)的方式支持完全虚拟机，又能够支持在 Guest OS 中安装驱动实现 IO 的半虚拟化，也就是两阶段 IO，前半部分 IO 在 Guest OS 上，后半部分在宿主机上。

现在在 KVM 中常用的 IO 半虚拟化组件叫 virtio，由 IBM 和 RedHat 联合研发，是一个比较通用的半虚拟化 IO 组件。目前，基于 virtio 有 virtio-blk 支持块存储半虚拟化、virtio-net 支持网络半虚拟化、virtio-pci 支持 pci 设备虚拟化、virtio-console 支持控制台的虚拟化、virtio-ballon 支持动态内存的扩展和收缩。而 virtio 在 Linux 2.6.25 内核已经收录，只要编译内核时选择了 virtio 模块就可以，但是如果是微软的系统那么还需要去 RedHat 官方下载对应的 virtio 程序才可以支持。

2.2.6　性能和可伸缩性

KVM 也继承了 Linux 的性能和可伸缩性。KVM 虚拟化性能在很多方面(如计算能力、网络带宽等)已经可以达到非虚拟化原生环境的 95% 以上的性能。KVM 的扩展性也非常良好，客户机和宿主机都可以支持非常多的 CPU 数量和非常大量的内存。例如，Redhat 官方文档就介绍过，RHEL 6.x 系统中的一个 KVM 客户机可以支持 160 个虚拟 CPU 和多达 2TB 的内存，KVM 宿主机支持 4096 个 CPU 核心和多达 64TB 的内存。

3　KVM 虚拟化应用情况

3.1　KVM 虚拟化服务端搭建

Kvm 虚拟化服务器部署分为三部分：服务器的搭建、虚拟化部署、批量部署。

3.1.1　KVM 服务器的搭建

安装 KVM 服务器时，要求每台服务器硬件必须满足最低配置要求，为了保证最佳使用效果，建议按推荐配置选配服务器硬件见表 1。

表 1　服务器硬件配置

	最低配置	推荐配置
CPU	64 位 CPU 支持 Intel VT-x	E5-2680V4(14C/28T 2.4GHz)
内存	>4GB	256GB ECC DDR4
硬盘	>60GB	系统盘：128GB 缓存盘：480GB Intel SSD 数据盘：4×2TB SATA
网卡	千兆/万兆有线网卡×1	千兆/万兆有线网卡×4

续表

安装服务器系统时需正确配置 raid1，以保证系统的可靠性。

3.1.2　虚拟化部署

1. 虚拟化技术

一种资源管理技术，是将计算机的各种实体资源，如服务器、网络、内存及存储等，予以抽象、转换后呈现出来，打破实体结构间的不可切割的障碍，使用户可以比原本的组态更好的方式来应用这些资源。这些资源的新虚拟部分是不受现有资源的架设方式、地域或物理组态所限制。一般所指的虚拟化资源包括计算能力和资料存储。

2. 虚拟化内核

虚拟化技术从 Linux 继承了强大的内存管理功能，一个虚拟机的内存与任何其他 Linux 进程的内存一样进行存储，可以以大页面的形式进行交换以实现更高的性能，虚拟化技术支持最新的基于硬件的内存虚拟化功能，支持使用 Intel EPT 或 AMD RVI 技术来完成内存地址映射，以实现更低的 CPU 利用率和更高的吞吐量。

3. 虚拟化内存

支持 KSM(Kernel Same-page Merging，相同内存页合并)，比如在服务器上同时运行多个 Linux 相同版本的主机，它们都会载入一些相同的动态库，由于是只读的，所以可以进行合并。节约内存使用，使得我们的虚拟化可以过载使用内存，虚拟机内存分配可以大于物理机内存。

4. 网络虚拟化

网络虚拟化即将服务器的物理网卡虚拟成更多的相互隔离的虚拟网卡，实现云服务的弹性和动态性(图 3)。网络虚拟化引入虚拟机交换，实现扁平化的大二层交换网络架构，同时具备虚拟化网络自动部署能力，为批量部署云桌面奠定网络基础。

3.1.3　批量部署模板

我们可根据不同需求，创建多个模板(图 4)；同时根据多个模板批量生成多个虚拟机，为不同需求进行版本控制(图 5)。

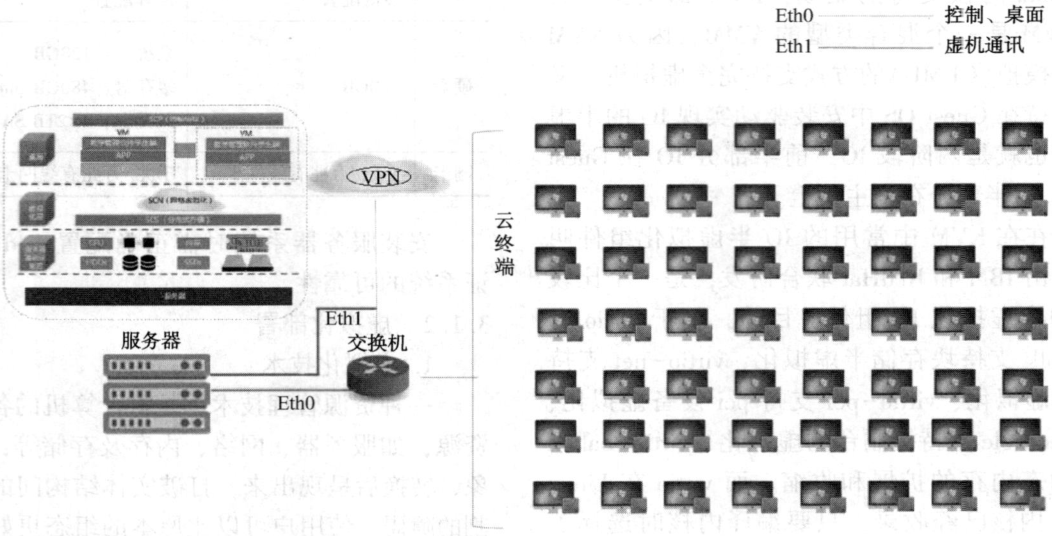

图3 网络虚拟化

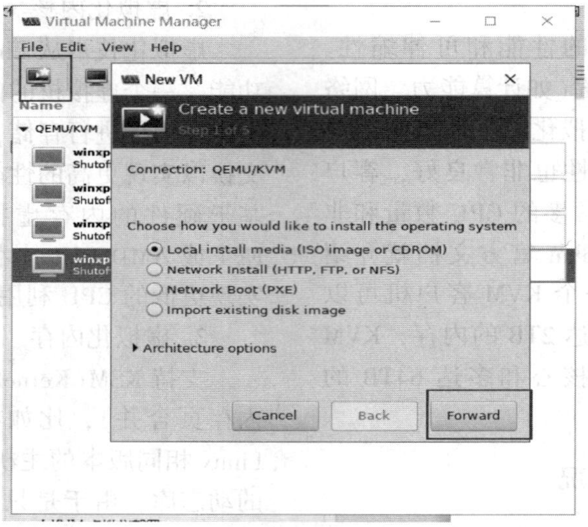

图4 模板机建立

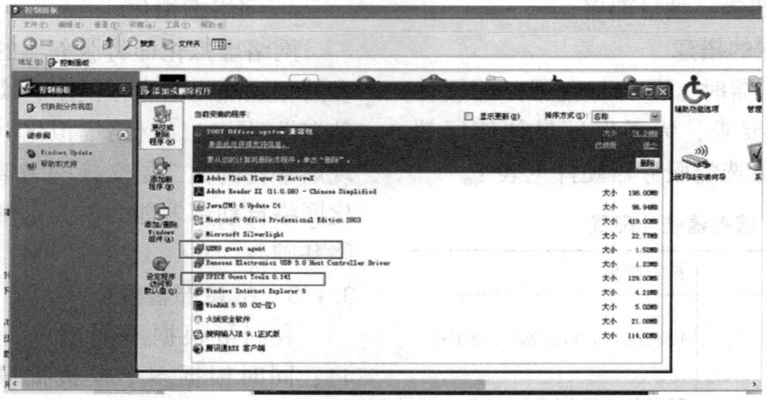

图5 批量部署管理

3.2 一体化平台集中管理

3.2.1 通过 ovirt 实现平台资源管理

KVM 虚拟机的应用需要有统一的平台进行管控，ovirt 是开源版的 RHEV，基于自身的 REST API 进行调度开发。在吉林油田部署中，将其部署在虚拟机 Centos 操作系统中，对群集、主机、网络、存储以及云桌面等资源进行管理。管理平台通过浏览器或 linux 命令行与 backend 引擎进行交互。

3.2.2 KVM 虚拟化的备份与角色管理

平台实现对所有资源的管理，平台的备份非常重要，平台的备份主要为两部分：引擎的备份主要通过 engine-backup 完成，数据库的备份通过计划任务脚本来完成。

平台提供了丰富的用户权限、角色及角色管理，平台提供 2 种用户，终端用户用来管理各自权限的云桌面，管理员用户对终端用户提供管理操作，为终端用户提供云桌面、配置云桌面的架构、分配权限。最高权限的 Admin 角色进行创建与管理整个虚拟化平台，通过配置权限角色、创建对象、授予权限用户，可以实现有效的安全隔离。平台提供很多用户操作，用户的创建不是在平台中创建，在目录服务中创建，平台在考虑权限分配方面主要结合了执行动作者、执行的动作(创建、修改、删除、移动)、对象的管理范围(数据中心、群集、主机、存储)等方面因素(图 6)。

```
#!/bin/sh
# Enter appropriate values for the BACKUPUSER, BACKUPSERVER, and
BACKUPDIRECTORY variables.
DATE = `date "+%Y%m%d_%R"`;
BACKUPUSER = ;
BACKUPSERVER = ;
BACKUPDIRECTORY = ;
# pg_dump -C -E UTF8 --column-inserts --disable-dollar-quoting --disable-
triggers -U postgres --format=p -f /usr/share/rhevm/db-
backups/dump_RHEVDB_BACKUP_`date "+%Y%m%d_%R"`.sql rhevm;
scp /usr/share/rhevm/db-backups/dump_RHEVDB_BACKUP_`date
"+%Y%m%d_%R"`.sql $BACKUPUSER@$BACKUPSERVER:$BACKUPDIRECTORY;
```

图 6　后台命令运行管理

3.3 KVM 虚拟化的安全管控

3.3.1 通过 SELINUX 对宿主服务器有效的控制

在云桌面环境，所有的云桌面都运行在服务器端，服务器的安全及其重要，如果云桌面被黑客控制，并进而进入宿主服务器，所有的云桌面安全将无法得到有效的保障。通过系统集成 SElinux 模块，可以为每个安全访问的用户提供虚拟安全沙箱，只有允许的进程才能够访问文件，把权限、角色关在笼子里，当进行有效的配置后，即使一个云桌面被控制也不会对其他桌面造成威胁，造成整体的瘫痪，从而对宿主服务器进行有效的保护。

3.3.2 通过网络过滤提高平台的安全性

在虚拟化的应用过程中，利用自己的虚拟机配置 DHCP 服务，向外配发 IP 地址，会对网络造成故障。同时还会做各种嗅探，进行 MAC 地址欺骗做各种恶意操作，对于平台造成极大的危害。通过对虚拟交换机的 Network filtering 网络流量控制机制，可以借助过滤机制，控制哪些是允许或拒绝的操作。在虚拟化平台本身不具备该组件，主要通过 ebtale 引擎来实现，通过网络流量的过滤规则，管理对云桌面网络流量的接受和转发(图 7)。

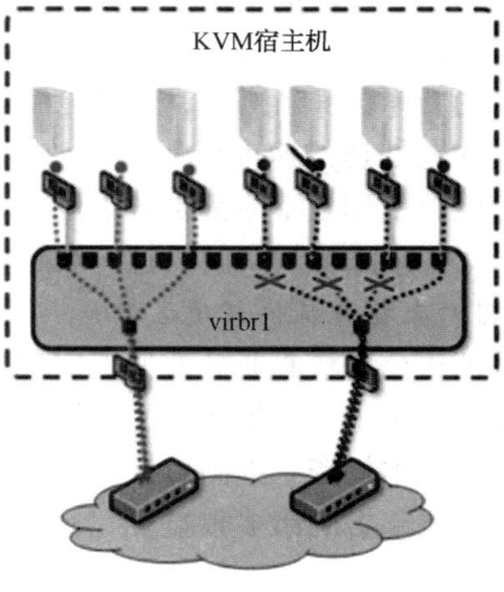

图 7　网络过滤示意图

3.4 自主虚拟化及平台化管理

通过对 KVM 虚拟化的研究，吉林油田实现企业私有云平台的高效、国产化、自主管理，优化业务系统快速部署应用，有效支撑低成本数字油田的基础运行环境建设。

3.5 自主虚拟化平台下容器技术

KVM 作为 linux 系统下的虚拟化技术，对于容器技术可以说是无缝衔接。根据总部“梦想云”平台的技术标准，数据服务、中台服务、区域湖管理均需要容器及其编排技术进行支撑。容器及编排技术，可以加快微服务的应用部署，提高应用在多平台间的可移植性，提升自动化部署效率。

3.6 自研“云桌面”案例

基于 KVM 虚拟化的云桌面在吉林油田新木采油厂进行先导试验，分别部署在新木采油厂机关部分岗位和采油队。覆盖了新木采油厂多数典型岗位，完成了整个新木采油厂云桌面试运行，效果符合预期，能够满足员工日常办公需求，响应速度快，运维方便快捷。随着云桌面推广的深入推进，许多员工逐渐适应了云桌面，使得云桌面在使用过程中快速迭代，为云桌面不断改进提供了很多宝贵的建议。同时在遵循内网隔离的前提下，进一步提高了桌面安全的管理级别，帮助用户实现了场景工作的灵活切换，大大提高了工作的便利性。

用户不用担心软硬件出现问题，一旦数据出现问题，可以通过管理员的快速恢复，保证工作的连续性。目前多个岗位反馈效果较好，满足了相应的需求

随着物联网发展的不断深入，吉林油田各采油厂和机关在进行紧锣密鼓的劳动组织改革，将产生大量的新岗位和新需求，传统电脑的部署速度和出现问题处理的速度已跟不上改革的速度，使用老旧电脑工作效率差都是各单位最为头疼的问题，云桌面未来将切实解决这一难题。

3.7 为国产数据库提供环境支撑

吉林油田公司核心业务数据库实现统一管理的云化部署，集中在虚拟化下的数据库，在节省大量信息化成本投资、提高数据安全的同时，改变了过去单点部署的诸多弊端。

4 发展潜力分析

4.1 KVM 虚拟化应用价值

4.1.1 节约服务器投入成本

吉林油田公司通过物资供应处购买一台服务器成本大概在 5~10 万元。通过 KVM 虚拟化技术，可以利旧现有服务器、网络、存储等，盘活资产，为企业节约了大量资金，服务器的资源可根据需求进行灵活调整。

4.1.2 国产化虚拟化部署

云桌面的应用将极大的减少后期的运维成本，采用模板化的部署方式后，一个新的虚拟机可以在 10min 左右就完成交付使用，而故障的排查和修复时间更是大幅度减少，同时在技术上实现了虚拟化技术的自主可控，不必为此支付高昂的授权费用，资源利用率大大提高，实现了虚拟化技术的可靠性，可用性。

4.1.3 应用面广泛

Kvm 虚拟化技术应用云桌面解决方案，云管理平台，容器技术的底部环境支撑，服务数据库云环境，有效支撑低成本数字油田的基础运行环境建设，应用面极其广泛。

4.2 为梦想云提供助力

梦想云“顶层设计”与“中国石油勘探开发梦想云(二期)建设方案”，以配合总公司“两统一、一通用”为目标，结合吉林油田信息化与基础环境实际，研究“区域湖”“云平台本地化”搭建方案，并结合 KVM 虚拟化技术，为梦想云在吉林油田落地夯实基础环境与基础平台，助力梦想云在吉林油田的落地。

4.2.1 完善的全系列云方案

涵盖云客户机、桌面虚拟化、容器虚拟化、服务器虚拟化四大环节，业界方案最全面，兼容性最好，性价比最高，为 IT 提供了一种更加精简和安全的方法来管理用户、应用系统和提供可按需访问的敏捷服务。

4.2.2 更全面的安全保护机制

端到端的安全加固功能，支持对云客户机上外设、磁盘、粘贴板、网络访问等权限控制，开拓基于“软件定义信息安全”的高性能、高可靠、可扩展、虚拟化、统一管理的安全资源新模式，提升云平台的整体安全性。

4.2.3 集中式 WEB 管理模式

提供云管理系统，通过集中式、单一化的远程运维模式，提高了虚拟机部署的易用性和可维护性。

4.2.4 集中存储数据，构建容灾体系

所有的数据集中在存储，能够轻松实现数据的完整复制，构建一个完整的容灾体系。当灾难发生时，可快速恢复所有托管 KVM 虚拟机，保证完全恢复业务能力。

5 结论

通过对 KVM 虚拟化的研究部署与应用，充分证明自主虚拟化技术可以替代吉林油田现有的虚拟化平台，有效地节约采购服务器和 VMware 软件的投入。本解决方案的建设是基于开源社区的源代码，需要有较强的技术运维队伍，这些都需要持续技术团队的建设。本解决方案在群集配置管理、平台化管理等方面还有很多需要进一步优化，需要进一步解决，这部分内容是本方案下步深入研究的方向。在信息技术的变化日新月异的今天，技术自主可控成为低成本建设和运维的核心，吉林油田基础设施运行环境建设是信息化建设的基石。

参考文献

[1] 史律，李宏杰，朱然. 一种KVM 虚拟机镜像安装环境的配置方法[J]. 科技经济导刊，2017(17).
[2] Intel corporatio 系统虚拟化：原理与实现[M]. 北京：清华大学出版社，2009：1-238.
[3] 任永杰、程舟 . KVM 实战原理、进阶与性能调优[M]. 北京：机械工业出版社 2019. 3.
[4] 黄宇晴，赵波，肖钰，陶威 . 一种基于 KVM 的 vTPM 虚拟机动态迁移方案[J]. 山东大学学报(理学版). 2017(06).
[5] 秦培煜 . Centos7 中基于 KVM 的虚拟机构建[J]. 科技传播，2018(23).

吉林油田区域湖建设探索与研究

刘珩琳[1]　班毓鹏[1]　王宝友[1]　石　磊[1]　张　磊[2]

（1. 中国石油吉林油田公司；2. 昆仑数智科技有限责任公司）

摘　要　“十三五”期间，吉林油田主要采用传统“烟囱”式模式开展应用系统建设，“三多”问题比较突出，数据共享服务能力不足。通过吉林油田区域湖建设模式的探索和研究，灵活运用“勘探开发梦想云数据湖”技术，建设吉林油田区域湖、制定统一的数据存储标准，实现油田基本实体、钻、录、测、试、分析化验、油气生产等核心业务领域数据集中、统一存储。通过本地化“数据湖管理工具”，对核心业务数据进行合理分类和微服务发布，扭转数据网状调用方式，优化数据共享模式。对吉林油田区域湖应用方式进行探索和尝试，以此加快推动数字吉林油田建设和数字化转型进程。

关键词　数据共享；区域湖；数据标准；数据服务

“十三五”末中国石油集团有限公司提出了“数字化转型，智能化发展”的目标导向，制定了“数字中国石油”战略规划。勘探与生产公司以实现上游智能油气田建设为目标，落地“两统一、一通用”信息化顶层设计蓝图。通过建设统一数据湖和统一技术平台，搭建油气勘探、油气开发、协同研究、生产运行、经营管理、安全环保、工程技术和数字政务通用业务应用，实现上游业务“一朵云、一个湖、一个平台、一个门户”，为建设数字中国石油提供有力支撑。在“十四五”末，初步建成智能油气田，“十六五”末，全面建成智能油气田。

在集团公司全面推进数字化转型背景下，为进一步提升油田整体信息化水平，推进信息化与工业化融合，助力吉林油田提质增效和扭亏解困，吉林油田公司锚定智能油田目标，以集团公司梦想云建设为契机，重新梳理总结原有信息化建设成果，挖掘勘探开发等核心业务领域信息化资源整合需求，结合吉林川南区域数据应用特色，改造现有数据流程，建立吉林油田区域湖，开展区域数据集成建设，提高生产管理、方案研究等业务应用的支撑能力，为数字化转型智能化发展奠定坚实的基础。

2　吉林油田区域湖建设

2.1　解决的现实问题

经过“十三五”期间的不懈努力，按照“业务驱动、急用先建、以用促建”的建设原则，吉林油田信息系统建设领域涵盖勘探开发、生产运行、经营管理、安全环保、日常办公等业务领域，支撑了各领域主要业务。通过系统建设和推广应用，大大节省数据搜集整理时间，科研生产工作效率显著提高，为吉林油田各业务的发展提供了强有力的支撑。但现有系统的建设和应用情况与数字油田基本标准、业务人员对信息化的需求、行业的建设成果等相比还有较大差距，尤其在数据共享和应用模式上存在如下三方面的问题：

一是应用系统烟囱式建设。在油田信息化建设初始阶段，为了快速响应业务需求、快速支撑各业务领域的主要业务工作，应用系统的建设模式一般会采取“短、平、快”的建设模式。应用系统实施的关键环节，从需求调研、系统设计到功能开发，都是为了更快、更好的满足当前功能需求，解决业务应用的燃眉之急。由于系统建设的管理部门不同、对承包商的要求存在差异，系统开发所采用的技术也五花八门。各个系统烟囱式开发，数据间难以共享、功能难以复用。

二是缺乏统一的数据存储和管理标准。在进行历史数据建设的同时，为确保新产生的数据能够及时、准确、完整地入库，防止再次成为历史数据，开展了一系列的数据正常化推进工作。大力开展了源头数据采集系统的建设部署，以用促建，确保了各源点数据及时、准确、完整地汇交入库。但是由于数据资源建设的紧迫性以及部门管理不严等诸多原因，数据建设没有完全采用统一的数据标准，数据存储的格式由于数据库的不同也导致存储类型的不一致。这种由于数据存储的结构、内容、管理标准的不一致，为后期数据的集中存储、共享和管理造成了困难。因此需要统筹考虑核心业务和未来重点关注业务，完善补充形成勘探开发统一数据标准与管理规范。

三是数据共享模式存在缺陷。分散建立的应用系统，要想实现数据的共享，在过去一般有两种方式：一种是在数据层面实现共享，常规的做法是通过各种数据集成工具，将数据进行集成和分发；另一种是通过 WEB 服务的方式，实现系统间的调用。例如生产运行系统需要获取钻井日报和录井日报，则需要在钻井和录井应用系统中，分别发布对应的数据服务，才能实现跨系统间的数据调用。这两种方式都有各自的缺点，数据集成会导致数据冗余存储，从而产生数据一致性问题。同时也会由于数据传输环节较多，导致数据集成失败或延后；系统间服务的互相调用，会随着服务数量的增加，管理和部署变的越来越复杂。同时由于服务的增多导致服务器的数量增多，服务通信和调用压力会增大，最终导致后期运维成本的不断提升。

以上问题一定程度上制约了吉林油田全面数字化、智能化的进程。因此，需要通过吉林油田区域湖的建设和传统数据共享模式的突破来解决数字化转型过程中历史遗留的数据复用和共享能力不足等方面的问题。

1.2　建设方案

1.2.1　吉林油田区域湖建设探索

1. 吉林油田勘探开发主库建设现状

吉林油田勘探开发主库以总部 EPDM 数据模型为基础，结合油田自身业务特点，对总部 A1、A2 数据模型进行了整合和扩充。经过三次大的升级完善，形成了符合吉林油田需求的勘探开发主库模型，建立了勘探开发一体化中心主库。勘探开发主库涵盖了基本实体、地球物理、钻井、录井、测井、试油试采、样品试验、地质油藏、油气生产、油气集输、油藏评价、生产测试、采油工程、井设备、井下作业等 15 个专业共 700 余张数据表，较好的满足了各专业源头数据采集和统一管理的业务需求(图 1)。

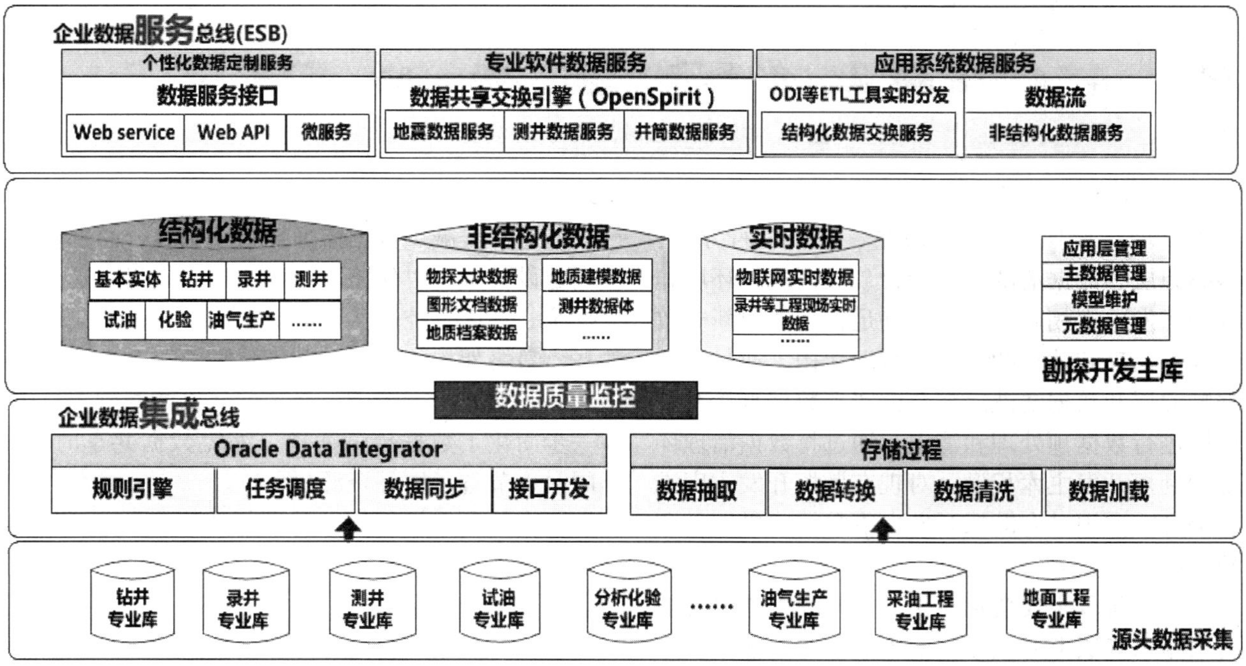

图 1　吉林油田勘探开发主库架构图

2. 吉林油田区域湖架构研究

按照中国石油集团公司顶层设计要求，结合吉林油田数据管理现状，细化油田数据存储及数据流向，按照数据源层、数据治理层、数据共享层的模式建设吉林油田区域湖，形成油田数据共享与应用生态环境。其中由于数据湖架构各层职能和定位的不同，吉林油田区域湖架构的形成历时三个阶段：

第一阶段基于总部顶层设计，按照统一数据湖的总体架构设计，将油田勘探开发主库和专业系统后台库作为数据源，单独建立数据贴源层。在数据贴源层对数据进行预加工和处理，预处理后的数据流入到数据治理环境，在治理环境统一对数据进行质量控制，拦截不符合规则的“脏数据”，将通过的干净数据进入到数据共享层，从而实现数据的集中存储。

其中数据贴源区按实际需求建立进行建立，贴源区是临时环境，不会更改源头，是对源头进行打标签；如果源头无法打标签，则需要建立贴源区。贴源区，主要用来处理历史数据，主要作用增加统一身份字段和其他相关标识类属性字段。针对吉林油田主库现状，对勘探开发主库内现有专业采用打标签的形式建立贴源区。对于其他统建项目库，新建贴源区(图 2)。

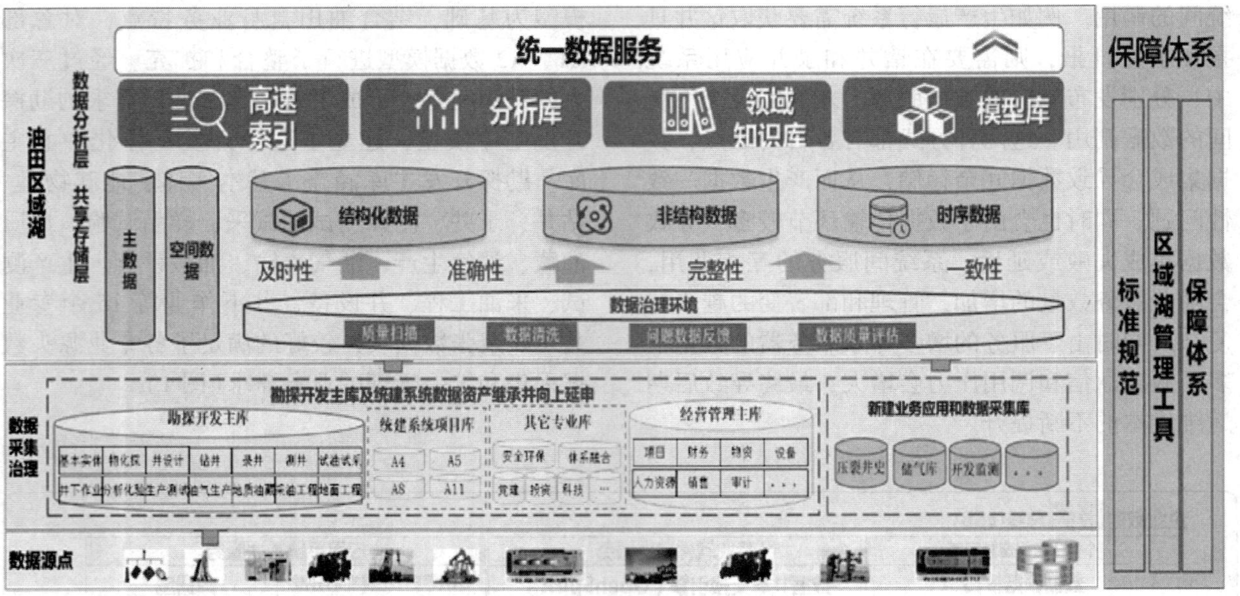

图 2　吉林油田区域湖架构图(演变一)

第二阶段进一步明确、细化吉林油田区域湖数据流向，按照“遵循、改造、提升”的方式，将贴源层和数据清洗库相融合、数据治理环境和勘探开发主库相融合，形成满足吉林油田新老数据存储治理和共享的三层区域湖架构。通过将数据贴源层和数据清洗库融合，实现数据直接在贴源层进行数据预处理和清洗；通过将数据治理环境和勘探开发主库相融，对现有勘探开发主库进行提升，实现已有勘探开发主库数据成果继承和延伸(图 3)。

第三阶段主要变化在于勘探开发主库由之前的数据采集层上升到数据治理层。专业数据源头直接改为各专业系统后台库。一方面对数据权威源进行了进一步的明确，同时也继承了已有的勘探开发主库建设成果，一举两得。

3. 吉林油田区域湖架构落地

最终按照“最小化工作量、最短化数据链”原则，充分发挥现有专业库作用，对专业库数据环境进行改造，将数据贴源层和专业库合二为一，进一步减少数据流通环节，即符合总部数据湖建设要求，也保障了数据治理的效果，达到数据统一集中管控和共享的要求。

最终架构的选择，在于将贴源层和专业库作为一个整体进行考虑，在之前架构的基础上，进一步简化了数据传输通道、缩短数据共享时间，同时也节省了硬件资源(图 4)。

吉林油田最新的区域湖架构由数据源(包括数据清洗环境)、数据治理环境、数据共享环境以及数据分析层构成。

(1) 数据源层由各专业采集系统后台库、统建项目库等构成。主要负责各专业历史数据的编码统一、格式转化以及数据清洗等工作，是吉林油田区域湖数据源头。

(2) 数据治理环境：提供跨专业数据检查环境，对专业数据进行数据连接审查和质量扫描，通过审核的高质量数据可以进入到数据共享环境。

（3）数据共享环境：数据共享环境数据以主数据、结构化数据、非结构化数据、时序数据等数据类型进行存储，不再强调源头系统数据存储位置。同时，区域湖共享存储环境内的数据也可根据共享需要与中国石油集团公司主数据湖进行连通。

（4）数据分析层：根据专业业务需求，数据共享环境的数据表以关联视图的形式进行存储和管理。分析层将提供面向业务主题的高速索引服务、一站式的大数据分析服务、基于知识图谱的知识图谱等数据服务。通过统一数据服务，供上层应用快速调取。

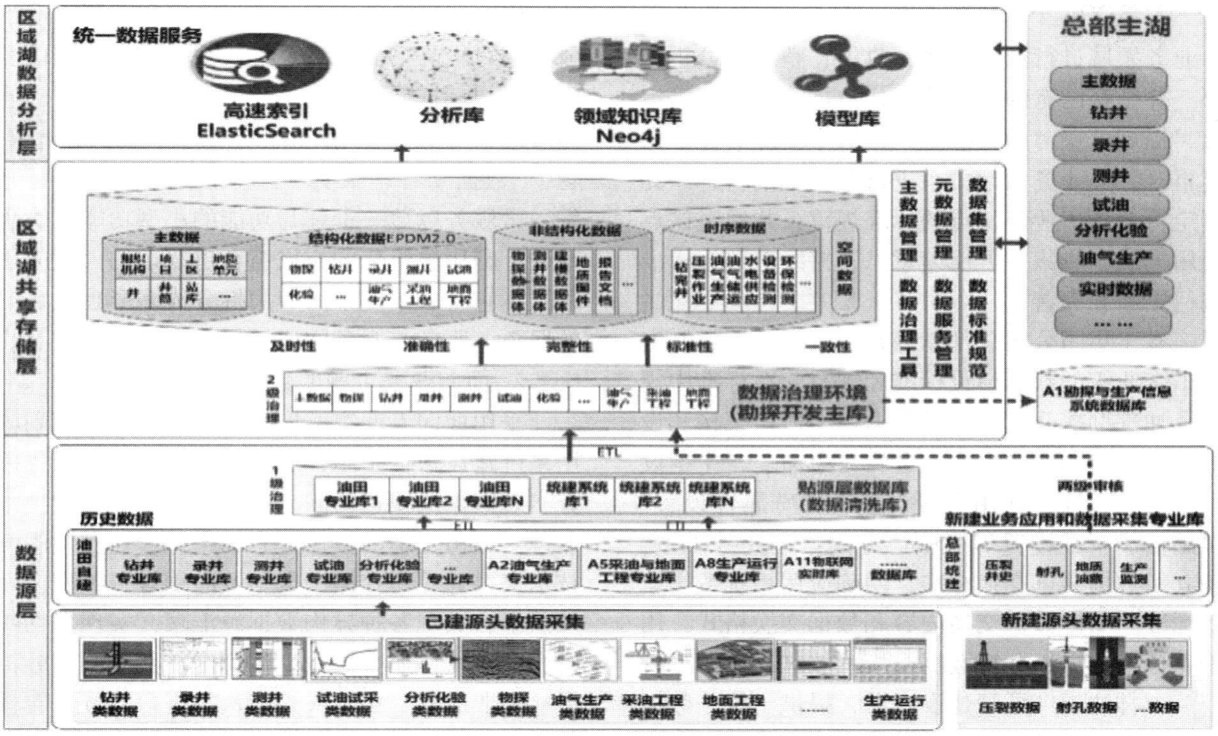

图 3　吉林油田区域湖架构图(演变二)

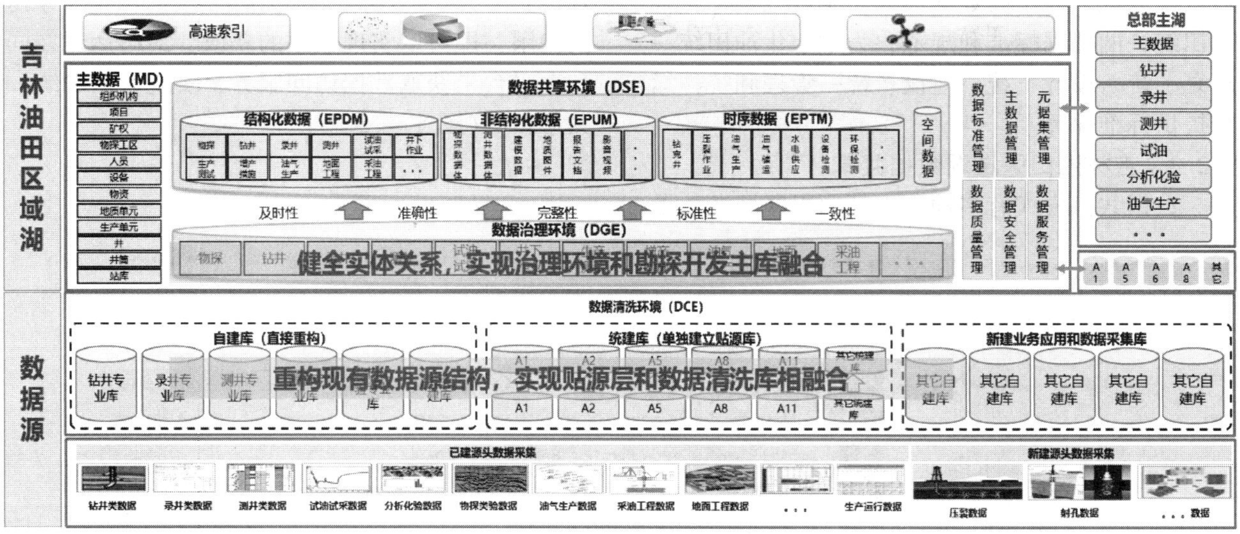

图 4　吉林油田区域湖架构图(演变三)

4. 统一数据标准建设

数据标准是指保障数据定义和使用的一致性、准确性和完整性的规范性约束。它是企业级的业务规范，用于指导各业务系统及数据仓库的建设依据。数据标准定义了数据的命名、数据类型、长度、业务含义、计算口径、归属部门等。通过定义一套统一的规范，能够保证各业务系统对数据的统一理解、对数据定义和使用的一致性。

吉林油田在区域湖建设过程中，对油田公司各业务领域进行全面调研，收集、整理、分析需求，并结合已有的业务流程、数据管理规范等标准，提炼可参考的标准内容，基于提炼后标准内容再对各类业务活动关系进行深层次剖析，以此制定符合新田业务特点的标准规范；并通过试点使用方式，收集各方反馈意见，持续对数据标准进行更新和完善。

基于集团公司总部勘探开发数据模型，制定油田企业级的数据建设标准和规范。在标准中规定了油气勘探开发等业务数据模型体系架构和设计原则，包括专业分类、逻辑对象命名、主键设置、抽象设计、通用字段设置、特殊属性设置、引用描述、域设置等原则、方法；在此基础上，建立了数据共享交换标准，明确应用系统数据交换标准，明确数据交换内容和数据交换格式，用于业务主题应用共享数据交换。

吉林油田区域湖建设以后，提供了统一数据存储和共享环境，改变了传统应用系统独立建库的习惯，解决了跨专业数据存储和管理的难题；通过建立统一油田级数据标准，制订适用于吉林油田统一的数据标准和规范，为数字化油田统一规划、统一设计、统一建设、统一管理和统一运维提供标准保障。

1.2.2　吉林油田区域湖数据共享

数据共享模式有多种，吉林油田区域湖建设以后，通过“勘探开发梦想云”提供的“数据湖管理工具”实现应用系统的统一管理和发布。“数据湖管理工具”采用云原生技术，基于微服务架构进行开发。

1. 微服务架构应用

过去，吉林油田一直采用传统的软件开发方式进行应用系统建设，系统间经常以 API 的形式互相访问，业务耦合非常紧密，对系统的部分功能修改会导致整个系统重新升级和部署，运维成本相对较高。而且当系统负载增加时，难以实现水平弹性扩展。某一系统出现问题，会带来连锁反应，导致整个系统瘫痪。为了解决这些问题，“数据湖管理工具”引进微服务架构进行开发。微服务以单一责任与功能的小型功能区块为基础，利用模组化的方式组合出复杂的大型应用程式，它将一个复杂的应用拆分成多个独立自治的服务，服务与服务间通过松耦合的形式交互。

2. 面向业务主题的数据服务发布

采用面向专业主题应用的方式，合理规划应用系统建设数据主题，通过全文检索和微服务拆分实现数据的快速访问。即，通过全文检索技术实现对油田文档的快速检索和定位；通过微服务技术提供计算、存储、数据及应用等资源安全高效共享，实现各种异构数据源汇聚，实现数据的有序共享。按照主数据、治理层、共享层、分析层、专业应用、自定义查询六类进行划分，吉林油田在“数据湖管理工具”上对各专业数据进行微服务发布统一。第三方应用系统在“数据湖管理工具”上注册用户，并申请特定的数据服务访问权限，即可以实现数据的获取，最终达到在同一个平台上获取数据访问服务，实现数据的统一共享目的(图 5)。

图 5　“数据湖管理工具”微服务发布界面

“数据湖管理工具”为吉林油田的数据管理人员、应用开发者和业务用户，打造了一个一站式的数据接入、数据管理及应用平台。平台满足多源数据接入、数据集中化管理、综合数据治理的需求，同时为业务应用提供安全、高效、高质量的数据服务，让各个组织机构间的研究成果数据可以共享，并为大数据分析、智能化应用提供全面的数据支撑，为企业打造全面、良性的数据生态系统。

2 吉林油田区域湖应用研究

吉林油田应用系统建设基于油田区域湖，按照应用、设计、开发、部署及运维等流程开展应用系统建设。系统设计重点围绕“统一技术底台、服务共享中台、业务应用前台、业务场景”进行开展。

（1）统一技术底台以微服务和模块化、组件化方式敏捷开发，实现快速响应用户需求变化，提高软件开发效率，降低软件开发成本。

（2）服务共享中台按照平台化、组件化、模块化开发原则，敏捷迭代和微服务拆分模式，构建数据中台、业务中台和技术中台，支撑上层业务功能开发和应用。

（3）业务应用前台按照“厚中台、薄前台”的思想，在“油气勘探、开发生产、协同研究、生产运行、安全环保、经营管理”等通用应用基础上，结合吉林油田本地化需求，开展油田特色应用建设。

1. 区域湖通过数据门户初步展现应用效果

吉林油田区域湖数据门户以油田区域湖为核心，依托“勘探开发梦想云”统一技术平台，按照数据源层、区域湖、数据中台、业务场景四层数据架构进行设计，数据来源于油田区域湖，最终按照数据中台的模式，封装成微服务支撑上层应用。

吉林油田通过搭建“区域湖数据访问门户”，进一步检验了采用区域湖和微服务发布技术的可行性。吉林油田区域湖数据门户建设，动态展示数据上报、数据入湖、数据共享以及数据服务发布情况，为业务人员、数据管理人员、系统开发人员提供统一的数据浏览、数据下载以及数据访问入口。整个数据门户的数据均来源于吉林油田区域湖，其数据访问模式都是利用微服务技术，通过“数据湖管理”动态发布的数据服务进行获取。通过该模式，规避了传统的数据库直连直连方式，避免了系统间的频繁调用，极大的优化了系统开发的模式，减轻了后期运维负担(图 6)。

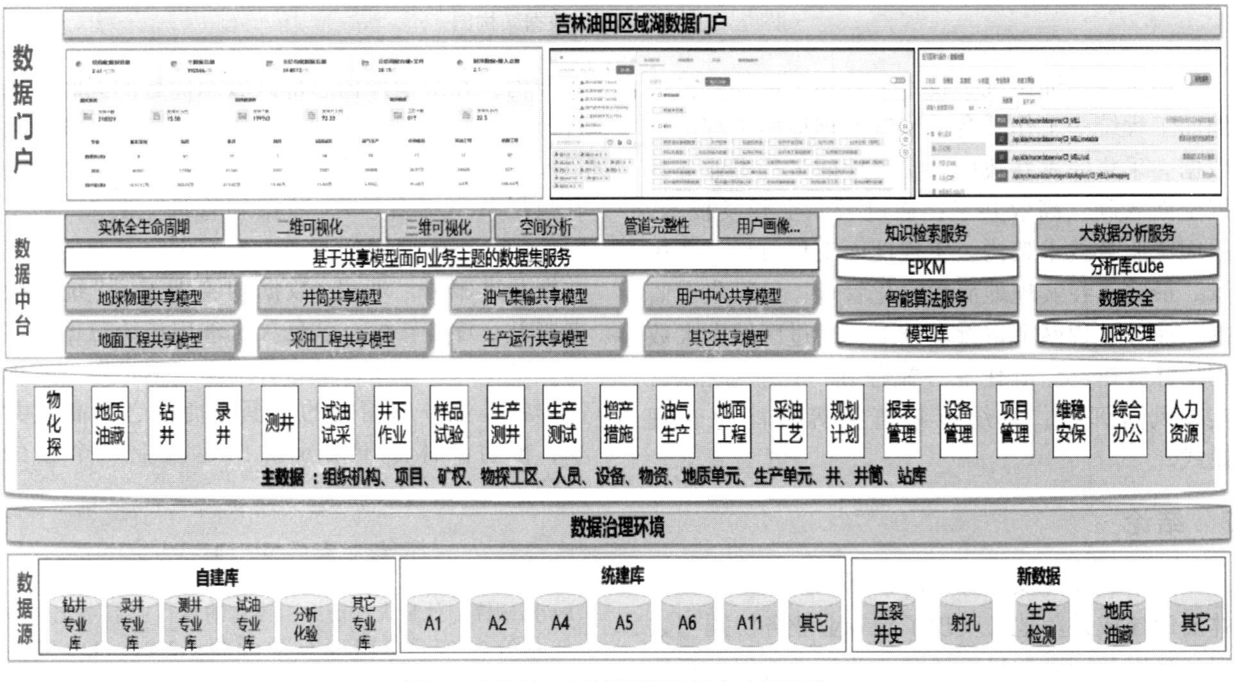

图 6 吉林油田区域湖数据门户建设思路

2. 区域湖支撑未来地面工程业务应用

地面工程系统数据架构以吉林油田区域湖为核心，按照四层架构进行设计。其中数据源层提供系统数据来源，按照数据来源的不同，分为人工采集数据、物联网自动采集数据以及外部系统解入数据。新数据经过业务审核后及数据治理环境检测通过后进入吉林油田区域湖。数据湖按照数据中台的模式，构建业务主体应用场景数据集，支撑上层具体业务应用(图 7)。

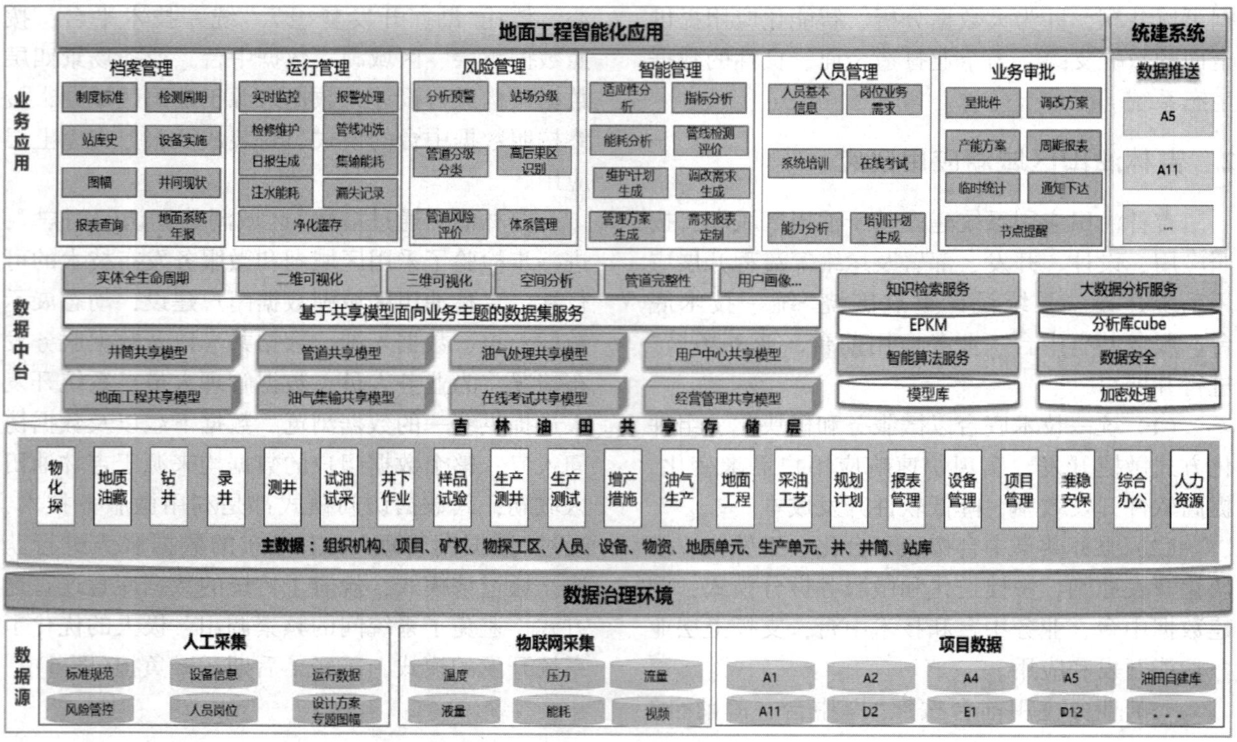

图 7　地面工程系统数据架构图

通过吉林油田统一技术平台和区域湖，打造地面工程统一工作平台，清洗治理地面工程历史数据、采集完善新数据，实现地面工程类业务数据全面入湖、高效共享；通过云原生开发技术，采用微服务技术架构，实现地面工程典型业务场景。最终，在实现地面数字化管理、运行集中监控、业务流程网上审批基础上，通过区域湖大数据指标分析、定制化业务流程和特色业务报表，实现风险评价、系统专家管控等智能化管理模式。

3　结论

基于勘探开发梦想云的数据湖技术架构在吉林油田建成并落地，实现了跨专业业务协同与数据共享服务能力的显著提升，改变了油田一直采用的单系统、单数据的应用习惯。同时结合油田原有数据存储和应用现状，合理规划、设计区域湖架构，在继承发扬总部区域湖优势的同时，综合考虑吉林油田专业库、勘探开发主库、统建项目库等特点，优化数据流向，搭建统一的数据湖和数据共享平台——“数据湖管理工具”，为不同部门、不同层级的专业人员提供跨专业的高效数据共享服务。通过“数据湖管理工具”统一数据服务，逐步转变、替代吉林油田传统数据存储和共享模式，逐步建成吉林油田数据生态，实现油田各类业务应用间的数据快捷推送和高效共享，推动吉林油田数字油田建设上一个新的台阶。

参考文献

[1] 杨剑锋，杜金虎，杨勇，等．油气行业数字化转型研究与实践[J]．石油学报，2021，42(02)：248-258.

[2] 杜金虎，时付更，张仲宏，等．中国石油勘探开发梦想云研究与实践[J]．中国石油勘探，2020，25

(1)：58-66.
[3] 杨勇，黄文俊，王铁成，等．梦想云数据连环湖建设研究[J]. 中国石油勘探，2020，25(05)：83-84.
[4] 马涛，张仲宏，王铁成，等．勘探开发梦想云平台架构设计与实现[J]. 中国石油勘探，2020，25(05)：71-81.
[5] 杜金虎，杨剑锋，张仲宏，等．中国石油勘探开发梦想云研究与应用[M]. 北京：石油工业出版社，2020.

企业信息安全保障体系规划与建设研究

佟冬蕾

（中国石油吉林油田公司）

摘　要　企业信息安全防护所面临的挑战正随着现代网络信息技术的不断强化而更加严峻，而企业的经济发展对信息化依赖程度的逐渐增长也不断的推动着企业信息安全保障体系的建设与完善。企业信息安全保障体系的规划与建设已成为保障企业经济稳定发展的当务之急。企业网络安全防护更直接的表现为企业信息化系统核心业务数据安全。本文从网络安全技术管控、信息化业务系统数据防护、企业信息安全制度系统化制定等方面阐述了现代企业信息安全保障体系架构的设计思路。

关键词　计算机；信息安全；企业防护；网络安全技术；网络安全维护

1　总体概况

信息安全伴随信息化时代而生，哪里有信息的传递哪里就存在信息安全，如影随形。云计算服务、大数据服务、物联网、下一代通信网络等新一代信息技术产业作为九大战略性新兴产业(国家统计局令第 23 号)之首，是加快企业经济创新发展的决定性力量。但随着新一代信息技术的飞速发展，信息技术产业与企业智能建设的融合，新一轮产业数字化变革为企业网络安全带来新的挑战，针对关键信息基础设施的网络攻击日趋增加。2021 年 3 月，《第十四个五年规划和 2035 年远景目标纲要》明确提出“加强网络安全保护，加强网络安全基础设施建设，强化跨领域网络安全信息共享和工作协同，提升网络安全威胁发现、监测预警、应急指挥、攻击溯源能力”。响应国家新基建号召，从战略角度看待企业信息安全防护，将信息安全治理融入到企业管理之中，构建一套符合当前网络安全形势的信息安全防护体系是实现企业信息化发展的必由之路。

2　企业信息安全保障体系研究

构建一套体系完整、可控有效的企业信息安全保障体系是一项重要而艰巨的工作，需要对物理与环境安全、网络安全、系统安全、访问控制、安全策略等多方面进行协调规划，同时也需要随着网络安全形势的发展而不断更新换代。震撼一个国家的震网病毒开启了虚拟世界瘫痪实体工业控制系统的大门，这场世界上首次针对工控系统的网络战争，导致伊朗核设施中千余台离心机永久性损坏，延误一个国家经济发展进程至少 2 年以上。由此可见，提升企业应对网络安全威胁的实战能力，推进网络安全防护体系建设迫在眉睫。可以从以下几个方面进行逐步规划。

2.1　分析典型信息安全事件中网络攻击技术手段，归纳目前主流的网络攻击类型，探测网络安全威胁整体态势

网络攻击是指针对计算机信息系统、基础设施、计算机网络或个人计算机等设备的任何类型的进攻动作，通过主动攻击或被动攻击，在非授权的情况下访问或窃取任一计算机数据资源的行为。近年来，网络安全技术水平不断提高，攻击者的手段也不断翻新，常见的网络攻击手段有钓鱼邮件、DDos 攻击、端口扫描、撞库拖库、漏洞利用、木马植入、HTTP 请求欺骗、网络节点攻击等，随着近两年远程办公的普及，VPN 攻击明显增多，其他如移动端感染、疫情相关垃圾邮件、隔离网渗透等仍为网络攻击普遍手法。2021 年地下论坛以 29.99 美元低价出售可以完全控制安卓手机的恶意软件，即使是低级别网络犯罪分子也能窃取敏感数据，互联网时代信息资源的共享，为网络犯罪提供了极为便利的攻击工具及教程。实时关注网络信息安全类网站，获取网络信息安全事件新闻，分析网络威胁攻击手法及变化趋势，以便后续构建针对性防御体系。安全资讯网站如国家互联网信息办公室 CAC、国家信息安全漏洞共享平台 CNVD、国家信息安全漏洞库 CNNVD、国家互联网应急中心 CNCERT \ \ CC、国家计算机病毒应急处理中心 CVERC

等会持续提供更新的网络信息安全事件详解。其他典型案例如2021年1月网络攻击事件，多个行业财务管理相关应用系统感染incaseformat蠕虫病毒，表现为电脑所有非系统分区文件均被删除；2021年3月勒索软件攻击事件，宏碁遭REvil勒索迄今已知的最大赎金5000万美元等。知己知彼，了解攻击者的手段，才能有针对性的采取技术防御，从网络安全事件对应的网络攻击类型、攻击手段、受攻击行业、事件影响等多维度分析，能够更直观可视的了解企业信息安全威胁整体态势(图1、图2)。

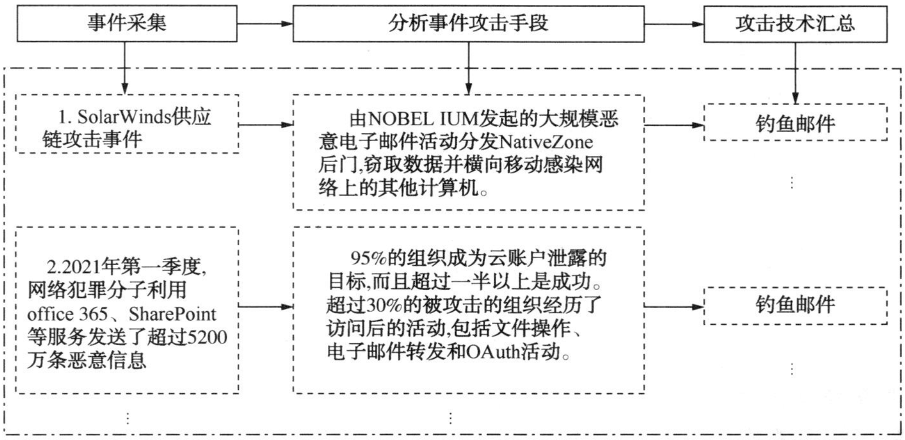

图1 互联网网络安全事件分析实例

图2 CNNVD发布漏洞趋势分布图(年)

2.2 全面了解企业网络架构和信息化现状，对企业当前网络环境下的整体资产安全防护能力实施信息安全风险评估，识别脆弱点查找信息安全隐患

企业办公网络环境虽然是以计算机接入局域网为基础进行内部网络数据收集、处理、传输和利用的，但随着企业信息化基础设施规模日益庞大，网络结构逐渐复杂，企业信息资产需要给予更为严密和完善的保护。了解攻击者的手段，同时从防御方角度了解企业网络架构和业务系统特点，对不同的安全控制区域应实施不同信息安全控制措施，才能更有效地抵御信息安全风险隐患，应对网络攻击。企业关键信息基础设施需要建立资产清单，划分安全等级，做好老旧设备资产管理，及时对新老核心设备的运行能力与网络安全防护能力进行信息安全风险评估，识别脆弱点查找信息安全隐患。个人终端需要建立数据审计功能，不但要从员工办公终端上查找信息安全隐患，也要从企业对个人终端存活资产、实时资产使用定位等方面的整体管控能力进行漏点查找。业务系统由于存储敏感业务数据，不但要评估网络管控措施是否完善，也要评估使用风险，明确划分责任。全面了解企业网络架构和信息化现状，实施企业资产信息安全风险评估，形成关

键信息基础设施网络安全事件应急预案体系，才能在发生网络安全紧急事件时，及时启动不同级别的应急响应流程进行组织应对，尽可能快速、高效跟踪，处置与防范，控制事态减少损失（图3）。

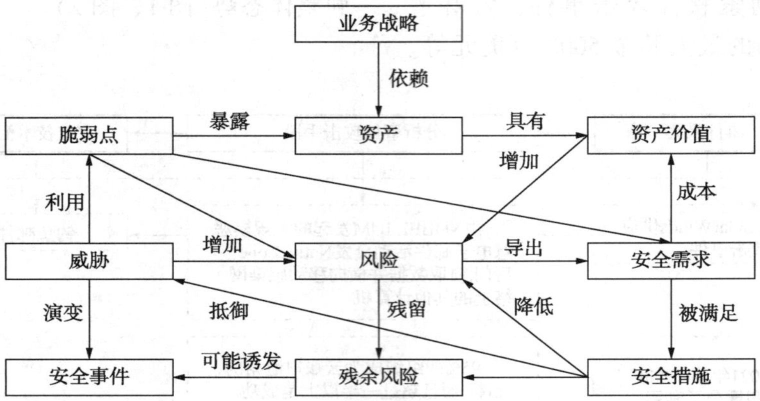

图3　信息安全风险要素相互关系

2.3　针对企业网络信息安全面临的实际问题，设计风险防控总体框架，采用有效技术防御手段，增强安全事件响应能力

可靠的信息安全技术防御体系是企业信息安全保障的有力支撑。企业网络防御技术手段需要既能监测威胁，也要能保护资产。信息安全技术有四个层次：基础支撑技术、主动防御技术、被动防御技术和面向管理的技术，可以根据其特性、保护对象及所能发挥的作用，有针对性地选择技术防御手段。基础支撑技术和主动防御技术提供的信息安全服务适用于企业信息资产的基础网络信息安全防御措施，规避来自于企业内部的信息安全风险，如口令密码、数字签名、PKI认证、防火墙、VPN、SSL等。被动防御技术的典型代表有IDS、网络扫描、蜜罐、数据备份与恢复等，可针对企业信息安全基础设施的配置漏洞、管理漏洞进行检测、监视、控制隔离，既能保护数据也能高效恢复数据，设计网络防御体系总体框架需要面向管理的技术，即信息安全技术的集成使用同时融入管理的思想。既要有针对企业网络信息安全防护的技术，也要有资产管理和威胁管理的统筹思想，在信息安全领域控制点实施各种安全控制，落实企业安全策略，实现对企业数据安全风险的管理。同时建立有效的企业内部网络安全沟通机制，指定懂业务、懂信息安全的人员专门负责企业网络的管理工作也是一种有效的信息安全技术防御手段，做到专人专责以便于及时定位企业资产追踪取证。

2.4　组织学习网络安全相关法律法规，提高企业员工信息安全职业意识，提升企业员工信息安全职业道德

《中华人民共和国网络安全法》自2017年6月1日起施行，2021年4月15日被定为第六个“全民国家安全教育日”，2021年10月11日至17日举办了第八届“国家网络安全宣传周”，主题为“网络安全为人民，网络安全靠人民”。提升网络安全意识，是国家网络安全工作的重要内容，也是企业数字化转型升级时代的网络安全新需要和共同选择。随着响应国家“护网行动”的逐年开展，企业网络安全防御建设也在逐步被动健全。信息作为一种重要的战略资源已经成为一个企业能力的重要组成部分。互联网时代，企业信息成为一种基础资源，信息的争夺如一场没有硝烟的战争，员工的安全意识薄弱，办公过程中容易被忽略的风险与隐患，常常是信息安全事故发生的导火索。完善的企业信息安全保障体系不但要有严密健全的信息安全技术体系、素质优良的信息化人才，同样要培养员工常态化执行企业信息安全保障规定。企业内部信息安全宣传工作要常抓不怠，做到引导到位，监管到位。落实网络安全监管责任，约束员工相关行为，严防安全建设“短板”。宣传教育、人才培养、技术创新、产业发展融合联动才能保障企业智能化建设顺利实施。

2.5 筑牢数据安全防护机制，构建具有良好扩展性的企业信息安全保障体系

信息安全防护是一个多层面、多因素的、综合的、动态的过程，全面考虑企业对信息安全的各个层面的实际需求，杜绝信息安全的“木桶短板”，建设合理的企业信息安全保障体系，以保障信息的机密性、完整性、可用性、可控性和不可抵赖性为目标，最终实现保护企业内部信息资源能被安全使用。由于每个时间段的安全突出问题在不断变化，企业信息安全保障体系需要根据期待的目标总结经验教训，不断改进。借鉴国内外相关信息安全标准与最佳实践过程，遵守国家法律法规，遵循企业政策规范，针对不同安全环境，动态优化相适应的解决方法，形成符合企业现阶段信息安全现状的全方位保护的更成熟的方法体系(图4)。

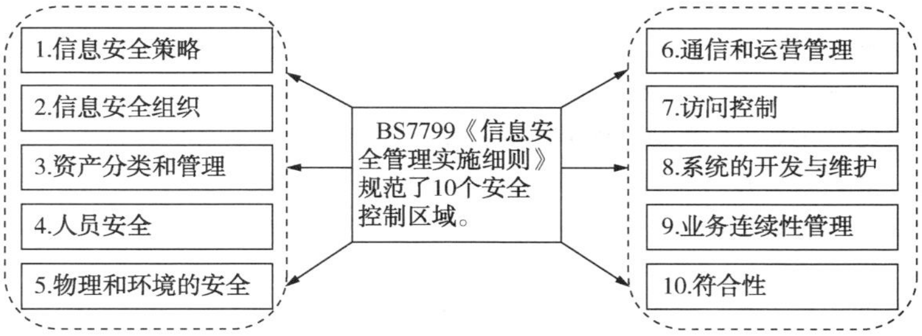

图4　BS7799信息安全管理体系标准

3　结论

“安全是发展的前提，发展是安全的保障”。规划建设可靠的企业信息安全保障体系，筑牢网络安全屏障，统筹发展与安全，做到信息共享与风险管控，才能保障企业自身经济安全，为企业数字化建设保驾护航。通过对企业信息安全保障体系规划与建设的研究，总结了如下几点认识：

(1) 建立一套健全的企业信息安全保障体系，一套行之有效的信息安全防范机制，才能有效保护企业数据安全，保障企业信息化平稳发展。

(2) 制定信息安全事件的管理方案，规范化信息安全风险评估方法，建立安全事件应急响应计划以及相应的灾难恢复策略是信息安全保障体系的重要基本框架。

参考文献

[1] 向宏．信息安全管理[M]．重庆：重庆大学出版社，2005.
[2] 沈昌．信息安全工程导论[M]．北京：电子工业出版社，2005.

电参功率曲线诊断抽油机井工况的深化研究

展逸枫

（中国石油吉林油田公司）

摘　要　乾安采油厂目前针对游梁抽油机井的工况判断主要依据测试示功图，憋压数值判断以及液面变化情况分析进行诊断，过程复杂，采集每口井需到该井现场，路途有时较长，影响时间较长，且不能随时监控该井的工作状态，针对这一问题，开展抽油机电参功率曲线的研究。电参采集系统可以自动采集抽油机井的A、B、C三相电压、电流、功率、用电量、功率因数等信息，能够直观反应抽油机井的电机运行状态。电参采集系统能够直观的反映抽油机带动油杆上下往复运动时电动机的输入电流、电压、功率、功率因数的变化情况，建立基础的电参曲线模型，总结电参功率曲线诊断工况不正常井方法，实现实时监控，提高发现率，目前，乾安采油厂利用电参曲线发现不正常井及时率妲98%以上，不正常井平均发现时间已缩短至4h。

关键词　功率曲线；示功图；工况诊断；游漏；固漏；管漏

因“坚定智慧油田、扎实推进数字油田建设”的需求，推广物联网建设与应用，而传统的通过测量示功图判断抽油井工作状况的方法，较为烦琐，及时性较低，而电参功率曲线具有及时性、准确性，所以本文主要讲述测控仪电参功率曲线在抽油井生产过程中，悬点载荷，以及功率表变化，曲线形态改变，对工况的分析与判断。对吉林油田转变生产方式，提高生产效率，降低运行成本具有重要意义。

1　电参曲线原理

电参采集系统可以自动采集抽油机井的A、B、C三相电压、电流、功率、用电量、功率因数等信息，能够直观反应抽油机井的电机运行状态。电参采集系统能够直观的反映抽油机带动油杆上下往复运动时电动机的输入电流、电压、功率、功率因数的变化情况(图1)。

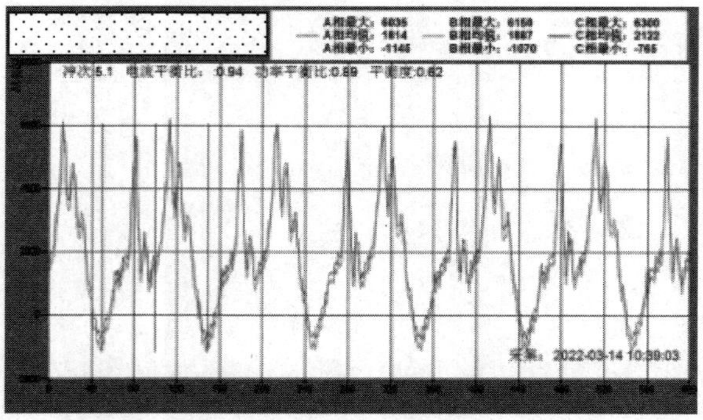

图1　正常采集电参实例

（1）功率：纵坐标为电机功率，并显示出A、B、C三相电功率的最大值、最小值、平均值。

（2）采集点：横坐标为采集点，整个图共采集了600个点，用时72s。

（3）通过电参曲线计算抽油机井冲次：①冲次 $N=500/$每个冲程的采集点数；②1个冲次所用时间：$t=72\times L_1/L$ 折算1min冲次：$N=60/t$。

（4）电流平衡比：下行的峰值电流/上行的峰值。

（5）电流功率平衡比：下行的峰值功率/上行的峰值功率。

（6）平衡度：下行程功率面积/上行程功率面积。

2　曲柄轴扭矩计算、扭矩曲线绘制原理

2.1　悬点运动规律

若规定矢量速度和加速度向上方向为正值，向下为负值，则：

上冲程：前半个冲程速度不断增加正值向上，加速度也是正值向上，但不断减小至0；后半个冲程，速度一直在减小至0，方向向上，负值加速度变大，方向向下。

下冲程：前半个冲程速度从0开始，负值不断增加，方向向下，加速度负值变小至0，方向向下；后半个冲程负值速度变小至0，方向向下；加速度由0正值增加，方向向上。

结论：

（1）最大速度发生在上、下冲程的中点，在上、下死点处速度为零。

（2）最大加速度发生在上、下死点处，在上、下冲程的中点加速度为零。

2.2 悬点载荷

抽油机在正常工作时，抽油机驴头悬点承受着交变载荷，悬点所承受的载荷根据其性质可分为静载荷、动载荷以及其他载荷。静载荷通常是指抽油井杆柱和液柱所受的重力以及液柱对抽油杆柱的浮力所产生的悬点载荷；动载荷是指由于抽油杆柱运动时的振动、惯性以及摩擦所产生的悬点载荷；其他载荷主要有沉没压力以及井口回压在悬点上形成的载荷。

2.3 曲柄轴扭矩计算公式的推导

抽油机工作时，由悬点载荷扭矩 M_w 和平衡重在曲柄轴(减速器输出轴)上造成的扭矩 M_{wc} 与电动机输给曲柄轴的扭矩 M_o 相平衡(图2)。

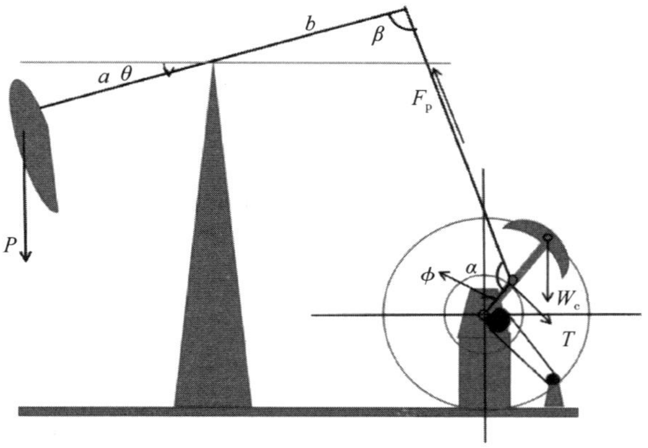

图2 杠杆作用原理图

杠杆平衡原理：$a \times P = F_p . b. \sin\beta$，$P$(光杆载荷=功图)

（2）作用在平衡块上的载荷扭矩：

$$M_W = F_P . r. \sin\alpha = \frac{a}{b} p \frac{r\sin\alpha}{\sin\beta}$$

（3）平衡块扭矩：$M_{wc} = W_c . r. \sin\Phi$。

（4）电机作用在平衡块上的扭矩(净扭矩)：$M_o = T. r$。

（5）抽油机扭矩平衡条件：$M=0 \quad M_w - M_o - M_{wc} = 0 \quad M_o = M_w - M_{wc}$。

得到：

M_o	=	M_w	-	M_{wc}
$T.r$	=	$\frac{a}{b} P \frac{r\sin\alpha}{\sin\beta}$	-	$M_c.r.\sin\phi$
净扭矩		载荷扭矩		平衡块扭矩

3 井下工况判断与分析

3.1 游漏

游动凡尔轻微漏失：产量略降，示功图正常，液面稳定或略升，憋压时起压缓慢，压力表指针下冲程压力上升，上冲程压力在下冲程压力上升的基础上向下波动，停机时压力不降。打开取样阀观察上冲程不出液或出液很少，下冲程出液。

游动凡尔严重漏失：产量下降，示功图反映游漏，憋压具有发生期的特征，但起压与发生期时更加缓慢；上下行电流比正常时变小，但下行变化小。

曲线特征解释：上行程初始时因游动阀漏泵内压力下降缓慢，上行程平衡块扭矩不变，悬点载荷缓慢加载，提前卸载。电机功率曲线表现为前期加载段曲线由陡变缓，未到上死点功率开始下降，曲线变窄且峰值下降，曲线形态于泵的充满程度有关，漏失量越大，延迟加载、提前卸载越严重，峰值越低。下冲程根据充满度及漏速不同，下行程液击点消失，功率变大，或者液击点提前、功率略增(图3、图4)。

3.2 固漏

固定凡尔轻微漏失：产量略降；功图正常；液面稳定或略升，憋压时起压缓慢，压力表指针上冲程压力上升，下冲程压力下降，停机时压力不降或略有下降。打开取样阀观察，上冲程排液，下冲程无液体排出或出液很少

固定凡尔严重漏失：产量下降，示功图反映固漏，憋压具有发生期的特征，但起压更加缓慢；上下行电流显示比正常时小。

曲线特征解释：下冲程初始时因固定阀漏泵内压力上升缓慢，下行程平衡块扭矩不变，因固定阀漏，悬点载荷在下行程前半程延缓卸载、后半程提前加载。电机功率曲线表现为初期低于正常曲线且上升延缓，末期提前下行，曲线变窄，功率变小。因为固漏，导致泵有效行程降低，上行程液柱质量减少，所以上行程电机功率也略降；漏失程度越大，变化越大(图5、图6)。

3.3 双漏

曲线特征解释：上行程游漏，悬点载荷延缓加载、提前卸载，下冲程固漏，悬点载荷延缓卸载、提前加载。曲线变化和泵的充满程度及漏失程度有关。充满100%，上冲程曲线因游漏导致

初期加载段由陡变缓，没到上死点功率开始下降，峰值下降，峰值处有不规则毛刺；下冲程曲线因固漏导致初期低于正常曲线且上升延缓，末期提前下行，曲线变窄，功率变小，峰值下降，峰值处有不规则毛刺。充满小于100%，上行程曲线在漏失速度相同的情况下，充满越低延迟加载的现象越滞后，峰值越低，不规则毛刺。下冲程液击点消失，曲线形态左右对称，下冲程前半程延缓卸载、后半程提前加载。电机功率曲线表现为初期低于正常曲线且上升延缓，末期提前下行，曲线变窄，功率变小，峰值下降，有不规则毛刺。上死点谷值偏离不明显(图7、图8)。

3.4 双失灵

双凡尔同时失灵，固定凡尔和游动凡尔“在上、下冲程过程中都不起作用”，示功图在上、下冲程时出现增载线与卸载线同时变缓，并且功图窄而两端“变尖”。和抽喷类似，依靠其他资料区分(图9、图10)。

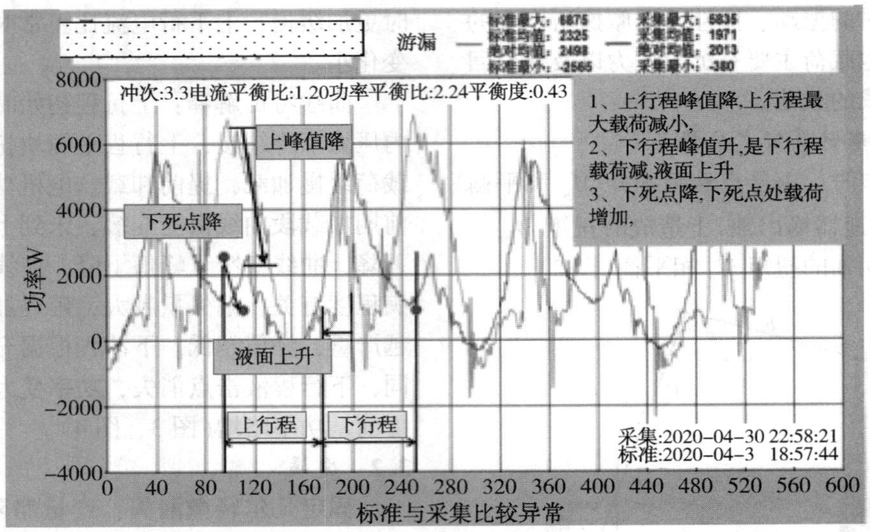

图3 某井游漏电参曲线

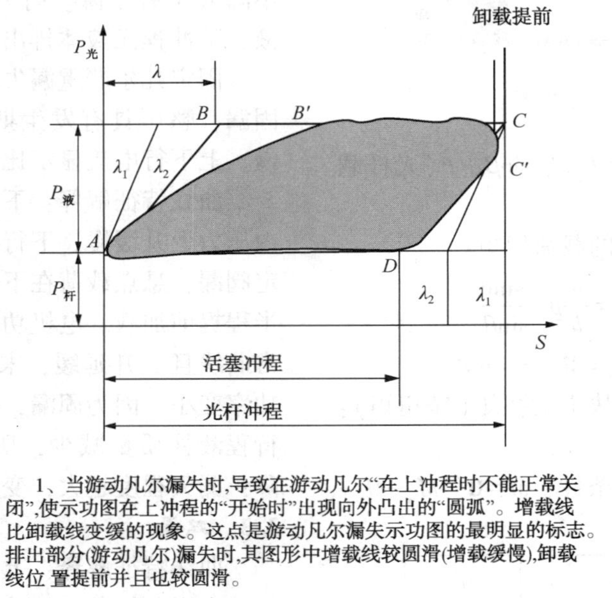

图4 某井游漏电参理论示功图

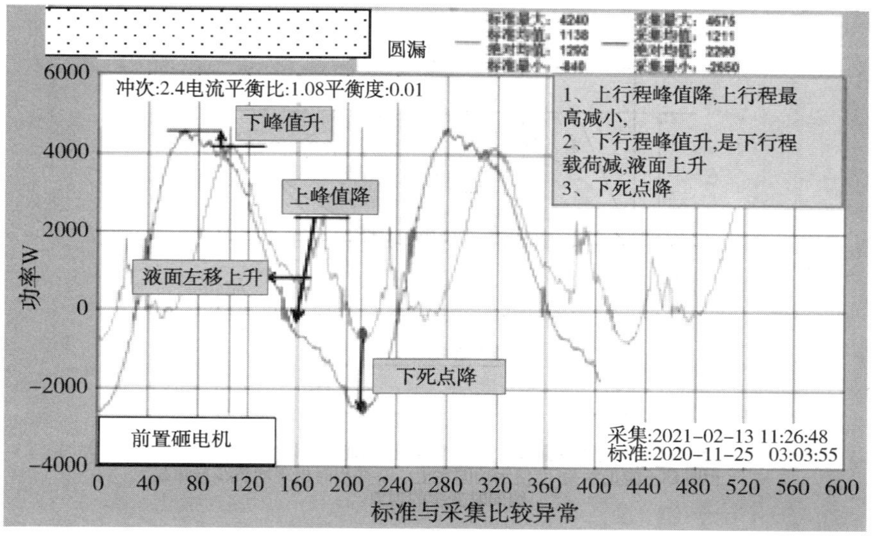

图 5　某井固漏电参曲线

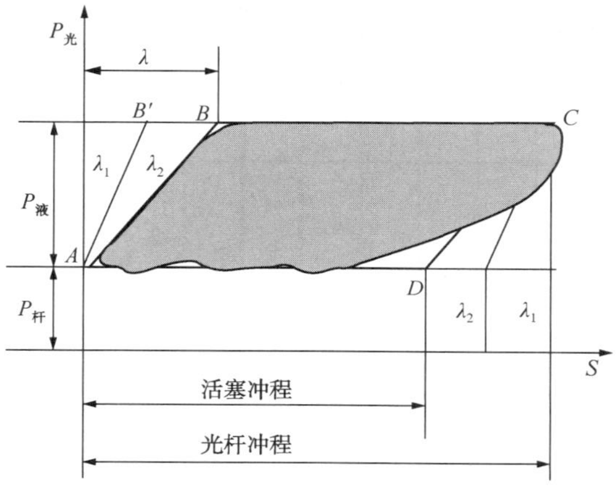

1、固定凡尔漏失时,导致在游动凡尔"在下冲程时不能正常打开"使示功图在下冲程的"开始时"出现向外凸出的"圆弧"这点是固定凡尔漏失示功图的最明显的标志。

图 6　某井固漏理论示功图

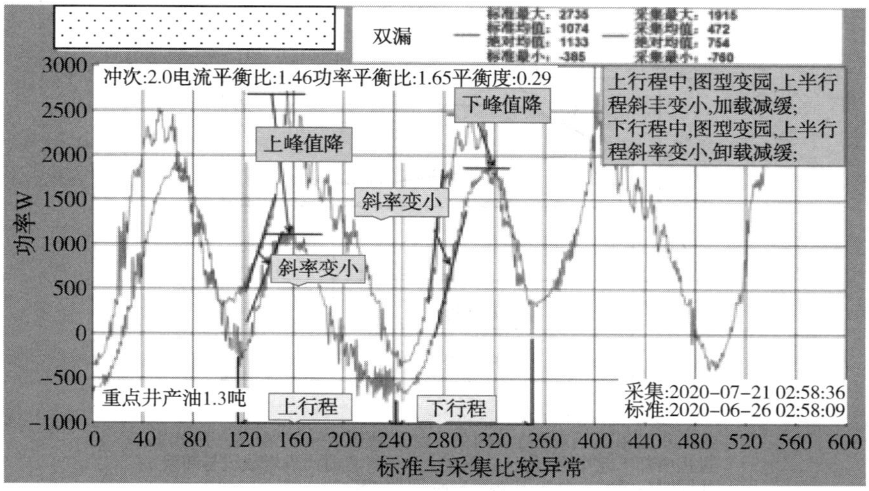

图 7　某井双漏电参曲线

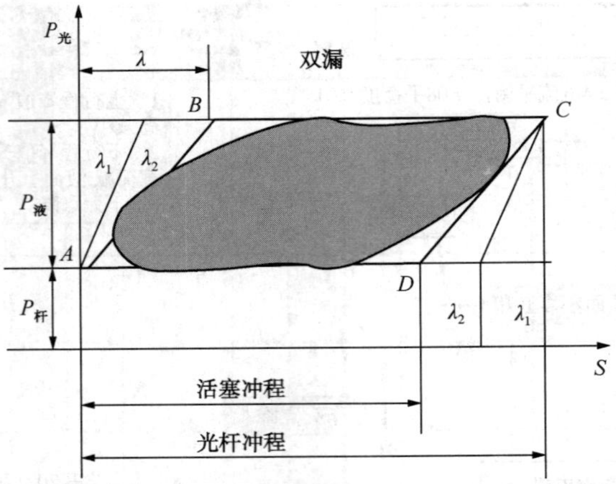

当双凡尔同时出现漏失时,导致固定凡尔和游动凡尔"在上、下冲程时都不能正常关闭"使示功图在上、下冲程时出现增载线与卸载线同时变缓的现象。

图 8　某井双漏理论示功图

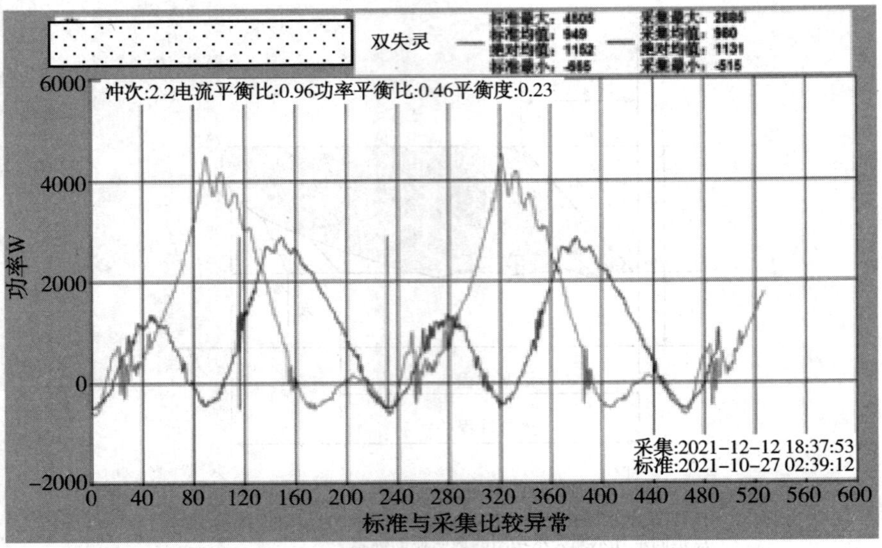

图 9　某井双失灵电参曲线

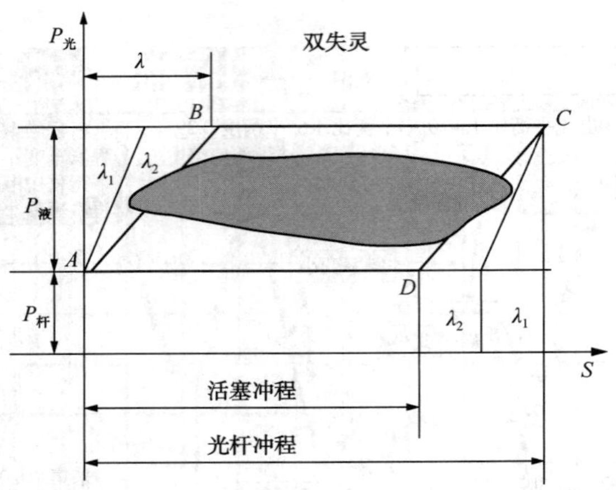

与双漏相比,当双凡尔同时失灵时,导致固定凡尔"在上、下冲程过程中都不起作用",使示功图在上、下冲程时出现增载线与卸载线同时变缓的现象,并且功图窄而两端"变尖"

图 10　某井双失灵理论示功图

3.5　过滤网堵

曲线特征解释：泵滤网堵，泵内进液量减少，泵充满程度变差，下行液击点后移，液击点结束处到下死点有毛刺，堵严重时液击点消失(泵不进液)；上行曲线形态基本不变，堵严重时峰值下降，出现密集均匀毛刺状，峰值处呈现尖峰状。

由于滤网堵塞，使深井泵的供液能力变差，反映在图形上与供液极差示功图很相像，但是图形“上移”，产量下降，动液面上升，油井出现滤网堵，应首先洗井，若洗井无效，就应上修井作业(图11、图12)。

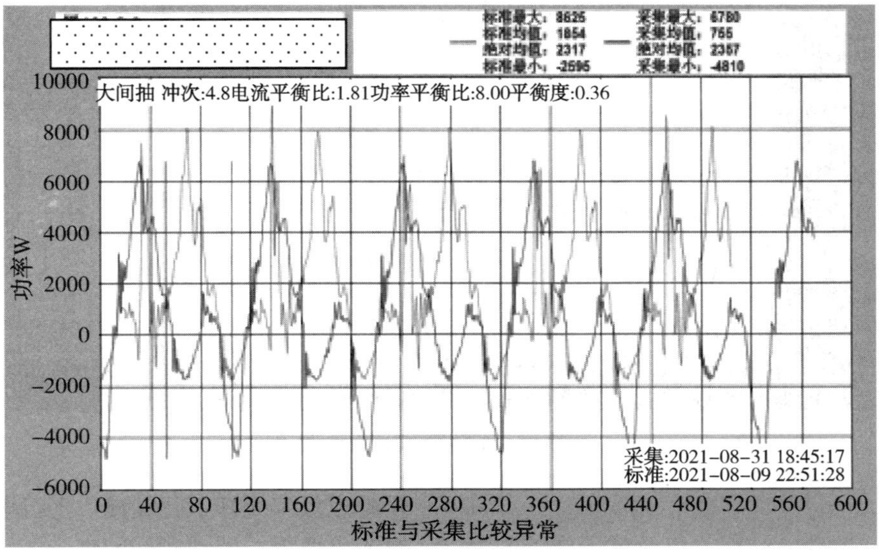

图11　某井过滤网堵电参曲线

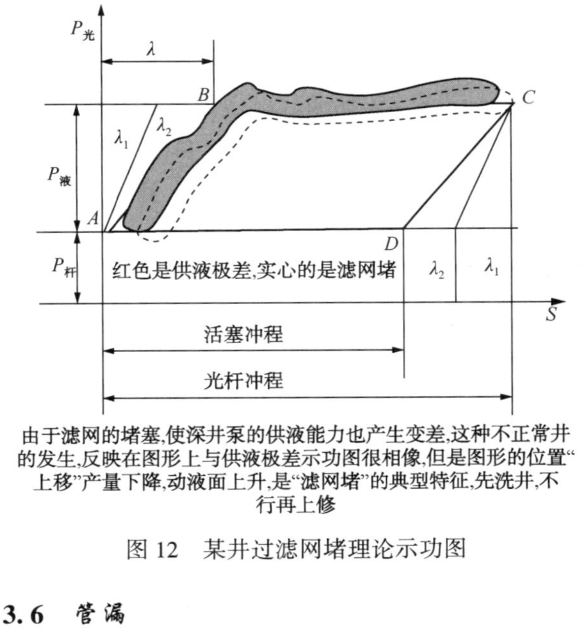

图12　某井过滤网堵理论示功图

3.6　管漏

油管轻微漏失：产量下降，液面上升，上下行电流变小。憋压时，上下冲程，压力在上升中有缓慢降低，停井时压力逐渐下降。

油管严重漏失：产量下降，液面上升，上下行电流变小。憋压时，上下冲程，压力在上升中有缓慢降低，停井时压力快速下降。功图显示负荷明显减小(图13)。

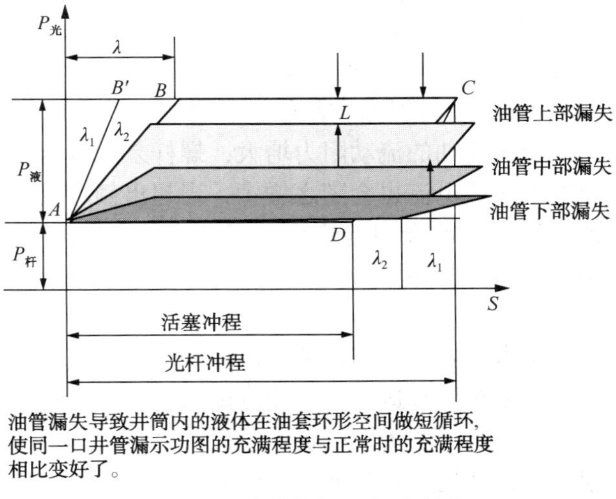

图13　某井管漏理论示功图

曲线特征解释：油管漏失后，漏失点以上的液柱就会漏失到油套环形空间，使悬点载荷达不到理论上的最大载荷，电机功率曲线上行程快加载、慢卸载、非对称峰值。上行程最大悬点载荷比正常时要低，电机功率曲线上行程峰形近似标准曲线，但因功率值降低而整体下移，峰值下降，峰值处变圆，平滑毛刺；下冲程曲线形态基本不变。充满度近于100%的井，下行程电机功率曲线匀上匀下，左右对称；充满度小于100%的井，因管漏，动液面上升，导致充满度变好、下冲程曲线撞击液面现象提前或者消失。峰值处变圆，平滑毛刺。上死点谷值偏离较大(图14)。

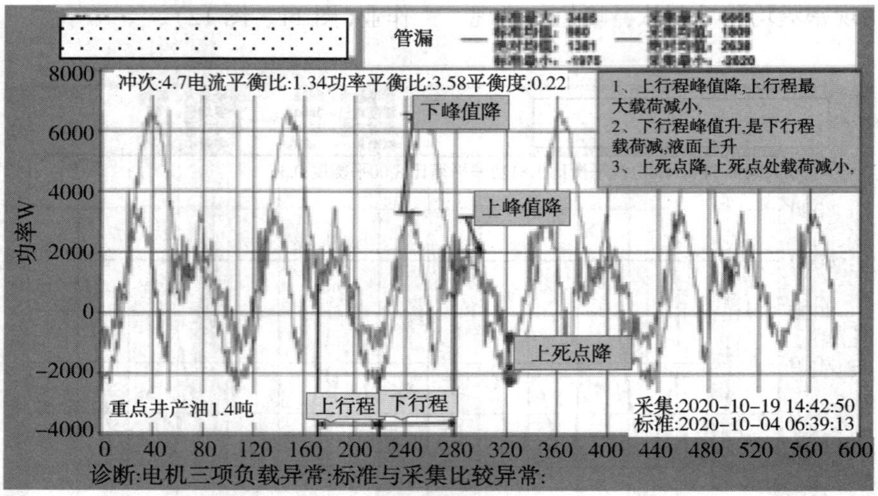

图14　某井管漏电参曲线

3.7　卡泵

油井结蜡、出砂、结垢，以及定子橡胶的溶胀和脱胶是引起卡泵问题的四大主要原因，石蜡的聚集十分严重，逐渐形成了段塞流，此时螺杆泵的转动扭矩也会急剧增大，工作所需要的电压电流也会相对增加，当增加超过额定电压电流时，就会出现卡泵问题。出砂严重时，砂石将对设备产生一定的磨损，同时，砂石进入螺杆泵中，将因堵塞的原因造成卡泵问题。油井结垢后，使得原油的流动阻力增大，螺杆泵运行所需要的电压或电流也会随之增大，当超出额定电压或电流时，即会引起卡泵。只要分别从清蜡解堵、清防砂、除垢以及泵的优选四个角度采取解决措。

蜡卡井：油井不出油，从现场情况看，光杆不能与驴头同步运行，不能测试示功图。光杆卡在下死点时，驴头上行负载很大，驴头下行负载很小。抽油机上行速度明显减慢，电机声音明显增大，下行时悬绳器、毛辫子有松弛现象，光杆下行缓慢；

砂卡井：油井不出油，从现场情况看，光杆不能与驴头同步运行，不能测试示功图。光杆卡在下死点时，驴头上行负载很大，驴头下行负载很小。光杆无法上行或上行速度很慢，光杆下行一段距离后不再下行，下行时悬绳器、毛辫子有松弛现象，光杆下行缓慢。上行电流增大，下行电流也增大。转动光杆困难。

曲线特征解释：由于泵卡，运行到卡点处悬点载荷剧增，功率增加，曲线峰值上升。因为遇卡的程度及卡点的位置不同，电机功率曲线的变化不同，没有固定的规律。上冲程卡，悬点载荷不能正常加载，当抽油杆被拉直后悬点载荷急剧上升。下冲程卡，抽油杆正常下行，到卡点以后，功率突变上升，直到驴头到达下死点(图15~图20)。

3.8　杆断

$$T.r=\frac{a}{b}P\frac{r\sin\alpha}{\sin\beta}-W_c.r.\sin\Phi$$

在这个扭矩平衡公式中，断脱后，悬点载荷只剩部分静载荷，杆重、液重加载不上，P 值变小很多而恒定，使 $W_c.r.\sin\Phi$ 正弦曲线向上平移。

曲线特征解释：因为抽油杆断脱，悬点载荷减小，低于最小理论载荷而且无加载和卸载现象。上冲程，电机功率大降。在下冲程的悬点载荷为断脱点以上抽油杆柱在液体中的质量，因载荷降低而导致电机功率增加，载荷越小，则电机功率越大。断脱位置越靠近井口，电参曲线越接近正弦曲线(图21、图22)。

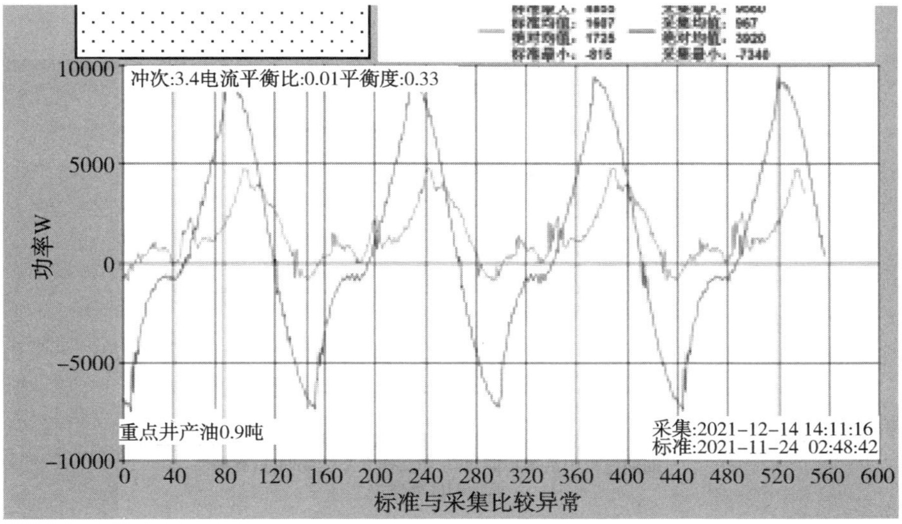

图 15　某井卡泵电参曲线

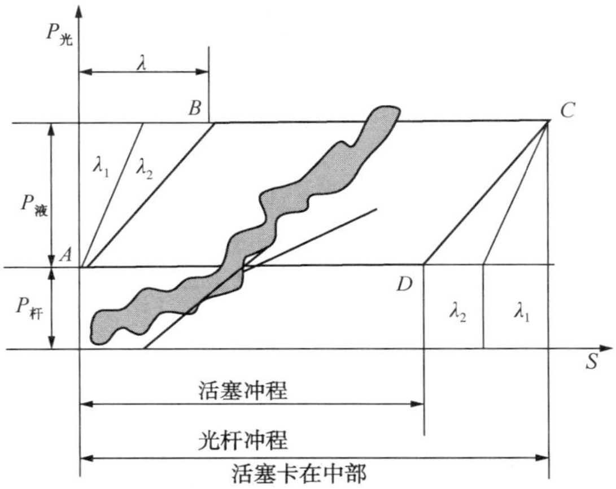

柱塞在泵筒内被卡死在某一位置时,在抽汲过程中柱塞无法移动而只有抽油杆的伸缩变形,图形形状与被卡位置有关

图 16　某井卡泵理论示功图

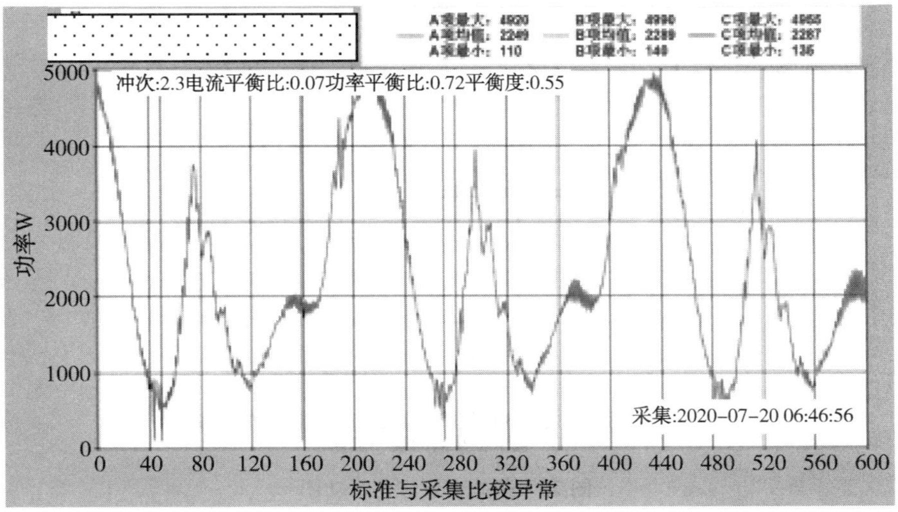

图 17　某井卡泵电参曲线

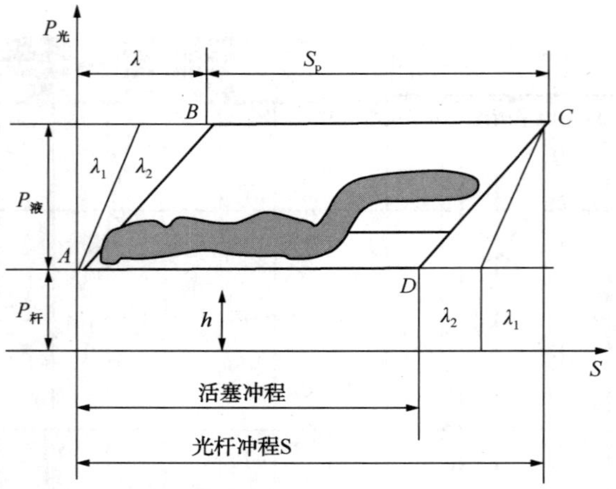

一般情况下的卡泵示功图是指活塞在泵筒中遇卡之后，抽油过程中活塞不能运动，驴头作上下运动时，只有抽油杆的伸缩变形

图 18　某井卡泵理论示功图

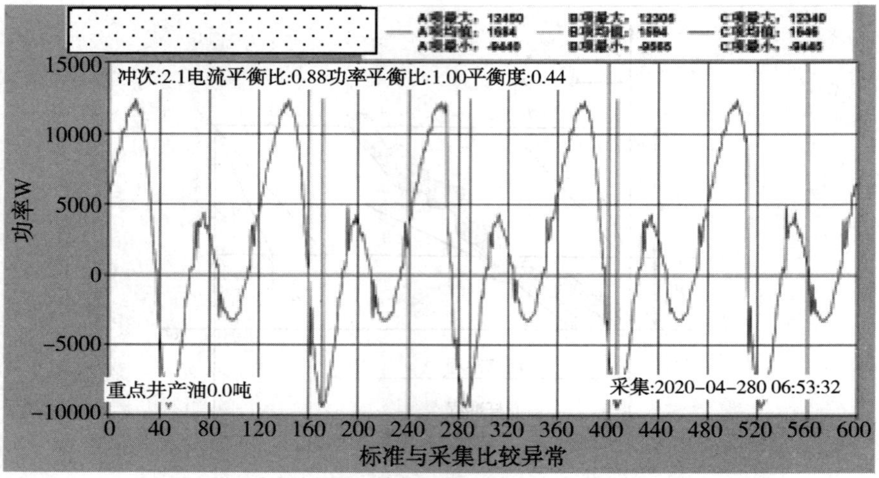

图 19　某井卡泵电参曲线

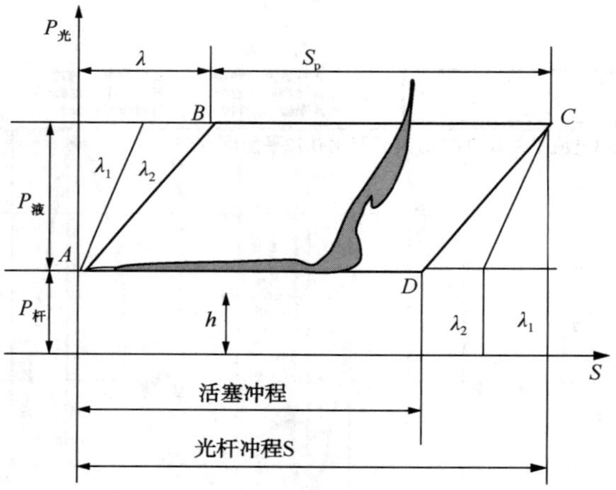

活塞因泵筒内沉砂，结蜡或衬套受振动而错位会使活塞被卡在泵筒的某一位置

图 20　某井卡泵理论示功图

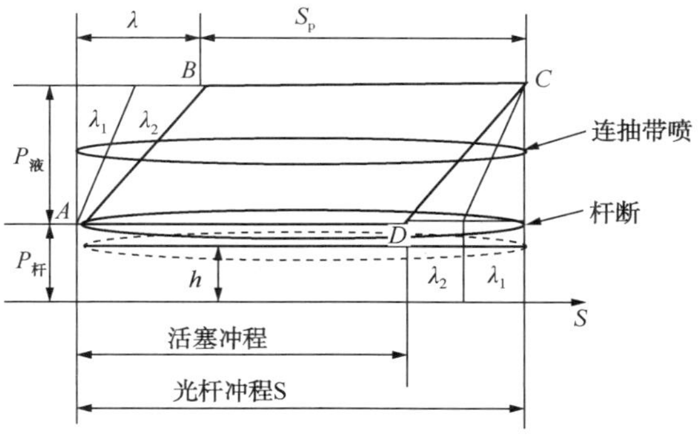

当油杆断脱发生时,由于深井泵的活塞以及活塞以上液柱的负荷都不对抽油机悬点发生作用,因此此时悬点所承受的负荷只有部分抽油杆在空气中的重量(上冲程)和在液柱中的重量(下冲程)。因此示功图在形态上反映出是一个很窄的图形,并且位置在下理论负荷线以下

图 21　某井杆断理论示功图

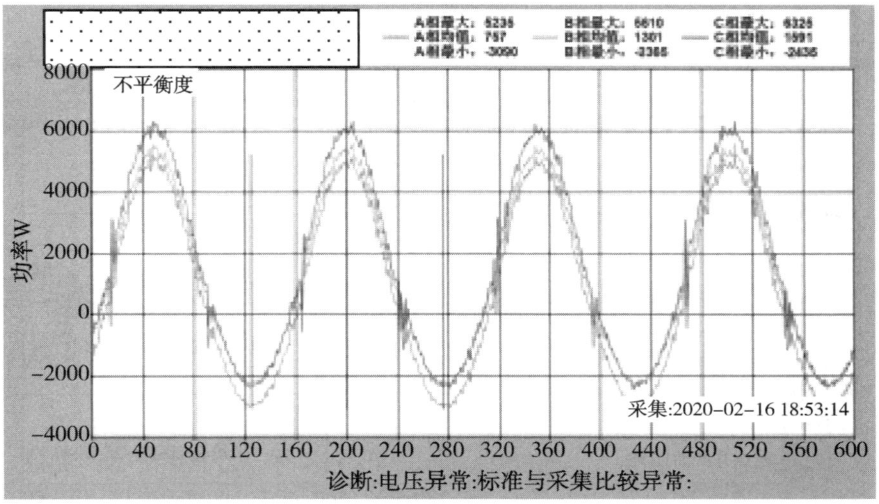

图 22　某井杆断电参曲线

3.9　脱出工作筒

曲线特征解释：上行增载过程中，活塞脱出工作筒，载荷突降，波形呈现锯齿状，电机功率剧烈波动，下行曲线正常，无明显变化(图 23~图 26)。

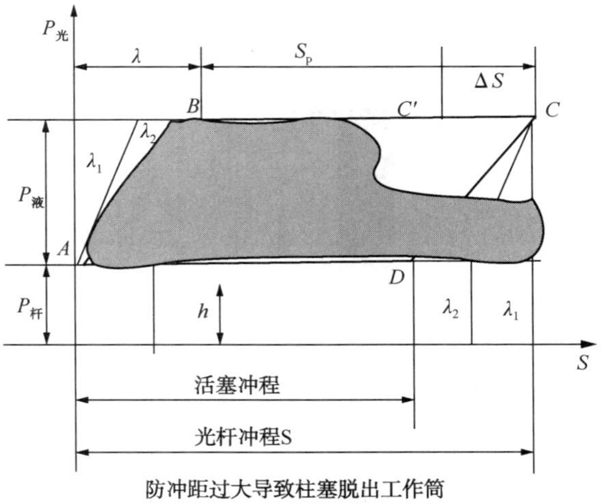

防冲距过大导致柱塞脱出工作筒

图 23　某井泵脱理论示功图

3.10　碰泵

曲线特征：曲线一般出现锯齿状波形，且不规则。曲线不规则形态复杂多样。

当防冲距过小时，导致活塞“到下死点时撞击固定凡尔罩”即我们通常所说的碰泵，使示功图在下死点处出现一个“独立的”的“小圈闭”这是碰泵示功图的最明显的标志，当碰泵时，重新调整防冲距，上提活塞，对易进砂井应先洗井，再测功图对比，对不出油井应检换泵(图 27、图 28)。

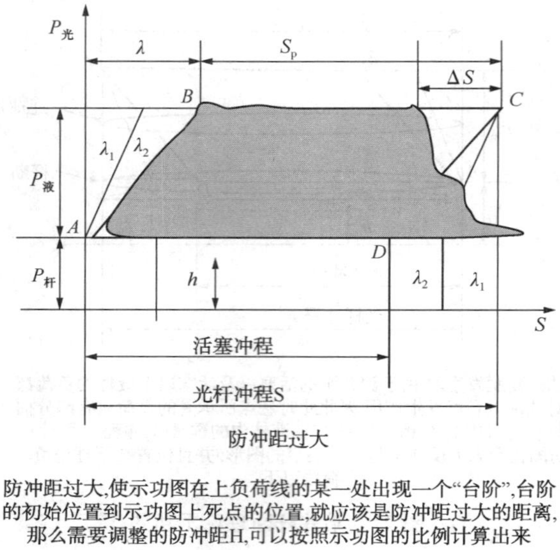

图 24　某井泵脱理论示功图

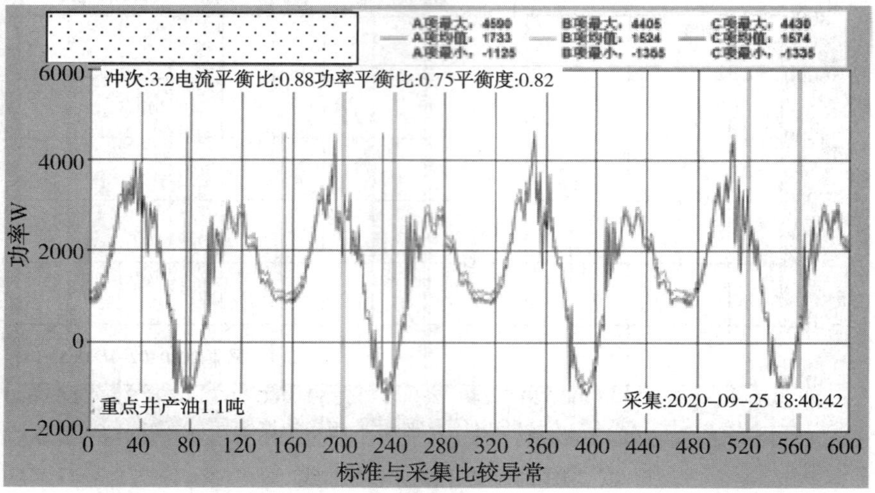

图 25　某井正常电参曲线

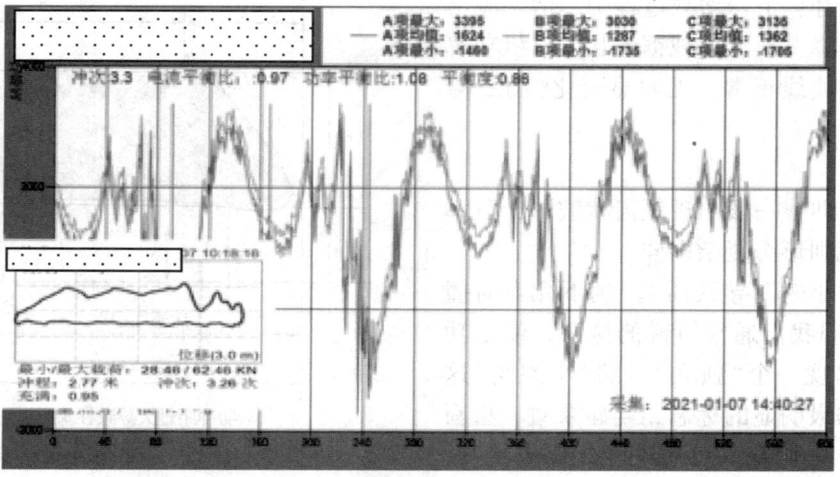

图 26　某井泵脱电参曲线

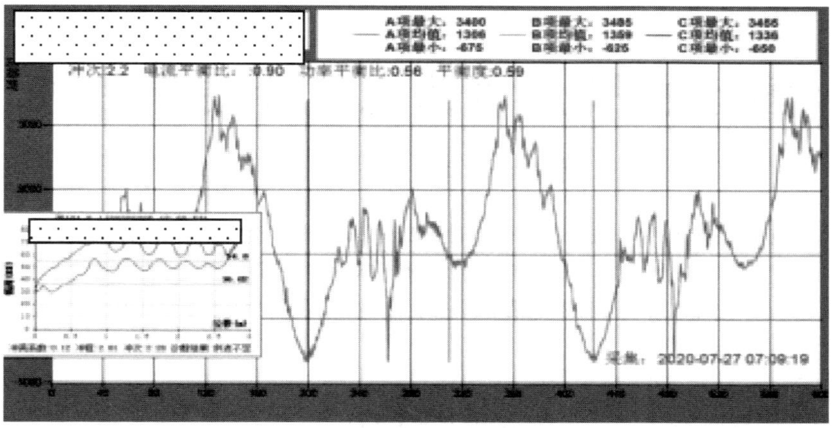

图 27　某井碰泵电参曲线

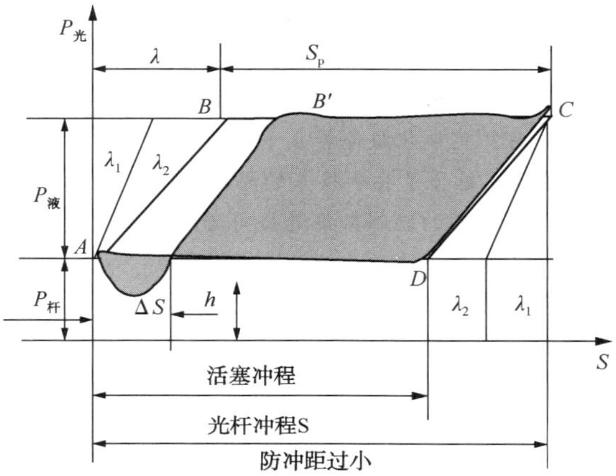

图 28　某井碰泵理论示功图

4　结论

（1）利用电参功率曲线发现判断分析不正常井具有及时性、可靠性，解决了以往常规测试示功图判断的局限性。

（2）利用电参功率曲线判断时，应确定正常时模板，与之对比分析，总结规律，从而获得更多的、科学的分析依据，提高效率与准确性。

（3）进一步研究电参功率曲线在失洗井以及洗后井，修后井，利用电参功率曲线与理论示功图结合，判断泵工作时充满状况，从而进行电参曲线折产的研究。

参　考　文　献

[1] 张龙．关于数字化油田建设的研究与探讨[J]，科技与企业，2013(16)：45.

[2] 黄伟．抽油机有杆泵井数字化诊断与计量技术实践[M]．北京：石油工业出版社，2014：13-14.

[3] 刘超，张岁盟，王兴，等．试论数字化油田基层管理的方式[J]．中国石油和化工标准与质量，2013(13)：202.

国际油气公司信息化手提箱浅析

张晓军[1]　许海东[2]　樊　荣[3]　卢书东[4]　吴　曦[5]

（1. 昆仑数智科技有限责任公司；2. 中国石油国际勘探开发有限公司；
3. 瑞飞国际迪拜有限责任公司；
4. 瑞飞国际迪拜有限责任公司；5. 瑞飞国际迪拜有限责任公司）

摘　要

某国际油气公司经过多年的发展，现已在中亚–俄罗斯、中东、非洲、美洲和亚太五个海外油气合作区建成了集勘探开发、管道运输、炼油化工与销售上中下游一体化的完整石油产业链。为了达成公司稳健和高质量发展、建设世界一流示范企业的战略目标，本文总结梳理了现在已有的成熟技术和产品，秉持“流程化管控、产品化服务、平台化运营、品牌化输出”的信息化战略思路，在此基础上编制了海外信息化手提箱。

手提箱的内容涵盖了生产操作、生产管理、经营管理、综合管理、共享与决策支持、基础设施、IT运维、网络安全、标准体系、数据治理、定制化服务等各个方面。为了紧密贴合项目公司的实际需求，手提箱在设计时依据企业EA架构方法论、结合了共享服务的思路、以虚拟的海外项目需求为参照进行整体设计，保证了手提箱的落地可行性。手提箱的编制在推进公司治理体系现代化、国际化发展，配套管理体系落地，发挥集团公司整体优势等方面有着重要的意义。

关键词　信息化；手提箱；标准化；可复制；解决方案；产品；服务

1　手提箱概述

1.1　问题背景

响应某国际油气公司全球信息化部署，以标准化、可复制以及共享服务的方式快速响应海外公司的信息化、数字化需求，设计信息化手提箱面向海外项目公司、分支机构、联合公司，解决实际生产中遇到的问题、痛点、需求。

1.2　目的与意义

1.2.1　现状

国际油气公司海外信息化工作的核心是围绕公司坚持稳健发展、推进高质量发展和建设世界一流示范企业的战略目标。为推进公司治理体系现代化、国际化发展，配套管理体系落地，发挥集团公司整体优势，秉持“流程化管控、产品化服务、平台化运营、品牌化输出”的信息化战略思路，在总结和梳理已有成熟技术和产品的基础上，形成了海外信息化手提箱。

1.2.2　问题

通过与其他国际化油气公司实践对标，发现目前公司的主要信息化差距在信息共享能力和统一的数字化平台方面，缺少全局信息共享的协同研究与协同工作环境；中方公司与联合公司之间信息不能高效共享，生产物联网建设起步晚；新技术应用和创新能力较差。

目前的信息化建设，整体上仍然主要处在持续提升和集成应用信息系统的第三阶段，部分实现信息共享服务能力建设，距离全面实现以智能化为特征的数字化转型差距较大。在基础设施、网络覆盖和质量、体系管理、技术和数据标准以及数据共享等方面距离国际先进油公司仍有较大提升空间。再者，各海外项目公司信息化建设水平差距较大，大部分资源国信息化基础薄弱，联合公司在数字化技术应用、信息共享、协同工作和研究、数字化管理、决策支持方面与最佳实践存在较大差距。

1.2.3　分析

现有的信息化模式难以对数据资产实现有效管控。一是数据与信息分布在资源国项目或个人手中，数据孤岛导致数据无法充分共享；二是数据尚未形成资产，项目公司生产实时数据较难集中管控。信息孤岛，分散建设。

其他需要改进的方面有：信息系统之间集成不够，无法实现全局数据统一管理，功能无法复用，掣肘工作效率。网络及基础设施偏弱。海外项目网络及基础设施投入不足，网络不畅，网速质量不佳，与总部连接不畅，成为制约海外信息化整体水平提高的瓶颈。同时网络安全存在薄弱环节，在网络安全形势愈加严峻，攻击手段多样并不断更新的今天，部分单位和人员网络安全意识淡薄。

1.2.4 意义

内外环境和供求力量正在重塑油气行业价值链，国际领先的油气企业正全面启动数字化转型，有序开展数字化智能化建设，变革优化生产运营模式、业务模式，力求在行业重塑竞争中制胜。加速数字化转型，成为油气行业的现实选择，也是提质降本增效的有效途径和必由之路

信息化手提箱不仅可以促进油气公司的业务在决策、生产、经营和综合管理层面的业务发展，还可以帮助规范 IT 治理、提升油气公司在基础设施方面的管理。随着中国的数字化进程逐步推进，加快公司的数字化转型已经成为必然的趋势。信息化将由管控向赋能角色转变，进入以智能化为特征的数字化转型阶段，到 2025 年初步实现数字化转型，建成“数字国际油气公司”基本框架。

1.3 文献综述

1.3.1 前言

跟其他许多领域相似，石油和天然气工业也在数字技术的进步中受益匪浅。例如系统标准化、资源整合以及自动化等。这些变化不仅促进了效率(减少时间和成本的花费)，也增加了有效性(优化采收率等)，同时还会帮助企业更好地适应业界日益激烈的竞争。ExxonMobil 分享了一些在这方面的经验和进展。这为本文中的信息化手提箱提供了理论基础和参考模型。

1.3.2 相关领域的现状

ExxonMobil 在应用数字技术方面有着较长的历史。1997 年始自主研发工业信息化系统，功能包括实时监控、通信，数据的存储、访问、分析和可视化等，之后在 2005 年全面投入使用。在这段时间中这些系统逐渐从以局部工程为重心演化成为一种高度中心化的模型，从而确保全局范围内的连续性。因而现今他们的工程师团队可以在全球范围内提供标准化的解决方案。这种模式已经在 ExxonMobil 的许多主要化工厂、炼油厂运转了许多年，同时正在进一步地部署在更多设施中。

1.3.3 应用实例

三个椭圆表示整体的上游活动。在地表以下的领域中，重点在于理解和管理储层，最大化利用先进的科技来测绘并地下储层建模以更好地生产石油和天然气。地表活动领域(绿色椭圆)包括设备的设计、管理和运行，从而满足对石油和天然气更安全有效的开采、处理和运输。最上的业务领域层(黄色椭圆)代表有效运行一个上游油气公司所需要的财务、会计等其他系统(图 1)。

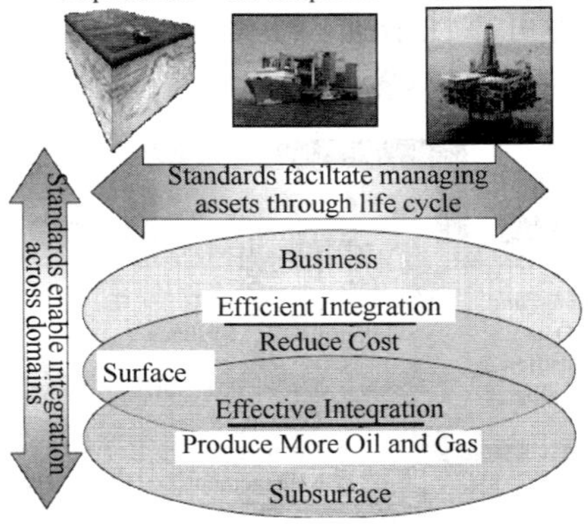

图 1 数字技术实现的标准，用于辅助管理各种资产的生命周期

水平的箭头表示 IT 系统不仅当前阶段活动生命周期提供支持，也要提供设备资产等到达使用的时候更换的无缝衔接。竖向的箭头表示集成的另一维度。每个领域内部都会有许多受益于 IT 系统的集成，但是更关键的是要有对全局的集成，也就是各个椭圆重叠的部分。对地表领域和地表以下领域的集成为更有效地生产石油和天然气提供了巨大潜力。地表领域和业务领域的继承则侧重于增加效率和成本减少(图 2)。

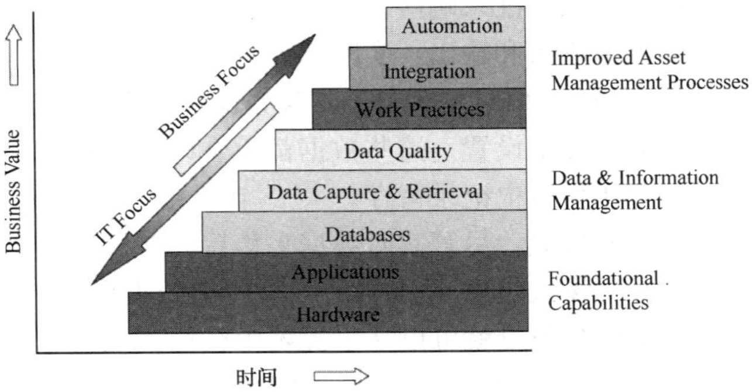

图 2 基于数字技术应用的工作流程集成和自动化

整体上的业务和 IT 策略是一致的，但是功能性业务公司的重要性是随着图中示意逐层上升的。只有在能获取可靠性高的数据之后，才能实现标准化、集成化、自动化等目标。

1.3.4　手提箱

图 3 的手提箱是 ExxonMobil 如何利用技术构建一套标准的工作流程的例子之一。这个手提箱是标准化实践和系统支持的一个全球运营组件。它包括了用于实时数据采集和设施监控、完整性、生产安全操作、环保、测绘图和文档管理、物流、收入核算等。随着 2003 年的部署，手提箱为 ExxonMobil 提供了运营上的进步，具体体现为可靠性增强、便捷运维、运行效率增加等。

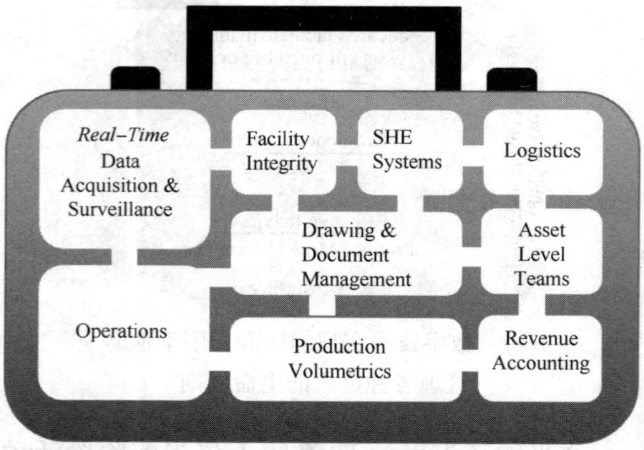

图 3　手提箱示意

实时数据的标准业务解决方案采集和监控是手提箱的重要功能之一(左上角)。

IT 方面：由硬件、服务器和客户端组成的实时数据采集和监控系统。全局应用基于 Windows 的服务器和安全配置。这些服务器都位于生产现场的附近。当生产活动进行时，解决问题的办法通常是 IT 项目团队可以基于通用平台和基础设施标准来响应设施部署的请求。

数据输入和输出：实时系统可以以可变速率(秒、分钟、小时、天等)捕获数据，根据生产现场的情况来设置。这些数据都可立即供用户使用，并作为历史记录留存。

商业价值：尽管实时数据采集旨在支持生产运营，现场人员并不是唯一可以使用数据的人。油藏工程师很早就可以从手提箱中获益，地表和地下工程师也能使用到这个系统。比如在永久井捕获的高频压力数据，该数据可以用于压力瞬态的分析，进而细化储层模型，减少昂贵的地面试井工程。

通过启用行业认可的实时数据采集技术，可以实现数字油田并优化生产。现场运营人员和技术工程人员可以有效利用之前不可用的数据。这样可以加强现场生产评估并改进决策。过去的缓慢工作流程可以极大加速，并可以通过运营成本和停机时间的减少来增加净利润和产量。

1.3.5　结论

ExxonMobil 部署信息化技术的方法已经较为成熟且有明显效果。而数字技术创新的关键在于信息化、标准化，同时致力于移除数据收集、可用性、完整性等方面的障碍。新技术在企业中应用的速度取决于新技术能被整合进已有框架的难度。可以看出一个标准化的系统融合新技术的速度远高于“case by case”形式的实施。

2　信息化手提箱的设计和应用

2.1　设计理念

信息化手提箱的手提箱一词源于英文 Suitcase，指的是公司信息部门可以结合公司的管理体系，给海外项目公司提供一套标准统一、便于共享、能够快速落地、即开即用的信息化解决方案、产品或者服务。

为了紧密贴合项目公司的实际需求，手提箱在设计时依据企业 EA 架构方法论，以一个虚拟的海外项目需求为参照，进行整体设计，保证手提箱的落地可行性(图 4)。

基于生产操作、生产管理、经营管理以及综合管理 4 条主线，在梳理了现有成熟解决方案、产品及服务的基础上，我们编制了本信息化手提箱。手提箱架构设计充分借鉴了某海外信息化规划的总体架构。即 1 个决策支持中心，4 条主线——生产管理、经营管理、综合管理和生产操作主线，1 套云基础设施，2 套体系——网络安全管理和信息化管理体系(图 5)。

2.2　手提箱的发展和应用

2.2.1　发展

根据业务架构及业务类型，梳理出 11 类业务、50 个解决方案和 146 项产品及服务，海外项目公司可以根据具体的业务需求，找到对应的信息化手提箱解决方案和产品，为海外项目公司信息系统业务部署的标准化和快速启动提供支持，助力项目公司高效运营(图 6)。

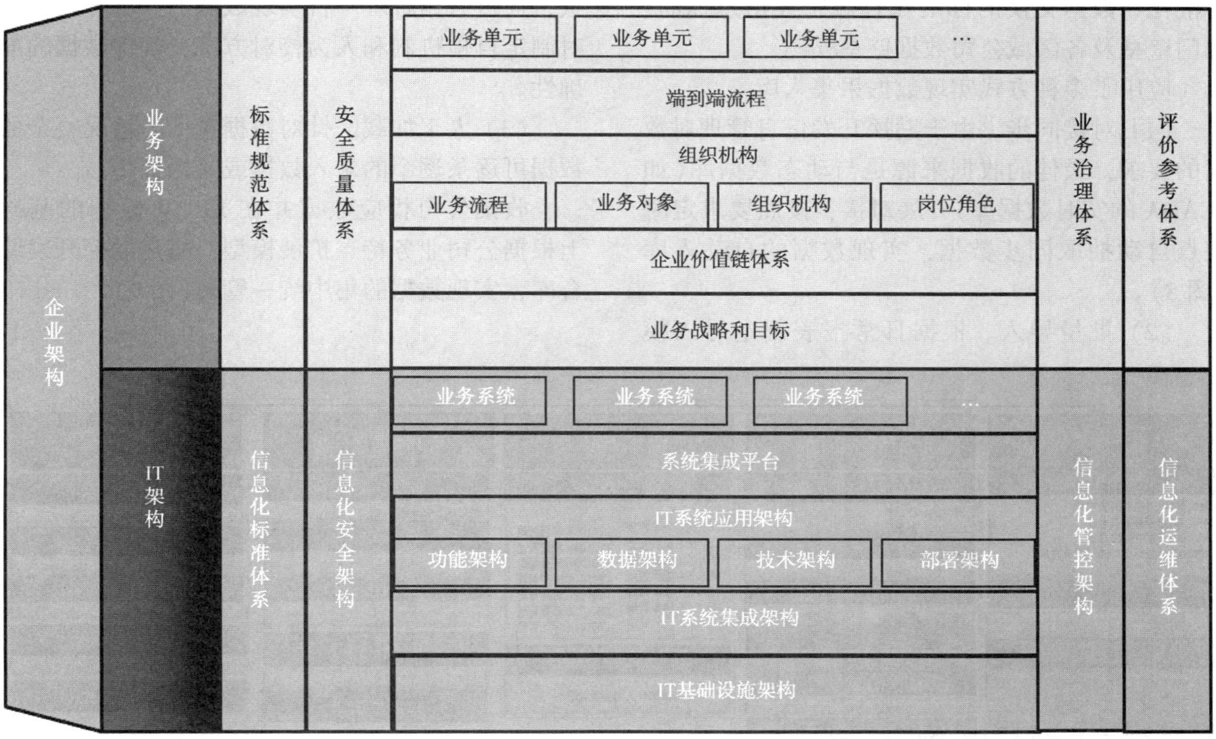

图 4　EA 企业架构

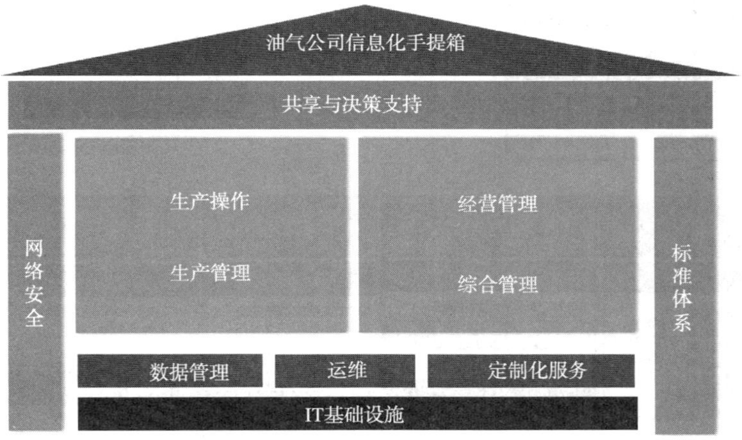

图 5　信息化手提箱架构

下文将重点结合发展现状，列举不同场景的实施运行实例，介绍信息化手提箱的 4 条主线。

2.2.2　手提箱应用

1. 生产管理主线

生产管理主线包括勘探开发信息管理、协同研究与设计、地理信息系统、炼化一体化、管道生产管理等方面。下文举例为勘探开发信息管理解决方案。

1）痛点分析

（1）石油上游业务涉及面广、数据类型多样、存储方式多样且分散，数据资产流失。

（2）存在信息孤岛、部门壁垒，数据跨地域、跨业务科室流畅共享度不足。

（3）业务联动、可视化、大数据智能辅助等高效辅助决策依据不足。

2）方案简述

部署拥有自主知识产权的 EPIMS 软件系统，利用统一的数据标准规范搭建勘探开发综合库，实现勘探开发动静态数据集中统一管理，保证数据资产安全。通过数据信息搜索、集成和共享的标准化、数据交换的标准化打破企业信息孤岛、部门壁垒及各区域公司数据壁垒。

应用了多种方式实现数据采集入库：

（1）对接同步。由于勘探开发信息管理对数据的要求，最佳的收据来源是与动态数据库（如SCADA的实时数据库）开展对接，按照要求定时定点自动抽取同步数据，实现数据的自动入库（图8）。

（2）批量导入。根据日常报表制定导入模板，通过数据管理平台实现数据的一键导入，同时制定自检机制和人为校对方案，确保数据的准确性。

（3）人工加载。针对数据量少，情况复杂的数据可逐条逐个的录入数据或文档上传。

收集公司相应数据并在EPDM模型的基础上根据公司业务特点扩展模型，搭建勘探开发综合库，实现数据的集中统一管理（图9）。

图6　手提箱服务目录

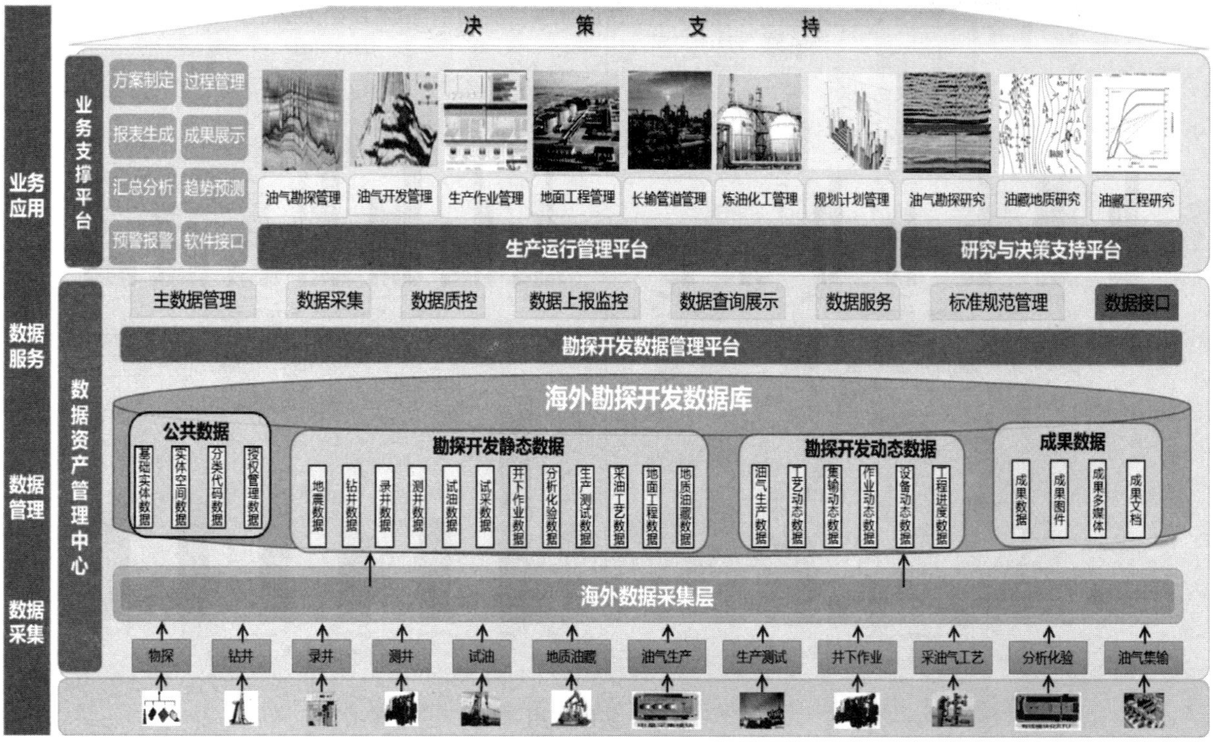

图 7　勘探开发信息管理解决方案架构

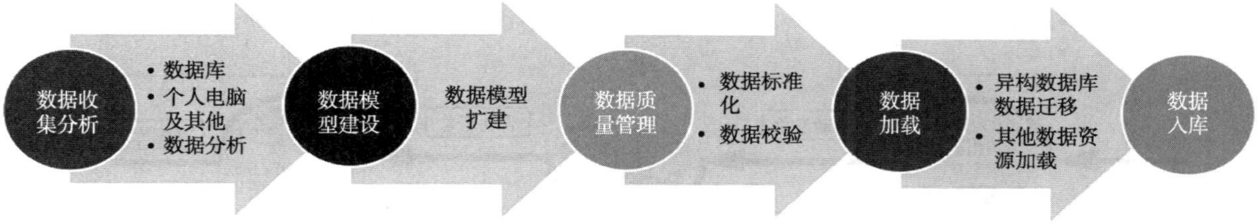

图 8　数据库搭建

3）客户价值

（1）源头采集：提供基于业务流程的勘探、开发数据源头采集，实现勘探开发动静态数据集中统一管理，同时保证数据源唯一，提升数据质量控制，提供便捷的数据服务。

（2）数据共享：完成企业的信息集成、业务集成，实现勘探开发信息资源共享。

（3）业务管理：为客户提供各专业业务的动态管理，支持工作决策及日常工作，并有针对性的为解决业务管理痛点、科研难点提供思路和依据，提高管理水平及辅助决策。

（4）智能辅助决策：依托生产动态海量数据，基于大数据挖掘方法及手段，建立监控预警模型，依据问题业务场景，制定针对性的诊断流程，完成单井的智能决策。

（5）协同研究：EPIMS 系统平台准备数据，一键式发送到 Petrel 等专业软件中进行地质研究的过程，并将研究的成果通过成果审核归档到平台中，其他研究人员可在线查看及继承应用。

案例：PKKR 公司勘探开发信息管理系统（图 10）

实现了数据源头统一采集，勘探开发动静态数据的集中统一管理，有效避免了数据资产流失。实现了从物探、钻井、录井、测井、试油、油气生产、井下作业、采油工艺等业务的在线管理，辅助各部门专家日常科研活动，提高工作效率；并打通了与股东公司之间的数据壁垒，实现数据共享。

2. 经营管理主线

经营管理主线包含 SAP 系统、人力资源管理方案等。下文以人力资源解决方案作为例子（图 11）。

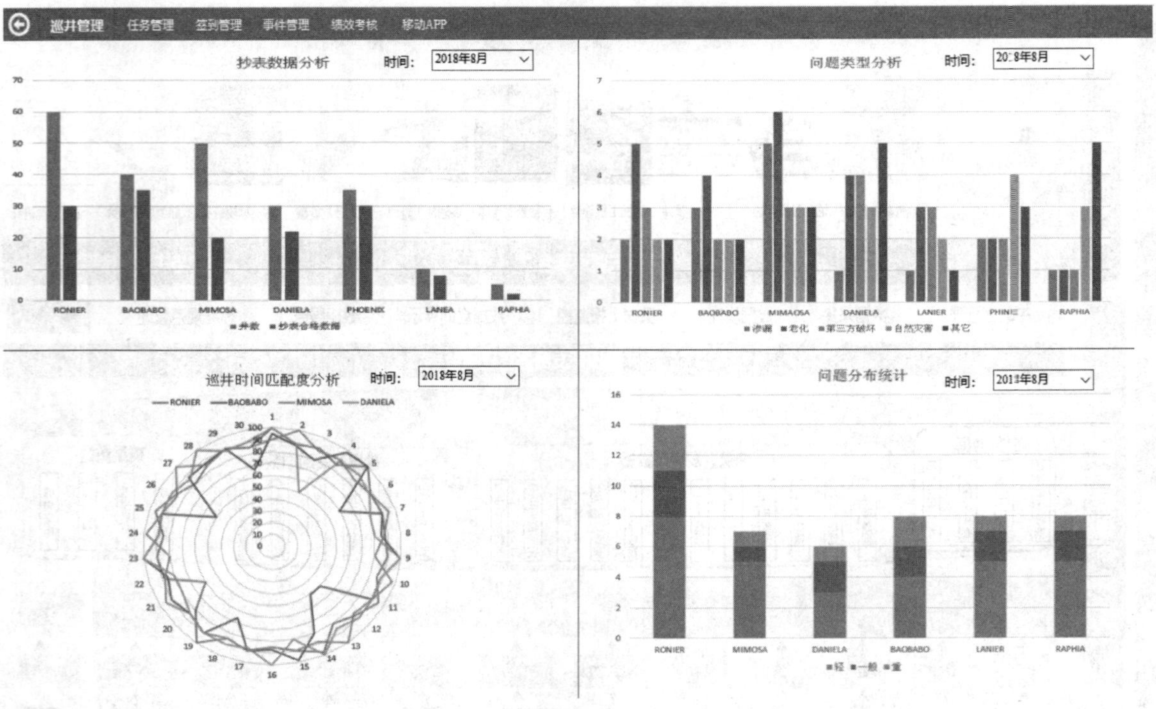

图9　实际应用

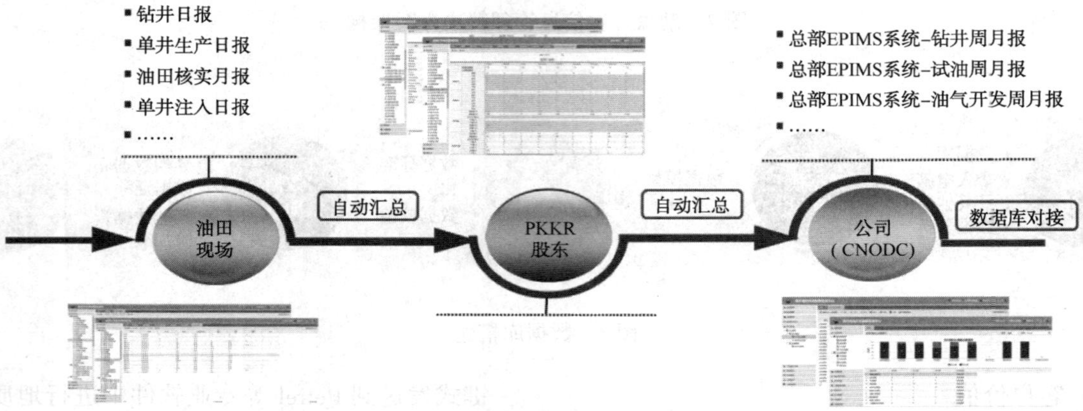

图10　勘探开发信息管理解决方案成功案例

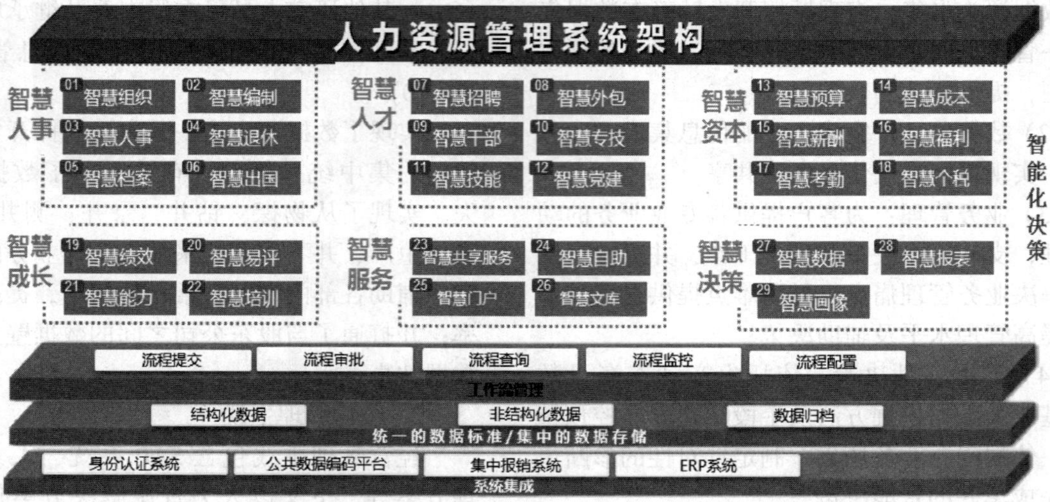

图11　人力资源解决方案系统架构

1）痛点分析

（1）人力系统功能不够强大，功能灵活性不足。

（2）不止一个业务系统，多系统切换频繁，数据孤岛严重。

（3）系统设计理念，不满足个性化需求。

（4）人力资源管理过程缺乏量化和显性化的监控方式。

（5）大数据挖掘、报表需求难以快速响应。

2）方案描述

（1）智能化人力资源管理系统，功能强大灵活；能涵盖员工在企业的选、育、用、留、派整个生命周期管理。

（2）系统集成有效打破数据信息孤岛。

（3）对大数据的深度挖掘，有效地支撑企业战略决策，增强企业市场竞争力。

（4）系统移动化、智能化、社交化、平台化、云端化”五化为核心“用户为王、体验为王、速度为王、平台为王、共享为王”为产品设计理念，追求良好的个性化需求满足和用户体验。

3）客户价值

（1）提高 HR 相关系统的建设、管理、应用水平，支持 HR 相关业务的持续发展。

（2）减少人力资源和其他职能部门之间的隔阂，更高效的处理整体业务需求。

（3）优化用户体验，引入新技术创新应用，助力企业人力资源数字化转型“弯道超车。

（4）智能化、数字化转型成功，是企业在大数据时代背景下持续保持竞争优势的关键。

（5）完善的工作技能知识库，支撑新入职员工的技能培训，并满足现有员工的职业持续发展需求。

4）应用效果

（1）根据企业战略，提供稳定的人才资源。

（2）合理指导企业员工职业规划，提升企业忠诚度。

（3）合理整合企业资源，人员提升管理水平。

5）成功案例

为集团公司实施人力资源系统，其范围覆盖集团公司全部员工，涉及组织、人事、薪酬等与人力资源管理相关的所有业务(图 12、图 13)。

实现组织、人事、招聘、薪酬、考勤、绩效、培训、档案管理、统计分析、离退休人员管理、智慧画像等人力资源全链路管理，满足企业人力资源管理的全模块需要。以用户体验为出发点，增强系统的自动化，实现用户操作简洁易用，引入聊天机器人等新技术，满足员工、管理人员、人力资源专业用户随时随地处理人力资源相关事务的需求。以人才价值为导向，结合人才和业务数据精准开展员工配置、培训、职业生涯发展、绩效提升等工作，实现人才的精准培养、使用和考核。构建平台化、柔性化、小微化组织体系，推进人才动态配置，释放人才活力。

图 12　某油气公司人力资源管理系统

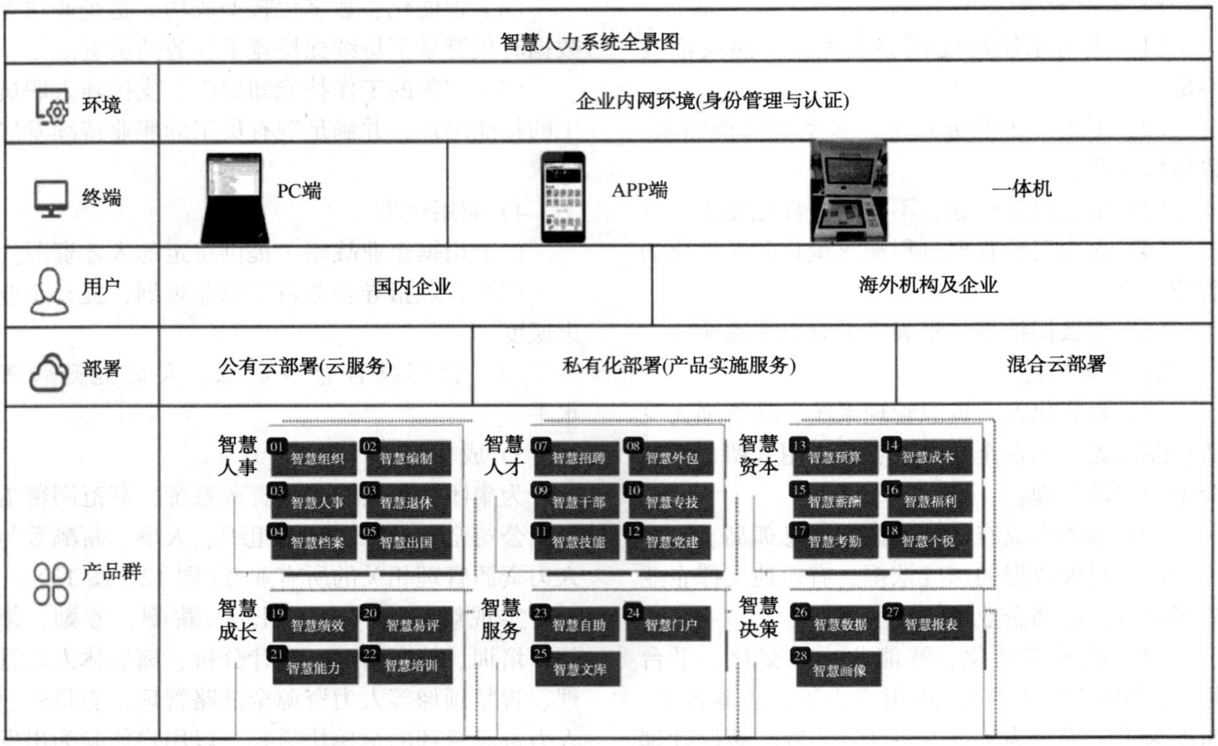

图 13　智慧人力系统全景图

3. 综合管理主线

综合管理主线包含了协同办公、门户网站、科技管理、法务管理、内容管理、设计管理等方面。下文以某公司协同办公系统作为例子（图 14）。

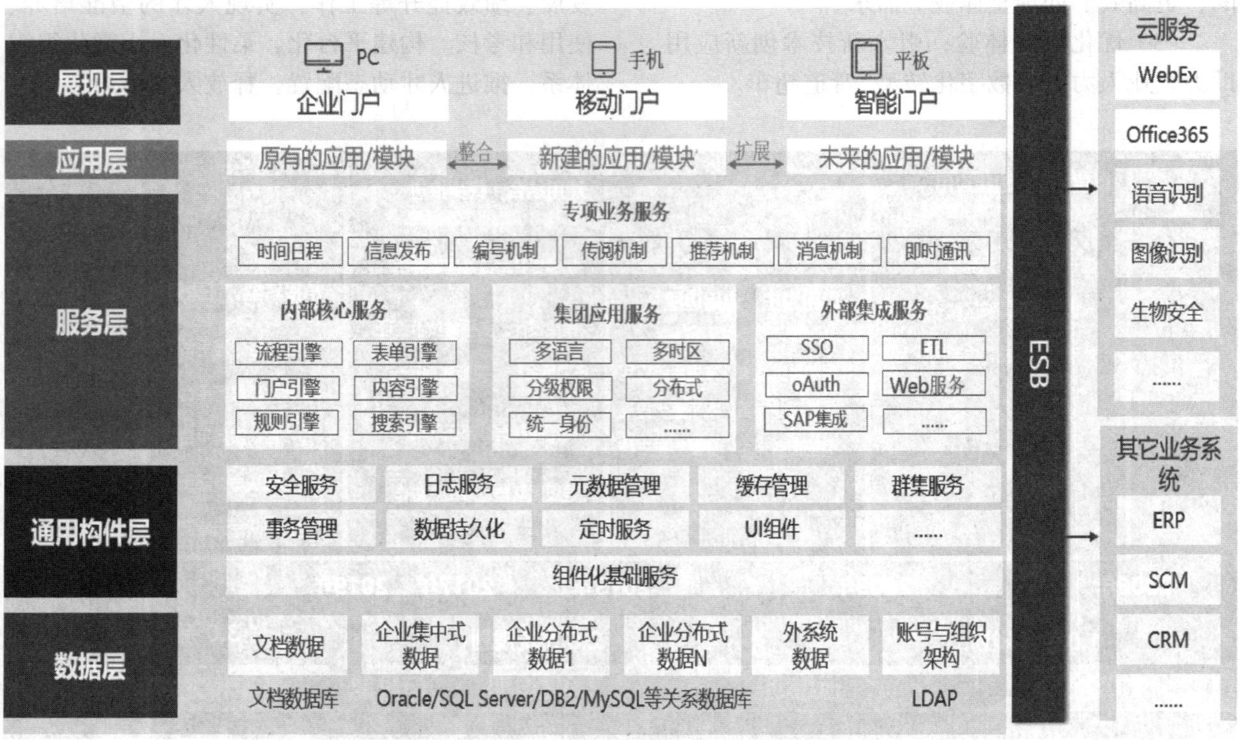

图 14　协同办公解决方案技术架构

1）痛点分析

（1）传统办公事务工作繁琐、重复劳动和检索不便。

（2）信息流转不畅造成高沟通成本，低响应速度。

（3）任务分配不明确，缺少协作和反馈。

（4）人员流动对企业造成损失。

（5）缺乏依据造成领导层决策困难。

2）方案简述

企业协同办公解决方案主要使用了知识管理平台、一体化云应用平台。企业协同办公系统基于 Spring Cloud 框架，实现前后端分离微服务架构管理平台。采用 B/S 方式的图形化拖拽方式定制开发，更加简洁、易用，业务人员也可参与表单、流程的定制调整。支持三级等保及系统三员管理架构，采用组件化封装，面向接口开发，统一的接口框架及界面展示(图 15)。

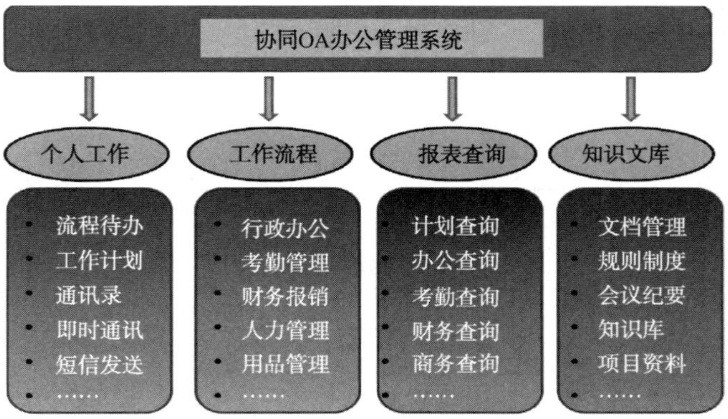

图 15　协同办工 OA 系统示意

3）应用效果

（1）实现文档与项目归档的一体化，使知识和经验有效地沉淀。

（2）通过邮件、公告、站内消息等信息平台将沟通成本降到最低，建立快速反应机制。

（3）事务流转的自动化，审批的电子化，提高工作效率。

（4）任务的发起、协同和确认，创造协同工作氛围。

（5）全文检索引擎，方便搜索信息和资料。

（6）随时随地办公。

4）客户价值

（1）用流程为纽带整合孤立数据，实现全面协同：工作流作为总线来连接企业内外各种业务相关的异构系统、应用及数据来源，从而构成整合企业业务系统。

（2）掌握业务情况，实现实时管理监控：可以随时随地查阅各种资料、工作流审批情况、下单的工作任务展开情况，办事人员可以通过流程实时监控各环节办理情况和进度，办理完毕业务人员可以对相关数据进行分析。

（3）领导可以有计划安排时间，排除各类打扰：领导可以按自己时间计划审批流程，查看下属工作情况，约见客户，避免大量毫无计划的请示、汇报、电话询问等。

（4）沟通成本低、效率大大提高：企业协同办公系统可以打破组织边界与地理位置边界，通过邮件、站内消息多种方式进行沟通，沟通形式更加丰富，效率更高。

（5）整合孤立数据，提高决策效率：统一展示各个系统数据。

5）成功案例(图 16)

（1）某中东公司办公系统涵盖综合办公室、技术部、法律事务部、财务部、人力资源部、销售采办部等相关部门。包含综合办公类业务 23 项，公文业务 13 项，技术部业务 3 项，法律事务部业务 2 项，财务部业务 19 项，人力资源部业务 25 项，销售采办业务 21 项。

（2）符合国际规范，遵循审批流程在办公系统实现，业务处理在 ERP 中实现的原则对系统进行设计。

（3）实现内部各业务流程互通互联，并与某中东公司 ERP 系统和门户网站集成。

（4）实现与总部各业务系统、流程、数据集成共享、ERP 系统及统一身份认证系统集成。

4. 生产操作主线

综合管理主线包含了油气物联网、管道物联网、管道安全监测、周界安防等方面。下文以油气物联网解决方案作为例子(图 17)。

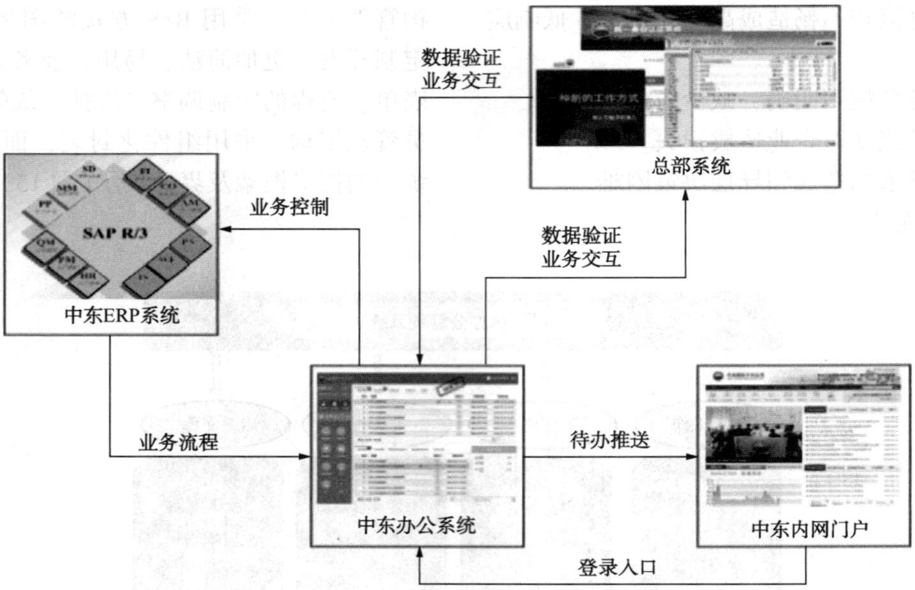

图 16 协同办工系统成功案例

图 17 油气物联网解决方案架构图

1）痛点分析

（1）物联网建设不完善，周期长、面积大，部分设备未纳入物联网建设。

（2）数据采集不健全，数据类型多样，存储分散。

（3）数据应用效率低，没有统一的管理和应用。

（4）辅助决策不足，未实现业务联动、可视化、大数据智能辅助等功能。

（5）网络安全性低，网络安全建设不系统，安全性差，覆盖率低。

2）方案简述

完善油田生产范围内的油气井区、注水井、计量间、集输站、联合站、处理厂等系统数据的采集与监控，统一监控平台，实现生产数据自动采集、远程控制、分析诊断、生产预警，支持油气生产过程数字化、智能化管理，进一步提高油气田生产决策的及时性和准确性，提高生产管理水平，降低运行成本和安全风险(图 18)。

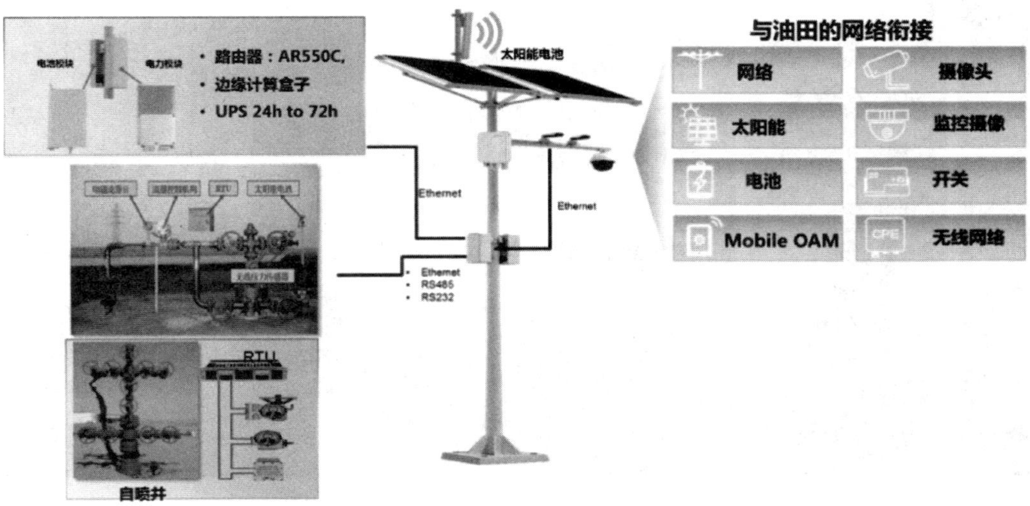

图 18　抽油机井解决方案示意图

3）功能实现

（1）综合监控单井的示功图、电参数、回压、井口温度、设备信息、管柱图、作业井史等数据。

（2）通过远程调控对单井采取远程调参和自动启停等处置措施。

（3）井下压力及温度监测。

（4）现场安防视频监控与 HES 行为识别监控。

（5）车辆进入识别。

（6）采集参数包括井口压力、流量、温度、供电系统电池电压等。

（7）安全预警功能、联动锁控功能。

（8）通过太阳能/风能供电系统提供电源，可根据天气变化智能调节供电方式，确保生产数据实时回传。

该系统实现了数据远程监测和自动控制。具体体现为实现压力、温度、流量 3 大类 13 项参数的实时采集中转站实现掺水泵、热洗泵电流以及加热段温度等 5 大类 95 项参数的实时采集 . 功能上实现了总掺水压力、温度、总回油压力、温度、单环压力、温度、流量数据采集。

应用效果有：

（1）全面实现井、间、站场无人值守，缓解一线工人劳动强度。

（2）实时监控生产运行状况、异常报警，减少事故发生，保障生产安全。

（3）掌握生产变化规律，及时优化油井工作制度，最终实现节能降耗。

（4）搭建一体化调控中心，实现数据综合展示、生产数据集中分析、一体化协同研究等，实现智慧化生产分析与决策指挥，提高工作效率。

（5）全面开展物联网建设，为油田优化生产管理方式与组织结构提供支撑。

客户价值：

（1）实现单井及场站生产数据的实时采集和远程监控，推动油气生产业务管理模式由传统的“定岗值守、定时巡检”转变为“远程监控、无人值守、电子巡检”。

（2）借助物联网、大数据、云计算等关键技术，进一步深化油气生产智能应用，实现生产趋势预测、预警智能分析、生产动态优化，为生产提供及时准确的决策信息。

（3）数字化计量技术的应用，将成为海外公司油气生产物联网的重要补充，进一步升级、完善油气生产环节的数字化程度，推进企业数字化转型。

4）成功案例

在某油气生产物联网系统建设过程中，全面提升企业整体管理水平，提高管理效率，实现了自主产品在整装油气田生产数据自动采集和控制、生产运行监控和管理，进一步提高油气田生产决策的及时性和准确性（图 19）。

图 19　某油田油气生产物联网建设项目成功案例

2.3　创新点

信息化手提箱能使油气公司结合自身的管理体系，形成独有的流程和数据标准，便于形成及固化到相关信息系统中，这也是未来申请知识产权保护的重要来源。在油气生产活动中实现了以下几点创新。

（1）建立了管理体系和建设标准，符合管理要求和信息安全标准的信息化管理体系和建设标准。

（2）提出了符合国际油气业务需求的解决方案，依据国际油气业务编制的解决方案，能够解决海外项目实际的信息化需求，同时还能在国际上得到广泛认可。

（3）交付了即开即用或可快速复制的信息系统或产品，开通账号即可使用，是可以在海外快速复制的信息系统，同时具有成熟的标准化产品。实现了标准化收费和过程创效；客户可以通过网站或者应用商店直接选取所需功能。

3　结论

国际一流的油气公司使用标准化的信息系统配套管理体系完成海外合资项目的信息化建设，也就是"信息化手提箱"。信息化手提箱的建设方式不仅保障了全球不同油气项目部署的信息系统技术标准统一、数据标准统一，便于总部管理和项目间的共享，同时也为股东间关于合资项目的信息系统建设谈判提供了重要的筹码。

在信息化建设的基础上，为了更好地促进未来总部信息化规划在海外项目公司落地，更好地为生产和经营提供支持，信息化手提箱配套管理体系完成信息化建设，使得海外项目公司能够便捷地选取相应的信息化产品和服务，从而高效地支持相关业务的部署。后续信息化手提箱将与公司的管理体系进一步对接，将总部的管理理念、经验和标准固化到手提箱的信息系统中，从而为公司后续开展新的项目提供有力支撑。

参 考 文 献

[1] Cindy A. Reece, SPE, Mark L. Hoefner, Ram V. Seetharam, SPE, and Keith E.Killian, ExxonMobil.An Enterprise－Wide Approach to Implementing 'Digital Oilfield'.SPE 112151, presented at the 2008 SPE Intelligent Energy Conference and Exhibition held in Amsterdam, The Netherlands, 25－27 February, 2008.

[2] Suzan Wiemers, SPE.ExxonMobil Taking Advantage of Real Time Data in Upstream Operations.SPE 120626, presented at the 2008 SPE Intelligent Energy Conference and Exhibition held in Amsterdam, The Netherlands,

25-27 February 2008.

[3] Russ D. Spahr, ExxonMobil. Digital Technology: An IOC's Perspective to Maximize People and Process for Efficient Hydrocarbon Recovery.SPE 128764, presented at the SPE Intelligent Energy Conference and Exhibition held in Utrecht, The Netherlands, 23-25 March 2010.

[4] Keith E.Killian, ExxonMobil Production Co., Chris G. Jones, ExxonMobil Information Technology, Johan B. Nye, ExxonMobil Research and Engineering, Suzan Wiemers, ExxonMobil Production Co. Leveraging Technology and Support Infrastructure and Experience in Upstream Digital Technology Application. SPE 150220, presented at the SPE Intelligent Energy International held in Utrecht, The Netherlands, 27-29 March 2012.

浅谈基于功能点的系统开发成本度量方法

杨丽春　朱丽娜

（昆仑数智科技有限责任公司）

摘　要　目前企业信息化项目投资中的系统开发实施工作量和实施费用主要采用经验法进行估算，缺少定量估算方法，需要进一步完善，实现可量化评估。该文调研国内外在信息化投入方面的先进理论和行业规范，结合企业信息化投资现状，研究基于功能点的系统开发成本度量方法。通过对企业信息系统功能点的测算，经过统计、分析、调优，提出适合企业的系统开发成本度量模型、操作规范及估算指南。依据功能点方法测算出的系统开发实施工作量和实施费用，比较客观合理，确定了该方法的可用性，表明该方法能有效控制信息化项目投入成本，对企业信息化软件工程项目的工作量估算、投资管理等方面具有借鉴意义。

关键词　功能点方法；NESMA；系统规模；系统开发；成本度量

信息化建设是企业转变发展方式的有力抓手，是管理提升的重要工程和有效控制的重要基础。信息系统持续建设和深化应用，实现了对经营管理、生产运行、办公管理及辅助决策等领域强有力的支持。企业对信息化的投入日益加大，尤其是信息化建设项目的投资预算持续提升。信息化建设项目投资构成项主要包括硬件费用、软件费用、系统开发实施费用、培训费用等。本文主要研究系统开发实施费用估算，尝试用定量的方法估算系统开发实施工作量，建立科学合理的标准化信息化项目成本度量方法。

1　概述

1.1　现状和问题

企业将信息化作为推进企业创新发展的重要手段，并持续保障信息化的推进力度和资金投入。目前企业的信息化项目投资中的系统开发和实施费用部分主要采用经验法进行估算，无定量估算方法，需要进一步完善，实现可量化评估，形成更为科学合理的标准化信息化项目成本度量规范。因此，本文引入软件工程造价中的相关国际标准、国家标准、行业标准以及地市级标准，提出一种基于功能点的系统开发成本度量方法。

1.2　功能点方法研究过程

功能点是度量软件规模的一种单位，从用户视角(即业务价值)度量软件的大小，核心思想是系统维护的信息及处理的复杂程度决定了系统价值。1970 年，IBM 提出了功能点方法，主要用于金融领域，随着后续的广泛应用，功能点方法逐步成为软件规模度量的国内外标准。2012 年以来，国内电子政务、金融、电信等领域逐步应用功能点法度量软件规模。

本文主要基于国内外相关标准与规范，研究一套适用于企业的系统开发成本度量方法，主要研究过程如下：

（1）结合国家标准，初步梳理出一套适合企业的系统开发成本度量方法。

（2）和软件造价评估技术创新联盟等单位进行技术交流，参加“中国软件估算大会”和相关企业专家进行交流，学习借鉴国内企业软件成本度量经验。

（3）利用部分完成竣工决算的项目对该方法进行测算研究，验证该方法的可行性，明确测算研究范围；针对几十个信息化项目展开功能点测算培训，并对各项目进行功能点测算。对测算结果进行回归分析，初步拟定符合企业的测算模型和参数。

1.3　功能点方法简介

1.3.1　整体研究方法

功能点测算方法主要采用“规模估算-工作量估算-成本估算”的方法进行软件开发成本测算。通过估算系统规模，推算出系统工作量，再结合企业人员费率估算出总体的系统开发实施费用。功能点主要是用来度量系统规模，是测算系统开发实施费用的重要的输入因子。

其中：

$$系统规模=预估规模\times规模调整因子 \quad (1)$$

$$系统开发实施工作量=系统规模\times基准生产率\times调整因子 \quad (2)$$

$$系统开发实施成本=\sum 系统开发实施工作量\times人员费率 \quad (3)$$

1.3.2 遵循标准规范

研究软件研发成本测算时，遵循了《软件工程软件开发成本度量规范》（GB/T 36964—2018）、《中国软件行业基准数据》（CSBMK® -202110）、《信息化项目软件开发费用测算规范》（DB11/T 1010—2019）等标准规范（图 1），为信息化建设项目投入成本的整体测算方法、基准数据给出了依据。

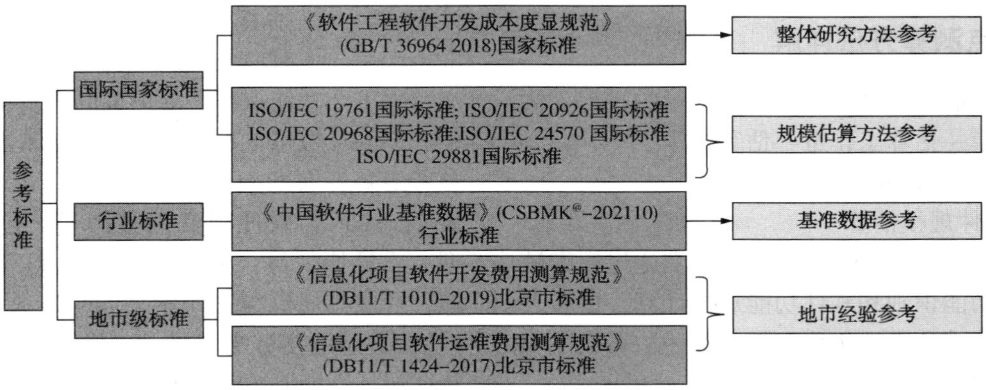

图 1 功能点方法参考的标准

1.3.3 选择 NESMA 方法

在系统规模估算中，主要采用的功能点估算方法包括：COSMIC 方法、FiSMA 方法、MK II 方法、IFPUG 方法、NESMA 方法等。

（1）IFPUG、NESMA 和 FiSMA 方法适用于商业应用软件的功能规模测量。

（2）NESMA 方法与 IFPUG 方法非常类似，但对功能点计数进行了分级，以便在估算的不同时期选择不同精度的方法进行估算。

（3）COSMIC 方法适用于商业应用软件和实时系统的功能规模测量。

（4）MK II 方法适用于逻辑事务能被确定的软件类型。

综合考虑，我们采用 NESMA 方法估算软件规模，该方法较为经济、快捷。NESMA 方法是采用功能点计数来估算系统规模，功能点计数是通过量化提供给用户的、基于逻辑设计的“数据”和“功能”来度量系统规模。

针对不同估算需求，有三种不同颗粒度的估算场景，分别是预估功能点法、估算功能点法和详细功能点法见表 1。其中预估功能点法更适用于预算或招投标阶段的项目，所以我们选择预估功能点法。

表 1 项目各阶段的适用方法

项目阶段	解释说明	适用场景	适用方法	规模调整因子
估算早期	软件规模统计时仅识别 ILF 和 EIF 文件	项目立项、预算、招投标阶段	预估功能点法	1.39
估算中期	假设 ILF \ EIF \ EI \ EO \ EQ 的复杂度为中进行统计	详细设计阶段	估算功能点法	1.22
估算晚期	根据 5 类基本功能组件的复杂度进行统计计数	审计、后评价阶段	详细功能点法	1

在软件开发工作的进行过程中，软件需求通常会存在不同程度上的变更。因此，依据软件测算的不同阶段给出了规模调整因子，结合预估功能点法，预算阶段取规模调整因子 1.39。

1.4 应用范围和价值点

功能点方法主要应用于系统开发实施阶段的

费用测算，系统开发实施阶段主要指项目启动、需求分析、详细方案设计、系统代码开发、系统配置与测试阶段、系统上线和验收阶段。

功能点方法适用于企业信息化建设项目中，主要以软件开发为主的信息系统或者项目中的软件开发任务，能够使项目工作量的测算更加客观、有效控制项目费用，从而提高了软件项目的管理能力和生产率，降低了软件开发成本和研发周期。

2　功能点测算方法详解

基于功能点的系统开发成本度量的过程：估算软件规模—估算工作量—估算成本。

2.1　建立成本估算模型

2.1.1　软件规模估算

信息化软件工程项目系统开发实施规模度量包含软件功能识别和软件功能规模计算，估算人员根据已确定的系统边界和需求描述估算软件规模，公式如下：

$$US=\sum ILF\times 35+\sum EIL\times 15 \tag{4}$$

$$S=US\times CF \tag{5}$$

式中，S 为调整后规模，功能点(FP)；US 为预估规模，功能点(FP)；CF 为规模调整因子，取值范围 1.0~2.0，在项目的概算和预算阶段建议取值 1.39；ILF 为内部逻辑文件，存储在系统内部；EIL 为外部接口文件，存储在系统外部。

2.1.2　工作量估算

工作量估算＝系统规模×基准生产率×调整因子，度量公式如下：

$$AE=(S\times PDR)\times SWF\times RDF \tag{6}$$

式中，AE 为调整后的工作量，通过系统规模 S 计算获取，是估算费用的核心依据；PDR 为基准生产率，人时/功能点；其含义是研发过程中，交付物 1 个功能点所需要消耗的人员工时。基准生产率的参数可依据企业的生产率基准值，或者参考最新发布的《中国软件行业基准数据》，见表 2；SWF 为软件因素调整因子，包括应用类型、质量特征等，代表因软件分类等属性的不同，造成其规模与工作量之间对应关系的差异。(应用类型包括分布式处理、多重站点等，质量特征包括性能要求、可靠性要求等)；RDF 为开发因素调整因子，包括开发语言、团队背景等，代表因团队、实现过程和方法等因素，造成对软件规模与工作量之间对因关系的差异。

表 2　2021 年各业务领域软件开发基准生产率数据明细　　人时/功能点

业务领域	P10	P25	P50	P75	P90
电子政务	2.08	3.15	6.65	11.22	15.54
金融	3.17	5.44	10.92	16.19	27.32
电信	2.58	5.05	10.84	17.98	29.09
制造	2.13	3.64	8.16	16.82	24.77
能源	2.11	3.50	7.03	17.94	21.74
交通	2.06	3.37	7.51	14.54	22.26

2.1.3　成本估算

系统开发实施成本度量公式如下：

$$P=\sum \text{人员费用基准价}\times\text{人工成本涨价系数}\times AE \tag{7}$$

式中，P 为系统开发实施费用，为元；人员费用基准价为依据企业的费用标准；人工成本涨价系数为由信息化建设项目投资主管部门根据项目开展时期国家经济社会发展水平和信息化行业用工成本变动等情况确定涨价系数；AE 为工作量，人时。

2.2　选择参数和表格工具

1. 软件规模估算

使用《估算表》作为估算工具，填写《估算表》估算软件规模，如图 2 所示。

逐步填写出《估算表》中的“子系统”“一级模块”“二级模块”……“末级模块”“功能点计数项”。“功能点计数项”是最小功能条目，需要列举出与末级模块相关的全部业务功能。在《估算表》中，为每一个“功能点计数项”选择填写功能分类、修改类型、重用程度等属性信息，通过表格的自动计算就可以获得软件的功能规模计算结果。

2. 工作量估算

通过系统开发实施规模估算工作量。选取调整因子，确定待估算项目的调整因子取值：根据项目阶段和需求的清晰程度，取值规模变更调整因子；根据行业或企业基准数据取值基准生产率；根据软件的应用类型和质量特性等选择和取值软件类型调整因子；根据团队背景、开发语言、研发模式、管理因素等选择和取值软件类型调整因子。得出调整后的工作量，如图 3 所示。

3. 成本估算

明确工作量后，通过工作量和工作人员费率计算成本。通过公式费用 = Σ 人员费用基准价×人工成本涨价系数×工作量，根据企业基准数据中的项目人员费率估算项目成本，如图 4 所示。

规模估算方法	预估功能点	请选择规模估算方法，缺省为“估算功能点”
功能点合计	100	单位：FP
调整后功能点	50	单位：FP

编号	子系统	一级模块	二级模块	功能描述说明	功能点计数项名称	类别	UFP	重用程度	修改类型	US	备注
1	***	*****	——		****信息	ILF	35			35.00	
2					**信息-外系统	EIF	15	低		15.00	
3			——		**规则信息	ILF	35	中	新增	**	
4					**控制信息-外系统	EIF	15	高	修改	**	
5					****信息的维护	EI	0		删除	0.00	
6		*****	——		****统计报表	EO	0			0.00	
7					****详细查看	EQ	0	低	新增	0.00	
8											
9											
10											
合计							100			50.00	

图 2　软件规模估算

规模估算结果（单位：功能点）		50.00	未进行功能吻合度调整
规模变更调整因子取值		1.39	根据项目阶段取值
调整后规模（单位：功能点）		69.50	
基准生产率（单位：人时/功能点）		**	乐观值
		**	根据企业基准数据取值
		**	悲观值
未调整工作量（单位：人天）		**	下限
		**	中值
		**	上限
调整因子	应用类型	**	
	质量特性	**	
	开发语言	**	
	开发团队背景	**	
调整后工作量（单位：人天）		**	下限
		**	中值
		**	上限

图 3　工作量估算

调整后工作量（单位：人天）	**	下限
	**	中值
	**	上限
人月基准单价（单位：万元/人月）	**	根据企业基准数据中的人员费率取值
基准报价（单位：万元）（不包含直接非人力成本）	**	下限
	**	中值
	**	上限

图 4　成本估算

2.3　汇总评测结果报告

通过测算验证表明，采用功能点方法进行软件开发类项目的费用测算是比较合理可行的，能够为信息化建设项目的投资提供客观定量化的数据。

2.4 特殊情况说明

若存在不适用功能点估算方法的部分，如对于企业信息化咨询项目，或对商用(套装)软件以客户化定制开发或业务组态等面向用户的特定配置方式进行软件实施的项目，建议使用经验法或类推法来估算成本。

2.4.1 经验法

经验法指有经验的项目经理估算项目系统开发实施工作量，经过专家评审、领导审核后上报主管部门履行项目审批程序。

2.4.2 类推法

类推法指基于量化的经验，项目组给出类推的依据数据和本次项目的估算结果，专家评审、领导审核后上报主管部门履行项目审批程序。

3 功能点测算方法应用案例

3.1 项目应用情况

某集团企业采用功能点方法进行信息系统开发费用的测算与验证，选取覆盖各业务域的信息系统进行测算，测算过程涵盖项目启动、需求分析、详细设计、系统开发、系统配置与测试、系统上线和验收等阶段。通过验证表明：基于功能点的系统开发成本度量方法是合理可行的，有效控制了企业整体的信息化投入。同时，功能点分析方法使用规范的数学模型，从业务功能的角度对软件规模进行度量，能够较好地反映出软件的逻辑规模，且能得到需求方和开发方的共同认可。该方法能够为软件类项目开发成本度量提供客观定量化的测算依据和工具支撑，在企业信息化建设项目的投资估算过程中发挥规范和指导作用。

3.2 产出成果物

3.2.1 测算工具

为快速推广应用基于功能点的测算方法，制定了系统开发实施费用估算工具，分别涵盖信息系统软件规模度量、工作量度量和成本度量三个部分。通过输入系统功能点计数项信息，结合项目所处阶段、基准生产率、企业人员费率等要素，可自动计算出信息系统功能规模、开发工作量和开发成本，为企业软件开发成本估算提供方便、快捷和准确的测算工具，提高企业研发成本控制水平和项目管理工作效率。

3.2.2 制度规范

制定企业《信息化软件工程项目成本度量规范》《信息系统规模估算指南》。其中，《度量规范》规定企业信息化建设项目系统开发实施成本度量的方法及过程，包括信息化软件系统开发实施成本的构成和度量过程，用于指导信息化建设项目系统开发实施成本度量；《估算指南》详细说明系统规模度量方法包含的定义、规则和步骤，用于指导信息化建设项目中对系统规模的测算。由于系统规模是工作量测算和费用测算的重要依据，因此《度量规范》需要配合并依据《估算指南》进行测算工作。

3.3 应用效果

1. 遵循国家标准规范，建立科学的信息化成本度量方法

功能点方法引入软件工程造价中的相关国际标准、国家标准、行业标准以及地市级标准，对信息化建设项目投入成本的整体测算方法、基准数据给出支持。根据《软件工程软件开发成本度量规范》国家标准，开展整体方法的研究；根据NESMA方法，采用功能点计数来度量软件规模；根据企业的基准生产率进行工作量估算等；根据企业的人员费率标准，计算出软件开发成本。功能点方法的专业性主要体现为对软件规模的客观度量，采用软件功能点计数能够准确估算项目团队的工作量、费用等，同时可依据基准数据进行动态调整，由此可以解决大部分软件研发项目过程中的度量和管控问题，是一种比较科学、合理和标准化的信息化项目成本度量方法。

2. 制定客观度量指标，促进软件成本测算更加方便快捷

功能点方法最主要的特点是能够非常客观地度量软件的功能规模，通过完善的规则、细致的度量规范，使得评估测算结果与实际偏差较小。信息化项目成本测算时，采用“规模估算-工作量估算-成本估算”的方法进行软件开发成本测算，并固化成公式自动计算各项数值，使得测算结果科学、客观、准确和便捷。

3. 实现分类设计，不同项目类型采用不同解决方式

针对不同的项目类型，可按复杂程度进行方案推荐。例如，有的项目只需硬件购买和部署即可；有的是对已有信息系统的优化升级，有的是新功能需求模块的开发；有的是基于成熟软件进行功能优化。按照项目类型和评估的可行性，功能点测算方法的适用情况见表3。

表 3　功能点测算方法适用情况

类型	具体描述	适用建议	说明
软件开发项目	软件系统的自主研发和升级改造，包括新功能开发、已有功能的优化升级	适用	可用功能点评估规模和成本的，可作为估算主要依据
购买成熟软件	购买成熟软件、基于成熟软件进行功能优化	不适用	只能用功能点评估功能规模，仅作为估算参考，建议采用类推法或经验法
购买硬件部署	购买硬件进行部署实施	不适用	不可用功能点评估工作量，可采用类推法或经验法估算
信息化咨询服务	开展企业信息化建设所需的信息化咨询服务	不适用	不可用功能点评估工作量，可采用经验法和任务分解法相结合的计价方法估算

4　总结

本文研究了基于功能点的软件开发成本度量方法，它是企业信息化投入中对软件开发类项目进行成本测算的一种研究与探索，主要建立了一个软件开发成本评估模型，分为规模估算、工作量估算、成本估算三个步骤，采用科学、量化的方式进行系统开发成本测算。通过典型系统的测算验证表明，采用功能点方法进行系统开发成本测算是合理可行的，该方法能够为信息化建设项目的投资提供客观定量化的数据支撑。目前，基于此方法已初步形成成本度量规范和估算指南，并提供相应的测算支持工具。未来进一步的研究方向是：一方面将借鉴行业经验适度优化和持续改进，以提高方法的适用性，为后续科学确定项目预算量化管理奠定坚实基础；另一方面将研究智能辅助申报工具，简便工作量评估流程，降低功能点测算方法的推广难度，从企业预算编制场景入手，逐步拓展更多的应用场景，以发挥更大的实施效果。

参　考　文　献

[1] 刘希俭，等．企业信息技术总体规划方法[M]．北京：石油工业出版社，2012.

[2] SJ/T 11463—2013. 软件研发成本度量规范[S]．北京：中华人民共和国工业和信息化部，2013，10.

[3] 彭振宇．中小软件项目估算研究[J]．电脑知识与技术，2018，9：53-54.

[4] GB/T 36964—2018. 软件工程 软件开发成本度量规范[S]．北京：中国国家标准化管理委员会，2018，12.

[5] DB11/T 1010—2019. 信息化项目软件开发费用测算规范[S]．北京：北京市质量技术监督局，2019，6.

[6] CSBMK®-202110. 中国软件行业基准数据[S]．北京：中国电子技术标准化研究院，2021，10.

[7] 张静娴，张红福．NESMA 功能点分析方法在电信行业软件中的应用与改进[J]，数据通信，2020，3：12-1

通用型内容管理系统的设计与研发

毛火明　沈东义　郭　林　袁秋霞　王子通

（中海石油（中国）有限公司天津分公司）

摘　要　随着网络应用的丰富和发展，很多网站往往不能迅速跟进大量信息衍生及业务模式变革的脚步，常常需要花费许多时间、人力和物力来处理信息更新和维护工作；遇到网站扩充的时候，整合内外网及分支网站的工作就变得更加复杂，甚至还需重新建设网站；如此下去，用户始终在一个高成本、低效率的循环中升级、整合。本文介绍了一个利用互联网技术实现的通用型内容管理系统，系统采用B/S架构设计，具有用户管理、菜单管理、内容管理、应用管理、扩展工具管理、系统设置等功能。系统以最新的PHP语言开发技术为支撑，使用PhpStorm集成开发工具，结合MySQL数据库，页面采用DIV+CSS布局方式。

关键词　PHP；B/S；内容管理系统；MySQL

随着计算机技术和网络技术的迅猛发展，世界已经进入了信息社会，大量的信息需要在网上发布。其中涉及的信息何时发布、何时撤销，于是引发了栏目内容的发布、管理以及角色权限管理等一系列问题。而现在各行各业都需要利用网站作为宣传的媒体，因此网站的整体需求是很大的，网站内容管理系统的前景也是非常广阔的，关键是必须开发出适合用户需求的产品。因此，设计一个通用且完整的内容管理系统是一个非常有必要的研究课题。

1　开发技术和工具简介

2.1　Web技术

Web（互联网）是一种典型的分布式应用结构。Web应用中的每一次信息交换都要涉及客户端和服务器。Web系统结构示意图如图1所示。

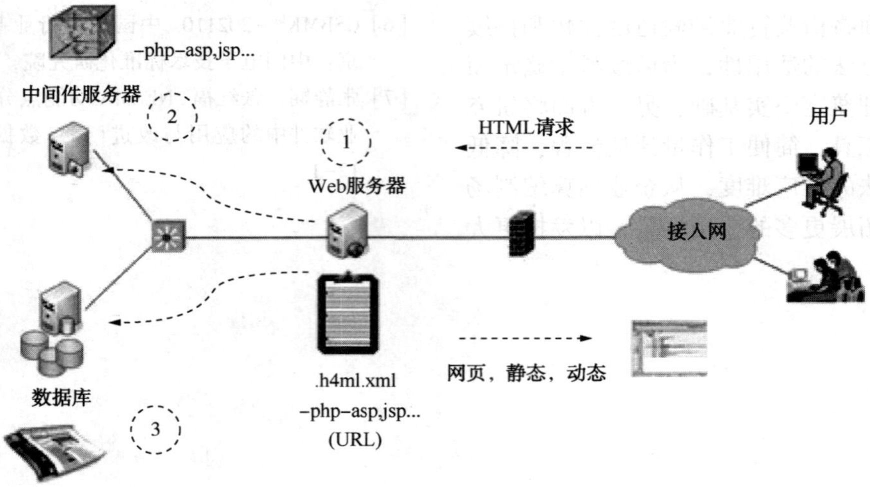

图1

2.2　B/S架构

B/S架构即浏览器和服务器架构模式，是Web兴起后的一种网络架构模式，Web浏览器是客户端最主要的应用软件。这种模式统一了客户端，将系统功能实现的核心部分集中到服务器上，简化了系统的开发、维护和使用。B/S架构图如图2所示。

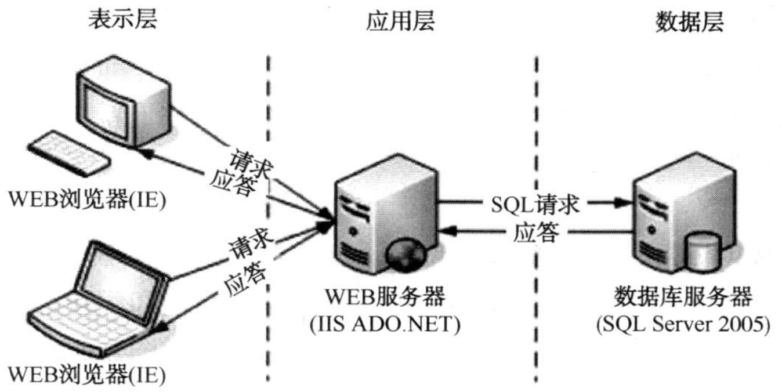

图 2

2.3 PHP 编程语言

PHP 全称为 PHP Hypertext Preprocessor，即超文本预处理器。PHP 可以比 CGI 或 Perl 更快速地执行动态网页。PHP 具有开源免费、开发快、运行快、效率高、编辑简单、实用性强、跨平台性好等优点。同时，PHP 默认使用 GD2 支持图像处理，其面向对象的特性，使 PHP 完全可以用来开发大型的商业程序。

2.4 MySQL 数据库

MySQL 是一个开源免费的小型关联式数据库管理系统，与其他的大型数据库例如 Oracle、IBM DB2、MS SQL 等相比，MySQL 具有体积小、速度快、总体拥有成本低等优点，许多中小型网站为了降低网站总体拥有成本而选择了 MySQL 作为网站数据库。

2.5 Apache 服务器

Apache 是一个开放源码的网页服务器，可以运行在几乎所有广泛使用的计算机平台上，是最流行的 Web 服务器端软件之一。它快速、可靠并且可通过简单的 API 扩展，将 Perl/Python 等解释器编译到服务器中。

2.6 PhpStorm 继承开发工具

PhpStorm 是一个轻量级且便捷的 PHP IDE，可深刻理解用户编写的代码，并且提供智能代码补全、快速导航以及即时错误检查等功能。PhpStorm 还可以作为 JavaScript、HTML/CSS 编辑器，其智能的环境，支持 FTP 和远程文件同步，可以分析和调试代码，可记录本地修改，为程序员编写代码提供方便可靠的环境。

2 系统的设计与实现

2.1 系统功能设计和实现

该内容管理系统功能包括：系统设置、用户管理、菜单管理、内容管理、扩展工具管理。

1. 系统设置模块

该模块包括个人信息管理、网站设置、配置管理、清除缓存。实现页面以配置管理为例，如图 3 所示。

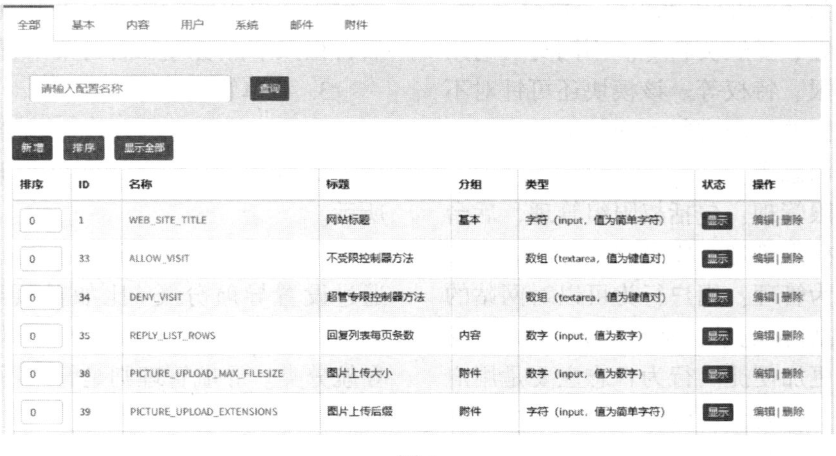

图 3

（1）个人信息管理：可以完成对管理员的基本信息的管理，还可以修改管理员的密码。

（2）网站设置：完成对网站一些可变参数的设置，使网站功能更加丰富和灵活。包括：基本设置、内容设置、用户设置、系统设置、邮件设置和附件设置。

（3）配置管理：完成网站一些配置参数的管理。通过设置一些配置参数，供前台动态调用，可以达到省去修改后台管理界面代码的作用。

（4）清除缓存：为了提升网站的响应速度，可以将网站的一些需要在加载页面时动态设置的参数设置成静态缓存，当需要更新这些缓存时，只需要清除缓存即可，下次页面加载时会自动获取新的参数并重新进行静态缓存。

2. 用户管理模块

该管理模块包括用户信息管理、扩展资料管理、身份管理、权限管理、行为管理、标签管理、积分管理和用户配置。实现页面以用户信息管理为例，如图4所示。

图4

（1）用户信息管：主要负责对系统用户信息的维护管理，管理员可对用户信息进行新增、修改、查询、删除、重置密码，为用户分配对应的用户组。

（2）用户扩展资料管理：用于管理用户基本信息表里不存在的、某些用户个性化的资料。首先对用户扩展资料进行分组设置，然后为扩展资料分组设置相应的字段信息，再为用户分配指定的扩展资料分组并设定对应的字段信息值。

（3）用户身份管理：身份管理可以用于给不同身份的用户设置不同的初始积分、默认头像、可持有的用户标签、扩展资料等。不同身份的用户具有不同的权限、特权等。该模块还可针对不同的用户采用不同的界面进行不同的引导，对不同身份用户发送消息等。

（4）用户权限管理：包括权限组管理、后台操作和前台访问权限管理、成员权限分配。

（5）用户行为管理：用户行为可以对网站的用户行为进行限制和记录，从而保障网站的安全，也能让管理更加便捷。行为日志主要是用户行为日志的记录，在后台可以清楚看到整个网站每个用户的触发行为时的记录。

（6）用户标签管理：可实现用户标签的新增、编辑、设置和删除等功能，可为用户配置相应的用户标签，用户在前台显示，可通过标签查找用户。

（7）用户积分管理：完成积分规则和积分类型的新增、编辑、设置和删除，积分日志查看、删除和导出的管理。积分规则是挂载在行为规则上的。比如说，设置用户执行某个操作能获取5个积分，那么当这个用户进行该操作这个行为时，就会触发这个行为，从而获取积分。

（8）用户配置：包括用户基础设置、用户分组设置和权限组的管理。权限组管理包括了前、后台权限节点管理和后台菜单管理。

3. 菜单管理模块

该管理模块分为前台导航管理和后台菜单管理。实现页面以后台菜单管理为例，如图5所示。

（1）前台导航：分为导航分类和导航管理。通过设置导航分类（比如首页导航、子页面导航），可以在前台不同的页面调用和展示不同的导航分类。导航管理则是管理不同导航分类对应导航的新增、编辑和删除。

（2）后台菜单：管理后台页面展示的菜单，如果在菜单管理的时候将该后台菜单加入权限认证，则可以在后期将该菜单管理权限分配给不同的管理员。

4. 内容管理模块

该管理模块包括分类管理、文章管理、页面管理、附件管理、评论管理和回收站。实现页面以附件管理为例，如图 6 所示。

图 5

图 6

5. 扩展工具管理模块

该管理模块包括插件管理、钩子管理、操作监控、流量分析、主题管理、友情链接。

（1）插件管理：插件是用于扩展系统功能的一些独立“组件”，插件的定位是用于实现某些简单的显示及数据处理的功能扩展。

（2）钩子管理：钩子是为了让一个扩展的功能(插件)在多个地方可随意的使用。钩子管理实现的是设置钩子的名称和标识等，方便后期系统调用并挂载插件，实现相应的功能。

（3）操作监控：可以查看所有管理员执行的后台的操作，保证系统的安全性。

（4）流量分析：可以按时间段、页面、访问者 IP 等条件查看前台的访问情况，通过分析数据全方位了解网站被访问的情况。

（5）主题管理：为系统设置不同的主题，可以丰富前台展示页面的风格。

（6）友情链接：后台设置友情链接，前台直接从数据库读取，免去更新代码的烦恼。

2.2 数据库设计

系统需要存储系统、用户、菜单、内容、扩展工具等相关的信息，主要包括以下数据表：

（1）系统信息表：config(系统配置)。

（2）用户信息表：member(会员信息表)、ucenter_ member(用户信息表)、user_ config(用户配置信息表)。

（3）用户权限信息表：action(系统行为表)、action_ limit(行为限制表)、action_ log(行为日志表)、auth_ extend(用户组与分类对应关系表)、auth_ group(用户组表)、auth_ group_ access(用户与用户组关联表)、auth_ rule(用户权限规则表)、role(身份表)、role_ config(身份相关配置表)、role_ group(角色分组表)、user_ role(用户角色关联表)、field(用户扩展资料表)、field_ group(用户扩展资料分组表)、field_ setting(用户扩展资料字段设置表)、score_ log(用户积分日志表)、user_ tag(用户标签表)、user_ tag_ link(用户标签关联表)。

（4）系统菜单信息表：menu（系统后台菜单信息表）、nav（前台导航信息表）、nav_ cat（前台导航分类信息表）。

（5）内容信息表：posts（文章信息表）、terms（文章分类表）、term_ access（文章分类权限表）、term_ access_ auth（文章分类与权限授权对应表）、term_ relationships（文章与分类对应关系表）、files（附件信息表）、post_ comment（文章评论信息表）。

（6）系统扩展信息表：addons（插件表）、hooks（钩子表）、site_ visit（系统前台访问信息表）、themes（主题表）links（友情链接表）。

3 结语

本文介绍了一个利用 PHP+MySQL 设计并实现的通用型内容管理系统，系统遵循 Apache2 开源协议，采用 ThinkPHP 框架为支撑，前端使用 jQuery+BootStrap，支持页面响应式布局，兼容市面上最新的主流浏览器。

利用本文介绍的通用型内容管理系统，可实现功能强大且灵活的用户管理和内容管理，该内容管理系统已经在渤海石油研究院门户网站得到成功运用。应用表明，采用该内容管理系统具有以下优势：系统拥有精细的用户权限管理功能，还拥有“身份”功能，身份和用户组权限的结合使用，满足对网站用户的管理，而且能够灵活地支持系统的安全策略，并对系统的变化有很大的伸缩性。系统强大的内容管理功能，使管理员不再需要花费许多时间、人力和物力来处理信息更新和网站维护工作，可以腾出更多的时间，把精力放在宣传信息本身的内容上，助力了渤海石油研究院的文化宣传。

参 考 文 献

[1] 高洛峰．细说 PHP（第 4 版）[M]．北京：电子工业出版社，2019.

[2] LORNA MITCHELL，DAVEY SHAFIK，MATTHEW. PHP 精粹：编写高效 PHP 代码[M]．北京：机械工业出版社，2012.

[3] 郭方方，王健．PHP 开发一站式学习：难点/案例/练习[M]．北京：清华大学出版社，2013.

[4] BARON SCHWARTZ，PETER ZAITSEV，VADIM TKACHENKO. 高性能 MYSQL[M]．北京：电子工业出版社，2013.

[5] JON DUCKETT. HTML & CSS 设计与构建网站[M]．北京：清华大学出版社，2013.

数据仓库在信息化系统中的应用研究

陈 璟[1] 马永威[2]

（1. 中国石油集团川庆钻探工程有限公司；2. 中国石油长庆油田公司）

摘 要 本文介绍了将数据仓库技术应用于公司信息化系统的必要性、理论基础、技术要点、以及应用前景。通过建立公司信息化系统数据仓库，实现了与公司生产、安全、经营实际相结合的数据仓库应用实例化，提升了公司的信息化应用水平和系统的运行效率。

关键词 数据仓库；信息系统；决策分析；应用

在信息化技术普及和大数据的背景下，现代计算机信息化技术也渗透到企业各部门的业务系统之中，通过对各部门业务系统数据的分析和利用，可以建构适宜于决策分析的数据仓库，它是对数据进行组织和管理的技术，是面向主题、集成而稳定的数据集合，通过对数据的抽取、清洗和转换，可以较好地将其应用于分析决策型应用环境，实现决策分析在数据仓库中的应用创新。

数据仓库是一个数据集合，用于支持管理决策，具有一系列的独特功能和特性。数据库是整个数据仓库环境的核心，也是数据存放的地方。所谓数据仓库，相较于操作性数据库来说，最突出的特点就是能够支持海量数据并且具有快速检索的技术。数据仓库中最关键的部分在于数据模型的设计，模型的设计相当于仓库设计的地基。数据仓库技术并非是要取代数据库，二者是相辅相成的。实际上数据仓库还是用关系数据库管理系统进行管理的。

1 应用背景和建设意义

随着长庆井下信息化建设的发展，公司应用的业务信息系统增加到了十几个，由于各个业务系统是不同时期、不同平台、不同公司开发建设的，采用的标准规范、技术路线、编程语言等也不同，而各个系统之间关联的数据又未进行公共编码，导致系统之间缺乏关联、数据缺乏集成，不利于数据挖掘，不能将基础数据汇总、归纳、分析，形成了一个个的“信息孤岛”。这些“信息孤岛”造成了资源分散，存储冗余，管理成本高，决策支持弱，各职能部门无法进行协同工作。为了使这些庞大而分散的信息数据成为决策分析的依据和参考，就需要利用数据仓库技术，建构相关的决策模型，把握资源配置状态和使用效率。

因此我们提出要以经营管理为目的、以生产信息为主线、以生产资源为要素、以系统运行为关键的目标，建立一个集成、共享的企业级数据仓库平台，提取公司内部不同的业务系统数据和外部数据，经过转换和处理，形成一个中心的数据集，管理层和业务人员可以通过这个统一的平台来查询不同业务系统的生产经营数据，为公司提供多维信息统计分析、关系挖掘、查询检索和报告生成工具，为管理层提供及时有效的决策信息(图 1)。

2 数据仓库技术及功能

数据仓库是一个集成化、系统化、规模化的数据存储体系，可以实现对信息数据的快速、便捷的查询和分析，具有以下主要功能：

（1）面向主题的仓库数据。数据仓库不同于传统数据库，传统数据库是面向应用进行设计，反映企业内部数据的动态表征；而数据仓库则是以面和主题的分析应用而设计，必须对原始数据进行提取、加工、集成。

（2）集成性。数据仓库中的信息数据来自于不同部门的应用系统，这些部门应用系统中的信息数据是相对分散的，需要对其加以提取、归纳、整理和综合，使之成为统一性的数据，以实现对数据仓库的扩充和更新。

（3）时间性。数据仓库要根据数据的变化进行调整和改变，这就显现出数据仓库中的数据的时间性特征，对于用于趋势预测分析的数据通常要保留5~10年的历史数据；对于仅用于历史信息查询的、事务性的业务数据则通常只需保留30~90天。

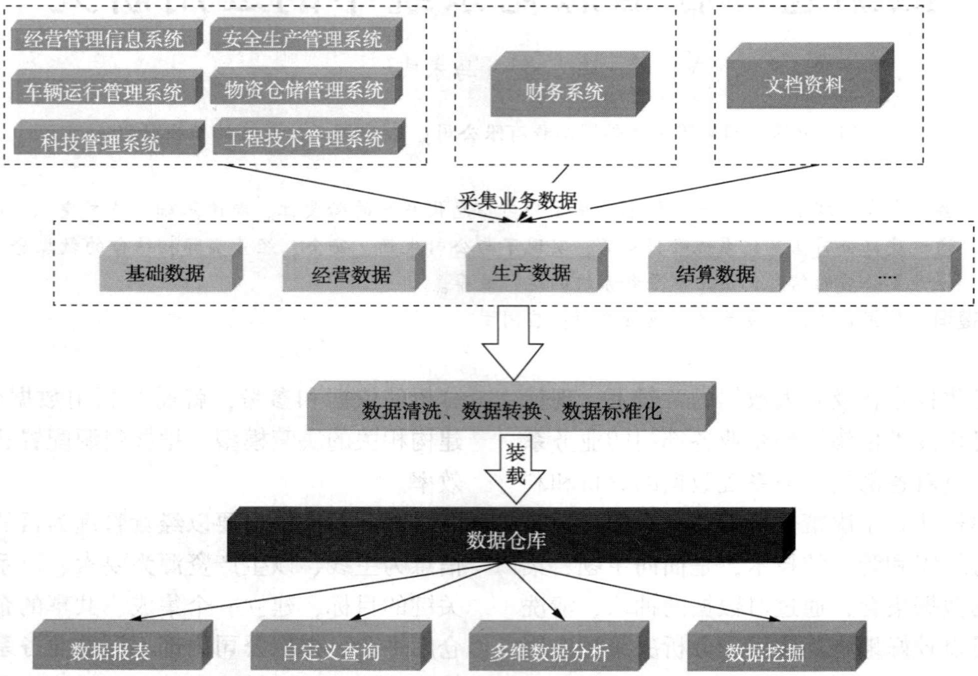

图1　公司数据仓库架构图

(4) 相对稳定性。数据仓库中用于企业决策分析的信息数据是不同时点数据库快照的集合，是非事务型的数据，通常来说进入到数据仓库中的数据都是相对稳定的，通常情况下无需进行数据修改。

(5) 全新的数据库技术应用。数据仓库是一种全新的数据库技术，它是基于业务数据库的独立信息管理系统，通常不用于日常事务性的操作性工作，而主要是用于对企业管理层决策分析的支持。

3　数据仓库应用研究

公司信息化系统数据仓库应用总体设计思路以信息技术领域已经较为成熟的数据仓库技术理论为基础，通过运用数据仓库技术并结合公司信息化应用现状以及实际业务需求，建立企业级的面向主题的、集成的、相对稳定的、反映历史变化的数据仓库平台，为公司当前的生产经营管理提供信息化支撑，为公司未来建立决策支持系统奠定技术基础。

3.1　建立统一的数据标准

统一数据标准，是利用数据仓库技术进行数据集成的前提。应该根据自身实际，兼顾国家标准、行业标准和市级标准等，严格遵循“一种信息只能有一个信息编码，不同的信息有不同的信息编码”的原则，统一代码的类型、结构和编写格式等，提高信息处理的效率，实现信息资源的共享。比如：将用户的ERP编号作为识别身份的唯一标准，其规则必须唯一，唯有如此，用户才可以在多个业务系统中实现统一登录。

3.2　数据仓库技术(ETL)

ETL是构建数据仓库的重要一环，用户从数据源抽取出所需的数据，经过数据清洗，最终按照预先定义好的数据仓库模型，将数据加载到数据仓库中去设计和实施ETL。ETL是从一个或多个数据源抽取数据，经过一个或多个转换步骤后，物理的存储到目标环境中。它按照统一的规则集成数据，通过转换来提高数据的价值，负责完成数据从数据源向目标数据转化的过程。对于存量业务系统通过ETL数据处理系统，将业务数据进行采集、清洗、转换，装载入数据仓库。另外，在ETL的实施过程中，除了要按照数据流定制转换外，还要根据实际业务的需要，处理好定时同步和实时同步之间的关系，合理分配数据仓库的资源(图2)。

3.3 数据服务总线(ESB)

ESB提供了一种开放的、基于标准的消息机制，通过简单的标准适配器和接口，来完成应用(服务)和其他组件之间的互操作，能够满足大型异构企业环境的集成需求。它可以在不改变现有基础结构的情况下让几种技术实现互相操作(图3)。

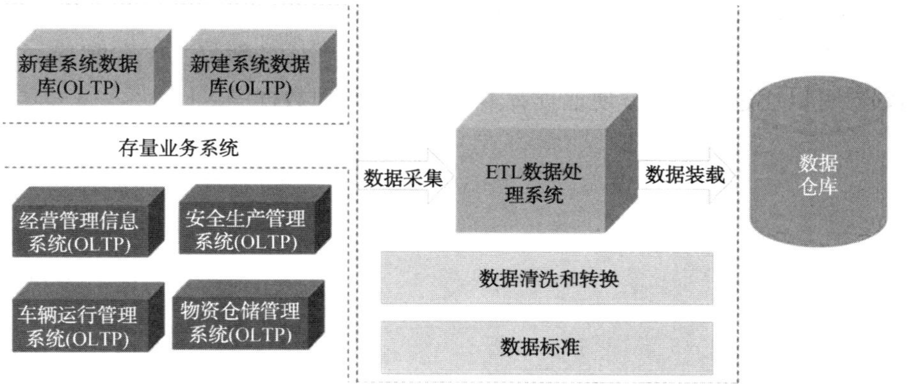

图2　ETL数据处理架构图

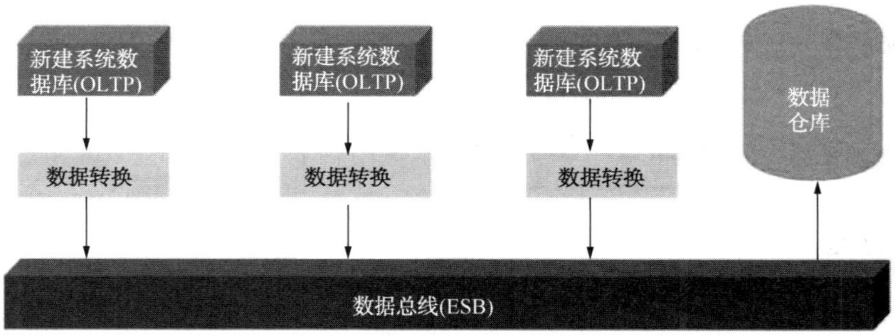

图3　ESB数据服务总线架构图

通过使用ESB，可以在几乎不更改代码的情况下，以一种无缝的非侵入方式使企业已有的系统具有全新的服务接口，并能够在部署环境中支持任何标准．更重要的是．充当“缓冲器”的ESB(负责在诸多服务之间转换业务逻辑和数据格式)与服务逻辑相分离，从而使得不同的应用程序可以同时使用同一服务，用不着在应用程序或者数据发生变化时，改动服务代码。

我们选用MuleESB架构设计，它是一个基于Java的轻量级企业服务总线和集成平台，允许开发人员快速便利地连接多个应用，并支持应用间的数据交换。提供有图形界面化的开发工具，可以方便开发，并有大量的接口和API，方便进行二次开发。

3.4 数据统计分析

企业级信息统计分析平台，为企业提供多维信息统计分析、关系挖掘、查询检索和报表生成工具，为管理层提供及时有效的决策信息。建立一个集成、共享的数据统计分析平台，将散落在经营管理系统、安全生产管理系统、工程技术管理系统、车辆运行管理系统、物资仓储管理系统、科技管理系统等多个业务系统的报表数据在同一个报表平台进行展示、统计查询(图4)。

4 数据仓库建设

数据仓库建设需要选定数据库、ETL抽取工具、ESB总线工具、报表工具。通过对公司现有业务系统分析和技术验证各个指标的对比，最终选型我们选取了：

数据库：Oracle 10G forLinux

ETL工具：BEELOAD 6.0

ESB总线工具：mule esb-server-3.6.1

报表工具：帆软报表(FineReport 4.1)

基于数据仓库建设，是要实现跨专业的生产经营决策分析系统，以提供丰富的图表展现方式，全面支持决策层、管理层、业务层的决策、分析、查询和应用。

面向决策层，建设了领导管理窗口，以集中展现公司各个业务口的关键指标，辅助查看公司整体运营情况，解决了以往因为业务系统数据分散，公司领导只能通过周报、月报、季报的纸质文档查看公司整体运营情况的问题。面向管理层，建设了管理桌面，以集中展现本业务口的主要指标，部门领导可以通过该页面方便地查看本部门的运行情况。面向业务处理人员，数据中心建设了多维度指标关联分析、预测分析，自动形成的明细报表页面，为业务人员的日常工作提供信息化支持。用户的部门不同，所关注的要点也不同，基于此，为每个专业部门的用户制定了对口的数据分析不同业务，当前建设的数据包括生产数据、经营数据、工程数据、车辆动态数据、人力资源数据等。

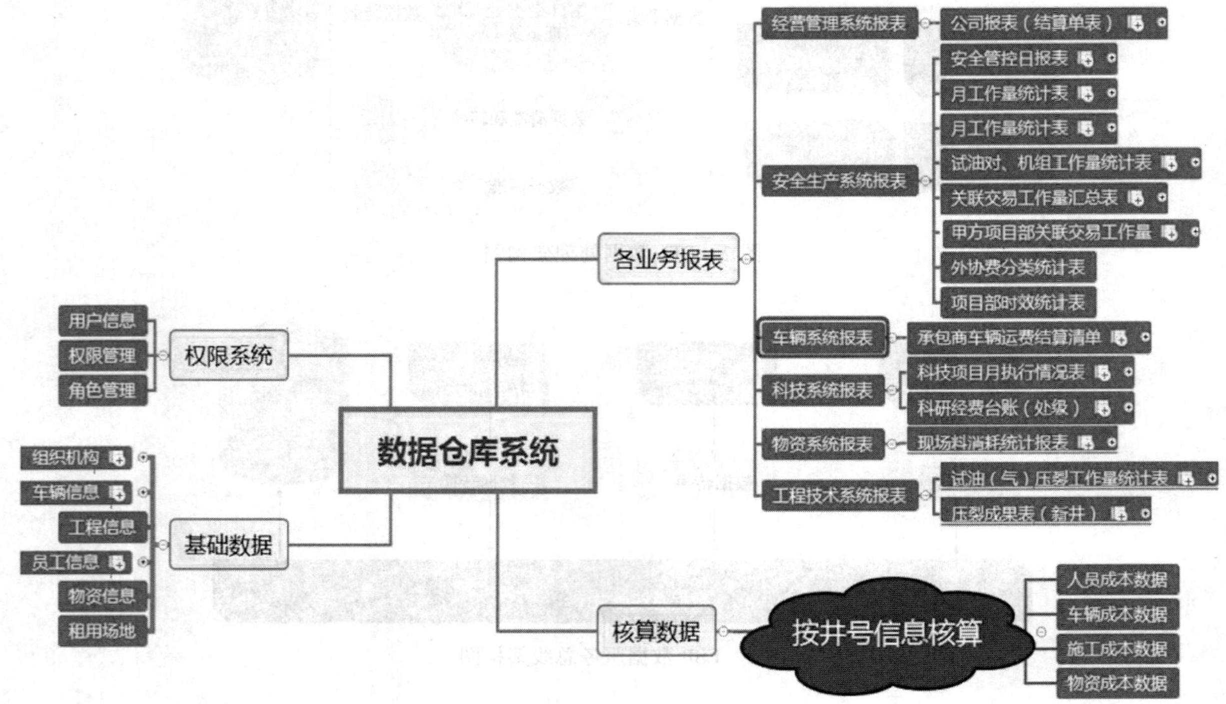

图 4　报表数据平台架构图

5　结束语

基于大数据时代的生产经营决策分析系统的建设，总结出做好分析展现应用的关键是立足公司全局、精选关键指标、紧抓业务需求。数据量大只是大数据概念的一部分，数据仓库技术的核心应该是数据的挖掘应用，在数据集成的基础上做分析展现是大数据应用的重要一环。未来的石油大数据时代应该是结构化数据、非结构化数据和地理信息等有效融合的时代，利用数据提升决策管理水平、改进工作流程和工作方式、优化资源利用，使数据持续产生更大价值。

参　考　文　献

[1] 孙少鹏．基于数据仓库和数据挖掘的企业 BOM 研究[D]．昆明理工大学，2012.

[2] 梁宁宁．基于标准数据建立企业集团数据仓库及费用分析研究[D]．重庆理工大学，2015.

[3] 李忠成．智能仓储物联网的设计与实现[J]．计算机系统应用，2011(7).

[4] 徐璐．基于数据仓库的客户关系管理系统研究[D]．南昌大学，2015.

在业务外包框架下推行阿米巴经营模式的实践与评估

潘　菁

（中石油新疆销售有限公司）

摘　要　2020年，在新冠肺炎重大疫情和国际油价断崖式下跌的双重影响下，中国石油销售公司倡导阿米巴经营模式，旨在加强和完善以加油站为创效单元的管理模式，强化单站运营能力提升，推动形成"一切工作围绕零售转"的工作新格局。阿米巴经营模式提倡每一位员工与企业贯彻共同的经营理念，主动参与经营，依靠全体成员的智慧和努力达成企业目标。而中石油新疆销售有限公司（以下简称新疆销售）通过深化用工市场化改革，对近70%的基层库站实行业务外包，我方不再直接管理外包用工。在此情形下，新疆销售主动作为，通过一系列针对性措施，确保阿米巴经营模式在业务外包框架下落到实处，取得实效。

关键词　业务外包；阿米巴；销售额最大化和经费最小化

1　在业务外包框架下推行阿米巴经营模式的难点分析

1.1　中国石油推行阿米巴经营模式的主要要求

阿米巴经营模式在中国石油成品油销售企业推行的主要要求是，将每一座加油站划分为一个小的经营单元，采取能够及时应对市场变化的部门核算管理，提升单站运营能力；让第一线的每一位员工都能成为主角，主动参与经营，进而实现"全员参与经营"；让每一座加油站和每一位员工共同"追求销售额最大化和经费最小化"，提质增效，实现企业高质量发展（图1）。

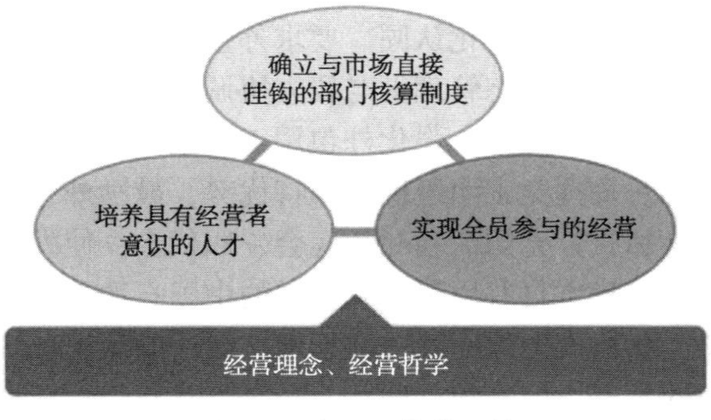

图1　阿米巴经营的目的

1.2　新疆销售业务外包的实施情况

2016年，新疆销售按照集团公司进一步深化人事劳动分配制度改革的工作要求和《关于促进开展业务外包工作的指导意见》，率先实施用工市场化改革，在基层库站全面推行业务外包。2019年以来，新疆销售进一步深化用工转型和业务外包改革，逐步建立了规范、科学、高效的业务外包管理模式。

截至2020年6月末，新疆销售直接用工与外包用工比例为1：1，5100余名外包用工的劳动关系、薪酬福利、考核选拔等全部事宜均由外包方负责管理。新疆销售38%的油（气）站所有人员全部外包（含加油站经理），站点日常经营由外包方负责；29%的油（气）站除加油站经理以外的人员全部外包，站点日常经营由我方站经理与外包方共同负责。

1.3　在业务外包框架下推行阿米巴经营模式的主要难点

阿米巴经营模式是近年兴起的全新的鼓励全员参与的经营模式。想要在中国石油，这样一家有着60余年历史，层级复杂、分支机构众多、员工庞杂的大型国有企业中，推行这种全新的经营模式，本来就面临着很多困难。而新疆销售实施业务外包后，我方与外包方是平等的合作关系，与外包用工是间接的服务与被服务的关系。这一情形，直接影响了阿米巴经营模式的推行。

1. 难使外包方、外包用工与我方贯彻共同的经营理念

一方面，外包方是独立的经营体，与我方仅是合同关系。且主要为私营企业，有着其自身特有的企业文化、经营目标和宗旨。另一方面，外

包用工仅是在我方岗位上提供服务，既与我方没有劳动关系，我方也不负责其日常管理。因此，我方对外包方和外包用工缺乏直接约束力，很难促使其与我方贯彻共同的经营理念。

2. 难以共同实现“销售额最大化和经费最小化”

我方与外包方是甲乙方关系。外包方的销售额就是我方的费用。在通常意义上讲，外包方的销售额增长必然会带来我方费用的增长，因此，我方与外包方难以共同实现“销售额最大化和经费最小化”。

3. 难以实现全员参与

在业务外包框架下，我方是依据合同对外包方进行考核验收，不能够直接考核和管理外包用工。因此，难以通过阿米巴经营模式的推行，实现外包用工的全员参与。

4. 难以快速培养与我方理念一致的经营人才

如前文所述，我方不能直接管理外包用工。而外包方又是具有自成一体的企业文化和经营理念的私营企业。因此，在阿米巴经营模式的推行过程中，我方难以避开外包方，快速培养与我方理念一致的经营人才。

2　在业务外包框架下确保阿米巴经营模式推行实效的主要措施

新疆销售针对业务外包框架下，推行阿米巴经营模式的难点、痛点，认真分析研究，充分结合实际，通过“五统一”管理、“按量结算”、角色转变和创新管理方式等一系列措施，促使外包方、外包用工与我方建立“上量、提质、增效”的共同目标，全员参与经营，使三方由单纯的接发包关系向战略合作关系转变，不仅实现“一切成本均可降”，而且使业务外包从“成本节约”走向“价值创造”，使业务外包框架下的阿米巴经营模式成为企业转型升级的新引擎，构建利益共享，共同发展的“共赢”格局。

2.1　“五统一”管理，保持中国石油血脉传承，构建统一的经营理念

为了确保外包方、外包用工与我方贯彻统一的经营理念，让外包方、外包用工与我方成为“精神共同体、命运共同体、目标共同体、利益共同体”，新疆销售坚持“五统一”管理(即：服务规范、安全管理、文化认同、目标任务、考核验收等五方面统一管理标准)，确保企业每一个业务单元、每一位员工，按照统一的标准运行，企业的管理水平、安全环保、服务质量等在外包后和推行阿米巴经营模式后不降低，避免阿米巴经营模式走入误区。

1. 建立健全业务外包管理制度体系

积极学习国内外同类企业业务外包的先进经验和作法，结合实际，编制《业务外包协议》《业务外包补充协议》《业务外包管理手册》《成品油销售及非油销售业务外包管理要求、业务规范及服务标准》《继续完善和推进业务外包管理指导意见》等一系列指导性文件及制度，构建完善的业务外包管理和监督体系，明确业务外包管理要求和标准，保证外包方和外包用工与我方统一步调。

2. 强化“五统一”

以大庆精神、铁人精神为载体，以中国石油规章制度为依据，以高质量实施阿米巴经营模式为目标，强化业务外包方管控。

(1) 统一服务规范。在《中石油新疆销售有限公司业务外包管理手册》基础上，以《加油站管理和服务规范》为标准，形成全面、专业的业务外包验收标准，作为《业务外包协议》附件，作为外包费用验收结算的量化考核细则，确保基层网点的服务标准和水平不降低。

(2) 统一安全管理。新疆销售地市两级公司不断推进 HSE 体系建设，要求外包方必须按照体系规范做好安全工作。各业务部门和销售片区通过日常检查、非现场巡查等方式认真开展外包监督管理，并将检查结果与业务外包验收分值严格挂钩，确保安全和资金管理力度不减。

(3) 统一文化认同。要求外包方在企业文化宣贯和意识形态管理上与我方协调配合，以中国石油文化为尊崇，强化外包用工对我方岗位的归属感。发挥党工团组织的独特优势，鼓励外包用工参加我方党团活动和党代会、职代会，使外包用工与我方自有用工拥有同样的中国石油文化理念，从根本上保证统一的思想、统一的认识、统一的意志、统一的行动。

(4) 统一目标任务。按照销售量和非油收入结算外包费用，使外包方的收入增长与人力资源管理水平、销售量、非油收入和服务标准直接相关，把外包方提高利润的主要途径转变为精细化管理和扩销增量，促使其积极主动与我方共同努力，增强其降成本、提服务、拓市场、增份额的

同向动力。

（5）统一考核验收。我方按照现行各项规章制度及要求，编制详细的业务外包管理要求、服务规范和验收标准，作为《业务外包协议》附件，每月对外包方的服务质量进行量化考核，作为外包费用结算的重要依据，确保在外包方的管理下，我公司的基层网点安全正常运营，服务质量和管理水平不降低。

2.2 “按量结算”，确保我方、外包方与外包用工共同实现利润最大化

1. 转变结算方式

将外包费用的核算从劳务派遣的“按人核定”，转变为“按量核定，按效结算”。每月坚持按照外包方实际完成“工作量”和“工作质量”考核结算费用。使我方加油站收益、外包方收入、外包用工收入同时与站点销售额直接挂钩，一荣俱荣，一损俱损，引导外包方和每位员工主动参与加油站经营管理，与我方共同扩销、上量、提质、增效。

2. 细致测算核定费用总额

在“按量结算”的前提下为了保证外包费用总额受控运行。新疆销售根据“按量结算、费用包干、业绩考核”的基本原则，按照各地市公司用工数量、上年费用总额、年度目标任务等情况，确定外包费用单价、月度计划及费用总额。同时充分考虑3方面因素：一是费用总额增幅有效控制，二是员工收入平稳过渡，三是费用结算项目有具体数据支撑。具体操作中，新疆销售以用工方式转变前劳务派遣的劳务费额度为基数据实核算，结合当年加油站纯枪销售量增减幅确定业务外包费总额增减幅，确保费用总额受控。

3. 建立完善市场化的量效评估机制

首先，按照劳动力市场工资指导价和实际业绩情况核定地市公司外包费用总额。其次，对地市公司的增站增费需求进行量效综合评估，充分考量其站点运营效益、用工数量、费用总额、劳动效率及当地劳动力市场工资指导价等多方面因素后，提出费用及人员管控意见，力求杜绝“网点增，用工增，销量不增，效益不增”的情况，确保效益与网点、销量同步增长。最后，将传统的直接用工管控转变为合同化、市场化、劳务用工、外包用工、保安等全口径从业人员控制，按照全口径人数对各地市公司进行用工排名和劳效评比，从根本上控制用工总规模，全口径管控人工成本、外包费用、安保费等各项费用，保证企业费用总额受控运行。

2.3 推动角色转变，实现全员参与

1. 推动广大员工转观念

通过集团公司网上培训、论文征集、党建平台答题等方式，向各级管理者、广大基层员工、外包用工，细致介绍阿米巴经营模式的积极意义和实施方式，让其认识到旧观念、旧模式已经无法适应企业发展的新需要，无法解决企业高质量发展面临的新问题，只有大家共同参与，实施阿米巴经营模式，才能够支撑企业提质增效，高质量发展。

2. 推动外包方转观念

积极对外包方进行培育和支持，不仅“手把手”教外包方如何落实阿米巴经营模式，改变其传统的目标取向和管理习惯，而且激励外包方与我方构建“降成本、提服务、拓市场、增份额”的共同目标，主动参与我方经营，逐步建立适应中国石油实际需要的，规范、高效、科学的业务外包新模式。

3. 转变角色定位

在广大员工和外包方转变观念的同时，新疆销售通过改变旧有的业务流程和职责分工，积极推动各方角色定位转变，实现全员主动参与经营。促进每一位员工从“为老板工作、被动服务”转变为“为自己工作、主动参与”；我方从“用工方、直接管理者”转变为“共同参与者、标准制定者、监督验收者”；外包方从“被动参与者、共同用工方”转变为“共同参与者、共同利益者、主动经营者”（图2）。

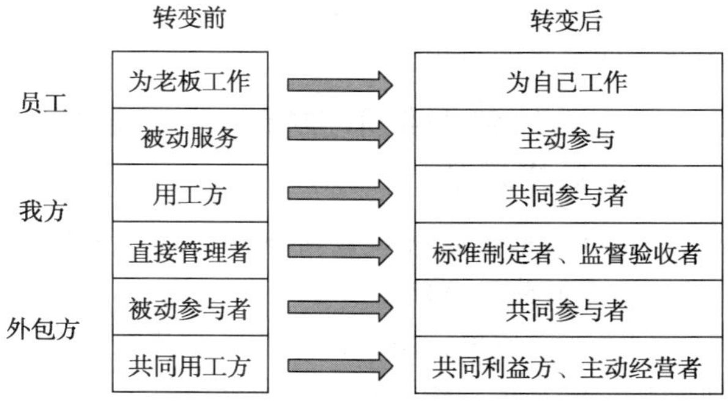

图2

2.4 创新管理机制，保障阿米巴经营模式高效实施

1. 创新劳动组织管理

以业务、站点或同类别岗位为单位，逐步实

现不同类用工不同站，不再实行多种用工形式在同站点或同类岗位的混用，更好的满足阿米巴经营模式中小单元独立核算的要求。变定编管理为低限管理。将传统的明确各加油站定编，转变为明确不同类型加油站现场服务人数最低限制，既保证现场服务质量和安全管理，又保证阿米巴经营模式中对小单元利润最大化的要求。

2. 创新管理方式

新疆销售以“按量结算”为切入点，促进公司各专业线管理方式由原有的直接管理向业务指导、监督、检查转变。将原来的事事直接管、自己管，转变为我方明确标准与要求，指导外包方直接管理，我方监督其管理过程和管理效果。对责任和费用的清晰界定，实现小单元利润、销售任务、费用控制、外包方利润、外包用工收入等多方面共赢。

3. 创新共建共享模式

充分重视外包方的地位和作用，将其视为我方企业经营的共同参与者，利益共同体。首先，与外包方共同开展外包用工选拔、考核。对优秀外包用工，我方提供提升培训机会并承担相关费用；以书面形式向外包方推荐优秀人员担任加油站经理等关键岗位；我方向优秀的外包加油站经理提供专项奖励等，确保能够更快速，更高效的培养与我方经营理念一致的基层骨干人才。其次，鼓励外包方建立更灵活高效的倒排班机制，使外包用工在站有效工时提高 31%，连续工作时间降低 57%，员工满意度、幸福感明显提高。最后，引导外包方建立全员技能提升机制，外包加油员的“加油、收银、卸油、班结、日巡检、综合素质”等综合技能优秀率提高 29%，现场服务及运营水平明显提升。

3　在业务外包框架下推行阿米巴经营模式的效果评估

3.1　推行阿米巴经营模式问题难点一：全体员工贯彻共同的经营理念

（1）实施效果：新疆销售外包方及外包用工能够在企业文化、经营宗旨、服务规范、安全管理、经营目标等各方面与我方保持一致。

（2）评估结果：实施效果符合阿米巴经营模式要求。

3.2　推行阿米巴经营模式问题难点二：共同实现“销售额最大化和经费最小化”

（1）实施效果：新疆销售外包方及外包用工能够与我方一同通过扩销、上量、提质、增效，有效提升加油站的销售量及利润水平。截至 2020 年 6 月末，新疆销售“双低站”座数较一季度减少 55 座，减幅达 15%。

（2）评估结果：实施效果符合阿米巴经营模式要求。

3.3　推行阿米巴经营模式问题难点三：全员参与经营

（1）实施效果：新疆销售外包用工与自有员工共同积极学习和实施阿米巴经营模式，主动参与企业经营。新疆销售 2020 年二季度人均纯枪销量较一季度增长 217%，人均利润较一季度增长 260%。

（2）评估结果：实施效果符合阿米巴经营模式要求。

3.4　推行阿米巴经营模式问题难点四：快速培养与我方理念一致的经营人才

（1）实施效果：新疆销售外包加油站经理队伍成长迅速。截至 2020 年 6 月末，新疆销售外包用工中加油站经理及副经理已有 491 人，较 2019 年末增加 25 人，增幅达 5%。

（2）评估结果：实施效果符合阿米巴经营模式要求。

总体评估：新疆销售在业务外包框架下推行阿米巴经营模式的一系列措施，在我方、外包方和外包用工间构建了“目标同向，标准统一，责任共担，利益共享，共同发展”的新格局，有效确保阿米巴经营模式取得实效，带动企业提质增效，高质量发展。

4　结语

今后，新疆销售将按照集团公司提质增效专项行动要求，进一步转变观念，把阿米巴经营模式落到实处，引导广大干部员工及外包方，破除传统观念和旧有的管理模式。秉持“一切成本均可降”的理念，彻底贯彻“销售额最大化、经费最小化”的经营原则，提高员工参与经营的积极性，增强员工动力，为企业快速培养人才，使企业能够灵活应对市场环境变化，带动销售业务提质增效，打造销售强板。

关于数据共享中心大数据应用的研究

张　毅

（中石油新疆销售有限公司）

摘　要　随着加油站汽油信息采集系统的部署，加油站进站数据已经累积成可以开发的富矿，利用数据挖掘和人工算法实现数据的高效清洗，经过再加工形成企业可以作为经济活动判断的有利依据，实现用数据说话的初衷，使决策更科学，以数据分析结果作为企业的眼睛，提前预警，降低市场波动对企业的影响。

关键词　数据挖掘；算法；大数据

1　数据共享中心当前现状

1.1　数据的收集利用

加油站汽油销售采集系统建设的初衷是为加强危险化学品监控，随着企业的数字化转型，大数据时代的到来，汽油采集系统的数据对企业来说也是越来越重要，作为一种可以产生价值的数据，现阶段还未形成规模化效益。

数据共享中心的数据来自加油站汽油销售信息系统，采集数据包括了客户的重要信息和车辆信息，现阶段利用数据共享中心可以提前预警和干预加油站的规范性等基础性问题，包括：采集数据的准确性、系统的稳定性、数据是否上传等等。

快速进站的版本升级是为适应客户快速进站的需要而优化的版本，现已经打通和中油好客APP微信公众号的壁垒，可以实现客户不下车进站的快速进站模式，减少客户排队和等待时间，提升客户的体验感。

1.2　采集系统的缺陷和应对

汽油销售采集系统：顾名思义就是采集加油站的加注汽油的信息，缺少加注柴油的数据；数据的准确性：由于加油站设备的老化、逆光、人为遮挡、车辆停放位置等诸多不确定因素的影响，采集的车牌数据部分不准确的情况时有发生。

目前采集系统还缺少和公司统建系统的交互，对于缺少加注柴油信息可以通过进站数据和加油站管理系统的交集并集得出缺失数据。比如，如果客户是刷IC卡，可以利用进站记录收集的客户身份号和卡系统的客户身份进行匹配，完善缺失的柴油加油数据；如果客户刷微信，可以和互联网支付平台信息做匹配，完善缺失的柴油加油数据。

车牌数据的不准确性：通过加强加油站现场管理，加强系统应用考核，加强人员培训等办法，提升数据准确率。

1.3　系统的缺陷

汽油采集系统的部署方式为：加油站设备间部署工控服务器，进站口部署人脸识别设备，加油机上部署身份识别设备，传输方式服务器到进站口采用屏蔽双绞线或者单模光纤，服务器到加油机采用无线2.4GHz频率小型无线路由器。受天气影响，进站设备长时间处于日晒雨淋加速了设备的老化，日常使用以通信故障居多。由于部分加油站场地过大，受墙体、立柱的遮挡部分站无线信号出现衰减或者偶尔无法正常连接的情况。

随着5年质保期的到来，设备硬件的问题将会越来越多，为减少硬件维修的影响，应该充分考虑环境因素，部分地区逐步申请更换。

（1）加油机上的身份识别设备依靠的是自身的天线和加油站设备间的无线路由器，为保障数据的传输，首先要保护好设备天线，在部分站把无线路由器迁移到站房外，加强信号的接收。

（2）软件问题，汽油销售采集系统采集的加油数据是通过油品服务器的采集软件通过DIT采集，由于部分站点夜间长时间不加油，软件的长时间不通信，采集软件容易卡死，所以导致了加油站经常无法采集到加油数据。

（3）现阶段采取的措施是设置每天定时重启该软件，计划下一步升级DIT软件，利用DIT直接获取加油数据，跳过该软件。

（4）系统问题：采集软件严重依靠加油站油品服务器环境，一旦服务器运行异常也容易导致软件的卡死，此问题现阶段是通过每天监控数据共享中心异常，认为干预，建议后面使用自动运维手段查找异常加油站并自动处理异常。

2　数据共享中心的数据利用

2.1　数据的挖掘

关联规则挖掘算法可以从大量的数据中提取或者“挖掘”有用的信息，数据“挖掘”中被研究的对象是整个过程的基础，是业务模型的需要驱动数据的挖掘过程。对过去保存的数据进行查询和遍历，找出数据之间的潜在联系，从而促进信息的显化。

2.2　数据的规范和整理

（1）搜索和业务相关的所有可以利用的数据，规范数据的命名结构，利用正则表达式清洗数据，得到干净的有价值的数据。

（2）规范字典命名规则，规范平台数据接口，增强系统的兼容性，打通与现阶段公司统建系统的壁垒，让孤岛数据资源得到有效释放。

（3）大数据、人工智能的新兴使得计算机在庞杂的系统与系统间，数据与数据间发现客观的联系，利用有效的机器学习，得出企业需要的数据，为公司决策和营销规则的制定提供数据支撑。

2.3　数据利用的模型

1. 无感支付模型

人脸识别技术的新兴为刷脸进站提供了快速进站解决方案，现阶段推行的快速进站可以实现1s识别，做到客户看摄像头的第一眼加油站道闸抬杆。

得益于新疆销售公司的汽油销售采集系统精准采集客户的进站数据和加油数据，可以试点开通和互联网支付的接口，利用采集数据确认客户的加油金额直接互联网自动扣费，实现刷脸支付，不下车开发票，快速服务的目的，特别是打通中油好客e站后可以实现备用金的直接扣费，提高了便捷，增加了中国石油的客户关注群体。提高了客户的黏性，健全了软件的生态圈。

2. 智慧化销售模型

通过采集数据分析，发现加油站客户消费群体，客户消费习惯，实现客户的精准画像，建立客户消费习惯库，利用机器学习和客户中油好客e站的商品关注度共同发现客户的喜好，实现客户一进加油站，加油站员工就知道客户喜欢加什么油品，喜欢买什么香烟，喜欢买什么零食，主动推广客户喜欢的非油商品，大大提高开口营销的成功率，为加油站创效。

3. 营销效果评估模型

单站核算的普及使得加油站更加注重自身的效益，特别是当前建立加油站升油含量工资制度，“以量定编、以编定资、以量效取酬”的用工编制体系，以编制核定基本工资，按照销售成果及效益贡献计算奖金的奖励体系，全面要求加油站应该具有单站、单元、单兵作战能力。加油站的营销策略往往和非油销售挂钩，要做好营销效果的评估必须打通和加油站管理系统的壁垒，抽取非油销售数据和采集汽油数据组成完整的营销数据。综合分析，评估营销效果。

4. 客户迁移与客户流失预警模型

客户是企业生存的根本，谁赢得客户谁就抢占了市场先机，准确把握每一个固定消费者是加油站工作的前提，在稳住固定客户开发新客户上下功夫才能实现加油站的“长盛不衰”，然而客户流失是每个加油站不容忽视的问题，特别是客户流失到竞争对手，所以建立此模型显得尤为重要。

5. 风险管控模型

通过采集数据分析，对公司内部车辆用油进行违规操作预警，对异常加油车辆进行安保预警。

3　大数据深层次应用的矛盾

3.1　成本与收益的矛盾

现大数据应用还属于起步阶段，没有成熟的案例经验，一切都是“摸着石头过河”，建立共享中心大数据平台需要不断的投入，投入与产出目前还没有更加科学的数据依靠。

3.2　人才的缺失与用工成本的矛盾

由于人工智能的需要，技术壁垒的显现，人工智能算法工程师在大数据应用上显得尤为重要，企业的痛点是能否招得到，留得住“高端”人才，往往这种“高端”人才需要丰厚的工资，良好的工作氛围，职业发展规划等，所以培养这一群人才需要大量的人力物力。

3.3 数据主权和客户隐私的矛盾

大数据权属向来是各大公司争抢的重点，谁拥有数据的归属权，目前学术界尚未对数据主权问题做定义。2020 年 12 月 1 日天津市第十七届人民代表大会常务委员会第二十四次会议通过《天津市社会信用条例》，根据这一规定，企事业单位、行业协会、商会等将被禁止采集人脸数据、指纹等生物识别信息，滥用大数据就存在诸多法律风险。采集数据往往伴随着客户的隐私数据，随着大数据的发展，数据的收集，极大地暴露了客户的隐私数据，伴随分析数据的深入和挖掘的深入，原本隐蔽的隐私数据也暴露在的显著状态。因此数据权属与个人隐私保护之间的矛盾日益突出。

4 结束语

从全球大数据产业发展来看其应用存在诸多矛盾，企业现阶段应该利用有限的资源合理利用大数据实现短期见效，长期深入探索中发展壮大，在安全和高效的平衡下走出具有新疆特色的大数据应用之路，助力建设新疆特色的世界一流销售企业。

参 考 文 献

[1] 向春梅 . 关联规则挖掘算法的研究[J]. 成都信息工程大学 . 2020(04).

[2] 刘晓梅，夏天文 . 支付机构刷脸支付技术应用现状及问题研究[J]. 金融科技时代 . 2020(12).

[3] 孙道锐 . 人脸识别技术的社会风险及其法律规制[J]. 科学学研究 . 2021(01).